CODE
de
justice administrative

François Bourrachot

CODE de justice administrative

11e ÉDITION

Annotations
Commentaires
Jurisprudence

Editions
LE MONITEUR

Pour nous contacter :
Éditions du Moniteur
20, rue des Aqueducs
94250 Gentilly
editionsdumoniteur@infopro-digital.com

Directrice des éditions : Claire de Gramont
Directeur éditorial : Thierry Kremer
Éditeur : Mahfoud Daoua
Conception de la maquette et de la couverture : Catherine Lattuca
Réalisation de la couverture : STDI (Tania Foucher)
Mise en pages : STDI (Rachel Alonzo et Véronique Huaulmé)
Fabrication : Anne-Lise Gonnet

ISSN : 2111-6105
ISBN papier : 978-2-281-13756-9
11e édition, 1e tirage

Préface

Principales modifications intervenues depuis la précédente édition (10e éd.)

I – Les lois

La loi n° 2025-391 du 30 avril 2025 porte diverses dispositions d'adaptation au droit de l'Union européenne en matière économique, financière, environnementale, énergétique, de transport, de santé et de circulation des personnes. Elle modifie (article 16) le régime de l'action devant toutes les juridictions en l'adaptant aux exigences de la directive (UE) 2020/1828. Ainsi, les règles de recevabilité relatives à l'action de groupe sont adaptées afin d'ouvrir cette voie de recours aux « entités qualifiées » et de permettre au juge de prononcer l'irrecevabilité d'une action lorsque le demandeur se trouve en situation de conflit d'intérêts. Les dispositions relatives à la cessation du manquement, à la réparation des préjudices, notamment s'agissant de l'obligation d'information du public incombant au demandeur, de la procédure individuelle de réparation des préjudices et de la médiation sont également complétées. Enfin, une procédure relative aux actions de groupe transfrontière est créée. L'article L. 77-10-1 du CJA est modifié pour renvoyer au régime défini à l'article 16 de la loi. Les articles L. 77-10-2 à L. 77-10-25 sont abrogés. Les dispositions réglementaires correspondantes sont donc en sursis.

La loi n° 2025-268 du 24 mars 2025 d'orientation pour la souveraineté alimentaire et le renouvellement des générations en agriculture crée des dispositions spéciales régissant le contentieux de certaines décisions en matière agricole (art. 44), pour, à titre principal, à accélérer la prise de décision des juridictions en cas de contentieux contre des projets d'ouvrage hydraulique agricole et d'installations d'élevage. Curieusement cette loi a été adoptée après son décret d'application n° 2024-423 du 10 mai 2024.

La loi n° 2024-449 du 21 mai 2024 vise à sécuriser et à réguler l'espace numérique. La loi crée un mécanisme de contrôle des opérations de traitement de données à caractère personnel effectuées par les juridictions administratives dans l'exercice de leur fonction juridictionnelle (CJA, art. L. 115-1).

La loi n° 2024-42 du 26 janvier 2024 a été adoptée pour contrôler l'immigration, améliorer l'intégration.

Cette loi est la huitième modification majeure du CESEDA et du CJA en seize ans et la dernière en date des tentatives pour remplacer les frontières par des barrières de papier.

S'agissant du CJA, cette loi marque un retour à la technique du code pilote et code suiveur, celui-ci devenant le code suiveur du CESEDA. Les dispositions du CJA relatives au contentieux des étrangers disparaissent au profit d'un renvoi au CESEDA (CJA, art. L. 776-1 et s.). Sont à relever les hésitations du législateur dans la mise en œuvre des techniques de codification. Ainsi, l'existence d'un CSI n'exclut pas l'existence de dispositions contentieuses dans le CJA.

A été adoptée une loi n° 2023-1059 du 20 novembre 2023 d'orientation et de programmation du ministère de la Justice 2023-2027. Le titre VI de la loi contient diverses dispositions en matière de modalités d'accès aux corps de magistrats des tribunaux administratifs, de responsabilité financière des gestionnaires publics, de protection sociale complémentaire des membres de la juridiction administrative et des magistrats financiers et de traitement du contentieux de la tarification sanitaire et sociale. La loi corrige une malfaçon rédactionnelle de l'ordonnance n° 2021-702 du 2 juin 2021 et vise à ne pas porter une atteinte excessive à l'attractivité des corps de magistrats des tribunaux administratifs et des cours administratives d'appel (CJA, art. L. 233-2). La loi rend applicable aux magistrats administratifs le mécanisme de protection sociale complémentaire issu de l'accord conclu par le ministre de la Fonction publique avec les organisations syndicales représentatives de la fonction publique. Ces dispositions visent à combler un vide juridique en prévoyant que les accords puissent leur être rendus applicables dans des conditions prévues par décret.

Par ailleurs, cette loi institue un serment des juges administratifs (CJA, art. L. 12), un conseil de juridictions dans les TA (CJA, art. L. 221-2-2) et CAA (CJA, art. L. 221-3-1) mais pas au CE, modifie différentes dispositions statutaires et prévoit la disparition des tribunaux interrégionaux de la tarification sanitaire et sociale et le transfert, par voie d'ordonnance, de leur activité aux tribunaux administratifs.

Une loi n° 2023-623 du 19 juillet 2023 vise à renforcer l'accès des femmes aux responsabilités dans la fonction publique modifie les articles L. 133-2 et L. 234-5 du CJA pour préciser que les nominations favorisent l'égal accès des femmes et des hommes.

La loi n° 2023-270 du 14 avril 2023 de financement rectificative de la sécurité sociale pour 2023 porte la limite de maintien en activité des magistrats administratifs jusqu'à 67 ans, sauf majorations d'un an liées aux enfants, et à 70 ans sur autorisation.

Une loi non codifiée n° 2022-1159 du 16 août 2022 portant diverses dispositions d'adaptation au droit de l'Union européenne en matière de prévention de la diffusion de contenus à caractère terroriste en ligne prévoit (article unique) organise un recours devant la juridiction administrative pour les fournisseurs de services d'hébergement et les fournisseurs de contenus concernés par une injonction de retrait au titre des articles 3 et 4 du règlement (UE) 2021/784 du Parlement européen et du Conseil du 29 avril 2021.

II – Les décrets

– Un décret n° 2025-634 du 12 juillet 2025 est relatif au régime indemnitaire des membres du Conseil d'État, auditeurs, conseillers d'État et maîtres des requêtes en service extraordinaire.

– Un décret n° 2025-635 du 12 juillet 2025 relatif au régime indemnitaire des magistrats des tribunaux administratifs et des cours administratives d'appel.

– Un décret n° 2023-487 du 21 juin 2023 est relatif à l'échelonnement indiciaire des membres du Conseil d'État.

– Un décret n° 2023-488 du 21 juin 2023 est relatif à l'échelonnement indiciaire des magistrats administratifs.

– Un décret n° 2025-146 du 18 février 2025 relatif au retrait des contenus à caractère pédopornographique et des images de tortures ou d'actes de barbarie. Le décret précise les modalités spécifiques de recours devant les juridictions administratives en matière de retrait des contenus à caractère pédopornographique. Il fixe également les modalités d'application de l'expérimentation de l'extension des compétences de l'autorité administrative au retrait des images de tortures ou d'actes de barbarie prévue par l'article 5 de la loi du 21 mai 2024 visant à sécuriser et à réguler l'espace numérique. Il désigne ainsi l'office anti-cybercriminalité (OFAC) comme autorité administrative compétente pour émettre ces demandes. Il prévoit en outre les informations qui peuvent être échangées entre l'office anti-cybercriminalité, la personnalité qualifiée désignée en son sein par l'Autorité de régulation de la communication audiovisuelle et numérique et cette autorité, ainsi que les modalités d'échange de ces informations.

– Un décret n° 2024-1174 du 10 décembre 2024, relatif aux conseils de juridiction des tribunaux administratifs et cours administratives d'appel, précise la composition et le fonctionnement des conseils de juridictions (CJA, art. R. 221-2-1).

– Un décret n° 2024-1168 du 6 décembre 2024, et non une ordonnance comme initialement prévu par l'article 26 du projet de loi n° 2023-1059 du 20 novembre 2023 d'orientation et de programmation du ministère de la justice 2023-2027, porte transfert de compétence entre juridictions de l'ordre administratif pour le contentieux de la tarification sanitaire et sociale (CJA, art. R. 312-10-1) et fixe des règles dérogatoires propres à ce plein contentieux (art. R. 431-6-1, R. 779-11 et R. 779-12). Il prévoit enfin les modalités de transfert des procédures en cours vers les juridictions administratives de droit commun.

– Un décret n° 2024-814 du 9 juillet 2024 est relatif à l'amende administrative sanctionnant l'emploi de ressortissants étrangers non autorisés à travailler (CJA, art. R. 312-16).

– Le décret n° 2024-799 du 2 juillet 2024 pris pour l'application du titre VII de la loi n° 2024-42 du 26 janvier 2024 pour contrôler l'immigration, améliorer l'intégration, relatif à la simplification des règles du contentieux, modifie les dispositions réglementaires relatives à la contestation, devant la juridiction administrative, des décisions portant obligation de quitter le territoire français et des décisions administratives qui les accompagnent, des décisions de mise en œuvre d'une décision d'éloignement prise par un autre État membre de l'Union européenne ou de remise d'un ressortissant de pays tiers à un autre État membre au cas d'assignation à résidence ou de placement en rétention administrative aux fins d'éloignement, des décisions de refus d'entrée au titre de l'asile, des décisions relatives aux conditions matérielles d'accueil des demandeurs d'asile et des décisions de transfert dans le cadre du règlement dit Dublin. Il comporte également des dispositions applicables à la tenue des audiences devant le juge administratif ou le juge judiciaire, le cas échéant, en recourant à des moyens de télécommunication audiovisuelle. S'agissant du CJA, le décret modifie les articles R. 776-1 et suivants pour les transformer en dispositions de renvoi au CESEDA. Les dispositions abrogées ne sont donc plus commentées.

– Un décret n° 2024-733 du 5 juillet 2024 est relatif au tribunal et au contentieux du stationnement payant et transforme la commission en tribunal.

– Un décret n° 2024-423 du 10 mai 2024 porte adaptation de la procédure contentieuse relative aux ouvrages hydrauliques agricoles, aux installations classées pour la protection de l'environnement en matière d'élevage et aux autorisations environnementales et adapte les règles du contentieux administratif principalement s'agissant d'ouvrages hydrauliques agricoles et d'installations d'élevage (CJA, art. R. 77-15-1 et s.). En matière d'ouvrages hydrauliques agricoles, le décret confie au tribunal administratif de Paris la compétence pour connaître, en premier et dernier ressort, d'une liste de décisions administratives. En matière d'installations classées pour la protection de l'environnement relatives à l'élevage de bovins, de porcs, de lapins, de volailles et de gibiers à plumes, ainsi qu'à la pisciculture, aux couvoirs et à l'élevage intensif de volailles ou de porcs, le décret confie aux tribunaux administratifs une compétence en premier et dernier ressort. Pour ces ouvrages et installations agricoles, le décret institue une cristallisation des moyens ainsi qu'une obligation de notification des recours et prévoit que le tribunal doit juger en dix mois. Pour l'ensemble des installations classées pour la protection de l'environnement et des installations, ouvrages, travaux, activités, le décret réduit le délai de recours des tiers de quatre mois à deux mois.

– Un décret n° 2024-286 du 29 mars 2024 est relatif à la protection sociale complémentaire des membres du Conseil d'État, des magistrats administratifs et des agents du Conseil d'État et de la Cour nationale du droit d'asile. Ce décret rend applicables les stipulations de l'accord interministériel relatif à la protection sociale complémentaire en matière de couverture des frais occasionnés par une maternité, une maladie ou un accident dans la fonction publique de l'État du 26 janvier 2022 et de l'accord interministériel relatif à l'amélioration des garanties de prévoyance (incapacité de travail, invalidité, décès) dans la fonction publique de l'État du 20 octobre 2023 applicables aux membres du Conseil d'État et aux magistrats des tribunaux administratifs et cours administratives d'appel. Il détermine la composition de la commission paritaire de pilotage et de suivi du Conseil d'État mentionné à l'article 28 du décret du 22 avril 2022 relatif à la protection sociale complémentaire en matière de couverture des frais occasionnés par une maternité, une maladie ou un accident dans la fonction publique de l'État.

– Un décret n° 2024-167 du 1er mars 2024 crée la section des études, de la prospective et de la coopération du Conseil d'État et modifie en conséquence le Code de justice administrative.

– Un décret n° 2023-1419 du 29 décembre 2023 portant diverses modifications aux dispositions applicables aux installations de production d'énergie renouvelable en mer et à leurs ouvrages de raccordement donne compétence au Conseil d'État en premier ressort pour les servitudes instituées par les articles L. 323-4 et L. 323-5 du Code de l'énergie, et les décisions prises en application de l'article L. 121-8-1 du Code de l'environnement.

– Un décret n° 2023-1417 du 29 décembre 2023 portant application de l'article 28 de la loi n° 2023-175 du 10 mars 2023 relative à l'accélération de la production d'énergies renouvelables et fixant les conditions et limites de certaines demandes de raccordement au réseau électrique donne compétence en premier ressort à la CAA de Paris pour connaître des litiges relatifs aux décisions prises en application de l'article 28 de la loi n° 2023-175 du 10 mars 2023 relative à l'accélération de la production d'énergies renouvelables (CJA, art. R. 311-2).

– Un décret n° 2023-1338 du 28 décembre 2023, relatif au statut des magistrats administratifs, procède à des ajustements et adaptations rendues nécessaires par la loi n° 2023-1059 du 20 novembre 2023 d'orientation et de programmation du ministère de la justice 2023-2027 et par les décrets n° 2023-486 et n° 2023-488 du 21 juin 2023.

– Un décret n° 2023-488 du 21 juin 2023 est relatif à l'échelonnement indiciaire des magistrats administratifs.

– Un décret n° 2023-487 du 21 juin 2023 est relatif à l'échelonnement indiciaire des membres du Conseil d'État.

– Un décret n° 2023-486 du 21 juin 2023 modifie le statut des magistrats administratifs notamment les règles de reclassement des anciens contractuels de droit public, et fixe le nouvel échelonnement des différents grades et emplois, ainsi que les règles de reclassement dans les nouvelles grilles.

– Un décret n° 2023-485 du 21 juin 2023 est relatif à l'échelonnement des grades et emplois et au reclassement indiciaire des membres du Conseil d'État et portant diverses dispositions modifiant le code de justice administrative. Ce décret modifie plusieurs dispositions relatives au fonctionnement du Conseil d'État (nomination des présidents adjoints de la section du contentieux et des présidents de chambre de cette section ; participation à des missions d'intérêt général). Il fixe en outre les conditions de reclassement des membres du Conseil d'État dans la nouvelle grille indiciaire adoptée. Il apporte enfin quelques modifications de la procédure administrative contentieuse avec l'élargissement de l'utilisation de Télérecours citoyens et l'introduction de la possibilité pour le juge d'autoriser une partie à participer, pour un motif légitime, à une audience devant une juridiction administrative par visioconférence.

– Un décret n° 2023-484 du 21 juin 2023, relatif au statut des membres du Conseil d'État, met à jour le statut des membres du Conseil d'État (suppression de la position de délégation, règles sur le détachement, classement indiciaire des anciens contractuels de droit public, précision sur la mobilité statutaire). Il fixe en outre le nouvel échelonnement indiciaire applicables aux membres du corps et à l'emploi d'auditeur. Il modifie en conséquence le décret du 24 octobre 1985 pour rendre applicable aux membres du Conseil d'État et aux magistrats des tribunaux administratifs et cours administratives d'appel le barème de correspondance entre indices bruts et majorés.

– Un décret n° 2023-468 du 16 juin 2023 est relatif à l'expertise devant les juridictions administratives et judiciaires. Ce décret réforme et modernise la procédure d'expertise devant les juridictions administratives, suivant les recommandations du groupe de travail dont le rapport portant sur l'expertise devant les tribunaux administratifs et les cours administratives d'appel a été remis au vice-président du Conseil d'État le 20 décembre 2021 (modification des articles R. 221-9 et suivants du CJA, article R. 221-15-1 sur la prestation de serment, suppression du deuxième alinéa de l'article R. 532-1 par l'article 17 du décret, le « référé préventif » étant désormais prévu à l'article R. 532-1-1, modification des articles R. 621-1 et suivants et de l'article R. 761-5).

– Un décret n° 2023-432 du 3 juin 2023 est relatif au retrait des contenus à caractère terroriste en ligne et a été pris en application des articles 6-1-1 et 6-1-5 de la loi n° 2004-575 du 21 juin 2004 pour la confiance dans l'économie numérique et précise les modalités dérogatoires de recours contre les injonctions de retrait devant les juridictions administratives (CJA, art. R. 773-52 et s.).

– Un décret n° 2023-372 du 15 mai 2023, relatif à la déconcentration de la représentation de l'État devant les cours administratives d'appel pour les contentieux relatifs aux éoliennes, modifie le code de justice administrative en insérant un article L. 432-12-1 pour prévoir que, pour les litiges nés de l'activité des services de la préfecture et relatifs aux décisions en matière d'éolien terrestre mentionnées à l'article R. 311-5, qui relèvent des cours administratives d'appel en premier et dernier ressort, le préfet est compétent pour présenter les mémoires et observations produits au nom de l'État.

– Le décret n° 2023-30 du 25 janvier 2023, relatif aux conditions d'accès et aux formations à l'Institut national du service public, réforme d'abord les modalités et conditions d'accès à l'Institut national du service public en tant qu'il crée une voie « générale » et une voie « Orient » ainsi qu'un troisième concours pour cette dernière. Il modifie les conditions d'éligibilité aux concours internes et abaisse la plage d'éligibilité pour le troisième concours à 6 années d'expérience professionnelle.

– Un décret n° 2023-10 du 9 janvier 2023, relatif aux procédures orales d'instruction devant le juge administratif, pérennise deux procédures d'instruction orale des affaires, expérimentées préalablement par la section du contentieux du Conseil d'État pendant près de deux ans. Désormais pourront avoir lieu devant celle-ci comme devant les tribunaux administratifs et les cours administratives d'appel des séances orales d'instruction et des audiences publiques d'instruction (CJA, art. R. 625-1 et R. 625-2).

– Le décret n° 2022-1519 du 6 décembre 2022 est relatif aux modalités de recrutement des maîtres des requêtes en service extraordinaire et conseillers référendaires en service extraordinaire par la voie « action publique ». Le décret fixe les modalités de recrutement des personnes mentionnées au premier alinéa de l'article L. 133-9 du Code de justice administrative conformément à l'article 9 de l'ordonnance n° 2021-702 du 2 juin 2021 portant réforme de l'encadrement supérieur de la fonction publique de l'État.

– Un décret n° 2022-1379 du 29 octobre 2022 est relatif au régime juridique applicable au contentieux des décisions afférentes aux installations de production d'énergie à partir de sources renouvelables (hors énergie éolienne) et aux ouvrages des réseaux publics de transport et de distribution d'électricité. Le décret modifie le Code de justice administrative en créant un nouvel article R. 311-6 qui prévoit que les tribunaux administratifs et les cours administratives d'appel statuent dans un délai de dix mois pour les litiges portant sur les décisions, y compris de refus, relatives à certains types d'installations de production d'énergie à partir de sources renouvelables et aux ouvrages des réseaux publics de transport et de distribution d'électricité. Il fixe la liste des décisions concernées. Le délai de recours contentieux contre ces décisions devant le tribunal administratif est de deux mois et il n'est pas prorogé par l'exercice d'un recours administratif. Cet article prévoit également que le délai pour les tribunaux administratifs et des cours administratives d'appel pour statuer sur la suite à donner au litige est de six mois à compter de la réception de la mesure de régulation ordonnée, lorsqu'il a été fait usage des pouvoirs de régularisation prévus par l'article L. 181-18 du Code de l'environnement ou l'article L. 600-5-1 du Code de l'urbanisme.

– Un décret n° 2022-1275 du 29 septembre 2022 est relatif au régime juridique applicable au contentieux des décisions afférentes au projet de terminal méthanier flottant dans la circonscription du grand port fluvio-maritime de l'axe Seine (site du Havre). Le décret crée un régime contentieux spécifique applicable aux décisions relatives à l'installation, la mise en service et l'exploitation du projet de terminal méthanier flottant au Havre, mentionné à l'article 30 de la loi n° 2022-1158 du 16 août 2022 portant mesures d'urgence pour la protection du pouvoir d'achat. Il donne compétence, à partir du 1er octobre 2022, au tribunal administratif de Rouen pour statuer en premier et dernier ressort sur l'ensemble de ces décisions, à l'exception de celles relevant du Conseil d'État. Le tribunal doit statuer dans un délai de dix mois. Le décret prévoit également que le délai de recours contentieux contre les décisions prises à compter du 1er octobre 2022 est d'un mois et n'est pas prorogé par l'exercice d'un recours administratif. Il prévoit enfin que les tribunaux administratifs qui auraient été précédemment saisis, avant le 1er octobre 2022, de recours contre de telles décisions, y statuent en premier et dernier ressort (CJA, art. R. 811-1-2).

– Un décret n° 2022-962 du 29 juin 2022 est relatif aux modalités de contestation des refus d'autorisations de voyage et des refus de visas d'entrée et de séjour en France. Le décret institue, conjointement avec le décret n° 2022-963 du 29 juin 2022, un recours administratif préalable obligatoire pour la contestation des refus d'autorisations de voyage relevant du système ETIAS, dont l'organisation est inspirée de la procédure existante en matière de refus de visas d'entrée en France ; ces décrets modifient également les règles de contestation des refus de visas (recours administratif préalable et recours contentieux) en prévoyant notamment : la mise en place d'un régime différencié d'examen du recours administratif préalable obligatoire (RAPO) selon la nature de l'autorisation sollicitée : la commission des recours contre les décisions de refus de visas d'entrée en France reste compétente pour les visas de long séjour, tandis que le sous-directeur des visas devient compétent pour les visas de court séjour et les autorisations de voyage ETIAS ; la réduction à 30 jours des délais de saisine de l'autorité compétente (RAPO) ; la suppression du délai de distance pour la saisine de la juridiction administrative, et la neutralisation, s'agissant des décisions prises par la commission des recours, de la règle selon laquelle les délais de recours dirigés contre les décisions prises par une instance collégiale ne courent qu'à compter de la notification d'une décision expresse ; la compétence du tribunal administratif de Nantes pour les refus d'autorisations de voyage, ainsi que les retraits et abrogations ; la compétence de cette même juridiction en premier et dernier ressort pour les refus de visas de court séjour et les refus d'autorisations de voyage (CJA, art. R. 312-18, R. 775-5 et R. 811-1).

III – La jurisprudence

Plus de 200 décisions ont été intégrées à cette nouvelle édition.

L'année 2022 a été marquée par une nouvelle extension du « contrôle dynamique » appréciant la légalité d'une décision à la date à laquelle le juge statue (Voir le Rapport public des juridictions administratives 2022, p. 81 et 82.).

L'année 2023 a été marquée par deux décisions de l'assemblée du Conseil d'État définissant l'office du juge administratif. Saisi de la méconnaissance de l'obligation de port par les forces de l'ordre de leur identifiant individuel (RIO) résultant des dispositions réglementaires en vigueur, le Conseil d'État a défini l'office du juge dans le cadre du recours pour excès de pouvoir assorti d'une injonction ou « REP-injonction » (CE, ass., 11 octobre 2023, Ligue des droits de l'Homme et autres et Syndicat de la magistrature et autres, n° 467771 et 467781, *Lebon* ; CJA, art. L. 911-1et s.).

La question des contrôles d'identité discriminatoires, première action de groupe dont le Conseil d'État était saisi, lui a permis d'une part de rappeler les obligations de l'administration, d'autre part, de définir l'office du juge du manquement et ses limites (CE, ass., 11 octobre 2023, Amnesty International France et autres, n° 454836, *Lebon* ; CJA, art. L. 77-10-6).

L'année 2024 est marquée par une décision d'assemblée définissant la portée des exigences d'indépendance et d'impartialité qui font partie des principes généraux applicables à la fonction de juger dans un État de droit (CE ass., 15 avril 2024, n° 469719, *Lebon*).

L'année 2024 est également marquée par une décision de la section du contentieux d'une grande importance pratique. Sauf dispositions législatives ou réglementaires contraires, telles les dispositions relatives à la contestation des élections politiques ou celles prévoyant des délais exprimés en heures ou expirant à un horaire qu'elles précisent, la date à prendre en considération pour apprécier si un recours contentieux adressé à une juridiction administrative par voie postale a été formé dans le délai de recours contentieux est celle de l'expédition du recours, le cachet de la poste faisant foi (CE sect., 13 mai 2024, n° 466541, *Lebon* ; CJA, art. R. 413-5 et R. 421-1 et s.).

Et une décision, relative au droit de se taire (art. 9 de la DDHC), en définit les conséquences sur les procédures de sanction ayant le caractère de punitions (CE sect., 19 octobre 2024, n° 490952, *Lebon*).

François Bourrachot

Président du corps des magistrats des tribunaux administratifs
et des cours administratives d'appel honoraire

Sommaire général

Table des abréviations et des sigles

AJDA	L'Actualité juridique – Droit administratif
art.	article
BAJ	bureau d'aide juridictionnelle
BJCP	Bulletin juridique des contrats publics
Bull. civ.	Bulletin des arrêts de la Cour de cassation, chambre civile
c/	contre
CAA	cour administrative d'appel
Cass. civ.	arrêt de la Cour de cassation, chambre civile (1re civ. : 1re chambre ; 2e civ. : 2e chambre ; 3e civ. : 3e chambre)
Cass. com.	arrêt de la Cour de cassation, chambre commerciale
Cass. crim.	arrêt de la Cour de cassation, chambre criminelle
Cass. soc.	arrêt de la Cour de cassation, chambre sociale
CCH	Code de la construction et de l'habitation
CDAC	Commission départementale d'aménagement commercial
CDBF	Cour de discipline budgétaire et financière
CE	arrêt du Conseil d'État
CE ass.	arrêt de l'assemblée du Conseil d'État
CE avis	avis du Conseil d'État
CE sect.	arrêt de section du Conseil d'État
CEDH	arrêt de la Cour européenne des droits de l'homme
CESDHLF	Convention européenne de sauvegarde des droits de l'homme et des libertés fondamentales
C. élect.	Code électoral
CESEDA	Code de l'entrée et du séjour des étrangers et du droit d'asile
CGCT	Code général des collectivités territoriales
CJA	Code de justice administrative
CJCE	Cour de justice des communautés européennes
CJUE	Cour de justice de l'Union européenne
C. mon.	Code monétaire et financier
CNAC	Commission nationale d'aménagement commercial
CNACi	Commission nationale d'aménagement cinématographique

CNDA	Cour nationale du droit d'asile
COJ	Code de l'organisation judiciaire
Cons. const.	Conseil constitutionnel
CPC	Code de procédure civile
CRPA	Code des relations entre le public et l'administration
CSTACAA	Conseil supérieur des tribunaux administratifs et cours administratives d'appel
C. urb.	Code de l'urbanisme
Dr. adm.	Droit administratif
DUP	déclaration d'utilité publique
EPCI	établissement public de coopération intercommunale
HATVP	Haute autorité pour la transparence de la vie publique
JCPA	Juris-Classeur périodique (Semaine Juridique – Administration et collectivités locales)
JCPG	Juris-Classeur périodique (édition générale)
JO Sénat	Journal officiel, débats du Sénat
JO	Journal officiel de la République française
JOAN	Journal officiel, débats de l'Assemblée nationale
JOUE	Journal officiel de l'Union européenne
JRCE	juge des référés du Conseil d'État
Lebon T.	Tables du recueil Lebon
Lebon	Recueil des décisions du Conseil d'État statuant au contentieux et du Tribunal des conflits, des arrêts des cours administratives d'appel, et des tribunaux administratifs
LPF	Livre des procédures fiscales
OPAC	office public d'aménagement et de construction
OQTF	obligation de quitter le territoire français
plén.	arrêt de formation plénière
PLU	plan local d'urbanisme
QPC	question prioritaire de constitutionnalité
RAPO	recours préalable obligatoire
Rec. CJCE	Recueil de la jurisprudence de la Cour de justice des communautés européennes
RFDA	Revue française de droit administratif
RJF	Revue de jurisprudence fiscale
TA	tribunal administratif
TC	Tribunal des conflits

Préliminaire au titre préliminaire...

Le Code de justice administrative regorge de précisions touchant les statuts des membres des juridictions aussi bien que la façon dont se déroulent l'instruction et le jugement des requêtes. Son livre préliminaire a vocation à présenter les colonnes fondamentales qui tiennent le temple, mais étrangement on y cherche vainement les orientations ou principes qui commandent l'intervention du juge administratif. Sauf dans les Livres V et IX, et aux articles L. 77-10 à L. 77-12 et suivants, relatifs aux actions de groupe ou en reconnaissance de droits, le lecteur souhaitant savoir ce qu'on peut demander à ces juridictions et ce qu'on peut en obtenir demeure sur sa faim... À quoi bon, dira-t-on, les justiciables ont une notion assez précise de l'office du juge de l'excès de pouvoir et du juge de plein contentieux. Juge de la légalité sanctionnant par l'annulation l'illégalité qu'il constate, juge de la responsabilité rétablissant par sa condamnation un équilibre financier compromis par un fait de l'administration, le plan du temple est simple à percevoir... Abstraction faite des questions de responsabilité, la grand'messe a été dite par le Conseil constitutionnel les 23 janvier 1987 et 28 juillet 1989 : « À l'exception des matières réservées par nature à l'autorité judiciaire, relève en dernier ressort de la compétence de la juridiction administrative l'annulation ou la réformation des décisions prises, dans l'exercice des prérogatives de puissance publique, par les autorités exerçant le pouvoir exécutif, leurs agents, les collectivités territoriales de la République ou les organismes publics placés sous leur autorité » (Cons. const., 23 janvier 1987, déc. n° 86-224 DC – Cons. const., 28 juillet 1989, déc. n° 89-261 DC).

Ce plan correspondait à peu près aux cérémonies juridictionnelles célébrées jusqu'à un passé assez récent. À peu près, car il eût en tout état de cause fallu beaucoup de prescience au justiciable de 1900 pour deviner ce qu'allait devenir le régime de la responsabilité de la puissance publique, fruit d'une permanente création jurisprudentielle, comme l'amoureux du recours pour excès de pouvoir pouvait difficilement prévoir que son juge en viendrait un jour à reconnaître un manquement aux règles de légalité sans pour autant prononcer l'annulation de l'acte mal édicté (CE ass., 23 décembre 2011, Danthony, n° 335033, *Lebon*, inspiré de la loi du 17 mai 2011 et précisé en dernier lieu par : CE ass., 19 juillet 2017, Association citoyenne « Pour E... Pays Catalan », n° 403928).

Mais le temple tenait bon, sans trop trembler (même si la loi n° 95-125 du 8 février 1995 mettait à mal le principe selon lequel il n'appartient pas au juge administratif d'adresser des injonctions à l'administration). Il a pu donc apparaître légitimement superflu d'en rappeler le plan.

Aujourd'hui la simplicité du temple n'est plus, et l'office du juge administratif change sur plus d'un point. Entendons-nous : ces changements ne sont pas nécessairement l'expression d'un bouleversement à regretter, voire à bannir. Mais, affectant la nature même de la mission du juge administratif et de sa relation à l'administré et au justiciable, ils auraient ou devront avoir leur place dans la présentation des colonnes du temple qui accueillent le lecteur du Code de justice administrative.

Une nouvelle chapelle s'est ouverte dans cette église, et mériterait d'être exposée : le juge administratif rompt de plus en plus le lien entre illégalité et annulation, lien qui fut consubstantiel à sa mission. Outre la jurisprudence *Danthony* précitée, la notion de « régularisation » fait son apparition dans le contentieux de l'excès de pouvoir, notamment en matière d'urbanisme, et cela appellerait une présentation dans le Code de justice administrative, puisque cela modifie fondamentalement l'office du juge de l'excès de pouvoir et sa relation à l'action administrative.

Autre exemple : la procédure est écrite mais aucune disposition du Code de justice administrative ne contient cette affirmation, qui se déduit d'autres dispositions présentant l'oralité comme une exception, notamment en matière de référé. Un décret n° 2020-1404 du 18 novembre 2020 prévoit, devant le Conseil d'État, à titre expérimental pour une durée de dix-huit mois, la possibilité pour une formation chargée de l'instruction d'organiser une séance orale d'instruction et, pour une formation de jugement, de tenir une audience d'instruction. Cette expérimentation a été prolongée jusqu'à la fin de l'année 2022 par le décret n° 2022-387 du 18 mars 2022, puis pérennisée et étendue aux TA et CAA par le décret n° 2023-10 du 9 janvier 2023. Le principe du caractère écrit de la procédure connaît ainsi une nouvelle exception sans être affirmé dans le Code de justice administrative.

Autre exemple : Le caractère inquisitorial de la procédure et l'obligation pour le juge d'instruire ne sont affirmés que par des dispositions réglementaires du CJA et la jurisprudence. Cette affirmation et son nécessaire équilibre avec les secrets protégés par la loi pourrait faire l'objet de dispositions législatives préliminaires.

Autre exemple : Plutôt que de multiplier les dispositions spéciales supprimant un degré de juridiction ou donnant une compétence de premier ressort à des juridictions d'appel ou de cassation pour abréger les délais de jugement, ne serait-il pas envisageable de prévoir une disposition générale permettant, dans l'intérêt d'une bonne administration de la justice, de renvoyer telle affaire au Conseil d'État dès lors qu'il y a une quasi-certitude que ce dernier en connaîtra en cassation (voir D. Chabanol, et Ch. Lapp, chronique « la justice et le temps, quelques pistes de réforme », Dalloz, n° 8, 29 février 2024, n°s 369 à 372).

Autre exemple envisageable : le « rescrit juridictionnel » est dans les tuyaux administratifs, malgré un avis réservé du Conseil d'État (CE ass., avis, 23 novembre 2017, n° 393744, pts 68 et s.), au moins sous une forme expérimentale : ainsi en dispose l'article 54 de la loi n° 2018-727 du 10 août 2018, pour un État au service d'une société de confiance (dite « ESSOC »). Sans doute un code ne doit-il pas contenir de dispositions provisoires ou expérimentales, mais il y faudra songer lorsque, passé le délai d'épreuve de trois ans, il sera envisagé, comme c'est probable, de transformer cet essai. Il s'agit de permettre à l'auteur ou au bénéficiaire d'une décision, s'agissant de mesures non réglementaires prenant place dans une opération complexe, et intervenant dans le domaine de l'expropriation, de l'urbanisme ou de la santé, de saisir le tribunal administratif d'une demande tendant à apprécier la légalité externe de cette décision, toutes mesures étant prises pour que des tiers intéressés puissent intervenir dans la procédure. Pour mener à bien la mission qui lui est confiée, le tribunal peut soulever d'office tout moyen de légalité externe, même s'il n'est pas d'ordre public. Si le tribunal constate la légalité externe de la décision en cause, aucun moyen tiré de cette cause juridique ne peut plus être invoqué par voie d'action ou par voie d'exception à l'encontre de cette décision, alors que pourront se dérouler d'autres procès mettant en cause la légalité interne de la décision. Ce juge à qui il n'est demandé que de formuler une « appréciation de régularité », qui ne pourra être remise en cause ultérieurement, et qui va s'abstraire du procès tel qu'on le lui propose pour se livrer à une sorte d'audit de la régularité externe de la décision, sera plus un inspecteur général qu'un juge ! Caractère renforcé par la décision n° 2019-794 QPC rendue par le Conseil constitutionnel le 28 juin 2019, qui, sous forme d'une réserve d'interprétation, enjoint au tribunal saisi dans ce cadre d'ordonner toutes les mesures d'instruction qu'il estime nécessaires pour rendre sa décision. Voici donc notre juridiction tenue de relever d'office tous les moyens de légalité externe, lors même qu'ils ne sont pas d'ordre public (de quelle portée devient alors cette dernière notion ?), et plus encore tenue de prescrire toute mesure d'instruction aux fins de vérifier le bien-fondé de moyens qu'elle relève d'office, ce qu'une jurisprudence bien arrêtée proscrivait (CE, 21 octobre 1959, Korsec, *Lebon*, p. 533).

Les deux syndicats de magistrats administratifs (Union syndicale des magistrats administratifs et Syndicat de la juridiction administrative) voient dans un tel mécanisme un outil de nature « à manipuler l'office du juge au profit de l'administration », mais leur recours contre le décret le décret n° 2018-1082 du 4 décembre 2018 relatif à l'expérimentation des demandes en appréciation de régularité a été rejeté (CE, 25 mars 2020, Union syndicale des magistrats administratifs et Syndicat de la juridiction administrative, n° 427650), le Conseil d'État jugeant que « les dispositions du décret attaqué, qui poursuivent un objectif d'intérêt général tiré de la sécurité juridique des opérations complexes en cause et qui sont proportionnées à l'objectif poursuivi, ne méconnaissent pas le droit à un recours effectif garanti par l'article 6 de la convention européenne de sauvegarde des droits de l'homme et des libertés fondamentales ».

Ces nouvelles perspectives affectant singulièrement l'office du juge mériteront de figurer au frontispice du Code de justice administrative !

Titre préliminaire

Champ d'application

Art. L. 1 Le présent code s'applique au Conseil d'État, aux cours administratives d'appel et aux tribunaux administratifs.

Texte source

– Ordonnance n° 2000-387 du 4 mai 2000, article 1er.

Commentaires

Ainsi qu'en dispose cet article, le présent code, dont le titre a reçu l'onction législative (loi n° 99-1071 du 16 décembre 1999), régit les seules juridictions administratives de droit commun. Toutes les juridictions spécialisées y échappent, ce qui ne signifie pas nécessairement que des règles ou principes qu'il contient ne leur sont pas applicables (ainsi, par exemple, du recours en rectification d'erreur matérielle : CE, 27 novembre 2013, n° 363388, *Lebon* T., ou de l'ouverture d'une voie de cassation). Leurs règles d'organisation et de fonctionnement sont contenues, la plupart du temps, dans les codes régissant les matières dont elles ont à connaître (Code de la santé publique pour les juridictions disciplinaires de l'ordre des médecins ; Code des juridictions financières pour les chambres régionales des comptes et la Cour des comptes ; Code de l'entrée ou du séjour des étrangers et du droit d'asile pour la Cour nationale du droit d'asile, par exemple). De principe, il est jugé qu'une juridiction administrative (en l'espèce la Cour nationale du droit d'asile) doit observer toutes les règles générales de procédure dont l'application n'est pas écartée par une disposition formelle ou n'est pas incompatible avec son organisation : tel est le cas du principe du contradictoire (CE, 10 décembre 2008, Islam, n° 284159, *Lebon* T.) ou de l'obligation d'informer les requérants de ce que la juridiction se propose de relever d'office un moyen d'ordre public (CE, 14 mars 2011, Ahmad, n° 329909, *Lebon*, revenant sur : CE, 28 février 1996, Kola, n° 145062, *Lebon* T.). Tel est également le cas du pouvoir d'instruction du juge administratif, combiné avec le caractère contradictoire de la procédure et la nécessité d'assurer la confidentialité des éléments d'information relatifs aux demandeurs d'asile (CE sect., 1er octobre 2014, Erden, n° 349560, *Lebon*), principe qui avait été formalisé au demeurant par le décret n° 2013-751 du 16 août 2013.

La solution a été identique s'agissant des juridictions de pensions qui doivent, entre autres, respecter « la règle générale de procédure applicable aux juridictions administratives, selon laquelle la décision juridictionnelle est rendue publiquement » (CE, 24 avril 2013, Boualem, n° 350705, *Lebon* T.).

Pas plus le Code de justice administrative ne régit-il le Tribunal des conflits, lequel ne saurait être rattaché à l'un ou à l'autre des ordres de juridictions. Il en va de même, pour la même raison, des dispositions relatives à l'aide juridique issues de la loi du 10 juillet 1991. Toutefois des dispositions spéciales peuvent étendre les dispositions du CJA à d'autres juridictions. Ainsi, l'ordonnance n° 2022-544 du 13 avril 2022 relative à la déontologie et à la discipline des officiers ministériels (*JORF* n° 0088 du 14 avril 2022) prévoit que les dispositions du Code de justice administrative sont applicables à la Cour nationale de discipline des avocats au Conseil d'État et à la Cour de cassation lorsqu'elle statue dans sa composition présidée par un membre du Conseil d'État. De même, l'article 3 du décret n° 2022-381 du 16 mars 2022 portant modification de la procédure disciplinaire de l'ordre des pharmaciens prévoit que « Les dispositions des articles R. 411-4 et R. 411-5, du deuxième alinéa de l'article R. 411-6, de la première phrase de l'article R. 412-2 et de l'article R. 413-5 du Code de justice administrative sont applicables devant les chambres de discipline et que les dispositions du premier alinéa de l'article R. 411-1 du même code sont applicables devant la chambre de discipline nationale. ». Le décret n° 2019-1286 du 3 décembre 2019 portant modification des dispositions relatives à la procédure disciplinaire des ordres des professions médicales et paramédicales contient des dispositions analogues (article 5). Les dispositions du CJA relatives aux téléprocédures sont applicables devant la Cour nationale du droit d'asile (décret n° 2021-274 du 11 mars 2021, *JORF* n° 0062 du 13 mars 2021). En l'absence de dispositions propres à l'aide juridictionnelle devant les autres juridictions administratives, celles du CJA s'appliquent (décret n° 2020-1717 du 28 décembre 2020, article 130, *JORF* n° 0314 du 29 décembre 2020).

S'agissant du champ d'application dans le temps du CJA, il est susceptible d'être suspendu ou modifié pendant un état d'urgence (atteintes graves à l'ordre public et calamité publique) : les règles relatives à l'état d'urgence sont définies par la loi n° 55-385 du 3 avril 1955, modifiée notamment par l'ordonnance n° 60-372 du 15 avril 1960 et profondément remaniée par la loi n° 2015-1501 du 20 novembre 2015. L'article L. 213-1 du Code de la sécurité intérieure renvoie à la loi n° 55-385 du 3 avril 1955 et l'article L. 2131-1 du Code de la défense précise que ce régime ne peut être cumulé avec celui de l'état de siège.

Mais, le décret par lequel le président de la République déclare l'état d'urgence, en vertu de la loi du 3 avril 1955, n'est pas un acte de gouvernement dès lors que l'intervention du Parlement, appelé à décider de la prorogation de ce régime d'exception, n'est pas certaine au moment de l'édiction du décret. Le juge administratif est dès lors compétent pour en connaître.

Le juge de l'excès de pouvoir exerce un contrôle normal sur les motifs justifiant le prononcé d'une assignation à résidence.

Il appartient au juge des référés de s'assurer, en l'état de l'instruction devant lui, que l'autorité administrative, opérant la conciliation nécessaire entre le respect des libertés et la sauvegarde de l'ordre public, n'a pas porté d'atteinte grave et manifestement illégale à une liberté fondamentale, que ce soit dans son appréciation de la menace que constitue le comportement de l'intéressé, compte tenu de la situation ayant conduit à la déclaration de l'état d'urgence, ou dans la détermination des modalités de l'assignation à résidence.

La loi du 3 avril 1955 est compatible avec les stipulations de la Convention européenne de sauvegarde des droits de l'homme et des libertés fondamentales, et notamment avec celles de son article 15 (CE sect., 11 décembre 2015, n° 395009, Domenjoud, *Lebon*). À notre connaissance, ce régime, qui a été appliqué six fois, ne s'est pas accompagné de règles de procédure juridictionnelle administrative spéciales (O. Le Bot, « État d'urgence et compétences juridictionnelles », *RFDA* 2016, 436).

Il en va différemment pour l'état d'urgence sanitaire qui a fait l'objet d'une loi organique n° 2020-365 du 30 mars 2020 d'urgence pour faire face à l'épidémie de covid-19, déclarée conforme à la Constitution en dépit de la violation des règles de procédure d'élaboration de la loi organique fixées par la Constitution (Cons. const. 26 mars 2020, n° 2020-799 DC). A été également adoptée une loi n° 2020-290 du 23 mars 2020 d'urgence pour faire face à l'épidémie de covid-19 (CSP, art. L. 3131-13). L'état d'urgence sanitaire a été déclaré par un décret n° 2020-1257 du 14 octobre 2020.

Ont été prises une ordonnance n° 2020-305 du 25 mars 2020 portant adaptation des règles applicables devant les juridictions de l'ordre administratif, une ordonnance n° 2020-306 du 25 mars 2020 relative à la prorogation des délais échus pendant la période d'urgence sanitaire et à l'adaptation des procédures pendant cette même période. L'ordonnance n° 2020-306 a été partiellement annulée (CE, 16 novembre 2020, Confédération générale du travail et autres, n° 440418, *Lebon* T. : annulation de l'article 13 de l'ordonnance n° 2020-306 du 25 mars 2020 en tant seulement qu'il prévoit une dispense de consultations préalables obligatoires prévues par une disposition législative). Mais cette ordonnance de prorogation s'applique également aux délais de recours « prescrits par la jurisprudence » (CE, avis, 3 février 2022, Société Osiris Sécurité Rune, n° 457527, *Lebon* T. : s'agissant de délai du recours prévu par CE, ass., 4 avril 2014, Département de Tarn-et-Garonne, n° 358994, *Lebon* – CE, 21 octobre 2020, Wargny n° 442799, *Lebon* T. : s'agissant du délai qui résulte de la décision Société Hasbro European Trading BV n° 435634 du 13 mars 2020 – CE, 4 novembre 2020, Élections municipales et communautaires de Frignicourt (Marne), n° 440355, *Lebon* T. – CE, 25 novembre 2020, Élections municipales de Rouy-le-Grand (Somme), n° 442411, *Lebon* T., CE, 17 juillet 2020, Élections municipales et communautaires de Saint-Sulpice-sur-Risle (Orne), n° 440055, *Lebon* T. : pour son application au contentieux électoral – CE, 27 mai 2020, Barnabon, n° 432977, *Lebon* T. : s'agissant de la suspension du cours de l'astreinte).

Une ordonnance n° 2020-405 du 8 avril 2020 est intervenue pour adapter les règles applicables devant les juridictions de l'ordre administratif et préciser l'application des deux ordonnances précédentes.

Une ordonnance n° 2020-427 du 15 avril 2020 a apporté de nouvelles modifications aux règles dérogatoires de procédure devant les juridictions administratives pendant la période de lutte contre l'épidémie, les plus notables étant, pour le contentieux de l'urbanisme, la substitution d'un mécanisme de suspension des délais à celui du report initialement prévu et, pour le contentieux des étrangers, la clarification des règles de report de délai.

Une ordonnance n° 2020-558 du 13 mai 2020 tient compte de la cristallisation du point de redémarrage des délais de recours résultant de l'ordonnance n° 2020-560 du 13 mai 2020 et introduit de nouvelles mesures d'adaptation de la procédure juridictionnelle jusqu'à la fin de l'état d'urgence sanitaire (initialement fixée au 10 juillet 2020 par la loi n° 2020-546 du 11 mai 2020).

En application de ces dispositions, divers aménagements ont été apportés, pour permettre aux juridictions de fonctionner (Délais de recours et délais d'instruction, délais pour statuer, composition des formations de jugement, juge unique, jugement par ordonnance, communication aux parties, tenue des audiences, notamment à huis clos ou dématérialisées, dispense de conclusions, dispense d'audience, signature, publicité et notification des décisions).
Une ordonnance n° 2020-560 du 13 mai 2020 a fixé la fin de la période juridiquement protégée au 23 juin 2020.
Une ordonnance n° 2020-1402 du 18 novembre 2020 et un décret n° 2020-1406 du 18 novembre 2020 ont de nouveau adapté les règles applicables aux juridictions de l'ordre administratif.
Le juge des référés du Conseil d'État a rejeté les requêtes du Syndicat des avocats de France et du Conseil national des barreaux tendant notamment à la suspension de l'exécution de l'article 2 l'ordonnance n° 2020-1402 du 18 novembre 2020 qui permet la tenue d'une audience de façon dématérialisée (CE, 24 décembre 2020, Syndicat des avocats de France et autres, n° 447063).
Par une décision du 2 avril 2021, le Conseil d'État a refusé de transmettre au Conseil constitutionnel une question prioritaire de constitutionnalité sur les articles 1 à 3 de l'ordonnance du 18 novembre 2020 portant adaptation des règles applicables aux juridictions de l'ordre administratif qui n'avait pas encore été ratifiée, en jugeant que cette adaptation ne méconnaissait pas le droit au recours (CE, 2 avril 2021, Syndicat des avocats de France et autres, n°s 447060 et 447065).
Deux lois, n° 2020-856 du 9 juillet 2020 et n° 2021-689 du 31 mai 2021 ont organisé la sortie de l'état d'urgence sanitaire, mais il a été prorogé, par une loi n° 2020-1379 du 14 novembre 2020, une loi n° 2021-160 du 15 février 2021, une loi du 5 août 2021 et une loi n° 2021-1465 du 10 novembre 2021, jusqu'au 31 juillet 2022 avec une période transitoire à partir du 2 juin 2021 (Cons. const., 9 novembre 2021, déc. n° 2021-828 DC).

Au nom du peuple français...

Art. L. 2 Les jugements sont rendus au nom du peuple français.

Texte source

– Code des TA et des CAA, article L. 1.

Commentaires

Cet article rappelle que les juridictions administratives exercent la justice déléguée. Depuis la loi du 24 mai 1872 et l'arrêt *Cadot* (CE, 13 décembre 1889, Cadot, n° 66145, *Lebon*, p. 1148), qui pouvait en douter ?
Sous l'appellation de « jugements », il convient évidemment d'entendre, de façon générique, l'ensemble des décisions rendues par les juridictions mentionnées à l'article L. 1, quelle que soit leur appellation (jugements, arrêts, ordonnances ou décisions du Conseil d'État statuant au contentieux). Interprétation au demeurant confirmée au contentieux : par la décision *Bouteraa*, le Conseil d'État a, le 4 novembre 1992, jugé que la compétence des cours administratives d'appel,

décrite comme concernant les appels dirigés contre les « jugements » des tribunaux administratifs, s'étendait aux appels dirigés contre les « ordonnances » rendues par le juge de premier degré.
On notera que, les « avis contentieux » rendus par le Conseil d'État n'étant pas des décisions, ils ne sont pas prononcés au nom du peuple français (voir art. L. 113-1 et R. 113-1 et s. – CE sect., 23 mars 2012, Centre hospitalier d'Alès-Cévennes, n° 355151, *Lebon* dans sa rédaction originale), même si parfois cette exigence est perdue de vue : la présence de la mention « au nom du peuple français » est le signe distinctif de la décision juridictionnelle, rappelant par-là que l'acte juridictionnel ne procède pas d'une élaboration hiérarchisée ou subordonnée à quelque autorité que ce soit. Agissant au nom du peuple français, les juridictions lui en sont comptables en vert de l'article 15 de la Déclaration des droits de l'homme et du citoyen. Mais la responsabilité de l'État du fait d'une décision juridictionnelle ne peut être engagée qu'en cas de faute lourde (CE ass., 29 décembre 1978, Darmont, n° 96004, *Lebon*, p. 542).

La collégialité

Art. L. 3 Les jugements sont rendus en formation collégiale, sauf s'il en est autrement disposé par la loi.

Texte source

– Code des TA et des CAA, article L. 4, § 2.

Commentaires

L'affirmation du principe de collégialité est essentielle, tant « la collégialité est le corollaire indispensable de l'indépendance » (F. Mitterrand, 28 janvier 1994, Discours d'installation du comité de politique monétaire). Comment ne pas citer ici l'appréciation sans nuance portée par Odent R., alors président de la section du contentieux du Conseil d'État, sur le juge non collégial : « La solution du juge unique, qui peut paraître expédiente, est, en contentieux administratif, une solution détestable. Une délibération sérieuse, aboutissant à un jugement offrant des garanties d'indépendance et d'impartialité aux justiciables, implique nécessairement que plusieurs personnes soient consultées, discutent leurs points de vue respectifs et dégagent une majorité. » Collégialité dont, au surplus, il faut souligner, après Daniel Labetoulle (« Titre préliminaire », *J.-Cl. Justice adm.*, 2003), qu'elle renvoie, plus qu'à une banale organisation, à un état d'esprit, voire une discipline. C'est la « recherche en commun de la meilleure solution avec pour ressorts : la liberté et la spontanéité de ceux qui s'expriment quand ils le demandent ; l'attention et l'humilité de ceux qui écoutent et doivent être prêts à changer d'avis ; la commune certitude que ce qui est dit dans la salle du délibéré ne sera pas répété ailleurs ; enfin l'adhésion au postulat que la bonne solution sera celle dégagée, au terme du débat, par un vote à main levée dont il importera peu qu'il ait été acquis à telle ou telle majorité. »
Il reste que, devant l'abondance des affaires à traiter, le caractère souvent répétitif de certains contentieux, comme parfois l'évidence des réponses à apporter,

il a bien fallu en venir à des solutions dérogeant au principe de collégialité : ce principe a en effet un coût non négligeable. De plus et surtout, son application systématique aboutit fatalement à créer des files d'attente, dans lesquelles s'entassent des affaires « sérieuses », alors que les moyens disponibles sont consacrés au jugement d'affaires qui, parce qu'elles n'expriment que la mauvaise humeur du requérant, sans soulever de questions ni de faits ni de droit, le texte étant clair, ne sont pas d'authentiques litiges. L'article L. 3 renvoie au législateur le soin de définir les cas dans lesquels il peut être recouru au juge statuant seul, comme il résulte de sa lettre même que les exceptions ainsi définies devront être interprétées strictement. Au surplus, le Code de justice administrative révèle que l'on n'attend point du législateur qu'il énumère, comme c'était le cas auparavant, les matières relevant du juge statuant seul, mais seulement qu'il détermine les critères que le pouvoir réglementaire devra mettre en œuvre : en témoigne la rédaction de l'article L. 222-1, renvoyant à des « exceptions tenant à l'objet du litige ou à la nature des questions à juger », là où les articles L. 4-1 et L. 9 anciens du Code des tribunaux administratifs et des cours administratives d'appel énuméraient avec un luxe de précision les matières relevant du magistrat statuant seul. On verra à propos de l'article L. 222-1 que ce mode de rédaction a été jugé conforme à la Constitution (Cons. const., 14 octobre 2010, USMA, déc. n° 2010-54 QPC).

Les requêtes ne sont pas suspensives

Art. L. 4 Sauf dispositions législatives spéciales, les requêtes n'ont pas d'effet suspensif s'il n'en est autrement ordonné par la juridiction.

Textes sources

– Ordonnance n° 45-1708 du 31 juillet 1945, article 48.
– Code des TA et des CAA, articles R. 118 et R. 125, 1re phrase.

Commentaires

Le caractère non suspensif des « requêtes » est un principe fondamental de notre droit public (CE ass., 2 juillet 1982, Huglo, n°s 25288 et 25323, *Lebon*, p. 257), découlant du caractère exécutoire des actes administratifs, au moins en ce qui concerne les demandes d'annulation ou de réformation de ces actes. Mais se trouve également rangée au nombre des principes constitutionnels de respect des droits de la défense la possibilité d'obtenir que l'exécution d'une décision administrative soit suspendue (Cons. const., 23 janvier 1987, déc.° 86-224 DC relative au Conseil de la concurrence [**1**] – on trouve une semblable exigence dans la jurisprudence de la Cour européenne des droits de l'homme). De telle sorte que l'article L. 4 se devait d'annoncer que la juridiction pourrait ordonner la suspension de la décision contestée (voir livre V du présent code).
On ne trouve pas le même principe à l'origine du caractère non suspensif des voies de recours, pourtant également affirmé par l'article L. 4. Et même, ce dernier caractère va à l'encontre dudit principe, puisque, en règle générale, le jugement d'excès de pouvoir dont on souhaiterait qu'il fît l'objet d'un appel suspensif est un jugement mettant à mal un acte administratif.

Les principales exceptions au caractère non suspensif des recours concernent le contentieux des mesures d'éloignement des étrangers en situation irrégulière (obligation de quitter le territoire français – articles L. 512-1 et suivants du Code de l'entrée et du séjour des étrangers et du droit d'asile [CESEDA]). Elles ne sont pas les seules dans notre droit : ainsi en va-t-il de même de l'appel formé en matière d'action de groupe (CJA, art. L. 77-10-25), de recours en reconnaissance de droits (CJA, art. L. 77-12-4), ou encore de l'opposition formée contre un titre exécutoire, laquelle suspend d'office l'exécution de ce titre jusqu'à la décision au fond du premier juge. Cette dernière exception s'explique par la force toute particulière qui s'attache aux états exécutoires, par lesquels l'administration s'autorise elle-même, et sans autre forme de procès, à saisir les biens d'un tiers : à ces effets radicaux répond le caractère suspensif de l'opposition. Et le Code électoral prévoit de son côté que les conseillers dont l'élection est contestée demeurent en fonction jusqu'à ce qu'il soit statué définitivement sur leur élection, ce qui rend suspensif l'appel dirigé contre un jugement annulant une élection (C. élect. art. L. 223 et L. 250, sous réserve des articles L. 223-1 et L. 250-1). Dans un domaine voisin, la démission d'office d'un conseiller municipal pour survenance en cours de mandat d'une cause d'inéligibilité relève d'un régime suspensif (CE, 29 avril 1970, Agard Lafon, n° 77686, *Lebon*) sauf si elle fait suite à une condamnation pénale définitive entraînant la perte des droits civiques et électoraux (C. élect., art. L. 236 et L. 341). On citera également l'alinéa 4 de l'article L. 2131-6 du CGCT, repris à l'article L. 554-2 du CJA, conférant à certains déférés préfectoraux un caractère suspensif.
Naturellement, la demande de suspension n'a pas à être adressée à la juridiction lorsque l'exercice même du recours est suspensif. Si elle l'est, elle est irrecevable (CE, 7 février 1986, Ruble, n° 65752, *Lebon*, p. 34 [**2**], s'agissant d'un titre exécutoire). Mais la suspension née de l'exercice d'un recours cesse avec la décision rendue par le juge saisi. Il a donc été admis que le juge d'appel puisse être utilement saisi, et pour la première fois, d'une demande de suspension, dans les matières dans lesquelles le recours est, en première instance, suspensif. Ainsi en matière de titre exécutoire, voir CE, avis, 5 mai 1995, Laiterie Fromarsac, n° 163224, *Lebon* [**3**].

Jurisprudence

[**1**] Considérant que, compte tenu de la nature non juridictionnelle du Conseil de la concurrence, de l'étendue des injonctions et de la gravité des sanctions pécuniaires qu'il peut prononcer, le droit pour le justiciable formant un recours contre une décision de cet organisme de demander et d'obtenir, le cas échéant, un sursis à l'exécution de la décision attaquée constitue une garantie essentielle des droits de la défense [...].

[**2**] Considérant qu'il résulte des pièces du dossier que M. Ruble a fait opposition par une requête enregistrée au greffe du tribunal administratif de Strasbourg le 23 octobre 1984 au commandement de payer émis à son encontre le 19 octobre 1984 par la recette-perception de Bischwiller d'un montant de 117 940,45 francs ; que ce titre avait cessé d'être exécutoire dès l'introduction de l'opposition devant le tribunal administratif de Strasbourg ; que dès lors les conclusions de M. Ruble tendant à ce qu'il soit sursis à son exécution étaient sans objet et par suite non recevables [...].

[3] L'article 164 du décret du 29 décembre 1962 portant règlement général sur la comptabilité publique qui fixe les conditions dans lesquelles sont recouvrées les créances des établissements publics nationaux à caractère administratif dispose que « Les créances de l'établissement qui n'ont pu être recouvrées à l'amiable font l'objet d'états rendus exécutoires par l'ordonnateur [...]. Leur recouvrement est poursuivi jusqu'à opposition devant la juridiction compétente. »
Il résulte de cette disposition que si l'opposition formée contre un titre exécutoire devant la juridiction compétente fait obstacle au recouvrement de la créance, l'intervention du jugement rejetant ladite opposition met fin à cet effet suspensif. Conformément aux dispositions de l'article L. 8 du code des tribunaux administratifs et des cours administratives d'appel aux termes duquel « les jugements des tribunaux administratifs et des cours administratives d'appel sont exécutoires et emportent hypothèque », l'appel présenté contre un tel jugement n'entraîne pas par lui-même la suspension de l'exécution du titre qui ne pourrait être ordonnée que par le juge d'appel saisi de conclusions à fin de sursis présentées dans les conditions de droit commun.

L'instruction est contradictoire

Art. L. 5 L'instruction des affaires est contradictoire. Les exigences de la contradiction sont adaptées à celles de l'urgence, du secret de la défense nationale et de la protection de la sécurité des personnes.

Textes sources

– Ordonnance n° 2000-387 du 4 mai 2000, article 1er.
– Loi n° 2017-258 du 28 février 2017, article 4.

Commentaires

Nul ne discutera sans doute le caractère fondamental du principe du contradictoire, qui irrigue toute la procédure contentieuse. Son champ d'application dépasse d'ailleurs très largement celui du Code de justice administrative. Il régit ainsi le fonctionnement des juridictions spécialisées, tels les conseils de discipline des ordres professionnels (CE, 18 février 2010, Naville, n° 325910, *Lebon* T.) ou la Cour nationale du droit d'asile (CE, 22 octobre 2012, Martazanov, n° 328265, *Lebon*).

C'est « le droit, pour les parties au procès, de prendre connaissance de toute pièce ou observation présentée au juge et de la discuter, le cas échéant » (CEDH, 18 octobre 2007, Asnar c/France, n° 12316/04). Encore doit-on noter d'emblée que notre droit administratif a adopté, en la matière, ce qui pourrait passer pour un « accommodement raisonnable », admettant que l'on puisse régulièrement ne pas communiquer un mémoire n'apportant rien au débat, de façon à interrompre le « jeu de tennis de table » représenté par l'instruction (opinion dissidente de M. le juge Costa sous la décision *Asnar* susmentionnée). La position très formaliste retenue toutefois par la CEDH dans l'affaire *Asnar* (la Cour y estimant que c'est aux parties de décider si un document appelle ou non des commentaires de leur part) commande en la matière la prudence.

En application de ce principe, le juge administratif ne peut statuer qu'au vu des pièces qui ont été versées à son dossier et communiquées aux parties. Commet une erreur de procédure le tribunal qui, fort de la certitude que les parties avaient eu connaissance d'un rapport (dont elles avaient discuté les termes), se fonde sur ce rapport sans en avoir sollicité la production officielle au dossier (CE, 6 février 2013, Doenges, n° 331426).

Le droit pour les parties de discuter les pièces versées au dossier implique que le délai qui leur est donné pour ce faire soit précisément énoncé, ce qui écarte absolument la formule « le plus rapidement possible » (CE, 15 février 2012, Société nationale des chemins de fer français et réseau ferré de France, n° 351174, *Lebon* T.), sauf si une date d'audience a été fixée, cette date marquant alors le terme du délai imparti (même arrêt).

La seconde phrase de l'article n'est pas moins importante, qui autorise, au nom de l'urgence, une adaptation des exigences de l'instruction contradictoire, ainsi que l'on pourra le constater à propos du livre V.

À ce droit s'ajoute, autre facette du principe du contradictoire, le droit d'organiser sa défense et de présenter utilement ses arguments en défense, le cas échéant avec l'assistance d'un avocat. Est donc irrégulier comme méconnaissant cet article le jugement rendu, alors qu'il n'a pas été statué sur une demande d'aide juridictionnelle formée par le défendeur et qu'aucune circonstance tirée de l'urgence ne justifiait cette précipitation (CE, 7 mars 2012, Olivry, n° 352367, *Lebon* T.).

Conformément au bon sens, et au surplus à la jurisprudence, la notion d'instruction « contradictoire » n'implique pas nécessairement que le défendeur éventuel ait été mis à même de présenter des observations sur une requête, si la solution qu'appelle cette dernière relève de l'évidence et se traduit par un rejet (CE sect., 29 janvier 1993, Association des riverains de l'Herrengrie, n° 126483, *Lebon* [**1**] – CE, 5 avril 1996, Syndicat des avocats de France, n° 116594, *Lebon* [**2**]). La procédure d'admission des pourvois en cassation en offre un exemple désormais classique (voir art. L. 822-1 et R. 822-1 et s.). C'est dire que le texte se borne à exiger que l'instruction, si instruction il y a, soit contradictoire, cette phase n'englobant pas la détermination de la solution par la formation du jugement, qui s'opère après la clôture de l'instruction.

Il demeure essentiel que la partie qui va perdre tout ou partie du procès ne subisse pas ce sort à cause d'un dossier dont elle n'aurait pas été en mesure de discuter le contenu. Ainsi, une décision ne peut régulièrement se fonder sur une pièce non régulièrement versée au dossier, non publique, et non communiquée même si elle « librement consultable en ligne » (CE, 4 mars 2020, Franchaisse, n° 420828). Le juge peut cependant fonder sa décision sur des données publiques librement accessibles sans les communiquer aux parties (CE, 30 avril 2024, n° 465124, *Lebon* T., s'agissant données publiques de référence produites par l'Institut géographique national (IGN) et librement accessibles au public sur le site internet geoportail.gouv.fr.).

On note la dérogation, instituée par l'article L. 773-3, à ce principe, dans le contexte spécifique portant sur la mise en œuvre des techniques de renseignements, instituée par la loi n° 2015-912 du 24 juillet 2015.

La modification issue de la loi n° 2017-258 du 28 février 2017 relative à la sécurité publique est destinée à mettre l'article L. 5 en cohérence avec le nouvel article L. 773-9 institué par cette loi : il s'agit de protéger, dans certaines hypothèses, les

auteurs de décisions fondées sur des motifs en lien avec la prévention d'actes de terrorisme, en faisant en sorte que leur identité ne soit pas révélée à l'occasion d'un contentieux dirigé contre ces décisions. On se reportera à cet article L. 773-9.
En la matière, le Conseil constitutionnel recherche si les dispositions assurent une conciliation équilibrée entre, d'une part, les droits de la défense et le principe du contradictoire et, d'autre part, les exigences constitutionnelles inhérentes à la sauvegarde des intérêts fondamentaux de la Nation, dont participe le secret de la défense nationale (voir Cons. const., 8 avril 2022, Saïd Z., déc. n° 2022-987 QPC, s'agissant des articles 230-1 à 230-5 et 706-102-1 du Code de procédure pénale).
On peut regretter que, d'une part, il ne soit pas fait mention des autres secrets protégés et, d'autre part, ne soit pas également affirmé, dans le titre préliminaire, le caractère inquisitorial de la procédure, car il appartient au juge administratif, dans l'exercice de ses pouvoirs généraux de direction de la procédure, de prendre toutes mesures propres à lui procurer, par les voies de droit, les éléments de nature à lui permettre de former sa conviction sur les points en litige (CE, 20 février 2012, Ministre de la Défense et des anciens combattants, n° 350382, *Lebon*, p. 54).
Instruire n'est pas seulement un pouvoir du juge, mais également, sauf dispense, un devoir (CE, 3 octobre 2018, Section française de l'observatoire international des prisons, n° 413989, *Lebon* – CE, 31 mars 2014, Ministre délégué, chargé du Budget c/Société Auchan France, n°s 368111, 368123, 368124, *Lebon* T., p. 623 – CE, 26 novembre 2012, Mme Cordière, n° 354108, *Lebon*, p. 394 – CE, 15 décembre 2010, Groupement d'intérêt économique garde ambulancière 80 et autres, n° 330867, *Lebon* T., p. 923-981 – CE ass., 30 octobre 2009, Mme Perreux, n° 298348, *Lebon*, p. 407), office dont la méconnaissance est sanctionnée par le juge de cassation (CE sect., 1er juillet 2005, S., n° 234403, *Lebon*, p. 300).

Jurisprudence

[1] Considérant qu'aux termes du premier alinéa de l'article L. 9 du code des tribunaux administratifs et des cours administratives d'appel, dans sa rédaction issue de la loi susvisée du 25 juin 1990 : « Les présidents de tribunal administratif, les présidents de cour administrative d'appel, le vice-président du tribunal administratif de Paris et les présidents de formation de jugement des tribunaux administratifs et des cours administratives d'appel peuvent, par ordonnance, donner acte des désistements, constater qu'il n'y a pas lieu de statuer sur une requête et rejeter les conclusions entachées d'une irrecevabilité manifeste non susceptible d'être couverte en cours d'instance » ; qu'aux termes du second alinéa du même article : « Ils peuvent, en outre, par ordonnance prise au terme d'une procédure contradictoire, rejeter les conclusions à fin de sursis. Ils peuvent, en tout état de cause, renvoyer l'affaire devant la formation collégiale de la juridiction » ;
Considérant que le principe du caractère contradictoire de la procédure rappelé au deuxième alinéa de l'article L. 9 précité, s'il interdit au président d'une formation de jugement de se fonder, pour rejeter des conclusions à fin de sursis, sur des éléments qui n'auraient pas été connus des demandeurs, ne lui fait pas obligation de communiquer ces conclusions aux défendeurs dès lors qu'il peut uniquement, par ordonnance prise en application dudit article, prononcer le rejet de telles conclusions ; que, par suite, les requérants ne sont pas fondés à soutenir que, faute de communication de leur demande tendant à ce qu'il soit sursis à l'exécution du permis de construire

accordé à M. et Mme Deplanck par le maire de Marcq-en-Barœul à l'auteur et aux bénéficiaires de cette décision, l'ordonnance rejetant cette demande aurait été prise sur une procédure irrégulière [...].

[**2**] Considérant qu'aux termes de l'article R. 149 [du code des tribunaux administratifs et des cours administratives d'appel] : « Lorsqu'il apparaît au vu de la requête que la solution de l'affaire est d'ores et déjà certaine, le président du tribunal administratif ou, à la cour administrative d'appel, le président de la chambre peut décider qu'il n'y a pas lieu à instruction et transmettre le dossier au commissaire du gouvernement » ; Considérant que ces dispositions n'ont pas pour objet et ne sauraient avoir légalement pour effet de porter atteinte au principe général du caractère contradictoire de la procédure ; qu'elles permettent uniquement de dispenser de communiquer la requête aux défendeurs lorsque la décision à intervenir n'est pas susceptible de leur porter préjudice ; qu'il en va ainsi notamment en cas de rejet de la requête [...].

L'audience est publique

Art. L. 6 Les débats ont lieu en audience publique.

Textes sources

– Ordonnance n° 45-1708 du 31 juillet 1945, article 66, § 1.
– Code des TA et des CAA, article R. 195.

Commentaires

On remarquera que, s'il y a « débats » en audience publique, le code ne fait nulle part état de « plaidoiries », mais seulement d'« observations orales », écho de ce que, dans son principe – pourtant non énoncé dans ce livre préliminaire –, la procédure devant le juge administratif est « principalement » ou « essentiellement » écrite (voir art. R. 411-1 et s.).

La publicité des audiences du Conseil d'État remonte à l'ordonnance du 2 février 1831.

L'article L. 6 érige au rang législatif le principe de publicité des audiences, ainsi que l'avait jugé, à propos du nouveau Code de procédure civile, le Conseil d'État (CE ass., 4 octobre 1974, Dame David, n° 88930, *Lebon*, p. 464 [**1**]). Et la procédure d'adoption du code par ordonnance contraignait à le rédiger à droit constant, en ce qui concerne sa partie législative, sauf à y opérer les déclassements découlant de la définition du domaine législatif (Cons. const., 16 décembre 1999, déc. n° 99-421 DC). Ce qui n'a pas permis de prévoir, pour les juridictions administratives, une procédure de huis-clos simultanée à la parution du code. L'adoption de l'article 57 de la loi n° 2004-1343 du 9 décembre 2004 de simplification du droit le rendra possible (voir art. L. 731-1).

Le texte n'impose pas la tenue systématique d'une audience avant jugement : il faut qu'il y ait « débats ». Et une partie des procédures de référé peut se régler sans audience publique. Il en va de même de diverses ordonnances, par exemple prononcées en application de l'article R. 222-1 (CE, 30 décembre 1998, Association syndicale du Nevon, n° 151454), mais non en application des articles L. 551-1 et L. 551-2 relatifs aux marchés publics (CE ass., 10 juin 1994, Ville de Cabourg, n° 141633, *Lebon*), en tout cas s'il s'agit pour le juge d'user des pouvoirs prévus par ce texte et non de constater que la demande n'a pas ou plus d'objets (CE, 7 mars 2005, Société Grandjouan-Saco, n° 270778).

Rien ne s'oppose à ce qu'une audience se tienne le dimanche ou autre jour férié (et diverses procédures d'urgence l'imposeront, par exemple en matière de référé-liberté prévu à l'article L. 521-2) : une telle circonstance ne méconnaît pas les droits de la défense (CE, 17 mai 1995, Bungudi, n° 151519). Mais il a été admis que l'on était en droit d'invoquer le principe de la liberté des cultes pour demander que l'audience ne se tienne pas lors d'une fête religieuse (en l'espèce, le jour de Rosh Ha Shana, fête du Nouvel An juif), le juge appréciant si, compte tenu notamment du caractère tardif de sa date de présentation, cette demande n'a pas pour seul but de différer l'examen de l'affaire (CE, 29 janvier 2001, Bensabat, n° 192129). On pourra consulter sur ce sujet la décision rendue le 3 avril 2012 par la Cour européenne des droits de l'homme (CEDH, 3 avril 2012, Francesco Sessa c/Italie, n° 28790/08) et les commentaires qu'en a faits F. Dieu (*JCPA*, 23 juillet 2012, p. 25).

Si les audiences sont publiques, la procédure (entendons par là le contenu des dossiers) demeure secrète pour toutes les personnes autres que les parties, sous la seule réserve de ce qu'en révélera l'audience ou le jugement, lu en séance publique. Ce secret doit être préservé par la juridiction, qui ne doit pas le briser par des jonctions intempestives : décidée en première instance, la jonction des affaires (que le juge a la faculté de prononcer « dans l'intérêt d'une bonne administration de la justice » – CE, 5 mai 2017, Fiorentino, n° 391925) permet, en appel, à toutes les parties d'avoir accès à l'entier dossier, y compris aux éléments relatifs aux affaires qui ne les concernent pas personnellement. C'est dire que des précautions doivent être observées, notamment lorsque les dossiers à joindre contiennent des éléments d'ordre médical (expertise), professionnel, ou fiscal (CE, 14 juin 1989, SA Moulin Jacquot, n° 61229, *Lebon* T. ; *RJF* 1989, n° 1028). Encore convient-il de noter que, lors même qu'une jonction aurait pour effet de permettre, à l'étape procédurale suivante (appel ou cassation) de l'une des parties d'accéder à des éléments de dossier ne la concernant pas, et protégés par le secret, ce point serait en lui-même sans effet sur la régularité de la décision rendue après jonction (CE sect., 23 octobre 2015, Ministre chargé du Budget c/Chehboun, n° 370251, revenant sur la position arrêtée dans l'affaire *Moulin Jacquot*).

La décision juridictionnelle, qui « doit faire la preuve que la procédure à l'issue de laquelle elle a été prononcée a été régulière », doit faire apparaître que l'audience a été publique (CE, 8 novembre 1993, Kluck, n° 124582 – CE, 29 juillet 1994, David, n° 125762), ce que confirme d'ailleurs l'article R. 741-2. Mais n'est pas d'ordre public le moyen tiré de ce que la mention de ce que l'audience a été publique ne figure pas dans la décision juridictionnelle attaquée (CE, 25 janvier 2012, Association pour la réadaptation des jeunes, n° 336959, *Lebon* T.). La seule mention que les parties ont été entendues n'implique pas que l'audience a été publique (CE, 27 mai 1998, Assoun, n° 299886).

Les innovations introduites par la loi n° 2003-1119 du 26 novembre 2003 ne concernaient que la procédure judiciaire. Elles permettent, sur décision du juge des libertés et de la détention, de tenir une audience dans deux salles distinctes reliées par des moyens de télécommunication audiovisuelle, un procès-verbal des opérations étant dressé pour chaque salle (loi n° 2003-1119 du 26 novembre 2003, art. 49 et 50). Selon ce schéma, le juge se tient dans une salle, le justiciable dans une autre qui peut être très éloignée de la première. La transposition de ce mécanisme dans la juridiction administrative, dans des hypothèses limitées, est chose faite avec l'article L. 781-1.

Jurisprudence

[1] Considérant que la publicité des débats judiciaires est un principe général du droit ; qu'il n'appartient dès lors qu'au législateur d'en déterminer, d'en étendre ou d'en restreindre les limites ; que le 2e alinéa de l'article 83 qui confère au président du tribunal, seul, le droit de décider que les débats auront lieu en chambre du conseil s'il doit résulter de leur publicité une atteinte à l'intimité de la vie privée, ou si toutes les parties le demandent, ou s'il survient des désordres de nature à troubler la sérénité de la justice, apporte des restrictions à ce principe et ne pouvait par suite être édicté par le pouvoir réglementaire [...].

Le rapporteur public

Art. L. 7 Un membre de la juridiction, chargé des fonctions de rapporteur public, expose publiquement, et en toute indépendance, son opinion sur les questions que présentent à juger les requêtes et sur les solutions qu'elles appellent.

Textes sources

– Loi n° 86-14 du 6 janvier 1986, article 18, § 1.
– Décret n° 2009-14 du 7 janvier 2009, article 1er.

Commentaires

Le « commissaire du gouvernement », devenu rapporteur public, est apparu au XIXe siècle devant le Conseil d'État. C'est le 12 mars 1831 qu'est organisée l'intervention d'un maître des requêtes exerçant les fonctions du « ministère public », désigné pour trois mois par le ministre présidant le Conseil d'État, lequel maître des requêtes devra être entendu sur chaque affaire après avoir reçu communication du dossier. Rien dans le texte ne précise – à la différence de l'exposé des motifs – que ce personnage aurait pour mission de défendre les intérêts de l'État. Ce ministère public a rapidement pris son envol et son autonomie, puisque dès 1832 était rendue une décision rejetant les prétentions du ministère des Finances, conformément aux conclusions du ministère public (CE, 24 mars 1832, D'Annebault c/Administration des Domaines, *Lebon*, p. 97).
En 1842, apparaît pour la première fois dans un arrêt l'expression « commissaire du roi », et disparaît le ministère public, expression consacrée par la loi du 21 juillet 1845 (art. 20). Et c'est en 1852 que ce commissaire devient « du gouvernement » (décret du 25 janvier 1852, art. 21). Encore doit-on noter que, dans les esprits, le « commissaire du gouvernement » demeure encore assimilé au ministère public, même pour les auteurs de normes procédurales. Ainsi, la loi n° 85-699 du 11 juillet 1985 et son décret d'application n° 86-74 du 15 janvier 1986, relatifs à l'enregistrement des débats présentant un intérêt historique, prévoient-ils un avis

du « ministère public », lors même que ces procédures s'appliquent devant toutes les juridictions, y compris administratives (voir art. R. 731-2).

À l'instar du procureur agissant comme « partie jointe », le commissaire du gouvernement a pris pour règle de conclure selon la loi et sa conscience, ainsi que le relevait Laferrière et que le confirmera la jurisprudence (CE, 10 juillet 1957, Gervaise, n° 26517, *Lebon*, p. 466). Mais il doit conclure, en exposant, même succinctement, les motifs de la solution qu'il propose (CE, 11 février 2004, Pepiot, n° 232755, *Lebon* T.).

La systématisation de l'intervention du rapporteur public a été assouplie par l'article L. 732-1 issu de l'article 188 de la loi n° 2011-525 du 17 mai 2011, ouvrant des possibilités de dispense, définies par décret (voir art. R. 732-1-1). L'intervention du rapporteur public relève des garanties fondamentales accordées aux citoyens pour l'exercice des libertés publiques et, par conséquent, du domaine de la loi (CE, 16 mai 2022, Librati, n° 444994, *Lebon* T. : s'agissant des cas de dispense de conclusions).

Par des décisions aujourd'hui classiques, la Cour européenne des droits de l'homme a mis en question des systèmes assez proches du commissaire du gouvernement pour que l'on puisse y voir une condamnation annoncée de ce dernier : le 20 février 1996 (Vermeulen c/Labo Machado, n° 19075/91), cette Cour voyait dans le ministère public près la Cour de cassation belge « l'allié ou l'adversaire objectif » du justiciable, ce qui devait le soumettre aux règles du contradictoire gouvernant le procès équitable. Plus encore, elle soulignait que son intervention portait atteinte au caractère contradictoire de la procédure, notamment en ce que l'avocat général participait au délibéré des juges, occasion pour lui « d'appuyer ses conclusions en chambre du conseil » (CEDH, Vermeulen, préc.). À propos de l'avocat général devant la Cour de cassation, française cette fois, et par ses décisions *Reinhardt* et *Slimane Kaïd* du 31 mars 1998 (n°s 23043/93 et 22921/93), la Cour européenne des droits de l'homme jugeait non plus qu'il était un allié ou adversaire d'une des parties, mais que son intervention dans le procès le déséquilibrait, portant ainsi atteinte à l'égalité des armes. Position réitérée le 8 février 2000, la Cour y rappelant que le droit à une procédure contradictoire « implique en principe le droit pour les parties à un procès de se voir communiquer et de discuter toute pièce ou observation présentée au juge, fût-ce par un magistrat indépendant, en vue d'influencer sa décision », ajoutant que « l'impossibilité pour le requérant de répondre à l'avocat général avant que la Cour de cassation ne rejette son pourvoi a méconnu son droit à une procédure contradictoire » (CEDH, 8 février 2000, Voisine c/France, n° 27362/95).

Ainsi qu'en dispose l'article L. 7, reprenant un arrêt *Esclatine* (CE, 29 juillet 1998, Esclatine, n° 179635, *Lebon*, p. 320 [**1**]), le rapporteur public, loin d'être une partie, n'est qu'un membre de la juridiction, qui participe à la fonction de juger dévolue à cette juridiction, fonction qui commence dès qu'il se lève pour prononcer ses conclusions, marquant ainsi le terme de l'instruction. Cette fonction de juger relève des juges et d'eux seuls. Le prononcé des conclusions constitue ainsi le début du délibéré, un délibéré public – ce qui justifie que ce magistrat, dont l'opinion est désormais connue, ne votera pas : ce pour quoi il ne peut être « membre de la formation de jugement » –, mais un délibéré tout de même. Ainsi que l'ont écrit MM. Bonichot et Abraham, le rapporteur public est un « juge qui parle » (*JCPG* 1998-I-176).

Par arrêt *Kress c/France* (CEDH, 7 juin 2001, n° 39594/98), la Cour européenne des droits de l'homme a, s'agissant du rôle du commissaire du gouvernement devant le Conseil d'État, estimé que, compte tenu d'une part que les avocats qui le souhaitent peuvent lui demander par avance le sens de ses conclusions, d'autre part que les parties peuvent lui répliquer par une note en délibéré, le principe du contradictoire était respecté par la juridiction administrative. Tirant les conséquences du poids ainsi donné à la communication par le commissaire du gouvernement du sens de ses conclusions (communication qui est obligatoire dès lors qu'elle a été demandée – CAA Versailles, 28 mars 2006, Schrempp, n° 03VE04291, puis art. R. 711-3 du code), le Conseil d'État a très logiquement jugé qu'était irrégulière la procédure qui avait vu le commissaire du gouvernement s'écarter, lors de l'audience, du sens ainsi annoncé, sans avoir informé les parties de ce revirement (CE, 5 mai 2006, Société Mullerhof, n° 259957, *Lebon*, p. 232 ; *AJDA* 2006, p. 961). Et le Conseil d'État entend donner une portée large à cette obligation : ainsi, demander à obtenir, avant l'audience, communication écrite des conclusions (ce qui n'est pas possible) doit être regardé comme valant demande de communication du sens de ces conclusions (CE, 18 décembre 2009, Société Sogedame, n° 305568).

Le même arrêt *Kress* condamne toutefois la France en ce que ce magistrat participe – ou assiste – aux délibérés : il y a là, au nom de la théorie de l'apparence, violation de l'article 6 § 1 de la Convention européenne de sauvegarde des droits de l'homme et des libertés fondamentales. Et c'est par un écho discret à cette jurisprudence que le Conseil d'État a pu juger que la mention, dans le jugement, de l'audition du commissaire du gouvernement n'impliquait pas que ce dernier ait participé au délibéré (CE, 28 décembre 2001, Élections municipales de Corpeau, n° 235315).

Par arrêts *Loyen* (CEDH, 5 juillet 2005, n° 55929/00) et surtout *Martinie* (CEDH, 12 avril 2006, n° 58675/00 ; *AJDA* 2006, p. 986), la Cour européenne a fermement confirmé la position énoncée dans l'affaire *Kress*, à savoir que la seule présence, même muette, du commissaire du gouvernement pendant le délibéré méconnaît la Convention européenne. On se reportera aux articles R. 732-2 et R. 733-3 pour les suites données à l'arrêt *Martinie*.

Pour autant, la Cour européenne a clairement précisé, par décision *Marc-Antoine c/France* du 4 juin 2013 n° 54984/09, que ce magistrat n'est pas une partie dans la procédure et qu'il peut donc, sans qu'il soit porté atteinte à l'égalité des armes, accéder au rapport et au projet de décision rédigés par le magistrat rapporteur, ce qui clôt les débats relatifs au rôle du « commissaire du gouvernement ». Pour le point de vue d'un avocat, voir E. Sagalovitsch, « Qu'est-ce qu'un rapporteur public loyal ? », *AJDA* 2021, p. 1772.

L'expression même de « commissaire du gouvernement » recouvrait toutefois, même devant les juridictions administratives, des réalités parfois différentes : ainsi le commissaire du gouvernement officiant devant la cour régionale des pensions (laquelle est une juridiction administrative) « représente le ministre » devant cette cour et est ainsi soumis au principe du contradictoire, entendons par là que ses mémoires doivent être communiqués aux autres parties… (CE, 9 juillet 2003, Djilani, n° 246135, *Lebon* T.) Pour ne point parler des commissaires du gouvernement officiant devant les sections administratives du Conseil d'État, lesquels sont des représentants du Gouvernement (CJA, art. R. 123-24 et R. 123-25). Comment ne pas citer ici Bruno Latour : « Qu'à quatre mètres de distance des centaines de gens emploient vingt fois par jour le même terme pour désigner deux fonctions absolument différentes sans avoir pu inventer, en deux cents ans, de mots distincts, prouve à quel point nous savons peu de chose en matière de sociolinguistique […] » (La Fabrique du droit, Éd. La Découverte, 2002).

Prenant en considération cet étonnement, partagé par les usagers et une partie notable de la doctrine, et sans doute l'agacement de la juridiction européenne, le Gouvernement a modifié cette appellation, après avoir d'abord fait reconnaître qu'elle n'était pas de nature législative, nonobstant son inscription dans la loi (CJA, art. L. 7 et L. 522-1). Ce qui fut fait par décision du Conseil constitutionnel n° 2006-208 L. en date du 30 novembre 2006 (*AJDA* 2006, p. 2398). Le décret n° 2009-14 du 7 janvier 2009 a donc sacrifié aux apparences et remplacé, dans le code, l'expression « commissaire du gouvernement » par celle de « rapporteur public », sauf aux articles R. 123-24 et R. 123-25. On remarquera que ce souci du bien parler n'a pas épargné les juridictions financières devant lesquelles le commissaire du gouvernement est devenu « procureur financier ».

Le Tribunal des conflits est resté, dans un premier temps, à l'écart de ces corrections langagières : il fonctionnait toujours avec un « commissaire du gouvernement », lors même qu'il est parfois appelé à régler le fond des litiges, que ce soit dans le cadre de la loi du 20 avril 1832 ou dans celui, plus récent, de certains procès en responsabilité pour durée excessive de la procédure, si cette dernière a dû se poursuivre devant les deux ordres de juridiction… Mais l'article 13 de la loi n° 2015-177 du 16 février 2015 relative à la modernisation et à la simplification du droit et des procédures dans les domaines de la justice et des affaires intérieures a institué un « rapporteur public ».

Jurisprudence

[**1**] Considérant qu'aux termes de l'article 67 de l'ordonnance du 31 juillet 1945 : « Après le rapport, les avocats des parties présentent leurs observations orales ; les conclusions sont données dans chaque affaire par l'un des maîtres des requêtes, commissaire du gouvernement ou par l'un des auditeurs commissaire-adjoint » ;

Considérant que la requérante soutient que l'article 67 susmentionné, dont elle invoque la violation à l'appui de son recours en révision, doit être interprété, par référence à l'article 6 § 1 de la Convention européenne de sauvegarde des droits de l'homme et des libertés fondamentales, comme impliquant que les parties ou leurs conseils aient connaissance des conclusions du commissaire du gouvernement préalablement à leur prononcé afin d'être mis à même d'y répondre et qu'elle fait état, à l'appui de son argumentation, de décisions rendues par la Cour européenne des droits de l'homme dans des cas et pour des juridictions différents ;

Considérant que le principe du contradictoire, qui tend à assurer l'égalité des parties devant le juge, implique la communication à chacune des parties de l'ensemble des pièces du dossier, ainsi que, le cas échéant, des moyens relevés d'office ; que ces

règles sont applicables à l'ensemble de la procédure d'instruction à laquelle il est procédé sous la direction de la juridiction ;
Mais considérant que le commissaire du gouvernement, qui a pour mission d'exposer les questions que présente à juger chaque recours contentieux et de faire connaître, en formulant en toute indépendance ses conclusions, son appréciation, qui doit être impartiale, sur les circonstances de fait de l'espèce et les règles de droit applicables ainsi que son opinion sur les solutions qu'appelle, suivant sa conscience, le litige soumis à la juridiction à laquelle il appartient, prononce ses conclusions après la clôture de l'instruction à laquelle il a été procédé contradictoirement ; qu'il participe à la fonction de juger dévolue à la juridiction dont il est membre ; que l'exercice de cette fonction n'est pas soumis au principe du contradictoire applicable à l'instruction ; qu'il suit de là que, pas plus que la note du rapporteur ou le projet de décision, les conclusions du commissaire du gouvernement – qui peuvent d'ailleurs ne pas être écrites – n'ont à faire l'objet d'une communication préalable aux parties, lesquelles n'ont pas davantage à être invitées à y répondre ; que, par suite, le moyen tiré de la violation de l'article 67 de l'ordonnance du 31 juillet 1945, tel qu'il a été analysé ci-dessus, doit être écarté [...].

Le secret du délibéré

Art. L. 8 Le délibéré des juges est secret.

Texte source

– Ordonnance n° 2000-387 du 4 mai 2000, article 1er.

Commentaires

Le contenu de cet article exprime un principe général du droit (CE, 17 novembre 1922, Légillon, *Lebon*, p. 849), lequel va sans dire, en tout cas pour des juridictions françaises, dont les décisions ne doivent pas faire apparaître les opinions dissidentes.
Le « secret » n'implique pas cependant que seuls les « juges » assistent au délibéré. Outre que la tradition des juridictions administratives veut que tout magistrat (sauf, désormais, le rapporteur public, dans les tribunaux administratifs et cours administratives d'appel, selon l'article R. 732-2 du code) puisse assister à un délibéré (c'est même là un instrument de formation incomparable), pourvu bien sûr qu'il n'y participe pas et en respecte scrupuleusement le secret, il est admis qu'un greffier puisse y assister sans irrégularité (CE, 7 février 2003, De Luca, n° 219923). Et l'article R. 731-4 fournit une liste des personnes qui peuvent être habilitées à assister au délibéré.
La règle du secret implique que ne soient pas connues les conditions de majorité dans lesquelles une décision est adoptée, qui ne doivent donc pas être mentionnées dans cette décision (CE, 26 mars 2003, Doni Worou, n° 225386), sauf bien sûr texte contraire, comme celui qui prévoit que la décision juridictionnelle est « prise à la majorité des voix » (CE, 1er juillet 1966, Poineuf, n° 67521, *Lebon*, p. 434), disposition toutefois absente du Code de justice administrative.
Ainsi que le rappellera l'article L. 741-1, le secret des délibérés emporte interdiction de rendre compte des délibérations des cours et tribunaux (loi du 29 juillet

1881), laquelle vaut, au premier chef, pour les membres de ces juridictions. Est ainsi irrégulier un jugement dont un quotidien avait pu révéler, avant sa lecture, le sens et les motifs, cette publicité ayant « porté au principe général du secret des délibérations de la formation de jugement une atteinte qui n'a été rendue possible que par une irrégularité de la procédure » (CE, 30 décembre 1996, Élections municipales de Chantilly, n° 177285, *Lebon* T.). Et l'on verra que l'article R. 741-1 mentionne un « délibéré hors la présence des parties ».
L'obligation de secret s'impose même au juge statuant seul, lequel ne doit donc pas faire état, pendant son délibéré, de ses hésitations (CAA Lyon, 28 juillet 2006, Zassiev, n°s 06LY00580 et 06LY00581).

La motivation des jugements

Art. L. 9 Les jugements sont motivés.

Texte source

– Code des TA et des CAA, article R. 200, § 5.

Commentaires

Ce texte affirme, ici également et conformément à la vocation de ce titre préliminaire, un principe général du droit (CE, 5 décembre 1924, Légillon, *Lebon*, p. 985 et jurisprudence constante, par exemple CE, 30 juin 2000, Manchec, n° 181003) s'appliquant en l'absence de dispositions législatives contraires. Cette exigence a conduit le Conseil d'État à estimer qu'un article réglementaire prévoyant que le tribunal se prononce par décision non motivée (en l'espèce, art. R. 621-6-4) devait se lire comme n'ayant pas entendu écarter l'application de cette règle générale de procédure (CE avis, 23 mars 2012, Centre hospitalier Alès-Cévennes, n° 355151). Mais l'application de la règle peut se faire avec souplesse : le même avis prévoit en effet que, selon les circonstances de l'espèce et compte tenu notamment du souci de ne pas accorder de publicité à des éléments personnels, la motivation peut se limiter à énoncer qu'il y a lieu, ou qu'il n'y a pas lieu, de faire droit à une demande. C'est la pratique presque constante lorsqu'il y a lieu d'appliquer l'article L. 761-1 concernant les frais non compris dans les dépens qui ne sont plus irrépétibles.
C'est à la Révolution que l'on doit cette exigence (loi des 16-24 août 1790), rompant avec l'usage de l'Ancien Régime selon lequel l'absence de motivation était le plus sûr moyen « de ne pas donner lieu à des chicanes » (voir sur cette question, S. Dauchy et V. Demars-Sion, « La non-motivation des décisions judiciaires », Revue historique de droit français et étranger, avril-juin 2004).
L'exigence de motivation est satisfaite, au niveau du juge d'appel, par l'adoption des motifs du premier juge (CE, 25 avril 2007, Becard, n° 296797), dès lors qu'il est ainsi statué, en appel, sur des moyens sur lesquels ce premier juge s'est prononcé (CE, 8 juin 2005, SA Vetter, n° 255918), lors même que la formulation en avait été différente (CE, 18 octobre 2006, Société Entreprise sanitaire auboise, n° 273064, *Lebon* T.) et dès lors que la réponse du premier juge à ces moyens était suffisante (CE, 27 juin 2005, Godinat, n° 267597, *Lebon* T.). Encore la régularité

de ce procédé est-elle subordonnée à la condition que la motivation du premier juge puisse être regardée, compte tenu de l'argumentation soulevée en appel, comme suffisante (CE, 30 décembre 2011, Gourhand, n° 332915, *Lebon* T. [**1**]).
En revanche, une juridiction ne peut régulièrement motiver sa décision par référence à une autre décision rendue par elle dans un autre litige, alors même que les parties seraient identiques (CE, 1er juillet 2009, Département du Nord, n° 318960, *Lebon* T.), et sous réserve du jeu du 6° de l'article R. 222-1.
De cette exigence de motivation, il résulte que, sauf texte spécial (voir par exemple l'article R. 776-27), la juridiction ne peut dissocier dans le temps la notification du dispositif et des motifs de sa décision (CE, 19 juillet 2010, Région Réunion, n° 337071, *Lebon* T.).

Jurisprudence

[**1**] Considérant que si le juge d'appel peut statuer par adoption des motifs des premiers juges sans entacher sa décision d'une insuffisance de motivation, c'est à la condition que, compte tenu de l'argumentation de l'appelant, la réponse du tribunal à ces mêmes moyens puisse elle-même être regardée comme suffisante, sans appeler de nouvelles précisions en appel ; qu'en l'espèce, il ressort des pièces du dossier soumis aux juges du fond que M. Gourhand ne s'est pas borné à reprendre ses moyens de première instance, mais a soulevé devant la cour une argumentation plus circonstanciée, notamment quant au lien de causalité entre les préjudices dont il demandait réparation et les fautes imputées à l'administration ; que, par suite, en se bornant à écarter l'appel par adoption des motifs retenus par les premiers juges, la cour administrative d'appel de Nancy a insuffisamment motivé son arrêt [...].

La publicité des jugements

Art. L. 10 Les jugements sont publics. Ils mentionnent le nom des juges qui les ont rendus.
Sous réserve des dispositions particulières qui régissent l'accès aux décisions de justice et leur publicité, les jugements sont mis à la disposition du public à titre gratuit sous forme électronique.
Par dérogation au premier alinéa, les nom et prénoms des personnes physiques mentionnées dans le jugement, lorsqu'elles sont parties ou tiers, sont occultés préalablement à la mise à la disposition du public. Lorsque sa divulgation est de nature à porter atteinte à la sécurité ou au respect de la vie privée de ces personnes ou de leur entourage, est également occulté tout élément permettant d'identifier les parties, les tiers, les magistrats et les membres du greffe.
Les données d'identité des magistrats et des membres du greffe ne peuvent faire l'objet d'une réutilisation ayant pour objet ou pour effet d'évaluer, d'analyser, de comparer ou de prédire leurs pratiques professionnelles réelles ou supposées. La violation de cette interdiction est punie des peines prévues aux articles 226-18, 226-24 et 226-31 du code

pénal, sans préjudice des mesures et sanctions prévues par la loi n° 78-17 du 6 janvier 1978 relative à l'informatique, aux fichiers et aux libertés.
Les articles L. 321-1 à L. 326-1 du code des relations entre le public et l'administration sont également applicables à la réutilisation des informations publiques figurant dans ces jugements.
Un décret en Conseil d'État fixe, pour les jugements de premier ressort, d'appel ou de cassation, les conditions d'application du présent article.

Textes sources

– Ordonnance n° 45-1708 du 31 juillet 1945, article 68, § 1 et 2.
– Code des TA et des CAA, articles R. 199 et R. 200, § 6.
– Loi n° 2016-1321 du 7 octobre 2016, article 20 (« loi pour une République numérique »).
– Loi n° 2019-222 du 23 mars 2019, article 33.

Commentaires

Cet article est en son premier alinéa l'expression d'une règle générale de procédure applicable aux juridictions administratives, règle dont le respect peut s'assurer soit par la lecture publique des jugements, soit « par tout moyen approprié assurant l'accès au texte de la décision, en particulier sa consultation au greffe de la juridiction » (CE, 24 avril 2013, Boualem, n° 350705, *Lebon* T.), laquelle peut au demeurant être organisée sur le fondement de l'article 450 du Code de procédure civile (même arrêt).
Cette exigence de publicité des jugements implique non seulement que les tiers peuvent en obtenir copie, mais aussi que la juridiction ne saurait rendre cette copie anonyme, sauf dans le cadre du huis-clos organisé par l'article L. 731-1. Il faut à cet égard distinguer ce droit d'accès de l'organisation des archives juridictionnelles, qui fait sa place à l'anonymat. Ainsi que l'a décidé le Conseil d'État par l'arrêt *Société Groupe Foncia* du 12 mars 2014, n° 354629 mentionné dans les tables du *Recueil Lebon* : « l'arrêté du Premier ministre du 9 octobre 2002 régissant la publication sur le site Légifrance des décisions du Conseil d'État, statuant au contentieux ne prévoit pas que celles-ci puissent être rendues anonymes ; [...] dès lors que ne peuvent trouver à s'appliquer, en l'espèce, les conditions tenant à la sauvegarde de l'ordre public ou au respect de l'intimité des personnes ou de secrets protégés par la loi auxquelles l'article L. 731-1 du code de justice administrative subordonne la possibilité de déroger aux principes de publicité des audiences et à celui de publicité des jugements, figurant respectivement aux articles L. 6 et L. 10 de ce code, toute personne peut obtenir copie de la présente décision ».
Le fait que les jugements doivent être publics implique, s'agissant des juridictions régies par le Code de justice administrative, leur lecture en audience publique, obligation qui marque même les procédures dans lesquelles a été ordonné le huis-clos en application de l'article L. 731-1. Cette « lecture » désigne le moment à partir duquel la décision est disponible et surtout à partir duquel la juridiction est dessaisie de l'affaire et ne peut donc reprendre le dossier. Plus qu'une « lecture » au sens littéral du terme – qui impliquerait que soit donnée lecture orale

du contenu des décisions ainsi « lues » – ce terme renvoie à la possibilité pour les parties et les tiers, dès la « lecture » survenue, de pouvoir accéder au contenu de la décision ainsi « lue » (voir : CE sect., 12 octobre 2009, Petit, n° 311641) ; c'est dire que l'on ne peut et ne doit « lire » qu'une décision totalement et matériellement achevée (ce qui rend audacieuses les annonces par anticipation d'une date de lecture), mais n'implique en aucune façon l'affichage du contenu de cette décision, lequel affichage ne saurait au surplus être doté d'aucun effet de droit quant à l'exactitude de ce contenu.

On se reportera aux articles R. 741-1 et R. 741-2 pour d'autres commentaires sur la notion de « lecture ».

La mention du nom des juges renvoie aussi à un principe général du droit (CE ass., 23 janvier 1948, Bech, *Lebon*, p. 33 – CE, 13 mars 1998, Avakian, n° 137732). Il est toutefois admis que seule la minute contienne ledit nom, quelque regrettable que soit la circonstance que l'expédition ne le mentionne pas (CE, 11 octobre 2001, Tabibou, n° 238917). Le juge d'appel procède alors à la communication de cette minute au requérant.

Naturellement, est irrégulier un jugement rendu en méconnaissance de la seconde phrase de l'article L. 10 (CE, 12 juillet 2006, Hospices civils de Lyon, n° 254836, s'agissant d'un jugement signé par un magistrat dont le nom ne figurait pas parmi ceux des magistrats ayant composé la formation de jugement lors de l'audience ou du délibéré).

Les alinéas suivants, issus de la loi n° 2016-1321 du 7 octobre 2016, ont le mérite de préciser expressément que les décisions juridictionnelles sont mises gratuitement à la disposition du public, règle déjà applicable aux documents administratifs (voir art. L. 300-1 et suivants du Code des relations entre le public et l'administration), c'est ce que l'usage dépeint sous le vocable d'*open-data* ; toutes les décisions juridictionnelles sont ainsi accessibles gratuitement, et, plus important encore, réutilisables, s'agissant des informations publiques qu'elles contiennent, à l'instar des données issues de l'activité administrative, dans les conditions prévues aux articles L. 321-1 à L. 326-1 du Code des relations entre le public et l'administration (Le lecteur pourra se reporter à D. Chabanol et N. Manier, *Code annoté des relations entre le public et l'administration*, Le Moniteur, 2020). Cette affirmation de principe (qui était déjà mise en pratique s'agissant des décisions du Conseil d'État) a soulevé quelque émotion dans les milieux liés au monde judiciaire : moyennant l'usage d'applications informatiques simples, la disponibilité – sous forme électronique – de l'intégralité des décisions rendues par une juridiction (dont chacune doit comporter le nom des juges qui l'ont rendue) autorise la création et la diffusion de « profils » de magistrats, présentés en fonction de la façon dont, selon une fréquence statistiquement mesurée, ils abordent certains types de dossiers… Le risque est certain, et non moins certaine la tentation de certains justiciables de choisir un juge *a priori* favorable à leur thèse. Il peut être paré aisément à un tel risque en mettant en place des règles de compétence juridictionnelle strictes ne faisant pas la place à la volonté de telle ou telle partie de choisir tel ou tel juge. On verra que la procédure contentieuse administrative dispose, et depuis longtemps, de tels pare-feu. En ce qui concerne la réutilisation des données d'identité des magistrats et des membres du greffe et la délivrance aux tiers de copies des décisions de justice les modifications intervenues en 2019 ont été déclarées conformes à la Constitution (Cons. const., 21 mars 2019, déc. n° 2019-778 DC). La mise en œuvre de l'« *open data* » des décisions de justice a été encadrée par un décret n° 2020-797 du 29 juin 2020 relatif à la mise à la disposition du public des décisions des juridictions judiciaires et administratives, puis par un décret n° 2021-1276 du 30 septembre 2021 relatif aux traitements automatisés de données à caractère personnel dénommés « Décisions de la justice administrative » et « Judilibre » (*JORF* n° 0229 du 1er octobre 2021). Un arrêté du 28 avril 2021 (art. 1er, *JORF* n° 0101 du 29 avril 2021) a fixé les dates de mise à disposition du public au plus tard au 30 septembre 2021 s'agissant des décisions du Conseil d'État, au 31 mars 2022 s'agissant des décisions des cours administratives d'appel et au 30 juin 2022 s'agissant des décisions des tribunaux administratifs. Les décisions d'occultation ou de levée d'occultation font l'objet d'une voie de recours (voir CJA, art. R. 311-1). La protection des magistrats instituée par le troisième alinéa de cet article ne semble pas très efficace, ce qui a conduit à une Déclaration publique du CSTACAA (chose rare) selon laquelle : « Le Conseil supérieur des tribunaux administratifs et des cours administratives d'appel réuni le 11 février 2025 dénonce avec force les propos et publications récemment diffusés qui mettent en cause l'indépendance et l'impartialité des juridictions administratives. Il condamne avec la plus grande fermeté les injures et les menaces proférées notamment sur les réseaux sociaux et dirigées nominativement contre des juges administratifs, des personnels de greffe et des avocats. Il exprime son entier soutien aux personnes concernées et estime que toutes les suites pénales susceptibles d'être engagées doivent l'être. Il rappelle solennellement l'importance cruciale, dans une démocratie, de l'État de droit et d'une justice indépendante chargée de garantir l'application de la loi ».

La copie du jugement

Art. L. 10-1 Les tiers peuvent se faire délivrer copie des jugements, sous réserve des demandes abusives, en particulier par leur nombre ou par leur caractère répétitif ou systématique.

Les éléments permettant d'identifier les personnes physiques mentionnées dans le jugement, lorsqu'elles sont parties ou tiers, sont occultés si leur divulgation est de nature à porter atteinte à la sécurité ou au respect de la vie privée de ces personnes ou de leur entourage.

Un décret en Conseil d'État fixe, pour les décisions de premier ressort, d'appel ou de cassation, les conditions d'application du présent article.

Texte source

– Loi n° 2019-222 du 23 mars 2019, article 33.

Commentaires

Les deux premiers alinéas de cet article ont été déclarés conformes à la Constitution (Cons. const., 21 mars 2019, déc. n° 2019-778 DC).

Se référant aux deux articles L. 10 et L. 10-1, un décret n° 2022-1317du 13 octobre 2022 est relatif à la mise à disposition du public des décisions rendues par les juridictions judiciaires et les juridictions administratives spécialisées sur des questions prioritaires de constitutionnalité et un décret n° 2022-1318 du 13 octobre 2022 crée un traitement automatisé de données à caractère personnel dénommé « Portail QPC » (voir également CJA, art. R. 741-13 et s.).

Le caractère exécutoire des jugements

Art. L. 11 Les jugements sont exécutoires.

Texte source

– Code des TA et des CAA, article L. 8.

Commentaires

Cette mention a pour effet, entre autres, de renforcer l'affirmation que les recours contre les jugements ne sont pas suspensifs, sauf disposition législative contraire (voir art. L. 4 et CE, 24 mai 2000, Thomas, n°s 196304, 196349, *Lebon* T.).

De ce que les jugements sont exécutoires, il suit que leur bénéficiaire peut mettre en œuvre les mécanismes organisés pour assurer l'exécution des décisions juridictionnelles (voir livre IX), et notamment l'astreinte. Toutefois, l'absence d'exécution d'un jugement ultérieurement annulé n'emporte pas, malgré l'article L. 11, responsabilité de l'administration, laquelle n'a pas, en s'abstenant ainsi d'exécuter, porté atteinte à un droit « définitivement acquis » (CE, 27 novembre 1970, Ville de Toulouse c/Anisset, n° 67688 ; 71869, *Lebon*, p. 716 [**1**] – CE, 23 septembre 1983, Ministre de l'Intérieur c/Dridi, n° 16032, *Lebon*, p. 86).

De l'article L. 11, il résulte que tout jugement portant condamnation fait courir les intérêts du jour de son prononcé, même en l'absence de conclusions en ce sens (CE sect., 16 janvier 1987, Ribot, n° 66309, *Lebon*, p. 9 [**2**]), ce droit à intérêts s'appliquant au montant de la condamnation, fût-elle symbolique (par une décision *Lapierre*, n° 12574, du 10 mai 1996, le Conseil d'État a ainsi prévu des intérêts – et leur capitalisation – sur une somme de un franc), et s'étendant à la créance représentative des frais irrépétibles (CE, 30 mars 1994, Loubet, n° 142026, voir art. L. 761-1). D'où il suit que sont irrecevables en appel, comme dépourvues d'objet, les conclusions tendant à ce que de tels intérêts soient alloués (CE, 26 mai 1989, Centre hospitalier universitaire d'Amiens, n° 59636 [**3**]). Encore faut-il s'entendre sur ce qu'est un jugement « portant condamnation » : reconnaître à un requérant le droit au bénéfice d'une allocation est condamner la collectivité en cause à la payer (CE, 28 juillet 2000, Brugeron, n° 205432, *Lebon* T.) ; annuler pour excès de pouvoir une décision refusant le versement d'une somme d'argent ouvre désormais droit aux intérêts moratoires (CE 7 février 2020, Biakete Yetinzapa, n° 420567, *Lebon* T. abandonnant CE, 28 juillet 2000, Roca, n° 191373, *Lebon* T.) ; même solution pour la décharge de l'obligation de payer une somme établie par un titre de recettes (CE 30 décembre 2024, n° 476201, *Lebon* T.).

La période d'intérêts s'arrête en principe à la date à laquelle l'indemnité due est liquidée, sauf si un délai anormalement long a séparé la liquidation du paiement effectif (CE, 12 mai 2003, Leniau, n° 231955, *Lebon* T.).
Le taux d'intérêt correspondant, fixé par décret pour chaque année, était, jusqu'au 1er janvier 2015, égal « à la moyenne arithmétique des douze dernières moyennes mensuelles des taux de rendement actuariel des adjudications de bons du Trésor à treize semaines » (C. mon., art. L. 313-2).
À compter du 1er janvier 2015, ce taux se définit ainsi (rédaction nouvelle de l'article L. 313-2, résultant de l'ordonnance n° 2014-947 du 20 août 2014) : « Le taux de l'intérêt légal est, en toute matière, fixé par arrêté du ministre chargé de l'économie. Il comprend un taux applicable lorsque le créancier est une personne physique n'agissant pas pour des besoins professionnels et un taux applicable dans tous les autres cas. Il est calculé semestriellement, en fonction du taux directeur de la Banque centrale européenne sur les opérations principales de refinancement et des taux pratiqués par les établissements de crédit et les sociétés de financement. Les taux pratiqués par les établissements de crédit et les sociétés de financement pris en compte pour le calcul du taux applicable lorsque le créancier est une personne physique n'agissant pas pour des besoins professionnels sont les taux effectifs moyens de crédits consentis aux particuliers. »
En application de cette prescription nouvelle, le décret du 2 octobre 2014 a créé l'article D. 313-1-A dans le Code monétaire et financier, ainsi rédigé : « Pour chacune des catégories mentionnées au deuxième alinéa de l'article L. 313-2, le taux d'intérêt légal applicable un semestre donné est calculé selon les modalités suivantes :
1° Pour les créances des personnes physiques n'agissant pas pour des besoins professionnels, le taux d'intérêt légal est égal à la somme du taux des opérations principales de refinancement de la Banque centrale européenne en vigueur deux mois avant le début du semestre considéré et de 60 % de la moyenne, au cours de la période de 24 mois glissants s'achevant deux mois avant le début du semestre considéré, de l'écart constaté par la Banque de France entre, d'une part, le taux des nouveaux crédits amortissables à la consommation des particuliers dont la période de fixation initiale du taux est inférieure ou égale à un an et, d'autre part, le taux des opérations principales de refinancement de la Banque centrale européenne en vigueur simultanément.
2° Pour tous les autres cas, le taux d'intérêt légal est égal à la somme du taux des opérations principales de refinancement de la Banque centrale européenne en vigueur deux mois avant le début du semestre considéré et de 60 % de la moyenne, au cours de la période de 24 mois glissants s'achevant deux mois avant le début du semestre considéré, de l'écart constaté par la Banque de France entre, d'une part, le taux des nouveaux crédits aux sociétés non financières résidentes (hors découverts) dont la période de fixation initiale du taux est inférieure ou égale à un an et, d'autre part, le taux des opérations principales de refinancement de la Banque centrale européenne en vigueur simultanément. »
En conséquence, le taux d'intérêt légal a été fixé, pour le premier semestre de 2015, à 4,06 % pour les créances « non professionnelles », et à 0,93 % pour les autres créances. Pour le second semestre de 2015, ces taux sont respectivement

de 4,29 et 0,99 % (arrêté du 24 juin 2015). Il est fixé au premier semestre 2022, pour les créances des personnes physiques n'agissant pas pour des besoins professionnels, à 3,13 % et, pour tous les autres cas, à 0,76 % (arrêté du 26 décembre 2021, *JORF* n° 0301 du 28 décembre 2021). Pour le premier semestre 2025, le taux de l'intérêt légal a été revu à la hausse et fixé, pour les créances des personnes physiques n'agissant pas pour des besoins professionnels : à 7,21 % et pour tous les autres cas à 3,71 % (arrêté du 17 décembre 2024, *JORF* n° 0299 du 19 décembre 2024). Les créances de traitements détenues par un agent public sur son employeur public doivent être considérées comme des créances de personnes physiques n'agissant pas pour des besoins professionnels et doivent, dès lors, se voir appliquer le premier des deux taux que ces dispositions prévoient. (CAA Marseille, 18 octobre 2022, Mme D., n° 22MA01696). En application de l'article L. 313-3 du Code monétaire et financier, issu de la loi n° 75-619 du 11 juillet 1975, et modifié par ordonnance n° 2006-461 du 21 avril 2006, « En cas de condamnation pécuniaire par décision de justice, le taux de l'intérêt légal est majoré de cinq points à l'expiration d'un délai de deux mois à compter du jour où la décision de justice est devenue exécutoire, fût-ce par provision » (CE, 12 mai 2003, Leniau, n° 231955, *Lebon* T.). Le même texte ajoute toutefois que « le juge de l'exécution peut, à la demande du débiteur ou du créancier, et en considération de la situation du débiteur, exonérer celui-ci de cette majoration ou en réduire le montant ». Devant appliquer ce texte, le Conseil d'État a précisé que le juge peut prendre en considération, outre la situation du débiteur, « le comportement du créancier lorsqu'il est susceptible d'avoir rendu plus difficile le règlement de la condamnation pécuniaire » (CE, 16 décembre 2009, Commune de Saint-Paul-en-Pareds, n° 309774, *Lebon* T.) accordant à la commune débitrice une réduction d'un tiers de la majoration de cinq points.

Naturellement, si le jugement vient à être annulé ou réformé, les intérêts dus sont recalculés en fonction des sommes découlant de la dernière décision juridictionnelle et l'excédent éventuellement réglé au bénéficiaire doit être remboursé par lui. Et, lorsque le juge d'appel infirme une condamnation prononcée en première instance, « sa décision permet par elle-même d'obtenir, au besoin d'office, le remboursement de sommes versées en vertu de cette condamnation », d'où il est conclu que l'appelant est sans intérêt à demander que ce remboursement fasse l'objet d'une injonction (CE, 23 janvier 2012, Département des Bouches-du-Rhône, n° 348725, *Lebon* T.).

Mais le versement d'une somme en exécution d'un jugement ultérieurement annulé ou réformé n'autorise pas à percevoir en retour des intérêts sur cette somme (CE, 4 mai 1984, Maternité régionale A. Pinard, n° 26283, *Lebon*, p. 165 [**4**], solennellement confirmée par : CE sect., 2 juin 2017, Communauté de communes Auray Quiberon, n° 397571). C'est en invoquant cette règle que la personne condamnée par jugement à verser une somme pourra obtenir le sursis à exécution de ce jugement, non point en application de l'article R. 811-16, parce que l'exécution la conduirait à la perte définitive d'une somme qui ne devrait pas rester à sa charge en cas d'annulation de ce jugement – puisque ces intérêts doivent rester à sa charge (CE, 13 juin 1997, Société civile professionnelle d'architectes Nicolet et Douillet, n° 173608 [**5**]) – mais, en application de l'article R. 811-17, parce que le préjudice lié à l'immobilisation de la somme ainsi versée peut, dans certaines circonstances, être regardé comme difficilement réparable (CE, 3 juillet 1985, Benaîtreau, n° 64362, *Lebon*, p. 216 – CE, 2 juin 2004, Commune de Vichy – CE, 10 novembre 2004, Société SPIE Trindel, n° 261290).

Les mêmes règles, mutatis mutandis, valent pour les arrêts rendus par les cours administratives d'appel.

On notera que la Cour européenne des droits de l'homme, ne disposant pas d'un taux d'intérêt « officiel », recherche le taux « approprié » (voir CEDH, 18 octobre 2007, Asnar c/France, n° 12316/04, le taux retenu y étant celui de la facilité de prêt marginal de la Banque centrale européenne, majoré de trois points).

Jurisprudence

[**1**] Considérant que si le maire de Toulouse n'avait pas exécuté le jugement du 28 mai 1965 contre lequel la ville de Toulouse avait interjeté appel devant le Conseil d'État par la requête susvisée n° 67-688, la faute dont le sieur Anisset se prévalait à ce sujet n'avait pu porter atteinte à un droit définitivement acquis à l'intéressé ; que celui-ci ne justifiant, dans ces conditions, d'aucun préjudice susceptible de lui ouvrir droit à indemnité, la ville est également fondée à demander l'annulation de l'article 2 du jugement du 22 novembre 1966 la condamnant à payer au sieur Anisset une indemnité de 7 000 francs [...].

[**2**] Considérant, d'une part, que même en l'absence de demande tendant à l'allocation d'intérêts, tout jugement prononçant une condamnation à une indemnité fait courir les intérêts du jour de son prononcé jusqu'à son exécution, au taux légal puis, en application des dispositions précitées au taux majoré s'il n'est pas exécuté dans les deux mois de sa notification [...].

[**3**] Considérant que même en l'absence de demande tendant à l'allocation d'intérêts, tout jugement prononçant une condamnation à une indemnité fait courir les intérêts du jour de son prononcé jusqu'à son exécution ; qu'ainsi la demande de Mme Trancart tendant à ce que lui soient alloués, à compter de la date du jugement attaqué, les intérêts au taux légal sur la somme que le centre hospitalier a été condamné à lui verser, est dépourvue de tout objet et doit donc être rejetée [...].

[**4**] Considérant que, si la maternité régionale A. Pinard a, en exécution du jugement attaqué, versé le 9 avril 1981 à M. Habermacher la somme de 104 850 francs dont elle se trouve déchargée par la présente décision, elle n'est pas fondée à demander au Conseil d'État la condamnation de M. Habermacher à la réparation, sous forme d'intérêts au taux légal, du préjudice subi par elle du fait du versement de ladite somme auquel elle était tenue en raison du caractère exécutoire du jugement [...].

[**5**] Considérant qu'à supposer que ses conclusions d'appel soient accueillies, la Société civile professionnelle d'architectes Nicolet et Douillet ne serait pas fondée à demander au juge administratif la condamnation de la commune de Saint-Ismier à la réparation sous la forme d'intérêts au taux légal, du préjudice subi du fait du versement de la somme auquel elle était tenue, solidairement avec les établissements J.-B. Morel, en raison du caractère exécutoire du jugement du tribunal administratif de Grenoble ; que dès lors, les intérêts moratoires sur cette somme, pendant la période comprise entre la date de paiement et celle de son éventuelle restitution, resteraient à sa charge ; que, par suite, la cour administrative d'appel de Lyon n'a commis aucune erreur de droit en estimant que le sursis à l'exécution du jugement

susmentionné du tribunal administratif de Grenoble ne pouvait être accordé sur le fondement de l'alinéa 1-1 de l'article R. 125 du code des tribunaux administratifs et des cours administratives d'appel qui subordonne l'octroi du sursis à la condition que l'exécution du jugement « risque d'exposer l'appelant à la perte définitive d'une somme qui ne devrait pas rester à sa charge dans le cas où ses conclusions d'appel seraient accueillies » [...].

Le serment des juges administratifs

Art. L. 12 Avant d'entrer en fonctions, les membres du Conseil d'État et les magistrats des tribunaux administratifs et des cours administratives d'appel prêtent serment publiquement, devant le vice-président du Conseil d'État ou son représentant, de remplir leurs fonctions en toute indépendance, probité et impartialité, de garder le secret des délibérations et de se conduire en tout avec honneur et dignité.
Ils ne peuvent être relevés de leur serment.

Texte source

– Loi n° 2023-1059 du 20 novembre 2023, article 52-I-2°.

Commentaires

Conformément au XII de l'article 60 de la loi n° 2023-1059 du 20 novembre 2023, ces dispositions s'appliquent aux membres de la juridiction administrative nommés à compter du 1er janvier 2024. Les membres nommés antérieurement peuvent, sur leur demande, être appelés à prêter le serment prévu à l'article L. 12 du Code de justice administrative. Une application littérale de ces dispositions transitoires conduirait les juges nouvellement recrutés à prêter serment devant un autre juge plus ancien ne l'ayant pas prêté. La raison conduira les plus anciens, même peu convaincus de l'utilité de cette disposition, à prêter serment sur leur demande. Sur la signification, la teneur et l'importance de la prestation de serment des membres de la juridiction administrative, voir le discours d'introduction du vice-président du Conseil d'État à la séance de prestation de serment inaugurale des membres du Conseil d'État qui s'est tenue le 20 décembre 2023 (source : https://conseil-etat.fr/publications-colloques/discours-et-interventions/ceremonie-de-prestation-de-serment-au-conseil-d-etat-discours-de-didier-roland-tabuteau-vice-president-du-conseil-d-etat). Le texte ne fixe pas la formule du serment. Lors de la cérémonie du 11 mars 2024, le président de la cour administrative d'appel de Lyon, après avoir rappelé l'origine et la nature du serment et donné lecture du texte de celui qui les concerne, a invité les magistrats le souhaitant à prêter serment. À l'appel de son nom, chaque magistrat, main droite levée, a ainsi été invité à prononcer la formule suivante : « Je prête serment ». Cette formule, qui reste près du texte, permet d'éviter un « Je jure », utilisé dans d'autres corps, mais qui peut paraître peu laïc.

LIVRE I

Le Conseil d'État

TITRE I Attributions

CHAPITRE 1 Attributions contentieuses

Le présent chapitre ne comprend pas de dispositions réglementaires.

Compétences contentieuses du Conseil d'État

Art. L. 111-1 Le Conseil d'État est la juridiction administrative suprême. Il statue souverainement sur les recours en cassation dirigés contre les décisions rendues en dernier ressort par les diverses juridictions administratives ainsi que sur ceux dont il est saisi en qualité de juge de premier ressort ou de juge d'appel.

Texte source

– Ordonnance n° 45-1708 du 31 juillet 1945, article 32.

Commentaires

Le triple rôle contentieux du Conseil d'État, juge de premier ressort, d'appel et de cassation, est exposé, comme sa position au sommet de la pyramide des juridictions administratives. Mais l'article suivant souligne immédiatement que l'institution n'a pas qu'un rôle contentieux.

CHAPITRE 2 Attributions en matière administrative et législative

Attributions administratives du Conseil d'État

Art. L. 112-1 Le Conseil d'État participe à la confection des lois et ordonnances. Il est saisi par le Premier ministre des projets établis par le Gouvernement.

Le Conseil d'État émet un avis sur les propositions de loi, déposées sur le bureau d'une assemblée parlementaire et non encore examinées en commission, dont il est saisi par le président de cette assemblée. [Alinéa créé par loi du 15 juin 2009]

Le Conseil d'État donne son avis sur les projets de décrets et sur tout autre projet de texte pour lesquels son intervention est prévue par les dispositions constitutionnelles, législatives ou réglementaires ou qui lui sont soumis par le Gouvernement.

Saisi d'un projet de texte, le Conseil d'État donne son avis et propose les modifications qu'il juge nécessaires.

En outre, il prépare et rédige les textes qui lui sont demandés.

Textes sources

– Ordonnance n° 45-1708 du 31 juillet 1945, article 21, § 1 à 3, et article 23, § 1.
– Loi n° 2009-689 du 15 juin 2009, article 1 (V).

Commentaires

Les fonctions consultatives du Conseil d'État font de lui ce que d'anciens arrêts ont qualifié de « coauteur » des actes qui lui sont soumis (CE ass., 9 juin 1978, SCI 61-67 Bd Arago, n° 2403, *Lebon*), le texte précisant qu'il « participe » à leur confection (cette qualification de coauteur, dangereuse au regard des canons de la Convention européenne des droits de l'homme, a été abandonnée le 15 avril 1996 : CE ass., Union nationale des pharmacies, n°s 110464, 114773, 114778, 115130, *Lebon*). Le Conseil d'État a d'ailleurs expressément souligné qu'il n'est pas « l'auteur » d'un décret en Conseil d'État (CE, 11 juillet 2007, Union syndicale des magistrats administratifs, n° 302040, *Lebon*). Ce changement sémantique a eu pour effet que l'absence de consultation du Conseil d'État, lorsqu'elle est obligatoire, jusque-là considérée comme une incompétence, est devenue un « simple » vice de procédure, toujours substantiel (et donc non soumis à la jurisprudence *Danthony* (CE ass., 23 décembre 2011, n° 335033, *Lebon*), précisée en dernier lieu par CE ass., 19 juillet 2017, Association citoyenne « Pour E... Pays Catalan », n° 403928, *Lebon*), et d'ailleurs intégré dans les moyens d'ordre public (CE, 17 juillet 2013, Syndicat national des professionnels de santé au travail, n° 358109). C'est le cas notamment si le texte finalement adopté diffère à la fois du texte soumis au Conseil d'État et du texte proposé par ce dernier.

Ainsi que le troisième alinéa le fait apparaître, il convient de distinguer les cas dans lesquels sa consultation est obligatoire (les textes réglementaires seront alors rédigés « le Conseil d'État entendu ») de ceux dans lesquels le Gouvernement a choisi, sans y être tenu, de recueillir l'avis du Conseil d'État (les textes étant alors rédigés « après avis du Conseil d'État »). La différence de rédaction correspond à une différence de statut juridique : un décret pris « le Conseil d'État entendu » est un décret en Conseil d'État, et ne peut être modifié que par un texte de même niveau, quel que soit son contenu (CE ass., 3 juillet 1998, Syndicat national de l'environnement CFDT, n°s 177248, 177320, 177387, reprenant un avis du Conseil d'État en date du 30 janvier 1997, mentionné au rapport annuel, p. 185), ce qui n'est pas le cas d'un décret pris après avis du Conseil, lequel peut être modifié sans nouvel avis dudit Conseil.

On signale que la rectitude de la consultation du Conseil d'État sur un projet de loi est une condition de constitutionnalité de cette loi : ainsi n'est pas conforme à la Constitution une loi issue d'un projet qui adoptait, sur un point notable, une position non soumise à l'examen du Conseil d'État (Cons. const., 3 avril 2003, déc. n° 2003-468 DC).

On notera la compétence nouvelle, instituée par la loi n° 2009-689 du 15 juin 2009, prise à la suite de la loi constitutionnelle n° 2008-724 du 23 juillet 2008 et autorisant le Conseil d'État à donner son avis sur les propositions de loi, avant leur passage en commission. La première application en a été faite début octobre 2009 et a été consacrée à la proposition de loi de simplification du droit présentée par le président de la commission des lois de l'Assemblée nationale. Elle a donné lieu à un avis de quarante pages traitant des seuls points sur lesquels le Conseil d'État avait des observations ou suggestions à formuler (voir art. L. 123-1 et suivants sur cette nouvelle procédure).

Le président de la République a annoncé le 20 janvier 2015 la décision de rendre publics les avis rendus par le Conseil d'État dans sa fonction consultative. D'ores et déjà, la base de données Consilia Web, accessible sur le site internet du Conseil d'État, permet d'accéder à plus de 3 500 références d'avis rendus par cette institution.

La consultation du Conseil d'État par les ministres sur des difficultés

Art. L. 112-2 Le Conseil d'État peut être consulté par le Premier ministre ou les ministres sur les difficultés qui s'élèvent en matière administrative.

Texte source

– Ordonnance n° 45-1708 du 31 juillet 1945, article 23, § 1.

Commentaires

Ce rôle de « bureau d'études juridiques » du Conseil d'État connaît un développement croissant. On en trouve les résultats, le plus souvent, dans le rapport annuel du Conseil d'État ou dans des publications spécifiques.

L'auto-saisine du Conseil d'État en matière administrative

Art. L. 112-3 Le Conseil d'État peut, de sa propre initiative, appeler l'attention des pouvoirs publics sur les réformes d'ordre législatif, réglementaire ou administratif qui lui paraissent conformes à l'intérêt général.

Texte source

– Ordonnance n° 45-1708 du 31 juillet 1945, article 24.

Commentaires

Le Conseil d'État peut s'autosaisir en matière administrative. Parmi de très nombreux exemples, on citera les réflexions d'un groupe de travail relatif aux procédures d'urgence, qui furent à l'origine de la loi du 30 juin 2000.

La désignation d'un membre du Conseil d'État pour une mission administrative

Art. L. 112-4 Le vice-président du Conseil d'État peut, à la demande du Premier ministre ou d'un ministre, désigner un membre du Conseil d'État pour une mission d'inspection.

Le vice-président peut, à la demande des ministres, désigner un membre du Conseil d'État pour assister leur administration dans l'élaboration d'un projet de texte déterminé.

Texte source

– Ordonnance n° 45-1708 du 31 juillet 1945, article 21, § 4, et article 23, § 3.

La mission d'inspection des juridictions administratives

Art. L. 112-5 Le Conseil d'État est chargé d'une mission permanente d'inspection à l'égard des juridictions administratives.

Texte source

– Ordonnance n° 45-1708 du 31 juillet 1945, article 23, § 2.

La composition et le rôle de la mission d'inspection des juridictions administratives

Art. R. 112-1 La mission permanente d'inspection des juridictions administratives est exercée, sous l'autorité du vice-président du Conseil d'État, par un conseiller d'État assisté d'autres membres du Conseil d'État.

La mission contrôle l'organisation et le fonctionnement des juridictions. Elle peut mener des études sur un thème intéressant plusieurs juridictions.

Le vice-président du Conseil d'État arrête chaque année le programme des visites d'inspection et des études de la mission. Si la situation d'une juridiction l'exige, il peut décider des inspections non prévues au programme.

La mission veille à la diffusion de bonnes pratiques destinées à favoriser l'accomplissement de leurs missions par les juridictions, et peut formuler à cet effet toute recommandation utile.

Textes sources

– Ordonnance n° 45-1708 du 31 juillet 1945, article 23, § 2.
– Décret n° 2010-164 du 22 février 2010, article 22.

Les membres adjoints à la mission d'inspection

Art. R. 112-1-1 Des magistrats des tribunaux administratifs et des cours administratives d'appel peuvent être invités à participer aux missions prévues par l'article R. 112-1. Seuls les magistrats ayant le grade de président peuvent être invités à participer aux missions prévues par le deuxième alinéa dudit article.

Des agents ayant exercé les fonctions de greffier en chef dans un tribunal administratif ou une cour administrative d'appel peuvent être affectés auprès de la mission d'inspection des juridictions administratives.

Texte source

– Décret n° 2010-164 du 22 février 2010, article 22.

Commentaires

La mission d'inspection relève directement du vice-président du Conseil d'État, qui préside par ailleurs le Conseil supérieur des tribunaux administratifs et cours administratives d'appel (CJA, art. L. 232-2). Son président est membre dudit Conseil, ainsi que le secrétaire général du Conseil d'État, chargé par l'article R. 121-9 de la gestion du corps des magistrats des tribunaux administratifs et des cours administratives d'appel. Et donc sa vision, ou ses appréciations, qui ne sont pas nécessairement identiques à celles du secrétaire général, peuvent s'exprimer au sein du Conseil supérieur.

Le libellé fort général du texte confère, en théorie, à la mission d'inspection, autorité sur toutes les juridictions administratives et notamment sur les formations disciplinaires des ordres professionnels revêtant cette qualité, ou encore le Conseil supérieur de la magistrature siégeant en matière disciplinaire pour les magistrats du siège. On peut estimer que cette autorité s'étend aux juridictions financières, soumises au contrôle de cassation du Conseil d'État. La définition des tâches de la mission fait ressortir le rôle prépondérant du vice-président du Conseil d'État, qui arrête le programme d'inspection et d'études de la mission.

En faisant la place aux « bonnes pratiques », le texte place la mission sur le versant « assistance » aux juridictions, gommant ainsi l'aspect « inspection » dans ce qu'il peut avoir de rebutant pour les juridictions concernées.

On note avec intérêt la possibilité pour des membres des tribunaux administratifs et cours administratives d'appel de participer aux missions prévues à l'article R. 112-1, participation apparemment ponctuelle (ces membres ne sont pas « affectés » à la mission, à la différence de greffiers en chef). Encore, la rédaction de l'article L. 234-3 peut-elle donner à penser que, s'agissant des présidents, ils peuvent occuper durablement des « fonctions » au sein de cette mission. La participation est réservée aux présidents en ce qui concerne les travaux mentionnés au deuxième alinéa… On peut, dans ces conditions, se demander quel rôle pourrait

y être dévolu à un conseiller ou premier conseiller, sauf à se consacrer à la rédaction des « bonnes pratiques ». En fait, il y eut une maladresse de rédaction, non encore corrigée : le deuxième alinéa, dans une version provisoire, concernait les seules « inspections », cependant que les « études » étaient renvoyées à un alinéa distinct. Seuls les présidents pouvaient donc être associés aux « inspections », les conseillers pouvant collaborer aux seules « études ». La fusion dans un seul alinéa de ces deux activités ne donne plus de place significative aux conseillers.
Les anciens greffiers en chef peuvent, eux, être « affectés » à la mission, ce qui implique leur nomination sur un emploi permanent. Leur apport est précieux s'agissant pour la mission d'apprécier et de juger le fonctionnement des greffes des juridictions inspectées.

Les recommandations en cas de durée excessive d'une procédure

Art. R. 112-2 Saisi par toute partie qui fait état d'une durée excessive d'une procédure engagée devant un tribunal administratif ou une cour administrative d'appel, le président de la mission d'inspection des juridictions administratives a la faculté de faire des recommandations visant à remédier à cette situation.

Texte source

– Décret n° 2005-1586 du 19 décembre 2005, article 1er.

L'information du président de la mission d'inspection en cas d'indemnisation pour retard à juger

Art. R. 112-3 Le président de la mission d'inspection des juridictions administratives est destinataire des décisions administratives ou juridictionnelles allouant une indemnité en réparation du préjudice causé par une durée excessive de procédure devant les juridictions administratives.
Il avise le président du tribunal administratif ou de la cour administrative d'appel dont le fonctionnement a été mis en cause. Il peut faire des recommandations visant à remédier à cette situation et saisir l'autorité compétente de toute proposition de mesure en ce sens.

Textes sources

– Décret n° 2005-1586 du 19 décembre 2005, article 1er.
– Décret n° 2017-451 du 30 mars 2017, article 7.

Commentaires

La « mission permanente » est devenue « mission », et son « chef » est devenu « président » (voir art. L. 131-6 ou art. L. 232-4°). Ces deux articles ne sont guère normatifs. Ils formalisent des usages institués depuis longtemps. Il fallait fournir à la Cour européenne des droits de l'homme une preuve que la France se préoccupait sérieusement du « délai raisonnable » et donc que l'arrêt *Magiera* (CE ass., 28 juin 2002, n° 239575, *Lebon*, p. 248) avait bien préludé à l'instauration d'un recours interne effectif et efficient (ce que ladite Cour avait déjà reconnu dans son arrêt du 21 octobre 2003, *Broca et Texier-Micault*, nos 27928/02, 31694/02). Au moins la désignation affichée d'un interlocuteur devrait-elle permettre d'éviter que ne s'éternisent des situations aberrantes, comme ce fut le cas d'un délibéré de huit ans. Il faut espérer que ces articles resteront non normatifs et qu'un jour on ne viendra pas à instaurer un contrôle, fût-il restreint, sur le refus, implicite ou exprès, du président de la mission de donner suite à sa saisine par une partie.

Le statut de ces « recommandations » n'est pas autrement précisé, à dessein, le président de la mission d'inspection ne détenant pas, en principe, de pouvoir hiérarchique sur les chefs de juridictions, encore qu'il dispose du pouvoir de notation à leur égard (CJA, art. R. 234-7). Il reste que ces derniers ne sauraient négliger lesdites recommandations, qui ont une autorité morale indiscutable.

La centralisation des informations prévue par l'article R. 112-3 est fort opportune, et pourrait faire de la mission d'inspection la plaque tournante de la surveillance des « effets Magiera », rôle actuellement plutôt tenu par la section du contentieux, à qui revient d'ailleurs le soin de trancher, en premier et dernier ressort, les litiges en la matière (5° de l'art. R. 311-1).

L'avis du Conseil d'État sur les projets de loi du pays de Nouvelle-Calédonie

Art. L. 112-6 Ainsi qu'il est dit à l'article 100 de la loi organique n° 99-209 du 19 mars 1999 relative à la Nouvelle-Calédonie, « les projets de loi du pays sont soumis, pour avis, au Conseil d'État avant leur adoption par le gouvernement délibérant en conseil.

Les propositions de loi du pays sont soumises, pour avis, au Conseil d'État par le président du congrès avant leur première lecture. Le vote du congrès intervient après que le Conseil d'État a rendu son avis.

L'avis est réputé donné dans le délai d'un mois.

Les avis mentionnés au présent article sont transmis au président du gouvernement, au président du congrès, au haut-commissaire et au Conseil constitutionnel. »

Texte source

– Loi organique n° 99-209 du 19 mars 1999, article 100.

Commentaires

Les lois du pays ont force de loi en Nouvelle-Calédonie – et relèvent donc du contrôle de constitutionnalité du Conseil constitutionnel – pour autant qu'elles respectent les matières limitativement énumérées par l'article 99 de la loi organique n° 99-2019 du 19 mars 1999. Il appartient au seul Conseil d'État statuant au contentieux, saisi à titre préjudiciel, de juger du caractère réglementaire ou législatif d'une norme contenue dans une loi du pays (art. 107 de la loi) : si la loi du pays a excédé le champ prévu à l'article 99, elle devient un acte administratif soumis au contrôle du juge administratif.

CHAPITRE 3 L'avis sur une question de droit

L'avis du Conseil d'État sur une question de droit

Art. L. 113-1 Avant de statuer sur une requête soulevant une question de droit nouvelle, présentant une difficulté sérieuse et se posant dans de nombreux litiges, le tribunal administratif ou la cour administrative d'appel peut, par une décision qui n'est susceptible d'aucun recours, transmettre le dossier de l'affaire au Conseil d'État, qui examine dans un délai de trois mois la question soulevée. Il est sursis à toute décision au fond jusqu'à un avis du Conseil d'État ou, à défaut, jusqu'à l'expiration de ce délai.

Texte source

– Loi n° 87-1127 du 31 décembre 1987, article 12.

Commentaires

On note qu'un mécanisme identique existe au bénéfice de la Cour nationale du droit d'asile, en application de l'article L. 733-3 du Code de l'entrée et du séjour des étrangers et du droit d'asile (CE, avis contentieux, 20 novembre 2013, Fall, n° 368676). Voir, pour le surplus, les commentaires sous l'article R. 113-4.
La commission du contentieux du stationnement payant, devenue tribunal, nouvelle juridiction administrative spécialisée, jouit de la même possibilité de solliciter l'avis du Conseil d'État, selon l'article L. 2333-87-9 du Code général des collectivités territoriales issu de l'ordonnance n° 2015-401 du 9 avril 2015.

La demande d'avis sur une question de droit

Art. R. 113-1 La décision d'un tribunal administratif ou d'une cour administrative d'appel prononçant le renvoi d'une question en application de l'article L. 113-1 est adressée par le greffier de la juridiction saisie au secrétaire du contentieux du Conseil d'État, avec le dossier de l'affaire, dans les huit jours du prononcé du jugement. Les parties et le ministre compétent sont avisés de cette transmission par notification qui leur est faite de la décision, dans les formes prévues aux articles R. 751-2 à R. 751-8.

Textes sources

– Code des TA et des CAA, article R. 207.
– Décret n° 63-766 du 30 juillet 1963, article 57-11.

L'instruction de la demande d'avis sur une question de droit

Art. R. 113-2 La question est, sous réserve des dispositions ci-après, examinée conformément aux dispositions régissant la procédure devant le Conseil d'État statuant au contentieux. Les parties et le ministre compétent peuvent produire des observations devant le Conseil d'État, dans le délai d'un mois à partir de la notification qui leur a été faite de la décision de renvoi. Ce délai peut être réduit par décision du président de la section du contentieux.

Si la requête dont est saisie la juridiction qui a décidé le renvoi est dispensée du ministère d'avocat devant cette juridiction, la même dispense s'applique à la production des observations devant le Conseil d'État ; dans le cas contraire, et sauf lorsqu'elles émanent d'un ministre, les observations doivent être présentées par un avocat au Conseil d'État et à la Cour de cassation.

Texte source

– Décret n° 63-766 du 30 juillet 1963, article 57-12.

La présentation des avis sur une question de droit

Art. R. 113-3 Les avis du Conseil d'État rendus en application de l'article L. 113-1 portent l'une des mentions suivantes :

« Le Conseil d'État »,

ou

« Le Conseil d'État (section du contentieux) »,

ou

« Le Conseil d'État (section du contentieux, n° et n° chambres réunies) »,

ou

« Le Conseil d'État (section du contentieux, n° chambre) ».

Textes sources

– Décret n° 2000-389 du 4 mai 2000, article 1er.

– Décret n° 2016-899 du 1er juillet 2016, article 1er.

Commentaires

Conformément au 12° de l'article 1 du décret du 1er juillet 2016, l'appellation de « chambres » a pris la place de celle de « sous-sections ».

La notification des avis sur une question de droit

Art. R. 113-4 L'avis du Conseil d'État est notifié aux parties et au ministre compétent ; il est adressé à la juridiction qui a décidé le renvoi, en même temps que lui est retourné le dossier de l'affaire. L'avis peut mentionner qu'il sera publié au Journal officiel de la République française.

Textes sources

– Code des TA et des CAA, article R. 208.

– Décret n° 63-766 du 30 juillet 1963, article 57-13.

Commentaires

Le mécanisme des « avis contentieux », issu de la loi du 31 décembre 1987, n'a pas été créé sans de nombreux débats. Ainsi qu'en dispose l'article L. 113-1, il ne peut en principe jouer que s'il se pose une question de droit nouvelle, présentant une difficulté sérieuse et se posant dans de nombreux litiges. Le Conseil d'État est saisi annuellement, bon an mal an, d'environ une vingtaine de demandes d'avis (19 en 2010, 18 en 2011, 28 en 2012).

C'est par une décision juridictionnelle insusceptible de recours que le Conseil d'État est saisi. Conformément à l'article L. 9, cette décision doit être motivée, mais l'absence de recours possible prive cette obligation de sanction sauf au Conseil d'État à refuser de se prononcer sur une demande qui, hypothèse d'école, ne serait pas motivée. Tirant la conséquence de cette impossibilité de recours, le Conseil d'État a estimé que cette décision était une « mesure d'administration de la justice » (CE, 6 juillet 2000, Clinique chirurgicale du Coudon, n° 199324).

Cette décision saisit le Conseil d'État et sa portée est diversement affectée par des incidents de procédure susceptibles de se produire, après son prononcé, devant le tribunal ou la cour. Ainsi, le requérant s'étant désisté de son instance, le Conseil d'État demeure saisi de la demande d'avis tant que le tribunal ou la cour n'a pas donné acte de ce désistement (CE ass., avis 26 mars 2001, Ministre de l'Économie c/Poinot-Thibaud, n° 227921, *Lebon*, p. 1139), cependant que la demande d'avis devient sans objet si la juridiction qui l'a présentée a donné acte du désistement intervenu (CE, 26 mars 2003, Société marseillaise du tunnel Prado-Carénage, n° 251816, *Lebon*, p. 951).

La juridiction dispose, en matière de renvoi pour avis, d'un pouvoir souverain, et le refus par elle de demander un tel avis n'est pas susceptible de contestation (CE, 21 février 1992, Orsane, n° 120876), pas plus que la décision de le demander. Il s'ensuit que la juridiction n'est pas tenue de statuer sur une demande tendant à ce qu'elle saisisse le Conseil d'État pour avis.

Et, devant le Conseil d'État, la procédure n'exclut plus l'intervention, les observations de l'intervenant devant être visées sans être analysées (CE, 9 décembre 2022, n° 463563, *Lebon*, abandonnant CE sect., avis, 22 novembre 2000, Société L. & P. Publicité, n° 223645). En revanche, reste exclu le jeu de l'article L. 761-1 relatif aux frais irrépétibles, même si la procédure a les attributs de la procédure contentieuse (CE avis, 26 juillet 2006, Orio, n° 292750).

On note que la rédaction de l'article R. 113-3 paraît exclure que l'avis soit rendu par trois ou quatre chambres réunies, faute pour cet article d'avoir été modifié lors de la création de ces nouvelles formations de jugement. Il n'est pas certain que cette interprétation littérale doive être retenue.

C'est, puisque la décision de le saisir est insusceptible de recours, par sa réponse à la demande d'avis que le Conseil d'État exprimera le cas échéant son désaccord avec cette demande, à laquelle il refusera parfois de répondre. Ainsi s'est-il borné, en 1998, à la réponse qu'appelaient le cadre et les limites du litige dont le tribunal questionneur était saisi (CE avis, 21 octobre 1998, Ramos, n° 187438, *Lebon* T.), la procédure de demande d'avis ne devant pas devenir l'occasion d'une consultation juridique d'ensemble. Pas plus n'a-t-il accepté de donner son avis sur la qualification juridique des faits dont était saisi le juge du fond (CE ass., avis,

24 novembre 1997, Association locale pour le culte des témoins de Jéhovah de Riom, 187122 [**1**]). Plus généralement, le Conseil d'État refuse de donner un avis sur l'office du juge, les interrogations le concernant « ne soulevant pas de questions nouvelles présentant des difficultés sérieuses » (CE, 5 juillet 2013, Houeto, n° 367908, *Lebon* T.). Et il refuse naturellement de donner son avis sur une question échappant à la compétence du juge administratif (CE sect., avis, 28 juillet 1995, Kilou, n° 168438).

La question a été posée de savoir si, lorsque la demande d'avis met en cause l'interprétation du droit communautaire, le Conseil d'État devait se prononcer, compte tenu notamment de ce qu'il est tenu, si la question est obscure, de saisir par voie préjudicielle la Cour de justice de l'Union européenne. La réponse, apportée par une décision *Mouflin* (CE sect., avis, 4 février 2000, Mouflin, n° 113321) est négative : le Conseil d'État laisse à la juridiction auteur de la demande le soin d'apprécier s'il y a lieu ou non de saisir ladite Cour, se bornant à dire si la question posée présente une difficulté de nature à justifier qu'elle soit soumise, à titre préjudiciel, à la Cour de justice des Communautés européennes (CE avis, 14 juin 2006, SA Cedillac, n° 288163).

Lorsque la totalité de la demande d'avis échappe aux prévisions de la loi, le Conseil d'État émet l'avis qu'elle « ne peut être accueillie », et non qu'elle n'est pas recevable (ce qui serait alors une décision et non un avis). Mais les formulations varient, et l'on a pu voir, dans l'affaire *Chevillon* (CE, 6 octobre 1995, n° 169666, *Lebon*, p. 350 [**2**]), le Conseil d'État « décider » de « renvoyer le dossier au tribunal administratif », alors même que l'arrêt annonce que le Conseil d'État « rend l'avis suivant »... Les formules actuelles sont plus elliptiques et ne font pas état d'une décision du Conseil d'État.

À la différence de la Cour de cassation qui dispose du même mécanisme depuis la loi n° 91-491 du 15 mai 1991 (COJ, art. L. 151-1 à L. 151-3), le Conseil d'État ne s'est pas montré très rigoureux quant à l'appréciation des trois conditions mises par la loi au jeu de cette procédure. Ainsi la circonstance que, statuant au contentieux quelques mois plus tôt, il avait tranché la question qui lui était soumise, ne l'a pas conduit à refuser de répondre à la même question (CE sect., avis, 31 mars 1995, Société d'expertise comptable du Languedoc n° 164911 [**3**]). De même peut-on constater qu'il lui arrive de reformuler la question qui lui est posée de façon à lui donner une portée plus générale (CE plén., avis., 21 juillet 1989, Bizard, n° 106638), voire de la rectifier dans un cas où le tribunal avait commis une erreur quant au texte applicable (CE ass., avis, 7 juillet 1989, Cale, n° 106902).

Cette « générosité » – qui trouve sa légitimité dans le souci d'une bonne administration de la justice – rencontre cependant trois limites. En premier lieu, et cette solution relève de l'évidence, si l'acte sur la légalité duquel le Conseil d'État est consulté est annulé avant émission de l'avis, une telle annulation « rend sans objet la demande d'avis » (CE ass., avis, 27 octobre 1989, préfet de l'Essonne, n° 108503, *Lebon*, p. 220).

En deuxième lieu, la demande d'avis ne doit pas apparaître comme un acte de rébellion d'un tribunal administratif à l'encontre de la cour administrative d'appel dont il relève. Un tribunal administratif d'outre-mer, insatisfait de la position adoptée avec constance sur un point de droit par la cour administrative d'appel de Paris, dont il relevait, avait cru bon de saisir le Conseil d'État d'une demande d'avis portant sur ce point de droit. Le Conseil d'État ne l'a pas accueillie (CE, 6 octobre 1995, Chevillon, préc.). Cette position, qui contraste avec celle qui fut adoptée dans l'avis *Société d'expertise comptable du Languedoc*, sanctionne une sorte de détournement de procédure. Encore doit-on relier cette solution aux circonstances particulières de l'affaire : la cour administrative d'appel de Paris était la seule qui, à l'époque, avait compétence pour statuer en appel sur le point qui irritait le tribunal administratif. Entre, en revanche, dans les prévisions de l'article L. 113-1, la demande d'avis émanant d'un tribunal administratif confronté, sur un point de droit, à des jurisprudences divergentes de plusieurs cours administratives d'appel, dont celle de laquelle il relève (CE avis, 26 février 2003, Courson, n° 251172, *Lebon* T.).

En troisième lieu, le Conseil d'État refuse d'accueillir la demande d'avis portant, dans le cadre d'un référé-provision, sur l'existence d'une obligation : si cette existence soulève une question de droit présentant une difficulté sérieuse, alors l'obligation ne peut être regardée comme non sérieusement contestable et ne peut donc fonder une demande de provision telle que prévue par l'article R. 541-1. Si, à l'inverse, elle apparaît comme « non sérieusement contestable », alors la question sort du champ de l'article L. 113-1 (CE, 3 octobre 2012, Société Colas Nord Picardie, n° 360840 [**4**]).

Cette procédure soulève deux questions. En premier lieu, la demande d'avis, à la différence de la question préjudicielle, peut être émise sans que le tribunal ou la cour ait statué sur les autres questions posées par le litige, et qui pourraient pourtant la rendre inutile (par exemple, une fin de non-recevoir opposée à la requête). D'ailleurs, le Conseil d'État regarde cette demande d'avis, on l'a dit, non comme un jugement avant dire droit, mais comme une « mesure d'administration de la justice », dépourvue comme telle d'autorité de la chose jugée (CE, 7 juillet 2000, Clinique chirurgicale du Coudon, préc.). C'est dire que, un avis ayant été demandé sur une des questions posées par le litige, rien ne s'oppose à ce que la juridiction règle ensuite ce litige sur un fondement autre que celui sur lequel portait la demande d'avis (les mêmes caractéristiques marquent, mutatis mutandis, le traitement de la question prioritaire de constitutionnalité). Bien plus, on n'a point vu que le Conseil d'État s'assure, se prononçant sur une demande d'avis, que la question qui lui est posée l'était effectivement dans le litige soumis à la juridiction, ou était d'ordre public. D'où un évident risque de dérive, la demande d'avis – et la réponse qui lui est faite – pouvant donner à l'une des parties une idée qu'elle n'avait pas eue. Ce risque est voisin de celui qu'emporte la communication des moyens d'ordre public organisée par l'article R. 611-7, lorsque le moyen ainsi présenté comme susceptible d'être relevé d'office n'est pas d'ordre public : par une mesure insusceptible de recours, la juridiction peut modifier le cours du litige et le déplacer au-delà de ce qu'envisageaient les parties, et l'une d'entre elles s'empressera de bondir sur le moyen qu'on lui suggère.

En second lieu, la question est posée de la portée des avis rendus. Formellement, on n'a affaire qu'à un avis, qui ne saurait juridiquement lier la juridiction qui l'a sollicité. Cet avis d'ailleurs n'émane pas du Conseil d'État « statuant au contentieux » (puisqu'il ne « statue » pas), ne constitue pas une décision, n'est pas susceptible de recours (CE, 17 novembre 1997, Doukouré, n° 188163), n'est pas, sauf erreur de plume, rendu au nom du peuple français et ne contient pas la formule exécutoire prévue pour les décisions juridictionnelles par l'article R. 751-1 (on doit regarder comme procédant de semblables erreurs de plume les avis rendus le 20 novembre 2013 [Deluen, n° 369796] ou le 24 octobre 1997 [n° 187122] « au nom du peuple français » par le Conseil d'État « statuant au contentieux »). Si le site Légifrance fait apparaître ces avis comme rendus « au nom du peuple français » et souvent par « le Conseil d'État statuant au contentieux », ces mentions sont le plus souvent absentes sur le texte original de ces actes. On comparera à cet effet le texte de l'arrêt *Centre hospitalier d'Alès-Cévennes* (CE sect., 23 mars 2012, n° 355151) tel que reproduit sur le site Légifrance et tel que proposé par le site du Conseil d'État.

La juridiction qui a demandé l'avis est censée n'avoir pas renoncé à son pouvoir souverain d'interprétation du droit (renonciation qui, en l'état des principes généraux de notre droit, lui est interdite) et ne pourrait d'ailleurs, sans erreur de droit, s'appuyer sur l'avis rendu pour régler le litige. Il lui faut trancher à son tour la difficulté qu'elle a soumise au Conseil d'État.

Il reste que l'avis, émanant du juge suprême, n'est pas dépourvu d'autorité, bien au contraire. La juridiction qui s'écarterait de l'avis qu'elle aurait recueilli court les plus grands risques de cassation (rapprocher CAA Lyon, plén. 5 avril 1993, Lorenzy-Palanca, n° 90LY00810 et CE, 6 mai 1996, même affaire, n° 148503 après un avis contentieux rendu par la Conseil d'État le 4 novembre 1992, sous le numéro 138380). Il est donc clair que l'avis est plus qu'une consultation juridique, c'est l'annonce de la position qu'adoptera le juge suprême s'il est saisi, au contentieux, de la question. C'est dire qu'il s'impose en fait avec la même force qu'une décision contentieuse du Conseil d'État.

Et c'est bien en raison de cette force que l'instruction de la demande d'avis s'effectue, devant la section du contentieux, dans le respect de la procédure contradictoire.

Trois mois sont donnés au Conseil d'État pour se prononcer, délai au terme duquel la juridiction ayant posé la question peut reprendre l'examen de son dossier. Mais l'envoi dudit dossier au Conseil d'État, en application de l'article R. 113-1, rend assez hypothétique cette reprise d'instance en cas de retard du Conseil d'État, sauf dans le cas où ce dernier aurait décidé de ne pas répondre. Ce mécanisme n'est pas sans rappeler celui qui préside à la saisine du Tribunal des conflits (décret n° 2015-233 du 27 février 2015, art. 30), et, comme en matière de conflit, la juridiction interrogatrice attend sagement la réponse à sa question, sans égard pour le délai de trois mois.

Jurisprudence

[1] S'il appartient au Conseil d'État, dans le cadre de la procédure prévue par l'article 12 de la loi du 31 décembre 1987 précité, de formuler un avis sur une question de droit nouvelle, il ne lui appartient pas de trancher l'affaire au fond et, par suite, d'apprécier si, en l'espèce, l'Association locale pour le culte des témoins de Jéhovah de Riom peut être qualifiée d'association cultuelle au sens des dispositions du 4° de l'article 1382 du code général des impôts et de la loi du 9 décembre 1905 concernant la séparation des Églises et de l'État [...].

[**2**] Aux termes de l'article 12 de la loi susvisée du 31 décembre 1987, « avant de statuer sur une requête soulevant une question de droit nouvelle, présentant une difficulté sérieuse et se posant dans de nombreux litiges, le tribunal administratif [...] peut, par un jugement qui n'est susceptible d'aucun recours, transmettre le dossier de l'affaire au Conseil d'État, qui examine dans un délai de trois mois la question soulevée. Il est sursis à toute décision sur le fond de l'affaire jusqu'à un avis du Conseil d'État... ».
En application de ces dispositions, le tribunal administratif de Saint-Denis de la Réunion a sursis à statuer sur la requête de M. Chevillon et a posé au Conseil d'État la question de savoir si la majoration de traitement et le complément temporaire institués par la loi du 3 avril 1950 et le décret du 22 décembre 1953 entraient dans l'assiette servant de base au calcul de l'indemnité exceptionnelle de 30 % du traitement indiciaire allouée aux fonctionnaires placés en cessation progressive d'activité.
Il résulte de l'instruction que cette question a fait l'objet de plusieurs arrêts rendus dans le même sens sur appel de jugements du tribunal administratif de Saint-Denis de la Réunion, par la cour administrative d'appel de Paris, certains de ces arrêts ayant d'ailleurs été déférés au Conseil d'État par la voie du recours en cassation, actuellement pendants. Eu égard aux instances en cours, et aux décisions déjà intervenues, la demande d'avis présentée par le tribunal administratif de Saint-Denis de la Réunion ne peut être regardée comme répondant à l'objet assigné par le législateur à l'article 12 de la loi du 31 décembre 1987. Elle ne peut, dès lors, être accueillie [...].

[**3**] Ainsi que l'a jugé le Conseil d'État statuant au contentieux, par décision n° 68799 en date du 18 mars 1994, rendue sur la requête de la société Sovemarco-Europe, il résulte de l'ensemble des dispositions du code général des impôts, et notamment de son article 1736, que, jusqu'à l'entrée en vigueur de l'article 112 de la loi de finances pour 1993, du 30 décembre 1992, complétant l'article L. 80 D du Livre des procédures fiscales, le législateur a entendu exclure l'obligation pour l'administration de suivre une procédure contradictoire pour l'établissement des pénalités fiscales, quelle que soit la nature de celles-ci [...].

[**4**] Lorsqu'il est saisi d'une demande de provision sur le fondement de l'article R. 541-1 du code de justice administrative, il n'appartient pas au juge des référés de première instance ou d'appel de soumettre pour avis au Conseil d'État une question de droit que soulève l'existence de l'obligation invoquée devant lui, sur laquelle il ne pourrait lui-même se prononcer, pour accorder la provision, que si cette question, ne présentant pas de difficulté sérieuse, n'entrait par là même pas dans les prévisions de l'article L. 113-1 du code de justice administrative [...].

Bibliographie

– L. Calandri, « L'avis juridictionnel du Conseil d'État », *JCP* 2007, I, 114.

CHAPITRE 4 La médiation

La médiation dans les litiges dont est saisi le Conseil d'État en premier ressort

Art. L. 114-1 Lorsque le Conseil d'État est saisi d'un litige en premier et dernier ressort, il peut, après avoir obtenu l'accord des parties, ordonner une médiation pour tenter de parvenir à un accord entre celles-ci selon les modalités prévues au chapitre III du titre Ier du livre II.

Texte source

– Loi n° 2016-1547 du 18 novembre 2016, article 5 (V).

Le régime juridique de la médiation au Conseil d'État

Art. R. 114-1 La médiation devant le Conseil d'État est régie par les dispositions du chapitre III du titre Ier du livre II. Pour l'application de ces dispositions, les pouvoirs dévolus au président de la juridiction sont exercés par le président de la section du contentieux.

Texte source

– Décret n° 2017-566 du 18 avril 2017, article 2.

Commentaires

Ces articles transfèrent au Conseil d'État statuant en premier et dernier ressort (et donc non dans son rôle de juge d'appel ou de cassation) le mécanisme décrit aux articles L. 213-1 et suivants pour les tribunaux administratifs et cours administratives d'appel.

CHAPITRE 5 Contrôle des opérations de traitement de données à caractère personnel effectuées par les juridictions administratives dans l'exercice de leur fonction juridictionnelle

Un contrôle par un membre élu du Conseil d'État

Art. L. 115-1 I. – Le Conseil d'État est chargé du contrôle des opérations de traitement des données à caractère personnel effectuées dans l'exercice de leur fonction juridictionnelle :

1° Par les juridictions administratives, sous réserve de l'article L. 453-1 du code de l'organisation judiciaire pour le Conseil supérieur de la magistrature et de l'article L. 111-18 du code des juridictions financières pour les juridictions régies par ce même code ;

2° Par le Tribunal des conflits.

II. – Ce contrôle est exercé, en toute indépendance, par une autorité constituée d'un membre du Conseil d'État, élu par l'assemblée générale pour une durée de trois ans, renouvelable une fois.

III. – L'autorité de contrôle veille à ce que les traitements de données à caractère personnel soient mis en œuvre conformément au règlement (UE) 2016/679 du Parlement européen et du Conseil du 27 avril 2016 relatif à la protection des personnes physiques à l'égard du traitement des données à caractère personnel et à la libre circulation de ces données, et abrogeant la directive 95/46/CE (règlement général sur la protection des données) ainsi qu'à la loi n° 78-17 du 6 janvier 1978 relative à l'informatique, aux fichiers et aux libertés.

Elle est saisie des réclamations relatives aux opérations de traitement de données à caractère personnel soumises à son contrôle.

IV. – Pour l'exercice de ses missions, l'autorité de contrôle dispose des pouvoirs mentionnés à l'article 58 du règlement (UE) 2016/679 du Parlement européen et du Conseil du 27 avril 2016 précité et aux articles 20, 21 et 22 de la loi n° 78-17 du 6 janvier 1978 précitée, à l'exception de ceux relatifs au prononcé d'une astreinte ou d'une amende. Pour l'application des mêmes articles 20, 21 et 22, l'autorité de contrôle exerce indistinctement les compétences dévolues au président et à la formation restreinte de la commission mentionnée à l'article 8 de la même loi. Le secret ne peut lui être opposé.

Elle dispose des ressources humaines, matérielles et techniques nécessaires à l'exercice de ses fonctions, fournies par le Conseil d'État. Les agents mis à la disposition de l'autorité de contrôle sont astreints au secret pour les faits, actes ou renseignements dont ils ont eu connaissance en raison de leurs fonctions, sous peine des sanctions prévues aux articles 226-13 et 413-10 du code pénal.

V. – L'autorité de contrôle adresse au vice-président du Conseil d'État et transmet au Parlement un rapport public annuel. Ce rapport établit un bilan de son activité. Il peut comporter des observations et des recommandations relatives à son domaine d'intervention.

VI. – Un décret en Conseil d'État précise les modalités d'application du présent article.

Texte source

– Loi n° 2024-449 du 21 mai 2024, article 45.

TITRE II Organisation et fonctionnement

CHAPITRE 1 Dispositions générales

La présidence du Conseil d'État

Art. L. 121-1 La présidence du Conseil d'État est assurée par le vice-président.

L'assemblée générale du Conseil d'État peut être présidée par le Premier ministre et, en son absence, par le garde des Sceaux, ministre de la Justice.

Textes sources

– Ordonnance n° 45-1708 du 31 juillet 1945, article 1er.

– Décret n° 63-766 du 30 juillet 1963, article 17.

SECTION 1 *Organisation*

Les membres du Conseil d'État

Art. L. 121-2 Le Conseil d'État se compose :

1° Du vice-président ;

2° Des présidents de section ;

3° Des conseillers d'État en service ordinaire ;

4° Des conseillers d'État en service extraordinaire ;

5° Des maîtres des requêtes ;

6° Des maîtres des requêtes en service extraordinaire ;

7° Des auditeurs.

Les membres du Conseil d'État sont inscrits dans chaque grade ou fonction d'après la date et l'ordre de leur nomination.

Textes sources

– Décret n° 63-766 du 30 juillet 1963, article 1er, § 1 et 2.

– Loi n° 2012-347 du 12 mars 2012, article 80.

– Ordonnance n° 2021-702 du 2 juin 2021, article 7.

Commentaires

L'inscription de chacun dans son grade détermine l'ordre immuable du tableau, lequel sera scrupuleusement suivi, qu'il s'agisse des promotions aux grades d'auditeur de 1re classe, de maître des requêtes ou de conseiller d'État en service ordinaire... ou de l'attribution des sièges dans les salles de séances (sous réserve, pour le contentieux, de l'article R. 122-3).

L'apparition de maîtres des requêtes en service extraordinaire, pendant de l'existence des conseillers d'État en service extraordinaire, marque le souci de l'institution de profiter de l'apport, à titre temporaire, de l'expérience et des compétences de personnalités ne pouvant prétendre être nommées conseiller d'État en service extraordinaire.

Les sections du Conseil d'État

Art. L. 121-3 Le Conseil d'État est composé d'une section du contentieux et de sections administratives.

Texte source

– Décret n° 63-766 du 30 juillet 1963, article 2, § 1.

Commentaires

Il n'appartient point au législateur de préciser combien de sections administratives comprend le Conseil d'État (voir art. R. 123-2). Relève en revanche de la matière législative la double nature, contentieuse et administrative, du Conseil d'État.

L'installation des membres du Conseil d'État

Art. R. 121-1 Les membres du Conseil d'État sont installés dans leurs fonctions en assemblée générale.

Texte source

– Décret n° 63-766 du 30 juillet 1963, article 1er, § 1 et 2.

L'ordre du tableau des membres du Conseil d'État

Art. R. 121-2 Les membres du Conseil d'État siègent dans l'ordre du tableau, sous réserve, en ce qui concerne la section du contentieux, des dispositions de l'article R. 122-3.

Texte source

– Décret n° 63-766 du 30 juillet 1963, article 1er, § 3.

L'affectation des conseillers d'État en service ordinaire

Art. R. 121-3 Les conseillers d'État en service ordinaire, les maîtres des requêtes et les auditeurs peuvent être affectés soit à une, soit à deux sections.

Les présidents adjoints ainsi que les présidents des chambres de la section du contentieux sont également affectés uniquement à cette section. Ils peuvent participer aux travaux de la section des études, de la prospective et de la coopération.

Textes sources

– Décret n° 63-766 du 30 juillet 1963, article 2, § 2.
– Décret n° 2010-164 du 22 février 2010, article 3.
– Décret n° 2016-899 du 1er juillet 2016, article 1er.
– Décret n° 2019-82 du 7 février 2019, article 3.
– Décret n° 2024-167 du 1er mars 2024, article 2.

Commentaires

Cet article traduit, pour les affectations individuelles, la double nature du Conseil d'État.

La « règle des trois ans », qui, dans la pratique, tend à s'appliquer aussi aux conseillers d'État nommés au tour extérieur, ne s'impose pas aux membres du Conseil qui ont effectué un service contentieux dans « une juridiction administrative » ; le texte précédent ne prenait en compte que les années de service « au Conseil ». Désormais donc un maître des requêtes ou un conseiller d'État nommé au tour extérieur et issu du corps des tribunaux administratifs et cours administratives d'appel pourra, dès sa prise de fonctions, appartenir à une ou deux sections administratives.

La nomination au centre de recherches et de diffusion juridiques

Art. R. 121-4 Les maîtres des requêtes et les auditeurs chargés de diriger le centre de recherches et de diffusion juridiques sont nommés par arrêté du vice-président sur proposition du président de la section du contentieux.

Texte source

– Décret n° 2024-167 du 1er mars 2024, article 6.

L'affectation en section administrative

Art. R. 121-5 *Abrogé par le décret n° 2024-167 du 1er mars 2024, article 7.*

La procédure d'affectation des membres du Conseil d'État

Art. R. 121-6 Les affectations prévues aux articles R. 121-3 et R. 121-4 sont prononcées par arrêté du vice-président du Conseil d'État après avis des présidents de section.

Texte source

– Décret n° 63-766 du 30 juillet 1963, article 2, § 7.

Commentaires

Est recueilli l'avis de tous les présidents de section, et non des seuls présidents de section concernés par telle ou telle affectation.

On notera que le renvoi à l'article R. 121-4 est désormais caduc, ledit article ayant été abrogé par le décret n° 2010-164 du 22 février 2010.

La compétence réglementaire du vice-président du Conseil d'État

Art. R. 121-7 Le vice-président du Conseil d'État fixe par arrêté toutes mesures d'ordre intérieur non prévues par le présent livre.

Texte source

– Décret n° 63-766 du 30 juillet 1963, article 4, § 1.

Commentaires

Le vice-président dispose d'un pouvoir réglementaire résiduel, mais autonome pour tout ce qui concerne le fonctionnement du Conseil d'État, qui n'est donc pas réductible à un service relevant d'un ministre.

La suppléance du vice-président du Conseil d'État

Art. R. 121-8 En cas d'absence ou d'empêchement, le vice-président est suppléé par le président de section présent, le premier inscrit au tableau, sauf les cas prévus aux articles R. 122-21 et R. 123-23.

Texte source

– Décret n° 63-766 du 30 juillet 1963, article 4, § 2.

Le secrétaire général du Conseil d'État

Art. R. 121-9 Sous l'autorité du vice-président, le secrétaire général dirige les services du Conseil d'État et prend les mesures nécessaires à la préparation de ses travaux, à leur organisation et à la gestion du corps des magistrats des tribunaux administratifs et des cours administratives d'appel.

Le secrétaire général du Conseil d'État est nommé par décret du président de la République, sur la proposition du garde des Sceaux, ministre de la Justice. Le vice-président du Conseil d'État est appelé à faire les présentations après avis des présidents de section. Le secrétaire général est choisi parmi les conseillers d'État et les maîtres des requêtes.

Textes sources

– Décret n° 63-766 du 30 juillet 1963, article 4, § 3 et 4.
– Décret n° 2017-451 du 30 mars 2017, article 7.

Commentaires

Le rôle du secrétaire général, en ce qui concerne la gestion du corps des magistrats des tribunaux administratifs et des cours administratives d'appel, est ici affirmé. Désormais, le secrétaire général peut être choisi parmi les conseillers d'État, alors que cette fonction fut longtemps réservée à un maître des requêtes. On notera la procédure de nomination – maintes fois reproduite dans le Code s'agissant du Conseil d'État –, qui fait se succéder des « présentations » par le vice-président, après avis des présidents de section, une proposition du garde des Sceaux et un décret du président de la République. Il n'est point besoin d'être grand clerc pour deviner qui détient, en fait, le pouvoir en la matière.

Les secrétaires généraux adjoints du Conseil d'État

Art. R. 121-10 Le secrétaire général du Conseil d'État est assisté et, en cas d'absence ou d'empêchement, suppléé par des membres chargés des fonctions de secrétaire général adjoint par arrêté du vice-président.

Textes sources

– Décret n° 63-766 du 30 juillet 1963, article 4, § 5.
– Décret n° 2010-164 du 22 février 2010, article 25.

Commentaires

Les secrétaires généraux adjoints, dont le nombre n'est plus limité à deux, tout en étant en principe au moins de deux, ne sont plus nécessairement des maîtres des requêtes. Ce nouveau dispositif présente l'avantage de ne pas obliger le secrétaire général adjoint devenant conseiller d'État à cesser d'exercer ces fonctions.

Les délégations de la signature du vice-président du Conseil d'État

Art. R. 121-11 Le secrétaire général et les secrétaires généraux adjoints assistent le vice-président du Conseil d'État dans l'exercice de ses attributions de gestion du corps des tribunaux administratifs et des cours administratives d'appel. Ils peuvent recevoir délégation du vice-président pour signer tous actes et arrêtés concernant la gestion administrative et budgétaire du Conseil d'État.

Délégation peut également être donnée, aux mêmes fins, aux chefs de service du Conseil d'État et aux fonctionnaires du secrétariat général appartenant à un corps de catégorie A ainsi qu'aux agents contractuels chargés de fonctions d'un niveau équivalent.

Délégation peut en outre être donnée aux autres agents en fonction au Conseil d'État à l'effet de signer, sous la responsabilité des personnes mentionnées aux deux premiers alinéas, toute pièce relative aux dépenses et aux ordres de recettes.

Textes sources

– Décret n° 63-766 du 30 juillet 1963, article 4, § 6.
– Décret n° 2001-562 du 29 juin 2001, article 1er, § I.
– Décret n° 2010-164 du 22 février 2010, article 26.
– Décret n° 2010-1710 du 30 décembre 2010, article 1er.
– Décret n° 2017-451 du 30 mars 2017, article 7.

Commentaires

Le nouveau texte ne change rien de fondamental : si les textes relatifs à la gestion des tribunaux et cours ont disparu, c'est pour se retrouver à l'article R. 222-11, dans sa rédaction résultant du décret n° 200-164 du 22 février 2010.

On note toutefois l'arrivée, parmi les agents susceptibles d'obtenir délégation, des agents contractuels, ce qui est conforme aux orientations générales de la gestion de la fonction publique.

L'organisation des vacances annuelles du Conseil d'État

Art. R. 121-12 Le vice-président arrête la période des vacances annuelles du Conseil d'État ainsi que les mesures propres à assurer pendant cette période la continuité des travaux des diverses formations administratives du Conseil. Il peut, en cas de besoin, former des sections de vacation et prononcer à titre provisoire les affectations nécessaires.

Texte source

– Décret n° 63-766 du 30 juillet 1963, article 6.

Commentaires

Ainsi que cela se déduit négativement du texte, le vice-président n'a compétence que pour assurer la continuité, pendant les vacances annuelles, des travaux des formations administratives. L'activité de la section du contentieux ne relève pas de cette compétence.

Les fonctionnaires et agents du Conseil d'État

Art. R. 121-13 Le vice-président du Conseil d'État prend, sur proposition du secrétaire général, les actes relatifs à la gestion et à l'administration des agents du Conseil d'État, à l'exclusion des arrêtés d'ouverture de concours, des arrêtés relatifs à l'ouverture des examens professionnels pour les corps de catégorie A, des nominations dans un corps, des titularisations, des décisions entraînant la cessation définitive des fonctions, des mises en position hors-cadres et des sanctions disciplinaires des 3e et 4e groupes définies à l'article 66 de la loi n° 84-16 du 11 janvier 1984.

Textes sources

– Ordonnance n° 45-1708 du 31 juillet 1945, article 20, § 1.
– Décret n° 2005-912 du 28 juillet 2005, article 1er.

Commentaires

Le décret n° 2022-596 du 21 avril 2022 institue des comités sociaux d'administration auprès du vice-président du Conseil d'État, du secrétaire général du Conseil d'État et du président de la Cour nationale du droit d'asile (*JORF* n° 0094 du 22 avril 2022).

Le décret n° 2022-595 du 21 avril 2022 instaure des commissions administratives paritaires auprès du vice-président du Conseil d'État (*JORF* n° 0094 du 22 avril 2022).

Un arrêté du 22 juillet 2022 régit la composition des commissions administratives paritaires instituées auprès du vice-président du Conseil d'État (*JORF* n° 0170 du 24 juillet 2022).
Un arrêté du 22 juillet 2022 définit les modalités d'organisation du vote électronique par internet des personnels relevant du Conseil d'État pour l'élection des représentants des personnels aux comités sociaux d'administration, aux commissions administratives paritaires et à la commission consultative paritaire pour les élections professionnelles fixées du 1er décembre 2022 au 8 décembre 2022 (*JORF* n° 0170 du 24 juillet 2022).
Un arrêté du 22 juillet 2022 modifie l'arrêté du 1er juin 2018 instituant une commission consultative paritaire des agents contractuels de la juridiction administrative recrutés en application de la loi n° 84-16 du 11 janvier 1984 et du Code de justice administrative (*JORF* n° 0170 du 24 juillet 2022).

Le budget du Conseil d'État

Art. R. 121-14 Le vice-président du Conseil d'État est ordonnateur principal du budget du Conseil d'État. Il conclut les marchés et contrats passés par le Conseil d'État.

Textes sources

– Décret n° 63-766 du 30 juillet 1963, article 7.
– Décret n° 2010-164 du 22 février 2010, article 26.

Commentaires

Le budget du Conseil d'État n'est plus inscrit au sein de celui du ministère de la Justice. C'est cohérent avec la circonstance que la juridiction administrative (Conseil d'État, cours administratives d'appel et tribunaux administratifs) n'est pas incluse, au titre de la loi organique relative aux lois de finances (« LOLF »), dans le « programme justice », mais, aux côtés des juridictions financières, dans la mission spécifique de « conseil et contrôle de l'État ». Ce budget n'est donc pas négocié, à l'instar de celui d'un service ordinaire, par les services relevant d'un ministère quelconque.
Corrélativement, le vice-président est ordonnateur principal des dépenses du Conseil d'État.

SECTION 2 *Les conseillers d'État en service extraordinaire*

Les conseillers d'État en service extraordinaire

Art. L. 121-4 I. – Les conseillers d'État en service extraordinaire sont nommés par décret pris en conseil des ministres, sur proposition du garde des Sceaux, ministre de la Justice, pour exercer des fonctions consultatives ou juridictionnelles.

II. – Les conseillers d'État en service extraordinaire nommés pour exercer des fonctions consultatives sont choisis parmi les personnalités qualifiées dans les différents domaines de l'activité nationale. Ils sont nommés après avis du vice-président du Conseil d'État.
Ils siègent à l'assemblée générale et peuvent être appelés à participer aux séances des autres formations administratives. Ils ne peuvent être affectés à la section du contentieux.
III. – Les conseillers d'État en service extraordinaire nommés pour exercer des fonctions juridictionnelles sont choisis parmi les personnes que leur compétence et leur activité dans le domaine du droit qualifient particulièrement pour l'exercice de ces fonctions. Ils doivent remplir les conditions prévues à l'article 5 de la loi n° 83-634 du 13 juillet 1983 portant droits et obligations des fonctionnaires et justifier de vingt-cinq années au moins d'activité professionnelle. Ils sont nommés sur proposition d'un comité présidé par le vice-président du Conseil d'État et composé, en outre, d'un nombre égal de personnalités qualifiées et de membres du Conseil d'État, désignés par le vice-président du Conseil d'État.
Ces conseillers d'État en service extraordinaire sont affectés à la section du contentieux. Ils ne peuvent être affectés dans les formations administratives. Ils sont soumis aux mêmes obligations que les conseillers d'État en service ordinaire.
Les conseillers d'État en service extraordinaire nommés pour exercer des fonctions juridictionnelles et qui ont la qualité de fonctionnaires sont placés en position de détachement dans leur corps d'origine.
IV. – Le nombre des conseillers d'État en service extraordinaire mentionnés aux II et III du présent article est fixé par décret en Conseil d'État.

Textes sources

– Ordonnance n° 45-1708 du 31 juillet 1945, article 8.
– Décret n° 63-766 du 30 juillet 1963, article 2, § 3.
– Loi n° 2016-483 du 20 avril 2016, article 62.

La durée de fonctions des conseillers d'État en service extraordinaire

Art. L. 121-5 Les conseillers d'État en service extraordinaire sont nommés pour une durée de cinq ans non renouvelable avant l'expiration d'un délai de deux ans.
Il ne peut être mis fin à leurs fonctions que pour motif disciplinaire et sur proposition de la commission supérieure du Conseil d'État mentionnée à l'article L. 132-1.

Textes sources

– Décret n° 63-767 du 30 juillet 1963, article 9.
– Loi n° 2011-525 du 17 mai 2011, article 73.
– Ordonnance n° 2016-1365 du 13 octobre 2016, article 2.

L'indemnité des conseillers d'État en service extraordinaire

Art. L. 121-6 Les conseillers d'État en service extraordinaire mentionnés au II de l'article L. 121-4 peuvent recevoir, à l'exclusion de tout traitement au Conseil d'État, une indemnité pour les services qu'ils accomplissent effectivement au Conseil.

Les conseillers d'État en service extraordinaire mentionnés au III de l'article L. 121-4 perçoivent la rémunération afférente au grade de conseiller d'État.

Textes sources

– Ordonnance n° 45-1708 du 31 juillet 1945, article 16.
– Loi n° 2016-483 du 20 avril 2016, article 62.

Commentaires

Le mécanisme issu de la loi n° 2016-483 du 20 avril 2016 innove : les conseillers d'État en service extraordinaire relèvent désormais de deux catégories distinctes, tant par leur mode de nomination que par leur activité au Conseil d'État et leur rémunération : ils peuvent, comme auparavant, avoir pour vocation d'apporter leur expérience et leurs connaissances aux travaux des sections administratives (II de l'article L. 121-4), sans exercer aucune mission juridictionnelle. Mais une autre catégorie, nouvelle, (III du même article) peut exercer des fonctions juridictionnelles (et dans ce cas, on ne peut œuvrer au sein des sections administratives). À ces fonctions différentes correspondent des modes de nomination distincts, le choix de ceux devant exercer des fonctions juridictionnelles étant soumis à une vérification spécifique de compétences (III du même article), cependant que les intéressés sont rémunérés comme des conseillers d'État ordinaires (CJA, art. L. 121-6), étant au demeurant soumis aux mêmes obligations que ces derniers.

L'article R. 121-16 nouveau, résultant du décret n° 2016-1710 du 12 décembre 2016, a fixé à douze le nombre de conseillers d'État extraordinaires à vocation « administrative », et à quatre celui des conseillers d'État extraordinaires à vocation « contentieuse ».

L'interdiction de mentionner la qualité de conseiller d'État en service extraordinaire dans l'accomplissement d'une activité professionnelle privée

Art. L. 121-7 Les conseillers d'État en service extraordinaire qui exercent une activité professionnelle privée ne peuvent, dans l'exercice de cette activité, mentionner ou laisser mentionner leur qualité. Ils ne peuvent, postérieurement à leur nomination au Conseil d'État, entreprendre à titre professionnel des activités privées lucratives interdites aux autres membres du Conseil d'État sans autorisation préalable du vice-président.

Texte source

– Décret n° 63-767 du 30 juillet 1963, article 2, § 3.

Commentaires

On peut estimer que ce texte ne peut s'appliquer aux conseillers d'État en service extraordinaire relevant du III de l'article L. 121-4, qui sont soumis aux mêmes obligations que les conseillers d'État en service ordinaire, lesquelles excluent, sauf exceptions limitées, toute activité professionnelle privée lucrative…

Le devoir de réserve des conseillers d'État en service extraordinaire

Art. L. 121-8 Les dispositions des articles L. 131-2 et L. 131-3 sont applicables aux conseillers d'État en service extraordinaire.

Texte source

– Ordonnance n° 2000-387 du 4 mai 2000, article 1er.

L'affectation des conseillers d'État en service extraordinaire

Art. R. 121-15 La participation des conseillers d'État en service extraordinaire aux travaux des sections administratives, de la commission permanente ou des commissions, est décidée par arrêté du vice-président du Conseil d'État délibérant avec les présidents de section.

Texte source

– Ordonnance n° 45-1708 du 31 juillet 1945, article 8, § 4.

Le nombre de conseillers d'État en service extraordinaire

Art. R. 121-16 Le nombre de conseillers d'État en service extraordinaire nommés pour exercer des fonctions consultatives en application du II de l'article L. 121-4 est fixé à douze.

Le nombre de conseillers d'État en service extraordinaire nommés pour exercer des fonctions juridictionnelles en application du III de l'article L. 121-4 est fixé à quatre.

Texte source

– Décret n° 2016-1710 du 12 décembre 2016, article 1er.

Commentaires

Voir commentaires sous l'article L. 121-6.

CHAPITRE 2 Le Conseil d'État dans l'exercice de ses attributions contentieuses

SECTION 1 Organisation

La présente section ne comprend pas de dispositions législatives.

La section du contentieux – compétence et organisation

Art. R. 122-1 La section du contentieux est juge de toutes les affaires qui relèvent de la juridiction du Conseil d'État, sous réserve des dispositions de l'article R. 122-17.

Elle est divisée en dix chambres qui participent à l'instruction et au jugement des affaires dans les conditions prévues au présent livre.

Elle comprend en outre la formation spécialisée prévue à l'article L. 773-2 du présent code.

Textes sources

– Décret n° 63-766 du 30 juillet 1963, article 27, § 1 et 2.
– Décret n° 2016-899 du 1er juillet 2016, article 1er.

Commentaires

Les chambres (anciennement sous-sections) constituent l'organe d'instruction des affaires et participent, habituellement en se joignant par groupes de deux, trois ou quatre (les « chambres réunies », prévues à l'article R. 122-11), à leur jugement.

Les membres de la section du contentieux

Art. R. 122-2 La section du contentieux comprend :

1° Un président assisté de trois présidents adjoints ;

2° Pour chacune des chambres, un conseiller d'État en service ordinaire chargé des fonctions de président et deux conseillers d'État en service ordinaire ou nommés en service extraordinaire sur le fondement du III de l'article L. 121-4 chargés des fonctions d'assesseurs ;

3° Des conseillers d'État en service ordinaire ou nommés en service extraordinaire sur le fondement du III de l'article L. 121-4, des maîtres des requêtes et des auditeurs chargés des fonctions de rapporteur ainsi que des conseillers d'État en service ordinaire, des maîtres des requêtes et des auditeurs chargés des fonctions de rapporteur public.

Textes sources

– Décret n° 63-766 du 30 juillet 1963, article 28.
– Décret n° 2008-225 du 6 mars 2008, article 4.
– Décret n° 2009-14 du 7 janvier 2009, article 1er.

– Décret n° 2016-899 du 1er juillet 2016, article 1er.
– Décret n° 2019-82 du 7 février 2019, article 4.

Commentaires

Chacune des dix chambres de la section du contentieux est bâtie sur le même modèle. Toute allusion à l'appartenance éventuelle de conseillers à une section administrative est gommée du texte. Notamment, a disparu le mécanisme qui conduisait à la présence, dans les chambres, d'un ou plusieurs conseillers appartenant à une section administrative et désignés en cette qualité, par élection en assemblée générale plénière. Il reste que les membres des chambres sont, comme les autres membres du Conseil d'État, susceptibles d'appartenir, aussi, à une section administrative (CJA, art. R. 121-3).

Depuis un décret du 14 octobre 2004, les fonctionnaires et agents publics détachés au Conseil d'État en application des articles 2 et 3 de ce décret peuvent y exercer toutes les fonctions normalement dévolues aux maîtres des requêtes et auditeurs, ce qui inclut les fonctions juridictionnelles, qui ne pouvaient antérieurement être confiées à des agents détachés (articles 4 et 5 du décret n° 99-602 du 15 juillet 1999, abrogé par le décret n° 2004-1088 du 14 octobre 2004).

On peut s'étonner de l'absence, dans cet article, de la présence éventuelle des conseillers d'État en service extraordinaire recrutés, en application de l'article L. 121-4, pour effectuer des tâches contentieuses… On voit mal en effet que l'on puisse exercer au Conseil d'État des responsabilités au contentieux sans être rattaché à l'une des chambres composant la section du contentieux (exception faite, évidemment, du président et des présidents adjoints de cette dernière, et des membres du Conseil d'État, non membres de la section du contentieux, composant l'assemblée du contentieux).

On notera que ni les présidents de chambre ni, *a fortiori*, leurs assesseurs ne sont détenteurs d'un grade spécifique.

L'ordre du tableau des membres de la section du contentieux

Art. R. 122-3 Les membres de la section du contentieux siègent dans l'ordre suivant :

1° Le président de la section du contentieux ;

2° Les présidents adjoints dans l'ordre d'ancienneté de leurs fonctions de présidents adjoints ;

3° Les présidents de chambre dans l'ordre d'ancienneté de leurs fonctions de présidents de chambre ;

4° Les autres membres dans l'ordre du tableau.

Textes sources

– Décret n° 63-766 du 30 juillet 1963, article 29.
– Décret n° 2016-899 du 1er juillet 2016, article 1er.

Commentaires

L'ordre de préséance à la section du contentieux n'est pas, pour les trois premières catégories, calqué sur l'ordre du tableau déterminé par les articles L. 121-2 et R. 121-2. Il convient d'ajouter que, lorsqu'ils sont en séance, les assesseurs siègent aux côtés de leur président de chambre, quel que soit leur ordre dans le tableau par rapport aux assesseurs de l'autre chambre.

La désignation des présidents adjoints de la section du contentieux

Art. R. 122-4 Les présidents adjoints de la section du contentieux sont nommés par arrêté du vice-président du Conseil d'État après avis du président de la section du contentieux.

Texte source

– Décret n° 63-766 du 30 juillet 1963, article 30, § 1.
– Décret n° 2023-485 du 21 juin 2023, article 1er.

Commentaires

Le texte ne précise pas dans quelle catégorie peuvent être choisis les présidents adjoints. La tradition veut que ce soit parmi les présidents de chambre, tradition qui toutefois a dû être assouplie pour faire une place aux présidents de cour administrative d'appel.

Les rapporteurs publics

Art. R. 122-5 Les rapporteurs publics sont désignés par arrêté du vice-président du Conseil d'État pris sur proposition du président de la section du contentieux.

Les rapporteurs publics ne peuvent exercer leurs fonctions pendant une durée totale supérieure à sept années. En cas de nécessité de service, ces fonctions peuvent cependant être prolongées dans la limite de six mois, par arrêté du vice-président.

Textes sources

– Décret n° 63-766 du 30 juillet 1963, article 30, § 2.
– Décret n° 2005-1586 du 19 décembre 2005, article 2.
– Décret n° 2009-14 du 7 janvier 2009, article 1er.
– Décret n° 2016-899 du 1er juillet 2016, article 1er.

Commentaires

Le texte ne précise pas dans quelle catégorie peuvent être choisis les rapporteurs publics. La tradition veut que ce soit, en principe, parmi les maîtres des requêtes.

Les présidents de chambre

Art. R. 122-6 Les présidents de chambre sont désignés, pour une durée de quatre ans, par arrêté du vice-président du Conseil d'État, après avis du président de la section du contentieux et des présidents adjoints de ladite section. Les présidents de chambre sont, à leur demande, renouvelés dans leurs

fonctions pour une durée de trois ans par arrêté du vice-président du Conseil d'État.
Sauf prolongation, dans la limite de six mois, par arrêté du vice-président en cas de nécessité de service, nul ne peut exercer les fonctions de président d'une même chambre plus de sept années consécutives.

Textes sources

– Décret n° 63-766 du 30 juillet 1963, article 31.
– Décret n° 2016-899 du 1er juillet 2016, article 1er.
– Décret n° 2023-485 du 21 juin 2023, article 3.

Les conseillers d'État assesseurs

Art. R. 122-7 Les conseillers d'État chargés de fonctions d'assesseurs sont désignés, pour une durée de quatre ans, par arrêté du vice-président du Conseil d'État après avis du président de la section du contentieux et des présidents adjoints de cette section. Les conseillers d'État chargés de fonctions d'assesseurs sont, à leur demande, renouvelés dans leurs fonctions pour une durée de trois ans par arrêté du vice-président du Conseil d'État.
Sauf prolongation, dans la limite de six mois, par arrêté du vice-président en cas de nécessité de service, nul ne peut exercer les fonctions d'assesseur d'une même chambre plus de sept années consécutives.
En cas d'absence ou d'empêchement d'un assesseur, le vice-président du Conseil d'État peut désigner par arrêté, après avis du président de la section du contentieux et des présidents adjoints, un conseiller d'État chargé des fonctions d'assesseur pour la durée de l'absence ou de l'empêchement.
Au vu de la proposition du président de la chambre d'affectation, le président de la section du contentieux peut désigner des assesseurs à l'effet de leur permettre de présider cette chambre siégeant en formation de jugement et de statuer, par ordonnance, en application des articles R. 122-12 et R. 822-5 sur des requêtes et pourvois attribués à la chambre.
Dans les mêmes conditions, le président de la section du contentieux peut désigner d'autres conseillers d'État affectés à la chambre à l'effet de leur permettre de statuer par ordonnance, en application des mêmes articles, sur des requêtes et pourvois attribués à la chambre ainsi que de fixer par ordonnance, en application de l'article R. 613-5, la date à partir de laquelle l'instruction d'une affaire sera close.

Textes sources

– Décret n° 63-766 du 30 juillet 1963, article 32.
– Décret n° 2013-1213 du 23 décembre 2013, article 5.
– Décret n° 2016-899 du 1er juillet 2016, article 2.
– Décret n° 2016-1480 du 2 novembre 2016, article 2.
– Décret n° 2024-167 du 1er mars 2024, article 8.

Commentaires

Un « assesseur » est, si l'on veut, un « président de chambre adjoint ». Généralement on en compte deux par chambre.

Ce texte traduit la volonté de multiplier les membres du Conseil habilités à statuer seuls, par ordonnances, sur un nombre accru d'affaires. Alors que, avant le décret n° 2016-899 du 1er juillet 2016, cette faculté était réservée, outre au président de la section du contentieux et aux présidents adjoints, aux présidents de sous-section (devenus présidents de chambre), ce décret ouvre, après la loi du 20 avril 2016, cette possibilité, sur désignation du président de la section du contentieux, aux assesseurs, voire à des conseillers d'État.

Art. R. 122-8 *Abrogé par le décret n° 2008-225 du 6 mars 2008, article 4.*

La répartition des membres entre les sous-sections

Art. R. 122-9 La répartition entre les chambres de la section du contentieux des autres membres du Conseil d'État mentionnés au 3° de l'article R. 122-2 est arrêtée par le président de ladite section, après avis des présidents adjoints et des présidents de chambre.

Textes sources

- Décret n° 63-766 du 30 juillet 1963, article 34.
- Décret n° 2008-225 du 6 mars 2008, article 4.
- Décret n° 2016-899 du 1er juillet 2016, article 1er.

La délibération de la chambre

Art. R. 122-10 Une chambre ne peut délibérer que si son président et un de ses assesseurs ou, à défaut, les deux assesseurs sont présents. Si, par suite de vacance, d'absence ou d'empêchement du président ou des assesseurs, une chambre ne se trouve pas en nombre pour délibérer, elle est complétée par l'appel de conseillers d'État ; elle peut l'être aussi, mais à titre exceptionnel, par l'appel d'un maître des requêtes pris dans l'ordre du tableau. Lesdits conseillers et maîtres des requêtes sont désignés par le président de la section du contentieux. En cas d'absence ou d'empêchement du président, la chambre est présidée par l'assesseur le plus ancien. Lorsqu'elle siège en formation d'instruction, une chambre peut délibérer en nombre pair. Le président, les assesseurs et les rapporteurs ont voix délibérative dans toutes les affaires. En cas de partage égal, la voix du président est prépondérante.

Textes sources

- Décret n° 63-766 du 30 juillet 1963, article 35, § 1 et 2.
- Décret n° 2008-225 du 6 mars 2008, article 5.
- Décret n° 2016-899 du 1er juillet 2016, article 1er.

Commentaires

Cet article distingue les deux fonctions de la chambre. En formation de jugement (1er alinéa), elle doit siéger en nombre impair (CJA, art. R. 122-14, deuxième alinéa), son président et un de ses assesseurs étant présents. On peut déduire du 1er alinéa que, de ces deux, un seul peut être remplacé par l'appel à un conseiller d'État ou, à titre exceptionnel, à un maître des requêtes. Ainsi, compte tenu de la présence du rapporteur, la chambre statuant seule au contentieux comprend toujours au moins deux membres lui appartenant.

Les règles présidant au fonctionnement de la séance d'instruction sont plus souples, puisqu'aussi bien ne sont issues desdites séances que des positions provisoires (le « projet de la chambre ») qui seront soumises au délibéré et au vote d'une formation de jugement. On ne saurait pour autant tenir pour négligeables ces règles, qui sont scrupuleusement respectées dans la pratique. Il n'est en effet pas indifférent, pour le sort qui sera fait à une affaire, que la chambre ait pris position dans un sens ou un autre, outre que la formation d'instruction décide des mesures d'instruction qui seront opérées, lesquelles ne sont pas non plus toujours neutres : prévenir les parties de l'éventualité de l'examen d'un moyen relevé d'office est, par exemple, considérer implicitement, mais nécessairement que ce moyen est d'ordre public et, de toute façon, l'insérer dans le débat contradictoire, lors même que la formation de jugement serait ensuite d'avis qu'il n'est pas d'ordre public (l'observation étant identique pour les demandes d'avis contentieux formées par les juridictions dites subordonnées, voir les commentaires sous l'article R. 113-4).

Le décret n° 2008-225 du 6 mars 2008 a mis fin à une anomalie en donnant voix délibérative à tous les rapporteurs, sans la réserver aux conseillers d'État.

SECTION 2 Les formations de jugement

Les formations de jugement du Conseil d'État

Art. L. 122-1 Les décisions du Conseil d'État statuant au contentieux sont rendues par l'assemblée du contentieux, par la section du contentieux, par des formations de chambres réunies ou par une chambre siégeant en formation de jugement. Elles sont en outre rendues, dans les cas définis au chapitre III bis du titre VII du livre VII, par la formation spécialisée prévue à l'article L. 773-2.

Le président de la section du contentieux, les présidents adjoints de cette section, les présidents de chambre, le président de la formation spécialisée et les autres conseillers d'État que le président de la section du contentieux désigne à cet effet peuvent, par ordonnance, régler les affaires dont la nature ne justifie pas l'intervention d'une formation collégiale.

Textes sources

– Ordonnance n° 2000-387 du 4 mai 2000, article 1er.
– Loi n° 2011-1862 du 13 décembre 2011, article 47.
– Loi n° 2016-483 du 20 avril 2016, article 62.

Commentaires

L'article L. 773-2 se réfère à la composition spécifique des formations appelées à se prononcer sur les contentieux relatifs à la mise en œuvre des techniques de renseignement.

Le jugement par une chambre ou par plusieurs chambres réunies

Art. R. 122-11 Sous réserve des dispositions de l'article R. 122-12 et de celles de l'article R. 122-17, le jugement des affaires est confié à une chambre ou à deux, trois ou quatre chambres réunies.

Le groupement de chambres en formations de jugement est fixé par arrêté du vice-président du Conseil d'État, sur proposition du président de la section du contentieux.

Textes sources

– Décret n° 63-766 du 30 juillet 1963, article 38, § 2.
– Décret n° 2010-164 du 22 février 2010, article 4.
– Décret n° 2016-899 du 1er juillet 2016, article 1er.

Commentaires

On mesure l'effort en vue d'apporter le plus de souplesse possible et d'efficacité au système juridictionnel. Selon la difficulté ou la nature des affaires, le jugement pourra en être confié (sauf modes simplifiés, ou au contraire sophistiqués) à une formation variant d'une à quatre chambres réunies. On imagine aisément, par exemple, qu'un groupement des chambres traitant du contentieux fiscal pourrait se consacrer au jugement des affaires posant des questions exclusivement fiscales, lors même qu'elles sont, dans cette matière, fondamentales. Ce sera une façon de reconstituer, sans le dire, la « plénière fiscale » qui autrefois jouait ce rôle au Conseil d'État, et que l'on avait entendu « briser » au nom de l'unicité du droit administratif...

Rien ne paraît interdire qu'une même chambre soit, selon la nature des affaires, membre de plusieurs groupements différents : telle chambre qui traite à la fois du contentieux fiscal et du contentieux de fonction publique pourrait s'unir aux autres fiscalistes pour juger les affaires fiscales, et à d'autres chambres pour trancher les affaires de fonction publique.

Le pouvoir de statuer par ordonnance

Art. R. 122-12 Le président de la section du contentieux, les présidents de chambre et les conseillers d'État mentionnés au quatrième alinéa de l'article R. 122-7 peuvent, par ordonnance :

1° Donner acte des désistements ;

2° Rejeter les requêtes ne relevant manifestement pas de la compétence de la juridiction administrative ;

3° Constater qu'il n'y a pas lieu de statuer sur une requête ;

4° Rejeter les requêtes manifestement irrecevables, lorsque la juridiction n'est pas tenue d'inviter leur auteur à les régulariser ou qu'elles n'ont pas été régularisées à l'expiration du délai imparti par une demande en ce sens ;
5° Statuer sur les requêtes qui ne présentent plus à juger de questions autres que la condamnation prévue à l'article L. 761-1 ou la charge des dépens ;
6° Statuer sur les requêtes relevant d'une série, qui, sans appeler de nouvelle appréciation ou qualification de faits, présentent à juger en droit des questions identiques à celles tranchées ensemble par une même décision du Conseil d'État statuant au contentieux ou examinées ensemble par un même avis rendu par le Conseil d'État en application de l'article L. 113-1 ;
7° Rejeter, après l'expiration du délai de recours ou, lorsqu'un mémoire complémentaire a été annoncé, après la production de ce mémoire, les requêtes ne comportant que des moyens de légalité externe manifestement infondés, des moyens irrecevables, des moyens inopérants ou des moyens qui ne sont assortis que de faits manifestement insusceptibles de venir à leur soutien ou ne sont manifestement pas assortis des précisions permettant d'en apprécier le bien-fondé.
Ils peuvent, en outre, rejeter par ordonnance des conclusions à fin de sursis à exécution d'une décision juridictionnelle.

Textes sources
– Décret n° 63-766 du 30 juillet 1963, articles 37-2 et 54, § 5.
– Décret n° 2000-1115 du 22 novembre 2000, article 2-I.
– Décret n° 2001-562 du 29 juin 2001, article 2.
– Décret n° 2002-547 du 19 avril 2002, article 9, § I.
– Décret n° 2003-1257 du 26 décembre 2003, article 3.
– Décret n° 2005-911 du 28 juillet 2005, article 1er.
– Décret n° 2006-1708 du 23 décembre 2006, article 6.
– Décret n° 2010-164 du 22 février 2010, article 10.
– Décret n° 2016-899 du 1er juillet 2016, article 1er.
– Décret n° 2016-1480 du 2 novembre 2016, article 2.

Commentaires
Cet article définit le cadre du jugement par ordonnances de certaines affaires confiées au Conseil d'État. Il porte application de l'article L. 122-1 qui prévoit, dans le respect de l'article L. 3, que certaines affaires, « dont la nature ne justifie pas l'intervention d'une formation collégiale », pourront être jugées par un juge statuant seul.
Le texte prévoit que les responsables qu'il désigne « peuvent » statuer. Ce qui n'implique pas que les affaires ici énumérées « doivent » être jugées ainsi : la rédaction prend en compte un principe systématique de la procédure contentieuse

administrative, selon lequel le juge désigné pour statuer seul peut toujours renvoyer à une formation collégiale le jugement d'une affaire qui lui est soumise (CE sect., 13 juillet 1956, Secrétaire d'État à la Reconstruction c/Pieton Guibout, n° 37649, *Lebon*), au vu des « difficultés graves et susceptibles d'une discussion sérieuse » qu'elle peut présenter. En effet, le magistrat statuant seul n'est pas une juridiction, mais une formation de la juridiction à laquelle il appartient. Et ce renvoi n'est pas susceptible de recours ni de discussion devant la juridiction (même décision – CE, 10 décembre 1997, Préfet de police, en matière de reconduite à la frontière, n° 170529).

I – La rectitude juridique du système

On pourrait se demander si une telle formulation constitue un encadrement suffisant de la compétence du pouvoir réglementaire appelé à définir ces affaires, dans une matière qui relève de la disposition législative (voir CJA, art. L. 3). On remarque à cet égard que l'article L. 222-1 correspondant pour les tribunaux administratifs et les cours administratives d'appel fait état des « exceptions tenant à l'objet du litige et à la nature des questions à juger ». Et l'on pourrait s'interroger sur la différence de rédaction retenue pour le Conseil d'État. Elle s'explique. On verra en effet que, au tribunal administratif, un magistrat statuant seul peut se prononcer sur des affaires définies non seulement, comme devant le Conseil d'État, par la nature des questions à juger, mais par l'objet du litige (voir CJA, art. R. 222-13). Quoi qu'il en soit, le Conseil d'État a eu l'occasion de juger que ce dispositif était légal, soit dans sa version antérieure (et de surcroît ne méconnaissant ni les articles 6 § 1 et 13 de la Convention européenne de sauvegarde des droits de l'homme et des libertés fondamentales, ni les articles 2-3 et 14-1 du Pacte international relatif aux droits civils et politiques, ni l'article 47 de la Charte des droits fondamentaux de l'Union européenne), puisque la mesure de rejet « ne peut être prise sans que le requérant ait été averti de la formalité exigée » (CE, 30 juillet 2003, M'Bow, n°s 247376, 248089, 251088, *Lebon* T.), soit dans sa version récente (CE, 11 juillet 2007, Union syndicale des magistrats administratifs, n°s 302040, 302137, *Lebon* T.). On mentionne ici que, s'agissant de l'article L. 222-1 consacré aux modalités identiques de recours aux ordonnances dans les tribunaux et cours, le Conseil constitutionnel a, par décision n° 2010-54 QPC du 14 octobre 2010, déclaré la conformité à la Constitution de ce mécanisme, précisant toutefois que le pouvoir réglementaire devait utiliser des critères objectifs pour déterminer les catégories d'affaires relevant de ce traitement par ordonnances (voir commentaire de l'article L. 222-1).

L'article R. 122-12 a pour effet de supprimer toute audience publique, ce qui peut poser problème pour le Conseil d'État statuant en premier et dernier ressort : la Cour européenne des droits de l'homme a vu dans l'existence d'une telle audience une garantie découlant de l'article 6 § 1 de la Convention (CEDH, 29 octobre 1991, Helmers c/Suède, n° 11826/85), mais elle a admis, plus récemment, qu'une telle dispense était envisageable si les problèmes jugés sont « de caractère restreint » (CEDH, 19 février 1998, Allan Jacobsson c/Suède, n° 16970/90).

II – Le champ d'application du système

Les compétences des présidents ou conseillers d'État concernés couvrent, en ce qui concerne les 1° à 5° de l'article R. 122-12, une activité qui, dans la généralité des cas, s'apparente plus à la bonne administration de la justice qu'au jugement. On doit préciser dès l'abord que ce sont les conclusions principales soumises au Conseil d'État qui doivent être prises en considération, et non l'état du litige tel qu'il se présentait au premier juge, lorsque le Conseil d'État est saisi soit en appel soit en cassation. Ainsi l'appel, qui pourrait être formé contre la décision du premier juge donnant acte d'un désistement en matière électorale (lequel relève de la compétence du Conseil d'État), ne pourra être traité, devant le Conseil d'État, par ordonnance prise sur le fondement du 1° de l'article R. 122-12, pas plus que le pourvoi formé contre un arrêt, fût-il fondé de manière évidente, déclinant la compétence de la juridiction administrative. Voir la même solution s'agissant de l'appel formé contre un jugement de non-lieu prononcé en collégialité, (CE, 21 décembre 2007, Samper, n° 73171), ou encore, applicable à une cour administrative d'appel, (CE, 25 janvier 2012, Piasco, n° 344705, *Lebon* T.). S'agissant des désistements, il importe peu qu'il s'agisse d'un désistement spontané ou d'un désistement d'office prononcé en application de l'article R. 611-22 pour absence de production du mémoire complémentaire annoncé (CE, 8 février 1995, Hébert, n° 149044, *Lebon* T.).

Le 2° a dû être ajouté pour tenir compte de la jurisprudence : conçu à l'origine pour régler les affaires affectées d'une irrecevabilité non régularisable, le mécanisme ne pouvait jouer si l'affaire ne relevait pas de la compétence de la juridiction administrative, une incompétence n'étant pas assimilable à une irrecevabilité (CE sect., avis, 29 novembre 1991, Landrée, n° 127948). Sur la portée de l'adverbe « manifestement », voir alinéa suivant.

III – L'irrecevabilité « manifeste »

Les termes du 4° doivent être soulignés. Les juges sont peu regardants quant à la notion d'irrecevabilité « manifeste », qui à vrai dire ne paraît pas signifier grand-chose, puisqu'il s'agit d'une question de droit, et non d'appréciation : une requête est ou n'est pas irrecevable, et lorsqu'elle l'est, cette irrecevabilité devient manifeste, même s'il a fallu quelques recherches pour fonder ce constat. Encore faut-il que cette irrecevabilité ressorte des pièces du dossier pour pouvoir être qualifiée de « manifeste » (CE, 5 décembre 2001, Dugas, n° 225511, *Lebon* T.). Et il n'est pas interdit au juge d'engager une procédure contradictoire, voire de communiquer un moyen d'ordre public, pour vérifier que les apparences d'une irrecevabilité ressortant du dossier correspondent à la réalité (CE, 30 décembre 2002, Thetio, n° 217703). On note en effet que cette procédure expéditive peut être mise en œuvre lors même que l'affaire a donné lieu à instruction (CE, 27 juin 2008, Boudou, n° 305540).

IV – Le défaut de régularisation

A été abandonnée la notion d'irrecevabilité « non susceptible d'être couverte en cours d'instance », qui, présente dans l'ancien texte et rigoureusement interprétée (CE, avis, 28 juillet 1995, Tourteaux, n° 167629, *Lebon*), avait subi tant de modifications qu'elle n'avait plus guère de portée. Le texte nouveau lui a préféré

le critère tiré du non-respect d'une invitation à régulariser, ou de l'absence pour la juridiction de l'obligation d'émettre une telle invitation. Cette dispense, pour la juridiction, joue soit dans le cas de requête non motivée dans le délai de recours (voir art. R. 411-1), soit dans le cas des obligations qu'une phase précédente de la procédure, contentieuse ou administrative, a portées à la connaissance du requérant, et qu'il n'est donc pas besoin de lui rappeler (voir art. R. 612-1, 2° alinéa).
S'agissant de cette hypothèse particulière de dispense, la jurisprudence paraît avoir hésité. Une décision *Godrant* (CE, 14 octobre 2015, n° 374850, *Lebon* T. [**1**]) avait paru donner à penser que, si une telle situation autorisait la juridiction à se prononcer sans autre formalité, et notamment sans invitation à régulariser, elle devait tenir audience, l'avis d'audience valant ainsi avertissement fait au requérant de ce qu'il ne lui reste plus qu'un délai déterminé pour régulariser sa procédure. Cela excluait donc tout recours au traitement par ordonnance, lequel ne se pouvait envisager que si était adressée une invitation à régulariser, assortie d'un délai impératif précis. Cette jurisprudence faisait ainsi de l'existence d'un tel délai la condition du recours à l'ordonnance.
Cette jurisprudence – qui n'a pas donné lieu à analyse sur ce point – semble abandonnée. Par décision *Rossard* (CE, 17 mai 2017, n° 404261, *Lebon* T.), le Conseil d'État a expressément validé une ordonnance de rejet prononcée sans invitation préalable à régulariser pour l'obligation d'un avocat en appel. Mais semble être revenu sur cette position (CE 14 octobre 2021, Perinet, n° 441415, *Lebon* T. : s'agissant de l'intérêt pour agir en matière d'urbanisme).
On devait se demander ce qu'il en serait des irrecevabilités dont la régularisation est envisageable, mais ne peut l'être dans le délai prescrit par l'invitation à régulariser, notamment parce qu'elle ne dépend pas totalement de la volonté du requérant : ainsi des cas dans lesquels la requête, prématurée, est dirigée contre une décision qui n'est pas encore intervenue, mais interviendra (CE, 25 avril 2003, SA Clinique Les Châtaigniers, n° 238683, *Lebon* T.), ou de l'irrecevabilité tenant à ce que le requérant n'a pas la capacité à agir en justice en raison d'une mise sous tutelle, cette personne pouvant ultérieurement être représentée par une personne habilitée ou encore la mise sous tutelle pouvant faire l'objet d'une mainlevée (CE, 20 mai 2005, Barraud, n° 265777, *Lebon* T.). Il faut en ces espèces faire confiance au magistrat concerné, qui n'est pas tenu de statuer rapidement sur la requête et peut donc attendre que soit écoulé un délai raisonnable autorisant sa régularisation : la procédure n'étant pas une fin en soi, l'important est que la justice soit bien administrée !
Le Conseil d'État, abandonnant la jurisprudence *SA Clinique Les Châtaigniers* par application du texte nouveau, a admis la faculté de rejeter une requête prématurée par ordonnance comme manifestement irrecevable sans obligation d'inviter le requérant à régulariser (CE 20 décembre 2023, n° 463151, *Lebon* T.).
Il reste qu'il n'est guère satisfaisant qu'un point aussi déterminant que la perte de chance, pour le requérant maladroit, de régulariser sa requête dépende de l'humeur du magistrat qui la traitera.
Ainsi que cela se déduit de la rédaction de l'article, une requête dépourvue d'avocat lorsqu'il est nécessaire peut donc être rejetée par ordonnance dès que l'intéressé a

été informé de cette nécessité, ce qui jouera notamment si la notification de l'acte susceptible de pourvoi en cassation a fait état de cette nécessité (art. R. 821-4).

V – Le délai pour prononcer l'ordonnance

L'extension du traitement par ordonnance aux hypothèses d'irrecevabilités régularisables conduit à ce que la requête irrecevable peut être rejetée par ordonnance alors même que, le délai de pourvoi (ou de recours, pour les juridictions subordonnées) n'étant pas expiré, la régularisation spontanée serait encore possible, rendant ainsi la requête recevable (CE, 13 octobre 2004, Département de la Vendée, n° 259003, *Lebon* – CE, 1er juillet 2005, Commune de Saint-Denis-en-Val et Compagnie Groupama Loire Bourgogne, n° 267691, *Lebon* T.), ce qui peut concerner par exemple le défaut de motivation (voir CE, 23 décembre 2009, Société Générale maintenances services, n° 327188, *Lebon* T., revenant sur une position contraire antérieure : CE, 20 février 2009, Dray, n° 312154). C'est en réalité l'invitation à régulariser et le délai dont elle est assortie (lequel peut n'être que de quinze jours) qui autorisent semblable bizarrerie.

Particulier est le cas de l'irrecevabilité qui s'attache au défaut de motivation (CJA, art. R. 411-1). La régularisation doit intervenir dans le délai de recours contentieux, d'où il découle que cette irrecevabilité est, pendant une certaine durée, régularisable, puis ne l'est plus une fois expiré ce délai de recours. L'article R. 612-1 n'oblige ainsi à inviter l'intéressé à régulariser qu'avant l'expiration de ce délai… Encore convient-il d'ajouter que la pratique constante des juridictions consiste à tenir cette irrecevabilité particulière comme échappant, que le délai de recours soit ou non expiré, à l'obligation de régularisation, preuve en étant qu'aucun arrêt à notre connaissance n'a censuré une décision portant irrecevabilité d'une requête dépourvue de motivation, sans égard au fait qu'une invitation à régulariser avait ou non été adressée au demandeur. Il s'ensuit que les juridictions placées devant une telle irrecevabilité adoptent deux attitudes contrastées : le rejet immédiat, presque d'heure à heure (sans invitation à régulariser), solution qui autorise l'intéressé à recommencer sa procédure si le délai de recours n'est pas expiré, mais le prive de la possibilité qui lui est ouverte jusqu'au terme de ce délai, de régulariser spontanément sa requête, ou le rejet après expiration de ce délai.

La régularisation spontanée peut résulter, automatiquement, de la production, devant le juge saisi d'un appel ou d'un pourvoi, et si elle a été demandée au juge précédent, du dossier de l'instance antérieure. Ce sera souvent le cas du défaut tiré de l'absence de production devant le juge d'appel ou de cassation de la décision juridictionnelle attaquée (CE sect., 3 décembre 2004, Commune de Rots, n° 261577).

Il est enfin clair que le juge doit s'assurer que l'information nécessaire a bien été donnée au requérant en même temps que lui était notifiée la décision juridictionnelle attaquée (jurisprudence constante, voir par exemple : CE, 17 juin 2005, Société DG Entreprise, n° 259919), et en des termes clairs (voir pour l'ambiguïté d'une formule relative à l'obligation d'avocat : CE, 27 février 2006, Casseron, nos 269589 et 269590, *Lebon* T.).

Le 5° a été prévu pour éviter de devoir renvoyer aux formations collégiales des affaires appartenant notamment aux catégories prévues aux 1° à 4°, mais dans lesquelles des conclusions relatives aux frais non compris dans les dépens paraissaient faire obstacle au traitement par ordonnance. La jurisprudence avait admis de lever cet obstacle (CE, avis, 28 octobre 1994, Gosse, n° 158780) ; le texte le lève derechef. On peut estimer que, par analogie, l'infliction de l'amende pour recours abusif prévue par l'article R. 741-12 peut s'inscrire dans les ordonnances prises en application de l'article R. 122-12 (CAA Nantes, 5 mars 1996, District de l'agglomération angevine, n° 95NT00990, *Lebon* T.).

VI – Les affaires de série

Le 6° constitue la réponse procédurale au phénomène des séries d'affaires, provoquées par exemple par l'application sur le territoire d'un texte nouveau donnant lieu à interprétations divergentes : on peut parfois compter des milliers de requêtes posant la même question... Pour parer aux effets de ce genre de situation (assez fréquente en matière de fonction publique ou de fiscalité), le texte a prévu que l'on puisse, une fois jugé le dossier « tête de série », régler par ordonnance les autres affaires, pourvu qu'elles ne posent pas, ni en fait ni en droit, de question distincte. Il reste à définir le terme de « série », qui relève plus du langage commun que des catégories juridiques. Il n'y a série que s'il y a affaires nombreuses (il est signalé que, pour l'appréciation statistique de l'activité des juridictions, la « série » commence avec dix dossiers), et surtout si ces affaires apparaissent en quelque sorte comme un décalque de l'affaire jugée comme « tête de série ».

Ce texte peut jouer pour autant que l'affaire nouvelle « ne présente à juger que des questions déjà tranchées par une décision antérieure » (devenue irrévocable si le mécanisme est appliqué par un tribunal ou une cour, au titre de l'article R. 222-1 du code), et si « les données de fait susceptibles de varier d'une affaire à l'autre sont sans incidence sur le sens de la solution à donner au litige » (CE, 20 mai 2005, Reboul, n° 267836, *Lebon* T.). Cette formulation n'était pas très heureuse, car – et l'affaire *Reboul* le démontre – une variation dans les éléments de fait peut déterminer une solution différente. Meilleure est la rédaction issue du décret n° 2005-911 du 28 juillet 2005, laquelle, tout en admettant que les faits puissent varier d'une affaire sur l'autre, réserve l'ordonnance « de série » aux cas dans lesquels, sur un fond juridique unique, il n'y a pas lieu de porter une appréciation nouvelle sur les faits, non plus que d'opérer une nouvelle qualification juridique (voir CE, 20 février 2008, Ministre de l'Intérieur c/Waterlot, n° 294396 *Lebon*, p. 835 – CE, 27 juillet 2009, Société de boucherie du marché, n° 312098, *Lebon*).

On note que la possibilité ainsi ouverte de régler par ordonnances les affaires dites « de série » ne dispense pas la juridiction de l'obligation de respecter la procédure contradictoire dans chaque affaire (CE, 17 septembre 2010, Chambre de métiers et de l'artisanat de Mayotte, n° 317105, *Lebon* T.).

VII – Le rejet de requêtes non fondées

Le 7° constitue une innovation dans notre droit. Pour la première fois (si l'on met à part le contentieux spécifique de l'appel des jugements rendus en matière d'obligation de quitter le territoire français – voir CJA, art. R. 776-9) est instituée la possibilité de prononcer par ordonnance (donc sans audience ni débat collégial) le rejet de requêtes non fondées. Pour éviter toute dérive de nature à porter atteinte au droit au recours, les auteurs du texte n'ont pas retenu la formule des « requêtes manifestement non fondées » – utilisée en matière d'appel dans le contentieux de l'éloignement des étrangers (voir CJA, art. R. 776-9) – mais se sont efforcés d'encadrer ce mode expéditif de jugement. Les critères retenus ont pour caractéristique commune de ne faire appel à aucune subjectivité, étant tous de type binaire et commandés par un constat objectif, ce qui répond au souci exprimé par le Conseil constitutionnel dans la décision n° 2010-54 QPC du 14 octobre 2010 mentionnée au début du présent commentaire.

Ainsi des moyens de légalité externe (dont l'appellation fait son apparition dans un texte normatif) : l'auteur de l'acte était ou non compétent pour le signer, la commission qui devait être consultée l'a ou non été… (encore la jurisprudence *Danthony :* CE ass., 23 décembre 2011, n° 335477, *Lebon*, p. 649, précisée en dernier lieu par : CE ass., 19 juillet 2017, Association citoyenne « Pour E… Pays Catalan », n° 403928, *Lebon* – appelle-t-elle désormais, en cas de vice de procédure, une prise de position du juge sur le point de savoir si ce vice a eu une influence sur la décision… ce qui n'a rien de totalement objectif). Et une prise de position de l'administration, la « Danthonysation » pouvant faire obstacle au retrait d'une décision administrative qui ne peut alors être tenue pour illégale et ne peut, en conséquence, être retirée ou abrogée par l'administration de sa propre initiative ou sur la demande d'un tiers, même dans le délai de quatre mois suivant la prise de cette décision. (CE 7 février 2020, Guillaume, n° 428625, *Lebon* T.).

Ainsi également des moyens irrecevables (par exemple, l'exception d'illégalité d'une mesure individuelle devenue définitive), ou encore des moyens inopérants, notion qui elle non plus n'appelle pas de prise de position subjective. Est inopérant « un moyen qui, même s'il était fondé, serait sans influence possible sur la solution du litige dans lequel il a été soulevé » (CE, 9 juin 2010, Iche, n° 320027, *Lebon* T.) ; ainsi, par exemple, d'un vice de forme alors que l'autorité administrative avait compétence liée pour statuer ainsi qu'elle l'a fait. Également objectifs sont les moyens non assortis de faits pertinents, ou de précisions permettant d'en apprécier le bien-fondé.

D'aucuns pourront regretter la sévérité que manifeste ainsi le Code de justice administrative. Observons que les requêtes visées par le 7° (que l'on retrouve, à l'identique, à l'article R. 222-1) méritent difficilement cette appellation, et surtout que les priver des garanties juridictionnelles que constituent la collégialité et l'audience publique ne porte qu'une atteinte d'apparence aux droits fondamentaux. Cette apparence est de peu de poids face au coût, pour les requérants authentiques (ceux qui ont de vraies et juridiques raisons de saisir le juge) de l'encombrement des prétoires par de simples manifestations d'humeur. Derrière ce 7°, peut-on penser, naît une réflexion sur l'office de la procédure juridictionnelle, et sa spécificité : la juridiction n'est pas le bureau des réclamations administratives, non plus que le service d'information des administrés. C'est une instance appelée à trancher les litiges – c'est-à-dire les désaccords fondés sur des lectures différentes du droit ou des appréciations divergentes des faits – en mettant en œuvre des mécanismes lourds et sophistiqués propres à garantir l'impartialité de la décision rendue. Cette procédure est incontournable si l'on est en présence d'un vrai litige. Elle est pur gaspillage si elle est mise en branle sur la seule humeur d'un citoyen atrabilaire et quérulent (voir D. Chabanol, « Le décret du 23 décembre 2006 », *AJDA*, 12 février 2007, p. 304).

VIII – Le rejet des demandes de sursis

S'agissant du rejet des demandes de sursis, le texte ne fait état que de la demande de sursis d'une décision juridictionnelle, qu'il convient de distinguer avec soin des demandes de suspension d'une décision administrative, laquelle relève du livre V et se traite selon les procédures définies par ce livre.

IX – La procédure applicable au prononcé des ordonnances

La procédure applicable au prononcé de ces ordonnances se déroule, on l'a dit, sans audience publique, c'est son principal intérêt, ni audition d'un rapporteur public (CE, 29 janvier 1993, Giordano, n° 136762, *Lebon* T. ; on note que l'article L. 7 n'appelle pas cette dernière intervention dans « toutes » les affaires). Et une affaire, primitivement inscrite à un rôle d'audience collégiale, peut régulièrement être renvoyée au juge statuant seul, si elle relève de la compétence de ce dernier, pour être jugée par ordonnance (CE, 30 avril 1993, Commune d'Arcangues, n°s 122075, 122096 et 133115, *Lebon* T.).

X – Le caractère contradictoire de la procédure

Pour être expéditive, la procédure ainsi prévue ne doit pas méconnaître de principes fondamentaux, tel notamment que celui du caractère contradictoire. Cette exigence n'appelle certes pas nécessairement la notification de la requête à l'adversaire, lorsque dès sa présentation il appert qu'elle est frappée d'irrecevabilité : s'agissant de l'ancien article L. 9, qui en son second alinéa exigeait une « procédure contradictoire », il en a été ainsi jugé (CE sect., 29 janvier 1993, Association des riverains de l'Herrengrie, n° 126483), et il en doit aller *a fortiori* de même dans le silence du texte (voir les commentaires sous l'article R. 611-8). Mais si la demande a été notifiée, et si le défendeur a fait état d'éléments sur lesquels le magistrat s'appuiera pour rejeter cette demande, les observations en défense doivent être communiquées au demandeur, et un délai lui être donné pour réagir, s'il le juge opportun, à ces observations, puisque aucun avis d'audience ne l'avertira de l'imminence du règlement de l'affaire. Ce peut être un délai de réponse, comme une date de clôture de l'instruction (CAA Lyon, 27 décembre 2000, Da Silva, n° 99LY00326). Et, si délai de réponse il y a, il doit évidemment être respecté par la juridiction, qui ne saurait statuer avant le terme de ce délai (CAA Lyon, Da Silva, *préc.* – CE, 6 avril 2001, Dervin, n° 225658, *Lebon* T.). On prêtera attention au fait que, lorsque cet article est utilisé dans le cadre de son 6° (*séries*), il ne conduit pas nécessairement au rejet de la requête. C'est une raison majeure pour que, si satisfaction est donnée au demandeur, le contradictoire soit respecté à l'égard du défendeur (CE, 17 septembre 2010 précité, Chambre de métiers et de l'artisanat de Mayotte, n° 317105, *Lebon* T.).

Voir l'article R. 222-1 pour les particularités de ce système en ce qu'il s'applique aux tribunaux administratifs et cours administratives d'appel.

Jurisprudence

[1] Considérant qu'aux termes de l'article R. 612-1 du code de justice administrative : « Lorsque des conclusions sont entachées d'une irrecevabilité susceptible d'être couverte après l'expiration du délai de recours, la juridiction ne peut les rejeter en relevant d'office cette irrecevabilité qu'après avoir invité leur auteur à les régulariser. / [...] / La demande de régularisation mentionne que, à défaut de régularisation, les conclusions pourront être rejetées comme irrecevables dès l'expiration du délai imparti qui, sauf urgence, ne peut être inférieur à quinze jours [...] » ; qu'aux termes de l'article R. 222-1 du même code, dans sa rédaction issue du décret n° 2006-1708 du 23 décembre 2006 : « Les présidents de tribunal administratif et de cour administrative d'appel, le vice-président du tribunal administratif de Paris et les présidents de formation de jugement des tribunaux et des cours peuvent, par ordonnance : / [...] 4° Rejeter les requêtes manifestement irrecevables, lorsque la juridiction n'est pas tenue d'inviter leur auteur à les régulariser ou qu'elles n'ont pas été régularisées à l'expiration du délai imparti par une demande en ce sens [...] » ;
Considérant que les requêtes manifestement irrecevables qui peuvent être rejetées par ordonnance en application de ces dernières dispositions sont, d'une part, celles dont l'irrecevabilité ne peut en aucun cas être couverte, d'autre part, celles qui ne peuvent être régularisées que jusqu'à l'expiration du délai de recours, si ce délai est expiré et, enfin, celles qui ont donné lieu à une invitation à régulariser, si le délai que la juridiction avait imparti au requérant à cette fin, en l'informant des conséquences qu'emporte un défaut de régularisation comme l'exige l'article R. 612-1 du code de justice administrative, est expiré ; qu'en revanche, ces dispositions n'ont ni pour objet ni pour effet de permettre un rejet par ordonnance lorsque la juridiction s'est bornée à communiquer au requérant, en lui indiquant le délai dans lequel il lui serait loisible de répondre, le mémoire dans lequel une partie adverse a opposé une fin de non-recevoir ; qu'en pareil cas, à moins que son auteur n'ait été invité à la régulariser dans les conditions prévues à l'article R. 612-1 du code de justice administrative, la requête ne peut être rejetée pour irrecevabilité que par une décision prise après audience publique [...].

Le jugement par ordonnances. Des recours de plein contentieux relatifs à l'occultation des décisions juridictionnelles

Art. R. 122-13 Le président ou un président-adjoint de la section du contentieux du Conseil d'État statue par ordonnance sur les recours mentionnés au 8° de l'article R. 311-1.

Texte source

– Décret n° 2020-797 du 29 juin 2020, article 3.

La composition de la chambre siégeant en formation de jugement

Art. R. 122-14 La chambre siégeant en formation de jugement ne peut délibérer que si trois membres au moins ayant voix délibérative sont présents.
Les deuxième et troisième alinéas de l'article R. 122-16 sont applicables à la chambre en formation de jugement.

La chambre siégeant en formation de jugement est présidée par son président ou par un conseiller d'État mentionné au troisième alinéa de l'article R. 122-7. Le vice-président du Conseil d'État, le président et les présidents adjoints de la section du contentieux peuvent présider chacune des chambres.

Textes sources

– Décret n° 63-766 du 30 juillet 1963, article 35, § 3 à 5.
– Décret n° 2013-1213 du 23 décembre 2013, article 6.
– Décret n° 2016-899 du 1er juillet 2016, article 1er.

Commentaires

En pratique, la chambre statuant seule se tient au minimum réglementaire de trois membres. On note, à la dernière phrase du dernier alinéa, l'expression d'une règle constante de fonctionnement du Conseil d'État statuant au contentieux, laquelle ne joue en pratique jamais s'agissant de la chambre statuant seule.

La composition des chambres réunies

Art. R. 122-15 Les chambres réunies sont présidées par l'un des présidents adjoints de la section du contentieux. Elles peuvent également être présidées par le vice-président du Conseil d'État ou le président de la section du contentieux.

Outre son président et le rapporteur, la formation de jugement comprend :

1° Les présidents des chambres ;

2° Les assesseurs des chambres ou, lorsque les chambres réunies sont au nombre de quatre, l'assesseur le plus ancien dans ses fonctions de chaque chambre ;

3° Lorsque les chambres réunies sont au nombre de deux ou de quatre, un conseiller d'État en service ordinaire ou en service extraordinaire appartenant à la section du contentieux désigné par le président de celle-ci, en dehors des chambres qui siègent, selon un tour de rôle établi deux fois par an.

Le président des chambres réunies est remplacé, en cas d'empêchement, par le président de la chambre siégeant au titre du 1° le plus ancien dans ses fonctions. Lorsque les chambres réunies sont au nombre de quatre, le président d'une chambre est remplacé par l'assesseur de la chambre le plus ancien dans ses fonctions, lui-même remplacé par l'autre assesseur de la chambre.

Textes sources

– Décret n° 63-766 du 30 juillet 1963, article 38, § 3 à 6.
– Décret n° 2010-164 du 22 février 2010, article 5.
– Décret n° 2016-899 du 1er juillet 2016, article 1er.
– Décret n° 2023-485 du 21 juin 2023, article 2.

Commentaires

Le texte a dû prévoir des modalités de composition répondant à la variabilité de la réunion des chambres réunies, qui regroupent de deux à quatre chambres (voir CJA, art. R. 122-11), et à la nécessité de l'imparité. Selon l'ampleur du regroupement, la formation de jugement est de 9 ou de 11 membres. On note la disparition du conseiller élu par l'assemblée générale et représentant une section administrative.

Le quorum des chambres réunies

Art. R. 122-16 Pour le jugement des affaires, les chambres réunies ne peuvent statuer que si cinq membres au moins ayant voix délibérative sont présents. Lorsque les chambres réunies sont au nombre de trois ou de quatre, elles ne peuvent statuer que si sept membres au moins ayant voix délibérative sont présents.

Les chambres réunies ne peuvent statuer qu'en nombre impair. Lorsque les membres présents à la séance ayant voix délibérative sont en nombre pair, le conseiller d'État, le maître des requêtes ou l'auditeur présent le plus ancien dans l'ordre du tableau est appelé à siéger.

Il en est de même lorsque, par suite de vacance, d'absence ou d'empêchement, les membres présents ne se trouvent pas en nombre pour délibérer.

Textes sources

- Décret n° 63-766 du 30 juillet 1963, article 38, § 7 à 9.
- Décret n° 2010-164 du 22 février 2010, article 6.
- Décret n° 2016-899 du 1er juillet 2016, article 1er.

Commentaires

La combinaison de cet article et du précédent donne ainsi un effectif variant de cinq à neuf pour la formation de deux chambres réunies, et de sept à onze pour les formations de trois ou quatre chambres réunies. Cette fourchette s'ajuste en fonction des nécessités : si un membre s'abstient de délibérer, par suite d'une incompatibilité, l'imparité est rétablie par appel à l'un des conseillers d'État, maître des requêtes ou auditeur présent (en règle générale, le rapporteur d'une autre affaire inscrite), ainsi invité à « départager ». Si deux membres sont absents ou empêchés, la formation est ramenée au nombre impair inférieur à son maximum, sans départageur. Et ainsi de suite jusqu'au minimum requis.

Le renvoi d'une affaire à la section du contentieux ou à l'assemblée du contentieux

Art. R. 122-17 Le jugement de toutes les affaires relevant de la juridiction du Conseil d'État est renvoyé à la section du contentieux ou à l'assemblée du contentieux à la demande soit du vice-président du Conseil d'État, soit du président de la section du contentieux, soit du président de la formation de

jugement, soit de la formation de jugement, soit de la chambre au rapport de laquelle l'affaire est examinée, siégeant en formation d'instruction, soit du rapporteur public.
Les affaires dont l'instruction a été confiée à la section du contentieux en application du premier alinéa de l'article R. 611-20 sont jugées par l'assemblée du contentieux.
Le renvoi devant les chambres réunies d'une affaire portée devant la chambre siégeant en formation du jugement ou le renvoi, devant trois ou quatre chambres réunies, d'une affaire portée devant deux chambres réunies a lieu à la demande soit du président de la formation de jugement, soit de la formation de jugement, soit de la chambre au rapport de laquelle l'affaire est examinée, siégeant en formation d'instruction, soit du rapporteur public.

Textes sources

– Décret n° 63-766 du 30 juillet 1963, article 39.
– Décret n° 2009-14 du 7 janvier 2009, article 1er.
– Décret n° 2010-164 du 22 février 2010, article 7.
– Décret n° 2016-899 du 1er juillet 2016, article 1er.

Commentaires

Comme il est normal pour un système juridictionnel, le mécanisme de renvoi d'une affaire à la formation supérieure est organisé. On remarque en premier lieu la diversité des personnes ou instances disposant du pouvoir de renvoyer une affaire à l'une des formations supérieures, le président de la section du contentieux pouvant, dès l'origine, décider de l'inscription d'une affaire au rôle de l'assemblée du contentieux en en confiant l'instruction à la section du contentieux elle-même (CJA, art. R. 611-20).
On remarquera en second lieu que le texte est muet sur le moment de la procédure auquel peut se décider ce renvoi (à la différence des articles R. 222-19 et R. 222-29 précisant, pour les tribunaux administratifs et les cours administratives d'appel, que ce renvoi peut être opéré « à tout moment de la procédure »). Mais son libellé même – et notamment l'énumération des auteurs possibles du renvoi – implique qu'il peut être prononcé à tout moment de la procédure, et notamment après que la formation de jugement a délibéré. Un tel renvoi, a-t-il été jugé, doit être motivé par « l'intérêt d'une bonne administration de la justice » (CE, 3 avril 1996, Kodituwakku Kankanamge, n° 158130) et n'est donc pas totalement discrétionnaire : il ne saurait évidemment être décidé à seule fin, pour le président de la formation de jugement, de trouver dans une formation supérieure une autre majorité que celle qui s'est manifestée devant la formation initialement saisie et qui a délibéré. Dans la pratique, chaque semaine, les présidents des chambres réunies qui ont délibéré la semaine précédente se réunissent, sous la présidence du président de la section du contentieux, pour examiner les solutions délibérées par les formations qu'ils ont présidées, et s'assurer, en une ultime vérification, qu'elles ne conduisent pas à des discordances de jurisprudence, ou ne s'inscrivent

pas en rupture (délibérée ou accidentelle) avec la jurisprudence du Conseil d'État. La tradition veut que cette réunion soit baptisée du nom de « troïka » (voir D. Labetoulle, « Une histoire de troïka », Mélanges Dubouis). C'est à l'occasion de cet examen, qui ne peut en aucun cas aboutir à une décision modifiant la solution délibérée par la formation de jugement, que se décide, traditionnellement, le renvoi de l'affaire soit devant trois ou quatre chambres réunies, soit devant la section du contentieux ou l'assemblée du contentieux, après que, le cas échéant, la formation de jugement a délibéré à nouveau des questions ayant pu poser problème. Pour bien marquer que la séance de « troïka » ne peut se transformer en un nouvel examen des affaires, il est de tradition que cette séance se déroule sans que les dossiers correspondants soient sur table. L'arrivée nouvelle, dans la liste des « autorités » habilitées à demander le renvoi en formation supérieure, de la chambre au rapport de laquelle l'affaire est examinée, permet de valider une pratique consistant, au terme de la séance d'instruction, à décider du niveau de la formation appelée à juger l'affaire.

Il est relativement rare que la section du contentieux siège en formation d'instruction. Ce fut le cas, entre autres, pour l'affaire *Barel* (CE ass., 28 mai 1954, n°s 28238, 28493, 28524, 30237 et 30256, *Lebon*, p. 308) et, plus récemment, pour l'affaire *Tropic travaux signalisation* (CE ass., 16 juillet 2007, n° 291545) ou *Beligaud* (CE ass., 29 avril 2010, n° 323179).

La composition de la section du contentieux siégeant en formation de jugement

Art. R. 122-18 La section du contentieux en formation de jugement comprend :

1° Le président de la section ;

2° Les trois présidents adjoints ;

3° Les présidents de chambre ;

4° Le rapporteur.

Textes sources

– Décret n° 63-766 du 30 juillet 1963, article 40, § 1 et 2.

– Décret n° 2008-225 du 6 mars 2008, article 7.

– Décret n° 2016-899 du 1er juillet 2016, article 1er.

Commentaires

La section du contentieux en formation de jugement compte quinze membres, puisque dix chambres la composent (CJA, art. R. 122-1). La présence de tous les présidents de chambre a pour effet que les décisions rendues par la section s'imposeront à l'ensemble des formations contentieuses du Conseil d'État.

On constate la disparition des deux conseillers d'État affectés en section administrative, traduction du souci de séparer rigoureusement les activités contentieuses et les activités consultatives, au moins en ce qui concerne les apparences, auxquelles la Cour européenne des droits de l'homme est particulièrement sensible.

Le remplacement du président de la section du contentieux et des présidents de chambre

Art. R. 122-19 En cas d'absence ou d'empêchement du président de la section du contentieux, celle-ci est présidée par l'un des présidents adjoints pris dans l'ordre d'ancienneté de leurs fonctions ou, à défaut de l'un de ces derniers, par le président de chambre le plus ancien dans ses fonctions présent à la séance.

En cas d'absence ou d'empêchement, le président de la chambre sur le rapport de laquelle l'affaire est jugée est remplacé par l'un des assesseurs de cette chambre pris dans l'ordre d'ancienneté dans ses fonctions.

La section du contentieux ne peut statuer que si neuf au moins de ses membres ayant voix délibérative sont présents.

La section du contentieux ne peut statuer qu'en nombre impair. Lorsque les membres présents à la séance ayant voix délibérative sont en nombre pair, la section est complétée par l'un des assesseurs pris dans l'ordre du tableau. Il en est de même lorsque, par suite de vacance, d'absence ou d'empêchement, les membres présents ne se trouvent pas en nombre pour délibérer.

Textes sources

– Décret n° 63-766 du 30 juillet 1963, article 40, § 3 et 4.
– Décret n° 2016-899 du 1er juillet 2016, article 1er.

La composition de l'assemblée du contentieux

Art. R. 122-20 L'assemblée du contentieux comprend :

1° Le vice-président du Conseil d'État ;

2° Les présidents de section ;

3° Les trois présidents adjoints de la section du contentieux ;

4° Le président de la chambre sur le rapport de laquelle l'affaire est jugée ou, si l'instruction a été faite dans les conditions prévues au premier alinéa de l'article R. 611-20, le président de la chambre à laquelle l'affaire a été initialement attribuée ;

5° Les quatre présidents de chambre les plus anciens dans leurs fonctions en dehors du précédent ;

6° Le rapporteur.

La présidence de l'assemblée du contentieux appartient au vice-président du Conseil d'État.

L'assemblée ne peut valablement siéger que si neuf de ses membres ou leurs suppléants sont présents. L'assemblée du contentieux ne peut statuer qu'en nombre impair. Lorsque les membres présents à la séance ayant voix délibérative sont en nombre pair, l'assemblée est complétée par le président de chambre le plus ancien dans ses fonctions ne siégeant pas au titre du 4° ou du 5° ou, à défaut, par l'assesseur le plus ancien dans ses fonctions.

Textes sources

– Décret n° 63-766 du 30 juillet 1963, articles 41, 44 et 45.
– Décret n° 2008-225 du 6 mars 2008, article 8.
– Décret n° 2010-164 du 22 février 2010, article 8.
– Décret n° 2016-899 du 1er juillet 2016, article 1er.

Commentaires

L'assemblée du contentieux compte dix-sept membres et se trouve désormais soumise à la règle d'imparité, ce que confirme expressément le dernier alinéa du texte. Corrélativement, a disparu la voix prépondérante du vice-président en cas de partage égal des voix, laquelle était problématique s'agissant d'une formation juridictionnelle. Seuls les six présidents de section administrative y représentent ces dernières et la composition nouvelle conduit à une majorité sensible au bénéfice des membres de la section du contentieux. Pour autant, la présence des présidents des sections administratives (sous réserve des incompatibilités mentionnées à l'article R. 122-21) demeure, symbole majeur de la nature même de la juridiction administrative, attentive au droit et aux libertés publiques certes, mais non détachée des préoccupations de l'administration active, et du souci de ne pas la paralyser au-delà du raisonnable ou de ce que requiert l'équilibre nécessaire, dans une société démocratique, entre ces libertés et l'efficacité de l'action collective.
Évidemment, cette composition n'est pas allée sans soulever régulièrement des questionnements au regard des exigences du procès équitable telles qu'énoncées par la Cour européenne des droits de l'homme (CEDH, 28 septembre 1995, Procola c/Luxembourg, n° 14570/89), notamment lorsque l'assemblée du contentieux est appelée à se prononcer sur la légalité d'un texte adopté sur avis de l'une de ses formations administratives, et surtout de son assemblée générale, qui comprend entre autres, outre le vice-président, tous les présidents de section.
La réponse, dans le principe, n'est pas aussi évidente qu'il y paraît : ne sont par tradition appelées devant l'assemblée du contentieux, en ce qui concerne ces textes, que les affaires dans lesquelles l'instruction, ou un premier délibéré en formation de rang inférieur, s'orientent vers l'annulation. Dans le cas contraire, c'est la formation des chambres réunies qui statue pour dire légal le texte.
Il reste que certaines précautions ont dû être prises pour éviter que, sur une impartialité réelle, ne se plaque une apparence de partialité. C'est d'ailleurs en ces termes que la Cour européenne des droits de l'homme, appelée à se prononcer sur le cas du Conseil d'État néerlandais, avait abordé le problème (CEDH, 6 mai 2003, Kleyn c/Pays-Bas, nos 39343/98, 39651/98, 43147/98 et 46664/99) : il importe moins de rechercher si, dans l'absolu, l'organisation des pouvoirs, et l'interaction entre exécutif et pouvoir juridictionnel, méconnaît ou non une notion constitutionnelle théorique, mais de dire si, dans des circonstances précises, la juridiction a fait preuve à la fois de « l'apparence d'indépendance requise et de l'impartialité objective voulue ».

Appliquant, peu avant, la même démarche à l'examen d'une plainte visant, cette fois, le Conseil d'État français (CEDH, 6 mars 2003, G.L. et S.L. c/France, n° 58811/00), la Cour a écarté la requête au motif que les demandeurs avaient « fait valoir essentiellement des arguments de nature générale sans indiquer aucun élément susceptible de faire conclure que, dans l'exercice de fonctions antérieures ou parallèles, les membres de la formation de jugement auraient eu à prendre position sur les textes en cause, en auraient connu d'une quelconque façon, ou auraient eu avec les parties adverses des liens de nature à faire redouter un défaut d'impartialité ». La position de la Cour fut identique dans l'affaire *Sacilor-Lormines* (CEDH, 9 novembre 2006, n° 65411/01), la juridiction strasbourgeoise retenant toutefois dans l'espèce une atteinte au principe d'« apparence d'indépendance » concernant un des membres de la formation de jugement : le cumul de la compétence juridictionnelle du Conseil d'État avec ses attributions administratives n'a toutefois pas emporté en l'espèce, dans son principe, violation de l'article 6 § 1 de la Convention. Position réitérée par la décision du 30 juin 2009 de la cour (CEDH, 30 juin 2009, Association « Que Choisir » de Côte d'Or c/France, n° 39699/03), selon laquelle le cumul de fonctions juridictionnelles et consultatives au sein de la même institution ne pose pas de problème de principe au regard du droit à un procès équitable. C'est en des termes peu différents que le Conseil d'État avait écarté le moyen tiré, contre un décret en Conseil d'État déclaratif d'utilité publique, de la méconnaissance de cette convention (CE, 27 février 2006, Association Alcaly, n° 257688, *Lebon* T. – voir également CE, 16 avril 2010, Association « Alcaly », n° 320667, *Lebon* T. concernant la conformité à la Constitution de ce système). Encore est-il impératif d'éviter qu'une même personne occupe les deux fonctions sur une même affaire : c'est ce qui sera écrit aux articles R. 122-21 et R. 122-21-1 tels que résultant du décret du 6 mars 2008.

Les remplacements à l'assemblée du contentieux

Art. R. 122-21 En cas d'empêchement du vice-président du Conseil d'État, la présidence de l'assemblée du contentieux est exercée par le président de la section du contentieux. Pour compléter l'assemblée, le vice-président du Conseil d'État est suppléé par le président de section administrative le premier inscrit au tableau, lui-même suppléé par l'un des présidents adjoints de cette section dans l'ordre du tableau.

En cas d'empêchement, le président de la section du contentieux est suppléé, pour compléter l'assemblée, par les présidents adjoints de ladite section dans l'ordre d'ancienneté de leurs fonctions. Ces derniers, ainsi que les présidents de chambre mentionnés au 5° de l'article R. 122-20, sont suppléés dans l'ordre d'ancienneté de leurs fonctions par les présidents de chambre autres que ceux siégeant en application des 4° et 5° du même article.

En cas d'empêchement d'un président de section administrative, celui-ci est suppléé par l'un des présidents adjoints de cette section dans l'ordre du tableau.

En cas d'empêchement, le président de chambre mentionné au 4° de l'article R. 122-20 est suppléé par l'un des assesseurs de sa chambre dans l'ordre du tableau.

Lorsque l'assemblée du contentieux est saisie d'un recours contre un acte pris après avis du Conseil d'État, le président de la section administrative qui a eu à délibérer de cet avis ne siège pas. Il est suppléé par le plus ancien dans l'ordre du tableau des présidents adjoints des autres sections administratives, à l'exception de ceux siégeant en application du premier et du troisième alinéa.

Textes sources

– Décret n° 63-766 du 30 juillet 1963, articles 42 et 43.
– Décret n° 2008-225 du 6 mars 2008, article 9.
– Décret n° 2016-899 du 1er juillet 2016, article 1er.

Commentaires

Voir les commentaires sous l'article suivant.

Les incompatibilités à l'assemblée du contentieux

Art. R. 122-21-1 Sans préjudice des dispositions de l'article R. 721-1, les membres du Conseil d'État ne peuvent participer au jugement des recours dirigés contre les actes pris après avis du Conseil d'État, s'ils ont pris part à la délibération de cet avis.

Texte source

– Décret n° 2008-225 du 6 mars 2008, article 10.

Commentaires

Cet article nouveau, reflet des préoccupations liées à la compatibilité des règles de fonctionnement de l'assemblée du contentieux avec les engagements européens de la France, est la reprise presque textuelle de l'article 20 de la loi du 24 mai 1872 portant réorganisation du Conseil d'État. La règle (ou le principe, devrait-on dire) avait déjà été affirmée par voie jurisprudentielle (voir entre autres CE, 11 juillet 2007, Union syndicale des magistrats administratifs, nos 302040 et 302137, *Lebon* T. [**1**]).

Cet article induit, évidemment, des contraintes de fonctionnement tant de l'assemblée du contentieux que des formations administratives, qui doivent par exemple s'attacher à laisser en dehors des débats consacrés à tel projet de décret des membres qui pourront ainsi siéger à l'assemblée du contentieux si la légalité de ce décret y est discutée. Du même coup, doit être tenu un procès-verbal relatant de façon précise la liste des membres ayant pris part à la délibération, cette liste devant être communiquée si la demande en est faite (voir l'article suivant).

On note que le champ d'application de l'article R. 122-21-1 se limite aux « recours dirigés contre des actes pris après avis du Conseil d'État ». Il ne s'étend donc pas aux cas dans lesquels est invoquée par voie d'exception l'illégalité d'un tel acte. Pourtant, un identique souci d'apparence pourrait militer en faveur de cette extension !

Jurisprudence

[1] Considérant que les stipulations précitées [article 6 de la Convention européenne de sauvegarde des droits de l'homme et des libertés fondamentales] ne font pas obstacle à ce que le Conseil d'État, qui n'est pas l'auteur du décret attaqué, procède, dans l'exercice de ses fonctions consultatives, à l'examen d'un projet de décret et se prononce ultérieurement, dans l'exercice de ses fonctions contentieuses, sur la légalité de ce même décret ; qu'au surplus, aucun des membres de la commission permanente consultée pour avis sur le projet de décret ni aucun des membres du Conseil d'État participant au Conseil supérieur des tribunaux administratifs et cours administratives d'appel également consulté sur ce projet, n'ont siégé dans la formation de jugement devant laquelle ont été portées les requêtes dirigées contre ce décret [...].

Le droit de connaître le nom des membres ayant pris part à la délibération d'une section administrative

Art. R. 122-21-2 Lorsque le Conseil d'État est saisi d'un recours contre un acte pris après avis d'une de ses formations consultatives, la liste des membres ayant pris part à la délibération de cet avis est communiquée au requérant qui en fait la demande.

Texte source

– Décret n° 2008-225 du 6 mars 2008, article 10.

L'interdiction, pour les membres qui jugent, d'accéder aux dossiers ou avis des sections administratives

Art. R. 122-21-3 Les membres du Conseil d'État qui participent au jugement des recours dirigés contre des actes pris après avis du Conseil d'État ne peuvent pas prendre connaissance de ces avis, dès lors qu'ils n'ont pas été rendus publics, ni des dossiers des formations consultatives relatifs à ces avis.

Texte source

– Décret n° 2011-1950 du 23 décembre 2011, article 13.

Commentaires

Le nouveau texte s'inscrit dans la perspective mentionnée précédemment : il faut introduire des frontières aussi peu poreuses que possible entre le domaine contentieux et la fonction consultative. Les rôles ne sont pas mélangés, et les dossiers non plus ! Et c'est au vu de ces dispositifs que le Conseil d'État a jugé que la procédure devant lui ne méconnaissait pas l'article 6 de la Convention européenne des droits de l'homme et des libertés fondamentales (CE, 8 juin 2016, Turk, n° 394348).

La voix délibérative du rapporteur

Art. R. 122-22 Dans les formations du Conseil d'État statuant au contentieux, le rapporteur a voix délibérative.

Texte source

– Décret n° 63-766 du 30 juillet 1963, article 46.

Commentaires

Cet article anodin emporte des conséquences fortes. Le plus jeune des auditeurs – qui peut n'avoir que vingt-cinq ans – a, s'il est rapporteur, une voix délibérative aussi forte que celle de tel ou tel des présidents en fonctions au Conseil d'État, et cette voix, même si, conformément à la tradition, elle s'exprime en premier, peut être déterminante. C'est peut-être cette présence de la sensibilité des générations les plus jeunes – renforcée par la voix des rapporteurs publics qui, maîtres des requêtes, ne figurent pas parmi les gérontes – qui explique pour une part le dynamisme de la jurisprudence de l'assemblée du Palais-Royal.

La délégation du président de la section du contentieux pour statuer sur les affaires relevant du livre V et sur le règlement des questions de compétence

Art. R. 122-23 Le président de la section du contentieux peut donner, par arrêté, délégation à l'un des présidents adjoints et, en prévision de l'absence ou de l'empêchement de ceux-ci et pour la durée de cette absence ou de cet empêchement, à un conseiller d'État affecté à la section du contentieux pour statuer sur les demandes qui lui sont présentées en application des dispositions du livre V du présent code et pour procéder, en application des dispositions du livre III du présent code, au règlement des questions de compétence et aux renvois pour connexité.

Texte source

– Décret n° 63-766 du 30 juillet 1963, article 47.

Le remplacement, pour l'activité contentieuse, du président de la section du contentieux absent ou empêché

Art. R. 122-24 En cas d'absence ou d'empêchement du président de la section du contentieux, les présidents adjoints, dans l'ordre d'ancienneté de leurs fonctions, ont, de plein droit, compétence pour statuer sur les demandes visées à l'article précédent.

Dans les mêmes circonstances, un des présidents adjoints, dans l'ordre d'ancienneté de leurs fonctions, exerce de plein droit les attributions conférées au président de la section du contentieux par les articles R. 122-5, R. 122-9, R. 122-10, R. 122-15, R. 122-17, par l'alinéa 1er de l'article R. 611-20, par l'article R. 635-2, par le premier alinéa de l'article R. 712-1 et par les articles R. 931-4 et R. 931-7.

Textes sources

– Décret n° 63-766 du 30 juillet 1963, article 48.
– Décret n° 2017-493 du 6 avril 2017, article 8.

Commentaires

Ces deux articles ne sont pas redondants. Ils distinguent la suppléance de plein droit (CJA, art. R. 122-24), qui joue dans le respect de l'ordre d'ancienneté des fonctions de président adjoint, de la suppléance choisie, sous forme de délégation (CJA, art. R. 122-23), qui n'est pas liée par cet ordre.

Le remplacement, pour la direction générale du service, du président de la section du contentieux

Art. R. 122-25 En cas d'absence ou d'empêchement du président de la section du contentieux, celui-ci est remplacé pour la direction générale du service par l'un des présidents adjoints, dans l'ordre d'ancienneté de leurs fonctions, ou, à défaut de chacun de ces derniers, par le président de chambre le plus ancien dans ses fonctions.

Textes sources

– Décret n° 63-766 du 30 juillet 1963, article 49.
– Décret n° 2016-899 du 1er juillet 2016, article 1er.

SECTION 2 BIS *Tableau national des experts près le Conseil d'État*

Le tableau des experts près le Conseil d'État

Art. R. 122-25-1 Il peut être établi, chaque année, pour l'information des juges, un tableau national des experts près le Conseil d'État dressé par le président de la section du contentieux, après consultation des présidents de cour administrative d'appel.

Texte source

– Décret n° 2006-964 du 1er août 2006, article 1er.

Commentaires

Ce texte ne s'imposait pas. Il a fait écho, lors de son adoption, à l'article R. 222-5 concernant les cours et tribunaux, à ce jour abrogé. À l'instar de ce dernier, il ne fait de l'établissement de la liste qu'il institue aucun préalable obligatoire à l'organisation d'une expertise, le choix de l'expert pouvant d'ailleurs, conformément aux principes les plus établis (et d'ailleurs confirmés par la loi) s'effectuer ailleurs que dans la liste, si elle existe. On note que le système, issu du décret n° 2013-730 du 13 août 2013 inscrit aux articles R. 221-9 et suivants du code, impose désormais aux présidents des cours administratives d'appel d'établir, chaque année, le tableau des experts près la cour et les tribunaux administratifs du ressort, tableau que les présidents de tribunaux administratifs ne peuvent plus établir pour leur compte.

Dès lors que la Cour de cassation dispose de « sa » liste d'experts, il a paru à certains normal, voire souhaitable, qu'il en soit de même pour le Conseil d'État,

malgré le caractère purement symbolique de ce tableau, qui d'ailleurs n'a pas été établi à ce jour.
On se reportera aux commentaires sous les articles R. 221-9 et suivants.

SECTION 3 Le secrétariat de la section du contentieux

La présente section ne comprend pas de dispositions législatives.

Le secrétaire du contentieux

Art. R. 122-26 Le secrétariat de la section du contentieux est assuré par le secrétaire du contentieux.
Ce dernier est nommé par arrêté du Premier ministre sur proposition du garde des Sceaux, ministre de la Justice, et sur présentation du vice-président et du président de la section du contentieux. Il ne peut être révoqué que dans la même forme.

Textes sources

– Ordonnance n° 45-1708 du 31 juillet 1945, article 20, § 2.
– Décret n° 63-766 du 30 juillet 1963, article 50, § 1.

Le secrétaire adjoint du contentieux

Art. R. 122-27 Le secrétaire du contentieux est assisté d'un secrétaire adjoint, désigné par le vice-président du Conseil d'État, sur la proposition du président de la section.

Texte source

– Décret n° 63-766 du 30 juillet 1963, article 50, § 1.

Le greffier en chef de chambre

Art. R. 122-28 Pour chaque chambre, le secrétaire du contentieux est, en outre, assisté d'un greffier en chef désigné par le vice-président du Conseil d'État sur la proposition du président de la section du contentieux.
Le greffier en chef de chambre assiste le président de chambre dans l'instruction des dossiers. À cette fin, il peut proposer toute mesure utile pour leur mise en état. Il est chargé de la mise en œuvre et du suivi des mesures retenues et peut signer à cette fin les courriers en informant les parties.

Textes sources

– Décret n° 63-766 du 30 juillet 1963, article 50, § 3.
– Décret n° 2016-1480 du 2 novembre 2016, article 2.

Le secrétariat des séances

Art. R. 122-28-1 Le secrétariat des séances est assuré par le secrétaire du contentieux, le secrétaire-adjoint, les greffiers en chef de chambre ainsi que par les agents de la section désignés à cet effet par le président de la section du contentieux.

Textes sources

– Décret n° 2005-911 du 28 juillet 2005, article 7.
– Décret n° 2016-899 du 1er juillet 2016, article 1er.

La délégation de la signature du secrétaire du contentieux

Art. R. 122-28-2 Le secrétaire du contentieux peut, avec l'accord du président de la section du contentieux, déléguer sa signature, pour une partie de ses attributions, à des agents affectés à la section du contentieux.

Texte source

– Décret n° 2005-911 du 28 juillet 2005, article 7.

Le remplacement du secrétaire du contentieux

Art. R. 122-29 En cas d'absence ou d'empêchement, le secrétaire du contentieux est remplacé dans ses fonctions par le secrétaire adjoint du contentieux et, si celui-ci est lui-même absent ou empêché, par un greffier en chef de chambre désigné par le président de la section du contentieux.

Textes sources

– Décret n° 63-766 du 30 juillet 1963, article 50, § 2.
– Décret n° 2016-899 du 1er juillet 2016, article 1er.

Commentaires

Dans cette section, sont à remarquer les précautions qui entourent la nomination et la révocation du secrétaire du contentieux. C'est reconnaître que ces fonctionnaires jouent un rôle qui, participant de la fonction de juger (ils sont garants du respect de la procédure et de l'exactitude des mentions des registres et arrêts), doit aller avec des garanties d'indépendance ou, au minimum, une protection contre le pouvoir hiérarchique immédiat. D'où les précautions mentionnées, notamment à l'article R. 122-26. On constate que semblables précautions ne sont pas prises au bénéfice des greffiers en chef des juridictions subordonnées, pourtant investis des mêmes responsabilités, et désormais identifiés par le même titre que leurs homologues au sein des chambres.

SECTION 4 Les assistants de justice

Les assistants de justice auprès du Conseil d'État

Art. L. 122-2 Peuvent être nommées au Conseil d'État, en qualité d'assistants de justice, les personnes répondant aux conditions prévues à l'article L. 227-1.
Ces assistants sont nommés pour une durée de deux ans renouvelable deux fois. Ils sont tenus au secret professionnel sous les peines prévues à l'article 226-13 du code pénal.
Un décret en Conseil d'État précise les modalités d'application du présent article.

Texte source

– Loi n° 2002-1338 du 9 septembre 2002, article 60.

Commentaires

Voir les commentaires sous l'article L. 227-1 ainsi que sous les articles réglementaires suivants.

La mission des assistants de justice

Art. R. 122-30 Les assistants de justice recrutés en application de l'article L. 122-2 apportent leur concours aux travaux préparatoires réalisés par les membres du Conseil d'État pour l'exercice de leurs attributions.

Texte source

– Décret n° 2002-1472 du 20 décembre 2002, article 1er.

Commentaires

Les assistants de justice n'ont pas vocation, au Conseil d'État, à n'effectuer que des travaux en liaison avec les missions juridictionnelles : les attributions de nombre de membres du Conseil d'État incorporent en effet des fonctions en section administrative, auxquelles pourront donc être associés, en principe, les assistants de justice (ce que confirme l'article suivant).
En se référant aux « travaux préparatoires », le texte a clairement exclu toute participation des assistants à la phase décisionnelle des travaux des membres du Conseil, et donc aux délibérés.

Le droit des assistants d'exercer une fonction professionnelle parallèle

Art. R. 122-31 Les fonctions d'assistant de justice ne peuvent être exercées concomitamment à une activité professionnelle qu'avec l'accord du président de la section auprès de laquelle ils sont affectés.
Les fonctions d'assistant de justice ne peuvent être exercées par les membres des professions libérales juridiques et judiciaires, ou par les personnes qui sont employées à leur service.

Textes sources

– Décret n° 2002-1472 du 20 décembre 2002, article 1er.
– Décret n° 2010-164 du 22 février 2010, article 48.

Commentaires

La compétence du « président de la section » auprès de laquelle est affecté l'assistant montre, comme souligné à l'article précédent, que cet assistant n'est pas nécessairement affecté à la section du contentieux. Mais la vocation des assistants demeure, comme le donne à penser leur nom, d'être affectés au contentieux. Ce pour quoi a été ajoutée par le décret n° 2010-164 du 22 février 2010 une incompatibilité de principe avec des fonctions dans une profession juridique ou judiciaire, qui régissait déjà les assistants de justice en fonctions dans un tribunal ou une cour (voir CJA, art. R. 227-3, 2e alinéa), avec cette nuance d'importance que l'incompatibilité est ici nationale, et non plus territoriale.

Les autres règles applicables aux assistants de justice du Conseil d'État

Art. R. 122-32 Les dispositions des articles R. 227-2 et R. 227-4 à R. 227-10 sont applicables aux assistants de justice affectés au Conseil d'État. Les attributions conférées par ces dispositions aux chefs de juridiction sont exercées par le président de la section auprès de laquelle ils sont affectés.

Texte source

– Décret n° 2002-1472 du 20 décembre 2002, article 1er.

Commentaires

Voir les articles de renvoi.

SECTION 5 *Les juristes assistants au Conseil d'État*

La nomination des juristes assistants

Art. L. 122-3 Des juristes assistants peuvent être nommés au Conseil d'État dans les conditions prévues à l'article L. 228-1.
Un décret en Conseil d'État détermine les modalités d'application du présent article.

Texte source

– Loi n° 2019-222 du 23 mars 2019, article 36.

Les fonctions des juristes assistants

Art. R. 122-33 Les juristes assistants recrutés en application de l'article L. 122-3 apportent leur concours à l'analyse juridique des dossiers nécessitant une expertise particulière qui leur sont confiés par les membres du Conseil d'État sous la direction desquels ils sont placés. Ils sont recrutés en qualité d'agent contractuel de l'État relevant de la catégorie A.

Texte source

– Décret n° 2019-1502 du 30 décembre 2019, article 2.

Les autres activités professionnelles des juristes assistants

Art. R. 122-34 Les juristes assistants ne peuvent exercer leurs fonctions concomitamment à une autre activité professionnelle qu'avec l'accord du président de la section auprès de laquelle ils sont affectés, qui vérifie la compatibilité de cette activité avec les besoins du service et les exigences déontologiques liées à leurs fonctions.

Texte source

– Décret n° 2019-1502 du 30 décembre 2019, article 2.

Le « statut » des juristes assistants

Art. R. 122-35 Les dispositions des articles R. 228-2, R. 228-4 et R. 228-5 sont applicables aux juristes assistants affectés au Conseil d'État. Les attributions conférées par ces dispositions aux chefs de juridiction sont exercées par le président de la section auprès de laquelle les juristes assistants sont affectés.

Texte source

– Décret n° 2019-1502 du 30 décembre 2019, article 2.

CHAPITRE 3 Le Conseil d'État dans l'exercice de ses attributions administratives et législatives

SECTION UNIQUE LÉGISLATIVE *L'avis sur une proposition de loi*

La formation chargée d'examiner les propositions de loi

Art. L. 123-1 Le vice-président attribue l'examen d'une proposition de loi dont est saisi le Conseil d'État à une section, à moins qu'il ne décide de réunir spécialement à cette fin une commission composée de représentants des différentes sections intéressées.

L'avis du Conseil d'État est rendu par l'assemblée générale, sauf dispense dans les cas et conditions prévus par le présent code. En cas d'urgence constatée dans la lettre de saisine du Conseil d'État, l'avis peut être rendu par la commission permanente.

Texte source

– Loi n° 2009-689 du 15 juin 2009, article 1er, § V.

Les débats relatifs à une proposition de loi

Art. L. 123-2 L'auteur de la proposition de loi peut produire devant le Conseil d'État toutes observations. Il est entendu à sa demande par le rapporteur. Il peut participer avec voix consultative aux séances au cours desquelles l'avis du Conseil d'État est délibéré.

Texte source

– Loi n° 2009-689 du 15 juin 2009, article 1er, § V.

Le destinataire de l'avis

Art. L. 123-3 L'avis du Conseil d'État est adressé au président de l'assemblée qui l'a saisi.

Texte source

– Loi n° 2009-689 du 15 juin 2009, article 1er, § V.

Commentaires

Ces textes, portant application de l'article 39 de la Constitution issu de la loi constitutionnelle du 23 juillet 2008, ouvrent au président de chaque assemblée la possibilité, avec l'accord de l'auteur d'une proposition de loi, de saisir le Conseil d'État pour avis sur cette proposition. Cet avis est sollicité après dépôt de la proposition, et avant son examen par la commission compétente. Aucun encadrement ne précise les contours de cette compétence du président de l'assemblée

parlementaire. L'avis est rendu selon la procédure habituelle ; les formations du Conseil d'État peuvent toutefois entendre l'auteur de la proposition, qui peut assister avec voix consultative aux séances au cours desquelles l'avis est délibéré. Cet avis est communiqué à l'autorité qui a saisi le Conseil d'État. S'agissant de sa publicité, et en l'absence de toute prescription dans le texte – si ce n'est que l'auteur de la proposition doit se le voir communiquer –, les réponses ont été apportées par les autorités de saisine : s'agissant ainsi du premier avis, « il a été fait choix que cet avis serait rendu public sur toutes les dispositions dont l'auteur ne proposait pas la suppression ».
Cette nouvelle procédure a conduit à trois demandes d'avis entre 2009 et 2010 ; cinq ont été traitées en 2011, aucune en 2012. Une demande a été soumise en 2014.

Les formations du Conseil d'État délibérant en matière consultative

Art. R. 123-1 Le Conseil d'État délibère soit en sections, soit en sections réunies, soit en commissions où les différentes sections intéressées sont représentées, soit en assemblée générale.

Texte source

– Décret n° 63-766 du 30 juillet 1963, article 8.

SECTION 1 *Les sections administratives*

Les sections administratives du Conseil d'État

Art. R. 123-2 Les sections administratives du Conseil d'État sont :
– la section de l'intérieur ;
– la section des finances ;
– la section des travaux publics ;
– la section sociale ;
– la section de l'administration ;
– la section des études, de la prospective et de la coopération.

Textes sources

– Décret n° 63-766 du 30 juillet 1963, article 9, § 1.
– Décret n° 2008-225 du 6 mars 2008, article 11.
– Décret n° 2024-167 du 1er mars 2024, article 4.

La répartition des affaires entre les sections administratives

Art. R. 123-3 Les affaires sont réparties entre les cinq premières de ces sections conformément aux dispositions d'un arrêté du Premier ministre et du garde des Sceaux, ministre de la Justice, pris sur proposition du vice-président du Conseil d'État.

Lorsqu'une affaire ressortit à des matières relevant de sections différentes, elle est examinée par l'une d'elles, sa composition étant le cas échéant complétée dans les conditions fixées à l'article R. 123-10-1, par les sections réunies ou une commission spéciale dans les conditions fixées à l'article R. 123-10, ou conjointement par les sections compétentes dans les conditions fixées à l'article R. 123-10-2.
Le vice-président du Conseil d'État peut décider de l'affectation d'une affaire à une autre section que celle compétente pour en connaître en vertu du présent article.

Textes sources

– Décret n° 63-766 du 30 juillet 1963, article 9, § 2 à 4.
– Décret n° 2008-225 du 6 mars 2008, article 12.
– Décret n° 2019-792 du 26 juillet 2019, article 1er.

Commentaires

Contrairement à ce que l'on aurait pu penser, les affaires ne sont pas habituellement réparties entre les sections administratives en fonction de leur nature, mais en fonction du département ministériel « maître d'œuvre » du texte soumis à l'examen du Conseil d'État, selon une répartition arrêtée par le Premier ministre et le garde des Sceaux. Les « conflits de frontière » sont réglés par application des articles R. 123-6 (2e alinéa) et R. 123-10.
La question de savoir si un décret en Conseil d'État a été adopté après intervention de la section administrative compétente est opérante dans le contentieux de l'excès de pouvoir (CE, 15 mai 1996, Association des fonctionnaires d'Afrique du Nord, n° 161225 solution implicite). En dernier lieu cette répartition résulte d'un arrêté du 4 juillet 2024 modifiant l'arrêté du 26 juillet 2019 (*JORF* n° 0158 du 5 juillet 2024).

L'examen des propositions de loi

Art. R. 123-3-1 L'examen d'une proposition de loi ou d'une demande d'avis présentée par le Défenseur des droits est attribué par le vice-président du Conseil d'État à l'une des cinq premières sections mentionnées à l'article R. 123-2.

Textes sources

– Décret n° 2009-926 du 29 juillet 2009, article 1er.
– Décret n° 2011-904 du 29 juillet 2011, article 19.
– Décret n° 2019-792 du 26 juillet 2019, article 1er.

Commentaires

Il s'agit d'abord de mettre en œuvre la compétence nouvelle du Conseil d'État, découlant de la loi du 15 juin 2009, codifiée à l'article L. 112-1 et aux articles L. 123-1 à L. 123-3.
Il s'agit ensuite d'organiser les demandes d'avis présentées par le Défenseur des droits en application de l'article 31 de la loi organique du 29 mars 2011, selon

lequel ce Défenseur « peut consulter le Conseil d'État si la réclamation soulève une question touchant à l'interprétation ou à la portée d'une disposition législative ou réglementaire ». Un exemple de cette consultation a été fourni fin 2013 : le Défenseur des droits a en effet saisi le Conseil d'État courant septembre 2013 d'une demande d'avis concernant l'application du principe de laïcité aux collaborateurs bénévoles et occasionnels du service public, saisine qui s'est traduite, le 23 décembre, par l'émission de l'avis demandé.

La répartition entre les sections des affaires de Nouvelle-Calédonie

Art. R. 123-4 Les projets et propositions de lois du pays de la Nouvelle-Calédonie sont examinés par la section compétente pour connaître de la matière sur laquelle ils portent en vertu du premier alinéa de l'article R. 123-3.

Les avis du Conseil d'État sur les projets et propositions de lois du pays sont adressés aux autorités mentionnées au dernier alinéa de l'article 100 de la loi organique n° 99-209 du 19 mars 1999 relative à la Nouvelle-Calédonie ainsi qu'au Premier ministre, au ministre chargé de l'outre-mer et aux autres ministres intéressés.

Textes sources
- Décret n° 63-766 du 30 juillet 1963, article 9, § 5.
- Décret n° 2010-1562 du 14 décembre 2010, article 2.
- Décret n° 2019-792 du 26 juillet 2019, article 1er.

La section des études, de la prospective et de la coopération du Conseil d'État

Art. R. 123-5 La section des études, de la prospective et de la coopération a pour mission d'élaborer les propositions que le Conseil d'État adresse aux pouvoirs publics en application de l'article L. 112-3 et de réaliser des études à la demande du Premier ministre ou à l'initiative du vice-président. Elle conduit une réflexion prospective sur la conception et la mise en œuvre des politiques publiques. Elle bénéficie de l'expertise des membres du Conseil d'État et de celle des magistrats des tribunaux administratifs et des cours administratives d'appel, ainsi que des contributions qu'elle sollicite, notamment auprès des universités et des organismes de recherche. Elle élabore l'étude annuelle qui est présentée lors de la rentrée du Conseil d'État.

Elle prépare le rapport d'activité que le Conseil d'État établit chaque année. Ce rapport mentionne les réformes d'ordre législatif, réglementaire ou administratif sur lesquelles le Conseil d'État appelle l'attention des pouvoirs publics et signale en outre, s'il y a lieu, les difficultés rencontrées dans l'exécution des décisions du Conseil d'État statuant au contentieux et des autres juridictions administratives. Le rapport est

remis au Président de la République, au Premier ministre et aux présidents des assemblées. Il est rendu public.
Les études et le rapport d'activité sont soumis au vice-président délibérant avec les présidents de section et adoptés par l'assemblée générale.
La section des études, de la prospective et de la coopération est chargée de l'organisation et de la coordination des actions de coopération européenne et internationale menées par le Conseil d'État et les autres juridictions administratives.
Elle est également chargée, dans les conditions fixées au livre IX du présent code, du règlement des difficultés auxquelles peut donner lieu l'exécution des décisions du Conseil d'État statuant au contentieux et des autres juridictions administratives.

Texte source

– Décret n° 63-766 du 30 juillet 1963, article 14-1.
– Décret n° 2024-167 du 1er mars 2024, article 1er.

La composition de la section administrative

Art. R. 123-6 Chaque section administrative est composée d'un président, de conseillers d'État en service ordinaire au nombre de six au minimum, de conseillers d'État en service extraordinaire, de maîtres des requêtes et d'auditeurs.
Un ou plusieurs conseillers d'État en service ordinaire affectés à la section sont nommés présidents adjoints de celle-ci par arrêté du vice-président pris après avis des présidents de section. Ils assistent le président de la section dans l'exercice de ses attributions et le suppléent en tant que de besoin. Sont de plein droit présidents adjoints de la section administrative à laquelle ils sont affectés les présidents de section maintenus en activité en application de l'article L. 133-7-1.
Les membres de la section ont voix délibérative dans toutes les affaires.

Textes sources

– Décret n° 63-766 du 30 juillet 1963, article 10.
– Décret n° 2008-225 du 6 mars 2008, article 13.
– Décret n° 2012-1088 du 28 septembre 2012, article 7.
– Décret n° 2015-1145 du 15 septembre 2015, article 2.
– Décret n° 2019-792 du 26 juillet 2019, article 1er.
– Décret n° 2024-167 du 1er mars 2024, article 9.

Commentaires

On note, d'une part, l'apparition des présidents adjoints, d'autre part et surtout, l'attribution de la voix délibérative à tous les membres de la section, peu important leur grade, le texte précédent réservant cette voix aux conseillers d'État et au rapporteur de chaque affaire.

On note également la disparition, prononcée par le décret du 28 septembre 2012, de la nécessité de la présence es-qualités d'un conseiller d'État assesseur de ce qui était alors une sous-section du contentieux, devenue « chambre », ce qui n'exclut pas cette présence. Le texte a introduit de la souplesse dans un système antérieurement très rigide.

Les formations de la section administrative

Art. R. 123-6-1 Chaque section administrative se réunit en formation ordinaire dans une composition fixée par son président. La formation ordinaire comprend au moins sept membres.

La section administrative se réunit en formation plénière lorsque son président estime que l'importance ou la difficulté des affaires inscrites à l'ordre du jour le justifie.

La section administrative se réunit en formation restreinte lorsque son président considère que les affaires inscrites à l'ordre du jour ne soulèvent pas de difficulté particulière. La composition de la formation restreinte est fixée par le président. Elle compte au moins trois membres.

Textes sources

– Décret n° 2008-225 du 6 mars 2008, article 14.
– Décret n° 2016-899 du 1er juillet 2016, article 1er.

Commentaires

Ce texte autorise les sections administratives à siéger en formation restreinte, de trois membres au moins, la formation « ordinaire » devant en comprendre au moins septembre La formation plénière apparaît comme l'exception. L'apparition de présidents adjoints permet de deviner qui présidera les formations restreintes lorsque le président sera occupé à d'autres tâches.

Le rapporteur général de la section des études, de la prospective et de la coopération

Art. R. 123-7 Un conseiller d'État ou un maître des requêtes, nommé par le vice-président après avis des présidents de section, exerce les fonctions de rapporteur général de la section des études, de la prospective et de la coopération. Il est affecté uniquement à cette section et a voix délibérative dans toutes les affaires.

Des maîtres des requêtes et auditeurs peuvent lui être adjoints ; ils peuvent alors être affectés uniquement à la section des études, de la prospective et de la coopération.

Texte source

– Décret n° 63-766 du 30 juillet 1963, article 10.
– Décret n° 2024-167 du 1er mars 2024, article 4.

Le quorum des sections administratives

Art. R. 123-8 Outre le président, une section administrative ne peut valablement délibérer que si trois membres ou, en formation restreinte, deux membres sont présents.

Textes sources

– Décret n° 63-766 du 30 juillet 1963, article 11.
– Décret n° 2008-225 du 6 mars 2008, article 15.
– Décret n° 2016-899 du 1er juillet 2016, article 1er.

Commentaires

Cet article institue une règle de quorum, à ne pas confondre avec la règle de composition fixée à l'article R. 123-6 (sept membres au moins). C'est le fait de « délibérer » qui est subordonné à la règle de quorum, entendons par là que ce quorum doit être en principe respecté à chaque instant de la délibération.

Le remplacement du président de la section administrative

Art. R. 123-9 Le président d'une section administrative peut décider que la présidence de la séance est exercée par un président adjoint ou, à défaut, par le conseiller d'État en service ordinaire le premier inscrit au tableau.

Le vice-président du Conseil d'État peut présider les séances des sections administratives.

En cas de partage égal, la voix du président est prépondérante.

Textes sources

– Décret n° 63-766 du 30 juillet 1963, article 12.
– Décret n° 2008-225 du 6 mars 2008, article 16.

La réunion de deux sections administratives ou la constitution d'une commission spéciale

Art. R. 123-10 À l'initiative du vice-président du Conseil d'État ou, conjointement, des deux présidents de section concernés, la section administrative compétente et une des autres sections peuvent être réunies pour l'examen d'une affaire déterminée.

Les représentants de chacune des deux sections sont désignés, en nombre égal, par leur président respectif.

S'il y a lieu de réunir plus de deux sections, il est constitué une commission où les sections intéressées, y compris, le cas échéant, la section du contentieux, sont représentées ; le vice-président en fixe la composition.
Les dispositions de l'article R. 123-8 et de l'article R. 123-9, dernier alinéa, sont applicables aux sections réunies et aux commissions.
Les dispositions du dernier alinéa de l'article R. 123-6 sont applicables aux sections réunies. En ce qui concerne les commissions, tous leurs membres ont voix délibérative.
La présidence des séances de sections réunies ou de commissions appartient au vice-président du Conseil d'État ou à celui des présidents de section ou, le cas échéant, des présidents adjoints présents le premier inscrit au tableau.

Textes sources

– Décret n° 63-766 du 30 juillet 1963, article 13.
– Décret n° 2019-792 du 26 juillet 2019, article 1er.

Commentaires

À titre d'exemple, l'examen des textes de procédure (ce qui fut le cas pour le présent code) est soumis à une commission spéciale pour l'examen des textes intéressant le contentieux administratif. La section du contentieux y est représentée.

La composition de la section saisie d'une affaire qui ressortit à des matières relevant de sections différentes

Art. R. 123-10-1 Dans le cas où une affaire attribuée à une section ressortit à des matières relevant de sections différentes, un ou plusieurs membres appartenant à chacune des sections intéressées peuvent être appelés à contribuer aux travaux et à prendre part aux délibérations de la section compétente.

Texte source

– Décret n° 2019-792 du 26 juillet 2019, article 1er.

L'examen conjoint de textes dont les parties sont divisibles et relèvent de la compétence de plusieurs sections

Art. R. 123-10-2 Le vice-président du Conseil d'État peut décider que les textes dont les parties sont divisibles et relèvent de la compétence de plusieurs sections sont examinés conjointement par ces sections, chacune pour ce qui la concerne, sous la coordination de la section principalement compétente.

Texte source

– Décret n° 2019-792 du 26 juillet 2019, article 1er.

La certification des avis rendus par les sections administratives

Art. R. 123-11 Le secrétaire de chaque section ou commission certifie les expéditions des avis émis par cette formation et les notifie aux administrations intéressées. Les avis émis sur des propositions de loi sont notifiés au président de l'assemblée qui a saisi le Conseil d'État.

Textes sources

– Décret n° 63-766 du 30 juillet 1963, article 14.
– Décret n° 2009-926 du 29 juillet 2009, article 2.

SECTION 2 *L'assemblée générale*

Les formations de l'assemblée générale du Conseil d'État

Art. R. 123-12 L'assemblée générale du Conseil d'État se réunit soit en formation plénière, soit en formation ordinaire

Texte source

– Décret n° 63-766 du 30 juillet 1963, article 15, § 1.

L'assemblée générale plénière du Conseil d'État

Art. R. 123-13 L'assemblée générale plénière comprend, avec voix délibérative, le vice-président du Conseil d'État, les présidents de section et les conseillers d'État. Les maîtres des requêtes et auditeurs y ont accès et voix consultative. Ils ont voix délibérative dans les affaires dont ils sont rapporteurs.

Textes sources

– Décret n° 63-766 du 30 juillet 1963, article 15, § 2.
– Décret n° 2004-1387 du 21 décembre 2004, article 1er.

Commentaires

La seule prérogative partagée par tous les conseillers d'État, en service ordinaire ou extraordinaire, quelle que soit leur affectation, est d'avoir voix délibérative à l'assemblée générale plénière. C'est ainsi que les présidents des cours administratives d'appel, qui sont conseillers d'État, siègent de droit à cette assemblée générale.

L'assemblée générale ordinaire du Conseil d'État

Art. R. 123-14 L'assemblée générale ordinaire comprend avec voix délibérative :
1° Le vice-président du Conseil d'État et les présidents de section ;
2° L'un des présidents adjoints de la section du contentieux suppléé, le cas échéant, par un autre président adjoint ;
3° Les présidents adjoints des sections administratives ;

4° Dix conseillers d'État désignés chaque année par le vice-président du Conseil d'État sur proposition du président de la section du contentieux parmi les conseillers affectés à cette section ;
5° Un conseiller d'État par section administrative, désigné chaque année par le vice-président du Conseil d'État sur proposition du président de la section administrative intéressée.
Deux suppléants sont désignés, pour chacun des conseillers d'État prévus aux 3°, 4° et 5°, parmi les conseillers d'État et les maîtres des requêtes. Ceux-ci ont alors voix délibérative. Les autres membres du Conseil d'État ont accès à l'assemblée générale ordinaire avec voix consultative ; ils ont voix délibérative dans les affaires dont ils sont rapporteurs.

Textes sources

– Décret n° 63-766 du 30 juillet 1963, article 15, § 3 à 5.
– Décret n° 2008-225 du 6 mars 2008, article 1er.

Commentaires

L'assemblée générale ordinaire comprend au moins trente membres (tout dépend du nombre de présidents-adjoints des sections administratives). Comme à l'assemblée générale plénière, seuls les conseillers d'État y ont voix délibérative (sauf en ce qui concerne le rapporteur ou le suppléant, s'il est maître des requêtes).

Art. R. 123-15 *Abrogé par le décret n° 2008-225 du 6 mars 2008, article 18.*
Cette disposition conférait aux ministres « rang et séance à l'assemblée générale », avec voix délibérative pour les affaires dépendant de leur département.

La présidence de l'assemblée générale du Conseil d'État

Art. R. 123-16 Sous réserve des dispositions de l'article L. 121-1, la présidence de l'assemblée générale appartient au vice-président du Conseil d'État ou, à son défaut, au président de section inscrit le premier au tableau.

Texte source

– Décret n° 63-766 du 30 juillet 1963, article 17.

Commentaires

C'est le vice-président qui préside l'assemblée générale, sauf lorsque, en application de l'article L. 121-1, celle-ci est présidée par le Premier ministre ou le garde des Sceaux. Ce que, traditionnellement, presque tous les Premiers ministres font une fois pendant leur mandat, lors d'une séance protocolaire.

Le quorum de l'assemblée générale du Conseil d'État

Art. R. 123-17 L'assemblée générale du Conseil d'État ne peut délibérer que si la moitié au moins des membres ayant voix délibérative sont présents. Toutefois, ce

quorum est ramené au quart des membres ayant voix délibérative lorsque l'assemblée générale se réunit en formation plénière ainsi que, quelle que soit la formation dans laquelle elle se réunit, pendant la période des vacances annuelles.
Le président a la police de l'assemblée et dirige les débats.
En cas de partage égal, la voix du président est prépondérante.

Textes sources
– Décret n° 63-766 du 30 juillet 1963, article 18.
– Décret n° 2008-225 du 6 mars 2008, article 19.

L'élection d'un membre du Conseil d'État par l'assemblée générale

Art. R. 123-18 Lorsqu'il y a lieu pour le Conseil d'État d'élire un de ses membres, il est procédé à l'élection en assemblée générale plénière au scrutin secret et à la majorité absolue des membres présents.

Texte source
– Décret n° 63-766 du 30 juillet 1963, article 19.

Le procès-verbal de l'assemblée générale du Conseil d'État

Art. R. 123-19 Le secrétaire général du Conseil d'État, ou l'un des secrétaires généraux adjoints, assure le secrétariat de l'assemblée générale. Il en tient le procès-verbal. Il signe et certifie les expéditions des projets de loi, d'ordonnance et de décret ainsi que des avis du Conseil d'État délivrées aux personnes qui ont qualité pour les réclamer. Il signe et certifie les expéditions des avis du Conseil d'État sur les propositions de loi, destinées aux présidents des assemblées parlementaires.
Le secrétaire général du Conseil d'État peut être suppléé dans l'exercice des fonctions prévues à l'alinéa précédent par le secrétaire d'une section administrative.

Textes sources
– Décret n° 63-766 du 30 juillet 1963, article 20.
– Décret n° 2004-1387 du 21 décembre 2004, article 2.
– Décret n° 2009-926 du 29 juillet 2009, article 3.

L'ordre du jour de l'assemblée générale du Conseil d'État

Art. R. 123-20 Sont portés à l'ordre du jour de l'assemblée générale ordinaire du Conseil d'État ou, sur décision du vice-président, après avis du président de la section ou de la commission compétente, à l'ordre du jour de l'assemblée générale plénière du Conseil d'État :

1° Les projets et propositions de lois et projets d'ordonnances, sous réserve des dispositions de l'article R. 123-21 ;

2° Les affaires qui, en raison de leur importance, sont renvoyées à l'examen de l'assemblée générale soit à la demande des ministres intéressés, soit par le vice-président du Conseil d'État, soit par le président de la section ou de la commission compétente, soit à la demande de cette section ou de cette commission.

Toutefois, le vice-président du Conseil d'État peut, sur proposition du président de la section ou de la commission compétente, décider de ne pas porter à l'ordre du jour de l'assemblée générale certains projets relevant des catégories ci-après :

a) Projets de loi ayant pour objet principal la ratification d'une ordonnance ;

b) Projets de loi autorisant la ratification ou l'approbation d'une convention internationale ;

c) Projets ou propositions de loi ou projets d'ordonnance portant extension et, le cas échéant, adaptation de dispositions législatives à une ou plusieurs collectivités d'outre-mer ou à la Nouvelle-Calédonie ;

d) Projets ou propositions de loi ou projets d'ordonnance ayant pour objet principal la transposition en droit interne d'une directive communautaire ;

e) Projets ou propositions de loi ou projets d'ordonnance procédant à la codification de la législation ;

f) Projets ou propositions de loi ou projets d'ordonnance ne soulevant pas de difficulté.

L'assemblée générale ordinaire peut décider le renvoi d'une affaire à l'assemblée générale plénière.

Textes sources

– Décret n° 63-766 du 30 juillet 1963, article 21.
– Décret n° 2004-1387 du 21 décembre 2004, article 3.
– Décret n° 2009-926 du 29 juillet 2009, article 4.
– Décret n° 2019-82 du 7 février 2019, article 6.

Commentaires

Le texte issu du décret n° 2004-1387 du 21 décembre 2004, modifié en 2009, confère au vice-président, pour des textes définis par leur objet et parfois par leur nature (projets ou propositions « ne soulevant pas de difficulté »), le pouvoir d'alléger l'ordre du jour de l'assemblée générale, rompant avec le système précédent qui voulait que tous les projets de loi ou d'ordonnance soient soumis à l'examen de cette instance. Il en découle une souplesse certaine et une meilleure capacité d'examen des textes soumis à l'assemblée générale.

Le texte organise un mécanisme précis de renvoi par les sections administratives à cette assemblée, qui n'est pas sans rappeler le mécanisme identique régissant l'activité contentieuse. Le Conseil d'État statuant au contentieux refuse de contrôler l'appréciation à laquelle se sont livrées les autorités compétentes pour décider, ou refuser, de prononcer un tel renvoi (CE, 15 novembre 2006, Krikorian, n° 283475).

Seul enfin le vice-président ou l'assemblée générale ordinaire ont le pouvoir d'envoyer une affaire devant l'assemblée générale plénière (outre l'hypothèse mentionnée à l'article R. 123-18 ci-dessus).

Les « collectivités d'outre-mer » doivent s'entendre comme incluant les « départements d'outre-mer ».

SECTION 3 La commission permanente

La commission permanente

Art. R. 123-21 Une commission permanente est chargée de l'examen des projets de loi et d'ordonnance dans les cas exceptionnels où l'urgence est signalée par le ministre compétent et expressément constatée par une décision spéciale du Premier ministre mentionnée dans les visas.

Quand la lettre par laquelle le président de l'Assemblée nationale ou du Sénat saisit le Conseil d'État d'une demande d'avis sur une proposition de loi constate l'urgence, la proposition peut être soumise à l'examen de la commission permanente sur décision du vice-président du Conseil d'État.

Cette commission peut dans chaque cas décider de renvoyer après instruction l'affaire dont elle est saisie à l'assemblée générale.

Textes sources

– Décret n° 63-766 du 30 juillet 1963, article 22.
– Décret n° 2009-926 du 29 juillet 2009, article 4.

Commentaires

La commission permanente, destinée à répondre aux situations d'urgence, traduit le principe de continuité de l'État.

La composition de la commission permanente

Art. R. 123-22 La commission permanente comprend :

1° Le vice-président du Conseil d'État ;

2° Le président de la section administrative dont relève le projet soumis à la commission permanente ; les autres présidents de section peuvent participer aux séances de la commission permanente ;

3° Deux conseillers d'État par section désignés par arrêté du vice-président du Conseil d'État après avis du président de la section intéressée ; deux suppléants sont désignés, pour chacun de ces conseillers d'État, parmi les conseillers d'État et les maîtres des requêtes de la section.

La commission permanente peut être complétée, selon la nature des affaires dont elle est saisie, par un et éventuellement deux membres désignés par le vice-président sur la proposition du président de la section qui aurait été normalement compétente pour examiner l'affaire si l'urgence n'avait pas été déclarée.
En outre, tout membre du Conseil d'État peut être spécialement désigné par le vice-président pour le rapport d'une affaire déterminée.
Outre son président, la commission permanente ne peut valablement siéger que si cinq membres désignés conformément au 3° sont présents.

Textes sources

– Décret n° 63-766 du 30 juillet 1963, article 23.
– Décret n° 2008-225 du 6 mars 2008, article 21.
– Décret n° 2015-1145 du 15 septembre 2015, article 2.
– Décret n° 2020-469 du 24 avril 2020, article 1er.

Commentaires

On note que les maîtres des requêtes ne peuvent plus qu'être suppléants dans la commission permanente, sauf à venir la compléter. Les auditeurs n'y ont plus leur place, sauf à y être rapporteur.

Le fonctionnement de la commission permanente

Art. R. 123-23 La commission permanente est présidée par le vice-président du Conseil d'État. En l'absence du vice-président, la commission permanente est présidée par le président de la section administrative dont relève le projet ou, lorsque le projet relève de plusieurs sections, par le plus ancien des présidents concernés parmi ceux qui sont présents. En cas d'absence à la fois du vice-président et du ou des présidents de section concernés, elle est présidée par celui des autres présidents de section ou, à défaut, des membres présents le plus ancien dans l'ordre du tableau.
Les dispositions du dernier alinéa de l'article R. 123-6, des deux derniers alinéas de l'article R. 123-17 ainsi que de l'article R. 123-19 sont applicables à la commission permanente.

Textes sources

– Décret n° 63-766 du 30 juillet 1963, article 24.
– Décret n° 2020-469 du 24 avril 2020, article 2.

SECTION 4 Dispositions communes

Les commissaires du gouvernement devant les sections administratives

Art. R. 123-24 Dans chaque ministère, des décrets pris sur la proposition des ministres intéressés désignent des fonctionnaires ayant au moins rang de directeurs, qui sont habilités à assister en qualité de commissaire du gouvernement aux séances du Conseil pour l'ensemble des affaires du département dont ils relèvent. Outre les directeurs qui sont habilités à assister aux séances du Conseil d'État en qualité de commissaire du gouvernement pour l'ensemble des affaires de leur direction, des fonctionnaires peuvent être désignés en cette qualité par les ministres au moment de la saisine du Conseil pour l'examen d'une affaire déterminée.

Les commissaires du gouvernement assistent avec voix consultative aux séances de l'assemblée générale, des commissions ou des sections pour les affaires qui dépendent de leurs services.

Textes sources

– Décret n° 63-766 du 30 juillet 1963, article 25.

– Décret n° 2015-1145 du 15 septembre 2015, article 3.

Commentaires

On aura noté le niveau hiérarchique élevé des commissaires du gouvernement appelés à participer, pour les projets de leur ministère et avec voix consultative, aux débats des sections administratives.

Depuis le décret n° 2009-14 du 7 janvier 2009, aucune confusion ne peut se produire entre ces commissaires du gouvernement et ceux qui occupent devant les formations contentieuses, ces derniers ayant vu leur titre changé en « rapporteur public ».

Les commissaires siégeant pour l'examen des propositions de loi

Art. R. 123-24-1 Peuvent participer avec voix consultative aux séances au cours desquelles une proposition de loi est examinée, outre l'auteur de la proposition, les personnes que ce dernier désigne pour l'assister.

Texte source

– Décret n° 2009-926 du 29 juillet 2009, article 6.

Commentaires

Ces « commissaires parlementaires » ont été, dans la pratique, des administrateurs de l'assemblée concernée. Quant aux fonctionnaires des ministères intéressés, également présents, il a été décidé, pour ne point mélanger les genres et préserver la séparation entre pouvoir législatif et pouvoir exécutif, de les admettre à titre d'experts, sur le fondement de l'article R. 123-26, sans donc leur permettre d'assister aux séances d'examen de la proposition par le Conseil d'État.

On pourra se reporter à l'étude de Pascale Gonod (*JCPA*, 9 mai 2010, p. 15) trouvant « surprenant » que l'auteur de la proposition de loi – personnalité politique – puisse assister aux séances dont, depuis le décret du 6 mars 2008 abrogeant l'article R. 123-15, ont été bannis les ministres.

La participation du défenseur des droits

Art. R. 123-24-2 Le Défenseur des droits et les agents qu'il désigne peuvent participer avec voix consultative aux séances au cours desquelles est examinée une demande d'avis qu'il a adressée au Conseil d'État.

Texte source

– Décret n° 2011-904 du 29 juillet 2011, article 20.

Commentaires

Voir art. R. 123-3-1 concernant ces demandes d'avis.

Le commissaire du gouvernement de la Nouvelle-Calédonie

Art. R. 123-25 Pour l'examen des projets et propositions de lois du pays de la Nouvelle-Calédonie, des arrêtés du président du gouvernement de la Nouvelle-Calédonie désignent des agents publics, ayant au moins rang de chef de service, en qualité de commissaire du gouvernement de la Nouvelle-Calédonie, pour assister avec voix consultative aux séances du Conseil d'État. Le président du gouvernement peut, en outre, désigner d'autres agents publics pour prendre part à la discussion d'une affaire déterminée. Le Gouvernement de la République est représenté dans les conditions prévues à l'article R. 123-24.

Textes sources

– Décret n° 63-766 du 30 juillet 1963, article 25-1.
– Décret n° 2019-82 du 7 février 2019, article 7.

Commentaires

Le renvoi à l'« article précédent » doit se lire comme renvoyant à l'article R. 123-24, le texte n'ayant pas été corrigé lors de l'édiction des décrets n° 2009-926 du 29 juillet 2009 créant l'article R. 123-24-1 et le décret n° 2011-904 du 29 juillet 2011 créant l'article R. 123-24-2.

La présence de personnes qualifiées devant les sections administratives

Art. R. 123-26 Le vice-président du Conseil d'État et le président de la section administrative intéressée peuvent appeler à prendre part, avec voix consultative, aux séances des sections administratives et des commissions, y compris la commission permanente, ainsi que de l'assemblée générale, les personnes que leurs connaissances spéciales mettraient en mesure d'éclairer les discussions.

Textes sources

– Décret n° 63-766 du 30 juillet 1963, article 26.
– Décret n° 2008-225 du 6 mars 2008, article 22.

Commentaires

Ces « experts » sont admis aux séances du Conseil d'État. On a vu toutefois (CJA, art. R. 123-24-1) que, lorsque ce dernier est appelé à donner un avis sur une proposition de loi, les fonctionnaires de l'État associés à l'examen de cette demande, en vertu de l'article R. 123-26, ne sont pas admis aux séances du Conseil.

TITRE III Dispositions statutaires

CHAPITRE 1 Dispositions générales

Le statut des membres du Conseil d'État

Art. L. 131-1 Le statut des membres du Conseil d'État est régi par le présent livre et, pour autant qu'elles n'y sont pas contraires, par les dispositions statutaires de la fonction publique de l'État.

Texte source

– Décret n° 63-767 du 30 juillet 1963, article 1er.

Commentaires

Ces dispositions générales ne le sont pas complètement alors qu'une partie de leur contenu est commune à tous les membres de la juridiction administrative. Elles pourraient utilement être regroupées dans un chapitre commun à tous les membres de la juridiction évitant certaines redites, notamment en matière de déontologie.

Les membres du Conseil d'État sont des fonctionnaires, soumis au statut général des fonctionnaires, à la différence des magistrats de l'ordre judiciaire. Ils ne sont pas concernés par la loi du n° 2012-347 du 12 mars 2012 affirmant la qualité de magistrat des magistrats des tribunaux administratifs et des cours administratives d'appel. Peu modifié depuis 1963, ce statut a fait l'objet d'une réforme importante par une ordonnance n° 2021-702 du 2 juin 2021 portant réforme de l'encadrement supérieur de la fonction publique de l'État et sur le fondement de la loi du 6 août 2019 de transformation de la fonction publique, et dans le prolongement de l'ordonnance du 3 mars 2021 favorisant l'égalité des chances pour l'accès à certaines écoles de service public.

« *Quant aux membres du Conseil d'État, aux magistrats de la Cour des comptes, des tribunaux administratifs et des cours administratives d'appel et des chambres régionales et territoriales des comptes, ils se verront appliquer les mêmes principes de mobilité, d'ouverture et d'évaluation* […]. *Les recrutements au Conseil d'État et à la Cour des comptes seront davantage ouverts à de nouveaux profils et contribueront plus largement encore à la construction des parcours de carrière des cadres supérieurs, dans le respect des principes que la Constitution et les engagements européens de la France garantissent* […]. *En ce qui concerne les membres du Conseil d'État, le grade d'auditeur est supprimé et remplacé par un statut d'emploi d'auditeur d'une durée maximale de trois ans, accessible aux administrateurs de l'État et aux membres des corps et cadres d'emplois de niveau comparable justifiant d'au moins deux ans d'expérience préalable, après passage devant un comité composé de façon paritaire de membres du Conseil d'État et de personnalités qualifiées. Afin d'octroyer aux auditeurs des garanties d'indépendance équivalentes à celles des membres du Conseil d'État, il est prévu qu'il ne peut être mis fin à leurs fonctions qu'à leur demande ou pour motif disciplinaire et sur proposition de la commission supérieure du Conseil d'État.*

L'ordonnance revoit ensuite profondément les modalités d'intégration au grade de maître des requêtes. Là où l'accès à ce grade n'était possible que pour les personnes issues de l'auditorat ou par le tour extérieur du Gouvernement, l'intégration au grade de maître des requêtes sera désormais ouverte, d'une part, aux personnes ayant exercé les fonctions d'auditeur et justifiant d'au moins cinq ans d'expérience, lesquels doivent représenter au moins la moitié des maîtres des requêtes nommés, d'autre part, aux magistrats des tribunaux administratifs et des cours administratives d'appel ayant atteint le grade de premier conseiller, dont au moins deux membres sont nommés chaque année, ainsi qu'aux personnes ayant exercé depuis quatre ans les fonctions de maîtres des requêtes en service extraordinaire. Le tour extérieur du gouvernement est supprimé. À l'exception de celles des magistrats des tribunaux administratifs et des cours administratives d'appel, ces nominations sont prononcées par décret du Président de la République dans l'ordre établi par une commission, composée de façon paritaire par des membres du Conseil d'État et de personnalités qualifiées, qui arrête, par ordre de mérite, la liste des candidats retenus pour l'intégration.

L'ordonnance réforme également les conditions d'accès au grade de conseiller d'État en instaurant une mobilité statutaire obligatoire au grade de maître des requêtes conditionnant l'accès au grade supérieur, diminue la part des recrutements au tour extérieur du gouvernement et instaure une nouvelle voie de recrutement ouverte aux personnes dont les compétences et les activités dans le domaine du droit ou de l'action publique les qualifient particulièrement pour l'exercice de ces fonctions […] » (extrait du rapport au président de la République). Le texte est entré en vigueur le 1er janvier 2022, mais comporte des dispositions transitoires (articles 10, 11 et 13 pour la juridiction administrative) maintenant, dans certains cas, les dispositions antérieures du CJA. Le lecteur pourra, dans ces cas, utilement se reporter à la 9e édition du *Code de justice administrative – Commenté* (pour la présente édition, le parti a été pris de présenter les textes dans leur rédaction nouvelle).

La déontologie des membres du Conseil d'État

Art. L. 131-2 Les membres du Conseil d'État exercent leurs fonctions en toute indépendance, dignité, impartialité, intégrité et probité et se comportent de façon à prévenir tout doute légitime à cet égard.

Ils s'abstiennent de tout acte ou comportement à caractère public incompatible avec la réserve que leur imposent leurs fonctions.

Ils ne peuvent se prévaloir, à l'appui d'une activité politique, de leur appartenance au Conseil d'État.

Textes sources

– Décret n° 63-767 du 30 juillet 1963, article 3.
– Loi n° 2016-483 du 20 avril 2016, article 12.

Commentaires

La déontologie fait son apparition dans le code, à l'invitation du législateur (loi n° 2016-483 du 20 avril 2016). On voit mal ce qu'apporte cette apparition, si ce

n'est l'apaisement de ceux qui auraient pu craindre que les membres du Conseil d'État fassent preuve de dépendance, de partialité, de malhonnêteté... Cette apparition relève, pour une part, de la théâtralité. On ne peut que renvoyer aux réflexions livrées par Y. Gaudemet dans les mélanges en l'honneur de D. Truchet (« L'intérêt général », contribution « de l'intérêt général à la déontologie », p. 225), faisant état de la « mauvaise déontologie » qui « recherche un effet d'annonce », pour conclure que « la déontologie se perd dès lors qu'elle est écrite ». Tout au plus peut-on noter l'écho discret de la théorie des apparences chère à la Cour européenne des droits de l'homme dans l'obligation d'adopter un comportement propre à « prévenir tout doute légitime » au regard des obligations générales énoncées au premier alinéa. L'ennui est qu'à ce théâtre fondamentalement inutile il a fallu donner un décor, fait d'obligations de déclarations (assorties de sanctions pénales), elles-mêmes agrémentées de précisions concernant leur usage, leur conservation, leur mise à jour... La lecture des articles suivants, de nature législative et plus encore réglementaire, fait frémir ! Voici plus de deux siècles que se développe la juridiction administrative, dans la sérénité reconnue par tous, et la lecture en creux de ces textes nouveaux donnerait à penser que ces deux siècles furent des périodes de turpitudes, de dépendance, de malhonnêteté ! Plus encore, il faut mesurer le coût de gestion de cette machinerie administrative, redondante avec les procédures disciplinaires...
Ces exigences font partie des principes généraux applicables à la fonction de juger dans un État de droit (CE, ass., 15 avril 2024, n° 469719, *Lebon* [**1**]).

Jurisprudence

[**1**] 2. En vertu des principes généraux applicables à la fonction de juger dans un État de droit, la justice doit être rendue par une juridiction indépendante et impartiale. Toute personne appelée à y siéger doit se prononcer en toute indépendance, à l'abri de toute pression. Sa participation au jugement d'une affaire implique qu'elle exerce cette fonction en toute impartialité, sans parti pris ni préférence à l'égard de l'une des parties. Son indépendance et celle de la juridiction dont elle est membre participent de cette exigence. Elle doit se comporter de façon à prévenir tout doute légitime à cet égard.

3. Le principe d'indépendance de la juridiction administrative, à la compétence de laquelle ressortit normalement l'annulation ou la réformation des actes administratifs et dont les décisions sont rendues au nom du peuple français, découle du principe de la séparation des pouvoirs. Les garanties qui gouvernent le statut des membres du Conseil d'État et des magistrats des tribunaux administratifs et des cours administratives d'appel visent à assurer le respect de ce principe.

4. Un membre de la juridiction administrative ne peut recevoir, accepter ou présupposer quelque instruction de la part de quelque autorité que ce soit. Il a l'obligation, sans préjudice de dispositions législatives particulières, de s'abstenir de participer au jugement d'une affaire s'il existe une raison sérieuse de mettre en doute son impartialité.

5. À cet égard, l'exercice, qu'il soit passé, concomitant ou envisagé dans le futur, de fonctions administratives par un membre de la juridiction administrative ne peut, par lui-même, constituer un motif de mettre en doute son impartialité.

6. L'intéressé ne saurait en revanche participer au jugement des affaires mettant en cause les décisions administratives dont il est l'auteur, qui ont été prises sous son autorité, à l'élaboration ou à la défense en justice desquelles il a pris part.

7. Il doit également s'abstenir de participer au jugement des autres affaires pour lesquelles, eu égard à l'ensemble des données particulières propres à chaque cas, notamment la nature des fonctions administratives exercées, l'autorité administrative en cause, le délai écoulé depuis qu'elles ont, le cas échéant, pris fin, ainsi que l'objet du litige, il existe une raison sérieuse de mettre en doute son impartialité.

8. S'il suppose en sa personne une telle cause de récusation, il interroge, au besoin, pour l'apprécier, le président de la formation de jugement, qui peut l'inviter à ne pas siéger. Dans tous les cas, il lui appartient de s'abstenir de participer au jugement de l'affaire s'il estime en conscience devoir se déporter, sans avoir à s'en justifier.

9. Les dispositions du code de justice administrative proclament et mettent en œuvre ces différents principes [...].

L'interdiction et la prévention des conflits d'intérêts

Art. L. 131-3 Les membres du Conseil d'État veillent à prévenir ou à faire cesser immédiatement les situations de conflit d'intérêts.

Constitue un conflit d'intérêts toute situation d'interférence entre un intérêt public et des intérêts publics ou privés qui est de nature à influencer ou à paraître influencer l'exercice indépendant, impartial et objectif d'une fonction.

Textes sources

– Décret n° 63-767 du 30 juillet 1963, article 4.
– Loi n° 2016-483 du 20 avril 2016, article 12.

Commentaires

Imagine-t-on que l'on pourrait écrire l'inverse du premier alinéa ? On pourrait voir dans ce petit test la preuve de l'inutilité de la prescription qu'il contient…

La charte de déontologie

Art. L. 131-4 Le vice-président du Conseil d'État établit, après avis du collège de déontologie de la juridiction administrative, une charte de déontologie énonçant les principes déontologiques et les bonnes pratiques propres à l'exercice des fonctions de membre de la juridiction administrative.

Texte source

– Loi n° 2016-483 du 20 avril 2016, article 12.

Commentaires

En ce qu'il concerne l'ensemble de la juridiction administrative, ce texte n'est pas à sa place dans les dispositions propres au Conseil d'État. Il en va de même du suivant.

Quant à la charte ainsi prévue, elle s'inscrit dans le « droit souple », ayant valeur d'orientations générales, de « lignes directrices », ne pouvant en aucune façon constituer un texte normatif d'effet direct : dans un ensemble juridique dans lequel

les obligations des membres des juridictions sont énoncées, minutieusement, par la loi, on voit mal comment cette charte, quelle que soit l'éminence du rang de son auteur, pourrait revêtir une portée normative directe.
La charte a été adoptée par décision du 14 mars 2017 du vice-président du Conseil d'État.
Par une décision n° 411070 du 19 juillet 2017, le Conseil d'État a renvoyé au Conseil constitutionnel la question prioritaire de constitutionnalité de l'article L. 131-4, au regard du principe de l'impartialité des juridictions et du droit à un recours juridictionnel, cette question étant « nouvelle », et « sans qu'il soit besoin pour le Conseil d'État d'en examiner le caractère sérieux ». Par une décision du Conseil constitutionnel n° 2017-666 QPC du 20 octobre 2017 la disposition a été déclarée conforme, motif pris de ce que « le vice-président du Conseil d'État et les membres du collège de déontologie membres de la juridiction administrative ne participent pas au jugement d'une affaire mettant en cause la charte de déontologie ou portant sur sa mise en œuvre ». La décision par laquelle le vice-président du Conseil d'État adopte cette charte de déontologie est susceptible de recours (CE 25 mars 2020, Le Gars, n° 411070, *Lebon*). La charte s'applique aux membres honoraires des deux corps de la juridiction administrative et, plus généralement, à ses anciens membres (même décision). Elle a pu légalement établir des recommandations sur les bonnes pratiques « des réseaux sociaux » (CE 25 mars 2020, Syndicat de la juridiction administrative, n° 421149, *Lebon*).
Faute de dispositions du CJA relatives à l'honorariat s'applique l'article L. 556-14 du Code général de la fonction publique qui dispose que « Tout fonctionnaire admis à la retraite est autorisé à se prévaloir de l'honorariat dans son grade ou son emploi, à condition d'avoir accompli vingt ans au moins de services publics. L'honorariat peut être refusé au fonctionnaire, au moment de son départ, par une décision motivée de l'autorité compétente qui prononce la mise à la retraite, pour un motif tiré de la qualité des services rendus.
L'honorariat peut être retiré au fonctionnaire, après sa radiation des cadres, si la nature de ses activités le justifie. Il ne peut être fait mention de l'honorariat à l'occasion des activités privées lucratives autres que culturelles, scientifiques ou de recherche ».

Le collège de déontologie

Art. L. 131-5 Le collège de déontologie de la juridiction administrative est composé :
1° D'un membre du Conseil d'État élu par l'assemblée générale ;
2° D'un magistrat des tribunaux administratifs et des cours administratives d'appel élu par le Conseil supérieur des tribunaux administratifs et cours administratives d'appel ;
3° D'une personnalité extérieure désignée alternativement par le premier président de la Cour de cassation parmi les magistrats en fonction à la Cour de cassation ou honoraires et par le premier président de la cour des comptes parmi les magistrats en fonction à la Cour des comptes ou honoraires ;

4° D'une personnalité qualifiée nommée par le président de la République, en dehors des membres du Conseil d'État et des magistrats des tribunaux administratifs et des cours administratives d'appel, sur proposition du vice-président du Conseil d'État.

Le président du collège de déontologie est désigné par le vice-président du Conseil d'État.

La durée du mandat des membres du collège de déontologie est de trois ans, renouvelable une fois.

Texte source

– Loi n° 2016-483 du 20 avril 2016, article 12.

Commentaires

Le collège de déontologie de la juridiction administrative (et non du seul Conseil d'État) a été initialement présidé par M. Daniel Labetoulle, président honoraire de la section du contentieux, et composé de M. Henri Dubreuil, désigné sur proposition du Conseil supérieur des tribunaux administratifs et cours administratives d'appel (CSTA) et de M. Bernard Cieutat, président de chambre honoraire à la Cour des comptes, à titre de personnalité qualifiée. Un quatrième membre, Madame Martine Lombard, professeure des Universités, a été nommée en qualité de personnalité qualifiée par décret du président de la République en date du 12 octobre 2016. Il est actuellement présidé par M. Christian Vigouroux, président de section honoraire, élu par l'assemblée générale du Conseil d'État, et composé de Mme Dominique Bonmati, présidente honoraire de tribunal administratif, élue par le Conseil supérieur des tribunaux administratifs et des cours administratives d'appel, M. Didier Guérin, président de chambre honoraire à la Cour de cassation, désigné par le Premier président de la Cour de cassation, Mme Agnès Roblot-Troizier, professeure de droit public à l'Université Paris I, directrice de l'école de droit de la Sorbonne, nommée par le Président de la République.

Les missions du collège de déontologie

Art. L. 131-6 Le collège de déontologie de la juridiction administrative est chargé :

1° De rendre un avis préalable à l'établissement de la charte de déontologie mentionnée à l'article L. 131-4 ;

2° De rendre des avis sur toute question déontologique concernant personnellement un membre de la juridiction administrative, sur saisine du membre concerné, du vice-président du Conseil d'État, d'un président de section du Conseil d'État, du secrétaire général du Conseil d'État, du président de la mission d'inspection des juridictions administratives, du président d'une cour administrative d'appel ou d'un tribunal administratif ou du Conseil supérieur des tribunaux administratifs et cours administratives d'appel ;

3° De formuler des recommandations de nature à éclairer les membres de la juridiction administrative sur l'application des principes déontologiques et de la charte de déontologie, à son initiative ou sur saisine du vice-président du Conseil d'État, d'un président de section du Conseil d'État, du secrétaire général du Conseil d'État, du président de la mission d'inspection des juridictions administratives, du président d'une cour administrative d'appel ou d'un tribunal administratif, du Conseil supérieur des tribunaux administratifs et cours administratives d'appel ou d'une organisation syndicale ou association de membres de la juridiction administrative ;
4° De rendre des avis sur les déclarations d'intérêts qui lui sont transmises dans les conditions prévues aux articles L. 131-7 et L. 231-4-1 ;
5° De rendre un avis préalable sur l'affectation d'un magistrat à l'une des fonctions mentionnées à l'article L. 231-5-1.
Le collège de déontologie rend publiques ses recommandations et peut rendre publics, sous forme anonyme, ses avis.

Textes sources
– Loi n° 2016-483 du 20 avril 2016, article 12.
– Ordonnance n° 2021-702 du 2 juin 2021, article 7.
– Loi n° 2023-1059 du 20 novembre 2023, article 52-I-2°.

Commentaires
On remarquera la diversité des personnes habilitées à saisir le collège, y compris, s'agissant d'une situation personnelle, l'intéressé, qui peut chercher à savoir, avant de s'engager dans une activité accessoire, si elle est compatible avec les règles déontologiques. Identiquement, le collège peut être saisi, s'agissant de l'application des principes de déontologie, par une grande diversité de personnes, comprenant les organisations syndicales.
On notera également que le collège ainsi institué ne dispose d'aucun pouvoir autre que consultatif. Il ne prend aucune décision, d'autorisation ou d'interdiction, et la méconnaissance de l'avis qu'il a pu émettre sur la situation d'un membre d'une juridiction administrative ne saurait, à elle seule, servir de base légale à une sanction ou autre mesure administrative.

La déclaration d'intérêts

Art. L. 131-7 I. – Dans les deux mois qui suivent leur affectation, les membres du Conseil d'État remettent une déclaration exhaustive, exacte et sincère de leurs intérêts au président de la section à laquelle ils ont été affectés. La déclaration est transmise au vice-président du Conseil d'État.
Dans les deux mois qui suivent leur prise de fonctions, les présidents de section et le secrétaire général remettent une déclaration exhaustive, exacte et sincère de leurs intérêts au vice-président du Conseil d'État.

La déclaration d'intérêts mentionne les liens et les intérêts détenus de nature à influencer ou à paraître influencer l'exercice indépendant, impartial et objectif des fonctions, que le déclarant a, ou qu'il a eus pendant les cinq années précédant son affectation ou sa prise de fonctions. Elle ne comporte aucune mention des opinions ou des activités politiques, syndicales, religieuses ou philosophiques de l'intéressé, sauf lorsque leur révélation résulte de la déclaration de fonctions ou de mandats exercés publiquement.

La remise de la déclaration d'intérêts donne lieu à un entretien déontologique avec l'autorité à laquelle la déclaration a été remise, ayant pour objet de prévenir tout éventuel conflit d'intérêts et d'inviter, s'il y a lieu, à mettre fin à une situation de conflit d'intérêts. À l'issue de l'entretien, la déclaration peut être modifiée par le déclarant. L'entretien peut être renouvelé à tout moment à la demande du déclarant ou de l'autorité.

L'autorité à laquelle la déclaration a été remise peut solliciter l'avis du collège de déontologie de la juridiction administrative sur la déclaration lorsqu'il existe un doute sur une éventuelle situation de conflit d'intérêts. Lorsque l'avis est sollicité par un président de section, il est également porté à la connaissance du vice-président du Conseil d'État.

Toute modification substantielle des liens et intérêts détenus fait l'objet, dans un délai de deux mois, d'une déclaration complémentaire dans les mêmes formes et peut donner lieu à un entretien déontologique.

La déclaration d'intérêts est annexée au dossier de l'intéressé selon des modalités garantissant sa confidentialité, sous réserve de sa consultation par les personnes autorisées à y accéder.

Lorsqu'une procédure disciplinaire est engagée, le garde des Sceaux, ministre de la Justice, et la commission supérieure du Conseil d'État mentionnée à l'article L. 132-1 peuvent obtenir communication de la déclaration d'intérêts.

II. – Dans les deux mois qui suivent sa prise de fonctions, le vice-président du Conseil d'État remet une déclaration exhaustive, exacte et sincère de ses intérêts au collège de déontologie de la juridiction administrative, qui peut lui adresser des observations ayant pour objet de prévenir tout éventuel conflit d'intérêts et de l'inviter, s'il y a lieu, à mettre fin à une situation de conflit d'intérêts.

Toute modification substantielle des liens et intérêts détenus fait l'objet, dans un délai de deux mois, d'une déclaration complémentaire dans les mêmes formes.

Les troisième, avant-dernier et dernier alinéas du I du présent article sont applicables.

III. – Un décret en Conseil d'État précise les conditions d'application du présent article, notamment le modèle, le contenu et les conditions de remise, de mise à jour, de conservation et de consultation de la déclaration d'intérêts.

Textes sources

– Loi n° 2016-483 du 20 avril 2016, article 12.
– Ordonnance n° 2016-1365 du 13 octobre 2016, article 2.

Commentaires

On note qu'aucun membre du Conseil d'État n'échappe à l'obligation mentionnée à cet article, qui s'applique même au vice-président.
La précision du texte législatif (complété par le texte réglementaire d'application, à savoir le décret n° 2017-12 du 5 janvier 2017), aboutit à la mise sur pied d'une machinerie administrative d'une complexité confondante, qui absorbera les efforts et le temps de ceux qui devront l'alimenter et de ceux qui devront la faire tourner…
Le décret prévu au III de cet article a été pris le 5 janvier 2017, et se trouve codifié aux articles R. 131-3 à R. 131-8.
Le champ d'application des articles L. 131-7 et L. 231-4-1 déclenche également l'application du décret n° 2020-69 du 30 janvier 2020 (*JORF* n° 0026 du 31 janvier 2020) relatif aux contrôles déontologiques dans la fonction publique. Ce qui aboutit à un mécanisme particulièrement complexe qui fait intervenir plusieurs autorités (Haute Autorité pour la transparence de la vie publique, vice-président du Conseil d'État, collège de déontologie), en tenant à l'écart la commission supérieure du Conseil d'État et le conseil supérieur des tribunaux administratifs et des cours administratives d'appel, alors que tel n'est pas le cas du Conseil supérieur de la magistrature.
Pour l'application de ces dispositions voir CE, 8 novembre 2024, n° 473461.

Les sanctions liées à l'obligation de déclaration d'intérêts

Art. L. 131-8 I. – Le fait, pour une personne tenue de remettre une déclaration d'intérêts en application de l'article L. 131-7 du présent code, de ne pas adresser sa déclaration ou d'omettre de déclarer une partie substantielle de ses intérêts est puni d'une peine de trois ans d'emprisonnement et de 45 000 € d'amende. Peuvent être prononcées, à titre complémentaire, l'interdiction des droits civiques, selon les modalités prévues aux articles L. 131-26 et L. 131-26-1 du code pénal, ainsi que l'interdiction d'exercer une fonction publique, selon les modalités prévues à l'article L. 131-27 du même code.
II. – Le fait de publier, hors le cas prévu au dernier alinéa de l'article L. 131-6 du présent code, ou de divulguer, de quelque manière que ce soit, tout ou partie des déclarations, des informations ou des avis mentionnés à l'article L. 131-7 du même code est puni des peines mentionnées à l'article L. 226-1 du code pénal.

Texte source

– Loi n° 2016-483 du 20 avril 2016, article 12.

La conduite à tenir en cas de conflit d'intérêts

Art. L. 131-9 I. – Dans le cadre des fonctions juridictionnelles du Conseil d'État, sans préjudice des autres dispositions prévues au présent code en matière d'abstention, le membre du Conseil d'État qui estime se trouver dans une situation de conflit d'intérêts s'abstient de participer au jugement de l'affaire concernée. Son remplacement est assuré en application des règles de suppléance prévues au présent code.

Le président de la formation de jugement peut également, à son initiative, inviter à ne pas siéger un membre du Conseil d'État dont il estime, pour des raisons qu'il lui communique, qu'il se trouve dans une situation de conflit d'intérêts. Si le membre du Conseil d'État concerné n'acquiesce pas à cette invitation, la formation de jugement se prononce, sans sa participation. S'il y a lieu, son remplacement est assuré en application des règles de suppléance prévues au présent code.

II. – Dans le cadre des fonctions consultatives du Conseil d'État, le membre du Conseil d'État qui estime se trouver dans une situation de conflit d'intérêts s'abstient de participer aux délibérations.

Texte source

– Loi n° 2016-483 du 20 avril 2016, article 12.

La déclaration de situation patrimoniale

Art. L. 131-10 Dans les deux mois qui suivent leur prise de fonctions et dans les deux mois qui suivent la cessation de leurs fonctions, le vice-président du Conseil d'État et les présidents de section du Conseil d'État adressent une déclaration de situation patrimoniale au président de la Haute Autorité pour la transparence de la vie publique.

Toutefois, aucune déclaration mentionnée au premier alinéa n'est exigée lorsque le membre du Conseil d'État a quitté ses fonctions avant l'expiration du délai de deux mois mentionné au même premier alinéa.

La déclaration de situation patrimoniale est établie, contrôlée et sanctionnée dans les conditions et selon les modalités prévues aux premier et quatrième alinéas du I, aux II et V de l'article 4, aux articles 6, 7, à l'exception de la publication d'un rapport spécial au Journal officiel, et 26 de la loi n° 2013-907 du 11 octobre 2013 relative à la transparence de la vie publique.

Toute modification substantielle de la situation patrimoniale fait l'objet, dans un délai de deux mois, d'une déclaration complémentaire dans les mêmes formes.

Aucune nouvelle déclaration n'est exigée du membre du Conseil d'État qui a établi depuis moins d'un an une déclaration en application du

présent article, de l'article L. 231-4-4 du présent code, des articles 4 ou 11 de la loi n° 2013-907 du 11 octobre 2013 précitée, de l'article L. 4122-8 du code de la défense, de l'article LO 135-1 du code électoral, des articles L. 120-13 ou L. 220-11 du code des juridictions financières, de la section 2 du chapitre II du titre II du livre Ier du code général de la fonction publique ou de l'article 10-1-2 de la loi organique n° 94-100 du 5 février 1994 sur le Conseil supérieur de la magistrature.
La déclaration de situation patrimoniale n'est pas versée au dossier de l'intéressé et ne peut pas être communiquée aux tiers.
Un décret en Conseil d'État précise les conditions d'application du présent article, notamment le modèle, le contenu et les conditions de mise à jour et de conservation des déclarations de situation patrimoniale.

Textes sources

– Loi n° 2016-483 du 20 avril 2016, article 12.
– Loi n° 2017-1339 du 15 septembre 2017, article 8.
– Loi n° 2022-217 du 21 février 2022, articles 224 et 225.
– Loi n° 2023-1059 du 20 novembre 2023, article 57-I.

Commentaires

Le décret mentionné au dernier alinéa a été pris le 5 janvier 2017, et est codifié sous les articles R. 121-3 et suivants.

La formation professionnelle des membres du Conseil d'État

Art. L. 131-11 Les membres du Conseil d'État bénéficient, tout au long de leur carrière, d'une formation professionnelle. Dans des conditions fixées par arrêté du vice-président du Conseil d'État, les actions de formation suivies ouvrent droit à une décharge d'activité.

Texte source

– Ordonnance n° 2016-1365 du 13 octobre 2016, article 1er.

Commentaires

Un arrêté du 1er octobre 2020, pris en application de l'article 9 du décret n° 2017-928 du 6 mai 2017, définit la prise en charge des frais pédagogiques au titre du compte personnel de formation pour les membres du Conseil d'État, les magistrats des tribunaux administratifs et des cours administratives d'appel et les agents du Conseil d'État et de la Cour nationale du droit d'asile.

La protection sociale complémentaire des membres du Conseil d'État

Art. L. 131-12 Les stipulations d'un accord mentionné à l'article L. 827-2 du code général de la fonction publique et conclu au niveau national pour la fonction publique de l'État peuvent être rendues applicables, en tout ou partie, aux membres du Conseil d'État, dans des conditions prévues par décret en Conseil d'État pris après avis de la commission supérieure du Conseil d'État.

Texte source

– Loi n° 2023-1059 du 20 novembre 2023, article 55-I-1°.

Commentaires

Un décret n° 2024-286 du 29 mars 2024 est relatif à la protection sociale complémentaire des membres du Conseil d'État, des magistrats administratifs et des agents du Conseil d'État et de la Cour nationale du droit d'asile. Ce décret rend les stipulations de l'accord interministériel relatif à la protection sociale complémentaire en matière de couverture des frais occasionnés par une maternité, une maladie ou un accident dans la fonction publique de l'État du 26 janvier 2022 et de l'accord interministériel relatif à l'amélioration des garanties de prévoyance (incapacité de travail, invalidité, décès) dans la fonction publique de l'État du 20 octobre 2023 applicables aux membres du Conseil d'État et aux magistrats des tribunaux administratifs et cours administratives d'appel. Il détermine la composition de la commission paritaire de pilotage et de suivi du Conseil d'État mentionné à l'article 28 du décret du 22 avril 2022 relatif à la protection sociale complémentaire en matière de couverture des frais occasionnés par une maternité, une maladie ou un accident dans la fonction publique de l'État.

La possibilité d'effectuer des travaux scientifiques, littéraires ou artistiques

Art. R.* 131-1 Les membres du Conseil d'État peuvent se livrer à des travaux scientifiques, littéraires ou artistiques et à toutes activités d'ordre intellectuel, et notamment d'enseignement, qui ne seraient pas de nature à porter atteinte à leur dignité ou à leur indépendance.

Texte source

– Décret n° 63-767 du 30 juillet 1963, article 2, § 1 et 2.

Commentaires

Il convient de noter que certaines dispositions réglementaires du titre III du livre I ont été édictées sous la forme de décrets en Conseil d'État délibérés en Conseil des ministres ; leur codification a donc été prononcée par un décret de même niveau et se manifeste par l'adjonction d'un astérisque avant le numéro d'article.

L'obtention d'un congé pour absence

Art. R.* 131-2 En dehors des périodes de vacances, les membres du Conseil d'État ne peuvent s'absenter sans avoir obtenu du vice-président un congé, accordé après avis des présidents des sections auxquelles ils sont affectés.

Tout membre du Conseil qui s'absente sans congé ou qui excède la durée du congé qu'il a obtenu subit, indépendamment des sanctions disciplinaires qu'il peut encourir, la retenue intégrale de la portion de son traitement afférente au temps pendant lequel a duré son absence non autorisée.

Texte source

– Décret n° 63-767 du 30 juillet 1963, article 5.

Le contenu de la déclaration d'intérêts

Art. R. 131-3 La déclaration d'intérêts des membres du Conseil d'État mentionnée à l'article L. 131-7 comporte les éléments suivants :

1° L'identification du déclarant :

a) Le nom, le prénom et la date de naissance du déclarant ;

b) L'adresse postale, l'adresse électronique et les coordonnées téléphoniques du déclarant ;

c) Les fonctions au titre desquelles le déclarant effectue la déclaration ainsi que la date de nomination dans ces fonctions ;

2° Les activités professionnelles donnant lieu à rémunération ou gratification exercées à la date de la nomination ou au cours des cinq dernières années précédant la déclaration :

a) L'identification de l'employeur ;

b) La description de l'activité professionnelle exercée ;

c) La période d'exercice de l'activité professionnelle ;

d) La rémunération ou la gratification perçue annuellement pour chaque activité ;

3° Les activités de consultant exercées à la date de la nomination ou au cours des cinq années précédant la date de la déclaration :

a) L'identification de l'employeur ;

b) La description de l'activité professionnelle exercée ;

c) La période d'exercice de l'activité professionnelle ;

d) La rémunération ou la gratification perçue annuellement pour chaque activité ;

4° La participation aux organes dirigeants d'un organisme public ou privé ou d'une société à la date de la nomination et au cours des cinq années précédant la date de la déclaration :

a) La dénomination de l'organisme ou la société ;

b) La description de l'activité exercée au sein des organes dirigeants ;

c) La période pendant laquelle le déclarant a participé à des organes dirigeants ;

d) La rémunération ou la gratification perçue annuellement pour chaque participation ;

5° Les participations financières directes dans le capital d'une société à la date de la nomination :
a) La dénomination de la société ;
b) Le nombre de part détenues dans la société et, lorsqu'il est connu, le pourcentage du capital social détenu ;
c) L'évaluation de la participation financière ;
d) La rémunération ou la gratification perçue pendant l'année précédant l'élection ou la nomination ;
6° Les activités professionnelles exercées à la date de la nomination par le conjoint, le partenaire lié par un pacte civil de solidarité ou le concubin :
a) L'identification de l'employeur ;
b) La description de l'activité professionnelle exercée ;
7° Les fonctions bénévoles susceptibles de faire naître un conflit d'intérêts, au sens du I de l'article L. 131-7, exercées à la date de la nomination par le déclarant et par le conjoint, le partenaire lié par un pacte civil de solidarité ou le concubin :
a) Le nom et l'objet social de la structure ou de la personne morale dans laquelle les fonctions sont exercées ;
b) La description des activités et des responsabilités exercées ;
8° Les fonctions et mandats électifs exercés à la date de la nomination par le déclarant et par le conjoint, le partenaire lié par un pacte civil de solidarité ou le concubin :
a) La nature des fonctions et des mandats exercés ;
b) La date de début et de fin de fonction ou de mandat ;
c) Les rémunérations, indemnités ou gratifications perçues annuellement pour chaque fonction ou mandat.
Toute modification substantielle des intérêts fait l'objet d'une déclaration complémentaire actualisant la déclaration mentionnée au premier alinéa et indiquant la nature et la date de l'événement ayant conduit à la modification.

Texte source

– Décret n° 2017-12 du 5 janvier 2017, article 1er.

La remise de la déclaration d'intérêts

Art. R. 131-4 La déclaration d'intérêts et les déclarations complémentaires sont remises par l'intéressé aux autorités mentionnées à l'article L. 131-7. Le président de la mission d'inspection des juridictions administratives les remet au vice-président du Conseil d'État et le secrétaire général adjoint au secrétaire général.
Les déclarations sont remises sous double pli cacheté revêtu d'une mention relative à son caractère confidentiel. Elles peuvent également être

transmises par voie dématérialisée de manière sécurisée. L'autorité destinataire de la déclaration en accuse réception.

Texte source

– Décret n° 2017-12 du 5 janvier 2017, article 1er.

La transmission de la déclaration d'intérêts au vice-président du Conseil d'État

Art. R. 131-5 La déclaration d'intérêts et les déclarations complémentaires sont transmises au vice-président du Conseil d'État par l'autorité destinataire de la déclaration, sous double pli cacheté revêtu d'une mention relative à son caractère confidentiel, à l'issue de l'entretien déontologique et, le cas échéant, après la consultation du collège de déontologie de la juridiction administrative, prévus à l'article L. 131-7. Les observations éventuellement formulées par le collège de déontologie de la juridiction administrative, sur le fondement du cinquième alinéa du I ou du premier alinéa du II de cet article, sont transmises au vice-président du Conseil d'État sous la même forme.

Sous réserve de l'accord du membre concerné, le président de la section du contentieux peut déléguer la conduite de l'entretien déontologique au président de chambre concerné et lui communiquer, en conséquence, la déclaration d'intérêts qui lui a été remise.

Texte source

– Décret n° 2017-12 du 5 janvier 2017, article 1er.

L'accès à la déclaration d'intérêts

Art. R. 131-6 Afin de garantir la confidentialité et l'intégrité des éléments contenus dans ces déclarations, le secrétaire général du Conseil d'État prend les mesures nécessaires pour restreindre l'accès aux seules personnes autorisées que sont le vice-président du Conseil d'État, l'intéressé, le président de la ou des sections ainsi que, le cas échéant, de la chambre de la section du contentieux auxquelles il est affecté, le secrétaire général, les membres du collège de déontologie et, en tant que de besoin, les membres de la commission supérieure du Conseil d'État lorsqu'une procédure disciplinaire est engagée à l'encontre de l'intéressé.

Le secrétaire général du Conseil d'État est responsable du versement des déclarations d'intérêts en annexe du dossier individuel de l'intéressé. Ces déclarations sont conservées sous double pli cacheté. L'enveloppe extérieure est revêtue d'une mention relative à son caractère confidentiel et de la mention « Déclaration d'intérêts » suivie du nom et du prénom de l'intéressé. L'enveloppe intérieure comporte les mêmes mentions, ainsi qu'un bordereau d'émargement des autorités habilitées à y accéder mentionnées à l'alinéa précédent. Cette enveloppe est revêtue de la signature, du nom et du prénom apposés par la dernière personne ayant accédé à la déclaration. Si le dossier individuel du membre du Conseil d'État est géré sur support électronique, ces déclarations sont versées et conservées de manière sécurisée dans les conditions prévues par le décret n° 2011-675 du 15 juin 2011 relatif au dossier individuel des agents publics et à sa gestion sur support électronique.

Texte source

– Décret n° 2017-12 du 5 janvier 2017, article 1er.
– Décret n° 2024-167 du 1er mars 2024, article 10.

La communication de la déclaration d'intérêts à l'occasion de certaines nominations

Art. R. 131-7 Tout changement de section ou, à la section du contentieux, tout changement de chambre ainsi que toute nomination en qualité de secrétaire général adjoint ou de président de la mission d'inspection des juridictions administratives donnent lieu à la communication de la déclaration d'intérêts du membre intéressé à l'autorité compétente en application de l'article R. 131-4 et à un entretien déontologique. Lorsque la déclaration d'intérêts figure déjà au dossier de l'intéressé, elle est communiquée par le secrétaire général à l'autorité compétente.

Texte source

– Décret n° 2017-12 du 5 janvier 2017, article 1er.

Commentaires

On ne peut qu'être surpris qu'un changement de chambre à l'intérieur de la section du contentieux doive s'accompagner de « la communication de la déclaration d'intérêts du membre intéressé à l'autorité compétente » et d'un nouvel entretien déontologique…

La conservation de la déclaration d'intérêts

Art. R. 131-8 La déclaration d'intérêts, les déclarations complémentaires et les observations du collège de déontologie de la juridiction administrative sont conservées jusqu'à l'expiration d'un délai de cinq ans à compter de la date à laquelle l'intéressé n'est plus en activité au Conseil d'État. Elles sont alors détruites dans le respect de la confidentialité des éléments qu'elles contiennent.

Toutefois, en cas de poursuites disciplinaires ou pénales fondées sur un manquement en lien avec des éléments contenus dans les déclarations

d'intérêts, la destruction de ces documents est suspendue jusqu'à l'expiration du délai au terme duquel les voies de recours contre la décision éventuellement prise à l'issue de la procédure disciplinaire ou pénale engagée sont épuisées.
La confidentialité de ces documents ne fait pas obstacle à leur communication, dans les limites du besoin d'en connaître, aux instances siégeant en formation disciplinaire, à l'autorité judiciaire ou au juge administratif.

Texte source

– Décret n° 2017-12 du 5 janvier 2017, article 1er.

CHAPITRE 2 La commission supérieure du Conseil d'État

La commission supérieure du Conseil d'État

Art. L. 132-1 La commission supérieure du Conseil d'État comprend :

1° Le vice-président du Conseil d'État, qui la préside ;

2° Les présidents de section en activité exerçant des fonctions de président de section ;

3° Huit membres élus représentant les membres du Conseil d'État. Leur mandat est de trois ans, renouvelable une fois ;

4° Trois personnalités qualifiées choisies pour leurs compétences dans le domaine du droit en dehors des membres du Conseil d'État et des magistrats des tribunaux administratifs et des cours administratives d'appel, qui n'exercent pas de mandat parlementaire et sont désignées pour une période de trois ans non renouvelable, respectivement par décret du président de la République, par le président de l'Assemblée nationale et par le président du Sénat.

Textes sources

– Décret n° 63-766 du 30 juillet 1963, article 5, § 1.

– Ordonnance n° 2016-1365 du 13 octobre 2016, article 2.

Commentaires

Le 2° n'est qu'apparemment étrange : il provient de ce que l'on peut détenir le grade de président de section, être en activité, et pour autant ne pas présider une section, si par exemple on est détaché.

Le 4° s'inspire de la composition du conseil supérieur des tribunaux administratifs et cours administratives d'appel (voir CJA, art. L. 232-2).

Le rôle de la commission supérieure du Conseil d'État

Art. L. 132-2 La commission supérieure du Conseil d'État est consultée par le vice-président du Conseil d'État sur les questions intéressant la compétence, l'organisation ou le fonctionnement du Conseil d'État. Elle émet un avis sur toute question relative au statut des membres du Conseil d'État. Elle peut également être consultée sur toute question générale relative à l'exercice de leurs fonctions.

La commission supérieure débat chaque année des orientations générales en matière de recrutement. Elle émet un avis sur les propositions de nomination au titre de l'article L. 133-8 ainsi que sur les propositions de nomination aux fonctions de président de cour administrative d'appel. La commission donne également son avis sur les mesures individuelles concernant l'avancement des membres du Conseil d'État.

Saisie par le vice-président du Conseil d'État, la commission supérieure propose les mesures disciplinaires concernant les membres du Conseil d'État dans les conditions mentionnées à l'article L. 136-4.

Textes sources

– Décret n° 63-767 du 30 juillet 1963, article 6, § 1 et 2.
– Ordonnance n° 2016-1365 du 13 octobre 2016, article 2.
– Ordonnance n° 2021-702 du 2 juin 2021, article 7.

Art. L. 132-3 *Abrogé par l'ordonnance n° 2016-1366 du 13 octobre 2016, article 2.*

Les membres élus de la commission supérieure

Art. R.* 132-1 La commission supérieure du Conseil d'État comprend, en tant que membres élus :

1° Quatre conseillers d'État en service ordinaire ou en service extraordinaire ;
2° Trois maîtres des requêtes en service ordinaire ou en service extraordinaire ;
3° Un auditeur.

Il est procédé à l'élection de trois suppléants pour les catégories mentionnées aux 1° et 2° et de deux suppléants pour celle mentionnée au 3°.

Textes sources

– Décret n° 63-766 du 30 juillet 1963, article 5, alinéas 2 et 3.
– Décret n° 2012-1088 du 28 septembre 2012, article 8.
– Décret n° 2017-271 du 2 mars 2017, article 1er.
– Décret n° 2020-160 du 26 février 2020, article 2.

Le corps électoral

Art. R.* 132-2 Sont électeurs et éligibles les membres en service au Conseil d'État.

Les membres mis à disposition et ceux qui sont en position de détachement sont électeurs.

Les conseillers d'État en service ordinaire et en service extraordinaire, les maîtres des requêtes en service ordinaire et en service extraordinaire, et les auditeurs constituent trois collèges distincts.

Textes sources

– Décret n° 63-767 du 30 juillet 1963, article 6, § 4.
– Décret n° 2017-271 du 2 mars 2017, article 1er.
– Décret n° 2023-484 du 21 juin 2023, article 2.

L'élection des représentants des membres du Conseil d'État

Art. R.* 132-3 Les représentants des membres du Conseil d'État sont élus au scrutin majoritaire à un tour par le collège dont ils relèvent. Les bulletins ne peuvent comporter plus de noms qu'il n'y a de titulaires et de suppléants

à élire par collège. Les candidats qui recueillent le plus grand nombre de voix sont élus en qualité de titulaires. En cas d'égalité des voix, les candidats sont départagés en fonction de l'ordre du tableau ; à rang égal, le départage s'effectue au bénéfice du candidat le plus âgé.
Dans l'hypothèse où une partie ou la totalité des sièges n'a pu être pourvue par voie d'élection, la commission est complétée par voie de tirage au sort parmi les membres du collège concerné.
L'organisation du scrutin est fixée par arrêté du vice-président du Conseil d'État.

Textes sources

– Décret n° 63-767 du 30 juillet 1963, article 6, § 3.
– Décret n° 2012-1088 du 28 septembre 2012, article 8.
– Décret n° 2017-271 du 2 mars 2017, article 1er.
– Décret n° 2020-160 du 26 février 2020, article 3.
– Décret n° 2023-484 du 21 juin 2023, article 3.

Le remplacement des membres élus

Art. R.* 132-4 Si, avant l'expiration de son mandat, l'un des représentants titulaires des membres élus démissionne, se trouve dans l'impossibilité d'exercer son mandat, ou ne remplit plus les conditions posées au premier alinéa de l'article R.*132-2, il est remplacé par le suppléant le premier classé dans l'ordre de proclamation de l'élection déterminé conformément à l'article R. *132-3. S'il n'existe plus, pour un collège donné, un nombre suffisant de titulaires, il est procédé à une élection complémentaire dans un délai de deux mois. Les représentants élus dans ces conditions achèvent le mandat de ceux qu'ils remplacent.
Toutefois, lorsque le mandat de l'ensemble des représentants élus de la commission supérieure doit être renouvelé moins de six mois avant le terme du mandat, il n'est pas procédé à une élection complémentaire.
Si, en cours de mandat, un représentant élu fait l'objet d'une promotion de grade, il continue à représenter le grade au titre duquel il a été élu.

Texte source

– Décret n° 2017-271 du 2 mars 2017, article 1er.
– Décret n° 2023-484 du 21 juin 2023, article 4.

Les délibérations de la commission supérieure

Art. R.* 132-5 La commission supérieure ne délibère valablement que si les trois cinquièmes de ses membres sont présents.
Sauf en matière disciplinaire, la consultation de la commission supérieure peut, en cas d'urgence ou de circonstances particulières, s'effectuer par visioconférence, conférence téléphonique ou par correspondance électronique.

En l'absence du vice-président du Conseil d'État, la commission supérieure est présidée, par ordre d'ancienneté dans les fonctions, par l'un des présidents mentionnés au 2° de l'article L. 132-1.

Texte source

– Décret n° 2017-271 du 2 mars 2017, article 1er.

Le déport d'un membre intéressé

Art. R.* 132-6 Lorsque la situation de l'un des membres de la commission supérieure est évoquée à l'occasion de l'examen d'une question figurant à l'ordre du jour, celui-ci ne siège pas. Il est remplacé, le cas échéant, par le suppléant.

Texte source

– Décret n° 2017-271 du 2 mars 2017, article 1er.

Le règlement intérieur de la commission

Art. R.* 132-7 La commission supérieure du Conseil d'État élabore son règlement intérieur, qui est arrêté par décision du vice-président du Conseil d'État.
Le secrétariat de la séance est assuré par le secrétaire général du Conseil d'État. Un représentant élu est désigné par la commission pour exercer les fonctions de secrétaire adjoint.

Texte source

– Décret n° 2017-271 du 2 mars 2017, article 1er.

Commentaires

La commission supérieure du Conseil d'État, dans sa nouvelle composition, se rapproche, *mutatis mutandis*, du Conseil supérieur des tribunaux administratifs et cours administratives d'appel. Si ses compétences se rapprochent de celles des commissions administratives paritaires et des comités techniques prévus par le statut général des fonctionnaires de l'État, elle n'a pas de caractère paritaire. Et, comme le Conseil supérieur des tribunaux administratifs et des cours administratives d'appel, elle n'est pas soumise à la règle qui voudrait que, devant se prononcer sur des questions individuelles, elle ne comporte aucun membre dont le grade soit inférieur à celui de la personne dont le cas est discuté (règle qui fut en vigueur devant le CSTA – CE, 10 mai 1999 Syndicat de la juridiction administrative, n° 191792 –, mais qui est désormais écartée par l'article L. 232-4-1). Seule s'applique devant la commission supérieure, à lire les textes qui lui sont consacrés, la règle de déport énoncée à l'article R. 132-6. Mais cette lecture doit immédiatement se compléter de celle de l'article L. 136-5 issu de l'ordonnance n° 2016-1366 du 13 octobre 2016, excluant qu'en matière disciplinaire puisse siéger un membre élu détenteur d'un grade inférieur à celui du membre faisant l'objet de poursuites disciplinaires. Principe dont on note qu'il ne s'applique pas au Conseil supérieur des tribunaux administratifs et cours administratives d'appel lorsqu'il se prononce sur des questions individuelles (voir CJA, art. L. 232-4-1).

CHAPITRE 3 Nominations

SECTION 1 Dispositions générales

La nomination du vice-président du Conseil d'État

Art. L. 133-1 Le vice-président du Conseil d'État est nommé par décret pris en conseil des ministres, sur la proposition du garde des Sceaux, ministre de la Justice. Il est choisi parmi les présidents de section ou les conseillers d'État en service ordinaire.

Texte source

– Ordonnance n° 45-1708 du 31 juillet 1945, article 5.

La nomination des présidents de section

Art. L. 133-2 Les présidents de section sont nommés par décret pris en Conseil des ministres, sur la proposition du garde des Sceaux, ministre de la Justice, et sont choisis parmi les conseillers d'État en service ordinaire. Ces nominations favorisent l'égal accès des femmes et des hommes à la fonction de président de section.

Texte source

– Ordonnance n° 45-1708 du 31 juillet 1945, article 6.
– Loi n° 2023-623 du 19 juillet 2023, article 6.

La nomination des conseillers d'État en service ordinaire

Art. L. 133-3 Les conseillers d'État en service ordinaire sont nommés par décret pris en conseil des ministres, sur la proposition du garde des Sceaux, ministre de la Justice.

Dans la proportion de quatre sur cinq, les nominations dans le grade de conseiller d'État sont réservées aux maîtres des requêtes ayant accompli une mobilité statutaire dans des conditions prévues par décret en Conseil d'État.

Textes sources

– Ordonnance n° 45-1708 du 31 juillet 1945, article 7, § 1 et 2.
– Décret n° 63-767 du 30 juillet 1963, article 7, § 1.
– Ordonnance n° 2021-702 du 2 juin 2021, article 7.

La nomination des conseillers d'État qualifiés

Art. L. 133-3-1 Chaque année est nommée conseiller d'État au moins une personne dont les compétences et les activités dans le domaine du droit ou de l'action publique la qualifient particulièrement pour l'exercice de ces fonctions, qui remplit les conditions prévues à l'article 5 de la loi n° 83-634 du 13 juillet 1983 portant droits et obligations des fonctionnaires et justifie d'au moins vingt ans d'activité professionnelle. Cette nomination intervient sur proposition du vice-président du Conseil d'État après avis de la commission mentionnée à l'article L. 133-12-3.

Il n'est pas tenu compte de cette nomination pour l'application du second alinéa de l'article L. 133-3.

Texte source

– Ordonnance n° 2021-702 du 2 juin 2021, article 7.

L'âge minimum des conseillers d'État

Art. L. 133-3-2 Nul ne peut être nommé conseiller d'État en service ordinaire, en dehors des maîtres des requêtes, s'il n'est âgé de quarante-cinq ans accomplis.

Texte source

– Ordonnance n° 2021-702 du 2 juin 2021, article 7.

La nomination des maîtres des requêtes

Art. L. 133-4 Les maîtres des requêtes sont nommés par décret, sur la proposition du garde des Sceaux, ministre de la Justice.

Le nombre de recrutements dans ce grade est fixé annuellement par arrêté du vice-président du Conseil d'État.

La moitié au moins des nominations dans le grade de maître des requêtes est réservée aux auditeurs exerçant cette fonction depuis trois ans.

Textes sources

– Ordonnance n° 45-1708 du 31 juillet 1945, article 9, § 1 à 3.
– Ordonnance n° 2021-702 du 2 juin 2021, article 7.

La nomination des auditeurs de première classe

Art. L. 133-5 Les auditeurs sont nommés par arrêté du vice-président du Conseil d'État afin d'exercer des fonctions consultatives et juridictionnelles pour une durée de trois ans non renouvelable.

Ils sont nommés, après avis du comité consultatif mentionné à l'article L. 133-12-1 parmi les membres du corps des administrateurs de l'État et des corps ou cadres d'emploi de niveau comparable, dont la liste est fixée par décret en Conseil d'État, justifiant d'au moins deux ans de services publics effectifs en cette qualité.

Il ne peut être mis fin à leurs fonctions que pour motif disciplinaire et sur proposition de la commission supérieure du Conseil d'État mentionnée à l'article L. 132-1.

Textes sources

– Ordonnance n° 45-1708 du 31 juillet 1945, article 10.
– Loi n° 2005-270 du 24 mars 2005, article 101.
– Ordonnance n° 2007-465 du 29 mars 2007, article 7.
– Ordonnance n° 2021-702 du 2 juin 2021, article 7.

Commentaires

Un décret n° 2021-1216 du 22 septembre 2021 (*JORF* n° 0222 du 23 septembre 2021) fixe la liste des corps et cadres d'emplois dont les membres peuvent être nommés auditeurs au Conseil d'État et à la Cour des comptes. Le choix parmi les administrateurs de l'État résultant de l'ordonnance réformant la haute fonction publique a été abandonné pour les magistrats administratifs (voir les commentaires sous l'article L. 233-2 du CJA).

La nomination des auditeurs de seconde classe

Art. L. 133-6 *Abrogé par l'ordonnance n° 2021-702 du 2 juin 2021, article 7.*

Les nominations au tour extérieur

Art. L. 133-7 Les nominations au tour extérieur dans le grade de conseiller d'État sont prononcées après avis de la commission mentionnée à l'article L. 133-12-3.

Cet avis tient compte des fonctions antérieurement exercées par l'intéressé, de son expérience et des besoins du corps, exprimés annuellement par le vice-président du Conseil d'État ; le sens de l'avis sur les nominations prononcées est publié au Journal officiel en même temps que l'acte de nomination.

L'avis est communiqué à l'intéressé sur sa demande.

Les dispositions qui précèdent ne s'appliquent pas aux nominations au grade de conseiller d'État prononcées en vertu de la section 2 du présent chapitre.

Textes sources

– Loi n° 94-530 du 28 juin 1994, article 2-I.
– Ordonnance n° 2021-702 du 2 juin 2021, article 7.

Commentaires

De toutes ces procédures de nomination, on retiendra le jeu du tour extérieur, lequel fonctionne tant au niveau de l'accès au grade de maître des requêtes que pour le grade de conseiller d'État. Tour extérieur qui, en ce qui concerne les conseillers d'État, est seulement subordonné à une condition d'âge.

Tous tours extérieurs confondus (soit une nomination de conseiller d'État sur trois et une nomination de maître des requêtes sur quatre), il se déduit qu'un conseiller d'État sur deux (en service ordinaire) a accédé au Conseil d'État par une voie de tour extérieur. Sans compter ceux qui y sont nommés au titre des articles L. 133-8,

L. 133-12 et R. 133-7. Élément mathématiquement tiré du statut, dont il n'y a lieu de tirer aucune conclusion péjorative soit quant à la compétence, soit quant à l'indépendance des intéressés.

Le maintien en activité des membres du Conseil d'État

Art. L. 133-7-1 Les membres du Conseil d'État, lorsqu'ils atteignent la limite d'âge résultant du 1° de l'article L. 556-1 du code général de la fonction publique ou de l'article 1er de la loi n° 84-834 du 13 septembre 1984 relative à la limite d'âge dans la fonction publique et le secteur public et, le cas échéant, à l'issue des reculs de limite d'âge et des prolongations d'activité mentionnés aux articles L. 556-2 à L. 556-5 du code général de la fonction publique, peuvent être, sur leur demande, maintenus en activité, jusqu'à l'âge mentionné au cinquième alinéa de l'article L. 556-1 du même code sans radiation des cadres préalable pour exercer les fonctions de conseiller d'État ou des fonctions dans lesquelles ils sont mis à disposition ou détachés.

La demande est transmise à la commission supérieure du Conseil d'État, qui donne un avis en considération de l'intérêt du service et de l'aptitude de l'intéressé.

Texte source

– Loi n° 2019-222 du 23 mars 2019, article 38.
– Loi n° 2023-270 du 14 avril 2023, article 10-X.

Commentaires

Par dérogation au 1° de l'article L. 556-1 du Code général de la fonction publique (limite d'âge fixée à 67 ans), la limite d'âge du vice-président du Conseil d'État, comme celle du premier président et du procureur général de la Cour des comptes, reste fixée à soixante-huit ans.

Le classement indiciaire des auditeurs de seconde classe lors de leur nomination

Art. R.* 133-1 Les auditeurs sont nommés dans leur emploi à l'échelon comportant un indice brut égal ou, à défaut, immédiatement supérieur à celui dont ils bénéficient dans leur corps ou cadre d'emploi d'origine. Ils conservent l'ancienneté d'échelon acquise dans leur précédent échelon, dans la limite de la durée des services exigée pour l'accès à l'échelon supérieur.

Textes sources

– Décret n° 63-767 du 30 juillet 1963, article 11-1.
– Ordonnance n° 2021-702 du 2 juin 2021, article 12.
– Décret n° 2023-484 du 21 juin 2023, article 5.

Art. R.* 133-2 *Abrogé par le décret n° 2023-484 du 21 juin 2023, article 6.*

Le reclassement indiciaire de membres nommés au tour extérieur

Art. R. 133-2-1 I. – S'ils avaient la qualité de fonctionnaire, les conseillers d'État et les maîtres des requêtes nommés en application des dispositions des articles L. 133-3-1, L. 133-7, L. 133-8 et L. 133-12 sont classés dans leur grade à l'échelon comportant un traitement égal ou, à défaut, immédiatement supérieur à celui qu'ils détenaient dans leur situation d'origine.

Les maîtres des requêtes nommés immédiatement après la fin de leur détachement dans l'emploi d'auditeur ou dans celui de maître des requêtes en service extraordinaire sont classés dans leur grade à l'échelon comportant un indice brut égal ou, à défaut, immédiatement supérieur à celui qu'ils détenaient dans cet emploi.

Dans la limite de l'ancienneté exigée pour une promotion à l'échelon supérieur du grade, les maîtres des requêtes et les conseillers d'État mentionnés aux deux alinéas précédents conservent l'ancienneté d'échelon acquise dans leur précédent grade ou classe lorsque l'augmentation de traitement consécutive à leur nomination est inférieure à celle qui résulterait d'un avancement d'échelon dans leur ancienne situation ou, s'ils avaient atteint l'échelon le plus élevé de leur précédent grade ou classe, à celle qui a résulté de l'avancement à cet échelon.

II. – Les membres du Conseil d'État qui avaient, à la date de leur nomination, la qualité d'agent contractuel de droit public ou d'agent d'une organisation internationale intergouvernementale, sont classés, quand cela leur est plus favorable que le classement résultant du I, à l'échelon du grade de conseiller d'État ou de maître des requêtes doté de l'indice brut le plus proche de celui leur permettant d'obtenir un traitement indiciaire mensuel brut égal à 70 % de leur rémunération mensuelle brute antérieure dans la limite, respectivement, du cinquième échelon du grade de conseiller d'État et du dixième échelon du grade de maître des requêtes.

La rémunération prise en compte est la moyenne des six dernières rémunérations mensuelles perçues par l'agent dans son dernier emploi. Elle ne comprend aucun élément de rémunération accessoire lié à la situation familiale, au lieu de travail, aux frais de transport, au versement de primes d'intéressement ou d'indemnités exceptionnelles de résultat. En outre, lorsque l'agent exerçait ses fonctions à l'étranger, elle ne comprend aucune majoration liée à l'exercice de ces fonctions à l'étranger.

III. – Les dispositions du II s'appliquent aux conseillers d'État en service extraordinaire mentionnés au III de l'article L. 121-4 et aux maîtres des requêtes en service extraordinaire qui avaient, antérieurement à leur nomination, la qualité d'agent contractuel de droit public ou d'agent d'une organisation internationale intergouvernementale.

Lorsqu'ils n'avaient pas la qualité d'agent public avant leur nomination, les conseillers d'État en service ordinaire, les conseillers d'État en service extraordinaire mentionnés au III de l'article L. 121-4, les maîtres des requêtes et les maîtres des requêtes en service extraordinaire sont classés à un échelon du grade de conseiller d'État ou de maître des requêtes tenant compte de la durée d'exercice de fonctions comportant un niveau d'expertise ou de responsabilité comparable à celui des membres du Conseil d'État.

Textes sources

– Décret n° 2010-101 du 28 janvier 2010, article 4, § V.
– Décret n° 2012-1088 du 28 septembre 2012, article 3.
– Décret n° 2023-484 du 21 juin 2023, article 7.
– Décret n° 2024-167 du 1er mars 2024, article 11.

Commentaires

Ce texte nouveau a pour objet d'assurer le reclassement indiciaire des membres du Conseil d'État nommés au tour extérieur, ordinaire (application de l'article L. 123-7), réservé aux magistrats des tribunaux administratifs et des cours administratives d'appel (application de l'article L. 133-8) ou encore par titularisation d'un maître des requêtes en service extraordinaire (article L. 132-12). En son absence, certains des membres ainsi nommés (alors au premier échelon du grade qui leur était ainsi conféré) pouvaient subir des pertes de rémunération parfois lourdes. Le mécanisme nouveau (qui est très classique) aura pour effet d'augmenter le vivier des candidats à de telles nominations, et notamment de ne plus dissuader les candidatures de personnes dotées d'une position très élevée dans la fonction publique.

SECTION 2 Nomination des membres du Conseil d'État choisis parmi les membres du corps des tribunaux administratifs et des cours administratives d'appel

La nomination de membres du Conseil d'État parmi les membres du corps des tribunaux administratifs et des cours administratives d'appel

Art. L. 133-8 Pour chaque période de deux ans, un membre du corps des magistrats des tribunaux administratifs et des cours administratives d'appel ayant atteint le grade de président est nommé au grade de conseiller d'État en service ordinaire, sans qu'il en soit tenu compte pour l'application du deuxième alinéa de l'article L. 133-3.

Chaque année, deux membres au moins du corps des magistrats des tribunaux administratifs et des cours administratives d'appel ayant atteint le grade de premier conseiller sont nommés maîtres des requêtes sous réserve qu'ils soient âgés de trente-cinq ans et justifient de dix ans de services publics effectifs.
Les nominations prévues au présent article sont prononcées sur proposition du vice-président du Conseil d'État, délibérant avec les présidents de section, après avis du Conseil supérieur des tribunaux administratifs et cours administratives d'appel.

Textes sources

– Décret n° 53-934 du 30 septembre 1953, article 3, § 9.
– Loi n° 2012-347 du 12 mars 2012, article 79.
– Loi n° 2016-483 du 20 avril 2016, article 62.
– Ordonnance n° 2021-702 du 2 juin 2021, article 7.

Commentaires

Cette disposition nouvelle modifie totalement le mode d'accès au corps des membres du Conseil d'État des magistrats des tribunaux administratifs et des cours administratives d'appel. Là où le régime antérieur introduisait un accès prélevé sur le tour extérieur (un sur six nominations de conseiller d'État au tour extérieur, un sur quatre nominations de maître des requêtes au tour extérieur) et donc soumis au rythme de ces nominations, lui-même commandé par les vacances d'emplois dans ces grades, le système nouveau est désormais totalement déconnecté du tour extérieur et suit un rythme temporel simple : un conseiller d'État tous les deux ans, un maître des requêtes, voire deux (mais ce n'est qu'une possibilité), tous les ans. Il y a là, pour les magistrats du corps des tribunaux administratifs et des cours administratives d'appel, une amélioration sensible des conditions d'accès au Conseil d'État, amélioration dont la portée, pour ces membres pris individuellement, doit être évidemment tempérée par l'accroissement de ces derniers : les débouchés sont plus importants, mais les candidats sont encore plus nombreux.
On note l'apparition nouvelle, dans la procédure de nomination, de l'avis du Conseil supérieur des tribunaux administratifs et cours administratives d'appel, ce qui souligne que ces nominations constituent non seulement un mode d'alimentation du Conseil d'État, mais aussi un développement statutaire de la carrière des membres des tribunaux et cours.

La nomination de conseillers d'État parmi les membres des tribunaux administratifs et cours administratives d'appel

Art. R.* 133-3 Les conseillers d'État nommés en application du premier alinéa de l'article L. 133-8 sont choisis parmi les magistrats des tribunaux administratifs et des cours administratives d'appel ayant le grade de président.

Textes sources

– Décret n° 2012-1088 du 28 septembre 2012, article 1er.
– Décret n° 2015-426 du 15 avril 2015, article 1er.

Commentaires

La seule condition désormais exigée est la détention du grade de président, sans renvoi à l'exercice de fonctions déterminées, ce qui tient compte de ce que tous les « présidents » (grade) ne sont pas nécessairement présidents dans un tribunal ou une cour administrative d'appel (voir art. L. 234-3 du code, outre les possibilités de détachement).

La nomination des maîtres des requêtes parmi les magistrats des tribunaux administratifs et cours administratives d'appel

Art. R.* 133-4 Les maîtres des requêtes nommés en application du deuxième alinéa de l'article L. 133-8 sont choisis parmi les magistrats des tribunaux administratifs et des cours administratives d'appel ayant le grade de premier conseiller.

Textes sources

– Décret n° 2012-1088 du 28 septembre 2012, article 1er.
– Décret n° 2015-426 du 15 avril 2015, article 1er.

Art. R.* 133-5 et R.* 133-6 *Abrogés par le décret n° 2012-1088 du 28 septembre 2012, article 1er.*

La nomination de conseillers d'État, présidents de cour administrative d'appel ou de la Cour nationale du droit d'asile

Art. R.* 133-7 Peuvent être nommés conseillers d'État pour exercer les fonctions de président de cour administrative d'appel ou de la Cour nationale du droit d'asile les magistrats des tribunaux administratifs et des cours administratives d'appel remplissant les conditions définies aux articles L. 133-3 et R.* 133-3.

Textes sources

– Décret n° 88-153 du 15 février 1988, article 1er.
– Décret n° 2015-426 du 15 avril 2015, article 1er.
– Décret n° 2017-451 du 30 mars 2017, article 7.

Commentaires

On note que le président de la Cour nationale du droit d'asile, titulaire du grade de conseiller d'État, peut désormais être choisi parmi les membres des tribunaux et cours détenteurs du grade de président, selon un mécanisme analogue à celui en usage pour les présidences des cours administratives d'appel.

La combinaison entre la nomination de conseillers d'État, présidents de cour administrative d'appel ou de la cour nationale du droit d'asile, et de conseillers d'État au tour extérieur

Art. R.* 133-8 Il n'est pas tenu compte des nominations faites en vertu de l'article R.*133-7 pour l'application des dispositions de l'article L. 133-8.

Textes sources

– Décret n° 88-153 du 15 février 1988, article 2.
– Décret n° 2012-1088 du 28 septembre 2012, article 1er.

La nomination en surnombre du magistrat des tribunaux administratifs et cours administratives d'appel nommé président d'une cour administrative d'appel ou de la cour nationale du droit d'asile

Art. R.* 133-9 Les magistrats des tribunaux administratifs et des cours administratives d'appel appelés à exercer les fonctions de président d'une cour administrative d'appel ou de la Cour nationale du droit d'asile sont nommés au grade de conseiller d'État, hors tour.

Textes sources

– Loi n° 87-1127 du 31 décembre 1987, article 5.
– Décret n° 2010-101 du 28 janvier 2010, article 6.
– Décret n° 2012-1088 du 28 septembre 2012, article 1er.
– Décret n° 2015-426 du 15 avril 2015, article 1er.
– Décret n° 2017-451 du 30 mars 2017, article 7.

SECTION 3 Dispositions relatives aux maîtres des requêtes en service extraordinaire

Les maîtres des requêtes en service extraordinaire

Art. L. 133-9 Des fonctionnaires appartenant à un corps recruté par la voie de l'Institut national du service public, des magistrats de l'ordre judiciaire, des professeurs et maîtres de conférences titulaires des universités, des administrateurs des assemblées parlementaires, des fonctionnaires civils ou militaires de l'État, de la fonction publique territoriale ou de la fonction publique hospitalière appartenant à des corps ou à des cadres d'emplois de niveau comparable, des agents contractuels de droit public ainsi que des fonctionnaires de l'Union européenne de niveau comparable peuvent être nommés par le vice-président du Conseil d'État pour exercer, en qualité de maître des requêtes en service extraordinaire, les fonctions dévolues aux maîtres des requêtes pour une durée qui ne peut excéder quatre ans.

Peuvent également être nommées maîtres des requêtes en service extraordinaire les personnes dont la qualification et l'expertise particulières sont utiles aux activités et aux missions du Conseil d'État.
Un décret en Conseil d'État précise les conditions d'application du présent article.

Textes sources

– Loi n° 2012-347 du 12 mars 2012, article 80 (V).
– Ordonnance n° 2021-702 du 2 juin 2021, article 7.

Les obligations des maîtres des requêtes en service extraordinaire

Art. L. 133-10 Les maîtres des requêtes en service extraordinaire sont soumis aux mêmes obligations que les membres du Conseil d'État.

Texte source

– Loi n° 2012-347 du 12 mars 2012, article 80 (V).

Le terme anticipé des fonctions de maître des requêtes en service extraordinaire

Art. L. 133-11 Il ne peut être mis fin au détachement ou à la mise à disposition de maîtres des requêtes en service extraordinaire, avant l'expiration du terme fixé, que pour motif disciplinaire, à la demande du vice-président du Conseil d'État, et sur proposition de la commission supérieure du Conseil d'État mentionnée au chapitre II du présent titre.

Textes sources

– Loi n° 2012-347 du 12 mars 2012, article 80 (V).
– Ordonnance n° 2016-1365 du 13 octobre 2016, article 2.

La titularisation des maîtres des requêtes en service extraordinaire

Art. L. 133-12 Les maîtres des requêtes en service extraordinaire ayant exercé leurs fonctions pendant une durée de quatre ans, sous réserve qu'ils soient âgés d'au moins trente-cinq ans et qu'ils justifient de dix ans de services publics effectifs, peuvent être nommés au grade de maître des requêtes sur proposition de la commission mentionnée à l'article L. 113-12-3.

Textes sources

– Loi n° 2012-347 du 12 mars 2012, article 80 (V).
– Ordonnance n° 2021-702 du 2 juin 2021, article 7.

Commentaires

Les maîtres des requêtes en service extraordinaire ont, à la différence de certains des conseillers d'État en service extraordinaire, vocation à exercer toutes les fonctions dévolues aux maîtres des requêtes, et donc à être affectés à la section du contentieux. On note la possibilité de nomination au grade de maître des requêtes au terme des fonctions « extraordinaires », à raison d'une par an, perspective qui est de nature à attirer des candidats de valeur. Cette possibilité est ouverte aux fonctionnaires et aux magistrats ayant exercé, avant l'entrée en vigueur de la loi n° 2012-347 du 12 mars 2012, les fonctions normalement dévolues aux maîtres des requêtes et aux auditeurs. Le décret n° 2022-1519 du 6 décembre 2022, relatif aux modalités de recrutement des maîtres des requêtes en service extraordinaire et conseillers référendaires en service extraordinaire par la voie « action publique », fixe les modalités de recrutement des personnes mentionnées au premier alinéa de l'article L. 133-9 du Code de justice administrative conformément à l'article 9 de l'ordonnance n° 2021-702 du 2 juin 2021 portant réforme de l'encadrement supérieur de la fonction publique de l'État.

La nomination des maîtres des requêtes en service extraordinaire

Art. R.* 133-10 La nomination dans l'emploi de maître des requêtes en service extraordinaire est prononcée pour une durée de quatre ans par arrêté du vice-président du Conseil d'État.

Les maîtres des requêtes en service extraordinaire sont détachés auprès du Conseil d'État ou mis à sa disposition. Ceux qui n'ont pas la qualité d'agents titulaires de la fonction publique sont recrutés par contrat.

Les services accomplis en qualité de maître des requêtes en service extraordinaire sont pris en compte, le cas échéant, au titre de la mobilité statutaire des corps recrutés par la voie de l'Institut national du service public.

Textes sources

– Décret n° 2012-1088 du 28 septembre 2012, article 2.
– Ordonnance n° 2021-702 du 2 juin 2021, article 12.
– Décret n° 2024-167 du 1er mars 2024, article 8.

Les règles applicables aux maîtres des requêtes en service extraordinaire

Art. R.* 133-11 À l'exception du deuxième alinéa de l'article R. 121-3, les dispositions du présent code relatives aux maîtres des requêtes sont applicables aux maîtres des requêtes en service extraordinaire.

Texte source

– Décret n° 2012-1088 du 28 septembre 2012, article 2.

L'accès au grade de maître des requêtes

Art. R.* 133-12 Après trente mois au moins d'exercice de leurs fonctions, les maîtres des requêtes en service extraordinaire peuvent présenter leur candidature

pour une nomination, en application de l'article L. 133-12, au grade de maître des requêtes.
Les maîtres des requêtes en service extraordinaire recrutés en application de l'article 9 de l'ordonnance n° 2021-702 du 2 juin 2021 portant réforme de l'encadrement supérieur de la fonction publique de l'État peuvent présenter leur candidature après douze mois au moins d'exercice de leurs fonctions.

Texte source

– Décret n° 2012-1088 du 28 septembre 2012, article 2.
– Décret n° 2024-167 du 1er mars 2024, article 9.

Commentaires

On remarque que la candidature peut être formée après trente mois de fonctions, alors que la nomination ne peut intervenir qu'au terme de quatre ans de ces fonctions, ce qui laisse aux autorités appelées à se prononcer sur cette candidature, en application de l'article L. 133-12, tout le temps de la peser…

SECTION 4 Dispositions relatives au comité consultatif et à la commission d'intégration

La composition du comité consultatif

Art. L. 133-12-1 Le comité consultatif comprend deux membres du Conseil d'État en exercice nommés par le vice-président du Conseil d'État et deux personnes particulièrement qualifiées en raison de leurs compétences respectives dans les domaines du droit et des ressources humaines nommées respectivement par le Premier ministre sur proposition du ministre chargé de la fonction publique et par le vice-président du Conseil d'État sur une liste établie par le ministre chargé de la fonction publique.
Le mandat des membres du comité est de quatre ans. Il n'est pas renouvelable immédiatement.
La composition du comité assure la représentation équilibrée des hommes et des femmes.

Texte source

– Ordonnance n° 2021-702 du 2 juin 2021, article 7.

Commentaires

Un arrêté du vice-président du Conseil d'État est intervenu le 1er octobre 2021 (*JORF* n° 0232 du 5 octobre 2021).

Le rôle du comité consultatif

Art. L. 133-12-2 Le comité consultatif émet un avis sur l'aptitude des candidats à exercer les fonctions d'auditeur, compte tenu de leur capacité à acquérir les compétences requises pour l'exercice des fonctions consultatives et contentieuses au sein du Conseil d'État et à participer à des délibérations collégiales, de leur compréhension des exigences déontologiques attachées à ces fonctions ainsi que de leur sens de l'action publique au vu notamment des services accomplis dans leurs fonctions précédentes.

Pour exprimer cet avis, il procède à l'audition des candidats qu'il a sélectionnés après examen de leur dossier.

L'avis du comité est communiqué à l'intéressé sur sa demande.

Texte source

– Ordonnance n° 2021-702 du 2 juin 2021, article 7.

La composition de la commission d'intégration

Art. L. 133-12-3 La commission d'intégration comprend :

1° Le vice-président du Conseil d'État, ou son représentant ;

2° Un membre du Conseil d'État en exercice ayant au moins le grade de conseiller d'État et un membre du Conseil d'État en exercice ayant le grade de maître des requêtes, nommés par le vice-président du Conseil d'État ;

3° Une personne particulièrement qualifiée en raison de ses compétences dans le domaine des ressources humaines, nommée par le Président de la République ;

4° Une personne particulièrement qualifiée en raison de ses compétences dans le domaine de l'action publique, nommée par le président de l'Assemblée nationale ;

5° Une personne particulièrement qualifiée en raison de ses compétences dans le domaine du droit, nommée par le président du Sénat ;

Le mandat des membres de la commission, à l'exception de celui du vice-président est de quatre ans. Il n'est pas renouvelable immédiatement.

Les cinq membres de la commission mentionnés aux 2° à 5° comprennent au moins deux personnes de chaque sexe. Un décret en Conseil d'État précise les modalités permettant d'assurer le respect de cette règle.

Les membres de la commission doivent présenter des garanties d'indépendance et d'impartialité propres à prévenir toute interférence des autorités législatives ou exécutives dans les délibérations de la commission ou tout conflit d'intérêts.

Texte source

– Ordonnance n° 2021-702 du 2 juin 2021, article 7.

Commentaires

Ces dispositions ont été déclarées conformes à la Constitution par la décision n° 2021-961 QPC du 14 janvier 2022 (Union syndicale des magistrats administratifs), le Conseil constitutionnel précisant que l'absence de règle de départage des voix au sein des commissions d'intégration, qui conduit à ce que ne peuvent être proposés à la nomination que des candidats pour lesquels une majorité s'est dégagée, est sans incidence sur l'indépendance et l'impartialité des juridictions.

Le décret n° 2021-1793 du 23 décembre 2021 précise que « au titre du 2° de l'article L. 133-12-3 du Code de justice administrative, le vice-président du Conseil d'État nomme dans la commission d'intégration une femme et un homme.

Les membres nommés au titre des 3°, 4° et 5° du même article comprennent au moins une femme et au moins un homme.

Dans l'hypothèse où les nominations envisagées par les autorités mentionnées aux 3°, 4° et 5° de l'article L. 133-12-3 du code de justice administrative n'assurent pas le respect de la règle énoncée au précédent alinéa, il est procédé à un tirage au sort pour déterminer laquelle de ces autorités désigne une personnalité de l'autre sexe. Le tirage au sort est organisé par le vice-président du Conseil d'État qui invite un représentant de chaque autorité de nomination à y assister. ».

La proposition de la commission d'intégration

Art. L. 133-12-4 La commission d'intégration propose la nomination au grade de maître des requêtes des auditeurs et des maîtres des requêtes en service extraordinaire après audition des candidats. Elle procède de manière distincte pour les auditeurs, pour les maîtres des requêtes en service extraordinaire mentionnés aux articles L. 133-9 et L. 133-12 et pour les maîtres des requêtes en service extraordinaire relevant de l'article 9 de l'ordonnance n° 2021-702 du 2 juin 2021 portant réforme de l'encadrement supérieur de la fonction publique de l'État et des règles de recrutement et de mobilité des membres des juridictions administratives et financières.

Elle prend en compte, au vu notamment de l'expérience résultant de la période d'activité au sein du Conseil d'État, l'aptitude des candidats à exercer les fonctions consultatives et contentieuses et à participer à des délibérations collégiales, leur compréhension des exigences déontologiques attachées à ces fonctions ainsi que leur sens de l'action publique. Elle rend publiques les lignes directrices guidant son évaluation des candidats.

À l'issue des auditions, la commission arrête la liste des candidats retenus par ordre de mérite dans la limite du nombre fixé par le vice-président.

Sur demande du candidat, elle lui communique les motifs pour lesquels elle a refusé de proposer son intégration.

Les nominations sont prononcées dans l'ordre établi par la commission.

Texte source

– Ordonnance n° 2021-702 du 2 juin 2021, article 7.

L'avis de la commission d'intégration

Art. L. 133-12-5 La commission d'intégration émet un avis sur la nomination au grade de conseiller d'État des personnes mentionnées à l'article L. 133-3-1 et à l'article L. 133-7, après les avoir entendues.

Texte source

– Ordonnance n° 2021-702 du 2 juin 2021, article 7.

Le renvoi à des décrets d'application

Art. L. 133-12-6 Les conditions d'application de la présente section sont précisées par décret en Conseil d'État.

Texte source

– Ordonnance n° 2021-702 du 2 juin 2021, article 7.

CHAPITRE 4 Avancement

Le présent chapitre ne comprend pas de dispositions législatives.

L'avancement d'échelon des membres du Conseil d'État

Art. R.* 134-1 I. – Les grades de maître des requêtes, conseiller d'État, président de section comprennent respectivement vingt-cinq, vingt-six et dix échelons. Le grade de vice-président comprend un échelon unique.

La durée passée dans chaque échelon pour accéder à l'échelon supérieur est de seize mois pour les maîtres des requêtes et les conseillers d'État et de dix-huit mois pour les présidents de section.

II. – L'emploi d'auditeur comprend dix échelons, dont les quatre premiers ont une durée de douze mois et les suivants une durée de dix-huit mois.

Les emplois de maître des requêtes en service extraordinaire et de conseiller d'État en service extraordinaire nommé au titre du III de l'article L. 121-4 ont le même échelonnement que respectivement les maîtres des requêtes et les conseillers d'État.

III. – L'exercice des fonctions de président d'une section donne lieu à une réduction de six mois de la durée du temps passé dans chaque échelon. L'exercice des fonctions de secrétaire général donne lieu à une réduction de quatre mois de la durée du temps passé dans chaque échelon. L'exercice des fonctions de président adjoint de section, président de chambre, président de cour administrative d'appel, président de la cour nationale du droit d'asile, président de la mission d'inspection des juridictions administratives, secrétaire général adjoint donne lieu à une réduction de deux mois de la durée passée dans chaque échelon. Lors de leur nomination dans un des emplois mentionnés au présent III, les membres du Conseil d'État concernés conservent l'ancienneté acquise dans leur échelon, dans la limite de la durée des services exigée pour l'accès à l'échelon supérieur dans leur nouvel emploi.

Textes sources

– Décret n° 2000-388 du 4 mai 2000, article 1er.
– Décret n° 2010-101 du 28 janvier 2010, article 5.
– Décret n° 2024-167 du 1er mars 2024, article 10.

Commentaires

Comme pour l'article R.* 133-2-1, l'adjonction de la dernière phrase a pour objet, d'une part, de ne pas dissuader les titulaires d'emplois de directeur d'administration centrale de se porter candidats à une nomination au Conseil d'État, mais aussi, d'autre part, de valoriser, pour le déroulement de la carrière au sein du Conseil d'État, les périodes passées par des membres dans ce genre d'emplois.

Un décret n° 2023-487 du 21 juin 2023 est relatif à l'échelonnement indiciaire des membres du Conseil d'État. Les articles 8 à 11 du décret n° 2023-485 du 21 juin 2023 relatif à l'échelonnement des grades et emplois et au reclassement indiciaire des membres du Conseil d'État et portant diverses dispositions modifiant le code de justice administrative, organisent le reclassement dans cette nouvelle échelle indiciaire.

Un décret n° 2025-634 du 12 juillet 2025 est relatif au régime indemnitaire des membres du Conseil d'État, auditeurs, conseillers d'État et maîtres des requêtes en service extraordinaire.

Un arrêté du 12 juillet 2025 a été pris pour l'application aux membres du Conseil d'État, auditeurs, conseillers d'État et maîtres des requêtes en service extraordinaire des dispositions du décret n° 2014-513 du 20 mai 2014 portant création d'un régime indemnitaire tenant compte des fonctions, des sujétions, de l'expertise et de l'engagement professionnel dans la fonction publique de l'État.

Un arrêté du 12 juillet 2025 fixe la répartition par niveaux des fonctions et des emplois des membres du Conseil d'État, auditeurs, conseillers d'État et maîtres des requêtes en service extraordinaire.

L'absence de tableau d'avancement pour les membres du Conseil d'État

Art. R.* 134-2 Il n'est pas établi de tableau d'avancement pour les promotions des membres du Conseil d'État.

Texte source

– Décret n° 63-767 du 30 juillet 1963, article 12.

Commentaires

« Les conditions dans lesquelles sont prises, conformément aux exigences de l'impartialité, les décisions du Conseil d'État statuant au contentieux et les garanties qui, par application du principe d'indépendance de la juridiction administrative, gouvernent les règles d'avancement des membres du Conseil d'État excluent que la nomination de Mlle C. au grade de maître des requêtes ait pu prendre en compte les positions prises par celle-ci dans l'exercice de ses fonctions ; […] par suite les moyens tirés de l'erreur manifeste d'appréciation et du détournement de pouvoir doivent être écartés » (CE, 5 octobre 2005, Hoffer, n° 281041).

La promotion au grade de conseiller d'État – durée de services

Art. R.* 134-3 La promotion d'un maître des requêtes au grade de conseiller d'État est subordonnée à l'accomplissement par l'intéressé de douze années au moins de service dans le grade de maître des requêtes et de la mobilité statutaire prévue à l'article L. 133-3.

Texte source

– Décret n° 63-767 du 30 juillet 1963, article 7, § 2 et 3.

– Décret n° 2024-167 du 1er mars 2024, article 11.

Art. R.* 134-4 *Abrogé par le décret n° 2024-167 du 1er mars 2024, article 12.*

Art. R.* 134-5 *Abrogé par le décret n° 2024-167 du 1er mars 2024, article 12.*

Art. R.* 134-6 *Abrogé par le décret n° 2024-167 du 1er mars 2024, article 12.*

Art. R.* 134-7 *Abrogé par le décret n° 2024-167 du 1er mars 2024, article 12.*

Art. R.* 134-8 *Abrogé par le décret n° 2024-167 du 1er mars 2024, article 12.*

CHAPITRE 5 Positions

Le présent chapitre ne comprend pas de dispositions législatives.

Le détachement et la mise à disposition des maîtres des requêtes

Art. R.* 135-1 Sous réserve des cas de détachement de plein droit, les maîtres des requêtes au Conseil d'État ne peuvent bénéficier d'un détachement ou d'une mise à disposition que s'ils comptent au moins deux années de services effectifs au Conseil d'État.

Les services accomplis en qualité d'auditeur ou de maître des requêtes en service extraordinaire au cours des deux années précédant la nomination dans le grade de maître des requêtes sont pris en compte pour l'application de l'alinéa précédent. Les intéressés ne peuvent être placés en détachement ou mis à disposition moins de six mois après leur intégration dans le corps des membres du Conseil d'État.

Textes sources

– Décret n° 63-767 du 30 juillet 1963, article 15.
– Décret n° 2004-708 du 16 juillet 2004, article 14.
– Décret n° 2004-1088 du 14 octobre 2004, article 1er.
– Décret n° 2020-160 du 26 février 2020, article 4.
– Ordonnance n° 2021-702 du 2 juin 2021, article 12.
– Décret n° 2024-167 du 1er mars 2024, article 13.

Le détachement des membres du Conseil d'État

Art. R.* 135-2 Le détachement des membres du Conseil d'État est prononcé par arrêté du Premier ministre et du garde des sceaux, ministre de la justice, sur proposition du vice-président du Conseil d'État délibérant avec les présidents de section.

Textes sources

– Décret n° 63-767 du 30 juillet 1963, article 16.
– Décret n° 2010-548 du 27 mai 2010, article 1er.
– Décret n° 2024-167 du 1er mars 2024, article 14.

La mobilité des maîtres des requêtes

Art. R.* 135-3 Pour satisfaire à l'obligation de mobilité prévue à l'article L. 133-3, les maîtres des requêtes exercent, pendant une durée de deux ans, des fonctions à l'extérieur du Conseil d'État pour lesquelles ils sont mis à disposition, détachés ou placés en disponibilité.

Ils peuvent accomplir cette mobilité à compter de la date à laquelle ils remplissent les conditions prévues à l'article R.* 135-1 pour être détachés ou mis à disposition.

Ils ne peuvent accomplir cette mobilité dans un cabinet d'avocat ou auprès d'un avocat au Conseil d'État et à la Cour de cassation.

Textes sources

– Décret n° 63-767 du 30 juillet 1963, article 17.

– Décret n° 2024-167 du 1er mars 2024, article 15.

Le détachement des membres du Conseil d'État élus au Parlement

Art. R.* 135-4 Les membres du Conseil d'État élus au Parlement sont mis en position de détachement pendant la durée de leur mandat.

Texte source

– Décret n° 63-767 du 30 juillet 1963, article 18.

Art. R.* 135-5 *Abrogé par le décret n° 2024-167 du 1er mars 2024, article 16.*

La réintégration des membres du Conseil d'État en détachement

Art. R.* 135-6 Les membres du Conseil d'État qui réintègrent le corps après détachement conservent, tant qu'ils y ont intérêt, le dernier indice détenu dans le corps, le cadre d'emplois ou, lorsque celui-ci est régi par un statut d'emploi, l'emploi de détachement, dans la limite de l'indice brut sommital de leur grade. Lorsqu'ils ont été détachés dans l'un des emplois régis par le décret n° 2022-1453 du 23 novembre 2022 relatif aux conditions de classement, d'avancement et de rémunération applicables à certains emplois supérieurs de la fonction publique de l'État, ils conservent, s'ils y ont intérêt, l'échelon auquel ils sont parvenus dans cet emploi et l'ancienneté acquise dans cet échelon.

Texte source

– Décret n° 63-767 du 30 juillet 1963, article 20.

– Décret n° 2023-484 du 21 juin 2023, article 17.

– Décret n° 2024-167 du 1er mars 2024, article 12.

Art. R.* 135-7 *Abrogé par le décret n° 2017-271 du 2 mars 2017, article 3.*

La disponibilité des membres du Conseil d'État

Art. R.* 135-8 Les membres du Conseil d'État peuvent être mis en disponibilité selon les formes prescrites à l'article R.* 135-2. Leur promotion a lieu hors tour.

Textes sources

– Décret n° 63-767 du 30 juillet 1963, article 21.

– Décret n° 2010-101 du 28 janvier 2010, article 6.
– Décret n° 2019-234 du 27 mars 2019, article 15.
– Décret n° 2023-484 du 21 juin 2023, article 18.

La disponibilité pour convenances personnelles

Art. R.* 135-9 Tout membre du Conseil placé en disponibilité pour convenances personnelles est astreint à porter dans le mois à la connaissance du vice-président du Conseil d'État, toutes modifications survenues aux fonctions en raison desquelles ce régime lui a été appliqué. Est considéré comme une telle modification toute acceptation d'attributions nouvelles, tout changement d'attribution, toute suppression d'emploi.

Texte source

– Décret n° 63-767 du 30 juillet 1963, article 22.
– Décret n° 2023-484 du 21 juin 2023, article 19.

La disponibilité pour raison de santé

Art. R.* 135-10 Les membres du Conseil d'État sont, après avis de la commission supérieure du Conseil d'État, soit sur leur demande, soit d'office, mis en disponibilité pour raison de santé, après l'expiration des congés comportant l'allocation du traitement ou du demi-traitement dans les conditions prévues par le décret n° 86-442 du 14 mars 1986.

Textes sources

– Décret n° 63-767 du 30 juillet 1963, article 23.
– Décret n° 2023-484 du 21 juin 2023, article 20.

La réintégration après détachement ou disponibilité

Art. R.* 135-11 Au cas où le vice-président du Conseil d'État est saisi de plusieurs demandes de réintégration, il est satisfait, par priorité, aux demandes formulées par les membres du Conseil d'État mis en détachement de longue durée et par ceux placés en disponibilité pour raisons de santé ; les uns et les autres concourent entre eux d'après la date de leur demande, en commençant par la plus ancienne. En cas d'identité de dates, la préférence est accordée à la demande présentée par le membre du Conseil le plus âgé.
La réintégration des membres du Conseil en disponibilité pour convenances personnelles est également prononcée en tenant compte de l'ordre d'ancienneté des demandes et, le cas échéant, de l'âge des intéressés.

Texte source

– Décret n° 63-767 du 30 juillet 1963, article 24.

CHAPITRE 6 Discipline

Les sanctions disciplinaires applicables aux membres du Conseil d'État

Art. L. 136-1 Les sanctions disciplinaires applicables aux membres du Conseil d'État sont :

1° L'avertissement ;

2° Le blâme ;

3° L'abaissement d'échelon ;

4° Le retrait de certaines fonctions ;

5° L'exclusion temporaire de toutes fonctions dans la limite de six mois ;

6° La mise à la retraite d'office ;

7° La révocation.

Textes sources

– Décret n° 63-767 du 30 juillet 1963, article 13.

– Ordonnance n° 2016-1365 du 13 octobre 2016, article 3.

Les mesures disciplinaires concernant les membres en service extraordinaire

Art. L. 136-2 Les maîtres des requêtes et conseillers d'État en service extraordinaire ne peuvent se voir infliger que les sanctions mentionnées aux 1° et 2° de l'article L. 136-1. Il peut également être mis fin à leurs fonctions. Cette dernière sanction est prononcée à titre exclusif.

Textes sources

– Décret n° 63-767 du 30 juillet 1963, article 14.

– Ordonnance n° 2016-1365 du 13 octobre 2016, article 3.

Le sursis à l'exclusion de fonctions

Art. L. 136-3 Parmi les sanctions mentionnées à l'article L. 136-1, seul l'avertissement n'est pas inscrit au dossier du membre concerné. Le blâme est inscrit au dossier, mais effacé automatiquement au bout de trois ans si aucune autre sanction n'est intervenue pendant cette période.

L'exclusion temporaire de fonctions, qui est privative de toute rémunération, peut être assortie d'un sursis total ou partiel. Celui-ci ne peut avoir pour effet de ramener la durée de l'exclusion prévue au 5° de l'article L. 136-1 à moins d'un mois. L'intervention d'une sanction disciplinaire mentionnée aux 3° à 5° de l'article L. 136-1 pendant une période de cinq ans après le prononcé de l'exclusion temporaire entraîne la révocation du sursis. En revanche, lorsqu'aucune sanction disciplinaire autre que l'avertissement et le blâme n'a été prononcée durant cette même période de cinq ans à l'encontre de l'intéressé, ce dernier est dispensé définitivement de l'accomplissement de la partie de la sanction pour laquelle il a bénéficié du sursis.

Texte source

– Ordonnance n° 2016-1365 du 13 octobre 2016, article 3.

Le prononcé des sanctions

Art. L. 136-4 Les sanctions disciplinaires sont prononcées par l'autorité investie du pouvoir de nomination, sur proposition de la commission supérieure du Conseil d'État. Toutefois, l'avertissement et le blâme peuvent être prononcés, sans consultation de la commission supérieure, par le vice-président du Conseil d'État.

Texte source

– Ordonnance n° 2016-1365 du 13 octobre 2016, article 3.

La composition de la commission supérieure statuant en matière disciplinaire

Art. L. 136-5 En matière disciplinaire, le vice-président du Conseil d'État, le président de la section du contentieux et les membres élus de la commission de grade inférieur à celui du membre dont le cas est examiné ne siègent pas. La commission supérieure est alors présidée par le président de section administrative le plus ancien.

Texte source

– Ordonnance n° 2016-1365 du 13 octobre 2016, article 3.

Commentaires

La composition de la commission supérieure appelée à se prononcer sur une affaire disciplinaire est originale : d'une part en sont exclus le vice-président (ce qui constitue une garantie supplémentaire d'indépendance de la commission par rapport à l'autorité disposant du pouvoir de sanction, alors surtout que le membre poursuivi peut avoir antérieurement fait l'objet d'une mesure de suspension dans les conditions prévues à l'article L. 136-7), et le président de la section du contentieux (qui pourrait avoir à connaître d'un contentieux dirigé contre une sanction) ; d'autre part réapparaît la règle qui veut que ne siègent pas les membres élus dont le grade est inférieur à celui du membre faisant l'objet des poursuites (voir commentaire sous l'article R. 132-7).

La publicité de certaines sanctions

Art. L. 136-6 Sur proposition de la commission supérieure, l'autorité investie du pouvoir de nomination peut décider de rendre publique la sanction prévue aux 3° à 7° de l'article L. 136-1, accompagnée ou non de ses motifs.

Texte source

– Ordonnance n° 2016-1365 du 13 octobre 2016, article 3.

Commentaires

Sauf l'avertissement ou le blâme, la sanction peut, avec ou sans ses motifs, être rendue publique, mais cette mesure, qui aggrave indiscutablement le poids de la sanction, ne peut être prononcée que sur proposition de la commission supérieure du Conseil d'État. Le refus ou l'absence de proposition en ce sens interdit donc à l'autorité compétente toute mesure de publicité de la sanction.

La suspension

Art. L. 136-7 Lorsqu'un membre du Conseil d'État commet un manquement grave rendant impossible son maintien en fonctions et si l'urgence le commande, l'auteur de ce manquement peut être immédiatement suspendu par le vice-président du Conseil d'État, pour une durée maximale de quatre mois. Cette suspension n'entraîne pas privation du droit au traitement. La suspension ne peut être rendue publique. Le vice-président saisit sans délai la commission supérieure du Conseil d'État des faits ayant motivé la suspension.

Texte source

– Ordonnance n° 2016-1365 du 13 octobre 2016, article 3.

Commentaires

L'existence de ce pouvoir du vice-président explique et justifie que ce dernier ne siège pas lorsque la commission supérieure se prononce en matière disciplinaire (voir CJA, art. L. 136-5).

La saisine de la commission supérieure

Art. R.* 136-1 La commission supérieure du Conseil d'État est saisie des faits motivant la poursuite disciplinaire par le vice-président du Conseil d'État.

Texte source

– Décret n° 2017-271 du 2 mars 2017, article 2.

Commentaires

L'autorité poursuivante est le vice-président, d'où son effacement dans la séance disciplinaire.

La procédure de saisine de la commission supérieure

Art. R.* 136-2 La procédure devant la commission supérieure du Conseil d'État est contradictoire.

Le membre du Conseil d'État poursuivi reçoit la communication des griefs par le président de la commission supérieure, dès la saisine de cette instance. Il est informé à cette occasion qu'il a droit à la communication intégrale de son dossier et des pièces de l'enquête préliminaire, s'il y a été procédé, et qu'il peut se faire assister par un ou plusieurs défenseurs de son choix.

Le président de la commission supérieure désigne parmi les membres de la commission un rapporteur qui procède, s'il y a lieu, à une enquête. Au cours de cette dernière, le rapporteur entend l'intéressé et, le cas échéant, toute personne dont l'audition lui paraît nécessaire. Il accomplit tous actes d'investigations utiles. Il peut, en tant que de besoin, faire appel à l'assistance du secrétariat général du Conseil d'État.

Texte source

– Décret n° 2017-271 du 2 mars 2017, article 2.

Commentaires

Le texte, comme les suivants, fait état du « président » de la commission supérieure. Comme son président « statutaire », à savoir le vice-président du Conseil d'État, ne peut siéger en matière disciplinaire, on doit estimer que le « président » mentionné dans ces articles est celui qui, en application de l'article L. 136-5, est chargé de la présidence de la formation disciplinaire.

L'examen de l'affaire disciplinaire

Art. R.* 136-3 Le membre du Conseil d'État poursuivi est convoqué par le président de la commission supérieure du Conseil d'État quinze jours au moins avant la date de la réunion, par lettre recommandée avec demande d'avis de réception.

La commission supérieure se prononce dans un délai d'un mois à compter de sa saisine. Ce délai est porté à deux mois lorsqu'il est procédé à une enquête ou lorsqu'à l'initiative de l'un de ses membres ou à la demande du membre du Conseil d'État poursuivi, la commission supérieure décide, à la majorité des membres, de renvoyer l'examen de l'affaire à une nouvelle réunion.

Lorsque le membre du Conseil d'État poursuivi fait l'objet de poursuites devant une juridiction répressive, la commission supérieure du Conseil d'État peut, à la majorité des membres, proposer de suspendre la procédure disciplinaire jusqu'à l'intervention de la décision de la juridiction.

Texte source

– Décret n° 2017-271 du 2 mars 2017, article 2.

Commentaires

Le dernier alinéa est conforme à la jurisprudence issue de l'arrêt *Bonnemaison* (CE ass., 30 décembre 2014, n° 381245), qui est heureusement revenu sur la position contraire arrêtée en 1994 (CE sect., 28 janvier 1994, Conseil départemental de l'ordre des médecins de Meurthe-et-Moselle, n° 126512, *Lebon*, p. 44).

Le déroulement de la séance

Art. R.* 136-4 Lorsque la commission supérieure examine l'affaire au fond, son président informe les membres de la commission des conditions dans lesquelles le membre du Conseil d'État poursuivi a été mis en mesure d'exercer son droit à communication intégrale du dossier individuel et des documents annexes.

Le rapporteur présente son rapport devant la commission supérieure.

La commission supérieure entend séparément chaque témoin cité.

À la demande d'un membre de la commission, ou du membre du Conseil d'État poursuivi, le président peut décider de procéder à une confrontation des témoins, ou à une nouvelle audition d'un témoin déjà entendu.

Le membre du Conseil d'État poursuivi peut, à tout moment de la procédure devant la commission, demander au président l'autorisation d'intervenir afin de présenter des observations orales. Il doit être invité à présenter d'ultimes observations avant que la commission ne commence à délibérer.

Texte source

– Décret n° 2017-271 du 2 mars 2017, article 2.

Commentaires

De l'article 9 de la Déclaration des droits de l'Homme et du Citoyen de 1789 résulte le principe selon lequel nul n'est tenu de s'accuser, dont découle le droit de se taire. Ces exigences s'appliquent non seulement aux peines prononcées par les juridictions répressives, mais aussi à toute sanction ayant le caractère d'une punition. Ces exigences impliquent qu'une personne faisant l'objet d'une procédure disciplinaire ne puisse être entendue sur les manquements qui lui sont reprochés sans qu'elle soit préalablement informée du droit qu'elle a de se taire. Il en va ainsi, même sans texte, lorsqu'elle est poursuivie devant une juridiction disciplinaire de l'ordre administratif. À ce titre, elle doit être avisée qu'elle dispose de ce droit tant lors de son audition au cours de l'instruction que lors de sa comparution devant la juridiction disciplinaire (CE sect., 19 octobre 2024, n° 490952, *Lebon*).

Le délibéré de la commission supérieure

Art. R.* 136-5 La commission supérieure délibère hors la présence du membre du Conseil d'État poursuivi. Le rapporteur ne prend pas part au vote. La proposition de la commission est motivée. Elle est adoptée à la majorité des voix. En cas de partage des voix sur le quantum de la sanction, celle du président est prépondérante.

Texte source

– Décret n° 2017-271 du 2 mars 2017, article 2.

La notification de la sanction

Art. R.* 136-6 La sanction est notifiée au membre du Conseil d'État poursuivi par l'autorité qui l'a prise.

Texte source

– Décret n° 2017-271 du 2 mars 2017, article 2.

Le secrétariat de la commission supérieure du Conseil d'État

Art. R.* 136-7 Le secrétariat de la commission supérieure du Conseil d'État statuant en formation disciplinaire est assuré par le secrétaire général du Conseil d'État.

Texte source

– Décret n° 2017-271 du 2 mars 2017, article 2.

CHAPITRE 7 La participation des membres du Conseil d'État à des activités administratives ou d'intérêt général

La désignation de membres honoraires du Conseil d'État pour participer à des commissions ou jurys

Art. L. 137-1 Lorsque la participation d'un membre du Conseil d'État soit à une commission à caractère juridictionnel ou administratif, soit à un jury de concours ou d'examen est prévue, l'autorité chargée de la désignation peut porter son choix sur un membre honoraire de rang au moins égal ou un membre étant ou ayant été placé en service extraordinaire, après avis du vice-président du Conseil d'État.

En l'absence de dispositions législatives ou réglementaires fixant une durée différente d'exercice de ces fonctions, le membre désigné, en cette qualité, pour exercer des fonctions juridictionnelles à l'extérieur du Conseil d'État ou pour participer à une commission à caractère administratif l'est pour une durée de trois ans renouvelable.

Textes sources

– Décret n° 63-766 du 30 juillet 1963, article 64.
– Ordonnance n° 2004-637 du 1er juillet 2004, article 36
– Ordonnance n° 2016-1365 du 13 octobre 2016, article 4.

Commentaires

Cet article a été reclassé sous forme législative car il peut concerner la composition de juridictions.

L'extension des possibilités de désignation aux membres du Conseil d'État en service extraordinaire accroît heureusement le vivier dans lequel il faut puiser pour répondre aux très nombreuses participations des membres du Conseil d'État à des organismes consultatifs ou juridictionnels.

La limitation de durée n'interdit pas le renouvellement de l'intéressé dans les fonctions en cause. Simplement le texte appelle un réexamen triennal de sa nomination, ce qui peut ne pas paraître inutile !

La participation des membres du Conseil d'État à des commissions ou conseils, ou à des missions

Art. R. 137-1 Les membres du Conseil d'État peuvent participer aux travaux des commissions ou conseils à caractère administratif ou juridictionnel institués auprès des administrations, établissements ou entreprises publics et être chargés de toutes missions d'intérêt général auprès des mêmes administrations, établissements ou entreprises ainsi qu'auprès des fondations et associations reconnues d'utilité publique et des organisations internationales dont la France fait partie à condition que ces activités soient compatibles avec leurs fonctions au sein du Conseil d'État et qu'ils aient préalablement obtenu l'agrément du vice-président.

Textes sources

– Décret n° 63-766 du 30 juillet 1963, article 60.
– Décret n° 2023-485 du 21 juin 2023, article 4.

Art. R. 137-2 *Abrogé par le décret n° 2023-485 du 21 juin 2023, article 5.*

Les concours apportés par les membres du Conseil d'État aux travaux des administrations

Art. R. 137-3 Le Premier ministre peut demander au vice-président du Conseil d'État de désigner un membre chargé, auprès des ministres, de la préparation des mesures réglementaires nécessaires à l'application d'une loi.

Les ministres peuvent demander au vice-président du Conseil d'État que des membres du Conseil d'État apportent leur concours aux travaux de leur administration.

Dans le cadre de cette mission d'appui à la conception et à la mise en œuvre des politiques publiques, les membres du Conseil d'État peuvent être chargés de donner leur avis sur les questions juridiques intéressant le ministère ou les organismes qui en dépendent et de lui faire des propositions sur la solution des problèmes qui leur sont soumis.

Textes sources

– Décret n° 63-766 du 30 juillet 1963, article 62.
– Décret n° 2023-485 du 21 juin 2023, article 6.

La coordination des activités extérieures des membres du Conseil d'État

Art. R. 137-4 *Abrogé par le décret n° 2023-485 du 21 juin 2023, article 7.*

LIVRE II

Les tribunaux administratifs et les cours administratives d'appel

TITRE I Attributions

CHAPITRE 1 Attributions contentieuses

Le présent chapitre ne comprend pas de dispositions réglementaires.

La compétence juridictionnelle des tribunaux administratifs

Art. L. 211-1 Les tribunaux administratifs sont, en premier ressort et sous réserve des compétences attribuées aux autres juridictions administratives, juges de droit commun du contentieux administratif.

Textes sources

– Code des TA et des CAA, article L. 3, § 1.
– Loi n° 2011-1862 du 13 décembre 2011, article 48.

Commentaires

La modification du texte, issu de la loi n° 2011-1862 du 13 décembre 2011, avait pour objet de préparer une redistribution des compétences de droit commun de premier ressort, redistribution opérée par l'article 5 du décret n° 2013-730 du 13 août 2013.

La compétence de droit commun des tribunaux administratifs joue alors même qu'est en cause l'éventuelle responsabilité de l'État en raison d'une décision juridictionnelle rendue par le Conseil d'État (CE, 21 septembre 2016, SNC Lactalis ingrédients, n° 394360, *Lebon* T.). Ou encore pour une décision ministérielle retirant des certificats obtenus par fraude (CE, 24 juillet 2019, SAS Total Réunion, n° 428852). Ou encore, alors même que le Conseil d'État est compétent pour connaître en premier ressort du contentieux des élections aux conseils régionaux, pour les litiges relatifs à la désignation du président et des membres du bureau des conseils économiques, sociaux et environnementaux régionaux (CE, 31 mai 2024, n° 489042, *Lebon* T.).

La compétence juridictionnelle des cours administratives d'appel

Art. L. 211-2 Les cours administratives d'appel connaissent des jugements rendus en premier ressort par les tribunaux administratifs, sous réserve des compétences attribuées au Conseil d'État en qualité de juge d'appel et de celles définies aux articles L. 552-1 et L. 552-2.

Elles connaissent en premier et dernier ressort des litiges dont la compétence leur est attribuée par décret en Conseil d'État à raison de leur objet ou de l'intérêt d'une bonne administration.

Textes sources

– Loi n° 87-1127 du 31 décembre 1987, article 1er, § 1 et 2.
– Loi n° 2000-597 du 30 juin 2000, article 13-III-2.
– Loi n° 2016-483 du 20 avril 2016, article 62.

Commentaires

La compétence d'appel de droit commun de la cour administrative d'appel cède devant celle attribuée au Conseil d'État (voir CJA, art. L. 321-1, L. 523-1 et R. 321-1).

L'exception mentionnée aux articles L. 552-1 et L. 552-2 concerne le référé fiscal, procédure dans laquelle le tribunal administratif était juge d'appel de la décision juridictionnelle rendue par un de ses membres, anomalie qui a cessé (voir CJA, art. L. 552-1), mais sans que l'on pense à mettre à jour l'article L. 211-2, non plus d'ailleurs que l'article L. 321-1… Il convient d'ajouter à ces exceptions l'article L. 552-3 (voir CE, 17 janvier 2014, Société Expatrium International Ltd, n° 372282).

Le dernier alinéa du texte a pour effet de valider l'attribution de compétences de premier et dernier ressort des cours administratives d'appel, énoncées aux articles R. 311-2 à R. 311-4.

Art. L. 211-3 *Abrogé par la loi n° 2011-1862 du 13 décembre 2011, mais subsistent les dispositions de l'article R. 322-1 précisant la cour compétente pour connaître de ce contentieux supprimé…*

Art. L. 211-4 *Abrogé par la loi n° 2016-1547 du 18 novembre 2016, article 5.*

CHAPITRE 2 Attributions administratives

Les fonctions consultatives des tribunaux et cours

Art. L. 212-1 Outre leurs attributions juridictionnelles, les tribunaux administratifs et les cours administratives d'appel exercent des fonctions consultatives.

Texte source

– Ordonnance n° 2000-387 du 4 mai 2000, article 1er.

Les demandes d'avis par les préfets

Art. R. 212-1 Les tribunaux administratifs et les cours administratives d'appel peuvent être appelés à donner leur avis sur les questions qui leur sont soumises par les préfets.

Les questions relevant des attributions des préfets de région de la métropole sont soumises par ces derniers à la cour administrative d'appel, les autres au tribunal administratif.

Texte source

– Code des TA et des CAA, article R. 242.

Commentaires

Seuls les préfets (et les autorités équivalentes mentionnées à l'article R. 212-4) sont habilités à solliciter l'avis du tribunal administratif ou de la cour administrative d'appel. Les représentants des collectivités décentralisées ne peuvent donc accéder à cette assistance que par le canal des préfets. L'évidence conduit le préfet à s'adresser à la juridiction dans le ressort de laquelle il a son siège. Les pratiques – encore que relativement peu abondantes, et d'ailleurs non répertoriées dans les rapports officiels – sont très diverses, les tribunaux refusant en principe de se prononcer sur une question dont ils sont saisis au contentieux (reproduisant ici la règle constante en usage devant le Conseil d'État), voire sur une question dont la réponse conditionnerait l'introduction d'un contentieux par l'autorité demandant l'avis (« telle délibération du conseil municipal de N… est-elle légale ? »).

Le partage des compétences entre tribunaux administratifs et cours administratives d'appel est peu aisé à appliquer, tout préfet de région étant préfet de département. C'est par l'objet de la demande que l'on pourra dire si l'affaire relève ou non des compétences du préfet de région pris en cette qualité. Il faut toutefois relativiser le problème. S'agissant d'une demande d'avis, et non d'une procédure juridictionnelle, les juridictions n'ont pas en principe à trop raffiner sur leur compétence, encore moins à prononcer des avis d'incompétence au sein de la juridiction administrative. Comme au surplus il s'agit d'une consultation facultative, on voit mal comment l'avis qui serait rendu par un tribunal sur une demande qui, au regard du texte, aurait relevé de la cour, et *vice versa*, pourrait vicier la décision prise au vu de cet avis.

Ainsi qu'en dispose l'article L. 311-5 du Code des relations entre le public et l'administration, les avis du Conseil d'État et des juridictions administratives ne constituent pas des documents administratifs communicables.

L'existence même de cette fonction consultative pose le problème, déjà examiné (voir commentaires des articles R. 122-20, R. 122-21 et R. 122-21-1), de l'impartialité de la formation de jugement appelée à se prononcer sur une affaire sur laquelle elle a émis un avis. La jurisprudence *Procola* de la Cour européenne des droits de l'homme (CEDH, 31 août 1995, n° 14570/89) conduit à prêter une attention toute particulière à la composition de la juridiction, ce que de toute façon le Conseil d'État a rappelé par l'arrêt *Syndicat des avocats de France* (CE sect., 5 avril 1996, Syndicat des avocats de France, n° 116594, *Lebon*, p. 118 [1], solution implicite). On doit estimer que ce dernier arrêt rend caduques les jurisprudences *Gadiaga* (CE, 25 janvier 1980, Gadiaga, n° 14260, *Lebon*) et *Comité mosellan de sauvegarde de l'enfance* (CE, 6 juillet 1994, n° 110494, *Lebon*) prononcées respectivement à propos d'avis rendus par un magistrat isolé et par une formation collégiale : que l'avis soit public ou non, la règle est que ceux qui y ont contribué ne peuvent siéger dans le litige né de la décision rendue à la suite de cet avis (voir, en cas d'avis public : CE, 15 octobre 1990, Ministre de l'Équipement, du Logement, de l'Aménagement du territoire et des Transports c/Association pour le développement harmonieux de Saint-Gilles, n° 95194, *Lebon* T. [2]). Ainsi jugé pour un juge des référés, le moyen tiré de ce qu'il avait concouru à l'avis rendu sur la même affaire ayant été relevé d'office (CE, 7 août 2008, Association des Terres minées, n° 312022).

On note qu'une proposition de loi n° 1890 du 7 août 2009, adoptée par l'Assemblée nationale en première lecture le 2 décembre 2009, prévoyait en son article 40 une expérimentation permettant, pour certains tribunaux administratifs et cours administratives d'appel, une consultation à l'initiative des collectivités territoriales… mais à la condition que le représentant de l'État se joigne à cette demande. On saisit mal l'utilité ni l'opportunité, d'un tel montage, que l'actuel article R. 212-1 rend déjà possible (voir obs. critiques de Cassia P., *JCPA*, 1er février 2010, p. 3).

Jurisprudence

[**1**] Considérant qu'aux termes de l'article R. 242 dans sa rédaction issue du décret contesté : « Les tribunaux administratifs peuvent être appelés à donner leur avis sur les questions qui leur sont soumises par les préfets ou les hauts-commissaires » ; qu'aux termes de l'article R. 243 dans sa rédaction issue du même décret : « Le tribunal exerce ses attributions administratives dans une formation collégiale comprenant le président de la juridiction ou le magistrat qu'il délègue à cet effet et au moins deux membres, désignés par le président de la juridiction » ; et qu'aux termes de l'article R. 244 dans sa rédaction issue dudit décret : « Lorsque la participation d'un magistrat de tribunal administratif ou de cour administrative d'appel à une commission ne rendant pas des décisions juridictionnelles est prévue par une disposition, la désignation peut porter sur un magistrat honoraire » ; que si le syndicat requérant critique les dispositions précitées en tant qu'elles ne prévoient pas d'incompatibilités entre la participation d'un magistrat à l'activité consultative du tribunal et son activité contentieuse un tel moyen doit être écarté dès lors que ces dispositions ne portent, par elles-mêmes, aucune atteinte aux principes généraux relatifs à la composition des juridictions [...].

[2] Considérant que par un jugement en date du 29 janvier 1988, le tribunal administratif de Saint-Denis de la Réunion a ordonné qu'il sera sursis à l'exécution de l'arrêté du préfet de la Réunion, en date du 7 octobre 1987 ; qu'il ressort des pièces du dossier que l'un des juges qui ont concouru à cette décision avait émis un avis public sur le projet concerné par ledit arrêté ; qu'ainsi la composition du tribunal était irrégulière et que, dès lors, son jugement doit être annulé [...].

La désignation par le vice-président du Conseil d'État d'un magistrat pour apporter son concours à une administration de l'État

Art. R. 212-2 Le vice-président du Conseil d'État peut, à la demande d'un ministre et avec l'accord du chef de juridiction et de l'intéressé, désigner un magistrat d'un tribunal administratif ou d'une cour administrative d'appel pour qu'il apporte son concours à une administration de l'État.

Texte source

– Code des TA et des CAA, article R. 246.

La désignation d'un membre du tribunal ou de la cour sur la demande d'un préfet

Art. R. 212-3 Le président de la cour administrative d'appel ou du tribunal administratif peut, à la demande d'un préfet du ressort et avec l'accord de l'intéressé, désigner un membre de la juridiction pour qu'il apporte son concours à une administration de l'État.

Il peut également saisir de cette demande le vice-président du Conseil d'État.

Texte source

– Code des TA et des CAA, article R. 247.

Commentaires

Les dispositions des articles R. 212-2 et R. 212-3 constituent le pendant, pour les tribunaux et cours, des articles R. 137-1 et R. 137-2 concernant le Conseil d'État. On notera que seule une administration d'État peut bénéficier des concours ainsi prévus et que l'accord du chef de juridiction est dans tous les cas requis (voir également CJA, art. R. 237-1).

La demande d'avis en Polynésie, en Nouvelle-Calédonie et à Mayotte

Art. R. 212-4 Les attributions des préfets mentionnées aux articles R. 212-1 et R. 212-3 sont exercées, en Polynésie française et en Nouvelle-Calédonie, par les hauts-commissaires, à Mayotte, à Saint-Barthélemy, à Saint-Martin et à Saint-Pierre-et-Miquelon par le représentant de l'État et, à Wallis-et-Futuna et dans les Terres australes et antarctiques françaises, par l'administrateur supérieur.

Textes sources

– Décret n° 2000-389 du 4 mai 2000, article 1er.
– Décret n° 2004-2 du 2 janvier 2004, article 2-4°.
– Décret n° 2008-452 du 13 mai 2008, article 2.

L'exercice d'une action par un contribuable d'une collectivité territoriale

Art. L. 212-2 Les tribunaux administratifs se prononcent sur l'exercice, par les contribuables, des actions appartenant à certaines collectivités territoriales et à leurs établissements publics, dans les conditions fixées par le code général des collectivités territoriales.

Texte source

– Ordonnance n° 2000-387 du 4 mai 2000, article 1er.

Commentaires

La mission ici confiée aux tribunaux administratifs n'est pas nouvelle, puisqu'elle était inscrite de longue date au Code des communes (elle remonterait à 1837…), et a été reprise au Code général des collectivités territoriales (art. L. 2132-5 et L. 2132-6). Elle a été étendue, dans ce dernier code, aux régions et départements (voir loi n° 2000-321 du 12 avril 2000, article 14 et 15, et art. L. 3133-1 et L. 4143-1 du CGCT). Il faut souligner que la décision du tribunal administratif est une décision administrative, et non juridictionnelle (et donc n'est pas soumise à l'exigence du contradictoire : CE, 23 mars 2012, Barois, n° 352360, *Lebon* T.), et qu'elle est susceptible de pourvoi devant le Conseil d'État agissant, depuis le décret n° 92-180 du 26 février 1992, au contentieux et saisi donc en premier ressort (CE ass., 26 juin 1992, Lepage Huglo, n° 137345). Il s'agit d'un recours de pleine juridiction, qui appelle donc l'intervention d'un avocat aux Conseils. La décision du tribunal doit être contestée dans le mois de son intervention (fût-elle implicite), à moins que l'omission, dans le récépissé de la demande déposée devant le tribunal, de la mention de ce délai ne l'empêche de courir (CE, 13 mai 1994, Levais, n° 150047).

Cette autorisation, donnée pour la première instance, doit être renouvelée si le contribuable entend former appel ou se pourvoir en cassation (mais non s'il est défendeur dans une telle procédure : CGCT, art. L. 2132-7 – CE, 22 octobre 1990, Bigot, n° 54540, *Lebon* T. – CE, 16 janvier 2004, Mery, n° 254839, *Lebon*, p. 9 ; *AJDA* 2004, p. 772). Le contribuable doit à cette fin introduire, dans le délai d'appel ou de cassation courant de la notification qui lui est faite de la décision juridictionnelle qu'il entend contester en appel au nom de la commune, un recours conservatoire, qui se trouvera régularisé par la décision du tribunal administratif prise, après refus de la collectivité d'exercer cette voie de recours, en vertu de l'article L. 212-2, ou prononcée par le Conseil d'État saisi de cette dernière décision (CE, 24 septembre 2010, Asselin, n° 336117, *Lebon* T.).

On notera que l'autorisation de plaider ne peut être donnée pour exercer une action irrecevable, tel étant le cas de l'action envisagée pour procéder au recouvrement d'un trop perçu par un agent public (action irrecevable en application de la jurisprudence *Préfet de l'Eure* du 30 mai 1913, n° 49421, *Lebon*, p. 583, ou *Compagnie du chemin de fer métropolitain,* du 26 décembre 1924, n° 77229, *Lebon*, p. 1065). En ce sens : CE, 2 juillet 2007, Commune de Lattes, n° 294393, *Lebon* T. et CE, 3 décembre 2007, Scuderi, n° 300922, *Lebon* T.

La demande au tribunal n'est recevable que si le contribuable a préalablement saisi la collectivité d'une demande tendant à ce qu'elle exerce l'action envisagée, et si cette demande a été rejetée, expressément ou implicitement, au terme d'un délai de deux mois. Cette formalité substantielle ne peut être accomplie par anticipation (voir, s'agissant de la demande de formation d'un recours pour excès de pouvoir contre un acte administratif non encore intervenu : CE, 3 octobre 2011, Hayart, n° 343637, *Lebon* T.).

On note que le Conseil d'État admet que, si la demande d'autorisation de plaider est manifestement vouée à l'échec, le tribunal puisse statuer, bien que sa décision ne revête pas un caractère juridictionnel, par ordonnance du président prise en s'inspirant des dispositions de l'article R. 222-1, applicables aux décisions juridictionnelles, solution audacieuse, mais opportune (CE, 23 mars 2012, Barois, n° 352360, *Lebon* T. [1] – s'agissant de l'action d'un contribuable au nom d'une section de commune – autorisée par le préfet – on se reportera à CE, 24 septembre 2010, Barthelemy, n° 330886, *Lebon* T.).

Jurisprudence

[1] Considérant que, lorsque le tribunal administratif est saisi d'une demande d'autorisation de plaider manifestement vouée à l'échec, faute qu'une condition préalable à cette demande ait été remplie, aucune disposition non plus qu'aucun principe général ne fait obstacle à ce qu'en l'absence de disposition précisant la formation dans laquelle il exerce les attributions prévues à l'article L. 2132-5 du code général des collectivités territoriales, sa décision, bien que n'ayant pas un caractère juridictionnel, soit prise par son président ou par le président d'une de ses formations de jugement en s'inspirant des dispositions de l'article R. 222-1 du code de justice administrative qui permettent à ces magistrats de rejeter par ordonnance les requêtes manifestement irrecevables [...].

CHAPITRE 3 La médiation

SECTION 1 Dispositions générales

Définition de la médiation

Art. L. 213-1 La médiation régie par le présent chapitre s'entend de tout processus structuré, quelle qu'en soit la dénomination, par lequel deux ou plusieurs parties tentent de parvenir à un accord en vue de la résolution amiable de leurs différends, avec l'aide d'un tiers, le médiateur, choisi par elles ou désigné, avec leur accord, par la juridiction.

Texte source

– Loi n° 2016-1547 du 18 novembre 2016, article 5.

Commentaires

Reprenant la définition de la médiation contenue dans l'article 21 de la loi n° 95-125 du 8 février 1995, cet article s'inscrit dans un courant venu des institutions européennes (directive n° 2008/52/CE du 21 mai 2008). Il donne lieu régulièrement à de savants débats tendant à distinguer médiation et conciliation, puisqu'aussi bien le terme de médiation a remplacé, dans le code, celui de conciliation. Les praticiens français, confrontés à des textes qui organisaient soit la médiation, soit la conciliation, avaient fini par s'accorder sur le fait que l'organe de conciliation avait pour mission d'intervenir dans le débat entre les parties, en leur présentant des propositions propres à régler le différend, alors que le médiateur devait se borner à jouer les entremetteurs, sans jamais laisser apparaître sa position (cf. M. Guyomar et B. Sellier, *Contentieux administratif*, 7e éd., Dalloz, 2024). La généralité des termes utilisés donne à penser que la conciliation – autorisant, voire appelant, une intervention active du conciliateur dans le débat – ne constitue qu'une forme du processus générique de médiation tel que défini par l'article L. 213-1, lequel, littéralement, s'entend de « tout » processus, quelle qu'en soit la dénomination, ayant pour objet la résolution amiable d'un différend, avec l'aide d'un tiers. On estime donc que la rédaction retenue oblige à oublier ces distinctions, ce qui ne les rend pas pour autant inutiles : c'est par le texte qui organisera, d'accord avec les parties, le recours à la médiation que se définira la mission du médiateur, et que l'on saura s'il est un simple intercesseur impassible et quasi muet, ou au contraire un intervenant actif proposant une solution, voire un itinéraire permettant de lever les obstacles à une résolution amiable du différend. S'appuyant sur ces dispositions, le tribunal administratif de Nîmes a jugé qu'une demande unilatérale de médiation est irrecevable (TA Nîmes ord., 19 octobre 2023, n° 2303893). Mais on peut penser qu'il n'est pas interdit de provoquer l'initiative du juge.

Bibliographie

– Nuret B., « La médiation en droit public », *JCP* 4 mars 2019, pp. 26 et s.

– Artus D., « L'an II de la médiation administrative », *JCP* 4 mars 2019, pp. 33 et s.
– Chabanol D., Manier N., *Code des relations entre le public et l'administration*, livre IV, titre II, Le Moniteur, 2020.

La confidentialité

Art. L. 213-2 Le médiateur accomplit sa mission avec impartialité, compétence et diligence.

Sauf accord contraire des parties, la médiation est soumise au principe de confidentialité. Les constatations du médiateur et les déclarations recueillies au cours de la médiation ne peuvent être divulguées aux tiers ni invoquées ou produites dans le cadre d'une instance juridictionnelle ou arbitrale sans l'accord des parties.

Il est fait exception au deuxième alinéa dans les cas suivants :

1° En présence de raisons impérieuses d'ordre public ou de motifs liés à la protection de l'intérêt supérieur de l'enfant ou à l'intégrité physique ou psychologique d'une personne ;

2° Lorsque la révélation de l'existence ou la divulgation du contenu de l'accord issu de la médiation est nécessaire pour sa mise en œuvre.

Texte source

– Loi n° 2016-1547 du 18 novembre 2016, article 5.

Commentaires

Le texte reprend, et c'est heureux, les bonnes pratiques en usage au sein des barreaux. Il est clair que l'assurance que ce qui se dira, ou se proposera, voire s'acceptera sous condition lors des phases de médiation, ne servira pas, ultérieurement, d'argument si la juridiction doit être saisie du litige est un élément essentiel pour la recherche d'une solution de compromis acceptable. Pour le cas où le médiateur est un juge, l'exigence d'impartialité fait obstacle à ce qu'il participe à une formation de jugement tranchant le litige lorsque la médiation n'a pas abouti (CE, 29 décembre 2022, Société Gemco, n° 459673, *Lebon* T.). Lorsque la médiation a abouti les mêmes considérations devraient conduire à ne pas siéger dans la formation de jugement homologuant l'accord en application de l'article L. 213-4 ci-dessous. Ne doivent demeurer confidentielles, sauf accord contraire des parties et sous réserve des exceptions prévues par cet article, sans pouvoir être divulguées à des tiers ni invoquées ou produites dans le cadre d'une instance juridictionnelle, que les seules constatations du médiateur et déclarations des parties recueillies au cours de la médiation, c'est-à-dire les actes, documents ou déclarations, émanant du médiateur ou des parties, qui comportent des propositions, demandes ou prises de position formulées en vue de la résolution amiable du litige par la médiation. Les pièces devant demeurer confidentielles ne peuvent être invoquées ou produites dans le cadre d'une instance devant le juge administratif qu'à la condition que les parties aient donné leur accord ou que leur utilisation relève d'une des exceptions prévues à cet article. À défaut, le juge ne saurait fonder son appréciation sur de telles pièces. En revanche, les autres pièces peuvent être invoquées ou produites devant le juge administratif et ce dernier peut les prendre en compte pour statuer sur le litige porté devant lui, dans le respect du caractère contradictoire de l'instruction. (CE, 14 novembre 2023, n° 475648, *Lebon*).

Les parties ne peuvent s'accorder sur des droits dont elles ne disposent pas

Art. L. 213-3 L'accord auquel parviennent les parties ne peut porter atteinte à des droits dont elles n'ont pas la libre disposition.

Texte source

– Loi n° 2016-1547 du 18 novembre 2016, article 5.

Commentaires

Cette interdiction dictée par l'évidence sera naturellement au cœur de toute réflexion relative à l'utilisation de la médiation en matière d'excès de pouvoir… Les parties à un tel contentieux ont-elles la disposition de la légalité, alors même que la décision en discussion est sans effet sur les droits des tiers ?

Plus encore, les parties à un accord peuvent-elles renoncer à tout recours en contrepartie des avantages que leur procure l'accord, alors que nous avons tous appris que l'on ne pouvait renoncer à former un recours pour excès de pouvoir, une telle impossibilité frappant de nullité une telle renonciation ?

Par arrêt du 5 juin 2019 (CE, 5 juin 2019, Centre hospitalier de Sedan, n° 412732, *Lebon* T.), le Conseil d'État appelé à se prononcer sur la portée d'une transaction prévoyant le désistement de divers recours pour excès de pouvoir, a sérieusement nuancé cette position de principe. Il a en effet jugé qu'aucune disposition ni principe général du droit ne faisait obstacle à ce que l'administration et un fonctionnaire concluent une transaction pour régler l'ensemble des litiges nés de l'intervention d'une décision administrative, ces derniers incluant la demande d'annulation pour excès de pouvoir de cette décision, et la transaction prévoyant la renonciation à ce recours pour excès de pouvoir. Il a donc tiré de cette transaction – jugée par ailleurs équilibrée – toutes les conséquences qu'elle appelait.

On ne saurait toutefois généraliser sans précautions cette position nouvelle. Si celui qui attaque pour excès de pouvoir une décision administrative peut, dans les conditions de l'arrêt *Commune de Sedan*, proposer à titre transactionnel le désistement de son action, voire, si la transaction est antérieure à son action juridictionnelle, promettre qu'il n'engagera pas cette dernière, cela ne peut s'envisager que moyennant un contrôle rigoureux de l'équilibre de la transaction, de façon à ne pas instituer des « marchés de l'illégalité » ; le Code de l'urbanisme contient un début de réponse, bien que largement incomplet, à la question, dans son article L. 600-8 reproduit en fin d'ouvrage. De surcroît, le Conseil d'État a eu l'occasion de juger, le 26 octobre 2018, qu'il est impossible de conclure une transaction au sujet d'un litige dont le règlement découle de la seule application de la règle de droit (CE, 26 octobre 2018, n° 421292, *Lebon* T.). La transaction conclue à un effet relatif et, un tiers, même subrogé, ne peut s'en prévaloir (CE, sect., 22 mars 2024, n° 455107, *Lebon*). Et le remboursement par l'assureur à un tiers payeur de sommes versées par ce dernier au profit de la victime ne vaut pas transaction alors même que l'assureur est subrogé dans les droits de la victime (CE, 20 mars 2025, n° 474853, *Lebon* T.).

L'homologation de l'accord

Art. L. 213-4 Saisie de conclusions en ce sens, la juridiction peut, dans tous les cas où un processus de médiation a été engagé en application du présent chapitre, homologuer et donner force exécutoire à l'accord issu de la médiation.

Texte source

– Loi n° 2016-1547 du 18 novembre 2016, article 5.

Commentaires

Le texte ne précise pas les effets d'un refus d'homologation. Saisi, longtemps avant la loi du 18 novembre 2016, de la question de l'homologation d'une transaction, le Conseil d'État avait jugé que, s'il estime que la transaction revêt les caractéristiques d'une libéralité, il doit non seulement refuser de l'homologuer, mais surtout constater sa nullité, ce qui lui ôte nécessairement toute portée (CE ass., avis contentieux, 6 décembre 2002, Syndicat intercommunal des établissements du second degré de L'Haÿ-les-Roses, n° 249153, *Lebon*). On voit mal pourquoi cette sage frontière (qui est reprise à l'article L. 423-1 du Code des relations entre le public et l'administration) perdrait l'autorité attachée à une règle d'ordre public, et il paraît regrettable que le législateur ne l'ait pas entérinée. Saisie d'un appel contre un jugement refusant l'homologation d'un accord de médiation, la cour administrative d'appel de Bordeaux a jugé que « Lorsque le juge est saisi d'une demande d'homologation d'un accord de médiation, il lui appartient d'appliquer les dispositions du code de justice administrative propres à ce type d'accord en s'assurant de l'accord de volonté des parties, de ce que celles-ci n'ont pas porté atteinte à des droits dont elles n'auraient pas eu la libre disposition et de ce que l'accord ne contrevient pas à l'ordre public ni n'accorde de libéralité. Les dispositions de l'article L. 213-1 du code de justice administrative n'imposent pas aux parties de conclure une médiation par une transaction au sens de l'article 2044 du code civil. Toutefois, lorsqu'il est saisi d'une demande d'homologation d'une transaction concrétisant un accord de médiation, le juge doit encore examiner si celle-ci répond aux exigences fixées par le code civil et par le code des relations entre le public et l'administration » (CAA Bordeaux, plén., 30 décembre 2019, Bordeaux Métropole, n° 19BX03235). Le tribunal administratif de Toulon juge que la circonstance que le permis de construire méconnaisse le plan local d'urbanisme (PLU) en vigueur ne fait pas obstacle à l'homologation de la transaction par laquelle la commune s'engage à le délivrer dès lors que l'erreur manifeste d'appréciation du zonage a été retenue (TA Toulon, 23 juin 2023, GFR XX, n° 2301371).

La médiation peut n'être que partielle

Art. R. 213-1 La médiation porte sur tout ou partie d'un litige.

Texte source

– Décret n° 2017-566 du 18 avril 2017, article 1er.

La désignation d'une personne morale comme médiateur

Art. R. 213-2 La médiation peut être confiée à une personne physique ou à une personne morale. Si le médiateur désigné est une personne morale, son représentant légal désigne la ou les personnes physiques qui assureront, au sein de celle-ci et en son nom, l'exécution de la mission.

Texte source

– Décret n° 2017-566 du 18 avril 2017, article 1er.

Commentaires

La possibilité de recourir à une personne morale s'écarte du principe de la désignation *intuitu personae* en usage en matière d'expertise. La construction est audacieuse, qui consiste ainsi à confier le soin de contribuer à la résolution d'un litige à une personne physique dont le juge, à l'instant de la désignation du médiateur, ignore tout. Peut-on imaginer que, une fois portée à sa connaissance la désignation de la ou des personnes physiques qui, au nom de la personne morale, assureront la mission de médiation, le juge écarte cette désignation en faisant usage des dispositions de l'article R. 213-3 suivant ? On peut le supposer, ce dernier texte visant clairement « la personne physique qui assure la mission de médiation », fût-elle donc désignée par une personne morale elle-même désignée comme médiateur.
La question se posera sans doute lors de la mise en place de l'expérimentation de la médiation obligatoire prévue en matière de fonction publique territoriale par le décret n° 2018-101 du 16 février 2018, expérimentation reportée jusqu'au 31 décembre 2021 par le décret n° 2020-1303 du 27 octobre 2020, puis pérennisée par la loi n° 2021-1729 du 22 décembre 2021, puisque les médiateurs investis par ce décret sont les centres de gestion de la fonction publique territoriale. On voit mal que la personne physique investie par le centre de gestion de cette mission puisse échapper aux contrôles de qualification et surtout d'éventuels conflits d'intérêts qui doivent être opérés.

Les qualités requises du médiateur

Art. R. 213-3 La personne physique qui assure la mission de médiation doit posséder, par l'exercice présent ou passé d'une activité, la qualification requise eu égard à la nature du litige. Elle doit en outre justifier, selon le cas, d'une formation ou d'une expérience adaptée à la pratique de la médiation.

Texte source

– Décret n° 2017-566 du 18 avril 2017, article 1er.

Commentaires

La référence à « l'exercice passé d'une activité » autorise le recours, comme médiateur, à une personne retraitée. Le texte n'est pas autrement précis quant aux critères de qualification ou d'expérience requise. Il s'en remet donc à la sagesse du magistrat chargé de cette désignation.

On ne peut que regretter que, là où le texte renvoie à cette sagesse pour apprécier, au coup par coup et en fonction des affaires qui se présentent, la capacité de telle ou telle personne d'exécuter la mission, se mette en place, de façon spontanée ou discrètement orchestrée par des « recommandations », une organisation réglementée, reposant sur des formations « agréées » (par qui ?)… Déjà des instances universitaires ont mis sur pied des masters de médiation, pour ne pas parler d'autres organismes de formation. Il y a hélas gros à parier que pour prétendre exercer une mission de médiation, il faudra un jour être inscrit sur une liste officielle (déjà les tribunaux administratifs s'attachent à l'établir sans texte, sous la forme de « vivier »), laquelle liste sera établie selon une procédure décalquée de celle qui préside à l'inscription des experts, et au vu de diplômes de médiation…

L'assistance des parties devant le médiateur

Art. R. 213-3-1 Les parties peuvent être assistées devant le médiateur par toute personne de leur choix.

Texte source

– Décret n° 2022-433 du 25 mars 2022, article 1er.

SECTION 2 Médiation à l'initiative des parties

La médiation hors procédure juridictionnelle

Art. L. 213-5 Les parties peuvent, en dehors de toute procédure juridictionnelle, organiser une mission de médiation et désigner la ou les personnes qui en sont chargées.

Elles peuvent également, en dehors de toute procédure juridictionnelle, demander au président du tribunal administratif ou de la cour administrative d'appel territorialement compétent d'organiser une mission de médiation et de désigner la ou les personnes qui en sont chargées, ou lui demander de désigner la ou les personnes qui sont chargées d'une mission de médiation qu'elles ont elles-mêmes organisée.

Le président de la juridiction peut déléguer sa compétence à un magistrat de la juridiction.

Lorsque le président de la juridiction ou son délégataire est chargé d'organiser la médiation et qu'il choisit de la confier à une personne extérieure à la juridiction, il détermine s'il y a lieu d'en prévoir la rémunération et fixe le montant de celle-ci.

Les décisions prises par le président de la juridiction ou son délégataire en application du présent article ne sont pas susceptibles de recours.

Textes sources

– Loi n° 2016-1547 du 18 novembre 2016, article 5.
– Loi n° 2021-1729 du 22 décembre 2021, article 27.

Commentaires

Naturellement, ce texte ne saurait s'appliquer qu'aux litiges relevant de la compétence de la juridiction administrative saisie : ainsi jugé sous le régime antérieur de la conciliation (CE, 22 mars 1995, Dadillon, n° 155718).
L'assistance du président ou de son délégué peut revêtir deux formes, suivant ce qui lui est demandé : ou bien il organise la médiation et désigne le ou les médiateurs, ou bien il se borne à désigner le médiateur. La rédaction du quatrième alinéa ne donne au président compétence pour fixer la rémunération du ou des médiateurs que s'il est chargé, également, d'organiser la médiation, non si seul un nom lui est demandé. Lorsqu'il organise la médiation, il se trouve dans une situation qui n'est pas très différente de l'expertise, dont il arrête les honoraires.
Le dernier alinéa ne joue que si le recours à la médiation est prévu par un texte législatif ou réglementaire. Cela exclut les nombreuses hypothèses dans lesquelles c'est un contrat qui rend obligatoire une telle médiation avant toute saisine d'une juridiction : ce genre d'intervention ne bénéficie pas de la gratuité !
Une gratuité au demeurant étrange. On comprend aisément la raison d'être du texte, mais il faudra bien que l'on trouve un budget pour rémunérer les médiateurs alors nommés, sous peine d'éprouver quelque difficulté à en trouver, sauf à envisager qu'ils seront pris au sein de la juridiction… ce qui ne va guère avec le souci de désencombrer lesdites juridictions qui justifie l'existence de recours préalables obligatoires…
L'absence de tout recours contre la décision (de refus ou d'acceptation) prise par le président sur une demande présentée en application de l'article L. 213-5 reprend la jurisprudence antérieurement intervenue à propos de l'application de l'article L. 211-4 désormais abrogé, consacré à la conciliation par les juridictions (voir CE ass., 23 juin 1989, Veriter, n° 84799, *Lebon* – CE, 1er août 2012, SNCF, n° 358157, *Lebon* T.).

Interruption et suspension des délais

Art. L. 213-6 Les délais de recours contentieux sont interrompus et les prescriptions sont suspendues à compter du jour où, après la survenance d'un différend, les parties conviennent de recourir à la médiation ou, à défaut d'écrit, à compter du jour de la première réunion de médiation.
Ils recommencent à courir à compter de la date à laquelle soit l'une des parties ou les deux, soit le médiateur déclarent que la médiation est terminée. Les délais de prescription recommencent à courir pour une durée qui ne peut être inférieure à six mois.

Texte source

– Loi n° 2016-1547 du 18 novembre 2016, article 5.

Commentaires

Ce texte est bienvenu, mais sans doute incomplet. Il distingue l'« interruption » des délais de recours contentieux (expression signifiant que le délai ainsi interrompu repartira pour toute sa durée, et non pour la seule durée restant à courir lors de l'intervention du phénomène interruptif) de la « suspension » des délais de prescription (expression conduisant à un redémarrage du délai pour la seule durée qui restait à courir lors de l'intervention du phénomène suspensif), mais introduit alors une durée minimum de six mois dans ce dernier cas, ce qui est sage. Mais on peut se demander ce qu'il en sera de délais qui, sans être de prescription, ne sont pas non plus des délais de « recours contentieux ». Songeons entre autres aux délais de réclamation qui n'ont pas une vocation contentieuse, dont l'exemple peut être trouvé dans les phases d'établissement du décompte général d'un marché… Il ressort des travaux préparatoires de la loi du 18 novembre 2016, que le législateur a entendu permettre à toute partie de régler son litige de manière négociée avant ou après la saisine du juge. L'interruption des délais de recours, prévue par l'article L. 213-6, ne s'applique qu'à la médiation organisée à l'initiative des parties avant la saisine du juge, afin de préserver leur droit de saisir ultérieurement ce dernier (CE, 13 novembre 2023, n° 471898, *Lebon* T.).

Le délai de recours contentieux ne s'interrompt pas deux fois

Art. R. 213-4 Par dérogation à l'article L. 411-2 du code des relations entre le public et l'administration, lorsque, en application de l'article L. 213-6 du présent code, le délai de recours contentieux a été interrompu par l'organisation d'une médiation, l'exercice d'un recours gracieux ou hiérarchique ne l'interrompt pas de nouveau, sauf s'il constitue un préalable obligatoire à l'exercice d'un recours contentieux.

Texte source

– Décret n° 2017-566 du 18 avril 2017, article 1er.

Commentaires

L'article L. 411-2 du Code des relations entre le public et l'administration pose le principe de l'interruption du délai de recours contentieux par l'exercice d'un recours gracieux ou hiérarchique, et le cas échéant par la formation de ces deux recours. Ce principe ne trouve donc pas à jouer lorsqu'une médiation a interrompu le délai de recours contentieux (sauf si le recours administratif constitue un préalable obligatoire à l'exercice d'un recours contentieux).

Il est *a priori* surprenant qu'un décret emporte dérogation à une disposition législative qui n'a pas prévu une telle dérogation. On convient certes que le dispositif ici en cause (médiation, puis recours administratif) est différent de celui qui est visé par cet article L. 411-2 (décision, puis recours administratif)… mais on doit surtout noter que l'article L. 411-1 du Code des relations entre le public et l'administration précise que les dispositions qui le suivent (et donc le principe énoncé à l'article L. 411-2) ne valent que « sous réserve de dispositions législatives ou réglementaires contraires », ce qui lève toute hésitation quant à la légalité du décret n° 2017-566 du 18 avril 2017.

SECTION 3 *Médiation à l'initiative du juge*

La médiation ordonnée par la juridiction

Art. L. 213-7 Lorsqu'un tribunal administratif ou une cour administrative d'appel est saisi d'un litige, le président de la formation de jugement peut, après avoir obtenu l'accord des parties, ordonner une médiation pour tenter de parvenir à un accord entre celles-ci.

Texte source

– Loi n° 2016-1547 du 18 novembre 2016, article 5.

Commentaires

Le terme « ordonner » n'est pas tout à fait adéquat, puisque, et c'est la moindre des choses, l'accord des parties est requis avant que la juridiction n'ordonne !
Cette mesure n'est pas anodine : une fois la médiation ordonnée, la juridiction ne peut poursuivre l'instance tant que, en application de l'article L. 213-9, le médiateur ne lui a pas fait part de ce que les opérations sont terminées. Si un accord est trouvé, la situation est simple, et commandée par le constat de cet accord qui, normalement, met fin au litige. Mais c'est le constat de désaccord qui va ressaisir la juridiction de l'affaire. Or ce dernier constat procède d'une appréciation portée par le médiateur sur les chances de survenue d'un accord au terme d'une ou plusieurs réunions supplémentaires... C'est dire que la juridiction perd alors, d'une certaine façon, la maîtrise du temps du procès. Seul lui reste le pouvoir d'instruction (CJA, art. R. 213-8), ainsi que, en application de l'article R. 213-9, la possibilité de mettre fin d'office à une médiation dont l'issue est compromise. Le juge n'est pas tenu de faire droit à une demande tendant à ce qu'il ordonne une médiation et peut rejeter cette demande implicitement (CE 17 mars 2025, n° 492664, *Lebon*).

La médiation peut être proposée à tout moment

Art. R. 213-5 Lorsque le juge estime que le litige dont il est saisi est susceptible de trouver une issue amiable, il peut à tout moment proposer une médiation. Il fixe aux parties un délai pour répondre à cette proposition.

Texte source

– Décret n° 2017-566 du 18 avril 2017, article 1er.

Commentaires

La médiation, à la seule initiative des parties ou sur la proposition de la juridiction, dans le cadre d'une procédure juridictionnelle, semble pouvoir intervenir en toutes occasions. Ainsi le tribunal administratif de Strasbourg a pu organiser une médiation dans le cadre d'un référé-suspension (TA Strasbourg, 6 mars 2018, n° 1800945), même si cette procédure, dictée par l'urgence, ne se prête pas, par sa nature même, à ce procédé (la même réserve, *a fortiori*, devant être faite à propos du référé-liberté). La proposition d'une médiation par le juge, quelle que soit la date à laquelle elle intervient, est étrangère à l'instruction du litige qui lui est soumis. Proposée par le juge des référés, elle ne peut avoir pour effet de rouvrir l'instruction qui n'a pas à faire l'objet d'un prononcé de clôture (CE, 7 novembre 2019, SEVEDE, n° 431146, *Lebon* T.).

Il convient par ailleurs de préciser que la médiation peut être envisagée à l'occasion du déroulement d'une expertise, ou après dépôt du rapport. Le code le prévoit expressément (CJA, art. R. 621-1, tel que modifié par l'article 39 du décret n° 2019-82 du 7 février 2019), même si le cumul des genres peut être difficile à assumer, l'expert se livrant alors à « un spectacle de funambule improbable » (Fricero N. *et alii*, *Le guide des MARC*, Dalloz, 2017).

Les frais de la médiation ordonnée par le juge

Art. L. 213-8 Lorsque la mission de médiation est confiée à une personne extérieure à la juridiction, le juge détermine s'il y a lieu d'en prévoir la rémunération et fixe le montant de celle-ci.

Lorsque les frais de la médiation sont à la charge des parties, celles-ci déterminent librement entre elles leur répartition.

À défaut d'accord, ces frais sont répartis à parts égales, à moins que le juge n'estime qu'une telle répartition est inéquitable au regard de la situation économique des parties.

Lorsque l'aide juridictionnelle a été accordée à l'une des parties, la répartition de la charge des frais de la médiation est établie selon les règles prévues au troisième alinéa du présent article. Les frais incombant à la partie bénéficiaire de l'aide juridictionnelle sont à la charge de l'État, sous réserve de l'article 50 de la loi n° 91-647 du 10 juillet 1991 relative à l'aide juridique.

Le juge fixe le montant de la provision à valoir sur la rémunération du médiateur et désigne la ou les parties qui consigneront la provision dans le délai qu'il détermine. La désignation du médiateur est caduque à défaut de consignation dans le délai et selon les modalités impartis. L'instance est alors poursuivie.

Texte source

– Loi n° 2016-1547 du 18 novembre 2016, article 5.

La mention de l'accord des parties

Art. R. 213-6 Outre les éléments figurant à l'article L. 213-8, la décision qui ordonne une médiation mentionne l'accord des parties. Elle désigne le médiateur et, le cas échéant, la durée de sa mission et les modalités de sa rémunération. Cette décision est notifiée au médiateur et aux parties.

Texte source

– Décret n° 2017-566 du 18 avril 2017, article 1er.

L'allocation provisionnelle

Art. R. 213-7 Lorsque la mission de médiation est rémunérée, le président de la juridiction, après consultation du président de la formation de jugement, peut, soit au début de la médiation, soit au cours de celle-ci, accorder au médiateur, sur sa demande, une allocation provisionnelle à valoir sur le montant de ses honoraires et débours.

Texte source

– Décret n° 2017-566 du 18 avril 2017, article 1er.

Commentaires

On peut se demander s'il sera aisé pour le président de fixer la rémunération du médiateur avant même tout commencement des opérations... Le mécanisme est calqué, plus ou moins, sur le régime des expertises, à ceci près que la consignation, en usage devant les juridictions judiciaires pour les frais d'expertise, fait ici son apparition, alors que, pour les experts, fonctionne devant les juridictions administratives le seul mécanisme de l'allocation provisionnelle prévue à l'article R. 621-12 et rendue applicable aux médiations par l'article R. 213-7. Il va falloir organiser la gestion et le suivi des comptes de consignation !

Le juge conserve son pouvoir d'instruction

Art. R. 213-8 En aucun cas la médiation ne dessaisit le juge, qui peut prendre à tout moment les mesures d'instruction qui lui paraissent nécessaires.

Texte source

– Décret n° 2017-566 du 18 avril 2017, article 1er.

Commentaires

Le juge conserve la responsabilité de l'instruction d'une affaire confiée à la médiation.

Le déroulement de la médiation

Art. R. 213-9 Le médiateur peut, avec l'accord des parties et pour les besoins de la médiation, entendre les tiers qui y consentent.

Le médiateur tient le juge informé des difficultés qu'il rencontre dans l'accomplissement de sa mission.

Le juge met fin à la médiation à la demande d'une des parties ou du médiateur. Il peut aussi y mettre fin d'office lorsque le bon déroulement de la médiation lui apparaît compromis.

Texte source

Décret n° 2017-566 du 18 avril 2017, article 1er.

La fin de la médiation

Art. L. 213-9 Le médiateur informe le juge de ce que les parties sont ou non parvenues à un accord.

Texte source

– Loi n° 2016-1547 du 18 novembre 2016, article 5.

Commentaires

C'est au médiateur qu'il appartient de constater la fin de ses opérations, laquelle peut revêtir la forme d'un constat d'échec. À lui, dans ce dernier cas, d'apprécier s'il convient de tenter, au prix d'une ou plusieurs réunions supplémentaires, d'obtenir un accord ou si toute prolongation des opérations relèverait de l'obstination déraisonnable, que le juge pourrait le cas échéant sanctionner par le prononcé, d'office, de la fin de la médiation… (voir les observations sous l'article L. 213-7). On note la possibilité pour le juge, ouverte par l'article R. 213-9, de mettre fin d'office à une médiation dont l'issue est compromise, comme – ce qui est la contrepartie logique de la nécessité de l'accord des parties – le droit pour toute partie d'obtenir que le juge mette fin à la procédure de médiation.

Des décisions non susceptibles de recours

Art. L. 213-10 Les décisions prises par le juge en application des articles L. 213-7 et L. 213-8 ne sont pas susceptibles de recours.

Texte source

– Loi n° 2016-1547 du 18 novembre 2016, article 5.

Commentaires

Voir l'article L. 213-5.

SECTION 4 *Médiation préalable obligatoire*

L'irrecevabilité du recours non précédé d'une médiation obligatoire

Art. L. 213-11 Les recours formés contre les décisions individuelles qui concernent la situation de personnes physiques et dont la liste est déterminée par décret en Conseil d'État sont, à peine d'irrecevabilité, précédés d'une tentative de médiation. Ce décret en Conseil d'État précise en outre le médiateur relevant de l'administration chargé d'assurer la médiation.

Texte source

– Loi n° 2021-1729 du 22 décembre 2021, article 27.

Commentaires

À la suite de l'expérimentation de la médiation préalable obligatoire, prévue par le décret n° 2018-101 du 16 février 2018, le parlement a décidé, lors du vote de la loi n° 2021-1729 du 22 décembre 2021 pour la confiance dans l'institution judiciaire, de pérenniser ce dispositif.

La création d'une nouvelle section 4 dans le chapitre 3 consacré à la médiation codifie cette pérennisation.

Le décret n° 2022-433 du 25 mars 2022 relatif à la procédure de médiation préalable obligatoire applicable à certains litiges de la fonction publique et à certains litiges sociaux en codifie la partie réglementaire.

La décision de mettre fin à la procédure n'est pas susceptible de recours, mais les conclusions dirigées contre cet acte doivent être regardées comme dirigées contre la décision initiale de l'autorité administrative ou, le cas échéant, la décision prise sur recours administratif préalable obligatoire (CE 2 octobre 2023, n° 467834, *Lebon* T.).

La gratuité de la médiation préalable obligatoire

Art. L. 213-12 Lorsque la médiation constitue un préalable obligatoire au recours contentieux, son coût est supporté exclusivement par l'administration qui a pris la décision attaquée.

Texte source

– Loi n° 2021-1729 du 22 décembre 2021, article 27.

L'interruption de la prescription par la saisine du médiateur

Art. L. 213-13 La saisine du médiateur compétent interrompt le délai de recours contentieux et suspend les délais de prescription, qui recommencent à courir à compter de la date à laquelle soit l'une des parties, soit les deux, soit le médiateur déclarent, de façon non équivoque et par tout moyen permettant d'en attester la connaissance par l'ensemble des parties, que la médiation est terminée.

Texte source

– Loi n° 2021-1729 du 22 décembre 2021, article 27.

Les effets de la saisine du défenseur des droits

Art. L. 213-14 Lorsque le Défenseur des droits est saisi dans son champ de compétences d'une réclamation relative à une décision concernée par la médiation préalable obligatoire, cette saisine entraîne les mêmes effets que la saisine du médiateur compétent au titre de l'article L. 213-11.

Texte source
– Loi n° 2021-1729 du 22 décembre 2021, article 27.

Le délai de saisine du médiateur dans le cas d'une médiation préalable obligatoire

Art. R. 213-10 La médiation préalable obligatoire est engagée auprès du médiateur compétent dans le délai de recours contentieux prévu à l'article R. 421-1, majoré, le cas échéant, dans les conditions prévues à l'article R. 421-7. La notification de la décision ou l'accusé de réception prévu à l'article L. 112-3 du code des relations entre le public et l'administration mentionne cette obligation et indique les coordonnées du médiateur compétent. À défaut, le délai de recours contentieux ne court pas à l'encontre de la décision litigieuse. La lettre de saisine du médiateur est accompagnée de la décision contestée ou, lorsque celle-ci est implicite, d'une copie de la demande et de l'accusé de réception ayant fait naître cette décision.

Texte source
– Décret n° 2022-433 du 25 mars 2022, article 1er.

L'interruption et suspension des délais

Art. R. 213-11 La saisine du médiateur compétent interrompt le délai de recours contentieux et suspend les délais de prescription dans les conditions prévues à l'article L. 213-13. La réclamation auprès du Défenseur des droits, lorsqu'elle est faite dans les conditions prévues à l'article L. 213-14, produit les mêmes effets.

Texte source
– Décret n° 2022-433 du 25 mars 2022, article 1er.

Le rejet et la transmission du recours non précédé d'une médiation obligatoire

Art. R. 213-12 Lorsqu'un tribunal administratif est saisi dans le délai de recours contentieux d'une requête n'ayant pas été précédée d'une médiation qui était obligatoire, son président ou le magistrat qu'il délègue rejette cette requête par ordonnance et transmet le dossier au médiateur compétent.

Le médiateur est supposé avoir été saisi à la date d'enregistrement de la requête.

Texte source

– Décret n° 2022-433 du 25 mars 2022, article 1er.

Le délai de recours contentieux ne s'interrompt pas deux fois

Art. R. 213-13 L'exercice d'un recours gracieux ou hiérarchique après la médiation n'interrompt pas de nouveau le délai de recours.

Texte source

– Décret n° 2022-433 du 25 mars 2022, article 1er.

Commentaires

Le cas du recours préalable obligatoire n'est pas envisagé. Sans doute est-il estimé accidentel.

TITRE II Organisation et fonctionnement

CHAPITRE 1 Organisation des tribunaux administratifs et des cours administratives d'appel

SECTION 1 *Dispositions communes*

La composition des tribunaux administratifs et des cours administratives d'appel

Art. L. 221-1 Les tribunaux administratifs et les cours administratives d'appel se composent d'un président et de plusieurs magistrats des tribunaux administratifs et des cours administratives d'appel. Ils peuvent également comprendre d'autres membres détachés dans ce corps dans les conditions définies par les lois et règlements en vigueur.

Textes sources

– Code des TA et des CAA, article L. 2.
– Loi n° 2016-483 du 20 avril 2016, article 62.

Commentaires

Le texte distingue, plus nettement que l'ancien article L. 2, le président et les membres. L'explication résulte de la situation particulière des cours administratives d'appel, dont le président est conseiller d'État (CJA, art. L. 222-3) et n'appartient donc pas au corps des membres des tribunaux administratifs et cours administratives d'appel.

Le détachement constitue une originalité s'agissant de l'exercice de fonctions juridictionnelles, mais non une exclusivité : depuis le décret n° 2004-1088 du 14 octobre 2004, les fonctionnaires et autres agents publics détachés au Conseil d'État pour y occuper les fonctions de maître des requêtes ou d'auditeur peuvent y exercer des fonctions juridictionnelles. Et les magistrats des tribunaux et cours peuvent être détachés comme magistrats des chambres régionales des comptes. Ce détachement est légèrement encadré, ainsi qu'on le verra (CJA, art. L. 233-5 et R. 233-7) : aucun détachement ne peut être prononcé pour occuper un emploi de président. L'abrogation, par l'article 53 de la loi n° 2002-1138 du 9 septembre 2002, de la règle contenue à l'article L. 222-5 rend possible l'affectation directe en cour d'un magistrat détaché dans le corps.

C'est (voir CJA, art. L. 232-1) le Conseil supérieur des tribunaux administratifs et cours administratives d'appel qui dispose d'un pouvoir de proposition en ce qui concerne ces détachements, et ce pouvoir – qui a pour effet que l'autorité compétente ne peut prononcer un détachement qui n'ait pas obtenu l'aval du Conseil supérieur – participe des garanties d'indépendance édictées au bénéfice de l'institution juridictionnelle. On renvoie, pour le surplus, à l'article L. 233-5.

Le nom des tribunaux et cours

Art. R. 221-1 Les tribunaux administratifs et les cours administratives d'appel sont désignés par le nom de la ville où ils siègent. Toutefois, le tribunal administratif qui siège à Basse-Terre est désigné sous le nom de « tribunal administratif de la Guadeloupe », celui qui siège à Cayenne sous le nom de « tribunal administratif de la Guyane », celui qui siège à Schœlcher sous le nom de « tribunal administratif de la Martinique », celui qui siège à Mamoudzou sous le nom de « tribunal administratif de Mayotte », celui qui siège à Mata-Utu sous le nom de « tribunal administratif de Wallis-et-Futuna », celui qui siège à Saint-Denis sous le nom de « tribunal administratif de La Réunion », celui qui siège à Saint-Pierre sous le nom de « tribunal administratif de Saint-Pierre-et-Miquelon », celui qui siège à Papeete sous le nom de « tribunal administratif de la Polynésie française » et celui qui siège à Nouméa sous le nom de « tribunal administratif de Nouvelle-Calédonie ». Les tribunaux administratifs de Saint-Barthélemy et de Saint-Martin sont désignés sous cette même dénomination.

Textes sources

– Code des TA et des CAA, article R. 1.
– Décret n° 2005-1611 du 20 décembre 2005, article 3.
– Décret n° 2008-452 du 13 mai 2008, article 3.
– Décret n° 2015-1145 du 15 septembre 2015, article 22.
– Décret n° 2015-1444 du 6 novembre 2015, article 1er.

Commentaires

L'indication par le jugement du nom de la ville siège, lorsqu'il est utilisé pour désigner la juridiction, est une formalité substantielle (CE, 12 décembre 1997, Élections de Saint-Philippe, n° 186917, *Lebon* T.).
Le tribunal administratif siégeant en Martinique était identifié comme tribunal administratif de Fort-de-France, avant la mise en place, courant 2015, de son nouveau siège à Schœlcher, dont il n'aura pas porté le nom longtemps…

Le contrôle de la mission d'inspection des juridictions administratives

Art. R. 221-2 Les tribunaux administratifs et les cours administratives d'appel sont soumis au contrôle de la mission [permanente] d'inspection des juridictions administratives prévue à l'article L. 112-5.

Texte source

– Code des TA et des CAA, article R. 3.

La composition et le fonctionnement du conseil de juridiction

Art. R. 221-2-1 I. – Outre le chef de juridiction, qui le préside, et les parlementaires du ressort qui sont invités à y participer, le conseil de juridiction prévu aux articles L. 221-2-2 et L. 221-3-1 comprend :

1° Des magistrats et agents de la juridiction ;

2° Les représentants de l'État dans les départements du ressort et des représentants d'administrations du ressort ou leurs représentants ;

3° Des représentants des collectivités territoriales ;

4° Des représentants d'universités et d'établissements d'enseignement supérieur du ressort ;

5° Les bâtonniers des barreaux du ressort ou leur représentant ;

6° Des représentants des experts et des commissaires enquêteurs inscrits sur les listes de la juridiction ou de la cour administrative d'appel ;

7° Des représentants d'associations représentant les usagers de la justice administrative ou exerçant une mission de service public auprès de la juridiction. Le chef de juridiction peut inviter toute autre personne dont la présence serait susceptible d'éclairer les discussions en fonction de l'ordre du jour. La liste des personnes invitées est arrêtée par le chef de juridiction pour chaque réunion du conseil. Lorsque les contraintes matérielles imposent de limiter le nombre des participants, le chef de juridiction précise le nombre de places ouvertes à chaque catégorie de participants.

II. – L'ordre du jour est arrêté par le chef de juridiction après avis de l'assemblée générale des magistrats et de la réunion plénière des agents de greffe de la juridiction mentionnées à l'article R. 222-4 ; il est joint aux invitations adressées au moins trois semaines avant la réunion du conseil de juridiction. Il peut comporter notamment une présentation, par la juridiction, d'un point de droit sur lequel elle souhaite attirer l'attention des participants, des enjeux et des défis auxquels la juridiction est confrontée, des partenariats qu'elle met en place pour développer les échanges avec certains publics. Cette présentation est suivie d'un temps de discussion avec l'ensemble des personnes invitées. La réunion du conseil de juridiction ne donne lieu à aucun vote ni à l'adoption d'aucune décision ou aucun avis.

Texte source

– Décret n° 2024-1174 du 10 décembre 2024, article 1er.

Commentaires

Voir les commentaires sous l'article L. 221-2-2.

SECTION 2 Organisation des tribunaux administratifs

L'appel à des membres extérieurs au tribunal administratif

Art. L. 221-2 Les tribunaux administratifs peuvent délibérer en se complétant, en cas de vacance ou d'empêchement, par l'adjonction d'un magistrat appartenant à un autre tribunal administratif.

Textes sources

– Code des TA et des CAA, article L. 2-1.
– Loi n° 2011-1862 du 13 décembre 2011, article 50.

Commentaires

Les cours ne peuvent se compléter par appel à des éléments qui leur soient extérieurs. Cet article a heureusement été nettoyé de la possibilité de recourir à un avocat pour compléter le tribunal. Le terme de « compléter » exige qu'au moins un membre de la juridiction ainsi « complétée » soit présent. Et, s'il est seul, ce ne peut être que le président de formation de jugement. Il s'ensuit d'évidence que le magistrat statuant seul ou encore le juge des référés ne peut qu'appartenir au tribunal. Il n'est pas nécessaire que l'appel au membre d'un autre tribunal (et jamais au membre d'une cour) concerne un tribunal limitrophe.

La question se pose de savoir quelles mentions doit comporter la décision rendue par une formation ainsi complétée. On peut penser qu'elle n'a pas à faire état des motifs qui ont rendu nécessaire l'appel à un magistrat extérieur, et notamment de l'existence de l'empêchement à l'origine de cet appel (CE, 15 juillet 1960, Cardona, jugeant qu'aucun principe général n'exige cette mention). En revanche, et parce que tout jugement doit comporter les mentions permettant de s'assurer de la régularité de la procédure suivie (CE ass., 1er juin 1956, Ville de Nîmes c/Pabion, *Lebon*, p. 217 – CE, 30 juin 1993, CPAM de la région dieppoise, n° 90559, *Lebon*, p. 188), on doit estimer que mention doit être faite et de l'existence d'un « remplaçant » et de la qualité qui lui permet de siéger (tribunal d'appartenance, par exemple).

Les sièges et ressorts des tribunaux administratifs

Art. R. 221-3 Le siège et le ressort des tribunaux administratifs sont fixés comme suit :
Amiens : Aisne, Oise, Somme ;
Bastia : Corse-du-Sud, Haute-Corse ;
Besançon : Doubs, Jura, Haute-Saône, Territoire de Belfort ;
Bordeaux : Dordogne, Gironde, Lot-et-Garonne ;
Caen : Calvados, Manche, Orne ;
Cergy-Pontoise : Hauts-de-Seine, Val-d'Oise ;
Châlons-en-Champagne : Ardennes, Aube, Marne, Haute-Marne ;
Clermont-Ferrand : Allier, Cantal, Haute-Loire, Puy-de-Dôme ;
Dijon : Côte-d'Or, Nièvre, Saône-et-Loire, Yonne ;
Grenoble : Drôme, Isère, Savoie, Haute-Savoie ;

Lille : Nord, Pas-de-Calais ;
Limoges : Corrèze, Creuse, Indre, Haute-Vienne ;
Lyon : Ain, Ardèche, Loire, Rhône ;
Marseille : Alpes-de-Haute-Provence, Hautes-Alpes, Bouches-du-Rhône ;
Melun : Seine-et-Marne, Val-de-Marne ;
Montpellier : Aude, Hérault, Pyrénées-Orientales ;
Montreuil : Seine-Saint-Denis ;
Nancy : Meurthe-et-Moselle, Meuse, Vosges ;
Nantes : Loire-Atlantique, Maine-et-Loire, Mayenne, Sarthe, Vendée ;
Nice : Alpes-Maritimes ;
Nîmes : Gard, Lozère, Vaucluse ;
Orléans : Cher, Eure-et-Loir, Indre-et-Loire, Loir-et-Cher, Loiret ;
Paris : ville de Paris ;
Pau : Gers, Landes, Pyrénées-Atlantiques, Hautes-Pyrénées ;
Poitiers : Charente, Charente-Maritime, Deux-Sèvres, Vienne ;
Rennes : Côtes-d'Armor, Finistère, Ille-et-Vilaine, Morbihan ;
Rouen : Eure, Seine-Maritime ;
Strasbourg : Moselle, Bas-Rhin, Haut-Rhin ;
Toulon : Var ;
Toulouse : Ariège, Aveyron, Haute-Garonne, Lot, Tarn, Tarn-et-Garonne ;
Versailles : Essonne, Yvelines ;
Basse-Terre : Guadeloupe ;
Cayenne : Guyane ;
Mamoudzou : Mayotte ;
Mata-Utu : îles Wallis-et-Futuna ;
Nouméa : Nouvelle-Calédonie ;
Papeete : Polynésie française, Clipperton ;
Saint-Denis : Réunion, Terres australes et antarctiques françaises ;
Saint-Barthélemy : Saint-Barthélemy ;
Saint-Martin : Saint-Martin ;
Saint-Pierre : Saint-Pierre-et-Miquelon ;
Schœlcher : Martinique.

Toutefois, le ressort du tribunal administratif de Melun comprend l'intégralité de l'emprise de l'aérodrome de Paris-Orly et celui du tribunal administratif de Montreuil l'intégralité de l'emprise de l'aérodrome de Paris-Charles-de-Gaulle.

Le siège des tribunaux administratifs de Saint-Barthélemy et de Saint-Martin est fixé à Basse-Terre.

Textes sources

– Code des TA et des CAA, article R. 4.
– Décret n° 2009-945 du 29 juillet 2009, article 3.

– Décret n° 2015-1444 du 6 novembre 2015, article 1er.

Commentaires

Manifestement, cette liste se rapporte aux départements. L'arrivée des métropoles dans le paysage administratif a soulevé quelques inquiétudes : le territoire desdites métropoles étant « sorti » de celui des départements, les litiges nés dans ce territoire allaient-ils relever du tribunal administratif de Paris, par application de l'article R. 312-9 ? Cette inquiétude a été levée à la lecture de l'article 1er de l'ordonnance du 19 décembre 2014 relative à la création de la métropole de Lyon. Selon cet article : « L'article 4 de la loi du 6 février 1992 susvisée est complété par un alinéa ainsi rédigé : "L'évolution des limites des collectivités territoriales est sans incidence sur les circonscriptions administratives de l'État." ». On en conclut donc que le « département » auquel se réfèrent les ressorts des tribunaux administratifs, circonscription administrative de l'État, n'est pas affecté par l'évolution de la collectivité territoriale portant le même nom. Solution sage, même si l'on peut regretter qu'ainsi se pérennise l'usage d'un même terme pour désigner deux réalités différentes…

Le découpage des ressorts est, en règle générale, calqué sur celui des régions, avant le redécoupage opéré en 2015, avec toutefois quelques exceptions : la Moselle, située dans l'ancienne région Lorraine, relève du tribunal administratif de Strasbourg pour des raisons historiques évidentes ; l'Indre, appartenant à l'ancienne région Centre, relève du tribunal administratif de Limoges et non d'Orléans ; le ressort du tribunal administratif de Pau est à cheval sur deux anciennes régions (Aquitaine – départements des Landes et des Pyrénées-Atlantiques – et Midi-Pyrénées – départements du Gers et des Hautes-Pyrénées). Quatre anciennes régions enfin voient leur territoire partagé entre plusieurs tribunaux administratifs, sans empiétement sur une autre région : ce sont les régions Île-de-France (tribunaux administratifs de Paris, Melun, Versailles, Cergy-Pontoise et Montreuil), Rhône-Alpes (tribunaux de Lyon et Grenoble), Provence-Alpes-Côte d'Azur (tribunaux de Marseille, Nice et Toulon) et Languedoc-Roussillon (tribunaux de Montpellier et Nîmes).

Le tribunal administratif de Mata-Utu a pris la place du dernier conseil du contentieux administratif qui subsistait, à savoir celui de Wallis-et-Futuna dont la disparition est prononcée à l'article 2 de l'ordonnance du 26 septembre 2003.

L'ajustement concernant les deux aéroports parisiens provient de ce que les emprises de ces aérodromes s'étendaient sur le ressort territorial de plusieurs tribunaux (CE, 8 juin 2016, Marinez-Teruel, n° 398061, *Lebon* T. – CE, 23 novembre 2016, Ben Khaled, n° 403888).

On aurait pu ajouter, au titre des ajustements, celui qui résulte de l'article R. 776-16 et rattache au tribunal administratif de Nancy les dossiers concernant des étrangers placés au centre de rétention administrative de Metz, qui se trouve dans le ressort du tribunal de Strasbourg, a justement entendu strictement le Conseil d'État (CE, 16 décembre 2013, Gashi, n° 372357, *Lebon* T.).

Le caractère réglementaire de l'article R. 221-3 ne peut être qu'asymétrique : s'il est loisible au pouvoir réglementaire de créer un nouveau tribunal administratif, il ne peut supprimer un tribunal, cette mesure portant nécessairement atteinte à la garantie d'inamovibilité des magistrats inscrite à l'article L. 231-3. On remarque,

à titre de comparaison, que la suppression de sept chambres régionales des comptes a dû se traduire par l'aménagement, sous forme législative, de l'article L. 221-1 du Code des juridictions financières relatif aux modalités d'affectation des magistrats de ces chambres.
On note que les tribunaux administratifs d'outre-mer ont conservé leur nom d'origine sans tenir compte de la règle énoncée à la première phrase de l'article R. 221-1.

Les chambres des tribunaux administratifs

Art. R. 221-4 Le nombre de chambres de chaque tribunal administratif est fixé par arrêté du vice-président du Conseil d'État.

Texte source

– Décret n° 2010-164 du 22 février 2010, article 11.

Commentaires

Les « chambres » ici mentionnées sont non point des unités fonctionnelles de jugement, mais des catégories budgétaires : le nombre officiel de chambres commande, d'une part, le nombre de « vice-présidents », occupant les fonctions de présidents de chambre, et détermine, d'autre part, l'échelon du président de la juridiction (CJA, art. R. 221-5 et R. 234-6). Ce nombre résulte en dernier lieu d'un arrêté du 15 février 2022 (*JORF* n° 0041 du 18 février 2022).

La présidence des tribunaux administratifs

Art. R. 221-5 Les tribunaux administratifs comportant au moins cinq chambres sont présidés par un président inscrit sur la liste d'aptitude prévue par l'article L. 234-5. Les tribunaux administratifs comportant moins de cinq chambres sont présidés par un président inscrit sur la liste d'aptitude prévue à l'article L. 234-4.

Textes sources

– Code des TA et des CAA, article R. 5, dernier §.
– Décret n° 2013-730 du 13 août 2013, article 10.
– Décret n° 2023-1338 du 28 décembre 2023, article 1er.

Le tribunal administratif de Paris

Art. R. 221-6 Le tribunal administratif de Paris comprend des chambres regroupées en sections dont les nombres respectifs sont fixés par arrêté du vice-président du Conseil d'État. Il est présidé par un président inscrit sur la liste d'aptitude prévue à l'article L. 234-5.

Textes sources

– Code des TA et des CAA, article R. 6.
– Décret n° 2003-653 du 16 juillet 2003, article 3.

– Décret n° 2010-164 du 22 février 2010, article 11.
– Décret n° 2023-1338 du 28 décembre 2023, article 2.

Commentaires

La structure du tribunal administratif de Paris est originale puisque ses chambres sont regroupées en sections, dont le texte ne fixe plus le nombre, non plus que le nombre de chambres les composant. On retrouvera les sections dans la hiérarchie du corps fixée par l'article R. 234-6.

Le renforcement ponctuel des effectifs d'un tribunal administratif

Art. L. 221-2-1 En cas de nécessité d'un renforcement ponctuel et immédiat des effectifs d'un tribunal administratif, le vice-président du Conseil d'État peut déléguer, avec son accord, un magistrat affecté auprès d'une autre juridiction administrative, quel que soit son grade, afin d'exercer, pour une durée déterminée, toute fonction juridictionnelle auprès de ce tribunal.

L'ordonnance du vice-président précise le motif et la durée de la délégation ainsi que la nature des fonctions qui seront exercées par le magistrat délégué.

Un décret en Conseil d'État fixe le nombre et la durée des délégations qui peuvent ainsi être confiées à un magistrat au cours de la même année.

Texte source

– Loi n° 2012-347 du 12 mars 2012, article 81.

Commentaires

Ce dispositif nouveau n'est pas sans rappeler l'existence, dans l'organisation judiciaire, de magistrats placés auprès du premier président de la cour d'appel, et affectés par lui en fonction des besoins des tribunaux de son ressort. Sa mise en œuvre suppose remplies trois conditions cumulatives (outre, évidemment, l'accord du magistrat concerné) : le renforcement doit être nécessaire ; il le faut immédiat ; il ne peut être que ponctuel.

On note que le renforcement ne peut viser qu'un tribunal, cependant que le magistrat ainsi délégué peut appartenir à une cour. Le texte autorise même l'appel à un magistrat « affecté auprès d'une autre juridiction administrative », ce qui pourrait se lire comme ne se limitant pas aux tribunaux et cours. La sagesse paraît toutefois commander que l'on se limite à cet ensemble…

On saluera la souplesse de ce système, qui permet de répondre à l'engorgement conjoncturel d'un tribunal sans modifier pour autant le tableau des emplois de magistrats dans les juridictions.

La délégation d'un magistrat

Art. R. 221-6-1 En application de l'article L. 221-2-1, un magistrat ne peut être délégué plus de trois fois au cours d'une même année pour une durée totale qui ne peut excéder six mois.

L'ordonnance du vice-président du Conseil d'État prévue par le deuxième alinéa de l'article L. 221-2-1 intervient sur avis du président de la juridiction administrative auprès de laquelle le magistrat est affecté et du président du tribunal administratif auprès duquel le magistrat est délégué. Les magistrats délégués sont indemnisés de leurs frais de déplacement et de séjour dans les conditions fixées par le décret n° 2006-781 du 3 juillet 2006 fixant les conditions et les modalités de règlement des frais occasionnés par les déplacements temporaires des personnels civils de l'État.

Texte source

– Décret n° 2015-1145 du 15 septembre 2015, article 4.

SOUS-SECTION UNIQUE Le conseil de juridiction

Un lieu d'échanges, mais sans pouvoir de contrôle

Art. L. 221-2-2 Le conseil de juridiction placé auprès du tribunal administratif est un lieu d'échanges et de communication entre la juridiction et la cité, dont les missions, la composition, l'organisation et le fonctionnement sont fixés par décret en Conseil d'État.

Les députés et les sénateurs élus dans une circonscription située dans le ressort du tribunal administratif sont invités à participer au conseil de juridiction.

Le conseil de juridiction n'exerce aucun contrôle sur l'activité contentieuse ou sur l'organisation du tribunal administratif. Il n'évoque pas les affaires individuelles dont le tribunal administratif est saisi.

Textes sources

– Loi n° 2023-1059 du 20 novembre 2023, article 38-II.

Commentaires

En vertu du II de l'article L.O. 145 du Code électoral, dans sa rédaction issue de la loi organique n° 2017-1338 du 15 septembre 2017 pour la confiance dans la vie politique, la participation des parlementaires ne pouvait être prévue que par une loi (CE avis, 30 juillet 2019, n° 398023, mentionné au rapport d'activité 2019). L'exposé des motifs de la loi n° 2023-1059 du 20 novembre 2023 d'orientation et de programmation du ministère de la justice 2023-2027, n'évoquant que la participation des parlementaires aux conseils de juridiction prévus par des dispositions réglementaires du Code de l'organisation judiciaire, on peut s'interroger sur les intentions initiales du législateur quant au rôle d'une telle institution dans la juridiction administrative. Leur création dans la juridiction administrative procède d'un amendement COM-128 des rapporteurs de la commission des lois du Sénat visant à créer des conseils de juridiction auprès de la Cour de cassation, du Conseil d'État, des cours administratives d'appel et des tribunaux administratifs. Nous les citons « Une évolution de cette nature avait été préconisée par le rapport d'information de Philippe Bonnecarrère précité. Celui-ci y décrit en effet le conseil de juridiction comme « l'instance idoine au dialogue institutionnel de proximité entre les parlementaires et tous les acteurs de la justice ». S'il relève le caractère parfois convenus des échanges qui se tiennent dans ces instances, il conclut qu'elles « facilitent cependant les rencontres, peuvent s'accompagner d'échanges informels en marge de la manifestation [et que] beaucoup dépend de la manière dont l'ordre du jour est conçu et la circulation de la parole favorisée » (Rapport n° 660 (2022-2023), déposé le 31 mai 2023). Les articles L. 221-2-2 et L. 221-3-1 étant plus précis sur ce qu'un conseil de juridiction ne doit pas faire que sur ce qu'il peut faire, il conviendra d'attendre un peu pour le savoir.

SECTION 3 Organisation des cours administratives d'appel

La composition des cours administratives d'appel

Art. L. 221-3 Chaque cour administrative d'appel comporte des chambres.

Texte source

– Loi n° 87-1127 du 31 décembre 1987, article 2.

Les sièges et ressorts des cours administratives d'appel

Art. R. 221-7 Le siège et le ressort des cours administratives d'appel sont fixés comme suit :

Bordeaux : ressort des tribunaux administratifs de Bordeaux, Limoges, Pau, Poitiers, Guadeloupe, Guyane, Martinique, La Réunion, Mayotte, Saint-Barthélemy, Saint-Martin et Saint-Pierre-et-Miquelon ;

Douai : ressort des tribunaux administratifs d'Amiens, Lille et Rouen ;

Lyon : ressort des tribunaux administratifs de Clermont-Ferrand, Dijon, Grenoble et Lyon ;

Marseille : ressort des tribunaux administratifs de Bastia, Marseille, Nice et Toulon ;

Nancy : ressort des tribunaux administratifs de Besançon, Châlons-en-Champagne, Nancy et Strasbourg ;

Nantes : ressort des tribunaux administratifs de Caen, Nantes et Rennes ;

Paris : ressort des tribunaux administratifs de Melun, Montreuil, Paris, Nouvelle-Calédonie, Polynésie française et Wallis-et-Futuna ;

Toulouse : ressort des tribunaux administratifs de Montpellier, Nîmes, Toulouse ;

Versailles : ressort des tribunaux administratifs de Cergy-Pontoise, Orléans et Versailles.

Textes sources

– Code des TA et des CAA, article R. 7.
– Décret n° 2004-2 du 2 janvier 2004, article 2-2°.
– Décret n° 2004-585 du 11 juin 2004, article 4.
– Décret n° 2006-903 du 19 juillet 2006, article 4.
– Décret n° 2009-945 du 29 juillet 2009, article 6.
– Décret n° 2015-1145 du 15 septembre 2015, article 22.
– Décret n° 2020-516 du 5 mai 2020, article 1er.
– Décret n° 2021-1583 du 7 décembre 2021, article 2.
– Décret n° 2023-486 du 21 juin 2023, article 1er.

Commentaires

Le nombre des cours administratives d'appel, fixé à l'origine à cinq, est désormais de neuf. Le développement de ce nombre n'est pas allé sans poser quelques problèmes de remodelage des compétences, et donc de redistribution des effectifs : l'inamovibilité des magistrats n'a permis de redéployer les effectifs qu'à l'occasion soit de mutations volontaires, soit de départs spontanés (retraite ou avancement).

L'augmentation intervenue, si elle a rapproché dans l'ensemble ces juridictions de leurs justiciables, n'a pu être en elle-même d'aucun effet positif sur la capacité des cours à traiter le contentieux qui leur est attribué. C'est l'augmentation des effectifs de magistrats qui a cet effet. Et encore, pourrait-on paradoxalement avancer, la multiplication des cours, même assortie de créations corrélatives d'emploi de magistrats, a un effet de freinage sur les capacités de jugement : il est, dans les grandes unités, des « économies d'échelle » directement liées au nombre d'affaires à traiter, de telle sorte que cent cinquante magistrats répartis dans une seule structure seront en principe plus productifs que le même nombre éclaté dans sept structures.

Sur la nature réglementaire des mesures fixant les sièges des cours, on se reportera aux commentaires de l'article R. 221-3. Le décret n° 2021-183 du 7 décembre 2021 a créé, à compter du 1er janvier 2022, une neuvième cour administrative d'appel dont le siège est à Toulouse. Cette juridiction est compétente pour connaître des jugements rendus par les tribunaux administratifs de Toulouse, Montpellier et Nîmes.

Les chambres des cours administratives d'appel

Art. R. 221-8 Le nombre de chambres de chaque cour administrative d'appel est fixé par arrêté du vice-président du Conseil d'État.

Textes sources

– Code des TA et des CAA, article R. 8.
– Décret n° 2003-653 du 16 juillet 2003, article 4.
– Décret n° 2005-961 du 9 août 2005, article 2.
– Décret n° 2010-164 du 22 février 2010, article 1er.

Commentaires

Le nombre des chambres de chaque cour résulte en dernier lieu d'un arrêté du 31 janvier 2020.

SOUS-SECTION UNIQUE Le conseil de juridiction

Un lieu d'échanges, mais sans pouvoir de contrôle

Art. L. 221-3-1 Le conseil de juridiction placé auprès de la cour administrative d'appel est un lieu d'échanges et de communication entre la juridiction et la cité, dont les missions, la composition, l'organisation et le fonctionnement sont fixés par décret en Conseil d'État.

Les députés et les sénateurs élus dans une circonscription située dans le ressort de la cour administrative d'appel sont invités à participer au conseil de juridiction.

Le conseil de juridiction n'exerce aucun contrôle sur l'activité contentieuse ou sur l'organisation de la cour administrative d'appel. Il n'évoque pas les affaires individuelles dont la cour administrative d'appel est saisie.

Texte source

– Loi n° 2023-1059 du 20 novembre 2023, article 38-II.

Commentaires

Voir les commentaires sous l'article L. 221-2-2. Voir également CJA, art. R. 221-2-1.

SECTION 4 *Tableau des experts auprès des cours administratives d'appel et des tribunaux administratifs de leur ressort*

SOUS-SECTION 1 Dispositions générales

Le tableau des experts près la cour administrative d'appel

Art. R. 221-9 Il est établi, chaque année, par le président de la cour administrative d'appel, un tableau des experts auprès de la cour et des tribunaux administratifs du ressort, selon une nomenclature arrêtée par le vice-président du Conseil d'État correspondant aux domaines d'activité dans lesquels les juridictions administratives sont susceptibles de recourir à une expertise.

Le président de la cour administrative d'appel arrête les inscriptions en fonction des besoins des juridictions statuant dans chacun de ces domaines, après avis de la commission prévue à l'article R. 221-10.

Texte source

– Décret n° 2013-730 du 13 août 2013, article 7.

Commentaires

Ce texte (voir étude par D. Chabanol, *JCPA*, 28 avril 2014, p. 31 et s.) est le pendant de la suppression, prononcée par le même décret, de l'article R. 222-5 qui laissait chaque chef de juridiction libre d'établir ou non le tableau des experts près sa juridiction, liberté dont peu de présidents ont usé. Désormais, seul le président de la cour administrative d'appel est en droit d'établir le tableau des experts de son ressort, et même, il y est tenu, chaque année. Le régime de l'expertise a été de nouveau modifié par le décret n° 2023-468 du 16 juin 2023 relatif à l'expertise devant les juridictions administratives et judiciaires qui précise que ses dispositions des articles 12 à 33 sont applicables à Wallis-et-Futuna (article 34).

On peut s'interroger sur la pertinence du cadre géographique retenu : le parallèle avec la situation du monde judiciaire est évident, mais laisse perplexe, puisque les ressorts des cours d'appel (qui coïncident peu ou prou avec ceux des tribunaux administratifs) sont sans commune mesure avec ceux des cours administratives d'appel. De telle sorte que le tableau prévu par l'article R. 221-9 couvrira un territoire géographique à notre sens trop vaste pour être pertinent. Il n'est que de songer au ressort des cours de Paris ou de Bordeaux, qui toutes deux englobent l'outre-mer…

On peut aussi exprimer quelque scepticisme quant à l'utilité de tableaux annuels et obligatoires, alors que les juridictions administratives avaient su jusqu'à ce jour utiliser sans problème majeur les listes émanant de la cour d'appel judiciaire, et que, d'ailleurs, le décret du 13 août 2013 a précisé expressément que les juges sont libres de choisir leurs experts en dehors de la liste issue de l'article R. 221-9 (voir ci-après les articles R. 531-1, R. 621-2, R. 624-1 et R. 625-2)… Et ce scepticisme se renforce à la lecture des articles suivants qui déclinent la procédure qui doit régir l'établissement et la gestion de ces listes, procédure sans aucun doute indispensable, mais qui n'existe que parce que l'on a décidé d'établir des listes… (Sur les conséquences de la modification de la nomenclature voir : CJA, art. R. 221-18-1). Le décret n° 2021-1583 du 7 décembre 2021 portant création de la cour administrative d'appel de Toulouse a prévu, en son article 4, que « le tableau des experts auprès de la cour administrative d'appel de Toulouse prévu par l'article R. 221-9 du code de justice administrative est constitué pour l'année 2022 par les experts inscrits sur les tableaux auprès des cours administratives d'appel de Bordeaux et de Marseille qui ont un établissement professionnel ou une résidence dans le ressort de la cour administrative d'appel de Toulouse défini à l'article 2, pour la durée de leur inscription probatoire ou définitive qui reste à courir. Les experts désignés pour participer à la commission prévue par l'article R. 221-10 pourront, à défaut de compagnie d'experts auprès de la cour, être choisis parmi les experts inscrits à ce tableau. ».

La commission associée à l'établissement du tableau des experts

Art. R. 221-10 La commission mentionnée au second alinéa de l'article R. 221-9 est présidée par le président de la cour administrative d'appel.

Elle est composée des présidents des tribunaux administratifs ayant leur siège dans le ressort de la cour ou de magistrats les représentant ainsi que d'experts inscrits au tableau de la cour. Chaque commission comporte au moins deux experts sans que leur nombre puisse excéder le tiers de ses membres. Les experts sont désignés par le président de la cour administrative d'appel pour une durée de trois ans renouvelable, après avis de la compagnie d'experts auprès de la cour ou, à défaut, de tout autre organisme représentatif.

En cas de nécessité, notamment lorsque la commission comporte des membres résidant outre-mer ou se prononce sur le dossier d'un candidat résidant outre-mer, tout ou partie de ses travaux peut se tenir à distance par un moyen de communication audiovisuelle. En cas d'impossibilité avérée de recourir à un tel procédé, les membres de la commission peuvent être individuellement consultés par écrit.

Texte source

– Décret n° 2013-730 du 13 août 2013, article 7.
– Décret n° 2023-468 du 16 juin 2023, article 13.

Les conditions d'inscription sur le tableau des experts

Art. R. 221-11 Peuvent être inscrites sur le tableau des experts les personnes physiques qui remplissent les conditions suivantes :

1° Justifier d'une qualification et avoir exercé une activité professionnelle, pendant une durée de dix années consécutives au moins, dans le ou les domaines de compétence au titre desquels l'inscription est demandée, y compris les qualifications acquises ou les activités exercées dans un État membre de l'Union européenne autre que la France ;

2° Ne pas avoir cessé d'exercer cette activité depuis plus de deux ans avant la date de dépôt des candidatures, le 15 septembre de chaque année ;

3° Ne pas avoir fait l'objet d'une condamnation pénale ou d'une sanction disciplinaire pour des faits incompatibles avec l'exercice d'une mission d'expertise ;

4° Justifier du suivi d'une formation à l'expertise ;

5° Avoir un établissement professionnel ou sa résidence dans le ressort de la cour administrative d'appel.

Les demandes de réinscription obéissent aux mêmes conditions. Toutefois, la condition prévue au 2° n'est pas opposable à l'expert lors de sa première réinscription à l'issue de la période probatoire.
Les experts inscrits, à l'issue de la période probatoire, sur l'une des listes prévues par la loi n° 71-498 du 29 juin 1971 relative aux experts judiciaires sont réputés remplir les conditions énoncées au 1° et au 4° du présent article. Il en va de même des experts inscrits sur la liste nationale prévue par l'article L. 1142-10 du code de la santé publique.

Textes sources

– Décret n° 2013-730 du 13 août 2013, article 7.
– Décret n° 2015-1145 du 15 septembre 2015, article 5.

Commentaires

Outre des conditions classiques n'appelant que peu de commentaires (on note qu'être inscrit sur les listes « judiciaires » ou sur la liste nationale des experts en accidents médicaux vaut satisfaction aux conditions 1° et 4°), on soulignera que la condition de résidence fixée au 5° n'a guère de sens compte tenu de l'étendue du ressort des cours administratives d'appel : un expert installé à Fort-de-France est inscriptible sur la liste établie par le président de la cour de Bordeaux, ce qui laisse perplexe quant à sa capacité à expertiser des bâtiments situés à Limoges…
Quant à la condition tenant à l'absence de condamnation ou de sanction, elle prêtera à discussion lorsque la condamnation ou la sanction ne sera pas définitive, ou aura été amnistiée, ou encore s'il s'agit d'une condamnation dispensée par le tribunal de toute inscription sur l'extrait B2 du casier judiciaire, une telle dispense emportant, en application de l'article 775-1 du Code de procédure pénale, « relèvement de toutes les interdictions, déchéances ou incapacités de quelque nature qu'elles soient résultant de cette condamnation ». Au surplus, en l'absence de mention relative à l'ancienneté de la sanction ou de la condamnation, aucune prescription ne peut être envisagée, ce qui peut paraître discutable. Enfin, et si cet article doit jouer, on peut s'attendre à des débats délicats sur le point de savoir si telle ou telle condamnation est ou non incompatible avec l'exercice d'une mission d'expertise…

La durée de l'inscription sur le tableau des experts

Art. R. 221-12 L'inscription est effectuée pour une durée probatoire de trois ans. Elle peut être assortie de l'obligation de suivre une formation complémentaire pendant cette période, relative notamment à la procédure contentieuse administrative et aux spécificités de l'expertise devant les juridictions administratives.
Les réinscriptions sont effectuées pour une durée de cinq ans renouvelable.

Texte source

– Décret n° 2013-730 du 13 août 2013, article 7.

La demande d'inscription au tableau des experts

Art. R. 221-13 La demande d'inscription au tableau est adressée au président de la cour administrative d'appel territorialement compétente, au plus tard le 15 septembre de chaque année. Elle précise le ou les domaines d'activité au titre desquels le candidat sollicite son inscription. Elle est accompagnée des pièces propres à justifier que celui-ci satisfait aux conditions prévues par l'article R. 221-11 et à permettre à la commission de donner son avis sur les éléments d'appréciation définis par l'article R. 221-14.

La demande d'inscription est accompagnée d'une déclaration sur l'honneur aux termes de laquelle le candidat mentionne ses liens directs ou indirects avec tout organisme de droit public ou privé intervenant dans son domaine d'activité et s'engage à ne pas effectuer, pendant la durée de son inscription au tableau, d'activité incompatible avec l'indépendance et l'impartialité nécessaires à l'exercice des missions qui lui seront confiées en application du présent code.

Le formulaire de présentation de la demande et la composition du dossier d'inscription et de réinscription sont fixés par arrêté du vice-président du Conseil d'État.

Texte source

– Décret n° 2013-730 du 13 août 2013, article 7.

Commentaires

Le deuxième alinéa, que l'on pourrait qualifier de déclaration d'intérêts, répond à une préoccupation qui se généralise. On peut se demander si le dispositif préexistant de la récusation et de l'incapacité, fixé par les articles R. 621-5 et R. 621-6 du code, ne suffisait pas à assurer l'impartialité requise des experts. L'engagement mentionné au deuxième alinéa de l'article R. 221-13 laisse perplexe s'agissant de personnes qui ne sauraient enfermer leur vie professionnelle dans l'expertise. Ainsi, comment un expert pourrait-il refuser, pendant la durée de son inscription au tableau, d'effectuer des missions au service d'une commune, alors qu'il ne peut évidemment deviner que, quelques années plus tard, lui sera confiée une expertise dans un litige concernant cette même commune ? L'ordre temporel retenu par le texte nouveau est irréaliste, l'ordre normal étant pour l'expert d'exercer sa profession et ensuite de refuser des missions non compatibles avec cette profession, et non d'organiser sa profession de telle sorte qu'il puisse répondre à n'importe quelle mission d'expertise.

L'instruction de la candidature

Art. R. 221-14 Pour instruire le dossier de candidature, le président de la cour administrative d'appel désigne un ou plusieurs rapporteurs choisis au sein de la commission prévue à l'article R. 221-10 ou, le cas échéant, à l'extérieur de celle-ci, en fonction de leurs compétences dans le domaine d'activité au titre duquel la demande est présentée.

La commission entend le ou les rapporteurs désignés pour instruire la demande. Elle peut se faire communiquer tout renseignement ou document utiles et procéder à l'audition du candidat.

La commission vérifie que le candidat remplit les conditions énoncées à l'article R. 221-11 et apprécie la qualification de celui-ci, l'étendue de sa pratique professionnelle, sa connaissance des techniques de l'expertise et sa capacité à exercer sa mission avec conscience, objectivité, impartialité et diligence. Elle tient compte des besoins des juridictions du ressort.

Lorsque la commission est saisie d'une demande de réinscription, elle apprécie, en outre, les conditions dans lesquelles l'expert s'est acquitté des missions qui ont pu lui être confiées et s'assure qu'il a actualisé ses connaissances tant dans sa spécialité que dans la pratique de l'expertise devant les juridictions administratives.

Texte source

– Décret n° 2013-730 du 13 août 2013, article 7.

Le refus d'inscription ou de réinscription

Art. R. 221-15 La décision par laquelle le président de la cour administrative d'appel refuse l'inscription ou la réinscription d'un candidat est motivée. Elle est notifiée au candidat par lettre remise contre signature.

En application de l'article L. 231-6 du code des relations entre le public et l'administration, et par dérogation au délai de deux mois prévu à l'article L. 231-1 du même code, le silence gardé par le président de la cour administrative d'appel pendant seize mois sur la demande d'inscription ou de réinscription d'un candidat vaut acceptation.

Textes sources

– Décret n° 2013-730 du 13 août 2013, article 7.
– Décret n° 2015-1145 du 15 septembre 2015, article 6.
– Ordonnance n° 2015-1341 du 23 octobre 2015, article 3.

Commentaires

L'exigence de motivation n'est que la traduction de la position arrêtée par la Cour de justice de l'Union européenne dans l'affaire *Peñarroja Fa* (CJCE, 17 mars 2011, aff. C-372/09 et C-373/09, considérant 63).

Le texte n'impose pas d'autre procédure, ce qui est discutable. Certes, l'exigence de motivation n'emporte pas par elle-même nécessité d'une procédure contradictoire, puisque l'article 24 de la loi n° 2000-321 du 12 avril 2000 – codifié à l'article L. 121-1 du Code des relations entre le public et l'administration – exclut de cette obligation les décisions prises sur demande de l'intéressé, mais la jurisprudence est plus exigeante que la loi. Le principe issu de la jurisprudence *Trompier-Gravier* (CE, 5 mai 1944, n° 69751, *Lebon*, p. 133) n'a pas été effacé par la loi du 12 avril 2000 et le Conseil d'État a été conduit à juger, dans une affaire de rejet par le ministre de la Justice de la demande de nomination d'un notaire, que, si les motifs d'un tel rejet sont tirés d'éléments qui ne font pas partie du dossier de demande, l'intéressé devait en être prévenu avant l'édiction de la décision et mis à même d'en discuter (CE, 25 novembre 1994, Palem, n° 129381, *Lebon* T.). Cette jurisprudence paraît tout à fait transposable à l'inscription sur les tableaux d'experts.

Le serment de l'expert

Art. R. 221-15-1 Lors de leur inscription initiale sur le tableau établi par une cour administrative d'appel, les experts prêtent devant cette cour le serment d'accomplir leur mission avec conscience, objectivité, impartialité et diligence.

Texte source

– Décret n° 2023-468 du 16 juin 2023, article 14.

La mise à jour du dossier de l'expert

Art. R. 221-16 Les experts inscrits au tableau informent, sans délai, le président de la cour administrative d'appel de tout changement intervenu dans leur situation au regard des éléments définis à l'article R. 221-11 ainsi que des modifications à apporter à la déclaration d'intérêts prévue au deuxième alinéa de l'article R. 221-13.

Ils indiquent, à la fin de chaque année civile, au président de la cour administrative d'appel si des missions leur ont été confiées et, dans ce cas, lui adressent la liste des rapports qu'ils ont déposés et des missions en cours devant les juridictions administratives. Ils indiquent également les formations suivies en mentionnant les organismes qui les ont dispensées.

Texte source

– Décret n° 2013-730 du 13 août 2013, article 7.

Le retrait du tableau des experts

Art. R. 221-17 Le retrait d'un expert du tableau est prononcé par le président de la cour administrative d'appel soit à la demande de l'intéressé, soit lorsque celui-ci ne remplit plus les conditions prévues par le 3° ou le 5° de l'article R. 221-11, soit en cas de radiation définitive des listes prévues par la loi n° 71-498 du 29 juin 1971 relative aux experts judiciaires ou de la liste nationale prévue par l'article L. 1142-10 du code de la santé publique.

Textes sources

– Décret n° 2013-730 du 13 août 2013, article 7.
– Décret n° 2019-82 du 7 février 2019, article 8.

Commentaires

Le « retrait » ici mentionné n'est pas un retrait au sens juridique puisqu'il n'est évidemment pas rétroactif. Cette opération se présente (mis à part le cas de la demande de l'intéressé) comme la conséquence logique et quasi automatique de faits objectifs rendant impossible le maintien sur la liste, ce qui explique que la décision en soit prise sans consultation de la commission de l'article R. 221-10 et sans devoir être motivée non plus que soumise à une procédure contradictoire. Cela n'a rien d'évident.

D'abord, le lien systématique introduit entre radiation des listes « judiciaires » et retrait du tableau administratif laisse perplexe : les magistrats judiciaires peuvent avoir de très bonnes raisons de radier un expert qui, par exemple, a quitté le ressort de la cour d'appel, mais pourquoi cet expert devrait-il être retiré de la liste de la cour administrative d'appel si son nouveau domicile demeure dans le ressort de cette dernière ?

Ensuite, la survenance d'une condamnation ou d'une sanction (qui soulèvera les questions évoquées sous l'article R. 221-11) obligera le président (à le supposer informé de cette condamnation qui peut avoir été prononcée par une juridiction étrangère) à apprécier l'incompatibilité entre cette condamnation ou sanction et l'exercice d'une mission d'expertise. Nous sommes à l'opposé de toute compétence liée. Mais alors, et le retrait en question représentant l'abrogation d'un acte créateur de droits, il devient impératif de le motiver, en application de l'article L. 211-2 du Code des relations entre le public et l'administration, et de le faire précéder d'une procédure contradictoire, en vertu de l'article L. 121-1 du même code.

La radiation du tableau des experts

Art. R. 221-18 La radiation du tableau d'un expert en cas de manquement aux obligations qui lui incombent en cette qualité peut être prononcée par décision du président de la cour administrative d'appel après avis de la commission prévue à l'article R. 221-10.

La commission doit, au préalable, informer l'intéressé des griefs retenus à son encontre et le mettre en mesure de présenter ses observations. L'intéressé est entendu par la commission s'il en fait la demande.

La décision par laquelle le président de la cour administrative d'appel prononce la radiation d'un expert est motivée.

Texte source

– Décret n° 2013-730 du 13 août 2013, article 7.

La modification de la nomenclature du tableau des experts

Art. R. 221-18-1 I. – En cas de modification de la nomenclature mentionnée à l'article R. 221-9, le vice-président du Conseil d'État fixe, par arrêté, les modalités selon lesquelles le reclassement des experts concernés est effectué soit de manière automatique, soit sur demande de leur part.

Cet arrêté précise notamment les modalités selon lesquelles l'obligation de présenter une demande est portée à la connaissance des intéressés ainsi que les conditions de forme et de délai dans lesquelles ils doivent adresser cette demande au président de la cour administrative d'appel auprès de laquelle ils sont inscrits.

II. – Lorsqu'une demande de reclassement soulève une difficulté, le président de la cour administrative d'appel saisit pour avis la commission prévue à l'article R. 221-10.

À défaut de notification, dans un délai d'un mois à compter de la réception de la demande, d'une décision de saisir la commission, l'expert est reclassé dans la ou les rubriques ou spécialités qu'il a mentionnées.

L'expert qui, en dépit d'une mise en demeure, n'a pas présenté la demande requise est radié du tableau.

III. – Lorsque la commission prévue à l'article R. 221-10 est saisie, elle émet un avis sur le reclassement de l'expert dans les conditions prévues à l'article R. 221-14.

La commission apprécie la qualification de l'expert et l'étendue de sa pratique professionnelle au regard de la ou des rubriques ou spécialités qu'il a mentionnées. Elle tient compte des besoins des juridictions du ressort.

Au vu de l'avis émis par la commission, le président de la cour procède au reclassement de l'expert dans la ou les rubriques ou spécialités pertinentes ou, le cas échéant, après avoir recueilli ses observations, à sa radiation. Sa décision est motivée si elle procède à un reclassement dans une rubrique ou spécialité différente de celle mentionnée dans la demande ou à une radiation. Elle est alors notifiée à l'intéressé par lettre remise contre signature.

Texte source

– Décret n° 2023-468 du 16 juin 2023, article 15.

Commentaires

Un arrêté du 18 juin 2023 (*JORF* n° 0141 du 20 juin 2023) a modifié la nomenclature pour les tableaux d'experts entraînant un important travail de reclassement pour les CAA.

Le recours contre les décisions du président

Art. R. 221-19 La décision prise par le président de la cour administrative d'appel en application des articles R. 221-15, R. 221-17, R. 221-18 ou R. 221-18-1 peut être contestée dans le délai d'un mois à compter de sa notification. La requête est formée auprès de la cour et est transmise sans délai par le président de celle-ci à une autre cour administrative d'appel,

conformément à un tableau d'attribution arrêté par le président de la section du contentieux.
Le président de la cour administrative d'appel, qui a rendu la décision attaquée, est appelé à présenter des observations écrites sur les mérites du recours.

Texte source

– Décret n° 2013-730 du 13 août 2013, article 7.
– Décret n° 2023-468 du 16 juin 2023, article 16.

Commentaires

Le mécanisme ici mis en place revient sur la solution implicite adoptée dans l'arrêt *Peñarroja Fa* (CE, 24 avril 2012, n° 323962, *Lebon* T.) à propos des anciennes listes d'experts : le contentieux des décisions de refus d'inscription relevait, selon cette décision, du Conseil d'État.
Ce mécanisme n'est pas sans rappeler celui qui régit les recours contre les décisions par lesquelles les chefs de juridiction taxent les frais et honoraires d'un expert, mécanisme fixé par l'article R. 761-5 du code. Les décisions en cause étant de nature administrative, le délai prescrit par le texte ne sera opposable que si elles sont notifiées avec l'indication des voies et délais de recours.
Le décret n° 2021-1583 du 7 décembre 2021 portant création de la cour administrative d'appel de Toulouse a prévu, en son article 4, que « les recours présentés sur le fondement de l'article R. 221-19 du code de justice administrative entre le 1er mars 2022 et le 31 décembre 2022 sont adressés selon le cas au président de la cour administrative d'appel de Bordeaux ou de Marseille et jugés conformément au tableau d'attribution arrêté par le président de la section du contentieux valable pour 2022 ».
Nous n'avons pas trouvé d'arrêté du président de la section du contentieux publié en application de cet article. Le texte pourrait utilement se référer à celui prévue par le deuxième alinéa R. 761-5.

La publicité du tableau des experts

Art. R. 221-20 Le tableau des experts est tenu à la disposition du public dans les locaux de la cour administrative d'appel et des tribunaux administratifs du ressort. Il est publié sur le site internet des juridictions administratives.

Texte source

– Décret n° 2013-730 du 13 août 2013, article 7.

SOUS-SECTION 2

Dispositions particulières aux cours administratives d'appel de Paris et de Versailles

La situation des cours de Paris et de Versailles

Art. R. 221-21 Pour les cours administratives d'appel de Paris et de Versailles :

1° Le tableau des experts et l'ensemble des décisions y afférentes sont établis conjointement par les deux présidents de cour ;

2° La commission prévue par l'article R. 221-10 associe les présidents des tribunaux administratifs ayant leur siège dans le ressort des deux cours ou leur représentant ;

3° La condition d'établissement ou de résidence prévue par le 5° de l'article R. 221-11 s'apprécie également au regard du ressort des deux cours.

Textes sources

– Décret n° 2013-730 du 13 août 2013, article 7.

– Décret n° 2015-1145 du 15 septembre 2015, article 7.

CHAPITRE 2 Fonctionnement des tribunaux administratifs et des cours administratives d'appel

SECTION 1 Dispositions communes

La collégialité et l'imparité des formations de jugement

Art. L. 222-1 Les jugements des tribunaux administratifs et les arrêts des cours administratives d'appel sont rendus par des formations collégiales, sous réserve des exceptions tenant à l'objet du litige ou à la nature des questions à juger. Les juges délibèrent en nombre impair.

Texte source

– Code des TA et des CAA, article L. 4, § 1.

Commentaires

Cet article comporte deux principes, d'imparité et de collégialité. Mais si le principe d'imparité est absolu et ne souffre donc aucune exception (voir CE, 7 septembre 2009, Ministre de l'Économie c/SA Axa, n° 305586), il n'en va pas de même de la collégialité. Comme on l'a vu à propos de l'article L. 3, le législateur peut « disposer autrement » et l'article L. 222-1 constitue cette disposition « autre ». On ne pourra que constater que le législateur laisse ici une marge d'appréciation considérable au pouvoir réglementaire, se bornant à autoriser une dérogation à la collégialité compte tenu de « l'objet du litige » ou de la « nature des questions à juger », à condition de mettre en œuvre des critères objectifs, ce qui conduit à prévoir l'intervention du juge statuant seul soit dans certaines matières (voir CJA, art. R. 222-13), soit pour se prononcer sur certaines questions (voir CJA, art. R. 222-1 – CE, avis, 29 octobre 2012, Ayari, n° 360584). En tout cas, serait illégal un système dans lequel la décision de recourir au juge statuant seul dépendrait du seul sentiment du chef de juridiction, ou d'un critère étranger à ceux, quelque vagues qu'ils soient, qui résultent de la loi. On rappelle que, pour le Conseil d'État, la dérogation à la collégialité est prévue à l'article L. 122-1, pour les affaires « dont la nature ne justifie pas l'intervention d'une formation collégiale » (voir cet article).

La question de la conformité à la Constitution de cet article (en ce qu'il porterait atteinte au principe d'égalité des citoyens devant la loi) a conduit le Conseil d'État à soumettre au Conseil constitutionnel une question prioritaire de constitutionnalité (CE, 16 juillet 2010, USMA, n° 338829), question à laquelle le Conseil constitutionnel a répondu (Cons. const., 14 octobre 2010, déc. n° 2010-54 QPC) en écartant les griefs fondés sur ce principe d'égalité, ajoutant toutefois que le pouvoir réglementaire doit utiliser des critères objectifs pour déterminer les affaires relevant de l'exception au principe de collégialité. Cette réponse a été opposée par la suite au même requérant (CE, 4 juillet 2012, Union syndicale des magistrats administratifs, n° 338829), à un autre syndicat (CE, 13 février 2019 Syndicat de la juridiction administrative, n° 406606) et aux avocats (CE, 21 janvier 2015, Conseil national des Barreaux, n° 372817).

La désignation d'un membre de cour administrative d'appel pour participer à une commission administrative

Art. L. 222-2 Lorsque la participation d'un magistrat de tribunal administratif à une commission est prévue, la désignation peut porter sur un magistrat de cour administrative d'appel.

Si la disposition prévoit que la désignation est faite par le président du tribunal administratif ou sur sa proposition, celui-ci peut demander au président de la cour administrative d'appel du ressort de désigner ou de proposer un magistrat de la cour.

Dans tous les cas où la participation d'un magistrat de tribunal administratif ou de cour administrative d'appel à une commission est prévue, la désignation peut porter sur un magistrat honoraire.

Texte source

– Code des TA et des CAA, article R. 244.

Commentaires

Le texte organise l'interchangeabilité des magistrats des cours ou des tribunaux, s'agissant d'occuper des fonctions hors de leurs juridictions. Le reclassement en partie législative de dispositions antérieurement réglementaires ne se comprend que parce que le texte nouveau n'a pas la même portée que l'ancien : là où l'ancien ne prévoyait cette substituabilité, ou le recours à des magistrats honoraires, que pour la participation à des commissions « ne rendant pas de décision juridictionnelle », le texte nouveau étend cette possibilité à toutes les commissions, ce qui englobe celles qui ont la nature de juridictions. Cette extension, qui s'aligne sur le système en vigueur pour les membres du Conseil d'État (CJA, art. L. 137-1), doit donner quelque souplesse supplémentaire.

On note que le texte est muet, et les mesures réglementaires également, sur la procédure à suivre lorsque le membre de la juridiction administrative est désigné par une autorité administrative. On peut estimer que cette dernière s'adressera, à son choix, au président, soit du tribunal administratif, soit de la cour administrative d'appel, soit encore aux deux avant de faire son choix. Le texte ne paraît pas devoir s'appliquer aux commissions départementales des impôts, qui sont régies par le Code général des impôts, mais ce dernier contient des dispositions analogues.

Le pouvoir des présidents de statuer par ordonnance

Art. R. 222-1 Les présidents de tribunal administratif et de cour administrative d'appel, les premiers vice-présidents des tribunaux et des cours, le vice-président du tribunal administratif de Paris, les présidents de formation de jugement des tribunaux et des cours et les magistrats ayant une ancienneté minimale de deux ans ou ayant atteint au moins le grade de premier

conseiller désignés à cet effet par le président de leur juridiction peuvent, par ordonnance :
1° Donner acte des désistements ;
2° Rejeter les requêtes ne relevant manifestement pas de la compétence de la juridiction administrative ;
3° Constater qu'il n'y a pas lieu de statuer sur une requête ;
4° Rejeter les requêtes manifestement irrecevables, lorsque la juridiction n'est pas tenue d'inviter leur auteur à les régulariser ou qu'elles n'ont pas été régularisées à l'expiration du délai imparti par une demande en ce sens ;
5° Statuer sur les requêtes qui ne présentent plus à juger de questions autres que la condamnation prévue à l'article L. 761-1 ou la charge des dépens ;
6° Statuer sur les requêtes relevant d'une série, qui sans appeler de nouvelle appréciation ou qualification de faits, présentent à juger en droit, pour la juridiction saisie, des questions identiques à celles qu'elle a déjà tranchées ensemble par une même décision devenue irrévocable, à celles tranchées ensemble par une même décision du Conseil d'État statuant au contentieux ou examinées ensemble par un même avis par le Conseil d'État en application de l'article L. 113-1, et, pour le tribunal administratif, à celles tranchées ensemble par un même arrêt devenu irrévocable de la cour administrative d'appel dont il relève ;
7° Rejeter, après l'expiration du délai de recours ou, lorsqu'un mémoire complémentaire a été annoncé, après la production de ce mémoire, les requêtes ne comportant que des moyens de légalité externe manifestement infondés, des moyens irrecevables, des moyens inopérants ou des moyens qui ne sont assortis que de faits manifestement insusceptibles de venir à leur soutien ou ne sont manifestement pas assortis des précisions permettant d'en apprécier le bien-fondé.
Les présidents des cours administratives d'appel, les premiers vice-présidents des cours et les présidents des formations de jugement des cours, ainsi que les autres magistrats ayant le grade de président désignés à cet effet par le président de la cour peuvent, en outre, par ordonnance, rejeter les conclusions à fin de sursis à exécution d'une décision juridictionnelle frappée d'appel, les requêtes dirigées contre des ordonnances prises en application des 1° à 5° du présent article ainsi que, après l'expiration du délai de recours ou, lorsqu'un mémoire complémentaire a été annoncé, après la production de ce mémoire les requêtes d'appel manifestement dépourvues de fondement. Ils peuvent, de même, annuler une ordonnance prise en application des 1° à 5° et 7° du présent article à condition de régler l'affaire au fond par application des 1° à 7°.

Textes sources

– Code des TA et des CAA, article L. 9.
– Décret n° 2000-1115 du 22 novembre 2000, article 2, § II.
– Décret n° 2001-710 du 31 juillet 2001, article 1er, § I.
– Décret n° 2002-547 du 19 avril 2002, article 9, § II.
– Décret n° 2003-543 du 24 juin 2003, article 3.
– Décret n° 2003-1257 du 26 décembre 2003, article 3.
– Décret n° 2005-911 du 28 juillet 2005, article 2.
– Décret n° 2006-1708 du 23 décembre 2006, article 7.
– Décret n° 2015-1145 du 15 septembre 2015, article 8.
– Décret n° 2016-1480 du 2 novembre 2016, article 3.
– Décret n° 2019-82 du 7 février 2019, article 9.
– Décret n° 2023-1338 du 28 décembre 2023, article 3.

Commentaires

Le texte applicable aux cours et tribunaux est peu différent de celui en vigueur devant le Conseil d'État (CJA, art. R. 122-12). On se reportera donc aux commentaires faits sous cet article. On constate que, par une sorte de mimétisme, un mécanisme analogue a été retenu pour la Cour nationale du droit d'asile (CESEDA, art. L. 732-2 – voir CE, 9 juillet 2014, Sanmugarasa, n° 366578, *Lebon* T.). Par une interprétation opportune, le Conseil d'État a admis que cet article puisse inspirer la procédure à mettre en œuvre lorsque le tribunal exerce une attribution administrative, et non contentieuse, tel étant le cas des décisions rendues sur les demandes d'autorisation de plaider mentionnées à l'article L. 212-2 (CE, 23 mars 2012, Barois, n° 352360, *Lebon* T.).

I – Les irrecevabilités manifestes

Ainsi qu'on l'a dit à propos de l'article R. 122-12, a été abandonnée la notion d'irrecevabilité « non susceptible d'être couverte en cours d'instance », qui, présente dans l'ancien texte et rigoureusement interprétée (CE, avis, 28 juillet 1995, Tourteaux, n° 167629), avait subi tant de modifications qu'elle n'avait plus guère de portée. Le texte nouveau lui a préféré le critère tiré du non-respect d'une invitation à régulariser, ou de l'absence pour la juridiction de l'obligation d'émettre une telle invitation. Cette dispense, pour la juridiction, joue soit dans le cas de requête non motivée dans le délai de recours (voir CJA, art. R. 411-1), ou pour les questions prioritaires de constitutionnalité non présentées par mémoire distinct (CJA, art. R. 771-4), soit dans le cas des obligations qu'une phase précédente de la procédure, contentieuse ou administrative, a portées à la connaissance du requérant, et qu'il n'est donc pas besoin de lui rappeler (voir CJA, art. R. 612-1, 2e al.). On se reportera à nos observations sous l'article R. 122-12 concernant la portée de l'arrêt *Godrant* (CE, 14 octobre 2015, n° 374850, *Lebon* T.), désavoué, pour ce qui concerne le défaut de ministère d'avocat en appel, par la décision *Rossard* (CE, 17 mai 2017, n° 404261, *Lebon* T.).

Ce système a été jugé légal et ne méconnaissant ni les articles 6 § 1 et 13 de la Convention européenne de sauvegarde des droits de l'homme et des libertés fondamentales, ni les articles 2-3 et 14-1 du Pacte international relatif aux droits civils et politiques, ni l'article 47 de la Charte européenne des droits fondamentaux de l'Union européenne, puisque la mesure de rejet « ne peut être prise sans que le requérant ait été averti de la formalité exigée » (CE, 30 juillet 2003, M'Bow, n° 247376, *Lebon* T. – voir également CE, 11 juillet 2007, Union syndicale des magistrats administratifs, n° 302040, *Lebon* T., s'agissant du décret n° 2006-1708 du 23 décembre 2006).

L'auteur d'une ordonnance prise sur le fondement du 4° de l'article R. 222-1 du CJA n'est pas tenu d'attendre la production du mémoire complémentaire annoncé dans la requête ni de mettre en demeure le requérant de le produire en application de l'article R. 612-5 du CJA (CE, 7 juin 2023, n° 458264, *Lebon* T.).

II – Les séries

Le traitement des « séries » n'est pas exactement le même que celui prévu, pour le Conseil d'État, par l'article R. 122-12. Il est exigé, s'agissant des tribunaux et cours, que le premier jugement soit « devenu irrévocable », exigence qui n'aurait eu aucun sens pour le Conseil d'État. Cette expression nouvelle a remplacé celle, antérieure, de « passé en force de chose jugée ». La dernière dénomination couvrait les hypothèses de décisions juridictionnelles rendues en dernier ressort, même si elles pouvaient, faire l'objet d'un pourvoi en cassation, ou étaient frappées d'un tel pourvoi (CE ass., 27 octobre 1995, Ministre de l'Équipement c/Mattio, n° 150703, *Lebon* – CE, 26 juin 2009, Raffi, n° 307369, concernant précisément l'application de cet article R. 222-1).

Dans la perspective dessinée par l'article R. 222-1, il est clair que la sécurité juridique commande que le jugement « tête de série », qui sert de fondement à une filiation par ordonnances, soit à l'abri d'une censure par le juge de cassation. Il est donc prudent d'attendre qu'il soit devenu « irrévocable ». On remarque au surplus que les « séries » peuvent désormais se traiter par ordonnance même si la juridiction elle-même n'a pas préalablement tranché, ensemble, les questions posées par cette série : le texte permet, pour traiter par ordonnance une série, de s'inspirer de la seule décision de la juridiction suprême (ou de l'un de ses avis contentieux), voire d'un arrêt de la cour administrative d'appel dont relève le tribunal concerné, une fois cette dernière décision « devenue irrévocable ».

Le juge de cassation vérifie que sont remplies les conditions faisant qu'un dossier appartient à une « série » (CE, 26 juillet 2006, Abon, n° 286916). La difficulté est de définir le lien qui doit exister entre l'affaire jugée comme « tête de série » et les dossiers tranchés par ordonnance. D'abord, ce lien d'identité doit n'avoir pas disparu, par suite, par exemple, de l'intervention d'une loi de validation prise après l'annulation prononcée par la décision « tête de série » (CE, 25 avril 2007, Ministre des Transports c/Couegnat, n° 296661). Ensuite, les questions de droit doivent être littéralement les mêmes, et un lien de « voisinage » ne suffit point (CE, 24 septembre 2007, Murzeau, n° 289334 ; *AJDA* 2007, p. 1849). Mais la similarité des faits n'a pas à être une identité stricte : ils peuvent valablement varier d'une affaire à l'autre, pourvu qu'ils ne donnent lieu ni à appréciation spécifique (CE, 20 février 2008, Ministre de l'Intérieur c/Waterlot, n° 294396), ni à qualification nouvelle (CE, 26 juin 2009, Raffi, n° 307369 – CE, 27 juillet 2009, Société boucherie du marché, n° 312098).

On rappelle la règle, énoncée à l'article R. 742-2, selon laquelle l'ordonnance prononcée en application du 6° de l'article R. 222-1 doit viser « la décision ou l'avis par lequel ont été tranchées ou examinées les questions identiques à celles que la requête présente à juger », cette formalité étant substantielle (CE, 8 avril 2009, Desnoyer, n° 299946). Faut-il également rappeler que la procédure à respecter dans les hypothèses mentionnées au 6° doit être contradictoire, lorsque l'ordonnance ainsi rendue fait droit aux conclusions du requérant (CE, 17 septembre 2010, Chambre de métiers et de l'artisanat de Mayotte, n° 317105) ?

III – Les requêtes affectées de graves et évidentes insuffisances

Le 7° innove en ce qu'il autorise le rejet par ordonnance, comme non fondées, de requêtes affectées de graves et évidentes insuffisances. On se reportera aux observations formées, pour le même 7°, à l'article R. 122-12. On notera que, lorsqu'il est fait usage de ce 7° pour écarter une requête dont les moyens ne sont pas pertinents ou insuffisamment précisés, l'ordonnance ainsi rendue tranche la requête au fond, et non sur le terrain de la recevabilité (à la différence du cas où la requête n'est pas motivée du tout). D'où il suit que le juge d'appel ne peut se borner à confirmer que la requête ainsi rejetée entrait bien dans les prévisions du 7°, mais doit examiner les moyens tels que présentés devant lui, et qu'il lui appartient d'apprécier au titre de l'effet dévolutif de l'appel (CE, 30 septembre 2010, SAS SIFRU, n° 329825 et avis contentieux du 23 décembre 2010, Paulat, n° 340871).

On doit, pour l'application de ce 7°, prêter attention au fait qu'un moyen non fondé – la question serait-elle évidente – n'est pas un moyen inopérant, ce qui interdit de fonder sur cette absence de fondement l'utilisation du 7° (CE, 28 septembre 2012, Froumentin, n° 353802).

IV – Le rejet des demandes de sursis à exécution d'une décision juridictionnelle

Le septième alinéa de l'article permet d'abord – comme pour le Conseil d'État – de rejeter les conclusions tendant au sursis à exécution d'une décision juridictionnelle frappée d'appel (ce pour quoi il est cantonné aux cours administratives d'appel) – les procédures de suspension d'actes administratifs relevant du livre V du code.

La demande de sursis à exécution présentée sans ministère d'avocat peut être rejetée comme irrecevable à condition que cette obligation du ministère d'avocat pour faire appel soit mentionnée dans la notification du jugement attaqué ou que, à défaut d'une telle mention dans la notification du jugement, le requérant n'ait pas satisfait à l'invitation à régulariser ses conclusions avant l'expiration du délai imparti par une demande en ce sens (CE, 17 mai 2017, Rossard, n° 404261). Il peut également être fait droit à la demande de sursis à juge unique, mais, sur le fondement de l'article R. 222-25.

V – Le rejet des appels formés contre des ordonnances prononcées au titre des 1° à 5° et 7°

Cet alinéa 7 autorise à rejeter par ordonnance les requêtes formées contre les ordonnances prononcées en application de l'article R. 222-1 (alinéas 1 à 5) (mécanisme absent devant le Conseil d'État). C'est tirer en droit les conséquences d'un constat fréquent, à savoir que la contestation, en appel, de la réponse juridictionnelle, sous forme d'ordonnance, à une question relevant de l'évidence est le plus souvent gouvernée par la même règle d'évidence. Or, le cantonnement, avant 2007, de l'ordonnance aux cas d'irrecevabilité ou d'incompétence de la juridiction administrative ne permettait pas de rejeter, en appel, les requêtes dirigées contre les ordonnances rendues dans ces circonstances en première instance : ces requêtes étaient, en appel, non point irrecevables, mais mal fondées (CE, 10 août 2005, Maigret, n° 266027 – CE, 14 avril 2006, Virtamo, n° 271578). Le texte désormais applicable autorise dans cette hypothèse le prononcé d'une ordonnance en appel, à condition, évidemment, que soit contestée une ordonnance : si le tribunal s'est prononcé en formation collégiale, l'article R. 222-1 ne permet pas de rejeter par ordonnance la requête recevable dirigée contre ce jugement (CE, 7 décembre 2005, Jolibois, n° 275912 – CE, 21 décembre 2007, Samper, n° 294370) sauf si la requête d'appel tombe sous le coup du 7°, et sauf application du dernier alinéa lorsque la requête d'appel est manifestement dépourvues de fondement. De même inspiration est le dispositif, ajouté dans cet article, qui autorise le juge d'appel à annuler une ordonnance prise en application des 1° à 5° de l'article R. 222-1 (donc en excluant les ordonnances prises au titre des séries), à condition d'évoquer la demande et, statuant au fond, d'appliquer l'une de ces dispositions. Les hypothèses soutenant ce texte sont, entre autres, celle d'un premier juge ayant opposé une irrecevabilité à une demande que la juridiction administrative n'a pas compétence pour traiter, ou ayant opposé une telle incompétence sans avoir perçu un désistement. L'ordonnance statuant sur l'appel ne peut intervenir qu'après l'expiration du délai d'appel ou, lorsqu'un mémoire complémentaire a été annoncé devant la cour, après sa production. (CE, 4 octobre 2023, n° 461138, *Lebon* T.). Lorsque l'irrecevabilité est régularisable, l'ordonnance ne peut intervenir qu'après invitation à régulariser, même si un mémoire en défense soulève une fin de non-recevoir et même s'il y a eu clôture de l'instruction (CE, 30 mars 2023, n° 453389, *Lebon* T.).

VI – Le rejet de requêtes d'appel manifestement infondées

Deux dernières modifications, intervenues en 2016 et 2019, autorisent les présidents des cours administratives d'appel, les premiers vice-présidents des cours et les présidents des formations de jugement des cours, ainsi que les autres magistrats ayant le grade de président désignés à cet effet par le président de la cour, à rejeter par ordonnance et sans audience publique les requêtes d'appel manifestement non fondées après l'expiration du délai d'appel. Ces dispositions ne méconnaissent, ni le droit à un recours juridictionnel effectif, ni le principe d'égalité devant la justice, ni le principe du caractère contradictoire de la procédure (CE, 13 février 2019, Syndicat de la juridiction administrative, *préc.*). On passe ainsi, progressivement, d'un régime de jugement de l'évidence objective, (irrecevabilités, absence de moyens ou moyens inopérants) à un tri entre les requêtes apparemment fondées et celles qui ne le sont manifestement pas, tri qui est opéré par un magistrat se prononçant seul dans le silence de son cabinet… Lorsque le délai d'appel a expiré, si un mémoire complémentaire a été annoncé, le magistrat, ne peut régulièrement rejeter la requête par ordonnance, en l'absence de production du mémoire complémentaire ou de mise en demeure, sans avoir imparti un délai au requérant pour le produire, en application de l'article R. 611-17 du CJA, et attendu l'expiration de ce délai (CE 10 juin 2020, Brunel, n° 427806, *Lebon* T.). L'obligation de fixer un délai est la même lorsque la requête annonce une QPC devant être présentée par un mémoire distinct (CE, 9 juin 2020, Société locale d'épargne de Haute-Garonne Sud-Est, n° 438822, *Lebon* T., p. 946). Inviter à produire « dans les meilleurs délais » ne suffit pas (CE, 31 décembre 2020, Société Nass-y-Beach, n° 431799, *Lebon* T.). Voir CJA, art. R. 611-17. Si les ordonnances prises sur le fondement du dernier alinéa de l'article R. 222-1 du CJA doivent analyser les conclusions des parties, elles ne sont pas tenues de viser les mémoires produits après la clôture de l'instruction, quand bien même ils contiendraient des conclusions nouvelles (CE, 16 mai 2022, Adnet, n° 442991, *Lebon* T.). Une ordonnance faisant droit à des conclusions d'injonction sur appel incident est totalement irrégulière (CE, 24 octobre 2023, n° 465360, *Lebon* T.). Les dispositions de la dernière phrase du dernier alinéa de l'article R. 222-1 du CJA n'ouvrent pas aux magistrats des CAA la faculté de faire droit, par ordonnance, à des conclusions tendant à l'annulation d'un jugement de TA, et pas davantage celle, après avoir annulé un tel jugement, d'évoquer les conclusions présentées en première instance pour les rejeter (CE, 7 mai 2025, n° 495329, *Lebon* T.).

VII – La rectitude juridique du système de « l'ordonnance sur ordonnance »

Le système de « l'ordonnance sur ordonnance » prive le demandeur de toute possibilité d'audience publique, en première instance et en appel. Après avoir vu dans la possibilité de débats publics au moins une fois, soit en première instance soit en appel, une garantie découlant de l'article 6 § 1 de la Convention européenne de sauvegarde des droits de l'homme et des libertés fondamentales (CEDH, 29 octobre 1991, Helmers c/Suède, n° 16970/90), la Cour européenne des droits de l'homme semble admettre une telle absence, dès lors que les problèmes à trancher sont « de caractère restreint » (CEDH, 19 février 1998, Allan Jacobsson c/Suède, n° 16970/90).

VIII – Les magistrats compétents pour signer les ordonnances

Le décret n° 2016-1480 du 2 novembre 2016 a élargi la liste des magistrats susceptibles de statuer par ordonnance, mais, compte tenu des conditions de grade et d'ancienneté requises des magistrats ainsi rendus compétents pour statuer par ordonnance sur le fondement de l'article R. 222-1 du Code de justice administrative et de ce que cette compétence est subordonnée à leur désignation individuelle par le président de leur juridiction, ces dispositions ne sont pas entachées d'erreur manifeste d'appréciation (CE, 13 février 2019, Syndicat de la juridiction administrative et Union syndicale des magistrats administratifs, n° 406606). Elles ne peuvent cependant fonder une demande d'avis au Conseil d'État en application de l'article L. 113-1 du CJA (CE, 19 juillet 2023, n° 472622, *Lebon* T.).

IX – Bon sens procédural ou gestion du contentieux ?

L'article R. 222-1 était, lorsqu'il a été adopté, l'expression du bon sens procédural ; il tend à devenir un instrument de gestion du contentieux et d'administration des dossiers... Mais administrer les dossiers, ce n'est pas les juger et le Conseil d'État contrôle en cassation l'usage abusif de la faculté ouverte par le neuvième alinéa de l'article R. 222-1 (CE, 5 octobre 2018, SA Finamur, n° 412560), la même décision posant que le juge du R. 222-1 n'a pas l'obligation d'indiquer les motifs justifiant le recours à une telle ordonnance. Pour autant le rejet doit être suffisamment motivé (CE, 9 novembre 2020, Heng, n° 430515).

Les formations administratives

Art. R. 222-2 Le tribunal et la cour exercent les attributions administratives prévues à l'article R. 212-1 dans une formation collégiale comprenant le président de la juridiction ou le magistrat qu'il délègue à cet effet et au moins deux membres, désignés par le président de la juridiction.

Texte source

– Code des TA et des CAA, article R. 243.

Commentaires

Ces dispositions s'appliquent aux avis mentionnés à l'article R. 212-1, mais on doit estimer qu'il convient de les étendre à toutes les attributions administratives. On songe aux cas dans lesquels le tribunal est appelé à décider de la possibilité pour un contribuable communal, départemental ou régional, d'exercer une action appartenant à la collectivité en cause (CJA, art. L. 212-2). De même doit-on envisager que, lorsque le tribunal administratif est appelé à proclamer les résultats d'une élection au lieu et place du bureau de vote (CE, 28 septembre 1983, Brune, n° 43555), il devra se prononcer en formation collégiale. Le texte d'origine, faisant état des attributions administratives, sans les limiter aux demandes d'avis, ne laissait place à aucune hésitation.

Pour l'exercice de ces fonctions administratives, il paraît exclu que la formation entende un rapporteur public, dont le rôle, tel qu'institué par l'article L. 7, est limité aux affaires contentieuses.

Le pouvoir réglementaire du président pour assurer le fonctionnement de la juridiction

Art. R. 222-3 Le président prend les dispositions nécessaires au fonctionnement de la juridiction qu'il préside. Il assure la direction des services de cette juridiction et le maintien de sa discipline intérieure.

Texte source

– Code des TA et des CAA, article R. 9.

Commentaires

Le texte est général, et l'on peut en déduire qu'il confie au président un pouvoir réglementaire en ce qui concerne le fonctionnement de sa juridiction. Ce texte est le pendant, *mutatis mutandis*, de l'article R. 121-7.

L'assemblée générale des magistrats et des membres du greffe

Art. R. 222-4 L'assemblée générale du tribunal administratif ou de la cour administrative d'appel, composée de tous les magistrats, se réunit au moins une fois par an. Elle est convoquée et présidée par le président du tribunal ou de la cour. Elle examine les sujets d'intérêt commun. Son rôle est consultatif.

Le président du tribunal ou de la cour convoque au moins une fois par an une réunion plénière des agents de greffe de la juridiction. Il l'informe des sujets d'ordre général intéressant le greffe et recueille ses observations.

Textes sources

– Code des TA et des CAA, article R. 9-1.
– Décret n° 2007-1309 du 4 septembre 2007, article 1er.

Commentaires

L'assemblée générale de la juridiction, composée de tous les magistrats, est apparue dans le code assez tardivement (décret n° 97-563 du 29 mai 1997). Cette apparition officielle n'a fait qu'entériner une pratique qui s'était spontanément développée dans toutes les juridictions ou presque. Il est clair qu'elle n'a qu'un rôle consultatif, et en aucune façon juridictionnel. Sa compétence, limitée aux « sujets d'intérêt commun », exclut les questions individuelles. Par ailleurs, seul le président a l'initiative de la réunion de l'assemblée : on ne trouve pas de mécanisme, parfois en usage dans la fonction publique, le contraignant à convoquer une réunion à la demande d'une majorité des membres de cette assemblée. On doit en déduire que le président est seul maître de l'ordre du jour de ladite assemblée. On pourrait se demander si l'indicatif présent (« elle examine ») n'emporte pas obligation de la consulter sur tous les sujets d'intérêt commun, et notamment avant que le président ne prenne les mesures mentionnées à l'article précédent. C'est douteux, compte tenu de la périodicité modeste de ses réunions et de la rédaction de l'article R. 222-3.

Les membres du greffe ont, eux aussi, droit à leur assemblée générale, une fois par an au moins. Alors que l'assemblée générale des magistrats « examine » des questions d'intérêt commun, celle des membres du greffe est seulement « informée » des sujets d'ordre général « intéressant le greffe » et formule des « observations », ce qui paraît limiter la possibilité de débats.

Art. R. 222-5 *Abrogé par le décret n° 2013-730 du 13 août 2013, article 14.*

Le pouvoir de communication du président

Art. R. 222-6 Le président communique directement avec les chefs des autres juridictions et avec toutes autorités administratives pour les questions concernant l'organisation et le fonctionnement de la juridiction qu'il préside.

Texte source

– Code des TA et des CAA, article R. 11.

Commentaires

Le président de la juridiction est totalement affranchi de la « voie hiérarchique ». Cet article exclut notamment toute subordination hiérarchique, via la transmission du courrier aux instances gérant l'institution, des présidents de tribunaux administratifs aux présidents de cours administratives d'appel.

Pouvant communiquer avec « toutes autorités administratives », les présidents des juridictions peuvent notamment s'adresser directement aux ministres. Mais il est douteux qu'ils puissent – en dehors du courrier courant – s'adresser dans les mêmes conditions à des parlementaires, qui ne sont pas des « autorités administratives », même si l'initiative concerne le fonctionnement de la juridiction et, par exemple, le nombre de magistrats qui y sont affectés.

L'ordre du tableau dans les tribunaux administratifs et les cours administratives d'appel

Art. R. 222-7 Pour la détermination de l'ordre du tableau, dans chaque grade du corps des magistrats des tribunaux administratifs et des cours administratives d'appel, seule est prise en considération la date de nomination à ce grade ; en cas de nomination à la même date, la préséance revient au plus âgé. Dans les cours administratives d'appel, le premier vice-président a préséance sur les présidents de chambre et les présidents de chambre ont préséance sur les assesseurs. Au tribunal administratif de Paris, le vice-président et les présidents de section ont préséance sur les présidents de chambre. Dans les tribunaux administratifs dotés d'un premier vice-président, celui-ci a préséance sur les présidents de chambre.

Toutefois, les magistrats des tribunaux administratifs et des cours administratives d'appel nommés dans leur grade à la suite du reclassement intervenu au 1er janvier 1998 prennent place au tableau en fonction du grade qu'ils détenaient antérieurement et de la date à laquelle ils y avaient été nommés.

Textes sources

– Code des TA et des CAA, article R. 12.
– Décret n° 2002-1472 du 20 décembre 2002, article 5.
– Décret n° 2013-730 du 13 août 2013, article 11.
– Décret n° 2017-451 du 30 mars 2017, article 7.

Commentaires

La précision tenant à l'âge, dans le premier alinéa, est opportune, les nominations de magistrats s'effectuant habituellement de façon groupée à des dates identiques. Elle dispense au surplus de rechercher l'ordre d'impression des nominations au *Journal officiel*, comme le veut en pareil cas la jurisprudence (CE, 12 novembre 1990, Association des membres de l'inspection générale des affaires sociales, n° 96578).

L'adjonction des dernières phrases du premier alinéa (phrases ajoutées par décrets des 20 décembre 2002 et 13 août 2013) rappelle que la préséance est aussi affaire de fonctions exercées, dont la hiérarchie est parfois susceptible de bousculer celle qui résulte de la seule ancienneté.
On aurait pu régler totalement la question en faisant apparaître que, dans les tribunaux administratifs, le chef de juridiction a préséance sur tous ses collègues, peu important leur date de nomination au grade de président. Il est en effet juridiquement possible, et nullement exclu en fait, qu'un chef de juridiction ait été nommé dans le grade de président après son premier vice-président ou l'un de ses présidents de chambre…
Le second alinéa n'est qu'une mesure transitoire, destinée à « gommer » les effets sur l'ordre du tableau d'une réforme statutaire qui, créant deux nouveaux grades de conseillers là où il y en avait trois, a provoqué des « nominations dans le grade » prenant effet au 1er janvier 1998, bousculant ainsi le tableau antérieur : on a décidé de conserver une sorte de « droit acquis » à la place dans le tableau résultant des anciens grades.

L'affectation des membres et des affaires dans les chambres

Art. R. 222-8 L'affectation des membres dans les chambres et la composition de chacune d'elles ainsi que la répartition des affaires entre ces chambres sont décidées par le président de la juridiction.

Textes sources
– Code des TA et des CAA, article R. 13.
– Décret n° 2010-164 du 22 février 2010, article 12.

Commentaires
Les affectations ici envisagées sont sans lien avec les formations de jugement. Le texte nouveau renvoie à des éléments structurels du tribunal (les chambres), toute allusion aux formations de jugement étant exclue. Les affectations des magistrats dans les chambres sont ainsi définies de façon stable, en règle générale en début d'année, et les modifications en cours d'année ne doivent normalement intervenir que pour pallier un empêchement ou une situation de blocage. Est alors appréciée la souplesse de l'article R. 222-8, alors surtout que le Conseil d'État n'exige point que le remplacement ainsi décidé soit formalisé par une décision écrite du président (CE, 26 juillet 1996, Université d'Aix-Marseille-III, n° 109263).
S'agissant de la répartition des affaires entre les chambres, l'on peut seulement se demander si un requérant pourrait se plaindre de la méconnaissance de la mesure interne de spécialisation pouvant découler de l'application de l'article R. 222-8.
On doit estimer que les décisions réglementaires du président prises en application de cet article doivent faire l'objet d'une publicité adaptée, par exemple, dans les locaux publics de la juridiction. Le moyen tiré de leur méconnaissance en ce qui concerne l'affectation des magistrats n'est pas, en effet, inopérant. L'objet de la disposition est bien d'éviter les formations *ad hoc* même pour de simples raisons de productivité (voir pour l'application de l'article R. 13 du Code des tribunaux

administratifs, les conclusions C. Nouraï sur CE 26 novembre 1984, Ville d'Orly c/Compagnie nationale Air France, n° 36358 *Lebon* T., *Revue de droit fiscal*, 1985, commentaires n° 171).

Les avis et propositions du président en matière de gestion des magistrats et des agents du greffe

Art. R. 222-9 Le président fait connaître au Conseil supérieur des tribunaux administratifs et cours administratives d'appel son avis sur l'avancement des membres de la juridiction qu'il préside.

Il formule ses propositions sur la nomination et l'avancement du personnel des greffes affecté dans sa juridiction.

Textes sources

– Code des TA et des CAA, article R. 14.
– Décret n° 2005-1586 du 19 décembre 2005, article 3.
– Décret n° 2007-1309 du 4 septembre 2007, article 2.
– Décret n° 2017-451 du 30 mars 2017, article 7.

Commentaires

Le chef de juridiction ne peut qu'émettre un avis, au titre du premier alinéa, puisqu'en ces matières, le Conseil supérieur des tribunaux administratifs et cours administratives d'appel dispose d'un pouvoir de proposition (CJA, art. L. 234-1, R. 222-23 et R. 222-32). Cet avis, évidemment, ne lie pas ledit conseil, même s'il est assez souvent suivi.

Le rapport annuel d'activité

Art. R. 222-10 Chaque année, avant le 1er février, le président adresse au vice-président du Conseil d'État, président du Conseil supérieur des tribunaux administratifs et cours administratives d'appel, un compte rendu relatif au fonctionnement des services de la juridiction qu'il préside pendant l'année écoulée, avec une statistique des affaires jugées et une statistique des affaires en instance.

Le président joint à ce rapport toutes observations utiles au sujet des questions d'intérêt général se rapportant aux travaux de la juridiction qu'il préside.

Textes sources

– Code des TA et des CAA, article R. 15.
– Décret n° 2017-451 du 30 mars 2017, article 7.

Commentaires

Le destinataire du rapport annuel n'est pas un ministre, ce qui révèle le rattachement des tribunaux administratifs et cours administratives d'appel au Conseil d'État, et non à un département ministériel. C'est le président du Conseil supérieur, à savoir le vice-président du Conseil d'État, qui est ainsi désigné comme responsable de l'institution et qui constitue l'intermédiaire obligé entre juridiction administrative et pouvoirs publics.

L'ordonnateur principal des dépenses des tribunaux administratifs et cours administratives d'appel

Art. R. 222-11 Le vice-président du Conseil d'État ordonnance les dépenses des tribunaux administratifs et des cours administratives d'appel. Il conclut les marchés et contrats passés pour les juridictions administratives, sous réserve des compétences dévolues aux chefs de juridiction.

Le secrétaire général et les secrétaires généraux adjoints du Conseil d'État peuvent recevoir délégation du vice-président pour signer tous actes et arrêtés concernant la gestion administrative et budgétaire des tribunaux administratifs et des cours administratives d'appel. Délégation peut être également donnée, aux mêmes fins, aux chefs de service du Conseil d'État et aux fonctionnaires du secrétariat général appartenant à un corps de catégorie A, ainsi qu'aux agents contractuels chargés de fonctions d'un niveau équivalent. Délégation peut en outre être donnée aux autres agents en fonction au Conseil d'État à l'effet de signer, sous la responsabilité des personnes mentionnées aux deux premiers alinéas, toute pièce relative aux dépenses et aux ordres de recettes.

Textes sources

– Décret n° 89-915 du 19 décembre 1989, article 1er, § 2 et 3.
– Décret n° 2002-547 du 19 avril 2002, article 13.
– Décret n° 2010-164 du 22 février 2010, article 26.
– Décret n° 2010-1710 du 30 décembre 2010, article 2.

Les ordonnateurs secondaires des dépenses des tribunaux administratifs et des cours administratives d'appel

Art. R. 222-12 Les présidents, chefs de juridiction des tribunaux administratifs et des cours administratives d'appel, sont institués ordonnateurs secondaires des dépenses de fonctionnement de la juridiction qu'ils président. En cas d'absence ou d'empêchement, ils peuvent déléguer leur signature à un membre ou à un fonctionnaire de leur juridiction.

Textes sources

– Décret n° 89-915 du 19 décembre 1989, article 1er, § 4.
– Décret n° 2015-1145 du 15 septembre 2015, article 9.

SECTION 2 Fonctionnement des tribunaux administratifs

L'appel à des magistrats honoraires

Art. L. 222-2-1 Le président du tribunal administratif peut désigner des magistrats administratifs honoraires choisis parmi les magistrats inscrits, pour une durée de trois ans renouvelable, sur une liste arrêtée par le vice-président du Conseil d'État, pour exercer les fonctions de rapporteur en formation collégiale dans la limite d'un magistrat honoraire par formation de jugement.
Les magistrats honoraires peuvent également statuer :
1° Sur les recours relevant de la compétence du juge statuant seul ;
2° Sur les référés présentés sur le fondement du livre V ;
3° Sur les recours en annulation jugés selon les modalités prévues au chapitre II du titre II du livre IX du code de l'entrée et du séjour des étrangers et du droit d'asile.

Textes sources

– Loi n° 2006-911 du 24 juillet 2006, article 76-I.
– Loi n° 2011-672 du 16 juin 2011, article 50.
– Loi n° 2016-274 du 7 mars 2016, article 27.
– Loi n° 2019-222 du 23 mars 2019, article 35.
– Ordonnance n° 2020-1733 du 16 décembre 2020, article 9.
– Loi n° 2024-42 du 26 janvier 2024, article 73.

Commentaires

Le texte traduit l'acuité des problèmes d'encombrement rencontrés, s'agissant du contentieux des mesures d'éloignement des étrangers en situation irrégulière (obligation de quitter le territoire français), par les tribunaux administratifs, et la conviction intime que ces problèmes ne vont pas s'alléger au fil des années. La liste des magistrats honoraires est fixée par arrêté du vice-président du Conseil d'État (liste modifiée en dernier lieu par arrêté du 10 mai 2022, *JORF* n° 0112 du 13 mai 2022 – Inscription de M. Daniel Josserand-Jaillet). En vertu des principes généraux applicables à la fonction de juger, comme toute personne appelée à siéger dans une juridiction, le magistrat honoraire doit se prononcer en toute indépendance et en toute impartialité (CE, 14 juin 2019, Keskin, n° 427510 – CAA Lyon, 11 juillet 2019, Hamza, n° 18LY02313). Mais la partialité doit ressortir des pièces du dossier pour être soulevée d'office (CAA Lyon, 11 juillet 2019, Patkovic, n° 18LY01737, solution implicite). Voir les commentaires sous l'article L. 721-1. La rémunération des magistrats ainsi recrutés découlait d'un décret n° 2006-1457 du 27 novembre 2006 et d'un arrêté du même jour. Ce décret a été abrogé par le décret n° 2019-1502 du 30 décembre 2019. Les modalités de cette rémunération sont désormais décrites à l'article D. 224-24-1 instituant un plafond de rémunération de 27 000 euros. Elle s'élève, par audience effectivement tenue, à une somme comprise entre 100 et 250 euros selon le nombre d'affaires enrôlées, dans la limite de quinze audiences par an. L'évolution du texte montre que, depuis 2019, le recours aux magistrats honoraires s'est accru par élargissement des matières traitées. Le

Conseil constitutionnel, après avoir vérifié l'encadrement de l'extension des attributions voulues par le législateur, a jugé que ces dispositions ne portent pas atteinte au principe d'indépendance du juge, d'inamovibilité des magistrats du siège et du droit à un procès équitable (Cons. const., 21 mars 2019, déc. n° 2019-778 DC). Sur l'honorariat, voir les commentaires sous l'article L. 131-4.

Les règles applicables à l'exercice des fonctions de magistrat honoraire

Art. L. 222-2-2 Les magistrats honoraires mentionnés à l'article L. 222-2-1 sont soumis aux dispositions des articles L. 231-1 à L. 231-9. Pour l'application de l'article L. 231-4-1, ils remettent leur déclaration d'intérêts aux présidents des juridictions où ils exercent leurs fonctions. Ils ne peuvent ni être membres du Conseil supérieur des tribunaux administratifs et cours administratives d'appel, ni participer à la désignation des membres de cette instance.

Les magistrats honoraires peuvent exercer une activité professionnelle concomitamment à leurs fonctions juridictionnelles, sous réserve qu'elle ne soit pas de nature à porter atteinte à la dignité ou à l'indépendance de leurs fonctions. Toutefois, ils ne peuvent exercer aucune activité d'agent public, à l'exception de celles de professeur des universités ou de maître de conférences.

Dans le ressort de la juridiction où ils sont désignés, les magistrats honoraires ne peuvent ni exercer une profession libérale juridique et judiciaire soumise à un statut législatif ou réglementaire ou dont le titre est protégé, ni être salariés d'un membre d'une telle profession, ni effectuer aucun acte d'une telle profession.

Les magistrats honoraires exerçant des fonctions juridictionnelles ne peuvent ni mentionner cette qualité ni en faire état dans les documents relatifs à l'exercice de leur activité professionnelle, tant pendant la durée de l'exercice de leurs fonctions qu'à l'issue de celles-ci.

Le pouvoir disciplinaire à l'égard des magistrats honoraires exerçant des fonctions juridictionnelles est mis en œuvre dans les conditions définies au chapitre VI du titre III du présent livre. Outre le blâme et l'avertissement prévus à l'article L. 236-1, peut seule être prononcée, à titre de sanction disciplinaire, la cessation des fonctions.

Les magistrats honoraires ne peuvent exercer de fonctions juridictionnelles au-delà de l'âge de soixante-quinze ans. Il ne peut être mis fin à leurs fonctions qu'à leur demande ou pour un motif disciplinaire.

Les activités accomplies en application du présent article sont indemnisées dans des conditions prévues par décret.

Texte source

– Loi n° 2019-222 du 23 mars 2019, article 35.

Commentaires

Ce texte a été adopté en 2019 par analogie à ce qu'a prévu la loi organique n° 2016-1090 du 8 août 2016 pour les magistrats judiciaires. Le recours aux magistrats honoraires est accru, mais mieux encadré.

Les missions d'aide à la décision des magistrats honoraires

Art. L. 222-2-3 Sur leur demande, le président du tribunal administratif peut désigner des magistrats honoraires inscrits sur la liste prévue à l'article L. 222-2-1 pour exercer des fonctions d'aide à la décision au profit des magistrats. L'exercice de ces fonctions est incompatible avec celui des activités juridictionnelles prévues au même article L. 222-2-1.

Les magistrats honoraires exerçant les fonctions mentionnées au premier alinéa du présent article ne peuvent ni exercer de profession libérale juridique ou judiciaire soumise à un statut législatif ou réglementaire ou dont le titre est protégé, ni être salariés d'un membre d'une telle profession, ni effectuer aucun acte d'une telle profession dans le ressort de la juridiction à laquelle ils sont affectés.

Les magistrats honoraires exerçant les fonctions mentionnées au même premier alinéa sont tenus au secret professionnel. Ils ne peuvent exercer ces fonctions au-delà de l'âge de soixante-quinze ans.

Les activités accomplies en application du présent article sont indemnisées dans des conditions prévues par décret.

Texte source

– Loi n° 2019-222 du 23 mars 2019, article 35.

Commentaires

Ce texte adopté en 2019 franchit un nouveau pas en prévoyant de confier aux magistrats honoraires des fonctions d'aide à la décision au profit des magistrats, créant ainsi une nouvelle catégorie d'aide à la décision. Pour la première fois, des « magistrats » administratifs sont recrutés pour ne rien décider…

L'indemnisation des magistrats honoraires

Art. D. 222-24-1 Les magistrats honoraires exerçant des fonctions juridictionnelles sur le fondement de l'article L. 222-2-1 ou des fonctions d'aide à la décision sur le fondement de l'article L. 222-2-3 perçoivent une indemnité dont le montant, qui peut varier selon la nature des fonctions exercées, et les modalités d'attribution sont fixés par arrêté conjoint du garde des Sceaux, ministre de la justice, et du ministre chargé du budget. Le montant annuel alloué au magistrat honoraire au titre de ces fonctions ne peut excéder 27 000 €.

Ils sont indemnisés de leurs frais de déplacement temporaire dans les conditions prévues par le décret n° 2006-781 du 3 juillet 2006 modifié fixant les conditions et les modalités de règlement des frais occasionnés par les déplacements temporaires des personnels civils de l'État. Le montant de cette indemnisation résulte en dernier lieu d'un arrêté du 3 août 2020 (*JORF* n° 0193 du 7 août 2020, texte n° 30) et varie de 60 euros à 110 euros par dossier à raison des fonctions exercées.

Texte source

– Décret n° 2019-1502 du 30 décembre 2019, article 3.

Le juge statuant seul dans les tribunaux administratifs

Art. R. 222-13 Le président du tribunal administratif ou le magistrat qu'il désigne à cette fin et ayant atteint au moins le grade de premier conseiller ou ayant une ancienneté minimale de deux ans statue en audience publique et après audition du rapporteur public, sous réserve de l'application de l'article R. 732-1-1 :

1° Sur les litiges relatifs aux prestations, allocations ou droits attribués au titre de l'aide ou de l'action sociale, du logement ou en faveur des travailleurs privés d'emploi, mentionnés à l'article R. 772-5 ;

2° Sur les litiges relatifs à la notation ou à l'évaluation professionnelle des fonctionnaires ou agents publics ainsi qu'aux sanctions disciplinaires prononcées à leur encontre qui ne requièrent pas l'intervention d'un organe disciplinaire collégial ;

3° Sur les litiges en matière de pensions de retraite des agents publics ;

4° Sur les litiges en matière de consultation et de communication de documents administratifs ou d'archives publiques ;

5° Sur les litiges relatifs aux impôts locaux et à la contribution à l'audiovisuel public, à l'exception des litiges relatifs à la contribution économique territoriale ;

6° Sur les litiges relatifs aux refus de concours de la force publique pour exécuter une décision de justice ;

7° Sur les requêtes contestant les décisions prises en matière fiscale sur des demandes de remise gracieuse ;

8° Sur les litiges relatifs aux bâtiments menaçant ruine ou aux immeubles insalubres ;

9° Sur les litiges relatifs au permis de conduire ;

10° Sauf en matière de contrat de la commande publique, sur toute action indemnitaire ne relevant pas des dispositions précédentes, lorsque le montant des indemnités demandées est inférieur au montant déterminé par les articles R. 222-14 et R. 222-15.

11° Sur les litiges relatifs à la désignation des électeurs sénatoriaux mentionnés à l'article L. 292 du code électoral.

Textes sources

– Code des TA et des CAA, article L. 4-1.
– Décret n° 2003-543 du 24 juin 2003, article 10, § V.
– Décret n° 2006-1708 du 23 décembre 2006, article 3.
– Décret n° 2007-18 du 5 janvier 2007, article 21.
– Décret n° 2009-14 du 7 janvier 2009, article 1er.
– Décret n° 2011-1950 du 23 décembre 2011, article 2.
– Décret n° 2013-730 du 13 août 2013, article 2.
– Décret n° 2016-1480 du 2 novembre 2016, article 4.
– Décret n° 2019-82 du 7 février 2019, article 10.
– Décret n° 2023-198 du 23 mars 2023, article 1er.

Commentaires

I – Le magistrat statuant seul

Après les domaines du juge statuant seul en raison des *questions posées* par une affaire (CJA, art. R. 222-1), vient le domaine du juge statuant seul, en tribunal administratif, en raison de *l'objet du litige* (voir CJA, art. L. 222-1). On est en présence d'une sorte de « juge de paix » administratif, un juge en deux personnes, puisque le magistrat statue après audition d'un rapporteur public, sauf dans les cas prévus à l'article R. 732-1-1 où ce dernier peut être dispensé de conclure. Le juge statuant seul a longtemps été déterminé en fonction du grade détenu. Le décret n° 2006-1708 du 23 décembre 2006 a ajouté, heureusement, un critère d'ancienneté permettant de faire appel à un vivier plus vaste dans les tribunaux administratifs ne disposant pas de nombreux premiers conseillers. En vérité, le seul critère pertinent est celui, nouveau, de l'ancienneté des fonctions, un magistrat pouvant être doté du grade de premier conseiller et n'avoir strictement aucune expérience du contentieux…
On précisera que le juge « désigné » agit valablement même si sa décision ne fait pas état de la date de sa désignation (CE, 12 octobre 1994, Kitoko Luzaia, n° 153995, *Lebon* T., à propos du magistrat délégué).

II – Les pouvoirs du magistrat statuant seul

Ce magistrat statuant seul dispose de tous les pouvoirs d'instruction confiés à un président de formation de jugement (CJA, art. R. 222-16). Et l'attribution de compétence ici instituée n'est pas une faculté, mais une obligation *a priori* : en principe, un jugement rendu dans une des matières mentionnées à l'article R. 222-13 par une formation collégiale procède d'une formation incompétente, sauf pour le juge unique compétent à avoir renvoyé le jugement de l'affaire à une formation collégiale, ce qui est toujours possible (CE, 13 juillet 1956, Secrétaire d'État à la Reconstruction c/Pieton Guibout, n° 37649, *Lebon*, p. 338), ainsi que confirmé par les travaux préparatoires de la loi n° 95-125 du 8 février 1995 qui a institué ce mécanisme. Ce renvoi peut, au demeurant, intervenir à tout moment de l'instruction (CJA, art. R. 222-19, second alinéa), à l'initiative du magistrat concerné ou du président de la juridiction. Aucun document écrit, encore moins d'ordonnance, n'est requis pour matérialiser ce renvoi (CE, 3 avril 1996, Traore, n° 156444, *Lebon*, p. 113 [1] – CE, 30 novembre 2009, Andarelli, n° 317569 – CE, 13 décembre 2010, Commune de Saint-Gély-du-Fesc, n° 331658) ; c'est de toute façon une « mesure d'administration de la justice insusceptible de faire l'objet d'un recours » (CE, 6 novembre 2000, Kanoute, n° 220825). Il n'a pas été prévu de renvoi « descendant », de la collégialité vers le juge unique, car il semble inutile : si la collégialité est par erreur invitée à statuer dans une des matières mentionnées à l'article R. 222-13, elle ne fera que respecter cet article en renvoyant le dossier au juge unique. Si, au contraire, elle a été saisie après renvoi, dans le cadre de l'article R. 222-19, elle ne peut se dérober à son devoir de juger, sauf à renvoyer à son tour l'affaire à une formation supérieure.

III – La liste des affaires concernées

La confection de la liste des affaires concernées s'est allongée au fil des débats parlementaires et s'est délégalisée, sauf en matière de contraventions de grande voirie : si la compétence attribuée au juge statuant seul en la matière (alors prévue au 10° de l'article L. 4-1 du Code des tribunaux administratifs et des cours administratives d'appel) a disparu de la liste, ce n'est pas par souci de la réduire : La matière étant ici de nature pénale, il a paru aux auteurs du code qu'elle ne pouvait figurer à la partie réglementaire, de telle sorte que c'est à l'article L. 774-1 que l'on retrouve cette attribution de compétence.

On notera que le décret n° 2013-730 du 13 août 2013 a sensiblement modifié cette liste : des matières en ont été effacées (ainsi, en matière d'urbanisme, du contentieux des déclarations préalables, ou encore des contentieux devenus rarissimes, tels que celui des taxes syndicales ou du service national), d'autres ont fait l'objet d'une rédaction plus précise, voire modifiée (ainsi des contentieux de la fonction publique).

On cherche vainement un fil directeur, si ce n'est la faible importance supposée des contentieux concernés, encore que les litiges en matière de pensions ne sont pas toujours d'une simplicité évidente.

Le 1° renvoie aux contentieux sociaux, tels qu'organisés par l'article R. 772-5 issu du décret n° 2013-730 du 13 août 2013. Couplée avec la règle mentionnée à l'article R. 811-1, cette disposition a pour effet de conférer à un juge statuant seul la responsabilité de trancher en dernier ressort ces contentieux, le pari étant que les règles de procédure dérogatoires, et se voulant protectrices, instaurées par les articles R. 772-5 et suivants, compenseront ce que ce système peut avoir d'expéditif.

Le 2° a fait l'objet d'une rédaction nouvelle réduisant notablement le champ de compétence du juge statuant seul. En premier lieu, c'est sans hésiter que l'on doit estimer qu'il ne s'applique pas aux litiges nés de mesures réglementaires (CE, 16 juin 2004, Syndicat national des sapeurs-pompiers, n° 265641).

En second lieu, le texte ne confie plus désormais au juge statuant seul que la compétence pour trancher des litiges se rapportant aux procédures d'évaluation et de notation, ou aux mesures disciplinaires ne requérant pas l'intervention d'un organe collégial, là où l'ancien texte conférait au juge unique la compétence pour connaître de tous les litiges individuels intéressant les agents publics, sauf ceux qui étaient expressément exclus de cette compétence. Le texte nouveau procède ainsi par voie énumérative des matières qui, en ce qui concerne les agents publics, relèvent du juge statuant seul, impliquant donc que l'intervention de ce juge statuant seul est en la matière l'exception. D'ailleurs, les jugements ici rendus, sauf s'ils tranchent une action indemnitaire inférieure aux plafonds prévus aux articles R. 222-14 et R. 222-15, peuvent désormais faire l'objet d'un appel (voir CJA, art. R. 811-1).

Les litiges mentionnés au 3° appellent la même précision que le 2° lorsqu'ils sont accompagnés de conclusions indemnitaires : ils relèvent du juge statuant seul et d'ailleurs ne peuvent donner lieu à appel, quel que soit le montant en jeu. Il est jugé que l'article R. 222-13 ne concerne que les litiges relatifs aux droits à pension des agents publics, et non, par exemple, un litige entre collectivités posant la question de savoir laquelle doit prendre en charge la part patronale de cotisations de retraite d'un agent (CE, 23 juillet 2010, Assemblée de la province des Îles Loyauté, n° 328831, *Lebon* T.).

Au titre du 4°, on note que la rédaction désormais en vigueur, qui incorpore à la compétence du juge statuant seul les litiges relatifs à l'accès aux archives publiques, corrige les effets d'une jurisprudence qui avait écarté ce genre de litiges de la compétence liée à la communication de documents administratifs (CE, 24 juillet 2006, Ministre de la Défense c/Tocze, n° 269690, *Lebon* T.).

Le 5° ne concerne que les recours de plein contentieux tendant à la décharge ou à la réduction d'une des taxes ou impôts qu'il vise, à l'exclusion donc des recours pour excès de pouvoir se rattachant à de tels impôts ou taxes (CE, 5 mai 2006, Commune de Coupvray, n° 270502), des demandes de remboursement de ces impôts ou taxes (CE, 13 décembre 2006, Commune de Palavas-les-Flots, n° 280484), et des demandes de décharge de la responsabilité solidaire pour le paiement d'impôts locaux (CE, 2 juillet 2014, Djenane, n° 363734, *Lebon* T.).

Sont à l'inverse compris dans le champ d'application de l'article les litiges relatifs au recouvrement des taxes mentionnées (CE, 9 novembre 2005, Danglehant, n° 269670, *Lebon* T. – CE, 27 juin 2008, Chambre de commerce de Reims, n° 296983, *Lebon* T.).

La taxe annuelle sur les locaux à usage de bureaux, les locaux commerciaux et les locaux de stockage en Île-de-France ne constitue pas un « impôt local », sa perception s'effectuant au profit de l'État (CE, 9 novembre 2005, Société Cliniques chirurgicales SA, n° 275163, *Lebon*, p. 807). Il en va de même, pour une raison identique, de la taxe sur les logements vacants dont le produit est affecté à l'Agence nationale pour l'amélioration de l'habitat (CE, 6 mars 2006, Ministre de l'Économie c/Région Île-de-France, n° 263504), ou encore de la participation financière pour la réalisation d'équipements publics rendus nécessaires par la réalisation d'un programme d'aménagement d'ensemble, prévue par l'article L. 332-9 du Code de l'urbanisme (CE, 9 juillet 2007, Sarl Mirabeau, n° 283187 – CE, 24 juin 2009, Commune de Saessolsheim, n° 305975, *Lebon* T., solution implicite). La même solution prévaut s'agissant de la redevance d'archéologie préventive mentionnée à l'article L. 524-2 du Code du patrimoine (CE, 23 décembre 2010, Ministre de l'Écologie c/SCI des Vernes, n° 307984, *Lebon* T.). Il en va de même des taxes perçues au profit d'établissements publics de l'État (CE, 29 mai 2017, SAS Campeli, n° 391930, *Lebon* T.). Constituent en revanche des impôts « locaux », la taxe locale d'équipement, la taxe pour le financement des conseils d'architecture (CE, 30 décembre 2009, Ministère de l'Équipement c/Driss, n° 286556, *Lebon* T.) et la taxe complémentaire perçue au profit de la région Île-de-France, en application de l'article 1599 *octies* du Code général des impôts (CAA Versailles, 8 février 2007, Fresnais, n° 05VE02213), ou la contribution due par le propriétaire qui n'a pas effectué les travaux nécessaires au raccordement de son immeuble au réseau d'assainissement (CE, 5 février 2009, Syndicat mixte assainissement du Verdunois, n° 306045, *Lebon* T.). C'est également le cas de la taxe sur les surfaces commerciales, même si une partie de son montant en est affectée au budget de l'État (CE sect., avis, 2 juin 2017, SARL Privilèges automobiles, n° 405595).

La contribution économique territoriale a, depuis le 1er janvier 2010, pris la place de la taxe professionnelle. Elle se compose de deux parts, l'une assise sur la valeur des immobilisations, l'autre sur la valeur ajoutée. Cela explique que l'on ait dû prévoir, à l'article R. 811-1, un appel, même contre des jugements concernant la taxe foncière, s'ils commandent aussi la solution d'un litige relatif à la contribution économique territoriale.

Le 6° pose la question de son application dans les cas où, la responsabilité de l'État étant recherchée en raison du refus de concours de la force publique, l'État forme contre une commune un appel en garantie (ce qui est concevable si elle a fait obstacle à l'intervention de la force publique : CE, 25 novembre 1994, Commune de Colombes, n° 134213). On doit estimer que l'objet principal de la requête détermine ici la compétence, quelles que soient les conclusions incidentes présentées par l'État, et notamment quel qu'en soit le montant.

Si la demande repose à la fois sur le refus de concours de la force publique et sur la responsabilité de l'État en matière d'attroupements, prévue par l'article L. 2216-3 du Code général des collectivités territoriales, elle échappe à la compétence prévue par l'article R. 222-13 (CE, 18 mai 2009, Société BDA, n° 302090), pour autant, doit-on estimer que l'indemnité demandée est supérieure aux montants fixés à l'article R. 222-14.

Le 7° : la demande de décharge de la responsabilité solidaire pour le paiement d'impôts n'est pas une demande de remise gracieuse et n'est donc pas visée par le 7° (CE, 2 juillet 2014, Djenane, n° 363734, *Lebon* T.).

Quant au 8°, il soulève la question de savoir ce que recouvre l'expression « litige relatif aux bâtiments menaçant ruine ». Par un avis du 30 juin 2004 (CE, avis, 30 juin 2004, Communauté urbaine de Lille et Verheyde, n° 267005, *Lebon*, p. 638), le Conseil d'État a posé que relevait de cette catégorie le contentieux du recouvrement des dépenses correspondant aux travaux exécutés d'office au titre de la police des immeubles menaçant ruine. Il a, ce faisant, appliqué la règle générale selon laquelle le contentieux du recouvrement ne constitue pas une catégorie de litiges autonome (CE, 27 juin 2008, Chambre de commerce de Reims, *préc.*). Cet article ne peut en revanche jouer si le tribunal est saisi par un tiers à l'arrêté de péril d'une action tendant à la réparation des dommages que lui ont causés les travaux exécutés d'office par la commune (CE, 14 janvier 2010, Mileent, n° 315508) : seule est envisageable l'utilisation du 10° de l'article R. 222-13.

Le 9° vise essentiellement les très abondants contentieux liés au permis à points, lesquels ne soulèvent plus à ce jour de difficulté juridique majeure. Ces

contentieux donneront désormais lieu à jugement en dernier ressort, sans donc la possibilité d'un appel.
Le 10° se réfère désormais aux seules actions indemnitaires, sans faire état de la nature juridique de la personne poursuivie, laquelle peut donc être une personne privée (on songe aux litiges nés des dommages de travaux publics). Pour l'application de cet article, il est jugé que des conclusions tendant au règlement de sommes impayées, correspondant aux redevances liées à l'occupation d'un logement, ne revêtent pas un caractère indemnitaire (CE, 11 juillet 2008, Fullana, n° 304521, *Lebon* T.). Il en va de même des conclusions tendant au règlement de sommes relatives à l'exécution d'un marché (CE, 8 juin 2011, Société Ateliers constructions métalliques Gibard, n° 331982, *Lebon* T. – CE, 8 octobre 2014, Commune d'Entraigues-sur-la-Sorgue, n° 370588, *Lebon* T.), ce que le texte a, dans sa dernière version, confirmé. La même solution a été adoptée pour un litige relatif aux états exécutoires émis pour avoir un règlement de sommes impayées (CE, 4 février 2013, Commune de Molières-sur-Cèze, n° 346154, *Lebon* T.).

IV – Les dispositions attributives de compétence ne s'excluent pas

Ces dispositions attributives de compétence doivent être regardées comme pouvant jouer sans s'exclure : une affaire de responsabilité communale excédant le plafond prévu au 10° pourra malgré tout entrer dans la compétence du juge unique si elle entre dans le champ défini au 2° ou au 8°. Autrement dit, aux compétences attribuées par matière (et qui jouent quel que soit l'enjeu) s'ajoutent les compétences déterminées par l'enjeu (10°), quelle que soit la matière (CE, 10 octobre 2012, Cadar, n° 348475, *Lebon* T.).

V – Les conclusions accessoires

On doit estimer que la compétence ainsi attribuée au président ou au magistrat qu'il a désigné s'étend aux conclusions accessoires (relatives, par exemple, aux frais non compris dans les dépens), par un raisonnement analogue à celui qui a été tenu en ce qui concerne les attributions données aux présidents par l'article R. 222-1 (CE, avis, 28 octobre 1994, Gosse, n° 158780). Mais les demandes de suspension, même si elles peuvent paraître accessoires, relèvent du seul juge des référés d'urgence prévu au livre V. Il est jugé à l'inverse que le magistrat de l'article R. 222-13 peut être saisi de conclusions tendant à ce qu'il enjoigne à l'administration de prendre les mesures qu'appelle l'exécution de la chose qu'il juge, en application des articles L. 911-1 et L. 911-2 (CE, avis, 29 décembre 2000, Clouzeau, n° 257411), ces mesures allant jusqu'au prononcé d'une astreinte et à sa liquidation.

Jurisprudence

[1] Considérant que l'affaire a été renvoyée par la section à laquelle elle avait été attribuée à la formation des « sections réunies », le 27 octobre 1993 ; que, d'une part, ce renvoi constitue une faculté ouverte à chaque section de la Commission des recours des réfugiés par l'article 15-1 ajouté au décret du 2 mai 1953 susvisé par le décret du 30 juillet 1992 ; que, d'autre part, aucun texte ni aucun principe n'exige qu'une ordonnance de renvoi soit prise pour attribuer ainsi une affaire aux sections réunies [...].

Le plafond de compétence du juge statuant seul

Art. R. 222-14 Les dispositions du 10° de l'article précédent sont applicables aux demandes dont le montant n'excède pas 10 000 euros.

Textes sources

– Code des TA et des CAA, article R. 17-1.
– Décret n° 2001-373 du 27 avril 2001, article 2.
– Décret n° 2006-1708 du 23 décembre 2006, article 4.
– Décret n° 2015-1145 du 15 septembre 2015, article 10.

Commentaires

Une demande d'un montant de 10 000 euros entre dans le domaine de compétence du juge statuant seul, qui couvrait à l'époque les indemnités d'un montant inférieur ou égal à 10 000 euros (CE, 4 mars 2009, Prosdocimi, n° 321665, *Lebon* T.).

Le mode de calcul du plafond de compétence du juge statuant seul

Art. R. 222-15 Ce montant est déterminé par la valeur totale des sommes demandées dans la requête introductive d'instance. Les demandes d'intérêts et celles qui sont présentées en application des dispositions de l'article L. 761-1 sont sans effet sur la détermination de ce montant.

Le magistrat n'est compétent pour statuer en application du 10° de l'article R. 222-13 que si aucune demande accessoire, incidente ou reconventionnelle n'est supérieure au taux de sa compétence.

Lorsque des indemnités sont demandées, dans une même requête, par plusieurs demandeurs ou contre plusieurs défendeurs, la compétence de ce magistrat est déterminée par la plus élevée d'entre elles.

Textes sources

– Code des TA et des CAA, article R. 17-2.
– Décret n° 2003-543 du 24 juin 2003, article 11, § I.
– Décret n° 2015-1145 du 15 septembre 2015, article 10.

Commentaires

Le texte ne se comprend que par réunion avec le précédent, étant issu de la coupure d'un texte unique. D'où le « Ce montant » qui, dans le seul article R. 222-15, n'a guère de sens.

C'est la requête introductive d'instance qui, par le montant global qu'elle indiquera pour la demande (laquelle n'est pas nécessairement une demande d'indemnité), et mis à part intérêts et frais irrépétibles, figera la compétence, quelles que soient les variations ultérieures de la somme réclamée. Ainsi, une majoration de la demande en cours d'instruction, motivée par l'aggravation du préjudice, sera sans effet sur la compétence du juge saisi par une demande inférieure à 10 000 euros (CE, 10 février 2014, Chavent, n° 361280).

Ce dispositif permet ainsi au requérant de choisir, de façon inhabituelle, son juge *in limine litis,* en situant sa demande initiale en dessus ou non de 10 000 euros, quitte à l'ajuster ensuite à sa recherche effective d'indemnisation. Sans doute, et si la somme finalement demandée excède très largement le plafond, peut-on penser que le juge unique en renverra le jugement à une formation collégiale. Mais l'inverse ne sera pas normalement possible.

Il a été déduit du texte que le juge statuant seul était compétent pour connaître de toutes les demandes d'indemnité, sauf si elles excédaient le plafond alors de 8 000 euros [aujourd'hui 10 000 euros] (CE, 8 mars 2006, Marlas, n° 267873), et donc que, si la requête n'était pas chiffrée, elle entrait dans la sphère de compétence du juge unique, sans qu'un chiffrage ultérieur puisse autoriser un départ de cette sphère. Ce qui fera donc relever le jugement qui statuera dessus de la seule cassation (CE, 20 octobre 2004, Chalot, n° 267440, *Lebon* T. – CE, 8 mars 2006, Marlas, *préc.*).Toutefois, par décision du 5 mai 2006 (CE sect., 5 mai 2006, Bisson, n° 280223), le Conseil d'État a admis que, si le requérant a expressément demandé qu'une expertise soit ordonnée afin de chiffrer son préjudice et donc sa demande, son affaire relève de la seule formation collégiale, et de la procédure d'appel, « quel que soit le montant de la provision qu'il a, le cas échéant, sollicitée dans sa requête introductive d'instance comme celui de l'indemnité qu'il a chiffrée à l'issue de l'expertise » (voir également : CE, 12 décembre 2012, Guillot, n° 359952, *Lebon* T. – CE, 28 décembre 2012, Commune de Jettingen, n° 353785 – CE, 7 février 2017, Corovic, n° 391912, *Lebon* T.). Cela n'est pas sans rappeler la position retenue, en matière d'instruction, par la décision *Guerrault* (CE sect., 6 janvier 1989, Guerrault, n° 79873, *Lebon*, p. 1).

Le comportement des défendeurs (demandes incidentes ou reconventionnelles) pourra dessaisir le juge unique si les montants réclamés excèdent 10 000 euros. En revanche, l'intervention de la caisse de sécurité sociale, s'ajoutant à la demande indemnitaire de son assuré, après le dépôt de cette dernière, est sans influence sur le plafond de compétence (CE, 8 mars 2006, Marlas et Caisse primaire d'assurance maladie de Montpellier, n° 267873), et ce, par application du premier alinéa du texte (« sommes demandées dans la requête introductive d'instance »), alors que, si la caisse avait présenté les mêmes conclusions en formant une seule requête avec son assuré, il en serait allé autrement, par application du dernier alinéa du texte… Une telle lecture du texte ne paraissait pas s'imposer.

L'appréciation du seuil s'opère requête par requête, lors même que le tribunal a joint plusieurs requêtes, ce qui, compte tenu de l'article R. 811-1, peut conduire à ce qu'un même jugement puisse faire l'objet d'un appel pour une partie, et d'un pourvoi en cassation pour l'autre (CE, 16 juin 2004, Bianchin, n° 265915), sans que la connexité puisse jouer, s'agissant de litiges relevant de deux voies de recours différentes (CE, 17 mai 1961, Hervo, *Lebon*, p. 321 – CE sect., 6 octobre 1961, Demarze, *Lebon*, p. 548 – CE, 17 décembre 2007, Dazord, n° 301317, *Lebon* T.).

L'instruction par le juge statuant seul

Art. R. 222-16 Pour les affaires visées à l'article R. 222-13, les attributions dévolues par les dispositions réglementaires du présent code à la formation de jugement ou à son président sont exercées par le magistrat compétent en vertu de cet article.

Texte source

– Code des TA et des CAA, article R. 17-3.

Commentaires

On pouvait, s'agissant du juge unique, hésiter sur l'étendue de ses pouvoirs en ce qui concerne l'instruction des affaires relevant de sa compétence : il eût été en effet concevable de le regarder, jusqu'au jour du jugement, comme un magistrat ordinaire, rapporteur chargé d'instruire les dossiers dans les conditions du droit commun. Le texte lève toute ambiguïté : il est investi, dès que l'affaire est repérée comme relevant de sa compétence, de tous les pouvoirs d'un président de formation de jugement, et peut donc notamment signer les mises en demeure et clore l'instruction, ce que d'ailleurs peuvent désormais faire les magistrats rapporteurs.

La présidence des chambres

Art. R. 222-17 Les chambres mentionnées aux articles R. 221-4 et R. 221-6 sont présidées soit par le président, soit par un vice-président du tribunal, et, au tribunal administratif de Paris, par le président ou le vice-président du tribunal, le président ou le vice-président de la section.

En cas d'absence ou d'empêchement du président de la chambre, celle-ci peut être présidée par un magistrat désigné à cet effet par le président du tribunal et ayant au moins le grade de premier conseiller.

Texte source

– Code des TA et des CAA, article R. 16.

Commentaires

Les chambres ici visées ne paraissent pas être les formations de jugement dont il est question aux articles suivants. Il faut y voir une unité de regroupement de magistrats et d'agents de greffe dirigée par un président, même lorsqu'elle n'est pas en formation juridictionnelle. Ce texte permet en tout cas au chef de juridiction de présider une chambre, notamment en cas d'absence de vice-président. Le second alinéa permet utilement de pallier l'absence de président de chambre, accidentelle ou permanente. La désignation prévue par le second alinéa n'est soumise à aucune condition de forme, et peut notamment résulter de la signature par le président du tribunal du rôle de l'audience indiquant que ce magistrat en exercera la présidence (CE, avis, 19 novembre 2010, Préfet des Bouches-du-Rhône, n° 341364). Cette désignation peut porter sur un magistrat maintenu en activité sur le fondement de l'article L. 233-7 (même avis).

La formation de jugement en tribunal administratif

Art. R. 222-18 Sauf lorsqu'ils relèvent d'un magistrat statuant seul, les jugements des tribunaux administratifs sont rendus par une formation de trois membres.

Texte source

– Code des TA et des CAA, article R. 17, § 1.

Commentaires

Un magistrat maintenu en activité en application de l'article L. 233-7 ne peut présider à titre permanent une formation de jugement, mais peut exercer ponctuellement cette fonction en cas d'absence ou d'empêchement du président de la chambre (CE, avis, 19 novembre 2010, Préfet des Bouches-du-Rhône mentionné sous l'article R. 222-17).

Le renvoi d'une affaire à une formation supérieure en tribunal administratif

Art. R. 222-19 La formation de jugement ou le président du tribunal peuvent, à tout moment de la procédure, décider d'inscrire une affaire au rôle du tribunal statuant dans l'une des formations prévues aux articles R. 222-19-1 et R. 222-20, et s'agissant du tribunal administratif de Paris, à l'article R. 222-21.

Dans les cas mentionnés à l'article R. 222-13, le président du tribunal ou le magistrat désigné pour statuer peuvent, de leur propre initiative ou sur proposition du rapporteur public, décider d'inscrire l'affaire au rôle d'une formation collégiale de la chambre.

Textes sources

– Code des TA et des CAA, article R. 191.
– Décret n° 2003-543 du 24 juin 2003, article 4.
– Décret n° 2009-14 du 7 janvier 2009, article 1er.
– Décret n° 2010-164 du 22 février 2010, article 13.
– Décret n° 2017-82 du 7 février 2019, article 11.

Commentaires

Est ici précisé le mécanisme de renvoi à une formation supérieure, par parallèle avec le système en vigueur devant le Conseil d'État (CJA, art. R. 122-17).
Ce renvoi peut avoir lieu « à tout moment de la procédure », ce qui doit s'entendre de l'enregistrement de l'affaire jusqu'à la lecture de la décision (et donc, le cas échéant, après délibéré par la formation de jugement de droit commun mentionnée à l'article R. 222-18). Il est certain que des renvois après délibéré, que le chef de juridiction y ait ou non participé, sont susceptibles, s'ils sont pratiqués sans mesure, d'instituer au sein de la juridiction une sorte d'appel interne peu compatible avec l'indépendance que l'on est en droit d'attendre de la formation de jugement. Il est non moins évident que certaines décisions méritent d'être

délibérées par une instance représentant toute la juridiction si l'on veut éviter des discordances de jurisprudences toujours fâcheuses. Le sage principe est que le renvoi ne peut être décidé que « dans l'intérêt d'une bonne administration de la justice » (CE, 3 avril 1996, Kodituwakku Kankanamge, n° 158130, *Lebon*, cité sous l'article R. 122-17). Il n'est donc pas totalement discrétionnaire : il ne saurait évidemment être décidé à seule fin, pour le président de la formation de jugement, de trouver dans une formation supérieure une autre majorité que celle qui s'est manifestée devant la formation initialement saisie et qui a délibéré. Ce pour quoi c'est la formation de jugement, et non son seul président, qui peut décider du renvoi. Quant au rôle du chef de juridiction, il est affaire de « tact et mesure ». Quelques juridictions ont institué, pour entre autres examiner les occasions de renvoi, une réunion périodique du chef de juridiction et de ses présidents de formations, qui n'est pas sans rappeler la « troïka » (voir CJA, art. R. 122-17).

On notera que le rapporteur public n'a, à l'inverse de ce qui se passe au Conseil d'État, aucune part à la décision de renvoi dans la procédure « collégiale », décision qui n'a, par ailleurs, pas à être matérialisée (CE, 3 avril 1996, Traore, cité sous l'article R. 222-13).

La rédaction de l'article R. 222-19 conduit à penser que la faculté de renvoi est également ouverte à la formation de jugement mentionnée au second alinéa de l'article R. 222-20, puisqu'il y est question de la « formation de jugement », et non de la « formation de jugement mentionnée à l'article R. 222-18 ».

Le renvoi est normalement « ascendant », et le texte ne prévoit pas qu'il puisse être descendant. De telle sorte que la formation plénière, une fois saisie, ne peut que statuer, lors même que l'affaire ne présente plus à juger qu'une question anodine (par exemple, lorsqu'un désistement est intervenu peu avant la séance). Cette rigueur apparaît peu compatible avec la jurisprudence qui permet, après séance collégiale, de juger une affaire par ordonnance en application de l'article R. 222-1 (CE, 30 avril 1993, Commune d'Arcangues, n° 122075, cité sous l'article R. 122-12). La contradiction n'est, pensons-nous, qu'apparente. Car, dans de telles circonstances, c'est le chef de juridiction, responsable de la mise au rôle, qui peut radier l'affaire du rôle de la formation spécifique, pour ou bien user des pouvoirs que lui donne l'article R. 222-1, ou bien attribuer au juge de l'article R. 222-13 une affaire relevant de la compétence de ce dernier, pour autant bien sûr que ce dernier n'a pas déjà provoqué un renvoi devant une formation collégiale, renvoi sur lequel il ne paraît pas possible de revenir (voir les commentaires sous l'article R. 222-13). En d'autres termes, on peut avancer que seule la formation de jugement est liée par le caractère ascendant du renvoi, le chef de juridiction pouvant, en tant que responsable de l'établissement du rôle, opérer les renvois dans un sens ou l'autre pourvu qu'il agisse ce faisant « dans l'intérêt d'une bonne administration de la justice ».

On note que, dans la procédure de juge statuant seul en application de l'article R. 222-13, le rapporteur public dispose désormais du pouvoir de proposer le renvoi en formation collégiale. Sans que cette proposition lie le magistrat, qui peut ne pas y donner suite, il faut voir dans cette intervention potentielle du rapporteur public le souci d'apporter la garantie qu'un débat interne à la juridiction posera la question du renvoi en formation collégiale d'affaires complexes. C'est une contrepartie de la suppression, pour la majorité des affaires relevant de l'article R. 222-13, de la possibilité de faire appel.

On rappelle (voir CJA, art. R. 222-13) que la décision de renvoi constitue une mesure d'administration de la justice non susceptible de recours (CE, 6 novembre 2000, Kanoute, n° 220825), ni non plus discutable devant le juge de cassation (CE, 28 octobre 2009, Service départemental d'incendie et de secours du Pas-de-Calais, n° 304062). Cette décision n'a pas à être formalisée dans une ordonnance (même arrêt). Les parties n'ont pas à en être informées (CE, 1er février 2012, Commune d'Incarville, n° 336362). Et, si elle est formalisée, par exemple par un courrier, ce dernier n'a pas à inviter les parties à produire des observations sur ce renvoi ou les raisons qui y sont exposées (CE, 1er février 2012, SA RTE EDF Transport, n° 338665, *Lebon* T.).

Les chambres réunies au tribunal administratif

Art. R. 222-19-1 Pour les tribunaux composés de plus de deux chambres, à l'exception du tribunal administratif de Paris, les jugements peuvent être rendus par une formation de chambres réunies présidée par le président du tribunal ou, dans les tribunaux administratifs dotés d'un premier vice-président, et sur délégation du président du tribunal, par le premier vice-président et comprenant, en outre, le président de la chambre à laquelle est affecté le rapporteur et, selon le cas, le président d'une autre chambre et un magistrat assesseur affecté dans cette chambre ou les présidents de deux autres chambres et deux magistrats assesseurs affectés dans ces chambres, ainsi que le rapporteur. Les magistrats assesseurs sont pris dans l'ordre du tableau.

Le groupement des chambres en formation de jugement est fixé chaque année par le président du tribunal.

Lorsque la composition ainsi définie ne permet pas d'assurer l'imparité de la formation de chambres réunies, elle est complétée par un autre magistrat de l'une des chambres concernées, pris dans l'ordre du tableau.

Textes sources

- Décret n° 2010-164 du 22 février 2010, article 14.
- Décret n° 2013-730 du 13 août 2013, article 11.

Commentaires

Ce texte, bienvenu, accroît la souplesse de fonctionnement des tribunaux : entre la formation à trois membres et la plénière ou la formation élargie, mentionnées à l'article suivant, ces dernières étant si lourdes que rares sont les occasions de les faire fonctionner, est instituée la possibilité de juger en « chambres réunies », regroupant, sous la présidence du président du tribunal (ou du premier vice-président, s'il en est un), aux côtés du président de la chambre à laquelle est affecté le rapporteur, le rapporteur, et les présidents d'une ou deux autres chambres, accompagnés d'un assesseur chacun. Ce système a une parenté évidente avec les nouvelles formations instituées au Conseil d'État par l'article R. 122-11.

C'est un arrêté du président qui détermine, de façon réglementaire, comme au Conseil d'État, les « mariages » entre chambres, lesquels peuvent donc être des « mariages à trois ».

Rien ne paraît interdire de prévoir, selon le type des affaires à juger, et notamment leur matière, des regroupements diversifiés, la 1re chambre se regroupant par exemple avec la 2e pour juger les affaires d'urbanisme, mais avec la 5e pour se prononcer sur le contentieux fiscal, et les « couples » 1re/2e et 1re/5e se complétant, respectivement, avec la 3e ou la 6e chambre.

Les formations plénière et élargie en tribunal administratif

Art. R. 222-20 Chaque tribunal administratif peut, à titre exceptionnel, se réunir en formation plénière. Lorsque les membres présents à la séance sont en nombre pair, le dernier conseiller dans l'ordre du tableau ne siège pas.

Pour les tribunaux composés de plus de deux chambres, à l'exception du tribunal administratif de Paris, les jugements peuvent être rendus par une formation élargie présidée par le président du tribunal, et comprenant, en outre, le président de la chambre à laquelle est affecté le rapporteur, les autres vice-présidents du tribunal choisis, s'il y a lieu, dans l'ordre du tableau, dans la limite de trois, d'un magistrat assesseur de la chambre à laquelle est affecté le rapporteur, choisi dans l'ordre du tableau, ainsi que le rapporteur.

Lorsque la composition ainsi définie ne permet pas d'assurer l'imparité de la formation élargie, elle est complétée par un autre magistrat pris dans l'ordre du tableau.

Textes sources

– Code des TA et des CAA, article R. 17, § 2 et 3.
– Décret n° 2010-164 du 22 février 2010, article 15.

Commentaires

On note la présence, dans les tribunaux de trois chambres et plus, à côté de la formation plénière, d'une formation intermédiaire, dite « élargie », composée en principe de sept magistrats. C'est en quelque sorte une émanation du tribunal, où siègent au moins tous les présidents de chambre, dans la limite de quatre, et le chef de juridiction.

Cette formation élargie n'est pas très éloignée de la formation à trois chambres réunies prévue à l'article précédent : la seule nuance est qu'elle peut compter quatre vice-présidents (et non trois dans les chambres réunies), cependant que les assesseurs y sont en nombre plus faible (un en formation élargie, trois en chambres réunies).

Autant l'ancien système révélait une rigidité exagérée, autant l'on peut penser que l'éventail est cette fois trop vaste et présente des formations se distinguant par de simples nuances, ce qui suppose, en principe, une réflexion approfondie lorsqu'il faut faire le choix d'une formation excédant trois magistrats (deux chambres réunies, trois chambres réunies, élargie ?)... Il est douteux que les chefs de juridiction consacrent beaucoup d'efforts à ces affres du choix, et trouvent beaucoup de temps à leur consacrer !

Les formations élargies au tribunal administratif de Paris

Art. R. 222-21 Au tribunal administratif de Paris, les jugements peuvent être rendus par les formations élargies suivantes :

1° La formation plénière présidée par le président du tribunal et comprenant, en outre, le vice-président du tribunal, les présidents de section et le rapporteur ;

2° La formation de sections réunies présidée par le président du tribunal et comprenant, en outre, le président de la section à laquelle est affecté le rapporteur, le président d'une autre section, le vice-président de la section présidant la chambre à laquelle est affecté le rapporteur, deux vice-présidents de l'autre section, pris, s'il y a lieu, dans l'ordre du tableau, ainsi que le rapporteur ;

3° La formation de section qui est présidée par le président de la section et comprend, en outre, les vice-présidents de la section dont celui présidant la chambre à laquelle est affecté le rapporteur, les autres étant, s'il y a lieu, pris, dans l'ordre du tableau, dans la limite de deux, ainsi que le rapporteur.

Le groupement des sections en formation de jugement est fixé chaque année par le président du tribunal.

Sans préjudice de l'application des dispositions de l'article R. 222-22, lorsque les compositions ainsi définies ne permettent pas d'assurer l'imparité de la formation de jugement, celle-ci est complétée par un autre magistrat pris dans l'ordre du tableau. Ce magistrat appartient à la section ou à l'une des deux sections concernées, pour la formation de section ou la formation de sections réunies.

Textes sources

– Code des TA et des CAA, article R. 17, § 4 et 5.
– Décret n° 2010-164 du 22 février 2010, article 16.

Commentaires

Le tribunal administratif de Paris fait l'objet d'un traitement à part, puisque sa formation plénière ne regroupe pas tous les magistrats.

Les délégations du président

Art. R. 222-21-1 Le président du tribunal administratif de Paris peut déléguer au vice-président de ce tribunal les attributions qu'il tient des dispositions figurant aux titres IV et V du livre III, au titre II du livre VI, à la section IV du titre IV et au titre VI du livre VII et au titre II du livre IX du présent code.

Dans les tribunaux administratifs comportant au moins huit chambres, le président du tribunal peut déléguer ces attributions au premier vice-président.

Textes sources

– Décret n° 2002-547 du 19 avril 2002, article 14.

– Décret n° 2013-730 du 13 août 2013, article 11.

Le remplacement du président

Art. R. 222-22 En cas d'absence ou d'empêchement, les présidents des tribunaux administratifs autres que celui de Paris sont remplacés par le premier vice-président ou par le vice-président le plus ancien dans l'ordre du tableau ou, à défaut de vice-président, par le magistrat le plus ancien dans l'ordre du tableau.

En cas d'absence ou d'empêchement, le président du tribunal administratif de Paris est remplacé par le vice-président du tribunal ou, à défaut, par le président de section le plus ancien dans l'ordre du tableau et chaque président de section par le vice-président de section ou, à défaut, par le magistrat de cette section le plus ancien dans l'ordre du tableau.

Textes sources

– Code des TA et des CAA, article R. 18.

– Décret n° 2013-730 du 13 août 2013, article 11.

Commentaires

Ces règles de remplacement doivent être complétées par ce que dicte le bon sens, à savoir que, pour les tribunaux autres que celui de Paris, et à défaut de premier vice-président, c'est le vice-président présent le plus ancien qui remplace le président, l'appel à un conseiller ne pouvant s'effectuer tant qu'un vice-président est présent. Le mécanisme est plus complexe à Paris, puisque, pour le remplacement du président, il est fait appel aux présidents de section et non à leurs remplaçants, chaque président de section étant lui-même suppléé par son vice-président de section ou par un conseiller de sa section, et non en principe par un autre président de section.

Le remplacement organisé par cet article est de droit, et n'appelle donc pas de désignation expresse (CE, 10 mars 1995, Bertin, n° 78257). Et il peut conduire à ce qu'un conseiller puisse prendre une décision là où le texte réserve cette compétence à un président (CE sect., 4 mars 1998, Courtois, n° 193527 [1]), pourvu qu'il apparaisse bien qu'a joué la règle de remplacement, et non une désignation ou délégation qui eût été irrégulière (CE, 15 avril 1996, Omar, n° 172013, *Lebon* T. [2]).

Jurisprudence

[1] Considérant qu'aux termes de l'article L. 10 du code des tribunaux administratifs et des cours administratives d'appel « Saisi d'une demande en ce sens et au terme d'une procédure contradictoire, le président du tribunal administratif ou le président de la formation de jugement peut prononcer, par ordonnance, la suspension pour une durée maximum de trois mois de l'exécution d'une décision administrative faisant l'objet d'une demande de sursis à exécution, lorsque cette exécution risque d'entraîner des conséquences irréversibles et que la requête comporte un moyen sérieux. La suspension provisoire cesse de produire ses effets si la décision sur la demande de sursis intervient avant l'expiration du délai fixé par le juge » ; qu'aux termes de l'article R. 18 dudit code : « En cas d'absence ou d'empêchement, les présidents des tribunaux administratifs autres que celui de Paris sont remplacés par le vice-président le plus ancien dans l'ordre du tableau ou, à défaut de vice-président, par le conseiller le plus ancien dans l'ordre du tableau » ; qu'il a été fait application des dispositions de l'article R. 18 précité par l'ordonnance du 4 décembre 1997 du président du tribunal administratif de Saint-Denis de la Réunion désignant M. Bouchier pour le remplacer, en son absence, du 12 au 23 janvier 1998 ; que, par suite, ce conseiller était compétent pour prendre, sur le fondement des dispositions de l'article L. 10 précité, l'ordonnance attaquée [...].

[2] Considérant qu'aux termes de l'article L. 10 du code des tribunaux administratifs et des cours administratives d'appel « Saisi d'une demande en ce sens et au terme d'une procédure contradictoire, [...] le président de la formation de jugement peut prononcer, par ordonnance, la suspension pour une durée maximum de trois mois de l'exécution d'une décision administrative faisant l'objet d'une demande de sursis à exécution, lorsque cette exécution risque d'entraîner des conséquences irréversibles et que la requête comporte un moyen sérieux [...] » ;
Considérant que les dispositions précitées n'autorisaient pas le magistrat délégué au tribunal administratif de Lyon à statuer sur la demande présentée par M. Omar ; qu'ainsi l'ordonnance en date du 1er août 1995 par laquelle le magistrat délégué par le tribunal administratif de Lyon a rejeté cette demande doit être annulée [...].

Les rapporteurs publics devant le tribunal administratif

Art. R. 222-23 Dans chaque tribunal administratif, selon ses besoins, un ou plusieurs premiers conseillers ou conseillers sont chargés, par arrêté du vice-président du Conseil d'État pris sur proposition du président de la juridiction et après avis conforme du Conseil supérieur des tribunaux administratifs et cours administratives d'appel, d'exercer les fonctions de rapporteur public.

Lorsque le fonctionnement du tribunal administratif l'exige, un premier conseiller ou conseiller qui exerce les fonctions de rapporteur public peut être rapporteur dans les affaires sur lesquelles il n'est pas ou n'a pas été appelé à conclure.

Textes sources

– Code des TA et des CAA, article R. 19.
– Décret n° 2005-1586 du 19 décembre 2005, article 4.
– Décret n° 2009-14 du 7 janvier 2009, article 1er.
– Décret n° 2017-451 du 30 mars 2017, article 7.

Commentaires

Le rapporteur public a remplacé, dans sa dénomination, le commissaire du gouvernement (voir commentaires de l'article L. 7).

Un vice-président ne peut être désigné comme rapporteur public.

La décision du président demandant, en application de cet article, à un rapporteur public d'assumer la tâche de rapporteur, constitue une mesure d'ordre intérieur insusceptible de recours (CE, 25 janvier 2006, Marc-Antoine, n° 275070).

Le second alinéa (qui est désormais aussi applicable devant les cours administratives d'appel) rappelle, en ce qui concerne le principe d'impartialité, la règle découlant de l'arrêt du 21 octobre 1966 (CE, 21 octobre 1966, Société française des mines de Sentein, n° 63077, *Lebon* – CE, 2 décembre 1987, SA Camping Côte d'Argent, n° 47773 [1]). Naturellement, et *a fortiori,* un même membre du tribunal ne saurait, pour la même affaire, siéger comme rapporteur ou assesseur et occuper les fonctions de rapporteur public (CE, 29 décembre 1993, Michel, *a contrario*).

Il a été jugé, en matière fiscale, que le magistrat qui a, comme commissaire du gouvernement, donné ses conclusions sur une affaire où était en cause l'imposition d'une année déterminée, pouvait être membre de la formation de jugement appelée à se prononcer sur le même impôt, mis à la charge du contribuable, mais au titre d'une autre année, les deux litiges étant distincts (CAA Lyon, 3 juin 2003, Bastier, n° 03LY00181).

Et il va de soi qu'aucun membre de cette formation de jugement ne pourra occuper dans une formation d'appel appelée à se prononcer sur le jugement ainsi rendu (CE, 30 novembre 1994, Pinto, n° 123452 ou CE, 26 octobre 2005, Agence nationale pour l'amélioration de l'habitat, pour les membres délibérants, n° 264677 – CE, 30 novembre 1994, SARL Étude Ravalement Constructions, n° 126600, pour les rapporteurs publics) ; la question est d'ordre public. C'est là une des applications du principe d'impartialité objective : rien ne doit permettre de suspecter l'impartialité des membres de la juridiction, rapporteur public inclus, ce dernier ne pouvant, de plus, évidemment jamais connaître comme membre délibérant d'une affaire sur laquelle il a publiquement conclu (CE, 14 janvier 2008, Arena, n° 294312). Mais un rapporteur public ayant conclu sur une affaire lors d'une première audience peut se prononcer à nouveau sur la même affaire si, après cette audience l'instruction a été rouverte et l'affaire a été inscrite à une audience ultérieure (CE, 3 février 2016, Société Microelectronics grand ouest, n° 389223, *Lebon* T.).

Encore doit-on noter que, lorsque le juge d'appel, n'évoquant pas une affaire, la renvoie devant le premier juge, ce dernier peut siéger dans la même formation que celle dont la production a été censurée (ou avec des membres communs), ce qu'admet d'ailleurs la Cour européenne des droits de l'homme (CEDH, 16 juillet

1971, Ringeisen c/Autriche, n° 2614/65 – CE sect., 11 février 2005, Commune de Meudon, n° 258102, *Lebon* ; CE 12 novembre 1926, Société Dikson, Walrave et Cie, *Lebon*, p. 963 ; CE 1er juin 1953, Sieur Godard, *Lebon,* p. 255 ; CE 25 juillet 1980, Sieur Dollet, *Lebon,* p. 323 ; CEDH, 26 septembre 1995, Diennet c/France, § 38 ; CEDH, 10 juin 1996, Thomann c/Suisse. Cf. 12 juillet 2002, Leniau, *Lebon,* p. 278). La solution est inverse en cas de renvoi après cassation, en application de l'art. L. 821-2. Encore doit-on noter que, dans cette hypothèse, le magistrat qui, comme rapporteur public, conclut devant la formation de renvoi peut avoir été membre délibérant de la formation dont l'arrêt est cassé, l'article L. 821-2 se bornant à exiger que les membres délibérants soient différents d'une formation à l'autre (CE, 30 décembre 2009, Eyraud, n° 320346, *Lebon* T.). Dans le même ordre d'idées, il a été jugé que rien ne s'oppose à ce que, lorsqu'elle se prononce sur le jugement rendu par un tribunal après annulation par la cour d'un jugement précédent, l'affaire ayant été renvoyée à ce tribunal, la formation d'appel comprenne des magistrats ayant primitivement statué, en appel, sur le premier jugement (CE, 27 juillet 2005, Weygand, n° 263302).

Cette exigence d'impartialité commande que l'on tienne compte également des fonctions non juridictionnelles antérieurement occupées par le rapporteur public. Ainsi a été jugé irrégulier le jugement rendu sur la demande d'un centre hospitalier, alors que ce magistrat avait fait partie du cabinet du maire de la ville présidant le conseil d'administration de ce centre (CE, 10 mars 1995, Vogt, n° 112859)... La même solution a été adoptée à propos du « commissaire du gouvernement » concluant sur une affaire d'expulsion alors qu'il avait été membre de la commission d'expulsion ayant préalablement délibéré sur la même affaire (CE, 24 octobre 1997, El Alj, n° 165516, *Lebon* T.). On s'attache, en la matière, à mesurer si l'écoulement du temps a pu gommer l'apparence de partialité liée à des fonctions antérieures. Ainsi, l'ancien secrétaire général adjoint de la commune de Bordeaux a pu valablement conclure devant le tribunal administratif sur une affaire concernant cette commune plus de cinq ans après la fin de ses fonctions administratives, alors qu'il n'avait pas pris part à la décision attaquée (CE, 7 août 2008, Aguilar, n° 278769, *Lebon* T.). En revanche, le fait que le rapporteur public soit par ailleurs conseiller général dans un département hors du ressort du tribunal ne fait pas obstacle à ce qu'il conclue sur un projet autoroutier qui ne concerne pas directement ce département, lors même que le conseil général a exprimé son souhait que le département soit raccordé à cette autoroute (CE, 7 juillet 2006, Association de sauvegarde de la région de Langeais, n° 259252, *Lebon* T.).

Jurisprudence

[1] Considérant que, par jugement en date du 7 décembre 1982, le tribunal administratif de Pau a rejeté la demande de la société anonyme « Camping Côte d'Argent » tendant à ce que l'État soit condamné à verser à cette société diverses indemnités en réparation du préjudice que lui a causé le refus opposé par le préfet des Landes, le 25 avril 1977, à sa demande d'extension du camping qu'elle exploite à Labenne (Landes) ; qu'il résulte de l'instruction que l'un des juges qui ont concouru à cette décision avait rempli les fonctions de commissaire du gouvernement lors du premier jugement, en date du 13 novembre 1979, par lequel le tribunal s'est prononcé sur

la responsabilité de l'État dans ce litige et réouvert l'instruction ; que, de ce fait, la composition du tribunal administratif était irrégulière lors de l'examen de l'affaire qui a donné lieu au jugement attaqué et que celui-ci doit être annulé [...].

Le remplacement du rapporteur public

Art. R. 222-24 Tout rapporteur public absent ou empêché est suppléé de droit par un autre rapporteur public.

À défaut, et si le fonctionnement du tribunal ou de la cour l'exige, ses fonctions sont temporairement exercées par un conseiller ou un premier conseiller désigné par le président du tribunal ou de la cour.

Textes sources

– Code des TA et des CAA, article R. 20.

– Loi n° 86-14 du 6 janvier 1986, article 18, § 2.

– Décret n° 2009-14 du 7 janvier 2009, article 1er.

– Décret n° 2010-164 du 22 février 2010, article 17.

Commentaires

Le texte est fort souple, et permet, à la limite, de faire appel à un rapporteur pour suppléer un rapporteur public. De plus, le choix du président est libre, puisque la rédaction adoptée en 2010 le dispense de l'obligation de respecter l'ordre du tableau.

Les parties n'ont pas à être informées, avant l'audience, de cette suppléance (CE, 10 juillet 2015, Commune de Lattes, n° 371469, *Lebon* T.).

On remarque que, par une inadvertance de rédaction, l'article R. 222-24 concerne également les cours, alors qu'il figure dans une section consacrée aux tribunaux administratifs. C'est de toute façon l'intention des auteurs du texte, ainsi que cela résulte de l'article R. 222-32.

SECTION 3 *Fonctionnement des cours administratives d'appel*

La présidence des cours administratives d'appel par un conseiller d'État

Art. L. 222-3 Chaque cour administrative d'appel est présidée par un conseiller d'État en service ordinaire.

Texte source

– Loi n° 87-1127 du 31 décembre 1987, article 5.

La nomination des présidents de cour administrative d'appel

Art. L. 222-4 L'affectation dans les fonctions de président d'une cour administrative d'appel est prononcée par décret sur proposition du vice-président du Conseil d'État délibérant avec les présidents de section.

Les fonctions de président d'une cour administrative d'appel ne peuvent excéder une durée de sept années sur un même poste.

Textes sources

– Décret n° 88-153 du 15 février 1988, article 3.
– Loi n° 2012-347 du 12 mars 2012, article 85 (V).

Commentaires

L'alinéa ajouté par la loi n° 2012-347 du 12 mars 2012 est un décalque des dispositions applicables aux magistrats de l'ordre judiciaire. L'article L. 234-6 pose la même règle pour les présidents de tribunaux administratifs. Règle qui de prime abord n'avait pas besoin d'être formalisée pour les présidents de cour, puisque, conseillers d'État, ils ne bénéficient pas de l'inamovibilité et peuvent donc, en principe, être mutés dans l'intérêt du service. Afficher toutefois cette règle, qui rendra automatique et nécessaire le départ au bout de sept ans (pour les seuls présidents de cour nommés après l'entrée en vigueur de la loi du 12 mars 2012), ôte tout caractère personnalisé et subjectif à la décision de mutation, et coupera donc court à toute suspicion pouvant entourer le départ de ce chef de juridiction.

Les magistrats honoraires en cour administrative d'appel

Art. L. 222-5 Le président de la cour administrative d'appel peut désigner des magistrats honoraires inscrits sur la liste prévue à l'article L. 222-2-1 pour exercer les fonctions de rapporteur en formation collégiale ou pour statuer sur les référés présentés sur le fondement du livre V.
L'article L. 222-2-2 est applicable.

Textes sources

– Loi n° 87-1127 du 31 décembre 1987, article 4.
– Abrogé par la loi n° 2002-1338 du 9 septembre 2002, article 53.
– Loi n° 2019-222 du 23 mars 2019, article 35.

Les magistrats honoraires aidant à la décision

Art. L. 222-6 Le président de la cour administrative d'appel peut désigner des magistrats honoraires inscrits sur la liste prévue à l'article L. 222-2-1 pour exercer des fonctions d'aide à la décision au profit des magistrats.
L'article L. 222-2-3 est applicable.

Textes sources

– Loi n° 87-1127 du 31 décembre 1987, article 4.
– Abrogé par la loi n° 2002-1338 du 9 septembre 2002, article 53.
– Loi n° 2019-222 du 23 mars 2019, article 35.

L'indemnisation des magistrats honoraires

Art. D. 222-33 Les indemnités dues aux magistrats honoraires exerçant des fonctions juridictionnelles sur le fondement de l'article L. 222-5 ou des fonctions d'aide à la décision sur le fondement de l'article L. 222-6 sont fixées dans les conditions prévues à l'article D. 222-24-1.

Texte source

– Décret n° 2019-1502 du 30 décembre 2019, article 3.

Les formations de jugement des cours administratives d'appel

Art. R. 222-25 Les affaires sont jugées soit par une chambre siégeant en formation de jugement, soit par une formation de chambres réunies, soit par la cour administrative d'appel en formation plénière, qui délibèrent en nombre impair.

Par dérogation à l'alinéa précédent, le président de la cour ou le président de chambre statue en audience publique et sans conclusions du rapporteur public sur les demandes de sursis à exécution mentionnées aux articles R. 811-15 à R. 811-17.

Textes sources

– Code des TA et des CAA, article R. 26.
– Décret n° 2010-164 du 22 février 2010, article 18.
– Décret n° 2019-82 du 7 février 2019, article 12.

Commentaires

On note, comme au Conseil d'État et dans les tribunaux administratifs, l'apparition de nouvelles formations, sous l'appellation, en cour, de chambres réunies. Depuis 2019, le juge du sursis à exécution peut être un juge unique. Jusque-là, il n'était qu'un juge du rejet statuant sur le fondement de l'article R. 222-1. Cet article, qui simplifie la procédure applicable au traitement des demandes de sursis à exécution de jugements, vient heureusement combler l'absence dans certaines matières de référé-suspension devant la cour administrative d'appel, et pallier, par une procédure rapide, l'absence totale de référé-liberté devant la cour administrative d'appel. Mais l'affaire peut toujours être enrôlée en formation collégiale par application de l'article R. 222-29. Le texte ne précise pas si les décisions juridictionnelles rendues en application du second alinéa sont des ordonnances ou des jugements ; cette distinction n'étant pas indifférente, notamment pour les mentions obligatoires de la décision. On notera enfin qu'à la différence de l'article R. 222-1, l'article R. 222-25 ne connaît pas les premiers vice-présidents.

La composition de la chambre siégeant en formation de jugement

Art. R. 222-26 La chambre siège en formation de jugement sous la présidence de son président ou, en cas d'absence ou d'empêchement, d'un magistrat

désigné à cet effet par le président de la cour et ayant au moins le grade de président. Elle comprend, outre le président :
1° Un magistrat affecté à la chambre, désigné en suivant l'ordre du tableau parmi les magistrats présents ;
2° Le magistrat rapporteur.

Textes sources

– Code des TA et des CAA, article R. 27, § 1.
– Décret n° 2001-710 du 31 juillet 2001, article 2-I.

Commentaires

Aucune disposition n'impose que l'arrêt, qui mentionne l'identité du magistrat sous la présidence duquel il a été rendu, précise que ce magistrat avait été régulièrement désigné par le président de la cour. La seule mention de cette identité « suffit à établir, en l'absence de tout commencement de preuve contraire, que le président de la chambre était absent ou empêché » (CE, 24 septembre 2012, Commune de Valence, n° 342990). En pratique, le magistrat désigné est le président assesseur de la chambre.

La formation à cinq magistrats

Art. R. 222-27 Lorsque la nature ou la difficulté de l'affaire le justifie et sans préjudice des dispositions de l'article R. 222-29, le président de la chambre peut proposer au président de la cour que la chambre siégeant en formation de jugement comprenne, outre les magistrats mentionnés à l'article précédent :
1° Un autre magistrat affecté à la chambre, désigné en suivant l'ordre du tableau parmi les magistrats présents ;
2° Un magistrat affecté à une autre chambre, désigné en suivant l'ordre du tableau parmi les magistrats présents autres que les présidents de chambre.

Textes sources

– Code des TA et des CAA, article R. 27, § 2.
– Décret n° 2001-710 du 31 juillet 2001, article 2-II.

Commentaires

On notera, s'agissant de la formation « de droit commun », la minutie des deux articles précédents, qui contraste avec leurs homologues concernant les tribunaux administratifs. Et l'on observe que la formation « à cinq » comporte une majorité de membres détenteurs du grade de président, qui leur permettrait de présider une formation de jugement en tribunal administratif : ce n'est que la traduction « administrative » d'un usage courant devant les juridictions judiciaires (chaque membre de cour d'appel ayant au moins rang de président de tribunal judiciaire). Au surplus, la présence dans cette chambre d'un membre (ayant en principe le grade de président) appartenant à une autre chambre permet d'enrichir le délibéré par la vision et les réactions d'un magistrat n'ayant pas connu de l'affaire en séance d'instruction (CJA, art. R. 611-19). Ce mécanisme s'inspire des règles en usage au Conseil d'État, démontrant ainsi que l'orientation de la réforme de 1987 fait des cours un démembrement du Conseil d'État plus qu'une excroissance des tribunaux administratifs (ce que confirme l'article L. 222-3). Ces règles ne valent pas pour la formation ordinaire à trois, qui est en quelque sorte l'homologue de la chambre statuant seule au Conseil d'État (CJA, art. R. 122-14). À l'inverse des textes antérieurs, sa compétence est de droit commun et la formation à cinq ne peut être saisie que sur proposition du président de la chambre motivée par la nature ou la difficulté de l'affaire. On rappelle que, à côté des formations collégiales, existe la possibilité pour le président ou un président de chambre de juger seul un certain nombre d'affaires (CJA, art. L. 555-1 et R. 776-9).

Pour la mise en œuvre du remplacement du président de chambre prévu à l'article R. 222-26, il est jugé que « la simple mention de ce que le président assesseur faisait fonction de président en raison de l'empêchement de ce dernier suffit à le faire regarder comme agissant régulièrement en cette qualité », sans qu'il y ait lieu de préciser ni l'empêchement ni les conditions de la désignation du remplaçant (CE, 9 juillet 2010, Caisse d'Épargne Languedoc-Roussillon, n° 318309, *Lebon* T.).

La possibilité pour le président de la cour de présider toute formation de jugement

Art. R. 222-28 Le président de la cour administrative d'appel peut présider une chambre siégeant en formation de jugement. Le président de la chambre siège alors au titre du 1° de l'article R. 222-26.

Texte source

– Code des TA et des CAA, article R. 28.

Commentaires

Comme, au Conseil d'État, le vice-président du Conseil d'État ou le président de la section du contentieux, le président de la cour est habilité à présider n'importe quelle formation de jugement, étant seulement précisé que, lorsqu'il en est ainsi, c'est le magistrat le moins ancien qui est « évincé ».

La présence du président de la chambre n'est pas requise à peine d'irrégularité lorsque la formation est présidée par le président de la cour (CE, 14 février 2001, SA Manufacture d'appareillage électrique de Cahors, n° 193309, *Lebon* T.), sans qu'il soit au surplus nécessaire que, s'il est absent, l'arrêt fasse expressément mention de cette absence ou de cet empêchement (même arrêt).

Le renvoi d'une affaire aux chambres réunies ou à la formation plénière

Art. R. 222-29 La formation de jugement ou le président de la cour peuvent, à tout moment de la procédure, décider d'inscrire une affaire soit au rôle d'une formation de chambres réunies, soit au rôle de la cour statuant en formation plénière.

Dans le cas mentionné au second alinéa de l'article R. 222-25, le président de la cour ou le président de chambre peut décider d'inscrire l'affaire au rôle d'une chambre siégeant en formation de jugement.

Textes sources

– Code des TA et des CAA, article R. 191.
– Décret n° 2010-164 du 22 février 2010, article 19.
– Décret n° 2019-82 du 7 février 2019, article 13.

Commentaires

Le mécanisme est identique à celui qui est décrit pour les tribunaux administratifs (CJA, art. R. 222-19). Il appelle les mêmes observations. La décision de renvoi n'a pas à prendre la forme d'une ordonnance et son usage échappe au contrôle du juge de cassation (CE, 21 décembre 2007, Lipietz, n° 305966).

Si le président a cru opportun de prévenir les parties de ce renvoi, en précisant les questions justifiant l'examen de l'affaire par une formation supérieure, ce courrier, qui ne vaut pas communication d'un moyen d'ordre public, n'a pas à inviter les parties à produire des observations sur les motifs du renvoi ainsi exposés (CE, 1er février 2012, SA RTE EDF Transport, n° 338665, *Lebon* T.).

Les chambres réunies

Art. R. 222-29-1 La formation de chambres réunies est présidée par le président de la cour ou, sur délégation de ce dernier, par le premier vice-président. Elle comprend, outre son président, le président et un président assesseur de la chambre à laquelle est affecté le rapporteur et, selon le cas, le président d'une autre chambre et un président assesseur affecté dans cette chambre ou les présidents de deux autres chambres et des présidents assesseurs de ces chambres ainsi qu'un magistrat désigné, selon l'ordre du tableau, parmi les magistrats affectés dans la deuxième et, le cas échéant, dans la troisième chambre, et le rapporteur.

Le groupement des chambres en formation de jugement est fixé chaque année par le président de la cour.

Lorsque la composition ainsi définie ne permet pas d'assurer l'imparité de la formation de chambres réunies, elle est complétée par un autre magistrat de l'une des chambres concernées, choisi dans l'ordre du tableau.

Textes sources

– Décret n° 2010-164 du 22 février 2010, article 20.
– Décret n° 2013-730 du 13 août 2013, article 11.

Commentaires

La formation de deux ou trois chambres réunies fait enfin son apparition. Elle prend place, comme à l'habitude, entre la formation de chambre seule (trois ou cinq magistrats) et la formation plénière réunissant le premier vice-président et tous les présidents de chambre sous la présidence du président de la cour. Les deux chambres réunies comptent normalement sept membres, et les trois chambres réunies onze. Comme on l'a dit pour les tribunaux administratifs, les « mariages » décidés annuellement par le président de la cour semblent pouvoir être variés et à géométrie variable (voir les commentaires de l'article R. 222-19-1). Le texte a été « décalqué » de celui applicable au tribunal administratif. Toutefois, à la différence du premier vice-président d'un tribunal administratif, celui d'une cour préside une chambre. Lorsqu'un premier vice-président préside une formation de chambres réunies dont sa chambre fait partie, la mécanique de désignation des autres membres de la formation de jugement aboutit à une sous-représentation de sa chambre.

La formation plénière

Art. R. 222-30 La cour administrative d'appel en formation plénière est présidée par le président de la cour. Elle comprend en outre :

1° Le premier vice-président, les présidents de chambre de la cour, remplacés en cas d'absence ou d'empêchement par un magistrat de la même chambre, ayant au moins le grade de président, désigné en suivant l'ordre du tableau ;

2° Le magistrat rapporteur ;

3° S'il y a lieu, un magistrat départageur ayant le grade de président, désigné en suivant l'ordre du tableau.

Textes sources

– Code des TA et des CAA, article R. 29.
– Décret n° 2001-710 du 31 juillet 2001, article 2-III.
– Décret n° 2013-730 du 13 août 2013, article 11.

Commentaires

On note que le remplacement des présidents de chambre est ici prévu pour leur seul rôle de délibérants. Le Code est muet sur les autres fonctions de ces présidents, liées notamment à l'instruction des affaires. Dans le silence du texte, rien ne paraît s'opposer à ce que l'on applique les règles générales de suppléance, telles que dégagées par les arrêts du Conseil d'État des 27 juin 1947 (CE, 27 juin 1947, Chambre syndicale de l'habillement, *Lebon*, p. 288) et 23 février 1983 (CE, 23 février 1983, Ministre du Travail c/Machinet, n° 41325, *Lebon*, p. 78).

Le remplacement du président de la cour administrative d'appel

Art. R. 222-31 En cas d'absence ou d'empêchement, les présidents des cours administratives d'appel sont remplacés par le premier vice-président ou, à défaut, par le président de chambre le plus ancien dans l'ordre du tableau.

Ils peuvent déléguer au premier vice-président les attributions qu'ils tiennent des dispositions figurant au titre premier du livre II, aux titres IV et V du livre III, au titre II du livre VI, à la section 4 du titre IV et au titre VI du livre VII et au titre II du livre IX du présent code.

Textes sources

– Décret n° 2003-543 du 24 juin 2003, article 5.
– Décret n° 2013-730 du 13 août 2013, article 11.

Commentaires

Ce texte nouveau (abrogé par le décret n° 2001-710 du 31 juillet 2001, article 2-IV, et rétabli par le décret n° 2003-543 du 24 juin 2003) est bienvenu, encore que, dans le silence du texte, les juridictions avaient adopté un comportement faisant application de cette règle.

L'apparition de la possibilité de délégations permanentes conduit le président de la cour à organiser le partage de ses attributions avec son premier vice-président, dans toutes les compétences mentionnées par le texte. Il lui appartient de décider d'un tel partage (auquel il n'est donc pas tenu) et de son périmètre.

La désignation des rapporteurs publics devant les cours administratives d'appel

Art. R. 222-32 Les dispositions des articles R. 222-23 et R. 222-24 sont applicables dans les cours administratives d'appel.

Textes sources

– Décret n° 2000-389 du 4 mai 2000, article 1er.
– Décret n° 2003-543 du 24 juin 2003, article 6.

Commentaires

Ce texte allait de soi (alors surtout que l'on a vu que l'article R. 222-24 est déjà rédigé de façon à s'appliquer aux cours). Il importe de noter que désormais, et comme dans les tribunaux administratifs, un rapporteur public membre d'une cour peut y rapporter certaines affaires : c'était l'objet, et c'est l'effet de la modification du texte intervenue en juin 2003.

Art. R. 222-33 et R. 222-34 *Abrogés par le décret n° 2011-819 du 8 juillet 2011, article 1er.*
Voir art. R. 776-9 pour la reprise des dispositions abrogées.

CHAPITRE 3 Dispositions particulières aux tribunaux administratifs des départements et régions d'outre-mer, de Mayotte, de Saint-Barthélemy, de Saint-Martin et de Saint-Pierre-et-Miquelon

La présence de magistrats judiciaires dans les tribunaux administratifs d'outre-mer

Art. L. 223-1 Dans les départements et régions d'outre-mer, à Saint-Barthélemy, à Saint-Martin et à Saint-Pierre-et-Miquelon, les tribunaux administratifs peuvent comprendre, à titre permanent ou comme membres suppléants, des magistrats de l'ordre judiciaire.

Les tribunaux administratifs de Saint-Barthélemy, de Saint-Martin et celui territorialement compétent pour la Guadeloupe peuvent avoir le même siège.

Textes sources

– Loi n° 2007-224 du 21 février 2007, article 11.

– Loi n° 2010-1487 du 7 décembre 2010, article 14.

Commentaires

Les magistrats de l'ordre judiciaire – permanents ou suppléants – ne sont pas membres des tribunaux concernés « à titre exceptionnel », ou « en cas d'empêchement », mais de façon normale.

Art. L. 223-2 *Abrogé par la loi n° 2010-1487 du 7 décembre 2010, article 14.*

La saisine pour avis du tribunal administratif de Saint-Barthélemy

Art. L. 223-3 La procédure de saisine pour avis du tribunal administratif de Saint-Barthélemy par le président du conseil territorial de Saint-Barthélemy est régie par les dispositions de l'article LO 6252-14 du code général des collectivités territoriales ci-après reproduit :

« Art. LO 6252-14. – Le président du conseil territorial peut, après délibération du conseil exécutif, saisir le tribunal administratif d'une demande d'avis portant sur l'interprétation du statut de Saint-Barthélemy ou sur l'applicabilité dans la collectivité d'un texte législatif ou réglementaire.

En cas de difficulté sérieuse, le président du tribunal administratif peut transmettre cette demande au Conseil d'État.

Lorsque la demande d'avis porte sur la répartition des compétences entre l'État et la collectivité, elle est examinée par le Conseil d'État auquel elle est transmise sans délai. Le représentant de l'État en est immédiatement informé. »

Texte source

– Loi n° 2007-224 du 21 février 2007, article 11.

La saisine pour avis du tribunal administratif de Saint-Martin

Art. L. 223-4 La procédure de saisine pour avis du tribunal administratif de Saint-Martin par le président du conseil territorial de Saint-Martin est régie par les dispositions de l'article LO 6352-14 du code général des collectivités territoriales ci-après reproduit :

« Art. LO 6352-14. – Le président du conseil territorial peut, après délibération du conseil exécutif, saisir le tribunal administratif d'une demande d'avis portant sur l'interprétation du statut de Saint-Martin ou sur l'applicabilité dans la collectivité d'un texte législatif ou réglementaire.

En cas de difficulté sérieuse, le président du tribunal administratif peut transmettre cette demande au Conseil d'État.

Lorsque la demande d'avis porte sur la répartition des compétences entre l'État et la collectivité, elle est examinée par le Conseil d'État auquel elle est transmise sans délai. Le représentant de l'État en est immédiatement informé ».

Texte source

– Loi n° 2007-224 du 21 février 2007, article 11.

La saisine pour avis du tribunal administratif de Saint-Pierre-et-Miquelon

Art. L. 223-5 La procédure de saisine pour avis du tribunal administratif de Saint-Pierre-et-Miquelon par le président du conseil territorial de Saint-Pierre-et-Miquelon est régie par les dispositions de l'article LO 6462-9 du code général des collectivités territoriales ci-après reproduit :

« Art. LO 6462-9. – Le président du conseil territorial peut saisir le tribunal administratif d'une demande d'avis portant sur l'interprétation du statut de Saint-Pierre-et-Miquelon ou sur l'applicabilité dans cette collectivité d'un texte législatif ou réglementaire.

En cas de difficulté sérieuse, le président du tribunal administratif peut transmettre cette demande au Conseil d'État.

Lorsque la demande d'avis porte sur la répartition des compétences entre l'État, la collectivité ou les communes, elle est examinée par le Conseil d'État auquel elle est transmise sans délai. Le représentant de l'État en est immédiatement informé. »

Texte source

– Loi n° 2007-224 du 21 février 2007, article 11.

La composition des tribunaux administratifs de Guadeloupe, Martinique, Cayenne, Saint-Pierre, Mayotte et La Réunion

Art. R. 223-1 Un même président, inscrit sur la liste d'aptitude prévue à l'article L. 234-4, assure la présidence des tribunaux administratifs de Martinique et de Saint-Pierre-et-Miquelon. Ces tribunaux peuvent avoir des membres communs.

Un même président, inscrit sur la liste d'aptitude prévue à l'article L. 234-4, assure la présidence des tribunaux administratifs de Guadeloupe, de Saint-Barthélemy et de Saint-Martin. Il est assisté d'un ou plusieurs magistrats ayant le grade de président. Ces tribunaux peuvent avoir des membres communs.

Un même président, inscrit sur la liste d'aptitude prévue à l'article L. 234-4, assure la présidence des tribunaux administratifs de Mayotte et de La Réunion. Il est assisté d'un ou plusieurs magistrats ayant le grade de président. Ces tribunaux peuvent avoir des membres communs.

Textes sources

– Code des TA et des CAA, articles R. 23 et R. 24.
– Décret n° 2001-690 du 31 juillet 2001, article 4.
– Décret n° 2002-1083 du 7 août 2002, article 4.
– Décret n° 2010-164 du 22 février 2010, article 49.
– Décret n° 2011-921 du 1er août 2011, article 3.
– Décret n° 2015-1145 du 15 septembre 2015, article 22.
– Décret n° 2023-1338 du 28 décembre 2023, article 4.

Commentaires

Cet article est un compromis entre la nécessité d'assurer une présence juridictionnelle autonome dans les zones d'outre-mer et le souci de ne point gaspiller les deniers publics. Il est clair que l'activité de certains des tribunaux administratifs ici mentionnés ne saurait justifier la présence permanente de quatre magistrats et d'un greffe complet. D'où le recours aux « membres communs ». Les tribunaux de Basse-Terre, Cayenne et Schœlcher sont désormais totalement distincts, sans membres communs.

Le rapporteur public devant les tribunaux administratifs d'outre-mer

Art. R. 223-2 Les fonctions de rapporteur public auprès des tribunaux administratifs de Martinique et de Saint-Pierre-et-Miquelon sont assurées par le ou les mêmes magistrats. Il en va de même pour les fonctions de rapporteur public auprès, d'une part, des tribunaux administratifs de Guadeloupe, de Saint-Barthélemy et de Saint-Martin et, d'autre part, des tribunaux administratifs de Mayotte et de La Réunion.

Textes sources

– Code des TA et des CAA, article L. 2-3.
– Décret n° 2010-164 du 22 février 2010, article 49.
– Décret n° 2011-921 du 1er août 2011, article 3.
– Décret n° 2015-1145 du 15 septembre 2015, article 22.

Commentaires

La règle des « membres communs » est étendue avec force contraignante aux rapporteurs publics, ce qui est logique.

La désignation des magistrats judiciaires complétant un tribunal administratif

Art. R. 223-3 Les magistrats de l'ordre judiciaire appelés à faire partie des tribunaux administratifs des départements et régions d'outre-mer, de Mayotte, de Saint-Barthélemy, de Saint-Martin et de Saint-Pierre-et-Miquelon sont choisis parmi les magistrats en fonctions dans le ressort.

Textes sources

– Code des TA et des CAA, article R. 21.
– Décret n° 2008-452 du 13 mai 2008, article 8.

La procédure de désignation du magistrat judiciaire complétant le tribunal administratif

Art. R. 223-4 Le magistrat mentionné à l'article R. 223-3 est désigné chaque année, dans la première quinzaine du mois de décembre, par le premier président de la cour d'appel ou, le cas échéant, le président du tribunal supérieur d'appel. Un membre suppléant est désigné dans les mêmes conditions.

Texte source

– Code des TA et des CAA, article R. 22.

SECTION 1 La demande d'avis sur le dossier d'un recours pour excès de pouvoir ou d'un recours en appréciation de légalité transmis par les tribunaux administratifs de Saint-Barthélemy, de Saint-Martin et de Saint-Pierre-et-Miquelon

La transmission au Conseil d'État de certains jugements de tribunaux d'outre-mer

Art. R. 223-5 Les jugements des tribunaux administratifs de Saint-Barthélemy, de Saint-Martin et de Saint-Pierre-et-Miquelon prononçant la transmission d'un dossier en application des articles LO 6242-5, LO 6342-5 ou LO 6452-5 du code général des collectivités territoriales sont adressés par le greffier de ces juridictions au secrétaire du contentieux du Conseil d'État. Les parties, le représentant de l'État dans ces collectivités et le ministre chargé de l'outre-mer sont avisés de cette transmission par la notification qui leur est faite du jugement, dans les formes prévues aux articles R. 751-2 à R. 751-8.

Texte source

– Décret n° 2008-452 du 13 mai 2008, article 9.

L'examen des dossiers précédents par le Conseil d'État

Art. R. 223-6 Le dossier est, sous réserve des dispositions ci-après, examiné conformément aux dispositions régissant la procédure devant le Conseil d'État statuant au contentieux. Les parties et le ministre chargé de l'outre-mer peuvent produire des observations devant le Conseil d'État, dans le délai d'un mois à partir de la notification qui leur a été faite du jugement de renvoi. Ce délai peut être réduit par décision du président de la section du contentieux.

Texte source

– Décret n° 2008-452 du 13 mai 2008, article 9.

La présentation des avis rendus par le Conseil d'État en application des articles précédents

Art. R. 223-7 Les avis du Conseil d'État rendus en application des dispositions des deux articles précédents portent l'une des mentions suivantes :

« Le Conseil d'État »

ou

« le Conseil d'État (section du contentieux) »

ou
« le Conseil d'État (section du contentieux, n° et n° chambres réunies) »
ou
« le Conseil d'État (section du contentieux, n° chambre) ».

Textes sources

– Décret n° 2008-452 du 13 mai 2008, article 9.
– Décret n° 2016-899 du 1er juillet 2016, article 1er.

Commentaires

Le texte ne permet pas en principe que des avis soient rendus par trois ou quatre chambres réunies, faute d'avoir été modifié lors de la création de ces formations nouvelles.

La notification de l'avis rendu par le Conseil d'État

Art. R. 223-8 L'avis du Conseil d'État est notifié au président du conseil territorial de la collectivité intéressée en application des articles LO 6242-6, LO 6342-6 ou LO 6452-6 du code général des collectivités territoriales, ainsi qu'aux parties, au représentant de l'État et au ministre chargé de l'outre-mer. Il est adressé au tribunal administratif de la collectivité, en même temps que lui est retourné le dossier de l'affaire. L'avis mentionne qu'il sera publié au Journal officiel de la République française. Le représentant de l'État assure la publication de celui-ci au Journal officiel de la collectivité.

Texte source

– Décret n° 2008-452 du 13 mai 2008, article 9.

SECTION 2 Le contrôle juridictionnel spécifique des actes des conseils territoriaux de Saint-Barthélemy et de Saint-Martin intervenant dans le domaine de la loi

La notification de la décision du Conseil d'État rendue en application des articles LO 6243-1 ou LO 6343-1 du Code général des collectivités territoriales

Art. R. 223-9 La décision du Conseil d'État statuant en application des articles LO 6243-1 ou LO 6343-1 du code général des collectivités territoriales est notifiée aux parties, au président du conseil territorial, au représentant de l'État et au ministre chargé de l'outre-mer.

Texte source

– Décret n° 2008-452 du 13 mai 2008, article 9.

La procédure devant le Conseil d'État

Art. R. 223-10 Les demandes présentées par la juridiction saisie, en application des articles LO 6243-5 ou LO 6343-5 du code général des collectivités territoriales, sont examinées conformément aux dispositions régissant la procédure devant le Conseil d'État statuant au contentieux.

La décision du Conseil d'État est adressée à la juridiction qui a saisi le Conseil d'État. Copie en est adressée au représentant de l'État ainsi qu'au ministre chargé de l'outre-mer. La décision peut mentionner qu'elle sera publiée au Journal officiel de la République française. Le représentant de l'État assure la publication de celle-ci au Journal officiel de la collectivité.

Texte source

– Décret n° 2008-452 du 13 mai 2008, article 9.

CHAPITRE 4 Dispositions particulières à la Nouvelle-Calédonie

La présence d'un magistrat judiciaire au tribunal administratif de Nouvelle-Calédonie

Art. L. 224-1 Le tribunal administratif de Nouvelle-Calédonie peut valablement délibérer en se complétant, en cas d'absence ou d'empêchement d'un de ses membres, par l'adjonction d'un magistrat de l'ordre judiciaire.

Texte source

– Code des TA et des CAA, article L. 2-2, § 3.

Commentaires

L'adjonction d'un magistrat de l'ordre judiciaire est ici non la règle, mais seulement la réponse à un cas d'empêchement ou d'absence.

La composition du tribunal administratif de Nouvelle-Calédonie pour l'exercice de sa fonction consultative

Art. L. 224-2 Pour l'exercice de sa fonction consultative, le tribunal administratif peut être complété par des magistrats de l'ordre administratif ou judiciaire.

Texte source

– Code des TA et des CAA, article L. 2-6.

La nomination du magistrat judiciaire complétant le tribunal administratif de Nouvelle-Calédonie

Art. R. 224-1 Le magistrat de l'ordre judiciaire appelé à faire partie du tribunal administratif de Nouvelle-Calédonie est choisi parmi les magistrats en fonction dans le ressort.

Texte source

– Code des TA et des CAA, article R. 25.

Le complément apporté au tribunal administratif de Nouvelle-Calédonie pour l'exercice de sa fonction consultative

Art. R. 224-2 Pour l'exercice de sa fonction consultative, le tribunal administratif de Nouvelle-Calédonie peut s'adjoindre, à l'initiative de son président, lorsque l'examen d'une affaire déterminée le rend nécessaire, un magistrat désigné par le premier président de la cour d'appel de Nouméa et un magistrat de la chambre territoriale des comptes de la Nouvelle-Calédonie désigné par le président de cette juridiction, ou un de ces magistrats seulement. En cas de partage égal des voix, la voix du président est prépondérante.

Texte source

– Code des TA et des CAA, article R. 252.

SECTION 1 La demande d'avis sur le dossier d'un recours pour excès de pouvoir ou d'un recours en appréciation de légalité transmis par le tribunal administratif de Nouvelle-Calédonie

La demande d'avis du Conseil d'État sur le dossier d'un recours transmis par le tribunal administratif de Nouvelle-Calédonie

Art. L. 224-3 Le tribunal administratif soumet au Conseil d'État les questions préjudicielles relatives à la répartition des compétences entre l'État, la Nouvelle-Calédonie, les provinces et les communes de la Nouvelle-Calédonie, dans les conditions prévues par l'article 205 de la loi organique n° 99-209 du 19 mars 1999 relative à la Nouvelle-Calédonie.

Textes sources

– Loi organique n° 99-209 du 19 mars 1999, article 205.
– Loi n° 2009-970 du 3 août 2009, article 8.

Commentaires

Les avis ici mentionnés ont un champ rigoureusement défini, et le Conseil d'État l'interprète non moins rigoureusement : il a ainsi refusé de donner suite à une demande d'avis étrangère à ce champ (CE, avis, 28 avril 2000, Sotty, n° 215974, *Lebon*), sans, il faut le noter, requalifier cette demande comme relevant de l'article L. 113-1 (avis sur une question de droit). Il a, ce faisant, confirmé la position rigoureuse qu'il avait arrêtée à propos d'une demande d'avis du tribunal administratif de Papeete (CE avis, 28 octobre 1998, Sachet, n° 198961).

L'article 205 de la loi organique n° 99-209 du 19 mars 1999 relative à la Nouvelle-Calédonie dispose : « Lorsque le tribunal administratif est saisi d'un recours pour excès de pouvoir dirigé contre les actes mentionnés aux 1° du A, 1° du B, 1° à 3° du D du II de l'article 204 et que ce recours est fondé sur un moyen sérieux invoquant l'inexacte application de la répartition des compétences entre l'État, la Nouvelle-Calédonie, les provinces et les communes ou que ce moyen est soulevé d'office, il transmet le dossier sans délai pour avis au Conseil d'État, par un jugement qui n'est susceptible d'aucun recours. Le Conseil d'État examine la question soulevée dans un délai de trois mois et il est sursis à toute décision sur le fond jusqu'à son avis ou, à défaut, jusqu'à l'expiration de ce délai. Le tribunal administratif statue dans un délai de deux mois à compter de la publication de l'avis au Journal officiel de la Nouvelle-Calédonie ou de l'expiration du délai imparti au Conseil d'État. »

L'envoi du dossier de demande d'avis

Art. R. 224-3 Le jugement du tribunal administratif de Nouvelle-Calédonie prononçant la transmission d'un dossier en application de l'article L. 224-3 est adressé par le greffier de cette juridiction au secrétaire du contentieux du Conseil d'État. Les parties, le gouvernement de la Nouvelle-Calédonie, le haut-commissaire de la République en Nouvelle-Calédonie et le ministre chargé de l'outre-mer sont avisés de cette transmission par la notification qui leur est faite du jugement, dans les formes prévues aux articles R. 751-2 à R. 751-8 du présent code.

Textes sources

– Décret n° 63-766 du 30 juillet 1963, article 57-17.
– Code des TA et des CAA, article R. 208-3.

L'instruction de la demande d'avis

Art. R. 224-4 Le dossier est, sous réserve des dispositions ci-après, examiné conformément aux dispositions régissant la procédure devant le Conseil d'État statuant au contentieux. Les parties, le gouvernement de la Nouvelle-Calédonie et le ministre chargé de l'outre-mer peuvent produire des observations devant le Conseil d'État, dans le délai d'un mois à partir de la notification qui leur a été faite du jugement de renvoi. Ce délai peut être réduit par décision du président de la section du contentieux.

Texte source

– Décret n° 63-766 du 30 juillet 1963, article 57-18.

Les mentions de l'avis

Art. R. 224-5 Les avis du Conseil d'État rendus en application de l'article L. 224-3 portent l'une des mentions suivantes :

« Le Conseil d'État »,

ou

« Le Conseil d'État (section du contentieux) »,

ou

« Le Conseil d'État (section du contentieux, n° et n° chambres réunies) »,

ou

« Le Conseil d'État (section du contentieux, n° chambre) ».

Textes sources

– Décret n° 2000-389 du 4 mai 2000, article 1er.
– Décret n° 2016-899 du 1er juillet 2016, article 1er.

Commentaires

Le texte ne permet en principe pas que des avis soient rendus par trois ou quatre chambres réunies, faute d'avoir été modifié lors de la création de ces formations nouvelles.

La notification de l'avis du Conseil d'État

Art. R. 224-6 L'avis du Conseil d'État est notifié aux parties, au gouvernement de la Nouvelle-Calédonie, au haut-commissaire de la République en Nouvelle-Calédonie et au ministre chargé de l'outre-mer. Il est adressé au tribunal administratif de Nouvelle-Calédonie, en même temps que lui est retourné le dossier de l'affaire. L'avis peut mentionner qu'il sera publié au Journal officiel de la République française. Le haut-commissaire assure la publication de celui-ci au Journal officiel de la Nouvelle-Calédonie.

Textes sources

– Décret n° 63-766 du 30 juillet 1963, article 57-19.
– Code des TA et des CAA, article R. 208-4.

SECTION 2 *La saisine pour avis du tribunal administratif de Nouvelle-Calédonie*

La demande d'avis au tribunal administratif de Nouvelle-Calédonie

Art. LO 224-4 Le président du gouvernement, le président du congrès, le président du sénat coutumier, le président d'une assemblée de province ou le haut-commissaire peuvent saisir le tribunal administratif ou le Conseil d'État d'une demande d'avis dans les conditions prévues par l'article 206 de la loi organique n° 99-209 du 19 mars 1999 relative à la Nouvelle-Calédonie.

Textes sources

– Loi organique n° 99-209 du 19 mars 1999, article 206.
– Loi organique n° 2009-969 du 3 août 2009, article 52.

Commentaires

L'article 206 de la loi organique n° 99-209 du 19 mars 1999 relative à la Nouvelle-Calédonie dispose : « Le président du gouvernement, le président du congrès, le président du Sénat coutumier ou le président d'une assemblée de province peut saisir le tribunal administratif d'une demande d'avis. Il en informe immédiatement le haut-commissaire. [...] Lorsqu'elle porte sur la répartition des compétences entre l'État, la Nouvelle-Calédonie, les provinces ou les communes, la demande d'avis est examinée par le Conseil d'État auquel elle est transmise sans délai. »

La transmission au Conseil d'État de la demande d'avis

Art. R. 224-7 La transmission d'une demande d'avis par le tribunal administratif de Nouvelle-Calédonie, en application de l'article LO 224-4, est adressée par le greffier de cette juridiction au secrétaire général du Conseil d'État.

Textes sources

– Décret n° 63-766 du 30 juillet 1963, article 13-4.
– Code des TA et des CAA, article R. 250.
– Décret n° 2010-1562 du 14 décembre 2010, article 4.

L'examen de la demande d'avis par le Conseil d'État

Art. R. 224-8 La demande d'avis est examinée conformément aux dispositions régissant la procédure devant les sections administratives du Conseil d'État.

Texte source

– Décret n° 63-766 du 30 juillet 1963, article 13-5.

La notification de l'avis du Conseil d'État

Art. R. 224-9 L'avis du Conseil d'État est notifié à l'auteur de la demande d'avis, au gouvernement de la Nouvelle-Calédonie, au haut-commissaire de la République en Nouvelle-Calédonie et au ministre chargé de l'outre-mer. Il est adressé au tribunal administratif de Nouvelle-Calédonie.

Textes sources

– Décret n° 63-766 du 30 juillet 1963, article 13-6.
– Code des TA et des CAA, article R. 251.

Commentaires

Il faut distinguer la demande d'avis formée au titre de cette section, de la demande précédente. À la précédente, il est répondu en la forme contentieuse, après procédure contentieuse. La demande de la présente section est traitée par une section administrative du Conseil d'État, et n'a donc aucune forme contentieuse. Il est au surplus déjà arrivé que le Conseil d'État ait à statuer, presque simultanément, sur une demande d'avis contentieux et sur une demande d'avis « administratif ». Dans une telle hypothèse, les contacts nécessaires sont pris au sein du Conseil d'État pour éviter des réponses divergentes à la même question.

SECTION 3 La nature juridique d'une disposition d'une loi du pays de la Nouvelle-Calédonie

L'intervention du Conseil d'État sur une disposition d'une loi du pays de Nouvelle-Calédonie

Art. L. 224-5 Ainsi qu'il est dit à l'article 107 de la loi organique n° 99-209 du 19 mars 1999 relative à la Nouvelle-Calédonie, « les lois du pays ont force de loi dans le domaine défini à l'article 99. Elles ne sont susceptibles d'aucun recours après leur promulgation.

Les dispositions d'une loi du pays intervenues en dehors du domaine défini à l'article 99 ont un caractère réglementaire. Lorsqu'au cours d'une procédure devant une juridiction de l'ordre administratif ou de l'ordre judiciaire, la nature juridique d'une disposition d'une loi du pays fait l'objet d'une contestation sérieuse, la juridiction saisit, par un jugement qui n'est susceptible d'aucun recours, le Conseil d'État qui statue dans les trois mois. Il est sursis à toute décision sur le fond jusqu'à ce que le Conseil d'État se soit prononcé sur la nature de la disposition en cause. »

Texte source

– Loi organique n° 99-209 du 19 mars 1999, article 107.

La saisine du Conseil d'État d'une question concernant une disposition d'une loi du pays de Nouvelle-Calédonie

Art. R. 224-10 Le jugement, la décision ou l'arrêt saisissant le Conseil d'État d'une question portant sur la nature juridique d'une disposition de loi du pays en application de l'article L. 224-5 est adressé par le secrétaire ou le greffier de la juridiction saisie au secrétaire du contentieux du Conseil d'État, avec les pièces de la procédure dans les huit jours du prononcé du jugement, de la décision ou de l'arrêt. Les parties, le président du congrès, le gouvernement de la Nouvelle-Calédonie et le ministre chargé de l'outre-mer sont avisés de cette transmission par la notification qui leur est faite du jugement, de la décision ou de l'arrêt.

Texte source

– Décret n° 63-766 du 30 juillet 1963, article 57-20.

L'examen par le Conseil d'État de la question

Art. R. 224-11 La question est, sous réserve des dispositions ci-après, examinée conformément aux dispositions régissant la procédure devant le Conseil d'État statuant au contentieux. Les parties, le président du congrès, le gouvernement de la Nouvelle-Calédonie et le ministre chargé de l'outre-mer peuvent produire des observations devant le Conseil d'État, dans le délai d'un mois à partir de la notification du jugement, de la décision ou de l'arrêt de renvoi. Ce délai peut être réduit par décision du président de la section du contentieux.

Texte source

– Décret n° 63-766 du 30 juillet 1963, article 57-21.

La notification de la décision du Conseil d'État

Art. R. 224-12 La décision du Conseil d'État est notifiée aux parties, au président du congrès, au gouvernement de la Nouvelle-Calédonie, au haut-commissaire de la République en Nouvelle-Calédonie et au ministre chargé de l'outre-mer. Elle est adressée à la juridiction qui a saisi le Conseil d'État, en même temps que lui sont retournées les pièces qui avaient été transmises. La décision peut mentionner qu'elle sera publiée au *Journal officiel* de la République française. Le haut-commissaire assure la publication de celle-ci au *Journal officiel* de la Nouvelle-Calédonie.

Texte source

– Décret n° 63-766 du 30 juillet 1963, article 57-22.

SECTION 4 Dispositions relatives aux modalités d'application de l'article 197 de la loi organique n° 99-209 du 19 mars 1999 relative à la Nouvelle-Calédonie

La demande présentée en application de l'article 197 de la loi du 19 mars 1999 relative à la Nouvelle-Calédonie

Art. R. 224-13 La demande présentée en application des deuxième, quatrième et cinquième alinéas de l'article 197 de la loi organique n° 99-209 du 19 mars 1999 relative à la Nouvelle-Calédonie est examinée conformément aux dispositions régissant la procédure devant le Conseil d'État statuant au contentieux.

La décision est notifiée au représentant intéressé, au président du congrès de Nouvelle-Calédonie ou au président de l'assemblée de province intéressé, au haut-commissaire de la République, et, le cas échéant, au représentant auteur de la demande.

Texte source

– Décret n° 2010-1562 du 14 décembre 2010, article 5.

SECTION 5 Exercice par un électeur ou un contribuable des actions appartenant à la Nouvelle-Calédonie ou à la province

L'exercice par un électeur ou un contribuable des actions appartenant à la Nouvelle-Calédonie

Art. R. 224-14 I. – Dans le cas prévu à l'article 209-1 de la loi organique n° 99-209 du 19 mars 1999 relative à la Nouvelle-Calédonie, il est délivré au contribuable ou à l'électeur un récépissé du mémoire détaillé qu'il a adressé au tribunal administratif.

Le haut-commissaire de la République, saisi par le président du tribunal administratif, transmet immédiatement ce mémoire :

– au président du gouvernement de Nouvelle-Calédonie, en l'invitant à le soumettre au gouvernement, s'il concerne une action que le contribuable ou l'électeur croit appartenir à la Nouvelle-Calédonie ;

– au président de la province, en l'invitant à le soumettre à l'assemblée de province, s'il concerne une action que le contribuable ou l'électeur croit appartenir à la province.

La décision du tribunal administratif est rendue dans le délai de deux mois à dater du dépôt de la demande d'autorisation.

Toute décision qui porte refus d'autorisation doit être motivée.

II. – Lorsque le tribunal administratif ne statue pas dans le délai de deux mois ou lorsque l'autorisation est refusée, le contribuable ou l'électeur peut se pourvoir devant le Conseil d'État.

III. – Le pourvoi devant le Conseil d'État est, à peine de déchéance, formé dans les trois mois qui suivent soit l'expiration du délai imparti au tribunal administratif pour statuer, soit la notification de l'arrêté portant refus.

Il est statué sur le pourvoi dans un délai de trois mois à compter de son enregistrement au secrétariat du contentieux du Conseil d'État.

IV. – Le tribunal administratif ou le Conseil d'État peuvent, s'ils accordent l'autorisation, en subordonner l'effet à la consignation préalable des frais d'instance. Ils fixent, dans ce cas, la somme à consigner.

Texte source

– Décret n° 2010-1562 du 14 décembre 2010, article 5.

CHAPITRE 5 Dispositions particulières à la Polynésie française

La présence d'un magistrat judiciaire au tribunal administratif de la Polynésie française

Art. L. 225-1 Le tribunal administratif de la Polynésie française peut valablement délibérer en se complétant, en cas d'absence ou d'empêchement d'un de ses membres, par l'adjonction d'un magistrat de l'ordre judiciaire.

Textes sources

– Code des TA et des CAA, article L. 2-2, § 2.
– Loi n° 2004-193 du 27 février 2004, article 16-1°.

Commentaires

La présence d'un magistrat de l'ordre judiciaire doit être justifiée par l'absence ou l'empêchement d'un membre du tribunal administratif, et le jugement doit, à peine d'irrégularité, faire mention de cette absence ou de cet empêchement (CE, 8 mars 2002, Élections municipales de la commune associée de Vairao, n° 236291).

Le choix du magistrat judiciaire complétant le tribunal administratif de la Polynésie française

Art. R. 225-1 Le magistrat de l'ordre judiciaire appelé à faire partie du tribunal administratif de la Polynésie française est choisi parmi les magistrats en fonction dans le ressort.

Textes sources

– Code des TA et des CAA, article R. 25.
– Décret n° 2005-1611 du 20 décembre 2005, article 3.

Les compétences spécifiques du tribunal administratif de la Polynésie française

Art. L. 225-2 Le tribunal administratif de la Polynésie française exerce les attributions que lui confie la loi organique n° 2004-192 du 27 février 2004 portant statut d'autonomie de la Polynésie française, notamment ses articles 159-1, 174 et 175.

Textes sources

– Loi organique n° 2004-193 du 27 février 2004, article 16-1°.
– Loi n° 2007-1720 du 7 décembre 2007, article 3.

SECTION 1 *La demande d'avis sur le dossier d'un recours pour excès de pouvoir transmis par le tribunal administratif de la Polynésie française*

La demande d'avis du Conseil d'État sur le dossier d'un recours pour excès de pouvoir transmis par le tribunal administratif

Art. R. 225-2 Le jugement du tribunal administratif de la Polynésie française prononçant la transmission d'un dossier en application de l'article L. 225-2 est adressé par le greffier de cette juridiction au secrétaire du contentieux du Conseil d'État, avec le dossier de l'affaire. Les parties, le haut-commissaire de la République en Polynésie française et le ministre chargé de l'outre-mer sont avisés de cette transmission par la notification qui leur est faite du jugement, dans les formes prévues aux articles R. 751-2 à R. 751-8.

Textes sources

- Code des TA et des CAA, article R. 208-1.
- Décret n° 63-766 du 30 juillet 1963, article 57-14.
- Décret n° 2005-1611 du 20 décembre 2005, article 3.

L'instruction de la demande d'avis

Art. R. 225-3 Le dossier est, sous réserve des dispositions ci-après, examiné conformément aux dispositions régissant la procédure devant le Conseil d'État statuant au contentieux. Les parties et le ministre chargé des territoires d'outre-mer peuvent produire des observations devant le Conseil d'État, dans le délai d'un mois à partir de la notification qui leur a été faite du jugement de renvoi. Ce délai peut être réduit par décision du président de la section du contentieux.

Textes sources

- Décret n° 63-766 du 30 juillet 1963, article 57-15.
- Décret n° 2005-1611 du 20 décembre 2005, article 3.

Les mentions de l'avis du Conseil d'État

Art. R. 225-4 Les avis du Conseil d'État rendus en application de l'article L. 225-2 portent l'une des mentions suivantes :

« Le Conseil d'État »,

ou

« Le Conseil d'État (section du contentieux) »,

ou

« Le Conseil d'État (section du contentieux, n° et n° chambres réunies) »,

ou

« Le Conseil d'État (section du contentieux, n° chambre) ».

Textes sources

– Décret n° 2000-389 du 4 mai 2000, article 1er.
– Décret n° 2005-1611 du 20 décembre 2005, article 3.
– Décret n° 2016-899 du 1er juillet 2016, article 1er.

Commentaires

Le texte ne permet en principe pas que des avis soient rendus par trois ou quatre chambres réunies, faute d'avoir été modifié lors de la création de ces formations nouvelles.

La notification de l'avis du Conseil d'État

Art. R. 225-5 L'avis du Conseil d'État est notifié aux parties, au haut-commissaire de la République et au ministre chargé de l'outre-mer. Il est adressé au tribunal administratif de la Polynésie française, en même temps que lui est retourné le dossier de l'affaire. L'avis peut mentionner qu'il sera publié au Journal officiel de la République française. Le haut-commissaire assure la publication de celui-ci au Journal officiel de la Polynésie française.

Textes sources

– Décret n° 63-766 du 30 juillet 1963, article 57-16.
– Code des TA et des CAA, article R. 208-2.
– Décret n° 2005-1611 du 20 décembre 2005, article 3.

SECTION 2 *La saisine pour avis du tribunal administratif de la Polynésie française*

Art. L. 225-3 *Abrogé par la loi n° 2007-1720 du 7 décembre 2007, article 3.*

La notification de l'avis du tribunal administratif

Art. R. 225-5-1 L'avis rendu par le tribunal administratif de la Polynésie française en application des articles 174 et 175 de la loi organique n° 2004-192 du 27 février 2004 portant statut d'autonomie de la Polynésie française est notifié à l'auteur de la demande d'avis, au haut-commissaire de la République et au ministre chargé de l'outre-mer.

Textes sources

– Décret n° 2005-1611 du 20 décembre 2005, article 3.
– Décret n° 2015-1145 du 15 septembre 2015, article 24.

La transmission au Conseil d'État de la demande d'avis

Art. R. 225-6 La transmission d'une demande d'avis par le tribunal administratif de la Polynésie française, en application des articles 174 et 175 de la loi organique n° 2004-192 du 27 février 2004 portant statut d'autonomie de la Polynésie française est adressée par le greffier de cette juridiction au secrétaire général du Conseil d'État.

Textes sources

– Décret n° 63-766 du 30 juillet 1963, article 13-1.
– Code des TA et des CAA, article R. 248.
– Décret n° 2005-1611 du 20 décembre 2005, article 3.
– Décret n° 2015-1145 du 15 septembre 2015, article 24.

L'examen de la demande d'avis

Art. R. 225-7 La demande d'avis est examinée conformément aux dispositions régissant la procédure devant les sections administratives du Conseil d'État.

Textes sources

– Décret n° 63-766 du 30 juillet 1963, article 13-2.
– Décret n° 2005-1611 du 20 décembre 2005, article 3.

La notification de l'avis du Conseil d'État

Art. R. 225-8 L'avis du Conseil d'État est notifié à l'auteur de la demande d'avis, au haut-commissaire de la République en Polynésie française et au ministre chargé de l'outre-mer. Il est adressé au tribunal administratif de la Polynésie française.

Textes sources

– Décret n° 63-766 du 30 juillet 1963, article 13-3.
– Code des TA et des CAA, article R. 249.
– Décret n° 2005-1611 du 20 décembre 2005, article 3.

SECTION 3 *Le contrôle juridictionnel spécifique des « lois du pays »*

L'examen de la demande

Art. R. 225-8-1 La demande présentée en application de l'article 180 de la loi organique n° 2004-192 du 27 février 2004 portant statut d'autonomie de la Polynésie française par l'une des autorités mentionnées au deuxième alinéa de cet article est examinée conformément aux dispositions régissant la procédure devant le Conseil d'État statuant au contentieux.

La décision est notifiée au président de la Polynésie française, au président de l'assemblée de la Polynésie française, au ministre chargé de l'outre-mer et au haut-commissaire de la République. Elle peut mentionner qu'elle sera publiée au Journal officiel de la République française. Le haut-commissaire assure sa publication au Journal officiel de la Polynésie française.

Texte source

– Décret n° 2005-1611 du 20 décembre 2005, article 3.

SECTION 4 Dispositions relatives à un referendum local ou à une consultation des électeurs

Les requêtes relatives à la participation à la campagne

Art. R. 225-8-2 Le jugement des requêtes relatives à l'établissement de la liste des groupes d'élus, partis ou groupements politiques habilités à participer à la campagne en vue d'un referendum local ou d'une consultation des électeurs de la Polynésie française prévus aux articles 159 et 159-1 de la loi organique n° 2004-192 du 27 février 2004 portant statut d'autonomie de la Polynésie française est régi par les dispositions du cinquième alinéa de l'article 2 du décret n° 2008-598 du 23 juin 2008 relatif au referendum local et à la consultation des électeurs en Polynésie française.

Textes sources

– Décret n° 2005-1611 du 20 décembre 2005, article 3.
– Décret n° 2008-597 du 23 juin 2008, article 1er.

SECTION 5 Dispositions relatives aux modalités d'application de l'article 112 de la loi organique n° 2004-192 du 27 février 2004 portant statut d'autonomie de la Polynésie française

La demande de démission d'office

Art. R. 225-8-3 La demande présentée en application du II ou du III de l'article 112 de la loi organique n° 2004-192 du 27 février 2004 portant statut d'autonomie de la Polynésie française par l'une des personnes mentionnées au deuxième ou au quatrième alinéa du II ou au III de cet article est examinée conformément aux dispositions régissant la procédure devant le Conseil d'État statuant au contentieux.

La décision est notifiée au représentant intéressé, au président de l'assemblée de la Polynésie française, au haut-commissaire de la République et, le cas échéant, au représentant auteur de la demande.

Texte source

– Décret n° 2008-597 du 23 juin 2008, article 1er.

SECTION 6 Exercice par un électeur ou un contribuable des actions appartenant à la Polynésie française

L'autorisation d'agir au nom de la Polynésie française

Art. R. 225-8-4 I. – Dans le cas prévu à l'article 186-1 de la loi organique n° 2004-192 du 27 février 2004 portant statut d'autonomie de la Polynésie française, il est délivré au contribuable ou à l'électeur un récépissé du mémoire détaillé qu'il a adressé au tribunal administratif.

Le haut-commissaire de la République, saisi par le président du tribunal administratif, transmet immédiatement ce mémoire au président de la Polynésie française, en l'invitant à le soumettre au conseil des ministres.

La décision du tribunal administratif est rendue dans le délai de deux mois à dater du dépôt de la demande d'autorisation.

Toute décision qui porte refus d'autorisation doit être motivée.

II. – Lorsque le tribunal administratif ne statue pas dans le délai de deux mois ou lorsque l'autorisation est refusée, le contribuable ou l'électeur peut se pourvoir devant le Conseil d'État.

III. – Le pourvoi devant le Conseil d'État est, à peine de déchéance, formé dans les trois mois qui suivent soit l'expiration du délai imparti au tribunal administratif pour statuer, soit la notification de l'arrêté portant refus.

Il est statué sur le pourvoi dans un délai de trois mois à compter de son enregistrement au secrétariat du contentieux du Conseil d'État.

IV. – Le tribunal administratif ou le Conseil d'État peuvent, s'ils accordent l'autorisation, en subordonner l'effet à la consignation préalable des frais d'instance. Ils fixent, dans ce cas, la somme à consigner.

Texte source

– Décret n° 2008-597 du 23 juin 2008, article 1er.

CHAPITRE 5 *BIS* Dispositions particulières aux îles Wallis-et-Futuna

La présence d'un magistrat judiciaire dans les îles Wallis-et-Futuna

Art. L. 225-4 Dans les îles Wallis-et-Futuna, le tribunal administratif peut valablement délibérer en se complétant, en cas d'absence ou d'empêchement d'un de ses membres, par l'adjonction d'un magistrat de l'ordre judiciaire.

Texte source

– Ordonnance n° 2003-923 du 26 septembre 2003, article 4, § I.

Commentaires

L'article 1er de l'ordonnance du 26 septembre 2003 a institué un tribunal administratif dans les îles Wallis-et-Futuna, cependant que l'article 2 de la même ordonnance a prononcé la suppression du dernier conseil du contentieux administratif existant ; l'entrée en vigueur de cette dernière opération a été fixée au 1er septembre 2004.

La présidence commune des tribunaux de Wallis-et-Futuna et de Nouvelle-Calédonie

Art. R. 225-9 Un même président, inscrit sur la liste d'aptitude prévue à l'article L. 234-4, assure la présidence des tribunaux administratifs de Wallis-et-Futuna et de Nouvelle-Calédonie. Ces tribunaux peuvent avoir des membres communs.

Textes sources

– Décret n° 2004-2 du 2 janvier 2004, article 2-3°.
– Décret n° 2015-1145 du 15 septembre 2015, article 22.
– Décret n° 2023-1338 du 28 décembre 2023, article 5.

Le rapporteur public du tribunal de Wallis-et-Futuna

Art. R. 225-10 Les fonctions de rapporteur public auprès des tribunaux administratifs de Wallis-et-Futuna et de Nouvelle-Calédonie sont assurées par le ou les mêmes magistrats.

Textes sources

– Décret n° 2004-2 du 2 janvier 2004, article 2-3°.
– Décret n° 2009-14 du 7 janvier 2009, article 1er.
– Décret n° 2015-1145 du 15 septembre 2015, article 22.

Le choix du magistrat judiciaire complétant le tribunal administratif de Wallis-et-Futuna

Art. R. 225-11 Le magistrat de l'ordre judiciaire appelé à faire partie du tribunal de Wallis-et-Futuna est choisi parmi les magistrats en fonction dans le ressort.

Textes sources

– Décret n° 2004-2 du 2 janvier 2004, article 2-3°.
– Décret n° 2015-1145 du 15 septembre 2015, article 22.

Les modalités de choix du magistrat judiciaire

Art. R. 225-12 Le magistrat mentionné à l'article R. 225-11 est désigné chaque année, dans la première quinzaine du mois de décembre, par le premier président de la cour d'appel. Un membre suppléant est désigné dans les mêmes conditions. Ce dernier peut être choisi parmi les magistrats en fonction en Nouvelle-Calédonie.

Texte source

– Décret n° 2004-2 du 2 janvier 2004, article 2-3.

CHAPITRE 6 Les greffes

Le présent chapitre ne comprend pas de dispositions législatives.

SECTION 1 Dispositions communes aux greffes des tribunaux administratifs et cours administratives d'appel

SOUS-SECTION 1 Dispositions relatives au personnel

Le personnel des greffes

Art. R. 226-1 Le greffe de chaque tribunal administratif comprend un greffier en chef et, s'il y a lieu, un ou plusieurs greffiers et d'autres agents de greffe.

Le greffe de chaque cour administrative d'appel comprend un greffier en chef, des greffiers et d'autres agents de greffe.

Sous l'autorité du chef de juridiction, le greffier en chef encadre les services du greffe et veille au bon déroulement de la procédure juridictionnelle. Il assiste le chef de juridiction dans la gestion des agents du greffe ainsi que dans celle des locaux, des matériels et des crédits de la juridiction.

Sous l'autorité du chef de juridiction, du président de section ou du président de chambre, le greffier est chargé du bon déroulement de la procédure juridictionnelle pour les dossiers qui lui sont confiés. Il encadre les agents de greffe chargés de le seconder. Il assiste le magistrat chargé de l'instruction dans la conduite de celle-ci. À cette fin, il peut proposer toute mesure utile pour la mise en état des dossiers. Il est chargé de la mise en œuvre et du suivi des mesures retenues par le magistrat et peut signer à cette fin les courriers en informant les parties.

Les greffiers en chef et les greffiers sont nommés par le ministre de l'Intérieur sur proposition du vice-président du Conseil d'État, après avis, selon le cas, du président du tribunal administratif ou du président de la cour administrative d'appel.

Les agents de greffe des tribunaux administratifs et des cours administratives d'appel de catégorie A sont nommés parmi les fonctionnaires du corps interministériel des attachés d'administration de l'État, rattachés pour leur recrutement et leur gestion au ministre de l'Intérieur dans les tribunaux administratifs et les cours administratives d'appel dont la liste est fixée par arrêté conjoint du ministre de l'Intérieur et du garde des Sceaux, ministre de la Justice, les greffiers en chef sont nommés sur des emplois de conseiller d'administration de l'intérieur et de l'outre-mer, dans les conditions prévues par le décret n° 2007-1488 du 17 octobre 2007.

Les agents de greffe des tribunaux administratifs et des cours administratives d'appel de catégories B et C sont nommés parmi les fonctionnaires des corps de l'intérieur et de l'outre-mer.
Les greffiers en chef doivent avoir au moins le grade d'attaché. Les greffiers doivent avoir au moins le grade de secrétaire administratif.

Textes sources

– Code des TA et des CAA, article R. 31.
– Décret n° 2007-1309 du 4 septembre 2007, article 3.
– Décret n° 2010-164 du 22 février 2010, article 50.
– Décret n° 2015-1145 du 15 septembre 2015, article 11.
– Décret n° 2016-1480 du 2 novembre 2016, article 5.

Commentaires

Le mécanisme de gestion des agents des greffes est complexe, puisque, l'ensemble de la juridiction étant géré par le Conseil d'État, il n'a pas été toutefois décidé de constituer un corps d'agents des greffes, lesquels appartiennent toujours au personnel des préfectures, sauf les exceptions mentionnées aux articles R. 226-7 et suivants. C'est donc le chef de juridiction qui choisit les agents de son greffe, dans le respect des procédures officielles de mutation, sans devoir passer par le préfet.
La nomination des greffiers en chef et greffiers fait l'objet d'une procédure rigoureuse, l'avis du chef de juridiction étant suivi d'une proposition du vice-président du Conseil d'État, puis désormais d'un arrêté ministériel.
Rien n'est dit sur la compétence ni la procédure pouvant conduire à désinvestir un greffier (à la différence de l'article R. 122-26 concernant le secrétaire du contentieux du Conseil d'État). On peut estimer, par application de la règle de parallélisme des procédures et compétences, que ce désinvestissement suit les mêmes règles que la nomination ; il eût été préférable de l'écrire, alors surtout que les missions des greffiers, énoncées dans le texte, en font des coresponsables du bon déroulement de la procédure contentieuse : cela implique à coup sûr qu'ils disposent d'un minimum de protection garantissant leur indépendance, fût-ce à l'encontre de leur président de chambre (greffiers) ou de juridiction (greffiers en chef).
Cette question rebondit avec la possibilité désormais ouverte, pour certains greffiers en chef, d'être nommés conseillers d'administration de l'Intérieur et de l'Outre-mer (pénultième alinéa) : cette nomination se fait en effet par mise en détachement, et l'on sait que la décision de mettre fin, avant son terme, à un détachement est largement discrétionnaire. Paradoxalement, cet avantage indéniable de carrière a pour effet de fragiliser la situation des greffiers en chef concernés…

La détermination du nombre des agents du greffe

Art. R. 226-2 Le nombre des greffiers et celui des autres agents du greffe sont arrêtés par le secrétaire général du Conseil d'État, après avis des présidents de juridiction et sur proposition du secrétaire général des tribunaux administratifs et des cours administratives d'appel.

Le nombre et la répartition des postes offerts aux concours d'accès aux corps de l'intérieur et de l'outre-mer dans les greffes des tribunaux administratifs et des cours administratives d'appel sont fixés sur proposition du vice-président du Conseil d'État. Lorsque des postes sont offerts dans les greffes, le jury du concours comporte au moins un membre nommé sur proposition du vice-président du Conseil d'État.

Textes sources

– Code des TA et des CAA, article R. 35.
– Décret n° 2000-1115 du 22 novembre 2000, article 3-I.
– Décret n° 2007-1309 du 4 septembre 2007, article 4.

Commentaires

L'intervention du secrétaire général des tribunaux administratifs et des cours administratives d'appel trouve sa base légale dans la loi du 6 janvier 1986, codifiée à l'article L. 232-5, dernier alinéa, de ce code.

Les règles de gestion des agents des greffes

Art. R. 226-3 Les greffiers en chef et les greffiers ainsi que l'ensemble des agents de greffe sont régis, notamment en ce qui concerne l'avancement et la discipline, par les règles applicables aux corps de fonctionnaires auxquels ils appartiennent.
Leur mise à disposition ne peut être prononcée sans l'accord du vice-président du Conseil d'État.

Textes sources

– Code des TA et des CAA, article R. 33.
– Décret n° 2007-1309 du 4 septembre 2007, article 5.

La notation des agents des greffes

Art. R. 226-4 Ils sont placés sous l'autorité exclusive du président pour ce qui concerne l'ensemble des attributions exercées par eux dans le greffe. Le président dispose à leur égard du pouvoir de notation.
Le président envoie annuellement les notes qu'il a attribuées aux intéressés à l'autorité administrative dont relève le corps auquel ils appartiennent.

Texte source

– Code des TA et des CAA, article R. 34.

Commentaires

Le terme « ils », placé en tête de l'article R. 226-4, désigne bien évidemment les personnels des greffes mentionnés à l'article précédent.

Ces deux articles expriment l'ambiguïté des agents des greffes, soumis à l'autorité exclusive du chef de juridiction, mais dépendant, pour leurs développements de carrière, d'une autre autorité administrative. Le pouvoir de notation est clairement attribué au seul président. Il reste que son autonomie ne va pas sans poser quelques problèmes s'agissant d'agents qui concourent pour l'avancement avec les autres fonctionnaires des préfectures. Une harmonisation des notations est donc nécessaire… Elle s'est développée dans un premier temps au niveau des préfectures, avant que ne soit arrêté le parti de réaliser, au niveau national, des tableaux d'avancement de l'ensemble des agents des greffes des juridictions administratives, puis de les combiner avec ceux réalisés, dans les préfectures, pour les agents de ces institutions, hormis les agents des greffes, tout se passant ainsi comme si l'ensemble des juridictions administratives occupait, pour la réalisation de ces tableaux, la place d'une préfecture virtuelle. Les chefs de juridiction n'ont donc plus à « négocier » avec « leur » préfet la place, dans un tableau départemental unique, des agents de leur greffe. Il leur reste à négocier, avec les instances compétentes du Conseil d'État, la place de « leurs » agents par rapport à celle des agents des greffes des autres tribunaux et cours.

SOUS-SECTION 2 Dispositions relatives au fonctionnement

La compétence pour assurer le greffe des audiences et exécuter les actes de procédure

Art. R. 226-5 Le greffe des audiences et l'exécution des actes de procédure sont assurés par le greffier en chef et par les greffiers, ainsi que par les autres agents du greffe désignés à cet effet par le président.

Texte source

– Décret n° 2000-1115 du 22 novembre 2000, article 3, § I et II.

Commentaires

Cet article est bienvenu. Il dissocie les titres de « greffier » et de « greffier en chef » de l'accomplissement de certaines fonctions. Ainsi, le greffe des audiences peut-il régulièrement être assuré par un agent non pourvu de l'un de ces titres. Il en va de même de l'accomplissement des actes de procédure. On peut se demander si la polyvalence ainsi autorisée va jusqu'à permettre à un agent autre que le greffier en chef de signer les expéditions (copies certifiées conformes) des décisions juridictionnelles (CJA, art. R. 751-2). Il est permis d'hésiter : cette expédition, revêtue de la formule exécutoire, va constituer le titre matérialisant les droits nés pour les parties de la décision de justice et l'on peut estimer que c'est la responsabilité propre du greffier en chef de s'assurer de ce que la copie ainsi réalisée est bien conforme à la minute. À l'inverse, la taille des juridictions, le nombre de décisions rendues et celui, encore plus grand, des parties, obligent à envisager que cette responsabilité puisse, voire doive, être partagée. De telle sorte que l'on doit raisonnablement lire ce texte comme instituant une compétence « de droit commun » du greffier en chef et des greffiers, et une compétence d'attribution conférée, sur décision du président, à d'autres agents du greffe.

La délégation de la signature du greffier en chef

Art. R. 226-6 Le greffier en chef peut, avec l'accord du président, déléguer sa signature, pour une partie de ses attributions, à des agents affectés au greffe.
L'intérim ou la suppléance du greffier en chef est assuré par un des agents affectés au greffe, désigné à cet effet par le président.

Textes sources

– Code des TA et des CAA, articles R. 32 et R. 36.
– Décret n° 2000-1115 du 22 novembre 2000, article 3-I.

Commentaires

La délégation prévue au premier alinéa laisse perplexe compte tenu de l'article précédent. On se demande en effet si, une fois mise sur pied une organisation en application de l'article précédent, il est encore nécessaire d'y ajouter des délégations, lesquelles supposent l'accord du président. Le seul intérêt de la délégation est que, étant de signature, elle ne dessaisit pas le délégant, alors que la « désignation » mentionnée à l'article précédent apparaît comme une attribution permanente de compétence. C'est ajouter un peu de souplesse au système.
Cette délégation peut porter sur n'importe quelle attribution du greffier en chef, pourvu que, et c'est une constante du droit des délégations, elle soit partielle (CE, 30 septembre 1960, Jauffret, *Lebon*, p. 504). On doit estimer qu'elle doit être publiée pour être applicable (CE, 13 juillet 1979, SCI de Marcilly, n° 09803, *Lebon* T.). Elle doit être renouvelée à chaque changement, soit du délégant, soit du délégataire.

Art. R. 226-7 *Abrogé par le décret n° 2007-1309 du 4 septembre 2007, article 6.*

SECTION 2 Dispositions particulières à certains greffes

Les greffiers de la Polynésie française, de Wallis-et-Futuna et de Nouvelle-Calédonie

Art. R. 226-8 Le greffier en chef et les greffiers des tribunaux administratifs de Mayotte, de la Polynésie française, de Wallis-et-Futuna et de Nouvelle-Calédonie sont des agents de la fonction publique et sont désignés par le président du tribunal administratif.

Textes sources

– Code des TA et des CAA, article R. 39.
– Décret n° 2004-2 du 2 janvier 2004, article 2-5°.
– Décret n° 2005-1611 du 20 décembre 2005, article 3.
– Décret n° 2008-452 du 13 mai 2008, article 20.
– Décret n° 2015-1145 du 15 septembre 2015, articles 22 et 23.

Les bureaux annexes des greffes en Nouvelle-Calédonie et en Polynésie française

Art. R. 226-9 En Nouvelle-Calédonie et en Polynésie française, un ou plusieurs bureaux annexes du greffe peuvent être institués par décision du haut-commissaire sur proposition du président du tribunal administratif. Cette décision est publiée au *Journal officiel* de la Nouvelle-Calédonie ou de la Polynésie française.

Textes sources

– Code des TA et des CAA, article R. 40.
– Décret n° 2005-1611 du 20 décembre 2005, article 3.
– Décret n° 2007-1309 du 4 septembre 2007, article 6.

Le service du bureau annexe

Art. R. 226-10 Le service de chaque bureau annexe du greffe est assuré par un greffier.

Textes sources

– Code des TA et des CAA, article R. 41.
– Décret n° 2005-1611 du 20 décembre 2005, article 3.
– Décret n° 2007-1309 du 4 septembre 2007, article 6.

L'autorité sur le greffier chargé du bureau annexe

Art. R. 226-11 Tout greffier chargé d'un bureau annexe du greffe demeure, au point de vue administratif et disciplinaire, sous l'autorité du haut-commissaire.

Textes sources

– Code des TA et des CAA, article R. 42.
– Décret n° 2005-1611 du 20 décembre 2005, article 3.
– Décret n° 2007-1309 du 4 septembre 2007, article 6.

Le pouvoir d'instruction sur le greffier chargé du bureau annexe

Art. R. 226-12 Le greffier reçoit directement du président du tribunal administratif toutes instructions utiles pour le fonctionnement du bureau annexe du greffe.

Textes sources

– Code des TA et des CAA, article R. 43.
– Décret n° 2005-1611 du 20 décembre 2005, article 3.
– Décret n° 2007-1309 du 4 septembre 2007, article 6.

Commentaires

Les greffes annexes, supprimés pour tous les autres tribunaux, sont expressément maintenus pour les seuls tribunaux administratifs du Pacifique (mais non pour Mayotte).

Le greffe du tribunal administratif de Saint-Pierre-et-Miquelon

Art. R. 226-13 Le service du greffe du tribunal administratif de Saint-Pierre-et-Miquelon est assuré par un greffier qui a au moins le grade de secrétaire administratif et, s'il y a lieu, par un greffier adjoint.

Textes sources

– Code des TA et des CAA, article R. 44.
– Décret n° 2008-452 du 13 mai 2008, article 20.

Le greffe des tribunaux de Saint-Barthélemy et de Saint-Martin

Art. R. 226-14 Le service du greffe des tribunaux administratifs de Saint-Barthélemy et de Saint-Martin est assuré par le greffe du tribunal administratif de Guadeloupe.

Textes sources

– Décret n° 2008-452 du 13 mai 2008, article 11.
– Décret n° 2015-1145 du 15 septembre 2015, article 22.

CHAPITRE 7 Les assistants de justice

Les assistants de justice des cours et tribunaux

Art. L. 227-1 Peuvent être nommées, en qualité d'assistants de justice auprès des magistrats des tribunaux administratifs et des cours administratives d'appel, les personnes titulaires d'un diplôme sanctionnant une formation juridique d'une durée au moins égale à quatre années d'études supérieures après le baccalauréat et que leur compétence qualifie particulièrement pour exercer ces fonctions.

Ces assistants sont nommés pour une durée de deux ans renouvelable deux fois. Ils sont tenus au secret professionnel sous les peines prévues à l'article 236-13 du code pénal.

Un décret en Conseil d'État précise les modalités d'application du présent article.

Textes sources

– Loi n° 2002-1138 du 9 septembre 2002, article 61.
– Loi n° 2016-483 du 20 avril 2016, article 62.

Commentaires

L'arrivée dans les juridictions d'assistants de justice avait déjà été prévue par la loi n° 95-125 du 8 février 1995, mais n'avait pas eu grande descendance, faute sans doute des crédits nécessaires. L'opération a été relancée par la loi du 9 septembre 2002, qui emporte engagements budgétaires. Il est prévu de doter chaque juridiction d'autant d'assistants de justice qu'elle comporte de chambres, sans que le mode d'emploi de ces collaborateurs soit autrement déterminé. S'agissant de leurs missions générales, voir les articles réglementaires suivants.

Les contrats d'objectifs souscrits par chacune des cours administratives d'appel le 9 décembre 2002 ont fait une place spéciale à ces assistants, dont les profils d'emploi varient d'une juridiction à l'autre. Il est envisageable de leur confier des travaux de première analyse des dossiers, ou des stocks en instance, et, le cas échéant, de préparation des réponses à apporter à certains dossiers, sans évidemment empiéter sur les responsabilités des magistrats. C'est dire que les magistrats, accoutumés à effectuer sur les dossiers qui leur sont confiés un travail solitaire – n'excluant pas la collégialité – ont dû apprendre à partager ce travail.

On note que les présidents des cours, qui ne sont pas « magistrats » des tribunaux administratifs et des cours administratives d'appel, ne peuvent, en théorie, bénéficier de l'apport de ces assistants. Cette malfaçon législative n'exprime certainement pas une intention, alors surtout que les compétences des présidents (voir art. R. 222-1) se prêtent à la collaboration des assistants de justice.

Les missions des assistants de justice des cours et tribunaux

Art. R. 227-1 Les assistants de justice recrutés en application de l'article L. 227-1 apportent leur concours aux travaux préparatoires réalisés par les magistrats des tribunaux administratifs et des cours administratives d'appel pour l'exercice de leurs attributions.

Textes sources

– Décret n° 2002-1472 du 20 décembre 2002, article 2.

– Décret n° 2017-451 du 30 mars 2017, article 7.

Commentaires

Les assistants de justice ne sont pas nécessairement cantonnés dans des travaux de nature juridictionnelle, les attributions des magistrats auprès desquels ils sont placés englobant des missions de nature administrative. Il reste que, dans l'esprit des auteurs de la réforme, la collaboration aux travaux juridictionnels est essentielle.

Qui peut être nommé assistant de justice ?

Art. R. 227-2 Peuvent être nommées assistants de justice les personnes qui remplissent les conditions prévues aux articles 5 et 5 *bis* de la loi n° 83-634 du 13 juillet 1983 modifiée portant droits et obligations des fonctionnaires.

Texte source

– Décret n° 2002-1472 du 20 décembre 2002, article 2.

Commentaires

Les articles de renvoi se réfèrent aux conditions générales mises à l'entrée dans la fonction publique, par les nationaux (loi n° 83-634 du 13 juillet 1983, art. 5) ou par les ressortissants d'autres États de l'Union européenne (art. 5 *bis*) : cela va de la possession des droits civiques à l'absence de condamnation « incompatible avec l'exercice des fonctions ». Il s'en déduit qu'une personne non titulaire de la nationalité d'un État de l'Union européenne ou de l'Espace économique européen ne peut être nommée assistant de justice.

Le droit des assistants de justice d'exercer une activité professionnelle parallèle

Art. R. 227-3 Les assistants de justice ne peuvent exercer leurs fonctions concomitamment à une activité professionnelle qu'avec l'accord du président de la cour administrative d'appel ou du tribunal administratif auprès duquel ils sont affectés.

Les fonctions d'assistant de justice ne peuvent être exercées par les membres des professions libérales juridiques et judiciaires, ou par les personnes qui sont employées à leur service, ayant leur domicile professionnel dans le ressort de la cour administrative d'appel ou du tribunal administratif auprès duquel ils sont affectés.

Texte source

– Décret n° 2002-1472 du 20 décembre 2002, article 2.

La nomination des assistants de justice

Art. R. 227-4 Tout candidat aux fonctions d'assistant de justice adresse sa demande au président de la juridiction auprès de laquelle il souhaite exercer ses fonctions.

Les assistants de justice sont nommés par le vice-président du Conseil d'État sur proposition du chef de juridiction.

Texte source

– Décret n° 2002-1472 du 20 décembre 2002, article 2.

L'engagement des assistants de justice

Art. R. 227-5 Les assistants de justice sont recrutés par engagement écrit.

Cet engagement précise sa date d'effet et sa durée, la nature des fonctions exercées, la juridiction d'affectation et les modalités d'organisation du temps de travail. Si l'intérêt du service l'exige, celles-ci peuvent être modifiées au cours de l'exécution de l'engagement.

Texte source

– Décret n° 2002-1472 du 20 décembre 2002, article 2.

Commentaires

Dès lors que l'assistant est rémunéré à la vacation, il faut que son engagement soit précis quant aux modalités d'organisation du temps de travail. Normalement, l'autorité ayant pouvoir de nomination doit approuver les modifications dans l'organisation de ce temps de travail ; en fait, il est admis que, dans la limite d'un nombre mensuel de vacations respectant la règle posée à l'article R. 227-10, l'emploi du temps proprement dit de chaque assistant soit arrêté au sein de la juridiction, en accord avec l'assistant de justice lorsqu'il s'écarte des prévisions mentionnées dans son engagement.

La période d'essai

Art. R. 227-6 Les assistants de justice effectuent une période d'essai de trois mois au cours ou à l'issue de laquelle il peut être mis fin à l'engagement sans préavis ni indemnité.

Texte source

– Décret n° 2002-1472 du 20 décembre 2002, article 2.

Commentaires

A contrario, ainsi d'ailleurs que le confirme expressément l'article suivant, après la période d'essai, le licenciement peut donner lieu à indemnité ou à préavis.

La fin anticipée de l'engagement

Art. R. 227-7 Avant l'arrivée du terme de l'engagement, il peut être mis fin à celui-ci :

a) En cas de faute grave de l'assistant de justice sans préavis ni indemnité de licenciement, après information qu'il peut obtenir communication de son dossier individuel et de tous documents annexes et se faire assister par tous défenseurs de son choix ;

b) Pour un motif autre que disciplinaire ; en ce cas, une indemnité de licenciement est versée à l'assistant de justice dans les conditions prévues par le titre XII du décret n° 86-83 du 17 janvier 1986 relatif aux dispositions générales applicables aux agents non titulaires de l'État ;

c) Par la démission de l'assistant de justice adressée par lettre recommandée ; en ce cas, l'intéressé est tenu de respecter un préavis d'une durée de quinze jours.

Texte source

– Décret n° 2002-1472 du 20 décembre 2002, article 2.

Commentaires

Cet article ne fait que reprendre pour l'essentiel, d'une part, des dispositions applicables aux agents non titulaires de l'État, d'autre part, des règles inspirées tout à la fois de la jurisprudence *Dame Veuve Trompier-Gravier* (CE, 5 mai 1944, n° 69751, *Lebon*, p. 133) et de l'article 24 de la loi n° 2000-321 du 12 avril 2000 codifié à l'article L. 121-1 du Code des relations entre le public et l'administration.

Le renouvellement de l'engagement

Art. R. 227-8 Au plus tard deux mois avant l'échéance de l'engagement en cours, l'autorité compétente notifie à l'assistant de justice son intention de procéder ou non à son renouvellement. L'intéressé dispose d'un délai de quinze jours pour faire connaître, le cas échéant, son acceptation. S'il n'a pas répondu dans ce délai, il est présumé renoncer à ce renouvellement.

Texte source

– Décret n° 2002-1472 du 20 décembre 2002, article 2.

Commentaires

La renonciation présumée au renouvellement, découlant du silence gardé par l'assistant de justice sur la notification de l'intention de l'autorité compétente, ne paraît pas être irréfragable. Comme au surplus on pourra difficilement voir dans

la situation découlant de ce silence un acte créateur de droits, rien ne paraît devoir s'opposer à ce que les effets de ce silence puissent se corriger.
Que se passe-t-il si l'autorité compétente omet de notifier son intention à l'assistant ? Le texte permet difficilement de répondre à cette hypothèse, dont on ne peut exclure la survenance. À notre sens, et faute de disposition prévoyant expressément un renouvellement tacite, il devrait être considéré que l'engagement se prolonge jusqu'à régularisation, par analogie avec ce qui se juge en matière de stage : on sait que l'absence de prise de position formelle, au terme du stage, sur la titularisation ou non de l'agent, a pour effet de le maintenir en stage jusqu'à intervention de la décision attendue.

Les congés des assistants de justice

Art. R. 227-9 L'assistant de justice bénéficie de congés annuels d'une durée égale à cinq fois ses obligations hebdomadaires de service effectuées.

Texte source

– Décret n° 2002-1472 du 20 décembre 2002, article 2.

La rémunération des assistants de justice

Art. R. 227-10 Il est attribué à l'assistant de justice pour le temps passé à la réalisation des travaux qui lui sont confiés une indemnité de vacation horaire fixée par arrêté conjoint du garde des Sceaux, ministre de la Justice, du ministre chargé du budget et du ministre chargé de la fonction publique.
Le chef de la juridiction auprès de laquelle l'assistant de justice est affecté atteste de la réalité du service fait.

Textes sources

– Décret n° 2002-1472 du 20 décembre 2002, article 2.
– Décret n° 2010-164 du 22 février 2010, article 51.
– Décret n° 2019-82 du 7 février 2019, article 14.

Commentaires

L'arrêté mentionné à l'article R. 227-10 a été pris le 27 février 2003 (*JO* du 28 février, p. 3552). Il dispose que le montant de la vacation horaire est « égal aux 5,33/10 000 du total formé par le traitement brut annuel soumis à retenue pour pension et sécurité sociale afférent à l'indice brut 320 de la fonction publique et l'indemnité de résidence au taux Paris » ! Il paraît que les services spécialisés savent ce que signifie ce discours. On ne peut que regretter qu'il soit aussi peu lisible par le candidat aux fonctions ainsi rémunérées alors surtout que, pour quelque dix euros par heure, point n'est besoin de faire tant de mystères ! En 2019, ont été supprimées les limitations mensuelles et annuelles des vacations horaires qui équivalaient à un temps partiel aux deux tiers.

CHAPITRE 8 Les juristes assistants

Les juristes assistants dans les tribunaux et les cours

Art. L. 228-1 Peuvent être nommées, en qualité de juristes assistants dans les tribunaux administratifs et les cours administratives d'appel, les personnes titulaires d'un doctorat en droit ou d'un autre diplôme sanctionnant une formation juridique au moins égale à cinq années d'études supérieures. Ces personnes doivent disposer de deux années d'expérience professionnelle dans le domaine juridique et d'une compétence qui les qualifie particulièrement pour exercer ces fonctions.

Les juristes assistants sont nommés, à temps complet ou incomplet, pour une durée maximale de trois années, renouvelable une fois.

Ils sont tenus au secret professionnel sous peine d'encourir les sanctions prévues à l'article 226-13 du code pénal.

Un décret en Conseil d'État détermine les modalités d'application du présent article.

Texte source

– Loi n° 2019-222 du 23 mars 2019, article 36.

Les missions des juristes assistants

Art. R. 228-1 Les juristes assistants recrutés en application de l'article L. 228-1 apportent leur concours à l'analyse juridique des dossiers nécessitant une expertise particulière qui leur sont confiés par les magistrats sous la direction desquels ils sont placés. Ils sont recrutés en qualité d'agent contractuel de l'État relevant de la catégorie A.

Texte source

– Décret n° 2019-1502 du 30 décembre 2019, article 2.

Le « statut » des juristes assistants

Art. R. 228-2 Sauf dispositions contraires prévues par le présent code, les juristes assistants sont régis par les dispositions du décret n° 86-83 du 17 janvier 1986 relatif aux dispositions générales applicables aux agents contractuels de l'État.

Texte source

– Décret n° 2019-1502 du 30 décembre 2019, article 2.

Les incompatibilités des juristes assistants

Art. R. 228-3 Les juristes assistants ne peuvent être recrutés au sein d'une juridiction dans le ressort de laquelle ils ont exercé la profession d'avocat au cours des deux dernières années.

Les juristes assistants ne peuvent exercer leurs fonctions concomitamment à une autre activité professionnelle qu'avec l'accord du président de la juridiction où ils sont affectés, qui vérifie la compatibilité de cette activité avec les besoins du service et les exigences déontologiques liées à leurs fonctions.

Texte source

– Décret n° 2019-1502 du 30 décembre 2019, article 2.

La nomination des juristes assistants

Art. R. 228-4 Les juristes assistants sont nommés par le vice-président du Conseil d'État sur proposition du chef de juridiction.

Texte source

– Décret n° 2019-1502 du 30 décembre 2019, article 2.

La formation des juristes assistants

Art. R. 228-5 Les juristes assistants bénéficient des formations organisées par le Conseil d'État.

Texte source

– Décret n° 2019-1502 du 30 décembre 2019, article 2.

TITRE III Dispositions statutaires

CHAPITRE 1 Dispositions générales

L'applicabilité du statut général de la fonction publique aux membres du corps des tribunaux administratifs et des cours administratives d'appel

Art. L. 231-1 Les membres des tribunaux administratifs et des cours administratives d'appel sont des magistrats dont le statut est régi par le présent livre et, pour autant qu'elles n'y sont pas contraires, par les dispositions statutaires de la fonction publique de l'État.

Textes sources

– Loi n° 86-14 du 6 janvier 1986, article 21.
– Loi n° 2012-347 du 12 mars 2012, article 86.

Commentaires

Il est ici clairement affirmé que les membres du corps des tribunaux administratifs et des cours administratives d'appel sont des magistrats, dont le statut est défini par le livre II du code, et, si elles n'y sont pas contraires, par les dispositions statutaires de la fonction publique de l'État. L'affirmation de la qualité de magistrat représentait une ancienne revendication des membres des tribunaux administratifs et cours administratives d'appel. Le législateur y a consenti en mars 2012 sans que pour autant soit bousculé l'encadrement statutaire de ces agents : ils demeurent soumis aux dispositions statutaires du livre II et à celles, si elles n'y sont pas contraires, du statut général des fonctionnaires de l'État, ce qui est une façon d'affirmer leur qualité, aussi, de fonctionnaires.
Sans négliger l'aspect solennel que représente une affirmation législative de la qualité de magistrat, on ne peut que constater que, avant même la loi n° 2012-347 du 12 mars 2012, et à ne se limiter qu'aux deux premiers livres, le code contenait déjà huit articles législatifs et vingt-six articles réglementaires faisant état des « magistrats » administratifs ! C'est dire que le fruit était largement mûr, et que la loi du 12 mars 2012 n'emporte aucune novation. Observons au surplus que les membres de ce corps répondent aux critères dégagés « en creux » par la Cour européenne des droits de l'homme pour caractériser un « magistrat » (CEDH, 23 novembre 2010, Moulin c/France, n° 37104/06). Naturellement, ces « magistrats » ne sont pas des magistrats au sens de l'article 64 de la Constitution – dont les dispositions statutaires eussent appelé une loi organique (CE, 21 février 2014, Marc-Antoine, n° 359716, *Lebon* T.).
Cette qualité de magistrat n'a pas été étendue aux membres du Conseil d'État.
Jugé qu'il appartient au pouvoir réglementaire, par application des principes fixés par le statut général des fonctionnaires, de définir les règles relatives à la notation

et à l'évaluation des magistrats des tribunaux administratifs et des cours administratives d'appel, lesquelles ne sont pas contraires au statut inscrit dans le code (CE, 3 mai 2006, Syndicat de la juridiction administrative et Union syndicale des magistrats administratifs, n° 274689 – CE, 23 octobre 2013, Marc-Antoine, n° 339260, *Lebon* T.). Une réforme importante, quoique de moindre ampleur que celle du statut des membres du Conseil d'État, est intervenue par ordonnance n° 2021-702 du 2 juin 2021 portant réforme de l'encadrement supérieur de la fonction publique de l'État et sur le fondement de la loi du 6 août 2019 de transformation de la fonction publique, et dans le prolongement de l'ordonnance du 3 mars 2021 favorisant l'égalité des chances pour l'accès à certaines écoles de service public (Voir CJA, art. L. 131-1).

« *En ce qui concerne les magistrats des tribunaux administratifs et des cours administratives d'appel, l'ordonnance instaure une obligation de mobilité statutaire au grade de conseiller. Les administrateurs de l'État ayant choisi de rejoindre ce corps à la sortie de l'Institut national du service public devront ainsi justifier de deux ans de services publics effectifs en cette qualité avant d'être affectés en juridiction. Les magistrats recrutés par concours devront également effectuer cette mobilité pour accéder pour accéder au grade de premier conseiller. Les magistrats qui justifient, préalablement à leur nomination, d'une expérience professionnelle d'au moins quatre ans dans des fonctions d'un niveau équivalent à celles de la catégorie A sont réputés avoir accompli cette mobilité statutaire. Parallèlement, le régime des incompatibilités est réformé dans le cadre fixé par le Conseil constitutionnel dans sa décision n° 2019-778 DC du 21 mars 2019. Enfin, l'accès au grade de président est également conditionné à l'accomplissement d'une mobilité, laquelle ne pourra plus être effectuée au sein d'une cour administrative d'appel* […] » (Extrait du rapport au président de la République).

La déontologie des magistrats des tribunaux et cours

Art. L. 231-1-1 Les magistrats des tribunaux administratifs et des cours administratives d'appel exercent leurs fonctions en toute indépendance, dignité, impartialité, intégrité et probité et se comportent de façon à prévenir tout doute légitime à cet égard.

Ils s'abstiennent de tout acte ou comportement à caractère public incompatible avec la réserve que leur imposent leurs fonctions.

Ils ne peuvent se prévaloir, à l'appui d'une activité politique, de leur appartenance à la juridiction administrative.

Texte source

– Loi n° 2016-483 du 20 avril 2016, article 13.

Commentaires

Ce texte reprend le dispositif retenu, pour les membres du Conseil d'État, par l'article L. 131-2. On se reportera aux observations faites sous cet article.

Les grades du corps des magistrats des tribunaux administratifs et des cours administratives d'appel

Art. L. 231-2 Le corps des magistrats des tribunaux administratifs et des cours administratives d'appel comprend les grades suivants :
– président ;
– premier conseiller ;
– conseiller.

Textes sources

– Loi n° 86-14 du 6 janvier 1986, article 2.
– Loi n° 2016-483 du 20 avril 2016, article 62.

Commentaires

La répartition en trois grades, qui a résulté de la réforme statutaire de 1997 (loi n° 97-276 du 25 mars 1997), a réduit les occasions d'établir des tableaux d'avancement, ce qui contribue à l'indépendance des membres du corps.

L'inamovibilité des magistrats des tribunaux administratifs et des cours administratives d'appel

Art. L. 231-3 Lorsqu'ils exercent leurs fonctions de magistrats dans une juridiction administrative, les magistrats des tribunaux administratifs et des cours administratives d'appel ne peuvent recevoir, sans leur consentement, une affectation nouvelle, même en avancement.

Textes sources

– Loi n° 86-14 du 6 janvier 1986, article 1er, § 2.
– Loi n° 2016-483 du 20 avril 2016, article 62.

Commentaires

C'est la traduction de la règle d'inamovibilité (laquelle cède toutefois en cas de sanction disciplinaire : voir art. L. 236-3). Cette règle ne protège les membres du corps que lorsqu'ils exercent leurs fonctions de magistrats dans une juridiction administrative. Il est clair que, lorsque, par détachement, ils exercent des fonctions administratives, ils ne sont pas plus inamovibles que les autres agents exerçant les mêmes fonctions. Par affectation, il faut entendre « affectation dans une juridiction » : les affectations des magistrats à l'intérieur de la juridiction ne sont évidemment pas couvertes par cet article.

Les fonctions des magistrats administratifs

Art. R. 231-1 Les magistrats des tribunaux administratifs et des cours administratives d'appel exercent leurs fonctions de magistrats administratifs au sein de ces juridictions ou à la Cour nationale du droit d'asile ainsi qu'au tribunal du stationnement payant.

Textes sources

– Décret n° 97-859 du 18 septembre 1997, article 1er, § 1.
– Décret n° 2015-1145 du 15 septembre 2015, article 12.
– Décret n° 2017-451 du 30 mars 2017, article 7.
– Décret n° 2023-486 du 21 juin 2023, article 2.
– Décret n° 2024-733 du 5 juillet 2024, article 12.

Les fonctions de rapporteur ou de rapporteur public

Art. R. 231-2 Les premiers conseillers et les conseillers peuvent occuper les fonctions de rapporteur ou de rapporteur public dans les tribunaux administratifs ou dans les cours administratives d'appel.

Textes sources

– Décret n° 97-859 du 18 septembre 1997, article 3.
– Décret n° 2003-543 du 24 juin 2003, article 7.
– Décret n° 2009-14 du 7 janvier 2009, article 1er.

Commentaires

L'abrogation de l'article L. 222-5 explique que la rédaction du texte réglementaire ne se réfère plus à une quelconque condition d'ancienneté pour l'accès aux cours administratives d'appel.

La gestion du corps par le vice-président du Conseil d'État

Art. R. 231-3 Le vice-président du Conseil d'État assure la gestion du corps des magistrats des tribunaux administratifs et des cours administratives d'appel.

Il peut déléguer sa signature au secrétaire général et aux secrétaires généraux adjoints du Conseil d'État. Délégation peut également être donnée aux chefs de service du Conseil d'État et aux fonctionnaires du secrétariat général appartenant à un corps de catégorie A ainsi qu'aux agents contractuels chargés de fonctions d'un niveau équivalent.

Textes sources

– Décret n° 89-915 du 19 décembre 1989, article 1er, § 1 et 3.
– Décret n° 2001-562 du 29 juin 2001, article 1er, § II.
– Décret n° 2010-164 du 22 février 2010, article 26.
– Décrets n° 2017-451 du 30 mars 2017, article 7.

Les conflits d'intérêts

Art. L. 231-4 Les magistrats des tribunaux administratifs et des cours administratives d'appel veillent à prévenir ou à faire cesser immédiatement les situations de conflit d'intérêts.

Constitue un conflit d'intérêts toute situation d'interférence entre un intérêt public et des intérêts publics ou privés qui est de nature à influencer ou à paraître influencer l'exercice indépendant, impartial et objectif d'une fonction.

Textes sources

– Loi n° 86-14 du 6 janvier 1986, article 3.
– Loi n° 2016-483 du 20 avril 2016, article 13.

La déclaration d'intérêts

Art. L. 231-4-1 Dans les deux mois qui suivent leur affectation, les magistrats des tribunaux administratifs et des cours administratives d'appel remettent une déclaration exhaustive, exacte et sincère de leurs intérêts au chef de la juridiction à laquelle ils ont été affectés. La déclaration est transmise au vice-président du Conseil d'État.

Dans les deux mois qui suivent leur prise de fonctions, les présidents des tribunaux administratifs et des cours administratives d'appel remettent une déclaration exhaustive, exacte et sincère de leurs intérêts au président de la mission d'inspection des juridictions administratives. La déclaration est transmise au vice-président du Conseil d'État.

La déclaration d'intérêts mentionne les liens et les intérêts détenus de nature à influencer ou à paraître influencer l'exercice indépendant, impartial et objectif des fonctions, que le déclarant a, ou qu'il a eus pendant les cinq années précédant son affectation ou sa prise de fonctions. Elle ne comporte aucune mention des opinions ou des activités politiques, syndicales, religieuses ou philosophiques de l'intéressé, sauf lorsque leur révélation résulte de la déclaration de fonctions ou de mandats exercés publiquement.

La remise de la déclaration d'intérêts donne lieu à un entretien déontologique avec l'autorité à laquelle la déclaration a été remise, ayant pour objet de prévenir tout éventuel conflit d'intérêts et d'inviter, s'il y a lieu, à mettre fin à une situation de conflit d'intérêts. À l'issue de l'entretien, la déclaration peut être modifiée par le déclarant. L'entretien peut être renouvelé à tout moment à la demande du déclarant ou de l'autorité.

L'autorité à laquelle la déclaration a été remise peut solliciter l'avis du collège de déontologie de la juridiction administrative sur la déclaration lorsqu'il existe un doute sur une éventuelle situation de conflit d'intérêts. Lorsque l'avis est sollicité par un président de tribunal administratif ou de cour administrative d'appel, il est également porté à la connaissance du président de la mission d'inspection des juridictions administratives.

Toute modification substantielle des liens et intérêts détenus fait l'objet, dans un délai de deux mois, d'une déclaration complémentaire dans les mêmes formes et peut donner lieu à un entretien déontologique.

La déclaration d'intérêts est annexée au dossier de l'intéressé selon des modalités garantissant sa confidentialité, sous réserve de sa consultation par les personnes autorisées à y accéder.

Lorsqu'une procédure disciplinaire est engagée, le garde des Sceaux, ministre de la Justice, le Conseil supérieur des tribunaux administratifs

et cours administratives d'appel et le président de la mission d'inspection des juridictions administratives peuvent obtenir communication de la déclaration d'intérêts.
Un décret en Conseil d'État précise les conditions d'application du présent article, notamment le modèle, le contenu et les conditions de remise, de mise à jour, de conservation et de consultation de la déclaration d'intérêts.

Texte source
– Loi n° 2016-483 du 20 avril 2016 article 13.

Les sanctions liées à l'obligation de déclaration d'intérêts

Art. L. 231-4-2 I. – Le fait, pour une personne tenue de remettre une déclaration d'intérêts en application de l'article L. 231-4-1 du présent code, de ne pas adresser sa déclaration ou d'omettre de déclarer une partie substantielle de ses intérêts est puni d'une peine de trois ans d'emprisonnement et de 45 000 € d'amende.
Peuvent être prononcées, à titre complémentaire, l'interdiction des droits civiques, selon les modalités prévues aux articles 131-26 et 131-26-1 du code pénal, ainsi que l'interdiction d'exercer une fonction publique, selon les modalités prévues à l'article 131-27 du même code.
II. – Le fait de publier, hors le cas prévu au dernier alinéa de l'article L. 131-6 du présent code, ou de divulguer, de quelque manière que ce soit, tout ou partie des déclarations, des informations ou des avis mentionnés à l'article L. 231-4-1 du présent code est puni des peines mentionnées à l'article 226-1 du code pénal.

Texte source
– Loi n° 2016-483 du 20 avril 2016, article 13.

La conduite à tenir en cas de conflit d'intérêts

Art. L. 231-4-3 Le magistrat qui estime se trouver dans une situation de conflit d'intérêts s'abstient de participer au jugement de l'affaire concernée. Son remplacement est assuré en application des règles de suppléance prévues au présent code.
Le président de la cour administrative d'appel ou du tribunal administratif peut également, à son initiative, inviter à ne pas siéger un magistrat dont il estime, pour des raisons qu'il lui communique, qu'il se trouve dans une situation de conflit d'intérêts. Si le magistrat concerné n'acquiesce pas à cette invitation, la juridiction se prononce, sans sa participation. S'il y a lieu, son remplacement est assuré en application des règles de suppléance prévues au présent code.

Texte source

– Loi n° 2016-483 du 20 avril 2016, article 13.

La déclaration de situation patrimoniale

Art. L. 231-4-4 Dans les deux mois qui suivent leur prise de fonctions et dans les deux mois qui suivent la cessation de leurs fonctions, les présidents des tribunaux administratifs et des cours administratives d'appel adressent une déclaration de situation patrimoniale au président de la Haute Autorité pour la transparence de la vie publique.

Toutefois, aucune déclaration mentionnée au premier alinéa du présent article n'est exigée lorsque le magistrat a quitté ses fonctions avant l'expiration du délai de deux mois mentionné au même premier alinéa.

La déclaration de situation patrimoniale est établie, contrôlée et sanctionnée dans les conditions et selon les modalités prévues aux premier et quatrième alinéas du I, aux II et V de l'article 4, aux articles 6, 7, à l'exception de la publication d'un rapport spécial au Journal officiel, et 26 de la loi n° 2013-907 du 11 octobre 2013 relative à la transparence de la vie publique.

Toute modification substantielle de la situation patrimoniale fait l'objet, dans un délai de deux mois, d'une déclaration complémentaire dans les mêmes formes.

Aucune nouvelle déclaration n'est exigée du président de tribunal administratif ou de cour administrative d'appel qui a établi depuis moins d'un an une déclaration en application du présent article, de l'article L. 131-10 du présent code, des articles 4 ou 11 de la loi n° 2013-907 du 11 octobre 2013 précitée, de l'article L. 4122-8 du code de la défense, de l'article LO 135-1 du code électoral, des articles L. 120-13 ou L. 220-11 du code des juridictions financières, de la section 2 du chapitre II du titre II du livre Ier du code général de la fonction publique ou de l'article 10-1-2 de la loi organique n° 94-100 du 5 février 1994 sur le Conseil supérieur de la magistrature.

La déclaration de situation patrimoniale n'est pas versée au dossier de l'intéressé et ne peut pas être communiquée aux tiers.

Un décret en Conseil d'État précise les conditions d'application du présent article, notamment le modèle, le contenu et les conditions de mise à jour et de conservation des déclarations de situation patrimoniale.

Textes sources

– Loi n° 2016-483 du 20 avril 2016, article 13.
– Loi n° 2017-1339 du 15 septembre 2017, article 8.
– Loi n° 2022-217 du 21 février 2022, articles 224 et 225.
– Loi n° 2023-1059 du 20 novembre 2023, article 57-I.

Le contenu de la déclaration d'intérêts

Art. R. 231-4 La déclaration d'intérêts des magistrats des tribunaux administratifs et des cours administratives d'appel et celle des présidents des tribunaux administratifs et des cours administratives d'appel mentionnées à l'article L. 231-4-1 comportent les éléments suivants :

1° L'identification du déclarant :

a) Le nom, le prénom et la date de naissance du déclarant ;

b) L'adresse postale, l'adresse électronique et les coordonnées téléphoniques du déclarant ;

c) Les fonctions au titre desquelles le déclarant effectue la déclaration ainsi que la date de nomination dans ces fonctions ;

2° Les activités professionnelles donnant lieu à rémunération ou gratification exercées à la date de la nomination ou au cours des cinq dernières années précédant la déclaration :

a) L'identification de l'employeur ;

b) La description de l'activité professionnelle exercée ;

c) La période d'exercice de l'activité professionnelle ;

d) La rémunération ou la gratification perçue annuellement pour chaque activité ;

3° Les activités de consultant exercées à la date de la nomination ou au cours des cinq années précédant la date de la déclaration :

a) L'identification de l'employeur ;

b) La description de l'activité professionnelle exercée ;

c) La période d'exercice de l'activité professionnelle ;

d) La rémunération ou la gratification perçue annuellement pour chaque activité ;

4° La participation aux organes dirigeants d'un organisme public ou privé ou d'une société à la date de la nomination et au cours des cinq années précédant la date de la déclaration :

a) La dénomination de l'organisme ou la société ;

b) La description de l'activité exercée au sein des organes dirigeants ;

c) La période pendant laquelle le déclarant a participé à des organes dirigeants ;

d) La rémunération ou la gratification perçue annuellement pour chaque participation ;

5° Les participations financières directes dans le capital d'une société à la date de la nomination :

a) La dénomination de la société ;

b) Le nombre de part détenues dans la société et, lorsqu'il est connu, le pourcentage du capital social détenu ;

c) L'évaluation de la participation financière ;

d) La rémunération ou la gratification perçue pendant l'année précédant l'élection ou la nomination ;
6° Les activités professionnelles exercées à la date de la nomination par le conjoint, le partenaire lié par un pacte civil de solidarité ou le concubin :
a) L'identification de l'employeur ;
b) La description de l'activité professionnelle exercée ;
7° Les fonctions bénévoles susceptibles de faire naître un conflit d'intérêts, au sens de l'article L. 231-4-1, exercées à la date de la nomination par le déclarant et par le conjoint, le partenaire lié par un pacte civil de solidarité ou le concubin :
a) Le nom et l'objet social de la structure ou de la personne morale dans laquelle les fonctions sont exercées ;
b) La description des activités et des responsabilités exercées ;
8° Les fonctions et mandats électifs exercés à la date de la nomination par le déclarant et par le conjoint, le partenaire lié par un pacte civil de solidarité ou le concubin :
a) La nature des fonctions et des mandats exercés ;
b) La date de début et de fin de fonction ou de mandat ;
c) Les rémunérations, indemnités ou gratifications perçues annuellement pour chaque fonction ou mandat.
Toute modification substantielle des intérêts fait l'objet d'une déclaration complémentaire actualisant la déclaration mentionnée au premier alinéa et indiquant la nature et la date de l'événement ayant conduit à la modification.

Texte source

– Décret n° 2017-12 du 5 janvier 2017, article 1er.

La remise de la déclaration d'intérêts

Art. R. 231-5 La déclaration d'intérêts et les déclarations complémentaires sont remises par l'intéressé aux autorités mentionnées à l'article L. 231-4-1.
Les déclarations sont remises sous double pli cacheté revêtu d'une mention relative à son caractère confidentiel. Elles peuvent également être transmises par voie dématérialisée de manière sécurisée. L'autorité destinataire de la déclaration en accuse réception.
Le secrétaire général des tribunaux administratifs et des cours administratives d'appel remet ses déclarations au vice-président du Conseil d'État et le magistrat affecté à la mission d'inspection des juridictions administratives au président de cette mission. Si la déclaration d'intérêts figure déjà au dossier de l'intéressé, elle est communiquée au vice-président du Conseil d'État ou au président de la mission d'inspection des juridictions administratives dans des conditions garantissant sa confidentialité. La transmission de cette déclaration donne lieu à un entretien déontologique.

Texte source

– Décret n° 2017-12 du 5 janvier 2017, article 1er.

La transmission de la déclaration d'intérêts au vice-président du Conseil d'État

Art. R. 231-6 La déclaration d'intérêts et les déclarations complémentaires sont transmises au vice-président du Conseil d'État par l'autorité destinataire de la déclaration, sous double pli cacheté revêtu d'une mention relative à son caractère confidentiel, à l'issue de l'entretien déontologique et, le cas échéant, après la consultation du collège de déontologie de la juridiction administrative, prévus à l'article L. 231-4-1. Les observations éventuellement formulées par le collège de déontologie de la juridiction administrative sont transmises au vice-président du Conseil d'État sous la même forme.

Sous réserve de l'accord du magistrat concerné, le président de la juridiction peut déléguer la conduite de l'entretien déontologique au premier vice-président de la juridiction ou, au tribunal administratif de Paris, au vice-président de ce tribunal administratif et lui communiquer, en conséquence, la déclaration d'intérêts qui lui a été remise.

Texte source

– Décret n° 2017-12 du 5 janvier 2017, article 1er.

L'accès à la déclaration d'intérêts

Art. R. 231-7 Afin de garantir la confidentialité et l'intégrité des éléments contenus dans ces déclarations, le secrétaire général du Conseil d'État prend les mesures nécessaires pour restreindre l'accès aux seules personnes autorisées que sont, sous réserve des dispositions du dernier alinéa de l'article R. 231-6, le vice-président du Conseil d'État, l'intéressé, le chef de la juridiction à laquelle il est affecté, le président de la mission d'inspection des juridictions administratives, les membres du collège de déontologie et, en tant que de besoin, les membres du Conseil supérieur des tribunaux administratifs et cours administratives d'appel lorsqu'une procédure disciplinaire est engagée à l'encontre de l'intéressé.

Le secrétaire général du Conseil d'État est responsable du versement des déclarations d'intérêts en annexe du dossier individuel de l'intéressé. Ces déclarations sont conservées sous double pli cacheté. L'enveloppe extérieure est revêtue d'une mention relative à son caractère confidentiel et de la mention « Déclaration d'intérêts » suivie du nom et du prénom de l'intéressé. L'enveloppe intérieure comporte les mêmes mentions, ainsi qu'un bordereau d'émargement des autorités habilitées à y accéder mentionnées à l'alinéa précédent. Cette enveloppe est revêtue de la signature, du nom et du prénom apposés par la dernière personne ayant accédé à la déclaration. Si le dossier individuel du magistrat est géré sur support électronique, ces déclarations sont versées et conservées de manière sécurisée dans les conditions prévues par le décret n° 2011-675 du 15 juin 2011 relatif au dossier individuel des agents publics et à sa gestion sur support électronique.

Texte source

– Décret n° 2017-12 du 5 janvier 2017, article 1er.

La communication de la déclaration d'intérêts à l'occasion de toute affectation en juridiction

Art. R. 231-8 Toute affectation en juridiction donne lieu à déclaration d'intérêts dans les deux mois de la prise de fonctions et à un entretien déontologique avec, selon les cas et sous réserve des dispositions du dernier alinéa de l'article R. 231-6, le chef de la juridiction ou le président de la mission d'inspection des juridictions administratives.

Texte source

– Décret n° 2017-12 du 5 janvier 2017, article 1er.

La conservation de la déclaration d'intérêts

Art. R. 231-9 La déclaration d'intérêts, les déclarations complémentaires et les observations du collège de déontologie de la juridiction administrative sont conservées jusqu'à l'expiration d'un délai de cinq ans à compter de la date à laquelle l'intéressé n'est plus en activité au sein de la juridiction administrative auprès de laquelle il a déposé sa déclaration d'intérêts. Elles sont alors détruites dans le respect de la confidentialité des éléments qu'elles contiennent.

Toutefois, en cas de poursuites disciplinaires ou pénales fondées sur un manquement en lien avec des éléments contenus dans les déclarations d'intérêts, la destruction de ces documents est suspendue jusqu'à l'expiration du délai au terme duquel les voies de recours contre la décision éventuellement prise à l'issue de la procédure disciplinaire ou pénale engagée sont épuisées.

La confidentialité de ces documents ne fait pas obstacle à leur communication, dans les limites du besoin d'en connaître, aux instances siégeant en formation disciplinaire, à l'autorité judiciaire ou au juge administratif.

Texte source

– Décret n° 2017-12 du 5 janvier 2017, article 1er.

L'incompatibilité avec des fonctions électives ou administratives antérieures

Art. L. 231-5 Nul ne peut être nommé membre d'un tribunal administratif ou d'une cour administrative d'appel s'il exerce ou a exercé depuis moins de trois ans dans le ressort de ce tribunal ou de cette cour :

1° Une fonction publique élective ; néanmoins un représentant français au Parlement européen peut être nommé membre d'un tribunal administratif ou d'une cour administrative d'appel à l'issue de son mandat ;

2° Une fonction de représentant de l'État dans une région ou de représentant de l'État dans un département ;

3° Une fonction de directeur général des services dans l'administration d'une collectivité territoriale de plus de 100 000 habitants.

Textes sources

– Loi n° 86-14 du 6 janvier 1986, article 5, sauf dernier §.
– Ordonnance n° 2021-702 du 2 juin 2021, article 7.

Commentaires

Le Conseil constitutionnel a jugé que ces incompatibilités ne peuvent être assouplies ou supprimées sans prévoir de condition de délai après l'exercice des fonctions administratives en cause (Cons. const., 21 mars 2019, déc. n° 2019-778 DC).

L'incompatibilité assouplie

Art. L. 231-5-1 Un magistrat ayant exercé les fonctions de délégué du préfet dans un arrondissement, une fonction de directeur départemental ou régional d'une administration de l'État ou une fonction de direction dans l'administration d'une collectivité territoriale ne peut, pendant une durée de trois ans, participer au jugement des affaires concernant les décisions prises par les services au sein desquels il exerçait ses fonctions ou sur lesquels il avait autorité.

Lorsqu'il est envisagé d'affecter un magistrat dans un tribunal administratif ou une cour administrative d'appel dont le ressort comprend un département sur le territoire duquel le magistrat a exercé, au cours des trois années précédentes, l'une des fonctions mentionnées au premier alinéa du présent article ou toute autre fonction placée sous l'autorité directe du représentant de l'État dans le département ou dans la région, le collège de déontologie de la juridiction administrative se prononce préalablement sur la compatibilité de cette affectation avec le respect des principes d'impartialité et d'indépendance et précise, en cas d'avis favorable, les obligations d'abstention à respecter et leur durée, eu égard à la nature des fonctions précédemment exercées et au ressort de la juridiction.

Texte source

– Ordonnance n° 2021-702 du 2 juin 2021, article 7.
– Loi n° 2023-1059 du 20 novembre 2023, article 52-I-3°.

Commentaires

Afin de favoriser la mobilité entre fonctions administratives et juridictionnelles, cet assouplissement est intervenu par une ordonnance n° 2021-702 du 2 juin 2021 portant réforme de l'encadrement supérieur de la fonction publique de l'État (Voir CJA, art. L. 131-1 et L. 231-1). « *Désormais, nul ne pourra ainsi exercer des fonctions dans les juridictions administratives sans avoir au préalable exercé au sein de l'administration. Il ne sera plus possible d'accéder aux grades supérieurs sans avoir accompli des mobilités et le régime des incompatibilités est réformé dans le cadre fixé par le Conseil constitutionnel dans sa décision n° 2019-778 DC du 21 mars 2019* » (Extrait du rapport au président de la République). L'assouplissement d'une incompatibilité est subordonné à l'avis favorable, le cas échéant sous conditions, du collège de déontologie de la juridiction administrative. Sans doute inspirée par la maxime « juger l'administration, c'est encore administrer » (Henrion de Pansey, *De l'autorité judiciaire en France*, Théophile Barrois, 1818, p. 458), cette réforme ne trouve pas de dispositions équivalentes ou approchantes dans le corps des administrateurs de l'État. Même si la maxime n'est pas complètement réversible, il ne serait toutefois pas inutile qu'à un moment de sa carrière, un administrateur fasse une mobilité dans la juridiction administrative. En ce nouvel état du droit, si cela ne lui est pas interdit, ce n'est pas une obligation. Cette réforme statutaire rapproche un peu plus le juge administratif de l'administration, mais en était-il besoin ? Elle rapproche également les tribunaux administratifs et cours administratives d'appel du Conseil d'État, en même temps qu'elle éloigne le juge administratif du standard juridictionnel international. *« 1.3 Non seulement le juge s'abstiendra d'entretenir toute relation inappropriée avec le pouvoir législatif et le pouvoir exécutif et se défendra contre toute influence de leur part, mais il devra également apparaître aux yeux d'un observateur raisonnable comme respectant ces principes* [...]
Exemples de relations et d'influences inappropriées [...] *Il est contraire au principe de l'indépendance de la magistrature qu'un juge accepte, durant un congé, un emploi à plein temps à un niveau élevé de décision au sein du pouvoir exécutif ou législatif (par exemple, en qualité de conseiller spécial pour des questions concernant la réforme de l'administration de la justice). L'aller-retour entre des postes haut placés au sein de l'exécutif ou du législatif et la fonction judiciaire favorise le type même de confusion des fonctions que la séparation des pouvoirs vise à prévenir. Cette confusion risque d'affecter la façon dont le juge et les agents avec lesquels il exerce conçoivent l'indépendance du magistrat. Même lorsqu'il n'en est pas ainsi, cette pratique influe défavorablement sur l'idée que le public se fait de l'indépendance des tribunaux vis-à-vis de l'exécutif et du législatif. Ce type d'emploi n'est pas comparable à celui qu'occuperait une personne au sein de l'exécutif ou du législatif avant de devenir juge ou après avoir quitté la fonction judiciaire. Dans ces deux cas, la nomination et la démission établissent une ligne de séparation nette tant pour les juges que pour les observateurs du système*

judiciaire, entre les fonctions exercées dans l'une et l'autre branche [...]. » (Extrait des principes de Bangalore – Code de déontologie judiciaire, adopté par le Groupe judiciaire sur le renforcement de l'intégrité de la justice et révisé lors de la table ronde des premiers présidents organisée au Palais de la Paix à La Haye les 25 et 26 novembre 2002).

Des fonctions antérieures de cheffe du service juridique et contentieux d'un département, partie au litige, ne sont pas, eu égard notamment à la circonstance que le service juridique et contentieux du département des Bouches-du-Rhône ne constitue que l'un des services de sa direction juridique, au nombre de celles qui sont mentionnées au premier alinéa de l'article L. 231-5-1 du Code de justice administrative (CE ass., 15 avril 2024, n° 469719, *Lebon*). Il reste que le contrôle du respect de ces principes est difficile à mettre en œuvre dans une administration active dans laquelle celui qui signe n'est pas celui qui rédige.

L'incompatibilité avec la fonction antérieure d'avocat

Art. L. 231-6 Nul ne peut être nommé membre d'un tribunal administratif ou d'une cour administrative d'appel s'il a exercé dans le ressort de ce tribunal ou de cette cour depuis moins de cinq ans la profession d'avocat.

Texte source

– Loi n° 86-14 du 6 janvier 1986, article 5, dernier §.

Commentaires

Ces incompatibilités territoriales ont leur logique. On note qu'elles sont définies, pour le 3° de l'article L. 231-5, par les « fonctions », et non par les titres, ce qui peut prêter à discussion, car on peut avoir exercé des fonctions de direction sans avoir été directeur.

L'incompatibilité avec des fonctions électives nouvelles

Art. L. 231-7 L'exercice des fonctions de membre du corps des magistrats des tribunaux administratifs et des cours administratives d'appel est incompatible avec l'exercice des fonctions de président d'un conseil régional ou général.

Ainsi qu'il est dit aux articles 112 et 196 de la loi organique n° 99-209 du 19 mars 1999 relative à la Nouvelle-Calédonie, les fonctions de membre du gouvernement de la Nouvelle-Calédonie et celles de membre d'une assemblée de province sont incompatibles avec les fonctions de magistrat des juridictions administratives.

Ainsi qu'il est dit aux articles 74 et 109 de la loi organique n° 2004-192 du 27 février 2004 portant statut d'autonomie de la Polynésie française, les fonctions de président et de membre du gouvernement de la Polynésie française et le mandat de représentant à l'assemblée de la Polynésie française sont incompatibles avec les fonctions de magistrat des juridictions administratives.

Conformément aux articles LO 493, LO 520 et LO 548 du même code, le mandat de conseiller territorial de Saint-Barthélemy, de Saint-Martin ou de Saint-Pierre-et-Miquelon est incompatible avec les fonctions de magistrat des juridictions administratives.

Textes sources

– Loi n° 86-14 du 6 janvier 1986, article 4.
– Loi n° 99-209 du 19 mars 1999, articles 112 et 196.
– Loi n° 2004-192 du 27 février 2004, articles 74 et 109.
– Loi n° 2007-224 du 21 février 2007, article 11.
– Loi n° 2010-1487 du 7 décembre 2010, article 14.
– Loi n° 2016-483 du 20 avril 2016, article 13.

Commentaires

La modification du texte, par la loi n° 2016-483 du 20 avril 2016, aurait dû substituer au « conseil général » le « conseil départemental », ainsi, au demeurant, que cela a été fait pour l'article suivant.

Le délai d'option

Art. L. 231-8 Le membre du corps des magistrats des tribunaux administratifs et des cours administratives d'appel qui est élu président d'un conseil départemental ou régional doit exercer son option dans les quinze jours de l'élection ou, en cas de contestation, dans les quinze jours de la décision définitive. Dans les mêmes conditions de délai, le président d'un conseil départemental ou régional, nommé membre d'un tribunal administratif ou d'une cour administrative d'appel, peut exercer son option.

À défaut d'option dans le délai mentionné à l'alinéa précédent, il est placé en position de disponibilité.

Il en va de même du membre du corps des tribunaux administratifs et des cours administratives d'appel qui est élu ou nommé à l'une des fonctions ou mandats mentionnés aux quatre derniers alinéas de l'article L. 231-7.

Textes sources

– Loi n° 86-14 du 6 janvier 1986, article 6.
– Loi n° 2004 193 du 27 février 2004, article 16-5°.
– Loi n° 2007-224 du 21 février 2007, article 11.
– Loi n° 2013-403 du 17 mai 2013, article 1er.
– Loi n° 2016-483 du 20 avril 2016, article 13.

Commentaires

On peut s'étonner que, au premier alinéa, le corps soit celui des « magistrats des tribunaux administratifs... », alors qu'au dernier alinéa, il est demeuré celui « des tribunaux administratifs... ». La volonté législative est celle qui s'est traduite par le premier alinéa.

L'obligation de résidence dans le ressort

Art. L. 231-9 Les magistrats des tribunaux administratifs et des cours administratives d'appel sont astreints à résider dans le ressort du tribunal administratif ou de la cour administrative d'appel auquel ils appartiennent. Des dérogations exceptionnelles à caractère individuel et provisoire peuvent être accordées aux conseillers par le président de la juridiction.

Textes sources

– Loi n° 86-14 du 6 janvier 1986, article 1er.
– Loi n° 2016-483 du 20 avril 2016, article 13.

Commentaires

Les dérogations ne peuvent être accordées qu'aux conseillers, à l'exclusion donc des présidents. Mais le texte est à la fois trop vague et trop étendu pour pouvoir être appliqué à la lettre.
En premier lieu, la notion de « résidence » demeure floue. Seule paraît en cause la résidence individuelle, non la résidence familiale. De telle sorte qu'il suffit de disposer d'un pied-à-terre pour satisfaire à l'obligation. En second lieu, la référence au ressort de la juridiction manque singulièrement de pertinence, notamment en ce qui concerne les cours administratives d'appel. Par exemple, un conseiller affecté à la cour de Paris peut légalement résider à Papeete, ou un membre de la cour de Lyon résider dans le Cantal. Et un conseiller affecté au tribunal administratif de Lyon peut légalement résider sur le plateau ardéchois, à une heure et demie au moins de sa juridiction, alors qu'il est en infraction s'il réside à Vienne (Isère), d'où l'on rejoint Lyon en une vingtaine de minutes… De tout cela il faut conclure que cette obligation doit être perçue et vécue avec bon sens, compte tenu de l'esprit du texte, lequel d'ailleurs était inutile, les fonctionnaires étant déjà assujettis à l'obligation de résidence.

La protection sociale complémentaire des membres des tribunaux administratifs et des cours administratives d'appel

Art. L. 231-10 Les stipulations d'un accord mentionné à l'article L. 827-2 du code général de la fonction publique et conclu au niveau national pour la fonction publique de l'État peuvent être rendues applicables, en tout ou partie, aux membres des tribunaux administratifs et des cours administratives d'appel, dans des conditions prévues par décret en Conseil d'État pris après avis du Conseil supérieur des tribunaux administratifs et des cours administratives d'appel.

Texte source

– Loi n° 2023-1059 du 20 novembre 2023, article 55-I-2°.

Commentaires

Voir les commentaires sous l'article L. 131-12 du CJA.

CHAPITRE 2 Le Conseil supérieur des tribunaux administratifs et cours administratives d'appel

SECTION 1 *Attributions du Conseil supérieur*

La présente section ne comprend pas de dispositions réglementaires.

La compétence du Conseil supérieur des tribunaux administratifs et cours administratives d'appel

Art. L. 232-1 Le Conseil supérieur des tribunaux administratifs et cours administratives d'appel connaît des questions individuelles intéressant les magistrats des tribunaux administratifs et des cours administratives d'appel dans les conditions prévues par le présent article ou par un décret en Conseil d'État.

Il établit les tableaux d'avancement et les listes d'aptitude prévus aux articles L. 234-2-1, L. 234-2-2, L. 234-4 et L. 234-5.

Il émet des propositions sur les nominations, détachements et intégrations prévus aux articles L. 233-3, L. 233-4 et L. 233-5 et sur la désignation des magistrats des tribunaux administratifs et des cours administratives d'appel siégeant au jury des concours prévus par l'article L. 233-6 en vue du recrutement direct des magistrats des tribunaux administratifs et des cours administratives d'appel.

Il est saisi pour avis conforme sur la nomination des magistrats des tribunaux administratifs et des cours administratives d'appel en qualité de rapporteur public et de président d'un tribunal administratif. Il est saisi pour avis conforme de tout licenciement d'un magistrat pour insuffisance professionnelle après observation de la procédure prévue en matière disciplinaire.

Il émet un avis sur les mutations des magistrats des tribunaux administratifs et des cours administratives d'appel, sur leur demande de placement en disponibilité, sur l'acceptation de leur démission, sur leurs demandes de réintégration à l'issue d'une période de privation de droits civiques, d'interdiction d'exercer un emploi public ou de perte de la nationalité française, ainsi que sur leur nomination aux grades de conseiller d'État et de maître des requêtes prononcées sur le fondement de l'article L. 133-8 ainsi que sur les propositions de nomination aux fonctions de président d'une cour administrative d'appel.

Il peut être saisi par les magistrats des tribunaux administratifs et des cours administratives d'appel d'un recours contre l'évaluation prévue par l'article L. 234-7 ou contre un refus d'autorisation d'accomplir un service à temps partiel ou un refus d'honorariat.

Textes sources

– Loi n° 86-14 du 6 janvier 1986, article 13.
– Loi n° 2010-751 du 5 juillet 2010, article 35.
– Ordonnance n° 2016-1366 du 13 octobre 2016, article 1er.

Commentaires

Le Conseil supérieur des tribunaux administratifs et cours administratives d'appel (CSTACAA), dont l'appellation varie au fil du code entre « conseil supérieur des tribunaux… et cours administratives… » et « conseil supérieur des tribunaux… et des cours administratives… » (comparer, à l'article L. 232-3, les 1° et 2° alinéas…) joue, entre autres, le rôle des commissions administratives paritaires et comités techniques (qui ne sont plus désormais paritaires), ce qui le conduit à se prononcer tant sur les questions d'ensemble concernant les juridictions, que sur les questions individuelles, ses compétences étant ici plus vastes que celles d'une commission administrative paritaire.

Il n'a pas à être consulté sur la décision fixant le nombre annuel d'emplois offerts dans le corps des tribunaux administratifs et des cours administratives d'appel aux élèves de l'École nationale d'administration en fin de scolarité (CE, 5 novembre 2003, Syndicat de la juridiction administrative, n° 252071). Pas plus ne doit-il être consulté sur le texte fixant les modalités et tarifs de délivrance de documents par le Conseil d'État, les cours administratives d'appel et les tribunaux administratifs (CE, 9 juillet 2007, Syndicat des avocats de France, n° 288946).

S'agissant des mesures individuelles, le texte distingue avec soin les pouvoirs propres du CSTACAA (tableaux d'avancement, listes d'aptitude), le pouvoir de proposition (qui lie l'autorité compétente, sauf à cette dernière de ne pas donner suite au projet dont elle a saisi le conseil), l'avis conforme (peu différent dans ses effets de la proposition), et l'avis simple, qui ne lie absolument pas l'autorité compétente. On remarque que les mutations des magistrats relèvent de ce dernier avis, qui laisse théoriquement toute latitude au gestionnaire. Dans la pratique, on ne connaît pas de cas dans lesquels cet avis n'aurait pas été suivi (sur l'honorariat voir les commentaires sous l'article L. 131-4).

Le pouvoir disciplinaire du Conseil supérieur

Art. L. 232-2 Le Conseil supérieur des tribunaux administratifs et cours administratives d'appel exerce le pouvoir disciplinaire à l'égard des magistrats des tribunaux administratifs et des cours administratives d'appel dans les conditions définies au chapitre VI du présent titre.

Texte source

– Ordonnance n° 2016-1366 du 13 octobre 2016, article 1er.

Commentaires

On se reportera aux articles L. 236-3 et suivants pour l'examen de la procédure disciplinaire concernant les magistrats des tribunaux et cours.

Les compétences du Conseil supérieur pour les questions de fonctionnement et d'organisation

Art. L. 232-3 Le Conseil supérieur des tribunaux administratifs et des cours administratives d'appel connaît des questions intéressant le fonctionnement et l'organisation des tribunaux administratifs et des cours administratives d'appel dans les conditions prévues par le présent article ou par un décret en Conseil d'État.

Le Conseil supérieur des tribunaux administratifs et cours administratives d'appel débat chaque année des orientations générales en matière d'évolution des effectifs, de répartition des emplois et de recrutement, ainsi que sur le bilan social de la gestion du corps des magistrats.

Il émet un avis sur toute question relative au statut des magistrats des tribunaux administratifs et des cours administratives d'appel ainsi qu'à leur régime indemnitaire, à leur formation, à l'égalité professionnelle, à la parité et à la lutte contre toutes les discriminations.

Il est également consulté sur toute question relative à la compétence, à l'organisation et au fonctionnement des tribunaux administratifs et des cours administratives d'appel ainsi que sur les dispositions qui prévoient la participation de magistrats des tribunaux administratifs et des cours administratives d'appel à l'exercice de fonctions autres que celles qu'ils exercent au sein de ces juridictions.

Textes sources

– Ordonnance n° 2016-1366 du 13 octobre 2016, article 1er.
– Loi n° 2019-828 du 6 août 2019, article 4.

Commentaires

En vertu de ces dispositions, le Conseil supérieur des tribunaux administratifs et des cours administratives d'appel doit être consulté sur les projets de décrets qui, ne se bornant pas à tirer les conséquences nécessaires de dispositions législatives, affectent la compétence des tribunaux ou des cours ou sont susceptibles d'avoir une incidence significative sur leurs organisation ou fonctionnement (CE, 25 mars 2020, Union syndicale des magistrats administratifs et Syndicat de la juridiction administrative, n° 427737) ; ce qui exclut sa consultation pour des dispositions qui se bornent à tirer les conséquences nécessaires de dispositions législatives ou pour des mesures n'ayant pas d'incidence significative sur le fonctionnement des greffes des tribunaux administratifs (même décision).

SECTION 2 Composition du Conseil supérieur

La composition du Conseil supérieur

Art. L. 232-4 Le Conseil supérieur des tribunaux administratifs et cours administratives d'appel est présidé par le vice-président du Conseil d'État et comprend en outre :

1° Le conseiller d'État, président de la mission d'inspection des juridictions administratives ;

2° Le secrétaire général du Conseil d'État ;

3° Le directeur chargé au ministère de la justice des services judiciaires ;

4° Un chef de juridiction et un suppléant élus par leurs pairs ;

5° Cinq représentants des magistrats des tribunaux administratifs et des cours administratives d'appel à l'exception de ceux détachés dans le corps depuis moins de deux ans, élus au scrutin proportionnel de liste à raison :

a) D'un représentant titulaire et d'un suppléant pour le grade de conseiller ;

b) De deux représentants titulaires et de deux suppléants pour le grade de premier conseiller ;

c) De deux représentants titulaires et de deux suppléants pour le grade de président ;

6° Trois personnalités choisies pour leurs compétences dans le domaine du droit en dehors des membres du Conseil d'État et des magistrats des tribunaux administratifs et des cours administratives d'appel et qui n'exercent pas de mandat parlementaire nommées respectivement par le président de la République, le président de l'Assemblée nationale et le président du Sénat.

Le mandat du chef de juridiction est d'une durée de trois ans. Il est renouvelable une seule fois. Toutefois, il prend fin à la date à laquelle son titulaire cesse d'exercer les fonctions de chef de juridiction.

Le mandat des représentants des magistrats des tribunaux administratifs et des cours administratives d'appel est d'une durée de trois ans. Il est renouvelable une seule fois. Toutefois, le mandat des membres élus du Conseil supérieur qui sont détachés au sein du corps prend fin en même temps que leur détachement.

Le mandat des personnalités qualifiées est d'une durée de trois ans non renouvelable. Elles perçoivent une indemnité dont le montant est fixé par arrêté du garde des Sceaux, ministre de la Justice, et du ministre chargé du budget.

Textes sources

– Loi n° 86-14 du 6 janvier 1986, article 14, § 1 et 2.
– Loi n° 2002-1138 du 9 septembre 2002, article 54.
– Ordonnance n° 2016-1366 du 13 octobre 2016, article 1er.

Commentaires

La composition du CSTACAA est originale, en ce qu'elle n'est pas et ne cherche pas à être paritaire. Nul « bloc » n'y détient la majorité de sept voix sur treize. C'est qu'à la vérité, cet organisme n'a pas pour vocation d'être le théâtre de l'opposition de deux camps, mais de rechercher, sous le regard des trois personnalités mentionnées au 6°, la meilleure solution. Ce n'est point à dire qu'il ne connaît pas d'oppositions entre, notamment, les magistrats élus et les autres membres chargés de responsabilités de gestion. Mais ces oppositions n'ont pas pour vocation de se traduire par un vote partagé : il s'agit, dans une sorte de dialectique du dialogue, d'aboutir à une position commune et raisonnée. D'ailleurs, les « autres membres », dont plusieurs bénéficient d'une indépendance statutaire, ne se prononcent pas nécessairement tous dans le même sens, n'étant nullement ici les représentants de l'administration que l'on connaît dans les commissions administratives paritaires. On observe d'ailleurs que le directeur général de la fonction publique a été remplacé dans ce conseil par un représentant élu des chefs de juridiction, dont on ne sait s'il convient de l'incorporer dans la cohorte des « représentants des magistrats » ou dans celle des « gestionnaires », pour rester dans la logique des commissions paritaires. En tout cas, et même si on regarde ce représentant comme devant exprimer les soucis du gestionnaire plus que ceux des magistrats (il est élu, mais au titre de ses fonctions, et non de son grade), l'équilibre du CSTACAA n'a pas été bousculé par cette modification, puisque ce représentant prend la place d'un émissaire indiscutable des gestionnaires, à savoir le directeur général de la fonction publique. Au contraire même, pourrait-on dire, puisqu'à une personnalité nommée et titulaire d'un emploi à la discrétion du gouvernement succède une personne élue et bénéficiant, à l'instar des autres magistrats, de fortes garanties d'indépendance. La présence des trois personnalités (qui sont désormais indemnisées) a en outre pour effet direct de conduire à une grande transparence, notamment en ce qui concerne les décisions individuelles. De telle sorte que, compte tenu du rôle fondamental joué par le CSTACAA pour ces décisions, il est possible de retenir que, si elles sont parfois erronées (qui peut se vanter de pouvoir juger sans erreur les mérites comparés de plusieurs magistrats ?), ces décisions sont toujours prises au vu de critères énoncés et discutés, et donc exempts en principe d'erreurs de droit. On remarquera la prééminence quantitative des membres du Conseil d'État dans ce conseil.

On notera la participation au scrutin et l'éligibilité des membres détachés dans le corps, ce qui est normal, compte tenu des compétences de ce conseil, qui joue notamment le rôle de comité technique. La nouvelle rédaction du texte législatif a provoqué la rectification de l'article R. 232-3 définissant le corps électoral, dont il avait été jugé qu'il excluait, et ce légalement, les agents en détachement dans le corps (CE, 6 décembre 1989, Syndicat de la juridiction administrative, n° 95819, *Lebon* T.). La liste des membres du CSTACAA est publiée au *Journal officiel* (*JORF* n° 0027 du 31 janvier 2021 ; *JORF* n° 0092 du 18 avril 2021). Le moyen tiré de ce que ces dispositions méconnaîtraient les principes d'indépendance et d'impartialité indissociables de l'exercice de fonctions juridictionnelles consacrés par l'article 16 de la DDHC du 26 août 1789 ne soulève pas une question sérieuse (CE, 10 mars 2023, n° 464355, *Lebon T.* – Cons. const., 20 octobre 2017, déc. n° 2017-666 QPC).

Les suppléances au sein du Conseil supérieur des tribunaux administratifs et cours administratives d'appel

Art. L. 232-5 En cas d'empêchement du vice-président du Conseil d'État, la présidence est assurée de plein droit par le conseiller d'État, président de la mission d'inspection des juridictions administratives. En cas d'empêchement de ce dernier, la présidence est assurée par le Secrétaire général du Conseil d'État.

Les autres membres sont suppléés dans des conditions fixées par décret.

Textes sources

– Loi n° 86-14 du 6 janvier 1986, article 14, § 3 et 4.

– Ordonnance n° 2016-1366 du 13 octobre 2016, article 1er.

SOUS-SECTION 1 Élection du représentant des chefs de juridiction

Les électeurs et les éligibles

Art. R. 232-1 Pour l'élection du chef de juridiction qui siège au Conseil supérieur des tribunaux administratifs et cours administratives d'appel et de son suppléant, sont électeurs et éligibles les chefs de juridiction présidant un tribunal administratif ou une cour administrative d'appel. Ils constituent un collège électoral unique.

Les dispositions des articles R. 232-2, R. 232-4, R. 232-8, R. 232-10, R. 232-15 et R. 232-16 sont applicables à cette élection.

Texte source

– Décret n° 2017-451 du 30 mars 2017, article 2.

Commentaires

En prévoyant qu'un président de cour administrative d'appel soit éligible, le texte permet que siège en qualité d'élu un membre du Conseil d'État, étranger au corps des magistrats des tribunaux et cours administratives.

La déclaration de candidature obligatoire

Art. R. 232-1-1 Chaque candidat est tenu de faire une déclaration revêtue de sa signature et de son nom ainsi que de la signature et du nom du candidat suppléant appelé à le remplacer.

Nul ne peut figurer sur plusieurs déclarations de candidatures.

Texte source

– Décret n° 2017-451 du 30 mars 2017, article 2.

Le dépôt des déclarations de candidatures

Art. R. 232-1-2 Les déclarations de candidatures sont déposées au moins un mois avant la date fixée pour les élections. Elles mentionnent le nom d'un mandataire. Aucune déclaration de candidature ne peut être déposée ou modifiée après la date limite prévue à l'alinéa précédent. Si, après cette date, un candidat titulaire ou suppléant est reconnu inéligible, la déclaration de candidature n'est pas prise en compte. L'éligibilité s'apprécie à la date limite prévue pour le dépôt des déclarations de candidature. Aucun retrait de candidature ne peut être opéré après le dépôt des listes de candidature.

Texte source

– Décret n° 2017-451 du 30 mars 2017, article 2.

L'absence de candidature

Art. R. 232-1-3 Dans l'hypothèse où aucune déclaration de candidature n'a été déposée, le représentant des chefs de juridiction et son suppléant sont désignés par voie de tirage au sort parmi les chefs de juridiction lors de la première séance du Conseil supérieur des tribunaux administratifs et cours administratives d'appel qui suit la date limite de dépôt des déclarations de candidatures. Le président du bureau de vote notifie aux chefs de juridiction concernés qu'ils ont été désignés par voie de tirage au sort.

Texte source

– Décret n° 2017-451 du 30 mars 2017, article 2.

Le vote par correspondance

Art. R. 232-1-4 Le vote a lieu par correspondance.

Sont proclamés élus le candidat titulaire qui a obtenu le plus grand nombre de suffrages exprimés et son suppléant. En cas d'égalité, il est procédé par voie de tirage au sort.

Texte source

– Décret n° 2017-451 du 30 mars 2017, article 2.

Commentaires

Ce texte ne prévoit pas de vote électronique, mais un décret n° 2011-595 du 26 mai 2011 définit les conditions et modalités de mise en œuvre du vote électronique par internet pour l'élection des représentants du personnel au sein des instances de représentation du personnel de la fonction publique de l'État. En dernier lieu, après un avis rendu par le Conseil supérieur des tribunaux administratifs et des cours administratives d'appel lors de sa séance du 23 mars 2023, un arrêté du 6 avril 2023 a défini les modalités d'organisation du vote électronique par internet pour l'élection du représentant des chefs de juridiction et des représentants des magistrats au Conseil supérieur des tribunaux administratifs et cours administratives d'appel (*JORF* n° 0093 du 20 avril 2023).

L'interruption anticipée du mandat

Art. R. 232-1-5 Si, avant l'expiration de son mandat, le chef de juridiction démissionne ou se trouve dans l'impossibilité d'exercer son mandat ou si le Conseil supérieur constate qu'il cesse de remplir les conditions requises pour être éligible, il est remplacé par son suppléant.

Au cas où, pour l'une des causes mentionnées ci-dessus, le suppléant cesse d'exercer son mandat plus de six mois avant son terme, il est procédé à une élection complémentaire dans un délai de deux mois. Le représentant titulaire et le représentant suppléant élus dans ces conditions ou désignés par tirage au sort achèvent le mandat de ceux qu'ils remplacent. Ces dispositions sont également applicables lorsque le titulaire ou le suppléant à remplacer ont été désignés par tirage au sort dans les conditions prévues par le deuxième alinéa de l'article R. 232-1-4.

Texte source

– Décret n° 2017-451 du 30 mars 2017, article 2.

SOUS-SECTION 2 Élection des représentants des magistrats

La date des élections au Conseil supérieur des tribunaux administratifs et cours administratives d'appel

Art. R. 232-2 Les élections au Conseil supérieur ont lieu quatre mois au plus et quinze jours au moins avant la date d'expiration du mandat de ses membres en exercice. La date de ces élections est fixée par le vice-président du Conseil d'État.

Texte source

– Décret n° 87-554 du 17 juillet 1987, article 2.

Le droit de vote

Art. R. 232-3 Sont électeurs les magistrats des tribunaux administratifs et des cours administratives d'appel en position d'activité, de congé parental ou de détachement ainsi que ceux détachés depuis plus de deux ans dans ledit corps.

Textes sources

– Décret n° 87-554 du 17 juillet 1987, article 3.
– Décret n° 2002-1472 du 20 décembre 2002, article 6-I.
– Décret n° 2017-451 du 30 mars 2017, article 2.

Commentaires

Avant la loi n° 2002-1472 du 9 septembre 2002, les fonctionnaires détachés dans le corps ne disposaient pas du droit de vote, non plus que de l'éligibilité. Ce système avait été jugé légal (CE, 6 décembre 1989, Syndicat de la juridiction administrative, n° 95819, *Lebon* T.). Il a été modifié compte tenu du 5° de l'article L. 232-2 issu de la loi du 9 septembre 2002, qui fait de ces fonctionnaires ou magistrats, s'ils comptent plus de deux ans de détachement, des électeurs et des éligibles au CSTACAA.

La correction apportée par le décret du 30 mars 2017 a eu pour effet fâcheux de laisser subsister « ledit corps » en fin d'article, alors que toute référence à un corps avait disparu du début de l'article...

La liste électorale

Art. R. 232-4 La liste des électeurs est arrêtée par le secrétaire général du Conseil d'État. Elle est affichée au Conseil d'État et dans tous les tribunaux administratifs et cours administratives d'appel quinze jours au moins avant la date fixée pour le scrutin.

Dans les huit jours qui suivent sa publication, les électeurs peuvent vérifier les inscriptions et, le cas échéant, présenter des demandes d'inscription. Dans le même délai, et pendant trois jours à compter de son expiration, des réclamations peuvent être formulées contre les inscriptions ou omissions sur la liste électorale.

Le vice-président du Conseil d'État statue immédiatement sur les réclamations.

Texte source

– Décret n° 87-554 du 17 juillet 1987, article 4.

L'éligibilité

Art. R. 232-5 Sont éligibles les magistrats des tribunaux administratifs et des cours administratives d'appel qui remplissent les conditions fixées à l'article R. 232-3 pour être inscrits sur la liste électorale.

Textes sources

– Décret n° 87-554 du 17 juillet 1987, article 5.
– Décret n° 2002-1472 du 20 décembre 2002, article 6-II
– Décret n° 2017-451 du 30 mars 2017, article 2.

Les listes de candidats

Art. R. 232-6 Les listes des candidats au Conseil supérieur sont déposées au moins un mois avant la date fixée pour les élections. Ces listes, qui peuvent être incomplètes, comportent pour chaque grade au titre duquel elles présentent des candidats le nom d'un titulaire et d'un suppléant.

Le dépôt de chaque liste est accompagné d'une déclaration de candidature signée par tous les candidats titulaires et suppléants, ainsi que du nom d'un mandataire.

Texte source

– Décret n° 87-554 du 17 juillet 1987, article 6.

La date limite de dépôt des candidatures

Art. R. 232-7 Aucune liste ne peut être déposée ou modifiée après la date limite prévue à l'article précédent. Si, après cette date, un candidat titulaire ou suppléant inscrit sur une liste est reconnu inéligible, la liste intéressée est considérée comme n'ayant présenté aucun candidat pour le grade correspondant. L'éligibilité s'apprécie à la date limite prévue pour le dépôt des listes. Aucun retrait de candidature ne peut être opéré après le dépôt des listes de candidature.

Texte source

– Décret n° 87-554 du 17 juillet 1987, article 7.

Les documents de propagande

Art. R. 232-8 Les circulaires des candidats, les bulletins de vote et les enveloppes sont établis aux frais de l'administration d'après le modèle défini par celle-ci, en nombre au moins égal, pour chaque liste, au nombre des électeurs. Ces documents sont transmis aux électeurs par les soins de l'administration.

Texte source

– Décret n° 87-554 du 17 juillet 1987, article 8.

Le vote par correspondance

Art. R. 232-9 Le vote a lieu par correspondance. Les électeurs peuvent :

a) Soit voter pour une liste entière sans rayer aucun nom ;

b) Soit rayer pour un ou plusieurs sièges à la fois le nom du candidat et celui de son suppléant sans les remplacer ;

c) Soit, dans la limite du nombre des représentants à élire pour chaque grade, procéder à un panachage entre les candidats de listes concurrentes, sans pouvoir séparer chaque titulaire de son suppléant.

Texte source

– Décret n° 87-554 du 17 juillet 1987, article 9.

Le bureau de vote

Art. R. 232-10 Le bureau de vote, institué au Conseil d'État, procède au dépouillement du scrutin ainsi qu'à la proclamation des résultats. Il comprend un président et un secrétaire désignés par le vice-président du Conseil d'État ainsi que le mandataire de chaque liste en présence.

Texte source

– Décret n° 87-554 du 17 juillet 1987, article 10.

Le nombre moyen de voix obtenu

Art. R. 232-11 Le bureau de vote détermine le nombre de voix obtenu par chaque candidat titulaire, le nombre total de voix obtenu par chaque liste et le nombre moyen de voix obtenu par chaque liste.

Le nombre total de voix obtenu par chaque liste s'obtient en additionnant les suffrages acquis à chaque candidat titulaire ayant fait acte de candidature au titre de cette liste.

Le nombre moyen de voix obtenu par chaque liste s'obtient en divisant le nombre total de suffrages acquis par chaque liste par le nombre de sièges à pourvoir.

Le bureau de vote détermine, en outre, le quotient électoral en divisant le nombre total de suffrages valablement exprimés par le nombre de représentants titulaires à élire pour l'ensemble du corps.

Texte source

– Décret n° 87-554 du 17 juillet 1987, article 11.

La répartition des sièges

Art. R. 232-12 Chaque liste a droit à autant de sièges de représentants que le nombre moyen de voix recueilli par elle contient de fois le quotient électoral.

Les sièges de représentants restant éventuellement à pourvoir sont attribués suivant la règle de la plus forte moyenne.

Texte source

– Décret n° 87-554 du 17 juillet 1987, article 12, § a.

Commentaires

Le mécanisme issu des articles R. 232-11 (2e et 3e alinéas) et R. 232-12 a pour effet de pénaliser les listes incomplètes, et encore plus les candidatures isolées, puisque le nombre moyen de voix obtenu par une liste, clé de l'attribution du nombre de sièges, s'obtient par division du nombre total de suffrages obtenu par la liste par le nombre de sièges à pourvoir : une liste ne présentant des candidats qu'au titre d'un grade (conseiller, par exemple) verra ainsi le nombre des suffrages qu'elle obtiendra au titre de ce grade divisé par cinq. Dans un autre corps, la légalité d'un système analogue a été contestée avec succès (CE ass., 2 juillet 1999, Syndicat national des psychologues, n° 183232 [1]).

Jurisprudence

[1] Considérant qu'aux termes de l'article 22 de la loi du 9 janvier 1986 portant dispositions statutaires relatives à la fonction publique hospitalière, « un décret en Conseil d'État détermine notamment le nombre de membres titulaires et suppléants des commissions administratives paritaires, [...] les modalités de l'élection des représentants du personnel [...] » ; que le décret du 14 août 1992 relatif aux commissions administratives paritaires locales et départementales de la fonction publique hospitalière, qui prévoit que les représentants du personnel au sein de ces commissions sont élus à la proportionnelle et autorise sous certaines conditions la présentation de listes incomplètes, disposait à l'article 38 : « [...] chaque liste a droit à autant de sièges de représentants titulaires que le nombre de suffrages recueillis par elle contient de fois le quotient électoral [...] » ; qu'il était précisé à l'article 37 que le quotient électoral s'obtient « en divisant le nombre total de suffrages valablement exprimés par le nombre de représentants à élire pour l'ensemble de la commission administrative paritaire » ;
Considérant que les dispositions attaquées des articles 5 et 6 du décret du 22 août 1996 ont, pour la répartition des sièges entre les listes, modifié les articles 37 et 38 du décret du 14 août 1992 et substitué à la prise en compte du nombre de suffrages recueillis par chaque liste celle d'un « nombre moyen de voix » obtenu en multipliant le nombre de suffrages recueillis par chaque liste par le nombre de candidats présentés par cette liste puis en divisant le résultant ainsi obtenu par le nombre de sièges à pourvoir pour la commission administrative paritaire considérée ;
Considérant que s'il appartenait au pouvoir réglementaire, en application des dispositions alors en vigueur de l'article 22 précité de la loi du 9 janvier 1986, de définir le mode de scrutin employé pour l'élection des représentants du personnel aux commissions administratives paritaires locales et départementales de la fonction publique hospitalière, les dispositions contestées conduisent à appliquer la règle du quotient électoral non au nombre de suffrages réellement exprimés par les électeurs, mais au résultat de la pondération de ce nombre par un coefficient calculé pour chaque liste en fonction du nombre de candidats présentés par elle ; que de telles dispositions, qui peuvent conduire à méconnaître la volonté des électeurs – et, par exemple, à ce qu'une liste ayant recueilli plus de suffrages qu'une autre liste, mais comportant moins de candidats, n'obtienne aucun siège, alors que la seconde en aurait un, ou obtienne moins de sièges que cette dernière – sont entachées d'illégalité [...].

Le choix des représentants par les listes

Art. R. 232-13 La liste ayant droit au plus grand nombre de sièges choisit chacun d'eux sous réserve de ne pas empêcher par son choix une autre liste d'obtenir le nombre de sièges auxquels elle a droit dans les grades pour lesquels elle avait présenté des candidats.

Les autres listes exercent ensuite leur choix successivement dans l'ordre décroissant du nombre de sièges auxquels elles peuvent prétendre dans les mêmes conditions et sous les mêmes réserves.

En cas d'égalité du nombre des sièges obtenus, l'ordre des choix est déterminé par le nombre respectif de suffrages obtenu par les listes en présence. En cas d'égalité du nombre des suffrages, l'ordre des choix est déterminé par voie de tirage au sort.
Lorsque la procédure prévue ci-dessus n'a pas permis à une ou plusieurs listes de pourvoir tous les sièges auxquels elle aurait pu prétendre, ces sièges sont attribués à la liste qui, pour les grades dont les représentants restent à désigner, a obtenu le plus grand nombre de suffrages.
Dans l'hypothèse où aucune liste n'a présenté de candidats pour un grade, le représentant de ce grade est désigné par voie de tirage au sort parmi les magistrats titulaires de ce grade. Si le magistrat ainsi désigné n'accepte pas sa nomination, le siège concerné reste vacant.

Textes sources

– Décret n° 87-554 du 17 juillet 1987, article 12, § b.
– Décret n° 2017-451 du 30 mars 2017, article 2.

L'attribution d'un siège en cas d'égalité de voix

Art. R. 232-14 Dans le cas où deux listes ont la même moyenne et où il ne reste qu'un siège à pourvoir, ledit siège est attribué à la liste qui a recueilli le plus grand nombre de suffrages. Si les deux listes en cause ont également recueilli le même nombre de voix, le siège est attribué à celui des candidats figurant sur l'une de ces deux listes ayant obtenu le plus grand nombre de voix. Si les candidats titulaires de ces deux listes ont obtenu le même nombre de voix, il est procédé par voie de tirage au sort.

Textes sources

– Décret n° 87-554 du 17 juillet 1987, article 12, § c.
– Décret n° 2017-451 du 30 mars 2017, article 2.

Le procès-verbal

Art. R. 232-15 Un procès-verbal des opérations électorales est établi par le bureau de vote et immédiatement transmis au vice-président du Conseil d'État et au ministre de la Justice ainsi qu'aux mandataires habilités à représenter les listes de candidats.

Texte source

– Décret n° 87-554 du 17 juillet 1987, article 13.

Les contestations

Art. R. 232-16 Les contestations sur la validité des opérations électorales sont portées dans un délai de cinq jours à compter de la proclamation des résultats devant le ministre de la Justice qui statue dans un délai de quinze jours. Le Conseil d'État peut être saisi dans un délai de deux mois à compter soit de la décision du ministre, soit de l'expiration du délai de quinze jours précité.

Texte source

– Décret n° 87-554 du 17 juillet 1987, article 14.

Le remplacement d'un membre élu démissionnaire

Art. R. 232-17 Si, avant l'expiration de son mandat, l'un des représentants titulaires du corps des tribunaux administratifs et des cours administratives d'appel démissionne ou se trouve dans l'impossibilité d'exercer son mandat ou si le conseil supérieur constate qu'il cesse de remplir les conditions requises pour être éligible, il est remplacé par son suppléant. Au cas où, pour l'une des causes mentionnées ci-dessus, ce dernier ne peut exercer son mandat, le remplacement est assuré, si cela est possible, par l'autre candidat présenté par la même liste, en qualité de titulaire, pour le grade considéré, et qui n'avait pas été initialement choisi pour siéger, ou, à défaut, par son suppléant.

Si un tel remplacement n'est pas possible, et si le suppléant cesse d'exercer son mandat plus de six mois avant son terme normal, il est procédé à une élection complémentaire dans un délai de deux mois. Le représentant désigné ou élu dans ces conditions achève le mandat de celui qu'il remplace.

Le remplacement du suppléant d'un titulaire peut également être assuré dans les mêmes conditions, en recourant, si cela est possible, à l'autre candidat présenté par la même liste, en qualité de titulaire, pour le grade considéré, ou, à défaut, à son suppléant.

Si, en cours de mandat, un représentant élu fait l'objet d'une promotion de grade, il continue à représenter le grade pour lequel il a été élu.

Textes sources

– Décret n° 87-554 du 17 juillet 1987, article 15.
– Décret n° 2010-164 du 22 février 2010, article 23.
– Décret n° 2017-451 du 30 mars 2017, article 2.

SOUS-SECTION 3 Désignation des personnalités qualifiées

La désignation des personnalités qualifiées

Art. R. 232-18 Les personnalités nommées en application du 6° de l'article L. 232-4 doivent être désignées quinze jours au moins avant la date normale d'expiration du mandat de leurs prédécesseurs.

Le Conseil supérieur des tribunaux administratifs et des cours administratives d'appel constate, le cas échéant, la démission d'office de celle des personnalités qui viendrait à exercer un mandat parlementaire incompatible avec sa qualité de membre du conseil ou qui serait privée de la jouissance de ses droits civils et politiques.

Si cette vacance ou cette démission d'office intervient plus de six mois avant le terme normal du mandat, il est pourvu au remplacement de la personnalité dans le délai de trois mois. La personnalité qualifiée alors désignée achève le mandat de celle qu'elle remplace.

Textes sources

– Décret n° 87-554 du 17 juillet 1987, article 16.
– Décret n° 2017-451 du 30 mars 2017, article 2.
– Décret n° 2023-486 du 21 juin 2023, article 3.

SOUS-SECTION 4 Règles de suppléance

Les suppléances

Art. R. 232-18-1 Le président de la mission d'inspection des juridictions administratives est suppléé par un conseiller d'État désigné par le vice-président.

Le secrétaire-général adjoint du Conseil d'État chargé des tribunaux administratifs et des cours administratives d'appel assure la suppléance du secrétaire général du Conseil d'État en cas d'empêchement de celui-ci ou dans l'hypothèse où celui-ci est amené à présider le Conseil supérieur en application de l'article L. 232-5.

Le suppléant du directeur chargé au ministère de la Justice des services judiciaires est désigné par le garde des Sceaux, ministre de la justice.

Texte source

– Décret n° 2017-451 du 30 mars 2017, article 2.

SECTION 3 *Fonctionnement du Conseil supérieur*

La composition permanente du Conseil supérieur

Art. L. 232-6 Le Conseil supérieur des tribunaux administratifs et cours administratives d'appel siège toujours dans la même composition, quel que soit le grade des magistrats dont le cas est examiné.

Lorsque le Conseil supérieur des tribunaux administratifs et cours administratives d'appel siège au titre des compétences qu'il tient de l'article L. 232-1, la voix du président est prépondérante en cas de partage égal des voix.

Textes sources

– Loi n° 86-14 du 6 janvier 1986, article 14, § 5.
– Loi n° 2002-1138 du 9 septembre 2002, article 3.
– Ordonnance n° 2016-1366 du 13 octobre 2016, article 1er.

Commentaires

Ce texte a repris, en les fusionnant, les articles L. 232-4 et L. 232-4-1 anciens.

Le premier alinéa, fixant une composition permanente, sans la réduire en fonction des grades détenus, s'agissant de l'examen de situations individuelles, a constitué une nouveauté, désormais partagée en partie avec la Commission supérieure du Conseil d'État, laquelle doit toutefois être ajustée en matière disciplinaire (voir commentaire sous l'article R. 132-7). Le Conseil d'État avait vu dans un mécanisme inverse antérieurement appliqué au Conseil supérieur des tribunaux administratifs et cours administratives d'appel l'expression d'un principe général (CE, 10 mai 1999, Syndicat de la juridiction administrative, M. Libert, n° 191792) reprenant d'ailleurs une règle assez stable de la fonction publique, selon laquelle les questions individuelles concernant un agent (discipline, avancement) ne peuvent être soumises à l'avis de représentants ne disposant pas, au moins, du même grade que lui. Le législateur ne l'a pas entendu ainsi. On voit bien la nécessité de cette dérogation, sans laquelle une affaire concernant un président ne pourrait être examinée par les membres élus non détenteurs de ce grade, alors que, contrairement aux pratiques en usage dans la généralité de la fonction publique, la réduction du nombre de représentants élus pouvant siéger ne pouvait s'accompagner d'une réduction corrélative du nombre des représentants de l'administration, puisqu'aussi bien les membres non élus du Conseil supérieur ne sauraient être ainsi qualifiés et que ce Conseil n'est pas gouverné par une règle de parité.

Le second alinéa étend les hypothèses dans lesquelles le président du Conseil supérieur a voix prépondérante : alors qu'antérieurement cette voix n'avait cet effet que pour les « nominations, détachements et intégrations », ce sont désormais toutes les compétences énoncées à l'article L. 232-1 qui sont concernées.

La première réunion du Conseil supérieur des tribunaux administratifs et cours administratives d'appel après l'élection

Art. R. 232-19 Lorsque le Conseil supérieur est renouvelé, il se réunit dans sa nouvelle composition dans le mois qui suit l'expiration des mandats antérieurs.

Textes sources

– Décret n° 87-554 du 17 juillet 1987, article 17.
– Décret n° 2017-451 du 30 mars 2017, article 2.
– Décret n° 2023-486 du 21 juin 2023, article 4.

La convocation et l'ordre du jour

Art. R. 232-20 Le Conseil supérieur se réunit sur convocation de son président à l'initiative de ce dernier, du ministre de la Justice ou à la demande écrite d'au moins trois des cinq représentants des magistrats et, dans ce cas, dans le délai de deux mois à compter de cette demande.

L'acte portant convocation fixe l'ordre du jour. Les questions entrant dans la compétence du Conseil supérieur, dont l'examen est demandé par au moins deux représentants des magistrats, sont inscrites à l'ordre du jour.

Textes sources

– Décret n° 87-554 du 17 juillet 1987, article 18.
– Décret n° 2017-451 du 30 mars 2017, article 2.

Le quorum au Conseil supérieur

Art. R. 232-20-1 Le conseil supérieur ne délibère valablement que si neuf membres sont présents à l'ouverture de la séance.

Lorsque le quorum n'est pas atteint, une nouvelle convocation est envoyée aux membres du conseil qui siège alors valablement sur le même ordre du jour quel que soit le nombre de membres présents.

Texte source

– Décret n° 2011-1950 du 23 décembre 2011, article 12.

La visioconférence et la consultation écrite

Art. R. 232-20-2 I. – À titre exceptionnel, les membres du conseil supérieur peuvent, en cas d'urgence née de l'impossibilité de réunir le quorum dans un délai utile, être consultés à distance, par visioconférence, pour émettre un avis sur un projet dont le conseil est saisi par le Gouvernement.

En cas d'impossibilité avérée de recourir à la visioconférence, les membres du Conseil supérieur peuvent également être consultés par conférence téléphonique ou, à défaut, par correspondance électronique. Les observations émises sur le projet par l'un des membres sont immédiatement communiquées aux autres membres.

II. – Le projet, auquel sont jointes toutes pièces utiles ainsi que la justification de l'urgence, leur est communiqué, par tous moyens, notamment par correspondance électronique, dans les meilleurs délais.

Les modalités de la consultation doivent préserver la collégialité des débats.

III. – L'avis est régulièrement émis si au moins neuf membres ont pris part à la procédure et, dans le cas d'une consultation écrite, ont fait part de leur vote dans le délai fixé par le président.

Les membres du conseil supérieur sont informés de la teneur de l'avis et du résultat du vote.

Un procès-verbal est établi, à l'issue de cette consultation, par les soins du secrétaire général des tribunaux administratifs et des cours administratives d'appel.

Il est signé et communiqué dans les conditions prévues par l'article R. 232-25.

Textes sources

– Décret n° 2011-1950 du 23 décembre 2011, article 12.
– Décret n° 2017-451 du 30 mars 2017, article 2.

Commentaires

Ces dispositions nouvelles constituent une réponse à l'accroissement des charges du Conseil supérieur, et permettent donc, aux conditions strictes qu'elles énoncent, d'assurer la continuité du service public tout en respectant la nécessité d'assurer un débat collégial.

L'obligation de discrétion

Art. R. 232-21 Les membres du Conseil supérieur ainsi que les personnes qui, à un titre quelconque, assistent aux délibérations sont soumis aux obligations de secret et de discrétion professionnelle.

Textes sources

– Décret n° 87-554 du 17 juillet 1987, article 19.
– Décret n° 2017-451 du 30 mars 2017, article 2.

Le rapporteur devant le Conseil supérieur des tribunaux administratifs et cours administratives d'appel

Art. R. 232-22 Sous réserve des dispositions de l'article L. 236-5 du présent code, le président du Conseil supérieur désigne pour chaque question un rapporteur qui peut être soit le secrétaire général des tribunaux administratifs

et des cours administratives d'appel soit l'un des membres du Conseil supérieur. Lorsque le Conseil supérieur prend une décision ou émet une proposition sur le fondement de l'article L. 232-1, il se prononce après avoir recueilli l'avis écrit du conseiller d'État, président de la mission d'inspection des juridictions administratives, si ce dernier n'est pas le rapporteur.
Pour élaborer son rapport sur les propositions afférentes aux nominations, détachements et intégrations prévus aux articles L. 233-3, L. 233-4 et L. 233-5, le rapporteur peut être assisté par une formation restreinte du Conseil supérieur, laquelle peut procéder à toutes les mesures d'instruction utiles, y compris des auditions. Cette formation restreinte est désignée par le Conseil supérieur ; elle comprend un ou plusieurs représentants élus des magistrats des tribunaux administratifs et des cours administratives d'appel.

Textes sources

– Décret n° 87-554 du 17 juillet 1987, article 20.
– Décret n° 2010-164 du 22 février 2010, article 24.
– Décret n° 2017-451 du 30 mars 2017, article 2.

Commentaires

La réserve de l'article L. 236-5 concerne la procédure disciplinaire.
Dans la pratique, c'est le plus souvent le secrétaire général du Conseil d'État qui rapporte les affaires devant le CSTACAA ; mais ce n'est pas une règle constante.
Le secrétaire général adjoint du Conseil d'État chargé des tribunaux administratifs et des cours administratives d'appel peut, depuis 2010, assister en cette qualité aux séances, sans avoir voix délibérative (voir CJA, art. R. 232-22-1), mais sans devoir passer par le détour d'une qualification d'« expert ». La modification de 2010 a par ailleurs entériné la pratique de la « formation restreinte », chargée d'assister le rapporteur dans les affaires individuelles. Pratique très utile lorsqu'il s'agit d'opérer l'instruction de nombreuses demandes de nomination au tour extérieur. Naturellement, cette formation ne saurait prendre de décision !

Le secrétaire général adjoint du Conseil d'État participe aux travaux du Conseil supérieur

Art. R. 232-22-1 Le secrétaire général adjoint du Conseil d'État chargé des tribunaux administratifs et des cours administratives d'appel participe aux travaux du Conseil supérieur sans voix délibérative. À l'invitation du président, le Conseil supérieur peut entendre les chefs de service du Conseil d'État ou leur délégué ainsi que tout expert.

Texte source

– Décret n° 2017-451 du 30 mars 2017, article 2.

La composition du Conseil supérieur des tribunaux administratifs et cours administratives d'appel statuant sur des questions d'ordre individuel

Art. R. 232-23 Lorsque la situation de l'un des membres élus du Conseil supérieur est susceptible d'être évoquée à l'occasion de l'examen d'une question figurant à l'ordre du jour, le magistrat intéressé ne participe pas à l'examen de cette question.

Textes sources

– Décret n° 87-554 du 17 juillet 1987, article 21.
– Décret n° 2002-1472 du 20 décembre 2002, article 7.
– Décret n° 2017-451 du 30 mars 2017, article 2.

Les modalités de vote au Conseil supérieur des tribunaux administratifs et cours administratives d'appel

Art. R. 232-24 Le Conseil supérieur prend ses décisions et émet ses avis et ses propositions à la majorité des suffrages exprimés.

Pour les affaires individuelles, le vote a lieu à bulletin secret si l'un des membres le réclame. Le vote à bulletin secret est de droit en matière disciplinaire.

Textes sources

– Décret n° 87-554 du 17 juillet 1987, article 22.
– Décret n° 2017-451 du 30 mars 2017, article 2.

Le procès-verbal de la séance du Conseil supérieur des tribunaux administratifs et cours administratives d'appel

Art. R. 232-25 Sauf lorsqu'il statue en matière disciplinaire, un procès-verbal est établi après chaque séance du Conseil supérieur, par les soins du secrétaire général des tribunaux administratifs et des cours administratives d'appel. Il est signé par le secrétaire général et par le président.

Textes sources

– Décret n° 87-554 du 17 juillet 1987, article 23.
– Décret n° 2017-451 du 30 mars 2017, article 2.
– Décret n° 2023-486 du 21 juin 2023, article 5.

L'indemnisation des frais de déplacement des membres du Conseil supérieur des tribunaux administratifs et cours administratives d'appel

Art. R. 232-26 Les membres du Conseil supérieur ne perçoivent aucune indemnité du fait de leurs fonctions au Conseil supérieur. Toutefois, ils sont indemnisés de leurs frais de déplacement et de séjour dans les conditions fixées par le décret 2006-781 du 3 juillet 2006.

Outre les frais mentionnés à l'alinéa précédent, les personnalités qualifiées perçoivent, pour chaque séance du Conseil supérieur ou de la formation restreinte prévue à l'article R. 232-22 à laquelle ils participent, une indemnité forfaitaire dont le montant est fixé par arrêté du ministre de la Justice et du ministre chargé du budget.

Textes sources

– Décret n° 87-554 du 17 juillet 1987, article 24.
– Décret n° 2017-451 du 30 mars 2017, article 2.

Commentaires

Les personnalités extérieures échappent à la règle énoncée au premier alinéa de cet article, ainsi qu'en dispose le dernier alinéa de l'article L. 232-4.

SECTION 4 Le secrétaire général du Conseil supérieur des tribunaux administratifs et cours administratives d'appel

Les attributions du secrétaire général du Conseil supérieur des tribunaux administratifs et cours administratives d'appel

Art. L. 232-7 Un secrétaire général des tribunaux administratifs et des cours administratives d'appel est nommé parmi les magistrats des tribunaux administratifs et des cours administratives d'appel sur proposition du Conseil supérieur des tribunaux administratifs et cours administratives d'appel. Pendant l'exercice de ses fonctions, il ne peut bénéficier d'aucun avancement autre qu'à l'ancienneté. Il exerce ses fonctions pour une durée qui ne peut excéder cinq ans.

Il a pour mission notamment :

1° D'assurer le secrétariat du Conseil supérieur des tribunaux administratifs et cours administratives d'appel ;

2° Auprès du secrétaire général du Conseil d'État de participer à la mission de gestion des tribunaux administratifs et des cours administratives d'appel.

Textes sources

– Loi n° 86-14 du 6 janvier 1986, article 14, § 6.
– Ordonnance n° 2016-1366 du 13 octobre 2016, article 1er.

Commentaires

La rédaction nouvelle des missions du secrétaire général est moins précise que celle qui, à l'origine, avait procédé de la loi du 6 janvier 1986. Elle entérine les acquis de l'expérience de quelque trente ans : le secrétaire général des tribunaux et cours ne dispose d'aucune structure administrative le mettant à même d'exercer les compétences, d'ailleurs limitées, que lui avait reconnues le législateur (gérer les greffes et coordonner les besoins des juridictions en matériel et en documentation). Le texte nouveau le place « auprès du secrétaire général du Conseil d'État » lequel dispose de services administratifs, et le charge de « participer » à la gestion des tribunaux et cours, ce qui est nettement plus vaste que la définition étriquée inscrite dans la loi de 1986. La réalité de cette participation dépend des personnalités propres tant du secrétaire général du Conseil d'État que du secrétaire général des tribunaux et cours. On relèvera que pendant l'exercice de ses fonctions il ne peut bénéficier d'une promotion. La pratique a admis que cette promotion intervienne après démission, limitant ainsi la portée de cette disposition législative…

La désignation du secrétaire général du Conseil supérieur des tribunaux administratifs et cours administratives d'appel

Art. R. 232-27 Le secrétaire général est désigné par décret du Premier ministre sur proposition du Conseil supérieur parmi les magistrats des tribunaux administratifs et des cours administratives d'appel en service dans les tribunaux administratifs et les cours administratives d'appel et ayant exercé des fonctions dans un emploi du corps pendant quatre années consécutives.

Il ne peut être mis fin à ses fonctions, sans son accord, que sur proposition du Conseil supérieur.

Textes sources

– Décret n° 87-554 du 17 juillet 1987, article 25.
– Décret n° 2017-451 du 30 mars 2017, article 7.

Les compétences du secrétaire général du Conseil supérieur des tribunaux administratifs et cours administratives d'appel

Art. R. 232-28 Le secrétaire général exerce les missions prévues à l'article L. 232-7.

À cet effet :

1° Il prépare l'ordre du jour des séances et la convocation du Conseil supérieur. Il informe le Conseil supérieur de la suite réservée à ses avis et propositions ;

2° Il participe à la détermination des besoins des tribunaux et des cours et à la définition des modalités de répartition des moyens correspondants, compte tenu, notamment, des crédits budgétaires disponibles ;

3° Il participe à la définition des règles générales d'organisation et de fonctionnement des tribunaux et des cours et en suit la mise en œuvre ;

4° Il participe à la définition des actions de formation organisées par le Conseil d'État au profit des magistrats administratifs et des personnels des greffes des tribunaux et des cours et en suit la mise en œuvre ;

5° Il participe avec voix consultative aux commissions administratives paritaires nationales des corps de l'intérieur et de l'outre-mer lorsque l'ordre du jour appelle l'examen de questions intéressant la situation administrative des fonctionnaires de ces corps affectés dans un greffe de tribunal ou de cour ;
6° Il participe avec voix consultative aux comités techniques centraux du ministère de l'Intérieur lorsque l'ordre du jour appelle l'examen de questions intéressant les personnels affectés dans les greffes des tribunaux administratifs et des cours administratives d'appel ;
7° Il réalise, à la demande du Conseil supérieur ou de son président, toutes études relatives à l'organisation et au fonctionnement des tribunaux et des cours ou à la procédure suivie devant eux ;
Il peut, sur délégation du secrétaire général du Conseil d'État, présider le comité technique spécial des personnels affectés dans les greffes des tribunaux administratifs et des cours administratives d'appel et le comité d'hygiène, de sécurité et des conditions de travail spécial des tribunaux administratifs et des cours administratives d'appel.
Il peut se faire représenter pour l'exercice des attributions mentionnées aux 5° et 6°.

Textes sources

– Décret n° 87-554 du 17 juillet 1987, article 26.
– Décret n° 2007-1309 du 4 septembre 2007, article 8.
– Décret n° 2011-184 du 15 février 2011, article 55 (V).
– Décret n° 2017-451 du 30 mars 2017, article 2.

Les services assistant le secrétaire général du Conseil supérieur des tribunaux administratifs et cours administratives d'appel

Art. R. 232-29 Pour l'accomplissement des missions mentionnées à l'article R. 232-28, le secrétaire général bénéficie de l'assistance des services du secrétariat général du Conseil d'État et, en tant que de besoin, de ceux du ministère de la Justice et du ministère de l'Intérieur.

Texte source

– Décret n° 87-554 du 17 juillet 1987, article 27.

CHAPITRE 3 Nomination, recrutement et formation

SECTION 1 *Dispositions générales*

La nomination des magistrats des tribunaux administratifs et des cours administratives d'appel

Art. L. 233-1 Les magistrats des tribunaux administratifs et des cours administratives d'appel sont nommés par décret du président de la République.

Textes sources

– Loi n° 86-14 du 6 janvier 1986, article 1er, § 1.
– Ordonnance n° 2016-1366 du 13 octobre 2016, article 2.

Commentaires

La réforme intervenue en 2016 a limité à la première nomination l'intervention d'un décret du président de la République. Les avancements d'échelon, notamment, ne relèvent plus de ce genre de décision (voir CJA, art. L. 234-1 s'agissant des mutations). Mais le président de la République conserve la compétence s'agissant des avancements de grade à grade (voir CJA, art. L. 234-2).

Le recrutement parmi les anciens élèves de l'École nationale d'administration devenue l'Institut national du service public

Art. L. 233-2 Les magistrats des tribunaux administratifs et des cours administratives d'appel sont recrutés au grade de conseiller, sous réserve des dispositions des articles L. 233-3, L. 233-4 et L. 233-5 :

1° Parmi les élèves ayant exercé ce choix à la sortie de l'Institut national du service public, dans des conditions définies par décret en Conseil d'État.

2° Et par voie de concours.

Textes sources

– Loi n° 86-14 du 6 janvier 1986, article 7.
– Ordonnance n° 2016-1366 du 13 octobre 2016, article 2.
– Ordonnance n° 2021-702 du 2 juin 2021, article 7.
– Loi n° 2023-1059 du 20 novembre 2023, article 52-I-4°.

Commentaires

La loi a fait du corps des tribunaux administratifs et des cours administratives d'appel un corps « recruté par la voie de l'École nationale d'administration » devenue l'Institut national du service public, quel que soit, en fait, le rapport numérique observé, tant en flux de recrutements qu'en « stocks », entre les anciens élèves de l'ENA et les membres issus d'une autre filière. On note cependant que le Conseil d'État ménage en la matière la possibilité d'une erreur manifeste d'appréciation

(CE, 5 novembre 2003, Syndicat de la juridiction administrative, n° 252071, *Lebon* T.). Le dernier état du texte abandonne la condition issue de la réforme de la haute fonction publique exigeant un choix « Parmi les membres du corps des administrateurs de l'État ayant exercé ce choix à la sortie de l'Institut national du service public et justifiant d'au moins deux ans de service effectif en cette qualité, dans des conditions définies par décret en Conseil d'État », ou « les élèves de l'Institut national du service public ayant exercé ce choix et qui justifient d'une expérience professionnelle dans le secteur public ou le secteur privé d'une durée d'au moins quatre ans dans des fonctions d'un niveau équivalent à celles de la catégorie A sont directement nommés en qualité de magistrats ». Le réalisme, par la prise en compte du caractère peu attractif de cette disposition qualifiée de « malfaçon » par l'exposé des motifs du projet de loi n° 2023-1059 du 20 novembre 2023, a prévalu sur l'idéologie du juge administrateur.

Le décret n° 2023-30 du 25 janvier 2023, relatif aux conditions d'accès et aux formations à l'Institut national du service public, réforme d'abord les modalités et conditions d'accès à l'Institut national du service public en tant qu'il crée une voie « générale » et une voie « Orient » ainsi qu'un troisième concours pour cette dernière. Il modifie les conditions d'éligibilité aux concours internes et abaisse la plage d'éligibilité pour le troisième concours à 6 années d'expérience professionnelle.

Ce texte réforme ensuite la formation initiale dispensée au sein de l'institut afin d'offrir aux élèves des enseignements cohérents avec les enjeux de l'action publique de demain et de répondre aux défis et transitions à venir. Le texte prévoit également que la formation initiale s'appuie sur un référentiel de compétences dans une logique de plus grande professionnalisation. Enfin, le décret crée un comité d'aptitude pour les élèves dont les résultats aux évaluations continues ou dont les conditions de suivi de la formation initiale ne permettraient pas de considérer comme acquises les compétences socles attendues pour exercer les missions dévolues aux corps de sortie de l'institut.

Ce décret refond, enfin, la procédure d'affectation des élèves en sortie de l'Institut national du service public. Une nouvelle procédure de sortie est créée en vue d'assurer une pleine rénovation des conditions d'accès aux fonctions d'encadrement supérieur de l'État répondant à l'exigence d'une meilleure adéquation entre compétences détenues et recherchées en fin de formation initiale. Cette procédure permet de renforcer le lien entre, d'une part, les souhaits et les compétences détenues par les élèves et, d'autre part, les compétences attendues sur les postes qui seront proposés aux élèves par les administrations et institutions d'emploi. Une commission de suivi assure la régularité et le bon déroulement de cette procédure et est notamment chargée de garantir le respect des principes d'impartialité et d'égalité de traitement entre les élèves.

Le recrutement par concours

Art. L. 233-2-1 Le concours externe est ouvert aux titulaires de l'un des diplômes exigés pour se présenter concours externe d'entrée à l'Institut national du service public.

Le concours interne est ouvert aux fonctionnaires ainsi qu'aux magistrats de l'ordre judiciaire et autres agents publics civils ou militaires appartenant à un corps ou cadre d'emplois de la catégorie A ou assimilé et justifiant, au 31 décembre de l'année du concours, de quatre années de services publics effectifs.
Le nombre de postes pourvus au titre de ces concours est fixé annuellement par arrêté du vice-président du Conseil d'État.

Texte source

– Ordonnance n° 2021-702 du 2 juin 2021, article 7.

La nomination des magistrats

Art. R. 233-1 I. – Les magistrats des tribunaux administratifs et des cours administratives d'appel recrutés, dès la fin de leur scolarité, parmi les anciens élèves de l'Institut national du service public sont nommés au premier échelon du grade de conseiller et titularisés à compter du lendemain du dernier jour de leur scolarité.
Ceux qui ont été recrutés par la voie des concours externes et ont présenté une épreuve adaptée aux titulaires d'un doctorat bénéficient, au titre de la préparation du doctorat, d'une bonification d'ancienneté de deux ans.
Ceux qui, avant leur nomination, avaient déjà la qualité de fonctionnaire titulaire sont classés à l'échelon comportant un indice brut égal ou, à défaut, immédiatement supérieur à celui dont ils bénéficient dans leur corps ou cadre d'emploi d'origine ou, lorsque cela leur est plus favorable, dans le statut d'emploi qu'ils occupent depuis au moins deux ans.
Dans la limite de l'ancienneté exigée à l'article R. 234-1 pour un avancement à l'échelon supérieur, ils conservent l'ancienneté d'échelon acquise dans leur précédent grade ou emploi lorsque l'augmentation de traitement consécutive à leur nomination est inférieure à celle qui résulterait d'un avancement d'échelon dans leur ancienne situation.
Les magistrats nommés alors qu'ils avaient atteint l'échelon le plus élevé de leur précédent grade ou emploi conservent leur ancienneté d'échelon dans les mêmes conditions et dans la limite de deux ans lorsque l'augmentation de traitement consécutive à leur nomination est inférieure à celle résultant d'un avancement à ce dernier échelon.
Les magistrats qui détenaient dans leur ancien corps, cadre d'emplois ou statut d'emploi occupé depuis au moins deux ans un indice brut supérieur à celui afférent au dernier échelon du grade de conseiller bénéficient d'une indemnité compensatrice.
II. – Les magistrats qui avaient la qualité d'agent contractuel de droit public ou d'agent d'une organisation internationale intergouvernementale à la date de clôture des inscriptions aux concours de l'Institut national

du service public ou le cas échéant à la date de clôture des inscriptions au cycle préparatoire aux concours pour les stagiaires de ce cycle, sont classés, quand cela leur est plus favorable que le classement résultant du I, à l'échelon du grade de conseiller doté de l'indice brut le plus proche de celui leur permettant d'obtenir un traitement indiciaire mensuel brut égal à 70 % de leur rémunération mensuelle brute antérieure.
La rémunération prise en compte est la moyenne des six dernières rémunérations mensuelles perçues par l'agent dans son dernier emploi. Elle ne comprend aucun élément de rémunération accessoire lié à la situation familiale, au lieu de travail, aux frais de transport, au versement de primes d'intéressement ou d'indemnités exceptionnelles de résultat. En outre, lorsque l'agent exerçait ses fonctions à l'étranger, elle ne comprend aucune majoration liée à l'exercice de ces fonctions à l'étranger.
III. – Les magistrats recrutés par la voie du troisième concours de l'Institut national du service public sont placés au 6e échelon du grade de conseiller sans reprise d'ancienneté, sauf si l'application des I et II du présent article leur est plus favorable.

Textes sources
– Décret n° 97-859 du 18 septembre 1997, article 4.
– Décret n° 2005-1706 du 28 décembre 2005, article 1er.
– Décret n° 2010-164 du 22 février 2010, article 52.
– Décret n° 2017-451 du 30 mars 2017, article 7.
– Ordonnance n° 2021-702 du 2 juin 2021, article 12.
– Décret n° 2023-486 du 21 juin 2023, article 6.

SECTION 2 *Nomination au tour extérieur*

La nomination de conseiller au tour extérieur

Art. L. 233-3 Peuvent être recrutés au grade de conseiller :
1° Des fonctionnaires civils ou militaires de l'État ou des fonctionnaires de la fonction publique territoriale ou de la fonction publique hospitalière qui justifient, au 31 décembre de l'année considérée, d'au moins dix ans de services publics effectifs dans un corps ou cadre d'emplois de catégorie A ou sur un emploi de catégorie A ou assimilé ;
2° Des magistrats de l'ordre judiciaire.
Au cours d'une année civile déterminée, les nominations au titre du présent article, dont le nombre est fixé par arrêté du vice-président du Conseil d'État, ne peuvent excéder un tiers des places offertes aux concours prévus à l'article L. 233-2.

Textes sources

– Loi n° 86-14 du 6 janvier 1986, article 8, § 1.
– Loi n° 2007-148 du 2 février 2007, article 37.
– Ordonnance n° 2021-702 du 2 juin 2021, article 7.

La nomination de premier conseiller au tour extérieur

Art. L. 233-4 Peuvent être nommés au grade de premier conseiller, à condition qu'ils justifient d'au moins huit ans de services effectifs dans un ou plusieurs des corps ou cadres d'emplois ci-après :

1° Des fonctionnaires de l'un des corps recrutés par la voie de l'Institut national du service public ;

2° Des fonctionnaires appartenant à un autre corps de catégorie A ou cadre d'emplois de même niveau, titulaires de l'un des diplômes exigés pour se présenter au concours externe d'entrée à l'Institut national du service public ainsi que d'un grade et d'un échelon déterminés par décret en Conseil d'État ;

3° Des magistrats de l'ordre judiciaire ;

4° Des professeurs et maîtres de conférences titulaires des universités ;

5° Des administrateurs territoriaux ;

6° Des personnels de direction des établissements de santé et autres établissements mentionnés aux 1° et 3° de l'article 2 de la loi n° 86-33 du 9 janvier 1986 portant dispositions statutaires relatives à la fonction publique hospitalière.

Pour bénéficier de cette nomination, les membres des corps ou cadres d'emplois soumis à l'obligation statutaire de mobilité doivent avoir satisfait à cette obligation.

Au cours d'une année civile déterminée, les nominations au titre du présent article, dont le nombre est fixé par arrêté du vice-président du Conseil d'État, ne peuvent excéder un tiers des places offertes aux concours prévus à l'article L. 233-2.

Textes sources

– Loi n° 86-14 du 6 janvier 1986, article 8, § 2.
– Loi n° 2007-148 du 2 février 2007, article 37.
– Ordonnance n° 2017-10 du 5 janvier 2017, article 1er.
– Ordonnance n° 2021-702 du 2 juin 2021, article 7.

Le report des nominations non utilisées

Art. L. 233-4-1 Le Conseil supérieur des tribunaux administratifs et cours administratives d'appel peut proposer, lorsque le nombre de nominations susceptibles d'être prononcées au grade de premier conseiller en application de l'article L. 233-4 n'est pas atteint, de reporter ces nominations sur le grade de conseiller.

Textes sources

– Loi n° 2012-347 du 12 mars 2012, article 82.
– Ordonnance n° 2016-1366 du 13 octobre 2016, article 2.

Commentaires

Comme il est de règle en matière de tour extérieur, la ou les nominations prévues par ce mécanisme doivent être prononcées, et selon le rythme prévu, faute de quoi aucune nomination au tour « normal » ne peut être décidée.
La loi n° 2012-347 du 12 mars 2012 a introduit une légère souplesse, en autorisant le report sur le grade de conseiller des nominations au grade de premier conseiller qui n'ont pu être prononcées.
On remarquera, et l'on ne saurait s'en plaindre, qu'aucune nomination au tour extérieur n'est prévue au grade de président.

Le dépôt des candidatures au tour extérieur

Art. R. 233-4 Chaque année, le vice-président du Conseil d'État détermine le nombre des emplois dans les grades de conseiller et de premier conseiller à pourvoir en application des articles L. 233-3 et L. 233-4. Il fixe la date limite du dépôt des candidatures. Celles-ci lui sont adressées par les intéressés. L'avis de recrutement est publié au Journal officiel de la République française un mois au moins avant la date de clôture des inscriptions.
Le dossier administratif des candidats est envoyé par l'autorité dont relèvent les intéressés au secrétaire général du Conseil d'État. Cette autorité doit indiquer si le candidat réunit les conditions d'ancienneté de services définies par les articles L. 233-3 et L. 233-4 ainsi que son classement hiérarchique et son niveau d'emploi.
Les candidats à un emploi de premier conseiller au titre du 2° de l'article L. 233-4 doivent être titulaires d'un grade terminant au moins à l'indice brut 1015 et être classés à un échelon doté d'un indice brut au moins égal à celui du troisième échelon du grade de premier conseiller.

Textes sources

– Décret n° 97-859 du 18 septembre 1997, article 5.
– Décret n° 2007-1345 du 13 septembre 2007, article 1er.
– Décret n° 2023-1338 du 28 décembre 2023, article 6.

La détermination du nombre de nominations à prononcer au tour extérieur

Art. R. 233-5 Lorsque le nombre de nominations calculé en application des dispositions des articles L. 233-3 et L. 233-4 n'est pas un entier, la décimale est ajoutée au nombre calculé au titre de l'année suivante.

Textes sources

– Décret n° 97-859 du 18 septembre 1997, article 6.
– Décret n° 2008-819 du 21 août 2008, article 7.

La titularisation des membres nommés au tour extérieur

Art. R. 233-6 Les magistrats et fonctionnaires recrutés au tour extérieur en qualité de magistrats des tribunaux administratifs et des cours administratives d'appel sont nommés et titularisés dans leur grade à l'échelon comportant un indice égal ou, à défaut, immédiatement supérieur à celui dont ils bénéficiaient dans leur ancien grade. Les services effectifs et l'ancienneté d'échelon sont décomptés à partir de la date de nomination des intéressés dans le corps des magistrats des tribunaux administratifs et des cours administratives d'appel. Ceux qui percevaient dans leur ancien corps ou cadre d'emplois une rémunération supérieure à celle qui est afférente au dernier échelon du grade auquel ils ont été recrutés bénéficient d'une indemnité compensatrice.

Textes sources

– Décret n° 97-859 du 18 septembre 1997, article 7.
– Décret n° 2005-1706 du 28 décembre 2005, article 2.
– Décret n° 2017-451 du 30 mars 2017, article 7.

Commentaires

L'indemnité compensatrice prévue par cet article cesse d'être versée lorsque l'intéressé bénéficie d'une promotion de grade. Son calcul s'opère, en permanence, par comparaison entre le traitement perçu dans le corps des tribunaux administratifs et des cours administratives d'appel et celui qui, à la même date, aurait été perçu dans le corps d'origine, compte tenu des avancements d'échelon dont l'intéressé aurait bénéficié s'il y était demeuré.

SECTION 3 *Recrutement après détachement*

Le détachement dans le corps des tribunaux administratifs et des cours administratives d'appel

Art. L. 233-5 Les fonctionnaires appartenant à un corps recruté par la voie de l'Institut national du service public, les magistrats de l'ordre judiciaire, les professeurs et maîtres de conférences titulaires des universités, les administrateurs des assemblées parlementaires et les fonctionnaires civils ou militaires de l'État, de la fonction publique territoriale ou de la fonction publique hospitalière appartenant à des corps ou à des cadres d'emplois de niveau équivalent à celui des tribunaux administratifs et des cours administratives d'appel peuvent être détachés dans ce dernier corps, aux grades de conseiller ou de premier conseiller. Ils ne peuvent être intégrés qu'au terme de trois années de services effectifs en détachement dans ce corps et s'ils satisfont aux conditions prévues aux articles L. 233-3 et L. 233-4 pour l'accès au grade dont il s'agit.

Il ne peut être mis fin à des détachements dans le corps que sur demande des intéressés ou pour motifs disciplinaires.

Les magistrats de l'ordre judiciaire peuvent également être détachés pour trois ans, renouvelables une fois, dans le corps des magistrats des tribunaux administratifs et des cours administratives d'appel, au grade de président, pour y occuper les fonctions de président de chambre à la Cour nationale du droit d'asile.

Textes sources

– Loi n° 86-14 du 6 janvier 1986, article 12.
– Loi n° 2007-148 du 2 février 2007, article 37.
– Loi n° 2009-526 du 12 mai 2009, article 15.
– Loi n° 2015-925 du 21 juillet 2015, article 17.
– Ordonnance n° 2016-1366 du 13 octobre 2016, article 2.
– Loi n° 2018-778 du 10 septembre 2018, article 8.
– Ordonnance n° 2021-702 du 2 juin 2021, article 7.

Commentaires

Cet article prévoit un détachement, en seule qualité de conseiller, des agents qu'il mentionne au premier alinéa. Il est doublement dérogatoire : en premier lieu, et contrairement aux usages dans la fonction publique, ce détachement n'est pas révocable, sauf sur demande de l'intéressé ou pour motif disciplinaire. En second lieu, les intéressés ont, au terme d'un détachement de trois ans, vocation à être titularisés dans le corps, dans l'un des grades occupés par les conseillers et en fonction des conditions énoncées au titre du tour extérieur. C'est au Conseil supérieur des tribunaux administratifs et cours administratives d'appel d'émettre une proposition sur cette intégration (CJA, art. L. 232-1). Cette intervention du CSTACAA conduit à penser que ne peuvent s'appliquer à un agent détaché sur un emploi de conseiller les dispositions de l'article 13 *bis* de la loi n° 83-634 du 13 juillet 1983 dans leur rédaction issue de la loi n° 2009-526 du 3 août 2009, conférant à un fonctionnaire détaché depuis plus de cinq ans un droit de se voir proposer une intégration dans le corps dans lequel il est détaché.

D'où il suit que les magistrats judiciaires, les professeurs et maîtres de conférences, ainsi que les membres de corps recrutés par la voie de l'ENA et certains fonctionnaires territoriaux ou hospitaliers peuvent entrer dans le corps des membres des tribunaux administratifs et des cours administratives d'appel soit par le tour extérieur, soit par détachement suivi d'une intégration, ce qui n'est pas le cas des autres agents de catégorie A. Pour l'application de ce texte, le membre d'un corps recruté au sein de corps eux-mêmes recrutés par la voie de l'ENA est regardé comme membre d'un corps recruté par la voie de l'ENA : un préfet peut donc être détaché comme conseiller de tribunal administratif (ce qui s'est déjà produit : CE, 28 juillet 1999, Syndicat de la juridiction administrative, n° 192688, *Lebon* T. [1]).

On note la suppression, par la loi du 2 février 2007, de l'étrange et inexplicable omission des fonctionnaires appartenant à la fonction publique hospitalière dans les catégories ayant vocation à ce détachement.

Le dernier alinéa introduit, pour les seuls magistrats de l'ordre judiciaire, une possibilité de détachement au grade de président, dans les fonctions de président de chambre à la cour nationale du droit d'asile. Ce dispositif nouveau, introduit pour assurer, à la Cour nationale du droit d'asile, la présence de magistrats judiciaires, n'autorise pas, il convient de le noter, les intéressés à être titularisés, à l'issue de leur détachement, au grade de président du corps des tribunaux et cours ; mais on devrait pouvoir les intégrer au grade de premier conseiller.

L'intervention, sous la forme de proposition, du Conseil supérieur des tribunaux administratifs et cours administratives d'appel, prévue en ce cas par l'article L. 232-1, conduit ce Conseil à « vérifier si, à l'occasion de son détachement, l'intéressé a démontré une compétence professionnelle suffisante et a fait preuve des qualités personnelles requises, notamment de pondération et de mesure, pour exercer les fonctions de juge administratif », ce sous le contrôle restreint du Conseil d'État (CE, 9 juin 2006, Busidan, n° 284750).

Jurisprudence

[1] Considérant qu'aux termes du premier alinéa de l'article 12 de la loi du 6 janvier 1986 dans sa rédaction applicable à la date du décret attaqué : « Les magistrats de l'ordre judiciaire et les fonctionnaires appartenant à un corps recruté par la voie de l'École nationale d'administration peuvent être détachés en qualité de conseiller, dans le corps des tribunaux administratifs et cours administratives d'appel. Ils ne peuvent être intégrés qu'au terme de trois années de services effectifs » ; qu'en édictant cette disposition relative au détachement en qualité de conseiller dans le corps des tribunaux administratifs et cours administratives d'appel, le législateur a autorisé, outre le détachement des magistrats de l'ordre judiciaire en cette qualité, celui des fonctionnaires appartenant à un corps normalement recruté parmi les anciens élèves de l'École nationale d'administration et celui des fonctionnaires appartenant à un corps dont, en vertu de ses règles statutaires, le recrutement est principalement assuré parmi des fonctionnaires provenant d'un ou de plusieurs corps eux-mêmes normalement recrutés parmi les anciens élèves de l'École nationale d'administration ; Considérant, d'une part, qu'aux termes de l'article 1er du décret du 29 juillet 1964 susvisé : « Les préfets sont nommés par décret du président de la République [...]. Les nominations impliquent affectation à un poste territorial [...] » ; qu'aux termes de l'article 2 du même décret : « Les sous-préfets qui exercent des fonctions territoriales peuvent être nommés préfets en poste territorial s'ils occupent depuis deux ans ou ont occupé pendant deux ans un poste territorial de 1re catégorie » ; qu'aux termes de l'article 6 du même décret : « Le nombre des préfets occupant un poste territorial qui, au moment de leur nomination, n'entraient pas dans les cas prévus à l'article 2, ne peut excéder le cinquième de l'effectif global des préfets servant dans ces postes » ; que, par l'effet de ces dispositions, le recrutement des préfets est principalement assuré parmi les sous-préfets ;

Considérant, d'autre part, qu'aux termes de l'article 5 du décret du 14 mars 1964 susvisé : « Les sous-préfets sont recrutés parmi les administrateurs civils. Ils peuvent l'être également parmi les fonctionnaires des autres corps de l'État dont le recrutement est normalement assuré par l'École nationale d'administration » ; que si certains postes de sous-préfets sont pourvus par des fonctionnaires n'appartenant pas à un corps recruté par la voie de l'École nationale d'administration, le nombre des postes pouvant être ainsi pourvus est déterminé en proportion du nombre de postes pourvus par la voie statutaire de recrutement définie par les dispositions précitées ; qu'ainsi, le recrutement du corps des sous-préfets est normalement assuré par la voie de ladite école ;
Considérant que, dans ces conditions, les préfets sont principalement recrutés parmi les membres d'un corps dont le recrutement est normalement assuré parmi les anciens élèves de l'École nationale d'administration ; qu'ainsi le corps des préfets constitue un corps recruté par la voie de l'École nationale d'administration au sens des dispositions précitées de l'article 12 de la loi du 6 janvier 1986 susvisé ; que dès lors, le décret attaqué nommant M. G., préfet, en qualité de conseiller hors classe du corps des membres des tribunaux administratifs et des cours administratives d'appel et le plaçant en service détaché n'est pas entaché de violation de l'article 12 précité de la loi du 6 janvier 1986 [...].

La nomination et le statut de l'agent détaché

Art. R. 233-7 Les magistrats et fonctionnaires détachés dans le corps des magistrats des tribunaux administratifs et des cours administratives d'appel le sont à grade équivalent et à l'échelon comportant un indice égal ou, à défaut, immédiatement supérieur à celui qu'ils détenaient dans leur corps d'origine. Ils conservent l'ancienneté d'échelon acquise dans leur grade ou classe d'origine dans les conditions prévues aux quatrième et cinquième alinéas du I de l'article R. 233-1. Ils concourent pour l'avancement de grade et d'échelon avec les membres du corps.

Textes sources

– Décret n° 97-859 du 18 septembre 1997, article 8.
– Décret n° 2005-1706 du 28 décembre 2005, article 3.
– Décret n° 2007-1345 du 13 septembre 2007, article 2.
– Décret n° 2017-451 du 30 mars 2017, article 7.
– Décret n° 2023-486 du 21 juin 2023, article 7.

SECTION 4 Recrutement direct

Les dispositions législatives de cette section ont été abrogées par l'ordonnance n° 2021-702 du 2 juin 2021, article 7.

L'ouverture des concours

Art. R. 233-8 L'ouverture des concours prévus par le 2° de l'article L. 233-2 en vue du recrutement direct des magistrats des tribunaux administratifs et des

cours administratives d'appel donne lieu à une publicité, notamment par la voie du Journal officiel de la République française, au moins un mois avant la date des épreuves écrites. Cette publicité indique la date des épreuves écrites, la date limite et le lieu de dépôt des candidatures.
Le nombre total des places et leur répartition entre le concours externe et le concours interne sont fixés par arrêté du vice-président du Conseil d'État. Le nombre des places offertes à chaque concours est au plus égal à 60 % du nombre total de places.
Pour chaque concours, le jury peut ne pas pourvoir à toutes les places offertes. Toutefois, le jury peut, dans une proportion qui n'excède pas 20 % du nombre total de places offertes à l'un des concours, reporter les places auxquelles il n'a pas été pourvu au titre de l'autre concours.
Le jury établit, par ordre de mérite, dans la limite des places offertes et compte tenu, le cas échéant, du report opéré dans les conditions prévues à l'alinéa précédent, la liste des candidats admis à chacun des deux concours.
Le jury peut, pour chacun des concours, établir, par ordre de mérite, une liste complémentaire, pour le cas où des vacances résultant de démissions ou de décès viendraient à se produire sur la liste principale du même concours. Cette liste reste valable jusqu'au début de la formation initiale prévue par l'article R. 233-15.

Texte source

– Décret n° 2023-1338 du 28 décembre 2023, article 7.

Le Jury des concours

Art. R. 233-9 Le jury des deux concours est présidé par le président de la mission d'inspection des juridictions administratives et comprend un membre du Conseil d'État, deux professeurs des universités, deux magistrats des tribunaux administratifs et des cours administratives d'appel nommés par arrêté du vice-président du Conseil d'État ainsi qu'un magistrat de l'ordre judiciaire désigné par le premier président de la Cour de cassation. Les magistrats des tribunaux administratifs et des cours administratives d'appel sont nommés sur proposition du Conseil supérieur des tribunaux administratifs et cours administratives d'appel.

Texte source

– Décret n° 2017-451 du 30 mars 2017, article 7.

Art. R. 233-10 *Abrogé par le décret n° 2021-334 du 26 mars 2021, article 1er.*

Les épreuves des concours

Art. R. 233-11 Les concours prévus par le 2° de l'article L. 233-2 comportent trois épreuves écrites d'admissibilité et deux épreuves orales d'admission.

1° Épreuves d'admissibilité :

a) Une épreuve consistant en l'étude d'un dossier de contentieux administratif (durée : quatre heures ; coefficient 3) ;

b) Une épreuve constituée de questions portant sur des sujets juridiques, institutionnels ou administratifs appelant une réponse courte (durée : une heure et demie ; coefficient 1) ;

c) Au concours externe : une dissertation portant sur un sujet de droit public (durée : quatre heures ; coefficient 1) ;

Au concours interne : une note administrative portant sur la résolution d'un cas pratique posant des questions juridiques (durée : quatre heures ; coefficient 1) ;

2° Épreuves d'admission :

a) Une épreuve orale portant sur un sujet de droit public suivie d'une conversation avec le jury sur des questions juridiques (durée : trente minutes précédées de trente minutes de préparation ; coefficient 2). Le sujet d'interrogation est tiré au sort par le candidat ;

b) Un entretien avec le jury portant sur le parcours et la motivation du candidat et ses centres d'intérêt, à partir d'une fiche individuelle de renseignements qu'il aura préalablement remplie, ainsi que sur ses aptitudes à exercer le métier de magistrat administratif et à en respecter la déontologie (durée : vingt minutes ; coefficient 2) ;

Un arrêté conjoint du garde des sceaux, ministre de la justice, et du ministre chargé de la fonction publique fixe le programme des épreuves d'admissibilité et de la première épreuve orale.

Textes sources

– Décret n° 2002-1472 du 20 décembre 2002, article 3.
– Décret n° 2012-1088 du 28 septembre 2012, article 5.
– Décret n° 2023-1338 du 28 décembre 2023, article 8.

L'échelle de notation

Art. R. 233-12 Les notes vont de 0 à 20. Toute note inférieure à 5 avant application des coefficients est éliminatoire.

Textes sources

– Décret n° 2002-1472 du 20 décembre 2002, article 3.
– Décret n° 2007-1345 du 13 septembre 2007, article 3.
– Décret n° 2012-1088 du 28 septembre 2012, article 5.

L'affectation par ordre de classement

Art. R. 233-13 Les lauréats sont affectés par ordre de classement, en recourant alternativement à chacune des deux listes des admis puis, le cas échéant, à chacune des deux listes complémentaires. La première liste à laquelle il est recouru est tirée au sort.

Textes sources

– Décret n° 2002-1472 du 20 décembre 2002, article 8.
– Décret n° 2012-1088 du 28 septembre 2012, article 5.

Nomination et titularisation

Art. R. 233-14 I. – Les magistrats des tribunaux administratifs et des cours administratives d'appel recrutés au titre de la présente section sont nommés et titularisés au 1er échelon du grade de conseiller.

Les magistrats des tribunaux administratifs et des cours administratives d'appel qui justifient d'une ou de plusieurs activités professionnelles antérieures dans des fonctions normalement exercées à temps complet, en qualité de cadre au sens de la convention collective dont ils relevaient, d'avocat au Conseil d'État et à la Cour de cassation, d'avocat, d'avoué, de notaire ou d'huissier de justice, sont classés au grade de conseiller à un échelon déterminé sur la base des durées fixées pour chaque avancement d'échelon à l'article R. 234-1, en prenant en compte, dans la limite de sept années, la moitié de la durée de cette ou ces activités professionnelles.

Les magistrats qui avaient, à la date de clôture des inscriptions aux concours, la qualité d'agent contractuel de droit public ou d'agent d'une organisation internationale intergouvernementale sont classés à l'échelon du grade de conseiller doté de l'indice brut le plus proche de celui leur permettant d'obtenir un traitement indiciaire mensuel brut égal à 70 % de leur rémunération mensuelle brute antérieure, dans les conditions fixées au II de l'article R. 233-1.

Le magistrat dont la situation entre dans les prévisions des deux précédents alinéas est classé conformément aux dispositions de l'alinéa le plus favorable.

II. – Par dérogation aux dispositions du I, les fonctionnaires, les militaires et les magistrats sont nommés et titularisés dans le grade de conseiller dans les conditions fixées à l'article R. 233-6. Les lauréats sont affectés par ordre de classement, en recourant alternativement à chacune des deux listes des admis puis, le cas échéant, à chacune des deux listes complémentaires. La première liste à laquelle il est recouru est tirée au sort.

Textes sources

– Décret n° 2012-1088 du 28 septembre 2012, article 5.

– Décret n° 2015-1145 du 15 septembre 2015, article 13.
– Décret n° 2023-486 du 21 juin 2023, article 8.
– Décret n° 2023-1338 du 28 décembre 2023, article 9.

SECTION 5 Maintien en surnombre

La présente section ne comprend pas de dispositions réglementaires.

Le maintien en surnombre

Art. L. 233-7 Les magistrats des tribunaux administratifs et des cours administratives d'appel, lorsqu'ils atteignent la limite d'âge résultant du 1° de l'article L. 556-1 du code général de la fonction publique, le cas échéant à l'issue des reculs de limite d'âge et des prolongations d'activité mentionnés aux articles L. 556-2 à L. 556-5 du même, peuvent être, sur leur demande, maintenus en activité, en surnombre, jusqu'à l'âge mentionné au cinquième alinéa de l'article L. 556-1 dudit code sans radiation des cadres préalable pour exercer l'une des fonctions dévolues aux premiers conseillers ou des fonctions dans lesquelles ils sont mis à disposition ou détachés. La demande est transmise au Conseil supérieur des tribunaux administratifs et cours administratives d'appel, qui donne un avis en considération de l'intérêt du service et de l'aptitude de l'intéressé.

Nul ne peut être maintenu en activité dans une juridiction qu'il a présidée.

Textes sources

– Loi n° 87-1127 du 31 décembre 1987, article 8.
– Loi n° 2002-1338 du 9 septembre 2002, article 57.
– Loi n° 2010-1330 du 9 novembre 2010, article 38 (V).
– Loi n° 2016-483 du 20 avril 2016, article 62.
– Loi n° 2019-222 du 23 mars 2019, article 38.
– Loi n° 2023-270 du 14 avril 2023, article 10-X.

Commentaires

Le maintien en fonction ne peut s'opérer que dans les fonctions de premier conseiller.

Le dernier alinéa a transcrit dans le texte la sage position préfigurée par la jurisprudence (CE, 18 février 2005, Lamarque), en l'étendant, il convient de le noter, à toutes les juridictions présidées par l'intéressé, et sans limiter donc l'interdiction à la dernière juridiction présidée. Cette généralisation est destinée à éviter des stratégies de mutation ayant pour objet de tourner l'interdiction législative.

Le magistrat ainsi maintenu en fonctions ne peut occuper à titre permanent les fonctions de président de chambre de tribunal administratif, mais il est possible de le désigner pour exercer ponctuellement cette fonction, en cas d'absence ou d'empêchement du président, en application de l'article R. 222-17 du Code (CE, avis, 19 novembre 2010, Préfet des Bouches-du-Rhône, n° 341364).

Le « jeu de l'oie » législatif conduit à ce que la limite de maintien est de 67 ans, sauf majorations liées aux enfants, et 70 ans sur autorisation. Depuis 2019 le maintien en activité est une faculté (et non une obligation) pour le gestionnaire. L'intention du législateur était d'instaurer « la prise en compte de l'intérêt du service public de la justice pour apprécier les mérites d'une demande de maintien en activité au-delà de la limite d'âge » en rappelant que, jusque-là « Dans l'ordre administratif, le maintien en activité au-delà de la limite d'âge est de droit, sans considération de l'intérêt du service, ni de la manière de servir. La loi du 18 novembre 2016 précitée a permis de tenir compte de l'aptitude des juges judiciaires et de l'intérêt du service (article 76-1-1 de l'ordonnance du 22 décembre 1958) dans des conditions garantissant l'indépendance des magistrats ». L'intention était de « de prendre des dispositions identiques pour la justice administrative, tant pour les membres du Conseil d'État que pour les magistrats administratifs » et faire que « l'appréciation de l'intérêt du service et de la manière de servir sera faite, selon les cas, par la commission supérieure du Conseil d'État ou le Conseil supérieur des tribunaux administratifs et cours administratives d'appel » (Exposé des motifs de la loi du 23 mars 2019). Le texte adopté n'est pas aussi précis. Voir également l'article L. 133-7-1.

Le droit à rémunération des magistrats maintenus en fonctions en surnombre

Art. L. 233-8 *Abrogé par la loi n° 2023-270 du 14 avril 2023, article 10-X.*

SECTION 6 Formation

La formation professionnelle organisée par le Conseil d'État

Art. L. 233-9 *Abrogé par la loi n° 2010-1330 du 9 novembre 2010, article 38, et reconstitué par l'ordonnance n° 2016-1366 du 13 octobre 2016, article 2.*

Le Conseil d'État organise pour les conseillers et premiers conseillers des tribunaux administratifs et des cours administratives d'appel, avant leur première entrée en fonctions, et quel que soit leur mode de recrutement, une formation professionnelle dont les modalités sont adaptées aux besoins des juridictions et aux expériences professionnelles préalables des intéressés.

Texte source

– Ordonnance n° 2016-1366 du 13 octobre 2016, article 2.

Commentaires

Cette formation s'ajoute, le cas échéant, à celle prévue par un arrêté du 28 novembre 2023 relatif au tronc commun de formation des cadres supérieurs du service public (*JORF* n° 0276 du 29 novembre 2023).

Le droit à formation des magistrats

Art. L. 233-10 Les magistrats des tribunaux administratifs et des cours administratives d'appel bénéficient, tout au long de leur carrière, d'une formation professionnelle. Un décret en Conseil d'État en définit les conditions ainsi que celles dans lesquelles les actions de formation suivies ouvrent droit à une décharge d'activité.

Texte source

– Ordonnance n° 2016-1366 du 13 octobre 2016, article 2.

La formation après nomination

Art. R. 233-15 Dans les douze mois suivants, leur nomination dans le corps des magistrats administratifs, les premiers conseillers et les conseillers, quelle que soit leur voie de recrutement, bénéficient d'une ou plusieurs périodes de formation organisées par le Conseil d'État.

Textes sources

– Décret n° 2017-451 du 30 mars 2017, article 3.
– Décret n° 2023-486 du 21 juin 2023, article 9.

La décharge d'activité pour formation

Art. R. 233-16 Au cours de leur carrière, les magistrats ont droit à une décharge d'activité à raison des journées de formation suivies, dans une limite de cinq jours par période allant du 1er septembre au 31 août.

Texte source

– Décret n° 2017-451 du 30 mars 2017, article 3.

Le plan annuel de formation

Art. R. 233-17 Le plan annuel de la formation initiale et de la formation professionnelle continue est arrêté par le vice-président du Conseil d'État après consultation du Conseil supérieur des tribunaux administratifs et cours administratives d'appel.

Chaque année, un rapport sur l'exécution du plan de formation initiale et continue est présenté au Conseil supérieur des tribunaux administratifs et cours administratives d'appel.

Texte source

– Décret n° 2017-451 du 30 mars 2017, article 3.

CHAPITRE 4 Affectation, avancement et évaluation

SECTION 1 Affectation

La présente section ne comporte pas de dispositions réglementaires

L'affectation des magistrats

Art. L. 234-1 L'affectation d'un magistrat des tribunaux administratifs et des cours administratives d'appel est prononcée par arrêté du vice-président du Conseil d'État. Toutefois, la première nomination d'un magistrat des tribunaux administratifs et des cours administratives d'appel dans l'une des fonctions prévues respectivement par les articles L. 234-3, L. 234-4 et L. 234-5 est prononcée par décret du président de la République.

Les affectations des magistrats des tribunaux administratifs et des cours administratives d'appel sont effectuées en prenant notamment en compte les emplois vacants, l'intérêt du service au sein de la juridiction d'accueil et, le cas échéant, de la juridiction d'origine, ainsi que les intérêts familiaux et personnels dont les intéressés font état.

Texte source

– Ordonnance n° 2016-1366 du 13 octobre 2016, article 2.

Commentaires

Le vice-président du Conseil d'État prononce les affectations suivant la première nomination, laquelle relève du décret du président de la République (voir CJA, art. L. 233-1). Ce partage des rôles souligne le rang de ces magistrats, nommés par décret du président de la République, tout en assurant la souplesse nécessaire à la gestion des carrières. Le texte, de surcroît, confère un pouvoir propre au vice-président, lequel n'exerce plus cette compétence par délégation d'un ministre comme le prévoyait l'article R. 233-3, aujourd'hui abrogé.

SECTION 2 Avancement

L'avancement des magistrats

Art. L. 234-2 Les magistrats des tribunaux administratifs et des cours administratives d'appel sont promus de grade à grade par décret du président de la République après inscription sur un tableau d'avancement.

Ce tableau est établi par le Conseil supérieur des tribunaux administratifs et cours administratives d'appel, compte tenu des compétences, des aptitudes et des mérites des intéressés, tels qu'ils résultent notamment des évaluations prévues par l'article L. 234-7 et des avis motivés émis par le

président de leur juridiction. Les magistrats sont inscrits au tableau par ordre de mérite.
Les avancements d'échelon sont prononcés par arrêté du vice-président du Conseil d'État.

Texte source

– Ordonnance n° 2016-1366 du 13 octobre 2016, article 3.

Commentaires

Par-delà la définition des autorités compétentes, le texte confère le pouvoir au conseil supérieur en ce qui concerne l'avancement de grade à grade, puisqu'il établit le tableau d'avancement. Quant à l'avancement d'échelon, il obéit à des règles objectives induisant une compétence liée de l'autorité compétente.
Un décret n° 2023-488 du 21 juin 2023 est relatif à l'échelonnement indiciaire des magistrats administratifs.
Un décret n° 2025-635 du 12 juillet 2025 relatif au régime indemnitaire des magistrats des tribunaux administratifs et des cours administratives d'appel
Un arrêté du 12 juillet 2025 (*JORF* n° 0162 du 13 juillet 2025) fixe la répartition des fonctions et des emplois des magistrats des tribunaux administratifs et des cours administratives d'appel par groupes et par niveaux.
Un arrêté du 12 juillet 2025 (*JORF* n° 0162 du 13 juillet 2025) a été pris pour l'application aux magistrats des tribunaux administratifs et des cours administratives d'appel des dispositions du décret n° 2014-513 du 20 mai 2014 portant création d'un régime indemnitaire tenant compte des fonctions, des sujétions, de l'expertise et de l'engagement professionnel dans la fonction publique de l'État.

L'avancement au grade de premier conseiller

Art. L. 234-2-1 Peuvent être promus au grade de premier conseiller, les conseillers ayant accompli une mobilité statutaire d'une durée d'au moins deux ans et qui justifient de six années de services effectifs en qualité de magistrat des tribunaux administratifs et des cours administratives d'appel.
Les conseillers qui justifient, avant leur nomination en cette qualité, d'une expérience professionnelle dans le secteur public ou le secteur privé d'une durée d'au moins quatre ans dans des fonctions d'un niveau équivalent à celles de la catégorie A, sont réputés avoir accompli la mobilité prévue à l'alinéa précédent.
Dans la limite de deux ans, les services rendus au titre de l'obligation de mobilité dans le grade de conseiller sont assimilés à des services effectifs dans les tribunaux administratifs et cours administratives d'appel.

Textes sources

– Ordonnance n° 2016-1366 du 13 octobre 2016, article 3.
– Ordonnance n° 2021-702 du 2 juin 2021, article 7.
– Loi n° 2023-1059 du 20 novembre 2023, article 52-I-5°.

La promotion au grade de président

Art. L. 234-2-2 Peuvent être promus au grade de président les premiers conseillers justifiant de huit ans de services effectifs et ayant accompli une mobilité statutaire d'au moins deux ans.

Dans la limite de deux ans, les services rendus au titre de l'obligation de mobilité dans le grade de premier conseiller sont assimilés à des services effectifs dans les tribunaux administratifs et cours administratives d'appel.

Textes sources

– Loi n° 86-14 du 6 janvier 1986, article 16.
– Ordonnance n° 2016-1366 du 13 octobre 2016, article 3.

Commentaires

– Ordonnance n° 2021-702 du 2 juin 2021, article 7.
On notera la disparition de la disposition permettant à un conseiller qui a occupé pendant trois ans au moins des fonctions dans une cour administrative d'appel d'être nommé président sans avoir accompli son obligation de mobilité. Cette entorse au principe qui veut qu'un magistrat administratif exerce, pendant sa carrière, des fonctions administratives, principe qui trouve entre autres sa traduction dans l'obligation de mobilité, s'expliquait par les difficultés qu'il y a eu à pourvoir les emplois disponibles dans les cours administratives d'appel, compte tenu du parti retenu de n'y nommer des magistrats que par voie de mutation (voir les commentaires sous l'ancien article L. 222-5). L'équivalence partielle entre les fonctions en cour et la mobilité avait pour objet (et pour effet) de créer une certaine incitation à la candidature pour des fonctions en cour administrative d'appel.

Les fonctions des présidents

Art. L. 234-3 Les présidents occupent les fonctions, dans une cour administrative d'appel, de vice-président, de président de chambre ou d'assesseur ; dans un tribunal administratif, de président, de vice-président ou de président de chambre ; au tribunal administratif de Paris, ils occupent en outre les fonctions de président ou de vice-président de section.

Ils peuvent également occuper au Conseil d'État des fonctions d'inspection des juridictions administratives.

À la Cour nationale du droit d'asile, ils exercent les fonctions de président de section ou de chambre.

Textes sources

– Loi n° 86-14 du 6 janvier 1986, article 16-1, § 1.
– Loi n° 2009-526 du 12 mai 2009, article 15.
– Loi n° 2012-347 du 12 mars 2012, article 84.
– Loi n° 2015-925 du 29 juillet 2015, article 17.
– Loi n° 2018-778 du 10 septembre 2018, article 8.

Commentaires

Le second alinéa, apporté par la loi du n° 2009-526 du 12 mai 2009, a eu pour objet de permettre d'affecter des présidents, soit simultanément avec une affectation en cour administrative d'appel, soit à plein temps, à la Cour nationale du droit d'asile, pour y occuper des fonctions de président de section ou de chambre. Ce texte a été dicté par le souci de doter la Cour nationale du droit d'asile d'un encadrement permanent, constitué tant par des présidents du corps des tribunaux administratifs et des cours administratives d'appel, que par des magistrats judiciaires détachés à cette fin dans ce corps.

On note l'apparition des fonctions de « vice-président » de tribunal administratif ou de cour administrative d'appel, distinctes de celles de président de chambre. On peut même envisager que plusieurs vice-présidents existent dans le même tribunal ou la même cour, puisque les articles L. 234-4 et L. 234-5 font état de fonctions de « premier vice-président » de tribunal ou de cour, ce qui laisse supposer qu'il peut y avoir un second, voire un troisième « vice-président »... Le texte n'implique pas que toutes les juridictions soient dotées de ce premier vice-président (voir CJA, art. L. 234-4), non plus que la création des crédits budgétaires propres à financer ces emplois. Dans un premier temps, seuls les tribunaux administratifs les plus importants, comptant au moins huit chambres, et les cours, ont vu se créer ces premiers vice-présidents, sous la forme de redéploiement des emplois existants, et donc sans création nette d'emplois nouveaux.

Enfin, le texte nouveau rend compte de la possibilité ouverte par l'article R. 112-1-1, allant sans doute plus loin que ce dernier, puisque les présidents de tribunal administratif peuvent « occuper au Conseil d'État des fonctions d'inspection », là où le texte réglementaire prévoyait seulement qu'ils peuvent « être invités à participer » aux travaux de la mission d'inspection.

La liste d'aptitude à certaines fonctions de présidents

Art. L. 234-4 Les fonctions de président de chambre dans une cour administrative d'appel, de président d'un tribunal administratif comportant moins de cinq chambres, de président de section au tribunal administratif de Paris ou de premier vice-président d'un tribunal administratif comportant au moins huit chambres ou de président de section à la Cour nationale du droit d'asile sont accessibles aux magistrats des tribunaux administratifs et des cours administratives d'appel titulaires du grade de président depuis au moins deux ans. La première nomination dans l'une de ces fonctions est subordonnée à l'inscription sur une liste d'aptitude annuelle établie par le Conseil supérieur des tribunaux administratifs et cours administratives d'appel.

Textes sources

– Loi n° 86-14 du 6 janvier 1986, article 16-1, § 2.
– Loi n° 2012-347 du 12 mars 2012, article 84.
– Loi n° 2015-925 du 29 juillet 2015, article 17.
– Ordonnance n° 2016-1366 du 13 octobre 2016, article 3.

La liste d'aptitude à d'autres fonctions de présidents

Art. L. 234-5 Les fonctions de président ou de vice-président du tribunal administratif de Paris, de premier vice-président d'une cour administrative d'appel et de président d'un tribunal administratif comportant au moins cinq chambres sont accessibles aux magistrats des tribunaux administratifs et cours administratives d'appel titulaires du grade de président depuis au moins quatre ans. La première nomination dans l'une de ces fonctions est subordonnée à l'inscription sur une liste d'aptitude annuelle établie par le Conseil supérieur des tribunaux administratifs et cours administratives d'appel. Ces nominations favorisent l'égal accès des femmes et des hommes à ces fonctions.

Textes sources

– Loi n° 86-14 du 6 janvier 1986, article 16-1, § 3.
– Loi n° 2012-347 du 12 mars 2012, article 84.
– Ordonnance n° 2016-1366 du 13 octobre 2016, article 3.
– Loi n° 2023-623 du 19 juillet 2023, article 6.

Commentaires

La dissociation du grade et de la fonction est le résultat de l'effort effectué pour simplifier le tableau des grades : à un seul grade de président correspondent des fonctions plus ou moins élevées, auxquelles les intéressés n'accèdent – à partir des fonctions énumérées à l'article L. 234-4 – que par inscription sur une « liste d'aptitude », rémanence de l'ancien tableau d'avancement (avec la nuance d'importance que la liste d'aptitude n'est pas établie par ordre de mérite, et donc ne lie aucunement l'autorité de gestion en ce qui concerne l'ordre des nominations qui lui fait suite). Dans la même logique, ces fonctions (voir CJA, art. R. 234-1) correspondent à un échelon, et non à un grade : ainsi parle-t-on désormais, en application de l'article R. 234-6, de « P5 » (président de 5e échelon) ou de « P6 » (président de 6e échelon), au lieu des anciens « présidents hors classe ». On note que – et c'est la limite de l'exercice – la liste d'aptitude mentionnée aux articles L. 234-4 et L. 234-5 conduit à des fonctions très différentes, le président de chambre en cour administrative d'appel n'ayant que peu à voir avec le chef d'une juridiction de quatre chambres et moins. Paradoxalement, le même magistrat peut être parfaitement apte aux premières et nettement moins compétent pour tout ce qui concerne la gestion d'une juridiction. C'est en vérité de deux listes d'aptitude qu'il conviendrait de se préoccuper pour l'application de ces articles, ou à tout le moins d'une liste à deux volets.

La limitation de la durée des fonctions de président de juridiction

Art. L. 234-6 Les fonctions de chef de juridiction exercées par les présidents de tribunal administratif ne peuvent excéder une durée de sept années sur un même poste.

À l'issue de cette période de sept années, les présidents qui n'auraient pas reçu une autre affectation comme chef de juridiction sont affectés dans une cour administrative d'appel de leur choix.
Cette nomination est prononcée, le cas échéant, en surnombre de l'effectif des présidents affectés dans la juridiction. Ce surnombre est résorbé à la première vacance utile.

Texte source

– Loi n° 2012-347 du 12 mars 2012, article 85 (V).

Commentaires

C'est le pendant de l'article L. 222-4 concernant les présidents de cour administrative d'appel. À la différence toutefois du cas de ces derniers, il fallait prévoir le devenir des chefs de juridiction trop longtemps vieillis sous le harnois. Ils peuvent être derechef nommés chefs de juridiction (au titre des mutations de droit commun), et sinon sont affectés dans une cour de leur choix. L'existence dans les cours d'emplois de premiers vice-présidents dotés du sixième échelon, résultant de l'article L. 234-5, ajoutés à ceux de présidents de chambre dotés du cinquième échelon permettra de trouver une place en cour aux présidents des tribunaux administratifs comptant jusqu'à huit chambres. Quant aux présidents du tribunal administratif de Paris et des tribunaux de neuf chambres au moins, on voit mal comment les affecter dans une cour qui ne dispose pas d'emplois dotés du septième échelon. Il faudra, le cas échéant, faire œuvre d'imagination… Le parallèle avec le monde judiciaire est clair : un président de tribunal judiciaire se retrouve, sept ans après, soit à la tête d'un autre tribunal, soit président de chambre en cour d'appel.

Les échelons dans les divers grades

Art. R. 234-1 I. – Les grades de conseiller, premier conseiller et président comprennent respectivement trente, trente-deux et vingt-six échelons. La durée passée dans chacun des échelons de ces grades est de dix-huit mois. Toutefois, elle est d'un an pour les six premiers échelons du grade de conseiller.
Les fonctions auxquelles donnent accès les listes d'aptitude mentionnées aux articles L. 234-4 et L. 234-5 comprennent respectivement onze et vingt-quatre échelons. La durée passée dans chacun des échelons est de dix-huit mois.
II. – L'exercice, par des magistrats ayant le grade de président, des fonctions de président d'un tribunal administratif, de président du tribunal du stationnement payant et de secrétaire général des tribunaux administratifs et des cours administratives d'appel donne lieu à une réduction de quatre mois du temps passé dans chaque échelon.
L'exercice, par des magistrats ayant le grade de président, des fonctions de premier vice-président de cour administrative d'appel ou de tribunal

administratif, de vice-président du tribunal administratif de Paris, de président de chambre de tribunal administratif, de vice-président de section du tribunal administratif de Paris, de président de chambre à la cour nationale du droit d'asile et de président de chambre au tribunal du stationnement payant donne lieu à une réduction de deux mois du temps passé dans chaque échelon.
Lors de leur nomination dans une des fonctions mentionnées au présent II, les magistrats concernés conservent l'ancienneté acquise dans leur échelon, dans la limite de la durée des services exigée pour l'accès à l'échelon supérieur dans leur nouvelle fonction.

Textes sources

– Décret n° 97-859 du 18 septembre 1997, article 11.
– Décret n° 2002-1472 du 20 décembre 2002, article 4.
– Décret n° 2005-1706 du 28 décembre 2005, article 4.
– Décret n° 2012-724 du 9 mai 2012, article 1er.
– Décret n° 2017-451 du 30 mars 2017, article 4.
– Décret n° 2022-552 du 14 avril 2022, article 1er.
– Décret n° 2023-486 du 21 juin 2023 – article 10.
– Décret n° 2024-733 du 5 juillet 2024, article 15.

Commentaires

Le reclassement indiciaire correspondant à cette nouvelle échelle a été organisé par les articles 18 à 21 du décret n° 2023-486 du 21 juin 2023 modifiant le statut des magistrats administratifs.

La nomination des premiers conseillers

Art. R. 234-2 Les conseillers promus dans les conditions prévues aux articles L. 234-2 et L. 234-2-1 au grade de premier conseiller sont classés à l'échelon comportant l'indice brut égal ou à défaut immédiatement supérieur à celui dont ils bénéficiaient antérieurement. Ils sont classés conformément au tableau de correspondance suivant :

SITUATION dans le grade de conseiller	**SITUATION dans le grade de premier conseiller**	**ANCIENNETÉ ATTRIBUÉE dans la limite de la durée de l'échelon**
30e échelon	10e échelon	7 mois
29e échelon	10e échelon	6 mois
28e échelon	10e échelon	5 mois
27e échelon	10e échelon	4 mois
26e échelon	10e échelon	3 mois
25e échelon	10e échelon	2 mois
24e échelon	10e échelon	1 mois

SITUATION dans le grade de conseiller	**SITUATION** dans le grade de premier conseiller	**ANCIENNETÉ ATTRIBUÉE** dans la limite de la durée de l'échelon
23e échelon	10e échelon	Sans ancienneté
22e échelon	9e échelon	8 mois
21e échelon	9e échelon	7 mois
20e échelon	9e échelon	6 mois
19e échelon	9e échelon	5 mois
18e échelon	9e échelon	4 mois
17e échelon	9e échelon	3 mois
16e échelon	9e échelon	2 mois
15e échelon	9e échelon	1 mois
14e échelon	9e échelon	Sans ancienneté
13e échelon	8e échelon	6 mois
12e échelon	8e échelon	Sans ancienneté
11e échelon	7e échelon	Sans ancienneté
10e échelon	6e échelon	6 mois
9e échelon	5e échelon	6 mois
8e échelon	4e échelon	6 mois
7e échelon	3e échelon	6 mois
6e échelon	2e échelon	6 mois

Textes sources

– Décret n° 97-859 du 18 septembre 1997, article 12.
– Décret n° 2005-1706 du 28 décembre 2005, article 5.
– Décret n° 2017-451 du 30 mars 2017, article 4.
– Décret n° 2023-486 du 21 juin 2023, article 11.
– Décret n° 2023-1338 du 28 décembre 2023, article 10.

Commentaires

La prise en considération de l'échelon, laquelle ne fait pas obstacle à l'appréciation des mérites des candidats à la promotion, n'est pas illégale (CE, 20 mai 2005, Gille). Au demeurant, elle était prévue par l'article L. 234-2-1.

Pour l'application aux conseillers recrutés jusqu'au 1er janvier 2023 du premier alinéa de l'article R. 234-2 du Code de justice administrative dans sa rédaction en vigueur avant sa modification par les dispositions du présent décret, les mots : « 6e échelon » sont remplacés par les mots : « 4e échelon » (décret n° 2023-1338 du 28 décembre 2023, art. 13).

La prise en compte de certains services effectifs

Art. R. 234-3 Pour l'application de l'article R. 234-2, les services effectifs accomplis dans un autre corps recruté par la voie de l'Institut national du service public ou dans un corps ou cadre d'emplois de niveau comparable sont assimilés à des services effectifs dans le corps des magistrats des tribunaux administratifs et des cours administratives d'appel.

Textes sources

– Décret n° 97-859 du 18 septembre 1997, article 13.
– Décret n° 2017-451 du 30 mars 2017, articles 4 et 7.
– Ordonnance n° 2021-702 du 2 juin 2021, article 12.
– Décret n° 2023-486 du 21 juin 2023, article 12.

Commentaires

La règle énoncée à l'article R. 234-3 est interprétée strictement : elle ne s'étend pas aux services accomplis en qualité de magistrat de l'ordre judiciaire (CE sect., 19 novembre 1999, Coent-Bochard, n° 182848, *Lebon* [1]). S'il n'y a pas lieu de discuter l'interprétation donnée du texte par le Conseil d'État, on peut se demander s'il ne serait pas normal de modifier le texte en vue d'autoriser cette assimilation, que tout paraît justifier.

Jurisprudence

[1] Considérant qu'aux termes de l'article 13 du décret susvisé du 28 septembre 1988 : « Les conseillers hors classe sont nommés au choix après inscription au tableau d'avancement parmi les conseillers de 1re classe qui justifient de cinq années de services effectifs dans le corps et ont atteint au moins le 2e échelon de la 1re classe » ; qu'aux termes du 1er alinéa de l'article 8 de ce décret « les magistrats de l'ordre judiciaire, les fonctionnaires appartenant à un corps recruté par la voie de l'École nationale d'administration ainsi que les fonctionnaires membres du cadre d'emploi des administrateurs territoriaux peuvent être détachés dans le corps des tribunaux administratifs et des cours administratives d'appel » ; qu'aux termes du second alinéa du même article 8 : « Leur détachement est prononcé dans les emplois de conseiller à grade équivalent et à l'échelon comportant un indice égal, ou à défaut, immédiatement supérieur à celui qu'ils percevaient dans leur corps ou cadre d'emploi d'origine. Ils concourent pour l'avancement de grade et d'échelon avec les membres du corps » ; qu'enfin, l'article 14 du même décret dispose que « pour l'application de l'article 8, deuxième alinéa, et des articles 12 et 13 ci-dessus, les services effectifs accomplis dans un autre corps recruté par la voie de l'École nationale d'administration sont assimilés à des services effectifs dans le corps des tribunaux administratifs et des cours administratives d'appel » ; qu'aucune disposition de ce décret n'assimile, notamment pour l'application de l'article 13, les services accomplis comme magistrat judiciaire à des services effectifs dans le corps des tribunaux administratifs et des cours administratives d'appel ;
Considérant, il est vrai, que l'article 76-2 de l'ordonnance susvisée du 22 décembre 1958 relative au statut de la magistrature, dans sa rédaction résultant de la loi organique du 25 février 1992, dispose que : « Les magistrats peuvent sur leur demande être soit détachés, soit intégrés après détachement, soit nommés au tour extérieur dans un corps recruté par la voie de l'École nationale d'administration dans les conditions et selon les modalités prévues par le statut particulier dudit corps pour l'ensemble des fonctionnaires issus des autres corps recrutés par la voie de l'École nationale d'administration » ;

Mais considérant que ces dispositions qui prévoient seulement – pour l'ensemble des corps recrutés par la voie de l'École nationale d'administration, et non pas spécialement pour le corps des tribunaux administratifs et des cours administratives d'appel – les conditions et modalités selon lesquelles les magistrats de l'ordre judiciaire peuvent accéder à ces corps sont, par elles-mêmes, sans incidence sur les conditions de l'avancement ultérieur de ces magistrats dans ces corps ; que, notamment elles n'ont pas directement pour effet de faire bénéficier les magistrats de l'ordre judiciaire de dispositions analogues à celles de l'article 14 précité du décret du 28 septembre 1988 et d'assimiler pour l'application de l'article 13 de ce décret les services effectifs accomplis en qualité de magistrat de l'ordre judiciaire à des services effectifs dans le corps des membres des tribunaux administratifs et des cours administratives d'appel [...].

Le classement des magistrats promus

Art. R. 234-4 Les présidents sont classés, lors de leur promotion, à l'échelon comportant un indice égal à celui dont ils bénéficiaient antérieurement. Ils conservent à cette occasion l'ancienneté acquise dans le précédent échelon dans la limite de la durée des services nécessaires pour accéder à l'échelon immédiatement supérieur. Toutefois les premiers conseillers promus au grade de président avant d'avoir atteint le 7e échelon de leur ancien grade sont classés au 1er échelon du grade de président sans ancienneté.

Textes sources

– Décret n° 97-859 du 18 septembre 1997, article 14.
– Décret n° 2005-1706 du 28 décembre 2005, article 6.
– Décret n° 2023-1338 du 28 décembre 2023, article 11.

L'établissement des listes d'aptitude

Art. R. 234-5 Les listes d'aptitude annuelles prévues aux articles L. 234-4 et L. 234-5 sont dressées par ordre alphabétique.

Ces listes comportent les noms de ceux des membres du corps qui, remplissant les conditions d'ancienneté requises, se sont portés candidats pour y être inscrits et ont été reconnus aptes à l'exercice des fonctions auxquelles elles donnent accès.

Leur validité est de douze mois à compter de leur publication au Journal officiel de la République française.

Textes sources

– Décret n° 97-859 du 18 septembre 1997, article 15.
– Décret n° 2017-451 du 30 mars 2017, article 4.

La correspondance entre fonctions des présidents et échelons de leur grade

Art. R. 234-6 Les présidents nommés dans les fonctions auxquelles donnent accès la liste d'aptitude mentionnée à l'article L. 234-4 ou celle mentionnée à l'article L. 234-5 sont classés à l'échelon de la grille propre à ces fonctions comportant un indice égal ou immédiatement supérieur à celui précédemment détenu, avec conservation de l'ancienneté d'échelon. À défaut, ils conservent à titre personnel l'indice précédemment détenu.

Les présidents qui cessent d'exercer les fonctions auxquelles donnent accès ces listes d'aptitude sont classés à l'échelon du grade de président comportant un indice égal à celui précédemment détenu, avec conservation de l'ancienneté d'échelon. À défaut, ils conservent, tant qu'ils y ont intérêt, l'indice précédemment détenu. Ils conservent également leur ancienneté d'échelon et sont reclassés, le cas échéant, à l'échelon du grade de président comportant l'indice immédiatement supérieur, dès qu'ils remplissent la condition d'ancienneté pour y accéder.

Textes sources

– Décret n° 97-859 du 18 septembre 1997, article 16.
– Décret n° 2012-724 du 9 mai 2012, article 2.
– Décret n° 2015-1298 du 16 octobre 2015, article 20.
– Décret n° 2017-451 du 30 mars 2017, article 7.
– Décret n° 2023-486 du 21 juin 2023, article 13.

SECTION 3 *Évaluation*

L'évaluation des magistrats

Art. L. 234-7 Les magistrats des tribunaux administratifs et des cours administratives d'appel font l'objet d'une évaluation dont la périodicité, le contenu et les modalités d'organisation sont fixées par décret en Conseil d'État.

Texte source

– Ordonnance n° 2016-1366 du 13 octobre 2016, article 3.

L'évaluation annuelle des magistrats

Art. R. 234-7 L'évaluation des magistrats des tribunaux administratifs et des cours administratives d'appel prévue par l'article L. 234-7 est annuelle. Elle comporte un entretien professionnel avec leur chef de juridiction et donne lieu à un compte rendu.

La date de cet entretien est communiquée au magistrat au moins huit jours à l'avance.

Le chef de juridiction peut déléguer la conduite de certains entretiens professionnels au premier vice-président et, au tribunal administratif de Paris, au vice-président.

Le président de la mission d'inspection des juridictions administratives conduit l'entretien d'évaluation des présidents exerçant les fonctions de président d'un tribunal administratif.

Textes sources

– Décret n° 2005-310 du 25 mars 2005, article 3.

– Décret n° 2017-451 du 30 mars 2017, article 4.

Commentaires

Que les magistrats doivent être notés et évalués n'a rien d'illégal (CE, 25 janvier 2006, Marc-Antoine, n° 275070, *Lebon* – CE, 3 mai 2006, SJA et USMA, n°s 274689, 285178, *Lebon* T. – CE, 23 octobre 2013, Marc-Antoine, n° 339260, *Lebon* T.). On peut cependant remarquer que les magistrats allemands ne le sont que tous les quatre ans et que les professeurs d'Université ne le sont pas en raison du principe d'indépendance. Que faut-il en inférer ?

Les procédures d'évaluation et de notation des magistrats sont annuelles, et l'on peut légitimement se demander si une telle périodicité n'est pas exagérée, dès lors surtout que, pendant de longues périodes, le magistrat est soustrait aux charmes de l'avancement.

On remarquera que les présidents des cours administratives d'appel ne font l'objet d'aucune notation ni évaluation, caractéristique qu'ils tirent de leur qualité de conseillers d'État, ce qui ne signifie point, évidemment, que les autorités du Palais-Royal ne se livrent à aucune appréciation de ces membres du Conseil d'État en mission à l'extérieur de ce palais !

Le décret n° 2010-888 du 28 juillet 2010 relatif aux conditions générales de l'appréciation de la valeur professionnelle des fonctionnaires de l'État tient lieu du décret en Conseil d'État prévu à l'article L. 234-7.

Les conditions d'évaluation des magistrats ont été précisées par une décision du 21 avril 2020 relative à l'entretien professionnel des membres du corps des magistrats des tribunaux administratifs et des cours administratives d'appel comportant une annexe sur les critères d'appréciation de la valeur professionnelle des magistrats (*JORF* n° 0102 du 26 avril 2020).

Ce texte donne une idée précise de ce qui est attendu des magistrats administratifs dans l'exercice de leurs différentes fonctions (rapporteur, rapporteur public, président de chambre, président-assesseur, président de juridiction) et dans l'application du présent code. Il peut toutefois être relevé qu'il est demandé que le rapporteur public « prépare des conclusions en temps utile et présente de façon synthétique et argumentée sa position en séance d'instruction ». Pourtant le CJA ne prévoit pas de séance d'instruction dans les tribunaux administratifs et, s'il en existe une dans les cours administratives d'appel (voir CJA, art. R. 611-19), elle se tient « avant la transmission du dossier au rapporteur public » qui « assiste à la séance d'instruction ».

L'entretien professionnel

Art. R. 234-8 L'entretien professionnel porte principalement sur :

1° Les résultats professionnels obtenus par le magistrat au regard des objectifs qui lui ont été assignés, compte tenu des conditions d'organisation et de fonctionnement de la chambre dont il relève et, le cas échéant, des actions de formation continue auxquelles il a participé ;

2° Les objectifs assignés au magistrat pour l'année à venir ;

3° La manière de servir du magistrat ;

4° Les acquis de son expérience professionnelle ;

5° Le cas échéant, la manière dont il exerce les fonctions d'encadrement qui lui ont été confiées ;

6° Les besoins de formation du magistrat eu égard, notamment, aux missions qui lui sont imparties, aux compétences qu'il doit acquérir et à son projet professionnel ;

7° Ses perspectives d'évolution professionnelle en termes de carrière et de mobilité.

Texte source

– Décret n° 2017-451 du 30 mars 2017, article 4.

Le compte rendu de l'entretien professionnel

Art. R. 234-9 Le compte rendu de l'entretien professionnel est établi et signé par l'autorité qui l'a conduit. Il comporte une appréciation générale exprimant la valeur professionnelle du magistrat.

Il est communiqué au magistrat qui dispose d'un délai de quinze jours pour le compléter, le cas échéant, de ses observations, le signer, puis le retourner à l'autorité ayant conduit l'entretien.

Ce compte rendu est versé au dossier du magistrat.

Texte source

– Décret n° 2017-451 du 30 mars 2017, article 4.

La demande de réexamen de l'évaluation

Art. R. 234-10 Le magistrat peut saisir le Conseil supérieur des tribunaux administratifs et cours administratives d'appel d'une demande de réexamen de son évaluation. Cette demande doit être formée dans un délai d'un mois suivant la notification du compte rendu de l'entretien ou, le cas échéant, de la décision rendue à la suite d'un recours administratif autre que celui mentionné au présent article.

Après avoir recueilli les observations du magistrat et celles de l'autorité qui a conduit l'entretien professionnel, et procédé, s'il y a lieu, à leur audition, le Conseil supérieur émet un avis motivé. Cet avis, communiqué au chef de juridiction et notifié au magistrat concerné, peut demander au chef de la juridiction concernée le réexamen de l'évaluation. Il est versé au dossier du magistrat.

Lorsque le Conseil supérieur a demandé le réexamen de l'évaluation, le chef de juridiction dispose d'un délai d'un mois pour notifier au magistrat le compte rendu définitif de l'entretien professionnel modifiant ou maintenant les termes du compte rendu initial.

Le délai du recours contentieux contre l'évaluation est interrompu jusqu'à la notification au magistrat concerné de la décision du Conseil supérieur ou, lorsque ce dernier a demandé le réexamen de l'évaluation, jusqu'à la notification au magistrat de l'évaluation définitive.

Après l'exercice du recours prévu par le présent article, il ne peut être formé aucun autre recours administratif, y compris devant le Conseil supérieur des tribunaux administratifs et cours administratives d'appel.

Texte source

– Décret n° 2017-451 du 30 mars 2017, article 4.

CHAPITRE 5 Positions

Le présent chapitre ne comprend pas de dispositions législatives.

La mobilité des magistrats des tribunaux administratifs et des cours administratives d'appel

Art. R. 235-1 Pour satisfaire à l'obligation de mobilité prévue aux articles L. 234-2-1 et L. 234-2-2, les magistrats exercent, pendant une durée de deux ans, des fonctions à l'extérieur d'un tribunal administratif ou d'une cour administrative d'appel pour lesquelles ils sont mis à disposition, détachés ou placés en disponibilité. Ils ne peuvent accomplir leur mobilité qu'après deux années de services juridictionnels effectifs, compte non tenu des périodes de formation effectuées au cours de la première année suivant la nomination dans le corps.

Ils ne peuvent accomplir cette mobilité dans un cabinet d'avocats ou auprès d'un avocat au Conseil d'État et à la Cour de cassation.

Au terme de la période de mobilité, et sous réserve que celle-ci n'ait pas excédé quatre ans, le magistrat retrouve son affectation dans sa juridiction d'origine, le cas échéant en surnombre. Si la période de mobilité a excédé quatre ans ou si l'intéressé ne souhaite pas être réaffecté dans sa juridiction d'origine, sa demande d'affectation est satisfaite en fonction des vacances d'emploi.

En cas d'affectation dans une juridiction située outre-mer pendant au moins deux années, les magistrats sont réputés avoir accompli la mobilité prévue à l'article L. 234-2-1 ou à l'article L. 234-2-2 au titre du grade occupé lors de l'affectation.

Les dispositions de l'alinéa précédent ne sont applicables que pour une des deux mobilités obligatoires.

Pour être regardés comme ayant accompli la mobilité prévue à l'article L. 234-2-2, les premiers conseillers ne peuvent exercer sans interruption les mêmes fonctions que celles exercées au titre de la mobilité prévue à l'article L. 234-2-1.

Les fonctionnaires appartenant à l'un des corps recrutés par la voie de l'Institut national du service public les magistrats judiciaires, les maîtres de conférences et les fonctionnaires civils et militaires issus de corps et cadres d'emplois appartenant à la même catégorie et de niveau comparable, accueillis en détachement ou intégrés après détachement dans le corps des magistrats administratifs sont regardés comme ayant accompli la mobilité prévue soit à l'article L. 234-2-1, soit à l'article L. 234-2-2, selon leur grade d'accueil, s'ils ont accompli au moins deux ans de services effectifs dans un ou plusieurs de ces corps.

Textes sources

– Décret n° 2005-310 du 25 mars 2005, article 1er.
– Décret n° 2010-164 du 22 février 2010, article 53.
– Décret n° 2017-451 du 30 mars 2017, article 5.
– Ordonnance n° 2021-702 du 2 juin 2021, article 12.
– Décret n° 2023-486 du 21 juin 2023, article 14.

Le détachement des magistrats des tribunaux et des cours administratives d'appel

Art. R. 235-2 Sans préjudice des dispositions de l'article R. 235-1 ainsi que des cas de détachement de plein droit, de détachement dans les fonctions de sous-préfet ou pour occuper un emploi fonctionnel ou l'un des emplois pour lesquels la nomination est laissée à la décision du Gouvernement, les magistrats des tribunaux administratifs et des cours administratives d'appel ne peuvent être détachés ou mis à disposition que s'ils comptent au moins trois années de services effectifs.

Les détachements ou mises à disposition des magistrats des tribunaux administratifs et des cours administratives d'appel ainsi que les décisions de maintien dans l'une ou l'autre de ces positions sont prononcés sur la demande des intéressés, après avis du président de la mission d'inspection des juridictions administratives.

Textes sources

– Décret n° 2004-708 du 16 juillet 2004, article 14.
– Décret n° 2005-310 du 25 mars 2005, article 2.
– Décret n° 2008-15 du 4 janvier 2008, article 7.
– Décret n° 2010-164 du 22 février 2010, article 53.
– Décret n° 2017-451 du 30 mars 2017, article 7.
– Décret n° 2023-486 du 21 juin 2023, article 15.

Le détachement des magistrats des tribunaux et des cours administratives d'appel

Art. R. 235-3 Les magistrats qui réintègrent le corps après détachement conservent, tant qu'ils y ont intérêt, le dernier indice détenu dans l'emploi de détachement, lorsque celui-ci est régi par un statut d'emploi, dans la limite de l'indice brut sommital de leur grade. L'article 26-2 du décret n° 85-986 du 16 septembre 1985 leur est applicable en cas de réintégration après un détachement dans un corps ou un cadre d'emplois. Lorsqu'ils ont été détachés dans l'un des emplois régis par le décret n° 2022-1453 du 23 novembre 2022 relatif aux conditions de classement, d'avancement et de rémunération applicables à certains emplois supérieurs de la fonction publique de l'État, ils conservent, s'ils y ont intérêt, l'échelon auquel ils sont parvenus dans cet emploi et l'ancienneté acquise dans cet échelon.

Textes sources

– Décret n° 2023-486 du 21 juin 2023, article 16.
– Décret n° 2023-1338 du 28 décembre 2023, article 12.
– Décret n° 2024-167 du 1er mars 2024, article 13.

CHAPITRE 6 Discipline

SECTION 1 Sanctions applicables

L'échelle des sanctions

Art. L. 236-1 Les sanctions disciplinaires applicables aux magistrats des tribunaux administratifs et des cours administratives d'appel sont réparties en quatre groupes.
1° Premier groupe :
a) l'avertissement ;
b) le blâme ;
2° Deuxième groupe :
a) la radiation du tableau d'avancement ou de la liste d'aptitude ;
b) l'abaissement d'échelon ;
c) le retrait de certaines fonctions ;
d) l'exclusion temporaire des fonctions dans la limite de six mois ;
e) le déplacement d'office ;
3° Troisième groupe :
a) la rétrogradation ;
b) l'exclusion temporaire des fonctions pour une durée de plus de six mois à deux ans ;
4° Quatrième groupe :
a) la mise à la retraite d'office ;
b) la révocation.
Parmi les sanctions du premier groupe, seul le blâme est inscrit au dossier du magistrat. Il est effacé automatiquement du dossier au bout de trois ans si aucune sanction n'est intervenue pendant cette période.
Le déplacement d'office et la radiation du tableau d'avancement peuvent également être prononcés à titre de sanction complémentaire d'une des sanctions des deuxième et troisième groupes.
L'exclusion temporaire de fonctions, qui est privative de toute rémunération, peut être assortie d'un sursis total ou partiel. Celui-ci ne peut avoir pour effet, dans le cas de l'exclusion temporaire de fonctions du troisième groupe, de ramener la durée de cette exclusion à moins de un mois.
L'intervention d'une sanction disciplinaire du deuxième ou troisième groupe pendant une période de cinq ans après le prononcé de l'exclusion temporaire entraîne la révocation du sursis. En revanche, si aucune sanction disciplinaire, autre que l'avertissement ou le blâme, n'a été prononcée durant cette même période à l'encontre de l'intéressé, ce dernier est dispensé définitivement de l'accomplissement de la partie de la sanction pour laquelle il a bénéficié du sursis.

Texte source

– Ordonnance n° 2016-1366 du 13 octobre 2016, article 4.

Les sanctions pouvant frapper les magistrats recrutés par voie de détachement

Art. L. 236-2 Les magistrats des tribunaux administratifs et des cours administratives d'appel recrutés par la voie du détachement ne peuvent se voir infliger que les sanctions suivantes :

1° l'avertissement ;

2° le blâme ;

3° le retrait de certaines fonctions ;

4° l'exclusion temporaire de fonction dans la limite de six mois ;

5° le déplacement d'office ;

6° la fin du détachement.

Texte source

– Ordonnance n° 2016-1366 du 13 octobre 2016, article 4.

SECTION 2 *Autorité compétente*

L'autorité compétente en matière disciplinaire

Art. L. 236-3 Le pouvoir disciplinaire est exercé à l'égard des magistrats des tribunaux administratifs et des cours administratives d'appel par le Conseil supérieur des tribunaux administratifs et cours administratives d'appel.

Le blâme et l'avertissement peuvent être prononcés par le président du Conseil supérieur.

Texte source

– Ordonnance n° 2016-1366 du 13 octobre 2016, article 4.

SECTION 3 *Procédure applicable*

La saisine du Conseil supérieur

Art. L. 236-4 Le Conseil supérieur des tribunaux administratifs et cours administratives d'appel est saisi des faits motivant la poursuite disciplinaire par le président de la juridiction à laquelle est affecté le magistrat ou par le président de la mission d'inspection des juridictions administratives.

L'autorité de saisine ne peut assister au délibéré du Conseil supérieur.

Texte source

– Ordonnance n° 2016-1366 du 13 octobre 2016, article 4.

La procédure disciplinaire devant le Conseil supérieur

Art. L. 236-5 La procédure devant le Conseil supérieur des tribunaux administratifs et cours administratives d'appel est contradictoire.

Le magistrat est informé par le président du Conseil supérieur, dès la saisine de cette instance, qu'il a droit à la communication intégrale de son dossier et des pièces de l'enquête préliminaire, s'il y a été procédé, et qu'il peut se faire assister par un ou plusieurs défenseurs de son choix.

Le président de la mission d'inspection des juridictions administratives est chargé de rapporter l'affaire devant le Conseil supérieur, sauf s'il est l'auteur de la saisine. Dans ce dernier cas, le président du Conseil supérieur désigne un rapporteur parmi les autres membres du Conseil.

Le rapporteur procède, s'il y a lieu, à une enquête, et accomplit tous actes d'investigation utiles. Il peut en tant que de besoin faire appel à l'assistance du secrétariat général des tribunaux administratifs et des cours administratives d'appel. Au cours de l'enquête, il entend l'intéressé et, s'il y a lieu, le plaignant et les témoins. Il ne prend pas part au vote intervenant sur le rapport qu'il présente devant le Conseil supérieur.

Texte source

– Ordonnance n° 2016-1366 du 13 octobre 2016, article 4.

Le délai pour tenir séance

Art. R. 236-1 Le magistrat poursuivi est convoqué par le président du Conseil supérieur des tribunaux administratifs et cours administratives d'appel quinze jours au moins avant la date de la réunion, par lettre recommandée avec demande d'avis de réception.

Le Conseil supérieur se prononce dans un délai d'un mois à compter de sa saisine.

Ce délai est porté à deux mois lorsqu'il est procédé à une enquête ou lorsqu'à l'initiative de l'un de ses membres ou à la demande du magistrat poursuivi, le Conseil supérieur décide, à la majorité des membres, de renvoyer l'examen de l'affaire à une nouvelle réunion.

Lorsque le magistrat poursuivi fait l'objet de poursuites devant une juridiction répressive, le Conseil supérieur peut, à la majorité des membres, proposer de suspendre la procédure disciplinaire jusqu'à l'intervention de la décision de la juridiction.

Texte source

– Décret n° 2017-451 du 30 mars 2017, article 6.

Commentaires

Le dernier alinéa est calqué sur la rédaction de l'article R. 136-3 – voir nos observations sous ce dernier article.

Le déroulement de l'audience disciplinaire

Art. R. 236-2 Lorsque le Conseil supérieur des tribunaux administratifs et cours administratives d'appel examine l'affaire au fond, son président informe les membres du conseil des conditions dans lesquelles le magistrat poursuivi a été mis en mesure d'exercer son droit à communication intégrale du dossier individuel et des documents annexes.

Le rapporteur présente son rapport devant le Conseil supérieur.

Le Conseil supérieur entend séparément chaque témoin cité.

À la demande d'un membre du Conseil supérieur, ou du magistrat poursuivi, le président peut décider de procéder à une confrontation des témoins, ou à une nouvelle audition d'un témoin déjà entendu.

Le magistrat poursuivi peut, à tout moment de la procédure, demander au président du Conseil supérieur l'autorisation d'intervenir afin de présenter des observations orales. Il doit être invité à présenter d'ultimes observations avant que le Conseil supérieur ne commence à délibérer hors la présence du magistrat poursuivi.

Il est dressé procès-verbal de l'audition des témoins et de leur confrontation.

Le rapporteur n'assiste pas au délibéré.

La décision mentionne l'accomplissement des formalités prévues par le présent article et, le cas échéant, la teneur des observations orales du magistrat poursuivi.

Textes sources

– Décret n° 2017-451 du 30 mars 2017, article 6.
– Décret n° 2023-486 du 21 juin 2023, article 17.

Commentaires

Sur le droit de se taire, voir nos observations sous l'article R.* 136-4.

La décision disciplinaire

Art. L. 236-6 Le président du Conseil supérieur des tribunaux administratifs et cours administratives d'appel statuant en formation disciplinaire peut décider que l'audience se tiendra à huis clos.

Lorsqu'il se prononce sur l'existence d'une faute disciplinaire, le Conseil supérieur renvoie, en cas de partage égal des voix, le magistrat concerné des fins de la poursuite.

Lorsque le Conseil supérieur a constaté l'existence d'une faute disciplinaire, la sanction prononcée à l'égard du magistrat est prise à la majorité des voix.
La décision du Conseil supérieur est motivée. Le Conseil supérieur peut en décider la publication, accompagnée ou non de ses motifs.
Elle ne peut faire l'objet que d'un recours en cassation devant le Conseil d'État.

Texte source

– Ordonnance n° 2016-1366 du 13 octobre 2016, article 4.

Commentaires

Le dernier alinéa du texte pourrait *a priori* étonner. La possibilité d'exercer un recours pour excès de pouvoir a, et depuis longtemps, été regardée comme l'expression d'un principe général du droit, prévalant même sur les termes formels de la loi... Mais on doit considérer en l'espèce que le Conseil supérieur statuant en matière disciplinaire siège en qualité d'organe juridictionnel, comme en témoignent tant le vocabulaire utilisé (il est question d'« audiences »), que les données de la procédure (audiences publiques sauf huis-clos, décisions motivées intervenant au terme d'une procédure contradictoire). Cette mission juridictionnelle, qui n'est pas sans rappeler celle du Conseil supérieur de la magistrature, légitime l'existence du seul recours en cassation contre les décisions disciplinaires prises par le Conseil.

Le vote de la décision disciplinaire

Art. R. 236-3 Lorsque le Conseil supérieur a constaté l'existence d'une faute disciplinaire dans les conditions prévues à l'article L. 236-6, son président met aux voix la proposition de sanction la plus sévère parmi celles qui ont été exprimées au cours du délibéré. Si cette proposition ne recueille pas l'accord de la majorité des membres présents, le président met aux voix les autres sanctions par ordre décroissant de sévérité jusqu'à ce que l'une d'entre elles recueille la majorité des membres présents. À défaut, aucune sanction n'est prononcée.

Texte source

– Décret n° 2017-451 du 30 mars 2017, article 6.

Le recours en cassation contre la sanction

Art. R. 236-4 Le recours en cassation contre les décisions du Conseil supérieur statuant en matière disciplinaire est régi par les dispositions du titre II du livre VIII du présent code.

Texte source

– Décret n° 2017-451 du 30 mars 2017, article 6.

La demande d'effacement de la sanction

Art. R. 236-5 Le magistrat frappé d'une sanction disciplinaire autre que l'avertissement ou le blâme, mais qui n'a pas été exclu du corps des magistrats des tribunaux administratifs et des cours administratives d'appel peut, après dix années de services effectifs à compter de la date de la sanction disciplinaire, introduire auprès du Conseil supérieur une demande tendant à ce qu'aucune trace de la sanction prononcée ne subsiste à son dossier.
La demande est examinée comme en matière de sanction disciplinaire.
Le dossier du magistrat est reconstitué dans sa nouvelle composition sous le contrôle du Conseil supérieur.

Texte source

– Décret n° 2017-451 du 30 mars 2017, article 6.

SECTION 4 *Suspension*

La suspension en cas de manquement grave

Art. L. 236-7 Lorsqu'un magistrat des tribunaux administratifs et des cours administratives d'appel commet un manquement grave rendant impossible son maintien en fonctions et si l'urgence le commande, l'auteur de ce manquement peut être immédiatement suspendu. Cette suspension est prononcée pour une durée maximale de quatre mois par le président du Conseil supérieur des tribunaux administratifs et cours administratives d'appel, sur proposition du président de la juridiction à laquelle est affecté le magistrat ou du président de la mission d'inspection des juridictions administratives. Cette suspension n'entraîne pas privation du droit au traitement. Elle ne peut être rendue publique.
L'intéressé a, dès le prononcé de la mesure de suspension, droit à la communication intégrale de son dossier et de tous les documents annexés.
La demande de suspension vaut saisine de l'autorité disciplinaire compétente.

Textes sources

– Loi n° 86-14 du 6 janvier 1986, article 17, § 2 et 3.
– Ordonnance n° 2016-1366 du 13 octobre 2016, article 4.

Commentaires

Le vice-président du Conseil d'État, président du conseil supérieur, sur proposition soit du chef de juridiction concerné, soit du président de la mission d'inspection,

prend l'initiative de la mesure de suspension. Naturellement, si suspension il y a, le président du Conseil supérieur, qui l'a prononcée, ne paraît pas pouvoir présider encore ce conseil lors de la phase disciplinaire. Pourquoi ne pas l'avoir écrit ?
La demande de suspension vaut saisine de l'autorité disciplinaire compétente, à savoir soit le conseil supérieur pour les sanctions autres que blâme ou avertissement, soit le président de ce conseil pour le prononcé d'un blâme ou d'un avertissement. Ce qui renvoie à la question précédente : le président du Conseil, qui a prononcé la suspension, peut-il prononcer la sanction de blâme ou d'avertissement, ou peut-il présider ce conseil si des sanctions plus graves sont envisagées ? Sachant que, en prononçant la suspension, ce président a nécessairement estimé que l'intéressé avait commis un « manquement grave », pour reprendre le texte même de l'article L. 236-7, comment ne pas estimer qu'il a « préjugé » de l'affaire soumise à l'organe disciplinaire ? Si cette analyse est exacte, elle s'applique également au président de la mission d'inspection, dans les cas où c'est lui qui a proposé la suspension. Voilà le Conseil supérieur privé de son président et du président de la mission…

CHAPITRE 7 De la participation des membres du corps des tribunaux administratifs et des cours administratives d'appel à des activités administratives ou d' intérêt général

Le présent chapitre ne comprend pas de dispositions législatives.

La participation des magistrats des tribunaux administratifs et des cours administratives d'appel à des travaux administratifs

Art. R. 237-1 Indépendamment des fonctions juridictionnelles qui leur sont confiées, les magistrats des tribunaux administratifs et des cours administratives d'appel peuvent, avec l'autorisation du président de la juridiction à laquelle ils appartiennent, participer à certains travaux des administrations publiques.

Textes sources

– Code des TA et des CAA, article R. 2.
– Loi n° 86-14 du 6 janvier 1986, article 10.
– Décret n° 97-859 du 18 septembre 1997, article 1er, § 2.
– Décret n° 2017-451 du 30 mars 2017, article 7.

Art. R. 237-2 *Abrogé par l'article 15 du décret n° 2019-82 du 7 février 2019.*

Commentaires

On notera, outre le fait que la mission des magistrats concernés est d'effectuer plus que des travaux juridictionnels, que leur participation aux travaux des administrations publiques ne peut être pratiquée qu'avec l'autorisation de leur chef de juridiction.

Quant à l'article R. 237-2 (qui crée un mécanisme d'avis obligatoire), il avait pour objet d'éviter que les textes réglementaires ne multiplient à l'excès la participation de ces magistrats à des fonctions non juridictionnelles, au détriment de l'exercice des fonctions principales qui leur sont confiées.

Livre III

La compétence

TITRE I La compétence de premier ressort

CHAPITRE 1 La compétence en raison de la matière

Le juge de droit commun

Art. L. 311-1 Les tribunaux administratifs sont, en premier ressort, juges de droit commun du contentieux administratif, sous réserve des compétences que l'objet du litige ou l'intérêt d'une bonne administration de la justice conduisent à attribuer à une autre juridiction administrative.

Textes sources

– Ordonnance n° 2000-387 du 4 mai 2000, article 1er.
– Loi n° 2011-1862 du 13 décembre 2011, article 48.

Commentaires

Pour la généralité des textes relatifs à la compétence, il y a lieu de se souvenir que la compétence d'une juridiction est en principe déterminée par le texte en vigueur au jour où elle statue (voir CE, 23 octobre 2013, Pionneau, n° 331098, *Lebon* T.). Le principe selon lequel les lois de compétence des juridictions sont d'application immédiate, tant qu'un jugement au fond n'a pas été rendu en première instance, s'applique également en matière pénale (TC, 8 juin 2020, Petit, n° 4184, *Lebon* T.). Mais cette règle supporte des exceptions, si un texte en dispose ainsi (voir par exemple le décret n° 2016-9 du 8 janvier 2016 créant l'article R. 311-4).
En substituant « une autre juridiction administrative » au Conseil d'État, antérieurement désigné, le texte nouveau offre la possibilité de confier des tâches juridictionnelles de droit commun, en première instance, soit à des juridictions spécialisées (on peut citer l'exemple de la commission du contentieux du stationnement payant créée par l'ordonnance du 23 janvier 2015 – voir études Dreifuss, *JCP A.*, 23 février et 5 mai 2015, p. 42 et 26), soit aux cours administratives d'appel (voir CJA, art. L. 211-1, R. 311-2 et R. 311-3), au détriment de la lisibilité du système juridictionnel administratif.
En tout cas, la généralité de ce texte conduit à ce que le tribunal administratif soit juge de l'action en responsabilité fondée sur la faute lourde commise par une juridiction administrative, cette dernière fût-elle le Conseil d'État (CE, 21 septembre 2016, SNC Lactalis Ingrédients, n° 394360, *Lebon* T. – CE, 29 septembre 2017, Pellet, n° 401679, *Lebon* T., concernant la réparation de dommages causés par la section disciplinaire d'une université, lors même que le requérant, professeur des universités, relevait, s'agissant de l'excès de pouvoir, du Conseil d'État statuant en premier ressort).
On note que cette décision revient sur la solution inverse adoptée le 21 juin 2013 (CE sect., 21 juin 2013, Tamru, n° 354299), laquelle s'était éloignée de ce qui avait été précédemment décidé (CE, 5 décembre 2011, Gollnisch, n° 347709, *Lebon* T.).

La compétence du Conseil d'État en matière de changement de nom

Art. L. 311-2 Le Conseil d'État est compétent pour connaître, en premier et dernier ressort, des oppositions aux changements de noms prononcés en vertu de l'article 61 du code civil.

Texte source

– Décret n° 53-1169 du 28 novembre 1953, article 2, § 1.

La compétence de premier ressort du Conseil d'État en matière électorale

Art. L. 311-3 Le Conseil d'État est compétent en premier et dernier ressort pour connaître des protestations dirigées contre :

1° L'élection des représentants au Parlement européen, conformément à l'article 25 de la loi n° 77-729 du 7 juillet 1977 relative à l'élection des représentants au Parlement européen ;

2° Les élections aux conseils régionaux et à l'Assemblée de Corse conformément aux articles L. 361 et L. 381 du code électoral ;

3° Les élections au congrès et aux assemblées de province de la Nouvelle-Calédonie, conformément à l'article 199 de la loi organique n° 99-209 du 19 mars 1999 relative à la Nouvelle-Calédonie, ainsi que l'élection des membres, du président et du vice-président du gouvernement de la Nouvelle-Calédonie et les recours concernant la démission d'office des membres du gouvernement, du congrès et des assemblées de province de Nouvelle-Calédonie conformément aux articles 72, 110, 111, 112, 115, 116, 165, 195 et 197 de la même loi organique ;

4° Les élections à l'assemblée de la Polynésie française, conformément à l'article 116 de la loi organique n° 2004-192 du 27 février 2004 portant statut d'autonomie de la Polynésie française, ainsi que l'élection du président de la Polynésie française et les recours concernant la démission d'office des membres du gouvernement et des représentants à l'assemblée de la Polynésie française, conformément aux articles 82 et 117 de la même loi organique ;

5° Les élections à l'assemblée territoriale de Wallis-et-Futuna, conformément à l'article 13-12 de la loi n° 61-814 du 29 juillet 1961 conférant aux îles Wallis-et-Futuna le statut de territoire d'outre-mer ;

6° Les élections au conseil territorial de Saint-Barthélemy, conformément à l'article LO 497 du code électoral, ainsi que l'élection du président du conseil territorial et des membres du conseil exécutif et les recours concernant la démission d'office des membres du conseil territorial conformément à l'article LO 495 du même code ;

7° Les élections au conseil territorial de Saint-Martin, conformément à l'article LO 524 du même code, ainsi que l'élection du président du conseil territorial et des membres du conseil exécutif et les recours concernant la démission d'office des membres du conseil territorial conformément à l'article LO 522 du même code ;
8° Les élections au conseil territorial de Saint-Pierre-et-Miquelon, conformément à l'article LO 552 du même code, ainsi que l'élection du président du conseil territorial et des membres du conseil exécutif et les recours concernant la démission d'office des membres du conseil territorial conformément à l'article LO 550 du même code ;
9° Les élections des conseillers et délégués consulaires et des conseillers à l'Assemblée des Français de l'étranger ;
10° Les consultations organisées en application des articles 72-4 et 73 de la Constitution.

Textes sources

- Ordonnance n° 2000-387 du 4 mai 2000, article 1er.
- Loi n° 2004-193 du 27 février 2004, article 16-6°.
- Loi n° 2004-805 du 9 août 2004, article 1er.
- Loi n° 2007-224 du 21 février 2007, article 11.
- Loi n° 2013-659 du 22 juillet 2013, article 58.

La compétence de premier ressort du Conseil d'État en plein contentieux

Art. L. 311-4 Le Conseil d'État connaît, en premier et dernier ressort, des recours de pleine juridiction qui lui sont attribués en vertu :
1° Du IV de l'article L. 612-16 du code monétaire et financier contre les décisions de sanction prises par l'Autorité de contrôle prudentiel et de résolution ;
2° Des articles L. 342-14 et L. 342-15 du code de la construction et de l'habitation contre les décisions de sanction prises par le ministre chargé du logement ou conjointement par les ministres chargés du logement et des collectivités territoriales ;
3° Des articles L. 5-3 et L. 36-11 du code des postes et des communications électroniques et de l'article 24 de la loi n° 47-585 du 2 avril 1947 relative au statut des entreprises de groupage et de distribution de journaux et de publications périodiques contre les décisions de sanction prises par l'Autorité de régulation des communications électroniques, des postes et de la distribution de la presse ;
4° De l'article L. 824-14 du code de commerce ;

5° De l'article 42-8 de la loi n° 86-1067 du 30 septembre 1986 contre les décisions de l'Autorité de régulation de la communication audiovisuelle et numérique visées aux articles 42-1, 42-3 et 42-4 de cette loi ;
6° De l'article 71 de la loi n° 96-597 du 2 juillet 1996 contre les décisions de sanction prises par l'Autorité des marchés financiers à l'encontre des prestataires de service d'investissement agréés ;
7° De l'article L. 623-3 du code monétaire et financier ;
8° Des articles L. 232-24 et L. 241-8 du code du sport ;
9° De l'article 40 de la loi n° 2000-108 du 10 février 2000 contre les décisions de sanction prises par la Commission de régulation de l'énergie ;
10° De l'article 17 de la loi n° 2009-1503 du 8 décembre 2009 relative à l'organisation et à la régulation des transports ferroviaires et portant diverses dispositions relatives aux transports contre les décisions de sanction prises par l'Autorité de régulation des transports.

Textes sources

– Ordonnance n° 2000-387 du 4 mai 2000.
– Loi n° 2003-8 du 3 janvier 2003, article 13.
– Loi n° 2003-706 du 1er août 2003, article 46.
– Loi n° 2005-516 du 20 mai 2005, article 6.
– Loi n° 2005-1564 du 15 décembre 2005, article 14.
– Loi n° 2006-405 du 5 avril 2006, article 20.
– Ordonnance n° 2006-596 du 23 mai 2006, article 3-II-10°.
– Loi n° 2009-1503 du 8 décembre 2009, article 17.
– Ordonnance n° 2010-76 du 21 janvier 2010, article 16.
– Loi n° 2013-672 du 26 juillet 2013, article 24.
– Loi n° 2014-366 du 24 mars 2014, article 102.
– Ordonnance n° 2016-315 du 17 mars 2016, article 48.
– Ordonnance n° 2019-761 du 24 juillet 2019, article 1er.
– Loi n° 2019-1063 du 18 octobre 2019, article 5.
– Loi n° 2021-1382 du 25 octobre 2021, article 33.

Commentaires

Le 2° (existant dans le code depuis au moins le 4 mai 2000) a connu une existence juridique heurtée. Le Conseil d'État a en effet estimé qu'il n'emportait pas transfert automatique au Conseil d'État du contentieux qu'il vise : encore fallait-il que l'article L. 313-13 du Code de la construction et de l'habitation, alors applicable, ait expressément prévu la compétence du Conseil d'État, et donc dérogé à la compétence de droit commun des tribunaux administratifs. Il aura fallu attendre la loi n° 2011-525 du 17 mai 2011 pour opérer cette dérogation (CE, 23 octobre 2013, Pionneau, n° 331098, *Lebon* T.).

La compétence du Conseil d'État en matière de mise en œuvre des techniques de renseignement

Art. L. 311-4-1 Le Conseil d'État est compétent pour connaître, en premier et dernier ressort, des requêtes concernant la mise en œuvre des techniques de renseignement mentionnées au titre V du livre VIII du code de la sécurité intérieure et la mise en œuvre de l'article 52 de la loi n° 78-17 du 6 janvier 1978 relative à l'informatique, aux fichiers et aux libertés, pour certains traitements ou parties de traitements intéressant la sûreté de l'État.

Le Conseil d'État peut être saisi, en premier et dernier ressort, comme juge des référés.

Textes sources

– Loi n° 2015-912 du 24 juillet 2015, article 10.
– Ordonnance n° 2018-1125 du 12 décembre 2018, article 10.

La compétence de premier ressort du Conseil d'État sur les actions des contribuables des collectivités territoriales

Art. L. 311-5 Le Conseil d'État est compétent en premier et dernier ressort pour connaître des recours dirigés contre les décisions des tribunaux administratifs visées à l'article L. 212-2.

Textes sources

– Décret n° 53-934 du 30 septembre 1953, article 2, 7°.
– Décret n° 53-1169 du 28 novembre 1953, article 2, 10°.

L'arbitrage

Art. L. 311-6 Par dérogation aux dispositions du présent code déterminant la compétence des juridictions de premier ressort, il est possible de recourir à l'arbitrage dans les cas prévus par :

1° Les articles L. 2197-6 et L. 2236-1 du code de la commande publique ;
2° L'article 7 de la loi n° 75-596 du 9 juillet 1975 portant diverses dispositions relatives à la réforme de la procédure civile ;
3° L'article L. 321-4 du code de la recherche ;
4° Les articles L. 2102-6, L. 2111-14 et L. 2141-5 du code des transports ;
5° L'article 9 de la loi n° 86-972 du 19 août 1986 portant dispositions diverses relatives aux collectivités locales ;
6° L'article 28 de la loi n° 90-568 du 2 juillet 1990 relative à l'organisation du service public de la poste et des télécommunications ;
7° L'article 24 de la loi n° 95-877 du 3 août 1995 portant transposition de la directive 93/7 du 15 mars 1993 du Conseil des Communautés européennes relative à la restitution des biens culturels ayant quitté illicitement le territoire d'un État membre.

Textes sources

– Ordonnance n° 2000-387 du 4 mai 2000, article 1er.
– Ordonnance n° 2015-855 du 15 juillet 2015, article 30.
– Ordonnance n° 2018-1074 du 26 novembre 2018, article 7.

Commentaires

Tout en posant un principe – les tribunaux administratifs sont juges de droit commun – et la possibilité d'exceptions motivées par la « nature du litige » ou « l'intérêt d'une bonne administration de la justice » (exceptions qui seront déclinées dans la partie réglementaire et qui n'ont plus désormais à jouer au bénéfice du seul Conseil d'État), ces articles reprennent des attributions légales de compétence en premier ressort au profit du Conseil d'État, et – c'est le principal intérêt de l'article L. 311-6 – balaient certaines possibilités d'arbitrage ouvertes en matière administrative (on pourra consulter sur le sujet de l'arbitrage l'intéressante étude que lui a consacrée C. Blanchon, *JCP A,* 18 novembre 2013, p. 47).
On rappelle à cet égard que la clause compromissoire est nulle (CE sect., 3 mars 1989, Société des autoroutes de la région Rhône-Alpes, n° 79532, *Lebon*, p. 69), sauf à se demander si la loi du 15 mai 2001 modifiant l'article 2061 du Code civil et admettant la validité d'une telle clause « dans les contrats conclus à raison d'une activité professionnelle » peut s'appliquer aux contrats conclus par des personnes publiques. La cour administrative d'appel de Lyon a considéré que ce texte, qui ne vaut que « sous réserve des dispositions législatives particulières », se heurtait à l'article L. 311-1 du Code de justice administrative, ainsi regardé comme constituant une « disposition législative particulière » faisant obstacle à la légalité d'une telle clause dans un litige n'entrant pas dans les cas mentionnés à l'article L. 311-6 (CAA Lyon, 27 décembre 2007, SA Lagarde et Meregnani, n° 03LY01017 ; *BJCP,* n° 57, p. 128 et s. ; *AJDA,* 7 avril 2008, p. 2006, p. 940). La liste de l'article L. 311-6 est à cet égard précieuse (voir sur ce sujet le rapport d'un groupe de travail présidé par le président Labetoulle, *BJCP,* n° 52, juin 2007, p. 170 – *JCP A* 2007, p. 2082 – *AJDA* 2007, p. 722). On peut y ajouter la possibilité ouverte, pour les contrats de partenariat, de prévoir un recours à l'arbitrage, instituée par l'ordonnance n° 2004-559 du 17 juin 2004, laquelle n'a pas excédé la portée de l'habilitation donnée par la loi du 2 juillet 2003 (CE, 29 octobre 2004, Sueur n° 269814, *Lebon*, p. 393).
Plus généralement, le Conseil d'État s'en tient au principe général selon lequel « sous réserve de dispositions législatives expresses ou, le cas échéant, les stipulations de conventions internationales régulièrement incorporées dans l'ordre juridique interne, les personnes morales de droit public ne peuvent pas se soustraire aux règles qui déterminent la compétence des juridictions nationales en remettant à la décision d'un arbitre la solution des litiges auxquels elles sont parties » (CE, 23 décembre 2015, Territoire des îles Wallis-et-Futuna, n° 376118, *Lebon*, p. 484 – CE, 29 octobre 2004, Sueur, *préc.*).
Compte tenu des articles L. 321-1 et L. 321-2, la mise sur pied d'arbitrage avec appel devant les cours administratives d'appel ne pourrait être opérée que par la loi (CE, 28 décembre 2005, Union syndicale des magistrats administratifs, *Lebon*, p. 591). On en déduit que, sauf texte contraire, l'appel des sentences arbitrales intervenues

dans le cadre de l'article L. 311-6 ne peut se présenter que devant le Conseil d'État. Encore convient-il de tenir compte, lorsque l'on se trouve en présence d'une sentence arbitrale internationale, à la fois des restrictions de compétence apportées par le Tribunal des conflits et du pays où est rendue la sentence arbitrale.

Pour le Tribunal des conflits (TC, 17 mai 2010, Inserm c/Fondation Letten F. Saugstad, n° C3754, *Lebon*, p. 580 – TC, 11 avril 2016, Société Fosmax, n° C4043), les recours contre les sentences arbitrales relevant du commerce international sont normalement du ressort du juge judiciaire, sauf à réserver la compétence du juge administratif lorsque le contrat relève d'un « régime administratif d'ordre public ». Le recours implique alors « un contrôle de la conformité de la sentence arbitrale aux règles impératives du droit public français relatives à l'occupation du domaine public ou à celles qui régissent la commande publique » (CE ass., 9 novembre 2016, Société Fosmax LNG, n° 388806 – TC, 24 avril 2017, Syndicat mixte des aéroports de Charente, n° C4075, connu sous le nom de « SMAC »). C'est donc le cas de quatre catégories de contrats, à savoir : les marchés publics, les délégations de service public, (devenues à ce jour « concessions »), les conventions de partenariat et les conventions d'occupation du domaine public. Et la décision *SMAC* du Tribunal des conflits précise (après le Conseil d'État par un précédent SMAC du 19 avril 2013, n° 352750) que les mêmes règles s'appliquent en cas de litige relatif à l'exequatur de la sentence (voir étude Chahid-Nourai, *JCP A*, 22 mai 2017, p. 3 et s).

Dans ces hypothèses, le Conseil d'État a, par l'arrêt *Fosmax* précité, précisé l'office du juge administratif saisi d'un recours contre une sentence arbitrale internationale (voir études *JCP A.*, 6 mars 2017, p. 23 et s.) [**1**].

Dans le cadre de la compétence ainsi conférée à la juridiction administrative, le Conseil d'État a toutefois précisé que, si la sentence contestée a été rendue à l'étranger, aucun recours contre elle ne peut être envisagé devant la juridiction administrative française (CE, 19 avril 2013, Syndicat mixte des aéroports de Charente, n° 352750), cette position n'étant pas sans parallèle avec l'article 1525 du Code de procédure civile concernant les sentences arbitrales échappant à la compétence du juge administratif.

Toutefois, la sentence arbitrale rendue à l'étranger pourra donner à litige devant la juridiction administrative française, si elle relève de l'une des quatre catégories identifiées par le Tribunal des conflits : seul le juge administratif peut alors connaître des demandes tendant à obtenir l'exequatur de la sentence, quel que soit le pays où elle a été rendue, sentence « dont l'exécution forcée ne saurait être autorisée si elle est contraire à l'ordre public », ce que confirme le dernier alinéa reproduit de l'arrêt *Fosmax*. Par dérogation à l'article L. 311-1 du CJA, le rejet par le Conseil d'État d'une demande d'annulation d'une sentence arbitrale rendue en France dans un litige né de l'exécution ou de la rupture d'un contrat exécuté sur le territoire français, mais mettant en jeu les intérêts du commerce international, confère l'*exequatur* à cette sentence (CE, 20 juillet 2021, Société Tecnimont SPA et Société TCM FR, n° 443342, *Lebon T.*).

On note que la jurisprudence de la Cour de justice de l'Union européenne limite le recours à l'arbitrage, motif pris de ce qu'un tribunal arbitral ne peut être qualifié de juridiction « d'un des États-membres » et partant n'est pas habilité à saisir la

CJUE à titre préjudiciel. Il en résulte qu'un tel mécanisme ne peut garantir la pleine efficacité du droit de l'Union et porte atteinte à son autonomie (CJUE, 6 mars 2018, Achmea, aff. C-284/16).

Jurisprudence

[1] Considérant que lorsqu'il est saisi d'un tel recours, il appartient au Conseil d'État de s'assurer, le cas échéant d'office, de la licéité de la convention d'arbitrage, qu'il s'agisse d'une clause compromissoire ou d'un compromis ; que ne peuvent en outre être utilement soulevés devant lui que des moyens tirés, d'une part, de ce que la sentence a été rendue dans des conditions irrégulières et, d'autre part, de ce qu'elle est contraire à l'ordre public ; que s'agissant de la régularité de la procédure, en l'absence de règles procédurales applicables aux instances arbitrales relevant de la compétence de la juridiction administrative, une sentence arbitrale ne peut être regardée comme rendue dans des conditions irrégulières que si le tribunal arbitral s'est déclaré à tort compétent ou incompétent, s'il a été irrégulièrement composé, notamment au regard des principes d'indépendance et d'impartialité, s'il n'a pas statué conformément à la mission qui lui avait été confiée, s'il a méconnu le principe du caractère contradictoire de la procédure ou s'il n'a pas motivé sa sentence ; que s'agissant du contrôle sur le fond, une sentence arbitrale est contraire à l'ordre public lorsqu'elle fait application d'un contrat dont l'objet est illicite ou entaché d'un vice d'une particulière gravité relatif notamment aux conditions dans lesquelles les parties ont donné leur consentement, lorsqu'elle méconnaît des règles auxquelles les personnes publiques ne peuvent déroger, telles que notamment l'interdiction de consentir des libéralités, d'aliéner le domaine public ou de renoncer aux prérogatives dont ces personnes disposent dans l'intérêt général au cours de l'exécution du contrat, ou lorsqu'elle méconnaît les règles d'ordre public du droit de l'Union européenne ;
Considérant qu'à l'issue de ce contrôle, le Conseil d'État, s'il constate l'illégalité du recours à l'arbitrage, notamment du fait de la méconnaissance du principe de l'interdiction pour les personnes publiques de recourir à l'arbitrage sauf dérogation prévue par des dispositions législatives expresses ou, le cas échéant, des stipulations de conventions internationales régulièrement incorporées dans l'ordre juridique interne, prononce l'annulation de la sentence arbitrale et décide soit de renvoyer le litige au tribunal administratif compétent pour en connaître, soit d'évoquer l'affaire et de statuer lui-même sur les réclamations présentées devant le collège arbitral ; que s'il constate que le litige est arbitrable, il peut rejeter le recours dirigé contre la sentence arbitrale ou annuler, totalement ou partiellement, celle-ci ; qu'il ne peut ensuite régler lui-même l'affaire au fond que si la convention d'arbitrage l'a prévu ou s'il est invité à le faire par les deux parties ; qu'à défaut de stipulation en ce sens ou d'accord des parties sur ce point, il revient à celles-ci de déterminer si elles entendent de nouveau porter leur litige contractuel devant un tribunal arbitral, à moins qu'elles ne décident conjointement de saisir le tribunal administratif compétent ;
Considérant, enfin, que l'exécution forcée d'une sentence arbitrale ne saurait être autorisée si elle est contraire à l'ordre public ; que, par suite, un contrôle analogue à celui décrit au point 5 doit être exercé par le juge administratif lorsqu'il est saisi d'une demande tendant à l'exequatur d'une sentence arbitrale rendue dans un litige né de l'exécution d'un contrat administratif entre une personne morale de droit public français et une personne de droit étranger, mettant en jeu les intérêts du commerce international et soumis à un régime administratif d'ordre public, qu'elle ait été rendue en France ou à l'étranger [...].

Les compétences de premier ressort du Conseil d'État concernant la Polynésie française

Art. L. 311-7 Le Conseil d'État est compétent pour connaître en premier et dernier ressort, conformément aux dispositions de la loi organique n° 2004-192 du 27 février 2004 portant statut d'autonomie de la Polynésie française :

1° Des recours formés contre le règlement intérieur de l'assemblée de la Polynésie française ;

2° Des recours prévus par les articles 70 et 82 de ladite loi organique ;

3° Des recours prévus par les articles 116 et 117 de ladite loi organique ;

4° Des recours juridictionnels spécifiques formés contre les actes prévus à l'article 140 de ladite loi organique ;

5° Des recours dirigés contre les délibérations décidant l'organisation d'un referendum local prévues à l'article 159 de ladite loi organique.

Textes sources

– Loi n° 2004-193 du 27 février 2004, article 16-8°.

– Loi n° 2007-1720 du 7 décembre 2007, article 3.

Commentaires

C'est à l'occasion de ce texte que, par décision 2004-491 DC du 12 février 2004, le Conseil constitutionnel a posé que le principe du double degré de juridiction n'avait pas de valeur constitutionnelle.

La compétence du Conseil d'État pour connaître de recours formés contre certaines délibérations des conseils généraux des départements d'outre-mer et des conseils régionaux des régions d'outre-mer

Art. L. 311-8 Le Conseil d'État est compétent pour connaître en premier et dernier ressort, conformément aux dispositions des articles LO 3445-5, LO 3445-7, LO 4435-5 et LO 4435-7 du code général des collectivités territoriales, des recours juridictionnels formés contre les délibérations des conseils généraux des départements d'outre-mer et des conseils régionaux des régions d'outre-mer pris sur le fondement des deuxième et troisième alinéas de l'article 73 de la Constitution.

Texte source

– Loi n° 2007-224 du 21 février 2007, article 11.

La compétence du Conseil d'État pour connaître des délibérations du conseil territorial de Saint-Barthélemy

Art. L. 311-10 Le Conseil d'État est compétent pour connaître en premier et dernier ressort, conformément aux articles LO 6243-1, LO 6251-7 et LO 6251-9 du code général des collectivités territoriales, des recours juridictionnels formés contre les délibérations du conseil territorial de Saint-Barthélemy.

Texte source

– Loi n° 2007-224 du 21 février 2007, article 11.

La compétence du Conseil d'État pour connaître des délibérations du conseil territorial de Saint-Martin

Art. L. 311-11 Le Conseil d'État est compétent pour connaître en premier et dernier ressort, conformément aux articles LO 6343-1, LO 6351-7 et LO 6351-9 du code général des collectivités territoriales, des recours juridictionnels formés contre les délibérations du conseil territorial de Saint-Martin.

Texte source

– Loi n° 2007-224 du 21 février 2007, article 11.

La compétence du Conseil d'État pour connaître des délibérations du conseil territorial de Saint-Pierre-et-Miquelon

Art. L. 311-12 Le Conseil d'État est compétent pour connaître en premier et dernier ressort, conformément aux articles LO 6461-7 et LO 6461-9 du code général des collectivités territoriales, des recours juridictionnels formés contre les délibérations du conseil territorial de Saint-Pierre-et-Miquelon.

Texte source

– Loi n° 2007-224 du 21 février 2007, article 11.

La compétence du Conseil d'État en matière d'énergie renouvelable en mer

Art. L. 311-13 Le Conseil d'État est compétent pour connaître en premier et dernier ressort des recours juridictionnels formés contre les décisions relatives aux installations de production d'énergie renouvelable en mer ainsi qu'à leurs ouvrages connexes, aux ouvrages des réseaux publics d'électricité afférents et aux infrastructures portuaires rendues nécessaires pour la construction, le stockage, le pré-assemblage, l'exploitation et la maintenance de ces installations et ouvrages. La liste de ces décisions est fixée par décret en Conseil d'État.

Texte source

– Loi n° 2020-1525 du 7 décembre 2020, article 55.

Commentaires

Les installations de production d'énergie renouvelable en mer (éoliennes « offshore ») relèvent désormais de la compétence en premier et dernier ressort du Conseil d'État statuant au contentieux, à la place de la cour administrative d'appel de Nantes jusque-là compétente. Cette compétence inclut la contestation par un tiers du refus d'enjoindre à un exploitant de parc éolien en mer de solliciter une dérogation à l'interdiction de destruction des espèces protégées (CE, 30 avril 2024, n° 468297, *Lebon* T.).

Les autres compétences de premier ressort du Conseil d'État

Art. R. 311-1 Le Conseil d'État est compétent pour connaître en premier et dernier ressort :

1° Des recours dirigés contre les ordonnances du président de la République et les décrets ;

2° Des recours dirigés contre les actes réglementaires des ministres et des autres autorités à compétence nationale et contre leurs circulaires et instructions de portée générale ;

3° Des litiges concernant le recrutement et la discipline des agents publics nommés par décret du président de la République en vertu des dispositions de l'article 13 (3e alinéa) de la Constitution et des articles 1er et 2 de l'ordonnance n° 58-1136 du 28 novembre 1958 portant loi organique concernant les nominations aux emplois civils et militaires de l'État ;

4° Des recours dirigés contre les décisions prises par les organes des autorités suivantes, au titre de leur mission de contrôle ou de régulation :

– l'Agence française de lutte contre le dopage ;
– l'Autorité de contrôle prudentiel et de résolution ;
– l'Autorité de la concurrence ;
– l'Autorité des marchés financiers ;
– l'Autorité de régulation de la communication audiovisuelle et numérique, sous réserve des dispositions de l'article R. 311-2 ;
– l'Autorité de régulation des communications électroniques et des postes ;
– l'Autorité national des jeux ;
– l'Autorité de régulation des transports ;
– l'Autorité de sûreté nucléaire et de radioprotection ;
– la Commission de régulation de l'énergie ;
– la Commission nationale de l'informatique et des libertés ;
– la Haute Autorité pour la transparence de la vie publique ;
– la Commission nationale de contrôle des techniques de renseignement ;

5° Des actions en responsabilité dirigées contre l'État pour durée excessive de la procédure devant la juridiction administrative ;

6° Des recours en interprétation et des recours en appréciation de légalité des actes dont le contentieux relève en premier et dernier ressort du Conseil d'État ;

7° Des recours dirigés contre les décisions ministérielles prises en matière de contrôle des concentrations économiques ;

8° Des recours de plein contentieux dirigés contre les décisions d'occultation ou de levée d'occultation prises en application des dispositions de l'article R. 741-15 ou du troisième alinéa de l'article R. 751-7.

Textes sources

– Décret n° 53-934 du 30 septembre 1953, article 2, sauf 7° et dernier alinéa.
– Décret n° 53-1169 du 28 novembre 1953, article 2, sauf 7°, 8° et 10°.
– Décret n° 2002-1326 du 29 octobre 2002, article 9.
– Décret n° 2004-2 du 2 janvier 2004, article 2-6°.
– Décret n° 2005-911 du 28 juillet 2005, article 6.
– Décret n° 2010-164 du 22 février 2010, article 1er.
– Décret n° 2010-481 du 12 mai 2010, article 32.
– Décret n° 2011-921 du 1er août 2011, article 1er.
– Décret n° 2013-730 du 13 août 2013, article 5.
– Décret n° 2020-199 du 4 mars 2020, article 33.
– Décret n° 2020-797 du 29 juin 2020, article 3.
– Décret n° 2022-779 du 2 mai 2022, article 16.
– Décret n° 2023-485 du 21 juin 2023, article 12.
– Décret n° 2024-1194 du 19 décembre 2024, article 1.

Commentaires

Cet article contient la liste des compétences de premier ressort du Conseil d'État les plus couramment mises en œuvre, et abstraction faite des compétences énumérées aux articles législatifs qui précèdent ou à l'article R. 761-5 relatif à la contestation de l'ordonnance liquidant les dépens devant le Conseil d'État. Le contenu comme la logique interne de cette liste ont été bouleversés par le décret du 22 février 2010, dont l'objet sur ce point fut d'alléger, autant que faire se pouvait, des compétences qui ne devaient qu'à l'histoire et n'avaient pas fait l'objet d'un examen systématique depuis 1953. On notera ainsi, à titre liminaire, la disparition des compétences « par défaut » du Conseil d'État, qui intervenait en premier ressort dans les litiges d'ordre administratif qui ne relevaient d'aucun tribunal administratif (ancien 6° de cet article) ou relevaient concurremment de plusieurs tribunaux administratifs (ancien 5° de cet article). Une rémanence de cette compétence par défaut a été prononcée par décret n° 2017-424 du 28 mars 2017 qui conserve la compétence du Conseil d'État pour connaître en premier ressort de déclarations d'utilité publique de projets ayant déjà été déclarés d'utilité publique avant le décret n° 2010-164 du 22 février 2010 et relevant du Conseil d'État en premier ressort car excédant le ressort d'un tribunal administratif.

La liste désormais applicable appelle les observations suivantes, qui ne sauraient prétendre à l'exhaustivité. Avant toutefois que de les exposer, force est de mentionner que, quelque soin qui ait été mis à sa rédaction, l'article R. 311-1 du code n'est pas exhaustif : ainsi l'article R. 4112-5-1 du Code de la santé publique prévoit-il que les recours pour excès de pouvoir dirigés contre les décisions des conseils nationaux des ordres des médecins, des chirurgiens-dentistes et des sage-femmes en matière d'inscription au tableau de l'ordre relèvent de la compétence en premier et dernier ressort du Conseil d'État (voir CE, 23 mars 2011, Selarl des docteurs

Collet, n° 339086, *Lebon* T. – CE, 23 mars 2011, Freminet, n° 339378, *Lebon* T.). Il en va de même de l'article 10 du décret n° 70-147 du 19 février 1970 relatif à l'ordre des experts-comptables, qui confie au Conseil d'État la connaissance des recours pour excès de pouvoir formés contre les décisions de la commission nationale relatives à l'inscription à l'ordre (CE, 24 avril 2012, Hedouin, n° 344936).

I – Ordonnances et décrets

S'agissant en premier lieu du 1°, et plus particulièrement des « recours contre les décrets », il semble qu'il faut entendre le texte comme se référant aux seuls « recours pour excès de pouvoir », et non aux recours intervenus en plein contentieux, fût-ce contre un décret. Tel était en tout cas le contenu des textes antérieurement en vigueur. La question avait pu se poser, par exemple, à propos d'un décret portant résiliation d'une concession.

La requête dirigée contre le refus de modifier ou d'abroger un décret préexistant est considérée comme dirigée contre ce décret, et sera donc présentée au Conseil d'État (CE, 4 décembre 1957, Brandstetter, *Lebon*, p. 651 – CE ass., 20 décembre 1995, Vedel et Jannot, n° 132183, *Lebon*, p. 440 – CE, 26 novembre 2012, Gaye, n° 356105, à propos d'un décret individuel). En revanche, le refus de prendre un décret n'est pas assimilé à un décret (CE, 5 juillet 2006, Association Tchernoblaye, n° 272741), pas plus que l'édiction d'une mesure, autrement que par décret (acte implicite, par exemple), lors même qu'elle aurait dû prendre la forme d'un décret.

II – Actes réglementaires

S'agissant du 2°, la notion d'acte réglementaire ne relève pas de l'évidence. Il importe d'abord peu, pour déterminer la compétence du Conseil d'État, que le ministre ou l'autorité à compétence nationale ait incompétemment pris un tel acte (CE, 28 mars 2012, CGPME, n° 341067). On notera l'ajout aux ministres des autres autorités à compétence nationale, qui paraît rendre, pour partie redondant le 4° de l'article R. 311-1. Sans doute doit-on entendre par « autorités à compétence nationale », au sens du 2°, des autorités individuelles qui, pour n'avoir pas droit au titre de « ministre », disposent d'un pouvoir réglementaire (secrétaires d'État, commissaires, etc.), à l'exclusion des instances collégiales dont le sort est réglé par le 4°.

Pour l'application de ce texte, un établissement public national n'est regardé comme constituant une « autorité à compétence nationale » que s'il est doté par un texte d'une compétence réglementaire. C'est le cas de Pôle emploi (CE, 28 mars 2012, CGPME, n° 341067, *Lebon* T.), ce n'est pas celui de l'Institut national du travail (CE, 26 juillet 2011, Syndicat SNUTEFI, n° 346771).

Il est jugé, à l'inverse de la solution adoptée en matière de décrets, que le refus d'un ministre de prendre un acte réglementaire constitue un acte réglementaire, tout comme le refus du ministre de provoquer l'édiction d'un décret réglementaire (CE ass., 8 juin 1973, Richard, n° 84601, *Lebon*, p. 405). D'où l'on conclut, fort logiquement, que le refus d'un ministre de modifier des dispositions réglementaires, qu'il n'a pas compétence pour modifier, relève de la compétence en premier ressort du Conseil d'État (CE, 27 mars 2000, Syndicat national des travailleurs des transports solidaires).

On note que si le ministre s'est prononcé, dans le domaine réglementaire, en qualité d'autorité hiérarchique, sur une décision prise par une autorité déconcentrée, l'affaire relève du tribunal administratif et non du Conseil d'État (CE, 28 juillet 2017, Société O'Tours du chocolat, n° 398816, *Lebon* T.).

• ***À titre d'exemples, ont été regardés comme réglementaires :***
– les actes ministériels portant organisation du service public, tels que la déclaration de vacance d'un office de greffier de tribunal de commerce (CE, 11 février 2015, Singer, n° 367884), le refus de créer un office de notaire (CE, 3 décembre 1993, Ferron, n° 114810), ou d'autoriser son transfert (CE, 17 décembre 1997, Desmots, n° 147961, *Lebon* T.), ou le refus d'autoriser le transfert d'un office d'huissier de justice (CE, 5 novembre 1993, Sœur, n° 109974), ou de supprimer une circonscription rabbinique (CE, 28 septembre 1998, Association séfarade de Mulhouse, n° 162289). Le même critère explique que l'on ait jugé réglementaire l'acte transformant un office public d'HLM en OPAC (CE, 1er juin 1994, Syndicat CFDT Interco du Maine-et-Loire, n° 143078), ou encore l'arrêté portant agrément d'une fédération sportive et délégation à elle d'une mission de service public (CE, 20 janvier 1989, Fédération française de karaté, n° 73962, *Lebon* T.), ou encore tous les actes portant délégation de la signature du ministre ;
– la décision du Premier ministre de faire publier un rapport par la Documentation française (CE sect., 21 octobre 1988, Église de scientologie de Paris, n° 68638, *Lebon*, p. 354) ;
– la décision créant une commission ou déterminant sa composition (CE sect., 13 juillet 1967, Bouiller, n° 65165, *Lebon*, p. 312) ;
– la décision implicite par laquelle le ministre chargé des transports approuve les tarifs de péages fixés par une société d'autoroutes : c'est un acte d'homologation, présentant le caractère d'acte réglementaire, ce qui rend le Conseil d'État compétent pour en connaître en premier ressort, ainsi que, au titre de la connexité, pour connaître de la décision de la société concessionnaire fixant ces tarifs (CE, 27 juillet 2001, Millet, n° 199262, *Lebon* T.) ;
– la décision par laquelle le ministre du Travail abroge ou modifie, en application de l'article L. 221-17 du Code du travail, l'arrêté préfectoral ordonnant la fermeture au public des établissements concourant au ravitaillement de la population, et celle par laquelle le même ministre refuse de procéder à cette abrogation ou modification (CE, 3 décembre 2003, SARL QSCT, n° 248840, *Lebon* T.) ;
– la décision par laquelle le ministre de l'Agriculture reconnaît une société d'intérêt collectif agricole en qualité d'organisation de producteurs (CE, 7 août 2008, Comité économique agricole fruits et légumes, n° 291158, *Lebon* T., solution implicite) ;
– la décision par laquelle le Premier ministre refuse de notifier un texte à la Commission européenne en application de la réglementation communautaire des aides d'État (CE ass., 7 novembre 2008, Comité national des interprofessions des vins à appellations d'origine, n° 282920, solution implicite) ;
– l'arrêté du ministre chargé de l'Agriculture portant reconnaissance en qualité d'organisation de producteurs d'une société d'intérêt collectif agricole (SICA) (CE, 10 mars 2022, Société Saint-Louis Sucre, n° 439178, *Lebon T.*).
– l'arrêté des ministres de la Santé et de la Sécurité sociale, fixant la liste des spécialités pharmaceutiques prises en charge au titre de l'article L. 162-18-1 du Code de la sécurité sociale (CE, 6 juin 2025, n° 498640, *Lebon* T.).

• ***N'ont en revanche pas été regardés comme réglementaires :***
– la nomination des membres d'une commission (CE sect., 28 juin 1968, Cassignol, n° 68310, *Lebon*, p. 405) ;
– l'inscription d'un port sur la liste des ports n'ayant pas à disposer de dockers permanents (CE, 17 février 1992, Société Sogetra, n° 116380, *Lebon* T.), ou le classement d'un aéroport en catégorie B (CE, 5 mai 1993, Association de défense des riverains de l'aéroport de Deauville, n° 126450, *Lebon* T.) ;
– l'approbation des statuts d'un organisme (CE, 9 décembre 1994, Baheux, n° 118208, *Lebon* T.), ou le refus d'approbation des modifications statutaires d'une association reconnue d'utilité publique, quand bien même cette approbation devrait être donnée par décret (CE, 4 juillet 2012, Fédération française de gymnastique, n° 354892, *Lebon* T.) ;
– l'autorisation de rejets radioactifs par une centrale nucléaire (CE, 19 juin 2000, Association Stop Civaux, n° 192993) ;
– l'acte relatif au constat de l'état de catastrophe naturelle (CE, 24 février 2006, Commune de Mourenx, n° 273502), ou l'arrêté classant les communes dans différentes zones en fonction du déséquilibre entre offre et demande de logement (CE, 16 juin 2016, Commune de Chateaufort, n° 387531, *Lebon* T.) ;
– les actes déterminant les zones et productions touchées par une calamité agricole (CE, 20 mars 2017, Association pour la sauvegarde de l'agriculture, n° 387319, *Lebon* T.) ;
– les arrêtés autorisant l'ouverture d'un unique concours, faute de permanence (CE, 27 juin 2011, Association sauvons l'Université, n° 340164, *Lebon* T.) ;
– l'agrément du centre de formation d'une association sportive non chargée d'une mission de service public (CE, 8 mars 2012, Association Nice volley-ball, n° 352959, *Lebon* T.), comme le refus d'agrément d'une fédération sportive (CE, 26 avril 2017, Fédération de boxe américaine, n° 399945) ;
– la décision arrêtant le classement d'une compétition sportive (CE, 12 octobre 2016, Association Olympia lutte Schiltigheim, n° 398995) ;
– l'arrêté du Premier ministre relatif au classement de communes en zone de revitalisation rurale (CE, 27 juillet 2015, Communauté de communes de la vallée du Louron, n° 375794). La solution fut la même pour l'agrément, ou le refus d'agrément d'un établissement de formation, lequel n'a pas pour objet l'organisation du service public, et n'est donc pas réglementaire (CE sect., 1er juillet 2016, Institut d'ostéopathie de Bordeaux, n° 393082 – à rapprocher de la solution antérieure inverse : CE sect., 13 juin 1969, Commune de Clefcy, n° 76261, *Lebon*, p. 308) ;
– le bilan des résultats économiques et sociaux d'un grand projet d'infrastructure, prévu à l'article L. 1511-2 du Code des transports (CE, 4 octobre 2017, Ibanez, n° 403537) ;
– la décision par laquelle le ministre chargé des mines refuse de faire droit à une demande d'extension d'un titre minier (CE, 4 août 2021, Société BridgeOil, n° 439252, *Lebon* T.) ;
– les décisions que prend la Commission nationale du débat public sur le fondement de l'article L. 121-9 du Code de l'environnement (CE, 8 décembre 2021, Association Fracture, n° 446947, *Lebon* T.) ;

– la suppression d'un office notarial (CE, 13 avril 2022, Société Emma Lebrere-Montalban et Liliane Montalban et autre, n° 459310, *Lebon* T.) ; sa création (CE, 28 décembre 2018, Laffon et autres, n° 409441, *Lebon* T.), sa déclaration de vacance (CE, 12 février 2020, Dumas, n° 418880, *Lebon* T.) ;
– la fixation des prix des produits proposés par la cantine d'un établissement pénitentiaire est réglementaire, mais ne relève pas du ministre (27 juillet 2022, n° 463996, *Lebon* T.).
– la décision refusant de modifier les limites territoriales d'une commune (CE, 14 octobre 2022, n° 457980, *Lebon* T.) ;
– la décision du ministre de l'Intérieur d'interdire la vente aux mineurs, la publicité et l'exposition à la vue au public d'un ouvrage (CE, 3 juin 2022, n° 457453, *Lebon* T., abandonnant sur ce point CE, 12 janvier 1972, Société « Éditions du Square », n° 82382, *Lebon*, p. 35) ;
– les rapports annuels d'activité de la Mission interministérielle de vigilance et de lutte contre les dérives sectaires (Miviludes) (CE, 10 février 2023, n° 456954, *Lebon*).

On note la disparition, comme critère de compétence de premier ressort du Conseil d'État, de l'intervention nécessaire d'un avis du Conseil d'État, critère faisant très largement double emploi avec celui, soit des décrets, soit des actes réglementaires des ministres. Outre les refus de prendre des décrets, quelques rares arrêtés ministériels individuels vont être concernés par ce dispositif.

III – Agents publics

S'agissant du 3°, on aurait pu songer à la disparition totale de ce « privilège de juridiction » concernant les plus hauts agents de la fonction publique. Tel n'a pas été le parti retenu : cette catégorie d'agents est inchangée. Mais tous les litiges auxquels peut donner lieu le déroulement de la carrière des intéressés n'entrent pas dans le champ d'application du nouveau 3° : les auteurs du décret n° 2010-164 du 22 février 2010 ont opéré un tri qui n'est pas sans rappeler celui qui avait présidé, en matière de fonction publique, à l'édition de l'article R. 222-13 du code.

Il faut d'abord noter, s'agissant de la catégorie d'agents, que la lecture de l'article a toujours été faite littéralement. Il ne suffit pas en somme qu'un agent ait été nommé par décret du président de la République pour que son contentieux, tel que délimité par ce 3°, relève du Conseil d'État. Encore faut-il que cette intervention du président de la République ait été dictée par l'article 13 de la Constitution ou les articles 1 et 2 de l'ordonnance du 28 novembre 1958, ce qui concerne, essentiellement, les membres des grands corps, les magistrats judiciaires (y compris s'agissant des candidatures à l'exercice à titre temporaire des fonctions de magistrat : CE, 28 septembre 2001, Delbarre, n° 210546, *Lebon* T., ou aux fonctions de juges de proximité : CE, 27 juillet 2005, Ferrari, n° 269794), les officiers, les professeurs d'université (Oui pour le litige relatif au recrutement par voie de mutation [CE, 25 mai 2020, Cazals, n° 424367, *Lebon* T.] – Non pour les litiges relatifs à l'ouverture d'un poste [CE 29 juin 2020, Bisiou, n° 421601]) et les membres des corps recrutés par la voie de l'ENA, notamment les magistrats administratifs (CE 24 janvier 2022, Vallecchia, n° 445786, *Lebon T.* s'agissant un tableau d'avancement au grade de président).

N'entrent pas dans ce cadre, par exemple :
– les élèves officiers (CE, 31 mars 1999, Pech de Laclause, n° 194667, *Lebon* T.) ;
– les membres de corps pourtant statutairement soumis aux dispositions applicables aux officiers, tel étant le cas des infirmiers surveillants chefs militaires (CE, 4 juin 1999, Bistac, n° 193341, *Lebon* T.) ;
– les conservateurs généraux de bibliothèques (CE, 28 juillet 2000, Bonnefoy, n° 218462) ;
– les administrateurs de la ville de Paris, nonobstant le fait qu'ils sont normalement recrutés par la voie de l'École nationale d'administration, dès lors qu'en leur qualité de fonctionnaires territoriaux, ils sont nommés par l'autorité territoriale (CE, 26 février 2001, Nentien, n° 224880) ;
– les sous-directeurs d'administration centrale (CE, 10 novembre 2010, Weiner, n° 341356, *Lebon* T.).

On notera en revanche que l'appartenance à un corps normalement pourvu par décret du président de la République en application des textes susmentionnés entraîne la compétence directe du Conseil d'État, lors même que l'intéressé n'y a pas accédé par le truchement d'un tel décret. La circonstance à l'inverse que l'intéressé a été nommé par décret du président de la République, fût-ce au titre d'un usage établi, est sans influence sur la compétence du Conseil d'État : ainsi des inspecteurs généraux du tourisme (CE, 23 juin 1999, Mougey, n° 196691, *Lebon* T.), des chefs de mission de la coopération (CE, 31 juillet 1992, Labi, n° 90145, *Lebon* T. [1]), des membres du corps des administrateurs des postes et télécommunications (CE, 16 juin 2000, Pele, n° 176736, *Lebon* T.) ou des directeurs d'études à l'École des hautes études en sciences sociales (CE, 15 mai 2006, Duverger, n° 289493, *Lebon* T.).

Les litiges ainsi mentionnés doivent, évidemment, se rattacher à des démêlés « statutaires » de l'agent concerné : si le litige concerne la situation de l'agent avant sa nomination par décret du président de la République, il relèvera de la juridiction compétente compte tenu de cette situation antérieure (CE, 21 octobre 1994, Bouché, n° 138888), sauf dans les cas où l'objet du litige est le refus de faire accéder l'agent à un corps dont les membres sont nommés par décret du président de la République.

C'est l'application du statut, dans le champ délimité par le 3°, qui doit être en cause, et non une législation distincte de ce statut, en serait-elle voisine : ainsi le refus de communiquer un document administratif à un tel fonctionnaire relèvera du tribunal administratif s'il ne peut être rattaché à un droit statutairement organisé d'accès à un tel document (CE, 20 novembre 1987, Lagraula, n° 45686, *Lebon*, p. 373 – CE, 10 avril 2009, Burgaud, n° 320314, *Lebon* T.).

Revenant sur une position jugée en 2011 (CE, 5 décembre 2011, Gollnisch, n° 347709, *Lebon* T., s'agissant de la demande d'indemnisation des conséquences d'une sanction disciplinaire), le Conseil d'État avait décidé que l'attribution de compétence découlant du 3° de l'article R. 311-1 couvrait l'ensemble des litiges concernant les questions ici mentionnées, y compris donc les litiges indemnitaires relatifs à la réparation des préjudices causés par des décisions prises en matière de recrutement ou de discipline (CE sect., 21 juin 2013, Tamru, n° 354299). Il est revenu à la solution arrêtée en 2011, par une décision *Pellet* (CE, 29 septembre

2017, n° 401679, *Lebon* T.). Relève du Conseil d'État une décision mettant fin à l'exercice des fonctions d'un magistrat prise consécutivement à la notification de la décision prononçant son déplacement d'office à titre de sanction disciplinaire, bien qu'elle soit matériellement distincte de celle-ci, fait partie intégrante de la mesure disciplinaire (CE, 12 juillet 2024, n° 468662, *Lebon* T.).

On note que, si le litige intéresse un agent nommé par décret du président de la République, mais se rattache à la position dans laquelle l'intéressé se trouve placé – par détachement ou autre – dans des fonctions auxquelles il n'est pas pourvu par un tel décret, ce litige échappe au Conseil d'État en premier ressort (CE, 13 février 2006, Poussines, 256450 – CE, 7 mars 2005, Signoles, n° 254574 – CE, 9 juin 2006, Durand, n° 273226, *Lebon* T., solution implicite).

Pour la catégorie d'agents ainsi définie, seuls relèveront de la compétence directe du Conseil d'État les litiges concernant le recrutement et la discipline.

On note d'abord qu'il importe peu que les litiges soient d'ordre individuel ou collectif. Le changement de texte ici opéré a pour objet d'inclure dans la compétence directe du Conseil d'État les litiges liés au déroulement des concours organisés pour le recrutement des agents ici visés (par exemple, le concours d'accès à l'École nationale d'administration, ou à l'École nationale de la magistrature). Ainsi qu'il est jugé (CE sect., 21 juin 2013, Villaume, n° 349730), le texte confie au Conseil d'État la connaissance des litiges par lesquels sont mises en cause les opérations de recrutement ou de sélection commandant l'accès à un corps de fonctionnaires nommés par décret du président de la République, que le litige se rapporte à un refus d'admission à concourir, ou aux résultats du concours ou de la sélection.

Pour le surplus, le champ d'application *ratione materiae* de ce 3° nouveau est très restreint : tous les litiges liés au déroulement de carrière des agents concernés relèvent en première instance du tribunal administratif, qu'il s'agisse de la rémunération, de l'avancement, des mutations, de la sortie du service, si elle n'est pas disciplinaire, et bien sûr des pensions.

S'agissant de la « discipline », dont le contenu a été précisé par la jurisprudence développée pour l'application de l'article R. 222-13, il se confirme que le litige afférent à une mesure de suspension est au nombre des litiges concernant la discipline, « alors même que la mesure de suspension ne présente pas, par elle-même, le caractère d'une sanction disciplinaire » (CE, 9 décembre 2005, Lechaplais, n° 281085, *Lebon* T. – CE, 26 juillet 2011, Triquenaux, n° 343837, *Lebon* T.). Les sanctions professionnelles mentionnées à l'article L. 4137-1 du Code de la défense sont regardées, eu égard à leur objectif « punitif », comme assimilables aux sanctions disciplinaires et entrent donc dans le champ du 3° de l'article R. 311-1 (CE, 19 décembre 2012, Chabrier, n° 357475, *Lebon* T.), à la différence des mesures prises pour prévenir un trouble à l'ordre public, serait-il soutenu qu'elles ont constitué une sanction disciplinaire déguisée (même arrêt).

IV – Décisions prises par diverses autorités

S'agissant du 4°, les auteurs du texte se sont trouvés face à une jurisprudence complexe rendue pour l'application de l'ancien texte, obligeant à distinguer, dans les décisions prises au nom de ces organismes, celles émanant de leur exécutif seul, relevant du tribunal administratif, de celles émanant de l'organe collégial, relevant du Conseil d'État (voir, s'agissant de la CNIL : CE, 28 juillet 2000, Troyon, n° 210311, *Lebon*, p. 330 ; et s'agissant de la Commission nationale de contrôle des interceptions de sécurité : CE, 28 juillet 2000, Dakar, n° 212941). Jurisprudence d'où ne ressortait par ailleurs pas avec évidence la notion d'organe collégial à compétence nationale, tel étant le texte antérieur.

Le parti retenu a été de procéder par voie d'énumération des organismes concernés, d'une part, et de ne plus faire état des mesures prises par ces organismes, d'autre part, mais par leurs « organes », sans qu'il y ait donc lieu de distinguer entre l'exécutif et les collèges, tout en limitant la compétence directe du Conseil d'État aux mesures de « contrôle ou de régulation », ce qui exclut les actes de gestion courante : entrent ainsi dans cette dernière catégorie le refus de communiquer des documents (CE, 15 octobre 2014, Association nationale des victimes de l'immobilier, n° 362927, *Lebon* T.), le refus par la commission de régulation de l'énergie de rembourser une fraction de la contribution au service public de l'électricité (CE, 5 mars 2012, Société Ciments Calcia, n° 346410, *Lebon*, p. 73) ou d'instruire le dossier d'un candidat à un appel d'offres (CE, 10 juin 2013, Société Bigben Interactive, n° 363082, *Lebon* T.) ; la solution a été identique s'agissant de décisions de cette commission prises dans le cadre de la procédure d'imposition à la contribution au service public de l'électricité (CE, avis, 22 juillet 2015, Société Praxair, n° 388853). Identiquement, échappe à la compétence de premier ressort du Conseil d'État une demande d'indemnité dirigée contre l'Agence française de lutte contre le dopage, cette demande n'étant pas dirigée contre une décision de l'Agence prise au titre de ses missions de contrôle ou de régulation (CE, 18 décembre 2013, Longo, n° 365844, *Lebon* T.) ; la solution a été la même s'agissant de la décision de retrait d'agrément prononcée par cette agence à l'encontre d'une personne chargée du contrôle (CE, 16 octobre 2017, Garcia, n° 409124, *Lebon* T.). Quant aux décisions de la CNIL en matière d'accès aux données contenues dans des fichiers intéressant la sécurité publique, elles relèvent du Conseil d'État si la CNIL a désigné un de ses membres pour effectuer les investigations utiles, voire procéder aux modifications nécessaires. Si en revanche elle a informé le demandeur du refus par le responsable du fichier de lui communiquer tout ou partie des informations contenues dans le fichier, elle ne fait que communiquer cette décision de refus d'accès, ce qui ne relève pas de la compétence du Conseil d'État en premier ressort (CE, 4 novembre 2013, Lebastard, n° 345408). L'avis par lequel la Haute Autorité pour la transparence de la vie publique (HATVP) s'est prononcée sur la compatibilité d'un projet d'activité privée lucrative avec les fonctions exercées précédemment par un fonctionnaire a le caractère d'une décision susceptible de faire l'objet d'un recours pour excès de pouvoir et entre dans le champ du 4° de l'article R. 311-1 (CE, 4 novembre 2020, Gourdault-Montagne, n° 440963, *Lebon*). Mais la décision par laquelle la HATVP renouvelle l'agrément accordé à une association n'est pas au nombre des décisions prises au titre de la mission de contrôle et de régulation et relève du TA de Paris (CE, 21 septembre 2023, n° 469866, *Lebon* T.).

Avec treize organismes, le champ du 4° s'est considérablement rétréci !

Naturellement, ces dispositions réglementaires sont sans effet sur les attributions législatives de compétence au bénéfice de la juridiction judiciaire concernant certaines de ces institutions.

On retiendra que les litiges nés des décisions de ces organismes collégiaux ne se limitent pas toujours aux recours pour excès de pouvoir : les décisions qui soulèveraient un litige de plein contentieux sont également visées (CE, 11 février 2004, Association Défense de la chanson française, n° 244324, *Lebon* T.), sauf si le texte n'autorise pas cette assimilation (voir décision *Longo* citée ci-dessus, s'agissant des décisions de l'Agence de lutte contre le dopage).

L'addition à la liste, en août 2011, de la Commission nationale d'aménagement commercial avait mis fin à un débat interne à la juridiction administrative (voir étude, *JCP A*, 25 octobre 2010, p. 2), lequel est désormais dépassé, les cours administratives d'appel étant désormais compétentes pour connaître en première instance des décisions de cette commission (voir CJA, art. R. 311-3 ci-après et L. 600-10 du Code de l'urbanisme en annexe).

V – La responsabilité pour durée excessive de la procédure contentieuse

Le 5° reprend les dispositions du 7° antérieur, compte tenu de la disparition des 5° et 6° d'origine, lesquels fondaient la compétence par défaut du Conseil d'État. Le Conseil d'État est, depuis 2005, chargé de statuer sur les actions en responsabilité liées à la durée excessive de la procédure devant les juridictions administratives. Cette mesure fut opportune. Outre qu'elle évite à des juridictions soumises au contrôle du Conseil d'État de se prononcer sur les conditions dans lesquelles ce dernier aurait pu méconnaître le « délai raisonnable » de jugement, elle permet de ne pas prendre le risque d'ajouter un délai non raisonnable pour examiner ces actions en responsabilité.

Jurisprudence

[1] Considérant qu'en vertu de l'article 2 du décret du 30 septembre 1953 : « Le Conseil d'État reste compétent pour connaître en premier et dernier ressort : [...] 2°) des litiges relatifs à la situation individuelle des fonctionnaires nommés par décret du président de la République en vertu des dispositions de l'article 13 (3e alinéa) de la Constitution et des articles 1er, et 2 de l'ordonnance du 28 novembre 1958 portant loi organique concernant les nominations aux emplois civils et militaires de l'État » ; que les emplois de chefs de mission de coopération ne sont visés ni à l'article 13 de la Constitution, ni aux articles 1er et 2 de l'ordonnance précitée du 28 novembre 1958 ; qu'aux termes du décret du 25 juillet 1959 : « Le chef de mission d'aide et de coopération est nommé par décret pris sur le rapport du ministre d'État chargé de l'aide et de la coopération » ; que si, conformément à un usage établi, M. Labi, agent contractuel, a cependant été nommé chef de mission à Maputo (Mozambique) par décret du président de la République en date du 11 décembre 1985, cette nomination n'avait pour objet que de lui confier des fonctions et une affectation et n'a pas eu pour effet de lui conférer la qualité de fonctionnaire nommé par décret du président de la République au sens des dispositions sus-rappelées ; que, par suite, le litige relatif à sa situation individuelle qu'il soumet à la juridiction administrative ne ressortit pas à la compétence en premier et dernier ressort du Conseil d'État [...].

Les compétences de premier ressort du Conseil d'État en matière d'installations de production d'énergie renouvelable en mer

Art. R. 311-1-1 Le Conseil d'État est compétent pour connaître, en premier et dernier ressort, dans les conditions prévues par le présent code et par les articles 3 et 4 du décret n° 2016-9 du 8 janvier 2016 concernant les ouvrages de production et de transport d'énergie renouvelable en mer, des recours dirigés contre :

1° Les décisions suivantes, relatives aux installations de production d'énergie renouvelable en mer et à leurs ouvrages connexes :

a) L'autorisation d'exploiter une installation de production d'électricité prévue par l'article L. 311-1 du code de l'énergie ;

b) La décision d'approbation prévue par les articles R. 323-26 et R. 323-40 du code de l'énergie ;

c) L'autorisation environnementale prévue à l'article L. 181-1 du code de l'environnement et les prescriptions complémentaires prévues à l'article L. 181-14 du même code ;

d) La dérogation mentionnée au 4° de l'article L. 411-2 du code de l'environnement ;

e) L'autorisation d'occupation du domaine public mentionnée à l'article R. 2122-1 du code général de la propriété des personnes publiques ;

f) Les concessions d'utilisation du domaine public maritime mentionnées à l'article R. 2124-1 du code général de la propriété des personnes publiques ;

g) Les autorisations requises pour la construction, l'exploitation et l'utilisation d'îles artificielles, d'installations, d'ouvrages et de leurs installations connexes sur le plateau continental et dans la zone économique et la zone de protection écologique mentionnées à l'article 3 du décret n° 2013-611 du 10 juillet 2013 relatif à la réglementation applicable aux îles artificielles, aux installations, aux ouvrages et à leurs installations connexes sur le plateau continental et dans la zone économique et la zone de protection écologique ainsi qu'au tracé des câbles et pipelines sous-marins ;

h) L'autorisation unique prévue à l'article 20 de l'ordonnance n° 2016-1687 du 8 décembre 2016 relative aux espaces maritimes relevant de la souveraineté ou de la juridiction de la République française ;

i) L'autorisation mentionnée à l'article L. 6352-1 du code des transports ;

j) Les prescriptions archéologiques mentionnées à l'article R. 523-15 du code du patrimoine ;

k) Les décisions prises en application de l'article R. 311-23 du code de l'énergie ;

l) Les décisions prises en application de l'article R. 311-25-7 du code de l'énergie ;
m) La décision d'approbation prise en application du premier alinéa de l'article R. 311-27-1 du code de l'énergie ;
n) Les contrats conclus en application de l'article L. 311-12 du code de l'énergie ;
o) Pour les ouvrages d'acheminement ou de transformation de l'électricité appartenant au producteur, la dérogation mentionnée au 4° de l'article L. 411-2 du code de l'environnement ;
p) Pour les ouvrages d'acheminement ou de transformation de l'électricité appartenant au producteur, le permis de construire du poste électrique délivré en application de l'article L. 421-1 du code de l'urbanisme ;
q) Pour les ouvrages d'acheminement ou de transformation de l'électricité appartenant au producteur, l'autorisation de défrichement prévue à l'article L. 341-3 du code forestier ;
2° Les décisions suivantes, relatives aux ouvrages des réseaux publics d'électricité dont au moins une partie est située en mer ou aux ouvrages de raccordement des installations de production d'énergie renouvelable en mer, jusques et y compris aux premiers postes de raccordement à terre :
a) La déclaration d'utilité publique mentionnée à l'article L. 323-3 du code de l'énergie ;
b) Les décisions prévues par les articles R. 323-26 à R. 323-28 du code de l'énergie ;
c) L'autorisation environnementale prévue à l'article L. 181-1 du code de l'environnement et les prescriptions complémentaires prévues à l'article L. 181-14 du même code ;
d) L'autorisation d'occupation du domaine public mentionnée à l'article R. 2122-1 du code général de la propriété des personnes publiques ;
e) Les concessions d'utilisation du domaine public maritime mentionnées à l'article R. 2124-1 du code général de la propriété des personnes publiques ;
f) La dérogation mentionnée au 4° de l'article L. 411-2 du code de l'environnement ;
g) Le permis de construire du poste électrique délivré en application de l'article L. 421-1 du code de l'urbanisme ;
h) Les décisions prévues aux articles 20 et 28 de l'ordonnance n° 2016-1687 du 8 décembre 2016 relative aux espaces maritimes relevant de la souveraineté ou de la juridiction de la République française ;
i) L'autorisation de défrichement prévue à l'article L. 341-3 du code forestier ;

j) La déclaration d'utilité publique prévue à l'article L. 121-1 du code de l'expropriation pour cause d'utilité publique ;
k) L'autorisation mentionnée à l'article L. 6352-1 du code des transports ;
l) Les prescriptions archéologiques mentionnées à l'article R. 523-15 du code du patrimoine ;
m) Les servitudes instituées par les articles L. 323-4 et L. 323-5 du code de l'énergie ;
3° Les décisions suivantes, relatives aux infrastructures portuaires rendues nécessaires pour la construction, le stockage, le pré-assemblage, l'exploitation et la maintenance des installations mentionnées aux 1° et 2° du présent article ainsi qu'aux opérations de transport et de dragage connexes :
a) L'autorisation environnementale prévue à l'article L. 181-1 du code de l'environnement et les prescriptions complémentaires prévues à l'article L. 181-14 du même code ;
b) L'autorisation d'occupation du domaine public mentionnée à l'article R. 2122-1 du code général de la propriété des personnes publiques ;
c) La dérogation mentionnée au 4° de l'article L. 411-2 du code de l'environnement ;
d) Le permis de construire délivré en application de l'article L. 421-1 du code de l'urbanisme et la décision de non-opposition à une déclaration préalable de travaux mentionnée à l'article R. 424-1 du même code.
4° Les décisions prises en application de l'article L. 121-8-1 du code de l'environnement.

Textes sources

– Décret n° 2021-282 du 12 mars 2021, article 1er.
– Décret n° 2023-1419 du 29 décembre 2023, article 5.

Commentaires

Cet article dresse la liste des décisions prises en matière d'installations de production d'énergie renouvelable en mer (éoliennes « offshore ») qui relèvent désormais de la compétence en premier et dernier ressort du Conseil d'État statuant au contentieux, à la place de la cour administrative d'appel de Nantes jusque-là compétente, en application du III de l'article 55 de la loi n° 2020-1525 du 7 décembre 2020 d'accélération et de simplification de l'action publique. Corrélativement, l'article 1er du décret n° 2021-282 abroge l'article R. 311-4. L'article 2 du même décret modifie le décret n° 2016-9 du 8 janvier 2016 pour substituer la référence de l'article R. 311-1-1 à celle de l'article R. 311-4. En application des dispositions de son article 3 et de l'article L. 221-3 du CRPA, ce texte publié au *JORF* n° 0063 du 14 mars 2021 s'applique aux requêtes enregistrée à compter du 15 mars 2021. Le Conseil d'État est compétent pour connaître en premier et dernier ressort du recours pour excès de pouvoir formé contre l'acte par lequel un maître d'ouvrage décide, en application de l'article L. 121-13 du Code de l'environnement, du principe et des conditions de la poursuite du projet d'implantation d'un parc éolien en mer ayant fait l'objet d'un débat public, alors même qu'une telle décision ne figure pas parmi la liste des décisions relatives aux ouvrages de production et de transport d'énergie renouvelable en mer (CE, 10 juillet 2023, n° 457659, *Lebon* T.).

Le projet d'interconnexion électrique France-Espagne par le Golfe de Gascogne ne relève cependant pas du Conseil d'État (CE, sect., 15 janvier 2024, n° 490229, *Lebon* T.)

La compétence de premier ressort de la cour administrative d'appel de Paris

Art. R. 311-2 La cour administrative d'appel de Paris est compétente pour connaître en premier et dernier ressort :

1° Des recours dirigés contre les arrêtés du ministre chargé du travail relatifs à la représentativité des organisations syndicales, pris en application de l'article L. 2122-11 et L. 2152-6 du code du travail ;

1° bis Des recours dirigés contre l'arrêté du directeur général de l'Autorité des relations sociales des plateformes d'emploi fixant la liste des organisations mentionnées à l'article L. 7343-2 reconnues représentatives au niveau des secteurs mentionnés à l'article L. 7343-1 ;

2° Des litiges relatifs aux décisions prises par l'Autorité de régulation de la communication audiovisuelle et numérique en application des articles 28-1, 28-3 et 29 à 30-7 de la loi n° 86-1067 du 30 septembre 1986 relative à la liberté de communication, à l'exception de celles concernant les services de télévision à vocation nationale ;

3° Des recours dirigés contre les décisions du ministre chargé de la culture relatives à la délivrance ou au refus de délivrance du visa d'exploitation cinématographique aux œuvres ou documents cinématographiques ou audiovisuels destinés à une représentation cinématographique, prises en application de l'article L. 211-1 du code du cinéma et de l'image animée ;

4° Des recours dirigés contre les décisions de l'autorité polynésienne de la concurrence et de l'autorité de la concurrence de la Nouvelle-Calédonie qui ne relèvent pas du juge judiciaire ;

5° À compter du 1er janvier 2019, des litiges, y compris pécuniaires, relatifs à l'ensemble des actes, autres que ceux prévus aux 1°, 2° et 6° de l'article R. 311-1, afférents :

– aux opérations d'urbanisme et d'aménagement, aux opérations foncières et immobilières, aux infrastructures et équipements ainsi qu'aux voiries dès lors qu'ils sont, même pour partie seulement, nécessaires à la préparation, à l'organisation ou au déroulement des Jeux olympiques et paralympiques de 2024 ;

– aux documents de toute nature, notamment les documents d'urbanisme et d'aménagement, en tant qu'ils conditionnent la réalisation des opérations, infrastructures, équipements et voiries mentionnés à l'alinéa précédent ;
– aux constructions et opérations d'aménagement figurant sur la liste fixée par le décret prévu au dernier alinéa de l'article 12 de la loi n° 208-202 du 26 mars 2018 relative à l'organisation des Jeux olympiques et paralympiques de 2024.
6° Des litiges relatifs aux décisions prises en application de l'article 28 de la loi n° 2023-175 du 10 mars 2023 relative à l'accélération de la production d'énergies renouvelables.

Textes sources

– Décret n° 2013-730 du 13 août 2013, article 5.
– Décret n° 2017-383 du 22 mars 2017, article 1er.
– Décret n° 2018-1249 du 26 décembre 2018, article 1er.
– Décret n° 2019-1502 du 30 décembre 2019, article 6.
– Décret n° 2021-1791 du 23 décembre 2021, article 2.
– Décret n° 2022-779 du 2 mai 2022, article 16.
– Décret n° 2023-1417 du 29 décembre 2023.

Commentaires

Implicitement jugé que la cour administrative d'appel de Paris est compétente pour connaître de la décision par laquelle le ministre du Travail arrête la liste des organisations syndicales représentatives et leurs audiences respectives dans un périmètre utile pour une négociation en cours ou à venir (CE, 6 avril 2022, Ministre du Travail, de l'Emploi et de l'Insertion c/Syndicat UNSA OPH, n° 434612). Les projets de création d'une gare au Triangle de Gonesse sur la ligne 17 Nord et la ligne 17 Nord ne constituent pas une opération nécessaire aux jeux pour l'application du 5° et relève du TA de Cergy-Pontoise (CE, 17 octobre 2022, n° 464620, *Lebon* T. – CE, 17 octobre 2022, n° 459219, *Lebon* T.).

La compétence de premier ressort des cours administratives d'appel

Art. R. 311-3 Les cours administratives d'appel sont compétentes pour connaître en premier et dernier ressort des litiges relatifs aux décisions prises par la Commission nationale d'aménagement commercial en application de l'article L. 752-17 du code de commerce, ainsi qu'aux décisions prises par la Commission nationale d'aménagement cinématographique en application de l'article L. 212-10-3 du code du cinéma et de l'image animée.
La cour administrative d'appel territorialement compétente pour connaître de ces recours est celle dans le ressort de laquelle a son siège la commission départementale d'aménagement commercial ou la commission départementale d'aménagement cinématographique qui a pris la décision.

Textes sources

– Décret n° 2013-730 du 13 août 2013, article 5.
– Décret n° 2015-268 du 10 mars 2015, article. 6.

Commentaires

On regrettera que, pour les éléments concernant l'urbanisme commercial, les dispositions de cet article aient été complétées par le législateur (loi n° 2014-626 du 18 juin 2014, art. 58), sous la forme de l'article L. 600-10 nouveau du Code de l'urbanisme concernant les litiges relatifs au permis de construire tenant lieu d'autorisation d'exploitation commerciale (voir les commentaires sous cet article en annexe), sans que le législateur fasse mention de la modification implicite ainsi réalisée de l'article R. 311-3 et sans d'ailleurs qu'il s'avise que ce dispositif est de nature réglementaire. Pour autant, l'article R. 311-3 n'est pas obsolète car, outre le cas de survie du régime antérieur à la loi du 18 juin 2014 (CE, 27 janvier 2020, Société Sodipaz et autres, n° 423529, *Lebon T.* – CE, 27 janvier 2020, Société Distribution Casino France, n° 422287), subsistent des hypothèses dans lesquelles la CNAC rend des décisions et non des avis (art. R. 752-11 du Code de commerce). Cette compétence ne s'étend pas à l'hypothèse où la CNAC a été saisie à titre facultatif (CE, 24 juillet 2024, n° 464565, *Lebon* T.).

Les compétences de premier ressort de la cour administrative d'appel de Nantes

Art. R. 311-4 *Abrogé par le décret n° 2021-282 du 12 mars 2021, article 1er, § II.*

Les compétences de premier ressort des cours en matière de décisions concernant l'installation de certaines éoliennes

Art. R. 311-5 Les cours administratives d'appel sont compétentes pour connaître, en premier et dernier ressort, des litiges portant sur les décisions suivantes, y compris leur refus, relatives aux installations de production d'électricité utilisant l'énergie mécanique du vent classées au titre de l'article L. 511-2 du code de l'environnement, à leurs ouvrages connexes, ainsi qu'aux ouvrages de raccordement propres au producteur et aux premiers postes du réseau public auxquels ils sont directement raccordés :

1° L'autorisation environnementale prévue par l'article L. 181-1 du code de l'environnement ;

2° La décision prise sur le fondement de l'ordonnance n° 2014-355 du 20 mars 2014 relative à l'expérimentation d'une autorisation unique en matière d'installations classées pour la protection de l'environnement ;

3° L'autorisation prise sur le fondement du chapitre II du titre Ier du livre V du code de l'environnement dans sa rédaction antérieure à l'ordonnance n° 2017-80 du 26 janvier 2017 relative à l'autorisation environnementale ;

4° La dérogation mentionnée au 4° de l'article L. 411-2 du code de l'environnement ;
5° L'absence d'opposition au titre du régime d'évaluation des incidences Natura 2000 en application du VI de l'article L. 414-4 du code de l'environnement ;
6° Les autorisations prévues par les articles L. 5111-6, L. 5112-2 et L. 5114-2 du code de la défense ;
7° Les autorisations requises dans les zones de servitudes instituées en application de l'article L. 5113-1 du code de la défense et de l'article L. 54 du code des postes et des communications électroniques ;
8° L'autorisation d'exploiter une installation de production d'électricité prévue par l'article L. 311-1 du code de l'énergie ;
9° La déclaration d'utilité publique mentionnée à l'article L. 323-3 du code de l'énergie, hors les cas où elle emporte mise en compatibilité des documents d'urbanisme ;
10° La décision d'approbation du projet de détail des tracés prévue par l'article L. 323-11 du code de l'énergie ;
11° Pour les ouvrages d'acheminement de l'électricité, les décisions d'approbation prévues par les articles R. 323-26 et R. 323-40 du code de l'énergie ;
12° L'autorisation de défrichement prévue par les articles L. 214-13, L. 341-3, L. 372-4, L. 374-1 et L. 375-4 du code forestier ;
13° Les autorisations d'occupation du domaine public mentionnées à l'article R. 2122-1 du code général de la propriété des personnes publiques ;
14° Les autorisations prévues par les articles L. 621-32 et L. 632-1 du code du patrimoine ;
15° Les prescriptions archéologiques mentionnées à l'article R. 523-15 du code du patrimoine ;
16° L'autorisation prévue par l'article L. 6352-1 du code des transports ;
17° Le permis de construire de l'installation de production délivré en application de l'article R. 421-1 du code de l'urbanisme dans les cas où cette installation n'en a pas été dispensée sur le fondement de l'article R. 425-29-2 de ce code ;
18° Pour les ouvrages d'acheminement de l'électricité, le permis de construire ou la décision de non-opposition à déclaration préalable du poste électrique délivrés en application des articles R. 421-1 ou R. 421-9 du code de l'urbanisme ;
19° Les décisions prorogeant ou transférant à un autre exploitant les autorisations mentionnées au présent article ;
20° Les décisions modifiant ou complétant les prescriptions contenues dans les autorisations mentionnées au présent article.

La cour administrative d'appel territorialement compétente pour connaître de ces recours est celle dans le ressort de laquelle a son siège l'autorité administrative qui a pris la décision.

Texte source

– Décret n° 2018-1054 du 29 novembre 2018, article 23.

Commentaires

Même postérieurement à l'entrée en vigueur de l'article R. 311-5, le tribunal administratif qui a compétemment annulé le refus de l'autorité administrative de délivrer l'autorisation d'exploiter une éolienne terrestre et a délivré cette autorisation demeure compétent pour se prononcer sur le recours en tierce opposition formé contre cette décision juridictionnelle (CE 12 novembre 2020, Leroy et autres, n° 441681, *Lebon* T.). La compétence de la CAA en premier et dernier ressort s'étend aux mesures de police qui sont la conséquence directe des décisions visées à l'article R. 311-5 (CE, 9 octobre 2019, Société FE Sainte Anne, n°s 432722 et 432920, *Lebon* T.) inclut les autorisations d'occupation du domaine public relatives aux éoliennes et à leurs ouvrages annexes (CE, 5 mai 2021, Société Ferme de la Puce, n° 448036, *Lebon* T.). L'extension de compétence vaut pour le contentieux relatif aux autorisations d'occupation des biens relevant du domaine privé d'une personne publique, dont l'usage est nécessaire à cette installation (CE, 25 octobre 2024, n° 489922, *Lebon* T.).

Le délai pour statuer dans le contentieux des décisions afférentes aux installations de production d'énergie à partir de sources renouvelables (hors énergie éolienne) et aux ouvrages des réseaux publics de transport et de distribution d'électricité

Art. R. 311-6 I. – Le présent article régit les litiges portant sur les installations et ouvrages suivants, y compris leurs ouvrages connexes :

– installation de méthanisation de déchets non dangereux ou de matière végétale brute, à l'exclusion des installations de méthanisation d'eaux usées ou de boues d'épuration urbaines lorsqu'elles sont méthanisées sur leur site de production ;

– ouvrages de production d'électricité à partir de l'énergie solaire photovoltaïque d'une puissance égale ou supérieure à 5 MW ;

– gîtes géothermiques mentionnés à l'article L. 112-1 du code minier à l'exclusion des activités de géothermie de minime importance mentionnées à l'article L. 112-2 du même code ;

– installations hydroélectriques d'une puissance égale ou supérieure à 3 MW ;

– ouvrages des réseaux publics de transport et de distribution d'électricité de raccordement des installations de production d'électricité mentionnées au présent I et ouvrages inscrits au schéma régional de raccordement au réseau des énergies renouvelables mentionné à l'article L. 321-7 du code de l'énergie, ainsi que les autres ouvrages qui relèvent du réseau public de transport et les postes électriques, à l'exclusion des installations et ouvrages relevant des dispositions des articles R. 311-5 et R. 311-1-1 du présent code.

Il s'applique aux décisions suivantes, y compris de refus, à l'exception des décisions prévues à l'article R. 311-1 et des décisions entrant dans le champ de l'article R. 811-1-1 du présent code :

1° L'autorisation environnementale prévue à l'article L. 181-1 du code de l'environnement ;

2° L'absence d'opposition à la déclaration d'installations, ouvrages, travaux et activités mentionnée au II de l'article L. 214-3 du code de l'environnement ;

3° La dérogation mentionnée au 4° du I de l'article L. 411-2 du code de l'environnement ;

4° L'absence d'opposition au titre du régime d'évaluation des incidences Natura 2000 en application du VI de l'article L. 414-4 du code de l'environnement ;

5° L'enregistrement d'installations mentionné à l'article L. 512-7 du code de l'environnement ;

6° La déclaration d'installations mentionné à l'article L. 512-8 du code de l'environnement ;

7° Le permis de construire mentionné à l'article L. 421-1 du code de l'urbanisme ;

8° La déclaration préalable mentionnée à l'article L. 421-4 du code de l'urbanisme ;

9° Les autorisations prévues par les articles L. 5111-6, L. 5112-2 et L. 5114-2 du code de la défense ;

10° Les autorisations requises dans les zones de servitudes instituées en application de l'article L. 5113-1 du code de la défense et de l'article L. 54 du code des postes et des communications électroniques ;

11° L'autorisation d'exploiter une installation de production d'électricité prévue par l'article L. 311-1 du code de l'énergie ;

12° La déclaration d'utilité publique mentionnée à l'article L. 323-3 du code de l'énergie, hors les cas où elle emporte mise en compatibilité des documents d'urbanisme ;

13° La décision d'approbation du projet de détail des tracés prévue par l'article L. 323-11 du code de l'énergie ;

14° Pour les ouvrages d'acheminement de l'électricité, les décisions d'approbation prévues par les articles R. 323-26 et R. 323-40 du code de l'énergie ;

15° L'approbation du contrat de concession hydraulique et du cahier des charges qui lui est annexé relevant de la compétence du préfet en application de l'article R. 521-1 du code de l'énergie ;
16° L'autorisation de défrichement prévue par les articles L. 214-13, L. 341-3, L. 372-4, L. 374-1 et L. 375-4 du code forestier ;
17° Les autorisations d'occupation du domaine public mentionnées à l'article R. 2122-1 du code général de la propriété des personnes publiques ;
18° Les autorisations prévues par les articles L. 621-32 et L. 632-1 du code du patrimoine ;
19° Les prescriptions archéologiques mentionnées à l'article R. 523-15 du code du patrimoine ;
20° L'autorisation prévue par l'article L. 6352-1 du code des transports ;
21° Les titres d'exploration de gîtes géothermiques prévus aux articles L. 124-2-3 et L. 124-3 du code minier, ainsi que ceux prévus à l'article L. 134-3 du même code ;
22° Les autorisations mentionnées à l'article L. 162-1 du code minier jusqu'à la date d'entrée en vigueur de l'ordonnance n° 2022-534 du 13 avril 2022 relative à l'autorisation environnementale des travaux miniers et, à compter de cette date, les autorisations mentionnées au 3° du L. 181-1 du code de l'environnement ;
23° Les décisions prorogeant ou transférant à un autre pétitionnaire ou à un autre exploitant les décisions mentionnées au présent I ;
24° Les décisions modifiant ou complétant les prescriptions contenues dans les décisions mentionnées au présent I.
25° Les actes préalables nécessaires à l'adoption des décisions mentionnées au présent I.
II. – Le cas échéant par dérogation aux dispositions spéciales applicables aux décisions mentionnées au I, le délai de recours contentieux contre ces décisions est de deux mois à compter du point de départ propre à chaque réglementation. Ce délai n'est pas prorogé par l'exercice d'un recours administratif.
III. – Le tribunal administratif statue dans un délai de dix mois à compter de l'enregistrement de la requête. Si à l'issue de ce délai il ne s'est pas prononcé ou en cas d'appel, le litige est porté devant la cour administrative d'appel, qui statue dans un délai de dix mois. Si, à l'issue de ce délai, elle ne s'est pas prononcée ou en cas de pourvoi en cassation, le litige est porté devant le Conseil d'État.
Devant le tribunal administratif ou la cour administrative d'appel, lorsque le juge, dans le délai de dix mois mentionné aux alinéas précédents, met en œuvre les pouvoirs qu'il tient de l'article L. 181-18 du code de l'environnement ou de l'article L. 600-5-1 du code de l'urbanisme, il dispose, à compter de l'enregistrement du mémoire transmettant la mesure de

régularisation qu'il a ordonnée, d'un délai de six mois pour statuer sur la suite à donner au litige. À défaut de statuer dans ce délai, le litige est porté, selon le cas, devant la cour administrative d'appel ou le Conseil d'État.
IV. – Les dispositions du présent article s'appliquent aux décisions mentionnées au I prises entre le 1er novembre 2022 et le 31 décembre 2026.

Texte source

– Décret n° 2022-1379 du 29 octobre 2022, article 1er.

Commentaires

Ces dispositions, qui présentent un caractère temporaire, sont prises dans l'objectif de réduire le délai de traitement des recours pouvant retarder la réalisation de certains types d'installations de production d'énergie à partir de sources renouvelables, et ne méconnaissent pas le principe d'égalité entre les justiciables (CE, 12 avril 2024, n° 470092, *Lebon* T.).

CHAPITRE 2 La compétence territoriale des tribunaux administratifs

Le présent chapitre ne comprend pas de dispositions législatives.

SECTION 1 Principes

La règle générale de compétence territoriale des tribunaux administratifs

Art. R. 312-1 Lorsqu'il n'en est pas disposé autrement par les dispositions de la section 2 du présent chapitre ou par un texte spécial, le tribunal administratif territorialement compétent est celui dans le ressort duquel a légalement son siège l'autorité qui, soit en vertu de son pouvoir propre, soit par délégation, a pris la décision attaquée. Lorsque l'acte a été signé par plusieurs autorités, le tribunal administratif compétent est celui dans le ressort duquel a son siège la première des autorités dénommées dans cet acte.
Sous les mêmes réserves, en cas de recours préalable à celui qui a été introduit devant le tribunal administratif, la décision à retenir pour déterminer la compétence territoriale est celle qui a fait l'objet du recours administratif ou du pourvoi devant une juridiction incompétente.

Textes sources

- Code des TA et des CAA, article R. 46.
- Décret n° 2010-164 du 22 février 2010, article 2.
- Décret n° 2010-725 du 29 juin 2010, article 8.
- Décret n° 2016-1480 du 2 novembre 2016, article 6.

Commentaires

Cet article ne s'applique qu'à titre résiduel, supplétif. Ses dispositions ont été interprétées, comme il est normal, restrictivement, cette interprétation correspondant à la volonté initiale d'éviter de surcharger le tribunal administratif de Paris, que l'application de la règle ici fixée rend compétent pour la plupart des affaires impliquant l'État, compte tenu du degré de concentration de l'administration. C'est la même volonté qui explique la disposition relative aux autorités déléguées et qui a valu, entre autres, au tribunal administratif de Poitiers d'être spécialisé en matière de pensions militaires de retraite, à la suite de la délocalisation à La Rochelle du service des pensions agissant par délégation du ministre. De même est-ce le tribunal administratif de Nantes qui connaît du contentieux de la nationalité, les services compétents ayant été délocalisés dans cette ville. Le second alinéa apporte une précision utile, notamment en cas de recours hiérarchique obligatoire (dont on sait qu'il aboutit à une décision se substituant à la décision initiale, réputée avoir disparu). Il joue alors même que le recours administratif a été formé en l'absence de décision de l'échelon initial, circonstance il est vrai

rare, mais non inimaginable : elle s'est présentée en matière de détermination des bénéfices agricoles forfaitaires (CE sect., 21 février 1958, Secrétaire d'État au Budget c/Association des viticulteurs de la Côte-d'Or, *Lebon*, p. 119). Les « réserves » ajoutées en début de second alinéa concernent l'exception de texte contraire et se rapportent au régime spécifique des recours dirigés contre les refus de naturalisation (voir art. R. 312-18 issu du décret n° 2010-725 du 29 juin 2010).
La question se pose des affaires de plein contentieux, dans lesquelles le requérant doit provoquer l'intervention d'une décision administrative lui refusant un versement avant de saisir le juge d'une demande de condamnation (ce que l'usage désigne sous l'appellation de « liaison du contentieux »). En semblable hypothèse, et si le requérant n'a pas satisfait à cette obligation, le juge recherche quelle autorité aurait dû prendre cette décision, et, en l'absence d'une autre règle tirée des articles R. 312-6 et suivants, arrête la compétence en fonction du siège de cette autorité (CE, 4 juillet 1962, Thirion de Briel, *Lebon*, p. 451).
Il n'est pas toujours aisé de déterminer l'autorité qui a pris la décision attaquée, lorsque plusieurs autorités collaborent en vue de la même décision. La question s'est notamment posée concernant les états exécutoires : ils sont parfois rendus exécutoires par le préfet alors qu'ils ont pour objet d'assurer le recouvrement d'une créance assise et liquidée par une autre autorité, dont le siège peut être différent. C'est, a décidé le Conseil d'État, le siège de cette dernière qui détermine la compétence territoriale (CE, 14 mars 1990, Société Fernand Alix, n° 111014 [1]), pour autant que la matière ne relève pas d'une autre règle d'attribution de compétence (CE, 19 novembre 1999, Radio Dreyeckland Antenne Sud-Alsace, n° 197358, *Lebon* T.). C'est parfois la « caisse débitrice » qui déterminera la compétence. Ainsi, le jugement du recours pour excès de pouvoir contre une décision prise par des services régionaux de l'Agence de services et de paiement (ASP) refusant une aide à l'acquisition ou à la location d'un véhicule peu polluant (prime à la conversion) relève dc la compétence du tribunal dans le ressort duquel se trouve le siège de ces services régionaux (CE, 29 juillet 2020, Garnier, n° 435238, *Lebon* T.).
Le texte nouveau, issu du décret n° 2010-164 du 22 février 2010, a retenu la règle dite du premier dénommé. Cela ne nous paraît pas invalider la solution *Société Alix*, qui procède, en réalité, non d'un choix entre autorités ayant pris, ensemble, une unique décision, mais d'une recherche quant à l'autorité qui, en réalité, a pris la décision. Le tribunal compétent pour juger un litige relatif à l'allocation relevant de la prévoyance collective obligatoire est celui du siège du Fonds de prévoyance militaire et de l'aéronautique (CE, 28 février 2020, Petitguyot, n° 427529, *Lebon* T.).
Un litige relatif aux décisions de l'Office français de l'immigration et de l'intégration portant sur le bénéfice des conditions matérielles d'accueil d'un demandeur d'asile n'est pas relatif à la reconnaissance d'une qualité ou à l'attribution d'un avantage attaché à une qualité, qui conduirait à appliquer l'article R. 312-6 du CJA, mais relève du tribunal administratif dans le ressort duquel a son siège l'autorité qui soit en vertu de son pouvoir propre, soit par délégation a pris les décisions attaquées en application de l'article R. 312-1 du CJA (CE, 28 octobre 2021, Kesik, n° 452857, *Lebon* T.). Même raisonnement pour un litige relatif à une décision prise sur une demande d'acquisition de la nationalité française déposée auprès d'une autorité diplomatique ou consulaire par la sous-direction de

l'accès de la nationalité française, dont le siège est à Rezé en Loire-Atlantique (CE, 27 novembre 2023, n° 470102, *Lebon* T.).

Jurisprudence

[1] Considérant [...] qu'il ressort des dispositions des articles 8 et 10 du décret du 30 octobre 1980 que les taxes parafiscales dont l'assiette n'est pas commune avec les impôts ou taxes perçus au profit de l'État ou de toute autre collectivité publique sont assises et liquidées par l'organisme au profit duquel ces taxes sont instituées ; que, dès lors, et alors même que le recouvrement forcé de ces taxes ne peut être poursuivi qu'après que le préfet du département où le débiteur est domicilié a rendu exécutoire le titre de perception établi par le représentant qualifié de cet organisme, visé par le contrôleur d'État, le tribunal administratif territorialement compétent pour connaître du contentieux de l'assiette de ces taxes est celui dans le ressort duquel se trouve le représentant qualifié de l'organisme bénéficiaire qui a pris la décision d'asseoir et de liquider la taxe contestée [...].

Les parties ne peuvent normalement choisir leur tribunal

Art. R. 312-2 Sauf en matière de contrats, la compétence territoriale ne peut faire l'objet de dérogations, même par voie d'élection de domicile ou d'accords entre les parties.

Lorsqu'il n'a pas été fait application de la procédure de renvoi prévue à l'article R. 351-3 et que le moyen tiré de l'incompétence territoriale du tribunal administratif n'a pas été invoqué par les parties avant la clôture de l'instruction de première instance, ce moyen ne peut plus être ultérieurement soulevé par les parties ou relevé d'office par le juge d'appel ou de cassation.

Textes sources

– Code des TA et des CAA, article R. 47.
– Décret n° 2002-547 du 19 avril 2002, article 5.
– Décret n° 2016-1480 du 2 novembre 2016, article 6.

Commentaires

Le texte nouveau a fait disparaître le premier alinéa de l'ancien article R. 47, qui affirmait le caractère d'ordre public des règles de compétence territoriale. La rédaction retenue conduit au même résultat du côté des parties, puisque, sauf en matière de contrats, les parties ne peuvent choisir leur tribunal. Mais le second alinéa révèle que cette compétence n'est plus tout à fait d'ordre public (voir CE, 16 juin 2008, Garde des Sceaux c/Association Montjoie, n° 285385, *Lebon* T.) !

La rigueur des règles de compétence territoriale ne va pas sans poser des questions irritantes. Ainsi que l'écrivait Raymond Odent (*Contentieux administratif*, Dalloz, « Les Cours du Droit », Paris) : « Les problèmes que pose la répartition des compétences entre le Conseil d'État et les tribunaux administratifs, de même que ceux que soulève la compétence territoriale des tribunaux administratifs sont parmi les plus irritants et les plus stériles de ceux qu'une juridiction peut avoir à affronter.

Les difficultés rencontrées obligent à des recherches longues et fastidieuses qui risquent de prendre le pas sur l'étude de fond du droit. Les raisonnements à suivre incitent les esprits au byzantinisme et aux plus subtiles des distinctions. Tout cela pour dégager des solutions, souvent contestables et arbitraires, très rarement opportunes. »

La force des règles de compétence territoriale a d'ailleurs conduit à des excès : une partie qui a par erreur saisi un tribunal administratif territorialement incompétent, et en a obtenu un jugement, a pu demander l'annulation de ce jugement (s'il lui est défavorable) en excipant de cette incompétence, que d'ailleurs le juge d'appel devait relever d'office (CE, 10 octobre 1958, Blanchard et Pol, *Lebon*, p. 482). C'est ce qui justifie le second alinéa, lequel conduit à rendre incontestable la compétence du premier juge, si nul (dont lui-même) ne l'a contestée (voir, par exemple, CE, 20 mai 2011, Commune du Lavandou, n° 328338, *Lebon* T., comme exemple d'application de ce texte). Antérieurement à cette modification de texte, le Conseil d'État avait déjà déclaré un arrêt nul et non avenu pour avoir annulé pour incompétence le jugement d'un tribunal désigné par ordonnance, ce dernier ne pouvant décliner sa compétence (CE, 10 novembre 1999, n° 208119, Sté Coopérative agricole du Brienon, *Lebon*). Ce second alinéa rend également le moyen tiré de l'incompétence territoriale inopérant en cassation (garde des Sceaux, ministre de la Justice c/Catorc, n° 448417, *Lebon T.*).

Cette force est d'ailleurs heureusement relative : on verra qu'au nom de la connexité, il peut être dérogé aux règles de compétence territoriale (CJA, art. R. 341-1 et s.). Et le second alinéa de l'article R. 351-6 fait s'effacer les règles de compétence territoriale devant l'autorité de la chose décidée en la matière par le président de la section du contentieux du Conseil d'État.

Naturellement, c'est à la date à laquelle le juge se prononce qu'il doit être compétent, ce qui ne laisse pas de poser parfois des problèmes lorsque disparaît une compétence. Toutefois, lorsque la compétence découle d'une connexité, elle s'apprécie à la date de saisine de la juridiction, même si, à la date à laquelle cette dernière se prononce, l'affaire avec laquelle il y avait connexité a été jugée et a donc disparu (CE, 26 janvier 1990, Morlot, n° 84662, *Lebon*, p. 648 – CE, 4 novembre 1996, Jourdain, n° 157151).

Le juge de l'action est juge de l'exception

Art. R. 312-3 Le tribunal administratif territorialement compétent pour connaître d'une demande principale l'est également pour connaître de toute demande accessoire, incidente ou reconventionnelle ressortissant à la compétence des tribunaux administratifs ; il est également compétent pour connaître des exceptions relevant de la compétence d'une juridiction administrative.

Texte source

– Code des TA et des CAA, article R. 48.

Commentaires

Le juge de l'action est juge de l'exception, ce qui permettra au tribunal administratif de se prononcer, le cas échéant, sur l'exception d'illégalité d'un décret. S'agissant des demandes reconventionnelles ou incidentes, que le tribunal ne peut examiner que si elles relèvent de la compétence des tribunaux administratifs, on rappelle que leur montant peut avoir pour effet de modifier, à l'intérieur du tribunal administratif compétent, la compétence de la formation appelée à juger (voir CJA, art. R. 222-13 et R. 222-15).

Les recours en interprétation et en appréciation de légalité

Art. R. 312-4 Les recours en interprétation et les recours en appréciation de légalité relèvent de la compétence du tribunal administratif territorialement compétent pour connaître de l'acte litigieux.

Texte source

– Code des TA et des CAA, article R. 49.

Commentaires

Les recours en interprétation relèvent du plein contentieux (CE, 8 octobre 1990, Deniau, n° 114609). Ils peuvent être présentés directement et doivent avoir pour objet l'interprétation d'un acte administratif ou d'une décision rendue par une juridiction administrative (CE, 30 septembre 1992, Vigno, n° 131800 [1]). Dans ce dernier cas, et contrairement à l'hypothèse envisagée par le texte, ils sont présentés devant la juridiction auteur de la décision à interpréter (CE sect., 28 janvier 1966, Société La Purfina, n° 60273, *Lebon*, p. 68). Il suit que l'on ne peut saisir le juge d'une demande d'interprétation d'une loi (arrêt *Vigno*, *préc.*). Plus généralement, l'acte à interpréter doit relever de la compétence de la juridiction administrative (CE, 9 juillet 2010, Lembezat, n° 313989). Rien ne s'oppose à ce que la demande d'interprétation vise des stipulations contractuelles (CE, 8 novembre 2017, Société Lyonnaise des Eaux France, n° 396589, *Lebon* T. ; *JCP A* 29 janvier 2018, p. 19 et s., note J. Martin).

Les conditions *sine qua non* de recevabilité d'un recours direct en interprétation sont d'abord que l'acte en cause soit obscur. D'où il suit que ce recours ne peut concerner un acte « sur lequel une juridiction a déjà statué à l'occasion d'une instance dans laquelle elle a eu l'occasion d'en faire application et d'en préciser la portée » (CE, 14 février 2018, association Anti-G, n° 416294). Le juge de cassation exerce un contrôle de dénaturation sur la qualification donnée à cette occasion par le juge du fond sur l'obscurité des stipulations à interpréter. Cette obscurité doit d'autre part être à l'origine d'un litige né et actuel entre celui qui demande l'interprétation et un tiers : ce litige n'a pas nécessairement à être entré dans une phase contentieuse, mais il doit être effectif. De simples difficultés d'interprétation, ou d'application (le même texte étant lu différemment selon les communes, par exemple) ne sauraient suffire à fonder une demande d'interprétation (CE, 28 juillet 2000, Syndicat des entreprises de petits trains routiers, n° 210057 – CE, 27 octobre 2000, Conseil supérieur de l'ordre des experts-comptables, n° 216722 [2]). Le juge administratif veille en effet à ne pas devenir, par le biais du recours en interprétation, le conseiller juridique des administrés et des administrations (CE, 9 janvier 1981, Société Claude Publicité, n° 98309, *Lebon*, p. 1). Pour un cas dans lequel le Conseil d'État a accepté de fournir l'interprétation d'un décret, voir : CE, 30 juillet 2003, Marcelin, n° 246771 (concernant un des décrets d'application du régime des trente-cinq heures). S'agissant de l'interprétation d'un acte administratif, la section du contentieux du Conseil d'État a abandonné sa jurisprudence selon laquelle le recours direct en interprétation d'un acte administratif est recevable, alors même qu'un litige relatif à l'application de cet acte est pendant devant une autre juridiction de l'ordre administratif (CE, sect., 23 juin 1967, Laquière, *Lebon*, p. 273). Le recours en interprétation d'un acte administratif est désormais irrecevable si un litige sur son application est pendant devant une autre juridiction administrative (CE, sect., 6 décembre 2019, Société cabinet dentaire Azoulay et autres, n° 415731, *Lebon*). Si le différend est porté devant la juridiction après l'introduction du recours en interprétation, le juge constatera un non-lieu à statuer sur le recours en interprétation (CE, sect, 6 décembre 2019, Abdi, n° 416762).

Lorsqu'est en cause une décision juridictionnelle, la prudence du juge redouble, car il ne doit pas, sous couvert d'interprétation, modifier la chose jugée, laquelle peut être soumise au contrôle du juge supérieur. Le recours en interprétation est alors ouvert (sans condition de délai) aux seules parties au litige ayant donné lieu à la décision (CE, 11 janvier 1980, Fédération nationale des travaux publics, n° 16165 – CE, 27 juillet 2016, Duc, n° 388098, *Lebon* T.). Ce sont au demeurant ces parties qui seront regardées, pour l'application de l'article L. 761-1, comme parties au recours en interprétation (CE, 19 mars 2001, Association professionnelle des chirurgiens plasticiens, n° 217056, *Lebon* T.). Saisi d'une telle demande, le juge se limite à préciser, s'il y a lieu, les données de son jugement (par exemple, les intérêts dont est assortie une condamnation sont-ils les intérêts moratoires contractuels ou les intérêts légaux ?), plus rarement à compléter ces données (quel est le point de départ des intérêts ?). Il faut donc que la décision à interpréter comporte une obscurité ou une ambiguïté (TC, 23 juin 2003, Aéroports de Paris, n° C3358 – CE, 27 juillet 2016, Duc, préc.). Surtout, le juge se refuse, sous couvert de recours en interprétation, à trancher une question qui ne lui a pas été soumise au cours de l'instance ayant donné lieu à la décision dont l'interprétation est demandée (CE, 19 mars 2001, Association professionnelle des chirurgiens plasticiens, préc.), tout comme il se garde d'opérer la correction d'une erreur contenue dans la décision en cause (CE, 27 juillet 2016, Duc, préc.).

On note que le juge ayant pris part à la décision faisant l'objet de la demande d'interprétation peut siéger lors de l'examen de cette demande (CE, 10 janvier 2007, Association des victimes du Crédit Mutuel, n° 298146, solution implicite).

Les pouvoirs désormais donnés au juge administratif de pourvoir à l'exécution de ses décisions le conduisent, ce faisant, à en donner une interprétation, sans avoir à être saisi d'un recours à cette fin. L'existence de ces compétences nouvelles a pour effet de réduire les recours directs en interprétation de décisions juridictionnelles, mais porte en elle le risque d'interprétations divergentes… Lorsque lui est présenté un recours direct en interprétation d'un acte administratif, le juge veille à ne

pas empiéter, par son interprétation, sur les compétences d'une autre juridiction, par exemple du juge pénal saisi de poursuites pour violation dudit acte (CE, 6 juin 1952, Ville de Bastia, *Lebon*, p. 301).
On observe que l'existence du recours en interprétation de la décision juridictionnelle n'est pas limitée au juge administratif. Le Tribunal des conflits l'admet, pour celles de ses décisions qui comportent « une obscurité ou une ambiguïté » (TC, 23 juin 2003, Aéroports de Paris, préc. – TC, 20 février 2008, Siouda, n° C3657), veillant, lui aussi, à ne pas trancher, sous couvert d'un tel recours, une question sur laquelle la décision à éclaircir n'a pas eu à se prononcer (même arrêt). Au surplus, le décret du 27 février 2015 admet expressément une telle procédure, en son article 14.
Il a été admis que le juge judiciaire puisse saisir le juge administratif de la question de l'interprétation d'un de ses précédents jugements ; dans une telle hypothèse, le juge doit délivrer cette interprétation, sans qu'il y ait lieu de rechercher si le jugement précédent était ou non ambigu (CE, 11 octobre 2017, n° 397604).
Le recours en appréciation de légalité – qui relève également du plein contentieux – ne peut être introduit directement : il doit l'être à l'invitation du juge judiciaire, sur question préjudicielle posée par ce dernier (CE, 15 juin 1956, Moru, *Lebon*, p. 248 – CE, 30 septembre 1992, Vigno, préc. – CE, 23 février 2005, SNC Dodin, n° 258002). Désormais d'ailleurs, le juge posant la question préjudicielle saisit lui-même la juridiction à laquelle elle est posée (décret du 27 février 2015 revenant sur la jurisprudence antérieure et, par exemple : CE ass., 7 juillet 1995, Wimmer, n° 152883). Ce peut être un juge étranger, sauf stipulations contraires d'un accord international (CE ass., 27 octobre 2000, Société BFG Bank Luxembourg SA, n° 172350), mais alors il semble que, comme auparavant, la saisine du juge compétent est réservée aux parties : l'autre particularité de cette hypothèse (au demeurant rarissime) est que le juge administratif n'est alors pas tenu de répondre à la question posée, à la différence des situations dans lesquelles il est saisi par renvoi de l'autorité judiciaire française.
Les parties ne peuvent pas anticiper sur l'intervention du jugement judiciaire saisissant le juge administratif d'une question préjudicielle : la présentation prématurée d'un recours en appréciation de légalité est irrecevable, mais cette irrecevabilité est régularisée si, avant que ne statue le juge saisi du recours, est intervenu le jugement judiciaire (CE, 29 mars 2000, SARL Soprodif, n° 215950, *Lebon* T.).
La saisine du juge administratif par le juge judiciaire n'est pas soumise aux règles, notamment de délais, qui régissent le recours en annulation ou même l'exception d'illégalité d'un acte individuel (CE, 19 mai 2000, Mutuelle de la RATP, n° 208545, *Lebon* T.). Il appartient au juge saisi de répondre à la question posée dès lors qu'il a compétence pour le faire (CE, 21 juin 1996, Fischer, n° 112844 [3]), et ce, même s'il estime que le juge posant la question avait aussi compétence pour la trancher. Et le juge saisi de la question préjudicielle ne doit répondre qu'à la question posée et s'interdit donc de se prononcer sur d'autres points, éventuellement soulevés devant lui par les parties, fussent-ils d'ordre public (CE, 4 juin 1999, Société Recherches et développement des services funéraires, n° 150956 [4]). Notamment, si la juridiction de l'ordre judiciaire a énoncé dans son jugement le ou les moyens invoqués devant elle qui lui paraissent

justifier ce renvoi, la juridiction administrative doit limiter son examen à ce ou ces moyens et ne peut connaître d'aucun autre, fût-il d'ordre public (CE sect., 17 octobre 2003, Bompard, n° 244521). Mais une QPC est recevable (CE, 9 avril 2025, n° 496122, *Lebon* T.).

Si, devant le juge d'appel, l'étendue de la question est modifiée, par suite de l'intervention d'un arrêt de cour d'appel réformant le jugement par lequel le tribunal de grande instance a posé la question et saisi le juge administratif, le juge d'appel, peut se prononcer sur l'ensemble de la question telle que formulée par la cour d'appel, bien que le tribunal administratif n'ait pas été amené à se prononcer sur elle (CE sect., 17 octobre 2003, Syndicat des copropriétaires de la résidence Atlantis, n° 247747).

Jurisprudence

[1] Sur les conclusions à fin d'appréciation de validité :

Considérant qu'un recours en appréciation de validité ne saurait être introduit qu'à la suite d'une décision d'une juridiction judiciaire renvoyant à la juridiction administrative l'examen de la question préjudicielle de légalité d'une décision administrative à laquelle est subordonnée la solution d'un litige pendant devant cette juridiction ; que les conclusions de la requête de M. Vigno, qui ne sont pas présentées sur renvoi d'une juridiction judiciaire, sont dès lors irrecevables ;

Sur les conclusions en interprétation :

Considérant qu'un recours en interprétation, présenté directement devant le juge administratif, ne peut avoir pour objet que l'interprétation d'un acte administratif ou d'une décision juridictionnelle rendue par les juridictions administratives ; que les conclusions de la requête de M. Vigno tendant à ce que le Conseil d'État interprète l'article 635 du Code civil n'ont pas cet objet et sont dès lors irrecevables [...].

[2] Considérant que si le Conseil supérieur de l'ordre des experts-comptables fait valoir que ces dispositions [...] laissent place à l'interprétation et ont d'ailleurs donné lieu à un débat et à des désaccords au sein des instances ordinales dans la perspective de prochaines élections aux conseils de l'ordre, ces circonstances ne peuvent être regardées comme un litige né et actuel qui opposerait l'ordre des experts-comptables à l'administration ou à une autre personne et qui serait seule de nature à rendre recevable son recours en interprétation ; que faute pour cette condition d'être remplie et quelle que soit l'incertitude que, selon le Conseil supérieur de l'ordre des experts-comptables, l'interprétation des dispositions en cause du décret du 2 septembre 1996 laisserait planer sur les conditions dans lesquelles doivent être organisées les prochaines élections dans les instances de l'ordre, sa demande, qui revient à solliciter du Conseil d'État une consultation, ne peut être accueillie [...].

[3] Considérant qu'aux termes de l'article L. 352-1 du code du travail : « Les accords conclus entre employeurs et travailleurs à l'effet de servir des allocations aux travailleurs sans emploi peuvent être rendus obligatoires en vertu de la procédure d'agrément prévue à l'article L. 352-2 », et qu'aux termes de l'article L. 352-2, dans sa rédaction applicable à la date de l'arrêté litigieux : « Les accords ayant pour objet exclusif le versement d'allocations spéciales aux travailleurs sans emploi [...] peuvent être agréés par arrêté du ministre chargé du travail lorsqu'ils sont conclus, sur le plan national et interprofessionnel, entre organisations syndicales les plus représentatives d'employeurs et de travailleurs au sens de l'article L. 133-2 du présent code, et qu'ils

ne comportent aucune stipulation incompatible avec les dispositions législatives ou réglementaires en vigueur [...] » ;
Considérant que, saisis de litiges relatifs au calcul des allocations de chômage dues à des chômeurs dont le dernier emploi se trouvait en Suisse, le tribunal de grande instance de Mulhouse, le tribunal d'instance de Mulhouse et le tribunal d'instance de Strasbourg ont sursis à statuer jusqu'au moment où la juridiction administrative compétente se serait prononcée sur la validité de l'arrêté du 6 août 1987 par lequel le ministre des Affaires sociales et de l'Emploi a agréé, en vertu des dispositions précitées, un avenant du 6 avril 1987 à l'annexe IX du 10 décembre 1985 au règlement annexé à la convention du 19 novembre 1985 relative à l'assurance chômage ;
Considérant que les requêtes susvisées présentent à juger, à l'exclusion de toute contestation relative à un vice propre de l'arrêté d'agrément du 6 août 1987, des questions relatives à la validité même des stipulations dudit avenant ; qu'eu égard au caractère de droit privé que présente cet accord, la connaissance des questions ainsi posées ressortit à la seule compétence des tribunaux de l'ordre judiciaire ; que dès lors, le Conseil d'État est incompétent pour en connaître [...].

[4] Considérant que, par un arrêt du 15 janvier 1992, la cour d'appel de Nîmes, qui était saisie d'une action en concurrence déloyale intentée par la Société Recherches et développement des services funéraires contre la Société d'exploitation de l'entreprise Rey, a sursis à statuer jusqu'à ce que la juridiction administrative se soit prononcée sur la validité du contrat, signé le 31 octobre 1988, par lequel la commune de Cavaillon a concédé le service extérieur des pompes funèbres à la Société d'exploitation de l'entreprise Rey ; que la question préjudicielle ainsi posée est limitée à l'appréciation de la validité de ce contrat au regard des dispositions du code des marchés publics et de celles de l'article L. 362-1 du code des communes, dans sa rédaction alors en vigueur, aux termes duquel : « Le service extérieur des pompes funèbres [...] appartient aux communes, à titre de service public. Les communes peuvent assurer ce service, soit directement, soit par entreprise en se conformant aux lois et règlements sur les marchés de gré à gré et adjudications. » ;
Considérant que le moyen tiré par la Société Recherches et développement des services funéraires de ce que le maire de Cavaillon n'était pas compétent pour signer, le 31 octobre 1988, le contrat concédant le service extérieur des pompes funèbres de la commune à la société d'exploitation de l'entreprise Rey, au motif que la délibération du conseil municipal l'autorisant à procéder à cette signature n'a été transmise au représentant de l'État dans le département que le 7 novembre suivant, excède les limites du renvoi préjudiciel ; qu'il en est de même du moyen tiré de l'absence de transmission du contrat de concession lui-même au représentant de l'État dans le département [...].

Les litiges dans lesquels est en cause un membre du tribunal

Art. R. 312-5 Lorsque le président d'un tribunal administratif saisi d'un litige relevant de sa compétence constate qu'un des membres du tribunal est en cause ou estime qu'il existe une autre raison objective de mettre en cause l'impartialité du tribunal, il transmet le dossier au président de la section du contentieux du Conseil d'État qui en attribue le jugement à la juridiction qu'il désigne.

Textes sources

– Code des TA et des CAA, article R. 61.
– Décret n° 2002-547 du 19 avril 2002, article 6, § I.

Commentaires

Par membre « en cause », il faut entendre « partie », en demande ou en défense (on peut songer sur ce dernier point au contentieux des immeubles menaçant ruine, ou des contraventions de grande voirie). Cette règle n'a donc pas à jouer si se trouve en discussion devant le tribunal une décision prise par un membre de la juridiction, ou à l'élaboration de laquelle il a participé, non plus évidemment qu'en cas de procédure de récusation. Mais on ne saurait oublier qu'« en vertu d'une règle générale de procédure applicable même sans texte un membre d'une juridiction administrative ne peut pas participer au jugement d'un recours dirigé contre une décision administrative [...] dont il est l'auteur ou qui a été prise par [...] un organisme collégial dont il était membre et aux délibérations duquel il a pris part » (CE, 30 novembre 1994, Pinto, n° 123452, *Lebon* T.). Dans une telle hypothèse, le membre concerné ne peut siéger, mais le tribunal n'a pas à décliner sa compétence en appliquant la procédure prévue à l'article R. 312-5.
La règle énoncée par l'article R. 312-5 s'applique également aux membres de la juridiction qui n'appartiennent pas au corps des tribunaux administratifs et cours administratives d'appel, tel étant le cas, par exemple, des personnes appelées à compléter un tribunal administratif d'outre-mer (CE, 15 mai 1996, Ministre des départements d'outre-mer c/Bondarenko, n° 79826, *Lebon* T. [1]).
À cette hypothèse traditionnelle de renvoi s'ajoute désormais celle dans laquelle une raison « objective » pourrait conduire à mettre en cause l'impartialité du tribunal dans son ensemble. Sur la distinction entre raison « objective » et raison « subjective », on se reportera à l'arrêt *Rochard* (CE sect., 5 juillet 2000, Rochard, n° 189523) et à nos commentaires sous l'article L. 721-1. De cette hypothèse, on connaît un exemple au moins (CE, 27 novembre 1981, Olech, n° 35722, *Lebon*, p. 872), cité sous l'article L. 721-1. Les dispositions nouvelles de l'article R. 312-5 ont entre autres pour objet de transposer cette jurisprudence et de prévenir une demande de renvoi pour cause de suspicion légitime.

Jurisprudence

[1] Considérant qu'aux termes des dispositions qui figuraient alors à l'article R. 51 du code des tribunaux administratifs, et qui sont aujourd'hui reprises à l'article R. 61 du code des tribunaux administratifs et des cours administratives d'appel : « Lorsqu'un tribunal administratif est saisi d'un litige relevant de sa compétence, et dans lequel un de ses membres est en cause, l'affaire est renvoyée par le président à un autre tribunal administratif désigné par le président de la section du contentieux du Conseil d'État » ; qu'il est constant que M. Bondarenko, conseiller d'administration scolaire et universitaire exerçant les fonctions de conseiller auprès du vice-recteur de la Nouvelle-Calédonie, avait été désigné par ordonnance du 8 février 1985 du président du tribunal administratif de Nouméa pour remplir les fonctions de conseiller suppléant ; qu'il n'est pas établi par les pièces du dossier que cette ordonnance n'était plus en vigueur le 1er août 1985, date à laquelle M. Bondarenko a saisi le tribunal administratif de Nouméa du litige qui l'opposait à l'administration ; que c'est, par suite, à tort

que le tribunal administratif de Nouméa n'a pas fait application des dispositions de l'article R. 51 précité ; qu'il s'ensuit que son jugement en date du 28 avril 1986 doit être annulé dans la limite des conclusions présentées en appel par le ministre [...].

SECTION 2 *Exceptions*

Les litiges relatifs à la reconnaissance d'une qualité

Art. R. 312-6 Les litiges relatifs à la reconnaissance d'une qualité telle que celles de combattant, d'évadé, de déporté, de résistant ainsi qu'aux avantages attachés à l'une de ces qualités relèvent de la compétence du tribunal administratif dans le ressort duquel le bénéficiaire ou le candidat au bénéfice des dispositions invoquées a sa résidence lors de l'introduction de la réclamation. Il en est de même :

1° Des litiges relatifs aux diverses décorations ;

2° Des litiges en matière d'emplois réservés ; toutefois, les pourvois dirigés contre une nomination critiquée comme intervenue en violation des droits d'un bénéficiaire de la législation sur les emplois réservés relèvent de la compétence du tribunal administratif dans le ressort duquel l'agent nommé est affecté sans préjudice des dispositions du dernier alinéa de l'article R. 312-12.

Texte source

– Code des TA et des CAA, article R. 50.

Commentaires

La notion de « qualité » est interprétée étroitement : ainsi, le litige portant sur la reconnaissance de la qualité de soutien de famille en vue de l'obtention d'une dispense d'obligations du service national a échappé au champ d'application de cet article (CE sect., 31 janvier 1969, Gardarein, n° 76136, *Lebon*, p. 55, concl. Rigaud). Il en va de même des litiges relatifs aux refus de naturalisation (CE, 3 juillet 1974, Sultan, n° 82275, *Lebon*, p. 912). En revanche, le litige portant sur la reconnaissance de la qualité d'apatride en relève (CE sect., 9 octobre 1981, Subramaniam, n° 28945, *Lebon*, p. 362), comme le litige portant sur la reconnaissance de la qualité de rapatrié (CE, 7 novembre 1990, Bardelli, n° 107922 et Clément, n° 110517, *Lebon* T. [1] – CE, 10 octobre 1994, Bideau, n° 139041, *Lebon* T.). La date retenue pour l'application de ce critère est celle du dépôt de la demande contentieuse (CE, 18 octobre 1961, Abada, *Lebon*, p. 573 [2]), alors que le texte et parfois la jurisprudence (CE, 7 novembre 1990, Bardelli, préc.) peuvent conduire à une lecture différente. Mais le litige relatif aux décisions de l'OFII portant sur le bénéfice des conditions matérielles d'accueil d'un demandeur d'asile n'est pas un litige relatif à la reconnaissance d'une qualité ou à l'attribution d'un avantage attaché à une qualité (CE, 28 octobre 2021, Kesik, n° 452857, *Lebon* T.).

Jurisprudence

[1] Considérant qu'aux termes de l'article R. 50 du code des tribunaux administratifs et des cours administratives d'appel « les litiges relatifs à la reconnaissance d'une qualité telle que celles de combattant, d'évadé, d'interné, de déporté, de résistant, ainsi qu'aux avantages attachés à l'une de ces qualités relèvent de la compétence du tribunal administratif dans le ressort duquel le bénéficiaire ou le candidat au bénéfice des dispositions invoquées a sa résidence lors de l'introduction de la réclamation » ; que M. Clément, qui a sollicité le bénéfice d'avantages prévus par la loi du 4 décembre 1985 et attachés à la qualité de rapatrié, avait, lors de l'introduction de sa réclamation, sa résidence à Chalon-sur-Saône ; qu'ainsi sa demande dirigée contre la décision par laquelle le secrétaire d'État aux Rapatriés a limité à 50 % le taux de l'aide de l'État pour le rachat de ses cotisations de retraite ressortissait à la compétence du tribunal administratif de Dijon ; qu'il y a lieu dès lors d'annuler le jugement attaqué par lequel le tribunal administratif de Paris a rejeté cette demande comme non fondée [...].

[2] Considérant qu'aux termes de l'article 7 du décret du 28 novembre 1953, « les litiges relatifs à la reconnaissance d'une qualité telle que celles de combattant, d'évadé, d'interné, de déporté, de résistant relèvent de la compétence du tribunal administratif dans le ressort duquel le bénéficiaire ou le candidat au bénéfice des dispositions invoquées a sa résidence lors de l'introduction de la réclamation » ; que cette disposition doit s'entendre comme attribuant compétence territoriale au tribunal administratif dans le ressort duquel l'intéressé a sa résidence à la date où la juridiction administrative est saisie de sa réclamation contentieuse et non pas à celui dans le ressort duquel ledit intéressé résidait lorsqu'il a, pour la première fois, demandé à l'administration que la qualité qu'il revendique lui soit reconnue [...].

Les litiges relatifs à des immeubles

Art. R. 312-7 Les litiges relatifs aux déclarations d'utilité publique, au domaine public, aux affectations d'immeubles, au remembrement, à l'urbanisme et à l'habitation, au permis de construire, d'aménager ou de démolir, au classement des monuments et des sites et, de manière générale, aux décisions concernant des immeubles relèvent de la compétence du tribunal administratif dans le ressort duquel se trouvent les immeubles faisant l'objet du litige.

Il en est de même des litiges en matière de réquisition qui relèvent, si la réquisition porte sur un bien mobilier ou immobilier, du tribunal administratif dans le ressort duquel se trouvait ce bien au moment de la réquisition.

Textes sources

– Code des TA et des CAA, article R. 51.
– Décret n° 2007-18 du 5 janvier 2007, article 21.

Commentaires

On observera seulement que, s'agissant du domaine public, et s'il y a contrat d'occupation, les parties peuvent conventionnellement déroger à la règle de compétence (CE, 29 mars 1957, Roger, *Lebon*, p. 223 ; *AJDA* 1951, II, p. 205 – CE sect., 20 juin 1958, SNCF, *Lebon*, p. 367).

Cet article, interprété largement, a été appliqué au contentieux des redevances perçues à l'occasion de la construction de locaux (CE, 23 janvier 1974, SA Aciéries et Fonderies de l'Est, *Lebon*, p. 55 [1]). Il a de même joué à propos du contentieux dirigé contre un arrêté ministériel classant une commune dans une zone déterminée en fonction du déséquilibre entre l'offre et la demande de logements (CE, 16 juin 2016, Commune de Châteaufort, n° 387531). Par extension, la demande d'annulation d'un arrêté du ministre chargé des Transports autorisant la création d'un aérodrome à usage restreint concerne un immeuble (CE, 10 juin 2020, Association les riverains du Port et Courtois, n° 425417, *Lebon T.*).

Jurisprudence

[1] Considérant qu'aux termes de l'article R. 42 du code des tribunaux administratifs, « les litiges relatifs aux déclarations d'utilité publique, au domaine public, aux affectations d'immeubles, au remembrement, à l'urbanisme et à l'habitation, au permis de construire, au classement des monuments et sites et, de manière générale, aux décisions concernant les immeubles relèvent de la compétence du tribunal administratif dans le ressort duquel se trouvent les immeubles faisant l'objet du litige » ;
Considérant que les dispositions de la loi n° 60-790 du 2 août 1960 tendant à limiter l'extension de locaux à usage de bureaux et à usage industriel dans la région parisienne par l'institution d'une redevance pour la construction de locaux de cette nature et d'une prime à la suppression de ceux-ci s'insèrent dans l'ensemble de la législation de l'urbanisme ; que d'ailleurs les dispositions de la loi du 2 août 1960 ont été reprises aux articles L. 520-1 et s. du code de l'urbanisme publié par le décret n° 73-1022 du 8 novembre 1973 ; que l'article 2 de ladite loi porte que le titre de perception de la redevance doit être émis dans l'année qui suit la délivrance du permis de construire ; qu'ainsi les décisions prises pour l'établissement de cette redevance concernent des immeubles au sens de l'article R. 42 précité du code des tribunaux administratifs [...].

Les litiges relatifs aux décisions individuelles en matière de police

Art. R. 312-8 Les litiges relatifs aux décisions individuelles prises à l'encontre de personnes par les autorités administratives dans l'exercice de leurs pouvoirs de police relèvent de la compétence du tribunal administratif du lieu de résidence des personnes faisant l'objet des décisions attaquées à la date desdites décisions.

Toutefois, cette dérogation aux dispositions de l'article R. 312-1 n'est pas applicable :

1° Aux litiges relatifs aux décisions ministérielles prononçant l'interdiction administrative du territoire à l'encontre d'un ressortissant étranger prévues aux articles L. 222-2 et L. 321-2 du code de l'entrée et du séjour des étrangers et du droit d'asile, fixant le pays de renvoi de celui-ci ou

assignant à résidence l'étranger qui a fait l'objet d'une décision d'interdiction administrative du territoire et qui ne peut déférer à cette mesure ;
2° Aux litiges relatifs aux décisions ministérielles prononçant l'expulsion d'un ressortissant étranger, fixant le pays de renvoi de celui-ci ou assignant à résidence l'étranger qui a fait l'objet d'une décision d'expulsion et qui ne peut déférer à cette mesure ;
3° Aux litiges relatifs aux décisions ministérielles assignant à résidence un étranger ayant fait l'objet d'une décision d'interdiction judiciaire du territoire et qui ne peut déférer à cette mesure ;
4° Aux litiges relatifs aux décisions ministérielles d'interdiction de se trouver en relation avec une personne nommément désignée prononcées en application de l'article L. 733-15 du code de l'entrée et du séjour des étrangers et du droit d'asile ;
5° Aux litiges relatifs aux décisions ministérielles d'interdiction de sortie du territoire prévues à l'article L. 224-1 du code de la sécurité intérieure ;
6° Aux litiges relatifs aux décisions ministérielles d'interdiction de transport prises en application de l'article L. 232-8 du code de la sécurité intérieure ;
7° Aux litiges relatifs aux décisions ministérielles de gel des avoirs prises en application des articles L. 562-1, L. 562-2 ou L. 562-5 du code monétaire et financier.

Textes sources

– Code des TA et des CAA, article R. 52.
– Décret n° 2004-934 du 2 septembre 2004, article 1er.
– Décret n° 2015-169 du 14 février 2015, article 1er.
– Décret n° 2020-1734 du 16 décembre 2020, article 7.

Commentaires

Les décisions de police « prises à l'encontre de personnes » doivent s'entendre comme excluant celles qui concernent soit des fonds de commerce (police des débits de boissons, par exemple : CE, 16 avril 1969, Desamis, n° 74948, *Lebon*, p. 778), soit des immeubles (police des immeubles menaçant ruine). On note que, lorsque la mesure de police a une coloration « professionnelle », c'est l'article R. 312-10 qui détermine la compétence (CE, 14 juin 1967, Santucci, n° 69990, *Lebon*, p. 251, refus d'agrément d'un croupier), bien qu'une décision ultérieure ait admis le contraire s'agissant de l'interdiction d'accès à un hippodrome frappant un entraîneur et un jockey (CE, 13 juin 1975, Beaumé et Cimmino, n° 99148, *Lebon*, p. 352). Cette coloration « professionnelle » a été maintenue à propos du retrait d'une habilitation pour accéder à la zone de sûreté d'un aéroport (CE, 8 juin 2016, Martinez Teruel, n° 398061).

Le « lieu de résidence » n'est pas toujours aisé à déterminer lorsque la personne visée par l'arrêté de police est incarcérée (cas des arrêtés d'expulsion), parfois loin de son domicile antérieur. On se reportera aux articles R. 776-16 et R. 776-17 pour la règle de compétence applicable en matière d'éloignement des étrangers en situation irrégulière.

L'application de cet article à des personnes placées en détention conduit parfois à de déraisonnables enchevêtrements de compétence, laquelle va varier, pour une personne dont pourtant le domicile est déterminé, en fonction de ses transferts d'un établissement pénitentiaire à l'autre : 30 km seulement séparaient la prison Saint-Paul (Lyon) – lorsqu'elle était utilisée – de celle de Saint-Quentin-Fallavier, commune de l'Isère ; cela suffit à conduire à un changement de tribunal administratif...

Le second alinéa, issu du décret n° 2004-934 du 2 septembre 2004, complété par le décret n° 2015-169 du 14 février 2015, ne concerne que des décisions ministérielles. L'expulsion (et donc le pouvoir d'abroger un arrêté d'expulsion) étant désormais de la compétence des préfets (décret n° 97-24 du 13 janvier 1997), même pour les expulsions qui furent décidées par le ministre (CE sect., 30 septembre 2005, Ilouane, n° 280605), cet alinéa ne saurait donc jouer. Comme, le plus souvent, l'étranger qui demande l'abrogation de l'arrêté d'expulsion réside hors de France, le premier alinéa ne peut non plus jouer. C'est donc l'article R. 312-1 qui régit la compétence territoriale du tribunal saisi du recours contre le refus d'abrogation d'un arrêté d'expulsion (CE, Ilouane, préc.).

Les litiges relatifs à la désignation des membres d'assemblées ou organismes collégiaux

Art. R. 312-9 Les litiges relatifs à la désignation, soit par voie d'élection, soit par nomination, des membres des assemblées, corps ou organismes administratifs ou professionnels relèvent de la compétence du tribunal administratif dans le ressort duquel se trouve le siège de l'assemblée, corps ou organisme à la composition duquel pourvoit l'élection ou la nomination contestée. Toutefois, le contentieux des opérations préliminaires aux élections parlementaires est, lorsqu'il ressortit à la juridiction administrative, de la compétence du tribunal administratif dans le ressort duquel se trouve le département où l'élection a lieu.

Texte source

– Code des TA et des CAA, article R. 53.

Commentaires

La règle découlant de cet article s'étend à la désignation des organes de ces assemblées, corps ou organismes (bureau, etc.). On doit penser qu'elle s'applique à toute désignation d'un membre d'une assemblée, pour siéger à une commission ou autre organe (voir, parallèlement, à propos de la désignation des membres de la commission d'appel d'offres : CE, 17 mars 1999, Moynier, n° 196857, *Lebon* T.).

Les litiges relatifs aux activités professionnelles

Art. R. 312-10 Les litiges relatifs aux législations régissant les activités professionnelles, notamment les professions libérales, les activités agricoles, commerciales et industrielles, la réglementation des prix, la réglementation du travail, ainsi que la protection ou la représentation des salariés, ceux concernant les sanctions administratives intervenues en application de ces législations relèvent, lorsque la décision attaquée n'a pas un caractère réglementaire, de la compétence du tribunal administratif dans le ressort duquel se trouve soit l'établissement ou l'exploitation dont l'activité est à l'origine du litige, soit le lieu d'exercice de la profession.

Si, pour ces mêmes catégories de litiges, la décision contestée a un caractère réglementaire et ne s'applique que dans le ressort d'un seul tribunal administratif, ce tribunal administratif est compétent pour connaître du litige.

Par dérogation aux dispositions du premier alinéa, les recours contre les décisions prises par les autorités administratives en matière de composition et d'élection des institutions représentatives du personnel, sur le fondement des dispositions des titres Ier, II et III du livre III de la deuxième partie du code du travail, sont portés devant le tribunal administratif dans le ressort duquel se situe le siège de l'entreprise.

Textes sources

– Code des TA et des CAA, article R. 54.
– Décret n° 2003-543 du 24 juin 2003, article 8, § II.
– Décret n° 2010-164 du 22 février 2010, article 1er.

Commentaires

On n'oubliera pas, à propos de cet article, que le Conseil d'État est compétent pour connaître en premier ressort des recours en annulation dirigés contre les actes réglementaires des ministres. On rappelle également que l'article R. 311-2 réserve à la cour administrative d'appel de Paris la connaissance des litiges relatifs aux décisions prises par le ministre du Travail en matière de représentativité des organisations syndicales, et que les articles R. 311-3 à R. 311-5 confèrent diverses compétences de premier ressort aux cours administratives d'appel…

La règle ici instituée est simple et a été rappelée par arrêt du 27 juillet 2016 (CE, 27 juillet 2016, Société Lundin International, n° 398028, *Lebon* T.) : si l'acte n'a pas de caractère réglementaire, le tribunal compétent pour en connaître est celui dans le ressort duquel se trouve l'établissement ou l'exploitation dont l'activité est à l'origine du litige, même si le champ d'application de la décision excède le ressort de ce tribunal administratif ; si l'acte a un caractère réglementaire, c'est le champ d'application de l'acte qui devient déterminant : s'il n'excède pas le ressort d'un tribunal, ce dernier est compétent ; s'il excède ce ressort, l'article R. 312-1 détermine le tribunal compétent. Ces règles ont été rappelées par un arrêt du 12 juillet 2017 (CE, 12 juillet 2017, Société Elixir Petroleum Limited, n° 409896, *Lebon* T.) et encore plus récemment pour un arrêté ministériel non-réglementaire mettant en place dans une région un régime d'autorisation préalable de conversion d'une prairie permanente en un autre couvert (CE, 5 juin 2025, n° 477768, *Lebon T.*).

Si l'acte, non réglementaire, concerne une société ayant son siège à l'étranger, et dépourvu d'établissement en France, le tribunal administratif compétent est déterminé par application de l'article R. 312-1 (CE, 12 juillet 2017, préc.).

Cet article a été interprété extensivement (CE sect., 22 novembre 1957, Regué, *Lebon*, p. 638). Ainsi, relève du tribunal dans le ressort duquel se situe le siège d'une entreprise le litige né du règlement intérieur unique adopté par cette entreprise pour l'ensemble de ses établissements, quelle qu'en soit l'implantation géographique (CE, 5 mai 1993, Ministre des Affaires sociales c/SA de Télécommunications, n° 96676, *Lebon* T.).

L'article R. 312-10 s'applique aux litiges liés à la protection ou à la représentation des salariés, mais non à ceux qui sont relatifs à l'application de la législation de sécurité sociale (CE, 28 février 1958, Caisse primaire de sécurité sociale d'Ille-et-Vilaine, *Lebon*, p. 137).

Il ne s'applique pas aux taxes parafiscales, même instituées au profit de groupements professionnels (CE, 14 mars 1990, Société Fernand Alix et Cie, n° 111014, *Lebon* T.), mais régit les litiges nés du refus d'avantages fiscaux (CE, 26 janvier 1968, Société Maison Genestal, n° 69765, *Lebon*, p. 61), ou ceux dirigés contre un état exécutoire émis, hors taxe parafiscale, au titre d'une activité professionnelle, par exemple, par l'Institut national de l'audiovisuel (CE, 19 novembre 1999, Radio Dreyeckland Antenne Sud-Alsace, n° 197358). Il n'est pas non plus applicable aux litiges concernant la décision accordant ou retirant la reconnaissance du caractère représentatif d'une organisation (CE, 7 juin 1989, Fédération nationale des syndicats paysans, n° 79621).

Pour une application de cet article au refus d'autorisation de travail opposé à une ressortissante étrangère, voir : CE, 27 septembre 2018 n° 419217. Pour un refus d'autoriser l'exploitation agricole de plusieurs parcelles voir : CE, 10 juin 2020, Société EARL Prest, n° 427630, *Lebon* T. ; relève également de cet article la décision par laquelle le ministre chargé de l'énergie met une somme d'argent à la charge d'une personne n'ayant pas produit un volume suffisant de certificats d'économies d'énergie pour satisfaire à ses obligations de réalisation d'économies d'énergie, après avoir été mise en demeure d'en acquérir (CE, 18 juin 2024, n° 488823, *Lebon* T.).

Le dernier alinéa règle une situation dans laquelle la décision attaquée concerne plusieurs établissements, situés dans le ressort de plusieurs tribunaux administratifs. Avant 2010, ce contentieux échappait à la compétence par défaut du Conseil d'État posée par l'article R. 311-1 (CJA, art. R. 311-3, abrogé en 2010). Pour conserver un seul tribunal, la règle a été maintenue, dans ces hypothèses, de se référer au siège de l'entreprise, et non de l'établissement. Les auteurs du texte en ont profité pour mettre à jour les références, devenues dépassées et incomplètes, de l'ancien article R. 311-3.

Les litiges relatifs à la tarification sanitaire et sociale

Art. R. 312-10-1 Sont compétents pour connaître des litiges relatifs aux décisions mentionnées au VI de l'article L. 314-1 et aux articles L. 314-9 et L. 351-1 du code de l'action sociale et des familles, au douzième alinéa de l'article L. 6143-4 du code de la santé publique et à l'article L. 162-24-1 du code de la sécurité sociale, les tribunaux administratifs suivants, dont le ressort, par dérogation à l'article R. 221-3 du présent code, est ainsi fixé :

Tribunal administratif de Bordeaux : Charente, Charente-Maritime, Corrèze, Creuse, Deux-Sèvres, Dordogne, Gers, Gironde, Hautes-Pyrénées, Haute-Vienne, Indre, Landes, Lot-et-Garonne, Pyrénées-Atlantiques, Vienne ;

Tribunal administratif de Lille : Aisne, Eure, Nord, Oise, Pas-de-Calais, Seine-Maritime, Somme ;

Tribunal administratif de Lyon : Ain, Allier, Ardèche, Cantal, Côte-d'Or, Drôme, Haute-Loire, Haute-Savoie, Isère, Loire, Nièvre, Puy-de-Dôme, Rhône, Saône-et-Loire, Savoie, Yonne ;

Tribunal administratif de Marseille : Alpes-Maritimes, Alpes-de-Haute-Provence, Bouches-du-Rhône, Corse-du-Sud, Haute-Corse, Hautes-Alpes, Var ; Tribunal administratif de Nancy : Ardennes, Aube, Bas-Rhin, Haut-Rhin, Doubs, Haute-Marne, Haute-Saône, Jura, Marne, Meurthe-et-Moselle, Meuse, Moselle, Territoire de Belfort, Vosges ; Tribunal administratif de Nantes : Calvados, Côtes-d'Armor, Finistère, Ille-et-Vilaine, Loire-Atlantique, Maine-et-Loire, Manche, Mayenne, Morbihan, Orne, Sarthe, Vendée ;

Tribunal administratif de Paris : Guadeloupe, Guyane, Martinique, Mayotte, La Réunion, Saint-Barthélemy, Saint-Martin, Saint-Pierre-et-Miquelon, Seine-et-Marne, Seine-Saint-Denis, Val-de-Marne, Ville de Paris ;

Tribunal administratif de Toulouse : Ariège, Aude, Aveyron, Gard, Haute-Garonne, Hérault, Lot, Lozère, Pyrénées-Orientales, Tarn, Tarn-et-Garonne, Vaucluse ;

Tribunal administratif de Versailles : Cher, Essonne, Eure-et-Loir, Hauts-de-Seine, Indre-et-Loire, Loir-et-Cher, Loiret, Val-d'Oise, Yvelines.

Par dérogation à l'article R. 312-1 du présent code, le tribunal administratif compétent, parmi les tribunaux administratifs ainsi désignés, est celui dans le ressort duquel est situé l'établissement ou le service concerné par la décision mentionnée au premier alinéa.

Texte source

– Décret n° 2024-1168 du 6 décembre 2024, article 3.

Commentaires

Le décret du 6 décembre 2024 portant transfert de compétence entre juridictions de l'ordre administratif pour le contentieux de la tarification sanitaire et sociale met fin, à compter du 1er janvier 2025, aux juridictions administratives spécialisées que constituaient les tribunaux interrégionaux de la tarification sanitaire et sociale sans pour autant revenir au strict droit commun. Compte tenu de la technicité de la matière et du nombre de dossiers, les requêtes sont regroupées dans certains tribunaux administratifs, la cour administrative d'appel de Paris est désignée comme juge d'appel (voir art. R. 322-1-1) tandis que quelques règles contentieuses dérogatoires sont édictées (Voir CJA, art. R. 431-3-7°, R. 431-6-1, R. 779-11 et R. 779-12).

Les litiges de nature contractuelle ou quasi contractuelle

Art. R. 312-11 En matière précontractuelle, contractuelle et quasi contractuelle le tribunal administratif compétent est celui dans le ressort duquel se trouve le lieu prévu pour l'exécution du contrat. Si son exécution s'étend au-delà du ressort d'un seul tribunal administratif ou si le lieu de cette exécution n'est pas désigné dans le contrat ou quasi-contrat, le tribunal administratif compétent est celui dans le ressort duquel l'autorité publique compétente pour signer le contrat ou la première des autorités publiques dénommées dans le contrat a son siège, sans que, dans ce cas, il y ait à tenir compte d'une approbation par l'autorité supérieure, si cette approbation est nécessaire.

Toutefois, si l'intérêt public ne s'y oppose pas, les parties peuvent, soit dans le contrat primitif, soit dans un avenant antérieur à la naissance du litige, convenir que leurs différends seront soumis à un tribunal administratif autre que celui qui serait compétent en vertu des dispositions de l'alinéa précédent.

Textes sources

– Code des TA et des CAA, article R. 55.
– Décret n° 2016-1480 du 2 novembre 2016, article 6.
– Décret n° 2017-493 du 6 avril 2017, article 9.

Commentaires

Seuls sont concernés par cet article les litiges contractuels proprement dits, à l'exception des recours pour excès de pouvoir formés, soit par les tiers, soit par le contractant, contre des actes détachables du contrat, ou d'actions en responsabilité quasi délictuelle formée par les tiers en raison de l'exécution d'un contrat (CE ass., 16 avril 1986, Cie luxembourgeoise de télédiffusion, n° 75040, *Lebon*, p. 97 – CE ass., 2 février 1987, Société France 5, n° 82325, *Lebon*, p. 28). De la même façon, cet article n'est pas applicable à un recours pour excès de pouvoir formé contre les dispositions réglementaires d'un contrat (CE, 14 janvier 1998, Syndicat national des personnels des affaires sociales, n° 189350). On peut dans ces conditions estimer que cet article ne régit pas non plus les requêtes présentées dans le cadre de la jurisprudence *Société Tropic Travaux Signalisation* (CE ass., 16 juillet 2007, n° 291545, *Lebon*) et l'extension du recours en contestation de la validité du contrat aux autres catégories de tiers, à l'encontre des contrats signés à compter du 4 avril 2014 (CE, Assemblée, 4 avril 2014, Département de Tarn-et-Garonne, n° 358994, *Lebon*, p. 70).

Si le contrat est de louage de services, ce sont les règles de compétence issues de l'article R. 312-12 qui s'appliquent, non celles de l'article R. 312-11.

Voir, comme exemple d'utilisation du critère tiré du lieu de signature, à propos d'un contrat s'exécutant sur un vaste territoire, CE, 3 juillet 1987, Cofiroute, n° 83163, *Lebon*, p. 245 [1], arrêt qui soulève la question du paiement par la gendarmerie des péages sur une autoroute concédée.

La présence dans cet article des quasi-contrats, qui répond à leur exclusion dans l'article R. 312-14, ne laisse pas d'intriguer au regard de l'un des critères retenus : on voit mal où pourrait être « signé » un quasi-contrat, un tel engagement résultant précisément d'une situation née unilatéralement (enrichissement sans cause, versement d'indu) et certainement pas « signée ». Il est vrai que l'acte faisant naître une situation quasi contractuelle est « exécuté ».

Jurisprudence

[1] Considérant que les litiges qui se sont élevés entre la société Cofiroute et l'État au sujet du paiement par la gendarmerie nationale des péages sur des autoroutes concédées par l'État à la société Cofiroute portent sur l'application des stipulations de l'article 29 du cahier des charges annexé à la convention de concession relative aux exemptions de péage dont bénéficient les fonctionnaires de certains services de l'État et qu'il appartient ainsi au juge du contrat d'en connaître ; que l'exécution de cette concession s'étend au-delà du ressort d'un seul tribunal administratif ; qu'il résulte des dispositions sus-rappelées de l'article R. 46 du code des tribunaux administratifs que le tribunal compétent est celui de Paris dans le ressort duquel l'autorité publique contractante a signé la concession [...].

Les litiges individuels relatifs aux agents publics

Art. R. 312-12 Tous les litiges d'ordre individuel, y compris notamment ceux relatifs aux questions pécuniaires, intéressant les fonctionnaires ou agents de l'État et des autres personnes ou collectivités publiques, ainsi que les agents ou employés de la Banque de France, relèvent du tribunal administratif dans le ressort duquel se trouve le lieu d'affectation du fonctionnaire ou agent que la décision attaquée concerne.

Si cette décision prononce une nomination ou entraîne un changement d'affectation, la compétence est déterminée par le lieu de la nouvelle affectation.

Si cette décision prononce une révocation, une admission à la retraite ou toute autre mesure entraînant une cessation d'activité, ou si elle concerne un ancien fonctionnaire ou agent, ou un fonctionnaire ou un agent sans affectation à la date où a été prise la décision attaquée, la compétence est déterminée par le lieu de la dernière affectation de ce fonctionnaire ou agent.

Si cette décision a un caractère collectif (tels notamment les tableaux d'avancement, les listes d'aptitude, les procès-verbaux de jurys d'examens ou de concours, les nominations, promotions ou mutations présentant entre elles un lien de connexité) et si elle concerne des agents affectés ou des emplois situés dans le ressort de plusieurs tribunaux administratifs, l'affaire relève de la compétence du tribunal administratif dans le ressort duquel siège l'auteur de la décision attaquée.

Texte source

– Code des TA et des CAA, article R. 56.

Commentaires

La volonté de déconcentration est évidente dans ce texte, qui ne s'applique qu'aux actes individuels ou collectifs, à l'exception donc des actes réglementaires. Cet article concerne tous les agents régis par le droit public (y compris donc les agents contractuels), sauf ceux dont le sort relève, en premier ressort, du Conseil d'État, à savoir ceux qui sont nommés par décret du président de la République en application de l'article 13-3° de la Constitution ou des articles 1 et 2 de l'ordonnance du 28 novembre 1958 portant loi organique concernant les nominations aux emplois civils et militaires de l'État, s'agissant des seuls litiges concernant leur recrutement et leur discipline (voir CJA, art. R. 311-1).

Le critère retenu pour déterminer la compétence, s'agissant des actes individuels, est l'affectation de l'agent à la date de la décision contestée (CE, 22 octobre 1958, Blaie, *Lebon*, p. 492 [1] – CE, 15 novembre 1991, Mauduech, n° 127438), sans égard pour les mutations ultérieures qui ont pu se produire (on doit tenir pour une solution d'espèce le critère différent retenu par l'arrêt *Fournier*, n° 119700, du 17 décembre 1990). Un agent peut donc avoir à soutenir un litige devant un tribunal fort éloigné de son affectation à la date à laquelle il agit en justice (CE, 15 juillet 1960, Pédoussant, *Lebon*, p. 485).

Le lieu d'affectation est celui de l'emploi assigné à l'agent, même s'il refuse ce poste, ne l'a pas rejoint et conteste précisément cette affectation (CE, 10 mai 1972, Dufond, n° 80682, *Lebon*, p. 351 [2] – CE, 1er février 1995, Penevere, n° 118744). Et, par lieu d'affectation, il convient de se référer à l'affectation « administrative », peu important le lieu d'exercice effectif des fonctions (CE, 27 avril 2006, Frisson, n° 282377).

Si la mesure attaquée est un déplacement d'office, et bien qu'au moment de son prononcé, la nouvelle affectation – qui procède d'une décision distincte – ne soit pas encore connue, c'est le lieu de cette nouvelle affectation, s'il est connu à la date d'introduction de la requête, qui détermine le tribunal compétent, par application du deuxième alinéa du texte (CE, 19 septembre 2003, Arsêne, n° 258612). Si toutefois la mutation est annulée, le litige né des conditions de réintégration sur l'ancien poste relèvera du tribunal administratif correspondant à ce dernier (CE, 8 février 1961, Rousset, *Lebon*, p. 85 [3] – CE, 17 juin 1966, Clary, *Lebon*, p. 907). Quant au refus de renouveler un détachement, et même s'il a pour effet de replacer l'agent dans son administration d'origine, il n'est pas regardé comme un changement d'affectation, une mutation vers cette dernière. Le litige auquel il donne lieu relève donc du tribunal qui a dans son ressort le lieu de détachement, et non le lieu de l'administration d'origine (CE, 20 février 1989, Vassé, n° 100341). Lorsque le litige porte sur la nomination sur un emploi d'un agent autre que le requérant, c'est normalement le lieu de cet emploi qui détermine la compétence. Mais, si le litige porte en réalité sur le refus de nommer le requérant, et si ce dernier est déjà agent public, affecté dans un autre ressort que celui de l'emploi en cause, le refus de le nommer relèvera du tribunal de son lieu d'affectation (CE sect., 27 avril 1988, Marabuto, n° 24039, *Lebon*, p. 167 [4]).

Le dernier alinéa, qui concerne les décisions à caractère collectif, soulève parfois de délicats problèmes lorsqu'un agent, n'attaquant pas la décision, se borne à demander l'annulation du refus de l'en faire bénéficier. Il semble qu'il faille alors rechercher si ce refus peut être examiné indépendamment de l'acte collectif, autrement dit si cet acte est ou non indivisible. S'il est divisible (autrement dit, si la liste n'est pas établie à l'issue d'une comparaison entre les mérites des candidats en lice), le lieu d'affectation du requérant déterminera le tribunal habilité à connaître du refus d'inscription (CE, 27 avril 1988, Marabuto, préc. – CE, 19 janvier 1990, Arnaud, n° 67433, *Lebon* T., à propos du refus d'inscription sur l'arrêté reconnaissant une qualification à un ensemble de fonctionnaires). Si inversement l'acte est indivisible (c'est le cas normalement des tableaux d'avancement, ou des résultats d'admission à un concours), la contestation du refus d'inscription, qui ne peut qu'être regardée comme la contestation de l'acte dans son ensemble, sera régie par le dernier alinéa de l'article R. 312-12. La lecture de cet alinéa appelle une légère précision. En faisant état d'« agents affectés ou d'emplois situés dans le ressort de plusieurs tribunaux administratifs », le texte n'a pas entendu exiger que les agents, ou emplois, soient tous affectés ou situés dans le ressort de tribunaux administratifs, mais seulement qu'ils ne se trouvent pas dans le ressort d'un seul tribunal administratif, même si certains de ces agents ou emplois se trouvent hors du ressort de tout tribunal administratif (CE, 12 décembre 1994, Boquel, n° 124235). A un caractère collectif, la délibération du jury du concours externe d'officier de la police nationale et, le jury devant être regardé comme ayant son siège auprès de l'autorité organisatrice du concours, elle relève de la compétence du TA de Paris (CE, 12 juillet 2022, n° 455667, *Lebon* T.).

Jurisprudence

[1] Sur la compétence du tribunal administratif de Rennes :

Considérant que les demandes formées par le sieur Blaie et la dame Blaie, en application de l'article 16 de la loi du 6 août 1953, tendaient à l'annulation de deux arrêtés du ministre de l'Éducation nationale, en date du 8 avril 1946, prononçant leur révocation sans pension ; que ces demandes relevaient, en application de l'article 14-3° du décret du 28 novembre 1953, de la compétence du tribunal administratif dans le ressort duquel se trouvait le lieu de la dernière affectation précédant la mesure de révocation attaquée, c'est-à-dire en l'espèce du tribunal administratif de Rennes ; que si, postérieurement à la décision attaquée, mais antérieurement à l'introduction des pourvois, les requérants ont été réintégrés et affectés dans une localité relevant de la compétence territoriale d'un autre tribunal administratif, cette circonstance est sans effet sur la détermination de la compétence territoriale, laquelle doit s'apprécier à la date à laquelle a été prise la décision attaquée [...].

[2] Considérant que, bien que le sieur Dufond ait refusé d'occuper le poste de Villeneuve-sur-Lot auquel il avait été affecté, cette ville constitue le lieu de sa dernière affectation administrative ; que, dès lors, le tribunal administratif de Bordeaux, dans le ressort duquel est située ladite ville, a, par une fausse application de l'article 14 précité du décret du 28 novembre 1953, rejeté la requête du sieur Dufond comme portée devant une juridiction territorialement incompétente pour en connaître [...].

[3] Considérant que, par une décision du 25 mars 1955, le Conseil d'État statuant au contentieux a annulé la décision du 16 février 1952 par laquelle le sieur Rousset a été licencié des fonctions qu'il exerçait à l'établissement de réserve générale du matériel automobile de la Maltournée ; que le sieur Rousset a demandé au ministre des Armées sa réintégration, en exécution de cette décision, dans ses fonctions et la réparation du préjudice que son éviction lui causait ;
Considérant que, par application de l'article 14 du décret du 28 novembre 1953, le tribunal territorialement compétent pour statuer sur le litige résultant du refus opposé par le ministre à ces demandes était déterminé par le lieu d'affectation de l'intéressé ; qu'en raison de l'annulation prononcée par le Conseil d'État, ainsi qu'il a été dit ci-dessus, de la décision le licenciant de ses fonctions, le sieur Rousset doit être réputé être demeuré affecté à l'établissement de la Maltournée, lequel se trouve dans le ressort du tribunal administratif de Versailles ; qu'il appartenait, par suite, audit tribunal de statuer sur la demande du sieur Rousset [...].

[4] Considérant, en premier lieu, qu'aux termes du premier alinéa de l'article 47 du code des tribunaux administratifs : « Tous les litiges d'ordre individuel [...] intéressant les fonctionnaires ou agents de l'État [...] relèvent du tribunal administratif dans le ressort duquel se trouve le lieu d'affectation du fonctionnaire ou agent que la décision attaquée concerne » ; qu'après avoir été admise à participer aux épreuves du concours externe organisé en 1977 pour le recrutement de greffiers en chef stagiaires des cours et tribunaux, Mme Marabuto, professeur certifié en fonction au lycée de Bondy (Seine-Saint-Denis), n'a pas été nommée greffier en chef stagiaire et n'a pas été affectée à l'École nationale d'application des secrétariats-greffes de Dijon ; que, dès lors, les conclusions dirigées par l'intéressée contre la décision refusant de procéder à cette nomination et à cette affectation, ainsi que ses conclusions subsidiaires dirigées contre la décision refusant de l'admettre à participer aux épreuves du concours interne et ses conclusions à fins d'indemnité, relevaient, par application des dispositions précitées, de la compétence du tribunal administratif de Paris dans le ressort duquel se trouvait le lieu d'affectation du Mme Marabuto en qualité d'enseignante ;
Considérant, en second lieu, qu'aux termes du quatrième alinéa de l'article 47 précité : « Si la décision a un caractère collectif [...] et si elle concerne des agents affectés ou des emplois situés dans le ressort de plusieurs tribunaux administratifs, l'affaire relève de la compétence du tribunal administratif dans le ressort duquel a son siège l'auteur de la décision attaquée » ; que, par suite, les conclusions de Mme Marabuto dirigées contre les arrêtés du garde des Sceaux, ministre de la Justice, en date du 13 décembre 1978, titularisant et nommant dans leurs postes respectifs les greffiers en chef issus des concours de recrutement organisés en 1977 relevaient également de la compétence du tribunal administratif de Paris [...].

Les litiges relatifs aux pensions

Art. R. 312-13 Les litiges relatifs aux pensions des agents des collectivités locales relèvent du tribunal administratif dans le ressort duquel est situé le siège de la personne publique dont l'agent intéressé relevait au moment de sa mise à la retraite.

Les litiges relatifs aux décisions individuelles prises en application du livre premier et des titres I à III du livre II du code des pensions militaires d'invalidité et des victimes de guerre relèvent du tribunal administratif dans le ressort duquel est situé le domicile du demandeur lors de l'introduction de sa requête.

Pour les autres pensions dont le contentieux relève de la juridiction des tribunaux administratifs, le tribunal compétent est celui dans le ressort duquel se trouve le lieu d'assignation du paiement de la pension ou, à défaut, soit qu'il n'y ait pas de lieu d'assignation, soit que la décision attaquée comporte refus de pension, la résidence du demandeur lors de l'introduction de sa réclamation.

Textes sources

– Code des TA et des CAA, article R. 57.

– Décret n° 2018-1291 du 28 décembre 2018, article 1er.

Les actions en responsabilité

Art. R. 312-14 Les actions en responsabilité fondées sur une cause autre que la méconnaissance d'un contrat ou d'un quasi-contrat et dirigées contre l'État, les autres personnes publiques ou les organismes privés gérant un service public relèvent :

1° Lorsque le dommage invoqué est imputable à une décision qui a fait ou aurait pu faire l'objet d'un recours en annulation devant un tribunal administratif, de la compétence de ce tribunal ;

2° Lorsque le dommage invoqué est un dommage de travaux publics ou est imputable soit à un accident de la circulation, soit à un fait ou à un agissement administratif, de la compétence du tribunal administratif dans le ressort duquel se trouve le lieu où le fait générateur du dommage s'est produit ;

3° Dans tous les autres cas, de la compétence du tribunal administratif dans le ressort duquel se trouvait, au moment de l'introduction de la demande, la résidence de l'auteur ou du premier des auteurs de cette demande, s'il est une personne physique, ou son siège, s'il est une personne morale.

Texte source

– Code des TA et des CAA, article R. 58.

Commentaires

Pour les actions en responsabilité contractuelle ou quasi contractuelle, voir article R. 312-11 ci-dessus (ou article R. 312-12 s'il s'agit d'un agent contractuel).

Les dispositions du 1° sont d'application délicate lorsqu'est en cause une absence de décision : s'il s'agit du refus de prendre une décision, et ce refus étant lui-même un acte administratif, ce paragraphe joue. Si au contraire, sans avoir provoqué un refus, l'administré se plaint d'une carence et en demande réparation, cet alinéa ne peut jouer. On peut alors hésiter entre le deuxième alinéa (la carence étant regardée comme un « agissement ») et le troisième (« autres cas »).

À la solution retenue dans un arrêt *Delvaux* (CE, 23 juillet 1976 [1]), appliquant le troisième alinéa dans un cas de retard mis à prendre une réglementation, peut être ainsi comparée la décision « Compagnie d'assurances Mercator » (CE, 25 mars 1992, n° 102632) appliquant le deuxième alinéa à une requête tendant à obtenir réparation d'une prétendue carence des services de police [2] ou à une requête tendant à la réparation de dommages résultant d'un attroupement ou d'un rassemblement (CE, 12 février 2020, Société JC Decaux, n° 336603, *Lebon T.*). On peut avancer que la carence exclusivement juridique relève du troisième alinéa, alors que celle qui serait révélée par l'insuffisance ou l'inefficacité d'une action matérielle relève du deuxième alinéa. On note que les affaires mettant en cause la responsabilité de l'État en raison de la lenteur de la justice administrative (CE ass., 28 juin 2002, Garde des Sceaux c/Magiera, n° 239575, *Lebon*, p. 247) ne relèvent plus de la compétence de premier ressort des tribunaux administratifs (CJA, art. R. 311-1).

Les dispositions du deuxième alinéa soulèvent la question du « fait générateur » du dommage, qui n'est pas toujours évidente à résoudre, lorsqu'est en cause un « agissement administratif ». On doit semble-t-il rechercher le lieu où s'est produit le dernier agissement administratif qui a directement causé le préjudice : ce sera par exemple le lieu d'où s'est évadé un mineur, lequel commettra des méfaits ailleurs, mais non le lieu de commission de ces méfaits (CE, 24 février 1965, Caisse primaire centrale de sécurité sociale de la région parisienne, n° 58145, *Lebon*, p. 127 ; *AJDA* 1965, p. 339 [3]). Le troisième alinéa est d'application subsidiaire (CE, 2 décembre 1970, Ministre des Affaires étrangères c/Dame Coursières-Berthezène, n° 77212, *Lebon*, p. 722 [4]). Il ne faut toutefois pas le lire comme signifiant que la résidence du demandeur permettra de déterminer un tribunal administratif lorsque les alinéas précédents ne le permettent pas. Si un litige entre dans le champ d'application du premier ou du deuxième alinéa (par exemple, un agissement administratif), et si les règles énoncées par ces alinéas ne permettent pas de déterminer un tribunal administratif apte à en connaître (parce que, par exemple, cet agissement s'était produit à l'étranger), la résidence du demandeur ne permettra pas de désigner un tel tribunal. Il faudra rechercher si l'article R. 312-1 le permet (par exemple, parce que la décision liant le contentieux a été prise par une autorité ayant son siège dans le ressort d'un tribunal administratif : CE, 25 février 1957, Parentaud, *Lebon*, p. 127 [5] – CE sect., 4 décembre 1970, Ministre de la Défense c/Starr, n° 78558, *Lebon*, p. 734 – CE, 23 juillet 1993, Le Scouarnec, n° 143562, *Lebon* T.). La solution issue de ces arrêts n'est, malgré les apparences, pas contraire à celle résultant de l'arrêt *Coursières-Berthezène*, préc. S'agissant en effet des dommages causés par des décisions, le 1° de l'article R. 312-14 ne s'applique qu'aux décisions relevant du contrôle de légalité exercé par un tribunal administratif. Si ce contrôle relève du Conseil d'État ou d'une autre juridiction administrative, le cas sort du champ d'application de cet alinéa, et entre donc dans celui du troisième alinéa de l'article R. 312-14 (CE, 8 janvier 1993, Roy, n° 93349 [6] – CE, 15 novembre 2000, El Ghani, concernant le préjudice causé par un refus de visa d'entrée sur le territoire).

Jurisprudence

[1] Considérant que la requête du sieur Delvaux, présentée au tribunal administratif de Limoges et transmise au Conseil d'État par ordonnance du président de cette juridiction en application de l'article R. 74 du code des tribunaux administratifs, tend à la réparation du préjudice que l'intéressé prétend avoir subi du fait du retard apporté à la publication de l'arrêté interministériel du 30 décembre 1974 pris pour l'application à certains personnels du décret du 28 mars 1967 relatif aux émoluments des fonctionnaires en service à l'étranger ; que cette requête relève, non de la compétence du Conseil d'État, mais de celle du tribunal administratif territorialement compétent ; que d'après l'article R. 49-3° du code susvisé, ce tribunal est celui dans le ressort duquel se trouvait, au moment de l'introduction de la demande, la résidence du requérant ; que le sieur Delvaux résidant à Limoges, le tribunal administratif de Limoges est compétent pour statuer sur la requête de l'intéressé [...].

[2] Considérant que, le 17 mai 1983, un camion de la société de transport De Moor Jérôme, chargé de viande de porc, assuré conjointement par la compagnie d'assurances Mercator NY, la Compagnie d'assurances maritimes, aériennes et terrestres, la Pearl Insurance Company Ltd, la compagnie d'assurances Commercial Union, la compagnie d'assurances Assucom et la compagnie d'assurances Rhône-Méditerranée, représentées par leur courtier la société Nautica, fut intercepté par un groupe d'une trentaine d'individus au péage de Mâcon-Nord de l'autoroute A6, et détourné vers la préfecture de Saône-et-Loire à Mâcon ; que le chargement du camion fut déversé en totalité sur la chaussée, arrosé de carburant et rendu impropre à la consommation ; que les compagnies d'assurances requérantes ont réglé à la société De Moor la somme de 2 500 000 francs belges à titre d'indemnité de sinistre et demandent la condamnation de l'État à leur verser la même somme de 2 500 000 francs belges ;

Considérant qu'alors même que le délit de détérioration volontaire d'objet mobilier appartenant à autrui aurait été perpétré dans le cadre d'une action concertée et avec le concours de plusieurs personnes, il n'a pas été commis par un attroupement ou un rassemblement ; que, par suite, les dommages qu'il a provoqués ne sont pas de ceux qui peuvent donner droit à réparation au titre de l'article 92 de la loi du 7 janvier 1983 relatif à la responsabilité de l'État du fait d'attroupements ou de rassemblements ; que la requête doit en réalité être regardée comme fondée sur les agissements fautifs qu'aurait commis la collectivité publique responsable de la carence des services de police ;

Considérant qu'aux termes de l'article R. 49 du code des tribunaux administratifs et des cours administratives d'appel : « Les actions en responsabilité fondées sur une autre cause que la méconnaissance d'un contrat ou d'un quasi-contrat et dirigées contre l'État, les autres personnes publiques ou les organismes privés gérant un service public relèvent : [...] 2° Lorsque le dommage invoqué est un dommage de travaux publics ou est imputable soit à un accident de la circulation, soit à un fait ou à un agissement administratif, de la compétence du tribunal administratif dans le ressort duquel se trouve le lieu où le fait générateur du dommage s'est produit » ; qu'ainsi le tribunal administratif territorialement compétent est, en l'espèce, celui de Dijon [...].

[3] Considérant qu'il est constant que le jeune Thibault, après s'être enfui, dans la nuit du 8 au 9 août 1958, de l'institution publique d'éducation surveillée de Neufchâteau (Vosges), où il était placé comme mineur pénal, a provoqué, le 29 août 1958, à Chevilly-Larue (Seine), au volant d'un véhicule qu'il avait dérobé à Paris le 27 août 1958, la mort du sieur Jubin ;
Sur la compétence du tribunal administratif :
Considérant que les conclusions présentées devant le tribunal administratif de Paris tendaient à faire déclarer l'État responsable en raison soit de négligences prétendument commises dans le fonctionnement de l'institution publique d'éducation surveillée à Neufchâteau, dans les Vosges, soit du risque inhérent à ce fonctionnement ; que le lieu où le fait générateur du dommage allégué s'est produit étant compris dans le ressort du tribunal administratif de Nancy, le tribunal administratif de Paris n'était pas compétent pour connaître des conclusions susvisées ; qu'il y a lieu, en conséquence, d'annuler le jugement dudit tribunal administratif [...].

[4] Sur la compétence du tribunal administratif de Nice :
Considérant qu'aux termes de l'article 16 du décret du 28 novembre 1953, tel qu'il a été modifié par l'article 7 du décret du 27 décembre 1960, « les actions en responsabilité fondées sur une cause autre que la méconnaissance d'un contrat ou d'un quasi-contrat et dirigées contre l'État [...] relèvent : 1° lorsque le dommage invoqué est imputable à une décision qui a fait ou aurait pu faire l'objet d'un recours en annulation devant un tribunal administratif, de la compétence de ce tribunal ; 2° lorsque le dommage invoqué est un dommage de travaux publics ou est imputable [...] à un fait ou à un agissement administratif, de la compétence du tribunal administratif dans le ressort duquel se trouve le lieu où le fait générateur du dommage s'est produit ; 3° dans tous les autres cas, de la compétence du tribunal administratif dans le ressort duquel se trouvait, au moment de l'introduction de la demande, la résidence de l'auteur ou du premier des auteurs de cette demande, s'il est une personne physique, ou son siège, s'il est une personne morale » ;
Considérant que la demande présentée par la dame Coursières-Berthezène au tribunal administratif de Nice tendait à la réformation de la décision en date du 31 octobre 1963 par laquelle le ministre des Affaires étrangères lui a alloué, en réparation du préjudice qui lui a été causé par l'application de la disposition de l'article 3 du décret du 29 octobre 1958 déclarée illégale par décision du Conseil d'État statuant au contentieux du 7 décembre 1962, une indemnité dont le montant serait, selon la requérante, insuffisant ;
Considérant qu'en vertu des dispositions de l'article 2-1° du décret du 30 septembre 1953, portant réforme du contentieux administratif, c'est au Conseil d'État qu'il appartenait de connaître, en premier et dernier ressort, de tout recours tendant à l'annulation de l'article 3 du décret du 29 octobre 1958 ; qu'ainsi les dispositions sus-rappelées de l'article 16-1° du décret du 28 novembre 1953 modifié par l'article 7 du décret du 27 décembre 1960 ne permettaient d'attribuer compétence à aucun tribunal administratif pour connaître de l'action en responsabilité engagée contre l'État par la dame Coursières-Berthezène ; que les dispositions de l'article 16-2°, qui ne concernent aucune catégorie d'actions en responsabilité relatives à des dommages

imputables à des décisions administratives, étaient inapplicables en l'espèce ; que celles de l'article 4 du même décret ne sont applicables que sous réserve des autres hypothèses prévues à l'article 16 ; que, dans ces conditions, il convient de se référer aux dispositions de l'article 16-3° du décret du 28 novembre 1953 précité, lesquelles conduisent à attribuer compétence au tribunal administratif de Nice, dans le ressort duquel la dame Coursières-Berthezène a sa résidence [...].

[5] Considérant qu'aux termes de l'article 4 du décret du 28 novembre 1953, « lorsqu'il n'en est pas disposé autrement par les articles 7 à 16 du présent décret ou par un texte spécial, le tribunal administratif territorialement compétent est celui dans le ressort duquel a légalement son siège l'autorité qui, soit en vertu de son pouvoir propre, soit par délégation, a pris la décision attaquée [...] » ; qu'il ressort de ladite disposition que le tribunal administratif territorialement compétent pour connaître en premier ressort d'un litige qui, par sa nature, relève du juge de droit commun du contentieux administratif est, en principe, celui dans le ressort duquel a légalement son siège l'autorité qui, soit en vertu de son pouvoir propre, soit par délégation, a pris la décision attaquée, mais que des dérogations sont apportées à cette règle en vertu des articles 7 à 16 dudit décret ;
Considérant qu'en matière d'accidents de la circulation, une telle dérogation est apportée par l'article 16, alinéa 2, dudit décret, lequel attribue compétence au tribunal administratif dans le ressort duquel se trouve le lieu de l'accident ; qu'au contraire, les dispositions du 3e alinéa du même article, attribuant « dans tous les autres cas » d'actions en responsabilité, compétence au tribunal dans le ressort duquel a sa résidence l'auteur de la demande, ne sont pas, en vertu de leurs termes mêmes, applicables aux litiges visés aux alinéas précédents du même article et notamment à ceux résultant d'accidents de la circulation ; qu'il suit de là qu'au cas où l'application des dispositions de l'alinéa 2 de l'article 16 n'attribue compétence à aucun tribunal administratif déterminé, il convient de se référer non pas aux prescriptions du 3e alinéa du même article, mais à la règle générale instituée par l'article 4 précité du décret [...].

[6] Considérant qu'en vertu des dispositions de l'article 2-6° du décret du 30 septembre 1953 qui lui attribuent compétence pour connaître des recours en annulation formés contre les décisions des organismes collégiaux à compétence nationale, c'est au Conseil d'État qu'il eût appartenu de connaître, en premier et dernier ressort, de tout recours tendant à l'annulation de l'inscription de M. Girard au tableau de la section G du Conseil de l'ordre des pharmaciens ; qu'ainsi les dispositions ci-dessus rappelées de l'article R. 58-1° du code des tribunaux administratifs et des cours administratives d'appel ne permettent d'attribuer compétence à aucun tribunal administratif pour connaître de l'action en responsabilité engagée par M. Roy contre le Conseil national de l'ordre des pharmaciens ; que les dispositions du 2° du même article, qui ne concernent aucune catégorie d'actions en responsabilité relatives à des dommages imputables à des décisions administratives, étant inapplicables en l'espèce, il convient de se référer aux dispositions du 3° du même texte, qui conduisent à attribuer compétence au tribunal administratif de Nantes dans le ressort duquel M. Roy a sa résidence [...].

Les litiges relatifs à l'indemnisation de préjudices liés à la contamination par certains virus

Art. R. 312-14-1 Les actions engagées en application de l'article L. 1221-14 du code de la santé publique contre le rejet par l'Office national d'indemnisation des accidents médicaux, des affections iatrogènes et des infections nosocomiales d'une demande d'indemnisation ou contre une offre d'indemnisation jugée insuffisante relèvent de la compétence du tribunal administratif dans le ressort duquel est situé le lieu de résidence du demandeur.

Texte source

– Décret n° 2010-251 du 11 mars 2010, article 6.

Commentaires

Il s'agit des actions engagées contre l'ONIAM par les victimes de préjudices résultant de la contamination par certains virus, notamment de l'hépatite B ou C, causée par une transfusion de produits sanguins ou une injection de médicaments dérivés du sang.

Les litiges liés à l'indemnisation des victimes des essais nucléaires

Art. R. 312-14-2 Les litiges relatifs aux décisions mentionnées au I de l'article 4 de la loi n° 2010-2 du 5 janvier 2010 relative à la reconnaissance et à l'indemnisation des victimes des essais nucléaires français relèvent de la compétence du tribunal administratif du lieu de résidence du demandeur au moment de l'introduction de la demande.

Textes sources

– Décret n° 2010-653 du 11 juin 2010, article 10.
– Décret n° 2014-1049 du 15 septembre 2014, article 16.

Les litiges relatifs à l'organisation et au fonctionnement des collectivités publiques autres que l'État

Art. R. 312-15 Sous réserve de l'application des articles R. 312-6 à R. 312-14, les litiges relatifs à l'organisation ou au fonctionnement de toute collectivité publique autre que l'État et de tout organisme public ou privé, notamment en matière de contrôle administratif ou de tutelle, relèvent de la compétence du tribunal administratif dans le ressort duquel a son siège la collectivité ou l'organisme objet des décisions attaquées.

Texte source

– Code des TA et des CAA, article R. 59.

Commentaires

Pour des exemples d'application, assez rare, de ce texte, voir CE, 14 janvier 1998, Syndicat national des personnels des affaires sanitaires et sociales, n° 189350, *Lebon*, ou CE, 10 décembre 2003, Union autonome intercatégorielle de la Caisse des dépôts et consignations, n° 238491, *Lebon* T.

Les litiges relatifs à l'amende pour emploi irrégulier de salariés

Art. R. 312-16 Les contestations relatives à l'amende administrative instituée par l'article L. 8253-1 du code du travail sont portées devant le tribunal administratif dans le ressort duquel l'infraction a été constatée.

Textes sources

– Code des TA et des CAA, article R. 60.
– Ordonnance n° 2007-329 du 12 mars 2007, article 3.
– Décret n° 2012-812 du 16 juin 2012, article 6.
– Décret n° 2020-1734 du 16 décembre 2020, article 7.
– Décret n° 2024-814 du 9 juillet, article 4.

Commentaires

Il s'agit d'une amende infligée aux employeurs recourant irrégulièrement aux services de travailleurs étrangers ou occupant des travailleurs étrangers en situation irrégulière. Les dispositions résultant de l'article 4 du décret n° 2024-814 du 9 juillet ne sont pas applicables en Polynésie française, en Nouvelle-Calédonie, dans les Terres australes et antarctiques françaises, à Saint-Barthélemy et à Saint-Martin. Le texte tire enfin les conséquences de la qualification de sanction administrative (CE, section sociale, avis, 27 mai 1993, n° 353429 – CE, rapport 1995, « Les pouvoirs de l'administration dans le domaine des sanctions »).

Certains litiges en matière de dotations aux collectivités territoriales

Art. R. 312-17 Les litiges relatifs aux montants notifiés en application de l'article L. 1613-5-1, de l'avant-dernier alinéa de l'article L. 2335-1 et du dernier alinéa de l'article L. 2335-16 du code général des collectivités territoriales à une collectivité territoriale ou à un groupement de collectivités territoriales relèvent de la compétence du tribunal administratif dans le ressort duquel la collectivité territoriale ou le groupement a son siège.

Texte source

– Décret n° 2019-701 du 3 juillet 2019, article 9.

Commentaire

Les textes du Code général des collectivités territoriales auxquels cet article renvoie concernent les attributions individuelles des dotations générales de fonctionnement, de la dotation particulière relative aux conditions d'exécution des

mandats locaux, et de la dotation annuelle liée à l'enregistrement des demandes de titres sécurisés.
Le décret n° 2019-1024 du 4 octobre 2019 porte délégation de compétence au préfet de département pour représenter l'État devant le tribunal administratif dans les litiges relatifs aux attributions individuelles de dotation particulière relative aux conditions d'exercice des mandats locaux et de dotation relative à l'enregistrement des demandes et à la remise des titres sécurisés.

Le tribunal compétent pour connaître du contentieux des visas et des naturalisations

Art. R. 312-18 Les litiges relatifs aux décisions individuelles prises en matière d'autorisations de voyage et de visas d'entrée sur le territoire de la République française relevant des autorités consulaires ressortissent à la compétence du tribunal administratif de Nantes.
Par dérogation au second alinéa de l'article R. 312-1, le tribunal administratif de Nantes est compétent pour connaître des recours dirigés contre les décisions du ministre chargé des naturalisations prises en application de l'article 45 du décret n° 93-1362 du 30 décembre 1993.

Textes sources

– Décret n° 2010-164 du 22 février 2010, article 2.
– Décret n° 2010-725 du 29 juin 2010, article 8.
– Décret n° 2022-962 du 29 juin 2022.

Commentaires

À partir du moment où les litiges nés hors du ressort d'un tribunal administratif ne relèvent plus du Conseil d'État, force est de déterminer quel tribunal administratif pourra en connaître. S'agissant des visas, c'est le tribunal administratif de Nantes qui a été retenu, en raison de sa grande familiarité avec les questions de droit des étrangers (nationalité). Le décret du 29 juin 2010 relatif aux naturalisations s'inscrit dans la même logique en ajoutant un second alinéa à cet article, dérogeant ainsi aux règles énoncées à l'article R. 312-1.
Pour les autres affaires, l'article suivant règle la question.
Voir, pour la première application de ce texte : CE, 16 avril 2010, Akakpo, n° 338255. La décision préfectorale abrogeant un visa d'entrée en France relève du tribunal administratif de Nantes, le préfet du département, où séjourne l'étranger titulaire de ce visa ou du département où sa situation est contrôlée, est désigné en qualité d'autorité décisionnaire (CE, 11 décembre 2020, Janali, 443382, *Lebon* T.).

La détermination de l'autorité compétente en matière d'admission à l'aide sociale

Art. R. 312-18-1 Les contestations mentionnées à l'article R. 131-8 du code de l'action sociale et des familles, relatives à la détermination de l'autorité administrative compétente en matière d'admission à l'aide sociale, relèvent de la compétence du tribunal administratif de Paris.

Texte source

– Décret n° 2018-928 du 29 octobre 2018, article 5.

La compétence résiduelle du tribunal administratif de Paris

Art. R. 312-19 Les litiges qui ne relèvent de la compétence d'aucun tribunal administratif par application des dispositions des articles R. 312-1 et R. 312-6 à R. 312-18 sont attribués au tribunal administratif de Paris.

Texte source

– Décret n° 2010-164 du 22 février 2010, article 2.

Commentaires

Ce dernier article est le plus subsidiaire de tous les articles régissant la compétence territoriale des tribunaux administratifs. Le tribunal administratif de Paris a pris la place du Conseil d'État pour traiter toutes les affaires qui échapperaient aux critères de compétence territoriale précédents. Cet article a joué dans une hypothèse où était en cause le rejet implicite par deux préfets – installés dans le ressort de deux tribunaux administratifs différents – d'une demande d'abrogation d'un arrêté inter-préfectoral approuvant des plans de prévention du bruit : devant l'impossibilité de déterminer le préfet « premier signataire » d'un tel refus implicite, le Conseil d'État a attribué au tribunal administratif de Paris la connaissance de l'affaire (CE, 7 mars 2018, n° 410043, *Lebon* T.).

Cette règle, dont la nécessité est évidente, peut aboutir à des résultats étranges : la rupture d'un barrage situé dans le sud de la France, sur un fleuve marquant la frontière entre les ressorts de deux tribunaux administratifs, donnera lieu à des actions en responsabilité jugées à Paris…

TITRE II La compétence d'appel

CHAPITRE 1 La compétence en raison de la matière

La compétence de droit commun, en appel, des cours administratives d'appel

Art. L. 321-1 Les cours administratives d'appel connaissent des jugements rendus en premier ressort par les tribunaux administratifs, sous réserve des compétences que l'intérêt d'une bonne administration de la justice conduit à attribuer au Conseil d'État et de celles définies aux articles L. 552-1 et L. 552-2.

Textes sources

– Ordonnance n° 2000-387 du 4 mai 2000, article 1er.
– Loi n° 2000-597 du 30 juin 2000, article 13-III-2.

Commentaires

La réserve des articles L. 552-1 et L. 552-2 concerne les référés fiscaux, matière dans laquelle, la décision étant prise par un membre du tribunal administratif, l'appel était confié au tribunal administratif lui-même. Mais cette réserve est elle-même en partie périmée, puisque l'article L. 279 du Livre des procédures fiscales, auquel renvoie l'article L. 552-1 du Code de justice administrative, fait désormais du président de la cour administrative d'appel le juge d'appel des décisions du juge du référé fiscal. Or, ce président n'est qu'une formation de la cour administrative d'appel. On a oublié de mettre à jour l'article L. 321-1…
Et d'ailleurs, on a aussi omis de mettre à jour l'article L. 277 du livre des procédures fiscales (LPF), auquel renvoie l'article L. 552-2 du CJA : l'article L. 277 renvoie à la procédure d'appel mentionnée à l'article L. 279 du LPF, mais mentionne que le juge d'appel est soit le tribunal administratif (contentieux des mesures conservatoires), soit le tribunal judiciaire… (voir les commentaires sous l'art. L. 552-2).

La compétence de droit commun, en appel, du Conseil d'État

Art. L. 321-2 Dans tous les cas où la loi n'en dispose pas autrement, le Conseil d'État connaît des appels formés contre les décisions rendues en premier ressort par les autres juridictions administratives.

Texte source

– Décret n° 53-1169 du 28 novembre 1953, article 2, § 1.

Commentaires

De la combinaison des deux articles précédents, il ressort que le Conseil d'État est à la fois le juge d'appel de droit commun pour toutes les juridictions administratives sauf les tribunaux administratifs – point que la rédaction du Code révèle être de nature législative – cependant que ce sont les cours administratives d'appel qui le sont pour les tribunaux administratifs, cette compétence de nature législative étant toutefois tempérée par la délégation permettant au pouvoir réglementaire, « dans l'intérêt d'une bonne administration de la justice », d'en confier une partie au Conseil d'État. Le recours dirigé contre une sentence arbitrale rendue en France dans un litige né de l'exécution ou de la rupture d'un contrat administratif ressortit à la compétence de la juridiction administrative et, au sein de la juridiction administrative, le Conseil d'État est compétent pour en connaître (CE, 30 juillet 2024, n° 485583, *Lebon*).

Il suit de ces articles que l'extension des compétences des cours pour connaître en appel de décisions rendues en premier ressort par d'autres juridictions administratives que les tribunaux administratifs (par exemple, des sentences arbitrales) ne pourrait être opérée que par voie législative (CE, 28 décembre 2005, Union syndicale des magistrats administratifs, n° 274527). Pour le cas d'une sentence arbitrale internationale, voir CE ass., 9 novembre 2016, Société Fosmax LNG, n° 388806, p. 466.

La compétence d'attribution, en appel, du Conseil d'État

Art. R. 321-1 Le Conseil d'État est compétent pour statuer sur les appels formés contre les jugements des tribunaux administratifs rendus sur les litiges relatifs aux élections municipales et cantonales.

Textes sources

– Loi n° 87-1127 du 31 décembre 1987, article 1er.

– Décret n° 2015-233 du 27 février 2015, article 47.

Commentaires

Le décret n° 2015-233 du 27 février 2015 a supprimé la compétence du Conseil d'État pour statuer, en appel, sur les requêtes dirigées « contre les jugements des tribunaux administratifs rendus sur les recours sur renvoi de l'autorité judiciaire ». Ces jugements sont désormais rendus en dernier ressort par les tribunaux administratifs, seule la voie de la cassation étant ouverte au requérant mécontent de la solution apportée par le tribunal (voir CJA, art. R. 811-1).

Si l'on prend à la lettre le texte du décret du 27 février 2015, on peut estimer que seuls les jugements répondant à une question posée par l'autorité « judiciaire » relèvent de cette compétence de dernier ressort des tribunaux administratifs. Sont ainsi écartés de ce régime les renvois n'ayant pas pour origine l'autorité judiciaire, ce qui est possible : par décision du 27 octobre 2000 (CE ass., 27 octobre 2000, Société BFG Bank Luxembourg SA, n° 172350), le Conseil d'État – saisi en appel sur le fondement de l'article 1er de la loi n° 87-1127 du 31 décembre 1987 – a en effet admis que la saisine préjudicielle puisse être ordonnée par une juridiction

étrangère, par un recours sur lequel le juge administratif français est en droit de statuer (mais n'y est pas contraint, à la différence des cas dans lesquels la question est posée par la juridiction judiciaire). Nul texte ne permet aujourd'hui de dénier la compétence de droit commun de la cour administrative d'appel pour connaître de l'appel formé en pareille situation, au demeurant rarissime.
S'agissant des élections, le texte n'en attribue au Conseil d'État la compétence en appel que pour les scrutins ici énumérés, et non pour les scrutins administratifs, seraient-ils soumis à des règles fixées par le Code électoral. Encore faut-il distinguer soigneusement dans ce dernier cas compétence d'appel (attribuée à la cour) et transfert du dossier au Conseil d'État en cas de dessaisissement du tribunal administratif n'ayant pas statué dans le délai imparti par le Code électoral (CE, 26 juillet 2006, Lambel, n° 283056, au sujet d'élections à la chambre de commerce).
Jugé que la désignation des membres de la commission consultative des services publics locaux – lors même qu'elle doit respecter le « principe de la représentation proportionnelle » – ne constitue pas une « élection municipale », et échappe donc à la compétence d'appel du Conseil d'État (CE, 23 juillet 2010, Merigot, n° 338499).

Les appels contre les décisions rendues par le Conseil des prises

Art. R. 321-2 Les appels contre les décisions rendues par le Conseil des prises restent régis par les dispositions qui leur sont propres.

Texte source

– Décret n° 53-1169 du 28 novembre 1953, article 3.

Commentaires

Le Conseil des prises (anciennement « Tribunal des prises ») est une juridiction administrative permanente chargée de se prononcer sur la validité de toutes les prises maritimes opérées en temps de guerre (capture des navires et cargaisons). Il semble n'avoir pas siégé depuis le 5 mars 1965…

CHAPITRE 2 La compétence territoriale des cours administratives d'appel

Le présent chapitre ne comprend pas de dispositions législatives.

La compétence territoriale des cours administratives d'appel

Art. R. 322-1 La cour administrative d'appel territorialement compétente pour connaître d'un appel formé contre un jugement d'un tribunal administratif est celle dans le ressort de laquelle a son siège ce tribunal ou cette commission.

Textes sources

– Décret n° 2004-490 du 3 juin 2004, article 115-I.
– Décret n° 2006-746 du 27 juin 2006, article 1er.
– Décret n° 2019-82 du 7 février 2019, article 16.

Commentaires

Cette règle de compétence apparemment simple pose un problème lorsque le jugement attaqué émane d'un tribunal territorialement incompétent : si la cour dans le ressort de laquelle siège ce tribunal est bien compétente pour annuler ce jugement, peut-elle évoquer l'affaire si le tribunal territorialement compétent n'appartient pas à son ressort ? Si l'affaire avait en effet suivi son cours normal et été jugée par le « bon » tribunal, la cour n'aurait pas eu à en connaître.
On doit à cet égard estimer que les conclusions présentées à la cour et tendant à ce qu'au-delà de la simple annulation elle rejuge l'affaire (lesquelles sont en principe nécessaires à l'évocation) ne relèvent pas de sa compétence territoriale, dès lors qu'elles relevaient en première instance d'un tribunal étranger à son ressort.
La cour ne peut donc pas évoquer. Et le dossier devait, après annulation du jugement pour incompétence territoriale, être transmis au président de la section du contentieux, en application de l'article R. 351-3 alors applicable, lequel président le renvoyait alors au tribunal administratif territorialement compétent (CE, 14 mars 1990, Société Fernand Alix et Cie, n° 111014, *Lebon* T. – CE, 17 décembre 1990, Société Réalisations France Industries, n° 118494 [1] – CE, 12 décembre 1990, Gille, n° 114707). La nouvelle rédaction de l'article R. 351-3 (voir *infra*) autorise désormais le renvoi direct du dossier au tribunal administratif, sans détour par le Conseil d'État.
Identiquement peut-on s'interroger sur l'étendue de la compétence de la cour administrative d'appel lorsque, saisie d'un appel dirigé contre un jugement rendu dans son ressort, elle constatera que le tribunal administratif a empiété sur la compétence du Conseil d'État (saisi en pareille hypothèse, le Conseil d'État annule et statue sans évoquer : CE, 21 juin 1957, Oulés, *Lebon*, p. 416 – CE, 4 juillet 1962, Albert, *Lebon*, p. 450). On peut imaginer par exemple qu'un tribunal administratif statue sur un litige disciplinaire concernant un fonctionnaire dont on s'avise, en appel, qu'il est nommé par décret du président de la République. La cour administrative d'appel est compétente pour connaître de l'appel, le jugement n'étant pas intervenu dans une matière pour laquelle l'appel est réservé au Conseil d'État.

Le jugement doit être annulé. Mais les conclusions présentées devant la cour et réitérant celles présentées en première instance ne relèvent pas, par définition, de sa compétence, et devront être transmises au Conseil d'État par application de l'article R. 351-2. Les affaires se compliquent si le Conseil d'État ne suit pas la cour dans son analyse, et estime, contrairement à elle, que le tribunal administratif est bien compétent. En pareil cas, et bien qu'il ne soit pas saisi de conclusions dirigées contre l'arrêt, il le déclare nul et non avenu par règlement de juges « en vertu des pouvoirs généraux de régulation de l'ordre juridictionnel administratif dont il est investi », et renvoie l'affaire devant la cour (CE, 28 juillet 2000, Demir, n° 196920). La règle posée à l'article R. 351-9, qui systématise la position adoptée par la jurisprudence (CE, 10 novembre 1999, Société coopérative agricole de Brienon, n° 208119, *Lebon* T. [2]), permet d'obtenir en la matière un minimum de stabilité. Qui s'en plaindrait ?

Jurisprudence

[1] Considérant que, lorsqu'une cour administrative d'appel est saisie d'un jugement par lequel un tribunal administratif de son ressort s'est prononcé, sans se déclarer incompétent, sur une demande relevant de la compétence d'un tribunal administratif ayant son siège en dehors de ce ressort, il appartient à la cour, après avoir annulé le jugement qui lui est déféré, de transmettre le dossier au président de la section du contentieux du Conseil d'État en application des dispositions relatives au règlement des questions de compétence au sein de la juridiction administrative ; que le jugement de l'affaire doit alors être attribué au tribunal administratif qui aurait été territorialement compétent pour connaître du litige [...].

[2] Considérant [...] que, par son arrêt en date du 6 mai 1999, la cour administrative d'appel de Lyon, après avoir annulé comme rendu par une juridiction territorialement incompétente le jugement du 29 novembre 1994 du tribunal administratif de Dijon, a, sur le fondement de l'article R. 82 du code susmentionné, renvoyé le dossier au président de la section du contentieux du Conseil d'État pour qu'il règle la question de compétence qu'elle estimait posée ;
Considérant cependant qu'aux termes de l'article R. 84 du code susmentionné : « La juridiction déclarée compétente par le président de la section du contentieux du Conseil d'État en application des articles R. 72 et R. 79 à R. 82 ne peut décliner sa compétence, sauf pour soulever l'incompétence de la juridiction administrative » ; qu'il résulte de ces dispositions que, dès lors qu'il appartenait à la juridiction administrative de connaître de l'affaire et que le tribunal administratif de Dijon avait été déclaré compétent par le président de la section du contentieux du Conseil d'État statuant par l'ordonnance susmentionnée du 11 mars 1992, ce tribunal ne pouvait décliner sa compétence ; que, par voie de conséquence et en application de l'article R. 62 du code précité, la cour administrative d'appel dans le ressort duquel le tribunal se situe était compétente pour connaître de l'appel formé contre le jugement entrepris et du fond du litige si elle était conduite à se prononcer par la voie de l'évocation ;
Considérant qu'en raison de la contrariété existant entre ce qui vient d'être dit et l'arrêt du 6 mai 1999 de la cour administrative d'appel de Lyon qui, ainsi qu'il a été rappelé ci-dessus, a annulé le jugement du tribunal administratif de Dijon qui lui était déféré comme rendu par une juridiction territorialement incompétente, il y a lieu, en vertu des pouvoirs généraux de régulation de l'ordre juridictionnel administratif dont le Conseil

d'État statuant au contentieux est investi, de déclarer cet arrêt nul et non avenu et de renvoyer l'affaire devant la cour administrative d'appel de Lyon [...].

La compétence de la cour administrative d'appel de Paris pour le contentieux de la tarification sanitaire et sociale

Art. R. 322-1-1 Par dérogation aux dispositions des articles R. 221-7 et R. 322-1 du présent code, la cour administrative d'appel de Paris est compétente pour connaître des appels formés contre les jugements des tribunaux administratifs désignés à l'article R. 312-10-1 du même code, rendus sur les litiges relatifs aux décisions mentionnées au VI de l'article L. 314-1 et aux articles L. 314-9 et L. 351-1 du code de l'action sociale et des familles, au douzième alinéa de l'article L. 6143-4 du code de la santé publique et à l'article L. 162-24-1 du code de la sécurité sociale.

Texte source

– Décret n° 2024-1168 du 6 décembre 2024, article 4.

Commentaires

Voir les commentaires sous l'article R. 312-10-1. La spécialisation des CAA par matière présente l'avantage de ne pas supprimer un degré de juridiction et pourrait utilement être reprise dans d'autres domaines.

La compétence territoriale des cours administratives d'appel est d'ordre public

Art. R. 322-2 La compétence territoriale des cours administratives d'appel est d'ordre public.

Textes sources

– Code des TA et des CAA, article R. 64.
– Décret n° 2000-1115 du 22 novembre 2000, article 2-III.

Commentaires

La numérotation de cet article, et du suivant, a résulté du décret du 22 novembre 2000, qui a abrogé l'ancien article R. 322-2. On remarque que les règles de compétence territoriale des cours administratives d'appel résultant de l'article R. 322-1 ne souffrent aucune autre dérogation que celle prévue par l'article R. 322-3, à la différence de la compétence territoriale des tribunaux administratifs. Donc, si ceux qui signent un contrat administratif peuvent s'entendre pour en confier le contentieux à un tribunal administratif de leur choix, ce choix détermine nécessairement la cour administrative d'appel compétente, par application de l'article R. 322-1.

Les litiges dans lesquels est en cause un membre de la cour

Art. R. 322-3 Lorsque le président d'une cour administrative d'appel saisie d'un litige relevant de sa compétence constate qu'un des membres de la cour est en cause ou estime qu'il existe une autre raison objective de mettre en cause l'impartialité de la cour, il transmet le dossier au président de la section du contentieux du Conseil d'État qui en attribue le jugement à la juridiction qu'il désigne.

Textes sources

– Code des TA et des CAA, article R. 65.
– Décret n° 2000-1115 du 22 novembre 2000, article 2-III.
– Décret n° 2002-547 du 19 avril 2002, article 6, § II.

Commentaires

C'est l'extension aux cours administratives d'appel de la règle édictée pour les tribunaux administratifs par l'article R. 312-5, auquel on se reportera. Ainsi qu'il est précisé à propos de cet article, les termes « en cause » doivent s'interpréter comme signifiant « partie ». Comme pour les tribunaux administratifs, il doit être entendu que cette règle vise tous les membres de la cour, et pas seulement ceux d'entre eux qui appartiennent au corps des magistrats des tribunaux administratifs et des cours administratives d'appel : le président de la cour, qui est membre du Conseil d'État, est donc aussi concerné que les autres membres de la cour.
De ce qu'un membre de la cour administrative d'appel a rendu en première instance une ordonnance contestée devant cette cour, ou participé au délibéré d'un jugement frappé d'appel devant cette cour, il ne résulte pas que cette cour doit ni puisse se défaire du dossier concerné. En revanche, ce membre se verra interdire de participer au jugement de l'appel : « Un membre d'une juridiction administrative ne peut pas participer au jugement d'un recours dirigé contre une décision [...] juridictionnelle dont il est l'auteur ou qui a été prise par une juridiction dont il était membre et aux délibérations de laquelle il a pris part » (CE, 30 novembre 1994, Pinto, n° 123452, *Lebon* T.), pas plus d'ailleurs que celui « qui a publiquement exprimé son opinion sur un litige ne peut participer à la formation de jugement statuant sur le recours formé contre une décision statuant sur ce litige », ce cas visant d'évidence les rapporteurs publics, anciennement commissaires du gouvernement (CE, 30 novembre 1994, SARL Étude Ravalement Constructions, n° 126600, *Lebon* T.). Ces règles sont d'ordre public (mêmes arrêts).

TITRE III Le Conseil d'État juge de cassation

Le présent titre ne comprend pas de dispositions réglementaires.

La compétence du Conseil d'État juge de cassation

Art. L. 331-1 Le Conseil d'État est seul compétent pour statuer sur les recours en cassation dirigés contre les décisions rendues en dernier ressort par toutes les juridictions administratives.

Texte source

– Décret n° 53-934 du 30 septembre 1953, article 2, dernier alinéa.

Commentaires

Comme il est normal, il y a un juge de cassation au-dessus de toutes les juridictions administratives autres que le Conseil d'État et ce principe législatif, qui traduit un principe général du droit (CE, 7 février 1947, d'Aillières, n° 79128, *Lebon*, p. 50), ne souffre aucune exception, si ce n'est que les décisions rendues par le Conseil d'État, soit en premier ressort, soit en appel, ne peuvent faire l'objet d'un pourvoi en cassation. Le contraire ne serait pas inconcevable, sur le modèle de la juridiction administrative tunisienne, dans laquelle le tribunal administratif (équivalent du Conseil d'État français) comporte des chambres de première instance, des chambres d'appel et des chambres de cassation.

TITRE IV La connexité

Le présent titre ne comprend pas de dispositions législatives.

CHAPITRE 1 Connexité entre des demandes relevant de la compétence d'un tribunal administratif ou d'une cour administrative d'appel et des demandes relevant de la compétence de premier ressort du Conseil d'État

La compétence du Conseil d'État pour connaître d'affaires connexes

Art. R. 341-1 Lorsque le Conseil d'État est saisi de conclusions relevant de sa compétence de premier ressort, il est également compétent pour connaître de conclusions connexes relevant normalement de la compétence de premier ressort d'un tribunal administratif ou d'une cour administrative d'appel.

Textes sources

– Code des TA et des CAA, article R. 66.
– Décret n° 2015-1145 du 15 septembre 2015, article 14.

Commentaires

Voir les commentaires sous l'article R. 341-4.

La connexité entre demandes relevant de la compétence du tribunal administratif ou d'une cour administrative d'appel et conclusions présentées devant le Conseil d'État statuant en premier ressort

Art. R. 341-2 Dans le cas où un tribunal administratif ou une cour administrative d'appel est saisi de conclusions relevant normalement de sa compétence, mais connexes à des conclusions présentées devant le Conseil d'État et relevant de la compétence en premier et dernier ressort de celui-ci, son président renvoie au Conseil d'État lesdites conclusions.
Dans le même cas, le président de la section du contentieux, saisi par la chambre intéressée, ordonne le renvoi au Conseil d'État de la demande soumise au tribunal administratif ou à la cour administrative d'appel.

Textes sources

– Code des TA et des CAA, article R. 67.
– Décret n° 2015-1145 du 15 septembre 2015, article 14.
– Décret n° 2016-899 du 1er juillet 2016, article 1er.

Commentaires

Voir les commentaires sous l'article R. 341-4.

La connexité entre conclusions relevant de la compétence du tribunal administratif ou d'une cour administrative d'appel et conclusions, présentées dans la même demande, relevant du Conseil d'État statuant en premier ressort

Art. R. 341-3 Dans le cas où un tribunal administratif ou une cour administrative d'appel est saisi de conclusions distinctes, mais connexes relevant les unes de sa compétence et les autres de la compétence en premier et dernier ressort du Conseil d'État, son président renvoie l'ensemble de ces conclusions au Conseil d'État.

Textes sources

– Code des TA et des CAA, article R. 68.

– Décret n° 2015-1145 du 15 septembre 2015, article 14.

Commentaires

Voir les commentaires sous l'article R. 341-4.

La procédure de règlement des questions de connexité

Art. R. 341-4 Dans les cas prévus aux articles R. 341-2 et R. 341-3 ci-dessus, il est fait application des dispositions des articles R. 351-2, R. 351-6 et R. 351-7 ci-après.

Texte source

– Code des TA et des CAA, article R. 69.

Commentaires

Contrairement à ce que prévoient pour la juridiction civile les articles 100 et suivants du Code de procédure civile, la dérogation aux règles normales de compétence commandée, dans l'intérêt d'une bonne justice, par la connexité, donne lieu à un traitement soustrait le plus souvent à la demande des parties, et en tout cas non soumis à leur contrôle, puisque les procédures auxquelles renvoie l'article R. 341-4 reposent sur un mécanisme d'ordonnances non susceptibles de recours.

On note que les dispositions des articles R. 341-1 à R. 341-4 ne concernent que la connexité au regard des compétences de premier ressort du Conseil d'État. Elles ne trouvent pas à s'appliquer si le Conseil d'État est saisi en appel (CE sect., 6 octobre 1961, Demarze, *Lebon*, p. 549 [1] – CE, 8 février 1974, Catty, n° 00083, *Lebon T.*, p. 913 – CE, 28 octobre 1988, Stefanini – CE, 27 juillet 1990, Raveneau Sabardeil, n° 111723 – CE, 23 novembre 1994, Commune de Vaux-et-Chantegrue, n° 140980, *Lebon* T.), ou en cassation. Le dispositif prévu par ces articles peut désormais jouer, entre conclusions présentées devant la cour administrative d'appel et conclusions relevant du Conseil d'État en premier ressort, le

texte issu du décret n° 2015-1145 du 15 septembre 2015 revenant sur une jurisprudence contraire (CE, 3 mars 2008, Derrien, n° 299444, *Lebon* T.).
La notion de connexité est malaisée à cerner. Dans un premier temps, le Conseil d'État l'a limitée aux cas où le sort d'une des conclusions ou requêtes dépend directement et nécessairement de celui de l'autre (CE, 13 mai 1964, Carron, *Lebon*, p. 289 [2]), refusant par exemple de la reconnaître entre les recours dirigés respectivement contre un acte réglementaire et un acte individuel pris pour son application (CE, 8 mars 1963, Mailhol, *Lebon*, p. 147). Ainsi y a-t-il connexité entre le recours formé par un fonctionnaire contre le refus du maire de rapporter une sanction, compte tenu de l'avis émis par le Conseil supérieur de la fonction publique territoriale, et le recours formé par le maire, devant le Conseil d'État statuant alors en premier ressort, contre cet avis (CE, 9 novembre 1990, Ville de Perpignan, n° 99439, *Lebon* T.). Progressivement, cette conception fut étendue : c'est ainsi que fut admise la connexité entre un recours pour excès de pouvoir dirigé contre un acte relevant de la compétence directe du Conseil d'État et une demande d'indemnité fondée sur l'illégalité de cet acte (CE ass., 7 décembre 1962, Coursières-Berthezène, *Lebon*, p. 662, solution implicite – CE, 30 juin 1993, Parat Soulier, n° 109636 – CE, 13 juin 2001, Verdure, n° 211403), et surtout que fut admise la connexité entre une requête dirigée contre un acte et celle qui, dirigée contre un autre acte, se prévalait essentiellement, et non plus exclusivement comme auparavant, de l'illégalité du premier (CE, 18 décembre 1970, Beaune, *Lebon*, p. 776). De même fut admise la connexité entre les conclusions dirigées contre le décret mettant fin aux fonctions d'un directeur et celles qui étaient dirigées contre l'arrêté le réintégrant dans son corps d'origine (CE, 17 juin 1992, Leclerc, n° 121711).
Encore doit-on remarquer que des arrêts postérieurs réintroduisent l'idée de lien de dépendance nécessaire entre deux dossiers : on citera par exemple l'arrêt *Cayrol*, du 28 juillet 1989, dans lequel le Conseil d'État écarte l'idée de lien de connexité parce que « la solution du litige dont le tribunal administratif était saisi n'était pas nécessairement subordonnée à celle du litige dont le Conseil d'État avait été également saisi ». De même, par décision *SA Clinique chirurgicale et maternité du Parc* n° 108253 du 22 novembre 1989, le Conseil d'État pose qu'« il n'existe pas de connexité entre le recours contre un acte réglementaire et les recours contre les décisions individuelles prises pour son application », réaffirmant ainsi la position prise en 1963 dans l'arrêt *Mailhol* (voir aussi CE, 8 février 1995, Société nautique de Marseille, n° 156438, absence de connexité entre les recours formés contre l'acte fixant un tarif et celui qui vise le titre de paiement). Cette position a été fermement réaffirmée le 15 mai 2000 (CE, 15 mai 2000, Société Auto contrôle technique rennais, n° 213279) et le 28 juillet 2000 (CE, 28 juillet 2000, Tameze et Girard, n° 188494, *Lebon* T.) : « Il n'y a pas de lien de connexité entre le pourvoi tendant à l'annulation pour excès de pouvoir d'un règlement administratif et celui contestant la légalité d'une décision individuelle prise sur le fondement dudit règlement ». Telle semble être désormais la position du Conseil d'État (CE, 28 mars 2011, Brugnon, n° 326919, *Lebon* T. – CE, 4 juin 2014, Union syndicale Solidaires, n° 364008, *Lebon* T.).

La notion de connexité se rapproche par ailleurs de celle d'opération complexe (CE, 8 octobre 1976, Le Blant, n° 93279, *Lebon*, p. 398 – CE ass., 26 novembre 1976, Soldani, n° 97328, *Lebon*, p. 507). On a vu ainsi le Conseil d'État reconnaître une connexité entre la requête dirigée contre la révision d'un plan d'occupation des sols spécialement adoptée pour rendre possible l'édification d'un bâtiment et celle qui était dirigée contre le permis de construire ledit bâtiment (CE, 17 janvier 1996, Commune d'Alboussière, n° 151520). Identiquement fut admise la connexité entre les conclusions dirigées contre un décret déclaratif d'utilité publique et celles dirigées contre l'arrêté de cessibilité en procédant, lors même que ce dernier n'était pas contesté pour le seul moyen tiré de l'illégalité de la déclaration d'utilité publique (CE, 3 avril 2006, SA Placoplâtre, n° 291023). Et une certaine tendance s'est manifestée, consistant à reconnaître la connexité entre affaires indépendantes, mais reposant sur les mêmes faits (CE, 5 décembre 1980, Serrat, n° 11114, concl. Latournerie, *Lebon*, p. 467, 3e alinéa – CE sect., 16 octobre 1981, Guillaume, n° 24977, *Lebon*, p. 370 [3]). L'affaire *Guillaume* est à cet égard exemplaire, reconnaissant une connexité entre deux demandes d'indemnité formées l'une par un sous-officier, l'autre par un officier, en raison des mêmes incidents. On l'opposera avec intérêt à la solution opposée retenue, près de vingt ans plus tôt, dans les affaires *Tabarin et autres* (CE, 14 octobre 1961, *Lebon*, p. 984, voir ci-dessous [4] l'analyse donnée de cet arrêt au recueil *Lebon*).
Ces extensions, qui sont demeurées ponctuelles, n'ont toutefois pas sensiblement marqué l'activité contentieuse. Rares sont les tribunaux administratifs qui, saisis de recours contre des actes d'application d'un décret, recours essentiellement, voire exclusivement, fondés sur l'illégalité du décret ainsi appliqué, dont l'annulation était simultanément demandée au Conseil d'État, ont envisagé de faire jouer la connexité.
On a ainsi vu ces tribunaux se prononcer en 1988-1989 sur la légalité des décisions d'intégration dans les cadres d'emplois de la fonction publique territoriale, prises en application des décrets du 30 décembre 1987, sans renvoyer au Conseil d'État au titre de la connexité les très nombreux déférés préfectoraux dont ils étaient saisis en la matière, alors même que le seul point en litige devant eux était la légalité desdits décrets en tant notamment qu'ils édictaient des seuils démographiques, et que des recours pour excès de pouvoir dirigés contre ces décrets étaient pendants devant le Conseil d'État. Pourtant, le texte des articles R. 67 et R. 68 et l'indicatif présent utilisé pouvaient, voire devaient, donner à penser que le renvoi est une obligation pour le juge de premier degré (CE, 9 novembre 1990, Ville de Perpignan, n° 99439).
On note que la connexité est une donnée résultant de la seule nature des conclusions des requêtes à la date à laquelle elles sont formées et détermine ainsi la compétence non au jour où le juge statue, mais au jour où il est saisi. Ainsi, lorsqu'elle est reconnue, son existence n'est pas affectée par la circonstance que l'auteur de la requête « mère », relevant de la compétence du Conseil d'État, s'en est désisté : cette dernière juridiction conserve la compétence, née de la connexité, pour se prononcer sur la requête « fille » présentée au tribunal administratif (CE, 19 février 1986, Comité de défense du Finistère, n° 66652 – CE, 26 janvier 1990, Morlot, n° 84662, *Lebon T.*, p. 648). De même, si la requête « mère » a été jugée avant

que la juridiction n'examine la requête « fille », cette dernière continue au nom de la connexité de relever de la compétence de cette juridiction (CE, 4 novembre 1996, Jourdain, n° 157151). Cette position est dérogatoire aux règles déterminant la compétence juridictionnelle (laquelle se vérifie, sauf texte exprès contraire, à la date à laquelle le juge statue), mais doit être tenue pour règle constante, même si l'on a pu, dans ce qui doit être regardé comme un cas d'espèce, noter un écart, d'ailleurs fort implicite, par rapport à elle (CE, 26 juillet 1996, Société entrepositaire parisienne, n° 160269). En revanche, si celle qui pourrait être regardée comme requête « mère » est jugée avant l'introduction de la requête « fille » la connexité ne trouve pas à jouer (CE, 24 octobre 2001, Association France Nature Environnement, n° 227136, *Lebon* T.).
On note que les règles de connexité (et les renvois qu'elles impliquent) cèdent devant les dispositions de l'article R. 351-9 du code interdisant à une juridiction déclarée compétente par le président de la section du contentieux du Conseil d'État de remettre en cause cette compétence : la connexité n'autorise pas en pareil cas le renvoi (CE, 9 juillet 2010, Société Powéo, n° 324311, *Lebon* T.).

Jurisprudence

[1] Considérant qu'il résulte de la combinaison des dispositions sus-rappelées que le président d'un tribunal administratif ne peut renvoyer au Conseil d'État l'examen d'une demande soumise au tribunal et qu'il juge connexe à une autre demande dont le Conseil d'État se trouve saisi, que si cette dernière demande relève de la compétence en premier et dernier ressort du Conseil d'État [...].

[2] Considérant que, d'une part, les sieurs Carron et autres ont demandé au tribunal administratif de Lyon d'annuler la décision du préfet du Rhône refusant de déclarer nulle de droit la délibération du 30 janvier 1963 par laquelle le conseil municipal de Saint-Rambert-Île-Barbe, consulté par application des dispositions de l'article 3 du décret du 22 janvier 1959, a émis un avis favorable au rattachement de cette commune à la ville de Lyon et de prononcer la nullité de cette délibération ; que, d'autre part, la requête présentée devant le Conseil d'État par les sieurs Carron et autres est dirigée contre le décret prononçant ce rattachement ; que l'illégalité de ladite délibération, qui présente le caractère d'un acte préparatoire au décret susvisé, entraînerait, si elle était établie, l'annulation de celui-ci : qu'ainsi la solution à donner à la requête présentée devant le Conseil d'État se trouve nécessairement subordonnée à celle du litige né de la demande dont le tribunal administratif de Lyon a été saisi ; que par suite, il existe entre les deux pourvois susvisés un lien de connexité [...].

[3] Considérant que M. Guillaume, officier de la gendarmerie nationale, et M. Germanaud, sous-officier de la gendarmerie nationale, ont demandé respectivement au Conseil d'État et au tribunal administratif de Paris la condamnation de l'État à leur verser diverses indemnités en réparation du préjudice résultant des blessures qu'ils ont subies en tentant d'empêcher l'évasion avec prise d'otages du prévenu M. Villoquet le 5 juillet 1975 au palais de Justice de Paris ; qu'entre la demande formée pour M. Germanaud et qui a été renvoyée au Conseil d'État par ordonnance du 21 octobre 1980 du président du tribunal administratif de Paris et la requête n° 24977 présentée pour M. Guillaume dont il appartient au Conseil d'État de connaître en premier et dernier ressort, il existe, eu égard aux circonstances de l'espèce, un lien de connexité [...].

[4] Annulation d'une ordonnance par laquelle le président du tribunal administratif de Pau prescrit la transmission au président de la section du contentieux du Conseil d'État de quatre demandes introduites devant son tribunal en se fondant sur ce que le tribunal administratif de Paris serait saisi d'un grand nombre de demandes connexes à ces quatre demandes. Si les tribunaux administratifs de Pau et de Paris se trouvent saisis de demandes identiques ayant le même objet et posant à juger des questions semblables pour des agents se trouvant dans la même situation juridique (personnels civils des Forces françaises en Allemagne), il n'y a pas entre les demandes formées devant ces deux tribunaux administratifs un lien de connexité au sens de l'article 39 *bis* ajouté à la loi du 22 juillet 1889 par l'article 1er-1 du décret du 27 décembre 1960 (Affaires Tabarin, Gaillat, dame Gaillat et dame Bietry).

CHAPITRE 2 Connexité entre des demandes relevant de la compétence de deux tribunaux administratifs

La connexité entre tribunaux administratifs

Art. R. 342-1 Le tribunal administratif saisi d'une demande relevant de sa compétence territoriale est également compétent pour connaître d'une demande connexe à la précédente et relevant normalement de la compétence territoriale d'un autre tribunal administratif.

Texte source

– Code des TA et des CAA, article R. 70.

Commentaires

Voir les commentaires sous l'article R. 342-3.

La saisine du président de la section du contentieux en cas de connexité entre tribunaux administratifs

Art. R. 342-2 Lorsque deux tribunaux administratifs sont simultanément saisis de demandes distinctes, mais connexes, relevant normalement de leur compétence territoriale respective, chacun des deux présidents intéressés saisit le président de la section du contentieux du Conseil d'État et lui adresse le dossier de la demande.

L'ordonnance de renvoi est notifiée au président de l'autre tribunal administratif qui transmet au président de la section du contentieux le dossier de la demande soumis à son tribunal.

Texte source

– Code des TA et des CAA, article R. 71.

Commentaires

Voir les commentaires sous l'article R. 342-3.

Le rôle du président de la section du contentieux du Conseil d'État

Art. R. 342-3 Le président de la section du contentieux se prononce sur l'existence du lien de connexité et détermine la ou les juridictions compétentes pour connaître des demandes. Il est fait application des dispositions de l'article R. 351-2 et des articles R. 351-4 à R. 351-7.

Texte source

– Code des TA et des CAA, article R. 72.

Commentaires

Outre les observations précédentes, on notera que, lorsque la connexité concerne deux (ou plus de deux : CE, 16 octobre 2000, Société Dalkia, n° 210808) tribunaux administratifs, le président de la section du contentieux se prononce également sur la compétence territoriale.

La connexité envisagée par ces articles n'est pas nécessairement identique à celle examinée ci-dessus, laquelle impliquait un lien de dépendance entre les affaires, la solution donnée à l'une commandant celle qu'appelle l'autre. S'agissant de connexité entre affaires présentées devant des juridictions de même niveau, c'est plutôt, ou plus fréquemment, le souci de bonne administration de la justice qui commande la liaison des affaires : ainsi, les litiges contractuels distincts opposant Électricité de France à des producteurs autonomes – relevant normalement des tribunaux administratifs dans le ressort desquels se trouve chaque lieu d'exploitation – sont-ils réputés connexes, « dans l'intérêt d'une bonne administration de la justice », puisque aussi bien ils donnent à interpréter des stipulations identiques, découlant de clauses types (CE, 16 octobre 2000, Société Dalkia, *préc.*).

Le refus par le président d'un tribunal de donner suite à l'invitation, adressée par une partie, de mettre en œuvre les dispositions de l'article R. 342-2 en constatant la connexité du dossier avec un autre, présenté devant un autre tribunal, n'est, pas plus que l'ordonnance mettant en œuvre ces dispositions, susceptible de recours, non plus que de discussion tendant à établir l'incompétence du tribunal qui, malgré cette invitation, a statué sur ce dossier (CAA Lyon, 31 décembre 2007, Centre hospitalier de Valence, n° 07LY02828).

CHAPITRE 3 Connexité entre des demandes relevant d'une cour administrative d'appel et des demandes relevant de la compétence d'appel du Conseil d'État

La connexité entre Conseil d'État et cour administrative d'appel

Art. R. 343-1 Lorsque le Conseil d'État est saisi de conclusions relevant de sa compétence comme juge d'appel, il est également compétent pour connaître de conclusions connexes relevant normalement de la compétence d'une cour administrative d'appel.

Texte source

– Code des TA et des CAA, article R. 73.

Commentaires

Voir les commentaires sous l'article R. 344-3.

La connexité entre demandes relevant de la compétence de la cour administrative d'appel et conclusions présentées devant le Conseil d'État statuant en appel

Art. R. 343-2 Dans le cas où une cour administrative d'appel est saisie de conclusions relevant normalement de sa compétence, mais connexes à des conclusions présentées devant le Conseil d'État et relevant de la compétence d'appel de celui-ci, son président renvoie au Conseil d'État lesdites conclusions.

Dans le même cas, le président de la section du contentieux saisi, par la chambre intéressée, ordonne le renvoi au Conseil d'État de ces conclusions.

Textes sources

– Code des TA et des CAA, article R. 74.

– Décret n° 2016-899 du 1er juillet 2016, article 1er.

Commentaires

Voir les commentaires sous l'article R. 344-3.

La connexité entre demandes relevant de la compétence de la cour administrative d'appel et conclusions relevant du Conseil d'État statuant en appel

Art. R. 343-3 Dans le cas où une cour administrative d'appel est saisie de conclusions distinctes, mais connexes relevant les unes de sa compétence et les autres de la compétence d'appel du Conseil d'État, son président renvoie l'ensemble de ces conclusions au Conseil d'État.

Texte source

– Code des TA et des CAA, article R. 75.

Commentaires

Voir les commentaires sous l'article R. 344-3.

La procédure de règlement des questions de connexité

Art. R. 343-4 Dans les cas prévus aux articles R. 343-2 et R. 343-3, il est fait application des dispositions de l'article R. 351-2 et des articles R. 351-4 à R. 351-7.

Texte source

– Code des TA et des CAA, article R. 76.

Commentaires

Voir les commentaires sous l'article R. 344-3.

CHAPITRE 4 Connexité entre des demandes relevant de la compétence de deux cours administratives d'appel

La connexité entre cours administratives d'appel

Art. R. 344-1 La cour administrative d'appel saisie d'une demande relevant de sa compétence territoriale est également compétente pour connaître d'une demande connexe à la précédente et relevant normalement de la compétence territoriale d'une autre cour.

Texte source

– Code des TA et des CAA, article R. 77.

Commentaires

Voir les commentaires sous l'article R. 344-3.

La saisine du président de la section du contentieux en cas de connexité entre cours administratives d'appel

Art. R. 344-2 Lorsque deux cours administratives d'appel sont simultanément saisies de demandes distinctes, mais connexes, relevant normalement de leur compétence territoriale respective, chacun des deux présidents intéressés saisit le président de la section du contentieux du Conseil d'État et lui adresse le dossier de la demande.

L'ordonnance de renvoi est notifiée au président de l'autre cour administrative d'appel qui transmet au président de la section du contentieux le dossier de la demande soumise à sa cour.

Texte source

– Code des TA et des CAA, article R. 78.

Commentaires

Voir les commentaires sous l'article R. 344-3.

Le rôle du président de la section du contentieux du Conseil d'État

Art. R. 344-3 Le président de la section du contentieux se prononce sur l'existence d'un lien de connexité et détermine la juridiction ou les juridictions compétentes pour connaître des demandes. Il est fait application des dispositions de l'article R. 351-2 et des articles R. 351-4 à R. 351-7.

Texte source

– Code des TA et des CAA, article R. 79.

Commentaires

La connexité dont il est ici question est, à l'inverse des cas précédents, constatée entre affaires soumises à deux juges d'appel différents. Logiquement, le Conseil d'État a usé de cette connexité dans une affaire dans laquelle, saisi en cassation, il avait, après avoir annulé l'arrêt attaqué, décidé, en application de ce qui était l'article 11 de la loi du 31 décembre 1987, devenu l'article L. 821-2 du présent code, de régler l'affaire au fond, retrouvant ainsi des compétences de juge d'appel (CE, 26 juillet 1996, Mir, n° 121310).

L'article R. 343-3 étend les hypothèses de connexité aux conclusions, sans se limiter aux seules requêtes, une même requête pouvant contenir des conclusions d'excès de pouvoir et de plein contentieux qui ont pu relever, avant 1995, de deux juges d'appel différents. Tel était le cas jugé le 18 décembre 1992 par le Conseil d'État (CE, 18 décembre 1992, Société Omya, n° 134294, *Lebon* T. [1]), à propos d'un jugement se prononçant à la fois sur l'autorisation d'exploitation d'une carrière (alors de la compétence d'appel du Conseil d'État) et sur l'autorisation d'exploiter la station de concassage qui en était le complément nécessaire (relevant de la cour administrative d'appel). La généralisation, intervenue en 1995, de la compétence d'appel des cours administratives d'appel, doit désormais rendre inutiles ou peu s'en faut les articles R. 343-1 à R. 343-4. Mentionnons toutefois la situation ancienne des appels dirigés contre des jugements rendus en matière de reconduite à la frontière (relevant, jusqu'en 2004, de la compétence du Conseil d'État) alors que relève de la cour administrative d'appel l'appel formé contre le jugement rendu sur le refus de titre de séjour : il n'y a pas entre eux de connexité au sens de l'article R. 343-1, lors même que serait soumis au juge de la reconduite le moyen tiré de l'illégalité du refus de séjour (CE, 9 octobre 2002, Boughir, n° 221784, *Lebon* T.).

L'hypothèse envisagée par l'article R. 344-2, parallèle à celle prévue pour les tribunaux administratifs par l'article R. 342-2, pourra jouer lorsque deux tribunaux administratifs, situés dans le ressort de deux cours administratives d'appel différentes, se seront prononcés, sans avoir perçu la connexité, sur des demandes connexes. Le mécanisme institué par l'article R. 344-2 permettra de donner un seul juge d'appel à ces deux jugements : on peut songer à la réparation des conséquences d'une même crue qui, suivant le cours d'un fleuve, ne respecte ni les ressorts des tribunaux administratifs ni ceux des cours administratives d'appel.

L'évolution dans le temps des compétences des cours administratives d'appel a eu des effets curieux : alors non compétente pour connaître de l'appel dirigé contre un jugement rendu en matière de sursis à exécution (appel dont le Conseil d'État était donc normalement saisi), la cour est devenue, lorsque le jugement au fond est intervenu, compétente pour connaître de l'appel dirigé contre ce dernier. Le Conseil d'État a estimé qu'il n'y avait pas de connexité entre les deux appels, malgré le lien étroit qui, quant aux moyens, les unissait (CE, 5 décembre 1994, Commune de La Roque-sur-Pernes, n° 142291). On pourrait penser qu'une situation identique se retrouvera en application de la loi n° 2000-597 du 30 juin 2000 relative aux référés (voir livre V), n'étant pas exclu que le Conseil d'État soit saisi en appel d'un jugement rendu en application de l'article L. 521-2, alors que la cour est saisie, aussi en appel, du jugement rendu au fond dans la même instance…

Il est vrai que les délais donnés au Conseil d'État en la matière (quarante-huit heures, selon l'article L. 523-1) rendent une telle hypothèse peu vraisemblable. Et comme les jugements rendus en matière de suspension (qui a remplacé le sursis à exécution) ne sont susceptibles que d'un recours en cassation (CJA, art. L. 523-1), il ne saurait plus y avoir du tout de connexité, cette notion ne jouant pas lorsque le Conseil d'État est saisi en cassation.

On précisera enfin – mais cela ne présente plus qu'un intérêt historique – qu'il y a en principe toujours connexité entre les pourvois formés contre des parties d'un même jugement, même lorsqu'ils relevaient de deux juges d'appel différents. Un même jugement se prononce, après jonction, sur la demande d'annulation d'une délibération de conseil municipal portant autorisation de passer un contrat et sur la demande d'annulation du permis de construire délivré au contractant. L'appel formé contre la première partie relevait, à la date à laquelle il y fut statué, du Conseil d'État, et celui dirigé contre la seconde partie relevait de la cour administrative d'appel. L'unicité du jugement attaqué a rendu le Conseil d'État compétent pour le tout (CE sect., 25 février 1994, SOFAP Marignan Immobilier, n° 144641, solution implicite).

Jurisprudence

[1] Considérant que par deux arrêtés du 10 mai 1991, le préfet des Pyrénées-Orientales a autorisé la Société Omya à exploiter une carrière à ciel ouvert et une installation classée de broyage concassage ; que le tribunal administratif de Montpellier s'est prononcé par un seul jugement sur les deux demandes qui tendaient à ce qu'il soit sursis à l'exécution de ces deux décisions ; qu'eu égard à ce que la station de broyage-concassage est le complément nécessaire de la carrière, ces demandes doivent être regardées comme liées par un lien de connexité au sens des dispositions de l'article R. 73 du code des tribunaux administratifs et des cours administratives d'appel ; que le Conseil d'État est dès lors compétent pour en connaître par la voie de l'appel [...].

CHAPITRE 5

Connexité entre des demandes relevant de la compétence d'un tribunal administratif et des demandes relevant de la compétence de premier ressort d'une cour administrative d'appel

L'extension de compétence de premier ressort de la cour aux conclusions connexes

Art. R. 345-1 Lorsqu'une cour administrative d'appel est saisie de conclusions relevant de sa compétence de premier ressort, elle est également compétente pour connaître de conclusions connexes relevant normalement de la compétence de premier ressort d'un tribunal administratif.

Texte source

– Décret n° 2015-1145 du 15 septembre 2015, article 15.

Le renvoi par le tribunal à la cour des conclusions connexes à celles dont elle est saisie

Art. R. 345-2 Dans le cas où un tribunal administratif est saisi de conclusions relevant normalement de sa compétence, mais connexes à des conclusions présentées devant une cour administrative d'appel et relevant de la compétence en premier et dernier ressort de celle-ci, son président renvoie à cette cour lesdites conclusions.

Texte source

– Décret n° 2015-1145 du 15 septembre 2015, article 15.

Le renvoi par le tribunal à la cour des conclusions dont il est saisi et qui sont connexes à des conclusions relevant de la cour

Art. R. 345-3 Dans le cas où un tribunal administratif est saisi de conclusions distinctes, mais connexes relevant les unes de sa compétence et les autres de la compétence en premier et dernier ressort d'une cour administrative d'appel, son président renvoie l'ensemble de ces conclusions à ladite cour.

Texte source

– Décret n° 2015-1145 du 15 septembre 2015, article 15.

La procédure de renvoi

Art. R. 345-4 Dans les cas prévus aux articles R. 345-2 et R. 345-3 ci-dessus, il est fait application des dispositions des articles R. 351-3, R. 351-4 et R. 351-7 ci-après.

Texte source

– Décret n° 2015-1145 du 15 septembre 2015, article 15.

TITRE V **Le règlement des questions de compétence**

Le présent titre ne comprend pas de dispositions législatives.

Le renvoi à une juridiction administrative d'une affaire présentée à tort devant le Conseil d'État

Art. R. 351-1 Lorsque le Conseil d'État est saisi de conclusions relevant de la compétence d'une autre juridiction administrative, et sous réserve des dispositions de l'article R. 351-4, le président de la section du contentieux, saisi par la chambre chargée de l'instruction du dossier, règle la question de compétence et attribue, le cas échéant, le jugement de tout ou partie de l'affaire à la juridiction qu'il déclare compétente.

Textes sources

– Code des TA et des CAA, article R. 80.
– Décret n° 2016-899 du 1er juillet 2016, article 1er.

Commentaires

Voir les commentaires sous l'article R. 351-3.

Le renvoi au Conseil d'État d'une affaire relevant de sa compétence et présentée par erreur devant un tribunal administratif ou une cour administrative d'appel

Art. R. 351-2 Lorsqu'une cour administrative d'appel ou un tribunal administratif est saisi de conclusions qu'il estime relever de la compétence du Conseil d'État, son président transmet sans délai le dossier au Conseil d'État qui poursuit l'instruction de l'affaire. Si l'instruction de l'affaire révèle que celle-ci relève en tout ou partie de la compétence d'une autre juridiction, la chambre d'instruction saisit le président de la section du contentieux qui règle la question de compétence et attribue, le cas échéant, le jugement de tout ou partie des conclusions à la juridiction qu'il déclare compétente.

Textes sources

– Code des TA et des CAA, article R. 81.
– Décret n° 2016-899 du 1er juillet 2016, article 1er.

Commentaires

Voir les commentaires sous l'article R. 351-3.

Le renvoi d'une affaire relevant d'une juridiction administrative autre que le Conseil d'État, présentée à tort devant un tribunal administratif ou une cour administrative d'appel

Art. R. 351-3 Lorsqu'une cour administrative d'appel ou un tribunal administratif est saisi de conclusions qu'il estime relever de la compétence d'une juridiction administrative autre que le Conseil d'État, son président, ou le magistrat qu'il délègue, transmet sans délai le dossier à la juridiction qu'il estime compétente.

Toutefois, en cas de difficultés particulières, il peut transmettre sans délai le dossier au président de la section du contentieux du Conseil d'État qui règle la question de compétence et attribue le jugement de tout ou partie de l'affaire à la juridiction qu'il déclare compétente. Si le dossier relève d'une série au sens du 6° de l'article R. 222-1 et que le président de la section du contentieux du Conseil d'État a précédemment attribué à une juridiction un dossier d'une affaire relevant de la même série, le président de la cour administrative d'appel ou du tribunal administratif, ou le magistrat qu'il délègue, transmet le dossier à cette juridiction.

Textes sources

– Code des TA et des CAA, article R. 82.
– Décret n° 2002-547 du 19 avril 2002, article 1er.
– Décret n° 2016-1480 du 2 novembre 2016, article 7.

Commentaires

Pour faire disparaître une partie des quelque 2 500 ordonnances que le président de la section du contentieux était conduit à prendre chaque année au titre des pouvoirs qui étaient les siens de régulateur de la compétence à l'intérieur de la juridiction administrative, le texte nouveau de l'article R. 351-3 organise une transmission directe de la cour ou du tribunal vers la juridiction administrative compétente, par simple ordonnance du président de la juridiction ou de son délégué. L'affaire ne sera, à ce stade, présentée au président de la section du contentieux qu'en cas de « difficultés particulières », à vrai dire rarissimes. Encore ces « difficultés » doivent-elles être cantonnées dans les questions de compétence : le président de la section du contentieux ne peut, saisi de l'affaire, se prononcer sur la demande dont était saisie la juridiction de renvoi et, par exemple, constater un non-lieu à statuer, malgré les dispositions de l'article R. 351-4 (CE, 10 octobre 2012, Lebrun, n° 355987, *Lebon* T.).

Ce mécanisme peut jouer s'agissant des affaires relevant de toute la compétence du Conseil d'État, et non plus seulement de sa « compétence directe », tels étant les termes d'un ancien texte. La qualification « directe » avait fait douter que l'on puisse renvoyer au Conseil d'État un appel présenté par erreur au tribunal administratif, mais le Conseil d'État avait admis le renvoi en pareille hypothèse (CE sect., 21 juin 1974, Ben Ziane Ould Boualem, n° 90285, *Lebon*, p. 358 [1] ; *AJDA* 1974, p. 536). Toute ambiguïté est désormais levée.

Ces articles appellent une réaction d'office du président du tribunal administratif ou de la cour administrative d'appel. S'agissant des cas de connexité, cette réaction d'office vaut suppression de la faculté autrefois reconnue aux parties de demander le renvoi pour connexité, faculté qui avait pour contrepartie l'obligation corrélative pour le président de se prononcer sur cette demande, par ordonnance susceptible d'appel ; ce système était étonnamment lourd pour des mesures s'apparentant plus à l'administration raisonnable des dossiers qu'à leur jugement.
Ces textes impliquent qu'il ne peut pas y avoir normalement, entre tribunaux administratifs, cours administratives d'appel et Conseil d'État, de rejet d'une requête pour incompétence de la juridiction administrative saisie, pourvu qu'une juridiction administrative soit compétente pour connaître de l'affaire (CE, 21 juin 1974, Ben Ziane Ould Boualem, préc. – CE, 19 mars 1993, Medine, n° 132599). En cas de rejet intempestif, le juge de cassation, saisi d'un pourvoi, annule la décision de rejet et attribue le jugement de l'affaire à la juridiction administrative compétente (CE, 19 octobre 2012, Kessabi, n° 342763, *Lebon* T.).
On doit noter que les juridictions administratives spécialisées ne disposent pas de ces possibilités de renvoi pour attribution, et peuvent donc être conduites à rejeter des requêtes parce qu'elles n'ont pas compétence pour en connaître, alors que le tribunal administratif est compétent.
Du même coup disparaît en principe du paysage juridictionnel la majorité des hypothèses de « règlement de juges » que rendait nécessaire le risque de conflit négatif à l'intérieur de la juridiction administrative résultant de ce que deux tribunaux administratifs se déclaraient successivement incompétents, chacun au bénéfice de l'autre, pour connaître de la même affaire (CE sect., 26 février 1971, Odinot, n° 77797, *Lebon*, p. 170). Les seules hypothèses de ce type encore envisageables concernent les juridictions administratives spécialisées, qui, ainsi que l'on vient de le voir, ne connaissent pas le mécanisme du renvoi (CE, 21 juin 1991, Centre hospitalier d'Auxerre, n° 112069, *Lebon* T., à propos de la décision d'une commission départementale d'aide sociale – CE, 24 juin 1998, Rakba, n° 167564, dans une hypothèse identique).
Seul devrait donc subsister, essentiellement, le règlement de juges provoqué par une *contrariété de fond* entre deux décisions de juridictions administratives (CE, 12 février 1990, Commune de Bain-de-Bretagne, n° 60282), impliquant parfois le Conseil d'État : par arrêt du 2 avril 1993 (CE, 2 avril 1993, Ville de Bastia, n° 81519), ce dernier a dû régler la contrariété de fond existant entre sa décision rendue sur l'appel formé contre une partie d'un jugement et les articles non contestés du même jugement. On note que, en cas de contrariété entre un jugement et une décision du Conseil d'État, seul ce dernier, et non la cour administrative d'appel, a compétence pour y mettre fin (CE, 7 juin 1995, Vandamme, n° 133004), conformément à la règle selon laquelle c'est au juge supérieur commun le plus immédiat des juridictions dont les décisions sont inconciliables de régler la contrariété. Un autre exemple de règlement de juges est fourni par la décision *Bramon* (CE, 14 juin 2000, Bramon, n° 212705) : une cour administrative d'appel, estimant que, dans l'affaire, le Conseil d'État était compétent en premier ressort, annule pour incompétence le jugement du tribunal administratif et, ensuite, renvoie le dossier pour jugement au Conseil d'État. Ce dernier, ne partageant pas

la vision de la cour, et s'estimant donc incompétent, refuse de juger, mais doit déclarer nul l'arrêt qui a annulé le jugement, avant de renvoyer l'affaire devant la cour administrative d'appel (voir dans le même sens, CE, 17 décembre 2003, Maunoury, n° 248235, *Lebon* T.). Voir, comme exemple récent d'un règlement de juges : CE, 7 octobre 2009, Société Distribution du Bourget, n° 314763, *Lebon* T. Un tel règlement doit aussi être prononcé lorsque, la compétence de la juridiction administrative de droit commun ayant été déclinée par un arrêt devenu définitif de la cour administrative d'appel, le Conseil d'État ayant à juger la décision de la juridiction administrative spécialisée saisie ensuite et ayant elle aussi décliné sa compétence, valide cette dernière et décide donc que le juge de droit commun est compétent : il déclare dans cette hypothèse, et d'office, l'arrêt de la cour « nul et non avenu » (CE, 9 avril 2010, Dedieu, n° 329759, *Lebon* T.).

Dans le cadre de ce rôle régulateur, il est aussi arrivé au Conseil d'État d'inviter la Cour des comptes à lui transmettre, pour qu'il y statue, des conclusions qu'au nom du principe d'impartialité elle ne pouvait juger régulièrement (CE sect., 17 octobre 2003, Dugoin, n° 237290, *Lebon*, p. 409).

Voisine du règlement de juges est la situation dans laquelle le juge de cassation a constaté à la demande des victimes l'erreur d'un arrêt en ce qu'il a déclaré irrecevables leurs conclusions indemnitaires et, « eu égard aux liens de dépendance établis entre les prétentions respectives » de ces victimes, de la caisse de sécurité sociale et du défendeur, annulé l'arrêt dans son ensemble, tirant ainsi les conséquences logiques de la solidarité constatée entre toutes les positions des parties (CE, 11 mai 2007, Bouvard, n° 281702).

L'interdiction de principe pour tribunaux, cours administratives et Conseil d'État de rejeter des conclusions relevant de la compétence d'une autre juridiction administrative devrait *a fortiori* valoir pour les formations composant la même juridiction. Et l'on a vu au moins une fois le Conseil d'État annuler la décision du juge des référés rejetant des conclusions tendant à ce qu'il ordonne un sursis à exécution : ces dernières relevaient alors de la compétence du tribunal et le juge des référés devait non les rejeter, mais les renvoyer au tribunal (CE, 23 mars 1990, Bergeron, n° 102119). Identiquement il a été jugé que la demande de sursis en 48 heures présentée par le préfet au président du tribunal administratif (voir art. L. 2131-6 du CGCT, dans sa rédaction résultant de la loi du 30 juin 2000) devait être transmise au tribunal si l'acte attaqué n'entrait pas dans les prévisions de cet article. Ces attitudes doivent être interprétées avec prudence. Les règles de transmission posées par ces articles ont pour seul objet de rectifier l'erreur commise par le requérant sur le juge compétent, non de corriger le choix qu'il a fait d'une procédure erronée, choix qui résultera des termes mêmes qu'il utilisera. Ainsi la tierce opposition à un jugement de tribunal administratif présentée au juge d'appel par une personne qui n'était pas partie ni intervenante devant le tribunal administratif doit être renvoyée à ce tribunal ; mais l'appel présenté devant ce même juge d'appel, contre le même jugement et par la même personne, alors que seule la voie de la tierce opposition est ouverte, sera rejeté comme irrecevable (CE, 18 juin 1982, SA Bureau Veritas, n° 28536, *Lebon*, p. 240). De même, le juge d'appel rejette-t-il avec constance les conclusions « présentées pour la première fois en appel », sans les renvoyer au premier juge, parce que le demandeur a ici fait choix non d'un juge incompétent, mais d'une procédure inadaptée.

C'est par un raisonnement analogue que se règlent les partages de compétence, en matière d'expulsion du domaine public, entre juge des référés et tribunal administratif. Si l'une des conditions commandant la compétence du juge des référés (et notamment l'urgence) fait défaut, la demande qui lui est présentée doit être rejetée, et non renvoyée au tribunal, la procédure choisie étant inapplicable.

Ainsi que le révèle la jurisprudence rendue à propos des procédures d'urgence, puis les textes adoptés, on assiste à un certain durcissement de la position du juge : partant de l'idée que le rejet d'une requête présentée au titre d'une de ces procédures n'interdit pas d'en présenter une nouvelle, le juge administratif s'est réservé la possibilité de rejeter les requêtes inexactement orientées, sans les réorienter (CE, 19 juin 2001, Barège, n° 234360), ce que prescrit désormais le code, en son article R. 522-8-1.

Voir cependant nos observations sous l'article R. 811-1 faisant apparaître un certain assouplissement quant au traitement des erreurs de choix entre procédure d'appel et procédure de cassation (CE sect., 18 juillet 2006, Société Darty Alsace-Lorraine, n° 267894). Il faut reconnaître que les critères permettant de déterminer la frontière entre ces deux procédures de contestation de jugements sont parfois d'un maniement si subtil que l'on ne saurait sérieusement faire payer au requérant les erreurs qu'il a pu commettre...

Jurisprudence

[1] Considérant qu'aux termes de l'article 16 *quater* ajouté au décret du 28 novembre 1953 par le décret du 22 février 1972, « lorsqu'un tribunal administratif est saisi de conclusions qu'il estime ne pas ressortir à sa compétence territoriale, le président du tribunal transmet immédiatement le dossier, par ordonnance non motivée, au président de la section du contentieux du Conseil d'État [...] » et qu'aux termes de l'article 16 *quinquies*, également ajouté au décret du 28 novembre 1953 par celui du 22 février 1972, « lorsqu'un tribunal administratif est saisi de conclusions qu'il estime ressortir à la compétence directe du Conseil d'État, son président envoie immédiatement le dossier au Conseil d'État par ordonnance non motivée » qu'il résulte nécessairement de ces dispositions que, depuis le 1er avril 1972, date de leur entrée en vigueur, un tribunal administratif ne peut jamais se déclarer incompétent sur des conclusions qui ressortissent à la compétence soit du Conseil d'État, soit d'un autre tribunal administratif, le président du tribunal qui estime sa juridiction incompétemment saisie étant tenu de transmettre le dossier selon le cas au Conseil d'État ou au président de la section du contentieux de ce Conseil pour jugement ou pour règlement de la question de compétence [...].

Le pouvoir de statuer sur certaines affaires nonobstant les règles de compétence

Art. R. 351-4 Lorsque tout ou partie des conclusions dont est saisi un tribunal administratif, une cour administrative d'appel ou le Conseil d'État relève de la compétence d'une de ces juridictions administratives, le tribunal administratif, la cour administrative d'appel ou le Conseil d'État, selon le cas, est compétent, nonobstant les règles de répartition des compétences entre juridictions administratives, pour rejeter les conclusions entachées d'une irrecevabilité manifeste insusceptible d'être couverte en cours d'instance, pour constater qu'il n'y a pas lieu de statuer sur tout ou partie des conclusions, ou pour rejeter la requête en se fondant sur l'irrecevabilité manifeste de la demande de première instance.

Textes sources

– Code des TA et des CAA, article R. 83.
– Décret n° 2019-82 du 7 février 2019, article 17.

Commentaires

La dérogation – qui paraît aller de soi – aux règles de compétence ne peut jouer qu'autant que le juge n'est pas dessaisi de son pouvoir de juger. Ainsi, en matière électorale, le tribunal est dessaisi, au bénéfice du Conseil d'État, au terme d'un délai de deux mois (ou de trois mois en cas de renouvellement général) suivant l'enregistrement de la protestation : passé ce délai, il ne peut donc rejeter cette protestation, fût-elle manifestement et définitivement irrecevable (CE, 28 septembre 2001, Dabin, n° 231256).

Il peut paraître étonnant que le désistement ne figure pas dans les hypothèses dans lesquelles le juge saisi peut se prononcer même s'il n'est pas compétent. C'est que la question va de soi, puisque tout juge a compétence pour donner acte du désistement d'une demande qui lui a été présentée, cette demande relèverait-elle de la compétence d'une juridiction d'un autre ordre, d'une juridiction étrangère, ou ne relèverait-elle de la compétence d'aucune juridiction (CE sect., 16 octobre 1981, Ministre de la Défense c/Lassus, n° 18837, *Lebon*, p. 374).

La question s'est posée de savoir si cette règle devait être étendue au désistement d'office, pour lequel les règles applicables devant le Conseil d'État sont plus draconiennes que celles en vigueur devant les autres juridictions (voir art. R. 611-22 comparé à R. 612-5). Elle a été résolue par l'affirmative (CE sect., 28 janvier 1994, Ministre des Départements et Territoires d'outre-mer, n° 142456 – CE, 4 mai 1998, Commune de Saint-Sauveur-sur-École, n° 154718).

Aux compétences ainsi attribuées à un juge normalement incompétent, il convient d'ajouter le pouvoir de statuer sur les conclusions afférentes aux frais irrépétibles qui ont pu être présentées soit en demande soit en défense (CE, 15 mars 1996, Le Gac, n° 157496, solution implicite), ces conclusions accessoires suivant en matière de compétence juridictionnelle, selon une tradition maintenant bien établie, le sort des conclusions principales (CE avis, 28 octobre 1994, Gosse, n° 158780, voir aussi les commentaires sous l'article L. 761-1).

La dérogation de bon sens apportée par cet article aux règles de compétence est, en ce qui concerne les irrecevabilités, limitée à celles qui sont manifestes et non susceptibles d'être couvertes en cours d'instance (CE, 30 avril 1993, Bucholzer, n° 124794). Naturellement, le juge qui se prononce au titre de ce texte doit appliquer, en ce qui concerne la recevabilité, les règles régissant la procédure devant la juridiction qui était compétente (CE, 4 janvier 1974, Lefer, n° 93127, *Lebon*, p. 911 – CE, 11 janvier 2008, Association Les Parentèles, n° 304476).

Il faut souligner que cette dérogation est d'interprétation stricte : si une cour est habilitée par l'article R. 351-4 à prononcer un non-lieu, il ne s'ensuit pas qu'elle soit compétente pour se prononcer sur l'appel formé contre un jugement ayant prononcé un tel non-lieu lorsque ce jugement est rendu dans une matière échappant aux compétences de la cour (CE, 30 juillet 1997, Rodes). Cette lecture de l'article R. 351-4 doit évidemment être transposée aux autres hypothèses qu'il mentionne ou implique (désistement ou irrecevabilités). Ce fut ainsi jugé à propos d'une décision de première instance opposant une irrecevabilité manifeste et définitive (CE, 25 janvier 2012, Piasco, n° 344705, *Lebon* T.). Cette rigueur a paru excessive et a conduit à apporter au texte une légère modification en 2019 : si la demande de première instance était manifestement irrecevable, le juge d'appel ou de cassation peut se fonder sur cette irrecevabilité pour rejeter la requête dont il est saisi, sans que le texte réserve cette possibilité au juge « immédiatement supérieur ». On note que ce mécanisme nouveau – réservé aux hypothèses d'irrecevabilités – peut jouer alors même que le premier juge ne s'est pas fondé sur une telle irrecevabilité. Dans un premier temps, le Conseil d'État a estimé que, l'article R. 351-4 instaurant une règle de compétence, le juge ne pouvait s'y soustraire, et que donc le renvoi à la juridiction compétente d'une affaire qui était définitivement irrecevable *devait* être censuré et le dossier retourné à son envoyeur avec mention de l'irrecevabilité qu'il n'avait pas nécessairement perçue (CE, 21 septembre 1990, Département du Doubs, n° 116191 [1]). Cette jurisprudence a été depuis discrètement abandonnée par des décisions réglant la question implicitement – mais non inconsciemment (CE sect., 7 janvier 1994, Roth, n° 142475 – CE, 29 juin 1994, Massé, n° 101236 – CE, 24 mars 1995, Pillet, n° 138839).

Jurisprudence

[1] Considérant que les conclusions renvoyées devant le Conseil d'État avaient le caractère de demande nouvelle en appel et que la cour administrative d'appel devait les rejeter comme irrecevables ; qu'il n'appartient pas au président de la section du contentieux du Conseil d'État saisi en application de l'article R. 82 du code des tribunaux administratifs et des cours administratives d'appel et qu'il n'appartient pas par conséquent à une formation collégiale à laquelle il a transmis le dossier de se prononcer sur la demande ; qu'il y a lieu pour le Conseil d'État non de faire application de l'article R. 83 dudit code, mais de renvoyer l'affaire à la cour administrative d'appel de Nancy [...].

Le pouvoir pour le Conseil d'État de statuer sur certaines affaires nonobstant les règles de compétence

Art. R. 351-5 Lorsque tout ou partie des conclusions dont est saisi le Conseil d'État relève de la compétence d'une juridiction administrative autre qu'un tribunal administratif ou une cour administrative d'appel, le Conseil d'État est compétent, nonobstant toutes dispositions relatives à la répartition des compétences entre juridictions administratives, pour rejeter les conclusions entachées d'une irrecevabilité manifeste insusceptible d'être couverte en cours d'instance ou pour constater qu'il n'y a pas lieu de statuer sur tout ou partie des conclusions.

Texte source

– Décret n° 53-934 du 30 septembre 1953, article 3, § 2.

Commentaires

L'article R. 351-5 n'est plus, pour le Conseil d'État, redondant avec le précédent, compte tenu des modifications apportées à l'article R. 351-4 par le décret n° 2019-82 du 7 février 2019.

Le pouvoir pour le Conseil d'État de décliner la compétence de la juridiction administrative

Art. R. 351-5-1 Lorsque le Conseil d'État est saisi de conclusions se rapportant à un litige qui ne relève pas de la compétence de la juridiction administrative, il est compétent, nonobstant les règles relatives aux voies de recours et à la répartition des compétences entre les juridictions administratives, pour se prononcer sur ces conclusions et décliner la compétence de la juridiction administrative.

Texte source

– Décret n° 2015-1145 du 15 septembre 2015, article 16.

La portée des ordonnances de renvoi sur la compétence

Art. R. 351-6 Les décisions du président de la section du contentieux du Conseil d'État et des présidents des cours administratives d'appel et des tribunaux administratifs prises en application des articles R. 312-5, R. 322-3, R. 341-2, R. 341-3, R. 342-2, R. 343-2, R. 343-3, R. 344-2, R. 344-3 à R. 351-3, du deuxième alinéa de l'article R. 351-6, de l'article R. 351-8, sont notifiées sans délai aux parties. Elles sont prises par ordonnance non motivée et ne sont susceptibles d'aucun recours. Elles n'ont pas l'autorité de chose jugée.

Lorsque le président de la cour administrative d'appel ou du tribunal administratif, auquel un dossier a été transmis en application du premier alinéa ou de la seconde phrase du second alinéa de l'article R. 351-3, estime que cette juridiction n'est pas compétente, il transmet le dossier, dans le délai de trois mois suivant la réception de celui-ci, au président de la section du contentieux du Conseil d'État, qui règle la question de compétence et attribue le jugement de tout ou partie de l'affaire à la juridiction qu'il déclare compétente.

Lorsque le président d'une juridiction administrative autre qu'une cour administrative d'appel ou un tribunal administratif, à laquelle un dossier a été transmis en application du premier alinéa de l'article R. 351-3, estime que cette juridiction n'est pas compétente, il transmet le dossier, dans le délai de trois mois suivant la réception de celui-ci, au président de la section du contentieux du Conseil d'État, qui règle la question de compétence et attribue le jugement de tout ou partie de l'affaire à la juridiction qu'il déclare compétente.

Textes sources

– Code des TA et des CAA, article R. 84.
– Décret n° 2002-547 du 19 avril 2002, articles 2 et 8.
– Décret n° 2016-1480 du 2 novembre 2016, article 7.

Commentaires

L'« ordonnance non motivée » du président peut sans irrégularité être remplacée par un jugement (ou un arrêt) motivé (CE, 29 mars 1985, Loredon, n° 62841, *Lebon*, p. 96 – CE, 30 mars 1984, Société Coignet Pacifique, n° 55518, *Lebon T.*, p. 715 [1] – CE, 28 juin 1985, Office national des forêts, n° 44628, *Lebon*, p. 747), qui demeure non susceptible de recours. L'intervention d'un jugement ou arrêt permet d'éviter tout conflit entre la formation de jugement (estimant le juge saisi incompétent) et le président (refusant, car d'un avis différent sur la compétence, de signer l'ordonnance de renvoi). On constate de même, à lire les décisions du Conseil d'État, que ce dernier tranche à l'occasion des questions de compétence à l'intérieur de la juridiction administrative sans opérer le détour par le président de la section du contentieux… ce qui ne signifie évidemment pas que ce dernier soit tenu dans l'ignorance de ce qui est ainsi jugé !

Si les ordonnances ou jugements de transfert ne sont pas susceptibles de recours, il en va autrement de l'arrêt par lequel une cour, après avoir annulé le jugement par lequel un tribunal a statué sur des conclusions ne relevant pas selon elle de sa compétence, use de son pouvoir d'évocation et renvoie ces conclusions au Conseil d'État (CE, 27 juillet 2005, Association Dijon football Côte d'Or, n° 249426).

Il est important de préciser que ces ordonnances, dont la nature – administrative ou juridictionnelle – n'est pas clairement définie (encore que le fait qu'elles ne soient pas motivées conduirait à leur nier la qualité juridictionnelle… malgré la jurisprudence intervenue en matière de récusation d'experts [CE sect., 23 mars 2012, Centre hospitalier d'Alès, n° 355151, voir CJA, art. R. 621-6-4]), « n'ont pas l'autorité de chose jugée » (CE, 17 mars 2004, Syndicat CGT de la Caisse français de développement, n° 253751, *Lebon T.*). Il est en effet des hypothèses où le critère permettant de déterminer le juge compétent constitue simultanément une question dont dépend la solution de fond du litige (par exemple, le caractère réglementaire d'un acte ministériel commande la compétence du Conseil d'État, mais entraîne également nombre de conséquences juridiques de fond qui peuvent être au cœur du litige). Il est clairement précisé par le texte que le règlement de la question de compétence n'empiète pas sur le fond du litige.

On note la possibilité pour la juridiction saisie par une ordonnance de l'article R. 351-3 de contester cette attribution de compétence et d'en appeler au président de la section du contentieux du Conseil d'État. Possibilité dont il est clair que les auteurs du décret n'ont pas entendu qu'elle joue systématiquement : preuve en est que, d'une part, cet « appel » est enfermé dans un délai de trois mois, qui n'est pas indicatif (CE, 29 juillet 2020, Le Nadan, n° 435998, *Lebon T.*, point 2), d'autre part, il ne peut être formé que par le président de la juridiction, sans que le texte prévoie, à l'instar de la solution adoptée pour les ordonnances de transfert, la possibilité de la délégation à un magistrat. L'absence d'un tel « appel », comme au surplus le dépassement du délai de trois mois, aura pour effet de rendre définitive l'attribution de compétence (voir CJA, art. R. 351-9), sauf à faire application de de l'article R. 351-8 (voir CJA, art. R. 351-8) dans l'intérêt d'une bonne administration de la justice (CE, 29 juillet 2020, Le Nadan, n° 435998, *Lebon T.*, point 4).

Jurisprudence

[1] Considérant que l'article R. 75 du code des tribunaux administratifs dispose que « lorsqu'un tribunal administratif est saisi de conclusions qu'il estime ressortir à la compétence d'une juridiction administrative autre que le Conseil d'État ou les tribunaux administratifs, le président transmet immédiatement le dossier au Conseil d'État par ordonnance non motivée, non susceptible de recours » ; que ces dispositions n'interdisent pas au tribunal administratif qui s'estime incompétemment saisi de transmettre le dossier au Conseil d'État par un jugement motivé ; qu'un tel jugement, comme l'ordonnance qui aurait pu intervenir aux mêmes fins, n'est pas susceptible de recours [...].

La portée de la procédure devant le juge incompétent

Art. R. 351-7 Les actes de procédure accomplis régulièrement devant la juridiction saisie en premier lieu demeurent valables devant la juridiction de renvoi à laquelle incombe le jugement de l'affaire, sous réserve, le cas échéant, des régularisations imposées par les règles de procédure propres à cette juridiction.

Texte source

– Code des TA et des CAA, article R. 85.

Commentaires

La procédure passée demeure valable telle qu'effectuée, pourvu qu'elle ait été régulière. Cela évite notamment de recommencer l'instruction d'une requête lorsque l'on s'avise tardivement d'une incompétence. Cela permet surtout de sauvegarder les délais de recours (CE sect., 21 juin 1974, Ben Ziane Ould Boualem, n° 80285 ; *AJDA* 1974, p. 536 [1]). Ainsi, des moyens d'appel présentés devant la cour, alors que l'affaire doit être traitée par le Conseil d'État juge de cassation, seront-ils regardés comme « moyens de cassation » (CE, 30 avril 2009, Bouvier d'Yvoire, n° 316389).

Si le tribunal administratif est saisi d'un appel dirigé contre un de ses jugements (soit que l'appel lui soit présenté, soit que, présenté à la cour administrative d'appel, il ait été matériellement adressé par erreur au greffe du tribunal), la date à retenir pour apprécier la recevabilité de cet appel est celle de l'enregistrement au greffe du tribunal, que ce dernier ait ou non procédé à la transmission à laquelle

il est tenu (CE sect., 10 juillet 1987, Roucaud, n° 57762, *Lebon*, p. 256). On note que si le requérant a confondu la cour d'appel (judiciaire) et la cour administrative d'appel, l'article R. 351-7 ne peut le sauver des conséquences de son erreur au regard des délais d'appel. L'hypothèse n'est pas que d'école...
La poursuite de la procédure devant le juge compétent s'effectue selon les règles propres à la juridiction saisie. Cette dernière règle est peu critiquable en ce qui concerne les problèmes de compétence à l'intérieur de la juridiction administrative : il est normal qu'une requête qui aurait dû être présentée au Conseil d'État, et l'a été par erreur à un tribunal administratif, doive être soumise après renvoi aux règles propres au Conseil d'État. Le terme de « régularisation » interdit de contourner, notamment en ce qui concerne le ministère d'avocat, les exigences du juge qu'il fallait saisir. Faute de cette précaution de texte, tous les appels seraient formés devant les tribunaux administratifs dans les matières dispensées d'avocat devant eux.
En revanche, dans les hypothèses de connexité, cette règle aboutit à obliger une partie à un litige dispensé d'avocat devant le tribunal administratif à recourir à l'assistance d'un avocat aux Conseils si le litige, attribué au Conseil d'État au titre de la connexité, appelle le ministère d'un avocat, ce qui n'apparaît pas très satisfaisant puisque cette partie avait le droit d'être jugée par le tribunal administratif, donc sans avocat.

Jurisprudence

[1] Considérant que, lorsque l'affaire entre dans les cas de transmission des dossiers prévus par le décret du 22 février 1972, la date à retenir pour apprécier la recevabilité du recours est celle de son enregistrement au secrétariat de la juridiction qui, incompétemment saisie, procède ou aurait dû procéder à la transmission du dossier ; qu'il en va ainsi, notamment, dans le cas où un tribunal administratif est saisi d'un appel contre le jugement d'un autre tribunal administratif [...].

L'attribution de compétence motivée par le souci de bonne administration de la justice

Art. R. 351-8 Lorsque des considérations de bonne administration de la justice l'imposent, le président de la section du contentieux du Conseil d'État, de sa propre initiative ou sur la demande d'un président de tribunal administratif ou de cour administrative d'appel, attribue, par une ordonnance motivée qui n'est pas susceptible de recours, le jugement d'une ou plusieurs affaires à la juridiction qu'il désigne.

Texte source

– Décret n° 2002-547 du 21 avril 2002, article 3.

Commentaires

Cette disposition de bon sens, qui confirme que les questions de compétence territoriale sont relatives, a parfois été anticipée par les juges (par exemple, JRCE 21 mars 2001, Syndicat de lutte pénitentiaire de l'Union régionale Antilles-Guyane, n° 231087). D'avoir officialisé cette heureuse pratique a permis de l'encadrer : il faut que la dérogation aux règles de compétence territoriale (car il ne peut s'agir que d'une dérogation, sinon le texte serait inutile) soit « imposée » par des considérations de bonne administration de la justice. Il faut surtout que l'ordonnance soit motivée, obligation qui, pour être dépourvue de sanction (puisque cette ordonnance est insusceptible de recours), n'en est pas moins forte pour l'autorité qui la prend.

Ce mécanisme a été utilisé pour « alléger » les stocks d'affaires à juger par la cour administrative d'appel de Marseille, plusieurs centaines d'affaires ayant ainsi été attribuées à la cour de Lyon par ordonnance du président de la section du contentieux. Les difficultés, nées des règles d'inamovibilité des magistrats, mises à l'ajustement des effectifs des juridictions aux besoins du service public, justifient amplement l'usage de ce mécanisme. Ce mécanisme a également été utilisé pour atténuer les effets du délai de trois mois prévu par les dispositions de l'article R. 351-6 (voir CJA, art. R. 351-6), pour exercer « l'appel » devant le président de la section du contentieux du Conseil d'État (CE, 29 juillet 2020, Le Nadan, n° 435998, *Lebon* T., point 4).

Le caractère définitif des attributions de compétence

Art. R. 351-9 Lorsqu'une juridiction à laquelle une affaire a été transmise en application du premier alinéa de l'article R. 351-3 n'a pas eu recours aux dispositions du deuxième alinéa de l'article R. 351-6 ou lorsqu'elle a été déclarée compétente par le président de la section du contentieux du Conseil d'État, sa compétence ne peut plus être remise en cause ni par elle-même, ni par les parties, ni d'office par le juge d'appel ou de cassation, sauf à soulever l'incompétence de la juridiction administrative.

Texte source

– Décret n° 2002-547 du 21 avril 2002, article 4.

Commentaires

À l'instar de l'article R. 312-2, cette disposition relativise les questions de compétence territoriale et surtout interdit de remettre en cause, à quelque niveau que ce soit, la compétence territoriale de la juridiction : ou bien nul n'en a discuté, et l'article R. 312-2 clôt la question, ou bien il y a eu ordonnance transférant l'affaire, sans réaction négative du président de la juridiction destinataire de l'ordonnance, ou encore, sur réaction négative, le président de la section du contentieux a tranché et, là encore, la question est close. Reste seulement le cas, rarissime, dans lequel le tribunal saisi initialement a dû expressément trancher la question de sa compétence territoriale parce qu'une des parties l'a contestée. Cette hypothèse d'école fera encore les beaux jours des amateurs de complications.

Cette disposition réécrit de façon heureuse un texte antérieur qui laissait planer une certaine ambiguïté sur le point de savoir si l'ordonnance attribuant une affaire à un tribunal (laquelle s'imposait au tribunal) avait même autorité pour la cour administrative d'appel saisie d'un appel dirigé contre le jugement rendu dans ces conditions. Ambiguïté levée sur le tard par l'arrêt du 10 novembre 1999, *Société coopérative agricole de Brienon*, n° 208119 : non seulement la cour administrative d'appel ne peut annuler pour incompétence territoriale le jugement ainsi rendu, mais, si, après annulation, elle estime devoir évoquer, elle est compétente pour ce faire, cette compétence découlant de celle, non susceptible de discussion, du tribunal administratif désigné.

Et le Conseil d'État juge, dans la lignée de la jurisprudence Brienon, que l'attribution de compétence ainsi décidée règle l'ensemble des questions de compétence à l'intérieur de la juridiction administrative qui peuvent se poser, y compris l'éventuelle question de la connexité pouvant exister avec une autre affaire pendante devant une autre juridiction (CE, 9 juillet 2010, Société Poweo, n° 324311, *Lebon* T.), sauf à opposer l'incompétence de la juridiction administrative (CE, 17 octobre 2022, n° 459219, *Lebon* T.).

Restait le cas où la cour avait été saisie par une ordonnance de renvoi, laquelle trouvait son fondement dans l'origine du jugement attaqué. Si la cour est indiscutablement compétente pour se prononcer sur ce jugement, rien n'indiquait *a priori* qu'elle ne puisse juger que le tribunal était territorialement incompétent, et que l'affaire relevait d'un autre tribunal situé hors de son ressort. Mais, par le jeu de l'article R. 312-2, cette démarche lui sera le plus souvent interdite, les parties contestant très rarement la compétence territoriale de la juridiction initialement saisie.

Du texte ainsi réécrit on peut et doit espérer un peu plus de simplicité et un peu moins de raffinement dans le maniement des règles de compétence territoriale.

Quelques observations finales doivent être faites.

Le fait qu'une juridiction ait été désignée comme compétente par le jeu de l'article R. 351-3 ne fait pas obstacle à ce que, si elle est suspecte de partialité, la juridiction immédiatement supérieure saisie d'une demande de renvoi pour cause de suspicion légitime en désigne une autre (CE, 6 octobre 1999, Pinault, n° 200386).

Et l'on doit en tout cas estimer que l'attribution de compétence résultant d'une ordonnance ne porte que sur les conclusions telles que les a perçues et visées l'auteur de l'ordonnance de renvoi. Trois hypothèses peuvent à cet égard être envisagées :

– celle de la « requête fleuve », dont les conclusions apparentes relèvent d'un tribunal administratif, mais qui contient, glissée dans une argumentation touffue, une demande d'annulation d'un acte relevant du Conseil d'État, un décret, par exemple. On ne saurait estimer que l'attribution de cette requête à un tribunal administratif investit ce dernier de la compétence, réservée au Conseil d'État, de connaître d'un recours pour excès de pouvoir dirigé contre un décret ;

– celle de la requête identifiant mal la décision contestée, dont on s'aperçoit après coup, et pendant l'instruction, qu'il s'agit par exemple d'un décret ;

– celle des conclusions à ce point floues qu'il faut les interpréter : l'analyse qu'en fait le président auteur du renvoi, laquelle commande une attribution de compétence déterminée, peut ne pas être partagée par la juridiction saisie. Est-elle liée par l'ordonnance de désignation ? On en peut douter, cette ordonnance étant dépourvue d'autorité de chose jugée. Ainsi, le juge des référés du tribunal administratif rejette une demande ; l'appel de l'ordonnance devra être présenté devant le Conseil d'État, s'il s'agit d'un référé-liberté, devant la cour administrative d'appel, si ce référé est « non urgent ». Désignant le juge d'appel, le président auteur d'une ordonnance de renvoi prend nécessairement parti sur l'interprétation de la requête ; l'analyse qu'il en fait ne saurait lier le juge de renvoi qui doit, à notre sens, ne considérer qu'il est nécessairement compétent en vertu de l'article R. 351-9 que pour les conclusions visées par l'ordonnance de renvoi et non pour celles qu'il a cru pouvoir à son tour analyser dans la requête.

LIVRE IV

L'introduction de l'instance de premier ressort

TITRE I La requête introductive d'instance

CHAPITRE 1 Présentation de la requête

Art. L. 411-1 *Abrogé par l'ordonnance n° 2003-1235 du 22 décembre 2003, article 2, § II.*

Commentaires

On pourra se reporter aux éditions anciennes pour les commentaires, désormais purement historiques, relatifs au droit de timbre, créé par la loi de finances pour 1994 et abrogé pour les requêtes enregistrées à partir du 1er janvier 2004. Nul n'a regretté la disparition de cette obligation au rendement problématique. Pas plus ne devra-t-on regretter la disparition, par abrogation au 1er janvier 2014 de l'article 1635 *bis* Q du Code général des impôts, de la contribution de 35 euros pour l'aide juridique.

Le contenu des requêtes

Art. R. 411-1 La juridiction est saisie par requête. La requête indique les nom et domicile des parties. Elle contient l'exposé des faits et moyens, ainsi que l'énoncé des conclusions soumises au juge.

L'auteur d'une requête ne contenant l'exposé d'aucun moyen ne peut la régulariser par le dépôt d'un mémoire exposant un ou plusieurs moyens que jusqu'à l'expiration du délai de recours.

Textes sources

- Ordonnance n° 45-1708 du 31 juillet 1945, article 40.
- Code des TA et des CAA, article R. 87.

Commentaires

I – Un terme générique, des réalités différentes

Pour rendre les décisions plus lisibles, les juridictions d'appel comme le juge de cassation distinguent les « demandes », dont est saisi le premier juge, des « requêtes », adressées au juge d'appel ou de cassation (encore que l'on parle souvent, pour ce dernier, de « pourvoi »), le terme de « recours » était autrefois en principe réservé aux appels ou pourvois formés par un ministre. Son usage n'est plus recommandé aujourd'hui par le Vade-mecum sur la rédaction des décisions de la juridiction administrative (voir p. 18 et Note du président de la section du contentieux et de la présidente de la mission d'inspection des juridictions administratives du 5 novembre 2018). Le code englobe sous la même appellation de requête les demandes, les requêtes et les recours.

II – Une requête écrite en français et intelligible

Il va sans dire que la requête doit être écrite. On a vu dans cette exigence l'expression d'une règle de procédure applicable aux juridictions administratives (CAA Bordeaux, 31 décembre 2002, Tortet, n° 02BX00579).

Elle doit être intelligible (CE, 18 juin 1993, Debard, n° 122332). Le texte de l'article ne précise pas qu'elle doit être également rédigée en français (CE, 22 novembre 1985, Quilleveré, n° 65105, *Lebon*, p. 333), élément qui doit désormais donner lieu à demande de régularisation, sous la forme de la production d'une traduction par une personne assermentée (CE, 18 octobre 2000, Société Max-Planck-Gesellschaft, n° 206341 [**1**] revenant sur CE, 22 mars 1989, Wijenayake Mudalige, n° 83959, *Lebon*, p. 99).

III – Une requête motivée dans le délai de recours

Ne semblent en revanche pas devoir donner lieu à régularisation les autres manquements aux obligations nées de cet article (CE, 15 avril 1988, Michelix, n° 69498, *Lebon*, p. 142 – CE, 7 juillet 1993, Casas, n° 135284 [**2**] – CE, 4 octobre 1991, Préfet du département des Bouches-du-Rhône c/OPAC des Bouches-du-Rhône, n° 88590). Cette caractéristique a pour corollaire que c'est en principe dans le délai de recours que la requête doit répondre aux impératifs nés de l'article R. 411-1, ainsi qu'en dispose expressément, s'agissant de la motivation, son second alinéa.

Ce délai peut être interrompu par une demande d'aide juridictionnelle et le juge a l'obligation de mettre préalablement l'avocat désigné en demeure de motiver la requête, et de porter la carence de l'avocat à la connaissance du requérant (CE, 9 avril 2015, Hassine, n° 378595).

Identité et domicile complets du requérant doivent figurer dans la requête, qui sinon doit être rejetée (CE, 5 juillet 1993, Clément, n° 11583) et non placée en attente sous la forme d'un non-lieu en l'état (CE, 7 juillet 1993, Grange, n° 121030 [**3**]). En revanche, cette exigence n'appelle pas nécessairement l'indication du domicile du ou des défendeurs (CE, 30 mai 2016, Deltour, n° 383928 – CE, 10 février 2017, Ministre de l'Intérieur c/Bakhshi, n° 400257).

Naturellement, si aucun délai n'est imparti pour agir, cet article ne trouve pas à jouer dans la rigueur de son second alinéa : ainsi en matière de recours en appréciation de légalité (CE, 7 juillet 2010, Commune de Châteaudouble, n° 331412).

Les conclusions doivent identifier clairement l'acte ou les actes attaqués. Ne met pas le juge à même d'apprécier la portée de ses conclusions, qui sont donc irrecevables, celui qui demande l'annulation de « toutes les décisions prises sur avis du comité technique paritaire » (CE, 22 avril 1988, Ternon, n° 92883).

S'agissant de la motivation des requêtes, l'obligation est clairement enfermée par le second alinéa dans le carcan des règles relatives au délai de recours contentieux. Demeure donc applicable la jurisprudence rendue antérieurement à ce nouveau texte, selon laquelle est irrecevable, et définitivement, la requête qui ne développe aucun moyen avant l'expiration du délai de recours, même si, postérieurement à cette date, est invoqué un moyen, fût-il d'ordre public (alors qu'un tel moyen peut, si la requête est recevable, être invoqué à tout moment de la procédure et doit être relevé d'office par le juge). *A fortiori*, le juge ne peut-il, en relevant d'office un tel moyen, faire échapper la requête non motivée à son irrecevabilité (CE, 25 octobre

1993, Commune de Collonges-sous-Salève, n° 121616 [**4**] – CE, 15 mai 2012, Société du Bourdeau, n° 331362). Et la circonstance que le greffe aurait imprudemment invité le demandeur à régulariser une demande non motivée, en lui donnant un délai pour ce faire, est sans influence sur le terme du délai de recours contentieux, qui peut survenir avant l'expiration du délai donné par le greffe (CE, 7 décembre 1994, Estrada, n° 150076 ; *RJF* 1995, n° 388, p. 227). Jugé ainsi que l'enregistrement (quelle qu'ait été la date de l'envoi, mais sans doute sous réserve de l'existence d'une durée d'acheminement anormale), après expiration du délai de recours, d'un mémoire motivé, n'emportait pas régularisation d'une requête dépourvue de motivation, quand bien même la production de ce mémoire aurait fait suite à une mise en demeure adressée par le greffe (CE, 15 mai 2013, Deschamps, n° 361823). Naturellement, si le délai de recours a été interrompu par une demande d'aide juridictionnelle, la motivation contenue dans un mémoire complémentaire parvenu à l'intérieur du nouveau délai de recours est admise, et de nature à régulariser une requête irrecevable (CE, 10 janvier 2000, Potin, n° 189125). D'ailleurs, et par dérogation à la règle selon laquelle le défaut de motivation, notamment en appel, ne donne pas lieu à demande de régularisation, lorsque l'avocat désigné au titre de l'aide juridictionnelle s'abstient de produire un mémoire régularisant la requête dépourvue de motivation, « le juge d'appel ne peut, afin d'assurer au requérant le bénéfice effectif du droit qu'il tire de la loi du 10 juillet 1991, rejeter la requête sans avoir préalablement mis l'avocat désigné en demeure d'accomplir, dans le délai qu'il détermine, les diligences qui lui incombent et porté cette carence à la connaissance du requérant, afin de le mettre en mesure, le cas échéant, de choisir un autre représentant » (CE, 22 janvier 2010, Bopj, n° 316510 – CE, 28 décembre 2012, Hamlat, n° 348472 – CE, 9 avril 2015, Hassine, n° 378595, *Lebon* T.).

En revanche, on doit estimer que le « délai de recours » mentionné au second alinéa ne l'est que pour renvoyer à une durée mentionnée au code, soit deux mois, et non à la notion juridique complète et complexe de « délai de recours » : en particulier, l'interruption du délai de recours par la formation d'un recours administratif ne devrait pas pouvoir être invoquée par le requérant qui, ayant introduit sa requête, ne l'a pas motivée dans le délai de recours même s'il a, dans ce délai, formé un recours administratif (en ce sens : CAA Lyon, 7 novembre 2006, Leveziel, n° 06LY01394). Ce n'est qu'appliquer la règle utilisée en matière de combinaison des causes interruptives selon laquelle l'engagement d'une procédure de type contentieux ne permet plus de se prévaloir d'interruptions liées à une procédure non contentieuse (voir CE, 26 septembre 1986, Saadi, n° 58732, *Lebon* T., et observations sous l'article R. 421-5). Identiquement, il est jugé que, pour l'application des règles liées au déroulement de la procédure concernant une requête normalement enregistrée, le « délai de recours » se déclenche sans égard pour la règle définie à l'article R. 421-5 : il part au plus tard de l'enregistrement de la requête, qui vaut alors « connaissance acquise » (CE, 28 octobre 2009, Delanoue, n° 299252, *Lebon* T. – CE, 11 décembre 2013, N'Dre Regnault, n° 365361, *Lebon*) : applicable à la détermination de la recevabilité de moyens présentés après l'expiration du délai de recours (CE, 20 février 1953, Société Intercopie, n° 9772, *Lebon*, p. 88, confirmé systématiquement et encore récemment par CE,

17 juillet 2013, Ministre de l'Éducation nationale c/Casanovas, n° 358885 – CE, 31 mars 2017, Durudaud, n° 399123, *Lebon* T.), cette jurisprudence doit régir l'application du second alinéa de l'article R. 411-1.

S'agissant du cas particulier des requêtes présentées devant la cour administrative d'appel et réorientées au Conseil d'État, ce dernier juge que le délai « Intercopie » ne part que du jour où le requérant a reçu la demande de régularisation l'invitant à recourir aux services d'un avocat aux conseils (CE, 1er mars 2012, Elijalat, n° 338450, *Lebon*).

Il convient de noter que les caisses de sécurité sociale ne peuvent voir opposé à leur appel le fait qu'il ne contiendrait aucun moyen avant l'expiration du délai d'appel, dès lors qu'elles peuvent, à tout moment, lorsque la victime a elle-même formé appel, reprendre leurs conclusions de première instance (CE sect., 1er juillet 2005, Strada, n° 234403, *Lebon* – CE, 13 mars 2006, CPAM de Montpellier-Lodève, n° 276216, *Lebon*).

Si la juridiction rejette comme non motivée une requête alors que le délai pour former un recours contentieux n'est pas expiré, sa décision, qui n'est pas revêtue de l'autorité absolue de la chose jugée, ne fait pas obstacle à la présentation, avant expiration de ce délai, d'une requête dûment motivée ayant même objet que la précédente : elle ne repose pas en effet sur la même cause juridique (CE, 11 juin 1999, Grabias, n° 185169, *Lebon*, p. 945 – CE, 6 décembre 2013, n° 345032, *Lebon* T. – CE, 9 février 2024, n° 473732, *Lebon* T.).

IV – La motivation par référence

La motivation peut se manifester par une référence à celle contenue dans des documents joints, par exemple une réclamation, pourvu que cette référence soit expresse (CE, 10 décembre 1965, Territoire des Comores, n° 60232, *Lebon*, p. 679 – CE, 20 avril 1988, SA Estrat-Bonche, n° 71480 [**5**] – CE, 29 décembre 1995, Kavvadias, n° 129659, *Lebon*). Le Conseil d'État – mais ce fut exceptionnel – a même admis la régularité d'une motivation par référence au contenu d'une autre requête, même non jointe en copie, dès lors que les deux demandes « mettaient en cause la légalité d'actes intervenus au cours d'une même procédure administrative » (CE, 4 janvier 1957, Ville de Paris c/Société Henri Faure, *Lebon*, p. 11 – CE, 29 septembre 1982, Syndicat CGT de l'Urssaf des Alpes-Maritimes, n° 26760, *Lebon* T. [**6**]). De même a-t-il accepté, hypothèse encore plus limite, que le requérant se réfère à un jugement précédent, étant ainsi regardé comme invoquant les faits et moyens retenus dans les motifs dudit jugement (CE, 18 décembre 1985, Gresse [**7**]). Il a, en revanche, refusé qu'un contribuable se borne à motiver sa requête par référence à l'argumentation d'un autre contribuable contestant un autre impôt dans une requête non formellement jointe (CE, 29 décembre 1995, Gendre, n° 140477). La tendance actuelle est plutôt à la rigueur, ainsi qu'on le verra ci-dessous à propos de la motivation des requêtes d'appel.

Il n'a pas été admis que l'indication des faits et moyens soit donnée par une personne sans qualité pour agir au nom du requérant (CE, 8 janvier 1988, Chanut, n° 82216 [**8**]).

V – La motivation des requêtes d'appel

Cette question fut longtemps floue. Un arrêt d'assemblée *Époux Neel* (CE ass., 23 janvier 1970, n° 68324, *Lebon*, p. 44) avait formellement admis que référence y fût faite à la demande de première instance, si elle était jointe à la requête [**9**]. Il avait été suivi de décisions, tant du Conseil d'État que de la cour administrative d'appel de Paris (CAA Paris, 6 mars 1990, Crespu [**10**]) donnant au contraire à entendre que l'appelant doit contester le jugement et démontrer qu'il contient des erreurs. Le Conseil d'État jugeait ainsi le 27 mai 1991 (CE, 27 mai 1991, Fédération régionale des associations de protection de la nature, n° 113203, *Lebon* T.) que, si l'appelant peut se référer à sa demande de première instance, et à condition d'en joindre une copie, ses productions d'appel, même présentées ultérieurement, doivent comporter des développements mettant le juge d'appel en mesure de se prononcer sur les erreurs que le tribunal administratif a pu commettre en rejetant ses moyens, position reprise le 8 janvier 1993 (CE, 8 janvier 1993, Association des riverains du front de Seine et autres, n° 130157, *Lebon* T. [**11**]). Et pourtant, on pouvait lire dans une décision du 16 juin 1997 (CE, 16 juin 1997, SARL Somatha, n° 158887) que « la circonstance que la requête d'appel se borne à reproduire les termes de la demande de première instance n'est pas de nature à la faire regarder comme irrecevable », position reprise dans un arrêt *Boczmak* (CE, 25 février 1998, n° 154969). Une mise au point était d'évidence nécessaire. Elle est survenue dans un premier temps le 11 juin 1999 (CE sect., 11 juin 1999, OPHLM de la ville de Caen, n° 173972, *Lebon* [**12**]) : une requête d'appel doit contenir des moyens d'appel, et donc contenir une critique du jugement attaqué, et plus particulièrement de sa motivation. Toutefois, cette règle n'est pas opposable aux appels incidents, dont la recevabilité n'est pas subordonnée à une condition de délai, et qui, dès lors, peuvent être régularisés à tout moment (CE, 10 juillet 2020, Commune d'Aubusson, n° 427884, *Lebon* T. abandonnant CE, 17 novembre 1999, Ministre de l'Équipement c/Sallato, n° 180678, *Lebon* T.) et, doit-on penser, à l'appel provoqué. Et l'absence de moyen d'appel ne peut être palliée par l'indication d'un tel moyen dans le mémoire ampliatif, si ce dernier est produit après expiration du délai d'appel (CAA Lyon, 27 mai 2003, Le Saux, n° 98LY00934). Ainsi fut, par exemple, déclarée irrecevable une requête d'appel formée en plein contentieux qui rappelait les étapes de la procédure et les conclusions, à laquelle était jointe la copie d'une autre requête d'appel formée contre le jugement rendu en excès de pouvoir, mais qui ne contenait pas de moyen dirigé contre le jugement de plein contentieux (CE, 28 juillet 2000, Duchemin, n° 189212). Les exigences jurisprudentielles sont toutefois demeurées raisonnables : ainsi a été jugée suffisamment motivée une requête d'appel se bornant à soutenir que l'indemnité allouée par le tribunal « ne correspondait pas à la réalité du préjudice financier [...] subi » (CE, 8 décembre 2000, Szmaja, n° 183836, *Lebon* T.). Mais, à la différence de l'appel principal, en l'absence de condition de délai, le défaut de motivation de l'appel incident, et, doit-on penser, de l'appel provoqué, peut être régularisé à tout moment (CE, 10 juillet 2020, Commune d'Aubusson, n° 427884, *Lebon* T.),

Et la requête qui est irrecevable faute de moyen d'appel ne peut être « sauvée » par l'irruption dans le débat, à l'initiative du juge, d'un moyen d'ordre public (CE, 14 mars 2001, Commune de Granville, n° 171502, *Lebon* T., requête de plein contentieux dépourvue de moyen et donc irrecevable, même si aurait pu s'appliquer à l'affaire le moyen tiré de l'impossibilité de condamner une personne publique à payer ce qu'elle ne doit pas, impossibilité posée par l'arrêt Mergui [CE sect., 19 mars 1971, Mergui, n° 79962, *Lebon*, p. 235]).

Des précisions tempérant ce que la jurisprudence *OPHLM de Caen* avait de parfois sévère ont été apportées en juin 2005. L'irrecevabilité pour défaut de motivation n'est opposée que si le mémoire d'appel se borne « à reproduire intégralement et exclusivement le texte du mémoire de première instance » (CE, 27 juin 2005, Société Les Techniques de communication, n° 263754, *Lebon* T.). Si, à cette reproduction est ajouté un élément nouveau, fût-il inopérant (CE, 23 juillet 2010, Asani, n° 334701), ou si le discours tenu au juge d'appel n'est pas la reproduction « littérale » des documents de première instance et énonce de nouveau « précisément les critiques adressées à la décision » administrative attaquée, la requête est recevable (CE, 27 juin 2005, Mahdi, 259446 – CE, 2 juin 2006, Beuvelet, n° 266507, *Lebon* T.). Cette recevabilité a même, mais le cas nous paraît limite, conduit à estimer recevable une requête d'appel ne contestant que certains des moyens que le tribunal avait retenus pour annuler une décision, rendue en matière d'urbanisme (domaine dans lequel l'article L. 600-4-1 du Code de l'urbanisme impose au tribunal de se prononcer sur tous les moyens qu'il estime susceptibles de fonder l'annulation qu'il prononce) : CE, 1er mars 2012, Commune de Theix, n° 342993, *Lebon*. Dans cette hypothèse, le dispositif du jugement ne sera pas affecté par l'appel… circonstance qui normalement conduit à l'irrecevabilité de l'appel (voir CJA, art. R. 811-1).

Tout en étant tenu ici de préciser l'état du droit, on doit s'interroger sur les contours de la nouvelle jurisprudence, et surtout sur la disparition de la règle simple issue de la jurisprudence *OPHLM de Caen*, selon laquelle un appel doit contenir des moyens d'appel, autrement dit contenir une critique argumentée du raisonnement tenu par le premier juge. Admettre que l'on puisse saisir le juge d'appel de la simple réitération de l'argumentation de première instance, fût-ce sous une forme différente (marquise, vos beaux yeux…), sans égard pour ce que le premier juge a dit de cette argumentation, est d'une certaine façon nier l'appel en tant que second degré pour le remplacer par un second premier degré. Aussi bien voit-on parfois revenir dans la jurisprudence le critère de la critique faite au jugement comme pierre angulaire de la recevabilité de l'appel (voir, par exemple : CE, 2 juin 2006, Beuvelet, *préc.*, ou encore CE, 13 février 2012, Société Terreaux Services, n° 324829), signe que cette question n'est pas encore stabilisée. À ce débat la cour administrative d'appel de Paris s'est invitée, en formation plénière (CAA Paris, 24 juin 2010, Amara, n° 09PA03888), décidant que le requérant peut se borner, s'il y a convenance, à soumettre au juge d'appel le réexamen de sa demande de première instance, sans devoir changer un seul mot à l'argumentation qu'il a vainement présentée au tribunal. On retrouve dans ces décisions la question classique de savoir si l'appel est une voie de réformation ou une voie d'achèvement. Notre opinion personnelle est que l'appel n'est pas un second premier degré, et constitue donc, de principe, une voie de réformation. Ainsi, ne contient pas de moyen d'appel une requête qui se borne à indiquer reprendre les moyens de première instance sans fournir les précisions indispensables à l'appréciation de leur bien-fondé ni joindre une copie du mémoire de première instance qui contenait ces précisions (CE, 3 octobre 2018, Safraou, n° 414156, *Lebon* T.).

Cette exigence de motivation spécifique vaut naturellement dans les mêmes conditions pour l'appelant qui était défendeur de première instance, et qui ne peut se borner à reproduire littéralement ses mémoires en défense pour nourrir son appel (CAA Lyon, 24 juin 2003, Société Bertholon, n° 99LY00186 – CE, 18 octobre 2006, Ministre de l'Intérieur c/Bobo, n° 280350, *Lebon* T.).

Il est ainsi certain que, si le tribunal a opposé à l'appelant un moyen d'ordre public, il appartient à ce dernier, d'abord, de discuter ce moyen, l'absence de fondement d'un moyen d'ordre public n'étant pas elle-même d'ordre public (CE, 23 décembre 1987, Onyemuwa Chikezie, n° 81321, *Lebon* T.), qu'il s'agisse de la tardiveté (CE, 5 mai 1976, Samra, n° 96317, *Lebon* T. – CE, 23 avril 1990, Vasse, n° 44326), du caractère non décisoire de l'acte attaqué (CE, 30 septembre 2002, Pause, n° 220133, *Lebon*) ou du défaut de qualité pour agir (CE, 26 février 1990, Chamereau, [**13**]), à l'exception toutefois de l'irrecevabilité tenant à l'absence d'objet (CE, 15 octobre 1969, Forasetto, n° 66940, *Lebon*, p. 438). Ainsi que l'on peut le lire dans un arrêt du 15 avril 1996 (CE, 15 avril 1996, Devoto, n° 143556), « il n'appartient pas à la cour administrative d'appel de s'interroger d'office sur le bien-fondé de l'irrecevabilité opposée au requérant par le tribunal administratif » (CE, 30 septembre 2002, Pausé, n° 220133, *Lebon*). La critique du jugement sur ce point doit intervenir dans le délai d'appel (CE, 11 décembre 1998, Grossemy, n° 161114, *Lebon*).

VI – L'usage de la télécopie

Les développements des télécommunications posent la question de la recevabilité des requêtes adressées par télécopie (fax). L'usage de cette technique tendant à disparaître, les développements qui suivent ont surtout une portée historique. Moins rigoureux que ne le fut le juge judiciaire (voir J. Huet, « La valeur juridique de la télécopie », D. 1992, chr. VII), le juge administratif a admis ce style de dépôt, pourvu bien sûr qu'il soit enregistré dans le délai de recours (CE, 20 mai 1996, District urbain du Grand-Angoulême, n° 137403), dès lors – mais c'est une condition essentielle – que l'arrivée ultérieure de l'original permet de lever tout doute sur l'authenticité de la requête par la production d'un document signé (CE, 13 mars 1996, Diraison, n° 112949, *Lebon* [**14**] – CE, 25 avril 1997, Ministre de l'Agriculture c/Roger, n° 144795 – CE, 19 novembre 1997, Ministre des Postes, n° 145084, *Lebon* T.). L'exigence de signature manuscrite est ainsi demeurée rigoureuse (voir, en matière de notes en délibéré : CE, 28 décembre 2007, Commune de Drancy, n° 304384 – CE, 3 septembre 2009, Commune de Canet-en-Roussillon, n° 306298, *Lebon* T. – CE, 16 décembre 2009, Commune du Blanc-Mesnil, n° 307940). Plus souple, la Cour de cassation a su accepter un mémoire transmis par télécopie et non signé, dès lors qu'aucun doute n'existait sur l'identité de son auteur, signataire en l'espèce de la lettre de transmission également télécopiée (Cass. crim., 8 novembre 2000).

Le Conseil d'État a donc admis qu'un envoi en télécopie sauvegarde le délai de recours (CE, 29 juillet 1994, Préfet du Val-de-Marne c/Toni, n° 143018, *Lebon* T. [**15**] – CE, 30 mai 1997, Ministre de l'Agriculture c/Maillard, n° 173377).

Position qu'il a étendue à d'autres juridictions, telle que la cour régionale des pensions, malgré un texte imposant la formulation des requêtes « par lettre recommandée » (CE, 11 octobre 2010, Ministre de la Défense c/Masclet, n° 334132).

Telle fut également la position du Tribunal des conflits (TC, 2 décembre 1991, Paolucci, n° 02682, *Lebon* [**16**]), lequel a manifesté toutefois une rigueur spéciale : si l'original d'un mémoire parvient après clôture de l'instruction (en l'espèce, après l'audience), ce mémoire est irrecevable même si la télécopie en est parvenue avant clôture (TC, 1er juillet 2002, Association Manche Nature, n° 3323). Le Conseil d'État est apparu plus souple : un mémoire parvenu en télécopie avant clôture est recevable si l'original survient ensuite – mais apparemment avant audience – (CE, 19 mars 2003, Temple-Boyer, n° 228229). Mais l'intéressé devra faire la preuve de l'arrivée de la télécopie : « La production d'un rapport d'émission de télécopie ne saurait, eu égard aux conditions techniques dans lesquelles un tel document est établi, prévaloir sur les mentions figurant aux registres du secrétariat » (CE, 27 avril 1994, Raynal, n° 152356, *Lebon* – CE, 30 octobre 1995, Ministre de l'Industrie c/Entreprise RCFC, n° 148800, *Lebon* T., espèce dans laquelle il était pourtant probable qu'une défaillance du matériel de la juridiction avait empêché la télécopie de parvenir jusqu'au greffe). L'homologation de matériels « permettant de certifier la date d'envoi », prévue par l'article 16 de la loi n° 2000-321 du 12 avril 2000 devrait normalement conduire à une évolution de cette jurisprudence, laquelle a d'ailleurs déjà commencé : ainsi a été retenu « le rapport d'émission portant la date non contestée du 4 juin, de la télécopie par laquelle il a saisi la cour de son appel du jugement qui lui avait été notifié le 4 avril précédent » (CE, 16 juin 2004, Société Laboratoire de biologie végétale Yves Rocher, n° 254172, *Lebon* T.). Les développements du courrier électronique ne vont pas laisser ce droit en l'état. Déjà, le Conseil d'État a eu l'occasion, à propos d'un contentieux électoral, d'admettre la transmission d'une réclamation par courrier électronique, en notant toutefois que le réclamant avait ultérieurement « confirmé être l'auteur de cette protestation par lettre adressée au tribunal administratif » (CE, 28 décembre 2001, Élections municipales d'Entre-Deux-Monts, n° 235784, *Lebon* T. – CE, 4 mai 2023, n° 469492, *Lebon* T.). Compte tenu des avancées des méthodes de certification des « signatures électroniques », cette position, avec cette condition, qui n'est à ce jour qu'un pis-aller, ne pourra se maintenir. Les télé-procédures font désormais partie du paysage contentieux (voir les articles R. 414-1 et suivants).

Le Conseil d'État admet également le courrier électronique et, lorsque ce courrier intervient sans utilisation de l'application Télérecours ou sans signature électronique, la régularisation peut intervenir par un courrier postal portant la signature du demandeur (CE, 16 mars 2016, Graham, n° 389521, *Lebon* T.), jusqu'à la clôture de l'instruction (CE, 18 décembre 2017, Gbarssin, n° 403734, *Lebon* T.).

Jurisprudence

[**1**] Considérant que l'irrecevabilité tirée de leur présentation en langue étrangère ne peut être opposée à des conclusions que si le requérant, d'abord invité à régulariser sa requête par la production d'une traduction par une personne assermentée, s'est abstenu de donner suite à cette invitation [...].

[**2**] Considérant qu'il ressort des pièces du dossier que la demande présentée par M. Casas au tribunal administratif de Montpellier a été enregistrée au greffe de ce tribunal le 21 décembre 1990 ; qu'elle ne contenait l'énoncé d'aucun moyen ; qu'aucun texte ni aucun principe n'imposait au tribunal administratif de demander sa régularisation ; que par suite, à la date du 9 janvier 1992 à laquelle il a statué par ordonnance, le président de la première chambre du tribunal administratif de Montpellier était fondé à rejeter la requête de M. Casas [...].

[**3**] Considérant qu'en décidant qu'il n'y avait pas lieu de statuer sur la demande dont il était saisi au motif que le domicile de la demanderesse n'était pas connu de lui, et en réservant ainsi implicitement à Mlle Grange la faculté de le saisir à nouveau ultérieurement du même litige, le tribunal administratif a méconnu la règle applicable, même sans texte, à toutes les juridictions de l'ordre administratif et d'après laquelle, sauf dans le cas où un incident de procédure y fait obstacle, ces juridictions ont l'obligation d'épuiser définitivement leur pouvoir juridictionnel en statuant sur toutes les conclusions présentées devant elles ; qu'ainsi, le jugement attaqué est entaché d'une irrégularité de nature à entraîner son annulation [...].

[**4**] Considérant que, pour écarter la fin de non-recevoir opposée par la commune de Collonges-sous-Salève et tirée de l'absence de motivation de la demande de première instance, la cour administrative s'est fondée sur ce que la responsabilité pour risque constituait un « fondement juridique d'ordre public qu'il appartient, en conséquence, au juge de soulever au besoin d'office » ; que le juge administratif ne peut soulever d'office un moyen d'ordre public que si la demande dont il est saisi est recevable : que, par suite, contrairement à ce qu'a déclaré la cour, le fait que le juge puisse, d'office, fonder la responsabilité sur un terrain juridique autre que celui sur lequel le requérant a fondé sa demande ne saurait suppléer l'absence ou l'insuffisance de motivation d'une requête [...].

[**5**] Considérant qu'aux termes de l'article R. 77 du code des tribunaux administratifs : « La requête introductive d'instance [...] doit contenir l'exposé sommaire des faits et moyens, les conclusions, nom et demeure des parties [...] » :
Considérant que la demande présentée par la société Estrat-Bonche devant le tribunal administratif de Lyon, enregistrée le 21 juin 1984 et dirigée contre les décisions du directeur départemental du travail et de l'emploi du Rhône et du ministre des Affaires sociales refusant l'autorisation de procéder à certains licenciements, ne satisfaisait pas à ces dispositions, cette demande d'annulation pour excès de pouvoir desdites décisions ne se référant pas aux moyens développés par la société requérante dans le recours adressé au ministre des Affaires sociales, le 23 décembre 1983, joint en copie, mais « à des motifs qu'elle se réserve de développer dans un mémoire ampliatif ultérieur » ; que ce mémoire n'a été enregistré au greffe du tribunal administratif que le 30 avril 1985, soit après l'expiration du délai imparti pour présenter un recours contentieux ; que, dès lors, la société Estrat-Bonche n'est pas fondée à demander l'annulation du jugement attaqué qui a déclaré sa demande irrecevable [...].

[**6**] Considérant que, dans leur demande n° 18377, les syndicats requérants se référaient devant le tribunal administratif à leur demande n° 18140 ; que ces deux demandes mettaient en cause la légalité d'actes intervenus au cours d'une même procédure administrative ; que, par suite, et bien que les syndicats demandeurs n'aient pas joint une copie de leur demande n° 18140 à leur demande n° 18377, c'est à tort que le tribunal administratif a jugé que cette dernière demande n'était pas recevable

comme ne contenant pas l'exposé sommaire des faits et moyens exigé par l'article R. 77 du code des tribunaux administratifs ; que le jugement attaqué doit, dans cette mesure, être annulé [...].

[7] Considérant que dans sa demande présentée devant le tribunal administratif de Strasbourg, M. Gresse s'est référé à un jugement du 27 octobre 1977, par lequel ce tribunal administratif a fait droit à une demande qui, selon le requérant, était semblable à la sienne ; qu'il a ainsi entendu invoquer à l'appui de sa demande les faits et moyens retenus par le tribunal administratif pour faire droit à cette demande ; que, dès lors, il est fondé à demander l'annulation du jugement attaqué, par lequel le tribunal administratif, estimant à tort que sa demande ne contenait pas l'exposé des faits et moyens exigé par l'article R. 77 du code des tribunaux administratifs, l'a rejetée comme irrecevable [..].

[8] Considérant que si M. Pierre Chanut, par requête enregistrée au greffe du tribunal administratif de Clermont-Ferrand le 7 avril 1986, a demandé l'annulation de la décision du 19 mars 1986 par laquelle la commission régionale de Clermont-Ferrand a refusé de le dispenser de ses obligations du service national actif, cette requête n'était assortie d'aucun moyen ; que M. Chanut n'a pas répondu à une demande de régularisation qui lui a été adressée le 24 avril 1986 par le tribunal ; que si la mère de l'intéressé a fait parvenir au greffe, le 5 mai 1986, une lettre dans laquelle elle fait connaître les conséquences qu'aurait, pour son foyer, l'incorporation de son fils, elle n'avait pas qualité pour agir au nom de ce dernier ; que c'est, dès lors, à bon droit que les premiers juges ont estimé qu'une telle correspondance n'est pas de nature à couvrir l'irrégularité mentionnée ; que la demande présentée par M. Chanut devant le tribunal administratif n'était donc pas recevable et ne pouvait qu'être rejetée [...].

[9] Considérant que, dans leur requête au Conseil d'État, enregistrée dans le délai du recours contentieux, les époux Neel déclarent faire appel d'un jugement du tribunal administratif de Versailles dont ils joignent une copie ; qu'ils se réfèrent expressément à leur demande introductive d'instance dûment motivée, dont une copie est également jointe à la requête, et tendant à l'annulation de deux arrêtés du préfet de Seine-et-Oise, en date du 26 avril 1963, qui ont déclaré d'utilité publique l'acquisition d'une propriété appartenant aux époux Neel et déclaré immédiatement cessible ladite propriété ; que, dans ces circonstances, la ville de Chatou n'est fondée à soutenir ni que la requête des époux Neel n'est pas motivée, ni que les décisions et jugement attaqués sont insuffisamment précisés [...].

[10] Considérant qu'en se bornant, dans le délai d'appel, à se référer purement et simplement aux moyens qu'elle a invoqués tant devant l'administration fiscale qu'en première instance, l'association requérante ne met pas la cour administrative d'appel en mesure de se prononcer sur les erreurs que le tribunal administratif aurait pu commettre en rejetant ces moyens [...].

[11] Considérant que, si les requérants déclarent sans autre précision reprendre en cause d'appel l'intégralité des moyens qu'ils ont présentés dans leur mémoire de première instance, ils ne mettent pas le Conseil d'État en mesure de se prononcer sur les erreurs que le tribunal administratif aurait pu commettre en écartant ces moyens [...].

[12] Considérant qu'aux termes de l'article R. 87 du code des tribunaux administratifs et des cours administratives d'appel : « La requête concernant toute affaire sur

laquelle le tribunal administratif ou la cour administrative d'appel est appelé à statuer doit contenir l'exposé des faits et moyens, les conclusions, nom et demeure des parties » ;
Considérant que, par trois arrêts du 29 juin 1995, la cour administrative d'appel de Nantes a rejeté les trois requêtes de l'office public d'habitations à loyer modéré de la ville de Caen dirigées contre trois jugements du 27 septembre 1994 du tribunal administratif de Caen au motif qu'en se bornant à se référer à ses demandes de première instance jointes à ses requêtes d'appel, sans présenter à la cour des moyens d'appel, l'office public n'avait pas mis la cour en mesure de se prononcer sur les erreurs qu'aurait pu commettre le tribunal en écartant les moyens soulevés devant lui ; qu'en statuant ainsi, par trois arrêts suffisamment motivés, la cour a fait une exacte application de l'article R. 87 du code des tribunaux administratifs et des cours administratives d'appel [...].

[**13**] Considérant que, pour rejeter la demande de M. Jean-Louis Chamereau, le tribunal administratif de Dijon s'est fondé sur l'absence de qualité du requérant pour demander l'annulation de la décision par laquelle la commission régionale de Dijon a refusé de dispenser son fils M. Fabrice Chamereau de ses obligations du service national actif ; que M. Chamereau n'invoque en appel aucun moyen sur ce point ; que, par suite, il n'est pas fondé à soutenir que c'est à tort que, par le jugement attaqué, le tribunal administratif de Dijon a rejeté sa demande [...].

[**14**] Considérant que le Conseil d'État peut être valablement saisi d'une requête ou d'un recours présenté par télécopie et enregistré dans les délais du recours contentieux, dès lors que cette requête ou ce recours contient, conformément aux prescriptions de l'article 40 de l'ordonnance du 31 juillet 1945 susvisée, l'exposé sommaire des faits et moyens, les conclusions et les noms et demeures des parties ; que toutefois la faculté ainsi laissée aux requérants ne saurait les dispenser de l'obligation qui leur incombe, en vertu notamment des articles 41 à 43 de l'ordonnance du 31 juillet 1945 susvisée, d'authentifier la requête ou le recours soit par la production d'un exemplaire dûment signé du mémoire adressé par télécopie, soit par l'apposition de leur signature au bas du document enregistré au Conseil d'État ; que la circonstance que le document enregistré au Conseil d'État comporterait une copie de la signature de son auteur ne saurait le faire regarder comme le mémoire signé qu'exigent les dispositions susmentionnées de l'ordonnance du 31 juillet 1945 [...].

[**15**] Considérant que si l'article 47 de l'ordonnance du 31 juillet 1945 prévoit : « Les recours et les requêtes et, en général, toutes les productions des parties sont déposées au Conseil d'État. Ils peuvent être adressés en franchise au président de la section du contentieux », ces dispositions n'ont pas par elles-mêmes pour effet, contrairement à ce que soutient M. Toni, d'interdire l'envoi d'une requête par télécopie ;
Considérant qu'il est constant que la télécopie de la requête formée par le préfet du Val-de-Marne contre le jugement attaqué qui lui a été notifié le 29 octobre 1992 a été enregistrée au secrétariat du contentieux du Conseil d'État le 27 novembre 1992 ; qu'ainsi, alors même que l'exemplaire original de cette requête qui était nécessaire à sa régularisation n'a été enregistré que le 2 décembre 1992, soit postérieurement à l'expiration du délai d'un mois imparti pour faire appel en matière de contentieux des arrêtés de reconduite à la frontière par l'article 22 bis de l'ordonnance du 2 novembre 1945 susvisée, la fin de non-recevoir tirée de la tardiveté ne saurait être accueillie [...].

[16] Considérant qu'en l'absence de toute contestation sur l'existence de l'arrêté de conflit signé par le préfet de Meurthe-et-Moselle, la procédure de conflit a été valablement engagée par l'envoi au greffe du tribunal correctionnel de Briey de sa télécopie, dans le délai fixé par les articles 8 et 11 de l'ordonnance du 1er juin 1828 [...].

Art. R. 411-2 et R. 411-1-1 *Abrogés par le décret n° 2013-1280 du 29 décembre 2013, article 8.*

La production des copies de la requête

Art. R. 411-3 Les requêtes doivent, à peine d'irrecevabilité, être accompagnées d'une copie.

Textes sources

– Ordonnance n° 45-1708 du 31 juillet 1945, article 47, § 3.
– Code des TA et des CAA, article R. 89.
– Décret n° 2016-1481 du 2 novembre 2016, article 2.
– Décret n° 2018-251 du 6 avril 2018, article 2.

Commentaires

Voir les commentaires sous l'article R. 411-4.

La production des copies supplémentaires

Art. R. 411-4 En cas de nécessité, le président de la formation de jugement ou le président de la chambre chargée de l'instruction, exige des parties intéressées la production de copies supplémentaires.

Textes sources

– Code des TA et des CAA, article R. 91
– Décret n° 2016-899 du 1er juillet 2016, article 1er.
– Décret n° 2019-82 du 7 février 2019, article 18.

Commentaires

Le défaut de production de la copie n'est plus sanctionné par le constat que la requête est « non avenue », comme le prescrivait un ancien texte. C'est désormais une irrecevabilité qui entache ce défaut de production, irrecevabilité qui n'est plus laissée à l'appréciation du juge, mais s'impose à l'instar des autres vices de forme. C'est d'ailleurs ainsi que le Conseil d'État avait déjà interprété les dispositions à peu près identiquement rédigées de l'article 53 du décret du 30 juillet 1953 (CE, 1er juin 1994, Marangoni, n° 143770 : « La requête doit être rejetée comme irrecevable »).

On note l'allégement de la formalité des copies, puisque les parties n'ont désormais plus qu'à fournir une copie de la requête, indépendamment du nombre de parties. Ce qui implique évidemment que le greffe procède aux photocopies nécessaires, ou à la numérisation, en vue de la notification de la procédure aux parties. La production de la copie n'est pas exigée dans les téléprocédures.

Le représentant unique des requérants

Art. R. 411-5 Sauf si elle est signée par un mandataire régulièrement constitué, la requête présentée par plusieurs personnes physiques ou morales doit comporter, parmi les signataires, la désignation d'un représentant unique.

À défaut, le premier dénommé est avisé par le greffe qu'il est considéré comme le représentant mentionné à l'alinéa précédent, sauf à provoquer, de la part des autres signataires qui en informent la juridiction, la désignation d'un autre représentant unique choisi parmi eux.

L'introduction de la requête au moyen d'une des applications mentionnées aux articles R. 414-1 et R. 414-2, emporte désignation de la personne qui l'a introduite comme représentant unique.

Textes sources

– Décret n° 63-766 du 30 juillet 1963, article 53-5.
– Code des TA et des CAA, article R. 92.
– Décret n° 2018-251 du 6 avril 2018, article 2.
– Décret n° 2020-1245 du 9 octobre 2020, article 2.

Commentaires

Cette disposition a pour objet de simplifier la tâche des greffes et du secrétariat du contentieux du Conseil d'État, dans le cas notamment des « requêtes-pétitions ». Dérivée de la jurisprudence *Haristoy* (CE, 16 janvier 1970, n° 75002, *Lebon*, p. 28 [**1**]) relative au point de départ du délai en cas de réponse faite aux premiers signataires d'une réclamation collective, elle combine la nécessité pour le greffe de disposer d'un représentant unique, et l'impossibilité d'imposer cette responsabilité au premier dénommé sans l'en avertir et lui donner la possibilité de repousser ce calice. On note qu'il s'agit du premier « dénommé », plus facile à déterminer que le premier signataire.

Ce mécanisme (qui ne viole pas le caractère contradictoire de la procédure : CE sect., 5 avril 1996, Syndicat des avocats de France, n° 116594, *Lebon*) est désormais applicable à la présentation des observations en défense (voir CJA, art. R. 611-2), ce qui devrait simplifier la tâche des greffes, notamment en appel (contestation du jugement ayant fait droit aux conclusions d'une requête collective). La désignation du représentant unique semble ne pouvoir valoir que pour l'instance. Et l'on doit estimer en conséquence qu'elle doit être renouvelée (avec, le cas échéant, la demande de régularisation prévue par le texte) en appel, même si les demandeurs sont les mêmes.

Cet article joue dès que plus d'un requérant signe la requête (CE, 19 janvier 1996, Boyer et Segondy, n° 124924, *Lebon*, appliquant les dispositions en vigueur devant le Conseil d'État à une requête signée de deux personnes). À la différence de ce qui se passait devant le Conseil d'État (décret n° 63-766 du 30 juillet 1963, art. 53-5), le refus de désigner un représentant unique ne se traduit pas par une irrecevabilité, mais par le fait que le premier nommé assume cette charge et se trouvera donc régulièrement destinataire unique des divers actes de procédure. En tout état de cause, cet article informe le premier dénommé de la mission qui lui échoit sauf à lui à provoquer la réaction des autres signataires.

Le second alinéa ne paraît pas imposer que le greffe s'adresse à tous les signataires, cette charge incombant au premier dénommé. L'on ne peut dès lors que s'interroger sur la portée d'un arrêt du 8 mars 1996 (CE, 8 mars 1996, Port autonome de Nantes, n° 161383, *Lebon* T.) admettant que le tribunal ait pu poursuivre la procédure auprès du premier requérant dénommé sans que l'arrêt fasse état de l'avertissement prévu au second alinéa de ce qui était alors l'article R. 92 du Code des tribunaux administratifs et des cours administratives d'appel.

La position du Conseil d'État est en tout cas clairement affirmée par un arrêt postérieur du 31 juillet 1996 (CE, 31 juillet 1996, Élections municipales d'Argenton-Château, n° 173556, *Lebon*), d'où il résulte en premier lieu que l'avertissement est obligatoire, en second lieu qu'aucune autre mesure de régularisation (par exemple, à l'époque, en matière de timbre) n'est possible tant que n'a pas été effectuée celle qu'impose cet article [**2**]. Sur une application de ce raisonnement à propos de l'invitation à justifier de la notification d'un recours en matière d'urbanisme, voir CE, 9 octobre 2002, Alesandrini, n° 234417, *Lebon* T.

Le représentant unique ne jouit pas de toutes les prérogatives du mandataire des parties, que d'ailleurs il n'est pas. Il ne peut en particulier, sous sa seule signature, mettre fin à l'instance par un désistement. Si donc il en produit un, la juridiction doit l'inviter à le régulariser par la production de documents signés des personnes qu'il représente (CAA Lyon, 5 avril 2005, X c/Préfet de la Savoie, n° 04LY01719).

Jurisprudence

[**1**] Considérant que la seconde demande du sieur Haristoy faisait suite à une pétition collective dont il était signataire et qui avait été adressée au préfet le 25 mai 1965 par les soins du sieur Maillet et de la dame Maillet ; que ces derniers devant en l'espèce être regardés comme ayant agi en mandataires des auteurs de la pétition, la lettre par laquelle le préfet a, le 21 juillet 1965, fait connaître à ces mandataires qu'il rejetait cette pétition, a eu pour effet de faire courir le délai du recours contentieux à l'égard du sieur Haristoy à compter de la réception de cette lettre par le sieur Maillet et la dame Maillet ; qu'il n'est pas contesté que ce délai était expiré le 4 octobre 1965 ; que, dès lors, cette seconde demande dudit sieur Haristoy était tardive et, par suite, non recevable [...].

[**2**] Considérant, d'une part, que si la protestation adressée au tribunal administratif par M. Dandres, M. Hervé, M. Richard, M. Bessonnet, M. Chartier et Mme Bellouard contre les résultats des opérations électorales qui se sont déroulées le 11 juin 1995 pour l'élection des conseillers municipaux dans la commune d'Argenton-Château (Deux-Sèvres) ne comportait pas de timbre, le tribunal ne pouvait rejeter pour ce motif la protestation qu'après avoir régulièrement adressé aux requérants ou à leur représentant unique une demande de régularisation restée sans effet ;

Considérant, d'autre part, qu'il résulte des dispositions précitées de l'article R. 92 du code des tribunaux administratifs et des cours administratives d'appel que le tribunal ne pouvait adresser une demande de régularisation au seul premier dénommé, sans l'avoir préalablement informé, dans les conditions prévues par lesdites dispositions, qu'il était considéré par le tribunal comme le représentant unique des requérants ;

Considérant qu'en l'espèce la demande de régularisation adressée au seul premier dénommé n'a pas été précédée de l'information prévue par l'article R. 92 ; qu'ainsi le jugement du tribunal administratif de Poitiers en date du 6 septembre 1995 doit être annulé [...].

La notification des actes de procédure au mandataire ou au représentant unique

Art. R. 411-6 Lorsque la requête est signée par un mandataire, les actes de procédure sont accomplis à son égard à l'exception de la notification de la décision prévue aux articles R. 751-1 à R. 751-4.

Lorsqu'elle est présentée par plusieurs personnes physiques ou morales, tous les actes de la procédure sont accomplis à l'égard du représentant unique mentionné à l'article R. 411-5.

Textes sources

– Code des TA et des CAA, article R. 93.
– Décret n° 2016-1480 du 2 novembre 2016, article 8.

Commentaires

Voir également l'article R. 431-1.

Ces dispositions n'ont pour effet ni d'exclure de la procédure, sans qu'un avertissement ait été préalablement délivré, les requérants, défendeurs ou intervenants autres que le premier dénommé, ni de permettre de regarder ce dernier comme un représentant unique sans qu'il en ait été préalablement informé par la juridiction et ne méconnaissent ni le principe du caractère contradictoire de la procédure, le respect des droits de la défense, ou le droit à un recours juridictionnel effectif (CE, 13 février 2019, Syndicat de la juridiction administrative et Union syndicale des magistrats administratifs, n° 406606). Ce texte érige en principe la pratique généralement suivie. Dès qu'un mandataire est constitué, toute la procédure se déroule exclusivement avec lui, à l'exception de la notification de la décision juridictionnelle. Le Conseil d'État avait eu l'occasion de se prononcer dans le même sens (CE, 20 mars 1989, Avedissian [**1**]).

On note que, depuis le décret n° 2016-1480 du 2 novembre 2016, le représentant unique mentionné à l'article R. 411-5 est également le destinataire de la décision juridictionnelle, mesure de simplification qui a pour effet (outre de mettre à la charge des requérants ainsi représentés la charge de la diffusion des décisions juridictionnelles) de faire se déclencher le délai d'appel ou de cassation, pour chacun des requérants, par la notification au seul représentant unique de la décision juridictionnelle.

De la rédaction de ce texte, il paraît résulter qu'une partie ne peut avoir qu'un représentant ou mandataire, avec qui se poursuit la procédure. En cas de pluralité d'avocats représentant la même partie, l'un d'eux devra donc être désigné comme interlocuteur unique de la juridiction. En cas de doute, et notamment si plusieurs mandataires d'une même partie se succèdent au cours de la même instance, le greffe doit inviter les mandataires à opérer cette désignation (CE, 24 février 1999,

SCP d'avocats André Cellard et Françoise Choisel de Monti, n° 172082, *Lebon* [**2**] – CE, 21 février 2000, Ville d'Annecy, n° 196405, *Lebon* – CE, 22 novembre 2002, Galli, n° 222424).

Jurisprudence

[**1**] Considérant que la demande présentée le 29 décembre 1978 pour M. Avedissian et autres devant le tribunal administratif de Marseille a été signée par Me Paoli, avocat au barreau de Marseille ; qu'à cette demande n'étaient pas jointes, comme l'exige l'article R. 84 du code des tribunaux administratifs et des cours administratives d'appel, les décisions contre lesquelles le pourvoi était formé ; que, par lettre recommandée avec avis de réception en date du 14 février 1979, le secrétaire-greffier du tribunal a mis en demeure Me Paoli de produire ces pièces dans un délai de quinze jours ; qu'aucune disposition législative ou réglementaire ne faisait obligation au tribunal administratif de communiquer cette mise en demeure aux requérants eux-mêmes ; que si les requérants soutiennent qu'à cette date, l'avocat n'était plus inscrit au barreau et qu'il avait de ce fait cessé de les représenter, il ne résulte pas de l'instruction, et il n'est d'ailleurs pas allégué, que Me Paoli ou les requérants aient informé le tribunal de cette circonstance ; que, dans ces conditions, les requérants ne sont pas fondés à soutenir que c'est à tort que, par le jugement attaqué, en date du 15 mai 1984, le tribunal a rejeté leur demande comme irrecevable pour défaut de production des décisions attaquées [...].

[**2**] Considérant qu'aux termes de l'article R. 107 du code des tribunaux administratifs et des cours administratives d'appel : « Lorsqu'une partie est représentée devant le tribunal administratif ou la cour administrative d'appel par un des mandataires mentionnés à l'article R. 108 », c'est-à-dire par un avocat, par un avocat au Conseil d'État et à la Cour de cassation ou par un avoué en exercice dans le ressort du tribunal administratif intéressé, « les actes de procédure, à l'exception de la notification de la décision prévue aux articles R. 211 et suivants, ne seront accomplis qu'à l'égard de ce mandataire » ;
Considérant que, dans le cas où, au cours d'une même procédure, des mémoires sont présentés au nom d'une partie par des mandataires différents, le tribunal administratif ou la cour administrative d'appel doit, s'il y a doute sur l'identité du mandataire ayant seul qualité pour représenter cette partie, inviter celle-ci à la lui faire connaître ;
Considérant que la requête de la SCP d'avocats André Cellard et Françoise Choisel de Monti, enregistrée le 4 mai 1994 au greffe de la cour administrative d'appel de Paris, a été présentée devant cette dernière sous la signature de Me Moulin, avocat à la cour d'appel de Paris ; que, toutefois, par une lettre du 29 décembre 1994, la SCP Delaporte-Briard, avocat au Conseil d'État et à la Cour de cassation, a demandé au greffier en chef de la cour administrative d'appel de prendre acte de sa constitution pour la SCP d'avocats André Cellard et Françoise Choisel de Monti, sans pour autant que celle-ci ait fait connaître qu'elle avait déchargé Me Moulin de son mandat ou que Me Moulin ait fait connaître qu'il entendait y mettre fin ; que, dans ces conditions, il appartenait à la cour administrative d'appel d'inviter la SCP d'avocats André Cellard et Françoise Choisel de Monti à lui indiquer le nom du mandataire qui était seul habilité à la représenter ; que la cour s'est abstenue d'effectuer une telle démarche et s'est bornée à communiquer les actes de la procédure à Me Moulin qu'elle a seul convoqué à l'audience ; que la SCP d'avocats André Cellard et

Françoise Choisel de Monti est, par suite, fondée à soutenir que l'arrêt attaqué a été rendu à la suite d'une procédure irrégulière [...].

Art. R. 411-7 *Abrogé par le décret n° 2013-879 du 1er octobre 2013, art. 2* : les auteurs de ce code ont renoncé à la technique du *« Code suiveur »*, et se sont donc abstenus tant de répéter le contenu de l'article R. 600-1 du Code de l'urbanisme – ce que faisait l'article R. 411-7 – que de préciser qu'il s'applique à certaines requêtes. Pour autant, les obligations mentionnées dans cet article R. 600-1 du Code de l'urbanisme n'ont pas disparu. Le lecteur en trouvera le texte, avec celui d'un ensemble de dispositions relatives aux contentieux de l'urbanisme, en fin d'ouvrage.

CHAPITRE 2 Pièces jointes ou productions

Le présent chapitre ne comprend pas de dispositions législatives.

La production de l'acte attaqué

Art. R. 412-1 La requête doit, à peine d'irrecevabilité, être accompagnée, sauf impossibilité justifiée, de l'acte attaqué ou, dans le cas mentionné à l'article R. 421-2, de la pièce justifiant de la date de dépôt de la réclamation.
Cet acte ou cette pièce doit à peine d'irrecevabilité, être accompagné d'une copie.

Textes sources

- Code des TA et des CAA, article R. 94.
- Ordonnance n° 45-1708 du 31 juillet 1945, article 40.
- Décret n° 2001-710 du 31 juillet 2001, article 4.
- Décret n° 2016-1480 du 2 novembre 2016, article 9.
- Décret n° 2018-251 du 6 avril 2018, article 2.

Commentaires

Pour cet article également, la procédure de mise en œuvre de l'irrecevabilité qu'il prévoit est organisée par l'article R. 612-1. Le devoir de la juridiction d'inviter le requérant à régulariser sur ce point sa requête a pour effet que, comme ce semble être le cas de toutes les irrégularités appelant invitation à régulariser, la fin de non-recevoir tirée de l'absence de production de la décision attaquée ne peut être utilement soulevée pour la première fois en appel, dès lors que les premiers juges « n'auraient pu l'opposer à la demande sans avoir préalablement invité le demandeur à produire la décision dont il demandait l'annulation » (CE, 12 avril 1995, Commune d'Avignon, n° 129298).

On rappelle (voir CJA, art. R. 122-12 et R. 222-1) que l'indication, lors de la notification d'un jugement ou d'un arrêt, de la nécessité, en cas d'appel ou de pourvoi en cassation, de produire copie de ce jugement ou cet arrêt, en application de l'article R. 412-1, dispense la juridiction d'appel ou de cassation de son obligation d'inviter le requérant à régulariser sa procédure. Encore la jurisprudence a-t-elle mis des bornes à ce traitement expéditif.

En premier lieu, si la copie de la décision ainsi attaquée se trouve dans la procédure, parce que faisant partie du dossier de l'instance précédente qui a été produit, sur sa demande, à la juridiction supérieure, on ne saurait opposer au requérant une irrecevabilité pour n'avoir pas produit une pièce… que le juge a sous les yeux (CE sect., 3 décembre 2004, Commune de Rots, n° 261577, *Lebon*). On note toutefois que cette règle n'est pas appliquée si la pièce a été expressément réclamée au requérant : il importe alors peu qu'elle figure au dossier de première instance (CE, 3 novembre 2014, Département de la Seine-Maritime, n° 372980, *Lebon* T., mentionné aux commentaires de l'article R. 222-1). Cette irrecevabilité ne peut toutefois être opposée lorsque le défendeur a joint une copie de la décision à son mémoire en défense avant la clôture de l'instruction (CE, 24 juillet 2019, Travert, n° 420423, *Lebon* T.).

En second lieu, lorsque le requérant a produit par erreur une décision qui n'est pas la bonne, il convient de le prévenir de sa méprise (CE, 13 décembre 2006, Société Atout Cœur Holande, n° 269096, *Lebon* T., affaire dans laquelle le requérant avait fourni, au lieu de la copie du jugement attaqué, celle d'un autre jugement rendu le même jour, sur sa demande, par le même tribunal).

L'obligation de produire la décision attaquée n'existe que « sauf impossibilité justifiée ». Le texte fait ici référence à la solution retenue dans un arrêt *Messin* (CE ass., 4 janvier 1957, *Lebon*, p. 10 **[1]**), dans laquelle le requérant avait justifié à la fois de ses diligences pour se procurer copie de la décision attaquée et du résultat négatif de ses démarches. Naturellement, ces justifications pourront être produites en réponse à une demande de régularisation.

On doit ajouter que, si le défendeur a de lui-même produit la décision attaquée, il n'est pas tenu rigueur au requérant de ne pas l'avoir fait. Une telle situation ne pourra normalement survenir que si la juridiction a engagé l'instruction sans attendre le résultat d'une demande de régularisation, ce qui peut se produire en cas d'urgence. Lorsqu'une décision a fait l'objet d'un recours administratif préalable auquel il n'a pas été répondu, le requérant s'acquitte de l'obligation mise à sa charge par l'article R. 412-1 en se bornant à produire l'accusé de réception ou le récépissé postal de ce recours, et non les copies de la décision initiale (CE, 3 juillet 1991, Desault, n° 89462, *Lebon* **[2]**). Et le juge, saisi de conclusions dirigées formellement contre le seul rejet du recours gracieux, a l'obligation de les interpréter comme étant aussi dirigées contre la décision administrative initiale (CE, 7 mars 2018, n°s 404079, 404080, *Lebon*, p. 65) même si n'est produite que la décision explicite de rejet du recours administratif (CE, 1er décembre 2023, n° 466579, *Lebon* T.).

Dans le contentieux de la responsabilité hospitalière, il peut être satisfait à cette obligation par la production de l'avis de la commission de conciliation et d'indemnisation des accidents médicaux, des affections iatrogènes et des infections nosocomiales (CE, 7 juin 2023, n° 464883, *Lebon* T.).

Les contestations électorales ne relèvent pas de cette règle (CE, 30 mars 2007, Techer, n° 298103, *Lebon* T.).

Enfin, on note que, en matière d'éloignement des étrangers, c'est à l'administration de produire la décision attaquée (voir CJA, art. R. 776-18) et que le juge ne peut sans irrégularité, annuler une décision qui n'est pas dans le dossier de première instance et qu'il n'a pas vue (CAA Lyon, 13 octobre 2015, Sasivari, n° 13LY03612). En pareil cas, il ne peut davantage rejeter la requête (CAA Lyon, 26 novembre 2018, Essomba Ekoe, n° 18LY03683). L'article R. 412-1 ne s'applique pas non plus au recours en appréciation de légalité (CE 15 décembre 2023, n° 473300, *Lebon* T.).

Jurisprudence

[1] Considérant qu'il résulte de l'instruction que l'arrêté attaqué n'a fait l'objet d'aucune publication et qu'il n'a pas davantage été notifié au sieur Messin : que l'administration, qui a refusé d'en délivrer une copie au requérant, n'en conteste pas l'existence ;

que, par suite, le ministre ne saurait opposer au sieur Messin une fin de non-recevoir tirée de ce qu'il n'a pas joint à sa requête la copie de l'arrêté attaqué [...].

[**2**] Considérant qu'aux termes de l'article R. 84 du code des tribunaux administratifs, applicable à la date du jugement attaqué : « La requête doit être accompagnée de la décision attaquée ou, dans le cas visé à l'article 1er (al. 2) du décret n° 65-29 du 11 janvier 1965, de la pièce justifiant de la date du dépôt de la réclamation » ; qu'aux termes de l'alinéa 2 de l'article 1er de ce décret « Le silence gardé pendant plus de quatre mois sur une réclamation par l'autorité compétente vaut décision de rejet » ; Considérant que M. Desault a demandé au tribunal administratif de Versailles d'annuler, d'une part, les arrêtés des 30 août 1982 et 27 octobre 1982 par lesquels le maire de Saint-Brice-sous-Forêt a accordé un permis de construire à M. Letort et modifié ce permis et, d'autre part, la décision implicite de rejet résultant du silence gardé par le préfet du Val-d'Oise sur le recours hiérarchique qu'il lui avait présenté ; que, par suite, pour que soient respectées, en l'espèce, les prescriptions sus-rappelées de l'article R. 84 du Code des tribunaux administratifs, il suffit que le demandeur produise un accusé de réception ou un récépissé postal de son recours hiérarchique ; que M. Desault a fait enregistrer au greffe du tribunal administratif de Versailles, le 5 mars 1987, le récépissé du recours hiérarchique qu'il avait formé, le 28 décembre 1982, auprès du préfet du Val-d'Oise, contre les arrêtés susmentionnés du maire de Saint-Brice-sous-Forêt ; qu'ainsi M. Desault est fondé à soutenir que c'est à tort que, par le jugement attaqué, le tribunal administratif a, en application des dispositions sus-rappelées, rejeté sa demande comme irrecevable [...].

L'inventaire des pièces jointes

Art. R. 412-2 Lorsque les parties joignent des pièces à l'appui de leurs requêtes et mémoires, elles en établissent simultanément un inventaire détaillé. Sauf lorsque leur nombre, leur volume ou leurs caractéristiques y font obstacle, ces pièces sont accompagnées d'une copie. Ces obligations sont prescrites aux parties sous peine de voir leurs pièces écartées des débats après invitation à régulariser non suivie d'effet.

L'inventaire détaillé présente, de manière exhaustive, les pièces par un intitulé comprenant, pour chacune d'elles, un numéro dans un ordre continu et croissant ainsi qu'un libellé suffisamment explicite.

Textes sources

– Décret n° 63-766 du 30 juillet 1963, article 53, § 1.
– Code des TA et des CAA, article R. 95.
– Décret n° 2019-82 du 7 février 2019, article 19.
– Décret n° 2020-1245 du 9 octobre 2020, article 3.

Commentaires

La méconnaissance de cet article est désormais assortie d'une sanction, qui reprend ce qu'avait prétoriennement décidé le Conseil d'État (CE, 19 juin 2015, Dziedzic, n° 374140). Cette sanction n'étant pas une irrecevabilité de la requête, il en résulte une différence de traitement avec la partie qui utilise une téléprocédure

(Voir les commentaires sous l'article R. 414-3). Ces dispositions ne sont pas applicables dans les contentieux sociaux (art. R. 772-5), au défendeur tenu de communiquer les pièces en sa possession (art. R. 772-8) (CE, 14 octobre 2019, Pollion, n° 432543, *Lebon* T.) Naturellement, comme il en est de la requête, tout document produit en langue étrangère doit être assorti d'une traduction certifiée, sauf à ne pouvoir être pris en considération. Et l'on peut penser que, comme pour les requêtes, il appartient désormais à la juridiction d'inviter à la régularisation.

Il n'apparaît pas que le texte nouveau exige la certification de conformité des copies, ce qui était le cas sous l'empire de l'ancien Code des tribunaux administratifs et des cours administratives d'appel (art. R. 95).

Le décret n° 2020-1245 du 9 octobre 2020, en ajoutant un dernier alinéa, a « codifie » la jurisprudence (CE, sect., 5 octobre 2018, Sergent, n° 418233).

On verra que certaines de ces exigences sont absentes lorsqu'est utilisée la voie des télérecours (CJA, art. R. 414-1 et s.).

La contradiction et le secret

Art. R. 412-2-1 Lorsque la loi prévoit que la juridiction statue sans soumettre certaines pièces ou informations au débat contradictoire ou lorsque le refus de communication de ces pièces ou informations est l'objet du litige, la partie qui produit de telles pièces ou informations mentionne, dans un mémoire distinct, les motifs fondant le refus de transmission aux autres parties, en joignant, le cas échéant, une version non confidentielle desdites pièces après occultation des éléments soustraits au contradictoire. Le mémoire distinct et, le cas échéant, la version non confidentielle desdites pièces, sont communiqués aux autres parties. Les pièces ou informations soustraites au contradictoire ne sont pas transmises au moyen des applications informatiques mentionnées aux articles R. 414-1 et R. 414-6, mais sont communiquées au greffe de la juridiction sous une double enveloppe, l'enveloppe intérieure portant le numéro de l'affaire ainsi que la mention : « pièces soustraites au contradictoire-Article R. 412-2-1 du code de justice administrative ».

Si la juridiction estime que ces pièces ou informations ne se rattachent pas à la catégorie de celles qui peuvent être soustraites au contradictoire, elle les renvoie à la partie qui les a produites et veille à la destruction de toute copie qui en aurait été faite. Elle peut, si elle estime que ces pièces ou informations sont utiles à la solution du litige, inviter la partie concernée à les verser dans la procédure contradictoire, le cas échéant au moyen des applications informatiques mentionnées aux articles R. 414-1 et R. 414-2. Si la partie ne donne pas suite à cette invitation, la juridiction décide des conséquences à tirer de ce refus et statue sans tenir compte des éléments non soumis au contradictoire.

Lorsque des pièces ou informations mentionnées au premier alinéa sont jointes au dossier papier, celui-ci porte de manière visible une mention

signalant la présence de pièces soustraites au contradictoire. Ces pièces sont jointes au dossier sous une enveloppe portant la mention : « pièces soustraites au contradictoire-Article R. 412-2-1 du code de justice administrative ».
Lorsqu'un dossier comportant des pièces ou informations soustraites au contradictoire est transmis à une autre juridiction, la présence de telles pièces ou informations est mentionnée de manière visible sur le bordereau de transmission.

Textes sources

– Décret n° 2018-251 du 6 avril 2018, article 2.
– Décret n° 2020-1245 du 9 octobre 2020, article 3.

Commentaires

Ces dispositions viennent opportunément préciser le mode d'emploi, pour les parties et pour le greffe, de l'office du juge dégagé par la jurisprudence *Huberschwiller* (CE sect., 23 décembre 1988, n° 95310, *Lebon*). Leur précision formelle est de nature à éviter un non-lieu dans l'hypothèse où les documents communiqués au juge constituent l'objet du litige.

Art. R. 412-3 *Abrogé par décret n° 2019-82 du 7 février 2019, article 20.*

CHAPITRE 3 Dépôt de la requête

Le présent chapitre ne comprend pas de dispositions législatives.

Le dépôt de la requête au greffe

Art. R. 413-1 La requête doit être déposée ou adressée au greffe, sauf disposition contraire contenue dans un texte spécial.

Textes sources

- Ordonnance n° 45-1708 du 31 juillet 1945, article 47, § 1.
- Code des TA et des CAA, article R. 96.

Commentaires

Voir les articles R. 414-1 et suivants s'agissant des télérecours.

Le timbre d'arrivée ailleurs qu'au greffe

Art. R. 413-2 Dans le cas où, en vertu d'une disposition spéciale, le dépôt ou l'envoi a été effectué à un bureau autre que le greffe, les requêtes ainsi que les pièces qui y sont jointes sont transmises à celui-ci, après avoir été marquées, par l'autorité administrative responsable de ce bureau, d'un timbre indiquant la date de leur arrivée.

Textes sources

- Code des TA et des CAA, article R. 97.
- Décret n° 63-766 du 30 juillet 1963, article 52, § 1.

Commentaires

La disparition, sauf en Nouvelle-Calédonie et en Polynésie (CJA, art. R. 226-9) des greffes annexes ne permet guère à cet article de jouer, s'agissant des tribunaux administratifs et cours administratives d'appel, qu'en matière électorale (C. élect., art. R. 119), en matière d'éloignement d'étrangers (CJA, art. R. 776-19). Pour le Conseil d'État, cela concerne les requêtes en matière d'élections (art. R. 773-4, le dépôt étant possible à la préfecture ou la sous-préfecture du domicile du requérant) et les recours mentionnés à l'article suivant.

Le dépôt de certains recours relatifs à la Nouvelle-Calédonie et à la Polynésie française

Art. R. 413-3 Les recours prévus aux articles 113, 116, 130 et 197 de la loi organique n° 99-209 du 19 mars 1999 relative à la Nouvelle-Calédonie et ceux prévus aux articles 82, 116, 117 et 123 de la loi organique n° 2004-192 du 27 février 2004 portant statut d'autonomie de la Polynésie française sont déposés au Conseil d'État ou auprès du haut-commissaire de la République, selon le cas, en Nouvelle-Calédonie ou en Polynésie française.

Lorsque le recours est déposé auprès du haut-commissaire de la République, il est marqué d'un timbre à date qui indique la date de l'arrivée et il est transmis par le haut-commissaire au secrétariat du contentieux du Conseil d'État. Il en est délivré récépissé à la partie qui le demande.

Textes sources

– Décret n° 99-1068 du 14 décembre 1999, article 1er.
– Décret n° 2005-1611 du 20 décembre 2005, article 3.

Le point de départ du délai pour statuer

Art. R. 413-4 Dans tous les cas où le tribunal administratif est, en vertu d'une disposition spéciale, tenu de statuer dans un délai déterminé, ce délai ne court qu'à compter de l'arrivée des pièces au greffe.

Texte source

– Code des TA et des CAA, article R. 99.

Commentaires

Un tel article ne peut pour l'instant trouver application qu'en matière d'élections municipales et cantonales, tout au moins lorsque le délai est imparti à peine de dessaisissement du tribunal.
Même s'il ne concerne, formellement, que le tribunal administratif, la règle énoncée à cet article devrait pouvoir d'appliquer dans les hypothèses, non moins rares, dans lesquelles la cour administrative d'appel se voit imposer un délai pour statuer, à peine de dessaisissement : c'est le cas, en application de l'article L. 1235-7-1 du Code du travail, en matière d'homologation d'un plan de sauvegarde de l'emploi (CE, 29 juin 2016, Silbereisen, n° 389278, *Lebon* – CE, 30 mai 2016, Deltour, n° 383928, *Lebon* T.).

L'enregistrement des requêtes et le timbre d'arrivée

Art. R. 413-5 Les requêtes sont enregistrées par le greffier en chef ou, au Conseil d'État, par le secrétaire du contentieux.
Elles sont en outre marquées, ainsi que les pièces qui y sont jointes, d'un timbre indiquant la date de leur arrivée.

Textes sources

– Code des TA et des CAA, article R. 100.
– Décret n° 63-766 du 30 juillet 1963, article 51.

Commentaires

L'apposition du timbre d'arrivée constitue la preuve de la date d'enregistrement (CE, 19 décembre 1986, Département de l'Aveyron, n° 77516, *Lebon* T.). Il n'est pas inenvisageable que puisse être apportée la preuve contraire (par un accusé de réception, par exemple). En l'état actuel des techniques, la production d'un rapport d'émission de télécopie ne peut normalement constituer une telle preuve (CE, 27 avril 1994, Raynal, n° 152356, *Lebon*, voir les commentaires sous l'article R. 411-1). Voir les commentaires sous les articles R. 421-1 et suivants pour l'application, en matière de délai, de la règle selon laquelle le cachet de la poste fait foi.

L'accusé de réception de la requête

Art. R. 413-6 Le greffier en chef ou, au Conseil d'État, le secrétaire du contentieux délivre aux parties un certificat qui constate l'arrivée de la requête au greffe. Sur leur demande, il certifie le dépôt des différents mémoires.

Texte source

– Code des TA et des CAA, article R. 101.

Commentaires

L'accusé de réception des requêtes doit être systématiquement délivré aux parties. Inversement, ce n'est que sur leur demande, comme auparavant, que les dépôts de mémoires font l'objet d'un certificat. Naturellement, l'analyse de la requête qui, le cas échéant, accompagne cet accusé de réception, n'a aucune portée juridique, et ne saurait valoir interprétation du contenu de la requête, laquelle relève de la mission juridictionnelle.

Le défaut d'accusé de réception ne constitue pas un vice entachant la régularité de la procédure suivie devant la juridiction (CE, 28 juin 1993, Vincent, n° 128303, *Lebon* T.).

CHAPITRE 4 Transmission de la requête par voie électronique

L'obligation, pour certains requérants, de saisir la juridiction par voie électronique

Art. R. 414-1 Lorsqu'elle est présentée par un avocat, un avocat au Conseil d'État et à la Cour de cassation, une personne morale de droit public autre qu'une commune de moins de 3 500 habitants ou un organisme de droit privé chargé de la gestion permanente d'un service public, la requête doit, à peine d'irrecevabilité, être adressée à la juridiction par voie électronique au moyen d'une application informatique dédiée accessible par le réseau internet. La même obligation est applicable aux autres mémoires du requérant.

Lorsqu'elle est présentée par une commune de moins de 3 500 habitants, la requête peut être adressée au moyen de cette application.

Les personnes morales chargées, sur le fondement de l'article R. 744-20 du code de l'entrée et du séjour des étrangers et du droit d'asile, d'informer les étrangers placés en centre de rétention administrative et de les aider à exercer leurs droits peuvent adresser à la juridiction par voie électronique au moyen de cette application les requêtes présentées par ces étrangers.

Textes sources

– Décret n° 2012-1437 du 21 décembre 2012, article 1er.
– Décret n° 2016-1481 du 2 novembre 2016, article 3.
– Décret n° 2020-1245 du 9 octobre 2020, article 4.
– Décret n° 2020-1734 du 16 décembre 2020, article 7.

Commentaires

La juridiction administrative pénètre dans l'ère des téléprocédures. Sauf l'exception concernant les communes de moins de 3 500 habitants et celle qui s'applique aux requérants n'usant pas d'un avocat, l'usage des procédés électroniques est désormais obligatoire, à peine d'irrecevabilité. Se trouve ainsi pérennisée l'expérimentation organisée par le décret n° 2005-222 du 10 mars 2005. Ce qui relevait de la simple possibilité constitue désormais, pour les requérants concernés par cet article, une obligation substantielle, « à peine d'irrecevabilité ». On doit toutefois estimer que, par application de l'article R. 612-1, la juridiction invitera celui qui aura omis d'utiliser la voie électronique à régulariser sa requête avant de la rejeter pour irrecevabilité (ce que confirment d'ailleurs les articles R. 611-8-2 et suivants). Le décret n° 2020-1245 du 9 octobre 2020 relatif à l'utilisation des téléprocédures devant le Conseil d'État, les cours administratives d'appel et les tribunaux administratifs et portant autres dispositions simplifie la structure de ce chapitre en regroupant les dispositions applicables à l'application « Télérecours » et au téléservice « Télérecours Citoyen ».

Les caractéristiques techniques de l'application

Art. R. 414-1-1 *Abrogé par le décret n° 2020-1245 du 9 octobre 2020, article 4.*

La faculté pour d'autres requérants de saisir la juridiction par voie électronique

Art. R. 414-2 Les personnes physiques et morales de droit privé non représentées par un avocat, autres que celles chargées de la gestion permanente d'un service public, peuvent adresser leur requête à la juridiction par voie électronique au moyen d'un téléservice accessible par le réseau internet.

Ces personnes ne peuvent régulièrement saisir la juridiction par voie électronique que par l'usage de ce téléservice.

Les mémoires et pièces ultérieurement produits doivent être adressés à la juridiction au moyen de ce même téléservice, sous peine d'être écartés des débats à défaut de régularisation dans un délai imparti par la juridiction.

Lorsqu'une requête est introduite par un mandataire n'ayant pas la qualité d'avocat ou d'avocat au Conseil d'État et à la cour de Cassation, le mandant doit être préalablement inscrit dans le téléservice selon les modalités d'inscription fixées par l'arrêté prévu à l'article R. 414-3.

Textes sources

- Décret n° 2012-1437 du 21 décembre 2012, article 1er.
- Décret n° 2016-1278 du 29 septembre 2016, article 1er (V).
- Décret n° 2018-251 du 6 avril 2018, article 3.
- Décret n° 2020-1245 du 9 octobre 2020, article 4.

Les caractéristiques techniques de l'application et du Téléservice

Art. R. 414-3 Les caractéristiques techniques de l'application mentionnée à l'article R. 414-1 et du téléservice mentionné à l'article R. 414-2 garantissent la fiabilité de l'identification des parties ou de leur mandataire, l'intégrité des documents adressés ainsi que la sécurité et la confidentialité des échanges entre les parties et la juridiction. Elles permettent également d'établir de manière certaine la date et l'heure de la mise à disposition d'un document ainsi que celles de sa première consultation par son destinataire. Un arrêté du garde des Sceaux, ministre de la justice, définit ces caractéristiques, les exigences techniques qui doivent être respectées par les utilisateurs et leurs modalités d'inscription.

Textes sources

– Décret n° 2012-1437 du 21 décembre 2012, article 1er.
– Décret n° 2016-1481 du 2 novembre 2016, article 3.
– Décret n° 2018-251 du 6 avril 2018, article 3.
– Décret n° 2019-82 du 7 février 2019, article 21.
– Décret n° 2020-1245 du 9 octobre 2020, article 4.

Commentaires

Deux arrêtés du 12 mars 2013 (*JO* du 21 mars 2013) ont défini les caractéristiques techniques de l'application « Télérecours », accessible, pour le Conseil d'État, depuis le site *www.telerecours.conseil-etat.fr* et, pour les cours et tribunaux, depuis le site *www.telerecours.juradm.fr*. Les modalités de signature électronique sont précisées dans l'arrêté.
On se reportera aux articles R. 611-8-2 et suivants pour aborder les modalités de fonctionnement de ce nouveau système.

L'identification de l'auteur de la requête

Art. R. 414-4 L'identification de l'auteur de la requête, selon les modalités prévues par l'arrêté mentionné à l'article R. 414-3, vaut signature pour l'application des dispositions du présent code.
Toutefois, lorsque la requête n'a pas fait l'objet d'une signature électronique au sens du second alinéa de l'article 1367 du code civil, le requérant ou son mandataire peut, en cas de nécessité, être tenu de produire un exemplaire de sa requête revêtu de sa signature manuscrite.
Lorsqu'un requérant introduit une requête présentée par plusieurs personnes physiques ou morales, cette requête doit être revêtue de la signature des autres requérants.

Textes sources

– Décret n° 2012-1437 du 21 décembre 2012, article 1er.
– Décret n° 2018-251 du 6 avril 2018, article 3.
– Décret n° 2020-1245 du 9 octobre 2020, article 4.

Commentaires

On précise que, selon l'article 1367 du Code civil, la signature électronique « consiste en l'usage d'un procédé fiable d'identification garantissant son lien avec l'acte auquel elle s'attache. La fiabilité de ce procédé est présumée, jusqu'à preuve contraire, lorsque la signature électronique est créée, l'identité du signataire assurée et l'intégrité de l'acte garantie, dans des conditions fixées par décret en Conseil d'État. »

Dispense de production de copies

Art. R. 414-5 Par dérogation aux dispositions des articles R. 411-3, R. 411-4, R. 412-1, R. 412-2 et R. 611-1-1, le requérant est dispensé de produire des copies de sa requête, de ses mémoires complémentaires et des pièces qui y sont jointes. Il est également dispensé de transmettre l'inventaire détaillé des pièces lorsqu'il utilise le téléservice mentionné à l'article R. 414-2 ou recourt à la génération automatique de l'inventaire permise par l'application mentionnée à l'article R. 414-1.

Le requérant transmet chaque pièce par un fichier distinct, à peine d'irrecevabilité de sa requête. Cette obligation est applicable à la transmission des pièces jointes aux mémoires complémentaires, sous peine pour le requérant de voir ces pièces écartées des débats après invitation à régulariser non suivie d'effet.

Chaque fichier transmis au moyen de l'application mentionnée à l'article R. 414-1 porte un intitulé commençant par le numéro d'ordre affecté à la pièce qu'il contient par l'inventaire détaillé. Lorsque le requérant recourt à la génération automatique de l'inventaire permise par l'application, l'intitulé du fichier décrit également le contenu de cette pièce de manière suffisamment explicite. Chaque pièce transmise au moyen du téléservice mentionné à l'article R. 414-2 porte un intitulé décrivant son contenu de manière suffisamment explicite.

Les obligations fixées au précédent alinéa sont prescrites au requérant sous peine de voir la pièce écartée des débats après invitation à régulariser non suivie d'effet. Par dérogation aux dispositions des deuxième et troisième alinéas, lorsque le requérant entend transmettre un nombre important de pièces jointes constituant une série homogène eu égard à l'objet du litige, il peut les regrouper dans un ou plusieurs fichiers, à la condition que le référencement de ces fichiers ainsi que l'ordre de présentation, au sein de chacun d'eux, des pièces qu'ils regroupent soient conformes à l'énumération, figurant à l'inventaire, de toutes les pièces jointes à la requête. Le requérant ne peut alors bénéficier de la dispense de transmission de l'inventaire détaillé prévue au premier alinéa. Ces obligations sont prescrites au requérant sous peine de voir les pièces écartées des débats après invitation à régulariser non suivie d'effet.

Si les caractéristiques de certains mémoires ou pièces font obstacle à leur communication par voie électronique, ils sont transmis à la juridiction sur support matériel, accompagnés de copies en nombre égal à celui des autres parties augmenté de deux. Leur production doit être annoncée par le requérant dans la rubrique correspondante de l'application ou du téléservice.

Textes sources

– Décret n° 2012-1437 du 21 décembre 2012, article 1er.
– Décret n° 2020-1245 du 9 octobre 2020, article 4.

Commentaires

La rigueur formelle imposée par ces dispositions a pour finalité de permettre un accès uniformisé et rationalisé à chacun des éléments du dossier de la procédure, selon des modalités communes aux parties, aux auxiliaires de justice et aux juridictions. L'inventaire détaillé mentionné par ces articles doit s'entendre comme une présentation exhaustive des pièces par un intitulé comprenant, pour chacune d'elles, un numéro dans un ordre continu et croissant, ainsi qu'un libellé suffisamment explicite Ces règles sont prescrites à peine d'irrecevabilité après invitation à régulariser (CE, sect., 5 octobre 2018, Sergent, n° 418233). On voit d'ailleurs ici que des règles formelles sont instituées dans l'intérêt du procès, des parties et du juge et que nous sommes loin du précédent (CE, 15 mars 2000, Drannikova, n° 185837), parfois justifié par la fausse idée que les règles de procédure sont généralement instituées au bénéfice d'une partie. Ces exigences sont assouplies en cas de transmission d'un nombre important de pièces jointes constituant une série homogène (CE, 6 février 2019, SARL Attractive Fragrances et Cosmetics, n° 415582, *Lebon* T.), à la condition d'énumérer tous ces fichiers et pièces dans l'inventaire détaillé qui accompagne la requête et de les regrouper en respectant l'ordre indiqué par cet inventaire (CE, 14 juin 2019, Tekour, n° 420861, *Lebon*). L'invitation à régulariser doit être faite avec mesure et au regard des objectifs définis ci-dessus. Il importe, en effet, d'éviter un formalisme excessif qui porterait atteinte au droit au recours (CEDH, 16 mars 2017, Louli-Georgoupoulou c/Grèce, aff. n° 22756/09, condamnant la Grèce dans le cas d'une cour d'appel ayant fait preuve de formalisme excessif en déclarant irrecevable une constitution de partie civile au motif qu'il manquait au procès-verbal de l'audience en première instance le mot « héritière », alors que cette qualité ressortait sans équivoque de toutes les pièces du dossier). Sur le souci d'éviter un formalisme excessif, voir la chronique de Camille Vinet, « Le partage des rôles dans le maniement de télérecours », *AJDA* 2019, p. 42.

Le signalement d'un délai contraint

Art. R. 414-6 Si la requête relève d'une procédure qui impose au juge de statuer dans un délai contraint, son auteur le signale dans la rubrique correspondante.

Textes sources

- Décret n° 2018-251 du 6 avril 2018, article 3.
- Décret n° 2019-82 du 7 février 2019, article 22.
- Décret n° 2020-1245 du 9 octobre 2020, article 4.

L'accusé de réception

Art. R. 414-7 Les formalités prévues par les articles R. 413-5 et R. 413-6 sont réalisées par voie électronique. L'arrivée de la requête et des différents mémoires est certifiée par l'accusé de réception délivré par voie électronique.

Textes sources

– Décret n° 2018-251 du 6 avril 2018, article 3.
– Décret n° 2020-1245 du 9 octobre 2020, article 4.

Commentaires

En l'absence de délivrance d'un accusé de réception, il a été jugé qu'il incombait aux parties d'alerter la juridiction sur les dysfonctionnements de l'application (CAA Marseille, 3 novembre 2020, Abdallah, n° 19MA00391).

Identification et signature

Art. R. 414-8 *Abrogé par le décret n° 2020-1245 du 9 octobre 2020, article 4.*

La dispense de production des copies

Art. R. 414-9 *Abrogé par le décret n° 2020-1245 du 9 octobre 2020, article 4.*

Le signalement d'un délai contraint

Art. R. 414-10 *Abrogé par le décret n° 2020-1245 du 9 octobre 2020, article 4.*

Art. R. 414-11 *Abrogé par le décret n° 2020-1245 du 9 octobre 2020, article 4.*

TITRE II Les délais

Le présent titre ne comprend pas de dispositions législatives.

Le recours doit être formé contre une décision, dans les deux mois

Art. R. 421-1 La juridiction ne peut être saisie que par voie de recours formé contre une décision, et ce, dans les deux mois à partir de la notification ou de la publication de la décision attaquée.

Lorsque la requête tend au paiement d'une somme d'argent, elle n'est recevable qu'après l'intervention de la décision prise par l'administration sur une demande préalablement formée devant elle.

Le délai prévu au premier alinéa n'est pas applicable à la contestation des mesures prises pour l'exécution d'un contrat.

Textes sources

- Code des TA et des CAA, article R. 102, § 1.
- Décret n° 2004-617 du 29 juin 2004, article 3.
- Décret n° 2015-1717 du 22 décembre 2015, article 7.
- Décret n° 2016-1480 du 2 novembre 2016, article 10.
- Décret n° 2019-82 du 7 février 2019, article 24.
- Décret n° 2019-1502 du 30 décembre 2019, article 7.

Commentaires

Sur le déroulement et la computation des délais, voir les commentaires sous l'article R. 421-5.

Cet article revient, dans sa brièveté, sur le régime de la « décision préalable » (Sur la nécessité d'une décision voir : B. Bonnet, *La pratique du contentieux administratif*, LexisNexis, 14e édition, p. 93 et s.). Avant toutefois que de commenter la révision ainsi opérée du système antérieur, il faut signaler que, par voie prétorienne, le Conseil d'État a posé que, pour éviter que l'exercice du droit au recours, « au-delà d'un délai raisonnable, ne mette en péril la stabilité des situations juridiques et la bonne administration de la justice, en exposant les défendeurs potentiels à des recours excessivement tardifs », il convenait de juger tardifs des recours formés hors de ce délai raisonnable, lors même qu'aucune règle de procédure ne permettrait de les tenir pour irrecevables (notamment parce que la notification de la décision attaquée ne comportait pas l'indication des voies et délais de recours, en méconnaissance des dispositions de l'article R. 421-5). Par arrêt d'assemblée du 13 juillet 2016 (CE ass., Czabaj, n° 387763, *Lebon* [**1**]) ce délai raisonnable a été fixé, sauf circonstance particulière, à un an (voir note H. Pauliat, *JCP A.*, 12 septembre 2016). L'application immédiate de cette jurisprudence aux instances en cours a été jugée contraire à l'article 6 de la CESDHLF, car susceptible d'affecter la substance du droit de recours sans porter une atteinte excessive au droit d'accès à un tribunal et à l'article 1er du 1er Protocole, le requérant n'ayant pu, à la suite de l'irrecevabilité opposée en appel, obtenir de réponse juridictionnelle sur le fond du litige concernant l'atteinte au droit au respect de ses biens (CEDH, 9 novembre 2023, Legros et autres c/France, aff. 72173/17 et 17 autres). Il a été jugé depuis que le même raisonnement devait s'appliquer à la présentation de recours administratifs obligatoires (par exemple en matière fiscale : CE, 31 mars 2017, Ministre des Finances c/Amar, n° 389842, *Lebon*), aux oppositions à titre exécutoire (CE, 16 avril 2019, Communauté d'agglomération de Saint-Quentin-en-Yvelines, n° 422004, *Lebon* T. – CE, 31 mars 2022, Département du Val-d'Oise, n° 453904). Il a même été jugé que la jurisprudence *Czabaj* s'appliquait au destinataire d'une décision implicite de rejet (CE, 18 mars 2019, M. Jounda Nguegoh, n° 417270, *Lebon T.* – CE, 12 octobre 2020, Ministre de l'agriculture et de l'alimentation c/Société Château Chéri, n° 429185, *Lebon* T.), le principe de sécurité juridique bénéficiant ainsi au « taiseux ». Initialement conçue au bénéfice du demandeur pour lui ouvrir le prétoire en cas de silence de l'administration, la décision implicite sert désormais à le fermer en permettant au défendeur d'opposer ou de bénéficier d'un délai qui n'est ni de forclusion, ni de prescription. Ce délai est interrompu par un recours administratif et une demande d'aide juridictionnelle (CE, 12 juillet 2023, n° 474865, *Lebon*). En cas de saisine d'un ordre de juridiction incompétent dans le délai raisonnable le requérant reste recevable à saisir la juridiction administrative jusqu'au terme d'un délai de deux mois à compter de la notification ou de la signification de la décision par laquelle la juridiction judiciaire s'est, de manière irrévocable, déclarée incompétente (CE, 5 juillet 2023, n° 465478, *Lebon T.* – CE, 31 mars 2022, Département du Val-d'Oise, n° 453904, *Lebon*, p. 59 – CE, 9 mars 2018, Communauté d'agglomération du pays ajaccien, n° 401386, *Lebon* T.).

En revanche, cette exigence de contestation dans un « délai raisonnable » ne s'applique pas aux recours indemnitaires, le Conseil d'État rappelant opportunément que le principe de sécurité juridique est mis en œuvre par des règles de prescription fixées par le législateur (CE, 17 juin 2019, Centre hospitalier de Vichy, n° 413097, *Lebon* p. 214, s'agissant d'une demande d'indemnisation *;* CE 10 juillet 2020, Ministre de l'économie et des finances et Ministre de l'action et des comptes publics c/Veillepeau, n° 430769, *Lebon* T., s'agissant d'une demande tendant au versement des rémunérations impayées). Et, lorsqu'il s'applique, le délai « Czabaj », n'étant ni un délai de forclusion, ni un délai de prescription, qui au demeurant ne se soulève pas d'office, le juge qui envisage de l'opposer doit en informer les parties en application de l'article R. 611-7 alors même que le défendeur a soulevé une fin de non-recevoir fondée sur la tardiveté de la requête (CE, 28 mars 2018, Me Depreux, n° 410552, *Lebon* T.), mais peut rejeter la requête par voie d'ordonnance (CE, 10 février 2020, Maillard, n° 429343, *Lebon* T.) sur le fondement de l'article R. 222-1 (Voir les commentaires sous l'article R. 222-1). (Pour une application positive de la notion de circonstances particulières, voir CE, 29 novembre 2019, Megueddem, n° 426372, *Lebon* – CE, 2 février 2024, n° 484051, *Lebon* T. Pour un cas de délai raisonnable excédant un an, voir CE, 29 novembre 2019, Boumrar, n° 411145, *Lebon.* Pour une application négative de la notion de circonstances particulières, voir CE, 11 mars 2024, n° 488227, *Lebon* T., écartant cette qualification pour la notification de l'avis de la CADA). La première phrase de l'article R. 421-1 est donc inexacte.

L'exigence d'une décision préalable est une caractéristique de la juridiction administrative. Exigence qui joue non seulement dans le contentieux de l'excès de pouvoir (ce qui n'a rien de surprenant compte tenu de ce que ce contentieux a précisément pour objet d'obtenir l'annulation d'une décision), mais aussi dans le plein contentieux, et notamment celui de l'indemnité. L'obtention d'une décision – qualifiée de « liaison du contentieux » – s'opère par l'exercice d'une réclamation préalable auprès de l'autorité administrative. Et c'est le rejet – exprès ou implicite – de cette réclamation qui constituera la « décision » faisant l'objet du contentieux, ce qui explique que la règle de la « décision préalable » est souvent présentée comme règle de la « réclamation préalable ». On note que la réclamation destinée à la liaison du contentieux n'a pas nécessairement à être chiffrée (CE, 9 décembre 1949, Geeverding, *Lebon*, p. 543 – CE, 30 juillet 2003, Assistance publique-Hôpitaux de Paris c/Benoit, n° 244618, *Lebon* T.). La liaison du contentieux peut également naître d'une offre partielle ou d'un refus partiel d'indemnité (CE, 8 juillet 2020, Couapel, n° 426049, *Lebon* T.).

La réclamation susceptible de lier le contentieux peut émaner d'un mandataire quelconque (CE avis, 7 mai 1997, Bathily, n° 184499), librement choisi par le requérant, en application de l'article 1984 du Code civil (voir les commentaires sous l'article R. 421-2). Ce peut être, notamment, une compagnie d'assurances (CE, 15 juillet 2004, Dumas, n° 252551, *Lebon* T.), mais alors, la notification de la décision à ce mandataire fera partir le délai de recours (CE, 13 mars 2006, Ait Mbarek, n° 269029, *Lebon* T.), ainsi, et c'est plus discutable, que la notification de la même décision à l'intéressé (CE, 23 octobre 1981, Macé, n° 22433, *Lebon*).

La réclamation peut aussi émaner d'une personne codébitrice solidaire avec le requérant (CE, 8 mars 2004, Pinot, n° 248132, *Lebon* T.).

Il a longtemps été admis que la liaison du contentieux puisse intervenir en cours d'instance, soit par rejet (le cas échéant implicite) d'une réclamation formée, fût-ce en cours d'instance, entre les mains de l'administration (CE, 8 juillet 1970, Andry, n° 72891, *Lebon*, p. 470 – CE, 6 novembre 1995, Franceschi, n° 149431), soit par la volonté du défendeur de ne point opposer cette irrecevabilité à titre principal (CE, 18 février 1959, Ville de Roubaix, n° 37634, *Lebon*, p. 125 – CE ass., 23 avril 1965, Ducroux, n° 60721, *Lebon*, p. 233 – CE, 20 février 2002, Pfirmann, n° 217057, *Lebon* T. – CE, 4 décembre 2013, Meliane, n° 354386, *Lebon* T. – CE, 11 avril 2008, Établissement français du sang, n° 281374, *Lebon*, p. 168).

Cette liaison du contentieux par le défendeur, classiquement pratiquée en contentieux de l'indemnité, avait même été admise en contentieux de l'excès de pouvoir (CE, 25 mars 1936, Toussaint, *Lebon*, p. 376 – CE, 23 octobre 1959, Doublet, n° 40922, *Lebon*, p. 540 – CE, 1er juin 1984, Commune du Vieux-Boucau, n° 26989, *Lebon*, p. 195 – CE, 28 octobre 1994, Raiff, n° 59767), aussi bien qu'en contentieux électoral (CE, 10 juin 1988, Département de l'Orne, n° 90306, *Lebon*, p. 233).

Le défaut de liaison du contentieux étant ainsi régularisable, il était normalement décidé qu'il devait faire l'objet, de la part de la juridiction, d'une demande de régularisation (comme lorsque les conclusions indemnitaires ne sont pas chiffrées : CE, 30 décembre 2009, Mizael, n° 311599, *Lebon* T.).

Mais, depuis l'intervention du décret « JADE » n° 2016-1480 du 2 novembre 2016, le juge, de l'excès de pouvoir comme du plein contentieux, ne peut être saisi qu'*après* intervention de la décision attaquée. Le second alinéa de l'article R. 421-1 paraît formel !

On reste perplexe devant cette réforme. Le bénéfice à en attendre est des plus modiques : quelques requêtes vont pouvoir être rejetées faute de réclamation préalable, ce qui n'empêchera pas les intéressés de réitérer leur demande une fois cette réclamation effectuée (puisqu'on ne saurait leur opposer l'autorité relative de la chose jugée sur la recevabilité, les causes des demandes étant indiscutablement différentes) : au lieu d'une affaire, on aura dû en juger deux, pour un même litige. Quant au coût d'image pour la juridiction, il sera sévère : il faudra expliquer à monsieur Martin, par jugement ou ordonnance du 15 mars, que sa demande enregistrée le 10 janvier est irrecevable faute de décision préalable alors que cette décision est intervenue le 26 février, et qu'il lui faut réécrire à la juridiction ce qu'il lui a déjà écrit… On ne peut que regretter que le souci cartésien d'adopter une règle « carrée » ait prévalu sur les pratiques antérieures, qui trouvaient leur fondement dans l'évidence de l'existence d'un litige noué à la date à laquelle le juge se prononce. L'esprit de système n'est pas nécessairement la meilleure boussole pour orienter l'action publique, ainsi d'ailleurs qu'en témoigne l'histoire du contentieux administratif.

Plus généralement on doit s'inquiéter de l'introduction, en matière procédurale, de « modes d'emploi » nouveaux de la juridiction, quelque simplifiés qu'ils paraissent : les vieilles règles, même compliquées, ont une vertu essentielle : elles sont connues, et cette connaissance constitue en elle-même une vertu à laquelle on ne doit toucher que d'une plume tremblante…

Suivant son rapporteur public qui estimait ces dispositions ne contiennent « aucune précision claire sur la chronologie de la requête et de la demande amiable », qu'elles ne sont pas « dépourvues d'ambiguïté » et devaient être interprétées « conformément à une certaine "herméneutique de la continuité" » (Nicolas Polge), le Conseil d'État a abandonné les jurisprudences *Ville de Roubaix* et *Ducroux* précitées, mais a confirmé les jurisprudences *Pfirmann* et *Établissement français du sang* précitées (CE sect., 27 mars 2019, Rollet, n° 426472 [**2**]). Le contentieux indemnitaire est alors lié à l'égard du demandeur pour l'ensemble des dommages causés par le fait générateur invoqué dans cette réclamation, dans la limite du montant total figurant dans les conclusions de la demande contentieuse (CE, 21 juin 2021, Commune de Montigny-lès-Metz et Helmstetter, n°s 437744, 437745 et 437781, *Lebon* T.) Ces solutions sont à rapprocher de celle admettant que la décision prise sur un RAPO introduit avant la demande contentieuse, régularise cette demande si elle naît avant que le juge n'ait statué (CE, 16 juin 2021, Angello-Kircher, n° 440046, *Lebon* T.), sauf dans le cas particulier où la requête prématurée a été complétée par des conclusions qui auraient pu faire l'objet d'un recours distinct et recevable (CE, 4 novembre 2015, Boudina, n° 384241, *Lebon* T.).

Le régime nouveau est applicable aux demandes de provision par référé, prévues à l'article R. 541-1 (CE, 23 septembre 2019, garde des Sceaux c/Lazar, n° 427923, *Lebon* T.).

Ce système n'ira pas sans interrogations. Le rejet implicite d'une demande que l'intéressé a négligé d'adresser avec avis de réception permettra-t-il de former une requête recevable dès lors que l'administration ne niera pas avoir reçu cette demande à bonne date, ou conduira-t-il à un rejet immédiat et sans instruction faute pour le juge d'avoir la certitude de la date de naissance de cette décision implicite ?

Plus encore, la suppression de l'exception visant les « travaux publics » va, en tout cas dans le contentieux de l'indemnité, soulever de redoutables questions que l'exclusion du contentieux de l'exécution des contrats par le décret n° 2019-82 du 7 février 2019 ne règle pas. On sait que le plein contentieux des travaux publics présente, depuis la loi du 28 pluviôse an VIII, la particularité de pouvoir opposer deux personnes privées, à savoir la victime d'un dommage né de travaux publics, et l'entreprise chargée de ces travaux, voire son salarié (comme, autre particularité, la personne publique peut être conduite, par une action en garantie, à agir en demande contre son entrepreneur, personne privée). Il va donc falloir, en application du texte nouveau, provoquer une décision d'une personne privée avant de saisir le juge administratif d'une action en indemnité. Et si cette personne ne répond pas ? Le mécanisme de la décision implicite de rejet ne vaut que pour l'« administration » (CRPA, art. L. 231-4), laquelle n'inclut certainement pas les entrepreneurs de travaux publics (CRPA, art. L. 100-3). Et l'on ne sache pas que le Code civil contienne semblable règle… Il faudra une imagination singulière pour permettre à Monsieur Martin d'obtenir du juge administratif – seul compétent en l'espèce – la réparation du dommage né de ce que la tranchée effectuée par l'entreprise chargée des travaux publics n'était pas signalée… Si l'exception visant les travaux publics avait pu donner, en matière d'excès de pouvoir, lieu à des complications sérieuses (notamment parce qu'elle emportait aussi dispense de délai de recours contentieux), il eût été aisé de la supprimer pour ce seul type de contentieux, en la laissant subsister en matière de plein contentieux…

La rédaction du texte, qui a manifestement été durcie (les références au temps sont fortes : « après », « préalablement »), fera difficilement sa place à des interprétations raisonnables comme la jurisprudence en avait donné l'exemple… Deux précisions permettent cependant d'atténuer cette « dureté. » La première est ancienne et tient à ce que le Conseil d'État jugeait par ailleurs que l'obligation de liaison du contentieux ne s'imposait qu'à l'égard de l'administration (CE 4 février 1976, Elissonde, n° 92742, *Lebon* T. : s'agissant d'une occupation du domaine public). La seconde est récente, car il a été finalement jugé qu'en l'absence de mécanisme de décision implicite, le délai de recours prévu à l'article R. 421-1 du CJA n'est pas applicable à un recours relatif à une créance née de travaux publics, dirigé contre une personne morale de droit privé qui n'est pas chargée d'une mission de service public administratif (CE avis, 27 avril 2021, Communauté de communes du Centre Corse (4C), n° 448467, *JO* 7 mai 2021 ; *Lebon,* p. 139), confirmant l'analyse ci-dessus développée.

Jurisprudence

[1] Considérant […] que le principe de sécurité juridique, qui implique que ne puissent être remises en cause sans condition de délai des situations consolidées par l'effet du

temps, fait obstacle à ce que puisse être contestée indéfiniment une décision administrative individuelle qui a été notifiée à son destinataire, ou dont il est établi, à défaut d'une telle notification, que celui-ci a eu connaissance ; qu'en une telle hypothèse, si le non-respect de l'obligation d'informer l'intéressé sur les voies et les délais de recours, ou l'absence de preuve qu'une telle information a bien été fournie, ne permet pas que lui soient opposés les délais de recours fixés par le code de justice administrative, le destinataire de la décision ne peut exercer de recours juridictionnel au-delà d'un délai raisonnable ; qu'en règle générale et sauf circonstances particulières dont se prévaudrait le requérant, ce délai ne saurait, sous réserve de l'exercice de recours administratifs pour lesquels les textes prévoient des délais particuliers, excéder un an à compter de la date à laquelle une décision expresse lui a été notifiée ou de la date à laquelle il est établi qu'il en a eu connaissance ;
Considérant que la règle énoncée ci-dessus, qui a pour seul objet de borner dans le temps les conséquences de la sanction attachée au défaut de mention des voies et délais de recours, ne porte pas atteinte à la substance du droit au recours, mais tend seulement à éviter que son exercice, au-delà d'un délai raisonnable, ne mette en péril la stabilité des situations juridiques et la bonne administration de la justice, en exposant les défendeurs potentiels à des recours excessivement tardifs ; qu'il appartient dès lors au juge administratif d'en faire application au litige dont il est saisi, quelle que soit la date des faits qui lui ont donné naissance [...].

[2] Il résulte de l'article R. 421-1 du code de justice administrative (CJA), dans sa rédaction résultant du décret n° 2016-1480 du 2 novembre 2016 (dit « JADE »), qu'en l'absence d'une décision de l'administration rejetant une demande formée devant elle par le requérant ou pour son compte, une requête tendant au versement d'une somme d'argent est irrecevable et peut être rejetée pour ce motif même si, dans son mémoire en défense, l'administration n'a pas soutenu que cette requête était irrecevable, mais seulement que les conclusions du requérant n'étaient pas fondées.
En revanche, les termes du second alinéa de l'article R. 421-1 du CJA n'impliquent pas que la condition de recevabilité de la requête tenant à l'existence d'une décision de l'administration s'apprécie à la date de son introduction. Cette condition doit être regardée comme remplie si, à la date à laquelle le juge statue, l'administration a pris une décision, expresse ou implicite, sur une demande formée devant elle. Par suite, l'intervention d'une telle décision en cours d'instance régularise la requête, sans qu'il soit nécessaire que le requérant confirme ses conclusions et alors même que l'administration aurait auparavant opposé une fin de non-recevoir fondée sur l'absence de décision.

La décision implicite de rejet

Art. R. 421-2 Sauf disposition législative ou réglementaire contraire, dans les cas où le silence gardé par l'autorité administrative sur une demande vaut décision de rejet, l'intéressé dispose, pour former un recours, d'un délai de deux mois à compter de la date à laquelle est née une décision implicite de rejet. Toutefois, lorsqu'une décision explicite de rejet intervient avant l'expiration de cette période, elle fait à nouveau courir le délai de recours. La date du dépôt de la demande à l'administration, constatée par tous moyens, doit être établie à l'appui de la requête.

Le délai prévu au premier alinéa n'est pas applicable à la contestation des mesures prises pour l'exécution d'un contrat.

Textes sources

– Code des TA et des CAA, article R. 102, § 2, 3 et 5.
– Décret n° 2000-1115 du 22 novembre 2000, article 4.
– Décret n° 2015-1145 du 15 septembre 2015, article 17.
– Décret n° 2019-1502 du 30 décembre 2019, article 7.

Commentaires

Voir les observations sous l'article R. 421-5 s'agissant des délais de recours contre les décisions implicites. Le jeu de l'accusé de réception prévu et organisé par les articles L. 112-3 et suivants du Code des relations entre le public et l'administration conduit à nuancer sensiblement la portée de l'article R. 421-2 (CRPA, art. L. 112-6). Faute en effet de cet accusé de réception, le délai de recours contentieux ne saurait courir de la naissance de la décision implicite… Il est dommage que le Code de justice administrative ne contienne aucune mention expresse de ce dispositif… Le texte a ramené, en application de l'article 21 de la loi n° 200-321 du 12 avril 2000 (désormais codifié à l'article L. 231-1 du Code des relations entre le public et l'administration), la durée du délai au terme duquel naît une décision implicite, de quatre à deux mois. La loi (codifiée à l'article L. 231-6 du Code des relations entre le public et l'administration) a prévu que des décrets en Conseil d'État pouvaient, « lorsque la complexité ou l'urgence de la procédure le justifie », prévoir un délai différent. Le Conseil d'État exerce un contrôle normal sur ces décrets dérogatoires (voir, par exemple : CE, 27 juillet 2005, Société ARBED, n° 264913, *Lebon*, s'agissant d'un décret fixant à dix-huit mois le délai de rejet implicite de la demande d'acceptation d'une renonciation à un titre minier).
On note sans surprise que, si l'administration a par erreur indiqué à l'intéressé que le délai de survenance de cette décision implicite était de quatre mois, c'est cette durée qui est retenue pour la computation du délai de recours contentieux (CE, 7 décembre 2009, Ministre de l'Éducation nationale c/Karroum, n° 315064, *Lebon* T.). Le même courant jurisprudentiel a conduit le Conseil d'État à juger que s'il résulte du 5° de l'article L. 231-4 du CRPA et du premier alinéa de l'article R. 421-2 du CJA qu'un requérant n'est pas recevable à contester une décision expresse confirmative d'une décision de rejet devenue définitive, il en va différemment lorsque, par son comportement, l'administration a induit en erreur le requérant sur les conditions d'exercice de son droit au recours contre le refus qui lui a été initialement opposé (CE, 17 juin 2019, Barache, n° 413797, *Lebon* T.).
La question s'est posée de savoir ce qu'était « le silence gardé par l'administration ». Revenant sur une décision de 1987 (CE, 22 juin 1987, Ville de Montreuil c/Sebban, n° 44552, *Lebon*, p. 226), le Conseil d'État juge que, même si le service s'est effectivement prononcé sur la demande moins de deux (anciennement quatre) mois après sa réception, il y a décision implicite toutes les fois que l'administré, n'ayant pas reçu l'acte exprès, se trouve ainsi en présence du « silence gardé par l'administration » tel en tout cas qu'il peut le percevoir (CE sect., 1er mars 1996, Habib, n° 117453, *Lebon*, p. 65).

La demande adressée à une autorité qui n'a pas compétence pour la traiter fait naître une décision implicite de rejet de l'autorité compétente : elle doit en effet désormais en tous les cas être transmise à l'autorité compétente (loi du 12 avril 2000, art. 20, codifié à l'article L. 114-2 du Code des relations entre le public et l'administration). Que cette transmission ait ou non été effectuée n'empêche pas la naissance d'une décision implicite de rejet de l'autorité compétente, qui est censée avoir reçu transmission de la demande. Il convient toutefois de souligner que, si l'autorité qui devait transmettre non seulement n'a pas transmis, mais a expressément refusé d'effectuer cette transmission et a, toujours expressément, statué sur la demande, il ne naît pas de décision implicite de l'autorité à laquelle la demande aurait dû être transmise (CE, 8 décembre 1989, Ministre de l'Agriculture c/Joslet, n° 87434, *Lebon*, p. 841).

La décision implicite ne peut normalement être invoquée que par celui qui a formé une demande. Mais, s'agissant d'une procédure qui n'est pas contentieuse, le juge applique les règles découlant de l'article 1984 du Code civil, établissant la plus grande liberté dans le choix du mandataire (CE, avis, 7 mai 1997, Bathily, n° 184499, *Lebon* T. [**1**]). Aucun formalisme spécifique n'est par ailleurs exigé s'agissant de la demande, pourvu qu'elle contienne les éléments utiles à son traitement.

On se méfiera des effets d'une demande adressée à une commission de conciliation et d'indemnisation qui peut faire naître une décision implicite de rejet qui fait courir le délai de recours alors que telle n'est pas la logique d'une conciliation (CE avis, 29 mai 2019, Blard, n° 426519, *Lebon* T. – CE, 5 juin 2019, Cissoko, n° 424886).

Jurisprudence

[**1**] 1° Tout mandataire a, selon l'article 1984 du code civil, le pouvoir d'agir « pour le mandant et en son nom ». Tout recours administratif formé par un mandataire, dans l'exercice du mandat qui lui a été confié, conserve donc nécessairement et dans les conditions de droit commun le délai du recours contentieux au profit du mandant.

2° Si toute personne est libre de désigner le mandataire de son choix pour former un recours administratif, aucune disposition législative ne permet de présumer qu'une association qui, quel que soit son objet, aurait assisté un étranger lors de son audition par la Commission de séjour des étrangers, disposerait de ce seul fait d'un « mandat tacite » pour représenter l'intéressé lors d'une phase ultérieure de la procédure [...].

L'absence de délai de recours contre certaines décisions implicites de rejet

Art. R. 421-3 Toutefois, l'intéressé n'est forclos qu'après un délai de deux mois à compter du jour de la notification d'une décision expresse de rejet :

1° Dans le contentieux de l'excès de pouvoir, si la mesure sollicitée ne peut être prise que par décision ou sur avis des assemblées locales ou de tous autres organismes collégiaux ;

2° Dans le cas où la réclamation tend à obtenir l'exécution d'une décision de la juridiction administrative.

Textes sources

– Code des TA et des CAA, article R. 102, § 4.
– Décret n° 2016-1480 du 2 novembre 2016, article 10.

Commentaires

Le texte de l'article R. 421-3 énumère les deux hypothèses dans lesquelles la survenance d'une décision implicite ne fait courir aucun délai.
Le 1° a donné lieu à interprétation parfois surprenante : ainsi une commission administrative paritaire ne constitue pas un organisme collégial au sens de ce texte (CE, 26 mai 1971, Marnas, n° 80389, *Lebon*, p. 381). En revanche, un décret en Conseil d'État constitue une mesure ne pouvant être prise que sur avis d'un organisme collégial, et le refus implicite de le prendre ne peut donc faire courir de délai (CE, 22 février 1995, Syndicat national des psychologues de l'Éducation nationale, n° 148394). Le jeu de cette disposition a été précisé dans les cas de recours administratifs formés par les préfets contre des actes pris par ou sur avis obligatoire d'autorités collégiales (par exemple, contre des délibérations de conseils municipaux). Par arrêts du 6 décembre 1995 (CE sect., 6 décembre 1995, Préfet des Deux-Sèvres, n° 127841, *Lebon* – CE, 6 décembre 1995, Préfet du Morbihan, n° 168618), le Conseil d'État a jugé que le rejet, exprès ou implicite, par le maire, d'un recours formé par le préfet contre une délibération, faisait courir le délai de recours contentieux, alors même que seul le conseil municipal aurait pu modifier la délibération en cause. A été donc écarté dans cette hypothèse ce qui est devenu le 1° de l'article R. 421-3. Cette position a été généralisée à tous les cas dans lesquels il était demandé au maire que soit abrogée une délibération du conseil municipal, motif pris que le refus du maire devait être regardé comme un refus d'inscrire ce point à l'ordre du jour du conseil municipal (CE, 8 juin 2016, Derenemesnil, n° 387547, *Lebon* T.). Ces dispositions sont applicables aux recours administratifs préalables obligatoires (RAPO), notamment ceux portés devant la commission des recours des militaires (CE, 22 mai 2019, Ministre des Armées c/Macaire, n° 423273, *Lebon* T.). Le délai de recours contentieux de deux mois, à l'égard des décisions implicites de rejet, est applicable aux recours formés contre de telles décisions relevant du plein contentieux, y compris lorsqu'ils contestent une décision implicite de rejet prise par ou après avis d'une assemblée locale ou d'un organisme collégial (CE, 4 mars 2021, Sanson, n° 445956, *Lebon T.*).
Quant au 2°, qui résulte d'un décret du 15 mai 1990, il a pour objet de revenir sur les conséquences rigoureuses de l'arrêt *Leroux* (CE, 2 décembre 1983, n° 27213, *Lebon*, p. 482).
Hors ces deux hypothèses, une décision implicite fait courir un délai de recours pourvu que le destinataire de la demande ait adressé à l'administré l'accusé de réception prévu par les articles L. 112-3 et suivants du Code des relations entre le public et l'administration. L'article 10 du décret du 2 novembre 2016 a supprimé cette dérogation pour le plein contentieux, s'agissant des requêtes enregistrées à compter du 1er janvier 2017. Les conditions d'application de ce nouveau régime et sa combinaison avec le Code des relations entre le public et l'administration ont été précisées par le Conseil d'État (CE, 30 janvier 2019, Fernandez, n° 420797, *Lebon* [**1**]).

Mais, au nombre des dispositions contraires visées par l'article R. 421-2 il faut citer les articles R. 772-1, R. 198-10 et R. 199-1 du Livre des procédures fiscales dont il se déduit que le délai de recours contentieux ne peut courir à l'encontre du contribuable ou du redevable tant qu'une décision expresse de rejet de sa réclamation, laquelle doit être motivée, a pas été régulièrement notifiée (CE, 7 décembre 2016, Société Cortansa, n° 384309, *Lebon* – CE, 8 février 2019, SARL Nick Danese Applied Research, n° 406555, *Lebon* T.). Dans ce cas, aucun délai, même « raisonnable » au sens de la jurisprudence *Czabaj* (CE, ass., 13 juillet 2016, n° 387763, *Lebon*), ne peut raisonnablement être opposé au contribuable au nom du principe de sécurité juridique (CE, 21 octobre 2020, Société Marken Trading, n° 443327, *Lebon*, s'agissant du contentieux de l'assiette – CE, 13 novembre 2020, Société des établissements Salvi, n° 427275, *Lebon* T.).

Jurisprudence

[1] La nouvelle règle, issue du décret n° 2016-1480 du 2 novembre 2016, selon laquelle, sauf dispositions législatives ou réglementaire qui leur seraient propres, le délai de recours de deux mois court à compter de la date où les décisions implicites relevant du plein contentieux sont nées, est applicable à ces décisions nées à compter du 1er janvier 2017.

S'agissant des refus implicites nés avant le 1er janvier 2017 relevant du plein contentieux, le décret du 2 novembre 2016 n'a pas fait – et n'aurait pu légalement faire – courir le délai de recours contre ces décisions à compter de la date à laquelle elles sont nées.

Toutefois, les dispositions du II de l'article 35 du décret du 2 novembre 2016, qui prévoient l'application de la nouvelle règle à « toute requête enregistrée à compter » du 1er janvier 2017, ont entendu permettre la suppression immédiate, pour toutes les situations qui n'étaient pas constituées à cette date, de l'exception à la règle de l'article R. 421-2 du code de justice administrative (CJA) dont bénéficiaient les matières de plein contentieux. Un délai de recours de deux mois court, par suite, à compter du 1er janvier 2017, contre toute décision implicite relevant du plein contentieux qui serait née antérieurement à cette même date. Cette règle doit toutefois être combinée avec les dispositions de l'article L. 112-6 du code des relations entre le public et l'administration (CRPA), aux termes desquelles, sauf en ce qui concerne les relations entre l'administration et ses agents, les délais de recours contre une décision tacite de rejet ne sont pas opposables à l'auteur d'une demande lorsque l'accusé de réception prévu par l'article L. 112-3 du même code ne lui a pas été transmis ou que celui-ci ne porte pas les mentions prévues à l'article R. 112-5 de ce code et, en particulier, dans le cas où la demande est susceptible de donner lieu à une décision implicite de rejet, la mention des voies et délais de recours.

Les délais de recours spéciaux

Art. R. 421-4 Les dispositions des articles R. 421-1 à R. 421-3 ne dérogent pas aux textes qui ont introduit des délais spéciaux d'une autre durée.

Texte source

– Code des TA et des CAA, article R. 102, § 6.

Commentaires

Sans avoir la prétention d'être exhaustif, on peut citer, au nombre des délais spéciaux, outre celui qui découle des articles R. 221-19 et R. 761-5 du Code de justice administrative, ceux qui prévalent en matière d'élections politiques, d'élection du maire et des adjoints, ceux qui sont applicables au contentieux des installations classées, celui de quarante-huit heures, relatif au contentieux de certaines mesures d'éloignement d'étrangers, ou celui de trente jours, relatif au contentieux d'autres décisions portant obligation de quitter le territoire français.

L'indication des voies et délais de recours

Art. R. 421-5 Les délais de recours contre une décision administrative ne sont opposables qu'à la condition d'avoir été mentionnés, ainsi que les voies de recours, dans la notification de la décision

Texte source

– Code des TA et des CAA, article R. 104.

Commentaires

Le régime des délais de recours contentieux devant le juge administratif est complexe. On se bornera à en dresser les grandes lignes.

I – Le point de départ des délais

La définition du point de départ du délai a pour seul objet de permettre de déterminer son terme. Rien ne s'oppose donc à ce qu'un recours contentieux soit formé contre un acte dès qu'il existe, avant même que le délai de recours n'ait commencé à courir (faute de publicité régulière) : CE, 30 mai 2007, Société Morillon Corvol, n° 297035.

Le point de départ des délais de recours, quel qu'il soit, n'est pas affecté par les conditions dans lesquelles les actes en cause sont exécutés ou exécutoires. Ainsi, un décret réglementaire, qui n'entrait en vigueur, selon l'article 2 du décret du 5 novembre 1870, avant l'article 1er de l'ordonnance du 20 février 2004, qu'un jour franc après l'arrivée du Journal officiel au chef-lieu d'arrondissement, doit-il être contesté dans les deux mois à compter de sa publication audit Journal officiel (CE ass., 29 avril 1994, Association Unimate 65, n° 112910 – CE, 3 mars 1995, Memmi, n° 162657). La même position est adoptée en ce qui concerne les délais pour contester des mesures d'urbanisme dont le caractère exécutoire est différé (CE, 3 novembre 1989, Association interdépartementale [...] pour la protection du lac de Sainte-Croix, n° 87497), et plus généralement s'agissant de la contestation des actes des collectivités territoriales non encore exécutoires faute de transmission au préfet (CE, 21 avril 1997, Arnaud, n° 159218 s'agissant d'une délibération transmise au préfet dix-huit mois après son affichage).

A – Le cas des décisions expresses

Voir sur ce point : D. Chabanol, N. Manier, *Code des relations entre le public et l'administration*, Le Moniteur, 2020, Titre II – L'entrée en vigueur des actes administratifs.

1 – La publication

S'agissant des décisions expresses, le délai part, pour les décisions réglementaires et collectives, de la date de leur publication ; une publication au Bulletin officiel du ministère suffit pour faire courir le délai contre les agents relevant de ce ministère (CE, 31 janvier 2000, Moy de Lacroix, 195404, *Lebon* T.), même au sens large (CE, 26 mai 1995, Boulassiez, n° 129216, *Lebon* T., faisant courir le délai contre un maître contractuel agréé de l'enseignement privé, de la publication d'un acte au BO du ministère de l'Éducation nationale). S'agissant de la mise en ligne de mesures réglementaires sur le site de personnes publiques, le Conseil d'État a assoupli sa position. Dans un premier temps, il a décidé que cette mise en ligne faisait courir le délai à l'encontre des personnels de l'établissement à la condition que ce mode de publicité ait lui-même fait l'objet d'une publicité régulière (et donc traditionnelle) et que, bien sûr la mise en ligne ait duré assez longtemps (CE, 11 janvier 2006, Syndicat national CGT-ANPE, n° 273665, *Lebon* T.). Cette condition a depuis disparu, au nom du principe de réalité : la publication dans un recueil non réglementaire ou sur le site internet de la personne publique fait courir les délais si le recueil ou le site peut, eu égard à l'ampleur et aux modalités de sa diffusion, être regardé comme aisément consultable par toutes les personnes susceptibles d'avoir un intérêt leur donnant qualité pour contester la décision (CE sect., Millon, 27 juillet 2005, n° 259004, *Lebon*, p. 336). Plus généralement, en l'absence de dispositions prescrivant une formalité de publicité déterminée, les décisions ayant un caractère réglementaire d'un établissement public sont opposables aux tiers à compter de la date de leur publication au bulletin officiel de cet établissement ou de celle de leur mise en ligne, dans des conditions garantissant sa fiabilité, sur le site internet de cette personne publique (CE, 24 avril 2012, VNF, n° 339669, *Lebon*, p. 166) Ainsi, lors même qu'aucun texte n'a prévu la publication sur le site internet de l'autorité de régulation des communications électroniques et des postes (ARCEP) des décisions par lesquelles cette autorité attribue une ressource en numération, la mise en ligne d'une telle décision fait courir les délais de recours à l'égard des professionnels du secteur (CE, 25 novembre 2015, Société Gibmedia, n° 383482). De même pour des décisions de nomination d'un comité scientifique de l'ANSM (CE, 8 juillet 2019, Senn, n° 422582). Même solution pour des actes de droit souple (CE sect., 13 juillet 2016, Société GDF Suez, n° 388150). Un affichage insuffisant peut être complété par une publication de l'intégralité de l'acte sous forme électronique sur le site internet du département, dans des conditions garantissant sa fiabilité et sa date de publication (CE, sect., 3 décembre 2018, Ligue des droits de l'homme, n° 409667, *Lebon* – CE, 27 mars 2020, Le Syndicat des petits planteurs de Cadet Sainte-Rose, n° 435277, *Lebon* T. : s'agissant d'un arrêté préfectoral publié dans le recueil des actes administratifs mis en ligne sur le site internet de la préfecture dans la rubrique « Recueil des actes administratifs »). Et une mise en ligne répondant à ces conditions peut, à elle seule, faire courir le délai de recours, alors même que la décision fait l'objet d'un affichage postérieur (CE, 27 mars 2020, Le Syndicat des petits planteurs de Cadet Sainte-Rose, n° 435277, *Lebon* T.).

Cette publication doit être complète : lorsqu'un texte a prévu les mentions qu'elle doit contenir, l'absence de l'une de ces mentions rend la publication inopérante au regard des règles de délais : ainsi jugé, s'agissant de la publication de l'autorisation d'exploitation d'une carrière, non assortie de toutes les mentions requises par le décret n° 79-11 du 20 décembre 1979 (CE, 13 mars 1998, Société GSM Auvergne, n° 148953, *Lebon* T.). La publication au *Journal officiel* des débats des assemblées d'une réponse ministérielle à parlementaire ne fait pas courir le délai de recours (CE, 6 mars 2006, Syndicat national des enseignants et artistes, n° 262982, *Lebon*).

On notera qu'aucune connaissance acquise ne fait en principe courir le délai contre un acte réglementaire non publié (CE, 19 février 1993, Nainfa, n° 106792, *Lebon*, p. 945 [**2**] – CE ass., 10 juillet 1996, n° 136536, Cayzeele ; *AJDA* 1996, p. 732, refusant de faire courir le délai de recours contre certains éléments d'un contrat non publié, alors même que le requérant avait obtenu une copie de cette convention).

La publication fera de même, et elle seule, courir le délai dans le cas des décisions qui, pour n'être pas réglementaires, ne sont pas non plus des décisions individuelles (CE, 25 septembre 2009, Commune de Coulomby, n° 310873). Elle marquera aussi le point de départ du délai pour contester des décisions individuelles lorsque ce délai est opposé aux tiers (ce qui explique que le juge admette que le bénéficiaire de la décision puisse opérer lui-même la publication de cet acte, en cas de carence de l'administration, ou si cette dernière n'a pas d'obligation à cet égard : CE, 18 juin 1997, Clinique Saint-Pierre, n° 147535). On notera à cet égard que le fait de notifier une décision réglementaire est sans influence sur le délai de recours, ni pour le faire partir (CE, 19 février 1993, Nainfa, n° 106792, *Lebon* T. – CE, 7 juillet 1993, Syndicat CGT du personnel de l'hôpital Dupuytren, n° 101415, *Lebon* T. – CE, 15 novembre 1996, Magnan, n° 139573, *Lebon*, p. 455), ni pour le proroger (CE, 8 juillet 1994, Association des loueurs de scooters saintois, n° 132295). Encore doit-on demeurer réaliste : la production, lors d'une instance devant la juridiction, par ce tiers, de la décision qu'ultérieurement il a attaquée par une autre instance, va déclencher le délai de recours contentieux (CE, 11 avril 2008, Société Défi France, n° 307085, *Lebon* T., *JCPA*, 23 juin 2008, p. 20).

Le délai imparti aux tiers pour contester une décision individuelle n'est pas concerné par l'article R. 421-5, qui s'applique aux seules décisions devant être notifiées, et donc ne joue que pour leurs destinataires directs. Par suite, la notification du rejet d'un recours formé contre une telle décision (décision réglementaire ou décision individuelle contestée par un tiers) fera courir le délai de recours, même si elle n'est pas assortie de la mention des voies et délais (CE, 8 juin 2016, Derenemesnil, n° 387547) : ainsi jugé à propos du rejet du recours formé par un tiers contre un permis de construire (CE, 16 octobre 1992, Touratier, n° 107057 – CE, 17 février 1993, Ohanian, n° 94887, [**3**] – CE sect., avis, 15 juillet 2004, Damon, n° 266479, *Lebon*, p. 331 – CE, 26 mars 2008, Chachay). La solution a été identique s'agissant du recours formé contre l'autorisation d'installer un dispositif publicitaire (CE, 11 avril 2008, Société Défi France, *préc.*).

Si donc un recours administratif a été formé contre un acte réglementaire ou par un tiers contre un acte individuel, son rejet constitue une décision administrative qu'il convient d'attaquer dans le délai, et la méconnaissance dudit délai fait obstacle à la discussion contentieuse de l'acte (CE, 16 février 1983, Provost, n° 25242, *Lebon*, p. 17 – CE, 17 février 1993, Ohanian, *préc.*). Encore faut-il qu'il y ait eu véritable « recours » : une simple « protestation » adressée à l'auteur du permis n'est pas susceptible de faire courir les délais de recours, si ce permis n'a pas été publié (CE, 17 mai 1999, Ferrari, n° 172918, *Lebon* T.). Il en va de même de la circonstance que le requérant a pris connaissance en mairie du dossier de permis de construire et qu'il en a pris copie (CE, 18 décembre 2002, Haagen, n° 244925) ou de celle qu'il aurait présenté une demande tendant à ce que le permis de construire soit déclaré caduc (CE, 27 juillet 2005, Marchand, n° 278337, *Lebon*, p. 1016). Parfois la publication ou l'affichage ne suffit pas et la notification est exigée (CE, 5 juillet 2022, n° 459683, *Lebon* T., s'agissant des riverains d'un chemin rural désaffecté ou d'une voie du domaine public routier déclassée, devant être mis en demeure de les acquérir).

2 – L'enregistrement d'un recours contentieux

Et si un recours contentieux a été formé contre n'importe quel acte, son enregistrement marque le point de départ du délai de recours contentieux ou, plus habituellement, du délai de deux mois qui, en application de la jurisprudence *Société Intercopie* (CE, 20 février 1953, n° 9772, *Lebon*, p. 88), marque le terme de la présentation de moyens reposant sur une autre cause juridique que la requête. Cette position du juge a été systématisée et joue donc également si, après un premier recours contentieux rejeté, le requérant entend recommencer : il doit le faire dans les deux mois de l'enregistrement de son premier recours (CE, 28 février 1994, Desboist, n° 126817, *Lebon* T. **[4]** – CE, 18 décembre 2002, Haagen préc.), même si, en cas de décision individuelle, n'ont pas été indiqués les voies et délais de recours (CE, 11 décembre 2013, N'Dre Regnault, n° 365361, *Lebon ;* JCPA, 15 juillet 2014, p. 39 **[5]**).

On signale que, dans le cas particulier où une décision est prise pour remplacer une décision attaquée au contentieux, seule sa notification peut faire courir le délai, même si elle est réglementaire, cette spécificité se rattachant au caractère contradictoire de la procédure contentieuse (CE ass., 23 mars 1973, Cie d'assurances l'Union, n° 80513, *Lebon*, p. 251 – CE, 11 février 1994, Charpentreau, n° 139398). Par décision du 15 avril 1996 (CE ass., 15 avril 1996, Institut de radiologie, n° 128997, *Lebon*, p. 138), le Conseil d'État, maintenant expressément cette jurisprudence, l'a semble-t-il cantonnée aux recours formés contre des décisions d'autorisation remplacées en cours d'instance, jugeant alors qu'elle s'appliquait lorsque la décision de substitution ou bien avait une portée identique à celle de la décision attaquée, ou bien ne modifiait cette dernière que dans des conditions n'altérant pas son économie générale. Ce cantonnement a été expressément confirmé par un arrêt du 24 novembre 2010 (CE, 24 novembre 2010, Association fédérale d'action régionale, n° 318342, *Lebon* T.). Il convient au surplus de signaler que cette jurisprudence ne joue pas lorsque l'acte nouveau est pris, pendant une instance d'appel, pour remplacer celui que le tribunal administratif a annulé (CE, 15 novembre 2000, Association de sauvegarde du site de Courcourt, n° 200819, *Lebon*). Appliquant toutefois les règles générales de détermination du point de départ du délai, le Conseil d'État juge que la demande formée par le requérant devant l'autorité administrative, tendant à ce qu'elle retire l'acte remplaçant l'acte attaqué vaut connaissance acquise de cet acte, lors même qu'il n'a pas été notifié pendant l'instance (CE, 25 mai 2005, Commune de Banon, n° 270273, *Lebon* T.). Il en va *a fortiori* de même si l'intéressé a formé un recours contentieux contre la mesure de remplacement.

On notera, s'inspirant de cette façon de raisonner, la position similaire retenue par la cour administrative d'appel de Lyon s'agissant des jugements : un jugement annulant par erreur une seconde fois un acte administratif déjà annulé par un premier jugement ne devient définitif que s'il a fait l'objet d'une notification aux parties par l'administration, dans le cadre de l'instance d'appel consacrée au premier jugement (CAA Lyon, 13 juillet 2004, Gateau, n° 02LY02073 ; *AJDA* février 2005, p. 398).

3 – La notification

Le délai opposable à la personne concernée par une décision individuelle part, lui, au plus tôt de sa notification, la publication de ladite décision étant sans effet sur le délai (CE, 11 octobre 1957, Pierrotet, *Lebon*, p. 527). Il convient que la notification soit effective et en principe se traduise par la remise d'une copie de la décision (CE, 4 janvier 1995, Chamorey, n° 102040), à l'administré, à une personne jugée habilitée à la recevoir (par exemple, le conjoint : CE, 5 mars 2003, Riss, n° 241763, *Lebon*) ou encore à son mandataire (CE, 13 mars 2006, Ait Mbarek, n° 269029, *Lebon* T.), à l'exception toutefois du contentieux fiscal (CE, 5 janvier 2005, Ministre de l'Économie c/Sugier, n° 256091, *Lebon*). Le cas particulier des personnes incarcérées doit être mentionné : c'est la remise effective du pli au détenu qui seule peut valoir notification, à l'exception de la date de la remise du pli aux autorités pénitentiaires.

Il a été admis que la notification au siège d'une association hébergeant l'intéressée, qui avait fourni cette adresse comme constituant son domicile élu, valait notification, même si elle n'avait eu connaissance du courrier que plus tard (CE, 9 avril 2013, Timirboulativa, n° 367265, *Lebon* T.).

Il appartient au juge d'établir, au vu des échanges entre les parties et d'éventuelles mesures d'instruction, la date effective de remise (CE, 8 juin 2011, F…, n° 330051). Les indications données à l'administré quant à la date à laquelle lui a été notifié un acte sont, si elles sont inexactes, sans portée sur le démarrage du délai, qui est déterminé par la date de la notification effective (CE, 16 avril 2010, Gadras-Feron, n° 322216, *Lebon* T.).

On note que les intéressés ne peuvent se soustraire aux notifications qui leur sont faites, en refusant, par exemple, une lettre recommandée qui sera ainsi réputée leur avoir été remise (position contraire à celle de la Cour de cassation : Cass. 3e civ. 13 juillet 2011, n° 10-20.478), à condition toutefois que les formalités postales permettent de s'assurer de la réalité tant de la présentation que de sa date (CE, 16 septembre 1994, Dertli, n° 128164 – CE, 24 avril 2012, Ministre de l'Intérieur c/Brun, n° 341146, *Lebon* T.), et que bien sûr l'envoi ait été fait à l'adresse de l'intéressé connue de l'administration (voir toutefois une espèce dans laquelle un tel envoi n'a pas fait courir le délai, l'administré s'étant trouvé dans un cas de force majeure l'ayant empêché de signaler son changement d'adresse : CE, 11 janvier

1995, Ilumbe, n° 132583). L'usage de la lettre recommandée n'est d'ailleurs pas une exigence systématique : ainsi, a été retenue la date mentionnée par l'autorité administrative sur un procès-verbal de remise, assorti de la mention « refus de signer la notification », cette date faisant foi jusqu'à preuve contraire (CE, 25 mars 2013, N..., n° 352586, *Lebon* T.).

La règle selon laquelle l'envoi à l'adresse donnée par l'intéressé vaut notification valide est rigoureuse lorsque l'administration a pris une décision en réponse à une demande de l'administré : l'adresse qu'il a alors fournie est celle à laquelle les notifications lui seront régulièrement adressées et il lui appartient de signaler spontanément tous ses changements d'adresse, ou de prendre toutes dispositions pour que son courrier le suive.

Lorsqu'en revanche l'administration prend une décision à son initiative, il lui appartient de rechercher l'adresse de l'administré, aucun principe général ni aucune disposition législative ou réglementaire n'obligeant, sauf cas limitativement énumérés, les administrés à signaler à l'autorité administrative leurs changements de domicile (CE, avis, 18 septembre 2009, Chaumette, n° 327027, *Lebon*, à propos d'une annulation de permis de conduire).

S'agissant des mentions figurant sur les accusés de réception postaux, et en l'absence, assez fréquente, de mention de la date effective de distribution du pli, il est jugé que la date, voire l'heure, de notification à retenir est celle à laquelle l'avis a été réexpédié à l'expéditeur (CE, 20 janvier 1999, Préfet de police, n° 184407 – CE, 28 décembre 2001, Commune de Saint-Jory, n° 225189, *Lebon* – CE, 2 octobre 2002, Otsenguet Irchambot, n° 242587), ou figurant sur le cachet apposé sur l'avis de réception, si le pli a été retiré à la poste (CE, 26 novembre 2007, Jarrier, n° 280376). Dans le cas où la décision a été signifiée par huissier, la date de notification est celle du jour de présentation de l'huissier au domicile, et non celle à laquelle le pli, déposé en mairie par l'huissier, a été retiré (CE, 21 mai 2008, Société d'équipement du département de La Réunion, n° 295609).

L'état de santé, voire le décès postérieur de l'intéressé, sont sans influence sur le cours du délai (CAA Lyon, 23 février 1992, Amoros, n° 01LY00661, le décès intervenu quelques jours après la notification est sans influence sur le délai laissé aux ayants droit – CE, 25 mai 1994, G...., n° 152081, à propos d'une maladie, délai courant « quel qu'ait été l'état de santé de l'intéressé à la date à laquelle il a signé l'avis de réception »). Il en va de même *a fortiori* de l'absence de l'intéressé parti en congés ou pour Saint-Jacques-de-Compostelle sans avoir fait suivre son courrier (CE, 3 octobre 2003, Commune de Levainville, n° 249160).

4 – La connaissance acquise

À ces exigences de publicité, il n'est guère d'exception. Le juge n'admet que rarement que la connaissance acquise d'une décision puisse suppléer, pour le point de départ des délais, l'absence de publicité (absence qui n'empêche d'ailleurs pas l'intéressé d'attaquer la décision, qui pourtant ne lui est pas opposable : CE, 21 janvier 1994, SARL La Nuit bleue, n° 128869). Le fait d'invoquer, par exemple, à l'appui d'une demande d'indemnisation, à titre d'exception, l'illégalité d'une décision ne vaut pas connaissance acquise de cette dernière (CE, 21 juin 1993, Coz, n° 49971 [**6**] – CE, 5 décembre 1994, Chambre de commerce et d'industrie du Languedoc-Roussillon, n° 150332, *Lebon* T.). Ainsi, et cette accumulation est significative, a-t-il été jugé, à propos d'une décision refusant le renouvellement d'un contrat, non notifiée, que « ni la circonstance que l'intéressé a consulté son dossier personnel, ni celle qu'il a exercé une autre activité professionnelle (normalement interdite si le contrat avait été renouvelé) ne sont de nature à faire regarder l'intéressé comme ayant reçu notification de la décision » (CE, 26 mai 1995, Ministre de l'Éducation nationale, n° 79146). De même, à propos de l'arrêté créant une communauté de communes, non notifié aux communes intéressées, a-t-il été jugé que « ni la relation par la presse locale de l'installation des organes de cette communauté, ni la circonstance que les maires ont participé à une réunion à la préfecture sur le fonctionnement de la communauté, ni le fait qu'un adjoint au maire aurait été en possession d'une copie de l'arrêté [...] n'ont pu faire courir le délai du recours contentieux à l'égard des communes [...] » (CE, 2 octobre 1996, Ministre de l'Intérieur, n° 158247). Seules trois circonstances sont admises comme valant connaissance acquise :

– il a été considéré que le membre d'une assemblée délibérante a connaissance des décisions de cette assemblée prises lors de la réunion à laquelle il a été régulièrement convoqué ou a personnellement pris part, et cette connaissance est datée de cette réunion (CE, 25 juin 1976, Romeyron, n° 00052, *Lebon*, p. 336 – CE, 24 mai 1995, Ville de Meudon, n° 150360, *Lebon*, p. 208). Encore, le délai ne courra qu'en l'absence d'une disposition expresse organisant la publicité de la décision (CE sect., 14 mai 1993, Union pour la défense des radios libres privées, à propos des décisions du CSA – CE, 28 juillet 1995, Caisse primaire d'assurance maladie de Montpellier, n° 127568, *Lebon* T., à propos des décisions de la Commission technique d'orientation et de reclassement professionnel). La rigueur anormale de la décision *Romeyron*, qui avait pour effet de faire courir le délai à l'encontre d'un membre de l'assemblée qui pouvait avoir une raison légitime de n'avoir pas assisté à la réunion, a conduit à sa remise en question : par un arrêt *Fabre* (CE, 27 septembre 2009, n° 189006), le Conseil d'État n'a pas opposé d'irrecevabilité au membre convoqué, mais légitimement absent. Mais cette jurisprudence n'est pas stabilisée : ainsi, par arrêt du 26 juillet 2011 (CE, 26 juillet 2011, Sroussi, n° 347086, *Lebon* T.), le Conseil d'État est-il revenu à la formulation de l'arrêt *Romeyron*, sans nuance... Précisons que le fait que les représentants d'une commune ont participé à la délibération d'une instance intercommunale ne vaut pas connaissance acquise de cette délibération par la commune, contre laquelle le délai ne court donc pas (CE, 31 mars 2008, Syndicat intercommunal du Sundgau, n° 297961, *Lebon* T.) ;

– le fait de former un recours administratif contre une décision vaut connaissance acquise de cette décision au plus tard à la date de ce recours ; mais, ainsi que l'on va le voir, la connaissance ainsi acquise de la décision ne vaut pas connaissance acquise de l'existence des voies et délais de recours, lorsque la mention en est imposée par l'article R. 421-5 ; dans ce dernier cas donc, le délai ne courra que si, d'une façon ou d'une autre, ces voies et délais ont été indiqués à la personne directement concernée par la décision ;

– le fait de former un recours juridictionnel contre une décision vaut également connaissance acquise de cette décision à la date d'enregistrement du recours (CE,

10 octobre 1990, Ministre des PTT c/Grandone, n° 97692, *Lebon* T., solution implicite – CE, 25 mai 1994, SA Papeteries Philippe Berges, n° 96662, *Lebon* T. – CE, 18 décembre 2002, Haagen et Stocky, n° 244925, *Lebon* T.). Sans importance au regard de la recevabilité de la requête (le démarrage du délai de recours coïncidant avec le dépôt de cette dernière), cette connaissance acquise a des effets sur le déroulement de la procédure : même en l'absence de l'indication des voies et délais, le fait d'avoir introduit un recours contentieux tendant à l'annulation de la décision provoquera le démarrage d'un délai identique au délai de recours contentieux, dont l'expiration interdira à l'intéressé de soulever des moyens qui ne sont pas d'ordre public et ressortissent d'une cause juridique différente de celle de la requête et des mémoires initiaux (CE, 28 octobre 2009, Delanoue, n° 299252, *Lebon* T.). Identiquement, et par un raisonnement de même type, il est jugé que le fait d'avoir formé un recours contre une décision fait partir le délai de deux mois dans lequel doit être demandée, en application de la loi n° 79-587 du 11 juillet 1979, la communication de ses motifs si elle était implicite (CE, 17 décembre 2010, Tissot, n° 314431, *Lebon* T.). Et l'expiration de ce délai interdira de présenter un nouveau recours contentieux ayant même objet, même si aucune indication des voies et délais n'a été fournie (CE, 11 décembre 2013, N'Dre Regnault, n° 365361, *Lebon* [**5**]).

Il convient toutefois de traiter à part le cas de la saisine d'une juridiction incompétente, saisine qui vaut connaissance acquise de la décision contestée : faute pour cette dernière d'avoir été notifiée avec indication des délais de recours, la notification du jugement d'incompétence ne saurait valoir connaissance des voies et délais de recours, que l'on ne peut donc opposer au requérant saisissant, après cette notification, le juge administratif (CE, 25 mars 2016, Mission locale régionale de Guyane, n° 387755, *Lebon* T.), solution inverse de la précédente, rendue à propos de saisines successives de la juridiction administrative.

5 – La mention des voies et délais de recours

La notification d'une décision individuelle ne suffit donc plus à faire partir le délai de recours contre la personne directement concernée : elle doit être assortie de la mention des voies et délais de recours (CJA, art. R. 421-5). La notion de personne concernée varie selon les contentieux. Ainsi, l'acquéreur évincé étant au nombre des personnes, destinataires de la décision de préemption, auxquelles cette décision doit être notifiée, il en résulte que le délai de recours ne lui est pas opposable si elle ne lui a pas été notifiée avec l'indication des voies et délais de recours (CE 16 décembre 2019, Torregrossa, n° 419220, *Lebon T.*). Les effets de cette règle valent pour toute décision individuelle, et pour tous délais (voir, par exemple, en matière de démission d'office d'un conseiller municipal, le délai de recours étant fixé à dix jours par le Code électoral : CE, 1er juillet 2005, Ousty, n° 261002, *Lebon*). Notamment, et en dépit de la volonté de particularisme des praticiens du contentieux fiscal, cette exigence s'impose aux avis d'imposition (CE, 27 juin 2005, Dufresnes, n° 259368, *Lebon*) et aux actes de recouvrement (CE, 25 mai 2007, Maucolin, n° 285747, *Lebon* T.). Mais elle trouve ses limites, ainsi qu'on l'a précisé ci-dessus, si un recours contentieux a été formé contre la décision (CE, 11 décembre 2013, N'Dre Regnault, n° 365361, *Lebon* [**5**]).

Cette règle ne joue pas lorsque la décision – bien qu'individuelle – constitue le rejet du recours formé *par un tiers* contre une décision initiale ne le concernant pas directement : il est ainsi précisé que les recours formés par les tiers contre des décisions intervenues en matière de marchés publics ou de délégations de service public ne relèvent pas du champ d'application de cette règle, qui ne peut bénéficier qu'à la personne directement concernée par la première décision (CE, 10 décembre 2012, Société lyonnaise des Eaux France, n° 355127, *Lebon* T.). La solution, on l'a mentionné précédemment, est identique en matière de permis de construire : le recours gracieux formé contre un permis de construire, dont l'affichage ne faisait pas état, en violation du Code de l'urbanisme, des modalités de recours contre cette autorisation, vaut connaissance acquise de ce permis, et les délais de recours contentieux sont opposables aux tiers (CE, 27 juillet 2005, Marchand, n° 278337, *Lebon* T. – CE, 15 avril 2016, Marcon, n° 375132, *Lebon*). Cette indication des voies et délais de recours doit être écrite, et remise à l'intéressé (CE, 8 avril 1998, Lahrache, n° 171548, *Lebon* T.). En principe, elle doit résulter de l'instruction ou ressortir des pièces du dossier soumis au juge, mais le Conseil d'État s'est orienté vers un régime de présomption d'existence de ces mentions, lorsque l'administration n'étant pas en mesure de produire une copie (on se demande bien pourquoi), et les décisions de retrait de points et d'invalidation de permis de conduire doivent être regardées, sauf preuve contraire, comme conformes au modèle qui sert de base à leur édition automatisée par l'Imprimerie nationale, lequel comporte la mention des délais et voies de recours (CE, 3 février 2022, Ministre de l'intérieur c/Fuatuyisa Manazanza Bafuasa, n° 454046). Elle n'a à être donnée qu'en français (CE, 18 octobre 1995, Bonnin, n° 161805). Si, lorsque doit être saisie la juridiction administrative de droit commun, l'indication n'a pas à mentionner laquelle (CAA Versailles, 8 février 2007, Setaro, n° 05VE02052), la règle s'inverse si le recours doit être présenté devant une juridiction spécialisée (CE, 15 novembre 2006, Toquet, n° 264636, *Lebon* T., revenant en partie sur CE, 4 novembre 1992, Ben Dhiab, n° 120283, *Lebon*, p. 1205 – CE, 18 octobre 1995, Bonnin, *préc.*). Elle n'a pas non plus à préciser, « cas par cas, les prolongations éventuelles et de durée variable dont pourraient bénéficier certains requérants à raison de l'éloignement » (CE, 8 juin 1994, Moumini, n° 120198, *Lebon*, p. 293), étant entendu qu'une indication erronée de durée du délai primera sur le délai réglementaire si elle est plus longue, au même titre d'ailleurs que l'indication erronée de ce qu'un recours serait interruptif de délai (CE, 29 juillet 1994, Dupont, n° 118279 – CE, 27 mars 2006, Kaci, n° 283409, *Lebon* T. – CE sect., 21 décembre 2007, Groupement irrigation Prés de la forge, n° 280195, *Lebon*). Toutefois, la difficulté pour l'administration saisie d'un recours de savoir s'il est interruptif de délai (ce peut être le second recours administratif, ou bien le recours, formé en matière d'urbanisme, n'a pas respecté la règle édictée à l'article R. 600-1 du Code de l'urbanisme, tous éléments que l'autorité administrative saisie d'un recours ne connaît pas nécessairement) a conduit la cour administrative d'appel de Lyon à estimer que l'indication, donnée à réception d'un tel recours, de ce qu'il interrompait les délais, ne pouvait donner à un tel recours un caractère interruptif de délai (CAA Lyon, 24 octobre 2000, Commune de Polliat – CAA Lyon,

21 décembre 2000, Rebeaud, n° 97LY00963). Il sera prudent de tenir cette position pour solution d'espèce.

Lorsque la décision renvoie, pour l'indication des voies et délais, à une annexe, et que cette dernière n'est pas jointe, il appartient à l'intéressé de faire toutes les diligences nécessaires pour en connaître le contenu, faute de quoi il est regardé comme l'ayant reçue (CE, 22 juillet 1994, Collini, n° 126786, *Lebon* T. – CE, 6 mai 1996, Préfet des Yvelines, n° 161005). Dans le même esprit, celui qui ne retire pas le courrier qui lui est destiné ne peut se prévaloir de ce que la décision qui y était contenue n'était pas assortie de la mention des voies et délais pour échapper à ces délais (CE, 31 juillet 1992, Walter, n° 111758). La solution a été identique s'agissant du refus par un agent public de recevoir une décision transmise par l'autorité hiérarchique (CE, 10 mai 2017, Murviel, n° 396279, *Lebon* T.).

Bien souvent, l'exercice d'un recours contentieux est subordonné à la formation préalable d'un recours administratif (système qui n'est pas contraire aux articles 6 et 13 de la Convention européenne de sauvegarde des droits de l'homme et des libertés fondamentales : CE, 3 mai 2002, Clinique médicale de pneumologie Saint-Anne, n° 224565, *Lebon*). Et la question s'est posée de savoir si la notification de la mesure devait ou non faire part de cette particularité et, si oui, sous quelle sanction. En premier lieu, aucune conséquence ne s'attache au fait que la notification de la décision n'a pas fait état du délai pour former un recours administratif non obligatoire (CE, 15 novembre 1995, Joao Almeida Brito Moreira [**7**]) ; mais il résulte expressément de cet arrêt que l'administration a l'obligation de faire figurer les délais applicables aux recours administratifs obligatoires, comme elle a l'obligation d'indiquer l'existence de ce recours obligatoire (CE, 3 mai 2002, Clinique médicale de pneumologie Sainte-Anne – CE, 25 mai 2007, Maucolin *préc.* concernant les actes de recouvrement). En second lieu, le manquement à ces dernières obligations empêche le délai de recours de courir en ce qui concerne le recours administratif, mais est sans influence sur l'irrecevabilité d'un recours contentieux formé sans avoir été précédé dudit recours administratif (CE, 24 janvier 1996, Blancard, n° 111516 [**8**] – CE, 19 février 2001, El Hirach, n° 228994, *Lebon* – CE, Clinique de pneumologie, préc. – CE, 26 février 2003, Daveze, n° 237297, *Lebon* T. – CE, 18 juin 2003, Anwarul, n° 240290, *Lebon* T.). Enfin, et dès lors qu'ont été indiqués les délais du recours administratif, ils sont opposables, même si le caractère obligatoire de ce dernier n'a pas été signalé (CE, 9 février 1996, Ragot, n° 1261450, *Lebon*, p. 32, revenant sur CE, 1er avril 1992, Abit, n° 88068, *Lebon*, p. 144).

À vouloir trop en indiquer, il arrive que l'administration retienne des formules si complexes et difficilement intelligibles que la juridiction est conduite à constater un manquement à l'obligation d'indication des voies et délais (voir CE, 4 décembre 2009, Ministre de l'Immigration c/Hammou, n° 324284, *Lebon* T. ; *JCP A*, 4 janvier 2010, p. 32, signalant des « ambiguïtés de nature à induire en erreur les intéressés dans des conditions telles qu'ils pourraient se trouver privés du droit à un recours contentieux effectif »). L'administration n'est pas tenue d'ajouter d'autres indications, notamment pas les délais de distance, la possibilité de former des recours gracieux et hiérarchiques facultatifs ou la possibilité de former une demande d'aide juridictionnelle. Si des indications supplémentaires sont toutefois ajoutées, ces dernières ne doivent pas faire naître d'ambiguïtés de nature à induire en erreur les destinataires des décisions dans des conditions telles qu'ils pourraient se trouver privés du droit à un recours effectif (CE, 16 octobre 2017, Akanbi, n° 411169, *Lebon* T.).

La question a été posée de l'exercice, par l'intéressé destinataire d'une décision non assortie de la mention des voies et délais, d'un recours administratif préalable dont on verra qu'il est interruptif de délai. L'exercice d'un tel recours, s'il vaut connaissance acquise de l'existence de la décision, ne vaut pas connaissance des délais pour la contester, et ne déclenche donc pas ces délais s'ils n'ont pas été indiqués avec la décision initiale (CE, 13 mars 1998, Mauline, n° 120079, *Lebon*, p. 80 [**9**], revenant sur CE, 2 mars 1994, Ville de Saint-Louis, n° 135066, *Lebon*, p. 1005). S'il est ainsi statué sur le recours par une décision expresse, les délais de recours ne seront opposables que si leur mention en a été portée soit sur la décision initiale (CE, 7 octobre 1988, Association nationale de réadaptation sociale, n° 98868, *Lebon* T. [**10**]), soit sur le rejet du recours (CE, 10 février 1989, Djafri, n° 78517), soit sur l'accusé réception du recours hiérarchique (CE, 2 décembre 2019, Sangoud, n° 415470, *Lebon* T.), une seule mention suffisant (CE, 27 avril 1994, Moreau, n° 106670 [**11**]). S'il est statué sur le recours par décision implicite de rejet, voir ci-dessous les conditions d'annonce du délai de recours. On rappelle que cette règle n'est pas applicable si a été effectué un recours contentieux (CE, 11 décembre 2013, N'Dre Regnault, n° 365361, *Lebon* [**5**]).

B – Le cas des décisions implicites

1 – Les décisions implicites d'acceptation

Les décisions implicites d'acceptation peuvent être contestées par les tiers, en principe, dans le délai de recours partant de leur publication. Aussi bien les textes prévoyant leur naissance organisent le plus souvent les modalités de cette publication (c'est, par exemple, le cas en matière de permis de construire tacite, article R. 421-39 du Code de l'urbanisme). Si ces modalités n'ont pas été prévues, le bénéficiaire de la décision peut faire courir les délais contre les tiers en les informant, avec toutes précisions utiles, de l'intervention de cette décision (CE sect., 15 octobre 1982, Asselin, n° 290072, *Lebon*, p. 342 – CE, 18 juin 1997, Clinique Saint-Pierre, n° 147535).

2 – Les décisions implicites de rejet

S'agissant des décisions implicites de rejet, nées du silence de l'administration pendant en principe deux mois (même si la décision faisant l'objet de la réclamation a, elle, été prise au terme d'un délai particulier plus long : *Lebon* T.), l'opposabilité des délais de recours qui les concernent est subordonnée à l'envoi au demandeur d'un accusé de réception qui, en principe, doit indiquer les conditions dans lesquelles cette décision naîtra, et les voies et délais permettant de la contester (CRPA, art. L. 112-3 et L. 112-6). L'article L. 110-1 du même code rend ce dispositif applicable à toutes demandes et réclamations, « y compris les recours gracieux ou hiérarchiques adressées à l'administration » ce qui confirme ainsi la caducité de la jurisprudence *SA Laboratoires Lafon* (CE sect., 29 mars 1991, n° 10719), qui excluait de l'obligation d'accusé de réception, alors prévue par

le décret du 28 novembre 1983, de tels recours administratifs. Le Conseil d'État écarte toutefois le jeu de ce texte, s'agissant des rejets implicites des recours gracieux ou hiérarchiques formés par des tiers à l'encontre d'autorisations individuelles créatrices de droit (CE sect., avis, 15 juillet 2004, Damon, n° 266479, *Lebon*, p. 331 – CE, 8 juin 2016, Derenemesnil, n° 387547, *Lebon* T.).
On note également que l'exigence d'accusé de réception, destiné à protéger les usagers des administrations, ne saurait « régir les relations contentieuses entre l'État et les collectivités territoriales », et que donc, dans ces relations, la survenance de la décision implicite de rejet fait partir les délais, en l'absence même de tout accusé de réception (CE, 16 janvier 2006, Région Haute-Normandie, n° 269384, *Lebon* T. – CE, 7 février 2007, Région Rhône-Alpes, n° 284238). Cette position a été entérinée par l'article L. 100-1 du Code des relations entre le public et l'administration qui ne régit pas les relations entre administrations.
Une erreur contenue dans l'accusé de réception, quant à la computation du délai de recours, ne peut nuire au requérant : si le délai « réglementaire » expire avant la date indiquée par erreur, c'est cette dernière qui prévaut (CE, 29 mars 2000, Gluck, n° 204611, *Lebon* T. – CE, 27 mars 2006, Kaci, préc. – CE, 7 décembre 2009, Ministre de l'Éducation nationale c/Karroum, n° 315064, *Lebon* T.).

II – La durée du délai

A – Des délais francs

En contentieux administratif, tous les délais de recours sont des délais « francs », sauf texte contraire renvoyant expressément au Code de procédure civile (CE, 9 juin 2011, Houze, n° 336113, *Lebon* T.). « Sauf texte contraire, les délais de recours devant les juridictions administratives sont, en principe, des délais francs, leur premier jour étant le lendemain du jour de leur déclenchement et leur dernier jour étant le lendemain du jour de leur échéance, et les recours doivent être enregistrés au greffe de la juridiction avant l'expiration du délai » (CE, 1er juillet 2020, Lambert Saturday, n° 43152, *Lebon* T., p. 889). Logiquement, est également un délai franc celui qui est fixé pour l'exercice d'un recours administratif formé contre une décision (CE, 19 septembre 2014, Société ORTEC MECA, n° 362568, *Lebon* T.).
La réforme opérée en procédure civile par le décret n° 72-788 du 28 août 1972 est donc sans influence sur les délais de procédure administrative (CE, 14 novembre 1980, Ministre de la Santé c/Divol, n° 20136 *; AJDA* 1981, p. 487). Ni le jour contenant l'événement déclenchant le délai (sauf s'il s'agit de la naissance d'une décision implicite de rejet), ni le jour contenant la démarche à accomplir dans le délai ne doivent donc être inclus dans ce délai (règle dite du dies a quo et du dies ad quem), même si ce délai est fixé à quelques jours (CE, 8 novembre 1991, Peruchon [**12**], concernant un délai fiscal de huit jours – CE, 3 septembre 1997, CPAM d'Indre-et-Loire, n° 163499, concernant un délai d'appel « dans les trente jours »), sauf cas particuliers du contentieux électoral et du contentieux de certaines décisions portant obligation de quitter le territoire français, dont le délai se compute d'heure à heure (voir CJA, art. L. 776-1).
Concrètement, le délai de deux mois, qui se calcule de quantième à quantième, aboutit à ce que, une décision étant publiée ou notifiée le 10 d'un mois donné, le

recours sera recevable s'il est formé (c'est-à-dire enregistré au greffe : CE, 29 juillet 1994, Beaufils, n° 136553, *Lebon* T.) au plus tard le 11 du deuxième mois qui suit. On note à cet égard que, si un délai est fixé à « trente jours », il n'est pas équivalent à un mois : ainsi, démarrant le 15 mars, il expire le 14 avril, alors que, s'il est fixé à un mois, il expire le 15 avril (CE, 9 juin 2011, Houze, *préc.*). Naturellement, il est fait application de l'article 642 du Code de procédure civile et l'on proroge jusqu'au premier jour ouvrable suivant un délai (de recours contentieux ou administratif) expirant un samedi, un dimanche ou un jour férié ou chômé. On notera à cet égard que le lundi de Pentecôte demeure un jour férié, puisque mentionné à l'article L. 3133-1 du Code du travail, et ce, nonobstant la loi du 30 juin 2004 qui en fait une journée de solidarité (Cass. crim. 10 mai 2006, n° 05-86744 ; *JCP S* 17 octobre 2006, n° 42, p. 1813). On note qu'en Alsace et dans le département de la Moselle, le Vendredi Saint est férié dans les communes ayant un temple protestant ou une église mixte (CE, 6 mai 2009, Élections municipales de Luemschwiller, n° 317867, *Lebon* T.).

B – L'enregistrement de la requête

Il est à noter que, si l'usage veut que l'on se réfère à la date d'enregistrement, le droit est légèrement différent.

1 – Le dépôt

C'est la date de dépôt qui prévaut pour les requêtes déposées au greffe (même si elles n'ont été enregistrées que postérieurement). Certaines circonstances, telles une alerte cyclonique interdisant tout déplacement, sont susceptibles de reporter le délai de recours (CE, 22 juillet 2020, Rodriguez, *Lebon* T.).

2 – La voie postale

Et, s'agissant des requêtes délivrées par voie postale, ce n'est plus la date d'enregistrement qui doit être retenue, ni celle « à laquelle la lettre a été présentée par la Poste au greffe de la juridiction » (abandon des jurisprudences CE, 13 juin 2001, Dano, n° 229358, *Lebon* T. et CE, 30 juillet 2003, Chenilco, n° 240756, *Lebon* T.). Sauf dispositions législatives ou réglementaires contraires, telles les dispositions relatives à la contestation des élections politiques ou celles prévoyant des délais exprimés en heures ou expirant à un horaire qu'elles précisent, la date à prendre en considération pour apprécier si un recours contentieux adressé à une juridiction administrative par voie postale a été formé dans le délai de recours contentieux est celle de l'expédition du recours, le cachet de la poste faisant foi (CE, sect., 13 mai 2024, n° 466541, *Lebon*). On doit désormais en déduire que lorsque l'envoi est en courrier simple, il convient, pour le greffe la juridiction, de conserver l'enveloppe contenant le recours. Cette nouvelle jurisprudence, qui unifie les règles de dépôt des recours administratifs et contentieux, rend inutiles les développements relatifs au délai anormal d'acheminement du courrier qui tempéraient la rigueur des décisions précitées (CE, 20 février 1970, Ministre de l'agriculture c/X., n° 77021– CE, 26 juin 1970, n° 78041, Ministre de l'Agriculture c/Delort, *Lebon*, p. 130 et p. 442) (Sur les règles applicables aux recours administratifs, lesquels sont des demandes adressées à l'administration en application de l'article L. 110-1 du CRPA, voir D. Chabanol et N. Manier, *Code des relations entre le public et l'administration*, Éditions du Moniteur, 2020, p. 28).

Il était jugé que l'erreur d'adresse ne saurait protéger le requérant de l'expiration du délai, comme d'ailleurs la circonstance qu'il aurait adressé sa requête à une institution autre que la juridiction concernée (par exemple, la cour d'appel au lieu de la cour administrative d'appel) : seule est retenue la date à laquelle la requête parvient effectivement à la juridiction. On note toutefois une exception, tirée, *a contrario*, d'un arrêt de la cour administrative d'appel de Lyon : c'est le cas où une publication officielle a fourni une adresse inexacte (CAA Lyon, 14 juin 2005, Ministre de l'Agriculture, n° 05LY00173).

III – L'interruption du délai

Le délai de recours peut être interrompu (c'est-à-dire ramené à zéro, l'interruption se distinguant de la suspension, laquelle arrête le cours du délai sans le ramener à zéro : CE, 22 mai 2012, Commune d'Izeaux, n° 339504, *Lebon* T.) par trois événements habituels – qui ne sont évidemment interruptifs que s'ils interviennent avant l'expiration du délai de recours –, que l'on peut additionner (d'ailleurs pas dans n'importe quel ordre), mais dont chacun ne peut jouer qu'une fois. On signalera toutefois que, s'agissant du délai pour effectuer un déféré, le préfet peut l'interrompre par deux recours administratifs ou assimilés, à la fois en formant une demande de pièces complémentaires et nécessaires à l'exercice de son contrôle, et, après les avoir reçues, en saisissant la collectivité d'un recours gracieux (CE, 4 novembre 1996, Département de la Dordogne, n° 114956, *Lebon*). Encore faut-il que le préfet ait expressément demandé ces pièces. Sinon, le délai partira pour lui de la transmission de l'acte, lors même que, quelques jours après, des pièces complémentaires lui auront été spontanément adressées (CE, 17 octobre 2003, District de Bastia, n° 223296, *Lebon* T.). Quant au recours gracieux du préfet, il doit être un recours pour avoir un effet utile sur le délai : la demande par laquelle le préfet invite une collectivité à lui « adresser toutes explications utiles » pour lui permettre d'apprécier la légalité d'un acte transmis ne constitue ni un recours ni une demande de documents nécessaires, et n'interrompt donc pas le délai (CE, 15 mai 2013, Office public de l'habitat de Nice, n° 357031, *Lebon* T. ; *JCPA*, 8 juillet 2013, p. 31).

A – Le recours administratif

L'existence d'un recours administratif contenant des conclusions tendant à ce que la décision soit rapportée ou modifiée est la cause la plus fréquente d'interruption du délai, lequel repartira soit de la survenance d'une décision implicite de rejet (et à condition que l'accusé de réception ait été adressé), soit de la notification d'une décision expresse, quel qu'en soit le sens : ainsi jugé dans le cas où il avait été fait droit au recours, par une décision illégale (CE, 8 juillet 2011, Botella, n° 342113, *Lebon* T.). Dans ce dernier cas, ainsi qu'on l'a dit, si le délai initial de recours partait de la publication de la décision, le délai repartirait même si mention n'était pas faite de son existence (CE, 16 octobre 1992, Touratier et Ohanian, *préc.*). S'il partait de la notification de la décision, le délai ne partirait en l'état actuel de la jurisprudence que si l'une des deux décisions (initiale et prise après recours) comportait la mention des voies et délais (CE, 13 mars 1998, Mauline, préc.).

1 – Une seule interruption

Normalement, un seul recours administratif a un effet interruptif de délai (CE, 27 février 1935, Séguéla, *Lebon*, p. 249). En cas donc de succession de recours préalables, le second (sauf disposition spéciale) est sans effet sur les délais (CE, 11 mars 2009, A..., n° 294765, *Lebon* T.). En cas d'annulation du retrait d'une décision, l'exercice par des tiers d'un second recours gracieux contre cette décision, ne conserve pas le délai (CE, 28 décembre 2022, n° 447875, *Lebon* T.). Mais si un administré présente deux recours administratifs simultanés (un recours gracieux et un recours hiérarchique, par exemple), le délai de recours ne recommencera à courir que lorsqu'ils auront été l'un et l'autre rejetés (CE, 7 octobre 2009, Ouahrirou, n° 322581, *Lebon*, revenant sur CE, 24 avril 1974, Ministre de l'Aménagement du Territoire c/Fourel, n° 88988, *Lebon*, p. 251), ce que confirme l'article L. 411-2 du Code des relations entre le public et l'administration.

Le recours aura un effet interruptif même s'il n'a pas été adressé à l'autorité compétente pour y statuer, l'article 20 de la loi du 12 avril 2000, codifié à l'article L. 114-2 du Code des relations entre le public et l'administration, disposant que « lorsqu'une demande est adressée à une administration incompétente, cette dernière la transmet à l'administration compétente ». Par un raisonnement que l'on retrouvera dans l'arrêt « Région Haute-Normandie », du 16 janvier 2006, et tiré de ce que cet article ne saurait « régir les relations contentieuses entre l'État et les collectivités territoriales », le Conseil d'État juge cependant que le recours du préfet en matière de contrôle de légalité ne peut être utilement adressé à une autorité incompétente. Si c'est le cas, il n'interrompt pas le délai de recours (CE, 1er juillet 2005, Ville de Nice, n° 258509, *Lebon*), ce qui est reconnaître que le Code des relations entre le public et l'administration ne régit pas les rapports entre les administrations.

Et un recours adressé, conformément à un texte, à une autorité qui n'a pas pouvoir de contraindre l'auteur de la décision attaquée (en l'espèce, recours au ministre des Sports contre le refus de délivrance, par une fédération sportive, d'une licence d'agent sportif) est sans effet sur le délai de recours (CE, 7 août 2007, Fédération française de rugby, n° 300479).

Le point de savoir si le mécanisme interruptif attaché à un recours administratif peut s'appliquer aux contentieux dirigés contre des mesures prises pour l'exécution d'un marché, notamment dans le cadre de la jurisprudence dite *Béziers II* (CE sect., 21 mars 2011, n° 304806, *Lebon*), demeure incertain. On renvoie sur ce sujet aux interrogations de F. Béroujon publiées dans la *JCP A* le 6 février 2012, p. 17.

Il a fallu dire comment apprécier la condition tenant à ce que, pour être interruptif, le recours administratif devait être formé avant expiration du délai de recours contentieux (condition exigée dans les seuls cas où l'on recherche le caractère interruptif du recours : un recours administratif n'est jamais tardif et l'administration commet une erreur de droit en le rejetant comme tel : CE sect., 23 mars 1945, Vinciguerra, *Lebon*, p. 56 – CE sect., 10 juillet 1964, Centre médico-pédagogique de Beaulieu, *Lebon*, p. 399). Deux lectures du droit étaient en effet possibles : ou bien, et parce qu'il s'agissait d'un recours administratif, on faisait jouer l'article 16 de la loi n° 2000-321 du 12 avril 2000, repris à l'article L. 112-1 du Code des relations entre le public et l'administration, qui dispose : « Toute personne tenue de respecter une date limite ou un délai pour présenter une demande [...] peut satisfaire à cette obligation au plus tard à la date prescrite au moyen d'un envoi de correspondance, le cachet apposé par les prestataires de services postaux autorisés faisant foi ». Dans cette interprétation, c'est à la date d'envoi du recours que l'on devait se placer. Ou bien, et parce que l'on se trouve, en réalité, dans un mécanisme de délai contentieux, non concerné par la loi du 12 avril 2000 (CE, 26 octobre 2001, Élections municipales de Le Donjon, n° 233290, *Lebon* T.), non plus que par le code susmentionné, on en reste à la règle antérieure, selon laquelle seule doit être prise en compte – sauf texte expressément contraire, comme en matière d'aide juridictionnelle – la date de réception du recours par l'administration. Le Conseil d'État a tranché en faveur de la seconde interprétation (CE, 21 mars 2003, Préfet de police c/Pan, n° 240511, *Lebon* T., *AJDA* 2003, p. 1345).

2 – L'auteur du recours administratif

La question s'est posée de savoir qui pouvait utilement former un tel recours, et qui pouvait ainsi se prévaloir de ses effets interruptifs. S'agissant tout d'abord des représentants des personnes morales, le Conseil d'État se montre beaucoup plus souple en matière de recours administratif qu'en matière de recours contentieux (voir CJA, art. R. 431-4), estimant que, en formant ensuite un recours contentieux, la personne morale « régularise implicitement » le recours administratif déposé par un de ses membres non régulièrement habilité (CE, 10 juillet 1996, Cachalou-Trochme, n° 143265, *Lebon* T.). Il a même, le 10 février 1997, attribué un effet interruptif à un recours administratif formé par le président d'une association « sans qu'il soit besoin de rechercher si son auteur peut justifier d'un mandat pour le former » (CE, 10 février 1997, Commune de Labenne, n° 155396, *Lebon* T.), s'inspirant ici d'une jurisprudence du 23 novembre 1962 (CE sect., 23 novembre 1962, Association des anciens élèves de l'institut commercial de Nancy, *Lebon*, p. 626). Cette solution a été confirmée, s'agissant d'une société civile immobilière, par une décision *Commune d'Arzon* (CE, 12 janvier 2005, n° 226270).

Dans le cas des mandataires agissant non plus en qualité de représentants de personnes morales, mais pour le compte de personnes physiques, la même souplesse s'observe, on l'a vu. Le mandataire peut être choisi librement en application de l'article 1984 du Code civil (CE, avis, 7 mai 1997, Bathily, n° 184499, *Lebon* T. ; voir art. R. 421-2) et n'a pas à justifier d'un mandat en bonne et due forme (CE, 22 novembre 1995, SCI du 6 rue de la Linière, n° 109246, *Lebon* T.). Ainsi, un époux tient de l'article 1432 du Code civil le pouvoir, en qualité de mandataire tacite de son épouse, de former une réclamation au nom de cette dernière (CE, 29 décembre 1997, Vivien, n° 129772, *Lebon* T.), solution que l'on opposera à CE, 27 juillet 1990, Ministre de l'Agriculture c/Beaufils, n° 57229, *Lebon*, sur son absence de qualité pour la représenter au contentieux. Les circonstances de fait, comme la formulation du recours administratif, permettront ou non de conclure à l'existence d'un mandat tacite, qui ne saurait résulter du seul fait que le signataire du recours aurait assisté l'intéressé lors d'opérations administratives antérieures (CE, avis, Bathily, *préc.*). Le Conseil d'État admet désormais que des élus puissent ainsi former des recours interruptifs pour le compte de leurs administrés, pourvu que ces courriers se présentent bien comme des recours (CE, 1er juillet

1996, Moumen, n° 163803) et non comme les traditionnelles « interventions » (CE, 13 septembre 1995, Ministre de l'Intérieur c/Salem, n° 158608, *Lebon* T.), la réponse faite par l'administration à une telle intervention n'étant d'ailleurs pas interruptive de délai, alors même qu'elle annonce le retrait de la décision contestée (CE, 15 avril 1996, Ministre de la Santé et de l'Action humanitaire, n° 136738, *Lebon* T.). Mais on rappelle que l'administration est en droit de notifier sa réponse à l'intéressé lui-même, sans devoir saisir son mandataire, ce qui peut constituer un piège, cette notification faisant courir le délai de recours (voir CE, 23 octobre 1981, Macé, n° 22433, *Lebon*).

On note que cette cause d'interruption ne joue pas en matière d'éloignement des étrangers (CE, 12 février 1996, Chergou, n° 173581, *Lebon* T.) non plus que dans les cas dans lesquels un texte a organisé une procédure spécifique, notamment de plein contentieux, dont on peut conclure qu'elle exclut tout recours gracieux (ainsi des recours contre les décisions de la commission de contrôle des assurances : CE, 5 décembre 2001, Société CAPMA-CAPMI, n° 203591, *Lebon* ou des recours formés, en application du Code de l'environnement, en matière d'installations classées : CE, 3 décembre 2003, Roels, n° 242115, *Lebon* T. – CE sect., 21 décembre 2007, Groupement d'irrigation des prés de la forge, n° 280195, *Lebon*). En revanche, l'effet interruptif a été admis dans le plein contentieux contractuel tant au bénéfice d'un tiers (CE, 20 décembre 2019, Communauté de communes de Sélestat, n° 419993, *Lebon* T.) qu'au bénéfice du préfet (CE, 28 juin 2019, Société Plastic Omnium systèmes urbains, n° 420776, *Lebon* T.).

3 – Les actes des collectivités territoriales

Dans le cas particulier des recours formés contre des actes d'une collectivité territoriale, il est admis que la demande formée auprès du préfet et tendant à ce qu'il exerce son pouvoir de déféré est interruptive du délai de recours (CE sect., 25 janvier 1991, Brasseur, n° 80969, *Lebon*, p. 23), jusqu'à ce que le préfet se prononce, implicitement ou non, sur cette demande (il en va de même des demandes faites au ministre chargé des sports de déférer au juge un acte d'une autorité sportive : CE, 4 octobre 2000, Ducerf, n° 219783, *Lebon*). Mais, si le préfet effectue le déféré ainsi demandé et ultérieurement s'en désiste, cet incident ne fera pas revivre le délai de recours au bénéfice du demandeur (CE, 6 décembre 1999, Société Aubettes SA, n° 196403, *Lebon*). Et si la demande ainsi adressée au préfet concerne un permis de construire, elle n'interrompt le délai de recours que si elle a fait l'objet de la notification prévue à l'article R. 600-1 du Code de l'urbanisme (CAA Lyon, 6 novembre 2000, Commune de Polliat, n° 00LY01215).

B – La saisine d'une juridiction incompétente

L'exercice d'un recours devant une juridiction incompétente, effectué dans le délai imparti pour saisir la juridiction compétente, vaut également interruption de ce délai, qui repart de la signification du jugement d'incompétence (pourvu, on l'a vu précédemment, que, s'il s'agit d'une mesure individuelle, sa notification ait été assortie de l'indication des voies et délais de recours : CE, 25 mars 2016, Mission locale régionale de Guyane, n° 387755, *Lebon* T.). Encore faut-il que la demande présentée au juge incompétent ait même objet que celle qui sera présentée au juge administratif. Une demande adressée par un agent de droit public au conseil de prud'hommes, ayant pour objet le paiement de salaires et d'indemnités diverses, n'a pas même objet que le recours pour excès de pouvoir formé devant le tribunal administratif, tendant à l'annulation du licenciement de cet agent, et n'est donc pas interruptive du délai de recours courant contre cet acte (CE, 22 janvier 1988, Commune de Commentry, n° 71423 – CE, 27 mars 1995, Petiot, n° 119892, *Lebon* T.). On note que cette interruption ne joue pas en matière de contentieux des mesures d'éloignement d'étrangers (CE, 15 novembre 1996, Zoza-Nalumbu, n° 178909, *Lebon* T.).

C – La demande d'aide juridictionnelle

Enfin, une demande d'aide juridictionnelle est interruptive de délai (art. 38 ou 39, si le litige est présenté devant une cour administrative d'appel, du décret n° 91-1266 du 19 décembre 1991 aujourd'hui abrogé, – art. 43 et 44 du décret n° 2020-1717 du 28 décembre 2020 portant application de la loi n° 91647 du 10 juillet 1991 relative à l'aide juridique), si elle est adressée au bureau d'aide juridictionnelle (la date à retenir étant celle figurant sur le cachet du bureau de poste d'émission : art. 40 du décret – CE, 23 février 2001, de Bragelongne, n° 222524, *Lebon*, p. 82) avant le terme de ce délai, lequel repart soit de la date à laquelle la décision du bureau est définitive en première instance, ou à compter de la notification de la décision du bureau en appel, soit, si un avocat a été désigné, de la date de sa désignation si elle est plus tardive (CE, 16 mars 2001, Bah, n° 205836, *Lebon* – CE, 13 mars 2006, El Ajmi, n° 265752, *Lebon* T.). On doit estimer qu'il convient de tenir compte de la date à laquelle l'intéressé est informé du nom de l'avocat désigné (CAA Lyon, 28 juin 2001, Plancher, n° 97LY00384). « Aucun texte ni aucun principe n'implique que le délai de recours contentieux ainsi interrompu par la demande d'aide juridictionnelle ne recommence à courir qu'à la condition que le demandeur en soit préalablement informé » (CE, 5 octobre 2015, Romain, n° 387048, *Lebon* T.). Cette dernière jurisprudence revient sur la position arrêtée le 28 juillet 2000 (CE sect., M. E. A., n° 151068, *Lebon*, p. 347). Il a été jugé depuis que dans le cas où l'auxiliaire de justice désigné est remplacé le délai recommence à courir à compter de cette nouvelle désignation (CE, 6 juin 2018, Mohamadi, n° 413511, *Lebon* T.).

On notera que la jurisprudence issue de l'arrêt *Villechenoux* (CE sect., 8 novembre 1996, Villechenoux, n° 177833, *Lebon*, p. 443), d'où il résultait que le recours devant le chef de juridiction contre la décision du bureau d'aide juridictionnelle n'était pas interruptif de délai, a été rendue caduque par la nouvelle rédaction de l'article 39 du décret n° 91-1266 du 19 décembre 1991, dans sa rédaction résultant du décret n° 2001-512 du 14 juin 2001 : ce recours est désormais, selon les termes mêmes du texte, interruptif du délai de recours (CE, 22 mars 2006, Esnault, n° 278974, *Lebon* T. – CE, avis contentieux, 28 juin 2013, Davodi, n° 363460, *Lebon* ; CE 1er juillet 2020, Paulo Calado, n° 426203, *Lebon*, sous le régime résultant du décret n° 2016-1876 du 27 décembre 2016). Il est d'ailleurs exclusif de tout autre recours contentieux, et notamment de référé-suspension (CE, 5 juillet 2005, Ekouta, n° 281974, *Lebon* T.). Tirant les conséquences d'une modification du décret n° 91-1266 du 19 décembre 1991, le Conseil d'État a réitéré sa jurisprudence *Emma* (CE, 28 décembre 2016, n° 394598, *Lebon* T. p. 871-892), en

jugeant qu'une demande d'aide juridictionnelle interrompt pas le délai de recours contentieux et qu'un nouveau délai de même durée recommence à courir à compter de l'expiration d'un délai de quinze jours après la notification à l'intéressé de la décision se prononçant sur sa demande d'aide juridictionnelle ou, si elle est plus tardive, à compter de la date de désignation de l'auxiliaire de justice au titre de l'aide juridictionnelle (CE, 10 juin 2020, Wauquier, n° 422471). Mais, il a précisé qu'il en va ainsi quel que soit le sens de la décision se prononçant sur la demande d'aide juridictionnelle, qu'elle en ait refusé le bénéfice, qu'elle ait prononcé une admission partielle ou qu'elle ait admis le demandeur au bénéfice de l'aide juridictionnelle totale, quand bien même dans ce dernier cas le ministère public ou le bâtonnier ont, en vertu de l'article 23 de la loi du 10 juillet 1991, seuls vocation à contester une telle décision (même décision). Un délai d'un mois étant alors donné à l'intéressé pour contester le refus d'aide qui lui est opposé, le délai de recours, s'il était plus court (il est par exemple de 15 jours en matière de référé), était prorogé jusqu'au terme du délai d'un mois, et éventuellement interrompu si l'intéressé, dans ce mois, exerce l'un des recours prévus par le régime de l'aide juridictionnelle (CE, 28 décembre 2005, Mesah Timim, n° 274401, *Lebon* T.). Le délai de recours contre un refus est aujourd'hui de quinze jours (décret n° 2020-1717 du 28 décembre 2020, art. 69). La demande interrompt également le délai « Intercopie » (CE, 31 mars 2017, Durudaud, n° 399123, *Lebon* T.), ou encore le délai de prescription (CE, 14 mars 2018, Société Château des vieilles caves c/Diab, n° 415956, *Lebon* T.).
Une seule demande d'aide juridictionnelle est interruptive (CE, 19 mars 1993, Taugourdeau, n° 112517, *Lebon*, voir le texte de cet arrêt sous l'article R. 441-1), sauf l'exception mentionnée ci-dessous d'une demande de référé-expertise dans le contentieux indemnitaire (CE, 13 mars 2009, Vera, n° 317567, *Lebon*) ou d'une demande de référé-provision (CE 7 juillet 2023, n° 471401, *Lebon* T.), mais pas dans le contentieux de l'excès de pouvoir (CE 28 septembre 2020, Dabadie, n° 425630, *Lebon* T.). Voir également les commentaires sous l'article R. 441-1.

D – Ordre des causes d'interruption

Ces causes d'interruption ne jouent pas dans n'importe quel ordre : un recours administratif n'est pas interruptif s'il succède à une demande d'aide juridictionnelle (CE, 26 septembre 1986, Saadi, n° 58732, *Lebon* T.), ou à la saisine d'une juridiction incompétente (CE, 4 juillet 1969, Cadarcet, *Lebon*, p. 364).
À ces trois causes classiques, il convient désormais d'ajouter deux nouveaux phénomènes interruptifs de délai.
La demande d'exécution d'une décision juridictionnelle, présentée avant l'expiration du délai de recours courant contre la décision expresse refusant d'exécuter la chose jugée, interrompt ce délai jusqu'à notification de la décision qui statue sur cette demande. Initialement prévue, pour les demandes d'astreinte, par le décret n° 90-400 du 15 mai 1990, cette règle a été généralisée à toutes les demandes d'exécution et incorporée au code (CJA, art. R. 921-3).
Une action en référé est, dans certaines circonstances, interruptive du délai de recours pourvu qu'elle soit introduite dans ce délai. La rédaction de l'article 2244 du Code civil résultant de la loi n° 85-677 du 5 juillet 1985 a d'abord conduit à admettre

qu'une telle action interrompait le délai de responsabilité décennale des constructeurs (CE, avis, 22 juillet 1992, Commune de Marcilly-sur-Eure, n° 136332, *Lebon*, p. 305 – CE sect., 22 juillet 1992, Département du Var, n° 51446), pourvu que cette citation en référé émane « de celui qui a qualité pour exercer le droit menacé par la prescription », vise « celui-là même qui en bénéficierait », cette interruption ne jouant, évidemment, que pour les chefs de préjudice qu'elle concerne (CE, 7 octobre 2009, Société Ateliers des maîtres d'œuvre, n° 308163, *Lebon* T.). Cette attitude a été étendue aux actions en responsabilité non contractuelle, par exemple en matière hospitalière (CAA Lyon, 30 décembre 1992, Dedenis, n° 01LY00247, *Lebon*, p. 1207 – CE, 13 mars 2009, Vera, n° 317567, *Lebon* [**14**], ou CE, 18 décembre 2009, Centre hospitalier de Voiron, n° 311604, *Lebon* T. ; *JCPA*, 1er février 2010). Les mêmes décisions précisent que la demande d'aide juridictionnelle en vue d'exercer l'action en référé est interruptive du délai, ce qui ouvre donc la possibilité d'une double interruption de ce délai par une demande d'aide juridictionnelle.

IV – La suspension du délai

Hypothèse plus rare, le délai peut être suspendu. Dans le contentieux de la responsabilité hospitalière, la saisine de la commission régionale de conciliation et d'indemnisation, antérieure à celle du juge, suspend le délai jusqu'au terme du règlement amiable (CE avis, 29 mai 2019, n° 426519, *Lebon* T.). La, solution est inverse si la saisine de la commission est postérieure (CE, 1er décembre 2023, n° 471514, *Lebon* T.).

V – L'expiration du délai

L'expiration du délai de recours rend définitivement insusceptible d'un recours en annulation la décision en cause, comme elle cristallise en partie le débat contentieux (CE, 20 février 1953, Société Intercopie, n° 9772, *Lebon*, p. 88). Dans le contentieux de l'indemnité, elle ne permet plus de se prévaloir de la même cause juridique pour réclamer une nouvelle fois réparation du même préjudice, ce qui implique que l'on peut recommencer sur le fondement d'une autre cause. Ainsi, qui ne peut plus mettre en cause la responsabilité d'un hôpital sur le terrain du risque, le refus qui lui a été opposé étant devenu définitif, reste recevable à rechercher la responsabilité du même établissement en raison de ses fautes (CE, 10 août 2005, Maigret, n° 266027, *Lebon* T.). En revanche, l'invocation d'une nouvelle faute (par exemple, le défaut d'information de la part d'un établissement hospitalier) n'est pas recevable si l'on a laissé devenir définitif le refus de reconnaître une autre faute (CE, 7 juin 2004, Assistance publique à Marseille, n° 252869 – CE, 9 juin 2010, Vintzel, n° 309145, *Lebon* T.). On notera toutefois la position plus souple adoptée par la cour administrative d'appel de Nantes dans l'affaire *C...* (CAA Nantes, 22 juillet 2004, C…, n° 01NT02183 ; *AJDA*, p. 2040), jugeant que le dépôt d'un rapport d'expertise, permettant aux victimes de déterminer le fondement de leur action en responsabilité, constituait un fait nouveau de nature à rouvrir un délai de recours, alors qu'était devenu définitif un précédent rejet de réclamation.

On note que le requérant qui se désiste d'un recours formé dans le délai de recours contentieux perd le bénéfice de l'existence de ce recours, et, le délai étant expiré à la date de l'ordonnance donnant acte du désistement, ne peut plus introduire de façon recevable de requête ayant même cause et même objet, que le désistement soit d'action ou d'instance (CE, 9 juin 2010, Vintzel, *préc.*).

L'expiration du délai rend les conclusions irrecevables comme tardives et cette tardiveté est un moyen d'ordre public qui peut dès lors être soulevé pour la première fois en appel (CE, 26 mars 2001, Secrétaire d'État au Logement, n° 216936, *Lebon* T.).

En revanche, la non tardiveté ne se soulève pas d'office (CE, 11 décembre 1998, Grossemy, n° 161114 – CE, 23 décembre 1987, n° 81321, Onyemuwa Chikezie, n° 81321 – CE, 5 mai 1976, Samra, n° 96317).

L'expiration du délai rend les moyens irrecevables, irrecevabilité soulevée d'office (CE, 28 juillet 2000, Commune de Port-Vendres, n° 198318, *Lebon* – CE, 28 octobre 2009, Delanoue, n° 299252, *Lebon* T. – CE, 10 octobre 1990, Ministre chargé des postes et télécommunications c/Grandone, n° 97692, *Lebon* T. – CE sect., 20 février 1953, Société Intercopie, n° 9772, *Lebon*, p. 88).

L'expiration du délai rend irrecevable l'exception d'illégalité d'un acte non réglementaire sauf opération complexe (CE, 24 mars 1999, Ministre du Budget c/Commune de Grézillac, n° 180805 – CE, 25 mars 2025, n° 485420, *Lebon* T.), irrecevabilité soulevée d'office (CE sect., 30 décembre 2013, Okosun, n° 367615, *Lebon*, p. 342).

Mais l'exception d'illégalité d'un acte réglementaire peut être formée à toute époque, même après l'expiration du délai du recours contentieux contre cet acte (CE sect., 30 décembre 2013, Okosun, préc. – CE ass., 3 février 1989, Compagnie Alitalia, n° 74052, *Lebon*, p. 44 – CE, 10 octobre 2013, Fédération française de gymnastique, n° 359219, *Lebon*, p. 251).

En revanche deux récentes décisions d'assemblée, inspirées de règles applicables au contentieux de l'urbanisme (voir annexe) ont restreint la possibilité d'invoquer des moyens de légalité externe à l'appui de cette exception en jugeant que si, dans le cadre d'un recours pour excès de pouvoir dirigé contre la décision refusant d'abroger un acte réglementaire, la légalité des règles fixées par celui-ci, la compétence de son auteur et l'existence d'un détournement de pouvoir peuvent être utilement critiquées, il n'en va pas de même des conditions d'édiction de cet acte, les vices de forme et de procédure dont il serait entaché ne pouvant être utilement invoqués que dans le cadre du recours pour excès de pouvoir dirigé contre l'acte réglementaire lui-même et introduit avant l'expiration du délai de recours contentieux (CE ass., 18 mai 2018, Fédération des finances et affaires économiques de la CFDT, n° 414583, *Lebon* – CE ass., 19 juillet 2019, Association des Américains accidentels, n° 424216, *Lebon* – CE, 24 février 2020, Société La Grand'maison, n° 431255, *Lebon* T.), quand bien même le délai de recours contentieux contre l'acte en cause ne serait pas expiré (CE, 1er mars 2023, n° 462648, *Lebon* T.). (Pour un regard critique, voir P. Delvolvé, « La limitation dans le temps de l'invocation des vices de forme et de procédure affectant les actes réglementaires – Des arguments pour ? », *RFDA*, juillet-août 2018, n° 4, p. 665 à 667). Cette restriction d'accès au prétoire ne s'imposait pas au regard de l'alternative constituée par la jurisprudence *Danthony* (CE ass., 23 décembre 2011, Danthony, n° 335033, précisée en dernier lieu par : CE ass., 19 juillet 2017, Association citoyenne Pour Occitanie Pays Catalan, n° 403928, *Lebon*). On peut aussi se demander dans quelle mesure elle est compatible avec l'office du juge tel que décrit dans les réserves de la décision n° 2019-794 QPC rendue par le Conseil constitutionnel le 28 juin 2019 sur « le rescrit juridictionnel » (voir le « préliminaire aux préliminaires »). Enfin, l'administration pouvant abroger un acte réglementaire ou non réglementaire pour tout motif et sans condition de délai, y compris pour « purger » un vice de procédure (CRPA, art. L. 243-1), on peut se demander quel est cet État de droit dans lequel l'administration peut tout faire sauf si on lui demande de faire…

En l'état de la jurisprudence et dans le contentieux indemnitaire l'exception d'illégalité reste perpétuelle (CE, 30 avril 1976, Siméon, n° 87973, *Lebon*, p. 226), le principe de sécurité juridique étant mis en œuvre par les seules règles de prescription (CE sect. 1er juillet 2019, Ministre c/Simon, n° 413995), sauf dans le cas où l'action indemnitaire a un objet identique à celui d'un recours pour excès de pouvoir définitivement jugé (CE, sect., 2 mai 1959, Ministre des Finances c/Lafon, p. 282), ce peut être le cas dans le contentieux des décisions à objet purement pécuniaire (CE, 9 mars 2018, n° 405355, *Lebon* T. – CE, 18 octobre 2024, n° 474903, *Lebon* T.).

Jurisprudence

[1] Considérant que la société anonyme des automobiles Citroën a demandé au tribunal administratif de Paris de condamner la région Île-de-France, le département de la Seine-Saint-Denis, la commune d'Aulnay-sous-Bois et l'Agence foncière et technique de la région parisienne à lui restituer une somme de 88 844 932,14 francs représentant le montant des participations mises à sa charge par l'article 2 du permis de construire qui lui a été accordé le 16 août 1973 par le préfet de la Seine-Saint-Denis en vue de l'édification d'une usine de carrosserie dans la zone d'aménagement concerté de Paris-Nord-I, sur le territoire de la commune d'Aulnay-sous-Bois ;

Considérant […] que la demande présentée en mars 1981 par la société anonyme des automobiles Citroën au tribunal administratif de Paris tendait au seul remboursement des sommes mises à sa charge, lesquelles étaient destinées au financement de travaux publics ; qu'elle avait, par suite, le caractère d'une demande présentée en matière de travaux publics et pouvait, par application de l'article 1er du décret du 11 janvier 1965, être formée sans condition de délai ni réclamation préalable à l'administration […].

[2] Considérant que la note de service attaquée qui fixe les critères d'attribution de l'échelon exceptionnel du grade de colonel en décidant que cet échelon serait, à partir de 1987, attribué uniquement en fonction de l'ancienneté dans le grade présente un caractère réglementaire ; que, par suite, le délai de recours à son encontre ne courait qu'à compter de sa publication ; qu'il ne ressort pas des pièces du dossier qu'une telle publication ait eu lieu ; qu'ainsi, et nonobstant la circonstance que M. Nainfa ait reçu notification de cette note plus de deux mois avant l'introduction de sa requête, les conclusions de l'intéressé tendant à son annulation n'étaient pas tardives […].

[3] Considérant qu'en application des dispositions ci-dessus rappelées du code de l'urbanisme, le délai de recours contre le permis de construire délivré à M. Ohanian courait à l'égard des tiers, dont faisaient partie les demandeurs, du seul fait de l'exécution des mesures de publicité fixées par ces dispositions ; que, dès lors, la circonstance que ni le permis, ni la décision rejetant le recours gracieux formé contre lui par M. Moulin n'auraient mentionné le délai de recours, n'était pas de nature à empêcher ce délai de courir à l'encontre des demandeurs ; qu'ainsi, à la date à laquelle ils ont saisi le tribunal administratif de Lyon, la demande présentée par MM. Moulin, Malinvaud et Simonetti était tardive et de ce fait irrecevable [...].

[4] Considérant que les époux Desboist ont saisi à la date du 30 juillet 1990 le tribunal administratif de Dijon d'une requête en annulation de l'arrêté en date du 19 juin 1990 par lequel le maire de Sormery a accordé à M. Jeandarme un permis de construire un bâtiment destiné à abriter du matériel agricole ; que les époux Desboist doivent donc être regardés comme ayant eu connaissance de ladite décision au plus tard à la date du 30 juillet 1990, qui a marqué le point de départ du délai de recours contentieux contre le permis de construire ; que par suite, les intéressés qui ont saisi le tribunal administratif avant toute mesure de publicité ne peuvent se prévaloir des dispositions de l'article R. 490-7 du code de l'urbanisme qui prévoient que le délai de recours contentieux à l'encontre d'un permis de construire court à l'égard des tiers à compter de la plus tardive des deux dates d'affichage sur le terrain ou en mairie ; qu'ainsi, la nouvelle demande d'annulation enregistrée le 18 octobre 1990 au greffe du tribunal administratif et dirigée contre l'arrêté susmentionné du 19 juin 1990 était tardive [...].

[5] Considérant qu'aux termes de l'article R. 421-5 du code de justice administrative : « Les délais de recours contre une décision administrative ne sont opposables qu'à la condition d'avoir été mentionnés, ainsi que les voies de recours, dans la notification de la décision. » ; que l'auteur d'un recours juridictionnel tendant à l'annulation d'une décision administrative doit être réputé avoir eu connaissance de la décision qu'il attaque au plus tard à la date à laquelle il a formé son recours ; que si un premier recours contre une décision notifiée sans mention des voies et délais de recours a été rejeté, son auteur ne peut introduire un second recours contre la même décision que dans un délai de deux mois à compter de la date d'enregistrement du premier au greffe de la juridiction saisie [...].

[6] Considérant que si le ministre indique que le requérant avait connaissance de cette instruction, non publiée, au plus tard le 22 mars 1983, date de l'enregistrement de son recours n° 49221 invoquant l'illégalité de cette décision, cette circonstance n'est pas de nature à faire courir le délai de recours contentieux ouvert à M. Coz contre cet acte ; que, par suite, ses conclusions tendant à son annulation sont recevables [...].

[7] Considérant que si M. Joao Almeida Brito Moreira soutient que la notification de l'arrêté du 23 janvier 1992, qui ne mentionnait pas l'existence des recours gracieux et hiérarchique et le délai imparti pour les présenter, contrevenait aux dispositions du dernier alinéa de l'article 1er du décret du 11 janvier 1965 modifié par le décret du 28 novembre 1983, il ne saurait utilement invoquer ces dispositions qui n'obligent l'administration à faire figurer dans la notification des décisions que les délais et voies de recours contentieux, ainsi que les délais de recours administratifs préalables obligatoires [...].

[8] Considérant que la circonstance que l'exigence de ce recours préalable n'a pas été indiquée dans la notification de la décision attaquée, si elle empêchait que cette notification fasse courir le délai du recours administratif préalable à l'égard de M. Blancard, est sans incidence sur l'irrecevabilité de la demande directement présentée devant le tribunal administratif de Saint-Denis de La Réunion [...].

[9] Considérant [...] que le ministre soulève la tardiveté de la requête de Mme Mauline, en faisant valoir que cette dernière doit être regardée comme ayant eu connaissance

de la décision du 2 mai 1989 au plus tard le 29 juin 1989, date à laquelle elle a formé à son encontre un recours administratif [...] ;
Mais considérant que si la formation d'un recours administratif contre une décision établit que l'auteur de ce recours administratif a eu connaissance de la décision qu'il a contestée au plus tard à la date à laquelle il a formé ce recours, une telle circonstance est par elle-même sans incidence sur l'application des dispositions de l'article R. 104 du Code des tribunaux administratifs et des cours administratives d'appel, selon lesquelles : « Les délais de recours contentieux contre une décision déférée au tribunal ne sont opposables qu'à la condition d'avoir été mentionnés, ainsi que les voies de recours, dans la notification de la décision » ;
Considérant qu'en l'espèce, ni la décision initiale du 2 mai 1989 ni les décisions des 19 avril et 26 juillet 1990 par lesquelles le ministre a rejeté les recours administratifs formés par Mme Mauline contre la décision du 2 mai 1989 ne mentionnaient les délais et voies de recours ; que le délai de recours contentieux n'ayant ainsi pas commencé à courir, la requête de Mme Mauline, enregistrée le 26 septembre 1990, n'est pas tardive [...].

[**10**] Considérant que si les délais de recours contentieux ne sont opposables qu'à la condition d'avoir été mentionnés, ainsi que les voies de recours, dans la notification de la décision, il ressort des pièces du dossier que la notification à l'ANRS de l'arrêté attaqué du 27 août 1987 comportait lesdites mentions et que par suite, et alors même que la notification de la décision rejetant explicitement le recours gracieux de l'ANRS ne les comportait pas à nouveau, les délais de recours contentieux ont couru à l'encontre de l'association requérante ; qu'ainsi ses conclusions sont tardives et, par suite, irrecevables [...].

[**11**] Considérant que la demande présentée par Mlle Moreau devant le tribunal administratif de Marseille tendait à l'annulation d'un arrêté du maire de Gignac (Bouches-du-Rhône) en date du 28 juillet 1986 qui l'a licenciée de son emploi de bureau pour un motif disciplinaire ;
Considérant qu'il est constant que les mentions prescrites par la disposition ci-dessus rappelée au 7e alinéa de l'article 1er du décret du 11 janvier 1965, que le maire de Gignac devait respecter pour rendre les délais de recours contentieux opposables à Mlle Moreau, n'ont été portées ni dans la notification de l'arrêté de licenciement que Mlle Moreau a reçue le 5 août 1986, ni dans la notification de la décision du 7 octobre 1986 par laquelle le maire a rejeté le recours gracieux que le mandataire de Mlle Moreau lui avait adressé le 3 août 1986 ; qu'il suit de là qu'à la date du 3 avril 1987 à laquelle Mlle Moreau a déposé son recours pour excès de pouvoir devant le tribunal administratif, aucune forclusion ne pouvait être opposée à ce recours [...].

[**12**] Considérant qu'aux termes du quatrième alinéa de l'article L. 279 du Livre des procédures fiscales relatif au référé : « dans les huit jours suivant la décision du juge ou l'expiration du délai laissé à ce dernier pour statuer, le redevable ou le comptable peuvent, par simple demande écrite, faire appel devant le tribunal administratif » ; que ces dispositions doivent être regardées comme ouvrant un délai franc de huit jours pour faire appel ;
Considérant qu'il ressort du dossier soumis aux juges du fond que M. Perochon a reçu le 18 avril 1990 notification de l'ordonnance du juge des référés ; que, dès lors, sa demande enregistrée au greffe du tribunal administratif le 27 avril 1990 était encore

recevable à cette date ; qu'il est par suite fondé à soutenir que c'est à tort que le tribunal a jugé ce pourvoi tardif, et à demander pour ce motif de droit l'annulation du jugement attaqué [...].

[**13**] Considérant que pour rejeter comme tardive, par l'arrêt attaqué, la requête formée par la SA Bigand, la cour administrative d'appel de Nantes ne pouvait se fonder exclusivement sur le fait que ladite requête avait été enregistrée au greffe après l'expiration du délai d'appel, en se refusant à examiner le moyen tiré par la requérante, pour échapper à cette forclusion, de la date à laquelle sa requête avait été postée ; que la SA Bigand est dès lors fondée à demander l'annulation de l'arrêt attaqué [...].

[**14**] Considérant que la saisine du juge des référés devant le tribunal administratif d'une demande d'expertise médicale aux fins de rechercher les causes de dommages imputés au service public hospitalier interrompt le délai de recours contentieux contre la décision de l'établissement hospitalier rejetant expressément la demande d'indemnité ; que ce délai commence à courir à nouveau à compter de la notification au requérant du rapport de l'expert ou de l'ordonnance du juge des référés rejetant la demande d'expertise ; qu'il en est de même [...] de la demande d'aide juridictionnelle formée en vue du dépôt de la demande de référé expertise [...].

Bibliographie

– R. Chapus, Droit du contentieux administratif, Montchrestien, 2008, 13e édition.
– B. Bonnet, La Pratique du contentieux administratif, Litec, 2024, 14e édition.
– D. Chabanol et N. Manier, *Code des relations entre le public et l'administration*, Éditions du Moniteur, 2020, 2e édition.

Art. R. 421-6 *Abrogé par le décret n° 2015-1145 du 15 septembre 2015, article 24.*

Les délais supplémentaires de distance

Art. R. 421-7 Lorsque la demande est portée devant un tribunal administratif qui a son siège en France métropolitaine ou devant le Conseil d'État statuant en premier et dernier ressort, le délai de recours prévu à l'article R. 421-1 est augmenté d'un mois pour les personnes qui demeurent en Guadeloupe, en Guyane, à la Martinique, à La Réunion, à Saint-Barthélemy, à Saint-Martin, à Mayotte, à Saint-Pierre-et-Miquelon, en Polynésie française, dans les îles Wallis-et-Futuna, en Nouvelle-Calédonie et dans les Terres australes et antarctiques françaises.

Lorsque la demande est présentée devant le tribunal administratif de Guadeloupe, de Martinique, de Guyane, de La Réunion, de Saint-Barthélemy, de Saint-Martin, de Mayotte, de Saint-Pierre-et-Miquelon, de la Polynésie française, de Wallis-et-Futuna ou de Nouvelle-Calédonie, ce délai est augmenté d'un mois pour les personnes qui ne demeurent pas dans la collectivité territoriale dans le ressort de laquelle le tribunal administratif a son siège.

Ce même délai est augmenté de deux mois pour les personnes qui demeurent à l'étranger.

Toutefois, ne bénéficient pas des délais supplémentaires de distance les requérants qui usent de la faculté prévue par les lois spéciales de déposer leurs requêtes auprès des services du représentant de l'État ou de son délégué dans les arrondissements, les subdivisions ou les circonscriptions administratives.

Textes sources

– Code des TA et des CAA, article R. 105.
– Ordonnance n° 45-1708 du 31 juillet 1945, article 50.
– Décret n° 2004-2 du 2 janvier 2004, article 2-5°.
– Décret n° 2005-1611 du 20 décembre 2005, article 3.
– Décret n° 2008-452 du 13 mai 2008, article 12.
– Décret n° 2010-1562 du 14 décembre 2010, article 7.
– Décret n° 2015-1145 du 15 septembre 2015, article 22.

Commentaires

Le texte nouveau ne renvoie plus au Code de procédure civile, lequel peut toutefois trouver à s'applique en procédure administrative (CE, 13 avril 2018, Boisseau-Garsaud, n° 407899, *Lebon* T.). Mais il en reprend la substance. Pour l'application de ce texte, seule en principe doit compter la situation de fait du requérant à la date de l'événement qui fait courir le délai (CE, 23 mai 1936, Fays, *Lebon*, p. 591 [**1**]), peu important sa résidence lorsqu'il est répondu à son recours formé contre la décision initiale (CE, 14 juin 2000, Kurtzmann, n° 200939). Mais cette attitude a souffert quelques infléchissements. Si le Conseil d'État a refusé, le 24 janvier 1994, de faire bénéficier des délais de distance un étranger extradé, sans que l'on sache combien de temps il était resté en France après la notification du décret d'extradition (CE, 24 janvier 1994, Wyrwa, n° 150587), il en a, en revanche, fait bénéficier un étranger expulsé dans les vingt-quatre heures suivant la notification de l'arrêté d'expulsion (CE, 17 mai 1993, Khenfar, n° 121969 [**2**]). Et, par décision du 25 novembre 1994 (CE, 25 novembre 1994, Président du gouvernement de la Polynésie française, n° 131715 [**3**]), il a refusé d'opposer à un requérant sa présence sur le territoire de Polynésie le jour de la parution au Journal officiel de ce territoire de l'arrêté attaqué, revenant ainsi sur la jurisprudence de 1936.

On notera que cette prolongation de délai ne concerne que le délai de recours contentieux, et non les délais impartis pour former des recours administratifs, même dans les cas où ces derniers, lorsqu'ils sont formés régulièrement, sont interruptifs du délai de recours contentieux (CE, 28 février 1997, Martin, n° 141347, *Lebon* T., s'agissant du délai pour saisir la commission des recours du Conseil supérieur de la fonction publique en cas de prononcé d'une sanction disciplinaire). Identiquement, il n'y a pas de délai de distance en matière électorale, sauf texte exprès (CE, 30 juillet 2014, Élections à l'assemblée de la Polynésie française, n° 368687, *Lebon* T.).

Pour l'application de ce texte, seule est prise en considération la localisation effective du tribunal, non son ressort officiel. Ainsi, un requérant résidant à Saint-Martin peut-il en bénéficier pour saisir le tribunal administratif de Saint-Martin,

dont le siège est non à Saint-Martin, mais à Basse-Terre (CE, 22 octobre 2010, n° 339363, *Lebon* T.).
Jugé que, compte tenu de la raison d'être du délai de distance – à savoir soit permettre à une personne éloignée du territoire métropolitain ou du tribunal administratif, s'il s'agit d'un tribunal ultra-marin, de ne pas être pénalisée par cet éloignement, soit mettre une personne étrangère en mesure de s'informer sur le fonctionnement des institutions françaises –, ce délai de distance ne peut être revendiqué par l'avocat du requérant, si son cabinet se trouve en métropole, lorsque, par exemple, il est désigné au terme d'une procédure d'aide juridictionnelle : le délai qui repart au terme de cette procédure est le délai de droit commun de deux mois (CAA Lyon, 7 novembre 2006, Benabbas, n° 03LY00676, *Lebon* T.).
Le pénultième alinéa a des conséquences parfois surprenantes : des personnes résidant en Suisse, à Montreux, lorsque leur est notifiée la décision rejetant leur demande d'indemnité, bénéficient ainsi d'un délai de quatre mois pour saisir le tribunal administratif de Grenoble d'un recours en indemnité dirigé contre cette décision (CE, 22 octobre 2010, Bernard, n° 326949, *Lebon* T.).

Jurisprudence

[**1**] Considérant que l'article 13 du décret du 22 juillet 1806 ne fait bénéficier d'une prolongation du délai de recours au Conseil d'État, limité à deux mois par l'article 24 de la loi du 13 avril 1900, que « ceux qui demeurent hors de la France continentale » ; que le ministre des Colonies est fondé à soutenir que, pour l'application de ce texte, il y a lieu de rechercher si le requérant se trouvait, ou non, résider en France, à la date où la publication au Journal officiel de l'Indochine, des actes réglementaires qu'il attaque, a pu toucher le requérant [...].

[**2**] Considérant qu'aux termes de l'article R. 105 du code des tribunaux administratifs et des cours administratives d'appel : « Les délais supplémentaires de distance prévus aux articles 643 et 644 du nouveau code de procédure civile s'ajoutent au délai de deux mois prévu à l'article R. 102 » et qu'aux termes de l'article 643 du nouveau code de procédure civile : « Lorsque la demande est portée devant une juridiction qui a son siège en France métropolitaine, les délais [...] sont augmentés de [...] – Deux mois pour celles qui demeurent à l'étranger » ;
Considérant que si l'arrêté d'expulsion enjoignant à M. Ammar Khenfar de quitter le territoire lui a été notifié le 31 juillet 1984, alors qu'il résidait en France, cette notification a été suivie d'une exécution forcée immédiate dudit arrêté qui a eu pour effet de priver M. Khenfar de sa résidence en France dans les 24 heures qui ont suivi la notification ; que résidant dès lors en Algérie, M. Khenfar est fondé à soutenir que sa demande, enregistrée au greffe du tribunal administratif de Grenoble le 5 octobre 1984, moins de quatre mois après la notification de l'arrêté d'expulsion pris à son encontre, était présentée dans les délais du recours contentieux ; que, dès lors, M. Khenfar est fondé à soutenir que c'est à tort que le tribunal administratif de Grenoble a, par le jugement attaqué, rejeté sa demande comme tardive [...].

[**3**] Considérant que le délai de recours de droit commun pour se pourvoir devant le tribunal administratif de Papeete est, en vertu de l'article R. 103 du code des tribunaux administratifs et des cours administratives d'appel, de trois mois ; que l'article R. 105 dudit code ajoute à ce délai un délai supplémentaire de un mois au bénéfice des personnes « qui ne demeurent pas dans le territoire » ; qu'il résulte de l'instruction

que M. Graillet ne demeurait pas dans le territoire de la Polynésie française ; que la circonstance, au surplus non établie, qu'il se serait trouvé occasionnellement présent en Polynésie française le jour où l'arrêté a été publié le 12 juillet 1991 au Journal officiel de ce territoire ne saurait le priver du bénéfice du délai supplémentaire prévu par l'article R. 105 du code ; que la demande qu'il a présentée le 26 octobre 1991 devant le tribunal administratif de Papeete n'était donc pas tardive ; que les requérants ne sont donc pas fondés à soutenir que c'est à tort que par le jugement attaqué le tribunal administratif en a admis la recevabilité [...].

TITRE III La représentation des parties

Le présent titre ne comprend pas de dispositions législatives.

CHAPITRE 1 La représentation des parties devant le tribunal administratif

La notification des actes de procédure au seul mandataire

Art. R. 431-1 Lorsqu'une partie est représentée devant le tribunal administratif par un des mandataires mentionnés à l'article R. 431-2, les actes de procédure, à l'exception de la notification de la décision prévue aux articles R. 751-3 et suivants, ne sont accomplis qu'à l'égard de ce mandataire.

Texte source

– Code des TA et des CAA, article R. 107.

Commentaires

Cet article reprend, de façon plus rigoureuse, s'agissant des mandataires prévus à l'article R. 431-2, les dispositions de l'article R. 411-6 : non seulement, comme prescrit à ce dernier article, les actes de procédure sont valablement accomplis à leur égard, mais ils ne peuvent valablement l'être qu'à leur égard : ce texte interdit donc à la juridiction de conduire la procédure avec un autre que le mandataire constitué, et l'on peut estimer que serait irrégulier un jugement rendu en méconnaissance de cette interdiction. Ce principe s'applique même lorsque le requérant bénéficie de l'aide juridictionnelle (CE, 13 novembre 2019, Cissé, n° 422938, *Lebon* T.), sans qu'ait d'incidence la circonstance que le juge ne se serait pas assuré directement auprès du requérant de l'identité de son mandataire (CE, 13 novembre 2019, Do Adro, n° 417855, *Lebon* T.). Cet article n'est applicable qu'aux procédures dont le mandataire en cause a été désigné (CE 28 septembre 2020, Carrère, n° 423129, *Lebon* T.). Lorsqu'un mandataire n'a pas été désigné ou pas encore désigné, notamment en cas d'appels croisés du demandeur et du défendeur de première instance contre le même jugement, il appartient donc à la partie de faire parvenir à son avocat les pièces de la procédure qui lui ont été communiquées par la juridiction.

Dans le cas où le mandataire n'est pas un avocat (comme c'est possible en contentieux fiscal, selon l'article R. 200-2 du Livre des procédures fiscales), les actes de procédure ne peuvent être accomplis qu'à l'égard du requérant (CE, 15 octobre 2014, SCI Châteaudun, n° 366429, *Lebon* T.).

Si l'avocat constitué a changé d'adresse sans en avertir la juridiction, il est décidé qu'il appartient au greffe de tenter de le retrouver et, faute d'y être parvenu, de prévenir le requérant en lui donnant par ailleurs l'information destinée à son avocat (par exemple, une convocation à l'audience : CE, 9 avril 1975, Leffad, n° 91083, *Lebon* T. – CE, 15 juillet 2004, Mayne, n° 248680, *Lebon* T. – CE, 13 février 2009,

Mallavergne, n° 300217, *Lebon* T. – CE, 23 mars 2012, Belbachir, n° 349997 – CE, 30 décembre 2014, Eurl Batimo, n° 365321, *Lebon* T.).
Si cette prescription fait obstacle à ce que la juridiction émette des actes de procédure en direction d'autres que les mandataires constitués, on peut penser qu'elle fait corrélativement obstacle à ce qu'elle prenne en considération les pièces ou mémoires transmis directement par une partie, et non par son mandataire. En semblable hypothèse, le respect du texte voudrait que la juridiction invite le mandataire à régulariser cette production par l'apposition de sa signature, s'il le juge bon.
L'unicité du mandataire se trouve ici réaffirmée (voir CJA, art. R. 411-6). Il appartient à la juridiction, en cas de doute, et notamment si plusieurs mandataires d'une même partie se succèdent au cours de la même instance, d'inviter les mandataires à désigner le mandataire unique (CE, 24 février 1999, SCP d'avocats André Cellard et Françoise Choisel de Monti, n° 172082, *Lebon*, cité sous l'article R. 411-6 – CE, 21 février 2000, Ville d'Annecy, n° 196405, *Lebon* – CE, 22 novembre 2002, Galli, n° 222424 – CE, 30 juillet 2008, Castel, n° 296395).
En cas de renvoi après annulation d'un jugement ou d'un arrêt par le Conseil d'État, la procédure est reprise, non avec l'avocat aux conseils, mais avec le mandataire initial sauf si la juridiction de renvoi a été préalablement informée du choix par la partie concernée d'un autre mandataire, auquel cas elle doit alors notifier la reprise d'instance à ce dernier mandataire, ou si elle se trouve dans l'impossibilité d'effectuer la notification requise, auquel cas il lui incombe de notifier la reprise d'instance à la partie elle-même et la juridiction de renvoi peut, outre la notification de la reprise d'instance au mandataire à laquelle elle doit ainsi procéder à peine d'irrégularité de sa décision, d'informer la partie elle-même (CE 22 décembre 2022, n° 441300, *Lebon* T.).

L'obligation de mandataire devant la juridiction administrative

Art. R. 431-2 Les requêtes et les mémoires doivent, à peine d'irrecevabilité, être présentés soit par un avocat, soit par un avocat au Conseil d'État et à la Cour de cassation, lorsque les conclusions de la demande tendent au paiement d'une somme d'argent, à la décharge ou à la réduction de sommes dont le paiement est réclamé au requérant ou à la solution d'un litige né de l'exécution d'un contrat.
La signature des requêtes et mémoires par l'un de ces mandataires vaut constitution et élection de domicile chez lui.

Textes sources

– Code des TA et des CAA, article R. 108.
– Décret n° 2012-634 du 3 mai 2012, article 21.
– Décret n° 2016-1480 du 2 novembre 2016, article 11.

Commentaires

La signature apposée sur les requêtes et mémoires doit émaner d'un « mandataire », ce qui conduit à écarter la possibilité pour un avocat de se représenter lui-même dans les affaires énumérées à l'article R. 431-2 : la notion de mandataire suppose en effet un mandant et donc l'existence de deux personnes distinctes (CE, 22 mai 2009, Manseau, n° 301186, *Lebon*). Les usages des barreaux vont d'ailleurs en ce sens et la question, dans les faits, ne se pose que très rarement. Cette jurisprudence est cependant fragilisée par un arrêt de la Cour européenne des droits de l'homme du 11 février 2014, *Masirevic c. Serbie* (CEDH n° 30671/08) qui, s'agissant d'un litige relatif à une injonction de payer demandée par un avocat à l'encontre d'une société cliente en exécution d'une convention d'honoraires, a jugé que l'interdiction pour un avocat de se représenter lui-même méconnaissait l'article 6 de la Convention européenne de sauvegarde des droits de l'homme et des libertés fondamentales.

L'intervention personnelle du mandataire est exigée : un collaborateur n'ayant pas la qualité d'avocat ne peut intervenir utilement dans la procédure, même dans sa phase administrative (et sauf si, dans cette hypothèse, il détient un mandat exprès) : CE, 13 janvier 2010, Ministre du Budget c/Piacentino, n° 323163. Il n'est pas certain que, dans les faits, cette exigence soit toujours respectée, notamment en ce qui concerne la signature des courriers de procédure.

Les difficultés pour un requérant d'obtenir l'aide juridictionnelle sont sans influence sur la régularité de la procédure suivie devant la juridiction. Est donc inopérant le moyen tiré de ce que le texte en application duquel a été refusé le bénéfice de cette aide serait contraire à une convention internationale (CE, 15 mai 2000, Abd El Hameid, n° 159706, *Lebon* [**1**]).

La méconnaissance par l'avocat d'une règle statutaire s'imposant à lui (telle que l'interdiction de plaider contre l'État faite à un membre de l'enseignement supérieur autorisé à exercer la profession d'avocat) n'affecte pas la régularité de la requête qu'il a signée (CE sect., 6 novembre 1992, Ministre de l'Économie c/SCI Les Hameaux de Perrin, n° 72708, *Lebon* [**2**] – CE, 22 octobre 1999, Société Arrow, n° 189214, *Lebon* T.).

Un avocat peut être désavoué par la partie qu'il représente (voir CJA, art. R. 635-1 et s.). L'action en désaveu, admise devant toute juridiction administrative (Commission spéciale de cassation des pensions, 17 décembre 1976, Menuguie), peut viser tout avocat et n'est donc pas limitée aux seuls avocats aux Conseils. Il en a été jugé ainsi (CE sect., 5 juin 1992, OPAC de la Seine-Maritime, n° 66193, *Lebon* [**3**] – CE, 30 décembre 1998, Syndicat national des ingénieurs du génie rural, n° 160676, *Lebon* T.). La position réaffirmée en 1992, il faut le noter, se différencie de la procédure civile, laquelle n'accepte l'action en désaveu que devant la Cour de cassation et contre les seuls avocats aux Conseils et les huissiers (voir R. Godet, « L'action en désaveu d'avocat », Gaz. Pal., 27-29 octobre 2002).

Lorsqu'elle est admise, l'action en désaveu (qui doit être présentée devant la juridiction qui a instruit la procédure désavouée : CE, 6 octobre 1999, Tella Tetakeua, n° 205676, *Lebon* T. – CE, 13 novembre 2002, Gidrol, n° 225232, *Lebon* T.) aboutit à la déclaration de nullité de la procédure en cause.

Le mandataire choisi pour une instance est réputé détenir son mandat (il est « cru sur sa robe »), que le juge ne doit donc pas lui réclamer (CE sect., avis, 29 novembre 1991, Syndicat des commerçants non sédentaires de la Savoie, n° 129441, *Lebon*, p. 414). Ce qui ne dispense pas la juridiction du devoir de s'assurer que les personnes qui ont mandaté l'avocat avaient qualité pour ce faire (même avis), sauf si elles sont présentées, par l'avocat, comme représentants légaux d'une société anonyme ou SARL, ces derniers ayant de plein droit qualité pour agir en justice en son nom (CE, 26 mars 2008, Société Gestion hôtels Cahors Vitrolles n° 294449, *Lebon* T. – CE, 21 octobre 2009, Société Omnium de gestion immobilière, n° 318626, *Lebon* T.).

La présomption de mandat a été étendue aux procédures non contentieuses devant les administrations publiques (CE, 5 juin 2002, Brandeau, n° 227373, *Lebon* – CE, avis, 5 juin 2002, Touati, n° 242862).

Le mandataire conserve son mandat sauf intention contraire expresse du mandant, lorsque, après cassation, l'affaire est renvoyée devant les juges du fond, et ce, même si un autre mandataire a occupé devant le juge de cassation (CE, 14 février 2001, SA Hôtel Le National, n° 203465, *Lebon* T.). Lorsqu'il est obligatoire, le ministère d'avocat constitue une obligation continue, jusqu'à la lecture de la décision, mais la révocation d'un avocat par sa partie ou la décision d'un avocat de mettre fin à son mandat en cours de procédure est sans incidence sur le déroulement de cette procédure dès lors qu'il résulte d'une règle générale de procédure qu'une telle décision ne met un terme aux obligations professionnelles incombant à cet avocat que lorsqu'un autre avocat s'est constitué pour le remplacer, le cas échéant après qu'une invitation à cette fin a été adressée à la partie concernée par la juridiction (CE sect., 23 mars 2018, n° 406802, *Lebon*, cité sous l'article R. 634-1). En revanche, le mandat se termine avec l'instance, et doit donc être renouvelé en appel. La juridiction d'appel ne peut donc valablement notifier spontanément une requête à l'avocat d'une partie présente en première instance (CE, 7 mai 2012, Pilat, n° 325738).

Le texte nouveau a tiré les conséquences de la loi n° 2011-94 du 25 janvier 2011, complétée par le décret n° 2011-443 du 21 avril 2011, qui a prononcé la suppression des charges et missions des avoués.

Un avocat ne peut se représenter lui-même (CE, 22 mai 2009, Manseau, n° 301186, *Lebon* – voir : CE, 11 janvier 2006, Dhenin, n° 279878, *Lebon* T.), sauf pour la contestation de sa rémunération au titre de l'aide juridictionnelle devant le juge d'appel (CE, 18 janvier 2017, Pollono, n° 399893, *Lebon*), mais pas devant le juge de cassation (CE, 28 janvier 2021, Boukara, n° 433994, *Lebon* T.) ou pour la contestation des frais non compris dans les dépens (voir commentaires sous l'article L. 761-1).

Jurisprudence

[1] Considérant que la procédure au terme de laquelle il est statué sur la demande d'aide juridictionnelle en vue de soumettre un litige à une juridiction est distincte de la procédure suivie devant cette juridiction et obéit à des règles qui lui sont propres ; que par suite les moyens tirés, contre la décision de cette juridiction, de ce que la décision ayant rejeté la demande d'aide juridictionnelle serait irrégulière, notamment parce qu'elle serait intervenue au vu de textes qui seraient incompatibles avec des engagements internationaux de la France, sont inopérants [...].

[2] Considérant [...] qu'un membre de l'enseignement, qui, en raison de ses fonctions, est autorisé à exercer la profession d'avocat, ne peut représenter en justice un contribuable dans un litige qui oppose celui-ci à l'administration des impôts ; que, toutefois, si la méconnaissance de cette interdiction fait notamment encourir à son auteur les sanctions prévues par l'article 6 précité du décret du 29 octobre 1936, elle n'affecte pas la validité de l'action qu'il a engagée pour son client [...].

[**3**] Sur l'action en désaveu formée devant le tribunal administratif par l'Office public d'aménagement et de construction de la Seine-Maritime :
Considérant qu'il résulte de l'instruction que Me Vallet, avocat au barreau de Rouen, a introduit, au nom de l'Office public d'aménagement et de construction de la Seine-Maritime, deux demandes devant le tribunal administratif de Rouen, l'une relative à des désordres affectant les façades d'un groupe d'immeubles sis à Harfleur-Caucriauville, l'autre relative à des désordres affectant l'étanchéité des terrasses du même groupe d'immeubles ; que, par lettre du 20 août 1980, l'office a demandé à Me Vallet de se désister de la demande relative aux désordres affectant l'étanchéité des terrasses ; que l'office a donné son accord à un projet de désistement établi par Me Vallet par une lettre du 30 septembre 1980 qui se réfère expressément et exclusivement au litige relatif aux désordres affectant l'étanchéité des terrasses et ne saurait être regardée comme donnant à cet avocat mandat de se désister de la requête relative aux désordres affectant les façades ; que le désistement de cette requête a toutefois été présenté par acte enregistré le 7 octobre 1980 ; qu'à la suite du dépôt de ce désistement, l'office public a formé devant le tribunal administratif une action en désaveu contre son avocat ;
Considérant que, d'une part, l'action en désaveu peut être formée devant toute juridiction administrative ; que, d'autre part, il résulte de ce qui été dit plus haut que le désistement du 7 octobre 1980 a été présenté sans mandat ; que, dans ces conditions, et contrairement à ce qui est soutenu par la société Quillery-Saint-Maur, la société de dragage et de travaux publics, MM. Blanchard, Lagrange, Neuville et autres, c'est à bon droit que, par le jugement attaqué, le tribunal administratif de Rouen a accueilli l'action en désaveu formée par l'Office public d'aménagement et de construction du département de la Seine-Maritime et déclaré nul, alors même qu'il avait été accepté par les défendeurs, le désistement présenté le 7 octobre 1980 [...].

Les exceptions à l'obligation de recourir à un avocat

Art. R. 431-3 Toutefois, les dispositions du 1er alinéa de l'article R. 431-2 ne sont pas applicables :
1° Aux litiges en matière de contravention de grande voirie ;
2° Aux litiges en matière de contributions directes, de taxes sur le chiffre d'affaires et de taxes assimilées ;
3° Aux litiges d'ordre individuel concernant les fonctionnaires ou agents de l'État et des autres personnes ou collectivités publiques ainsi que les agents ou employés de la Banque de France ;
4° Aux litiges en matière de pensions, de prestations, allocations ou droits attribués au titre de l'aide ou de l'action sociale, du logement ou en faveur des travailleurs privés d'emploi, d'emplois réservés et d'indemnisation des rapatriés ;
5° Aux litiges dans lesquels le défendeur est une collectivité territoriale, un établissement public en relevant ou un établissement public de santé ;

6° Aux demandes d'exécution d'un jugement définitif.

7° Aux litiges relatifs aux décisions mentionnées au VI de l'article L. 314-1 et aux articles L. 314-9 et L. 351-1 du code de l'action sociale et des familles, au douzième alinéa de l'article L. 6143-4 du code de la santé publique et à l'article L. 162-24-1 du code de la sécurité sociale.

Textes sources

– Code des TA et des CAA, article R. 109.
– Décret n° 2001-710 du 31 juillet 2001, article 5-I.
– Décret n° 2003-543 du 24 juin 2003, article 10, § V.
– Décret n° 2012-1331 du 29 novembre 2012, article 4.
– Décret n° 2016-1480 du 2 novembre 2016, article 11.
– Décret n° 2024-1168 du 6 décembre 2024, article 5.

Commentaires

Les articles R. 431-2 et R. 431-3 fournissent une définition précise des cas où le ministère d'avocat est obligatoire ou non devant le tribunal administratif. Le pouvoir réglementaire a compétence pour dispenser les justiciables de recourir à un tel ministère (CE, 19 mars 1993, Confédération syndicale des avocats, n° 108246 et 109457, *Lebon* T.). À l'inverse, l'exigence d'avocat n'est pas contraire à l'article 6 § 3 de la Convention européenne de sauvegarde des droits de l'homme et des libertés fondamentales selon lequel « tout accusé a droit [...] à se défendre lui-même », ces dispositions, comme celles de la même convention concernant le droit de se faire assister gratuitement d'un interprète, n'étant applicables qu'en matière pénale (CE, 27 septembre 1985, Avakian, n° 54090, *Lebon*, p. 259 – CE, 11 octobre 1989, Melin, n° 94434 – CE, 7 novembre 1990, Serwaah, n° 93993, *Lebon*), observation faite que le contentieux répressif des contraventions de grande voirie est précisément dispensé d'avocat. Même d'ailleurs en tenant compte de l'extension de la notion d'« accusation en matière pénale » et de celle d'« obligation civile », qui déterminent le champ d'application de l'article 6 de cette convention, on observe que les recours pour excès de pouvoir, et les recours fiscaux, sont dispensés du ministère d'avocat.

La détermination des cas dans lesquels il doit être recouru au ministère d'avocat s'opère en deux temps.

I – Une obligation de principe pour les pleins contentieux

De l'article R. 421-2 se déduit un premier ensemble : il couvre pratiquement tout le plein contentieux, compte tenu de la jurisprudence qui y range les recours dirigés contre les états exécutoires (CE sect., 27 avril 1988, Mbakam, n° 74319, *Lebon*, p. 173) ou contre les ordres de versement (CE sect., 23 décembre 1988, Cadilhac, n° 70113, *Lebon ; AJDA* 1989, p. 254), étant observé qu'un recours formé par une collectivité contre un arrêté préfectoral opérant le mandatement d'office d'une dépense relève de l'excès de pouvoir (CE, 16 octobre 1996, Département de la Loire, n° 147534, *Lebon*). Il convient également de ne pas omettre la jurisprudence *Lafage* (CE, 8 mars 1912, n° 42612, *Lebon*, p. 348) qui permet dans certains cas, pour éviter le recours à un avocat, de substituer à une demande de condamnation un recours pour excès de pouvoir dirigé contre la décision refusant un avantage pécuniaire, ou le supprimant. L'admission, sans avocat, de semblable demande couvre également la demande dirigée contre la décision qui prive l'intéressé des intérêts liés au principal de sa demande (CE sect., 9 décembre 2011, Marcou, n° 337255, *Lebon*, revenant sur CE, 11 juillet 1991, Cregut, n° 91758, *Lebon* T.). Il faut ajouter au bloc du plein contentieux les recours dirigés contre les sanctions administratives (CE ass., 16 février 2009, Société ATOM, n° 274000) qu'il n'est pas toujours aisé de distinguer du plein contentieux fiscal. La question de l'obligation ou de la dispense d'avocat pour engager un recours contre une sanction pécuniaire n'est à notre connaissance pas explicitement jugée. De même, n'est pas explicitement tranchée la question de savoir si, dans le contentieux des travaux publics, le ministère d'avocat est obligatoire pour une action contre l'entreprise chargée de ces travaux, notamment dans l'hypothèse où le maître d'ouvrage est « est une collectivité territoriale, un établissement public en relevant ou un établissement public de santé ».

II – Les cas de dispense

De cet ensemble sont retirés les sous-ensembles énumérés à l'article R. 421-3, qui, grosso modo (et à l'exception du 6°), reprennent les anciens cas de dispense (dont il faut souligner, parce qu'une réponse ministérielle a dit le contraire (rép. min., Montel, *JO* du 6 août 1955) qu'ils englobent les recours de plein contentieux formés par les agents publics devant le tribunal administratif : CE, 22 novembre 1989, Ministre de l'Intérieur c/Letquimounin, n° 86026 [**1**]).

Depuis une loi n° 2000-879 du 21 juillet 2009, les établissements publics de santé ne sont plus des établissements publics relevant de collectivités territoriales. Le 5° de cet article a donc été réécrit pour leur faire la place.

Les litiges mettant en cause les contraintes formées par Pôle emploi pour avoir remboursement de prestations ou d'aides indûment versées ne sont pas des litiges « en matière d'aide sociale » au sens du 4° de cet article, même si les sommes en question ont été versées au titre de l'allocation de solidarité. Ils ne sont donc pas dispensés d'avocat (CE, avis, 27 novembre 2013, n° 369051). Cette réponse est sans doute obsolète depuis l'intervention du décret n° 2016-1480 du 2 novembre 2016 qui a ajouté à la liste des dispenses d'avocat les litiges « en matière d'allocation ou droits en faveur des travailleurs privés d'emploi ».

Le décret du 14 novembre 1984, dispensant du ministère d'avocat les litiges portés devant les tribunaux administratifs de Papeete et Nouméa, a été abrogé par le décret n° 89-641 du 7 septembre 1989 portant code des tribunaux administratifs et des cours administratives d'appel ; ces contentieux suivent donc la règle commune (CE sect., avis contentieux, 25 février 1994, Peters, n° 154240, *Lebon*).

Les contentieux annexes suivent le sort du contentieux principal au regard de l'obligation d'avocat. Ainsi jugé en ce qui concerne l'opposition à la taxation des frais d'expertise (CE, 12 mars 1990, Association pour la défense des intérêts de l'Agenais, n° 88121). Mais on notera que la demande d'exécution d'une décision juridictionnelle, présentée dans le cadre de l'article L. 911-4 du code, n'est pas considérée comme accessoire, puisqu'elle est dispensée d'avocat quel que soit le litige (CJA, art. R. 421-3, 6°).

III – La régularisation

Étant rappelé que l'obligation ou la dispense d'avocat vaut pour le demandeur comme pour le défendeur (sauf l'État : voir CJA, art. R. 431-7), on doit souligner que le juge a l'obligation de faire régulariser un défaut constaté en ce domaine (voir CJA, art. R. 612-1, confirmant CE sect., 27 janvier 1989, Chron, n° 68448, *Lebon* ; *AJDA* 1989, p. 318 [**2**], plus net que CE, 28 février 1973, Rochois, n° 85025, *Lebon*, p. 177), cette régularisation pouvant intervenir à tout moment de la procédure devant le même juge, comme tout ce qui touche à la représentation des parties (CE, 31 janvier 1964, Bourgon, *Lebon*, p. 74).

On note que le courrier par lequel, faisant suite à une demande de régularisation, un avocat informe la juridiction qu'il est chargé de la représentation d'un requérant ne permet plus de tenir la requête comme non présentée par un avocat, la juridiction pouvant seulement inviter l'avocat soit à produire un mémoire soit à s'approprier les mémoires déjà produits (CE, 25 juillet 2008, Cardoso Lopes, n° 295437, *Lebon* T.). Et l'on peut se demander s'il y a lieu de généraliser la position prise en cassation par le Conseil d'État, jugeant que, lorsqu'un avocat régularise une procédure, un mémoire ultérieurement produit par lui « est réputé contenir l'ensemble des moyens du recours et renoncer à ceux des moyens invoqués dans le mémoire régularisé et non expressément repris » (CE, 10 octobre 2011, Burger, n° 338719, *Lebon* T.).

L'obligation ainsi mise à la charge du juge ne lui impose toutefois d'effectuer lui-même la démarche, que s'il n'a pas eu l'occasion de notifier à l'intéressé des observations de l'adversaire soulignant l'irrégularité de sa requête et en tirant une fin de non-recevoir. Cette règle, selon laquelle une telle notification vaut invitation à régulariser, a été posée par arrêts des 23 avril 1997 (CE, 23 avril 1997, Syndicat national des techniciens et travailleurs de la production cinématographique, n° 144618, *Lebon* T.) et 28 avril 1997 (CE, 28 avril 1997, Association des commerçants non sédentaires de Corbeil-Essonnes, n° 164820, *Lebon* [**3**]), adoptant la position de la cour administrative d'appel de Nantes (CAA Nantes, 22 juin 1994, Comité de défense du site de Kervoazon, n° 93NT00872, *Lebon* T.) et revenant sur une décision du 25 février 1987 (CE, 25 février 1987, Mortet, n° 45269, *Lebon* T.) et se trouve réaffirmée par la rédaction de l'article R. 612-1. On rappelle toutefois que, si en pareille hypothèse la juridiction est dispensée d'adresser une invitation à régulariser, elle ne peut pour autant user du rejet par ordonnance, faute d'avoir imparti à l'intéressé un délai pour régulariser (CE, 14 octobre 2015, Godrant, n° 374850, *Lebon* T.), la clôture de l'instruction n'en dispensant pas (CE, 30 mars 2023, n° 453389, *Lebon* T.).

Il arrive assez souvent que le tribunal ne juge pas opportun de faire régulariser devant lui, par le recours à un avocat, une demande qui n'en est pas dispensée, toutes les fois notamment qu'il estime pouvoir rejeter cette demande pour une autre raison que le défaut d'avocat (à quoi bon obliger le demandeur à constituer avocat si le rejet de la demande est certain ?). La question se pose alors de savoir si, devant le juge d'appel saisi du jugement de rejet, pourra être utilement soulevée (d'office ou dans des observations en défense) l'irrecevabilité qui entachait la demande. Par un arrêt de 1990, il a été jugé que le juge d'appel ne pouvait faire droit à la fin de non-recevoir soulevée devant lui, tirée de l'absence d'avocat en première instance, puisque le tribunal n'aurait pu l'opposer sans avoir préalablement invité le demandeur à régulariser sa procédure, ce qu'il n'avait pas fait (CE, 21 septembre 1990, Société de concours techniques, n° 46103, *Lebon*, p. 249 [**4**]). Naturellement, et compte tenu de la règle selon laquelle la notification d'un mémoire vaut invitation à régulariser, une telle attitude ne peut être envisagée que si la fin de non-recevoir n'a pas été soulevée en première instance, puisque dans l'hypothèse inverse la procédure est, sur cette question, rendue régulière par la notification du mémoire contenant la fin de non-recevoir.

Une décision rendue le 29 décembre 2000 (CE sect., 29 décembre 2000, CPAM de Grenoble et autres, n° 188378, *Lebon* [**5**]) pose à cet égard un problème. Il y est admis que, dans une hypothèse dans laquelle le premier juge avait donné satisfaction au demandeur sans avoir ni opposé de fin de non-recevoir, ni invité l'auteur de la demande à régulariser cette dernière, le juge d'appel ne puisse accueillir une telle fin de non-recevoir concernant la demande de première instance, relevée d'office par lui, qu'à la condition d'avoir au préalable invité l'auteur de la demande à la régulariser (dans l'espèce, la fin de non-recevoir était tirée de l'absence d'habilitation pour agir de la personne ayant signé la demande pour le compte d'une personne morale). L'extension de cette jurisprudence ne va pas de soi : s'il est en effet parfois concevable que l'absence de production d'une habilitation puisse se corriger même après le jugement rendu (ce qu'implique la décision du 29 décembre 2000, mais sans doute à condition que le juge d'appel se trouve en situation d'évocation), on voit mal comment, invité à régulariser une demande présentée sans avocat, le demandeur pourrait y procéder alors que l'instance concernée est terminée. En présence de cette impossibilité, et compte tenu de la force du principe qui interdit d'opposer un vice de forme régularisable sans avoir au préalable invité l'intéressé à procéder à la régularisation, nous estimons que la solution retenue dans l'affaire *Société de concours techniques* doit être maintenue. C'est d'ailleurs en des termes pratiquement identiques à ceux retenus dans l'arrêt *Société de concours techniques* que le Conseil d'État s'est, après le 29 décembre 2000, prononcé, dans une hypothèse dans laquelle, pourtant, était en cause l'existence au profit de la requérante d'un mandat régulier (CE, 30 décembre 2002, Hanna, n° 236096) : la fin de non-recevoir tirée de l'absence d'un tel mandat « ne peut être utilement opposée en appel » – en d'autres termes, elle est inopérante –, « dès lors que le tribunal administratif n'aurait pu la retenir sans avoir préalablement invité les requérants à régulariser leur demande ». Or, le fichage sur ce point de cette décision ne fait aucune référence à l'arrêt de section du 29 décembre 2000. La même solution, décalquée de l'arrêt *Société de concours techniques*, se retrouve dans une décision *Commune d'Hautmont* du 7 janvier 2004, n° 217251.

La combinaison de ces décisions ne va pas de soi. Une constante en découle en tout cas : il n'est pas possible d'opposer une irrecevabilité régularisable sans avoir invité la personne visée à régulariser. Et, lorsque l'idée même de régularisation devant le juge qui émet cette invitation est exclue (hypothèse de l'absence d'avocat en première instance, ou de la décision *Hanna*), la question de l'irrégularité est hors cause, et devient donc inopérant le moyen tiré de cette dernière. Seule subsisterait l'hypothèse, assez rare, dans laquelle l'irrégularité de la demande de première instance pourrait être couverte devant le juge d'appel, hypothèse à laquelle répondrait l'arrêt de section de décembre 2000. On en aperçoit, avec quelque prudence, deux occurrences possibles : ce pourrait être le cas si le juge d'appel, après avoir annulé pour irrégularité le jugement, évoque et réouvre, en quelque sorte, le dossier de première instance (CE, 10 février 1984, Dufour, n° 32794, *Lebon*, p. 59 – CE, 27 janvier 1995, SCI du domaine de Tournon, n° 119276, *Lebon* T.). Une telle hypothèse a cependant été exclue par l'arrêt *Société de concours techniques.* Ce pourrait aussi être le cas de l'irrecevabilité pour défaut d'intérêt, dont on sait qu'elle peut être couverte en appel par l'invocation d'un autre intérêt qu'en première instance (CE, 3 mai 1993, Société industrielle de construction, n° 124888, *Lebon*, p. 941).

Jurisprudence

[1] Considérant, d'une part, que l'article R. 79 du code des tribunaux administratifs dispense du ministère d'avocat : 4° les litiges d'ordre individuel concernant les fonctionnaires [...] ; que cette disposition s'applique aux litiges de plein contentieux présentés par les fonctionnaires ; que la circonstance que la demande de M. Letquimounin ait été présentée sans ministère d'avocat n'avait donc pas pour effet de la rendre irrecevable [...].

[2] Considérant que l'irrecevabilité tirée de leur présentation sans le ministère d'un avocat ne peut être opposée à des conclusions soumises à cette obligation – sous réserve de l'application aux pourvois en cassation devant le Conseil d'État des dispositions de l'article 57-10 ajouté par le décret n° 88-905 du 2 septembre 1988 au décret du 30 juillet 1963 modifié – que si le requérant, d'abord invité à régulariser son pourvoi par le recours au ministère d'un avocat, s'est abstenu de donner suite à cette invitation [...].

[3] Considérant que pour rejeter comme irrecevables ces autres conclusions, le tribunal administratif a relevé qu'alors qu'aucune disposition des statuts de l'Association des commerçants non sédentaires de Corbeil-Essonnes ne conférait au président, au bureau ou au conseil d'administration le pouvoir de décider d'agir en justice, l'avocat signataire de la demande de l'association l'a présentée devant le tribunal administratif sans justifier d'aucune délibération de l'assemblée générale décidant d'engager l'action ; que, par suite, la demande n'était pas recevable ; que, dès lors que cette irrecevabilité avait été expressément invoquée en défense par la « société anonyme Les fils de Mme Géraud », dans un mémoire qui a été communiqué à l'association, le tribunal administratif n'était pas tenu d'inviter l'association à régulariser sa demande ; qu'il résulte de ce qui précède que l'Association des commerçants non sédentaires de Corbeil-Essonnes n'est pas fondée à soutenir que c'est à tort que, par le jugement attaqué, le tribunal administratif de Versailles a rejeté ces conclusions comme irrecevables [...].

[4] Considérant que l'état exécutoire d'un montant de 110 250 francs, décerné à l'encontre de la Société de concours techniques a été remis aux fins de recouvrement par le ministre du Travail et de la Participation à l'agent judiciaire du Trésor, dans les conditions prévues par les articles 85 (1°) et 86 du décret du 29 décembre 1962 ; qu'aux termes de l'article 89 de ce même décret « le recouvrement des états exécutoires visés à l'article 85 (1°) est poursuivi jusqu'à opposition du débiteur devant la juridiction compétente » ; que, dans ces conditions, la société n'avait pas à faire

précéder sa demande au tribunal administratif de Paris d'un recours administratif préalable ; que, par suite, c'est à tort que le tribunal a déclaré irrecevable la demande dont il était saisi ; que son jugement en date du 12 mai 1982 doit, dès lors, être annulé ;
Considérant que, dans les circonstances de l'espèce, il y a lieu d'évoquer et de statuer immédiatement sur la demande présentée par la Société de concours techniques devant le tribunal administratif de Paris ;
Sur la fin de non-recevoir opposée par le ministre du Travail et de la Participation :
Considérant que la demande de la Société de concours techniques contestant le bien-fondé de la créance pour le recouvrement de laquelle a été émis l'état exécutoire allégué, qui n'entre dans aucun des cas où une demande peut être formée devant un tribunal administratif sans le ministère d'un avocat, a été présentée sans qu'il ait été recouru à ce ministère ; que, toutefois, la fin de non-recevoir tirée du défaut d'avocat en première instance ne saurait être utilement opposée en appel, dès lors que le tribunal administratif n'aurait pu l'opposer à la demande sans avoir préalablement invité la société à régulariser sa demande en recourant au ministère d'un avocat [...].

[**5**] Considérant que la caisse primaire centrale d'assurance maladie de Lyon a saisi la section des assurances sociales du conseil régional de l'ordre des médecins de Rhône-Alpes d'une plainte formée contre M. Robin ; que par une décision en date du 21 décembre 1994 cette juridiction a accueilli cette plainte et infligé à M. Robin la sanction de l'interdiction de donner ses soins aux assurés sociaux pendant six mois ; que, par la décision attaquée, la section des assurances sociales du Conseil national de l'ordre des médecins, saisie de l'appel formé par M. Robin, a relevé d'office l'irrecevabilité de la plainte signée du directeur de la caisse primaire centrale d'assurance maladie de Lyon, qui ne justifiait d'aucune délibération du conseil d'administration de cet organisme décidant d'engager ces poursuites, et, sans inviter la caisse à régulariser sa plainte, a annulé pour ce motif la décision de la section des assurances sociales du conseil régional en ce qu'elle l'avait accueillie ;
Considérant que s'il appartient au juge d'appel de relever d'office l'irrecevabilité d'une demande accueillie par les premiers juges, mais dont le signataire ne justifie pas de sa qualité pour agir, il ne saurait, sans méconnaître l'étendue de ses pouvoirs, annuler pour ce motif la décision du juge de premier ressort et rejeter la demande dont celui-ci avait été saisi sans avoir, au préalable, invité l'auteur de cette demande à la régulariser, et ce alors même que l'irrégularité de la procédure de première instance résultant de l'absence d'invitation à régulariser la demande n'aurait pas été invoquée en appel ; que par suite la caisse primaire centrale d'assurance maladie de Lyon est fondée à soutenir que faute de l'avoir invitée à régulariser la plainte signée de son directeur, la section des assurances sociales du Conseil national de l'ordre des médecins a entaché d'irrégularité sa décision [...].

La signature des requêtes ou mémoires

Art. R. 431-4 Dans les affaires où ne s'appliquent pas les dispositions de l'article R. 431-2, les requêtes et les mémoires doivent être signés par leur auteur et, dans le cas d'une personne morale, par une personne justifiant de sa qualité pour agir.

Texte source

– Code des TA et des CAA, article R. 110, § 1.

Commentaires

Voir les commentaires sous l'article R. 431-5.

Le développement des téléprocédures entraîne une régression de ce formalisme. Ainsi, il a été admis qu'en vertu des dispositions combinées des articles R. 414-1 et R. 611-8-4 du Code de justice administrative, lorsqu'une partie, notamment l'État, adresse au Conseil d'État un mémoire ou des pièces par l'intermédiaire de l'application informatique dénommée Télérecours, son identification selon les modalités prévues pour le fonctionnement de cette application vaut signature pour l'application des dispositions du Code de justice administrative (CE, 16 février 2015, Ministre délégué, chargé du Budget c/Communauté d'agglomération Saint-Etienne Métropole n° 371476, *Lebon* T.). Lors même que le requérant ou son mandataire peut, en cas de nécessité, être tenu de produire un exemplaire de sa requête revêtu de sa signature manuscrite (CJA, art. R. 414-2). Mais un formalisme en chasse un autre et le défaut d'indexation des pièces devient une cause d'irrecevabilité (CJA, art. R. 414-3).

La représentation des parties

Art. R. 431-5 Les parties peuvent également se faire représenter :

1° Par l'un des mandataires mentionnés à l'article R. 431-2 ;

2° Par une association agréée au titre des articles L. 141-1, L. 611-1, L. 621-1 ou L. 631-1 du code de l'environnement, dès lors que les conditions prévues aux articles L. 142-3, L. 611-4, L. 621-4 ou L. 631-4 dudit code sont réunies et selon les modalités prévues par les articles R. 142-1 à R. 142-9, R. 611-10, R. 621-10 et R. 631-10 du même code.

Textes sources

– Code des TA et des CAA, article R. 110, § 2.
– Décret n° 2005-935 du 2 août 2005, article 8.
– Décret n° 2013-575 du 2 juillet 2013, article 2.

Commentaires

I – « Nul ne plaide par procureur »

Le 1° de cet article doit être lu de façon nuancée.

En matière fiscale, en effet, le Livre des procédures fiscales autorise les parties à se faire représenter devant le tribunal administratif par un mandataire de leur choix (du Livre des procédures fiscales, art. R. 200-2, repris à l'article R. 431-6 du Code de justice administrative, mais ce dispositif ne joue plus en appel depuis le décret n° 2003-542 du 23 juin 2003). Il va de soi qu'en ce cas le mandat doit être exprès et désigner précisément le mandataire (voir, à propos du mandat pouvant être donné à un avocat pour agir au Conseil d'État lorsque les textes n'imposent pas le recours à un avocat aux Conseils : CE, 12 février 1993, Association groupement de défense du tracé du TGV Nord, n° 135366, écartant un mandat à « tout autre cabinet d'avocats »).

Sauf en contentieux fiscal, l'action d'une personne physique ne peut donc être introduite que par elle ou par un des mandataires mentionnés à l'article R. 431-2, même lorsque les règles du Code civil permettraient de déterminer un autre mandataire (par exemple, s'agissant du mandat tacite entre époux, CE sect., 27 juillet 1990, Ministre de l'Agriculture c/Beaufils, n° 57229, *Lebon*, p. 240). Ainsi, une mère n'est pas habilitée à agir pour sa fille majeure dans le contentieux né du refus de visa qui a été opposé à cette dernière (CE, 18 juillet 2008, Boutiche, n° 292006, *Lebon* T.). Une seule exception paraît devoir être admise et concerne les majeurs placés sous tutelle, dotés d'un mandataire par le juge des tutelles. Encore dans ce cas faut-il que le mandat ainsi confié englobe les actions en justice (CE, 12 mars 1993, Gadon, n° 107428, *Lebon* T.).

Le 2° de l'article R. 431-5 provient d'un décret d'application de l'article L. 252-5 du Code rural. Il fait des associations agréées de protection de l'environnement les mandataires possibles de personnes physiques ayant subi, dans les domaines mentionnés à l'article L. 252-3 du Code rural, des préjudices causés par une même personne et qui ont une origine commune. Les modalités procédurales précises de l'exercice de ce mandat figurent aux articles R. 252-21 à R. 252-29 du Code rural. Sans qu'il y ait lieu ici de discuter le principe du mandat en cause, on peut observer que, quitte à inclure dans le Code de justice administrative des dispositions particulières à certains contentieux, on aurait pu étendre cette inclusion au mandat pouvant être confié à des associations de consommateurs ou d'investisseurs en application des articles 8-1 ou 13 de la loi du 5 janvier 1988.

II – La représentation des personnes morales

La combinaison des règles contenues dans les articles R. 431-4 et R. 431-5 a suscité une interrogation : la présence d'un mandataire (prévue à l'article R. 431-5) valait-elle dispense de justification de la qualité de la personne déclarant agir pour la personne morale (exigée par l'article R. 431-4) ? Saisi de cette question par un tribunal administratif, le Conseil d'État a, par avis contentieux du 29 novembre 1991 (CE, avis, 29 novembre 1991, Syndicat des commerçants non sédentaires de la Savoie, n° 129441, *Lebon ; AJDA* 1992, p. 237 [**1**]), clairement posé en principe que la présence d'un avocat, qui n'a pas à justifier de son mandat de représentation, ne dispense pas le tribunal de s'assurer que le représentant de la personne morale, qui a saisi l'avocat, justifie de sa qualité et pour la représenter et pour intenter l'action (voir pour l'appel : CE, 17 janvier 1992, Association des résidents du plateau de Plaisir [**2**]).

Le juge doit donc inviter les personnes qui signent une requête au nom d'une personne morale à justifier de leur qualité, et soumettre au débat contradictoire les éléments qu'il recevra à la suite de cette démarche (CE, 21 octobre 1994, Commune de Roissy-en-Brie, n° 154323). Mais il ne commet pas d'irrégularité s'il n'émet pas cette invitation lorsque la qualité pour agir du signataire n'est pas contestée par l'adversaire et si, au premier examen, l'absence de qualité du représentant de la personne morale ne ressort pas du dossier (CE, 11 avril 2008, Leyris, n° 299525, *Lebon* T.). La recevabilité d'un recours s'appréciant à la date de son enregistrement, la perte de la qualité pour agir en cours d'instance est sans influence sur la recevabilité du recours (CE, 30 janvier 2020, Commune de Païta, n° 421951, *Lebon* T.).

Cette qualité sera vérifiée au regard des règles statutaires. Une évolution notable de la jurisprudence a toutefois assoupli, pour les associations, les effets de ces exigences. Jusqu'en 1998, il était jugé avec constance que, dans le silence des textes statutaires, seule l'assemblée générale des membres d'une association avait qualité pour décider d'introduire une action en justice et mandater à cette fin son président, lors même que ce dernier était habilité à représenter l'association en justice (CE, 8 février 1989, Comité de défense du chemin de ronde de Damgan, n° 44566, *Lebon* T. [**3**] – CE, 27 janvier 1995, Comité de défense intercommunal Maisons-Mesnil-Le Pecq, n° 138000 [**4**]). Par arrêt du 3 avril 1998 (CE sect., 3 avril 1998, Fédération de la plasturgie, n° 177962, *Lebon*, p. 127 [**5**]), cette perspective a été renversée : la personne habilitée à représenter l'association en justice est, par là même, regardée comme titulaire du mandat de déclencher une action en justice sur un objet déterminé (voir également, pour une application négative de la règle nouvelle : CE, 22 mars 1999, Union syndicale de défense des Français repliés d'Algérie, n° 180940, *Lebon* T. [**6**]). Encore faut-il que les statuts désignent une personne comme ayant le pouvoir de représentation en justice. On note d'ailleurs que l'habilitation à représenter l'association « dans les actes de la vie civile » est regardée comme valant habilitation à la représenter en justice (CE, 27 juin 2016, Syndicat régional CFDT santé sociaux de Corse, n° 388758, *Lebon* T.). En l'absence d'une telle habilitation, seule l'assemblée générale peut engager l'action en justice (CE, 16 février 2001, APECE, n° 221622, *Lebon*), ou désigner à cette fin une personne non prévue par les statuts (CE, 3 juillet 2009, Syndicat des propriétaires du Touquet, n° 316689, *Lebon* T.). D'ailleurs, l'assemblée générale peut « court-circuiter » son président et, décidant d'une action contentieuse, habiliter directement un mandataire à représenter l'association dans cette action (CE, 24 septembre 2010, Association La vallée aux chevaux, n° 328661, *Lebon* T.).
Cette attitude cède évidemment lorsqu'un texte, législatif ou réglementaire, organise, au sein des organes de la personne morale, la répartition des compétences. Ainsi est-ce le cas des sociétés commerciales (voir commentaires sous l'article R. 431-2). Le président d'une mutuelle tire ainsi de plein droit de l'article L. 125-11 du Code de la mutualité la qualité pour agir en justice au nom de celle-ci (CE, 10 juillet 1996, Mutuelle du ministère de la Justice, n° 165413, *Lebon* T.). Identiquement, compte tenu des termes de l'article L. 122-1 du Code de la sécurité sociale, « le directeur [de la caisse de sécurité sociale] décide des actions en justice à intenter au nom de l'organisme » et « représente l'organisme en justice » (texte périmant sur ce point la jurisprudence CE, 29 décembre 2000, CPAM de Grenoble, n° 188378, *Lebon*). Le syndic, agissant au nom de la copropriété, est tenu de disposer, sous peine d'irrecevabilité de sa demande, d'une autorisation formelle de l'assemblée générale des copropriétaires (CE, 6 mai 2015, n° 366713, Syndicat des copropriétaires « Arcades des Champs Elysées », *Lebon* T.). Mais, le moyen tiré du défaut d'autorisation du syndic à agir en justice ne peut toutefois être soulevé que par un ou plusieurs copropriétaires, ainsi qu'il résulte du deuxième alinéa de l'article 55 du décret du 17 mars 1967, dans sa rédaction issue du décret n° 2019-650 du 27 juin 2019 (CE, 9 avril 2025, n° 492236, *Lebon* T.).

Ces règles de représentation s'appliquent à la requête à peine d'irrecevabilité, mais aussi aux mémoires ultérieurs à peine d'être écartés comme irrégulièrement présentés (CE, 26 juin 2023, n° 460157, *Lebon* T.).
En dehors des organes normalement compétents, la représentation des personnes morales peut résulter de la désignation d'un administrateur « ad hoc » par une juridiction ou une autorité de contrôle (CE, 12 décembre 2023, n° 469238, *Lebon* T. pour le cas d'un administrateur provisoire désigné par l'Autorité de contrôle prudentiel et de résolution).
La désignation d'un administrateur peut avoir pour effet de dessaisir le dirigeant, mais seul cet administrateur peut invoquer l'irrecevabilité qui en résulte (CE, 10 février 2023, n° 456829, *Lebon* T.).

III – La régularisation

Ainsi qu'il a été exposé sous l'article R. 421-3, l'obligation pour le juge d'effectuer la démarche invitant à une régularisation de la requête présentée au nom d'une personne morale n'existe pas si le défendeur a opposé, dans un mémoire communiqué à son adversaire, une fin de non-recevoir tirée du défaut de qualité pour agir (CE, 23 avril 1997, Syndicat national des techniciens et travailleurs de la production cinématographique, n° 144618, *Lebon* T.).
Faute pour le premier juge d'avoir satisfait à cette obligation lorsqu'elle existe, le juge d'appel ne pouvait remettre en cause la qualité de représentant habilité, ainsi implicitement et définitivement établie (CE, 30 novembre 1994, Commune de Poligny, n° 135963, *Lebon* T. [**7**]), non plus d'ailleurs que la recevabilité d'une demande au premier juge non assortie de la production de la décision attaquée (CE, 12 avril 1995, Commune d'Avignon, n° 129298). Cette jurisprudence n'a pas été constante. On remarque ainsi que, dans un arrêt *Ministre de l'Agriculture c/Beaufils* précité, le Conseil d'État a annulé le jugement ayant accueilli une demande, motif pris de l'irrecevabilité pourtant régularisable qui l'affectait (l'action introduite par Monsieur aurait dû l'être par son épouse), alors même que le tribunal n'avait pas invité l'intéressé à régulariser sa procédure sur ce point soulevé d'office. On a même vu le Conseil d'État effectuer lui-même les mesures de régularisation non effectuées par le tribunal administratif (CE ass., 10 juin 1992, Société Montalev, n° 60419, *Lebon*, s'agissant de savoir si le signataire d'une demande présentée pour une personne morale y était habilité). L'hésitation ne devrait désormais plus avoir cours : par arrêt du 29 décembre 2000 CPAM de Grenoble et autres, précité, le Conseil d'État a posé en principe que le juge d'appel pouvait relever d'office cette irrecevabilité, mais à condition, si le tribunal n'avait pas accompli cette formalité, d'inviter le demandeur à procéder à la régularisation nécessaire (voir texte de cette décision cité sous l'article R. 431-3). Même s'il est rare de voir un juge d'appel régulariser la procédure de première instance sans passer par l'annulation et l'évocation. Encore faut-il que cette invitation puisse être utile (voir, dans un sens différent : CE, 30 décembre 2002, Hanna, n° 236096, et nos commentaires sous l'article R. 431-3).
Dans cette recherche de la qualité d'une personne physique pour agir au nom d'une personne morale, le juge a, d'une part, pleine compétence pour interpréter les statuts : toute idée de question préjudicielle est en la matière exclue (les

arrêts emportant une telle interprétation ne précisent pas que ces statuts sont « clairs »...). Il s'interdit, d'autre part, de pénétrer dans la vie des personnes morales, et notamment de vérifier que les statuts ou délibérations qui lui sont présentés sont eux-mêmes valides, au regard des règles légales ou statutaires, ou que le président signataire de la requête a été régulièrement élu (CE sect., 5 novembre 1993, SA Immobilière de construction La Gauloise, n° 145814, *Lebon* – CE sect., 30 avril 2003, Syndicat professionnel des exploitants indépendants des réseaux d'eau et d'assainissement, n° 230804, *Lebon* – CE, 13 juin 2003, Association de défense de la vallée du Loing, n° 252542) : le moyen tiré de ce que le signataire aurait été investi des fonctions lui donnant qualité pour agir en méconnaissance des règles statutaires est inopérant. Et, si le signataire agit en vertu d'une habilitation, il n'appartient pas au juge « de vérifier la régularité des conditions dans lesquelles une telle habilitation a été adoptée » (CE, 19 juin 2013, SCI Ugari, n° 347346, *Lebon* T.).

On notera que l'habilitation, si elle demeure nécessaire compte tenu de la jurisprudence *Fédération de la plasturgie*, peut être donnée rétroactivement, postérieurement à l'acte qu'elle autorise à effectuer (CE, 30 novembre 1994, Institut universitaire de formation des maîtres de Bourgogne, n° 130473, à propos d'un appel – CE, 30 juillet 1997, Commune de La Ferté-Bernard, n° 124056), mais avant la clôture de l'instruction (CE, 28 octobre 2009, La Poste, n° 317313, *Lebon* T.). L'arrêt *CPAM de Grenoble* précité implique que, dans l'hypothèse qu'il tranche (absence d'invitation à régulariser émanant du tribunal), elle puisse être donnée après l'intervention du jugement rendu sur la demande. Mais, sauf cette hypothèse particulière, il n'est en principe pas possible de régulariser, pendant l'appel, une procédure dont l'irrégularité de ce chef a été sanctionnée par les premiers juges (CE, 17 décembre 1993, Itier et autres, n° 142623, – CAA Nantes, 22 juin 1994, Comité de défense du site de Kervoazou, n° 93NT00872, *Lebon* T.).

IV – L'absence de régularisation en appel

Il convient, à notre sens, de distinguer les cas dans lesquels est en cause l'habilitation donnée à une personne d'agir au nom d'une personne morale, des hypothèses dans lesquelles est discuté l'intérêt pour agir du requérant.

S'agissant du premier cas, est inopérante la production en appel d'une habilitation intervenue postérieurement au jugement (CE, 7 juillet 1997, Chambre syndicale de l'ameublement de la Moselle, n° 173122). Mieux, la production, pour la première fois en appel, d'une habilitation pourtant établie avant le jugement qui a sanctionné le défaut de qualité pour agir au nom de la personne morale, ne permet pas d'échapper à l'irrégularité sanctionnée par le premier juge (CE, 11 octobre 1995, Syndicat national des psychologues, n° 137536 – CE, 4 juillet 1997, Association Lei Ravilhe Pastre, n° 155969, *Lebon* **[8]** – CE, 5 mai 2010, Comité pour la sauvegarde du domaine de la Coudoulière, n° 304059, *Lebon* T.).Toutefois, si le juge d'appel est conduit, après avoir annulé le jugement, à évoquer l'affaire, l'habilitation à introduire la première instance, même postérieure au jugement, valide l'ensemble de la procédure, ce qui est normal, le juge d'appel poursuivant, par l'évocation, la procédure de première instance (CE, 27 janvier 1995, SCI du domaine de Tournon et Commune d'Aix-en-Provence, n° 119276, *Lebon* T.).

Dans le second cas, où est en cause l'intérêt pour agir, élément objectif tenant aux données de l'affaire, il est admis que la production, pour la première fois en appel, d'une délibération portant justification de cet intérêt pour agir pouvait régulariser la demande présentée devant le tribunal (CE, 23 novembre 2015, Sarl New Margin, n° 364757, *Lebon* T.). *A fortiori* en va-t-il de même dans les hypothèses dans lesquelles la question de la recevabilité ou non d'une requête dépend d'éléments objectifs étrangers aux parties, par exemple, l'existence d'une réclamation (CE, 4 janvier 1974, n° 87418, *Lebon*, p. 3) ou le respect de conditions de délai (CE, 18 novembre 2011, Eurl Norbert Famularo, n° 340181, *Lebon* T.) : dans ces cas, il appartient au juge d'appel, au titre de l'effet dévolutif de l'appel, « de tenir compte de l'ensemble des éléments, produits tant en appel qu'en première instance, de nature à établir le respect, devant le juge de première instance, de la condition » de recevabilité.

V – Les procédures d'urgence

Ces exigences n'ont pas leur place dans les procédures de référé d'urgence (CE, 13 novembre 2002, Association Alliance pour les droits de la vie, n° 248310, *Lebon* – CE, 13 juin 2003, Association de défense de la vallée du Loing, préc. – CE, 13 décembre 2005, Commune de Cabries, n° 280329, *Lebon* T. – CE, 30 mai 2016, Société OPH Lille Métropole, n° 376187, *Lebon*), compte tenu à la fois de l'urgence qui les caractérise et de ce qu'elles ne peuvent aboutir qu'à des mesures provisoires.

Il est à noter que les personnes publiques ne sont pas à l'abri des exigences du juge administratif :

– sauf texte statutaire contraire, le président d'un établissement public, même habilité à le représenter en justice, ne peut agir qu'en vertu d'une délibération du conseil d'administration de l'établissement. Ainsi pour une université (CE, 10 mai 1995, Université de Valenciennes et du Hainaut-Cambrésis, n° 126969, *Lebon* T.), pour l'Office national de la chasse (CE, 2 juin 1995, Office national de la chasse). On ne sait encore si ces jurisprudences seront maintenues compte tenu de la décision *Fédération de la plasturgie* ;

– si, longtemps, le directeur d'un centre hospitalier n'a pu agir en justice sans l'habilitation du conseil d'administration de l'établissement (CE, 12 janvier 1996, Hôpital général d'Uzès, n° 88445), cette exigence semble avoir disparu par l'effet des articles L. 6143-1 et L. 6143-7 du Code de la santé issu de l'ordonnance du 1er septembre 2005 ;

– un maire ne peut normalement agir en justice sans y être habilité par son conseil municipal. Et l'habilitation qui lui est donnée par le conseil municipal (laquelle peut être donnée après l'introduction de la requête : CE, 23 janvier 1959, Commune d'Huez, *Lebon*, p. 67 – CE, 21 septembre 1992, Pennelle, n° 60411 ; même si le conseil municipal a été renouvelé entre la date d'introduction de la requête et l'habilitation : CE, 29 novembre 2000, Commune des Ulis, n° 187961, *Lebon* T.) peut être permanente et générale, pendant toute la durée du mandat (CE, 21 octobre 1994, Commune de Roissy-en-Brie, n° 154323 [**9**] – CE, 29 décembre 1995, Association Maison des jeunes et de la culture de Courbevoie). Acceptant ainsi qu'une délégation générale consentie au maire pour la durée de son mandat l'habilite à agir en justice, la juridiction administrative se montre plus souple que le juge pénal qui ne se satisfait pas d'une telle délégation pour accueillir une constitution de partie civile formée par le maire au nom de la commune (Cass. crim., 16 juin 2015, n° 14-83990, *Bull. crim.*).

Le maire dispose toutefois, comme tout représentant légal d'une personne morale, du droit d'intenter une instance de référé d'urgence sans cette habilitation (CE sect., 28 novembre 1980, Ville de Paris c/Établissements Roth, n° 17732, *Lebon*, p. 446, voir le texte de cet arrêt sous l'article R. 532-1 – CE, 30 mai 2016, Société OPH Lille Métropole, n° 376187, *Lebon*).

VI – Le « mauvais » mandataire

La question peut se poser des requêtes introduites par un « mauvais » mandataire, indépendamment de la question de la représentation des personnes morales : on songe à la requête introduite pour un salarié par son délégué syndical, ou par une association pour ses membres. Le Conseil d'État a, en matière fiscale, eu l'occasion de juger qu'une réclamation signée d'un mandataire non autorisé devait être regardée comme non signée, et commandait ainsi l'invitation à régulariser prévue à l'article R. 200-2 du Livre des procédures fiscales (CE, 1er mars 1989, Société Voyages Wasteels, n° 79218, *Lebon* T. ; *RJF* 1989, n° 626 – CE, 3 mai 1989, SA Quadriga, n° 78223 ; *RJF* 1989, n° 751 [**10**]). La cour administrative d'appel de Lyon a agi de même en contentieux général, et invité en semblable hypothèse le mandant soit à signer lui-même sa requête, soit à faire choix d'un des mandataires prévus à l'article R. 431-2 (CAA Lyon, 3 novembre 1992, Adiprovar, n° 91LY00541, *Lebon* [**11**]). Tel ne fut pas, dans une autre affaire, le comportement du Conseil d'État qui, sur une requête présentée par une personne agissant en qualité de mandataire d'autres personnes, sans être avocat, a jugé que la cour avait à bon droit rejeté comme irrecevable cette requête sans être tenue d'inviter les requérants à régulariser leur requête (CE, 28 juillet 1993, Salvetat et autres, n° 128703, *Lebon* T.). On ne partage pas cette façon de voir.

On signale pour finir l'hypothèse spéciale des contribuables communaux autorisés à intenter une action en justice pour le compte des collectivités territoriales. La procédure de l'autorisation de plaider permet aux contribuables des communes (CGCT, art. L. 2132-5 à L. 2132-7 et R. 2132-1 à R. 2132-4) et aux contribuables des départements (CGCT, art. L. 3133-1 et R. 3133-1 à R.3133-4 du CGCT), des régions (articles L. 4143-1 et R. 4143-1 à 4) et donc à les représenter en justice. L'autorisation leur en est donnée par le tribunal administratif siégeant en formation administrative (voir CJA, art. L. 212-2 et R. 222-2).

Jurisprudence

[**1**] Dans leur rédaction résultant du décret n° 89-641 du 7 septembre 1989, l'article R. 108 du code des tribunaux administratifs et des cours administratives d'appel confie le monopole de la représentation des parties aux avocats à la cour, aux avocats au Conseil d'État et à la Cour de cassation et aux avoués en exercice dans le ressort du tribunal lorsque les conclusions de la demande tendent au paiement d'une somme d'argent, à la décharge ou à la réduction de sommes dont le paiement est réclamé au requérant ou à la solution d'un litige né d'un contrat, et l'article R. 110 dispose : « Dans les affaires où ne s'appliquent pas les dispositions de l'article R. 108, les

requêtes et les mémoires doivent être signés par leur auteur et, dans le cas d'une personne morale, par une personne justifiant de sa qualité pour engager cette dernière. Les parties peuvent également se faire représenter par l'un des mandataires mentionnés à l'article R. 108. » Il résulte de ces dispositions et de l'ensemble des textes les régissant que les avocats à la cour, les avocats au Conseil d'État et à la Cour de cassation et les avoués ont qualité, devant les tribunaux administratifs et les cours administratives d'appel, pour représenter les parties et signer en leur nom les requêtes et les mémoires sans avoir à justifier du mandat par lequel ils ont été saisis par leur client ; en revanche, la présentation d'une action par un avocat à la cour, un avocat aux Conseils ou un avoué ne dispense pas le tribunal administratif de s'assurer, le cas échéant, lorsque la partie en cause est une personne morale, que le représentant de cette personne morale justifie de sa qualité pour engager cette action [...].

[**2**] Considérant que les statuts de l'Association des résidents du plateau de Plaisir ne comportaient aucune disposition concernant les modalités d'une action en justice ; que seule une délibération de l'assemblée générale pouvait autoriser son président à interjeter appel du jugement du tribunal administratif de Versailles ; que le président de l'association ne justifie d'aucune délibération de l'assemblée générale l'autorisant à agir devant le Conseil d'État ; que dès lors il ne pouvait légalement habiliter Me Fabre-Luce, avocat à la cour, à représenter l'association devant le Conseil d'État ; que, par suite, la requête que Me Fabre-Luce a présentée au nom de l'Association des résidents du plateau de Plaisir n'est pas recevable [...].

[**3**] Considérant que, si le bureau du conseil d'administration du Comité de défense du chemin de ronde de Damgan a autorisé le président dudit comité à faire appel du jugement attaqué, aucune disposition des statuts de cette association ne confère, ni au bureau ni au président du conseil d'administration, le pouvoir de décider d'agir en justice au nom de ladite association ; que le président du comité requérant, devenu par la suite « Association de sauvegarde du littoral et environnement de Damgan », n'a justifié d'aucune délibération de l'assemblée générale de l'association l'autorisant à agir devant le Conseil d'État ; que, par suite, la requête qu'il a présentée au nom de ladite association n'est pas recevable [...].

[**4**] Considérant que, s'il résulte des statuts du Comité de défense intercommunal Maisons-Mesnil-Le Pecq contre les déviations de la RN 308 et du CD 157 que le président représente l'association en justice, aucune de leurs stipulations ne confie à l'un des organes dirigeants de l'association le pouvoir de décider d'agir en justice au nom de celle-ci ; qu'il en résulte que seule une délibération de l'assemblée générale pouvait autoriser le président à agir en justice ; que, par suite, la requête du Comité de défense intercommunal Maisons-Mesnil-Le Pecq contre les déviations de la RN 308 et du CD 157, signée par le président qui ne justifie pas d'une autorisation à agir émanant de l'assemblée générale, est irrecevable [...].

[**5**] Considérant qu'en l'absence, dans les statuts d'une association ou d'un syndicat, de stipulation réservant expressément à un autre organe la capacité de décider de former une action devant le juge administratif, celle-ci est régulièrement engagée par l'organe tenant des mêmes statuts le pouvoir de représenter en justice cette association ou ce syndicat ;
Considérant qu'aux termes de l'article 26 des statuts de la fédération requérante : « Le président [...] dispose des plus larges pouvoirs de représentation de la fédération » ; qu'aucune autre stipulation ne réserve à un autre organe le pouvoir de décider

d'engager une action en justice au nom de la fédération ; qu'ainsi, le président de la Fédération de la plasturgie avait qualité pour former, au nom de cette organisation, un recours pour excès de pouvoir contre les arrêtés du 30 novembre 1995, du 15 avril 1996 et du 12 août 1996 portant extension d'accords conclus dans le cadre de la convention collective nationale de la transformation des matières plastiques [...].

[**6**] Considérant qu'en l'absence, dans les statuts d'une association ou d'un syndicat, de stipulation réservant expressément à un autre organe la capacité de décider de former une action devant le juge administratif, celle-ci est régulièrement engagée par l'organe tenant des mêmes statuts le pouvoir de représenter en justice cette association ou ce syndicat ;
Considérant qu'aux termes de l'article 10 des statuts de l'Union syndicale de défense des Français repliés d'Algérie (USDIFRA) : « Le conseil d'administration jouit [...] des pouvoirs les plus étendus pour agir au nom de l'Union syndicale de défense des Français repliés d'Algérie et autorise tous les actes relatifs à son objet qui ne sont pas de la compétence de l'assemblée générale extraordinaire. » ; qu'aucune autre stipulation ne réserve à un autre organe le pouvoir de décider d'engager une action en justice au nom de l'association ; que si le vice-président de l'association a produit une attestation selon laquelle une décision du « comité national » l'habilite à agir devant le juge administratif, il n'a justifié, en dépit de la demande de régularisation qui lui a été adressée, d'aucune décision du conseil d'administration l'autorisant à agir devant le juge administratif dans la présente instance ; que, par suite, la requête qu'il a présentée au nom de ladite association est irrecevable [...].

[**7**] Considérant, en second lieu, que si la commune de Poligny fait valoir en appel que les représentants des deux associations ayant introduit la demande en première instance n'avaient pas justifié de leur qualité pour agir au nom de ces associations, cette fin de non-recevoir ne peut être utilement opposée en appel, dès lors que le tribunal administratif n'aurait pu la retenir sans avoir préalablement invité les associations demanderesses à régulariser leur demande sur ce point [...].

[**8**] Considérant que, pour rejeter comme irrecevable la demande de l'Association « Lei Ravilhe Pastre », le tribunal administratif de Nice s'est fondé sur ce que le président de ladite association n'avait justifié, en dépit de la demande qui lui en avait été faite, d'aucune habilitation de l'assemblée générale de l'association, laquelle, dans le silence des statuts de l'association, pouvait seule l'autoriser à la représenter devant le tribunal ; que la production par l'association, devant le Conseil d'État, de la délibération qui lui avait été demandée par le tribunal n'est pas de nature, alors même que cette délibération est antérieure au jugement attaqué, à régulariser la demande de première instance et à entacher d'irrégularité le jugement attaqué [...].

[**9**] Considérant qu'aux termes de l'article L. 316-1 du code des communes, dans la rédaction que lui a donnée la loi n° 85-97 du 25 janvier 1985 : « Sous réserve des dispositions du 16° de l'article L. 122-20, le conseil municipal délibère sur les actions à intenter au nom de la commune » ; qu'aux termes de l'article L. 122-20 du même code : « Le maire peut, en outre, par délégation du conseil municipal, être chargé, en tout ou en partie, et pour la durée de son mandat : [...] 16° d'intenter au nom de la commune les actions en justice ou de défendre la commune dans les actions intentées contre elle, dans les cas définis par le conseil municipal » ; qu'il résulte de ces dispositions que le conseil municipal peut légalement donner au maire une délégation générale pour ester en justice au nom de la commune pendant la durée de son mandat ;

Considérant qu'il résulte de ce qui précède que, nonobstant son caractère permanent et général, la délibération du 18 janvier 1992 par laquelle le conseil municipal de Roissy-en-Brie a autorisé le maire à intenter en son nom les actions en justice constitue une habilitation permettant à celui-ci d'introduire la présente requête [...].

[**10**] Considérant qu'aux termes de l'article 1934 du code général des impôts applicable à la date de la réclamation et codifié depuis à l'article R. 193-4 du livre des procédures fiscales :
« 1. Toute personne qui introduit ou soutient une réclamation pour autrui doit justifier d'un mandat régulier [...] Toutefois, il n'est pas exigé de mandat des avocats inscrits au barreau ni des personnes qui, en raison de leurs fonctions ou de leur qualité, ont le droit d'agir au nom du contribuable [...] » ; qu'il résulte de l'instruction que la réclamation adressée à l'administration le 28 septembre 1979 en vue d'obtenir la décharge des impositions en litige, si elle a été établie sur un papier à en-tête du cabinet de maître Tomasi, avocat à la cour de Paris auquel, en sa qualité de représentant à l'égard de l'administration des impôts de la société anonyme Quadriga dont le siège social est à Zoug (Suisse), avait été adressée la notification de redressements du 24 avril 1979, portait la seule signature de M. Henri Perreau signant « pour maître Tomasi », mais non inscrit au barreau ; qu'ainsi ladite réclamation n'avait pas été régulièrement signée ;
Considérant toutefois qu'aux termes du dernier alinéa de l'article R. 200-2 du Livre des procédures fiscales, dans la rédaction qu'il tient de l'article 1er-II du décret susvisé du 26 septembre 1985 en vigueur à la date du jugement attaqué, « les vices de forme prévus à l'article R. 193-3 a, b et d peuvent [...] être utilement couverts dans la demande adressée au tribunal administratif. Il en est de même pour le défaut de signature de la réclamation lorsque l'administration a omis d'en demander la régularisation dans les conditions prévues à l'article R. 197-3 c » ; que la demande présentée par la société anonyme Quadriga devant le tribunal administratif a été signée d'un avocat à la cour ; qu'ainsi le vice de forme entachant la réclamation de la société était couvert par la demande adressée au tribunal, à la date à laquelle celui-ci a statué [...].

[**11**] Considérant que l'irrecevabilité tirée de sa présentation par un mandataire autre que l'un de ceux mentionnés par l'article R. 108 précité du code des tribunaux administratifs et des cours administratives d'appel ne peut être opposée à une demande que si le requérant, d'abord invité par le tribunal à régulariser ladite demande soit par le recours au ministère d'un avocat si ce ministère est obligatoire, soit en signant lui-même ses écritures ou en ayant recours à un avocat dans les litiges énumérés par l'article R. 109 du même code, s'est abstenu de donner suite à cette invitation ; [...] que, par suite, c'est à tort que le tribunal, par le jugement attaqué, a retenu cette irrecevabilité sans que les requérants aient été préalablement invités à régulariser la demande irrégulièrement introduite en leur nom par l'Adiprovar [...].

La représentation du contribuable en matière fiscale

Art. R. 431-6 En matière fiscale, la représentation du contribuable est régie par les dispositions de l'article R.* 200-2 du livre des procédures fiscales ci-après reproduites :

« Art. R.*200-2 – Par dérogation aux dispositions des articles R. 431-4 et R. 431-5 du code de justice administrative, les requêtes au tribunal peuvent être signées d'un mandataire autre que ceux qui sont mentionnés à l'article R. 431-2 du même code. En ce cas, les dispositions de l'article R. 197-4 sont applicables.

Le demandeur ne peut contester devant le tribunal administratif des impositions différentes de celles qu'il a visées dans sa réclamation à l'administration.

Les vices de forme prévus aux a, b, et d de l'article R. 197-3 peuvent, lorsqu'ils ont motivé le rejet d'une réclamation par l'administration, être utilement couverts dans la demande adressée au tribunal administratif.

Il en est de même pour le défaut de signature de la réclamation lorsque l'administration a omis d'en demander la régularisation dans les conditions prévues au c du même article. »

Textes sources

– LPF, article R.* 200-2, § 1.
– Décret n° 2000-389 du 4 mai 2000, article 1er.
– Décret n° 2009-388 du 7 avril 2009, article 2.

La représentation des parties en matière de tarification sanitaire et sociale

Art. R. 431-6-1 Par dérogation aux dispositions des articles R. 431-4 et R. 431-5 du présent code, dans les litiges relatifs aux décisions mentionnées au VI de l'article L. 314-1 et aux articles L. 314-9 et L. 351-1 du code de l'action sociale et des familles, au douzième alinéa de l'article L. 6143-4 du code de la santé publique et à l'article L. 162-24-1 du code de la sécurité sociale, les parties peuvent se faire représenter par un mandataire autre que ceux mentionnés à l'article R. 431-2 du présent code, justifiant d'un mandat spécial et écrit.

Texte source

– Décret n° 2024-1168 du 6 décembre 2024, article 6.

La dispense du ministère d'avocat pour l'État

Art. R. 431-7 L'État est dispensé du ministère d'avocat soit en demande, soit en défense, soit en intervention.

Textes sources

– Code des TA et des CAA, article R. 111.
– Décret n° 2012-634 du 3 mai 2012, article 21.

Commentaires

Cette dispense n'est pas contraire au principe d'égalité (CE, 21 décembre 2001, Hofmann, n° 222862, *Lebon*, p. 653). Elle n'interdit pas à l'État de se faire représenter par avocat, et certains ministères recourent souvent à cette possibilité.

L'élection de domicile devant le tribunal administratif

Art. R. 431-8 Les parties non représentées devant un tribunal administratif par un avocat ou un avocat au Conseil d'État et à la Cour de cassation qui ont leur résidence en dehors du territoire de la République et en dehors de l'Union européenne, de l'Espace économique européen ou de la Suisse doivent faire élection de domicile sur le territoire de la République.

Textes sources

– Code des TA et des CAA, article R. 113.
– Décret n° 2015-1145 du 15 septembre 2015, article 18.
– Décret n° 2016-1480 du 2 novembre 2016, article 12.

Commentaires

L'obligation d'élection de domicile (qui s'applique devant les cours administratives d'appel par application de l'article R. 811-13 du Code de justice administrative) ne concerne que les parties non représentées. Elle est passablement désuète, la procédure étant écrite. Bien que l'on constate çà et là quelques rejets fondés sur la méconnaissance de cette obligation (par exemple : CE, 12 février 1997, Sid Layachi, n° 153556), force est de constater qu'elle est largement perdue de vue par les greffes des juridictions. Le tribunal doit inviter l'intéressé à faire élection de domicile. Faute pour le requérant de déférer à cette invitation, sa demande est irrecevable (même arrêt).

Le plus souvent cette élection s'effectue dans un cabinet d'avocat. Il est d'ailleurs jugé que, sauf stipulation contraire, le mandat donné à un conseil pour recevoir l'ensemble des actes d'une procédure administrative et y répondre « emporte élection de domicile auprès de ce mandataire » (CE, avis, 23 mai 2003, Ministre de l'Économie c/SA Imprimerie Riccobono, n° 253223, *Lebon*). La mention doit être expresse (CE, 27 octobre 2010, Ministre c/Amar, n° 327163, *Lebon* T. – CE, 19 juillet 2011, Société Mosaïque, n° 342717, *Lebon* T.). On voit difficilement pourquoi cette règle sage ne vaudrait pas pour les procédures contentieuses. D'ailleurs, le texte n'impose d'élection de domicile qu'aux « parties non représentées ».

Rien n'interdit d'élire domicile auprès d'une personne morale et, par exemple, d'une association (rép. min., *JO Sénat* du 24 mars 2005, p. 865).

Si elle a été effectuée antérieurement à l'acte qui déclenche un délai, l'élection de domicile a pour effet de faire perdre au requérant le bénéfice des délais de distance liés à son domicile propre (CE, 26 juillet 1985, SA Secrétariat général intérimaire Rhône-Alpes, n° 45051, *Lebon* T.). Mais tel n'est pas le cas si la personne étrangère dispose en France d'un mandataire général (CE, 6 juillet 1990, The Prudential Insurance Company, n° 77720, *Lebon ; RJF* 1990, n° 1170).

L'unification du régime de l'outre-mer et de la métropole a pour objet, notamment, d'éviter que des fonctionnaires, affectés outre-mer et alors en litige avec leur administration, ne doivent faire élection de domicile dans le ressort du tribunal d'outre-mer, s'ils sont mutés en métropole avant d'avoir introduit leur requête ; l'ancienne version du texte obligeait, en effet, à élection de domicile devant un tribunal d'outre-mer les parties qui n'avaient pas leur résidence dans le ressort de ce tribunal.

La représentation de l'État par le ministre intéressé

Art. R. 431-9 Sous réserve des dispositions de l'article R. 431-10 du présent code et des dispositions spéciales attribuant compétence à une autre autorité, en particulier au président de la Commission supérieure de la carte d'identité des journalistes professionnels, au directeur général du Centre national de gestion des praticiens hospitaliers et des personnels de direction de la fonction publique hospitalière, au directeur de l'agence régionale de santé ou au directeur d'un organisme de sécurité sociale, les recours, les mémoires en défense et les mémoires en intervention présentés au nom de l'État sont signés par le ministre intéressé.

Les ministres peuvent déléguer leur signature dans les conditions prévues par la réglementation en vigueur.

En outre, la compétence des ministres peut être déléguée par décret :

1° Aux chefs des services déconcentrés des administrations civiles de l'État dans les matières énumérées à l'article 33 du décret n° 2004-374 du 29 avril 2004 relatif aux pouvoirs des préfets, à l'organisation et à l'action des services de l'État dans les régions et les départements ;

2° Au préfet de zone, au préfet de région et au préfet dans les autres cas.

Textes sources

– Code des TA et des CAA, article R. 114.
– Décret n° 2003-616 du 4 juillet 2003, article 1er.
– Décret n° 2010-164 du 22 février 2010, article 54
– Décret n° 2012-1331 du 29 novembre 2012, article 4.
– Décret n° 2014-1767 du 31 décembre 2014, article 3.
– Décret n° 2020-1073 du 18 août 2020, article 1er.

Commentaires

Ce texte s'impose même si une personne publique a agi « pour le compte » de l'État, ou sur délégation de compétence de ce dernier, tel étant le cas de l'Agence nationale pour l'emploi agissant en matière de contrat-initiative-emploi (CE, avis, 19 mai 2006, Société FBL Services, n° 290080, *Lebon* T.).

Outre ce qui sera précisé sous l'article suivant, il convient de souligner que, au moins dans le contentieux de la légalité (et, peut-on penser, dans le contentieux de l'impôt), le défaut de qualité du signataire des observations en défense ne saurait influencer le sort du litige (CE, 15 juin 1990, Ruiz, n° 92618 [**1**]), sauf, doit-on estimer, si le défendeur a présenté des conclusions « incidentes », tendant par exemple à ce que le requérant soit condamné à lui verser des frais « irrépétibles », ou a opposé la prescription quadriennale. Voir les commentaires sous l'article R. 432-4.

Voir, au titre de décrets prévus au troisième alinéa, le décret n° 2004-1339 du 7 décembre 2004 conférant au préfet de zone compétence pour défendre devant le tribunal administratif dans certaines affaires, relatives aux actes de gestion de personnel (seul le ministre demeurant compétent pour interjeter appel).

Voir également le décret n° 2019-1024 du 4 octobre 2019 qui porte délégation de compétence au préfet de département pour représenter l'État devant le tribunal administratif dans les litiges relatifs aux attributions individuelles de dotation particulière relative aux conditions d'exercice des mandats locaux et de dotation relative à l'enregistrement des demandes et à la remise des titres sécurisés.

On note que l'article L. 1432-2 du Code de la santé publique substitue au préfet le directeur de l'agence régionale de santé pour les affaires relevant de ce code, ce dont rend compte la rédaction de l'article R. 431-9 issue du décret n° 2012-1331 du 29 novembre 2012.

Si un mémoire est signé pour le ministre et par délégation, il appartient au tribunal, si, en l'absence de toute contestation relative à cette délégation, il a un doute sur la qualité du signataire de ce mémoire, de faire usage de ses pouvoirs d'instruction et d'inviter le signataire à justifier de sa qualité (CE, 8 février 2012, Ministre de la Défense c/Hadi, n° 339256, *Lebon* T.). Le décret n° 2020-1073 du 18 août 2020 tire les conséquences de la réforme des contentieux sociaux et organise la représentation de l'État par les organismes de sécurité sociale, lorsque ces organismes versent des prestations pour le compte de l'État. Les commissions d'aide sociale ont disparu à compter du 1er janvier 2019, le contentieux étant réparti entre juge judiciaire et juge administratif (loi n° 2016-1547 du 18 novembre 2016 de modernisation de la justice du XXIe siècle, art. 12 ; ordonnance n° 2018-358 du 16 mai 2018 relative au traitement juridictionnel du contentieux de la sécurité sociale et de l'aide sociale ; voir les commentaires sous CJA, art. R. 432-4). Avant l'entrée en vigueur du décret du 18 août 2020, l'État était représenté par le préfet et le ministre et, depuis cette entrée en vigueur, par le directeur de l'organisme devant le TA et par le ministre en cassation (CE, 30 décembre 2021, n° 448688, *Lebon* T.).

Jurisprudence

[1] Considérant enfin que la circonstance que le signataire des observations présentées au nom de l'État devant le Conseil d'État n'aurait pas disposé d'une délégation de signature régulière serait, à la supposer établie, sans incidence sur la légalité de la décision attaquée, dont Mme Ruiz n'est, dès lors, pas fondée à demander l'annulation [...].

La représentation de l'État par une autorité autre que le ministre intéressé

Art. R. 431-10 L'État est représenté en défense par le préfet ou le préfet de région lorsque le litige, quelle que soit sa nature, est né de l'activité des administrations civiles de l'État dans le département ou la région, à l'exception toutefois des actions et missions mentionnées à l'article 33 du décret n° 2004-374 du 29 avril 2004 relatif aux pouvoirs des préfets, à l'organisation et à l'action des services de l'État dans les régions et les départements.

Devant les tribunaux administratifs de la Polynésie française et de Nouvelle-Calédonie, les recours, les mémoires en défense et les mémoires en intervention présentés au nom de l'État sont signés soit par le ministre chargé de l'outre-mer ou son délégué, soit par le représentant de l'État ou son délégué.

Devant les tribunaux administratifs de Mayotte, de Saint-Barthélemy, de Saint-Martin et de Saint-Pierre-et-Miquelon, les recours, les mémoires en défense et les mémoires en intervention présentés au nom de l'État sont signés soit par le ministre chargé de l'outre-mer ou son délégué, soit par le représentant de l'État ou son délégué.

Devant le tribunal administratif de Wallis-et-Futuna, les recours, les mémoires en défense et les mémoires en intervention présentés au nom de l'État sont signés soit par le ministre chargé de l'outre-mer ou son délégué, soit par l'administrateur supérieur ou son délégué.

En ce qui concerne les Terres australes et antarctiques françaises, les recours, les mémoires en défense et les mémoires en intervention présentés au nom de l'État ou de la collectivité sont signés par l'administrateur supérieur ou son délégué.

Textes sources

- Code des TA et des CAA, article R. 115.
- Décret n° 2004-2 du 2 janvier 2004, article 2-7°.
- Décret n° 2005-1611 du 20 décembre 2005, article 3.
- Décret n° 2008-452 du 13 mai 2008, article 13.
- Décret n° 2010-1562 du 14 décembre 2010, article 8.
- Décret n° 2015-1145 du 15 septembre 2015, article 22.

Commentaires

La représentation de l'État devant les tribunaux administratifs (CJA, art. R. 431-9 et R. 431-10), telle qu'elle résulte du décret n° 87-787 du 23 septembre 1987, n'a pu échapper à un minimum de complication.

S'agissant de l'activité des administrations civiles de l'État dans la région ou le département, le préfet assure cette représentation, sauf en ce qui concerne les matières qui étaient exclues de son champ de compétence en vertu des décrets du 29 avril 2004, soit essentiellement :

- les missions relatives au contenu et à l'organisation de l'action éducative, et à la gestion des personnels et établissements qui y concourent ;
- les actions d'inspection de la législation du travail ;
- le paiement des dépenses publiques ;
- la détermination de l'assiette et recouvrement des impôts et recettes publiques ;
- les modalités d'établissement des statistiques.

On doit, bien que le texte de l'article R. 431-10 n'en fasse pas expressément état, ajouter à la liste de ces exclusions les missions à caractère juridictionnel (qui ne sont pas exercées par une « administration » au sens strict du terme), et sans doute celles assurées par les services, même administratifs, relevant du ministère de la Justice (voir CE, 31 mars 2008, Garde des Sceaux c/Barcos, s'agissant des maisons d'arrêt).

Pour toutes les actions dans lesquelles est impliqué l'État et qui n'entrent pas dans le champ de la représentation par un préfet, c'est le ministre intéressé (ou celui qui a reçu délégation de sa signature, dans les conditions du droit commun, c'est-à-dire celles qui résultent du décret du 27 juillet 2005) qui doit représenter l'État, sauf à des décrets à avoir transféré cette compétence aux chefs de services extérieurs dans les matières énumérées ci-dessus, ou aux préfets dans les autres cas.

On ne saurait oublier que, dans le contentieux de la décentralisation, c'est le préfet qui représente l'État devant le tribunal administratif.

On rappelle, comme à propos de l'article précédent, que les articles 7 du décret n° 82-389 et 6 du décret n° 82-390 ont été abrogés.

Ces règles de représentation s'appliquent dans le cas où une personne publique ou privée agit pour le compte de l'état (CE, 13 mars 2019, Caisse d'allocations familiales de Paris, n° 418469, *Lebon* T. – CE, 4 février 2019, Lakhal, n° 415561, *Lebon* T.), sauf dispositions spéciales (CE, 9 février 2018, Agence nationale de sécurité du médicament et des produits de santé, n° 414845, *Lebon* T.).

La représentation de l'État dans les litiges concernant les refus de naturalisation

Art. R. 431-10-1 Par dérogation aux dispositions de l'article R. 431-10, l'État est représenté en défense par le ministre chargé des naturalisations dans les litiges relatifs aux décisions prises en application des articles 43 et 44 du décret n° 93-1362 du 30 décembre 1993.

Texte source

– Décret n° 2010-725 du 29 juin 2010, article 8.

Commentaires

Le souci d'adopter devant les juridictions une démarche uniforme explique le refus de déconcentrer le contentieux né des refus, par les préfets, en application des articles 43 et 44 du décret n° 93-1362 du 30 décembre 1993, de donner une suite favorable à des demandes de naturalisation.

CHAPITRE 1 *BIS* La représentation des parties devant la cour administrative d'appel

L'obligation d'avocat devant la cour administrative d'appel

Art. R. 431-11 Les requêtes et les mémoires doivent, à peine d'irrecevabilité, être présentés soit par un avocat, soit par un avocat au Conseil d'État et à la Cour de cassation.

Toutefois, ces dispositions ne sont pas applicables aux recours pour excès de pouvoir ni aux demandes d'exécution d'un arrêt définitif.

La signature des requêtes et mémoires par l'un de ces mandataires vaut constitution et élection de domicile chez lui.

Texte source

– Décret n° 2013-409 du 17 mai 2013, article 1er.

La dispense d'avocat pour l'État

Art. R. 431-12 L'État est dispensé du ministère d'avocat soit en demande, soit en défense, soit en intervention.

Les recours, les mémoires en défense et les mémoires en intervention présentés au nom de l'État sont signés par le ministre intéressé.

Texte source

– Décret n° 2013-409 du 17 mai 2013, article 1er.

La représentation de l'État par le préfet en matière d'éolienne

Art. R. 431-12-1 Par dérogation aux dispositions de l'article R. 431-12, le préfet présente devant la cour administrative d'appel les mémoires et observations produits au nom de l'État lorsque le litige est né de l'activité des services de la préfecture et porte sur les décisions mentionnées à l'article R. 311-5 relatives aux installations de production d'électricité utilisant l'énergie mécanique du vent classées au titre de l'article L. 511-2 du code de l'environnement, à leurs ouvrages connexes, ainsi qu'aux ouvrages de raccordement propres au producteur et aux premiers postes du réseau public auxquels ils sont directement raccordés.

Texte source

– Décret n° 2023-372 du 15 mai 2023, article 1er.

L'applicabilité des dispositions relatives aux tribunaux

Art. R. 431-13 Sont en outre applicables devant les cours administratives d'appel les dispositions des articles R. 431-1, R. 431-4, R. 431-5 et R. 431-8 applicables devant les tribunaux administratifs.

Texte source

– Décret n° 2013-409 du 17 mai 2013, article 1er.

Commentaires

Ces textes régissent également la procédure de première instance devant les cours administratives d'appel. On notera que, mis à part les recours pour excès de pouvoir, l'obligation d'avocat y est systématique, sauf, comme il est habituel, pour l'État.

S'agissant de la représentation de l'État devant la cour, juge de première instance, sont à signaler des règles particulières de représentation. Dans le contentieux de l'aménagement commercial, l'État est représenté par le président de la CNAC (C. com., art. R. 751-8). Dans le contentieux de l'aménagement cinématographique, l'État est représenté par le président de la CNACi (art. R. 212-6-10 du Code du cinéma et de l'image animée).

CHAPITRE 2 La représentation des parties devant le Conseil d'État

La signature des requêtes et mémoires présentés devant le Conseil d'État par un avocat au Conseil d'État

Art. R. 432-1 La requête et les mémoires des parties doivent, à peine d'irrecevabilité, être présentés par un avocat au Conseil d'État.

Leur signature par l'avocat vaut constitution et élection de domicile chez lui.

Texte source

– Ordonnance n° 45-1708 du 31 juillet 1945, article 41.

Commentaires

Le monopole ici institué au bénéfice des avocats au conseil d'État ne méconnaît pas le droit au procès équitable, et ne porte pas d'atteinte injustifiée à l'égalité de traitement entre avocats (CE, 28 septembre 2016, Boda, n° 397231, *Lebon* T.). Sur les effets de ce monopole, voir l'avis de l'Autorité de la concurrence du 23 mars 2021 (avis n° 21-A-02 du 23 mars 2021 relatif à la liberté d'installation et à des recommandations de créations d'offices d'avocat au Conseil d'État et à la Cour de cassation, *JORF* n° 0084 du 9 avril 2021).

Les exceptions à l'intervention d'un avocat au Conseil d'État

Art. R. 432-2 Toutefois, les dispositions de l'article R. 432-1 ne sont pas applicables :

1° Aux recours pour excès de pouvoir contre les actes des diverses autorités administratives ;

2° Aux recours en appréciation de légalité ;

3° Aux litiges en matière électorale ;

4° Aux litiges concernant la mise en œuvre des techniques de renseignement et des fichiers intéressant la sûreté de l'État relevant du chapitre III bis du titre VII du livre VII ;

5° Aux demandes d'exécution présentées en application du livre IX.

Dans ces cas, la requête doit être signée par la partie intéressée ou son mandataire.

Les dispositions de l'article R. 432-1 ne sont pas non plus applicables aux mémoires des parties sur les saisines de l'autorité judiciaire en application de l'article 49 du ccode de procédure civile et portant sur une appréciation de légalité.

Textes sources

– Ordonnance n° 45-1708 du 31 juillet 1945, article 42.

– Décret n° 2015-233 du 27 février 2015, article 47.

– Décret n° 2015-1211 du 1er octobre 2015, article 2.
– Décret n° 2019-82 du 7 février 2019, article 25.
– Décret n° 2019-1502 du 30 décembre 2019, article 5.

Commentaires

Le dernier alinéa tire les conséquences du dispositif issu du décret du 27 février 2015, selon lequel c'est désormais la juridiction qui, se heurtant à une question préjudicielle, en saisit celle de l'autre ordre, au lieu qu'auparavant, elle se bornait à inviter les parties à saisir cette dernière de la question ainsi posée.

La dispense d'avocat au Conseil d'État pour certains recours concernant la Nouvelle-Calédonie et la Polynésie française

Art. R. 432-3 Les recours prévus aux articles 113, 116, 130 et 197 de la loi organique n° 99-209 du 19 mars 1999 relative à la Nouvelle-Calédonie et ceux prévus aux articles 82, 116, 117 et 123 de la loi organique n° 2004-192 du 27 février 2004 portant statut d'autonomie de la Polynésie française peuvent être formés sans l'intervention d'un avocat au Conseil d'État et à la Cour de cassation.

Textes sources

– Décret n° 99-1068 du 14 décembre 1999, article 2.
– Décret n° 2005-1611 du 20 décembre 2005, article 3.

La dispense d'avocat pour l'État devant le Conseil d'État

Art. R. 432-4 L'État est dispensé du ministère d'avocat au Conseil d'État soit en demande, soit en défense, soit en intervention.

Les recours et les mémoires, lorsqu'ils ne sont pas présentés par le ministère d'un avocat au Conseil d'État, doivent être signés par le ministre intéressé ou par le fonctionnaire ayant reçu délégation à cet effet.

Texte source

– Ordonnance n° 45-1708 du 31 juillet 1945, article 43.

Commentaires

On rappelle que la question de savoir si un mémoire en défense est signé ou non par une personne habilitée à le faire au nom du ministre est normalement sans effet sur la légalité de l'acte attaqué (CE, 15 juin 1990, Ruiz, n° 92618, voir art. R. 431-9). Cette règle ne peut valoir pour les demandes, présentées en défense, d'allocation de frais irrépétibles ou pour la présentation d'un mémoire opposant la prescription quadriennale (CE, 8 février 2012, Ministre de la Défense c/Hadi, n° 339256, *Lebon* T.). La dispense d'avocat pour l'État s'étend aux procédures de cassation, malgré le silence sur ce point de l'article R. 821-3.

Ces règles de représentation s'appliquent dans le cas où une personne publique ou privée agit pour le compte de l'état (CE, 13 mars 2019, Caisse d'allocations familiales de Paris, n° 418469, *Lebon* T. – CE, 4 février 2019, Lakhal, n° 415561, *Lebon* T.), sauf dispositions spéciales (CE, 9 février 2018, Agence nationale de sécurité du médicament et des produits de santé, n° 414845, *Lebon* T.). Un maire ne peut présenter des conclusions au nom de l'État dans un litige relatif à une demande de communication de listes électorales (CE, 27 mars 2023, n° 465736, *Lebon* T.), mais il est recevable à interjeter appel devant le Conseil d'État du jugement rendu sur déféré préfectoral formé sur le fondement de l'ancien article R. 12 du Code électoral, contre les opérations de révision d'une liste électorale (CE, sect. 13 décembre 2002, Maire de Saint-Jean-d'Eyraud, n° 242598, *Lebon*, p. 459). S'agissant de la représentation de l'État devant le Conseil d'État, sont à signaler des règles particulières de représentation. Dans le contentieux de l'aménagement commercial, l'État, en l'absence de pouvoir hiérarchique du ministre, est représenté par le président de la CNAC (CE, 22 novembre 2021, Société Taninges Distribution et Commission nationale d'aménagement commercial, n°s 441118 et 442107, *Lebon* T.). À comparer avec CE, 30 décembre 2021, Ministre des solidarités et de la santé, n° 448688, *Lebon* T. jugeant que si les directeurs des organismes de sécurité sociale sont compétents, depuis l'entrée en vigueur du décret n° 2020-1073 du 18 août 2020, pour représenter l'État devant le tribunal administratif dans les litiges relatifs aux décisions qu'ils prennent pour son compte concernant les prestations, allocations ou droits attribués au titre de l'aide ou de l'action sociale en application du Code de l'action sociale et des familles, le ministre chargé des Affaires sociales, auquel les jugements statuant sur ces demandes doivent être notifiés, conserve seul qualité pour se pourvoir en cassation contre et pour défendre devant le Conseil d'État l'organisme de sécurité sociale ne pouvant, s'il y a lieu, être mis en cause devant le Conseil d'État qu'en qualité d'observateur (Voir CJA, art. R. 431-9). Enfin, les dispositions du Code de justice administrative relatives à la représentation de l'État devant les juridictions administratives sont écartées pour les autorités administratives indépendantes ne disposant pas de la personnalité morale (CE, 29 juillet 2020, Autorité de contrôle des nuisances sonores aéroportuaires c/Société Air Horizont Limited, n° 432969, *Lebon* T.) et pour l'Agence française de lutte contre le dopage appelée en cause pour observations (CE, 20 mars 2020, Agence française de lutte contre le dopage, n° 429427, *Lebon* T.).

TITRE IV **L'aide juridictionnelle**

Le présent titre ne comprend pas de dispositions législatives.

L'aide juridictionnelle

Art. R. 441-1 Les parties peuvent, le cas échéant, réclamer le bénéfice de l'aide juridictionnelle prévue par la loi n° 91-647 du 10 juillet 1991 relative à l'aide juridique.

Texte source

– Code des TA et des CAA, article R. 112.

Commentaires

Depuis la loi n° 91-647 du 10 juillet 1991 et son décret d'application n° 91-1266 du 19 décembre 1991, lequel a été jugé compétemment édicté (CE, 14 mars 2018, Société Château des vieilles caves, n° 415956, *Lebon* T.), l'aide judiciaire est devenue « aide juridictionnelle ». Ce décret est aujourd'hui abrogé et remplacé par le décret n° 2020-1717 du 28 décembre 2020 (*JORF* n° 0314 du 29 décembre 2020). Le barème de cette aide a été modifié en dernier lieu par le décret n° 2021-810 du 24 juin 2021 portant diverses dispositions en matière d'aide juridictionnelle et d'aide à l'intervention de l'avocat dans les procédures non juridictionnelles. Un décret n° 2020-1535 du 7 décembre 2020 fixe la liste et le ressort des bureaux d'aide juridictionnelle. Un décret n° 2020-653 du 29 mai 2020 a prévu diverses mesures liées à l'état d'urgence sanitaire en matière d'aide juridictionnelle et d'aide à l'intervention de l'avocat. Ce régime exceptionnel a été modifié par le décret n° 2020-1001 du 7 août 2020. Un arrêté du 30 décembre 2020 (*JORF* n° 0001 du 1er janvier 2021) définit le contenu du formulaire de demande d'aide juridictionnelle et à la liste des pièces à y joindre, notamment l'avis d'imposition ou de non-imposition. Comme on l'a dit (voir sous CJA, art. R. 421-5), la demande d'une telle aide interrompt le délai de recours contentieux, y compris le « délai intercopie » (CE, 31 mars 2017, Durudaud, n° 399123, *Lebon* T.), sauf procédures spéciales (CE, 16 octobre 2017, Akanbi, n° 411169, *Lebon* T. – CE, 12 juillet 2017, Nishori, n° 410186, *Lebon* T.), comme d'ailleurs le délai d'appel, ou encore le délai de prescription pourvu qu'elle ait été formée dans ce délai, lequel ne peut plus ensuite être interrompu par un recours administratif (CE, 26 septembre 1986, Saadi, n° 58732, *Lebon*, p. 669 [**1**]), interruption de délai qui dure jusqu'à décision définitive du bureau d'aide juridictionnelle (ou jusqu'à la notification de la décision prise sur recours, si cette notification est postérieure à la date à laquelle la décision devient définitive : CE, 28 décembre 2016, Emma, n° 397598, *Lebon* T. – CE sect., avis, 28 juin 2013, Davodi, n° 363460, *Lebon* – CE 1er juillet 2020, Paulo Calado, n° 426203, *Lebon*, sous le régime résultant du décret n° 2016-1876 du 27 décembre 2016). Si un avocat est désigné, l'interruption du délai de recours dure jusqu'à cette désignation (CE, 16 mars 2001, Bah, n° 205836, *Lebon*), par quoi il faut entendre jusqu'à la date à laquelle l'intéressé est informé du nom de l'avocat désigné pour l'assister (CAA Lyon, 28 juin 2001,

Plancher, n° 97LY00384). Le refus de l'avocat ainsi désigné interrompra à nouveau le délai (CE, 8 février 1999, Tafani, n° 196045), sauf s'il intervient lui-même après expiration du délai (CE, 29 septembre 2004, Dubois, n° 247700). Dans le cas où l'auxiliaire de justice désigné est remplacé le délai recommence à courir à compter de cette nouvelle désignation (CE, 6 juin 2018, Mohamadi, n° 413511, *Lebon* T.).

On rappelle que « aucun texte ni aucun principe n'implique que le délai de recours contentieux interrompu par la demande d'aide juridictionnelle ne recommence à courir qu'à la condition que le demandeur en soit préalablement informé » (CE, 5 octobre 2015, Romain, n° 387048, *Lebon* T.). Cette dernière jurisprudence revient sur la position précédemment arrêtée (CE sect., 28 juillet 2000, M. E. A., n° 151068, *Lebon*, p. 347 – voir commentaires sous l'article R. 421-5).

Les difficultés pour un requérant d'obtenir l'aide juridictionnelle sont sans influence sur la régularité de la procédure suivie devant la juridiction. Est donc inopérant le moyen tiré de ce que le texte en application duquel a été refusé le bénéfice de cette aide serait contraire à une convention internationale (CE, 15 mai 2000, Abd El Hameid, n° 159706, *Lebon*, cité sous l'article R. 431-2). Il est à souligner que, si l'aide a été accordée pour un litige présenté devant une juridiction incompétente, une nouvelle demande d'aide juridictionnelle, inutile, n'interromprait pas à nouveau ce délai (CE, 19 mars 1993, Taugourdeau, n° 112517, *Lebon* [**2**]).

Saisie d'une demande d'aide juridictionnelle, et sauf irrecevabilité manifeste insusceptible d'être couverte en cours d'instance, la juridiction doit surseoir à statuer et transmettre cette demande au bureau d'aide juridictionnelle compétent : c'est une manifestation du « droit constitutionnellement garanti à toute personne à un recours effectif devant une juridiction » (CE, avis, 6 mai 2009, Khan, n° 322713, *Lebon* – Cass. soc., 27 septembre 2005, n° 04-40617, *Bull.*).

C'est pour assurer totalement le respect de ce droit que le Conseil d'État a décidé que, au cas où l'avocat désigné n'effectue pas les diligences nécessaires (par exemple, ne dépose pas un mémoire motivé régularisant un appel dépourvu de motivation), la juridiction doit le mettre en demeure d'y procéder et, en cas de carence persistante, de la porter à la connaissance du requérant, afin de le mettre en mesure, le cas échéant, de choisir un autre représentant (CE, 9 avril 2015, Hassine, n° 378595, *Lebon* T.).

L'existence d'une demande d'aide juridictionnelle formée avant la clôture de l'instruction, et sur laquelle le bureau ne s'est pas prononcé, interdit en principe à la juridiction de statuer sur le litige (CE, 26 avril 1978, Rivière, n° 3830, *Lebon*, p. 191 [**3**]), et le jugement rendu en méconnaissance de cette règle sera irrégulier même si la juridiction n'a pas été avisée de l'existence de cette demande (CE, 4 mars 1994, Murugiah, n° 119239, *Lebon* T.). Cette question doit être relevée d'office par la juridiction saisie de ce jugement (CE, avis, 6 mai 1989, Khan préc.). Il n'en va autrement que si la requête est entachée d'une irrégularité insusceptible d'être couverte en cours d'instance (CE, 5 novembre 1982, Roturier, n° 28476 [**4**] – CE, 5 juillet 2004, Grand, n° 245216, *Lebon*), circonstance à laquelle on peut sans doute ajouter les cas dans lesquels l'issue du litige est certaine, et non susceptible d'être modifiée par l'intervention d'un avocat, si qualifié soit-il (par exemple, incompétence de la juridiction administrative).

Une fois formée et acceptée une demande d'aide juridictionnelle, le juge doit laisser à l'avocat désigné un délai raisonnable avant d'audiencer l'affaire ou de clore l'instruction (CAA Lyon, 8 janvier 1991, Roche, n° 99LY01075 [**5**]).

La loi du 10 juillet 1991 appelle, sur le plan financier, des réactions spontanées du juge, qui doit donc les effectuer d'office. Ainsi, son article 43 prévoit-il que le juge peut dispenser, pour des considérations tirées de l'équité ou de la situation économique de cette partie, la partie perdante de l'obligation de rembourser au Trésor public tout ou partie des sommes exposées par l'État au titre de l'aide juridictionnelle apportée à la partie gagnante (voir les commentaires sous l'article L. 761-1). Et son article 46 prévoit à l'inverse que « lorsque le juge estime que la procédure engagée par le demandeur bénéficiant de l'aide juridictionnelle est dilatoire ou abusive, il peut le condamner à rembourser en tout ou partie les sommes exposées par l'État au titre de l'aide juridictionnelle ». Il peut également prononcer dans cette hypothèse le retrait de l'aide juridictionnelle, alors que, si la décision d'aide a été acquise au vu de pièces inexactes, seul le bureau d'aide juridictionnelle a compétence pour opérer ce retrait (CE, avis contentieux, 2 décembre 2015, Al Moosawi, n° 391760, *Lebon* T.). Les articles 50 et 51 de la loi n° 91-647 du 10 juillet 1991 prévoient que le juge doit, dans l'intérêt d'une bonne administration de la justice, prononcer le retrait total de l'aide juridictionnelle accordée pour une requête lorsqu'il juge celle-ci abusive ou dilatoire. Lorsqu'il est prononcé d'office, un tel retrait traduit la mise en œuvre d'un pouvoir propre du juge qui, lorsqu'il en fait usage, ne soulève pas d'office un moyen d'ordre public et n'est, en conséquence, pas de tenu de procéder à la communication prescrite par l'article R. 611-7 du CJA (CE, 5 mai 2022, Bouabdallah, n° 455860, *Lebon* T.). Toutefois, lorsqu'un ou plusieurs bénéficiaires de l'aide juridictionnelle présentent, dans une ou plusieurs instances, les mêmes conclusions en demande ou en défense conduisant le juge à trancher des questions identiques, l'avocat les représentant au titre de l'aide juridictionnelle réalise à leur égard une seule et même mission, ce qui ne peut justifier une mesure de retrait à l'égard du bénéficiaire (même décision), mais peut justifier une diminution de la rétribution de l'avocat qui pourrait être contestée par la voie d'un recours de plein contentieux (CE, avis, 18 janvier 2017, Launois-Flacelière, n° 398918, *Lebon*, p. 9). On n'a pas le sentiment que les juridictions fassent un usage immodéré de ces dispositions.

Le contentieux des mesures prises par l'État pour obtenir de la partie perdante remboursement des sommes qu'il a exposées au titre de l'aide juridictionnelle (lesquelles incorporent, s'il y a lieu, les frais d'expertise : CE, 30 décembre 2016, Marlier-Bion, n° 387354, *Lebon* T.) relève, si le litige a été soumis à la juridiction judiciaire, de la compétence de cette dernière, comme se rattachant « au fonctionnement du service public de la justice judiciaire » (TC, 4 juillet 2016, Sarl Enduro, n° C4062, *Lebon* T.). Comme pour les décisions juridictionnelles, il résulte des principes généraux qui gouvernent le fonctionnement des juridictions administratives que les justiciables auxquels des décisions d'administration judiciaire prises en matière d'aide juridictionnelle ont causé un préjudice peuvent en obtenir réparation en cas de faute lourde (CE, 7 mai 2025, n° 489396, *Lebon* T.).

Jurisprudence

[1] Considérant qu'il n'est pas contesté que, pour attaquer la décision en date du 15 février 1982 du préfet de police de Paris, M. Mohamed Saadi a d'abord présenté, le 3 mars 1982, une demande d'aide judiciaire ; qu'à la suite de la décision accordant à l'intéressé le bénéfice de cette aide, notifiée le 27 mai 1982, la requête de M. Mohamed Saadi devant le tribunal administratif de Paris n'a été enregistrée que le 13 décembre 1982 ; que le recours gracieux introduit le 20 juillet auprès du préfet de police de Paris ne pouvait avoir pour effet de conserver le délai du recours contentieux qui avait commencé à courir le 27 mai 1982 ; que, par suite, la demande présentée au tribunal administratif de Paris était tardive et, par conséquent, irrecevable [...].

[2] Considérant qu'il ressort des pièces du dossier qu'à la suite de l'arrêt de la cour d'appel d'Angers se déclarant incompétente pour connaître du litige l'opposant à l'administration des télécommunications, notifié au plus tard le 28 juin 1984, M. Taugourdeau, qui bénéficiait de l'aide judiciaire totale, a saisi le tribunal administratif de Nantes le 15 mai 1985, soit plus de deux mois après la notification de l'arrêt de la cour d'appel ; que la nouvelle demande qu'il a présentée au bureau d'aide judiciaire près le tribunal administratif de Nantes n'a pas prorogé à son profit le délai du recours ; qu'il suit de là qu'en jugeant que la demande de première instance de M. Taugourdeau était tardive et, par suite, irrecevable, la cour administrative d'appel de Nantes n'a pas commis d'erreur de droit [...].

[3] Considérant que le tribunal administratif de Grenoble saisi par le sieur Rivière d'une demande tendant à la condamnation de la commune de Reilhanette à la réparation des dommages causés à sa propriété a été avisé après l'envoi à l'intéressé de l'avis d'inscription de son affaire à l'audience, mais avant la clôture de l'instruction, que ledit sieur Rivière avait réclamé le bénéfice de l'aide judiciaire ; que, dans ces conditions, ce tribunal ne pouvait, sans méconnaître les règles générales de procédure applicables devant cette juridiction, refuser de différer le jugement de l'affaire jusqu'à ce qu'il ait été statué sur la demande d'aide judiciaire du requérant [...].

[4] Considérant que la demande, enregistrée au greffe du tribunal administratif de Nantes le 14 mars 1978, était tardive et, par suite, non recevable ; que, dans ces conditions, en admettant même que le requérant ait entendu réclamer le bénéfice de l'aide judiciaire dans un mémoire enregistré au greffe du tribunal administratif le 20 juin 1979, ce tribunal a pu, en raison du caractère manifeste de cette tardiveté, statuer sur la requête de M. Roturier sans transmettre sa demande d'aide judiciaire aux instances compétentes [...].

[5] Considérant que, par ordonnance du 11 janvier 1988 prise en application de l'article R. 159 du code des tribunaux administratifs et des cours administratives d'appel alors applicable, le président du tribunal administratif de Grenoble a décidé que l'instruction serait close le 1er février 1988 ; que par courrier du 17 janvier 1988, enregistré au greffe du tribunal administratif le 21 janvier 1988, M. Roche faisait valoir que, sa demande d'aide judiciaire déposée au mois de septembre 1987 n'ayant pas encore reçu de réponse, aucune clôture d'instruction ne pouvait intervenir tant que le bureau d'aide judiciaire ne s'était pas prononcé ; qu'en ne procédant pas au vu de cette demande à la réouverture de l'instruction pour permettre à M. Roche de présenter des observations par l'intermédiaire d'un avocat, au titre de l'aide judiciaire totale qui lui a été accordée le 12 janvier 1988, le tribunal administratif a méconnu le caractère contradictoire de la procédure ; que son jugement du 10 juin 1988 doit de ce fait être annulé [...].

Livre V

Le référé

TITRE I Le juge des référés

Le présent titre ne comprend pas de dispositions réglementaires.

La mission du juge des référés

Art. L. 511-1 Le juge des référés statue par des mesures qui présentent un caractère provisoire. Il n'est pas saisi du principal et se prononce dans les meilleurs délais.

Textes sources

– Ordonnance n° 2000-387 du 4 mai 2000, article 1er.
– Loi n° 2000-597 du 30 juin 2000, article 2.

Commentaires

Le contenu des articles L. 551-2 et L. 551-18 ne permet plus de prétendre que le juge des référés ne prend que des mesures qui présentent un caractère provisoire… Si, eu égard à leur caractère provisoire, les décisions du juge des référés n'ont pas, au principal, l'autorité de la chose jugée, elles sont néanmoins, conformément au principe rappelé à l'article L. 11 du Code de justice administrative, exécutoires et, en vertu de l'autorité qui s'attache aux décisions de justice, obligatoires (CE sect., 7 octobre 2016, Commune de Bordeaux, n° 395211, *Lebon* – CE, 22 juillet 2020, Société immobilière Massimi, n° 426210, *Lebon* T.). Lorsque le juge des référés a suspendu l'exécution d'une sanction en raison de son caractère disproportionné, l'autorité compétente peut, sans, le cas échéant, attendre qu'il soit statué sur le recours en annulation, prendre une nouvelle sanction, plus faible que la précédente, sans méconnaître ni le caractère exécutoire et obligatoire de l'ordonnance de référé, ni le principe général du droit selon lequel une autorité administrative ne peut sanctionner deux fois la même personne à raison des mêmes faits, ce sans préjudice de l'obligation de retirer l'une ou l'autre des sanctions en cas de rejet du recours tendant à l'annulation de la sanction initialement prononcée (CE, sect., 22 décembre 2023, n° 462455, *Lebon*).

L'intérêt principal de cet article est de souligner que le juge des référés n'est normalement pas saisi du principal, ce qui devrait lui permettre en principe de siéger lors de l'examen ultérieur de l'affaire de fond à laquelle peut être rattachée la demande de référé. On sait que, pour la Cour de cassation, le juge s'étant prononcé sur une demande de référé-provision ne peut plus siéger lors du jugement de l'affaire au fond. C'est pour éviter semblable incompatibilité que le législateur a retenu la définition du juge des référés administratifs.

L'expérience a toutefois obligé à nuancer l'affirmation législative d'absence d'incompatibilité. En premier lieu, les juges des référés conduits à porter, en cette qualité, une appréciation sur la légalité d'une décision, ont pris pour règle de se déporter dans le litige principal, faisant application de l'article R. 721-1. En second lieu, la cour administrative d'appel de Bordeaux a posé en principe que lorsque le juge du référé-suspension de l'article R. 521-1 a pris position sur la validité des moyens d'annulation, il ne peut participer à la formation de jugement statuant sur la légalité de la décision (CAA Bordeaux, 18 novembre 2003, Brada, n° 02BX00018, *Lebon* ; *AJDA* 2004, p. 98). Position modérément tempérée par le Conseil d'État : si ce dernier écarte toute incompatibilité *de principe* entre les fonctions de juge des référés et de juge du fond de la même affaire, il réserve l'hypothèse où l'exercice de la fonction de juge des référés pourrait susciter, de facto, un doute sur l'impartialité du magistrat appelé, ensuite, à participer au jugement du fond (CE sect., 12 mai 2004, Commune de Rogerville, n° 265184, *Lebon*, p. 223 [**1**] – CE, 30 janvier 2017, Colombo, n° 394206, *Lebon* T.). Ces doutes naîtront notamment lorsque le juge des référés aura estimé que tel ou tel moyen crée un doute sérieux sur la légalité de la décision contestée, ou que la demande d'annulation est tardive, ou encore qu'une obligation est – ou n'est pas – sérieusement contestable, ou encore aura, pour caractériser l'absence d'urgence, préjugé de l'issue du litige au fond (CE, 7 novembre 2012, Gaigne, n° 334424). Identiquement, le juge des référés qui, pour écarter une demande de provision, constate qu'une convention d'occupation du domaine public est caduque, ne saurait se prononcer sur la demande d'expulsion de l'occupant du domaine public en cause présentée au titre du référé-mesures utiles (CE, 7 décembre 2006, Sene, n° 294218). La même règle est appliquée si le même magistrat est appelé à se prononcer à nouveau sur une nouvelle demande de suspension de la même décision. Ainsi, le 2 novembre 2005, le Conseil d'État jugeait que ne pouvait pas juger la seconde demande le magistrat qui avait, dans sa première ordonnance, « indiqué par avance la solution qui pourrait être réservée à une nouvelle demande de suspension », et avait ainsi méconnu le principe d'impartialité (CE, 2 novembre 2005, Fayant, n° 279660, *Lebon*, p. 466). Un raisonnement identique a été tenu en matière de référé de l'article L. 521-3 (CE, 7 décembre 2006, Sene, *préc.*). Identiquement, le juge ayant, au titre d'un référé précontractuel, annulé la passation d'un marché, ne peut juger la demande, présentée au titre de l'article L. 521-1, tendant à la suspension de l'exécution du même marché, laquelle se poursuivait en dépit de l'annulation susmentionnée (CE, 3 février 2010, Communauté de communes de l'arc mosellan, n° 330237, *Lebon* T.). À l'inverse, dans une affaire *Trehot*, le Conseil d'État a décidé qu'un juge qui a statué sur une première demande de référé peut statuer en cette qualité sur une deuxième demande émanant du même requérant et tendant à la suspension d'une décision ultérieure survenue dans le même litige (CE, 18 février 2005, Trehot, n° 268952, *Lebon* T.). La même solution a été retenue s'agissant de la succession d'un référé précontractuel, ayant abouti à l'annulation de la procédure de passation d'un marché public, et d'un référé-suspension dirigé contre les résultats de la nouvelle procédure (CE, 19 janvier 2015, Société Ribière, n° 385634 ; *JCPA*, 26 mai 2015, note J. Martin, p. 36). Voir, sur ces points, l'étude de J. Raymond, *JCPA*, 25 février 2008, n° 2046.

Rien ne s'oppose à ce que le juge du référé provision exerce ensuite les fonctions de rapporteur public lors de l'examen de l'affaire par la juridiction de fond (CE, 5 juillet 2017, Menec, n° 402481, *Lebon* T.).

Lorsqu'un magistrat ayant statué en qualité de juge du référé-liberté sur une demande tendant à ce que soit ordonnée une mesure provisoire afin de faire cesser l'atteinte grave et manifestement illégale qui serait portée par une autorité administrative à une liberté fondamentale (CJA, art. L. 521-2), cette circonstance ne fait pas, à elle seule, obstacle à ce qu'il se prononce en qualité de juge du référé-suspension sur une demande tendant à la suspension de l'exécution d'une décision prise par la même autorité administrative dans le cadre du même différend, y compris lorsque la première demande est rejetée en application de l'article L. 522-3 du CJA (CE, 13 mars 2019, Pouliquen, n° 420514, *Lebon* T.).

Le caractère provisoire des mesures prises (qui se mesurera au vu de leur caractère réversible : CE, 31 mai 2007, Syndicat CFDT Interco 28, n° 298293 *; AJDA* 2007, p. 1237) a pour effet que ne sont pas applicables aux procédures de référés les stipulations de l'article 6 de la Convention européenne de sauvegarde des droits de l'homme et des libertés fondamentales (CE sect., 5 avril 1996, Syndicat des avocats de France, n° 116594, *Lebon*). C'est cet article qui interdit au juge des référés de prononcer l'annulation d'une décision administrative, lors même que le texte lui permet de prononcer « toutes mesures utiles » en cas d'atteinte grave et manifestement illégale à une liberté fondamentale (CE réf., 24 janvier 2001, Université Paris-VIII, n° 229501, *Lebon*).

Les mesures prescrites par le juge des référés étant provisoires, elles sont susceptibles d'être remises en cause lorsque le jugement rendu au principal a pour effet d'invalider la position prise par le juge des référés (par exemple un refus d'autorisation est jugé légal alors que le juge des référés avait prescrit que la demande soit réexaminée). Ces mesures peuvent donc être retirées ou abrogés dans un délai raisonnable suivant la notification du jugement de fond, indépendamment de toute considération tirée de la théorie du retrait des actes administratifs (CE sect., 7 octobre 2016, Commune de Bordeaux, n° 395211, *Lebon*).

Il est souvent rappelé que le juge des référés est juge de l'évidence (voir l'étude de Benjamin Hachem, « Le juge administratif des référés, juge de l'évidence ou de la vraisemblance ? », LPA, 20 décembre 2011, n° 252, p. 5 – Daniel Labetoulle, « Le référé nouveau est arrivé » *; AJDA*, 20 mars 2001, p. 211, ou encore : CE, 29 janvier 2003, Ville d'Annecy, n° 247909, *Lebon*). Mais les contours de cette évidence sont loin d'être évident à lecture des ordonnances de référé, sauf à penser que cet adage ne vaut que pour les juridictions « subordonnées ». Voir par exemple la décision de référé prise en application de l'article L. 821-2 du CJA et qualifiant de déchet la coque de l'ex-porte-avions Clémenceau (CE, 15 février 2006, Association Ban Abestos France et autres, n° 288801, *Lebon*).

S'il est compétent pour assurer l'exécution de ses décisions, le juge des référés ne peut cependant rectifier d'office d'une erreur matérielle affectant son ordonnance, ce pouvoir relevant de la compétence du président de juridiction (CJA, art. R. 741-11).

On terminera en rappelant que le juge des référés n'est compétent que pour autant que la juridiction administrative est compétente (CE, 15 avril 2016, n° 398550, *Lebon* T.).

Jurisprudence

[**1**] Considérant [...] qu'eu égard à la nature de l'office [...] attribué au juge des référés [...] la seule circonstance qu'un magistrat a statué sur une demande tendant à la suspension de l'exécution d'une décision administrative n'est pas, par elle-même, de nature à faire obstacle à ce qu'il se prononce ultérieurement sur la requête en

qualité de juge du principal [...] sous réserve du cas où il apparaîtrait, compte tenu notamment des termes mêmes de l'ordonnance qu'allant au-delà de ce qu'implique nécessairement son office, il aurait préjugé l'issue du litige [...].

Les juges des référés

Art. L. 511-2 Sont juges des référés les présidents des tribunaux administratifs et des cours administratives d'appel ainsi que les magistrats qu'ils désignent à cet effet et qui, sauf absence ou empêchement, ont une ancienneté minimale de deux ans et ont atteint au moins le grade de premier conseiller.

Pour les litiges relevant de la compétence du Conseil d'État, sont juges des référés le président de la section du contentieux ainsi que les conseillers d'État qu'il désigne à cet effet.

Lorsque la nature de l'affaire le justifie, le président du tribunal administratif ou de la cour administrative d'appel ou, au Conseil d'État, le président de la section du contentieux peut décider qu'elle sera jugée, dans les conditions prévues au présent livre, par une formation composée de trois juges des référés, sans préjudice du renvoi de l'affaire à une autre formation de jugement dans les conditions de droit commun.

Le troisième alinéa est applicable aux référés en matière de passation de contrats et marchés prévus au chapitre Ier du titre V du présent livre.

Textes sources

– Loi n° 2000-597 du 30 juin 2000, article 3.

– Loi n° 2016-483 du 20 avril 2016, article 62.

– Loi n° 2019-222 du 23 mars 2019, article 39.

La composition de la formation collégiale de référé

Art. R. 511-1 Dans le cas prévu au dernier alinéa de l'article L. 511-2, la composition de la formation statuant en référé est fixée pour chaque affaire, au Conseil d'État, par le président de la section du contentieux et, dans les autres juridictions, par leur président.

Texte source

– Décret n° 2016-1480 du 2 novembre 2016, article 13.

Commentaires

Les juges des référés sont en principe des juges uniques, et non des formations collégiales. Doit être toutefois notée la possibilité, « lorsque la nature de l'affaire le justifie », de renvoyer cette affaire à une formation spéciale composée de trois juges des référés. Naturellement, et selon un principe constant, le juge des référés peut renvoyer l'affaire à une telle formation, possibilité d'ailleurs expressément prévue aux articles L. 511-2 et L. 522-1. Ce peut être le cas lorsqu'il est saisi d'une décision prise par un médecin d'interrompre ou de ne pas entreprendre un traitement au motif que ce dernier traduirait une obstination déraisonnable et dont l'exécution porterait de manière irréversible une atteinte à la vie (CE, 5 janvier 2018, Afiri et Bidarri, n° 416689, *Lebon*). Depuis 2019 ce peut être également le cas pour aux référés en matière de passation de contrats et marchés.

La composition de cette formation *ad hoc*, déterminée au coup par coup par décision du président de la juridiction (ou, au Conseil d'État, par le président de la section du contentieux), peut ouvrir la voie à divers soupçons, comme toute mesure arrêtant, pour une affaire déterminée, la composition de la formation de jugement, élément procédural normalement absent du code (et reconnu comme substantiel par le Conseil d'État : CE sect., 27 juillet 2005, Millon, n° 259004, *Lebon*, p. 336 – voir aussi sur ce point : Bouleau, *JCPA*, 26 décembre 2016, obs. p. 2).

Sur la présentation des ordonnances de référé rendues par cette formation *ad hoc*, on se reportera à l'article R. 742-3.

Le texte de l'article R. 742-5 implique que cette formation ait un « président », dont on ne sait s'il se déduira de l'ordre du tableau, ou de la décision du président de la juridiction arrêtant la composition de cette formation *ad hoc*.

En faisant figurer les présidents des cours administratives d'appel au nombre des juges des référés, le législateur a nécessairement admis que les cours puissent avoir à connaître de certains des référés qu'institue la loi.

On note qu'un président de cour, juge des référés dans sa juridiction, peut, en sa qualité de conseiller d'État, l'être également au Conseil d'État s'il est désigné à cette fin. Cela a concerné au moins deux de ces présidents.

La possibilité, en cas d'absence ou d'empêchement, de déroger à la règle d'ancienneté ou de grade définie au premier alinéa, joue sans que le dossier doive révéler ou établir cet empêchement ou cette absence : qui en conteste le jeu doit donc établir qu'il n'y avait ni l'un ni l'autre (CE, 20 janvier 2005, Commune de Saint-Cyprien, n° 276475, *Lebon* T.), solution classique en matière de délégations.

L'ordonnance de référé qui fait mention de la qualité de juge des référés de son auteur, atteste par cette seule mention, sauf preuve contraire, de l'existence de sa désignation par son président, sans que cette dernière décision doive être visée (CE, 27 juillet 2005, Hurel, n° 272871).

Initialement, il avait été jugé que la « désignation » prévue à cet article est différente de la « délégation » dont il est fait mention à l'article L. 554-3 (CE, 17 mai 2006, Commune de Wissous, n° 293110, *Lebon, p. 253*), mais, par la suite, cette subtile distinction a été abandonnée (CE, 8 juillet 2011, Botella, n° 342113, *Lebon*, p. 323).

TITRE II Le juge des référés statuant en urgence

CHAPITRE 1 Pouvoirs

Le présent chapitre ne comprend pas de dispositions réglementaires.

Le référé-suspension

Art. L. 521-1 Quand une décision administrative, même de rejet, fait l'objet d'une requête en annulation ou en réformation, le juge des référés, saisi d'une demande en ce sens, peut ordonner la suspension de l'exécution de cette décision, ou de certains de ses effets, lorsque l'urgence le justifie et qu'il est fait état d'un moyen propre à créer, en l'état de l'instruction, un doute sérieux quant à la légalité de la décision.

Lorsque la suspension est prononcée, il est statué sur la requête en annulation ou en réformation de la décision dans les meilleurs délais. La suspension prend fin au plus tard lorsqu'il est statué sur la requête en annulation ou en réformation de la décision.

Texte source

– Loi n° 2000-597 du 30 juin 2000, article 5.

Commentaires

La suspension des actes administratifs a pris la place du sursis à exécution. Mais le changement n'est pas que sémantique (outre que ces mesures sont désormais prononcées par un juge unique). La nature même de cette procédure est modifiée, même si elle conserve des traits communs avec sa devancière. Le droit à un recours juridictionnel effectif impose que le juge administratif soit tenu de statuer dans de brefs délais (Cons. const., 16 février 2018, déc. n° 2017-691 QPC). La question la conformité à la Constitution de l'absence de référé-suspension en matière d'autorisation administrative de licenciement, faute d'objet, après l'envoi de la lettre de licenciement a été renvoyée au Conseil constitutionnel (CE, 7 mars 2019, Bouazizi, n° 425779) qui a répondu que le Code du travail, en ne garantissant pas l'effet suspensif du recours formé contre cette autorisation, les dispositions contestées ne méconnaissent pas le droit à un recours juridictionnel effectif et ne sont pas entachées d'incompétence négative (Cons. const., 7 juin 2019, déc. n° 2019-787 QPC). La saisine du juge du référé-suspension n'a pas d'effet suspensif, mais des dispositions spéciales peuvent lui conférer un tel effet (s'agissant de la fermeture temporaire des lieux de culte, voir l'article 36-3-I de la loi du 8 décembre 1905 dans sa rédaction résultant de l'article 87 de la loi n° 2021-1109 du 24 août 2021 confortant le respect des principes de la République et l'article 167-7-I du Code pénal local applicable dans les départements du Bas-Rhin, du Haut-Rhin et de la Moselle).

I – Des traits communs avec le sursis à exécution

A – L'absence de compétence liée

Comme précédemment, le juge n'a pas compétence liée pour accorder la suspension, même lorsque les conditions légales sont réunies : à la jurisprudence concernant le sursis à exécution (CE, 13 février 1976, Association de défense du quartier Notre-Dame à Versailles, n° 99708, *Lebon*, p. 100) répondent les termes exprès de la loi, selon laquelle le juge des référés « peut ordonner la suspension de l'exécution » d'une décision administrative. Ainsi jugé le 12 février 2001 (CE, réf., 12 février 2001, Association France Nature Environnement et autres, n° 229797, *Lebon*), ce que confirmeront, quelques mois plus tard, les sous-sections réunies (CE, 15 juin 2001, Société Robert Nioche, n° 230637, *Lebon* T.), dans une affaire dans laquelle les seuls moyens pertinents étaient de légalité externe, et aucun doute sérieux n'existait sur l'exactitude matérielle des faits et la nécessité, commandée par la sécurité publique, de la décision contestée (voir également : TA Strasbourg, ord., 13 janvier 2012 ; *JCPA*, 24 décembre 2012, p. 39). L'intérêt général ou l'intérêt public doit également être pris en considération dans l'appréciation de l'urgence (CE, 10 décembre 2001, Ministre de l'Intérieur c/Pérignon, n° 234896, *Lebon* T., pour la sécurité routière s'agissant d'un retrait de permis de conduire – CE, 12 septembre 2012, Courroye, n° 361699, *Lebon* T., pour le bon fonctionnement du parquet s'agissant de la mutation d'un procureur – CE, 18 septembre 2017, Humbert, n° 408894, *Lebon* T., pour l'intérêt de la collectivité publique s'agissant de la suspension d'un contrat) et dans l'analyse des moyens (CE sect., 21 mars 2011, Commune de Béziers, n° 304806, *Lebon* – CE, 16 novembre 2016, Commune d'Erstein, n° 401321, *Lebon* T. – CE, 25 janvier 2019, Société Uniparc Cannes, n° 424846, *Lebon* T., s'agissant de la gravité des vices affectant une résiliation de contrat et la reprise des relations contractuelles). De sorte que pour une même affaire la notion d'intérêt général peut être prise en compte à trois niveaux différents en tenant compte du pouvoir du juge de moduler les effets des annulations (CE sect., 30 décembre 2010, Robert, n° 329513, *Lebon*, p. 530).

B – L'exigence d'une demande au fond

Comme précédemment, la demande de suspension doit être « adossée » à une demande d'annulation ou de réformation (ce dernier terme visant clairement à rendre cette procédure applicable aux hypothèses dans lesquelles le juge agit comme juge de plein contentieux, comme c'est, par exemple, le cas en matière d'installations classées ou en matière fiscale : CE, 10 février 1984, Société Venutolo, n° 47853, *Lebon*, p. 62). Jugé qu'une demande tendant à ce que soit constatée l'inexistence d'une décision administrative doit être regardée comme une requête en annulation (CE, 26 janvier 2007, Commune de Neuville s/Escaut, n° 297969, *Lebon* T.). Sera donc irrecevable une demande de suspension d'un acte non attaqué par ailleurs. Et cette irrecevabilité est d'ordre public (CE, 29 avril 2002, Office français de protection des réfugiés et apatrides, n° 240647 – CE, 29 avril 2002, Commune de Montsapey, n° 236633, *Lebon* T.).

Il s'en déduit que seul le juge des référés appartenant à la juridiction compétente pour connaître comme juge du fond de la décision en cause peut être saisi d'une demande de suspension (CE, 29 mars 2002, Bonny, n° 244523), une solution différente étant retenue pour les référés de l'article L. 521-2. Il ne saurait notamment y avoir connexité entre la demande de suspension d'un acte et la demande d'annulation d'un autre acte (CE, 11 juillet 2001, Société Trans-Éthylène, n° 231692). Le juge de cassation ne peut donc être saisi en cette qualité d'une demande de suspension (CE, 28 novembre 2008, Schulte-Herrbrüggen, n° 322390, *Lebon* T.) : il peut seulement connaître d'une demande de sursis à exécution de la décision juridictionnelle rendue par les juges du fond, sauf si, ayant annulé cette dernière, il a décidé de régler l'affaire au fond et a rendu une décision avant dire droit (CE, 6 mars 2002, Kansoy, n° 233877, *Lebon* T. – CE, 12 juin 2002, Leroy, n° 247442, *Lebon* T.).

C – L'absence de condition de délai propre

On doit estimer que la demande de suspension peut être présentée sans condition de délai (CE, 28 juin 1965, Erbland, *Lebon*, p. 1017). Elle peut l'être d'ailleurs avant même que le délai de recours commence à courir (CE, 30 mai 2007, Société Morillon Corvol, n° 297035, *Lebon*). Mais, la suspension étant une anticipation de l'annulation, et n'ayant pas de raison d'être dès lors que l'expiration des délais de recours rend impossible cette dernière, la demande de suspension d'une décision non attaquée dans les délais est elle-même irrecevable (CE, 11 mai 2001, Commune de Loches, n° 231802 – CE, 6 mars 2002, Besombes, n° 238478, *Lebon*), ou plus exactement non fondée, la recevabilité de la requête au fond étant une condition du bien-fondé de la demande de suspension (CE, 27 février 2012, Ville de Marseille, n° 354422). La solution est identique si la demande d'annulation est, pour une autre raison que de délai, irrecevable.

D – La demande prématurée

La question se pose d'emblée de savoir si la demande de suspension pourra être présentée alors même que la décision contestée n'est pas encore attaquable, parce qu'elle doit faire l'objet, avant tout contentieux, d'un recours administratif préalable, et que ce dernier – bien qu'effectué – n'a pas encore été traité. L'hypothèse, en vérité, est rare, le recours administratif obligatoire ayant, le plus souvent, pour effet d'être suspensif ce qui rend irrecevable une demande de suspension. Mais elle n'est pas impensable. En témoigne un avis contentieux rendu par le Conseil d'État (CE, 29 décembre 1999, Leboulch, n° 210147, *Lebon*), relatif aux sanctions disciplinaires prononcées contre les détenus, lesquelles doivent faire l'objet avant tout contentieux d'un recours non suspensif auprès du directeur régional des services pénitentiaires : le juge, avait estimé le Conseil d'État, ne peut prononcer le sursis à exécution de la décision initiale, mais de la seule décision rendue sur le recours… ce qui suppose que cette dernière soit, implicitement ou expressément, intervenue. Cette position n'a pas été maintenue (CE, 26 avril 2001, Fondation Lenval, n° 231870, *Lebon*), le juge vérifiant toutefois que le recours préalable a bien été formé. Et il a appartenu à la section du contentieux de mettre un terme aux incertitudes (CE sect., 12 octobre 2001, Société Produits Roche, n° 237376, *Lebon*, dans le cas d'un recours préalable obligatoire simple (RAPO) [**1**]) : si l'urgence justifie que l'on ne puisse attendre la réponse au recours préalable (et si l'on prouve qu'on l'a fait), il est concevable d'obtenir une suspension (pour autant qu'un doute sur la légalité existe), qui durera, en principe, jusqu'à prise de position de l'administration sur le recours préalable. Solution confirmée par CE, 28 février 2019, n° 426952, *Lebon* T. (refus d'inscription au tableau de l'ordre d'une profession médicale – CE, 17 décembre 2021, Rouxel, n° 453344, *Lebon* T. Non-lieu en cassation). Solution étendue au cas du double RAPO (CE, 15 avril 2019, Société Cabinet de la Grand-Place, n° 424361, *Lebon* T.). Cependant, et comme l'intervention de la décision prise par l'autorité supérieure se substituera à celle initialement prise, la purgeant notamment d'un éventuel vice d'incompétence, le moyen tiré de cette incompétence ne saurait conduire à suspension dans l'attente de la décision à prendre sur le recours administratif (CE, 30 août 2005, Laurent Nzaou, n° 284004, *Lebon* T.).

Cette solution est étendue aux instances fiscales : le contribuable peut saisir le juge des référés d'une demande de suspension de la mise en recouvrement de l'imposition, sans attendre que l'administration ait statué sur sa réclamation préalable obligatoire, pourvu qu'il justifie avoir introduit cette réclamation dans les formes et délais requis, la suspension valant, sauf décision contraire, jusqu'à l'intervention de la décision, expresse ou implicite, rendue sur cette réclamation (CE, 6 novembre 2002, SA Le Micocoulier, n° 246830).

E – L'exigence d'une décision exécutoire et non exécutée

Identiquement subsiste la condition logique dégagée par la jurisprudence, selon laquelle la suspension ne peut être ordonnée si la décision est totalement exécutée (CE sect., 16 décembre 1977, Lehodey, n° 04895, *Lebon*, p. 508 – CE, 29 juin 1990, Hablani, n° 115970, *Lebon* – CE, 4 février 1994, Gallenmuller, 139705, *Lebon* T. [**2**] – CE, 2 juillet 2003, Lefebvre, n° 244435, *Lebon* T. [**3**] – CE, 14 novembre 2003, Société Heli-Inter Guyane, n° 258255 – CE, 27 juin 2005, Association Établissement régional Léo Lagrange de Rhône-Alpes Auvergne, n° 277048, *Lebon* T. – CE, 7 avril 2010, Ministre de l'Alimentation, de l'Agriculture et de la Pêche, n° 330769, *Lebon* T. – CE, 27 janvier 2016, Husser, n° 393478, *Lebon* T.) ou si elle n'a pas acquis, au moment du jugement, son caractère exécutoire (CE, 1er février 1989, Commune de Briançon, n° 92875, *Lebon* T., arrêt rendu à propos d'une délibération non encore exécutoire [**4**] – CE, 5 mai 1993, Commune de Castries, n° 126443), étant entendu que l'on est recevable à présenter une demande de suspension d'une décision non encore exécutoire à la date de cette demande (CE, Commune de Briançon, préc.). Le juge de cassation refuse à cet égard de donner une suite favorable au pourvoi dirigé contre une ordonnance de suspension concernant un acte dont il constate qu'il était exécuté lorsque le juge des référés s'est prononcé – même si ce dernier n'avait pas connaissance de cette exécution (voir CE, 26 mars 2012, Association des habitants des quartiers sud de Colmar, n° 350834, *Lebon* T.) – ou concernant des actes que l'administration a exécutés malgré la suspension prononcée en première instance (CE, 17 mars 2010, Ministre de l'Éducation nationale, n° 331382, *Lebon* T.).

On précisera qu'est irrecevable la demande de suspension d'une décision dont l'exécution est paralysée par l'exercice du recours principal (CE, réf., 26 janvier 2001, Gunes, n° 229565). Appliquant la même logique, le juge de cassation saisi d'un pourvoi contre une ordonnance prescrivant une suspension, constate le non-lieu si l'auteur du pourvoi, refusant de respecter la chose jugée, a exécuté la décision suspendue (CE, 17 janvier 2007, Ministre de l'Intérieur, n° 294789 ; *AJDA* 2007,

p. 488 – CE, 17 mars 2010, Ministre de l'Éducation nationale, préc.). Identiquement, et par un raisonnement de même nature, il est jugé que le Code de l'entrée et du séjour des étrangers et du droit d'asile contient un recours « 72 heures » qui présente plus de garanties que les référés de droit commun, ce qui rend irrecevable la demande de référé formée contre la décision portant remise de l'intéressé aux autorités d'un pays voisin, et contre la décision ordonnant le placement de l'intéressé dans un centre de rétention (CE sect., 30 décembre 2013, Bashardost, n° 367533, *Lebon*) ou contre une décision de transfert « Dublin II » (CE, 6 octobre 2014, n° 381573, *Lebon* T.). Cette exception de recours parallèle est écartée et le juge des référés retrouve sa compétence dans le cas où les effets de l'exécution d'une OQTF sont excessifs en raison de changements de droit ou de fait survenus depuis l'OQTF et après que le juge du I ou du III de l'art. L. 512-1 a statué ou que le délai pour le saisir est expiré (CE, 8 mars 2016, Larhouati, n° 397206, *Lebon T.*).
Sur la notion d'exécution de nature à priver d'objet une demande de suspension, voir le cas particulier des décisions de préemption : le transfert de propriété à la collectivité, en exécution de la décision de préempter, ne prive pas de son objet la demande de suspension de cette décision, tant que la collectivité n'a pas à son tour rétrocédé le bien en cause : la suspension aura en effet pour résultat de l'empêcher de procéder à cette rétrocession (CE, 23 juin 2006, Société Actilor, n° 289549, *Lebon*). De même, il y a lieu de statuer tant que l'administration n'a pas mis fin à la mesure attaquée (CE, 2 octobre 2019, Société Auchan Hypermarché, n° 432388, *Lebon*), ou encore si les actes tirant les conséquences de la décision contestée n'en ont pas épuisé les effets (CE, 26 avril 2024, n° 475259 *Lebon T.*). Conserve ainsi son objet la demande de suspension d'une décision mettant en demeure les parents d'inscrire leur enfant dans un établissement d'enseignement en dépit de la circonstance que l'enfant a été scolarisé postérieurement à cette décision (CE, 6 février 2024, n° 487634, *Lebon T.*).
Lorsque l'acte attaqué est abrogé, même implicitement, antérieurement au dépôt de la requête, la demande de suspension est irrecevable (CE, 16 octobre 2019, Mélio, n° 423275, *Lebon* T.).

F – Les décisions d'éloignement des étrangers

La matière des arrêtés portant reconduite à la frontière d'étrangers en situation irrégulière a à cet égard donné lieu à de savantes distinctions. On ne pouvait naturellement demander la suspension de l'arrêté de reconduite, puisqu'existe, en principe, un recours suspensif contre ce dernier. Par exception, lorsque le recours n'est plus suspensif, le référé-suspension est ouvert (CE, 22 juillet 2015, n° 381550, *Lebon* T. pour l'OQTF à Mayotte, la Guyane et Saint-Martin). On ne pouvait non plus, en principe, demander la suspension des mesures de mise en application de cet arrêté, lors même que l'intéressé s'était abstenu de déférer l'arrêté de reconduite au juge de la légalité dans le délai – ce raisonnement ne s'appliquant alors pas à la décision fixant le pays de renvoi (CE, 14 octobre 2002, Yediayli, n° 243938, *Lebon* T.). Toutefois, si les mesures d'exécution comportent des effets qui, par suite de la survenance d'un changement dans les circonstances de droit ou de fait ayant pour conséquence de faire obstacle à la mesure d'éloignement ou au renvoi de l'intéressé vers un pays déterminé, excèdent le cadre qu'implique normalement la mise à exécution de l'arrêté, la suspension redevenait envisageable contre ces mesures (CE, 21 novembre 2001, Zhary, n° 238214, *Lebon*). Est même concevable, de façon rarissime, et aux mêmes conditions, un référé-liberté (CE, 14 janvier 2005, Luzeyido Bondo, n° 276123, *Lebon* T.). Le référé-liberté reste ouvert contre l'exécution d'une mesure d'éloignement d'un étranger malgré une mesure provisoire prescrite par la CEDH, en l'absence d'obstacle objectif empêchant de s'y conformer et dont elle aurait été informée (CE, 7 décembre 2023, n° 489817, *Lebon* T.).

La décision de mettre à exécution un ancien arrêté de reconduite ne pouvait cependant faire l'objet d'une demande de suspension lorsque les circonstances, et notamment le temps écoulé, conduisaient à estimer qu'un nouvel arrêté de reconduite avait été pris, qui relevait de la procédure – automatiquement suspensive – prévue aux articles L. 776-1 et suivants (CE, 14 mai 2003, Meliani, n° 256808, *Lebon* T.).

Les mêmes solutions devraient être retenues, pour les mêmes raisons, s'agissant des mesures portant obligation de quitter le territoire français.

S'agissant du cas spécifique de la décision fixant le pays de renvoi, le Conseil d'État a précisé que, si elle est contestée en même temps que l'arrêté de reconduite, le caractère suspensif du recours fait obstacle à la présentation d'une demande de suspension. Si en revanche elle est seule contestée, ou fait l'objet d'une demande d'annulation qui n'est pas présentée en même temps que la demande d'annulation de l'arrêté de reconduite, sa contestation suivait les règles de procédure normale (et n'est donc pas suspensive), ce qui rendait possible une demande de suspension (CE, 6 novembre 2002, Ministre de l'Intérieur c/Markarov, n° 248774, *Lebon* T.).

S'agissant d'un étranger faisant l'objet d'une décision d'expulsion, en l'absence de disposition particulière au livre IX du CESEDA, la mesure d'assignation à résidence prise sur le fondement du 6° de l'article L. 731-1 de ce code peut être contestée par l'étranger concerné par la voie du recours pour excès de pouvoir et faire l'objet de demandes de référé en urgence sur le fondement des articles L. 521-1 ou L. 521-2 du CJA (CE, 10 juillet 2025, n° 504534, *Lebon* T.).

G – Les autres cas de recours suspensif

La demande de suspension d'un acte faisant l'objet d'un recours suspensif est donc irrecevable : ainsi de la contestation de la mise en demeure adressée par le préfet à des gens du voyage de mettre un terme à un stationnement en dehors des emplacements prévus à cet effet (loi n° 2007-297 du 5 mars 2007 relative à la prévention de la délinquance, art. 27). Il en ira de même en matière de recouvrement (CE, 7 février 1986, Ruble, n° 65752, *Lebon*, p. 34 [**5**]). Il convient de noter à ce propos que, si la demande de sursis à exécution d'un titre exécutoire n'était pas recevable en première instance, elle le devenait en appel après rejet par le tribunal de la demande d'annulation de ce titre (CAA Lyon, 18 mai 1992, Duhamel ; *AJDA* 1993, p. 150 – CE sect., avis, 5 mai 1995, SARL Laiterie Fromarsac, n° 163224, *Lebon* [**6**]), contrairement à la position retenue par la cour administrative d'appel de Nantes le 26 septembre 1991 (CAA Nantes, 31 décembre 1992, Recteur d'académie de Rennes c/OPAC d'Ille-et-Vilaine, n° 91NT00335, *Lebon*, p. 560). La décision *Gunes* du juge des référés du Conseil d'État a donné à penser que cette jurisprudence n'était plus de mise, puisque le raisonnement du juge des référés paraissait reposer sur l'idée qu'en pareil cas, le juge d'appel ne pouvait être saisi que d'une demande de sursis à exécution du jugement de rejet sur le fondement de l'article R. 811-17 (CE, 26 janvier 2001, Gunes, n° 229565, *Lebon* T.). Toutefois, cette dernière décision a été, on l'a vu, rendue à propos du contentieux des arrêtés de reconduite à la frontière, et, dès lors qu'une décision *Djelida* (CE, 30 juillet 2003, Djelida, n° 256600) a spécifié que l'impossibilité de suspension en appel résultait des caractéristiques particulières du contentieux de la reconduite, on doit estimer que la jurisprudence *Gunes* ne saurait être étendue aux contentieux autres que celui de l'éloignement des étrangers (voir également : CE, 3 octobre 2003, Gasmi, n° 260745, *Lebon* T.). Ce que confirme le Conseil constitutionnel en jugeant, à propos des décisions de régulation de l'espace numérique, que l'existence d'un recours d'urgence spécifique organisé dans le tribunal administratif n'a pas pour effet d'exclure le référé (Cons. const., 17 mai 2024, déc. n° 2024-866 DC, § 27, 36 et 46).

II – Une procédure nouvelle

A – Les décisions négatives

L'identité devrait s'arrêter là. La loi autorise la mise en œuvre de la suspension des décisions administratives « même de rejet ». Il avait été jugé, avant 2000, que le sursis à exécution ne pouvait concerner qu'une décision « exécutoire », c'est-à-dire dont l'exécution est susceptible d'entraîner une modification dans une situation de droit ou de fait régulière telle qu'elle préexistait (CE sect., 13 novembre 1987, Ministre de l'Intérieur c/Tang Kam Keung, n° 80500, *Lebon*, p. 367). Cette position conduisait à écarter assez systématiquement les demandes de sursis des décisions négatives (CE ass., 23 janvier 1970, Min. c/Amoros, n° 77861, *Lebon*, p. 51). À cette position jurisprudentielle, il était une raison péremptoire : surseoir à l'exécution d'une décision de refus revenait pour le juge à ordonner à l'administration de prendre, fût-ce à titre conservatoire, la décision positive, injonction que le juge refusait alors d'envisager. Le paysage, on le sait, a changé, puisque la loi du 8 février 1995 a doté le juge administratif de pouvoirs d'injonction (voir CJA, art. L. 911-1 et s.) Il a même changé, sur le plan jurisprudentiel, quelques jours avant la mise en vigueur de la loi nouvelle (CE sect., 20 décembre 2000, Ouatah, n° 206745, *Lebon* [**7**]). Le Conseil d'État, tirant les conséquences de la loi de 1995, a en effet accepté d'examiner une demande de sursis à exécution de décision négative, ce qui l'a conduit à donner un premier mode d'emploi de cette partie de la loi nouvelle.

Il pourra y avoir suspension d'une décision négative s'il apparaît, en l'état de l'instruction, que le juge du fond sera conduit à adresser une injonction à l'administration. Et le juge de la suspension pourra édicter cette injonction à titre conservatoire, même en l'absence de conclusions en ce sens (CE, 14 octobre 2002, Commune du Lavandou, n° 244714, *Lebon* T.), à condition, dans ce dernier cas, que cette injonction soit nécessaire pour que la suspension produise ses effets (CE, 27 juillet 2001, Ministre de l'Emploi c/SARL Le Grand Sud, n° 234389, *Lebon* T. – CE, 15 avril 2005, Société Socrate, n° 271600, *Lebon* T.). Dans cette recherche de la « meilleure » injonction, le juge ne peut s'abstraire de la nécessité de ne prendre que des mesures « provisoires ». Ces dernières peuvent être définies par leur caractère réversible (CE, 31 mai 2007, Syndicat CFDT Interco, n° 298293, *Lebon*). Ainsi, la suspension du refus de prononcer une titularisation ne saurait-elle s'accompagner de l'injonction de prononcer cette titularisation (mesure non provisoire), mais de la seule injonction de réexaminer la demande de titularisation, en maintenant à titre conservatoire l'intéressé dans ses fonctions (CE, 13 février 2006, Commune de Fontenay-le-Comte, n° 285184, *Lebon* T.). De même, la suspension du refus d'admettre le requérant dans une école de sous-officiers doit-elle s'accompagner de l'injonction non point d'admettre l'intéressé, mais de l'admettre « provisoirement » (CE, 20 mai 2009, Ministre de la Défense, n° 317098, *Lebon* T.).

Voir pour l'utilisation éventuelle de la suspension à propos d'une décision de refus de titre de séjour : CE sect., 14 mars 2001, Ministère de l'Intérieur c/Ameur, n° 229773, *Lebon*, ou du refus de renouveler une autorisation provisoire de séjour (APS) au titre de la protection temporaire (CE, 29 janvier 2024, n° 471605, *Lebon* T.), ou du refus de renouveler une APS à un étranger parent d'un enfant étranger malade (CE, 6 mars 2025, n° 498497, *Lebon* T.) ou du refus implicite de prendre un décret : CE, 24 décembre 2001, Association AIDOP, n° 240713, *Lebon*. Naturellement, le point délicat pour le demandeur de la suspension d'un refus sera d'établir qu'est remplie la condition d'urgence, puisqu'un refus n'apporte, par principe, aucun changement à sa situation : il lui faut établir qu'il y a urgence à modifier cette situation. Ainsi, à propos des refus de titres de séjour, le Conseil d'État distingue-t-il le refus de renouvellement, qu'il y a en principe urgence à suspendre, du refus de titre nouveau, pour lequel il y aura lieu à examen cas par cas, la seule circonstance que l'intéressé auquel un titre a été refusé est exposé à une mesure d'éloignement ne caractérisant pas en elle-même une situation d'urgence (CE sect., 14 mars 2001, Ministre de l'Intérieur c/Ameur, préc.).

B – Les injonctions

Au demeurant, la jurisprudence avait, dans un souci de réalisme, étendu l'usage de l'injonction à la suspension de mesures positives, mais à la condition, alors, que cette injonction soit demandée. Lorsqu'il est apparu au juge que le seul ordre de suspension pouvait ne pas suffire, il a ainsi assorti cet ordre d'une injonction, en l'espèce adressée à une personne privée concessionnaire de travaux publics, et bénéficiaire de l'autorisation de travaux dont la suspension était ordonnée (CE, 3 juillet 2002, Commune de Beauregard-de-Terrasson, n° 245236, *Lebon*). Il en découle que le demandeur de suspension peut assortir sa demande de conclusions tendant, en application de l'article L. 911-1, à ce que le juge du référé prononce une injonction, conclusions sur lesquelles il appartient à ce juge de se prononcer (CE, 15 avril 2005, Société Socrate, préc.). Par un savant distinguo, le Conseil d'État avait posé, en cette matière, que si le juge de la suspension de mesures positives doit être saisi de conclusions en ce sens pour pouvoir édicter des mesures d'exécution impliquées par sa décision il lui est loisible, « en tenant compte de l'objet du litige, du moyen retenu comme sérieux et de l'urgence propre à l'affaire, de rappeler de sa propre initiative les mesures que d'autres textes imposent à l'administration » (CE, 9 mai 2005, SCI Pauline, n° 269452, *Lebon*).

Le Conseil d'État avait systématisé cette façon de faire, sans nécessairement recourir à l'injonction : « le juge des référés peut, y compris de sa propre initiative lorsque la décision contestée est une décision administrative de rejet, assortir la mesure de suspension qu'il ordonne de l'indication des obligations provisoires qui en découleront pour l'administration et qui pourront consister à réexaminer la demande dans un délai déterminé ou, le cas échéant, à prendre toute mesure conservatoire utile compte tenu de l'objet du litige, du moyen retenu et de l'urgence » (CE, 26 novembre 2012, Heurte, n° 355060, *Lebon* T.). L'exigence de caractère provisoire de la mesure exclut l'injonction de délivrer un visa (CE, 7 juillet 2023, 470728, *Lebon* T.). Le juge des référés est également le juge de l'exécution de ces ordonnances, à condition d'être saisi rapidement et que la demande ne porte pas sur l'éventuelle réitération des difficultés ayant conduit à la saisine du juge, qui relèvent d'un litige distinct (CE, 24 décembre 2021, Section française de l'Observatoire international des prisons, n° 435622, *Lebon* T. – Voir les commentaires sous les articles L. 911-2 et L. 911-4). Depuis la loi n° 2019-222 du 23 mars 2019, le juge peut désormais prescrire d'office de telles mesures (voir les commentaires sous les articles L. 911-1 et s).

Il ne résulte d'aucun texte ni d'aucun principe que la seule injonction faite à une commune, une ordonnance suspendant l'exécution du refus de permis de construire opposé à une société pétitionnaire, de réexaminer la demande de permis de construire de cette société, aurait fait courir un délai de nature à faire naître une autorisation tacite (CE, 20 juillet 2023, n° 467318, *Lebon* T.).

C – L'astreinte

Lorsque, usant de ce pouvoir d'injonction, le juge l'assortit d'une astreinte, cette dernière devient privée de base légale par l'effet du jugement prononcé au principal. Elle peut être liquidée pour la seule période qui se termine par la notification de ce jugement (CE, 24 mai 2017, Société Investaq Energie, n° 403569, *Lebon* T.).

D – La suspension adaptée

La suspension peut n'être que partielle. C'est une nouveauté qui va permettre au juge des référés d'ajuster au mieux la combinaison entre la préservation de l'intérêt public (qui exige que les décisions administratives soient exécutées) et la protection, à titre conservatoire des libertés individuelles. Le système nouveau sort de la logique binaire du « tout ou rien » pour tendre à une intervention juridictionnelle adaptée au mieux aux circonstances de l'espèce. Cette évolution n'est pas sans rappeler celle qui, en matière de responsabilité, conduit progressivement à l'abandon de la théorie de la « faute lourde », pour lui substituer une appréciation de l'« erreur constitutive d'une faute de nature à engager » la responsabilité (CE, 10 avril 1992, Époux V., n° 79027, *Lebon*). Le même souci prévaut de faire que la décision juridictionnelle épouse au mieux les données particulières de chaque affaire, de passer, en quelque sorte, du prêt-à-porter à la fabrication sur mesure.

E – La modification ou la fin de la suspension

On en veut une autre manifestation. Le sursis à exécution, une fois prononcé, l'était jusqu'à ce que le juge se prononce au principal. La suspension, elle, prend fin « au plus tard » à cette date (CJA, art. L. 521-1, second alinéa), ce qui implique qu'elle peut prendre fin plus tôt : au juge des référés, ici encore, de déterminer la durée de la suspension qui lui paraîtra, dans les circonstances de l'affaire, la plus opportune. Ainsi, dans une affaire dans laquelle il était apparu que des éléments d'information n'avaient pas été portés à la connaissance de l'autorité administrative, ce qui jetait un doute sur la légalité de la décision de rejet prise par cette dernière, a-t-il été décidé qu'il devait être procédé à l'examen de ces éléments nouveaux et que la décision contestée devait être suspendue jusqu'au terme du délai, fixé à un mois, nécessaire à cet examen (CE, 3 décembre 2001, SAPRODIF Méditerranée, n° 239762, *Lebon*). Identiquement a-t-il été décidé, dans une affaire il est vrai assez exceptionnelle, que le rejet de conclusions aux fins d'annulation d'un acte réglementaire pouvait laisser subsister – pendant trois mois en l'espèce – les effets d'une suspension antérieurement prononcée, de façon à permettre aux entreprises concernées de disposer d'une période transitoire pour s'adapter à cette réglementation désormais remise en vigueur (CE sect., 27 octobre 2006, Société Techna, n° 260767, *Lebon* – CE, 17 février 2012, Arigon-Lali, n° 349431, *Lebon* T. – CE, 21 décembre 2022, n° 441904, *Lebon* T.). Le Conseil d'État faisait ici application du principe de sécurité juridique retenu par son arrêt d'assemblée du 24 mars 2006 (CE ass., 24 mars 2006, Société KPMG, n° 288460, *Lebon*, p. 154 ; *AJDA* 2006, p. 1028).

Et l'on verra, à propos de l'article L. 521-4, que ce qui a été ainsi décidé, en ce qui concerne l'étendue de la suspension ou sa durée, est susceptible d'évoluer ultérieurement.

Les conditions d'ouverture de la procédure ne sont plus, comme autrefois en matière de sursis à exécution, un préjudice difficilement réparable et au moins un moyen « sérieux de nature à justifier l'annulation de la décision attaquée ». Elles font place à « l'urgence » et aux moyens « propres à créer, en l'état de l'instruction, un doute sérieux quant à la légalité de la décision ».

III – L'urgence

On a pu se demander si la notion d'« urgence » était très opérationnelle, ou très nouvelle.

A – L'urgence difficilement réparable

Tout en effet est ici relatif, et l'on a pu penser que l'interprétation qui allait être donnée de ce terme reviendrait souvent, à l'ancien « préjudice difficilement réparable », même si une certaine souplesse du juge était attendue : l'urgence ne saurait en effet être repérée au seul vu de l'impatience du requérant ou de la gêne que lui procure l'exécution de la décision. On ne saurait oublier que l'on se trouve dans une procédure dérogeant au principe de l'exécution immédiate des décisions administratives, principe qui commande l'efficacité de l'action administrative, et donc, en définitive, le bon fonctionnement d'une société organisée (il suffit d'imaginer à quel degré de chaos conduirait la systématisation du principe inverse, conférant un caractère suspensif à tout recours juridictionnel). De simples éventualités ne suffisent pas à caractériser l'urgence (s'agissant d'une décision d'affectation dans un lycée, CE, 6 mai 2025, n° 496890, *Lebon* T.).

B – L'irréversibilité

La jurisprudence n'a pas écarté totalement la notion de « préjudice difficilement réparable » : a souvent été déterminant, pour dire qu'il y avait urgence, le fait que l'exécution de la décision querellée conduisait à une situation « difficilement réversible » (par exemple, permis de construire, ou de démolir, prescription de travaux – CE, 19 février 2010, Faoro-Boucher, n° 329748 – l'abattage de deux éléphants : CE 27 février 2013, Société Promogil, n° 364751, *Lebon* T.). Mais, parfois, l'irréversibilité n'est pas déterminante (voir pour le refus de maintien en fonction au-delà de la limite d'âge : CE, 11 avril 2024, n° 489202, *Lebon* T.).

C – Le bilan

Mais elle ne s'en est pas tenue à cette conception. Elle a dégagé une conception spécifique de l'urgence, en forme de bilan : « À l'urgence de suspendre s'oppose souvent l'urgence d'exécuter », a pu dire M. Seban, alors commissaire du gouvernement. C'est donc à une appréciation objective qu'est invité le juge, faisant la balance entre les intérêts du requérant et l'intérêt public (CE, 28 février 2001, Préfet des Alpes-Maritimes, n° 229562 – CE, 5 novembre 2001, Commune du Cannet-des-Maures, n° 234396) : la condition d'urgence ne peut être regardée comme étant remplie que si l'exécution de la décision administrative en cause porte atteinte de manière suffisamment grave à un intérêt public, à la situation du requérant ou aux intérêts qu'il entend défendre (CE sect., 19 janvier 2001, Confédération nationale des radios libres, n° 228815, *Lebon*, p. 29 [**8**]), l'appréciation à porter l'étant de façon objective et compte tenu de l'ensemble des circonstances de chaque affaire, qui peuvent conduire le juge, au terme du bilan entre avantages et inconvénients de la suspension, à la refuser.

La jurisprudence *Association de défense du quartier Notre-Dame à Versailles* mentionnée en début de commentaire est ainsi largement absorbée par l'interrogation sur l'urgence. C'est ainsi qu'il a été décidé qu'il n'y avait pas urgence à suspendre la décision par laquelle le conseil général de la Banque de France avait modifié temporairement certaines règles relatives au temps de travail des personnels engagés dans la mise en circulation des instruments fiduciaires en euros, compte tenu des responsabilités « déterminantes » assumées par la Banque de France dans la mise en circulation de ces instruments (CE, 13 septembre 2001, Fédération CFDT des syndicats de banques, n° 237773).

Effectuer cette balance est pour le juge une nécessité : commet une erreur de droit le juge des référés qui ne tient compte que de l'atteinte que la décision porte à la situation du demandeur, sans prendre en considération l'intérêt public, invoqué en défense, s'attachant à ce que la décision soit immédiatement exécutée (CE, 4 décembre 2002, Département du Nord, n° 249669 – CE, 25 juillet 2008, Ministre de la Culture c/Société Elite invest, n° 314707, *Lebon* T.).

Cette démarche peut parfois conduire le juge à comparer, d'une part, les contraintes nées de la décision, d'autre part, les risques que cette dernière est censée pallier, jonglant ainsi avec le principe de précaution (CE, 19 octobre 2001, Société Capral, n° 238204, *Lebon :* suspension de l'interdiction d'un appareil compromettant l'existence d'une entreprise, alors que la mesure n'est motivée que par la survenance de quelques accidents et que donc la suspension demandée ne compromet aucun impératif de sécurité publique – CE, 22 février 2002, Société des pétroles Shell Berre, n° 235345). Et le juge ne se prive pas de comparer l'intérêt public poursuivi par la décision contestée et l'illégalité invoquée contre elle, une illégalité externe pesant relativement peu par rapport à l'intérêt d'une décision justifiée quant au fond (ainsi en matière d'internement psychiatrique d'office : CE, 9 novembre 2001, Deslandes, n° 235247, *Lebon*).

La prise en compte de la nécessité d'exécuter la décision a toutefois ses limites : caractérise ainsi une situation d'urgence justifiant la suspension de l'article L. 521-1 la méconnaissance du caractère exécutoire d'une ordonnance du juge du référé précontractuel enjoignant de suspendre la signature d'un contrat, un tel comportement portant une atteinte grave et immédiate à un intérêt public (CE, 6 mars 2009, Société Biomérieux, n° 324064, *Lebon* – CE, 3 février 2010, Communauté de communes de l'arc mosellan, n° 330237, *Lebon* T.). Il en est allé de même de l'abstention prolongée d'une autorité de satisfaire aux obligations nées d'un jugement annulant une décision (TA Lyon, 9 décembre 2010, Société Siftas ; *JCP A*, 9 mai 2011, p. 29).

D – La matière financière

C'est en matière financière que la nouvelle formulation aura sans doute le plus d'impact. Il était jugé qu'un préjudice financier n'était difficilement réparable que s'il avait des conséquences distinctes de sa simple existence, à partir de l'idée évidente que la plaie d'argent n'est pas normalement mortelle et qu'elle se répare aisément par un mouvement financier inverse, assorti des intérêts. C'est ainsi qu'il n'y avait préjudice difficilement réparable que si « la ruine était au rendez-vous », comme l'a exposé M. Touvet, alors commissaire du gouvernement concluant sous l'affaire *Confédération nationale des radios libres* (nécessité de vendre une habitation principale, ou un fonds de commerce pour faire face à la dette). Ce type de raisonnement présente des rémanences dans la jurisprudence la plus récente (CE, réf., 17 avril 2020, Association française indépendante de l'électricité et du gaz (AFIEG) et Association Nationale des Opérateurs Détaillants en Energie (A.N.O.D.E), n° 439949, *Lebon* T., s'agissant de pertes subies par des fournisseurs d'électricité). Sous son évidence, ce raisonnement faisait fi d'une autre évidence, économique, selon laquelle une somme dont on est dépossédé un jour n'est pas équivalente à la même somme restituée plus tard, même avec intérêts : tout dépend de l'intensité de la préférence pour le présent du sujet qui doit débourser cette somme. Si cette intensité est très forte, parce que cette somme est une condition essentielle de sa survie, ou de sa vie décente, alors la privation de cette somme ne peut être compensée par l'allocation, plus tard, de la même somme majorée des intérêts. Prendre en compte cette réalité est admettre qu'il peut y avoir urgence à faire cesser un préjudice seulement financier. Et c'est ce qu'a jugé la section du contentieux (CE sect., 19 janvier 2001, Confédération nationale des radios libres, n° 228815, *Lebon* [**8**]), recherchant si les effets d'une mesure financière préjudicient gravement aux intérêts du requérant, alors même qu'ils pourraient être effacés financièrement par une réparation ultérieure. C'est par ce raisonnement qu'a été reconnue une situation d'urgence dans le fait pour un fonctionnaire de ne pas percevoir son traitement pendant plusieurs mois (CE, 22 juin 2001, Creurer, n° 234434, *Lebon* T.). Plus récemment il a été admis que les recours relatifs à une subvention pouvaient être assortis d'une demande de suspension (CE, 29 mai 2019, Société Royal Cinéma, n° 428040, *Lebon*).

Il a ainsi été admis qu'en matière fiscale, pouvait être obtenue la suspension de l'exécution du rôle, compte tenu de « la gravité des conséquences que pourraient entraîner, à brève échéance, l'obligation de payer sans délai l'imposition ou les mesures mises en œuvre pour son recouvrement » (CE sect., 25 avril 2001, Ministère de l'Économie c/Société Janfin, n° 230166, *Lebon*). Identiquement a été admise la possibilité de suspendre l'exécution d'un acte de poursuites à la demande d'un contribuable qui a saisi le juge fiscal d'une demande en décharge de l'obligation de payer, pourvu que ne soient invoqués que des moyens propres à cet acte de poursuites, à l'exclusion de la mise en cause de l'assiette ou du calcul de l'impôt (CE, 10 avril 2002, Société Import-export du Velay, n° 241604, *Lebon*).

La question de la suspension en matière fiscale est toutefois compliquée par l'existence du sursis de paiement prévu à l'article L. 277 du Livre des procédures fiscales. Fort du principe que l'on ne peut suspendre l'exécution que d'un acte exécutoire, le Conseil d'État a construit un système de « suspension fiscale » assez complexe, bien que logique : la suspension de la mise en recouvrement de l'imposition étant subordonnée à la condition que celle-ci soit exigible ou qu'elle puisse donner lieu à la prise de mesures conservatoires, le dépôt régulier d'une demande de sursis de paiement prévu à l'article L. 277 du Livre des procédures fiscales prive d'objet (ou rend irrecevables, selon le cas) les conclusions formées au titre de l'article L. 521-1 du Code de justice administrative, si ces dernières sont présentées avant que le comptable chargé du recouvrement ait rejeté les garanties proposées par le contribuable, et sauf évidemment si le recouvrement a déjà fait l'objet de mesures d'exécution forcée (CE, 30 juillet 2003, Société Laboratoires Legras, n° 254905, *Lebon* T.).

E – L'appréciation souveraine des juges du fond

L'appréciation de l'urgence est laissée au pouvoir souverain des juges du fond (CE, 14 mars 2001, Commune de Goutrens, n° 230134, *Lebon*), qui doivent toutefois indiquer les éléments qui les ont conduits à considérer qu'il y a ou non urgence (CE sect., 25 avril 2001, Association des habitants du littoral du Morbihan, n° 230025, *Lebon* – CE, 5 novembre 2001, Commune du Cannet-des-Maures, préc.), sous le contrôle de dénaturation exercé par le juge de cassation (CE, 22 février 2002, Société des pétroles Shell Berre, préc. – CE, 25 juillet 2008, Ministre de la Culture, n° 314707, *Lebon* T.).

Le juge des référés doit naturellement avoir une attitude cohérente : s'il constate l'urgence, et décide de suspendre, il ne peut donner à cette suspension des caractères ne tenant pas compte de cette urgence : ainsi ne peut-il légalement différer d'un an la mesure de suspension qu'il ordonne (CE, 13 juin 2001, Tonguino, n° 230623, *Lebon* T.). C'est la logique même !

Le « bilan » ainsi établi, tendant à comparer les inconvénients de l'exécution et ceux qui pourraient découler de la suspension, se double d'un autre bilan, destiné à vérifier que la suspension aura bien pour effet de remédier à la situation dénoncée, cette dernière fût-elle caractérisée par l'urgence. Ainsi l'incertitude juridique qui peut affecter la composition d'un conseil d'administration ne sera pas levée par la suspension des mesures de nomination contestées, qui ne répond donc pas à la condition d'urgence (CE, 27 décembre 2002, Comité anti-amiante Jussieu, n° 252889, *Lebon* T.). De même, et si la suspension d'une autorisation de construire répond en principe à cette condition, n'y a-t-il plus urgence à la prononcer si à la date du jugement seul l'enduit extérieur reste à poser, alors que l'objet du litige porte sur la seule implantation de l'ouvrage (CE, 26 juin 2002, Demblas, n° 240487, *Lebon* T.). En somme, ce qui doit être urgent est non point la réponse du juge à un problème administratif ou juridique, mais l'intervention de la suspension, qui doit par elle-même résoudre à titre provisoire le problème posé à l'administré.

F – Le comportement du demandeur

Appelé à apprécier l'urgence, le juge a, dès les premières mises en application de la loi n° 2000-597 du 30 juin 2000, tenu compte du comportement du requérant : celui qui, par négligence ou manœuvre dilatoire, a laissé se constituer une situation dont, ensuite, il invoque le caractère insupportable pour demander en urgence la suspension d'un acte administratif, ne relève pas normalement de l'urgence au sens du texte (CE, 9 janvier 2001, Deperthes, n° 228928, *Lebon* – CE, 14 septembre 2001, Van de Walle, n° 238110, *Lebon* T. – CE, 13 octobre 2003, Société Ekima, n° 257365, *Lebon* T. – CE, 28 mars 2008, Ministre de l'Écologie c/Kadri, n° 314368, *Lebon*), même si aucune règle absolue ne règne en la matière (CE, 30 décembre 2002, Office public départemental d'habitations à loyer modéré du Var, n° 245293, *Lebon* T.). Il en ira de même de celui qui, par son imprudence, aura fait se constituer une situation dont, ensuite, il déplore le caractère insupportable (CE, 23 mars 2005, Ray, n° 272772). Le défaut de diligence contentieuse fera naturellement douter de l'urgence : ainsi du requérant qui a attendu la limite du délai de recours pour demander l'annulation de l'acte, a encore attendu quatre mois pour produire l'ampliatif et trois mois pour demander la suspension (CE, 6 novembre 2003, Association AC !, n° 261518, *Lebon*, p. 921 – CE, 15 novembre 2005, Société Fiducial Audit, n° 286665, *Lebon* T.). Mais ici encore il faut se garder de toute attitude systématique : commet une erreur de droit le juge qui se fonde pour nier l'urgence sur la seule circonstance que l'intéressé a attendu une dizaine de jours pour le saisir d'une demande de référé-liberté « alors que la procédure ne subordonne la saisine du juge des référés au respect d'aucun délai, mais seulement à ce que l'urgence, qui peut apparaître après que la décision contestée a commencé à produire ses effets, soit justifiée à la date de la saisine » (CE, 17 mars 2010, Larkhawi, n° 332585, *Lebon* T.).

G – L'intérêt personnel et l'intérêt collectif

La question – déjà posée en matière de sursis à exécution – est de savoir si le demandeur de la suspension peut, pour établir l'urgence, se prévaloir non de son intérêt personnel, mais d'un intérêt collectif. Dans un cas, cela a été admis (CE, 20 mars 2001, Syndicat national des horlogers, n° 230462, *Lebon* T.), le juge des référés du Conseil d'État y ayant suspendu l'exécution d'un article du Code monétaire et financier compte tenu « tant des inconvénients que ces dispositions présentent pour la vie économique que de l'intérêt général qui s'attache à ce que cessent sans délai d'apparaître comme faisant partie de l'ordre juridique des dispositions [...] abrogées [...] ». Hypothèse particulière et isolée. Le Conseil d'État a depuis nettement pris position en sens inverse : ainsi l'intérêt public s'attachant à prévenir la multiplication de contentieux récurrents, dépourvu de rapport avec l'exécution de l'acte dont la suspension est demandée, ne peut sans erreur de droit caractériser une situation d'urgence, comme au demeurant celui qui s'attacherait à ce que l'on évite, grâce à la suspension, des condamnations ultérieures de l'État (CE, 4 décembre 2002, Cormont, n° 249091, *Lebon* T. – CE sect., 18 décembre 2002, Migaud, n° 251934). « Le juge des référés ne saurait, lorsqu'il recherche s'il y a urgence, se fonder sur la nécessité de prévenir les conséquences d'une éventuelle annulation de la décision litigieuse » (CE, 13 juin 2005, Commune de Saint-Amand-les-Eaux, n° 277296, *Lebon*). Pas plus ne conduit à une situation d'urgence le souci de lever des incertitudes sur la portée d'un texte (CE, 27 décembre 2002, Comité anti-amiante Jussieu, préc.). Dans le même esprit, il est jugé que, pour apprécier l'urgence, le juge ne peut en principe « se fonder sur la seule perspective des difficultés que pourrait créer pour les bénéficiaires de la décision contestée la perspective d'une possible annulation de cette décision » (CE, 30 juillet 2003, Commune de Paulhac, n° 254904, *Lebon*). Ainsi, la réitération par l'autorité administrative de la délivrance d'une autorisation, malgré l'annulation d'autorisations antérieures ayant même objet ne saurait, pas plus que le souci de faire respecter l'autorité de la chose jugée, caractériser une situation d'urgence (CE, 3 octobre 2003, Pillods, n° 256336, *Lebon* T.). Voir cependant : CE, 6 mars 2009, Société Biomérieux, n° 324064, préc. – TA Lyon, 9 décembre 2010, Société Siftas : conduisant à fortement nuancer la portée de cette jurisprudence, qui ne saurait conduire à une prise de position de principe : ainsi a été censuré le rejet de la demande de suspension du refus de renouvellement d'un enseignant, le juge s'étant refusé à prendre en compte, au-delà des intérêts personnels du demandeur, celui des étudiants concernés (CE, 30 janvier 2013, Cahen, n° 361846). Le souci de tenir compte de toutes les particularités des situations conduit ainsi à écarter toute prise de position systématique : le juge des référés ne peut subordonner la reconnaissance de l'urgence au caractère irréversible de la situation invoquée à l'appui de la demande (CE, 26 octobre 2005, Société des crématoriums de France, n° 279441, *Lebon*).

H – La présomption d'urgence

Enfin, dans certains cas l'urgence est présumée : CE, 7 juin 2019, Madani, n° 426772, *Lebon* (mesure de placement d'un détenu à l'isolement – abandon de la jurisprudence CE, 29 décembre 2004, garde des Sceaux, Ministre de la Justice c/Attou, n° 268826, *Lebon* T. – CE, 1er février 2012, Khider, n° 350899, *Lebon* T.) – CE, 21 décembre 2018, Diakhaby, n° 421323, *Lebon* T. (prise en charge des jeunes majeurs) – CE, 17 mars 2017, Ministre de l'Intérieur c/Communauté de communes du Cordais et du Causse, n° 404891, *Lebon* T. – CE, 30 décembre 2009, Syndicat intercommunal à vocation unique de gestion du centre social intercommunal rural, n° 328184 (modification de la répartition des compétences entre une collectivité territoriale et un groupement de collectivités territoriales ou entre deux groupements de collectivités territoriales) – CE, 5 décembre 2014, Consorts Le Breton, n° 369522, *Lebon* T. (arrêté de cessibilité) – CE, 27 janvier 2021, Établissement public foncier de la Vendée et autre, Ministre de la Cohésion des territoires et des Relations avec les collectivités territoriales, n°s 437237 et 437293, *Lebon* T., y compris après l'ordonnance du juge de l'expropriation – CE, 9 novembre 2011, Roopchan, n° 346700, *Lebon* T. (refus de séjour assorti d'une obligation de quitter le territoire français avec un recours non suspensif en Guyane) – CE, 12 janvier 2005, Ministre de l'Intérieur c/Moezi, n° 265776 (mesure d'expulsion d'un étranger) – CE, 16 février 2004, Bousbaaa, n° 259679, *Lebon* T. (pour l'abstention même prolongée du préfet de satisfaire aux obligations qui s'imposent à la suite de l'annulation d'un arrêté de reconduite à la frontière) – CE, 23 janvier 2004, Koffi, n° 257106, *Lebon* T. – CE sect., 14 mars 2001, Ministre de l'Intérieur c/Ameur, n° 229773, *Lebon* (refus de renouvellement de titre de séjour) – CE, 11 mai 2022, Centre hospitalier de l'agglomération montargoise, n° 459011, *Lebon* T. (suspension d'un agent public le privant de toute rémunération).

Outre la décision du 27 juillet 2001, Commune de Meudon précitée, la présomption d'urgence est largement admise en matière d'urbanisme pour : une décision prescrivant la démolition de bâtiments (CE, 18 novembre 2009, Ministre de la Santé et des Sports c/Société La Méridionale des Bois et Matériaux, n° 327909, *Lebon* T.), la mise en demeure de mettre en conformité ou de régulariser des constructions, aménagement, installation ou travaux impliquant la démolition de bâtiments (CE, 11 décembre 2023, n° 470207, *Lebon* T.), la délivrance d'un permis de construire (CE, 27 juillet 2001, Commune de Meudon, n° 231991, *Lebon* T. – CE, 15 juin 2007, Arnaud, n° 300208, *Lebon* T.), une décision préfectorale suspendant l'entrée en vigueur d'un PLU et demandant des modifications (CE, 30 décembre 2020, Communauté de communes de la Ténarèze, n° 441075, *Lebon* T.), la suspension d'une décision de préemption (CE, 13 novembre 2002, Hourdin, n° 248851, *Lebon* – CE, 14 novembre 2003, Colladant, n° 258248, *Lebon* T.), y compris en cas de désaccord sur le prix (CE, 26 janvier 2005, SCI Chopin-Leturc, n° 272126, *Lebon* T.), mais il peut en aller autrement dans le cas où le titulaire du droit de préemption justifie de circonstances particulières, tenant par exemple, s'agissant du droit de préemption urbain, à l'intérêt s'attachant à la réalisation rapide du projet qui a donné lieu à l'exercice du droit de préemption ou, s'agissant du droit de préemption dans les espaces naturels sensibles, aux nécessités de l'intervention rapide de mesures de protection de milieux naturels fragiles (CE, 29 juin 2020, SCI Eaux douces, n° 435502, *Lebon* T.).

Cette présomption est aussi admise en matière contractuelle pour :

– l'exécution d'un contrat par un tiers évincé de sa conclusion dans le cas d'une demande faisant suite à une saisine du juge du référé administratif précontractuel (CJA, art. L. 551-1) ayant enjoint, en vain, de suspendre la signature (CE, 6 mars 2009, Société Biomérieux, n° 324064, *Lebon*) ;

– la vente d'un terrain par une section de commune (CE, 7 février 2007, Commune de Laval-du-Tarn, n° 287741, *Lebon* T.).

En revanche cette présomption d'urgence ne joue pas pour : un constat de carence d'une commune à respecter son objectif de construction de logements sociaux (CE, 3 octobre 2018, Commune de Neuilly-sur-Seine, n° 418700, *Lebon* T.), en cas de non-lieu partiel (CE, 11 avril 2018, Confédération paysanne du Lot, n° 412773), une validation d'accord collectif ou d'homologation d'un document de l'employeur relatifs à un plan de sauvegarde de l'emploi (CE, 21 février 2014, Comité d'entreprise de la société IPL, n° 374409, *Lebon* T.), un refus d'admission au séjour au titre de l'asile (CE, 20 février 2012, Ministre de l'Intérieur… c/Mlle Anyanwu, n° 353150, *Lebon* T.), pour une décision de préemption d'un bail commercial alors que la cession du bail a eu lieu (CE, 27 avril 2011, SARL LB prestations de services, n° 342329, *Lebon* T.), pour une expulsion assortie d'une assignation à résidence (CE, 18 février 2008, Ministre de l'Intérieur… c/Bourakkadi Idrissi, n° 306238, *Lebon* T. – CE, 26 septembre 2001, Ministre de l'Intérieur c/ Abd Nasser Mesbahi, n° 231204, *Lebon*), pour le refus d'abrogation d'un arrêté d'expulsion (CE, 2 février 2004, Karker, n° 258280, *Lebon* T.), pour la notation d'un agent public (CE, 6 décembre 2004, Ministre de l'Économie, des Finances et de l'Industrie c/Diascorn, n° 265848, *Lebon* T.), pour le refus de protéger un fonctionnaire (CE, 12 janvier 2004, Devoge, n° 256204, *Lebon* T.), pour un arrêté préfectoral autorisant une commune à se retirer d'un EPCI (CE, 7 février 2020, Communauté de communes Cœur d'Ostrevent, n° 428919, *Lebon* T.), pour le refus d'une autorité administrative de dresser le procès-verbal constatant la méconnaissance par un commencement de travaux des prescriptions du permis de construire correspondant (CE, 23 septembre 2019, n° 424270, *Lebon* T.), pour la mesure de placement d'un détenu en quartier de prise en charge de la radicalisation ou la prolongation de cette mesure (CE, 10 juin 2024, n° 491001, *Lebon* T.), pour le refus de maintien en fonction au-delà de la limite d'âge, l'urgence s'appréciant alors au regard des critères propres à la matière financière (CE, 11 avril 2024, n° 489202, *préc.*).

Et cette présomption, lorsqu'elle existe, est réfragable si l'autorité administrative justifie de circonstances particulières faisant apparaître qu'un intérêt public s'attache à l'exécution sans délai de la décision (CE, Section, 28 février 2001, Préfet des Alpes-Maritimes et Société Sud-Est Assainissement, n°s 229562 et autres, *Lebon*, p. 109.) : ainsi en va-t-il de l'intérêt, s'agissant de l'intérêt s'attachant à la continuation de l'exécution des travaux de restauration nécessaires pour garantir la sauvegarde d'un immeuble classé au titre des monuments historiques lequel constitue une circonstance particulière de nature à ce que soit renversée la présomption d'urgence qui s'attache en principe à une demande de suspension de l'exécution d'une autorisation d'urbanisme (CE, 28 septembre 2011, SCI 30 rue de Thionville et autres, n° 345699, *Lebon* T.) ou de travaux dans l'espace de stockage de déchets dangereux non radioactifs aménagé au sein des anciennes mines de potasse d'Alsace (CE, 16 février 2024, n° 489591, *Lebon* T.). Avec une solution contraire dans le cas où l'autorisation litigieuse n'avait pas d'objectif de protection ou de sauvegarde (CE, 16 février 2011, Copropriété « Les Bleuets » et copropriété « Primevère », n° 341422, *Lebon* T.). Dans le contentieux de la fonction publique, des circonstances particulières peuvent être de nature à la renverser, mais encore faut-il que l'employeur en fasse état (CE, 18 décembre 2024, n° 492519, *Lebon* T.). Dans le contentieux de l'isolement des détenus, des risques pour la sécurité de l'établissement et des personnes, y compris extérieures à celui-ci, appréciés notamment au regard des motifs d'incarcération de l'intéressé, des éléments figurant dans son dossier individuel ou de son comportement en détention peuvent primer (CE, 28 mars 2024, n° 480040, *Lebon* T.).

IV – Les moyens

A – Le doute sérieux

Restent les « moyens propres à créer un doute sérieux quant à la légalité de la décision » (moyens qui, s'ils sont d'ordre public et ressortent du dossier, doivent être relevés d'office – CE sect., 16 mai 2001, Duffaut, n° 230661, *Lebon*, reprenant la solution adoptée en matière de sursis à exécution – CE, 21 novembre 1990, Société SAPOD Audic, n° 111489, *Lebon*, p. 924). Dans la formulation, c'est à une sorte d'inversion de la charge de la preuve qu'est invité le juge des référés : dans le système ancien, il y avait lieu à sursis lorsque le juge était convaincu, en l'état de l'instruction, que la décision était illégale et donc serait annulée. Désormais, le simple doute, mais il le faudra « sérieux », suffira. C'est un changement culturel notable. Il n'est pas inenvisageable, compte tenu de la modularité, notamment dans le temps, de la décision à prendre (voir CJA, art. L. 521-4). Le système proposé au juge des référés est le suivant : il a un doute sérieux, en l'état de l'instruction, sans être assuré que la poursuite de l'instruction ne conduira pas à lever ce doute ; en ce cas, il suspend pour une durée limitée, en invitant le défendeur à s'expliquer, dans ce délai, sur la pertinence du moyen « douteux », et le terme venu, réexamine le dossier aux fins de savoir si le doute persiste. Ici encore, le juge des référés est invité à surveiller ses dossiers « en temps réel », à ajuster en permanence les mesures qu'il a ordonnées, en procédant par petites touches.
Vaste programme, dont on doit se demander si les juridictions de première instance sont à même de le traduire dans les faits : il faudrait, à terme, que la fonction de juge des référés soit exclusive de toute autre fonction contentieuse, car elle implique normalement une surveillance constante des affaires en cours, après le prononcé des premières mesures d'urgence, sans préjudice des interventions commandées par l'article L. 521-4.
Une telle évolution paraît d'autant plus opportune que, lorsqu'il apprécie la valeur des moyens d'annulation invoqués, il y a de grandes chances que le juge des référés ne puisse pas siéger dans la formation de jugement statuant sur la légalité de la même décision compte tenu de la position arrêtée par le Conseil d'État (CE, avis, 12 mai 2004, Commune de Rogerville, n° 265184, *Lebon*, p. 223, voir les commentaires sous l'article L. 511-1).
On peut estimer que lorsque la réponse à un moyen supposera une question préjudicielle (songeons à une question de nationalité, s'agissant de la mesure d'expulsion frappant un étranger soutenant qu'il est français), ce moyen apparaîtra comme créant un doute sérieux, puisqu'aussi bien il était en général regardé comme « sérieux » dans l'ancien système (CE ass., 3 février 1956, Pétalas, *Lebon*, p. 44 – CE, 10 mars 1982, Zerdane, n° 33322 – CE, 25 mars 1994, Gueye, n° 147787, *Lebon* [**9**]), et que d'ailleurs il n'y a question préjudicielle que s'il y a question, c'est-à-dire interrogation « de nature à créer un doute sérieux pour un esprit éclairé ». Il reste que, si un doute suffit, il doit être « sérieux ». Il doit donc se déduire de l'état du droit existant, que le juge des référés n'a pas pour mission de faire évoluer. Cela a été maintes fois exposé : le juge des référés ne doit pas envisager d'évolutions de jurisprudence sur le fond, c'est seulement un *juge de l'évidence*. Dans la formulation même des décisions, cette règle transparaît :

traditionnellement, le juge administratif ne motive jamais ses décisions par référence à des précédents, quelque glorieux qu'ils soient, de façon à constamment faire apparaître que le juge ne se regarde pas comme lié par ces précédents et conserve la possibilité d'adopter une solution nouvelle. Il en va autrement en matière de référés, puisque l'état du droit s'impose au juge des référés chargé d'apprécier le sérieux du doute né d'un moyen : en témoigne, par exemple, un arrêt *Commune de Les Angles* (CE, 8 avril 2003, n° 254929), dans lequel le juge des référés du Conseil d'État rejette une demande de suspension « compte tenu » de diverses décisions, identifiées, du Conseil d'État statuant au contentieux.

L'administration peut, dans l'instance consacrée à la suspension, résister à un moyen mettant en cause les motifs de sa décision, en se prévalant de la jurisprudence *Hallal* (CE sect., 6 février 2004, n° 240560, *Lebon*), le juge adaptant aux nécessités de l'urgence les règles dégagées par cette jurisprudence (CE, 15 mars 2004, Commune de Villasavary, n° 261130).

Le juge du référé-suspension peut également pratiquer la neutralisation de motifs (JRCE, 12 mai 2005, Zerbib, n° 279011, *Lebon* T.), sauf si la suspension partielle est possible (CE, 30 décembre 2020, Communauté de communes de la Ténarèze, n° 441075, *Lebon* T.).

B – Les cas de restriction de moyens

On note plus spécialement que ne peut être utilement discutée devant le juge du référé-suspension la question de l'inconventionnalité d'une loi, point qui est réservé au juge du fond. Dès lors que la décision en cause est conforme à ce que prescrit la loi, aucun « doute sérieux » quant à sa légalité ne peut naître de la discussion de la conventionnalité de cette loi (CE, 30 décembre 2002, Ministre de l'Aménagement du territoire c/Carminati, n° 240430, *Lebon*, p. 510 ; *AJDA* 2003, p. 1065 – CE, 8 octobre 2003, Bonnet, n° 260725 – CE, 21 octobre 2005, Association Aides et autres, n° 285577, *Lebon*). C'est une position identique qui a été retenue en matière de référé-provision (CE sect., 29 janvier 2003, Ville d'Annecy, n° 247909, *Lebon*, voir les commentaires sous l'article R. 541-1). Dans le même sens, le moyen tiré de la méconnaissance d'un principe général du droit ne peut être pris en considération si l'existence de ce principe n'a pas été antérieurement constatée par le juge administratif (CE, 21 octobre 2005, Association Aides et autres, *Lebon*). Voir toutefois sur ces points l'étude critique de T. X. Girardot, « Le retour de la loi écran devant le juge des référés », *AJDA* 2006, p. 1875, et les observations critiques de P. Cassia, *AJDA* 2004, p. 465, s'agissant de l'éventuelle incompatibilité d'une loi avec, le droit communautaire, compte tenu de l'arrêt *Factortame* (CJCE, 19 juin 1990, aff. C-213/89, Rec. CJCE, 1990, p. I-2433).

Pour résumer cette question complexe, il peut être posé que sont admis, s'agissant de l'éventuelle contrariété d'une loi à des engagements internationaux, les moyens pouvant faire état d'une décision juridictionnelle ayant statué sur ce point, rendue soit par un juge saisi à titre principal, soit par le juge compétent saisi à titre préjudiciel (CE, 21 octobre 2005, n° 285577, *Lebon* T. – Voir étude d'A. Zaradny, *JCP A*, 5 décembre 2011, p. 12), ou encore ceux tirés d'une incompatibilité de la loi avec le droit de l'Union européenne (CE, 16 juin 2010 Diakite, n° 340250, *Lebon*, p. 205, revenant sur : CE, 21 octobre 2005, Association Aides, n° 285577,

Lebon : « un moyen tiré de l'incompatibilité de dispositions législatives avec les règles du droit de l'Union européenne n'est de nature à être retenu, eu égard à son office, par le juge des référés saisi sur le fondement de l'article L. 521-2 du Code de justice administrative, qu'en cas de méconnaissance manifeste des exigences qui découlent du droit de l'Union »).

Il arrive que le juge des référés se trouve en présence d'une argumentation qui, sans mettre en cause la conventionnalité d'une loi, se prévaut d'un texte communautaire directement applicable (un règlement notamment) pour soutenir que telle décision individuelle (en cas de référé-suspension) ou tel agissement administratif (en cas de référé-liberté) le méconnaît. Compte tenu de l'impossibilité, vu l'urgence, de procéder à un renvoi préjudiciel en interprétation à la Cour de justice des Communautés européennes, il appartient alors au juge des référés « de préciser, à titre provisoire, le sens et la portée des dispositions de droit dérivé dont il lui faut faire application » (CE, 18 octobre 2006, Djabrailova, n° 298101, *Lebon*, rendu en matière de référé-liberté, mais à notre sens transposable à tous les référés d'urgence).

La question prioritaire de constitutionnalité peut utilement être soulevée devant le juge des référés, qui toutefois n'est pas tenu de l'examiner si les conclusions qui lui sont présentées sont irrecevables ou dénuées d'urgence ou portée devant un ordre de juridiction incompétent pour en connaître (CE, 19 novembre 2010, Benzoni, n° 344014, *Lebon* T., adoptant pour les référés de l'article L. 521-1 la solution retenue par la décision Diakite du 16 juin 2010, n° 340250 pour les référés-libertés – CE, 29 avril 2013, Agopian, n° 366058, sol. imp. – CE, 28 janvier 2022, Subirat, n° 457987, *Lebon*). C'est au juge des référés du Conseil d'État saisi du moyen par le juge des référés de première instance de se prononcer sur l'éventuel renvoi de la question au Conseil constitutionnel.

La nouvelle formulation, on l'aura noté, ne fait plus état de la probabilité d'annulation de l'acte attaqué, à la différence du système ancien mentionnant un moyen « de nature à justifier l'annulation de la décision attaquée ». D'où l'on pourrait déduire que le doute quant à la légalité de la décision justifie la suspension, même si l'annulation de cette décision ne peut être envisagée, parce que, par exemple, elle est devenue définitive après expiration des délais de recours. On a dit ci-dessus que cette façon de voir ne peut être admise : la demande de suspension d'un acte devenu définitif parce que non attaqué dans le délai de recours est irrecevable (CE, 11 mai 2001, Commune de Loches, n° 231802 – CE, 6 mars 2002, Besombes, n° 238478). Il n'est pas en effet dans l'économie de la loi de remettre en cause, par une suspension, une décision insusceptible d'annulation parce que définitive, et l'exigence posée par le texte de l'existence d'une demande d'annulation ou de réformation de cette décision conduit à cette conclusion.

C – L'articulation avec les moyens de la demande au fond

Quant aux moyens, le texte appelle quelques précisions.

Les moyens développés à l'appui de la demande de suspension doivent-ils être également présentés à l'appui des conclusions en annulation ou en réformation ? Ne pouvait être utilement soumis au juge du sursis à exécution un moyen non présenté à l'appui des conclusions en annulation (CE, 10 juillet 1996, Bayle, n° 149069, *Lebon* T.). Élaborée dans une espèce dans laquelle le sursis était jugé en appel cependant que le fond était pendant devant le tribunal, cette règle devait identiquement jouer lorsque la même juridiction était saisie des deux dossiers. Cela paraissait logique : on conçoit mal qu'une suspension soit ordonnée au vu d'un moyen qui, parce que non soulevé au principal, ne permettrait jamais de prononcer l'annulation de la décision. Mais la rédaction de l'article L. 522-1 n'a pas autorisé cette transposition de jurisprudence, et le Conseil d'État s'est borné à poser une règle minimum : peut être soulevé à l'appui de la demande de suspension tout moyen, même non soulevé dans la demande d'annulation ou de réformation, « sauf si ce moyen n'est pas d'ordre public et relève d'une cause juridique distincte de celle à laquelle se rattachent les moyens soulevés dans l'instance au fond dans le délai de recours contentieux » (CE, 30 décembre 2002, Société Cottage Wood, n° 249860, *Lebon* T.). Le système est clair : le moyen invoqué dans la procédure d'urgence doit pouvoir l'être, ensuite, dans le dossier de fond. Encore faudra-t-il que le demandeur ait clairement conscience qu'il lui appartient, à côté de sa procédure de suspension, de nourrir sa procédure d'annulation, et soit bien pénétré de la conviction que les deux dossiers sont distincts et étanches. L'arrêt *Ouatah* le précise expressément : le juge de la suspension peut – et sans doute doit – faire état de plusieurs moyens créant un doute, en les mentionnant avec précision. Le principe de l'« économie des moyens » n'a donc pas cours en matière de suspension, ce qui, là encore, est en cohérence avec l'économie générale du système et son caractère évolutif : le défendeur doit être averti de tous les éléments douteux affectant sa décision, de façon à orienter utilement sa défense ultérieure dans le sens de l'évacuation de ces doutes. C'est d'ailleurs une obligation légale en matière d'urbanisme (C. urb., art. L. 600-4-1).

D – La nouvelle demande après rejet

Une demande de suspension pourra être renouvelée après un rejet (CE, 7 juillet 1976, Znaty, n° 3288, *Lebon*, p. 350 [**10**]) : un jugement statuant sur une telle demande est en effet dépourvu, quels que soient ses motifs, d'autorité de chose jugée (CE, 9 décembre 1983, Ville de Paris, n° 30665, *Lebon*, p. 499 [**11**]). La formule est toutefois trop absolue : lorsque la suspension est ordonnée, c'est avec l'autorité de la chose jugée, et il appartient à l'auteur de la décision suspendue de faire tout ce qu'implique cette suspension, et de ne pas faire tout ce qu'elle interdit, fût-ce implicitement. Ainsi que l'écrit le Conseil d'État au terme d'une savante distinction, « les ordonnances du juge de l'urgence sont exécutoires et, en vertu de l'autorité qui s'attache aux décisions de justice, obligatoires », mais « elles sont, compte tenu de leur caractère provisoire, dépourvues de l'autorité de chose jugée » (CE, 28 décembre 2012, Chakour, n° 353459, *Lebon* T.). On peut donc se désister devant ce juge des référés et réitérer ensuite sa demande de suspension (même arrêt). La nouvelle demande doit être présentée sur le fondement de l'article L. 521-1 et non sur celui de l'article L. 521-4 (CE, 29 juin 2020, SCI Eaux douces, n° 435502, *Lebon T.*).

L'intervention est possible en matière de référé-suspension, pourvu que son auteur soit également intervenu dans le cadre de l'instance principale (CE, 17 mai 2006, Commune de Wissous, n° 293110, *Lebon* – CE, 11 octobre 2007, Belbachir, n° 309369, *Lebon* T.).

E – La suspension en appel

Rien ne s'oppose à ce qu'une demande de suspension soit présentée devant le juge d'appel, devant lequel est pendante l'affaire au principal. Cette possibilité doit être toutefois combinée avec la possibilité de former un pourvoi en cassation contre la décision ayant rejeté la demande initiale de suspension, possibilité d'ailleurs enfermée dans des délais brefs. Il ne saurait être admis que, sous couvert d'un tel renouvellement, une partie qui a négligé, ou refusé de former un tel pourvoi fasse rejuger sa demande. Aussi doit-on estimer que le renouvellement, devant le juge d'appel, de ce type de demande doit faire état de changements soit dans la situation de fait du demandeur (urgence), soit dans l'instruction de l'affaire (« moyens propres à créer un doute sérieux »).

S'agissant plus généralement de la possibilité de présenter une demande de suspension devant le juge d'appel, on doit s'interroger sur l'hypothèse dans laquelle, après une suspension, le tribunal rejetterait la requête, hypothèse certes rare, mais non totalement improbable : alors en effet que, pour le prononcé de la suspension, le doute conduit à suspendre, seule la certitude permet d'annuler. Rejetant la demande d'annulation, le jugement rendu au fond met automatiquement fin à la suspension. L'appelant peut-il derechef demander au juge d'appel le prononcé de la suspension aux conditions énoncées à l'article L. 521-1, ou doit-il, sur le fondement de l'article R. 811-17, demander le sursis à exécution du jugement en ce que ce dernier, bien que de rejet, a mis fin à la suspension ? La décision *Gunes* du juge des référés du Conseil d'État (CE, 26 janvier 2001, Gunes, n° 229565, *Lebon*) pourrait donner à penser que c'est la dernière solution qui est la bonne, mais on ne saurait oublier que cette décision a été rendue à propos du contentieux spécifique de l'éloignement d'étrangers (qui est automatiquement suspensif en première instance). Une chose au moins est certaine : le fait que le tribunal se prononce sur le fond – alors même que sa décision fait l'objet d'un appel – rend sans objet le pourvoi en cassation formé contre la ou les décisions rendues en référé-suspension à propos du même acte (CE, 24 octobre 2001, Fayolle, n° 330035 – CE sect., 23 novembre 2001, Aberbri, n° 233104, *Lebon*, revenant sur la solution adoptée en matière de sursis à exécution par CE, 29 janvier 1964, Caffort, *Lebon*, p. 62). Aucun télescopage ne peut donc, en principe, se produire entre les compétences du juge de cassation saisi de l'ordonnance de référé et celles du juge d'appel saisi du jugement de fond, et le cas échéant d'une demande de sursis à exécution de ce jugement. L'aventure juridictionnelle de la suspension prend fin avec le jugement au fond.

F – La représentation des personnes morales

Compte tenu de l'urgence, un maire n'a pas besoin d'être habilité par son conseil municipal pour introduire une action en référé au nom de la commune, même si la délégation pour agir en justice au nom de la commune lui a été retirée par le conseil municipal : le Conseil d'État (CE sect., 18 janvier 2001, Commune de Venelles, n° 229247, *Lebon*, p. 18) reprend ici la solution adoptée pour les référés non urgents (CE sect., 28 novembre 1980, Ville de Paris c/Établissements Roth, n° 17732, *Lebon*, p. 446), d'ailleurs abandonnée depuis pour ces derniers (CE, 30 mai 2016, Société OPH Lille Métropole, n° 376187, *Lebon*). Il est à noter que cette solution jurisprudentielle n'est pas dictée par l'article L. 2132-3 du Code

général des collectivités territoriales, qui, s'il habilite un maire à effectuer sans autorisation « tous actes conservatoires », est jugé subordonner une telle action à l'intervention d'une autorisation *a posteriori* (CE, 11 décembre 1963, Ville de Colombes, n° 55972, *Lebon*, p. 612). On trouve le fondement de cette solution dans les exigences de l'urgence (raison pour laquelle le référé-instruction n'en bénéficie désormais pas) et dans le fait que ces procédures de référé ne peuvent aboutir qu'à des mesures provisoires. C'est en effet le même raisonnement qui explique que l'on n'exige pas de la personne agissant en référé au nom d'une association qu'elle justifie de sa qualité pour la représenter (CE, 13 novembre 2002, Association Alliance pour les droits de la vie, n° 248310, *Lebon* – CE, 13 juin 2003, Association de défense de la vallée du Loing, n° 252542 – CE, 13 décembre 2005, Commune de Cabries, n° 280329, *Lebon* T.).
Une demande de référé peut perdre son objet, soit parce que l'intéressé a obtenu satisfaction devant l'administration, soit parce que le juge du fond s'est prononcé. Une telle situation conduit normalement au prononcé d'un non-lieu à statuer (CE, 10 novembre 2006, Mbow, n° 298272, *Lebon* T.).

G – La combinaison avec les autres procédures de référé

Sur la combinaison entre le référé-suspension et le référé précontractuel ou contractuel en vigueur en matière de marchés ou délégations de service public, voir les commentaires sous les articles L. 551-1 et suivants. En tout cas, il est possible, dans le contentieux des mesures contractuelles, de demander la suspension de la décision (par exemple, de résiliation) qu'une partie au contrat a soumis à l'examen du juge du contrat (CE, 7 mai 2013, Société auxiliaire de parcs de la région parisienne, n° 365043, *Lebon*).
On note enfin qu'a disparu le régime spécial de référé prévu en matière d'affichage par la loi du 29 décembre 1979, ce qui a pour effet que les demandes de suspension d'astreintes prononcées en cas d'infraction à la réglementation de l'affichage obéissent au régime de droit commun des demandes de suspension de l'exécution des décisions administratives (CE, 26 septembre 2001, Société Médiazur, n° 231227, *Lebon* T.).
On note enfin qu'à la différence de ce qu'il a décidé s'agissant de la combinaison entre les articles L. 521-1 et L. 521-2 (voir les commentaires sous ce dernier article, et la jurisprudence *Philippart et Lesage :* CE sect., 28 février 2001, Philippart et Lesage, n° 230050 et 230112, *Lebon* ; *RFDA* 2001, p. 390, concl. D. Chauvaux), ou de la combinaison entre les articles L. 521-1 et R. 541-1 relatifs au référé-provision (CE, 8 décembre 2004, Appiah, n° 274877, *Lebon* T.), le Conseil d'État admet qu'une même requête en référé puisse se fonder sur l'article L. 521-1 et sur les articles L. 554-11 et L. 554-12 renvoyant à l'article L. 123-26 du Code de l'environnement concernant la suspension de décisions prises après avis défavorable du commissaire-enquêteur ou en l'absence d'étude d'impact (CE, 5 décembre 2014, Le Breton, n° 369522, *Lebon* T.).

Jurisprudence

[**1**] Considérant que l'objet même du référé organisé par les dispositions législatives de l'article L. 521-1 du code de justice administrative est de permettre, dans tous les cas où l'urgence le justifie, la suspension dans les meilleurs délais d'une décision

administrative contestée par le demandeur ; qu'une telle possibilité est ouverte y compris dans le cas où un texte législatif ou réglementaire impose l'exercice d'un recours administratif préalable avant de saisir le juge de l'excès de pouvoir, sans donner un caractère suspensif à ce recours obligatoire ; que, dans une telle hypothèse, la suspension peut être demandée au juge des référés sans attendre que l'administration ait statué sur le recours préalable, dès lors que l'intéressé a justifié, en produisant une copie de ce recours, qu'il a engagé les démarches nécessaires auprès de l'administration pour obtenir l'annulation ou la réformation de la décision contestée ;
Considérant que, saisi d'une telle demande de suspension, le juge des référés peut y faire droit si l'urgence justifie la suspension avant même que l'administration ait statué sur le recours préalable et s'il est fait état d'un moyen propre à créer, en l'état de l'instruction, un doute sérieux quant à la légalité de la décision ; que, sauf s'il en décide autrement, la mesure qu'il ordonne en ce sens vaut, au plus tard, jusqu'à l'intervention de la décision administrative prise sur le recours présenté par l'intéressé [...].

[**2**] Considérant que, par un arrêté du 22 janvier 1992 pris sur le fondement des dispositions de l'article L. 211-1 du code de l'urbanisme, le maire d'Artix a exercé le droit de préemption, au profit de la commune, sur un immeuble dont M. et Mme Gallenmuller avaient été déclarés adjudicataires par un jugement du tribunal de grande instance de Pau en date du 20 décembre 1991 ; qu'il ressort des pièces du dossier que, le 30 mars 1992, date à laquelle M. Gallenmuller a introduit devant le tribunal administratif de Pau une demande tendant à ce qu'il soit sursis à l'exécution de cet arrêté, le transfert de la propriété de l'immeuble avait été prononcé au profit de la commune, qui s'était acquittée de la somme due ; qu'ainsi, la décision attaquée était, à cette date, entièrement exécutée ; que, par suite, la demande présentée par M. Gallenmuller était sans objet ; que, dès lors, celui-ci n'est pas fondé à soutenir que c'est à tort que, par le jugement attaqué, le tribunal administratif a rejeté sa demande comme irrecevable [...].

[**3**] Considérant [...] que les dispositions de l'article L. 521-1 du code de justice administrative, résultant de la loi du 30 juin 2000, ne permettent au justiciable de demander la suspension d'une décision administrative qu'à la condition qu'une telle décision soit encore susceptible d'exécution ;
Considérant [...] que l'autorisation administrative de licenciement d'un salarié protégé doit être regardée comme entièrement exécutée à la date à laquelle le licenciement est notifié à ce salarié par l'employeur, sans que puissent y faire obstacle les modifications apportées par la loi du 28 octobre 1982 aux articles L. 412-13, L. 425-3 et L. 436-3 du Code du travail, qui reconnaissent au salarié protégé dont l'autorisation de licenciement a été annulée le droit à être réintégré, à sa demande, dans son emploi ou dans un emploi équivalent [...].

[**4**] Considérant qu'aux termes du dernier alinéa de l'article L. 123-4 du code de l'urbanisme, la délibération du conseil municipal prévoyant l'application anticipée de nouvelles dispositions d'un plan d'occupation des sols « devient exécutoire dans le délai d'un mois suivant sa transmission au représentant de l'État » ;
Considérant qu'à la date du 5 novembre 1987 où le tribunal administratif a statué sur le déféré du commissaire de la République des Hautes-Alpes, la délibération du conseil municipal de Briançon du 5 octobre 1987 prévoyant l'application anticipée du plan d'occupation des sols de cette ville n'était pas encore exécutoire, la transmission de ladite délibération ayant eu lieu le 7 octobre 1987 seulement ; qu'ainsi le jugement du tribunal administratif de Marseille en date du 5 novembre 1987

ordonnant qu'il soit sursis à l'exécution de la délibération du 5 octobre 1987 du conseil municipal de Briançon doit être annulé [...].

[**5**] Considérant qu'il résulte des pièces du dossier que M. Ruble a fait opposition par une requête enregistrée au greffe du tribunal administratif de Strasbourg le 23 octobre 1984 au commandement de payer émis à son encontre le 19 octobre 1984 par la recette-perception de Bischwiller d'un montant de 117 940,45 francs ; que ce titre avait cessé d'être exécutoire dès l'introduction de l'opposition devant le tribunal administratif de Strasbourg ; que dès lors les conclusions de M. Ruble tendant à ce qu'il soit sursis à son exécution étaient sans objet et, par suite, non recevables [...].

[**6**] L'article 164 du décret du 29 décembre 1962 portant règlement général sur la comptabilité publique qui fixe les conditions dans lesquelles sont recouvrées les créances des établissements publics nationaux à caractère administratif dispose que : « Les créances de l'établissement qui n'ont pu être recouvrées à l'amiable font l'objet d'états rendus exécutoires par l'ordonnateur [...]. Leur recouvrement est poursuivi jusqu'à opposition devant la juridiction compétente ».
Il résulte de cette disposition que si l'opposition formée contre un titre exécutoire devant la juridiction compétente fait obstacle au recouvrement de la créance, l'intervention du jugement rejetant ladite opposition met fin à cet effet suspensif. Conformément aux dispositions de l'article L. 8 du Code des tribunaux administratifs et des cours administratives d'appel aux termes duquel « les jugements des tribunaux administratifs et des cours administratives d'appel sont exécutoires et emportent hypothèque », l'appel présenté contre un tel jugement n'entraîne pas par lui-même la suspension de l'exécution du titre, qui ne pourrait être ordonnée que par le juge d'appel saisi de conclusions à fin de sursis présentées dans les conditions de droit commun [...].

[**7**] Considérant que le juge administratif, saisi de conclusions en ce sens, peut ordonner qu'il soit sursis à l'exécution d'une décision de rejet d'une demande si, d'une part, cette exécution est de nature à causer un préjudice difficilement réparable, et si, d'autre part, l'un au moins des moyens invoqués paraît, en l'état de l'instruction, de nature à justifier que le juge saisi du principal, non seulement annule cette décision, mais aussi adresse à l'autorité administrative qui l'a prise l'une des injonctions prévues par les dispositions que la loi du 8 février 1995 a introduites tant à l'article 6-1 de la loi du 16 juillet 1980 qu'aux articles L. 8-2 et L. 8-3 du code des tribunaux administratifs et des cours administratives d'appel ; que si ces conditions sont remplies, il lui appartient – après avoir mentionné avec précision le ou les moyens qu'il a retenus – d'assortir le prononcé du sursis de l'indication des obligations qui en découleront pour l'administration et qui pourront consister à réexaminer la demande dans un délai déterminé ou, le cas échéant, à prendre toute mesure conservatoire utile prescrite par le juge compte tenu de l'objet du litige, du moyen retenu et de l'urgence [...].

[**8**] Considérant qu'aux termes du premier alinéa de l'article L. 521-1 du code de justice administrative : « Quand une décision administrative, même de rejet, fait l'objet d'une requête en annulation ou en réformation, le juge des référés, saisi d'une demande en ce sens, peut ordonner la suspension de l'exécution de cette décision, ou de certains de ses effets, lorsque l'urgence le justifie et s'il est fait état d'un moyen propre à créer, en l'état de l'instruction, un doute sérieux quant à la légalité de la décision » ; que, selon le premier alinéa de l'article R. 522-1 du même code, « la requête visant au prononcé de mesures d'urgence doit contenir l'exposé au moins sommaire des faits et moyens et justifier de l'urgence de l'affaire » ;

Considérant qu'il résulte de ces dispositions, comparées, notamment à celles de l'article 54 du décret du 30 juillet 1963 qu'elles ont remplacées, que la condition d'urgence à laquelle est subordonné le prononcé d'une mesure de suspension doit être regardée comme remplie lorsque la décision administrative contestée préjudicie de manière suffisamment grave et immédiate à un intérêt public, à la situation du requérant ou aux intérêts qu'il entend défendre ; qu'il en va ainsi, alors même que cette décision n'aurait qu'un objet ou que des répercussions purement financiers et que, en cas d'annulation, ses effets pourraient être effacés par une réparation pécuniaire [...].

[**9**] Considérant que le préjudice qui résulte de l'exécution de la décision attaquée est de nature à justifier l'octroi du sursis ; que le moyen tiré de ce que M. Gueye aurait conservé la nationalité française paraît pouvoir être de nature, en l'état de l'instruction, à justifier l'annulation de la décision attaquée ; qu'il y a lieu, dans les circonstances de l'affaire, d'ordonner le sursis à exécution de la décision en date du 10 novembre 1982 [...].

[**10**] Considérant que les décisions par lesquelles la juridiction administrative compétente rejette les demandes de sursis dont elle est saisie sont rendues en l'état de l'instruction à la date à laquelle elle se prononce ; que, par suite, la circonstance que, par une décision en date du 5 novembre 1975, le Conseil d'État statuant au contentieux a rejeté une requête du sieur Znaty tendant à ce qu'il soit sursis à l'exécution de l'arrêté du 23 janvier 1974 ne fait pas obstacle à l'examen, par le Conseil d'État, des moyens invoqués par le sieur Znaty à l'appui d'une nouvelle requête ayant le même objet [...].

[**11**] Considérant d'une part que les jugements par lesquels les tribunaux administratifs statuent sur les conclusions tendant à ce qu'il soit sursis à l'exécution des actes administratifs qui leur sont déférés jusqu'au jugement à intervenir sur les demandes tendant à l'annulation de ces actes sont nécessairement rendus en l'état de l'instruction à la date à laquelle ils interviennent, et sans pouvoir préjuger le fond du droit ; que, dès lors, l'autorité de la chose jugée ne s'attache, en aucun cas, à ces jugements ; qu'il suit de là que si le tribunal administratif de Paris, pour rejeter, par jugement du 13 juillet 1977, les conclusions à fin de sursis à exécution dirigées contre les décisions du préfet de Paris fixant les emplacements de certains mobiliers urbains, s'est fondé sur ce que ces décisions n'étaient pas détachables de l'exécution de la convention passée le 12 juillet 1976 entre la ville de Paris et M. Decaux et ne pouvaient dès lors faire l'objet d'un recours pour excès de pouvoir, cette motivation ne faisait pas obstacle à ce que le même tribunal, statuant sur les demandes d'annulation des mêmes décisions, en admette la recevabilité [...].

Le référé-liberté

Art. L. 521-2 Saisi d'une demande en ce sens justifiée par l'urgence, le juge des référés peut ordonner toutes mesures nécessaires à la sauvegarde d'une liberté fondamentale à laquelle une personne morale de droit public ou un organisme de droit privé chargé de la gestion d'un service public aurait porté, dans l'exercice d'un de ses pouvoirs, une atteinte grave et manifestement illégale. Le juge des référés se prononce dans un délai de quarante-huit heures.

Texte source

– Loi n° 2000-597 du 30 juin 2000, article 6.

Commentaires

C'est une nouveauté d'importance. Le juge administratif des référés se voit doté des pouvoirs de son homologue judiciaire, qui conféraient à ce dernier, parfois au mépris des règles de compétence, une séduction indiscutable aux yeux des justiciables. La possibilité d'intervenir très rapidement (en quarante-huit heures au plus, prescrit la loi, sans que toutefois la méconnaissance de ce délai soit assortie de sanction), et d'ordonner « toutes mesures nécessaires » complète heureusement la panoplie des instruments faisant du juge administratif le juge des libertés. On rappelle que le droit à un recours juridictionnel effectif impose que le juge administratif soit tenu de statuer dans de brefs délais (Cons. const., 16 février 2018, déc. n° 2017-691 QPC).

En se référant à une atteinte grave et manifestement illégale à une liberté fondamentale portée par l'administration « dans l'exercice d'un de ses pouvoirs », le texte a pris soin de ne pas empiéter sur la notion de voie de fait (laquelle est, on le rappelle, une atteinte à une liberté fondamentale « insusceptible de se rattacher à un pouvoir qui ait été donné à l'administration par la loi »), tout en créant, au bénéfice du juge administratif, une notion symétrique.

Sont également dans le champ de compétence du juge du référé-liberté les personnes morales de droit privés chargée d'une mission de service public (CE, 4 avril 2019, Société France Télévisions, n° 429370, *Lebon :* s'agissant du refus d'inviter certaines personnalités politiques à un débat télévisé – CE, 14 avril 2023, n° 472611, *Lebon* T.), s'agissant de la décision d'exposer une œuvre d'art.

L'introduction d'un référé n'a pas de caractère suspensif, mais des dispositions législatives spéciales peuvent en aménager le régime. Ainsi, les articles 74 et 87 de la loi n° 2021-1109 du 24 août 2021 confortant le respect des principes de la République prévoit qu'une mesure de fermeture de lieux de culte ne peut être exécutée d'office avant que le juge des référés ait informé les parties de la tenue ou de l'absence de tenue d'une audience publique, en application du deuxième alinéa de l'article L. 522-1 du même code ou, si les parties ont été informées d'une telle audience, avant que le juge ait statué sur la demande. Faute d'aménagement spécial de ses conditions le régime du référé-liberté peut s'avérer insuffisant. Le Conseil constitutionnel a jugé que « si une personne condamnée incarcérée en exécution d'une peine privative de liberté et exposée à des conditions de détention contraires à la dignité de la personne humaine peut saisir le juge administratif en référé, sur le fondement des articles L. 521-2 ou L. 521-3 du code de justice administrative, les mesures que ce juge est susceptible de prononcer dans ce cadre, qui peuvent dépendre de la possibilité pour l'administration de les mettre en œuvre utilement et à très bref délai, ne garantissent pas, en toutes circonstances, qu'il soit mis fin à la détention indigne » (Cons. const., 16 avril 2021, déc. n° 2021-898 QPC, Section française de l'observatoire international des prisons, § 35 ; Cons. const., 2 octobre 2020, déc. n° 2020-858/859 QPC, 2020, § 15).

I – L'articulation avec le référé-suspension

La question se pose de la combinaison de cet article et du précédent. Elle est d'importance puisque les règles procédurales d'utilisation de l'un et de l'autre ne sont pas les mêmes (voir CJA, art. L. 523-1), comme au surplus leurs conditions de déclenchement (CE, 28 février 2003, Commune du Pertuis, n° 254411, *Lebon*, p. 68). On pourrait avoir une lecture rigide de cette combinaison : l'article L. 521-1 serait préventif, et l'article L. 521-2 « curatif » en quelque sorte, puisqu'il intervient lorsque l'atteinte à la liberté a été portée, et tend à la faire cesser. Mais force est d'admettre que l'atteinte peut être portée par l'édiction même d'une décision, avant même son exécution (songeons à l'interdiction de faire quelque chose, ou à une abstention). Les deux procédures de suspension et de référé-liberté peuvent alors se cumuler, voire faire double emploi, entendons par là que, si les conditions de l'article L. 521-2 sont réunies, *a fortiori* le seront celles de l'article L. 521-1 (CE, 27 mars 2001, Ministre de l'Intérieur c/Djalout, n° 231735, *Lebon* : « L'article L. 521-2 peut être mis en œuvre, quand bien même le demandeur pourrait tout aussi bien engager une action au titre de l'article L. 521-1 »). Le demandeur bénéficie d'une option (CE, 31 mars 2017, Ringeisen, n° 40374 : s'agissant d'une décision de suspension du droit d'exercer en l'absence d'entrée en vigueur d'une procédure particulière de référé). Mais une même requête ne peut se situer sur les deux terrains de l'article L. 521-1 et de l'article L. 521-2, l'un d'eux fût-il subsidiaire : il faut former des requêtes distinctes (CE sect., 28 février 2001, Philippart et Lesage, n° 230112, *Lebon*, p. 111). Et, si le demandeur s'est borné à faire état de « la loi du 30 juin 2000 », il appartient au juge de préciser la portée de la demande, au vu des éléments dont il dispose dans le dossier (CE, 3 décembre 2001, Fontana). De même a-t-il été admis que, lorsque l'une des deux demandes simultanément présentées l'a été clairement à titre principal, l'on n'oppose pas d'irrecevabilité à la totalité de la requête (CE, 9 avril 2004, Syndicat national Force ouvrière des personnels de préfecture, n° 258376). Cette exigence, il faut le noter, interdit également de présenter dans la même requête des conclusions principales sur le fondement de l'article L. 521-2 et des conclusions subsidiaires sur le fondement de l'article L. 521-3 (CE, 6 mars 2002, Société des pétroles Shell, n° 241534, *Lebon* T.).

Il reste que l'article L. 521-2 peut jouer alors même qu'aucune décision n'est en cause (mais un simple agissement), et alors même que, si décision il y a, elle n'a pas fait l'objet d'une requête en annulation ou en réformation (commet une erreur de droit le juge des référés qui rejette une demande de référé-liberté au motif que n'a pas été produite la décision objet de cette demande : CE, 4 mai 2016, Da Cunha, n° 396332, *Lebon* T.). De cette particularité, la jurisprudence a tiré la conséquence que la demande de référé-liberté ne peut être portée que devant la juridiction compétente en premier ressort, qui peut être soit un tribunal administratif, soit le Conseil d'État, et ce, alors même qu'une instance non dépourvue de tout lien avec la demande de suspension serait pendante devant une juridiction d'appel ou de cassation (CE, 29 mars 2002, Bonny, n° 244523, *Lebon*). C'est dire qu'en aucune façon un tel référé ne peut être présenté devant une cour administrative d'appel (sauf à envisager son utilisation dans des litiges couverts par les articles

R. 311-2 et R. 311-3 conférant aux cours quelques compétences de premier ressort, ce qui, pour l'instant, relève de l'hypothèse d'école).
Il n'a pu être présenté en matière de reconduite à la frontière (CE, 21 novembre 2001, Brahim Zhary, n° 238214, *Lebon*, p. 563), sauf « si les conditions dans lesquelles est exécuté un arrêté de reconduite présentent des effets qui, en raison de changements dans les circonstances de droit ou de fait depuis son intervention, excèdent le cadre qu'implique normalement sa mise à exécution », formule reprise de l'arrêt *Zhary* précité (CE, 14 janvier 2005, Luzeyido Bondo, n° 276123, *Lebon* T. – CE, 11 juin 2015, Ministre de l'Intérieur, n° 390704, *Lebon* T.). Et il ne peut non plus être présenté contre les décisions de placement dans un centre de rétention ou d'assignation à résidence prévues au III de l'article L. 512-1 du Code de l'entrée et du séjour des étrangers, ce dernier ayant, par la procédure qu'il organise (recours suspensif, jugement en 72 heures), organisé un système présentant des garanties au moins équivalentes à celles des procédures régies par le livre V du Code de justice administrative, système exclusif des mesures prévues par ce dernier livre, en particulier de la procédure de référé-liberté (CE sect., 30 décembre 2013, Bashardost, n° 367533). Lorsqu'un recours spécial est organisé, son existence peut conduire le juge à opposer l'exception de recours parallèle qui sera cependant écartée en cas de carence de l'administration après exercice de cette voie de recours (CE, 11 janvier 2017, Pasoon, n° 406154, s'agissant du droit au logement opposable) ou encore pour l'hébergement d'urgence (CE, 29 décembre 2023, n° 489206, *Lebon* T.).

II – Une condition d'urgence renforcée

La demande doit être « justifiée par l'urgence », notion ici plus exigeante que celle qui prévaut en matière de référé-suspension (CE, 28 février 2003, Commune du Pertuis, n° 254411, *Lebon*, p. 68 – CE, 9 mars 2007, Guiot, n° 302182, *Lebon* T.).
Quelques décisions illustrent qu'il s'agit d'une urgence renforcée en refusant de voir la condition remplie sur le fondement de l'article L. 521-2 alors qu'elle le serait sur le fondement de l'article L. 521-1 :
– pour une décision de préemption (CE sect., 28 février 2001, Philippart et Lesage, n° 230112, *Lebon*, p. 111) ;
– pour l'abstention prolongée d'une autorité administrative de satisfaire aux obligations résultant d'un jugement annulant un arrêté de reconduite à la frontière (CE, 16 février 2004, Bousbaa, n° 259679, *Lebon* T.) ;
– le refus de renouvellement d'un titre de séjour (CE, 23 janvier 2004, Koffi, n° 257106, *Lebon* T.).
Le juge prend également en considération les diligences de l'administration à l'égard du demandeur, de sa famille et de son patrimoine (Pour un cas de gel des avoirs à fin de lutte contre le terrorisme, CE, 16 mai 2024, n° 492346, *Lebon* T.).
Le référé-liberté connaît toutefois la notion d'urgence présumée :
– pour les mesures d'assignation à résidence (CE sect., 11 décembre 2015, Gauthier, n° 394990, *Lebon*) ;
– y compris en cas d'état d'urgence (CE sect., 11 décembre 2015, Domenjoud, n° 395009, *Lebon*) ;

– pour une mesure de placement d'un détenu à l'isolement ou de prolongation de cette mesure (CE, réf., 20 novembre 2019, Gerihanov, n° 435785, *Lebon* T.).
– pour une décision prononçant l'expulsion d'un étranger du territoire français (CE, 12 juin 2025, n° 499187, *Lebon* T.).

III – Les mesures nécessaires

La jurisprudence dira ce que l'on peut entendre par « toutes mesures nécessaires », lesquelles englobent nécessairement le pouvoir d'injonction (mais non à destination d'une autorité investie d'une fonction juridictionnelle : CE, 14 décembre 2004, Kheireddine Bahloul, n° 275073, *Lebon* T.), et la possibilité, ici encore, d'ordonner des mesures provisoires, à effet limité dans le temps. Encore doit-on noter que le juge peut être amené à prendre une mesure non provisoire, si elle seule est de nature à sauvegarder l'exercice effectif de la liberté fondamentale en cause (CE, 30 mars 2007, Ville de Lyon, n° 304053, *Lebon* T. [1] – CE, 31 mai 2007, CFDT Interco, n° 298293, *Lebon* – CE, réf., 27 mars 2020, GISTI et autres, n° 439720, *Lebon* T., s'agissant de l'absence de fermeture temporaire des centres de rétention administrative pendant l'état d'urgence sanitaire). Cette grande liberté laissée au juge des référés crée une différence avec le référé-suspension, laquelle n'est toutefois pas si fondamentale qu'il apparaît, compte tenu de la façon dont le Conseil d'État envisage les mesures de suspension d'actes négatifs (voir dans les commentaires de l'article ci-dessus et CE, 20 décembre 2000, Ouatah, n° 206745, *Lebon*). On a ainsi pu assister à l'enchaînement des procédures de référé-suspension et de référé-liberté, le défaut d'exécution de la mesure de suspension ordonnée (impliquant, s'agissant de l'expulsion d'un étranger du territoire français, qu'on lui restituât son titre de séjour) constituant une atteinte manifestement illégale à la liberté fondamentale d'aller et de venir sur le territoire français, à laquelle le juge du référé-liberté a mis fin par une injonction de restitution dans les huit jours, sous astreinte de 1 000 francs par jour (CE, 8 novembre 2001, Kaigisiz, n° 239734, *Lebon*). Plus généralement, le fait, pour l'autorité administrative, de laisser un étranger dans une situation provisoire justifie le recours au référé-liberté (CE, 11 juin 2002, Ait Oubba, n° 247649, *Lebon* T.), lors même que l'intéressé a parallèlement saisi le juge de l'exécution en vue de faire tirer les conséquences de l'annulation obtenue (même arrêt). Plus récemment, il a été jugé que s'il ne relève pas de l'office du juge des référés de remettre en cause le choix des autorités publiques de traiter la situation des migrants présents à Calais en les prenant en charge, sous réserve de la mise en œuvre des procédures d'éloignement du territoire français, dans des structures adaptées à leur situation et situées en dehors du territoire de la commune de Calais dans le but d'éviter que ne s'y reconstitue un afflux incontrôlé de migrants, il lui appartient en revanche, d'ordonner, sur le fondement de l'article L. 521-2 du Code de justice administrative, les mesures urgentes que la situation permet de prendre dans un délai de quarante-huit heures et qui sont nécessaires pour faire disparaître, à bref délai, les atteintes graves et manifestement illégales aux libertés fondamentales. Le juge des référés, qui a notamment rejeté la demande dont il était saisi tendant à la création d'un centre d'accueil des migrants ou de centres de distribution alimentaire sur le territoire de la commune de Calais, pouvait ainsi, au titre de la procédure particulière prévue par l'article L. 521-2, prescrire aux autorités administratives, d'installer des dispositifs adaptés permettant de rendre disponibles, à titre provisoire, tant que des migrants séjournent à Calais dans les conditions décrites ci-dessus, des points d'eau et des latrines ainsi que des douches (CE, 31 juillet 2017, Commune de Calais, n° 412125, *Lebon*).

En tout cas, il est exclu que, au titre de cet article, le juge des référés puisse prononcer l'annulation d'une décision administrative (CE, réf., 24 janvier 2001, Université Paris VIII, n° 229501, *Lebon* [**2**] – CE, 10 avril 2001, Merzouk, n° 232308, *Lebon* T.) : une telle mesure n'entre pas dans les compétences du juge des référés telles que définies à l'article L. 511-1. Pas plus ne peut-il ordonner à l'autorité administrative de « retirer » sa décision (CE, 3 juillet 2003, Commune de Collioure, n° 257971, *Lebon* T.), même si, on l'a dit, il peut être conduit à ordonner à l'administration de faire un acte strictement équivalent au retrait de sa décision (CE, 30 mars 2007, Ville de Lyon, préc.). De la même façon, et si rien ne s'oppose à ce qu'il soit recouru à ce référé pour obtenir l'exécution d'une décision d'une juridiction administrative – et, par exemple, d'une suspension décidée en application de l'article L. 521-1 –, le juge des référés ne peut normalement prescrire « une mesure qui aurait les mêmes effets que la mesure d'exécution que l'administration serait tenue de prendre à la suite de l'annulation de la décision contestée » (CE, 9 janvier 2006, Ministre de l'Intérieur c/Daaji, n° 288745, *Lebon* T.).

Le juge du référé-liberté ne peut pas non plus enjoindre de verser l'allocation pour demandeur d'asile (ADA) à titre rétroactif pour une période écoulée (CE, 17 avril 2019, Barry, n° 428359, *Lebon* T.), ou de prescrire à une équipe médicale que soit fixé un autre calendrier pour la réalisation de l'intervention chirurgicale que celui qu'elle a retenu à l'issue du bilan qu'il lui appartient d'effectuer (CE, 27 juillet 2018, Coyette, n° 422241, *Lebon* T. – CE 26 juillet 2017, Marchetti et Vraciu, n° 412618, *Lebon*, p. 279), ou encore d'ordonner la réalisation d'une expulsion après refus de concours de la force publique au regard du caractère définitif que revêtirait une telle mesure (CE, 1er juin 2017, SCI La Marne Fourmies, n° 406103, *Lebon* T.).

Lui sont également interdites, les injonctions qui portent sur des mesures d'ordre structurel reposant sur des choix de politique publique insusceptibles d'être mises en œuvre, et dès lors de porter effet, à très bref délai (CE, 28 juillet 2017, Section française de l'Observatoire international des prisons, n° 410677, *Lebon*, s'agissant d'injonction tendant à la réalisation de travaux lourds au sein d'une maison d'arrêt, à ce que soient alloués aux services judiciaires et pénitentiaires des moyens financiers, humains et matériels supplémentaires et à ce que soient prises des mesures de réorganisation des services ainsi qu'une circulaire de politique pénale), mais il peut ordonner une mesure d'organisation du service (CE, 19 novembre 2020, garde des Sceaux, ministre de la justice c/Section française de l'Observatoire international des prisons, nos 439372 439444, *Lebon*). Il n'appartient pas au juge des référés de prononcer, de son propre mouvement, des mesures destinées à assurer l'exécution de celles qu'il a déjà ordonnées, mais il peut, d'office, en vertu de l'article L. 911-3, assortir les injonctions qu'il prescrit d'une astreinte (même décision). Le juge peut être saisi de demandes d'exécution sur le fondement des articles L. 911-4 et L. 911-5, comme de l'article L. 521-4 (même décision). Il ne relève pas de l'office du juge du référé-liberté de mettre à la charge de l'administration une obligation d'information de la partie requérante (même décision). Il peut également, en présence de mesures déjà prises par l'administration, enjoindre de préciser, réexaminer ou évaluer certaines mesures (CE, réf., 22 mars 2020, Syndicat Jeunes médecins, n° 439674, *Lebon* T., s'agissant de l'absence de confinement général de la population et de mesures de restriction de déplacement inexactement interprétées et insuffisamment sanctionnées).

IV – Les libertés fondamentales

Pour la définition de ce qu'il convient d'entendre par « liberté fondamentale », ont été utilisés tant les concepts dégagés par la jurisprudence du Tribunal des conflits (statuant sur des voies de fait supposées) ou du Conseil d'État que ceux qui résultent de la jurisprudence du Conseil constitutionnel. Le panorama est d'ores et déjà riche.

Ont été ainsi regardés comme constituant des libertés fondamentales :

– la liberté d'aller et de venir (CE, 9 janvier 2001, Deperthes, n° 228928, *Lebon*), notamment dans les lieux ouverts au public (TA Pau, 24 mars 2006, Ledain, n° 0600533 ; JCP A, 20 novembre 2006, p. 1505) ; sans que cette liberté n'ouvre un droit général et absolu d'accès sur le territoire français pour les étrangers (CE, 11 avril 2018, Ministre de l'Intérieur c/Kenda Malemba, n° 418027) ; cette liberté comprenant la faculté de se déplacer en utilisant un moyen de locomotion dont l'usage est autorisé (CE, 30 avril 2020, Fédération française des usagers de la bicyclette, n° 140179, *Lebon* T.) ;

– la liberté d'opinion (CE sect., 28 février 2001, Casanovas, n° 229163, *Lebon*) ;

– la liberté du culte (CE, 25 août 2005, Commune de Massat, n° 284307, *Lebon*, concernant l'autorisation donnée par le maire, sans l'accord du ministre du Culte, à une manifestation dans un édifice affecté à l'exercice d'un culte), et la possibilité corrélative d'exprimer dans des formes appropriées ses convictions religieuses (CE, 7 avril 2004, Kilicikesen, n° 266085, *Lebon*) ;

– le droit de se marier (CE, 27 janvier 2003, Bena, n° 253216) ;

– le droit de propriété (CE, 2 juillet 2003, Société Outremer France, n° 254536, *Lebon*). Mais la délivrance d'un permis de construire, fût-ce sur le terrain d'autrui, ne peut par elle-même porter aucune atteinte à ce droit de propriété (CE, 11 octobre 2001, Commune de Saint-Bauzille-de-Putois, n° 238869, *Lebon*) ; lorsque l'atteinte à ce droit est constituée, le juge des référés tire de cet article le droit d'enjoindre à l'administration de la faire cesser, même si elle présente le caractère d'une voie de fait (CE, 23 janvier 2013, Commune de Chirongui, n° 365262, *Lebon*) ;

– la libre disposition des biens (CE, 23 mars 2001, Société LIDL, n° 231559, *Lebon* – CE, 14 juin 2006, Association syndicale du canal de la Gervonde, n° 294060, *Lebon* T.), et donc le droit d'obtenir le concours de la force publique pour assurer l'exécution d'une ordonnance d'expulsion des occupants d'un immeuble (CE, 29 mars 2002, SCI Stephaur, n° 243338, *Lebon* – CE, 21 novembre 2002, Gaz de France, n° 251726, *Lebon* – CE, 27 novembre 2002, SCI Résidence du Théâtre, n° 251898, *Lebon* T.) ; mais le Conseil d'État, maintenant à propos des référés le

raisonnement inauguré par l'arrêt *Couitéas* (CE, 30 novembre 1923, n° 38284, *Lebon*, p. 789), rappelle qu'il n'y a illégalité à ne pas exécuter une telle ordonnance que si cette exécution n'est pas susceptible de menacer l'ordre public, ce dernier devant s'entendre, d'une part, des effets de l'expulsion, d'autre part, des menaces que le retard à expulser fait peser sur la sécurité des occupants de l'immeuble (CE, 29 octobre 2003, Société Resimmo, n° 259361, *Lebon*) ;
– la présomption d'innocence (CE, 14 mars 2005, Gollnisch, n° 278435, *Lebon*), en ce qu'elle « concourt à la liberté de la défense et à la protection des droits de la personne » ;
– le droit d'exercer un recours effectif devant une juridiction, protégé par la Constitution et les articles 6 et 13 de la Convention européenne de sauvegarde des droits de l'homme et des libertés fondamentales, y compris devant la Cour européenne des droits de l'homme (CE, 30 juin 2009, Ministre de l'Intérieur, n° 328879, *Lebon*, affaire dans laquelle l'autorité française se proposait d'expulser en urgence un étranger pendant que s'instruisait sa requête devant la Cour européenne des droits de l'homme, fondée sur le risque de traitements inhumains et dégradants auxquels il se trouverait exposé en cas de retour dans son pays, la Cour européenne ayant de son côté indiqué au gouvernement français qu'il était souhaitable de ne pas expulser l'intéressé pendant la durée de la procédure devant la Cour) ;
– le droit à un recours effectif, les droits de la défense et le principe d'égalité devant la justice (JRCE, réf., 10 avril 2020, Conseil national des barreaux et autres, n° 439892 439883, *Lebon* T., s'agissant de l'adaptation des règles de procédure civile afin de faire face aux conséquences de l'épidémie de Covid) ;
– le droit de grève (CE, 9 décembre 2003, Aguillon, n° 262186, *Lebon*) ;
– la liberté syndicale (CE, 31 mai 2007, Syndicat CFDT Interco, n° 298293, *Lebon*) ;
– la liberté du travail, à laquelle il est porté atteinte par le refus de l'administration de réprimer des faits de harcèlement moral (CE, 4 octobre 2004, Société Mona Lisa Investissements, n° 264310, *Lebon*) ;
– le droit de ne pas être soumis à un harcèlement moral (CE, 19 juin 2014, Commune du Castellet, n° 381061, *Lebon* T.) ;
– le droit pour le patient majeur de donner, lorsqu'il se trouve en état de l'exprimer, son consentement à un traitement médical (CE, 16 août 2002, Feuillatey, n° 249552, *Lebon*, p. 309 – CE, 8 septembre 2005, Garde des Sceaux c/Bunel, n° 284803, *Lebon*) ;
– la possibilité d'assurer de manière effective sa défense devant le juge, mais pas nécessairement en étant présent devant ce dernier (CE, 3 avril 2002, Ministre de l'Intérieur c/Kurtarici, n° 244686, *Lebon* T.) ;
– le droit d'asile (CE, 12 janvier 2001, Hyacynthe, n° 229039, *Lebon* – CE, 2 mai 2001, Ministre de l'Intérieur c/Dziri, n° 232997, *Lebon*) incluant le droit à l'asile territorial (CE, 15 janvier 2002, Hadda, n° 238547, *Lebon* – CE, réf., 30 avril 2020, Ministre de l'Intérieur et Office français de l'immigration et de l'intégration, n°s 440250 et 440253, *Lebon* T., s'agissant de l'absence d'enregistrement des demandes d'asile en Île-de-France pendant l'état d'urgence sanitaire) ;

– le droit de mener une vie familiale normale (CE sect., 30 octobre 2001, Ministre de l'Intérieur c/Tliba, n° 238211, *Lebon*), l'atteinte à cette liberté, étant « grave » si la mesure contestée peut faire l'objet d'une exécution d'office, n'est pas l'objet d'un recours suspensif devant le juge et fait directement obstacle à la poursuite de la vie familiale (même arrêt) ;
– les libertés reconnues aux étrangers en situation régulière (CE, 11 juin 2002, Ait Oubba, n° 247649, *Lebon* T.) ;
– la libre administration des collectivités locales (CE sect., 18 janvier 2001, Commune de Venelles, n° 229247, *Lebon*, p. 18 – TC, 19 novembre 2007, Maire de Limeil-Brévannes c/Préfet du Val-de-Marne, n° C3653, *Lebon*) à laquelle il peut être porté atteinte par une autre personne que l'État (CE, 12 juin 2002, Commune de Fauillet, n° 246618, *Lebon*) ;
– la libre expression du suffrage (CE, 7 février 2001, Commune de Pointe-à-Pitre, n° 229921, *Lebon* T.) ;
– le secret des correspondances et la liberté d'exercice de leurs mandats par les élus locaux (CE, 9 avril 2004, Vast, n° 263759, *Lebon*) ;
– le caractère pluraliste des courants de pensée (CE, 24 février 2001, Tibéri, n° 230611, *Lebon* – CE, 4 avril 2019, Société France Télévisions, n° 429370, *Lebon*) ;
– la liberté d'expression et la liberté de communication des idées et des opinions (CE, 17 avril 2012, Commune de Saint-Cyr-l'École, n° 358495) ;
– la liberté d'entreprendre ou d'exercer une activité économique dans le respect de la législation et de la réglementation en vigueur et conformément aux prescriptions qui sont légalement imposées (CE, 1er mars 2002, Bonfils, n° 243651, *Lebon* – CE, 25 avril 2002, Société Saria Industries, n° 245414, *Lebon*) ;
– le droit de chacun au respect de sa liberté personnelle impliquant qu'il ne puisse subir de contraintes, par exemple, le tabagisme passif, excédant celles qu'imposent la sauvegarde de l'ordre public ou le respect des droits d'autrui (CE, 8 septembre 2005, Garde des Sceaux c/Bunel, n° 284803, *Lebon*, p. 338) ;
– la liberté de réunion (TA Paris, 13 mai 2004, Association cultuelle des témoins de Jéhovah, n° 0411210/9 ; *AJDA* 2004, p. 1597 – CE, 30 mars 2007, Ville de Lyon, n° 304053, *Lebon* T.) ;
– le droit au respect de la vie (auquel portent atteinte des travaux publics exécutés de façon dangereuse : CE sect., 16 novembre 2011, Ville de Paris, n° 353172, *Lebon* – CE ass., 14 février 2014, Lambert, n° 375081, *Lebon* – CE, réf., 4 avril 2020, Centre hospitalier universitaire de la Guadeloupe et Ministre des Solidarités et de la Santé, nos 439905 et 439904, *Lebon* T., s'agissant de l'absence d'édiction de mesures visant à permettre la constitution de stocks d'hydroxychloroquine et d'azithromycine et d'un stock de tests de dépistage du Covid-19 en nombre suffisant pour couvrir les besoins présents et à venir de la population de l'archipel guadeloupéen – CE, réf., 8 avril 2020, Syndicat national pénitentiaire Force ouvrière – personnels de surveillance, n° 439821, *Lebon T.*, s'agissant des mesures de protection des personnels pénitentiaires à l'égard des risques de contamination par le virus Covid-19) ; et à la dignité (CE, 28 juillet 2017, Section française de l'Observatoire international des prisons, n° 410677) ;

– les droits au respect de la vie et à la protection de la santé (CE, réf., 20 avril 2020, Association RESPIRE, n° 440005, *Lebon* T., s'agissant de l'insuffisance du dispositif prévu par l'arrêté du 7 avril 2016 relatif au déclenchement des procédures préfectorales en cas d'épisodes de pollution de l'air ambiant pendant la crise sanitaire – CE, réf., 18 avril 2020, Fédération des travailleurs de la métallurgie CGT [FTM-CGT], n° 440012, *Lebon* T., s'agissant, pendant la crise sanitaire, de l'absence de fermeture des entreprises métallurgiques non essentielles à la Nation et de mise en œuvre de mesures spécifiques de protection des salariés qui continueront à travailler au sein des entreprises essentielles) ;
– les droits au respect de la vie et de ne pas être soumis à des traitements inhumains ou dégradants (CE, réf., 7 mai 2020, Garde des Sceaux, ministre de la Justice c/l'Ordre des avocats du barreau de Martinique, n° 440151, *Lebon* T., s'agissant de l'absence de fourniture d'un masque de protection aux détenus lors des contacts avec les personnes extérieures, de l'absence de distribution de masques à l'ensemble des détenus et de l'absence de dépistage systématique de l'ensemble des détenus ayant été en contact direct avec une personne présentant les symptômes du Covid – CE, réf., 7 mai 2020, Ministre de l'Intérieur c/l'association « Avocats pour la défense des droits des étrangers » et autres, n° 440255, *Lebon* T., s'agissant du maintien en rétention au CRA de Vincennes des étrangers testés positifs au Covid-19 – CE, réf., 15 avril 2020, Union nationale des syndicats Force ouvrière Santé privée et autres, n° 440002, s'agissant des mesures de protection des résidents et des personnels des EHPAD – CE, réf., 27 mars 2020, GISTI et autres, n° 439720, *Lebon* T., s'agissant de l'absence de fermeture temporaire des centres de rétention administrative pendant l'état d'urgence sanitaire – CE, réf., 22 mars 2020, Syndicat Jeunes médecins, n° 439674, *Lebon* T., s'agissant de l'absence de confinement général de la population et de mesures de restriction de déplacement inexactement interprétées et insuffisamment sanctionnées) ;
– le droit du patient de consentir à un traitement médical et de ne pas subir un traitement qui serait le résultat d'une obstination déraisonnable (CE ass., 14 février 2014, Lambert, n° 375081) ;
– le droit à la scolarisation des enfants handicapés (CE, 15 décembre 2010, n° 344729, *Lebon* – CE, 18 septembre 2014, Serra, n° 384511) ;
– le droit à l'hébergement d'urgence (CE, 10 février 2012, Fofana, n° 356456, *Lebon* T.), même si le demandeur, dans une situation de grande vulnérabilité, bénéficie d'un hébergement précaire à la date où le juge se prononce (CE, 14 janvier 2025, n° 500105, *Lebon* T.) ;
– les droits à l'hébergement d'urgence et au respect de la vie (CE, réf., 4 avril 2020, Association Mouvement citoyen Tous migrants et autres, n° 439895, *Lebon* T., s'agissant de restriction de déplacements pendant l'état d'urgence sanitaire) ;
– le droit de toute personne de recevoir les traitements et soins les plus appropriés à son état de santé (CE, 13 décembre 2017, Pica-Picard, n° 415207, *Lebon* T. – CE, réf., 28 mars 2020, Bonnet et autres, n° 439765, *Lebon* T., s'agissant de l'absence d'édiction de mesures visant à permettre la prescription, la production et à la constitution de stocks d'hydroxychloroquine et d'azithromycine) ; et l'égal accès aux soins de toutes les personnes souffrant d'une infection susceptible d'être

attribuée au Covid-19, dispensés par les établissements de santé (CE, réf., 15 avril 2020, Association Coronavictimes et autres, n° 439910, *Lebon* T.).

N'ont, à l'inverse, pas été regardés comme constituant une liberté fondamentale :

– le droit au logement (CE, 3 mai 2002, Association de réinsertion sociale du Limousin, n° 245697, *Lebon*) ou le droit d'obtenir un logement de remplacement jusqu'à réhabilitation du logement occupé (CE, 22 mai 2002, Fofana, n° 242193) ; encore cette position doit-elle être nuancée compte tenu de la décision *Fofana* de 2012 (CE, 10 février 2012, n° 356456, *Lebon* T.) consacrée à l'hébergement d'urgence (voir note Le Bot, JCPA, 20 février 2012, p. 37) ;

– le droit à la santé (CE, 8 septembre 2005, Garde des Sceaux c/Bunel, *préc.*) ;

– le droit, pour un étranger en situation irrégulière, d'exercer une profession (CE, 5 mars 2001, Préfet de l'Hérault, n° 230873, *Lebon* T.) ;

– le droit de pratiquer un sport ou de participer à des compétitions sportives (CE, 22 octobre 2001, Caillat, n° 239194) ;

– le droit de détenir un permis de conduire, quelle que soit son incidence sur les conditions d'exercice d'une profession (CE, 15 mars 2002, Delaplace, n° 244078, *Lebon*) ;

– l'accès à une formation de troisième cycle (CE, 24 janvier 2001, Université Paris-VIII, n° 229501, *Lebon*) ;

– l'égalité des usagers devant le service public et la continuité de ce service (CE, 31 janvier 2001, Commune de Saint-Laurent-du-Var, n° 229644) ; l'égalité devant la Loi (CE, 1er septembre 2017, Commune de Dannemarie c/Association « Les Effronté-e-s », n° 4123607, s'agissant de l'installation dans plusieurs espaces publics de panneaux représentant des silhouettes de femmes) ;

– la méconnaissance par l'administration de son obligation de protéger la sécurité publique (CE, 20 juillet 2001, Commune de Mandelieu-la-Napoule, n° 236196, *Lebon*) ;

– le droit de chacun de vivre dans un environnement équilibré et respectueux de la santé protégé par l'article 1er de la Charte de l'environnement (CE, 20 septembre 2022, n° 451129, *Lebon*), étant rappelé que la protection de l'environnement est un objectif de valeur constitutionnelle (Cons. const., 31 janvier 2020, déc. n° 2019-823 QPC) et que la Charte a valeur constitutionnelle (Cons. const., 19 juin 2008, déc. n° 2008-564 DC – CE ass., 3 octobre 2008, Commune d'Annecy, n° 297931, *Lebon*, p. 322).

Certaines catégories de décisions ne sont susceptibles de porter atteinte à une liberté fondamentale qu'en raison de leurs motifs :

– l'exclusion, par mesure disciplinaire, d'un élève d'un lycée, ne porte ainsi pas atteinte en elle-même à une liberté fondamentale (CE, 29 novembre 2002, Arakino, 247518), pas plus que celle d'un agent public, pour autant qu'elle n'est pas fondée sur des motifs autres que disciplinaires qui révéleraient une atteinte à une telle liberté (CE, 27 juin 2002, Centre hospitalier général de Troyes, n° 248076) : on peut imaginer un motif mettant en cause les opinions religieuses ou politiques de l'intéressé ;

– le même raisonnement est retenu s'agissant de la décision mettant fin aux fonctions d'un agent public à la suite d'un refus de titularisation (CE, 28 février 2001, Casanovas, n° 229163, *Lebon*) ;

– il en va de même du refus d'autoriser un établissement commercial à occuper le domaine public communal en vue d'y installer une terrasse, sauf s'il est fondé sur un motif étranger aux considérations d'intérêt général de nature à le justifier au regard des exigences de la bonne utilisation des dépendances du domaine public (CE, 16 septembre 2002, SCI La cour des Miracles, n° 250313, *Lebon*).

V – L'atteinte grave et manifestement illégale

Une fois admis qu'une personne publique a porté atteinte à une liberté fondamentale (et cette atteinte doit avoir été subie par celui-là même qui forme la demande de référé : CE, 17 avril 2002, Meyet) et que l'urgence commande qu'il y soit porté remède, encore faut-il que cette atteinte soit grave et manifestement illégale. Ainsi, l'éventuelle illégalité d'une décision, prise sur le fondement de dispositions comportant une ambiguïté, ne saurait être regardée comme « manifeste » (CE, 18 mars 2002, GIE Sport libre, n° 244081, *Lebon*) : la mécanique est ici inverse de celle qui prévaut en matière de référé-suspension. Alors que, dans ce dernier type de référé, le « doute » conduit à la suspension, la même absence de certitude ne permet pas de conclure à une « illégalité manifeste », et donc de mettre en œuvre le référé-liberté.

Transposé en matière médicale, ce raisonnement conduit à ne constater qu'il n'y d'atteinte grave et manifestement illégale que si la carence de l'autorité administrative dans la mise en œuvre de ce droit risque d'entraîner une altération grave de l'état de santé de la personne intéressée (CE, 13 décembre 2017, Pica-Picard, n° 415207, *Lebon* T.).

L'exigence d'un manquement « manifeste » a rendu inopérant en matière de référé-liberté le moyen tiré de l'inconventionnalité de la loi (CE, 9 décembre 2005, Allouache, n° 287777, *Lebon*, p. 562 – CE, 25 janvier 2011, Ministre de l'Intérieur c/Debrata, n° 345800, *Lebon*), par application de la jurisprudence *Ministre de l'Environnement c/Carminati*, n° 240430 du 30 décembre 2002 citée sous le numéro L. 521-1. Ce sont les deux exceptions tenant soit à ce que l'inconventionnalité ait été antérieurement constatée par le juge du fond ou par la Cour de justice de l'Union européenne, soit à une incompatibilité de la loi avec le droit de l'Union européenne (CE, 16 juin 2010 Diakite, n° 340250, *Lebon*, p. 205). De plus, le Conseil d'État a accepté, le 31 mai 2016, de dédoubler, en référé-liberté, le contrôle de conventionnalité de la loi : à côté du contrôle classique de la loi prise comme norme, pouvant aboutir au constat de l'incompatibilité manifeste de cette loi avec les engagements européens ou internationaux de la France, s'est ainsi ajouté un contrôle des effets, sur la situation d'un requérant, de l'application de cette norme. S'agissant en l'espèce (CE ass., 31 mai 2016, Gonzalez Gomez, n° 396848, *Lebon*) d'une demande tendant à obtenir, en référé, l'autorisation d'exporter en Espagne des gamètes d'un époux décédé, ce que la loi française proscrit, le Conseil d'État a ainsi jugé que cette loi n'était pas manifestement incompatible avec les engagements internationaux de la France, mais que la mise en œuvre de cette interdiction, au cas particulier de Madame Gonzalez Gomez, était susceptible d'entraîner des conséquences manifestement contraires aux exigences nées de ces engagements.

En revanche, n'est pas inopérant devant le juge du référé-liberté le moyen tiré de l'inconstitutionnalité de dispositions législatives applicables (CE, 16 juin 2010, Diakite, n° 340250, *Lebon*), solution identique à celle qui est adoptée en matière de référé-suspension. Il s'ensuit que le mécanisme de la question prioritaire de constitutionnalité est envisageable devant le juge des référés, ce dernier n'étant toutefois pas tenu d'examiner une telle question s'il rejette la demande pour incompétence de la juridiction administrative, irrecevabilité ou défaut d'urgence (mais non s'il la rejette, fût-ce par ordonnance, au motif qu'elle est manifestement non fondée : CE, 16 janvier 2015, Lehuede, n° 374070, *Lebon* T.). L'urgence extrême qui caractérise la procédure de l'article L. 521-2 conduit cependant le juge à prendre, sans attendre la réponse du Conseil constitutionnel à la question de constitutionnalité ainsi posée, toute mesure qu'il juge appropriée pour assurer la sauvegarde de la liberté fondamentale à laquelle il serait illégalement porté atteinte (CE sect., 11 décembre 2015, Domenjoud, n° 395009, *Lebon*).

À quoi le juge a ajouté que c'est l'illégalité qui doit porter l'atteinte à la liberté fondamentale, et qu'il « doit exister un rapport direct entre l'illégalité relevée à l'encontre de l'autorité administrative et la gravité de ses effets au regard de l'exercice de la liberté fondamentale en cause » (CE, 12 novembre 2001, Commune de Montreuil-Bellay, n° 239840, *Lebon*). Saisi d'une QPC transmise au Conseil constitutionnel, le juge du référé-liberté sursoit à statuer sur le surplus de la requête en référé dans l'attente de la décision du Conseil constitutionnel (CE, 29 mai 2017, Association « En marche ! », n° 410833, *Lebon*). L'absence d'atteinte grave et manifestement illégale tient compte du comportement de l'administration visée, mais également de tiers (CE, réf., 7 mai 2020, Ministre de l'intérieur c/l'association « Avocats pour la défense des droits des étrangers » et autres, n° 440255, *Lebon* T., s'agissant du maintien en rétention au CRA de Vincennes des étrangers testés positifs au Covid-19 au regard des réaménagements effectués au sein du CRA, de l'existence des perspectives d'éloignement effectif du territoire des étrangers retenus et de l'incapacité matérielle de l'ARS d'Île-de-France d'accueillir les intéressés). Ne constitue pas une atteinte grave et manifestement illégale au caractère pluraliste de l'expression des courants de pensée et d'opinion, le refus de mettre en demeure une chaîne privée de permettre la participation d'un représentant d'un parti dès lors que l'ARCOM a porté une appréciation globale des temps parole de parole et de la représentativité des candidats à une élection (CE, 25 juin 2024, n° 495365, *Lebon*). Ne constitue pas non plus une atteinte grave et manifestement illégale le refus d'extraction opposé à un détenu devant se rendre à une audience dès lors qu'il était représenté dans l'instance de référé qu'il avait introduite à l'encontre de la mesure qu'il contestait et que l'organisation pratique de son extraction en vue de permettre sa présence à l'audience se heurtant à de très sérieuses contraintes en termes d'ordre public, afin de prévenir tout risque d'évasion ainsi que toute atteinte à la sécurité des tiers (CE, 1er mars 2024, n° 492291, *Lebon* T.).

VI – La représentation des personnes morales

Comme pour l'application de l'article L. 521-1, un maire n'a pas besoin d'être habilité par son conseil municipal pour introduire une action sur le fondement

de ce texte, même si la délégation pour agir en justice au nom de la commune lui a été retirée par le conseil municipal (CE sect., 19 janvier 2001, Commune de Venelles, préc.).
On note que la Cour européenne des droits de l'homme a estimé que, faute pour le demandeur d'asile qui se heurte à un refus d'admission sur le territoire de disposer à l'époque d'un recours en référé suspensif de plein droit, le système français de référé liberté ne présentait pas le caractère d'un « recours effectif » au sens de l'article 13 de la Convention européenne de sauvegarde des droits de l'homme et des libertés fondamentales (CEDH, 26 avril 2007, G. c/France, n° 25389/5).

Jurisprudence

[**1**] Considérant que [...] lorsqu'aucune mesure de caractère provisoire n'est susceptible de satisfaire cette exigence [la sauvegarde d'une liberté fondamentale], en particulier lorsque les délais dans lesquels il est saisi ou lorsque la nature de l'atteinte y font obstacle, il peut enjoindre à la personne qui en est l'auteur de prendre toute disposition de nature à sauvegarder l'exercice effectif de la liberté fondamentale en cause ; qu'il en va ainsi notamment lorsque l'atteinte résulte d'une interdiction dont les effets sont eux-mêmes provisoires ou limités dans le temps [en l'espèce, refus de location d'une salle municipale un jour et une heure déterminés [...].

[**2**] Considérant que si, en application de l'article L. 521-2 du même code [de justice administrative], le juge des référés peut ordonner « toutes mesures nécessaires à la sauvegarde d'une liberté fondamentale à laquelle une personne morale de droit public [...] aurait porté une atteinte grave et manifestement illégale », il ne saurait, sans méconnaître l'article L. 511-1 précité et excéder sa compétence, prononcer l'annulation d'une décision administrative [...].

Les autres référés d'urgence

Art. L. 521-3 En cas d'urgence et sur simple requête qui sera recevable même en l'absence de décision administrative préalable, le juge des référés peut ordonner toutes autres mesures utiles sans faire obstacle à l'exécution d'aucune décision administrative.

Textes sources

– Code des TA et des CAA, article R. 130.
– Loi n° 2000-597 du 30 juin 2000, article 7.

Commentaires

Ce référé est la copie législative de ce qui était l'article R. 130 de l'ancien code. On peut se demander s'il était bien de nature législative, puisqu'aussi bien il ne met en cause aucun principe, ainsi que le rappelle son dernier membre de phrase.

I – L'absence d'incompétence manifeste du juge administratif

L'article L. 521-3 a vocation à s'appliquer lorsque le juge administratif n'est pas manifestement incompétent (CE, 20 décembre 2017, Deck, n° 402383, *Lebon* T. pour l'expulsion d'un local occupé pour nécessité absolue de service y compris dans l'hypothèse où ce local n'appartiendrait pas au domaine public).

En revanche, il n'entre pas dans l'office du juge administratif d'autoriser une collectivité territoriale à demander à l'État, sur le fondement des dispositions du Code des procédures civiles d'exécution, le concours de la force publique pour l'exécution d'une décision de justice et de telles conclusions sont donc irrecevables (CE, 5 octobre 2016, Association Atelier d'architecture autogérée, n° 396143, *Lebon* T.). De même, une demande de mise en fourrière est manifestement insusceptible de se rattacher à un litige relevant de la compétence de la juridiction administrative (CE, 11 mai 2021, Ministre de l'Intérieur c/Syndicat des copropriétaires du parking TIR de Saint-Louis, n° 447948, *Lebon* T.).

II – L'articulation avec les articles L. 521-1 et L. 521-2 et les procédures spéciales

Il n'a pas pour vocation de permettre le prononcé d'injonctions contre des personnes publiques dans les cas dans lesquels les articles L. 521-1 ou L. 521-2 y feraient obstacle. Pas plus ne permet-il d'obtenir le prononcé de mesures relevant des articles L. 521-1 et L. 521-2 : ce référé a un caractère « subsidiaire » (CE sect., 5 février 2016, Benabdellah, n° 393540, *Lebon*). Est ainsi exclue une demande présentée par une personne sans-abri tendant à ce qu'il soit enjoint à l'administration d'assurer son hébergement d'urgence (CE, 1er octobre 2024, n° 490251, *Lebon* T.). Ce caractère peut s'effacer toutefois s'il s'agit de prévenir un « péril grave » (même arrêt), formule un peu plus restrictive que celle utilisée par l'arrêt *Elissondo Labat* (CE sect., 18 juillet 2006, Elissondo-Labat, n° 283474, *Lebon*, p. 369) faisant état de la nécessité de « mettre fin » au péril. Enfin l'existence d'un recours spécial conduit le juge des référés à opposer une exception de recours parallèle (CE, 3 mai 2016, Lourdjane, n° 394508, *Lebon* pour le droit au logement opposable). Comme pour les deux autres référés d'urgence, les demandes successives ne sont pas irrecevables et le même juge des référés peut sans partialité, juger des demandes identiques (CE, 17 juin 2024, n° 475254, *Lebon* T.).

III – Les conditions du prononcé d'injonction

Pour autant, ce référé n'exclut pas par principe le prononcé d'injonctions, si se trouvent par ailleurs remplies les trois conditions posées par le texte (urgence/utilité des mesures/absence d'obstacle à l'exécution de décisions : CE, 29 avril 2002, Capellari, n° 240322, *Lebon* T. – CE, 20 février 2013, Communauté d'agglomération de Saint-Quentin-en-Yvelines, n° 364025, *Lebon* T.). Au nombre de ces conditions ne figure pas celle de ne pas préjudicier au principal (CE, 6 avril 2001, Ministre de l'Éducation nationale c/Cros Decam, n° 230000, *Lebon*). Mais, en aucune façon, le juge des référés ne peut, au titre de cet article, être saisi d'une demande tendant à ce qu'il soit ordonné à l'autorité administrative de prendre des mesures réglementaires, y compris d'organisation des services placés sous son autorité (CE sect., 27 mars 2015, Section française de l'Observatoire international des prisons, n° 385332, *Lebon*, p. 132 – CE, 23 octobre 2015, Selarl Dr Debray, n° 383938, *Lebon* T.). Et la mesure demandée doit avoir un caractère provisoire : si tel peut être le cas d'une mesure ordonnant le déplacement ou le démontage d'un ouvrage immobilier, le juge des référés ne saurait ordonner la destruction d'un tel ouvrage (CE, 14 avril 2023, n° 466993, *Lebon* T.).

Le juge du référé est désormais attentif à d'autres intérêts que celui du demandeur. Ainsi il doit prendre en considération non seulement les nécessités du service public, mais également la situation de l'occupant, ainsi que des exigences s'attachant au respect de sa dignité et de sa vie privée et familiale pour apprécier si les conditions d'utilité et d'urgence posées par l'article L. 521-3 sont remplies (CE, 16 avril 2019, Ben Amar, n° 426074, *Lebon* T.).

IV – L'urgence

La condition d'urgence à enjoindre au responsable d'un dommage de travaux publics de prendre des mesures conservatoires n'est pas remplie en l'absence de danger immédiat (CE, 28 février 2019, Société Sodifram, n° 424005, *Lebon*).
On sera attentif au fait que, veillant à ce que ce référé n'entrave pas l'exécution des décisions administratives (c'est le rôle du référé-suspension : CE, 26 octobre 2005, Société des crématoriums de France, n° 279441, *Lebon*), le juge vérifie que, derrière une injonction de faire ou de ne pas faire, par exemple d'interrompre des travaux, ne se trouve pas l'interdiction d'exécuter une décision « révélée par l'engagement desdits travaux » (CE, 30 décembre 2002, Commune de Pont-Audemer, n° 248787) revenant ainsi sur la solution contraire adoptée dans une décision *Codorniu* (CE, 16 janvier 1985, Codorniu, n° 57106, *Lebon* T.). Il est toutefois admis que, en application de cet article, le juge des référés ordonne à la personne publique de prendre des mesures conservatoires destinées à faire échec ou mettre un terme à des dangers immédiats dont l'imputabilité à un ouvrage ou des travaux publics ne se heurte à aucune contestation sérieuse, et ce, même si le responsable du dommage a rejeté une demande tendant à la réalisation de ces mesures (CE sect., 18 juillet 2006, Elissondo-Labat, n° 283474, *Lebon*, p. 369 ; *AJDA*, octobre 2006, p. 1839). On note au demeurant que les procédures de référé-liberté et de l'article L. 521-3 peuvent, en cas de danger imminent, se cumuler (CE sect., 16 novembre 2011, Ville de Paris, n° 353172, *Lebon*, p. 552). La circonstance qu'une décision administrative refusant la mesure demandée au juge des référés intervienne postérieurement à sa saisine ne saurait faire obstacle à ce qu'il fasse usage des pouvoirs qu'il tient de l'article L. 521-3 (CE, 28 novembre 2018, Fock Sho Tien, n° 420343, *Lebon* T.). Le juge du référé peut prononcer, à titre provisoire, les mesures utiles nécessaires à la continuité d'un service public, à prendre par la personne à laquelle l'administration a confié, par contrat, la gestion de ce service (CE, 25 juin 2018, Agence de l'environnement et de la maîtrise de l'énergie, n° 418493, *Lebon* T., s'agissant du maintien de licences informatiques en l'absence de contestation sérieuse). Si l'injonction est assortie d'une astreinte, laquelle n'est alors pas régie par les dispositions du livre IX du CJA, l'astreinte court à compter de la date d'effet de l'injonction prononcée sans délai, sauf à ce que le juge diffère son point de départ dans les conditions qu'il détermine (CE, 27 juin 2020, Barnabon, n° 432977, *Lebon T.*, abandonnant sur ce point, et pour l'expulsion du domaine public, CE, 3 juin 2009, Huet, n° 313198, *Lebon* T.).

V – L'astreinte

Ces injonctions peuvent, de même, être assorties d'astreinte, qu'il appartient au juge de ce référé de liquider, soit d'office, soit sur demande d'une partie (CE, 15 mars 2004, Société Dauphin Adshel, n° 259803, *Lebon* T.), selon la règle qui veut que le juge qui a prononcé une astreinte a compétence pour la liquider (CE, avis, 30 avril 1997, Marchal, n° 185322, *Lebon* T. – CE, 19 février 2009, Syndicat autonome de la fonction publique territoriale, n° 324864, *Lebon* T., s'agissant de la compétence du juge du référé-liberté). Les voies de recours contre la liquidation de l'astreinte sont celles-là mêmes qui sont ouvertes contre la décision prononçant l'astreinte (CE, 21 mai 2003, Petit, n° 252872, *Lebon* T.).

VI – Un référé résiduel

Ce référé d'urgence résiduel concerne quelques hypothèses.

A – L'expulsion du domaine public

Une des plus fréquentes est celle des demandes d'expulsion du domaine public (à la présentation desquelles ne fait pas obstacle l'existence de la procédure spécifique de répression des contraventions de grande voirie : CE, 26 juin 2002, Everaert, n° 231807). L'atteinte à ce domaine est en effet regardée comme ne mettant en cause aucune liberté fondamentale justiciable de l'article L. 521-2 (CE, 31 janvier 2001, Commune de Saint-Laurent-du-Var, n° 229644). Il sera satisfait à une demande formée à ce titre (à condition, évidemment, que soit en cause le domaine public, point que le juge du référé doit vérifier : CE, 22 octobre 2010, Pustwo, n° 335051, *Lebon*) si, en premier lieu, la libération du domaine présente un caractère d'urgence (point sur lequel le juge de cassation exerce le seul contrôle de dénaturation des faits : CE, 17 janvier 1996, SARL Le Jardin des Pyrénées, n° 141711, *Lebon* T.). Le propriétaire ou le gestionnaire (CE, 1er juin 2016, Société mahoraise d'acconage de représentation et de transit (SMART), n° 394069, *Lebon* T.) doit donc établir que l'occupation dont il se plaint la prive soit de ressources significatives, soit de la possibilité de réaliser des projets précis (CE, 1er février 2012, Padrureanu, n° 349749, *Lebon* T.).

Il faut ensuite que les prétentions de la collectivité publique ne se heurtent à aucune contestation sérieuse (CE, 22 juin 1977, Abadie, n° 04799, *Lebon*, p. 288 – CE, 28 novembre 1980, Ville de Paris c/Établissements Roth, n° 17732, *Lebon*, p. 446 [**1**] – CE, 10 juin 1988, Société d'exploitation du Touring-Club de Paris, n° 84957, *Lebon*, p. 237 – CAA Lyon, 20 octobre 1992, Société Snega, n° 92LY00583 – CE, 5 octobre 2016, Association atelier d'architecture, n° 396143, *Lebon* T.). Il est observé à cet égard que la discussion de la légalité de la décision retirant ou refusant un titre d'occupation du domaine, si cette dernière n'est pas définitive, peut constituer une contestation sérieuse de la demande d'expulsion, et qu'il appartient donc au juge des référés de rechercher si tel est le cas (CE sect., 16 mai 2003, Société Icomatex, n° 249880, *Lebon*, revenant sur CE sect., 2 mars 1990, Peugnez, n° 91687, *Lebon*, p. 59 – CE, 2 juillet 2003, Barthes, n° 236990 – CE, 8 janvier 2010, Adrey, n° 322389, *Lebon* T.). Pourra de même être présentée, au titre de ce référé, une demande tendant à ce que cessent des atteintes portées au domaine public (CE sect., 25 janvier 1980, Sotem et Mariani, n° 11514, *Lebon*, p. 49 ; *AJDA* 1980, p. 615 [**2**]). À ce titre, le Conseil d'État a ordonné la suspension de travaux entrepris sans autorisation sur le domaine public maritime (CE, 26 mai 1989, Cabrisseau, n° 96673). Le préfet a qualité pour demander l'expulsion d'un occupant sans droit ni titre du domaine public maritime (CE, 5 juin 2023, n° 467295, *Lebon* T.). Si toutefois les travaux trouvent un fondement dans une décision administrative, le juge ne peut ordonner leur interruption, car ce serait là faire obstacle à l'exécution de cette décision CE, 30 décembre 2002, Commune de Pont-Audemer, mentionné ci-dessus, revenant sur la solution contraire adoptée dans une décision *Codorniu* (CE, 16 janvier 1985, n° 57106, *Lebon* T.).

On note que la circonstance que l'occupant sans titre du domaine public disposerait d'une autorisation pour l'exercice de son activité n'empêche pas son expulsion du domaine public, cette mesure ne faisant pas obstacle à l'exécution de ladite autorisation (CE, 18 juin 2007, Réseau ferré de France, n° 297732). Mais, l'appréciation du caractère sérieux de la contestation peut conduire à prendre en considération la nature et le bien-fondé des moyens soulevés à l'encontre du retrait ou du refus de renouvellement du titre d'occupation (CE, 20 décembre 2017, Deck, préc.) ou encore l'incompétence de l'auteur d'une mise en demeure (CE, 21 avril 2017, Ministre de l'Intérieur c/Gjeta, n° 405164, *Lebon*).

La demande d'intervention du juge en matière d'expulsion du domaine public peut également être présentée au juge de droit commun, et non au juge des référés, notamment en l'absence d'urgence. Si le premier juge traite par erreur une demande non présentée au titre du référé de l'article L. 521-3, le juge de cassation, compétent pour connaître de l'ordonnance ainsi rendue, l'annule et renvoie l'affaire devant le tribunal administratif au titre de la procédure ordinaire (CE, 29 juillet 2002, Helmbacher, n° 243454, *Lebon*).

En dérogation à la règle en usage, qui n'appelle pas la tenue d'une audience publique, il est décidé que, eu égard au caractère quasi-irréversible de la mesure qu'il peut être conduit à prendre, le juge du référé de l'article L. 521-3, qui se prononce en dernier ressort, doit mettre les parties en mesure de présenter des observations orales (CE, 24 novembre 2006, Wuister, n° 291294, *Lebon*, p. 494 – CE, 1er octobre 2007, Agence foncière et technique de la région parisienne, n° 299464, *Lebon* T. – CE, 18 septembre 2015, Société Prsat'Air, n° 387315, *Lebon* T.). La liquidation de l'astreinte prévue en matière d'expulsion du domaine public n'est en revanche pas soumise à cette obligation d'audience, même si elle ne peut être jugée sans procédure contradictoire (CE, 27 mai 2015, Compagnie nationale du Rhône, n° 385235, *Lebon* T.), sauf à ce que le juge ait décidé, dès la lecture de la demande, et sans alors l'instruire, de la rejeter par ordonnance de l'article L. 522-3 (même arrêt). En revanche, si le juge a décidé d'instruire, il doit poursuivre cette instruction (CE, 27 mai 2015, Aubert, n° 386195).

Il est précisé que, si la demande tend à l'expulsion de « gens du voyage » occupant un élément du domaine public, alors qu'une aire d'accueil aménagée leur est proposée, son traitement relève du président du tribunal judiciaire (CE, 8 juin 2007, Commune de Gisors, n° 298467, *Lebon* T.). La procédure spéciale prévue par les dispositions du II de l'article 9 de la loi n° 2000-614 du 5 juillet 2000 n'est toutefois pas exclusive du référé-mesures utiles (CE, 16 juillet 2020, Département de l'Essonne c/Hoffmann, n° 437113, *Lebon* T.).

B – L'expulsion des lieux d'hébergement

Par détermination de la loi, le juge des référés administratifs peut être appelé à statuer sur le fondement de cet article sur des demandes d'expulsion des lieux d'hébergement pour demandeurs d'asile, d'occupants dont les demandes d'asile ont fait l'objet d'une décision définitive de rejet (CESEDA, art. L. 744-5 – voir CE, 21 avril 2017, Ministre de l'Intérieur c/Gjeta, n° 405164, *Lebon*, pour une expulsion en l'absence de circonstances exceptionnelles et décision du même jour ; CE, 21 avril 2017, Ministre de l'Intérieur c/Makiese, n° 406065, *Lebon*, pour un rejet de la demande d'expulsion pour défaut d'urgence en raison de circonstances exceptionnelles) ; ou en cas de manquements graves au règlement du lieu d'hébergement, y compris les demandeurs d'asile en attente de la détermination de l'État responsable de l'examen de leur demande d'asile ou de leur transfert effectif vers celui-ci (CE, 22 mars 2022, Ministre de l'Intérieur c/Qasemi, n° 450047, *Lebon* T.), y compris le bénéficiaire d'une protection internationale (CE, 28 octobre 2024, n° 490665, *Lebon* T.).

C – La communication de documents administratifs

Le Conseil d'État range également dans le champ d'application de ce référé d'urgence les demandes de communication de documents administratifs si l'urgence ne permet pas de les traiter selon la procédure définie par la loi du 17 juillet 1978 (CE, 26 mai 1982, Ministre de l'Intérieur c/Aboudou Mzé, n° 34200, *Lebon*, p. 137 [**3**] – CE, 21 juin 1989, Ministre des PTT c/Société Jet Services, n° 98147 [**4**] – CE, 28 septembre 1994, Mazeron, n° 146681, *Lebon* T.). On ne saurait dans cette logique exiger du demandeur qu'il ait saisi préalablement la commission d'accès aux documents administratifs (CE, 29 avril 2002, Société Baggerbedrijf de Boer, n° 239466, *Lebon* T.). Cette procédure n'a pas nécessairement à s'inscrire dans la perspective d'un recours devant le juge administratif (CE sect., 9 juillet 1997, ANPEEC, n° 163099, *Lebon*, p. 299). Encore faut-il souligner que la mesure n'est utile que si elle ne relève pas des pouvoirs d'instruction du juge de l'excès de pouvoir. Si ce dernier est donc saisi d'une demande d'annulation, il ne sera pas possible d'obtenir par référé la communication des éléments du dossier ayant abouti à la décision contestée (CE, 24 avril 1985, Vacher [**5**] – CE, 11 décembre 1985, Casanovas [**6**]), tout au moins jusqu'il ait été statué définitivement sur le litige, après épuisement, le cas échéant, des voies de recours (CE, 20 février 2012, Valery, n° 353134, *Lebon* T.). La solution est la même si le juge des référés-provision est saisi (CE, 3 mars 2008, Ministre de la Défense c/Commune d'Aiguines, n° 311726).

Il convient au surplus de souligner à cet égard que, si le refus de transmission du document constitue une décision faisant grief, et si donc sa portée va au-delà d'une simple absence de communication, il ne sera pas possible de le surmonter par voie de référé, car ce serait faire obstacle à l'exécution d'une décision administrative (CE, 10 mars 1995, Ministre de l'Enseignement supérieur et de la Recherche c/Colasse, n° 158582, *Lebon* T., à propos du refus de remettre au requérant un dossier d'inscription aux épreuves d'un examen).

D – La continuité du service public

Cet article permet aussi, de façon générale, au juge administratif d'intervenir pour que force reste à la loi ou que soit assurée la continuité du service public, dans les hypothèses dans lesquelles aucun texte n'autorise l'administration à intervenir. Cette mission du juge des référés est traditionnelle en matière de marchés publics, lorsque, par suite de la résiliation du marché, l'administration est privée de tout pouvoir coercitif à l'égard de son ancien contractant, aux fins de lui faire remettre des éléments matériels permettant la poursuite de l'exploitation du marché (CE, 13 juillet 1956, OPHLM de la Seine, *Lebon*, p. 338 – CE, 12 septembre 1988, Société des téléphériques du massif du Mont-Blanc, n° 92211, *Lebon*). Pour une application en matière de contrat de prestations de services d'archivage, voir CE, 29 juillet 2002, Centre hospitalier d'Armentières, n° 243500, *Lebon*. Même solution s'agissant pour la collectivité de récupérer des éléments nécessaires à la gestion d'un service public portant sur l'établissement et l'exploitation d'un réseau de télécommunications (CE, 21 octobre 2015, Département des Hauts de Seine, n° 392748).

E – Les autres cas

Moins traditionnel, mais aussi constant, est l'usage de ce référé pour fournir à l'administration, lorsqu'elle en est dépourvue, un moyen coercitif à l'encontre de personnes privées : ce fut ainsi le cas pour assurer l'exécution des sanctions pécuniaires prononcées par le Conseil des bourses de valeurs (CE ass., 4 mars 1991, Société des bourses françaises, n° 118382, *Lebon*, p. 78), ou pour ordonner à une personne privée, réalisant des opérations immobilières à l'aide de fonds provenant de la participation des employeurs à l'effort de construction, de communiquer, même en dehors de toute perspective contentieuse, à l'Agence nationale pour la participation des employeurs à l'effort de construction, les documents devant permettre à cette dernière d'exercer le contrôle qui lui incombe (CE sect., 9 juillet 1997, Agence nationale pour la participation des employeurs à l'effort de construction, n° 163099, *Lebon*). Voir, pour des applications récentes de cette procédure : CE, 11 juillet 2008 et 10 juillet 2009, Fonds de garantie des dépôts, n°s 316471 et 327514, décisions rendues au profit du fonds de garantie des dépôts, personne morale de droit privé chargée de recouvrer les sanctions prononcées par le Conseil des marchés financiers.

Le même souci de ne pas laisser subsister un vide juridique a conduit à utiliser l'article L. 521-3 dans une hypothèse dans laquelle une autorité administrative (l'Office français de protection des réfugiés et apatrides en l'espèce) s'était abstenue pendant plus de deux ans de traiter une demande d'asile, alors que l'article L. 723-3-1 du Code de l'entrée et du séjour des étrangers et du droit d'asile dispose expressément que « aucune décision ne peut naître du silence gardé par l'office ». La seule façon de mettre en œuvre le droit de l'intéressé à faire reconnaître sa qualité de réfugié a consisté à admettre l'application de l'article L. 521-3, laquelle a conduit à ordonner à l'office, sous astreinte, de statuer dans le mois sur la demande de l'intéressé (CE, 18 juillet 2011, Fathi, n° 343901, *Lebon*).

Il a été admis que le juge saisi à cette fin fasse usage de l'article L. 521-3 pour ordonner à un maire de faire dresser un procès-verbal constatant la poursuite de travaux de construction en dépit d'une ordonnance de suspension du permis de construire correspondant (CE sect., 6 février 2004, Masier, n° 256719, *Lebon*), ou envisage d'ordonner à un maire de prendre des mesures conservatoires de nature à mettre un terme aux dangers immédiats présentés par un mur (CE, 8 mars 2010, Djoudar, n° 331115, *Lebon*).

Les hypothèses d'application de l'article L. 521-3 sont aujourd'hui plus variées :
– demandes présentées par un détenu tendant à ce qu'il soit autorisé à accéder à ses comptes de messagerie électronique afin de sauvegarder ses données à caractère personnel ou à ce qu'il lui soit permis de désigner un tiers de confiance afin que celui-ci puisse y procéder à sa place (CE, 5 mars 2018, Levrel, n° 414859, *Lebon* T.) ;
– pouvoir d'ordonner le versement de la prestation de compensation lorsqu'elle a été attribuée par la commission des droits et de l'autonomie des personnes handicapées (CE, 19 mai 2017, Département des Alpes-Maritimes, n° 402798, *Lebon* T.) ;
– injonction au responsable d'un dommage de travaux publics de prendre des mesures conservatoires (CE, 5 juin 2020, Syndicat intercommunal des eaux de la Vienne, n° 435126, *Lebon* T.) ;
– injonction de restitution des biens dits de retour d'une délégation de service public (CE, 16 mai 2022, Commune de Nîmes, n° 459904, *Lebon*) ;
– enregistrement d'une demande de titre de séjour d'un étranger et prise de rendez-vous en préfecture après démarche infructueuse par internet (CE, 10 juin 2020, Bhiri, n° 435594, *Lebon* T.) ;
– convocation des étrangers en préfecture en vue du dépôt des demandes de titre de séjour en cas d'urgence immédiate ne permettant pas à l'étranger d'attendre qu'un refus, susceptible de recours, soit opposé à sa demande tendant à avancer la date de rendez-vous (CE, 1er juillet 2020, Labassi, n° 436288, *Lebon*) ;
– expulsion d'un logement à condition que la demande soit communiquée au défendeur à l'adresse du logement occupé (CE, 25 septembre 2020, Pierre, nos 440634 et 441647, *Lebon T.*) ;
– sécurisation et l'enlèvement d'un navire échoué sur le domaine public dès lors que la Polynésie française, propriétaire du domaine, n'est pas compétence pour prescrire elle-même les mesures demandées (CE, 19 novembre 2020, Société Shenzhen Shengang Overseas Industral Co. Ltd et autre, n° 440644, *Lebon* T.).
Mais pas au point d'ordonner l'engagement par un établissement public de « négociations » avec son autorité de tutelle en vue de la conclusion d'un « contrat d'objectifs et de performance » (CE, 25 septembre 2019, Comité central d'entreprise de l'Agence nationale pour la formation professionnelle des adultes, n° 428508, *Lebon* T.) ou encore d'ordonner la réquisition d'entreprises, biens et services permettant aux services publics et à la population de disposer en urgence de moyens matériels de lutte contre la propagation du Covid-19, en l'absence de carence du Premier ministre et d'utilité de la mesure (CE, réf., 2 avril 2020, Cassia et autres, n° 439844, *Lebon* T.).
Ces dispositions peuvent même se combiner avec un recours spécial (celui du recouvrement d'un indu de RSA malgré un recours suspensif) pour ordonner qu'il soit mis fin aux retenues à venir et d'enjoindre le reversement des sommes qui ont été à tort retenues (CE, 24 juillet 2019, CAF de la Vienne, n° 426527, *Lebon* T.).
Outre la condition d'utilité, qui ne saurait être perdue de vue, le juge des référés ne peut au titre de cet article avoir plus de compétences que la juridiction à laquelle il appartient (CE, 28 mai 1984, Delannay, n° 49098, *Lebon*, p. 191). S'agissant notamment du référé formé en vue d'obtenir communication de documents

administratifs, il doit se rattacher à un litige relevant de la compétence administrative. Ce n'est, par exemple, pas le cas si les documents réclamés le sont en vue de se pourvoir devant le tribunal des affaires sociales (CE, 16 février 1996, SARL Bretagne Desosse, n° 165537, *Lebon*) ou en vue de contester le refus d'enregistrement d'une déclaration de nationalité (CE, 27 novembre 1996, Ratsietison, n° 170503 [**7**]).

VII – L'interdiction de faire obstacle à l'exécution d'une décision administrative

Par ailleurs, le juge du référé de l'article L. 521-3 ne peut ordonner la suspension d'un acte administratif, encore moins l'annuler (CE, 21 février 1986, Compagnie des architectes en chef des monuments historiques, n° 74477, *Lebon*, p. 45 [**8**] – CE, 16 juin 1989, Jehan Rioult, n° 103233).

Assez généralement, le juge de ce référé tend à donner un sens extensif à la réserve interdisant de faire obstacle à l'exécution d'une décision administrative. A ainsi été refusée une expertise réclamée en référé, parce qu'elle avait pour objet de faire apparaître que le refus d'agrément de certains vins par l'Institut national des appellations d'origine n'était pas fondé, un tel objet ne pouvant que préjudicier au principal (CE, 10 mai 1995, Meyer, n° 121502). Il convient toutefois de souligner que cette condition a disparu (CE, 6 avril 2001, Ministre de l'Éducation nationale, n° 230000, *Lebon*). On ne sera dans cette perspective pas surpris que ce juge ne puisse pas prescrire l'interruption de la procédure d'élaboration d'une décision administrative (CE, 2 juin 1995, Revol, n° 152773, *Lebon* T.), interdiction qui se rapprocherait du prononcé d'une sorte de suspension.

À l'occasion d'un tel référé, le juge peut assortir son injonction à une personne publique d'une astreinte, ainsi que cela ressort de la décision *Fathi* précitée du 18 juillet 2011.

Il est rappelé que l'on ne peut présenter dans une même requête des conclusions principales fondées sur le seul article L. 521-2 et des conclusions subsidiaires fondées sur l'article L. 521-3 (CE, 6 mars 2002, Société des pétroles Shell, n° 241534). La même règle est applicable à la présentation de conclusions principales aux fins de provision, et des conclusions subsidiaires fondées sur l'article L. 521-3 (CE, 15 avril 2005, Société Saria Industrie Sud-Est, n° 267298 – CE, 9 avril 2010, Vandoolaeghe, n° 327876). De telles requêtes sont, dans leur totalité, irrecevables.

VIII – L'audience publique

La tenue d'une audience publique n'est pas requise pour l'application de cet article, l'article L. 522-1 ne le concernant pas, sauf en matière d'expulsion du domaine public (voir *supra*).

Jurisprudence

[**1**] Considérant que la société Établissements Roth était titulaire d'un contrat de concession l'autorisant à occuper jusqu'au 30 juin 1978 deux terrains situés dans les entrepôts de Bercy, 45 et 61, rue de Mâcon et 3, rue de Sauternes ; que ce contrat n'ayant pas été renouvelé, elle occupe sans titre régulier depuis cette date lesdits terrains ; qu'elle n'a pas obtempéré à l'injonction qui lui a été adressée par le maire de libérer les lieux au plus tard le 30 septembre 1978 ;

Considérant que les prétentions de la ville de Paris ne se heurtent à aucune contestation sérieuse et que la libération des locaux occupés sans droit par la société intimée présente un caractère d'urgence ; que, dès lors, la ville de Paris est fondée à demander l'expulsion de la société des Établissements Roth des locaux et terrains qu'elle occupe [...].

[**2**] Considérant qu'aux termes de l'article R. 102 du code des tribunaux administratifs : « Dans tous les cas d'urgence le président du tribunal administratif ou le magistrat qu'il délègue peut [...] ordonner toutes mesures utiles sans faire préjudice au principal et sans faire obstacle à l'exécution d'aucune décision administrative » ;
Considérant qu'eu égard aux risques graves et immédiats pour le domaine public que pouvait présenter, compte tenu du caractère irrégulier du débit de la Durance, la poursuite des travaux d'extraction opérés par la Sotem, le juge des référés pouvait, à raison de l'urgence, ordonner la cessation provisoire de ces travaux ;
Considérant, en revanche, qu'en prescrivant à la Sotem de procéder à la remise en état des lieux le juge des référés a fait préjudice au principal et que son ordonnance doit, sur ce point, être annulée [...].

[**3**] Considérant que le président du tribunal administratif ou le magistrat qu'il délègue peut user des pouvoirs qu'il tient de l'article R. 102 du code des tribunaux administratifs pour inviter l'administration, dans tous les cas d'urgence, à mettre les intéressés à même de former un recours pour excès de pouvoir en leur communiquant les décisions qui les concernent et, le cas échéant, le dossier au vu duquel ces décisions ont été prises ; qu'ainsi, M. Aboudou Mzé, à qui un délai de 15 jours avait été imparti verbalement pour sortir du territoire français, était fondé, eu égard à l'urgence, à demander au président du tribunal administratif de Marseille de prescrire la communication de la décision de refus de séjour dont il avait fait l'objet et celle du dossier relatif à son titre de séjour [...].

[**4**] Considérant qu'en vue de former un recours en indemnité contre l'État en raison des conditions dans lesquelles la société française de messagerie internationale exerce ses activités, la société Jet Services a demandé au juge des référés d'ordonner au ministre des Postes et Télécommunications de lui communiquer divers documents relatifs à des conventions passées par l'administration des postes avec cette société ; qu'en l'absence d'urgence, une telle mesure ne pouvait être prescrite selon la procédure prévue par les dispositions précitées de l'article R. 102 [...].

[**5**] Considérant que si le président du tribunal administratif ou le magistrat qu'il délègue peut user des pouvoirs qu'il tient de l'article R. 102 du code des tribunaux administratifs pour inviter l'administration, dans tous les cas d'urgence, à mettre les intéressés à même de former un recours pour excès de pouvoir en leur communiquant les documents indispensables, la mesure sollicitée par M. Vacher du juge des référés du tribunal administratif de Paris, par requête du 5 octobre 1984, n'était en l'espèce ni utile ni urgente, dès lors qu'il appartenait au tribunal lui-même, saisi au principal d'un recours en annulation contre le permis de construire délivré à l'intéressé, d'user de ses pouvoirs généraux d'instruction pour provoquer la production des documents qui lui paraîtraient utiles à la solution du litige [...].

[**6**] Considérant que si le président du tribunal administratif ou le magistrat qu'il délègue peut user des pouvoirs qu'il tient des dispositions précitées pour inviter l'administration, dans tous les cas d'urgence, à mettre les intéressés à même de former un recours en leur communiquant le dossier au vu duquel une décision qui les concerne

a été prise, il ressort des pièces du dossier que, avant même d'avoir demandé au juge des référés du tribunal administratif de Marseille d'ordonner la communication du dossier, au vu duquel le commissaire de la République délégué pour la police de Marseille a, par décision du 11 avril 1985, refusé d'agréer sa candidature à un emploi de commissaire de la police nationale, M. Casanovas avait formé devant ce tribunal un recours pour excès de pouvoir contre cette décision ; qu'il appartenait au tribunal, saisi de ce recours, d'ordonner le cas échéant la production du dossier au vu duquel la décision attaquée avait été prise ; que, dès lors, la mesure demandée au juge des référés ne revêtait pas le caractère d'urgence exigé par les dispositions précitées de l'article R. 102 du code des tribunaux administratifs [...].

[**7**] Considérant qu'aux termes de l'article R. 130 du code des tribunaux administratifs et des cours administratives d'appel : « En cas d'urgence, le président du tribunal administratif ou de la cour administrative d'appel ou le magistrat que l'un d'eux délègue, peut, sur simple requête qui, devant le tribunal administratif, sera recevable même en l'absence d'une décision administrative préalable, ordonner toutes mesures utiles sans faire préjudice au principal et sans faire obstacle à l'exécution d'aucune décision administrative » ; que, si ces dispositions permettent au président du tribunal administratif ou au magistrat qu'il délègue d'inviter l'administration, dans tous les cas d'urgence, à mettre les intéressés en mesure de former un recours en leur communiquant les décisions qui les concernent et, le cas échéant, le dossier au vu duquel ces décisions ont été prises, elles impliquent que ces mesures ne soient pas manifestement insusceptibles de se rattacher à un litige relevant de la compétence administrative [...].

[**8**] Sur les conclusions à fin de sursis :

Considérant qu'aux termes de l'article R. 102 du code des tribunaux administratifs : « Dans tous les cas d'urgence, le président du tribunal administratif ou le magistrat qu'il délègue peut, sur simple requête qui sera recevable même en l'absence d'une décision administrative préalable, ordonner toutes mesures utiles sans faire préjudice au principal et sans faire obstacle à l'exécution d'aucune décision administrative » ; qu'il ressort de ces dispositions que le sursis à exécution d'une décision administrative ne peut être ordonné par voie de référé ;

Sur les conclusions à fin d'expertise :

Considérant que le juge des référés, en vertu des dispositions de l'article R. 102 du code des tribunaux administratifs rappelées ci-dessus, ne peut ordonner qu'une mesure utile et qui n'excède pas les pouvoirs du juge administratif ; que les associations requérantes ont demandé au président du tribunal administratif de Paris, statuant en référé, d'ordonner une expertise portant sur les précautions à prendre en vue du transfert à Lille de la collection du musée des plans-reliefs ; qu'en raison de son objet, cette demande, qui tendait à faire déterminer des mesures que le juge administratif n'a pas le pouvoir d'imposer à l'administration, ne répondait pas aux conditions fixées par l'article R. 102 du code précité et ne pouvait dès lors qu'être rejetée [...].

La libération de la zone des cinquante pas géométriques

Art. L. 521-3-1 La condition d'urgence prévue à l'article L. 521-3 n'est pas requise en cas de requête relative à une occupation non autorisée de la zone des cinquante pas géométriques.

En cas d'évacuation forcée, l'autorité chargée de l'exécution de la décision du juge s'efforce par tous moyens de proposer un relogement aux occupants sans titre en situation régulière sur le territoire national. Dès lors qu'une proposition adaptée de relogement a été faite, le juge peut ordonner la démolition de la construction illégale.

Texte source

– Loi n° 2010-788 du 12 juillet 2010, article 32.

Commentaires

Le texte est curieusement plus sévère pour les occupants irréguliers de la zone dite des « cinquante pas géométriques » (anciennement « cinquante pas du Roi »), laquelle définit le domaine public du littoral de l'outre-mer, que pour ceux qui occupent indûment le domaine public en métropole. Sévérité tempérée toutefois par l'obligation de relogement, particulièrement forte dans la mesure où la majorité des occupations dans cette zone correspond à de l'habitat. De toute façon, l'ancienneté de nombre d'occupations du domaine public dans les îles, comme au demeurant leur statut juridique longtemps incertain, conduisent à prévoir une application très modérée de la fermeté annoncée par cet article.
Si la condition d'urgence n'est pas requise (CE, 3 décembre 2014, Province Sud de Nouvelle-Calédonie, n° 375364, *Lebon* T.), le juge doit néanmoins se prononcer sur la condition d'utilité (CE, 4 mai 2018, Morlet, n° 415002, *Lebon* T.).
Si l'expulsion demandée au titre de cet article concerne une parcelle située pour partie seulement dans la zone des cinquante pas géométriques (qui correspond, sauf à la Réunion, à 81,20 mètres à partir de la limite du rivage), la condition d'urgence demeure requise pour la partie de la parcelle non comprise dans cette zone (CE, 3 décembre 2014, Province Sud de Nouvelle-Calédonie, n° 375364, *Lebon* T.).

La modification des mesures prises par le juge des référés

Art. L. 521-4 Saisi par toute personne intéressée, le juge des référés peut, à tout moment, au vu d'un élément nouveau, modifier les mesures qu'il avait ordonnées ou y mettre fin.

Texte source

– Loi n° 2000-597 du 30 juin 2000, article 8.

Commentaires

Cet article est le complément normal des précédents, et confirme la souplesse du système mis en place et le souci d'adaptabilité manifesté par le législateur. Les mesures de référé prononcées en application des trois articles législatifs précédents sont donc révisables, dans un sens ou un autre. Encore faut-il que des « mesures » aient été ordonnées : le rejet pur et simple d'une demande de référé n'est donc pas justiciable de cet article (CE, 17 mars 2004, SCI Bord de Mer, n° 257650 – CE, 3 novembre 2004, Hoffer, n° 273046, *Lebon* T.), et c'est une nouvelle demande de référé qu'il faut former si l'évolution du droit ou des faits fait naître les conditions d'une suspension initialement refusée.

Cet article ne peut jouer pour les référés prononcés en application des articles réglementaires (et, par exemple, pour le référé-provision : CE, 20 décembre 2006, SNC Cannes Estérel, n° 283352, *Lebon* T.).

Mais la révision prévue par cet article ne joue que si le juge est saisi d'une demande. Laquelle peut émaner de « toute personne intéressée », ce qui ne se limite pas nécessairement aux parties. On peut songer au bénéficiaire d'un permis de construire frappé de suspension, ou encore au vendeur n'ayant pas été appelé à l'instance de suspension d'une décision de préemption (CE, 24 juillet 2019, SCI Madeleine, n° 428552, *Lebon* T.).

Cet article peut être invoqué pour obtenir du juge des référés, dont l'ordonnance d'exécution n'est pas exécutée, qu'il la complète par le prononcé d'une astreinte, indépendamment des demandes formées en application des articles L. 911-4 et L. 911-5 (CE, 27 juillet 2015, Assistance publique Hôpitaux de Paris, n° 389007, *Lebon* – CE, 28 juillet 2017, Section française de l'Observatoire international des prisons, n° 410677, *Lebon*).

Cette adaptabilité est nécessaire, car la décision de suspension est exécutoire et doit donc être exécutée, alors qu'elle a pu être prise au vu d'une appréciation fragilisée par la rapidité de l'instruction. Cette obligation d'exécuter est forte, et pas seulement formelle : ainsi, tant qu'il n'a pas été mis fin à la suspension d'un acte administratif, « l'administration ne saurait reprendre une même décision sans qu'il ait été remédié au vice que le juge des référés avait pris en considération pour prononcer la suspension » (CE sect., 5 novembre 2003, Association Convention vie et nature pour une écologie radicale, n° 259339, *Lebon*). De même, mettre fin, en application de l'article L. 521-4, à une mesure de suspension assortie d'une astreinte ne prive pas de base légale la liquidation de cette astreinte pour la période précédente (CE, 27 juin 2007, Syndicat intercommunal des communes alimentées par les canaux de la Siagne, n° 295453, *Lebon* T.). Lorsque l'administration statue sur un RAPO postérieurement à l'ordonnance de suspension, la demande tendant à la modification de cette ordonnance perd son objet (CE, 7 février 2025, n° 498563, *Lebon* T.).

Et il ne peut y avoir révision des mesures antérieurement ordonnées que s'il y a « élément nouveau ». L'expression, volontairement vague, recouvre en premier lieu, c'est évident, l'évolution des faits et du droit. Ainsi, les perspectives nouvelles d'affectation d'un magistrat près de sa famille justifient qu'il soit mis fin à la suspension de la nomination de deux de ses collègues sur les postes qu'il convoitait (CE, 20 septembre 2002, Garde des Sceaux c/Ozoux, n° 249894, *Lebon* T.). Ou bien l'élément ayant conduit à sérieusement soupçonner une illégalité a disparu (CE, 24 février 2003, Perrier, n° 251928, *Lebon*). À la limite, on peut constater la disparition, par abrogation ou retrait, de l'acte suspendu, ce qui ôte tout effet à la suspension (et rend irrecevable la demande de modification présentée, si elle est postérieure à cette disparition : CE, 28 septembre 2001, Syndicat national des ingénieurs et cadres de l'aviation civile, n° 238201).

Le développement des procédures de régularisation et l'extension du « contrôle dynamique » renouvellent la question des éléments nouveaux. Pour apprécier s'il est possible de lever la suspension d'un permis de construire modifié postérieurement à son ordonnance, le juge des référés doit, après avoir mis en cause le requérant ayant initialement saisi le juge du référé suspension, tenir compte, d'une part, de la portée du permis modificatif ou de la mesure de régularisation sur les vices précédemment relevés et, d'autre part, des vices allégués ou d'ordre public dont le permis modificatif ou la mesure de régularisation serait entaché et qui seraient de nature à y faire obstacle. (CE, 16 juin 2023, n° 470160, *Lebon* T.).

La question posée est toutefois, en second lieu, de savoir si l'apport dans le dossier d'une argumentation nouvelle au soutien d'un moyen déjà présenté, ou en défense contre ce moyen constitue un « élément nouveau ». Le souci de statuer rapidement pourra en effet conduire le juge des référés, saisi d'une demande de suspension, à être ébranlé par un moyen, en l'absence de toute défense de l'administration. Cette dernière, constatant, au reçu d'une décision de suspension, qu'elle aurait dû prendre cette procédure au sérieux, s'avise, mais un peu tard, de contester le moyen retenu par le juge. Y aura-t-il un élément nouveau de nature à déclencher le jeu de l'article L. 521-4 ? Le réalisme et, ici encore, le souci d'adaptabilité, commandent de répondre affirmativement : la production, même tardive, d'observations constitue une évolution de l'« état de l'instruction » au vu duquel a été prononcée la première mesure. Ainsi a été jugé de nature à justifier le recours à cette procédure de rectification le fait pour l'administration de se prévaloir d'éléments qui pourtant étaient à sa disposition lors de l'instruction de la demande de suspension, et qu'elle n'avait pas, faute des diligences nécessaires, invoqués devant le juge des référés alors saisi (CE, 10 avril 2002, Reby, n° 241039, *Lebon*, p. 133 – CE, 26 juin 2002, Ministre de l'Éducation nationale c/Charlois-Duméril, n° 242703, *Lebon* **[1]** – CE, 26 mars 2012, Association des habitants des quartiers sud de Colmar, n° 350834, *Lebon* T.). Ainsi a été prise en considération la production, postérieure à l'ordonnance de suspension, d'une pièce remettant en cause le sérieux du moyen retenu par le juge des référés, pièce qui, n'ayant pas été transmise aux services ministériels en temps utile, n'avait pu être produite devant le juge des référés avant prononcé de l'ordonnance (CE, 21 octobre 2013, Ministre de l'Intérieur c/Boyer, n° 370324, *Lebon* T.).

Cela pourra poser quelques problèmes d'articulation avec la procédure de cassation : la partie mécontente d'une mesure intervenue en matière de référé-suspension pourra en effet soit contester devant le juge de cassation la position du juge des référés, en faisant valoir en cassation, notamment, un moyen d'ordre public non soumis au premier juge, soit, au titre de l'article L. 521-4, demander au juge des référés de modifier les mesures qu'il avait ordonnées ou d'y mettre fin. Pour éviter, dans une certaine mesure, ces effets pervers, il est jugé que l'intervention, après introduction du pourvoi en cassation, d'une ordonnance de l'article L. 521-4 mettant fin à la suspension rend sans objet le pourvoi, lors même que l'ordonnance de rectification n'est pas définitive (CE, 5 avril 2004, Sanchis, n° 260149, *Lebon* T.).

Lorsque l'administration obtient une modification des mesures initialement ordonnées, cette modification peut-elle porter aussi sur les dispositions initialement arrêtées concernant les frais non compris dans les dépens ? On en peut douter : outre que les « mesures » qu'il y a lieu de modifier sont celles-là seules qui emportaient leur suspension ou étaient utiles à la sauvegarde d'une liberté fondamentale, on doit souligner que la rétractation de l'article L. 521-4, rendue possible par un « élément nouveau », n'emporte pas normalement, à l'inverse de l'exercice d'une voie de recours, constat d'une erreur initialement commise, et n'implique donc pas remise en cause de ce que, initialement, le juge des référés avait estimé en ce qui concerne les frais non compris dans les dépens (TA Lyon, 27 février 2006, Préfet du Rhône, n° 0601017).

Cet article confirme ce que l'on pouvait penser au vu de l'article L. 521-1 : un dossier de référé d'urgence vit en permanence, n'est jamais « classé » et exige une attention permanente du juge des référés.

Les ordonnances modificatives participent de la même nature que celle des ordonnances modifiées et relèvent donc de la même voie de recours que l'acte initial, à savoir cassation ou appel selon la nature de ce dernier (CE, réf., 7 novembre 2003, SA d'HLM Trois-Vallées, n° 261475, *Lebon* T. ; CE, réf., 6 janvier 2022, Ministre de l'Intérieur c/Friday, n° 459750, *Lebon* T.).

La détermination du juge compétent pour faire application de cet article, normalement aisée, se complique en cas de pourvoi formé contre l'ordonnance initiale, si elle a été prononcée en application de l'article L. 521-1, ou d'appel si elle relève de l'article L. 521-2. S'agissant de l'appel, l'article L. 523-1 règle la question : le juge d'appel est investi, dès qu'il est saisi, des pouvoirs prévus à l'article L. 521-4, pouvoirs dont se trouve ainsi dessaisi le premier juge. S'agissant de la cassation, et procédant par une lecture *a contrario*, le Conseil d'État a jugé que la compétence attribuée par l'article L. 521-4 appartenait au « juge des référés de la juridiction saisie au fond des conclusions aux fins d'annulation », lors même que la suspension aurait été ordonnée par le juge de cassation en application des dispositions de l'article L. 821-2 : c'est en effet l'instruction devant le juge du fond qui peut faire apparaître des éléments propres à justifier la mise en œuvre de l'article L. 521-4 (CE, 30 décembre 2009, Commune de Sucy-en-Brie, n° 333704, *Lebon* T.).

La décision prise en application de l'article L. 521-4, si elle a pour effet de réduire la portée de la suspension initialement ordonnée, voire d'y mettre fin, implique, si est écarté le moyen qui avait créé un doute sérieux, que le juge des référés se prononce sur les autres moyens invoqués par le demandeur, selon une technique qui n'est pas sans rappeler celle de l'effet dévolutif de l'appel. Il lui est alors possible de le faire par référence à la première ordonnance dès lors que la motivation de cette dernière « était elle-même suffisante et que l'argumentation présentée dans l'instance aux fins de réexamen n'appelait pas de nouvelles précisions » (CE, 2 juillet 2008, Syndicat des copropriétaires de la résidence Le rond-point des pistes, n° 312836, *Lebon* T.). Le juge peut être saisi de demandes d'exécution sur le fondement de l'article L. 521-4 (CE, 19 novembre 2020, garde des Sceaux, ministre de la justice c/Section française de l'Observatoire international des prisons, n°s 439372, 439444, *Lebon* – Voir CJA, art. L. 521-2 et L. 911-4). En revanche, une nouvelle demande présentée après le rejet d'une première demande ayant le même objet ne peut l'être sur le fondement de l'article L. 521-4 (CE, 29 juin 2020, SCI Eaux douces, n° 435502, *Lebon* T.). Le Conseil d'État a défini l'office du juge du L. 521-4, le régime de preuve applicable et les pouvoirs d'instruction du juge (CE, 15 novembre 2022, n° 466827, *Lebon* T. [**2**]).

Jurisprudence

[**1**] Considérant que les dispositions précitées de l'article L. 521-4 du code de justice administrative ne font pas obstacle à ce que le juge des référés modifie les mesures qu'il avait ordonnées ou y mette fin au vu d'un moyen nouveau que lui soumettrait à cette fin l'une des parties ou toute autre personne intéressée, alors même que ce moyen aurait pu lui être soumis dès la première saisine [...].

[**2**] 4. S'il n'appartient pas au juge des référés de prononcer, de son propre mouvement, des mesures destinées à assurer l'exécution de celles qu'il a déjà ordonnées, il peut, d'office, en vertu de l'article L. 911-3 du code de justice administrative, assortir les injonctions qu'il prescrit d'une astreinte. Il incombe dans tous les cas aux différentes autorités administratives de prendre, dans les domaines de leurs compétences respectives, les mesures qu'implique le respect des décisions juridictionnelles. Si l'exécution d'une ordonnance prise par le juge des référés, sur le fondement de l'article L. 521-2 du code de justice administrative, peut être recherchée dans les conditions définies par le livre IX du même code, et en particulier les articles L. 911-4 et L. 911-5, la personne intéressée peut également demander au juge des référés, sur le fondement de l'article L. 521-4 du même code, d'assurer l'exécution des mesures ordonnées demeurées sans effet par de nouvelles injonctions et une astreinte.

5. Lorsqu'une personne demande au juge des référés, sur le fondement de l'article L. 521-4 du code de justice administrative, d'assurer par de nouvelles injonctions et une astreinte l'exécution de mesures ordonnées par le juge des référés et demeurées sans effet, il appartient à cette personne de soumettre au juge des référés tout élément de nature à établir l'absence d'exécution, totale ou partielle, des mesures précédemment ordonnées et à l'administration, si la demande lui est communiquée en défense et si elle entend contester le défaut d'exécution, de produire tout élément en sens contraire, avant que le juge des référés se prononce au vu de cette instruction. Le juge des référés, ainsi saisi sur le fondement de l'article L. 521-4, ne saurait être tenu de mettre en œuvre ses pouvoirs généraux d'instruction et d'enjoindre à l'administration de produire des éléments relatifs à l'exécution des mesures initialement ordonnées en référé au seul motif que l'administration n'aurait pas répondu aux demandes d'information du requérant sur l'exécution de ces mesures. Il n'appartient pas davantage au juge des référés, lorsqu'il a prononcé des injonctions à l'égard de l'administration, de mettre à la charge de cette dernière une obligation d'information du requérant quant à l'exécution de ces injonctions. L'office du juge des référés statuant ainsi sur le fondement de l'article L. 521-4 ne méconnaît pas les exigences découlant des articles 3, 6 et 13 de la convention européenne de sauvegarde des droits de l'homme et des libertés fondamentales. [...].

CHAPITRE 2 Procédure

La procédure devant le juge des référés

Art. L. 522-1 Le juge des référés statue au terme d'une procédure contradictoire écrite ou orale.

Lorsqu'il lui est demandé de prononcer les mesures visées aux articles L. 521-1 et L. 521-2, de les modifier ou d'y mettre fin, il informe sans délai les parties de la date et de l'heure de l'audience publique.

Sauf renvoi à une formation collégiale, l'audience se déroule sans conclusions du rapporteur public.

Textes sources

– Loi n° 2000-597 du 30 juin 2000, article 10-I.
– Décret n° 2009-14 du 7 janvier 2009, article 1er.

Commentaires

Il y a nécessairement audience publique lorsque sont appliqués les articles L. 521-1 et L. 521-2, mais absence de rapporteur public, sauf renvoi à une formation collégiale. On peut en conclure que les mesures prévues à l'article L. 521-3 ne relèvent pas de l'audience publique (sauf, mais c'est par voie jurisprudentielle, s'il est question de prononcer l'expulsion d'un occupant du domaine public : voir commentaires sous cet article).

Toutes ces procédures doivent être contradictoires : le demandeur doit recevoir par tous moyens – en en prenant connaissance par exemple à l'audience publique – les observations de la partie adverse (CE, 5 novembre 2004, Association pour la sauvegarde du patrimoine martiniquais, n° 260229, *Lebon* T.). Est ainsi annulée une ordonnance prononcée au vu d'une pièce (un arrêté de délégation de signature) dont le demandeur n'a pas pu prendre connaissance au plus tard lors de l'audience (CE, 28 mai 2001, Société CODIAM, n° 230692, *Lebon* T.). Encore faut-il qu'il ait été présent lors de cette audience (CE, 10 décembre 2001, Association Gabas Nature et Patrimoine, n° 237973, *Lebon* T.). L'instruction contradictoire se poursuivant en effet lors de cette audience, le juge des référés « ne commet pas d'irrégularité en se fondant sur des éléments qui ont été apportés par l'une des parties au cours de l'audience publique et dont l'autre partie n'a pu avoir connaissance faute pour elle d'avoir été présente ou représentée lors de l'audience » (CE, 29 janvier 2003, Société Chourgnoz SAS, n° 249499, *Lebon* T.). Et l'intérêt qui s'attache à l'exercice de la contradiction au cours de l'audience de référé justifie qu'une personne, non avocat, puisse s'exprimer au nom d'une partie, sans avoir à justifier d'un mandat *ad hoc* (CE, 4 juin 2012, La Poste, n° 347563, *Lebon* T.).

Il se déduit logiquement de cet article que les parties doivent recevoir l'avis d'audience avant l'audience, point qu'il appartient au juge des référés de vérifier (CE, 5 novembre 2003, Commune de Barbizon, n° 255833). Au demeurant, peut être présentée au juge des référés, après clôture de l'instruction, une pièce nouvelle dont le traitement obéit aux règles arrêtées par les notes en délibéré et rappelées sous l'article R. 613-2 (CE, 14 novembre 2003, Rouger-Pelatan, n° 258519, *Lebon* T.).

Ce texte, qui prévoit expressément le renvoi à une formation collégiale, laisse ouverte la question, non tranchée non plus par les dispositions réglementaires, de savoir si ce « renvoi » peut être décidé avant toute audience du juge des référés, ou seulement après une telle audience. On pourrait estimer, au vu notamment de l'article R. 522-8, que, la clôture de l'instruction n'intervenant qu'à l'issue de l'audience, et donc l'instruction se poursuivant jusqu'au terme de cette audience, et même parfois au-delà, il faut nécessairement en passer par cette séance pour que le dossier soit réputé instruit, et donc susceptible d'être présenté à une formation collégiale. Une telle exigence ne nous paraît pas découler du texte ; elle s'inscrirait en rupture avec les usages de la juridiction administrative.

Que l'instruction d'une affaire puisse se poursuivre après son appel à l'audience est certes inhabituel. Mais ce n'est pas la première fois que l'on admet que des éléments postérieurs à cette séance puissent influer sur le jugement de l'affaire (c'est le cas de toutes les affaires de plein contentieux : CE, 19 novembre 1993, Brutus, n° 100288, *Lebon*, p. 322 – CE ass., 16 février 2009, Société ATOM, n° 274000, *Lebon*). Il est donc possible de soumettre à une formation de jugement une affaire dont on n'est pas certain qu'elle soit totalement instruite. Et c'est bien le cas lorsqu'elle est soumise au juge des référés, qui constitue une formation de jugement. On ne voit donc pas que la rédaction des textes oblige à une succession de séances.

Par ailleurs, les textes généraux (voir, par exemple, l'article R. 222-19), comme la pratique, laissent ce renvoi à la formation supérieure se produire avant ou après séance de jugement de la formation initialement saisie. Et ce, même lorsque c'est le législateur qui a investi un juge statuant seul d'une compétence particulière : ainsi, en matière de reconduite à la frontière, les appels, qui relevaient du président de la section du contentieux du Conseil d'État ou d'un conseiller d'État désigné par lui, étaient souvent soumis aux formations collégiales sans d'abord avoir été examinés en séance par un magistrat jugeant seul. Enfin, on pourrait s'étonner, dans une procédure marquée par un souci de ne pas perdre de temps, de devoir, si un dossier révèle d'emblée une question épineuse ou lourde de conséquences, y consacrer d'abord une séance du juge des référés – alors que ce dernier sait déjà qu'il fera juger la question par une collégialité – avant de la présenter au jugement de cette collégialité.

Notre sentiment est qu'en l'espèce la plus grande souplesse doit prévaloir. Le seul point important est, évidemment, que la formation collégiale devra, si elle est saisie d'une affaire relevant des articles L. 521-1 ou L. 521-2, et sans qu'il y ait eu audience préalable du juge des référés, se comporter comme le juge des référés qu'elle supplée : l'audience devra donc revêtir les caractéristiques prévues par le texte, et la procédure devenir orale. On peut alors, et parce qu'une audience à juge unique se prête mieux aux débats oraux contradictoires qu'appelle le texte, opter pour la commodité et tenir une telle audience avant l'audience de la formation collégiale, laquelle peut alors se tenir dans les formes ordinaires. Telle est apparemment la pratique suivie devant le Conseil d'État. Ainsi, dans l'affaire *Commune de Venelles* jugée le 19 janvier 2001 par la formation collégiale représentée par la section du contentieux, les conclusions nous apprennent que le juge des référés a, et dans cet ordre, décidé de renvoyer l'affaire en formation collégiale, puis tenu une audience de cabinet, laquelle n'apparaît plus alors comme une séance de jugement, mais comme une séance d'instruction, de mise en état diraient les habitués de la procédure judiciaire. Le texte aurait été plus clair s'il avait fait expressément apparaître la double fonction de l'audience de cabinet, séance de mise en état et, le cas échéant, séance de jugement.

L'intervention, désormais possible, d'une formation collégiale de référé (voir art. L. 511-2, dernier alinéa), fait rebondir la question de la procédure à suivre devant la formation collégiale. Selon la lettre même de cet alinéa, la décision de confier l'affaire à une formation collégiale spécifique de référé, composée de trois juges des référés, conduit cette dernière formation à suivre les règles de procédure applicables aux référés (le texte fait état d'un jugement « dans les conditions prévues au présent livre », renvoyant ainsi à tout le livre V), alors que le texte réserve expressément la possibilité d'un renvoi en formation collégiale « dans les conditions de droit commun », donnant à penser que cette formation va siéger dans les conditions de droit commun, ce qui rendrait d'autant plus souhaitable la séparation entre la séance de mise en état et la séance de jugement.

L'oralité de la procédure fait son apparition dans les usages administratifs. Elle trouvera sa place, évidemment, lorsqu'il y aura audience publique, et donc pour les référés-suspension et les référés-libertés. Comme cette audience est une obligation légale, le juge ne pourra se dispenser d'entendre les parties présentes, et de tenir compte de ce qu'elles exprimeront par oral, ou des documents qu'elles y produiront. Ainsi qu'on l'a vu ci-dessus, le juge n'est pas tenu de différer la clôture de l'instruction, voire de renvoyer l'affaire, si lors de cette audience est articulé un moyen, ou produite une pièce que l'adversaire n'a pu discuter parce qu'il n'était pas présent lors de cette audience (CE, 29 janvier 2003, Société Chourgnoz SAS, *préc.*).

En prévoyant que « les parties » sont informées de la date de l'audience, le texte a implicitement écarté du débat oral les intervenants : si ces derniers sont admis à se manifester dans ces procédures (voir CJA, art. R. 522-5), leur présence ne doit pas alourdir les débats, et encore moins ralentir le jugement de l'affaire (CE, réf., 12 janvier 2001, Hyacinthe, n° 229039, *Lebon*, admettant expressément une intervention en demande, mais n'ayant pas convoqué l'intervenant à l'audience). En revanche, et pour tenir compte de la célérité indispensable à cette procédure, il est admis que puissent prendre la parole des personnes s'exprimant au nom des parties, sans en être les mandataires : ainsi de l'épouse du bénéficiaire de la décision en cause, ou du maire qui a pris, au nom de l'État, cette décision (CE, 1er octobre 2001, Copede, n° 234908, *Lebon* T.). L'obligation de tenir une audience après instruction disparaît en cas de désistement ou lorsque la requête perd son objet (CE, 1er avril 2019, Amalou, n° 426228, *Lebon* T.).

Art. L. 522-2 *Abrogé par l'ordonnance n° 2003-1235 du 22 décembre 2003, article 2, § II [cet article se rapportait à la dispense du droit de timbre].*

Le rejet par ordonnance d'une demande de référé d'urgence

Art. L. 522-3 Lorsque la demande ne présente pas un caractère d'urgence ou lorsqu'il apparaît manifeste, au vu de la demande, que celle-ci ne relève pas de la compétence de la juridiction administrative, qu'elle est irrecevable ou qu'elle est mal fondée, le juge des référés peut la rejeter par une ordonnance motivée sans qu'il y ait lieu d'appliquer les deux premiers alinéas de l'article L. 522-1.

Texte source

– Loi n° 2000-597 du 30 juin 2000, article 12.

Commentaires

Le juge des référés dispose d'une procédure expéditive, non contradictoire et sans audience publique, pour rejeter les demandes qui ne peuvent prospérer, quelle que soit la raison de ce rejet (incompétence de la juridiction administrative, irrecevabilité ou mal-fondé). Pour l'incompétence du juge administratif pour suspendre la nomination d'un membre du Conseil constitutionnel, voir CE, réf., 21 janvier 2022, Pelé, n° 460456, *Lebon T.* Cette possibilité de rejet, ouverte par la loi, peut primer sur les traditions jurisprudentielles. Si, par exemple, la disparition de l'acte attaqué a fait disparaître toute urgence à en ordonner la suspension, le juge des référés peut rejeter la demande de suspension, « alors même qu'il aurait pu décider qu'il n'y avait pas lieu de statuer sur cette demande » (CE, 30 décembre 2002, Urban, n° 248895). Or, la tradition, comme au demeurant la théorie juridique, veut que, normalement, le non-lieu l'emporte sur le rejet au fond ou pour irrecevabilité (en revanche, la disparition de l'acte en cause, après ordonnance du premier juge, rend sans objet le pourvoi en cassation formé contre cette dernière : CE, 27 juillet 2001, SA Sollac-Lorraine, n° 234146, *Lebon*). Ainsi qu'on le verra à propos de l'article R. 522-10, le moyen du rejet, fût-il relevé d'office, n'a pas à être alors communiqué à la partie concernée. Et il sera normalement relevé d'office, cette procédure étant d'évidence prévue pour jouer avant toute instruction de la demande (la cause du rejet doit être manifeste « au vu de la demande »).

Expéditive, assurément, cette procédure l'est. On peut l'assimiler à un tri des requêtes (Par ex. CE, 14 novembre 2018, Roth, n° 425188, *Lebon* T. pour le rejet d'un prétendu recours en interprétation). Mais c'est sa vertu, puisqu'une demande de suspension peut être renouvelée : il est avantageux pour l'intéressé de savoir très rapidement la raison pour laquelle sa demande ne peut prospérer, ce qui lui permet le cas échéant de la renouveler sur des bases régulières sans perdre de temps. Dans un premier temps, il a été jugé que, malgré la rédaction du texte, le juge pouvait recourir à la procédure de l'article L. 522-3 après avoir instruit l'affaire (CE, 16 février 2001, Breucq, n° 229246 ; *RFDA* 2001, p. 669 – CE, 3 juin 2002, Belikian, n° 241553), sauf toutefois si avait été tenue l'audience publique (CE, 8 octobre 2001, Sanches Cardoso, n° 233638, *Lebon* T.). Cette jurisprudence est radicalement abandonnée (CE sect., 26 février 2003, Société Les Belles Demeures du Cap-Ferrat, n° 249264, *Lebon*, p. 65) : dès que l'instruction a commencé (et que donc la demande a été communiquée au défendeur), la procédure doit se poursuivre normalement et se terminer par une audience, sauf désistement ou non-lieu (CE, 1er avril 2019, Amalou, n° 426228, *Lebon* T.). Après instruction, la demande sort du champ d'application de l'article L. 522-3 et relève des voies de recours propres à chacun des référés (même décision). Et, s'agissant des référés pour lesquels la tenue d'une audience n'est pas requise (par exemple, certains référés de l'article L. 521-3), le commencement de l'instruction impose qu'elle se poursuive de façon contradictoire, en mettant chaque partie en mesure de connaître les contenus des mémoires adverses (CE, 27 mai 2015, Aubert, n° 386195, *Lebon* T.).

Il est toutefois jugé que le juge d'appel peut utiliser les éléments recueillis par le premier juge dans le cadre de l'instruction qu'il a diligentée pour utiliser, en appel, cet article et rejeter ainsi, par cette procédure expéditive, une requête dirigée contre une ordonnance (CE, réf., 15 janvier 2001, Charlery-Adele, n° 229162, *Lebon*).

Le contenu de la demande de référé d'urgence

Art. R. 522-1 La requête visant au prononcé de mesures d'urgence doit contenir l'exposé au moins sommaire des faits et moyens et justifier de l'urgence de l'affaire.

À peine d'irrecevabilité, les conclusions tendant à la suspension d'une décision administrative ou de certains de ses effets doivent être présentées par requête distincte de la requête à fin d'annulation ou de réformation et accompagnées d'une copie de cette dernière.

Texte source

– Décret n° 2000-1115 du 22 novembre 2000, article 1er.

Commentaires

Contrairement à ce qu'une lecture rapide pourrait laisser croire, toutes les exigences de cet article sont substantielles, et leur méconnaissance se traduit par un rejet.

Cet article est rigoureux, et d'autant plus que les irrecevabilités mentionnées au second alinéa ne donneront pas lieu à invitation à régulariser (CJA, art. R. 522-2), et, comme le manquement à l'obligation mentionnée au premier alinéa, conduiront donc immédiatement à l'application de l'article L. 522-3. On rappelle que, sous le système ancien du sursis à exécution, le défaut de présentation par requête distincte n'était pas une cause d'irrecevabilité (CE, 16 janvier 1970, Ministre de l'Équipement c/Blanc, *Lebon*, p. 29 – CE, 20 mars 1991, Ville de Montpellier, n° 78975).

Les dispositions du second alinéa concernant la jonction d'une copie de la requête en annulation ne présentent pas un caractère d'ordre public (CE, 8 juin 2007, Société Magenta développement, n° 298920), même si leur méconnaissance permet, à défaut de régularisation, au juge des référés de rejeter la demande de suspension. Aussi, l'irrecevabilité qu'elles prévoient, si elle n'a pas été invoquée en première instance, ne peut l'être en cassation (CE, 29 avril 2002, Office français de protection des réfugiés et apatrides, n° 240647 – CE, 29 avril 2002, Commune de Montsapey, n° 236633, *Lebon* T. – CE, 8 juin 2007, Société Magenta développement, n° 298920). La solution est évidemment différente si l'absence de copie du recours en annulation correspond à l'absence d'un tel recours (mêmes arrêts). Pour n'être pas d'ordre public, la règle est parfois rigoureusement appliquée : ainsi, a été jugée irrecevable une demande de référé enregistrée le même jour que la demande d'annulation correspondante, sans que cette dernière lui soit jointe, et ce alors même que les défendeurs avaient reçu communication des deux demandes (CE, 29 avril 2002, Commune de Montsapey, préc.). En revanche, le juge ne peut opposer l'irrecevabilité pour défaut de production de la copie de la requête au fond s'il a visé cette dernière dans son ordonnance (CE, 17 février 2006, Société Valco, n° 277166, *Lebon* T.), solution à rapprocher de la jurisprudence *Commune de Rots*, n° 261577, concernant l'irrecevabilité de la requête pour défaut de production de la décision attaquée : si cette décision se trouve dans le dossier soumis au juge, et même si elle n'a pas été produite par le requérant, ce dernier n'encourt pas d'irrecevabilité. Si en tout cas la bienveillance du juge le conduit à décider de ne pas opposer cette irrecevabilité, dès lors qu'il a constaté lui-même que la requête au fond a été adressée au greffe, « il doit dans ce cas verser cette requête au dossier du référé afin que soit respecté le caractère contradictoire de l'instruction » (CE, 12 février 2003, Centre communal d'action sociale de la commune de Castanet-Tolosan, n° 249205, *Lebon* T. – CE, 3 mars 2004, Société Ploudalmezeau Breiz Avel, n° 259001, *Lebon*).

L'obligation, également contenue dans le second alinéa, de présenter les conclusions aux fins de référé-suspension dans une requête distincte, constitue, elle, une règle d'ordre public (CE, 26 janvier 2007, Association La Providence, n° 297991, *Lebon* T.), au même titre que la même obligation pesant sur qui entend présenter au juge une question prioritaire de constitutionnalité. Cela autorise le juge à écarter d'office comme irrecevables les conclusions aux fins de suspension inscrites dans une requête en annulation. Il est au surplus interdit au juge de procéder lui-même, par un double enregistrement, à la régularisation d'une requête contenant et des conclusions aux fins d'annulation et des conclusions aux fins de suspension (même arrêt).

L'absence d'invitation à régulariser

Art. R. 522-2 Les dispositions de l'article R. 612-1 ne sont pas applicables.

Texte source

– Décret n° 2000-1115 du 22 novembre 2000, article 1er.

Commentaires

Le juge des référés d'urgence n'a pas à inviter les parties à régulariser les vices dont leurs demandes sont atteintes, fussent-ils régularisables (CE, 6 juillet 2012, Bizimana, n° 356427, *Lebon* T.). Il ne lui est certes pas interdit de le faire. Mais il ne commettra pas de faute de procédure en écartant, par application de l'article L. 522-3, la demande atteinte d'un tel vice. C'est la rançon de la nécessité de statuer rapidement. La décision de rejet en matière de référé n'ayant au surplus pas autorité de chose jugée, il est plus avantageux pour un requérant de voir sa requête irrégulièrement présentée rejetée immédiatement, sans instruction, ce qui permet de recommencer sans délai, que de recevoir la même information au terme d'un délai d'instruction qui, en l'espèce, est non seulement inutile, mais peut se révéler nuisible.

L'envoi de la demande de référé d'urgence

Art. R. 522-3 La requête, ainsi que, le cas échéant, l'enveloppe qui la contient porte la mention « référé ». Lorsqu'elle est adressée par voie postale, elle l'est par lettre recommandée.

Par dérogation aux dispositions de l'article R. 414-1, les parties et mandataires mentionnés au premier alinéa de cet article non encore inscrits dans l'application informatique peuvent adresser leur requête à la juridiction par tous moyens.

Lorsqu'elle est adressée par le moyen de l'application informatique mentionnée à l'article R. 414-1 ou du téléservice mentionné à l'article R. 414-2, son auteur signale son urgence en sélectionnant la mention « référé » dans la rubrique correspondante.

Textes sources

– Décret n° 2000-1115 du 22 novembre 2000, article 1er.
– Décret n° 2012-1437 du 21 décembre 2012, article 2.
– Décret n° 2018-251 du 6 avril 2018, article 4.
– Décret n° 2020-1245 du 9 octobre 2020, article 5.

Commentaires

Ces dispositions ne sont pas normatives, puisqu'elles n'emportent aucune conséquence juridique. Elles tendent à mettre la juridiction à même d'identifier le plus rapidement possible les affaires de référés urgents, pour leur accorder ses soins prioritaires. Dans un système administratif, elles auraient trouvé leur place dans une circulaire. Elles encombrent en tout cas le Code de procédure, faisant au surplus allusion, pour le premier alinéa, à la sempiternelle lettre recommandée, laquelle n'est plus, et de loin, le seul moyen de s'assurer du bon acheminement d'un envoi postal, non plus d'ailleurs que le moyen d'acheminement le plus rapide... En revanche, sauf pour les mandataires encore non inscrits dans l'application Télérecours, l'utilisation de l'application est une obligation prescrite à peine d'irrecevabilité (CE, 17 novembre 2017, Assane, n° 415439, *Lebon* T.).

La notification de la demande de référé

Art. R. 522-4 Notification de la requête est faite aux défendeurs.

Les délais les plus brefs sont donnés aux parties pour fournir leurs observations. Ils doivent être rigoureusement observés, faute de quoi il est passé outre sans mise en demeure.

Texte source

– Décret n° 2000-1115 du 22 novembre 2000, article 1er.

Commentaires

La procédure est contradictoire, et donc le défendeur doit être en principe invité à défendre sauf évidemment dans les cas d'application de l'article L. 522-3. Mais cela s'arrête là : il n'est pas prévu que les observations en défense doivent être communiquées au demandeur, ce qui est normal si l'on veut aller vite (voir CJA, art. R. 522-7). L'audience publique, avec son oralité, permettra de parfaire l'information réciproque des parties. C'est en ce sens que s'est fixée la jurisprudence : en principe (c'est le caractère contradictoire affirmé par l'article L. 5), le demandeur doit obtenir communication des observations écrites de son adversaire, et le juge doit y pourvoir « par tous moyens ». Mais ce peut être fait « la veille de l'audience » (CE, 30 septembre 2002, Laffrechine, n° 238682, *Lebon* T.) ou même « lors de l'audience, pendant laquelle se poursuit l'instruction », le juge devant alors apprécier « au cas par cas, en tenant compte notamment de ce que lui demande l'autre partie, s'il y a lieu soit de suspendre l'audience ou de différer la clôture de l'instruction à une date postérieure à celle-ci, soit au contraire de ne pas le faire » (CE, 28 mai 2001, Codiam, n° 230692, *Lebon* T. – CE, 18 octobre 2006, Syndicat des copropriétaires de l'immeuble Les jardins d'Arago, n° 294096, *Lebon* T. ; *AJDA* janvier 2007, p. 46).

Les administrations devront acquérir une culture nouvelle. Aucune mise en demeure ne leur rappellera qu'elles doivent répondre dans le délai qu'on leur a prescrit, et l'on peut s'attendre à quelques mauvaises surprises pour celles qui, avec une regrettable constance, considèrent comme de nul effet le délai qui leur est donné pour produire leurs observations.

Le souci de juger très vite, notamment en matière de référé-liberté, ne doit toutefois apporter au principe du contradictoire que les entorses nécessitées par les caractéristiques de l'affaire (voir CE, 22 avril 2010, Garde des Sceaux c/Mebarek, n° 338662, *Lebon* T., sanctionnant une précipitation excessive).

La juridiction ne peut « passer outre » le silence du défendeur si la communication qui lui a été donnée de la demande faisait référence aux articles R. 611-3, R. 613-1 et R. 613-2, prévoyant la clôture de l'instruction par ordonnance ou par avis d'audience, indication de nature à « faire croire qu'une mesure de clôture de l'instruction interviendrait avant que le juge des référés ne statue sur la requête » (CE, 8 mars 2006, Quard, n° 279787).

La dispense du ministère d'avocat pour le référé-liberté

Art. R. 522-5 Les demandes tendant à ce que le juge des référés prescrive une mesure en application de l'article L. 521-2 sont dispensées du ministère d'avocat. Les autres demandes sont dispensées du ministère d'avocat si elles se rattachent à des litiges dispensés de ce ministère.

Les mêmes règles s'appliquent aux mémoires en défense ou en intervention.

Texte source

– Décret n° 2000-1115 du 22 novembre 2000, article 1er.

Commentaires

La défense des libertés fondamentales ne saurait être subordonnée à l'intervention obligatoire d'un avocat. Une telle intervention ne sera pas pour autant superflue dans ce domaine nouveau.
On note que le dernier alinéa confirme la présence possible d'un intervenant.

La convocation à l'audience

Art. R. 522-6 Lorsque le juge des référés est saisi d'une demande fondée sur les dispositions de l'article L. 521-1 ou de l'article L. 521-2, les parties sont convoquées sans délai et par tous moyens à l'audience.

Texte source

– Décret n° 2000-1115 du 22 novembre 2000, article 1er.

Commentaires

La convocation à l'audience « sans délai et par tous moyens » déroge à la règle posée par l'article R. 711-2. Les voies modernes de transmission (du téléphone à la télécopie voire aux courriels) pourront évidemment être utilisées, ce qui a d'ailleurs déjà été admis à propos du contentieux de la reconduite à la frontière (voir CJA, art. R. 776-7).
Cette convocation n'est donnée qu'aux « parties », ce qui paraît exclure les intervenants (voir CJA, art. L. 522-1). Le formalisme prévu à l'article R. 731-3 n'est pas applicable à l'avis d'audience (CE, 25 janvier 2019, Chabraoui, n° 424258, *Lebon* T.). La convocation des parties est une mention obligatoire de l'ordonnance (CE, 5 décembre 2001, Thomas, n° 233604, *Lebon* T.), mais la mention de ce que les représentants des parties ont été entendus suffit à écarter, en tout état de cause, le moyen tiré de ce que cette ordonnance ne ferait pas la preuve par ses mentions de la convocation régulière des parties à l'audience (CE, 15 mars 2006, Commune de Trelans c/Reversat, n° 283476, *Lebon* T.).
Le souci de ne point ralentir la procédure de référé par des manœuvres qui pourraient rapidement devenir dilatoires explique la sévérité du juge en matière de convocation : l'important est que la convocation ait été régulièrement adressée, et dans des temps raisonnables, peu important que l'intéressé n'en ait pas connu la teneur, parce que, par exemple, il a tardé à retirer une lettre recommandée (CE, 30 septembre 2002, Laffrechine, n° 238682, *Lebon* T.). Le fait que les mesures issues de la procédure sont provisoires, que cette procédure est dépourvue d'autorité de chose jugée, et que (voir CJA, art. L. 521-4) il est possible de demander au juge de revenir sur la décision qu'il a prise ôte à cette position rigoureuse ce qu'elle pourrait avoir à première vue de choquant au regard des exigences du procès équitable. L'impératif majeur est d'aller vite.
Cet impératif, doublé du souci que l'audience soit utile, explique que, pour l'État, tout représentant du ministre concerné puisse s'exprimer à l'audience, et par

exemple un représentant délégué par le préfet pour s'exprimer au nom de l'État (CE, 24 septembre 2003, Ministre de l'Intérieur, n° 253441, *Lebon* T.). Il en va de même pour les personnes représentant une partie à l'instance, que le juge des référés peut « décider d'entendre », sans qu'elles aient à justifier d'un mandat *ad hoc*, assouplissement justifié par « l'intérêt qui s'attache à la contradiction au cours de l'audience publique de référé » (CE, 4 juin 2012, La Poste, n° 347563, *Lebon* T.).

La possibilité de juger l'affaire

Art. R. 522-7 L'affaire est réputée en état d'être jugée dès lors qu'a été accomplie la formalité prévue au premier alinéa de l'article R. 522-4 et que les parties ont été régulièrement convoquées à une audience publique pour y présenter leurs observations.

Texte source

– Décret n° 2000-1115 du 22 novembre 2000, article 1er.

Commentaires

Ainsi qu'on l'a dit (voir CJA, art. R. 522-4), l'instruction d'un référé n'implique pas de communication des défenses au demandeur.
Cet article n'autorise pas de dérogation aux règles habituelles de représentation devant la juridiction. Ainsi, devant le Conseil d'État, si les parties elles-mêmes peuvent prendre la parole à l'audience de référé, seuls parmi les auxiliaires de justice les avocats aux Conseils peuvent s'exprimer oralement (CE, 24 février 2006, Association interdépartementale pour la protection du lac de Sainte-Croix, n° 289394, *Lebon* T.).

La clôture de l'instruction

Art. R. 522-8 L'instruction est close à l'issue de l'audience, à moins que le juge des référés ne décide de différer la clôture de l'instruction à une date postérieure dont il avise les parties par tous moyens. Dans ce dernier cas, les productions complémentaires déposées après l'audience et avant la clôture de l'instruction peuvent être adressées directement aux autres parties, sous réserve, pour la partie qui y procède, d'apporter au juge la preuve de ses diligences.
L'instruction est rouverte en cas de renvoi à une autre audience.

Texte source

– Décret n° 2000-1115 du 22 novembre 2000, article 1er.

Commentaires

La procédure de clôture de l'instruction prévue aux articles R. 613-1 et R. 613-2 n'est pas applicable aux référés (CE, 10 octobre 2003, EURL Anthony, n° 256412 – CE, 7 juin 2010, Syndicat départemental d'énergies du Rhône, n° 334305 – CE, 20 mai 2016, Société O Rêve, n° 391104, *Lebon* T.).

En affirmant, à titre de règle générale, que l'instruction est close à l'issue de l'audience, les auteurs de l'article soulignent la spécificité d'une procédure faisant toute leur place aux débats oraux. De plus, l'article R. 522-8 institue un mode original de clôture de l'instruction, laquelle peut être postérieure à la tenue de l'audience. Le juge des référés peut en effet souhaiter, au terme de l'audience, être éclairé sur un point déterminé (point de fait ou autre), et invitera donc l'une des parties à lui fournir l'élément souhaité, en différant la date de clôture de l'instruction. Mais, s'il agit ainsi (ce qui vaut réouverture de l'instruction), il doit alors soit fixer une nouvelle audience, soit informer les parties de la date, voire de l'heure, à laquelle l'instruction sera close, moment avant lequel il ne pourra rendre son ordonnance (CE, 26 septembre 2012, Ministre de la Justice c/Théron, n° 359479, *Lebon* T.). Il ne saurait, en toute hypothèse, rendre son ordonnance tant que l'instruction est en cours sans entacher la procédure d'irrégularité (CE, 26 mai 2021, Frangi et autres, n°s 436902 et 436904, *Lebon* T.). Ainsi est-il admis que l'instruction puisse se poursuivre après l'audience publique, et sans nouvelle audience.
C'est la première fois qu'un texte de procédure contentieuse administrative confie à une partie le soin d'assurer la communication d'un élément du procès (voir toutefois, intervenu depuis, l'article R. 621-9). Au demeurant, ce n'est qu'une possibilité, qui permettra aux parties de gagner du temps. Si elles ne s'acquittent pas de cette mission, la juridiction y pourvoira selon les règles habituelles.
On note que la possibilité de rouvrir l'instruction est parfois une obligation, découlant de ce que l'on pourrait qualifier de principe de « bien juger » : si est produit au juge, après audience et clôture de l'instruction, un document dont le contenu est déterminant pour la solution de la demande de suspension, il est tenu de rouvrir l'instruction (CE, 10 décembre 2001, Association Gabas Nature et Patrimoine, n° 237973, *Lebon* T. [**1**]). La proposition d'une médiation par le juge des référés ne peut avoir pour effet de rouvrir l'instruction qui n'a pas à faire l'objet d'un prononcé de clôture (CE, 7 novembre 2019, SEVEDE, n° 431146, *Lebon* T.).

Jurisprudence

[**1**] Considérant que pour affirmer [...] que la demande de suspension de l'arrêté du 14 juin 2001 du préfet des Hautes-Pyrénées autorisant le défrichement de parcelles boisées situées sur le territoire des communes de Gardères et de Luquet n'était pas justifiée par l'urgence, le juge des référés s'est fondé sur la circonstance que la quasi-totalité des parcelles visées par cet arrêté étaient déjà défrichées ; qu'il ressortait toutefois d'un constat d'huissier produit le 17 août 2001 par l'association que la quasi-totalité desdites parcelles demeuraient au contraire à l'état de bois ; que si ce document a été présenté le lendemain de l'audience, alors que l'instruction était close, la nature de la pièce produite faisait au juge des référés, eu égard au débat qui s'était engagé devant lui et dans les circonstances particulières de l'espèce, obligation de rouvrir l'instruction afin de recueillir les observations des défendeurs ; qu'en l'absence de réouverture de l'instruction, l'ordonnance attaquée a été rendue à l'issue d'une procédure irrégulière [...].

Le rejet pour incompétence

Art. R. 522-8-1 Par dérogation aux dispositions du titre V du livre III du présent code, le juge des référés qui entend décliner la compétence de la juridiction rejette les conclusions dont il est saisi par voie d'ordonnance.

Texte source

– Décret n° 2002-547 du 19 avril 2002, article 7.

Commentaires

Tirant les conséquences de la jurisprudence *Barège* (CE, 19 juin 2001, n° 234360, *Lebon*), d'ailleurs apparemment méconnues par CE, 21 décembre 2001, Akriche, et en en systématisant les effets, le texte oblige désormais le juge des référés à rejeter, et par voie d'ordonnance, les requêtes qu'une autre juridiction administrative serait compétente pour traiter (alors que, normalement, un tel rejet est interdit, le juge incompétemment saisi devant transférer l'affaire au juge administratif compétent : voir CJA, art. R. 351-1 et s.).

Le rejet, il faut le noter, doit intervenir non seulement en cas d'incompétence territoriale ou matérielle de la juridiction saisie, mais aussi dans les cas où le juge des référés d'urgence est saisi d'une requête relevant de la formation ordinaire de la juridiction à laquelle il appartient (CE, 30 juillet 2003, Djelida, n° 256600, *Lebon*).

Cet article ne trouve à s'appliquer qu'aux référés relevant du titre II du livre V (à savoir les référés d'urgence), non aux autres, par exemple, aux référés-provision (CE, 20 mai 2003, Jouandon, n° 256744, *Lebon* T.).

Malgré le caractère impératif du texte (« rejette les conclusions par ordonnance »), le Conseil d'État a décidé de s'en affranchir une fois au moins, se fondant, pour déroger aux obligations nées du texte, sur les « pouvoirs généraux de régulation de l'ordre juridictionnel administratif dont le Conseil d'État est investi » : il a alors renvoyé au juge des référés d'un tribunal administratif une affaire dont il venait de décider qu'elle ne pouvait relever du Conseil d'État (CE, 30 décembre 2009, Commune de Sucy-en-Brie, n° 333704, *Lebon* T.). Cet article n'est pas applicable au référé contractuel qui doit être transmis à la juridiction compétente sauf à rejeter la demande pour irrecevabilité manifeste sur le fondement de l'article R. 351-4 (CE, 9 février 2024, n° 471852, *Lebon* T.).

La communication des moyens d'ordre public

Art. R. 522-9 L'information des parties prévue à l'article R. 611-7 peut être accomplie au cours de l'audience.

Texte source

– Décret n° 2000-1115 du 22 novembre 2000, article 1er.

Commentaires

Il s'agit de la communication des moyens d'ordre public relevés d'office. Normalement, cet article ne jouera pas si ce moyen conduit au rejet de la demande,

puisqu'alors ce rejet, qui devra être prononcé en application de l'article L. 522-3, n'appelle ni audience ni communication des moyens d'ordre public (voir article suivant). En revanche, on peut envisager la communication du moyen d'ordre public, relevé d'office, tiré de l'incompétence du signataire de la décision dont la suspension est demandée. Comme on peut envisager l'hypothèse dans laquelle, parce qu'il a ouvert l'instruction, le juge ne peut plus recourir à l'ordonnance de « tri » de l'article L. 522-3, en application de la jurisprudence *Société Les Belles Demeures du Cap-Ferrat* du 26 février 2003, n° 249264 et publiée au *Recueil Lebon*.
Si la communication du moyen d'ordre public a lieu à l'audience, l'ordonnance doit mentionner cette communication (CE, 27 juillet 2001, Société foncière MFC, n° 233718, *Lebon* – CE, 14 juin 2006, Société France Télécom Marine, n° 282317, *Lebon* T.). Cet article ne s'applique pas dans le cas où le juge se borne à fonder sa décision sur le fait que les conclusions qui lui sont soumises excèdent l'étendue des pouvoirs qui lui sont conférés par la loi et notamment par l'article L. 511-1 du Code de justice administrative (CE, 14 février 2003, Fatma-Fouzi, n° 254185, *Lebon* T.).

Les particularités du rejet de la demande de référé par ordonnance

Art. R. 522-10 Lorsqu'il est fait application de l'article L. 522-3, les dispositions des articles R. 522-4, R. 522-6 et R. 611-7 ne sont pas applicables.

Texte source

– Décret n° 2000-1115 du 22 novembre 2000, article 1er.

Commentaires

La demande rejetée en application de l'article L. 522-3 n'aura à être ni instruite ni soumise à audience publique, ni soumise à la règle de communication des moyens d'ordre public.

Les notifications dans le cadre des Télérecours

Art. R. 522-10-1 Lorsqu'elles sont faites par le moyen de l'application informatique mentionnée à l'article R. 414-1 ou du téléservice mentionné à l'article R. 414-2, les notifications et communications des mémoires, des mesures d'instruction, des convocations et des avis sont réputées reçues dès leur mise à disposition dans l'application.

Textes sources

– Décret n° 2012-1437 du 21 décembre 2012, article 2.
– Décret n° 2018-251 du 6 avril 2018, article 4.
– Décret n° 2020-1245 du 9 octobre 2020, article 5.

Commentaires

Il faudra, on le craint, que le terme « réputées » soit un jour interprété avec souplesse, compte tenu de l'intervention inévitable de bugs informatiques… La circonstance qu'un message électronique, envoyé à titre d'information (CJA, art. R. 611-8-2), n'aurait pas été reçu est ainsi sans incidence sur la régularité de la procédure (CE, 11 mai 2015, Commune de Damouzy, n° 379356, *Lebon*).

Les mentions de l'ordonnance de référé

Art. R. 522-11 L'ordonnance du juge des référés porte les mentions définies au chapitre 2 du titre IV du livre VII. Elle indique, le cas échéant, qu'il a été fait application des dispositions de l'article R. 522-8 et R. 522-9, à moins qu'il n'ait été dressé, sous la responsabilité du juge des référés, un procès-verbal de l'audience signé par celui-ci et par l'agent chargé du greffe de l'audience.

En cas de renvoi de l'affaire à une formation collégiale après l'audience, ce procès-verbal doit être établi et versé au dossier.

Texte source

– Décret n° 2000-1115 du 22 novembre 2000, article 1er.

Commentaires

Voir les articles L. 9 et L. 10 et R. 742-1 et suivants pour les mentions de l'ordonnance. Classiquement il est jugé que les textes dont l'ordonnance fait application doivent être mentionnés dans les visas ou dans les motifs (CE, 17 juin 2005, Tonin, n° 273912).

S'agissant de la motivation de l'ordonnance de rejet, il est logiquement admis que, si le juge oppose l'absence d'urgence, qu'il lui appartient de motiver au regard des justifications et de l'argumentation apportées par les parties, il n'ait pas à analyser les moyens relatifs à la légalité de la décision (CE, 26 septembre 2001, Société de transports La Mouette, n° 231978, *Lebon* T.). Si, en revanche, c'est l'absence de moyen propre à créer un doute sérieux qui motive le rejet, il appartient au juge d'analyser soit dans les visas de l'ordonnance, soit, dans ses motifs, les moyens développés par le demandeur (CE, 26 septembre 2001, Société de transports La Mouette, préc.). Identiquement, l'ordonnance doit viser les textes dont, fût-ce implicitement, elle fait application (CE, 19 février 2007, Priolo, n° 297260, *Lebon* T.).

Le procès-verbal de l'audience est facultatif, sauf s'il y a renvoi à une formation collégiale après l'audience. L'utilité de ce document est de retracer ce qui s'est dit à l'audience, qui, compte tenu notamment de l'article R. 522-9 et de la possibilité d'une procédure orale, revêt une importance juridique. Normalement, l'ordonnance comprendra, dans ses visas ou ses motifs, mention de ces faits d'audience, et dispensera de la rédaction, lourde, d'un procès-verbal (CE, 20 janvier 2005, Commune de Saint-Cyprien, n° 276475, *Lebon* T.). Et c'est parce qu'aucune ordonnance ne mettra fin à la procédure que le texte impose l'établissement du procès-verbal en cas de renvoi de l'affaire à une formation collégiale.

Pour ne pas alourdir inutilement la charge des rédacteurs de l'ordonnance ou du procès-verbal, il est jugé que les moyens invoqués au cours de l'audience n'ont à être mentionnés dans l'ordonnance ou le procès-verbal que dans le cas où ils

n'ont pas été soulevés dans la procédure écrite (CE, 26 octobre 2001, Aiguebonne, n° 234300, *Lebon* T.). Et le juge des référés n'a pas nécessairement à viser les moyens développés par les parties, dès lors qu'il devra y répondre dans la motivation de son ordonnance (CE, 4 octobre 2004, Roels, n° 265162, *Lebon* T. ; *AJDA* 2005, p. 271 – CE, 11 octobre 2004, Caisse de prévoyance sociale de la Polynésie française, n° 266764).
Sur la motivation des ordonnances prononcées en application de l'article L. 521-4, voir CE, 2 juillet 2008, Syndicat des copropriétaires de la résidence Le rond-point des pistes, n° 312836, *Lebon* T., mentionné sous cet article. La signature du greffier n'est pas requise (CE, 6 mars 2006, Commune de Roquebrune-sur-Argens, n° 283909, *Lebon* T.).

La notification de l'ordonnance

Art. R. 522-12 L'ordonnance est notifiée sans délai et par tous moyens aux parties.

Texte source

– Décret n° 2000-1115 du 22 novembre 2000, article 1er.

Commentaires

Enfin un texte qui n'impose pas une notification par lettre recommandée avec accusé de réception ! La mention « par tous moyens » est particulièrement bienvenue dans une procédure commandée par l'urgence.
Il a été admis que la notification par télécopie d'une ordonnance de référé faisait partir le délai de pourvoi en cassation, si le rapport d'émission relatif à cette notification n'était pas contesté (CE, 18 décembre 2002, Ministre de l'Intérieur c/SARL Le Méditerranée, n° 249887, *Lebon* T.).

Les effets de l'ordonnance de référé

Art. R. 522-13 L'ordonnance prend effet à partir du jour où la partie qui doit s'y conformer en reçoit notification.
Toutefois, le juge des référés peut décider qu'elle sera exécutoire aussitôt qu'elle aura été rendue.
En outre, si l'urgence le commande, le dispositif de l'ordonnance, assorti de la formule exécutoire prévue à l'article R. 751-1, est communiqué sur place aux parties, qui en accusent réception.

Texte source

– Décret n° 2000-1115 du 22 novembre 2000, article 1er.

Commentaires

Le texte introduit une distinction entre la « prise d'effet » de l'ordonnance, et la date à laquelle elle est « exécutoire ». Ce dernier point peut être utile lorsque l'ordonnance, sans contenir de mesure à laquelle une partie devra se conformer, confère un droit au demandeur. Pour des exemples de décision ordonnant que

la décision sera immédiatement exécutoire, voir : CE, 31 mai 2007, Syndicat CFDT Interco 28, n° 298293, ou CE, 5 février 2014, Association Humanité et Biodiversité, n° 375071.
La communication sur place du dispositif est inspirée de la formule utilisée en matière d'éloignement des étrangers (CJA, art. R. 776-27). Naturellement, elle ne dispense pas le juge des référés de l'obligation de rédiger et notifier les visas et motifs de l'ordonnance.

La notification d'ordonnances rendues en matière de permis de construire, d'une mesure de police, ou de pièces justificatives de paiement de dépenses publiques

Art. R. 522-14 Copie de l'ordonnance par laquelle le juge des référés ordonne la suspension de l'exécution d'une décision accordant un permis de construire, d'aménager ou de démolir ou d'une mesure de police est transmise sans délai au procureur de la République près le tribunal judiciaire territorialement compétent.
Copie de l'ordonnance par laquelle le juge des référés ordonne la suspension d'un acte constituant une pièce justificative du paiement de dépenses publiques est transmise sans délai au directeur départemental ou, le cas échéant, régional des finances publiques du département dans lequel a son siège l'autorité qui a pris l'acte en cause.
Les mêmes règles s'appliquent à l'ordonnance qui modifie ou met fin à la suspension.
Il est pareillement transmis copie de la décision par laquelle le Conseil d'État prononce la cassation d'une ordonnance du juge des référés ayant ordonné la suspension d'une décision accordant un permis de construire, d'aménager ou de démolir, d'une mesure de police ou d'un acte constituant une pièce justificative du paiement de dépenses publiques.

Textes sources

- Décret n° 63-766 du 30 juillet 1963, article 57-1.
- Décret n° 2000-1115 du 22 novembre 2000, article 1er.
- Décret n° 2007-18 du 5 janvier 2007, article 21.
- Décret n° 2014-551 du 27 mai 2014, article 14.
- Ordonnance n° 2019-964 du 18 septembre 2019, article 35.
- Décret n° 2019-966 du 18 septembre 2019, article 8.

Commentaires

On remarquera qu'à la transmission au ministère public des jugements ordonnant une suspension de diverses mesures d'urbanisme et de mesures de police, le juge pénal devant notamment être informé sans délai de l'inapplicabilité d'une mesure de police dont la violation fonderait des poursuites devant lui (reprise de l'article R. 122 du Code des tribunaux administratifs et des cours administratives d'appel) s'ajoute la transmission au comptable des mesures de suspension d'actes autorisant une dépense publique (voir art. R. 751-10 à R. 751-12 pour les notifications des jugements rendus sur le principal).

Le texte pourrait se lire comme n'imposant la notification que des décisions du Conseil d'État prononçant, dans les matières ici mentionnées, la cassation d'ordonnances du juge des référés ayant prononcé une suspension. À notre sens, si, après cassation d'une ordonnance ayant rejeté une demande de suspension dans ces matières, le Conseil d'État traite l'affaire et ordonne la suspension, sa décision doit être notifiée comme le prévoit cet article : l'arrêt est bien une « décision du juge des référés ordonnant la suspension d'un acte ».

CHAPITRE 3 Voies de recours

Les voies de recours contre les ordonnances de référé d'urgence

Art. L. 523-1 Les décisions rendues en application des articles L. 521-1, L. 521-3, L. 521-4 et L. 522-3 sont rendues en dernier ressort.

Les décisions rendues en application de l'article L. 521-2 sont susceptibles d'appel devant le Conseil d'État dans les quinze jours de leur notification. En ce cas, le président de la section du contentieux du Conseil d'État ou un conseiller délégué à cet effet statue dans un délai de quarante-huit heures et exerce le cas échéant les pouvoirs prévus à l'article L. 521-4.

Texte source

– Loi n° 2000-597 du 30 juin 2000, article 10-II.

Commentaires

Sauf en ce qui concerne le référé-liberté, toutes les décisions rendues sur une demande de référé en urgence relèvent du seul contrôle de cassation, exercé par le Conseil d'État dans les conditions du droit commun. On notera que le pourvoi devient sans objet dès lors que le juge qui a prononcé la mesure de suspension s'est prononcé sur le fond, lors même que sa décision fait l'objet d'un recours en appel (CE sect., 23 novembre 2001, Aberbri, n° 233104, *Lebon*). Il en ira de même si la décision faisant l'objet d'une demande de suspension a été exécutée depuis la décision du premier juge, fût-ce au mépris de la suspension ordonnée par ce dernier (CE, 17 mars 2010, Ministre de l'Éducation nationale c/Redon, n° 331382, *Lebon* T.). Est également sans objet le pourvoi contre une ordonnance de suspension dans un litige portant sur la détermination des clubs appelés à participer à un championnat lorsque le championnat ayant commencé à la date à laquelle le juge statue (CE, 1er juillet 2020, Fédération française de Football, n° 433079, *Lebon* T.).

Le délai de quinze jours est naturellement un délai franc (CE, 28 mai 2001, Société CODIAM, n° 230692, *Lebon* T. – CE, 21 mars 2008, Société Megaron, n° 310173, *Lebon* T.).

Saisi d'une ordonnance du juge du référé-suspension identifiant, pour prononcer la suspension de la décision administrative contestée, plusieurs moyens de nature à créer un doute sérieux quant à la légalité de cette décision intervenue, le Conseil d'État, statuant comme juge de cassation, censure certains des motifs puis, constatant que l'un des motif suffisait à justifier l'ordonnance de suspension, rejette le pourvoi (CE, 23 novembre 2005, Veber, n° 279968, *Lebon* T.). Le juge de cassation exerce un contrôle de qualification juridique des faits sur l'appréciation portée par le juge des référés, saisi sur le fondement de l'article L. 521-1 du CJA et sur la question de savoir si une mise en demeure fait grief et est, en conséquence, susceptible de faire l'objet d'un recours pour excès de pouvoir (CE, 20 mars 2023, n° 456984, *Lebon* T.).

Le référé-liberté relève de l'appel, cette voie de recours étant ouverte contre toute ordonnance rendue en application de l'article L. 521-2, même si elle a été rendue par un juge incompétent (CE, 29 mars 2002, Bonny, n° 244523, *Lebon*). L'appel est présenté devant le Conseil d'État, et plus précisément devant le président de la section du contentieux, sur le modèle retenu à l'époque en matière de reconduite à la frontière. On notera la brièveté extrême du délai donné à ce dernier pour statuer. Précisons, à titre d'exemple, que, dans ce qu'il est convenu d'appeler l'affaire Dieudonné, toute la procédure a pu se tenir dans un délai d'une journée : le tribunal administratif s'est prononcé le 9 janvier 2013, en début d'après-midi, le Conseil d'État, immédiatement saisi en appel, a tenu audience le même jour à 17 heures, et l'ordonnance a été rendue vers 19 heures 30, avant l'heure prévue de la représentation interdite par arrêté préfectoral du 7 janvier (voir « une ordonnance exceptionnelle… », note Bonnet-Chabanol, *JCP A*, 20 janvier 2014, p. 2).

L'exigence de célérité n'exclut cependant pas que le Conseil d'État s'entoure de garanties contre le risque d'erreur, si sa décision est susceptible d'emporter des effets irréversibles. Ainsi, le Conseil d'État fut appelé, au titre du référé-liberté, à dire s'il fallait suspendre la décision des médecins de mettre fin, dans le cadre de la loi du 22 avril 2005, dite « loi Leonetti », à l'alimentation et à l'hydratation artificielles d'une personne en état pauci-relationnel. Il a, avant de statuer, organisé une expertise et recouru aux prestations prévues à l'article R. 626-3, toutes mesures qui nécessitent au moins deux mois (CE ass., 14 février 2014, Lambert, n° 375081, *Lebon*).

On notera également que, si l'ordonnance attaquée a prononcé une injonction et si cette dernière a été exécutée, la personne publique qui s'y est pliée conserve la possibilité de former appel à l'encontre de cette injonction (CE, 23 octobre 2012, Commune de Gignac-la-Nerthe, n° 363251, *Lebon* T. ; *JCP A*, 27 mai 2013, p. 38). On note également la possibilité pour le Conseil d'État, dès lors que l'affaire est réglée par la voie de l'appel, d'adapter dans le temps ou dans son ampleur la mesure prise, en application de l'article L. 521-4. Les premières décisions rendues en la matière révèlent que le juge d'appel des référés ainsi désigné se considère également comme « juge des référés » : c'est ainsi qu'il intitule ses décisions (voir, par exemple : CE, réf., 30 janvier 2001, Tauraatua, n° 229418), et surtout, c'est en suivant la procédure prévue pour le juge saisi d'une demande de référé qu'il se prononce (CE, réf., 24 janvier 2001, Université Paris-VIII, n° 229501, *Lebon*), notamment pour la rejeter sans instruction en application de l'article L. 522-3 (CE, Tauraatua, préc.). La question n'allait pas de soi, et la réponse apportée ne s'inscrit pas dans une ligne précédente (on comparera cette réponse à celle apportée en matière de reconduite à la frontière, matière dans laquelle le président de la section du contentieux, également désigné comme juge d'appel, ne se comportait pas suivant la procédure définie pour le premier juge).

De même qu'une demande devant le premier juge ne peut comporter des conclusions fondées et sur l'article L. 521-1 et sur l'article L. 521-2 – lors même que les unes sont principales et les autres subsidiaires (CE, 28 février 2001, Philippart et Lesage, n° 230112, *Lebon*) –, de même la requête devant le Conseil d'État ne peut mélanger des conclusions d'appel (contre une décision en tant qu'elle a été rendue sur le fondement de l'article L. 521-2) et des conclusions de cassation (contre la même décision en tant qu'elle a été rendue sur le fondement de l'article L. 521-1) : voir CE, 16 mars 2001, Ministre de l'Intérieur, n° 231335, *Lebon* T. En cas de demande d'aide juridictionnelle, l'avocat désigné ne peut être qu'un avocat aux conseils et l'avocat aux conseils désigné devient le seul représentant du requérant et l'appel présenté par l'avocat au barreau désigné devant le juge des référés du TA est irrecevable (CE, 20 février 2023, n° 471058, *Lebon* T.).

En cas de demandes successives identiques fondées sur l'article L. 521-3, l'intervention de la seconde ordonnance rend sans objet le pourvoi antérieur formé contre la première (CE, 17 juin 2024, n° 475254, *Lebon* T.).

S'agissant des autres procédures, le fait que le Conseil d'État soit saisi en cassation n'a pas d'influence sur la possibilité pour le premier juge d'user de l'article L. 521-4 pour moduler dans le temps les mesures qu'il a ordonnées ou que le Conseil d'État, statuant en application de l'article L. 821-2, a lui-même ordonnées (CE, 30 décembre 2009, Commune de Sucy-en-Brie, n° 333704, *Lebon* T., mentionné sous l'article L. 521-4).

La portée de cet article n'allait pas de soi en ce qui concerne les décisions de rejet rendues en application de l'article L. 522-3 (ordonnances « de tri »). Selon l'article L. 523-1 (premier alinéa), elles sont rendues en dernier ressort, alors que relèvent de l'appel celles qui sont rendues en matière de référé-liberté (second alinéa). Qu'en est-il alors de l'ordonnance rendue, sur une demande de référé-liberté, mais en application de l'article L. 522-3 (rejet faute d'urgence, ou parce que la requête est manifestement non fondée) ? La question était ici de savoir si c'est le choix du juge des référés de recourir à la procédure de l'article L. 522-3 qui va rendre son ordonnance insusceptible d'appel, alors que, sur la même demande, le choix de statuer après audience, selon la procédure contradictoire, ferait relever l'ordonnance rendue de l'appel. Force est de reconnaître que la lettre de la loi va dans ce dernier sens, l'ordonnance de « tri » étant bien rendue « en application de l'article L. 522-3 ». À quoi on aurait pu opposer que cette ordonnance, si elle fait bien application de cet article en ce qui concerne la procédure, est aussi rendue, sur le fond, « en application de l'article L. 521-2 », en tous les cas chaque fois que le juge s'appuie sur le contenu de ce dernier article pour écarter la demande. Observation qui ferait alors entrer cette ordonnance dans les cas prévus au second alinéa.

La jurisprudence a tranché : une ordonnance prononcée au titre de l'article L. 522-3 n'est susceptible que d'un pourvoi en cassation, « sans qu'il y ait lieu de distinguer si la demande a été présentée sur le fondement de l'article L. 521-1 ou de l'article L. 521-2 » (CE sect., 28 février 2001, Casanovas, n° 229163, *Lebon* – CE, 28 mai 2001, Raut, n° 230888, *Lebon* T.). En revanche, l'appel est de droit lorsque la procédure contradictoire a été engagée, y compris en cas de désistement ou de non-lieu (CE, 1er avril 2019, Amalou, n° 426228, *Lebon* T.).

Les ordonnances modificatives rendues par le juge des référés en application des dispositions de l'article L. 521-4 participent de la même nature que celle des ordonnances ainsi modifiées, lesquelles font l'objet de voies de recours distinctes selon qu'elles sont rendues sur le fondement des articles L. 521-1 ou L. 521-2 du code, donc de l'appel pour le cas du référé-liberté (CE, réf., 7 novembre 2003, SA HLM « Trois Vallées », n° 261475, *Lebon* T. – CE, réf., 6 janvier 2022, Ministre

de l'Intérieur c/Friday, n° 597750, *Lebon T.*). À la différence de la jurisprudence *Veber* précitée, lorsqu'un juge des référés, après avoir par une première ordonnance regardé deux moyens comme propres à créer un doute sérieux quant à la légalité d'un permis de construire, juge, par une seconde ordonnance rendue sur le fondement de l'article L. 521-4 du Code de justice administrative, que l'un de ces moyens n'était plus de nature à justifier la suspension du permis litigieux, la censure de l'autre motif retenu par le juge des référés dans sa première ordonnance suffit à entraîner l'annulation de cette ordonnance, sans qu'il y ait lieu, pour le juge de cassation, de se prononcer sur le bien-fondé des moyens du pourvoi dirigés contre le motif ultérieurement abandonné par le juge des référés (CE, 5 juin 2020, Société M2B et Société SCCV Villa Bali, n° 431994, *Lebon* T.). L'unité de l'instance conduit également à juger que l'appel est ouvert contre une ordonnance du juge des référés du tribunal administratif statuant sur une demande tendant à l'exécution (CJA, art. L. 911-4) d'une ordonnance du juge des référés de ce même tribunal prise sur le fondement de l'article L. 521-2 (CE, 26 juillet 2018, Khartychev et Khatycheva, n° 417826, *Lebon* T.).
Saisie par erreur d'un recours contre une ordonnance de référé-suspension, « qui ne pouvait constituer qu'un recours en cassation », la cour administrative d'appel doit non le rejeter comme irrecevable, mais le transmettre au Conseil d'État en application de l'article R. 351-2 (CE, 21 décembre 2001, Akriche, n° 236952, *Lebon* T.), position qui ne paraît pas remise en cause par la rédaction de l'article R. 522-8-1 issu du décret n° 2002-547 du 19 avril 2002, lequel ne concerne que les pouvoirs du « juge des référés », non ceux du juge d'appel ou de cassation.

Le délai de pourvoi en cassation

Art. R. 523-1 Le pourvoi en cassation contre les ordonnances rendues par le juge des référés en application des articles L. 521-1, L. 521-3, L. 521-4 et L. 522-3 est présenté dans les quinze jours de la notification qui est faite en application de l'article R. 522-12.

Texte source

– Décret n° 2000-1115 du 22 novembre 2000, article 1er.

Commentaires

Le délai de quinzaine, qui est un délai franc (CE, 28 mai 2001, Société Codiam, n° 230692, *Lebon* T.), est une constante en matière de mesures d'urgence. Encore faut-il que l'acte de notification n'indique pas par erreur un délai plus important, auquel cas c'est ce dernier qui prévaudra (voir, pour l'appel : CE sect., 26 mars 1993, Bourgeois, n° 117557, *Lebon*, p. 86). Et ce délai de quinzaine ne sera opposable que s'il est indiqué dans l'acte de notification (CJA, art. R. 821-1), peu important qu'un courrier adressé par ailleurs à l'avocat comporte une indication erronée, circonstance « regrettable », mais inopérante (CE, 23 septembre 2005, Port autonome de Papeete, n° 270475). Ce délai est interrompu par une demande d'aide juridictionnelle et prorogé jusqu'à l'expiration du mois dont il dispose pour contester la décision qui lui a refusé le bénéfice de l'aide juridictionnelle

(CE, 28 décembre 2005, Mesah Timim, n° 274401, *Lebon* T.). Dans le cas où le demandeur, après le rejet d'une demande de suspension présentée sur le fondement de l'article L. 521-1, fait usage de cette faculté en saisissant à nouveau le juge des référés de conclusions ayant le même objet et se pourvoit également en cassation contre la première ordonnance ayant rejeté sa demande, l'intervention, postérieurement à l'introduction de ce pourvoi, d'une nouvelle ordonnance rejetant la nouvelle demande rend, eu égard à la nature de la procédure de référé, sans objet les conclusions dirigées contre la première ordonnance, alors même que la seconde n'est pas devenue définitive (CE, 22 septembre 2023, n° 472210, *Lebon*, abandonnant CE, 8 juillet 2015, SARL Pompes Funèbres Lexoviennes, n° 385043, *Lebon* T.).

Le délai donné au Conseil d'État pour statuer en cassation

Art. R. 523-2 Lorsqu'un pourvoi en cassation est exercé contre une ordonnance rendue en application de l'article L. 522-3, le Conseil d'État se prononce dans un délai d'un mois.

Texte source

– Décret n° 2000-1115 du 22 novembre 2000, article 1er.

L'appel contre des ordonnances de référé-liberté

Art. R. 523-3 Les appels formés devant le président de la section du contentieux du Conseil d'État contre les ordonnances rendues par le juge des référés en application de l'article L. 521-2 sont dispensés de ministère d'avocat et sont soumis, en tant que de besoin, aux règles de procédure prévues au chapitre II.

Texte source

– Décret n° 2000-1115 du 22 novembre 2000, article 1er.

Commentaires

Outre la dispense d'avocat, on notera que la recevabilité d'un appel n'est pas subordonnée à la production par le signataire agissant au nom d'une association de l'autorisation de présenter cet appel (CE, 14 juin 2006, Association syndicale du canal de la Gervonde, n° 294060, *Lebon* T.), solution qui ne fait que reprendre le régime général adopté en matière de référés (CE, 13 novembre 2002, Association Alliance pour les droits la vie, n° 248310, *Lebon*).

TITRE III Le juge des référés ordonnant un constat ou une mesure d'instruction

Le présent titre ne comprend pas de dispositions législatives.

CHAPITRE 1 Le constat

Le constat

Art. R. 531-1 S'il n'est rien demandé de plus que la constatation de faits, le juge des référés peut, sur simple requête qui peut être présentée sans ministère d'avocat et même en l'absence d'une décision administrative préalable, désigner un expert pour constater sans délai les faits qui seraient susceptibles de donner lieu à un litige devant la juridiction. Il peut, à cet effet, désigner une personne figurant sur l'un des tableaux établis en application de l'article R. 221-9. Il peut, le cas échéant, désigner toute autre personne de son choix.
Avis en est donné immédiatement aux défendeurs éventuels.
Par dérogation aux dispositions des articles R. 832-2 et R. 832-3, le délai pour former tierce opposition est de quinze jours.

Textes sources

- Décret n° 63-766 du 30 juillet 1963, article 27, § 3.
- Code des TA et des CAA, article R. 136.
- Décret n° 2000-1115 du 22 novembre 2000, article 1er.
- Décret n° 2013-730 du 13 août 2013, article 8.

Commentaires

La différence entre constat (qui n'est plus soumis à une condition d'urgence) et référé-instruction est assez ténue et pas toujours très nette. Le constat est, comme son nom l'indique, une pure constatation, sans aucune recherche complémentaire soit de causalité, soit de remèdes. Le constat réclamé suppose, comme le texte le précise, l'intervention d'un « expert ». Il n'est donc pas possible, par cette procédure, de demander au président d'opérer lui-même un constat de l'état des procédures pendantes devant le tribunal, et, par ce biais, de délivrer un certificat non prévu par le code, attestant par exemple de l'existence d'une requête non encore jugée (CE, 14 juin 1995, M'Hamed El Assioui, n° 139932). Cette procédure peut être mise en œuvre pour des mesures n'excédant pas le seul constat d'une situation de fait, mais pas pour des mesures portant sur des faits révolus (CE, 13 mars 2019, Pichard, n° 418102, *Lebon* T.).
La demande de constat doit, à l'instar de celle qui est présentée en application de l'article R. 532-1, présenter un caractère utile, l'utilité étant appréciée à la date à laquelle le juge statue (CE, 13 mars 2019, Attoumane, n° 418101, *Lebon* T.). Ce ne sera pas le cas s'il peut être procédé aux constatations par un huissier de

justice, à la seule diligence du requérant (CE, 26 juillet 1982, SA Sous-traitants associés de l'électronique, n° 40701, *Lebon*, p. 312, à rapprocher de CE, 12 septembre 1994, OPHLM de la Corrèze, n° 81055, rendu en matière de référés et cité sous l'article R. 532-1).

Sur le plan procédural, on note que, si le demandeur est recevable à faire appel soit d'un refus de constat soit d'un constat irrégulièrement prononcé (CE, 7 février 1969, M'Barek, n° 67774, *Lebon*, p. 87 ; *AJDA* 1969, p. 163 ; voir art. R. 533-1), le défendeur éventuel qui reçoit seulement un « avis » de l'ordonnance n'est pas partie au litige, ce pourquoi la voie de l'appel lui est fermée (CE, 23 octobre 1968, Ministre de l'Agriculture c/Claye, n° 74477, *Lebon*, p. 513 [**1**] – CE, 25 mai 1990, Congrégation cistercienne de l'Immaculée Conception, n° 101654). Il en va ainsi même si ce défendeur a été représenté aux opérations de constat (CE, 27 mai 1991, Société centrale nucléaire à neutrons rapides, n° 103975, *Lebon* T.). La question de savoir si en pareille hypothèse il peut user de la tierce opposition prévue aux articles R. 832-1 à R. 832-3 appelle une réponse nuancée : si le constat, comme c'est le cas le plus fréquent, se borne à prescrire l'exécution de simples constatations, la tierce opposition n'est pas recevable, la mesure étant « sans influence possible sur les droits » de ce défendeur éventuel (CE sect., 21 février 1969, Consorts Dospital, n° 70205, *Lebon*, p. 116 ; *AJDA* 1969, p. 165 [**2**]). Si, au contraire – et le cas sera assez rare –, l'ordonnance peut être regardée comme préjudiciant à ses droits, ce défendeur éventuel pourra former une tierce opposition : outre l'hypothèse particulière tranchée en ce sens par l'arrêt *Ministre de la Défense c/Époux Maffey* (CE, 16 mars 1977, n° 02695, *Lebon*, p. 152), dans lequel le constat avait consisté à faire vérifier (d'ailleurs par un magistrat) des pièces détenues par l'autorité militaire et se rapportant à un accident de la circulation, le cas se présentera lorsque, méconnaissant les limites du constat, le juge aura prescrit une expertise « sur le fond », laquelle est regardée comme préjudiciant aux droits de qui s'y trouve soumis (CE sect., 18 juin 1982, SA Bureau Veritas, n° 28536, *Lebon*, p. 240 [**3**]). De même, la tierce opposition a-t-elle été admise de la part de l'exploitant d'une centrale nucléaire contre l'ordonnance chargeant un expert de constater l'existence d'un rapport de sûreté et l'exécution de certains travaux (CE, 27 mai 1991, Société centrale nucléaire à neutrons rapides, préc.).

Il importe de noter que, si le juge des référés a jugé bon de mettre en cause les défendeurs éventuels en les invitant à présenter leurs observations, ce qu'il lui est toujours loisible de faire, il fait de ces défendeurs des parties, qui sont dès lors recevables à former appel de l'ordonnance de constat (CE, 21 mars 2012, Garde des Sceaux c/Assafar, n° 353511, *Lebon*).

Reprenant une règle générale de procédure, le texte rappelle que le juge n'est aucunement lié, quant au choix de l'expert, par le contenu des tableaux dressés en application de l'article R. 221-9, qui le sont, selon la formule consacrée, « pour la seule information des juges » (voir CJA, art. R. 122-25-1).

Pour limitée qu'elle soit dans ses effets, la demande de constat peut, si elle concerne des faits dont l'existence peut fonder une réclamation financière, interrompre le cours de la prescription quadriennale en tant que « recours relatif au fait générateur, à l'existence ou au montant » d'une créance au sens de l'article 2 de la loi du 31 décembre 1968 (CE, 8 décembre 1995, Société Sogea, n° 138873, *Lebon*).

Jurisprudence

[**1**] Considérant qu'aux termes de l'article 23 bis ajouté à la loi du 22 juillet 1889 par le décret du 10 avril 1959, « dans tous les cas d'urgence, le président du tribunal administratif [...] peut, sur simple requête présentée avec ou sans ministère d'avocat et qui sera recevable même en l'absence d'une décision administrative préalable, désigner un expert pour constater sans délai des faits survenus dans le ressort de son tribunal, qui seraient susceptibles de donner lieu à un litige devant le tribunal administratif. Avis en est immédiatement donné aux défendeurs éventuels » ;
Considérant qu'en vertu des principes généraux de la procédure, le droit de former appel des décisions de justice n'est pas ouvert aux personnes qui n'ont pas été en cause dans l'instance sur laquelle a statué la décision qu'elles critiquent ; que, si le ministre de l'Agriculture a été avisé de l'ordonnance de constat d'urgence prise par le président du tribunal administratif de Rouen sur la demande des époux Claye (Simon) et Claye (André) et a été représenté aux opérations de constat, il résulte des dispositions sus-rappelées qu'il ne pouvait pas, au cours d'une procédure de constat, être mis en cause devant le tribunal administratif ; que, par suite, le ministre de l'Agriculture est sans qualité pour interjeter appel de l'ordonnance du président du tribunal administratif de Rouen en date du 24 novembre 1967 [...].

[**2**] Sur la recevabilité de la tierce opposition des consorts Dospital :
Considérant que la tierce opposition n'est ouverte qu'à ceux qui se prévalent d'un droit auquel la décision entreprise aurait préjudicié ;
Considérant que l'ordonnance attaquée se bornait, sans faire préjudice au principal, à prescrire d'urgence, en application des dispositions de l'article 7 de la loi du 29 décembre 1892 modifiée par le décret du 12 mars 1965, le constat de l'état des parcelles visées par l'arrêté en date du 23 octobre 1964, qui a autorisé l'occupation temporaire de certains terrains au profit de l'Association d'amélioration rurale de Labenne et d'en dresser procès-verbal ; que la mesure ainsi prescrite était sans influence possible sur les droits des consorts Dospital lesquels, dès lors, ne sont pas fondés à soutenir que c'est à tort que le tribunal administratif a déclaré leur tierce opposition non recevable [...].

[**3**] Considérant qu'en vertu des principes généraux de la procédure, tels qu'ils sont rappelés à l'article R. 191 du code des tribunaux administratifs, le droit de former appel des décisions de justice n'est pas ouvert aux personnes qui n'ont pas été mises en cause dans l'instance à l'issue de laquelle a été rendue la décision qu'elles attaquent ; qu'il est constant que la société Bureau Veritas n'a pas été mise en cause dans l'instance dans laquelle le vice-président du tribunal administratif de Paris a ordonné que l'expertise qu'il avait prescrite par des ordonnances de référé antérieures, aux fins de constater et de rechercher les causes des désordres affectant des bâtiments de l'hôpital Avicenne à Bobigny (Seine-Saint-Denis), soit faite en présence de la société Bureau Veritas ; que, par suite, s'il appartient à cette société de former, devant ce tribunal, tierce opposition à une ordonnance qui préjudicie à ses droits dans la mesure où, à la suite de cette expertise, sa responsabilité est, à tort ou à bon droit, susceptible d'être mise en jeu, elle est sans qualité pour interjeter appel de l'ordonnance attaquée [...].

Les règles procédurales applicables aux constats

Art. R. 531-2 Les dispositions des articles R. 621-3 à R. 621-11, à l'exception du second alinéa de l'article R. 621-9, ainsi que des articles R. 621-13 et R. 621-14 sont applicables aux constats mentionnés à l'article R. 531-1.

Texte source

– Décret n° 2010-164 du 22 février 2010, article 32.

Commentaires

Aucune procédure n'avait été prévue pour le déroulement des opérations de constat. Le texte nouveau pallie cette omission, en transposant purement et simplement les articles pertinents du droit de l'expertise (choix de l'expert, opérations d'expertise, frais de l'expertise). L'exception du second alinéa de l'article R. 621-9 se justifie par la spécificité du constat, qui n'oppose pas des « parties » qui auraient à former des observations sur un rapport.

CHAPITRE 2 Le référé-instruction

Le référé-instruction

Art. R. 532-1 Le juge des référés peut, sur simple requête et même en l'absence de décision administrative préalable, prescrire toute mesure utile d'expertise ou d'instruction.

Les demandes présentées en application du présent chapitre sont dispensées du ministère d'avocat si elles se rattachent à des litiges dispensés de ce ministère.

Textes sources

– Code des TA et des CAA, article R. 128.
– Décret n° 2000-1115 du 22 novembre 2000, article 1er.
– Décret n° 2023-468 du 16 juin 2023, article 17.

Commentaires

Ce texte peut jouer en toute matière (et, par exemple, en matière fiscale : CE, 23 juillet 2006, Douglas, n° 288813, solution implicite). Il peut être invoqué pour la première fois en appel, pourvu que la demande se rattache à un litige pendant devant le juge d'appel. S'agissant du premier alinéa, concernant « toute mesure utile d'expertise ou d'instruction », qu'elle soit ou non urgente, le juge a, dans un premier temps, estimé que les mesures ainsi visées ne devaient pas préjudicier au principal (CE, 6 janvier 1989, Lovera, n° 90766, *Lebon ; AJDA* 1989, p. 94 – CE, 29 décembre 1995, Parvez, n° 169669), appliquant ainsi à cette procédure une condition qui paraissait devoir aller de soi. Toutefois, un autre courant jurisprudentiel s'est depuis manifesté, qui s'appuie sur l'interdiction faite au juge de confier à l'expert l'examen de questions de droit, relatives par exemple à la qualification juridique de faits, ou aux conséquences juridiques à tirer de constatations de fait (CE, 11 mars 1996, Société civile immobilière du domaine des Figuières, n° 161112, *Lebon*). Un arrêt *Société Stan* (CE, 16 décembre 1996, n° 164656, *Lebon* [**1**]) écarte désormais du jeu de cet article toute référence à la notion de « préjudice au principal », retenant ainsi comme critère exclusif, outre, bien sûr, celui de l'utilité, le point de savoir si la mission expertale doit ou non porter sur des questions de droit. N'est ainsi pas une « question de droit » la détermination des éléments et du montant d'un préjudice (CE, 25 septembre 2009, Rodier, n° 321520). Quant au critère d'« utilité » des mesures demandées, la jurisprudence en a dégagé une notion très empirique, synthétisée par exemple par CE, 5 janvier 2005, Ministre de l'Équipement, n° 255737.

En premier lieu, l'utilité s'apprécie en principe au regard d'une perspective contentieuse actuelle ou éventuelle : le demandeur d'une mesure d'instruction ou d'expertise par référé doit montrer qu'une telle demande se rattache à une action contentieuse envisagée (CAA Lyon, 24 avril 1991, Adorno, n° 90LY00314 [**2**]). C'est dans le cadre de cette perspective contentieuse qu'est appréciée l'utilité de l'expertise demandée (CE, 19 octobre 2012, Ringeval, n° 354495, *Lebon* T. – CE,

14 février 2017, Bernard, n° 401514, *Lebon* T.). Et cette perspective contentieuse doit être recevable : le caractère définitif de décisions rejetant une demande d'indemnité, qui s'oppose à l'introduction d'une action en responsabilité, fait obstacle à ce que soit organisée par voie de référé une mesure d'expertise tendant à déterminer les causes du préjudice ainsi allégué, cette expertise n'étant pas utile (CE, 30 décembre 2002, OPHLM de Nice, n° 241793, *Lebon* – CE, 30 juillet 2003, Assistance publique-Hôpitaux de Paris c/Benoit, n° 244618, *Lebon* T. – CE, 7 juin 2004, Assistance publique à Marseille, n° 252869, *Lebon* T.). Encore faut-il balayer toutes les hypothèses contentieuses possibles : ainsi, lors même que la demande de condamnation d'un hôpital serait irrecevable parce que tardive, l'expertise relative aux conditions de naissance et de décès d'un enfant reste utile, la réparation au titre de la solidarité nationale n'étant pas exclue (CE, 7 avril 2010, Centre hospitalier régional et universitaire de Rouen, n° 331551, *Lebon* T.). L'appréciation de la condition d'utilité peut conduire le juge du référé à porter à une appréciation pour écarter les demandes manifestement infondées (CE, 14 février 2017, Bernard n° 401514, *Lebon* T., pour l'absence manifeste de lien de causalité entre le préjudice à évaluer et la faute alléguée – CE, 27 juillet 2022, n° 459159, *Lebon* T., pour l'absence manifeste de fait générateur, de préjudice ou de lien de causalité).

Il appartient par suite au juge des référés de prendre parti sur l'exception de prescription opposée à des prétentions indemnitaires à l'appui desquelles est formée la demande d'expertise (CE, 19 décembre 2008, Marina, n° 314505, *Lebon* T.).

Si le contentieux est déjà introduit, la demande formée devant le juge des référés n'est pas irrecevable dans son principe (voir CJA, art. R. 625-1). Mais il faut alors que la mesure demandée présente un caractère d'utilité différent de celui de la mesure que le juge saisi du fond pourra décider, parce que, par exemple, elle peut intervenir plus tôt (CE, 27 novembre 2014, Commune de Saint-André-de-Boëge, n° 385843, *Lebon* T.).

En deuxième lieu, n'est « utile » à ordonner par référé qu'une mesure non superflue : il n'est pas « utile » de réclamer une expertise pour faire apparaître des données météorologiques, « seules utiles à la solution d'un litige » qui figurent déjà au dossier (CE, 12 décembre 2007, Commune de Gargenville, n° 298155 ; *AJDA* 2008, p. 1015). Il en va de même en matière d'expertise médicale, si figure déjà au dossier l'expertise prescrite par la commission régionale de conciliation et d'indemnisation des accidents médicaux et régulièrement conduite (CE, 4 octobre 2010, Jeljeli, n° 332836, *Lebon* T.), sauf si le demandeur se prévaut de la partialité de l'expert ayant précédemment officié, par exemple dans un cadre amiable (CE, 23 décembre 2016, Daville, n° 401066, *Lebon* T.). Plus généralement, ne doit pas être recherchée par référé une mesure qui pourrait être obtenue par d'autres moyens (CE, 13 décembre 1995, Ville d'Aulnay-sous-Bois, n° 171914, *Lebon* **[3]** – CE, 14 mai 2008, Société BASF Agro, n° 315237). Ce caractère subsidiaire du référé conduit donc le juge à rechercher si le demandeur ne dispose pas d'autres voies que le référé pour obtenir ce qu'il recherche. Ainsi, le Conseil d'État a-t-il jugé, le 16 juin 1989 (CE, 16 juin 1989, Le Bihan, n° 104453, *Lebon* T.) que, dès lors qu'un agent public peut saisir lui-même un médecin agréé en cas de contestation de son état de santé, la désignation d'un tel médecin par voie de référé n'est pas utile, alors qu'à l'inverse un agent peut, par référé, soumettre à un médecin la question de son aptitude à reprendre son service, dès lors que le médecin agréé s'est prononcé (CE, 22 juillet 1992, Commune du Rove, n° 129264, *Lebon* T. [**4**]). De même a été regardée, d'ailleurs de façon discutable, comme inutile l'expertise des désordres affectant un immeuble, demandée par un office d'HLM, dès lors qu'il était à même de désigner lui-même un homme de l'art à cette fin (CE, 12 septembre 1994, Office public départemental d'HLM de la Corrèze, n° 81055 [**5**]). Pour autant, il n'est pas interdit de demander par voie de référé une mesure d'instruction alors même que le juge du fond saisi du litige aurait la possibilité d'y procéder (CAA Lyon, 26 juin 2001, Département de la Côte-d'Or, n° 01LY00222), à la différence de certains référés prévus à l'article L. 521-3 (voir les commentaires sous cet article). Il suffira que la mesure demandée soit « utile ».

En troisième lieu, la mesure doit, par sa portée, présenter un intérêt pour le contentieux né ou à venir. On a vu ainsi, à propos des expertises comptables réclamées en référé par des syndicats de salariés confrontés à des projets de licenciements collectifs pour cause économique, le Conseil d'État vérifier, cas par cas, si, compte tenu des dates des ordonnances d'une part, de l'état d'avancement de la procédure d'autorisation des licenciements d'autre part, il était encore utile d'ordonner les expertises (CE ass., 16 janvier 1981, Société Les Câbles de Lyon, n° 21421, *Lebon* – CE, 21 mai 1982, Société Trindel, n° 30866, *Lebon* T. – CE, 26 avril 1985, Comité central d'entreprise de la société Nord-Est Alimentation, n° 59349, *Lebon* T.). S'appuyant sur l'idée d'utilité, le Conseil d'État a admis que, une fois effectuée une première expertise en référé, une seconde puisse être demandée par la même voie, à seule fin de discuter les conclusions de la première (CE, 14 mars 1997, Société Sogea Sud-Ouest SNC, n° 161417 [**6**]). Mais ce ne sera pas le cas si la demande se prévaut exclusivement des irrégularités ayant entaché le déroulement des opérations d'expertise (CE, 20 mars 1998, Société Euro Construction Industries Outre-mer, n° 154318, *Lebon* T.).

On notera que, si la mesure est « utile », elle ouvre au requérant la possibilité de bénéficier des dispositions de l'article L. 761-1 relatives aux frais non compris dans les dépens (CE sect., 7 avril 2006, Centre hospitalier régional de Nice, n° 249848, *Lebon*), quand bien même son adversaire ne se serait pas opposé au prononcé de cette mesure.

Si la mission de l'expert le conduit à consulter des pièces à lui remises par l'administration et si ces pièces sont couvertes par un secret protégé par la loi, la remise ne peut avoir lieu sans l'autorisation de la personne dans l'intérêt de laquelle le secret a été édicté, que ces pièces soient détenues par l'administration ou émanent d'elle (CE, 6 avril 2001, Ministère de l'Économie c/Vannier-Moreau, n° 202420, *Lebon* T.).

La mission de l'expert peut désormais s'étendre à la conciliation des parties (CE sect., 11 février 2005, Organisme de gestion du cours du Sacré-Cœur, n° 259290, *Lebon*, p. 65, revenant sur CE, 12 octobre 1979, Secrétaire d'État aux Télécommunications, n° 15131, *Lebon*, p. 375), « à l'issue des opérations d'expertise ». C'est en principe chose interdite devant les juridictions civiles (CPC, art. 240).

L'interruption de l'expertise, sur demande de la partie demanderesse présentée au juge, ne peut s'effectuer que par voie de décision juridictionnelle (CAA Lyon, 1er avril 2004, Société Limoge Revillon, n° 03LY01843).

Le deuxième alinéa de l'article R. 532-1 a été supprimé par l'article 17 du décret n° 2023-468 du 16 juin 2023. Le « référé préventif » est désormais prévu à l'article R. 532-1-1.

La compétence du juge des référés est moins rigoureusement encadrée que celle du juge du fond. En effet, le Tribunal des conflits a décidé que le juge des référés doit accepter la demande qui lui est présentée « dès lors que le fond du litige est de nature à relever, fût-ce pour partie, de la compétence du tribunal administratif » (TC, 17 octobre 1988, SA Entreprise Niay, n° 2530B, *Lebon*, p. 495 – TC, 23 janvier 1989, Kuntz, n° 02553, *Lebon* T. ; *AJDA* 1989, p. 458, obs. Gilli – TC, 5 juillet 1999, Préfet de Seine-et-Marne, n° 03162, *Lebon* – TC, 23 octobre 2000, Société Capraro et S.M.A.B.T.P., Consorts Gendrot-Exiga, n° 3220, *Lebon*, p. 774.). Cette position autorise, en principe, un maître d'ouvrage à présenter au juge administratif une demande de référé dirigée contre un sous-traitant – ce qui ne se pouvait pas antérieurement –, voire contre une personne qui n'est intervenue dans la construction d'un ouvrage public qu'en exécution de contrats de droit privé (CE, 30 octobre 1989, Société Omnium technique d'études et de coordination, n° 55571, *Lebon* T.). Il a même été admis, mais c'est une solution limite, que la demande de référé vise un fournisseur (CAA Lyon, 25 mai 1989, SA Siplast, n° 89LY00386 [**7**]) ou l'assureur d'un constructeur (CAA Lyon, 26 mai 1992, Rechtman, n° 92LY00126, *Lebon* T.). Il est donc normal que la compagnie d'assurances d'une des parties obtienne le droit d'être attraite dans l'expertise, en qualité de partie (outre que sa présence est « utile ») : CE, 21 janvier 2008, Compagnie d'assurances Areas Dommages, n° 298868, *Lebon* T. Et si l'on se trouve en présence d'une personne qui, parce que manifestement étrangère au litige, ne peut être qualifiée de « partie », mais dont l'apport est de nature à éclairer les travaux de l'expert, on peut l'appeler à l'expertise en qualité de « sachant » (CE, 26 septembre 2008, Robert, n° 312140, *Lebon* T.) : « peuvent être appelées à une expertise ordonnée sur le fondement de ces dispositions non seulement les personnes dont la responsabilité est susceptible d'être engagée par l'action qui motive l'expertise, mais aussi toute personne dont la présence est de nature à éclairer les travaux de l'expert » (CE, 13 juin 2001, Jankelic, n° 202833).

Sur le fondement de la jurisprudence du Tribunal des conflits, peut donc être missionné un expert pour examiner des faits survenus dans des locaux occupés par des personnes privées, dès lors que le litige éventuel relèverait de la juridiction administrative (CAA Lyon, 14 octobre 2004, Institut de formation Rhône-Alpes, n° 04LY00494, *Lebon* T.).

Il en va toutefois autrement lorsque, dans une instance en référé déjà engagée, il est ultérieurement demandé au juge des référés d'ordonner une mesure d'instruction qui porte à titre exclusif sur un litige dont la connaissance au fond n'appartient manifestement pas à l'ordre de juridiction auquel il appartient (TC, 5 juillet 1999, Préfet de la Marne, n° 03154) ou lorsque les litiges susceptibles de naître entre les parties présentes devant le juge des référés ne sont relatifs qu'à l'exécution de contrats administratifs (TC, 7 juillet 2025, n° C4353, *Lebon*).

S'agissant de la compétence à l'intérieur de la juridiction administrative, il est jugé que le juge des référés compétent est celui du tribunal administratif qui serait compétent pour statuer sur les actions en responsabilité qui viendraient à être engagées en raison des dommages ou du préjudice pour lesquels l'expertise est sollicitée (CE, 30 novembre 2001, Ville de Chelles, n° 231492), outre, doit-on penser, les cas dans lesquels l'expertise doit venir à l'appui d'un recours en excès de pouvoir, le juge des référés devant alors appartenir à la juridiction compétente pour connaître de ce dernier. Il n'est par ailleurs pas exclu que la demande d'expertise soit formée, par voie de référé, à l'occasion d'un litige pendant en appel. C'est alors le juge des référés de la cour administrative d'appel qui a compétence pour y statuer.

Lorsqu'en application de cet article, une expertise est prescrite, la désignation de l'expert relève du magistrat chargé du référé, par dérogation à l'article R. 621-2, qui ne concerne que les expertises ordonnées par le juge du fond (voir CJA, art. R. 532-5). En revanche, et sauf délégation prévue par l'article R. 621-1-1, il appartient au seul chef de juridiction de taxer les frais et honoraires de l'expert, ainsi qu'en dispose l'article R. 621-13, ce que confirme l'article R. 532-5. L'article R. 621-13, on le verra, précise en outre les modalités de désignation de la partie qui doit payer les frais de l'expertise de référé.

Précisons que, en application de l'article 9 de la loi n° 2004-1486 du 30 décembre 2004 et de l'article 30 du décret n° 2005-215 du 4 mars 2005, le président de la Haute Autorité de lutte contre les discriminations (auquel s'est substitué le Défenseur des droits) peut saisir le juge des référés, au titre de l'article R. 532-1, d'une demande aux fins de mettre en œuvre toute mesure d'instruction utile en matière de discrimination.

Notons qu'à la différence des hypothèses où le juge des référés statue en urgence le représentant d'une personne morale, présentant une demande sur le fondement de l'article R. 532-1 doit produire son habilitation à exercer un recours (CE, 30 mai 2016, Société OPH Lille Métropole Habitat, n° 376187, *Lebon*).

Jurisprudence

[**1**] Considérant qu'aux termes de l'article R. 128 du code des tribunaux administratifs et des cours administratives d'appel : « Le président du tribunal administratif ou de la cour administrative d'appel ou le magistrat que l'un d'eux délègue peut, sur simple requête [...], prescrire toutes mesures utiles d'expertise ou d'instruction » ;

Considérant qu'il ressort des pièces du dossier soumis au juge du fond que les conclusions présentées sur le fondement de ces dispositions par la Société Stan, si elles étaient assorties de considérations d'une part, sur les conditions dans lesquelles la commune de Canet-en-Roussillon avait résilié son marché de traitement et de collecte des ordures ménagères et d'autre part, sur les conséquences qui lui paraissaient pouvoir en être tirées en ce qui concernait la responsabilité de ladite commune, se bornaient à demander qu'une expertise fût ordonnée afin de déterminer le montant des divers préjudices qu'elle estimait avoir subis ; que ces conclusions n'impliquaient pas que fût confiée à l'expert une mission portant sur des questions de droit ;

Considérant que, par l'arrêt attaqué, la cour administrative d'appel de Bordeaux a confirmé le rejet de la demande de la Société Stan aux motifs « qu'une telle mesure qui, pour être utile, impliquerait qu'une appréciation soit portée par le juge des référés ou par l'expert sur les conditions dans lesquelles le contrat a pris fin préjudicie au principal » ; qu'en statuant ainsi, la cour administrative d'appel a fait une inexacte application des dispositions précitées de l'article R. 128 du code des tribunaux administratifs et des cours administratives d'appel ; que, dès lors, la Société Stan est fondée à demander l'annulation de l'arrêt attaqué [...].

[**2**] Considérant qu'aux termes de l'article R. 128 du code des tribunaux administratifs et des cours administratives d'appel, « le président du tribunal administratif ou de la cour administrative d'appel ou le magistrat que l'un d'eux délègue peut, sur simple requête qui, devant le tribunal administratif, sera recevable même en l'absence d'une décision administrative préalable, prescrire toutes mesures utiles d'expertise ou d'instruction » ;
Considérant qu'en se bornant, dans sa demande, à signaler qu'il était atteint d'une affection dermatologique, et à solliciter une mesure d'expertise en vue d'en déterminer la thérapeutique et les effets, M. Adorno, qui ne liait cette demande à aucune action contentieuse éventuelle, ne réclamait pas une mesure utile au sens des dispositions précitées [...].

[**3**] Considérant qu'en tant qu'elle porte sur le recensement des associations subventionnées, leur statut juridique, leur objet et le montant des subventions accordées, l'expertise ordonnée a pour objet de rassembler des informations dont les requérantes de première instance pouvaient obtenir communication par d'autres procédures ; qu'elle n'a pas, à cet égard, le caractère d'une mesure d'instruction utile au sens des dispositions précitées du code des tribunaux administratifs et des cours administratives d'appel [...].

[**4**] Considérant qu'il ressort des pièces du dossier qu'à la suite d'une contre-visite médicale effectuée à sa demande, le maire du Rove a, le 16 juillet 1991, fait connaître à Mme Mechetti, agent de la commune, que son état de santé ne justifiait pas une interruption de travail et qu'il la considérait donc comme étant en position de congé annuel jusqu'à épuisement normal de celui-ci ; que, d'une part, les dispositions précitées de l'article 15 du décret du 30 juillet 1987 ne faisaient pas obstacle à ce que Mme Mechetti présente au juge des référés une demande tendant à ce que soit ordonnée une expertise médicale aux fins de déterminer son état de santé à la date du 16 juillet 1991 et notamment son aptitude à reprendre son service ; que, d'autre part, la saisine du juge des référés n'était pas subordonnée à l'existence d'un litige né et actuel ; que la demande de l'intéressée était donc recevable ;
Considérant que Mme Mechetti soutenait que son état de santé à la date du 16 juillet 1991 justifiait son maintien en position de congé de maladie, contrairement tant aux conclusions du médecin agréé ayant procédé à la contre-visite qu'à la décision du maire du Rove ; que, dans la perspective d'un éventuel litige à ce sujet et compte tenu des éléments fournis par l'intéressée, la mesure sollicitée présentait un caractère utile [...].

[**5**] Considérant que l'expertise sollicitée par l'office public départemental d'habitations à loyer modéré de la Corrèze tendait à faire rechercher la nature des désordres qui affectent le logement-foyer « Au Nonzac », à en déterminer l'étendue, l'origine et les moyens d'y remédier ainsi que les préjudices qui en sont résulté ; que cette mesure n'était pas en l'espèce utile dès lors que l'office pouvait lui-même désigner un homme de l'art à ces fins ; que par suite ledit office n'est pas fondé à se plaindre de ce que, par ordonnance en date du 24 juillet 1986, le président du tribunal administratif de Limoges a rejeté sa demande [...].

[**6**] Considérant qu'il ressort des pièces du dossier soumis au juge du fond que les conclusions présentées sur le fondement de ces dispositions par la Société Sogea Sud-Ouest SNC, si elles étaient assorties de considérations, d'une part, sur les conditions dans lesquelles avaient été menées les opérations d'expertise et notamment de leur caractère contradictoire, d'autre part, sur les responsabilités réciproques dans la cause des désordres constatés, tendaient notamment à demander qu'une expertise complémentaire fût ordonnée afin de prendre en compte les observations présentées par les parties sur le prérapport établi par l'expert dans le cadre d'une expertise initiale ordonnée par le vice-président du tribunal administratif de Montpellier statuant en référé et de préciser le montant de divers préjudices que la Société française des façades estimait avoir subis ; que ces dernières conclusions n'impliquaient pas que fût confiée à l'expert une mission portant sur des questions de droit ;
Considérant que, par l'arrêt attaqué, la cour administrative d'appel de Bordeaux a confirmé le rejet de la demande d'expertise complémentaire présentée par la Société Sogea Sud-Ouest SNC au motif « qu'il n'appartient pas au juge des référés de connaître de telles contestations dont la pertinence ne peut être appréciée qu'à l'occasion de l'examen du principal par le juge du fond » ; qu'en statuant ainsi, la cour administrative d'appel a fait une inexacte application des dispositions précitées de l'article R. 128 du code des tribunaux administratifs et des cours administratives d'appel ; que, dès lors, la Société Sogea Sud-Ouest SNC est fondée à demander l'annulation de l'arrêt attaqué [...].

[**7**] Considérant que la ville d'Aix-les-Bains a confié à diverses entreprises, dont la SARL Gervais pour le lot d'étanchéité, la construction d'un centre polyvalent à usage de congrès, spectacles et animations ; que le matériau d'étanchéité a été fourni à la société Gervais par la société Siplast ; que la ville d'Aix-les-Bains a saisi le président du tribunal administratif de Grenoble, par la voie du référé, d'une demande d'expertise, en précisant qu'il lui apparaissait d'une bonne administration de la justice que les opérations d'expertise se fassent notamment en la présence de la société Siplast, bien qu'il n'existe aucun lien de droit entre la ville et cette société ;
Considérant que la demande de la ville d'Aix-les-Bains ne tendait qu'à voir ordonner une mesure d'instruction avant tout procès sur le fond du litige ; que, dès lors que le fond du litige était de nature à relever, fût-ce pour partie, de la compétence de la juridiction administrative, il appartenait au juge administratif des référés de statuer sur la demande dont il était saisi, sans tenir compte de ce que le juge du fond pourrait éventuellement être incompétent à l'égard de certaines des parties appelées en la cause principale ; qu'il s'ensuit que l'éventuelle incompétence de la juridiction administrative pour se prononcer sur la responsabilité de la société Siplast dans les désordres invoqués par la ville d'Aix-les-Bains ne faisait pas obstacle à ce que le juge des référés du tribunal administratif de Grenoble ordonnât que l'expertise qu'il prescrivait à la demande de la ville fût effectuée en présence de ladite société [...].

Le référé préventif

Art. R. 532-1-1 Le juge des référés peut charger un expert de procéder, lors de l'exécution de travaux publics, à toutes constatations relatives à l'état des immeubles susceptibles d'être affectés par des dommages puis, le cas échéant, aux causes et à l'étendue des dommages qui surviendraient effectivement pendant la durée d'exécution des travaux.

L'ordonnance désignant l'expert peut prévoir, par dérogation à l'article R. 751-3, qu'elle sera notifiée par le demandeur aux personnes dont les immeubles sont susceptibles d'être affectés par des dommages.

L'expert dépose un premier rapport accompagné d'un état de ses vacations, frais et débours, dès l'issue de la phase de constat. Le président de la juridiction ou, au Conseil d'État, le président de la section du contentieux fixe alors par ordonnance le montant des honoraires et des frais et débours dû à l'expert, dans les conditions prévues par l'article R. 621-11. La mission de l'expert peut se poursuivre, si l'ordonnance mentionnée au deuxième alinéa l'a prévu, pour rechercher les causes et l'étendue des dommages qui surviendraient pendant la durée d'exécution des travaux, à l'initiative du demandeur saisi, le cas échéant, par l'une des parties mentionnées au deuxième alinéa. Le montant des honoraires et des frais et débours est fixé après le dépôt du ou des rapports relatifs aux dommages dans les conditions prévues par l'article R. 621-11, sans préjudice de l'application des dispositions de l'article R. 621-12.

Texte source

– Décret n° 2023-468 du 16 juin 2023, article 18.

Commentaires

Le deuxième alinéa de l'article R. 532-1 avait introduit le mécanisme dit du « référé préventif ». Il était démarqué de l'article 145 du Code de procédure civile aux termes duquel : « S'il existe un motif légitime de conserver ou d'établir avant tout procès la preuve de faits dont pourrait dépendre la solution d'un litige, les mesures d'instruction légalement admissibles peuvent être ordonnées à la demande de tout intéressé, sur requête ou en référé ». L'hypothèse ici introduite, limitée à l'exécution de travaux publics et aux dommages susceptibles d'affecter des immeubles, tend, avant tout litige et avant même tout dommage, à permettre à la fois de constater l'état d'immeubles « susceptibles » d'être affectés par les travaux, et de déterminer les causes des dommages qui pourraient survenir pendant l'expertise. La mission de l'expert consiste donc à constater et analyser des faits non encore survenus… Ce texte sera notamment fort utile dans les cas de grands travaux de réseaux. Soucieux de ne pas provoquer de débordements, les auteurs du texte nouveau en ont limité le champ d'application aux problèmes immobiliers : on aurait pu songer à expertiser dans les mêmes conditions les éléments mobiliers, et notamment les fonds de commerce. Les auteurs du texte ont, par ailleurs, veillé à ce que l'expert ne puisse pas être investi d'une mission de direction des travaux : il ne saurait y avoir de sa part immixtion dans l'opération de travaux publics, et il ne peut donc se voir confier une mission de « recommandation » à l'intention du maître d'ouvrage ou des entreprises. Il est en revanche admis que sa mission s'étende à l'exposé des avantages et inconvénients techniques de choix opérés pour l'exécution de travaux (en l'espèce, choix d'une voie d'accès à un chantier), à la suggestion de mesures propres à mettre fin aux inconvénients identifiés, à

l'exclusion de la détermination du choix qui reste de la compétence du maître d'ouvrage (CE, 9 avril 2008, Paul et autres, n° 306530).
Le texte nouveau scinde la phase constat et la phase expertise. Il permet également de déroger au caractère contradictoire de la procédure pour ce référé (CJA, art. R. 532-5).

La notification de la requête en référé-instruction

Art. R. 532-2 Sauf dans le cadre de la procédure prévue par l'article R. 532-1-1, notification de la requête présentée au juge des référés est immédiatement faite au défendeur éventuel, avec fixation d'un délai de réponse.

Textes sources

– Code des TA et des CAA, article R. 131.
– Décret n° 2000-1115 du 22 novembre 2000, article 1er.
– Décret n° 2023-468 du 16 juin 2023, article 19.

Commentaires

En ce qu'il autorise le jugement des demandes de référé sans imposer la communication au demandeur des observations produites en défense, cet article ne méconnaît pas le caractère contradictoire de la procédure, et ne porte pas au surplus atteinte au droit à un procès équitable énoncé à l'article 6 § 1 de la Convention européenne de sauvegarde des droits de l'homme et des libertés fondamentales, s'agissant du prononcé de mesures provisoires (CE sect., 5 avril 1996, Syndicat des avocats de France, n° 116594, *Lebon*).
L'instruction de la demande de référé s'effectue selon une procédure d'urgence, mais contradictoire (CE sect., 28 juillet 1989, Ville de Lyon c/Rives, n° 105626, *Lebon* [**1**] – CE, 28 janvier 1994, Secrétaire d'État chargé de la jeunesse et des sports, n° 82767), ce qui implique en principe que le demandeur soit à même d'identifier le ou les défendeurs éventuels (voir cependant un cas où cette exigence a été abandonnée : CE, 15 février 1989, Port autonome de Dunkerque, n° 30901, *Lebon* T. s'agissant de la demande – alors fondée sur l'article R. 130 du code ancien – d'expulsion du domaine public d'occupants sans titre et non identifiables).
Ce référé n'est plus regardé comme soumis à une condition d'urgence ou à de très brefs délais de jugement. Il en résulte que la jurisprudence ancienne qui, au bénéfice d'une telle urgence, avait admis qu'un maire n'avait pas besoin d'être habilité par son conseil municipal pour introduire une telle action en référé (CE sect., 28 novembre 1980, Ville de Paris c/Établissements Roth, n° 17732, *Lebon*, p. 446) est aujourd'hui périmée (CE, 30 mai 2016, Société OPH Lille Métropole, n° 376187, *Lebon* [**2**]). Les observations présentées en défense n'ont pas à être communiquées au demandeur (CE, 29 mars 1985, Commune de Sisteron, n° 62390, *Lebon* T. [**3**] – CE, 19 septembre 1990, Société Impact Publicité, n° 103808 – CE, 3 mai 1993, Société civile d'exploitation agricole de l'Oze, n° 129876), sauf, doit-on penser, si elles contiennent des conclusions reconventionnelles, aux fins par exemple d'application de l'article L. 761-1. Si elles le sont, elles peuvent l'être in

extremis (CE, 25 septembre 1989, Le Bihan, n° 101207 – CE, 13 novembre 1992, Goedefroit, n° 133798, *Lebon* T.).

Le magistrat (ou la formation spéciale de référé mentionnée à l'article L. 511-2 dernier alinéa) saisi peut, si la demande présente « des difficultés graves et susceptibles d'une discussion sérieuse », en renvoyer le jugement à une formation collégiale (CE, 13 juillet 1956, Secrétaire d'État à la Reconstruction c/Pieton Guibout, n° 37649, *Lebon*, p. 338 ; *AJDA* 1956, II, p. 321 [**4**]), puisqu'il n'est pas regardé comme constituant une juridiction, mais une simple « formation » de la juridiction à laquelle il appartient. Sa décision de renvoyer n'est pas susceptible d'être discutée devant le juge d'appel (même arrêt). La formation collégiale ainsi saisie paraît devoir statuer selon les règles habituelles (audience publique, audition du rapporteur public), alors que le magistrat statuant seul a la possibilité soit de régler l'affaire dans son cabinet, sans convocation des parties (CE, 19 février 1965, Souris, *Lebon*, p. 1017 – CE, 25 septembre 1989, Le Bihan, préc. – CE, 25 octobre 2002, Centre hospitalier de Colson, n° 244729, *Lebon* T.), soit d'organiser une audience, sans rapporteur public.

L'ordonnance de référé a une portée juridique encore incertaine. C'est certes une « chose jugée » en ce que ce qu'elle ordonne doit être exécuté, sauf intervention du juge d'appel (voir CJA, art. R. 533-2). Mais son prononcé n'épuise pas le litige, à la différence d'une décision sur le fond. Ainsi, en l'absence de délais pour présenter une demande en référé, on peut estimer qu'il est possible d'en présenter plusieurs à la suite les unes des autres. On doit tempérer cette assertion pour les raisons déjà évoquées à propos de la suspension : le renouvellement d'une demande de référé après rejet d'une précédente ne saurait être un substitut de l'appel. Il devra donc se fonder sur une évolution de la situation ou porter sur un objet différent du précédent (CAA Versailles, 18 septembre 2006, Commune de Gargenville, n° 06VE00813).

On précisera enfin que la procédure de prévention des conflits négatifs issue du décret du 25 juillet 1960 peut jouer sur une demande en référé (TC, 25 janvier 1988, Bunelier, n° 02502, *Lebon* [**5**]).

Selon l'article 2244 du Code civil issu de la loi du 5 juillet 1985, une demande en référé interrompt les délais pour agir. La cour administrative d'appel de Lyon (CAA Lyon, 10 décembre 1990, Schiochet, n° 89LY01859 ; *AJDA* 1991, p. 161) puis le Conseil d'État (CE sect., avis, 22 juillet 1992, Commune de Marcilly-sur-Eure, n° 136332, *Lebon*) ont déclaré ce texte applicable au contentieux de la responsabilité décennale des constructeurs. Il est maintenant admis que cette loi s'applique aussi aux délais de droit commun (CAA Lyon, 30 décembre 1992, Dedenis, n° 91LY00247, *Lebon* T. – CE, 13 mars 2009, Vera, n° 317567, *Lebon*, cité sous l'article R. 421-5).

Jurisprudence

[**1**] Considérant que, par lettre en date du 10 février 1989, le secrétaire-greffier du tribunal administratif de Lyon a communiqué à la ville de Lyon une copie de la requête en référé de Mme Rives et autres en lui impartissant un délai de dix jours pour présenter sa défense : qu'en l'absence de précision quant au point de départ de ce délai, celui-ci commençait à courir à la date à laquelle a été reçue la notification de la lettre

susmentionnée ; qu'il ressort des pièces du dossier que la ville de Lyon a reçu notification de cette lettre le 14 février 1989 ; qu'ainsi, en se prononçant le 23 février sur la demande par l'ordonnance attaquée, le président du tribunal administratif de Lyon a statué avant l'expiration du délai dont bénéficiait la ville de Lyon pour produire son mémoire ; que, dès lors, la ville de Lyon est fondée à soutenir que l'ordonnance attaquée a été rendue sur une procédure irrégulière et à en demander l'annulation [...].

[**2**] Considérant que lorsque les dispositions ou stipulations applicables à une personne morale subordonnent à une habilitation par un de ses organes la possibilité pour son représentant légal d'exercer en son nom une action en justice, le représentant qui engage une action devant une juridiction administrative doit produire cette habilitation, au besoin après y avoir été invité par le juge ; que, toutefois, cette obligation ne s'applique pas, eu égard aux contraintes qui leur sont propres, aux actions en référé soumises, en vertu des dispositions applicables, à une condition d'urgence ou à de très brefs délais ; que tel n'est pas le cas de l'action en référé prévue par l'article R. 532-1 du code de justice administrative, qui n'est pas soumise à une condition ou délai de ce type ; qu'ainsi, en retenant que le directeur général de l'OPH Lille Métropole Habitat devait justifier de son habilitation par le conseil d'administration pour saisir le juge des référés sur le fondement de ces dispositions, le juge des référés de la cour administrative d'appel de Douai n'a pas commis d'erreur de droit [...].

[**3**] Considérant [...] que l'ordonnance de référé est rendue à la suite d'une procédure particulière adaptée à la nature de la demande et à la nécessité d'assurer une décision rapide ; que cette procédure, qui garantit le caractère contradictoire de l'instruction, se suffit à elle-même ; qu'ainsi la commune de Sisteron n'est pas fondée à soutenir, dès lors que l'article R. 102 ne prévoit pas cette communication, que le juge des référés était tenu de lui communiquer, en exécution des dispositions de l'article R. 110 du code des tribunaux administratifs, les observations présentées par le syndicat intercommunal de la Moyenne Durance et par les commissaires de la République des Alpes-de-Haute-Provence et des Hautes-Alpes en réponse à la notification qui leur avait été faite de la requête [...].

[**4**] Considérant que la disposition précitée de l'article 24 de la loi du 22 juillet 1889 modifiée par la loi du 28 novembre 1955, en confiant au président du tribunal administratif ou au magistrat qu'il délègue le pouvoir de prendre, en cas d'urgence, toutes mesures utiles, a entendu non pas instituer une juridiction nouvelle distincte du tribunal administratif et dotée d'une compétence propre, mais seulement organiser, dans le cadre de ce tribunal, une procédure particulière dans laquelle, à raison de l'urgence, le président du tribunal administratif ou le magistrat qu'il délègue est habilité à statuer au lieu et place du tribunal ; que cette disposition ne fait donc pas obstacle à ce que le président ou le magistrat qu'il délègue, saisi dans les conditions qu'elle prévoit, renvoie au tribunal administratif le jugement des demandes qui lui paraissent présenter des difficultés graves et susceptibles d'une discussion sérieuse ; que l'appréciation à laquelle se livre le président du tribunal n'est pas de nature à être contestée devant le juge d'appel [...].

[**5**] Considérant que M. Bunelier, soutenant qu'un préjudice lui aurait été causé lors d'une intervention chirurgicale pratiquée dans un établissement d'hospitalisation dépendant de l'Association paritaire d'action sociale (APAS), a d'abord saisi d'une demande d'expertise le juge judiciaire des référés, lequel s'est déclaré incompétent au profit des tribunaux administratifs ; que, statuant au principal, le tribunal administratif

de Paris a décliné sa compétence au motif que le centre chirurgical de l'Association paritaire d'action sociale (APAS) était un établissement privé d'hospitalisation à but non lucratif auquel aucune prérogative de puissance publique n'était confiée, de sorte que, nonobstant la circonstance que l'Association paritaire d'action sociale (APAS) avait été admise à participer au service public hospitalier en application des articles 40 et 41 de la loi n° 70-1318 du 31 décembre 1970, les litiges mettant en jeu sa responsabilité ressortissaient à la compétence des tribunaux de l'ordre judiciaire ; Considérant que le Tribunal des conflits est valablement saisi dès lors qu'en l'espèce il y a identité de question, ou même litige, au sens des articles 17 et 34 du décret du 26 octobre 1849, nonobstant la circonstance que la juridiction d'un ordre a statué en référé, et la juridiction de l'autre ordre au principal, dès lors que les deux juridictions ont décliné la compétence de leur ordre respectif [...].

L'extension ou la réduction de la mission d'expertise

Art. R. 532-3 Le juge des référés peut, à la demande de l'une des parties formée dans le délai de deux mois qui suit la première réunion d'expertise à laquelle elle a été convoquée, ou à la demande de l'expert formée à tout moment, étendre l'expertise à des personnes autres que les parties initialement désignées par l'ordonnance, ou mettre hors de cause une ou plusieurs des parties ainsi désignées.

Il peut, dans les mêmes conditions, étendre la mission de l'expertise à l'examen de questions techniques qui se révélerait utile à la bonne exécution de cette mission, ou, à l'inverse, réduire l'étendue de la mission si certaines des recherches envisagées apparaissent inutiles.

Textes sources

– Décret n° 2010-164 du 22 février 2010, article 33.
– Décret n° 2023-468 du 16 juin 2023, article 20.

Commentaires

Ce texte nouveau apporte de la souplesse à un système dont la rigidité contrastait avec le souci de faire œuvre « utile ». Avant le décret de février 2010, il était difficile, voire impossible, de moduler le périmètre d'une mission d'expertise, soit quant aux personnes concernées, soit quant au domaine expertisé : il fallait un « fait nouveau » (CE, 24 février 1982, Société entreprise industrielle et financière, n° 31581, *Lebon*, p. 86 – CE, 29 mars 1985, Commune de Sisteron, n° 62390, *Lebon* T.), et le constat, alors que les opérations d'expertise avaient commencé, que le périmètre de la mission était inadapté, ne pouvait constituer un tel fait.

Désormais, l'expert ou l'une des parties peuvent demander au juge des référés de modifier, en plus ou en moins, le périmètre de l'expertise, soit quant aux personnes concernées (et l'on pourra ainsi ne conserver que les personnes « utiles »), soit quant aux points à examiner, à condition, s'agissant de ces derniers, que l'examen des éléments supplémentaires soit « utile à la bonne exécution de la mission ». Cette dernière condition a pour objet de limiter les extensions de mission, et de permettre à cette fin au juge des référés, qui conserve le pouvoir de décision, de

résister à des demandes d'extension émanant, par exemple, d'un expert boulimique. L'article 20 du décret n° 2023-468 du 16 juin 2023 a cependant assoupli cette condition pour substituer le terme d'utile à ce celui d'indispensable.
La demande de modification est, en ce qui concerne les parties, enfermée dans le délai de deux mois qui suit la première réunion d'expertise. C'est une précaution nécessaire contre les manœuvres dilatoires auxquelles pourraient songer les parties en fin d'expertise.
L'expert n'est pas soumis à un tel délai, à la fois parce qu'il est, lui, tenu par le délai qui lui est donné pour remplir sa mission, et donc peu suspect de manœuvres dilatoires, et parce que l'évolution de sa réflexion, au fil de l'expertise, peut le conduire légitimement à souhaiter, même en fin d'opérations, une évolution de la mission. Naturellement, rien n'interdit à une partie qui aurait laissé passer le délai qui lui est imposé de proposer à l'expert de demander au juge des référés un ajustement de la mission ; il appartiendra alors à l'expert d'apprécier le sérieux et le bien-fondé de cette suggestion, et, le cas échéant, de la prendre à son compte et de la présenter au juge des référés.
La question se posera de savoir si cette procédure nouvelle s'appliquera aux « sachants », qui, sans être des « parties », apportent des informations utiles à l'expert (voir CE, 26 septembre 2008, Robert, n° 312140, *Lebon* T.). À notre sens, non : l'audition de ces personnes nous paraît relever du pouvoir d'instruction de l'expert (au même titre que les lectures qu'il est appelé à faire). Il n'a donc, à notre sens, pas à demander au juge des référés l'autorisation d'entendre tel ou tel sachant. D'ailleurs nombre de missions d'expertise invitent l'expert à « entendre tout sachant ».
Il est jugé que cet article autorise l'expert à demander des précisions sur le contenu de sa mission, une telle demande, n'émanant pas d'une « partie », n'ayant pas à être présentée par avocat (CE, 6 décembre 2013, Société Michel Beauvais, n° 369460, *Lebon* T.).
L'extension a cependant des limites et son utilité est appréciée au regard des éléments dont dispose le demandeur et au regard de l'intérêt de la mesure dans la perspective d'un litige principal. En sont exclues les prétentions ne relevant pas de la compétence du juge administratif, irrecevables ou se heurtant à la prescription (CE, 11 juillet 2018, Société Diffazur Piscines, n° 416635, *Lebon* T.).

La procédure en cas de demande de modification de la mission

Art. R. 532-4 Le juge des référés ne peut faire droit à la demande prévue au premier alinéa de l'article R. 532-3 qu'après avoir mis les parties et le cas échéant les personnes auxquelles l'expertise doit être étendue en mesure de présenter leurs observations sur l'utilité de l'extension ou de la réduction demandée.
Il peut, s'il l'estime opportun, débattre des questions soulevées par cette demande lors de la séance prévue à l'article R. 621-8-1.

L'expert, même lorsqu'il présente la demande en application de l'article R. 532-3, n'a pas la qualité de partie à la procédure. Il peut toutefois lui être demandé de produire des observations ainsi que toute précision utile.

Textes sources

– Décret n° 2010-164 du 22 février 2010, article 33.
– Décret n° 2023-468 du 16 juin 2023, article 21.

Commentaires

Une procédure contradictoire doit être respectée en cas de modification de la mission : les parties doivent, dans tous les cas (extension ou réduction), être mises en mesure de présenter leurs observations. Et, en cas d'extension de l'expertise à d'autres personnes, ces dernières doivent également pouvoir présenter leurs observations. Voir ci-dessus le cas spécial des « sachants ».

Les règles procédurales applicables aux référés-instruction

Art. R. 532-5 Les dispositions des articles R. 621-1 à R. 621-14, à l'exception du troisième alinéa de l'article R. 621-9, sont applicables aux référés mentionnés à l'article R. 532-1 et à l'article R. 532-1-1, sous réserve des dispositions du présent chapitre. Les attributions dévolues par le premier alinéa de l'article R. 621-2 au président du tribunal administratif ou de la cour administrative d'appel ou, au Conseil d'État, au président de la section du contentieux sont exercées par le juge des référés.

Textes sources

– Décret n° 2013-730 du 13 août 2013, article 9.
– Décret n° 2016-1480 du 2 novembre 2016, article 14.
– Décret n° 2023-468 du 16 juin 2023, article 22.

Commentaires

Cet article est le pendant, pour les référés-instruction, de l'article R. 531-2. Il transpose aux expertises ordonnées en référé les règles applicables aux expertises ordonnées dans le cadre d'une instance au fond, avec les aménagements nécessaires : ainsi, les parties n'ont-elles pas à répondre au rapport (exclusion du troisième alinéa de l'article R. 621-9), cependant que c'est au juge des référés de choisir les experts (sans être lié par le tableau des experts : CJA, art. R. 621-1) et de fixer le délai dans lequel le rapport doit être remis. L'expert peut être récusé et le jugement rejetant une demande de récusation est susceptible d'appel indépendamment de l'appel formé contre le jugement au fond. Le caractère définitif du jugement rejetant la demande de récusation ne fait pas obstacle à ce que soit invoquée l'impartialité de l'expert devant les juges du fond (CE, 23 octobre 2019, Paul, n° 423630, *Lebon* T.).

CHAPITRE 3 Voies de recours

L'appel contre l'ordonnance de référé-instruction

Art. R. 533-1 L'ordonnance rendue en application du présent titre par le président du tribunal administratif ou par son délégué est susceptible d'appel devant la cour administrative d'appel dans la quinzaine de sa notification.

Textes sources

– Code des TA et des CAA, article R. 132.
– Décret n° 2000-1115 du 22 novembre 2000, article 1er.

Commentaires

Les appels formés en matière de référés devraient suivre, en ce qui concerne la compétence, le sort de la demande principale à laquelle ils sont susceptibles de se rattacher. La dévolution aux cours administratives d'appel de la compétence quasi exclusive en appel simplifie à cet égard les choses, puisqu'elles doivent en principe avoir à connaître de tous les appels formés en matière de référés, sauf s'agissant des référés d'urgence des articles L. 521-1, L. 521-3, L. 521-4 et L. 522-3 (pas d'appel) et L. 521-2 (appel devant le Conseil d'État). Le Code prend acte de cet état du droit, qui pourrait poser problème dans le cas, à vrai dire des plus improbable, d'un référé se rattachant à un des contentieux électoraux dont l'appel demeure réservé au Conseil d'État. L'apparition, par l'effet du décret du 24 juin 2003, de jugements rendus en dernier ressort (voir CJA, art. R. 811-1) a fait rebondir la question ; il est jugé que les ordonnances rendues en première instance sur une demande de constat restent susceptibles d'appel devant la cour, même si le litige auquel est susceptible de se rattacher cette mesure ne peut donner lieu à appel (CE, 16 juin 2004, Société SUMO, n° 266378, *Lebon* T.).
Voir l'article L. 555-1 sur la compétence du président de la cour administrative d'appel pour statuer seul sur l'appel.
On doit – même s'il s'agit d'une hypothèse d'école – s'interroger sur le sort d'ordonnances intervenues dans une matière dans laquelle la compétence de premier ressort est attribuée à la cour administrative d'appel en application des articles R. 311-2 et R. 311-3. C'est la cour qui est alors compétente pour se prononcer sur la demande de référé. Il devrait donc appartenir au Conseil d'État de recevoir l'appel ouvert contre cette ordonnance par l'article R. 533-1, sauf à estimer que l'article R. 533-3 ne laisse subsister qu'un pourvoi en cassation…
Le ministère d'avocat est obligatoire en application de l'article R. 811-7 du CJA, y compris pour l'appel d'un référé-constat (CE, 1er décembre 2023, n° 468973, *Lebon* T.).
Le délai de quinzaine, qui est un délai franc, doit s'entendre de quinze jours, soit plus que deux semaines. Contrairement à ce qui avait été jugé (CE, 4 février 1994, Commune de Saint-Philippe, n° 143446, *Lebon* T.), ce délai doit désormais être indiqué dans la notification de l'ordonnance, faute de quoi seul le délai de droit commun est applicable (voir art. R. 811-3). Et si la juridiction a, en notifiant

l'ordonnance, indiqué un délai erroné, supérieur au délai réglementaire, c'est le délai erroné qui doit être retenu, par application de la jurisprudence *Bourgeois* (CE sect., 26 mars 1993, Bourgeois, n° 117557, *Lebon* – CE, 28 février 1996, Société LVM, n° 154358).

L'intervention d'un jugement au fond passé en force de chose jugée rend sans objet l'appel formé contre une ordonnance de référé (CE, 3 juillet 1991, Ministre des Transports c/Champurney, n° 97130 [**1**]).

On observera que le texte réglementaire fait état du magistrat « délégué », alors que le juge des référés est, s'il n'est pas le président, un magistrat « désigné » par lui. Ce qui donnerait à penser que les deux termes sont équivalents, ce qui était initialement discutable (CE, 17 mai 2006, Commune de Wissous, n° 293110, *Lebon,* p. 253), mais ne l'est plus (CE, 8 juillet 2011, Botella, n° 342113, *Lebon*, p. 323).

Jurisprudence

[**1**] Considérant que, postérieurement à l'introduction de la requête du ministre des Transports et de la Mer tendant à l'annulation de l'ordonnance du 17 mars 1988 par laquelle le président de section délégué par le président du tribunal administratif de Paris, statuant en référé, a désigné un expert en lui donnant mission de décrire l'état de santé de M. Champurney, ce tribunal, par un jugement en date du 24 janvier 1989 devenu définitif, s'est prononcé sur la demande de M. Champurney tendant à l'annulation de la décision en date du 6 janvier 1988 par laquelle le conseil médical de l'aviation civile a rejeté son appel contre la décision du centre d'expertise médicale du personnel navigant de Marseille le déclarant inapte aux fonctions de pilote professionnel d'hélicoptère ; que, par suite, la requête du ministre des Transports est devenue sans objet [...].

La suspension de l'ordonnance de référé-instruction

Art. R. 533-2 Lorsqu'appel a été interjeté d'une ordonnance rendue par le président du tribunal administratif ou par son délégué en application de l'article R. 532-1, le président de la cour administrative d'appel, ou le magistrat désigné par lui, peut immédiatement et à titre provisoire suspendre l'exécution de cette ordonnance si celle-ci est de nature à préjudicier gravement à un intérêt public ou aux droits de l'appelant.

Textes sources

– Code des TA et des CAA, article R. 135.

– Décret n° 2000-1115 du 22 novembre 2000, article 1er.

Commentaires

Le texte ne précise pas les modalités de l'instruction d'une telle conclusion. Par arrêt *Syndicat des avocats de France* (CE sect., 5 avril 1996, n° 116594, *Lebon*), le Conseil d'État a interprété cet article (qu'il n'a pas au demeurant jugé illégal) comme n'exigeant pas que la partie bénéficiaire d'une mesure de référé doive être mise à même de discuter contradictoirement du bien-fondé d'une suspension éventuelle de l'exécution de cette mesure.

La demande de suspension provisoire d'une ordonnance de référé n'a pas à être présentée par requête distincte. Les conditions de fond mises au prononcé d'une telle suspension (lesquelles ne touchent pas au sérieux des moyens articulés contre l'ordonnance) sont très strictement interprétées, et les juges donnent toute sa portée à l'adverbe « gravement ».

On s'interrogera, comme pour l'article précédent, sur la juridiction compétente pour se prononcer sur la demande de suspension d'une ordonnance rendue par la cour administrative d'appel en premier ressort : le texte de l'article R. 533-2 paraît à la lettre exclure toute intervention du juge supérieur, et donc toute suspension, ce qui ne peut sans doute procéder que d'un défaut d'actualisation de sa rédaction.

Le constat ou le référé-instruction devant la cour administrative d'appel

Art. R. 533-3 À l'occasion des litiges dont la cour administrative d'appel est saisie, le président de la cour ou le magistrat désigné par lui dispose des pouvoirs prévus aux articles R. 531-1 et R. 532-1.

L'ordonnance rendue par le président de la cour ou par le magistrat désigné par lui est susceptible de recours en cassation dans la quinzaine de sa notification.

Textes sources

– Code des TA et des CAA, articles R. 133 et R. 137.

– Décret n° 2000-1115 du 22 novembre 2000, article 1er.

Commentaires

Ainsi qu'on l'a dit (voir les commentaires sous l'article R. 532-2), les cours peuvent être destinataires de référés directs, pourvu qu'ils se rattachent à un litige pendant devant elles. La question se pose de savoir si ce texte, se rapportant manifestement aux décisions rendues par la cour dans le cadre de son office d'appel, régit également les ordonnances qui seraient rendues dans les matières confiées en première instance aux cours par les articles R. 311-2 et R. 311-3.

TITRE IV **Le juge des référés accordant une provision**

Le présent titre ne comprend pas de dispositions législatives.

CHAPITRE UNIQUE

Le référé-provision

Art. R. 541-1 Le juge des référés peut, même en l'absence d'une demande au fond, accorder une provision au créancier qui l'a saisi lorsque l'existence de l'obligation n'est pas sérieusement contestable. Il peut, même d'office, subordonner le versement de la provision à la constitution d'une garantie.

Textes sources

– Code des TA et des CAA, article R. 129.
– Décret n° 2000-1115 du 22 novembre 2000, article 1er.

Commentaires

Ce texte est inspiré de l'article 809, 2e alinéa, du Code de procédure civile.

Il ne peut être utilisé par une personne publique si elle dispose du pouvoir d'assurer l'exécution forcée du recouvrement de la créance qu'elle invoque à l'appui d'une demande de provision (CE, 3 février 2016, Hôpital de Prades, n° 388643, *Lebon* T.). C'est une application de la jurisprudence *Préfet de l'Eure* (CE, 30 mai 1913, Préfet de l'Eure, *Lebon*, p. 583), jurisprudence qui ne s'applique pas aux créances trouvant leur origine dans un contrat, lors même que ce contrat avait été dénaturé par des manœuvres dolosives du contractant (CE, 24 février 2016, Département de l'Eure, n° 395194, *Lebon*).

I – Une procédure ouverte en l'absence de demande au fond

On note que désormais, le texte en dispose expressément, la demande de provision n'est plus conditionnée par l'existence d'une demande au fond. Ce qui a conduit la cour administrative d'appel de Bordeaux à juger que la demande de provision pouvait être présentée avant toute décision administrative et donc avant toute réclamation à l'administration destinée à faire naître une telle décision, sauf si une telle réclamation est imposée par un texte (voir CE sect., 10 juillet 2002, SARL Grey Diffusion, n° 244411, *Lebon* – CAA Bordeaux, 18 novembre 2003, Ribot, n° 03BX00935, *Lebon ; AJDA* 2003, p. 2230). L'intervention du décret n° 2016-1480 du 2 novembre 2016, dit « JADE » et la nouvelle rédaction de l'article R. 421-1 du CJA qui en est issue modifient toutefois du tout au tout cette analyse : désormais, la demande de provision par référé n'est recevable que si, à la date à laquelle le juge se prononce, l'administration a pris une décision, expresse ou implicite, refusant de faire droit à une demande tendant au paiement d'une somme d'argent (CE, 23 septembre 2019, n° 427923, *Lebon* T.). Un juge rapide saisi immédiatement après une réclamation formée auprès de l'administration,

et sans réponse expresse de cette dernière, ne pourra donc que rejeter la requête tendant à provision, en l'absence de décision administrative même implicite. Un juge bienveillant prendra le temps d'attendre le terme du délai de naissance d'une décision implicite, ce qui rendra la requête recevable…
Jugé à ce propos, en matière contractuelle, que, si les stipulations d'un contrat prescrivent la formation d'un recours préalable à la saisine du juge, le référé provision ne peut être introduit avant qu'ait été engagée la procédure de recours préalable, mais sans qu'il faille attendre que celle-ci soit parvenue à son terme (CE, 10 juin 2009, Société de cogénération et de production de Boe, n° 322242, *Lebon* T. [**1**]). S'agissant toutefois des stipulations du cahier des clauses administratives générales imposant, à peine de forclusion, la saisine du tribunal administratif dans les six mois suivant notification du rejet d'une réclamation formée contre le décompte général du marché, il est admis que la demande de provision par voie de référé vaut saisine du tribunal (CE, 27 janvier 2017, Société tahitienne de construction, n° 396404, *Lebon* T. – CE, 10 juin 2020, Société Bonnaud, n°s 425993 et 428251, *Lebon* T.), à la différence de la demande de référé-expertise (CE, 18 septembre 2015, Société Avena BTP, n° 384523). La demande doit être présentée devant le juge qui a compétence pour connaître du litige principal auquel se rattache la provision demandée (CE, 20 mai 2003, Jouandon, n° 256744, *Lebon* T.). La saisine du juge du référé-provision doit être regardée comme la saisine du tribunal administratif compétent au sens de l'article 7.2.3 du CCAG-Travaux (CE, 27 janvier 2017, n° 196404) et au sens de l'article 13.4.2. du nouveau CCAG Travaux (CE, 10 juin 2020, Société Bonnaud, n°s 425993 et 428251, *Lebon* T.). Elle ne doit pas contenir, simultanément, de conclusions présentées sur le fondement de l'article L. 521-1 (CE, 8 décembre 2004, Appiah, n° 274877, *Lebon* T.) ou L. 521-3 (CE, 9 avril 2010, Vandoolaeghe, n° 327876).
Pourvu que soit remplie la condition tenant à l'absence de caractère sérieusement contestable de l'obligation, aucune créance n'est par nature insusceptible de donner lieu au versement d'une provision (CE, 30 juin 2017, ONIAM, n° 401497, *Lebon* T. – CE, 28 juin 2019, OFII, n° 424368, *Lebon* T.). Une collectivité publique ne peut renoncer contractuellement au bénéfice de ces dispositions (CE, 20 septembre 2019, n° 419381, *Lebon* T.). Le référé-provision est largement ouvert, mais ne peut être utilisé pour faire obstacle au caractère suspensif du sursis à exécution ordonné par le juge d'appel, la voie de droit à utiliser étant la révocation partielle ou totale prévue par l'article R. 811-18 (CE, 6 novembre 2020, Société Corsica Ferries et Collectivité de Corse, n°s 439598, 441324 et 441620, *Lebon* T.). Comme en référé-expertise, la saisine du juge du référé-provision interrompt le délai de recours contentieux contre la décision de l'administration ayant rejeté la demande d'indemnisation. Le délai commence à courir à nouveau à compter de la notification au requérant de l'ordonnance du juge des référés (CE, 7 juillet 2023, n° 471401, *Lebon* T.).

II – Existence et étendue de l'obligation

Par « existence » d'une obligation, il faut, c'est le bon sens même, entendre « existence et étendue », la provision demandée étant nécessairement chiffrée. Le juge du référé peut donc tout à la fois reconnaître à une créance un caractère non sérieusement contestable, mais limiter la provision au montant lui paraissant revêtir un caractère de certitude suffisant (CE sect., 6 décembre 2013, Thévenot, n° 363290, *Lebon*). Le juge d'appel exerce un contrôle sur l'ensemble de la démarche adoptée par le juge de premier degré, y compris sur la décision de ce dernier de ne pas assortir le versement de la provision de la constitution d'une garantie (CAA Lyon, 13 juillet 1989, Centre hospitalier général d'Hyères [**2**]). Le juge de cassation exerce de son côté un contrôle de qualification juridique sur la notion d'obligation non sérieusement contestable (CE sect., 10 avril 1992, Centre hospitalier général d'Hyères, n° 108294, *Lebon* – CE, 29 janvier 2003, Ministre de l'Économie, n° 250345, *Lebon* T.), la position inverse adoptée le 29 juillet 1994 (CE, 29 juillet 1994, Société Travaux publics et industriels d'Île-de-France, n° 133369, *Lebon*) n'exprimant pas la jurisprudence dominante. Mais l'évaluation par le juge du référé du montant de la provision correspondant à l'obligation relève de son appréciation souveraine, en l'absence de dénaturation (CE, Thévenot, préc.).

S'agissant des intérêts, il a été jugé, contre la position de plusieurs cours, que le juge de la provision pouvait majorer d'intérêts moratoires les allocations provisionnelles qu'il octroie (CE, 2 avril 2004, Société Alstom Power Turbomachines, n° 256504, *Lebon ; AJDA* 2004, p. 1361). Il a semblé, alors que la présentation d'une demande de provision était subordonnée à l'introduction d'une demande au fond, que le juge du référé-provision devait réserver la question de la charge des frais d'expertise (CAA Nantes, 30 avril 1992, OPHLM de Nantes, n° 01NT00861 – CAA Lyon plén., 27 décembre 2000, Ponceblanc, n° 00LY00010). Ces jurisprudences perdent leur pertinence dès lors que, comme le texte le permet désormais, une demande de provision peut être formée sans demande au fond. Ce nouveau paysage conduit nécessairement à estimer que le juge du référé peut être saisi de l'entier litige, frais d'expertise compris, et que sa condamnation, à titre provisionnel, peut porter sur tous les éléments de la créance, accessoires compris.

III – Une obligation non sérieusement contestable

Le juge du référé doit « préciser quels sont les éléments sur lesquels il se fonde pour décider que l'existence de l'obligation n'est pas sérieusement contestable » (CE, 27 juin 1997, Centre hospitalier de Lagny, n° 163496, *Lebon*). Destinée à permettre au juge de cassation d'exercer son contrôle, cette règle doit à notre sens être généralisée, à l'instar de celle qui imposa au juge accordant antérieurement le sursis à exécution de mentionner le ou les moyens qu'il estimait sérieux.

La question se pose de savoir si la formule « peut » donne ou non au président un pouvoir d'appréciation, les conditions mises par le texte à l'octroi de la provision étant remplies, portant sur l'opportunité d'accorder ou non la provision (par un raisonnement analogue à celui retenu, en matière de sursis à exécution, par le Conseil d'État dans l'arrêt *Association de sauvegarde du quartier Notre-Dame à Versailles*, 13 février 1976, n° 99708, *Lebon*, p. 100). La cour administrative d'appel de Lyon a estimé que ce pouvoir d'appréciation se déduisait du texte (CAA Lyon plén., 16 novembre 1989, Compagnie d'assurances La France, n° 89LY01593, *Lebon*, p. 348 [**3**] ; *AJDA* 1989, p. 806). Ce n'est pas la position de la cour administrative d'appel de Bordeaux (CAA Bordeaux plén., 18 novembre 2003, Compagnie générale maritime Antilles-Guyane, n° 03BX01155, *Lebon*).

La condamnation peut atteindre la totalité des sommes en litige (CE, 20 mars 2000, Département des Hauts-de-Seine, n° 199013, *Lebon* T. – CE, 2 avril 2003, Chantalou, n° 249805, *Lebon* T.), ou se limiter, on l'a dit, à la part de la créance jugée non sérieusement contestable (CE, 20 avril 2011, Commune de Baie Mahault, n° 342850, *Lebon* T. – CE sect., 6 décembre 2013, Thévenot, n° 363290, *Lebon*), cette part pouvant au demeurant représenter une somme non négligeable : une provision de dix millions d'euros a ainsi été accordée à Électricité de France, à la charge de l'État, par décision du 18 juin 2014 (CE, 18 juin 2014, Électricité de France, n° 372803, *Lebon* T.). Elle peut être prononcée à la charge solidaire des défendeurs (CAA Lyon, 10 mars 1992, Commune de Port-de-Bouc, n° 01LY00846, *Lebon*, p. 1215 – CE, 19 novembre 1993, Port autonome de Marseille, n° 135772, *Lebon*, p. 324), la seule circonstance que l'on n'ait pas de certitude quant à la répartition finale de la charge indemnitaire ne rendant pas contestable l'obligation solidaire (CE, Port autonome de Marseille, préc.). La personne condamnée peut de son côté, dans le cadre du référé, soit présenter des conclusions en garantie (CE, 16 janvier 2012, Commune du Château d'Oléron, n° 352122, *Lebon* T.), soit exercer une action récursoire (CE, 21 mars 2011, Centre hospitalier de Saintes, n° 334501, *Lebon*).

L'accompagnement d'une garantie, à la discrétion du juge des référés, cesse si le débiteur de la provision n'a pas formé le recours prévu à l'article R. 541-4 (CE, 20 décembre 2006, Bes, n° 293399, *Lebon*).

La notion d'obligation « non sérieusement contestable » (qui ne saurait sans erreur de droit être confondue avec celle d'obligation non contestée : CE sect., 10 avril 1992, Centre hospitalier général d'Hyères, préc.) n'est pas sans rappeler celle, retenue à propos des référés-suspension, de moyen propre à créer un « doute sérieux » quant à la légalité d'une décision, avec ici la nuance importante que la formule est retenue sous la forme négative. Il s'en déduit, comme en matière de suspension (CE, 30 décembre 2002, Ministre de l'Aménagement du territoire c/Carminati, n° 240430, *Lebon*), que le juge du référé-provision doit se cantonner à l'évidence prima facie (donc au vu du dossier, voire des éléments tirés d'une expertise non encore achevée : CAA Versailles, 30 mai 2006, CCAS de la ville de Versailles, n° 05VE01995), sans pouvoir, à l'instar du juge du fond, pousser sa réflexion juridique au point de renverser cette évidence. Ainsi, l'existence d'une loi de validation va-t-elle s'imposer absolument au juge de la provision, lors même que le juge du fond peut être conduit à apprécier l'inconventionnalité de cette loi, et parfois à l'écarter pour cette dernière raison : ce n'est point-là l'office du juge des référés, qui doit se soumettre à la loi telle qu'il la lit. Est donc « sérieusement contestable » une créance liée à la réparation du préjudice causé par une pratique administrative qu'une loi a validée, sans qu'il y ait lieu pour le juge des référés de s'interroger sur la conventionnalité de cette loi (CE sect., 29 janvier 2003, Ville d'Annecy, n° 247909, *Lebon*). Commet ainsi une erreur de droit le juge du fond qui arrête sa position concernant l'existence d'une obligation non sérieusement contestable en tranchant une contestation juridique sérieuse (Cass. 1re civ.,

31 mars 1998, Caisse nationale de prévoyance c/Martinez, n° 96-13781 – CE, 29 janvier 2003, Ministre de l'Économie, préc.).

Au demeurant, seule doit entrer en ligne de compte l'obligation invoquée, et son caractère incontestable ou non : il n'appartient pas au juge du référé-provision d'opérer une compensation entre cette obligation et d'autres obligations éventuelles de sens contraire, si ces dernières relèvent de causes juridiques sans lien avec le litige soumis au juge du référé-provision (CE, 18 juin 2014, EDF, n° 372803, *Lebon* T.), remettant en cause la solution inverse retenue par la cour administrative d'appel de Bordeaux le 22 mai 1990, Commune de Fenouillet, n° 89BX01935, *Lebon* T.

Dans le contentieux de la responsabilité sans faute, si les autres conditions liées au préjudice et à la causalité sont réunies, l'obligation sera non sérieusement contestable sauf pour le responsable à établir avec un degré suffisant de certitude l'existence d'un cas de force majeure ou d'une faute de la victime (CE, 27 avril 2021, Eurométropole de Strasbourg et Société SMACL Assurances, 436820, *Lebon T.*).

Il a été jugé, au terme d'un raisonnement d'une logique rigoureuse, que le juge du référé-provision ne peut saisir le Conseil d'État d'une demande d'avis contentieux sur une question de droit soulevée par l'existence de l'obligation : ou bien se présente une question sérieuse justifiant une telle demande d'avis, mais l'existence de cette question sérieuse interdit alors d'estimer que l'obligation est « non sérieusement contestable », ou bien la question de droit n'est pas sérieuse et il n'est alors pas possible d'envisager une demande d'avis (CE, 3 octobre 2012, Société Colas Nord Picardie, n° 360840, *Lebon*, cité sous l'article R. 113-4).

En revanche, on ne voit point que la procédure de la question prioritaire de constitutionnalité d'une loi puisse ne pas s'appliquer aux litiges de référé-provision, alors surtout qu'elle peut être utilisée en matière de référé-liberté (CE, 16 juin 2010, Assetout A., n° 340250, *Lebon*).

Commet une erreur de droit le juge qui déduit le caractère contestable de l'obligation de l'absence d'urgence ou de nécessité pour le demandeur d'obtenir la provision demandée (CE, 20 décembre 2006, SNC Cannes Estérel, n° 283352, *Lebon* T.).

Tirant les conséquences de sa jurisprudence *Ville de Cayenne* (CE, 18 mai 1973, n° 78734, *Lebon*, p. 359), selon laquelle, tant qu'un acte créateur de droits n'a pas été retiré ou annulé, il doit être appliqué même s'il était illégal, le Conseil d'État juge que l'obligation de payer résultant du contenu de cet acte est « non sérieusement contestable », et refuse ainsi de prendre en considération l'exception d'illégalité de l'acte invoquée par le défendeur (CE sect., 16 décembre 2005, Lacroix, n° 274545, *Lebon*).

IV – La procédure

La procédure à respecter par le juge a dû être définie de façon à combiner l'exigence du contradictoire rappelée par l'article L. 5 et la nécessité de statuer rapidement admise par le même article.

En premier lieu, et tenant compte de ce que cette procédure s'inscrit dans un panorama d'urgence ou à tout le moins de mesures provisoires, il a été jugé, comme généralement en matière de référés, que le représentant d'une personne morale n'a pas besoin d'être spécialement habilité à agir en matière de provision, alors même qu'aucune demande au fond (pour laquelle une telle habilitation est nécessaire) n'a été formée (CAA Versailles, 30 mai 2006, Maison de retraite intercommunale La Seigneurie, n° 05VE01721, *Lebon ; AJDA* 2006, p. 1487). Toutefois l'évolution récente de la jurisprudence, qui tend à lier cette dispense au fait que la procédure est soumise à la condition d'urgence (CE, 30 mai 2016, Société OPH Lille Métropole, n° 376187, *Lebon* – voir obs. sous l'article L. 521-1) conduit à douter de la permanence de cette solution s'agissant des référés-provision, qui ne relèvent pas des procédures soumises à une condition d'urgence.

En deuxième lieu, toute demande doit avoir été communiquée à la personne qu'elle vise. C'est évident s'agissant de la requête initiale. Mais c'est l'ensemble de la procédure qui doit être contradictoire car l'article R. 611-1 régit la procédure de référé-provision ; voir CE, 14 novembre 2011, Association Adimad, n° 340753, *Lebon*, revenant sur CE, 22 mars 1999, Soudain, n° 186336, *Lebon*, p. 872 ou CE, 2 avril 2004, Société Sogea, n° 257599, *Lebon* T., et adoptant la position de la cour de Lyon (CAA Lyon, 9 avril 1991, SCI Avenue de la Lanterne, n° 90LY00763, *Lebon* T.), ce qui implique que le premier mémoire en défense doit être communiqué au demandeur, ainsi bien sûr que tout mémoire contenant des conclusions tendant à la condamnation du demandeur au paiement de frais irrépétibles (CE, 15 septembre 2004, Société Téléservice Santé, n° 258117, *Lebon* T. *; AJDA* 2004, p. 2288), la procédure de référé s'alignant ici sur la procédure générale (CE, 21 août 1996, Min. c/SA Bolle, n° 133816, *Lebon*, p. 344). Cela implique enfin la communication d'un mémoire en réplique par lequel le demandeur présente une demande nouvelle, fondée par exemple sur une cause juridique différente (CE, 16 novembre 2005, Auguste, n° 262360, *Lebon*).

Enfin, il appartient au juge du référé-provision, comme au juge du fond, de mettre en cause les caisses de sécurité sociale dans les litiges opposant la victime à l'auteur de l'accident, tel étant le cas d'une demande de provision formée par la victime (CE, 18 février 2009, Visval, n° 305810, *Lebon* T.).

L'ensemble de ces procédures, de caractère provisoire, échappent notamment au domaine d'application de l'article 6 de la Convention européenne de sauvegarde des droits de l'homme et des libertés fondamentales (CE, 20 mars 2000, Département des Hauts-de-Seine, n° 199013, *Lebon* T.). Ainsi qu'en décide également cette dernière décision, la tenue d'une audience n'est pas obligatoire en matière de référé-provision, comme au surplus pour tous les référés non urgents (CE, 25 octobre 2002, Centre hospitalier de Colson, n° 244729, *Lebon* T.). Quant à la clôture de l'instruction, elle intervient dans les conditions du droit commun, à savoir, soit par ordonnance, soit, si une audience est prévue, trois jours avant sa date, soit, faute dans l'avis d'audience d'avoir précisé ce point, le jour de l'audience (CE, 2 mai 2016, Société Guy Dauphin Environnement, n° 385545, *Lebon* T.).

Le juge du référé-provision doit satisfaire aux impératifs de l'article R. 611-7 et communiquer le moyen d'ordre public sur lequel il est susceptible de se fonder. Mais cette communication peut se faire au cours de l'audience si audience il y a, et la décision doit alors en faire état (CE, 14 juin 2006, Société France Télécom Marine, n° 282317, *Lebon* T.).

Les frais irrépétibles peuvent être alloués dans une instance de référé-provision sans qu'il soit nécessaire d'attendre l'issue de la procédure au fond (qui, on le rappelle, n'existe pas nécessairement). Et leur allocation, même lorsque la provision est accordée, n'est pas prononcée « à titre provisionnel » (CE, 10 février 1997, Société d'économie mixte d'équipement et d'aménagement de l'Aude, n° 115608, *Lebon* T. ; voir CJA, art. L. 761-1).

La décision du juge des référés accordant une provision doit être suffisamment précise pour ne donner lieu à aucune divergence d'interprétation : cette procédure sommaire et conservatoire ne saurait supporter les aléas de disputes naissant lors de l'exécution de la décision (CAA Lyon, 1er juin 2004, Établissement de services et travaux industriels, n° 03LY01357), ce qui exclut en particulier la formule du « renvoi devant l'administration pour que soit déterminée la provision à laquelle X. a droit », sauf si les critères arithmétiques de fixation sont précisés par la décision.

La personne qui a obtenu une provision peut saisir le juge du référé d'une nouvelle demande au vu d'un changement dans les éléments de droit ou de fait, ou d'un nouveau document (CE, 20 décembre 2006, SNC Cannes Estérel, préc.). Mais ne peut être appliqué, notamment au bénéfice du débiteur de la provision, l'article L. 521-4 (même arrêt).

Lorsque le juge du fond s'est prononcé, la question se pose du sort à réserver aux instances encore pendantes, consacrées à la demande de provision. Après avoir refusé de donner effet à un jugement de fond non devenu définitif (CE, 19 novembre 1993, Port autonome de Marseille, *préc.* – CE, 23 octobre 1998, Elmira, n° 194820, *Lebon* T.), le Conseil d'État juge désormais que l'intervention du jugement sur le fond, fût-il frappé d'appel, rend sans objet le pourvoi ou l'appel formés contre une ordonnance de référé provision, laquelle « est privée d'effet exécutoire » (CE, 4 avril 2005, Commune de Sainte-Geneviève-des-Bois, n° 267325, *Lebon* T. – CAA Nantes, 21 mars 2025, n° 24NT02088). Mais rien ne s'oppose à ce qu'une demande de provision soit, en cas d'appel d'un jugement ayant rejeté les prétentions de fond, présentée devant la cour administrative d'appel (même arrêt).

On note enfin que, s'agissant du recours à l'astreinte en vue d'assurer l'exécution d'une décision portant condamnation au versement d'une provision, le Conseil d'État considère qu'un tel recours est devenu sans objet dès lors qu'est intervenu un jugement au fond, « ce jugement étant seul susceptible d'exécution », qu'il soit ou non frappé d'appel, et même si la condamnation au fond est d'un montant inférieur à celui de la provision (CE, 4 novembre 1996, Dubois, n° 168490).

L'article R. 541-1 ne peut être utilisé pour faire échec à l'effet suspensif d'une opposition dirigée contre un titre de paiement : il s'agirait dans cette hypothèse d'une demande de provision formée par l'émetteur du titre de perception, défendeur à la demande principale, contre le requérant qui, grâce à cet effet suspensif, échapperait au caractère obligatoire de son obligation de payer. Une telle demande de provision est irrecevable (CE, 1er octobre 1993, Office national interprofessionnel du lait et des produits laitiers, n° 124987, *Lebon* T. – CE, 11 mars 2011, Syndicat mixte pour la valorisation touristique du Pic du Midi, n° 337428,

Lebon T.). Si en revanche aucune opposition n'a été formée, la demande de provision est recevable (mêmes décisions).

La matière fiscale a donné lieu à interrogations, s'agissant des actions tendant à remboursement de la TVA dont l'imputation n'a pu être opérée. La créance en cause entre dans le champ d'application de l'article R. 541-1 (CE sect., 10 juillet 2002, SARL Grey Diffusion, préc.) et la demande de provision par référé – qui doit nécessairement être postérieure à une réclamation présentée à l'administration fiscale – peut être introduite avant qu'il ait été statué sur cette réclamation (même arrêt). Une créance détenue par un assujetti sur l'État au titre d'une imposition acquittée à tort est au nombre des créances entrant dans le champ de la procédure de référé-provision prévue à l'article R. 541-1 (CE, 21 décembre 2023, n° 488282, *Lebon* T.).

Enfin, si la cour administrative d'appel de Lyon a jugé, s'agissant du contentieux du règlement des marchés publics, que le principe selon lequel les comptes d'un marché font l'objet d'un décompte unique dont aucun élément ne peut être disjoint faisait obstacle à ce qu'une provision soit demandée, avant établissement de ce décompte, pour couvrir une créance particulière éventuellement née pendant l'exécution du marché (CAA Lyon, 27 décembre 2000, Ponceblanc, préc.), cette position n'est plus conforme à la jurisprudence du Conseil d'État (CE, 3 décembre 2003, Société Bernard Travaux Polynésie, n° 253748, *Lebon* T. – CE, 2 avril 2004, Société Imhoff, n° 257392, *Lebon* – CE, 2 juin 2004, Commune de Cluny, n° 230729, *Lebon* T., cassant l'arrêt *Ponceblanc*).

Se prononçant sur le caractère contestable ou non d'une créance et d'une obligation, le juge du référé-provision ne doit pas en principe participer au jugement de l'affaire au fond (CAA Paris, 6 février 2007, Société Swisslog France, n° 04PA03147, *Lebon* T.). Identiquement le juge des référés qui a écarté la demande de provision correspondant au versement d'indemnités d'occupation du domaine public au motif que la convention d'occupation avait pris fin ne saurait se prononcer sur la demande d'expulsion de cet occupant du domaine public présentée au titre du référé-mesures utiles (CE, 7 décembre 2006, Sene, n° 294218, *Lebon* T.).

Lorsqu'une provision a été accordée, le juge du fond, une fois arrêté le montant de la réparation due, ne prononce que la condamnation à verser l'indemnité venant en complément de la provision, et accorde les intérêts sur ce seul complément, ceux afférents à la provision étant réglés par l'ordonnance de référé (CE, 24 avril 2012, Duquesne, n° 338777, *Lebon* T.).

Lorsqu'une provision a été accordée, l'ordonnance constitue un titre exécutoire dont le recouvrement peut être poursuivi directement et un titre émis par l'ordonnateur d'une collectivité pour mettre en recouvrement la même provision est sans portée (CE, 22 juillet 2020, Société immobilière Massimi, n° 426210, *Lebon* T.).

Voir l'article R. 541-6 en ce qui concerne le sursis à exécution des ordonnances rendues en matière de référé-provision.

Jurisprudence

[1] Considérant que les stipulations précitées prévoient, ainsi que l'a relevé le juge des référés, la mise en œuvre d'une procédure de recours préalable avant la saisine du juge administratif ; que l'existence même de ce recours prévu au contrat fait obstacle à ce qu'une des parties saisisse directement le juge administratif, y compris le juge statuant en référé ; que, cependant, ce dernier peut être saisi dès lors qu'une des parties a engagé la procédure de recours préalable, sans attendre que le ministre chargé de l'électricité se soit prononcé au terme de cette procédure [...].

[**2**] Considérant [...] que les circonstances de fait à l'origine du dommage invoqué par Mme Blanc telles qu'elles résultent des pièces du dossier et notamment d'un jugement devenu définitif du tribunal correctionnel de Toulon font ressortir l'existence, en l'état de l'instruction, d'une obligation non sérieusement contestable du centre hospitalier général d'Hyères à l'égard de M. Philippe Blanc ; que ce centre n'est donc pas fondé à soutenir que c'est à tort que, par l'ordonnance attaquée, qui est suffisamment motivée, le président du tribunal administratif de Nice statuant par voie de référé a fait droit à la demande de provision présentée par Mme Blanc au nom de son fils Philippe ;
Considérant enfin que le président du tribunal administratif de Nice, qui n'était pas tenu de subordonner le versement de la provision dont s'agit à la constitution d'une garantie, a pu à bon droit, dans les circonstances en l'espèce, s'abstenir de prescrire la constitution d'une telle garantie [...].

[**3**] Considérant qu'aux termes de l'article R. 102-1 du code des tribunaux administratifs et des cours administratives d'appel, « le président du tribunal administratif ou de la cour administrative d'appel ou le magistrat que l'un d'eux délègue peut accorder une provision au créancier qui a saisi le tribunal ou la cour d'une demande au fond lorsque l'existence de l'obligation n'est pas sérieusement contestable » ; qu'il résulte de ces dispositions que, même lorsque les conditions fixées par elles sont remplies, il appartient au juge des référés d'apprécier dans chacun des cas qui lui sont soumis s'il y a lieu d'accorder la provision demandée [...].

Bibliographie

– S. Platon, « Le référé-provision administratif », *Dr. adm.*, janvier 2008, p. 13 et s.

La notification de la demande de provision

Art. R. 541-2 Notification de la requête présentée au juge des référés est immédiatement faite au défendeur éventuel, avec fixation d'un délai de réponse.

Textes sources

– Code des TA et des CAA, article R. 131.
– Décret n° 2000-1115 du 22 novembre 2000, article 1er.

Commentaires

Même si la formulation rappelle les règles applicables au référé-instruction, on précise que l'instruction des demandes de provision par référé est soumise à l'article R. 611-1 (CE, 14 novembre 2011, Association Adimad, n° 340753, *Lebon*).

L'appel de l'ordonnance de référé-provision

Art. R. 541-3 L'ordonnance rendue par le président du tribunal administratif ou par son délégué est susceptible d'appel devant la cour administrative d'appel dans la quinzaine de sa notification.

Textes sources

– Code des TA et des CAA, article R. 132.
– Décret n° 2000-1115 du 22 novembre 2000, article 1er.

Commentaires

Voir l'article L. 555-1 sur la compétence du président de la cour administrative d'appel pour statuer seul sur cet appel.

Cet article doit être combiné avec l'article R. 811-1, qui soustrait à l'appel un certain nombre de jugements, justiciables du seul pourvoi en cassation, et notamment les jugements rendus sur des demandes inférieures à 10 000 euros. Si l'obligation dont se prévaut le demandeur d'une provision se rattache à l'un des litiges soustraits à l'appel (et notamment si le montant des indemnités demandées est inférieur à 10 000 euros), l'appel n'est pas possible (CE, 9 décembre 2015, Commune du Cannet, n° 391626, *Lebon*), sauf si, dans l'attente d'une expertise rendue sur référé, le requérant n'a pu préciser le montant de sa demande (même arrêt).

La possibilité pour la personne condamnée de faire trancher le fond du litige

Art. R. 541-4 Si le créancier n'a pas introduit de demande au fond dans les conditions de droit commun, la personne condamnée au paiement d'une provision peut saisir le juge du fond d'une requête tendant à la fixation définitive du montant de sa dette, dans un délai de deux mois à partir de la notification de la décision de provision rendue en première instance ou en appel.

Texte source

– Décret n° 2000-1115 du 22 novembre 2000, article 1er.

Commentaires

Cet article répond à la suppression de l'exigence, pour le demandeur d'une provision, d'avoir présenté parallèlement une demande au fond. Cette exigence, qui avait pour effet d'obliger la juridiction à se prononcer sur une affaire au fond alors même que les parties se satisfaisaient de la provision ordonnée, ne permettait pas de profiter, en ce qui concerne l'activité des juridictions, de tous les avantages de la procédure de référé-provision. Elle se justifiait pourtant, dès lors que, si une collectivité publique condamnée à verser une provision estimait ne pas avoir à supporter, en définitive cette charge, la jurisprudence ne lui permettait pas d'introduire devant le juge administratif une requête tendant à la condamnation de son adversaire à lui rembourser ladite provision (CE, 13 mai 1913, Préfet de l'Eure, *Lebon*, p. 583). Le nouveau texte a pour effet de rendre possible cette action. La logique veut qu'en pareil cas, la décision qui sera rendue sur le fond prime sur l'ordonnance ordonnant le versement de la provision, laquelle ne peut être regardée comme passée en force de chose jugée, même si elle n'a pas fait l'objet d'un appel (CE, 11 décembre 2015, Commune de Colmar, n° 383625, *Lebon*). Le bénéficiaire de la provision est recevable, dans le cadre de cette action, à former des conclusions reconventionnelles à condition de ne pas soulever un litige distinct (CE, 6 novembre 2020, Communauté d'agglomération du Muretain, n° 433940, *Lebon* T.). En cas de pluralité de débiteurs solidaires, dès lors que l'un d'eux a saisi le juge du fond dans le délai, les autres débiteurs peuvent le saisir, même après l'expiration du délai de deux mois (CAA Bordeaux, 10 mars 2022, Communauté d'agglomération du Muretain, n° 20BX03652). Si le demandeur qui a obtenu du juge des référés le bénéfice d'une provision doit la reverser en tout ou en partie lorsque le juge du fond, statuant sur sa demande pécuniaire ou sur une demande du débiteur tendant à la fixation définitive du montant de sa dette, décide que la créance invoquée n'est pas fondée ou qu'elle est d'un montant inférieur au montant de la provision, tel n'est pas le cas lorsque le juge du fond rejette la demande dont il est saisi pour un motif tiré de l'irrecevabilité ou de la prescription de l'action au fond. En ce cas, les sommes accordées par le juge des référés à titre de provision sont définitivement acquises (CE, 20 juillet 2022, n° 455106, *Lebon* T.).

L'absence désormais de toute exigence quant à la formation d'une demande au fond a appelé quelque réflexion quant à la possibilité pour le juge de subordonner le versement de la provision à la constitution d'une garantie, car l'issue de la procédure au fond avait pour effet nécessaire de frapper de caducité l'ordonnance prescrivant la provision et la garantie qui l'accompagnait. En l'absence de procédure au fond, la garantie risquait d'être permanente, privant ainsi le créancier de son droit au versement des indemnités dues.

En présence d'un tel risque, le Conseil d'État a décidé que (et sauf évidemment exercice d'une voie de recours), faute pour le débiteur d'avoir introduit une requête au fond, dans le délai de deux mois prescrit par l'article R. 541-4, l'indemnité provisionnelle ne peut plus être contestée, de telle sorte que l'obligation de constituer une garantie devient caduque au terme de ce délai, sans qu'il soit nécessaire que le juge du référé ait préalablement mentionné cette caducité dans son ordonnance (CE, 20 décembre 2006, Bes, n° 293399).

Le jugement ainsi rendu peut faire l'objet soit d'un appel, soit d'un recours en cassation, selon ce que prescrit l'article R. 811-1 du code. Il est alors tenu compte de la nature de la créance qui avait fait l'objet de la demande de provision et du montant que le bénéficiaire de la provision avait demandé devant le juge des référés (voir observations sous l'article R. 541-3).

Le référé-provision devant la cour administrative d'appel

Art. R. 541-5 À l'occasion des litiges dont la cour administrative d'appel est saisie, le président de la cour ou le magistrat désigné par lui dispose des pouvoirs prévus à l'article R. 541-1.

L'ordonnance rendue par le président de la cour ou par le magistrat désigné par lui est susceptible de recours en cassation dans la quinzaine de sa notification.

Textes sources

– Code des TA et des CAA, article R. 133.
– Décret n° 2000-1115 du 22 novembre 2000, article 1er.

Commentaires

À la différence du référé-provision devant le tribunal administratif, le référé-provision devant la cour administrative d'appel ne peut être formé qu'à l'occasion de litiges dont cette dernière est saisie.

Le sursis à exécution de l'ordonnance de référé-provision

Art. R. 541-6 Le sursis à l'exécution d'une ordonnance du juge des référés accordant une provision peut être prononcé par le juge d'appel ou par le juge de cassation si l'exécution de cette ordonnance risque d'entraîner des conséquences difficilement réparables et si les moyens énoncés à son encontre paraissent, en l'état de l'instruction, sérieux et de nature à justifier son annulation et le rejet de la demande.

Textes sources

– Code des TA et des CAA, article R. 134.
– Décret n° 2000-1115 du 22 novembre 2000, article 1er.

Commentaires

Cet article est en réalité restrictif. Il a pour objet d'empêcher le défendeur, condamné par voie de référé à verser une provision, d'obtenir le sursis à exécution de cette condamnation en se prévalant du seul risque de perte définitive de la somme en cause (CJA, art. R. 811-16), possibilité qui eût vidé de toute portée l'institution du référé-provision. La nécessité d'articuler des moyens sérieux écarte ce risque.

Pour un exemple d'application de cet article, voir CE, 21 juin 1996, Ville de Marseille, n° 171969, *Lebon*, s'agissant d'une provision de 800 000 francs, à valoir sur le préjudice causé par une mise à la retraite d'office dont l'annulation a été prononcée pour défaut de motivation. Les arrêts sont susceptibles de recours en cassation devant le Conseil d'État dans la quinzaine de leur notification (CJA, art. R. 811-19). Le texte de l'article R. 811-19 vise les arrêts, mais il faut sans doute considérer que c'est également le cas pour les ordonnances des articles R. 222-1 et R. 222-25 du CJA.

Pour les ordonnances rendues en application de l'article R. 541-6 du CJA (SAE d'une provision), le texte ne prévoit pas de voie et de délai de recours. Sans doute, faut-il appliquer le délai de droit commun, cette situation devant être distinguée du délai de quinzaine prévu lorsque le juge est lui-même juge du référé-provision (CJA, art. R. 541-5).

TITRE V **Dispositions diverses et particulières à certains contentieux**

CHAPITRE 1 Le référé en matière de passation de contrats et marchés

N. B. Le texte du code ayant été s'agissant de ces référés totalement réécrit par l'article 1er de l'ordonnance n° 2009-515 du 7 mai 2009 et l'article 1er du décret n° 2009-1456 du 27 novembre 2009, les indications des textes sources sont limitées à ces deux textes et aux textes postérieurs, toute autre indication d'origine devenant rapidement totalement incompréhensible et inexploitable.

SECTION 1 *Référé précontractuel*

SOUS-SECTION 1 Contrats passés par les pouvoirs adjudicateurs

Le référé précontractuel

Art. L. 551-1 Le président du tribunal administratif, ou le magistrat qu'il délègue, peut être saisi en cas de manquement aux obligations de publicité et de mise en concurrence auxquelles est soumise la passation par les pouvoirs adjudicateurs de contrats administratifs ayant pour objet l'exécution de travaux, la livraison de fournitures ou la prestation de services, avec une contrepartie économique constituée par un prix ou un droit d'exploitation, la délégation d'un service public ou la sélection d'un actionnaire opérateur économique d'une société d'économie mixte à opération unique.

Il peut également être saisi en cas de manquement aux mêmes obligations auxquelles sont soumises, en application de l'article L. 521-20 du code de l'énergie, la sélection de l'actionnaire opérateur d'une société d'économie mixte hydroélectrique et la désignation de l'attributaire de la concession.

Le juge est saisi avant la conclusion du contrat.

Textes sources

– Ordonnance n° 2009-515 du 7 mai 2009, article 1er.
– Loi n° 2014-744 du 1er juillet 2014, article 2.
– Loi n° 2015-992 du 17 août 2015, article 118.

Commentaires

Voir les commentaires sous l'article L. 551-4.

Les pouvoirs du juge du référé précontractuel

Art. L. 551-2 I. – Le juge peut ordonner à l'auteur du manquement de se conformer à ses obligations et suspendre l'exécution de toute décision qui se rapporte à la passation du contrat, sauf s'il estime, en considération de l'ensemble des intérêts susceptibles d'être lésés et notamment de l'intérêt public, que les conséquences négatives de ces mesures pourraient l'emporter sur leurs avantages.

Il peut, en outre, annuler les décisions qui se rapportent à la passation du contrat et supprimer les clauses ou prescriptions destinées à figurer dans le contrat et qui méconnaissent lesdites obligations.

II. – Toutefois, le I n'est pas applicable aux contrats passés dans les domaines de la défense ou de la sécurité au sens de l'article L. 1113-1 du code de la commande publique.

Pour ces contrats, il est fait application des articles L. 551-6 et L. 551-7.

Textes sources

– Ordonnance n° 2009-515 du 7 mai 2009, article 1er.
– Loi n° 2011-702 du 22 juin 2011, article 6.
– CCP, article L. 1113-1.

Commentaires

Voir les commentaires sous l'article L. 551-4.

Un jugement en dernier ressort

Art. L. 551-3 Le président du tribunal administratif ou son délégué statue en premier et dernier ressort en la forme des référés.

Texte source

– Ordonnance n° 2009-515 du 7 mai 2009, article 1er.

Commentaires

Voir les commentaires sous l'article L. 551-4.

L'interdiction de signer le contrat avant notification de l'ordonnance de référé

Art. L. 551-4 Le contrat ne peut être signé à compter de la saisine du tribunal administratif et jusqu'à la notification au pouvoir adjudicateur de la décision juridictionnelle.

Texte source

– Ordonnance n° 2009-515 du 7 mai 2009, article 1er.

Commentaires

Ces dispositions ont eu une existence heurtée. Primitivement destinées à transposer en droit interne la directive communautaire du 21 décembre 1989, dite « Directive recours », qui elle-même faisait suite à la directive du 18 juillet 1989, dite « Directive travaux », transposée en droit interne par le décret du 18 septembre 1990 et la loi du 3 janvier 1991, puis combinées avec les dispositions de la loi du 29 janvier 1993, elles ont dû être refondues pour assurer la transposition de la directive 2007/66/CE du 11 décembre 2007 en ce qui concerne l'amélioration des procédures de recours en matière de passation des marchés publics.

Le champ d'application est le plus complet qui soit, visant à la fois les marchés publics et les délégations de service public (mais à l'exception des contrats passés dans le domaine de la défense et de la sécurité). Entre dans ce champ un contrat passé par un groupement de commandes incluant une personne publique sans préjudice de la compétence du juge judiciaire pour connaître des litiges postérieurs à la conclusion de ceux de ces contrats qui revêtent un caractère de droit privé (TC, 10 janvier 2022, n° C4230, *Lebon* T.).

Le juge compétent pour statuer est le président du tribunal, ou son délégué, dans le ressort duquel le contrat doit être exécuté, sans égard pour le siège de l'autorité qui a signé le contrat ou s'y prépare, ce, en application de l'article R. 312-11 du code (CE, 26 juin 2015, Ministre de la défense c/Sarl Olympe Service, n° 389599, *Lebon* T.).

L'article L. 551-2 est, on y insistera peu, des plus novateurs en ce qui concerne les pouvoirs du juge, qui se voit doté d'un pouvoir d'injonction, voire habilité à refaire un acte irrégulier, et plus encore en matière contractuelle. Il n'est pas applicable aux marchés passés dans les domaines de la défense et de la sécurité. Il a été jugé qu'un contrat portant sur des prestations de bourrellerie aéronautique sur des aéronefs militaires constituant un marché de défense au sens de cet article (CE, 24 mai 2017, Ministre de la Défense c/Société Technologistique, n° 405787, *Lebon* T.).

On ajoute que le juge n'est pas limité par les conclusions dont il est saisi, et peut donc jouer de la panoplie énoncée à l'article, lors même que ce ne lui est pas demandé (CE, 20 octobre 2006, Commune d'Andeville, n° 289234, *Lebon* – CE, 6 avril 2007, Département de l'Isère, n° 298584, *Lebon* T.). C'est ce que confirment les articles L. 551-12 et R. 551-4. Juge dont on notera que son intervention n'a rien d'automatique : il lui appartient, au terme d'une analyse en forme de bilan, de comparer les inconvénients induits par les mesures qu'il ordonne aux avantages qu'elles présentent « en considération de l'ensemble des intérêts susceptibles d'être lésés et notamment de l'intérêt public ». Cette formulation n'est pas sans rappeler l'appréciation de l'urgence à laquelle doit se livrer le juge des référé-suspension ou référé-liberté.

La rédaction du dernier alinéa de l'article L. 551-1 est impérative, et, ajustée à la jurisprudence antérieure, met un terme définitif à un débat (dont on verra que la mise en place du référé contractuel gomme les inconvénients) : le contentieux précontractuel doit se dérouler avant signature du contrat. Une saisine postérieure à cette date serait irrecevable. Tant les pouvoirs du juge que ce dernier alinéa impliquent d'ailleurs que la décision juridictionnelle ne peut elle aussi intervenir qu'avant signature du contrat (CE sect., 3 novembre 1995, Société Stentofon Communications, n° 152650, *Lebon* – CE, 3 novembre 1995, Chambre de commerce et d'industrie de Tarbes, n° 157304, *Lebon*, p. 394). En témoigne d'ailleurs l'article L. 551-4 interdisant, et cette fois de façon systématique et automatique, de signer le contrat avant notification de la décision juridictionnelle, ou information du pouvoir adjudicateur du sens de l'ordonnance par son avocat (CE, 8 décembre 2020, Société Pompes funèbres funérarium Lemarchand, n° 440704, *Lebon* T.) (c'est ce que l'on appelle la clause de « stand-still »). On notera le durcissement du système : antérieurement c'était au président du tribunal de décider de cette interdiction (à laquelle il n'était pas tenu), et pour une durée limitée à vingt jours au plus. La signature du contrat fait basculer le contentieux dans le monde, également nouveau, du référé contractuel. L'article L. 551-4 est interprété rigoureusement : le délai de suspension part non de la connaissance effective du recours par le pouvoir adjudicateur, mais de la réception de la notification qui leur est faite, même si elle est intervenue après la fermeture des services (CE, 14 février 2017, Société des eaux de Marseille, n° 403614, *Lebon* T.). La communication au pouvoir adjudicateur du recours peut être faire par le greffe du tribunal administratif, par le représentant de l'État ou par l'auteur du recours et il n'est pas requis de l'auteur du recours, de documents attestant de la réception effective du recours par le tribunal (CE, 25 juillet 2018, SHAM, n° 417734, *Lebon* T.).

La jurisprudence antérieure relative aux effets de la signature du contrat devrait être maintenue. C'est la position arrêtée par la section du contentieux le 3 novembre 1995 (CE, Société Stentofon, préc.), position d'où il résulte que, si la conclusion du contrat intervient après saisine du juge, ce dernier se borne à constater le non-lieu à statuer. Non-lieu qui peut d'ailleurs survenir en cassation en cas de pourvoi formé contre l'ordonnance refusant de faire droit à la demande (CE, 3 novembre 1995, Société Stentofon, préc. [**1**]). Pour l'application de cette jurisprudence, la « conclusion du contrat » doit s'entendre de la date à laquelle il est signé par la personne publique, indépendamment de sa notification ou de son éventuelle approbation (CE, 3 novembre 1995, Chambre de commerce et d'industrie de Tarbes, préc.). Et tout débat quant à la qualité juridique de la signature est ici inopérant (voir, par exemple, CE, 9 février 2004, Société d'économie mixte de la Lozère, n° 258369, *Lebon* T.). Le non-lieu peut au demeurant être prononcé par application de l'article R. 222-1 (CE, 30 juin 1999, SA Groupe Partouche, n° 203135, *Lebon* T.).

Si, au mépris des prescriptions de l'article L. 551-4, les parties précipitent la signature d'un contrat faisant l'objet d'un référé précontractuel, on voit mal que le juge des référés précontractuels puisse intervenir. C'est en ce sens que le Conseil d'État s'est prononcé dans une affaire dans laquelle les parties avaient précipité la signature du contrat au mépris de l'obligation de respecter un délai de dix jours (désormais seize) prévu par l'article 80 du Code des marchés publics (CE, 7 mars 2005, Société Grandjouan-Saco, n° 270778, *Lebon*) : l'irrégularité de la signature est sans effet sur l'extinction des pouvoirs du juge. Il restera au requérant « piégé » par ce comportement à intenter un référé contractuel, le cas échéant doublé par un référé-suspension (CJA, art. L. 521-1), la signature du marché au mépris des règles du code, voire de l'injonction du juge, pouvant être regardée comme portant

gravement atteinte à un intérêt public, et caractérisant ainsi une situation d'urgence (CE, 6 mars 2009, Société Biomérieux, n° 324064, *Lebon* – CE, 3 février 2010, Communauté de communes de l'arc mosellan, n° 330237, *Lebon* T.).
Quant aux moyens des recours de l'article L. 551-1, ils doivent se fonder sur un manquement aux obligations de publicité et de mise en concurrence, et seulement sur un tel manquement, pourvu, s'il s'agit d'un candidat, qu'il soit susceptible de l'avoir lésé, ou risque de le léser (ce que rappelle l'article L. 551-10), eu égard à sa portée et au stade de la procédure auquel il se rapporte (CE sect., 3 octobre 2008, Smirgeomes, n° 305420, *Lebon* ; *AJDA* 2008, p. 2161), et ce, fût-ce indirectement en favorisant une autre entreprise (CE, 6 mars 2009, Commune d'Aix en Provence, n° 314610, *Lebon* T.). Au nombre des manquements, il y a lieu de comprendre l'absence de respect des dispositions prescrivant la délivrance d'informations au candidat évincé (CE, 6 mars 2009, Syndicat mixte de la région d'Auray, n° 321217, *Lebon* T.). Mais ne commet pas de manquement une collectivité qui a communiqué au concurrent évincé les motifs de rejet de son offre quinze mois après la réunion de la commission d'appel d'offres (CE, 27 septembre 2024, n° 490697, *Lebon* T.). La circonstance que l'offre du concurrent évincé, auteur du référé contractuel, serait irrégulière ne fait pas obstacle à ce qu'il puisse se prévaloir de l'irrégularité de l'offre de la société attributaire du contrat en litige. Tel est notamment le cas lorsqu'une offre peut être assimilée, par le juge des référés dans le cadre de son office, à une offre irrégulière en raison de son caractère anormalement bas (CE, 27 mai 2020, Société Clean Building, n° 435982, *Lebon* T., abandonnant CE, 11 avril 2012, Syndicat ODY 1218 Newline, n° 354652, *Lebon* T.).
De cette définition des moyens invocables on peut donc déduire qu'est inopérant au regard de cette procédure un moyen tiré de l'incompétence de l'autorité qui se dispose à signer le contrat (maire non habilité par son conseil municipal par exemple), comme l'est le moyen tiré de ce que le contrat concerne une matière échappant à la compétence de la personne publique qui se dispose à le passer (CE, 30 juin 1999, SA Demathieu et Bard, n° 198993, *Lebon* T. – CE, 21 juin 2000, Syndicat intercommunal de la Côte d'Amour et de la presqu'île guérandaise, 209319), ou encore celui tiré de ce que la personne publique n'est pas encore compétente pour signer à condition de le faire savoir (CE, 9 juin 2020, Métropole Nice-Côte d'Azur, n°s 436922, 436925 et 436926, *Lebon* T.), ou encore celui tiré, à l'encontre d'une décision de non-lieu, de ce que l'un des signataires du contrat était dépourvu de la compétence nécessaire à cette fin (CE, 8 février 1999, Société Campenon Bernard, n° 188100, *Lebon* T.).
On peut à cet égard se demander si les irrégularités, notamment formelles, qui ont pu affecter tel ou tel acte concourant à la mise en œuvre des mesures de publicité ou de mise en concurrence, peuvent déclencher la procédure de l'article L. 551-1 (par exemple, qu'en est-il du vice affectant la délibération du conseil municipal qui a désigné les membres de la commission d'appel d'offres sans recourir au scrutin secret prévu à l'article L. 2121-21 du Code général des collectivités territoriales ?). C'est soulever le problème de l'admission, dans cette procédure, de l'exception d'illégalité. Non sans hésitation, nous pencherions vers une réponse *a priori* négative : ce contentieux n'est pas un contentieux de l'excès de pouvoir, et son objet est seulement de garantir, rapidement donc efficacement, le respect de

certaines obligations ayant pour objet d'assurer le respect du principe de publicité, dont il devrait suffire au juge saisi de constater qu'elles ont été remplies ou non, par une appréciation qui relève du contentieux de pleine juridiction, sans avoir à rechercher si le cheminement administratif antérieur à la procédure de passation du contrat a été régulier ou non. Encore appartient-il à ce juge, saisi par voie d'exception d'une telle irrégularité, de rechercher si elle a pu être de nature à porter atteinte aux obligations de publicité et de mise en concurrence. Ce qui pourrait justifier, dans certaines espèces, qu'une irrégularité « en amont » soit retenue à ce titre. Ainsi est-ce le cas du refus de faire connaître à un candidat écarté les motifs du rejet de son offre, comme le prévoyait l'article 83 du Code des marchés publics (CE, 6 mars 2009, Commune d'Aix-en-Provence, n° 314610, *Lebon* T.).

Quant aux pièces produites par les parties, elles peuvent régulièrement fonder la décision alors même que leur production méconnaîtrait le secret des affaires, dès lors qu'elles ont pu être discutées contradictoirement (CE, 9 juin 2021, Société Lorany Conseils, n° 449643, *Lebon* T.).

Le juge est le président du tribunal ou son délégué (qui n'aura pas à mentionner la date de la décision de délégation : CE, 12 octobre 1994, Kitoko Luzaya, n° 153995, *Lebon* T.). À la différence du juge des référés, ce dernier n'a pas à répondre à des conditions de grade ou d'ancienneté. Il dispose de vingt jours pour se prononcer (voir CJA, art. R. 551-5). Ce délai n'est pas impératif (CE sect., 3 novembre 1995, District de l'agglomération nancéienne, n° 152484, *Lebon*, solution implicite), ni donc imparti à peine de nullité, le contrat ne pouvant être signé tant qu'il ne s'est pas prononcé. L'effet rigoureux de cette interdiction conduira le juge à veiller à ne pas tarder à statuer !

La décision, rendue « en dernier ressort » (CJA, art. L. 551-3), n'est susceptible que d'un recours en cassation dans la quinzaine de sa notification (voir CJA, art. R. 551-6). La décision est prise « en la forme des référés », mais le Conseil d'État a décidé qu'eu égard aux pouvoirs conférés au juge, elle ne pouvait intervenir qu'après audience publique permettant aux parties de présenter leurs observations orales (CE ass., 10 juin 1994, Commune de Cabourg, n° 141633, *Lebon*, p. 300 [**2**]), raisonnement qu'il a ultérieurement étendu aux ordonnances prises par le président de la section du contentieux dans le cadre de la loi du 30 septembre 1986 pour sanctionner les opérateurs de radiotélévision méconnaissant leurs obligations (CE, 25 novembre 1994, Société La Cinq, n° 110810, *Lebon*). Et la décision doit expressément mentionner qu'elle a été rendue à l'issue d'une séance publique, mention à l'absence de laquelle il n'est pas suppléé par la mention de la convocation et de l'audition des avocats (CE, 13 décembre 1996, Syndicat intercommunal pour la revalorisation des déchets du secteur Cannes-Grasse, n° 169706, *Lebon* [**3**]). Au référé toutefois la procédure emprunte la règle selon laquelle le juge n'a pas à communiquer au demandeur les observations présentées par le défendeur (CE, 8 mars 1996, Société CGC Entreprise, n° 156510, *Lebon* T. [**4**]), à condition toutefois que le demandeur obtienne communication des pièces fournies par le défendeur et dispose du temps pour y répondre (CE, 12 mars 2012, Dynacite, n° 354355, *Lebon*). Comme en matière de référés-suspension, les parties peuvent, en cours d'audience, présenter des moyens nouveaux s'ils sont consignés dans un mémoire écrit, que le défendeur doit avoir le temps de discuter, ce qui peut conduire le juge à différer la clôture de l'instruction à une date postérieure à l'audience (CE, 19 avril 2013, Commune de Mandelieu-la-Napoule, n° 365617, *Lebon*). Comme pour le référé-suspension (Voir CJA, art. L. 521-1), un opérateur économique évincé est recevable à faire une nouvelle demande après le rejet d'une première demande ayant le même objet (CE, 8 décembre 2020, n° 440704, *Lebon* T.).

On notera que, si, dans le cadre de cette procédure, le juge est conduit soit à rejeter la demande pour irrecevabilité, soit à prononcer un non-lieu, il lui est loisible de ne pas tenir d'audience publique (CE, 7 mars 2005, Société Grandjouan-Saco, préc.). Mais le juge de l'article L. 551-1 est soumis aux prescriptions de l'article R. 611-7 du code, et doit donc avertir les parties de ce qu'il se dispose à fonder son ordonnance sur un moyen d'ordre public relevé d'office, aucune disposition législative ou réglementaire ne faisant en l'espèce obstacle à l'application de ces dispositions (CE sect., 2 octobre 1996, SARL Entreprise générale d'électricité Noël Béranger, n° 160361, *Lebon*, p. 379). C'est ce que rappelle l'article R. 551-4.

Enfin, c'est sans surprise que l'on découvre que le juge de l'article L. 551-1, qui ne constitue pas une juridiction spéciale distincte du tribunal, peut renvoyer au tribunal administratif le jugement des demandes dont il est saisi, sans qu'il soit au surplus nécessaire que le jugement alors rendu vise la décision par laquelle ce renvoi a été opéré (CE, 19 mars 1997, SA Entreprise générale de terrassements et de travaux publics, n° 163293, *Lebon* T.).

La question doit être posée de la concurrence possible entre la procédure de l'article L. 551-1 et la procédure de suspension de droit commun résultant de l'article L. 521-1. Les moyens invocables dans l'une et l'autre ne sont pas les mêmes, non plus que les pouvoirs du juge, de telle sorte qu'il paraît difficile d'envisager une irrecevabilité tirée de l'exception de recours parallèle. C'est en ce sens que s'est prononcé le Conseil d'État (CE, 24 juin 2002, Société Laser, n° 242376, *Lebon* T. – CE, 29 juillet 2002, Ville de Nice c/SARL Loisirs et Innovations, n° 243686, *Lebon*) : dès lors que les deux demandes (référé précontractuel et référé-suspension) sont présentées, instruites et jugées selon des procédures distinctes, le demandeur ne peut les présenter simultanément dans une même requête et doit préciser, dans chaque requête, celle des deux procédures qu'il entend mettre en œuvre. C'est admettre que le demandeur peut agir sur l'un et l'autre terrain. Il est également concevable que le référé-suspension prenne le relais du référé-précontractuel, si la collectivité n'a pas obéi aux injonctions issues de cette dernière procédure, et notamment signe le contrat malgré l'interdiction qui lui est faite : cette « désobéissance » est jugée préjudicier gravement à un intérêt public, et constitue ainsi une situation d'urgence au sens de l'article L. 521-1 (CE, 6 mars 2009, Société Biomérieux, n° 324064, *Lebon* – CE, 3 février 2010, Communauté de communes de l'arc mosellan, n° 330237, *Lebon* T.).

Jurisprudence

[**1**] Considérant qu'en vertu de ces dispositions, la société Stentofon Communications a demandé le 7 septembre 1993 au président du tribunal administratif de Toulouse de suspendre et de rectifier la procédure de passation du marché relatif à l'équipement radiotéléphonique du service d'aide médicale d'urgence du centre hospitalier

universitaire de Toulouse ; que le délégué du président du tribunal administratif de Toulouse a rejeté cette demande par une ordonnance en date du 27 septembre 1993, dont la société Stentofon Communications demande l'annulation par un pourvoi en cassation enregistré le 11 octobre 1993 ;
Mais considérant qu'après le rejet de la demande présentée au juge des référés par la société requérante le centre hospitalier universitaire de Toulouse a achevé la procédure de passation du marché ; qu'il ressort des pièces du dossier que le contrat a été conclu au plus tard le 3 février 1994 ; qu'il suit de là que les conclusions de la société Stentofon Communications tendant à ce que le Conseil d'État annule l'ordonnance contestée du délégué du président du tribunal administratif de Toulouse, et décide lui-même des mesures tendant à la suspension et à la rectification de la procédure de passation du marché litigieux, sont devenues sans objet [...].

[**2**] Considérant qu'en vertu de l'article L. 22 du code des tribunaux administratifs et des cours administratives d'appel, dans sa rédaction en vigueur à la date de l'ordonnance attaquée, le juge saisi, qui statue en la forme des référés, peut ordonner à l'auteur d'un manquement aux dispositions auxquelles ce texte se réfère de se conformer à ses obligations, suspendre la passation du contrat ou l'exécution de toute décision qui s'y rapporte, annuler ces décisions et supprimer des clauses ou des prescriptions destinées à figurer dans le contrat ; qu'eu égard aux pouvoirs ainsi conférés au juge par la loi, qui lui permettent notamment de faire obstacle à la passation d'un contrat, et à la circonstance que l'ordonnance rendue par le juge n'est pas susceptible d'appel, les parties doivent être mises à même de présenter au cours d'une audience publique des observations orales à l'appui de leurs observations écrites [...].

[**3**] Considérant qu'eu égard aux pouvoirs qui sont conférés au juge statuant sur le fondement de l'article L. 22 du code des tribunaux administratifs et des cours administratives d'appel et à la circonstance que l'ordonnance qu'il rend n'est pas susceptible d'appel, les parties doivent être mises à même de présenter au cours d'une séance publique des observations orales à l'appui de leurs observations écrites ; que la décision qu'il prend ne peut être regardée comme ayant été rendue à l'issue d'une séance publique si elle ne comporte pas la mention correspondante ; que l'ordonnance du magistrat délégué par le président du tribunal administratif de Nice en date du 13 avril 1995 ne comporte pas une telle mention ; que dès lors, et alors même qu'elle fait mention de la convocation et de l'audition des avocats des parties à l'audience, cette ordonnance a été rendue à l'issue d'une procédure irrégulière [...].

[**4**] Considérant que l'ordonnance en la forme des référés est rendue à la suite d'une procédure particulière adaptée à la nature de la demande et à la nécessité d'assurer une décision rapide ; qu'eu égard au délai imparti par l'article R. 241-21 du code des tribunaux administratifs et des cours administratives d'appel au juge des référés statuant sur une demande présentée sur le fondement de l'article L. 22 du même code et à la circonstance que les parties ont été mises à même de présenter au cours d'une audience publique des observations orales à l'appui de leurs observations écrites, le juge des référés n'était pas tenu, nonobstant les dispositions de l'article R. 138 du même code, de communiquer à la société CGC Entreprise les observations présentées par la chambre de commerce et d'industrie de Pointe-à-Pitre en réponse à la notification qui lui a été faite de la demande [...].

La notification du recours au pouvoir adjudicateur

Art. R. 551-1 Le représentant de l'État ou l'auteur du recours est tenu de notifier son recours au pouvoir adjudicateur.
Cette notification est réputée accomplie à la date de sa réception par le pouvoir adjudicateur.

Textes sources

– Décret n° 2009-1456 du 27 novembre 2009, article 1er.
– Décret n° 2016-1481 du 2 novembre 2016, article 4.

Commentaires

Cette disposition, inspirée de l'obligation pesant sur l'auteur d'un recours dirigé contre une autorisation d'urbanisme, a pour objet de protéger la sécurité juridique des opérateurs agissant en matière de marchés. À la différence toutefois de la notification exigée par le Code de l'urbanisme, ces dispositions sont « prévues dans l'intérêt de l'auteur du référé en vue d'éviter que le marché considéré ne soit prématurément signé par le pouvoir adjudicateur resté dans l'ignorance de l'introduction d'un recours », et ne sont donc pas prescrites à peine d'irrecevabilité de ce recours (CE, 10 novembre 2010, Ministre de la Défense, n° 341132, *Lebon* T.).

SOUS-SECTION 2 Contrats passés par les entités adjudicatrices

Le référé précontractuel concernant les entités adjudicatrices

Art. L. 551-5 Le président du tribunal administratif, ou le magistrat qu'il délègue, peut être saisi en cas de manquement aux obligations de publicité et de mise en concurrence auxquelles est soumise la passation par les entités adjudicatrices de contrats administratifs ayant pour objet l'exécution de travaux, la livraison de fournitures ou la prestation de services, avec une contrepartie économique constituée par un prix ou un droit d'exploitation, la délégation d'un service public ou la sélection d'un actionnaire opérateur économique d'une société d'économie mixte à opération unique.
Le juge est saisi avant la conclusion du contrat.

Textes sources

– Ordonnance n° 2009-515 du 7 mai 2009, article 1er.
– Loi n° 2014-744 du 1er juillet 2014, article 2.

Commentaires

Cet article concerne les marchés et délégations passés par les « entités adjudicatrices ». Dans un langage ancien, on parlait de « secteurs exclus », ou d'« industries de réseaux » (à savoir eau, énergie, transports, télécommunications). Un marché de fourniture et de services pour le parc de stationnement d'un aéroport passé par une chambre de commerce et d'industrie relève de cette procédure et non des dispositions des articles L. 551-1 à 4 (CE, 10 avril 2015, CCI d'Ajaccio et de Corse-du-Sud, n° 387128, *Lebon* T.).

Les pouvoirs du juge et l'astreinte

Art. L. 551-6 Le juge peut ordonner à l'auteur du manquement de se conformer à ses obligations en lui fixant un délai à cette fin. Il peut lui enjoindre de suspendre l'exécution de toute décision se rapportant à la passation du contrat ou à la constitution de la société d'économie mixte à opération unique. Il peut, en outre, prononcer une astreinte provisoire courant à l'expiration des délais impartis.

Le montant de l'astreinte provisoire est liquidé en tenant compte du comportement de celui à qui l'injonction a été adressée et des difficultés qu'il a rencontrées pour l'exécuter.

Si, à la liquidation de l'astreinte provisoire, le manquement constaté n'a pas été corrigé, le juge peut prononcer une astreinte définitive. Dans ce cas, il statue en la forme des référés, appel pouvant être fait comme en matière de référé.

L'astreinte, qu'elle soit provisoire ou définitive, est indépendante des dommages et intérêts. L'astreinte provisoire ou définitive est supprimée en tout ou partie s'il est établi que l'inexécution ou le retard dans l'exécution de l'injonction du juge provient, en tout ou partie, d'une cause étrangère.

Textes sources

– Ordonnance n° 2009-515 du 7 mai 2009, article 1er.
– Loi n° 2014-744 du 1er juillet 2014, article 2.

Commentaires

Voir l'article L. 551-9.

Cet article, comme le suivant, s'applique aux marchés passés dans le domaine de la défense ou de la sécurité (voir CJA, art. L. 551-2).

La modération des pouvoirs juridictionnels

Art. L. 551-7 Le juge peut toutefois, en considération de l'ensemble des intérêts susceptibles d'être lésés et notamment de l'intérêt public, écarter les mesures énoncées au premier alinéa de l'article L. 551-6 lorsque leurs conséquences négatives pourraient l'emporter sur leurs avantages.

Texte source

– Ordonnance n° 2009-515 du 7 mai 2009, article 1er.

Commentaires

Voir l'article L. 551-9.

Jugé que, saisi, dans un litige mentionné à l'article L. 551-5, de conclusions tendant à l'application de l'article L. 551-7, le juge doit y répondre expressément (CE, 12 mars 2012, Communauté d'agglomération du pays de Montbéliard, n° 354279, *Lebon* T.).

Un jugement en dernier ressort

Art. L. 551-8 Le président du tribunal administratif, ou le magistrat qu'il délègue, statue en premier et dernier ressort en la forme des référés.

Texte source

– Ordonnance n° 2009-515 du 7 mai 2009, article 1er.

Commentaires

Voir l'article L. 551-9.

L'interdiction de signer le contrat avant notification de l'ordonnance de référé

Art. L. 551-9 Le contrat ne peut être signé à compter de la saisine du tribunal administratif et jusqu'à la notification à l'entité adjudicatrice de la décision juridictionnelle.

Texte source

– Ordonnance n° 2009-515 du 7 mai 2009, article 1er.

Commentaires

Les pouvoirs du juge sont plus restreints que ceux que lui confère l'article L. 551-1, puisqu'il ne peut prononcer l'annulation de décisions ou de stipulations contractuelles. Ce n'est pas par inadvertance : les travaux préparatoires des textes législatifs ayant été à l'origine de la version initiale de cet article révèlent, sans ambiguïté, que – s'agissant ici de la transposition d'une directive européenne – les autorités françaises n'ont pas entendu que les entreprises françaises concernées soient plus menacées par une intervention juridictionnelle que ne l'étaient leurs concurrents européens. Clairement le mécanisme retenu peut se lire comme autorisant, pourvu que l'on paye les astreintes, la méconnaissance des obligations de publicité et de mise en concurrence.

Le juge vérifie que la convention d'occupation du domaine public qui lui est soumise présente bien les caractéristiques d'une délégation de service public (CE, 19 janvier 2011, Chambre de commerce de Pointe-à-Pitre, n° 341669, *Lebon* T.).

Comme pour les pouvoirs adjudicateurs, et par décalque des articles L. 551-3 et L. 551-4, le juge statue en dernier ressort, et sa saisine interdit de signer le contrat jusqu'à notification de sa décision.

La notification du recours à l'entité adjudicatrice

Art. R. 551-2 Le représentant de l'État ou l'auteur du recours est tenu de notifier son recours à l'entité adjudicatrice.
Cette notification est réputée accomplie à la date de sa réception par l'entité adjudicatrice.

Textes sources

– Décret n° 2009-1456 du 27 novembre 2009, article 1er.
– Décret n° 2016-1481 du 2 novembre 2016, article 4.

Commentaires

Voir l'article R. 551-1.

SOUS-SECTION 3 Dispositions communes

La personne habilitée à présenter un référé précontractuel

Art. L. 551-10 Les personnes habilitées à engager les recours prévus aux articles L. 551-1 et L. 551-5 sont celles qui ont un intérêt à conclure le contrat ou à entrer au capital de la société d'économie mixte à opération unique et qui sont susceptibles d'être lésées par le manquement invoqué, ainsi que le représentant de l'État dans le cas où le contrat doit être conclu par une collectivité territoriale, un groupement de collectivités territoriales ou un établissement public local.
Sauf si la demande porte sur des marchés ou contrats passés par l'État, elle peut également être présentée par celui-ci, lorsque la Commission européenne lui a notifié les raisons pour lesquelles elle estime qu'une violation grave des obligations de publicité et de mise en concurrence applicables a été commise.

Textes sources

– Ordonnance n° 2009-515 du 7 mai 2009, article 1er.
– Loi n° 2014-744 du 1er juillet 2014, article 2.

Commentaires

Voir nos observations sous l'article L. 551-1.
Ne peuvent saisir le juge, outre le préfet dans le cas de contrats passés par des collectivités territoriales, que « les personnes qui ont un intérêt à conclure le contrat et qui sont susceptibles d'être lésées par le manquement » invoqué. La voie n'est donc pas ouverte aux tiers (associations ou citoyens), mais réservée aux candidats à la signature du contrat, et, parmi eux, à ceux qui peuvent justifier que le manquement invoqué les a privés d'une chance sérieuse d'obtenir le marché. On notera à cet égard que les personnes morales chargées, fût-ce par la loi, de défendre les intérêts d'une profession, n'ont pas accès au juge de l'article L. 551-1 : ainsi des

conseils régionaux de l'ordre des architectes (CE, 16 décembre 1996, Conseil régional de l'ordre des architectes de la Martinique, n° 158234, *Lebon*, p. 493), dont les possibilités d'agir en la matière ne sont pas affectées par la nouvelle rédaction de l'article 26 de la loi du 3 janvier 1977 issue de la loi du 17 mai 2011. L'« intérêt à conclure le contrat » n'est pas nécessairement lié à la circonstance qu'une candidature aurait été empêchée : la spécialité d'une société suffit à établir cet intérêt (CE, 8 août 2008, Région de Bourgogne, n° 307143, *Lebon* T.).

À noter qu'alors même qu'une entreprise serait le seul attributaire possible d'un marché, elle est susceptible d'être lésée par un manquement aux règles de publicité et de concurrence et donc a intérêt à présenter un référé précontractuel (CE, 19 septembre 2007, Communauté d'agglomération de Saint-Étienne, n° 296192, *Lebon* T.) : c'est en effet pour elle une garantie contre le risque de se retrouver un jour sans contrat valide... Il lui faudra évidemment agir avant signature de son marché. A également intérêt à former un référé précontractuel une société civile professionnelle titulaire d'un office, associée d'une société civile de moyens ayant candidaté à un marché de prestations de recouvrement de créances (CE, 26 septembre 2012, GIE « Groupement des poursuites extérieures », n° 359389, *Lebon* T.).

Naturellement, comme en matière de référés d'urgence (voir CE sect., 18 janvier 2001, Commune de Venelles, n° 229247, *Lebon*, p. 18), une société requérante n'a pas à justifier de la qualité de son représentant légal en exercice pour engager cette action (CE, 29 octobre 2007, Communauté d'agglomération du pays voironnais, n° 301065, *Lebon* T.).

Le délai minimum pour statuer

Art. L. 551-11 Le juge ne peut statuer avant un délai fixé par voie réglementaire.

Texte source

– Ordonnance n° 2009-515 du 7 mai 2009, article 1er.

Commentaires

Voir article R. 551-5.

Le délai minimum imparti se réfère à celui qui doit séparer la décision de rejet de candidatures de la signature du marché.

La possibilité de prononcer des mesures d'office

Art. L. 551-12 Les mesures prévues aux articles L. 551-2 et L. 551-6 peuvent être prononcées d'office par le juge. Dans ce cas, il en informe préalablement les parties et les invite à présenter leurs observations dans des conditions prévues par voie réglementaire.

Texte source

– Ordonnance n° 2009-515 du 7 mai 2009, article 1er.

Commentaires

Ainsi qu'en avait décidé la jurisprudence (CE, 20 octobre 2006, Commune d'Andeville, n° 289234, *Lebon* – CE, 6 avril 2007, Département de l'Isère, n° 298584, *Lebon T.*), le juge n'est pas limité par les conclusions dont il est saisi, et peut donc jouer de la panoplie énoncée aux articles L. 551-2 et L. 551-6, même en l'absence de demande formelle.

Voir l'article R. 551-4 pour la procédure de préavis à respecter, inspirée de l'article R. 611-7.

La représentation de l'État pour les contrats des entités adjudicatrices

Art. R. 551-3 Dans le cas prévu au deuxième alinéa de l'article L. 551-10, l'État est représenté par le préfet lorsqu'il s'agit d'un contrat passé par une collectivité territoriale, par un établissement public local ou par une personne morale de droit privé pour le compte de l'une de ces personnes publiques. Lorsqu'il s'agit d'autres contrats, il est représenté par le ministre compétent.

Texte source

– Décret n° 2009-1456 du 27 novembre 2009, article 1er.

La procédure en cas de prise de mesures d'office

Art. R. 551-4 Lorsque le juge envisage de prendre d'office une des mesures prévues aux articles L. 551-2 et L. 551-6, il en informe les parties en indiquant le délai qui leur est donné pour présenter leurs observations ou, le cas échéant, la date de l'audience où elles pourront les produire. Dans ce dernier cas l'article R. 522-8 est applicable.

Texte source

– Décret n° 2009-1456 du 27 novembre 2009, article 1er.

Commentaires

Cette procédure d'application de l'article L. 551-12 est très classique, inspirée de l'article R. 611-7. Elle prend en considération les nécessités de l'urgence, en ouvrant aux parties la possibilité de produire des observations à l'audience, et en adaptant du même coup les règles de clôture de l'instruction : c'est l'objet du renvoi à l'article R. 522-8.

Cet article ne trouve à s'appliquer que si le juge envisage de prendre d'office une des mesures prévues aux articles législatifs de renvoi. Ce n'est pas le cas si, saisi de conclusions principales tendant à ce qu'il ordonne la reprise de la procédure, il l'est également de conclusions subsidiaires tendant à ce qu'il prenne « toute autre mesure qu'il jugerait plus adaptée dans le cadre de ses pouvoirs », et y fait droit (CE, 23 novembre 2011, Département des Bouches-du-Rhône, n° 350519, *Lebon* T.).

Le délai pour statuer

Art. R. 551-5 Le président du tribunal administratif ou le magistrat qu'il délègue statue dans un délai de vingt jours sur les demandes qui lui sont présentées en vertu des articles L. 551-1 et L. 551-5.

Le juge ne peut statuer avant le seizième jour à compter de la date d'envoi de la décision d'attribution du contrat aux opérateurs économiques ayant présenté une candidature ou une offre. Ce délai est ramené au onzième jour lorsque le pouvoir adjudicateur ou l'entité adjudicatrice justifie que la décision d'attribution du contrat a été communiquée par voie électronique à l'ensemble des opérateurs économiques intéressés.

Dans le cas des demandes présentées avant la conclusion de contrats mentionnés au premier alinéa de l'article L. 551-15, le juge ne peut statuer avant le onzième jour à compter de la publication de l'intention de conclure le contrat.

Texte source

– Décret n° 2009-1456 du 27 novembre 2009, article 1er.

Commentaires

L'existence d'un délai minimum pour statuer participe du souci de n'obtenir une décision juridictionnelle que lorsque l'assurance est donnée que tous les recours ont été déposés, ou plus exactement, avant que tous les candidats évincés aient disposé du délai de réflexion qui leur est donné une fois connus les motifs du rejet, et qui suspend la signature du contrat.

Le pourvoi en cassation

Art. R. 551-6 Les décisions définitives prises en application des articles L. 551-2 et L. 551-6 par le président du tribunal administratif ou le magistrat qu'il délègue sont susceptibles de recours en cassation devant le Conseil d'État, dans la quinzaine de leur notification.

Les mesures provisoires ordonnées en application des mêmes articles ne peuvent être contestées qu'à l'occasion du pourvoi en cassation dirigé contre ces décisions.

Texte source

– Décret n° 2009-1456 du 27 novembre 2009, article 1er.

Commentaires

C'est la confirmation de ce que le juge des référés statue en dernier ressort. Sagement, il est décidé que la contestation des mesures provisoires ne pourra s'opérer qu'à l'occasion du recours contre les décisions définitives.

SECTION 2 Référé contractuel

SOUS-SECTION 1 Nature et présentation du recours

Le référé contractuel

Art. L. 551-13 Le président du tribunal administratif, ou le magistrat qu'il délègue, peut être saisi, une fois conclu l'un des contrats mentionnés aux articles L. 551-1 et L. 551-5, d'un recours régi par la présente section.

Texte source

– Ordonnance n° 2009-515 du 7 mai 2009, article 1er.

Commentaires

L'ordonnance du 7 mai 2009 n'ayant pas été ratifiée dans les conditions prévues à l'article 38 de la Constitution, l'article L. 551-13 présente un caractère réglementaire, et ne pouvait donc faire l'objet d'une question prioritaire de constitutionnalité (CE, 27 octobre 2011, Société TAT, n° 350790, *Lebon* T.).

Ce nouveau référé est la réponse aux effets pervers du référé précontractuel : la « course à la signature » qu'entraînait la circonstance que, passée cette signature, aucune mesure ne pouvait être prononcée au titre du référé précontractuel détournait totalement le système de son objet, quand les parties n'étaient pas conduites à signer malgré l'ordre de suspension donné par le juge (comportement regrettable, mais démontré par nombre de décisions contentieuses).

Les autorités européennes ne sont pas demeurées insensibles à ces détournements. Par directive 2007/66/CE du Parlement européen et du Conseil du 11 décembre 2007 en ce qui concerne l'amélioration de l'efficacité des procédures de recours en matière de passation des marchés publics, transcrite dans l'ordonnance n° 2009-515 du 7 mai 2009 et le décret n° 2009-1456 du 27 novembre 2009, il est remédié à cette situation, et notamment au paradoxe suivant : aucun système de droit national ne permettait de traiter efficacement ce que la jurisprudence communautaire a qualifié de « violation la plus importante du droit communautaire en matière de marchés publics » (CJCE, Stadt Halle, aff. C-26/03, paragraphe 37), à savoir la signature sans publicité et sans mise en concurrence (« de gré à gré », dans le langage communautaire) de marchés soumis pourtant aux procédures de publicité et de mise en concurrence. Ainsi est introduit dans le droit un référé intervenant « une fois conclu » le contrat.

En revanche, est irrecevable un référé contractuel formé après un référé précontractuel introduit au-delà du délai que le pouvoir adjudicateur s'était engagé à respecter avant la signature du contrat alors même que le pouvoir adjudicateur n'aurait pas respecté ce délai ni informé le requérant de la signature du contrat (CE, 24 mai 2017, Ville de Paris, n° 407047, *Lebon* T.). Le juge du référé contractuel n'est pas compétent pour statuer sur un avenant, sauf lorsque sa conclusion est soumise aux règles de publicité et de concurrence, notamment dans le cas où un opérateur est substitué à un autre (CE, 16 mai 2022, Société hospitalière d'assurances mutuelles, n° 459408, *Lebon* T.).

Les personnes habilitées à introduire un référé contractuel

Art. L. 551-14 Les personnes habilitées à agir sont celles qui ont un intérêt à conclure le contrat et qui sont susceptibles d'être lésées par des manquements aux obligations de publicité et de mise en concurrence auxquelles sont soumis ces contrats, ainsi que le représentant de l'État dans le cas des contrats passés par une collectivité territoriale ou un établissement public local.

Toutefois, le recours régi par la présente section n'est pas ouvert au demandeur ayant fait usage du recours prévu à l'article L. 551-1 ou à l'article L. 551-5 dès lors que le pouvoir adjudicateur ou l'entité adjudicatrice a respecté la suspension prévue à l'article L. 551-4 ou à l'article L. 551-9 et s'est conformé à la décision juridictionnelle rendue sur ce recours.

Texte source

– Ordonnance n° 2009-515 du 7 mai 2009, article 1er.

Commentaires

Cet article n'est pas applicable en Polynésie française (CE, 9 février 2024, n° 471852, *Lebon* T.).

On retrouve, au premier alinéa, les personnes déjà concernées par le référé précontractuel. Mais le second alinéa introduit une restriction d'importance : le demandeur ne doit pas avoir recouru au référé précontractuel dès lors que la personne publique contractante a respecté l'interdiction de signer née de l'introduction du référé et la décision juridictionnelle rendue sur ce recours. En somme, le référé contractuel n'est pas un second tour contentieux après le référé précontractuel. Mais il peut apparaître comme une sanction contre la personne publique passant outre les interdictions de signer ou de contracter.

En se référant à celui qui a « fait usage du recours » précontractuel, le texte renvoie à l'existence matérielle d'un tel recours, celui-ci fût-il irrecevable. Il a sagement été jugé que celui qui, en bonne foi, avait formé un recours précontractuel irrecevable, parce qu'il ignorait que le contrat avait été signé, ne peut se voir opposer l'irrecevabilité mentionnée au second alinéa : ainsi jugé si le candidat n'a pas été informé du délai de suspension que respectera le pouvoir adjudicateur (CE, 10 novembre 2010, France Agrimer, n° 340944, *Lebon* T. – CE, 24 juin 2011, OPH interdépartemental de l'Essonne, n° 346665, *Lebon* T. – CE, 30 novembre 2011, Société DPM Protection, n° 350788, *Lebon ;* JCP A, 9 janvier 2012, note Linditch – CE, 15 février 2013, Société SFR, n° 363854, *Lebon* T. ; *JCP A*, 18 novembre 2013, p. 28 – CE, 17 juin 2015, Société Proxiserve, n° 388457, *Lebon* T.), ou s'il n'a pas été informé du rejet de son offre et de la signature du marché (CE, 10 novembre 2010, Établissement public national des produits de l'agriculture, n° 340944, *Lebon* T.). La révélation, pendant l'instruction du référé précontractuel, de la signature du marché autorise ces candidats à saisir le juge d'un référé contractuel, par simple mémoire « ne contenant que des conclusions fondées sur l'article L. 551-13 » (CE, 10 novembre 2010, France Agrimer, préc.). Un candidat évincé qui a engagé un référé précontractuel postérieurement à la signature d'un marché passé selon une procédure adaptée alors que le pouvoir adjudicateur n'a pas rendu publique son intention de conclure le contrat dans les conditions prévues par l'article 40-1 du Code des marchés publics et n'a pas observé, avant de le signer, un délai d'au moins onze jours entre la date de publication de l'avis prévu par cet article et la date de conclusion du contrat est recevable à saisir le juge du référé contractuel d'une demande dirigée contre ce marché, quand bien même le pouvoir adjudicateur lui aurait notifié le choix de l'attributaire et aurait respecté un délai avant de signer le contrat (CE, 23 janvier 2017, Société Decremps BTP, n° 401400, *Lebon* T.). En revanche, est irrecevable un référé contractuel formé après un référé précontractuel introduit au-delà du délai que le pouvoir adjudicateur s'était engagé à respecter avant la signature du contrat alors même que le pouvoir adjudicateur n'aurait pas respecté ce délai ni informé le requérant de la signature du contrat (CE, 24 mai 2017, Ville de Paris, n° 407047, *Lebon* T.).

Si, en principe, la signature du contrat intervenant pendant la période de suspension née de l'enregistrement d'un référé précontractuel n'autorise pas le demandeur à présenter un déféré contractuel si le pouvoir adjudicateur ignorait l'existence du référé précontractuel (et notamment si le demandeur a négligé de le lui notifier en application de l'article R. 551-1 : CE, 30 septembre 2011, Commune de Maizières-lès-Metz, n° 350148, *Lebon*), il en va différemment si l'instruction révèle que le pouvoir adjudicateur avait reçu du greffe du tribunal administratif copie de cette demande avant d'avoir procédé à la signature du contrat (CE, 1er mars 2012, OPAC du Rhône, n° 355560, *Lebon* T.), solution qui se comprend aisément.

Les contrats exclus du référé contractuel

Art. L. 551-15 Le recours régi par la présente section ne peut être exercé ni à l'égard des contrats dont la passation n'est pas soumise à une obligation de publicité préalable lorsque le pouvoir adjudicateur ou l'entité adjudicatrice a, avant la conclusion du contrat, rendu publique son intention de le conclure et observé un délai de onze jours après cette publication, ni à l'égard des contrats soumis à publicité préalable auxquels ne s'applique pas l'obligation de communiquer la décision d'attribution aux candidats non retenus lorsque le pouvoir adjudicateur ou l'entité adjudicatrice a accompli la même formalité.

La même exclusion s'applique aux contrats fondés sur un accord-cadre ou un système d'acquisition dynamique lorsque le pouvoir adjudicateur ou l'entité adjudicatrice a envoyé aux titulaires la décision d'attribution du contrat et observé un délai de seize jours entre cet envoi et la conclusion du contrat, délai réduit à onze jours si la décision a été communiquée à tous les titulaires par voie électronique.

Texte source

– Ordonnance n° 2009-515 du 7 mai 2009, article 1er.

L'absence de dommages et intérêts dans le référé contractuel

Art. L. 551-16 À l'exception des demandes reconventionnelles en dommages et intérêts fondées exclusivement sur la demande initiale, aucune demande tendant à l'octroi de dommages et intérêts ne peut être présentée à l'occasion du recours régi par la présente section.

Texte source

– Ordonnance n° 2009-515 du 7 mai 2009, article 1er.

Commentaires

Ce contentieux a pour seul objet de contraindre les opérateurs à respecter les obligations de publicité et de mise en concurrence. Il n'est, ni ne doit être un recours contractuel, encore moins un recours en responsabilité quasi délictuelle ouvert au candidat irrégulièrement évincé. La seule phase de dédommagement autorisée est celle qu'ouvrent les défendeurs, pour citation abusive.

Cette limitation permet, entre autres caractéristiques (notamment en ce que cette action est un référé, à la différence d'actions contentieuses de droit commun), de distinguer le référé contractuel de l'action au fond présentée dans la ligne de la jurisprudence du Conseil d'État du 16 juillet 2007 (CE ass., 16 juillet 2007, Société Tropic Travaux Signalisation, n° 291545, *Lebon*). On rappelle que, selon cette dernière, tous les contrats peuvent, après leur conclusion, être déférés au juge du contrat par un concurrent évincé, dans le délai de deux mois à compter de l'accomplissement de mesures de publicité appropriée ou à défaut, dans un délai raisonnable à partir de la date à laquelle le requérant a eu connaissance de la conclusion du contrat (CE, 19 juillet 2023, n° 465308, *Lebon T.*). Ce juge de pleine juridiction peut alors, selon l'illégalité commise, prononcer la résiliation du contrat, modifier certaines de ses clauses, décider la poursuite de l'exécution du contrat sous réserve éventuellement de mesures de régularisation, accorder des indemnisations au candidat évincé ou, encore, annuler totalement ou partiellement le contrat si cette annulation ne porte pas une atteinte excessive à l'intérêt général ou aux droits des cocontractants.

Le délai pour former un référé contractuel

Art. R. 551-7 La juridiction peut être saisie au plus tard le trente et unième jour suivant la publication au Journal officiel de l'Union européenne d'un avis d'attribution du contrat, établi conformément au modèle fixé par le règlement de la Commission européenne établissant les formulaires standard pour la publication d'avis en matière de marchés publics et de contrats de concession ou, pour les marchés fondés sur un accord-cadre ou un système d'acquisition dynamique, suivant la notification de la conclusion du contrat. Le délai ne court que si cette notification mentionne le nom du titulaire et les motifs ayant conduit au choix de son offre.

En l'absence de la publication d'avis ou de la notification mentionnées à l'alinéa qui précède, la juridiction peut être saisie jusqu'à l'expiration d'un délai de six mois à compter du lendemain du jour de la conclusion du contrat.

Textes sources

– Décret n° 2009-1456 du 27 novembre 2009, article 1er.
– Décret n° 2016-360 du 25 mars 2016, article 180.

Commentaires

Le délai ici introduit, conforme aux prescriptions de la directive, est, si l'avis ou la notification qu'il mentionne ont été publiés, plus court que le délai appliqué par la jurisprudence *Tropic* mentionnée ci-dessus, lequel est de deux mois à compter de la publicité faite du contrat.

La publication de l'avis ou la notification prévues à l'article L. 551-15

Art. R. 551-7-1 Pour pouvoir se prévaloir des dispositions du premier alinéa de l'article L. 551-15, le pouvoir adjudicateur ou l'entité adjudicatrice publie au Journal officiel de l'Union européenne un avis, conforme au modèle fixé par le règlement de la Commission européenne établissant les formulaires standard pour la publication d'avis en matière de marchés publics et de contrats de concession, relatif à son intention de conclure un contrat. Il respecte un délai d'au moins onze jours entre la date de publication de cet avis et la date de conclusion du contrat.

Pour pouvoir se prévaloir, s'agissant d'un marché fondé sur un accord-cadre ou un système d'acquisition dynamique, des dispositions du second alinéa du même article, le pouvoir adjudicateur ou l'entité adjudicatrice notifie aux titulaires de l'accord-cadre ou aux participants au système d'acquisition dynamique le nom du titulaire et les motifs qui ont conduit au choix de son offre et respecte un délai d'au moins seize jours entre la date d'envoi de cette notification et la date de conclusion du marché. Ce délai est réduit à au moins onze jours en cas de transmission électronique de la notification à l'ensemble des titulaires intéressés.

Texte source

– Décret n° 2016-360 du 25 mars 2016, article 180.

La procédure à suivre si une mesure est prononcée d'office

Art. R. 551-8 Lorsque le juge envisage de prendre d'office une des mesures prévues aux articles L. 551-17 à L. 551-20, ou d'infliger une sanction financière dans les conditions prévues aux articles L. 551-19 à L. 551-22, il en informe les parties en indiquant le délai qui leur est donné pour présenter leurs observations ou, le cas échéant, la date de l'audience où elles pourront les produire. Dans ce dernier cas l'article R. 522-8 est applicable.

Texte source

– Décret n° 2009-1456 du 27 novembre 2009, article 1er.

Commentaires

La possibilité pour le juge de prendre certaines mesures d'office est prévue par l'article L. 551-21. Le système est strictement identique à celui qui prévaut pour le référé précontractuel.

Le délai pour statuer

Art. R. 551-9 Le président du tribunal administratif ou le magistrat qu'il délègue statue dans un délai d'un mois sur les demandes qui lui sont présentées en vertu de l'article L. 551-13.

Texte source

– Décret n° 2009-1456 du 27 novembre 2009, article 1er.

Commentaires

Le délai d'un mois est seulement indicatif, puisque sa méconnaissance n'est assortie d'aucune sanction.

Le pourvoi en cassation

Art. R. 551-10 Les décisions définitives prises en application des articles L. 551-17 à L. 551-20 par le président du tribunal administratif ou le magistrat qu'il délègue sont susceptibles de recours en cassation devant le Conseil d'État, dans la quinzaine de leur notification.

Les mesures provisoires ordonnées en application des mêmes articles ne peuvent être contestées qu'à l'occasion du pourvoi en cassation dirigé contre ces décisions.

Texte source

– Décret n° 2009-1456 du 27 novembre 2009, article 1er.

Commentaires

On retrouve la formule utilisée à l'article R. 551-6.

SOUS-SECTION 2 Pouvoirs du juge

La suspension de l'exécution du contrat

Art. L. 551-17 Le président du tribunal administratif ou son délégué peut suspendre l'exécution du contrat, pour la durée de l'instance, sauf s'il estime, en considération de l'ensemble des intérêts susceptibles d'être lésés et notamment de l'intérêt public, que les conséquences négatives de cette mesure pourraient l'emporter sur ses avantages.

Texte source

– Ordonnance n° 2009-515 du 7 mai 2009, article 1er.

Commentaires

On retrouve ici l'usage de la théorie du bilan : le juge des référés n'est jamais tenu de suspendre l'exécution du contrat.

Le prononcé de la nullité du contrat

Art. L. 551-18 Le juge prononce la nullité du contrat lorsqu'aucune des mesures de publicité requises pour sa passation n'a été prise, ou lorsque a été omise une publication au Journal officiel de l'Union européenne dans le cas où une telle publication est prescrite.

La même annulation est prononcée lorsque ont été méconnues les modalités de remise en concurrence prévues pour la passation des contrats fondés sur un accord-cadre ou un système d'acquisition dynamique.

Le juge prononce également la nullité du contrat lorsque celui-ci a été signé avant l'expiration du délai exigé après l'envoi de la décision d'attribution aux opérateurs économiques ayant présenté une candidature ou une offre ou pendant la suspension prévue à l'article L. 551-4 ou à l'article L. 551-9 si, en outre, deux conditions sont remplies : la méconnaissance de ces obligations a privé le demandeur de son droit d'exercer le recours prévu par les articles L. 551-1 et L. 551-5, et les obligations de publicité et de mise en concurrence auxquelles sa passation est soumise ont été méconnues d'une manière affectant les chances de l'auteur du recours d'obtenir le contrat.

Texte source

– Ordonnance n° 2009-515 du 7 mai 2009, article 1er.

Commentaires

Les deux premiers alinéas sont particulièrement rigoureux : c'est la punition exemplaire pour les administrations qui n'ont respecté aucune des mesures de publicité requises, ou ont méconnu les modalités de remise en concurrence en cas d'accord cadre ou de système d'acquisition dynamique.

Le troisième alinéa – qui sanctionne les signatures précipitées, ou la méconnaissance d'une mesure de suspension – suppose remplies deux conditions : l'agissement critiqué a privé le demandeur de son droit d'exercer un recours précontractuel d'une part, et la méconnaissance des obligations de publicité et de mise en concurrence a affecté les chances de l'auteur du recours d'obtenir le contrat.
On note que, pour le Conseil d'État, le fait pour le pouvoir adjudicateur de ne pas indiquer, dans le courrier informant de leur sort les candidats évincés, le délai qu'il observera avant de signer le contrat équivaut à la signature anticipée du contrat (CE, 30 novembre 2011, Société DPM Protection, n° 350788, *Lebon*).
A contrario, les deux conditions imposées par le troisième alinéa ne sont pas requises s'il s'agit de faire jouer les deux premiers alinéas.
On notera enfin que, à la différence de l'article précédent relatif à la suspension, le juge paraît, sous réserve de l'impérieuse raison d'intérêt général mentionnée à l'article suivant, tenu de prononcer l'annulation prévue, dès que les conditions en sont réunies, sans qu'il ait ici à se livrer à une appréciation en forme de bilan.
On verra, à propos de l'article L. 551-20, que, faute pour les deux conditions mentionnées au troisième alinéa d'être remplies, le juge retrouve une liberté et un choix.
Les candidats à l'attribution d'un contrat de délégation de service public ne peuvent invoquer utilement que les manquements de l'autorité délégante à ses obligations de publicité visées au premier alinéa de l'article L. 551-18 (CE, 25 octobre 2013, Commune de la Seyne-sur-Mer, n° 370393, *Lebon* T.).

La dérogation à l'obligation de prononcer la nullité du contrat

Art. L. 551-19 Toutefois, dans les cas prévus à l'article L. 551-18, le juge peut sanctionner le manquement soit par la résiliation du contrat, soit par la réduction de sa durée, soit par une pénalité financière imposée au pouvoir adjudicateur ou à l'entité adjudicatrice, si le prononcé de la nullité du contrat se heurte à une raison impérieuse d'intérêt général.
Cette raison ne peut être constituée par la prise en compte d'un intérêt économique que si la nullité du contrat entraîne des conséquences disproportionnées et que l'intérêt économique atteint n'est pas directement lié au contrat, ou si le contrat porte sur une délégation de service public ou encore si la nullité du contrat menace sérieusement l'existence même d'un programme de défense ou de sécurité plus large qui est essentiel pour les intérêts de sécurité de l'État.

Textes sources

– Ordonnance n° 2009-515 du 7 mai 2009, article 1er.
– Loi n° 2011-702 du 22 juin 2011, article 6.

Commentaires

Un léger assouplissement est ici apporté : le juge peut être libéré de son obligation de prononcer la nullité du contrat en cas d'impérieuse raison d'intérêt général (fortement encadrée par le second alinéa). Il remplace alors le prononcé de nullité (rétroactive) par la résiliation du contrat (non rétroactive), ou une pénalité financière.

Les choix du juge des référés en cas de signature irrégulière du contrat

Art. L. 551-20 Dans le cas où le contrat a été signé avant l'expiration du délai exigé après l'envoi de la décision d'attribution aux opérateurs économiques ayant présenté une candidature ou une offre ou pendant la suspension prévue à l'article L. 551-4 ou à l'article L. 551-9, le juge peut prononcer la nullité du contrat, le résilier, en réduire la durée ou imposer une pénalité financière.

Texte source

– Ordonnance n° 2009-515 du 7 mai 2009, article 1er.

Commentaires

Cet article introduit une possibilité pour le juge, et un choix entre les mesures, au cas où le contrat a été signé pendant une période de suspension, issue soit du Code des marchés publics (seize jours après envoi aux candidats de la décision d'attribution), soit de l'exercice d'un référé précontractuel.

Il ne fait pas double emploi avec le troisième alinéa de l'article L. 551-18 : ce dernier introduit une mesure obligatoire et unique (le prononcé de la nullité du contrat) si deux conditions sont remplies. Si elles ne le sont pas, l'article L. 551-20 ouvre des possibilités de choix au juge des référés.

La première décision du Conseil d'État faisant application de cet article précise qu'il introduit une obligation pour le juge soit de priver d'effet le contrat en l'annulant ou en le résiliant, soit de prononcer une sanction de substitution consistant en une pénalité financière ou une réduction de la durée du contrat. Le Conseil d'État s'est pour ce faire expressément référé à l'article 2 sexies de la directive du 21 décembre 1989 (CE, 30 novembre 2011, Société DPM Protection, n° 350788, *Lebon* ; *JCP A*, note Linditch, 9 janvier 2012 – CE, 15 février 2013, Société SFR, n° 363854, *Lebon* T. ; *JCP A*, 18 novembre 2013, p. 28). Et les mêmes arrêts précisent que, pour déterminer la mesure qui s'impose, « le juge du référé contractuel prend en compte, notamment, l'ampleur de la méconnaissance constatée, ses conséquences pour l'auteur du recours ainsi que la nature, le montant et la durée du contrat en cause et le comportement du pouvoir adjudicateur ».

Le rejet de conclusions présentées sur le fondement de l'article L. 551-18 ne fait pas obstacle à ce que soit prononcée, même d'office, une sanction sur le fondement de cet article, si le contrat litigieux a été signé avant l'expiration du délai exigé après l'envoi de la décision d'attribution aux opérateurs économiques ayant présenté une candidature ou une offre ou pendant la suspension prévue à l'article L. 551-4 ou à l'article L. 551-9. Pour déterminer la sanction à prononcer, il incombe au juge du référé contractuel qui constate que le contrat a été signé prématurément, en méconnaissance des obligations de délai rappelées à l'article L. 551-20, d'apprécier l'ensemble des circonstances de l'espèce, en prenant notamment en compte la gravité du manquement commis, son caractère plus ou moins délibéré, la plus ou moins grande capacité du pouvoir adjudicateur à connaître et à mettre en œuvre ses obligations ainsi que la nature et les caractéristiques du contrat (CE, 25 janvier 2019, Société Bureau européen d'assurance hospitalière, n° 423159, *Lebon* T.). Le prononcé d'une sanction de substitution et cet examen d'office constituent une obligation résultant de la directive « Recours » (CE, 30 novembre 2011, Société DPM protection centre hospitalier Andrée Rosemon, n° 350788, *Lebon* T.).

Le pouvoir du juge de prononcer d'office des mesures

Art. L. 551-21 Les mesures mentionnées aux articles L. 551-17 à L. 551-20 peuvent être prononcées d'office par le juge. Il en informe préalablement les parties et les invite à présenter leurs observations dans des conditions fixées par voie réglementaire.
Le juge procède de même lorsqu'il envisage d'imposer une pénalité financière.

Texte source

– Ordonnance n° 2009-515 du 7 mai 2009, article 1er.

Commentaires

Le pouvoir du juge de prendre d'office des mesures existe déjà pour les référés précontractuels. Voir l'article R. 551-8 sur la procédure à suivre.
Voir, comme exemple d'application de ce texte : CE, 1er mars 2012, OPAC du Rhône, n° 355560, *Lebon* T.

Le montant des pénalités financières

Art. L. 551-22 Le montant des pénalités financières prévues aux articles L. 551-19 et L. 551-20 tient compte de manière proportionnée de leur objet dissuasif, sans pouvoir excéder 20 % du montant hors taxes du contrat.
Le montant de ces pénalités est versé au Trésor public.

Texte source

– Ordonnance n° 2009-864 du 15 juillet 2009, article 24.

Commentaires

Une pénalité de 10 000 euros a été infligée dans l'affaire Société DPM Protection, n° 350788, jugée le 30 novembre 2011, pour un marché de près de 290 000 euros. La même pénalité a été infligée à l'OPAC du Rhône par la décision du 1er mars 2012, sans que l'arrêt fasse état du montant du marché, ou au département de l'Allier par arrêt du 15 février 2013, Société SFR, n° 363854, publié aux tables du *Recueil Lebon*. Le moins que l'on puisse dire est que ces pénalités sont surtout symboliques !

Le juge se prononce en dernier ressort

Art. L. 551-23 Le président du tribunal administratif ou son délégué statue en premier et dernier ressort en la forme des référés.

Texte source

– Ordonnance n° 2009-864 du 15 juillet 2009, article 24.

Commentaires

Comme en matière précontractuelle, le juge saisi se prononce en référé et en dernier ressort.

SECTION 3 Dispositions applicables en Nouvelle-Calédonie, en Polynésie française et dans les îles Wallis-et-Futuna

Le référé précontractuel outre-mer

Art. L. 551-24 En Nouvelle-Calédonie, en Polynésie française et dans les îles Wallis-et-Futuna, le président du tribunal administratif, ou le magistrat qu'il délègue, peut être saisi en cas de manquement aux obligations de publicité et de mise en concurrence auxquelles est soumise la passation des marchés et contrats publics en vertu de dispositions applicables localement.

Les personnes habilitées à agir sont celles qui ont un intérêt à conclure le contrat et qui sont susceptibles d'être lésées par ce manquement, ainsi que le haut-commissaire de la République dans le cas où le contrat est conclu ou doit être conclu par une collectivité territoriale ou un établissement public local.

Le président du tribunal administratif peut être saisi avant la conclusion du contrat. Il peut ordonner à l'auteur du manquement de se conformer à ses obligations et suspendre la passation du contrat ou l'exécution de toute décision qui s'y rapporte. Il peut également annuler ces décisions et supprimer les clauses ou prescriptions destinées à figurer dans le contrat et qui méconnaissent lesdites obligations. Dès qu'il est saisi, il peut enjoindre de différer la signature du contrat jusqu'au terme de la procédure et pour une durée maximum de vingt jours.

Le président du tribunal administratif ou son délégué statue en premier et dernier ressort en la forme des référés.

Texte source

– Ordonnance n° 2009-864 du 15 juillet 2009, article 24.

Commentaires

L'identité de rédaction avec les anciens articles relatifs aux référés précontractuels donne à penser que le référé de l'article L. 551-24 ne peut être présenté et utilement jugé qu'avant signature du contrat. On note au surplus que ce référé n'interdit pas automatiquement la signature du contrat : c'est, comme dans l'ancien référé précontractuel, au juge d'en décider. Si l'article L. 551-13 s'applique à la Nouvelle-Calédonie, aucun délai de « stand-still » n'y est applicable et l'invocation du délai prévue à l'article L. 551-23 (CE, 27 octobre 2011, Société Tat, n° 350790, *Lebon* T.). Si l'offre d'un concurrent évincé a été jugée irrégulière par une décision juridictionnelle devenue définitive annulant la décision d'attribution du contrat, il ne peut être regardé comme ayant un intérêt à conclure le contrat et habilité à agir contre la nouvelle décision en portant attribution après reprise de la procédure (CE, 1er juin 2023, n° 468930, *Lebon* T.).

CHAPITRE 2 Le référé en matière fiscale

Le présent chapitre ne comprend pas de dispositions réglementaires.

Le référé fiscal

Art. L. 552-1 Le référé en matière d'impôts directs et de taxes sur le chiffre d'affaires obéit aux règles définies par l'article L. 279 du livre des procédures fiscales ci-après reproduit :

« Art. L. 279 – En matière d'impôts directs et de taxes sur le chiffre d'affaires, lorsque les garanties offertes par le contribuable ont été refusées, celui-ci peut, dans les quinze jours de la réception de la lettre recommandée qui lui a été adressée par le comptable, porter la contestation, par simple demande écrite, devant le juge du référé administratif, qui est un membre du tribunal administratif désigné par le président de ce tribunal. Cette demande n'est recevable que si le redevable a consigné auprès du comptable, à un compte d'attente, une somme égale au dixième des impôts contestés. Une caution bancaire ou la remise de valeurs mobilières cotées en bourse peut tenir lieu de consignation.

Le juge du référé décide dans le délai d'un mois si les garanties offertes répondent aux conditions prévues à l'article L. 277 et si, de ce fait, elles doivent être ou non acceptées par le comptable. Il peut également, dans le même délai, décider de dispenser le redevable de garanties autres que celles déjà constituées.

Dans les huit jours suivant la décision du juge, le redevable et le comptable peuvent, par simple demande écrite, faire appel devant le président de la cour administrative d'appel ou le magistrat qu'il désigne à cet effet. Celui-ci, dans le délai d'un mois, décide si les garanties doivent être acceptées, comme répondant aux conditions de l'article L. 277.

Pendant la durée de la procédure de référé, le comptable ne peut exercer sur les biens du redevable aucune action autre que les mesures conservatoires prévues à l'article L. 277.

Lorsque le juge du référé estime suffisantes les garanties initialement offertes, les sommes consignées sont restituées. Dans le cas contraire, les garanties supplémentaires à présenter sont diminuées à due concurrence. »

Textes sources

- LPF, article L. 279.
- Ordonnance n° 2000-387 du 4 mai 2000, article 1er.
- Loi n° 2000-597 du 30 juin 2000, article 13-III-2.
- Loi n° 2011-1862 du 13 décembre 2011, article 51 (V).

Commentaires

Cette procédure est enfin nettoyée. L'ancien texte maintenait devant le tribunal administratif l'appel contre une décision d'un de ses membres, et prévoyait, en deux occasions, une décision juridictionnelle implicite, curiosité juridique dont on ne connaît qu'un exemple (l'article 30 du décret n° 2015-233 du 27 février 2015 dispose que, si la décision du Tribunal des conflits saisi d'un conflit positif n'a pas été notifiée dans les quatre mois de sa saisine, la juridiction judiciaire paralysée par l'arrêté de conflit peut se remettre à juger, ce qui équivaut au rejet de l'arrêté de conflit).

Le référé à l'égard des mesures conservatoires prises par les comptables

Art. L. 552-2 Le référé à l'égard des mesures conservatoires prises par le comptable à défaut de constitution par le contribuable de garanties suffisantes obéit aux règles définies par le 5e alinéa de l'article L. 277 du livre des procédures fiscales ci-après reproduit :

« Art. L. 277 alinéa 5 – Lorsque le comptable a fait procéder à une saisie conservatoire en application du quatrième alinéa, le contribuable peut demander au juge du référé prévu, selon le cas, aux articles L. 279 et L. 279 A, de prononcer la limitation ou l'abandon de cette mesure si elle comporte des conséquences difficilement réparables. Les dispositions des troisième et quatrième alinéas de l'article L. 279 sont applicables à cette procédure, la juridiction d'appel étant, selon le cas, le tribunal administratif ou le tribunal judiciaire. »

Textes sources

- LPF, article L. 277, alinéa 4.
- Ordonnance n° 2000-387 du 4 mai 2000, article 1er.
- Loi n° 2000-597 du 30 juin 2000, articles 1 et 13-III-2.
- Loi n° 2001-1275 du 28 décembre 2001, article 74.
- Décret n° 2002-922 du 6 juin 2002, article 3.
- Loi n° 2008-1443 du 30 décembre 2008, article 66 (V).
- Ordonnance n° 2019-964 du 18 septembre 2019, article 35.
- Décret n° 2019-966 du 18 septembre 2019, article 8.

Commentaires

Le texte repris au code n'a pas été mis en conformité avec l'article L. 279 du Livre des procédures fiscales, puisqu'il laisse subsister un rôle d'appel au tribunal administratif qui a été banni de cet article ! L'article L. 277 a échappé à la mise à jour effectuée en décembre 2011 et à l'occasion de la loi du 23 octobre 2018 relative à la lutte contre la fraude fiscale. Le Conseil d'État a décidé d'en faire une application littérale et de conserver cette curiosité juridique (CE, 4 avril 2018, Société Alliance Développement Capital SIIC, n° 411792, *Lebon* T.).

Le référé en cas de procédure de flagrance fiscale et de saisies conservatoires

Art. L. 552-3 Les référés prévus en cas de mise en œuvre de la procédure de flagrance fiscale mentionnée à l'article L. 16-0 BA du livre des procédures fiscales ou à la suite de mesures conservatoires effectuées en vertu de l'article L. 252 B du même livre obéissent aux règles définies respectivement à ces articles.

Textes sources

– Loi n° 2007-1824 du 25 décembre 2007, article 15.
– Loi n° 2011-1862 du 13 décembre 2011, article 51 (V).
– Loi n° 2012-1510 du 29 décembre 2012, article 11.

Commentaires

Les articles L. 16-0 BA et L. 252 B du Livre des procédures fiscales introduisent deux formes supplémentaires de référé de nature fiscale. L'ennui est qu'ils avaient échappé au nettoyage issu de la loi du 13 décembre 2011, de telle sorte qu'ils reproduisent expressément les dispositions anciennes de l'article L. 279. Respectueux de la loi, même mal faite, le Conseil d'État a appliqué cette procédure désuète et largement discutable (CE, 17 janvier 2014, Société Expatrium International Ltd, n° 372282, *Lebon* – CE, 3 octobre 2016, Société Spécial Bannow Bay Shelfish limited, n° 401383, *Lebon* T.). L'ouvrage a été remis sur le métier et une deuxième couche de nettoyage mise en œuvre à l'occasion de la loi n° 2018-898 du 23 octobre 2018 relative à la lutte contre la fraude fiscale (article 12) a supprimé cette malfaçon (CE, 12 février 2020, Ministre de l'action et des comptes publics c/Société Evolutec Ingénierie International, n° 422503, *Lebon* T.).

CHAPITRE 3 Le référé en matière de communication audiovisuelle

Le présent chapitre ne comprend pas de dispositions réglementaires.

Le référé en matière de communication audiovisuelle

Art. L. 553-1 Le référé en matière de communication audiovisuelle obéit aux règles définies par l'article 42-10 de la loi n° 86-1067 du 30 septembre 1986.

Textes sources

– Loi n° 86-1067 du 30 septembre 1986, article 42-10.
– Ordonnance n° 2000-387 du 4 mai 2000, article 1er.
– Loi n° 2000-597 du 30 juin 2000, article 13-III-3.
– Loi n° 2004-669 du 9 juillet 2004, article 82.
– Loi n° 2018-1202 du 22 décembre 2018, article 10.

Commentaires

Le Code de justice administrative ne comportant plus la reproduction des dispositions de l'article 42-10 depuis 2018, le lecteur la trouvera ci-dessous :
« En cas de manquement aux obligations résultant des dispositions de la présente loi et pour l'exécution des missions du Conseil supérieur de l'audiovisuel, son président peut demander en justice qu'il soit ordonné à la personne qui en est responsable de se conformer à ces dispositions, de mettre fin à l'irrégularité ou d'en supprimer les effets. Cette demande peut avoir pour objet de faire cesser la diffusion, par un opérateur satellitaire ou un distributeur de services, d'un service de télévision relevant de la compétence de la France dont les programmes portent atteinte à l'un au moins des principes mentionnés aux articles 1er, 3-1 ou 15.
La demande peut avoir pour objet de faire cesser la diffusion ou la distribution, par un opérateur de réseaux satellitaires ou un distributeur de services, d'un service de communication audiovisuelle relevant de la compétence de la France et contrôlé, au sens de l'article L. 233-3 du Code de commerce, par un État étranger ou placé sous l'influence de cet État si ce service porte atteinte aux intérêts fondamentaux de la Nation, dont le fonctionnement régulier de ses institutions, notamment par la diffusion de fausses informations. Pour apprécier cette atteinte, le juge peut, le cas échéant, tenir compte des contenus que l'éditeur du service, ses filiales, la personne morale qui le contrôle ou les filiales de celle-ci éditent sur d'autres services de communication au public par voie électronique.
La demande est portée devant le président de la section du contentieux du Conseil d'État qui statue en référé et dont la décision est immédiatement exécutoire. Il peut prendre, même d'office, toute mesure conservatoire et prononcer une astreinte pour l'exécution de son ordonnance.
Toute personne qui y a intérêt peut intervenir à l'action introduite par le président du Conseil supérieur de l'audiovisuel. »
On citera, comme exemple d'application de ces dispositions, l'ordonnance du 13 décembre 2004 (CE, 13 décembre 2004, Président du Conseil supérieur de

l'audiovisuel c/Eutelsat, n° 274757, *Lebon*) par laquelle le président de la section du contentieux du Conseil d'État a enjoint à la société Eutelsat de faire cesser la diffusion sur ses satellites des services de télévision d'Al-Manar. Il appartient au juge non seulement de constater les manquements allégués dans la demande du président du Conseil supérieur de l'audiovisuel, mais également, le cas échéant, de prescrire des mesures à caractère conservatoire et d'ordonner toute mesure visant à ce que le responsable du manquement mette fin à l'irrégularité relevée ou en supprime les effets, sans pouvoir enjoindre à un opérateur de se conformer pour l'avenir à ses obligations (CE, 19 juillet 2006, n° 294663, *Lebon* T.).

CHAPITRE 4 Les régimes spéciaux de suspension

SECTION 1 *La suspension sur déféré*

La suspension sur déféré préfectoral

Art. L. 554-1 Les demandes de suspension assortissant les requêtes du représentant de l'État dirigées contre les actes des communes sont régies par le 3e alinéa de l'article L. 2131-6 du code général des collectivités territoriales ci-après reproduit :

« Art. L. 2131-6 alinéa 3 – Le représentant de l'État peut assortir son recours d'une demande de suspension. Il est fait droit à cette demande si l'un des moyens invoqués paraît, en l'état de l'instruction, propre à créer un doute sérieux quant à la légalité de l'acte attaqué. Il est statué dans le délai d'un mois. »

Les demandes de suspension assortissant les requêtes du représentant de l'État dirigées contre les actes d'autres collectivités ou établissements suivent, de même, les règles fixées par les articles L. 2541-22, L. 2561-1, L. 3132-1, L. 4142-1, L. 4411-1, L. 4421-1, L. 4431-1, L. 5211-3, L. 5332-1, L. 5421-2, L. 5711-1 et L. 5721-4 du code général des collectivités territoriales.

Il en va de même pour les actes des collectivités visés aux articles LO 6152-1, LO 6242-1, LO 6342-1 et LO 6452-1 du code général des collectivités territoriales, à l'article L. 121-39-2 du code des communes de la Nouvelle-Calédonie, à l'article 204 de la loi n° 99-209 du 19 mars 1999 relative à la Nouvelle-Calédonie et à l'article 172 de la loi organique n° 2004-192 du 27 février 2004 portant statut d'autonomie de la Polynésie française.

N. B. : La référence « L. 5332-1 » *figurant au 3e alinéa est abrogée à compter du 1er janvier 2017, par l'effet de la loi du 7 août 2015.*

Textes sources

- CGCT, article L. 2131-6, alinéa 3.
- Loi n° 2000-597 du 30 juin 2000, articles 13-III-4-a et 16-1.
- Loi n° 2004-193 du 27 février 2004, article 16-7.
- Ordonnance n° 2009-536 du 14 mai 2009, article 16.
- Loi n° 2010-1563 du 16 décembre 2010, article 31.
- Loi n° 2015-991 du 7 août 2015, article 44.

Commentaires

La demande de suspension présentée par le préfet en application du Code général des collectivités territoriales ne constitue pas un référé-suspension. Après avoir jugé qu'elle lui était assimilée en ce qui concerne les règles générales de procédure (CE, 23 avril 2003, Commune de Roquebrune-Cap-Martin, n° 251946, *Lebon* T.), le Conseil d'État a nettement pris la position inverse (CE, 11 mars 2005, Ministre

de l'Intérieur c/Commune d'Avion, n° 276181, *Lebon*), d'où il suit, notamment, qu'une telle demande ne peut faire l'objet d'un rejet en application de l'article L. 522-3. La décision rendue par le tribunal peut faire l'objet d'un appel (CE, 8 février 2017, Ministre du Logement, n° 402417, *Lebon*). Sur la désignation du magistrat appelé à suppléer le président du tribunal en la matière, voir (CE, 8 juillet 2011, Botella, n° 342113, *Lebon*, p. 323).
Ce référé n'est subordonné à aucune condition d'urgence. Mais le juge peut statuer avant le terme du délai d'un mois pour tenir compte de l'urgence, à condition que ce raccourcissement ne porte pas atteinte au contradictoire (CE, 7 octobre 2009, Commune de Plessis-Pate, n° 325829, *Lebon* T.). De toute façon, ce référé est soumis aux règles de communication posées par l'article R. 611-1 (CE, 23 juillet 2010, Conseil régional de La Réunion, n° 338367, *Lebon* T.).
Malgré les termes du premier alinéa de l'article L. 2131-6 du CGCT, le préfet peut assortir, devant la cour administrative d'appel, d'une demande de suspension l'appel qu'il relève du jugement du tribunal administratif rendu sur son référé (CE, 8 février 2017, n° 402417, préc.).

Le délai d'appel des décisions de suspension sur déféré

Art. R. 554-1 L'appel ouvert contre les décisions du juge des référés prises en application des dispositions mentionnées à l'article L. 554-1 est présenté dans la quinzaine de leur notification.

Texte source

– Décret n° 2001-710 du 3 août 2001, article 6.

Commentaires

L'appel relève de la cour administrative d'appel (CE, 14 mars 2001, Centre de gestion de la fonction publique territoriale du Vaucluse, n° 230487, *Lebon*). À noter toutefois que la demande de suspension présentée en application de l'article LO 1112-3 du Code général des collectivités territoriales, visant une délibération relative à l'organisation d'un referendum local, n'entre pas dans le cadre de l'article L. 554-1. La décision rendue ne peut donc donner lieu à appel (CAA Versailles, 15 septembre 2006, Commune de Saint-Michel-sur-Orge, n° 06VE01634). Les questions de la formation de jugement compétence et de la procédure applicable en appel ne sont pas explicitement tranchées alors qu'une hésitation est possible en distinguant procédure de référé en appel et appel sur procédure de référé. Voir cependant l'article L. 555-1 sur la compétence du président de la cour administrative d'appel ou du magistrat qu'il désigne pour statuer seul en appel.

La suspension sur déféré préfectoral concernant l'urbanisme, les marchés ou les délégations de service public

Art. L. 554-2 Les actes pris par les communes en matière d'urbanisme, de marchés, de contrats de partenariat [voir commentaires] et de délégations de service public déférés par le représentant de l'État en application des articles

L. 2131-6 du code général des collectivités territoriales sont suspendus dans les conditions prévues par l'alinéa 4 de l'article L. 2131-6 du même code ci-après reproduit :

« Art. L. 2131-6 alinéa 4 – Jusqu'à ce que le président du tribunal administratif ou le magistrat délégué par lui ait statué, la demande de suspension en matière d'urbanisme, de marchés et de délégation de service public formulée par le représentant de l'État dans les dix jours à compter de la réception de l'acte entraîne la suspension de celui-ci. Au terme d'un délai d'un mois à compter de la réception, si le juge des référés n'a pas statué, l'acte redevient exécutoire. »

Il en va de même pour les actes des collectivités visés aux articles L. 3132-1, L. 4142-1, LO 6152-1, LO 6242-1, LO 6342-1 et LO 6452-1 du code général des collectivités territoriales, à l'article L. 121-39-2 du code des communes de la Nouvelle-Calédonie, à l'article 204 de la loi n° 99-209 du 19 mars 1999 relative à la Nouvelle-Calédonie et à l'article 172 de la loi organique n° 2004-192 du 27 février 2004 portant statut d'autonomie de la Polynésie française.

Textes sources

– CGCT, article L. 2131-6, § 4.
– Loi n° 2000-597 du 30 juin 2000, articles 1er et 13-III-4-a.
– Ordonnance n° 2004-559 du 17 juin 2004, article 27-2°.
– Ordonnance n° 2009-536 du 14 mai 2009, article 16.

Commentaires

L'appel relève de la cour administrative d'appel.

L'ordonnance du 17 juin 2004 comporte, en son article 27, une maladresse de rédaction, puisqu'elle prévoit l'adjonction des mots « des contrats de partenariat » (et non « de » contrats) après les mots « marchés publics » (et non après le mot « marchés »). Cette imperfection (qui s'explique par une contamination avec la modification apportée par la même ordonnance à l'article L. 551-1) ne doit pas conduire à notre sens à méconnaître le sens évident de la modification ainsi apportée, que nous avons dès lors pris la liberté de réécrire. Telle est d'ailleurs la rédaction retenue par le site officiel « Légifrance ».

La suspension sur déféré préfectoral en matière de liberté publique

Art. L. 554-3 La demande de suspension présentée par le représentant de l'État à l'encontre d'un acte d'une commune, d'un département ou d'une région, de nature à compromettre l'exercice d'une liberté publique ou individuelle obéit aux règles définies par les cinquième et sixième alinéas de l'article L. 2131-6, les sixième et septième alinéas de l'article L. 3132-1 ainsi que les cinquième et sixième alinéas de l'article L. 4142-1 du code général des collectivités territoriales reproduits ci-après :

« Art. L. 2131-6 alinéas 5 et 6, L. 3132-1 alinéas 6 et 7 et L. 4142-1 alinéas 5 et 6 – Lorsque l'acte attaqué est de nature à compromettre l'exercice d'une liberté publique ou individuelle, ou à porter gravement atteinte aux principes de laïcité et de neutralité des services publics, le président du tribunal administratif ou la magistrat délégué à cet effet en prononce la suspension dans les quarante-huit heures. La décision relative à la suspension est susceptible d'appel devant le Conseil d'État dans la quinzaine de la notification. En ce cas, le président de la section du contentieux du Conseil d'État ou un conseiller d'État délégué à cet effet statue dans un délai de quarante-huit heures.

L'appel des jugements du tribunal administratif ainsi que des décisions relatives aux demandes de suspension prévues aux alinéas précédents, rendus sur recours du représentant de l'État, est présenté par celui-ci. »

Il en va de même pour les actes des collectivités visés aux articles L. 3132-1, L. 4142-1, LO 6152-1, LO 6242-1, LO 6342-1 et LO 6452-1 du code général des collectivités territoriales, à l'article L. 121-39-2 du code des communes de la Nouvelle-Calédonie, à l'article 204 de la loi n° 99-209 du 19 mars 1999 relative à la Nouvelle-Calédonie et à l'article 172 de la loi organique n° 2004-192 du 27 février 2004 portant statut d'autonomie de la Polynésie française.

Textes sources

– Code des TA et des CAA, article L. 27.
– CGCT, article L. 2131-6, § 5.
– Loi n° 2000-597 du 30 juin 2000, articles 13-III-4-a et 17-II.
– Ordonnance n° 2009-536 du 14 mai 2009, article 16.
– Loi n° 2021-1109 du 24 août 2021, article 5.

Commentaires

Seul le représentant de l'État peut user de cette procédure (CE, 8 juin 1995, Hoarau, n° 170043, *Lebon*, p. 232 [**1**]).

Le magistrat compétent est, outre le président, « le magistrat délégué à cet effet », sans que cette délégation soit assortie de conditions de grade ou d'ancienneté. Faisant état d'une « délégation à cet effet », le texte implique que la « désignation » du juge des référés, organisée par l'article L. 511-2 (soumise à des conditions d'ancienneté) ne vaut pas pour l'application de l'article L. 2131-6 de Code général des collectivités territoriales, pour laquelle doit donc être prise une délégation spécifique (mais qui peut être multiple et permanente). La subtile distinction entre juge délégué et juge désigné (CE, 17 mai 2006, Commune de Wissous, n° 293110, *Lebon*.) a été abandonnée (CE, 8 juillet 2011, Botella, n° 342113, *Lebon*, p. 323).

On ne sera pas étonné de la parenté existant entre le déféré de l'article L. 554-3 et le référé-liberté de l'article L. 521-2, dont on peut raisonnablement inférer que la procédure devra être transposée, en ce qui concerne notamment le rôle de l'audience et de la procédure orale.

Et les décisions rendues en matière de déféré préfectoral, sauf en ce qui concerne le déféré de l'article L. 554-3, sont soumises à la procédure d'appel dans les conditions de droit commun, à savoir devant la cour administrative d'appel (mais le délai d'appel est de quinze jours). Ce qui peut soulever de délicats problèmes lorsqu'un même acte fait simultanément l'objet d'une demande de suspension formée par un administré, et de la même demande formée par le préfet. La loi n° 2021-1109 du 24 août 2021 confortant le respect des principes de la République a élargi le champ d'application de ce déféré en y intégrant les atteintes à la laïcité et à la neutralité des services publics.

Jurisprudence

[**1**] Considérant qu'il résulte des dispositions de la loi susvisée du 8 février 1995 éclairée par les travaux préparatoires, que le législateur, en insérant dans le code des tribunaux administratifs et des cours administratives d'appel un article L. 27 qui reproduit la première phrase du 4ᵉ alinéa de l'article 3 de la loi du 2 mars 1982, n'a entendu modifier ni le sens ni la portée des dispositions précitées dudit article ; que la procédure prévue par ces dispositions et notamment par celles du 4e alinéa qui permettent au président du tribunal administratif ou à son délégué de prononcer le sursis par ordonnance dans un délai de quarante-huit heures lorsque l'acte attaqué est de nature à compromettre l'exercice d'une liberté publique ou individuelle, n'est applicable qu'aux demandes présentées par le représentant de l'État dans le département ; que par suite, saisi par M. Hoarau, le conseiller délégué par le président du tribunal administratif de Saint-Denis ne tenait pas des dispositions précitées le pouvoir de prononcer le sursis à l'exécution de la décision attaquée du maire de Saint-Louis ; que M. Hoarau n'est donc pas fondé à se plaindre du rejet de sa demande [...].

La suspension en matière de défense nationale

Art. L. 554-4 La décision de suspension en matière de défense nationale obéit aux règles définies par les alinéas 4 et 5 de l'article L. 1111-7 du code général des collectivités territoriales ci-après reproduits :

« Art. L. 1111-7 alinéas 4 et 5 – Si le représentant de l'État estime qu'un acte pris par les autorités communales, départementales et régionales, soumis ou non à l'obligation de transmission, est de nature à compromettre de manière grave le fonctionnement ou l'intégrité d'une installation ou d'un ouvrage intéressant la défense, il peut en demander l'annulation par la juridiction administrative pour ce seul motif.

Le représentant de l'État dans le département ou dans la région défère l'acte en cause, dans les deux mois suivant sa transmission ou sa publication, à la section du contentieux du Conseil d'État, compétente en premier et dernier ressort. Il assortit si nécessaire son recours d'une demande de suspension ; le président de la section du contentieux du Conseil d'État, ou un conseiller d'État délégué à cet effet, statue dans un délai de quarante-huit heures. »

Il en va de même pour les actes des collectivités visés aux articles LO 6152-1, LO 6242-1, LO 6342-1 et LO 6452-1 du code général des collectivités territoriales, à l'article L. 121-39-2 du code des communes de la Nouvelle-Calédonie, à l'article 204 de la loi n° 99-209 du 19 mars 1999 relative à la Nouvelle-Calédonie et à l'article 172 de la loi organique n° 2004-192 du 27 février 2004 portant statut d'autonomie de la Polynésie française.

Textes sources

– CGCT, article L. 1111-7, § 4 et 5.
– Loi n° 2000-597 du 30 juin 2000, article 13-III-4-a.
– Ordonnance n° 2009-536 du 14 mai 2009, article 16.

Art. L. 554-5 *Abrogé par l'ordonnance n° 2010-277 du 23 février 2010, article 5.*

La suspension des délibérations des établissements publics de santé

Art. L. 554-6 La décision de suspension des délibérations du conseil de surveillance et des décisions du directeur des établissements publics de santé obéit aux règles définies au dernier alinéa de l'article L. 6143-4 du code de la santé publique.

Textes sources

– Code de la santé publique, article L. 6143-4-1, § 3.
– Ordonnance n° 2000-548 du 15 juin 2000, article 3.
– Loi n° 2000-597 du 30 juin 2000, article 13-III-4-a.
– Loi n° 2004-806 du 9 août 2004, article 27-IV.
– Ordonnance n° 2005-406 du 2 mai 2005, article 1-XIII.
– Ordonnance n° 2010-177 du 23 février 2010, article 5.

Commentaires

Le texte de renvoi organise, au bénéfice du directeur général de l'agence régionale de santé, un mécanisme de contrôle de légalité des actes des établissements publics de santé. Il laisse étrangement subsister un régime de « sursis à exécution », sans recourir à la notion de « moyen propre à créer un doute sérieux quant à la légalité de la décision ».
L'appel est formé devant la cour administrative d'appel.

La suspension de certains actes des chefs d'établissement d'enseignement

Art. L. 554-7 La décision de suspension des actes des chefs d'établissement d'enseignement pris pour la passation ou l'exécution de conventions, et notamment de marchés, exécutoires quinze jours après leur transmission au représentant de l'État, à la collectivité de rattachement et à l'autorité académique, obéit aux règles définies à l'alinéa 2 de l'article 15-12-II de la loi du 22 juillet 1983 ci-après reproduit :

« Art. 15-12-II alinéa 2 – Pour ces actes, dans le délai prévu à l'alinéa précédent, et sans préjudice des dispositions prévues par le code général des collectivités territoriales pour le contrôle de légalité du représentant de l'État, la collectivité de rattachement ou l'autorité académique peut assortir son recours d'une demande de suspension soumise aux dispositions du troisième alinéa de l'article L. 2131-6 du code général des collectivités territoriales. »

Textes sources

– Loi n° 83-663 du 22 juillet 1983, article 15-12-II, § 2.
– Loi n° 2000-597 du 30 juin 2000, article 13-III-4-a.

Commentaires

L'appel relève de la cour administrative d'appel.

L'article 15-12-II de la loi n° 83-663 du 22 juillet 1983 a été abrogé et codifié à l'article L. 421-14 du Code de l'éducation, article qui a été réécrit par l'ordonnance n° 2004-631 du 1er juillet 2004 (article 5) sans que soit repris le 2° alinéa du II. De telle sorte que cet alinéa 2 n'a plus d'existence, et que donc l'article L. 554-7 n'a plus de portée…

La suspension en matière sportive

Art. L. 554-8 La décision de suspension des actes pris en vertu de la délégation mentionnée à l'article L. 131-14 du code du sport obéit aux règles définies à l'article L. 131-20 du même code ci-après reproduit :

« Art. L. 131-20 – Lorsque le ministre chargé des sports défère à la juridiction administrative les actes pris en vertu de la délégation mentionnée à l'article L. 131-14 qu'il estime contraires à la légalité, il peut assortir son recours d'une demande de suspension.

Il est fait droit à cette demande si l'un des moyens invoqués paraît, en l'état de l'instruction, propre à créer un doute sérieux quant à la légalité de l'acte attaqué. Il est statué sur cette demande dans le délai d'un mois. »

Textes sources

– Loi n° 2000-597 du 30 juin 2000, article 13-III-4-a.
– Ordonnance n° 2006-596 du 23 mai 2006, article 3-II-9°.

La suspension de délibérations des conseils d'arrondissement de Paris, Marseille ou Lyon

Art. L. 554-9 La contestation par le maire des villes de Paris, Marseille et Lyon des délibérations des conseils d'arrondissement, à l'exclusion de celles prises en application des articles L. 2511-36 à L. 2511-45 du code général des collectivités territoriales, obéit aux règles définies par le dernier alinéa de l'article L. 2511-23 dudit code ci-après reproduit :

« Art. L. 2511-23 – Sans préjudice du recours dont dispose le représentant de l'État dans le département, le maire de la commune ou le maire de Paris peut déférer au tribunal administratif une délibération ayant donné lieu à une seconde lecture en application du troisième alinéa, dans un délai de deux mois à compter de la date à laquelle il a reçu cette délibération. Si ce recours est assorti d'une demande de suspension et si l'un des moyens invoqués à son appui paraît, en l'état de l'instruction, propre à créer un doute sérieux quant à la légalité de la délibération attaquée, le président du tribunal administratif ou un magistrat délégué par lui prononce la suspension dans les quarante-huit heures. La décision relative à la suspension est susceptible d'appel devant le Conseil d'État dans la quinzaine de sa notification. En ce cas, le président de la section du contentieux du Conseil d'État ou un conseiller d'État délégué à cet effet statue dans un délai de quarante-huit heures. »

Textes sources

– Code des TA et des CAA, article L. 26.
– Loi n° 2000-597 du 30 juin 2000, article 13-III-4-a.
– Ordonnance n° 2018-74 du 8 février 2018, article 1er.

Commentaires

La lecture de l'article 1er de l'ordonnance du 8 février 2018 nous apprend que, pour le CGCT, Paris n'est plus une commune, mais une « Ville » et que Lyon et Marseille ne sont pas des « Villes », mais des « communes ».

SECTION 2 La suspension en matière d'urbanisme et de protection de la nature et de l'environnement

La suspension en matière d'urbanisme

Art. L. 554-10 La décision de suspension d'un permis de construire dont la demande est présentée par l'État, la commune ou l'établissement public de coopération intercommunale devant le tribunal administratif obéit aux règles définies par le premier alinéa de l'article L. 421-9 du code de l'urbanisme ci-après reproduit :

« Art. L. 421-9 alinéa 1 – L'État, la commune ou l'établissement public de coopération intercommunale, lorsqu'ils défèrent à un tribunal administratif une décision relative à un permis de construire et assortissent leur recours d'une demande de suspension, peuvent demander qu'il soit fait application des dispositions prévues aux troisième et quatrième alinéas de l'article L. 2131-6 du code général des collectivités territoriales. »

Textes sources

– Code des TA et des CAA, article L. 24.
– Loi n° 2000-597 du 30 juin 2000, article 13-III-4-b.

Commentaires

L'ennui pour cet article est que l'article L. 421-9 du Code de l'urbanisme a été abrogé par l'ordonnance n° 2005-1527 du 8 décembre 2005, article 15. Une demande présentée sur ce fondement sera requalifiée en demande de suspension fondée sur l'article L. 521-1 (CE, 30 mai 2001, Commune de Dieulefit, n° 231797, *Lebon* T.). L'article L. 554-10 est donc dépourvu de portée, comme l'article L. 554-7…

La suspension en cas d'absence d'étude d'impact

Art. L. 554-11 La décision de suspension d'une autorisation ou d'une décision d'approbation d'un projet d'aménagement entrepris par une collectivité publique obéit aux règles définies par l'article L. 123-16 du code de l'environnement.

Textes sources

– Code de l'environnement, article L. 122-2.
– Loi n° 2000-597 du 30 juin 2000, article 13-III-4-b.
– Ordonnance n° 2000-914 du 18 septembre 2000, article 2.
– Ordonnance n° 2004-489 du 3 juin 2004, article 1er.
– Loi n° 2010-788 du 12 juillet 2010, article 241.

Commentaires

Voir le texte de l'article L. 123-16 du Code de l'environnement sous l'article suivant.

La procédure définie à l'article L. 522-3 est applicable à ces demandes (CE, 14 mars 2001, Commune de Goutrens, n° 230134, *Lebon*). Plus généralement, et sauf la particularité du déclenchement de la suspension, les demandes fondées sur cet article obéissent, pour leur instruction, leur jugement et les voies de recours, au régime de droit commun des demandes de suspension (CE, 21 décembre 2001, EPAD c/Commune de Puteaux, n° 232084, *Lebon*). Seul est donc envisageable un pourvoi en cassation (même arrêt). C'est le même raisonnement qui a été adopté à propos des déférés préfectoraux (voir CJA, art. L. 554-1).

On note que, pour l'application de ces dispositions, l'absence au dossier de l'étude d'impact ne vaut pas « absence d'étude d'impact » au sens du texte si cette étude a été réalisée (CE, 13 juillet 2007, Syndicat intercommunal pour l'enlèvement des ordures ménagères de la région de Tournan-en-Brie, n° 294603, *Lebon* T.). Il est possible de former dans une même requête au juge des référés des conclusions fondés sur l'article L. 521-1 et sur l'article L. 554-11 (CE, 5 décembre 2014, Lebreton, n° 369522, *Lebon* T.).

La suspension en cas de conclusions défavorables du commissaire enquêteur

Art. L. 554-12 La décision de suspension d'une décision d'aménagement soumise à une enquête publique préalable obéit aux règles définies par l'article L. 123-16 du code de l'environnement.

Textes sources

– Loi n° 2000-597 du 30 juin 2000, article 13-III-4-b.
– Ordonnance n° 2000-914 du 18 septembre 2000, article 2.
– Loi n° 2010-788 du 12 juillet 2010, article 241.

Commentaires

L'article L. 123-16 du Code de l'environnement, tel qu'il résulte de l'article 236 de la loi du 12 juillet 2010 est ainsi rédigé : « Le juge administratif des référés, saisi d'une demande de suspension d'une décision prise après des conclusions défavorables du commissaire-enquêteur ou de la commission d'enquête, fait droit à cette demande si elle comporte un moyen propre à créer, en l'état de l'instruction, un doute sérieux quant à la légalité de celle-ci.

Il fait également droit à toute demande de suspension d'une décision prise sans que l'enquête publique requise par le présent chapitre ait eu lieu.

L'alinéa précédent s'applique dans les mêmes conditions en cas d'absence de mise à disposition du public de l'évaluation environnementale ou de l'étude d'impact et des documents visés aux articles L. 122-1-1 et L. 122-8. ».

Ce référé n'est pas soumis à une condition d'urgence, cette urgence étant présumée. Et le juge paraît, selon la lettre du texte, tenu de satisfaire à la demande si les conditions que fixe le texte sont remplies (CE, 29 mars 2004, Commune de Soignolles-en-Brie, n° 258563, *Lebon* T.). Cette obligation cède toutefois, à titre exceptionnel, si la mesure de suspension est de nature à porter à l'intérêt général une atteinte d'une particulière gravité (CE sect., 16 avril 2012, Commune de Conflans-Sainte-Honorine, n° 355792, *Lebon*, concernant la décision modifiant le dispositif de la circulation aérienne dans la région parisienne, *JCP A*, 17 septembre 2012, note Hostiou), ou si la décision ne porte pas sur une opération susceptible d'affecter l'environnement relevant de l'article L. 123-2 du Code de l'environnement (CE, 27 décembre 2024, n° 489079, *Lebon* T.).

Seul est envisageable un pourvoi en cassation devant le Conseil d'État, par application de l'article L. 523-1 (CE, 14 mars 2001, Commune de Goutrens, n° 230134, *Lebon*). Il est possible de former dans une même requête au juge des référés des conclusions fondés sur l'article L. 521-1 et sur l'article L. 554-12 (CE, 5 décembre 2014, Lebreton, n° 369522, *Lebon* T.).

SECTION 3 Dispositions particulières applicables dans les collectivités d'outre-mer régies par l'article 74 de la Constitution et en Nouvelle-Calédonie en matière de référé

Art. L. 554-13 *Abrogé par la loi n° 2010-1487 du 7 décembre 2010, article 14.*

La demande de suspension pour absence d'étude d'impact ou en cas de conclusions défavorables du commissaire-enquêteur

Art. L. 554-14 En Nouvelle-Calédonie, en Polynésie française, à Saint-Barthélemy, à Saint-Martin, à Saint-Pierre-et-Miquelon et dans les îles Wallis-et-Futuna, lorsque les dispositions applicables localement instituent une procédure imposant une étude d'impact ou une enquête publique, ou toute autre procédure offrant des garanties équivalentes, préalablement à l'intervention d'une décision en matière d'urbanisme ou de protection de la nature ou de l'environnement, il est fait droit à la demande de suspension formée contre cette décision :

1° Si la demande est fondée sur l'absence d'étude d'impact, dès que cette absence est constatée ;

2° Ou dans le cas où la décision a été prise après des conclusions défavorables du commissaire enquêteur ou de la commission d'enquête ou sans que l'enquête publique ait eu lieu, si la demande comporte un moyen propre à créer, en l'état de l'instruction, un doute sérieux quant à la légalité de la décision.

Texte source

– Ordonnance n° 2009-536 du 14 mai 2009, article 16.

Commentaires

Il y a lieu sans doute d'introduire dans ces mécanismes, qui paraissent lier la compétence de la juridiction, le correctif apporté par la jurisprudence à l'article L. 554-12.

CHAPITRE 5 Dispositions diverses – Le référé en matière d'informatique et libertés

La compétence pour statuer sur les appels formés devant la cour administrative d'appel contre les décisions rendues par le juge des référés

Art. L. 555-1 Sans préjudice des dispositions du titre II du livre V du présent code, le président de la cour administrative d'appel ou le magistrat qu'il désigne à cet effet est compétent pour statuer sur les appels formés devant les cours administratives d'appel contre les décisions rendues par le juge des référés.

Texte source

– Loi n° 2000-597 du 30 juin 2000, article 22.

Commentaires

Ces dispositions sont entrées en vigueur le 1er janvier 2001 et permettaient au président d'une cour de statuer en appel d'une ordonnance antérieure à cette date et fondée sur les dispositions de l'article R. 129 du Code des tribunaux administratifs et des cours administratives d'appel (CE, 29 octobre 2001, Bonté-Fondeur, n° 234134, *Lebon* T.). Cet article opère, dans les cours administratives d'appel, un abandon de la collégialité en ce qui concerne les appels formés contre les décisions rendues par le juge des référés… dans la mesure où ces cours sont compétentes en appel : ce qu'exprime la réserve du titre II, qui concerne les référés d'urgence, dont on a vu que soit ils ne relèvent pas d'une procédure d'appel (référé-suspension de l'article L. 521-1 ou référé de l'article L. 521-3), soit ils relèvent de l'appel, mais devant le Conseil d'État (référé-liberté de l'article L. 521-2). On aurait pu ajouter la réserve des référés concernant les contrats et marchés (art. L. 551-1 et s.), ne relevant pas non plus d'une procédure d'appel. Quant aux appels présentés à la cour à la suite d'une demande de suspension sur déféré (voir CJA, art. L. 554-1 et s.) et bien que les décisions prises n'émanent pas du « juge des référés » proprement dit, on doit estimer qu'ils relèvent aussi de l'article L. 555-1. Le texte est muet sur la procédure à suivre par ce juge d'appel unique, et n'est pas assorti de mesures réglementaires d'application. Le président de la cour agissant ici « en matière de référés », il opère selon les règles générales de procédure régissant, sauf texte spécifique, cette matière, à savoir sans l'apport d'un rapporteur public et sans audience publique. C'est l'interprétation qui nous paraît devoir prévaloir et qui, en tout cas, a prévalu dans la pratique et la jurisprudence (CE, 24 juin 2002, Département de la Seine-Maritime, n° 240271, *Lebon* T.) : le juge d'appel d'une ordonnance rendue par le juge des référés de première instance statue lui-même en référé, selon la procédure prévue pour le référé en cause – donc, sauf cas particuliers du référé-liberté, sans audience publique et sans conclusions du rapporteur public (CE, 30 décembre 2002, Office public d'habitations de Nice, n° 241793, *Lebon*).

Le référé pour lever le caractère suspensif de l'opposition à certains titres exécutoires

Art. L. 555-2 La levée du caractère suspensif d'une opposition à un titre exécutoire pris en application de certaines mesures de consignation prévues par le code de l'environnement est décidée par le président du tribunal administratif ou le magistrat qu'il délègue, statuant en référé. Elle est régie, selon le cas, par le II de l'article L. 162-14, et l'article L. 541-3 dudit code.

Textes sources

– Loi n° 2008-757 du 1er août 2008, article 3.
– Loi n° 2010-788 du 12 juillet 2010, article 211 (V).

Le référé en matière d'informatique et libertés

Art. R. 555-1 Lorsque le juge administratif est saisi par le président de la Commission nationale de l'informatique et des libertés, sur le fondement de l'article 21 de la loi n° 78-17 du 6 janvier 1978 relative à l'informatique, aux fichiers et aux libertés, d'une demande en référé concernant la mise en œuvre d'un traitement ou l'exploitation de données à caractère personnel par l'État, une collectivité territoriale, toute autre personne publique ainsi que toute personne privée chargée d'une mission de service public, il est statué suivant la procédure de référé instituée par les dispositions de l'article L. 521-2.

Textes sources

– Décret n° 2005-1309 du 20 octobre 2005, article 81.
– Décret n° 2019-536 du 29 mai 2019, article 158.

Commentaires

En cette matière sensible, le texte rend applicable la procédure de référé-liberté, dont on peut attendre, en principe, une réponse juridictionnelle en quarante-huit heures. On ne saurait se plaindre de cette attention. Le référé dirigé contre les personnes autres que celles visées à l'article R. 555-1 du Code de justice administrative est porté devant le président du tribunal judiciaire (COJ, art. R. 213-5 et R. 352-6-1).

Le référé « mesures utiles » en matière d'informatique et libertés

Art. R. 555-2 Lorsque le juge administratif est saisi, sur le fondement de l'article 49 de la loi n° 78-17 du 6 janvier 1978 relative à l'informatique, aux fichiers et aux libertés, d'une demande en référé relative au prononcé de toutes mesures utiles de nature à éviter toute dissimulation ou toute disparition de données à caractère personnel par l'État, une collectivité territoriale, toute autre personne publique ainsi que toute personne privée chargée d'une mission de service public, il est statué suivant la procédure de référé instituée par les dispositions de l'article L. 521-3.

Textes sources

– Décret n° 2007-451 du 25 mars 2007, article 18.
– Décret n° 2019-536 du 29 mai 2019, article 158.

Commentaires

On ne saurait non plus discuter l'opportunité de l'introduction en matière d'informatique et libertés d'un référé « mesures utiles ».
Le juge administratif ne peut ici intervenir que si la recherche ou la conservation d'informations est susceptible de se rattacher à un litige que ce juge a compétence pour connaître (CE, 26 novembre 2010, Ministre du Budget c/Egerton, n° 342114).

CHAPITRE 6 Le référé en matière de sécurité des immeubles, locaux et installations

La désignation d'un expert pour la sécurité d'un immeuble

Art. R. 556-1 Lorsque le juge administratif est saisi par le maire, sur le fondement de l'article L. 511-9 du code de la construction et de l'habitation, d'une demande tendant à la désignation d'un expert, il est statué suivant la procédure de référé prévue à l'article R. 531-1.

Textes sources

– Décret n° 2006-1359 du 8 novembre 2006, article 4.
– Décret n° 2007-1018 du 14 juin 2007, article 1er.
– Décret n° 2020-1711 du 24 décembre 2020, article 5.

Commentaires

On souligne que, par l'effet de l'ordonnance n° 2005-1566 du 15 décembre 2005 et de l'article L. 511-2 du Code de la construction et de l'habitation qui en est issu, le juge administratif, à qui il incombe désormais de statuer sur l'organisation d'une expertise de péril imminent, compétence antérieurement dévolue au tribunal d'instance, n'est plus chargé d'homologuer l'arrêté de péril ordinaire (CE, 8 juin 2008, Topalian, n° 277700) dont il contrôle la légalité dans les formes ordinaires (CE, 18 décembre 2009, Société civile immobilière Ramig, n° 315537, *Lebon* T.).
À la suite de la réforme de la procédure des édifices menaçant ruine, apportée par l'ordonnance n° 2020-1144 du 16 septembre 2020 relative à l'harmonisation et à la simplification des polices des immeubles, locaux et installations et le décret n° 2020-1711 du 24 décembre 2020 relatif à l'harmonisation et à la simplification des polices des immeubles, locaux et installations, une nouvelle police de la sécurité et de la salubrité des immeubles, locaux et installations est créée à compter du 1er janvier 2021 et la référence à l'article L. 511-9 du CCH a été substituée à celle de l'article L. 511-2. Si l'arrêté de péril n'est pas exécuté, le maire met le propriétaire en demeure de procéder à cette exécution, faute de quoi il peut y faire procéder d'office, et, le cas échéant, mais seulement s'il y est autorisé par ordonnance du juge judiciaire, faire procéder à la démolition de l'immeuble (TC, 6 juillet 2009, Commune de Saint-Christaud, n° C3702, *Lebon*). Mais le propriétaire peut former un recours pour excès de pouvoir ordinaire contre l'arrêté de péril (CE, 8 juin 2008, Topalian, préc.).
L'article R. 556-1 tire les conséquences de l'unification des compétences juridictionnelles ainsi intervenue en matière de police des bâtiments menaçant ruine, l'ancienne intervention, en urgence, du tribunal d'instance étant désormais supprimée au bénéfice du tribunal administratif.
Les procédures ici nécessaires s'effectueront selon la procédure des constats : le renvoi à l'article R. 531-1 permet de lancer l'expertise sans devoir observer une procédure contradictoire avec instruction auprès du défendeur. L'expertise ici instaurée, qui se rapporte à des situations de péril imminent, doit en effet pouvoir être

lancée en moins de 24 heures (c'était le délai en usage devant le juge d'instance). On observe d'ailleurs que les magistrats concernés ont, avant même la rectification du texte, opéré en la matière en appliquant la procédure prévue pour les constats. Si ces dispositions ne s'opposent pas à ce que le juge des référés mette en cause le propriétaire du bâtiment et les autres défendeurs éventuels avant de rendre son ordonnance, elles ne lui en font pas obligation. En revanche, elles lui imposent, s'il nomme un expert aux fins d'effectuer les missions prévues par l'article L. 511-3 du CCH, devenu L. 511-9, de leur notifier immédiatement cette ordonnance, l'expertise devra avoir lieu en présence de ces défendeurs (CE, 30 novembre 2021, Syndicat des copropriétaires du 65 avenue de la République, n° 439491, *Lebon* T.). La même règle s'applique si le juge des référés rejette la demande du maire et que la commune fait appel de son ordonnance devant le juge des référés de la cour administrative d'appel, en application de l'article R. 533-1 du CJA. Le juge des référés statuant en appel n'est alors, en effet, pas davantage tenu de mettre en cause le propriétaire du bâtiment et les autres défendeurs éventuels avant de rendre son ordonnance, y compris dans le cas où ceux-ci auraient été mis en cause en première instance. Il lui appartient, toutefois, s'il désigne un expert, de leur notifier son ordonnance (même décision). En revanche, lorsque le juge des référés du tribunal administratif fait droit à la demande d'expertise présentée par le maire, le principe du caractère contradictoire de la procédure impose au juge des référés, saisi soit par la voie de l'appel, soit par celle de la tierce opposition d'une contestation de l'ordonnance ayant ordonné l'expertise, de mettre en cause la commune avant de statuer. Il n'est, en revanche, pas tenu de mettre en cause les autres personnes auxquelles avait, le cas échéant, été notifiée l'ordonnance ayant nommé l'expert. Il lui appartient cependant de leur notifier son ordonnance dans le cas où, parce qu'il se trouve ressaisi de la demande de la commune, il rejette cette demande ou modifie la mission de l'expert (même décision).
Enfin, dans le cas particulier où la commune fait appel d'une ordonnance du juge des référés du tribunal administratif ayant, à la demande d'un tiers-opposant, déclaré nulle et non avenue une précédente ordonnance ayant nommé un expert à la demande du maire, le même principe du caractère contradictoire de la procédure impose au juge des référés, statuant en appel, d'appeler à l'instance ce tiers-opposant. Dans cette hypothèse, il n'est pas davantage tenu de mettre en cause les autres personnes auxquelles avait, le cas échéant, été notifiée l'ordonnance ayant nommé l'expert, mais il lui appartient là encore, s'il désigne un expert, de leur notifier son ordonnance, tant en première instance que sur appel du maire, le juge du référé-constat peut mettre en cause le propriétaire du bâtiment et d'autres défendeurs éventuels, mais il n'en a pas l'obligation, sauf dans le cas de l'appel d'une ordonnance rendue sur tierce-opposition. Il doit cependant lui notifier son ordonnance, l'expertise devant avoir lieu en présence des défendeurs (même décision).

CHAPITRE 7 Le référé sur saisine du Défenseur des droits

La demande de toute mesure utile par le Défenseur des droits

Art. R. 557-1 Lorsque le juge administratif est saisi par le Défenseur des droits, sur le fondement de l'article 21 de la loi organique du 29 mars 2011 relative au Défenseur des droits, d'une demande en référé tendant au prononcé de toute mesure utile à l'exercice de la mission du Défenseur des droits, il est statué suivant la procédure de référé prévue à l'article L. 521-3.

Texte source

– Décret n° 2011-904 du 29 juillet 2011, article 3 (V).

La demande d'accès à des locaux administratifs

Art. R. 557-2 Lorsque le juge administratif est saisi par le Défenseur des droits, sur le fondement de l'article 22 de la loi organique du 29 mars 2011 relative au Défenseur des droits, d'une demande en référé tendant à ce qu'il autorise son accès à des locaux administratifs, il est statué suivant la procédure de référé prévue à l'article L. 521-3. Le juge se prononce dans les quarante-huit heures.

Lorsqu'il a autorisé la visite, le juge peut, s'il l'estime utile, se rendre dans les locaux pendant l'intervention.

À tout moment, il peut décider la suspension ou l'arrêt de la visite.

Texte source

– Décret n° 2011-904 du 29 juillet 2011, article 10.

CHAPITRE 8 Le référé en matière de secret des affaires

La demande de toute mesure utile devant le juge des référés

Art. R. 557-3 Lorsqu'il est saisi aux fins de prévenir une atteinte imminente ou faire cesser une atteinte illicite à un secret des affaires, le juge des référés peut prescrire toute mesure provisoire et conservatoire proportionnée, y compris sous astreinte. Il peut notamment ordonner l'ensemble des mesures mentionnées à l'article R. 152-1 du code de commerce.

Texte source

– Décret n° 2019-1502 du 30 décembre 2019, article 4.

CHAPITRE 9 Les recours relatifs aux conditions de détention

L'information du juge des référés sur un recours parallèle devant le juge judiciaire

Art. R. 559-1 Toute requête formée par une personne détenue et relative à ses conditions de détention mentionne si le juge judiciaire a été saisi en application de l'article 803-8 du code de procédure pénale. Lorsque cette saisine intervient en cours de procédure, le requérant en informe sans délai le juge administratif.

Texte source

– Décret n° 2021-1194 du 15 septembre 2021, article 4.

L'articulation des décisions des deux ordres de juridiction

Art. R. 559-2 Lorsque le juge de l'application des peines, saisi en application de l'article R. 249-17 du code de procédure pénale par la personne condamnée, ou le juge d'appel saisi en application de l'article R. 249-36 du même code, a estimé la requête fondée, le juge administratif ne peut plus ordonner le transfèrement ou un nouvel examen du transfèrement de cette personne jusqu'à la décision du juge de l'application des peines prise en application de l'article R. 249-30 du même code ou, le cas échéant, jusqu'à ce que le juge d'appel ait statué sur cette décision.
Le requérant communique sans délai au juge administratif les décisions du juge judiciaire mentionnées à l'alinéa précédent.

Texte source

– Décret n° 2021-1194 du 15 septembre 2021, article 4.

LIVRE VI

L'instruction

TITRE I La procédure ordinaire

CHAPITRE 1 La communication de la requête et des mémoires

Depuis l'article 3 de la loi n° 2018-670 du 30 juillet 2018, la structure des chapitres composant ce titre est différente pour les dispositions législatives et pour les dispositions réglementaires. Les auteurs ont pris le parti de faire prévaloir la structure des dispositions réglementaires. Le décret n° 2019-1502 du 30 décembre 2019 portant application du titre III de la loi n° 2019-222 du 23 mars 2019 de programmation 2018-2022 et de réforme pour la justice et autres mesures relatives à la procédure contentieuse administrative (article 4) met fin à cette dissymétrie.

SECTION 1 *Dispositions générales*

La communication de la requête et des mémoires et pièces

Art. R. 611-1 La requête et les mémoires, ainsi que les pièces produites par les parties, sont déposés ou adressés au greffe.

La requête, le mémoire complémentaire annoncé dans la requête et le premier mémoire de chaque défendeur sont communiqués aux parties avec les pièces jointes dans les conditions prévues aux articles R. 611-2 à R. 611-6.

Les répliques, autres mémoires et pièces sont communiqués s'ils contiennent des éléments nouveaux.

Textes sources

– Code des TA et des CAA, article R. 138.
– Décret n° 2019-82 du 7 février 2019, article 27.

Commentaires

Cet article organise la procédure contradictoire. Le principe de la contradiction n'est pas institué au bénéfice d'une partie, mais dans l'intérêt du procès, des parties et du juge. Ainsi, par exemple, comme d'autres actes d'instruction, la communication interrompt la prescription (CE, 22 septembre 2017, SCI APS, n° 400825, *Lebon* T.). L'absence de communication est donc susceptible de léser le demandeur comme le défendeur ou encore les autres demandeurs (CE, 4 avril 2016, Société Unibéton, n° 394196, *Lebon* T., s'éloignant du précédent CE, 15 mars 2000, Drannikova, n° 185837, *Lebon* T.). Ces dispositions formalisent l'état de la jurisprudence, laquelle avait, non sans quelques hésitations (voir, par exemple en ce qui concerne l'obligation de communiquer les pièces, CE, 18 octobre 1993,

Zirah, n° 118586, *Lebon* T.), admis que le juge pouvait sans irrégularité ne pas communiquer les pièces sur lesquelles il ne se fondait pas (CE, 13 juin 1994, Commune de Saint-Maurice-sur-Dargoire, n° 122308, *Lebon* T. – CE, 5 décembre 1994, Ville de Toulouse, n° 140619 – CE, 25 mars 1996, Carassus, n° 163174), ou les mémoires n'apportant pas d'élément nouveau (CE, 5 janvier 1973, Paisnel, n° 73113, *Lebon* T. – CE, 21 juin 1995, SA Sofige, n° 132531, *Lebon* – CE, 20 mars 1996, Société Causse Walon, n° 162927, *Lebon* T.), ou dans le cas où le jugement ne se fonde « sur aucun élément de ce mémoire dont la partie n'aurait eu déjà connaissance par les motifs des décisions attaquées » (CE, 13 octobre 1989, SA Wulfram Puget, n° 88387), ou *a fortiori* les mémoires sur lesquels le juge ne se fonde pas (CE, 19 décembre 1990, Dutilleul-Francœur, n° 98956).

S'agissant de l'identification du défendeur auquel le mémoire doit être communiqué, un récent courant jurisprudentiel, fondé sur des obligations de transmission légales ou prétoriennes des réclamation, a accru les obligations du juge en cas de requête mal dirigée, notamment en cas de prestations servies au nom et pour le compte de l'État (CE, 23 mai 2018, Le Lay, n° 405448, *Lebon* T.), dans le cas de conclusions indemnitaires (CE, 26 février 2020, Société Thessalie, n° 422344, *Lebon* T. – CE, 27 mai 2021, Rosern, *Lebon* T.), Il a pu être jugé que la méconnaissance de cette obligation, qui a pour conséquence de mener un procès contre la mauvaise personne, se soulevait d'office (CAA Lyon, 29 avril 2021, SAS Han, n° 19LY00688).

Il devient désormais clair que la requête et son ampliatif, ainsi que les premières observations de chaque défendeur, doivent, quel que soit leur contenu, être communiqués avec les pièces qui y sont jointes (CE, 9 juillet 1997, Holley, n° 153012, *Lebon* T., annulant un arrêt pour non-communication du mémoire en défense, sans égard pour le contenu dudit mémoire – CE, 6 février 2006, Wessang, n° 268192, *Lebon*). Une seule exception est admise : en application de l'article R. 611-8, le tribunal peut ne pas communiquer une requête appelant une solution (de rejet) certaine.

L'obligation de communication vaut pour toutes les premières observations du ou des défendeurs, même produites par télécopie (si elle est confirmée par mémoire ultérieur), dès lors que cette dernière est parvenue avant clôture de l'instruction (CE, 3 avril 2002, Peschard, n° 220086). Cependant que toutes les autres productions des parties relèvent de l'appréciation du juge quant à la présence d'« éléments nouveaux ».

L'obligation est systématique : ainsi doit être communiqué un mémoire en défense excipant d'une irrecevabilité que le juge aurait pu – et dû – relever d'office, et qu'il sanctionnera par une ordonnance de rejet (CE, 27 juin 2008, Boudou, n° 305540, *Lebon*). Même solution si, après réception du mémoire en défense, la cour confirme le jugement par adoption des motifs du premier juge (CE, 29 juin 2007, Rotolo, n° 294921).

Cette règle connaît une dérogation en ce qui concerne le mémoire en défense : il ne doit être communiqué *que* s'il contient des moyens, et donc l'écrit par lequel le défendeur se borne à conclure au rejet de la requête, sans moyen de droit ou de fait, peut sans irrégularité ne pas être communiqué (CE, 14 mars 2001, Bureau, n° 204073, *Lebon* T.). Plus généralement, il n'y a pas irrégularité si la méconnaissance de l'obligation de communiquer « n'a pu préjudicier aux droits des parties »

(CE, 7 juillet 2004, Communauté d'agglomération Val-de-Garonne, n° 256398, *Lebon* T.) à condition toutefois qu'il ressorte du dossier que le juge a bien « examiné » le mémoire non communiqué (CE, 10 janvier 2007, Sauvage, n° 283384) : ainsi l'absence de communication de pièces fournies par le demandeur, et sur lesquelles le juge s'est fondé pour rejeter la demande, ne constitue pas une irrégularité (CE, 29 août 2008, Société des laboratoires IPRAD, n° 295806, *Lebon* T.).

Le principe est l'obligation de communiquer le premier mémoire du défendeur ou tout mémoire contenant des éléments nouveaux (CE, 10 octobre 2018, Société Trane, n° 400807, *Lebon* T., pour un mémoire de reprise d'instance contenant des éléments nouveaux).

Par exception à cette règle souple (et parce qu'un article législatif l'impose, à savoir l'article L. 774-3), en contentieux répressif, le mémoire en réplique de l'administration *doit* être communiqué au contrevenant, quel qu'en soit le contenu (CE, 2 avril 2003, Saurin, n° 237968, *Lebon* T.).

Naturellement, la communication des mémoires, lorsqu'elle est requise, doit laisser au destinataire un délai suffisant pour y répondre (CE, 7 avril 1993, SA Terconseil, n° 101340, irrégularité d'une communication faite trois jours seulement avant l'audience – CE, 22 janvier 2007, Commune de Saint-Nom-la-Bretèche, n° 279058).

La communication des mémoires et pièces doit normalement se faire au moyen des copies (sauf dans le cas des téléprocédures), sous réserve des dispositions des articles R. 611-5 et R. 611-6. Précaution utile, car il arrive que le défendeur égare les documents qui lui sont ainsi transmis, ce qui conduit la juridiction à prononcer sur l'affaire un peu glorieux non-lieu en l'état si elle n'a pas veillé à conserver un exemplaire des documents communiqués (voir, par exemple, CE, 22 février 1995, Tebbi, n° 81637, constatant la perte par le ministre du Travail de la demande de première instance, et de la requête d'appel).

Compte tenu de l'article R. 611-7, sont périmées les décisions dispensant le juge de communiquer un mémoire soulevant un moyen d'ordre public (CE, 20 janvier 1988, Brunaud, n° 54272).

On notera que, lorsque le juge procède à une jonction d'affaires, il n'est pas tenu de communiquer à chacune des parties tous les mémoires et pièces déposées par les autres, l'essentiel étant qu'il ne se prononce pas, s'agissant du sort de chacune des parties, sur un élément qui n'aurait pas été communiqué à cette dernière (CE, 22 mai 1996, Colosiez, n° 135746, *Lebon T.*).

Des exceptions au devoir de communication des pièces ont été créées par voie jurisprudentielle : lorsque le litige porte sur le refus de communication d'un document, le juge peut se faire communiquer ce document, sans en donner connaissance aux parties, aux fins de vérifier si, compte tenu de son contenu, il est communicable (CE sect., 23 décembre 1988, Banque de France c/Huberschwiller, n° 95310, *Lebon*, p. 464 ; *AJDA* 1989, p. 99 [1] – CE, 30 juin 1989, Ministre c/David, n° 86546, *Lebon* T. ; *AJDA* 1990, p. 47 – CE, 14 mars 2003, Kerangueven, n° 231661, *Lebon* T.). Encore doit-on noter que cette faculté ouverte au juge ne constitue une obligation « que si l'état de l'instruction ne lui permet pas de déterminer, au regard des contestations des parties, le caractère légalement communicable ou non du document » (CE, 21 avril 2017, Société FM Projet, n° 394606, *Lebon* T.).

Un raisonnement identique est suivi s'agissant de l'absence de communication d'un acte attaqué qui n'est pas publié en application de l'article 26 de la loi du 6 janvier 1978 : un tel acte peut être communiqué au juge seul si cette communication est la seule voie lui permettant d'apprécier le bien-fondé d'un moyen (CE, 31 juillet 2009, Association Aides et autres, n° 320196, *Lebon*, p. 341 – CE, 11 juillet 2016, Ministre de l'Intérieur c/Cagnolari, n° 375977, *Lebon*).

Mais ce sont les seules entorses apportées au principe du caractère contradictoire de la procédure : le Conseil d'État n'a notamment pas admis que soit opérée une autre entorse qui aurait permis au seul juge d'avoir connaissance de documents couverts par le secret lorsque leur contenu constitue le fondement d'une décision administrative attaquée (CE ass., 6 novembre 2002, Moon Sun Myung, n° 194295, *Lebon*, p. 380, confirmant CE, 11 mars 1955, Secrétaire d'État à la Guerre c/Coulon, *Lebon*, p. 149 : « Le juge administratif est tenu de ne statuer qu'au vu des seules pièces du dossier qui ont été communiquées aux parties » – CE, 28 avril 2004, Gunes, n° 251397). Pour des exemples éclairants de combinaison du secret et de la nécessité de permettre au juge de se prononcer en connaissance de cause, on pourra consulter CE, 27 février 2006, Cherney, n° 274928, *Lebon* T. [2] ou CE, 20 février 2012, Ministre de la Défense, n° 350382, *Lebon*, ou CE, 26 avril 2024, n° 465068, *Lebon T.*). Il s'ensuit que le juge doit écarter des débats toute pièce fournie par une partie, et couverte par un secret garanti par la loi (CE, 23 décembre 2016, Section française de l'Observatoire international des prisons, n° 405791, *Lebon* T.).

La loi peut également organiser une communication pour l'information des seuls juges. Ainsi de l'article L. 201 du Livre des procédures fiscales : lorsque l'administration entend convaincre le juge en produisant des éléments statistiques concernant d'autres contribuables (chiffres d'affaires, marges bénéficiaires), elle ne peut soumettre au débat contradictoire que des moyennes de chiffres d'affaires ou de revenus, de façon à respecter le secret professionnel. Mais « le tribunal administratif, s'il le demande à l'audience, reçoit pendant le délibéré, pour son intime conviction, communication intégrale en chambre du conseil de tous documents ou pièces concernant les entreprises ou personnes nommément désignées. ». On doit également faire état des articles L. 773-1 à L. 773-8, qui, s'agissant du contrôle juridictionnel des mesures de mise en œuvre de certaines techniques de renseignement, organisent au Conseil d'État des formations de jugement habilitées à connaître du secret de la défense nationale et dérogent aux exigences de la procédure contradictoire.

De tels dispositifs – à les supposer conformes tant aux exigences internationales qu'aux droits garantis par la Constitution – doivent rester isolés si l'on entend respecter les canons du procès équitable. Il n'apparaît pas qu'il en soit fait un usage immodéré !

Le respect du principe du contradictoire doit se combiner avec l'obligation, pour le juge du plein contentieux, de se prononcer d'après les circonstances de droit ou de fait applicables à la date de sa décision (CE ass., 16 février 2009, Société ATOM, n° 274000, *Lebon*). Si donc, postérieurement à l'audience, mais avant lecture de la décision, il survient de tels faits qui servent de fondement à la décision, et les parties ne pouvant plus, après l'audience, présenter de nouvelles observations orales, il appartient au juge de plein contentieux de rayer l'affaire du rôle et de rouvrir l'instruction contradictoire (CE sect., 19 novembre 1993, Brutus, n° 100288, *Lebon*). La preuve de la communication du mémoire en défense – qui peut se faire par lettre simple : voir CJA, art. R. 611-3 – ressortira du dossier, tel que le Conseil d'État l'analyse de façon fort souple (CE, 7 juillet 2008, Commune d'Haillicourt, n° 294146, *Lebon* T. – CE, 5 mars 2009, Garde des Sceaux, n° 315084, *Lebon* T. [3] – CE, 18 mai 2009, Benachour, n° 305675).

Jurisprudence

[1] Considérant, d'une part, qu'il appartient au juge administratif de requérir des administrations compétentes la production de tous les documents nécessaires à la solution des litiges qui lui sont soumis à la seule exception de ceux qui sont couverts par un secret garanti par la loi ; que, d'autre part, si le caractère contradictoire de la procédure exige la communication à chacune des parties de toutes les pièces produites au cours de l'instance, cette exigence est nécessairement exclue en ce qui concerne les documents dont le refus de communication constitue l'objet même du litige [...].

[2] Considérant que si, conformément au principe du caractère contradictoire de l'instruction, le juge administratif est tenu de ne statuer qu'au vu des seules pièces du dossier qui ont été communiquées aux parties, il lui appartient, dans l'exercice de ses pouvoirs généraux de direction de la procédure, de prendre toutes mesures propres à lui procurer, par les voies de droit, les éléments de nature à lui permettre de former sa conviction sur les points en litige [...] sans porter, directement ou indirectement, atteinte aux secrets garantis par la loi ou imposés par des considérations tenant à la sûreté de l'État, à la défense et à la sécurité publique [...].

[3] Considérant que si le ministre de la Justice soutient devant le Conseil d'État n'avoir pas reçu ce mémoire, alors qu'il est fait mention de cette communication sur la fiche de suivi de la requête figurant au dossier du tribunal, il lui était loisible par l'accès au système informatique de suivi de l'instruction qui lui avait été fourni de vérifier l'état de la procédure à tout moment, notamment au reçu de l'avis d'audience, et de s'aviser alors qu'un mémoire avait été produit, cette consultation le mettant à même de demander au greffe du tribunal de procéder, le cas échéant, à un nouvel envoi ; qu'il ressort des mentions du jugement attaqué que le rapporteur a présenté publiquement à l'audience, à laquelle le ministre de la Justice avait la faculté de se faire représenter, en application de l'article R. 731-3 du même code, le rapport dans lequel sont mentionnées les productions des parties ; qu'il ne ressort d'aucun élément au dossier que le ministre de la Justice aurait contesté, comme il pouvait le faire en application de l'article R. 731-3, dans une note en délibéré, avoir reçu communication du mémoire en défense de Mlle Perrier ; qu'ainsi, dans les circonstances de l'espèce, cette communication doit être regardée comme ayant été effectuée [...].

La copie des mémoires

Art. R. 611-1-1 Les mémoires complémentaires à la requête et les mémoires en défense doivent être accompagnés d'une copie, sous peine d'être écartés des débats après invitation à régulariser non suivie d'effet.

La production des pièces qui y sont jointes est soumise aux dispositions des articles R. 412-2 et R. 412-2-1.

Texte source

– Décret n° 2019-82 du 7 février 2019, article 28.

Commentaires

Les utilisateurs de « Télérecours » sont dispensés de cette production (CJA, art. R. 414-9 et R. 611-8-7).

Le représentant unique des défendeurs

Art. R. 611-2 Sauf s'il est signé par l'un des mandataires mentionnés à l'article R. 431-2, le mémoire en défense ou en intervention présenté par plusieurs personnes physiques ou morales doit comporter, parmi les signataires, la désignation d'un représentant unique.

À défaut, le premier dénommé est avisé par le greffe qu'il est considéré comme le représentant mentionné à l'alinéa précédent, sauf à provoquer de la part des autres signataires, qui en informent la juridiction, la désignation d'un autre représentant unique choisi parmi eux.

La production d'un mémoire en défense ou en intervention au moyen d'une des applications mentionnées aux articles R. 414-1 et R. 414-6, emporte désignation de la personne qui l'a produit comme représentant unique.

Lorsqu'un mémoire en défense ou en intervention est signé par un mandataire, les actes de procédure sont accomplis à son égard à l'exception de la notification de la décision prévue aux articles R. 751-1 à R. 751-4.

Lorsqu'un mémoire en défense ou en intervention est présenté par plusieurs personnes physiques ou morales, tous les actes de la procédure sont accomplis à l'égard du représentant unique mentionné aux premier, deuxième et troisième alinéas.

Textes sources

– Code des TA et des CAA, article R. 138-1.
– Décret n° 2016-1480 du 2 novembre 2016, article 15.
– Décret n° 2018-251 du 6 avril 2018, article 5.

Commentaires

Voir également l'article R. 421-1.

Cet article opère une extension opportune aux défendeurs et intervenants multiples de l'obligation de représentant unique, posée pour les demandeurs par l'article R. 411-5.

On note que, si un mandataire est intervenu, la notification de la décision juridictionnelle doit être faite à ses mandants, alors que la règle inverse prévaut en cas de représentant unique, qui recevra seul cette notification. Ces dispositions apparemment purement techniques peuvent avoir de redoutables conséquences s'agissant du démarrage des délais d'appel ou de cassation... Depuis 2018, le dépôt d'une requête collective d'un mémoire en défense collectif par Télérecours emporte désignation de celui qui l'a introduit comme représentant unique.

Les modalités de notification

Art. R. 611-3 Les décisions prises pour l'instruction des affaires sont notifiées aux parties, en même temps que les copies, produites en exécution des articles R. 411-3 et suivants et de l'article R. 412-2, des requêtes, mémoires et pièces déposés au greffe. La notification peut être effectuée au moyen de lettres simples.

Toutefois, il est procédé aux notifications de la requête, des demandes de régularisation, des mises en demeure, des ordonnances de clôture, des décisions de recourir à l'une des mesures d'instruction prévues aux articles R. 621-1 à R. 626-3 ainsi qu'à l'information prévue à l'article R. 611-7 au moyen de lettres remises contre signature ou de tout autre dispositif permettant d'attester la date de réception.

Les notifications des requêtes et mémoires mentionnent qu'en cas d'inobservation du délai imparti pour produire en application de l'article R. 611-10 ou de l'article R. 611-17, l'instruction pourra, sans mise en demeure préalable, être close dans les conditions prévues aux articles R. 613-1 et R. 613-2.

Textes sources

- Code des TA et des CAA, article R. 139.
- Décret n° 2001-710 du 31 juillet 2001, article 7-II.
- Décret n° 2005-1586 du 19 décembre 2005, article 9-I.

Commentaires

L'obligation de notification aux parties des « décisions prises pour l'instruction des affaires » n'implique pas que toutes les parties reçoivent notification de l'acte par lequel la juridiction effectue auprès de l'une d'elles un supplément d'instruction, à la condition, évidemment, que les éléments produits à la suite de cette mesure soient portés à la connaissance de toutes les parties (CE, 24 novembre 2006, Baillet, n° 256313, *Lebon*).

Le texte tente de distinguer les notifications qui doivent nécessairement être faites par voie de lettre remise contre signature ou de tout autre dispositif permettant d'attester la signature, de celles qui peuvent l'être par lettre simple.

La télécopie n'a pas encore trouvé place dans le code même si la jurisprudence a eu l'occasion de l'accepter (voir les commentaires sous l'article R. 411-1 pour le dépôt de la requête et sous l'article R. 711-2 en ce qui concerne la notification de l'avis d'audience), mais la trouvera lorsque les techniques permettront de garantir la date de réception : le texte nouveau est ainsi conçu avec assez de souplesse pour s'adapter soit à des évolutions techniques (téléprocédures) soit à des systèmes originaux (regroupement des courriers destinés à la préfecture, et remise de ces courriers, par porteur, contre reçu). L'objectif est ici double. D'une part, l'application de la loi organique relative aux lois de finances (LOLF) a pour effet que les dépenses d'affranchissement relèvent désormais de la catégorie des crédits « limitatifs » et non plus évaluatifs. Il était donc impératif de revoir le dispositif « postal » du code de façon à faire la place à des procédés moins coûteux que la sempiternelle lettre recommandée avec accusé de réception. D'autre part, l'effort de réflexion mené à cette occasion a permis de définir l'objectif des méthodes de notification (« attester la date de réception ») sans se lier à un mode déterminé, ce qui ferme la voie à des moyens toujours irritants tirés de ce que la juridiction n'aurait pas utilisé « le » mode défini par le code. Ce texte nouveau s'inspire de jurisprudences souples rendues en matière de notification de jugements (CE, 1er février 1995, Navarro, n° 142936, *Lebon* T. – CE, 27 mars 2000, Leroy, n° 196836, *Lebon*).

On rappelle la grande souplesse mise par le Conseil d'État dans la recherche de la preuve de la réception d'un envoi par lettre simple (voir CJA, art. R. 611-1 et, entre autres : CE, 18 mai 2009, Benachour, n° 305675). Ainsi, le Conseil d'État a-t-il estimé que la communication pouvait être regardée comme effectuée « dès lors que le requérant ou son mandataire a eu accès au système informatique de suivi de l'instruction, lui permettant de vérifier l'état de la procédure à tout moment, notamment au reçu de l'avis d'audience » (CE, 8 avril 2013, Lacontre, n° 351136), ou encore au moyen de lettres remises contre signature ou par tout autre dispositif permettant d'attester la date de réception (CE, 22 juillet 2016, d'Huyvetter, n° 397237, *Lebon* T.) Le dernier alinéa, nouveau, se réfère à l'utilisation de l'ordonnance de clôture aux fins de faire produire sa défense par un défendeur négligent. Ce dernier doit désormais savoir que, s'il ne respecte pas le délai de réponse qui lui est imparti, il pourra, sans autre détour de procédure, et notamment sans mise en demeure, se heurter à une ordonnance de clôture de l'instruction au terme de laquelle ses productions deviendront irrecevables. C'est du même coup donner plus de poids au délai indiqué dans la notification.

La notification par voie administrative

Art. R. 611-4 La notification peut également être effectuée dans la forme administrative. Il est donné récépissé de cette notification et, à défaut de récépissé, il est dressé procès-verbal de la notification par l'agent qui l'a faite. Le récépissé ou le procès-verbal est transmis immédiatement au greffe.

Texte source

– Code des TA et des CAA, article R. 140.

Commentaires

La notification par voie administrative apparaît exceptionnelle. L'article R. 611-4 implique d'évidence que le responsable de la notification puisse donner des instructions à des agents administratifs ayant la capacité de procéder à la notification administrative. L'ancien texte en disposait expressément, qui prévoyait que le magistrat instructeur « désigne l'agent chargé de la notification ». La portée, devenue implicite, du texte nouveau ne nous paraît à cet égard pas différente. Il reste que les agents concernés (ou leurs supérieurs) méconnaissent parfois cette prérogative du magistrat.

La notification des copies et pièces

Art. R. 611-5 Les copies, produites en exécution de l'article R. 412-2, des pièces jointes à l'appui des requêtes et mémoires sont notifiées aux parties dans les mêmes conditions que les requêtes et mémoires. Lorsque le nombre, le volume ou les caractéristiques des pièces jointes font obstacle à la production de copies, l'inventaire détaillé de ces pièces est notifié aux parties qui sont informées qu'elles-mêmes ou leurs mandataires peuvent en prendre connaissance au greffe et en prendre copie à leurs frais.

Texte source

– Code des TA et des CAA, article R. 141, § 1.

Commentaires

Voir les commentaires sous l'article R. 611-6.

La communication des pièces au Conseil d'État

Art. R. 611-5-1 Au Conseil d'État, lorsque leur nombre, leur volume ou leurs caractéristiques font obstacle à la production de copies des pièces jointes, les pièces sont communiquées aux parties au secrétariat du contentieux ou à la préfecture.

À l'expiration du délai assigné aux ministres et aux parties pour la production des défenses et observations, le Conseil d'État peut statuer au vu desdites pièces.

Les avocats des parties peuvent prendre communication des productions de pièces, au secrétariat, sans frais.

Texte source

– Décret n° 2019-82 du 7 février 2019, article 29.

Commentaires

Voir les commentaires sous l'article R. 611-6.

Le déplacement des pièces

Art. R. 611-6 Le président de la juridiction ou, au Conseil d'État, le président de la chambre chargée de l'instruction peut autoriser le déplacement des pièces, pendant un délai qu'il détermine, dans une préfecture ou une sous-préfecture, ou au greffe d'une autre juridiction administrative.

En cas de nécessité reconnue, il peut également autoriser la remise momentanée de ces pièces, pendant un délai qu'il fixe, entre les mains des avocats des parties ou des représentants des administrations.

Textes sources

– Code des TA et des CAA, article R. 141, § 2 et 3.
– Décret n° 2012-634 du 3 mai 2012, article 21.
– Décret n° 2016-899 du 1er juillet 2016, article 1er.

Commentaires

Le défaut de communication de pièces ne vicie la décision que si elle s'est fondée sur ces pièces (CE, 27 juillet 2005, Belin, n° 228554, *Lebon* T.). Et cette irrégularité n'est utilement invocable que par celui dont le moyen a été écarté au vu des pièces non communiquées (même arrêt).
Lorsque le volume, le nombre ou les caractéristiques des pièces justifient qu'elles ne soient pas communiquées par envoi de copies, chaque partie doit impérativement être avisée par la juridiction des différentes productions versées au dossier (CE, 23 mai 1990, Lodde, n° 82400 [1] – CE, 16 juin 1995, Commune de Savigny-le-Temple, n° 114957, *Lebon*).
Les pièces de procédure n'étant pas assimilées à des documents administratifs visés par la loi n° 78-753 du 17 juillet 1978 (codifiée au sein du Code des relations entre le public et l'administration), la question se posera de savoir comment se détermineront les « frais » des copies (voir également CJA, art. R. 751-7).
L'accès aux pièces du dossier, et plus généralement au dossier (que les copies des pièces aient ou non été adressées aux parties) est évidemment un élément fondamental du caractère contradictoire de la procédure, mais il convient de ne pas en abuser : le droit d'accès au dossier ne saurait retarder le jugement de l'affaire (CE, 14 février 1990, Élections municipales de Misy-sur-Yonne, n° 108266, *Lebon* T. [2]).

Jurisprudence

[1] Considérant qu'en vertu des dispositions des articles R. 85, R. 105 et R. 110 du code des tribunaux administratifs applicable à la date du jugement attaqué, les requêtes introductives d'instance, les mémoires en défense et les répliques sont communiqués aux parties ; qu'en revanche, en ce qui concerne les autres pièces de la procédure, l'article R. 109 du même code prévoit que les parties ou leurs mandataires peuvent en prendre connaissance au bureau central du greffe, sans déplacement ; que cette dernière prescription ne peut produire son entier effet et donner à la procédure un caractère pleinement contradictoire que si chaque partie est avisée par le tribunal administratif des différentes productions versées au dossier [...].

[2] Considérant que M. Chereau ayant sollicité l'accès au dossier alors que le début de l'audience au rôle de laquelle l'affaire était inscrite était imminent, le greffe du tribunal administratif a pu, dans les circonstances de l'espèce, refuser sa demande de communication sans commettre d'irrégularité [...].

La communication des moyens d'ordre public

Art. R. 611-7 Lorsque la décision lui paraît susceptible d'être fondée sur un moyen relevé d'office, le président de la formation de jugement ou le président de la chambre chargée de l'instruction en informe les parties avant la séance de jugement et fixe le délai dans lequel elles peuvent, sans qu'y fasse obstacle la clôture éventuelle de l'instruction, présenter leurs observations sur le moyen communiqué.

Les dispositions du présent article ne sont pas applicables lorsqu'il est fait application des dispositions des articles R. 122-12, R. 222-1, R. 611-8 ou L. 822-1.

Textes sources

– Décret n° 63-766 du 30 juillet 1963, article 54-1.
– Code des TA et des CAA, article R. 153-1.
– Décret n° 2016-899 du 1er juillet 2016, article 1er.
– Décret n° 2019-82 du 7 février 2019, article 30.

Commentaires

I – Le principe

Le texte de l'article R. 611-7 s'inspire assez étroitement de l'article 16 du Code de procédure civile dans sa rédaction résultant du décret n° 81-500 du 12 mai 1981 (le juge « ne peut fonder sa décision sur les moyens de droit qu'il a relevés d'office sans avoir au préalable invité les parties à présenter leurs observations »).

Cette disposition a longtemps été regardée comme n'étant pas la transcription d'un principe qui lui serait supérieur : le principe du caractère contradictoire de la procédure, avait-il été jugé, ne trouve pas application lorsque le juge administratif se prononce sur les moyens qu'il doit examiner d'office (CE, 22 juillet 1992, Demange, n° 111267 – CE sect., 5 avril 1996, Syndicat des avocats de France, n° 116594, *Lebon* – CE, 18 février 2004, Ministre des Affaires sociales, n° 250707, *Lebon* T.). Au demeurant, sa méconnaissance par la juridiction ne constitue pas un moyen d'ordre public que le juge d'appel ou de cassation relève d'office (CE, 28 juillet 2000, Commune de Port-Vendres, n° 198318, *Lebon*).

On note cependant une évolution en la matière, dont témoigne par exemple la décision Ahmad (CE, 14 mars 2011, Ahmad, n° 329909), qui impose que les parties devant la Cour nationale du droit d'asile (CNDA) soient averties de ce que cette dernière envisage de relever d'office un moyen d'ordre public ; or la CNDA n'est pas régie par le Code de justice administrative (voir commentaire sous l'article L. 1). Cette décision pourrait et devrait s'interpréter comme reconnaissant désormais à la disposition énoncée à l'article R. 611-7 la valeur d'une règle générale de procédure.

Voisin de l'article R. 611-7 est le dispositif applicable lorsque le juge fait usage d'une jurisprudence nouvelle modifiant le terrain du litige (en l'espèce, passage de la responsabilité quasi délictuelle à la responsabilité contractuelle, appliquant une règle de droit nouvelle issue de l'arrêt *Commune de Béziers* du 28 décembre

2009, n° 304802, dont les parties n'avaient pas été mises à même de discuter) : il lui faut, au nom de la loyauté du procès, prévenir les parties et recueillir leurs observations éventuelles (CE sect., 19 avril 2013, Chambre de commerce d'Angoulême, n° 340093, *Lebon* ; *JCP A*, 2 septembre 2013, p. 41 ; 16 septembre 2013, p. 32), sauf si antérieurement à la jurisprudence nouvelle, les parties ont pu débattre sur le terrain juridique sur lequel se situait le litige (CE, 1er octobre 2024, n° 469776, *Lebon* T., s'agissant de la décision du Conseil d'État : CE 26 juillet 2022, n° 437765, relative au permis de construire modificatif).

On note que les procédures de référé sont soumises à cet article, qu'il s'agisse des référés précontractuels (CE sect., 2 octobre 1996, SARL Entreprise générale d'électricité Noël-Béranger, n° 160361 *Lebon*, p. 379), des référés contractuels (l'obligation d'avertissement est d'ailleurs, pour ces référés, inscrite dans la loi), des référés d'urgence (CJA, art. R. 522-9) ou des référés-provision (CE, 14 juin 2006, Société France Télécom Marine, n° 282317, *Lebon* T.) ;

L'exigence de communication des moyens d'ordre public s'applique aux contentieux des questions préjudicielles : lorsque le juge administratif, saisi par l'autorité judiciaire d'une question préjudicielle, se trouve en présence d'un acte de saisine n'énonçant aucun moyen motivant le renvoi, il examine tous les moyens qui lui sont présentés par les parties, même s'il n'en a pas été question devant le juge judiciaire (CE sect., 17 octobre 2003, Bompard, n° 244521, *Lebon*, p. 403), auxquels il lui appartient d'ajouter les moyens d'ordre public, mais dans ce cas en respectant les obligations de l'article R. 611-7 (CE, 19 janvier 2011, Auguste, n° 337870, *Lebon*).

II – Les modalités d'application

Un moyen relevé d'office suppose qu'il ne soit pas en débat (CE, 9 avril 2014, Société Copalex, n° 357168, *Lebon* T., pour une irrecevabilité évoquée par l'auteur de la requête).

L'identité de la personne qui délivre l'avertissement mentionné à l'article R. 611-7 est relativement peu importante, pourvu évidemment que ce dernier émane d'un magistrat (cour ou tribunal) ou d'une collégialité de magistrats (Conseil d'État). Et, dès lors que le chef de juridiction est, selon les termes mêmes du code, le juge des référés, il est à même de délivrer l'avertissement dont s'agit, quand bien même ce ne sera pas lui qui jugera le référé (CAA Bordeaux, 28 novembre 2002, Chassagnard).

L'article R. 612-1 précise, ce qui avait été implicitement jugé (CE, 16 février 1994, Territoire de la Nouvelle-Calédonie, n° 108665), que l'envoi de l'invitation à régulariser tient lieu de l'information prévue à l'article R. 611-7, précision utile dès lors que cette invitation ne doit être adressée que si l'irrégularité est relevée d'office. Cette assimilation est toutefois strictement subordonnée à ce que, comme le prescrit d'ailleurs l'article R. 612-1, un délai pour régulariser ait été imparti à la partie concernée, faute de quoi l'invitation à régulariser ne vaut pas avertissement de l'article R. 611-7 (CE, 13 juillet 2016, Delhaye, n° 388803).

Lorsqu'il y a matière à communication, elle doit être donnée à toutes les parties, y compris donc à celle susceptible de bénéficier du moyen d'ordre public, bon exemple de ce que les règles de procédure ne sont pas instituées au bénéfice d'une

partie (CE, 27 avril 1994, Koenig, n° 139285). Cet avertissement n'appelle pas de la part de son auteur qu'il « explicite les motifs, de fait ou de droit, qui sont susceptibles de conduire la formation de jugement à fonder sa décision sur un moyen relevé d'office » (CE, 21 décembre 1994, SARL La Flotte française, préc.). A ainsi été jugée suffisante la formule suivante décrivant un moyen : « application des dispositions de l'article R. 229 alinéa 1 du Code des tribunaux administratifs et des cours administratives d'appel [devenu R. 811-2] » (même arrêt). Mais l'avertissement doit être suffisamment précis pour informer valablement les parties. Ont été jugées insuffisantes les expressions « moyen relevé d'office tiré du champ d'application de la loi » (CE, 25 octobre 1996, Préfet du Morbihan, n° 143362, *Lebon*, p. 413) ou encore « la décision contestée aurait pu être prise sur le fondement d'un autre texte que celui dont la méconnaissance est invoquée » (CE, 12 mars 2012, Mirmiran, n° 343209) ou « moyen d'ordre public tiré de l'irrecevabilité des conclusions de la requête » (CE, 25 septembre 1995, Association des licenciés [...], n° 153191, *Lebon*, p. 976).
L'avertissement d'autre part doit porter invitation au dialogue, son auteur devant impérativement (CE, 25 septembre 1995, Association des licenciés [...]) fixer un délai dans lequel les parties peuvent présenter leurs observations (délai devant, selon la formule consacrée, être « raisonnable », de l'ordre de huit jours au moins), sauf à rappeler ou mentionner la date de l'audience, regardée comme marquant le terme de ce délai. Telle est bien la lecture faite par le Conseil d'État (CE sect., 30 octobre 1992, Ministre des Affaires étrangères c/Association de sauvegarde du site Alma-Champ-de-Mars, n° 140220 [1], *Lebon*, p. 384 – CE, 4 juillet 2012, Département de Saône-et-Loire, n° 356168) : de telles dispositions « sont destinées à provoquer un débat contradictoire sur les moyens que le juge doit relever de sa propre initiative », ce pourquoi il doit, le cas échéant, radier l'affaire du rôle s'il s'avise trop tard de ces moyens. Il en ira de même si le moyen d'ordre public apparaît après clôture de l'instruction, tel étant le cas de la promulgation d'une loi de validation, postérieure à cette clôture, cette loi conduisant à écarter un moyen (CE, 29 novembre 2000, Arvanitakis, n° 197551). Naturellement, si, finalement, la décision juridictionnelle ne se fonde pas sur le moyen dont communication a été donnée aux parties, il est inopérant de discuter des conditions dans lesquelles cet avertissement a été donné (CAA Nancy, 1er juin 1994, Cuignet, n° 93NC00681). Il en va de même si les parties ont présenté, sur le moyen d'ordre public, des observations écrites (et pas seulement orales) : alors même que le document qui leur a été adressé ne fixait aucun délai et ne mentionnait pas la date d'audience, la procédure est régulière (CE, 29 avril 2015, Lacoste, n° 382322).
L'article R. 611-7 organise un dialogue bilatéral entre le juge et chacune des parties. N'ont donc pour effet de rouvrir l'instruction ni la lettre d'information des parties, ni la communication des observations en réponse, y compris dans le cas où, par l'argumentation qu'elle développe, une partie doit être regardée comme ayant expressément repris le moyen énoncé par le juge et soulevé ainsi un nouveau moyen (CE, sect., 25 janvier 2021, Lebret et autres, n° 425539, *Lebon*). Mais, si des observations sont produites par les parties en réponse à l'information adressée par le juge, elles doivent être communiquées aux autres parties, même après clôture d'instruction (CE, 6 janvier 2023, n° 449405, *Lebon* T.), la partie

ayant produit les observations pouvant utilement invoquer cette irrégularité (CAA Nantes, 6 juin 2025, n° 23NT01339). En matière de référés d'urgence, l'obligation pesant sur la juridiction a été adaptée à la nécessité d'aller vite : ainsi l'article R. 522-9 prévoit-il que « l'information des parties prévue à l'article R. 611-7 peut être accomplie à l'audience ».

III – Les exceptions

Le second alinéa pose plus précisément que ce n'était le cas dans l'ancien texte, une règle d'exception lorsqu'il est effectivement fait application soit des articles R. 122-12 ou R. 222-1 (rejet par ordonnance), soit de l'article R. 611-8 (dispense d'instruction) ou de l'article L. 822-1 (rejet d'un pourvoi en cassation par la procédure d'admission des pourvois). Le juge peut rejeter par ordonnance pour irrecevabilité manifeste le recours présenté au-delà du délai raisonnable sans avoir, même si l'instruction est ouverte, l'obligation de communiquer aux parties ce moyen relevé d'office (CE, 10 février 2020, Maillard, n° 429343, *Lebon* T.), alors pourtant que la jurisprudence *Czabaj* (CE ass., 13 juillet 2016, n° 387763, *Lebon*, p. 340) réserve les circonstances particulières, un rejet est loin d'être « manifeste ». L'ancien texte faisait état des cas « mentionnés » aux articles correspondants, de telle sorte que l'on pouvait se demander si l'exception pourrait jouer si les conditions de jeu de ces articles étaient réunies, sans que pour autant il en ait été fait application. La question avait été tranchée, au moins implicitement, dans le sens du texte actuel par diverses décisions. Par arrêt du 3 mars 1993 (CE ass., 3 mars 1993, Ministre de l'Équipement c/Commune de Saint-Germain-en-Laye, n° 115073, *Lebon*, p. 60), un jugement a été annulé pour avoir méconnu les obligations de cet article, alors qu'il s'était fondé sur une irrecevabilité insusceptible d'être couverte (en l'espèce le caractère préparatoire de la décision attaquée), élément qui aurait autorisé le recours à une ordonnance, qui n'avait pas été choisi. Identiquement, par décision du 3 décembre 1993 (CE, 3 décembre 1993, Département de l'Eure, n° 137417), a été annulé un jugement ayant prononcé un non-lieu sans que les parties aient été préalablement averties ; là encore le président aurait pu procéder par ordonnance, mais ne l'avait pas fait. Enfin, par décision du 21 décembre 1994 (CE, 21 décembre 1994, SARL La Flotte française, n° 137488, *Lebon* T.) était expressément confirmée la régularité d'un arrêt sanctionnant une tardiveté après avoir respecté les exigences de cet article, alors que, là encore, étaient réunies les conditions du recours à l'ordonnance.

Quatre situations, par ailleurs, – outre les rejets des demandes de référés d'urgence prononcés en application de l'article L. 522-3 : voir art. R. 522-10 –, échappent à l'obligation définie à l'article R. 611-7 :

– compte tenu de la brièveté des délais tant de recours que de jugement, les recours dirigés contre les arrêtés préfectoraux de reconduite des étrangers à la frontière « doivent être regardés comme exclus du champ d'application des dispositions de l'article R. 153-1 [devenu R. 611-7] » (CE, 6 juillet 1994, Préfet du Pas-de-Calais, n° 159288, *Lebon* – CE, 1er février 1995, Serhoual, n° 150194, *Lebon* T.). Mais ce n'est pas le cas des procédures d'appel concernant ces recours ;

– une intervention peut être rejetée comme irrecevable sans information préalable, l'intervenant n'étant pas une « partie », et ce rejet étant dépourvu d'influence sur

la solution du litige opposant les parties (CE, 22 juin 1992, Commune de Rothau, n° 65142, *Lebon* T. – CE, 25 mai 1994, G…, n° 140157) ;
– le constat de l'incompétence du juge saisi au sein de la juridiction administrative, et la transmission du dossier au Conseil d'État ou à la bonne juridiction, via le cas échéant le président de la section du contentieux, même lorsqu'ils ne s'opèrent pas par ordonnance, sont regardés comme ne statuant pas sur le litige, et n'appellent donc pas d'avertissement des parties, bien que le moyen tiré de cette incompétence soit d'ordre public (CE, 16 octobre 1992, Établissement Feugas-Petriat, n° 130367, *Lebon* T.) ;
– une amende (voir CJA, art. R. 741-12) peut être prononcée sans avertissement préalable, son infliction ne constituant pas l'application d'un moyen d'ordre public soulevé d'office (CE, 11 mai 1994, Bertin, n° 141235).

IV – Des incertitudes

Plusieurs incertitudes demeurent.
En premier lieu, on ne dispose pas d'une définition précise de ce qu'est un « moyen relevé d'office ». Il ne faut pas le confondre avec un moyen d'ordre public. Méconnaît ainsi l'article R. 611-7 le tribunal qui, soulevant d'office un moyen qui n'était pas d'ordre public, n'en a pas prévenu les parties (CE, 2 octobre 1996, Département des Yvelines c/Keromnès, n° 154324).
Il convient d'autre part de départager avec soin les moyens des questions. Ainsi, la détermination de la charge de la preuve est une question, que le juge (notamment fiscal) doit trancher d'office. Ce n'est pas pour autant un moyen, et il ne paraît pas qu'il faille appliquer l'article R. 611-7 à ce sujet (CE, 5 mars 1999, Valeri, n° 140779, *Lebon*). Il en va de même des cas dans lesquels le juge, d'office, refuse de faire bénéficier une partie du texte qu'elle invoque, expressément ou implicitement, parce que les conditions prévues par celui-ci ne sont pas remplies (CE, 15 octobre 1999, Wolff, n° 198204, *Lebon* T. – CE, 27 octobre 2000, Centre hospitalier Sainte-Catherine de Saverne, n° 178391, *Lebon* T. [2]) ou parce que ce texte est inapplicable (CE, 14 mars 2001, Bureau, n° 204073, *Lebon* T.). Ainsi en est-il du refus de condamner, au titre de l'article L. 761-1, une personne qui n'est pas « partie » (CE, 25 mai 2005, Fouque, n° 265267, *Lebon* T.). À l'inverse, si le juge d'appel relève d'office l'inopérance du moyen retenu par le tribunal pour faire droit à une demande, il lui faut en informer préalablement les parties (CE, 24 avril 2013, Fehri, n° 354575, *Lebon* T.).
N'appelle pas non plus application de l'article R. 611-7 le refus de prescrire la capitalisation des intérêts faute pour eux d'avoir couru pendant un an. Ou encore le fait de reconnaître un caractère éventuel à un préjudice (CE, 6 octobre 1999, SARL CMED, n° 183722) ou de constater l'absence d'un préjudice (CE, 2 avril 1971, Ministre de la Santé c/Marchand, n° 79277, *Lebon*, p. 273) ou de dénier un lien de causalité directe entre un agissement administratif et un préjudice (CE, 26 mars 2003, Santinacci, n° 244533, *Lebon*, p. 151) ou encore de caractériser une victime de « tiers » par rapport à un ouvrage public (CE, 9 février 2000, Commune de Fresnes, n° 179667, *Lebon*) et plus généralement de qualifier les situations sur lesquelles le juge est appelé à se prononcer (CE, 18 octobre 2002, Segui, n° 216736, *Lebon* T.). Refuser ainsi de faire droit à une requête en responsabilité au motif

que les requérantes ne justifiaient pas d'un préjudice parce qu'elles n'étaient pas propriétaires du bien lésé est pour le juge constater que n'est pas remplie l'une des conditions d'engagement de la responsabilité de l'administration, non soulever d'office un moyen (CE, 30 novembre 2005, Guitard, n° 269546, *Lebon* T.). Identiquement relève de l'office du juge la mission de qualifier les conclusions dont il est saisi : ainsi, dire si des conclusions constituent un appel principal, incident ou provoqué n'est pas relever d'office un moyen d'ordre public (CE, 3 février 2012, Société Axa-France-IARD, n° 342248).

À l'inverse, le fait pour le juge d'écarter d'office un moyen comme irrecevable a été regardé comme soumis à l'article R. 611-7, alors pourtant que ce faisant le juge pourrait ne pas être considéré comme « relevant d'office » un moyen (CE, 14 février 1997, Chartier, n° 152641, *Lebon*). Mais une décision *Siano* (CE, 8 février 1999, Siano) apporte un tempérament à cette position : le juge peut rejeter sans en prévenir par avance les parties un moyen fondé sur une cause juridique nouvelle – qualifié de demande nouvelle –, lorsqu'il est soulevé après inscription au rôle. Jurisprudence à combiner avec celle qui ne permet pas, sans avertissement des parties, de rejeter comme irrecevables des conclusions présentées pour la première fois en appel (CE, 16 mai 2007, Aquila, n° 281195). Plus généralement, le fait pour le juge d'écarter un moyen qui lui paraît infondé ne consiste pas à relever d'office un moyen (CE, 31 mars 2014, Union syndicale du Charvet, n° 360904, *Lebon* T.). Même solution pour le fait d'écarter un moyen inopérant sauf en appel si le premier juge a retenu le moyen comme fondé (CE, 3 août 2011, Craeye, n° 326754, *Lebon* T.).

Quant au fait pour le juge d'opérer une substitution de base légale, après avoir jugé qu'il n'appelle pas la mise en œuvre de l'article R. 611-7 (CE sect., 5 mai 1995, Burruchaga, n° 155820, *Lebon*), le Conseil d'État a arrêté la position inverse (CE sect., 3 décembre 2003, Préfet de la Seine-Maritime c/El Bahi, 240267). De même le juge qui se fonde sur une situation de compétence liée qui ne ressort pas des motifs de la décision attaquée a l'obligation de communiquer ce motif (CE, 15 décembre 2016, Commune de Saint-Denis d'Oléron, n° 389141, *Lebon* T.).

Le juge ne peut prononcer d'office une subrogation, pour éviter un enrichissement de la victime, sans procéder à l'information requise par cet article (CE, 28 juillet 1999, Fonds d'indemnisation des transfusés et hémophiles, n° 179656, *Lebon* T.).

Plus généralement, lorsque le juge se borne à exercer son office, et à faire ce qu'impose sa saisine, il n'a pas à prévenir les parties de ses démarches, ne soulevant ainsi d'office aucun moyen.

La détermination de l'office du juge, et sa distinction d'avec les moyens relevés d'office, n'est pas toujours évidente. D'autant moins que la méconnaissance de son office par le juge, s'agissant d'une erreur sur la nature du recours, peut être d'ordre public en appel (CE avis, 25 mai 2023, n° 471035, *Lebon*) et en cassation (CE, 27 avril 2007, n° 274992, *Lebon* T., p. 706-1034-1046). En témoignent des hésitations jurisprudentielles.

L'office du juge commence, pour ce dernier, par la vérification de ce qu'il détient les pouvoirs de faire ce qu'on lui demande. Effectuant cette vérification, il n'est pas tenu de prévenir les parties de ses conclusions, même si elles conduisent au rejet de la demande (CE, 14 février 2003, Fouzi, n° 254185, *Lebon* T. [3]). Encore cette règle n'est-elle pas constante : le moyen, d'ordre public, tiré de ce que le juge du contrat n'a pas normalement le pouvoir de prononcer l'annulation de mesures prises par un contractant, ne peut être relevé d'office sans que les parties en soient préalablement informées (CE, 21 février 2003, Entreprise Jean Lefebvre, n° 220524, *Lebon* T.).

Il a par ailleurs d'abord été décidé que le juge électoral, saisi par la contestation de quelques bulletins, de la question de la validité de l'ensemble des bulletins joints au dossier, n'a pas à prévenir les parties de ce qu'il va les examiner (CE, 5 juin 1996, Élections de Jouy-le-Potier, n° 173869, *Lebon* T.), avant que ne soit arrêtée la position contraire (CE sect., 10 juillet 2002, Élections municipales de Piré-sur-Seiche, n° 235736), laquelle, il faut le remarquer, ne se fonde pas sur une interprétation de l'article R. 611-7, mais sur « le principe du caractère contradictoire de la procédure ».

Si d'ailleurs l'office du juge est déterminé par un texte spécial, tel étant le cas d'une loi de validation dont le juge doit d'office tirer les conséquences, les parties doivent en être prévenues (CE, 29 novembre 2000, Arvanitakis, n° 197551, *Lebon* T.).

En tout cas, relève de l'office du juge, et échappe à la règle énoncée à l'article R. 611-7, le soin de tirer les conclusions, au regard du litige, de ce qu'il a décidé sur un moyen : estimer, notamment, après avoir reconnu l'illégalité d'un motif, que l'administration aurait pris la même décision au vu d'un motif non illégal, ayant lui-même fait l'objet d'un débat, n'appelle pas communication d'un moyen d'ordre public (CE, 14 janvier 2005, Nurdin, n° 253519, *Lebon* T.), à la différence du cas de la substitution d'un motif légal à ceux, illégaux, que l'administration a retenus (CE sect., 6 février 2004, Hallal, n° 240560, *Lebon*). La substitution de motifs d'une décision administrative est à distinguer de la substitution de motifs d'une décision juridictionnelle qui peut être faite sans information des parties (CE, 2 octobre 2017, Solana, n° 399753, *Lebon* T.). Dans certains cas, il suffit que le juge déplace le débat contentieux sur un autre terrain pour déclencher l'application de l'article R. 611-7. Il en va ainsi pour l'irrecevabilité d'un recours exercé au-delà d'un délai raisonnable contre une décision individuelle dont son destinataire a eu connaissance (CE ass., 13 juillet 2016, Czabaj, n° 387763, *Lebon*) nonobstant l'existence d'une fin de non-recevoir fondée sur la tardiveté de la requête (CE, 28 mars 2018, Maître Depreux, n° 410552, *Lebon* T.).

En second lieu, lorsque les parties ont produit des observations le juge a l'obligation d'en prendre connaissance et de les viser sans être tenu de les analyser (CE, 28 décembre 2018, Association du Vajra Triomphant Mandarom Aumisme, n° 402321, *Lebon* T.). C'est le cas lorsque les observations sont accompagnées d'une demande de substitution de base légale (CE, 20 décembre 2019, Bacquaert, n° 423146). La communication par le juge du moyen d'ordre public est essentielle. Ainsi, si, en raison d'un changement d'adresse de l'avocat, non signalé au greffe, le pli revient au greffe de la juridiction, il appartient à celle-ci, en cas d'insuccès des nouvelles tentatives pour joindre l'avocat, d'informer personnellement le requérant du moyen relevé d'office (CE, 13 février 2009, Mallavergne, n° 300217, *Lebon* T.). Cette communication peut entraîner une novation du débat contentieux même après clôture de l'instruction (CE, 3 mars 2017, Société

Leasecom, n° 392446, *Lebon* T., pour une demande de réparation fondée sur les règles générales applicables aux contrats administratifs après que le juge a relevé d'office l'illicéité d'une clause d'indemnisation).

Doit-on penser que le moyen relevé d'office ne l'est plus parce que l'une des parties, informée de son existence, le reprend d'autant plus bruyamment à son compte qu'elle n'y avait point songé ? Et si d'aventure le juge décide finalement de ne pas retenir ce moyen, peut-il le passer sous silence (comme c'est son devoir s'agissant d'un moyen relevé d'office et non fondé) ou doit-il, parce qu'une des parties s'en est emparée sur son invitation, expliquer pourquoi il ne le retient pas ? C'est la seconde solution qui a prévalu (CE, 16 février 2001, Carrasco, n° 217890, *Lebon* T. – CE, 7 août 2008, Ministre de la Justice c/Sylvestre, n° 288309, *Lebon* T.). Sauf si le moyen a été repris après clôture de l'instruction, auquel cas il n'y a pas lieu pour le juge de se prononcer sur son bien-fondé (CE, sect., 25 janvier 2021, Lebret, n° 42539, *Lebon*).

On note enfin que le texte a été coordonné avec les dispositions relatives à la clôture de l'instruction figurant à l'article R. 613-1, mais l'invitation faite aux parties en application de l'article R. 611-7 n'a pas pour effet de rouvrir une instruction qui aurait pu être close auparavant, non plus d'ailleurs que la communication de la réponse des parties à cette invitation (CE, sect., 25 janvier 2021, Lebret, préc.). La cour administrative d'appel de Lyon avait jugé qu'il appartenait au président d'apprécier si, compte tenu de la nature des réponses obtenues, il convenait ou non de rouvrir l'instruction (CAA Lyon, 9 juillet 1992, Ministre de l'Éducation nationale c/Rocagel, *Lebon* T. [4]), selon la procédure normale prévue à l'article R. 613-4. Le Conseil d'État confirme cette analyse en précisant que cette appréciation intervient dans les conditions prévues par la jurisprudence *Lassus* (CE, sect., 25 janvier 2021, Lebret, préc. – CE, sect., 5 décembre 2014, Lassus, n° 340943, *Lebon*, p. 369).

Jurisprudence

[1] Considérant qu'aux termes de l'article R. 153-1 du code des tribunaux administratifs et des cours administratives d'appel, dans sa rédaction issue du décret susvisé du 22 janvier 1992 :

« Sauf dans les cas mentionnés au premier alinéa de l'article L. 9 et à l'article R. 149, lorsque la décision lui paraît susceptible d'être fondée sur un moyen relevé d'office, le président de la formation du jugement en informe les parties avant la séance de jugement et fixe le délai dans lequel elles peuvent présenter leurs observations » ;

Considérant que les dispositions sus-énoncées, qui sont destinées à provoquer un débat contradictoire sur les moyens que le juge doit relever de sa propre initiative, font obligation à la formation de jugement, lorsqu'elle entend soulever d'office un moyen qui n'a pas été invoqué par les parties ni relevé par son président avant la séance du jugement, de rayer l'affaire du rôle de ladite séance et de communiquer le moyen aux parties [...].

[2] Considérant [...] que la cour administrative d'appel de Nancy, devant laquelle le centre hospitalier Sainte-Catherine de Saverne avait opposé la prescription quadriennale aux créances dont se prévalait la caisse primaire d'assurance maladie de Sélestat, a écarté cette argumentation en relevant, par l'arrêt attaqué, que le centre hospitalier n'avait pas invoqué cette prescription avant que le tribunal administratif de

Strasbourg se soit prononcé sur le fond du litige ; qu'en constatant ainsi que les conditions d'application de la loi du 31 décembre 1968 dont le bénéfice avait été sollicité par le centre hospitalier n'étaient pas remplies, la cour a répondu à l'argumentation dont elle était saisie et n'a pas fondé sa décision sur un moyen relevé d'office dont, en application des dispositions de l'article R. 153-1 du code des tribunaux administratifs et des cours administratives d'appel, elle aurait dû informer les parties [...].

[3] Considérant que si [...] il appartient au juge [...] d'informer les parties [...] de ce que la décision lui paraît susceptible d'être fondée sur un moyen relevé d'office, ces dispositions ne trouvent pas à s'appliquer dans le cas où, comme en l'espèce, le juge se borne à fonder sa décision sur le fait que les conclusions qui lui sont soumises excèdent l'étendue des pouvoirs qui lui sont conférés par la loi [...].

[4] Sur les conclusions de M. Rocagel tendant au versement d'intérêts et à la capitalisation desdits intérêts :
Considérant que ces conclusions ont été présentées après la clôture de l'instruction fixée au 15 janvier 1992 par ordonnance du 18 décembre 1991 ; que l'invitation faite aux parties le 10 avril 1992 en application de l'article R. 153-1 du code des tribunaux administratifs et des cours administratives d'appel de formuler leurs observations sur un moyen d'ordre public qui paraissait susceptible d'être relevé d'office ne mettait pas fin par elle-même aux effets de la clôture de l'instruction ; que, dans les circonstances de l'espèce, il n'y a pas lieu de rouvrir l'instruction ; que, dès lors, ces conclusions doivent être rejetées comme irrecevables [...].

La date limite pour présenter des moyens nouveaux

Art. R. 611-7-1 Lorsque l'affaire est en état d'être jugée, le président de la formation de jugement ou le président de la chambre chargée de l'instruction peut, sans clore l'instruction, fixer par ordonnance la date à compter de laquelle les parties ne peuvent plus invoquer de moyens nouveaux.
Les lettres remises contre signature portant notification de cette ordonnance ou tous autres dispositifs permettant d'attester la date de réception de cette ordonnance sont envoyés à toutes les parties en cause un mois au moins avant la date mentionnée au premier alinéa.
Le président de la formation de jugement, ou le président de la chambre, peut retirer l'ordonnance prise sur le fondement du premier alinéa par une décision qui n'est pas motivée et ne peut faire l'objet d'aucun recours. Cette décision est notifiée dans les formes prévues au deuxième alinéa.

Textes sources

– Décret n° 2016-1480 du 2 novembre 2016, article 16.
– Décret n° 2019-82 du 7 février 2019, article 31.

Commentaires

Compétemment édictées dans l'objectif de bonne administration de la justice, ces dispositions ne méconnaissent ni les droits de la défense, ni le droit à un recours juridictionnel effectif garanti par les dispositions de l'article 16 de la Déclaration des droits de l'homme et du citoyen du 26 août 1789 et ne sont pas sont incompatibles avec les stipulations des articles 6 et 13 de la Convention de sauvegarde des droits de l'homme et des libertés fondamentales (CE, 13 février 2019, Syndicat de la juridiction administrative et Union syndicale des magistrats administratifs, n° 406606). Ce succédané de la clôture de l'instruction a pour objet de mettre fin au débat de pur droit opposant les parties, qui peuvent cependant continuer de développer les arguments de fait venant au soutien de leurs moyens. La cristallisation du débat espérée de ce dispositif nouveau est un objectif louable. L'expérience montrera s'il ne provoque pas des effets pervers : en prévenant les parties, un mois au moins par avance, de ce que la présentation de moyens nouveaux va être irrecevable, ne risque-t-on pas de les inciter à chercher de tels moyens dans ce délai, alors que, peut-être, sans cet avertissement, elles n'y auraient point songé… L'expérience de l'ordonnance de clôture a montré que, souvent, une telle ordonnance incitait à produire des mémoires avant la date limite… Un peu comme si on avait annoncé aux parties : dépêchez-vous de produire, dans quelques jours ce sera impossible…

La faculté ouverte par ces dispositions n'est possible qu'après l'expiration du délai donné aux requérants pour répliquer au premier mémoire en défense (CE, 30 janvier 2020, Robert et autres, n° 426346, *Lebon* T.).

Les nouveaux moyens (à distinguer des moyens nouveaux définis comme ne se rattachant pas à une cause juridique déjà invoquée), articulés après la date fixée, sont irrecevables qu'ils émanent d'une partie ou d'un intervenant (CE, 14 octobre 2020, Union syndicale Solidaires et Pailhas, n°s 428524 et 429333, *Lebon* T.). Encore faut-il réserver, peut-on penser, le sort des moyens d'ordre public (le juge devra-t-il appliquer l'article R. 611-7 ?) et la question prioritaire de constitutionnalité, dont il a été admis qu'elle puisse être soulevée dans une note en délibéré (CE, 28 janvier 2011, Huchon, n° 338199, *Lebon* T.).

L'ordonnance prise en application de ces dispositions cesse de produire ses effets avec la clôture de l'instruction en première instance et n'a pas d'effet en cas d'appel (CE, 13 février 2019, Société Active immobilier, n° 425568, *Lebon* T.). Il s'ensuit alors un allongement de la durée totale du procès et un report d'examen du litige sur le juge d'appel avec pour seule limite l'immutabilité du lige en appel et l'expiration du délai d'appel.

Cet article a été utilisé 2 104 fois par les tribunaux administratifs et 73 fois par les cours administratives d'appel en 2018. La possibilité de retrait a été utilisée 29 fois par les tribunaux administratifs la même année (Source : Conseil d'État, Direction de la prospective et des finances, Bureau analyse et prospective).

La cristallisation des moyens

Art. R. 611-7-2 Par dérogation à l'article R. 611-7-1, et sans préjudice de l'application de l'article R. 613-1, lorsque la juridiction est saisie d'un litige régi par les articles R. 311-5, R. 811-1-3 ou R. 811-1-4, les parties ne peuvent plus invoquer de moyens nouveaux passé un délai de deux mois à compter de la communication aux parties du premier mémoire en défense. Cette communication s'effectue dans les conditions prévues au deuxième alinéa de l'article R. 611-3 du code de justice administrative.

Le président de la formation de jugement, ou le magistrat qu'il désigne à cet effet, peut, à tout moment, fixer une nouvelle date de cristallisation des moyens lorsque le jugement de l'affaire le justifie.

Texte source

– Décret n° 2018-1054 du 29 novembre 2018, article 24.
– Décret n° 2024-423 du 10 mai 2024, article 1er.

Commentaires

Conformément à l'article 26 du décret n° 2018-1054 du 29 novembre 2018, relatif aux éoliennes terrestres, à l'autorisation environnementale et portant diverses dispositions de simplification et de clarification du droit de l'environnement, ce « cavalier réglementaire » s'applique aux requêtes enregistrées à compter de la date d'entrée en vigueur dudit décret (2 décembre 2018). Le champ d'application du texte (correspondant aux mesures liées aux éoliennes) ne devrait normalement pas se télescoper avec le principe législatif, applicable au contentieux fiscal, et énoncé à l'article L. 199 C du Livre des procédures fiscales, selon lequel « L'administration, ainsi que le contribuable dans la limite du dégrèvement ou de la restitution sollicités, peuvent faire valoir tout moyen nouveau, tant devant le tribunal administratif que devant la cour administrative d'appel, jusqu'à la clôture de l'instruction. Il en est de même devant le tribunal de grande instance et la cour d'appel ».
En toute logique, et dans l'hypothèse improbable où surgirait un tel conflit, le dispositif législatif devra prévaloir sur la mesure réglementaire. Le président de la formation de jugement a la possibilité de fixer une nouvelle date de « cristallisation », mais à condition de respecter le contradictoire et à une date ne pouvant être antérieure à celle de la cristallisation automatique (CE, 3 avril 2020, Association la Demeure Historique, Association « Fédération environnement durable » et autres, n° 426941, *Lebon* T.). En principe, fixer une nouvelle date de cristallisation est une faculté, mais, cela devient une obligation dans le cas particulier où le moyen est fondé sur une circonstance de fait ou un élément de droit dont la partie concernée n'était pas en mesure de faire état avant l'expiration du délai de deux mois à compter de la communication aux parties du premier mémoire en défense et est susceptible d'exercer une influence sur le jugement de l'affaire (CE, 16 décembre 2024, n° 475376, *Lebon* T.).

La communication des injonctions prononcées d'office

Art. R. 611-7-3 Lorsque la décision lui paraît susceptible d'impliquer le prononcé d'office d'une injonction, assortie le cas échéant d'une astreinte, le président de la formation de jugement ou le président de la chambre chargée de l'instruction en informe les parties avant la séance de jugement et fixe le délai dans lequel elles peuvent, sans qu'y fasse obstacle la clôture éventuelle de l'instruction, présenter leurs observations.

Texte source

– Décret n° 2019-1502 du 30 décembre 2019, article 5.

Commentaires

Cet article confirme en même temps qu'elle rend caduque la jurisprudence antérieure selon laquelle le juge n'était pas tenu de mettre les parties à même de présenter leurs observations (CE, 5 juillet 2019, Fédération française du transport de personnes sur réservation, n° 413040, *Lebon*).

La dispense d'instruction

Art. R. 611-8 Lorsqu'il apparaît au vu de la requête que la solution de l'affaire est d'ores et déjà certaine, le président du tribunal administratif ou le président de la formation de jugement ou, à la cour administrative d'appel, le président de la chambre ou, au Conseil d'État, le président de la chambre peut décider qu'il n'y a pas lieu à instruction.

Textes sources

– Ordonnance n° 45-1708 du 31 juillet 1945, article 52.
– Code des TA et des CAA, article R. 149.
– Décret n° 2016-899 du 1er juillet 2016, article 1er.

Commentaires

Plutôt que d'une dispense d'« instruction », terme ambigu, mieux vaudrait parler de dispense de « communication », car c'est bien de cela qu'il s'agit, et non d'une absence d'instruction, puisqu'aussi bien l'affaire sera examinée par la juridiction, et peut-être fera l'objet d'une séance d'instruction, voire d'une clôture de l'instruction.

Cette possibilité de dispense met à mal la conception que certains se font de la justice, lieu où l'adversaire est sommé de se présenter et de s'expliquer. En dispensant une requête de sa communication à l'adversaire, le juge le fait échapper à ce rendez-vous obligé, et d'une certaine façon frustre le demandeur de ce débat. Mais le juge administratif est là pour mettre fin à des litiges en disant le droit, non pour organiser des happenings cathartiques ou des psychodrames. À quoi bon instruire pendant des mois un dossier voué de façon certaine à l'échec ? Et la circonstance qu'il ait été fait application des dispositions de l'article R. 611-8 n'affecte pas le respect du caractère contradictoire de la procédure à l'égard du requérant et ne saurait, dès lors, être utilement invoquée par lui (CE, 5 juin 2015, Hamioud, n° 378130, *Lebon* T., inspiré du précédent CE, 15 mars 2000, Drannikova, n° 185837, *Lebon* T., parfois justifié par la fausse idée que les règles de procédure sont généralement instituées au bénéfice d'une partie). La « solution d'ores et déjà certaine » ne peut normalement tenir à une circonstance susceptible d'évoluer au cours de l'instruction. On pense notamment aux irrecevabilités régularisables, qui ne peuvent d'ailleurs conduire à jugement sans invitation préalable à régulariser (CJA, art. R. 612-1). Toutefois la combinaison des articles R. 612-1 et R. 222-1 devrait, pour la majorité d'entre elles, conduire à une solution encore plus expédiente que celle qu'autorise l'article R. 611-8 (rejet par ordonnance de l'article R. 222-1, sans transmission au rapporteur public).

Ce texte a parfois été utilisé dans un sens favorable au demandeur (CE, 12 mars 1980, Centre hospitalier spécialisé de Sarreguemines, n° 12572, *Lebon*, p. 141 – CE sect., 26 avril 1985, Commune de Larrau, n° 31752, *Lebon*, p. 128 – CE, 8 mars 1996, Centre hospitalier général Guy-Thomas de Riom, n° 144318). Une telle pratique est désormais bannie, la section du contentieux ayant décidé (CE sect., 5 avril 1996, Syndicat des avocats de France, n° 116594, *Lebon*, p. 118) que cet article ne pouvait jouer que lorsque la décision à intervenir n'est pas susceptible de porter préjudice aux défendeurs (CE, 23 février 1998, CPAM des Hautes-Alpes, n° 159015). La solution inverse porte en effet une atteinte sérieuse au caractère contradictoire de la procédure ! Il a toutefois été jugé qu'il était possible, en appel, de prononcer sans instruction l'annulation d'un jugement, pourvu que soit maintenu le rejet – prononcé par le premier juge – des conclusions de première instance (CE, 10 juillet 1970, Barentin, n° 78322, *Lebon*, p. 1150). La question reste posée d'une extension de cette jurisprudence à tous les cas dans lesquels le juge d'appel, annulant le jugement pour irrégularité, est assuré, en l'état du dossier, qu'il confirmera au fond la solution du premier juge. On peut rapprocher ce point de la rédaction de l'article R. 222-1 résultant du décret du 23 juin 2003.

L'intervention de la décision de dispense d'instruction, qui peut désormais être prise par le président de la formation de jugement, doit apparemment résulter du dossier (CE, 22 novembre 1991, Ministre du Budget c/Moreau, n° 110236, *Lebon*), même si aucun formalisme n'est requis à cet effet (CE, 29 décembre 1995, Gendre, n° 140477, *Lebon* T. – CE, 14 décembre 2005, Der Agobian, n° 285647, *Lebon* T.). Cette décision n'a pas à être communiquée au requérant (CE, 29 juillet 1983, Meallier, n° 43140, *Lebon* T. [1]), mais une telle communication n'est naturellement pas exclue. Cette décision, qu'elle soit ou non communiquée aux parties, est insusceptible de recours (CE, 11 février 2005, Lamouissi, n° 258801, *Lebon* T. – CE, 14 décembre 2005, Der Agobian, préc.).

Il peut naturellement être décidé à tout instant de la procédure de revenir dessus, en instruisant la requête. Notamment, la formation de jugement est évidemment en droit de « déjuger » l'autorité qui a décidé de mettre en œuvre cet article.

Lorsque la demande tend, en première instance, à obtenir une condamnation et si elle paraît susceptible d'encourir la prescription quadriennale, son rejet sans instruction (pour une autre raison que cette prescription, évidemment, laquelle au surplus, n'étant pas d'ordre public, ne pourrait se révéler que par l'instruction) est périlleux puisque la dispense d'instruction en première instance ne mettra pas l'administration à même d'opposer cette prescription devant le juge de premier degré, cependant que l'article 7 de la loi n° 68-1250 du 31 décembre 1968 interdit de l'invoquer pour la première fois en appel. Le Conseil d'État a eu pour cette raison l'occasion d'annuler des jugements rendus sans instruction, l'affaire étant renvoyée au tribunal (CE, 1er décembre 1982, Ministre du Budget c/Autret, n° 43771, *Lebon* T. – CE, 29 décembre 1997, Ministre du Budget c/Mialon, n° 150333, *Lebon* T.). Cette jurisprudence a été assouplie : le jugement n'est plus annulé, mais le juge d'appel accepte alors l'exception de prescription présentée devant lui pour la première fois (CE, 15 mars 1999, Voyer, n° 148748, *Lebon* T.).

Le texte faisant état de la transmission du dossier au rapporteur public (anciennement commissaire du gouvernement), il pourrait être soutenu que la dispense d'instruction n'est pas possible dans les affaires jugées sans intervention de ce rapporteur (et notamment en matière de référé). Conclusion paradoxale, qui assujettirait cette procédure marquée par l'urgence, instruite sommairement, aux lourdeurs de l'instruction même lorsque la solution de l'affaire est certaine. Nous estimons qu'il convient de faire une lecture pratique de ce texte et l'appliquer également dans les procédures dispensées de conclusions du rapporteur public.

Le juge d'appel exerce son contrôle sur la décision de dispense d'instruction (CE, 3 juillet 1987, Bertin, n° 38400, *Lebon* T. – CE, 28 juin 1993, Vincent, n° 128303, *Lebon* T. [2] – CE, 21 février 2011, Société Ophrys, n° 337349, *Lebon*, p. 54). Et le fait de juger à tort, sans instruction, une irrégularité (CE, 12 octobre 1979, Commune de Trégastel et autre, n° 08938, *Lebon* T., p. 858).

Il est possible, en appel, de dispenser une affaire d'instruction au vu des éléments que l'instruction devant le premier juge a apportés au dossier (CE, 10 juillet 1970, Barentin, préc. – CE, 8 novembre 2000, Morel, n° 203724, [3] – CE, 8 octobre 2010, Sabatier, n° 323046, *Lebon* T.). Le prononcé enfin d'une dispense d'instruction exclut que le juge ait à respecter la procédure instituée par l'article R. 611-7 (CE, 29 décembre 1995, Gendre, préc.).

Jurisprudence

[1] Considérant, d'une part, qu'aucune disposition n'exige que la décision de dispense d'instruction prise par le président du tribunal administratif, en vertu de l'article R. 114 du code des tribunaux administratifs, soit notifiée au requérant ; que, dès lors, M. Méallier n'est pas fondé à soutenir qu'en l'absence de notification de la décision de dispense d'instruction prise par le président du tribunal administratif de Lyon, le jugement attaqué, en date du 3 juin 1982, rendu sans instruction, est intervenu sur une procédure irrégulière [...].

[2] Considérant, en deuxième lieu, que, eu égard au contenu de la demande qui lui était soumise, le président du tribunal administratif a régulièrement usé des pouvoirs que lui confère l'article R. 149 du code précité en décidant qu'il n'y avait pas lieu à procéder à l'instruction de celle-ci [...].

[3] Considérant que le litige opposant le requérant à l'administration fiscale porte sur la question de savoir si [...] ; que cette question a été débattue par les parties dans les mémoires échangés devant le tribunal administratif ; que le jugement frappé d'appel devant la cour administrative d'appel se fondait, pour rejeter les conclusions de M. Morel, sur le motif qu'il résultait de l'instruction que les activités exercées par ce dernier en Italie pendant la période en cause n'entraient pas dans le champ d'application des dispositions précitées ; qu'eu égard à l'argumentation de la requête d'appel et aux autres pièces du dossier soumis à l'examen de la cour, le président de la première chambre n'a pas fait une inexacte application des dispositions précitées de l'article R. 149 du code des tribunaux administratifs et des cours administratives d'appel en décidant qu'il n'y avait pas lieu de communiquer la requête à l'administration fiscale et en transmettant directement le dossier au commissaire du gouvernement [...].

Le mémoire récapitulatif

Art. R. 611-8-1 Le président de la formation de jugement ou le président de la chambre chargée de l'instruction peut demander à l'une des parties de reprendre, dans un mémoire récapitulatif, les conclusions et moyens précédemment présentés dans le cadre de l'instance en cours, en l'informant que, si elle donne suite à cette invitation, les conclusions et moyens non repris seront réputés abandonnés. En cause d'appel, il peut être demandé à la partie de reprendre également les conclusions et moyens présentés en première instance qu'elle entend maintenir.

Le président de la formation de jugement ou, au Conseil d'État, le président de la chambre chargée de l'instruction peut en outre fixer un délai, qui ne peut être inférieur à un mois, à l'issue duquel, à défaut d'avoir produit le mémoire récapitulatif mentionné à l'alinéa précédent, la partie est réputée s'être désistée de sa requête ou de ses conclusions incidentes. La demande de production d'un mémoire récapitulatif informe la partie des conséquences du non-respect du délai fixé.

Textes sources

- Décret n° 2010-164 du 22 février 2010, article 27.
- Décret n° 2016-1480 du 2 novembre 2016, article 17.
- Décret n° 2019-82 du 7 février 2019, article 31.

Commentaires

Ces dispositions, compétemment édictées dans l'objectif de bonne administration de la justice, ne méconnaissent ni les droits de la défense, ni le droit à un recours juridictionnel effectif garanti par les dispositions de l'article 16 de la Déclaration des droits de l'homme et du citoyen du 26 août 1789 et ne sont pas sont incompatibles avec les stipulations des articles 6 et 13 de la Convention de sauvegarde des droits de l'homme et des libertés fondamentales (CE, 13 février 2019, Syndicat de la juridiction administrative et Union syndicale des magistrats administratifs, n° 406606 – CE, 13 novembre 2019, Cissé, n° 422938, *Lebon* T.). Cette nouveauté, décalquée de la procédure civile, se décline en deux hypothèses de nature très différente.

L'invitation à produire ce mémoire récapitulatif, mentionnée au premier alinéa, n'est assortie d'aucune contrainte ni sanction à l'encontre de celui qui s'y dérobe : c'est seulement s'il produit ce mémoire que sont réputés abandonnés les moyens qu'il n'a pas repris. En revanche le second alinéa est autrement contraignant, puisque la partie requérante qui se dérobe à l'invitation qui lui est faite est réputée se désister de sa demande. Les représentants des parties devront examiner avec soin les termes de l'invitation !

Le second alinéa ne s'applique pas lorsque le dossier ne comporte que la demande de première instance ou la requête d'appel (CE, 25 juin 2018, Société l'Immobilière Groupe Casino, n° 416720, *Lebon* T.).

Le délai prévu par le second alinéa est un délai franc (CE, 19 mars 2018, Société l'Immobilière Leroy Merlin France, n° 416510, *Lebon* T.). Il court lorsque l'intéressé a retiré le pli recommandé contenant la demande dans le délai de conservation au guichet postal, à compter de la date de ce retrait (CE, 25 mars 2020, Lacoste, n° 432717, *Lebon* T.).

La clôture de l'instruction ne fait pas obstacle à l'application de ces dispositions (CE, 8 février 2019, Servas, n° 418599, *Lebon* T.).

Le juge d'appel ou de cassation exerce un contrôle formel de la demande adressée au requérant (délai et mentions) et vérifie l'absence de réponse à condition d'être saisi de moyens en ce sens (CE, Servas, préc.).

Comme il l'a fait pour l'article R. 612-5-1, après avoir estimé qu'aucun contrôle ne devait porter sur les motifs justifiant la demande de production d'un mémoire récapitulatif (CE, 25 juin 2018, Société l'Immobilière Groupe Casino, préc.), le Conseil d'État est revenu sur cette position en jugeant que si les motifs pour lesquels le signataire de l'ordonnance, auquel il incombe de veiller à une bonne administration de la justice, estime qu'il y a lieu de demander à l'une des parties de produire un mémoire récapitulatif ne peuvent être en principe discutés devant le juge de cassation, il appartient néanmoins à ce dernier de censurer l'ordonnance qui lui est déférée dans le cas où il juge, au vu de l'ensemble des circonstances de l'espèce, qu'il a été fait un usage abusif de la faculté ouverte par l'article R. 611-8-1 (CE, 24 juillet 2019, Société Crédit Mutuel Pierre, n° 423177, *Lebon* T.). En dernier lieu, il est précisé qu'il revient au juge d'appel d'apprécier si le premier juge, dans les circonstances de l'affaire, a fait une juste application de ces dispositions, tandis que le juge de cassation ne doit contrôler que les seuls abus de l'usage de cette faculté (CE, 22 novembre 2019, Société SMA, n° 420067, *Lebon* T.).

L'invitation peut n'être adressée qu'à une partie, et le texte n'impose pas que ce soit le requérant. Adressée au défendeur, cette invitation le conduira à ne pas omettre de reprendre ses moyens de défense, et surtout, le cas échéant, ses conclusions reconventionnelles. L'omission, au demeurant, d'un moyen de défense sera le plus souvent sans importance, la plupart de ces moyens étant d'ordre public (sauf pour une large part du contentieux contractuel). Mais le juge sera alors dispensé de répondre à de tels moyens, même si, comme il est de règle, il doit les examiner.

C'est surtout en appel que ce mémoire récapitulatif, s'il est, comme le texte l'envisage, étendu aux conclusions et moyens de première instance, sera utile. Ce sera un moyen de mettre un terme à des hésitations classiques et savantes concernant l'exacte étendue du litige en appel (persistance ou non des moyens de première instance, en demande ou en défense, non expressément repris en appel… Les réponses sont très fines !).

On peut à l'inverse se demander si, alors que dans la pratique, et le code en reflète les préoccupations, les efforts de la juridiction consistent à arrêter un débat qui rapidement trouve ses limites (clôture de l'instruction), l'invitation à produire ce mémoire récapitulatif n'aura pas pour effet pervers de faire rebondir une instruction que l'on pouvait regarder comme achevée. Dans nombre d'affaires, la mise au rôle se traduit par une lutte contre ce que l'usage qualifie de « mémoires tardifs »,

et l'invitation à produire un mémoire nouveau – même récapitulatif – est un peu contradictoire avec ces efforts. À tout le moins, cette invitation devra être adressée longtemps avant le terme prévu de l'instruction. Par rapprochement avec ce qui a été jugé pour d'autres cas de désistement d'office (CE, 9 juillet 1997, Société Simecsol, n° 179047, *Lebon* T. – CE sect., 26 juillet 1996, Société entrepositaire parisienne, n° 160269, *Lebon*, p. 312), il a été admis que le récapitulatif pouvait contenir des moyens nouveaux, cette circonstance faisant obstacle au désistement d'office (CAA Lyon, 20 mars 2018, Viscogliosi, n° 16LY01593).
Cet article a été utilisé 1 565 fois par les tribunaux administratifs et 384 fois par les cours administratives d'appel en 2018 (Source : Conseil d'État, Direction de la prospective et des finances, Bureau analyse et prospective).

SECTION 2 Dispositions propres à la communication électronique

Les communications aux parties inscrites dans l'application informatique

Art. R. 611-8-2 Toute juridiction peut adresser par le moyen de l'application informatique mentionnée à l'article R. 414-1, à une partie ou à un mandataire qui y est inscrit, toutes les communications et notifications prévues par le présent livre pour tout dossier.

Les personnes mentionnées au premier alinéa de l'article R. 414-1 doivent s'inscrire dans l'application mentionnée à cet article et adresser à la juridiction leurs mémoires en défense et les pièces qui y sont jointes au moyen de cette application, sous peine de voir leurs écritures écartées des débats à défaut de régularisation dans un délai imparti par la juridiction. Les communes de moins de 3 500 habitants peuvent être invitées par le greffe à s'inscrire dans cette application et à produire leurs mémoires en défense et les pièces qui y sont jointes par ce moyen.

Toute juridiction peut adresser par le moyen de l'application informatique mentionnée à l'article R. 414-1, aux personnes mentionnées par le même article et non encore inscrites dans cette application, toutes les communications et notifications prévues par le présent livre, sous réserve de les en avertir à chaque fois par un courrier leur indiquant les modalités de connexion à l'application. Ce courrier est adressé par lettre remise contre signature ou par tout autre dispositif permettant d'attester la date de sa réception, lorsqu'il avertit son destinataire d'une communication ou d'une des notifications mentionnées au deuxième alinéa de l'article R. 611-3. La partie est réputée avoir reçu la communication ou la notification à la date de première consultation du document, certifiée par l'accusé de réception délivré par l'application informatique, ou, à défaut de consultation dans un délai de quinze jours à compter de la date de réception du courrier, à l'issue de ce délai. Toutefois, les communes de moins de 3 500 habitants peuvent demander, dans ce même délai, à recevoir communication ou notification du document par voie postale.

Textes sources

– Décret n° 2012-1437 du 21 décembre 2012, article 3.
– Décret n° 2016-1481 du 2 novembre 2016, article 5.
– Décret n° 2018-251 du 6 avril 2018, article 5.
– Décret n° 2019-82 du 7 février 2019, article 32.
– Décret n° 2020-1245 du 9 octobre 2020, article 6.

Commentaires

Pour une première application de cet article, voir CE, 23 mars 2015, Sek, n° 387138, *Lebon* T.

Dès que les conditions d'inscription dans l'application informatique, prévues au premier alinéa, sont remplies, la juridiction est en droit de communiquer avec les parties sous forme dématérialisée, par le réseau internet. Cette communication est régulière dès que l'avocat est inscrit, lors même que la requête de sa cliente avait été introduite sous forme non dématérialisée (CE, 6 octobre 2014, Commune d'Auboué, n° 380778, *Lebon* T. – CE, 11 mai 2015, Commune de Damouzy, n° 379356, *Lebon*).

L'envoi d'un message électronique d'alerte n'est prévu qu'à titre d'information et son omission est sans influence sur la date à laquelle les notifications et communications sont réputées reçues (même arrêt).

On notera le caractère rigoureux de ce dispositif : les manquements conduisent à l'irrecevabilité (il est vrai après invitation à régulariser…), qu'ils concernent l'utilisation de l'application ou la présentation des pièces jointes…

Pour un exemple de cette rigueur, on pourra se reporter à l'arrêt CE, 17 octobre 2016 Ministre de la Défense, n° 400791, *Lebon* T. : un référé précontractuel est communiqué par l'application Télérecours au pouvoir adjudicateur ; la juridiction devant se prononcer dans les vingt jours (CJA, art. R. 551-5), le troisième alinéa de l'article R. 611-8-1 répute la notification intervenue dès la mise à disposition, et cette circonstance rendait impossible la signature, cinq heures plus tard, du marché concerné…

Les dispositions des deux derniers alinéas de cet article dans sa rédaction antérieure ne sont pas applicables dans les contentieux sociaux (art. R. 772-5), au défendeur tenu de communiquer les pièces en sa possession (art. R. 772-8) (CE, 14 octobre 2019, Pollion, n° 432543, *Lebon* T.). Le décret n° 2020-1245 du 9 octobre 2020 relatif à l'utilisation des téléprocédures devant le Conseil d'État, les cours administratives d'appel et les tribunaux administratifs et portant autres dispositions simplifie la structure de ce chapitre en regroupant les dispositions applicables à l'application « Télérecours » et au téléservice « Télérecours Citoyen ».

Les communications à certaines personnes non encore inscrites dans l'application informatique

Art. R. 611-8-3 I. – La juridiction peut proposer aux personnes physiques et morales de droit privé non représentées par un avocat, autres que les organismes de droit privé chargés de la gestion permanente d'un service public, d'utiliser le téléservice mentionné à l'article R. 414-2.

Lorsque les personnes concernées acceptent, pour une instance donnée, l'usage de cette application, elles doivent, pour l'instance considérée, communiquer leurs mémoires et les pièces qui y sont jointes à la juridiction au moyen du téléservice, sous peine de voir leurs écritures écartées des débats à défaut de régularisation dans un délai imparti par la juridiction. La juridiction peut leur adresser par cette application et pour cette instance, toutes les communications et notifications prévues par le présent livre.

II. – La juridiction peut également proposer aux personnes physiques et morales de droit privé représentées par un avocat ou par un avocat au Conseil d'État et à la Cour de cassation, autres que les organismes de droit privé chargés de la gestion permanente d'un service public, de s'inscrire sur le téléservice mentionné à l'article R. 414-2, pour une instance donnée, aux seules fins de permettre la communication et la notification, via ce téléservice, des actes que la juridiction adresse directement aux parties, dès lors que les personnes concernées en ont accepté l'utilisation pour l'instance concernée.

Textes sources

– Décret n° 2012-1437 du 21 décembre 2012, article 3.
– Décret n° 2016-1481 du 2 novembre 2016, article 5.
– Décret n° 2018-251 du 6 avril 2018, article 5.
– Décret n° 2020-1245 du 9 octobre 2020, article 6.
– Décret n° 2023-485 du 21 juin 2023, article 13.

L'identification de l'auteur de la requête

Art. R. 611-8-4 Les dispositions de l'article R. 414-4 sont applicables à l'identification de l'auteur d'un mémoire en défense.

Textes sources

– Décret n° 2012-1437 du 21 décembre 2012, article 3.
– Décret n° 2018-251 du 6 avril 2018, article 5.
– Décret n° 2020-1245 du 9 octobre 2020, article 6.

Commentaires

En vertu des dispositions combinées des articles R. 414-1 et R. 611-8-4 du Code de justice administrative, lorsqu'une partie, notamment l'État, adresse au Conseil d'État un mémoire ou des pièces par l'intermédiaire de l'application informatique dénommée Télérecours, son identification selon les modalités prévues pour le fonctionnement de cette application vaut signature pour l'application des dispositions du Code de justice administrative (CE, 16 février 2015, Ministre délégué, chargé du budget c/Communauté d'agglomération Saint-Etienne Métropole n° 371476, *Lebon* T.). Lors même que le requérant ou son mandataire peut, en cas de nécessité, être tenu de produire un exemplaire de sa requête revêtu de sa signature manuscrite (CJA, art. R. 414-2).

Les obligations du défendeur

Art. R. 611-8-5 Par dérogation aux dispositions de l'article R. 611-1-1, le défendeur est dispensé de produire des copies de ses mémoires et des pièces qui y sont jointes. Il est également dispensé de transmettre l'inventaire détaillé des pièces lorsqu'il utilise le téléservice mentionné à l'article R. 414-2 ou recourt à la génération automatique de l'inventaire permise par l'application mentionnée à l'article R. 414-1.

Le défendeur transmet chaque pièce par un fichier distinct sous peine de voir ces pièces écartées des débats après invitation à régulariser non suivie d'effet.

Chaque fichier transmis au moyen de l'application mentionnée à l'article R. 414-1 porte un intitulé commençant par le numéro d'ordre affecté à la pièce qu'il contient par l'inventaire détaillé. Lorsque le défendeur recourt à la génération automatique de l'inventaire permise par l'application, l'intitulé de ce fichier décrit également le contenu de cette pièce de manière suffisamment explicite. Chaque pièce transmise au moyen du téléservice mentionné à l'article R. 414-2 porte un intitulé décrivant son contenu de manière suffisamment explicite.

Les obligations fixées au précédent alinéa sont prescrites au défendeur sous peine de voir la pièce écartée des débats après invitation à régulariser non suivie d'effet.

Par dérogation aux dispositions des deuxième et troisième alinéas, lorsque le défendeur entend transmettre un nombre important de pièces jointes constituant une série homogène eu égard à l'objet du litige, il peut les regrouper dans un ou plusieurs fichiers, à la condition que le référencement de ces fichiers ainsi que l'ordre de présentation, au sein de chacun d'eux, des pièces qu'ils regroupent soient conformes à l'énumération, figurant à l'inventaire, de toutes les pièces jointes à la requête. Le défendeur ne peut alors bénéficier de la dispense de transmission de l'inventaire détaillé prévue au premier alinéa. Ces obligations sont prescrites au défendeur sous peine de voir les pièces écartées des débats après invitation à régulariser non suivie d'effet.

Si les caractéristiques de certains mémoires ou pièces font obstacle à leur communication par voie électronique, ils sont transmis à la juridiction sur support matériel, accompagnés de copies en nombre égal à celui des autres parties augmenté de deux. Leur production doit être annoncée par le requérant dans la rubrique correspondante de l'application ou du téléservice.

Textes sources

– Décret n° 2012-1437 du 21 décembre 2012, article 3.
– Décret n° 2016-899 du 1er juillet 2016, article 1er.
– Décret n° 2018-251 du 6 avril 2018, article 5.
– Décret n° 2020-1245 du 9 octobre 2020, article 6.

La présomption de notification

Art. R. 611-8-6 Les parties sont réputées avoir reçu la communication ou la notification à la date de première consultation du document qui leur a été adressé par voie électronique, certifiée par l'accusé de réception délivré par l'application informatique, ou, à défaut de consultation dans un délai de deux jours ouvrés à compter de la date de mise à disposition du document dans l'application, à l'issue de ce délai. Sauf demande contraire de leur part, les parties sont alertées de toute nouvelle communication ou notification par un message électronique envoyé à l'adresse choisie par elles.

Lorsque le juge est tenu, en application d'une disposition législative ou réglementaire, de statuer dans un délai inférieur ou égal à un mois, la communication ou la notification est réputée reçue dès sa mise à disposition dans l'application ou le téléservice.

Textes sources

– Décret n° 2016-1481 du 2 novembre 2016, article 5.
– Décret n° 2018-251 du 6 avril 2018, article 5.
– Décret n° 2020-1245 du 9 octobre 2020, article 6.

Commentaires

Le système, initialement incitatif à l'égard des personnes publiques et assimilées et des avocats, visés par l'article R. 414-1 est désormais *totalement* contraignant : le terme « doivent » a remplacé le terme « peuvent ». Quant aux personnes « ordinaires », non éligibles à l'application Télérecours, elles restent pour l'instant à la porte du paradis informatique, sauf si, occupant en défense, elles se voient proposer par le greffe de participer au jeu de cette application. L'expérience que l'on a de semblables « propositions », par exemple en matière fiscale, autorise à penser que, dans quelques années, cette proposition se transformera en obligation…

Tout usager de ces systèmes sait que, quelque souci que l'on ait eu de les configurer avec précision et sûreté, ils ne sont pas à l'abri de bugs, qui tiennent parfois à des fournisseurs d'accès… De telle sorte que l'on peut, sans passer nécessairement pour un passéiste, redouter les incidents de parcours, notamment s'agissant de toutes ces communications « réputées » effectuées (voir CJA, art. R. 611-8-2).

La production d'un original

Art. R. 611-8-7 Lorsque l'original d'une pièce communiquée par voie électronique a été établi sur support matériel, le président de la formation de jugement ou le président de la chambre chargée de l'instruction peut en ordonner la production à tout moment et, au plus tard, à l'audience. Si cette pièce doit être produite à l'audience, la partie intéressée en est préalablement avisée.

Textes sources

– Décret n° 2016-1481 du 2 novembre 2016, article 5.
– Décret n° 2018-251 du 6 avril 2018, article 5.
– Décret n° 2019-82 du 7 février 2019, article 33.
– Décret n° 2020-1245 du 9 octobre 2020, article 6.

L'instruction en cas d'acceptation de l'usage du téléservice

Art. R. 611-8-8 Lorsqu'une partie a accepté, pour une instance donnée, l'utilisation du téléservice mentionné à l'article R. 414-6, la juridiction peut lui adresser par cette application, et pour cette instance, toutes les communications et notifications prévues par le présent livre.

Les parties sont réputées avoir reçu la communication ou la notification à la date de première consultation du document qui leur a été ainsi adressé, certifiée par l'accusé de réception délivré par l'application informatique, ou, à défaut de consultation dans un délai de deux jours ouvrés à compter de la date de mise à disposition du document dans l'application, à l'issue de ce délai. Sauf demande contraire de leur part, les parties sont alertées de toute nouvelle communication ou notification par un message électronique envoyé à l'adresse choisie par elles.

Lorsque le juge est tenu, en application d'une disposition législative ou réglementaire, de statuer dans un délai inférieur ou égal à un mois, la communication ou la notification est réputée reçue dès sa mise à disposition dans l'application.

Textes sources

– Décret n° 2016-1481 du 2 novembre 2016, article 5.
– Décret n° 2018-251 du 6 avril 2018, article 5.

La production d'une pièce communiquée par le téléservice

Art. R. 611-8-9 Lorsque l'original d'une pièce communiquée par le téléservice mentionné à l'article R. 414-6 a été établi sur support matériel, le président de la formation de jugement ou le président de la chambre chargée de l'instruction peut en ordonner la production à tout moment et, au plus tard, à l'audience. Si cette pièce doit être produite à l'audience, la partie intéressée en est préalablement avisée.

Textes sources

– Décret n° 2016-1481 du 2 novembre 2016, article 5.
– Décret n° 2018-251 du 6 avril 2018, article 5.

SECTION 3 Dispositions applicables devant les tribunaux administratifs

La désignation du rapporteur au tribunal administratif

Art. R. 611-9 Immédiatement après l'enregistrement de la requête introductive d'instance au greffe, le président du tribunal ou, à Paris, le président de la section à laquelle cette requête a été transmise désigne un rapporteur.

Le rapporteur désigné ne peut être dessaisi d'un dossier que sur sa demande et avec l'accord du président du tribunal administratif ou par décision du président du tribunal administratif.

Textes sources

– Code des TA et des CAA, article R. 142, § 1.
– Loi n° 86-14 du 6 janvier 1986, article 19.

Commentaires

Voir les commentaires sous l'article R. 611-11-1.

Le rôle du rapporteur

Art. R. 611-10 Sous l'autorité du président de la chambre à laquelle il appartient, et avec le concours du greffier de cette chambre, le rapporteur fixe, eu égard aux circonstances de l'affaire, le délai accordé aux parties pour produire leurs mémoires. Il peut demander aux parties, pour être jointes à la procédure contradictoire, toutes pièces ou tous documents utiles à la solution du litige.

Le président de la formation de jugement peut déléguer au rapporteur les pouvoirs qui lui sont conférés par les articles R. 611-7, R. 611-7-1, R. 611-8-1, R. 611-8-7, R. 611-11, R. 612-3, R. 612-5, R. 613-1, R. 613-1-1 et R. 613-4.

Textes sources

– Code des TA et des CAA, article R. 142, § 2.
– Décret n° 2010-164 du 22 février 2010, article 29.
– Décret n° 2011-1950 du 23 décembre 2011, article 14.
– Décret n° 2012-1437 du 21 décembre 2012, article 3.
– Décret n° 2016-1480 du 2 novembre 2016, article 18.
– Décret n° 2018-251 du 6 avril 2018, article 5.
– Décret n° 2020-1245 du 9 octobre 2020, article 6.

Commentaires

Voir les commentaires sous l'article R. 611-11-1.

Ces dispositions n'ont pas pour effet, dès lors qu'elles se bornent à préciser le rôle d'assistance au magistrat conféré au greffier, de confier à ce dernier des attributions juridictionnelles. Elles ne méconnaissent donc pas le principe d'indépendance des juridictions qui découle de l'article 16 de la Déclaration des droits de l'homme et du citoyen et des stipulations de l'article 6 de la Convention européenne de sauvegarde des droits de l'homme et des libertés fondamentales, ne portent pas atteinte, pour le même motif, au principe d'égalité devant la justice et ne sont pas entachées d'incompétence (CE, 13 février 2019, Syndicat de la juridiction administrative, n° 406606).

La fixation de la clôture de l'instruction dès l'enregistrement de la requête

Art. R. 611-11 Lorsque les circonstances de l'affaire le justifient, le président de la formation de jugement peut, dès l'enregistrement de la requête, faire usage du pouvoir prévu au premier alinéa de l'article R. 613-1 de fixer la date à laquelle l'instruction sera close. Lors de la notification de cette ordonnance aux parties, celles-ci sont informées de la date prévue pour l'audience. Cette information ne tient pas lieu de l'avertissement prévu à l'article R. 711-2.

Textes sources

– Code des TA et des CAA, article R. 142, § 3.
– Décret n° 2000-1115 du 22 novembre 2000, article 2-IV.

Commentaires

Voir les commentaires sous l'article R. 611-11-1.

L'avertissement de la date envisagée de l'audience et de la clôture de l'instruction

Art. R. 611-11-1 Lorsque l'affaire est en état d'être jugée, les parties peuvent être informées de la date ou de la période à laquelle il est envisagé de l'appeler à l'audience. Cette information précise alors la date à partir de laquelle l'instruction pourra être close dans les conditions prévues par le dernier alinéa de l'article R. 613-1 et le dernier alinéa de l'article R. 613-2. Elle ne tient pas lieu de l'avertissement prévu à l'article R. 711-2.

Texte source

– Décret n° 2010-164 du 22 février 2010, article 28.

Commentaires

La désignation immédiate du rapporteur était une exigence législative (loi n° 86-14 du 6 janvier 1986, art. 19), comme est tirée de la loi la disposition, à vrai dire sans portée, selon laquelle le rapporteur ne peut être dessaisi d'un dossier que sur sa demande ou sur décision du président du tribunal.

Le rapporteur conduit l'instruction en liaison avec le greffier et le président de la formation de jugement. Le juge unique de l'article R. 222-13 instruira en toute autonomie (voir CJA, art. R. 222-16). Novation importante : le rapporteur peut recevoir du président de la formation de jugement un certain nombre de pouvoirs d'instruction. C'est une possibilité, et chaque président demeure libre d'en déterminer le périmètre, pourvu qu'il n'excède pas les matières prévues par le texte. Cela peut donc concerner :

– l'avertissement d'un moyen d'ordre public (CJA, art. R. 611-7) ;
– la fixation d'une date de « cristallisation » des moyens (CJA, art. R. 611-7-1) ;
– l'invitation à produire un mémoire récapitulatif (CJA, art. R. 611-8-1) ;
– l'invitation à produire sous forme « papier » un document produit par Télérecours (CJA, art. R. 611-8-5) ;
– la production de l'original d'une pièce (CJA, art. R. 611-8-9) ;
– la fixation de la clôture de l'instruction dès l'enregistrement de la requête (CJA, art. R. 611-11) ;
– la mise en demeure de produire un mémoire (CJA, art. R. 612-3) ;
– la fixation de la date de clôture de l'instruction (CJA, art. R. 613-1) et de sa réouverture (CJA, art. R. 613-4), ou l'invitation à produire des informations complémentaires malgré la clôture de l'instruction (CJA, art. R. 613-1-1).

On note que l'information prévue à l'article R. 611-11-1 ne peut être déléguée au rapporteur, par oubli, ou plus sûrement parce que la décision de mise au rôle ne peut appartenir au rapporteur. Mais alors il en aurait dû aller de même pour l'article R. 611-11, qui lui aussi informe de la date prévue pour l'audience. Et ce dernier acte est signé par le président de la formation de jugement qui n'a pas davantage la compétence pour enrôler.

Au titre de l'article R. 612-5, on doit estimer que ce qui peut être délégué est le pouvoir de mettre en demeure de le produire celui qui a annoncé un mémoire complémentaire : l'envoi de cette mise en demeure procède d'une décision qui n'a rien d'automatique.

La désignation des « parties » qui seront invitées à produire obéit à des règles variables. En excès de pouvoir, c'est à la juridiction qu'il incombe de faire choix du ou des défendeurs, le procès y étant fait à un acte. C'est ainsi que, si la décision attaquée a été prise par un maire au nom de l'État, c'est normalement le préfet qui sera invité à produire ses observations. Il en va de même dans les affaires de plein contentieux autres que le contentieux indemnitaire (contentieux fiscal, contentieux des installations classées…). En revanche, dans le contentieux indemnitaire, la juridiction est liée par la désignation de l'adversaire telle qu'effectuée par le demandeur, quelque erronée qu'elle puisse être. Ainsi, l'État ne sera pas invité à produire ses observations sur le recours indemnitaire formé en raison de la décision prise par un maire au nom de l'État si l'intéressé n'a demandé que la condamnation de la commune. Certains textes enfin imposent à la juridiction de désigner d'office certaines « parties » : outre le Code de la sécurité sociale pour la mise en cause des caisses dans les litiges tendant à la réparation du préjudice corporel subi par un assuré social, on peut citer à cet égard le Code des pensions dont l'article R. 66 fait obligation au juge saisi d'un litige en matière de pension ou assimilée d'appeler le ministre chargé des finances à produire ses observations (CE, 21 juin 1996, Ministre de l'Intérieur c/Ravaux, n° 120516).

Naturellement, les délais donnés pour produire doivent être suffisants, et le juge d'appel vérifie qu'il en a bien été ainsi (CE, 4 décembre 1995, Commune de Salses-le-Château, n° 157968, *Lebon* T.).

Le caractère inquisitorial de la procédure administrative contentieuse est ici affirmé, qui repose sur le principe selon lequel l'administration a le devoir de permettre au juge administratif de statuer en toute connaissance de cause (CE sect., 5 décembre 1975, Murawa, n° 93814, *Lebon*, p. 634). On observe d'ailleurs que le fait pour l'administration d'avoir « retenu » une pièce décisive est un des cas d'ouverture du recours en révision devant le Conseil d'État (voir CJA, art. R. 834-1), cas étendu à l'hypothèse dans laquelle l'administré retrouve, par ses propres moyens, une pièce décisive que l'administration, à qui il incombait de la conserver, a prétendu ne plus détenir (CE sect., 5 avril 1996, Treiber, n° 093234, *Lebon*). Ce caractère inquisitorial autorise, c'est connu, la juridiction administrative à exiger, notamment de l'administration, la production de tous documents susceptibles de fonder sa conviction et de permettre la vérification des allégations des requérants. Depuis l'arrêt *Barel* (CE ass., 28 mai 1954, n° 28238, *Lebon*, p. 308), ces pouvoirs sont régulièrement utilisés (sur leur « télescopage » avec les nécessités de la défense nationale : CE ass., 11 mars 1955, Secrétaire d'État à la Défense c/Coulon, *Lebon*, p. 150, ou CE, 20 février 2012, Ministre de la Défense, n° 350382, *Lebon* ; sur leur combinaison avec le secret médical : CE sect., 24 octobre 1969, Ministre de l'Équipement c/Gougeon, n° 77089, *Lebon*, p. 457 – CE, 25 mai 1994, G… [1]), par exemple, en matière économique (CE, 26 janvier 1968, Société Maison Genestal, n° 69765, *Lebon*, p. 62). Et le juge tire toutes conséquences de la réponse, ou de l'absence de réponse aux questions qu'il pose, ces conclusions n'allant pas toujours dans le sens des requérants (CE, 29 mars 1993, Lemaire, n° 111745 [2]). Mais ce pouvoir inquisitorial ne doit pas modifier le champ du litige tel que les parties l'ont défini. Il est ainsi interdit au rapporteur, comme d'ailleurs à la juridiction, de diligenter auprès des parties des investigations aux fins de découvrir le bien-fondé d'un moyen d'ordre public soulevé d'office (CE, 21 octobre 1959, Korsec, *Lebon*, p. 533) : les requêtes notamment bénéficient d'une sorte de présomption de recevabilité, et, sauf si cette recevabilité est discutée par l'adversaire, le juge ne doit pas s'attacher à combattre cette présomption, sauf lorsqu'elle est détruite par le dossier même qui lui est soumis (CE, 29 décembre 1993, SA Nouvelle Cartor, n° 128769 [3]). Cette interdiction ne cède que s'il s'agit de contrôler la véracité d'éléments du dossier qui pourraient conduire à estimer fondé un moyen d'ordre public (autrement dit, non de chercher à démontrer le bien-fondé d'un tel moyen, mais de vérifier que, conformément aux apparences issues du dossier, ce moyen est effectivement fondé : CE, 13 février 1987, Morel, n° 42833, *Lebon* T. [4]).

La juridiction n'est pas tenue de réclamer le mémoire complémentaire annoncé (CE, 10 octobre 1990, Roussel, n° 94808, *Lebon* T. [5] – CE, 25 octobre 2010, Société civile d'exploitation agricole du domaine de Haute Gree, n° 308697, *Lebon* T.). Ce point a son importance, compte tenu des effets de l'absence de réponse à la mise en demeure qui suivra le cas échéant cette demande (désistement d'office ; voir CJA, art. R. 612-5). La mise en demeure ne doit donc être envoyée que si la requête sommaire ne se suffit pas à elle-même. Le système est ainsi fondamentalement différent de celui qui est en vigueur au Conseil d'État (voir CJA, art. R. 611-22) dans lequel la simple annonce d'un mémoire complémentaire déclenche automatiquement, et sans mise en demeure, un mécanisme pouvant conduire au désistement d'office.

On notera la règle énoncée aux articles R. 611-11 et R. 611-1-1. Elle permet notamment au tribunal, pour les affaires urgentes [R. 611-1] (et à l'instar de ce qui est prévu pour les référés d'urgence), ou pour les affaires en état [R. 611-1-1] de mettre sur pied, dès les premières notifications, une sorte de calendrier d'instruction, incorporant la date de clôture de l'instruction (décidée pour les affaires urgentes, prévue pour les autres affaires) et la date – prévue – d'audiencement. Mais ce ne sont là que des possibilités.

Une telle programmation doit permettre de maîtriser la durée de l'instruction et d'éclairer les parties sur la période à laquelle le dossier a des chances d'être jugé. On verra ultérieurement que cette meilleure information a un revers pour les parties : c'est la clôture de l'instruction à effet immédiat (voir CJA, art. R. 613-1). Ainsi que les textes en disposent expressément, l'information relative à la date prévue de l'audience devra être confirmée par un avis d'audience (sauf en matière de contentieux du refus de séjour : voir art. R. 776-11).

L'information délivrée en application de l'article R. 611-11-1 ne lie pas la juridiction, mais n'est pas dépourvue d'effets pour elle. Il est possible de modifier ces informations, mais il faut que la modification ait été explicite et effectuée dans des délais compatibles avec les exigences du caractère contradictoire de la procédure (CE, 1er avril 2019, Durand, n° 422807, *Lebon* T.).

L'absence de production de mémoire par la partie en défense, que celle-ci ait été ou non mise en demeure de produire, ne fait pas obstacle à ce que le juge, s'il l'estime utile, mette en œuvre cette procédure. Cependant, la faculté de prendre une ordonnance de clôture d'instruction à effet immédiat n'est ouverte qu'à compter de la date fixée dans la lettre d'information et une fois expiré chacun des délais laissés aux parties pour produire un mémoire ou répliquer aux mémoires communiqués (CE sect., 26 juillet 2022, Vincler, n° 437765, *Lebon*).

On rappelle (voir CJA, art. R. 611-1) que toutes les pièces demandées par le rapporteur n'ont pas à être « jointes à la procédure contradictoire », l'arrêt *Huberschwiller* soustrayant par exemple à cette obligation les pièces dont la communication constitue l'objet même du litige (CE, 23 décembre 1988, n° 95310, *Lebon*).

Jurisprudence

[1] Considérant que pour rejeter les conclusions de M. G... dirigées contre l'arrêté du préfet de la Creuse du 13 juin 1991 ordonnant son hospitalisation d'office au centre hospitalier spécialisé La Valette à Saint-Vaury, le tribunal administratif de Limoges s'est expressément référé au contenu de pièces médicales que l'administration, à sa demande, lui avait communiquées ; qu'il ressort des pièces du dossier que le tribunal a pris connaissance de ces documents, sans avoir invité le requérant à désigner un

médecin par l'intermédiaire duquel ils auraient pu être mis à sa disposition, et sans d'ailleurs y avoir été autorisé par l'intéressé ; qu'il a ainsi, notamment, méconnu le caractère contradictoire de la procédure [...].

[2] Considérant que les époux Lemaire soutiennent que les permis attaqués méconnaîtraient le règlement du lotissement dit de la Mare Rouge, approuvé par arrêté préfectoral du 20 décembre 1924 ; que, si le tribunal administratif de Rouen, qui n'y était pas tenu, n'a procédé à aucun supplément d'instruction quant à l'existence et à la délimitation dudit lotissement, la 10e sous-section de la section du contentieux, chargée de l'instruction de la requête, usant du pouvoir qui appartient au Conseil d'État d'exiger de l'administration compétente la production de tous documents susceptibles d'établir la conviction du juge et de permettre la vérification des allégations des requérants, a demandé au maire du Havre la communication de l'arrêté préfectoral du 20 décembre 1924 précité, accompagné de tous les documents annexés ;
Considérant qu'en dépit de recherches approfondies, ces documents n'ont pu être retrouvés ni dans les archives de la ville du Havre, ni dans celles des services de l'État ; qu'en l'absence de ces documents, il ne peut être regardé comme établi que les terrains concernés par les permis attaqués soient compris dans le lotissement approuvé par l'arrêté du 20 décembre 1924 ; que, par suite, les moyens tirés de la méconnaissance tant de l'article L. 315-3 du code de l'urbanisme que du règlement du lotissement ne peuvent être accueillis [...].

[3] Considérant que la SARL Nouvelle Cartor a fait l'objet d'un redressement en matière d'impôt sur les sociétés au titre de l'exercice 1982 contre lequel elle a formé réclamation ; que la demande présentée devant le tribunal administratif de Caen et dirigée contre le rejet de cette réclamation et la requête formée devant la cour administrative d'appel de Nantes contre le jugement rendu par le tribunal administratif ont été présentées par la société anonyme Nouvelle Cartor ; que, par l'arrêt attaqué, la cour administrative d'appel a rejeté ladite requête faute pour la société anonyme Nouvelle Cartor d'avoir justifié d'un mandat ou d'un autre titre l'habilitant à agir aux lieu et place de la SARL Nouvelle Cartor ;
Considérant qu'il résulte du dossier soumis aux juges du fond que la société anonyme Nouvelle Cartor, qui avait le même dirigeant et le même siège que la SARL Nouvelle Cartor, avait fait dans sa demande au tribunal administratif état du rejet de sa réclamation par le directeur des services fiscaux ; qu'elle se présentait ainsi comme venant aux droits de la SARL Nouvelle Cartor ; qu'en l'absence de toute contestation de la recevabilité de la requête qu'aucune pièce du dossier ne démentait, et alors que, selon les dispositions de l'article 5 de la loi susvisée du 24 juillet 1966 sur les sociétés commerciales : « La transformation régulière d'une société n'entraîne pas la création d'une personne morale nouvelle », la cour ne pouvait sans erreur de droit ni regarder la société anonyme Nouvelle Cartor comme agissant pour le compte de la SARL Nouvelle Cartor, ni refuser de lui reconnaître la qualité pour agir à l'encontre de l'imposition en cause [...].

[4] Considérant qu'il résulte des termes de la lettre du 27 janvier 1981 adressée par le secrétaire de la commission départementale de réorganisation foncière et de remembrement du Calvados à M. Morel et produite par celui-ci devant les premiers juges à l'appui de sa demande, que la décision de cette commission en date du 14 novembre 1979 qu'il a déférée au tribunal administratif de Caen, lui a été notifiée le 23 février 1980 et que l'administration postale a présenté, le 3 mars 1980, le pli contenant

cette notification au domicile de M. Morel ; que les pièces du dossier faisant ainsi apparaître que la demande de M. Morel, enregistrée au greffe du tribunal administratif le 5 mars 1981 était tardive si les mentions de la lettre du 27 janvier 1981 étaient exactes, le tribunal administratif pouvait, sans entacher la procédure d'irrégularité, prescrire une mesure d'instruction auprès de l'administration postale, à l'effet de vérifier la véracité de ces indications, alors même qu'aucune fin de non-recevoir n'était soulevée et pouvait, au cas où ce supplément d'instruction confirmait que la requête était effectivement tardive, soulever d'office cette irrecevabilité [...].

[5] Considérant, d'une part, que ces dispositions n'imposent au tribunal administratif ni de fixer un délai pour la production d'un mémoire complémentaire ni d'adresser une mise en demeure d'avoir à produire un tel mémoire ; qu'ainsi le tribunal administratif de Lille a pu légalement clore l'instruction et fixer la date de son audience, l'affaire étant en état d'être jugée [...].

Les communications à l'État

Art. R. 611-12 Les communications à l'État des demandes et des différents actes de procédure sont faites à l'autorité compétente pour représenter l'État devant le tribunal.

Texte source

– Code des TA et des CAA, article R. 143.

Commentaires

Voir les articles R. 431-9 et R. 431-10 pour la détermination du représentant de l'État.

Les dispositions de l'article 20 de la loi du 12 avril 2000 relatives à l'obligation de transmission (codifiées à l'article L. 114-2 du Code des relations entre le public et l'administration) ne trouvent pas à s'appliquer dans la procédure contentieuse. L'erreur de la juridiction quant au représentant de l'État constituera donc une irrégularité (CE, 30 décembre 2009, Ministre des Transports, n° 302219).

La transmission du dossier au rapporteur public

Art. R. 611-13 Lorsque, après étude par le rapporteur, l'affaire est en état d'être portée à l'audience, le dossier est transmis au rapporteur public.

Textes sources

– Code des TA et des CAA, article R. 145.

– Décret n° 2009-14 du 7 janvier 2009, article 1er.

Commentaires

« L'étude par le rapporteur » appelle en principe la rédaction d'une note et d'un projet de jugement. La présence dans le dossier d'un tel projet, qui sera le cas échéant modifié, dans sa motivation, voire son sens après l'audience, en tenant compte des éléments apparus lors de celle-ci, ne méconnaît aucun principe général de procédure (CAA Paris, 26 octobre 2005, Ashraf, n° 05PA01232, *Lebon* T.). Il

reste qu'il est préférable, au nom du principe de l'apparence, que la note, comme le projet du rapporteur, demeure sous la « garde » de ce dernier, au même titre que ses documents de travail, et ne revête donc pas l'aspect d'une pièce du dossier.
La Cour européenne des droits de l'homme n'a pas vu, dans la transmission au rapporteur public d'un dossier contenant la note du rapporteur, une atteinte à la règle du procès équitable, non plus qu'à l'égalité des armes (CEDH, 4 juin 2013, Marc-Antoine c/France, n° 54984/09).

La communication au haut-commissaire de certaines requêtes en Nouvelle-Calédonie et en Polynésie française

Art. R. 611-14 Devant les tribunaux administratifs de la Polynésie française et de Nouvelle-Calédonie, les demandes présentées contre une décision prise au nom ou pour le compte de l'État et les demandes présentées contre l'État et mettant en cause sa responsabilité ainsi que toutes les demandes présentées contre les délibérations ou actes des autorités locales sont communiquées par le tribunal administratif au haut-commissaire.
Les demandes présentées contre une délibération de l'Assemblée de la Polynésie française ou du Congrès de la Nouvelle-Calédonie sont communiquées au président de l'assemblée concernée.

Textes sources

– Code des TA et des CAA, article R. 144, § 1 et 2.
– Décret n° 2005-1611 du 20 décembre 2005, article 3.

La communication au représentant du Gouvernement de certaines requêtes à Mamoudzou

Art. R. 611-15 Devant le tribunal administratif de Mayotte, les demandes présentées contre une décision ou une délibération prise au nom ou pour le compte de l'État ou de la collectivité territoriale, et les demandes présentées contre l'État ou la collectivité territoriale et mettant en cause leur responsabilité, sont communiquées par le tribunal administratif au représentant du Gouvernement.

Textes sources

– Code des TA et des CAA, article R. 144, § 3.
– Décret n° 2008-452 du 13 mai 2008, article 20.

La communication à l'administrateur supérieur de certaines requêtes à Wallis-et-Futuna

Art. R. 611-15-1 Devant le tribunal administratif de Wallis-et-Futuna, les demandes présentées contre une décision ou une délibération prise au nom ou pour le compte de l'État ou du territoire des îles Wallis-et-Futuna, et les demandes présentées contre l'État ou le territoire des îles Wallis-et-Futuna et mettant en cause leur responsabilité, sont communiquées par le tribunal administratif à l'administrateur supérieur.

Textes sources

– Décret n° 2004-2 du 2 janvier 2004, article 2-8°.
– Décret n° 2015-1145 du 15 septembre 2015, article 22.

SECTION 4 Dispositions applicables devant les cours administratives d'appel

La désignation du rapporteur à la cour administrative d'appel

Art. R. 611-16 Après l'enregistrement des requêtes, le président de la cour administrative d'appel les répartit entre les chambres et attribue les dossiers aux rapporteurs.

Le rapporteur désigné ne peut être dessaisi d'un dossier que sur sa demande et avec l'accord du président de la cour administrative d'appel ou par décision du président de la cour administrative d'appel.

Textes sources

– Code des TA et des CAA, articles R. 146 et R. 147, § 1.
– Loi n° 86-14 du 6 janvier 1986, article 19.

Le rôle du rapporteur à la cour administrative d'appel

Art. R. 611-17 Le rapporteur règle, sous l'autorité du président de la chambre, la communication de la requête. Il fixe, eu égard aux circonstances de l'affaire, le délai accordé aux parties pour produire leurs mémoires. Il peut demander aux parties, pour être joints à la procédure contradictoire, toutes pièces ou tous documents utiles à la solution du litige.

Les dispositions du deuxième alinéa de l'article R. 611-10 sont applicables.

Textes sources

– Code des TA et des CAA, article R. 147, § 1.
– Décret n° 2010-164 du 22 février 2010, article 29.

Commentaires

Les missions du rapporteur à la cour sont identiques à celles qu'il assume au tribunal. Voir le commentaire de l'article R. 611-10, sous l'article R. 611-11-1.

Les mémoires et documents envoyés au juge en réponse aux demandes adressées aux parties en application de cette disposition doivent être soumis au débat contradictoire entre les parties, le cas échéant après que l'instruction a été rouverte, sauf dans le cas où ces mémoires et documents sont sans incidence sur le jugement de l'affaire (CE, 28 décembre 2017, Fanouni, n° 406112 pour le cas d'une réponse à une mesure d'instruction). Mais rien n'est dit sur la faculté ou l'obligation de rouvrir l'instruction pour un document ayant une incidence sur le jugement de l'affaire. Ces dispositions sont également applicables en cas de jugement par ordonnance en application du 9e alinéa de l'article R. 222-1 du CJA, alors même qu'il n'y a pas d'instruction (Voir CJA, art. R. 222-1 – CE, 9 juin 2020, Société locale d'épargne de Haute-Garonne Sud-Est, n° 438822, *Lebon* T., p. 946). Inviter à produire « dans les meilleurs délais » ne suffit pas faute de date déterminée (CE, 31 décembre 2020, Société Nass-y-Beach, n° 431799, *Lebon* T.).

La fixation de la clôture de l'instruction dès l'enregistrement de la requête ou lorsqu'elle est en état d'être jugée

Art. R. 611-18 Les dispositions des articles R. 611-11 et R. 611-11-1 sont applicables.

Textes sources

– Code des TA et des CAA, article R. 147, § 2.
– Décret n° 2010-164 du 22 février 2010, article 28
– Décret n° 2011-1950 du 23 décembre 2011, article 15.

Commentaires

La similitude avec les règles en vigueur devant le tribunal administratif est évidente. On peut se demander quelle est la portée réelle du premier alinéa de l'article R. 611-16, en ce qui concerne la répartition des affaires entre les chambres, ou à tout le moins s'il était nécessaire de l'écrire : désignant le rapporteur, le président attribue nécessairement l'affaire à une chambre, puisqu'il a, en application de l'article R. 222-8, réparti les rapporteurs entre les chambres.

La séance d'instruction

Art. R. 611-19 Chaque chambre assure l'instruction des affaires qui lui sont confiées. Elle tient, si son président le juge utile, une séance d'instruction avant la transmission du dossier au rapporteur public. Celui-ci assiste à la séance d'instruction. La chambre siège, en formation d'instruction, sous la présidence de son président, entouré d'un magistrat, désigné en suivant l'ordre du tableau parmi les magistrats présents, et du magistrat-rapporteur. En cas d'absence ou d'empêchement, le président est remplacé selon les modalités définies à l'article R. 222-26.

Textes sources

– Code des TA et des CAA, article R. 148.
– Décret n° 2009-14 du 7 janvier 2009, article 1er.

Commentaires

La séance d'instruction est facultative. Inspirée des méthodes en usage au Conseil d'État, cette séance suppose une formation dont la composition est très précisément définie. Il ne faut toutefois voir dans ces règles de composition qu'une sorte

de règlement intérieur des cours administratives d'appel, et non un texte de procédure. Pour ce qui concerne la procédure devant le tribunal administratif, le CJA ne prévoit pas, fût-ce à titre facultatif, de séance d'instruction. S'est cependant instaurée, dans certaines juridictions, une pratique de prédélibéré non prévue par les textes. Cette pratique peut au demeurant poser problème, car intervenant le plus souvent moins d'une semaine avant le délibéré, elle pourrait s'apparenter à une violation des règles dégagées après l'arrêt *Kress* (CEDH, gr. ch., 7 juin 2001, n° 39594/98), en permettant au rapporteur public non plus seulement d'assister, mais de participer à un délibéré anticipé en ayant vu le dossier comme cela lui est demandé par la décision du 21 avril 2020 (Voir CJA, art. L. 234-7 et R. 234-7).
En outre, le rapporteur public n'est pas là pour réviser à la place du président de formation de jugement.

SECTION 5 Dispositions applicables devant le Conseil d'État

La désignation du rapporteur au Conseil d'État

Art. R. 611-20 Le président de la section du contentieux répartit les affaires entre les chambres, sous réserve des compétences de la formation spécialisée prévue à l'article L. 773-2 du présent code. Il peut, préalablement à cette répartition, accomplir les actes d'instruction nécessaires à la mise en état des affaires.

Chaque chambre est chargée de l'instruction des affaires qui lui ont été attribuées. Le rapporteur est désigné pour chaque affaire par le président de la chambre après accomplissement des mesures d'instruction prévues à l'article R. 611-27.

Par dérogation aux dispositions du premier alinéa, le président de la section du contentieux peut décider que l'instruction d'une affaire sera confiée à la section du contentieux. Dans ce cas, il lui appartient de désigner le rapporteur et d'exercer les pouvoirs dévolus par le présent code à la chambre chargée de l'instruction.

Lorsqu'il décide de renvoyer à une des formations collégiales mentionnées au premier alinéa de l'article L. 122-1 le jugement d'une requête présentée en application du livre V, le président de la section du contentieux accomplit les actes d'instruction nécessaires et désigne le rapporteur ainsi que le rapporteur public, à moins qu'il n'attribue l'affaire à une chambre.

Textes sources

- Décret n° 63-766 du 30 juillet 1963, article 36.
- Décret n° 2000-1115 du 22 novembre 2000, article 2-V.
- Décret n° 2010-164 du 22 février 2010, article 9.
- Décret n° 2016-899 du 1er juillet 2016, article 1er.

Commentaires

La formation spécialisée prévue à l'article L. 773-2 est la formation qui, au Conseil d'État, traite du contentieux de la mise en œuvre des techniques de renseignement soumises à autorisation. Lorsqu'il est saisi par erreur comme juge des référés le président n'a pas à prendre une ordonnance motivée déclinant sa compétence (CE sect., 28 février 2001, Casanovas, n° 229163, *Lebon*).

Le dernier alinéa, qui systématise la règle énoncée au premier, est évidemment dicté par la nécessité de statuer rapidement sur une procédure urgente, en déclenchant donc immédiatement les mesures d'instruction. Ce pouvoir peut, sans doute, être valablement exercé par le conseiller d'État délégué en matière de référés, notamment pendant les périodes de permanence d'été.

Peu d'affaires ont été traitées par application du troisième alinéa. Tel fut le cas de l'affaire *Barel* (CE ass., 28 mai 1954, *Lebon*, p. 308) et des affaires *Société Tropic travaux signalisation* (CE ass., 16 juillet 2007, n° 291545, *Lebon*, p. 360) ou *Beligaud* (CE, avis, 29 avril 2010, Beligaud, n° 323179, *Lebon*), dont la rédaction révèle, de plus, que la section du contentieux y a tenu une « audience d'instruction », laquelle a peut-être été l'occasion pour la section d'entendre un « *amicus curiae* » en application de l'article R. 626-3.

L'engagement de la procédure d'instruction au Conseil d'État

Art. R. 611-21 Devant le Conseil d'État, lorsque la requête ou le recours ne mentionne pas l'intention du requérant ou du ministre de présenter un mémoire complémentaire dans lequel seront précisés ou complétés les moyens énoncés ou à l'appui desquels de nouveaux documents ou éléments probants seront produits, la procédure d'instruction est immédiatement engagée.

Texte source

– Décret n° 63-766 du 30 juillet 1963, article 53-3, § 1.

La production de l'ampliatif et le désistement d'office devant le Conseil d'État

Art. R. 611-22 Lorsque la requête ou le recours mentionne l'intention du requérant ou du ministre de présenter un mémoire complémentaire, la production annoncée doit parvenir au secrétariat du contentieux du Conseil d'État dans un délai de trois mois à compter de la date à laquelle la requête a été enregistrée.

Si ce délai n'est pas respecté, le requérant ou le ministre est réputé s'être désisté à la date d'expiration de ce délai, même si le mémoire complémentaire a été ultérieurement produit. Le Conseil d'État donne acte de ce désistement.

Textes sources

– Décret n° 63-766 du 30 juillet 1963, article 53-3, § 2.
– Décret n° 2006-964 du 1er août 2006, article 6.

Commentaires

Si la requête sommaire conclut à l'annulation totale de l'acte, le requérant est recevable à contester des parties de l'acte contre lesquelles la requête sommaire ne contenait aucun moyen dans un mémoire complémentaire produit avant l'expiration du délai imparti (CE, 10 juin 2021, Syndicat national des journalistes et autres, n°s 444849, 445063, 445355 et 445365, *Lebon*).

À la différence de ce qui est prévu pour les tribunaux administratifs et cours administratives d'appel (voir CJA, art. R. 612-5), aucune invitation à produire le mémoire complémentaire ne doit être adressée au requérant, encore moins une mise en demeure.

Ce mécanisme de désistement d'office (qui est appliqué avec modération, dans environ 1 % des affaires jugées) n'est, a jugé le Conseil d'État, pas incompatible avec l'article 6 de la Convention européenne de sauvegarde des droits de l'homme (CE, 10 octobre 1997, Comité de sauvegarde [...] de Simandres, n° 136605, *Lebon*, p. 345). Telle n'est pas toutefois totalement la position retenue par la Cour européenne des droits de l'homme. Cette dernière a en effet jugé, dans une affaire Guillard c/France (CEDH, 15 janvier 2009, n° 24488/04, *JCP A*, 9 mars 2009, p. 43), que l'application par le Conseil d'État de ce mécanisme, sans mise en demeure préalable, a méconnu le droit à un procès équitable, compte tenu des effets, alors, de ce désistement d'office (désistement d'action et non d'instance), et alors surtout que la formule utilisée par le requérant ne laissait pas supposer sans ambiguïté son intention de produire un ampliatif.

Le mécanisme a été assoupli depuis 1996 : il est ainsi admis désormais que le requérant, ayant annoncé un mémoire complémentaire, puisse y renoncer, pourvu que cette renonciation intervienne avant le terme du délai de trois mois (CE sect., 26 juillet 1996, Société Entrepositaire parisienne, n° 160269, *Lebon*, p. 312, revenant sur CE, 17 mai 1985, Société Anastasia diffusion, n° 54273, *Lebon*, p. 156 – CE, 16 mars 2010, Société Sogebail, n° 324240). Il est de même admis que le document produit avant le terme du délai fasse obstacle au désistement d'office, même si son contenu est strictement identique à celui de la requête (CE, 9 juillet 1997, Société Simecsol, n° 179047, *Lebon* T., revenant sur des jurisprudences antérieures contraires).

Le délai, qui était de quatre mois avant d'être ramené à trois par le décret du 1er août 2006 (réforme apportée pour gagner un mois dans la durée de l'instruction des affaires devant le Conseil d'État), doit se calculer comme un délai franc (CE, 25 janvier 1985, Kanda, n° 52969, *Lebon* T. – CE, 3 novembre 1989, William, n° 80152, *Lebon* T. – CE, 23 février 2000, L'Hermite, n° 192480, *Lebon* – CE, 23 août 2006, Association pour la protection du littoral du Brusc, n° 281181). Il est interrompu par une demande d'aide juridictionnelle (CE, 19 mars 1986, Roberge, n° 60115 *Lebon* T.). Il est suspendu en cas de suspension de l'avocat en application de l'article R. 634-1 (CE, 31 décembre 2019, Dokhiyev, n° 426831, *Lebon* T.). Il n'a pas à être majoré du délai de distance (CE, 13 janvier 1984, Conseil de l'ordre des avocats de la Polynésie française, n° 50187, *Lebon* T. – CE, 14 février 2007, Azri, n° 293523). Si une demande de régularisation a été adressée au requérant concernant un autre point de procédure, le délai de trois mois ne part que de la date à laquelle il a été procédé à cette régularisation (CE, 22 juillet 1994, Commune

de Palaiseau, n° 149336, *Lebon* T.). Enfin, et pour apprécier si la partie a réagi dans le délai imparti, il convient, comme désormais pour tous les délais, de tenir compte du délai normal d'acheminement postal (CE, 11 décembre 2009, Roure, n° 319162, *Lebon* T.).
Le délai est impératif et d'ordre public : un mémoire complémentaire parvenu après qu'il est expiré, même avant clôture de l'instruction, est sans influence sur l'intervention du désistement (CE sect., 19 novembre 1993, Société Le Noroît, n° 119389, *Lebon* [1]), et le requérant ne peut obtenir qu'il soit prorogé. Une notification erronée du délai de pourvoi est sans incidence sur le délai pour produire le mémoire complémentaire (CE, 20 décembre 2017, n° 413558, *Lebon* T.). Lorsque le délai est respecté, la production du mémoire complémentaire fait obstacle à un désistement d'office partiel (CE, 28 novembre 2018, SNC Lancôme Parfums et Beauté et Cie, n° 413121, *Lebon* T.).
Les transmissions d'affaires entre le Conseil d'État et les autres juridictions, dans le cadre du règlement des questions de compétence, introduisent, compte tenu des différences des textes applicables, un mécanisme dissymétrique. Une requête présentée par erreur au Conseil d'État et annonçant un mémoire complémentaire aboutira automatiquement, sans rappel ni mise en demeure, à un désistement si au bout de trois mois ce mémoire n'a pas été déposé, même si elle relève soit d'un tribunal administratif soit d'une cour administrative d'appel (CE sect., 28 janvier 1994, Ministre des Départements et Territoires d'outre-mer, n° 142456, *Lebon*, p. 43) ; on remarquera qu'il n'en irait pas de même si, avant le terme de ce délai, l'affaire était renvoyée au juge compétent, devant qui le désistement d'office n'est envisageable que si une mise en demeure a été envoyée… Inversement une requête, annonçant le même mémoire complémentaire, présentée devant un tribunal administratif ou une cour administrative d'appel, et relevant du Conseil d'État, verra se déclencher le délai de trois mois de rigueur au Conseil d'État dès que l'intéressé se sera vu notifier l'ordonnance de transfert, sans plus de mise en demeure ni d'avertissement (CE, 22 juillet 1994, Commune de Palaiseau, préc., où le désistement a été prononcé malgré une lettre, adressée à la cour, avant le transfert, renonçant à la production du mémoire complémentaire, décision antérieure à la jurisprudence *Société Entrepositaire parisienne*). Ces solutions n'ont rien de satisfaisant.
S'il est acquis, le désistement d'office a longtemps été regardé comme un désistement d'action, et non d'instance (CAA Nancy, 24 octobre 1991, Poussin, *Lebon*, p. 1132 ; *RJF* 1992, n° 148, confirmé par CE, 10 février 1995, Poussin, n° 132658, *Lebon* T. ; *RJF* 1995, n° 406, p. 232 – CAA Nantes, 14 avril 1994, SA Le Noroît, *Lebon*, p. 1121 – CE, 21 décembre 1994, Lejeune, n° 120751, *Lebon T.* – CE, 16 octobre 1995, Violette, n° 79833), solution qui accroissait la sévérité du système. Ce désistement, qui n'est pas rétractable, prime au surplus sur le désistement volontaire qui pourrait ensuite être produit, lequel est sans effet, et qu'il est donc inutile de contester (CE, 27 avril 1994, Vulic, n° 138843). Mais il appartient normalement au juge de qualifier le désistement, même né de l'absence de production de l'ampliatif, et donc de limiter, le cas échéant, dans des circonstances particulières, les effets d'un tel désistement en le qualifiant de désistement d'instance (CE, 19 octobre 2007, Paris et Orth, n° 289551, *Lebon*, p. 428).

Cette position rigoureuse et sévère, même si elle a été assouplie, paraît être rendue périmée par la décision *Rigat* (CE sect., 1er octobre 2010, Rigat, n° 314297, *Lebon*), dont la portée paraît devoir couvrir tous les cas de décisions donnant acte de désistements : désormais un désistement est normalement un désistement d'instance, sauf mention expressément contraire du demandeur.
S'agissant des frais non compris dans les dépens (CJA, art. L. 761-1), le désistement d'office ne peut, c'est l'évidence, normalement donner lieu à leur versement au bénéfice de la partie dont la carence est ainsi constatée. Il est en revanche concevable que son adversaire, prévenu de l'instance avant survenance du désistement, en réclame et en obtienne, pourvu, et la condition est ici identique à celle qui prévaut en matière de désistement ordinaire, que la demande ainsi formée le soit avant survenance de la date à laquelle ce désistement d'office est acquis (CE, 24 mai 1995, SCPI France Pierre, n° 157224).
La question de savoir si le fait pour un avocat d'avoir, en ne déposant pas d'ampliatif annoncé, provoqué un tel désistement, peut justifier une action en désaveu (voir les commentaires sous l'article R. 431-2) est posée.

Jurisprudence

[1] Considérant qu'aux termes de l'article R. 147 du code des tribunaux administratifs et des cours administratives d'appel : « Le président de la cour attribue le dossier à un rapporteur. Celui-ci [...] fixe, eu égard aux circonstances de l'affaire, le délai accordé, s'il y a lieu, aux parties pour produire mémoire complémentaire, observations, défense ou réplique [...] » et qu'aux termes de l'article R. 150 du même code : « Lorsque l'une des parties n'a pas observé le délai qui lui a été imparti en exécution des articles R. 142 et R. 147 du présent code, le président de la formation de jugement lui adresse une mise en demeure [...] » ; que l'article R. 152 du code dispose que « si malgré la mise en demeure qui lui a été adressée, le demandeur n'a pas produit le mémoire complémentaire dont il avait expressément annoncé l'envoi [...], il est réputé s'être désisté » ; qu'il résulte de ces dispositions que, faute de production du mémoire complémentaire annoncé dans le délai imparti par la mise en demeure, le demandeur doit être réputé s'être désisté, alors même que ce mémoire a été produit avant la clôture de l'instruction [...].

Le délai raccourci pour produire l'ampliatif

Art. R. 611-23 Le délai prévu à l'article précédent est d'un mois en matière électorale et en ce qui concerne les conclusions tendant au sursis à exécution de la décision juridictionnelle attaquée. Il est également d'un mois pour les recours sur renvoi de l'autorité judiciaire.

Il est de quinze jours lorsque le pourvoi en cassation est dirigé contre une décision prise par le juge des référés en application du livre V, sauf s'il s'agit des procédures visées aux articles L. 552-1 ou L. 552-2.

Textes sources

– Décret n° 63-766 du 30 juillet 1963, article 53-3, § 3.
– Décret n° 2000-1115 du 22 novembre 2000, article 2-VI.
– Décret n° 2006-964 du 1er août 2006, article 7.
– Décret n° 2015-233 du 27 février 2015, article 47.

Commentaires

S'agissant du contentieux électoral, le délai (réduit à un mois) ne court qu'à compter de l'enregistrement de la requête devant le Conseil d'État, alors que cette requête peut être déposée à la préfecture (CE sect., 22 décembre 1989, Élections de Cannes, n° 108885, *Lebon*, p. 269). C'est toujours un délai franc (CE, 23 avril 2009, Élections municipales de Perpignan, n° 322243, *Lebon* – CE, 20 février 2013, Commune d'Allauch, n° 362201, *Lebon* T.).

Il faut entendre « contentieux électoral » comme concernant seulement le contentieux des élections municipales ou cantonales (pour lesquelles le Conseil d'État est juge d'appel), et celui des autres élections régies par le Code électoral pour lesquelles le Conseil d'État est juge de premier ressort, ainsi que celui de l'élection au Parlement européen (CE sect., 13 décembre 2006, Dupuis, n° 283134, *Lebon*). L'article ne joue donc pas dans le contentieux des élections consulaires pour lesquelles le Conseil d'État est juge de cassation (même arrêt).

L'adjonction des renvois de l'autorité judiciaire, opérée en février 2015, témoigne du souci de répondre au plus vite aux questions préjudicielles. C'est également pourquoi les jugements statuant en la matière ne sont susceptibles que d'un pourvoi en cassation (voir CJA, art. R. 811-1).

Ne sont exceptés du délai réduit que les pourvois en cassation dirigés contre les décisions prises en matière de référé fiscal (CE, 20 février 2013, Commune d'Allauch, n° 362201, *Lebon* T.), à l'exception des autres référés (même décision).

La réduction du délai pour produire l'ampliatif, en cas d'urgence

Art. R. 611-24 Les délais prévus aux deux articles précédents peuvent, en outre, être réduits par décision du président de la chambre en raison de l'urgence. Dans ce cas, la décision est notifiée au signataire de la requête. Le délai court du jour de la réception de cette notification.

S'il n'est pas respecté, le requérant est réputé s'être désisté à la date d'expiration de ce délai. Le Conseil d'État donne acte de ce désistement.

Textes sources

– Décret n° 63-766 du 30 juillet 1963, article 53-3, § 4.
– Décret n° 2016-899 du 1er juillet 2016, article 1er.

Le défaut de rétablissement du dossier

Art. R. 611-25 Si le requérant ou le ministre à qui le dossier a été communiqué en vue de la production d'un nouveau mémoire ne le rétablit pas dans le délai qui, lors de la communication, lui a été imparti, il est réputé s'être désisté à la date d'expiration de ce délai, même si le dossier est ultérieurement rétabli. Le Conseil d'État donne acte de ce désistement.

Texte source

– Décret n° 63-766 du 30 juillet 1963, article 53-3, § 4.

La fixation du délai de production des mémoires

Art. R. 611-26 Sauf lorsqu'il est fait application de l'article R. 611-8, la section ou la chambre fixe le délai dans lequel les mémoires doivent être produits.

Textes sources

– Ordonnance n° 45-1708 du 31 juillet 1945, article 53.
– Décret n° 2016-899 du 1er juillet 2016, article 1er.

La communication des requêtes

Art. R. 611-27 La communication des requêtes et recours aux parties intéressées et aux ministres et, s'il y a lieu, les mises en cause, les demandes de pièces et tous autres actes d'instruction sont, avec la fixation des délais dans lesquels les réponses doivent être produites, ordonnés par les chambres.
Les recours pour excès de pouvoir contre les décrets sont en outre communiqués au Premier ministre.

Textes sources

– Décret n° 63-766 du 30 juillet 1963, article 37.
– Décret n° 2016-899 du 1er juillet 2016, article 1er.

Commentaires

Comme devant les autres juridictions administratives, l'organe d'instruction est à même de demander des pièces à telle ou telle partie. C'est en application de ce texte que, s'il est soutenu devant le Conseil d'État que le texte d'un décret attaqué différerait et de la version soumise par le Gouvernement au Conseil d'État, et du projet adopté par ce dernier, il est demandé au Premier ministre de verser au dossier ces versions, le Conseil d'État ne pouvant de lui-même le faire compte tenu du caractère secret de la procédure devant les sections administratives (CE, 7 juillet 2000, Confédération des syndicats médicaux français, n° 210943, *Lebon* T.). Un décret n° 2020-1404 du 18 novembre 2020 portant expérimentation au Conseil d'État des procédures d'instruction orale et d'audience d'instruction et modifiant le code de justice administrative, a introduit, pour une durée de dix-huit mois, la possibilité pour une formation chargée de l'instruction d'organiser une séance orale d'instruction. Cette expérimentation est prolongée jusqu'au 31 décembre 2022 (décret n° 2022-387 du 18 mars 2022, *JORF* n° 0066 du 19 mars 2022).

Art. R. 611-28 *Abrogé par le décret n° 2005-1586 du 19 décembre 2005, article 10-I.*

Les conditions de la communication des mémoires

Art. R. 611-29 La communication des requêtes, mémoires et autres actes est faite dans les conditions prévues aux articles R. 611-1 à R. 611-6.

Textes sources

– Décret n° 63-766 du 30 juillet 1963, article 53-2.
– Décret n° 2005-1586 du 19 décembre 2005, article 10-II.

Art. R. 611-30 *Abrogé par le décret n° 2010-164 du 22 février 2010, article 9.*

SECTION 6 De la protection des pièces couvertes par le secret des affaires

Contradiction et secret

Art. L. 611-1 Les exigences de la contradiction mentionnées à l'article L. 5 sont adaptées à celles de la protection du secret des affaires répondant aux conditions prévues au chapitre Ier du titre V du livre Ier du code de commerce. Un décret en Conseil d'État précise les conditions d'application du présent article.

Textes sources
– Loi n° 2018-670 du 30 juillet 2018, article 3.
– Loi n° 2019-222 du 23 mars 2019, article 41.

Commentaires
Pourquoi donc cette adaptation ne vaudrait que pour le secret des affaires ? Assurément le Code de justice administrative devrait comporter des dispositions régissant l'adaptation des exigences de la contradiction à la protection de *tous* les secrets protégés par la loi.
La loi du 30 juillet 2018 ne comportait pas de renvoi à un décret en Conseil d'État. La loi n° 2019-222 du 23 mars 2019 l'a ajouté. Ce qui permet à l'article R. 611-30 de renvoyer à un texte général aménageant le contradictoire (CJA, art. R. 412-2-1). Lorsque la divulgation du secret des affaires est requise par le droit de l'Union européenne, en vertu de l'article L. 151-7 du Code de commerce, ce dernier n'est cependant pas opposable au juge de l'excès de pouvoir, dans l'exercice de son contrôle, qu'il lui revient d'opérer en apportant, le cas échéant, aux exigences de la contradiction les aménagements prévus par ces dispositions (CE, 19 mai 2021, Société Eusa Pharma [France], n° 436534, *Lebon* T.).

Le refus d'une partie de transmettre

Art. R. 611-30 Lorsqu'une partie produit une pièce ou une information dont elle refuse la transmission aux autres parties en invoquant la protection du secret des affaires, la procédure prévue par l'article R. 412-2-1 est applicable.

Texte source
– Décret n° 2019-1502 du 30 décembre 2019, article 4.

CHAPITRE 2 La confirmation de la requête, la régularisation et la mise en demeure

Le présent chapitre ne comprend pas de dispositions législatives.

L'obligation de faire régulariser les irrecevabilités susceptibles de régularisation

Art. R. 612-1 Lorsque des conclusions sont entachées d'une irrecevabilité susceptible d'être couverte après l'expiration du délai de recours, la juridiction ne peut les rejeter en relevant d'office cette irrecevabilité qu'après avoir invité leur auteur à les régulariser.
Toutefois, la juridiction d'appel ou de cassation peut rejeter de telles conclusions sans demande de régularisation préalable pour les cas d'irrecevabilité tirés de la méconnaissance d'une obligation mentionnée dans la notification de la décision attaquée conformément à l'article R. 751-5.
La demande de régularisation mentionne qu'à défaut de régularisation, les conclusions pourront être rejetées comme irrecevables dès l'expiration du délai imparti qui, sauf urgence, ne peut être inférieur à quinze jours. La demande de régularisation tient lieu de l'information prévue à l'article R. 611-7.

Textes sources

– Code des TA et des CAA, article R. 149-1, § 1 et 2.
– Décret n° 2002-547 du 19 avril 2002, article 10, § 1.

Commentaires

L'article R. 612-1 a pour objet de préciser l'étendue des obligations respectives de la juridiction et du requérant en ce qui concerne les irrecevabilités susceptibles de régularisation. La juridiction voit énoncé clairement son devoir d'inviter à régulariser, et le requérant peut se voir opposer des délais de régularisation impératifs. On note que rien n'interdit à la juridiction d'adresser dans un même pli l'invitation à régulariser et une information sur l'état de la procédure (CE, 27 juillet 2005, Hamoumi, n° 260294, *Lebon* T.).
Le devoir de la juridiction d'inviter les requérants à régulariser les irrecevabilités régularisables (qui est absent, on le rappelle, s'agissant du défaut de motivation d'une requête : voir CJA, art. R. 411-1) avait été affirmé par la jurisprudence. Il est désormais inscrit dans l'article R. 612-1, et la jurisprudence y a vu un principe général (CE, 24 avril 2013, Bodji, n° 349109, *Lebon* T.). Il ne joue que si l'existence de cette irrecevabilité est relevée d'office par le juge. Le texte s'est ajusté sur ce point à la jurisprudence (CE, 23 avril 1997, Syndicat national des techniciens et travailleurs de la production cinématographique, revenant, n° 144618, *Lebon* T., revenant sur CE, 25 février 1987, Mortet, n° 45269, *Lebon* T. – CE, 28 avril 1997, Association des commerçants non sédentaires de Corbeil-Essonnes, n° 164820, *Lebon*, cité sous l'article R. 431-3 abandonnant la jurisprudence *Mortet*), adoptant

la position de la cour administrative d'appel de Nantes (CAA Nantes, 22 juin 1994, Comité de défense du site de Kervoazou, n° 93NT00872, *Lebon* T.). La communication d'un moyen d'ordre public en application de l'article R. 611-7 ne vaut toutefois pas invitation à régulariser (CE, 13 juillet 2016, Delhaye, n° 388803, *Lebon* T.).

Le greffe a compétence pour adresser l'invitation, assortie d'un délai précis (quinze jours au moins) : une invitation à régulariser « dans les meilleurs délais » n'a pas de valeur (CE, 9 mars 2009, Gourdain, n° 303983). Cette invitation doit être faite au moyen d'un dispositif permettant d'attester sa date de réception – à l'exclusion donc, en principe, de la lettre simple (CE, 14 novembre 2011, Alloune, n° 334764, *Lebon* T.). La méconnaissance du délai a pour effet de permettre à la juridiction de juger l'affaire, selon la procédure ordinaire (et donc avec audience), ou par ordonnance. Le délai en cause est un délai franc, à l'instar de tout délai de procédure (CE, 10 janvier 2007, Société Arsol, n° 271389). Encore faut-il que l'invitation ait bien comporté la mention figurant à la fin de l'article R. 612-1, et ne se soit pas présentée seulement comme une mesure destinée à « compléter l'instruction » (CE, 25 octobre 2004, Préfet de police c/De Sousa, n° 256944, *Lebon* T.).

Lorsque la régularisation exigée peut être effectuée à tout moment de la procédure, la question s'est posée de savoir à quelle date le juge pouvait tirer les conséquences de l'absence de régularisation. On se reportera sur cette question aux commentaires sous l'article R. 222-1.

Le délai ainsi imparti n'est pas majoré d'un délai de distance (CE, 17 décembre 2013, Bois, n° 363690, *Lebon* T.). Naturellement, il est interrompu par une demande d'aide juridictionnelle pour repartir pour une même durée une fois qu'il y est statué. Cela n'a rien que de très normal (CE, 11 octobre 2006, Étienne, n° 282107, *Lebon* T. – CE, 31 décembre 2008, Ivars, n° 290745, *Lebon* T.). Encore que le texte n'en fasse pas état, il convient de tirer les conséquences du décret du 14 juin 2001 qui, en matière d'aide juridictionnelle, a conféré au recours contre la décision du bureau d'aide juridictionnelle comme à la demande de seconde lecture présentée à ce bureau un effet interruptif du délai de recours. Le délai de régularisation doit donc être regardé comme également interrompu par la formation d'un tel recours ou d'une telle demande. Ajoutons que, « si un requérant a obtenu la désignation d'un avocat au titre de l'aide juridictionnelle et si cet avocat n'a pas produit de mémoire, il appartient au juge, afin d'assurer au requérant le bénéfice effectif du droit qu'il tire de la loi du 10 juillet 1991, de surseoir à statuer » (CE, 24 mars 1982, Katchetoff, n° 28192, *Lebon* T. – CE, 28 novembre 2008, Mecherouh, n° 292772, *Lebon*, p. 444 – CE, 22 juillet 2020, Boulanger, n° 425348, s'agissant du cas du refus du bâtonnier de désigner un avocat) en mettant l'avocat désigné pour le représenter en demeure d'accomplir les diligences qui lui incombaient ou en portant sa carence à la connaissance du requérant, afin de le mettre en mesure de choisir un autre représentant (CE, 22 janvier 2010, Bopj, n° 316510 – CE, 28 décembre 2012, Hamlat, n° 348472, *Lebon* T. – CE, 9 avril 2015, Hassine, n° 378595, *Lebon* T.), alors même que la notification du jugement indiquait la nécessité de présenter l'appel par avocat, ce qui normalement dispense le juge d'appel d'adresser une invitation à régulariser.

Le texte précise, ce qui est la règle en semblable matière (CE, 22 juin 1992, Caisse régionale d'assurance maladie du Nord-Est, n° 117834), que l'invitation à régulariser doit comporter l'indication de la sanction qui lui est attachée. Enfin, l'article R. 612-1 précise, ce qui avait été implicitement jugé (CE, 16 février 1994, Territoire de la Nouvelle-Calédonie, n° 108665, *Lebon* T.), que l'envoi de cette invitation tient lieu de l'information prévue à l'article R. 611-7, précision utile dès lors que cette invitation ne doit être adressée que si l'irrégularité est relevée d'office.

Le deuxième alinéa de l'article R. 612-1, issu du décret du 29 avril 2002, transpose heureusement, sous la forme positive, la règle qui se dégageait négativement de l'ancien dernier alinéa de l'article R. 811-7 : lorsque la notification d'une décision juridictionnelle comporte (et c'est désormais obligatoire : voir CJA, art. R. 751-5) l'indication de ce que l'appel ou le pourvoi doit être accompagné de la production de la décision attaquée, et des règles concernant l'obligation d'avocat, le juge d'appel ou de cassation peut opposer l'irrégularité tenant à la méconnaissance d'une de ces obligations sans devoir inviter la partie à régulariser sa requête. La responsabilisation des justiciables est renforcée, au grand dam parfois de leurs conseils : qui n'a jamais omis de joindre à un envoi le document dont on sait pourtant pertinemment qu'il le faut joindre ?

En tout cas, l'information ainsi donnée n'emporte ces effets rigoureux que si elle l'est en des termes dépourvus d'ambiguïté, ce qui n'est, par exemple, pas le cas s'agissant de l'obligation d'avocat en appel, de la seule reproduction ou du seul résumé de l'article R. 811-7 (CE, 27 février 2006, Casseron, n° 269589, *Lebon* T.), et si, bien sûr, elle a été régulièrement portée à la connaissance du requérant (CE, 13 décembre 2005, SCI des Canadiens, n° 261718, *Lebon* T.).

Art. R. 612-2 *Abrogé par le décret n° 2006-1708 du 23 décembre 2006, article 11.*

La mise en demeure de produire un mémoire

Art. R. 612-3 Sans préjudice des dispositions du deuxième alinéa de l'article R. 611-8-1, lorsqu'une des parties appelées à produire un mémoire n'a pas respecté le délai qui lui a été imparti en exécution des articles R. 611-10, R. 611-17 et R. 611-26, le président de la formation de jugement ou le président de la chambre chargée de l'instruction peut lui adresser une mise en demeure.

En cas de force majeure, un nouveau et dernier délai peut être accordé.

Devant les tribunaux administratifs et les cours administratives d'appel, la mise en demeure peut être assortie de l'indication de la date ou de la période à laquelle il est envisagé d'appeler l'affaire à l'audience. Elle reproduit alors les dispositions du troisième alinéa de l'article R. 613-1 et du troisième alinéa de l'article R. 613-2. Les autres parties en sont informées.

Cette information ne tient pas lieu de l'avertissement prévu à l'article R. 711-2.

Textes sources

– Code des TA et des CAA, article R. 150.
– Décret n° 2001-710 du 31 juillet 2001, article 7-II.
– Décret n° 2010-164 du 22 février 2010, article 28.
– Décret n° 2016-1480 du 2 novembre 2016, article 19.
– Décret n° 2019-82 du 7 février 2019, article 34.

Commentaires

La réserve de l'article R. 611-8-1 concerne la mise en demeure de produire un mémoire récapitulatif, dont la méconnaissance est sanctionnée par le désistement d'office.

La mise en demeure, dont l'envoi incombe au président de la formation de jugement (ou au juge unique de l'article R. 222-13) est facultative. Elle n'est nécessaire que si la juridiction entend tirer les conséquences de la méconnaissance par une partie de l'invitation qui lui a été faite à l'occasion de l'instruction (CE ass., 8 avril 1987, Ministre de la Santé c/Tête, n° 45172, *Lebon*, p. 144 [1] – CE, 10 octobre 1990, Roussel, n° 94808, *Lebon* T. – CE, 5 juillet 1995, Le Haziff, n° 138496) et sauf dans les hypothèses dans lesquelles elle est expressément déclarée superflue (voir CJA, art. R. 611-3, dernier alinéa).

Elle ne peut être adressée que si elle a été précédée d'une invitation à produire dans un délai déterminé (CE, 17 mai 2006, Mallein, n° 272327, *Lebon* T.), exigence qui ne s'applique pas en matière d'ampliatif (voir CJA, art. R. 612-5).

Le délai indiqué dans la mise en demeure a longtemps été regardé comme purement indicatif, étant admis que la formalité demandée par cette mise en demeure pouvait être accomplie jusqu'à clôture de l'instruction (CE, 15 octobre 1957, Commune de Challes-les-Eaux, *Lebon*, p. 537). Ce n'est plus exact en ce qui concerne le désistement d'office (voir CJA, art. R. 612-5), depuis une décision *Société Le Noroît* (CE sect., 19 novembre 1993, n° 119389, *Lebon*, p. 326). Il reste à se demander si cette jurisprudence sera étendue au point de rendre irrecevable un mémoire réclamé, mais produit après ce délai, qui en aucune façon n'équivaut à une clôture de l'instruction. Bien plus, la rédaction du dernier alinéa de l'article R. 611-3 a pour effet de découpler totalement clôture de l'instruction et mise en demeure. Mais le troisième alinéa de l'article R. 612-3 est un des deux cas de la clôture à effet immédiat prévue par le troisième alinéa de l'article R. 613-1 et par le troisième alinéa de l'article R. 613-2 (CE, 9 novembre 2018, Association Comité de défense de quartier centre-ville Logis-Lautin, n° 411364, *Lebon* T.).

Naturellement, comme c'est la règle en matière de mise en demeure, cet acte ne peut porter effet (et notamment désistement d'office) que s'il comporte l'indication de la sanction qui lui est attachée (CE, 22 juin 1992, Caisse régionale d'assurance maladie du Nord-Est, n° 117834 [2]).

Si la cour administrative d'appel se prononce, sur mise en demeure, en l'absence de défense, elle s'expose à une opposition de la part du défendeur (voir CJA, art. R. 831-1) ; ce n'est pas le cas du tribunal administratif (voir CJA, art. R. 831-6).

On notera la particularité du troisième alinéa, qui permet d'assortir la mise en demeure d'une indication quant à la date à laquelle il est envisagé d'appeler l'affaire à l'audience. Si cette indication a les vertus d'information analogue à celle qui inspire l'article R. 611-1-1, elle a aussi des effets d'incitation rigoureux, énoncés par l'article R. 613-1.

Jurisprudence

[1] Considérant qu'aux termes de l'article R. 111 du code des tribunaux administratifs : « Le président du tribunal administratif adresse une mise en demeure à l'administration ou à la partie qui n'a pas observé le délai qui lui a été imparti en exécution des articles R. 105 et R. 110 [...] » ; que, selon l'article R. 112, si la mise en demeure reste sans effet ou si le dernier délai assigné n'est pas observé, le tribunal statue ; que l'article R. 113 dispose : « Si avant la clôture de l'instruction et malgré une mise en demeure la partie défenderesse n'a produit aucun mémoire, elle est réputée avoir acquiescé aux faits exposés dans la requête » ; que pour annuler la décision du 26 novembre 1981 du directeur des affaires sanitaires et sociales des Alpes-Maritimes, le tribunal administratif de Nice ne s'est pas fondé sur le motif que le ministre de la Santé était, faute d'avoir présenté des observations en défense, réputé avoir acquiescé aux faits exposés dans la requête de M. Tête ; qu'il a pu légalement, dès lors qu'il estimait l'affaire en l'état, statuer sans être tenu de mettre le ministre en demeure de présenter sa défense ; que le ministre de la Santé n'est, dès lors, pas fondé à soutenir que, faute d'avoir été précédé d'une telle mise en demeure, le jugement serait intervenu sur une procédure irrégulière [...].

[2] Considérant que si le président du tribunal administratif de Nancy a, par une mise en demeure reçue par les conseils de M. Desrumaux le 30 janvier 1990, imparti à ces derniers un délai de huit jours pour produire le mémoire ampliatif annoncé, cette mise en demeure, faute d'avoir comporté l'indication de la sanction qui y était attachée, n'a pu faire encourir à M. Desrumaux la procédure de désistement d'office [...].

Le destinataire de la mise en demeure

Art. R. 612-4 Lorsqu'elle concerne une administration de l'État, la mise en demeure est adressée à l'autorité compétente pour représenter l'État ; dans les autres cas, elle est adressée à la partie ou à son mandataire, s'il a été constitué.

Devant les tribunaux administratifs de la Polynésie française et de Nouvelle-Calédonie, la mise en demeure est adressée par le président du tribunal administratif au haut-commissaire si elle concerne une administration de l'État.

Devant le tribunal administratif de Mayotte, la mise en demeure est adressée par le président du tribunal administratif au représentant du Gouvernement si elle concerne une administration de l'État ou de la collectivité territoriale.

Devant le tribunal administratif de Wallis-et-Futuna, la mise en demeure est adressée à l'administrateur supérieur si elle concerne une administration de l'État ou du territoire des îles Wallis-et-Futuna.

Textes sources

– Code des TA et des CAA, article R. 151.

– Décret n° 2004-2 du 2 janvier 2004, article 2-9°.
– Décret n° 2005-1611 du 20 décembre 2005, article 3.
– Décret n° 2008-452 du 13 mai 2008, article 20.
– Décret n° 2015-1145 du 15 septembre 2015, article 22.

Le désistement d'office devant les tribunaux administratifs et les cours administratives d'appel

Art. R. 612-5 Devant les tribunaux administratifs et les cours administratives d'appel, si le demandeur, malgré la mise en demeure qui lui a été adressée, n'a pas produit le mémoire complémentaire dont il avait expressément annoncé l'envoi ou, dans les cas mentionnés au second alinéa de l'article R. 611-6, n'a pas rétabli le dossier, il est réputé s'être désisté.

Texte source

– Code des TA et des CAA, article R. 152.

Commentaires

On rappelle que la juridiction n'est jamais tenue ni de réclamer le mémoire complémentaire annoncé, ni d'adresser la mise en demeure (CE, 10 octobre 1990, Roussel – CE, 25 octobre 2010, Société civile d'exploitation agricole du domaine de Haute Gree, n° 308697, *Lebon* T., cités sous l'article R. 611-11). Sur le mécanisme du désistement d'office, voir les commentaires sous l'article R. 611-22, étant signalé que, si ce mécanisme est automatique devant le Conseil d'État, il suppose, devant les cours et tribunaux administratifs, l'envoi d'une mise en demeure de produire.

La mise en demeure ici mentionnée peut régulièrement intervenir sans avoir été précédée d'une invitation à produire (CAA Versailles, 19 janvier 2006, Société Air France, n° 05VE00492 – CE, 17 mai 2006, Mallein, n° 272327, *Lebon* T.).

Il est rappelé que le délai indiqué par la mise en demeure est un délai franc (CE, 23 août 2006, Association pour la protection du littoral du Brusc, n° 281181). Un délai de quinze jours est suffisant (CE, 13 janvier 2023, n° 452716, *Lebon* T.). Lorsque la juridiction choisit d'adresser une mise en demeure en application de cet article, elle doit, à condition que l'intéressé ait annoncé expressément la production d'un mémoire complémentaire, qu'il ait reçu la mise en demeure prévue, qu'elle lui laisse un délai suffisant pour y répondre et l'informe des conséquences d'un défaut de réponse dans ce délai, constater le désistement d'office du requérant si celui-ci ne produit pas le mémoire complémentaire à l'expiration du délai fixé (CE, 13 janvier 2023, n° 452716, *Lebon* T.). Lorsque ces conditions sont remplies, la circonstance que le requérant a sollicité, dans le délai qui lui avait été imparti pour produire son mémoire complémentaire, un délai supplémentaire pour ce faire, n'est pas de nature à faire obstacle à ce qu'il soit réputé, à l'expiration de ce délai, s'être désisté de sa requête (CE, 29 septembre 2023, n° 460160, *Lebon T.*), même dans le cas où, sur demande de l'intéressé présentée après son expiration, la cour avait prolongé ce délai (CE, 13 janvier 2023, n° 452716, préc.). En 2018, sur les 212 874 décisions rendues par les tribunaux administratifs, on compte

17 435 désistements et 1 882 désistements d'office ; et sur les 32 964 décisions rendues par les cours administratives d'appel, on compte 1 059 désistements et 64 désistements d'office (Source : Conseil d'État, Direction de la prospective et des finances, Bureau analyse et prospective).

La demande de maintien des conclusions

Art. R. 612-5-1 Lorsque l'état du dossier permet de s'interroger sur l'intérêt que la requête conserve pour son auteur, le président de la formation de jugement ou le président de la chambre chargée de l'instruction, peut inviter le requérant à confirmer expressément le maintien de ses conclusions. La demande qui lui est adressée mentionne que, à défaut de réception de cette confirmation à l'expiration du délai fixé, qui ne peut être inférieur à un mois, il sera réputé s'être désisté de l'ensemble de ses conclusions.

Textes sources

– Décret n° 2016-1480 du 2 novembre 2016, article 20.
– Décret n° 2017-82 du 7 février 2019, article 35.

Commentaires

Ces dispositions ont vocation à s'appliquer lorsque le magistrat qui en fait usage, sans prendre parti sur la recevabilité de cette requête ou sur le bien-fondé de ses prétentions, estime que celle-ci est susceptible de ne plus conserver d'intérêt pour son auteur. En conséquence, elles ne font pas obstacle à ce que ce même magistrat statue ensuite, le cas échéant, sur la requête en question et ne méconnaissent pas, pour ce motif, le principe d'impartialité. Compétemment édictées dans l'objectif de bonne administration de la justice, ces dispositions ne méconnaissent ni les droits de la défense, ni le droit à un recours juridictionnel effectif garanti par les dispositions de l'article 16 de la Déclaration des droits de l'homme et du citoyen du 26 août 1789 et ne sont pas sont incompatibles avec les stipulations des articles 6 et 13 de la Convention de sauvegarde des droits de l'homme et des libertés fondamentales (CE, 13 février 2019, Syndicat de la juridiction administrative et Union syndicale des magistrats administratifs, n° 406606). La circonstance que le requérant bénéficie de l'aide juridictionnelle étant, à cet égard, sans incidence (CE, 13 novembre 2019, Cissé, n° 422938, *Lebon* T.).
Ce dispositif, nouveau, a pour objet de « purger » les stocks d'affaires dont les auteurs se désintéressent visiblement. Il y a quelque temps, certains présidents de juridictions avaient pris l'habitude d'adresser, en fin d'année « judiciaire », un courrier aux auteurs de requêtes « dormantes », leur demandant s'ils tenaient toujours à ce qu'elles soient jugées, et leur proposant, sinon, un formulaire de désistement… Le texte adopté s'inspire manifestement de ces pratiques, qui laissent entière la liberté de la personne qui a saisi la juridiction de maintenir sa requête.
Le juge de cassation (ou d'appel) exerce un contrôle formel de la demande adressée au requérant lorsqu'il est saisi de moyens en ce sens (CE, 19 mars 2018, SAS Roset, n° 410389, *Lebon* T.). Dans un premier temps, le Conseil d'État a penché pour une absence complète de contrôle des motifs permettant de s'interroger sur

l'intérêt que la requête conservait pour son auteur (même décision). Il est revenu sur ce point en jugeant que si les motifs pour lesquels le signataire de l'ordonnance, auquel il incombe de veiller à une bonne administration de la justice, estime que l'état du dossier permet de s'interroger sur l'intérêt que la requête conserve pour son auteur ne peuvent en principe être utilement discutés devant le juge de cassation, il appartient néanmoins à ce dernier de censurer l'ordonnance qui lui est déférée dans le cas où il juge, au vu de l'ensemble des circonstances de l'espèce, qu'il a été fait un usage abusif de la faculté ouverte par l'article R. 612-5-1 (CE, 17 juin 2019, El Bouatmani, n° 419770, *Lebon*). En dernier lieu, il est précisé qu'il revient au juge d'appel de contrôler les motifs permettant de s'interroger sur l'intérêt que la requête conserve pour son auteur, le juge de cassation ne devant contrôler que les seuls abus de l'usage de cette faculté (CE, 12 février 2020, Ministre de l'action et des comptes c/Société Réalnet, n° 421219, *Lebon* T.). L'invitation à confirmer est adressée au seul mandataire du requérant (CE, 13 novembre 2019, Do Adro, n° 417855, *Lebon* T.), même lorsqu'il bénéficie de l'aide juridictionnelle (CE, 13 novembre 2019, Cissé, n° 422938, préc.). Comme pour la production d'un mémoire récapitulatif (art. R. 611-8-1), le délai imparti pour confirmer est un délai franc (CE, 24 octobre 2019, Société Prologia, n° 424812, *Lebon* T.). La constitution d'un avocat ne vaut pas confirmation de la demande (CE, 31 janvier 2025, n° 475933, *Lebon* T.). Cet article a été utilisé 11 416 fois par les tribunaux administratifs et 425 fois par les cours administratives d'appel en 2018 (Source : Conseil d'État, Direction de la prospective et des finances, Bureau analyse et prospective).

Les effets du rejet d'une demande de suspension faute de moyen sérieux de légalité

Art. R. 612-5-2 En cas de rejet d'une demande de suspension présentée sur le fondement de l'article L. 521-1 au motif qu'il n'est pas fait état d'un moyen propre à créer, en l'état de l'instruction, un doute sérieux quant à la légalité de la décision, il appartient au requérant, sauf lorsqu'un pourvoi en cassation est exercé contre l'ordonnance rendue par le juge des référés, de confirmer le maintien de sa requête à fin d'annulation ou de réformation dans un délai d'un mois à compter de la notification de ce rejet. À défaut, le requérant est réputé s'être désisté.

Dans le cas prévu au premier alinéa, la notification de l'ordonnance de rejet mentionne qu'à défaut de confirmation du maintien de sa requête dans le délai d'un mois, le requérant est réputé s'être désisté.

Texte source

– Décret n° 2018-617 du 17 juillet 2018, article 2.

Commentaires

Conformément aux articles 8 et 9 du décret n° 2018-617 du 17 juillet 2018, l'article R. 612-5-2 du Code de justice administrative est applicable aux requêtes à fin d'annulation ou de réformation enregistrées à compter du 1er octobre 2018.

Ces dispositions sont applicables sur tout le territoire de la République.

Pour que s'appliquent ces dispositions « piégeuses », encore faut-il, selon le Conseil d'État, que les courriers de notification de l'ordonnance rejetant la demande de suspension mentionnent qu'à défaut de confirmation du maintien de leur requête en excès de pouvoir dans le délai d'un mois, les requérants seront réputés s'être désistés (CE, 24 juillet 2019, Pontonnier, n° 429741). La confirmation doit résulter d'un écrit dénué d'ambiguïté et un nouveau mémoire produit dans le délai de six mois au soutien de la requête vaut confirmation du maintien de cette requête (CE, 24 juin 2022, M., n° 460898, *Lebon* T.). Le requérant ne peut être réputé s'être désisté de sa requête s'il a exercé un pourvoi en cassation contre l'ordonnance du juge des référés dans le délai de recours en cassation ou s'il a formé une demande d'aide juridictionnelle à cette fin dans ce même délai (CE, 28 mai 2024, n° 476476, *Lebon* T.). Pour l'application de ces dispositions si, dans ce délai, le requérant donne suite à une proposition de médiation qui lui est faite par la juridiction en application de l'article L. 213-7 de ce code, son acception vaut confirmation du maintien de sa requête au fond. (CAA Lyon, 11 octobre 2022, Commune de Francheville, n° 20LY01383).

L'acquiescement aux faits

Art. R. 612-6 Si, malgré une mise en demeure, la partie défenderesse n'a produit aucun mémoire, elle est réputée avoir acquiescé aux faits exposés dans les mémoires du requérant.

Textes sources

- Décret n° 63-766 du 30 juillet 1963, article 53-4.
- Code des TA et des CAA, article R. 153.

Commentaires

L'acquiescement aux faits n'est évidemment pas un acquiescement au droit. Pas plus ne peut-il constituer un acquiescement à l'opinion du requérant concernant la portée de témoignages qui lui ont été opposés lors d'une phase administrative (CE, 30 mai 2011, Melki, n° 336838, *Lebon* T.). Il ne dispense pas, de toute façon, la juridiction de l'examen du dossier, dont le contenu peut démentir les faits auxquels il est ainsi acquiescé (CE, 15 octobre 1957, Commune de Challes-les-Eaux, *Lebon*, p. 537 – CE, 26 mai 1989, Société La Licorne, n° 56854 – CE, 11 juillet 1991, Sustandal, n° 121447 – CE, 21 avril 1997, Conan, n° 137565 [1] – CE, 30 décembre 2009, Konte, n° 314972, *Lebon* T. – CE, 16 mars 2018, Commune d'Antony, n° 388439). La juridiction ne peut, par exemple, tenir pour acquis des faits contestés par un « intervenant », même si le défendeur, après mise en demeure, est réputé y avoir acquiescé (CE, 31 octobre 1986, Ministre des Affaires sociales c/Barthes, n° 69647 [2]).

Ce mécanisme ne peut enfin être utilisé dès que le défendeur a produit des observations en défense (CE, 19 octobre 1962, Demoncheaux, *Lebon*, p. 557), ces observations fussent-elles incomplètes (CE, 11 mars 1970, Gayrard, n° 75821, *Lebon*, p. 181). Si toutefois ces observations sont produites après clôture de l'instruction, sans faire état de circonstances de fait dont le défendeur n'était pas en mesure de faire état avant clôture, l'acquiescement aux faits joue (CE, 23 décembre 2014, Commune d'Argenteuil, n° 364637, *Lebon* T.).

Il est par ailleurs constant que celui qui, en première instance a ainsi acquiescé aux faits est recevable, en appel, à en discuter. D'où il résulte que cet acquiescement sera plus périlleux devant le Conseil d'État statuant en premier et dernier ressort que devant le tribunal administratif (pour un exemple d'acquiescement du ministre devant le Conseil d'État, CE, 17 mars 1999, Chauvois, n° 193375, *Lebon* T. – CE, 11 octobre 1999, Syndicat national des techniciens forestiers, n° 179555, *Lebon* T.). Si la juridiction n'a pas tiré de conséquences de l'absence de réponse à la mise en demeure, et ne s'est donc fondée que de façon surabondante sur l'acquiescement aux faits, il importe peu que cette mise en demeure n'ait pas atteint son destinataire (CE, 4 décembre 1995, Commune des Alleuds, n° 110592).

On peut sans doute regretter que le mécanisme d'acquiescement ne soit pas plus rigoureux en première instance, et qu'il n'aille pas jusqu'à un acquiescement au droit. Dans certains pays (la Tunisie, par exemple), celui qui ne répond pas acquiesce aux faits et aux moyens du requérant, et ne pourra revenir en appel sur cet accord. Cette rigueur a pour effet de donner quelque réactivité aux administrations invitées à produire leurs défenses !

Jurisprudence

[1] Considérant que si la commune de Telgruc-sur-Mer, qui n'a pas produit d'observations en défense, doit être réputée avoir acquiescé aux faits exposés dans la requête, cette circonstance ne dispense pas le Conseil d'État, d'une part, de vérifier que les faits allégués par les requérants ne sont pas contredits par les autres pièces versées au dossier, d'autre part, de se prononcer sur les moyens de droit que soulève l'examen de l'affaire [...].

[2] Considérant que si, malgré la mise en demeure qui lui a été adressée par le tribunal administratif le 10 décembre 1984, le ministre de la Santé n'a produit aucun mémoire et devait être, en vertu des dispositions sus rappelées, réputé avoir acquiescé aux faits exposés dans la requête, il ressort des pièces du dossier que M. Schmitt, bénéficiaire de la décision attaquée, auquel le tribunal administratif avait communiqué la requête de Mmes Barthes, Descamps et Cousseran, a produit en défense ; que dès lors les faits exposés par les requérantes ne pouvaient être regardés comme établis sur le seul fondement des dispositions de l'article R. 113, alinéa 2, précité [...].

CHAPITRE 3 La clôture de l'instruction

Le présent chapitre ne comprend pas de dispositions législatives.

SECTION 1 Dispositions applicables aux tribunaux administratifs et aux cours administratives d'appel

La clôture de l'instruction par ordonnance

Art. R. 613-1 Le président de la formation de jugement peut, par une ordonnance, fixer la date à partir de laquelle l'instruction sera close. Cette ordonnance n'est pas motivée et ne peut faire l'objet d'aucun recours.

Les lettres remises contre signature portant notification de cette ordonnance ou tous autres dispositifs permettant d'attester la date de réception de ladite ordonnance sont envoyés à toutes les parties en cause quinze jours au moins avant la date de la clôture fixée par l'ordonnance.

Lorsqu'une partie appelée à produire un mémoire n'a pas respecté, depuis plus d'un mois, le délai qui lui a été assigné par une mise en demeure indiquant la date ou la période à laquelle il est envisagé d'appeler l'affaire à l'audience et reproduisant les dispositions du présent alinéa, l'instruction peut être close à la date d'émission de l'ordonnance prévue au premier alinéa.

L'instruction peut également être close à la date d'émission de l'ordonnance prévue au premier alinéa lorsque la date prévue par l'article R. 611-11-1 est échue.

Textes sources

– Code des TA et des CAA, article R. 154.
– Décret n° 2004-2 du 2 janvier 2004, article 2-5°.
– Décret n° 2005-1586 du 19 décembre 2005, article 9-II.
– Décret n° 2005-1611 du 20 décembre 2005, article 3.
– Décret n° 2010-164 du 22 février 2010, article 28.
– Décret n° 2015-1145 du 15 septembre 2015, article 24.
– Décret n° 2019-82 du 7 février 2019, article 36.

Commentaires

Cet article n'est pas applicable en matière de référés, compte tenu de l'article R. 522-8 (CE, 20 mai 2016, Société O Reve, n° 391104, *Lebon* T.).

En supprimant toute liaison, au premier alinéa, entre l'état de l'affaire et la mesure de clôture de l'instruction, le texte a validé la position prise par les présidents de formation consistant à utiliser la clôture non point pour figer un dossier dans lequel il apparaît que tout a été dit, mais au contraire pour inciter à produire ses observations un défendeur récalcitrant ou souhaitant gagner du temps. Le fait que cette clôture peut intervenir dès l'expiration du délai donné pour produire, sans mise en demeure (voir CJA, art. R. 611-3), va dans le même sens.

La date de la clôture mentionnée à cet alinéa est celle « à partir de laquelle » l'instruction est close. C'est dire que cette date est, sauf mention horaire contraire, entièrement comprise dans la période de clôture, un mémoire déposé à cette date étant irrecevable (CE, 10 juillet 1996, Association Comité Cinq cantons-Barre, n° 155711, *Lebon* T.). Même solution lorsque le président de la formation de jugement prend, sur le fondement des articles R. 611-11-1 et R. 613-1 du Code de justice administrative, une ordonnance fixant la clôture de l'instruction à la date de son émission, sans précision d'heure. La clôture à partir de cette date est réputée être intervenue le jour même à zéro heure (CE, 20 mai 2019, Association Vivre à Grenoble, n° 419658), sauf communication intervenue le même jour (même décision).

La clôture envisagée par le premier alinéa est à effet différé de quinze jours au moins. Ce délai est suffisamment long pour que l'ordonnance de clôture ait un effet incitatif même lorsqu'elle est utilisée conformément à son appellation (c'est-à-dire lorsqu'elle constate que tout a été dit dans le dossier). C'est dire, et c'est un effet paradoxal, qu'elle porte souvent en elle la nécessité d'une réouverture, si les mémoires qu'elle suscite doivent être communiqués. Et ce alors surtout que la date de clôture doit être la même pour toutes les parties, et ne peut donc être étagée selon les phases du dialogue entre les parties.

Tout autre est la clôture envisagée au troisième alinéa. Elle intervient soit à partir du moment où a été passée la date prévue, et annoncée par la notification instaurée par l'article R. 611-1-1, soit lorsque la partie qui a été mise en demeure de produire et prévenue de la période ou de la date à laquelle il est envisagé de juger l'affaire, n'a pas réagi depuis plus d'un mois depuis l'expiration du délai qui lui a été imparti (CJA, art. R. 612-3, 3e alinéa). Dans ces cas, la juridiction peut décider que la date de la clôture est celle de l'émission de l'ordonnance de clôture, et les parties apprendront ainsi non que l'instruction « va être close », mais qu'elle « a été close ». Dans le cadre de l'article R. 612-3, le système sanctionne ainsi la partie négligente qui obstinément refuse de produire. Dans le cadre de l'article R. 611-1-1, le système n'est que la conclusion des informations antérieurement données aux parties. Comme pour cet article (voir les commentaires sous l'article R. 611-11-1) les informations données en application de l'article R. 613-1 peuvent être modifiées sous réserve que la modification ait été explicite et effectuée dans des délais compatibles avec les exigences du caractère contradictoire de la procédure (CE, 1er avril 2019, Yoba, n° 417927, *Lebon* T.). Si l'article R. 613-1 ne fait pas obstacle à un jugement par ordonnance (CJA, art. R. 222-1), cette ordonnance ne peut intervenir avant la date de clôture (même décision).

La clôture à effet immédiat peut donc intervenir soit dans le cas où une partie n'a pas respecté, depuis plus d'un mois, le délai pour produire assigné par une mise en demeure comportant les informations requises (CJA, art. R. 612-3, 3e alinéa), soit dans le cas où, l'affaire est en l'état, mais à condition que les parties ont reçu les informations requises (CJA, art. R. 611-11-1 ; CE, 9 novembre 2018, Association Comité de défense de quartier centre-ville Logis-Lautin, n° 411364, *Lebon* T.).

Naturellement, la date fixée pour la clôture doit être postérieure au terme du délai qui a été donné à l'une des parties pour produire (CE, 20 avril 2005, Garde des Sceaux c/Soulhol, n° 265326, *Lebon*).
Un mémoire produit avant la date de clôture est recevable ; sa communication doit se faire, au regard de cette date, dans des conditions permettant à ses destinataires de présenter utilement leurs observations, sauf à reporter (et pour toutes les parties) la date de clôture (CE, 6 janvier 2006, Bretot, n° 259057).
La date de clôture est également la date limite pour régulariser certaines causes d'irrecevabilité (CE, 18 décembre 2017, Gbarssin, n° 403734, *Lebon* T., pour la signature).
La Cour européenne des droits de l'homme a eu l'occasion de décider que la possibilité ouverte au juge de clôturer l'instruction ne permet pas à l'État de trouver dans la multiplication des mémoires des parties une excuse au délai « non raisonnable » mis à juger (CEDH, 19 juin 2001, Mahieu c/France, n° 43288/98).
Sur l'utilisation de dispositifs autres que la lettre recommandée, voir les commentaires sous l'article R. 611-3.
Il est rappelé que cette procédure de clôture n'est pas applicable aux affaires de référé portées à l'audience (CE, 7 juin 2010, Syndicat départemental d'énergies du Rhône, n° 334305 – CE, 20 mai 2016, Société O Rêve, n° 391104, *Lebon* T.).

La possibilité de demander la production d'éléments ou pièces après clôture de l'instruction

Art. R. 613-1-1 Postérieurement à la clôture de l'instruction ordonnée en application de l'article précédent, le président de la formation de jugement peut inviter une partie à produire des éléments ou pièces en vue de compléter l'instruction. Cette demande, de même que la communication éventuelle aux autres parties des éléments et pièces produits, n'a pour effet de rouvrir l'instruction qu'en ce qui concerne ces éléments ou pièces.

Texte source

– Décret n° 2016-1480 du 2 novembre 2016, article 21.

Commentaires

Ce mécanisme nouveau permet, avec bonheur, de compléter une instruction close par une demande d'éléments ou de pièces en ne rouvrant cette instruction qu'en ce qui concerne ces éléments ou pièces. L'instruction est réouverte sur le point en cause et les parties peuvent produire des observations auxquelles le juge devra répondre si elles comportent des moyens (CE, 24 juillet 2019, Ballet, n° 419598, *Lebon* T.). Il en va de même pour des éléments ou pièces produits par un tiers à l'instance en réponse à une mesure d'instruction (CE, 23 décembre 2024, n° 469141, *Lebon* T.).

La clôture de l'instruction par l'avis d'audience

Art. R. 613-2 Si le président de la formation de jugement n'a pas pris une ordonnance de clôture, l'instruction est close trois jours francs avant la date de l'audience indiquée dans l'avis d'audience prévu à l'article R. 711-2. Cet avis le mentionne.

Toutefois, dans le cas prévu à l'article R. 711-2 où, en raison de l'urgence, une décision expresse du président de la formation de jugement a réduit à deux jours le délai de convocation à l'audience, l'instruction est close soit après que les parties ou leurs mandataires ont formulé leurs observations orales, soit, si ces parties sont absentes ou ne sont pas représentées, après appel de leur affaire à l'audience.

Lorsqu'une partie appelée à produire un mémoire n'a pas respecté, depuis plus d'un mois, le délai qui lui a été assigné par une mise en demeure indiquant la date ou la période à laquelle il est envisagé d'appeler l'affaire à l'audience et reproduisant les dispositions du présent alinéa l'instruction peut être close à la date d'émission de l'avis d'audience. Cet avis le mentionne.

L'instruction peut également être close à la date d'émission de l'avis d'audience lorsque la date prévue par l'article R. 611-11-1 est échue.

Textes sources

– Code des TA et des CAA, article R. 155.
– Décret n° 2010-164 du 22 février 2010, article 28.
– Décret n° 2019-82 du 7 février 2019, article 37.

Commentaires

Le premier alinéa du texte s'efforce de corriger les effets de la règle jurisprudentielle reprise au deuxième. La clôture au moment de l'audience présente en effet le défaut d'autoriser le dépôt de mémoires jusqu'au début de cette dernière, facteur de perturbation considérable pour l'organisation du travail. Désormais, l'avis d'audience – qui doit parvenir aux parties sept jours au moins avant cette dernière (CJA, art. R. 711-2) – vaut clôture de l'instruction trois jours francs avant la date de l'audience. Cet effet, prescrit l'article R. 613-2, est mentionné sur l'avis ; d'où l'on doit déduire qu'en cas d'omission de cette formalité, c'est la règle générale rappelée au second alinéa qui joue. Inversement d'ailleurs, l'envoi de l'avis d'audience, qui fait état de la clôture trois jours avant « sauf intervention d'une ordonnance de clôture », n'a pas pour effet de rouvrir une instruction qui a été antérieurement close par ordonnance (CE, 11 février 2003, Wachter).

La computation du délai de trois jours francs a posé quelques problèmes, dont l'essentiel a été réglé par avis du Conseil d'État en date du 9 avril 1999, Creton, n° 202344, *Lebon* [1] : d'une part, et à la différence des délais habituels (qui se déroulent dans le même sens que le temps), celui-ci doit se calculer en remontant le temps. D'autre part, et c'est une autre différence avec les délais habituels, la garantie des justiciables est que ce délai ne soit pas allongé, et non point qu'il ne soit pas raccourci. Comment, en particulier, computer le délai lorsque la date de clôture découlant du texte renvoie, comme dernier jour du délai utile pour produire, à un samedi, un dimanche ou autre jour férié (cas, par exemple, des audiences se tenant les jeudis) ? À ces diverses questions, l'avis *Creton* a répondu sans nuance : les trois jours francs se calculent comme d'habitude, et leur computation doit s'opérer sans tenir compte de ce qu'un ou plusieurs jours fériés (samedi, dimanche ou autre) sont compris dans ces trois jours, ou de ce que le dernier jour précédant la clôture serait précédé d'un tel jour férié. Ainsi, précise le Conseil d'État, pour une audience prévue un jeudi, la clôture est effective dès le lundi à zéro heure, et un mémoire parvenu ce jour est irrecevable, même s'il n'était pas possible de le déposer la veille (CE, 17 novembre 2000, SA d'HLM Notre Logis, n° 193289, *Lebon* T. – CE, 28 décembre 2005, Ville de Dôle, n° 264418, *Lebon* T.). La règle devient ainsi simple : de la date de l'audience on déduit trois jours entiers en remontant le temps (ce qui, pour une audience du lundi renvoie au vendredi précédent, ou pour une audience prévue le jeudi renvoie au lundi précédent) : la date à laquelle on parvient est alors celle avant laquelle le mémoire doit être déposé, quelle que soit la nature, fériée ou non, du jour précédant immédiatement cette date butoir.

L'article codifie en son second alinéa la jurisprudence intervenue en la matière (CE, 15 octobre 1957, Commune de Challes-les-Eaux, *Lebon*, p. 537), dont on retrouve l'expression à l'article R. 613-5. Sur son fondement ont été autrefois déclarées irrecevables les « notes en délibéré », alors accueillies surtout par courtoisie envers leurs auteurs lors même que leur examen systématique avait pu parfois conduire à la réouverture des débats, le juge ne pouvant méconnaître son obligation de bien juger, au regard notamment, en plein contentieux, du droit et des faits existant à la date de sa décision (voir *infra*).

Cette position traditionnelle et rigoureuse a évolué (voir CJA, art. R. 741-2), en partie compte tenu de l'arrêt *Kress c/France*, rendu par la Cour européenne des droits de l'homme le 7 juin 2001, n° 39594/98. Cette décision se fonde en effet, pour écarter un grief tiré du caractère non contradictoire de la procédure, sur la possibilité de répliquer, par une note en délibéré, aux conclusions du commissaire du gouvernement (aujourd'hui rapporteur public). Dans un premier temps, les juridictions ont pris pour pratique de viser les notes en délibéré (sans en analyser le contenu : CE, 28 décembre 2001, Commune de Saint-Jory, n° 225189, *Lebon*), signe que l'examen desdites notes a eu systématiquement lieu. Cette pratique du visa va au-delà de ce qu'impose l'article R. 741-2, et n'a pas dans un premier temps été imposée par le juge suprême à peine d'irrégularité (CE, 12 juillet 2002, Leniau, n° 236125, *Lebon* – CE, 29 novembre 2002, Domergue, n° 225356, *Lebon* T.). Elle est désormais nécessaire, comme établissant que le juge a pris connaissance de la note en vue de lui appliquer les règles de réouverture ci-après mentionnées (CE sect., 27 février 2004, Préfet des Pyrénées-Orientales c/Abounkhila, n° 252988, *Lebon*, p. 93). On remarque que, pour la Cour européenne des droits de l'homme, la note en délibéré doit, « afin d'éviter tout litige quant à sa prise en compte par la juridiction », être expressément visée (CEDH, 21 mars 2002, APBP c/France, n° 38436/97). Si la note est adressée par voie électronique (et sauf si son auteur est engagé dans la procédure des télérecours), elle doit être authentifiée par la production d'un document signé de son auteur pour avoir effet (CE, 13 juillet 2012, Latrasse, n° 352116, *Lebon* T.).

A été dégagé un « mode d'emploi » de la note en délibéré par le juge saisi : il peut toujours rouvrir les débats au vu de cette note, et il y est tenu si elle contient soit l'exposé d'une circonstance de fait nouvelle et déterminante dont la partie qui l'invoque n'était pas en mesure de faire état avant la clôture et que le juge ne pourrait ignorer sans fonder sa décision sur des faits matériellement inexacts, soit d'une circonstance de droit nouvelle ou que le juge devrait relever d'office (CE, 12 juillet 2002, Leniau, préc. [2] – CE, 21 novembre 2003, Biord-Genest, n° 244820, *Lebon* T. – CE sect., 27 février 2004, Préfet des Pyrénées-Orientales c/Abounkhila, préc. – CE sect., 5 décembre 2014, Lassus, n° 340943, *Lebon*, p. 369, note D. Connil, *JCPA*, 20 avril 2015, p. 42). On précise que l'intervention d'une jurisprudence nouvelle est regardée comme valant « circonstance de droit nouvelle » (CE, 22 mai 2013, Clabaut, n° 350551, *Lebon* T.). Dans ces cas d'ailleurs, la note parvenue après clôture doit être non seulement visée, mais analysée. Les mêmes règles régissent la réouverture de l'instruction (CE, 27 juillet 2005, Berreville, n° 268715, *Lebon* T. – CE, 28 décembre 2005, Ville de Dôle c/Rigaud, préc. – CE, 11 avril 2014, Ministre de l'Intérieur c/Oppici, n° 359575, *Lebon* T.). L'obligation ainsi édictée de rouvrir l'instruction périme la jurisprudence qui se fondait sur le pouvoir discrétionnaire du juge en la matière (par exemple, CE, 10 août 2005, Nogues, n° 268776, *Lebon* T.).

Le juge, examinant ainsi la note produite après clôture, peut estimer non fondé le moyen qu'elle contient. Il n'a dans ces conditions ni à lui apporter une réponse motivée, ni à revenir sur la clôture de l'instruction (CE, 28 décembre 2005, Ville de Dôle, préc.).

La note en délibéré peut être adressée par télécopie, pourvu que son auteur l'authentifie, avant la date de lecture de la décision, par la production d'un exemplaire dûment signé, ou l'apposition de sa signature au bas de la télécopie (CE, 26 avril 2006, Daubernard, n° 265039, *Lebon* T.) : on retrouve ici les exigences imposées à la présentation des requêtes (CE, 13 mars 1996, Diraison, n° 112949, *Lebon* T. cité sous l'article R. 411-1).

La question se pose notamment en matière de plein contentieux, la décision *Brutus* (CE sect., 19 novembre 1993, n° 100288, *Lebon*, p. 321) rappelant que le juge de plein contentieux, qui se prononce d'après les circonstances de fait et de droit applicables à la date de lecture de sa décision, doit, lorsque se produisent, après l'audience, mais avant lecture, des changements dans les circonstances qui servent de fondement à sa décision, rayer l'affaire du rôle et rouvrir l'instruction contradictoire. Rendue à propos de la Commission des recours des réfugiés (devenue Cour nationale du droit d'asile), cette jurisprudence n'a pas de raison de ne pas s'appliquer aux autres juridictions statuant en plein contentieux, et par exemple au contentieux des installations classées.

Le troisième alinéa est inspiré des mêmes intentions que l'article 613-1 : lorsqu'a été atteinte la date ayant fait l'objet de l'information prévue à l'article R. 611-1-1, ou lorsque la partie n'a pas obtempéré à la mise en demeure prévue à l'article R. 612-3, l'instruction, qui pouvait être close dès l'émission de l'ordonnance de clôture en application de l'article R. 613-1, pourra l'être, au choix de la juridiction,

dès l'émission de l'avis d'audience. On note que ni le mécanisme de l'article R. 613-1, ni celui de l'article R. 613-2 ne sont automatiques : il appartient à la juridiction d'opérer des choix, qui peuvent être tactiques, pour répondre au comportement de telle ou telle partie, ou stratégiques.
Au total, l'instruction peut être, si une ordonnance a été prise, close au moins quinze jours après réception de cette ordonnance, ou dès l'émission d'une telle ordonnance (CJA, art. R. 613-1) ; si aucune ordonnance de clôture n'a été prise, elle est close automatiquement trois jours avant l'audience, ou bien, sur décision du juge et dans les cas prévus à cette fin, à la date d'émission de l'avis d'audience (CJA, art. R. 613-2). Lorsque l'ordonnance ou l'avis d'audience portant clôture de l'instruction est notifié aux parties au moyen de l'application informatique mentionnée à l'article R. 414-1 du CJA, dénommée « Télérecours », l'instruction est, sauf mention contraire d'un horaire ou d'une date ultérieurs, close à l'heure de l'envoi de l'ordonnance ou de l'avis par cette application (CE, 9 octobre 2019, Société Efficience, n° 422712, *Lebon* T.).
À noter que les règles régissant les productions postérieures à la clôture de l'instruction constituent des règles générales applicables même sans texte, par exemple à la Cour nationale du droit d'asile (CE, 3 juillet 2009, OFPRA c/Baskarathas, n° 320295, *Lebon* T.). Les règles dégagées pour les notes en délibéré ont été généralisées à l'ensemble des productions postérieures à la clôture (CE, 17 avril 2019, SCI SC2, n° 416081 [3]).
Comme en matière de référé, l'obligation de bien juger, impose parfois au juge de tenir compte d'éléments de preuve produits après clôture, notamment pour la preuve de la publication régulière d'un arrêté portant délégation de signature (CE, 8 juillet 2020, Société CV le 118 résidence, n° 420570, *Lebon* T.), sans avoir l'obligation d'en ordonner la communication (CE, 26 septembre 2001, Ferjani, n° 206386, *Lebon* T.).

Jurisprudence

[1] Aux termes du premier alinéa de l'article R. 155 du code des tribunaux administratifs et des cours administratives d'appel : « Si le président de la formation de jugement n'a pas pris une ordonnance de clôture, l'instruction est close trois jours francs avant la date de l'audience indiquée dans l'avis d'audience prévu à l'article R. 193. Cet avis le mentionne ». Aux termes de l'article R. 193 du même code : « Toute partie doit être avertie, par une notification faite conformément aux articles R. 139 ou R. 140, du jour où l'affaire sera appelée à l'audience. Dans les deux cas, l'avertissement est donné sept jours au moins avant l'audience [...] ».
Les dispositions précitées du premier alinéa de l'article R. 155 sont issues de l'article 10 du décret n° 97-563 du 29 mai 1997, qui, dans l'intérêt d'un bon fonctionnement de la justice, a prévu qu'en l'absence d'ordonnance de clôture de l'instruction prise dans les conditions fixées à l'article R. 184 du code, la clôture de l'instruction, qui intervenait auparavant à l'audience, serait avancée et interviendrait désormais trois jours francs avant la date de l'audience, dont les parties sont averties au moins sept jours francs avant cette date. Compte tenu de sa nature et de l'objectif dans lequel il a été institué, le délai de trois jours francs mentionné au premier alinéa de l'article R. 155 doit être dans tous les cas computé sans qu'il y ait lieu de distinguer selon qu'il comporte ou non un samedi, un dimanche ou un jour férié ou selon qu'il est

ou non précédé d'un tel jour. Ainsi, un mémoire enregistré le lundi pour une audience prévue le jeudi serait parvenu après la clôture de l'instruction [...].

[2] Considérant que lorsqu'il est saisi, postérieurement à la clôture de l'instruction et au prononcé des conclusions du commissaire du gouvernement, d'une note en délibéré émanant d'une des parties à l'instance, il appartient dans tous les cas au juge administratif d'en prendre connaissance avant la séance au cours de laquelle sera rendue la décision ; que, s'il a toujours la faculté, dans l'intérêt d'une bonne justice, de rouvrir l'instruction et de soumettre au débat contradictoire les éléments contenus dans la note en délibéré, il n'est tenu de le faire à peine d'irrégularité de sa décision que si cette note contient l'exposé d'une circonstance de fait dont la partie qui l'invoque n'était pas en mesure de faire état avant la clôture de l'instruction et que le juge ne pourrait ignorer sans fonder sa décision sur des faits matériellement inexacts, soit d'une circonstance de droit nouvelle ou que le juge devrait relever d'office [...].

[3] Devant les juridictions administratives, lorsque le juge est saisi d'un mémoire postérieurement à la clôture de l'instruction, il lui appartient, dans tous les cas, d'en prendre connaissance avant de rendre sa décision et de le viser. S'il a toujours la faculté de rouvrir l'instruction, dans l'intérêt d'une bonne justice, il n'est tenu de le faire, à peine d'irrégularité de sa décision, que dans le cas où le mémoire contient l'exposé d'une circonstance de fait ou d'un élément de droit dont la partie qui l'invoque n'était pas en mesure de faire état avant la clôture de l'instruction et qui est susceptible d'exercer une influence sur le jugement de l'affaire.

Les mémoires produits après clôture de l'instruction

Art. R. 613-3 Les mémoires produits après la clôture de l'instruction ne donnent pas lieu à communication et ne sont pas examinés par la juridiction.

Textes sources

– Code des TA et des CAA, article R. 156.
– Décret n° 2016-1480 du 2 novembre 2016, article 22.

Commentaires

Cet article est rigoureux, plus que l'article 783 du Code de procédure civile, qui déclare recevables après clôture « les demandes en intervention volontaire » : bien qu'aucun délai ne soit prescrit pour former une intervention (voir CJA, art. R. 632-1), elle n'est pas recevable si elle est formée après la date de clôture (TA Clermont-Ferrand, 14 septembre 1989, Arnaud, CFARN, n° 8909, *Lebon*, p. 854 – CE sect., 16 décembre 1994, Secrétaire c/Fédération départementale des chasseurs de la Creuse, n° 105798, *Lebon*), et même, elle n'existe pas, puisque le mémoire la contenant n'est « pas examiné » (même arrêt).

Aussi bien n'y a-t-il pas d'omission à statuer à ne pas se prononcer sur les conclusions ou moyens contenus dans un mémoire produit après clôture (CAA Lyon plén., 26 septembre 1991, Syndicat intercommunal de construction et de gestion du CES de Beaurepaire, n° 89LY1702 – CE, 16 décembre 1994, préc.), mémoire qui n'a normalement pas à être communiqué (CE, 13 juin 1958, Barbier, *Lebon*, p. 349). Mais un tel mémoire doit désormais, à l'instar d'une note en délibéré, être visé (la position retenue dans l'arrêt du Conseil d'État du 5 janvier 1966,

Hawezack, n° 58623, *Lebon*, p. 6, est abandonnée), signe que la juridiction a vérifié que son contenu n'appelait pas réouverture de l'instruction dans les conditions prévues pour les notes en délibéré (voir les commentaires sous l'article précédent). La juridiction refuse valablement de réouvrir l'instruction pour permettre aux parties de s'expliquer sur les mérites d'un mémoire produit avant clôture, mais ne contenant aucun élément nouveau (CE, 20 mars 1996, Société Causse Walon, n° 162927). À l'inverse, évidemment, il y a lieu à communication de tout mémoire parvenu avant clôture, et notamment du premier mémoire en défense (quel que soit, alors, son contenu : CE, 15 juin 2005, Société COGECOM, n° 250747). Ne constituent pas des éléments nouveaux ceux qui, contenus dans un mémoire produit devant la cour après clôture, ne font que reprendre le débat qui s'est déroulé en première instance (CE, 6 novembre 2013, Kadi, n° 351194).

Ne s'appliquant à la lettre qu'aux « mémoires », cet alinéa aurait pu sembler ne pas s'opposer à la production d'une pièce non assortie d'un mémoire (on peut songer, par exemple, à la production d'une délibération habilitant le signataire de la requête à agir). La question avait été tranchée expressément en ce sens, à propos de la production du timbre alors exigé des requêtes, par avis contentieux du 28 juillet 1995 (CE, 28 juillet 1995, Tourteaux, n° 167629, *Lebon*). Mais le Conseil d'État a depuis retenu une position nettement plus rigoureuse : le juge n'est tenu de prendre en considération des pièces produites après clôture de l'instruction, justifiant de l'intérêt pour agir du requérant, que si l'intéressé n'était pas en mesure de faire état de ces justifications avant clôture (CE, 23 décembre 2014, Communauté d'agglomération du Grand Besançon, n° 371035, *Lebon* T.). La réponse ainsi apportée doit, selon nous, être étendue à toutes les productions ayant pour objet de corriger un vice de la requête, même lorsque ce vice est régularisable et que l'expiration des délais de recours contentieux ne s'y oppose pas.

Non « examinés », les mémoires produits après clôture doivent être « lus » (CE, 17 avril 2019, SCI SC2, n° 416081), ce qu'attestera le fait qu'ils sont toujours visés, lors même qu'ils ne sont pas analysés. Habile juge, que celui qui « prend connaissance » sans « examiner ».

L'on doit estimer que, la juridiction devant elle-même respecter ses propres décisions, une réouverture de l'instruction devra être prononcée si le rapporteur, agissant dans le cadre des articles R. 611-10 (tribunal administratif) ou R. 611-17 (cour administrative d'appel) demande à l'une des parties de produire tel ou tel document. Voir par ailleurs les commentaires sous l'article R. 611-7 pour la combinaison de cet article et des effets de la clôture. L'article R. 613-1-1 devrait en pareille hypothèse s'appliquer, et donc ne conduire à réouverture que sur les points versés au dossier sur demande de la juridiction.

La décision de verser au contradictoire, après clôture de l'instruction, un mémoire, produit avant ou après clôture, doit être regardée comme ayant rouvert l'instruction, et implique donc « dans tous les cas », de clore l'instruction ainsi ouverte, et de fixer le cas échéant une nouvelle date d'audience (CE, 19 juillet 2010, Bour, n° 329199 – CE, 7 décembre 2011, Département de la Haute-Garonne, n° 330751, *Lebon* T.) : cette clôture peut résulter soit d'une décision expresse, soit d'une nouvelle convocation à l'audience, soit encore, si les délais le permettent, de la survenance du délai de trois jours avant l'audience, si la date n'en a pas été modifiée

(CE, 23 juin 2014, Société Deny All, n° 352504, *Lebon*). On doit conclure de cette décision que, sauf dans les hypothèses d'urgence, la juridiction ne peut juger une affaire sans que l'instruction soit close.

Un codéfendeur ne peut, en principe, se plaindre de n'avoir reçu communication d'un mémoire en défense qu'à une date trop tardive pour pouvoir y répondre, sauf évidemment si ce mémoire ne se borne pas à conclure au rejet de la requête (CE, 11 juillet 2012, Société Juwi énergies renouvelables, n° 347001, *Lebon* T.).

La réouverture de l'instruction

Art. R. 613-4 Le président de la formation de jugement peut rouvrir l'instruction par une décision qui n'est pas motivée et ne peut faire l'objet d'aucun recours. Cette décision est notifiée dans les mêmes formes que l'ordonnance de clôture.

La réouverture de l'instruction peut également résulter d'un jugement ou d'une mesure d'investigation ordonnant un supplément d'instruction.

Les mémoires qui auraient été produits pendant la période comprise entre la clôture et la réouverture de l'instruction sont communiqués aux parties.

Texte source

– Code des TA et des CAA, article R. 157.

Commentaires

En principe, la réouverture est une faculté (CE, 17 février 2023, n° 450707, *Lebon* T., pour une absence d'obligation de rouvrir même en cas de désistement postérieur à la clôture). La jurisprudence issue de l'arrêt *Leniau*, n° 236125, relatif aux notes en délibéré a formalisé l'obligation de réouverture de l'instruction. Indépendamment de toute contrainte issue de la Cour européenne des droits de l'homme, les critères retenus (voir les commentaires sous l'article R. 613-2), rappelés de façon systématique (CE, 20 janvier 2016, Commune de Strasbourg, n° 365987, *Lebon* T. – CE, 21 janvier 2016, SAS Sovaro, n° 388676, *Lebon* T. [1]) procèdent de ce que commande la bonne administration de la justice, et de la bonne appréciation de ce à quoi doit servir la procédure, laquelle ne saurait être une fin en soi.

Il convient de rappeler que, selon la jurisprudence *Brutus* (CE sect., 19 novembre 1993, n° 100288, *Lebon*, p. 321), le juge de plein contentieux, qui doit se prononcer (donc « lire » sa décision) en fonction des circonstances de fait ou de droit applicables à la date de cette lecture, doit radier une affaire venue au rôle et rouvrir l'instruction contradictoire si, après l'audience et avant lecture, se sont produits des changements dans les circonstances qui servent de fondement à sa décision. *A fortiori* sera-ce nécessaire si ces changements se sont produits avant l'audience, mais après clôture (on songe par exemple, dans le contentieux des installations classées, à la mise en application d'un nouveau plan local d'urbanisme). De façon analogue, il a été jugé que la présentation par l'administration, avant lecture, d'un mémoire opposant la prescription quadriennale aux prétentions du requérant oblige le tribunal à rouvrir l'instruction s'il entend faire droit à ces conclusions (CE, 21 mars

2011, Commune des Saintes-Maries-de-la-Mer, n° 339062, *Lebon* T.). Est notamment obligatoire à peine d'irrégularité, la réouverture de l'instruction lorsqu'une pièce produite, dans les conditions de la jurisprudence *Lassus* (n° 340943), est susceptible d'exercer une influence sur le jugement de l'affaire (CE, 1er juillet 2019, n° Société Aurèle, n° 418110, pour un avis relatif à un permis de construire – CE, 28 avril 2017, 28 avril 2017, Commune de Bayonne, n° 395867, *Lebon* T., pour permis modificatif). Lorsqu'au cours d'une audience, le président de la formation de jugement invite une partie à produire des éléments ou pièces en vue de compléter l'instruction, il doit être regardé comme ayant rouvert l'instruction et, dès lors que la formation de jugement ne saurait sans irrégularité statuer tant que l'instruction est en cours, il lui revient de rayer l'affaire du rôle (CE, 10 octobre 2022, n° 454460, *Lebon* T.).

En cas de réouverture, il y a lieu de soumettre au principe du contradictoire toutes les productions faites par les parties depuis la précédente clôture de l'instruction (CE, 27 juin 2007, Ministre de l'Écologie, n° 293349, *Lebon* T.), sauf toutefois en ce qui concerne les mémoires ne contenant aucun élément nouveau (CE, 19 mars 2008, Mas, n° 300335, *Lebon* T.). Naturellement, la réouverture de l'instruction doit donner lieu à nouvelle décision de clôture et, le cas échéant, à nouvelle audience si l'audience prévue ne peut se tenir dans le respect de la nouvelle clôture (CE, 4 mars 2009, Élections cantonales de Belle-Île-en-Mer, n° 317473, *Lebon* T. – CE, 19 juillet 2010, Bour, n° 329199 – CE, 7 décembre 2011, Département de la Haute-Garonne, n° 330751, *Lebon* T., cités sous l'article précédent).

Le deuxième alinéa a pour objet de permettre une réouverture automatique, conséquence nécessaire d'un jugement, sans donc décision du président. La combinaison des deux premiers alinéas de l'article R. 613-4 conduit à la conclusion que nulle ordonnance formelle n'est alors exigée pour la réouverture de l'instruction : ainsi jugé dans une espèce où, à la suite d'une note en délibéré, une des parties avait été invitée à produire divers documents, et où une convocation à une nouvelle audience avait été adressée aux parties, ainsi que la communication de cette note et des documents ainsi produits (CE, 15 décembre 2000, Arillotta, n° 186877 [2]).

Enfin, la réouverture peut procéder de la seule communication d'un mémoire (CE, 20 mai 2019, Association Vivre à Grenoble, n° 419658 – CE, 23 juin 2014, Société Denis All, n° 352504, *Lebon* – CE, 26 septembre 2012, Garde des Sceaux c/Théron, n° 359479, *Lebon* T. – CE, 7 décembre 2011, Département de la Haute-Garonne, préc.), décision qui n'émane pas nécessairement du président.

Lorsque le juge de l'article R. 222-13 est compétent, c'est lui qui décide de la réouverture de l'instruction.

Jurisprudence

[1] Considérant que, devant les juridictions administratives et dans l'intérêt d'une bonne justice, le juge a toujours la faculté de rouvrir l'instruction, qu'il dirige, lorsqu'il est saisi d'une production postérieure à la clôture de celle-ci ; qu'il lui appartient, dans tous les cas, de prendre connaissance de cette production avant de rendre sa décision et de la viser ; que, s'il décide d'en tenir compte, il rouvre l'instruction et soumet au débat contradictoire les éléments contenus dans cette production qu'il doit, en outre, analyser ; que, dans le cas particulier où cette production contient l'exposé d'une circonstance de fait ou d'un élément de droit dont la partie qui l'invoque n'était pas en mesure de faire état avant la clôture de l'instruction et qui est susceptible d'exercer une influence sur le jugement de l'affaire, le juge doit alors en tenir compte, à peine d'irrégularité de sa décision [...].

[2] Considérant qu'il résulte des termes de l'article R. 157 précité que le président de la formation de jugement, lorsqu'il décide de rouvrir l'instruction, n'est pas tenu de prendre une ordonnance prononçant cette réouverture ; qu'il ressort des pièces du dossier qu'alors que l'affaire soumise à la cour administrative d'appel avait été inscrite à l'audience du 14 novembre 1996, la commune de Favières a produit, le 19 novembre suivant, une note en délibéré apportant des précisions nouvelles sur le classement au plan d'occupation des sols du terrain de M. Moulin ; qu'à la suite de cette note, le président de la formation de jugement a, par lettre du 21 novembre, enjoint au maire de produire les règlements et documents graphiques du plan d'occupation des sols avant et après l'entrée en vigueur d'une délibération du 26 mai 1993 du conseil municipal ayant supprimé un emplacement réservé portant partiellement sur le terrain de M. Moulin ; que la commune a produit ces documents à l'appui d'un mémoire du 26 novembre 1996 ; que les parties ont été avisées par lettre du greffe en date du 2 décembre suivant que l'affaire serait à nouveau inscrite au rôle d'une prochaine audience publique ; que la date de celle-ci a été régulièrement fixée au 21 janvier 1997 ; qu'il n'est pas contesté que tant la note en délibéré du 19 novembre 1996 que le mémoire du 26 novembre 1996 ont été communiqués aux requérants et que ces derniers ont été invités à prendre connaissance au greffe des documents graphiques déposés par la commune ; qu'ils ne sont par suite pas fondés à soutenir qu'en l'absence d'une ordonnance de réouverture de l'instruction, la cour, en se fondant sur les écritures de la commune postérieures à la clôture de l'instruction, aurait violé les dispositions sus-rappelées de l'article R. 156 du code des tribunaux administratifs et des cours administratives d'appel [...].

SECTION 2 Dispositions applicables au Conseil d'État

La clôture de l'instruction devant le Conseil d'État

Art. R. 613-5 Devant le Conseil d'État, l'instruction est close soit après que les avocats au Conseil d'État ont formulé leurs observations orales, soit, en l'absence d'avocat, après appel de l'affaire à l'audience.

Le président de la chambre chargée de l'instruction et les conseillers d'État mentionnés au quatrième alinéa de l'article R. 122-7 peut toutefois, par ordonnance, fixer la date à partir de laquelle l'instruction sera close. Cette ordonnance n'est pas motivée et ne peut faire l'objet d'aucun recours.

Les lettres remises contre signature portant notification de cette ordonnance ou tous autres dispositifs permettant d'attester la date de réception de cette ordonnance sont envoyés à toutes les parties en cause quinze jours au moins avant la date de la clôture fixée par l'ordonnance. En cas d'urgence, ce délai peut être réduit.

Textes sources

– Décret n° 2000-389 du 4 mai 2000, article 1er.
– Décret n° 2019-82 du 7 février 2019, article 38.
– Décret n° 2024-167 du 1er mars 2024, article 14.

Commentaires

Cet article, complété en 2019, se borne à prendre acte, dans son premier alinéa, de la jurisprudence. Les alinéas suivants transposent, pour le Conseil d'État, le système applicable devant les tribunaux et cours.

TITRE II Les différents moyens d'investigation

CHAPITRE 1 L'expertise

Le présent chapitre ne comprend pas de dispositions législatives.

La décision de recourir à une expertise

Art. R. 621-1 La juridiction peut, soit d'office, soit sur la demande des parties ou de l'une d'elles, ordonner, avant dire droit, qu'il soit procédé à une expertise sur les points déterminés par sa décision. L'expert peut se voir confier une mission de médiation. Il peut également prendre l'initiative, avec l'accord des parties, d'une telle médiation. Si une médiation est engagée, il en informe la juridiction. Sous réserve des exceptions prévues par l'article L. 213-2, l'expert remet son rapport d'expertise sans pouvoir faire état, sauf accord des parties, des constatations et déclarations ayant eu lieu durant la médiation.

Textes sources

– Code des TA et des CAA, article R. 158.
– Décret n° 2010-164 du 22 février 2010, article 34.
– Décret n° 2016-1480 du 2 novembre 2016, article 23.
– Décret n° 2019-82 du 7 février 2019, article 39.

Commentaires

Le recours à l'expertise est une prérogative propre du juge, qui n'est pas lié par les demandes des parties, sauf texte contraire. Ce, sauf en matière de référé, le juge étant en la matière tenu d'ordonner l'expertise si les conditions prévues par l'article R. 532-1 sont réunies. Le juge d'appel contrôle l'opportunité de ce recours, qui peut, bien que rarement, porter sur une question sur laquelle le juge n'exerce qu'un contrôle restreint (CE, 2 mars 1979, INAO, n° 99319, *Lebon*, p. 90) ; il ne sera dans ce cas recouru à cette mesure d'instruction que si le demandeur fournit au juge des éléments de contestation sérieux (CE, 28 octobre 1985, Ministre de l'Urbanisme et du Logement c/Plas). La décision de recourir ou non à l'expertise relève, quant à son opportunité, du pouvoir souverain des juges du fond, et n'est donc, en tant que telle, pas contrôlée par le juge de cassation (CE, 22 mars 1993, Centre hospitalier régional de Brest, n° 129052, *Lebon*, p. 79).
Cela n'exclut pas toutefois un contrôle d'erreur de droit : une expertise – comme d'ailleurs toute mesure d'instruction – ne peut légalement être ordonnée que s'il est nécessaire d'y recourir, faute de quoi elle est « frustratoire ». Cela suppose que la juridiction ait auparavant écarté les moyens qui, s'ils étaient fondés, la rendraient inutile, ce qui est notamment le cas de toutes les fins de non-recevoir : ainsi ne doit-on pas ordonner d'expertise si la requête est irrecevable (CE, 30 janvier 1970, Herbe, n° 73006, *Lebon*, p. 73 – CE, 19 juin 1970, Commune de l'Escarene,

n° 77298, *Lebon*, p. 428), ou encore si l'administration avait compétence liée pour prendre la décision attaquée, lorsque cette circonstance rend inopérants les moyens dont l'expertise a pour objet de vérifier le bien-fondé (CE, 7 mai 1969, Ministre de l'Industrie c/Spasaro, n° 73879, *Lebon*, p. 244). Ne pas se livrer à ce « toilettage » du dossier relève de l'erreur de droit. Commet également une erreur de droit la juridiction qui ordonne une expertise aux fins d'effectuer des investigations qu'il lui appartient d'effectuer (CE, 9 mai 2012, Commune de Fleury d'Aude, n° 344388, *Lebon* T. ; *JCPA,* 17 septembre 2012, p. 23).

Plus généralement, comme en matière de référé-instruction, l'expertise ne peut être organisée que si la mesure est « utile » (comp. s'agissant de l'appréciation de conditions de détention, CE, 23 octobre 2013, Ministre de la Justice c/Borlet, n° 360961, *Lebon* T., expertise inutile, et CE, 28 septembre 2011, Ministre de la Justice c/Gallois, n° 345309, *Lebon* T., expertise utile).

Il appartient à la formation de jugement de définir la mission de l'expert : c'est une « chose jugée », que l'expert pas plus que les parties ne peuvent modifier, en plus ou en moins. Cette mission ne doit absolument pas porter sur des questions de droit, étant inclus dans ces questions les problèmes de qualification juridique des faits (CE, 17 décembre 1956, Ministre de la Reconstruction et du Logement c/Dubreuil, *Lebon*, p. 484 – CE, 24 mai 1978, Dame Camplan, n° 04841, *Lebon* T. – CE, 16 décembre 1996, Société Stan, n° 164656, *Lebon*, p. 494).

Contrairement à ce que prescrit en matière judiciaire l'article 240 du Code de procédure civile, l'expert peut, devant la juridiction administrative, recevoir une mission de médiation, voire en prendre l'initiative, avec l'accord des parties. La jurisprudence avait déjà prévu la possibilité de concilier les parties (CE sect., 11 février 2005, Organisme de gestion du cours du Sacré-Cœur, n° 259290, *Lebon*, p. 65, revenant sur CE, 12 octobre 1979, Secrétaire d'État aux P&T c/Devillers, n° 15131, *Lebon*, p. 375). Elle a été confirmée par le texte adopté en février 2010, avant que la vogue de la médiation, traduite dans les articles L. 114-1 et L. 213-1 et suivants, ne généralise cette possibilité. La seule précaution à prendre – mais elle peut être complexe à élaborer – consiste à respecter le devoir de confidentialité qui marque traditionnellement les opérations de conciliation et a été formalisée pour toute médiation à l'article L. 213-2. Cela interdit à notre sens à l'expert de fonder son rapport – et donc les réponses apportées au juge qui l'a commis – sur des éléments révélés par les phases de conciliation ou de médiation. Doivent demeurer confidentiels les documents retraçant les propositions, demandes ou prises de position de l'expert ou des parties, formulées dans le cadre de la mission de médiation en vue de la résolution amiable du litige. Il appartient alors à l'expert, ainsi que le prévoit l'article R. 621-1, de remettre à la juridiction un rapport d'expertise ne faisant pas état, sauf accord des parties, des constatations et déclarations ayant eu lieu durant la médiation. En revanche, l'article L. 213-2 ne fait pas obstacle à ce que soient invoqués ou produits devant le juge administratif d'autres documents, émanant notamment de tiers, alors même qu'ils auraient été établis ou produits dans le cadre de la médiation. Tel est en particulier le cas pour des documents procédant à des constatations factuelles ou à des analyses techniques établis par un tiers expert à la demande du médiateur ou à l'initiative des parties dans le cadre de la médiation, dans toute la mesure où ces documents ne font pas état des positions

avancées par le médiateur ou les parties en vue de la résolution du litige dans le cadre de la médiation (CE, 14 novembre 2023, n° 475648, *Lebon*). Le texte a réservé la possibilité de l'accord des parties sur une telle révélation. Comme toutefois cet accord ne peut se prévoir, il sera prudent pour l'expert de préparer son rapport avant d'engager la démarche de médiation ou de conciliation, ce rapport ne contenant, dès lors, rien qui soit venu à la connaissance de l'expert pendant la médiation. L'exercice peut être périlleux, alors surtout que le contenu du rapport révèle la position de l'expert qui perd donc, en apparence d'impartialité ou de neutralité, ce qui peut compromettre l'accomplissement de sa mission de médiation…
Il paraît assez vain de vouloir dessiner une forme idéale de combinaison entre expertise et médiation. Les grandes orientations pourraient se présenter ainsi : ne pas révéler son rapport aux parties avant d'engager la phase de médiation, ou n'en révéler que les éléments techniques indiscutables, insusceptibles de mettre en cause la neutralité de l'expert / ne pas tenir compte, dans ce rapport, de ce qui est apparu lors de la médiation. Moyennant ce genre de précautions, il peut paraître avantageux de mettre en place une phase de médiation ou de conciliation confiée à quelqu'un qui connaît et la matière et le dossier !
La décision de recourir à l'expertise, chose jugée, va s'imposer en tant que telle même à la juridiction qui l'a prise : cette dernière ne peut, ayant pris cette décision, reprendre l'affaire avant dépôt du rapport, sauf fait nouveau rendant l'expertise inutile (CE, 15 novembre 1957, X… [1] ; *AJDA* 1958, p. 33).
On signalera enfin que, dans un cas au moins, la décision de ne pas recourir à une expertise ne peut être prise sans que la juridiction soit tenue à une mesure d'instruction spéciale. Lorsqu'un requérant se réserve de chiffrer son préjudice après une expertise qu'il demande à la juridiction d'ordonner (c'est le cas le plus fréquent lorsqu'il y a préjudice corporel), cette dernière ne peut, si elle estime pouvoir se prononcer sur le préjudice sans expertise, statuer sans avoir préalablement invité le requérant à chiffrer le montant de ses prétentions. Le régime antérieur conduisait généralement soit à un rejet de la demande parce que non chiffrée, soit à l'allocation d'une indemnité limitée au montant de la provision demandée (CE, 19 décembre 1984, Boehrer, n° 29047, *Lebon*, p. 433 – CE, 20 novembre 1987, Bagneux, *Lebon* [2]). Cette règle nouvelle découle d'un arrêt *Guerrault* (CE sect., 6 janvier 1989, n° 79873, *Lebon*, p. 1 [3]). La cour administrative d'appel de Lyon a, il faut le noter, étendu à toutes les demandes non chiffrées l'obligation faite au juge d'inviter à une régularisation (CAA Lyon, 26 juillet 1990, Bassanelli, n° 89LY00458), anticipant ainsi sur une position identique adoptée par le Conseil d'État le 22 octobre 2003 (CE, 22 octobre 2003, Desodt, n° 247058, *Lebon* T.), et confirmée le 30 décembre 2009 (CE, 30 décembre 2009, Mizael, n° 311599, *Lebon* T.), et le 10 juillet 2024 pour les conclusions d'une caisse de sécurité sociale subrogée (CE, 10 juillet 2024, n° 468186, *Lebon* T.). Mais une partie qui a chiffré ses prétentions avant expertise « sauf à les parfaire » n'a pas à être invitée expressément à les revoir après dépôt du rapport (CAA Lyon plén., 25 avril 1991, Commune de La Garde, n° 89LY01777, *Lebon* T.). On rappelle que, faute pour la juridiction de première instance d'avoir invité un demandeur à chiffrer ses prétentions, ce dernier est recevable à le faire pour la première fois en appel (CE, 24 avril 2012, Ministre de la Santé c/Chelhi, n° 327915, *Lebon* T.). Indépendamment de la

procédure de référé-provision, le juge du fond peut accorder une provision dans l'attente du résultat d'une expertise (CE, 23 octobre 2019, Centre hospitalier de Cannes, n° 420485, *Lebon* T.).

Jurisprudence

[1] Considérant que le tribunal administratif, s'il n'est pas tenu de faire droit à une demande d'expertise en matière fiscale, ne peut cependant, au cas où il a cru devoir ordonner cette mesure d'instruction, statuer ultérieurement au fond sans que l'expertise ait été exécutée, si ce n'est en raison de faits nouveaux ayant rendu la mesure manifestement inutile et les parties alors dûment averties [...].

[2] Considérant [...] que M. Gagneux a, dans sa demande introductive d'instance, demandé la réparation du préjudice subi et sollicité une expertise médicale, en concluant, dans l'attente des résultats de cette expertise, à l'attribution d'une indemnité provisionnelle de 30 000 francs ; qu'il n'a ultérieurement, ni avant ni après le dépôt du rapport d'expertise, indiqué dans un nouveau mémoire le montant de sa demande ; que, s'il soutient qu'il s'est refusé à présenter des conclusions à fins d'allocation d'une indemnité définitive après le dépôt du rapport d'expertise parce qu'il contestait ce rapport et demandait qu'une nouvelle expertise fût ordonnée, le tribunal administratif n'en est pas moins resté saisi de la demande chiffrée initiale limitée à 30 000 francs ; qu'ainsi, après avoir rejeté les conclusions relatives à la désignation d'un nouvel expert, le tribunal pouvait à bon droit statuer sur la demande d'indemnité dans la limite de ce montant ; que, par suite, M. Gagneux n'est pas fondé à soutenir que le tribunal administratif a procédé à une instruction incomplète de l'affaire en ne l'invitant pas à présenter une demande définitive d'indemnité [...].

[3] Considérant que, dans son mémoire introductif d'instance présenté devant le tribunal administratif de Bordeaux, Mlle Guerrault a demandé la condamnation de la communauté urbaine de Bordeaux à réparer les divers dommages résultant de l'accident dont elle a été victime le 19 novembre 1983 et a conclu, en ce qui concerne son préjudice corporel, à l'attribution d'une indemnité provisionnelle de 20 000 francs en se réservant de chiffrer définitivement ce chef de préjudice au vu des conclusions de l'expertise qu'elle demandait au tribunal administratif d'ordonner ; que, le 6 novembre 1985, sans modifier la portée de ses conclusions, elle a produit devant le tribunal administratif un rapport dressé par son médecin personnel et par le médecin de son assureur, dans lequel était décrit l'état de la victime et définis les éléments de son préjudice corporel ; que si, en l'état du dossier dont il était ainsi saisi, le tribunal administratif a pu s'estimer suffisamment informé pour évaluer les différents éléments du préjudice corporel dont la réparation était demandée et refuser d'ordonner l'expertise sollicitée, il ne pouvait statuer sans avoir au préalable invité Mlle Guerrault à chiffrer le montant de ses prétentions en ce qui concerne la réparation de ces éléments de préjudice, consistant dans les troubles de toute nature apportés à ses conditions d'existence, les souffrances physiques qu'elle a subies et son préjudice esthétique ; qu'il suit de là que Mlle Guerrault est fondée à soutenir que le jugement attaqué a été pris sur une procédure irrégulière, et à en demander l'annulation [...].

Le magistrat chargé du suivi des expertises

Art. R. 621-1-1 Le président de la juridiction peut désigner au sein de sa juridiction un magistrat chargé des questions d'expertise et du suivi des opérations d'expertise.

L'acte qui désigne le magistrat chargé des expertises peut lui déléguer tout ou partie des attributions mentionnées aux articles R. 621-2, R. 621-4, R. 621-5, R. 621-6, R. 621-7-1, R. 621-8-1, R. 621-11, R. 621-12, R. 621-12-1 et R. 621-13.

Ce magistrat peut assister aux opérations d'expertise.

Texte source

– Décret n° 2010-164 du 22 février 2010, article 34.

Commentaires

Cette innovation ne crée aucune obligation pour le président de la juridiction, qui peut conserver par devers lui l'intégralité des compétences que lui confèrent les articles mentionnée au deuxième alinéa, et qui portent sur :

– la désignation et le remplacement des experts ;
– l'empêchement et la récusation des experts ;
– les incidents de l'expertise (refus de production de documents) ;
– la taxation des experts et la détermination du débiteur en cas de référé ;
– l'allocation provisionnelle et les difficultés de paiement de cette allocation ;
– l'organisation d'une séance d'instruction.

L'intention des auteurs du texte est de prévoir, dans la juridiction, l'existence d'un magistrat (et d'un seul) qui soit le correspondant des experts, vers lequel sont acheminés tous les courriers ou messages relatifs au bon ou mauvais déroulement d'opérations d'expertise. Expressément habilité à assister aux opérations d'expertise (ce que le président ne peut théoriquement pas faire, à lire le texte littéralement), pourvu que ce faisant, évidemment, il ne méconnaisse aucun secret, médical par exemple, ce magistrat a pour vocation d'aider au bon déroulement des opérations d'expertise, et de proposer aux experts et parties un visage accessible plus aisément que le chef de juridiction. C'est la version administrative du « juge du contrôle des expertises » institué dans le monde judiciaire.

Naturellement, le président peut ne déléguer au magistrat qu'il choisit qu'une partie de ses attributions. On peut par exemple songer que soient déléguées les attributions liées au déroulement des opérations d'expertise, cependant que le chef de juridiction conserve ses attributions en matière de taxation, laquelle suppose parfois l'élaboration d'une politique juridictionnelle pouvant difficilement échapper au chef de juridiction.

SECTION 1 Nombre et désignation des experts

La désignation du ou des experts

Art. R. 621-2 Il n'est commis qu'un seul expert à moins que la juridiction n'estime nécessaire d'en désigner plusieurs. Le président du tribunal administratif ou de la cour administrative d'appel, selon le cas, ou, au Conseil d'État, le président de la section du contentieux choisit les experts parmi les personnes figurant sur l'un des tableaux établis en application de l'article R. 221-9. Il peut, le cas échéant, désigner toute autre personne de son choix. Il fixe également le délai dans lequel ils seront tenus de déposer leur rapport au greffe.

Lorsqu'il apparaît à un expert qu'il est nécessaire de faire appel au concours d'un ou plusieurs sapiteurs pour l'éclairer sur un point particulier, il doit préalablement solliciter l'autorisation du président du tribunal administratif ou de la cour administrative d'appel ou, au Conseil d'État, du président de la section du contentieux. La décision est insusceptible de recours.

Textes sources

- Code des TA et des CAA, article R. 159.
- Décret n° 2013-730 du 13 août 2013, article 8.

Commentaires

Le premier alinéa partage les rôles entre la formation de jugement – qui décide du nombre des experts – et le président de la juridiction, ou, au Conseil d'État, le président de la section du contentieux – qui les choisit, sauf, doit-on penser, en matière de référé (voir art. R. 532-1). Naturellement, est réaffirmée la liberté du président de s'abstraire des tableaux dressés en application de l'article R. 221-9 (rapprocher la rédaction de l'article R. 122-25-1 concernant la portée du tableau des experts près le Conseil d'État).

On remarquera la démarche spéciale suivie par l'assemblée du contentieux du Conseil d'État dans l'affaire *Lambert*, qui soulevait de redoutables questions liées à l'application de la loi du 22 avril 2005 dite « loi Leonetti » : pour souligner la solennité de la mesure d'expertise ordonnée, la formation de jugement, tout en prévoyant que, comme en dispose le texte, le président de la section du contentieux désignerait les experts, a prévu qu'il le ferait « sur la proposition », respectivement, de trois autorités médicales (les présidents de l'Académie nationale de médecine, du Comité consultatif national d'éthique et du Conseil national de l'ordre des médecins) : ainsi en dispose l'arrêt du 14 février 2014 de l'assemblée du contentieux (CE ass., 14 février 2014, Lambert, n° 375081, *Lebon*).

Le texte confie désormais au président (ou au magistrat prévu à l'article R. 621-1-1), outre la désignation de l'expert, le soin de fixer le délai dans lequel doit se dérouler l'expertise. C'est éviter une lourdeur inutile : dans le système ancien en effet, toute demande de prolongation de délai devait en principe être soumise à la formation de jugement, ce qui ne se faisait jamais. Mais le texte n'exclut pas que, si le délai donné aux experts est regardé comme un élément indissociable de la démarche de la formation de jugement, ce soit cette dernière qui le fixe. Ce fut le cas dans l'affaire Lambert précitée (CE ass., 14 février 2014, Lambert, n° 375081).

On note que les parties n'ont point part au choix des experts – lesquels n'ont pas nécessairement à être en nombre impair –, à la différence de ce qui est imposé en matière fiscale, où, lorsqu'il choisit de recourir à trois experts, le juge doit inviter les parties à désigner chacune le sien (Livre des procédures fiscales, art. R. 200-9), son pouvoir propre de désignation ne réapparaissant, sauf pour le tiers expert, qu'en cas de carence des parties (on signale que, depuis le 1er janvier 1990, la juridiction n'est plus contrainte, en matière fiscale, de choisir entre un et trois experts, non plus que de recourir à ce dernier chiffre si l'une des parties le demande).

L'existence d'une décision de désignation, séparée du jugement ou de l'arrêt prescrivant l'expertise, pose la question de la nature de cette décision, et des voies de recours envisageables contre elle. Il paraît difficile d'y voir une décision administrative, sa portée sur le sort du litige principal étant parfois déterminante. Y voir une décision juridictionnelle soulève la question de savoir si un recours est concevable contre elle, et si par exemple elle doit être motivée. Notre sentiment est que ce type de mesure, juridictionnelle, s'incorpore à la procédure principale et ne peut faire l'objet d'un recours séparé. Réserve doit toutefois être faite du contentieux né de la demande faite au juge de constater l'irrégularité des opérations d'expertise, pour des raisons pouvant tenir, entre autres, à la personne de l'expert désigné : la juridiction saisie d'une telle demande doit y statuer, et sa décision est susceptible d'appel, indépendamment de la procédure de fond (CE, 28 juillet 1999, Société Beteralp, n° 185390, *Lebon* T.) : ainsi peut naître un contentieux autonome de la désignation de l'expert.

Il est cependant de tradition que le juge d'appel n'exerce aucun contrôle sur le choix des experts effectué par la juridiction subordonnée (CE, 6 février 1981, SA Le Cabinet Trouvin, n° 17426, *Lebon* T. – CE, 27 juillet 1984, Ministre du Travail c/Chauvet, n° 34409, *Lebon*, p. 305 – CE, 20 mars 1985, Département du Cantal c/Delmas [1]) encore qu'une décision du 9 février 1962 (CE, 9 février, 1962, Société Les Fonderies modernes, *Lebon*, p. 101), à vrai dire isolée, ait paru réserver l'hypothèse d'une erreur manifeste d'appréciation de la compétence de l'expert, formulation totalement inusitée en cause d'appel. Au demeurant, la jurisprudence postérieure a repris rigoureusement la démarche de l'arrêt de 1985 (CE, 10 octobre 2018, Communauté d'agglomération du bassin de Thau, n° 402975, *Lebon* T.).

Pour autant le président n'est pas totalement libre de son choix, en ce sens que des considérations juridiques l'encadrent, indépendamment des questions de récusation ou d'empêchement mentionnées aux articles R. 621-5 et R. 621-6. En premier lieu ne peut être désignée comme expert une personne frappée d'une incapacité juridique générale. Ainsi des experts tombés en faillite ont été pour cette raison valablement remplacés, car ils n'offraient plus de garanties suffisantes (CE, 31 juillet 1948, Payet, *Lebon*, p. 380). De même doit-on penser que ne pourrait être désigné un expert qui serait conduit à accomplir des actes que la loi réserve à des personnes habilitées, s'il n'a pas cette habilitation. Ce sera évidemment le cas des expertises médicales, qui ne sauraient être confiées à une personne qui ne serait pas médecin.

Le second alinéa renforce le contrôle des experts par le chef de la juridiction ou, au Conseil d'État, par le président de la section du contentieux. Il met fin à quelques errements qui voyaient, dans certains cas, l'expert désigné s'en remettre à un technicien choisi par lui (le « sapiteur ») du soin de trancher certaines des questions qui lui étaient posées par la juridiction, au risque de ne pouvoir dans ce cas incorporer les honoraires de ce tiers dans ses propres frais (CE, 21 avril 1971, Raytchine, n° 76739, *Lebon*, p. 297 [2]), sauf à pouvoir établir que le recours à ce sapiteur a été « utile à la solution du litige » (CE, 21 juin 1985, Espasa, n° 37165, *Lebon*, p. 205). Ainsi qu'il ressort de l'article R. 621-5, le sapiteur doit, comme l'expert, faire l'objet d'une « désignation » par le chef de juridiction ou, au Conseil d'État, par le président de la section du contentieux : l'autorisation prévue à l'article R. 621-2 n'est donc pas une autorisation « de principe », mais doit être nominative et communiquée au sapiteur concerné aux fins d'acceptation de sa part (voir CJA, art. R. 621-5). Certains chefs de juridiction subordonnent d'ailleurs leur autorisation à la production d'un devis par le sapiteur pressenti.

Il conviendra, pour l'application de cet alinéa, de faire le partage entre le « sapiteur », qui effectue une partie de l'expertise et remplace l'expert, sur un ou plusieurs points, et les assistants de l'expert qui peuvent effectuer pour son compte des constatations purement matérielles dont il se réserve de tirer les conclusions (comparer CE, 12 janvier 1900, Cossa, *Lebon*, p. 31 [3] et CE, 30 novembre 1938, Kerdraon, *Lebon*, p. 895 [4]), et qu'il utilise à sa guise.

Jurisprudence

[1] Considérant que le département du Cantal conteste que M. Arnaud soit qualifié pour exécuter l'expertise que lui a confiée le président du tribunal administratif de Clermont-Ferrand par l'ordonnance attaquée ;

Considérant qu'il n'appartient pas au juge d'appel de contrôler l'appréciation de la compétence technique de l'expert à laquelle le premier juge, en le désignant, s'est livré [...].

[2] Considérant [...] que dans le bordereau qu'il a présenté le 20 juillet 1967 au président du tribunal administratif de Caen, le sieur Raytchine a inscrit, au titre de ses débours d'expertise, la somme de 63 115 francs représentant le montant des rémunérations versées au sieur Jauson, ingénieur, pour la collaboration qu'il a apportée à ses travaux d'expertise ; que les dispositions de l'article 3 du décret du 28 mars 1921 susvisé, relatives aux dépenses susceptibles d'être incluses dans les débours et frais divers dont les experts peuvent obtenir la taxation, ne permettent pas de faire figurer parmi ces dépenses la rémunération des ingénieurs dont les experts ont demandé à titre personnel le concours ou l'assistance, et qu'il leur appartient de rémunérer sur les honoraires qu'eux-mêmes perçoivent ; que par suite, c'est par une exacte application des dispositions sus rappelées des articles 2 et 3 du décret du 28 mars 1921 que le jugement susvisé du tribunal administratif de Caen, en date du 29 octobre 1968, tout en tenant compte, pour déterminer l'étendue du travail personnel ouvrant au requérant droit à des honoraires, du concours que lui a apporté le sieur Jauson, a refusé de taxer, en sus des honoraires du sieur Raytchine, d'autres honoraires que celui-ci aurait réglés au sieur Jauson ;

Considérant qu'il résulte de l'instruction qu'en arrêtant, eu égard à l'importance, à la qualité et à l'utilité de l'ensemble du travail relevant de l'activité du sieur Raytchine, le montant des honoraires dus à ce dernier à la somme de 30 000 francs, le jugement attaqué a fait une exacte évaluation de ces honoraires [...].

[3] Considérant qu'il résulte de l'instruction que les experts ont procédé en commun à la visite des lieux et que s'ils ont confié à un surveillant le soin de pratiquer des sondages, et de faire diverses constatations purement matérielles, ils ont examiné ensemble les résultats de ces constatations et ont satisfait ainsi aux prescriptions de l'article 20 de la loi du 22 juillet 1889 [...].

[4] Considérant que, par décision avant dire droit du 19 février 1936, la cour régionale avait commis comme expert le médecin-chef de l'hôpital maritime de Brest afin d'examiner le sieur Kerdraon ;
Considérant qu'il est constant qu'en fait le médecin-chef sus désigné a confié l'examen du requérant à un médecin-chef de clinique de l'hôpital précité et n'a procédé à aucun examen personnel du sieur Kerdraon, se contentant de discuter sous sa responsabilité propre le cas de l'intéressé ;
Considérant que la cour régionale s'étant bornée, pour rejeter la demande du sieur Kerdraon, à entériner dans son arrêt définitif, en date du 6 mai 1936, le rapport d'expertise établi dans les conditions ci-dessus rappelées, le sieur Kerdraon, sans qu'il soit besoin de statuer sur les autres motifs de sa requête, est fondé à demander l'annulation de l'arrêt attaqué [...].

Le serment de l'expert

Art. R. 621-3 Le greffier en chef ou, au Conseil d'État, le secrétaire du contentieux notifie dans les dix jours à l'expert ou aux experts et, le cas échéant, au sapiteur la décision qui les commet et fixe l'objet de leur mission.
Dans un délai de sept jours, l'expert ou le sapiteur accepte la mission en déclarant sur l'honneur avoir les compétences et la disponibilité requises pour la conduire et n'être en situation de conflit d'intérêts à l'égard d'aucune des parties, sans préjudice des dispositions de l'article R. 621-5. Il s'engage également à vérifier, le cas échéant, les intérêts qu'il pourrait avoir à l'égard des parties auxquelles l'expertise serait étendue, en application de l'article R. 532-3. Si l'expert ou le sapiteur ainsi désigné n'est inscrit ni sur l'un des tableaux prévus par l'article R. 221-9, ni sur l'une des listes prévues par la loi n° 71-498 du 29 juin 1971 relative aux experts judiciaires, il prête également par écrit le serment prévu par l'article R. 221-15-1.

Textes sources

– Code des TA et des CAA, article R. 160.
– Décret n° 2010-164 du 22 février 2010, article 35.
– Décret n° 2023-468 du 16 juin 2023, article 23.

Commentaires

Ce serment se distingue de celui prévu à l'article R. 221-15-1 du CJA et reste nécessaire dès lors que la désignation d'un expert hors liste est toujours possible. Il est admis que le renvoi par l'expert de sa prestation de serment signée vaut de sa part acceptation de sa mission. Cette règle devrait valoir également pour le sapiteur. Le lien entre acceptation de la mission et serment est étroit que des règles déontologiques ou des dispositions spéciales, telles celles de l'article R. 4127-105 du Code de la santé publique, peuvent conduire l'expert à refuser sa mission (CE, 11 octobre 2023, n° 461706, *Lebon T.*). Les énonciations du rapport ne faisant foi que jusqu'à preuve contraire, le serment n'ajoute guère à la procédure, son absence n'étant d'ailleurs pas un vice rédhibitoire (CE, 12 mars 1890, Bureau, *Lebon*, p. 279). On notera le second alinéa, qui définit le contenu du serment. La mention, dans ce contenu, de la « diligence », n'est pas anodine : c'est un écho des préoccupations des magistrats liées au respect par les experts des délais qui sont prévus pour les opérations d'expertise. Cette mention annonce celle qui, à propos de la fixation des honoraires, autorise le magistrat taxateur à tenir compte de ces diligences ou de leur insuffisance.

L'exigence d'impartialité n'est pas non plus anodine (CE, 30 mars 2011, Dumont, n° 330161, *Lebon* T. [**1**]). Tout en étant appréciée souplement par le Conseil d'État (CE, 23 juillet 2014, Kacem, n° 352407, *Lebon* T., p. 797-801-853, s'agissant de la désignation d'un médecin des cadres de l'Assistance publique des hôpitaux de Paris (AP-HP) dans un litige où l'AP-HP est partie).

Le texte, nouveau en ce qui concerne le Conseil d'État (comme l'ensemble de ce chapitre), reprend les solutions adoptées par voie jurisprudentielle (CE sect., 2 février 1968, Ville de Lille, n° 64712, *Lebon*, p. 89).

Jurisprudence

[1] Considérant que l'expert désigné par le juge des référés avait pour mission d'apprécier les conditions dans lesquelles avait été pratiquée l'intervention litigieuse de neurochirurgie ; qu'il ressort des pièces du dossier soumis aux juges du fond que le professeur de neurochirurgie désigné comme expert par le tribunal administratif partageait avec son confrère qui a réalisé l'intervention des activités menées, dans un cadre géographique proche, au sein d'une association professionnelle et que tous deux ont publié, avant et après l'expertise, des travaux scientifiques issus de recherches effectuées en commun ; que l'ensemble de ces circonstances était de nature à susciter un doute légitime quant à l'impartialité de l'expert pour se prononcer sur la manière dont l'intervention du 13 juin 2001 avait été menée ; qu'en estimant que l'expert présentait les garanties d'impartialité requises pour l'accomplissement de sa mission, la cour a donc inexactement qualifié les éléments soumis à son examen.

Le remplacement de l'expert

Art. R. 621-4 Dans le cas où un expert ou un sapiteur n'accepte pas la mission qui lui a été confiée, il en est désigné un autre à sa place.

L'expert ou le sapiteur qui, après avoir accepté sa mission, ne la remplit pas ou celui qui ne dépose pas son rapport dans le délai fixé par la décision peut, après avoir été invité par le président de la juridiction à présenter ses observations, être remplacé par une décision de ce dernier. Il peut, en outre, être condamné par la juridiction, sur demande d'une partie, et au terme d'une procédure contradictoire, à tous les frais frustratoires et à des dommages-intérêts.

Textes sources

– Code des TA et des CAA, article R. 161.
– Décret n° 2010-164 du 22 février 2010, article 36.
– Décret n° 2023-468 du 16 juin 2023, article 24.

Commentaires

Il découle de ces dispositions que le juge doit vérifier que la mission est remplie, notamment lorsque le rapport d'expertise est déposé : ce rapport doit contenir les réponses aux questions posées par la mission. Le juge du référé doit notamment effectuer cette vérification et user, le cas échéant, de la possibilité de remplacement (CAA Lyon, 14 janvier 1993, Société Tennis-Euro-court, n° 92LY00968, *Lebon*).

Il faut distinguer le remplacement de l'expert, qui est prononcé d'office par le président de la juridiction – après procédure contradictoire à l'égard de l'expert – de sa condamnation, sur demande d'une partie, « à tous les frais frustratoires et à des dommages-intérêts ». Une telle condamnation, qui est prononcée par la juridiction (et non son seul président) exige le respect d'une procédure contradictoire à l'égard de l'expert et de la partie demanderesse. Les conclusions aux fins de condamnation doivent être regardées comme ouvrant un nouveau litige entre la partie concernée et l'expert, litige qui relève du juge administratif, comme le texte l'admet (CE, 7 février 2003, Robert, n° 224539, *Lebon* T.). La qualité de personne privée de l'expert aurait pu conduire à orienter un tel litige vers le juge judiciaire ; mais sa qualité de collaborateur occasionnel du service public (CE sect., 26 février 1971, Aragon, n° 77459, *Lebon*, p. 172 [1]) et le caractère accessoire d'un tel litige par rapport à l'affaire pendante devant le juge administratif justifient à notre sens la compétence de ce dernier. On note que cette jurisprudence se combine difficilement avec la position arrêtée par la Cour de cassation (Cass. 1re civ., 19 mars 2002, Canonne). Les conclusions en cause suivent ainsi le sort des conclusions reconventionnelles qui relèvent en principe du juge compétent sur le litige principal, nonobstant les règles générales de compétence.

Une telle action devrait s'inspirer, en ce qui concerne la compétence au sein de l'ordre administratif, des règles adoptées en matière d'action en désaveu d'avocat : le Conseil d'État y juge que l'action en indemnité contre l'avocat relève de la compétence de la juridiction saisie de l'instance à l'occasion de laquelle les fautes alléguées auraient été commises (CE sect., 14 mars 1958, Jolivot, *Lebon*, p. 167). Il devrait être possible d'adopter le même principe en cas d'action en indemnité dirigée contre l'expert. Laquelle action peut, comme toute action en indemnité, revêtir la forme d'une demande de provision par référé (CE, 10 mars 2010, Mignot, n° 323869, la demande ayant eu en l'espèce pour objet la récupération de l'allocation provisionnelle versée à l'expert).

La rédaction de 2010 inverse l'ordre des mesures liées au retard de l'expert : il est 1) remplacé, et 2), le cas échéant, condamné à des dommages et intérêts. Cette inversion n'est pas anodine. La menace de remplacement est exposée en tête, car c'est elle qui est essentielle.

On note que l'expert remplacé est irrecevable à discuter ce remplacement (CE, 10 janvier 1923, Chervet, *Lebon*, p. 19 [2]), et a la possibilité d'obtenir des honoraires pour la partie du travail qu'il a accomplie, si elle a été utile (même arrêt) ; on peut estimer que, lors de leur taxation, le juge tiendra compte du trouble apporté au déroulement de l'instance par le comportement de l'expert qu'il a fallu remplacer. L'apparition des « diligences » au nombre des critères de taxation l'autorisera désormais.

Le juge d'appel n'apprécie pas l'opportunité du remplacement (CAA Lyon, 26 septembre 1991, Marcuccini, n° 89LY01174 [3]).

Jurisprudence

[1] Considérant qu'aux termes du premier alinéa de l'article 62 de la loi du 22 juillet 1889 :

« Toute partie qui succombe est condamnée aux dépens » ; que les dépens comprennent, en vertu de l'article 64 de la même loi, notamment les frais d'expertise ; qu'il résulte des termes mêmes de ces dispositions que, sous réserve de l'application par le tribunal administratif, au plus tard dans son jugement mettant fin au litige principal, des dispositions du 2e alinéa de ce même article 62 qui permettent au tribunal de compenser les dépens en tout ou en partie en raison des circonstances de l'affaire, l'expert ne peut obtenir le paiement de ses honoraires que de la partie qui a succombé ;

Considérant toutefois, que dans le cas où cette partie est insolvable, l'expert subit, pour avoir participé au fonctionnement du service public de la justice administrative, un préjudice qui résulte de l'impossibilité où il se trouve d'obtenir le paiement de ses honoraires ; que, lorsque l'expert, malgré ses diligences, n'a pu obtenir ce paiement de la partie que le tribunal a condamnée à supporter les dépens, l'État, responsable du fonctionnement du service public de la justice administrative, doit se substituer au débiteur principal des dépens pour le paiement de ces honoraires et supporter à titre subsidiaire la charge de l'insolvabilité de ce débiteur [...].

[2] Considérant que le sieur Chervet, qui avait été chargé de procéder à une expertise sur des réclamations du sieur Ythier relatives au décompte des travaux d'enlèvement des vases, fumiers et détritus provenant des bassins de dégrossissage de l'usine de Clichy et des dérivations de Saint-Ouen, et à qui ce mandat d'expert a été retiré par le conseil de préfecture de la Seine, n'a pas qualité pour discuter cette mesure et demander à rester chargé de l'expertise qui lui avait été confiée ; que, dès lors, sa requête tendant à l'annulation de l'arrêté dudit conseil, en date du 30 juin 1919, rejetant son opposition contre l'arrêté du même conseil, en date du 24 janvier 1919, doit être rejetée comme non recevable ; que la présente décision ne saurait, d'ailleurs, faire obstacle à ce que le conseil de préfecture de la Seine statue ultérieurement, en vertu des dispositions de l'article 23 de la loi du 22 avril 1889, sur la liquidation des honoraires réclamés par le sieur Chervet pour le travail effectué par lui avant son remplacement comme expert du sieur Ythier, tels que lesdits honoraires auraient été taxés par son président [...].

[3] Considérant, en second lieu, qu'aux termes de l'article R. 120 du code des tribunaux administratifs alors applicable, auquel renvoie l'article R. 200-8 du livre des procédures fiscales alors en vigueur : « L'expert qui, après avoir accepté sa mission, ne la remplit pas, et celui qui ne dépose pas son rapport dans le délai fixé par le tribunal administratif peuvent être condamnés à tous les frais frustratoires, et même à des dommages-intérêts. L'expert est en outre remplacé s'il y a lieu » ; qu'il n'appartient pas au juge d'appel de se prononcer, à la demande de l'une des parties à l'instance, sur l'opportunité du remplacement de l'expert désigné en première instance ; que, par suite, M. et Mme Marcuccini ne peuvent utilement critiquer la décision prise par le tribunal administratif de procéder, sur le fondement des dispositions précitées, au remplacement de l'expert précédemment désigné [...].

L'empêchement de l'expert

Art. R. 621-5 Les personnes qui ont eu à connaître de l'affaire à un titre quelconque sont tenues, avant d'accepter d'être désignées comme expert ou comme sapiteur, de le faire connaître au président de la juridiction ou, au Conseil d'État, au président de la section du contentieux, qui apprécie s'il y a empêchement.

Textes sources

– Code des TA et des CAA, article R. 162.
– Décret n° 2010-164 du 22 février 2010, article 37.

Commentaires

L'incapacité édictée par l'article R. 621-5, qui doit être distinguée de la récusation prévue à l'article R. 621-6 (CE, 12 janvier 1962, Commune de Mauriac, *Lebon* T. [1] – CE, 13 mars 1987, Grésy, n° 48609, *D.* 1987, somm. p. 438), concerne non plus seulement les fonctionnaires comme le prévoyait l'ancien texte, mais toute personne, extension que le Conseil d'État avait déjà effectuée par voie prétorienne (CE sect., 2 février 1968, Ville de Lille, n° 64712, *Lebon*, p. 89), y voyant une « règle générale de procédure applicable devant les juridictions administratives ». Cette incapacité, si elle est reconnue – ce qui ne nécessite aucune procédure spéciale, à la différence de la récusation –, vicie l'expertise. On notera que le moyen tiré de l'irrégularité d'une expertise effectuée par un expert suspect de partialité ne peut être invoqué pour la première fois en cassation, si la cause de partialité a été révélée avant le prononcé de la décision juridictionnelle attaquée (CE, 30 décembre 2013, Société EDP Renewables, n° 352693, *Lebon* T.).
On notera qu'un expert précédemment désigné par voie juridictionnelle sur la même affaire n'est pas regardé comme ayant eu à en connaître : il n'est donc ni récusable ni incapable (CE, 18 décembre 1908, Le Beschu de Champsavin, *Lebon*, p. 1074 [2]).
Le texte introduit, ce qui est nouveau, une obligation pour l'expert ou le sapiteur de faire connaître au président de la juridiction son empêchement éventuel, voire ses doutes quant à l'existence d'un tel empêchement. On peut estimer qu'un manquement à cette obligation pourrait entraîner les sanctions – y compris pécuniaires – prévues par l'article R. 621-4. Cette obligation, en ce qu'elle s'étend au

sapiteur, implique que ce dernier est également « désigné » par le chef de juridiction, ce qui ne ressort pas avec évidence de l'article R. 621-2.

Le texte nouveau, issu du décret du 22 février 2010, réserve comme il est normal au chef de juridiction le soin de se prononcer sur l'empêchement, puisqu'aussi bien il devra, s'il estime l'empêchement constitué, désigner un nouvel expert. L'ancien texte, qui conférait cette compétence à la juridiction, compliquait inutilement la procédure.

La demande d'empêchement, si elle est formée par une partie, peut donner lieu à un litige distinct, tendant à ce que le juge constate l'irrégularité des opérations d'expertise, et ordonne s'il y a lieu une nouvelle expertise, litige qui conserve son objet alors même que le rapport est déposé, et tant que le juge du fond n'a pas statué sur le litige principal par décision passée en force de chose jugée (CE, 28 juillet 1999, Société Beteralp, n° 185390, *Lebon* T.).

Jurisprudence

[1] Considérant qu'aux termes du 1er alinéa de l'article 17 de la loi du 22 juillet 1889, « les fonctionnaires qui ont exprimé une opinion dans l'affaire litigieuse ou qui ont pris part aux travaux qui donnent lieu à une réclamation ne peuvent être désignés comme experts » ; qu'il résulte des termes de cette disposition qu'elle institue une incapacité d'être expert distincte des cas de récusation prévus aux 2e et 3e alinéas dudit article ; que le délai dans lequel doit être proposée la récusation n'est pas applicable aux contestations portant sur ladite incapacité [...].

[2] Considérant que le sieur Besson s'est borné à donner son avis sur la question de fait en litige entre l'administration et le sieur Le Beschu de Champsavin en qualité d'expert nommé par le conseil de préfecture ; que, dès lors, le sieur Besson ne se trouve dans aucun des cas, dans lesquels l'article 283 du nouveau code de procédure civile, rendu applicable aux instances portées devant les conseils de préfecture par la loi du 22 juillet 1889, permet de reprocher les experts [...].

La récusation de l'expert

Art. R. 621-6 Les experts ou sapiteurs mentionnés à l'article R. 621-2 peuvent être récusés pour les mêmes causes que les juges. S'il s'agit d'une personne morale, la récusation peut viser tant la personne morale elle-même que la ou les personnes physiques qui assurent en son nom l'exécution de la mesure. La partie qui entend récuser l'expert ou le sapiteur doit le faire avant le début des opérations ou dès la révélation de la cause de la récusation. Si l'expert ou le sapiteur s'estime récusable, il doit immédiatement le déclarer au président de la juridiction ou, au Conseil d'État, au président de la section du contentieux.

Textes sources

– Code des TA et des CAA, article R. 163.
– Décret n° 2010-164 du 22 février 2010, article 38.

Commentaires

L'action en récusation d'un expert ne porte ni sur les droits et obligations de caractère civil, ni sur une accusation en matière pénale. Elle n'a donc pas à être jugée sur le fondement des stipulations de l'article 6 de la Convention européenne de sauvegarde des droits de l'homme et des libertés fondamentales (CE, 23 juillet 2014, Kacem, n° 352407, *Lebon* T.).

On peut se demander quelle est la portée du renvoi par le texte aux causes de récusation des « juges ». S'agit-il des magistrats judiciaires ? Auquel cas le texte renvoie à l'article L. 111-6 du Code de l'organisation judiciaire. Ou bien doit-on penser que les experts sont traités comme les magistrats administratifs pour le compte de qui ils officient ? Auquel cas les règles de la procédure civile et les catégories de causes de récusation reprises à l'article L. 731-1 du Code de l'organisation judiciaire, ne leur sont pas applicables. On estime que cette dernière interprétation est à retenir, pour les raisons développées sous l'article L. 721-1. C'est d'ailleurs en ce sens que s'est prononcée la cour administrative d'appel de Versailles (CAA Versailles, 8 mars 2006, GIE Aqua Gerif, n° 06VE00115), jugeant inapplicables les dispositions du Nouveau Code de procédure civile. Il reste que les grandes catégories retenues par ce dernier texte, et l'esprit qui l'anime, sont parfaitement utilisables en contentieux administratif.

Pour un exemple, assez rare, de récusation pour « inimitié », révélée par un précédent litige à l'occasion duquel l'expert avait échangé publiquement avec les représentants de la partie demandant la récusation « des propos qui, par leur ton et leur contenu, excédaient les limites des questions techniques en débat », voir CE, 7 février 2003, De Luca, n° 219923.

La cause de récusation peut n'être qu'indirecte : ainsi est à bon droit récusé dans un litige opposant une commune à son entrepreneur un architecte ayant dressé les plans, rédigé les devis et le décompte définitif des travaux, car « il peut naître des questions dont la solution aurait pour effet d'engager la responsabilité personnelle de l'architecte envers la commune ou l'entrepreneur » (voir CE, 20 janvier 1865, Moreau, *Lebon*, p. 82).

La cause de récusation qui pourrait atteindre le sapiteur qu'a proposé l'expert ne s'étend pas à l'expert lui-même, dès lors que ce sapiteur a renoncé de lui-même à exercer ses fonctions (CAA Nantes, 9 janvier 1991, Port autonome de Nantes-Saint-Nazaire, n° 91NT00386, *Lebon*, p. 567). Jugé qu'un expert de justice, par ailleurs expert de compagnie d'assurances, n'est pas de ce seul fait récusable, encore qu'il ait effectué à ce titre des missions ponctuelles pour une des parties au litige, dès lors que ces missions ne l'ont pas placé dans un lien de subordination à l'égard de l'assureur (CAA Lyon, 12 octobre 2004, Marque, n° 04LY00429 ; *AJDA* 2005, p. 287).

Il n'y a pas de délai pour présenter une demande de récusation, puisque cette dernière peut être présentée « dès la révélation de la cause de la récusation ». Même si le texte ne fixe aucun délai précis à compter de cette révélation, il implique une diligence certaine. Ne répond pas à cette exigence la demande formée vingt-neuf jours après la révélation (CAA Lyon, 26 juillet 1990, Cazacu, n° 90LY00223). Est également tardive la demande de récusation formée trois mois après la révélation de sa cause (CE, 28 juillet 1999, Société Beteralp, n° 185390, *Lebon* T., décision rendue dans une affaire dans laquelle la cause invoquée avait été révélée par le rapport d'expertise lui-même).

C'est désormais devant le président de la juridiction ayant commis l'expert que doit être présentée la demande de récusation lorsque cet acte émane de l'expert qui « s'estime récusable ». On verra en revanche, avec l'article R. 621-6-1, que la demande de récusation présentée par une partie doit être présentée à la juridiction elle-même, ce qui paraît normal : une telle demande soulève un litige et appelle un arbitrage entre prétentions, qui peuvent être contraires, des parties (voir CAA Versailles, 8 mars 2006, GIE Aqua Gerif, préc.). C'est ainsi que s'était prononcé le Conseil d'État (CE, 28 juillet 1999, Société Beteralp, préc.), jugeant que « la décision rendue par la juridiction saisie d'une demande de récusation d'un expert est susceptible d'être contestée devant le juge d'appel », la décision de ce dernier relevant du juge de cassation (position revenant sur CE, 29 octobre 1975, Paisnel, n° 83643, *Lebon*, p. 534, et confirmant CAA Nantes, 9 octobre 1991, Port autonome de Saint-Nazaire, préc.). Il est à noter que l'achèvement des opérations d'expertise ne rend pas sans objet la procédure de récusation, qui peut aller jusqu'à son terme, sauf toutefois si la décision rendue au fond au vu du rapport d'expertise est passée en force de chose jugée (même arrêt).

En cas de référé, la décision *Beteralp* précitée du 28 juillet 1999 donne à penser que, même si l'expert a été désigné en référé, c'est à la formation collégiale qu'il appartient de se prononcer sur une demande de récusation. Ce n'est pas dans ce sens que s'était prononcée la cour administrative d'appel de Bordeaux (CAA Bordeaux, 29 juillet 1993, SA Felguera Gruas y Almacenaje, n° 93BX00376 et 93BX00377, *Lebon* T.).

Du fait que la demande de récusation doit être présentée à la juridiction saisie du principal, il s'ensuit que le moyen tiré de ce que l'expert aurait pu être récusé n'est pas recevable s'il est présenté pour la première fois en appel (CE, 10 mai 1957, Sous-secrétaire d'État à la Marine marchande, *Lebon*, p. 306 ; *AJDA* 1957, II, p. 246 [1]).

L'expert n'est pas partie au litige né de la demande de récusation et se trouve sans qualité pour faire appel de la décision rendue (solution identique en cas de remplacement, CE, 10 janvier 1923, Chervet, *Lebon*, p. 19 [2]). Pour la même raison, il ne peut ni faire l'objet d'une demande de condamnation aux frais exposés, au titre de l'article L. 761-1, ni en obtenir (CAA Nantes, 9 octobre 1991, Port autonome de Nantes-Saint-Nazaire, préc.).

Pour la récusation d'un expert désigné sur le fondement du titre III du livre V du CJA, voir les commentaires sous l'article R. 532-5.

Jurisprudence

[1] Considérant que le sous-secrétaire d'État à la Marine marchande, qui n'a pas en première instance exercé le droit de récusation prévu par l'article 17 de la loi du 22 juillet 1889 à l'encontre de l'expert Le Hersant, n'est pas recevable à soutenir devant le Conseil d'État que la désignation dudit expert entacherait d'irrégularité l'ordonnance attaquée [...].

[2] Voir le texte de cet arrêt sous l'article R. 621-4, jurisprudence, n° 2.

La demande de récusation

Art. R. 621-6-1 La demande de récusation formée par une partie est présentée à la juridiction qui a ordonné l'expertise. Si elle est présentée par un mandataire, ce dernier doit être muni d'un pouvoir spécial.

Elle doit à peine d'irrecevabilité indiquer les motifs qui la soutiennent et être accompagnée des pièces propres à la justifier.

Texte source

– Décret n° 2010-164 du 22 février 2010, article 39.

Commentaires

Les quatre articles (CJA, art. R. 621-6-1 à R. 621-6-4) mettent sur pied une procédure de récusation, calquée sur les articles R. 721-2 et suivants, relatifs à la récusation des magistrats administratifs.

La communication à l'expert de la demande de récusation

Art. R. 621-6-2 Le greffier en chef, ou, au Conseil d'État, le secrétaire du contentieux, communique à l'expert copie de la demande de récusation dont il est l'objet.

Dès qu'il a communication de cette demande, l'expert doit s'abstenir de toute opération jusqu'à ce qu'il y ait été statué.

Texte source

– Décret n° 2010-164 du 22 février 2010, article 39.

Commentaires

On notera l'effet suspensif de la demande de récusation (rapp. CJA, art. R. 721-6).

La réaction de l'expert à la demande de récusation

Art. R. 621-6-3 Dans les huit jours de cette communication, l'expert fait connaître par écrit soit son acquiescement à la récusation, soit les motifs pour lesquels il s'y oppose.

Texte source

– Décret n° 2010-164 du 22 février 2010, article 39.

La décision sur la demande de récusation

Art. R. 621-6-4 Si l'expert acquiesce à la demande de récusation, il est aussitôt remplacé.

Dans le cas contraire, la juridiction, par une décision non motivée, se prononce sur la demande, après audience publique dont l'expert et les parties sont avertis.

Sauf si l'expertise a été ordonnée sur le fondement du titre III du livre V, cette décision ne peut être contestée devant le juge d'appel ou de cassation qu'avec le jugement ou l'arrêt rendu ultérieurement.
L'expert n'est pas admis à contester la décision qui le récuse.

Texte source

– Décret n° 2010-164 du 22 février 2010, article 39.

Commentaires

Par avis contentieux du 23 mars 2012 (CE sect., 23 mars 2012, Centre hospitalier d'Alès-Cévennes, n° 355151, *Lebon*), dont le contenu a été confirmé au contentieux le 19 avril 2013 (CE, 19 avril 2013, Centre hospitalier d'Alès-Cévennes, n° 360598, *Lebon* T.), le Conseil d'État a estimé que la décision rendue sur la demande de récusation est de nature juridictionnelle, ce qui implique qu'elle soit motivée, par application du principe énoncé à l'article L. 9 du code. C'est introduire une interrogation quant à la légalité de l'article R. 621-6-4 prévoyant une « décision non motivée ». Par une interprétation audacieuse, l'avis pose que « l'article R. 621-6-4 du CJA n'a pas entendu écarter l'application de la règle générale de motivation des décisions juridictionnelles, rappelée à l'article L. 9 de ce code ». Autrement dit, « non motivée » doit se lire comme « peu motivée », et cette expression témoigne de ce que l'article en cause « a seulement entendu tenir compte des exigences d'une bonne administration de la justice ainsi que des particularités qui s'attachent à une demande de récusation, laquelle est notamment susceptible de porter atteinte à la vie privée de l'expert ou de mettre en cause sa probité ou sa réputation professionnelle ». Et l'avis de conclure qu'il appartient donc au juge d'adapter la motivation de sa décision, « en se limitant, le cas échéant, à énoncer qu'il y a lieu, ou qu'il n'y a pas lieu, de faire droit à la demande ». On ne peut que saluer l'opportunité de cet avis, tout en demeurant perplexe sur la double démarche suivie, consistant à brusquer le sens du texte, d'une part, à retenir une notion assez limite de la « motivation » de l'autre.
Cette lecture doit être retenue pour l'interprétation de l'article R. 721-9 concernant la récusation des magistrats, lequel est identiquement rédigé. Et les décisions rejetant des demandes de récusation de membres du Conseil d'État se bornent, sobrement, à poser « qu'il n'y a pas lieu de faire droit à ces conclusions » (CE, 26 novembre 2010, Société Paris Tennis, n° 344505 et n° 344550, *Lebon*).
On doit estimer que le juge appelé à statuer sur une demande de récusation, en première instance ou, en matière de référé, en appel, exerce un contrôle normal sur le caractère récusable de l'expert ou du sapiteur (CE, 23 juillet 2014, Kacem, n° 352407, *Lebon* T.). Ce qui conduit à écarter un médecin désigné comme expert par la juridiction administrative dans un dossier de responsabilité hospitalière alors qu'il a assuré lors de l'année de sa désignation, en qualité de médecin-conseil, plusieurs missions, dont certaines étaient encore en cours, pour le compte de l'assureur du centre hospitalier régional et universitaire dont la responsabilité était recherchée par l'assureur ayant indemnisé la victime (CE, 11 octobre 2023, n° 461706, *Lebon T.*).

Les échanges entre expert et greffe par voie électronique

Art. R. 621-6-5 Toutes les communications et notifications entre l'expert et le greffe de la juridiction ou le secrétariat de la section du contentieux sont effectuées par voie électronique. À cette fin, l'expert communique au greffe de la juridiction l'adresse électronique à laquelle les transmissions lui sont valablement faites et par laquelle il communique avec la juridiction.
Un arrêté du vice-président du Conseil d'État définit les modalités techniques des échanges électroniques.

Texte source

– Décret n° 2023-468 du 16 juin 2023, article 25.

Commentaires

Arrêté du 30 novembre 2023 relatif aux modalités techniques de communication par voie électronique entre les experts et les juridictions administratives dans le cadre des procédures d'expertise (*JORF* n° 0280 du 3 décembre 2023).

SECTION 2 *Opérations d'expertise*

Les opérations d'expertise

Art. R. 621-7 L'expert garantit le caractère contradictoire des opérations d'expertise.
Les parties sont averties par le ou les experts des jours et heures auxquels il sera procédé à l'expertise ; cet avis leur est adressé quatre jours au moins à l'avance, par lettre recommandée.
Les observations faites par les parties, dans le cours des opérations, sont consignées dans le rapport.
L'expert recueille et consigne les observations des parties sur les constatations auxquelles il procède et les conclusions qu'il envisage d'en tirer.
Toutefois, lorsque l'expert a fixé aux parties un délai pour produire leurs observations, il n'est pas tenu de prendre en compte celles qui lui sont transmises après l'expiration de ce délai.

Textes sources

– Code des TA et des CAA, article R. 164.
– Décret n° 2004-2 du 2 janvier 2004, article 2-5°.
– Décret n° 2005-1611 du 20 décembre 2005, article 3.
– Décret n° 2008-452 du 13 mai 2008, article 20.
– Décret n° 2015-1145 du 15 septembre 2015, article 24.
– Décret n° 2023-468 du 16 juin 2023, article 26.

Commentaires

L'expert a la maîtrise de la date de ses opérations. Les réunions et visites d'expertise sont une faculté et non une obligation (CE, 27 avril 2021, Société Lacroix City

Saint-Herblain, n° 440348, *Lebon* T.). Il lui incombe d'accomplir à cet effet toutes les diligences nécessaires à la conduite de sa mission, et notamment de rechercher un local approprié à cette dernière (CE, 10 mars 2010, Mignot, n° 323869). Les opérations doivent être contradictoires, ou plus précisément les parties doivent avoir la possibilité d'y assister, le juge examinant le cas échéant la légitimité des objections faites par une partie à une date de réunion (CE, 23 novembre 1908, Manse, *Lebon*, p. 950 [1]). On note que cette règle ne vaut que pour les expertises juridictionnelles : n'y sont donc pas soumises les expertises ordonnées par les autorités administratives (CE, 13 novembre 1996, Lagarde, n° 143463, *Lebon* T.). Par « contradictoire », il faut comprendre que tous les documents remis par une partie à l'expert doivent être portés à la connaissance de son adversaire (voir sur les problèmes posés par l'application de ce principe à des matières couvertes par le secret, « Secret des affaires et principe du contradictoire », *Gaz. Pal.*, 9-10 juillet 2003, p. 2065).

Sera régulière l'expertise à laquelle ont assisté les parties, même non convoquées, ou effectuée en l'absence des parties dûment convoquées, ou non valablement excusées, la solidarité de certaines parties autorisant même leur représentation mutuelle (CE sect., 9 janvier 1976, Société Caillol, n° 90350, *Lebon*, p. 19 [2]).

Encore doit-il être précisé qu'un échange d'informations ultérieur peut couvrir une irrégularité (CE, 10 octobre 1975, Privat, n° 90797, *Lebon* T.). Et l'objection tirée de l'irrégularité touchant au défaut de caractère contradictoire doit avoir été opposée devant les premiers juges ; présentée pour la première fois en appel, elle n'est pas recevable (CE, 13 avril 1935, Weil, *Lebon*, p. 523 [3]).

La façon de combiner secret médical et caractère contradictoire de l'expertise a été fixée par la jurisprudence (CE, 5 juillet 1939, Commune de Saint-Étienne-de-Lugdares, *Lebon*, p. 456 et CE, 13 avril 1945, Ville de Saint-Étienne, *Lebon*, p. 75) : l'examen du patient s'effectue hors présence des parties, sauf si elles sont représentées par un docteur en médecine ; les parties (et notamment la personne examinée) n'ont d'ailleurs pas à être informées de la possibilité de se faire ainsi représenter, mais elles doivent être averties du résultat de la consultation et mises à même de présenter leurs observations à l'expert (voir également CE, 23 septembre 1988, Lapeyre, n° 74877 [4]).

S'agissant de l'obligation dans laquelle l'expert se trouve de mentionner les observations des parties, elle ne s'applique pas seulement aux documents écrits, mais s'étend aux observations orales (CE, 24 février 1995, Stihle, n° 138382, *Lebon* T.).

Il est enfin bien connu qu'une expertise reconnue irrégulière pour n'avoir pas été contradictoire n'en demeure pas moins une pièce du dossier, soumise à la critique des parties, et utilisable en tant que telle par le juge (CE, 18 mars 1988, Adnane, n° 49443 [5]). Cette règle vaut d'ailleurs pour toutes les irrégularités qui entachent l'accomplissement de la mission d'expertise (CE, 29 novembre 2000, Commune des Ulis, n° 187961, *Lebon* T. [6]). C'est dire qu'il est sans intérêt pour les justiciables de se prévaloir de l'irrégularité de l'expertise s'ils ne soutiennent pas dans le même temps, arguments à l'appui, que cette irrégularité en a affecté le contenu. Le juge administratif ne fait pas refaire une expertise pour le seul motif qu'elle a été irrégulière.

Par extension des motifs de cette jurisprudence, la cour administrative d'appel de Lyon a décidé que le contenu d'un rapport d'expertise était opposable à une partie nouvelle qui, absente des opérations d'expertise, avait été mise à même, ensuite, de discuter le rapport dans le cadre de la procédure juridictionnelle ordinaire (CAA Lyon, 5 avril 2012, ONIAM c/Djillar, n° 10LY01815). Lorsqu'une expertise est entachée d'une méconnaissance du principe du contradictoire ou lorsqu'elle a été ordonnée dans le cadre d'un litige distinct, ses éléments peuvent néanmoins, s'ils sont soumis au débat contradictoire en cours d'instance, être régulièrement pris en compte par le juge soit lorsqu'ils ont le caractère d'éléments de pur fait non contestés par les parties, soit à titre d'éléments d'information, dès lors qu'ils sont corroborés par d'autres éléments du dossier (CE, 23 octobre 2019, Centre hospitalier Bretagne-Atlantique, n° 419274, *Lebon* T.). De même, la seule circonstance qu'un rapport d'expertise, à l'initiative de l'expert, se prononce sur des questions excédant le champ de l'expertise ordonnée par la juridiction, n'est pas, par elle-même, de nature à entacher cette expertise d'irrégularité (CE, 29 juin 2020, Assistance publique-Hôpitaux de Marseille et autre, n° 420850, *Lebon* T.). Cette circonstance n'est toutefois pas sans influence sur la liquidation et la charge des frais d'expertise (Voir les commentaires sous l'article R. 621-11).

Jurisprudence

[1] Considérant qu'il résulte de l'instruction que l'expertise ordonnée sur la demande de la dame Manse avait été fixée au 17 novembre 1906 ; que le sieur Darlat, désigné comme expert par la requérante en remplacement du sieur Gilbert Viltard qui avait donné sa démission le 12 novembre, avait prévenu en temps utile l'administration que son état de santé ne lui permettait pas d'être présent au jour désigné pour les opérations d'expertise, et avait produit un certificat médical à l'appui de sa demande de remise ; que, dans ces circonstances, les opérations, auxquelles il a été procédé en l'absence de cet expert, n'ont pas eu le caractère contradictoire exigé par la loi [...].

[2] Considérant qu'en s'engageant dans les termes rappelés ci-dessus, les entreprises cocontractantes étaient censées s'être donné mandat mutuel de se représenter ; qu'ainsi, en introduisant devant le tribunal administratif pour deux ensembles de bâtiments, dans le délai de la garantie décennale, une demande à fins de dommages-intérêts contre l'une des trois entreprises groupées, l'Office interrompait à son profit la prescription décennale contre les autres entreprises contractantes ; que le moyen tiré par les requêtes de la tardiveté de la demande devant le tribunal administratif pour les entreprises citées après l'expiration du délai de la garantie décennale, ne saurait être accueilli ; que, pour les mêmes motifs, les opérations des expertises au vu desquelles a statué le tribunal administratif, quand bien même elles se seraient déroulées en présence de l'une seulement des entreprises de ce groupement étaient opposables à toutes les entreprises du groupement ; que, dès lors, le moyen tiré de ce que les jugements attaqués ont été rendus sur une procédure irrégulière doit être rejeté [...].

[3] Considérant que, s'il n'est pas justifié que les parties aient été convoquées pour assister aux opérations de ladite expertise, il ressort des pièces versées au dossier que les requérants n'ont, ni après la communication qui leur a été faite des rapports, ni à l'audience, déposé des conclusions tendant à l'annulation de cette mesure d'instruction ; que, dès lors, ils ne sont pas recevables à soutenir devant le Conseil d'État

que l'expertise dont s'agit n'a pas eu le caractère contradictoire prévu par la loi du 22 juillet 1889 et à demander, pour ce motif, l'annulation des arrêtés attaqués [...].

[4] Considérant que les experts commis en exécution du jugement du tribunal administratif de Toulouse en date du 24 janvier 1984 ayant procédé à l'examen médical de Mme Lapeyre après l'avoir régulièrement convoquée, le rapport qu'ils ont déposé le 23 juillet 1985 avait un caractère contradictoire en tant qu'il décrit l'état de santé de la requérante et conclut qu'à la date de cet examen, celle-ci ne conservait aucune séquelle de l'accident dont elle a été victime le 24 novembre 1978 lors de l'artériographie cérébrale qu'elle a subie au centre hospitalier régional de Toulouse ; qu'en revanche, les experts ont omis de convoquer Mme Lapeyre ou le médecin de son choix, pour l'examen des pièces médicales de son dossier, auquel ils ont procédé le 25 mai 1985 après réception du dossier produit par l'hôpital et ne lui ont pas communiqué le résultat de leurs investigations ; qu'ainsi cette seconde expertise n'a pas revêtu un caractère contradictoire [...].

[5] Considérant que l'expert chargé par la décision susmentionnée du Conseil d'État en date du 20 juin 1984 d'examiner le jeune Djamel Adnane a procédé à cet examen médical sans que l'établissement national des convalescents de Saint-Maurice-du-Vésinet en ait été préalablement avisé, privant ainsi cet établissement de la faculté de présenter des observations dans le cours des opérations d'expertise ; que, dans ces conditions, ces opérations sont irrégulières ; que, toutefois, cette irrégularité ne fait pas obstacle à ce que le rapport d'expertise soit retenu à titre d'élément d'information et à ce que, l'établissement défendeur, ayant pu présenter ses observations au cours de la procédure écrite qui a suivi le dépôt du rapport d'expertise, et le Conseil d'État disposant maintenant des éléments d'informations nécessaires à la solution du litige, il soit statué au fond sans qu'il soit besoin de recourir à une expertise [...].

[6] Considérant que la circonstance qu'un rapport d'expertise traite de questions dépassant le cadre de la mission impartie à l'expert, si elle est de nature à entacher d'irrégularité l'expertise, ne fait toutefois pas obstacle à ce que ce rapport soit retenu à titre d'information par le juge administratif, dès lors que ce rapport a été versé au dossier et soumis, de ce fait, au débat contradictoire des parties [...].

Le refus par une partie de fournir un document

Art. R. 621-7-1 Les parties doivent remettre sans délai à l'expert tous documents que celui-ci estime nécessaires à l'accomplissement de sa mission.

En cas de carence des parties, l'expert en informe le président de la juridiction qui, après avoir provoqué les observations écrites de la partie récalcitrante, peut ordonner la production des documents, s'il y a lieu sous astreinte, autoriser l'expert à passer outre, ou à déposer son rapport en l'état.

Le président peut en outre examiner les problèmes posés par cette carence lors de la séance prévue à l'article R. 621-8-1.

La juridiction tire les conséquences du défaut de communication des documents à l'expert.

Texte source

– Décret n° 2010-164 du 22 février 2010, article 40.

Commentaires

Cette disposition nouvelle, calquée sur l'article 275 alinéa 1 du Code de procédure civile, répond à des résistances parfois rencontrées par des experts dans le déroulement des opérations d'expertise : il arrive en effet que certaines administrations se refusent à communiquer à l'expert des documents sans lesquels la mission ne peut être correctement accomplie. Il fallait mettre sur pied un mécanisme de contraints, mais on ne pouvait songer en l'espèce à un automatisme quelconque, les administrations ayant parfois des raisons légitimes de ne pas communiquer un document qu'elles détiennent. Le conflit, dans cette hypothèse, est rapporté au président de la juridiction (ou au magistrat chargé des experts s'il a été désigné), lequel, après procédure contradictoire, adoptera une des trois solutions mentionnées dans le texte. On note que, s'il ordonne la production, il peut assortir cette injonction d'une astreinte. Et, si la carence persiste, il appartiendra à la juridiction de tirer les conséquences de cet état de fait.

De ce texte il est attendu, dans les faits, un déroulement sans incident, la crainte du déclenchement d'une procédure qui devrait rester exceptionnelle devant avoir une vertu apaisante et efficace. Il ne résulte, en revanche, ni des dispositions de l'article R. 621-7-1 du CJA, ni d'aucun principe que le président de la juridiction ou le magistrat qu'il a désigné devrait, en dehors du cas où il ordonne la production de documents, provoquer les observations écrites de la partie récalcitrante avant que l'expert, faute d'être en mesure d'accomplir sa mission du fait de la carence de cette partie, dépose son rapport en l'état (CE, 31 décembre 2019, Roger, n° 420231, *Lebon* T.). La décision autorisant l'expert à déposer son rapport en l'état ne peut être critiquée que devant la juridiction saisie au fond lors de la contestation de la régularité des opérations d'expertise (CE, 19 novembre 2021, Société Implenia Regobia GmbH, n° 451962, *Lebon* T.). En revanche, la décision d'un magistrat enjoignant à une partie de remettre à l'expert les documents nécessaires à l'accomplissement de sa mission est une décision juridictionnelle susceptible d'appel ou de cassation (CE, 30 juillet 2024, n° 491172, *Lebon* T.).

La conciliation

Art. R. 621-7-2 Si les parties sont parvenues à un accord privant la mission d'expertise de son objet, le rapport de l'expert se borne, après avoir indiqué les diligences qu'il a effectuées, à rendre compte de cet accord, en joignant tout document utile attestant de sa réalité et en précisant s'il règle le montant et l'attribution de la charge des frais d'expertise.

Faute pour les parties d'avoir entièrement réglé la question de la charge des frais d'expertise, il est procédé à la taxation de ces frais dans les conditions prévues par l'article R. 621-11 et à l'attribution de leur charge par application des articles R. 621-13 ou R. 761-1, selon les cas.

Texte source

– Décret n° 2010-164 du 22 février 2010, article 40.
– Décret n° 2023-468 du 16 juin 2023, article 27.

Commentaires

L'article R. 621-1 fait entrer la médiation dans les missions que l'on peut confier à l'expert, conformément à la jurisprudence (CE, 11 février 2005, OGEC du Sacré Cœur, n° 259290, *Lebon*), et désormais à la loi. L'article R. 621-7-2 précise la façon de procéder en cas de conciliation. L'exigence du procès-verbal de conciliation (qui n'est pas nécessairement l'accord transactionnel) permet à la juridiction de s'assurer que la mission est bien terminée, et que l'expert peut donc être rémunéré. Le texte implique *a contrario* que les parties peuvent, dans le procès-verbal (lequel traduit un accord transactionnel des parties), prévoir une attribution de la charge des frais d'expertise différente de ce à quoi conduirait l'application du Code (voir la dernière phrase de l'article). Sinon, la juridiction opérera cette attribution selon le droit commun (CJA, art. R. 761-1), ce qui l'obligera à déterminer qui a perdu…
On souligne que le pouvoir des parties se borne à arrêter l'attribution de la charge des frais d'expertise, et non leur montant, dont la détermination relève de la seule compétence du président, quoi que les parties soient disposées à accepter (CE, 11 juillet 1991, Pisseau, cité sous l'article R. 621-11).
La médiation ou conciliation s'opérant à l'occasion de l'accomplissement de la mission d'expertise, on doit estimer que les frais et honoraires afférents à cette phase font partie de l'ensemble des frais et honoraires de l'expertise.

Les échanges entre l'expert et les parties par voie électronique

Art. R. 621-7-3 Les échanges entre l'expert et les parties peuvent être effectués par voie électronique par un procédé garantissant, dans des conditions prévues par l'article 748-6 du code de procédure civile, la fiabilité de l'identification des parties à la communication électronique, l'intégrité des documents adressés, la sécurité et la confidentialité des échanges, la conservation des transmissions opérées et permettant d'établir de manière certaine la date d'envoi ainsi que celle de la mise à disposition ou celle de la réception par le destinataire.
L'expert peut, avec l'accord des parties, tenir tout ou partie des opérations d'expertise par un moyen de télécommunication audiovisuelle permettant de s'assurer de l'identité des parties et garantissant la qualité de la transmission et la confidentialité des échanges.

Texte source

– Décret n° 2023-468 du 16 juin 2023, article 28.

Commentaires

L'article 748-6 du Code de procédure civile dispose que : « Les procédés techniques utilisés doivent garantir, dans des conditions fixées par arrêté du garde des

sceaux, ministre de la justice, la fiabilité de l'identification des parties à la communication électronique, l'intégrité des documents adressés, la sécurité et la confidentialité des échanges, la conservation des transmissions opérées et permettre d'établir de manière certaine la date d'envoi et, celle de la mise à disposition ou celle de la réception par le destinataire.
Vaut signature, pour l'application des dispositions du présent code aux actes que les parties, le ministère public ou les auxiliaires de justice assistant ou représentant les parties notifient ou remettent à l'occasion des procédures suivies devant les juridictions des premier et second degrés, l'identification réalisée, lors de la transmission par voie électronique, selon les modalités prévues au premier alinéa. ».

Les opérations et le rapport d'expertise en cas de pluralité d'experts

Art. R. 621-8 S'il y a plusieurs experts, ils procèdent ensemble aux opérations d'expertise et dressent un seul rapport. S'ils ne peuvent parvenir à la rédaction de conclusions communes, le rapport comporte l'avis motivé de chacun d'eux.

Texte source

– Code des TA et des CAA, article R. 165.

Commentaires

Cet article précise qu'en cas de pluralité d'experts, l'unanimité de façade n'est pas l'objectif recherché : les opinions dissidentes *doivent* être mentionnées.
La formule selon laquelle les experts « procèdent ensemble aux opérations d'expertise » n'exclut pas que certaines tâches soient confiées à l'un d'eux seulement. Mais il importe alors qu'il rende compte à ses confrères du résultat de ses propres investigations, et qu'une discussion commune ait lieu (CE, 30 mars 1900, Lachenaud, *Lebon*, p. 257 – CE, 21 juin 1933, Préfet de la Charente-Inférieure, *Lebon*, p. 667 – CE, 15 mai 1936, Macquart, *Lebon*, p. 553).

La réunion d'expertise

Art. R. 621-8-1 Pendant le déroulement des opérations d'expertise, le président de la juridiction peut organiser une ou plusieurs séances en vue de veiller au bon déroulement de ces opérations. À cette séance, peuvent notamment être examinées, à l'exclusion de tout point touchant au fond de l'expertise, les questions liées aux délais d'exécution, aux communications de pièces, au versement d'allocations provisionnelles ou, en matière de référés, à l'étendue de l'expertise.
Les parties et l'expert sont convoqués à la séance mentionnée à l'alinéa précédent, dans les conditions fixées à l'article R. 711-2. Le magistrat rapporteur chargé, le cas échéant, du dossier de fond peut participer à cette séance.

Il est dressé un relevé des conclusions auxquelles ont conduit les débats. Ce relevé est communiqué aux parties et à l'expert, et versé au dossier.

La décision d'organiser une telle séance, ou de refus de l'organiser, n'est pas susceptible de recours.

Texte source

– Décret n° 2010-164 du 22 février 2010, article 41.
– Décret n° 2023-468 du 16 juin 2023, article 29.

Commentaires

L'institution de cette « réunion d'expertise », copiée du système néerlandais, devrait permettre, notamment avec la présence du magistrat chargé des expertises, de « déminer » les expertises délicates ou conflictuelles, en réglant, en temps réel, les incidents susceptibles d'en compromettre le bon déroulement. C'est notamment au cours de cette réunion (dont la tenue est de toute façon facultative, à l'initiative du président ou de son délégué), que pourront être évoquées les questions irritantes de délai, de communication de documents, de versement d'allocations provisionnelles. Sans être trop formalisée, cette séance se veut importante : les parties et l'expert doivent y être convoqués dans les mêmes conditions qu'à une audience, et elle se termine par un relevé de conclusions, versé au dossier. Le terme « débats » implique que cette réunion donne lieu à échanges oraux.

L'expérience étrangère révèle que la simple menace de l'organisation d'une telle réunion suffit à aplanir les difficultés courantes : sa tenue va en effet provoquer l'irruption active du représentant de la juridiction dans les relations entre parties et experts, et la partie qui, devant l'expert joue de la mauvaise foi ou des manœuvres dilatoires ne souhaite pas nécessairement que ce comportement soit officiellement discuté devant le magistrat, discussion dont elle pensera avec raison qu'elle ne jouera pas en sa faveur lorsqu'il s'agira de juger l'affaire. De telle sorte que cette réunion peut s'installer dans le paysage procédural comme une arme de dissuasion aux mains du juge.

SECTION 3 Rapport d'expertise

Le rapport d'expertise

Art. R. 621-9 Le rapport est déposé au greffe dans les conditions prévues à l'article R. 621-6-5. Des copies sont notifiées par l'expert aux parties intéressées. Avec leur accord, cette notification peut s'opérer dans les conditions prévues par l'article R. 621-7-3.

Le greffe peut demander à l'expert de déposer son rapport sous forme numérique. La notification du rapport aux parties est alors assurée par le greffe.

Les parties sont invitées par le greffe de la juridiction à fournir leurs observations dans le délai d'un mois ; une prorogation de délai peut être accordée.

Textes sources

– Code des TA et des CAA, article R. 166.
– Décret n° 2010-164 du 22 février 2010, article 42.
– Décret n° 2012-1437 du 21 décembre 2012, article 3.
– Décret n° 2023-468 du 16 juin 2023, article 30.

Commentaires

Le rapport doit être notifié avant que le juge ne statue, même si c'est un rapport de carence (CE, 31 décembre 2019, n° 420231, *Lebon* T.). Le greffe n'aura plus à gérer les expéditions du rapport, qui sont mises à la charge de l'expert (et donc, par frais d'expertise interposés, des parties). On note l'arrivée (enfin) dans la procédure des transmissions électroniques, avec l'accord des parties, un accord dont on peut se demander s'il est encore requis lorsque les parties sont soumises à l'application Télérecours… Naturellement, il appartiendra à l'expert de conserver les éléments permettant de vérifier, le cas échéant, la réalité de cette transmission. Un accusé de réception électronique devrait y pourvoir.

Le Conseil d'État se montre sévère à l'encontre de la partie qui soutient ne pas avoir reçu le rapport d'expertise : l'invitation à produire des observations en application du dernier alinéa doit la conduire à interroger le greffe si le rapport ne lui a pas été notifié. Et, à défaut d'une telle information, la réception d'un avis d'audience doit, par utilisation de l'application Sagace, conduire cette partie à vérifier ce qu'il en est du rapport d'expertise et à demander alors le report de l'audience si cette vérification fait apparaître que le rapport a été déposé et non notifié (CE, 23 juillet 2014, n° 364825, *Lebon* T.). Faute pour la partie d'avoir réagi ainsi, elle ne peut se prévaloir du vice tenant à ce défaut de notification.

Le texte autorise cette transmission électronique à une seule des parties, si les autres n'en sont pas d'accord.

Le second alinéa ne trouve application que dans le cadre des téléprocédures.

Le troisième alinéa révèle clairement que l'instruction ne recommence pas après le dépôt du rapport : aucune mise en demeure de produire des observations n'est prévue par le texte, ni même de rappel. On se souvient toutefois que le tribunal a l'obligation d'inviter le demandeur à chiffrer sa demande après l'expertise, s'il ne l'a pas fait avant (CE sect., 6 janvier 1989, Guerrault, n° 79873, *Lebon*, p. 1 ; voir le texte de cet arrêt sous l'article R. 621-1 – CAA Lyon, 26 juillet 1990, Bassanelli, n° 89LY00458).

Rappelé toutefois qu'une partie ayant chiffré son préjudice avant expertise tout en se réservant de parfaire ses conclusions au vu d'un rapport d'expertise à venir n'a pas à être spécialement invitée à les compléter après dépôt du rapport (CAA Lyon, plén., 25 avril 1991, Commune de La Garde, n° 89LY01777, *Lebon* T.).

La comparution personnelle de l'expert

Art. R. 621-10 La juridiction peut décider que le ou les experts se présenteront devant la formation de jugement ou l'un de ses membres, les parties dûment convoquées, pour fournir toutes explications complémentaires utiles et notamment se prononcer sur les observations recueillies en application de l'article R. 621-9.

Textes sources

- Code des TA et des CAA, article R. 167.
- Décret n° 2010-164 du 22 février 2010, article 42.

Commentaires

La nouvelle rédaction souligne que, après dépôt du rapport, l'expert n'en a pas terminé et qu'il doit, lors de la comparution, se prononcer sur les observations produites par les parties, dans le mois, sur son rapport. On retrouve, avec l'accent mis sur ce point, le souci des auteurs du texte de 2010 de faire de l'expertise un élément de procédure se déroulant en la présence active des magistrats.

SECTION 4 *Frais d'expertise*

Les honoraires de l'expert

Art. R. 621-11 Les experts et sapiteurs mentionnés à l'article R. 621-2 ont droit à des honoraires, sans préjudice du remboursement des frais et débours.

Chacun d'eux joint à son rapport un état de ses vacations, frais et débours.

Dans les honoraires sont comprises toutes sommes allouées pour étude du dossier, frais de mise au net du rapport, dépôt du rapport et, d'une manière générale, tout travail personnellement fourni par l'expert ou le sapiteur et toute démarche faite par lui en vue de l'accomplissement de sa mission.

Le président de la juridiction, après consultation du président de la formation de jugement, ou, au Conseil d'État, le président de la section du contentieux fixe par ordonnance, conformément aux dispositions de l'article R. 761-4, les honoraires en tenant compte des difficultés des opérations, de l'importance, de l'utilité et de la nature du travail fourni par l'expert ou le sapiteur et des diligences mises en œuvre pour respecter le délai mentionné à l'article R. 621-2. Il arrête sur justificatifs le montant des frais et débours qui seront remboursés à l'expert.

S'il y a plusieurs experts, ou si un sapiteur a été désigné, l'ordonnance mentionnée à l'alinéa précédent fait apparaître distinctement le montant des frais et honoraires fixés pour chacun.

Lorsque le président de la juridiction envisage de fixer la rémunération de l'expert à un montant inférieur au montant demandé, il doit au préalable l'aviser des éléments qu'il se propose de réduire, et des motifs qu'il retient à cet effet, et l'inviter à formuler ses observations.

Textes sources

– Code des TA et des CAA, article R. 168.
– Décret n° 2010-164 du 22 février 2010, article 43.

Commentaires

Le contenu des honoraires et frais a été simplifié : les frais de déplacement, par exemple, ne sont plus calqués sur les barèmes de la fonction publique. Depuis le 1er janvier 1983, les honoraires sont assujettis à la TVA (loi n° 82-1126 du 29 décembre 1982, art. 13-1 – CE, 21 juin 1985, Espasa, n° 37165 *Lebon*, p. 205). L'expert a droit à des intérêts sur sa note d'honoraires, et à leur capitalisation (CE, 9 novembre 1910, Parent, *Lebon*, p. 756), ces intérêts courant non plus du dépôt de la note d'honoraires (CE, 21 juin 1985 Espasa, préc. – CE, 4 juillet 1986, Chabosson, n° 64189), mais de la date à laquelle ces honoraires ont été fixés par décision juridictionnelle, laquelle peut être fort tardive : en expertise, avant-dire droit, c'est le jugement de fond qui met les frais d'expertise à la charge d'une partie et vaut donc « condamnation » au sens de l'article 1153-1 du Code civil (CE, 7 octobre 2013, Société TP Ferro Concesionaria, n° 356675, *Lebon*).
Les honoraires doivent faire l'objet d'une fixation distincte par expert ou sapiteur, ainsi que les frais.
Les honoraires doivent tenir compte, en premier lieu, « des difficultés des opérations, de l'importance, de l'utilité et de la nature du travail fourni ». Par application de ces règles, ont été rejetés des honoraires correspondant à des développements inutiles ou hors mission (CE, 10 décembre 1897, Bellom, *Lebon*, p. 776 – CE, 24 mars 1989, Hours, *Lebon*, p. 862), ou à un travail inutile, lacunaire et imprécis (CE, 12 juin 1991, Commune de Blumerey, n° 86389). Il y a notamment lieu d'apprécier l'utilité des opérations lorsque l'expert a entaché d'irrégularité certaines de ces opérations, le juge mesurant alors l'utilité des seuls éléments non atteints par cette irrégularité (CAA Lyon, 19 septembre 1996, Zimmerly, n° 93LY01926, *Lebon*, p. 603). De même, ne sera pas honoré le travail complémentaire rendu nécessaire par les insuffisances du rapport initial (CE, 12 décembre 1975, Société Vercelotti, n° 94121, *Lebon* T.).
Le texte autorise désormais le président à tenir compte, pour évaluer les honoraires, des diligences mises en œuvre par l'expert pour respecter le délai qui lui a été imparti. Sans cette mention du texte, la prise en compte d'un manque de diligences (pour parler bref, les dépassements de délais) ne pouvait que révéler en principe une erreur de droit, sauf à faire de ce manque de diligences un élément entachant l'utilité du rapport.
En revanche, le président ne peut tenir compte, pour taxer les honoraires de l'expert, de la régularité des opérations d'expertise, devant se limiter, pour apprécier l'utilité du travail fourni, à prendre en considération les décisions juridictionnelles rendues sur une récusation de l'expert ou statuant sur le fond du litige (CE, 7 octobre 2013, Pinto, n° 361335). Il ne lui appartient pas non plus d'apprécier

l'utilité de la désignation d'un sapiteur pour contester à ce dernier un droit à honoraires (CE, 19 juin 2015, Pinchon, n° 370914, *Lebon* T.).

Quant aux frais, le texte fait état des « frais et débours », d'où il s'est déduit que l'expert (et donc le magistrat taxateur) ne peut y inclure un montant de frais généraux correspondant à l'imputation des coûts fixes de fonctionnement d'un cabinet (CAA Lyon, 30 mai 2006, Département de l'Isère, n° 02LY01845). Raisonnable s'agissant des missions effectuées occasionnellement par un expert exerçant par ailleurs sa profession, cette « tarification au coût marginal » est discutable dans le cas, que le code n'exclut pas, des experts « professionnels ».

On notera que la compétence du président de la juridiction ou du président de la section du contentieux s'exerce après consultation du président de la formation de jugement.

Lorsque l'expertise a été ordonnée dans le cadre d'un référé ou d'un constat d'urgence, le président de la juridiction doit consulter le juge des référés avant de taxer les frais et honoraires de l'expert (voir CJA, art. R. 761-4). Son ordonnance obéit d'autre part aux dispositions de l'article R. 621-13.

Le président n'est pas lié par un accord des parties sur le montant des honoraires (CE, 11 juillet 1991, Pisseau, n° 69652, *Lebon* T. [1]).

L'ordonnance de taxe est un acte administratif, et non juridictionnel (CE sect., 17 juin 1983, Lassallette, *Lebon*, p. 260, concl. Verny, solution implicite – CE, 7 octobre 2013, Société TP Ferro Concesionaria, n° 356675 préc.), qui ne doit donc pas être revêtu de la formule exécutoire, non plus que prononcé « au nom du peuple français ». L'abandon ainsi opéré de la jurisprudence *Dieppedale* (CE, 19 juin 1970, n° 75253, *Lebon*, p. 415), abandon dont on précisera certains effets procéduraux lors de l'examen de l'article R. 761-5, doit conduire, en toute logique, à estimer applicables à cette ordonnance les dispositions de l'article R. 421-5 ci-dessus, rendant opposables les seuls délais de recours mentionnés lors de la notification d'une décision administrative (en ce sens : TA Versailles, 23 mai 1986, Lahouel ; *AJDA* 1986, p. 718 [2]). Cet acte étant administratif, il ne peut faire l'objet de la rectification prévue par l'article R. 741-11 (CE, 4 mars 1998, Longo, n° 169942, *Lebon*), mais de la seule contestation prévue à l'article R. 761-5.

De ce que l'ordonnance constitue une mesure administrative, il s'ensuit que l'expert ne peut demander au juge administratif de prononcer en application du livre IX une astreinte en vue de pourvoir à son exécution (CE, 10 avril 1996, Le Nestour, n° 161057 [3]).

Jugé que l'ordonnance de taxe n'a pas à être motivée, lors même qu'elle fixe les frais et honoraires à un montant inférieur à ce que réclamé par l'expert (CAA Nantes, 10 janvier 1996, Monne, n° 93NT01060, *Lebon* T.) : aucune disposition n'impose en effet cette motivation. Mais le texte précise que s'il envisage de s'écarter en baisse du montant réclamé par l'expert, le président doit, c'est une nouveauté, en prévenir l'expert et recueillir ses observations.

Jurisprudence

[1] Considérant que M. Pisseau a été désigné, par une ordonnance de référé du président du tribunal administratif de Paris en date du 15 juin 1982, en qualité d'expert dans un litige opposant l'office public d'habitations à loyer modéré de Saint-Ouen

à M. Kopp et autres ; que les parties en cause, étant parvenues à un arrangement amiable, se sont mises d'accord pour allouer à M. Pisseau des honoraires et frais s'élevant à la somme de 115 454 francs, laquelle a été versée à l'intéressé ; que par ordonnance du 19 septembre 1984, prise en application des dispositions précitées du code des tribunaux administratifs, le président du tribunal administratif de Paris a ramené cette somme à 89 246,50 francs ;
Considérant que le président du tribunal administratif de Paris a pu légalement, nonobstant l'accord des parties sur le montant des honoraires demandés par l'expert, procéder à cette réduction dès lors que les opérations d'expertise avaient excédé la mission assignée par l'ordonnance de référé susvisée [...].

[2] Considérant qu'aux termes de l'article 135 du code des tribunaux administratifs, « les experts ou les parties peuvent, dans le délai de huit jours à partir de la notification qui leur est faite de l'ordonnance du président, contester la liquidation et la taxe des frais d'expertise devant le tribunal administratif statuant en chambre du conseil » ;
Considérant que M. et Mme Lahouel reconnaissent dans leur mémoire introductif d'instance, enregistré le 27 janvier 1986, avoir reçu le 23 janvier 1986 l'ordonnance contestée de liquidation de taxe, datée du 15 janvier 1986 ; que la notification de cette ordonnance précisait les délais et les modalités de recours propres à ce type de contestation ; qu'ainsi le délai de huit jours imposé par l'article 135 précité a commencé à courir à compter du 23 janvier 1986 et a expiré le 1er février 1986 ; que, si les requérants ont formé opposition à l'ordonnance litigieuse le 27 janvier 1986, ils n'ont formulé aucun moyen de droit à l'appui de leur requête avant leur mémoire enregistré le 4 février 1986 ; qu'ainsi les moyens présentés au soutien de la requête ayant été formés hors du délai de recours contentieux ne peuvent être accueillis [...].

[3] Considérant que par ordonnances des 22 avril 1993 et 12 juillet 1993, le président du tribunal administratif de Papeete a ordonné que les frais et honoraires dus à M. Le Nestour à raison des opérations d'expertise qu'il avait réalisées soient liquidés et taxés à la somme respectivement de 112 658 francs CFP et de 138 950 francs CFP ;
Considérant, d'une part, que M. Le Nestour a saisi le Conseil d'État pour qu'il prononce des astreintes en vue d'assurer l'exécution de ces deux ordonnances ;
Considérant que seule l'inexécution d'une décision rendue par une juridiction administrative est susceptible de fonder la condamnation de l'État à l'astreinte prévue par l'article 1 de la loi susvisée du 16 juillet 1980 modifiée ; que, par suite, les conclusions aux fins d'astreinte contre une ordonnance d'un président de tribunal administratif liquidant et taxant des frais d'expertise, qui est une décision administrative, ne peuvent qu'être rejetées [...].

L'allocation provisionnelle

Art. R. 621-12 Le président de la juridiction, après consultation du président de la formation de jugement, ou, au Conseil d'État, le président de la section du contentieux peut, soit au début de l'expertise, soit au cours de l'expertise ou après le dépôt du rapport et jusqu'à l'intervention du jugement sur le fond, accorder aux experts et aux sapiteurs, sur leur demande, une allocation provisionnelle à valoir sur le montant de leurs honoraires et débours.

Il précise la ou les parties qui devront verser ces allocations. Lorsque l'expertise a été ordonnée sur le fondement du titre III du livre V, cette allocation provisionnelle est, en principe, mise à la charge de la partie qui a demandé le prononcé de la mesure d'expertise. Toutefois, pour des raisons d'équité, elle peut être mise à la charge d'une autre partie ou partagée entre les parties. La décision ne peut faire l'objet d'aucun recours.

Texte source

– Code des TA et des CAA, article R. 169.
– Décret n° 2023-468 du 16 juin 2023, article 31.

Commentaires

L'expertise n'est pas soumise, en contentieux administratif, à la procédure de consignation préalable d'une provision, prévue par l'article 269 du Code de procédure civile. Une telle consignation est, on le rappelle, prévue pour certaines médiations par l'article L. 213-8, mais on doit penser que la médiation organisée au cours de la mission d'expertise, dans les conditions prévues par l'article R. 621-1, suit le régime des frais d'expertise, et donc ne saurait donner lieu à une telle consignation.

L'allocation provisionnelle tient lieu, en contentieux administratif, de consignation. Mais elle doit être demandée par l'expert, l'existence d'une telle demande étant substantielle (CE, 20 janvier 1984, Ministre de l'Urbanisme et du Logement c/Stribick, n° 50561, *Lebon*, p. 11 [1]). Cela invalide donc totalement la pratique de certaines juridictions ordonnant, sauf en référé, une expertise « aux frais avancés » par telle ou telle partie. Outre que c'est se passer ainsi de la demande de l'expert, c'est pour la formation empiéter sur la compétence du chef de juridiction.

L'ordonnance prévoyant une allocation provisionnelle, après avoir été regardée comme un acte juridictionnel (CE, 24 juin 1977, Ministre de l'Équipement c/Société du port de pêche de Lorient, n° 01516, *Lebon*, p. 296), est, dans la ligne de l'arrêt *Lassallette*, considérée désormais comme un acte administratif (CE, 30 mai 1986, Ministre du Redéploiement industriel c/Guerret, n° 73508, *Lebon*, p. 154 ; *AJDA* 1986, p. 460 [2]), non susceptible de recours juridictionnel. On tiendra donc pour atypique une décision *Antoine* (CE, 14 juin 1989, n° 86964 ; *RJF* 1989, p. 526, n° 1027) qui se prononce sur le bien-fondé d'une telle ordonnance.

La légalité du dernier alinéa pouvait prêter à discussion, au nom de la jurisprudence *Ministre de l'Agriculture c/Dame Lamotte* (CE, 17 février 1950, n° 86949, *Lebon*, p. 110). Elle a formellement été reconnue par un arrêt du 17 juin 1991 (CE, 17 juin 1991, OPHLM de la ville de Paris, n° 73610, *Lebon* [3]).

Sous l'empire de l'ancienne jurisprudence, qui admettait que l'on formât appel devant le Conseil d'État contre cette ordonnance (CE, 24 juin 1977, Ministre de l'Équipement c/Société du port de pêche de Lorient, préc.), ce dernier avait eu l'occasion de préciser que cette allocation pouvait être mise à la charge d'une partie autre que celle qui avait demandé l'expertise (CE, 20 janvier 1984, Ministre de l'Urbanisme et du Logement c/Stribick, préc. [4]). Cette règle n'est pas affectée par la nouvelle jurisprudence. Est en revanche remise en cause celle qui autorisait le président à renvoyer en cette matière au tribunal le soin de prendre la décision, laquelle est un acte administratif pour l'édiction duquel aucune délégation n'est prévue, ni donc envisageable.

La partie qui, en application de ce texte, a payé l'allocation provisionnelle, mais ne supporte pas en définitive la charge des frais d'expertise, a droit aux intérêts sur la somme ainsi versée, pourvu bien sûr qu'elle les réclame (CE, 24 janvier 1994, De Labrusse, n° 110010, *Lebon* T.).

Ce texte n'est pas applicable aux expertises de référé ou de constat, dont le régime est fixé par l'article R. 621-13 ci-après.

Jurisprudence

[1] Considérant qu'aux termes de l'article R. 133 du code des tribunaux administratifs, le président du tribunal administratif peut, soit au début de l'expertise, si la durée ou l'importance des opérations paraît le comporter, soit au cours de l'expertise ou après le dépôt du rapport et jusqu'à l'intervention du jugement sur le fond, accorder aux experts, sur leur demande, une allocation provisionnelle à valoir sur le montant de leurs honoraires et débours. Le président précise la ou les parties qui devront verser ces allocations [...] ; que les ordonnances prises sur le fondement de ces dispositions, qui ne peuvent intervenir que sur demande des experts, doivent comporter la mention de la demande de l'expert par laquelle le président a été saisi ; que l'ordonnance attaquée ne comporte pas une telle mention ; que, dès lors, le ministre de l'Urbanisme et du logement est fondé à en demander l'annulation en tant qu'elle décide, dans son article 2, que l'État avancera les honoraires et frais de l'expert, taxés par son article 1er à la somme de 293 360 francs [...].

[2] Considérant qu'en vertu de l'article R. 133 du code des tribunaux administratifs, « le président du tribunal administratif peut, soit au début de l'expertise, si la durée ou l'importance des opérations paraît le comporter, soit au cours de l'expertise ou après le dépôt du rapport et jusqu'à l'intervention du jugement sur le fond, accorder aux experts, sur leur demande, une allocation provisionnelle à valoir sur le montant de leurs honoraires et débours. Le président précise la ou les parties qui devront verser ces allocations. La décision ne peut faire l'objet d'aucun recours » ;

Considérant que la décision prise sur le fondement de ces dispositions constitue un acte de nature administrative ; que par suite c'est à tort que le tribunal administratif de Montpellier, saisi d'un recours du ministre du Redéploiement industriel et du Commerce extérieur contre l'ordonnance du président de ce tribunal en date du 14 mars 1985 mettant à la charge de l'État le versement à M. Guerret, expert, et à MM. Soulié et Vallat ses sapiteurs, des sommes respectives de 100 000 francs, 25 000 francs et 35 000 francs à titre de provision, a estimé que cette décision ne pouvait faire l'objet que d'un appel devant le Conseil d'État ;

Considérant qu'il résulte des termes mêmes de l'article R. 133 précité que tout recours est exclu à l'encontre de la décision attribuant une allocation à titre provisionnel aux experts [...].

[3] Considérant que les ordonnances que les présidents des tribunaux administratifs prennent sur le fondement des dispositions sus-reproduites sont des actes d'administration de la justice qui font partie de la procédure d'instruction des demandes ; que de tels actes, alors même qu'ils présentent un caractère provisoire et qu'ils peuvent conduire une partie à supporter momentanément la charge de frais que le juge du

fond pourra ultérieurement mettre à la charge d'une autre partie, ne sont pas de la nature de ceux à l'encontre desquels toute voie de recours ne peut être exclue ; que, dès lors, c'est légalement, contrairement à ce que soutient l'office public d'habitations à loyer modéré de la ville de Paris par la voie de l'exception d'illégalité, que la dernière disposition sus-reproduite de l'article R. 133 a prévu que les décisions de cette nature ne peuvent faire l'objet d'aucun recours [...].

[4] Considérant que si, en vertu des règles générales de procédure, c'est aux demandeurs qu'il appartient d'avancer les frais des mesures d'instruction réclamées par eux ou ordonnées d'office par le juge, l'article R. 133 précité déroge à ces règles générales en disposant que « le président précise la ou les parties qui devront verser ces allocations » ; que dans les circonstances de l'espèce, et alors même que l'expertise dont il s'agit a été réclamée par la société Stribick et fils, il y a lieu de mettre à la charge de l'État l'avance des frais d'expertise qui ont été taxés par le président du tribunal administratif [...].

L'absence de versement de l'allocation provisionnelle

Art. R. 621-12-1 L'absence de versement, par la partie qui en a la charge, de l'allocation provisionnelle, dans le mois qui suit la notification de la décision mentionnée à l'article R. 621-12, peut donner lieu, à la demande de l'expert, à une mise en demeure signée du président de la juridiction.

Si le délai fixé par cette dernière n'est pas respecté, et si le rapport d'expertise n'a pas été déposé à cette date, l'expert est appelé par le président à déposer, avec sa note de frais et honoraires, un rapport se limitant au constat des diligences effectuées et de cette carence, dont la juridiction tire les conséquences, notamment pour l'application des dispositions du deuxième alinéa de l'article R. 761-1.

Le président peut toutefois, avant d'inviter l'expert à produire un rapport de carence, soumettre l'incident à la séance prévue à l'article R. 621-8-1.

Texte source

– Décret n° 2010-164 du 22 février 2010, article 44.

Commentaires

Étant administrative, l'ordonnance prescrivant le versement d'une allocation provisionnelle ne peut être revêtue de la formule exécutoire prévue par l'article R. 751-1, ce qui pose le problème de sa force : que se passe-t-il si la partie à la charge de laquelle est mise l'allocation fait preuve de mauvais vouloir et refuse de payer ? En application des articles 2 et 3 de la loi du 9 juillet 1991 portant réforme des procédures civiles d'exécution, l'expert ne peut, faute de cette formule exécutoire, utiliser contre son débiteur défaillant les voies d'exécution. Et, sauf à rechercher la responsabilité de l'État dans le cadre de la jurisprudence *Aragon* (voir les commentaires sous l'article R. 621-4), fort aléatoire s'agissant d'une allocation provisionnelle, il a semblé à certaines juridictions que l'expert ne disposait pas, devant le juge administratif, de la voie du référé-provision contre la partie débitrice, si elle est une personne privée. Telle est ainsi la position retenue par

la cour administrative d'appel de Nantes (CAA Nantes, 29 juin 2005, Louazon, n° 04NT00747 ; *AJDA* 2006, p. 31), fondée sur l'impossibilité pour le juge administratif de condamner une personne privée. On se bornera à observer qu'il ne s'en prive pas, par exemple, dans le contentieux des travaux publics, ou en se prononçant sur les frais non compris dans les dépens, et que l'on pourrait donc parfaitement estimer qu'il a compétence pour pourvoir à l'exécution de la chose qu'il a décidée. Au surplus, la voie du référé-provision demeure indiscutablement ouverte s'il s'agit pour l'expert de se faire payer par une collectivité publique (CAA Versailles, 30 mai 2006, Maison de retraite intercommunale La Seigneurie, n° 05VE01721, *Lebon* ; *AJDA* 2006, p. 1487). Naturellement, le président, auteur de la décision fixant l'allocation provisionnelle, ne saurait se faire juge du référé-provision, ce juge devant apprécier le caractère non sérieusement contestable de la créance née de l'ordonnance fixant l'allocation (CAA Versailles, même arrêt). Cette situation n'était pas satisfaisante : il n'est en effet pas normal qu'un auxiliaire de justice soit obligé de plaider pour obtenir le paiement de sommes dont un juge a déjà décidé qu'il y a droit !
Ne voulant pas recourir à la consignation obligatoire des sommes destinées à l'expert, système assorti de l'absence de démarrage des opérations d'expertise tant que la consignation n'a pas été faite, mécanisme efficace, mais lourd à mettre en œuvre pour résoudre des problèmes somme toute assez peu fréquents, les auteurs du décret du 22 février 2010 ont opté pour un mécanisme souple, conduisant peu ou prou au même résultat : en cas de défaut de paiement signalé par l'expert, le président peut adresser une mise en demeure au débiteur. Si elle n'est pas suivie d'effet, il peut, sauf à organiser une réunion d'expertise pour vider l'abcès, autoriser l'expert à déposer un rapport de carence, dont la juridiction saura tirer les conséquences. L'absence de mise en demeure préalable fait obstacle à ce que le président ou le magistrat désigné autorise l'expert à dresser un rapport de carence (CE, 31 décembre 2019, Olmo, n° 420025, *Lebon* T.). Si l'expert a pris la précaution de demander une provision dès le début des opérations, le résultat est le même que celui obtenu, en procédure civile, par la consignation.

La fixation et la charge des frais d'expertise en cas d'expertise de référé

Art. R. 621-13 Lorsque l'expertise a été ordonnée sur le fondement du titre III du livre V, le président du tribunal ou de la cour, après consultation, le cas échéant, du magistrat délégué, ou, au Conseil d'État, le président de la section du contentieux en fixe les frais et honoraires par une ordonnance prise conformément aux dispositions des articles R. 621-11 et R. 761-4. Ces frais et honoraires sont, en principe, mis à la charge de la partie qui a demandé le prononcé de la mesure d'expertise. Toutefois, pour des raisons d'équité, ils peuvent être mis à la charge d'une autre partie ou partagés entre les parties. L'ordonnance est exécutoire dès son prononcé, et peut être recouvrée contre les personnes privées ou publiques par les

voies de droit commun. Elle peut faire l'objet, dans le délai d'un mois à compter de sa notification, du recours prévu à l'article R. 761-5.
Dans le cas où les frais d'expertise mentionnés à l'alinéa précédent sont compris dans les dépens d'une instance principale, la formation de jugement statuant sur cette instance peut décider que la charge définitive de ces frais incombe à une partie autre que celle qui a été désignée par l'ordonnance mentionnée à l'alinéa précédent ou par le jugement rendu sur un recours dirigé contre cette ordonnance.
Dans les cas mentionnés au premier alinéa, il peut être fait application des dispositions des articles R. 621-12 et R. 621-12-1.

Textes sources

– Code des TA et des CAA, article R. 169-1.
– Décret n° 2000-1115 du 22 novembre 2000, article 2-VII.
– Décret n° 2010-164 du 22 février 2010, article 45.
– Décret n° 2023-468 du 16 juin 2023, article 32.

Commentaires

En matière de référés ou de constats, faute, pendant longtemps, de toute disposition permettant de déterminer la partie devant supporter les frais d'expertise, la plupart, sinon la totalité, des ordonnances mentionnaient que l'expertise s'effectuait « aux frais avancés par le demandeur », solution expédiente, mais non toujours équitable ni efficace : lorsqu'en effet l'expertise se concluait au bénéfice du demandeur, ce dernier était tenu d'engager une instance au fond pour récupérer les frais d'expertise, ce qui n'était au demeurant pas toujours possible. Il suffisait notamment que le défendeur donne, au fond, satisfaction au demandeur avant introduction de l'instance au fond pour que cette requête devienne irrecevable, et avec elle la perspective de récupérer les frais d'expertise. En effet il n'est pas en principe possible d'engager une action au fond ayant pour seul objet de contester la charge des frais d'une expertise de référé, une telle contestation ne pouvant qu'être jointe à une action au fond (CE, 26 juillet 1996, Groupement d'intérêt économique Argos, n° 178901).
L'article R. 621-13 reprend une règle mettant fin à ce flou discutable. L'ordonnance de taxe rendue en matière de référé ou de constat désigne la partie qui assumera la charge des frais et honoraires, et cette ordonnance est, comme toutes les ordonnances de taxe, susceptible du recours prévu à l'article R. 761-5. Ce dernier pourra donc, dans ce cas, porter non seulement sur le niveau des frais et honoraires taxés, mais sur le choix de la partie appelée à les régler. Naturellement, aussi bien l'ordonnance que le jugement rendu sur le recours contre elle, n'ont, en ce qui concerne la charge des frais et honoraires, qu'une valeur provisoire en quelque sorte, puisque si la formation de jugement est saisie du fond, elle pourra retenir une solution différente, qui primera sur ces décisions : c'est ce qu'exprime le deuxième alinéa. Si donc l'affaire ne se prolonge pas par une instance au fond, la partie désignée dans l'ordonnance comme devant supporter la charge des frais et honoraires de l'expertise de référé doit la contester dans les conditions prévues

CHAPITRE 2 La visite des lieux

Le présent chapitre ne comprend pas de dispositions législatives.

La visite des lieux

Art. R. 622-1 La juridiction peut décider que l'un ou plusieurs de ses membres se transporteront sur les lieux pour y faire les constatations et vérifications déterminées par sa décision.

Ceux-ci peuvent, en outre, dans le cours de la visite, entendre à titre de renseignements les personnes qu'ils désignent et faire faire en leur présence les opérations qu'ils jugent utiles.

Les parties sont averties du jour et de l'heure auxquels la visite des lieux doit se faire.

Il est dressé procès-verbal de l'opération.

La visite des lieux peut également être décidée au cours de l'instruction par le président de la formation de jugement ou de la chambre chargée de l'instruction.

Textes sources

- Code des TA et des CAA, article R. 171.
- Décret n° 2016-899 du 1er juillet 2016, article 1er.
- Décret n° 2019-82 du 7 février 2019, article 40.

Commentaires

La souplesse de cette mesure d'instruction a été accrue depuis que, par décret du 29 mai 1997, le président de la formation de jugement dispose de la possibilité d'ordonner une visite des lieux *pendant l'instruction.* Cette mesure d'instruction obéit bien entendu au principe du contradictoire : est irrégulier le jugement rendu après une visite des lieux effectuée, après audience, par le tribunal, en présence des parties, mais sans que le procès-verbal établi à cette occasion ait été communiqué aux parties (CE, 29 avril 1994, Association des amis de Saint-Martin-de-Peille, n° 134352, *Lebon* T. [1]). Le procès-verbal n'a à transcrire que l'attestation du déroulement de la visite, y compris sans doute les dires des parties, mais non, évidemment, les conclusions qu'en ont tirées les magistrats concernés.

La visite des lieux peut être l'occasion d'entendre toute personne (désignée par la décision de visite), sans qu'il soit nécessaire d'organiser une procédure d'enquête (CE, 5 avril 2006, Société Les Hauts de Saint-Antoine, n° 272004, *Lebon* T.).

Ainsi que cela se déduit *a fortiori* de la rédaction, les membres du tribunal désignés pour se transporter sur les lieux n'ont pas l'obligation de siéger lors du jugement définitif de l'affaire (CE, 9 juillet 1997, Société Colombier Associates, n° 122472).

Le Conseil d'État ne dédaigne pas de recourir à la visite des lieux, même en excès de pouvoir (CE, 4 avril 2014, Ministre de l'écologie c/Lambois, n° 362785, *Lebon*).

Jurisprudence

[1] Considérant qu'aux termes de l'article R. 171 du code des tribunaux administratifs et des cours administratives d'appel, la visite des lieux constitue une mesure d'instruction ; que le tribunal administratif de Nice a décidé, alors que l'audience publique s'était tenue le 30 janvier 1992, de se rendre sur les lieux avant de vider son délibéré ; qu'il a informé les parties de sa décision par lettre du 30 janvier ; que la visite des lieux s'est effectuée le 10 février suivant en présence des parties ; que le procès-verbal établi à la suite de la visite des lieux devait être communiqué aux parties ; qu'il y avait donc lieu de rouvrir l'instruction ; que faute d'avoir satisfait à ces formalités, le jugement est intervenu selon une procédure irrégulière [...].

CHAPITRE 3 L'enquête

Le présent chapitre ne comprend pas de dispositions législatives.

SECTION 1 Procédure de l'enquête

La prescription d'une enquête

Art. R. 623-1 La juridiction peut, soit sur la demande des parties, soit d'office, prescrire une enquête sur les faits dont la constatation lui paraît utile à l'instruction de l'affaire.

Texte source

– Code des TA et des CAA, article R. 172.

Commentaires

La demande d'enquête ne peut être formée qu'à l'occasion d'un litige et ne doit donc pas constituer en elle-même sa propre fin, sinon elle est irrecevable (CE, 3 juin 1994, Thibaut, n° 106026 [1]). De toute façon, le recours à l'enquête constitue une prérogative de la formation d'instruction ou de jugement (CE, 7 septembre 2009, Dassault, n° 330040, *Lebon* T.) qui n'y est jamais tenue. Si l'enquête est organisée en formation d'instruction, elle n'est pas soumise à l'obligation de publicité de l'audience (CE, 28 juin 2013, Association trinationale de protection nucléaire, n° 351986, *Lebon* T.).
On constate un recours accru du Conseil d'État à cette formule d'instruction (voir, par exemple : CE, 13 juillet 2006, Dokhan, n° 259231, *Lebon* – CE, 7 septembre 2009, Dassault, n° 330040, *Lebon* T. – CE, 30 décembre 2013, Union nationale de l'imprimerie et de la communication, n° 363247, *Lebon* T. – CE, 4 avril 2014, Ministre de l'Écologie c/Lambois, n° 362785, *Lebon*), qui est décidée par la seule chambre, avant tout passage en formation de jugement (voir, entre autres, CE ass., avis, 29 avril 2010, Beligaud, n° 323179, *Lebon*). Il a même été procédé à une enquête après l'audience (CE, 30 juin 2010, Association Greenpeace France, n° 315980, *Lebon*).
Le président de la formation qui se livre à l'enquête, comme le rapporteur qui y participe, peuvent l'un comme l'autre participer, ensuite, au jugement de l'affaire, sans manquer au principe d'impartialité (CE, Dassault, préc. [2]).

Jurisprudence

[1] Considérant qu'il ressort des pièces du dossier que la demande dont M. Thibaut avait saisi le tribunal administratif de Versailles tendait à ce que le tribunal ordonne, sur le fondement des dispositions précitées de l'article 139 du code des tribunaux administratifs, une enquête en vue d'analyser la répartition des services et des lits entre les trois établissements du centre hospitalier de Versailles ; que s'il était mentionné dans cette demande que ni le président du conseil d'administration du centre hospitalier, ni le directeur départemental des affaires sanitaires et sociales n'avait répondu à des demandes que M. Thibaut leur avait adressées le 20 novembre 1987,

ses mémoires devant le tribunal ne contenaient pas de conclusions tendant à l'annulation des décisions implicites de rejet opposées à ces demandes ; que le requérant ne soutient pas que sa demande d'enquête aurait été liée à une autre demande qui aurait été pendante devant le tribunal ; que, dans ces conditions, la demande d'enquête dont M. Thibaut avait saisi le tribunal administratif était, en tout état de cause, irrecevable ; qu'il en résulte que le requérant n'est pas fondé à soutenir que c'est à tort que, par le jugement attaqué, le tribunal administratif de Versailles a rejeté sa demande tendant à ce que soit ordonnée une enquête [...].

[2] Considérant que [...] les membres de la formation chargée de l'instruction d'une affaire, et au premier chef le rapporteur de l'affaire et le président de la formation, qui ne peuvent prendre des mesures d'instruction que pour mettre le dossier en état d'être jugé et qui ne sont habilités ni à prescrire des mesures de contrainte, ni à ordonner des poursuites, peuvent participer au jugement de cette affaire sans qu'il soit porté atteinte au principe d'impartialité qui s'impose à toute juridiction ; qu'il en va en particulier ainsi lorsqu'une enquête est prescrite en application de l'article R. 623-1 du code de justice administrative [...].

Le lieu de l'enquête

Art. R. 623-2 La décision qui prescrit l'enquête indique les faits sur lesquels elle doit porter et précise, suivant le cas, si elle aura lieu soit devant une formation de jugement ou d'instruction, soit devant un de ses membres qui, le cas échéant, se transportera sur les lieux. Elle est notifiée aux parties.

Texte source

– Code des TA et des CAA, article R. 173.

Commentaires

L'enquête devant la formation de jugement a lieu nécessairement à la barre ; devant un membre de la juridiction, elle peut en outre se dérouler sur les lieux. La décision ordonnant l'enquête doit impérativement définir les faits sur lesquels elle doit porter, définition qui lie le magistrat enquêteur.

Cette décision est notifiée aux parties ; ce système simple marque l'abandon de l'ancienne procédure inutilement compliquée qui voulait que les parties soient averties qu'elles pouvaient prendre connaissance de cette décision au greffe.

Les témoins

Art. R. 623-3 Les parties sont invitées à présenter leurs témoins aux jour et lieu fixés par la décision prescrivant l'enquête.

Elles peuvent assigner les témoins, à leurs frais, par acte de commissaire de justice.

La formation de jugement ou d'instruction ou le magistrat qui procède à l'enquête peut d'office convoquer ou entendre toute personne dont l'audition lui paraît utile à la manifestation de la vérité.

Textes sources

– Code des TA et des CAA, article R. 174.

– Décret n° 2022-949 du 29 juin 2022, article 67.

Commentaires

La formation de jugement peut convoquer et entendre toute personne de son choix. Elle peut inviter chaque partie à limiter le nombre de ses représentants (trois en l'espèce) : CE, 28 juin 2013, Association trinationale de protection nucléaire, n° 351986, *Lebon* T.

L'enquête n'est donc pas enfermée dans la volonté des parties (qui étaient antérieurement seules habilitées à présenter leurs témoins), ce qui devrait être de nature à donner une vie nouvelle à cette procédure inquisitoriale tombée en désuétude.

Les témoignages

Art. R. 623-4 Lorsque l'enquête est prescrite, la preuve contraire peut être rapportée par témoins sans nouvelle décision.

Chacun peut être entendu comme témoin, à l'exception des personnes qui sont frappées d'une incapacité de témoigner en justice.

Les personnes qui ne peuvent témoigner peuvent cependant être entendues dans les mêmes conditions, mais sans prestation de serment.

Est tenu de déposer quiconque en est légalement requis. Peuvent être dispensées de déposer les personnes qui justifient d'un motif légitime. Peuvent s'y refuser les parents ou alliés en ligne directe de l'une des parties ou son conjoint, même divorcé.

Texte source

– Code des TA et des CAA, article R. 175.

Commentaires

Le premier alinéa reproduit l'article 204 du Code de procédure civile. Les anciennes dispositions sont allégées : sauf ceux qui sont frappés d'une incapacité – que l'on peut toutefois entendre à titre de renseignement, conformément à une ancienne jurisprudence (CE, 5 août 1910, Élections de Noceta, *Lebon*, p. 700) –, tous témoins peuvent être entendus (y compris donc les parents et alliés). Surtout, est affirmée l'obligation de témoigner, sauf motifs légitimes ; le texte ne précise toutefois pas la sanction d'une telle obligation, à la différence de l'article 207 du Code de procédure civile qui institue une amende. Que cette obligation soit inscrite dans un texte permettra en tout cas à un agent public de répondre à une telle convocation sans encourir les foudres de sa hiérarchie.

L'audition des témoins

Art. R. 623-5 Les témoins sont entendus séparément, les parties présentes ou dûment appelées. Chaque témoin, avant d'être entendu, déclare ses nom, prénoms, profession, âge et demeure, ainsi que, s'il y a lieu, ses liens de

parenté ou d'alliance avec les parties, de subordination à leur égard, de collaboration ou de communauté d'intérêts avec elles. Il fait, à peine de nullité de son témoignage, le serment de dire la vérité.
Les témoins peuvent être entendus de nouveau et confrontés les uns avec les autres.

Texte source

– Code des TA et des CAA, article R. 176.

Commentaires

La procédure d'audition se rapproche de celle qu'instituent les articles 208 et suivants du Code de procédure civile. La rédaction nouvelle ne paraît plus rendre possible l'audition des témoins en l'absence des parties (sauf si ces dernières, absentes, ont été « dûment appelées »), ce qui, sous le texte ancien, était admis (CE, 9 mai 1990, Commune de Lavaur, n° 72384, *Lebon*).

SECTION 2 Procès-verbal de l'enquête

Le procès-verbal de l'audition des témoins

Art. R. 623-6 Si l'enquête a lieu à l'audience, il est dressé procès-verbal de l'audition des témoins. Ce procès-verbal est visé par le président de la formation de jugement et versé au dossier.
Si l'enquête est confiée à l'un des membres de la formation de jugement, celui-ci dresse procès-verbal de l'audition des témoins. Ce procès-verbal est déposé au greffe et versé au dossier.

Texte source

– Code des TA et des CAA, article R. 177.

Commentaires

La rédaction d'un procès-verbal paraît exigée à peine de nullité (CE, 23 juillet 1897, Élections de Rouze, *Lebon*, p. 577).
Le visa du président est une formalité substantielle et son défaut, qui peut être relevé d'office par le juge d'appel, vicie le jugement (CE, 31 janvier 1990, Élections municipales de Trois-Bassins, n° 109512, *Lebon* T.).
Le texte ne détermine pas la personne chargée de dresser le procès-verbal de l'enquête à l'audience, alors que le texte antérieur confiait cette mission au greffier. On en conclut que cette rédaction pourra être effectuée par un magistrat.

Le contenu du procès-verbal

Art. R. 623-7 Dans tous les cas, le procès-verbal de l'audition des témoins comporte l'énoncé des jour, lieu et heure de l'enquête ; la mention de la présence ou de l'absence des parties ; les nom, prénoms, profession et demeure

des témoins ; le serment prêté par les témoins ou les causes qui les ont empêchés de le prêter ; leur déposition.
Il est donné lecture à chaque témoin de sa déposition et le témoin la signe ou mention est faite qu'il ne peut ou ne veut pas signer.
Une copie du procès-verbal est notifiée aux parties.

Texte source

– Code des TA et des CAA, article R. 178.

SECTION 3 *Frais de l'enquête*

Les indemnités dues aux témoins

Art. R. 623-8 Les témoins entendus dans une enquête peuvent demander la liquidation des indemnités qui leur sont dues.
Celles-ci sont fixées selon les dispositions réglementaires en vigueur en matière civile.
La liquidation des indemnités est faite par le président de la juridiction ou, au Conseil d'État, par le président de la section du contentieux.

Texte source

– Code des TA et des CAA, article R. 179.

Commentaires

Le texte codifié est plus lisible que l'ancien, qui faisait état de la « taxe des témoins ».
Sur l'indemnisation des témoins, voir décret du 27 décembre 1920 modifié, chapitre IV, articles 9 à 13.
Il est signalé qu'il n'y a pas d'indemnité de témoins en matière électorale (voir CJA, art. R. 773-3).

CHAPITRE 4 Les vérifications d'écritures

Le présent chapitre ne comprend pas de dispositions législatives.

La vérification d'écritures

Art. R. 624-1 La juridiction peut décider une vérification d'écritures par un ou plusieurs experts, en présence, le cas échéant, d'un de ses membres.
Le président du tribunal administratif ou de la cour administrative d'appel, selon le cas, ou, au Conseil d'État, le président de la section du contentieux peuvent désigner, à cet effet, une personne figurant sur l'un des tableaux établis en application de l'article R. 221-9. Ils peuvent, le cas échéant, désigner toute autre personne de leur choix.

Textes sources

– Code des TA et des CAA, article R. 180.
– Décret n° 2013-730 du 13 août 2013, article 8.

Les honoraires de l'expert en cas de vérification d'écritures

Art. R. 624-2 L'expert a droit à des honoraires et, le cas échéant, au remboursement de ses frais et débours dans les conditions fixées à l'article R. 621-11.

Texte source

– Code des TA et des CAA, article R. 181.

Commentaires

Extrêmement inhabituelle – les documents « écrits », entendons par là manuscrits, sont de plus en plus rares, mises à part les signatures –, la vérification d'écritures prévue par les articles R. 624-1 et R. 624-2, qui est une forme d'expertise, s'en distingue en ce qu'il peut y être procédé en présence d'un des membres de la juridiction. Observons d'ailleurs que l'institution du magistrat chargé des expertises (voir CJA, art. R. 621-1-1) autorise ce dernier à assister aux opérations d'expertise s'il le juge bon, ce qui réduit la différence entre expertise et vérification d'écritures.

CHAPITRE 5 Les procédures orales d'instruction

Le présent chapitre ne comprend pas de dispositions législatives.

La séance orale d'instruction

Art. R. 625-1 En complément de l'instruction écrite, la formation de jugement dans un tribunal ou une cour, ou la formation chargée de l'instruction au Conseil d'État, peut tenir une séance orale d'instruction au cours de laquelle elle entend les parties sur toute question de fait ou de droit dont l'examen paraît utile.

Les parties sont convoquées par un courrier qui fait état des questions susceptibles d'être évoquées. Toute autre question peut être évoquée au cours de cette séance.

Peut également être convoquée toute personne dont l'audition paraît utile.

Texte source

– Décret n° 2023-10 du 9 janvier 2023, article 2.

L'audience publique d'instruction

Art. R. 625-2 La formation de jugement peut tenir une audience publique d'instruction au cours de laquelle les parties sont entendues sur toute question de fait ou de droit dont l'examen paraît utile. Cette audience ne peut se tenir moins d'une semaine avant la séance de jugement au rôle de laquelle l'affaire doit être inscrite.

Le président de la formation de jugement convoque les parties par un courrier qui fait état des questions susceptibles d'être évoquées. Peut également être convoquée toute personne dont l'audition paraît utile.

Les parties ou, si elles sont représentées, leurs représentants peuvent présenter des observations orales à l'audience d'instruction.

Texte source

– Décret n° 2023-10 du 9 janvier 2023, article 2.

Commentaires

La question de la consignation écrite du fruit de ces innovations procédurales, le cas échéant par un procès-verbal, est posée.

CHAPITRE 6 Les autres mesures d'instruction

Le présent chapitre ne comprend pas de dispositions législatives. Il a été renuméroté par le décret n° 2023-10 du 9 janvier 2023 relatif aux procédures orales d'instruction devant le juge administratif.

Les mesures d'instruction prévues au livre V

Art. R. 626-1 Le cas échéant, il peut être fait application du titre III du livre V.

Textes sources

- Décret n° 2000-389 du 4 mai 2000, article 1er.
- Décret n° 2000-1115 du 22 novembre 2000, article 2-VIII.
- Décret n° 2023-10 du 9 janvier 2023, article 1er.

Commentaires

Il est évident que la juridiction peut, au titre des mesures d'instruction, utiliser les procédures de référé « ordonnant un constat ou une mesure d'instruction ». Mais, à la différence des précédentes mesures, il faut que cela lui soit demandé.

On rappelle de plus que l'usage du référé de l'article R. 532-1 pour obtenir des informations que normalement l'instruction par le juge de l'excès de pouvoir permet de faire apparaître est fort limité (CE, 27 novembre 2014, Commune de Saint-André-de-Boëge, n° 385843, *Lebon* T.). Voir les commentaires sous l'article R. 532-1.

L'avis technique

Art. R. 626-2 Lorsqu'une question technique ne requiert pas d'investigations complexes, la formation de jugement peut charger la personne qu'elle commet de lui fournir un avis sur les points qu'elle détermine. Elle peut, à cet effet, désigner une personne figurant sur l'un des tableaux établis en application de l'article R. 221-9. Elle peut, le cas échéant, désigner toute autre personne de son choix. Le consultant, à qui le dossier de l'instance n'est pas remis, n'a pas à opérer en respectant une procédure contradictoire à l'égard des parties.

L'avis est consigné par écrit. Il est communiqué aux parties par la juridiction.

Les dispositions des articles R. 621-3 à R. 621-6, R. 621-10 à R. 621-12-1 et R. 621-14 sont applicables aux avis techniques.

Textes sources

- Décret n° 2010-164 du 22 février 2010, article 46.
- Décret n° 2013-730 du 13 août 2013, article 8.
- Décret n° 2023-10 du 9 janvier 2023, article 1er.

Commentaires

Cette nouvelle mesure d'instruction est, si l'on veut, une expertise allégée : il est attendu du consultant une simple réponse à une question technique, n'appelant aucune investigation complexe, non plus qu'aucun examen des lieux ou des personnes. Il est donc possible de recueillir cet avis de la bouche d'un homme de l'art, sans devoir s'engager dans une procédure lourde de convocations, de réunions contradictoires… Pour bien marquer les bornes de ce genre de mesure, le Code précise que le consultant ne reçoit pas le dossier de l'instance (car il ne doit pas en avoir besoin), et qu'il n'a pas à respecter une procédure contradictoire (mais son avis, écrit, est bien entendu communiqué aux parties).

Le consultant a droit à des honoraires, voire à une allocation provisionnelle s'il la demande.

Par arrêt du 28 mars 2012, le Conseil d'État a fait une première application de cet article, dans une affaire soulevant une question complexe de comptabilité (CE, 28 mars 2012, Société Direct Énergie, n° 330548, *Lebon*). L'examen des dates montre l'intérêt de cette procédure, au regard du délai de jugement : le consultant, désigné par arrêt du 23 mai 2012, a déposé son rapport le 13 juillet 2012 et l'affaire a été jugée le 28 novembre 2012.

Un nouvel avis technique a été demandé (CE, 22 juillet 2015, Syndicat interprofessionnel des radios et télévisions indépendantes, n° 374114, *Lebon* T.) ; il porte sur la fiabilité de paramètres retenus par le CSA en matière de propagation d'ondes hertziennes. L'affaire a pu être jugée le 22 juillet 2016, l'avis ayant été remis le 20 janvier 2016.

Si le consultant désigné par le juge n'est pas tenu d'élaborer son avis dans le cadre d'une procédure contradictoire, il doit, dès lors qu'il est amené à entendre l'une des parties au procès ou à examiner des pièces produites par elle, associer en principe l'autre partie au procès à ces auditions ou examens, dans toute la mesure où le respect d'un secret, tel que le secret médical ou le secret des affaires, ne s'y oppose pas (CE, 10 novembre 2022, n° 456661, *Lebon* T.).

L'*amicus curiae*

Art. R. 626-3 La formation chargée de l'instruction peut inviter toute personne, dont la compétence ou les connaissances seraient de nature à l'éclairer utilement sur la solution à donner à un litige, à produire des observations d'ordre général sur les points qu'elle détermine.

L'avis est consigné par écrit. Il est communiqué aux parties.

Dans les mêmes conditions, toute personne peut être invitée à présenter des observations orales devant la formation chargée de l'instruction ou la formation de jugement les parties dûment convoquées.

Textes sources

– Décret n° 2010-164 du 22 février 2010, article 46.
– Décret n° 2023-10 du 9 janvier 2023, article 1er.

Commentaires

Cette procédure nouvelle a déjà un nom : celui d'*amicus curiae*, transposé au contentieux administratif. Le recours à cette consultation d'un « sage » est une prérogative de la formation d'instruction, manière de souligner que le sage n'est en aucune façon invité à partager la fonction de juger. Mais la formation de jugement peut décider de remettre l'affaire à l'instruction, en demandant l'avis de tels sages (CE ass., 14 février 2014, Lambert, n° 375081, *Lebon*). La collaboration du ou des sages pourra se faire soit par écrit (premier et deuxième alinéas), soit par oral (dernier alinéa). Les parties ont, comme il est normal, accès à l'avis écrit, ou peuvent assister à la comparution orale (qui, sur invitation de la formation d'instruction, peut se dérouler devant la formation de jugement).

L'avis produit dans cette procédure ne peut porter que sur des « observations d'ordre général », ce qui est regardé comme pouvant toucher des questions de droit, mais en aucun cas conduire à une analyse ou une appréciation des pièces du dossier. Et, si l'avis méconnaît cette limite, le juge doit se borner à prendre en compte les observations d'ordre général, à l'exclusion des autres (CE, 6 mai 2015, Préfet d'Ille-et-Vilaine, n° 375036, *Lebon*).

Il est déjà arrivé aux juridictions suprêmes d'ouvrir l'instruction de certaines affaires à des personnalités qui ne soient ni magistrats ni experts, par exemple des professeurs d'Université, pour recueillir leurs réactions à la veille d'une évolution jurisprudentielle envisagée, comme on peut, dans des contentieux très liés à la personne et à l'éthique, souhaiter recueillir l'opinion de philosophes ou de biologistes.

Il est évident que le recours à ces « amis » constitue une mesure exceptionnelle, témoignant des précautions spéciales que prend la juridiction avant de trancher un point délicat et fondamental.

Cette mesure n'est pas réservée au juge suprême (CE, 6 mai 2015, Préfet d'Ille-et-Vilaine, préc., arrêt rendu à propos de l'utilisation de cette procédure par la cour administrative d'appel de Nantes).

Le « sage » l'est doublement, puisque le texte ne prévoit aucunement que sa collaboration fasse l'objet d'une rémunération quelconque. Seule doit lui suffire la gloire d'avoir assisté la juridiction sur un problème d'importance.

Les conclusions prononcées par le rapporteur public lors de l'examen de l'affaire Kandyrine, jugée le 23 décembre 2011 par l'assemblée du contentieux du Conseil d'État, font apparaître que, pendant l'instruction de l'affaire, qui soulevait une délicate question de droit international public, le Conseil d'État a recouru à la consultation écrite de M. Gilbert Guillaume, ancien président de la Cour internationale de justice. C'était la première fois qu'il était officiellement recouru à une telle consultation.

La seconde utilisation officielle de cette procédure s'est produite lors du premier arrêt consacré à l'affaire Lambert, qui posait des questions d'application de la loi n° 2005-370 du 22 avril 2005, dite « loi Leonetti ». La formation de jugement – l'assemblée du contentieux – a décidé « qu'en raison de l'ampleur et de la difficulté des questions d'ordre scientifique, éthique et déontologique qui se posent », il y avait lieu d'inviter l'Académie nationale de médecine, le Comité consultatif national d'éthique et le Conseil national de l'ordre des médecins, ainsi que M. Jean Leonetti à leur présenter « des observations écrites d'ordre général de nature à l'éclairer utilement sur l'application des notions d'obstination déraisonnable et de maintien artificiel de la vie » (CE ass., 14 février 2014, Lambert, préc.).

CHAPITRE 7 Dispositions diverses

Le présent chapitre ne comprend pas de dispositions législatives. Il a été renuméroté par le décret n° 2023-10 du 9 janvier 2023 relatif aux procédures orales d'instruction devant le juge administratif.

La désignation d'un membre de la juridiction pour procéder à une mesure d'instruction

Art. R. 627-1 Un membre de la juridiction peut être commis par la formation de jugement ; par son président ou par celui de la chambre chargée de l'instruction pour procéder à toutes mesures d'instruction autres que celles qui sont prévues aux chapitres 1 à 4 du présent titre.

Textes sources

– Code des TA et des CAA, article R. 182.
– Décret n° 2016-899 du 1er juillet 2016, article 1er.
– Décret n° 2019-82 du 7 février 2019, article 41.
– Décret n° 2023-10 du 9 janvier 2023, article 1er.

Commentaires

Simple et souple, la mission ainsi confiée, par la juridiction ou son président, à un membre de la juridiction peut permettre notamment de constater sur place l'existence et le contenu d'un document original qui ne peut être remis à la juridiction (par exemple, la minute d'un décret ou le registre des délibérations d'un conseil municipal).

L'enregistrement sonore, visuel ou audiovisuel d'opérations d'instruction

Art. R. 627-2 Lorsqu'une mesure d'instruction est prescrite, la juridiction peut décider qu'il sera établi un enregistrement sonore, visuel ou audiovisuel de tout ou partie des opérations.

Texte source

– Code des TA et des CAA, article R. 183.
– Décret n° 2023-10 du 9 janvier 2023, article 1er.

Commentaires

Inspiré de l'article 174 du Code de procédure civile, cet article fait pénétrer les moyens modernes d'enregistrement dans la procédure administrative. Ce que l'article ne précise pas, à la différence de l'article 174 du Code de procédure civile, c'est si les parties peuvent obtenir copie ou transcription desdits enregistrements… En tout cas, une telle disposition suppose que les greffes des juridictions soient équipés des matériels d'enregistrement, de lecture et de copie correspondants. La question s'est d'ailleurs déjà posée à réception de rapports d'expertise auxquels étaient annexés des films « vidéo », initiative qui désormais pourra être entérinée par la juridiction.

Les commissions rogatoires internes

Art. R. 627-3 Les dispositions des articles 730 à 732 du code de procédure civile relatifs aux commissions rogatoires internes sont applicables.

Textes sources

– Code des TA et des CAA, article R. 184.
– Décret n° 2008-484 du 22 mai 2008, article 22.
– Décret n° 2023-10 du 9 janvier 2023, article 1er.

Commentaires

Il s'agit de commissions rogatoires internes, permettant à la juridiction, en cas d'éloignement des parties ou des lieux, de commettre, au besoin d'office, une juridiction de degré égal ou inférieur « qui lui paraît la mieux placée sur le territoire de la République afin de procéder à tous les actes » qu'elle estime nécessaires. Cette disposition, déjà ancienne, n'avait guère trouvé à s'appliquer. La possibilité pour les cours administratives d'appel d'y recourir devrait, compte tenu de leurs ressorts (voir CJA, art. R. 221-7), lui donner une meilleure actualité.

Les notifications liées aux mesures d'instruction

Art. R. 627-4 Les notifications auxquelles donnent lieu les mesures d'instruction ordonnées par la juridiction ou l'un de ses membres, par application des articles R. 621-1 à R. 627-3, sont faites conformément aux dispositions des articles R. 611-3, R. 611-4, R. 611-8-2 et R. 611-8-3.

Textes sources

– Code des TA et des CAA, article R. 185.
– Décret n° 2012-1437 du 21 décembre 2012, article 3.
– Décret n° 2020-1245 du 9 octobre 2020, article 7.
– Décret n° 2023-10 du 9 janvier 2023, article 1er.

Commentaires

Selon les articles de renvoi, les notifications des mesures d'instruction se font soit par courrier, soit par voie administrative, sauf dans les cas de télérecours.

TITRE III Les incidents de l'instruction

CHAPITRE 1 La demande incidente

Le présent chapitre ne comprend pas de dispositions législatives.

Les demandes incidentes

Art. R. 631-1 Les demandes incidentes sont introduites et instruites dans les mêmes formes que la requête. Elles sont jointes au principal pour y être statué par la même décision..

Textes sources

– Ordonnance n° 45-1708 du 31 juillet 1945, articles 58 et 59.
– Code des TA et des CAA, article R. 186.

Commentaires

La demande incidente (ou reconventionnelle) n'est recevable – sans condition de délai – que si elle ne soulève pas un litige distinct de celui qui fait l'objet de la demande principale. Si cette dernière est irrecevable, la demande incidente l'est également, sauf si elle a été présentée dans des conditions de délai telles qu'elle puisse être regardée comme demande principale. Elle subsiste en cas de désistement de la demande principale, sauf si le demandeur incident accepte ce désistement, acceptation qui vaut désistement de la demande incidente.
Certains contentieux excluent la demande incidente : tel est le cas, en première instance, du contentieux de l'excès de pouvoir (CE sect., 24 novembre 1967, Noble, n° 66271, *Lebon*, p. 443), du contentieux des contraventions de grande voirie, et du contentieux électoral. En appel, c'est également le cas pour les deux dernières catégories de contentieux, et pour le contentieux disciplinaire.
L'appel provoqué (d'intimé à intimé) n'est recevable que si l'admission de tout ou partie de l'appel principal (ou d'un appel incident) aggrave la situation de l'auteur de l'appel provoqué, quelle que soit l'importance de cette aggravation (CE ass., 11 juillet 1984, Commune de Saint-Sébastien-sur-Loire, n° 30436 *Lebon*, p. 267 – CE, 30 décembre 1996, Levasseur, n° 69517, *Lebon* T.).
Les mêmes règles sont applicables en cassation.
Sur la combinaison entre demandes incidentes et désistement, voir les commentaires sous l'article R. 636-1.

CHAPITRE 2 L'intervention

Le présent chapitre ne comprend pas de dispositions législatives.

L'intervention

Art. R. 632-1 L'intervention est formée par mémoire distinct.

Les dispositions du chapitre IV du titre Ier du livre IV relatif à la transmission des requêtes par voie électronique sont applicables aux interventions.

Le président de la formation de jugement ou le président de la chambre chargée de l'instruction ordonne, s'il y a lieu, que ce mémoire en intervention soit communiqué aux parties et fixe le délai imparti à celles-ci pour y répondre.

Néanmoins, le jugement de l'affaire principale qui est instruite ne peut être retardé par une intervention..

Textes sources

– Ordonnance n° 45-1708 du 31 juillet 1945, article 61.
– Code des TA et des CAA, article R. 187.
– Décret n° 2016-1481 du 2 novembre 2016, article 6.
– Décret n° 2018-251 du 6 avril 2018, article 6.
– Décret n° 2019-82 du 7 février 2019, article 42.
– Décret n° 2020-1245 du 9 octobre 2020, article 8.

Commentaires

Peut former une intervention, « devant le juge du fond comme devant le juge de cassation, toute personne qui justifie d'un intérêt suffisant eu égard à la nature et à l'objet du litige » (CE sect., 25 juillet 2013, Office français de protection des réfugiés et apatrides, c/Edosa Felix, n° 350661, *Lebon* – CE ass., 13 novembre 2013, Cimade, n° 349735, *Lebon*). Cette qualité ne lui confère pas pour autant un droit d'accès aux pièces de la procédure (CE sect., 25 juillet 2013, Office français de protection des réfugiés et apatrides, préc.). Ces arrêts unifient le régime de recevabilité des interventions : antérieurement, ne pouvait intervenir dans un litige de plein contentieux que la personne qui pouvait se prévaloir d'un « droit lésé » (CE sect., 15 juillet 1957, Ville de Royan, *Lebon*, p. 499). Le changement aura une portée dans le plein contentieux de la légalité, par exemple, en matière de droit d'asile : ainsi, la Cimade, dont les interventions, faute de « droit lésé », n'étaient pas recevables dans l'ancien système, a pu, son intérêt n'étant guère discutable, intervenir dans les deux affaires ci-dessus mentionnées mettant en cause le droit d'asile. Le Conseil d'État a fait application de cette jurisprudence *Edosa Felix* à l'intervention d'un syndicat professionnel devant le juge de l'impôt (CE, 23 novembre 2015, Ministre des finances et des comptes publics c/SAS Sara résidences de tourisme, n° 377390, *Lebon* T.). Et cette nouvelle définition de l'intervention a conduit la cour administrative d'appel de Lyon à admettre l'intervention de l'assureur dans un litige de responsabilité (CAA Lyon, 10 juillet 2018, Société Inéo Rhône-Alpes-Auvergne, n° 16LY02230), solution qui présente certains

inconvénients, l'assureur pouvant intervenir sans être subrogé, différant ainsi l'indemnisation de la victime (à comparer avec : CE, 18 novembre 2011, Compagnie d'Assurance Axa France Iard, n° 346257, *Lebon* T. – CE, 27 mars 2013, SELARL EMJ, n° 360505, *Lebon* T., pour un sous-traitant dans le régime de l'intervention antérieur à la jurisprudence *Edosa Felix*). Un maire d'arrondissement n'a cependant pas intérêt à intervenir dans un litige portant sur un permis de construire accordé par le maire de Paris (CE, 13 janvier 2023, n° 450446, *Lebon* T.). Une personne publique ayant fixé le taux de la taxe d'enlèvement des ordures ménagères est recevable à intervenir dans un litige relatif à celle-ci devant le juge de l'impôt (30 septembre 2022, n° 455364, *Lebon* T.).
Le ministère d'avocat est obligatoire pour l'intervention si la requête est soumise à cette obligation (CE, 3 novembre 1972, Reulos, n° 78273, *Lebon*, p. 690).
Une intervention ne peut être commune à plusieurs requêtes. Si c'est le cas, elle n'est recevable qu'en ce qui concerne la requête désignée en premier (CE ass., 23 décembre 1959, Louët, *Lebon*, p. 712 – CE, 14 novembre 2005, Hoffer, n° 286837, *Lebon*).
L'exigence de mémoire distinct est prescrite à peine d'irrecevabilité (CE, 5 avril 1991, Chabaud, n° 86417, *Lebon* T. – CE, 12 décembre 2003, Ammouche, n° 235234, *Lebon* T.), même si elle n'implique pas que la juridiction ouvre un dossier spécifique pour cette intervention. Le juge n'est pas tenu d'inviter l'intervenant à régulariser une intervention non présentée par mémoire distinct (CE, 12 décembre 2003, Ammouche, préc.).
Au regard du ministère d'avocat obligatoire, l'intervention suit le régime de la requête (CE, 3 novembre 1972, Consorts Reulos, n° 78273, *Lebon*, p. 690).
Bien qu'il ne s'agisse pas d'une « requête », l'intervention est soumise à l'exigence de motivation : une intervention non motivée n'est pas recevable (CE sect., 12 juin 1981, Grimbichler, n° 13173, *Lebon*, p. 256 – CE, 12 mai 1997, Héritiers de Guy Grall, n° 174818 – CE, 12 janvier 2009, Syndicat intercommunal des eaux de la Dhuy, n° 308454, *Lebon* T.). Il s'en est déduit que la lettre par laquelle un avocat déclare « s'inscrire comme intervenant » ne constitue pas une intervention (CE sect., 16 décembre 1994, Secrétaire d'État c/Fédération départementale des chasseurs de la Creuse, n° 105798, *Lebon*).
Il a été jugé, sous le régime du sursis à exécution, qu'un intervenant ne peut se manifester à l'occasion d'une demande de sursis à exécution s'il n'est pas intervenu dans le dossier tendant à l'annulation de la décision, puisqu'une demande de sursis devait nécessairement se joindre à une demande au fond (CE, 27 mai 1991, Ville de Genève, n° 104723, *Lebon*, p. 207 [1] – CE, 13 novembre 1995, Poperen, n° 148256, *Lebon* T.). La même règle vaut pour les demandes de suspension (CE, 17 mai 2006, Commune de Wissous, n° 293110, *Lebon*).
Formée à l'appui d'une requête qu'il n'appartient pas à la juridiction administrative de connaître, l'intervention n'est pas recevable (CE, 1er décembre 1993, Coz, n° 70199, *Lebon* T.), comme d'ailleurs si elle vient à l'appui d'une requête elle-même irrecevable, cependant qu'elle devient sans objet si elle est formée à l'appui d'une requête dont le requérant s'est désisté (CE, 17 décembre 1993, Drouvot, n° 146677).

L'intervention n'est pas subordonnée à une condition de délai, mais elle doit être formée avant clôture de l'instruction, faute de quoi elle est réputée ne pas exister (CE sect., 16 décembre 1994, Secrétaire d'État c/Fédération départementale des chasseurs de la Creuse, n° 105798, *Lebon* [2]). Cette position implique que la juridiction n'a pas à statuer sur l'intervention formée postérieurement à la clôture, l'intervenant étant alors une « non-partie ».

L'intervenant ne peut normalement être neutre : il doit présenter des conclusions et s'associer ainsi soit au demandeur soit au défendeur, puisqu'il ne peut normalement avoir de conclusions propres (CE, 14 juin 1968, Syndicat national des médecins des hôpitaux privés à but non lucratif, n° 60870, *Lebon*, p. 362 [3] – CE, 4 juin 1997, Leduc, n° 170749). C'est en application de cette règle qu'il a été décidé qu'était irrecevable une intervention formée à l'appui de la saisine du juge électoral par la Commission nationale des comptes de campagne et des financements politiques, une telle saisine n'étant pas assortie de conclusions au soutien desquelles pourrait être faite une intervention (CE, 6 décembre 1993, de Caumont, n° 138698, *Lebon* T.). Cette association peut n'être que partielle : un intervenant peut ainsi demander l'annulation partielle d'un acte que le requérant principal s'efforce de faire annuler dans sa totalité (CE, 30 juillet 1997, Fanartzis, n° 159648, *Lebon* T.). On note cependant quelques rares hypothèses dans lesquelles l'intervenant est admis à ne pas s'associer aux conclusions d'une partie, à condition que ses propres conclusions « tendent à ce que le tribunal adopte des décisions qu'il est en son pouvoir de prendre indépendamment de conclusions des parties » (CE, 6 novembre 1959, Pomar, *Lebon*, p. 583 – CE, 8 mars 1961, *Lebon*, p. 159). C'est en vertu de cette règle que le locataire était admis à intervenir dans le contentieux des immeubles menaçant ruine (CE, 4 mars 1955, Kabaklian, *Lebon*, p. 125). Plus généralement, l'intervenant peut présenter des prétentions propres « à condition de ne pas présenter des questions différentes de celles soumises au juge par les parties » (CE, 14 mars 2003, Montaner, n° 228214, *Lebon*).

L'intervenant peut utilement invoquer des moyens non soulevés par les parties (CE, 1er mars 1995, Association Groupe information asiles, n° 124550, *Lebon* T. [4]), pourvu, en demande, qu'ils reposent sur la même cause juridique que ceux qui sont soulevés par le requérant (CE, 3 novembre 1997, Ministre de l'Intérieur, n° 146447, *Lebon*).

Le rejet d'une intervention irrecevable n'a pas à être précédé de l'avertissement aux parties prévu à l'article R. 611-7, puisqu'il est dépourvu d'influence sur la solution du litige opposant les parties (CE, 22 juin 1992, Commune de Rothau, n° 65142, *Lebon* T. – CE, 25 mai 1994, G...). Également parce que l'intervenant n'est pas une « partie » (CE, 19 janvier 1994, Portel, n° 143421, *Lebon* T.), il n'est pas concerné par l'article L. 761-1 relatif aux frais irrépétibles (CE, 28 juillet 1993, Ministre des Affaires sociales c/Syndicat CGT Enfance inadaptée, n° 99412). La condamnation à des frais irrépétibles ne peut donc être prononcée ni à son profit, ni à son encontre (CE, 19 janvier 1994, Portel, n° 143421, *Lebon* T. – CE, 30 avril 1997, Association française des banques, n° 172237).

Un intervenant ne peut enfin former appel du jugement rendu contrairement aux conclusions auxquelles il s'associe que si, à défaut d'intervention de sa part, il aurait été en droit soit de former lui-même la requête, soit de former tierce opposition à ce jugement (CE sect., 9 janvier 1959, De Harenne, n° 41383, *Lebon*, p. 23 – CE, 30 juin 1993, Dupont Ferrier, n° 127007 – CE, 16 décembre 1994, Syndicat français des producteurs de spectacles et d'animations, n° 105706). Mêmes conditions pour le pourvoi en cassation (CE, 22 juillet 2016, Société Eoliennes en Mer Iles d'Yeu et Noirmoutier, n° 399919). Mais il est recevable à former appel du jugement qui aurait déclaré irrecevable son intervention (CE sect., 9 janvier 1959, De Harenne, préc.), comme il peut renouveler son intervention en appel, voire la former pour la première fois en appel (CE, 16 octobre 1959, Syndicat des dentistes du département du Nord, *Lebon*, p. 520). En matière électoral, l'appel est en principe réservé à l'auteur de la protestation et une intervention formée après l'expiration du délai de recours ne peut être requalifiée en protestation (CE, 10 février 2022, Élections municipales des Abymes, n° 448723, *Lebon* T.).

Le critère tiré de la possibilité pour l'intervenant de former une tierce-opposition au jugement rendu en l'absence de son intervention, aboutit à faire de cet intervenant un défendeur, donc une partie, ce qui lui donne qualité et pour former appel du jugement (CE, de Harenne préc.), ou introduire un pourvoi en cassation contre la décision, et pour demander le remboursement de frais irrépétibles (CE, 10 janvier 2005, Association Quercy-Périgord, n° 265838, *Lebon* T.). Identiquement ce « faux » intervenant pourra soulever une question prioritaire de constitutionnalité (CE, 30 mars 2015, Mme E., n° 387322, *Lebon* T.), ce qui est normalement interdit aux intervenants « ordinaires » (CE, 22 février 2013, Zoia, n° 356245, *Lebon* T.)… sauf si leur question a précisément pour objet de contester des dispositions législatives les empêchant de se présenter comme partie (CE, 7 décembre 2016, n° 403514, *Lebon* T.). Il pourra également se pourvoir en cassation (CE, 9 octobre 2019, Ministre de l'économie et des finances et SAS Casil Europe c/Arrou et autres, n° 430538, *Lebon* T.).

La communication de l'intervention n'est pas, à la différence de celle des mémoires, systématique : le président de la formation de jugement dispose d'un pouvoir d'appréciation (« s'il y a lieu »), qui s'exercera en fonction notamment de l'exigence édictée au troisième alinéa (ne pas retarder le jugement de l'affaire), exigence qui constitue une règle générale de procédure s'appliquant à toutes les juridictions administratives, même spécialisées (CE, 25 juillet 2013, OFPRA, préc.). La décision de communiquer ou non une intervention pourra aussi résulter d'une évaluation soit de sa recevabilité soit de l'opportunité de recueillir sur cette intervention les observations de l'une ou l'autre des parties. Ainsi, une intervention formée alors que l'affaire est en état d'être jugée n'est pas irrecevable de ce seul fait, mais le tribunal est dispensé de la communiquer aux parties, sauf si la solution du litige dépend d'un moyen invoqué par le seul intervenant (CE, 1er mars 1995, Association Groupe information asiles, préc.). Il n'y aura donc pas nécessairement vice de procédure à se prononcer sur une intervention dont les parties n'ont jamais été avisées. De même, une intervention, même assortie d'une demande d'aide juridictionnelle, ne peut différer l'examen d'une demande de renvoi d'une question prioritaire de constitutionnalité (CE, 4 avril 2011, Moussa, n° 345661, *Lebon*). Est aussi écarté le mémoire d'un intervenant produit, cinq jours avant l'audience et postérieurement à la notification qui lui avait été faite de l'avis d'audience, en complément de son mémoire en intervention, un nouveau mémoire soulevant, pour la première fois, de nombreux moyens, distincts de ceux soulevés par la société requérante (CE, 30 juillet 2024, n° 470263, *Lebon* T.).

L'intervention doit être spontanée. Si l'arrivée dans la procédure d'une personne a été provoquée par une initiative de la juridiction, il s'agit d'une « intervention forcée », non d'une intervention. On verra en fin de commentaire que l'invitation faite au Défenseur des droits à présenter des observations dans une affaire ne le transforme pas en intervenant.

La mise en cause (formée par le demandeur) comme l'appel en garantie (formé par le défendeur) sont les formes les plus habituelles d'intervention forcée. Plus inhabituel est l'appel en déclaration de jugement commun, consistant pour la juridiction à appeler dans la procédure les personnes aux droits desquelles le jugement à rendre pourrait préjudicier (CE, 20 janvier 1960, Asso, *Lebon*, p. 44). Cet appel, effectué à la demande d'une partie, ne doit être prononcé qu'à l'égard d'un tiers aux droits duquel le jugement pourrait préjudicier dans les conditions lui ouvrant droit à tierce opposition (voir art. R. 832-1), et à la condition que ses droits à l'égard des parties en cause puissent donner lieu à un litige que la juridiction saisie soit compétente pour trancher (CE, 8 juillet 1992, Commune de Libourne, n° 90581, *Lebon* [5]). Ainsi une ville condamnée à rembourser à des nus-propriétaires la valeur d'un immeuble détruit, laquelle est fixée sous déduction d'un usufruit dont était grevé cet immeuble, ne peut demander que l'usufruitier soit appelé en déclaration de jugement commun (CE, Commune de Libourne, préc.).

L'appel en déclaration de jugement commun d'une personne publique dans une affaire de réparation d'un dommage, fût-il formé devant le juge judiciaire, a pour effet d'interrompre le cours du délai de prescription quadriennale même s'il ne peut avoir pour objet de la faire condamner (CE sect., 26 janvier 1996, Caisse primaire d'assurance maladie du Havre, n° 126644, *Lebon* [6]). L'appel en déclaration de jugement commun n'est pas possible en matière électorale (CE, 16 mars 1988, Audinet, n° 44334, *Lebon*, p. 968) non plus qu'en matière de recours pour excès de pouvoir (CE, 8 décembre 2000, Syndicat SUD-PTT Pays de Savoie, n° 209287, *Lebon* T.).

Il est une hypothèse dans laquelle le juge a *l'obligation* de procéder d'office à un appel en déclaration de jugement commun : il s'agit des affaires tendant à la réparation d'un préjudice corporel intéressant un assuré social. Si la demande émane de la victime, il faut mettre en cause, au besoin d'office, sa ou ses caisses d'assurance-maladie et, inversement, mettre en cause la victime si la caisse de sécurité sociale a agi la première (CE, 11 octobre 1963, Commune de Seichamps, *Lebon*, p. 482). La même obligation est faite au juge si le requérant a subi un dommage en qualité de victime d'une infraction pénale : dans ce cas, le fonds de garantie des victimes des actes de terrorisme et d'autres infractions doit être, le cas échéant, d'office mis en cause (CE, avis, 7 avril 2010, Idrissi, n° 333407, *Lebon*).

Cette obligation se complique dans le cas de caisses relevant de pays étrangers ayant signé avec la France un accord ouvrant à leurs caisses les mêmes droits procéduraux qu'aux caisses françaises.

Le juge d'appel sanctionne *d'office* l'omission de mise en cause de la caisse, ou le fait pour un tribunal ayant mis cette caisse en cause d'avoir omis de déclarer son jugement commun à la caisse (CE, 18 mars 1960, Ville de Tours, *Lebon*, p. 208), une telle exigence se rapportant en fait à la nécessité pour le tribunal de se prononcer sur les conclusions de la caisse, non à la mention, figurant dans le dispositif du jugement, selon laquelle ce dernier est déclaré commun à la caisse, mention que l'on ne retrouve que rarement dans les jugements, et jamais, à notre connaissance, dans les arrêts du Conseil d'État, avec des obligations particulières pour le juge, une nouvelle évaluation de certains postes de préjudice en appel entraînant une réévaluation des sommes accordées aux tiers payeurs sur ces postes, même au-delà des conclusions des parties (CE 7 juin 2023, n° 452790, *Lebon* T.). L'omission de cette obligation de mise en cause a pour effet de permettre à la caisse de présenter, pour la première fois devant le juge d'appel, des conclusions tendant au paiement de l'ensemble de ses débours (CE, 27 janvier 2023, n° 453427, *Lebon* T.).

Le Défenseur des droits : notre droit connaît au moins une hypothèse dans laquelle la juridiction peut inviter une personne à se manifester dans une procédure, comme cette personne peut le faire d'office, sans que pour autant cette personne soit regardée ni comme intervenante ni *a fortiori* comme partie : il s'agit du Défenseur des droits. Selon l'article 33 de la loi organique n° 2011-333 du 29 mars 2011, « Les juridictions civiles, administratives et pénales peuvent, d'office ou à la demande des parties, l'inviter à présenter des observations écrites ou orales. Le Défenseur des droits peut lui-même demander à présenter des observations écrites ou à être entendu par ces juridictions ; dans ce cas, son audition est de droit ».

La décision par laquelle le Défenseur des droits décide de présenter des observations sur une affaire n'est pas détachable de la procédure juridictionnelle à laquelle elle se rapporte et ne peut donc relever que de l'ordre de juridiction ayant compétence pour traiter cette procédure (CE, 30 janvier 2019, Société Exane, n° 411132, *Lebon* T.).

Le texte organisant la participation du Défenseur des droits est une reprise de l'article 13 de la loi du 30 décembre 2004 portant création de la Haute Autorité de lutte contre les discriminations et pour l'égalité (HALDE), et le Conseil d'État a jugé que ces dispositions ne conféraient pas à la HALDE la qualité d'intervenante : il a ainsi jugé qu'avait commis une erreur de droit la cour qui avait expressément admis une telle intervention (CE, 22 février 2012, Chambre régionale d'agriculture Provence-Alpes-Côte d'Azur, n° 343410, *Lebon* T. – CE ass., 11 avril 2012, Gisti, n° 322326, *Lebon*).

Jurisprudence

[1] Considérant que la commune de La Chaux-de-Fonds se borne à intervenir au soutien des conclusions des requérants à fin de sursis à exécution du décret du 10 janvier 1989 et non des conclusions tendant à l'annulation dudit décret ; que, dès lors, son intervention n'est pas recevable [...].

[2] Considérant qu'il est constant qu'à la date du 15 décembre 1988 à laquelle le président du tribunal administratif de Limoges a fixé la clôture de l'instruction des pourvois tendant à l'annulation de certaines dispositions de l'arrêté du 19 juillet 1988 du préfet de la Creuse fixant les dates d'ouverture et de clôture de la chasse, aucun mémoire émanant de la Fédération départementale des chasseurs de la Creuse n'avait été déposé au greffe du tribunal administratif, et qu'ainsi aucune intervention n'avait été formée pour son compte ; que si l'avocat de la Fédération avait fait connaître au

président du tribunal administratif, par lettre enregistrée le 21 novembre 1988 au greffe dudit tribunal, qu'il s'inscrivait en vue de former une telle intervention, cette circonstance ne pouvait à elle seule conférer à la Fédération départementale des chasseurs de la Creuse la qualité de partie à l'instance ni, par conséquent, obliger le président du tribunal administratif de Limoges à lui notifier l'ordonnance de clôture de l'instruction et à la convoquer à l'audience du 5 janvier 1989 ; qu'il résulte des dispositions précitées que les mémoires produits le 5 janvier 1989, c'est-à-dire après la date de clôture de l'instruction, pour la Fédération départementale des chasseurs de la Creuse n'avaient pas à être visés dans le jugement attaqué et que les conclusions et moyens qu'ils contenaient n'avaient pas à être examinés par le tribunal administratif [...].

[3] Considérant que les intervenants se bornent à s'en remettre à la sagesse du Conseil ; qu'une telle intervention qui ne tend ni à l'annulation ni au maintien de l'arrêté attaqué n'est pas recevable [...].

[4] Considérant que si en vertu du troisième alinéa de l'article R. 187 du code des tribunaux administratifs et des cours administratives d'appel, le jugement de l'affaire principale qui est instruite « ne pourra être retardé par une intervention », cette disposition ne frappe pas d'irrecevabilité une intervention au motif qu'elle concerne une affaire qui est en état d'être jugée ; qu'elle dispense seulement, en pareille hypothèse, le tribunal administratif de procéder à la communication aux parties d'une intervention qui serait produite à ce stade de la procédure hors le cas où la solution du litige au principal dépendrait d'un moyen invoqué uniquement par l'intervenant [...].

[5] Considérant que seuls peuvent faire l'objet d'une déclaration de jugement commun, devant une juridiction administrative, les tiers dont les droits et obligations à l'égard des parties en cause pourraient donner lieu à un litige dont la juridiction saisie eût été compétente pour connaître et auxquels, d'autre part, pourrait préjudicier ledit jugement, dans des conditions leur ouvrant le droit de former tierce opposition à ce jugement [...].

[6] Considérant qu'aux termes de l'article 2 de la loi du 31 décembre 1968 : « La prescription est interrompue par : [...] Tout recours formé devant une juridiction, relatif au fait générateur, à l'existence, au montant ou au paiement de la créance, quel que soit l'auteur du recours et même si la juridiction saisie est incompétente pour en connaître, et si l'administration qui aura finalement la charge du règlement n'est pas partie à l'instance » ;

Considérant que ces dispositions subordonnent l'interruption du délai de prescription qu'elles prévoient, en cas de recours juridictionnel, à la mise en cause d'une collectivité publique ;

Considérant que, le 15 octobre 1979, la Caisse primaire d'assurance maladie du Havre a intenté un recours devant le tribunal de grande instance de Rouen contre la société d'assurance « Mutuelles Unies » en vue d'obtenir le remboursement des prestations fournies à M. Pourier et qui restaient à sa charge ; que ce recours était assorti de conclusions tendant à ce que le centre hospitalier régional et universitaire de Caen soit appelé en déclaration de jugement commun ; que si ces conclusions n'avaient pas pour objet d'obtenir la condamnation du centre hospitalier régional et universitaire de Caen, dont la responsabilité ne pouvait d'ailleurs être appréciée que par le juge administratif, la caisse primaire, en appelant le centre hospitalier régional et universitaire en déclaration de jugement commun devant le juge judiciaire, a mis en cause cet établissement public et a ainsi interrompu le cours de la prescription quadriennale [...].

CHAPITRE 3 L'inscription de faux

Le présent chapitre ne comprend pas de dispositions législatives.

L'inscription de faux

Art. R. 633-1 Dans le cas d'une demande en inscription de faux contre une pièce produite, la juridiction fixe le délai dans lequel la partie qui l'a produite sera tenue de déclarer si elle entend s'en servir.

Si la partie déclare qu'elle n'entend pas se servir de la pièce, ou ne fait pas de déclaration, la pièce est rejetée. Si la partie déclare qu'elle entend se servir de la pièce, la juridiction peut soit surseoir à statuer sur l'instance principale jusqu'après le jugement du faux rendu par le tribunal compétent, soit statuer au fond, si elle reconnaît que la décision ne dépend pas de la pièce arguée de faux.

Textes sources

– Ordonnance n° 45-1708 du 31 juillet 1945, article 60.
– Code des TA et des CAA, article R. 188.

Commentaires

Cette procédure, relativement lourde, issue d'un décret du 22 juillet 1806, est assez peu usitée, en raison des limites dans lesquelles est enfermé son usage.

En premier lieu, le texte lui-même permet d'y échapper, soit que la partie ayant déposé la pièce incriminée renonce, expressément ou tacitement, à s'en servir, soit que la juridiction parvienne à se prononcer sans s'appuyer sur ladite pièce.

En second lieu, une telle procédure est sans application s'agissant des actes ou documents administratifs (sauf disposition législative contraire prévoyant qu'un tel acte fait foi jusqu'à inscription de faux : CE, 5 juin 1985, Gubry ; *D.* 1985, n° 383 – CE ass., 4 mars 1955, Athias, *Lebon*, p. 129 [1] – CE, 1er avril 1955, Delarue, *Lebon*, p. 195, note Waline, *Revue de droit public* 1955, p. 986 – CE, 10 mai 1996, Élections municipales de Latour-de-France, n° 173421). C'est alors le juge administratif qui se prononce, comme sur n'importe quel moyen, sur l'argument de faux invoqué contre un tel acte. Autrement dit, il n'y a pas de procédure de faux devant la juridiction administrative et les actes administratifs ne font foi que jusqu'à preuve contraire (voir par exemple CE, 2 février 2010, Tremoule, n° 315472). Et le Conseil d'État a une acception large de la notion de document administratif : le requérant qui prétend que la signature apposée sous son nom sur un marché passé avec un ministère serait un faux ne présente pas une demande en inscription de faux, la juridiction administrative ayant la charge « de se prononcer sur l'exactitude des inscriptions que comportent les pièces d'un marché public » (CE, 2 février 1990, Weber, n° 75541, *Lebon* T. ; *D.* 1991, somm. p. 106). Identiquement, et bien que les relations de La Poste et de ses usagers relèvent du juge judiciaire, il est décidé qu'il appartient au seul juge administratif de se prononcer sur la contestation d'un document postal relatif à l'acheminement du courrier (CE sect., 30 novembre 2007, Pucci, n° 266500, *Lebon*). Il est à noter que la recherche d'un faux « administratif » ne peut être demandée au juge administratif qu'à l'appui d'autres conclusions (CE, 4 avril 1990, Roger, n° 95560 [2]). Bien que le juge fiscal considère le plus souvent qu'il a « plénitude de juridiction », cette procédure est néanmoins applicable devant lui (CE, 22 février 1967, SARL X, n° 63620, *Lebon*).

Jurisprudence

[1] Considérant que ni l'article 60 de l'ordonnance du 31 juillet 1945 ni aucune autre disposition législative n'instituent de procédure de jugement de faux par les juridictions administratives ; que, sauf dans le cas où une loi prévoit expressément que les mentions d'un acte administratif font foi jusqu'à inscription de faux, le principe de la séparation des autorités administratives et judiciaires s'oppose à ce que l'exactitude des mentions contenues dans les actes administratifs ou dans les décisions des juridictions administratives soit appréciée par un tribunal de l'ordre judiciaire conformément aux règles fixées par les articles 214 et suivants du code de procédure civile en ce qui concerne le faux incident civil [...].

[2] Considérant que la demande de M. Roger tendait uniquement à faire déclarer l'inexactitude matérielle des constatations opérées par l'officier supérieur chargé de l'enquête telles qu'il les a consignées dans son rapport ; qu'il n'appartient qu'à la juridiction administrative saisie de l'instance principale de procéder à cette appréciation ; que les conclusions de la demande en « inscription de faux administratif » telles que présentées par M. Roger, ne sont dirigées contre aucune décision ; que, dès lors, sans qu'il soit besoin de demander à l'administration la production des procès-verbaux d'audition du brigadier Sedjal et du brigadier-chef Fourquié, il résulte de ce qui précède que les conclusions de M. Roger doivent être rejetées comme irrecevables [...].

CHAPITRE 4 Les reprises d'instance et constitution de nouvel avocat

Le présent chapitre ne comprend pas de dispositions législatives.

Le décès d'une partie ou la destitution d'un avocat pendant l'instruction

Art. R. 634-1 Dans les affaires qui ne sont pas en état d'être jugées, la procédure est suspendue par la notification du décès de l'une des parties ou par le seul fait du décès, de la démission, de l'interdiction ou de la destitution de son avocat. Cette suspension dure jusqu'à la mise en demeure pour reprendre l'instance ou constituer avocat.

Texte source

– Ordonnance n° 45-1708 du 31 juillet 1945, article 62.

Commentaires

L'usage veut que la juridiction prononce un non-lieu en l'état lorsqu'elle est avisée du décès du demandeur alors que le dossier n'est pas en état d'être jugé, sauf à ce que les héritiers reprennent l'instance, ce que de toute façon ils pourront faire après ce non-lieu. Il suffit que certains seulement des héritiers procèdent à la reprise d'instance pour que cette dernière puisse intervenir (CE, 17 janvier 2011, Commune de Massels, n° 334156, *Lebon* T.). La notification est une condition de l'intérêt pour agir de l'ayant droit (CE, 17 juin 2020, Gruau, n° 426887, *Lebon* T.). Si c'est le défendeur qui décède, c'est en principe au demandeur d'adresser la mise en demeure aux représentants de ce défendeur. Ainsi jugé en matière d'aide sociale : le ministre qui conteste une décision de la commission centrale d'aide sociale rendue au profit d'une personne entre-temps décédée, doit justifier d'une mise en demeure de reprendre l'instance adressée aux héritiers ou, le cas échéant, à un curateur à la succession vacante, faute de quoi il n'y a pas lieu de statuer sur son pourvoi (CE, 13 janvier 2003, Ministre de l'Emploi c/Chalvidal, n° 244844, *Lebon* T.). N'est pas assimilée à un décès la perte de la personnalité morale de la société requérante à la suite de la clôture de la procédure de liquidation judiciaire. Il appartient ainsi au juge soit d'y statuer dès lors que l'affaire est en l'état d'être jugée à la date à laquelle il est informée de cette perte, soit de surseoir à statuer pour permettre à la société de demander au tribunal de commerce la désignation d'un administrateur *ad hoc* pour la représenter dans l'instance (CE, 28 novembre 2023, n° 468865, *Lebon* T.).

La même règle vaut en cas de défaillance de l'avocat lorsque son ministère est obligatoire. La suspension de l'avocat entraîne celle du délai de trois mois pour produire un mémoire complémentaire dans la procédure de désistement d'office prévue par l'article R. 611-22 (CE, 31 décembre 2019, Dokhiyev, n° 426831, *Lebon* T.). Toutefois, lorsque cette défaillance provient soit de la révocation de l'avocat par son client, ou de la décision de l'avocat de mettre fin à son mandat, la procédure se poursuit avec cet avocat, jusqu'à ce qu'un autre conseil soit constitué pour le remplacer, après que, le cas échéant, la juridiction a adressé à la partie une invitation à procéder à ce remplacement (CE sect., 23 mars 2018, n° 406802, *Lebon* [1]).

Une affaire est, en tout état de cause, en état d'être jugée à la date de la notification du décès de l'un des requérants aux juges du fond lorsque cette notification intervient postérieurement au dépôt du mémoire en défense (CE, 7 novembre 2022, n° 455631, *Lebon* T.). Se pose tout de même la question des mesures d'instruction postérieures ou de à ce mémoire lorsque le décédé n'est pas représenté.

Jurisprudence

[1] 2. Lorsqu'elle est exigée par les dispositions régissant la procédure applicable devant les juridictions administratives, l'obligation faite aux parties d'être représentées par un avocat, qui a pour objet tant d'assurer aux justiciables le concours d'un mandataire qualifié veillant à leurs intérêts que de contribuer à la bonne administration de la justice en faisant de ce mandataire l'interlocuteur de la juridiction comme des autres parties, revêt un caractère continu qui se poursuit jusqu'à la lecture de la décision.

3. Il résulte d'une règle générale de procédure que lorsque la représentation est obligatoire, la révocation d'un avocat par sa partie ou la décision d'un avocat de mettre fin à son mandat est sans effet sur le déroulement de la procédure juridictionnelle et ne met un terme aux obligations professionnelles incombant à cet avocat que lorsqu'un autre avocat s'est constitué pour le remplacer, le cas échéant après qu'une invitation à cette fin a été adressée à la partie concernée par la juridiction.

La révocation de l'avocat devant le Conseil d'État

Art. R. 634-2 Devant le Conseil d'État, l'acte de révocation d'un avocat par sa partie est sans effet pour la partie adverse s'il ne contient pas la constitution d'un autre avocat.

Texte source

– Ordonnance n° 45-1708 du 31 juillet 1945, article 63.

Commentaires

L'acte de révocation d'avocat (prévu par l'article 418 du Code de procédure civile) est très rare.

Cet article a perdu une bonne partie de sa portée depuis la disparition de la procédure de « soit-communiqué » (abrogation de l'article R. 611-28 qui organisait la procédure sous la forme de notifications d'avocat à avocat).

L'on pourrait estimer qu'après révocation, l'intéressé se replace dans une situation d'irrecevabilité si l'affaire n'est pas dispensée d'avocat. Mais le principe général dégagé par la décision ci-dessus reproduite sous l'article R. 634-1 de la section du contentieux nous semble interdire pareille sanction.

CHAPITRE 5 Le désaveu

Le présent chapitre ne comprend pas de dispositions législatives.

Le désaveu de l'avocat

Art. R. 635-1 Une partie peut désavouer les actes ou procédures faits en son nom par son avocat lorsqu'ils peuvent influer sur le sens du jugement.
La demande de désaveu est communiquée aux autres parties.

Texte source

– Décret n° 2000-389 du 4 mai 2000, article 1er.

Le désaveu d'un avocat au Conseil d'État

Art. R. 635-2 Quand la demande intéresse un avocat au Conseil d'État pour des actes ou procédures accomplis devant une autre juridiction que le Conseil d'État, elle est transmise au président de la section du contentieux. Si celui-ci estime qu'elle doit être instruite, il la renvoie devant la juridiction qui statue dans le délai qui lui est imparti.

Texte source

– Ordonnance n° 45-1708 du 31 juillet 1945, article 64.

L'examen de la demande de désaveu devant le Conseil d'État

Art. R. 635-3 Si le désaveu est relatif à des actes ou procédures accomplis devant le Conseil d'État, il est procédé à l'examen de la demande dans les délais fixés par le président de la chambre saisie.

Textes sources

– Ordonnance n° 45-1708 du 31 juillet 1945, article 65.
– Décret n° 2016-899 du 1er juillet 2016, article 1er.

Commentaires

Sur le désaveu, voir les commentaires sous l'article R. 431-2. L'action en désaveu doit être présentée par avocat (CE, 30 mai 1962, Goyon, *Lebon*, p. 361). Ce désaveu peut intervenir tant que la décision juridictionnelle sur laquelle ont pu avoir une influence les actes que la partie entend désavouer n'est pas devenue irrévocable (CE, 17 novembre 2010, Layus-Coustet, n° 312594, *Lebon*). Il peut seulement être reproché à l'avocat d'avoir outrepassé son mandat, non de l'avoir mal rempli, ce qui ferme la voie à une action en désaveu formée contre une omission ou négligence, tenant à la méconnaissance d'un délai, ou au fait de n'avoir pas soulevé un moyen ou des conclusions (CAA Lyon, 13 novembre 2001, Hubert, n° 99LY02964 – CE sect., 6 février 2004, Frugier, n° 255007, *Lebon*) ou encore plus généralement au fait d'avoir mal assuré la défense des intérêts d'une partie (CE, 20 octobre 2010, SCI Le Gambetta, n° 332848).

Le plus souvent, l'action en désaveu a pour objet de mettre à néant un désistement produit avec légèreté, et dont le juge a donné acte. L'action en désaveu doit être présentée devant la juridiction qui a instruit la procédure désavouée (CE, 6 octobre 1999, Tella Tetakeva, n° 205676, *Lebon* T.).

On note que, lorsque la demande de désaveu, présentée ailleurs que devant le Conseil d'État, vise un avocat aux conseils, le président de la section du contentieux du Conseil d'État est juge de sa recevabilité, même si lui échappe la connaissance du fond (CJA, art. R. 635-2).

Il convient de ne pas confondre l'action en désaveu et les règles, particulières à l'ordre des avocats au Conseil d'État et à la Cour de cassation, prévoyant que, en cas de plainte d'un client visant un tel avocat, et mettant en cause sa responsabilité, le conseil de l'ordre émet un avis soumis à l'homologation du Conseil d'État statuant au contentieux (sur un cas d'application de ce texte, CE, 6 juin 2001, Lahterman, n° 196052, *Lebon*).

CHAPITRE 6 Le désistement

Le présent chapitre ne comprend pas de dispositions législatives.

Le désistement

Art. R. 636-1 Le désistement peut être fait et accepté par des actes signés des parties ou de leurs mandataires et adressés au greffe.
Il est instruit dans les formes prévues pour la requête.

Texte source

– Code des TA et des CAA, article R. 189.

Commentaires

On se reportera aux articles R. 611-22 et R. 612-5 pour le désistement d'office.

Les termes utilisés par les parties ne sont pas sacramentels : il est arrivé de requalifier en conclusions aux fins de désistement des conclusions tendant à ce que le juge décide qu'il n'y a plus lieu de statuer sur la requête, lorsqu'elles ne se fondent pas sur une circonstance qui pourrait conduire à non-lieu (CE, 30 avril 1993, Soules, n° 128380). Ce comportement, qui se borne à interpréter l'acte de désistement, est à distinguer de celui consistant, pour le juge, à constater que, les conditions d'un non-lieu n'étant pas remplies, il convient de transformer en désistement les conclusions tendant à non-lieu – c'est le cas, par exemple, lorsqu'il constate que, contrairement à ce que croit le requérant, l'acte attaqué n'a pas disparu (CE sect., 7 avril 1967, Monschein, n° 70432, *Lebon*, p. 152 – CE, 11 juin 1993, Commune de Clermont-Ferrand, n° 128127, *Lebon* T.).

L'acte portant désistement est redoutable dans ses effets, ce qui conduit le juge à l'examiner de près, et à accepter qu'en soit discutée (en tout cas devant les juges du fond) l'authenticité (CE, 13 décembre 1993, Tshisuaka, n° 108982, *Lebon* T.), comme il vérifie qu'il s'applique bien au litige (CE, 18 mars 1994, Commune d'Aigueblanche, n° 140111, *Lebon* T.). La même exigence se manifeste s'il s'agit de s'assurer de la régularité de la rétractation d'un désistement, laquelle par exemple ne peut émaner d'une personne non habilitée à représenter une partie devant le tribunal administratif (CE, 30 janvier 2008, Costalla, n° 288686, *Lebon*). Une action en désaveu d'avocat peut conduire à faire déclarer nul un désistement, même accepté (CE sect., 5 juin 1992, OPAC de la Seine-Maritime ; n° 66193, voir art. R. 431-2). Un désistement reposant sur une erreur imputable à l'adversaire ne saurait être validé (CE, 7 mars 1962, Levine, *Lebon*, p. 1070 – CE, 20 juin 1975, Leverrier, n° 89785, *Lebon*, p. 382). Mais la solution inverse prévaut si l'erreur est imputable au seul requérant (CE, 2 décembre 1988, Commune de Sedan, n° 57305, *Lebon* T. [1] – CE, 21 septembre 1992, Revest, n° 116030).

Si le désistement est conditionnel (ce qui est admis : CE, 7 juillet 1853, Balguerie et compagnie, *Lebon*, p. 691 – ou, plus récemment : CE, 25 novembre 1987, SA Vogue Pip, n° 42589, *Lebon*, p. 377), il ne peut en être donné acte sans vérification que la condition est remplie. Cette condition ne peut tenir aux motifs ni au dispositif de la décision que le juge est amené à rendre (CE, 10 mai 2017, Kieffer, n° 394826, *Lebon* T.).

On note que le représentant unique des parties, désigné en application de l'article R. 411-5, ne dispose pas du pouvoir de mettre en leur nom et sans mandat exprès fin à l'instance par un désistement (CAA Lyon, 5 avril 2005, Pinget, n° 04LY01719, *Lebon* T.).

Le juge de l'excès de pouvoir exerce sur la décision de se désister prise par une collectivité publique un contrôle limité à l'exactitude des faits, à l'erreur de droit et au détournement de pouvoir, à l'exclusion donc de toute appréciation de la qualification juridique des faits (CE, 4 juillet 1997, Merit, n° 115653, *Lebon*). Il est permis de se demander quelle serait la portée, dans le litige dans lequel intervient ce désistement, d'une exception d'illégalité de cette décision, soulevée par exemple en appel.

Naturellement, le désistement doit être formé en temps utile pour être effectif, à savoir avant la clôture de l'instruction (CE, 5 novembre 1984, Lefèvre, n° 54637, n° 54638, *Lebon*, p. 708 [2]), sauf au juge à rouvrir l'instruction pour en tenir compte (CE, 22 mai 1991, Guillou, n° 80813, *Lebon* [3]), ce qui n'est pas obligatoire (CE, 5 avril 1996, Nouveau syndicat intercommunal pour l'aménagement de la vallée de l'Orge, n° 141684, *Lebon* [4]).

Sauf indication contraire expresse, le désistement est désormais réputé être un désistement d'instance (CE sect., 1er octobre 2010, Rigat, n° 314297, *Lebon* [5] revenant sur les jurisprudences contraires et, par exemple, en dernier lieu : CE, 23 juillet 2010, Ministre de l'Enseignement supérieur c/Société SPIE Sud-Est, n° 330964). Cette évolution avait été amorcée par la cour administrative d'appel de Lyon (CAA Lyon, plén., 20 décembre 2007, Michaud, n° 07LY01566, *Lebon ; Revue de droit fiscal* 27 mars 2008, p. 44). Cette règle s'impose également lorsqu'il y a lieu d'interpréter les décisions juridictionnelles donnant acte des désistements : si le juge, s'étant mépris ou non sur la portée dudit désistement, en a donné acte sans autre précision, il est désormais considéré qu'il s'agit là d'un désistement d'instance.

Le désistement (qui, « instruit dans les formes prévues pour la requête », doit être semble-t-il notifié aux adversaires) n'a pas à être accepté, quel que soit le contentieux dans lequel il intervient (CE, 22 novembre 1950, Barbier, *Lebon*, p. 640 [6]). Les dispositions de l'article 395 du Code de procédure civile ne sont donc pas applicables en la matière (CE, 29 décembre 1995, Drocchi, n° 120241). Les effets du refus d'acceptation du désistement – sauf s'il est conditionnel et si le refus a trait à la condition – se limitent au droit pour la partie adverse de faire examiner par le juge des conclusions reconventionnelles (CE, 22 novembre 1950, Barbier, préc.), ou de préserver la recevabilité de conclusions incidentes, à condition qu'elles aient été présentées avant le désistement (CE sect., 6 mars 1981, Société Bastide, n° 06393, *Lebon*, p. 129, concl. Labetoulle [7] – CE, 25 mai 1992, Grand, n° 65235, *Lebon* T.). Il en ira ainsi, par exemple, des conclusions aux fins de capitalisation des intérêts (CAA Lyon, 25 mai 1993, Société BP France, *Lebon*, p. 961). Mais les conclusions tendant au versement de frais irrépétibles peuvent être formées après enregistrement du désistement (CE, 3 décembre 2014, Spicher-Bernier, n° 363846, *Lebon*, revenant sur CE, 23 octobre 1992, Commune

de La Clusaz, n° 97309 ou CE, 12 janvier 1994, Pictet, n° 144642). On notera qu'en revanche, un désistement, même non accepté, rend automatiquement irrecevable un appel provoqué (CE, 6 mars 1981, Société Bastide, préc.). Lorsqu'elle se manifeste, l'acceptation (qui n'a pas à être communiquée à celui qui se désiste) a deux effets juridiques :
– elle interdit, dans le contentieux de pleine juridiction, la rétractation du désistement. Cette rétractation est à l'inverse possible, en excès de pouvoir, jusqu'à ce qu'il soit donné acte du désistement (CE, 17 octobre 1997, Commune de Jeancourt, n° 160070, la question de savoir si une telle rétractation peut utilement intervenir après clôture de l'instruction par ordonnance n'étant pas tranchée). Elle est également possible, malgré acceptation, en référé (CE, 26 octobre 1988, Jeanmaire, n° 83056, *Lebon* [8]) ;
– elle vaut à son tour abandon, de la part de qui accepte, des conclusions reconventionnelles ou incidentes qu'il a pu formuler (CE, 22 mai 1958, Cie centrale de travaux publics et autres, *Lebon*, p. 290 [9] – CE, 5 mars 1971, Ville de Toulouse, n° 71834, *Lebon*, p. 196). Après avoir vu dans cette acceptation un désistement des conclusions de l'intimé (CE, 22 mai 1958, Cie centrale de travaux publics, préc.), le Conseil d'État a prononcé un non-lieu sur de telles conclusions (CE, 28 juin 1978, Ministre de l'Équipement c/Mezin, n° 03868, *Lebon*, p. 914), avant de revenir à l'idée de désistement (CE sect., 30 mars 1981, Cie des fours d'incinération, n° 19668, *Lebon* – CE, 6 juillet 2005, Commune de Chatenay-Malabry, n° 241641, *Lebon* T.).
Le désistement, lorsqu'il est parfait, oblige la juridiction à constater la volonté du demandeur de la dessaisir de l'affaire, ce constat intervenant soit en la forme procédurale ordinaire, c'est-à-dire notamment après convocation à l'audience (CE, 15 février 1989, Association pour la rénovation et le développement de Montpeyroux, n° 73017 [10]), soit par ordonnance de l'article R. 122-12 ou R. 222-1, et ne faisant pas obstacle à l'application de l'article R. 741-12 relatif à l'amende pour recours abusif (CAA Lyon, 25 mai 1993, Société BP France, préc. – CE, 7 mai 1997, Courtet, n° 158116).
La nécessité de donner acte d'un désistement prime sur la compétence, même entre ordres de juridictions, et ce, même lorsque l'on se trouve dans l'hypothèse de conclusions aux fins de non-lieu transformées par le juge en désistement (CE, 11 mai 1994, Congrégation des sœurs de Saint-Joseph de Lyon, n° 125812, *Lebon* T.). Cette obligation dans laquelle se trouve le juge de donner acte d'un désistement existe dans tout litige, même en contravention de grande voirie (CE, 12 juin 1989, Ministre des PTT c/Fassel, n° 92126 [11], reprenant CE, 22 mars 1978, Secrétaire d'État aux Postes c/Di Léna, n° 05403, *Lebon*, p. 914), ou dans le contentieux de la décentralisation (CE, 16 juin 1989, Préfet des Bouches-du-Rhône c/Commune de Belcodène, n° 103661, *Lebon* T. [12]), contrairement à ce qui avait été jugé par le tribunal administratif de Lyon le 10 juillet 1984 (Préfet de l'Ardèche c/Commune de Fons ; *AJDA* 1984, p. 570 ; *AJDA* 1985, p. 136). Pourtant, l'administration a l'obligation d'exercer des poursuites en cas de manquement (CE, 23 février 1979, Ministre de l'Équipement c/Association « Des amis des chemins de ronde », n° 04467, *Lebon*, p. 75 – CE, 31 mars 2023, n° 470216, *Lebon*).

La conséquence de cette obligation est qu'une partie a intérêt à faire appel du jugement qui a statué sur les conclusions dont elle s'était désistée, même si le jugement y avait fait droit (CE, 19 mai 1989, Laugt, n° 71390, *Lebon* T. [13]), le juge d'appel réparant d'ailleurs, au besoin d'office, l'erreur commise par les premiers juges en ne donnant pas acte d'un désistement intervenu devant eux (CE, 7 avril 1967, Ministre de l'Équipement c/Monscheim, n° 40432, *Lebon*, p. 152 – CE, 21 mai 1982, Commune de Compiègne, n° 20107, *Lebon*, p. 185).

Les effets du donné acte du désistement d'action sont absolus : est irrecevable toute demande tendant, ultérieurement, à faire juger la même question (CE, 27 avril 1994, Tessier, n° 148245, *Lebon* T.), à moins que, le désistement étant intervenu postérieurement à l'introduction de la nouvelle demande, celle-ci perde son objet (CE, 14 février 1994, Frichou, n° 152426 [14]). Ainsi, le désistement d'un appel, dont il a été donné acte, interdit-il la présentation de conclusions incidentes lors de l'appel principal formé par l'adversaire (CE, 10 mai 1989, Ville de Mâcon, n° 27122, *Lebon* T.). Et le désistement – qu'il soit d'instance ou d'action – d'une requête introduite dans le délai de recours contentieux fera disparaître l'effet interruptif du délai de cette requête : il rend aussi irrecevable une requête ultérieure ayant même objet et même cause (CE, 9 juin 2010, Vintzel, n° 309145, *Lebon* T.).

Naturellement, les effets d'un désistement ne sont opposables qu'à la personne qui s'est désistée. Malgré l'unicité de l'État, le désistement d'un ministre n'est pas opposable à un autre ministre (CE, 22 juin 1994, Ministre délégué chargé du Budget, n° 90073 [15]).

Jurisprudence

[1] Considérant qu'il ressort des pièces du dossier que, par acte du 17 novembre 1983, la ville de Sedan s'est désistée de sa requête n° 6288 enregistrée au greffe annexe de Charleville-Mézières le 22 septembre 1981 et au bureau central du greffe du tribunal administratif de Châlons-sur-Marne le 25 septembre 1981 ; que, si son acte de désistement énonce qu'il est formulé « comme suite à la transaction intervenue au cours des opérations d'expertise » alors qu'en réalité aucune transaction ne serait intervenue, l'erreur ainsi commise serait le fait de la seule requérante ; que, dès lors, le désistement devait être regardé comme pur et simple ; qu'il suit de là que c'est à bon droit que le tribunal administratif de Châlons-sur-Marne en a donné acte [...].

[2] Considérant qu'aux termes du troisième alinéa de l'article R. 159 du code des tribunaux administratifs : « Les mémoires produits après la clôture de l'instruction ne donnent pas lieu à communication et ne sont pas visés dans le jugement. Les conclusions et moyens qu'ils contiennent ne sont pas examinés par le tribunal administratif » ; Considérant que l'acte par lequel M. Lefevre s'est désisté purement et simplement des demandes susvisées a été enregistré au greffe du tribunal administratif de Versailles le 16 juin 1983, soit après la date fixée par ordonnance du président de ce tribunal pour la clôture de l'instruction ; que, dès lors, en application des dispositions susmentionnées, il ne pouvait être examiné par le tribunal administratif [...].

[3] Considérant que dans ses productions enregistrées le 28 mai 1986, la société Les Grands Moulins de Paris s'est bornée à se désister purement et simplement des trois requêtes qu'elle avait présentées au tribunal administratif de Paris ; que, la circonstance que l'instruction était close depuis la date du 29 avril 1986 à laquelle les trois recours pour excès de pouvoir de cette société avaient été appelés à l'audience du

même jour, n'interdisait pas au tribunal, tant qu'aucun jugement n'avait été rendu par lui sur ces recours, de réinscrire les affaires à un rôle ultérieur pour donner acte des désistements après en avoir donné communication, comme il l'a fait, aux défendeurs et aux intervenants ; qu'il suit de là que les requérants ne sont pas fondés à demander l'annulation du jugement attaqué [...].

[4] Considérant que le syndicat appelant fait grief au jugement attaqué, lu le 25 mai 1992, d'avoir statué sur les conclusions de la demande présentée par M. Pichon, alors pourtant que, par acte enregistré le 12 mai 1992, jour de l'audience, M. Pichon s'était désisté ;
Mais considérant qu'en vertu d'une décision du 9 janvier 1992, la clôture de l'instruction était régulièrement intervenue le 10 février 1992 ; que s'il était loisible au tribunal administratif de rouvrir l'instruction, en application de l'article R. 157 du code des tribunaux administratifs et des cours administratives d'appel, pour communiquer le désistement et en donner acte, il n'avait pas, dans un tel cas, l'obligation de faire usage des pouvoirs qu'il tient ainsi de l'article R. 157 ; qu'il n'a ainsi commis aucune irrégularité en statuant en l'état du dossier à la date de clôture de l'instruction et en décidant sur les conclusions de la demande de M. Pichon [...].

[5] Considérant qu'en principe un désistement a le caractère d'un désistement d'instance ; qu'il n'en va autrement que si le caractère de désistement d'action résulte sans aucune ambiguïté des écritures du requérant ; que, par voie de conséquence, lorsque le dispositif de la décision de justice qui donne acte d'un désistement ne comporte aucune précision sur la nature du désistement dont il est donné acte, ce désistement doit être regardé comme un désistement d'instance [...].

[6] Sur le recours en révision du sieur Barbier :
Considérant que le désistement susvisé du sieur Barbier est pur et simple et que rien ne s'oppose à ce qu'il en soit donné acte ;
En ce qui concerne les conclusions reconventionnelles du Comité de défense du quartier de la Capuche :
Considérant que, le désistement du sieur Barbier n'ayant pas été accepté par le Comité de défense du quartier de la Capuche, il y a lieu de statuer sur les conclusions reconventionnelles présentées par ledit comité ;
Considérant que des conclusions reconventionnelles à fin de dommages-intérêts pour recours abusif amènent nécessairement le juge à apprécier les mérites de l'action principale engagée devant lui, nonobstant le désistement du demandeur [...].

[7] Sur la requête de la société Bastide et compagnie :
Considérant que le désistement susvisé est pur et simple, que rien ne s'oppose à ce qu'il en soit donné acte ;
Sur les conclusions présentées par M. Marconnet :
Considérant qu'ainsi qu'il vient d'être dit, la société Bastide et compagnie s'est désistée de sa requête ; que les obligations résultant pour M. Marconnet du jugement du tribunal administratif d'Orléans ne peuvent donc plus être aggravées du fait de l'appel de la société Bastide et compagnie ; que, par suite, les conclusions de M. Marconnet, dirigées contre l'office public d'habitations à loyer modéré de Tours et présentées après l'expiration du délai d'appel, ne sont pas recevables ;
Sur les conclusions présentées par l'office public d'habitations à loyer modéré de Tours :

Considérant que le désistement de la société Bastide et compagnie n'a pas été accepté par l'office public d'habitations à loyer modéré de Tours ; que, dès lors, il y a lieu de statuer sur les conclusions du recours incident formé par l'office avant ce désistement [...].

[8] Considérant que si, par son mémoire du 14 avril 1987, M. Jeanmaire a entendu se désister de son action en référé, le requérant a retiré ce désistement par un nouveau mémoire enregistré le 15 juillet 1987 ; que le fait que le Commissariat à l'énergie atomique a, le 12 mai 1987, accepté le désistement susmentionné et demandé qu'il en soit donné acte n'a pas été de nature à lui conférer un caractère irrévocable ; que, dès lors, M. Jeanmaire a pu valablement retirer son désistement et qu'il n'y a pas lieu d'en donner acte [...].

[9] Sur les conclusions présentées par la compagnie « La Gresham » et les conclusions dirigées par l'État contre cette compagnie :
Considérant, d'une part, que ladite compagnie s'est désistée purement et simplement, en ce qui la concerne, de la requête n° 25138 ; que le ministre de la Reconstruction a déclaré accepter ledit désistement ; que rien ne s'oppose à ce qu'il en soit donné acte ;
Considérant, d'autre part, que ladite acceptation équivaut au désistement du ministre des conclusions qu'il avait formées contre la compagnie « La Gresham » ; que rien ne s'oppose à ce qu'il soit donné acte de ce désistement [...].

[10] Considérant qu'il ressort des pièces du dossier que ni l'avocat de l'Association pour la rénovation et le développement de Montpeyroux, ni cette association n'ont été avertis de ce que la requête de celle-ci tendant à l'annulation pour excès de pouvoir de la délibération du 13 octobre 1984 du conseil municipal de Montpeyroux serait portée à la séance du 13 août 1985 du tribunal administratif de Clermont-Ferrand ; que l'Association pour la rénovation et le développement de Montpeyroux est fondée à soutenir que le jugement en date du 13 août 1985 par lequel le tribunal administratif de Clermont-Ferrand lui a donné acte de son désistement est intervenu à la suite d'une procédure irrégulière [...].

[11] Considérant que, devant le tribunal administratif de Strasbourg, le préfet commissaire de la République du département du Bas-Rhin a déclaré abandonner les poursuites en répression de la contravention de grande voirie dressée le 28 mars 1986 à l'encontre de M. Fasse à la suite des dommages causés par son véhicule à un poteau téléphonique et aux câbles qui y étaient fixés ; que, dans les termes où ces conclusions sont rédigées, elles constituent un désistement pur et simple portant tant sur la demande de réparation que sur l'action publique aux fins de condamnation à l'amende qui y était jointe ; que le tribunal administratif était tenu de donner acte de ce désistement, dont la validité n'était pas affectée par le fait que M. Fasse ne l'a pas accepté [...].

[12] Considérant que saisi par le préfet des Bouches-du-Rhône du désistement de son déféré tendant au sursis à l'exécution d'une délibération de la commune de Belcodène, le tribunal administratif de Marseille a statué sans tenir compte dudit désistement ; qu'il y a lieu, par suite, d'annuler le jugement attaqué et de donner acte au préfet des Bouches-du-Rhône du désistement de son déféré [...].

[13] Considérant que M. Laugt et la Société d'expansion hôtelière du Languedoc demandent l'annulation du jugement attaqué en tant qu'il a statué sur des conclusions

dont ils soutiennent qu'ils s'étaient désistés avant l'intervention dudit jugement ; qu'ainsi les requêtes contestent le dispositif du jugement attaqué et ne se bornent pas à en critiquer les motifs ; que, d'autre part, les requérants ont intérêt à faire appel d'un jugement qui a statué sur des conclusions dont ils s'étaient désistés, alors même que le jugement a fait droit auxdites conclusions [...].

[14] Considérant que M. Frichou a interjeté appel du jugement attaqué à la fois par une requête présentée devant la cour administrative d'appel de Paris et par la présente requête, formée directement devant le Conseil d'État ; que M. Frichou s'est désisté de sa requête présentée devant la cour administrative d'appel de Paris et qu'il a été donné acte de ce désistement par ordonnance du président de la cour administrative d'appel de Paris en date du 29 octobre 1993 ; que ce donné acte est intervenu postérieurement à la date d'enregistrement de la présente requête ; que, par suite, celle-ci est devenue sans objet ; que, dans ces conditions, il n'y a pas lieu d'y statuer [...].

[15] Considérant que le désistement du ministre délégué auprès du ministre de l'Éducation nationale, chargé de la Recherche et de l'Enseignement supérieur, est pur et simple ; que rien ne s'oppose à ce qu'il en soit donné acte ; qu'en revanche ce désistement ne saurait être opposé au ministre délégué auprès du ministre de l'Économie, des Finances et de la Privatisation, chargé du Budget qui a expressément maintenu les conclusions de son recours [...].

LIVRE VII

Le jugement

TITRE I L'inscription au rôle

Le présent titre ne comprend pas de dispositions législatives.

CHAPITRE 1 Dispositions applicables aux tribunaux administratifs et aux cours administratives d'appel

Le rôle de l'audience au tribunal administratif et à la cour administrative d'appel

Art. R. 711-1 Au tribunal administratif, le rôle de chaque audience est arrêté par le président du tribunal et communiqué au rapporteur public.

À la cour administrative d'appel, le rôle de chaque audience est préparé par le rapporteur public et arrêté par le président de la cour.

Textes sources

– Code des TA et des CAA, article R. 190.
– Décret n° 2009-14 du 7 janvier 2009, article 1er.
– Décret n° 2011-1950 du 23 décembre 2011, article 3.

L'avis d'audience

Art. R. 711-2 Toute partie est avertie, par une notification faite par lettre recommandée avec demande d'avis de réception ou par la voie administrative mentionnée à l'article R. 611-4, du jour où l'affaire sera appelée à l'audience.

L'avis d'audience reproduit les dispositions des articles R. 731-3 et R. 732-1-1. Il mentionne également les modalités selon lesquelles les parties ou leurs mandataires peuvent prendre connaissance du sens des conclusions du rapporteur public, en application du premier alinéa de l'article R. 711-3 ou, si l'affaire relève des dispositions de l'article R. 732-1-1, de la décision prise sur la dispense de conclusions du rapporteur public, en application du second alinéa de l'article R. 711-3.

L'avertissement est donné sept jours au moins avant l'audience. Toutefois, en cas d'urgence, ce délai peut être réduit à deux jours par une décision expresse du président de la formation de jugement qui est mentionnée sur l'avis d'audience.

Textes sources

– Code des TA et des CAA, article R. 193.
– Décret n° 2004-2 du 2 janvier 2004, article 2-5°.
– Décret n° 2005-1586 du 19 décembre 2005, article 9-III.

– Décret n° 2005-1611 du 20 décembre 2005, article 3.
– Décret n° 2006-964 du 1er août 2006, article 2.
– Décret n° 2009-14 du 7 janvier 2009, article 1er
– Décret n° 2011-1950 du 23 décembre 2011, article 4.
– Décret n° 2015-1145 du 15 septembre 2015, article 24.

Commentaires

L'omission de certaines des mentions que doit contenir l'avis d'audience ne peut entraîner l'irrégularité de la procédure que si elle a privé une partie des garanties que cet avis vise à mettre en œuvre. Ainsi, lorsque la juridiction a utilisé un modèle d'avis d'audience périmé, parce qu'entre la date d'émission de cet avis et l'audience le texte avait changé, le juge de cassation a vérifié avec minutie que l'insuffisance des informations ainsi communiquées n'avait privé la requérante d'aucune garantie (CE, 15 octobre 2014, SARL Go Norma Ski, n° 358484, *Lebon* T. – CE, 15 décembre 2015, Département de Seine-Saint-Denis, *Lebon* T., s'agissant des informations relatives aux conclusions du rapporteur public prévues par le deuxième alinéa). Ce qu'il ne peut faire en l'absence de cet avis au dossier, notamment dans le cas de la mention relative à la dispense de conclusions du rapporteur public prévue par l'article R. 711-2 (CE, 17 février 2023, Drillet, n° 462051, *Lebon* T.),

S'agissant des procédures de référé, le Conseil d'État, sensible à la nécessité de statuer d'urgence, a décidé que, lorsque le juge des référés – qui n'y est pas tenu sauf lorsqu'il se prononce en application des articles L. 521-1 ou L. 521-2 – décide de tenir audience, il n'est pas soumis aux dispositions de l'article R. 711-2 (CE, 15 mars 2004, Société Dauphin Adshel, n° 259803, *Lebon* T., p. 829, pour un référé de l'article L. 421-3 – 25 janvier 2019, Mme A…, n° 424258, pour un référé de l'article L. 521-1).

L'avis d'audience dans les procédures de télérecours

Art. R. 711-2-1 Les parties ou leur mandataire inscrits dans l'application informatique mentionnée à l'article R. 414-1 peuvent être convoqués à l'audience par le moyen de cette application.

Les parties qui ont accepté l'usage du téléservice mentionné à l'article R. 414-2 pour une affaire peuvent être convoquées au moyen de ce téléservice à l'audience à laquelle elle sera appelée.

Les dispositions de l'article R. 611-8-6 sont applicables.

Textes sources

– Décret n° 2012-1437 du 21 décembre 2012, article 4.
– Décret n° 2017-493 du 6 avril 2017, article 10.
– Décret n° 2018-251 du 6 avril 2018, article 7.
– Décret n° 2020-1245 du 9 octobre 2020, article 9.

Commentaires

La radiation d'une affaire du rôle d'une formation de jugement constitue un acte de la procédure qui n'a pas à être motivé (CE, 7 août 2008, Aguilar, n° 278769, *Lebon* T.). Prise par le juge dans l'intérêt d'une bonne administration de la justice, une telle mesure est au surplus insusceptible de recours (CE, 4 décembre 2013, Rousseaux, n° 364632). Le pouvoir de radier, discrétionnaire, est toutefois soumis aux exigences du débat contradictoire s'il conduit à un refus : la juridiction est tenue de tenir compte d'une demande de report formulée par une partie « dans le cas où des motifs exceptionnels tirés des exigences du débat contradictoire l'imposent » (CE, 18 octobre 2010, Dossou, n° 326020, *Lebon*).

Il est rappelé que l'avis d'audience vaut, si l'instruction n'a pas été close antérieurement, clôture trois jours francs avant la date d'audience qui y figure (voir CJA, art. R. 613-2).

Si l'envoi de l'avis d'audience à l'avocat ne l'atteint pas, et que le courrier revient au greffe, il appartient à ce dernier, en ultime solution, de l'adresser à la partie elle-même (CE, 15 juillet 2004, Mayné, n° 248680, *Lebon* T. – CE, 29 octobre 2012, Ozil, n° 347199, *Lebon* T. – voir solution identique pour l'avertissement de ce qu'un moyen d'ordre public est susceptible d'être relevé d'office, CE, 13 février 2009, Mallavergne, n° 300217, *Lebon* T.). Les mentions qui doivent être reproduites par l'avis d'audience participent, pour leur quasi-totalité, du souci d'informer précisément les parties de la façon dont se déroulera l'audience. Mais l'avis doit se borner à reproduire les textes du code, sans y ajouter les expérimentations qui ont pu être organisées (CE, 20 mai 2011, Commune du Lavandou, n° 328338, *Lebon* T.).

En ce que toutefois ces mentions se réfèrent au rapporteur public, et surtout à l'article R. 732-2, elles sont destinées à faire apparaître aux yeux sourcilleux des juges de la Cour européenne des droits de l'homme que l'on affiche ouvertement la règle déduite de la jurisprudence *Martinie* de ladite Cour (CEDH, 12 avril 2006, Martinie, n° 58675/00), relative à l'accès des parties au sens des conclusions. On en verra un aspect supplémentaire dans l'article suivant. Identiquement l'avis d'audience prévient les parties de la décision prise sur la dispense de conclusions, lorsque l'affaire, relevant de l'article R. 732-1-1, entre dans les cas de dispense possible.

Il importe de noter que le texte implique que, dans toutes les affaires, les parties soient averties de l'audience. Ont disparu notamment les dérogations à cette règle, prévues en matière électorale par l'ancien article R. 206 (voir CJA, art. R. 773-1 et R. 773-2) et autrefois en matière fiscale : toutes affaires contentieuses doivent être jugées en audience publique, mis à part les référés-instruction, constats et référés-provision et sauf le cas des ordonnances prévues aux articles R. 122-12, R. 222-1 ou L. 522-3 (voir CJA, art. L. 6). Il s'ensuit que, malgré l'article R. 119 du Code électoral qui prévoit que les conseillers dont l'élection est contestée ont cinq jours pour « faire connaître s'ils entendent ou non user du droit de présenter des observations orales », tous les conseillers dont l'élection est contestée doivent être avisés de l'audience statuant sur la protestation qui les vise (CE, 30 janvier 2002, Élections municipales de Marainviller, n° 235231, *Lebon*).

La seule exception réside dans l'article R. 721-9 et concerne l'audience au cours de laquelle la juridiction se prononce sur la demande de récusation d'un de ses membres ; mais il s'agit plus du règlement d'un incident de procédure que du jugement du litige, lors même que la décision prise est juridictionnelle. S'il est question de la récusation d'un expert, la juridiction se prononce après audience publique (voir CJA, art. R. 621-6-4).
Le jugement n'a pas à mentionner l'existence de l'avis d'audience (CE, 6 avril 2007, CCAS de la ville de Chaville, n° 286727, *Lebon* T.).
Le juge d'appel exerce son contrôle sur l'urgence invoquée pour raccourcir le délai de convocation à l'audience (CE, 22 février 1989, Ben Larbi Mohamed, n° 77236 [1]), délai qui est normalement de sept jours.
On remarquera que si le rôle est arrêté par le président de la juridiction, c'est le président de la formation de jugement qui décide de réduire le délai de convocation.
Ces délais enfin doivent être regardés comme des délais francs (CE, 26 mai 1993, Letellier, n° 93088 – CE, 28 octobre 1998, Hazael-Massieux, n° 176415).
L'omission de la convocation, ou le non-respect du délai de sept jours, entraîne en principe l'irrégularité de la décision (CE, 5 mars 1958, Chameau, *Lebon*, p. 148, pour l'absence de convocation – CE, 7 mars 1994, Barnes, n° 117994 – CE, 30 novembre 1904, Alarousse, *Lebon*, p. 746, pour une convocation tardive). Ce, sous réserve de nos observations finales, pénultième alinéa.
On se reportera à l'article R. 741-2 pour les questions de preuve de la convocation.
Est régulier le jugement intervenu alors que l'avertissement a été adressé au requérant en temps utile pour être reçu sept jours avant l'audience, même si, par suite de grèves postales, il n'est parvenu que l'avant-veille de cette audience (CAA Lyon, 13 avril 1993, Cabanes, n° 92LY00026, *Lebon* T.). Même si des décisions postérieures commandent ici une certaine prudence (CE, 21 juin 1996, Ville de Marseille c/Caroubi, n° 138308, *Lebon*, p. 241 – CE, 28 octobre 1998, Hazael-Massieux, préc.), le juge tend à raidir sa position : ainsi, dans une affaire où l'intéressée n'avait retiré la lettre l'avisant de l'audience qu'au dernier jour du délai postal de mise en instance, à une date postérieure à l'audience, a-t-il été décidé que cette circonstance « imputable exclusivement à la requérante, est sans incidence sur la régularité de la procédure » (CE, 21 juin 2002, Ilinca, n° 219202, *Lebon*). Pour n'être qu'un cas d'espèce, cette décision n'en est pas moins des plus discutables, dès lors que le délai de quinzaine constitue le droit commun de la distribution postale, et que l'avis de mise en instance d'un pli recommandé ne fait pas état de l'identité de l'envoyeur…
On note que cet article maintient expressément le procédé de la lettre recommandée avec demande d'avis de réception, et n'autorise donc pas la souplesse introduite par le décret n° 2005-1586 du 19 décembre 2005 dans l'article R. 611-3. Cette précision pourrait s'interpréter comme impliquant que seul un envoi par lettre recommandée (ou une notification par la voie administrative) est susceptible d'être utilisé pour l'envoi de l'avis d'audience, ce qui rendrait irrégulière toute autre méthode. Ce n'est point ainsi qu'il convient de lire cet article. Ainsi, par décision du 21 juin 1996 (CE, 21 juin 1996, Ville de Marseille, préc.), le Conseil d'État a-t-il, dans une espèce où l'envoi recommandé n'était pas parvenu à une partie, vérifié que cette dernière n'avait pas été avisée de la date de l'audience

« par d'autres moyens » avant de constater l'irrégularité du jugement. Et, dans des instances dans lesquelles l'avis d'audience avait fait l'objet d'un envoi par télécopie, il a de même constaté que la preuve avait été apportée de ce que le fax n'avait pas été reçu avant de tenir la procédure pour irrégulière alors qu'une lecture rigoureuse de l'ancien article R. 193 codifié à l'article R. 711-2 l'aurait dispensé de cette recherche et de ce constat (CE, 15 mai 1996, Giraud, n° 157812 – CE, 6 juin 1997, Commune d'Aubagne, n° 154974).

Si d'ailleurs la partie tardivement convoquée – ou dont on ne trouve pas au dossier la preuve qu'elle a été régulièrement convoquée – est néanmoins présente à l'audience ou y fait présenter des observations orales, le vice est couvert (CE, 9 juin 1893, François, *Lebon*, p. 453 – CE, 5 septembre 2007, Sulzer, n° 211508), ce qui tend à démontrer que le délai de convocation n'a pas pour objet de permettre aux parties de préparer leurs observations (lesquelles ne sont pas des plaidoiries), mais de les mettre à même de se rendre libres le jour de l'audience. Ainsi, avant d'annuler un arrêt pour non-convocation à l'audience, le Conseil d'État s'assure-t-il de ce que la partie n'a pas été présente ou représentée à cette audience (CE, 16 janvier 2006, SCI Parc de Vallauris, n° 266267, *Lebon* T. – CE, 10 avril 2009, Rivoallan, n° 289793), voire, mais c'est limite, qu'il n'est ni soutenu ni même allégué qu'après avoir été tardivement avertie, la partie n'aurait pu assister à l'audience ou s'y faire représenter (CE, 31 août 2009, SA La Sigma, n° 300483, *Lebon* T.). Voir pour une confirmation *a contrario* de cette interprétation : CE, 23 juin 2004, Fourgous, n° 270876 – CE, 29 décembre 2006, Caillaut, n° 273259 – CE, 10 avril 2009, SA Natiocredibail, n° 300405.

Sur la possibilité de fixer une audience un jour férié, et l'influence en la matière du principe de liberté des cultes, on se reportera aux commentaires sous l'article L. 6, à la décision CE, 29 janvier 2001, Bensabat, n° 192128, à la décision de la Cour européenne des droits de l'homme (CEDH, 3 avril 2012, Francesco Sessa c/Italie, n° 28790/08) et aux commentaires qu'en a faits F. Dieu (*JCPA*, 23 juillet 2012, p. 25).

Jurisprudence

[1] Considérant qu'aux termes de l'article R. 162 du code des tribunaux administratifs, « sauf disposition contraire, toute partie doit être avertie, par une notification faite conformément aux articles R. 107 et R. 108, du jour où l'affaire sera portée en séance. Lorsqu'elle est représentée devant le tribunal, la notification est faite à son mandataire. Dans les deux cas, l'avertissement est donné cinq jours au moins avant la séance. Toutefois, en cas d'urgence, ce délai pourra être réduit à deux jours par une décision expresse du président du tribunal administratif qui sera mentionnée sur la convocation » ; que dans le cas d'espèce, il n'y avait pas d'urgence justifiant la réduction du délai minimal de cinq jours [...].

Le sens des conclusions

Art. R. 711-3 Si le jugement de l'affaire doit intervenir après le prononcé de conclusions du rapporteur public, les parties ou leurs mandataires sont mis en mesure de connaître, avant la tenue de l'audience, le sens de ces conclusions sur l'affaire qui les concerne.

Lorsque l'affaire est susceptible d'être dispensée de conclusions du rapporteur public, en application de l'article R. 732-1-1, les parties ou leurs mandataires sont mis en mesure de connaître, avant la tenue de l'audience, si le rapporteur public prononcera ou non des conclusions et, dans le cas où il n'en est pas dispensé, le sens de ces conclusions.

Textes sources

– Décret n° 2009-14 du 7 janvier 2009, article 1er.
– Décret n° 2011-1950 du 23 décembre 2011, article 5.

Commentaires

Les obligations ici mentionnées – comme celles de l'article R. 711-2 – sont substantielles ; leur méconnaissance entraîne l'irrégularité de la décision juridictionnelle (CE, 2 février 2011, Marchesini, n° 330641, *Lebon* T.). Elle peut conduire à révision, bien qu'elle ne figure pas dans les causes énumérées à l'article R. 834-1 (CE, 10 juillet 2013, n° 357359, *Lebon* T.).

Ici encore s'affirme le souci de rassurer la Cour européenne des droits de l'homme : ce qui était une pratique est devenu une obligation textuelle. Cette pratique était déjà la traduction d'une obligation (CE, 18 décembre 2009, Société Sogedame, n° 305568, *Lebon*), l'information ainsi donnée étant destinée, entre autres, à mettre le justiciable en mesure d'apprécier l'opportunité d'assister à l'audience publique (même arrêt). Voir commentaires sous l'article L. 7.

Par un arrêt de section en date du 21 juin 2013 (CE, 21 juin 2013, Communauté d'agglomération du pays de Martigues, n° 352427, *Lebon*, p. 167 ; *JCP A*, 14 octobre 2013, p. 35), repris le 16 octobre 2013 (CE, 16 octobre 2013, Commune de Montardon, n° 358950), le Conseil d'État a précisé les contours de l'obligation édictée au premier alinéa [1]. L'information doit être donnée dans un délai raisonnable, au besoin par le biais de l'application « SAGACE », permettant aux parties d'apprécier l'opportunité d'assister à l'audience. A ainsi été jugé suffisant le fait que cette information ait été portée à la connaissance des parties à 19 h 15 par l'application « SAGACE », alors que l'audience se tenait le lendemain à 9 h 30 (CE, 9 avril 2014, Pacot, n° 364326), le délai ici observé ayant été « raisonnable ». N'a inversement pas été regardé comme suffisant le délai qui a séparé le porté à connaissance du sens des conclusions par l'application « SAGACE », le 31 mai 2016 à 17 heures, concernant une audience se tenant le 1er juin à 10 heures (CE, 30 mai 2018, Calmels, n° 402919, *Lebon* T.). Rapprochée de l'arrêt précédent, cette décision traduit un renforcement des exigences du Conseil d'État à l'égard d'une information qui n'a peut-être pas suscité l'enthousiasme des juridictions… Encore les parties doivent-elles être averties (par l'avis d'audience) que l'application « SAGACE » contiendra cette information, avertissement qui doit être renouvelé si le contenu sur ce point de l'application « SAGACE » se modifie par suite des changements d'opinion du rapporteur public (CE, 4 mai 2016, Delay, n° 380548, *Lebon* T.).

L'exigence posée par cet article implique très normalement que, si le rapporteur public change d'avis, cette volte-face soit également signalée dans le même délai raisonnable (CE, 5 mai 2006, Société Mullerhof, n° 259957, *Lebon*, p. 232 ; *AJDA* 2006, p. 961)… sauf si le rapporteur public, changeant à nouveau d'avis, en revient à sa position initiale telle, qu'elle a été diffusée (CE, 4 mai 2016, Delay, préc.). Au surplus, si l'avocat de la partie intéressée, présent à l'audience, ne s'est pas plaint après prononcé des conclusions, soit dans ses propres observations, soit dans une note en délibéré, du changement de ces dernières par rapport à l'information donnée, il est jugé que la procédure n'est pas irrégulière (CE, 1er octobre 2015, Gauchot, n° 366538, *Lebon*).

L'obligation ne concerne que « l'ensemble des éléments du dispositif proposé par le rapporteur public », à l'exclusion, d'une part, des motifs justifiant ce dispositif, dont la communication est laissée à l'appréciation du rapporteur public (CE, 30 mai 2016, n° 381274, *Lebon* T.), et, d'autre part, des réponses à des conclusions accessoires, telle que la demande de frais irrépétibles. Les conclusions aux fins d'injonction ne revêtent pas un caractère accessoire (CE, 20 octobre 2014, Commune de Rueil-Malmaison, n° 371493, *Lebon* T. – CE, 21 décembre 2018, Société Eden, n° 409678, *Lebon*), mais une indication explicite de la proposition du rapporteur public quant au sort à leur réserver n'est requise que dans le cas où il propose de faire droit, au moins partiellement, aux conclusions sur lesquelles elles se greffent (CE, 21 décembre 2018, Société Eden, préc.).

L'information doit être suffisamment précise pour être utile. A ainsi été jugée insuffisante et donc irrégulière une communication informant les parties de ce que le rapporteur public allait conclure à l'annulation partielle du jugement attaqué, sans préciser quelle partie du jugement était ainsi mise en cause (CE sect., 5 décembre 2014, Commune de Scionzier, n° 359769, *Lebon*). Et l'on ne sera pas surpris de la censure apportée par le Conseil d'État au vu des seuls termes « satisfaction totale ou partielle » présentés, dans une affaire de demande d'indemnisation, comme représentant le sens des conclusions (CE, 28 mars 2019, Bendjebel, n° 415103, *Lebon* T.). Les termes « Annulation partielle du jugement – Réformation partielle du jugement » sont insuffisants et entraînent l'irrégularité de la décision, même si l'avocat présent à l'audience ne s'est pas plaint de cette imprécision (CE, 10 février 2020, Me Courtoux, liquidateur de la société Les Compagnons Paveurs, n° 427282, *Lebon* T.). Il n'y a toutefois pas irrégularité lorsqu'après indiqué « rejet au fond », le rapporteur public a également indiqué, lors de l'audience, que la requête pourrait être rejetée en raison de son irrecevabilité (CE, 29 juin 2021, Société des mobiliers urbains pour la publicité et l'information, n° 442506, *Lebon* T.).

Le second alinéa s'applique aux affaires entrant dans le champ d'application de l'article R. 732-1-1. Pour ces dernières, les parties doivent pouvoir savoir à l'avance si la dispense prévue par ces dispositions a été décidée pour leur affaire, et, sinon, doivent pouvoir accéder au sens des conclusions. Texte d'où il se déduit qu'en cas de décision de dispense du prononcé des conclusions, les parties n'ont aucunement à connaître quoi que ce soit de l'opinion du rapporteur public. Mais l'exigence du deuxième alinéa se combine avec celle du deuxième alinéa de l'article R. 711-2 relative à l'avis d'audience (voir CJA, art. R. 613-2).

Le juge d'appel ou de cassation appelé à se prononcer sur le point de savoir si la procédure avait été régulière alors que les parties n'avaient pas été informées de la dispense susmentionnée est tenu, au titre du champ d'application de la loi, de rechercher si le litige était de ceux dans lesquels l'article R. 732-1-1 autorisait cette dispense, alors que cette dernière question n'est pas d'ordre public (CE, 15 octobre 2014, Société Geciotel, n° 365074).

Jurisprudence

[1] 6. Considérant que la communication aux parties du sens des conclusions, prévue par les dispositions citées au point 3 de l'article R. 711-3 du code de justice administrative, a pour objet de mettre les parties en mesure d'apprécier l'opportunité d'assister à l'audience publique, de préparer, le cas échéant, les observations orales qu'elles peuvent y présenter, après les conclusions du rapporteur public, à l'appui de leur argumentation écrite et d'envisager, si elles l'estiment utile, la production, après la séance publique, d'une note en délibéré ; qu'en conséquence, les parties ou leurs mandataires doivent être mis en mesure de connaître, dans un délai raisonnable avant l'audience, l'ensemble des éléments du dispositif de la décision que le rapporteur public compte proposer à la formation de jugement d'adopter, à l'exception de la réponse aux conclusions qui revêtent un caractère accessoire, notamment celles qui sont relatives à l'application de l'article L. 761-1 du code de justice administrative ; que cette exigence s'impose à peine d'irrégularité de la décision rendue sur les conclusions du rapporteur public ;

7. Considérant, par ailleurs, que, pour l'application de l'article R. 711-3 du code de justice administrative et eu égard aux objectifs, mentionnés au point 6, de cet article, il appartient au rapporteur public de préciser, en fonction de l'appréciation qu'il porte sur les caractéristiques de chaque dossier, les raisons qui déterminent la solution qu'appelle, selon lui, le litige, et notamment d'indiquer, lorsqu'il propose le rejet de la requête, s'il se fonde sur un motif de recevabilité ou sur une raison de fond, et, de mentionner, lorsqu'il conclut à l'annulation d'une décision, les moyens qu'il propose d'accueillir ; que la communication de ces informations n'est toutefois pas prescrite à peine d'irrégularité de la décision ;

8. Considérant que, dans le cas mentionné au point 6 comme dans celui indiqué au point 7, le rapporteur public qui, après avoir communiqué le sens de ses conclusions, envisage de modifier sa position doit, à peine d'irrégularité de la décision, mettre les parties à même de connaître ce changement [...].

L'affichage des rôles

Art. R. 711-4 Les rôles sont affichés à la porte de la salle d'audience.

Textes sources

– Code des TA et des CAA, article R. 192.

– Décret n° 2009-14 du 7 janvier 2009, article 1er.

Commentaires

Cet article existait sous le numéro R. 711-3. Il a fallu le décaler pour faire la place au droit de connaître le sens des conclusions du rapporteur public.

Il faut non seulement afficher le rôle, mais la composition de la formation de jugement, de façon à permettre au requérant d'engager le cas échéant la procédure de récusation d'un magistrat avant la fin de l'audience (CE, 7 août 2008, Aguilar, n° 278769, *Lebon* T.).

CHAPITRE 2 Dispositions applicables au Conseil d'État

Le rôle de l'audience devant le Conseil d'État

Art. R. 712-1 Le rôle de chaque séance de jugement est préparé par le rapporteur public chargé de présenter ses conclusions et arrêté par le président de la formation de jugement.

Lorsqu'une affaire est inscrite au rôle de l'assemblée du contentieux, le Premier ministre en est tenu informé.

Quatre jours au moins avant la séance, les avocats au Conseil d'État et à la Cour de cassation sont avisés que les affaires pour lesquelles ils sont inscrits figurent au rôle. En cas d'urgence, ce délai peut être réduit à deux jours par décision du président de la section du contentieux.

Les parties qui ne sont pas représentées par un avocat au Conseil d'État et à la Cour de cassation sont informées de l'inscription au rôle de leur affaire.

Si le jugement de l'affaire doit intervenir après le prononcé de conclusions du rapporteur public, les parties ou leurs mandataires sont mis en mesure de connaître, avant la tenue de l'audience, le sens de ces conclusions sur l'affaire qui les concerne. L'avis d'audience reproduit les dispositions des articles R. 731-1, R. 731-2, R. 731-3, R. 733-1, R. 733-2 et R. 733-3. Il mentionne également les modalités selon lesquelles les parties ou leurs mandataires peuvent prendre connaissance du sens des conclusions du rapporteur public, en application de l'alinéa précédent.

Les rôles sont affichés au secrétariat du contentieux.

Textes sources

– Décret n° 63-766 du 30 juillet 1963, article 55.
– Décret n° 2006-964 du 1er août 2006, article 3.
– Décret n° 2009-14 du 7 janvier 2009, article 1er.

Commentaires

Le texte distingue les avocats aux conseils, qui sont « avisés », dans le délai fixé par le texte, de ce qu'une affaire pour laquelle ils sont inscrits figure au rôle, des autres partenaires de l'acte juridictionnel, qui sont seulement « informés » de cette inscription au rôle, sans qu'un délai soit prévu. La coutume veut que cette information leur soit donnée assez à l'avance pour leur permettre d'assister à l'audience, étant entendu qu'ils n'y peuvent prendre la parole (CJA, art. R. 731-4). Sur les mentions énoncées aux quatrième et cinquième alinéas, le message est clairement destiné à la Cour européenne des droits de l'homme : le décret du 1er août 2006 maintient en effet la possibilité pour le rapporteur public d'assister au délibéré du Conseil d'État, mais organise une procédure d'opposition de la part d'une partie, et cette dernière est expressément informée par l'avis d'audience de ce qu'il lui est possible de s'opposer à cette présence (voir article R. 733-3, qui doit

être repris dans l'avis d'audience). Ainsi sont sauves les apparences auxquelles s'attache la Cour européenne des droits de l'homme.
L'éventualité d'une absence de conclusions du rapporteur public, qui se déduit *a contrario* du dernier alinéa, ne peut renvoyer qu'aux procédures de référés devant le Conseil d'État, aucun texte ne prévoyant à ce jour un mécanisme de dispense de conclusions dans les contentieux ordinaires. Sur le contenu de l'affichage du rôle, voir les observations sous l'article R. 711-4.

L'avis d'audience dans les procédures de télérecours

Art. R. 712-2 Les parties ou leur mandataire inscrits dans l'application informatique mentionnée à l'article R. 414-1 peuvent être avisés ou informés de l'inscription d'une affaire au rôle par le moyen de cette application.
Les parties qui ont accepté l'usage du téléservice mentionné à l'article R. 414-2 pour une affaire peuvent être avisées ou informées au moyen de ce téléservice de son inscription au rôle.

Textes sources

– Décret n° 2012-1437 du 21 décembre 2012, article 4.
– Décret n° 2018-251 du 6 avril 2018, article 7.
– Décret n° 2020-1245 du 9 octobre 2020, article 9.

TITRE II L'abstention et la récusation

La récusation d'un membre de la juridiction

Art. L. 721-1 La récusation d'un membre de la juridiction est prononcée, à la demande d'une partie, s'il existe une raison sérieuse de mettre en doute son impartialité.

Texte source

– Code des TA et des CAA, article L. 5.

Commentaires

I – Une garantie d'impartialité

La possibilité de récusation exprime un principe général. Ainsi a-t-elle été admise sans texte devant le Tribunal des conflits, s'agissant d'un membre de ce tribunal qui avait participé à une décision qui avait jugé que le litige ne relevait pas de la juridiction administrative parce qu'il concernait un « acte de Gouvernement » (TC, 18 mai 2015, Krikorian, n° C 3995).

L'article L. 721-1 opère une heureuse réécriture de l'ancien article L. 5 du Code des tribunaux administratifs et des cours administratives d'appel, qui rendait applicables aux juridictions administratives les causes de récusation énoncées à l'article 8-1 de l'ordonnance du 22 décembre 1958, codifié sous le numéro L. 111-6 au Code de l'organisation judiciaire. Plusieurs de ces causes en effet ne pouvaient sans dommage trouver à jouer dans le procès administratif. On notera ainsi que tous les magistrats sont débiteurs d'impôts et que certains sont parfois créanciers de l'État, soit comme contribuables, soit à un tout autre titre (parce qu'eux, ou leur conjoint, agent public, ont une créance de traitement ou d'indemnité non réglée), et étaient donc récusables en matière fiscale en tant que créancier ou débiteur d'une partie. La même observation pouvait être faite en ce qui concerne l'existence d'un procès passé fait par le magistrat ou son conjoint à l'État son employeur, ou à la commune pour dommage de travaux publics... Plus sagement, le texte se borne à faire état d'une « raison sérieuse de mettre en doute l'impartialité du magistrat », ce qui est respecter l'essentiel, le principe, dont les raisons énumérées par les textes de procédure civile ne sont qu'une déclinaison.

A – Les magistrats susceptibles d'être visés

La récusation peut frapper aussi bien un magistrat « du siège » qu'un rapporteur public (CE, 17 juin 1988, Bady, n° 47210, *Lebon*, p. 247). De la récusation, procédure organisée fondant un droit pour les parties, doit être distinguée la pratique, inspirée de l'article 339 du Code de procédure civile, des « déports », conduisant un juge, qui estime ne pouvoir juger en toute impartialité, ou courir le risque d'être suspecté de partialité, à s'abstenir spontanément de siéger dans une affaire (voir CJA, art. R. 721-1). Il ne s'agit plus ici de procédure, mais de l'application du principe d'impartialité, et tout manquement à ce principe est constitutif d'un vice de procédure, même en l'absence de toute demande de récusation.

B – Récusation et régularité de la composition de la formation de jugement

La récusation, exception qui doit être présentée avant jugement, ne se distingue pas clairement du moyen tiré, en appel ou en cassation, de l'irrégularité de la composition du tribunal ou de la cour. Une telle distinction a toutefois perdu une partie de ses effets, depuis qu'un arrêt de section (CE sect., 12 octobre 2009, Petit, n° 311641) a admis que la circonstance qu'un requérant s'est abstenu de demander la récusation d'un membre de la formation de jugement ayant rendu la décision querellée est sans influence sur la recevabilité du moyen tiré de l'irrégularité de la composition de la formation de jugement, y compris devant le juge de cassation (abandon de la jurisprudence Sanisart, CE, 9 janvier 1952, *Lebon*, p. 21). Le juge d'appel ne s'interdit d'ailleurs pas de sanctionner, au besoin d'office (puisque la question de la régularité de la composition de la juridiction est d'ordre public), une juridiction comprenant un magistrat qui aurait dû se déporter de lui-même (CE, 26 juillet 1947, Reibel, *Lebon*, p. 356 – CE sect., 2 mars 1973, Mlle Arbousset, n° 84740, *Lebon*, p. 190 ; *AJDA* 1974, p. 161 – CE, 15 octobre 1990, Ministre c/Association pour un développement harmonieux de Saint-Gilles, n° 95194, *Lebon* T. [1]).

Une décision du 5 juillet 2000 (CE sect., Rochard, n° 189523, *Lebon*, p. 298) a précisé la frontière entre les deux notions de récusation et de régularité de la composition de la juridiction : la récusation concerne les problèmes individuels mettant en cause l'impartialité « subjective » du juge, renvoyant ainsi à son comportement personnel ou à son histoire. Est en revanche une question de régularité de la formation de jugement tout ce qui touche à l'impartialité « objective » du juge (qu'elle soit personnelle [CE sect., 3 décembre 1999, Leriche, n° 195512, *Lebon*, p. 402] ou collective), et une telle question est comme on l'a précisé d'ordre public (CE, 30 juillet 2003, Chatin-Tsai, n° 248954, *Lebon* – CE sect., 12 octobre 2009, Petit, n° 311641, *Lebon*).

C – Récusation et déport

S'agissant des problèmes posés par la régularité de la formation de jugement, et ainsi qu'on l'a décrit à l'article R. 222-23, le Conseil d'État a, sous la forme de « règles générales de procédure », introduit dans les pratiques des juridictions des règles implicites de déport : ainsi ne peut participer à un jugement le magistrat qui a présidé la commission dont la décision est contestée (CE, 30 mai 1973, Cueille, n° 85657, *Lebon*) ou qui a participé à une telle commission (CE sect., 2 mars 1973, Mlle Arbousset, préc. [2]). C'est une autre façon de dire que les magistrats doivent être indépendants, donc impartiaux, et plus encore en fournir l'apparence. Ainsi, lorsqu'un fonctionnaire est appelé en raison de ses fonctions à siéger dans une juridiction administrative (ce qui en soi ne suffit pas à faire naître un doute sérieux quant à l'impartialité de cette dernière), des garanties appropriées doivent assurer son indépendance (CE ass., 6 décembre 2002, Trognon, n° 240028 – CE sect., 6 décembre 2002, Ain-Lhout, n° 221319, *Lebon*).

II – Les cas de récusation

A – L'exercice de fonctions antérieures

On rappelle qu'un magistrat ayant occupé les fonctions de rapporteur public (anciennement commissaire du gouvernement) lors de l'examen d'une affaire ne

peut officier ensuite, pour la même affaire, comme juge du siège, sauf si, lors du prononcé des conclusions, il « n'a pas fait connaître son sentiment sur les questions de droit ou de fait de nature à avoir une influence sur la recevabilité ou le bien-fondé des prétentions des parties » (voir les commentaires sous l'article R. 222-23, et CE, 11 octobre 1989, Arretche, n° 35000). La situation inverse, où un ancien rapporteur ou assesseur vient, sur la même affaire, à occuper les fonctions de rapporteur public, n'entraîne aucune incompatibilité.
Ces règles se sont systématisées, notamment du fait de l'entrée en fonctionnement des cours administratives d'appel dont les membres sont pour leur quasi-totalité issus des tribunaux administratifs : une règle générale de procédure applicable même sans texte fait obstacle à ce qu'un membre d'une juridiction administrative puisse participer au jugement, en première instance ou en appel, d'un recours dirigé contre une décision administrative ou juridictionnelle dont il est l'auteur ou qui a été prise par une juridiction ou un organisme collégial dont il était membre et aux délibérations desquelles il a pris part (CE, 30 novembre 1994, Pinto, n° 123452, *Lebon*, p. 1125 – CE, 16 janvier 1995, Perjean, n° 135343, à propos de la commission départementale des impôts – CE, 24 octobre 1997, El Alj, n° 165516, *Lebon* T., à propos d'un conseiller ayant siégé dans la commission d'expulsion statuant sur le cas d'un étranger – CE, 5 mars 2003, Riss, n° 241763, *Lebon* – CE, 26 octobre 2005, Agence nationale pour l'amélioration de l'habitat, n° 264677, *Lebon* T. – CE, 31 mars 2008, SNCF et Gonçalvez Da Cruz, n° 296991, *Lebon* T.). La règle a été systématisée pour le Conseil d'État à l'article R. 122-21-1 du code, introduisant une cloison étanche entre fonctions contentieuses et fonctions consultatives, ce qui devrait mettre la juridiction à l'abri des foudres de la Cour européenne des droits de l'homme (voir CEDH, 30 juin 2009, Association UFC Que Choisir, n° 39699/03).

B – L'expression publique d'une opinion

Plus généralement, un membre d'une juridiction administrative qui a publiquement exprimé son opinion sur un litige ne peut participer à la formation de jugement statuant sur le recours formé contre une décision statuant sur le même litige, ce qui vise évidemment les rapporteurs publics (CE, 30 novembre 1994, SARL Étude Ravalement Constructions, n° 126600, *Lebon* T.). Voir une application de cette règle dans une hypothèse qui avait vu se succéder deux arrêts de cour administrative d'appel relatifs à un même litige, le second intervenant après annulation d'une ordonnance et renvoi devant le premier juge, lors même que le premier arrêt n'avait pas abordé le fond de l'affaire : CE, 14 janvier 2008, Arena, n° 294312.
La cour administrative d'appel saisie par renvoi après cassation doit siéger dans une formation totalement différente de celle qui avait initialement jugé (CE, 17 mai 1999, Giraud, n° 185700), non par application d'une règle générale de procédure, mais parce que le code le prévoit (CJA, art. L. 821-2) ; ce n'est ainsi pas le cas du tribunal administratif saisi de nouveau lorsque la cour ne juge pas opportun d'évoquer (CE sect., 11 février 2005, Commune de Meudon, n° 258102, *Lebon ; AJDA* 2005, p. 660). Il est en effet jugé qu'« aucune règle générale de procédure ne s'oppose à ce que des juges dont une décision a été annulée délibèrent à nouveau sur l'affaire en la même qualité ». On note que les juridictions de l'ordre judiciaire connaissent les mêmes problèmes (Cass. ass. plén., 24 novembre 2000, *Bull.* n° 10, p. 17).

C – L'exercice de fonctions administratives

Naturellement, il est tenu compte, pour apprécier l'impartialité du juge, des fonctions administratives qu'il a occupées ou occupe, voire occupera (voir CEDH, 9 novembre 2006, Sacilor-Lormines c/France, n° 65411/01). Ainsi du cas d'un magistrat, par ailleurs enseignant, se prononçant sur une demande formée par un de ses étudiants (CE, 6 mars 1998, Ravet, n° 173546). Il peut aussi être tenu compte des affinités familiales du magistrat : est irrégulier le jugement rendu, sur la demande d'une commune, par une formation comprenant la fille d'un conseiller municipal, une telle circonstance étant « de nature à faire naître un doute sur l'impartialité des premiers juges » (CE, 2 octobre 1996, Commune de Sartrouville, n° 158463, *Lebon* T.), ou le jugement issu d'une formation où siégeait, comme rapporteur, l'ancien supérieur hiérarchique du requérant (CE, 3 septembre 1997, Boucher, n° 140583, *Lebon* T.). Voir aussi les exemples cités sous l'article R. 222-23. Ne doit ainsi pas siéger un magistrat qui a pour avocat, dans sa procédure de divorce, le conseil d'une commune défenderesse à un référé-suspension (CE, 28 décembre 2009, Sylvanise, n° 322603, *Lebon* T.) En revanche, peut siéger comme juge du référé-suspension un président de tribunal intervenu à l'issue de l'enquête publique pour demander à la commission d'enquête de compléter ses conclusions (CE, 30 décembre 2020, Communauté de communes de la Ténarèze, n° 441075, *Lebon* T.). Sur les effets de l'exercice de fonctions administratives, Voir la chronique de Camille Vinet, « Composition des juridictions », *AJDA* 2021, p. 1506.

D – Une appréciation litige par litige

En revanche, « aucune règle générale de procédure n'interdit à un membre d'une juridiction administrative qui a été membre d'une juridiction de jugement statuant sur un recours pour excès de pouvoir dirigé contre une décision administrative de statuer ultérieurement sur un recours en appréciation de validité formé contre la même décision administrative ou, à l'occasion de ce second litige, de remplir les fonctions de commissaire du gouvernement » (CE, 15 décembre 2000, Pierre Olindo, n° 196737, *Lebon* T.) ou à un magistrat ayant statué, en tant que membre d'une formation collégiale de jugement, sur la légalité d'une décision administrative, de statuer ultérieurement sur une demande indemnitaire fondée sur la responsabilité pour faute de la puissance publique à raison de l'illégalité de cette même décision (CE, 5 février 2025, n° 489647, *Lebon* T.). C'est dire que, pour le Conseil d'État, la règle d'impartialité doit s'apprécier litige par litige : ainsi, les litiges de référé-suspension ne sont pas les mêmes que les litiges de fond, la même décision y fût-elle en cause (CE sect., 12 mai 2004, Commune de Rogerville, n° 265184, *Lebon*, p. 223) ; identiquement le juge se prononçant, en application de l'article R. 811-15 du code, sur la demande de sursis à exécution d'une décision juridictionnelle peut, s'il n'a pas préjugé de l'issue du litige de fond « en allant au-delà de ce qu'implique nécessairement son office », siéger à l'occasion du jugement du pourvoi dirigé contre la même décision (CE, 26 novembre 2010, Société Paris-Tennis, n° 344505, *Lebon*) ; de même, le litige né d'une demande d'aide juridictionnelle (qui peut conduire à apprécier le caractère manifestement infondé d'une requête) est distinct du litige né de cette requête (CE sect., 12 mai 2004, Hakkar, n° 261826,

Lebon). On se reportera sur ces points aux commentaires présentés sous l'article L. 511-1. La règle est claire : le juge qui a, à l'occasion d'un référé, pris position sur une question de fond n'est pas autorisé à intervenir ensuite sur la même question, soit devant la formation jugeant le fond de l'affaire, soit à l'occasion d'un nouveau référé (CE, 2 novembre 2005, Fayant, n° 279660, *Lebon*, p. 466 – CE, 3 février 2010, Communauté de communes de l'Arc Mosellan, n° 330237, *Lebon* T. et, *a contrario :* CE, 19 janvier 2015, Société Ribière, n° 385634, *Lebon* T., concernant tous deux la succession d'une procédure de référé précontractuel, puis d'une procédure de référé-suspension). Voir également, dans un sens voisin, CAA Lyon, 3 juin 2003, Bastier, n° 03LY00181 : les litiges concernant la même imposition mise à la charge du même contribuable, mais pour des années différentes, sont des litiges distincts (CE, 17 décembre 2010, Milis, n° 312486, *Lebon* T.). Il est jugé, également, que le litige auquel donne lieu la décision de suspendre un agent public est différent de celui qui concerne la mesure de révocation qui a suivi la suspension : les mêmes magistrats peuvent donc se prononcer successivement sur ces deux affaires (CE, 30 décembre 2011, Najdi, n° 342576, *Lebon* T.). Ce comportement du juge est normal car il suffirait que l'on ait, à propos d'une affaire déterminée, jugé une question de droit, pour ne plus pouvoir intervenir dans le jugement de toute autre affaire posant la même question de droit. On remarquera toutefois que les magistrats ayant rendu un jugement ne peuvent siéger dans la formation administrative par laquelle le tribunal administratif se prononce sur la demande d'un contribuable de la commune tendant à être autorisé à former, au nom de la commune, appel de ce jugement (CE, 16 janvier 2004, Méry, n° 254839, *Lebon*), solution qui relève de l'évidence.

III – La récusation et le renvoi pour cause de suspicion légitime

Lorsque la ou les demandes de récusation visent au total l'ensemble des membres de la juridiction (ou leur quasi-totalité : CE, 28 juillet 2000, Feldman, n° 204495, *Lebon*), elles sont regardées comme constituant une demande de renvoi pour cause de suspicion légitime, laquelle est admise devant la juridiction administrative (CE sect., 3 mai 1957, Nemegyei, *Lebon*, p. 279 [3] – CE, 12 mai 1958, Demaret, *Lebon*, p. 271) pourvu :

– que l'intéressé ait saisi la juridiction dont il demande le dessaisissement préalablement à sa demande de renvoi (CE, 12 juin 1996, Simard, n° 129913). Il n'y a pas de « renvoi préventif » pour cause de suspicion légitime ;

– qu'elle soit formée avant que la juridiction suspectée ne se soit prononcée (CE, 12 mai 1958, Demaret, préc. [4]) ; si au surplus le juge suspecté s'est prononcé, après formation de la demande de renvoi, mais avant que n'ait statué le juge saisi de la demande de renvoi, cette dernière perd son objet (CE, 23 mars 1983, Bertin, n° 40819, *Lebon*, p. 135 [5] – CE, 7 juillet 1989, Antonin, n° 105488) ;

– qu'il existe une autre juridiction administrative de même nature, et avec la même compétence que la juridiction suspectée ;

– qu'elle soit présentée devant la juridiction immédiatement supérieure à la juridiction suspectée, donc, quel que soit le litige, devant la cour administrative d'appel si la demande suspecte un tribunal administratif (CE, 22 septembre 1993, Benoist, n° 147186, *Lebon* T. – CE, 25 avril 1994, Charrue, n° 120652), et donc

alors même que le litige relève de la compétence de premier et dernier ressort du tribunal administratif (CE, 9 mai 2018, Marin Lopez, n° 416237, *JurisData* n° 2018-008038, *Lebon* T., p. 838) ou que la cour n'aurait pas compétence pour connaître de l'appel ; d'où il suit nécessairement qu'un tel renvoi n'est pas envisageable s'il vise le Conseil d'État (CE, 27 mars 1991, Bertin, n° 47017, *Lebon* T. – CE, 16 juin 2004, Marc-Antoine, n° 246883, *Lebon* T. – CE 3 juin 2020, Association Partage et Ambition, n° 437638) ;
– visant une cour, et donc soumise au Conseil d'État, cette demande doit être présentée par le ministère d'un avocat aux conseils (CE, 14 octobre 2011, Crussol, n° 347627, *Lebon* T.). On note que pour l'application de cette condition, la notion de « juridiction immédiatement supérieure » s'entend du rang « hiérarchique » respectif des juridictions, non de leurs compétences juridictionnelles. Ainsi, pour un jugement rendu dans une matière dans laquelle le tribunal statue en dernier ressort, et donc sans appel, la juridiction immédiatement supérieure est la cour administrative d'appel (CE, 9 mai 2018, Marin Lopez, n° 416237, *Lebon* T.) ;
– qu'elle vise toute la juridiction, et non une formation de celle-ci (CE, 11 décembre 1985, Bertin, n° 52417, *Lebon*, p. 374) ;
– que l'intéressé justifie les raisons pour lesquelles la juridiction est suspectée de partialité (CE, 12 juin 1992, Cheq, n° 110763 – CE, 29 juillet 1998, Lacolle, n° 192931, *Lebon* T.).
On ne connaît qu'un exemple de renvoi de ce type d'un tribunal administratif à un autre : c'est l'affaire *Olech* (CE, 27 novembre 1981, n° 35722, *Lebon* T. ; *D.* 1981, n° 427 [6]), dans laquelle le Conseil d'État a jugé qu'un tribunal administratif n'était pas habilité à se prononcer sur la légalité d'un permis de construire concernant le bâtiment dans lequel il siégeait, ce litige étant « en relation directe avec les conditions d'installation et de fonctionnement » de ce tribunal.

Le jour où sera admise devant une cour administrative d'appel une demande de renvoi pour cause de suspicion légitime pesant sur un tribunal administratif de son ressort, la question se posera de savoir quels seront les pouvoirs de la cour en ce qui concerne la désignation du tribunal devant connaître de l'affaire. Deux lectures peuvent être faites. Ou bien on estime que la cour est saisie de l'entière question, et dispose donc du pouvoir de désigner le tribunal compétent, dans son ressort ou hors de ce dernier. Ou bien on estime que son pouvoir se limite à se prononcer sur la suspicion, à dessaisir le tribunal suspecté, seul le président de la section du contentieux du Conseil d'État ayant pouvoir de désigner une autre juridiction. Notre sentiment est que, par parallèle avec la jurisprudence *Société Fernand Alix* (CE, 14 mars 1990, n° 111014, *Lebon* T., voir art. R. 322-1), la cour devrait pouvoir renvoyer l'affaire au moins à un tribunal administratif situé dans son ressort. Au surplus, le Conseil d'État a déjà eu l'occasion de dire que le juge de la suspicion avait pouvoir de désigner un nouveau tribunal administratif (CE, 6 octobre 1999, Pinault, n° 200386, *Lebon*).

De même qu'un magistrat peut, s'il s'estime récusable, se déporter spontanément, de même une juridiction a pu, si ses membres estiment ne pouvoir se prononcer impartialement sur une affaire, et en conséquence décident en conscience de s'abstenir, transmettre elle-même le dossier au juge supérieur aux fins pour ce dernier de procéder comme en matière de renvoi pour cause de suspicion légitime (CE,

5 février 1997, Thibault, n° 116807, *Lebon* T.). Cette jurisprudence est aujourd'hui périmée, les articles R. 312-5 et R. 322-3 prévoyant en pareil cas l'intervention du président de la section du contentieux du Conseil d'État.

Dans le cas particulier où la juridiction qui estime ne pas pouvoir se prononcer impartialement est unique, il lui appartient non de décliner sa compétence, mais de transmettre l'affaire au Conseil d'État « afin que celui-ci, dans le cadre de ses pouvoirs généraux de régulation de l'ordre juridictionnel administratif, donne à cette transmission les suites qui conviennent et, le cas échéant, se prononce lui-même » (CE sect., 17 octobre 2003, Dugoin, n° 237290, *Lebon*, décision rendue à propos de la cour des comptes).

On note que la possibilité de dessaisir un tribunal administratif au titre de la suspicion légitime fait échec à la règle énoncée à l'article R. 351-6 interdisant, lorsque ce tribunal a été désigné comme compétent par le président de la section du contentieux, de mettre en cause sa compétence (CE, 6 octobre 1999, Pinault, préc.).

La prise à partie n'existe pas devant la juridiction administrative, et les conclusions en ce sens sont donc irrecevables (CE, 22 septembre 1993, Benoist, préc.).

Jurisprudence

[1] Considérant que, par un jugement en date du 29 janvier 1988, le tribunal administratif de Saint-Denis de La Réunion a ordonné qu'il sera sursis à l'exécution de l'arrêté du préfet de La Réunion, en date du 7 octobre 1987 ; qu'il ressort des pièces du dossier que l'un des juges qui ont concouru à cette décision avait émis un avis public sur le projet concerné par ledit arrêté ; qu'ainsi la composition du tribunal était irrégulière et que, dès lors, son jugement doit être annulé [...].

[2] Considérant que, lorsqu'elle prend ainsi des décisions juridictionnelles, cette commission est tenue, même en l'absence de texte, d'observer toutes les règles générales de procédure dont l'application n'a pas été écartée par une disposition formelle ou n'est pas inconciliable avec son organisation ; qu'au nombre de ces règles se trouve celle d'après laquelle un membre d'une juridiction administrative ne peut pas participer au jugement d'un recours relatif à une décision administrative dont il est l'auteur ou qui a été prise par un organisme collégial dont il était membre et au cours de délibérations auxquelles il a pris part [...].

[3] Considérant que les conclusions présentées par ou pour le sieur Nemegyei devant la section disciplinaire du Conseil national de l'ordre tendaient à la récusation de l'ensemble des membres dudit Conseil national ; que, dans ces conditions, la prétendue récusation, qui aurait eu pour effet de mettre la section disciplinaire dans l'impossibilité de juger le recours du sieur Nemegyei, constituait, en réalité, une demande de renvoi pour cause de suspicion légitime ; que si tout justiciable est recevable à demander à la juridiction immédiatement supérieure qu'une affaire, dont est saisie la juridiction compétente, soit renvoyée devant une autre juridiction du même ordre, parce que, pour des causes dont il appartient à l'intéressé de justifier, le tribunal compétent est suspect de partialité, cette procédure ne peut toutefois s'exercer que s'il existe une autre juridiction de même nature, à laquelle le requérant puisse, le cas échéant, être renvoyé [...].

[4] Considérant que, si tout justiciable est recevable à demander à la juridiction immédiatement supérieure qu'une affaire dont est saisie la juridiction compétente soit

renvoyée devant une autre juridiction du même ordre parce que, pour des causes dont il appartient à l'intéressé de justifier, le tribunal compétent est suspect de partialité, cette demande doit être présentée au plus tard avant que la juridiction compétemment saisie n'ait rendu une décision au fond [...].

[5] Considérant que la demande de renvoi pour cause de suspicion légitime formée par l'association SOS Défense et par M. Bertin a été enregistrée au secrétariat du contentieux du Conseil d'État le 15 mars 1982 ; que le tribunal administratif de Lyon a rendu son jugement le 18 mars 1982, avant que le Conseil d'État, saisi de la demande, ait statué ; que, dès lors, leur demande de renvoi du jugement de l'affaire à un autre tribunal est devenue sans objet [...].

[6] Considérant que M. Olech et Mme Maurin qui ont saisi le tribunal administratif d'Amiens d'une demande tendant au sursis à l'exécution et à l'annulation d'un permis de construire délivré le 23 janvier 1981 par le préfet de la Somme en vue de la surélévation du bâtiment dans lequel siège ce tribunal, demandent que le jugement de ce recours soit renvoyé devant une autre juridiction ; qu'eu égard à l'objet de ce litige qui est en relation directe avec les conditions d'installation et de fonctionnement du tribunal administratif d'Amiens, il y a lieu, pour le Conseil d'État, d'accueillir la requête de M. Olech et de Mme Maurin et de renvoyer le jugement des conclusions de leur demande présentée devant le tribunal administratif d'Amiens au tribunal administratif de Rouen [...].

L'abstention spontanée du magistrat

Art. R. 721-1 Le membre de la juridiction qui suppose en sa personne une cause de récusation ou estime en conscience devoir s'abstenir se fait remplacer par un autre membre que désigne le président de la juridiction à laquelle il appartient ou, au Conseil d'État, le président de la section du contentieux.

Texte source

– Décret n° 2000-389 du 4 mai 2000, article 1er.

Commentaires

Cet article nouveau formalise la pratique du « déport », dont on remarque qu'il procède de la seule décision prise « en conscience » par le magistrat concerné, le président n'ayant compétence que pour désigner le remplaçant.

De même que le juge supérieur se refuse à contrôler les raisons pour lesquelles un magistrat estime devoir se déporter (CE sect., avis, 12 mai 2004, Commune de Rogerville, n° 265184, *Lebon*, p. 223), de même, à notre sens, n'appartient-il pas au président d'apprécier ces raisons, qu'à la limite il n'a pas à connaître : c'est en tout cas ce à quoi conduit le texte même de l'article R. 721-1.

La demande de récusation

Art. R. 721-2 La partie qui veut récuser un juge doit, à peine d'irrecevabilité, le faire dès qu'elle a connaissance de la cause de la récusation.

En aucun cas la demande de récusation ne peut être formée après la fin de l'audience.

Texte source

– Décret n° 2000-389 du 4 mai 2000, article 1er.

Commentaires

Cet article systématise la jurisprudence, notamment en son second alinéa (CE, 9 janvier 1952, Samisart, *Lebon*, p. 21), en la renforçant : de la combinaison de ces alinéas, il résulte en effet que, même si la cause de récusation vient à être connue après jugement, la demande de récusation formée devant le juge d'appel est irrecevable (comparer CE, 17 juin 1988, Bady, n° 47210, *Lebon* [1] et CE sect., 5 juillet 2000, Rochard, n° 189523, *Lebon*, cité sous l'article L. 721-1). Il reste, ainsi qu'on l'a souligné à propos de l'article L. 721-1, à se prévaloir de l'irrégularité du jugement ainsi rendu. La procédure de récusation apparaît ainsi préventive. Le Conseil d'État a toutefois admis que la récusation d'un premier juge puisse être opposée en appel, si la connaissance de la composition de la formation de jugement de première instance n'a pas été donnée au requérant de façon à le mettre à même de formuler sa demande de récusation en première instance (CE, 2 novembre 2005, Caduc, n° 264865, *Lebon* T. – CE, 7 août 2008, Aguilar, n° 278769, *Lebon* T.).

Inversement, la récusation ne peut être formée avant qu'il ne soit certain que le magistrat suspecté fera partie de la formation de jugement. Il ne saurait y avoir de récusation « conservatoire », « pour le cas où ». En pratique, elle ne pourra être formée qu'au vu du rôle de l'audience, ce qui pose à nouveau le problème tranché par l'arrêt *Caduc* précité… Formée avant ce rôle, elle « est sans objet » si les magistrats visés ne siègent pas, et « il n'y a pas lieu d'y statuer » (CE, 5 décembre 2005, Le Pen, n° 255977 – CE, 6 décembre 2006, Titon, n° 287453, *Lebon* T. – CE, 26 novembre 2010, Société Paris-Tennis, n° 344505, *Lebon*). La cour administrative d'appel de Lyon a, toutefois, étendu le critère tiré de ce que les magistrats en cause ne siègent pas au constat qu'ils n'ont pas non plus participé, postérieurement à la demande de récusation, à l'« instruction » de l'affaire (CAA Lyon, 12 juillet 2005, Frugier, n° 02LY00835, note Kolbert ; *AJDA* 2005, p. 1952).

Jurisprudence

[1] Considérant [...] qu'aux termes de l'article 342 du nouveau code de procédure civile, rendu applicable aux tribunaux administratifs par l'article R. 164 du code des tribunaux administratifs « La partie qui veut récuser un juge doit, à peine d'irrecevabilité, le faire dès qu'elle a connaissance de la cause de la récusation. En aucun cas, la demande de récusation ne peut être formée après la clôture des débats » ; qu'il ressort des pièces du dossier que M. Bady n'a saisi le président du tribunal administratif d'Orléans d'une demande tendant à la récusation du commissaire du gouvernement que postérieurement à l'audience où l'affaire a été appelée ; qu'ainsi, cette demande était formée hors délai et n'était, par suite, pas recevable [...].

L'auteur de la demande de récusation

Art. R. 721-3 La récusation doit être demandée par la partie elle-même ou par son mandataire muni d'un pouvoir spécial.

Texte source

– Décret n° 2000-389 du 4 mai 2000, article 1er.

Commentaires

L'exigence d'un pouvoir spécial est là pour éviter des demandes téméraires de récusation, procédure qui ne s'inscrit pas dans la gestion ordinaire d'un litige (au même titre que le désistement ou l'acte d'appel).

Le contenu de la demande de récusation

Art. R. 721-4 La demande de récusation est formée par acte remis au greffe de la juridiction ou par une déclaration qui est consignée par le greffe dans un procès-verbal.

La demande doit, à peine d'irrecevabilité, indiquer avec précision les motifs de la récusation et être accompagnée des pièces propres à la justifier.

Il est délivré récépissé de la demande.

Texte source

– Décret n° 2000-389 du 4 mai 2000, article 1er.

Commentaires

La possibilité d'effectuer une récusation par « déclaration consignée par le greffe dans un procès-verbal » permet d'agir oralement, par exemple, en début d'audience, ou avant son terme. Mais le deuxième alinéa détruit ou à tout le moins restreint singulièrement cette facilité, puisque la demande doit à peine d'irrecevabilité être accompagnée des pièces propres à la justifier.

La communication de la demande de récusation au magistrat visé

Art. R. 721-5 Le greffe communique au membre de la juridiction copie de la demande de récusation dont il est l'objet.

Texte source

– Décret n° 2000-389 du 4 mai 2000, article 1er.

Commentaires

À la différence de la procédure civile, ce n'est pas le président qui transmet la demande de récusation au magistrat qu'elle vise.

Les effets de la communication de la demande de récusation

Art. R. 721-6 Dès qu'il a communication de la demande, le membre récusé doit s'abstenir jusqu'à ce qu'il ait été statué sur la récusation.

En cas d'urgence, un autre membre de la juridiction est désigné pour procéder aux opérations nécessaires.

Texte source

– Décret n° 2000-389 du 4 mai 2000, article 1er.

Commentaires

L'abstention immédiate du membre suspecté pourrait poser problème si la demande de récusation est formée en début d'audience. La seule façon d'éviter que l'usage d'une telle demande ne devienne un moyen d'écarter tel ou tel magistrat du jugement d'une affaire, même lorsqu'il n'y a pas lieu à récusation, est alors de renvoyer l'affaire jusqu'à ce que soit menée à son terme la procédure mentionnée aux articles suivants.

La réponse du magistrat visé par une demande de récusation

Art. R. 721-7 Dans les huit jours de cette communication, le membre récusé fait connaître par écrit soit son acquiescement à la récusation, soit les motifs pour lesquels il s'y oppose.

Texte source

– Décret n° 2000-389 du 4 mai 2000, article 1er.

La validité des actes accomplis avant la demande de récusation

Art. R. 721-8 Les actes accomplis par le membre récusé avant qu'il ait eu connaissance de la demande de récusation ne peuvent être remis en cause.

Texte source

– Décret n° 2000-389 du 4 mai 2000, article 1er.

Commentaires

Cet article laisse, à première lecture, perplexe. Car, s'il y avait vraiment matière à récusation, c'est qu'il y avait un doute sérieux sur l'impartialité du magistrat. Rendre incontestables les actes qu'il a accomplis avant qu'il ait connaissance de la demande de récusation peut alors poser problème. On entend certes que le texte vise les mesures d'instruction, et qu'il serait déraisonnable d'envisager de refaire toute une instruction si ces actes ont été prescrits par un magistrat récusé. On aurait pu songer à réserver le cas où la cause de la récusation est susceptible d'avoir influé sur l'orientation de l'instruction : on peut imaginer par exemple que, par inimitié, le rapporteur ne fasse pas communiquer à son bénéficiaire un recours pour excès de pouvoir dirigé contre un acte créateur de droits au profit de ce dernier. Mais, par la tierce opposition, les choses pourront rentrer dans l'ordre. On peut aussi imaginer, en hypothèse d'école, le cas dans lequel le magistrat récusable ferait, au bénéfice d'une partie à laquelle il est lié, un usage irrégulier de la communication d'un moyen d'ordre public, si ce moyen n'est pas d'ordre public…
Le parti a été pris de faire de la récusation non un moyen de procédure à effet dilatoire, mais un outil dont l'effet est concentré sur l'acte de juger, et lui seul.

La décision sur la demande de récusation

Art. R. 721-9 Si le membre de la juridiction qui est récusé acquiesce à la demande de récusation, il est aussitôt remplacé.

Dans le cas contraire, la juridiction, par une décision non motivée, se prononce sur la demande. Les parties ne sont averties de la date de l'audience à laquelle cette demande sera examinée que si la partie récusante a demandé avant la fixation du rôle à présenter des observations orales.
La juridiction statue sans la participation de celui de ses membres dont la récusation est demandée. La décision ne peut être contestée devant le juge d'appel ou de cassation qu'avec le jugement ou l'arrêt rendu ultérieurement.

Texte source

– Code des TA et des CAA, article R. 194, § 2 à 4.

Commentaires

On peut estimer, avec prudence, au vu du deuxième alinéa, que l'audience à l'occasion de laquelle il est décidé sur une demande de récusation n'est pas publique. La décision ainsi rendue doit être tenue pour juridictionnelle, par transposition de la solution adoptée par avis contentieux du 23 mars 2012 (CE sect., 23 mars 2012, Centre hospitalier d'Alès-Cévennes, n° 355151, *Lebon*) à propos de la récusation des experts (voir CJA, art. R. 621-6-4). Ce qui implique, contrairement au texte, qu'elle soit motivée (on doit tenir pour procédant d'une erreur de plume la décision *Deschamps*, du 20 juin 2012, n° 307535, posant la règle inverse), cette motivation pouvant se réduire au constat qu'il y a lieu (ou qu'il n'y a pas lieu) de faire droit à la demande. C'est ainsi qu'ont été rédigés les arrêts du 26 novembre 2010 rejetant des conclusions tendant à la récusation de membres du Conseil d'État (CE, 26 novembre 2010, Société Paris-Tennis, n° 34450 et n° 344550).
L'absence du magistrat contesté à l'audience qui doit se prononcer sur la demande de récusation le concernant constitue une règle générale de procédure applicable à toute juridiction administrative (par exemple, au Conseil supérieur de la magistrature siégeant comme conseil de discipline des magistrats du siège : CE, 30 juin 2003, Murciano, n° 222160).

TITRE III La tenue de l'audience et le délibéré

CHAPITRE 1 Dispositions générales

La possibilité de huis-clos

Art. L. 731-1 Par dérogation aux dispositions de l'article L. 6, le président de la formation de jugement peut, à titre exceptionnel, décider que l'audience aura lieu ou se poursuivra hors la présence du public, si la sauvegarde de l'ordre public ou le respect de l'intimité des personnes ou de secrets protégés par la loi l'exige.

Les dispositions du précédent alinéa sont applicables à Saint-Pierre-et-Miquelon, à la Nouvelle-Calédonie, à la Polynésie française et aux îles Wallis-et-Futuna..

Texte source

– Loi n° 2004-1343 du 9 décembre 2004, article 57.

Commentaires

Ainsi qu'on l'a souligné sous l'article L. 6, il a fallu attendre un texte législatif pour introduire, enfin, une possibilité de huis-clos devant les juridictions administratives. Les critères de la mesure ainsi envisagée sont très souples, et l'on ne peut que s'en féliciter. On note qu'à la différence de l'article 435 du Code de procédure civile, la demande des parties, fussent-elles unanimes, ne lie pas la procédure. Cette procédure est utilisée de façon rarissime (voir étude d'A. Ciaudo, *JCP A*, 18 janvier 2010, p. 19).

L'article L. 773-4 issu de la loi du 24 juillet 2015 crée une autre hypothèse de huis-clos que le président de formation est tenu de prononcer.

Par une décision du 11 juillet 2001 (CE, 11 juillet 2001, Bonnet, n° 214061), le Conseil d'État a jugé, à propos de la juridiction disciplinaire d'un ordre professionnel, que la décision refusant le huis clos n'était pas susceptible d'être discutée devant le juge de cassation, ni *a fortiori*, doit-on penser, devant le juge d'appel.

Les pouvoirs du président de l'audience

Art. R. 731-1 Le président de la formation de jugement veille à l'ordre de l'audience. Tout ce qu'il ordonne pour l'assurer doit être immédiatement exécuté.

Les membres de la juridiction disposent des mêmes pouvoirs sur les lieux où ils exercent les fonctions de leur état.

Textes sources

– Décret n° 2000-389 du 4 mai 2000, article 1er.
– Décret n° 2005-1586 du 19 décembre 2005, article 5.
– Décret n° 2006-964 du 1er août 2006, article 5-I.

Commentaires

Le texte est plus vague que celui qu'il a remplacé (article R. 198 du Code des tribunaux administratifs et des cours administratives d'appel), lequel se référait, pour la police de l'audience, aux articles 438, 439 et 441 du nouveau Code de procédure civile. Mais le contenu, rapproché de celui de l'article R. 731-2, est identique. On note seulement que tout membre de la juridiction dispose du pouvoir de police sur les lieux où il exerce les fonctions de son état, ce qui peut se référer par exemple à des réunions tenues dans le cadre d'une visite individuelle des lieux (CJA, art. R. 622-1), d'une enquête (CJA, art. R. 623-2), ou de l'accomplissement d'une commission mentionnée à l'article R. 626-1.

Le comportement des personnes assistant à l'audience

Art. R. 731-2 Les personnes qui assistent à l'audience doivent observer une attitude digne et garder le respect dû à la justice. Il leur est interdit de parler sans y avoir été invitées, de donner des signes d'approbation ou de désapprobation, ou de causer quelque désordre que ce soit.

Le président de la formation de jugement peut faire expulser toute personne qui n'obtempère pas à ses injonctions, sans préjudice des poursuites pénales ou disciplinaires qui pourraient être exercées contre elle.

Textes sources

– Décret n° 2000-389 du 4 mai 2000, article 1er.
– Décret n° 2005-1586 du 19 décembre 2005, article 5.
– Décret n° 2006-964 du 1er août 2006, article 5.

Commentaires

On a ici copié presque littéralement les dispositions en vigueur devant la juridiction judiciaire. Hors grève des avocats, on n'avait à vrai dire pas d'exemples où il ait fallu les mettre en jeu devant la juridiction administrative, lors même que, ne siégeant pas en « tenue d'audience », ses membres ne participent pas de l'« apparat » qui selon certains devrait marquer la justice. En vertu de la loi du 11 juillet 1985 et du décret du 15 janvier 1986, le président de la juridiction peut faire assurer un enregistrement des débats, dans un but historique, enregistrement qui ne pourra être consulté que vingt ans après, sauf dérogation, et diffusé que cinquante ans après dans un but historique. La décision d'autoriser un tel enregistrement ne peut être prise qu'après observations des parties ou de leurs représentants, du président de l'audience et du « ministère public » (on entendra par là le rapporteur public) et avis de la commission consultative des archives audiovisuelles de la justice (art. 3 de la loi). Le refus d'autoriser l'enregistrement, en revanche, n'a pas à être précédé de ces observations ou avis (CE, 29 juillet 2002, Zurmely, n° 240050, *Lebon*). Hors cette hypothèse, l'usage de tout appareil d'enregistrement est interdit pendant l'audience, et la méconnaissance de cette règle entache la décision d'irrégularité (CE, 11 juin 1993, Médecin-conseil régional de Paris, n° 88219 [1]). Les dispositions, qui prévoient l'interdiction générale de procéder à la captation ou à

l'enregistrement des audiences des juridictions administratives ou judiciaires, sont conformes à la Constitution (Cons. const., 6 décembre 2019, n° 2019-817 QPC).
Le Conseil d'État fournit une sorte de « mode d'emploi » de ces dispositions (CE, 21 mars 2023, n° 456347, *Lebon* T. **[2]**).
Sur l'absence de dispositions relatives au « report d'audience », Voir la chronique d'Agathe Duguit-Larcher, « Pas de report (systématique) d'audience en cas de grève des avocats », *AJDA* 2021, p. 139.

Jurisprudence

[1] Considérant qu'aux termes de l'article 38 ter de la loi du 29 juillet 1881 sur la liberté de la presse modifiée : « Dès l'ouverture de l'audience des juridictions administratives ou judiciaires, l'emploi de tout appareil permettant d'enregistrer, de fixer ou de transmettre la parole ou l'image est interdit. Le président fait procéder à la saisine de tout appareil et du support de la parole ou de l'image utilisés en violation de cette interdiction » ;
Considérant qu'il n'est pas contesté qu'au cours de l'audience du 26 février 1987 de la section des assurances sociales du Conseil national de l'ordre des médecins, et malgré les protestations du médecin-conseil régional de Paris, M. Wegmann a fait usage d'un magnétophone pour enregistrer au moins partiellement les débats, en violation des dispositions de la loi du 2 février 1881 précitées ; qu'ainsi le médecin-conseil régional de Paris est fondé à demander l'annulation de la décision attaquée du 26 février 1987 [...].

[2] Aux termes du premier alinéa de l'article R. 731-1 du code de justice administrative : « Le président de la formation de jugement veille à l'ordre de l'audience. Tout ce qu'il ordonne pour l'assurer doit être immédiatement exécuté ». Aux termes de l'article R. 731-2 du même code : « Les personnes qui assistent à l'audience doivent observer une attitude digne et garder le respect dû à la justice. Il leur est interdit de parler sans y avoir été invitées, de donner des signes d'approbation ou de désapprobation, ou de causer quelque désordre que ce soit. / Le président de la formation de jugement peut faire expulser toute personne qui n'obtempère pas à ses injonctions, sans préjudice des poursuites pénales [...] qui pourraient être exercées contre elle ».

3. Les dispositions citées au point 2 attribuent au président de la formation de jugement la police de l'audience, en vue que soient garanties la sérénité et la dignité des débats, qui contribuent au caractère équitable du procès. Lorsqu'une partie – ou d'ailleurs toute autre personne présente à l'audience – perturbe le déroulement des débats, il appartient au président de la formation de jugement, au titre des pouvoirs que lui confère ainsi le code de justice administrative, d'ordonner qu'elle mette fin immédiatement à ses agissements, sous peine d'être expulsée de la salle d'audience. La circonstance que le président d'une formation de jugement fasse, en présence de tels agissements, usage de ses pouvoirs de police conformément aux dispositions citées au point 2 n'est pas, en elle-même, de nature à affecter la régularité de la décision juridictionnelle rendue à l'issue de cette audience.

4. Par ailleurs, lorsque les agissements de cette partie – ou de toute autre personne – lors de l'audience sont également susceptibles d'être regardés comme relevant d'une qualification pénale, telle celle d'outrage à magistrat prévue par l'article 434-24 du code pénal, il convient que le président de la formation de jugement en informe le chef de la juridiction, de façon à ce qu'il puisse signaler, s'il y a lieu, ces agissements

au procureur de la République. Tout magistrat de cette formation de jugement qui s'estimerait victime de tels agissements peut également porter directement plainte contre l'auteur des faits ou exercer les droits que le code de procédure pénale, à ses articles 1er et 2, accorde à la victime d'une infraction pénale, en ce qui concerne l'engagement de l'action publique et de l'action civile. Toutefois, dans un tel cas, dès lors que la personne dont les agissements sont mis en cause est partie à une affaire sur laquelle ce magistrat est appelé à délibérer, afin de ne pas créer dans le chef de cette partie un doute sur son impartialité à juger son affaire, il appartient au président de la formation de jugement de rayer l'affaire du rôle de l'audience, de façon à ce qu'elle puisse être examinée à une autre audience, devant une formation de jugement à laquelle le magistrat ne participe pas.[...].

L'audition par un moyen de communication audiovisuelle

Art. R. 731-2-1 Le président de la formation de jugement peut à titre exceptionnel pour un motif légitime autoriser une partie, un témoin, un expert ou toute autre personne convoquée à l'audience et qui en a fait expressément la demande à être entendu par un moyen de communication audiovisuelle au cours de l'audience ou de l'audition.

Les modalités d'application du présent article, notamment les conditions de sécurité et de confidentialité des échanges, sont fixées par arrêté du vice-président du Conseil d'État.

Texte source

– Décret n° 2023-485 du 21 juin 2023, article 14.

Commentaires

Voir l'arrêté du 21 décembre 2023 relatif aux conditions techniques des moyens de télécommunication audiovisuelle pour la tenue de visioaudience ou de visioaudition en matière administrative (*JORF* n° 0300 du 28 décembre 2023).

La note en délibéré

Art. R. 731-3 À l'issue de l'audience, toute partie à l'instance peut adresser au président de la formation de jugement une note en délibéré.

Textes sources

– Décret n° 2005-1586 du 19 décembre 2005, article 6.
– Décret n° 2006-964 du 1er août 2006, article 5-I.
– Décret n° 2009-14 du 7 janvier 2009, article 1er.
– Décret n° 2011-1950 du 23 décembre 2011, article 6.

Commentaires

Il était normal que la possibilité de déposer une note en délibéré soit reconnue par le code, après que la jurisprudence a conféré à ce qui n'était à l'origine qu'une courtoisie une portée juridique précise (CE, 12 juillet 2002, Leniau, n° 236125, *Lebon*, p. 278 – CE sect., 27 février 2004, Préfet des Pyrénées-Orientales c/Abounkhila, n° 252988, *Lebon*, p. 83. Voir les commentaires sous l'article R. 613-2). Au demeurant, cette disposition ne fait que reprendre une règle générale applicable devant toutes les juridictions administratives (par exemple, devant la Cour nationale du droit d'asile : CE, 3 juillet 2009, Office français de protection des réfugiés et apatrides, n° 320295, *Lebon* T. – CE, 4 décembre 2009, Zabbar). On note que la pratique en est admise devant le Conseil constitutionnel (Cons. const., 2 décembre 2011, Banque populaire Côte d'Azur, déc. n° 2011-200 QPC ; *JCP A,* 2 avril 2012, p. 36, note de La Burgade).

On rappelle que la note en délibéré doit toujours être visée, ce qui est là une formalité substantielle : CE, 11 août 2009, Mangrolia, n° 303711, *Lebon* T., sauf en ce qui concerne les ordonnances de référé – CE, 9 décembre 2010, Centre hospitalier de Menton, n° 331575. Mais seul son auteur est admis à se prévaloir de l'irrégularité tenant à cette absence de visa (CE, 2 décembre 2015, Vernet, n° 382641, *Lebon* T., inspiré du précédent : CE, 15 mars 2000, Drannikova, n° 185837, *Lebon* T., parfois justifié par la fausse idée que les règles de procédure sont généralement instituées au bénéfice d'une partie).

La note en délibéré ne doit être prise en considération que si elle fait état d'une circonstance de droit nouvelle (ou d'ordre public), ou d'une circonstance de fait opérante et dont la partie qui l'invoque ne pouvait faire état avant la clôture de l'instruction. Même si elles sont parfois perdues de vue, ces conditions sont strictes : voir CE, 19 décembre 2008, Montmeza, n° 297716, *Lebon* T. On note toutefois que, en application de l'article 7 de la loi du 31 décembre 1968, l'administration peut toujours, avant lecture de la décision, exciper en première instance, au besoin par une note en délibéré, de l'existence de la prescription quadriennale, laquelle n'est pourtant pas un moyen d'ordre public, ni ne constitue une circonstance nouvelle (CE, 30 mai 2007, Commune de Saint-Denis, n° 282619, *Lebon* T. – CE, 2 décembre 2009, Ministre de l'Éducation nationale, n° 324197). Une telle exception, depuis la décision *Commune de Scionzier* (CE sect., 5 décembre 2014, n° 359769, *Lebon*), peut désormais être opposée par l'avocat de la personne publique.

La note peut être valablement adressée en télécopie à la condition que son auteur l'authentifie ultérieurement, avant lecture de la décision, par la production, d'un exemplaire dûment signé ou l'apposition, au greffe de la juridiction, de sa signature au bas du document (CE, 3 septembre 2009, Commune de Canet en Roussillon, n° 306298, *Lebon* T. – CE, 16 décembre 2009, Commune du Blanc-Mesnil, n° 307940).

Pour que la possibilité d'un tel dépôt soit effective « en délibéré » (s'il est postérieur à la lecture du jugement, il est irrecevable : CE, 4 mars 2009, SCI de Provence, n° 293461, *Lebon* T.), il est jugé que, si la juridiction entend lire sa décision immédiatement après le délibéré à la suite de l'audience (« sur le siège » pour reprendre une expression consacrée), les parties doivent être dûment averties de cette occurrence (CE sect., 11 février 2005, Commune de Meudon, n° 258102, *Lebon* – CE, 16 mars 2010, Lechat, n° 312890). Hors cette hypothèse, il ne semble pas nécessaire qu'une indication doive être donnée, lors de l'audience, quant à la date probable de lecture de la décision, le délai observé pouvant dès lors varier de 24 heures à plusieurs jours ou semaines… Ce qui implique que l'auteur d'une note en délibéré ne doit pas perdre de temps pour la déposer !

La production d'une note en délibéré a pour effet de prolonger le délibéré (CE, 23 décembre 2024, n° 469141, *Lebon* T.),

Le juge d'appel peut régulièrement tenir compte de pièces versées devant le premier juge à l'appui d'une note en délibéré, lors même qu'elles n'ont pas été communiquées à l'adversaire : il est en effet loisible à ce dernier de prendre connaissance de ces documents en consultant le dossier qui a été transmis à la cour (CE, 30 décembre 2011, Ministre de la Culture, n° 340548, *Lebon* T.).

Le changement du texte adopté le 23 décembre 2011 tient compte de ce que le rapporteur public ne conclut plus, désormais, sur toutes les affaires jugées par les tribunaux ou les cours.

L'assistance au délibéré

Art. R. 731-4 Peuvent être autorisés à assister au délibéré, outre les membres de la juridiction et leurs collaborateurs, les juges, avocats stagiaires, professeurs des universités et maîtres de conférences accomplissant auprès de celle-ci un stage ou admis, à titre exceptionnel, à suivre ses travaux, qu'ils soient de nationalité française ou étrangère.

Le chef de la juridiction, après avis du président de la formation de jugement, ou, au Conseil d'État, le président de la formation de jugement délivre l'autorisation.

Textes sources

– Décret n° 2005-1586 du 19 décembre 2005, article 6.
– Décret n° 2006-964 du 1er août 2006, article 5-I.

Commentaires

La question est posée de savoir si la décision par laquelle le chef de juridiction refuse d'accorder cette autorisation est susceptible de recours. On en doit douter. C'est en ce sens que s'est prononcée la cour administrative d'appel de Versailles (CAA Versailles, 27 mars 2007, Catsiapis, n° 07VE00202).

Le secret du délibéré

Art. R. 731-5 Les personnes qui, à un titre quelconque, participent ou assistent au délibéré, sont soumises à l'obligation d'en respecter le secret, sous les sanctions prévues par l'article 226-13 du code pénal.

Textes sources

– Décret n° 2005-1586 du 19 décembre 2005, article 6.
– Décret n° 2006-964 du 1er août 2006, article 5-I.

Commentaires

On notera la rareté des règles du code régissant le délibéré. Est notamment absente du code la pratique du vote ascendant qui veut qu'après le rapporteur, le vote commence par le magistrat le moins gradé dans le but d'éviter les arguments d'autorité des plus anciens. Le Conseil d'État pallie parfois le silence des textes par le recours aux règles générales de procédure. Ainsi, en vertu d'une règle générale de procédure, applicable même sans texte à toute juridiction administrative, la composition d'une formation de jugement ne saurait varier, à peine d'irrégularité, entre l'audience et le délibéré d'une affaire (CE, 23 décembre 2024, n° 46914, *Lebon* T.).

Art. R. 731-6 et R. 731-7

Abrogés par le décret n° 2006-964 du 1er août 2006.

CHAPITRE 2 Dispositions applicables aux tribunaux administratifs et aux cours administratives d'appel

La possibilité de dispense de conclusions

Art. L. 732-1 Dans des matières énumérées par décret en Conseil d'État, le président de la formation de jugement peut dispenser le rapporteur public, sur sa proposition, d'exposer à l'audience ses conclusions sur une requête, eu égard à la nature des questions à juger.

Texte source

– Loi n° 2011-525 du 17 mai 2011, article 188.

Commentaires

Il fallait une loi pour déroger aux dispositions de l'article L. 7. Le renvoi au décret (voir CJA, art. R. 732-1-1) est très (trop ?) légèrement encadré, puisque les matières qui y seront énumérées devront être sélectionnées au regard de « la nature des questions à juger », formule qui n'est pas sans rappeler celle qui, à l'article L. 222-1, autorise la dérogation à l'article L. 3 relatif à la collégialité, et qui a été jugée conforme à la Constitution par décision du Conseil constitutionnel (Cons. const., 14 octobre 2010, USMA, déc. n° 2010-54 QPC).

La décision de dispenser ne peut être contestée, en appel ou cassation, que par référence aux catégories mentionnées à l'article R. 732-1-1, ou à l'existence ou non de la proposition du rapporteur public. Aucun contrôle de l'opportunité de cette mesure n'est envisageable (CE, 1er avril 2015, Eloku, n° 377318, *Lebon* T. – voir texte sous l'article R. 732-1-1). En application de l'article 200 de la loi n° 2011-525 du 17 mai 2011, la possibilité de dispense ne s'applique pas dans les îles de Wallis-et-Futuna.

Le déroulement de l'audience

Art. R. 732-1 Après le rapport qui est fait sur chaque affaire par un membre de la formation de jugement ou par le magistrat mentionné à l'article R. 222-13, le rapporteur public prononce ses conclusions lorsque le présent code l'impose. Les parties peuvent ensuite présenter, soit en personne, soit par un avocat au Conseil d'État et à la Cour de cassation, soit par un avocat, des observations orales à l'appui de leurs conclusions écrites.

Lorsque le rapporteur public ne prononce pas de conclusions, notamment en application de l'article R. 732-1-1, le président donne la parole aux parties après le rapport.

La formation de jugement peut également entendre les agents de l'administration compétente ou les appeler devant elle pour fournir des explications.

Au tribunal administratif, le président de la formation de jugement peut, au cours de l'audience et à titre exceptionnel, demander des éclaircissements à toute personne présente dont l'une des parties souhaiterait l'audition.

Textes sources

– Code des TA et des CAA, articles R. 196 et R. 197.
– Décret n° 2006-964 du 1er août 2006, article 5-II.
– Décret n° 2009-14 du 7 janvier 2009, article 1er.
– Décret n° 2011-1950 du 23 décembre 2011, article 7.

Commentaires

Après l'expérimentation instituée par l'article 2 du décret du 7 janvier 2009, le nouvel ordre de parole a été systématisé par décret du 23 décembre 2011. Les parties peuvent désormais présenter des observations orales *après* que le rapporteur public s'est exprimé si l'intervention de ce dernier est imposée par le code (voir CJA, art. R. 732-1-1). Les mots utilisés ne sont pas anodins : cette intervention des parties ne saurait constituer ni une plaidoirie, ni l'essentiel des observations de la partie concernée, ni une « réponse » aux conclusions.

Cette ultime réforme avait pour objet de donner satisfaction aux demandes de la Cour européenne des droits de l'homme, mais sans transformer le rapporteur public en une partie engagée dans le débat contradictoire. Les observations orales, ajoutées à la possibilité de déposer une note en délibéré, donnent aux parties tous les moyens de rappeler à la formation de jugement, après que le rapporteur public a parlé, tel ou tel élément du dossier.

Les mandataires non avocats admis en contentieux fiscal devant le tribunal administratif (CJA, art. R. 431-6) ne paraissent pas disposer de la possibilité de prendre la parole devant la juridiction, sauf en application du dernier alinéa du texte, et ce, à titre exceptionnel.

A été abandonnée la disposition, tirée de l'article 441 du Code de procédure civile, selon laquelle la parole peut être retirée aux parties ainsi qu'à leurs « défenseurs autres qu'avocats ou avoués », « si la passion ou l'inexpérience les empêche de discuter leur cause avec la décence convenable ou la clarté nécessaire » : il a été jugé qu'en tout état de cause, en interrompant un requérant égaré par la passion, le président ne porte pas atteinte au caractère contradictoire de la procédure (CE, 9 décembre 1921, Petit Quevilly, *Lebon*, p. 1037). Rarissimes sont, faut-il le préciser, les incidents de cette sorte !

Un fonctionnaire d'État agissant pour une commune en vertu d'une convention de mise à disposition est regardé pour l'application de ce texte comme un « agent de l'administration compétente » et peut donc être entendu en ses observations pour la commune (CE, 27 février 1995, Pince, n° 133928).

Le dernier alinéa du texte donne, devant le tribunal administratif (et lui seul : CE, 30 septembre 2005, Jaubert, n° 262953), quelque souplesse à une procédure que la jurisprudence avait rendue très rigide (CE, 14 décembre 1984, Société Montagne-Burton [1] – CE, 29 avril 1983, Ministre de la Santé c/CRAM Rhône-Alpes, n° 36638, *Lebon*, p. 827 [2]). Ainsi avait été censurée la prise de parole par la conjointe du requérant (CE, 25 octobre 1996, Commune d'Olivet, n° 128723,

Lebon T.), voire par une personne, non avocat, mandatée par une partie (CE, 30 septembre 2005, Jaubert, préc.). Encore cet assouplissement, qui constitue une première rupture du lien autrefois nécessaire entre la qualité de partie et le droit de parler à l'audience, demeure-t-il limité par le texte à des cas exceptionnels et à l'hypothèse d'une demande d'une partie dont on peut estimer qu'elle doit être présente.

Le texte paraît, de toute façon, limiter l'intervention d'une personne non partie à apporter la réponse à une « demande d'éclaircissement », laquelle ne saurait se transformer en observations orales, réservées en principe aux parties ou à leurs mandataires autorisés. Et, cette audition n'étant pas assimilée à une enquête, on ne saurait imposer au tribunal de respecter les règles des articles R. 623-1 et suivants, et notamment d'établir un procès-verbal d'audition (CE, 16 décembre 1996, Élections municipales de Betschdorf, n° 173220, *Lebon*). Hors donc le léger assouplissement prévu pour les tribunaux administratifs –, l'énumération mentionnée à l'article R. 732-1 paraît à la fois limitative et substantielle : toute prise de parole non prévue par cet article, notamment si elle émane d'une personne qui n'est pas partie à l'instance, a entraîné irrégularité de la procédure (CE, 16 janvier 2002, Syndicat national de la police en tenue, n° 196637), lors même qu'elle aurait été mandatée par une des parties pour prendre la parole (CE, 6 octobre 1972, Ville de Bourges, n° 80837, *Lebon*, p. 617 – CE, 5 juillet 2004, Lescure, n° 243801, *Lebon* T.). On remarque par exemple que, dans l'affaire *Lescure*, un arrêt a été censuré parce que, devant la cour administrative d'appel, un fils avait pris la parole dans une affaire dans laquelle son père était requérant… Cette rigueur n'a pas lieu d'être pour les audiences de référé (CE, 4 juin 2012, La Poste, n° 347563, *Lebon* T.).

Une décision récente a, indépendamment du texte, apporté une dérogation de principe – et de bon sens – à sa rigueur : par arrêt du 24 septembre 2018, *Krumeich*, n° 408825 et mentionné dans les tables, le Conseil d'État a admis la régularité de l'intervention orale, formée, même devant la cour administrative d'appel, sans demande d'aucune partie, d'une personne non partie : si les dispositions de l'article R. 732-1, a-t-il été jugé, « confèrent aux parties au litige le droit de présenter des observations orales, elles ne font pas obstacle à ce que le président de la formation de jugement autorise une autre personne intéressée au litige à prendre la parole au cours de l'audience ». En l'espèce, a pu ainsi s'exprimer devant la cour une commune auteur d'un permis de construire annulé par le jugement attaqué, alors que seul le bénéficiaire du permis avait fait appel du jugement.

Le texte se référant aux observations orales présentées par les parties « à l'appui de leurs conclusions écrites », un défendeur n'ayant produit aucun mémoire écrit avant l'audience ne dispose pas en principe d'un droit à présenter des observations orales. Mais si le tribunal l'y a autorisé, le jugement n'est pas irrégulier… pour autant que le tribunal ne se sera pas fondé sur des éléments de fait ou de droit nouveaux présentés dans ces observations orales (CE, 7 décembre 2015, Fédération CGT des personnels du commerce, n° 383856, *Lebon*).

Même représentée, une partie peut semble-t-il faire des observations orales elle-même. En tout cas cela a été expressément admis lorsque l'avocat est absent le jour de l'audience (CE, 27 février 2019, Vicente, n° 404966, *Lebon* T.), sans égard au point de savoir si le ministère d'avocat était ou non obligatoire en l'espèce.

Selon une règle générale de procédure, les parties doivent être traitées sur pied d'égalité (CE, 29 décembre 1997, Département de Saône-et-Loire, n° 162203, *Lebon*). Toutefois, le défendeur doit pouvoir s'exprimer après le demandeur. Si cet ordre vient à être inversé, il convient de redonner la parole au défendeur pour lui permettre, s'il le souhaite, de répondre au demandeur (CE, 1er décembre 1993, Commune de Saint-Cyprien, n° 129048, *Lebon* [3]). Encore faut-il que le défendeur soit présent. Or, les administrations d'État, autorités administratives indépendantes, agences, offices et diverses commissions, « grandes parties » dans l'application « Télérecours », sont les « grandes absentes » de l'audience devant les tribunaux administratifs et les cours administratives d'appel, y compris dans les procédures orales, ce qui représente un frein au développement de l'oralité.

Lorsque le rapporteur public est tenu de conclure sur l'affaire, une décision rendue alors qu'il s'est borné à conclure à la remise de l'affaire, sans autrement se prononcer sur le fond, est irrégulière si elle ne se borne pas à ce supplément d'instruction (CE, 14 février 1912, Ministre des Travaux publics c/Passard, *Lebon*, p. 904 [4]). Il en va *a fortiori* de même si le rapporteur public se borne à s'en rapporter à la sagesse du tribunal (CE sect., 13 juin 1975, Adrassé, n° 93747, *Lebon*, p. 356 [5]). Irrégulière également est la décision rendue après que le rapporteur public s'est abstenu de fournir à l'audience la motivation, même succincte, de la solution qu'il propose (CE, 11 février 2004, Pepiot).

Il est possible de se procurer les conclusions prononcées par le commissaire du gouvernement, moyennant paiement d'une participation financière dont sont exonérés l'État, les universités et autres établissements d'enseignement supérieur, les organes de presse écrite et audiovisuelle, et, pour les conclusions prononcées devant le Conseil d'État et le Tribunal des conflits, les avocats au Conseil d'État et à la Cour de cassation (décret n° 2005-1397 du 10 novembre 2005). Le tarif de la redevance est fixé par un arrêté du 22 décembre 2014 (*JO* 27 décembre 2014, p. 22495).

Voir, en ce que ce texte limite la gratuité aux avocats aux conseils et en exclut les autres avocats, l'analyse légitimement critique publiée par S. Deygas, *Procédures*, janvier 2006, p. 23.

Les conditions de déroulement de cette phase orale mettant un terme à l'instruction ont récemment soulevé une question dont on peut être étonné qu'il ait fallu attendre mars 2019 pour qu'il y soit répondu. Il s'est agi de savoir si une partie atteinte de surdité profonde pouvait demander à la juridiction l'assistance d'un interprète en langue des signes lors de l'audience. Le Conseil d'État a décidé qu'il appartenait aux juridictions de fournir cette assistance, à peine d'irrégularité de la procédure… sauf « s'il est établi qu'elle n'a pas privé l'intéressé de la possibilité de présenter des observations au cours de l'audience ou une note en délibéré à l'issue de celle-ci » (CE, 15 mars 2019 S…, n° 414751, *Lebon* [6]). Appliquée à un tribunal administratif, cette exigence paraît, compte tenu de la motivation de l'arrêt du 15 mars 2019, devoir être transposée au Conseil d'État. À l'exception des premier, deuxième, troisième et cinquième alinéas de l'article 7 de ce chapitre, les dispositions du chapitre I du décret n° 2011-1950 du 23 décembre 2011 modifiant le code de justice administrative relatives à la dispense de conclusions du rapporteur public et au déroulement de l'audience ne sont pas applicables dans les îles de Wallis-et-Futuna (art. 18 modifié par l'article 8 du décret n° 2019-1502 du 30 décembre 2019). Pour ces raisons et celles indiquées au commentaire de l'article L. 732-1, la règle prévue par le quatrième alinéa, selon laquelle « Lorsque le rapporteur public ne prononce pas de conclusions, notamment en application de l'article R. 732-1-1, le président donne la parole aux parties après le rapport », n'est pas applicable dans ces mêmes îles.

Jurisprudence

[1] Considérant qu'il résulte de l'instruction que Mme Otal a été assistée dans ses observations présentées à l'audience du tribunal administratif par un délégué syndical qui s'est exprimé oralement en son nom en contravention avec les dispositions de l'article R. 166 du code des tribunaux administratifs ; qu'il résulte de ce qui précède que la société Montagne-Burton est fondée à soutenir que le jugement attaqué a été rendu sur une procédure irrégulière et doit être annulé [...].

[2] Considérant qu'aux termes de l'article R. 166 du code des tribunaux administratifs, « les parties peuvent présenter soit en personne, soit par un avocat [...] des observations orales à l'appui de leurs conclusions écrites » ; qu'il résulte de ces dispositions que le tribunal administratif doit refuser d'entendre un agent d'une personne morale, autre qu'une administration, qui n'est pas doté d'un pouvoir permanent l'autorisant à agir en justice ; qu'il ressort des pièces du dossier que le tribunal administratif de Lyon a procédé à l'audition, en ses observations orales au nom de la caisse régionale d'assurance maladie de la région Rhône-Alpes, d'un chef de service de ladite caisse qui n'était pas doté d'un tel pouvoir permanent ; que, dès lors, le jugement attaqué, qui a été rendu sur une procédure irrégulière, encourt l'annulation [...].

[3] Considérant, d'une part, que bien que la procédure administrative contentieuse soit essentiellement écrite, les règles qui la régissent impliquent qu'à l'audience au cours de laquelle leur affaire est examinée la partie défenderesse s'exprime après la partie requérante lorsqu'en vertu de l'article R. 196 du code des tribunaux administratifs et des cours administratives d'appel, elles présentent des observations orales à l'appui de leurs conclusions écrites ; que, dans le cas où le défendeur est entendu avant le demandeur, la méconnaissance de cette règle de procédure n'est cependant pas de nature à vicier la procédure suivie devant le tribunal administratif si le défendeur n'a été privé d'aucun de ses droits et notamment de celui de répondre aux observations présentées par la partie requérante [...].

[4] En ce qui concerne l'arrêté du conseil de préfecture de la Lozère du 6 août 1907 dont le ministre demande l'annulation pour vice de forme :
Considérant qu'aux termes de l'article 46 de la loi susvisée du 22 juillet 1889, « le commissaire du gouvernement donne ses conclusions sur toutes les affaires » ;
Considérant que l'arrêté du 6 août 1907 contient la mention : « Ouï M. le commissaire du gouvernement » ;
Mais considérant que le ministre soutient que le commissaire du gouvernement n'a pris la parole que pour demander la remise de l'affaire et n'a pas présenté ses conclusions ; que cette affirmation est reconnue exacte par le défendeur et que, d'autre part, elle n'est pas contraire à la mention précitée de l'arrêté attaqué ; que, dans ces conditions, il n'a pas été satisfait aux dispositions de l'article 46 de la loi du 22 juillet

1889 et que, dès lors, le ministre est fondé à soutenir que l'arrêté dont s'agit doit être annulé pour vice de forme [...].

[5] Considérant qu'aux termes de l'article R. 167 du code des tribunaux administratifs, « le commissaire du gouvernement donne ses conclusions sur toutes les affaires » ; qu'en se bornant à s'en rapporter à la sagesse du tribunal, lors de l'examen le 13 octobre 1973 par le tribunal administratif de Fort-de-France de la requête du sieur Adrassé, le commissaire du gouvernement, qui n'a pas exprimé d'avis motivé sur l'affaire, n'a pas donné ses conclusions au sens des dispositions sus-reproduites de l'article R. 167 du code des tribunaux administratifs ; que la circonstance que cette attitude ait été motivée par des relations personnelles que le commissaire du gouvernement aurait eues avec le requérant ne saurait faire disparaître l'irrégularité de celle-ci ; qu'il y a lieu dès lors d'annuler le jugement attaqué, lequel a été rendu sur une procédure irrégulière [...].

[6] 1. Les principes du caractère contradictoire de la procédure et des droits de la défense impliquent qu'un justiciable atteint de surdité puisse se présenter à l'audience accompagné d'une personne maîtrisant un langage ou une méthode permettant de communiquer avec les personnes sourdes ou équipé d'un dispositif technique permettant cette communication, en vue de bénéficier, dans le respect du bon déroulement de l'audience, de l'assistance de cette personne ou de ce dispositif. En outre, le premier alinéa de l'article 76 de la loi du 11 février 2005 pour l'égalité des droits et des chances, la participation et la citoyenneté des personnes handicapées prévoit que : « Devant les juridictions administratives, civiles et pénales, toute personne sourde bénéficie du dispositif de communication adapté de son choix. Ces frais sont pris en charge par l'État ». Il résulte de ces dispositions que les juridictions sont tenues de fournir aux personnes présentes à l'instance qui en font la demande en temps utile l'assistance qu'impose leur surdité. La méconnaissance de cette obligation entache en principe d'irrégularité la décision juridictionnelle. Il ne peut en aller autrement que s'il est établi qu'elle n'a pas privé l'intéressé de la possibilité de présenter des observations au cours de l'audience ou une note en délibéré à l'issue de celle-ci.

2. Il ressort des pièces de la procédure devant le tribunal administratif de Paris que M. S... qui est atteint de surdité congénitale profonde, a demandé, par un courrier reçu le 18 mars 2017, à être assisté par un interprète en langue des signes lors de l'audience du 31 mars 2017 au cours de laquelle devait être examinée sa requête. Par un courrier du 20 mars 2017, le tribunal administratif a refusé de faire droit à sa demande et s'est borné à l'inviter à venir à l'audience accompagné d'une personne de son choix capable d'assurer la traduction. M. S..., qui n'a pu bénéficier de l'assistance qu'il avait réclamée en temps utile, a été privé de la possibilité de présenter des observations à l'audience. Par suite, le tribunal administratif a méconnu les dispositions du premier alinéa de l'article 76 de la loi du 11 février 2005 et a entaché son jugement d'irrégularité.

La dispense de conclusions du rapporteur public

Art. R. 732-1-1 Sans préjudice de l'application des dispositions spécifiques à certains contentieux prévoyant que l'audience se déroule sans conclusions du rapporteur public, le président de la formation de jugement ou le magistrat statuant seul peut dispenser le rapporteur public, sur sa proposition,

de prononcer des conclusions à l'audience sur tout litige relevant des contentieux suivants :
1° Permis de conduire ;
2° Refus de concours de la force publique pour exécuter une décision de justice ;
3° Naturalisation ;
4° Entrée, séjour et éloignement des étrangers, à l'exception des expulsions ;
5° Taxe d'habitation et taxe foncière sur les propriétés bâties afférentes aux locaux d'habitation et à usage professionnel au sens de l'article 1496 du code général des impôts ainsi que contribution à l'audiovisuel public ;
6° Prestation, allocation ou droit attribués au titre de l'aide ou de l'action sociale, du logement ou en faveur des travailleurs privés d'emploi.
7° Désignation des électeurs sénatoriaux ;
8° Injonctions de retrait prises sur le fondement des articles 3 et 4 du règlement (UE) 2021/784 du Parlement européen et du Conseil du 29 avril 2021.
9° Demandes de retrait d'une image ou d'une représentation de mineurs présentant un caractère pornographique relevant de l'article 227-23 du code pénal et prises sur le fondement de l'article 6-1 de la loi n° 2004-575 du 21 juin 2004 pour la confiance dans l'économie numérique.

Textes sources

– Décret n° 2011-1950 du 23 décembre 2011, article 8.
– Décret n° 2013-730 du 13 août 2013, article 3.
– Décret n° 2023-198 du 23 mars 2023, article 1er.
– Décret n° 2023-432 du 3 juin 2023, article 5.
– Décret n° 2025-146 du 18 février 2025, article 6.

Commentaires

La liste ne s'est pas calquée sur celle qui définit les compétences du juge statuant seul, énoncée à l'article R. 222-13. On pourra naturellement gloser sur cet inventaire qui n'est pas sans rappeler celui de Prévert.
Un litige relatif à la taxe d'enlèvement des ordures ménagères ne peut faire l'objet de dispense (CE, 27 mars 2017, Société Auchan, n° 401205, *Lebon* T.). À l'inverse, c'est possible s'agissant de la demande d'indemnité en réparation des préjudices résultant d'une absence de relogement, un tel litige devant être regardé comme relatif à un droit attribué au titre du logement, mentionné au 6° de l'article (CE, 28 mars 2019, Chowdhury, n° 414630, *Lebon* T.).
Le mécanisme retenu est fondamentalement différent de celui qui, en 1980, avait aussi organisé une dispense de conclusions : outre que l'actuelle dispense ne peut intervenir en toutes matières, la décision de dispense ne peut être prise que « sur proposition » du rapporteur public, et donc avec son accord, ce qui, en principe, suppose de sa part un premier examen, quelque sommaire qu'il soit, de l'affaire.
On notera que le texte, comme l'article L. 732-1, ne fait état que d'une dispense de prononcé des conclusions. Il n'interdit donc pas, à strictement parler, au rapporteur

public de joindre au dossier des « conclusions » non destinées à être prononcées, sous forme d'une note qui peut éclairer la formation de jugement. La possibilité toutefois d'une telle note n'est pas prévue par le texte, et surtout les articles R. 711-2 et R. 711-3 n'ont point prévu que, si dispense il y a, les parties puissent avoir connaissance de la position du rapporteur public. Or, l'économie générale de ces textes, découlant des exigences de la Cour européenne des droits de l'homme, est de placer les travaux du rapporteur public dans une sorte de transparence relative à l'égard des parties. Ce qui donne à penser que ce dernier, s'il estime ne pas avoir à conclure, ne devrait pas émettre, dans un écrit, son opinion sur le sort du litige et des moyens qui y sont développés, si ce n'est, le cas échéant, pour justifier sa proposition de dispense.

Le moyen tiré de ce qu'une dispense est intervenue dans un litige ne relevant pas des contentieux mentionnés à l'article R. 732-1-1 n'est pas d'ordre public (CE, 15 octobre 2014, Société Geciotel, n° 365074, *Lebon*)… mais il doit être examiné d'office, au titre du champ d'application de la loi, si une partie soutient que l'avis d'audience ne faisait pas état de cette dispense (même arrêt).

Comme signalé à propos de l'article L. 732-1, la seule contestation envisageable de la décision de dispense peut porter sur le respect du champ d'application, mentionné à l'article R. 732-1-1, et sur l'existence d'une proposition du rapporteur public, à l'exclusion de toute appréciation de l'opportunité de cette dispense : « il ne peut être […] utilement soutenu […] que les particularités de la requête ne permettaient pas de dispenser le rapporteur de prononcer des conclusions » (CE, 1er avril 2015, Eloku Mboyo, n° 377318, note Labouysse, *Lebon* T. ; *JCP A*, 8 juin 2015, p. 3 [1]).

Le jugement doit viser, si elle est intervenue, la décision de dispense, mais pas nécessairement l'article R. 732-1-1 (CE, 24 octobre 2014, SCI du château de Festieux, n° 366857, *Lebon* T.).

Et l'information relative au prononcé d'une dispense doit parvenir aux parties dans un délai « raisonnable » avant l'audience (CE sect., 21 juin 2013, Communauté d'agglomération du pays de Martigues, n° 352427, *Lebon*, p. 167), notion qui n'est pas très éloignée de celle qui prévaut s'agissant de l'avis donné aux parties du sens des conclusions. Deux jours ont été jugés suffisants (CE, 26 juillet 2018, Association Sukyo Mahikari France, n° 403389, *Lebon* T.). L'absence au dossier de l'avis d'audience adressé au requérant ne permet pas au juge de s'assurer qu'il comportait les informations relatives aux conclusions du rapporteur public prévues par le deuxième alinéa de l'article R. 711-2 du CJA et le jugement ou l'arrêt est irrégulier s'il ne résulte d'aucune autre pièce que l'intéressé aurait été mis en mesure de prendre connaissance de la dispense de conclusions du rapporteur public, de sorte qu'il a, en l'espèce, été privé d'une garantie (CE, 17 février 2023, n° 462051, *Lebon* T.).

Jurisprudence

[1] Considérant qu'aux termes de l'article L. 732-1 du code de justice administrative : « Dans des matières énumérées par décret en Conseil d'État, le président de la formation de jugement peut dispenser le rapporteur public, sur sa proposition, d'exposer à l'audience ses conclusions sur une requête, eu égard à la nature des questions à

juger » ; que, pour l'application de ces dispositions, l'article R. 732-1-1 du même code fixe la liste des contentieux dans lesquels une telle dispense est possible [...] ; Considérant qu'il résulte de ces dispositions que le président de la formation de jugement peut, après examen du dossier par le rapporteur public, le dispenser, sur sa proposition, de prononcer à l'audience des conclusions sur une requête entrant dans le champ d'application de l'article R. 732-1-1 ; que, s'il appartient au juge d'appel et, le cas échéant, au juge de cassation, saisi d'un recours dirigé contre un jugement rendu dans ces conditions, de vérifier que le litige relevait de l'un des contentieux mentionnés à l'article R. 732-1-1 du Code de justice administrative, il ne peut en revanche être utilement soutenu en appel ni en cassation que les particularités de la requête ne permettaient pas de dispenser le rapporteur public de prononcer des conclusions ; que, par suite, le moyen soulevé par M. A... et tiré de ce qu'en raison des particularités de sa requête, le rapporteur public ne pouvait être dispensé de prononcer des conclusions à l'audience ne peut qu'être écarté [...].

Le délibéré sans parties ni rapporteur public

Art. R. 732-2 La décision est délibérée hors la présence des parties et du rapporteur public.

Textes sources

– Décret n° 2006-964 du 1er août 2006, article 5-II.
– Décret n° 2009-14 du 7 janvier 2009, article 1er.

Commentaires

Le délibéré est secret, conformément à la tradition française érigée en principe général du droit, rappelée par l'article L. 8 (CE, 17 novembre 1922, Légillon). En présence d'un arrêt ayant fait état de l'audience publique, et mentionné que la décision avait été délibérée « à l'audience », le Conseil d'État a jugé que cette dernière mention devait être lue comme signifiant que le délibéré avait commencé à l'issue de l'audience publique, et que donc les juges n'avaient pas délibéré au cours de cette dernière (CE, 20 novembre 2000, Commune de Brou-sur-Chantereine, n° 200989, *Lebon* T. – CE, 6 juin 2001, Mosquera, n° 213745, *Lebon* T.). Cette façon de juger révèle que le secret du délibéré est une formalité substantielle : c'est une garantie fondamentale, et la décision est irrégulière s'il y a été porté atteinte (CE, 30 décembre 1996, Élections municipales de Chantilly, n° 177285, *Lebon* T.). Mais la présence du greffier au délibéré qui suit l'audience « n'est pas de nature à rendre irrégulière la procédure à l'issue de laquelle a été rendue la décision » (CE, 7 février 2003, De Luca, n° 219923), solution de plus fort admise compte tenu de l'article R. 731-4.
La règle du secret implique que ne soient pas connues les conditions de majorité dans lesquelles une décision est adoptée, qui ne doivent donc pas être mentionnées dans cette décision (CE, 26 mars 2003, Doni Worou, n° 225386, *Lebon* T.), sauf bien sûr texte contraire, comme celui qui a pu prévoir que la décision juridictionnelle est « prise à la majorité des voix » (CE, 1er juillet 1966, Poineuf, n° 67521, *Lebon*, p. 434).
Sur l'absence du rapporteur public, voir les commentaires sous l'article R. 733-3.

CHAPITRE 3 Dispositions applicables au Conseil d'État

Le déroulement de l'audience publique

Art. R. 733-1 Après le rapport, le rapporteur public prononce ensuite ses conclusions.

Les avocats au Conseil d'État représentant les parties peuvent présenter de brèves observations orales après le prononcé des conclusions du rapporteur public.

Textes sources

– Décret n° 2006-964 du 1er août 2006, article 5-III.

– Décret n° 2009-14 du 7 janvier 2009, article 1er.

– Décret n° 2020-1404 du 18 novembre 2020, article 8.

Commentaires

Le mécanisme était, au Conseil d'État, inverse de celui qui est retenu pour les cours et tribunaux, puisque le rapporteur public conclut après que les avocats aux conseils ont présenté leurs observations orales, sauf application du second alinéa (qui paraît assez systématique). Ces observations supplémentaires n'étaient pas toujours inopérantes : ainsi, par arrêt du 12 mai 2010, le Conseil d'État a décidé, sur la proposition faite par observations présentées conformément au second alinéa du texte, de surseoir à statuer sur la date d'effet d'une annulation, pour ouvrir un débat avec les parties sur ce point (CE, 12 mai 2010, Fédération départementale des chasseurs de la Drôme, n° 325657, *Lebon* T.). La modification intervenue en 2020 rapproche désormais l'ordre des prises de parole devant le Conseil d'État de celui pratiqué devant les tribunaux administratifs et les cours administratives d'appel.

Le décret n° 2020-1404 du 18 novembre 2020 introduit devant le Conseil d'État, à titre expérimental pour une durée de dix-huit mois, la possibilité pour une formation de jugement de tenir une audience d'instruction.

Le délibéré sans les parties

Art. R. 733-2 La décision est délibérée hors la présence des parties.

Texte source

– Décret n° 2006-964 du 1er août 2006, article 5-III.

Le délibéré avec le rapporteur public

Art. R. 733-3 Sauf demande contraire d'une partie, le rapporteur public assiste au délibéré. Il n'y prend pas part.

La demande prévue à l'alinéa précédent est présentée par écrit. Elle peut l'être à tout moment de la procédure avant le délibéré.

Textes sources

– Décret n° 2006-964 du 1er août 2006, article 5-III.
– Décret n° 2009-14 du 7 janvier 2009, article 1er.

Commentaires

Le texte particulier concernant le Conseil d'État procède du souci à la fois de se plier aux impératifs découlant de la jurisprudence *Martinie* de la Cour européenne des droits de l'homme (CEDH, 12 avril 2006, n° 58675/00), et de ne pas priver les rapporteurs publics du Conseil d'État de la richesse des informations apportées par le délibéré.

La Cour européenne l'a jugé et rejugé, depuis les arrêts *Kress* (CEDH, 7 juin 2001, n° 39594/98) et *Loyen* (CEDH, 5 juillet 2005, n° 55929/00) : le commissaire du gouvernement, devenu rapporteur public, ne doit, au nom des apparences, même pas assister au délibéré. Mais la même Cour a admis qu'une partie qui n'a pas recouru, dans l'ordre interne, à des moyens destinés à assurer l'impartialité du procès, ne peut se plaindre devant la Cour d'un manquement à cet impératif, la question étant tout aussi bien celle de l'épuisement des voies de recours internes (CEDH, 19 mars 1991, Cardot c/France, n° 11069/84) que celle du bien-fondé du reproche de partialité émis par une partie « qui pouvait récuser la composition de la juridiction, mais s'en est abstenue » (CEDH, 23 janvier 1996, Bulut c/Autriche, n° 17358/90). Et la cour de juger que, même à propos d'un principe fondamental aussi fort que celui de la publicité des débats, « ni la lettre ni l'esprit de l'article 6-1 de la Convention n'empêchent une personne d'y renoncer de son plein gré de manière expresse ou tacite » (CEDH, 25 avril 1997, Pauger c/Autriche, n° 16717/90).

S'inspirant de ces jurisprudences, le décret maintient la présence du rapporteur public dans le délibéré, mais permet à toute partie de s'y opposer. Ainsi est proposé un système dans lequel la garantie – exigée par le principe d'apparence – est préservée (puisque chacun peut en exiger le respect), sans que, nécessairement, le fonctionnement original du système en soit notablement perturbé (puisque les parties peuvent renoncer à se prévaloir de cette garantie, estimant ainsi que l'apparence ne l'exige pas). Ce mécanisme a été jugé conforme à la Convention européenne de sauvegarde des droits de l'homme et des libertés fondamentales (CEDH, 15 septembre 2009, Étienne c/France, n° 11396/08).

On aura noté que le parti a été différent pour les tribunaux et cours. Il faut regretter que, sur une institution aussi emblématique que l'est le rapporteur public, il n'ait pas été jugé possible ou opportun de mettre sur pied un système unifié, permettant, à l'instar de ce qui est retenu pour le juge suprême, d'admettre la présence aux délibérés de ces rapporteurs. Même si, notamment en tribunal administratif, cette présence est souvent sans intérêt majeur, et peut sans inconvénient être gommée, il demeure dommage qu'aucun délibéré ne puisse être ouvert au rapporteur public, en tribunal comme, encore plus, en cour.

Le mécanisme ainsi institué a été jugé légal (CE, 25 mai 2007, Courty, n° 296327, *Lebon* T. ; *AJDA* 2007, p. 1424).

TITRE IV La décision

CHAPITRE 1 Dispositions générales

SECTION 1 Le prononcé de la décision

La présente section ne comprend pas de dispositions législatives.

Le prononcé de la décision après délibéré

Art. R. 741-1 Sous réserve des cas où elle est lue sur le siège, la décision est prononcée par sa mise à disposition au greffe de la juridiction. La liste des décisions mises à disposition au greffe de la juridiction est affichée le jour même dans les locaux de la juridiction.

Textes sources

– Ordonnance n° 45-1708 du 31 juillet 1945, article 68, § 1.
– Code des TA et des CAA, article R. 199.
– Décret n° 2005-1586 du 19 décembre 2005, article 7.
– Décret n° 2020-1404 du 18 novembre 2020, article 9.

Commentaires

Le « prononcé » en audience publique de la décision juridictionnelle correspondait assez rarement à une réalité. Il est pourtant l'un des moyens de répondre à l'exigence substantielle de publicité, découlant, entre autres, de la Convention européenne de sauvegarde des droits de l'homme (CE, 8 janvier 1982, Serban, n° 22729, *Lebon*, p. 8, concl. Genevois – CE sect., 12 octobre 2009, Petit, n° 311641, *Lebon*). La mention sur une décision de sa lecture publique avait pour seul objet d'indiquer qu'elle a été rendue publique lors de la séance dont elle porte la date (CE, 31 juillet 1992, Sunka, n° 85816, *Lebon* T.), et se trouvait donc disponible à compter de cet instant, notamment par consultation au greffe de la juridiction. De plus, cet instant de « lecture » marquait le moment à partir duquel la juridiction est dessaisie de l'affaire, et ne peut donc plus revenir sur sa décision. On était ainsi fort loin d'une « lecture » orale au sens littéral ! Aussi bien les parties n'avaient-elles pas à être convoquées à l'audience du prononcé de la décision (CE, 15 mai 1896, Saint-Nazaire, *Lebon*, p. 394 – CE, 2 août 1902, Humbert, *Lebon*, p. 737). Cette mention fait foi jusqu'à preuve du contraire (CE, 12 décembre 2018, Société Dynamiques Foncières, n° 417605). Un courriel du greffe informant une partie, après la lecture de l'arrêt, que la mise en forme de sa motivation n'était pas achevée, ne permet pas d'établir que les motifs de cet arrêt n'auraient pas été délibérés avant la lecture de la décision (CE, 12 novembre 2015, Gauvin, n° 372121, *Lebon*).

L'absence de convocation des parties à l'audience de lecture, qui n'est contraire à aucun principe général du droit, ne méconnaît en particulier ni le principe d'égalité devant la loi, ni l'article 6 § 1 de la Convention européenne de sauvegarde des droits de l'homme et des libertés fondamentales (CE, 5 avril 1996, Syndicat des avocats de France, n° 116594, *Lebon*).

L'absence de nécessité d'une « lecture » publique (absence qui recouvre la quasi-totalité des cas) a pour corollaire l'absence de nécessité d'une publicité spécifique des décisions ainsi « lues », que ce soit par annonce verbale ou par affichage. De toute façon, et à supposer effectuée une telle publicité, seule la décision, dûment signée, peut faire foi de la position arrêtée par la juridiction. Ce qui ne saurait faire obstacle à ce que d'éventuelles divergences entre la décision et sa publicité nourrissent des opinions peu aimables pour la juridiction. En revanche, il a été récemment rappelé, d'une part, que la présomption d'exactitude de la mention d'une lecture en audience publique peut être renversée et, d'autre part, qu'un arrêt qui n'a pas été lu en audience publique est irrégulier (CE, 4 octobre 2019, Lam, n° 424265). La matérialité des faits pouvant résulter d'un échange de courriels attestant de l'absence d'audience le jour indiqué (conclusions R. Chambon).

La suppression du prononcé en audience publique en 2020 correspond à l'abandon d'une exigence désuète et devenue purement formelle. Le prononcé par mise à disposition au greffe, authentifié par un affichage de la liste des décisions rendues, correspond mieux à la réalité de la vie juridictionnelle et présente des garanties au moins équivalentes, notamment pour connaître le moment à partir duquel la juridiction est dessaisie de l'affaire.

Les en-têtes de décisions comporteront désormais la mention « Décision du… », quelle que soit la nature de la décision juridictionnelle, à l'exclusion de celles lues sur le siège et, avant la formule exécutoire, la mention « Rendu public par mise à disposition au greffe le… ». Rappelons qu'il est jugé que, si la juridiction entend lire sa décision immédiatement après le délibéré à la suite de l'audience, les parties doivent être dûment averties de cette occurrence (CE sect., 11 février 2005, Commune de Meudon, n° 258102, *Lebon* – CE, 16 mars 2010, Lechat, n° 312890). L'expression « lue sur le siège » fait son apparition dans le code, sans que les modalités pratiques du prononcé de telles décisions ne soient précisées. On peut se demander si ces dispositions font obstacle, après avertissement des parties, à une mise à disposition au greffe de la juridiction le jour même de l'audience sans « lecture » en audience. Entre le délibéré et le prononcé de la décision, la circonstance qu'un membre de cette formation perde la qualité de membre de la juridiction n'est pas, par elle-même, de nature à affecter la régularité de la décision rendue, sauf à ce qu'il s'agisse du président de la formation de jugement, dès lors que la minute doit être revêtue de sa signature aux fins d'en attester la conformité au délibéré, ou, le cas échéant, du rapporteur lorsqu'une disposition expresse prévoit qu'il doit également la signer. (CE, 23 décembre 2024, n° 46914, *Lebon* T.). Sans doute, faut-il y ajouter, pour les TA et CAA, l'hypothèse dans laquelle, la décision rendue par un président-rapporteur doit être contresignée par l'assesseur le plus ancien (voir CJA, art. R. 741-8).

SECTION 2 Les mentions obligatoires de la décision

La présente section ne comprend pas de dispositions législatives.

Le contenu obligatoire de la décision

Art. R. 741-2 La décision mentionne que l'audience a été publique, sauf s'il a été fait application des dispositions de l'article L. 731-1. Dans ce dernier cas, il est mentionné que l'audience a eu lieu ou s'est poursuivie hors la présence du public.

Elle contient le nom des parties, l'analyse des conclusions et mémoires ainsi que les visas des dispositions législatives ou réglementaires dont elle fait application.

Mention y est faite que le rapporteur et le rapporteur public et, s'il y a lieu, les parties, leurs mandataires ou défenseurs ainsi que toute personne entendue sur décision du président en vertu du troisième alinéa de l'article R. 732-1 ont été entendus.

Lorsque, en application de l'article R. 732-1-1, le rapporteur public a été dispensé de prononcer des conclusions, mention en est faite.

Mention est également faite de la production d'une note en délibéré.

La décision fait apparaître la date de l'audience et la date à laquelle elle a été prononcée.

Textes sources

- Ordonnance n° 45-1708 du 31 juillet 1945, article 68, § 2.
- Code des TA et des CAA, article R. 200, § 1 à 4.
- Décret n° 2005-911 du 28 juillet 2005, article 8.
- Décret n° 2005-1586 du 19 décembre 2005, article 8.
- Décret n° 2009-14 du 7 janvier 2009, article 1er.
- Décret n° 2011-1950 du 23 décembre 2011, article 9.
- Décret n° 2016-1480 du 2 novembre 2016, article 24.

Commentaires

Si l'article R. 741-2 ne fait pas état, à l'inverse de l'ancien article R. 200, du nom des juges qui ont rendu la décision, c'est que cette exigence est énoncée à l'article L. 10 (de même que l'article L. 9 pose une exigence de motivation, qui s'impose évidemment). Elle est, de plus, fort substantielle, puisqu'il s'agit, en fait, d'un principe général (CE, 13 mars 1998, Avakian, n° 137732). La mention de ces noms doit évidemment correspondre à la réalité (CE, 7 mars 1994, Association pour le tracé ouest du contournement routier de Carling, n° 139129, *Lebon*). Aucune différence ne doit par ailleurs ressortir entre la composition du tribunal à l'audience de jugement et la formation qui a délibéré (CE, 6 mars 1991, Commune de Roquevaire, n° 119196, *Lebon*). Mais la composition de la juridiction à l'audience de lecture n'a pas à apparaître (CE, 22 janvier 1992, Société Géo, n° 68486, *Lebon* T. ; *RJF* 1992, n° 356), non plus que la présence du greffier d'audience (CE, 29 janvier 1992, Segonzac, n° 117678, *Lebon* T. ; *RJF* 1992, n° 366).

Sauf dans les cas dans lesquels il a pu être dérogé au caractère public de l'audience, en application de l'article L. 731-1, la lettre même de l'article R. 741-2 fait obstacle à ce que soit occulté le nom d'une partie dans les copies de la décision juridictionnelle sauf application de l'article L. 731-1 (CE, 6 décembre 2006, Titon, n° 287453, *Lebon* T. – CE, 4 mars 2009, Brunel, n° 311122, *Lebon* T.). De plus cette décision doit comporter la mention de toutes les parties : est irrégulier l'arrêt mentionnant que la requête d'appel a été présentée pour M. Rasseneur « et vingt-cinq autres propriétaires de terres » (CE, 2 février 2009, Choteau, n° 308585). Est également irrégulier le jugement ne permettant pas d'identifier le mandataire qui a présenté des observations pour une partie, ce qui interdit de vérifier que celui-ci avait qualité pour les présenter (CE, 8 juin 2016, Gannay, n° 388754, *Lebon* T.).
Toutes les mentions ici répertoriées sont substantielles (CE, 26 juillet 1991, Préfet du Vaucluse c/Lazaar, n° 121849, *Lebon* T. – CE, 9 juin 2010, Dornel, n° 313322, *Lebon* T., pour une externalisation des visas dans un document annexe non signé), et le jugement fait la preuve par lui-même de leur exactitude, la preuve contraire devant dès lors être apportée par qui la discute (CE, 23 juin 1989, Cartaud, n° 70985 – CE, 4 novembre 1996, Élections municipales de Saint-Mathieu, n° 172580, *Lebon* T., preuve apportée de l'inexactitude de la mention d'une présence à l'audience). Même le silence du jugement (autrement dit l'absence d'une mention) vaut preuve de l'absence de l'élément qui aurait dû obligatoirement être mentionné. Ainsi, si, lorsque les parties se sont exprimées oralement, ce fait doit être mentionné (CE, 26 novembre 2008, Syndicat mixte de la Vallée de l'Oise, commune de Fresnières et communauté de communes du Pays des Sources, n° 30115, 301180, *Lebon*), il appartient à l'intéressé dont l'audition n'est pas mentionnée d'apporter la preuve qu'il a présenté des observations orales (CE, 29 juillet 1994, Brizard, n° 144883, *Lebon* T.).
Seul en principe l'original du jugement (sa « minute ») doit, pour l'application de cet article, être vérifié (CE, 25 juillet 1986, Desigaux, n° 68474, *Lebon*), les expéditions adressées aux parties pouvant contenir des inexactitudes matérielles sans portée juridique (CE, 29 décembre 1993, Michel). C'est ainsi au regard des seuls documents revêtus des signatures mentionnées aux articles R. 741-7 ou R. 741-8, et qui comme tels constituent la minute du jugement, que sera vérifié le respect des prescriptions de l'article R. 741-2. Voir toutefois : CE, 27 juin 2008, Commune d'Ensues la Redonne, n° 290595, annulant un jugement au motif que « tant la minute que l'expédition du jugement portent des indications contradictoires quant à la date de lecture de ce jugement » (voir, dans le même sens : CE, 30 juillet 2014, École supérieure d'informatique de Paris, n° 371426).
Est irrégulier un jugement ou un arrêt ne mentionnant pas que l'audience a été publique (CE, 8 novembre 1993, Kluck, n° 124582 – CE, 29 juillet 1994, David, n° 125762 – CE, 3 février 2010 Société Erlab DFS, n° 331355, concernant une ordonnance de référé précontractuel qui doit être prononcée à l'issue d'une audience), cette règle valant également pour les décisions du Conseil d'État (CE, 10 mai 1995, Paris). Mais l'apparition, à l'article L. 731-1, du huis-clos, périme partiellement cette jurisprudence, ce dont rend compte la nouvelle rédaction de l'article R. 742-1. En tout état de cause, n'est pas d'ordre public le moyen tiré de ce que la décision ne mentionne pas qu'elle a été précédée d'une audience

publique (CE, 25 janvier 2012, Association pour la réadaptation des jeunes, n° 336959, *Lebon* T.).

Le terme de « conclusions » ne doit pas être limité à l'« objet » des requêtes, mais s'étend aux moyens qui y sont développés (CE, 7 février 1968, Société X, n° 57104, *Lebon*, p. 96 [1]). Deux décisions ont précisé l'étendue de l'obligation de viser ces moyens. Par arrêt du 3 octobre 2012 (CE, 3 octobre 2012, Société Valterra, n° 349281, *Lebon* T. ; *JCPA,* 4 février 2013, p. 33), le Conseil d'État a jugé que la juridiction pouvait, sans irrégularité, se borner, dans l'analyse des mémoires en défense, à relever que ces derniers faisaient valoir que les moyens de la requête n'étaient pas fondés, « dès lors que ces mémoires se limitaient à la réfutation des moyens présentés par la collectivité requérante ». En cas, en outre, d'annulation suivie de renvoi, le juge de renvoi n'a pas à viser ni à analyser les mémoires produits devant le juge de cassation, même s'ils contenaient des moyens soulevés dans l'éventualité de l'utilisation par le juge de cassation de l'article L. 821-2 : ces moyens, s'ils ne sont pas expressément repris devant le juge de renvoi, ne saisissent pas ce dernier, qui n'a pas, par ailleurs, à y répondre (CE, 29 octobre 2013, Jeannin, n° 348682, *Lebon* T. – CE, 11 avril 2014, Vachet, n° 345194). À l'inverse, lorsqu'une affaire, présentée à tort devant une juridiction (par exemple, le Conseil d'État), est renvoyée à une autre, cette dernière doit viser et analyser les mémoires présentés devant la première juridiction saisie (CE, 26 novembre 2014, Deschamps, n° 359594, *Lebon* T.).

Les mémoires n'ont à être analysés que s'ils contiennent des éléments nouveaux (CE, 14 novembre 1994, Medus, n° 83880), et si, dans ce dernier cas, il n'y a pas été répondu dans les motifs de la décision (CE, 2 juin 2006, Casagrande, n° 263423, *Lebon* T. – CE, 11 juin 2014, Legaret, n° 359931, *Lebon*). Mais cette tolérance ne joue pas dans toutes les hypothèses : est ainsi irrégulier le jugement dont la minute ne fait mention ni du mémoire en défense du ministre, ni du mémoire en réplique de la requérante : les motifs du jugement ne sauraient suppléer à l'absence d'analyse des conclusions et moyens de ces mémoires (CE, 16 juillet 2010, Leducq, n° 326591). Le défaut de mention, dans la décision juridictionnelle attaquée, d'un mémoire produit postérieurement à la clôture de l'instruction ne peut être utilement invoqué que par la partie qui a produit ce mémoire (CE, 30 avril 2024, n° 465829, *Lebon* T.).

On note que la seule référence à des décisions de justice rendues dans des espèces présentées comme identiques ou voisines n'est pas regardée comme constituant un élément nouveau (CE, 14 novembre 1994, Renard, n° 138280). Mais les notes en délibéré doivent toujours être visées, et analysées si elles sont prises en considération (voir commentaires sous l'article R. 731-3). Il en va ainsi y compris dans le cas où la note en délibéré est enregistrée le jour même où est rendue la décision, mais avant qu'elle ne soit prononcée par sa mise à disposition au greffe de la juridiction (CE, 23 octobre 2024, n° 474467, *Lebon* T.). Mais le défaut de mention de la note en délibéré ne peut être utilement invoqué que par la partie qui l'a produite (CE, 2 décembre 2015, M., n° 382641, *Lebon T.*). Les observations sur un moyen relevé d'office doivent être visées sans cependant être analysées après que le juge en ait pris connaissance (CE, 28 décembre 2018, Association du Vajra Triomphant Mandarom Aumisme, n° 402321, *Lebon* T.).

Le jugement intervenu après un jugement avant dire droit rendu dans la même instance peut se borner, pour tous les éléments de procédure intervenus avant l'intervention de ce dernier, à le viser, si celui-ci contient les visas des conclusions des parties, sauf à devoir évidemment viser les éléments survenus postérieurement au jugement avant dire droit (CE, 14 janvier 1994, Maubleu, n° 94466, *Lebon* T.).

S'agissant des visas de textes, il peut être suppléé à leur insuffisance par leur prise en considération dans les motifs de la décision (CE sect., 4 juin 1982, Ministre du Travail, n° 30129, *Lebon*, p. 200, *a contrario* [2]). Au surplus, les visas peuvent être globaux (par exemple, « le Code de l'urbanisme »), pourvu que les motifs de la décision reprennent le texte précis des dispositions qu'elle applique (CE, 27 juin 2005, Commune de Chambéry, n° 264667, *Lebon* T.). Quant aux textes législatifs ou réglementaires, il est admis que le visa s'en limite à la version d'origine, sans mention des modifications ultérieures, la pratique des sections administratives du Conseil d'État étant en principe inverse.

Il est admis qu'au-delà des mémoires et textes soient visées, sans autres précisions, les « autres pièces du dossier » (CE, 29 juin 2005, Commune de Saint-Clément-de-Rivière, n° 265958, *Lebon* T.).

L'ordonnance de clôture, qui devait, ainsi que le cas échéant l'ordonnance de réouverture, être visée (CE, 8 novembre 1985, Guilhaume, n° 34489, *Lebon*, p. 320 – CE, 30 juin 1993, Communauté urbaine de Bordeaux), n'a plus à l'être (CE, 23 mars 1994, Société Groupe de recherche et de construction, n° 115299, *Lebon* T.). Mais l'ordonnance refusant de transmettre une QPC doit l'être en application de l'article R. 771-10 (CE, 5 mars 2020, Société F Banny, n° 428695, *Lebon* T.).

Sauf décision de dispense prononcée en application de l'article R. 732-1-1 (qui devra être expressément mentionnée : CE, 13 avril 2016, Roth, n° 381175, *Lebon* T.), la mention de l'audition du rapporteur public est substantielle (CE, 31 mai 1989, Commune du Moule, n° 81676 [3]), mais ne doit évidemment pas donner à penser que ce dernier a pris part au délibéré (CE, 3 novembre 1989, Association communale de chasse agréée de Parsac, n° 81408). Cette exigence est renforcée par l'arrêt *Kress c/France* rendu le 7 juin 2001 par la Cour européenne des droits de l'homme n° 39594/98 et confirmé par arrêt *Martinie* (CEDH, 12 avril 2006, n° 58675/00).

Le texte enfin exige désormais que figurent sur la décision tant la date de l'audience que celle du prononcé, dit encore « lecture », élément sur lequel la jurisprudence avait hésité. La présence de cette dernière date est fondamentale, puisque c'est à ce jour que la décision est réputée rendue, et que c'est donc à cette date qu'il sera vérifié d'une part que la juridiction était compétente, d'autre part, s'agissant des jugements rendus en plein contentieux, que ces décisions sont conformes à la situation de droit ou de fait prévalant lors de la lecture (CE sect., 19 novembre 1993, Brutus, n° 100288, *Lebon*) : l'affaire est réputée demeurée en délibéré jusqu'à cette date de lecture, qui seule marque le dessaisissement du juge.

On notera que la décision juridictionnelle ne s'impose aux parties qu'à compter de sa notification (CE, 17 mai 1974, Élections municipales de Camelas, n° 93122, *Lebon*, p. 292).

Un jugement sans date est irrégulier (CE, 2 février 2005, n° 255309, *Lebon* T.). Cette exigence fait partie des règles générales de procédure qui s'imposent, même en l'absence d'un texte le prévoyant, à toutes les juridictions administratives (CE, 18 novembre 2024, n° 487746, *Lebon* T.). Également irrégulier le jugement qui comporte trois dates d'audience différentes, une erreur en ce qui concerne la date de lecture (CE, 25 septembre 2015, Bourjolly, n° 372624, *Lebon*) ; des mentions, en en-tête et dernière page, de dates de lecture contradictoires (CE, 15 juillet 2020, Brechet, n° 432325, *Lebon* T.) ! ; sauf erreur de plume si la date d'audience conduit sans aucun doute possible à retenir l'une de ces deux dates de lecture (CE, 13 octobre 2021, Mérieux, n° 438803, *Lebon* T.).

Délicate est la question, au regard de la règle selon laquelle le jugement fait foi de ses mentions jusqu'à preuve contraire, de la réalité de la convocation des parties à l'audience, car on a pu soutenir que, si le jugement peut faire foi de l'envoi des avis d'audience, il ne peut toujours le faire de leur réception, si les signataires du jugement n'ont pu s'en assurer, et d'autre part que cette règle mettait à la charge des contestataires une preuve négative…

Un point doit d'abord être précisé : le texte n'impose pas formellement que le jugement fasse état de l'existence ou de l'envoi des avis d'audience. Et pourtant diverses décisions, il est vrai, rendues en matière de reconduite à la frontière, mais sur le fondement de cet article, ont énoncé la règle selon laquelle « les jugements doivent mentionner que les parties ont été entendues ou dûment convoquées » (CE, 6 juillet 1990, Préfet des Hauts-de-Seine, n° 115301, *Lebon* T. – CE, 27 mars 1996, Yapi, n° 162412). On ne peut qu'exprimer une perplexité devant cette position, alors surtout que le Conseil d'État juge que, si tout jugement doit faire la preuve de la régularité de la procédure au terme de laquelle il a été rendu, la mention de ce que les parties ont été convoquées n'est imposée par aucune règle générale de procédure (CE, 18 décembre 1996, Centre hospitalier et universitaire de Montpellier, n° 136477, *Lebon* T.). Observons au demeurant que l'habitude des juridictions est de faire état de l'existence de ladite convocation.

S'agissant de la force probante de cette mention, quelques décisions ont en cette matière exigé que le dossier contienne lui-même la preuve de l'exactitude de la mention de la convocation (CE, 25 novembre 1983, Domon, n° 39252, *Lebon* T. [4] – CE, 7 février 1986, Martin – CAA Lyon, 3 décembre 1990, SCI Les Grandes Épines bénites, n° 89LY01314, *Lebon* T.).

Mais la tendance actuelle va plutôt en sens inverse. Tour à tour des arrêts *Le Crom* (CE, 27 mars 1991, n° 112368) et *Mascarel* (CE, 17 mai 1991, n° 107655, *Lebon* T.) réaffirment que, comme jugé par exemple le 21 juillet 1989 (CE, 21 juillet 1989, Commune de Bondoufle, n° 81758), la mention de la convocation fait foi jusqu'à preuve contraire, généralement non rapportée, ce qui conduira la cour administrative d'appel de Lyon à modifier sa jurisprudence (CAA Lyon, 19 novembre 1991, SARL Maroello Guaita, n° 89LY01890). Il arrive d'ailleurs que la preuve de l'inexactitude soit apportée : par deux fois, il a pu être démontré que des envois en télécopie n'avaient pas atteint leurs destinataires normaux (CE, 15 mai 1996, Giraud, n° 157812, *Lebon* T. – CE, 6 juin 1997, Commune d'Aubagne, n° 154974, *Lebon T.*). Il semble que ce qui est ici recherché est l'exactitude de l'envoi de l'avis d'audience à la date voulue, peu important sa date de réception, voire sa réception : on lit ainsi dans une décision du 29 novembre 1991 (CE, 29 novembre 1991, Zhang, n° 113299) que « la circonstance que la convocation à l'audience adressée à

M. Zhang ne lui aurait pas été distribuée par le service des postes est sans influence sur la régularité du jugement », position réaffirmée le 6 septembre 1993 (CE, 6 septembre 1993, Cardot, [5], espèce dans laquelle il était inutile de se poser la question, l'intéressée ayant assisté à l'audience). Mais on trouve également des jurisprudences tenant compte de ce que, par suite de mouvements sociaux affectant le service des postes, l'avis d'audience n'a pu être distribué qu'avec retard (par exemple, CE, 21 juin 1996, Ville de Marseille c/Caroubi, n° 138308, *Lebon* T.).

Jurisprudence

[1] Considérant qu'aux termes de l'article 48, paragraphe 2 de la loi du 22 juillet 1889, « les arrêtés pris par le conseil de préfecture contiennent les noms et conclusions des parties, le vu des pièces et des dispositions législatives dont ils font l'application » ;
Considérant que le jugement attaqué, s'il contient l'indication des conclusions présentées par la société X..., ne comporte ni dans ses visas, ni dans ses motifs l'analyse des moyens développés à l'appui de ces conclusions ; qu'ainsi le jugement attaqué est entaché d'un vice de forme ; que la société X... est fondée à en demander l'annulation [...].

[2] Considérant que, d'après l'article R. 172 du code des tribunaux administratifs, les jugements de ces tribunaux doivent contenir les visas des dispositions législatives ou réglementaires dont ils font application ;
Considérant qu'il ressort des motifs du jugement attaqué que, pour statuer sur les conclusions à fin d'annulation présentées par le Centre d'études et de promotion du tourisme, le tribunal administratif de Paris a fait application de règlements du Conseil des Communautés européennes prévoyant les modalités de fonctionnement du Fonds spécial européen en se référant à « l'économie du système clairement prévu par les règlements communautaires en vigueur » ; que ceux d'entre les règlements communautaires dont il a entendu faire application ne sont cités ni dans les visas du jugement, ni dans ses motifs ; qu'ainsi le jugement attaqué, en tant qu'il a statué sur ces conclusions, ne satisfait pas aux prescriptions de l'article R. 172 du code des tribunaux administratifs [...].

[3] Considérant qu'en vertu des dispositions de l'article R. 172 alinéa 4 du code des tribunaux administratifs et des cours administratives d'appel, les jugements mentionnent, « s'il y a lieu, que les parties, leurs mandataires ou défenseurs et le commissaire du gouvernement ont été entendus » ; que le jugement attaqué du tribunal administratif de Basse-Terre, en date du 30 mai 1986, ne comporte aucune mention relative à l'audition du commissaire du gouvernement ; qu'ainsi ce jugement est entaché d'un vice de forme [...].

[4] Considérant que la société anonyme Domon soutient que ni elle ni son conseil n'ont été convoqués à la séance à laquelle son affaire était inscrite ; qu'aucune pièce du dossier ne permet d'infirmer cette allégation ; que, par suite, nonobstant la circonstance que le jugement attaqué fait mention de ladite convocation, la société Domon est fondée à soutenir que la formalité substantielle prévue à l'article R. 162 précité n'a pas été observée ; que, par suite, le jugement attaqué doit être annulé [...].

[5] Considérant, en second lieu, que la mention portée sur le jugement attaqué selon laquelle la requérante, qui a été entendue à l'audience du 8 novembre 1990, a été dûment avisée de celle-ci, fait foi par elle-même jusqu'à preuve contraire ; que si

Mlle Cardot soutient n'avoir jamais reçu la lettre recommandée, en date du 10 octobre 1990, l'avertissant, par application de l'article R. 193, du jour où l'affaire serait appelée à l'audience, il ressort du dossier que cette lettre, portant son nom et son adresse, a été déposée au bureau de poste de Paris-82 le 11 octobre 1990 ; qu'ainsi la circonstance que la requérante n'aurait pas reçu cette lettre ne saurait suffire à établir qu'elle n'a pas été régulièrement avisée de la date de l'audience [...].

Le début des jugements des tribunaux administratifs

Art. R. 741-3 Les jugements des tribunaux administratifs débutent par les mots « Au nom du peuple français » et portent l'une des mentions suivantes :

« Le tribunal administratif de... (nom donné au tribunal par l'article R. 221-1) »

ou

« Le tribunal administratif de... (nom donné au tribunal par l'article R. 221-1) (n° chambre) » et à Paris « (n° section) » ou « (n° section, n° chambre) ».

Lorsque le jugement est rendu par un magistrat statuant seul, il porte l'une des mentions suivantes :

« Le tribunal administratif de... (nom donné au tribunal par l'article R. 221-1) (le président du tribunal) »

ou

« Le tribunal administratif de... (nom donné au tribunal par l'article R. 221-1) (le magistrat délégué) ».

Textes sources

- Code des TA et des CAA, article R. 201.
- Décret n° 2005-1611 du 20 décembre 2005, article 3.
- Décret n° 2008-452 du 13 mai 2008, article 14.
- Décret n° 2019-82 du 7 février 2019, article 43.

Commentaires

On notera qu'une partie du vocabulaire utilisé par cet article ne correspond plus à celui utilisé par les textes relatifs aux formations de jugement. Ainsi, les articles R. 222-13, L. 552-1, L. 555-1, R. 611-7-2, R. 774-1, R. 776-15, R. 778-3, R. 778-4, R. 779-8 et R. 921-7 attribuent compétence au président de la juridiction ou « au magistrat qu'il désigne » et non « au magistrat qu'il délègue ». De même, pour les articles L. 213-9, L. 556-1, L. 571-4, L. 522-1, L. 512-1, L. 512-4, L. 742-4, L. 743-3, L. 733-4 et R. 733-4 du Code de l'entrée et du séjour des étrangers et du droit d'asile. En revanche, pour ce qui concerne les ordonnances, les articles R. 351-3, L. 551-1, L. 551-5, L. 551-8, R. 551-5, R. 551-6, L. 551-13, R. 551-9, R. 551-10, L. 551-24 et L. 555-2 attribuent compétence au président de la juridiction ou « au magistrat qu'il délègue », sauf pour les juges des référés qui sont les présidents de juridiction ou les magistrats qu'ils désignent (art. L. 511-2).

Le début des arrêts des cours administratives d'appel

Art. R. 741-4 Les arrêts des cours administratives d'appel débutent par les mots « Au nom du peuple français » et portent l'une des mentions suivantes :
« La cour administrative d'appel de... (nom de la ville où elle siège) »
ou
« La cour administrative d'appel de... (nom de la ville où elle siège) (n° chambre) ».

Texte source

– Code des TA et des CAA, article R. 202.

Commentaires

La mention du nom de la ville où siège la juridiction est substantielle (CE, 12 décembre 1997, Élections municipales de Saint-Philippe, n° 186917, *Lebon* T.). On aurait pu songer à compléter ces articles de la mention du « juge des référés », auquel la loi du 30 juin 2000 a donné une existence procédurale (voir livre V). La mention « Au nom du peuple français », utilisée à tort dans l'exercice d'attributions administratives, est toutefois par elle-même sans incidence sur sa régularité (CE, 18 décembre 2017, Goby, n° 410192).

Le début des décisions du Conseil d'État

Art. R. 741-5 Les décisions du Conseil d'État débutent par les mots « Au nom du peuple français » et portent l'une des mentions suivantes :
« Le Conseil d'État statuant au contentieux »
ou
« Le Conseil d'État statuant au contentieux (section du contentieux) »
ou
« Le Conseil d'État statuant au contentieux (section du contentieux, n° et n° chambres réunies) »
ou
« Le Conseil d'État statuant au contentieux (section du contentieux, n° chambre) »
ou
« Le président de la section du contentieux du Conseil d'État »
ou
« Le conseiller d'État délégué par le président de la section du contentieux du Conseil d'État ».

Textes sources

– Décret n° 63-766 du 30 juillet 1963, article 56.
– Décret n° 2016-899 du 1er juillet 2016, article 1er.

Commentaires

On rappelle que, ne visant que les « décisions », ces articles, comme l'article suivant, ne trouvent pas à s'appliquer aux avis contentieux du Conseil d'État, qui, en les rendant, ne statue pas au contentieux et ne décide pas non plus.

Ces articles n'ont pas été mis à jour des nouveautés introduites dans les formations de jugement des tribunaux administratifs, cours administratives d'appel et du Conseil d'État (par exemple, article R. 122-11 créant au Conseil d'État des formations à trois ou quatre chambres réunies).

Le dispositif des décisions

Art. R. 741-6 Le dispositif des décisions est divisé en articles et précédé du mot « décide ».

Texte source

– Code des TA et des CAA, article R. 203.

Commentaires

On rappelle que, l'article L. 9 le précise, avant le dispositif viennent obligatoirement les motifs dont la rédaction n'est pas encadrée par le Code de justice administrative, ce qui a permis aux deux derniers présidents de la section du contentieux de la faire évoluer.

SECTION 3 La minute de la décision

La présente section ne comprend pas de dispositions législatives.

La signature de la minute de la décision

Art. R. 741-7 Dans les tribunaux administratifs et les cours administratives d'appel, la minute de la décision est signée par le président de la formation de jugement, le rapporteur et le greffier d'audience.

Texte source

– Code des TA et des CAA, article R. 204, § 1.

La signature de la décision lorsque le président de la formation de jugement est rapporteur

Art. R. 741-8 Si le président de la formation est rapporteur, la minute est signée, en outre, par l'assesseur le plus ancien dans l'ordre du tableau.

Lorsque l'affaire est jugée par un magistrat statuant seul, la minute du jugement est signée par ce magistrat et par le greffier d'audience.

Textes sources

– Code des TA et des CAA, article R. 204, § 2 et 3.

– Décret n° 2003-543 du 24 juin 2003, article 9.

Commentaires

L'apposition des signatures est évidemment une formalité substantielle (CE, 26 novembre 1993, Cheq, n° 109559 – CE, 27 juin 2005, Département de la Charente-Maritime, n° 257051, *Lebon* T. – CE, 28 décembre 2005, Deveze, n° 263659, concernant la signature du greffier, peu important que ce même greffier ait signé l'expédition du jugement – CE, 28 décembre 2005, Gor, n° 263437, concernant la signature du président de la formation – CE, 24 juin 2010, Aidouni, n° 320799, concernant la signature du greffier d'audience).

Seule la minute doit comporter les signatures ici exigées (CE, 16 juillet 2010, Leducq, n° 326591) et le juge d'appel ou de cassation est parfois conduit à se faire produire cette minute, pour vérifier qu'elle comporte effectivement les signatures prévues par le texte (CE, 14 mai 2008, Mariage, n° 289745).

Seuls peuvent être regardés comme faisant partie de la « minute » les documents comportant les signatures prescrites par les articles R. 741-7 ou R. 741-8. Sont donc jugés étrangers à la minute des documents figurant dans le dossier transmis par la juridiction, mais dépourvus de ces signatures ; ces documents étant les seuls à comporter le visa de tous les mémoires sauf la requête, il s'ensuit que le jugement méconnaît la formalité substantielle découlant des articles R. 741-2 et R. 741-7 (CE, 9 juin 2010, Dornel, n° 313322, *Lebon* T.). On note que cette jurisprudence, qui se borne à tirer les conséquences de la combinaison des articles R. 741-2 et R. 741-7, invalide la pratique suivie par un nombre significatif de juridictions.

Les signatures ne valent évidemment pas approbation du contenu, mais certification par les signataires de l'exactitude des mentions – qui font foi – relatives au déroulement de la procédure, et de ce que la décision est conforme au délibéré. Ces mentions supportent la preuve contraire (par exemple, CE, 21 juillet 1989, Commune de Bondoufle, n° 81758 [1]).

Avec l'article R. 741-8, on note l'apparition de la règle selon laquelle toute décision doit comporter la signature de deux des magistrats qui y ont concouru, précaution non inutile lorsque l'on sait combien est souvent délicate la rédaction de ces décisions. La modification apportée au premier alinéa les mots : « Dans les tribunaux administratifs », ont été supprimés par décret n° 2003-543 du 24 juin 2003, qui le rend applicable aux cours administratives d'appel, implique nécessairement que les présidents de chambre peuvent y rapporter.

Jurisprudence

[1] Considérant que la commune de Bondoufle n'établit pas que, contrairement aux mentions du jugement attaqué, elle n'aurait pas, en méconnaissance de l'article R. 162 du code des tribunaux administratifs, été convoquée à l'audience du 6 juin 1986 du tribunal administratif de Versailles [...].

La signature de la minute de la décision du Conseil d'État

Art. R. 741-9 Au Conseil d'État, la minute de la décision est signée par le président de la formation de jugement, le rapporteur et le secrétaire.

Textes sources

– Ordonnance n° 45-1708 du 31 juillet 1945, article 68, § 2.
– Décret n° 2019-82 du 7 février 2019, article 44.

Commentaires

Cet article n'a pas incorporé les compétences des présidents des chambres en matière de signature d'ordonnances (CJA, art. R. 122-12).

La conservation de la minute

Art. R. 741-10 La minute des décisions est conservée au greffe de la juridiction pour chaque affaire, avec la correspondance et les pièces relatives à l'instruction.
Les pièces qui appartiennent aux parties leur sont remises sur leur demande contre récépissé, à moins que le président de la juridiction ou, au Conseil d'État, le président de la section du contentieux, n'ait ordonné que quelques-unes de ces pièces resteraient annexées à la décision.
En cas de recours formé contre la décision devant une juridiction autre que celle qui a statué, le dossier de l'affaire lui est transmis.

Texte source

– Code des TA et des CAA, article R. 206.

Commentaires

Le principe est que les pièces restent au dossier, sauf demande des parties soumise au président de la juridiction.
L'article R. 741-10 valide la pratique consistant à transmettre le dossier au juge saisi d'un recours contre la décision juridictionnelle, et en fait désormais une obligation. Commet ainsi une irrégularité une cour administrative d'appel qui se prononce sur une affaire sans que lui ait été transmis le dossier de première instance (qui avait été égaré), et sans qu'elle ait tenté de le reconstituer par la production de copies par les parties, alors que la consultation de ce dossier aurait pu avoir une influence sur le règlement du litige (CE, 11 avril 2008, Bo, n° 300115, *Lebon* T.). C'est également le cas lorsqu'une cour statue au vu d'un dossier de première instance incomplet (CE, 23 juillet 2014, Commune de Vendranges, n° 364466, *Lebon* T.).
En dépit d'une évolution restrictive des cas d'irrégularité d'un jugement (CE sect., 16 mai 2003, Maltseva, n° 242875, *Lebon* – CE sect., 23 octobre 2015, Ministre c/Chehboun, n° 370251, *Lebon*) et de la rareté des moyens d'ordre public en la matière (voir les conclusions de Mme Maugüé sur la décision *Maltseva* précitée), une double question se pose. Cette jurisprudence doit-elle être étendue à la question de la régularité d'un jugement prononcé alors que le tribunal ne disposait pas du dossier juridictionnel complet, et que ses pouvoirs d'instruction le mettaient à même de faire compléter ? Cette irrégularité, si c'en est une, doit-elle être soulevée d'office ? Dans le sens de l'irrégularité voir : CE, 5 février 2018, Société Roxim Management, n° 403029, *Lebon* T. et dans le sens de l'erreur de droit voir CE, 3 octobre 2018, Section française de l'observatoire international

des prisons, n° 413989, *Lebon* ou de la dénaturation voir : CE, 30 janvier 2019, Société Le Cramail, n° 409963. Sur le caractère d'ordre public d'un tel moyen, il peut être soutenu que tous les moyens se rattachant à la méconnaissance de son office par le juge sont des moyens d'ordre ou des questions examinées d'office par le juge (CE, 3 juin 2019, Ziani, n° 422873, *Lebon*). La règle selon laquelle le juge administratif doit épuiser sa compétence ou remplir sa mission juridictionnelle est d'ordre public (Conclusions Maud Vialettes sur CE, 15 décembre 2010, GIE garde ambulancière 80, n° 330867). La transmission du dossier au juge d'appel a pour effet d'en rendre l'accès possible aux parties, ce qui est de nature à couvrir les irrégularités ayant pu, lors de l'instance initiale, entacher la communication de documents soumis à la juridiction (CE, 30 décembre 2011, Ministre de la Culture, n° 340548, *Lebon* T. – CE, 29 mai 2019, Benne, n° 421937).

Une fois l'affaire jugée en appel, et dès lors qu'est expiré le délai de pourvoi en cassation, le dossier de première instance fait retour au tribunal. Et le dossier qui, en cassation, a réuni devant le Conseil d'État les pièces du litige devant la cour, ainsi que celles afférentes au litige de première instance, est, après règlement de l'affaire par le Conseil, redistribué entre les juridictions subordonnées, chacune retrouvant les pièces qui la concernent. Cette mécanique implique qu'une juridiction subordonnée n'accède jamais aux pièces du dossier de la juridiction supérieure : le tribunal administratif ne retrouve, en fin de course, que les pièces de son propre dossier, et non celles de la cour, laquelle n'aura pas de son côté connaissance des éléments et pièces de la procédure suivie en cassation. D'où il se déduit que, si le juge d'appel, après annulation d'un jugement pour vice de forme, renvoie l'affaire au tribunal, sans l'évoquer, ce dernier n'est saisi que des moyens qui avaient été soulevés devant lui, ou qui le sont depuis le renvoi, mais non de ceux qui ont été soumis à la cour (CAA Lyon, 22 mars 2012, Ministre de l'Éducation nationale, n° 10LY02717), le raisonnement étant le même en cas de cassation avec renvoi (CE, 10 octobre 2001, SARL Link, n° 199333, *Lebon* T. – CE, 29 octobre 2013, Jeannin, n° 348682, *Lebon* T.). En revanche, les pièces produites sous inventaire (Voir CJA, art. R. 412-2) devant le juge d'appel ou le juge de cassation restent au dossier et doivent être prises en compte (CE, 18 décembre 2024, n° 475053, *Lebon* T.).

Cet article doit être, dans son deuxième alinéa, combiné avec l'article R. 101-1 du Livre des procédures fiscales auquel il ne déroge pas et selon lequel « pendant les quinze jours qui suivent la date à laquelle est rendue une décision, de quelque nature qu'elle soit, par une juridiction civile, administrative, consulaire, prud'homale ou militaire, les pièces restent déposées au greffe où elles sont à la disposition de l'administration des impôts ». En conséquence, aucune pièce ne devrait normalement quitter la juridiction avant l'expiration de ce délai de quinze jours. Cette disposition est largement perdue de vue, y compris par l'administration des impôts au profit de laquelle elle est édictée. La jurisprudence n'a pas tranché la question de savoir si la minute doit être transmise à la juridiction supérieure en cas de recours, ce que peut laisser penser le dernier alinéa de ces dispositions. Le greffier serait alors sous le coup d'injonctions contradictoires de conserver et de transmettre. La pratique communément admise, et formalisée par les courriers types adressés par les juridictions par le biais de l'application « Skipper », est de résoudre la contradiction en demandant que le dossier transmis comporte la copie de la minute. Cette exigence de complétude du dossier est sanctionnée par l'irrégularité de l'arrêt rendu au vu d'un dossier de première instance incomplet (CE, 9 février 2011, Centre hospitalier de Semur en Auxoix, n° 325897). La contrepartie de cette rigueur est que les parties sont réputées avoir connaissance de toutes les pièces du dossier transmis, dès lors qu'il leur est loisible d'en prendre connaissance et d'en discuter le contenu (CE, 23 juillet 2014, Commune de Vendranges, n° 364466).

SECTION 4 La rectification des erreurs matérielles non susceptibles d'avoir exercé une influence sur le jugement de l'affaire

La présente section ne comprend pas de dispositions législatives.

La correction des erreurs ou omissions matérielles par le président de la juridiction

Art. R. 741-11 Lorsque le président du tribunal administratif, de la cour administrative d'appel ou, au Conseil d'État, le président de la section du contentieux constate que la minute d'une décision est entachée d'une erreur ou d'une omission matérielle non susceptible d'avoir exercé une influence sur le jugement de l'affaire, il peut y apporter, par ordonnance rendue dans le délai d'un mois à compter de la notification aux parties, les corrections que la raison commande.

La notification de l'ordonnance rectificative rouvre, le cas échéant, le délai d'appel ou de recours en cassation contre la décision ainsi corrigée.

Lorsqu'une partie signale au président du tribunal administratif ou de la cour administrative d'appel l'existence d'une erreur ou d'une omission matérielle entachant une décision, et lui demande d'user des pouvoirs définis au premier alinéa, cette demande est, sauf dans le cas mentionné au deuxième alinéa, sans influence sur le cours du délai d'appel ou de recours en cassation ouvert contre cette décision.

Textes sources

– Code des TA et des CAA, article R. 205.
– Décret n° 2010-164 du 22 février 2010, article 30.

Commentaires

Avant l'intervention des dispositions reprises dans cet article, les tribunaux administratifs ne pouvaient rectifier leurs erreurs matérielles (CE, 28 janvier 1959, Guiraud, *Lebon*, p. 1082), cette faculté n'étant ouverte sans texte qu'au bénéfice des juges de dernier ressort. Ce qui obligeait, même dans les cas flagrants, à interjeter appel pour faire rectifier une bévue ou une erreur de plume. Désormais, il n'appartient qu'à la juridiction dont émanerait l'erreur de la corriger (CE, 26 juillet 2018, Chinellato, n° 414143). Quant aux autres juridictions, elles ne pouvaient procéder à ces rectifications que sur recours présenté à cette fin, dans le cadre de l'article R. 833-1, ce qui était mettre en œuvre une procédure lourde pour rectifier une erreur purement matérielle. Le décret du 22 février 2010 a assoupli la procédure devant les cours et le Conseil d'État (dont on observera au passage qu'en éditant des « rectificatifs » d'arrêts affectés d'erreurs purement matérielles il avait anticipé sur la réforme).

Inspiré de l'article 462 du Code de procédure civile, cet article soulève les mêmes difficultés d'application, que toutefois la nouvelle rédaction s'efforce de gommer, en limitant la procédure ici instituée aux erreurs ou omissions « non susceptibles d'avoir exercé une influence sur le jugement de l'affaire » : il convient en effet, et ce n'est pas toujours aisé, de tracer la frontière entre « l'erreur ou l'omission matérielles », relevant de cet article, et les autres erreurs ou omissions qui, du fait du dessaisissement du juge du premier degré, relèvent du contrôle de la juridiction d'appel ou de cassation. À cet égard la rectification d'erreur matérielle déroge au principe, rappelé à l'article 461 du Code de procédure civile, selon lequel « la sentence une fois rendue le juge cesse d'être juge ». Le qualificatif « matérielle », et l'expression « non susceptible d'avoir exercé une influence sur le jugement du litige » doivent donc ici être retenus dans leur acception la plus étroite, alors surtout qu'il s'agit pour un juge unique de rectifier une décision en principe collégiale. Une erreur matérielle, dépourvue de toute incidence sur le raisonnement adopté pour déterminer le montant du préjudice, peut être rectifiée dans tous ses effets, dans les motifs et le dispositif, en application de ces dispositions (CE, 21 juin 2021, Commune de Montigny-lès-Metz et Helmstetter, n°s 437744, 437745 et 437781, *Lebon T.*). Mais, lorsqu'aucun autre élément ne permet d'attester que la formation de jugement a effectivement pris connaissance d'une note en délibéré avant la lecture de sa décision, l'omission du visa de cette note ne peut être regardée comme une erreur matérielle susceptible d'être rectifiée (CE, 4 décembre 2024, n° 466536, *Lebon T.*).

Seule peut être rectifiée ainsi une décision juridictionnelle. Ce n'est pas le cas de décisions du président qui ont la qualité d'actes administratifs, telle l'ordonnance portant taxation des frais d'expertise (CE, 4 mars 1998, Longo, n° 169942, *Lebon*, p. 71). Ce n'est pas le cas non plus d'un projet d'arrêt (CE, 16 novembre 2016, Ferrari, n° 387893).

Le texte définit un pouvoir propre du président, qui est censé agir d'office. D'où il résulte, entre autres, que, si une partie lui a demandé d'opérer une telle rectification, et s'il s'y refuse, il ne doit pas rejeter cette demande, qui n'est pas une « requête », par la voie juridictionnelle (CE sect., 26 juillet 1996, Parrel, n° 146448, *Lebon*, p. 313 [1]). Au surplus, le refus de faire usage de ces pouvoirs constitue une « mesure d'administration de la justice », non susceptible de faire l'objet d'un recours contentieux (CE, 1er avril 2015, Cortal, n° 384163, *Lebon* T. [2]). Cela n'exclut bien évidemment pas que les parties intéressées alertent le président de l'anomalie ou omission matérielle relevée dans un jugement, une ordonnance ou un arrêt. Ce sera même, dans les faits, par cette voie que le président, qui n'a guère le temps de relire toutes les décisions de sa juridiction pour y pourchasser les erreurs ou omissions matérielles, sera informé de l'existence d'une telle erreur ou omission. Mais cette information n'a pas valeur de requête. C'est pourquoi il ne convient pas, sans doute, d'estimer, comme le fait la Cour de cassation (Cass. civ., 6 mai 1976, *Bull. civ.* II, p. 115), que si l'erreur est imputable à la partie qui en demande la rectification, cette dernière ne peut être apportée.

Tenant compte toutefois de cette réalité, le texte aménage le délai de rectification de façon à le rendre efficace. La version initiale ouvrait un délai de deux mois « à compter de la lecture » du jugement. Comme la notification du jugement est parfois postérieure de plusieurs semaines à sa date de lecture, il arrivait que, lorsque les parties étaient à même de lire le jugement et d'y découvrir l'erreur, le délai de rectification était expiré. En faisant désormais partir le délai de la notification du jugement, le texte évite cet effet pervers. Corrélativement, le délai est limité à un mois, de façon à se terminer avant le délai d'appel ou de recours en cassation : le silence pendant un mois du président saisi d'une demande de rectification laisse ainsi la possibilité à la partie concernée de saisir le juge d'appel ou de cassation.

Le dernier alinéa précise opportunément, ce que la jurisprudence avait dégagé (décision *Parrel*, précitée), qu'une éventuelle demande de rectification est sans influence sur le délai d'appel ou de recours en cassation, sauf bien sûr lorsqu'il y est fait droit par une ordonnance rectificative.

Encore, dans ce dernier cas, le délai n'est réouvert qu'en ce qui concerne la partie du jugement qui a fait l'objet de rectification (CE, 22 février 1999, Ministre de l'Intérieur c/Kaba, n° 172393, *Lebon* T.) ou dont la portée est affectée par la rectification opérée (CE, 14 novembre 2005, Lemoine, n° 254313, *Lebon* T.). On peut regretter que la rédaction du deuxième alinéa n'ait pas fait apparaître le tempérament non négligeable ainsi apporté par la jurisprudence : la reproduction, sur les notifications d'ordonnances, de ce deuxième alinéa conduit en effet les parties à estimer que tout le délai est suspendu par la notification de l'ordonnance, ce qui est inexact.

La notification de l'ordonnance ainsi rendue n'a pas à contenir les mentions prévues à l'article R. 751-5 : l'indication de ces mentions dans la notification de la décision initiale suffit à autoriser le jeu du deuxième alinéa de l'article R. 612-1 (CE, 30 avril 2012, Himbert, n° 350365).

Jurisprudence

[1] Considérant que les dispositions précitées ont pour effet d'attribuer au président du tribunal administratif un pouvoir propre de correction du jugement ; que, lorsqu'il lui est demandé de faire usage d'un tel pouvoir, il ne lui appartient pas de prendre une décision juridictionnelle pour écarter une telle demande, qui n'a pas le caractère d'une requête ; qu'il en résulte, d'une part, qu'en statuant, pour écarter la demande de Mme Parrel, par le jugement attaqué, le tribunal administratif de Clermont-Ferrand a excédé les limites de sa compétence et que son jugement en date du 19 janvier 1993 doit, par suite, être annulé et, d'autre part, que la demande présentée par Mme Parrel n'a pu prolonger le délai d'appel contre le jugement du 20 octobre 1992 [...].

[2] Considérant que le refus du président d'un tribunal administratif, du président d'une cour administrative d'appel ou, au Conseil d'État, du président de la section du

contentieux de faire usage des pouvoirs de rectification dont il dispose en application des dispositions précitées de l'article R. 741-11 du code de justice administrative, constitue une mesure d'administration de la justice qui n'est pas susceptible de faire l'objet d'un recours contentieux ; que, contrairement à ce que soutient le requérant, qui a d'ailleurs formé un pourvoi en cassation contre l'arrêt dont il a demandé la rectification, l'absence de recours contre un tel acte, compte tenu de sa nature et de sa portée, et alors que la décision juridictionnelle dont la rectification a été demandée en vain est elle-même susceptible de recours, ne méconnaît pas le droit au recours garanti par les stipulations de l'article 6-1 de la Convention européenne de sauvegarde des droits de l'homme et des libertés fondamentales [...].

SECTION 5 L'amende pour recours abusif

La présente section ne comprend pas de dispositions législatives.

L'amende pour recours abusif

Art. R. 741-12 Le juge peut infliger à l'auteur d'une requête qu'il estime abusive une amende dont le montant ne peut excéder 10 000 euros.

Textes sources

– Décret n° 63-766 du 30 juillet 1963, article 57-2.
– Code des TA et des CAA, article R. 88.
– Ordonnance n° 2000-916 du 19 septembre 2000, article 3 et annexe I.
– Décret n° 2001-373 du 27 avril 2001, article 1-I.
– Décret n° 2016-1480 du 2 novembre 2016, article 24.

Commentaires

L'amende ici prévue ne peut être prononcée qu'à l'occasion d'une procédure juridictionnelle. Si la juridiction n'intervient pas à ce titre (c'est le cas, par exemple, lorsque le tribunal est saisi de la demande d'un contribuable tendant à être autorisé à exercer une action au nom de la commune), elle ne peut prononcer d'amende (CE, 13 mai 1994, Levais, n° 150047, *Lebon* – CE, 10 juin 1994, Ministre c/Chalard, n° 109358, *Lebon* T. [1]).

Cette amende a pu valablement être créée par décret (CE, 12 octobre 1979, Rassemblement des nouveaux avocats de France, n° 01875, *Lebon*, p. 371, pour les amendes civiles – CE ass., 31 octobre 1980, FNUJA, n° 11629, *Lebon*, p. 395 [2]) et n'est pas contraire à l'article 6 § 1 de la Convention européenne de sauvegarde des droits de l'homme et des libertés fondamentales (CE, 25 juillet 1986, Casanovas, n° 50095, *Lebon* T. [3] – CE, 2 mars 1994, Boquel, n° 138617), non plus qu'aux articles 3 et 14 du Pacte international relatif aux droits civils et politiques (CE, 10 décembre 2004, Association et délégation générale de Lomar, n° 264858). La Commission européenne des droits de l'homme a d'ailleurs écarté « pour irrecevabilité au fond » le moyen tiré de la contrariété avec l'article 6 § 1 des sanctions pécuniaires pour recours abusif, de telles sanctions étant hors du champ de cet article (décision du 2 juillet 1991, Société des travaux du Midi ; *AJDA* 1991, p. 809). Mais on observe

que la Cour de Strasbourg a, dans l'affaire *Ravnsborg c/Suède* (CEDH, 23 mars 1994, n° 14220/88), estimé que le prononcé de sanctions pour « délit d'audience » entrait bien dans le champ de l'article 6 § 1. Sans être totalement identique à l'amende de l'article R. 741-12, cette hypothèse pourrait peut-être s'en rapprocher.
L'infliction de l'amende n'appelle pas une motivation spécifique autre que l'affirmation que la requête présente un caractère abusif (CE, 17 novembre 1999, Société Sodex, n° 199098, *Lebon* T. – CE sect., 9 novembre 2007, Pollart, n° 293987, *Lebon*, p. 444 ; *AJDA* 2007, p. 2110 [4]), encore que l'on a pu lire quelques décisions expressément motivées sur ce point, notamment lorsque le demandeur s'en prenait en termes diffamatoires à l'indépendance et l'impartialité des juges (CE, 3 novembre 2004, Hoffer, n° 273369), ou « multipliait les injures à l'encontre d'autorités politiques ou judiciaires » (CE, 10 juillet 2006, Bidalou, n° 294971).
C'est un pouvoir propre du juge (qui peut être le juge unique des articles R. 122-12, R. 222-1, R. 222-13, ou le juge des référés : CE, 14 septembre 2001, Van de Walle, n° 238110, *Lebon* T. – CE, 23 janvier 2008, Mazo, n° 308591, *Lebon* T. ; *AJDA* 2008, p. 175), soumis au contrôle du juge d'appel (CE, 17 février 1997, Gigon, n° 171469 – CE, 23 septembre 1998, Casagranda, n° 147513, *Lebon* T.) ou de cassation (CE sect., 9 novembre 2007, Pollart, préc. – CE, 11 juillet 2008, Société Kraft Foods France, n° 306918 – CE, 8 août 2008, Assistance publique à Marseille, n° 272033, *Lebon* T.). Sont donc irrecevables les conclusions tendant à ce qu'elle soit infligée (CE, 2 avril 1971, Ministre de l'Équipement c/Rousseau, *Lebon*, p. 1158 – CE, 13 janvier 1992, Bertin, n° 44861). L'exercice de ce pouvoir ne constitue pas l'application d'un moyen d'ordre public soulevé d'office, dont il conviendrait de prévenir le requérant par application de l'article R. 611-7 (CE, 11 mai 1994, Bertin, n° 141235).
L'amende peut être infligée à une collectivité territoriale (CE, 26 mars 1971, Département de Seine-et-Marne, n° 78753, *Lebon*, p. 261 – CE, 27 avril 1984, Commune de Larrau, n° 50411), ou à un établissement public (CE, 1er décembre 1989, Caisse des dépôts et consignations, amende infligée par la commission d'admission des pourvois en cassation). Il avait été jugé, antérieurement, qu'elle ne pouvait être infligée à l'État (CE ass., 27 avril 1979, Ministre des Finances c/Lestrade, n° 11485, conclusions contraires Théry, *Lebon*, p. 172, solution implicite). Le fondement apparent de cette jurisprudence (condamner l'État à payer une amende revient à le condamner à se payer une somme à lui-même), quoique empreint d'une parfaite logique financière, n'a pourtant pas retenu le juge administratif lorsqu'il s'est agi pour lui de condamner l'État à verser des astreintes dont le montant allait pour partie abonder les crédits affectés à un fonds budgétaire (voir article L. 911-8) ou d'exiger de l'État qu'il appose un timbre fiscal de 100 francs sur ses propres requêtes. Ces considérations expliquent que la cour administrative d'appel de Paris ait décidé, le 21 mars 2002, abandonnant la jurisprudence *Lestrade*, d'infliger une telle amende au ministre de l'Intérieur (CAA Paris, 21 mars 2002, Ministre de l'Intérieur c/Air-France, n° 00PA02634, pour 1 euro). L'initiative sera reprise, aux dépens du ministre de l'Écologie, par le juge des référés de la cour administrative d'appel de Bordeaux (CAA Bordeaux, 23 septembre 2002, Ministre de l'Écologie et du Développement durable c/Clot, n° 02BX01844 pour 500 euros).

On notera, pour le regretter, que seul un demandeur peut encourir les foudres de cet article : celui qui, défendeur, effectue un ou des appels en garantie abusifs, échappe à son champ d'application (CE, 15 avril 1988, Commune de Lompnieu, n° 69315, *Lebon* T. [5]). Une évolution récente donne toutefois quelque espoir de changement à cet égard. Ainsi l'article R. 775-15 prévoit-il une amende, dans le contentieux indemnitaire né de pratiques anticoncurrentielles, au cas où une partie a refusé de communiquer des pièces que le juge lui avait enjoint de produire... Ce peut être le défendeur.

Identiquement, l'article L. 77-10-14 prévoit-il qu'une amende pouvant atteindre 50 000 euros peut être prononcée à l'encontre de la partie qui aura, par une pratique dilatoire, fait obstacle à la conclusion d'un accord dans le cadre d'une action de groupe... Ce peut aussi être le défendeur.

Enfin, l'article L. 77-12-5 permet de condamner le défendeur à une amende (pouvant atteindre 3 000 euros par recours individuel – voir CJA, art. R. 77-12-18) lorsqu'il a refusé de tirer, pour les personnes susceptibles de bénéficier de la décision juridictionnelle rendue sur un recours en déclaration de droits, les conséquences de cette décision.

Il ne fait guère de doute que l'inscription dans le code de l'éventualité d'une amende pour « résistance abusive » aurait rapidement des effets vertueux et débarrasserait le contentieux d'affaires qui n'ont dû être soumises au juge qu'en raison de l'obstination d'une administration qui récuse en réalité la mission et l'autorité du juge. Ce serait une version française du « contempt of court » !

Seule une « partie » peut se voir infliger une amende pour recours abusif : tel n'est pas le cas de celui qui, pourtant cosignataire d'une requête, s'y présente comme « intervenant amiable » (CE, 10 mars 1995, Bertin, n° 127751 – CE, 31 janvier 1996, Tourtin, n° 128673 – CE, 13 mars 1998, Bertin, n° 170594, *Lebon* T.).

Le caractère abusif d'une requête ne peut, en première instance, être imputé à un requérant obtenant satisfaction (CE, 21 octobre 1994, Comité de défense intercommunal de Maisons-Mesnil-Le Pecq, n° 144617, *Lebon* T. [6]). Ou même si ayant perdu un recours indemnitaire, une illégalité est constatée (CE, 4 février 2019, Raymond, n° 417885, *Lebon* T.). En revanche, en appel, on a pu voir un requérant condamné à une amende alors même qu'il avait obtenu, en raison d'un vice de procédure, l'annulation du jugement attaqué, mais, après évocation, avait vu rejetées les prétentions qu'il avait soumises au tribunal (CE, 4 avril 1990, Bert, n° 105573) : on peut faire le parallèle avec la notion de « partie perdante » utilisée pour l'application de l'article L. 761-1 (CE, 15 novembre 2000, Association de sauvegarde du site de Courcourt, n° 200819, *Lebon*).

Rien ne s'oppose à ce qu'une telle amende soit infligée lorsque le requérant se désiste (CE, 7 mai 1997, Courtet, n° 158116).

Le taux de l'amende est laissé à l'appréciation du juge, qui ne doit évidemment pas faire apparaître qu'il se serait prononcé pour une raison entachée d'erreur de droit : c'est la nature et la gravité de l'« abus », et elles seules, qui doivent le guider. Il est relativement rare que le maximum soit atteint : on en a un exemple dans un arrêt du 4 mai 1998, s'agissant d'une commune ayant fait appel du jugement ayant annulé pour détournement de pouvoir son plan d'occupation des sols (CE, 4 mai 1998, Commune de Saint-Sauveur-sur-École, n° 151749). On note que le taux maximum s'apprécie par requérant condamné, et non par requête : ainsi, dans le cas d'une requête collective, chaque requérant peut se voir infliger une amende, lors même qu'ainsi, le total des amendes prononcées pour la même requête excède le plafond alors en vigueur de 3 000 euros (CE, 14 octobre 2009, Kemlin, n° 322164, *Lebon* T.). Si le juge de cassation contrôle le caractère abusif, le montant de l'amende ne peut être remis en cause qu'en cas de dénaturation (CE, 24 septembre 2018, Houmadi Abdallah, n° 419757, *Lebon* T.).

La contestation, en appel, du jugement infligeant l'amende est soumise, en ce qui concerne le ministère d'avocat, aux règles régissant les conclusions principales, que l'appel en contienne ou non (CE, 11 juin 1990, Lesage, n° 98576, *Lebon* T.). Elle ne peut utilement se fonder sur la situation matérielle de celui qui se l'est vue infliger (CE, 25 mars 1994, Germain, n° 139390 – CE, 9 octobre 1995, Dancale, n° 162383). La circonstance que le prononcé d'une amende pour recours abusif relève des pouvoirs propres du juge ne fait pas obstacle à ce que l'État soit regardé comme la partie perdante dans la présente instance pour la charge des frais non compris dans les dépens (CE, 18 juin 2018, Satouti, n° 413619, *Lebon* T.).

Si le décret n° 2016-1480 du 2 novembre 2016 a porté le montant de l'amende de 3 000 à 10 000 euros, cette augmentation ne méconnaît pas pour autant le droit à un recours juridictionnel effectif garanti (CE, 13 février 2019, Syndicat de la juridiction administrative et Union syndicale des magistrats administratifs, n° 406606).

Jurisprudence

[1] Considérant que lorsqu'il statue en application des dispositions des articles R. 316-1 à R. 316-4 du code des communes, le tribunal administratif statue comme autorité administrative et non comme autorité juridictionnelle ; que le tribunal administratif de Clermont-Ferrand ne pouvait, dès lors, faire application des dispositions des articles L. 8-1 et R. 88 du code des tribunaux administratifs et des cours administratives d'appel et condamner, comme il l'a fait, Mlle Chalard et Mme Fourvel à une amende pour recours abusif [...].

[2] Considérant, d'une part, que ni l'amende civile prévue par l'article 14 du décret attaqué et à laquelle peut être condamné « celui qui agit en justice de manière dilatoire ou abusive », ni les amendes auxquelles le Conseil d'État et les tribunaux administratifs peuvent, en vertu des articles 28 et 29 du même décret, condamner les auteurs de requêtes qu'ils jugent abusives n'ont le caractère d'impôt ni celui de sanction pénale ; qu'ainsi les requérants ne sont pas fondés à soutenir qu'elles relèveraient de la compétence du législateur en vertu de l'article 34 de la Constitution [...].

[3] Considérant, d'une part, qu'aux termes de l'article 6 § 1 de la Convention européenne de sauvegarde des droits de l'homme et des libertés fondamentales : « Toute personne a droit à ce que sa cause soit entendue équitablement, publiquement et dans un délai raisonnable, par un tribunal indépendant et impartial, établi par la loi [...] » ; que les dispositions de l'article R. 77-1 du code des tribunaux administratifs qui instituent une amende pour sanctionner les auteurs de requêtes abusives ne restreignent pas le droit reconnu à toute personne de soumettre sa cause à une juridiction ; que, par suite, cet article ne méconnaît pas les dispositions de l'article 6 § 1 rappelées ci-dessus de la Convention européenne de sauvegarde des droits de l'homme et des libertés fondamentales ;

Considérant, d'autre part, que l'amende instituée par l'article R. 77 du code des tribunaux administratifs n'a pas le caractère d'une mesure pénale ; que, dès lors, cette disposition a légalement pu être prise par voie réglementaire [...].

[4] Considérant que le pouvoir conféré au juge administratif d'assortir, le cas échéant, sa décision d'une amende pour recours abusif n'est pas soumis à l'exigence d'une motivation spéciale ; que la qualification juridique à laquelle il se livre pour estimer qu'une requête présente un caractère abusif peut être utilement discutée devant le juge de cassation ; que le montant de l'amende relève, en revanche, de son pouvoir souverain d'appréciation [...].

[5] Sur l'amende de recours abusif :

Considérant qu'aux termes de l'article R. 77-1 du code des tribunaux administratifs, « dans le cas de requête jugée abusive, son auteur encourt une amende qui ne peut excéder 10 000 francs » ; qu'il résulte des termes mêmes de cette disposition que seule l'introduction d'une requête jugée abusive peut donner lieu au prononcé d'une amende ; que, par suite, c'est en méconnaissance de l'article R. 77-1 que le jugement attaqué a infligé une amende à la commune de Lompnieu, qui avait la qualité de défendeur dans les instances qui ont abouti au jugement attaqué, au motif que les appels en garantie formés par elle auraient eu un caractère abusif ; qu'il y a lieu, dès lors, d'annuler l'article 5 du jugement attaqué [...].

[6] Considérant qu'il ressort des termes mêmes du jugement du tribunal administratif de Versailles en date du 10 novembre 1992 que le tribunal a annulé, en faisant droit à la demande du Comité de défense intercommunal de Maisons-Mesnil-Le Pecq, la délibération en date du 25 octobre 1990 du conseil municipal de la commune de Maisons-Laffitte approuvant le plan d'occupation des sols de la ville ; que, dès lors, ledit tribunal ne pouvait, comme il l'a fait, condamner le Comité de défense intercommunal de Maisons-Mesnil-Le Pecq à payer une amende pour recours abusif sur le fondement des dispositions de l'article R. 88 du code des tribunaux administratifs et des cours administratives d'appel [...].

SECTION 6 Dispositions diverses et mise à disposition du public, sous forme électronique, des décisions rendues par les juridictions administratives

L'interdiction de rendre compte des délibérés

Art. L. 741-1 Sont applicables les dispositions du quatrième alinéa de l'article 39 de la loi du 29 juillet 1881 sur la liberté de la presse ci-après reproduites :

« Art. 39 alinéa 4 – Il est également interdit de rendre compte des délibérations intérieures, soit des jurys, soit des cours et tribunaux. »

Texte source

– Code des TA et des CAA, article L. 6.

Commentaires

Ces dispositions s'appliquent évidemment, au premier chef, aux membres des formations de jugement, le secret du délibéré étant un principe général du droit (CE, 17 novembre 1922, Légillon, *Lebon*, p. 849 – *Les grands arrêts du contentieux administratif*, obs. Paul Cassia). Est ainsi irrégulier un jugement dont un quotidien a révélé le sens et les motifs avant sa lecture, cette publicité ayant « porté au principe général du secret des délibérations de la formation de jugement une atteinte qui n'a été rendue possible que par une irrégularité de la procédure » (CE, 30 décembre 1996, Élections municipales de Chantilly, n° 177285, *Lebon* T. ; voir CJA, art. R. 741-1).

La suppression des écrits injurieux, outrageants ou diffamatoires

Art. L. 741-2 Sont également applicables les dispositions des alinéas 3 à 5 de l'article 41 de la loi du 29 juillet 1881 ci-après reproduites :

« Art. 41 alinéas 3 à 5 – Ne donneront lieu à aucune action en diffamation, injure ou outrage, ni le compte rendu fidèle fait de bonne foi des débats judiciaires, ni les discours prononcés ou les écrits produits devant les tribunaux.

Pourront néanmoins les juges, saisis de la cause et statuant sur le fond, prononcer la suppression des discours injurieux, outrageants ou diffamatoires, et condamner qui il appartiendra à des dommages-intérêts.

Pourront toutefois les faits diffamatoires étrangers à la cause donner ouverture, soit à l'action publique, soit à l'action civile des parties, lorsque ces actions leur auront été réservées par les tribunaux et, dans tous les cas, à l'action civile des tiers. »

Texte source

– Code des TA et des CAA, article L. 7, § 1.

Les dommages-intérêts en raison des discours et écrits d'une partie

Art. L. 741-3 Si des dommages-intérêts sont réclamés à raison des discours et des écrits d'une partie ou de son défenseur, la juridiction réserve l'action, pour qu'il y soit statué ultérieurement par le tribunal compétent, conformément au cinquième alinéa de l'article 41 de la loi du 29 juillet 1881 ci-dessus reproduit.

Il est de même si, outre les injonctions que la juridiction peut adresser aux avocats et aux officiers ministériels en cause, elle estime qu'il peut y avoir lieu à une autre peine disciplinaire.

Texte source

– Code des TA et des CAA, article L. 7, § 2 et 3.

Commentaires

Le pouvoir ainsi donné aux juges administratifs de prescrire la suppression des passages « injurieux outrageants ou diffamatoires » peut s'exercer d'office ou sur demande d'une partie, ou de l'avocat d'une partie (CAA Lyon, 27 juillet 2004, Association Vellave Environnement, n° 00LY01129, *Lebon* T. ; *AJDA* mars 2005, p. 683), voire de tout tiers concerné par ces passages, lequel doit alors former une intervention en ce sens (CE, 6 avril 1887, Élections de Mirebeau, *Lebon*, p. 322 [1]). On note en particulier que la demande de suppression peut valablement être formée par une partie dont la requête est irrecevable (CE, 15 juin 2009, Roumillac, n° 322472, *Lebon* T.). Mais une telle démarche n'est pas nécessaire : le juge peut, sur demande d'une partie, et, doit-on estimer, doit d'office prescrire la suppression de passages injurieux pour un tiers, sans intervention de ce dernier (CE, 14 juin 1989, Hilt, n° 67108, *Lebon* T. [2]). Les passages concernés ne sont pas limités au contenu des mémoires : un document joint à un mémoire, par exemple un rapport d'expertise privée, peut faire l'objet d'une mesure de suppression (CE, 19 décembre 2007, Sautel, n° 288432).

La rédaction du texte, faisant état des juges « statuant sur le fond », soulève la question de savoir si cette procédure est applicable en référé, procédure dans laquelle on peut estimer que le juge ne statue pas « sur le fond ». Cette question a été tranchée, dans le sens de l'affirmative, par les arrêts *Communauté urbaine de Lille* (CE, 30 décembre 2003, n° 258057) et *El Farsi* (CE, 27 avril 2007, n° 304137).

La demande de suppression ne peut être utilement formée que si le litige relève, au principal, de la compétence du juge saisi (CE, 15 juillet 1958, Limousin, *Lebon*, p. 449 [3] – CE, 31 juillet 1992, Ribert, n° 121006, *Lebon* T.). Cette solution n'appelle guère d'hésitation s'agissant pour le juge de répondre à une demande de suppression regardée comme « accessoire » de la demande principale. Mais il est permis de se demander s'il en va de même lorsque, mis en présence de tels passages, le juge est conduit à envisager d'en ordonner d'office la suppression, alors qu'il n'a pas compétence pour connaître du litige. À l'idée que seul le juge compétent sur le fond est habile à mesurer le caractère « injurieux, outrageant ou diffamatoire » d'un écrit, peut en effet s'opposer celle qu'un tribunal, même incompétent sur le fond, ne peut laisser passer, sans la sanction morale que constitue la suppression, des écrits de ce genre. Notre sentiment est que la compétence doit primer. Le juge saisi par erreur doit en effet se garder de toute réaction qui serait de nature à empiéter, si peu que ce soit, sur l'appréciation que devra porter sur le litige le juge compétent. Tel fut le comportement de la cour administrative d'appel de Lyon dans une affaire où les écrits de ce type visaient le comportement d'un juge d'instruction (CAA Lyon, 3 novembre 1992, Lavigne, n° 92LY00571, *Lebon* T.).

La qualification d'injurieux, outrageant ou diffamatoire n'obéit pas chez les juges administratifs aux incriminations pénales correspondantes. Il est difficile de s'en faire une idée précise à la seule lecture de la jurisprudence (qui s'efforce de ne pas citer intégralement lesdits passages, ce qui serait leur donner une publicité…). Sera regardé comme tel le passage dont le contenu « excède le droit à la libre discussion » (CE, 21 décembre 1994, Cezary, n° 140504 [4]), qualification portée sous le contrôle du juge d'appel (même arrêt – CE, 16 janvier 1995, Gobillon, n° 132732). A, par exemple, été jugé injurieux le passage du mémoire présenté par une commune déclarant qu'une procédure disciplinaire était engagée contre un agent « en répression de malversations », alors qu'aucune condamnation pénale n'avait sanctionné ces prétendus agissements (CE, 19 mai 1989, Douce de la Salle, n° 101026), ou encore ce qui excède les limites de la controverse entre parties dans le cadre d'une procédure contentieuse (CE, 15 mars 2019, SAGEM, n° 413584, *Lebon*, *a contrario*).

Lorsque cette qualification est portée, la juridiction doit ordonner la suppression du passage incriminé, qu'elle doit donc identifier précisément (à titre d'exemples : CE, 27 juillet 1984, Ministre de la Défense c/Syndicat CFDT, n° 57124, *Lebon*, p. 278 [5] – CE, 21 décembre 1994, Cezary, préc. – CE, 16 janvier 1995, Gobillon, préc. Voir, comme dernière manifestation, particulièrement abondante, de tels passages… si abondante que cela vaut une amende à l'intéressé : CE, 30 mars 2011, Bidalou, n° 331923), sauf si son auteur déclare le retirer, auquel cas il n'y a pas leur de statuer sur les conclusions au titre de l'article L. 741-2 (CE, 24 juillet 2019, Ligue de défense des conducteurs, n° 421603, *Lebon* T.).

Le contenu des passages ainsi supprimés ou retirés est alors exclu du débat contentieux. Il ne semble pas que, lorsque la juridiction y procède d'office, il y ait lieu de faire jouer l'article R. 611-7 du code et de prévenir en conséquence les parties de son intention, cette intervention ne pouvant être regardée ni comme fondant la solution de l'affaire, ni comme l'examen d'un moyen relevé d'office.

Les dommages-intérêts doivent faire l'objet d'une demande spécifique devant le juge compétent, qui peut être le juge administratif si le passage émane d'une collectivité publique, à condition qu'un préjudice soit établi (CE, 10 février 2006, Kherroubi, n° 284771, *Lebon* T.).

Les dommages-intérêts prévus par ce dispositif sont de deux sortes :

– si les faits diffamatoires ne sont pas « étrangers à la cause » (cas des « discours prononcés » ou des « écrits produits devant les tribunaux »), ce sont les « juges saisis de la cause » qui peuvent « condamner qui il appartiendra à des dommages-intérêts » (4° alinéa de l'article 41 de la loi). Aucune question de compétence ne se pose donc (voir, entre autres exemples, CE, 12 mars 1999, Garrec-Le Glas, n° 180452 – CE, 8 septembre 1999, Élections cantonales de Nice, n° 201049 – CAA Lyon, 20 décembre 2005, Université d'Auvergne, n° 00LY01242, *Lebon* T.) ;

– si les faits diffamatoires sont « étrangers à la cause », les règles de compétence juridictionnelle reprennent leur empire. Le juge saisi de la cause doit alors « réserver » l'action civile indemnitaire (ou l'action publique), que la victime est en droit d'exercer « devant le juge compétent » (CE, 17 juillet 1931, Élections municipales de Soulgé-le-Bruant, *Lebon*, p. 793). Ce dernier peut être le juge administratif si le passage émane d'une collectivité publique, ou le juge civil si le diffamateur est une personne privée.

Il n'est pas nécessaire pour le tribunal administratif de donner expressément acte de la réserve d'action en dommages-intérêts, malgré les termes du dernier alinéa de l'article 41 de la loi du 29 juillet 1881 (CE, 4 mars 1887, Élections de Villedieu, *Lebon*, p. 205), mais il est bien évidemment tenu de se prononcer, fût-ce pour décliner sa compétence, sur les conclusions qui pourraient lui être présentées de ce chef.

Le Tribunal des conflits peut également ordonner la suppression des passages de caractère injurieux ou diffamatoire, mais n'a pouvoir ni de condamner une partie à dommages-intérêts de ce chef, ni de réserver les droits des parties d'introduire une instance à cette fin (TC, 1er juillet 2002, Préfet de la Manche c/Association Manche Nature, n° 02-03323).

Jurisprudence

[1] En ce qui concerne l'intervention du sieur Roblin tendant à la suppression comme injurieux d'un passage du mémoire présenté au nom du sieur Nivert :
Considérant que le sieur Roblin, candidat non élu au scrutin du 1er août 1886, justifie d'un intérêt de nature à rendre recevable sa demande en intervention [...].

[2] Sur les conclusions du ministre de l'Intérieur et de la Décentralisation tendant à la suppression dans le mémoire ampliatif déposé pour M. Hilt devant le Conseil d'État le 22 juillet 1985 de mentions injurieuses envers l'inspecteur Martinet :
Considérant que le passage du mémoire complémentaire présenté pour M. Hilt devant le Conseil d'État le 22 juillet 1985, figurant à la page 15 de ce document, commençant par ces mots : « ce faisant... » et finissant par ceux-ci : « inspecteur Martinet » sont diffamatoires à l'égard de celui-ci et sans rapport d'ailleurs avec l'objet du présent litige ; qu'ainsi, il y a lieu d'en ordonner la suppression [...].

[3] Considérant que le statut de la demoiselle Limousin, secrétaire sténodactylographe à la régie du syndicat intercommunal des Deux-Sèvres, laquelle présente les caractères d'un service public industriel et commercial, relève du droit privé ; que, dans ces conditions, il n'appartient qu'à l'autorité judiciaire de connaître des litiges relatifs à l'application dudit statut ; que, par suite, le tribunal administratif de Poitiers n'était pas compétent pour connaître des demandes de la demoiselle Limousin relatives tant au reclassement prétendument irrégulier dont elle a été l'objet qu'à l'allocation d'une indemnité en réparation du préjudice que cette mesure lui aurait causé ; que, par voie de conséquence, il n'appartenait pas davantage au tribunal administratif de se prononcer sur les conclusions accessoires de la demoiselle Limousin, tendant à la suppression dans le mémoire de l'administration de certains passages estimés diffamatoires à l'égard de la réclamante [...].

[4] Considérant, d'autre part, que les passages du mémoire du 13 avril 1992 présenté par M. Cézary commençant par les termes « il sera également intéressant » et finissant par les termes « permis de construire illégaux pour la société civile immobilière » ainsi que de son mémoire enregistré le 25 mai 1992 commençant par les termes « en tant que combines » et finissant par les termes « on ne peut pas faire mieux » excèdent le droit à la libre discussion et sont injurieux pour le maire d'Arvieux ; que, dès lors, M. Cézary n'est pas fondé à soutenir que c'est à tort que le tribunal administratif a ordonné leur suppression [...].

[5] Sur les conclusions du ministre de la Défense tendant à la suppression de certains passages du mémoire du syndicat CFDT de l'Établissement technique central de l'armement en date du 21 mars 1984 :
Considérant que les passages du mémoire susmentionné du syndicat CFDT de l'Établissement technique central de l'armement déclarant que la décision du 12 novembre 1968 aurait pour objectif de « pouvoir payer à la tête du client arbitrairement et secrètement certains agents publics » et que l'interprétation des textes que le ministre de la Défense entend faire prévaloir est un « système supercherie mensonge-altération de

texte » présentent un caractère injurieux ou diffamatoire ; qu'il y a lieu d'en prononcer la suppression par application des dispositions de l'article 41 de la loi du 29 juillet 1881 [...].

La motivation des décisions et le secret des affaires

Art. L. 741-4 La motivation de la décision et les modalités de publicité de celle-ci peuvent être adaptées aux nécessités de la protection du secret des affaires.

Textes sources

– Loi n° 2018-670 du 30 juillet 2018, article 3.
– Loi n° 2019-222 du 23 mars 2019, article 33.

La mise à disposition sous la responsabilité du Conseil d'État

Art. R. 741-13 Le Conseil d'État est responsable de la mise à disposition du public, sous forme électronique, des décisions rendues par les juridictions administratives, dans les conditions définies à l'article L. 10 et à la présente section.
Les décisions juridictionnelles rendues par le Conseil d'État, les cours administratives d'appel et les tribunaux administratifs sont mises à la disposition du public dans un délai de deux mois à compter de leur date.

Texte source

– Décret n° 2020-797 du 29 juin 2020, article 1er.

L'occultation sur décision

Art. R. 741-14 Si la mise à disposition de la décision, malgré l'occultation des nom et prénoms prévue par le troisième alinéa de l'article L. 10, est de nature à porter atteinte à la sécurité ou au respect de la vie privée des personnes physiques mentionnées au jugement ou de leur entourage, la décision d'occulter tout autre élément d'identification est prise par le président de la formation de jugement ou le juge ayant rendu la décision en cause lorsque l'occultation concerne une partie ou un tiers.
Lorsque l'occultation concerne un membre du Conseil d'État, un magistrat ou un agent de greffe, la décision est prise, selon le cas, par le président de la section du contentieux du Conseil d'État, le président de la cour administrative d'appel ou le président du tribunal administratif.
Le membre du Conseil d'État ou le magistrat mentionné au premier alinéa peut décider l'occultation de tout élément de la décision dont la divulgation est susceptible de porter atteinte aux intérêts fondamentaux de la Nation.

Texte source

– Décret n° 2020-797 du 29 juin 2020, article 1er.

L'occultation sur demande

Art. R. 741-15 Toute personne intéressée peut introduire à tout moment, auprès d'un membre du Conseil d'État désigné par le vice-président du Conseil d'État, une demande d'occultation ou de levée d'occultation des éléments d'identification ayant fait l'objet de la décision mentionnée à l'article R. 741-14.

Il n'est pas fait droit aux demandes abusives, notamment par leur nombre ou leur caractère répétitif ou systématique.

Texte source

– Décret n° 2020-797 du 29 juin 2020, article 1er.

Commentaires

Les décisions prises en application de ces deux articles de mise en œuvre de l'*open data* (Voir CJA, art. L. 10 et L. 10-1) peuvent faire l'objet d'un recours de plein contentieux porté devant le Conseil d'État (Voir CJA, art. R. 311-1). La décision d'occultation « supplémentaire » est prise par le président de la formation de jugement. Pourtant le président de la formation de jugement ne maîtrise par la chaîne d'exécution de sa décision qui implique le greffier et le correspondant informatique ou le service informatique de la juridiction et ne constitue pas la « personne responsable du traitement » au sens du règlement (UE) 2016/679 du Parlement européen et du Conseil du 27 avril 2016, relatif à la protection des personnes physiques à l'égard du traitement des données à caractère personnel et à la libre circulation de ces données, et abrogeant la directive 95/46/CE (règlement général sur la protection des données) et la loi n° 78-17 du 6 janvier 1978 relative à l'informatique, aux fichiers et aux libertés.

CHAPITRE 2

Dispositions propres aux ordonnances

Le présent chapitre ne comprend pas de dispositions législatives.

Les dispositions applicables aux ordonnances

Art. R. 742-1 Sauf dispositions contraires prévues par le présent chapitre, les dispositions du chapitre 1er du présent titre ainsi que celles du titre 5 sont applicables aux ordonnances.

Texte source

– Décret n° 2000-389 du 4 mai 2000, article 1er.

Commentaires

En application de ces dispositions une ordonnance du juge des référés doit mentionner le caractère public de l'audience (CE, 3 février 2010, Société ERLAB DFS, n° 331355).

Le contenu des ordonnances

Art. R. 742-2 Les ordonnances mentionnent le nom des parties, l'analyse des conclusions ainsi que les visas des dispositions législatives ou réglementaires dont elles font application.

Elles font apparaître la date à laquelle elles ont été signées.

Dans les cas prévus au 6° des articles R. 122-12 et R. 222-1 ainsi qu'au 1° de l'article R. 822-5, l'ordonnance vise les décisions et avis par lesquels ont été tranchées ou examinées les questions identiques à celle que la requête présente à juger.

Textes sources

– Décret n° 2000-389 du 4 mai 2000, article 1er.
– Décret n° 2005-911 du 28 juillet 2005, article 3.
– Décret n° 2013-1213 du 23 décembre 2013, article 4.

Commentaires

Le dernier alinéa, résultant du décret du 28 juillet 2005 modifié, a pour objet de permettre au destinataire de l'ordonnance de vérifier qu'elle est bien intervenue dans le cadre prévu par le 6° des articles mentionnés ou le 1° de l'article R. 822-5 (ordonnances dites « de série »). Ce visa est un élément substantiel (CE, 8 avril 2009, Desnoyer, n° 299946).

On note que le texte n'impose pas que les ordonnances visent les mémoires qui ne comportent pas de conclusions nouvelles, à la différence de l'article R. 741-2 concernant les autres décisions juridictionnelles (CE, 21 octobre 2009, Avellino, n° 320320, *Lebon* T.), même si ces mémoires apportent des éléments nouveaux (CE 30 avril 2024, n° 468599, *Lebon* T.). Identiquement, l'ordonnance n'a pas à viser les notes en délibéré, lors même que le régime de ces documents est le même que celui des notes intervenues dans la procédure « normale » : c'est en les faisant figurer au dossier de la procédure que le juge montrera qu'il en a pris connaissance (CE, 30 décembre 2009, Bohnert, n° 327334, *Lebon* T. – CE, 9 décembre 2010, Centre hospitalier de Menton, n° 331575). La mention de ce que l'audience a été publique n'est pas prescrite par les dispositions de l'article R. 742-2 du Code de justice administrative propres aux ordonnances et reste sans effets sur la régularité d'une ordonnance (CE, 5 février 2018, Centre national d'études spatiales et autres, nos 414846, 414847, 414868, 414869, 414937 et 414938, *Lebon* T., abandonnant CE, 16 novembre 2009, Ministre de l'immigration, de l'intégration, de l'identité nationale et du développement solidaire et association collectif Respect, nos 328826 et 328974, *Lebon* T.).

Le début des ordonnances

Art. R. 742-3 Les ordonnances débutent par les mots « Au nom du peuple français » et indiquent, à leur suite, la qualité de leur signataire.
Toutefois, les ordonnances rendues par une formation composée de trois juges des référés débutent par les mots « Au nom du peuple français » et portent la mention suivante : « Le juge des référés, statuant dans les conditions prévues au dernier alinéa de l'article L. 511-2 du code de justice administrative ».

Textes sources

– Décret n° 2000-389 du 4 mai 2000, article 1er.
– Décret n° 2016-1480 du 2 novembre 2016, article 25.

Commentaires

Ces mentions sont substantielles et, en outre, elles peuvent déterminer, notamment la compétence du signataire de l'ordonnance (CE, 4 mars 2016, Bezzaouya, n° 389383).

Le dispositif des ordonnances

Art. R. 742-4 Le dispositif des ordonnances est divisé en articles et précédé du mot « ordonne ».

Texte source

– Décret n° 2000-389 du 4 mai 2000, article 1er.

La signature des ordonnances

Art. R. 742-5 La minute de l'ordonnance est signée du seul magistrat qui l'a rendue.
Dans le cas prévu au dernier alinéa de l'article L. 511-2, la minute est signée par le président de la formation de jugement.

Textes sources

– Décret n° 2000-389 du 4 mai 2000, article 1er.
– Décret n° 2016-1480 du 2 novembre 2016, article 25.

L'absence d'audience publique de lecture

Art. R. 742-6 Sous réserve de l'application du dernier alinéa de l'article R. 522-13 et par dérogation à l'article R. 741-1, les ordonnances sont réputées prononcées dès leur signature.

Textes sources

– Décret n° 2000-389 du 4 mai 2000, article 1er.
– Décret n° 2020-1404 du 18 novembre 2020, article 9.

Commentaires

Ces articles apportent, pour les ordonnances, les précisions qu'appelle la nature de ces décisions. On peut et doit ajouter à ce contenu nécessaire la mention de la juridiction au titre de laquelle est rendue l'ordonnance (CE, 20 mars 2002, Syndicat intercommunal du traitement des ordures ménagères de la Gravenne, n° 233180).

Il est important de noter que les ordonnances ne sont pas prononcées en audience publique, affirmation qui est parfois démentie par la jurisprudence (CE ass., 10 juin 1994, Commune de Cabourg, n° 141633, *Lebon* concernant les ordonnances rendues en matière de référés précontractuels ou CE, 24 novembre 2006, Wuister, n° 291294, *Lebon* concernant certains référés de l'article L. 521-3). Cette mention ne porte pas atteinte au caractère « public » de l'ordonnance.

La précision apportée en 2020 permet de réserver le cas de la communication sur place (art. R. 522-13) et d'excepter les ordonnances du mécanisme du prononcé par mise à disposition au greffe de la juridiction (art. R. 741-1).

Le greffier n'a pas à signer les ordonnances de référé ou autres (CE, 6 mars 2006, Commune de Roquebrune-sur-Argens, n° 283909), la règle étant inverse pour les jugements ou arrêts (CE, 27 juin 2005, Département de la Charente-Maritime, n° 257051, *Lebon* T.). La circonstance que l'ampliation ne comporte pas la signature est sans influence (CE, 15 novembre 2017, Commune d'Aix-en-Provence, n° 409728, *Lebon* T.).

TITRE V **La notification de la décision**

Le présent titre ne comprend pas de dispositions législatives.

La formule exécutoire

Art. R. 751-1 Les expéditions de la décision délivrées aux parties portent la formule exécutoire suivante : « la République mande et ordonne au (indiquer soit le ou les ministres, soit le ou les préfets, soit le ou les autres représentants de l'État désignés par la décision) en ce qui le (les) concerne ou à tous commissaires de justice à ce requis en ce qui concerne les voies de droit commun contre les parties privées, de pourvoir à l'exécution de la présente décision ».

Textes sources

– Ordonnance n° 45-1708 du 31 juillet 1945, article 70.
– Code des TA et des CAA, article R. 209.
– Décret n° 2008-452 du 13 mai 2008, article 15.
– Décret n° 2022-949 du 29 juin 2022, article 67.

Les expéditions des décisions

Art. R. 751-2 Les expéditions des décisions sont signées et délivrées par le greffier en chef ou, au Conseil d'État, par le secrétaire du contentieux.

Texte source

– Code des TA et des CAA, article R. 210.

La notification des décisions

Art. R. 751-3 Sauf disposition contraire, les décisions sont notifiées le même jour à toutes les parties en cause et adressées à leur domicile réel, par lettre recommandée avec demande d'avis de réception, sans préjudice du droit des parties de faire signifier ces décisions par acte de commissaire de justice.

Lorsqu'une requête, un mémoire en défense ou un mémoire en intervention a été présenté par plusieurs personnes physiques ou morales, la décision est notifiée au représentant unique mentionné, selon le cas, à l'article R. 411-5 ou à l'article R. 611-2. Cette notification est opposable aux autres signataires.

Lorsqu'une requête, un mémoire en défense ou un mémoire en intervention a été présenté par un mandataire pour le compte de plusieurs personnes physiques ou morales, la décision est notifiée à celle des personnes désignée à cette fin par le mandataire avant la clôture de l'instruction ou, à défaut, au premier dénommé. Cette notification est opposable aux autres auteurs de la requête, du mémoire en défense ou du mémoire en intervention.

Textes sources

– Décret n° 63-766 du 30 juillet 1963, article 57, alinéa 1, première phrase.
– Code des TA et des CAA, articles R. 211 et R. 215.
– Décret n° 2016-1480 du 2 novembre 2016, article 26.
– Décret n° 2022-949 du 29 juin 2022, article 67.

Commentaires

Voir également l'article R. 421-5.

C'est aux parties, et non à leur mandataire, que le jugement doit être notifié (ce qui confirme la règle énoncée à l'article R. 611-2), par dérogation à la règle voulant que toute la procédure se déroule avec le mandataire s'il en est un. La pratique coutumière veut d'ailleurs que le mandataire reçoive pour information une copie de la décision, laquelle ne vaut cependant pas notification, notamment au regard des délais d'appel. S'il est arrivé que le Conseil d'État admette, contre la lettre de ce texte, que la notification d'un jugement au mandataire du requérant devant le tribunal administratif fasse courir contre l'intéressé le délai d'appel (CE, 4 novembre 1994, Ravinet, n° 107035, *Lebon* T. – CE, 19 mars 1997, Duchemin, n° 140791), de telles décisions ont été expressément désavouées par un arrêt du 19 janvier 1998 (CE, 19 janvier 1998, SARL Armement frigorifique martiniquais, n° 165164, *Lebon* T.). Voir, par exemple : CE, 14 juin 2000, Commune de Staffelfelden, n° 184722, *Lebon*. Est sans incidence la circonstance que la réclamation ait été présentée par un mandataire (CE, 5 janvier 2005, Ministre c/Sugier, n° 256091, *Lebon*, pour une réclamation fiscale, l'article R. 198-10 du Livre des procédures fiscales a entendu renvoyer aux dispositions du Code de justice administrative qui régissent la notification des décisions clôturant l'instance, à savoir celles de l'article R. 751-3). Cette solution vaut pour le domicile à l'étranger et se combine avec l'application des délais de distance (CE, 9 décembre 2015, Ananian, n° 389618).

Une notification faite au domicile personnel du gérant d'une société de capitaux, qui ne correspond pas au siège de cette société, est donc irrégulière (CE, 1er février 1995, SARL Rayure, n° 139712, *Lebon* T.) : « La notification d'un jugement à une personne morale doit être opérée à son siège » (CE, 16 février 2004, Association foncière urbaine de remembrement des terrains ensablés du Cap-Ferret, n° 253179). Et la notification doit être faite au domicile réel des parties : n'est pas régulièrement notifié un jugement adressé au domicile élu d'une partie, dont on connaît le domicile réel, fût-il situé à l'étranger (CAA Lyon, 15 juin 1993, Konneman – CE, 30 janvier 2008, Costalla, n° 288686, *Lebon* – CE, 30 janvier 2008, Costalla, n° 288686, *Lebon* – CE, 8 juillet 2002, SCI du 21-23 rue du bouquet de Longchamp, n° 234426, *Lebon* T.).

Il s'ensuit que les parties doivent signaler à la juridiction leurs changements d'adresse, et s'en prévaloir lorsqu'ils l'ont fait (CE, 27 novembre 2015, Blanc, n° 380646), faute de quoi la notification faite à la seule adresse connue de la juridiction fera courir le délai d'appel lors même qu'elle n'aura pas atteint son destinataire. Les intéressés peuvent toutefois échapper à cette rigueur – qui joue aussi pour les notifications de décisions administratives – en apportant la preuve qu'ils ont donné aux services postaux toutes instructions pour que le courrier leur soit réexpédié à leur nouvelle adresse (CE, 18 mars 2005, Laurent, n° 254040, *Lebon*, revenant, pour les notifications des décisions administratives, sur CE, 16 octobre 2000, Préfet des Hauts-de-Seine c/Ba, n° 207133, *Lebon* T.).

Les règles énoncées aux articles R. 411-5 et 611-2, simplifiant les tâches du greffe en cas de parties multiples (désignation d'un représentant unique, ou attribution de cette responsabilité au premier dénommé) ont leur traduction en ce qui concerne la notification de la décision juridictionnelle. En l'absence de mandataire (avocat) la notification s'opère, avec tous ses effets en ce qui concerne les délais d'appel ou de cassation, auprès du seul représentant unique (qui devra donc répercuter cette décision auprès des autres) : c'est la portée du deuxième alinéa de l'article R. 751-3. Et si un mandataire a été constitué, la notification de la décision juridictionnelle aux parties multiples s'opère auprès de « celle des personnes désignée à cette fin par le mandataire avant la clôture de l'instruction ou, à défaut, au premier dénommé » : c'est la portée du troisième alinéa du texte. Cela implique évidemment que l'avocat soit mis au courant de cette obligation avant la clôture de l'instruction, date dont il ignore tout avant l'intervention de cette clôture. On peut, et doit, estimer que l'information de cette obligation nouvelle sera donnée à l'avocat dès sa constitution.

Aucun principe général n'impose que la notification d'une décision juridictionnelle, sauf texte spécial, indique les voies ou les délais de recours (CE sect., 5 avril 1996, Syndicat des avocats de France, n° 116594, *Lebon*). Le Code fait toutefois, en partie, la place à une telle obligation (voir CJA, art. R. 811-3 et R. 821-1).

Si la notification du jugement comporte mention des délais d'appel, et indique par erreur un délai plus long que le délai réglementaire, seul le délai mentionné sera opposable (CE sect., 26 mars 1993, Bourgeois, n° 117557, *Lebon*).

Est notifiée une « expédition », à savoir une copie certifiée conforme de la décision, signée du greffier en chef, et revêtue de la formule exécutoire (on retrouve sous cette définition l'« ampliation » visée par exemple par la loi du 30 décembre 1977). On observe que l'omission de la formule exécutoire ne rend pas la notification irrégulière, en ce sens qu'elle n'empêche pas le délai d'appel de courir (CE, 29 septembre 1961, Grandin, *Lebon*, p. 1151). La délivrance de cette expédition est gratuite (loi n° 77-1468 du 30 décembre 1977, art. 2). Aucun délai n'est donné au greffier pour procéder aux notifications, sauf si la décision concerne une mesure d'urgence, auquel cas elle doit être notifiée « sans délai » (CJA, art. R. 522-12). Ces notifications bénéficient de la franchise postale (décret du 19 mai 1959).

On verra, sous les articles R. 751-10 à R. 751-12, les modalités spécifiques de transmission de certains types de décisions.

Mis à part quelques textes spécifiques (par exemple, l'article R. 113-4 relatif aux avis contentieux du Conseil d'État), aucun texte ne prévoit que les décisions des juridictions administratives statuant au contentieux puissent faire l'objet de mesures spéciales de publicité, notamment par voie d'insertion dans la presse aux frais d'une partie (CE ass., 7 novembre 1947, Alexis et Wolff, *Lebon*). Des arrêts du Conseil d'État prescrivent parfois leur publication au *Journal officiel* (voir, par exemple, CE, 25 mars 2002, Caisse d'assurances accidents agricole du Bas-Rhin), mais de façon très isolée. On peut seulement citer l'initiative de la cour administrative d'appel de Nancy glissant une semblable obligation au titre d'une condamnation alternative : « Il y a lieu [...] de condamner la commune à verser une somme de 3 000 francs aux consorts C. si mieux n'aime la commune publier à ses frais le présent arrêt dans les annonces légales des journaux l'Union et l'Ardennais » (CAA Nancy, 14 juin 2001, Cochard, n° 96NC01400).

En cas de pluralité de requérants inscrits dans la même requête, le Conseil d'État a appliqué une règle proche de celle mentionnée à l'article R. 411-5 du Code : l'arrêt rendu sur une requête collective a été notifié au premier requérant, et l'article 5 de l'arrêt dispose que « les autres requérants seront informés de la présente décision par la SCP [...] qui les représente devant le Conseil d'État » (CE, 16 mars 2012, Bechu et autres, n° 342490). C'est une solution sans doute opportune (encore qu'elle transfère sur l'avocat une charge qui incombe au service public), mais qui appellerait une modification du texte de l'article R. 751-3.

La modification introduite par le décret n° 2016-1480 du 2 novembre 2016 permet à la juridiction d'effectuer les actes de procédure à l'égard d'un seul des auteurs d'une requête, d'un mémoire en défense, ou d'un mémoire en intervention présenté par plusieurs personnes physiques ou morales n'a pour effet ni d'exclure de la procédure, sans qu'un avertissement ait été préalablement délivré, les requérants, défendeurs ou intervenants autres que le premier dénommé, ni de permettre de regarder ce dernier comme un représentant unique sans qu'il en ait été préalablement informé par la juridiction. Pour ce motif, le principe du caractère contradictoire de la procédure, le respect des droits de la défense, ou le droit à un recours juridictionnel effectif ne sont pas méconnus (CE, 13 février 2019, Syndicat de la juridiction administrative, n° 406606). Cette modification revient sur l'état antérieur de la jurisprudence et du texte en sens contraire (CE, 17 mars 2017, Association Novissen et autres, n° 397107, *Lebon* T.).

S'agissant de la preuve de la notification par voie postale, cette preuve n'est pas rapportée par un avis de réception comportant seulement une date de présentation, mais ni date de distribution, ni date réexpédition (CE, 31 mars 2017, Serria, n° 398943, *Lebon* T.).

En cas de retour au greffe du tribunal du pli contenant la notification du jugement, la preuve que le requérant a reçu notification régulière de ce jugement peut résulter soit des mentions précises, claires et concordantes portées sur l'enveloppe, soit, à défaut, d'une attestation de l'administration postale ou d'autres éléments de preuve établissant la délivrance par le préposé du service postal, conformément à la réglementation postale en vigueur, d'un avis d'instance prévenant le destinataire de ce que le pli était à sa disposition au bureau de poste. Mais il été admis qu'une copie d'écran du tableau de suivi fournie par les services postaux à partir de leur application informatique administrait cette preuve (CE, 20 novembre 2017, Polliart, n° 396637, *Lebon* T.). Sauf dispositions spéciales (par exemple, les articles R. 531-19 et R. 532-37 du CESEDA en vertu desquels les dates de notification des décisions de l'OFPRA et de la CNDA qui figurent dans le système d'information de l'office font foi jusqu'à preuve du contraire) l'extension de cette solution au cas où la copie d'écran émane d'une partie elle-même serait problématique au regard des principes régissant la preuve.

La jonction des requêtes qu'est susceptible d'opérer une juridiction est sans effet sur l'application des règles de notification de ses décisions, lesquelles peuvent en particulier différer selon ses modes de saisine (CE, 20 décembre 2022, n° 450472, *Lebon T.*, s'agissant des modalités différentes de notification pour une requête introduite sans ministère d'avocat par la voie de Télérecours citoyen et pour une requête formée par ministère d'avocat).

La notification par la voie administrative

Art. R. 751-4 La notification de la décision peut, le cas échéant, être faite par la voie administrative mentionnée à l'article R. 611-4.

Texte source

– Code des TA et des CAA, article R. 212.

Commentaires

Le choix du mode de notification n'existe pas dans certains contentieux : ne peuvent ainsi être notifiés par voie postale les jugements relatifs aux contraventions de grande voirie (CJA, art. L. 774-6). Pour un exemple voir : CE, 10 octobre 2007, Communauté urbaine de Lyon, n° 305130, en matière d'accueil des gens du voyage.

La notification en cas de Télérecours

Art. R. 751-4-1 Par dérogation aux articles R. 751-2, R. 751-3 et R. 751-4, la décision peut être notifiée par le moyen de l'application informatique mentionnée à l'article R. 414-1 aux parties qui sont inscrites dans cette application ou du téléservice mentionné à l'article R. 414-2 aux parties qui en ont accepté l'usage pour l'instance considérée.

Ces parties sont réputées avoir reçu la notification à la date de première consultation de la décision, certifiée par l'accusé de réception délivré par l'application informatique, ou, à défaut de consultation dans un délai de deux jours ouvrés à compter de la date de mise à disposition de la décision dans l'application, à l'issue de ce délai. Sauf demande contraire de leur part, les parties sont alertées de la notification par un message électronique envoyé à l'adresse choisie par elles.

Textes sources

– Décret n° 2012-1437 du 21 décembre 2012, article 4.
– Décret n° 2016-1481 du 2 novembre 2016, article 7.
– Décret n° 2018-1481 du 6 avril 2018, article 7.
– Décret n° 2020-1245 du 9 octobre 2020, article 9.

Commentaires

L'envoi d'un message électronique aux parties et à leurs mandataires, en l'absence de demande contraire de leur part, n'est prévu par les dispositions précitées de l'article R. 751-4-1 du Code de justice administrative qu'à titre d'information et est sans incidence sur les conditions dans lesquelles les notifications sont réputées reçues (CE, 3 octobre 2018, Min. c/Viez, n° 418369).

Les mentions de la notification de la décision de première instance ou d'appel

Art. R. 751-5 La notification de la décision mentionne que copie de la décision doit être jointe à la requête d'appel ou au pourvoi en cassation.

Lorsque la décision rendue relève de la cour administrative d'appel et, sauf lorsqu'une disposition particulière a prévu une dispense de ministère d'avocat en appel, la notification mentionne que l'appel ne peut être présenté que par l'un des mandataires mentionnés à l'article R. 431-2.

Lorsque la décision est rendue en dernier ressort, la notification mentionne, s'il y a lieu, que le pourvoi devant le Conseil d'État ne peut être présenté que par le ministère d'un avocat au Conseil d'État et à la Cour de cassation.

Textes sources

– Code des TA et des CAA, article R. 213.
– Décret n° 2001-710 du 31 juillet 2001, article 1-II.
– Décret n° 2002-547 du 19 avril 2002, article 11.
– Décret n° 2003-543 du 24 juin 2003, article 10, § I.
– Décret n° 2003-1257 du 26 décembre 2003, article 5.
– Décret n° 2011-1202 du 28 septembre 2011, article 16.
– Décret n° 2013-1280 du 29 décembre 2013, article 8.

Commentaires

La nécessité d'indiquer toutes les obligations mentionnées à l'article R. 751-5 a pour objet de permettre d'écarter les requêtes méconnaissant l'une d'entre elles sans devoir inviter le requérant à régulariser sa requête. La généralisation de l'obligation d'avocat en appel (voir art. R. 811-7) explique la formule de notification imposée désormais par l'article R. 751-5. Mais, pour que cette information permette de mettre en jeu l'article R. 612-1, elle doit n'être pas ambiguë, et donc ne peut se borner à résumer ou reproduire l'article R. 811-7 : le requérant doit savoir au seul vu de cette notification s'il est ou non effectivement tenu de se faire représenter par un avocat (CE, 27 février 2006, Casseron, n° 269589, *Lebon* T.).

L'envoi d'une copie de la décision au président de la juridiction dont la décision a été attaquée

Art. R. 751-6 Lorsque la décision attaquée émane d'une juridiction, une copie de la décision d'appel ou de cassation est adressée au président de cette juridiction.

Texte source

– Décret n° 63-766 du 30 juillet 1963, article 57, § 1.

Les expéditions supplémentaires de la décision

Art. R. 751-7 Des expéditions supplémentaires de la décision peuvent être délivrées aux parties à leur demande.

Les tiers peuvent se faire délivrer, dans les conditions et limites prévues à l'article L. 10-1, une copie simple de décisions précisément identifiées. Les éléments permettant d'identifier les personnes physiques mentionnées dans la décision, lorsqu'elles sont parties ou tiers, sont préalablement occultés si leur divulgation est de nature à porter atteinte à la sécurité ou au respect de la vie privée de ces personnes ou de leur entourage. En tout état de cause, il est procédé à cette occultation lorsqu'elle a été décidée, pour ces personnes, en application des articles R. 741-14 ou R. 741-15.

Lorsque des éléments de la décision ont été occultés en application du dernier alinéa de l'article R. 741-14, il est procédé à la même occultation sur la copie de la décision.

Ces dispositions ne s'appliquent pas à l'accès aux jugements exercé en application des articles L. 213-1 à L. 213-5 du code du patrimoine.

Textes sources

- Code des TA et des CAA, article R. 214.
- Décret n° 2013-730 du 13 août 2013, article 13.
- Décret n° 2020-797 du 29 juin 2020, article 2.

Commentaires

Après que le Conseil d'État a jugé (CE sect., 27 juillet 1984, SOS Défense, n° 33630, *Lebon*, p. 285 [1]) qu'une copie simple de jugement n'est pas une expédition, ou ampliation, du jugement, et compte tenu du fait que les décisions juridictionnelles ne sauraient être regardées comme des documents administratifs soumis au droit d'accès organisé par la loi du 17 juillet 1978 désormais codifiée au Code des relations entre le public et l'administration, la question se posait de savoir si, en dehors du cas des ampliations, existait un droit à obtenir copie simple d'une décision juridictionnelle.

La question a été tranchée par décision du 1er décembre 1993 (CE, 1er décembre 1993, SOS Défense, n° 95048, *Lebon* T.), dans le sens d'un droit à communication résultant « nécessairement de la publicité des audiences ». La rédaction du texte confirme expressément l'existence de ce droit, qui pourra être invoqué, en l'absence de texte, par exemple en vue de la communication de décisions du Conseil d'État. Mais la dernière version du texte impose l'anonymisation de la décision. Faute d'autre précision, il faut semble-t-il considérer que cette délivrance ne doit pas être l'occasion pour le service d'effectuer un bénéfice, par application de ce qui paraît être un principe constant auquel le Conseil d'État s'est par exemple référé dans l'arrêt de section *Fédération des industries françaises d'articles de sport* (CE, 22 novembre 1974, n° 89828, *Lebon*, p. 576) ou dans la décision, également rendue en section, *Commissaire de la République de l'Ariège* (CE, 5 octobre 1984, n° 47875, *Lebon*, p. 315, concl. Delon). C'est donc le prix de revient qui doit être, le cas échéant, réclamé.

Le greffier est tenu de délivrer les expéditions prévues par les articles R. 751-1 et suivants, à peine d'excès de pouvoir (CE, 19 juin 1959, Delmas, *Lebon*, p. 381).
La décision d'occultation peut faire l'objet d'un recours de plein contentieux porté devant le Conseil d'État (Voir CJA, art. R. 311-1).

Jurisprudence

[1] Considérant que la demande présentée au secrétaire-greffier en chef du tribunal administratif de Paris le 16 juillet 1980 par M. Bertin, au nom de l'association SOS Défense tendait à obtenir une simple copie du jugement rendu par ce tribunal le 27 juin 1980 et non une « ampliation d'un acte ou d'une décision en matière civile ou administrative » dont l'article 11 de la loi du 30 décembre 1977 instaurant la gratuité des actes de justice devant les juridictions judiciaires et administratives, a prévu la délivrance moyennant la perception d'un droit forfaitaire de 20 francs ; que, dès lors, en imposant à M. Bertin, par une fausse application de cet article 11, le versement préalable d'un droit de 20 francs pour donner suite à sa demande de copie du jugement en cause, le secrétaire-greffier en chef du tribunal administratif de Paris a excédé ses pouvoirs [...].

La notification des décisions intéressant l'État

Art. R. 751-8 Lorsque la notification d'une décision du tribunal administratif ou de la cour administrative d'appel doit être faite à l'État, l'expédition est adressée au ministre dont relève l'administration intéressée au litige. Copie de la décision est adressée au préfet ainsi que, s'il y a lieu, à l'autorité qui assure la défense de l'État devant la juridiction.

Toutefois, lorsque la décision est rendue sur une demande présentée, en application du code général des collectivités territoriales, par le préfet ou lorsqu'elle émane d'un tribunal administratif statuant dans l'une des matières mentionnées à l'article R. 811-10-1, la notification est adressée au préfet. Copie de la décision est alors adressée au ministre intéressé.

Devant les tribunaux administratifs de Mayotte, de Saint-Barthélemy, de Saint-Martin, de Saint-Pierre-et-Miquelon, de la Polynésie française, de Wallis-et-Futuna et de Nouvelle-Calédonie et devant le tribunal administratif de La Réunion lorsque le jugement intéresse les Terres australes et antarctiques françaises, l'expédition est adressée dans tous les cas au représentant de l'État. Une copie de la décision est également transmise par voie postale ou par voie électronique au ministre chargé de l'outre-mer, ainsi que, s'il y a lieu, au ministre dont relève l'administration intéressée au litige ou à l'autorité qui assure la défense de l'État.

Devant la cour administrative d'appel, lorsque la notification de la décision rendue sur un appel dirigé contre un jugement statuant sur un litige intéressant l'outre-mer doit être faite à l'État, une copie de la décision est également transmise par voie postale ou par voie électronique au ministre chargé de l'outre-mer ainsi qu'au représentant de l'État dans la collectivité territoriale concernée.

Lorsque la décision est rendue sur une demande présentée par le représentant de l'État en application de la VIe partie du code général des collectivités territoriales, la notification est adressée au ministre chargé de l'outre-mer. Une copie de la décision est également transmise par voie postale ou par voie électronique au représentant de l'État ainsi que, s'il y a lieu, au ministre intéressé.

Toutefois, lorsque la décision est rendue sur une demande présentée par le haut-commissaire de la République en application du sixième alinéa du VI de l'article 204 de la loi organique n° 99-209 du 19 mars 1999 relative à la Nouvelle-Calédonie ou du sixième alinéa de l'article 172 de la loi organique n° 2004-192 du 27 février 2004 portant statut d'autonomie de la Polynésie française, la notification est adressée au haut-commissaire. Une copie de la décision est également transmise par voie postale ou par voie électronique au ministre chargé de l'outre-mer, ainsi que, s'il y a lieu, au ministre intéressé.

Textes sources

– Code des TA et des CAA, article R. 216.
– Décret n° 2003-616 du 4 juillet 2003, article 3.
– Décret n° 2004-2 du 2 janvier 2004, article 2-10°.
– Décret n° 2005-1611 du 20 décembre 2005, article 3.
– Décret n° 2008-452 du 13 mai 2008, articles 16 et 20.
– Décret n° 2015-1145 du 15 septembre 2015, article 22.

Commentaires

Même si le préfet a représenté l'État devant le tribunal, c'est normalement au ministre que doit être notifié le jugement, faute de quoi les délais d'appel ne courent pas contre l'État (CE, 20 décembre 1991, Ministre de l'Équipement, n° 106785 – CE, 19 janvier 1994, Ministre de l'Éducation nationale, de la Jeunesse et des Sports, n° 120993). Mais, dans les cas où c'est le préfet qui a qualité pour faire appel (contentieux des déférés et hypothèses de contentieux déconcentrés mentionnées à l'article R. 811-10-1), la règle s'inverse : le jugement doit être notifié au préfet, et c'est cet acte qui fera partir les délais d'appel, cependant que le ministre n'est qu'informé par une copie du jugement. C'est également le cas en matière de déféré préfectoral (CE, 19 mars 2008, Ministre c/Société Poitevin constructions, n° 301797, *Lebon* T.). Mais il faut notifier au ministre si l'appel est porté devant le Conseil d'État comme c'est le cas en matière de référé-liberté (CE, 28 octobre 2010, Ministre c/Youssoupov, n° 343893, *Lebon* T.). Cette règle n'est toutefois pas applicable si la décision du tribunal administratif est rendue en dernier ressort, et n'est ainsi susceptible que d'un pourvoi en cassation, tel étant le cas des décisions rendues en matière de référé-suspension (CE, 7 novembre 2002, Ministre de l'Intérieur c/M. Kouzminykh, n° 353360).

L'envoi au préfet d'une copie de toute décision est surtout destiné à tenir le représentant de l'État dans le département informé de la marche des services publics, surtout décentralisés, de ce département. Il n'est pas certain que ces informations soient exploitées par leurs destinataires…

Compte tenu de la déconcentration du contentieux de première instance (CJA, art. R. 421-9 et R. 431-10), une copie de la décision est transmise à l'autorité qui a représenté l'État, si l'acte n'a pas à lui être notifié. C'est mettre fin à une lacune qui voyait les responsables déconcentrés du contentieux (recteurs, directeurs régionaux du travail, par exemple) ne connaître du résultat des instances les concernant que par le canal, parfois aléatoire, de leur administration centrale. À ce titre, il est des cas dans lesquels le jugement doit être transmis au préfet de zone (voir les commentaires sous l'article R. 431-9).

Les dispositions concernant l'outre-mer (ou, devrait-on dire, « les » outre-mer) ont intégré la jurisprudence de 1995 (CE sect., 5 mai 1995, Ministre de l'Intérieur c/Chacot, n° 145925, *Lebon*, faisant application des délais de distance à un ministre relevant appel d'un jugement du tribunal administratif de Papeete).

Si, en vertu de l'article R. 751-4-1 du même code, la décision peut être notifiée aux administrations de l'État par le moyen de l'application informatique mentionnée à l'article R. 414-1, ces administrations étant réputées avoir reçu la notification à la date de première consultation de la décision, ces dispositions sont sans influence sur l'application de la règle posée à l'article R. 751-8 (CE, 28 novembre 2016, Ministre c/Société Guintoli, n° 400333).

La notification des décisions qui se prononcent sur la légalité des actes des institutions de la Polynésie française

Art. R. 751-8-1 Les décisions qui se prononcent sur la légalité des actes des institutions de la Polynésie française sont notifiées, dans tous les cas, au président de l'assemblée de la Polynésie française.

Texte source

– Décret n° 2005-1611 du 20 décembre 2005, article 3.

La notification des décisions qui se prononcent sur la légalité des actes des institutions de la Nouvelle-Calédonie

Art. R. 751-8-2 Les décisions qui se prononcent sur la légalité des actes des institutions de la Nouvelle-Calédonie sont notifiées, dans tous les cas, au président du congrès de la Nouvelle-Calédonie.

Texte source

– Décret n° 2010-1562 du 14 décembre 2010, article 9.

La signification à l'avocat de la décision du Conseil d'État

Art. R. 751-9 Lorsque le ministère d'un avocat au Conseil d'État est obligatoire, les décisions du Conseil d'État statuant au contentieux ne peuvent être mises à exécution contre une partie qu'après avoir été préalablement signifiées à l'avocat qui l'a représentée.

Texte source

– Ordonnance n° 45-1708 du 31 juillet 1945, article 71.

Commentaires

Cette disposition doit être combinée, pour les arrêts du Conseil d'État, avec la règle, énoncée à l'article R. 751-3, selon laquelle les décisions doivent être notifiées aux parties elles-mêmes.

La transmission de certains jugements au procureur de la République

Art. R. 751-10 Copie du jugement par lequel le tribunal administratif prononce l'annulation d'une décision accordant un permis de construire, d'aménager ou de démolir ou d'une mesure de police est transmise sans délai au procureur de la République près le tribunal judiciaire territorialement compétent.

Textes sources

– Code des TA et des CAA, article R. 122, § 2.
– Décret n° 2007-18 du 5 janvier 2007, article 21.
– Ordonnance n° 2019-964 du 18 septembre 2019, article 35.
– Décret n° 2019-966 du 18 septembre 2019, article 8.

Commentaires

C'est le pendant, pour les jugements d'annulation, de l'article R. 522-14 concernant les ordonnances de suspension rendues en matière de permis de construire, d'aménager ou de démolir et de police.

La transmission de certaines décisions d'appel au procureur de la République

Art. R. 751-11 Copie des décisions d'appel qui annulent ou réforment un jugement par lequel un tribunal administratif s'est prononcé sur un recours pour excès de pouvoir dirigé contre un permis de construire, d'aménager ou de démolir ou une mesure de police est transmise sans délai au procureur de la République près le tribunal judiciaire territorialement compétent.

Textes sources

– Décret n° 63-766 du 30 juillet 1963, article 57-1.
– Décret n° 2007-18 du 5 janvier 2007, article 21.
– Ordonnance n° 2019-964 du 18 septembre 2019, article 35.
– Décret n° 2019-966 du 18 septembre 2019, article 8.

La transmission de certaines décisions au directeur des finances publiques

Art. R. 751-12 Copie de la décision d'un tribunal administratif, d'une cour administrative d'appel ou du Conseil d'État qui prononce l'annulation d'un acte constituant une pièce justificative du paiement de dépenses publiques est transmise sans délai au directeur départemental ou, le cas échéant, régional des finances publiques du département dans lequel a son siège l'autorité qui a pris l'acte en cause.

Textes sources

– Décret n° 2000-389 du 4 mai 2000, article 1er.
– Décret n° 2000-1115 du 22 novembre 2000, article 2-IX.
– Décret n° 2014-551 du 27 mai 2014, article 14.

Commentaires

C'est le pendant, pour les décisions d'annulation, des dispositions de l'article R. 522-14 concernant la suspension d'actes constituant les pièces justificatives du paiement d'une dépense publique.

La publication de certaines décisions juridictionnelles outre-mer

Art. R. 751-13 Le représentant de l'État à Mayotte, à Saint-Barthélemy, à Saint-Martin, à Saint-Pierre-et-Miquelon, en Polynésie française, dans les îles Wallis-et-Futuna, en Nouvelle-Calédonie et dans les Terres australes et antarctiques françaises assure la publication au Journal officiel de chacune de ces collectivités et de la Nouvelle-Calédonie et, à Mayotte, au Bulletin officiel, du dispositif, ainsi que des motifs qui en sont le soutien nécessaire, des décisions du Conseil d'État, de la cour administrative d'appel ou du tribunal administratif lorsque ces décisions annulent ou déclarent illégales, par voie d'exception, des dispositions d'actes qui y ont été eux-mêmes publiés et sont devenues définitives.

Texte source

– Décret n° 2008-452 du 13 mai 2008, article 17.

TITRE VI **Les frais et dépens**

Les frais non compris dans les dépens

Art. L. 761-1 Dans toutes les instances, le juge condamne la partie tenue aux dépens ou, à défaut, la partie perdante, à payer à l'autre partie la somme qu'il détermine, au titre des frais exposés et non compris dans les dépens. Les parties peuvent produire les justificatifs des sommes qu'elles demandent et le juge tient compte de l'équité ou de la situation économique de la partie condamnée. Il peut, même d'office, pour des raisons tirées des mêmes considérations, dire qu'il n'y a pas lieu à cette condamnation.

Textes sources

– Loi n° 91-647 du 10 juillet 1991, article 75-1.
– Code des TA et des CAA, article L. 8-1.
– Loi n° 2021-1729 du 22 décembre 2021, article 48.

Commentaires

Cet article transpose, à l'usage de la juridiction administrative, le mécanisme de l'article 700 du Code de procédure civile, lequel avait été jugé inapplicable, en tant que tel, devant cette dernière (CE sect., 7 mars 1980, Association de défense des étudiants de Paris-XIII, n° 023377, *Lebon*, p. 128 – CE, 10 décembre 1986, Rousseau, n° 58828, *Lebon*, p. 278).
Ces dispositions, gouvernées par un souci d'équité, et laissant une large place à l'appréciation du juge, ne confèrent ainsi aucun droit à la partie qui en demande le bénéfice. D'où il a pu être conclu que les décisions juridictionnelles se prononçant sur de telles demandes ne peuvent être regardées comme décidant d'une contestation portant sur les droits auxquels cette partie pourrait prétendre, au sens de l'article 6 § 1 de la Convention européenne de sauvegarde des droits de l'homme et des libertés fondamentales, lequel ne peut donc être utilement invoqué à l'encontre de telles décisions (CE, 21 août 1996, Ministre de l'Économie et des Finances c/SA Bolle et Cie, n° 133816, *Lebon*, p. 344).
De surcroît, le mécanisme ici mis en place ne peut être regardé comme constituant un obstacle à l'égal accès au juge (CE, 3 décembre 2003, Docquier, n° 250140).

I – La demande

Malgré la rédaction utilisée, le texte doit s'entendre comme ne pouvant trouver application que si une demande en ce sens est présentée au juge. Cela résulte clairement des travaux préparatoires du texte d'origine, et notamment de la déclaration faite devant le Sénat par le garde des Sceaux le 26 juin 1991. Cette interprétation rejoint celle que le Conseil d'État devait donner le 19 juillet 1991 (CE, 19 juillet 1991, Commune de Famars, n° 121741, *Lebon* T. [1]) et que, à propos de l'article 700 du Code de procédure civile, avait donnée la Cour de cassation (Cass. civ. 5 avril 1978, *Bull. civ.* III, p. 118). Le juge doit donc être saisi d'une demande. Et le désistement de la demande principale est réputé, sauf indication

formelle contraire, valoir désistement des conclusions tendant à allocation de frais irrépétibles (CE, 7 mars 1994, Audoubert, n° 105647, *Lebon* T.).
Cette demande ne peut être faite qu'au bénéfice de celui qui la forme (CE, 27 février 1998, Thomassin, n° 182760, *Lebon* T.). Elle doit au surplus être chiffrée (CE, 27 mars 1991, Commune de La Garde, n° 71860, *Lebon* T. [2]). Mais, dès lors que le texte laisse à l'appréciation du juge le soin de fixer la somme due, il n'est pas nécessaire de présenter des justificatifs de la somme réclamée (CE, 13 mars 1991, Ministre des Affaires sociales c/Conate, n° 121636, *Lebon* T. [3] – CE, 31 juillet 1992, Bravinsky, n° 79170, *Lebon ; RJF* 1992, p. 827 – CE, 11 mai 1994, Bertin, n° 141235 – CE, 17 février 1997, Comité de défense et de protection du site de Cordes, n° 141192). La demande doit toutefois faire état de frais « exposés » : en se bornant à « faire état de surcroît de travail pour ses services, sans se prévaloir de frais exposés », l'État ou une autre collectivité a été jugé ne pouvoir obtenir une condamnation à ce titre (CE, 22 juillet 1994, Chambre syndicale du transport aérien, n° 145606, *Lebon* T. – CE, 12 décembre 1994, Darnis, n° 138607 [4] – CE, 17 juin 1996, Ciré, n° 167669, *Lebon* T.). La position du juge a été systématisée par une décision publiée au recueil du 3 octobre 2012, Ministre de la Défense c/Société Arx, n° 357248, qui a été ainsi exprimée : « si une personne publique qui n'a pas eu recours au ministère d'avocat peut néanmoins demander au juge l'application de cet article au titre des frais spécifiques exposés par elle à l'occasion de l'instance, elle ne saurait se borner à faire état d'un surcroît de travail de ses services » en termes de temps de travail des agents qui s'y consacrent (lesquels découlent des missions qui leur sont normalement dévolues) (voir également CE, 16 octobre 2013, Société Cybertech, n° 364195).
Et la demande est soumise aux règles de procédure gouvernant le litige principal (le défendeur la présentant doit, si ce litige est de ceux pour lesquels il y a obligation d'avocat, la présenter par ce ministère : CAA Bordeaux, 19 décembre 1991, Établissement public départemental Cité de Clairvivre, *Lebon*, p. 1137). Ce même défendeur doit être habilité à agir (CE, 7 août 2008, Peter, n° 288407, *Lebon* T.). La demande ne doit évidemment pas porter sur des frais répétibles (par exemple, en matière fiscale, les frais de constitution de garanties auprès du comptable du Trésor, dont le remboursement est organisé par les articles R. 208-3 à R. 208-5 du Livre des procédures fiscales : CE, 13 novembre 1991, Kocher, n° 65178, *Lebon* T. ; *RJF* 1992, n° 149). Et il est arrivé au juge d'interpréter la demande tendant à ce que l'adversaire soit condamné aux dépens comme tendant à l'allocation de frais non compris dans les dépens (CE, 15 octobre 1999, Société Jean d'Auberval, n° 196318, *Lebon*).
Le juge est par voie de conséquence tenu par le contenu de la demande, et ne peut ni aller au-delà de ce qui lui est demandé, ni même partager la condamnation entre les personnes condamnées si cela ne lui est pas demandé (CE, 4 novembre 1992, Ministre de l'Intérieur et Association Reims Karting Club, n° 110342). Mais, compte tenu de son pouvoir d'appréciation, il n'est pas nécessaire, en cas de pluralité d'adversaires, de désigner lequel d'entre eux on entend voir condamné : il suffit donc de conclure à la condamnation de la, ou des parties perdantes, la mission de désigner la partie perdante qui devra supporter la charge de la condamnation incombant au juge. Encourt ainsi la censure le jugement ayant rejeté une telle

demande « au motif qu'elle n'avait pas indiqué laquelle des parties à l'instance devait être condamnée » (CE, 4 décembre 1995, District urbain de l'agglomération rennaise, n° 157756, *Lebon* T.).
Cette demande enfin doit faire l'objet d'une procédure contradictoire, c'est-à-dire être soumise à la discussion des parties adverses (CAA Paris, 10 décembre 1991, Société Bolle et Cie, n° 90PA00380, *Lebon* T. ; *RJF* 1992, n° 195 – CAA Paris, 1er février 1994, Heme, n° 92PA01168 ; *RJF* 1994, n° 613 – CE, 21 août 1996, Ministre c/SA Bolle et Cie, n° 133816, *Lebon*, p. 344 – CE, 15 septembre 2004, Société Téléservice Santé, n° 258117, *Lebon* T., pour les référés). Pour une raison identique, les éléments afférents à cette demande (et, par exemple, son chiffrement) ne peuvent être pris en considération s'ils sont produits après clôture de l'instruction (voir CJA, art. R. 613-3), sauf évidemment réouverture de cette dernière (CE, 10 juillet 1996, Association Comité Cinq cantons-Barre, n° 155711, *Lebon* T.).

II – L'instance

La demande de frais « irrépétibles » (mal dénommés puisque précisément ils sont désormais répétibles) peut être présentée « dans toutes les instances » ; c'est dire, en premier lieu, que leur remboursement n'est pas limité aux affaires dans lesquelles le ministère d'avocat est obligatoire (CE, 8 février 1989, SARL Synthèses Industries, n° 83798, *Lebon* T., solution implicite ; *AJDA* 1989, p. 94 – CE, 15 juin 1994, Heudes, n° 137023 [5]). On verra donc cet article jouer en matière fiscale (malgré les dispositions de l'article L. 207 du Livre des procédures fiscales : Cass. com. 22 juillet 1986, n° 2287 – CAA Nantes, 7 juin 1989, Fontaine, n° 89NT00345), électorale (CE, 15 décembre 1989, Élections municipales de Château-sur-Epte, n° 108730), répressive, ou encore dans le contentieux de l'astreinte pour inexécution des décisions du juge administratif (CE, 20 mai 1994, Pipet, n° 148845). La question de savoir si ce dispositif sera encore applicable aux affaires dans lesquelles le juge administratif est saisi d'une question préjudicielle, désormais par le juge judiciaire lui-même, reste non tranchée. L'applicabilité de l'article L. 761-1 avait été admise lorsque les parties saisissaient elles-mêmes le juge administratif, sur invitation du juge judiciaire (entre autres, CE, 10 octobre 1994, Commune de Batz-sur-Mer, n° 115074).
Bien que l'on ait pu hésiter sur ce point, les instances se déroulant devant le président statuant seul en application de l'article R. 222-1 peuvent incorporer des demandes accessoires de frais irrépétibles, sur lesquelles ce président est habilité à se prononcer (CE, avis, 28 octobre 1994, Gosse, n° 158780, *Lebon*, voir les commentaires sous l'article R. 222-1). *A fortiori* en va-t-il de même des instances relevant, en vertu de l'article R. 222-13, du juge statuant seul. Plus généralement, on peut poser que, dès lors qu'un juge a compétence pour statuer sur un litige, il doit se prononcer sur les demandes de frais irrépétibles formées à l'occasion de ce litige : ainsi notamment lorsque le juge ne tire sa compétence que de l'article R. 351-4 du Code, fondée par exemple, sur la circonstance que la requête est entachée d'une irrecevabilité manifeste insusceptible d'être couverte en cours d'instance (CE, 15 mars 1996, Le Gac, n° 157496). On note toutefois que, lorsque le Conseil d'État se prononce, dans le cadre de l'article L. 113-1, sur une demande

d'avis contentieux, la procédure devant lui ne relève pas de l'article L. 761-1 (CE, avis, 26 juillet 2006, Orio, n° 292750, *Lebon*), alors surtout que l'on peut difficilement y trouver une « partie perdante ». Pas plus ne relève de cet article la décision par laquelle la juridiction se borne à attribuer le jugement d'une affaire à une autre juridiction, une telle décision ne se prononçant pas sur le litige (CE, 10 septembre 2010, Louvet, n° 338707, *Lebon* T.).

Parce que cette procédure se greffe sur un litige principal, les débats consacrés à la question prioritaire de constitutionnalité ne peuvent donner lieu à frais irrépétibles (CE, 16 avril 2012, Association de chasse privée de bonne rencontre, n° 355919, *Lebon* T.). Mais la solution est inverse pour des conclusions présentées dans une instance dans laquelle le juge administratif statue sur une question préjudicielle soulevée par une juridiction judiciaire (CE, 21 décembre 2022, n° 463938, *Lebon* T.).

Naturellement, le contentieux de l'excès de pouvoir est susceptible de comporter des frais irrépétibles (par exemple, CE, 13 novembre 1989, Valery, n° 69806, *Lebon* T.), bien qu'y soient rejetées en principe toutes conclusions reconventionnelles ou pour procédure abusive (CE, 24 novembre 1967, Noble, n° 66271, *Lebon*, p. 443), sauf désormais dans le contentieux de l'urbanisme (voir art. L. 600-7 de ce code en fin d'ouvrage). Le juge semblerait regarder désormais des conclusions présentées en excès de pouvoir tendant à indemnisation pour procédure abusive, comme formées au titre des frais irrépétibles (CE, 4 février 1994, Ballarin, n° 114544 [6]).

Notamment ce mécanisme joue dans les déférés préfectoraux exercés dans le cadre du contrôle de légalité des collectivités territoriales, et l'État peut y être condamné (CE, 14 novembre 1997, Préfet de Seine-et-Marne, n° 167675, *Lebon* T. – CE, 8 décembre 1997, Préfet de l'Allier, n° 148630 [7]) ou en matière de contentieux des mesures d'éloignement frappant des étrangers (CE, 28 octobre 1991, Harabi, n° 125966, *Lebon* T. – CE, 10 juin 1994, Davalou Ghadjar, n° 153923, portant condamnation du demandeur).

Et, malgré la position inverse adoptée par le tribunal administratif de Versailles dans une affaire « Préfet des Yvelines » (9 janvier 1989 ; *AJDA* 1989, p. 142), rien ne s'oppose à ce que ces frais soient demandés à l'occasion d'une instance en référé (CE sect., 7 avril 2006, Centre hospitalier régional de Nice, n° 249848, *Lebon ; AJDA*, 19 juin 2006, p. 1233). Leur octroi posera cependant quelque problème en matière de référé-instruction, dans laquelle il peut être délicat de repérer une « partie perdante », sauf lorsque la demande est rejetée. Fort de l'idée que l'article L. 761-1 a notamment pour objet « de permettre l'indemnisation de la personne qui a du s'adresser à une juridiction pour faire valoir ses droits, dès lors qu'elle a obtenu que soit prescrite une mesure utile pour y parvenir », le Conseil d'État a ainsi condamné un centre hospitalier, qui avait pourtant consenti à l'organisation de l'expertise demandée par référé, dès lors qu'il avait auparavant témoigné d'une attitude très réticente à la perspective d'informer correctement le requérant (CE, 7 avril 2006, Centre hospitalier général de Nice, préc.). Il y a donc un lien entre la notion de « mesure utile », domaine du référé, et bénéfice de l'article L. 761-1.

En matière de référé-provision (voir CJA, art. R. 541-1), malgré la présence, s'il est fait droit à la demande, d'une partie condamnée, il a pu paraître délicat de prononcer une condamnation au titre des frais irrépétibles, contraire à l'aspect « provisionnel » de cette partie du litige. La cour administrative d'appel de Lyon avait estimé ne pouvoir le faire (CAA Lyon, 9 juillet 1991, Bourdiec, n° 90LY00881, *Lebon*, p. 554). Outre que l'on ne pouvait l'approuver lorsque la demande de provision était rejetée, on doit noter que cette position a été écartée par le Conseil d'État le 10 février 1997 (CE, 10 février 1997, Société d'économie mixte d'équipement et d'aménagement de l'Aude, n° 115608, *Lebon* T. – CE, 11 mai 2005, Syndicat des avocats de France, n° 279834, en matière de référé-suspension). Solution d'autant plus logique que, désormais, la procédure de référé-provision ne s'accompagne plus nécessairement d'une procédure au fond (voir commentaires sous l'article R. 541-1).

En matière de suspension, rien n'empêche cet article de jouer, dès lors que la demande de suspension doit être présentée par requête distincte (voir art. R. 522-1) et constitue donc une « instance » (CE, 16 décembre 1992, Ravera, n° 105021, *Lebon* T.), au même titre que l'appel formé contre le jugement rendu sur cette demande (même arrêt).

De son côté, le Tribunal des conflits applique la règle, identique, résultant de l'article 75-1 de la loi du 10 juillet 1991 : ayant cru à tort se trouver en présence d'un conflit négatif, M. Maurel a ainsi été condamné à verser à ce titre une somme de 10 000 francs à l'État (TC, 16 janvier 1995, Maurel, n° 02853).

Encore faut-il en premier lieu une instance contentieuse. Ce n'est pas le cas, lorsque le tribunal administratif statue en application de l'article L. 2132-5 du Code général des collectivités territoriales sur la demande d'un contribuable communal tendant à être autorisé à exercer une action pour le compte de la commune (CE, 13 mai 1994, Levais, n° 150047, *Lebon* [8] – CE, 10 juin 1994, Ministre c/Chalard, n° 109358, *Lebon* T.), alors qu'à l'inverse le Conseil d'État statuant en cette matière, se prononçant désormais comme autorité juridictionnelle, applique ces dispositions (CE, 13 mai 1994, Levais, préc.).

Il faut en second lieu que l'instance soit en cours. On ne peut réclamer le bénéfice de cet article au titre d'une instance terminée (CE, 13 mars 1991, Dousset, n° 120260, *Lebon* [9] – CAA Nantes, 16 mai 1991, SA Pivetta, n° 89NT01521 ; *RJF* 1992, n° 255 – *CE*, 28 avril 1995, Maraud, n° 129604 – CE, 26 juillet 1996, Groupement d'intérêt économique Argos, n° 178901).

Les choses sont un peu plus complexes en appel. Il n'est pas possible de réclamer au juge d'appel, pour la première fois, et au titre de la première instance, des frais que l'on a négligé de réclamer dans cette instance (CAA Paris, 14 juin 1994, Ferrara, n° 93PA00146, *Lebon* T. – CE, 21 juillet 1995, Ministre du Budget c/Garamond, n° 143731, *Lebon* T. – CE, 30 juillet 1997, Rousseau, n° 128001, *Lebon* T.). Mais l'on peut inversement réitérer en appel les demandes à ce titre auxquelles le premier juge n'a pas donné satisfaction (CE, 13 novembre 1992, Paris, n° 117495, *Lebon* T.).

La question se pose de savoir si les conclusions d'appel visant les frais irrépétibles constituent ou non un litige distinct de celui auquel donne lieu, en appel, la contestation du principal du jugement, la réponse, si elle est affirmative, interdisant en la matière l'appel incident. Après quelques hésitations (par exemple, CE, 23 décembre 1994, SARL De l'homme à l'habitat, n° 112865, rejetant l'appel incident), le Conseil d'État a opté pour l'admission de l'appel incident (CE, 29 décembre 1995, Commune de Wasquehal, n° 141764 – CE, 16 décembre 1996, Élections municipales de Betschdorf, n° 173220, *Lebon*). Encore faut-il que l'affaire soit de celles dans lesquelles l'appel incident est possible. Si ce n'est pas le cas (contentieux électoral, contraventions de grande voirie), aucune exception n'est faite en ce qui concerne les frais irrépétibles (CE, 16 décembre 1996, Élections municipales de Betschdorf, préc.).

III – Les parties concernées

L'article L. 761-1 ne joue qu'entre « parties », et le juge, opposant d'office à des conclusions reposant sur cet article la circonstance qu'elles ne visent pas une partie, ne relève pas une cause d'irrecevabilité (qui appellerait communication du moyen d'ordre public), mais se borne à appliquer les dispositions de cet article (CE, 25 mai 2005, Fouque, n° 265267, *Lebon* T.).

Seule donc une partie peut bénéficier de la condamnation. Encore faut-il qu'elle ne puisse être regardée comme « partie perdante », ou comme partie qui aurait dû perdre. Ce qui implique, lorsque le juge opère une jonction entre plusieurs requêtes ayant même objet, et qu'il y fait droit parce qu'une des parties est recevable à agir, qu'il recherche – ce qu'il n'a pas normalement à faire – si toutes celles qui étaient jointes au vainqueur, étaient recevables à agir (CE, 13 juin 2005, Ville de Chevreuse, n° 276481, *Lebon* T.). La solution est la même en cas de requête collective dont un des signataires est sans qualité pour agir (CE, 8 juillet 2005, Communauté d'agglomération de Moulins, n° 268610, *Lebon* T.).

Seule la partie condamnée aux dépens ou à défaut la partie perdante peut être condamnée. Le texte implique d'abord que soit définie la « partie », notion peu évidente. Les hasards de l'instruction font en effet que le tribunal invite parfois à présenter des observations dans un litige des personnes qui ne sont pas directement concernées par ce litige (par exemple, une commune dans un litige dirigé contre un arrêté pris par le maire au nom de l'État), comme certaines personnes se manifestent spontanément par intervention ou, tel le Défenseur des droits ou, avant lui la Haute autorité de lutte contre les discriminations, par la présentation d'observations spontanées.

Une personne à qui la juridiction a demandé à tort de produire des observations a été considérée comme « partie », et a donc pu bénéficier du remboursement des frais irrépétibles si elle n'est pas perdante (CE, 23 mars 1994, Commune d'Aubervilliers, n° 114812, *Lebon* T. – CE, 29 juillet 1994, SCI Baudin, n° 128675, solutions implicites, revenant sur CE, 24 février 1993, SCI du domaine de Billy, n° 118613, *Lebon* T.). Autre chose fut de déterminer si une telle partie peut être tenue pour « perdante » : ainsi une commune ne peut être regardée comme « perdante » si l'acte annulé a été pris, fût-ce par son maire, au nom de l'État (CE, 11 décembre 1991, Reboul, n° 104923, *Lebon* T.). On note toutefois une évolution en la matière : pour tenir pour « partie » pouvant bénéficier de l'article L. 761-1 une personne qui a été « appelée à produire des observations », le Conseil d'État se réfère à la circonstance que si elle n'avait pas été mise en cause elle aurait eu qualité pour faire tierce opposition contre la décision préjudiciant à ses droits susceptible d'être rendue dans l'instance, et en déduit, « par suite », qu'elle doit être regardée comme partie (CE, 10 janvier 2005, Association Quercy-Périgord, n° 265838, *Lebon* T. ; *AJDA* 2005, p. 332 – CE, 28 décembre 2005, Commune de Poigny, n° 281849, *Lebon*). Cette solution, qui retient le même critère que celui retenu pour déterminer si un intervenant peut faire appel (CE sect., 9 janvier 1959, De Harennes, *Lebon*, p. 24), infirme partiellement les jurisprudences de 1994 concernant les personnes invitées à tort à produire des observations. De même, sont regardés comme parties les auteurs d'un RAPO (CAA Lyon, 12 mars 2020, Société IF Allondon et SCI Massonex, n°s 19LY02969 et 1902980 – CE, 3 juillet 2020, Société Rodrigue, n° 420346, *Lebon* T.).

En revanche, une personne intervenant spontanément dans un litige n'y est pas « partie » (CE, 28 juillet 1993, Ministre des Affaires sociales c/Syndicat CGT Enfance inadaptée, n° 99412 – CE, 22 février 2012, Chambre régionale d'agriculture Provence-Alpes-Côte d'Azur, n° 343410, *Lebon* T., s'agissant de la Halde et du Défenseur des droits). La condamnation à des frais irrépétibles ne peut donc être prononcée ni à son profit, ni à son encontre (CE, 19 janvier 1994, Portel, n° 143421, *Lebon* T. – CE, 30 avril 1997, Association française des banques, n° 172237). Encore faut-il être prudent dans l'application de cette règle : l'intervenant en première instance, bénéficiaire par exemple d'une autorisation de travaux attaquée, devient partie en appel lorsqu'il attaque le jugement ayant annulé cette autorisation. Et il peut alors, s'il est partie perdante, être condamné à supporter des frais irrépétibles, le cas échéant solidairement avec l'auteur de la décision attaquée (CE sect., 16 décembre 1994, Société immobilière du Théâtre des Champs-Élysées, n° 119099, *Lebon*).

Le Conseil national d'un ordre, se manifestant devant le juge de cassation en matière disciplinaire, n'est pas regardé comme partie à cette instance disciplinaire, et ne peut donc ni bénéficier de cet article, ni être condamné sur son fondement (CE sect., 28 juillet 1999, Le Goff, n° 165523, *Lebon*).

Dans le cas particulier des recours en interprétation, sont regardées comme « parties », pour l'application de ce texte, les parties au litige ayant donné lieu à la décision faisant l'objet du recours en interprétation (CE, 19 mars 2001, Association professionnelle des chirurgiens plasticiens, n° 217056, *Lebon* T.).

Enfin un expert est jugé ne pas être « partie » dans le litige portant sur son éventuelle récusation (CAA Nantes, 9 octobre 1991, Port autonome de Nantes-Saint-Nazaire, n° 91NT00386, *Lebon*, p. 567).

La partie condamnée est la partie condamnée aux dépens ou, à défaut, la partie perdante. Ce choix ne se présentera qu'en cas d'expertise ou autre mesure d'instruction (voir art. R. 761-1), les autres litiges se réglant sans dépens depuis la loi du 30 décembre 1977. Si une contradiction apparaît entre la partie condamnée aux dépens et la partie perdante (puisque l'article R. 761-1 autorise le juge à mettre les dépens à la charge d'une partie non perdante), la rédaction même de l'article L. 761-1 appelle la seule condamnation de la partie tenue aux dépens, même si elle n'est pas perdante (CAA Lyon, 2 février 1993, Centre hospitalier général de Belley, n° 92LY00629 – CE, 14 octobre 2002, Florentin, n° 230227). Cette portée du texte est assez souvent perdue de vue, l'absence quasi générale de dépens devant la juridiction administrative conduisant assez systématiquement les formations de jugement à raisonner en termes de « partie perdante », en oubliant que ce critère n'est que subsidiaire. Il semble que même le Conseil d'État se soit laissé prendre à ce piège (CE, 7 février 2003, Robert, n° 224539, *Lebon* T. ou CE, 5 janvier 2005, Ministre de l'Équipement c/Gorce, n° 260426, *Lebon* T., qui simultanément mettent les frais d'expertise à la charge d'une partie, et, la tenant pour « non perdante », refusent pour ce motif de la condamner à verser des frais irrépétibles à son adversaire). En tout cas, ne peut être condamnée une partie qui ne supporte pas les dépens ou n'est pas perdante, même si elle n'a gagné le procès qu'au bénéfice de l'incompétence de la juridiction saisie (CE, 14 février 2013, Hulin, n° 362256, *Lebon* T.).

La « distorsion » qui peut se produire entre « partie perdante » et charge des frais irrépétibles ne devrait jouer que si les dépens sont intégralement mis à la charge de la partie gagnante. S'ils sont partagés, comme en ouvre la possibilité l'article R. 761-1, la charge des dépens désigne toutes les parties comme potentiellement débitrices des frais irrépétibles, et il appartient alors au juge, comme s'il n'y avait pas de dépens, de rechercher la partie perdante.

Le plus souvent aisée, la recherche du débiteur des frais irrépétibles se complique dans le cas des contentieux « triangulaires », dans lesquels la partie qui perd dans le procès principal intenté par le demandeur gagne, par exemple, son appel en garantie dirigé contre une autre partie. Il nous semble que la qualification de partie perdante ne peut alors se faire qu'au regard de la situation des parties respectivement concernées par les conclusions formées au titre de l'article L. 761-1 : le perdant doit dans notre exemple les frais irrépétibles du demandeur, mais l'appelé en garantie doit les frais irrépétibles de ce perdant (CAA Lyon, 24 mars 1992, OPHLM de Bourg-en-Bresse, n° 91LY00768, *Lebon* T.). Ainsi, dans une décision du 20 janvier 1995 (CE sect., 20 janvier 1995, Commune de Sallanches, n° 126198), le Conseil d'État statuant comme juge de cassation a condamné la commune requérante à verser des frais irrépétibles à l'un de ses adversaires, ses conclusions le visant ayant été rejetées, alors même que cette commune voyait son pourvoi prospérer à l'encontre d'un autre de ses adversaires. Plus incertaine est la situation dans laquelle *primus*, demandeur, perd son procès contre *secundus* (et est donc « perdant » vis-à-vis de ce dernier), ce qui fait que le juge n'a pas à statuer sur les conclusions formées en garantie par *secundus* contre *tertius*. De qui *tertius* va obtenir le paiement des frais qu'il a exposés ? On peut estimer que c'est *secundus* qui les lui doit, quitte à ce que *secundus* les incorpore dans la demande qu'il forme à l'encontre de *primus*. Au juge d'introduire dans ce débat à trois la dose d'équité née, par exemple, du caractère téméraire ou manifestement non fondé de l'appel en garantie formé par *secundus* contre *tertius*.

C'est une logique identique qui prévaut lorsque, dans une même requête, sont présentées plusieurs conclusions, dont certaines sont accueillies cependant que les autres sont rejetées. Dans cette situation, le juge recherche quelle est la partie qui est « pour l'essentiel la partie perdante » aux fins de savoir si elle peut être condamnée à verser des frais irrépétibles à son adversaire (CE, 28 février 1997, Rodin, n° 147955, *Lebon* – CE, 3 mars 2004, Commune de Châteaudun, n° 258602, *Lebon* T.). Recherche qui peut le conduire d'ailleurs à estimer que chaque partie est « perdante » au sens du texte (CE, 25 septembre 1996, Société EURL Au service du développement, n° 125544, *Lebon* T.), ou, au contraire, qu'aucune des parties n'est perdante (CE, 6 janvier 2006, Bretot, n° 259057). Ainsi, ne se trouve pas perdre « pour l'essentiel » le requérant qui échoue à faire annuler un permis de construire qui a été régularisé en cours d'instance en application de l'article L. 600-5-1 du Code de l'urbanisme (CE, 28 mai 2021, Viallat et autres, n° 437429, *Lebon* T., abandonnant sur ce point CE, 19 juin 2017, Syndicat des copropriétaires de la résidence Butte Stendhal, n° 394677, *Lebon* T.).

En cas de pluralité de perdants, le juge aura tendance à rechercher la partie dont le comportement aura été principalement à l'origine du litige (CE, 30 mars 1990, Lockhart, n° 90875, *Lebon* T. ; *AJDA* 1990, p. 348). Et, si plusieurs requêtes sont jointes, le juge raisonne requête par requête (CE, 26 octobre 1992, Tosseri).

Sur la notion de partie perdante en référé-instruction, voir ci-dessus CE sect., 7 avril 2006, Centre hospitalier régional de Nice, n° 249848, (*AJDA,* 19 juin 2006, p. 1233) : est « perdante » la partie qui, même consentant à la mesure d'instruction, a par son attitude contraint son adversaire à recourir au référé.

Lorsqu'il n'est pas « partie perdante », l'État est en droit de prétendre à des frais irrépétibles (CE, 26 octobre 1992, Société Sayag Electronic, n° 112107 – CE, 23 novembre 1992, Montaignac, n° 95192, *Lebon* T. – CE, 11 juin 2004, Van Ommeren, n° 233074, *Lebon* T.). Il ne s'agit point par-là, toutefois, de faire ressurgir les frais de justice, supprimés depuis 1977. Aussi bien l'État, on l'a dit, ne peut-il obtenir que le remboursement des frais « exposés », et dans la limite de ces frais, qu'il doit en principe identifier autrement que forfaitairement (CE, 22 juillet 1994, Chambre syndicale du transport aérien, n° 145606, *Lebon* T. – CE, 12 décembre 1994, Darnis, préc.). En d'autres termes, si le montant des frais réclamés n'a pas nécessairement à être justifié, leur existence doit ressortir du dossier (ce qui n'est guère éloigné d'une justification), ainsi que jugé à propos de la demande d'une commune (CE, 12 décembre 1997, Richez, n° 161522 [10]) ou de l'État (CE, 8 février 2010, Ministre de l'Alimentation c/Bacquié, n° 312141 – CE, 3 mars 2017, n° 398121, *Lebon* T.). Le jeu de l'appel complique les choses : l'appelant peut en effet obtenir l'annulation pour vice de procédure du jugement attaqué sans pour autant voir triompher, sur le fond, après évocation, la position qu'il avait soutenue devant le premier juge. Est-il gagnant ou perdant ? On avait vu le Conseil d'État infliger une amende pour recours abusif à un tel appelant (CE, 4 avril 1990, Bert, n° 105573), position qui préfigurait celle qui sera retenue en matière de frais irrépétibles (CE, 26 septembre 1994, Préfet de la Corse-du-Sud, n° 135032 – CE, 30 septembre 1994, Gobillon, n° 136283, *Lebon* – CE, 25 septembre 1995, Association Civic, n° 155970, *Lebon* T. – CE, 21 juin 1996, Ville de Marseille, n° 138308, *Lebon*) : le juge s'attache ainsi à la position finale des parties l'une à l'égard de l'autre pour déterminer qui a gagné ou perdu. Ce raisonnement, il faut le souligner, ne vaut que s'il y a évocation. Si le juge d'appel, après avoir annulé le jugement pour vice de procédure, se borne à renvoyer l'affaire au premier juge, il doit tenir pour vainqueur celui qui a obtenu cette annulation, puisqu'il ne peut préjuger du vainqueur final. C'est en ce sens que se prononce le Conseil d'État lorsqu'il statue en cassation (CE, 19 novembre 1999, Ailloud, n° 188442, *Lebon* T.). Si, après annulation de l'arrêt qui lui est déféré, il se prononce au fond en application de l'article L. 821-2, et si ce faisant il rejette au fond les conclusions de l'auteur du pourvoi en cassation, il tient ce dernier pour

« partie perdante » et le condamne à payer des frais irrépétibles. C'est ce qui ressort expressément d'une décision *Association de sauvegarde du site de Courcourt* (CE, 15 novembre 2000, n° 200819, *Lebon* T.), revenant sur une décision *Cavard-Courtebœuf* du 10 juillet 1996, n° 128593 (*Lebon*, p. 1104) – voir également CE, 24 septembre 2003, Ministre de l'Intérieur c/Boutida, n° 253441, *Lebon* T. – CE, 19 février 2007, Priolo, n° 297260, *Lebon* T.

Il est même arrivé, mais ce cas est limite, que l'on regarde l'appelant comme perdant dans une hypothèse dans laquelle, sans avoir pu convaincre le juge d'appel de majorer l'indemnité accordée en première instance, il avait obtenu des intérêts sur cette somme (CE, 5 mai 1999, Société groupe maritime et commercial du Pacifique, n° 178879, *Lebon* T.).

Lorsque l'État est condamné en raison du litige opposant une autorité administrative indépendante à un administré, l'arrêt précise l'imputation budgétaire de la condamnation (CE, 5 mars 2012, SA Crédit immobilier de France Développement, n° 343412, *Lebon*).

Lorsqu'une personne morale exerce une compétence au nom de l'État, les frais sont mis à la charge de l'État ou au bénéfice de l'État et non de cette personne (CE, 9 février 2018, ANSM, n° 414845, *Lebon* T. – CE, 1er juin 2018, Marque, n° 403554, *Lebon* T.).

Notons enfin que la qualification de perdante est subsidiaire par rapport à celle de partie tenue aux dépens (voir les commentaires sous l'article R. 761-1).

IV – Les incidents de procédure

La question se pose du jeu de ces dispositions en cas de désistement, ou de non-lieu, notamment si une amnistie s'est produite.

Le désistement n'écarte pas le jeu de l'article L. 761-1 (CE, 25 avril 1990, Camara, n° 104750, *Lebon* T.). Dans cette situation, la partie qui se désiste pourra obtenir des frais irrépétibles si son désistement est motivé par le fait qu'elle a obtenu satisfaction en cours d'instance : son adversaire a devancé le jugement et accepté de perdre (CE, 23 juillet 1993, Cottineau, n° 119503, *Lebon* T.). Une telle condamnation est au contraire exclue si le désistement n'a pas cette motivation. C'est le cas s'il y a désistement d'office pour absence de production de l'ampliatif annoncé : le requérant est dans cette hypothèse regardé comme « partie perdante » (CE, 17 mai 1999, Lombois, n° 197113, *Lebon* T.) même si les conclusions du défendeur sont postérieures au désistement d'office, le juge statuant alors sur la charge dans les circonstances de l'espèce (CE, 9 mars 2018, Eveno-Lapinard, n° 402378, *Lebon* T.). Quant à l'autre partie, elle peut, dans ce dernier cas, prétendre obtenir de tels frais, et ce, même si les conclusions tendant à leur allocation ont été formées après l'enregistrement du mémoire valant désistement (CE, 3 décembre 2014, Spicher-Bernier, n° 363846, *Lebon*, revenant sur CE, 23 octobre 1992, Commune de La Clusaz, n° 97309 ou CE, 12 janvier 1994, Pictet, n° 144642). En cas de non-lieu, le Conseil d'État applique à peu près les mêmes règles. Le jeu de l'article L. 761-1 n'en est pas exclu (CE, 13 mars 1991, Ministre des Affaires sociales c/Conate, n° 121636, *Lebon* T. [11] – CE, 26 octobre 1992, Tosseri, n° 106963, *Lebon* T. – CE, 20 mai 1994, Martel, n° 138070, *Lebon* T.), et le juge est invité à rechercher « quelle est la partie perdante en fonction notamment des raisons qui

conduisent à rendre les conclusions principales sans objet » (CE, 18 juin 2003, Territoire de la Polynésie française, n° 257598, *Lebon* T.). Lorsque le non-lieu provient de ce que le demandeur a obtenu satisfaction en cours d'instance, il peut obtenir le versement de frais irrépétibles (CE, 20 mai 1994, Martel, préc. ou CE, 20 mai 1994, Pipet, préc., intervenus dans le contentieux de l'astreinte). Il en va de même, dans le contentieux de la suspension, du non-lieu provenant de ce que la décision contestée a été entièrement exécutée (CE, 16 décembre 1992, Ravera, n° 105021, *Lebon* T.). On remarque que la demande de frais irrépétibles peut valablement être formée *après* que s'est produit le fait qui justifie le non-lieu, par exemple, le dégrèvement d'une imposition contestée (CE, 25 octobre 2006, Société Agde Distribution, n° 273954, *Lebon* T. revenant sur CE, 3 février 1992, SA Maison familiale Constructeur, n° 80416, *Lebon* T.) ou le retrait de la décision attaquée : CE, 27 janvier 1995, Comité central d'entreprise de la RNUR, n° 105473. Pour une hypothèse complexe d'annulation d'un jugement, assortie, après évocation, du constat d'un non-lieu sur la demande de première instance, l'acte dont le sursis à exécution était demandé ayant été définitivement annulé, voir CE, 4 décembre 1995, Société des automobiles Citroën, n° 157863, arrêt par lequel le requérant obtient des frais irrépétibles et au titre de la première instance et au titre de l'appel. On note cependant que si le juge doit prononcer un non-lieu par suite d'une validation législative interdisant que soit discutée la légalité de la décision attaquée, il refuse de condamner le défendeur à verser des frais irrépétibles à son adversaire, lors même que la validation est intervenue postérieurement à la requête (CE, 15 juin 1994, Olivaud, n° 151684), ce défendeur n'étant pas une « partie perdante ». Particulier est toutefois le cas de la requête rejetée par suite de l'intervention, en cours d'instance, de lois de validation rétroactives ayant privé de portée des moyens qui eussent pu être reconnus fondés : bien que « partie perdante », la commune requérante a obtenu que l'État son adversaire soit condamné à lui verser des frais irrépétibles (CAA Lyon, 26 avril 2007, Commune d'Unieux, n° 03LY01844, *Lebon* T. ; *Gaz. Pal.* 18-20 novembre 2007, p. 18).
Si la loi d'amnistie fait obstacle à ce qu'il soit statué sur le litige, il n'y a pas de « partie perdante » (CE, 11 octobre 1995, Société Jalatte, n° 151916, *Lebon* T.).
Lorsqu'une partie perd à raison de la régularisation de l'acte attaqué (C. urb., art. L. 600-5-1) elle ne peut être regardée comme partie perdante pour l'essentiel (CE, 28 mai 2021, Viallat et autres, n° 437429, *Lebon* T., abandonnant sur ce point CE, 19 juin 2017, Syndicat des copropriétaires de la résidence Butte Stendhal, n° 394677, *Lebon* T.).

V – La condamnation

Ayant pour objet de couvrir des frais exposés, la condamnation ne peut être prononcée qu'au bénéfice exclusif de qui la demande : sont ainsi rejetées des conclusions tendant à ce que la somme soit versée « aux œuvres sociales de la commune » (CE, 14 juin 1996, Élections municipales de Saint-Victor et Melvieu), ou à un autre que la personne qui la demande (CE, 27 février 1998, Thomassin, n° 182760, *Lebon* T.).
Ainsi qu'en dispose le texte, seules des considérations tirées de l'équité ou de la situation économique de la partie perdante peuvent faire obstacle à la condamnation,

dans son principe. C'est dire en premier lieu que cette condamnation n'a pas à être regardée comme une sanction, et doit être soigneusement distinguée de l'amende qui sanctionne le caractère abusif d'une procédure (CE, 17 mai 1991, Alverola, n° 78407 [12]). Se trouve donc entachée d'erreur de droit une condamnation aux frais irrépétibles motivée par le caractère abusif de la requête (CAA Lyon, 25 janvier 1993, SA Canal de la Brillanne, n° 92LY01086, *Lebon* T.). Et l'on a pu voir un requérant à la fois condamné à une amende pour recours abusif, et non condamné aux frais irrépétibles (CE, 2 décembre 1992, Gestin, n° 134958). En second lieu, le pouvoir d'appréciation ainsi donné au juge (qui s'exprime également s'agissant de déterminer le montant à verser) donne, comme il est normal, lieu à contrôle du juge d'appel (CE, 28 juillet 1993, Ville de Bois-Colombes, n° 140221, *Lebon* T. – CE, 27 avril 1994, Commune d'Argenteuil, n° 121660, *Lebon*). Le contrôle ainsi exercé ne portera guère sur la motivation retenue par le premier juge, à qui il suffit normalement de fonder sa décision sur « les circonstances particulières de l'espèce » (CE, 7 octobre 1992, Ministre de l'Agriculture c/Scherer, n° 116369, *Lebon* T.), mais bien évidemment sur le bien-fondé de sa position (CE, 25 octobre 1996, Société d'économie mixte d'aménagement de Gennevilliers, n° 137361, *Lebon* T., réduisant le montant, jugé exagéré, accordé par les premiers juges). Mais il n'y a pas sur ce point contrôle de cassation, cette appréciation relevant de la souveraineté des juges du fond (CE, 21 juin 1993, Entreprise Plouzennec, n° 112774, *Lebon* T. – CE, 2 décembre 2009, Tenneson, n° 324066).

Limitée aux « frais exposés », la condamnation ne paraît pas devoir inclure d'autres éléments, tels que les « peines et tracas du procès », à l'inverse de ce que jugé par la Cour de cassation à propos de l'article 700 du Code de procédure civile (Cass. civ. 20 février 1980, *Bull. civ.* II, n° 37) ou encore l'euro symbolique (CAA Lyon, 8 février 2007, Syndicat de la propriété rurale de Haute-Savoie, n° 04LY01605). Sont regardés comme « exposés » les frais découlant normalement de la conduite du litige, lors même qu'ils auraient été pris en charge par une compagnie d'assurance (contrat « défense-recours ») ou seraient inclus dans les sommes versées au titre d'un contrat d'assistance juridique (CE, 6 novembre 1995, Clément, n° 149220). Et ces frais paraissent devoir être limités à ceux de l'instance contentieuse, à l'exclusion de ceux exposés lors de démarches précontentieuses (à propos de notes d'avocat établies à une date antérieure à celle de l'introduction de la requête : CE, 8 octobre 1993, Société d'achats et de ventes de biens immobiliers, n° 116686, *Lebon* T.). Ainsi qu'on l'a dit, le montant accordé par le premier juge est contrôlé par le juge d'appel (CE, 7 octobre 1992, Ministre de l'Agriculture c/Scherer, préc.). Il doit pouvoir y être compté le montant du droit de plaidoirie prévu à l'article L. 723-3 du Code de la sécurité sociale, dans sa rédaction résultant de la loi du 25 juillet 1994, puisque ce droit n'est pas compris dans les dépens tels que définis limitativement par l'article R. 761-1 du code (à la différence de la procédure civile : voir art. 695 du Code de procédure civile).

La condamnation peut être solidaire entre les parties condamnées (CE sect., 16 décembre 1994, Société immobilière du Théâtre des Champs-Élysées, n° 119099, *Lebon*, p. 561), comme elle peut être prévue au bénéfice solidaire des parties gagnantes.

De nature peu différente est l'indemnité forfaitaire prévue par l'article L. 376-1 du Code de la sécurité sociale au bénéfice de la caisse poursuivant le remboursement par le tiers responsable de ses débours liés à un accident survenu à un assuré, indemnité enfermée dans une fourchette allant de 75 à 750 euros. C'est au juge administratif de se prononcer sur le droit de la caisse à obtenir cette indemnité à l'occasion des litiges dont elle a saisi ce juge (CE, avis, contentieux, 28 mars 2001, n° 228598, Hemery, *Lebon*).

Au nom de l'équité, le juge du fond peut être conduit à tenir compte du montant des sommes déjà mises à la charge d'une partie au titre de la procédure de référé, notamment si, pour des raisons procédurales, il n'a pas été possible de revenir sur cette condamnation (CE, 12 décembre 2003, Commune de Neuville-aux-Bois, n° 260057, *Lebon* T.).

La somme accordée n'excède guère 2 000 à 3 500 euros en moyenne devant le Conseil d'État (mais elle a pu atteindre 120 000 francs, soit quelque 18 000 euros, dans une affaire « Société SOFITAM », n° 61379, du 18 mars 1994, il est vrai exceptionnelle). Elle porte intérêts, sans même que ce soit prévu par le jugement (CE, 30 mars 1994, Loubet, n° 142026, *Lebon*, p. 172), mais seulement à compter du prononcé de ce jugement (CE, 26 octobre 1994, Colliez, n° 128413, *Lebon* T. [13] – CE, 28 juillet 2000, Roca, n° 191373, *Lebon* T.).

Sur le plan fiscal, la question se pose du sort des versements obtenus au titre de l'article L. 761-1. Une réponse ministérielle en date du 16 janvier 1992 apporte quelques éléments de réponse (*Gaz. Pal.,* 4-8 octobre 1992, p. 24). Ces versements, ne pouvant être regardés comme la contrepartie d'une prestation de services à titre onéreux réalisée par le bénéficiaire, échappent à la taxe sur la valeur ajoutée et n'ont pas à être pris en compte pour le pourcentage de déduction que peut utiliser leur bénéficiaire. Au regard de l'impôt sur les bénéfices, ces sommes sont à inclure dans les profits exceptionnels si elles correspondent à une instance d'ordre professionnel, les frais engagés pour une telle instance étant de leur côté déductibles des résultats. S'agissant de l'impôt sur le revenu, ces sommes ne constituent un élément imposable que si l'instance avait pour objet d'acquérir ou de conserver le revenu (auquel cas les frais de cette instance sont de leur côté déductibles du revenu imposable). Ces conséquences fiscales imposent en principe aux juridictions de faire une place à part, dans les condamnations qu'elles prononcent, à celles qui sont fondées sur l'article L. 761-1.

Les frais de justice exposés devant le juge administratif en conséquence directe d'une faute de l'administration sont susceptibles d'être pris en compte dans le préjudice résultant de la faute imputable à celle-ci, mais avait qualité de partie à l'instance, la part de son préjudice correspondant à des frais non compris dans les dépens est réputée intégralement réparée par la décision que prend le juge dans l'instance en cause sur le fondement de l'article L. 761-1 (CE, 15 octobre 2021, Société 2 AB et Commune de Pézenas, n°s 436725 et 436746, *Lebon T.*). Il en va ainsi pour les frais supportés par une partie pour l'assistance d'un tiers, notamment d'un avocat, durant les opérations d'une expertise tendant à déterminer les causes et l'étendue d'un dommage (CE, 11 février 2025, n° 483654, *Lebon* T.). Mais, les frais mis à la charge d'une société par l'arrêt ayant rejeté l'appel de la société contre le jugement annulant la décision l'autorisant à licencier un salarié protégé constituent un élément de préjudice direct et certain, dont elle est fondée à obtenir réparation, compte tenu, le cas échéant, d'un partage de responsabilité avec l'État (CE, 20 juin 2022, n° 438885, *Lebon T.*).

Les juridictions se sont orientées vers l'attribution de montants forfaitaire variant selon le degré de juridiction et la nature du dossier. Seul le tribunal administratif de Lyon semble avoir tiré explicitement des conséquences de la modification apportée par la loi n° 2021-1729 du 22 décembre 2021 pour la confiance dans l'institution judiciaire permettant aux parties de produire des justificatifs, en s'éloignant du barème implicite de la juridiction (TA Lyon, 10 mars 2022, Société Gor Lyon, n°s 1902266 et 2005664).

VI – L'aide juridictionnelle

L'article L. 761-1 joue même si l'une des parties bénéficie de l'aide juridictionnelle, dans les conditions définies par la loi du 10 juillet 1991. Le juge ne peut décider que les sommes mises à la charge de la partie perdante seront versées à un avocat désigné d'office dans le cadre de la procédure prévue par les I *bis* ou III de l'article L. 512-1 du CESEDA, dans les conditions prévues à l'article 37 de la loi du 10 juillet 1991, sans avoir, sur demande expresse et au préalable, admis son client au bénéfice de l'aide juridictionnelle provisoire sur le fondement de l'article 20 de la loi du 10 juillet 1991 et sans préjudice de la décision définitive du bureau d'aide juridictionnelle (CE, 16 octobre 2019, Boghas, n° 431140, *Lebon* T.).

Si l'aidé est gagnant, son adversaire pourra être condamné à lui rembourser ses frais irrépétibles sur demande de sa part, pour la part de ces frais qu'il a lui-même exposés. Le même adversaire devra dans tous les cas, et sur réquisition des services du Trésor, payer à l'État la part de ces frais correspondant aux honoraires d'avocat, sans que l'État ait eu besoin de le réclamer au juge. Mais ce dernier pourra, au nom de l'équité ou de considérations économiques propres à cet adversaire, l'en dispenser, totalement ou partiellement (art. 43 de la loi), ce qui paraît impliquer que ledit juge se prononce d'office sur cet aspect du procès.

Et l'article 37 de la loi du 10 juillet 1991 prévoit que l'avocat du bénéficiaire de l'aide, gagnant, puisse réclamer pour son compte les frais que le bénéficiaire de l'aide aurait exposés sans cette aide et renonce corrélativement, en cas de condamnation, à percevoir la somme correspondant à la part contributive de l'État (CE, 13 octobre 1995, Kerakra, n° 145095 – CE, 12 mai 1997, Commune de La Roche-sur-Yon, n° 138125 – CE, 29 décembre 1999, Chambon, n° 179741, *Lebon* T. – CE, 6 octobre 2000, Commune de Seix, n° 193885 [14]). En pareille situation, la condamnation est prononcée au bénéfice de l'avocat (on tiendra pour atypique une décision *Laib*, n° 203341, du 4 octobre 2000 prononçant une condamnation au bénéfice du requérant). De l'article 37 de la loi du 10 juillet 1991 on peut déduire que si l'avocat du bénéficiaire de l'aide recouvre cette somme, il renonce à percevoir la part contributive de l'État. S'il n'en recouvre qu'une partie, la fraction recouvrée vient en déduction de la part contributive de l'État. Si, à l'issue du délai de douze mois à compter du jour où la décision est passée en force de chose jugée, l'avocat n'a pas demandé le versement de tout ou partie de la part contributive de l'État, il est réputé avoir renoncé à celle-ci. La bureaucratie n'étant jamais loin du juridisme certaines préfectures exigent des avocats un acte de renonciation à la part contributive de l'État à l'aide juridictionnelle. Pourtant, les juridictions ne délivrant pas d'attestation de fin de mission dans cette hypothèse, il n'y a aucun risque de double perception. Il est possible de se demander si la rédaction retenue par le juge administratif ne contribue pas à ce flou en énonçant que « XX a obtenu le bénéfice de l'aide juridictionnelle ; que, par suite, son avocat peut se prévaloir des dispositions des articles L. 761-1 du Code de justice administrative et 37 de la loi du 10 juillet 1991 ; qu'il y a lieu, dans les circonstances de l'espèce, et sous réserve que YY, avocat de XX, renonce à percevoir la somme correspondant à la part contributive de l'État, de mettre à la charge de l'État la somme de ZZ euros à verser à YY » alors qu'une réaction plus proche de la logique du texte serait : « XX étant bénéficiaire de l'aide juridictionnelle, son avocat peut prétendre au bénéfice des dispositions du deuxième alinéa de l'article 37 de la loi du 10 juillet 1991. Dans les circonstances de l'espèce, [la partie perdante] versera, en application de ces dispositions, la somme de ZZ euros à YY, ce versement valant renonciation à la part contributive de l'État au titre de l'aide juridictionnelle ».

L'avocat bénéficiaire de cette somme peut solliciter la réformation d'un jugement en tant que le juge a alloué une somme inférieure à l'aide juridictionnelle, en méconnaissance des dispositions de l'article 37 de la loi du 10 juillet 1991. Les conclusions tendant à l'application de ces dispositions sont propres à l'avocat (CE, 11 janvier 2006, Dhenin, n° 279878, *Lebon* T.) qui peut, par exception, se représenter lui-même (CE, 18 janvier 2017, Pollono, n° 399893, *Lebon*). Le client de l'avocat n'a pas intérêt à contester cette partie du jugement. Si tel est le cas, alors le juge soulève d'office cette irrégularité, sur le fondement de l'article R. 611-7 du Code de justice administrative, et l'avocat intéressé lui-même dispose d'un délai de quinze jours pour présenter de nouvelles conclusions d'appel distinctes qui lui sont propres, à condition qu'il soit lui-même représenté par un autre avocat (CE, 22 mai 2009, Manseau, n° 301186, *Lebon* – CE, 16 octobre 2013, d'Hartuys, n° 339822 – CAA Versailles, 24 mai 2012, Association Pour Notre Ville, n° 10VE04018). Il résulte de la lettre même de l'article 37 de la loi du 10 juillet 1991 que le montant alloué ne peut être inférieur à celui qui résulterait de l'aide juridictionnelle (CAA Lyon, 9 février 2016, Me Lantheaume, n° 15LY01938).

Si l'aidé est perdant, il pourra être condamné à supporter les frais irrépétibles de son adversaire, sauf à en être dispensé compte tenu de sa situation économique ou de l'équité (c'est l'application du droit commun – CE, 9 juin 2006, Delrue, n° 283001, *Lebon* T.). Et, s'il est demandeur et a bénéficié de l'aide partielle, le juge peut même, d'office, mettre à sa charge une fraction des sommes exposées par l'État autres que la contribution aux frais d'avocats et d'officiers publics et ministériels (art. 42 de la loi). Mais l'État ne peut supporter, au bénéfice du défendeur gagnant, et pour le compte du demandeur aidé et perdant, autre chose qu'une partie des dépens, à l'exclusion donc des frais irrépétibles (CE, 30 décembre 2011, Boiguile, n° 350458, *Lebon* T.). De ces règles il résulte donc qu'en principe, chaque fois qu'une partie bénéficie de l'aide juridictionnelle, le juge doit s'interroger d'office sur l'application des articles 42 et 43, et au besoin faire état dans sa décision de la position qu'il a prise. Il n'est pas certain que cette obligation ne soit pas largement perdue de vue.

Jurisprudence

[1] Considérant qu'aux termes de l'article R. 222 du code des tribunaux administratifs et des cours administratives d'appel « Lorsqu'il paraît inéquitable de laisser à la charge d'une partie des sommes exposées par elle et non comprises dans les dépens, le tribunal administratif ou la cour administrative d'appel peut condamner l'autre partie à lui payer le montant qu'il ou elle détermine » :

Considérant qu'il n'appartient pas au juge administratif, en se fondant sur l'article précité, de condamner une partie à verser à l'autre tout ou partie des sommes exposées par elle et non comprises dans les dépens si une telle condamnation n'a pas été expressément demandée et chiffrée ; qu'en l'espèce le préfet de la région Nord-Pas-de-Calais, préfet du Nord n'avait formulé aucune demande à l'encontre de la commune de Famars au titre de l'article R. 222 précité ;

Considérant, dès lors, que la commune de Famars est fondée à soutenir que c'est à tort que, par le jugement attaqué, le tribunal administratif de Lille l'a condamnée à verser à l'État la somme de 10 000 francs au titre de l'article R. 222 du code des tribunaux administratifs et des cours administratives d'appel ; qu'il convient donc d'annuler ledit jugement sur ce point [...].

[2] Sur les conclusions de M. Dorel tendant à l'application des dispositions de l'article 1er du décret n° 88-907 du 2 septembre 1988 :

Considérant que les conclusions de M. Dorel tendant au remboursement des frais exposés par lui et non compris dans les dépens sont, faute d'être chiffrées, irrecevables [...]

[3] Considérant, d'autre part, que ledit article laisse à l'appréciation du juge le soin de fixer le montant de la somme due au requérant et ne subordonne nullement la fixation de ce montant à la présentation de justificatifs [...].

[4] Considérant, d'une part, qu'aux termes de l'article 75-1 de la loi du 10 juillet 1991 : « Dans toutes les instances, le juge condamne la partie tenue aux dépens ou à défaut la partie perdante à payer à l'autre partie la somme qu'il détermine au titre des frais exposés et non compris dans les dépens » ; que ces dispositions font obstacle à ce que l'État, qui se borne à faire état de surcroît de travail pour ses services, sans se prévaloir de frais exposés, obtienne la condamnation qu'il réclame [...].

[5] Considérant que la circonstance que le ministère d'avocat auquel la commune de Combourg a eu recours devant les premiers juges n'ait pas été obligatoire n'est pas de nature à justifier que M. Heudes soit exonéré des frais irrépétibles auxquels il a été condamné en application des dispositions sus-rappelées pour un montant de 4 000 francs ; que par ailleurs les circonstances familiales qu'il invoque pour bénéficier d'une réduction ou d'une suppression de cette condamnation ne sont assorties d'aucun élément susceptible de permettre d'en apprécier la portée [...].

[6] Considérant que les conclusions de M. Ballarin tendant à être indemnisé pour procédure abusive doivent être analysées comme tendant à l'application des dispositions ci-dessus rappelées pour obtenir le remboursement des frais de procédure qu'il a exposés ; qu'il résulte de ce qui a été dit précédemment qu'il est la partie perdante, et que les conclusions ne peuvent dès lors être accueillies [...].

[7] Considérant qu'aucune disposition législative ni aucun principe ne font obstacle à l'application à l'État des dispositions précitées de l'article L. 8-1 du code des tribunaux administratifs et des cours administratives d'appel dans le cas d'un déféré

préfectoral formé sur le fondement de l'article 3 de la loi du 2 mars 1982 relative aux droits et libertés des communes, des départements et des régions [...].

[8] Considérant que lorsqu'il statue en application des dispositions des articles R. 316-1 à R. 316-4 du code des communes, le tribunal administratif statue comme autorité administrative et non comme autorité juridictionnelle ; que le tribunal administratif de Clermont-Ferrand ne pouvait dès lors faire application des dispositions des articles L. 8-1 et R. 88 du code des tribunaux administratifs et des cours administratives d'appel et condamner M. Levais à payer à la commune de Vernols des frais irrépétibles et à verser une amende pour recours abusif ;
Considérant qu'il résulte de ce qui précède que M. Levais est fondé à demander l'annulation de la décision du tribunal administratif de Clermont-Ferrand en date du 25 mai 1993 en tant qu'elle l'a condamné à payer la somme de 5 000 francs à la commune de Vernols au titre des frais irrépétibles et à payer une amende de 3 000 francs pour recours abusif ;
Sur les conclusions de la commune de Vernols et de M. Levais tendant à l'application des dispositions de l'article 75-1 de la loi n° 91-647 du 10 juillet 1991 ;
Considérant que, lorsqu'il est saisi d'un pourvoi introduit à l'encontre d'une décision d'un tribunal administratif prise en application des dispositions susvisées du code des communes, le Conseil d'État statue en tant qu'autorité juridictionnelle ;
Considérant qu'il y a lieu, dans les circonstances de l'espèce, de faire application des dispositions susvisées de l'article 75-1 de la loi n° 91-647 du 10 juillet 1991 et de condamner M. Levais à payer à la commune de Vernols la somme qu'elle demande au titre des sommes exposées par elle et non comprises dans les dépens [...].

[9] Considérant que M. Dousset demande au Conseil d'État, en application des dispositions de l'article 1er du décret du 2 septembre 1988 susvisé, le remboursement des frais engagés par lui lors d'une précédente procédure ; que, cette procédure ayant pris fin avec la décision du Conseil d'État statuant au contentieux en date du 23 novembre 1988, la requête de M. Dousset est irrecevable et doit par suite être rejetée [...].

[10] Considérant qu'il ne ressort pas des pièces du dossier que la commune de Meudon ait engagé, pour sa défense devant le tribunal administratif, des frais justifiant que M. Richez soit condamné à les lui rembourser sur le fondement de l'article L. 8-1 du code des tribunaux administratifs et des cours administratives d'appel ; que ce dernier est dès lors fondé à demander l'annulation du jugement attaqué en tant qu'il l'a condamné à payer à ce titre 2 000 francs à la commune [...].

[11] Considérant, d'une part, qu'aucune disposition de l'article susvisé n'interdit au juge administratif de condamner une partie à verser à l'autre des sommes exposées par elle et non comprises dans les dépens dans le cas où elle constate qu'il n'y a pas lieu de statuer sur les conclusions principales de la requête [...].

[12] Sur les conclusions tendant à l'octroi d'une indemnité pour procédure abusive et d'une indemnité au titre de l'article 1er du décret du 2 septembre 1988 présentées par les consorts Latour et Négrin :
Considérant que le pourvoi ne présente pas un caractère abusif et que les conclusions présentées sur ce point doivent être écartées ; qu'en revanche, il y a lieu, dans les circonstances de l'espèce, de faire droit aux demandes des consorts Latour et Négrin fondées sur le décret du 2 septembre 1988 et de condamner les requérants à leur verser la somme de 2 000 francs au titre des sommes exposées par eux et non comprises dans les dépens [...].

[13] Considérant, d'une part, qu'il y a lieu dans les circonstances de l'espèce de faire droit à la demande des époux Colliez et de condamner l'école normale de Douai à leur verser une somme de 5 000 francs au titre des frais exposés et non compris dans les dépens ;
Considérant, d'autre part, que les requérants demandent que cette somme soit majorée des intérêts de droit ; qu'en vertu des dispositions sus-rappelées de l'article 75-1 de la loi du 10 juillet 1991, il appartient au juge de déterminer la somme que la partie tenue aux dépens ou, à défaut, la partie perdante est condamnée à payer à l'autre partie ou, le cas échéant, pour des raisons tirées de l'équité ou de la situation économique de la partie condamnée, de dire qu'il n'y a pas lieu à cette condamnation ; que, de ce fait, si la somme allouée à ce titre est productive d'intérêts à compter de l'intervention de la décision juridictionnelle qui l'accorde dans les conditions fixées par l'article 1153-1 du code civil, elle ne peut, eu égard à sa nature, ouvrir droit au paiement d'intérêts moratoires à une date antérieure à cette décision ; que, par suite, les requérants ne sont pas fondés à demander que la somme qui leur est accordée par la présente décision soit majorée des intérêts de droit à compter de la date à laquelle ils ont présenté des conclusions tendant à l'application de l'article 75-1 de la loi du 10 juillet 1991 [...].

[14] Considérant que l'article 43 de la même loi [du 10 juillet 1991] autorise le bénéficiaire de l'aide juridictionnelle à demander au juge de condamner dans les mêmes conditions, prévues à l'article 75 précité, la partie perdante « au paiement d'une somme au titre des frais qu'il a exposés » ; que l'article 37 de la même loi dispose que : « [...] l'avocat du bénéficiaire de l'aide juridictionnelle peut demander au juge de condamner, dans les conditions prévues à l'article 75, la partie tenue aux dépens ou qui perd son procès et non bénéficiaire de l'aide juridictionnelle, à une somme au titre des frais que le bénéficiaire de l'aide aurait exposés s'il n'avait pas eu cette aide. Il peut, en cas de condamnation, renoncer à percevoir la somme correspondant à la part contributive de l'État et poursuivre le recouvrement à son profit de la somme allouée par le juge » ;
Considérant qu'il résulte de ces dispositions que le bénéficiaire de l'aide juridictionnelle ne peut demander au juge de condamner à son profit la partie perdante qu'au paiement des seuls frais qu'il a personnellement exposés, à l'exclusion de la somme correspondant à la part contributive de l'État à la mission d'aide juridictionnelle confiée à son avocat ; mais que l'avocat de ce bénéficiaire peut demander au juge de condamner la partie perdante à lui verser la somme correspondant à celle qu'il aurait réclamée à son client, si ce dernier n'avait eu l'aide juridictionnelle, à charge pour l'avocat qui poursuit, en cas de condamnation, le recouvrement à son profit de la somme qui lui a été allouée par le juge, de renoncer à percevoir la rémunération correspondant à la part contributive de l'État à la mission d'aide juridictionnelle qui lui a été confiée [...].

Le contenu et la charge des dépens

Art. R. 761-1 Les dépens comprennent les frais d'expertise, d'enquête et de toute autre mesure d'instruction dont les frais ne sont pas à la charge de l'État.
Sous réserve de dispositions particulières, ils sont mis à la charge de toute partie perdante sauf si les circonstances particulières de l'affaire justifient qu'ils soient mis à la charge d'une autre partie ou partagés entre les parties.
L'État peut être condamné aux dépens.

Textes sources

– Ordonnance n° 45-1708 du 31 juillet 1945, article 80.
– Code des TA et des CAA, article R. 217.
– Décret n° 2011-1202 du 28 septembre 2011, article 17.
– Décret n° 2013-1280 du 29 décembre 2013, article 8.

Commentaires

L'énumération du contenu des dépens est limitative (CE, 17 juin 2009, Conseil départemental de l'ordre des médecins, n° 318372, *Lebon* T., écartant des dépens les frais d'envoi de convocation à l'audience et de décisions juridictionnelles). Trois exceptions ont toutefois été apportées à cette règle :

– les dépens exposés devant le juge judiciaire à l'occasion d'une affaire qui, après intervention du Tribunal des conflits a été attribuée au juge administratif, ont été incorporés aux dépens devant le tribunal administratif (CE, 6 février 1987, Babin, n° 64509, *Lebon*, p. 37 [1]) ;

– les dépens exposés devant la Cour de justice de l'Union européenne en cas de renvoi préjudiciel s'ajoutent aux dépens du litige (CE, 27 janvier 1971, Syndicat du commerce extérieur des céréales, n° 76643, *Lebon*, p. 69) ;

– font partie des dépens les frais d'expertise de référé (CE, 13 novembre 1985, Ministre de l'Éducation nationale c/Egger, n° 48804 [2]), sauf si l'ordonnance de référé a été annulée par le juge d'appel (CE, 20 janvier 1992, Ministre de l'Éducation, n° 86956, *Lebon*).

Ainsi, dans une affaire dans laquelle le demandeur en référé avait perdu dans l'instance au fond, mais dans laquelle la mission de l'expert avait été étendue, sur la demande du défendeur, par ordonnance annulée pour vice de forme, le Conseil d'État a-t-il confirmé la décision des premiers juges laissant à la charge du défendeur, pourtant vainqueur dans l'instance au fond, la moitié des frais d'expertise (CE, 13 novembre 1996, Gérard, n° 150186). Le juge doit donc d'office se prononcer sur leur allocation, au moins lorsqu'il décide de ne pas les laisser à la charge de la partie qui a demandé le référé. On se reportera à l'article R. 621-13 pour l'examen détaillé de la combinaison, en matière de frais d'expertise, entre référé et instance au fond.

Les frais de déplacement exposés par une partie pour se rendre auprès de l'expert, s'ils sont justifiés, paraissent entrer dans les dépens (CE, 22 avril 1992, Poste, n° 77330, *Lebon* T.), ainsi que les frais engagés à la demande de l'expert (CE, 28 juillet 1993, RATP, n° 86300).

Les dépens ne comprennent pas le droit de plaidoirie prévu à l'article L. 723-3 du Code de la sécurité sociale, dans sa rédaction résultant de la loi du 25 juillet 1994.

Il appartient au juge de se prononcer d'office sur la charge des dépens (mais ce ne fut étrangement pas le cas en ce qui concerne la contribution pour l'aide juridique, dont l'allocation appelait des conclusions expresses : CE, 16 novembre 2011, Union des syndicats de l'immobilier, n° 353541, *Lebon* T.), ce qui appelle donc une demande spéciale pour les requêtes introduites avant le 1er janvier 2014 qui ont été assorties du versement de cette contribution de 35 euros. Sauf en contentieux fiscal, la partie qui perd supporte normalement l'intégralité des dépens, sans égard pour le « degré de succombance ». Le juge administratif peut cependant inverser la charge des dépens, ou les partager. Ce que prévoit à cet égard le texte a été approuvé par la jurisprudence (CE sect., 13 octobre 1961, Ville de Marseille c/Société marseillaise de trafic maritime, *Lebon*, p. 567). Il y aura, par exemple, dérogation à la règle si une partie n'invoque une fin de non-recevoir qu'après l'expertise, ainsi rendue inutile (elle supporte alors les frais de cette expertise : CE, 24 avril 1974, Jaubert, n° 85521, *Lebon*, p. 247 [3]). Il y aura également partage des frais, au détriment de la partie gagnante, si elle a rendu les opérations d'expertise plus difficiles et coûteuses par sa carence à répondre aux demandes de renseignements de l'expert (CE, 10 mai 1989, Centre hospitalier régional de Lille c/Deblauwe, n° 64651, *Lebon* T. [4]), ou du tribunal (CE, 5 mars 1993, Ministre de l'Éducation nationale c/Mariani, n° 66496 [5]). Des éléments de fond peuvent également justifier le partage des frais d'expertise : ce sera le cas d'un partage de responsabilité (CE, 20 juin 2007, Boutin, n° 256974, *Lebon* T.).

Rappelons que l'inversion de la charge des dépens a une conséquence directe sur l'application de l'article L. 761-1.

À la différence de la procédure civile, les dépens ne peuvent être mis à la charge d'un auxiliaire de justice (voir CPC, art. 698), mesure dont le Conseil d'État a pu juger qu'elle avait « pour but d'assurer le bon fonctionnement du service public » en faisant supporter par ces auxiliaires les frais « correspondant aux actes de procédure que l'exercice normalement attentif, diligent et loyal de leur profession aurait dû les conduire à ne pas faire » (CE, 25 mai 2005, Ruhlmann, n° 265719, *Lebon*).

On note que l'article L. 774-5 interdit, en matière de contraventions de grande voirie, tout partage des dépens en cas d'acquittement.

En matière fiscale, la charge des dépens est régie par l'article R. 207-1 du Livre des procédures fiscales et la charge est répartie entre le contribuable et l'administration « au marc le franc ».

Dans le cas où la partie perdante a obtenu l'aide juridictionnelle totale les frais d'expertise sont pris en charge par l'État (CE, 30 décembre 2016, Marlier-Bion, n° 387354, *Lebon* T.).

Jurisprudence

[1] Considérant que l'arrêt précité du Tribunal des conflits du 5 décembre 1983 ayant attribué à la juridiction administrative la connaissance du présent litige et déclaré nulle la procédure engagée devant les instances judiciaires, il appartenait au tribunal administratif de Poitiers de se prononcer sur la totalité des dépens, y compris ceux exposés devant le tribunal de grande instance de Saintes et la cour d'appel de Poitiers ; qu'ainsi les époux Babin, qui ont succombé en l'instance, ne sont pas fondés à soutenir que le tribunal administratif les a condamnés à tort à supporter les dépens exposés par le département de la Charente-Maritime et la Société nationale des chemins de fer français devant les juridictions de l'ordre judiciaire [...].

[2] Considérant qu'il appartenait au tribunal administratif de se prononcer, même d'office, sur la charge des honoraires de l'expertise ordonnée par le juge des référés à la demande du secrétaire d'État aux Universités, et sur laquelle il s'est fondé [...].

[3] Sur les conclusions relatives à la charge des frais d'expertise :

Considérant qu'ainsi qu'il a été dit ci-dessus, l'administration n'a opposé une irrecevabilité qu'après l'expertise ; que cette expertise ne portait que sur le classement de la parcelle litigieuse et qu'elle a donc été totalement frustratoire ; que, dans les circonstances de l'affaire, il y a lieu de mettre les frais d'expertise à la charge de l'État [...].

[4] Considérant qu'il résulte de l'instruction, et notamment du rapport de l'expert, que, par sa carence à répondre aux demandes de renseignements de celui-ci, le centre hospitalier a rendu les opérations d'expertise plus difficiles et a retardé le dépôt du rapport établi à leur issue ; qu'il y a lieu, dans ces circonstances, de mettre à la charge du centre hospitalier régional de Lille la moitié des frais d'expertise exposés en première instance, frais sur lesquels les premiers juges n'ont pas statué [...].

[5] Considérant qu'il résulte de l'instruction que l'administration avait contribué à rendre l'expertise indispensable en ne produisant pas les éléments permettant de justifier la somme contestée par la requérante, notamment les factures d'eau, de gaz et d'électricité établissant sa consommation ; que, compte tenu des circonstances de l'espèce le ministre de l'Éducation nationale n'est pas fondé à soutenir que c'est à tort que, par le jugement attaqué, le tribunal administratif de Toulouse a mis à la charge de l'administration la moitié des frais et honoraires de l'expertise [...].

Les dépens en cas de désistement

Art. R. 761-2 En cas de désistement, les dépens sont mis à la charge du requérant sauf si le désistement est motivé par le retrait total ou partiel de l'acte attaqué, opéré après l'enregistrement de la requête, ou, en plein contentieux, par le fait que, postérieurement à cet enregistrement, satisfaction totale ou partielle a été donnée au requérant.

Texte source

– Code des TA et des CAA, article R. 218.

Commentaires

Cet article interdit, sauf dans l'hypothèse qu'il vise, tout partage des dépens en cas de désistement, en dérogation à la règle énoncée à l'article R. 761-1 : le tribunal est « tenu » de mettre les dépens à la charge de la partie qui se désiste (CE, 3 octobre 1994, Saule, n° 154644 – CE, 27 juin 2008, SCI Plein Sud, n° 286545).

Les émoluments du commissaire de justice en cas de signification

Art. R. 761-3 Dans tous les cas où une partie fait signifier une décision par acte de commissaire de justice, le commissaire de justice a droit aux émoluments qui lui sont attribués par le tarif en vigueur devant les tribunaux de grande instance.

Textes sources

– Code des TA et des CAA, article R. 219.

– Décret n° 2022-949 du 29 juin 2022, article 67.

Commentaires

Les émoluments du commissaire de justice procédant à la signification ne font pas partie des dépens.

La liquidation des dépens

Art. R. 761-4 La liquidation des dépens, y compris celle des frais et honoraires d'expertise définis à l'article R. 621-11, est faite par ordonnance du président de la juridiction, après consultation du président de la formation de jugement ou, en cas de référé ou de constat, du magistrat délégué.

Au Conseil d'État, la liquidation est faite par ordonnance du président de la section du contentieux.

Textes sources

– Code des TA et des CAA, article R. 220.

– Décret n° 2010-164 du 22 février 2010, article 32.

Commentaires

C'est la reprise, généralisée à l'ensemble des dépens, du système retenu pour les frais d'expertise et contenant une utile précision pour ce qui concerne les référés et constats.

On rappelle que, en vertu de l'article R. 621-13, l'ordonnance qui liquide les dépens doit, en ce qui concerne les frais et honoraires d'expertise ordonnée dans le cadre d'un référé ou d'un constat, désigner la partie qui doit en assumer la charge. La nature administrative de cette ordonnance exclut que l'expert puisse obtenir du juge administratif qu'il prononce une astreinte en vue d'en assurer l'exécution (CE, 10 avril 1996, Le Nestour, n° 161057), comme elle exclut que le président du tribunal administratif puisse la rectifier au titre de l'article R. 741-11 (voir cet article). L'invocation du défaut de consultation du président de la formation de jugement ou, en cas de référé ou de constat, du magistrat délégué est inopérante (CE, 7 octobre 2013, Société TP Ferro Concesionaria, n° 356675, *Lebon*).

La contestation de l'ordonnance liquidant les dépens

Art. R. 761-5 Les parties, l'État lorsque les frais d'expertise sont avancés au titre de l'aide juridictionnelle ainsi que, le cas échéant, l'expert, peuvent contester l'ordonnance mentionnée à l'article R. 761-4.

Les ordonnances des présidents des tribunaux administratifs et des cours administratives d'appel sont contestées devant un tribunal administratif désigné en vertu d'un tableau d'attribution arrêté par le président de la section du contentieux. Les ordonnances du président de la section du contentieux sont contestées devant le Conseil d'État.

Le président de la juridiction à laquelle appartient l'auteur de l'ordonnance ou, au Conseil d'État, le président de la section du contentieux est appelé à présenter des observations écrites sur les mérites du recours.

Le recours mentionné au précédent alinéa est exercé dans le délai d'un mois à compter de la notification de l'ordonnance sans attendre l'intervention de la décision par laquelle la charge des frais est attribuée.

Textes sources

– Code des TA et des CAA, article R. 221.
– Décret n° 2010-164 du 22 février 2010, article 47.
– Décret n° 2011-272 du 15 mars 2011, article 26.
– Décret n° 2023-468 du 16 juin 2023, article 33.

Commentaires

La nature administrative de l'ordonnance portant liquidation des dépens (CE sect., 17 juin 1983, Lassallette, *Lebon*, p. 260) – à la différence sans doute de son régime devant le juge judiciaire – fait que le tribunal intervient non comme juge d'appel, mais comme juge de premier degré, la décision rendue étant susceptible d'appel devant le juge d'appel, désormais indépendamment du litige principal (ce qui conduit à douter du maintien de la jurisprudence, rendue sous le texte antérieur, issue de CE, 24 janvier 1994, De Labrusse, n° 110010, *Lebon* T., solution implicite, ou CE, 29 juillet 1994, Henault, n° 122777, *Lebon* T.). Le système ainsi mis en place tire toutes les conséquences de ce que, par l'effet de la loi, le juge de l'excès de pouvoir est en principe le tribunal administratif (art. L. 311-1). Mais il fallait également purger le système antérieur de l'anomalie qui faisait de la juridiction le juge des décisions de son président, situation ne donnant pas toutes les apparences d'impartialité… Pour que les parties et l'expert n'aient pas à entrer dans de trop gênantes subtilités, il est prévu que la requête est déposée auprès de la juridiction à laquelle appartient l'auteur de la décision. Mais elle est ensuite réorientée vers un tribunal administratif en fonction d'un tableau d'attribution dressé par le président de la section du contentieux du Conseil d'État. Cela permet de « dépayser » les requêtes visant la décision du président du tribunal administratif, et de confier celles visant la décision du président de la cour administrative d'appel à un tribunal administratif extérieur à son ressort (voir ci-dessous le tableau d'attribution). Seules échappent à ce système les contestations de taxations décidées par le président de la section du contentieux du Conseil d'État (CE, 7 octobre 2013, Société TP Ferro Concesionaria, n° 356675, *Lebon*). L'intervention de la juridiction se fait en la forme ordinaire, après procédure contradictoire.

L'instruction de ces affaires se fait auprès de l'État (ministère de la Justice), défendeur à l'instance, ce qui impliquait que le président qui, comme autorité administrative, a procédé à la taxation contestée, fournisse au ministre les éléments qui ont guidé sa décision. Sagement, le texte de 2010 prévoit que ce président est désormais appelé à produire des observations écrites sur les mérites du recours, ce qui autorisera le ministre de la Justice à se borner à faire siennes lesdites observations.

Le délai d'un mois dans lequel doit désormais être formé le recours contre l'ordonnance de taxe est un délai franc (CE, 18 janvier 1922, Vallot, *Lebon*, p. 44 [1]), qui doit, comme le délai de recours contentieux, se computer de quantième à quantième. Il semble (voir les commentaires sous l'article R. 621-11) que ce délai ne puisse courir que si la notification de l'ordonnance, acte administratif, est assortie de l'indication des voies et délais de recours. Revenant sur les jurisprudences *Dieppedale* (CE sect., 19 juin 1970, n° 75253, *Lebon*, p. 415) et *Ferrero* (CE, 7 juillet 1976, n° 97320, *Lebon*, p. 350), le texte précise opportunément que le délai prévu court « sans attendre l'intervention du jugement ou de l'arrêt par lequel la charge des frais est attribuée ». Les jurisprudences précitées avaient en effet posé que les parties ne trouvaient intérêt à contester le montant des frais d'expertise qu'à partir du moment où une décision au fond les en avait fait débitrices, de telle sorte que le délai de contestation ne pouvait courir que de la notification de ce jugement. Et la cour administrative d'appel de Lyon avait jugé, dans le prolongement de ce raisonnement, que l'intérêt d'une partie à contester l'ordonnance ne naissait qu'au jour où la charge des dépens était attribuée par une décision devenue définitive (CAA Lyon, 8 octobre 1991, Couget, n° 90LY00762, *Lebon*, p. 1136)… La nouvelle rédaction met heureusement fin à ces complications.

Cet article peut seul jouer si, après une procédure de référé terminée par une condamnation aux dépens (incluant des frais d'expertise), aucune instance au fond n'a été introduite : la partie supportant ces dépens ne peut former contre son adversaire une action indemnitaire aux fins de récupérer ces frais, mais doit agir dans les conditions fixées par l'article R. 761-5 (CE, 10 février 2016, Communauté d'agglomération Côte Basque-Adour, n° 382016, *Lebon*).

La contestation des dépens suit, en matière de ministère d'avocat, les règles applicables au contentieux principal auquel ils se rattachent (CE, 12 mars 1990, Association pour la défense des résidents de l'Agenais, n° 88121).

Annexe – Tableau d'attribution dressé en application de l'alinéa 2 de l'article R. 761-5 – Arrêté du 23 juin 2023

CAA d'origine	TA désigné
1. Bordeaux	Nantes
2. Douai	Cergy-Pontoise
3. Lyon	Marseille
4. Marseille	Lyon
5. Nancy	Lille
6. Nantes	Bordeaux
7. Paris	Versailles
8. Toulouse	Pau
8. Versailles	Paris

N. B. : *le tableau ci-dessus présenté n'a pas été modifié suite à la création de la cour administrative d'appel de Toulouse.*

TA d'origine	TA désigné
1. Amiens	Lille
2. Bastia	Marseille
3. Besançon	Dijon
4. Bordeaux	Pau
5. Caen	Rouen
6. Cergy-Pontoise	Montreuil
7. Châlons-en-Champagne	Melun
8. Clermont-Ferrand	Limoges
9. Dijon	Besançon

TA d'origine	TA désigné
10. Grenoble	Lyon
11. Lille	Amiens
12. Limoges	Clermont-Ferrand
13. Lyon	Grenoble
14. Marseille	Bastia
15. Melun	Châlons-en-Champagne
16. Montpellier	Nîmes
17. Montreuil	Cergy-Pontoise
18. Nancy	Strasbourg
19. Nantes	Rennes
20. Nice	Toulon
21. Nîmes	Montpellier
22. Orléans	Poitiers
23. Paris	Versailles
24. Pau	Bordeaux
25. Poitiers	Orléans
26. Rennes	Nantes
27. Rouen	Caen
28. Strasbourg	Nancy
29. Toulon	Nice
30. Toulouse	Bordeaux
31. Versailles	Paris
32. Guadeloupe	Martinique
33. Guyane	Martinique
34. Martinique	Guadeloupe
35. Mayotte	Nouvelle-Calédonie
36. Wallis-et-Futuna	Polynésie française
37. Nouvelle-Calédonie	Polynésie française
38. Polynésie française	Nouvelle-Calédonie
39. Réunion	Nouvelle-Calédonie
40. Saint-Barthélemy	Martinique
41. Saint-Martin	Martinique
42. Saint-Pierre-et-Miquelon	Guadeloupe

Jurisprudence

[1] Sur le moyen tiré de ce que le sieur Vallot n'aurait pas contesté devant le conseil de préfecture, dans le délai imparti par l'article 23 de la loi du 22 juillet 1889, la liquidation des frais d'expertise faite par le vice-président dudit conseil :
Considérant que le délai imparti par l'article 23 de la loi du 22 juillet 1889 est un délai franc ; que, par suite, le sieur Vallot ayant reçu notification de l'arrêté du vice-président du conseil de préfecture, le 26 août 1911, son opposition formée le 30 août était recevable [...].

TITRE VII **Dispositions spéciales**

CHAPITRE 1 Les questions de répartition de compétence entre juridictions administratives et judiciaires

Le présent chapitre ne comprend pas de dispositions législatives.

SECTION 1 *La saisine du Tribunal des conflits*

Le rôle du Tribunal des conflits

Art. R. 771-1 Les difficultés de compétence entre la juridiction administrative et la juridiction judiciaire sont réglées par le Tribunal des conflits conformément aux dispositions de la loi du 24 mai 1872 relative au Tribunal des conflits et du décret n° 2015-233 du 27 février 2015.

Textes sources

– Décret du 26 octobre 1849, article 34.
– Décret n° 2015-233 du 27 février 2015, article 45.

Commentaires

La rédaction nouvelle retenue n'apporte aucune information, si ce n'est par le renvoi aux dispositions propres au Tribunal des conflits. L'abandon, en cette matière aussi, de la technique dite du « code pilote » laisse le lecteur sur sa faim. Précisons d'emblée que la loi du 24 mai 1872 a été considérablement modifiée par une loi du 16 février 2015, qui a, de façon emblématique, mis fin à la présence du garde des Sceaux, comme président, au sein du Tribunal des conflits.

Pour l'essentiel, les missions du Tribunal des conflits n'ont pas été modifiées, les techniques de saisine préventive par les juridictions demeurant (prévention des conflits négatifs), comme est bien évidemment maintenue la possibilité pour le requérant de soumettre à ce tribunal un conflit négatif. Identiquement, sont maintenus le mécanisme des conflits positifs (déclinatoire de compétence et arrêté de conflit) et la possibilité pour le Tribunal des conflits de mettre fin au déni de justice né d'une contrariété de jugement, dans le cadre de la loi du 20 avril 1932, par un règlement complet du litige à condition que les demandes successivement portées devant les juridictions des deux ordres aient le même objet et que les décisions déférées présentent entre elles une contrariété (TC, 2 novembre 2020, Damour, n° 4194, *Lebon*), étant précisé que sont irrecevables les demandes introduites devant le Tribunal des conflits qui n'ont pas été présentées devant le juge administratif et dont leurs auteurs, dès lors, ne sont pas parties au litige dont est saisi ce Tribunal (TC, 8 novembre 2021, Damour, n° 4194, *Lebon*). La distinction entre conflit négatif et déni de justice n'est pas évidente, une contrariété apparente pouvant révéler un conflit négatif, (TC, 25 mars 1957, Sieur, n° 1626, *Lebon*, p. 815). En cas d'absence de déni de justice, dans l'hypothèse où l'intéressée ne peut se

prévaloir d'aucun droit à indemnité, les conclusions à fin d'indemnité devant le TC sont irrecevables, notamment dans l'hypothèse où une faute invoquée devant lui ne l'a été ni devant la juridiction administrative ni devant la juridiction judiciaire (TC, 12 juin 2023, Mme S., n° 4254, *Lebon*). Pour qu'il y ait déni de justice il faut que les litiges aient le même objet. Tel n'est pas le cas d'un recours indemnitaire de la victime d'un dommage médical contre un professionnel de santé et du recours de l'assureur de ce professionnel contre le centre hospitalier également responsable du dommage (TC, 7 juillet 2025, n° C4348, *Lebon*).
Deux innovations doivent toutefois être soulignées.
En premier lieu, le Tribunal des conflits se voit conférer une compétence de juge du fond : il « est seul compétent pour connaître d'une action en indemnisation du préjudice découlant d'une durée totale excessive des procédures afférentes à un même litige et conduites entre les mêmes parties devant les juridictions des deux ordres en raison des règles de compétence applicables et, le cas échéant, devant lui » (loi du 24 mai 1872, art. 16, issu de la loi n° 2015-177 du 16 février 2015). Ce dispositif bienvenu met fin à la solution arrêtée par le Tribunal des conflits dans une affaire *Bernardet*, jugée le 30 juin 2008, n° 3682. Cette attribution d'une nouvelle compétence de juge du fond devrait rendre l'article L. 761-1, relatif aux frais « irrépétibles », applicable devant le Tribunal des conflits, ce que le Tribunal des conflits avait déjà admis pour d'autres chefs de compétence (TC, 15 mars 1999, Schmitt, n° 03080, *Lebon*). Cette compétence opère non seulement lorsque les parties ont saisi successivement les deux ordres de juridiction, du fait d'une difficulté pour identifier l'ordre de juridiction compétent, le cas échéant tranchée par le Tribunal, mais aussi lorsque le litige a dû être porté devant des juridictions des deux ordres en raison des règles qui gouvernent la répartition des compétences entre eux (TC, 9 décembre 2019, Brasseur, n° 4160, *Lebon*, p. 510).
Le caractère excessif du délai de jugement d'une affaire est apprécié en tenant compte des spécificités de chaque affaire et sa complexité, les conditions de déroulement des procédures et le comportement des parties tout au long de celles-ci, ainsi que l'intérêt qu'il peut y avoir, pour l'une ou l'autre partie au litige, à ce que celui-ci soit tranché rapidement (même décision). Le préjudice d'incertitude est susceptible d'être indemnisé (TC, 8 juin 2020, Commune de Saint-Esprit c/ Ministre de la justice, n° 4185, *Lebon* T., p. 981-988-995 ; TC, 8 novembre 2021, Petit, n° 4227, *Lebon* T.).
En second lieu, la possibilité pour une juridiction de saisir le Tribunal des conflits d'une question sérieuse de compétence, antérieurement réservée aux deux Cours suprêmes, est désormais offerte à toute juridiction de l'un ou l'autre ordre (loi du 24 mai 1872, art. 12 modifiée par la loi du 16 février 2015, et du décret n° 2015-233 du 27 février 2015, art. 35). Cette question sérieuse peut naître à l'occasion de l'examen d'une question préjudicielle transmise par une juridiction de l'autre ordre (TC, 24 avril 2017, Société B. Braun Medical, n° C4077, *Lebon* T.).
Les solutions intervenues à l'occasion des anciennes saisines préventives de conflits négatifs devraient être maintenues. On rappelle que, dans cette procédure, reprise par le décret du 27 février 2015 (art. 32), une juridiction, saisie d'une affaire dans laquelle une juridiction de l'autre ordre a décliné sa compétence par une décision qui n'est plus susceptible de recours, a, si elle estime que le litige

relevait de la compétence de cette juridiction, l'obligation de renvoyer au Tribunal des conflits le soin de décider sur la question de compétence.

Ainsi, une juridiction ne peut saisir le Tribunal des conflits que si une juridiction de l'autre ordre a décliné la compétence de celui-ci *relative au même litige*. Ce ne sera pas le cas si cette juridiction a opposé à une demande la circonstance que la décision contestée échappait au contrôle du juge (TC, 20 novembre 2006, Jasserand, n° C 3593).

L'obligation de renvoi au Tribunal des conflits existe même si la première décision peut encore faire, ou a fait l'objet, d'un pourvoi en cassation (TC, 22 mars 2004, Deshayes c/Centre hospitalier spécialisé de la Sarthe, n° C3341, *Lebon*).

Il peut parfois être délicat pour une juridiction de dire si la décision de son homologue de l'autre ordre est ou non encore susceptible de recours. Le tribunal administratif de Lyon a refusé de se livrer à cette recherche, et s'en est tenu, dans l'intérêt d'une bonne administration de la justice, à l'apparence du caractère définitif d'un jugement du tribunal de commerce, pour saisir le Tribunal des conflits (TA Lyon, 5 avril 2012, Société Rhodanienne de distribution, n° 0904906 ; *JCPA*, 2 juillet 2012, note Béroujon, p. 25).

Enfin, certaines dispositions spéciales prévoient, pour le juge administratif, une obligation de transmission à la juridiction compétente de l'ordre judiciaire (CE, 18 juillet 2019, Grenier, n° 419964, *Lebon* T., pour le contentieux de l'admission à l'aide sociale en vertu du premier alinéa de l'article 32 du décret n° 2015-233 du 27 février 2015). Cette complexité est également tempérée par la règle selon laquelle la saisine d'une juridiction incompétente interrompt le délai de prescription. Il résulte de la combinaison des articles 2241, 2242 et 2243 du Code civil que devant le juge administratif, un requérant ne peut plus se prévaloir de l'effet interruptif de prescription attaché à sa demande lorsque celle-ci est définitivement rejetée, quel que soit le motif de ce rejet, sauf si celui-ci résulte de l'incompétence de la juridiction saisie (CE, 7 juin 2024, n° 472662, *Lebon T.*).

SECTION 2 *La question préjudicielle*

Le renvoi de la question préjudicielle à la juridiction compétente

Art. R. 771-2 Lorsque la solution d'un litige dépend d'une question soulevant une difficulté sérieuse et relevant de la compétence de la juridiction judiciaire, la juridiction administrative initialement saisie la transmet à la juridiction judiciaire compétente. Elle sursoit à statuer jusqu'à la décision sur la question préjudicielle.

Texte source

– Décret n° 2015-233 du 27 février 2015, article 47.

Commentaires

L'obligation de transmission d'une question préjudicielle trouve cependant des limites dans les hypothèses de plénitude de juridiction (TC, 23 novembre 1959, S^té^ Mayon, Arbona et Cie, *Lebon*, p. 875), par exemple, dans le contentieux de la domanialité publique (CE, sect., 16 novembre 1960, Commune du Bugue, n° 44537, *Lebon,* p. 627 ; CE, 27 juillet 2016, n° 389771) ou encore en contentieux fiscal (CE, 21 novembre 1975, n° 95740, *Lebon*). La jurisprudence du Tribunal des conflits est également venue tempérer la portée de cette obligation (TC, 17 octobre 2011 SCEA du Chéneau c/INAPORC et Cherel et autres c/CNIE, n^{os} C3828 et C3829, *Lebon* [1]). Le soin de soumettre à la juridiction judiciaire une question préjudicielle n'incombera désormais plus aux parties : c'est à la juridiction qui s'interroge de transmettre la question à la juridiction compétente. Enfin, pourrait-on dire !

Jurisprudence

[1] Considérant qu'en vertu du principe de séparation des autorités administratives et judiciaires posé par l'article 13 de la loi des 16-24 août 1790 et par le décret du 16 fructidor an III, sous réserve des matières réservées par nature à l'autorité judiciaire et sauf dispositions législatives contraires, il n'appartient qu'à la juridiction administrative de connaître des recours tendant à l'annulation ou à la réformation des décisions prises par l'administration dans l'exercice de ses prérogatives de puissance publique ; que de même, le juge administratif est en principe seul compétent pour statuer, le cas échéant par voie de question préjudicielle, sur toute contestation de la légalité de telles décisions, soulevée à l'occasion d'un litige relevant à titre principal de l'autorité judiciaire ;
Considérant que, pour retenir néanmoins sa compétence et rejeter les déclinatoires, le tribunal de grande instance de Rennes s'est fondé sur les dispositions de l'article 55 de la Constitution et sur le principe de la primauté du droit communautaire ;
Considérant que les dispositions de l'article 55 de la Constitution conférant aux traités, dans les conditions qu'elles définissent, une autorité supérieure à celle des lois ne prescrivent ni n'impliquent aucune dérogation aux principes, rappelés ci-dessus, régissant la répartition des compétences entre ces juridictions, lorsque est en cause la légalité d'une disposition réglementaire, alors même que la contestation porterait sur la compatibilité d'une telle disposition avec les engagements internationaux ;
Considérant toutefois, d'une part, que ces principes doivent être conciliés tant avec l'exigence de bonne administration de la justice qu'avec les principes généraux qui gouvernent le fonctionnement des juridictions, en vertu desquels tout justiciable a droit à ce que sa demande soit jugée dans un délai raisonnable ; qu'il suit de là que si, en cas de contestation sérieuse portant sur la légalité d'un acte administratif, les tribunaux de l'ordre judiciaire statuant en matière civile doivent surseoir à statuer jusqu'à ce que la question préjudicielle de la légalité de cet acte soit tranchée par la juridiction administrative, il en va autrement lorsqu'il apparaît manifestement, au vu d'une jurisprudence établie, que la contestation peut être accueillie par le juge saisi au principal ;
Considérant, d'autre part, que, s'agissant du cas particulier du droit de l'Union européenne, dont le respect constitue une obligation, tant en vertu du traité sur l'Union européenne et du traité sur le fonctionnement de l'Union européenne qu'en application de l'article 88-1 de la Constitution, il résulte du principe d'effectivité issu des dispositions de ces traités, telles qu'elles ont été interprétées par la Cour de justice de l'Union européenne, que le juge national chargé d'appliquer les dispositions du droit de l'Union a l'obligation d'en assurer le plein effet en laissant au besoin inappliquée, de sa propre autorité, toute disposition contraire ; qu'à cet effet, il doit pouvoir, en cas de difficulté d'interprétation de ces normes, en saisir lui-même la Cour de justice à titre préjudiciel ou, lorsqu'il s'estime en état de le faire, appliquer le droit de l'Union, sans être tenu de saisir au préalable la juridiction administrative d'une

question préjudicielle, dans le cas où serait en cause devant lui, à titre incident, la conformité d'un acte administratif au droit de l'Union européenne ; [...].

Le jugement de la question préjudicielle posée par la juridiction judiciaire

Art. R. 771-2-1 Lorsque la juridiction administrative compétente est saisie d'une question préjudicielle soulevée par une juridiction judiciaire, l'affaire est instruite et jugée comme une affaire urgente.
Les délais les plus brefs sont donnés aux parties pour produire leurs observations. À défaut de production dans le délai imparti, il est passé outre sans mise en demeure.

Texte source

– Décret n° 2015-233 du 27 février 2015, article 47.

Commentaires

Le juge administratif n'est pas compétent pour apprécier la recevabilité de l'exception d'illégalité à l'origine du renvoi (CE, 19 mai 2000, Mutuelle de la RATP, *Lebon* T.). Il en découle que la jurisprudence *Czabaj* (CE ass., 13 juillet 2016, n° 387763, *Lebon*) ne peut faire obstacle, devant le juge administratif, à la recevabilité de l'exception d'illégalité à l'origine du renvoi (CE, 29 novembre 2019, Procureur de la République de Marseille, n° 429248, *Lebon* T.). Les vices de forme et de procédure, dont serait entaché un acte réglementaire, ne peuvent être utilement invoqués dans le cadre d'une question préjudicielle posée par le juge judiciaire (CE, 24 février 2020, Société La Grand'maison, n° 431255, *Lebon* T.). Et le juge administratif, saisi par le juge judiciaire d'une question préjudicielle, peut écarter un comme inopérant (CE, 3 avril 2024, n° 469694, *Lebon* T.).Le juge administratif ne peut moduler dans le temps les effets de la déclaration d'illégalité qu'il prononce sur renvoi (CE, 8 novembre 2019, Pintegne, n° 424424, *Lebon* T.). Une demande d'exécution d'une déclaration d'illégalité rendue sur question préjudicielle est irrecevable (CE, 9 février 2023, n° 471937, *Lebon* T.).

Le pourvoi contre le jugement statuant sur une question préjudicielle

Art. R. 771-2-2 Le pourvoi en cassation contre les jugements statuant sur une question préjudicielle est présenté dans les quinze jours de leur notification.

Texte source

– Décret n° 2015-233 du 27 février 2015, article 47.

Commentaires

Les jugements rendus sur une question préjudicielle le sont en premier et dernier ressort, et la seule voie de recours contre eux est le pourvoi en cassation (voir CJA, art. R. 811-1). On signale que la procédure judiciaire contient des dispositions exactement symétriques s'agissant des questions posées par la juridiction administrative. Ainsi se traduit le souci que ces questions soient traitées le plus rapidement possible.

CHAPITRE 1 *BIS* La question prioritaire de constitutionnalité

[Par-delà les questions de procédure traitées dans le code, il convient, pour mesurer l'exacte portée de ce chapitre, de se reporter aux articles 23-1 et suivants de l'ordonnance du 7 novembre 1958 modifiés, et au débat initié par la Cour de cassation (arrêt du 16 avril 2010 posant une question préjudicielle à la CJUE), auquel la CJUE a répondu le 22 juin 2010, et auquel se sont invités le Conseil constitutionnel (décision n° 2010-605 D du 12 mai 2010) et le Conseil d'État (CE, 14 mai 2010, Rujovic, n° 312305, Lebon).]

La transmission au Conseil d'État d'une question prioritaire de constitutionnalité

Art. LO 771-1 La transmission par une juridiction administrative d'une question prioritaire de constitutionnalité au Conseil d'État obéit aux règles définies par les articles 23-1 à 23-3 de l'ordonnance n° 58-1067 du 7 novembre 1958 portant loi organique sur le Conseil constitutionnel.

Texte source

– Loi organique n° 2009-1523 du 10 décembre 2009, article 2.

Le renvoi au Conseil constitutionnel d'une question prioritaire de constitutionnalité

Art. LO 771-2 Le renvoi par le Conseil d'État d'une question prioritaire de constitutionnalité au Conseil constitutionnel obéit aux règles définies par les articles 23-4, 23-5 et 23-7 de l'ordonnance n° 58-1067 du 7 novembre 1958 précitée.

Texte source

– Loi organique n° 2009-1523 du 10 décembre 2009, article 2.

Commentaires

Ces textes procèdent de la révision constitutionnelle du 23 juillet 2008 introduisant un article 61-1 dans la Constitution, lequel autorise toute personne, à l'occasion d'une instance en cours devant une juridiction (même en référé : CE, 16 juin 2010, Diakite, n° 340250, *Lebon* – CE, 19 novembre 2010, Benzoni, n° 344014, *Lebon* T. – même en cassation : CE ass., 13 mai 2011, M'Rrida, n° 316734, *Lebon* – même si le Conseil d'État n'est pas compétent : CE, 3 juin 2019, Varoquaux, n° 424377, *Lebon* T.), à soutenir qu'une disposition législative applicable au litige « porte atteinte aux droits et libertés que la Constitution garantit » (voir D. Chabanol, « La Constitution contre la loi », *La Gazette des communes*, 12 avril 2010). On note que, lorsque le Conseil constitutionnel agit comme juge (c'est le cas en matière électorale), il accepte l'invocation devant lui d'une telle question de constitutionnalité (Cons. const., 12 janvier 2012, Élection sénatoriale – Loiret, déc. n° 2011-4538 SEN ; voir note Derosier, *JCP A,* 23 avril 2012, p. 40).

« La question prioritaire de constitutionnalité ainsi prévue par ces dispositions a pour objet de faire juger par le Conseil constitutionnel si une disposition législative porte ou non atteinte aux droits et libertés garantis par la Constitution, mais non de l'interroger, à titre préjudiciel, sur l'interprétation d'une norme constitutionnelle en vue de son application dans un litige » (CE, 16 avril 2010, Virassamy, n° 336270, *Lebon* T.). D'ailleurs, si la loi discutée ne se trouve pas applicable faute de décret d'application, il ne saurait être question de former une question prioritaire de constitutionnalité (CE, 28 avril 2014, n° 375709, *Lebon* T.).

Les articles réglementaires organisent la procédure dite de « question prioritaire de constitutionnalité », que l'on n'a pas voulu transformer en « question préjudicielle » : les différences essentielles entre les deux sont, d'une part, que, une fois posée la question préjudicielle, le juge qui l'a posée doit attendre la réponse (ce qui n'est pas toujours le cas s'agissant de la question prioritaire, voir CE, 4 juin 2012, Morel, n° 357693, *Lebon* T.), d'autre part que la question préjudicielle ne doit être posée que si la réponse est nécessaire à la solution du litige, ce qui n'est pas non plus le cas de la question prioritaire. Preuve en est que le Conseil d'État appelé à se prononcer sur une telle question n'a pas à statuer au préalable sur la recevabilité de la requête (CE, 21 novembre 2014, Société Mutuelle des transports assurances, n° 384353, *Lebon* T.), ni sur la régularité de la décision juridictionnelle qui lui a transmis la QPC (CE, 8 février 2017, Ciachir, n° 404993, *Lebon* T.).

Sans entrer dans un examen détaillé des points de droit marquant cette procédure, on se bornera à évoquer quelques séries de questions (sur la possibilité pour un intervenant de soulever une telle question, voir commentaires sous l'article R. 632-1).

En premier lieu, et la Cour de cassation a été la première à s'en inquiéter, il a fallu organiser l'articulation entre question prioritaire de constitutionnalité et question préjudicielle de conventionnalité à soumettre à la Cour de justice de l'Union européenne. Ce point a fait l'objet des décisions mentionnées ci-dessus, auxquelles on ajoutera plusieurs décisions du Conseil d'État (CE, 8 octobre 2010, Daoudi, n° 338505, *Lebon* – CE ass., 13 mai 2011, M'Rida, n° 316734, *Lebon* – CE ass., 31 mai 2016, Jacob, n° 393881, *Lebon* ; note Dilloard, *JCP A*, 13 mars 2017, p. 37 – CE, 27 juin 2016, Société APSIS, n° 398585, *Lebon* T.). Dans cet ordre d'idée, on constate que, à l'occasion d'une question prioritaire de constitutionnalité, le Conseil constitutionnel a saisi la Cour de justice de l'Union européenne d'une question préjudicielle (Cons. const. 4 avril 2013, décision n° 2013-314 QPC).

Le champ d'application de cette procédure a été précisé au fil des procès. Ainsi qu'on l'a mentionné à propos de l'article L. 521-1, une question prioritaire de constitutionnalité peut être soulevée à l'occasion d'un référé-suspension, le juge des référés ne devant en tout état de cause pas y donner suite s'il rejette les conclusions tendant à suspension soit pour irrecevabilité soit pour défaut d'urgence (CE, 16 juin 2010, Diakite, n° 340250, *Lebon* – CE, 19 novembre 2010, Benzoni, n° 344014, *Lebon* – CE, 16 janvier 2015, Lehuede, n° 374070, *Lebon* T.), position générale, par exemple appliquée en contentieux électoral (CE, 4 avril 2012, n° 353834, *Lebon*).

La question prioritaire de constitutionnalité ne peut être présentée à l'occasion d'un recours en révision ou en rectification d'erreur matérielle (CE, 4 octobre 2010, de Keguelin, n° 328505, *Lebon* T.).

En ce qui concerne le fondement d'une telle question, deux points méritent à notre sens d'être précisés.

En premier lieu, doit être en cause une « loi », ce qui n'est pas le cas d'une ordonnance non ratifiée... Mais le Conseil constitutionnel juge désormais que doivent être regardées comme des dispositions législatives celles d'une ordonnance ne pouvant plus, passé le délai d'habilitation, être modifiées que par la loi dans les matières qui sont du domaine législatif et ne peuvent ainsi être contestées que par une question prioritaire de constitutionnalité (Cons. const., 28 mai 2020, n° 2020-843 QPC – Cons. const., 3 juillet 2020, n° 2020-851/852 QPC). Comme la Cour de cassation (Cass. crim., 15 septembre 2020, n° 20-82.377), le Conseil d'État, tout en réaffirmant sa compétence (CE, 1er juillet 2020, Conseil national de l'Ordre des architectes, n° 429132, *Lebon* T., p. 664), a tiré les conséquences de ces décisions en restreignant, la voie d'exception contre les ordonnances (CE, 28 septembre 2020, Tutugoro et autres, n° 441059, *Lebon* T.), puis la voie d'action (CE, ass., 16 décembre 2020, nos 440258, 440289 et 440457, *Lebon*, p. 467) en abandonnant sur ce point sa jurisprudence antérieure (CE, 13 juillet 2016, Syndicat national des entreprises des loisirs marchands, n° 396170, *Lebon* T.). Il appartient au Conseil d'État de déterminer d'office si les dispositions critiquées de l'ordonnance relèvent du domaine de la loi ou de la compétence réglementaire, et ce sans l'information prévue à l'article R. 611-7 (CE, 21 décembre 2020, Syndicat de la juridiction administrative, n° 441399, *Lebon* T.). Sont exclues du champ de la QPC les énonciations d'un rapport annexé à une loi de programmation auxquelles le législateur n'a pas entendu conférer de valeur normative (CE, 19 mars 2024, n° 490347, *Lebon* T.).

La loi en cause ne peut par ailleurs relever de la question prioritaire si elle a été adoptée avant la Constitution de 1958 et si tous ses effets au regard de la situation en litige ont été définitivement produits avant l'entrée en vigueur de cette Constitution (CE, 4 mai 2016, Fabry, n° 395466, *Lebon*). Cette loi, enfin, doit être normative, faute de quoi elle ne peut être regardée comme « applicable » : aucune question prioritaire de constitutionnalité n'a pu ainsi viser la loi du 29 janvier 2001 reconnaissant le génocide arménien de 1915 (CE, 19 octobre 2015, Association pour la neutralité de l'enseignement de l'histoire turque, n° 392400, *Lebon* T.).

Si une question prioritaire de constitutionnalité peut être utilement soulevée à l'encontre de la portée effective qu'une interprétation jurisprudentielle constante confère à une disposition législative (Cons. const., 14 décembre 2010, décision n° 2010-52 QPC), c'est à condition qu'il y ait interprétation (CE, 28 mars 2019, Perrault, n° 418350, *Lebon* T.). Un changement de jurisprudence constitue une circonstance nouvelle susceptible de justifier une nouvelle QPC (CE, 20 décembre 2018, Commune de Chessy, n° 418637, *Lebon* T.).

On rappelle en second lieu que le moyen invoqué doit être « tiré de ce qu'une disposition législative porte atteinte aux droits et libertés garantis par la Constitution », notion qui est plus étroite que celle de violation de la Constitution, mais cependant élargie à la mise en cause d'une règle ou d'un principe inhérent à l'identité constitutionnelle de la France (CE, 13 mars 2019, Ngo Ndenga, n° 424565, *Lebon* T.)

et à la Charte de l'environnement (CE, 19 novembre 2024, n° 487936, *Lebon* T., s'agissant du principe constitutionnel prescrivant l'éducation et la formation à l'environnement énoncé à l'article 8 de la Charte). Ainsi ne peut-on invoquer à l'appui d'une telle question la méconnaissance de l'objectif de valeur constitutionnelle d'intelligibilité et d'accessibilité de la loi, reconnu par la décision n° 2005-530 DC du Conseil constitutionnel du 29 décembre 2005 (CE, 7 octobre 2010, Berreterot, n° 323882, *Lebon* T.), ce qui peut paraître fort discutable : le fait de pouvoir accéder à la loi et de pouvoir la comprendre ne peut-il être regardé comme la garantie première à laquelle a droit le citoyen ? Identiquement, ne peut être contestée par cette voie la conformité à la Constitution du mode d'élaboration d'une loi (CE, 16 novembre 2016, Frogier, n° 402744, *Lebon* T.), ou la méconnaissance par la loi contestée de la compétence du Premier ministre posée par l'article 21 de la Constitution (CE, 26 avril 2017, Société Enedis, n° 407516, *Lebon* T.), ou encore l'article 13 de la Constitution sur les compétences du Président de la République (Cons. const., 12 octobre 2012, Syndicat de défense des fonctionnaires, déc. n° 2012-281 QPC), ou encore l'article 5 de la Constitution sur les pouvoirs du Président de la République (CE, 30 octobre 2024, n° 496581, *Lebon* T.).

Quant au moyen tiré de l'incompétence négative du législateur, le Conseil constitutionnel a estimé qu'il ne correspondait pas à une violation, par le législateur, d'un droit ou d'une liberté garantis par la Constitution, sauf si cette incompétence affecte un tel droit ou liberté : ce n'est pas le cas de la matière fiscale (Cons. const. 18 juin 2010, SNC Kimberly Clark, déc. n° 2010-5 QPC), ce fut inversement le cas s'agissant d'une loi imposant des cessions gratuites de terrain aux bénéficiaires d'autorisations d'urbanisme (Cons. const. 22 septembre 2010, Société Esso Saf, décision n° 2010-33 QPC) avant d'évoluer à nouveau (Cons. const., 28 décembre 2018, déc. n° 2018-777 DC, pt. 73.). Pour le Conseil d'État, le grief tiré de son incompétence négative ne peut être utilement soulevé à l'appui d'une QPC qu'à l'encontre de dispositions résultant d'une loi promulguée et à la condition de contester les insuffisances du dispositif qu'elles ont instaurées, la QPC étant destinée à saisir le Conseil constitutionnel de la conformité aux droits et libertés garantis par la Constitution de dispositions législatives applicables (CE, 10 octobre 2022, n° 465977, *Lebon* T.).

Enfin, le Conseil d'État s'est penché sur les conséquences à tirer de la décision du Conseil constitutionnel, notamment lorsque ce dernier, après avoir constaté l'inconstitutionnalité d'une disposition législative, choisit de différer dans le temps l'abrogation de cette disposition. On se reportera à cet effet aux décisions Lazare et M'rida (CE ass., 13 mai 2011, Lazare, n° 329290, *Lebon* – CE ass., 13 mai 2011, M'rida, n° 316734, *Lebon*) et à la décision *SCI maximoise de création* du 11 janvier 2019, n° 424819. Si le Conseil constitutionnel déclare contraires à la Constitution les dispositions d'une ordonnance non ratifiée, en précisant que cette déclaration prend effet à compter de la publication de sa décision et qu'elle est applicable à toutes les affaires non jugées définitivement à cette date, le Conseil d'État, saisi d'un recours pour excès de pouvoir contre cette ordonnance, fait droit aux conclusions tendant à l'annulation rétroactive de ces dispositions, sans qu'il soit besoin de se prononcer sur les autres moyens soulevés par le requérant (CE, 26 juillet 2022, n° 449040, *Lebon*). Lorsque le Conseil constitutionnel a maintenu

les effets de dispositions législatives dont il a prononcé l'abrogation les textes réglementaires d'application privés de base légale par cette abrogation (CE, 30 mai 2018, n° 400912, *Lebon*, p. 2471), sauf dans la mesure où le Conseil constitutionnel a partiellement maintenu les effets des dispositions législatives (CE, 28 mars 2024, n° 456187, *Lebon* T.). Les réserves dont est assortie une décision du Conseil constitutionnel, le cas échéant étendues aux dispositions antérieures à celles examinées (CE, 28 janvier 2019, Latouche, n° 407421, *Lebon* T.) sont soulevées d'office par le juge administratif. Elles sont susceptibles de justifier le caractère sérieux de la contestation de dispositions analogues et distinctes (CE, 9 mai 2017, Herzi, n° 407999, *Lebon*). L'inconstitutionnalité déclarée par le Conseil constitutionnel, si la décision ne s'y oppose pas et si le préjudice présente un lien direct, engage la responsabilité de l'État du fait des lois (CE ass., 24 décembre 2019, Société Hôtelière, Paris Eiffel Suffren, n° 425983, *Lebon*).
S'agissant de la procédure commune aux trois juridictions, il a été jugé que le moyen tiré de ce que le signataire du mémoire défendant à une QPC n'aurait pas disposé d'une délégation de signature régulière est inopérant (CE, 7 juin 2023, n° 471537, *Lebon* T.).

SECTION 1 Dispositions applicables devant les tribunaux administratifs et les cours administratives d'appel

La question doit être soulevée dans un mémoire distinct

Art. R.*771-3 Le moyen tiré de ce qu'une disposition législative porte atteinte aux droits et libertés garantis par la Constitution est soulevé, conformément aux dispositions de l'article 23-1 de l'ordonnance n° 58-1067 du 7 novembre 1958 portant loi organique sur le Conseil constitutionnel, à peine d'irrecevabilité, dans un mémoire distinct et motivé. Ce mémoire, ainsi que, le cas échéant, l'enveloppe qui le contient, portent la mention : « question prioritaire de constitutionnalité ».

Texte source

– Décret n° 2010-148 du 16 février 2010, article 1er.

Commentaires

La question de constitutionnalité doit concerner une disposition législative, fût-elle contenue dans une loi organique. Elle ne saurait donc concerner un acte réglementaire (CE, 2 juin 2010, Ponsart, n° 338965) non plus qu'une convention internationale (CE, 14 mai 2010, Rujovic, n° 312305, *Lebon*, à propos de la convention de Genève relative au statut des réfugiés) ou une ordonnance non ratifiée (CE, 13 juillet 2016, n° 396170, *Lebon* T.). La présentation du moyen d'inconstitutionnalité dans un mémoire distinct et motivé est substantielle, le texte précisant qu'elle est exigée « à peine d'irrecevabilité » (on verra à l'article suivant que la sanction de cette irrecevabilité ne donne pas lieu à avertissement préalable, non plus qu'à invitation à régulariser). Cette exigence procède du souci de permettre l'examen du moyen d'inconstitutionnalité, aux différents niveaux concernés (Conseil d'État, Conseil constitutionnel) sans faire voyager le dossier : la question doit être isolée du dossier.

On doit en revanche estimer que l'exigence de la mention, sur l'enveloppe et sur le mémoire lui-même, de ce qu'il contient une question prioritaire de constitutionnalité, est plus destinée à simplifier le travail de la juridiction qu'à poser une règle de recevabilité (voir, à propos des référés suspension, la règle identique mentionnée à l'article R. 522-3).

Cette exigence, contenue dans la loi organique, devra être respectée, lors même que la requête ne contient que le moyen d'inconstitutionnalité : ce dernier devra être réitéré dans le mémoire spécial (CE, 2 juin 2010, Ponsart, n° 338965).

Cette question peut être posée dans une note en délibéré, dont le juge apprécie s'il y a lieu, dans l'intérêt d'une bonne justice, de la soumettre au débat contradictoire en rouvrant l'instruction (CE, 28 janvier 2011, Huchon, n° 338199, *Lebon* T.). Les règles applicables à la prise en compte des notes en délibéré (voir CJA, art. R. 613-2 et R. 731-3) s'appliquent à celle qui soulève une question prioritaire de constitutionnalité : notamment, la question doit n'avoir pu être formulée avant la clôture de l'instruction (CE, 26 novembre 2012, Krikorian, n° 350492, *Lebon* T.).

Les articles R. 771-3 et R. 771-4 sont appliqués en cassation (CE, 25 juillet 2013, Société Darty et Fils, n° 352634).

Une irrecevabilité qui ne donne pas lieu à demande de régularisation, non plus qu'à avertissement

Art. R.*771-4 L'irrecevabilité tirée du défaut de présentation, dans un mémoire distinct et motivé, du moyen visé à l'article précédent peut être opposée sans qu'il soit fait application des articles R. 611-7 et R. 612-1.

Texte source

– Décret n° 2010-148 du 16 février 2010, article 1er.

Commentaires

Néanmoins, le juge devra fixer un délai lorsque la QPC est annoncée et qu'il entend juger par voie d'ordonnance en application du 9e alinéa de l'article R. 222-1 du CJA (Voir CJA, art. R. 222-1 et R. 611-17 – CE, 9 juin 2020, Sté locale d'épargne de Haute-Garonne Sud-Est, n° 438822, *Lebon* T., p. 946).

L'instruction contradictoire

Art. R.*771-5 Sauf s'il apparaît de façon certaine, au vu du mémoire distinct, qu'il n'y a pas lieu de transmettre la question prioritaire de constitutionnalité, notification de ce mémoire est faite aux autres parties. Il leur est imparti un bref délai pour présenter leurs observations.

Texte source

– Décret n° 2010-148 du 16 février 2010, article 1er.

Commentaires

Le mémoire contenant la question prioritaire est soumis à une rapide instruction contradictoire, sauf dispense : on rapprochera ce texte de l'article R. 611-8. L'absence de transmission prévue par ces dispositions n'affecte pas le caractère contradictoire de la procédure (CE, 30 décembre 2015, Techer, n° 368528). Les observations des autres parties n'ont pas à être communiquées à peine d'irrégularité à la partie qui a soulevé la QPC, mais le principe du contradictoire impose de le faire si le juge se fonde sur des éléments contenus dans ces observations (CE, 12 février 2016, Asselot, n° 393700, *Lebon* T.).

La lutte contre les doubles emplois

Art. R.*771-6 La juridiction n'est pas tenue de transmettre une question prioritaire de constitutionnalité mettant en cause, par les mêmes motifs, une disposition législative dont le Conseil d'État ou le Conseil constitutionnel est déjà saisi. En cas d'absence de transmission pour cette raison, elle diffère sa décision sur le fond, jusqu'à ce qu'elle soit informée de la décision du Conseil d'État ou, le cas échéant, du Conseil constitutionnel.

Texte source

– Décret n° 2010-148 du 16 février 2010, article 1er.

Commentaires

Ce mécanisme, dont l'application suppose un échange d'informations systématique et presqu'en temps réel entre Conseil constitutionnel, Conseil d'État et tribunaux et cours, a pour objet évident d'éviter les questions redondantes. Il offre, on le constate, une possibilité, sans créer une obligation.

La partie qui, ayant soulevé une question de constitutionnalité devant une juridiction, se voit opposer un sursis à statuer fondé sur cet article est en droit d'intervenir devant le Conseil d'État au soutien de la demande de renvoi dont ce dernier est déjà saisi. Mais elle ne peut y présenter d'autres moyens d'inconstitutionnalité que ceux dont est saisie la juridiction suprême, hormis le cas où elle établirait les avoir soumis à la juridiction qui a différé sa décision (CE, 4 avril 2011, Moussa, n° 345661, *Lebon*). Et cette intervention ne peut retarder le jugement, par le Conseil d'État, de la demande de renvoi (même arrêt). Une telle intervention n'est recevable que si elle émane d'une personne qui a soulevé devant le tribunal un moyen tiré de l'inconstitutionnalité de la loi applicable (CE, 9 mai 2011, Magalhaes Gomes, n° 346785, *Lebon* T.). Plus généralement, la personne qui justifie d'un intérêt l'habilitant à intervenir peut le faire au soutien d'une question prioritaire de constitutionnalité soulevée par une partie, mais n'est pas recevable à soulever de sa propre initiative une telle question qui n'aurait pas été évoquée par l'une des parties (CE, 22 février 2013, Zoia, n° 356245, *Lebon* T.), sauf lorsqu'il conteste des dispositions législatives qui l'empêcheraient de se voir reconnaître la qualité de partie à l'instance (CE, 7 décembre 2016, Département d'Ille-et Vilaine, n° 403514, *Lebon* T.).

La transmission par ordonnance

Art. R.*771-7 Les présidents de tribunal administratif et de cour administrative d'appel, le vice-président du tribunal administratif de Paris, les présidents de formation de jugement des tribunaux et des cours ou les magistrats désignés à cet effet par le chef de juridiction peuvent, par ordonnance, statuer sur la transmission d'une question prioritaire de constitutionnalité.

Texte source

– Décret n° 2010-148 du 16 février 2010, article 1er.

Commentaires

La décision sur la transmission au Conseil d'État de la question de constitutionnalité (qu'elle soit positive ou négative) peut être prise par ordonnance. C'est une compétence propre des présidents de juridiction et de leurs présidents de formations de jugement, mais cette cohorte peut être complétée par des magistrats autres, désignés à cet effet par le chef de juridiction.

Conformément aux règles générales de procédure, rien n'interdit de faire prendre la décision de transmission par une formation collégiale, ainsi que l'a fait le Conseil d'État pour les trois premiers renvois qu'il a prononcés (CE, 14 avril 2010, Union des familles en Europe, n° 323830, *Lebon*). On consultera utilement, à titre de premiers commentaires, la note Mathieu, *JCP A,* 26 avril 2010, p. 3.

Rien ne paraît s'opposer à ce que le refus de transmission soit également prononcé par la juridiction statuant au fond. En ce sens : CE, 9 avril 2010, Matelly, n° 323830, *Lebon* T., question non présentée par mémoire distinct – CE, 16 avril 2010, Association Alcaly, n° 320667, *Lebon* T. (question non nouvelle et ne présentant pas un caractère sérieux, s'agissant de la coexistence au Conseil d'État des fonctions consultatives et contentieuses – rapp. CE, 27 février 2006 Association Alcaly, n° 257688, *Lebon* T. – CEDH, 30 juin 2009, Association « Que choisir » de Côte d'Or, n° 39699/03).

En tout cas, et quel que soit le sens de la décision, il apparaît qu'elle doit être motivée (CE, 17 décembre 2014, Élections au conseil communautaire de la communauté d'agglomération de Montpellier, n° 383316, *Lebon* T.), même donc si elle consiste à transmettre : les arrêts susmentionnés contiennent un balayage des trois séries de conditions mises à la saisine du Conseil constitutionnel (texte applicable – question non encore tranchée par le Conseil constitutionnel – question nouvelle ou présentant un caractère sérieux).

L'office du « juge du filtre », en première instance et en appel, nous paraît différer de celui du Conseil d'État, le juge du fond devant transmettre, les autres conditions étant réunies, toutes les QPC non dénuées de caractère sérieux alors que le Conseil d'État ne transmet que les QPC ayant un caractère sérieux.

Le Conseil d'État ne peut, dans ce cadre, être saisi que de la ou des questions qui lui sont transmises par la juridiction : les parties ne peuvent lui soumettre d'autres questions que celles qui ont donné lieu à l'acte de transmission émanant du juge du fond (CE, 16 juillet 2010, Société de brasseries et casinos Les flots bleus, n° 339292, *Lebon* T. – CE, 24 septembre 2010, Decurey, n° 341685,

Lebon T.), juge du fond qui ne doit pas soulever d'office une question de constitutionnalité (CE, 15 avril 2011, Société Électricité de France, n° 346459). Et c'est le contenu même du mémoire soumis au juge du fond qui détermine la question, non l'interprétation que ce dernier a pu en faire dans sa décision de transmission (CE, 24 septembre 2010, Decurey, préc.).

L'application possible de l'article R. 222-1

Art. R.*771-8 L'application des dispositions de la présente section ne fait pas obstacle à l'usage des pouvoirs que les présidents de tribunal administratif et de cour administrative d'appel, le vice-président du tribunal administratif de Paris et les présidents de formation de jugement des tribunaux et des cours tiennent des dispositions de l'article R. 222-1.

Texte source

– Décret n° 2010-148 du 16 février 2010, article 1er.

Commentaires

On saisit mal, à première vue l'utilité de cet article, dont la portée paraît englobée en quelque sorte par le précédent. La lecture utile qui doit en être donnée consiste à estimer que la requête contenant un moyen d'inconstitutionnalité (même développé par mémoire distinct) pourra être rejetée en application de l'article R. 222-1, sans qu'il soit nécessaire, auparavant, de prendre en application de la présente section une décision relative à la transmission de la question. Ces dispositions atténuent le caractère prioritaire de la QPC. Elles ont été appliquées notamment en cas de non-lieu à statuer (CE, 4 février 2013, Laurent, n° 362163, *Lebon* T.).

La notification de la décision sur la transmission

Art. R.*771-9 La décision qui statue sur la transmission de la question prioritaire de constitutionnalité est notifiée aux parties, dans les formes prévues par les articles R. 751-2 à R. 751-4 et R. 751-8.

La notification d'une décision de transmission mentionne que des observations peuvent être produites devant le Conseil d'État, dans le délai d'un mois. Elle indique les modalités selon lesquelles ces observations peuvent être présentées.

La notification d'une décision de refus de transmission mentionne que cette décision ne peut être contestée qu'à l'occasion d'un recours formé contre la décision qui règle tout ou partie du litige. Elle mentionne aussi que cette contestation devra faire l'objet d'un mémoire distinct et motivé, accompagné d'une copie de la décision de refus de transmission.

Texte source

– Décret n° 2010-148 du 16 février 2010, article 1er.

Commentaires

On ne conteste pas un refus de transmission, si ce n'est en attaquant la décision rendue au fond. Cette contestation doit, elle aussi, prendre la forme d'un mémoire distinct et motivé. Mais cette fois, les parties sont spécialement averties, par la notification du refus, de cette exigence.

Ainsi qu'en dispose l'article R. 771-16, ce mémoire doit être déposé avant l'expiration du délai de pourvoi (CE, 28 décembre 2016, Brechet, n° 401464, *Lebon* T.), et la méconnaissance de cette obligation ne permet pas de saisir le Conseil d'État, au titre de la procédure de cassation, de la question qui a été écartée par le juge du fond (même arrêt). On peut toutefois présenter au Conseil d'État, dans le cadre de la procédure de cassation, d'autres questions prioritaires de constitutionnalité (même arrêt).

Si la partie qui est à l'origine du litige devant le juge du fond se désiste, ce désistement ne rend pas sans objet la transmission de la question posée par son adversaire, sur laquelle le Conseil d'État doit statuer tant que le juge du fond n'a pas donné acte de ce désistement (CE, 1er février 2012, Commune des Angles, n° 353945, *Lebon* T.). Il est en revanche donné normalement acte du désistement formé par l'auteur de la question (CE, 24 avril 2012, Association France Nature Environnement, n° 340538, *Lebon* T.).

Si la contestation, en cassation, du refus de transmettre la question est irrecevable parce que tardive, l'auteur du pourvoi ne peut contourner cet obstacle en réitérant, devant le juge de cassation, la même question (CE, 1er février 2011, Sarl Prototype technique industrie, n° 342536, *Lebon* – CE, 28 décembre 2016, Brechet, préc.), alors même que cette question aurait pu être présentée pour la première fois en cassation, et ce, sans délai.

Les effets du refus de transmission

Art. R.*771-10 Le refus de transmission dessaisit la juridiction du moyen d'inconstitutionnalité. La décision qui règle le litige vise le refus de transmission.

La formation de jugement peut, toutefois, déclarer non avenu le refus de transmission et procéder à la transmission, lorsque ce refus a été exclusivement motivé par la constatation que la condition prévue par le 1° de l'article 23-2 de l'ordonnance n° 58-1067 du 7 novembre 1958 portant loi organique sur le Conseil constitutionnel n'était pas remplie, si elle entend fonder sa décision sur la disposition législative qui avait fait l'objet de la question qui n'a pas été transmise.

Texte source

– Décret n° 2010-148 du 16 février 2010, article 1er.

Commentaires

Le refus de transmission (dont on rappelle qu'il est normalement prononcé par ordonnance, par un magistrat statuant seul), dessaisit la juridiction du moyen d'inconstitutionnalité : cette dernière ne peut donc revenir sur ce refus, qui vaut rejet du moyen. Elle n'a même pas à se prononcer sur lui, le visa de la décision de refus se suffisant à lui-même. Une seule exception est prévue, sans laquelle la procédure serait absurde. Le refus peut en effet être fondé sur la seule circonstance que la disposition législative discutée n'est pas « applicable au litige ». Si la juridiction saisie au fond fonde sa décision sur cette disposition, elle ne peut que revenir sur le refus opposé par le magistrat. On doit penser qu'alors la procédure de renvoi reprend. L'article R. 771-10 impose au juge du fond, à peine d'irrégularité de sa décision, de viser le refus de transmission d'une QPC dans la décision qui règle le litige (CE, 5 mars 2020, Société F. Banny, n° 428695, *Lebon* T.).

La procédure devant les cours administratives d'appel

Art. R.*771-11 La question prioritaire de constitutionnalité soulevée pour la première fois devant les cours administratives d'appel est soumise aux mêmes règles qu'en première instance.

Texte source

– Décret n° 2010-148 du 16 février 2010, article 1er.

La contestation du refus de transmission

Art. R.*771-12 Lorsque, en application du dernier alinéa de l'article 23-2 de l'ordonnance n° 58-1067 du 7 novembre 1958 portant loi organique sur le Conseil constitutionnel, l'une des parties entend contester, à l'appui d'un appel formé contre la décision qui règle tout ou partie du litige, le refus de transmission d'une question prioritaire de constitutionnalité opposé par le premier juge, il lui appartient, à peine d'irrecevabilité, de présenter cette contestation avant l'expiration du délai d'appel dans un mémoire distinct et motivé, accompagné d'une copie de la décision de refus de transmission.

La contestation du refus de transmission par la voie du recours incident doit, de même, faire l'objet d'un mémoire distinct et motivé, accompagné d'une copie de la décision de refus de transmission.

Texte source

– Décret n° 2010-148 du 16 février 2010, article 1er.

Commentaires

Cet article n'ajoute à l'article R. 771-9 que l'exigence de délai : la discussion du refus de transmission doit être formée avant l'expiration du délai d'appel (sauf si elle est formée à l'appui d'un appel incident).

Il résulte de ces dispositions que lorsqu'un tribunal administratif a refusé de transmettre au Conseil d'État la question prioritaire de constitutionnalité qui lui a été soumise, il appartient à l'auteur de cette question de contester ce refus à l'occasion de l'appel formé contre le jugement qui statue sur le litige, dans le délai d'appel et par un mémoire distinct et motivé, que le refus de transmission précédemment opposé l'ait été par une décision distincte du jugement, dont il joint alors une copie, ou directement par ce jugement (CE, 16 mai 2018, Lambert, n° 406984). Cette contestation doit intervenir dans le délai d'appel et par mémoire distinct (CE, 16 novembre 2016, Fischer, n° 398262, *Lebon* T.).

SECTION 2 Dispositions applicables devant le Conseil d'État

La mention du mémoire distinct

Art. R.*771-13 Le mémoire distinct prévu par l'article 23-5 de l'ordonnance n° 58-1067 du 7 novembre 1958 portant loi organique sur le Conseil constitutionnel ainsi que, le cas échéant, l'enveloppe qui le contient portent la mention : « question prioritaire de constitutionnalité ».

Texte source

– Décret n° 2010-148 du 16 février 2010, article 1er.

Commentaires

Les articles relatifs à la procédure devant le Conseil d'État reprennent les précédents, sous réserve des particularités des questions qui ont été transmises au Conseil d'État, ou de celles qui lui sont posées à l'occasion d'un pourvoi en cassation. Ils n'appellent pas de commentaires spécifiques. Ces dispositions sont applicables en cas de production d'un mémoire complémentaire comprenant une nouvelle question (CE, 27 juin 2016, Société Layher, n° 399506, *Lebon* T. – CE, 21 février 2014, Marc-Antoine, n° 359716, *Lebon* T. – CE, 17 octobre 2012, Société Parimall Ulis 2, n° 356983, *Lebon* T.). Lorsqu'une juridiction administrative statuant en dernier ressort a omis de statuer sur la QPC qui lui a été soumise, il appartient à l'auteur de cette question de contester une telle méconnaissance des dispositions de l'article 23-2 de l'ordonnance n° 58-1067 du 7 novembre 1958 à l'occasion du pourvoi en cassation formé contre la décision qui statue sur le litige et nouvelle QPC « directe » est irrecevable (CE, 13 mars 2024, n° 488313, *Lebon* T.). La décision du Conseil d'État a autorité relative de chose jugée sans qu'y fasse obstacle le changement de situation de l'une des parties (CE, 16 octobre 2024, n° 494263, *Lebon T.*).

Une irrecevabilité qui ne donne pas lieu à demande de régularisation, non plus qu'à avertissement

Art. R.*771-14 L'irrecevabilité tirée du défaut de présentation, dans un mémoire distinct et motivé, du moyen tiré de ce qu'une disposition législative porte atteinte aux droits et libertés garantis par la Constitution peut être opposée sans qu'il soit fait application des articles R. 611-7 et R. 612-1.

Texte source

– Décret n° 2010-148 du 16 février 2010, article 1er.

La notification du mémoire distinct

Art. R.*771-15 Le mémoire distinct par lequel une partie soulève, devant le Conseil d'État, un moyen tiré de ce qu'une disposition législative porte atteinte aux droits et libertés garantis par la Constitution est notifié aux autres parties, au ministre compétent et au Premier ministre. Il leur est imparti un bref délai pour présenter leurs observations.

Il n'est pas procédé à la communication du mémoire distinct lorsqu'il apparaît de façon certaine, au vu de ce mémoire, que les conditions prévues à l'article 23-4 de l'ordonnance n° 58-1067 du 7 novembre 1958 portant loi organique sur le Conseil constitutionnel ne sont pas remplies.

Texte source

– Décret n° 2010-148 du 16 février 2010, article 1er.

La contestation devant le Conseil d'État d'un refus de transmission

Art. R.*771-16 Lorsque l'une des parties entend contester devant le Conseil d'État, à l'appui d'un appel ou d'un pourvoi en cassation formé contre la décision qui règle tout ou partie du litige, le refus de transmission d'une question prioritaire de constitutionnalité précédemment opposé, il lui appartient, à peine d'irrecevabilité, de présenter cette contestation avant l'expiration du délai de recours dans un mémoire distinct et motivé, accompagné d'une copie de la décision de refus de transmission.

La contestation du refus de transmission par la voie du recours incident doit, de même, faire l'objet d'un mémoire distinct et motivé, accompagné d'une copie de la décision de refus de transmission.

Texte source

– Décret n° 2010-148 du 16 février 2010, article 1er.

Commentaires

Le Conseil d'État peut, à l'occasion d'un pourvoi en cassation, statuer en une seule fois et sur la contestation du refus de transmission, et sur une autre question de constitutionnalité présentée directement devant lui (CE, 1er février 2012, Région Centre, n° 351795, *Lebon* T.). Ces dispositions font obstacle à ce que soit formée en appel une QPC contre les mêmes dispositions que celles visées par une QPC posée en première instance (CE, 1er février 2011, SARL Prototype Technique Industrie (Prototech), n° 342536, p. 24 – CE, 16 novembre 2016, Fischer, n° 398262, *Lebon* T.). La contestation doit être présentée par un mémoire distinct (CE, 23 décembre 2015, Yagoub, n° 387277, *Lebon* T.). La contestation d'un refus de transmission peut être formée par la voie de l'appel incident en contentieux général (CE, 30 novembre 2020, SAS Société de gestion La Rotonde Montparnasse, n° 443970, *Lebon* T.), et même en contentieux électoral à condition d'être présentée par mémoire distinct (CE, 21 juin 2021, Élections municipales de Grimaud, n° 445346, *Lebon* T.).

Question prioritaire et admission d'un pourvoi en cassation

Art. R.*771-17 Lorsqu'une question prioritaire de constitutionnalité est posée à l'appui d'un pourvoi en cassation, le Conseil d'État se prononce sur le renvoi de cette question au Conseil constitutionnel sans être tenu de statuer au préalable sur l'admission du pourvoi.

Texte source

– Décret n° 2010-148 du 16 février 2010, article 1er.

Commentaires

Rien n'interdit au juge de cassation, s'il estime ne pas devoir renvoyer la question au Conseil constitutionnel, de prononcer par une seule décision et le refus de renvoi et le refus d'admission (CE, 25 juin 2010, Mortagne, n° 326363, *Lebon* – CE, 30 décembre 2011, Chemarin, n° 350412, *Lebon* T.).

La lutte contre les doubles emplois

Art. R.*771-18 Le Conseil d'État n'est pas tenu de renvoyer au Conseil constitutionnel une question prioritaire de constitutionnalité mettant en cause, par les mêmes motifs, une disposition législative dont le Conseil constitutionnel est déjà saisi. En cas d'absence de transmission pour cette raison, il diffère sa décision jusqu'à l'intervention de la décision du Conseil constitutionnel.

Texte source

– Décret n° 2010-148 du 16 février 2010, article 1er.

Commentaires

Voir par exemple : CE, 7 février 2018, Larroche, n° 412977 – CE, 27 juin 2016, Société Apsis, n° 398585, point 27. Pour un cas de rejet d'un recours en rectification d'erreur matérielle contre une ordonnance prise sur le fondement de ces dispositions : CE, 24 novembre 1990, Camoin, n° 340970.

L'application possible des articles R. 122-12 et R. 822-5

Art. R.*771-19 L'application des dispositions de la présente section ne fait pas obstacle à l'usage des pouvoirs que les présidents de chambre tiennent des dispositions des articles R. 122-12 et R. 822-5.

Textes sources

– Décret n° 2010-148 du 16 février 2010, article 1er.
– Décret n° 2016-899 du 1er juillet 2016, article 1er.

L'instruction d'une question transmise au Conseil d'État

Art. R.*771-20 Lorsqu'une question prioritaire de constitutionnalité a été transmise au Conseil d'État par un tribunal administratif ou par une cour administrative d'appel, les parties, le ministre compétent et le Premier ministre peuvent produire des observations dans le délai d'un mois courant à compter de la notification qui leur a été faite de la décision de transmission ou, le cas échéant, dans le délai qui leur est imparti par le président de la section du contentieux ou par le président de la chambre chargée de l'instruction.

Si la requête dont est saisie la juridiction qui a décidé le renvoi est dispensée du ministère d'avocat devant cette juridiction, la même dispense s'applique à la production des observations devant le Conseil d'État ; dans le cas contraire, et sauf lorsqu'elles émanent d'un ministre ou du Premier ministre, les observations doivent être présentées par un avocat au Conseil d'État et à la Cour de cassation.

Textes sources

– Décret n° 2010-148 du 16 février 2010, article 1er.
– Décret n° 2016-899 du 1er juillet 2016, article 1er.

La notification de la décision relative au renvoi au Conseil constitutionnel

Art. R.*771-21 La décision qui se prononce sur le renvoi au Conseil constitutionnel d'une question prioritaire de constitutionnalité est notifiée aux parties, au ministre compétent et au Premier ministre dans les formes prévues aux articles R. 751-2 à R. 751-4.

Texte source

– Décret n° 2010-148 du 16 février 2010, article 1er.

CHAPITRE 2 Le contentieux des impôts directs, des taxes sur le chiffre d'affaires et des taxes assimilées

Le présent chapitre ne comprend pas de dispositions législatives.

Les requêtes en matière d'imposition

Art. R. 772-1 Les requêtes en matière d'impôts directs et de taxe sur le chiffre d'affaires ou de taxes assimilées dont l'assiette ou le recouvrement est confié à la direction générale des impôts sont présentées, instruites et jugées dans les formes prévues par le Livre des procédures fiscales.

Les requêtes relatives aux taxes dont le contentieux ressortit à la juridiction administrative et autres que celles qui sont mentionnées à l'alinéa 1 sont, sauf disposition spéciale contraire, présentées et instruites dans les formes prévues par le présent code.

Texte source

– Code des TA et des CAA, articles L. 11 et R. 233, § 1 et 2.

La nécessité d'une réclamation préalable

Art. R. 772-2 Les requêtes mentionnées au deuxième alinéa de l'article précédent doivent être précédées d'une réclamation adressée à la personne morale qui a établi la taxe.

Lorsqu'aucun texte spécial ne définit le délai propre à cette contestation, les réclamations doivent être présentées au plus tard le 31 décembre de l'année qui suit celle de la réception par le contribuable du titre d'imposition ou d'un extrait de ce titre.

Textes sources

– Code des TA et des CAA, article R. 234.

Commentaires

Les impositions autres que les impôts directs et taxes sur le chiffre d'affaires, visées au second alinéa de l'article R. 772-1, ont reçu une consécration solennelle par la décision n° 82-124 du 23 juin 1982 du Conseil constitutionnel et par l'arrêt d'assemblée du 20 décembre 1985 (CE ass., 20 décembre 1985, SA Établissements Outters, n° 31927, *Lebon*, p. 382 [1]), concernant les redevances de bassin.

L'article R. 772-2 organise dans la ligne de la jurisprudence *Outters* la procédure de contestation de ce genre d'impositions, non directement concernées par le Livre des procédures fiscales : une réclamation préalable est adressée à la personne morale qui a établi la taxe, réclamation qui, sauf texte contraire, doit être formée au plus tard le 31 décembre de l'année suivant la réception d'un titre d'imposition.

L'évolution de la jurisprudence du Conseil d'État a toutefois pour effet de rendre désormais inutile l'article R. 772-2, et inexact le second alinéa de l'article R. 772-1.

En effet, comme le préfigurait l'arrêt *Outters* qui renvoyait déjà à « la procédure fixée par les articles 1931 et suivants du Code général des impôts », les arrêts postérieurs ont nettement précisé que le contentieux de toute « imposition », même autre que celles visées au premier alinéa de l'article R. 772-1 était, en ce qui concerne la procédure, intégralement régi par les articles L. 190 et R. 190 et suivants du Livre des procédures fiscales, qui ont repris les articles 1931 et suivants du Code général des impôts (CE, 27 janvier 1987, n° 55213 ; *RJF* 1987, n° 308 – CE, 2 octobre 1989, Société Sociel, n° 65620, *Lebon* T. concl. M.D. Hagelsteen ; *RFDA* 1990, p. 280 [2]). Le délai de réclamation est donc fixé par le Livre des procédures fiscales et expire le 31 décembre de l'année qui suit la notification de l'acte de recouvrement : l'article R. 772-2 deviendrait inutile. Et le Livre des procédures fiscales est considéré comme contenant, sauf dispositions renvoyant expressément au Code de justice administrative, l'ensemble des règles de procédure applicables : le second alinéa de l'article R. 772-1 serait donc inexact, qui soumet à ce dernier code le contentieux des impositions autres que celles visées au premier alinéa. Le Conseil d'État s'est cependant écarté du raisonnement « Outters » dans le cas de la contribution au service public de l'électricité (CSPE) (CE sect. avis, 22 juillet 2015, Société Praxair, n° 388853, *Lebon*, p. 255). Cette imposition présente une particularité en ce qu'elle est régie par la prescription quadriennale prévue par les articles 1 et 2 de la loi n° 68-1250 du 31 décembre 1968 (CE, 17 octobre 2023, n° 475983, *Lebon*). On se méfiera de la transposition aux requêtes des règles relatives aux réclamations. Ainsi, les dispositions de l'article R* 197-1 du LPF, qui prohibent les réclamations collectives, ne font pas obstacle aux requêtes collectives (CE, 1er avril 2022, Société Clinique Saint-Roch, n° 450320, *Lebon* T., abandonnant CE, 3 décembre 1956, Sieur V., *Lebon* T.).

Jurisprudence

[1] Considérant que, par une décision n° 82-124 en date du 23 juin 1982, le Conseil constitutionnel a estimé que les redevances perçues par les agences financières de bassin en application de la loi du 16 décembre 1964 relative au régime et à la répartition des eaux et à la lutte contre leur pollution doivent être rangées parmi les impositions de toute nature dont l'article 34 de la Constitution réserve au législateur le soin de fixer les règles concernant l'assiette, le taux et les modalités de recouvrement ;
Considérant que ces redevances constituent, par leur nature, des impositions dont le contentieux relève de la juridiction administrative ;
Sur les conclusions tendant à l'annulation des décisions du directeur de l'Agence financière de bassin Seine-Normandie relatives aux redevances réelles dues pour détérioration de l'eau au titre des années 1974, 1975 et 1977 :
Considérant que les décisions par lesquelles il est statué sur la réclamation du redevable qui entend contester la créance de l'agence financière de bassin, en tout ou en partie, en ce qui concerne la redevance due pour détérioration de l'eau assignée, après déduction le cas échéant du montant de la prime d'épuration, ne constituent pas des actes détachables de la procédure d'imposition ; qu'elles ne peuvent, en conséquence, être déférées à la juridiction administrative par la voie du recours pour

excès de pouvoir et ne peuvent faire l'objet d'un recours contentieux qu'au titre de la procédure fixée par les articles 1931 et suivants du code général des impôts ; que, dès lors, la société requérante n'est pas recevable à demander l'annulation pour excès de pouvoir des décisions sus-analysées du directeur de l'Agence financière du bassin Seine-Normandie du 25 décembre 1977 et de la décision implicite de rejet du même directeur née du silence gardé pendant plus de quatre mois sur la réclamation à lui adressée par la société le 21 février 1978 [...].

[2] Considérant que les redevances perçues par les agences financières de bassin en application de la loi du 16 décembre 1964 relative au régime et à la répartition des eaux et à la lutte contre leur pollution constituent par leur nature des impositions ; que ces redevances ne peuvent faire l'objet d'un recours contentieux qu'au titre de la procédure fixée par les articles 1931 et suivants du code général des impôts repris aux articles L. 190 et R. 190 et suivants du livre des procédures fiscales ; qu'il suit de là que le délai de la réclamation que les redevables de ces redevances sont tenus, en vertu des dispositions de l'article 21 du décret du 14 septembre 1966, d'adresser au directeur de l'agence avant d'être éventuellement soumise à la juridiction administrative compétente court à compter de la date de la notification de l'acte de recouvrement que constitue l'état exécutoire [...].

La dispense d'avocat pour les demandes en matière d'imposition

Art. R. 772-3 Les requêtes mentionnées au présent chapitre sont dispensées du ministère d'avocat en première instance.

Textes sources

– Code des TA et des CAA, article R. 235.
– Décret n° 2003-543 du 24 juin 2003, article 10, § II.
– Décret n° 2019-82 du 7 février 2019, article 45.

Commentaires

On note la dispense du ministère d'avocat en matière fiscale, mais seulement en première instance, pour autant que les requêtes sont dirigées contre un acte d'assiette ou de recouvrement. Depuis le décret n° 2019-82 du 7 février 2019, le recours ne peut plus être déposé soit au greffe de la cour administrative d'appel, soit à la préfecture, soit à la sous-préfecture.

Les requêtes fiscales devant les tribunaux administratifs de la Polynésie française, de Mayotte, de Wallis-et-Futuna et de Nouvelle-Calédonie

Art. R. 772-4 Devant les tribunaux administratifs de la Polynésie française, de Wallis-et-Futuna et de Nouvelle-Calédonie, les requêtes en matière fiscale dont le contentieux ressortit à la juridiction administrative sont présentées et instruites par le tribunal administratif dans les formes prévues dans le présent code.

Devant le tribunal administratif de Mayotte, les requêtes en matière d'impôts directs et de taxe sur le chiffre d'affaires ou assimilées dont l'assiette ou le recouvrement est confié à la direction des services fiscaux sont présentées, instruites et jugées dans les formes prévues dans le Livre des procédures fiscales applicables à Mayotte.

Textes sources

– Code des TA et des CAA, article R. 233, § 3 et 4.
– Décret n° 2004-2 du 2 janvier 2004, article 2-11°.
– Décret n° 2005-1611 du 20 décembre 2005, article 3.
– Décret n° 2008-452 du 13 mai 2008, article 20.
– Décret n° 2015-1145 du 15 septembre 2015, articles 22 et 24.

CHAPITRE 2 *BIS* Les contentieux sociaux

La procédure spécifique aux contentieux sociaux

Art. R. 772-5 Sont présentées, instruites et jugées selon les dispositions du présent code, sous réserve des dispositions du présent chapitre, les requêtes relatives aux prestations, allocations ou droits attribués au titre de l'aide ou de l'action sociale, du logement ou en faveur des travailleurs privés d'emploi, sans préjudice des dispositions du chapitre VIII s'agissant du contentieux du droit au logement défini à l'article R. 778-1.

Texte source

– Décret n° 2013-730 du 13 août 2013, article 6.

Commentaires

Le chapitre ici présenté est sans effet sur l'exigence d'avocat telle qu'elle résulte des articles R. 431-2 et R. 431-3. Ainsi, les litiges mettant en cause les contraintes formées par Pôle emploi pour avoir remboursement de prestations ou d'aides indûment versées, même si les sommes en question ont été versées au titre de l'allocation de solidarité, ne sont pas des litiges « en matière d'aide sociale » au sens du 4° de l'article R. 431-3 du Code et ne sont donc pas dispensés d'avocat (CE, avis, 25 novembre 2013, n° 369051, *Lebon*), ce qui est réduire sensiblement le champ et surtout la portée du « mini-code » proposé par ce chapitre…
Relèvent de ce chapitre les demandes indemnitaires tendant à la réparation des préjudices ayant résulté de la carence de l'État à exécuter une décision de la commission de médiation déclarant un demandeur de logement prioritaire, lors même que ces demandes ne relèvent pas du contentieux du droit au logement défini à l'article R. 778-1 (CE, 28 mars 2019, Guinchan, n° 414709, *Lebon* T.), le recours contre le refus d'accorder un chèque énergie (CE, 30 septembre 2019, Gaze, n° 427175, *Lebon* T.). En revanche, un litige opposant un ancien salarié d'une collectivité, à laquelle il reproche de ne pas s'être acquittée des obligations imposant à l'employeur de délivrer les attestations et justifications permettant à ce salarié d'exercer ses droits aux prestations d'assurance-chômage ne relève pas de l'article R. 772-5 (CE, 3 juin 2019, Varoquaux, n° 424377, *Lebon* T.).
C'est un plein contentieux (CE, 1er mars 2023, n° 455880, *Lebon*, p. 382 [1], concernant le contentieux portant sur le droit à l'inscription sur la liste des demandeurs d'emploi). Mais dans le contentieux de l'indu, le juge n'est pas tenu d'examiner en priorité les moyens critiquant le bien-fondé de la décision de reversement (CE 28 novembre 2024, n° 471819, *Lebon* T.).

Jurisprudence

[1] 7. En second lieu, toutefois, lorsqu'il statue sur un recours dirigé contre une décision par laquelle l'administration, sans remettre en cause des versements déjà effectués, détermine les droits d'une personne en matière d'aide ou d'action sociale, de logement ou au titre des dispositions en faveur des travailleurs privés d'emploi, et sous réserve du contentieux du droit au logement opposable, il appartient au juge administratif, eu

égard tant à la finalité de son intervention qu'à sa qualité de juge de plein contentieux, non de se prononcer sur les éventuels vices propres de la décision attaquée, mais d'examiner les droits de l'intéressé, en tenant compte de l'ensemble des circonstances de fait qui résultent de l'instruction et, notamment, du dossier qui lui est communiqué en application de l'article R. 772-8 du code de justice administrative. Au vu de ces éléments, il lui appartient d'annuler ou de réformer, s'il y a lieu, cette décision, en fixant alors lui-même tout ou partie des droits de l'intéressé et en le renvoyant, au besoin, devant l'administration afin qu'elle procède à cette fixation pour le surplus, sur la base des motifs de son jugement. Dans le cas d'un contentieux portant sur le droit à l'inscription sur la liste des demandeurs d'emploi, qui relève des dispositions en faveur des travailleurs privés d'emploi, c'est au regard des dispositions applicables et de la situation de fait existant au cours de la période en litige que le juge doit statuer [...].

Un devoir d'information

Art. R. 772-6 Une requête de première instance ne peut être rejetée pour défaut ou pour insuffisance de motivation, notamment en application du 7° de l'article R. 222-1, qu'après que le requérant a été informé du rôle du juge administratif et de la nécessité de lui soumettre une argumentation propre à établir que la décision attaquée méconnaît ses droits et de lui transmettre, à cet effet, toutes les pièces justificatives utiles.

S'il y a lieu, le requérant est ainsi invité à régulariser sa requête dans le délai qui lui est imparti et dont le terme peut être fixé au-delà de l'expiration du délai de recours. Il est informé qu'à défaut de régularisation les conclusions pourront être rejetées comme irrecevables dès l'expiration du délai imparti qui, sauf urgence, ne peut être inférieur à quinze jours. La demande de régularisation tient lieu de l'information prévue à l'article R. 611-7.

Texte source

– Décret n° 2013-730 du 13 août 2013, article 6.

Commentaires

Il est ici dérogé à la règle selon laquelle l'absence de motivation de la requête – qui la rend irrecevable – ne donne pas lieu à invitation à régulariser. Et l'invitation ici rendue obligatoire doit se doubler d'une information d'ensemble, sur « le rôle de la juridiction administrative » et la nécessité de lui présenter une argumentation. Sur le principe, la démarche ne saurait être critiquée, si ce n'est que l'on voudrait être certain que les juridictions se verront allouer les moyens humains correspondant à cette mission d'information. Il est vrai que l'article suivant tempère cette nécessité…

L'information par formulaire

Art. R. 772-7 Les dispositions de l'article R. 772-6 ne sont pas applicables lorsque la requête a été introduite par un avocat ou a été présentée sur un formulaire mis à la disposition des requérants par la juridiction administrative qui contient l'ensemble des informations mentionnées au premier alinéa de cet article.

Texte source

– Décret n° 2013-730 du 13 août 2013, article 6.

Commentaires

La présentation par avocat ne bénéficiera pas de la sollicitude du tribunal : c'est dire que le défaut de moyens (ou la présentation de moyens inopérants) ne donnera pas lieu à invitation à régulariser. Il en ira de même si la requête est présentée, sans avocat, sur un formulaire mis à la disposition des requérants. Ce dernier (comme d'ailleurs l'invitation à régulariser mentionnée à l'article précédent) se veut rédigé en termes compréhensibles et pédagogiques, exigence impérative, faute de quoi le louable effort effectué en direction des requérants concernés par ces affaires risque de demeurer dans la virtualité…

La production de l'entier dossier par l'administration

Art. R. 772-8 Lorsque la requête lui est notifiée, le défendeur est tenu de communiquer au tribunal administratif l'ensemble du dossier constitué pour l'instruction de la demande tendant à l'attribution de la prestation ou de l'allocation ou à la reconnaissance du droit, objet de la requête.

Lorsque ce dossier est, pour partie, constitué de pièces médicales concernant le requérant, le tribunal peut enjoindre au défendeur de communiquer ces pièces à celui-ci afin de le mettre en mesure de les communiquer lui-même au tribunal.

Texte source

– Décret n° 2013-730 du 13 août 2013, article 6.

Commentaire

Le défendeur doit fournir, au besoin à l'invitation du tribunal, l'entier dossier constitué pour l'instruction de la demande de prestation, *ou pour le calcul de l'indu* (ajout par le Conseil d'État, 18 février 2019, Manset, n° 414022, *Lebon* T.). Et le tribunal ne peut rejeter la requête – sauf si sa décision est fondée sur un motif sur lequel le contenu du dossier ne peut avoir d'incidence, sans disposer des éléments pertinents de ce dossier (CE, Manset, préc.). Les dispositions de l'article R. 412-2 (Inventaire des pièces à peine de les voir écartées) et des deux derniers alinéas de l'article R. 611-8-2 (Communication électronique des pièces à peine de les voir écartées) ne sont pas applicables au défendeur tenu de communiquer les pièces en sa possession (CE, 14 octobre 2019, Pollion, n° 432543, *Lebon* T.). Les obligations du défendeur ne dispensent pas pour autant le demandeur de motiver sa requête (CE, 1er octobre 2024, n° 488198, *Lebon* T.).

La poursuite, à l'audience, de la procédure contradictoire

Art. R. 772-9 La procédure contradictoire peut être poursuivie à l'audience sur les éléments de fait qui conditionnent l'attribution de la prestation ou de l'allocation ou la reconnaissance du droit, objet de la requête.

L'instruction est close soit après que les parties ou leurs mandataires ont formulé leurs observations orales, soit, si ces parties sont absentes ou ne sont pas représentées, après appel de leur affaire à l'audience. Toutefois, afin de permettre aux parties de verser des pièces complémentaires, le juge peut décider de différer la clôture de l'instruction à une date postérieure dont il les avise par tous moyens.

L'instruction fait l'objet d'une réouverture en cas de renvoi à une autre audience.

Texte source

– Décret n° 2013-730 du 13 août 2013, article 6.

Commentaires

La procédure orale est ici bienvenue, et n'est pas sans rappeler celle qui régit les référés d'urgence.

Les prescriptions inscrites à l'article R. 613-2 du code, relatives à la clôture de l'instruction, ne s'appliquent pas aux contentieux mentionnés à l'article R. 772-5, et le Conseil d'État a donné (CE, 2 octobre 2017, Le Glehuir, n° 399578, *Lebon*), un mode d'emploi détaillé de ces règles spécifiques : en l'absence de clôture avant l'audience, le tribunal doit prendre en considération les éléments de fait invoqués oralement à l'audience, pertinents au regard de l'objet de la requête, ainsi que tous les mémoires enregistrés avant la clôture de l'instruction (survenant après observations orales des parties ou, en leur absence, après appel de l'affaire à l'audience), étant rappelé que le juge peut différer cette clôture, en vue de permettre le versement de pièces complémentaires. Dans le cas d'un recours contre un refus de remise gracieuse, à l'occasion duquel le requérant invoque sa situation financière sans produire de justificatifs, le juge n'est pas tenu de l'inviter à produire les pièces nécessaires (CE, 4 décembre 2019, Payet, n° 420655, *Lebon T.*). La clôture après l'appel de l'affaire, alors que l'avocat de la requérante a formulé des observations, est irrégulière, irrégularité révélée par les visas du jugement (CE, 27 novembre 2020, Thérouse-Crèvecoeur, n° 430510, *Lebon T.*). Le caractère dérogatoire de l'article R. 772-9, ne dispense pas du respect du caractère contradictoire de la procédure et des articles L. 5 et R. 611-1 desquels résulte une obligation de communiquer les productions aux parties en leur laissant un délai suffisant, au besoin en reportant l'audience, pour en prendre connaissance et y répondre (CE, 22 mars 2024, n° 471930, *Lebon* T.).

CHAPITRE 3 Le contentieux des élections

Le présent chapitre ne comprend pas de dispositions législatives.

Les requêtes en matière d'élections municipales et cantonales

Art. R. 773-1 Les requêtes en matière d'élections municipales et cantonales sont présentées, instruites et jugées dans les formes prescrites par le présent code, par le code électoral et par les lois particulières en la matière.

Texte source

– Code des TA et des CAA, article R. 236.

Commentaires

Sur la nécessité d'aviser de l'audience tous les conseillers dont l'élection est contestée, voir les commentaires sous l'article R. 711-2.

Selon le quatrième alinéa de l'article 119 du Code électoral, la protestation doit être notifiée aux conseillers dont l'élection est contestée, soit en la forme administrative, soit par lettre recommandée avec demande d'avis de réception, en application des articles R. 611-3 et R. 611-4 du Code de justice administrative. Ces dispositions paraissent substantielles (CE, 26 avril 2017, Élections des conseillers communautaires de Bandrele, n° 401144, *Lebon* T.). Par dérogation à l'article R. 611-1 du CJA, le tribunal administratif, juge de l'élection, n'est pas tenu de communiquer les mémoires en défense, non plus que les autres mémoires ultérieurement enregistrés, ou de procéder à la communication des pièces jointes aux saisines. Il appartient seulement au tribunal, une fois ces pièces enregistrées par son greffe, de les tenir à la disposition des parties de sorte que celles-ci puissent, si elles l'estiment utile, en prendre connaissance (CE, 16 juillet 2021, Élections municipales de Courtenay, n° 445802, *Lebon* T.).

L'avertissement du jour de la séance en cas de réclamants multiples

Art. R. 773-2 Si les réclamants n'ont pas de mandataire ou de défenseur commun, l'avertissement du jour où leur requête sera portée en séance est adressé au premier dénommé dans la protestation.

Texte source

– Code des TA et des CAA, article R. 237.

L'absence de dépens en matière électorale

Art. R. 773-3 En matière électorale, il n'y a lieu à aucune condamnation aux dépens et il n'est pas accordé d'indemnités aux témoins entendus dans une enquête.

Texte source

– Code des TA et des CAA, article R. 238.

Le dépôt des requêtes à la préfecture ou la sous-préfecture

Art. R. 773-4 En matière électorale, les requêtes au Conseil d'État peuvent être déposées à la préfecture ou à la sous-préfecture du domicile du requérant.

À Mayotte, à Saint-Barthélemy, à Saint-Martin, à Saint-Pierre-et-Miquelon, en Polynésie française, dans les îles Wallis-et-Futuna, en Nouvelle-Calédonie et dans les Terres australes et antarctiques françaises, les requêtes peuvent être déposées auprès des services du représentant de l'État.

Textes sources

– Ordonnance n° 45-1708 du 31 juillet 1945, article 47, § 2.
– Décret n° 2004-2 du 2 janvier 2004, article 2-12°.
– Décret n° 2008-452 du 13 mai 2008, article 18.

Le timbre à date des requêtes électorales

Art. R. 773-5 Lorsque la requête au Conseil d'État est déposée auprès des services définis à l'article précédent, elle est marquée d'un timbre à date qui indique la date de l'arrivée et est transmise par le préfet au secrétariat du contentieux du Conseil d'État. Il en est délivré récépissé à la partie qui le demande.

Texte source

– Code des TA et des CAA, article R. 240.

La notification de la décision du Conseil d'État

Art. R. 773-6 La notification de la décision du Conseil d'État est faite par lettre recommandée avec demande d'avis de réception par le secrétaire du contentieux au ministre intéressé, lequel notifie à son tour la décision par l'intermédiaire des préfets aux personnes présentes ou appelées dans l'instance.

Le secrétaire du contentieux notifie également la décision au demandeur et au défendeur ou, en cas de requête ou de défense collective, au représentant unique des demandeurs ou défendeurs.

Texte source

– Décret n° 63-766 du 30 juillet 1963, article 57, § 2.

Commentaires

L'instruction des affaires électorales présente une particularité, découlant des articles R. 113 et suivants du Code électoral : le tribunal n'est pas tenu d'ordonner la communication au protestataire des défenses des élus dont l'élection est contestée (parmi d'innombrables exemples, CE, 4 septembre 1995, Élections cantonales de Vitry-sur-Seine Nord [Val-de-Marne], n° 163225). Pas plus n'ont à être communiquées les observations du préfet ou la décision de la Commission nationale des comptes de campagne, non plus que le compte de l'élu dont l'élection est

contestée, ces pièces devant toutefois être tenues à la disposition des parties (CE, 11 janvier 2006, Élections cantonales de Trets, n° 274576, *Lebon* T.).
On note que l'avertissement de la date de l'audience est donné systématiquement. Le recours au mandataire commun pour l'envoi de l'avis d'audience n'est possible qu'à l'égard des réclamants (CJA, art. R. 773-2), non à l'égard des défendeurs, fussent-ils candidats sur une même liste.

CHAPITRE 3 *BIS* Le contentieux de la mise en œuvre des techniques de renseignement soumises à autorisation et des fichiers intéressant la sûreté de l'État

Les dispositions de ce chapitre ont pour objet de concilier les exigences inhérentes à la mise en œuvre des techniques de renseignement et à la gestion des fichiers intéressant la sûreté de l'État et les exigences du procès démocratique. C'est au juge administratif qu'a été dévolu ce défi, ce que le Conseil constitutionnel a validé (Cons. const. 23 juillet 2015, n° 2015-713 DC), en reprenant l'interprétation qu'il avait antérieurement donnée de l'article 66 de la Constitution (Cons. const. 19 janvier 2006, n° 2005-532 DC), dont la portée est limitée aux mesures privatives de liberté.

Le réalisme a ici prévalu, au nom de la raison d'État raisonnée : force est de reconnaître qu'Antigone n'a pas toujours raison, ni Créon tort ! Pour un regard mitigé sur ces dispositions voir l'étude de Pascale Gonod, « Loi du 24 juillet 2015 relative au renseignement : quels contrôles ? », Procédures, 1er novembre 2015, n° 11, étude 10.

Les mécanismes ici retenus – manifestement inspirés du mode d'intervention de la CNIL en ce qui concerne le contrôle des fichiers intéressant la sûreté de l'État – consistent à introduire une cloison étanche entre l'autorité administrative indépendante chargée du contrôle (la Commission nationale de contrôle des techniques de renseignement), à laquelle s'adosse le contrôle contentieux, et les justiciables : ces derniers devront faire confiance à l'institution publique composée de cette autorité administrative indépendante et de l'autorité juridictionnelle, privés qu'ils sont de toute information qui mettrait en cause les secrets de la mise en œuvre des techniques de renseignement. La mise à l'écart de l'administré va jusqu'à – ce que le Code de justice administrative ne révèle pas – lui interdire tout accès au juge : en matière de contrôle des communications électroniques internationales, l'article L. 854-9 du Code de la sécurité intérieure réserve au président de la Commission nationale de contrôle des techniques de renseignement ou à trois de ses membres le droit de saisir le Conseil d'État, à l'exclusion de la personne qui a réclamé : le Conseil d'État intervient donc ici comme arbitre d'un différend entre la commission et le Premier ministre (voir CE, 19 octobre 2016, Charmet, n° 397623, Lebon T.). Les dispositions de l'article L. 841-1 du Code de la sécurité intérieure sont applicables aux techniques de renseignement mises en œuvre à compter de la date de leur entrée en vigueur, soit le 3 octobre 2015, y compris celles qui, initiées avant cette date, ont continué à être mises en œuvre après (CE, 19 octobre 2016, Chapron-Feron, n° 396958, Lebon).

Une procédure spécifique

Art. L. 773-1 Le Conseil d'État examine les requêtes présentées sur le fondement des articles L. 841-1 et L. 841-2 du code de la sécurité intérieure conformément aux règles générales du présent code, sous réserve des dispositions particulières du présent chapitre.

Texte source

– Loi n° 2015-912 du 24 juillet 2015, article 10.

Commentaires

Cette procédure spécifique ne méconnaît ni les droits de la défense, ni le droit à la vie privée et familiale, ni et droit au recours effectif protégés par les articles 6, 8 et 13 de la Convention européenne de sauvegarde des droits de l'homme et des libertés fondamentales (CE, 22 mars 2024, n° 476054, *Lebon* T.). L'invocation des articles 3 et 6 de la Convention EDH, 12 et 15 de la Convention contre la torture et 86 du Statut de Rome est inopérante (CE, 21 octobre 2022, n° 458012 *Lebon* T.).

Des formations spécialisées

Art. L. 773-2 Sous réserve de l'inscription à un rôle de l'assemblée du contentieux ou de la section du contentieux qui siègent alors dans une formation restreinte, les affaires relevant du présent chapitre sont portées devant une formation spécialisée. La composition de ces formations est fixée par décret en Conseil d'État.

Préalablement au jugement d'une affaire, l'inscription à un rôle de l'assemblée du contentieux ou de la section du contentieux de l'examen d'une question de droit posée par cette affaire peut être demandée. L'assemblée du contentieux ou la section du contentieux siègent dans leur formation de droit commun.

Les membres des formations mentionnées au premier alinéa et leur rapporteur public sont habilités ès qualités au secret de la défense nationale. Les agents qui les assistent doivent être habilités au secret de la défense nationale aux fins d'accéder aux informations et aux documents nécessaires à l'accomplissement de leur mission. Les membres de ces formations et leur rapporteur public sont astreints, comme les agents qui les assistent, au respect des secrets protégés aux articles 413-10 et 226-13 du code pénal pour les faits, les actes et les renseignements dont ils peuvent avoir connaissance dans l'exercice de leurs fonctions.

Dans le cadre de l'instruction de la requête, les membres de la formation de jugement et le rapporteur public sont autorisés à connaître de l'ensemble des pièces en possession de la Commission nationale de contrôle des techniques de renseignement ou des services mentionnés à l'article L. 811-2 du code de la sécurité intérieure et ceux désignés par le décret en Conseil d'État mentionné à l'article L. 811-4 du même code et utiles à l'exercice de leur office, y compris celles protégées au titre de l'article 413-9 du code pénal.

Texte source

– Loi n° 2015-912 du 24 juillet 2015, article 10.

Commentaires

Où l'on voit apparaître des juges administratifs habilités à connaître des secrets de la défense nationale… L'idée est intéressante, et aurait pu depuis longtemps être mise en œuvre pour autoriser un plein contrôle du juge de l'excès de pouvoir sur des mesures motivées par des préoccupations de défense nationale ou de haute sécurité (voir, sous l'article R. 611-1, les commentaires de l'état du droit existant hors le contentieux de la mise en œuvre de certaines techniques de renseignement).
L'office du juge est défini de la manière suivante :
Il appartient à la formation spécialisée, saisie de conclusions tendant à ce qu'elle s'assure qu'aucune technique de renseignement n'est irrégulièrement mise en œuvre à l'égard du requérant, de vérifier, au vu des éléments qui lui ont été communiqués hors de la procédure contradictoire, si le requérant fait ou non l'objet d'une telle technique. Dans l'affirmative, il lui appartient d'apprécier si cette technique est mise en œuvre dans le respect du livre VIII du Code de la sécurité intérieure.
Lorsqu'il apparaît soit qu'aucune technique de renseignement n'est mise en œuvre à l'égard du requérant, soit que cette mise en œuvre n'est entachée d'aucune illégalité, la formation de jugement informe le requérant de l'accomplissement de ces vérifications et qu'aucune illégalité n'a été commise, sans autre précision.
Dans le cas où une technique de renseignement est mise en œuvre dans des conditions qui apparaissent entachées d'illégalité, elle en informe le requérant, sans faire état d'aucun élément protégé par le secret de la défense nationale. En pareil cas, par une décision distincte dont seule l'administration compétente et la Commission nationale de contrôle des techniques de renseignement (CNCTR) sont destinataires, la formation spécialisée annule le cas échéant l'autorisation et ordonne la destruction des renseignements irrégulièrement collectés (CE, 19 octobre 2016, Chapron-Feron, n° 396958, *Lebon*).
Implicitement jugé que les requêtes concernant la mise en œuvre des techniques de renseignement, présentées sur le fondement de l'article L. 841-1 du Code de la sécurité intérieure devant la formation spécialisée du Conseil d'État relèvent de l'excès de pouvoir (CE, 4 février 2022, Leferrec, n° 456914, *Lebon* T.).

Une procédure non contradictoire

Art. L. 773-3 Les exigences de la contradiction mentionnées à l'article L. 5 du présent code sont adaptées à celles du secret de la défense nationale.
La Commission nationale de contrôle des techniques de renseignement est informée de toute requête présentée sur le fondement de l'article L. 841-1 du code de la sécurité intérieure. Elle est invitée à présenter, le cas échéant, des observations écrites ou orales. L'intégralité des pièces produites par les parties lui est communiquée.

La formation chargée de l'instruction entend les parties séparément lorsqu'est en cause le secret de la défense nationale.

Texte source

– Loi n° 2015-912 du 24 juillet 2015, article 10.

Commentaires

Par trois décisions (CE, 8 février 2017, Habhab, n° 403040 ; Ben Ahdelhawid, n° 396567 ; Polloni, n° 396550) le Conseil d'État a très précisément donné le mode d'emploi du système dérogatoire, reprenant l'avis que, le 10 mars 2015, il avait émis sur le projet de loi relatif au renseignement.

Le huis-clos

Art. L. 773-4 Le président de la formation de jugement ordonne le huis-clos lorsqu'est en cause le secret de la défense nationale.

Texte source

– Loi n° 2015-912 du 24 juillet 2015, article 10.

Commentaires

Comme les dérogations au principe du contradictoire prévues à l'article précédent, ces dispositions nouvelles ne relèvent pas du pouvoir discrétionnaire du président de la formation de jugement : elles sont impératives.

Tous les moyens sont d'ordre public

Art. L. 773-5 La formation de jugement peut relever d'office tout moyen.

Texte source

– Loi n° 2015-912 du 24 juillet 2015, article 10.

Le constat de l'absence d'illégalité

Art. L. 773-6 Lorsque la formation de jugement constate l'absence d'illégalité dans la mise en œuvre d'une technique de recueil de renseignement, la décision indique au requérant ou à la juridiction de renvoi qu'aucune illégalité n'a été commise, sans confirmer ni infirmer la mise en œuvre d'une technique. Elle procède de la même manière en l'absence d'illégalité relative à la conservation des renseignements.

Texte source

– Loi n° 2015-912 du 24 juillet 2015, article 10.

Le constat d'illégalité

Art. L. 773-7 Lorsque la formation de jugement constate qu'une technique de recueil de renseignement est ou a été mise en œuvre illégalement ou qu'un renseignement a été conservé illégalement, elle peut annuler l'autorisation et ordonner la destruction des renseignements irrégulièrement collectés. Sans faire état d'aucun élément protégé par le secret de la défense nationale, elle informe la personne concernée ou la juridiction de renvoi qu'une illégalité a été commise. Saisie de conclusions en ce sens lors d'une requête concernant la mise en œuvre d'une technique de renseignement ou ultérieurement, elle peut condamner l'État à indemniser le préjudice subi. Lorsque la formation de jugement estime que l'illégalité constatée est susceptible de constituer une infraction, elle en avise le procureur de la République et transmet l'ensemble des éléments du dossier au vu duquel elle a statué à la Commission du secret de la défense nationale, afin que celle-ci donne au Premier ministre son avis sur la possibilité de déclassifier tout ou partie de ces éléments en vue de leur transmission au procureur de la République.

Textes sources

– Loi n° 2015-912 du 24 juillet 2015, article 10.
– Loi n° 2017-55 du 20 janvier 2017, article 36.

Commentaires

Voir une première application de ce texte par l'arrêt *Chapron-Feron*, du 19 octobre 2016, n° 396958, disposant, sans autre précision dans la motivation, qu'« il a été procédé à la vérification demandée par M. Chapon-Feron ».

L'extension des compétences de la formation spéciale au contrôle des fichiers

Art. L. 773-8 Lorsqu'elle traite des requêtes relatives à la mise en œuvre de l'article 52 de la loi n° 78-17 du 6 janvier 1978 relative à l'informatique, aux fichiers et aux libertés, la formation de jugement se fonde sur les éléments contenus, le cas échéant, dans le traitement sans les révéler ni révéler si le requérant figure ou non dans le traitement. Toutefois, lorsqu'elle constate que le traitement ou la partie de traitement faisant l'objet du litige comporte des données à caractère personnel le concernant qui sont inexactes, incomplètes, équivoques ou périmées, ou dont la collecte, l'utilisation, la communication ou la conservation est interdite, elle en informe le requérant, sans faire état d'aucun élément protégé par le secret de la défense nationale. Elle peut ordonner que ces données soient, selon les cas, rectifiées, mises à jour ou effacées. Saisie de conclusions en ce sens, elle peut indemniser le requérant.

Textes sources

– Loi n° 2015-912 du 24 juillet 2015, article 10.
– Ordonnance n° 2018-1125 du 12 décembre 2018, article 10.

Commentaires

Les compétences des formations spécialisées du Conseil d'État, et la procédure prévue aux articles précédents, s'appliquent également au contentieux né de la mise en œuvre, par la Commission nationale informatique et libertés, de l'article 41 de la loi n° 78-17 du 6 janvier 1978 relatif au droit d'accès aux traitements intéressant la sûreté de l'État, la défense ou la sécurité publique, et aux informations contenues dans ces traitements. Ce dispositif comble un vide que les règles précédemment applicables aux contentieux liés à la sûreté de l'État ne permettaient pas d'éviter (voir CE ass., 6 novembre 2002, Moon Sun Myung, n° 194295, *Lebon*, p. 380). Le renvoi à l'article 52 de la loi du 6 janvier 1978 est erroné et le Conseil d'État a une interprétation restituant l'exacte portée de ces renvois a jugé qu'ils ne peuvent qu'être lus comme faisant référence à l'article 118 de la loi du 6 janvier 1978, ainsi qu'il ressort du rapprochement tant avec la version initiale des articles L. 311-4-1 et L. 773-8 du CJA qui renvoyait à l'article 41 de la loi du 6 janvier 1978 désormais repris à son article 118, qu'avec l'article L. 841-2 du CSI (CE, 17 août 2023, n° 475081, *Lebon* T.).

Dans le cas de traitements automatisés intéressant la sureté de l'État, l'office du juge est défini de ma manière suivante : il appartient à la formation spécialisée, saisie de conclusions dirigées contre le refus de communiquer les données relatives à une personne qui allègue être mentionnée dans un fichier figurant à l'article R. 841-2 du Code de la sécurité intérieure, de vérifier, au vu des éléments qui lui ont été communiqués hors la procédure contradictoire, si le requérant figure ou non dans le fichier litigieux. Dans l'affirmative, il lui appartient d'apprécier si les données y figurant sont pertinentes au regard des finalités poursuivies par ce fichier, adéquates et proportionnées.

Lorsqu'il apparaît soit que le requérant n'est pas mentionné dans le fichier litigieux, soit que les données à caractère personnel le concernant qui y figurent ne sont entachées d'aucune illégalité, la formation de jugement rejette les conclusions du requérant sans autre précision.

Dans le cas où des informations relatives au requérant figurent dans le fichier litigieux et apparaissent entachées d'illégalité, soit que les données à caractère personnel le concernant sont inexactes, incomplètes, équivoques ou périmées, soit que leur collecte ou leur utilisation, leur communication ou leur conservation est interdite, elle en informe le requérant, sans faire état d'aucun élément protégé par le secret de la défense nationale. Cette circonstance, le cas échéant relevée d'office par le juge dans les conditions prévues à l'article R. 773-21 du Code de justice administrative, implique nécessairement que l'autorité gestionnaire du fichier rétablisse la légalité en effaçant ou en rectifiant, dans la mesure du nécessaire, les données litigieuses. En pareil cas, doit être annulée la décision implicite refusant de procéder à un tel effacement ou une telle rectification (CE, 19 octobre 2016, Sottani, n° 400688, *Lebon* – CE, 28 décembre 2018, Lebastard, n° 396542, s'agissant de données périmées ; CE, 31 juillet 2019, Vivier, n°s 417109 et 420925, *Lebon* T. s'agissant de l'injonction d'effacer les données périmées). Ces dispositions ne comportent pas d'obligation de faire naître une décision administrative préalable à des conclusions indemnitaires et sont exclusives de l'application de l'article L. 421-1 (CE, 31 juillet 2019, Destin, n° 420460, *Lebon* T.).

Dispositions réglementaires

La version du code retenue par le site officiel Légifrance ne fait apparaître les sections de ce chapitre qu'à partir des mesures réglementaires. On s'est plié à cette présentation, sans l'approuver.

SECTION 1 Dispositions générales

SOUS-SECTION 1 Composition de la formation spécialisée chargée du contentieux de la mise en œuvre des techniques de renseignement soumises à autorisation et des fichiers intéressant la sûreté de l'État

L'applicabilité du Code de justice administrative

Art. R. 773-7 Les requêtes et saisines présentées sur le fondement des articles L. 841-1, L. 841-2, du III de l'article L. 853-3 et de l'article L. 854-9 du code de la sécurité intérieure sont examinées conformément aux règles générales du présent code, sous réserve des dispositions particulières du présent chapitre.

Texte source

– Décret n° 2016-67 du 29 janvier 2016, article 7.

La composition de la formation spécialisée du Conseil d'État

Art. R. 773-8 La formation spécialisée prévue à l'article L. 773-2 du présent code comprend, outre le président désigné conformément à l'article R. 773-9, deux membres ayant au moins le grade de conseiller d'État ainsi que deux suppléants ayant au moins le grade de maître des requêtes, désignés par arrêté du président de la section du contentieux, après avis des présidents adjoints.

Les membres de la formation spécialisée autres que son président exercent la fonction de rapporteur.

Texte source

– Décret n° 2015-1211 du 1er octobre 2015, article 1er.

Le président de la formation spécialisée

Art. R. 773-9 Le président de la formation spécialisée prévue à l'article L. 773-2 du présent code est désigné, pour une durée de quatre ans, par arrêté du Premier ministre, sur proposition du garde des Sceaux, ministre de la

justice ; le vice-président du Conseil d'État est appelé à faire la présentation après avis du président de la section du contentieux et des présidents adjoints de ladite section. Le président de la formation spécialisée est, à sa demande, renouvelé dans ses fonctions pour une durée de trois ans par arrêté du vice-président du Conseil d'État.
Sauf prolongation, dans la limite de six mois, par arrêté du vice-président en cas de nécessité de service, nul ne peut exercer les fonctions de président de la formation spécialisée plus de sept années consécutives.

Textes sources

– Décret n° 2015-1211 du 1er octobre 2015, article 1er.
– Décret n° 2016-899 du 1er juillet 2016, article 1er.

Commentaires

La désignation du président de la formation spécialisée s'opère exactement dans les mêmes conditions que celles des présidents de chambre (voir CJA, art. R. 122-6). On voit mal que les modalités ainsi retenues témoignent du souci du pouvoir exécutif de s'assurer de la docilité dudit président…

Le rapporteur public de la formation spécialisée et son suppléant

Art. R. 773-10 Un rapporteur public et un rapporteur public suppléant sont désignés par arrêté du vice-président du Conseil d'État, pris sur proposition du président de la section du contentieux après consultation du président de la formation spécialisée, parmi les rapporteurs publics désignés en application des dispositions de l'article R. 122-5.

Texte source

– Décret n° 2015-1211 du 1er octobre 2015, article 1er.

Les délibérations de la formation spécialisée

Art. R. 773-11 La formation spécialisée ne peut délibérer que si trois membres sont présents. En cas d'absence ou d'empêchement de son président, elle est présidée par le membre de la formation le plus ancien dans l'ordre du tableau et complétée par l'un des suppléants pris dans l'ordre du tableau. En cas d'absence ou d'empêchement d'un membre autre que le président, elle est complétée par l'un des suppléants pris dans l'ordre du tableau.

Texte source

– Décret n° 2015-1211 du 1er octobre 2015, article 1er.

SOUS-SECTION 2 Renvoi de l'affaire à la section du contentieux ou à l'assemblée du contentieux siégeant en formation restreinte

Le renvoi à l'assemblée ou à la section du contentieux

Art. R. 773-12 Le jugement des affaires relevant du présent chapitre est renvoyé à la section du contentieux ou à l'assemblée du contentieux, qui siègent alors en formation restreinte, à la demande soit du vice-président du Conseil d'État, soit du président de la section du contentieux, soit du président de la formation spécialisée, soit de la formation spécialisée, soit du rapporteur public.

Texte source

– Décret n° 2015-1211 du 1er octobre 2015, article 1er.

SOUS-SECTION 3 Renvoi préalable d'une question de droit à la section du contentieux ou à l'assemblée du contentieux

Le renvoi préalable d'une question de droit

Art. R. 773-13 L'examen d'une question de droit posée par une affaire relevant du présent chapitre est renvoyé à l'assemblée du contentieux ou à la section du contentieux, siégeant dans leur formation de droit commun, à la demande soit du vice-président du Conseil d'État, soit du président de la section du contentieux, soit du président de la formation spécialisée, soit de la formation spécialisée, soit du rapporteur public.

Texte source

– Décret n° 2015-1211 du 1er octobre 2015, article 1er.

SOUS-SECTION 4 Composition de la section du contentieux et de l'assemblée du contentieux siégeant en formation restreinte

La composition de la section du contentieux siégeant en formation restreinte

Art. R. 773-14 La section du contentieux siégeant en formation restreinte comprend :

1° Le président de la section ;

2° Les trois présidents adjoints ;

3° Le président de chambre le plus ancien dans ses fonctions ;

4° Le président de la formation spécialisée ;

5° Le membre de la formation spécialisée exerçant la fonction de rapporteur.

Textes sources
– Décret n° 2015-1211 du 1er octobre 2015, article 1er.
– Décret n° 2016-899 du 1er juillet 2016, article 1er.

Les délibérations de la section du contentieux siégeant en formation restreinte

Art. R. 773-15 En cas d'absence ou d'empêchement du président de la section du contentieux, celle-ci est présidée par l'un des présidents adjoints siégeant au titre du 2° pris dans l'ordre d'ancienneté de leurs fonctions ou, à défaut de l'un de ces derniers, par le président de chambre le plus ancien dans ses fonctions présent à la séance.

En cas d'absence ou d'empêchement, le président de la formation spécialisée est remplacé par l'un des membres de cette formation pris dans l'ordre du tableau.

La section du contentieux en formation restreinte ne peut statuer que si cinq au moins de ses membres ayant voix délibérative sont présents.

Elle ne peut statuer qu'en nombre impair. Lorsque les membres présents à la séance ayant voix délibérative sont en nombre pair, la section est complétée par le président de chambre le plus ancien dans ses fonctions autre que celui mentionné au 3°. Il en est de même lorsque, par suite de vacance, d'absence ou d'empêchement, les membres présents ne se trouvent pas en nombre pour délibérer.

Textes sources
– Décret n° 2015-1211 du 1er octobre 2015, article 1er.
– Décret n° 2016-899 du 1er juillet 2016, article 1er.

La composition et les délibérations de l'assemblée du contentieux siégeant en formation restreinte

Art. R. 773-16 L'assemblée du contentieux siégeant en formation restreinte comprend :

1° Le vice-président du Conseil d'État ;

2° Le président de la section du contentieux et les trois présidents de section administrative les plus anciens dans leurs fonctions ;

3° Les deux présidents adjoints de la section du contentieux les plus anciens dans leurs fonctions ;

4° Le président de la formation spécialisée ou, en cas d'absence ou d'empêchement de celui-ci, un membre de cette formation, pris dans l'ordre du tableau ;

5° Le membre de la formation spécialisée exerçant la fonction de rapporteur.

La présidence de l'assemblée du contentieux siégeant en formation restreinte appartient au vice-président du Conseil d'État.

L'assemblée ne peut valablement siéger que si sept de ses membres ou leurs suppléants sont présents.

Elle ne peut statuer qu'en nombre impair. Lorsque les membres présents à la séance ayant voix délibérative sont en nombre pair, l'assemblée est complétée par le président de section administrative le plus ancien dans ses fonctions ne siégeant pas au titre du 2° ou, à défaut, par le président adjoint de la section du contentieux le plus ancien dans ses fonctions ne siégeant pas au titre du 3° ou du 4° ou, à défaut, par le président de chambre le plus ancien dans ses fonctions ne siégeant pas au titre du 4°.

Textes sources

– Décret n° 2015-1211 du 1er octobre 2015, article 1er.
– Décret n° 2016-899 du 1er juillet 2016, article 1er.

Les empêchements de certains membres de l'assemblée du contentieux

Art. R. 773-17 En cas d'empêchement du vice-président du Conseil d'État, la présidence de l'assemblée du contentieux en formation restreinte est exercée par le président de la section du contentieux. Pour compléter l'assemblée, le vice-président du Conseil d'État est suppléé par le président de section administrative siégeant au titre du 2° de l'article R. 773-16 le plus ancien dans ses fonctions, lui-même suppléé par le président de section administrative ne siégeant pas au titre du même 2° le plus ancien dans ses fonctions.

En cas d'empêchement, le président de la section du contentieux est suppléé, pour compléter l'assemblée, par le président adjoint de ladite section le plus ancien dans ses fonctions. Ce dernier est suppléé par un président adjoint de la section du contentieux pris dans l'ordre d'ancienneté des fonctions et, à défaut, par le président de chambre le plus ancien dans l'ordre de ses fonctions autre que celui mentionné au dernier alinéa de l'article R. 773-16.

En cas d'empêchement d'un président de section administrative, celui-ci est suppléé par le président de section administrative ne siégeant pas au titre du 2° de l'article R. 773-16 le plus ancien dans ses fonctions.

En cas d'empêchement d'un président adjoint de la section du contentieux ou si le président de la formation spécialisée est un des présidents adjoints mentionnés au 3° de l'article R. 773-16, celui-ci est supplée par le président adjoint ne siégeant pas au titre du même 3° du même article.

Textes sources

– Décret n° 2015-1211 du 1er octobre 2015, article 1er.
– Décret n° 2016-899 du 1er juillet 2016, article 1er.

SOUS-SECTION 5 Juge des référés

Juge des référés

Art. R. 773-18 Le président de la section du contentieux exerce la fonction de juge des référés et désigne, parmi les présidents adjoints de la section du contentieux et les membres de la formation spécialisée, les conseillers d'État qui peuvent statuer en qualité de juges des référés sur les demandes relatives à la mise en œuvre des techniques de renseignement ou aux traitements de données intéressant la sûreté de l'État qui sont présentées en application des dispositions du second alinéa de l'article L. 311-4-1 et du livre V du présent code.

Texte source

– Décret n° 2015-1211 du 1er octobre 2015, article 1er.

SOUS-SECTION 6 Pouvoirs du président de la formation spécialisée

La possibilité de statuer par ordonnance

Art. R. 773-19 Les dispositions de l'article R. 122-12 du présent code sont applicables.

Texte source

– Décret n° 2015-1211 du 1er octobre 2015, article 1er.

Commentaires

L'article R. 122-12 régit les possibilités de règlement par ordonnance de diverses requêtes dont le Conseil d'État est saisi.

SOUS-SECTION 7 Instruction

La procédure contradictoire

Art. R. 773-20 Le défendeur indique au Conseil d'État, au moment du dépôt de ses mémoires et pièces, les passages de ses productions et, le cas échéant, de celles de la Commission nationale de contrôle des techniques de renseignement, qui sont protégés par le secret de la défense nationale.

Les mémoires et les pièces jointes produits par le défendeur et, le cas échéant, par la Commission nationale de contrôle des techniques de renseignement sont communiqués au requérant, à l'exception des passages des mémoires et des pièces qui, soit comportent des informations protégées par le secret de la défense nationale, soit confirment ou infirment la mise en œuvre d'une technique de renseignement à l'égard du requérant, soit divulguent des éléments contenus dans le traitement de données, soit révèlent que le requérant figure ou ne figure pas dans le traitement.

Lorsqu'une intervention est formée, le président de la formation spécialisée ordonne, s'il y a lieu, que le mémoire soit communiqué aux parties, et à la Commission nationale de contrôle des techniques de renseignement, dans les mêmes conditions et sous les mêmes réserves que celles mentionnées à l'alinéa précédent.

Texte source

– Décret n° 2015-1211 du 1er octobre 2015, article 1er.

Commentaires

Cet article organise la procédure contradictoire tout en préservant le secret de la défense nationale.

La communication des moyens relevés d'office et ses limites

Art. R. 773-21 Lorsque la formation de jugement relève un moyen d'office en application de l'article L. 773-5, elle le communique aux parties dans les mêmes conditions et sous les mêmes réserves que celles mentionnées à l'article R. 773-20.

Texte source

– Décret n° 2015-1211 du 1er octobre 2015, article 1er.

L'audition des parties

Art. R. 773-22 La décision qui prescrit l'audition des parties précise si elles sont entendues ensemble ou séparément, en application du dernier alinéa de l'article L. 773-3. Elle est notifiée aux parties.

L'audition donne lieu à l'établissement d'un procès-verbal qui est communiqué à la Commission nationale de contrôle des techniques de renseignement.

Les parties peuvent être assistées ou représentées lors de ces auditions.

Texte source

– Décret n° 2015-1211 du 1er octobre 2015, article 1er.

SOUS-SECTION 8 Jugement

Le rôle de la séance de la formation spécialisée

Art. R. 773-23 Le rôle de chaque séance de jugement de la formation spécialisée est préparé par le rapporteur public chargé de présenter ses conclusions et arrêté par le président de la formation de jugement.

Quatre jours au moins avant la séance, les avocats au Conseil d'État et à la Cour de cassation sont avisés que les affaires pour lesquelles ils sont inscrits figurent au rôle de la formation spécialisée. En cas d'urgence, ce délai peut être réduit par décision du président de la section du contentieux.

Les parties qui ne sont pas représentées par un avocat au Conseil d'État et à la Cour de cassation et, le cas échéant, la Commission nationale de contrôle des techniques de renseignement sont informées de l'inscription au rôle de leur affaire.

L'avis d'audience reproduit les dispositions des articles R. 731-1, R. 731-2, R. 731-3, R. 733-2, R. 733-3 et R. 773-20. Sauf lorsque le recours est formé en application du 2° de l'article L. 841-1 du code de la sécurité intérieure, les parties, la Commission nationale de contrôle des techniques de renseignement, ou leurs mandataires, ne peuvent être mis en mesure de prendre connaissance, avant la tenue de l'audience, du sens des conclusions du rapporteur public.

Les rôles sont affichés au secrétariat du contentieux.

Lorsque l'audience n'est pas publique, l'avis l'indique.

Le présent article est applicable lorsque la section ou l'assemblée siègent en formation restreinte en application du premier alinéa de l'article L. 773-2 du présent code.

Texte source

– Décret n° 2015-1211 du 1er octobre 2015, article 1er.

Les conclusions du rapporteur public

Art. R. 773-24 Dans les cas où les débats sont susceptibles de porter sur des informations protégées par le secret de la défense nationale, ou de confirmer ou infirmer la mise en œuvre d'une technique de renseignement à l'égard du requérant, ou de révéler des éléments contenus dans le traitement de données, ou si le requérant figure ou non dans le traitement, le requérant est invité à présenter ses observations avant les conclusions du rapporteur public et, après les avoir formulées, à se retirer. Le défendeur, les représentants de la Commission nationale de contrôle des techniques de renseignement et les autres personnes présentes se retirent également.

Les conclusions du rapporteur public ne peuvent être ni communiquées au requérant ni publiées.

Les dispositions du présent article, à l'exception de celles relatives à la diffusion des conclusions du rapporteur public, ne sont pas applicables lorsque le recours est formé en application du 2° de l'article L. 841-1 du code de la sécurité intérieure.

Texte source

– Décret n° 2015-1211 du 1er octobre 2015, article 1er.

L'audience devant le juge des référés

Art. R. 773-25 Devant le juge des référés, les parties ainsi que, le cas échéant, la Commission nationale de contrôle des techniques de renseignement sont convoquées à l'audience. Le juge des référés entend séparément les parties ainsi que, le cas échéant, la Commission nationale de contrôle des techniques de renseignement, lorsque les débats sont susceptibles de porter sur des informations protégées par le secret de la défense nationale, de confirmer ou d'infirmer la mise en œuvre d'une technique de renseignement à l'égard du requérant, ou de révéler des éléments contenus dans le traitement de données ou si le requérant figure ou non dans le traitement.

Texte source

– Décret n° 2015-1211 du 1er octobre 2015, article 1er.

Destruction ou rectification des renseignements irréguliers

Art. R. 773-26 Lorsqu'il annule l'autorisation et, le cas échéant, ordonne la destruction des renseignements irrégulièrement collectés, ou lorsqu'il constate que le traitement en cause est irrégulier et, le cas échéant, ordonne que les données soient rectifiées, mises à jour ou effacées, le Conseil d'État communique au Premier ministre et, le cas échéant, à la Commission nationale de contrôle des techniques de renseignement les motifs de sa décision.

Texte source

– Décret n° 2015-1211 du 1er octobre 2015, article 1er.

Commentaires

Il résulte de ce texte, *a contrario*, que le requérant ne connaît pas les motifs de la décision du Conseil d'État, qui pourtant porte condamnation des pratiques administratives contestées… C'est l'application de l'article L. 773-7 qui commande ce dispositif.

Les mentions de la décision

Art. R. 773-27 Les décisions du Conseil d'État rendues en application du présent chapitre, par la formation restreinte de l'assemblée ou de la section du contentieux ou par la formation spécialisée, portent, selon les cas, la mention suivante :

1° Le Conseil d'État statuant au contentieux (assemblée du contentieux, formation restreinte) ;

2° Le Conseil d'État statuant au contentieux (section du contentieux, formation restreinte) ;

3° Le Conseil d'État statuant au contentieux (section du contentieux, formation spécialisée).

Texte source

– Décret n° 2015-1211 du 1er octobre 2015, article 1er.

L'assistance au délibéré

Art. R. 773-28 Dans le cas où il est fait application de l'article R. 773-24, l'article R. 731-4 n'est pas applicable.

Texte source

– Décret n° 2015-1211 du 1er octobre 2015, article 1er.

Commentaires

L'article R. 731-4 énumère les personnes habilitées à assister au délibéré. Il n'est pas surprenant qu'il ne trouve pas à s'appliquer « dans les cas où les débats sont susceptibles de porter sur des informations protégées par le secret de la défense nationale, ou de confirmer ou infirmer la mise en œuvre d'une technique de renseignement à l'égard du requérant, ou de révéler des éléments contenus dans le traitement de données », tel étant le champ d'application de l'article R. 773-24.

SOUS-SECTION 9 Le secrétariat

Le secrétariat des formations spécialisées ou restreintes

Art. R. 773-29 Le secrétariat de la formation spécialisée, de la formation restreinte de la section et de la formation restreinte de l'assemblée est assuré par le secrétaire du contentieux ou un autre agent du secrétariat du contentieux, également habilité au secret de la défense nationale dans les conditions prévues à l'article L. 773-2 du présent code.

Texte source

– Décret n° 2015-1211 du 1er octobre 2015, article 1er.

SECTION 2 *Dispositions sur les recours relatifs à la mise en œuvre des techniques de renseignement soumises à autorisation*

SOUS-SECTION 1 Les recours formés en application du 1° de l'article L. 841-1 du Code de la sécurité intérieure

Commentaires

Selon le 1° de l'article L. 841-1 du Code de la sécurité intérieure, le Conseil d'État, compétent pour connaître des requêtes concernant la mise en œuvre des techniques de renseignement, peut être saisi par « toute personne souhaitant vérifier qu'aucune technique de renseignement n'est irrégulièrement mise en œuvre à son égard et justifiant de la mise en œuvre préalable de la procédure prévue à l'article L. 833-4 ».

Le délai pour saisir le Conseil d'État

Art. R. 773-30 Le Conseil d'État ne peut être saisi, en application du 1° de l'article L. 841-1 du code de la sécurité intérieure, que dans les deux mois à partir de la notification de l'information prévue à l'article L. 833-4 du même code. S'il n'a pas été procédé à cette notification dans un délai de deux mois à compter de la date de dépôt de la réclamation, le Conseil d'État peut être saisi dans un délai de quatre mois à compter de cette même date.

Texte source

– Décret n° 2015-1211 du 1er octobre 2015, article 1er.

Commentaires

Selon l'article L. 833-4 du Code de la sécurité intérieure, « lorsqu'elle est saisie d'une réclamation de toute personne souhaitant vérifier qu'aucune technique de renseignement n'est irrégulièrement mise en œuvre à son égard, la commission procède au contrôle de la ou des techniques invoquées en vue de vérifier qu'elles ont été ou sont mises en œuvre dans le respect du présent livre. Elle notifie à l'auteur de la réclamation qu'il a été procédé aux vérifications nécessaires, sans confirmer ni infirmer leur mise en œuvre. » On doit estimer que la personne déposant une réclamation devant la commission se verra, par l'accusé de réception prévu à l'article L. 112-3 du Code des relations entre le public et l'administration, prévenue et du délai de décision implicite et du délai de recours contentieux.

Le contenu de la requête

Art. R. 773-31 Dans les cas visés par l'article R. 773-30, le Conseil d'État est saisi par requête. La requête indique les nom et domicile des parties. Elle contient l'exposé des faits et les demandes de vérification de mise en œuvre de techniques de renseignement sollicitées.

Elle contient également soit la notification de l'information prévue à l'article L. 833-4 du code de la sécurité intérieure soit la justification de la mise en œuvre préalable de la procédure prévue à ce même article.

Texte source

– Décret n° 2015-1211 du 1er octobre 2015, article 1er.

SOUS-SECTION 2 Les recours formés en application du 2° de l'article L. 841-1 du Code de la sécurité intérieure

Commentaires

Selon le 2° de l'article L. 841-1 du Code de la sécurité intérieure, le Conseil d'État, compétent pour connaître des requêtes concernant la mise en œuvre des techniques de renseignement, peut être saisi par « la Commission nationale de contrôle des techniques de renseignement, dans les conditions prévues à l'article L. 833-8 ».

Et ce dernier article dispose que « Le Conseil d'État peut être saisi d'un recours prévu au 2° de l'article L. 841-1 soit par le président de la commission lorsque le Premier ministre ne donne pas suite aux avis ou aux recommandations de la commission ou que les suites qui y sont données sont estimées insuffisantes, soit par au moins trois membres de la commission. »

Le délai donne au président de la commission pour saisir le Conseil d'État

Art. R. 773-32 Le Conseil d'État peut être saisi par le président de la Commission nationale de contrôle des techniques de renseignement en application du 2° de l'article L. 841-1 du code de la sécurité intérieure dans le délai d'un mois à partir de la date où il a eu connaissance de la décision du Premier ministre de ne pas donner suite aux avis ou aux recommandations de la commission ou s'il estime que les suites données sont insuffisantes.

Texte source

– Décret n° 2015-1211 du 1er octobre 2015, article 1er.

Le délai donné aux membres de la commission pour saisir le Conseil d'État

Art. R. 773-33 Le Conseil d'État peut être saisi par trois membres au moins de la Commission nationale de contrôle des techniques de renseignement en application du 2° de l'article L. 841-1 du code de la sécurité intérieure :

1° Dans un délai d'un mois à partir de la date où la commission a eu connaissance de la décision du Premier ministre prise à la suite d'un avis ou d'une recommandation qu'elle a émis ;

2° Dans un délai d'un mois à partir de la date où la commission a eu connaissance de la mise en œuvre d'une technique de renseignement faisant l'objet de la requête.

Texte source

– Décret n° 2015-1211 du 1er octobre 2015, article 1er.

Le contenu de la requête

Art. R. 773-34 Dans les cas prévus à l'article R. 773-32 et R. 773-33, le Conseil d'État est saisi par requête. La requête contient l'exposé des faits et les motifs du recours. Elle est communiquée au Premier ministre et à l'ensemble des membres de la Commission nationale de contrôle des techniques de renseignement.

Texte source

– Décret n° 2015-1211 du 1er octobre 2015, article 1er.

SOUS-SECTION 3 Les recours formés en application de l'article L. 854-9 du Code de la sécurité intérieure

Commentaires

Selon l'article L. 854-9 du Code de la sécurité intérieure, « [...] De sa propre initiative ou sur réclamation de toute personne souhaitant vérifier qu'aucune mesure de surveillance n'est irrégulièrement mise en œuvre à son égard, la commission s'assure que les mesures mises en œuvre au titre du présent chapitre respectent les conditions qu'il fixe ainsi que celles définies par les textes pris pour son application et par les décisions et autorisations du Premier ministre ou de ses délégués. Elle notifie à l'auteur de la réclamation qu'il a été procédé aux vérifications nécessaires, sans confirmer ni infirmer la mise en œuvre de mesures de surveillance. Lorsqu'elle constate un manquement au présent chapitre, la commission adresse au Premier ministre une recommandation tendant à ce que le manquement cesse et que les renseignements collectés soient, le cas échéant, détruits. Lorsque le Premier ministre ne donne pas suite à cette recommandation ou que les suites qui y sont données sont estimées insuffisantes, le Conseil d'État, statuant dans les conditions prévues au chapitre III *bis* du titre VII du livre VII du code de justice administrative, peut être saisi par le président ou par au moins trois membres de la commission [...] ».

La saisine du Conseil d'État

Art. R. 773-34-1 Le Conseil d'État peut être saisi par le président de la Commission nationale de contrôle des techniques de renseignement ou par trois membres au moins de cette commission en application de l'article L. 854-9 du code de la sécurité intérieure dans le délai d'un mois à partir de la date où la commission a eu connaissance de la décision du Premier ministre prise à la suite d'une recommandation qu'elle a émise.

Texte source

– Décret n° 2016-67 du 29 janvier 2016, article 7.

Le contenu de la requête

Art. R. 773-34-2 Dans le cas prévu à l'article R. 773-34-1, le Conseil d'État est saisi par requête. La requête contient l'exposé des faits et les motifs du recours. Elle est communiquée au Premier ministre et à l'ensemble des membres de la Commission nationale de contrôle des techniques de renseignement.

Texte source

– Décret n° 2016-67 du 29 janvier 2016, article 7.

SECTION 3 Saisine à titre préjudiciel

Commentaires

Selon le dernier alinéa de l'article L. 841-1 du Code de la sécurité intérieure, « Lorsqu'une juridiction administrative ou une autorité judiciaire est saisie d'une procédure ou d'un litige dont la solution dépend de l'examen de la régularité d'une ou de plusieurs techniques de recueil de renseignement, elle peut, d'office ou sur demande de l'une des parties, saisir le Conseil d'État à titre préjudiciel. Il statue dans le délai d'un mois à compter de sa saisine. »

Le renvoi préjudiciel

Art. R. 773-35 Lorsqu'une juridiction administrative est saisie d'un litige dont la solution dépend de l'examen de la régularité d'une ou plusieurs techniques de recueil de renseignement, elle peut saisir le Conseil d'État par une décision juridictionnelle motivée qui n'est susceptible d'aucun recours. Elle sursoit à statuer jusqu'à la décision du Conseil d'État.

Texte source

– Décret n° 2015-1211 du 1er octobre 2015, article 1er.

Commentaires

Ce texte faisant partie du Code de justice administrative, il est normal qu'il ne contienne que des mentions relatives au renvoi préjudiciel par une juridiction administrative, et même, devrait-on dire, par une juridiction administrative soumise au présent code. Cela ne signifie évidemment aucunement que les juridictions judiciaires ne sont pas soumises à la règle du renvoi préjudiciel prévue par l'article L. 841-1 du Code de la sécurité intérieure. Il est même permis d'estimer que ces dernières dispositions visent surtout la juridiction judiciaire en lui rappelant la compétence exclusive du Conseil d'État…

L'instruction de la saisine préjudicielle

Art. R. 773-36 Lorsque le Conseil d'État est saisi à titre préjudiciel, les délais les plus brefs sont donnés aux parties et à la Commission nationale de contrôle des techniques de renseignement pour produire leurs observations.

Texte source

– Décret n° 2015-1211 du 1er octobre 2015, article 1er.

CHAPITRE 3 *TER* Le contentieux des décisions administratives fondées sur des motifs en lien avec la prévention d'actes de terrorisme

La protection des auteurs de certaines décisions

Art. L. 773-9 Les exigences de la contradiction mentionnées à l'article L. 5 sont adaptées à celles de la protection de la sécurité des auteurs des décisions mentionnées au second alinéa de l'article L. 212-1 du code des relations entre le public et l'administration.

Lorsque dans le cadre d'un recours contre l'une de ces décisions, le moyen tiré de la méconnaissance des formalités prescrites par le même article L. 212-1 ou de l'incompétence de l'auteur de l'acte est invoqué par le requérant ou si le juge entend relever d'office ce dernier moyen, l'original de la décision ainsi que la justification de la compétence du signataire sont communiqués par l'administration à la juridiction qui statue sans soumettre les éléments qui lui ont été communiqués au débat contradictoire ni indiquer l'identité du signataire dans sa décision.

Texte source

– Loi n° 2017-258 du 28 février 2017, article 4.

Commentaires

L'article L. 212-1 du Code des relations entre le public et l'administration (modifié par la loi n° 2017-258 du 28 février 2017) impose à toute décision administrative de comporter, entre autres, les nom, prénom et qualité de son auteur, sauf en ce qui concerne les mesures fondées sur des motifs en lien avec la prévention d'actes de terrorisme, lesquelles doivent pouvoir être prises en préservant l'anonymat de leur auteur.

L'article L. 773-9 du Code de justice administrative traduit cette précaution en termes procéduraux, de façon à maintenir la possibilité de soumettre au juge le moyen tiré de l'incompétence de l'auteur de la décision. La solution retenue par l'article L. 773-9 s'inspire visiblement de la jurisprudence *Banque de France c/Huberschwiller* (CE, 23 décembre 1988, n° 95310, *Lebon*, p. 464, citée aux commentaires de l'art. R. 611-1).

On note qu'à la différence des contentieux de la mise en œuvre des techniques de renseignement, l'article L. 773-9 n'appelle pas l'intervention d'une formation de jugement spécialisée.

Les modalités d'examen des recours en annulation à l'encontre des mesures individuelles de contrôle et de surveillance

Art. L. 773-10 Les modalités selon lesquelles le tribunal administratif examine les recours en annulation formés contre les mesures individuelles de contrôle et de surveillance obéissent aux règles définies aux articles L. 228-2 et L. 228-5 du code de la sécurité intérieure.

Un décret en Conseil d'État fixe les modalités d'application du présent article.

Texte source

– Loi n° 2019-222 du 23 mars 2019, article 65.

Commentaires

Encore deux procédures spéciales d'urgence confiées au président du tribunal administratif ou au magistrat qu'il délègue (délai de recours de 48 heures, délai de jugement de 72 heures, recours suspensif, audience publique sans rapporteur public).

La possibilité de ne pas communiquer les motifs de certaines décisions

Art. L. 773-11 I. – Le présent article est applicable au contentieux des décisions administratives prononcées sur le fondement des articles L. 212-1, L. 224-1, L. 225-1 à L. 225-8, L. 227-1 et L. 228-1 à L. 228-7 du code de la sécurité intérieure, de l'article L. 562-2 du code monétaire et financier, des articles L. 222-1, L. 312-1 et L. 312-3, L. 321-1, L. 332-1, L. 432-1 et L. 432-4, L. 511-7, L. 512-2 à L. 512-4, L. 631-1 à L. 631-4, L. 731-3 et L. 731-4 du code de l'entrée et du séjour des étrangers et du droit d'asile et des articles 21-4 et 21-27 du code civil, dès lors qu'elles sont fondées sur des motifs en lien avec la prévention d'actes de terrorisme.

Texte source

– Loi n° 2024-42 du 26 janvier 2024, article 74.

Commentaires

Encore une entorse au caractère contradictoire de la procédure (CE ass., 6 novembre 2002, Moon Sun Myung, n° 194295, *Lebon*, p. 380, confirmant CE, 11 mars 1955, Secrétaire d'État à la Guerre c/Coulon, *Lebon*, p. 149), mais elle est organisée par des dispositions législatives. Par une décision n° 2025-1147 QPC du 11 juillet 2025, le Conseil constitutionnel a déclaré contraire à la Constitution le paragraphe II de l'article L. 773-11 du Code de justice administrative.

SECTION 1 Dispositions applicables aux recours formés contre les décisions portant renouvellement des mesures prises sur le fondement des 1° à 3° de l'article L. 228-2 et du premier alinéa de l'article L. 228-5 du même code (lire Code de la sécurité intérieure)

Les modalités d'examen des recours en annulation à l'encontre des décisions de renouvellement

Art. R. 773-37 Les requêtes dirigées contre les décisions portant renouvellement des mesures prises sur le fondement des 1° à 3° de l'article L. 228-2 du code de la sécurité intérieure et du premier alinéa de l'article L. 228-5 du même code sont présentées, instruites et jugées selon les dispositions du présent code, sous réserve des dispositions de la présente section.

Texte source

– Décret n° 2019-1495 du 27 décembre 2019, article 1er.

Commentaires

Les décisions visées sont les restrictions de déplacement, les obligations de présentation périodiques, les obligations déclaratives de changement de lieu d'habitation et l'obligation de ne pas se trouver en relation directe ou indirecte avec certaines personnes. Le décret n° 2019-1495 du 27 décembre 2019 tire les conséquences des réserves énoncées par la décision du Conseil constitutionnel n° 2017-695 QPC du 29 mars 2018. Curieuses dispositions que celles qui régissent le renouvellement avant l'édiction.

L'absence de prorogation du délai de recours

Art. R. 773-38 Le délai de recours de quarante-huit heures mentionné au sixième alinéa de l'article L. 228-2 du code de la sécurité intérieure et au troisième alinéa de l'article L. 228-5 du même code n'est susceptible d'aucune prorogation.

La notification de la décision indique que le recours doit être adressé au tribunal administratif dans le ressort duquel est situé le lieu de résidence de la personne concernée.

Le second alinéa de l'article R. 411-1 n'est pas applicable et l'expiration du délai n'interdit pas au requérant de soulever des moyens nouveaux, quelle que soit la cause juridique à laquelle ils se rattachent. Le jugement mentionne les moyens nouveaux soulevés par les parties lors de l'audience, à moins qu'un procès-verbal d'audience signé par le juge et par l'agent chargé du greffe ait été établi.

Texte source

– Décret n° 2019-1495 du 27 décembre 2019, article 1er.

L'exemplaire unique de la requête

Art. R. 773-39 La requête est présentée en un seul exemplaire.

Texte source

– Décret n° 2019-1495 du 27 décembre 2019, article 1er.

Des transmissions par tous moyens

Art. R. 773-40 Dès le dépôt de la requête, le président du tribunal administratif transmet par tous moyens au ministre de l'intérieur copie de la requête et des pièces qui y sont jointes.

Les autres mesures prises pour l'instruction de l'affaire, l'avis d'audience et le jugement sont notifiés aux parties par tous moyens.

Texte source

– Décret n° 2019-1495 du 27 décembre 2019, article 1er.

L'audience à date et heure fixes

Art. R. 773-41 Le président du tribunal administratif ou le magistrat désigné fixe, dès l'enregistrement de la requête, la date et l'heure de l'audience au cours de laquelle l'affaire sera appelée. Dans ce cas, l'ordonnance tient lieu d'avertissement prévu à l'article R. 711-2.

Texte source

– Décret n° 2019-1495 du 27 décembre 2019, article 1er.

Une procédure écrite et orale

Art. R. 773-42 Après le rapport fait par le président du tribunal administratif ou par le magistrat désigné, les parties peuvent présenter en personne ou par l'intermédiaire d'un avocat, des observations orales. Elles peuvent également produire des documents à l'appui de leurs conclusions. Si ces documents apportent des éléments nouveaux, le magistrat demande à l'autre partie de les examiner et de lui faire part, à l'audience, de ses observations.

L'information des parties à l'audience

Art. R. 773-43 L'information des parties prévue aux articles R. 611-7 et R. 612-1 peut être accomplie au cours de l'audience.

Texte source

– Décret n° 2019-1495 du 27 décembre 2019, article 1er.

La clôture de l'instruction à l'audience

Art. R. 773-44 L'instruction est close soit après que les parties ont formulé leurs observations orales, soit, si ces parties sont absentes ou ne sont pas représentées, après appel de leur affaire à l'audience.

Toutefois, le président du tribunal administratif ou le magistrat désigné peut, sans excéder le délai mentionné à l'article R. 773-47, différer la clôture de l'instruction à une date postérieure à celle de l'audience et dont il avise les parties par tous moyens. Dans ce cas, les productions complémentaires déposées après l'audience et avant la clôture de l'instruction peuvent également être adressées directement aux autres parties, sous réserve, pour la partie qui y procède, d'apporter au juge la preuve de ses diligences.

Texte source

– Décret n° 2019-1495 du 27 décembre 2019, article 1er.

L'absence de conclusions du rapporteur public

Art. R. 773-45 Conformément aux dispositions des articles L. 228-2 et L. 228-5 du code de la sécurité intérieure, les jugements sont rendus, sans conclusions du rapporteur public, par le président du tribunal administratif ou le magistrat qu'il désigne à cet effet.

Texte source

– Décret n° 2019-1495 du 27 décembre 2019, article 1er.

Les cas de jugement par ordonnance

Art. R. 773-46 Les attributions dévolues par les dispositions réglementaires du présent code à la formation de jugement ou à son président sont exercées par le président du tribunal administratif ou le magistrat qu'il désigne à cet effet.

Il peut, par ordonnance :

1° Donner acte des désistements ;

2° Transmettre sans délai le dossier à la juridiction qu'il estime compétente ;

3° Constater qu'il n'y a pas lieu de statuer sur un recours ;

4° Rejeter les recours entachés d'une irrecevabilité manifeste non susceptible d'être couverte en cours d'instance.

Texte source

– Décret n° 2019-1495 du 27 décembre 2019, article 1er.

Le délai pour statuer

Art. R. 773-47 Conformément aux dispositions de l'article L. 228-2 du code de la sécurité intérieure et de l'article L. 228-5 du même code, le président du tribunal administratif ou le magistrat désigné statue et notifie sa décision aux parties au plus tard soixante-douze heures à compter de la saisine du tribunal.
Si la requête a été adressée à un tribunal administratif territorialement incompétent, le délai mentionné à l'alinéa précédent court à compter de la réception de la requête par la juridiction compétente.
Le président du tribunal administratif ou le magistrat désigné peut communiquer sur place aux parties présentes à l'audience, qui en accusent aussitôt réception, le dispositif du jugement assorti de la formule exécutoire prévue à l'article R. 751-1.

Texte source
– Décret n° 2019-1495 du 27 décembre 2019, article 1er.

SECTION 2 Dispositions applicables aux recours prévus au dernier alinéa des articles L. 228-2 et L. 228-5 du Code de la sécurité intérieure

Les modalités d'examen des recours en annulation

Art. R. 773-48 Les requêtes dirigées contre les mesures prises sur le fondement des 1° à 3° de l'article L. 228-2 du code de la sécurité intérieure et du premier alinéa de l'article L. 228-5 du même code sont présentées, instruites et jugées selon les dispositions du présent code, sous réserve des dispositions de la présente section.
Conformément aux dispositions du dernier alinéa des articles L. 228-2 et L. 228-5 du code de la sécurité intérieure, le renouvellement des mesures mentionnées à l'alinéa précédent peut faire l'objet d'un recours dans les mêmes conditions, lorsqu'il n'a pas été fait usage du recours mentionné à l'article R. 773-37 du présent code.

Texte source
– Décret n° 2019-1495 du 27 décembre 2019, article 1er.

Le renvoi aux dispositions de la section 1

Art. R. 773-49 Les dispositions des articles R. 773-40, R. 773-43 et R. 773-46 s'appliquent aux recours mentionnés à l'article précédent.

Texte source
– Décret n° 2019-1495 du 27 décembre 2019, article 1er.

La clôture de l'instruction et l'audiencement à dates fixes

Art. R. 773-50 Le président de la formation de jugement ou le rapporteur qui a reçu délégation à cet effet peut, dès l'enregistrement de la requête, faire usage du pouvoir prévu au premier alinéa de l'article R. 613-1 de fixer la date à laquelle l'instruction sera close.

Il peut, par la même ordonnance, fixer la date et l'heure de l'audience au cours de laquelle l'affaire sera appelée. Dans ce cas, l'ordonnance tient lieu de l'avertissement prévu à l'article R. 711-2.

Texte source

– Décret n° 2019-1495 du 27 décembre 2019, article 1er.

Les délais pour statuer

Art. R. 773-51 Le tribunal statue dans un délai de quinze jours à compter de l'enregistrement de la requête lorsqu'il est saisi sur le fondement du dernier alinéa de l'article L. 228-2 du code de la sécurité intérieure, conformément aux dispositions du même alinéa.

Le tribunal statue dans un délai d'un mois à compter de l'enregistrement de la requête lorsqu'il est saisi sur le fondement du dernier alinéa de l'article L. 228-5 du code de la sécurité intérieure, conformément aux dispositions du même alinéa.

Texte source

– Décret n° 2019-1495 du 27 décembre 2019, article 1er.

SECTION 3 Dispositions applicables aux recours formés contre les injonctions de retrait prises sur le fondement des articles 3 et 4 du règlement (UE) 2021/784 du Parlement européen et du Conseil du 29 avril 2021

Les recours contre les injonctions aux fournisseurs de services d'hébergement de retirer les contenus à caractère terroriste ou de bloquer l'accès à ces contenus

Art. R. 773-52 Les requêtes dirigées contre les décisions prises sur le fondement des articles 3 et 4 du règlement (UE) 2021/784 du Parlement européen et du Conseil du 29 avril 2021 sont présentées, instruites et jugées selon les dispositions du présent code sous réserve des dispositions de la présente section.

Texte source

– Décret n° 2023-432 du 3 juin 2023, article 4.

Commentaires

Une loi non codifiée n° 2022-1159 du 16 août 2022 portant diverses dispositions d'adaptation au droit de l'Union européenne en matière de prévention de la diffusion de contenus à caractère terroriste en ligne prévoit (article unique) que : « "Art. 6-1-5.-I. Sans préjudice des articles L. 521-1 et L. 521-2 du code de justice administrative, les fournisseurs de services d'hébergement et les fournisseurs de contenus concernés par une injonction de retrait au titre de l'article 3 du règlement (UE) 2021/784 du Parlement européen et du Conseil du 29 avril 2021 précité ainsi que la personnalité qualifiée mentionnée à l'article 6-1-1 de la présente loi peuvent demander au président du tribunal administratif ou au magistrat délégué par celui-ci l'annulation de cette injonction, dans un délai de quarante-huit heures à compter soit de sa réception, soit, s'agissant du fournisseur de contenus, du moment où il est informé par le fournisseur de services d'hébergement du retrait du contenu.

"Il est statué sur la légalité de l'injonction de retrait dans un délai de soixante-douze heures à compter de la saisine.

"II. – Sans préjudice des articles L. 521-1 et L. 521-2 du code de justice administrative, les fournisseurs de services d'hébergement et les fournisseurs de contenus concernés par une injonction de retrait au titre de l'article 4 du règlement (UE) 2021/784 du Parlement européen et du Conseil du 29 avril 2021 précité peuvent demander au président du tribunal administratif ou au magistrat délégué par celui-ci l'annulation de la décision motivée de la personnalité qualifiée mentionnée à l'article 6-1-1 de la présente loi, dans un délai de quarante-huit heures à compter de la notification de cette décision. Il est statué sur la légalité de la décision motivée dans un délai de soixante-douze heures à compter de la saisine.

"III. – Les jugements rendus sur la légalité de la décision en application des I et II du présent article sont susceptibles d'appel dans un délai de dix jours à compter de leur notification. Dans ce cas, la juridiction d'appel statue dans un délai d'un mois à compter de sa saisine.

"IV. – Les fournisseurs de services d'hébergement visés par une décision de l'Autorité de régulation de la communication audiovisuelle et numérique, prise en application de l'article 5 du règlement (UE) 2021/784 du Parlement européen et du Conseil du 29 avril 2021 précité, les déclarant exposés à des contenus terroristes ou leur enjoignant de prendre les mesures spécifiques nécessaires peuvent demander l'annulation de cette décision, dans un délai de quinze jours à compter de sa notification.

"La juridiction administrative compétente statue dans un délai d'un mois à compter de sa saisine" ».

En application de l'article 7 du décret n° 2025-146 du 18 février 2025 relatif, à titre expérimental, au retrait des contenus à caractère pédopornographique et des images de tortures ou d'actes de barbarie, ces dispositions sont applicables aux requêtes dirigées contre les demandes de retrait d'images de tortures et d'actes de barbaries prises sur le fondement de l'article 5 de la loi du 21 mai 2024 avec une faculté de dispense de conclusions (article 8 du même décret).

Une procédure spéciale, mais avec rapporteur public

Art. R. 773-53 Les dispositions des articles R. 773-38 à R. 773-47 du présent code s'appliquent aux recours mentionnés à l'article précédent à l'exception de celles prévues par l'article R. 773-45.

Texte source

– Décret n° 2023-432 du 3 juin 2023, article 4.

Commentaires

L'article R. 732-1-1 du CJA prévoit cependant la possibilité pour le président de la formation de jugement ou le magistrat statuant seul de dispenser le rapporteur public de prononcer des conclusions à l'audience sur tout litige relevant du contentieux relatif aux injonctions de retrait.

Le délai pour statuer

Art. R. 773-54 Le tribunal statue dans un délai de soixante-douze heures à compter de l'enregistrement de la requête lorsqu'il est saisi sur le fondement des articles 3 et 4 du règlement (UE) 2021/784 du Parlement européen et du Conseil du 29 avril 2021 conformément aux dispositions de l'article 6-1-5 de la loi du 21 juin 2004 susvisée.

Texte source

– Décret n° 2023-432 du 3 juin 2023, article 4.

Commentaires

La procédure spéciale, notamment le délai court pour statuer, n'exclut pas les procédures de référé-liberté et de référé suspension (Cons. const., 13 août 2022, n° 2022-841 DC, § 17).

CHAPITRE 3 *QUATER* Le contentieux des demandes de retraits de contenus pédopornographiques en application de l'article 6-1 de la loi n° 2004-575 du 21 juin 2004

Les recours contre les demandes de retrait de contenus pédopornographiques prises sur le fondement

Art. R. 773-55 Les requêtes dirigées contre les demandes de retrait de contenus pédopornographiques prises sur le fondement de l'article 6-1 de la loi n° 2004-575 du 21 juin 2004 pour la confiance dans l'économie numérique sont présentées, instruites et jugées selon les dispositions du présent code sous réserve des dispositions du présent chapitre.

Texte source

– Décret n° 2025-146 du 18 février 2025, article 5.

Une procédure spéciale, mais avec rapporteur public

Art. R. 773-56 Les dispositions des articles R. 773-38 à R. 773-47 du présent code s'appliquent aux recours mentionnés à l'article précédent à l'exception de celles prévues par l'article R. 773-45.

Texte source

– Décret n° 2025-146 du 18 février 2025, article 5.

Le délai pour statuer

Art. R. 773-57 Le tribunal statue dans un délai de soixante-douze heures à compter de l'enregistrement de la requête lorsqu'il est saisi sur le fondement de l'article 6-1 de la loi n° 2004-575 conformément aux dispositions de l'article 6-2-2 de la loi du 21 juin 2004 susvisée.

Texte source

– Décret n° 2025-146 du 18 février 2025, article 5.

Commentaires

L'Office anti-cybercriminalité (OFAC) est l'autorité administrative compétente pour émettre les demandes de retrait.

CHAPITRE 4 Les contraventions de grande voirie

La compétence du juge statuant seul en matière de contravention de grande voirie

Art. L. 774-1 Le président du tribunal administratif ou le magistrat qu'il désigne à cette fin et ayant atteint au moins le grade de premier conseiller statue sur les difficultés qui s'élèvent en matière de contravention de grande voirie, à défaut de règles établies par des dispositions spéciales.

Textes sources

– Code des TA et des CAA, articles L. 4-1 et L. 12.

Commentaires

Ce contentieux est le seul contentieux répressif dévolu à la juridiction administrative. Il obéit aux règles issues du Code de procédure pénale, et notamment à la règle de la prescription d'un an établie à l'article 9 du Code de procédure pénale, interrompue dans les seules conditions fixées à l'article 7 du même code. Sont considérés comme interruptifs de prescription, en la matière, les jugements, les mesures d'instruction prises par les juridictions, les mesures ayant pour objet de constater l'infraction, d'en découvrir les auteurs, de contribuer à la saisine du tribunal administratif ou de former appel ou pourvoi en cassation.

Les démarches effectuées par l'affectataire du domaine public en vue du remboursement des frais de remise en état de ce domaine ne constituent ni des actes de poursuite, ni des actes d'instruction, et ne sont donc pas interruptives de prescription (CE, avis, 22 juillet 1994, Préfet de la région Nord-Pas-de-Calais, n° 157813, *Lebon* [1]).

Le domaine des contraventions de grande voirie – qui ne couvre pas les atteintes à la voirie routière : article L. 116-1 du Code de la voirie routière et TC, 27 novembre 1995, Buasa Njinji, n° 02924, *Lebon* T. ; TC, 13 avril 2015, SNC Worex c/Communauté urbaine de Lyon et Société Thierry Chefneux assainissement, n° C3999, *Lebon* T. ; CE, 9 mai 2025, n° 489587, *Lebon* T. – a connu en 1996 un singulier rétrécissement : le II de l'article 13 de la loi du 26 juillet 1996 de réglementation des télécommunications en ôte en effet les dégradations du réseau souterrain de télécommunications ou les atteintes à son fonctionnement. Appelé à dire les conditions d'application de ce texte, le Conseil d'État a précisé que la juridiction administrative ne pouvait prononcer dans ces affaires de condamnation répressive, devant se borner à statuer sur l'action en réparation des dommages causés (CE, avis, 23 avril 1997, Préfet de l'Isère, n° 183970, *Lebon*).

Saisie par le préfet d'un procès-verbal constatant une atteinte au domaine public, la juridiction est, alors même que la transmission du procès-verbal n'est assortie d'aucune conclusion tendant à ce que cesse cette atteinte, tenue de faire droit à cet objectif, sous la seule réserve que des intérêts généraux, liés notamment à la sauvegarde de l'ordre public, n'y fassent obstacle. C'est dire qu'en cas d'empiètement sur ce domaine, et si cet empiètement procède de l'édification d'un ouvrage public, seul le préfet peut apprécier si la démolition dudit ouvrage entraînerait une atteinte excessive à l'intérêt général. S'il a décidé, au terme de cet examen, d'engager la procédure, il n'appartient pas au juge de porter une telle appréciation (CE, 23 décembre 2010, Ministre de l'Écologie c/Commune de Fréjus, n° 306544, *Lebon*). Au demeurant, l'autorité administrative est tenue d'exercer ces compétences pour faire cesser les atteintes au domaine public : si cette obligation trouve ses limites dans les autres intérêts généraux dont cette autorité a la charge, cette dernière ne saurait s'y soustraire pour des raisons de simple convenance administrative (CE, 21 novembre 2011, Commune de Ploneour-Lanvern, n° 311941, *Lebon*). En cas de rejet de son action la personne publique peut, sauf autorité de chose jugée, rechercher la responsabilité de la personne privée à raison des dommages causés au domaine devant le juge judiciaire (TC, 13 avril 2015, Province des Iles Loyauté, n° C3993, *Lebon* T.). Les articles L. 774-1 à L. 774-13 du Code de justice administrative assurent, non seulement pour le contrevenant, mais aussi pour tous occupants de son fait y compris le cas échéant pour le propriétaire, la garantie de leur droit à un recours effectif et l'information sur les obligations leur incombant ainsi que des pouvoirs d'exécution dont dispose l'administration (CE, 7 mars 2012, Tomaselli, n° 355009, *Lebon* T.). Le juge doit vérifier que l'atteinte est toujours réprimée et, si tel n'est pas le cas, statuer sur l'action en réparation (CE, 7 décembre 2015, Société CMA CGM, n° 362766, *Lebon* T.). Il peut, même en l'absence de texte, moduler les amendes (CE, 25 octobre 2017, Margollé, n° 392578, *Lebon*). Une mise en demeure de procéder à une remise en état adressée par l'administration à l'occupant du domaine public maritime naturel avant l'engagement d'une procédure de CGV, par l'établissement d'un procès-verbal de contravention conformément à l'article L. 774-2 du CJA, constitue un acte dépourvu d'effets juridiques propres qui ne présente pas le caractère d'une décision susceptible de recours (CE, 14 juin 2022, n° 455050, *Lebon* T.).

Jurisprudence

[1] Aux termes de l'article 9 du code de procédure pénale : « En matière de contravention, la prescription de l'action publique est d'une année révolue ; elle s'accomplit selon les distinctions spécifiées à l'article 7 ci-dessus » ; aux termes du premier alinéa de l'article 7 du même code « En matière de crime, l'action publique se prescrit par dix années révolues à compter du jour où le crime a été commis si, dans cet intervalle, il n'a été fait aucun acte d'instruction ou de poursuite ».
Peuvent seules être regardées comme actes d'instruction ou de poursuite, en matière de contraventions de grande voirie, outre les jugements rendus par les juridictions, et les mesures d'instruction prises par ces dernières, les mesures qui ont pour objet soit de constater régulièrement l'infraction, d'en connaître ou d'en découvrir les auteurs, soit de contribuer à la saisine du tribunal administratif ou à l'exercice par le ministre de sa faculté de faire appel ou de se pourvoir en cassation.
France Télécom ne tirant ni de la loi du 2 juillet 1990 ni du Code des postes et télécommunications la qualité pour intenter les poursuites contre l'auteur d'une atteinte à l'intégrité et à la conservation du domaine public qui lui a été transféré, les courriers qu'adresse cet organisme au contrevenant ne peuvent, quels que soient leurs termes, que tendre au recouvrement amiable des sommes destinées à réparer les dommages causés à ce domaine public, et ne peuvent ainsi être regardés comme des actes de

poursuite ou d'instruction au sens des dispositions précitées du Code de procédure pénale seules applicables à la prescription de l'action publique. Ils ne sont donc pas interruptifs d'une telle prescription.

La notification du procès-verbal de contravention

Art. L. 774-2 Dans les dix jours qui suivent la rédaction d'un procès-verbal de contravention, le préfet fait faire au contrevenant notification de la copie du procès-verbal.

Pour le domaine public défini à l'article L. 4314-1 du code des transports, l'autorité désignée à l'article L. 4313-3 du même code est substituée au représentant de l'État dans le département. Pour le domaine public fluvial défini aux articles L. 2111-7 à L. 2111-11 du code général de la propriété des personnes publiques appartenant aux collectivités territoriales et à leurs groupements, le président de l'organe délibérant de la collectivité territoriale ou du groupement est compétent concurremment avec le représentant de l'État dans le département. Pour le domaine public fluvial qu'il gère en application de l'article 14 de l'ordonnance n° 2016-489 du 21 avril 2016 relative à la Société du Canal Seine-Nord Europe, le président du directoire de cet établissement public est substitué au représentant de l'État dans le département. Pour les contraventions de grande voirie mentionnées au chapitre VII du titre III de la cinquième partie dudit code, les autorités mentionnées aux articles L. 5337-3-1 et L. 5337-3-2 du même code sont compétentes concurremment avec le représentant de l'État dans le département. Pour le domaine public défini à l'article L. 322-9 du code de l'environnement, l'autorité désignée à l'article L. 322-10-4 du même code est substituée au représentant de l'État dans le département.

La notification est faite dans la forme administrative, mais elle peut également être effectuée par lettre recommandée avec demande d'avis de réception.

La notification indique à la personne poursuivie qu'elle est tenue, si elle veut fournir des défenses écrites, de les déposer dans le délai de quinzaine à partir de la notification qui lui est faite.

Il est dressé acte de la notification ; cet acte doit être adressé au tribunal administratif et y être enregistré comme les requêtes introductives d'instance.

Textes sources

- Code des TA et des CAA, article L. 13.
- Ordonnance n° 2003-1216 du 18 décembre 2003, article 7.
- Loi n° 2012-77 du 24 janvier 2012, article 3.
- Loi n° 2015-991 du 7 août 2015, article 23.

– Loi n° 2016-816 du 20 juin 2016, article 30.
– Loi n° 2019-773 du 24 juillet 2019, article 22.
– Loi n° 2019-1428 du 24 décembre 2019, article 134.
– Loi n° 2019-1461 du 27 décembre 2019, article 56.
– Ordonnance n° 2021-614 du 19 mai 2021, article 36.

Commentaires

La compétence ici dévolue au préfet n'a pas été transférée, s'agissant du domaine public départemental, au président du conseil général (CE, 19 novembre 1988, Secrétaire d'État à la Mer c/Jain, n° 85096, *Lebon*, p. 774 [1] – CE, 24 février 1989, Secrétaire d'État à la Mer c/Alix, n° 92525, *Lebo*n T.), car l'initiative des poursuites ne peut qu'appartenir à l'État (voir également, s'agissant de la voirie routière, article L. 116-4 du Code de la voirie routière et Cass. 5 mai 1954, *Bull. Cass.* 160, p. 276 [2]). Mais le préfet est habilité à déléguer sa signature dans les conditions prévues désormais par le décret du 10 mai 1982 modifié (CE, 11 mai 1979, Lallechere, n° 00255, *Lebon*, p. 206). Ce monopole du préfet n'est pas contraire au principe de libre administration des collectivités territoriales (CE, 19 septembre 2016, Société Cassis Cap, n° 401016).

Une loi expresse pourra déroger à cette règle. Seule la loi n° 91-1385 du 31 décembre 1991 portant dispositions diverses en matière de transports est à ce jour venue modifier ce régime. Son interprétation par le Conseil d'État aboutit au système suivant (expressément confirmé par le texte issu de la loi du 24 janvier 2012) :

– l'établissement public Voies navigables de France est substitué entièrement au préfet pour ce qui concerne la procédure de répression des contraventions commises au détriment du domaine public qui lui est confié (CE, avis, 8 octobre 1993, Lévy, n° 147605, *Lebon*) ;

– l'établissement public Port autonome de Paris exerce, concurremment avec le préfet, les compétences en la matière, et, s'il prend l'initiative des poursuites, est seul à intervenir ensuite (CE, avis, 8 octobre 1993, Chanthbouala, n° 147604, *Lebon*), position que l'on peut étendre à l'établissement public Port autonome de Strasbourg.

– au président du conseil régional en cas d'atteinte au domaine public d'un port maritime relevant d'une région (CE, 16 février 2024, n° 475220, *Lebon* T.).

Inversement la loi du 2 juillet 1990 créant La Poste et France-Télécom ne leur a pas transféré le pouvoir de déclencher les poursuites même s'agissant de la protection du domaine public qui leur est transféré en pleine propriété (CAA Lyon, 27 décembre 1991, France Télécom, n° 91LY00473, *Lebon*, p. 929 ; voir les commentaires sous l'article L. 774-7 – CE, avis, 2 mars 1994, Ministre de l'Industrie c/Entreprise Plubel, n° 154743, *Lebon* [3]).

La seule transmission du procès-verbal suffit à engager l'action publique, sans qu'il soit besoin de conclusions expresses tendant à la condamnation du contrevenant (CE sect., 2 novembre 1956, Ministre des Travaux publics c/Commune de Poizat, *Lebon*, p. 413, solution implicite ; voir concl. Mosset *; RFDA* 1957, p. 23). Et le délai de dix jours ici mentionné ne l'est pas à peine de nullité des poursuites (CE, 4 décembre 1912, Beaucantin, *Lebon*, p. 1151 [4] – CE, 1er mars 1967, Ministre des PTT c/Lescot, n° 69375, *Lebon*, p. 102). Encore faut-il demeurer raisonnable : le délai de notification du procès-verbal ne doit pas, par sa longueur, porter atteinte aux droits de la défense (CE, 15 décembre 2000, Société SCREG, n° 195209). A été jugée irrégulière une poursuite lancée par la notification d'un procès-verbal postérieure de sept ans aux faits, ce qui avait pour effet de priver le contrevenant de la possibilité de rassembler les preuves nécessaires à sa défense (CE, 30 avril 1997, Société de chauffe et de combustibles, n° 132753, *Lebon*). La formalité de l'affirmation était substantielle. Elle a été supprimée par l'ordonnance du 18 décembre 2003.

Il est permis de se demander si la procédure précontentieuse est, à l'exception de la rédaction du procès-verbal, substantielle. Si le tribunal administratif a donné connaissance de la poursuite au contrevenant, et l'a mis à même de présenter ses observations écrites, on peut, semble-t-il, admettre que la procédure est régulière, même si l'intéressé n'a pas été touché par les communications prévues à l'article L. 774-2. Ainsi, le Conseil d'État a admis que le préfet pouvait « régulariser » une procédure irrégulièrement engagée, par la production d'observations écrites au conseil de préfecture (CE, 12 mars 1937, Ministre des PTT c/Mangoni, *Lebon*, p. 308 – CE, 23 mai 1980, Société d'armement et de transport par eau, n° 10748, *Lebon* T., *a contrario* – CE, 21 novembre 2011, Port autonome de Paris, n° 329240, *Lebon* T.), position également adoptée par la cour administrative d'appel de Lyon (CAA Lyon, 27 avril 1990, Ministre des Postes c/Société Tefrati, n° 89LY00971, *Lebon* [5]). Cette régularisation est examinée d'office (CE, 21 novembre 2011, Port autonome de Paris, n° 329240). On notera avec satisfaction que la nouvelle rédaction a été nettoyée de dispositions antiques, qui donnaient pratiquement au préfet le droit de fixer la date de l'audience à laquelle l'affaire serait jugée : il n'y a plus dans ce texte aucune « citation à comparaître ». Si l'observation du délai de dix jours mentionné par ce texte n'est pas prescrite, à peine de nullité, la notification tardive du procès-verbal ne doit pas porter atteinte aux droits de la défense (CE, 19 septembre 2018, Société ENTMV, n° 415044, *Lebon* T.). Ces dispositions sont sans influence sur la recevabilité d'une tierce-opposition (CE, 25 mai 2018, Société Atlantic Chempharm, n° 412991).

La personne poursuivie n'a pas à indiquer au tribunal ses éventuels changements d'adresse. Il appartient au tribunal, avec l'assistance de l'autorité qui l'a saisi, de découvrir l'adresse à laquelle les actes de procédure peuvent être notifiés à l'intéressé (CAA Paris, 21 juin 2007, Lunel, n° 07PA00462, *Lebon* T.).

Jurisprudence

[1] Considérant qu'en vertu de l'article L. 13 du code des tribunaux administratifs, le préfet, commissaire de la République du département, cite à comparaître la personne inculpée de contravention de grande voirie devant le tribunal administratif ; que, contrairement à ce qu'ont estimé les premiers juges, aucune disposition de la loi n° 83-663 du 22 juillet 1983, ni d'ailleurs aucune autre disposition législative, n'a abrogé l'article L. 13 mentionné ci-dessus du code des tribunaux administratifs, et transféré du préfet, commissaire de la République du département, au président du conseil général la compétence pour citer le contrevenant devant le tribunal et déférer à celui-ci le procès-verbal de la contravention [...].

[2] Attendu qu'une commune ne possède pas le droit d'agir devant le tribunal de répression en réparation des contraventions commises aux règlements de voirie ; que les dispositions de ces règlements ont pour objet l'intérêt général et non les intérêts privés des communes ; que la sanction de ces règlements est assurée exclusivement par l'action du ministère public, poursuivant l'application de la loi pénale [...].

[3] Ni le deuxième alinéa de l'article 22 de la loi susvisée du 2 juillet 1990, transférant en pleine propriété à France Télécom l'ensemble des biens immobiliers du domaine public de l'État attachés aux services relevant de la Direction générale des télécommunications, ni l'article 23 de la même loi précisant que France Télécom dispose d'un domaine public dont le régime est fixé par son cahier des charges, dans le respect des principes généraux de la domanialité publique, ne dérogent aux dispositions précitées du code des tribunaux administratifs et des cours administratives d'appel. Par suite, seul le préfet, représentant de l'État, a qualité pour déclencher les poursuites en cas d'atteinte à l'intégrité et à la conservation du domaine public de France Télécom. Il résulte dès lors des principes généraux gouvernant la procédure devant les juridictions administratives que seuls le ministre chargé des télécommunications ou la personne poursuivie ont qualité pour former appel des jugements rendus dans cette matière. Il suit de là que France Télécom, qui eût été sans qualité pour déclencher ces poursuites en première instance, serait sans qualité pour former appel du jugement intervenu sur la demande du préfet [...].

[4] Considérant que le délai de dix jours prévu par l'article 10 de la loi du 22 juillet 1889, pour la notification des procès-verbaux de contravention, n'est pas prescrit à peine de nullité, et qu'en fait les sieurs Beaucantin et Le Morvan ont été, en temps utile, mis à même de présenter leur défense devant le conseil de préfecture ; que, dès lors, ils ne sont pas fondés à soutenir que l'arrêté susvisé a été rendu sur une procédure irrégulière [...].

[5] Considérant que si la notification du procès-verbal de contravention de grande voirie n'a pu être faite à l'entreprise Tefrati conformément aux termes de l'article L. 13 précité, le préfet des Alpes-Maritimes a saisi, le 24 juillet 1987, le tribunal administratif de Nice de conclusions aux fins de condamnation de ladite entreprise au paiement d'une amende et des frais de réparation de l'installation détériorée ;
Considérant que ces conclusions ont été notifiées au contrevenant, qui a par ailleurs reçu un avis d'audience ; qu'ainsi, et à supposer que la notification du procès-verbal de contravention de grande voirie ne puisse être regardée comme ayant été effectuée, la procédure a été régularisée [...].

La communication des mémoires

Art. L. 774-3 La communication à l'administration compétente du mémoire en défense produit par la personne poursuivie et la communication à la personne poursuivie de la réponse faite par l'administration sont effectuées, s'il y a lieu, par le président du tribunal administratif ou par le greffier en chef agissant au nom et par ordre du président.
Toutefois, le président peut, s'il le juge utile, faire régler ces communications par le tribunal.

Texte source

– Code des TA et des CAA, article L. 16.

Commentaires

Ce texte impose, en dérogation au droit commun, la communication au contrevenant du mémoire en réplique produit par l'administration, quel que soit son contenu (CE, 2 avril 2003, Saurin). Cette communication interrompt la prescription (CE, 22 septembre 2017, SCI APS, n° 400825, *Lebon* T.).

L'avis d'audience

Art. L. 774-4 Toute partie doit être avertie du jour où l'affaire sera appelée à l'audience. Cet avertissement est notifié dans la forme administrative. Il peut être donné par lettre recommandée avec demande d'avis de réception.

Texte source

– Code des TA et des CAA, article L. 17.

Commentaires

Il faut noter que la présentation des modes d'avertissement (forme administrative ou lettre recommandée avec accusé de réception) n'introduit pas de priorité entre eux.

Aucun délai n'est donné pour cet avertissement. Cet envoi interrompt la prescription (CE, 22 septembre 2017, SCI APS, n° 400825, *Lebon* T.).

L'acquittement

Art. L. 774-5 La partie acquittée est relaxée sans dépens.

Texte source

– Code des TA et des CAA, article L. 18.

Commentaires

Depuis la suppression des frais de justice, cet article n'a plus guère d'objet, l'application de l'article R. 761-1 aboutissant au même résultat. On doit toutefois souligner que, si une expertise a dû être effectuée, l'article L. 774-5 ne permettra pas, en cas de relaxe, de partager les frais d'expertise, comme l'article R. 761-1 en ouvre la possibilité. Un tel partage redevient possible en cas de condamnation.

Rien n'interdit au préfet de réclamer que le contrevenant soit condamné à rembourser à l'État des frais exposés non compris dans les dépens, par application de l'article L. 761-1 (CE, avis, 28 septembre 1994, Préfet de l'Aube c/SARL Gueritte, n° 158563, *Lebon*). Acquittement n'est pas non-lieu et, en cas de non-lieu, les frais d'expertise peuvent rester à la charge de la personne poursuivie (CE, 6 octobre 2008, Poirot, n° 309766).

La notification du jugement

Art. L. 774-6 Le jugement est notifié aux parties, à leur domicile réel, dans la forme administrative par les soins des autorités mentionnées à l'article L. 774-2, sans préjudice du droit de la partie de le faire signifier par acte de commissaire de justice.

Textes sources

- Code des TA et des CAA, article L. 19.
- Loi n° 2012-77 du 24 janvier 2012, article 3.
- Ordonnance n° 2016-728 du 2 juin 2016, article 23.

Commentaires

À moins qu'il ne soit signifié, procédure fort rare, qui, malgré le terme utilisé (« droit de la partie ») paraît pouvoir être utilisée par l'administration, le jugement ne peut être notifié que par voie administrative. Cette procédure surannée est substantielle, et sa méconnaissance a pour effet d'empêcher le délai d'appel de courir (CE, 29 mai 1996, Gaggioli, n° 142927, *Lebon* T. [1]). C'est l'autorité administrative mentionnée à l'article L. 774-2 qui est chargée de sa notification aux autres parties (contrevenant et, le cas échéant, intervenant). Et une erreur quant à la personne qui se charge de notifier (ou de faire signifier) le jugement au contrevenant aura pour effet de ne pas faire courir le délai d'appel contre ce dernier, le juge se montrant ici aussi sourcilleux qu'il l'est généralement en matière de délais d'appel (CE, 14 juin 1995, Entreprise Paul Bastet, n° 142790, *Lebon* T. [2]).
Les arrêts sont, eux, notifiés selon la procédure ordinaire (CE, 5 octobre 2007, Voies navigables de France, n° 290761, *Lebon* T. – CE, 17 juin 2009, même requérant, n° 323635).
Il est utile de noter que, même devenu définitif, le jugement de condamnation ne met pas forcément un terme à l'affaire. En premier lieu, si le juge a par exemple ordonné la libération sous astreinte du domaine public, lui seul peut ensuite liquider cette astreinte, sur la demande de l'administration, et condamner le contrevenant à son paiement : l'autorité administrative est en cette matière totalement incompétente (CE, 24 juillet 1987, Brolin, n° 44897, *Lebon*, p. 280). En second lieu, le tribunal peut être saisi par l'autorité administrative, dans les conditions prévues à l'article L. 911-4, des difficultés d'exécution du jugement, s'il n'a pas prévu déjà de donner à l'administration les moyens coercitifs nécessaires (par exemple, s'il a omis de prévoir une astreinte). On note que les articles L. 911-1 et L. 911-2 ne sont pas applicables en la matière, ne concernant que les mesures d'exécution à prendre par une autorité administrative ou une personne privée chargée de la gestion d'un service public.

Jurisprudence

[1] Considérant qu'aux termes de l'article R. 211 du code des tribunaux administratifs et des cours administratives d'appel : « Sauf disposition contraire, les jugements, les ordonnances et arrêts sont notifiés par les soins du greffe à toutes les parties en cause [...] » ; qu'aux termes de l'article L. 19 du même code, relatif aux jugements rendus en matière de contraventions de grande voirie : « Le jugement est notifié aux

parties, à leur domicile réel, dans la forme administrative par les soins du préfet, sans préjudice du droit de la partie de le faire signifier par acte d'huissier de justice » ; qu'il résulte de ces dispositions que le délai imparti pour relever appel d'un jugement rendu en matière de contravention de grande voirie ne commence à courir qu'à compter du jour où la partie en cause en a reçu notification dans la forme administrative par les soins du préfet ou par acte d'huissier de justice ;
Considérant qu'il ressort des pièces du dossier soumis aux juges du fond que, si le jugement du 25 janvier 1991 par lequel le tribunal administratif de Bastia a condamné M. Gaggioli à payer une amende de 500 francs et à remettre en état les lieux qu'il occupe sur le domaine public maritime dans un délai de deux mois, a été notifié par les soins du greffe, par lettre recommandée avec demande d'avis de réception, le 7 février 1991 à l'avocat de M. Gaggioli, il n'a été notifié à celui-ci, dans la forme administrative par les soins du préfet de la Corse-du-Sud, que le 5 mars 1991 ; que, par suite l'appel formé par M. Gaggioli le 18 avril 1991 devant la cour administrative d'appel de Lyon n'était pas tardif ; que M. Gaggioli est, par suite, fondé à soutenir que c'est à tort que, par l'ordonnance attaquée, le président de la deuxième chambre de la cour administrative d'appel de Lyon a rejeté sa requête comme irrecevable ; que cette ordonnance doit donc être annulée [...].

[2] Considérant qu'il ressort des pièces du dossier que le tribunal administratif a été saisi des poursuites contre l'entreprise Paul Bastet par le préfet du Val-de-Marne, à l'époque seul compétent pour les intenter ; que l'huissier chargé de signifier le jugement condamnant, à la demande du préfet, l'entreprise Paul Bastet à libérer sous astreinte les lieux qu'elle occupe sur le domaine confié au Port autonome de Paris a été mandaté non par le préfet, mais par cet établissement public ; qu'il suit de là que, le jugement dont s'agit n'ayant pas été signifié dans les conditions prévues par l'article L. 19 du code des tribunaux administratifs et des cours administratives d'appel, sa signification n'a pu faire courir le délai d'appel [...].

Le délai d'appel en matière de contraventions de grande voirie

Art. L. 774-7 Le délai d'appel est de deux mois. Il court contre l'administration du jour du jugement et, contre la partie poursuivie, du jour de la notification du jugement à cette partie.

Texte source

– Code des TA et des CAA, article L. 20.

Commentaires

On notera la particularité de la computation du délai d'appel pour l'administration. Les délais de distance sont applicables (CE, 11 avril 2018, Société Dream Pearls, n° 413245).
La question de savoir qui peut faire appel est délicate à trancher. Contrairement à une décision ancienne (CE, 25 juillet 1934, Commune de Port-aux-Poules, *Lebon*, p. 888), qui conférait cette qualité au représentant de la collectivité propriétaire du domaine concerné, il est actuellement acquis que seule peut agir en appel, outre bien sûr le contrevenant condamné, ou un intervenant dont l'intervention aurait été rejetée, l'autorité qui était habilitée à exercer les poursuites (voir CJA,

art. L. 774-2). Cette position résulte notamment de l'avis contentieux du 2 mars 1994, *Ministre de l'Industrie c/Société Plubel*, n° 154743, reproduit sous l'article L. 774-2, et avait été antérieurement arrêtée par la cour administrative d'appel de Lyon (CAA Lyon, 27 décembre 1991, France Télécom, n° 81LY00473, *Lebon*, p. 929 [1]) : ni le service des domaines (seul un ministre peut en appel représenter l'État), ni le concessionnaire (CE sect., 21 mai 1954, Ministre du Budget c/Lombard, *Lebon*, p. 296 [2] – CE, 30 octobre 1951, Ministre des Travaux publics et SNCF c/Coquerel, *Lebon*, p. 510 [3]), qui ne peut qu'intervenir en appel ou faire tierce opposition au jugement, selon qu'il est ou non en cause en première instance, ne peuvent former appel. On notera que, si le juge d'appel est en situation d'évoquer, il est en cette matière tenu de le faire ; dans ce cas, sur appel du contrevenant, il ne peut aggraver la condamnation prononcée par le tribunal administratif (CE, 29 avril 1936, Beauchereau, *Lebon*, p. 476). Et, par application des principes généraux gouvernant la procédure pénale, il semble devoir faire profiter le contrevenant de la loi la plus douce, fût-elle intervenue postérieurement à la contravention (voir en ce sens l'avis du 23 avril 1997, Préfet de l'Isère, n° 183970). Enfin, l'appel incident n'est pas possible en cette matière (CE, 29 avril 1966, Entreprise H. Coutant, n° 63876, *Lebon*, p. 298 [4] – *contra :* CAA Paris, 4 avril 2003, Kaminskis, n° 00PA01252, *Lebon*, p. 543 ; *AJDA* 2003, p. 1676).
Le texte est muet sur le lieu de dépôt de l'appel. L'intervention de la loi du 31 décembre 1987 créant les cours administratives d'appel soulève un léger problème. Avant cette loi, en effet, l'appel au Conseil d'État pouvait, en vertu de l'article 47 de l'ordonnance du 31 juillet 1945 relative au Conseil d'État, être déposé « à la préfecture ou à la sous-préfecture du domicile du requérant ». Aucun texte n'a à notre connaissance repris cette possibilité pour les appels formés devant la cour administrative d'appel, désormais compétente en matière de contraventions. On doit dès lors estimer que le seul lieu de dépôt des appels est désormais le greffe de la cour, et qu'un dépôt en préfecture ou sous-préfecture ne sauvegarde pas le délai d'appel.
Les restrictions mises par le juge à la qualité pour faire appel en cette matière ont leurs conséquences sur la possibilité de former un pourvoi en cassation contre un arrêt de cour administrative d'appel : ainsi France-Télécom, dépourvue du droit de former appel (voir CE avis, Ministre de l'Industrie c/Société Plubel, préc.), ne peut donc avoir la qualité de partie devant le juge du fond, et n'est donc pas recevable à former un pourvoi en cassation contre l'arrêt qui a relaxé un contrevenant (CE, 28 février 1997, France Télécom, n° 148838).

Jurisprudence

[1] Considérant que l'action en répression des contraventions de grande voirie n'appartient qu'à l'autorité publique ; que, par suite, bien que la loi n° 90-568 du 2 juillet 1990 lui ait conféré la personnalité morale de droit public et lui ait transféré en pleine propriété l'ensemble des biens immobiliers du domaine public de l'État attachés aux services relevant de la Direction générale des télécommunications, France Télécom n'est pas recevable à faire appel du jugement attaqué relaxant l'entreprise Pompeani de la poursuite engagée contre elle par le préfet de Corse-du-Sud, cette voie de recours n'étant ouverte, au nom de l'État, qu'au ministre chargé des postes et télécommunications [...].

[2] Considérant que si, en vertu de l'article 20 du décret du 5 juin 1940, « aucune instance domaniale mettant en cause directement ou indirectement le fond du droit ou la domanialité publique ne peut être suivie sans que l'administration des Domaines ait été appelée à intervenir », les dispositions dudit article, non plus que celles de l'article 2 du décret du 19 juillet 1934, n'ont eu ni pour objet ni pour effet d'attribuer à cette administration ou au ministre du Budget le droit d'exercer l'action en répression des contraventions de grande voirie ; qu'il suit de là que la requête susvisée, formée par le chef du service des Domaines agissant par délégation du ministre du Budget, n'est pas recevable [...].

[3] Considérant que, l'exercice de l'action répressive n'appartenant qu'à l'autorité publique, la Société nationale des chemins de fer français n'est pas recevable à faire, par la voie d'un recours principal, appel de l'arrêté attaqué [...].

[4] Sur le recours incident formé par la ville de Paris :
Considérant que les recours incidents ne sont pas recevables dans une instance ayant pour objet la répression d'une contravention de grande voirie [...].

La dispense d'avocat en appel

Art. L. 774-8 Le recours contre les jugements des tribunaux administratifs en matière de contraventions aux lois et règlements sur la grande voirie et autres contraventions dont la répression appartient au tribunal administratif peut avoir lieu sans l'intervention d'un avocat.

Texte source

– Code des TA et des CAA, article L. 21.

Commentaires

La dispense d'avocat doit s'entendre comme générale (et non limitée aux seuls avocats au Conseil d'État). Elle paraît devoir s'appliquer à tous les appels formés contre des jugements rendus « en matière de contraventions aux lois et règlements sur la grande voirie » et non aux seuls appels formés contre les jugements rendus sur poursuites. C'est ainsi qu'un appel dirigé contre un jugement statuant sur une opposition à titre de perception devrait être dispensé d'avocat dès lors que ce titre a pour objet le recouvrement de frais faisant suite à une condamnation pour contravention de grande voirie. Toutefois un arrêt de la cour administrative d'appel de Paris (CAA Paris, 11 décembre 1997, Iggui, n° 96PA02098, *Lebon*) conduit à interrogation. Par cette décision en effet (rendue à propos des compétences du juge statuant seul en application de l'article R. 222-13), la cour a jugé, à propos d'un litige né du recouvrement des dépenses liées à la police des immeubles menaçant ruine, que ce contentieux devait suivre les règles de procédure propres au recouvrement et non à la police des immeubles menaçant ruine. La règle ainsi posée aurait pu être transposée au contentieux de la contravention de grande voirie. Cette position n'a toutefois pas été retenue par la Conseil d'État (CE, avis, 30 juin 2004, Communauté urbaine de Lille, n° 267005, *Lebon* T. – CE, 9 novembre 2005, Danglehant, n° 269670).

Les adaptations du texte en Nouvelle-Calédonie

Art. L. 774-9 Pour l'application des articles L. 774-1 à L. 774-8 en Nouvelle-Calédonie :

1° Dans l'article L. 774-2, le mot : « préfet » est remplacé par les mots « haut-commissaire » ;

2° Le délai de quinze jours prévu à l'article L. 774-2 est porté à un mois ;

3° Le délai d'appel de deux mois prévu à l'article L. 774-7 est porté à trois mois.

Le président du gouvernement de la Nouvelle-Calédonie, pour le domaine public de la Nouvelle-Calédonie, et le président de l'assemblée de province, pour le domaine public de la province, exercent respectivement les attributions dévolues au haut-commissaire dans les conditions prévues par le présent article.

Pour l'application de l'alinéa précédent, à l'article L. 774-2, le mot : « préfet » est remplacé par les mots : « président du gouvernement ou le président de l'assemblée de province ».

Texte source

– Code des TA et des CAA, article L. 21-1.

Les adaptations du texte dans les îles Wallis-et-Futuna

Art. L. 774-10 Pour l'application des articles L. 774-1 à L. 774-8 dans les îles Wallis-et-Futuna :

1° Dans l'article L. 774-2, le mot : « préfet » est remplacé par les mots « administrateur supérieur » ;

2° Le délai de quinze jours prévu à l'article L. 774-2 est porté à un mois ;

3° Le délai d'appel de deux mois prévu à l'article L. 774-7 est porté à trois mois.

Texte source

– Ordonnance n° 2003-923 du 26 septembre 2003, article 4, § II.

Les adaptations du texte en Polynésie française

Art. L. 774-11 Pour l'application des articles L. 774-1 à L. 774-8 en Polynésie française :

1° Dans l'article L. 774-2, le mot « préfet » est remplacé par les mots « haut-commissaire » ;

2° Le délai de quinze jours prévu à l'article L. 774-2 est porté à un mois ;

3° Le délai d'appel de deux mois prévu à l'article L. 774-7 est porté à trois mois.

Le président de la Polynésie française, pour le domaine public de la Polynésie française, exerce les attributions dévolues au haut-commissaire dans les conditions prévues par le présent article.

Pour l'application de l'alinéa précédent, à l'article L. 774-2, le mot « préfet » est remplacé par les mots : « président de la Polynésie française ».

Texte source

– Loi n° 2004-193 du 27 février 2004, article 16-9°.

Commentaires

Pour un cas d'application de ce texte : CE, 11 avril 2018, Société Dream Pearls, n° 413245.

Les adaptations du texte à Saint-Barthélemy

Art. L. 774-12 Pour l'application des articles L. 774-1 à L. 774-8 à Saint-Barthélemy, le mot : « préfet » est remplacé par les mots : « représentant de l'État ».

Le président du conseil territorial de Saint-Barthélemy, pour le domaine public de la collectivité de Saint-Barthélemy, exerce les attributions dévolues au représentant de l'État dans les conditions prévues par le présent article.

Pour l'application de l'alinéa précédent, à l'article L. 774-2, le mot : « préfet » est remplacé par les mots : « président du conseil territorial de Saint-Barthélemy ».

Texte source

– Ordonnance n° 2009-536 du 14 mai 2009, article 16.

Les adaptations du texte à Saint-Martin

Art. L. 774-13 Pour l'application des articles L. 774-1 à L. 774-8 à Saint-Martin, le mot : « préfet » est remplacé par les mots : « représentant de l'État ».

Le président du conseil territorial de Saint-Martin, pour le domaine public de la collectivité de Saint-Martin, exerce les attributions dévolues au représentant de l'État dans les conditions prévues par le présent article.

Pour l'application de l'alinéa précédent, à l'article L. 774-2, le mot : « préfet » est remplacé par les mots : « président du conseil territorial de Saint-Martin ».

Texte source

– Ordonnance n° 2009-536 du 14 mai 2009, article 16.

CHAPITRE 5 Le contentieux indemnitaire du fait des pratiques anticoncurrentielles

L'action en responsabilité pour pratique anticoncurrentielle

Art. L. 775-1 Lorsqu'elles relèvent de la juridiction administrative, les actions tendant à la réparation d'un dommage causé par une pratique anticoncurrentielle mentionnée à l'article L. 481-1 du code de commerce sont présentées, instruites et jugées selon les dispositions du présent code, sous réserve des articles L. 153-1 et L. 153-2 du code de commerce et du titre VIII du livre IV du même code.

Textes sources

– Ordonnance n° 2017-303 du 9 mars 2017, article 10.
– Loi n° 2018-670 du 30 juillet 2018, article 3.

Commentaires

L'article L. 481-1 du Code de commerce, résultant de l'ordonnance du 9 mars 2017, dispose : « Toute personne physique ou morale formant une entreprise ou un organisme mentionné à l'article L. 464-2 est responsable du dommage qu'elle a causé du fait de la commission d'une pratique anticoncurrentielle définie aux articles L. 420-1, L. 420-2, L. 420-2-1, L. 420-2-2 et L. 420-5 ainsi qu'aux articles 101 et 102 du traité sur le fonctionnement de l'Union européenne. »

Art. L. 775-2 *Abrogé par l'article 41 de la loi n° 2019-222 du 23 mars 2019.*

SECTION 1 Dispositions générales

L'applicabilité du Code de justice administrative

Art. R. 775-1 Les actions mentionnées à l'article L. 775-1 sont présentées, instruites et jugées selon les dispositions du présent code, sous réserve du présent chapitre et des dispositions réglementaires du chapitre III du titre VIII du livre IV du code de commerce.

Texte source

– Décret n° 2017-305 du 9 mars 2017, article 4.

La délégation de pouvoirs au rapporteur

Art. R. 775-2 Sans préjudice des dispositions de l'article R. 611-10, le président de la formation de jugement peut déléguer au rapporteur les pouvoirs qui lui sont conférés par le présent chapitre pour l'instruction des affaires.

Texte source

– Décret n° 2017-305 du 9 mars 2017, article 4.

Commentaires

Comme le texte l'indique, cet article est largement surabondant…

L'avis de l'Autorité de la concurrence

Art. R. 775-3 Le président de la formation de jugement peut, après avoir recueilli les observations des parties, solliciter l'avis de l'Autorité de la concurrence sur l'évaluation du préjudice dont il est demandé réparation.

L'Autorité de la concurrence dispose d'un délai de deux mois pour communiquer ses observations au juge. À défaut de réponse dans ce délai, l'instance est poursuivie.

Texte source

– Décret n° 2017-305 du 9 mars 2017, article 4.

Art. R. 775-4 *Abrogé par le décret n° 2019-1502 du 30 décembre 2019, article 4.*

SECTION 2 De la protection des pièces couvertes par le secret des affaires

L'objection de protection du secret des affaires

Art. R. 775-5 Lorsqu'une partie produit une pièce ou une information dont elle refuse la transmission aux autres parties en invoquant la protection du secret des affaires, la procédure prévue par l'article R. 412-2-1 est applicable.

Textes sources

– Décret n° 2017-305 du 9 mars 2017, article 4.
– Décret n° 2019-1502 du 30 décembre 2019, article 4.

Commentaires

Le décret n° 2019-1502 du 30 décembre 2019 portant application du titre III de la loi n° 2019-222 du 23 mars 2019 de programmation 2018-2022 et de réforme pour la justice et autres mesures relatives à la procédure contentieuse administrative fait œuvre de simplification. Comme l'article R. 611-30, l'article R. 775-5 renvoie au texte général aménageant le contradictoire (art. R. 412-2-1).

Art. R. 775-6, Art. R. 775-7 et Art. R. 775-8

Abrogés par le décret n° 2019-1502 du 30 décembre 2019, article 4.

Texte source

– Décret n° 2017-305 du 9 mars 2017, article 4.

Art. R. 775-9 et art. R. 775-10

Abrogés par le décret n° 2019-1502 du 30 décembre 2019, article 4.

Texte source

– Décret n° 2017-305 du 9 mars 2017, article 4.

Art. R. 775-11 *Abrogé par le décret n° 2019-1502 du 30 décembre 2019, article 4.*

SECTION 3 De la communication et de la production des pièces figurant dans le dossier d'une autorité de concurrence

La production de pièces détenues par une autorité de concurrence

Art. R. 775-12 Lorsque la pratique anticoncurrentielle invoquée fait également l'objet d'une procédure en cours devant une autorité de concurrence, les parties concernées par cette procédure l'informent de toute demande, qu'elles ont formée ou dont elles sont destinataires, ayant pour objet la communication ou la production de pièces figurant dans le dossier de l'autorité.

Texte source

– Décret n° 2017-305 du 9 mars 2017, article 4.

L'avis d'une autorité de concurrence

Art. R. 775-13 Une autorité de concurrence peut, de sa propre initiative, donner son avis écrit sur une demande de communication ou de production de toute pièce figurant dans son dossier dont la juridiction est saisie. L'avis est transmis aux parties.

Texte source

– Décret n° 2017-305 du 9 mars 2017, article 4.

Le cas des pièces que le juge n'a pas le droit de demander

Art. R. 775-14 Pour s'assurer qu'une pièce relève de l'interdiction prévue à l'article L. 483-5 du code de commerce, le président de la formation de jugement peut, après en avoir informé les parties et, le cas échéant, le tiers détenteur de la pièce litigieuse, demander l'avis de l'autorité de concurrence compétente et lui communiquer à cet effet la pièce concernée. Cet avis préserve la confidentialité des informations contenues dans la pièce. Il est communiqué aux parties et, le cas échéant, au tiers détenteur de ladite pièce.

Texte source

– Décret n° 2017-305 du 9 mars 2017, article 4.

Commentaires

L'article L. 483-5 du Code de commerce énumère un certain nombre de pièces dont le juge ne doit pas prescrire la production.

SECTION 4 Des sanctions

L'amende liée au refus de communiquer une pièce ou à la mauvaise communication de cette pièce

Art. R. 775-15 Les parties à l'instance, les tiers, et leurs représentants légaux, peuvent être condamnés par la juridiction saisie au paiement d'une amende d'un montant maximum de 10 000 €, sans préjudice des dommages et intérêts qui seraient réclamés, dans l'un quelconque des cas suivants :

1° Le défaut de respect ou le refus de se conformer à une injonction de communication ou de production de pièces ;

2° La destruction de pièces pertinentes en vue de faire obstacle à l'action prévue au présent chapitre ;

3° Le non-respect des obligations imposées par une injonction du juge protégeant des informations confidentielles ou le refus de s'y conformer.

La juridiction peut également tirer toute conséquence de fait ou de droit au préjudice de la partie ayant été à l'origine de l'un quelconque des comportements mentionnés au présent article.

CHAPITRE 6 Le contentieux des décisions relatives à l'entrée, au séjour et à l'éloignement des étrangers

Le renvoi au livre IX du Code de l'entrée et du séjour des étrangers et du droit d'asile

Art. L. 776-1 Les modalités selon lesquelles sont présentés et jugés les recours formés devant la juridiction administrative contre les décisions relatives à l'entrée, au séjour et à l'éloignement des étrangers obéissent, lorsque les dispositions du code de l'entrée et du séjour des étrangers et du droit d'asile le prévoient, aux règles spéciales définies au livre IX du même code.

Textes sources

– Loi n° 2011-672 du 16 juin 2011, article 50.
– Loi n° 2016-274 du 7 mars 2016, article 57.
– Ordonnance n° 2020-1733 du 16 décembre 2020, article 9.
– Loi n° 2024-42 du 26 janvier 2024, article 73.

Commentaires

Une loi n° 2024-42 du 26 janvier 2024 pour contrôler l'immigration, améliorer l'intégration et un décret n° 2024-799 du 2 juillet 2024 pris pour l'application du titre VII de cette loi sont revenus sur l'articulation entre le CESEDA et le CJA en modifiant ce dernier dans le sens d'un renvoi aux règles du CESEDA. C'est la huitième modification majeure du CESEDA en seize ans et la dernière en date des tentatives pour remplacer les frontières par des barrières de papier. Pour ce qui concerne le contentieux, les deux textes s'inspirent de la rationalisation et de la simplification proposées par l'étude du Conseil d'État du 5 mars 2020 (« Simplifier le contentieux des étrangers, dans l'intérêt de tous », octobre 2020). Les dispositions législatives et réglementaires spéciales du contentieux des étrangers sont désormais contenues dans un seul livre du CESEDA alors qu'elles figuraient antérieurement dans les deux codes et variaient selon la nature de ces décisions. Le CJA n'est dès lors plus qu'un « code suiveur » du CESEDA, « code pilote ».

La procédure applicable au contentieux des décisions relatives à l'entrée, au séjour et à l'éloignement des étrangers

Art. R. 776-1 Conformément à l'article L. 776-1 du présent code, les modalités selon lesquelles sont présentés et jugés les recours formés devant la juridiction administrative contre les décisions relatives à l'entrée, au séjour et à l'éloignement des étrangers obéissent, lorsque les dispositions du code de l'entrée et du séjour des étrangers et du droit d'asile le prévoient, aux règles spéciales définies au livre IX du même code.

Textes sources

– Décret n° 2011-819 du 8 juillet 2011, article 1er.
– Décret n° 2016-1458 du 28 octobre 2016, article 3.
– Décret n° 2018-1142 du 12 décembre 2018, article 2.
– Décret n° 2020-1734 du 16 décembre 2020, article 7.
– Décret n° 2024-799 du 2 juillet 2024, article 3.

Dans le régime antérieur au décret n° 2024-799 du 2 juillet 2024 pris pour l'application du titre VII de la loi n° 2024-42 du 26 janvier 2024 pour contrôler l'immigration, améliorer l'intégration, relatif à la simplification des règles du contentieux, il avait été jugé que cet article n'avait pas la prétention d'imposer un code spécifique de procédure excluant toute autre disposition : renvoi y est fait au Code de justice administrative, sous réserve des dispositions du chapitre spécifique au contentieux des étrangers.

L'applicabilité générale du Code de justice administrative avait pour effet que rien ne s'oppose à l'infliction de l'amende pour recours abusif prévue par l'article R. 741-12. De même peut jouer l'article L. 761-1 relatif aux frais irrépétibles, hypothèse d'ailleurs admise par le Conseil d'État avant même la nouvelle rédaction (CE, 28 octobre 1991, Harabi, n° 125966, *Lebon* T. – CE, 10 juin 1994, Davalou Ghadjar, n° 153923). Pour la même raison doivent être regardées comme applicables les procédures d'exécution organisées par le livre IX, ce que, ici encore, la jurisprudence avait admis (CE sect., 22 février 2002, Dieng, n° 224496, cité sous l'article L. 911-2, revenant sur CE, 3 novembre 1997, Préfet de police c/Zairag, n° 175768, *Lebon* T.). La nouvelle rédaction conduit à s'interroger sur le maintien de telles solutions.

La procédure organisée par le CESEDA ne concerne que le contentieux de première instance, l'appel relevant du droit commun sauf en ce qui concerne le délai d'appel (CE, 5 novembre 2004, Préfet de la Guadeloupe, n° 255619),

En application du III de l'article 9 du décret n° 2024-799 du 2 juillet 2024, ces dispositions s'appliquent aux décisions des tribunaux administratifs rendues à compter du 15 juillet 2024.

La nouvelle rédaction de l'article R. 776-1 n'est pas applicable à Saint-Barthélemy, à Saint-Martin, en Polynésie française, en Nouvelle-Calédonie et à Wallis-et-Futuna. Le chapitre VI, dans sa rédaction antérieure au, et les chapitres VII à VII quater du titre VII du livre VII du Code de justice administrative demeurent applicables dans ces territoires.

CHAPITRE 7 Le contentieux des refus d'entrée sur le territoire français au titre de l'asile et des décisions de transfert prises à la frontière

Abrogé par le décret n° 2024-799 du 2 juillet 2024 pris pour l'application du titre VII de la loi n° 2024-42 du 26 janvier 2024 pour contrôler l'immigration, améliorer l'intégration, relatif à la simplification des règles du contentieux, article 3.

CHAPITRE 7 *BIS* Le contentieux du maintien en rétention en cas de demande d'asile

Abrogé par le décret n° 2024-799 du 2 juillet 2024 pris pour l'application du titre VII de la loi n° 2024-42 du 26 janvier 2024 pour contrôler l'immigration, améliorer l'intégration, relatif à la simplification des règles du contentieux, article 3.

CHAPITRE 7 *TER* Le contentieux des décisions de transfert vers l'État responsable de l'examen de la demande d'aide

Abrogé par le décret n° 2024-799 du 2 juillet 2024 pris pour l'application du titre VII de la loi n° 2024-42 du 26 janvier 2024 pour contrôler l'immigration, améliorer l'intégration, relatif à la simplification des règles du contentieux, article 3.

CHAPITRE 7 *QUATER* Le sursis à exécution des mesures d'éloignement visant les demandeurs d'asile

Abrogé par le décret n° 2024-799 du 2 juillet 2024 pris pour l'application du titre VII de la loi n° 2024-42 du 26 janvier 2024 pour contrôler l'immigration, améliorer l'intégration, relatif à la simplification des règles du contentieux, article 3.

CHAPITRE 7 *QUINQUIES* Le contentieux des refus de visa et d'autorisation de voyage

Le présent chapitre ne comprend pas de dispositions législatives.

Non application des dispositions du 1° de l'article R. 421-3 et de l'article R. 421-7 du CJA

Art. R. 777-5 Conformément aux dispositions de l'article R. 312-6 du code de l'entrée et du séjour des étrangers et du droit d'asile, les dispositions du 1° de l'article R. 421-3 et de l'article R. 421-7 du présent code ne sont pas applicables aux recours contentieux formés à l'encontre des décisions de refus de visa.

Conformément aux dispositions de l'article R. 312-7-3 du code de l'entrée et du séjour des étrangers et du droit d'asile, les dispositions de l'article R. 421-7 du présent code ne sont pas applicables aux recours contentieux formés à l'encontre des décisions de refus d'autorisation de voyage.

Texte source

– Décret n° 2022-962 du 29 juin 2022, article 3.

Commentaires

Voilà un chapitre 7 *quinquies* qui n'a plus de *quater* après le décret n° 2024-799 du juillet 2024, ce qui mériterait d'être corrigé.

Ce contentieux relève du tribunal administratif de Nantes (voir CJA, art. R. 312-18).

L'exception aux dispositions du 1° de l'article R. 421-3 permet d'opposer la forclusion même en cas de décision implicite. L'exception aux dispositions de l'article R. 421-7 permet d'écarter les délais de distance.

CHAPITRE 8 Le contentieux du droit au logement et le contentieux de l'urbanisme

Le jugement des litiges relatifs à la garantie du droit au logement

Art. L. 778-1 Le jugement des litiges relatifs à la garantie du droit au logement prévue par l'article L. 441-2-3 du code de la construction et de l'habitation est régi par l'article L. 441-2-3-1 du même code.

Texte source

– Loi n° 2007-290 du 5 mars 2007, article 9.

Commentaires

L'article L. 441-2-3-1 du Code de la construction et de l'habitation, créé par la loi du 5 mars 2007, donne deux mois au président du tribunal administratif ou au magistrat qu'il désigne pour statuer. Il peut ordonner, sous astreinte, le logement ou le relogement du demandeur, après audience sans rapporteur public.

Les litiges relatifs au droit d'accès à un logement décent ressortissent à la matière civile, et sont dès lors de ceux que régit l'article 6 de la Convention européenne de sauvegarde des droits de l'homme et des libertés fondamentales (CE, avis, 2 juillet 2010, Maache, n° 332825, *Lebon*). Selon le même avis, le Conseil d'État estime que le mécanisme ici instauré respecte les exigences de cet article, lors même que l'astreinte qu'il prévoit est versée non au requérant, mais à un fonds dépendant de l'État (voir CJA, art. R. 778-8). En revanche, la Cour européenne des droits de l'homme a condamné la France en raison de ce que la reconnaissance du droit à obtenir un logement n'était exécutée ni en nature ni par équivalent, et ce, en dépit d'une décision de justice et de l'injonction du tribunal (CEDH, 9 avril 2015, Tchokontio Happi c/France, n° 65829/12).

Cette loi nouvelle reprend l'expression « commissaire du gouvernement ». Faudra-t-il de nouveau saisir le Conseil constitutionnel pour modifier cette appellation (voir les commentaires sous l'article L. 7) ? En tout cas le décret n° 2009-14 du 7 janvier 2009, qui ne s'applique qu'au Code de justice administrative ne peut conduire à une correction de la loi du 5 mars 2007. Le recours introduit en application de l'article L. 441-2-3-1 du Code de la construction et de l'habitation (CCH) devant le juge du droit au logement opposable n'a pas le caractère de recours contre une décision au sens de l'article R. 421-1 du CJA. Par suite, le délai de deux mois fixé par cet article ne lui est pas applicable (CE, 7 avril 2011, Diaby, n° 340734, *Lebon* T.). Bien que qualifié de « recours spécial » (CE, avis, 1er juillet 2016, Slimani, n° 398546, *Lebon* – CE, 3 mai 2016, Lourdjane, n° 394508, *Lebon*) dans un contentieux social, il n'a pas été qualifié de recours de plein contentieux (CE sect., 3 juin 2019, Vainqueur, n° 423001, *Lebon* – CE sect., 3 juin 2019, Ziani, n° 422873). Un recours indemnitaire relève de ces dispositions (CE, 28 mars 2019, Guinchan, n° 414709, *Lebon* T.) et peut donner lieu à dispense de conclusions (CE, 28 mars 2019, Chowdhury, n° 414630, *Lebon* T.). Le recours contre la décision de refus opposé par la commission d'attribution d'un organisme de logement social est un recours pour excès de pouvoir (CE, 14 février 2018, Mariko, n° 407124).

Les demandeurs de la procédure spéciale « droit au logement opposable »

Art. R. 778-1 Sont présentées, instruites et jugées selon les dispositions du présent code, sous réserve des dispositions particulières du code de la construction et de l'habitation et des dispositions du présent chapitre :

1° Les requêtes introduites par les demandeurs reconnus par la commission de médiation prévue à l'article L. 441-2-3 du code de la construction et de l'habitation comme prioritaires et devant se voir attribuer un logement en urgence, en application des dispositions du II du même article, et qui n'ont pas, passé le délai mentionné à l'article R. 441-16-1 du même code, reçu une offre de logement tenant compte de leurs besoins et de leurs capacités ;

2° Les requêtes introduites par les demandeurs reconnus par la commission de médiation comme prioritaires pour un accueil dans une structure d'hébergement, un établissement ou logement de transition, un logement-foyer ou une résidence hôtelière à vocation sociale, en application des dispositions du III ou du IV de l'article L. 441-2-3 du code de la construction et de l'habitation, et qui n'ont pas, passé le délai mentionné à l'article R. 441-18 du même code, été accueillis dans l'une de ces structures, logements ou établissements ;

3° Les requêtes introduites par les demandeurs qui, en l'absence de commission de médiation, ont saisi le préfet en application du quatrième alinéa du I de l'article L. 441-2-3-1 du code de la construction et de l'habitation et qui n'ont pas, passé le délai prévu par l'article R. 441-17 du même code, reçu une offre de logement tenant compte de leurs besoins et de leurs capacités.

Texte source

– Décret n° 2009-400 du 10 avril 2009, article 2.

Commentaires

Le système ici mis en place, qui se rapproche d'une procédure de référé, conduit à l'intervention du juge administratif (statuant en juge unique) dans la mise en application du droit au logement opposable. Le filtrage normalement envisagé consiste en l'intervention de la commission de médiation.

Cette procédure est exclusive de toute autre. Notamment, ne peuvent être utilisés le référé de l'article L. 521-3 (CE, 3 mai 2016, Lourdjane, n° 394508, *Lebon*), le référé-liberté de l'article L. 521-2 (CE, 29 décembre 2023, n° 489206, *Lebon* T.)

La présentation des requêtes concernant le droit au logement

Art. R. 778-2 Les requêtes mentionnées à l'article R. 778-1 sont présentées dans un délai de quatre mois à compter de l'expiration des délais prévus aux articles R. 441-16-1, R. 441-17 et R. 441-18 du code de la construction et de l'habitation. Ce délai n'est toutefois opposable au requérant que s'il a été informé, dans la notification de la décision de la commission de médiation ou dans l'accusé de réception de la demande adressée au préfet en l'absence de commission de médiation, d'une part, de celui des délais mentionnés aux articles R. 441-16-1, R. 441-17 et R. 441-18 de ce code qui était applicable à sa demande et, d'autre part, du délai prévu par le présent article pour saisir le tribunal administratif.

À peine d'irrecevabilité, les requêtes doivent être accompagnées, sauf impossibilité justifiée, soit de la décision de la commission de médiation dont se prévaut le requérant, soit, en l'absence de commission, d'une copie de la demande adressée par le requérant au préfet.

Texte source

– Décret n° 2008-1227 du 27 novembre 2008, article 1er.

Commentaires

Les règles spéciales de délai ne seront opposables que si l'intéressé en a été prévenu, conformément à une règle générale de procédure.

Le délai de quatre mois ne peut courir avant que le droit au recours n'ait été ouvert au demandeur par l'article L. 441-2-3 du Code de la construction et de l'habitation, même si le délai donné à l'administration pour exécuter la décision de la commission de médiation a expiré avant cette date (CE, 4 juillet 2014, Zaim Imim, n° 363042, *Lebon* T.).

La juridiction peut exiger du demandeur qu'il régularise sa demande en produisant la décision de la commission de médiation, mais ne peut demander, à peine d'irrecevabilité, que soit produit le document de notification de cette décision, comportant les mentions prévues par le premier alinéa de l'article R. 778-2 (CE, 30 décembre 2016, Bamba, n° 395706, *Lebon* T.). Le point de départ du délai imparti au préfet pour faire une offre de logement au demandeur déclaré prioritaire par la commission de médiation est la date de la décision de cette commission et le délai de quatre mois imparti au demandeur pour saisir le tribunal administratif en l'absence de proposition de logement court à compter de l'expiration du délai imparti au préfet. Ces dispositions n'exigent pas que la notification de la décision comporte la référence des dispositions instituant le délai de saisine du tribunal administratif (CE, 10 février 2017, Ministre c/Eon, n° 400470, *Lebon* T.). Le délai est interrompu par une demande d'aide juridictionnelle (CE, 18 octobre 2017, Shoko Ukanda, n° 407692). Le délai de quatre mois imparti au demandeur pour saisir le tribunal administratif en l'absence de proposition court à compter de l'expiration d'un délai de trois mois à compter de la date de la décision de la commission de médiation ou, si elle est plus tardive, à compter de la date à laquelle le demandeur a reçu notification de cette décision (CE, 8 octobre 2020, Ministre de la cohésion des territoires c/Goncalves-Lopes, 431618, *Lebon T.*). Des conclusions indemnitaires accompagnant une requête DALO doivent être présentées par requête distincte et il appartient au juge d'inviter le requérant à régulariser, sauf les rejeter pour une autre irrecevabilité après en avoir informé les parties (CE, 2 avril 2021, Sekbraoudine et autres, n° 437799, *Lebon* T.).

Le juge unique

Art. R. 778-3 Les jugements sont rendus par le président du tribunal administratif ou le magistrat qu'il désigne à cet effet, qui doit avoir atteint au moins le grade de premier conseiller ou une ancienneté de deux ans. Sauf mention expresse contraire dans la décision de désignation, les magistrats désignés au titre de l'article R. 222-13 assurent également ces fonctions.

Texte source

– Décret n° 2008-1227 du 27 novembre 2008, article 1er.

Commentaires

Le juge unique ici institué n'a rien d'original. On retiendra l'automatisme permettant à chaque magistrat désigné au titre de l'article R. 222-13 de statuer en matière de droit au logement. Cela implique en tout cas que le président de la juridiction organise un tour de rôle pour « départager » les magistrats, qui sont au moins deux, étant potentiellement compétents en matière de droit au logement.

L'instruction et l'audience

Art. R. 778-4 Le président du tribunal administratif ou le magistrat qu'il désigne à cet effet statue dans le délai prévu à l'article L. 441-2-3-1 du code de la construction et de l'habitation.

Les décisions prises pour l'instruction des affaires sont notifiées aux parties par tous moyens.

Le président du tribunal administratif ou le magistrat qu'il désigne à cet effet peut, dès l'enregistrement de la requête, par une décision qui tient lieu d'avis d'audience, fixer la date à laquelle l'affaire sera appelée à l'audience.

L'avis d'audience ou la décision prévue à l'alinéa précédent reproduit les dispositions des articles R. 731-1, R. 731-2, R. 731-3, R. 732-1 et R. 732-2 en précisant que l'audience, sauf renvoi à une formation collégiale, se déroule sans conclusions du rapporteur public.

Textes sources

– Décret n° 2008-1227 du 27 novembre 2008, article 1er.
– Décret n° 2009-14 du 7 janvier 2009, article 1er.

La clôture de l'instruction

Art. R. 778-5 Le juge statue au terme d'une procédure contradictoire écrite ou orale.

Dès qu'il reçoit notification de la requête, le préfet communique au tribunal administratif l'ensemble du dossier constitué pour l'instruction de la demande correspondante, tant devant la commission départementale de médiation que pour donner suite à la décision de celle-ci.

L'instruction est close soit après que les parties ou leurs mandataires ont formulé leurs observations orales, soit, si ces parties sont absentes ou ne sont pas représentées, après appel de leur affaire à l'audience. Toutefois, afin de permettre aux parties de verser des pièces complémentaires, le juge peut décider de différer la clôture de l'instruction à une date postérieure dont il les avise par tous moyens.
L'instruction est rouverte en cas de renvoi à une autre audience.

Texte source

– Décret n° 2010-164 du 22 février 2010, article 31.

Commentaires

C'est au préfet de fournir le dossier (CE, 30 avril 2014, Buabe, n° 354195). Sa défense ne peut utilement se prévaloir de l'illégalité de la décision de la commission départementale de médiation, qui dans le litige s'impose au juge, lequel ne peut qu'en tirer les conséquences mécaniques et objectives. Seul un recours distinct peut permettre au préfet de rechercher l'annulation, voire la suspension de cette décision (CE, avis contentieux, 21 juillet 2009, Idjihadi, n° 324809, *Lebon*). Pour le surplus, l'audience se déroule peu ou prou comme en matière de référé-suspension, avec procédure orale.

Les autres textes applicables

Art. R. 778-6 Les dispositions des articles R. 522-4, R. 522-7, R. 522-9 et R. 522-11 à R. 522-13 sont applicables.

Texte source

– Décret n° 2008-1227 du 27 novembre 2008, article 1er.

Commentaires

Les articles de renvoi concernent les ordonnances de référé-suspension.

L'assistance du requérant

Art. R. 778-7 À la demande du requérant, la personne assurant l'assistance prévue au deuxième alinéa du I de l'article L. 441-2-3-1 du code de la construction et de l'habitation peut être entendue lors de l'audience.

Texte source

– Décret n° 2009-400 du 10 avril 2009, article 2.

Commentaires

En dérogation aux règles de la procédure ordinaire, le demandeur peut se faire assister, lors de l'audience, par une personne qui n'est pas avocat. Le texte de renvoi dispose ainsi : « Le demandeur peut être assisté par les services sociaux, par un organisme bénéficiant de l'agrément relatif à l'ingénierie sociale, financière et technique prévu à l'article L. 365-3 ou par une association agréée de défense des personnes en situation d'exclusion. »

La liquidation de l'astreinte

Art. R. 778-8 Lorsque le président du tribunal administratif ou le magistrat désigné à cet effet constate, d'office ou sur la saisine du requérant, que l'injonction prononcée n'a pas été exécutée, il procède à la liquidation de l'astreinte en faveur du fonds prévu au dernier alinéa de l'article L. 300-2 du code de la construction et de l'habitation.

Le président du tribunal administratif ou le magistrat désigné à cet effet peut statuer par ordonnance, dans les conditions prévues par le chapitre II du titre IV du livre VII du présent code, après avoir invité les parties à présenter leurs observations sur l'exécution de l'injonction prononcée.

Il liquide l'astreinte en tenant compte de la période pendant laquelle, postérieurement à l'expiration du délai imparti par le jugement, l'injonction est demeurée inexécutée par le fait de l'administration. Il peut, eu égard aux circonstances de l'espèce, modérer le montant dû par l'État voire, à titre exceptionnel, déclarer qu'il n'y a pas lieu de liquider l'astreinte.

Textes sources

– Décret n° 2010-164 du 22 février 2010, article 31.
– Décret n° 2012-415 du 23 mars 2012, article 3.

Commentaires

L'existence de l'astreinte prévue à l'article L. 441-2-3-1 du Code de la construction et de l'habitation exclut que le juge puisse prononcer une astreinte sur le fondement de l'article L. 911-4 du Code de justice administrative (CE, 10 février 2014, Ministre de l'Égalité des territoires et du Logement c/Vandeven, n° 361426, *Lebon* T.).

Le fonds mentionné au premier alinéa est devenu le « Fonds national d'accompagnement vers et dans le logement », qui a été créé par la loi de finances du 29 juillet 2011.

Sur le montant de l'astreinte, on se reportera à l'article L. 441-2-3-1 du Code de la construction et de l'habitation, et à l'avis rendu par le Conseil d'État le 2 juillet 2010 (CE, 2 juillet 2010, Maache, n° 332825, *Lebon*).

Si le logement proposé répond aux caractéristiques déterminées par la commission de conciliation et qu'il a été refusé sans motif impérieux, il n'y a pas lieu de liquider l'astreinte. Le demandeur peut faire valoir devant le juge tout élément tendant à établir le caractère impérieux du motif de refus, même si ce motif n'a pas été présenté au bailleur (CE, 28 mars 2013, Ministre c/Bisrette, n° 347913, *Lebon* T. – CE, 1er octobre 2014, Djamaa, n° 364055, *Lebon* T.). Il n'y a pas de liquidation provisoire de l'astreinte par le juge : le représentant de l'État doit donc verser spontanément l'astreinte au fonds, dès qu'elle est due pour une période de six mois, et ce, tant que l'injonction du juge n'a pas été exécutée (CE, avis contentieux, 27 mai 2016, Niakate, n° 396853). Lorsque le juge, saisi de conclusions tendant à la liquidation d'une astreinte, constate que le demandeur a refusé sans motif impérieux une offre de logement tenant compte de ses besoins et capacités,

mais qu'il n'avait pas été informé par le bailleur des conséquences d'un tel refus, il peut déclarer qu'il n'y a pas lieu de liquider l'astreinte, mais ne peut juger que l'administration se trouve déliée de l'obligation d'exécuter l'injonction prononcée en proposant à l'intéressé un logement tenant compte de ses besoins et capacités (CE, 4 novembre 2015, Rifai, n° 374241, *Lebon* T.). Le préfet peut se trouver délié de l'obligation qui pèse sur lui en vertu d'une décision de la commission de médiation et d'un jugement lui enjoignant d'exécuter cette décision si, par son comportement, l'intéressé a fait obstacle à cette exécution (CE, 16 juin 2016, Nhari, n° 383986, *Lebon* T.).
La circonstance que l'astreinte est versée non au requérant, mais au fonds ne prive pas le recours spécifique ici organisé d'un caractère effectif au sens de l'article 6-1 de la Convention européenne de sauvegarde des droits de l'homme et des libertés fondamentales (CE, avis contentieux, 27 mai 2016, Meslati, n° 397842, *Lebon* T.).
Les défaillances du recours spécifique au DALO ont abouti à la condamnation de la France par la Cour européenne des droits de l'homme (CEDH, 9 avril 2015, Tchokontio Happi c/France, n° 65829/12), pour violation de l'article 6, § 1 de la Convention européenne de sauvegarde des droits de l'homme et des libertés fondamentales.

Le contentieux de l'urbanisme

Art. L. 778-2 Le jugement des litiges relatifs aux documents d'urbanisme et aux autorisations d'urbanisme est régi par les dispositions du livre VI du code de l'urbanisme et par celles du présent code.

Texte source

– Ordonnance n° 2013-638 du 18 juillet 2013, article 4.

Le contentieux de l'urbanisme (*bis*)

Art. R. 778-9 Le jugement des litiges relatifs aux documents d'urbanisme et aux autorisations d'urbanisme est régi par les dispositions du livre sixième du code de l'urbanisme et par celles du présent code.

Texte source

– Décret n° 2013-879 du 1er octobre 2013, article 2.

Commentaires

On se reportera à l'annexe au présent ouvrage, consacrée aux dispositions procédurales applicables en matière d'urbanisme.

CHAPITRE 9 Autres dispositions

N. B. *L'appellation législative de ce chapitre désigne le contentieux du stationnement des résidences mobiles des gens du voyage, puisqu'aussi bien la seule disposition législative de ce chapitre concerne ce contentieux. Mais la partie réglementaire ne consacre, dans le même chapitre, qu'une section à ce dernier, et deux à d'autres questions. D'où la nécessité d'intituler ce chapitre selon l'articulation réglementaire.*

SECTION 1 Le contentieux du stationnement des résidences mobiles des gens du voyage

Le contentieux des décisions de mise en demeure de quitter les lieux

Art. L. 779-1 Les requêtes dirigées contre les décisions de mise en demeure de quitter les lieux mentionnées au II bis de l'article 9 de la loi n° 2000-614 du 5 juillet 2000 relative à l'accueil et à l'habitat des gens du voyage sont présentées, instruites et jugées dans des conditions fixées par décret en Conseil d'État.

Sauf renvoi à une formation collégiale, l'audience se déroule sans conclusions du rapporteur public.

Texte source

– Loi n° 2011-1862 du 13 décembre 2011, article 52.

Le régime des requêtes dirigées contre les mises en demeure

Art. R. 779-1 Les requêtes dirigées contre les décisions de mise en demeure de quitter les lieux mentionnées au II bis de l'article 9 de la loi n° 2000-614 du 5 juillet 2000 relative à l'accueil et à l'habitat des gens du voyage sont présentées, instruites et jugées selon les dispositions du présent code applicables aux requêtes en annulation, sous réserve des dispositions du présent chapitre.

Texte source

– Décret n° 2007-1018 du 14 juin 2007, article 2.

Commentaires

Ces requêtes sont suspensives (loi n° 2007-297 du 5 mars 2007, art. 27). Ce chapitre organise, sur le modèle du contentieux des mesures d'éloignement des étrangers et du droit au logement opposable, le contentieux des recours contre les mises en demeure, le président du tribunal ou le magistrat qu'il a désigné disposant de soixante-douze heures pour se prononcer, sans audition d'un rapporteur public (sauf renvoi devant une formation collégiale). On note que la conformité à la Constitution des articles 9 et 9-1 de la loi n° 2000-614 du 5 juillet 2000 a été reconnue par le Conseil constitutionnel saisi d'une question prioritaire de constitutionnalité par le Conseil d'État (CE, 28 mai 2010, Balta, n° 337840, *Lebon* – Cons. const., 9 juillet 2010, décision n° 2010-13 QPC). L'installation de ces résidences est entièrement régie par ces dispositions particulières qui rendent inapplicables les dispositions régissant l'installation des résidences mobiles de loisirs (C. urb., art. R. 111-42) et des caravanes (C. urb., art. R. 111-49) (CE, 9 novembre 2018, Allait et Furstemberg, n° 411010, *Lebon* T.). La procédure spéciale prévue par les dispositions du II de l'article 9 de la loi n° 2000-614 du 5 juillet 2000 n'est pas exclusive du référé-mesures utiles de l'article L. 521-3 du CJA (CE, 16 juillet 2020, département de l'Essonne c/Hoffmann, n° 437113, *Lebon* T.).

Le délai de recours

Art. R. 779-2 Les requêtes sont présentées dans le délai d'exécution fixé par la décision de mise en demeure. Le délai de recours n'est pas prorogé par l'exercice d'un recours administratif préalable.

Lorsqu'elle est adressée par le moyen de l'application informatique mentionnée à l'article R. 414-1 ou par le téléservice mentionné à l'article R. 414-2, son auteur signale son urgence en sélectionnant le type de procédure dans la rubrique correspondante.

Textes sources

– Décret n° 2007-1018 du 14 juin 2007, article 2.
– Décret n° 2012-1437 du 21 décembre 2012, article 4.
– Décret n° 2018-251 du 6 avril 2018, article 7.
– Décret n° 2020-1245 du 9 octobre 2020, article 9.

Le calcul du délai pour statuer

Art. R. 779-3 Le délai de quarante-huit heures imparti au président du tribunal administratif ou à son délégué pour statuer court à partir de l'heure d'enregistrement de la requête au greffe du tribunal.

Conformément au second alinéa de l'article R. 611-8-6, lorsqu'elles sont faites par voie électronique sur le fondement des articles R. 611-8-2, R. 611-8-3 et R. 711-2-1, les communications et convocations sont réputées reçues dès leur mise à disposition dans l'application ou le téléservice.

Textes sources

– Décret n° 2007-1018 du 14 juin 2007, article 2.
– Décret n° 2012-1437 du 21 décembre 2012, article 4.
– Décret n° 2017-1522 du 2 novembre 2017, article 7.
– Décret n° 2020-1245 du 9 octobre 2020, article 9.

La convocation à l'audience

Art. R. 779-4 Les parties sont convoquées à l'audience sans délai et par tous moyens.

Texte source

– Décret n° 2007-1018 du 14 juin 2007, article 2.

L'instruction et sa clôture

Art. R. 779-5 Le juge statue au terme d'une procédure contradictoire écrite ou orale. L'instruction est close dans les conditions prévues au second alinéa de l'article R. 613-2.

Texte source

– Décret n° 2007-1018 du 14 juin 2007, article 2.

Les autres textes applicables

Art. R. 779-6 Les dispositions des articles R. 522-2, R. 522-4, R. 522-7, R. 522-9 et R. 522-11 à R. 522-13 sont applicables.

Texte source

– Décret n° 2007-1018 du 14 juin 2007, article 2.

Commentaires

Les articles de renvoi concernent les ordonnances de référé-suspension.

Le délai d'appel

Art. R. 779-7 Le délai d'appel est d'un mois.

Texte source

– Décret n° 2007-1018 du 14 juin 2007, article 2.

Le magistrat chargé de statuer

Art. R. 779-8 Les jugements sont rendus par le président du tribunal administratif ou le magistrat qu'il désigne à cet effet. Sauf mention expresse contraire dans la décision de désignation, les magistrats désignés au titre de l'article R. 222-13 assurent également ces fonctions.

Texte source

– Décret n° 2007-1018 du 14 juin 2007, article 2.

SECTION 2 Les actions en matière de discriminations

Les recours des associations

Art. R. 779-9 Les associations régulièrement déclarées depuis au moins cinq ans et se proposant, par leurs statuts, de lutter contre les discriminations peuvent exercer les actions en justice qui naissent de la loi n° 2008-496 du 27 mai 2008 en faveur de la victime d'une discrimination.

L'association doit justifier avoir obtenu l'accord écrit de l'intéressé après avoir porté à sa connaissance les informations suivantes :

1° La nature et l'objet de l'action envisagée ;

2° Le fait que l'action sera conduite par l'association qui pourra exercer elle-même les voies de recours ;

3° Le fait que l'intéressé pourra, à tout moment, intervenir dans l'instance engagée par l'association ou y mettre fin.

Texte source

– Décret n° 2008-799 du 20 août 2008, article 2.

Commentaires

En dérogation à la capacité des seuls avocats pour représenter les requérants, les associations répondant aux conditions de cet article peuvent exercer des actions au nom d'une personne privée.

SECTION 3 Dispositions relatives au référendum local et à la consultation des électeurs par les collectivités territoriales

Le jugement des requêtes relatives à la liste des organismes participant à la campagne

Art. R. 779-10 Le jugement des requêtes relatives à l'établissement de la liste des partis ou groupements habilités à participer à la campagne en vue d'un référendum local ou d'une consultation des électeurs par les autorités d'une collectivité territoriale, est régi par les dispositions du cinquième alinéa de l'article R. 1112-3 du code général des collectivités territoriales.

Textes sources

– Décret n° 2005-433 du 4 mai 2005, article 3.

– Décret n° 2005-1551 du 6 décembre 2005, article 6.

– Décret n° 2012-89 du 25 janvier 2012, article 3 (V).

Commentaires

L'article du CGCT mentionné ci-dessus est ainsi rédigé : « Toute personne inscrite sur les listes électorales dans le ressort de la collectivité territoriale ayant décidé le référendum ainsi que tout groupe, parti ou groupement politique ayant déposé une demande d'habilitation peut, dans les vingt-quatre heures qui suivent la publication de la liste, saisir le tribunal administratif compétent. Le tribunal statue en premier et dernier ressort dans les trois jours suivant le dépôt de la requête. S'il l'estime fondée, le tribunal procède à la réformation de l'arrêté. »

Ce texte récent n'a, à notre connaissance, pas encore donné lieu à contentieux sérieux. La question se posera de savoir si ce dernier devra être regardé comme un contentieux « relatif aux élections », pour l'application des textes procéduraux spécifiques à ces derniers (par exemple, pour déterminer quel est le délai de présentation des mémoires ampliatifs devant le Conseil d'État, à peine de désistement d'office…).

On note que les délibérations relatives à l'organisation d'un référendum local ou d'une consultation de la population font l'objet de demandes de suspension de la part du préfet, obéissant à un régime spécifique, prévu par les articles LO 1112-3 et LO 1112-17 du Code général des collectivités territoriales (le président du tribunal administratif devant statuer dans le mois), qui prévoient que le tribunal statue en dernier ressort, donc sans appel (CAA Versailles, 15 septembre 2006, Commune de Saint-Michel-sur-Orge, n° 06VE01634).

SECTION 4 Le contentieux de la tarification sanitaire et sociale

Un contentieux de pleine juridiction

Art. R. 779-11 Les décisions mentionnées au VI de l'article L. 314-1 et aux articles L. 314-9 et L. 351-1 du code de l'action sociale et des familles, au douzième alinéa de l'article L. 6143-4 du code de la santé publique et à l'article L. 162-24-1 du code de la sécurité sociale peuvent faire l'objet d'un recours de plein contentieux. Lorsque la juridiction estime que le montant de la dotation globale, du forfait de soins, du prix de journée ou de tout autre élément de tarification en litige a été illégalement fixé ou la somme demandée illégalement refusée, elle annule ou réforme, s'il y a lieu, cette décision en fixant ce montant, pour l'exercice en cause, ou, si elle ne peut le fixer elle-même, en renvoyant à l'auteur de la décision le soin d'en fixer le montant sur les bases qu'elle indique dans les motifs de sa décision.

Texte source

– Décret n° 2024-1168 du 6 décembre 2024, article 7.

Commentaires

Le décret n° 2024-1168 du 6 décembre 2024, et non une ordonnance comme initialement prévu par l'article 26 du projet de loi n° 2023-1059 du 20 novembre 2023 d'orientation et de programmation du ministère de la justice 2023-2027, porte transfert de compétence entre juridictions de l'ordre administratif pour le contentieux de la tarification sanitaire et sociale (CJA, art. R. 312-10-1) et fixe des règles dérogatoires propres à ce plein contentieux (art. R. 431-6-1, R. 779-11 et R. 779-12). Il prévoit enfin les modalités de transfert des procédures en cours vers les juridictions administratives de droit commun. L'office du juge est celui du plein contentieux « subjectif ». Il est donc très développé, l'article R. 351-35 du CASF prévoyant que « Lorsqu'elle annule la décision ou le jugement contesté, la juridiction fixe elle-même le montant de la dotation globale, du forfait de soins, du prix de journée ou autre élément de tarification qui était en litige, ou renvoie à l'auteur de la décision annulée le soin d'en fixer le montant sur les bases qu'il indique ».

La publicité des décisions

Art. R. 779-12 Les décisions juridictionnelles sont insérées par extraits comportant le dispositif au recueil des actes administratifs de la préfecture du département où est situé l'établissement ou service concerné par le litige, à l'exception de celles statuant sur les tarifs mentionnés à la deuxième phrase du III de l'article R. 314-36 du code de l'action sociale et des familles.

Textes sources

– Décret n° 2024-1168 du 6 décembre 2024, article 7.

SECTION 5 *L'action de groupe en matière de santé*

Abrogée par le décret n° 2017-888 du 6 mai 2017, article 4.

CHAPITRE 10 L'action de groupe

Le champ d'application de l'action de groupe

Art. L. 77-10-1 L'action de groupe est régie par les I à XI de l'article 16 de la loi n° 2025-391 du 30 avril 2025 portant diverses dispositions d'adaptation au droit de l'Union européenne en matière économique, financière, environnementale, énergétique, de transport, de santé et de circulation des personnes. Toutefois, ne sont pas applicables le 4 du C du I, le troisième alinéa du II et le 1 du C du III du même article 16.

Textes sources

– Loi n° 2016-1547 du 18 novembre 2016, article 85.
– Ordonnance n° 2018-1125 du 12 décembre 2018, article 10.
– Loi n° 2025-391 du 30 avril 2025, article 16.

Commentaire

Ce texte novateur ne concernait qu'un domaine expressément limité : les discriminations (1° et 2° de l'article), la responsabilité résultant d'infractions aux dispositions législatives relatives à la protection de la nature et de l'environnement (C. env., art. art. L. 142-3-1), de manquements d'un producteur ou fournisseur de produits médicaux mentionnés à l'article L. 5311-1 du Code de la santé publique (CSP, art. L. 1143-1), et les manquements aux dispositions de la loi n° 78-17 du 6 janvier 1978 commis par un responsable de traitements de données à caractère personnel. La matière fiscale a été écartée alors que ce contentieux, comme d'ailleurs celui de la fonction publique (hors discrimination), se prêterait bien à de telles actions en matière de fiscalité nationale (contribution au service public de l'électricité) ou locale (taxe d'enlèvement des ordures ménagères). Mais rien n'empêche le juge, dans de telles domaines, de faire application des règles prétoriennes relatives aux requêtes collective personnelles ou réelles qui permettent de telles actions qui sont également encadrées par certaines dispositions du CJA (voir les commentaires sous les articles R. 411-5, R. 611-2 et R. 751-3). La modification intervenue en 2019 ne concerne que le 5° de ces dispositions et relève du « toilettage » lié à une renumérotation de la loi « Informatique et Libertés ». Elle est entrée en vigueur en même temps que le décret n° 2019-536 du 29 mai 2019 pris pour l'application de la loi n° 78-17 du 6 janvier 1978 relative à l'informatique, aux fichiers et aux libertés, au 1er juin 2019. Pour un regard interrogatif sur ces dispositions, voir l'étude d'Hélène Pauliat « Procédures simplifiées et accès à la justice Facilité : la mise en œuvre de la loi de 2016 peut-elle atteindre ses objectifs ? » (*JCP A*, 12 mars 2018, n° 10-11, étude 2071).
Au 11 juin 2019, trois actions de groupe étaient en cours (Source : Conseil d'État – Président de la section du contentieux – Juradinfo). Pour un premier bilan jurisprudentiel, voir la chronique d'Agathe Duguit-Larcher, « Actions de groupe : premiers jalons », *AJDA* 2021, p. 2155.

Le CJA se réfère désormais aux dispositions des I à XI de l'article 16 de la loi n° 2025-391 du 30 avril 2025 portant diverses dispositions d'adaptation au droit de l'Union européenne en matière économique, financière, environnementale, énergétique, de transport, de santé et de circulation des personnes, ci-dessous reproduites, ce qui peut sembler une régression de la codification. Les dispositions réglementaires correspondant aux articles du CJA abrogés ou modifiés sont donc en sursis.

« I. – A. – Une action de groupe est exercée en justice par un demandeur mentionné au C du présent I pour le compte de plusieurs personnes physiques ou morales, placées dans une situation similaire, résultant d'un même manquement ou d'un manquement de même nature à ses obligations légales ou contractuelles commis par une personne agissant dans l'exercice ou à l'occasion de son activité professionnelle, par une personne morale de droit public ou par un organisme de droit privé chargé de la gestion d'un service public.

L'action de groupe est exercée afin d'obtenir soit la cessation du manquement mentionné au premier alinéa du présent A, soit la réparation des préjudices, quelle qu'en soit la nature, subis du fait de ce manquement, soit la satisfaction de ces deux prétentions.

B. – Par dérogation au A du présent I, lorsqu'elle a pour objet un manquement aux obligations légales ou contractuelles résultant du code de la santé publique, l'action de groupe n'est exercée qu'en raison d'un manquement à ses obligations légales ou contractuelles d'un producteur ou d'un fournisseur de l'un des produits mentionnés au II de l'article L. 5311-1 du même code ou d'un prestataire utilisant l'un de ces produits.

C. – 1. L'action de groupe est exercée par les associations agréées à cette fin. L'agrément peut être octroyé par l'autorité administrative chargée de sa délivrance à toute association régulièrement déclarée, à but non lucratif, qui remplit les conditions suivantes :

1° Elle justifie, à la date du dépôt de sa demande d'agrément, de l'exercice d'une activité effective et publique de douze mois consécutifs en vue de la défense d'intérêts auxquels il a été porté atteinte ;

2° Son objet statutaire comporte la défense d'intérêts auxquels il a été porté atteinte ;

3° Elle ne fait pas l'objet, à la date du dépôt de sa demande d'agrément, d'une procédure collective prévue au livre VI du code de commerce ;

4° Elle est indépendante et n'est pas influencée par des personnes, autres que celles dont elle défend les intérêts, ayant un intérêt économique dans l'introduction d'une action de groupe. Elle a adopté à cette fin des procédures écrites de prévention et de gestion des conflits d'intérêts ;

5° Elle met à la disposition du public, par tout moyen approprié, des informations sur son objet statutaire, ses activités, les sources principales de son financement et son organisation.

L'agrément peut être retiré par l'autorité administrative chargée de sa délivrance lorsqu'elle constate que l'une des conditions prévues au présent 1 n'est plus remplie.

La liste des associations agréées est mise à la disposition du public dans des conditions fixées par décret.

L'action de groupe qui tend à la seule cessation du manquement peut également être exercée par les associations à but non lucratif régulièrement déclarées depuis deux ans au moins qui justifient de l'exercice d'une activité effective et publique de vingt-quatre mois consécutifs et dont l'objet statutaire comporte la défense d'intérêts auxquels il a été porté atteinte.

L'action de groupe peut être exercée par les organisations syndicales représentatives, au sens des articles L. 2122-1, L. 2122-5 ou L. 2122-9 du code du travail ou de l'article L. 221-1 du code général de la fonction publique, et par les organisations syndicales représentatives des magistrats de l'ordre judiciaire :

a) En matière de lutte contre les discriminations ;

b) En matière de protection des données personnelles ;

c) Ou lorsqu'elle tend à la cessation du manquement d'un employeur ou à la réparation de dommages causés par ce manquement à plusieurs personnes placées sous l'autorité de cet employeur.

2. L'action de groupe peut être exercée par les organisations syndicales à vocation générale d'exploitants agricoles et les organisations des pêcheurs et des professions de la mer représentatives remplissant les conditions prévues au 1 du présent C lorsqu'elle tend à la cessation du manquement ou à la réparation de dommages causés par ce manquement à plusieurs de leurs adhérents.

3. L'action de groupe peut également être exercée par les entités qualifiées justifiant de leur inscription sur la liste publiée au Journal officiel de l'Union européenne en application de l'article 5 de la directive (UE) 2020/1828 du Parlement européen et du Conseil du 25 novembre 2020 relative aux actions représentatives visant à protéger les intérêts collectifs des consommateurs et abrogeant la directive 2009/22/CE en vue de la cessation ou de l'interdiction des agissements illicites au regard des dispositions du droit de l'Union européenne mentionnées à l'annexe I de la même directive. Ces entités qualifiées peuvent également exercer devant le juge judiciaire l'action tendant à la réparation des préjudices subis, dans les conditions énoncées au III du présent article.

4. Le ministère public peut exercer, en qualité de partie principale, l'action de groupe en cessation du manquement.

Il peut également intervenir, en qualité de partie jointe, dans toute action de groupe.

5. Les personnes mentionnées aux 1,2 et 3 du présent C qui peuvent exercer une action de groupe en application du A du présent I peuvent exercer cette action conjointement ou intervenir volontairement à une instance en cours.

6. Les personnes mentionnées aux 1,2 et 3 du présent C prennent toute mesure utile pour informer le public, en particulier sur leur site internet, des actions de groupe qu'ils ont décidé d'intenter devant une juridiction, de l'état d'avancement des procédures et, le cas échéant, des décisions rendues par la juridiction saisie.

D. – Les personnes mentionnées aux 1,2 et 3 du C du présent I peuvent recevoir des fonds de tiers, sous réserve que ce financement n'ait ni pour objet ni pour effet l'exercice par ces tiers d'une influence sur l'introduction ou la conduite d'actions de groupe susceptible de porter atteinte à l'intérêt de personnes représentées. Ce financement par des tiers fait l'objet d'une publication dans des conditions déterminées par décret.

E. – Le demandeur à une action de groupe en réparation des préjudices veille, en tout état de la procédure, à ne pas se placer en situation de conflit d'intérêts et à préserver l'exercice de l'action de groupe qu'il engage de l'influence d'un tiers à l'instance susceptible de porter atteinte à l'intérêt des personnes représentées.

En cas de contestation du respect de l'obligation prévue au premier alinéa du présent E par le demandeur à une action de groupe en réparation des préjudices, le juge peut enjoindre à ce dernier de produire les pièces justifiant de l'absence de conflit d'intérêts. Lorsqu'il constate que le demandeur à une action de groupe en réparation des préjudices ne satisfait pas à l'obligation prévue au même premier alinéa, il déclare l'action irrecevable et refuse l'homologation de tout accord entre les parties.

F. – Avant l'engagement d'une action de groupe fondée sur un manquement au code du travail, le demandeur à l'action demande à l'employeur, par tout moyen conférant date certaine à cette demande, de faire cesser le manquement allégué.

Dans un délai d'un mois à compter de la réception de cette demande, l'employeur en informe le comité social et économique, si l'entreprise en dispose, ainsi que les organisations syndicales représentatives dans l'entreprise. À la demande du comité social et économique ou à la demande d'une organisation syndicale représentative, l'employeur engage une discussion sur les mesures permettant de faire cesser la situation de manquement alléguée.

L'action de groupe engagée pour la défense des intérêts de plusieurs candidats à un emploi, à un stage ou à une période de formation en entreprise ou de plusieurs salariés peut être introduite à l'expiration d'un délai de six mois à compter de la demande tendant à faire cesser le manquement ou à compter de la notification par l'employeur du rejet de la demande.

G. – Une action manifestement infondée peut être rejetée par décision motivée de la juridiction saisie dès l'introduction de l'instance, selon des modalités précisées par décret en Conseil d'État.

II. – Lorsque l'action de groupe tend à la cessation d'un manquement, le demandeur n'est tenu d'établir ni un préjudice pour les membres du groupe, ni l'intention ou la négligence du défendeur.

Le juge, s'il constate l'existence du manquement, enjoint au défendeur de cesser ou de faire cesser ledit manquement et de prendre, dans un délai qu'il fixe, toutes les mesures utiles à cette fin, au besoin avec l'aide d'un tiers qu'il désigne.

Lorsque le juge prononce une astreinte, celle-ci est liquidée au profit d'un fonds consacré au financement des actions de groupe.

Le juge de la mise en état peut ordonner toutes les mesures provisoires utiles pour faire cesser le manquement allégué, dans un délai qu'il fixe, afin de prévenir un dommage imminent ou de faire cesser un trouble manifestement illicite.

Le juge ordonne, à la charge du défendeur, les mesures de publicité adaptées pour informer de cette décision les personnes susceptibles d'être concernées par les manquements constatés.

Le juge qui déclare l'action irrecevable ou la rejette peut ordonner, à la charge du demandeur, les mesures de publicité adaptées pour informer de cette décision les personnes susceptibles d'être concernées par l'action.

Ces mesures de publicité ne peuvent être mises en œuvre qu'une fois que l'ordonnance n'est plus susceptible de recours ordinaire ou de pourvoi en cassation.

III. – A. – 1. Lorsque l'action de groupe tend à la réparation des préjudices subis, le demandeur présente des cas individuels au soutien de ses prétentions.

Le juge statue sur la responsabilité du défendeur.

Il définit le groupe de personnes à l'égard desquelles la responsabilité du défendeur est engagée, en fixant les critères de rattachement au groupe, et détermine les préjudices devant faire l'objet d'une réparation, pour chacune des catégories de personnes constituant le groupe qu'il a défini.

Lorsque les éléments produits et la nature des préjudices le permettent, le juge détermine, dans le même jugement, le montant ou tous les éléments permettant l'évaluation des préjudices susceptibles d'être réparés, pour chacune des catégories de personnes constituant le groupe qu'il a défini.

Le juge qui reconnaît la responsabilité du défendeur ordonne, à la charge de ce dernier, les mesures de publicité adaptées pour informer de cette décision les personnes susceptibles d'avoir subi un dommage causé par le fait générateur constaté.

Le juge qui déclare l'action irrecevable ou la rejette ordonne, à la charge du demandeur, les mesures de publicité adaptées pour informer de cette décision les personnes susceptibles d'être concernées par l'action.

Il fixe également le délai dans lequel les personnes répondant aux critères de rattachement et souhaitant se prévaloir du jugement sur la responsabilité peuvent adhérer au groupe en vue d'obtenir la réparation de leur préjudice. Sauf dispositions contraires, ce délai ne peut être inférieur à deux mois ni supérieur à cinq ans à compter de l'achèvement des mesures de publicité ordonnées par le juge.

Le juge fixe le délai dont dispose le défendeur condamné pour procéder à l'indemnisation ainsi que le délai, ouvert à l'expiration de ce premier délai, pour le saisir des demandes d'indemnisation auxquelles le défendeur n'a pas fait droit.

Il prévoit les conditions et les limites dans lesquelles les personnes ayant adhéré au groupe selon les modalités mentionnées au B du présent III peuvent saisir le juge aux fins d'obtenir une indemnisation individuelle.

Lorsqu'une réparation en nature du préjudice lui paraît plus adaptée, à l'exception des préjudices résultant de dommages corporels, le juge précise les conditions de sa mise en œuvre par le défendeur.

2. À l'exclusion des actions de groupe tendant à la réparation de préjudices résultant de dommages corporels, lorsque le demandeur à l'action le demande et que les éléments produits ainsi que la nature des préjudices le permettent, le juge peut décider la mise en œuvre d'une procédure collective de liquidation des préjudices.

À cette fin, il habilite le demandeur à négocier avec le défendeur l'indemnisation des préjudices subis par chacune des personnes constituant le groupe. Il détermine, dans le même jugement, le montant de ces préjudices ou, à défaut, les éléments permettant leur évaluation, pour chacune des catégories de personnes constituant le groupe qu'il a défini. Il définit également les délais et les modalités selon lesquels cette négociation et cette évaluation doivent être effectuées, notamment le délai, qui ne peut être inférieur à six mois, à l'expiration duquel, en l'absence d'accord, il statue directement sur les préjudices susceptibles d'être réparés.

Le juge peut également condamner le défendeur au paiement d'une provision à valoir sur les frais non compris dans les dépens exposés par le demandeur à l'action, y compris les frais d'assistance afférents à la gestion des demandes d'indemnisation présentées par les membres du groupe pour la mise en œuvre de la phase de liquidation des préjudices.

3. Lorsqu'il statue sur la responsabilité, le juge peut ordonner, lorsqu'il la juge nécessaire et compatible avec la nature de l'affaire, la consignation à la Caisse des dépôts et consignations d'une partie des sommes dues par le défendeur.

B. – 1. a. Dans les délais et les conditions fixés par le jugement sur la responsabilité, les personnes souhaitant adhérer au groupe mentionné au troisième alinéa du 1 du A du présent III adressent une demande de réparation soit à la personne déclarée responsable par ce jugement, soit au demandeur à l'action, qui reçoit ainsi mandat aux fins d'indemnisation.

Ce mandat ne vaut ni n'implique adhésion à l'association ou à l'organisation syndicale demanderesse. Il est donné aux fins de représentation pour l'exercice de l'action de groupe et, le cas échéant, pour faire procéder à l'exécution forcée du jugement prononcé à l'issue de la procédure.

b. La personne déclarée responsable par le jugement sur la responsabilité procède, dans le délai fixé par ce jugement, à l'indemnisation individuelle des préjudices résultant du fait générateur de responsabilité et subis par les personnes répondant aux critères de rattachement au groupe et ayant adhéré à celui-ci.

c. Les personnes dont la demande de réparation n'a pas été satisfaite peuvent saisir le juge ayant statué sur la responsabilité, dans les conditions et les limites fixées par le jugement sur la responsabilité, aux fins de réparation de leur préjudice individuel.

2. a. Dans les délais et les conditions fixés par le juge ayant ordonné une procédure collective de liquidation des préjudices, les personnes intéressées peuvent adhérer au groupe en se déclarant auprès du demandeur.

L'adhésion au groupe vaut mandat au profit du demandeur à l'action aux fins d'indemnisation. À cette fin, le demandeur à l'action négocie avec le défendeur le montant de l'indemnisation, dans les limites fixées par le jugement ayant ordonné une procédure collective de liquidation des préjudices.

L'adhésion au groupe, qui ne vaut ni n'implique adhésion à l'association ou à l'organisation syndicale demanderesse, vaut mandat donné à celle-ci aux fins de représentation pour l'exercice de l'action en justice mentionnée au b du présent 2 et, le cas échéant, pour faire procéder à l'exécution forcée du jugement prononcé à l'issue de la procédure.

b. Dans un délai qui ne peut être inférieur à celui fixé pour l'adhésion au groupe par le jugement en responsabilité, le juge ayant statué sur la responsabilité est saisi aux fins d'homologation de l'accord, éventuellement partiel, intervenu entre les parties.

Le juge refuse l'homologation si les intérêts des parties et des membres du groupe lui paraissent insuffisamment préservés au regard des termes du jugement ayant ordonné une procédure collective de liquidation des préjudices et peut renvoyer à la négociation pour une nouvelle période de deux mois.

En l'absence d'accord total, le juge est saisi dans le délai fixé au premier alinéa du présent b aux fins de liquidation des préjudices subsistants. Dans ce cas, le juge statue dans les limites fixées par le jugement ayant ordonné une procédure collective de liquidation des préjudices.
À défaut de saisine du tribunal à l'expiration d'un délai d'un an à compter du jour où le jugement ayant ordonné une procédure collective de liquidation des préjudices a acquis force de chose jugée, les membres du groupe peuvent adresser une demande de réparation à la personne déclarée responsable par le jugement sur la responsabilité. La procédure individuelle de réparation des préjudices définie au 1 du présent B est alors applicable.
Une amende civile d'un montant maximal de 50 000 euros peut être prononcée contre le demandeur ou le défendeur à l'instance lorsque celui-ci a, de manière dilatoire ou abusive, fait obstacle à la conclusion d'un accord sur le fondement du jugement ayant ordonné la procédure collective de liquidation des préjudices.
3. Sous réserve des dispositions législatives relatives au maniement des fonds par les professions judiciaires réglementées, toute somme reçue au titre de l'indemnisation des membres du groupe est immédiatement versée sur un compte ouvert auprès de la Caisse des dépôts et consignations. Celui-ci ne peut faire l'objet de mouvements en débit que pour le règlement de l'affaire qui est à l'origine du dépôt.
C. – 1. Les personnes mentionnées au C du I peuvent participer à une médiation, dans les conditions prévues au chapitre Ier du titre II de la loi n° 95-125 du 8 février 1995 relative à l'organisation des juridictions et à la procédure civile, pénale et administrative, afin d'obtenir la réparation des préjudices individuels.
Le juge saisi de l'action mentionnée au 1 du A du présent III peut, avec l'accord des parties, désigner un médiateur, dans les conditions prévues au premier alinéa du présent 1, pour tenter de parvenir à une convention entre les parties réglant les conditions de l'indemnisation amiable des dommages qui font l'objet de l'action.
2. Tout accord négocié au nom du groupe est soumis à l'homologation du juge, qui vérifie s'il est conforme aux intérêts de ceux auxquels il a vocation à s'appliquer et lui donne force exécutoire. L'homologation de l'accord peut être refusée pour le motif mentionné au E du I.
L'accord précise les mesures de publicité nécessaires pour informer de son existence les personnes susceptibles d'être indemnisées sur son fondement ainsi que les délais et les modalités pour en bénéficier. Ces mesures sont mises en œuvre par le demandeur aux frais du défendeur.
IV. – Un registre public des actions de groupe en cours devant l'ensemble des juridictions est tenu et mis à la disposition du public par le ministre de la justice, dans des conditions fixées par décret en Conseil d'État.
V. – Les actions de groupe sont portées devant l'ordre de juridiction compétent pour en connaître.
VI. – L'article L. 211-15 du code de l'organisation judiciaire est ainsi rétabli :
« Art. L. 211-15.-Des tribunaux judiciaires spécialement désignés connaissent des actions de groupe engagées en toutes matières sur le fondement de l'article 16 de la loi n° 2025-391 du 30 avril 2025 portant diverses dispositions d'adaptation au

droit de l'Union européenne en matière économique, financière, environnementale, énergétique, de transport, de santé et de circulation des personnes. »

VII. – En matière de réparation de préjudices résultant de dommages corporels, le règlement amiable intervenant entre le responsable et le demandeur ou ses ayants droit et le jugement statuant sur les droits à indemnisation du demandeur ou de ses ayants droit sont soumis, selon le cas, au chapitre VI du titre VII du livre III du code de la sécurité sociale, au chapitre IV du titre V du livre IV du même code, à l'article L. 752-23 du code rural et de la pêche maritime, à l'ordonnance n° 59-76 du 7 janvier 1959 relative aux actions en réparation civile de l'État et de certaines autres personnes publiques ou au chapitre II et à l'article 44 de la loi n° 85-677 du 5 juillet 1985 tendant à l'amélioration de la situation des victimes d'accidents de la circulation et à l'accélération des procédures d'indemnisation.

VIII. – Lorsque les manquements reprochés portent sur le respect des règles définies au titre II du livre IV du code de commerce ou des articles 101 et 102 du traité sur le fonctionnement de l'Union européenne, la responsabilité du professionnel ne peut être prononcée dans le cadre d'une action de groupe que sur le fondement d'une décision prononcée à l'encontre du professionnel par les autorités ou les juridictions nationales ou de l'Union européenne compétentes, qui constate les manquements et qui n'est plus susceptible de recours pour la partie relative à l'établissement des manquements.

L'action de groupe ne peut être engagée plus de cinq ans après la date à laquelle la décision mentionnée au premier alinéa du présent VIII n'est plus susceptible de recours.

IX. – A. – L'action de groupe, qu'elle tende à la cessation du manquement ou à la réparation des préjudices, suspend la prescription des actions individuelles en réparation des préjudices résultant des manquements constatés par le juge ou des faits retenus dans l'accord homologué.

Le délai de prescription recommence à courir, pour une durée qui ne peut être inférieure à six mois, à compter de la date à laquelle le jugement n'est plus susceptible de recours ordinaire ou de pourvoi en cassation ou à compter de la date de l'homologation de l'accord.

B. – Le jugement sur la responsabilité et le jugement d'homologation de l'accord ont autorité de la chose jugée à l'égard de chacun des membres du groupe dont le préjudice a été réparé au terme de la procédure.

C. – L'adhésion au groupe ne fait pas obstacle au droit d'agir selon les voies de droit commun pour obtenir la réparation des préjudices ne relevant pas du champ défini par le jugement sur la responsabilité qui n'est plus susceptible de recours ordinaire ou de pourvoi en cassation ou dans le champ d'un accord homologué.

D. – N'est pas recevable l'action de groupe qui se fonde sur le même fait générateur, le même manquement et la réparation des mêmes préjudices que ceux reconnus par le jugement sur la responsabilité ou par un accord homologué.

E. – Lorsque le juge a été saisi d'une action de groupe et que le demandeur à l'action est défaillant, toute personne ayant qualité pour agir à titre principal peut demander au juge sa substitution dans les droits du demandeur.

F. – Est réputée non écrite toute clause ayant pour objet ou pour effet d'interdire à une personne de participer à une action de groupe.

G. – Le demandeur à l'action peut agir directement contre l'assureur garantissant la responsabilité civile du responsable en application de l'article L. 124-3 du code des assurances.

X. – A. – Pour l'application du présent X, on entend par action de groupe transfrontière une action de groupe intentée devant une juridiction ou une autorité compétente d'un État membre de l'Union européenne autre que celui dans lequel le demandeur a été désigné, en application de l'article 4 de la directive (UE) 2020/1828 du Parlement européen et du Conseil du 25 novembre 2020 relative aux actions représentatives visant à protéger les intérêts collectifs des consommateurs et abrogeant la directive 2009/22/CE.

B. – Dans des conditions et des délais définis par décret en Conseil d'État, l'autorité compétente délivre un agrément permettant d'exercer des actions représentatives transfrontières, au sens du A du présent X, aux entités qualifiées qui :

1° Justifient, à la date du dépôt de leur demande d'agrément, de l'exercice d'une activité effective et publique de douze mois consécutifs en vue de la protection des intérêts des consommateurs ;

2° Ont un objet statutaire qui démontre qu'elles ont un intérêt légitime à protéger les intérêts des consommateurs ;

3° Poursuivent un but non lucratif ;

4° Ne font pas l'objet, à la date du dépôt de leur demande d'agrément, d'une procédure collective prévue au livre VI du code de commerce ou d'une procédure d'insolvabilité et ne sont pas déclarées insolvables ;

5° Sont indépendantes et ne sont pas influencées par des personnes autres que des consommateurs, en particulier par des professionnels, ayant un intérêt économique dans l'introduction d'une action représentative, y compris en cas de financement par des tiers. Elles ont adopté à cette fin des procédures écrites de prévention et de gestion des conflits d'intérêts ;

6° Mettent à la disposition du public, par tout moyen approprié, des informations sur leur objet statutaire, sur leurs activités, sur les sources principales de leur financement et sur leur organisation.

L'autorité compétente assure la publication et la mise à la disposition du public de la liste des entités qualifiées qu'elle a agréées à l'avance aux fins d'intenter des actions représentatives transfrontières définies au A du présent X.

C. – Lorsque la qualité pour agir de l'entité qualifiée ayant intenté une action de groupe transfrontière fait l'objet d'une contestation sérieuse par le défendeur, la juridiction saisie peut demander à l'autorité compétente mentionnée au B du présent X de vérifier le respect, par le demandeur, des conditions d'agrément définies au même B. La juridiction sursoit à statuer jusqu'à la notification de l'autorité compétente.

L'autorité compétente informe sans délai les autorités de l'État membre de l'Union européenne dans lequel cette entité qualifiée a été désignée de la demande de la juridiction afin qu'elles procèdent aux vérifications nécessaires.

L'autorité compétente transmet à la juridiction, dès sa réception, la réponse fournie par l'autre État membre de l'Union européenne.

D. – A la demande de la Commission européenne ou d'un État membre de l'Union européenne, l'autorité compétente mentionnée au B du présent X vérifie si l'une des entités qualifiées mentionnées au même B continue de respecter les critères auxquels est subordonnée l'attribution de son agrément et, en cas de non-respect, lui retire son agrément.

Cette autorité informe de sa position l'autorité à l'origine de la demande selon les conditions et les délais prévus par décret en Conseil d'État.

XI. – Le sous-titre II du titre III du livre III du code civil est complété par un chapitre V ainsi rédigé :

« Chapitre V

« Sanction civile en cas de faute dolosive ayant causé des dommages sériels

« Art. 1254. – Lorsqu'une personne est reconnue responsable d'un manquement aux obligations légales ou contractuelles afférentes à son activité professionnelle, le juge peut, à la demande du ministère public, devant les juridictions de l'ordre judiciaire, ou du Gouvernement, devant les juridictions de l'ordre administratif, et par une décision spécialement motivée, la condamner au paiement d'une sanction civile, dont le produit est affecté à un fonds consacré au financement des actions de groupe.

« La condamnation au paiement de la sanction civile ne peut intervenir que si les conditions suivantes sont remplies :

« 1° L'auteur du dommage a délibérément commis une faute en vue d'obtenir un gain ou une économie indu ;

« 2° Le manquement constaté a causé un ou plusieurs dommages à plusieurs personnes physiques ou morales placées dans une situation similaire.

« Le montant de la sanction est proportionné à la gravité de la faute commise et au profit que l'auteur de la faute en a retiré. Si celui-ci est une personne physique, ce montant ne peut être supérieur au double du profit réalisé. Si l'auteur est une personne morale, ce montant ne peut être supérieur au quintuple du montant du profit réalisé.

« Lorsqu'une sanction civile est susceptible d'être cumulée avec une amende administrative ou pénale infligée en raison des mêmes faits à l'auteur du manquement, le montant global des amendes prononcées ne dépasse pas le maximum légal le plus élevé.

« Le risque d'une condamnation à la sanction civile n'est pas assurable. ».

Art. L. 77-10-2 *Abrogé par la loi n° 2025-391 du 30 avril 2025, art. 16.*

L'applicabilité du Code de justice administrative

Art. R. 77-10-1 L'action de groupe engagée sur le fondement de l'article 16 de la loi n° 2025-391 du 30 avril 2025 portant diverses dispositions d'adaptation au droit de l'Union européenne en matière économique, financière, environnementale, énergétique, de transport, de santé et de circulation des personnes est formée, instruite et jugée selon les règles prévues par le présent code, sous réserve des dispositions particulières du présent chapitre.

Textes sources

– Décret n° 2017-888 du 6 mai 2017, article 3.
– Décret n° 2025-734 du 30 juillet 2025, article 7.

Commentaires

L'action de groupe (version française de la « collective action ») peut soit tendre à ce qu'il soit mis fin à des manquements à des obligations contractuelles ou légales, soit avoir pour objet d'engager la responsabilité de l'auteur du manquement en vue d'obtenir une réparation. Naturellement, les manquements invoqués au soutien de l'action collective doivent être « de même nature », et constituer la « cause commune » de cette action. Et le demandeur doit « présenter » des cas individuels pour exercer son action.
Par arrêt du 2 octobre 2017, Me Kukuchian, n° 412324, le Conseil d'État a jugé légal le décret n° 2017-888 du 6 mai 2017 relatif à l'action de groupe et à l'action en reconnaissance de droits prévues aux titres V et VI de la loi n° 2016-1547 du 18 novembre 2016 de modernisation de la justice du XXIe siècle. Seules certaines associations pouvaient exercer des actions de groupe, à l'exclusion donc, par exemple, de syndicats. Les conditions imposées aux associations ont pour objet d'éviter que ne se lancent des actions de groupe à l'initiative d'un organisme ad hoc créé pour l'occasion : ou bien il faut être agréé, ou bien il faut exister depuis cinq ans au moins, donc dans la majorité des cas avant la survenance du manquement. Si l'on comprend la nécessité d'une sorte de « liaison du contentieux » de groupe, on peut s'interroger sur le réalisme du système retenu : est-il sérieusement envisageable que le « coupable » mette fin, en moins de quatre mois, au manquement reproché, voire, admettant sa responsabilité, répare les préjudices subis ?

SECTION 1 Dispositions générales

Art. L. 77-10-3 *Abrogé par la loi n° 2025-391 du 30 avril 2025, art. 16.*

Art. L. 77-10-4 *Abrogé par la loi n° 2025-391 du 30 avril 2025, art. 16.*

Art. L. 77-10-5 *Abrogé par la loi n° 2025-391 du 30 avril 2025, art. 16.*

Dispositions réglementaires

SOUS-SECTION 1 Détermination de la juridiction compétente

La juridiction compétente

Art. R. 77-10-2 Lorsque les requêtes individuelles qu'auraient pu introduire les personnes auxquelles l'action de groupe est susceptible de bénéficier auraient relevé, en application des règles de compétences définies par le titre Ier du livre III du présent code, de la compétence d'une seule juridiction, cette juridiction est compétente pour connaître de cette action.

Lorsqu'elles auraient relevé de la compétence de plusieurs juridictions, l'action de groupe est adressée au Conseil d'État. À défaut, le président de la juridiction saisie transmet le dossier au Conseil d'État. Le président de la section du contentieux du Conseil d'État désigne la juridiction compétente pour connaître de cette action et assure l'information des autres juridictions. Les actions de groupe ayant le même objet sont présentées par le demandeur à l'action ou transmises directement par les juridictions saisies à la juridiction ainsi désignée.

Dans l'hypothèse prévue à l'alinéa précédent, le président de la section du contentieux du Conseil d'État peut renvoyer le jugement de l'affaire à une cour administrative d'appel déjà saisie d'une requête dirigée contre un jugement rendu par un tribunal administratif sur une action de groupe ayant le même objet. La cour administrative d'appel statue alors sur cette affaire en premier et dernier ressort.

Texte source

– Décret n° 2017-888 du 6 mai 2017, article 3.

Commentaires

Le deuxième alinéa reprend un mécanisme existant de longue date dans la juridiction administrative (voir notamment CJA, art. R. 351-8). Il a fallu un peu d'imagination pour envisager la situation réglée par le troisième alinéa... Pour un exemple d'application de ce texte et une attribution au tribunal administratif de Bordeaux, voir une ordonnance du président de la section du contentieux du 24 septembre 2018, Association promotion et défense des étudiants, n° 424091.

SOUS-SECTION 2 Concours entre actions de groupe et actions individuelles

Requête individuelle et action de groupe

Art. R. 77-10-3 Lorsqu'il apparaît au président de la formation de jugement, d'office ou à la suite de l'information qui lui en a été donnée par l'une des parties, que l'auteur d'une requête individuelle est susceptible de bénéficier d'une

action de groupe déjà introduite, il informe le requérant de l'existence de cette action et de son droit à former une intervention au soutien de celle-ci. Il le met également en demeure de confirmer son intention de poursuivre l'instance en lui indiquant qu'à défaut d'une telle confirmation dans le délai imparti, qui ne peut être inférieur à un mois, il sera réputé s'être désisté d'office de l'instance. Le courrier de mise en demeure rappelle que le requérant pourra, le cas échéant, adhérer au groupe dont les caractéristiques auront été définies par cette décision.
Lorsque le requérant maintient sa requête, la juridiction qui en est saisie peut conserver le dossier ou, sur le fondement de l'article R. 351-8, le transmettre au président de la section du contentieux du Conseil d'État qui attribue le jugement de l'affaire à la juridiction qu'il désigne. Dans les deux cas, et sauf si la situation du requérant ou un intérêt public s'y oppose, il est sursis à statuer sur les conclusions de la requête jusqu'à ce que la décision rendue sur l'action de groupe soit devenue irrévocable. Le requérant est informé de ce sursis par tout moyen.

Textes sources

– Décret n° 2017-888 du 6 mai 2017, article 3.
– Décret n°2025-734 du 30 juillet 2025, article 8.

Commentaires

Il ne saurait évidemment être question de supprimer le droit au recours individuel au bénéfice de l'action de groupe. Mais cet article, qui introduit un désistement d'office de celui qui, dans le mois, n'a pas confirmé son intention de faire juger son affaire hors action de groupe, lui explique clairement que, dans ce cas-là, il attendra jusqu'à ce que la décision rendue sur l'action de groupe soit devenue irrévocable ! Couplé avec le 2° de l'article R. 77-10-12, qui conduit au rejet par ordonnance des requêtes individuelles soulevant des moyens identiques à ceux déjà tranchés par la décision de rejet rendue sur l'action de groupe, ce système est clairement conçu pour que la requête individuelle disparaisse lorsque l'action de groupe existe (voir nos commentaires sous l'article R. 77-10-12). Le maintien théorique de la possibilité de l'action individuelle semble relever surtout de la révérence formelle due au principe constitutionnel de droit au recours…

SOUS-SECTION 3 Présentation de la requête

La mention de la requête

Art. R. 77-10-4 La requête porte la mention « action de groupe ». Lorsqu'elle est adressée par voie postale, elle l'est par lettre recommandée.

Texte source

– Décret n° 2017-888 du 6 mai 2017, article 3.

Les éléments nécessaires à la requête de groupe

Art. R. 77-10-5 La requête doit, à peine d'irrecevabilité, préciser dans le délai de recours la personne morale de droit public ou l'organisme de droit privé chargé de la gestion d'un service public visé par l'action, la nature du manquement invoqué, ainsi que les éléments permettant d'apprécier la similarité des situations des personnes en faveur desquelles l'action est présentée.

Lorsque l'action de groupe est exercée afin d'obtenir la réparation des préjudices, la requête doit également préciser les cas individuels au vu desquels elle est engagée.

La requête ne peut comporter d'autres conclusions que celles tendant à la satisfaction de l'action de groupe considérée.

Textes sources

– Décret n° 2017-888 du 6 mai 2017, article 3.
– Décret n°2025-734 du 30 juillet 2025, article 8.

Commentaires

L'apparition du délai de recours doit être prise avec précaution. Sans doute le système ici institué impose-t-il une réclamation préalable (voir CJA, art. L. 77-10-5). Mais ce dernier texte impose de saisir le juge non avant l'expiration d'un délai, mais après que se soient écoulés quatre mois à compter de la communication de la mise en demeure jouant le rôle de la réclamation préalable… En combinant le régime spécifique de l'action de groupe et les éléments généraux qui régissent tant le contentieux administratif que l'action administrative, on peut avancer que le rejet de la « réclamation » n'intervient qu'au terme de quatre mois, cette dérogation au régime général des décisions implicites procédant de la loi (CJA, art. L. 77-10-5). Ce rejet implicite fait partir les délais de recours si et seulement si ont été respectées les dispositions des articles L. 112-3 et suivants du Code des relations entre le public et l'administration relatives à l'accusé de réception de toutes demande. On précise que n'existe plus la disposition qui prévoyait qu'en plein contentieux seule une décision expresse était susceptible de déclencher le délai de recours (CJA, art. R. 421-3 dans sa rédaction résultant de l'article 10 du décret n° 2016-1480 du 2 novembre 2016).

La restriction contenue dans le dernier alinéa doit s'entendre comme n'empêchant pas la présentation de conclusions tendant, sur le fondement de l'article L. 761-1, à l'obtention de frais non compris dans les dépens. Le décret n'a assurément pu restreindre un dispositif législatif s'appliquant « dans toutes les instances ». Au demeurant, en prévoyant qu'une provision peut être versée de ce chef, le législateur a nécessairement confirmé l'applicabilité de cette condamnation (voir CJA, art. L. 77-10-9).

SOUS-SECTION 4 Représentation des parties

Le ministère d'avocat

Art. R. 77-10-6 Sauf dans les litiges dans lesquels le défendeur est une collectivité territoriale, un établissement public en relevant ou un établissement public de santé, et sous réserve de la dispense prévue pour l'État à l'article R. 431-7, les requêtes et les mémoires présentés devant le tribunal administratif ou une cour administrative d'appel statuant en premier et dernier ressort doivent, à peine d'irrecevabilité, être présentés soit par un avocat, soit par un avocat au Conseil d'État et à la Cour de cassation.

Les mémoires en défense et les mémoires en intervention présentés au nom de l'État sont signés par le ministre intéressé.

Texte source

– Décret n° 2017-888 du 6 mai 2017, article 3.

Le ministère d'avocat devant le Conseil d'État

Art. R. 77-10-7 Sous réserve de la dispense prévue pour l'État à l'article R. 432-4, les requêtes et les mémoires présentés devant le Conseil d'État statuant en premier et dernier ressort doivent, à peine d'irrecevabilité, être présentés par un avocat au Conseil d'État ou à la Cour de cassation.

Texte source

– Décret n° 2017-888 du 6 mai 2017, article 3.

SOUS-SECTION 5 Jugement

Un jugement collégial avec un rapporteur public

Art. R. 77-10-8 Les dispositions des articles R. 222-13 et R. 732-1-1 ne sont pas applicables aux actions de groupe.

Texte source

– Décret n° 2017-888 du 6 mai 2017, article 3.

Commentaires

Le jugement des actions de groupe ne peut être confié au juge statuant seul prévu à l'article R. 222-13, et le rapporteur public ne peut y être dispensé de présenter ses conclusions.

SOUS-SECTION 6 Voies de recours

L'appel est toujours possible

Art. R. 77-10-9 Par dérogation au deuxième alinéa de l'article R. 811-1, les parties peuvent interjeter appel, devant la cour administrative d'appel compétente, de tout jugement rendu par un tribunal administratif sur une action de groupe.

Texte source

– Décret n° 2017-888 du 6 mai 2017, article 3.

Art. R. 77-10-10 *Abrogé par le décret n° 2025-734 du 30 juillet 2025, art. 8.*

Art. R. 77-10-11 *Abrogé par le décret n° 2025-734 du 30 juillet 2025, art. 8.*

SOUS-SECTION 8 Actions tendant aux mêmes fins qu'une action de groupe sur laquelle il a été statué

Les rejets par ordonnances

Art. R. 77-10-12 Lorsqu'une action de groupe a fait l'objet d'une décision de rejet devenue irrévocable, et sans préjudice des dispositions des articles R. 122-12 et R. 222-1, les présidents de formation de jugement peuvent rejeter par ordonnance :

1° Les actions de groupe qui tendent aux mêmes fins que cette action et qui soulèvent des moyens identiques à ceux déjà tranchés par la décision de rejet ou des moyens nouveaux qui sont manifestement infondés ;

2° Les requêtes individuelles présentées par des personnes qui auraient été susceptibles de bénéficier de l'action de groupe rejetée et qui soulèvent des moyens identiques à ceux déjà tranchés par la décision de rejet ou des moyens nouveaux qui sont manifestement infondés.

Texte source

– Décret n° 2017-888 du 6 mai 2017, article 3.

Commentaires

Cet article laisse perplexe car il confère une autorité absolue à des décisions juridictionnelles *de rejet*, ce qui est nouveau, et au cas présent discutable. Nous sommes en plein contentieux, et tout praticien sait que, dès lors que le droit et les faits sont ici étroitement imbriqués, la qualité de la présentation des faits est de nature à commander la solution de la question juridique de la responsabilité. De telle sorte que le particulier qui, ne faisant pas confiance à l'action de groupe intentée par une association dont il doute de la compétence, entend s'adresser à un autre spécialiste pour nourrir son action individuelle, verra son action rejetée par ordonnance puisque l'action de groupe, mal conduite, a été rejetée… Le droit au recours est ici sérieusement écorné. Et pourquoi ne pas imaginer que des défenseurs éventuels suscitent des actions de groupe dirigées contre eux, volontairement mal conduites, à seule fin d'obtenir une décision de rejet, assurance pour eux de n'être plus poursuivis pour cette cause ? Il n'est pas très difficile pour l'association portant l'action de groupe de tout mettre en œuvre pour perdre son procès ou d'y renoncer par découragement sans toutefois vouloir ou pouvoir se désister !

SOUS-SECTION 9 Obligations de publicité

Le délai pour opérer la publicité

Art. R. 77-10-13 Le jugement qui ordonne des mesures de publicité en application des quatrième et cinquième alinéas du II et des cinquième et sixième alinéas du 1 du A du III de l'article 16 précité fixe le point de départ et la durée des mesures de publicité mise à la charge, selon les cas, du défendeur ou du demandeur.

En cas d'inexécution par la partie à qui elles incombent, ces mesures de publicités sont mises en œuvre à ses frais et selon les modalités décrites au jugement, par la partie adverse.

Textes sources

– Décret n° 2017-888 du 6 mai 2017, article 3.
– Décret n°2025-734 du 30 juillet 2025, article 9.

SECTION 2 *Cessation du manquement*

La présente section ne comporte pas de dispositions réglementaires.

Art. L. 77-10-6 *Abrogé par la loi n° 2025-391 du 30 avril 2025, art. 16.*

Commentaires

La question des contrôles d'identité discriminatoires, première action de groupe dont le Conseil d'État a été saisi, lui a permis d'une part de rappeler les obligations de l'administration, d'autre part, de définir l'office du juge du manquement et ses limites (CE ass., 11 octobre 2023, Amnesty International France et autres, n° 454836, *Lebon* [1]).

Jurisprudence

[**1**] 5. Il résulte de ces dispositions que, dans les domaines mentionnés à l'article L. 77-10-1 du code de justice administrative, une action de groupe peut être engagée devant le juge administratif, par une association satisfaisant aux conditions prévues par loi, lorsque plusieurs personnes, placées dans une situation similaire, subissent chacune un dommage causé par une personne morale de droit public ou une personne morale de droit privé chargée de la gestion d'un service public et que les dommages ainsi subis trouvent leur cause commune dans un même

manquement de cette personne morale à ses obligations légales ou contractuelles. En ce qui concerne l'action ouverte sur le fondement de la loi du 27 mai 2008 portant diverses dispositions d'adaptation au droit communautaire dans le domaine de la lutte contre les discriminations, le dommage peut résulter de discriminations directes ou indirectes.

6. L'action de groupe peut tendre soit à la cessation du manquement dans lequel le dommage trouve sa cause, soit à la réparation des préjudices subis, soit à ces deux fins.

7. Lorsque l'action de groupe tend à la réparation des préjudices subis, l'engagement de la responsabilité de la personne ayant causé le dommage obéit aux conditions de droit commun, notamment à celles tenant au caractère certain du préjudice et à l'existence d'un lien de causalité direct entre le manquement commis et le préjudice allégué.

8. Lorsque l'action de groupe tend à la cessation d'un manquement à des obligations ayant causé un dommage à plusieurs personnes placées dans une situation similaire et susceptible d'engager la responsabilité de son auteur dans les conditions prévues au point 7, il appartient au juge administratif, dans les limites de sa compétence, de caractériser l'existence d'un tel manquement et, si le dommage n'a pas cessé à la date à laquelle il statue, d'enjoindre au défendeur de prendre la ou les mesures nécessaires pour y mettre fin. Cependant, et en toute hypothèse, il ne lui appartient pas, dans le cadre de cet office, de se substituer aux pouvoirs publics pour déterminer une politique publique ou de leur enjoindre de le faire.

9. Il incombe à toute personne morale de droit public, de même qu'à toute personne morale de droit privé chargée de la gestion d'un service public, d'accomplir ses missions dans le respect des règles de droit qui lui sont applicables. Elle doit, à cet effet, faire disparaître de l'ordonnancement juridique les dispositions qui y contreviennent et qui relèvent de sa compétence. Il lui appartient, en outre, de prendre les mesures administratives d'ordre juridique, financier, technique ou organisationnel qu'elle estime utiles pour assurer ou faire assurer le respect de la légalité. Lorsque le juge administratif constate, eu égard notamment à la gravité ou à la récurrence des défaillances relevées, la méconnaissance caractérisée d'une règle de droit dans l'accomplissement de ses missions par la personne morale visée par l'action de groupe et que certaines mesures administratives seraient, de façon directe, certaine et appropriée, de nature à en prévenir la poursuite ou la réitération, il lui revient, dans les limites de sa compétence et sous la réserve mentionnée au point 8, d'apprécier si l'abstention de cette personne de prendre de telles mesures est constitutive d'un manquement. Le manquement peut être regardé comme constitué s'il apparaît au juge qu'au regard de la portée de l'obligation qui pèse sur la personne morale concernée, des mesures déjà prises, des difficultés inhérentes à la satisfaction de cette obligation, des contraintes liées à l'exécution des missions dont elle a la charge et des moyens dont elle dispose ou, eu égard à la portée de l'obligation, dont elle devrait se doter, celle-ci est tenue de mettre en œuvre des actions supplémentaires.

10. Lorsque le manquement résultant de l'abstention de la personne concernée est établi et que les conditions fixées par le texte sont réunies, le juge saisi d'une action de groupe lui enjoint d'y mettre fin par toutes mesures utiles. Il appartient normalement aux autorités compétentes de déterminer celles des mesures qui sont les mieux à même d'assurer le respect des règles de droit qui leur sont applicables. Toutefois,

le juge peut circonscrire le champ de son injonction aux domaines particuliers dans lesquels l'instruction a révélé l'existence de mesures qui seraient de nature à prévenir la survenance des illégalités constatées, le défendeur conservant la possibilité de justifier de l'intervention, dans le délai qui a lui été imparti, de mesures relevant d'un autre domaine, mais ayant un effet au moins équivalent. Enfin, dans l'hypothèse où l'édiction d'une mesure déterminée se révèle, en tout état de cause, indispensable au respect de la règle de droit méconnue et où l'abstention de l'autorité compétente de prendre cette mesure exclurait, dès lors, qu'elle puisse être respectée, il appartient au juge de l'action de groupe d'ordonner à l'auteur du manquement de prendre la mesure considérée. [...].

SECTION 3 Réparation des préjudices

SOUS-SECTION 1 Jugement sur la responsabilité

Art. L. 77-10-7 *Abrogé par la loi n° 2025-391 du 30 avril 2025, art. 16.*

Art. L. 77-10-8 *Abrogé par la loi n° 2025-391 du 30 avril 2025, art. 16.*

Art. L. 77-10-9 *Abrogé par la loi n° 2025-391 du 30 avril 2025, art. 16.*

Le jugement indique la procédure appliquée

Art. R. 77-10-14 L'obligation mentionnée au premier alinéa du E du I de l'article 16 précité est prévue à peine d'irrecevabilité de l'action de groupe. La juridiction peut rejeter d'office celle-ci, après avoir invité le demandeur à produire les éléments justifiant du respect de cette obligation dans les conditions prévues au dernier alinéa de l'article R. 612-1.

Textes sources

– Décret n° 2017-888 du 6 mai 2017, article 3.
– Décret n°2025-734 du 30 juillet 2025, article 9.

Les mesures d'information ordonnées par le jugement

Art. R. 77-10-15 Les mesures d'information ordonnées par le juge comportent, outre les mentions éventuellement prescrites par le jugement :

1° La reproduction du dispositif de la décision ;

2° Selon qu'il est fait application de la procédure collective de liquidation ou de la procédure individuelle de réparation, les coordonnées de la ou des parties auprès desquelles chaque personne intéressée peut adresser sa demande de réparation ;

3° La forme, le contenu de cette demande de réparation ainsi que le délai dans lequel elle doit être adressée, dans le cadre d'une procédure individuelle de réparation des préjudices, au choix de la personne intéressée,

soit à la personne déclarée responsable, soit au demandeur à l'action, et dans le cadre d'une procédure collective de liquidation des préjudices, au demandeur à l'action ;
4° L'indication que la demande de réparation adressée au demandeur à l'action lui confère un mandat aux fins d'indemnisation et, le cas échéant, en cas de refus d'indemnisation opposé par la personne déclarée responsable, aux fins de représentation pour engager une action en réparation ou pour l'exécution du jugement prononcé à l'issue de cette action, ainsi que l'indication qu'elle peut y mettre fin à tout moment et que ce mandat ne vaut ni n'implique adhésion à l'association ou à l'organisation syndicale requérante ;
5° L'indication que, à défaut de demande de réparation reçue selon les modalités et dans le délai prévu par le jugement, la personne intéressée ne sera plus recevable à obtenir une indemnisation dans le cadre de l'action de groupe, mais qu'elle pourra toujours agir en indemnisation de ses préjudices à titre individuel ;
6° L'indication qu'en cas d'adhésion, la personne intéressée ne pourra plus agir individuellement à l'encontre de la personne déclarée responsable en réparation du préjudice déjà indemnisé dans le cadre de l'action de groupe, mais qu'elle pourra toujours agir en indemnisation de ses autres préjudices ;
7° L'indication que la personne intéressée doit produire tout document utile au soutien de sa demande.

Textes sources
– Décret n° 2017-888 du 6 mai 2017, article 3.
– Décret n° 2025-734 du 30 juillet 2025, article 9.

SOUS-SECTION 2 Mise en œuvre du jugement et réparation des préjudices

L'adhésion au groupe en fonction de la procédure

Art. R. 77-10-16 L'adhésion au groupe prend la forme d'une demande de réparation. Elle est faite par tout moyen permettant d'en accuser la réception, selon les modalités et dans le délai déterminés par le juge :
1° Auprès de l'une des parties à l'instance lorsqu'il est fait application de la procédure individuelle de réparation des préjudices ;
2° Auprès du demandeur à l'action lorsqu'il est fait application de la procédure collective de liquidation des préjudices.

Elle contient notamment les nom, prénom, domicile de la personne intéressée ainsi que, le cas échéant, une adresse électronique à laquelle elle accepte de recevoir les informations relatives à la procédure.
Cette demande justifie que les critères de rattachement au groupe sont remplis.

Texte source

– Décret n° 2017-888 du 6 mai 2017, article 3.

§ 1 Procédure individuelle de réparation des préjudices

L'adhésion au groupe

Art. L. 77-10-10 *Abrogé par la loi n° 2025-391 du 30 avril 2025, art. 16.*

Le demandeur de l'action de groupe est informé de l'envoi de la demande de réparation à la personne responsable

Art. R. 77-10-17 Dans le cadre de la mise en œuvre de la procédure individuelle de réparation des préjudices, lorsque la personne intéressée adresse directement la demande de réparation à la personne déclarée responsable, elle en informe le demandeur à l'action ou le demandeur de son choix en cas de pluralité de demandeurs.

Texte source

– Décret n° 2017-888 du 6 mai 2017, article 3.

Commentaires

Cette information joue lorsque, la victime ayant choisi de s'adresser directement à la personne responsable, le demandeur à l'action de groupe ne dispose pas de mandat.

La situation des personnes qui auraient pu adhérer au groupe et ne l'ont pas fait dans le délai

Art. R. 77-10-18 Les personnes susceptibles d'appartenir au groupe qui n'y ont pas adhéré dans le délai prévu dans le jugement statuant sur la responsabilité ne sont plus recevables à demander leur indemnisation dans le cadre de l'action de groupe.

Textes sources

– Décret n° 2017-888 du 6 mai 2017, article 3.
– Décret n° 2025-734 du 30 juillet 2025, article 9.

Commentaires

L'intervention du jugement statuant sur la responsabilité sera de toute façon d'un grand secours pour les personnes, entrant dans l'ensemble concerné par le groupe, qui auront négligé ou refusé d'y adhérer.

Les effets du mandat

Art. R. 77-10-19 Le mandat aux fins d'indemnisation donné au demandeur à l'action par l'effet de l'adhésion de la personne intéressée au groupe vaut pouvoir d'accomplir au nom de celle-ci tous actes de procédure et diligences en vue d'obtenir la réparation du préjudice subi par elle et entrant dans le champ de l'action de groupe, notamment pour l'exercice des voies de recours.

Le mandat emporte avance par le demandeur à l'action de tous les frais et dépenses liés à la procédure et représentation des personnes intéressées lors du déroulement d'éventuelles mesures d'instruction, et lors de l'action en justice tendant à la réparation du préjudice subi.

La personne intéressée peut mettre un terme au mandat à tout moment. Elle doit en informer le demandeur à l'action par tout moyen permettant d'en accuser la réception et celle-ci en avise la personne déclarée responsable sans délai. La révocation du mandat emporte renonciation à l'adhésion au groupe.

Texte source

– Décret n° 2017-888 du 6 mai 2017, article 3.

Commentaires

Les contours du mandat – qui ne doit rien coûter, en principe, à la personne intéressée – ont ceci de spécial que l'on ne peut y renoncer sans renoncer, du même coup, à l'adhésion au groupe.

L'obligation de transparence du mandataire

Art. R. 77-10-20 Dans toutes ses demandes tendant à la réparation par le juge des préjudices et à l'exécution du jugement, le demandeur à l'action précise, à peine d'irrecevabilité, l'identité des personnes pour le compte desquelles il agit.

Texte source

– Décret n° 2017-888 du 6 mai 2017, article 3.

Art. L. 77-10-11 *Abrogé par la loi n° 2025-391 du 30 avril 2025, art. 16.*

Art. L. 77-10-12 *Abrogé par la loi n° 2025-391 du 30 avril 2025, art. 16.*

§ 2 Procédure collective de liquidation des préjudices

Art. L. 77-10-13 *Abrogé par la loi n° 2025-391 du 30 avril 2025, art. 16.*

Art. L. 77-10-14 *Abrogé par la loi n° 2025-391 du 30 avril 2025, art. 16.*

SOUS-SECTION 3 Gestion des fonds reçus au titre de l'indemnisation des membres du groupe

Art. L. 77-10-15 *Abrogé par la loi n° 2025-391 du 30 avril 2025, art. 16.*

Les modalités de la gestion des fonds reçus

Art. R. 77-10-21 Le demandeur à l'action ouvre auprès de la Caisse des dépôts et consignations un compte spécifique au groupe des personnes lésées défini par le juge.

Sous réserve de l'article 240 du décret n° 91-1197 du 27 novembre 1991, toute somme reçue au titre du A ou du 3 du B du III de l'article 16 précité est immédiatement déposée par le demandeur à l'action sur le compte ouvert conformément à l'alinéa précédent.

Le demandeur à l'action est seul habilité, sous sa responsabilité, à procéder aux mouvements sur chaque compte ouvert conformément au premier alinéa et à le clôturer.

La tenue des comptes ouverts conformément au premier alinéa peut donner lieu à des frais de gestion perçus par la Caisse des dépôts et consignations, qui ne peuvent être imputés sur les indemnités versées.

Textes sources

– Décret n° 2017-888 du 6 mai 2017, article 3.
– Décret n° 2025-734 du 30 juillet 2025, article 9.

SECTION 4 Médiation

Art. L. 77-10-16 *Abrogé par la loi n° 2025-391 du 30 avril 2025, art. 16.*

Art. L. 77-10-17 *Abrogé par la loi n° 2025-391 du 30 avril 2025, art. 16.*

SECTION 5 Dispositions diverses

Art. L. 77-10-18 *Abrogé par la loi n° 2025-391 du 30 avril 2025, art. 16.*

Art. L. 77-10-19 *Abrogé par la loi n° 2025-391 du 30 avril 2025, art. 16.*

Art. L. 77-10-20 *Abrogé par la loi n° 2025-391 du 30 avril 2025, art. 16.*

Art. L. 77-10-21 *Abrogé par la loi n° 2025-391 du 30 avril 2025, art. 16.*

Art. L. 77-10-22 *Abrogé par la loi n° 2025-391 du 30 avril 2025, art. 16.*

Les modalités de la substitution

Art. R. 77-10-22 Lorsque le juge fait droit à une demande de substitution à un demandeur défaillant présentée sur le fondement du E du IX de l'article 16 précité, il statue, saisi de conclusions en ce sens, sur le transfert de tout ou partie de la provision qui aura pu être allouée en application des dispositions du troisième alinéa du 2 du A du III de l'article 16 précité.

La substitution emporte transfert du mandat donné par les personnes intéressées au demandeur substitué.

Le demandeur défaillant est tenu de remettre les pièces ainsi que les fonds détenus, le cas échéant pour le compte des personnes intéressées, au demandeur qui lui est substitué qui en accuse réception. Tant que cette remise n'a pas lieu, le demandeur défaillant n'est pas déchargé de ses obligations.

Textes sources

– Décret n° 2017-888 du 6 mai 2017, article 3.
– Décret n° 2025-734 du 30 juillet 2025, article 10.

Art. L. 77-10-23 *Abrogé par la loi n° 2025-391 du 30 avril 2025, art. 16.*

Art. L. 77-10-24 *Abrogé par la loi n° 2025-391 du 30 avril 2025, art. 16.*

Art. L. 77-10-25 *Abrogé par la loi n° 2025-391 du 30 avril 2025, art. 16.*

CHAPITRE 11 Action de groupe relative à une discrimination imputable à un employeur

Art. L. 77-11-1 *Abrogé par la loi n° 2025-391 du 30 avril 2025, art. 16.*

Art. R. 77-11-1 *Toutes les dispositions réglementaires du chapitre 11 ont été abrogées par l'article 11 du décret n° 2025-734 du 30 juillet 2025.*

Art. L. 77-11-2 *Abrogé par la loi n° 2025-391 du 30 avril 2025, art. 16.*

Art. L. 77-11-3 *Abrogé par la loi n° 2025-391 du 30 avril 2025, art. 16.*

Art. L. 77-11-4 *Abrogé par la loi n° 2025-391 du 30 avril 2025, art. 16.*

Art. R. 77-11-2 *Abrogé par le décret n° 2025-734 du 30 juillet 2025, art. 11.*

Art. L. 77-11-5 *Abrogé par la loi n° 2025-391 du 30 avril 2025, art. 16.*

Art. L. 77-11-6 *Abrogé par la loi n° 2025-391 du 30 avril 2025, art. 16.*

CHAPITRE 12 L'action en reconnaissance de droits

Objet de l'action

Art. L. 77-12-1 L'action en reconnaissance de droits permet à une association régulièrement déclarée ou à un syndicat professionnel régulièrement constitué de déposer une requête tendant à la reconnaissance de droits individuels résultant de l'application de la loi ou du règlement en faveur d'un groupe indéterminé de personnes ayant le même intérêt, à la condition que leur objet statutaire comporte la défense dudit intérêt. Elle peut tendre au bénéfice d'une somme d'argent légalement due ou à la décharge d'une somme d'argent illégalement réclamée. Elle ne peut tendre à la reconnaissance d'un préjudice.

Le groupe d'intérêt en faveur duquel l'action est présentée est caractérisé par l'identité de la situation juridique de ses membres. Il est nécessairement délimité par les personnes morales de droit public ou les organismes de droit privé chargés de la gestion d'un service public mis en cause.

L'action collective est présentée, instruite et jugée selon les dispositions du présent code, sous réserve du présent chapitre.

Texte source

– Loi n° 2016-1547 du 18 novembre 2016, article 93.

Commentaires

Voir article suivant.

L'interruption des prescriptions et forclusions

Art. L. 77-12-2 La présentation d'une action en reconnaissance de droits interrompt, à l'égard de chacune des personnes susceptibles de se prévaloir des droits dont la reconnaissance est demandée, les prescriptions et forclusions édictées par les lois et règlements en vigueur, sous réserve qu'à la date d'enregistrement de la requête, sa créance ne soit pas déjà prescrite ou son action forclose.

Un nouveau délai de prescription ou de forclusion court, dans les conditions prévues par les dispositions législatives et réglementaires applicables, à compter de la publication de la décision statuant sur l'action collective passée en force de chose jugée. Les modalités de cette publication sont définies par décret en Conseil d'État.

Postérieurement à cette publication, l'introduction d'une nouvelle action en reconnaissance de droits, quel qu'en soit l'auteur, n'interrompt pas, de nouveau, les délais de prescription et de forclusion.

Texte source

– Loi n° 2016-1547 du 18 novembre 2016, article 93.

Commentaires

Le demandeur peut être une association ou un syndicat, et l'objet du recours, à la différence de l'action de groupe, ne réside pas en la recherche de la réparation d'un préjudice, mais en la constatation de droits résultant de la loi ou du règlement au bénéfice d'un groupe non autrement déterminé de personnes ayant le même intérêt, caractérisé par l'identité de la situation juridique des personnes le composant, dans leur relation avec une personne morale de droit public (ou un même organe de droit privé chargé de la gestion d'un service public). On peut songer par exemple à l'application d'une loi conférant un avantage statutaire ou financier à une catégorie déterminée d'agents publics, et dont l'application suscite des difficultés d'interprétation.

L'action de groupe (qui, d'une certaine façon déroge à l'adage selon lequel « nul, hors le roi, ne plaide par procureur ») permet d'éviter la présentation de quantités de recours (plusieurs milliers parfois) disséminés sur l'ensemble du territoire et posant tous la ou les mêmes questions juridiques, que le recours en déclaration de droits permettra de régler en une seule fois. L'économie de gestion est claire.

Observons d'ailleurs que cette action de groupe est l'aboutissement d'une réflexion qui a commencé en décembre 1987, et s'est traduite par la mise en place du système des demandes d'avis contentieux au Conseil d'État (voir art. L. 113-1 et suivants) : dès la première requête individuelle, le tribunal administratif, pressentant la multiplicité des litiges soulevant la même question de droit, peut demander l'avis du Conseil d'État, et l'on obtient ainsi, en un délai de quelques mois, une réponse unique à cette question, réponse qu'il suffit dès lors de recopier dans tous les recours individuels de la série (qui peuvent alors être réglés par ordonnance de l'article R. 222-1). Cette préoccupation a abouti, dans l'ensemble des juridictions administratives de droit commun, à la mise sur pied d'un traitement des séries, consistant, au prix de réunions périodiques des présidents de juridictions, à repérer dans un premier temps les arrivées des « séries », et dans un deuxième temps à désigner la juridiction de première instance chargée, comme « chef de file », de traiter un dossier pilote, en recourant, évidemment, à la demande d'avis contentieux, toutes les autres juridictions plaçant alors la série en attente de cet avis, dont le prononcé débloque l'ensemble.

L'interruption des délais de recours est l'élément novateur. Avant ce texte, et dans le seul cadre du traitement des « séries » et du secours de l'article L. 113-1, chaque demandeur potentiellement concerné (chaque agent public dans l'exemple cité précédemment) devait présenter une requête dans les délais, faute de quoi la victoire obtenue par l'un d'eux ne pouvait être revendiquée par celui qui, trop confiant dans les promesses syndicales ou ministérielles, n'avait pas effectué de requête conservatoire. L'interruption édictée par l'article L. 77-12-2 évitera la multiplication de telles requêtes. Au vrai, cette règle était en germe tant dans le contentieux que dans un texte précédent. Ainsi le Conseil d'État a-t-il été conduit à juger que l'annulation de mesures concernant un fonctionnaire obligeait l'administration à procéder à un examen d'ensemble de la situation du personnel touché, directement ou indirectement, par cette annulation (CE, 26 janvier 1934, Glon, *Lebon*, p. 135 – CE, 4 février 1955, Marcotte, *Lebon*, p. 70). Dans la même veine, l'article 2 d'un décret du 28 novembre 1983 disposait-il que « lorsqu'une décision juridictionnelle devenue définitive émanant des tribunaux administratifs ou du Conseil d'État a prononcé l'annulation d'un acte non réglementaire par un motif tiré de l'illégalité du règlement dont cet acte fait application, l'autorité compétente est tenue, nonobstant l'expiration des délais de recours, de faire droit à toute demande ayant un objet identique et fondée sur le même motif, lorsque l'acte concerné n'a pas créé de droits au profit des tiers. ». Cet article n'a pas connu beaucoup de descendance à notre connaissance, et a été abrogé par décret n° 2006-672 du 8 juin 2006, sans doute parce qu'il apportait une solution trop audacieuse pour l'époque, solution peu différente de ce que dispose l'article L. 77-12-2 adopté en 2016. Au 11 juin 2019, quinze actions en reconnaissance de droits étaient en cours (Source : Conseil d'État – Président de la section du contentieux – Juradinfo). Pour une application positive de ce texte en matière de nouvelle bonification indiciaire, voir : TA Nice, 29 mai 2019, Syndicat CGT des fonctionnaires territoriaux de la ville de Nice, n° 1804265. Des conclusions présentées à l'appui d'une action en reconnaissance de droits et tendant à la publication du jugement à intervenir alors qu'une telle publication est prévue de plein droit sont irrecevables (TA Versailles, 22 juin 2023, Syndicat national Force ouvrière Justice, n° 2208588). La contrariété d'une disposition législative à la Constitution, pour autant qu'une question prioritaire de constitutionnalité soit soulevée, ou aux stipulations d'un traité ou accord international, entrées en vigueur dans l'ordre juridique interne et invocables devant le juge administratif, ou encore au droit de l'Union européenne, de même que l'illégalité d'une disposition réglementaire peuvent être utilement invoquées à l'appui d'une telle action, sous réserve que la disposition législative ou réglementaire en cause constitue la base légale de la décision de rejet opposée par l'autorité compétente à la réclamation préalable formée par l'association ou le syndicat professionnel demandeur à l'action (CE, 6 mai 2025, n° 491616, *Lebon* T.).

La décision sur le recours en déclaration de droits

Art. L. 77-12-3 Le juge qui fait droit à l'action en reconnaissance de droits détermine les conditions de droit et de fait auxquelles est subordonnée la reconnaissance des droits. S'il lui apparaît que la reconnaissance de ces droits emporte des conséquences manifestement excessives pour les divers intérêts publics ou privés en présence, il peut déterminer les effets dans le temps de cette reconnaissance.

Toute personne qui remplit ces conditions de droit et de fait peut, sous réserve que sa créance ne soit pas prescrite ou son action forclose, se prévaloir, devant toute autorité administrative ou juridictionnelle, des droits reconnus par la décision ainsi passée en force de chose jugée.

L'autorité de chose jugée attachée à cette décision est soulevée d'office par le juge.

Texte source

– Loi n° 2016-1547 du 18 novembre 2016, article 93.

Commentaires

Le système ne peut trouver son efficacité que si la décision juridictionnelle rendue sur le recours en déclaration de droits a autorité absolue de chose jugée, ce qui est peu ou prou reconnu par cet article.

Il doit aussi demeurer tolérable pour les personnes publiques, afin d'éviter, autant que faire se peut, les contentieux de l'exécution, ce qui explique la possibilité donnée par cet article de moduler dans le temps les effets de la déclaration de droits. Si le juge administratif fait droit à cette action, il lui appartient, dans les limites de sa compétence, de déterminer les conditions de droit et de fait auxquelles est subordonnée la reconnaissance des droits ainsi accordée. À cet égard, s'il apparaît au juge administratif que les effets de cette reconnaissance sont de nature à emporter des conséquences manifestement excessives pour les divers intérêts publics ou privés en présence, il lui revient – après avoir recueilli sur ce point les observations des parties – de déterminer les conditions et les limites dans lesquelles les droits individuels revendiqués sont susceptibles d'être remis en cause (CE, 6 mai 2025, n° 491616, *Lebon* T.).

L'appel est suspensif

Art. L. 77-12-4 L'appel formé contre un jugement faisant droit à une action en reconnaissance de droits a, de plein droit, un effet suspensif.

Par dérogation à l'article L. 311-1, une cour administrative d'appel peut connaître, en premier ressort, d'une action en reconnaissance de droits, dans le cas où elle est déjà saisie d'une requête dirigée contre un jugement rendu par un tribunal administratif sur une action en reconnaissance de droits ayant le même objet.

Texte source

– Loi n° 2016-1547 du 18 novembre 2016, article 93.

Commentaires

La volonté d'éviter le redoublement d'actions ayant même objet se traduit par la dévolution à l'instance d'appel de compétences de premier ressort.

L'injonction par le juge d'exécution

Art. L. 77-12-5 En cas d'inexécution d'une décision faisant droit à une action en reconnaissance de droits, toute personne qui estime être en droit de se prévaloir de cette décision peut demander au juge de l'exécution d'enjoindre à l'autorité compétente de prendre les mesures d'exécution qu'implique, à son égard, cette décision, après en avoir déterminé, s'il y a lieu, les modalités particulières.

Le juge peut fixer un délai d'exécution et prononcer une astreinte, dans les conditions prévues au livre IX. Il peut également infliger une amende à la personne morale de droit public ou à l'organisme de droit privé chargé de la gestion d'un service public intéressé, dont le montant ne peut excéder une somme déterminée par décret en Conseil d'État.

Texte source

– Loi n° 2016-1547 du 18 novembre 2016, article 93.

Commentaires

Est ici instituée une forme originale de demande d'exécution, en ce sens que le demandeur n'est pas la partie qui, au contentieux, a obtenu une décision juridictionnelle, mais « toute personne qui estime être en droit de se prévaloir » de la décision rendue sur l'action en reconnaissance de droits. Ce « raccourci » permet d'éviter le détour par une phase contentieuse de nature individuelle.

On note, ici encore, l'apparition d'une amende pouvant frapper l'administration qui s'est opposée, par son inertie ou son mauvais vouloir, à l'exécution d'une décision juridictionnelle portant reconnaissance de droits. Le montant de cette amende est fixé à 3 000 euros par recours individuel (voir CJA, art. R. 77-12-18), ce qui peut aboutir à des sommes considérables si le refus d'exécution touche une catégorie nombreuse de bénéficiaires !

Dispositions réglementaires

SECTION 1 Détermination de la juridiction compétente

Des règles de compétence évitant les doublons

Art. R. 77-12-2 Lorsque les requêtes individuelles qu'auraient pu introduire les membres du groupe d'intérêt en faveur duquel l'action en reconnaissance de droits est présentée auraient relevé, en application des règles de compétences définies par le titre Ier du livre III du présent code, de la compétence d'une seule juridiction, cette juridiction est compétente pour connaître de cette action.

Lorsqu'elles auraient relevé de la compétence de plusieurs juridictions, l'action en reconnaissance de droits est adressée au Conseil d'État. À défaut, le président de la juridiction saisie transmet le dossier au Conseil d'État. Le président de la section du contentieux du Conseil d'État désigne la juridiction compétente pour connaître de cette action et assure l'information des autres juridictions. Les actions en reconnaissance de droits ayant le même objet sont présentées par le demandeur à l'action ou transmises directement par les juridictions saisies à la juridiction ainsi désignée.

Dans l'hypothèse prévue à l'alinéa précédent, le président de la section du contentieux du Conseil d'État peut renvoyer le jugement de l'affaire à une cour administrative d'appel déjà saisie d'une requête dirigée contre un jugement rendu par un tribunal administratif sur une action en reconnaissance de droits ayant le même objet. La cour administrative d'appel statue alors sur cette affaire en premier et dernier ressort.

Texte source

– Décret n° 2017-888 du 6 mai 2017, article 8.

Commentaires

C'est normalement le tribunal compétent pour connaître des recours individuels qui est habilité à se prononcer sur l'action en reconnaissance de droits. Mais l'application brutale de cette règle peut conduire devant plusieurs tribunaux (songeons par exemple à une action mettant en cause un droit statutaire ouvert à tous les agents de l'État titulaires en catégorie A). Le président de la section du contentieux détermine alors le tribunal compétent (ce qui confirme que la compétence territoriale n'est pas totalement, en contentieux administratif, une question d'ordre public). Il peut même confier la connaissance, en premier ressort, de l'affaire à une cour administrative d'appel si cette dernière est déjà saisie, par la voie de l'appel, d'un jugement rendu sur une action ayant même objet.

Toutes ces règles ont pour seul objet, en réalité, de mettre sur pied une répartition harmonieuse, sur le territoire, des actions en reconnaissance de droits, compte tenu des charges des divers tribunaux. On devine en effet que le sort final de la requête en reconnaissance de droits sera, dans la plupart des cas, commandé par l'avis contentieux du Conseil d'État opportunément demandé par le premier juge saisi.

SECTION 2 Concours entre actions en reconnaissance de droits et actions individuelles

Requête individuelle et action en reconnaissance de droits

Art. R. 77-12-3 Lorsqu'il apparaît au président de la formation de jugement, d'office ou à la suite de l'information qui lui en a été donnée par l'une des parties, que l'auteur d'une requête individuelle est susceptible d'appartenir au groupe d'intérêt en faveur duquel une action en reconnaissance de droits a été introduite, il informe le requérant de l'existence de cette action et de son droit à former une intervention au soutien de celle-ci.

Il le met également en demeure de confirmer son intention de poursuivre l'instance en lui indiquant qu'à défaut d'une telle confirmation dans le délai imparti, qui ne peut être inférieur à un mois, il sera réputé s'être désisté d'office de l'instance. Le courrier de mise en demeure rappelle par ailleurs que la décision rendue sur l'action en reconnaissance de droits fera l'objet d'une publication sur le site internet du Conseil d'État en application de l'article R. 77-12-12 et que le requérant pourra, le cas échéant, se prévaloir de cette décision.

Lorsque lc requérant maintient sa requête, la juridiction qui en est saisie peut conserver le dossier ou, sur le fondement de l'article R. 351-8, le transmettre au président de la section du contentieux du Conseil d'État qui attribue le jugement de l'affaire à la juridiction qu'il désigne. Dans les deux cas, et sauf si la situation du requérant ou un intérêt public s'y oppose, il est sursis à statuer sur les conclusions de la requête jusqu'à ce que la décision rendue sur l'action en reconnaissance de droits soit devenue irrévocable. Le requérant en est informé par tout moyen.

Texte source

– Décret n° 2017-888 du 6 mai 2017, article 8.

Commentaires

Le mécanisme ici institué est calqué sur celui décrit à l'article R. 77-10-3, applicable aux actions de groupe.

SECTION 3 Présentation de la requête

La décision implicite de rejet naît au bout de quatre mois

Art. R. 77-12-4 Pour l'application de l'article R. 421-1, la décision attaquée est la décision de rejet explicite ou implicite opposée par l'autorité compétente à la réclamation préalable formée par le demandeur à l'action.

Le silence gardé pendant plus de quatre mois par l'autorité compétente sur la réclamation préalable vaut décision de rejet.

Dans le cas où les droits dont la reconnaissance est demandée relèvent de la compétence d'autorités différentes, il appartient au demandeur de former une réclamation préalable auprès de chacune des autorités intéressées.

Texte source

– Décret n° 2017-888 du 6 mai 2017, article 8.

Commentaires

Pour un rejet par voie d'ordonnance (CJA, art. R. 222-1) appliquant ces dispositions, voir : TA Montreuil, 20 décembre 2018, CGT Educ'Action Seine-Saint-Denis, n° 1710334. La réclamation formée par l'auteur de l'action collective interrompt les délais de prescription et de forclusion, y compris les délais fiscaux, même lorsqu'elle a été adressée à une autorité incompétente ; ces délais recommencent à courir à compter de la date de publication de la décision statuant sur cette action passée en force de chose jugée ou, à défaut de saisine du juge, à compter de la date à laquelle la décision de rejet de la réclamation préalable est devenue définitive (CE, 15 novembre 2021, Union fédérale des consommateurs Que Choisir Nancy et sa région, n° 454125, *Lebon* T.).

La mention de la requête

Art. R. 77-12-5 La requête porte la mention « action en reconnaissance de droits ». Lorsqu'elle est adressée par voie postale, elle l'est par lettre recommandée.

Texte source

– Décret n° 2017-888 du 6 mai 2017, article 8.

Le contenu de la requête

Art. R. 77-12-6 L'action en reconnaissance de droits doit, à peine d'irrecevabilité, préciser dans le délai de recours les éléments de fait et de droit qui caractérisent le groupe d'intérêt en faveur duquel elle est présentée.

La requête ne peut comporter d'autres conclusions que celles tendant à la satisfaction de l'action en reconnaissance de droits considérée.

Texte source

– Décret n° 2017-888 du 6 mai 2017, article 8.

Commentaires

On pourra se reporter au commentaire de l'article R. 77-10-5, s'agissant des délais de recours. On précise derechef que la restriction contenue dans le dernier alinéa doit s'entendre comme n'empêchant pas la présentation de conclusions tendant, sur le fondement de l'article L. 761-1, à l'obtention de frais non compris dans les dépens. Le décret n'a assurément pu restreindre un dispositif législatif s'appliquant « dans toutes les instances ». Pour le rejet de conclusions aux fins d'annulation et d'injonction par application de ces dispositions voir : TA Nice, 29 juin 2018, Syndicat National Indépendant des agents territoriaux, n° 1702169.

SECTION 4 Représentation des parties

Le ministère d'avocat

Art. R. 77-12-7 Sauf dans les litiges dans lesquels le défendeur est une collectivité territoriale, un établissement public en relevant ou un établissement public de santé, et sous réserve de la dispense prévue pour l'État à l'article R. 431-7, les requêtes et les mémoires présentés devant le tribunal administratif ou une cour administrative d'appel statuant en premier et dernier ressort doivent, à peine d'irrecevabilité, être présentés soit par un avocat, soit par un avocat au Conseil d'État et à la Cour de cassation.

Les mémoires en défense et les mémoires en intervention présentés au nom de l'État sont signés par le ministre intéressé.

Texte source

– Décret n° 2017-888 du 6 mai 2017, article 8.

Le ministère d'avocat devant le Conseil d'État

Art. R. 77-12-8 Sous réserve de la dispense prévue pour l'État à l'article R. 432-4, les requêtes et les mémoires présentés devant le Conseil d'État statuant en premier et dernier ressort doivent, à peine d'irrecevabilité, être présentés par un avocat au Conseil d'État ou à la Cour de cassation.

Texte source

– Décret n° 2017-888 du 6 mai 2017, article 8.

SECTION 5 Jugement

Un jugement collégial avec un rapporteur public

Art. R. 77-12-9 Sous réserve des dispositions de l'article R. 77-12-16, les dispositions des articles R. 222-13 et R. 732-1-1 ne sont pas applicables aux actions en reconnaissance de droits.

Texte source

– Décret n° 2017-888 du 6 mai 2017, article 8.

Commentaires

Les articles de renvoi concernent d'une part la possibilité de juger par un juge statuant seul, d'autre part celle de dispenser le rapporteur de prononcer des conclusions sur une affaire : ces procédures ne sont pas ici applicables.

SECTION 6 Voies de recours

L'appel est toujours possible

Art. R. 77-12-10 Par dérogation au deuxième alinéa de l'article R. 811-1, les parties peuvent interjeter appel, devant la cour administrative d'appel compétente, de tout jugement rendu par un tribunal administratif sur une action en reconnaissance de droits.

Texte source

– Décret n° 2017-888 du 6 mai 2017, article 8.

SECTION 7 Publicité des actions en cours et des décisions rendues

L'existence des actions en reconnaissance de droits en cours est rendue publique

Art. R. 77-12-11 Les actions en reconnaissance de droits en cours font l'objet d'une information sur le site internet du Conseil d'État indiquant les éléments de fait et de droit qui caractérisent le groupe d'intérêt en faveur duquel elles sont présentées ainsi que la juridiction qui est chargée d'y statuer.

Texte source

– Décret n° 2017-888 du 6 mai 2017, article 8.

La publicité des décisions statuant sur les actions en reconnaissance de droits

Art. R. 77-12-12 Les décisions statuant sur les actions en reconnaissance de droit sont publiées sur le site internet du Conseil d'État avec l'indication, le cas échéant, des voies de recours dont elles font l'objet. Lorsqu'une décision est passée en force de chose jugée, cette publication fait courir de nouveau les délais de recours et de prescription en application de l'article L. 77-12-2.

Le juge peut également, y compris d'office, mettre à la charge de la partie qui succombe la publication de la décision dans un bulletin, une revue ou sur un site internet accessible au groupe considéré.

Texte source

– Décret n° 2017-888 du 6 mai 2017, article 8.

SECTION 8 *Exécution des décisions*

La demande d'exécution individuelle

Art. R. 77-12-13 Toute personne qui demande pour son compte le bénéfice de droits reconnus par une décision rendue sur une action en reconnaissance de droits passée en force de chose jugée présente une demande d'exécution individuelle à l'autorité administrative compétente.

Texte source

– Décret n° 2017-888 du 6 mai 2017, article 8.

Le juge de l'exécution doit être saisi d'un recours formé contre une décision de refus d'exécution

Art. R. 77-12-14 Le juge de l'exécution mentionné à l'article L. 77-12-5 ne peut être saisi qu'après l'intervention de la décision prise par l'autorité administrative compétente sur la demande préalablement formée devant elle en application de l'article R. 77-12-13.

Texte source

– Décret n° 2017-888 du 6 mai 2017, article 8.

Le délai pour contester la décision

Art. R. 77-12-15 Seule une décision expresse de rejet de la réclamation adressée à l'autorité administrative en application de l'article R. 77-12-13 fait courir le délai de deux mois pour contester cette décision.

Texte source

– Décret n° 2017-888 du 6 mai 2017, article 8.

La détermination du juge compétent

Art. R. 77-12-16 Sous réserve de la compétence en premier et dernier ressort du Conseil d'État ou d'une cour administrative d'appel, le tribunal territorialement compétent pour connaître d'une demande d'exécution individuelle d'une décision faisant droit à une action en reconnaissance de droits est déterminé en application des dispositions des articles R. 312-1 à R. 312-19. Devant les tribunaux administratifs, ces litiges relèvent de la compétence du juge statuant seul prévu à l'article R. 222-13.

Texte source

– Décret n° 2017-888 du 6 mai 2017, article 8.

L'avocat n'est pas obligatoire

Art. R. 77-12-17 Les demandes d'exécution individuelles prévues par la présente section peuvent être présentées sans le ministère d'un avocat.

Texte source

– Décret n° 2017-888 du 6 mai 2017, article 8.

Le taux maximum de l'amende

Art. R. 77-12-18 L'amende prévue par l'article L. 77-12-5 ne peut excéder 3 000 € par recours individuel.

Texte source

– Décret n° 2017-888 du 6 mai 2017, article 8.

Commentaires

Ainsi qu'on l'a mentionné à propos de l'article L. 77-12-5, le fait que l'amende se décompte pour chaque recours individuel peut conduire à des montants considérables : les actions en exécution formées par mille fonctionnaires ayant obtenu satisfaction dans une action en reconnaissance de droits pourront, en cas de résistance à l'exécution (fruit parfois des lenteurs structurelles de certains services…), générer un montant d'amendes de trois millions d'euros ! C'est dire que les services concernés auront tout intérêt à expliquer clairement au juge les raisons de leur retard à exécuter…

SECTION 9 Actions tendant aux mêmes fins qu'une action en reconnaissance de droits sur laquelle il a été statué

On ne fait pas juger deux fois la même question

Art. R. 77-12-19 Est irrecevable l'action tendant à la reconnaissance de droits déjà reconnus par une décision passée en force de chose jugée.

Texte source

– Décret n° 2017-888 du 6 mai 2017, article 8.

Les possibilités de statuer par ordonnances

Art. R. 77-12-20 Lorsqu'une action en reconnaissance de droits a fait l'objet d'une décision de rejet devenue irrévocable, et sans préjudice des dispositions des articles R. 122-12 et R. 222-1, les présidents de formation de jugement peuvent rejeter par ordonnance :

1° Les actions en reconnaissance de droits qui tendent aux mêmes fins que cette action et qui soulèvent des moyens identiques à ceux déjà tranchés par la décision de rejet ou des moyens nouveaux qui sont manifestement infondés ;

2° Les requêtes individuelles présentées par des personnes appartenant au groupe d'intérêt en faveur duquel cette action a été présentée et qui soulèvent des moyens identiques à ceux déjà tranchés par la décision de rejet ou des moyens nouveaux qui sont manifestement infondés.

Texte source

– Décret n° 2017-888 du 6 mai 2017, article 8.

CHAPITRE 13 Le contentieux relatif à la prévention, la cessation ou la réparation d'une atteinte au secret des affaires

Une procédure de référé

Art. L. 77-13-1 Lorsque les actions tendant à prévenir, faire cesser ou réparer une atteinte portée au secret des affaires relèvent de la juridiction administrative, le juge peut mettre en œuvre les mesures prévues au chapitre II du titre V du livre Ier du code de commerce, sous réserve des adaptations réglementaires nécessaires.

Les décisions rendues en référé en application du présent article sont rendues en dernier ressort.

Texte source

– Loi n° 2019-222 du 23 mars 2019, article 41.

Une procédure de référé comportant peu de dispositions spéciales

Art. R. 77-13-1 Les actions mentionnées à l'article L. 77-13-1 sont présentées, instruites et jugées selon les dispositions du présent code, sous réserve de celles du présent chapitre.

Texte source

– Décret n° 2019-1502 du 30 décembre 2019, article 4.

La référence à la procédure de référé en matière de secret des affaires

Art. R. 77-13-2 Lorsqu'il est saisi aux fins de prévenir une atteinte imminente ou faire cesser une atteinte illicite à un secret des affaires, le juge des référés se prononce ainsi qu'il est dit à l'article R. 557-3.

Texte source

– Décret n° 2019-1502 du 30 décembre 2019, article 4.

Commentaires

Les secrets méritent certes protection, mais on se demande bien pourquoi le secret des affaires est le seul à mériter attention (Voir également l'article L. 611-1). L'appréciation du risque d'une atteinte imminente au secret des affaires susceptible d'être imputable à la personne publique doit prendre en compte l'obligation de confidentialité des professionnels intervenant pour le compte de la personne publique (CE, 10 février 2022, Centre hospitalier universitaire de Pointe-à-Pitre/Abymes, n° 456503, *Lebon*).

CHAPITRE 14 Le contentieux de certaines décisions en matière agricole

Une procédure spéciale pour certains projets et certaines décisions

Art. L. 77-15-1 I. – Le présent chapitre est applicable aux litiges relatifs aux projets mentionnés au II pour ce qui concerne les décisions mentionnées au III.

II. – Le présent chapitre s'applique aux projets qui nécessitent :

1° Des installations, des ouvrages, des travaux ou des activités soumis à l'article L. 214-1 du code de l'environnement au titre des ouvrages de stockage d'eau ou des prélèvements sur les eaux superficielles ou souterraines, à l'exclusion des ouvrages destinés à permettre un prélèvement sur les eaux souterraines, à la condition que ces projets poursuivent à titre principal une finalité agricole, qu'elle soit culturale, sylvicole, aquacole ou d'élevage ;

2° Une installation soumise à l'article L. 511-1 du même code et destinée à l'élevage de bovins, de porcs, de lapins, de volailles et de gibiers à plumes ainsi qu'aux couvoirs et à la pisciculture.

III. – Pour les projets mentionnés au II du présent article, le présent chapitre s'applique aux décisions individuelles suivantes :

1° L'autorisation environnementale prévue à l'article L. 181-1 du code de l'environnement ;

2° L'absence d'opposition aux installations, aux ouvrages, aux travaux et aux activités mentionnés au II de l'article L. 214-3 du même code ou l'arrêté de prescriptions particulières applicable à l'installation, à l'ouvrage, au travail ou à l'activité faisant l'objet de la déclaration ;

3° La dérogation prévue au 4° du I de l'article L. 411-2 dudit code ;

4° L'absence d'opposition au titre du régime d'évaluation des incidences Natura 2000 en application du VI de l'article L. 414-4 du même code ;

5° Le récépissé de déclaration ou l'enregistrement d'installations mentionnées aux articles L. 512-7 ou L. 512-8 du même code ;

6° L'autorisation de défrichement prévue aux articles L. 214-13, L. 341-3, L. 372-4, L. 374-1 et L. 375-4 du code forestier ;

7° Les autorisations prévues aux articles L. 621-32 ou L. 632-1 du code du patrimoine ;

8° Les prescriptions archéologiques prises en application du 1° de l'article L. 522-1 du même code ;

9° La décision de non-opposition à une déclaration préalable ou le permis de construire, d'aménager ou de démolir prévus au livre IV du code de l'urbanisme ;

10° Les décisions relatives à la prorogation ou au transfert à un autre pétitionnaire ou exploitant d'une décision mentionnée au présent article ;

11° Les décisions modifiant ou complétant les prescriptions des décisions mentionnées au présent article.

Texte source

– Loi n° 2025-268 du 24 mars 2025, article 44.

Commentaires

La loi n° 2025-268 du 24 mars 2025 d'orientation pour la souveraineté alimentaire et le renouvellement des générations en agriculture a créé (article 44) des dispositions spéciales régissant le contentieux de certaines décisions en matière agricole., pour, à titre principal, à accélérer la prise de décision des juridictions en cas de contentieux contre des projets d'ouvrage hydraulique agricole et d'installations d'élevage. Ces dispositions sont applicables aux décisions administratives prises à compter du 1er septembre 2025. Curieusement cette loi a été adoptée après son décret « d'application » n° 2024-423 du 10 mai 2024. Le Conseil d'État a émis un avis défavorable aux dispositions du projet de loi en estimant que « la multiplication de règles contentieuses spéciales ne peut que nuire à la lisibilité d'ensemble des règles applicables au contentieux administratif qui, à rebours des objectifs recherchés de simplification et de clarté de la norme, se complexifie au détriment de l'égalité entre les citoyens et de la bonne administration de la justice, sans pour autant aboutir à une véritable accélération des procédures contentieuses » (CE avis, 21 mars 2024, n° 408136).

Annulation partielle et régularisation

Art. L. 77-15-2 I. – Le juge administratif qui, saisi d'un litige régi par le présent chapitre, estime, après avoir constaté que les autres moyens ne sont pas fondés :

1° Qu'un vice n'affecte qu'une phase de l'instruction de la demande donnant lieu à l'une des décisions mentionnées à l'article L. 77-15-1 ou qu'une partie de cette décision, limite à cette phase ou à cette partie la portée de l'annulation qu'il prononce et demande à l'autorité administrative compétente de reprendre l'instruction à la phase ou sur la partie qui est entachée d'irrégularité ;

2° Qu'un vice entraînant l'illégalité d'une de ces décisions est susceptible d'être régularisé, sursoit à statuer, après avoir invité les parties à présenter leurs observations, jusqu'à l'expiration du délai qu'il fixe pour cette régularisation. Si une mesure de régularisation est notifiée dans ce délai au juge, celui-ci statue après avoir invité les parties à présenter leurs observations.

Le refus du juge de faire droit à une demande d'annulation partielle ou de sursis à statuer est motivé.

II. – En cas d'annulation ou de sursis à statuer affectant, dans un litige régi par le présent chapitre, une partie seulement de la décision attaquée, le juge détermine s'il y a lieu de suspendre l'exécution des parties de la décision non viciées.

Texte source

– Loi n° 2025-268 du 24 mars 2025, article 44.

Commentaires

La filiation avec les dispositions procédurales du code de l'urbanisme est évidente (Voir les commentaires des dispositions des articles L. 600-4-1, L. 600-5 et L. 600-5-1 du C. urb. en annexe de cette édition).

Le délai pour saisir le juge du référé suspension

Art. L. 77-15-3 Sans préjudice des articles L. 122-2, L. 122-11, L. 123-1-B et L. 123-16 du code de l'environnement, un recours dirigé contre une des décisions mentionnées à l'article L. 77-15-1 du présent code ne peut être assorti d'une requête en référé suspension que jusqu'à l'expiration du délai fixé pour la cristallisation des moyens soulevés devant le juge saisi en premier ressort. La condition d'urgence prévue à l'article L. 521-1 est présumée satisfaite. Le juge des référés statue sur le recours dans un délai d'un mois.

Texte source

– Loi n° 2025-268 du 24 mars 2025, article 44.

Commentaires

Voir les commentaires des dispositions de l'article L. 600-3 du C. urb. en annexe de cette édition.

La suspension de la durée de validité de la décision administrative pendant l'instance

Art. L. 77-15-4 Sans préjudice de dispositions particulières figurant dans d'autres textes, lorsque la juridiction administrative est saisie d'un litige régi par le présent chapitre, la durée de validité de l'autorisation accordée, le cas échéant, par la décision attaquée ainsi que celle des autres autorisations mentionnées à l'article L. 77-15-1 qui sont nécessaires à la réalisation du projet sont suspendues jusqu'à la notification au bénéficiaire de l'autorisation attaquée de la décision juridictionnelle irrévocable au fond.

Texte source

– Loi n° 2025-268 du 24 mars 2025, article 44.

Commentaires

C'est une innovation juridique qui peut conduire à maintenir des décisions rendues obsolètes par un changement dans les circonstances de droit et de fait.

Une procédure de référé en dernier ressort avec notification obligatoire des recours

Art. R. 77-15-1 I. – Sans préjudice des articles R. 600-1 du code de l'urbanisme et R. 181-51 du code de l'environnement, en cas de recours contentieux des tiers intéressés se rapportant aux litiges régis par les articles R. 811-1-3 ou R. 811-1-4, l'auteur du recours est tenu, à peine d'irrecevabilité, de notifier son recours à l'auteur de la décision et au bénéficiaire de la décision. Cette notification doit être effectuée dans les mêmes conditions en cas de demande tendant à l'annulation ou à la réformation d'une décision juridictionnelle concernant un tel litige. L'auteur d'un recours administratif est également tenu de le notifier au bénéficiaire de la décision à peine de non prorogation du délai de recours contentieux.

La notification prévue au précédent alinéa doit intervenir par lettre recommandée avec accusé de réception, dans un délai de quinze jours francs à compter du dépôt du recours contentieux ou de la date d'envoi du recours administratif.

La notification du recours à l'auteur de la décision et, s'il y a lieu, au bénéficiaire de la décision est réputée accomplie à la date d'envoi de la lettre recommandée avec avis de réception. Cette date est établie par le certificat de dépôt de la lettre recommandée auprès des services postaux.

II. – Pour les décisions mentionnées aux articles R. 811-1-3 et R. 811-1-4, lorsqu'elles sont afférentes aux projets mentionnés par ces mêmes articles, l'affichage ou la publication mentionnent l'obligation de notifier tout recours administratif ou contentieux à l'auteur de la décision et au bénéficiaire de la décision, à peine, selon le cas, de non prorogation du délai de recours contentieux ou d'irrecevabilité du recours contentieux.

III. – Les dispositions du présent article sont applicables à une décision refusant de retirer ou d'abroger une décision mentionnée aux articles R. 811-1-3 ou R. 811-1-4. Cette décision de refus mentionne l'obligation de notifier tout recours administratif ou contentieux à l'auteur de la décision et au bénéficiaire de la décision, à peine, selon le cas, de non prorogation du délai de recours contentieux ou d'irrecevabilité du recours contentieux. Lorsque les actions tendant à prévenir, faire cesser ou réparer une atteinte portée au secret des affaires relèvent de la juridiction administrative, le juge peut mettre en œuvre les mesures prévues au chapitre II du titre V du livre Ier du code de commerce, sous réserve des adaptations réglementaires nécessaires. Les décisions rendues en référé en application du présent article sont rendues en dernier ressort.

Texte source

– Décret n° 2024-423 du 10 mai 2024, article 2.

Un délai de jugement spécial

Art. R. 77-15-2 Saisi d'un litige régi par les articles R. 811-1-3 ou R. 811-1-4, le juge statue dans un délai de dix mois.

Texte source

– Décret n° 2024-423 du 10 mai 2024, article 2.

TITRE VIII Dispositions particulières aux tribunaux administratifs d'outre-mer

Les télé-audiences

Art. L. 781-1 Lorsque des magistrats sont simultanément affectés dans deux ou plusieurs tribunaux administratifs d'outre-mer et que leur venue à l'audience n'est pas matériellement possible dans les délais prescrits par les dispositions en vigueur ou exigés par la nature de l'affaire, le ou les membres de la formation de jugement peuvent siéger et, le cas échéant, le rapporteur public prononcer ses conclusions dans un autre tribunal dont ils sont membres, relié, en direct, à la salle d'audience, par un moyen de communication audiovisuelle.

Textes sources

– Ordonnance n° 2005-657 du 8 juin 2005, article 1er.
– Ordonnance n° 2009-536 du 14 mai 2009, article 16.

Commentaires

L'éloignement les unes par rapport aux autres de juridictions d'outre-mer composées des mêmes magistrats ne permet pas toujours de répondre à l'impératif de célérité, par exemple en matière de référé-liberté qui doit être jugé en 48 heures au plus. Le texte de l'article L. 781-1, étroitement inspiré des articles L. 952-7 et L. 952-11 du Code de l'organisation judiciaire, autorise une dissociation de la formation de jugement – rapporteur public compris – et des parties, grâce à un système de téléconférence. Il déroge ainsi à l'interdiction d'user, pendant les audiences, de tout appareil permettant de transmettre la parole ou l'image.
Naturellement, les moyens audiovisuels utilisés permettront de déposer des pièces ou notes en délibéré, transmises par télécommunication à la formation de jugement, comme on peut supposer que le système de vidéoconférence sera remis en marche pour la lecture de la décision, à l'instar de ce que prévoit le Code de l'organisation judiciaire.
On note que cette procédure – limitée à l'outre-mer – ne permet pas de dissocier la formation de jugement : il ne saurait donc y avoir de délibéré par vidéoconférence. Douze audiences se sont, en 2006, tenues selon ce système.
L'ordonnance n° 2009-539 du 14 mai 2009 comportant des dispositions particulières différentes pour la Nouvelle-Calédonie et pour les îles Wallis-et-Futuna amène à s'interroger sur celui des deux régimes qui doit s'appliquer.

Le greffier de la vidéoaudience

Art. R. 781-1 Lorsque, en application de l'article L. 781-1, un moyen de communication audiovisuelle est mis en œuvre pour la tenue d'une audience, le président du tribunal administratif dans lequel siège la formation de jugement peut désigner le greffier en chef, un greffier ou un autre agent du greffe de ce tribunal en qualité de greffier d'audience adjoint ; dans ce cas, la minute de la décision est signée par ce dernier en lieu et place du greffier d'audience. Le président peut, en outre, décider que les expéditions de la décision seront signées et délivrées par le greffier en chef du tribunal dans lequel siège la formation de jugement.

Texte source

– Décret n° 2005-974 du 10 août 2005, article 1er.

Les prises de vues et de son

Art. R. 781-2 Les prises de vues et de son sont assurées par des agents du greffe ou, à défaut et sauf lorsque l'audience se tient hors de la présence du public, par tous autres agents publics.

Texte source

– Décret n° 2005-974 du 10 août 2005, article 1er.

Les techniques utilisées

Art. R. 781-3 Les caractéristiques techniques des moyens de communication audiovisuelle utilisés doivent assurer une retransmission fidèle, loyale et confidentielle à l'égard des tiers. Elles sont définies par arrêté du garde des Sceaux, ministre de la Justice.

Texte source

– Décret n° 2005-974 du 10 août 2005, article 1er.

Commentaires

On se reportera, s'agissant des techniques utilisables, à l'arrêté du 9 septembre 2005 fixant leurs caractéristiques techniques (« système bidirectionnel intégral », liaison chiffrée).

LIVRE VIII

Les voies de recours

TITRE I L'appel

Le juge d'appel

Art. L. 811-1 Dans le cas où un jugement rendu en premier ressort est susceptible d'appel, celui-ci est porté devant la juridiction d'appel compétente en vertu des dispositions du livre III.

Texte source

– Ordonnance n° 2000-387 du 4 mai 2000, article 1er.

Commentaires

Le livre III n'est pas le seul à désigner le juge d'appel compétent. On trouve de semblables désignations au livre V (art. L. 523-1, alinéa 2°).

La possibilité d'interjeter appel

Art. R. 811-1 Toute partie présente dans une instance devant le tribunal administratif ou qui y a été régulièrement appelée, alors même qu'elle n'aurait produit aucune défense, peut interjeter appel contre toute décision juridictionnelle rendue dans cette instance.

Toutefois, le tribunal administratif statue en premier et dernier ressort :

1° Sur les litiges relatifs aux prestations, allocations ou droits attribués au titre de l'aide ou de l'action sociale, du logement ou en faveur des travailleurs privés d'emploi, mentionnés à l'article R. 772-5, y compris le contentieux du droit au logement défini à l'article R. 778-1 ;

2° Sur les litiges en matière de consultation et de communication de documents administratifs ou d'archives publiques ;

3° Sur les litiges relatifs aux refus de concours de la force publique pour exécuter une décision de justice ;

4° Sur les litiges relatifs aux impôts locaux et à la contribution à l'audiovisuel public, à l'exception des litiges relatifs à la contribution économique territoriale ;

5° Sur les requêtes contestant les décisions prises en matière fiscale sur des demandes de remise gracieuse ;

6° Sur les litiges relatifs au permis de conduire ;

7° Sur les litiges en matière de pensions de retraite des agents publics ;

8° Sauf en matière de contrat de la commande publique, sur toute action indemnitaire ne relevant pas des dispositions précédentes, lorsque le montant des indemnités demandées n'excède pas le montant déterminé par les articles R. 222-14 et R. 222-15.

9° Lorsque la juridiction en a été saisie avant le 1er janvier 2019, les litiges afférents aux actes énumérés par le 5° de l'article R. 311-2.

10° Sur les litiges relatifs aux visas de court séjour en France ;
11° Sur les litiges relatifs aux autorisations de voyage prévues par le règlement (UE) 2018/1240 du Parlement européen et du Conseil du 12 septembre 2018 ;
12° Lorsque la juridiction en a été saisie avant le 1er octobre 2022, les litiges mentionnés à l'article R. 811-1-2 ;
13° Conformément à l'article R. 922-26 du code de l'entrée et du séjour des étrangers et du droit d'asile, sur les recours contre les décisions de transfert mentionnées à l'article L. 572-1 de ce code et contre les décisions d'assignation à résidence prises en application de l'article L. 751-2 du même code.
Le 13° du présent article n'est pas applicable dans les collectivités régies par les articles 73 et 74 de la Constitution, ainsi qu'en Nouvelle-Calédonie.
Les ordonnances prises sur le fondement du titre IV du livre V sont également rendues en premier et dernier ressort lorsque l'obligation dont se prévaut le requérant pour obtenir le bénéfice d'une provision porte sur un litige énuméré aux alinéas précédents.
Les ordonnances prises sur le fondement du 6° de l'article R. 222-1 sont rendues en premier et dernier ressort quel que soit l'objet du litige.
Par dérogation aux dispositions qui précèdent, en cas de connexité avec un litige susceptible d'appel, les décisions portant sur les actions mentionnées au 8° peuvent elles-mêmes faire l'objet d'un appel. Il en va de même pour les décisions statuant sur les recours en matière de taxe foncière lorsqu'elles statuent également sur des conclusions relatives à la cotisation foncière des entreprises, à la demande du même contribuable, et que les deux impositions reposent, en tout ou partie, sur la valeur des mêmes biens appréciée la même année.
Le tribunal administratif statue également en premier et dernier ressort sur les recours sur renvoi de l'autorité judiciaire et sur les saisines de l'autorité judiciaire en application de l'article 49 du code de procédure civile.

Textes sources

– Code des TA et des CAA, article R. 228.
– Décret n° 2003-543 du 24 juin 2003, article 11-II.
– Décret n° 2006-1708 du 23 décembre 2006, article 4.
– Décret n° 2008-1227 du 27 novembre 2008, article 1er.
– Décret n° 2013-730 du 13 août 2013, article 4.
– Décret n° 2015-233 du 27 février 2015, article 47.
– Décret n° 2016-1480 du 2 novembre 2016, article 29.
– Décret n° 2019-82 du 7 février 2019, article 47.
– Décret n° 2022-962 du 29 juin 2022, article 3.
– Décret n° 2022-1275 du 29 septembre 2022, article 1er.
– Décret n° 2024-799 du 2 juillet 2024, article 3.

Commentaires

Cet article rappelle un principe général de procédure (CE sect., 16 décembre 1977, Lehodey, n° 04895, *Lebon*, p. 508). Au nombre des règles générales de procédure qui s'imposent, même sans texte, à toutes les juridictions disciplinaires, figure celle selon laquelle l'appel ne peut préjudicier à l'appelant (CE, 16 mai 2025, n° 470567, *Lebon* T. ; CE, 19 février 1964, Plainemaison, *Lebon*, p. 117 ; CE sect., 6 février 1981, n° 14331, p. 75 ; CE, 14 mars 1994, n° 115915, *Lebon* T.).

On précise que le droit de former un recours contre une décision d'une juridiction administrative est définitivement fixé au jour où cette décision est rendue, mais que les formes dans lesquelles le recours doit être introduit et jugé ne sont pas, à la différence des voies selon lesquelles ce droit peut être exercé, ainsi que des délais qui sont impartis à cet effet aux intéressés, des éléments constitutifs du droit dont s'agit (CE, 15 novembre 2010, Conseil départemental de l'ordre des médecins des Bouches-du-Rhône, n° 314674, *Lebon*). Sont donc d'application immédiate les textes relatifs aux formes dans lesquelles un recours juridictionnel, par exemple d'appel, doit être introduit et jugé, qui sont des textes de procédure (CE sect., 13 novembre 1959, Secrétaire d'État à la Reconstruction et au Logement c/Sieur Bacqué, n° 38805, *Lebon*, p. 593 – CE, 27 mars 2000, Leroy, n° 196836, *Lebon*, p. 139).

L'office du juge administratif d'appel oscille entre deux techniques procédurales, et entre deux courants théoriques. On en trouvera un exposé, s'agissant du juge judiciaire, dans le rapport présenté par le président Magendie le 15 juin 2004, et dans l'étude du Premier président Canivet « Économie de la justice et procès équitable », *JCP* 2001, n° 361.

Les deux techniques d'intervention de ce juge sont l'effet dévolutif et l'évocation (voir étude Letourneur, *Études et documents du Conseil d'État*, 1958, p. 59). Évoquer consiste, pour le juge d'appel qui doit se prononcer sur un jugement rendu dans des conditions irrégulières, ou par lequel le premier juge s'est irrégulièrement refusé à entrer dans le litige, en opposant à tort une irrecevabilité ou une incompétence juridictionnelle, à, une fois prononcée l'annulation de ce jugement, ne pas renvoyer le dossier au premier juge, mais se substituer à lui en réglant le litige. Cette technique présente l'avantage de ne pas faire perdre de temps aux parties, mais a pour effet de les priver de l'examen du fond de leur affaire par le premier juge. Évoquer ou renvoyer est une prérogative discrétionnaire du juge d'appel saisi, qui s'exerce, si le choix est fait d'évoquer, par l'énoncé d'une motivation sobre, consistant à poser qu'« il y a lieu d'évoquer ». On note qu'en cas de renvoi, la juridiction de renvoi saisie doit inviter les parties à se manifester de nouveau et à produire, le cas échéant, des mémoires (voir, par analogie, CE, 19 janvier 1998, Mesplet, n° 159985, cité à propos de la cassation avec renvoi, sous l'article L. 821-2). Elle n'est notamment pas saisie des moyens développés devant le juge de cassation ou d'appel, sauf aux parties à les réitérer expressément (CE, 29 octobre 2013, n° 348682, *Lebon* T., mentionné sous l'article R. 741-2 – CE, 11 avril 2014, Vachet, n° 345194). L'évocation peut n'être que partielle car limitée aux seuls effets de l'irrégularité (CE, 7 novembre 2022, n° 461418, *Lebon* T.).

Quant à l'effet dévolutif de l'appel, qui joue dans les seuls cas où le juge d'appel n'a pas à censurer le jugement pour irrégularité, il exprime le transfert au juge d'appel du pouvoir de régler l'affaire, en se prononçant sur le dossier soumis au premier juge, compte tenu des développements intervenus en appel. Il convient de noter que, statuant au titre de l'effet dévolutif, le juge d'appel *ne peut décider de renvoyer tout ou partie de l'affaire au premier juge*, par exemple aux fins de parfaire l'instruction (CE sect., 24 novembre 1972, Conseil départemental de l'ordre des médecins, n° 81492 – CE, 19 novembre 1999, Ministre du Budget c/Sarl Occases, n° 184318, *Lebon* – CE, 16 avril 2010, Prymerski, n° 325262, *Lebon*) : « il appartient au juge, saisi d'un appel interjeté contre le jugement rendu au fond dans des conditions régulières par la juridiction compétente en premier ressort, d'assurer lui-même le règlement complet de l'affaire en tranchant toutes les questions de droit et de fait en litige, après avoir ordonné, le cas échéant, les mesures d'instruction qui lui paraissent nécessaires ». Lorsqu'une décision administrative repose sur plusieurs motifs et que le juge d'appel remet en cause le ou les motifs n'ayant pas été censurés en première instance, il a l'obligation d'apprécier la légalité des autres motifs fondant cette décision (CE, 7 novembre 2022, n° 455195, *Lebon* T.).

Qu'il agisse au titre de l'effet dévolutif de l'appel ou après évocation, le juge d'appel voit, en une matière spécifique, ses pouvoirs limités : dans le contentieux disciplinaire, le juge d'appel, s'il est saisi par la seule personne sanctionnée, ne peut aggraver la sanction, même si, après avoir annulé la décision de première instance, il se prononce par la voie de l'évocation (CE, 17 juillet 2013, Dioum, n° 362481, *Lebon*).

Les deux courants théoriques dans lesquels s'inscrit l'appel devant les juridictions administratives sont l'idée que l'appel est soit une « voie de réformation ou d'annulation » soit une « voie d'achèvement ». Selon la première voie, l'office du juge d'appel est seulement de se pencher sur le jugement déféré, aux seules fins de vérifier qu'il est régulier (faute de quoi il est annulé) et bon (faute de quoi il est annulé ou réformé). Selon la seconde voie, l'objet de l'appel *est le litige*, tel qu'il se présente devant le juge d'appel (avec le cas échéant des différences fortes avec ce qu'il fut devant le premier juge). En admettant que des moyens nouveaux, et parfois des conclusions nouvelles puissent être soumis au juge d'appel, le juge administratif admet que l'appel, en principe seulement voie de réformation, devienne voie d'achèvement (outre que, dans le plein contentieux, le juge, même d'appel, doit se prononcer au vu des éléments de droit et de fait prévalant à la date de sa décision, fussent-ils totalement différents de ceux que le premier juge a pu prendre en considération). Sans dogmatisme, la juridiction administrative participe de l'un et de l'autre de ces courants, en recherchant surtout une bonne administration de la justice.

I – Qui peut former appel ?

Dans sa généralité, le premier alinéa de cet article énonce une règle inexacte, et ce, pour plusieurs raisons.

En premier lieu, tous les jugements ne sont pas susceptibles d'appel, voire ne peuvent faire l'objet d'une voie de recours. Lorsque le tribunal administratif se prononce sur un acte préparatoire à une élection, son jugement ne peut être frappé d'appel ; la contestation ne peut en être opérée qu'à l'occasion du recours formé contre les résultats de l'élection, devant le juge de cette élection (qui peut être le Conseil constitutionnel s'il s'agit d'élections législatives). Ainsi jugé à propos de décisions statuant sur les refus de récépissé de déclaration de candidature (CE, 29 novembre 1989, Élections municipales de Juvignac, n° 106459, *Lebon* [1]).

De même faut-il réserver (outre celles mentionnées au deuxième alinéa) les hypothèses dans lesquelles seul un recours en cassation est organisé contre la décision rendue par le juge de premier degré, tel étant le cas des décisions prises en application des articles L. 521-1, L. 521-3, L. 521-4, L. 522-3, L. 551-1 et L. 551-2 entre autres.

C'est ici l'occasion de rappeler que, pour le Conseil constitutionnel, « le principe du double degré de juridiction n'a pas, en lui-même, valeur constitutionnelle » (Cons. const., 12 février 2004, déc. n° 2004-491 DC, loi complétant le statut d'autonomie de la Polynésie française – Cons. const., 13 septembre 2013, déc. n° 2013-338/339 QPC – Cons. const., 14 mai 2012, déc. n° 2012-243/244/245/246 QPC), position partagée avec celle de la Cour européenne des droits de l'homme sur le terrain de l'article 6-1 de la Convention européenne de sauvegarde des droits de l'homme et des libertés fondamentales (CEDH, 17 janvier 1970, Delcourt c/Belgique, n° 2689/65) et le Conseil d'État (CE, 9 février 2000, Comparois, n° 185667, *Lebon*).

En second lieu, plusieurs hypothèses révèlent que peuvent faire appel des personnes absentes de la première instance.

Ce sera le cas en contentieux électoral, à la suite d'un jugement ayant annulé ou modifié les résultats d'une élection, qui peut être frappé d'appel par tout électeur, même non partie en première instance. Dans le même contentieux, il est admis que le maire – pris comme agent de l'État – puisse interjeter appel du jugement rendu par un tribunal administratif saisi par un déféré préfectoral en matière de révision des listes électorales (CE sect., 13 décembre 2002, Maire de Saint-Jean-d'Eyraud, n° 242598, *Lebon*).

Ce sera ensuite le cas de l'expert, admis à former appel du jugement ayant omis de se prononcer sur la charge des frais d'expertise (CE, 16 septembre 1994, Bourrat, n° 131628, solution implicite).

Ce sera enfin le cas lorsque le tribunal aura à tort « oublié » un requérant : exemplaire est de ce point de vue l'affaire *Secrétaire d'État c/Fédération départementale des chasseurs de la Creuse* (CE sect., 16 décembre 1994, n° 105798, *Lebon*), dans laquelle le Conseil d'État a vérifié d'abord que le tribunal avait eu raison de négliger une intervention formée après clôture de l'instruction, pour en conclure que cet intervenant était sans qualité pour faire appel, l'*a contrario* conduisant à estimer que, si cette omission avait été irrégulière, l'omis aurait été recevable, précisément parce que non reconnu comme « partie », à faire appel.

Demeure sans réponse nette la question de savoir si peut faire appel une personne, absente d'un litige, mais à l'égard de laquelle le jugement emporte, par erreur, effet (par exemple en ce qu'il la condamnerait à payer des frais irrépétibles). Si cela a été admis (CE, 18 février 1998, Université d'Auvergne c/Perrucaud, n° 162347, *Lebon* T.), il nous semble que la contestation du jugement doit ici normalement prendre la forme d'une tierce opposition, non d'un appel.

Ce ne sont qu'exceptions à la règle énoncée à l'article R. 811-1.

On conclut de cet article que, pour faire appel, il faut nécessairement un jugement (ou une ordonnance) (CE, 11 mai 1994, Piechota, n° 120640, *Lebon* T., irrecevabilité manifeste de l'appel formé contre un jugement non rendu) et cela devrait suffire : la circonstance que l'appelant aurait perdu intérêt à agir contre la décision administrative sur laquelle le jugement attaqué s'est prononcé est sans influence sur son intérêt à faire appel, lequel est constitué dès lors que le jugement lui fait grief (CE sect., 11 février 2005, Marcel, n° 247673, *Lebon* ; *AJDA* 2005, p. 657).

La jurisprudence a ajouté que seul le dispositif d'un jugement est susceptible de faire grief, donc de fonder l'intérêt à faire appel (jurisprudence longtemps constante : CE, 26 mars 1990, Ministre des Finances c/Janichon, n° 79329 – CE, 2 juin 1993, Osmo, irrecevabilité de l'appel formé contre les motifs d'un jugement dont le dispositif donne satisfaction). Cette règle fut appliquée rigoureusement (on a vu le Conseil d'État dénier le droit de faire appel à une personne publique dès lors que le premier juge avait rejeté la requête dirigée contre elle au motif que, cette personne publique ayant commis une voie de fait, seul le juge judiciaire avait compétence pour connaître du litige : CE sect., 21 octobre 1988, Syndicat mixte d'aménagement des marais de Noirmoutier, n° 76319, *Lebon*, p. 373). Elle connaît désormais *une exception* : toutes les fois que le jugement rejette des conclusions comme portées devant un ordre de juridiction incompétent pour en connaître, le défendeur est désormais recevable à former appel contre ce jugement (CE sect., 17 juillet 2009, Ministre de l'Économie c/Becker, n° 288559, *Lebon* [2]).

Identiquement l'appel formé contre un jugement avant dire droit n'est recevable que s'il met en cause le dispositif de ce jugement, à l'exclusion de la discussion de motifs étrangers à ce dispositif, dont il ne sera possible de discuter que lorsqu'après l'avant dire droit ils auront donné lieu à dispositif (CE, 23 février 2000, Dorez, n° 196110, *Lebon* T., abandonnant CE, 12 novembre 1969, Benoît, n° 76323, *Lebon*, p. 497). En d'autres termes, ne peuvent être discutés, à l'occasion de l'appel formé contre un jugement avant-dire droit se bornant à prescrire une mesure d'instruction, que les motifs qui constituent le soutien nécessaire du dispositif ordonnant cette mesure d'instruction (CE, 10 octobre 2018, Communauté d'agglomération du bassin de Thau, n° 402975, *Lebon* T.).

Si le jugement objet de l'appel règle donc, par jonction, plusieurs litiges, chaque partie ne peut faire appel que de la seule partie du dispositif qui a statué à son égard (CE, 18 février 1998, Université d'Auvergne, n° 162347, *Lebon*, p. 1132).

La question se pose de savoir comment se combine ce principe avec l'obligation faite désormais au juge, en matière de contentieux de l'urbanisme, de se prononcer, en cas d'annulation ou de suspension, sur l'ensemble des moyens qu'il estime fondés (article L. 600-4-1 du Code de l'urbanisme, non applicable en cas de renvoi préjudiciel : CE, 21 décembre 2001, Société immobilière pour l'automobile), obligation substantielle dont la méconnaissance peut être invoquée même par la partie qui n'a pas soulevé le moyen omis (CE, 10 février 2010, Commune de Saint-Lunaire, n° 327149, *Lebon* T.). De cette obligation, le Conseil d'État a déduit que le juge d'appel, saisi d'un jugement par lequel un tribunal administratif a prononcé l'annulation d'un plan local d'urbanisme, en retenant, comme il y est tenu, tous les moyens fondés, était tenu de se prononcer sur les différents motifs d'annulation retenus par les premiers juges en application de ces dispositions, dès lors que ceux-ci étaient discutés devant lui (CE, 1er mars 2012, Commune de Theix, n° 342993, *Lebon*), alors même que l'appelant ne contestait pas tous les motifs retenus par le tribunal pour fonder son annulation, *ce qui implique donc que ne pouvait être remis en cause le dispositif du jugement.* Le Conseil d'État admet donc, compte tenu de la volonté du législateur que les parties au litige d'urbanisme obtiennent, au-delà du règlement de ce litige, une consultation d'ensemble sur la légalité des opérations en cause, que l'on puisse ne contester que certains motifs d'un jugement, sans remettre en cause son dispositif.

Parce que le dispositif ne lui fait pas grief, une collectivité ayant retiré, *avant jugement*, l'acte que ce jugement a annulé, est sans intérêt à former appel contre ce jugement. Une telle situation est, il faut le noter, fondamentalement distincte de celle qui voit la personne publique, *en application d'un jugement* d'annulation, prendre l'acte qu'appelle l'exécution de ce jugement, tant il est vrai qu'exécuter un jugement conformément à ce qu'appelle le droit n'est pas acquiescer au dispositif de ce jugement. Observons à l'inverse que la recevabilité de l'appel formé par une partie n'est pas subordonnée à l'exécution préalable par elle de ce jugement (CAA Lyon, 24 juin 2003, Ministre de l'Économie c/Sarteur, n° 01LY02119).

Lorsque le jugement prononce un non-lieu par disparition de l'objet de la demande, la partie qui en première instance n'a pas conclu au prononcé d'un tel non-lieu, mais au rejet de la demande, a le droit de former appel de ce jugement. Cette règle vaut pour le demandeur, mais aussi pour le défendeur (CE, 8 mars 2002, Ville d'Angers, n° 216851, *Lebon*).

L'appel, lorsqu'il est formé, doit être formel, et ne peut notamment être conditionnel : est irrecevable un appel subordonné à l'éventualité d'un appel de l'adversaire (CE, 7 avril 1993, Bastien, n° 83010, *Lebon*).

C'est à propos de la notion de « partie présente dans une instance ou qui y a été régulièrement appelée » que se posent de délicates questions. On en conclut d'abord que la partie qui n'a été ni présente ni appelée ne peut normalement faire appel. Et si un jugement opère une jonction entre plusieurs instances, chacune des parties n'a qualité pour faire appel que de la partie du jugement se prononçant sur le litige dans lequel elle avait cette qualité (CE, 5 juillet 1995, Société Compagnie financière de la Beauce, n° 138734, *Lebon* T.). Une personne non partie à un jugement ne peut donc en faire appel, même si elle aurait dû être appelée dans l'instance. Il ne suffit toutefois pas d'avoir été présent ou appelé dans la cause. Encore faut-il en principe l'avoir été à bon droit. « La seule circonstance que des observations aient été produites en première instance à la demande du tribunal administratif n'est pas par elle-même de nature à conférer à leur auteur la qualité de partie à l'instance » (CE, 10 janvier 2007, Société Eurovia Management, n° 278958). Règle qui a soulevé plusieurs problèmes.

A – Les appels émanant de l'État

L'État est parfois mis en cause en première instance dans des litiges intéressant des établissements publics. Il n'aura qualité pour faire appel que si l'affaire soit met en cause les droits statutaires d'agents de l'État (CE sect., 29 décembre 1978, Secrétaire d'État aux Universités c/Falc'hun, n° 06287, *Lebon*, p. 544), soit est relative à l'organisation du service public : ainsi l'État ne sera-t-il pas recevable à contester en appel le jugement annulant la décision du proviseur d'un lycée « étrangère au contenu et à l'organisation de l'action éducative » (CE, 12 octobre

1992, Ministre de l'Éducation nationale c/Personnaz, n° 104657, *Lebon*, p. 1255). On peut d'ailleurs se demander si, dans les hypothèses dans lesquelles l'appel de l'État est envisageable, l'État ne pourrait faire appel alors même qu'il n'aurait pas été présent en première instance. Ainsi, en matière électorale, et si est en question le compte de campagne, le ministre de l'Intérieur, au même titre que la Commission nationale des comptes de campagne, a qualité pour faire appel (CE sect., 26 juillet 1996, Élections de Tonneins, n° 177534 [3], *Lebon*, p. 307). Sauf cette hypothèse particulière, nous estimons que, si l'État n'a pas été appelé dans la cause de première instance, et si, ayant été appelé, il aurait pu former appel, la seule voie qui lui est ouverte est la tierce-opposition (voir, dans un domaine voisin, CE, 15 octobre 1990, Ministre de l'Équipement c/Papin Bricaud, n° 102669, *Lebon* T.). Hors les hypothèses envisagées ci-dessus, l'appel de l'État est irrecevable (CE, 21 septembre 1990, Ministre de la Solidarité, n° 107722, *Lebon* T. [4]). Souvent également des communes sont mises en cause en première instance, au seul motif que la décision attaquée a été prise par le maire, alors que, ce dernier agissant au nom de l'État, seul l'État avait à être appelé. Il est traditionnellement décidé que ces communes, ainsi appelées à tort dans l'instance, n'avaient pas qualité pour faire appel (CE, 4 février 1991, Commune de Millas, n° 72171, *Lebon* T. [5] – CE, 3 février 1992, Commune de Challes-les-Eaux, n° 128004, *Lebon*). On a certes cru que cette jurisprudence s'était assouplie (CE, 2 mars 1994, Commune de Saint-Tropez, n° 135448, *Lebon* T., recevabilité d'une commune à former appel du jugement ayant annulé la décision de son maire, prise au nom de l'État, d'ordonner l'interruption de travaux, en application de l'article L. 480-2 du Code de l'urbanisme). Mais une décision plus récente (CE, 8 novembre 2000, EURL Les Maisons traditionnelles, n° 197505, *Lebon*) est revenue à la position standard, avant d'admettre qu'une commune, auteur d'une délibération, puisse faire appel malgré un transfert de compétence au profit d'une métropole (CE, 12 juillet 2019, Commune de Corenc, n° 418818, *Lebon* T.). Toutefois, l'État, au nom de qui la décision attaquée en première instance a été prise, ne peut non plus faire appel du jugement qui l'a annulée, si le tribunal n'a par erreur mis en cause que la commune, la décision ayant été prise par le maire (CE, 15 octobre 1990, Ministre de l'Équipement c/Papin Bricaud, n° 102669, *Lebon* T.). Seule la voie de la tierce opposition est donc ouverte à cet « oublié ». Lorsque l'État a qualité pour faire appel, et sauf dans les hypothèses dans lesquelles ce droit est réservé au préfet (entre autres contentieux de la décentralisation, contentieux de l'éloignement des étrangers), la question se pose de savoir *quel ministre* a qualité pour le représenter, autrement dit quel ministre est « intéressé ». La notion ne va pas de soi. À titre d'exemples, on précisera entre autres que le ministre des Finances ne peut faire appel du jugement concernant l'indemnité versée à un agent d'un autre ministère, mais est admis à contester le jugement annulant le refus d'accorder une allocation temporaire d'invalidité à un agent, relevât-il d'un autre ministère (CE, 14 mai 1986, Ministre des Finances c/Diere, n° 40937, *Lebon* T.). Et le ministre de l'Intérieur était sans qualité pour faire appel du jugement ayant annulé le refus d'autorisation de travail opposé à un étranger (CE, 18 juin 1993, Ministre de l'Intérieur c/Ayad, n° 119118) avant l'intervention des décrets n° 2007-999 et n° 2007-1000 du 31 mai 2007 et du décret n° 2007-1892 du 26 décembre 2007.

Le ministre de l'Intérieur et le garde des Sceaux sont admis chacun à faire appel du jugement annulant le refus d'un préfet de délivrer un récépissé de déclaration préalable d'activité « transactions immobilières » (CE sect., 27 janvier 1995, Ministre de l'Intérieur et garde des Sceaux c/Nicolas, n° 110617, *Lebon*, p. 57).
Lorsqu'il est admis que lorsque plusieurs ministres sont « intéressés », n'importe lequel a qualité pour faire appel (CE ass., 3 mars 1993, Ministre de l'Équipement, n° 142226, *Lebon*).
Et si le jugement est relatif à une décision prise par le président de la République, c'est le Premier ministre qui est recevable à faire appel (CE, 27 novembre 2000, Association Comité tous frères, n° 188431, *Lebon*).

B – Les personnes figurant sur la scène de première instance sans être ni demandeur ni défendeur principal

Leur situation n'est pas évidente. S'il s'agit d'intervenants spontanés, ils n'ont qualité pour faire appel du jugement rendu contrairement aux conclusions de leur intervention que s'ils auraient eu qualité pour former la requête ou pour former tierce opposition à ce jugement en l'absence d'intervention de leur part (voir CJA, art. R. 632-1 – CE sect., 9 janvier 1959, de Harenne, n° 41383, *Lebon*, p. 23). Il reste au surplus entendu que l'intervenant peut faire appel du jugement qui a rejeté son intervention.
Bien souvent le tribunal a invité une personne à produire des observations. Cette invitation en fait-elle une partie ? La question a été réglée s'agissant de l'application de l'article L. 761-1 (CE, 10 janvier 2005, Association Quercy Périgord, n° 265838, *Lebon* T. ; *AJDA* 2005, p. 232). Pour l'exercice du droit d'appel, ce fut plus obscur. Dans un premier temps, le Conseil d'État s'y est opposé (CE, 20 décembre 2000, Commune de Ville d'Avray, n° 209329, *Lebon* T.). Une décision de section a mis un terme aux hésitations (CE sect., 3 octobre 2008, Roche, n° 291928, *Lebon*) : le tribunal doit, lorsqu'il instruit une requête dirigée contre une autorisation administrative individuelle, appeler dans l'instance le bénéficiaire de cette autorisation, lui conférant ainsi la qualité de partie le rendant recevable à former appel, *même s'il n'a pas produit de défense en première instance*. Devant le juge d'appel, les choses sont différentes : si un seul des défendeurs de première instance a formé appel, le juge d'appel peut communiquer pour observations cet appel aux autres parties en première instance qui se sont abstenues de faire appel, *mais cette communication ne leur confère pas la qualité de partie en appel*, et ne les rend donc pas recevables à former un pourvoi en cassation (voir aussi CE, 23 avril 2010, Association communale de chasse agrée de Pomayrols, n° 310416) ou à bénéficier du remboursement des frais non compris dans les dépens (CAA Nantes, 19 juin 2020, Commune de Locquirec, n° 19NT03313).
En matière de constats prévus à l'article R. 531-1, il est identiquement jugé que, si le juge des référés a jugé bon de mettre en cause les défendeurs éventuels en les invitant à présenter leurs observations, ce qu'il lui est toujours loisible de faire, il fait de ces défendeurs des parties, qui sont dès lors recevables à former appel de l'ordonnance de constat (CE, 21 mars 2012, Garde des Sceaux c/Assafar, n° 353511, *Lebon*).

L'appelant doit, en principe, motiver son acte d'appel en y inscrivant une discussion spécifique de la position retenue par le premier juge, ce qui exclut *a priori* la seule référence à la demande de première instance, fût-elle jointe à la requête d'appel (voir les commentaires sous l'article R. 411-1). S'il était également demandeur en première instance, il ne peut présenter au juge d'appel, sauf moyen d'ordre public, des demandes qui n'ont pas été soumises au premier juge (sauf évidemment la demande tendant à l'annulation ou à la réformation du jugement attaqué ou à l'obtention de frais exposés en appel).

Cette règle souffre toutefois une double exception dans le contentieux de l'indemnité :
– l'appelant principal et ses adversaires peuvent demander pour la première fois en appel que soient capitalisés les intérêts, comme ils peuvent demander pour la première fois les intérêts, voire demander que soit modifié le point de départ des intérêts accordés par le jugement attaqué : la jurisprudence *Entreprise Giulani* (CE, 14 décembre 1981, n° 15790, *Lebon* T.) interdisant cette pratique a en effet été abandonnée par l'arrêt *Haurillon* (CE, 6 mars 1987, n° 67270, *Lebon* T.). Encore faut-il, si la demande d'appel portant sur les intérêts est nouvelle, que le litige d'appel se soit noué sur un autre point ;
– l'appelant – principal et, doit-on penser, incident – peut majorer en appel le montant de la somme demandée en première instance, soit que le préjudice qu'elle doit réparer se soit aggravé depuis la première instance, soit que l'étendue réelle des conséquences dommageables de l'agissement en cause en première instance n'ait été connue que postérieurement au jugement de première instance (CE sect., 8 juillet 1998, Département de l'Isère, n° 132302, *Lebon* [6]). Mais cette possibilité ne saurait autoriser l'appelant à chiffrer pour la première fois en appel une demande qui, non chiffrée en première instance, était pour ce motif irrecevable. Le rejet de ces conclusions nouvelles en appel joue aussi bien dans le cas où le juge d'appel se prononce dans le cadre de l'effet dévolutif de l'appel que dans celui où, saisi d'un jugement irrégulier, le juge d'appel utilise, après avoir annulé ce jugement, son pouvoir d'évoquer (CE, 23 avril 2003, Petit, n° 233365, *Lebon*). Encore doit-on noter que la jurisprudence la plus récente oblige la juridiction administrative à inviter le requérant qui a présenté une demande non chiffrée à procéder à la régularisation de ce vice de forme (CE, 30 décembre 2009, Mizael, n° 311599, *Lebon* T.).

À l'irrecevabilité de conclusions nouvelles s'ajoute, lorsque la même personne est demandeur en première instance et en appel, celle des moyens relevant d'une catégorie juridique non soumise au premier juge (CE, 25 septembre 2009, Torre, n° 301909, *Lebon* T.) : ainsi ne peut être soumis pour la première fois au juge d'appel, dans le contentieux de l'excès de pouvoir, un moyen de légalité externe – sauf s'il concerne la compétence de l'auteur de l'acte – si seuls des moyens de légalité interne ont été soumis au premier juge (CE, 20 février 1953, Société Intercopie, n° 9772, *Lebon*, p. 88), et vice versa. Identiquement, dans le contentieux de l'indemnité, ne peut être proposé au juge d'appel, lorsque l'appelant a été demandeur en première instance, l'examen d'une cause juridique autre que celle qui a été soumise au premier juge (sauf si cette cause est la responsabilité sans faute, laquelle est d'ordre public) : CE, 7 novembre 1969, Agussol, n° 73378, *Lebon*, p. 482 – CE, 1er octobre 2004, Association départementale d'éducation et de prévention, n° 256985, *Lebon* T. À cet égard, il convient de noter que *toutes les fautes appartiennent à la même cause juridique* (ce qui aura d'ailleurs des effets négatifs sur les possibilités d'ouvrir un nouveau contentieux, fondé sur une faute nouvellement invoquée, après que l'on aura fait juger de la responsabilité fondée sur une première faute identifiée : CE, 29 novembre 2006, Marseille, n° 273877, *Lebon* T.). De même doit-on noter que la responsabilité de l'État du fait des lois constitue une unique cause juridique, qu'elle soit invoquée sur le terrain classique de la rupture d'égalité devant les charges publiques ou sur celui de la méconnaissance d'engagements internationaux par la loi (CE ass., 8 février 2007, Gardedieu, n° 279522, *Lebon*, p. 78). Il importe à cet égard de ne pas confondre « cause juridique » et « chef de préjudice » : par arrêt du 31 mai 2007 (CE, 31 mai 2007, Herbeth, n° 278905, *Lebon*) il a été précisé que « la personne qui a demandé en première instance la réparation des conséquences dommageables d'un fait qu'elle impute à une administration est recevable à détailler ces conséquences devant le juge d'appel, en invoquant le cas échéant des chefs de préjudice dont elle n'avait pas fait état devant les premiers juges, dès lors que ces chefs de préjudice se rattachent au même fait générateur et que ses prétentions demeurent dans la limite du montant initial de l'indemnité chiffrée en première instance, augmentée le cas échéant des éléments nouveaux apparus postérieurement au jugement ». On ne saurait être plus net !

En revanche, le défendeur en première instance peut invoquer en appel tous moyens, même pour la première fois, pourvu qu'ils reposent sur la même cause juridique que ceux exposés dans le délai d'appel (CE, 29 septembre 2000, Société Dezellus Metal Industrie, n° 186916, *Lebon* [8]). Enfin, lorsque le défendeur de première instance a la qualité d'intimé (à savoir, en termes compréhensibles, de défendeur à l'appel), il peut invoquer tout moyen pour la première fois (CE, 16 décembre 2015, Société Ruiz, n° 373509, *Lebon*).

À ces règles il est une seule exception, en matière de contentieux contractuel : la révélation, en appel, de la nullité du contrat, autorise l'appelant à se prévaloir, pour la première fois devant le juge d'appel, d'une cause juridique autre que la responsabilité contractuelle, et par exemple de la responsabilité quasi contractuelle ou quasi délictuelle (CE sect., 20 octobre 2000, Société Citecable Est, n° 196553, *Lebon* [7]).

L'appel connaît une troisième cause juridique : c'est celle qui tient à la régularité du jugement. On ne saurait, c'est l'évidence, exiger de l'appelant qu'il s'en soit prévalu en première instance. Mais il doit, en appel, exciper de cette irrégularité *avant* expiration du délai d'appel (CE, 15 mars 2019, Neuvic Blondin, n° 415366, *Lebon* T.), sauf, doit-on penser, pour celle de ces causes d'irrégularité qui est d'ordre public et doit être relevée d'office par le juge d'appel : il s'agit du moyen tiré de la composition irrégulière de la formation de jugement ayant rendu la décision attaquée (CE, 16 janvier 1998, Association Aux amis des vieilles pierres d'Aiglemont, n° 153558, *Lebon* T. – CE ass., 6 décembre 2002, Maciolak, n° 239540, *Lebon* [9] – CE, 30 juillet 2003, Chatin-Tsai, n° 248954, *Lebon* – CE, 28 janvier 2009, Guennouni, n° 304331).

La contestation du jugement pourra d'abord mettre en cause la rectitude procédurale de la démarche du premier juge (y compris la façon qu'il a eu de motiver, suffisamment ou non, sa décision). L'irrégularité repérée se traduira par l'annulation du jugement, le juge d'appel choisissant ensuite soit de renvoyer l'affaire au premier juge, soit de l'évoquer, la traitant ainsi comme s'il était le premier juge (mais les irrecevabilités propres à l'appel demeurent : CE, 23 avril 2003, Petit, *précité*, s'agissant des conclusions nouvelles en appel).

L'appelant peut également, et c'est le cas le plus fréquent, contester, sur le fond, la démarche du premier juge, et le juge d'appel est alors invité à la contrôler au titre de *l'effet dévolutif de l'appel*. Particulier est, en cette hypothèse, le cas du jugement qui a rejeté au fond les prétentions du requérant, sans se prononcer sur les fins de non-recevoir opposées en défense (ce qu'il est loisible de faire au premier juge). Si le juge d'appel ne partage pas, sur le fond, la position du tribunal, il ne peut faire droit aux conclusions du requérant devenu appelant sans écarter expressément les fins de non-recevoir qui n'ont pas été expressément abandonnées (même si le défendeur ne les a pas reprises en appel – CE, 14 mai 2008, Communauté de communes de Millau-Grands Causses, n° 280370, *Lebon* T.).

Si le juge d'appel est confronté aux deux types de contestations, il n'est plus tenu de se prononcer systématiquement sur le premier type, si, au terme de l'examen « dévolutif », il est conduit à annuler le jugement au fond (CE, 25 avril 2003, Société en nom collectif Diamant, n° 208398, *Lebon*).

Il n'est pas toujours aisé de dire si le défaut constaté dans un jugement doit conduire ou non à évocation. Ainsi le fait pour un tribunal d'avoir écarté à tort comme irrecevable l'exception d'illégalité d'un acte individuel conduit le juge d'appel, après annulation de cette position, non à évoquer, mais à se prononcer au titre de l'effet dévolutif de l'appel (CE sect., 16 mai 2003, Maltseva, n° 242875, *Lebon*, p. 230), la solution étant la même si le premier juge a à tort écarté un moyen comme inopérant (CE, 18 juin 2007, Delmotte, n° 279194, *Lebon*).

II – Les ordonnances et jugements rendus en dernier ressort

Les derniers alinéas du texte, issus du décret du 24 juin 2003 et modifiés depuis à plusieurs reprises, ont apporté un changement fondamental dans l'organisation de la juridiction administrative en ce qu'ils suppriment l'appel pour des catégories non négligeables d'affaires (appel déjà supprimé par les dispositions conférant à une cour administrative d'appel des compétences de premier ressort). On connaissait certes des exemples d'une telle suppression (voir, par exemple en matière de référés-suspension, l'article L. 523-1). Mais elle ne s'appliquait qu'à des mesures provisoires. L'article R. 811-1 va régir des décisions sur le fond.

Cet article ne vise que des jugements rendus dans la sphère de compétence du juge administratif : les conclusions visant un jugement par lequel un tribunal a statué sur des demandes ne relevant pas de la compétence de ce juge y échappent, et sont donc à présenter devant le juge d'appel (CE, 29 novembre 2004, Matho, n° 267988, *Lebon* T. – CE, 26 novembre 2012, Belin, n° 346024), lors même que l'affaire serait entrée dans le cadre du deuxième alinéa de l'article R. 811-1.

Ce dispositif a pu légalement être instauré par voie réglementaire (CE, 17 décembre 2003, Meyet, n° 258253, *Lebon*) et ne méconnaît pas l'article L. 221-2 du code (même arrêt), la règle du double degré de juridiction ne constituant pas un principe général du droit (même arrêt), alors même que le mécanisme nouveau

s'applique aussi aux déférés préfectoraux (CE, 29 décembre 2004, Préfet de Corse ; *AJDA* 2005, p. 952 – CE, 6 avril 2007, Ministre de l'Intérieur, n° 297812, *Lebon* T.). Son champ d'application n'est pas entaché d'erreur manifeste (décision *Meyet*, précitée).
Ce dernier se détermine non par la procédure suivie en première instance, mais par la matière jugée. C'est dire que, le texte s'étant dans l'ensemble calqué sur les compétences du juge statuant seul de l'article R. 222-13, il importera peu que la décision ait été prise par ce juge ou rendue en collégialité ou, au contraire, ait pris la forme d'une ordonnance pour que soit décidée la possibilité ou non d'un appel (CE, 7 juillet 2004, Lesage, n° 265512).
Les matières mentionnées à l'article R. 222-13 n'ont pas été reprises telles quelles. C'est ainsi que tout le contentieux de la fonction publique est susceptible d'appel, sauf si l'agent public présente une demande indemnitaire (ce que n'est pas une demande tendant au versement de traitements impayés : CE, 26 février 2016, Briand, n° 386953, *Lebon* T.) d'un montant inférieur à 10 000 euros (CE, 30 septembre 2015, Courtois, n° 374015, *Lebon* T.), alors même que certains litiges de fonctionnaires relèvent de la compétence du juge statuant seul. De même, le contentieux des immeubles menaçant ruine peut faire l'objet d'un appel (CE, 15 décembre 2014, Société Garage du Parc, n° 377337).
Le taux de 10 000 euros, s'il commande la compétence du juge unique, ne conduira pas à la suppression de l'appel si les conclusions en condamnation pour un montant qui lui est inférieur sont connexes à un litige susceptible d'appel. Ce sera notamment le cas d'une demande d'indemnité pour inexécution d'un jugement, associée à une demande d'exécution de ce jugement relevant, quant à elle, de l'appel (CE, 31 mars 2014, El Kadiri, n° 363627, *Lebon* T.).
Pour l'application des dispositions relatives au montant de 10 000 euros, le Conseil d'État a été d'abord amené à préciser que, si les conclusions présentées dans la requête devant le tribunal administratif n'étaient pas chiffrées, elles devaient être regardées comme tendant au versement d'une somme n'excédant pas 10 000 euros (ce qui conduit à l'absence d'appel). Mais, si le requérant a simultanément demandé l'organisation d'une expertise aux fins de déterminer l'étendue de son préjudice, sa demande est regardée comme n'entrant pas dans la catégorie des demandes excédant ce montant de 10 000 euros (CE, 7 février 2017, Corovic, n° 391912, *Lebon* T.). On se reportera aux commentaires sous l'article R. 222-15.
La règle énoncée à l'article R. 811-1 prime sur des dispositions, le cas échéant législatives, conférant à une autorité administrative compétence pour former appel : il est jugé que ces dernières (par exemple, l'article L. 2131-6 du Code général des collectivités territoriales) confient à cette autorité le pouvoir de faire appel « lorsque cette voie de recours est ouverte » (CE, 29 décembre 2014, SCI Mica, n° 375744, *Lebon* T.).
À la liste des affaires ainsi exclues des procédures d'appel, s'ajoutent les demandes de provision présentées en référé lorsque la créance invoquée est afférente à un litige énuméré aux 1° à 8° de l'article R. 811-1. Lorsqu'en une telle espèce il y a lieu de s'interroger sur la portée du 8°, le juge doit s'interroger sur le montant de l'obligation révélée par l'instruction (lequel peut être supérieur au montant de la provision demandée), et notamment doit estimer que, si une demande d'expertise

a été formée afin de déterminer l'étendue d'un préjudice, le montant de la provision demandée ne peut être tenu comme n'excédant pas le plafond de 10 000 euros (CE, 9 décembre 2015, Commune du Cannet, n° 391626, *Lebon*). Ultime ajout, commandé par un décret du 27 février 2015 : la volonté de ne pas laisser s'éterniser les litiges impliquant les deux ordres de juridiction a conduit à supprimer l'appel contre les jugements se prononçant sur une question préjudicielle.

Si le tribunal se prononce sur une demande d'homologation d'une transaction hors de tout litige porté devant lui (CE ass., 6 décembre 2002, Syndicat intercommunal des établissements du second cycle du second degré du district de l'Haÿ-les-Roses, n° 249153, *Lebon*), c'est la nature du litige que prévient ou éteint la transaction qui gouverne la voie de recours (CE, 4 avril 2005, Société Cabinet JPR Ingénierie, n° 273517, *Lebon*, p. 139).

On notera que, dès lors qu'une affaire relève d'une matière énumérée aux 1° à 7° de l'article R. 811-1, il importe peu de déterminer si le montant réclamé relève ou non du 8° du même article : ainsi des affaires liées au droit au logement opposable (CE, 27 juin 2016, Ministre du logement c/Lablanche, n° 384156, *Lebon* T.), ou aux mesures d'aide par le travail (CE, 27 octobre 2016, Salvat, n° 395780, *Lebon* T.), ou encore tendant à la réparation d'un préjudice – même supérieur à 10 000 euros – lié à la délivrance d'un permis de conduire (CE, 13 juillet 2016, Ministre de l'Intérieur c/Société Avanssur IARD, n° 387496, *Lebon* T.), ou aux affaires de pensions de retraite (CE, 26 avril 2018, Ravat, n° 400477, *Lebon* T.).

Le Conseil d'État a eu l'occasion d'apporter quelques précisions sur la portée de certains des items exposés par l'article R. 811-1 et définissant de champ des jugements prononcés en dernier ressort :

– *Au titre du 1°*, les prestations d'action sociale facultative instituées au bénéfice des agents publics sont regardées comme relevant de la catégorie de *l'action sociale* (CE, 15 mars 2019, Neuvic Blondin, n° 415366, *Lebon* T.). Il en va de même des litiges indemnitaires liés aux conditions dans lesquelles Pôle emploi exerce ses missions de placement et d'accompagnement des demandeurs d'emploi (CE, 28 décembre 2018, Klai, n° 411846, *Lebon* T.). Relèvent également de la cassation, les demandes indemnitaires tendant à la réparation des préjudices imputés à la carence de l'État à assurer le logement d'un demandeur reconnu prioritaire et urgent, à condition qu'elles soient présentées par le demandeur ou ses ayants droit au seul titre des droits hérités du défunt (CE, 31 décembre 2019, Lefeuvre et autres, n° 432867, *Lebon* T.), une action indemnitaire liée au refus d'une orientation professionnelle en établissement ou service d'aide par le travail (CE, 27 octobre 2016, Salvat, *Lebon* T.), des conclusions tendant à l'indemnisation du préjudice résultant de l'absence de relogement à la suite d'une décision déclarant une personne comme prioritaire et devant être logée en urgence au titre du droit au logement opposable (CE, 27 juin 2016, Ministre du Logement, Égalité des territoires et Ruralité c/Gambia Lablanche, n° 384156, *Lebon* T.), un litige relatif à une radiation de la liste des demandeurs d'emploi, y compris s'agissant de conclusions indemnitaires (CE, 24 février 2016, Faulon, n° 378257, *Lebon* T.). Échappent en revanche à ces dispositions et relèvent donc de l'appel, les demandes tendant à l'indemnisation des conséquences du refus d'un département de faire bénéficier un tiers du versement direct de l'allocation personnalisée d'autonomie

(CE, 26 octobre 2017, SAP 87, n° 407290), ou tendant au versement à l'employeur d'une aide financière liée à un contrat initiative-emploi (CE, 9 février 2018, Société ISO Concept, n° 410100, *Lebon* T.), ou mettant en cause la responsabilité de la collectivité publique employeur pour n'avoir pas délivré diverses attestations permettant au salarié d'exercer ses droits à prestations sociales (CE, 3 juin 2019, Varoquaux, n° 424377, *Lebon* T.), ou encore les litiges relatifs à l'aide à la continuité territoriale à La Réunion (CE, 15 juillet 2020, Région de la Réunion, n° 436276, *Lebon* T.), un litige relatif aux conséquences financières de mesures de placement de mineurs opposant un département et une association (CE, 12 octobre 2018, Assoc. Ohaleï Yaacov – Le silence des justes, n° 420940, *Lebon* T.), les litiges relatifs aux conditions matérielles d'accueil des demandeurs d'asile (CE, 26 avril 2018, Magomadov, n° 415313, *Lebon* T.), un litige relatif au remboursement de frais de déplacement exposés par les élèves handicapés pour se rendre à l'école (CE, 29 décembre 2023, n° 473744, *Lebon* T.).

– *Au titre du 2°*, le texte étend le principe de la suppression de l'appel au contentieux de l'accès aux archives publiques qui relevait antérieurement de cette voie de recours (CE, 24 juillet 2006, Min. Défense c/Tocze, n° 269690, *Lebon* T. – CE, 29 juin 2011, Rouzaud, n° 335072, *Lebon*, p. 306).

Ressortissent notamment à cette rubrique le litige relatif au refus de communication, par un établissement hospitalier, du dossier médical d'un patient, la décision ayant été prise en application de la loi n° 78-753 du 17 juillet 1978, à laquelle se substituent désormais les articles L. 300-1 et suivants du Code des relations entre le public et l'administration (CE, 17 novembre 2006, X., n° 270863). Il en va de même pour le refus de faire droit à une demande présentée sur le fondement de l'article L. 124-1 du Code de l'environnement en vue d'obtenir la communication d'« informations relatives à l'environnement » (CE, 26 janvier 2011, Saffray, n° 310272, *Lebon* T.), pour une action en responsabilité introduite par un agent public contre son employeur à raison de fautes commises dans la gestion de prestations sociales facultatives (CE, 17 février 2023, n° 460846, *Lebon T.*), pour une action en responsabilité tendant à l'indemnisation du préjudice résultant du retard de l'administration à exécuter un jugement statuant sur un litige relatif à ces prestations, allocations ou droits (CE, 12 mai 2023, n° 469019, *Lebon* T.), ou pour le litige relatif à la demande, par un agent public, en dehors de toute procédure statutaire, de communication de ses bulletins de paie et d'arrêtés le plaçant en congé (CE, 29 décembre 2023, n° 471797, *Lebon* T.).

– *Au titre du 3°*, le tribunal ne statue en dernier ressort que sur les litiges nés du refus de concours de la force publique, non sur les litiges nés de l'octroi de ladite force (CE, 20 février 2019, Lebigre, n° 423024, *Lebon* T.).

– *Au titre du 4°*, le texte règle le cas de certaines affaires fiscales, dans lesquelles une même question (la valeur locative de certains biens) commande la solution des litiges de plein contentieux relatifs l'un à la taxe foncière jugée en principe en dernier ressort, l'autre à la cotisation foncière des entreprises, justiciable d'un appel. Aux conditions prévues par le texte, ces affaires relèvent de la juridiction d'appel. Pour que joue le texte, il faut et il suffit que le premier juge ait statué par un seul jugement, d'une part, sur les conclusions relatives à la taxe foncière et, d'autre part, à la demande du même contribuable, sur des conclusions relatives à la cotisation foncière des entreprises ; les deux impositions reposant sur la valeur des mêmes biens appréciée la même année (ce qui peut concerner deux impositions d'années différentes, la cotisation des entreprises se référant à la situation des biens les années précédentes), peu important que ces demandes aient été introduites par requêtes distinctes (CE, 27 juillet 2005, Société Lepicard, n° 280560, *Lebon*, p. 361).

La recherche de la qualité « d'impôt local », pour l'application du 4°, a donné lieu à quelques précisions : la taxe sur les surfaces commerciales (« Tascom ») est un impôt local (CE sect., 2 juin 2017, Sarl Privilège automobiles, n° 405595, *Lebon*), dès lors que son produit est « majoritairement affecté aux collectivités territoriales et à leurs groupements ». En revanche, les taxes spéciales d'équipement, perçues au profit de la société du Grand Paris et de l'établissement public foncier du Val d'Oise, lesquels constituent des établissements publics de l'État, ne constituent pas des impôts locaux (CE, 29 mai 2017, SAS Campeli, n° 391930, *Lebon* T.).

Relève enfin de l'appel le litige par lequel l'État, qui assure l'établissement et le recouvrement de la taxe locale d'équipement, se prévaut d'une créance détenue sur une commune à la suite de la restitution de la taxe acquittée par un contribuable (CE, 17 juin 2015, Ministre de l'Égalité des territoires c/Commune du Plessis-Robinson, n° 363158, *Lebon* T.). Voir également pour la distinction entre recours pour excès de pouvoir contre une décision de l'administration modifiant les bases des impositions locales et recours de plein contentieux tendant à la décharge ou à la réduction d'une imposition à la taxe foncière sur les propriétés bâties, le premier relevant de la voie de l'appel et pas directement de la compétence du Conseil d'État, statuant comme juge de cassation, CE, 5 mai 2006, Commune de Coupvray c/SCA Eurodisney Hôtels, n° 270502, *Lebon*. S'inscrivant dans ce courant jurisprudentiel, la cour administrative d'appel de Lyon a implicitement jugé que les recours indemnitaires introduits, en matière de taxe foncière sur les propriétés bâties, par les communes contre l'État, qui assure l'établissement et le recouvrement de cette taxe, n'ont pas le caractère d'un recours de plein contentieux tendant à la décharge ou à la réduction d'une imposition à la taxe foncière sur les propriétés bâties et que ces litiges ne constituent pas des litiges relatifs aux impôts locaux au sens de ces dispositions, dès lors qu'ils ne procèdent ni de la demande d'un contribuable, ni d'une imposition, mais de la demande d'un tiers née d'une absence d'imposition (CAA Lyon, 23 avril 2019, Commune de Fontanil-Cornillon, n° 17LY03413). Pour une solution explicite voir CE, 11 mars 2022, Ministre c/Commune de Saclay, n° 460623, *Lebon* T.

– *Au titre du 5°*, n'est pas considéré comme rendu en premier et dernier ressort le jugement par lequel le tribunal administratif statue sur la décision du directeur départementale des finances publiques refusant de prononcer la décharge de responsabilité d'un conjoint solidaire (CGI, art. 1691 *bis* – CE, 3 juillet 2014, Djenane, n° 363734, *Lebon* T.).

– *Au titre du 6°*, il s'agit des recours contre les décisions de retrait de points, d'invalidation de permis, de suspension, mais également des décisions d'échange de permis délivré par un autre État.

– *Au titre du 7°*, il avait été jugé que n'était pas susceptible d'appel le jugement d'une action relative à la détermination du montant et au versement de l'allocation

temporaire d'invalidité (CE, avis, contentieux, 23 octobre 2017, Rolland, n° 412285), s'agissant d'une affaire « de pension », mais la rédaction nouvelle du texte, issue du décret du 7 février 2019, faisant état des « pensions de retraite » paraît revenir sur cette interprétation, même si, dans l'affaire *Rolland*, le Conseil d'État avait pu estimer que le régime des allocations temporaires d'invalidité suivait en matière contentieuse les règles applicables aux pensions... On peut également se demander si les agents de la Banque de France doivent encore, pour l'application de ce texte, être regardés comme « agents publics », comme en avait décidé un arrêt du 22 juin 2012 (CE, 22 juin 2012, Grillot, n° 332172, *Lebon* T.) ou encore un arrêt du 28 juin 2019 (CE, 28 juin 2019, n° 415922, *Lebon* T.)... Relève également de la cassation, la décision refusant l'octroi d'une rente viagère d'invalidité en application de l'article L. 28 du Code des pensions civiles et militaires de retraite (CE, 3 juillet 2020, Larbi, n° 424647, *Lebon* T.). Le tribunal administratif statue en premier et dernier ressort sur les actions indemnitaires relevant d'un litige en matière de pensions, et ce quel que soit le montant des indemnités demandées (CE, 26 avril 2018, Ravat, n° 400477, *Lebon* T., la contestation en excès de pouvoir du refus d'agrément d'une demande de pension afférente au grade supérieur (CE, 15 juillet 2025, n° 493930, *Lebon* T.), et sur la contestation d'un titre exécutoire émis pour la récupération d'un indu de pension civile d'invalidité (CE, 3 avril 2024, n° 475587, *Lebon* T.).
Si toutefois le litige a pour objet de mettre en cause le caractère erroné des informations données à l'agent, ce qui a eu pour effet de la priver de la liquidation anticipée de sa pension de retraite, l'affaire n'est pas jugée en dernier ressort (CE, 10 juillet 2019, Chekhab, n° 416754, *Lebon* T.).
– *Au titre du 8°*, il a été jugé que la demande d'un fonctionnaire ou d'un agent public tendant seulement au versement de traitements, rémunérations, indemnités, avantages ou soldes impayés, sans chercher la réparation d'un préjudice distinct du préjudice matériel objet de cette demande pécuniaire, ne revêt pas le caractère d'une action indemnitaire au sens du 8° de l'article R. 811-1 (CE, 10 mars 2020, Turquety, n° 425889, *Lebon* T. – CE, 26 février 2016, Briand, n° 386953, *Lebon* T.). Relèvent également de l'appel, le recours en responsabilité de l'État du fait de la perception indue d'impositions (CE, 20 février 2018, Durup de Baleine, n° 393219, *Lebon*), un jugement ayant statué sur des conclusions tendant, d'une part, au versement d'une somme d'un euro en réparation des chacun des préjudices, moral et écologique, et, d'autre part, à ce qu'il soit enjoint à l'État de mettre un terme à l'ensemble des manquements à ses obligations (CE, 27 juin 2024, n° 492828, *Lebon* T.), un litige indemnitaire se rapportant à un litige relatif à une pension dont le contentieux ne ressortit pas à la compétence de la juridiction administrative (CE, 5 février 2025, n° 489791, *Lebon* T.).
« Pour des motifs de bonne administration de la justice », l'appel est ouvert en totalité contre un jugement joignant différentes requêtes qui comportent une série de conclusions d'excès de pouvoir et de conclusions indemnitaires présentées séparément dans certaines requêtes et cumulativement dans d'autres, dès lors que figure au sein de ces conclusions le versement d'une somme supérieure au seuil de 10 000 € (CE, 27 juillet 2005, Vivarelli, n° 264992, *Lebon* T.). Il en va désormais de même en cas de demande indemnitaire connexe à une demande tendant à l'annulation de la décision en cause, alors même que le montant demandé n'excède

pas le seuil déterminé par les articles R. 222-14 et R. 222-15 du CJA et que le jugement n'est contesté qu'en tant qu'il statuait sur les conclusions indemnitaires (CE, 13 novembre 2020, Dpt Loire-Atlantique, n° 429326, *Lebon T.*).

La mise en œuvre de ces dispositions a posé la question de savoir si un appel introduit « par la force de l'habitude » dans une des matières désormais jugées en dernier ressort devrait être rejeté comme irrecevable (parce qu'il n'y a pas d'appel) ou transmis au juge de cassation. Après quelques hésitations, et dans un souci de simplification, il a été jugé que la transmission au juge de cassation s'impose, même si le requérant a fait état d'un « appel » et quelles qu'aient été les informations données lors de la notification du jugement (CE, 14 avril 2006, SA Comptoir agricole du Languedoc, n° 276548 et surtout CE sect., 18 juillet 2006 Société Darty Alsace-Lorraine, n° 267894, *Lebon*). Naturellement, la même solution est appliquée si le requérant a cru à tort être en présence d'une affaire jugée en dernier ressort.

Jurisprudence

[1] Considérant qu'aux termes du premier alinéa de l'article L. 265 du code électoral « la déclaration de candidature résulte du dépôt à la préfecture ou à la sous-préfecture d'une liste répondant aux conditions fixées aux articles L. 260, L. 263 et L. 264. Il en est délivré récépissé » ; qu'aux termes des deux derniers alinéas du même article : « En cas de refus de délivrance du récépissé, tout candidat de la liste intéressée dispose de vingt-quatre heures pour saisir le tribunal administratif qui statue, en premier et dernier ressort, dans les trois jours du dépôt de la requête. Faute par le tribunal administratif d'avoir statué dans ce délai, le récépissé est délivré » ;

Considérant qu'il résulte de ces dispositions que le législateur a entendu que les jugements des tribunaux administratifs statuant sur les refus de récépissé de déclaration de candidatures, actes préliminaires aux opérations électorales, ne puissent, eu égard à la nature de la décision en cause et à la brièveté du délai imparti par la loi au tribunal administratif pour statuer, délai au terme duquel le récépissé est délivré de plein droit, être contestés qu'à l'occasion d'un recours contre l'élection [...].

[2] Considérant que l'intérêt à faire appel ou à se pourvoir en cassation s'apprécie par rapport au dispositif de la décision juridictionnelle critiquée ; que si, quels qu'en soient les motifs, une décision de rejet ne fait pas grief au défendeur, qui n'est donc pas recevable à la déférer au juge d'appel ou de cassation, il en va différemment d'une décision qui rejette les conclusions du demandeur comme portées devant un ordre de juridiction incompétent pour en connaître, laquelle, sans clore le litige, invite le demandeur à le poursuivre devant l'autre ordre de juridiction ; que par suite le ministre de l'Économie... est recevable à demander l'annulation de l'arrêt qu'il attaque, par lequel la cour administrative d'appel de Nancy a rejeté les conclusions des demandeurs comme portées devant un ordre de juridiction incompétent pour en connaître [...].

[3] Considérant que le recours du ministre de la Solidarité, de la Santé et de la Protection sociale tend à l'annulation du jugement susmentionné en tant que celui-ci a rejeté les conclusions de l'hôpital de Lectoure tendant à la détermination du domicile de secours de Mme Chalmin ; qu'ainsi ce recours relève de la compétence de la cour administrative d'appel de Bordeaux ; que, toutefois, le litige en cause ne concerne pas le ministre de la Solidarité, de la Santé et de la Protection sociale ; que, par suite, celui-ci, alors même qu'il avait été appelé par le tribunal administratif de Pau

à produire des observations sur le pourvoi de l'hôpital de Lectoure, n'avait pas la qualité de partie à l'instance ; que, dès lors, le recours du ministre est entaché d'une irrecevabilité manifeste insusceptible d'être couverte en cours d'instance et qu'il y a lieu ainsi pour le Conseil d'État, en application des dispositions de l'article R. 83 du code des tribunaux administratifs et des cours administratives d'appel, de rejeter immédiatement ce recours [...].

[4] Considérant que, par un jugement du 21 décembre 1995, le tribunal administratif de Bordeaux a rejeté comme tardive la saisine de la Commission nationale des comptes de campagne et des financements politiques lui transmettant, en application de l'article L. 52-15 du code électoral, sa décision en date du 18 octobre 1995 rejetant le compte de campagne de M. Dominique Tacco, candidat aux élections municipales des 11 et 18 juin 1995 dans la commune de Tonneins (Lot-et-Garonne) ; que le ministre de l'Intérieur, au même titre que la commission, a qualité pour faire appel, au nom de l'État, dudit jugement [...].

[5] Considérant qu'il résulte des dispositions du décret du 16 mai 1952 que le certificat de bonne vie et mœurs peut être délivré soit par les consuls de France à l'étranger, soit par les maires et les commissaires de police à toute personne domiciliée dans leur ressort et se rendant à l'étranger ; que le maire exerce les attributions qui lui ont été dévolues par le décret susmentionné du 16 mai 1952 au nom de l'État ; que le maire de la commune de Millas est, dès lors, sans qualité pour faire appel du jugement du 15 juillet 1985 par lequel le tribunal administratif de Montpellier a annulé sa décision du 25 avril 1983 refusant de délivrer à M. Casanovas un certificat de bonne vie et mœurs ; qu'il résulte de tout ce qui précède que la requête de la commune de Millas, dont le ministre de l'Intérieur, à qui elle a été communiquée, n'a pas entendu reprendre les conclusions, est dans ces conditions irrecevable [...].

[6] Considérant que, lorsque l'étendue réelle des conséquences dommageables d'un même fait n'est connue que postérieurement au jugement de première instance, la partie requérante est recevable à augmenter en appel le montant de ses prétentions par rapport au montant de l'indemnité demandée devant les premiers juges ; que, dans ces conditions, en admettant, à la suite de l'expertise précitée, la réévaluation de l'indemnité demandée par les consorts de Bernis, la cour n'a pas commis d'erreur de droit [...].

[7] Considérant que lorsque le juge, saisi d'un litige engagé sur le terrain de la responsabilité contractuelle, est conduit à constater, le cas échéant d'office, la nullité du contrat, les cocontractants peuvent poursuivre le litige qui les oppose en invoquant, y compris pour la première fois en appel, des moyens tirés de l'enrichissement sans cause que l'application du contrat frappé de nullité a apporté à l'un d'eux ou de la faute consistant, pour l'un d'eux, à avoir passé un contrat nul, bien que ces moyens, qui ne sont pas d'ordre public, reposent sur des causes juridiques nouvelles [...].

[8] Considérant qu'en principe le défendeur en première instance est recevable à invoquer en appel tous moyens, même pour la première fois ; que cette faculté doit cependant se combiner avec l'obligation faite à l'appelant d'énoncer, dans le délai d'appel, la ou les causes juridiques sur lesquelles il entend fonder son pourvoi ; qu'il suit de là que, postérieurement à l'expiration dudit délai, et hors le cas où il se prévaudrait d'un moyen d'ordre public, l'appelant n'est recevable à invoquer un moyen nouveau que pour autant que celui-ci repose sur la même cause juridique qu'un moyen ayant été présenté dans le délai d'introduction de l'appel [...].

[9] Considérant que s'il appartient au juge d'appel de s'assurer, alors même que cette question n'est pas discutée devant lui, que la juridiction dont la décision est contestée a siégé dans une composition conforme aux dispositions législatives ou réglementaires qui déterminent cette composition ainsi qu'aux principes qui gouvernent la mise en œuvre de ces dispositions et si, par conséquent, l'auteur d'un pourvoi en cassation peut faire valoir que le juge d'appel aurait commis une erreur de droit en ne soulevant pas d'office, au vu des pièces du dossier, le moyen tiré de ce que la juridiction de première instance aurait siégé en méconnaissance des dispositions fixant sa composition, en revanche la conformité de celles-ci aux normes supérieures et en particulier, s'agissant de dispositions législatives, aux traités et accords internationaux, ne constitue pas une question d'ordre public [...].

L'absence d'appel pour certains jugements rendus en matière d'urbanisme

Art. R. 811-1-1 À l'exception des autorisations et actes afférents aux opérations d'urbanisme et d'aménagement des jeux Olympiques et Paralympiques de 2024 mentionnées au 5° de l'article R. 311-2, les tribunaux administratifs statuent en premier et dernier ressort sur les recours contre :

1° Les permis de construire ou de démolir un bâtiment comportant plus de deux logements, les permis d'aménager un lotissement, les décisions de non-opposition à une déclaration préalable autorisant un lotissement ou les décisions portant refus de ces autorisations ou opposition à déclaration préalable lorsque le bâtiment ou le lotissement est implanté en tout ou partie sur le territoire d'une des communes mentionnées à l'article 232 du code général des impôts et son décret d'application ;

2° Les actes de création ou de modification des zones d'aménagement concerté mentionnés aux articles L. 311-1 et R. 311-3 du code de l'urbanisme, et l'acte approuvant le programme des équipements publics mentionné à l'article R. 311-8 du même code, lorsque la zone d'aménagement concerté à laquelle ils se rapportent porte principalement sur la réalisation de logements et qu'elle est située en tout ou partie sur le territoire d'une des communes mentionnées à l'article 232 du code général des impôts et son décret d'application ;

3° Les décisions suivantes, afférentes à une action ou une opération d'aménagement, au sens de l'article L. 300-1 du code de l'urbanisme, située en tout ou partie sur le territoire d'une des communes mentionnées à l'article 232 du code général des impôts et son décret d'application, et dans le périmètre d'une opération d'intérêt national, au sens de l'article L. 102-12 du code de l'urbanisme, ou d'une grande opération d'urbanisme, au sens de l'article L. 312-3 du même code :

a) L'autorisation environnementale prévue à l'article L. 181-1 du code de l'environnement et l'arrêté portant prescriptions complémentaires en application de l'article L. 181-14 du même code ;

b) L'absence d'opposition à la déclaration d'installations, ouvrages, travaux et activités et l'arrêté portant prescriptions particulières mentionnés au II de l'article L. 214-3 du code de l'environnement ;
c) La dérogation mentionnée au 4° du I de l'article L. 411-2 du code de l'environnement et l'arrêté portant prescriptions complémentaires en application de l'article R. 411-10-2 du même code ;
d) Le récépissé de déclaration ou l'enregistrement d'installations mentionnés aux articles L. 512-7 ou L. 512-8 du code de l'environnement et les arrêtés portant prescriptions complémentaires ou spéciales mentionnés aux articles L. 512-7-5 ou L. 512-12 du même code ;
e) L'autorisation de défrichement mentionnée à l'article L. 341-3 du code forestier.
Les dispositions du présent article s'appliquent aux recours introduits entre le 1er septembre 2022 et le 31 décembre 2027.

Textes sources

– Décret n° 2013-879 du 1er octobre 2013, article 2.
– Décret n° 2018-1249 du 26 décembre 2018, article 3.
– Décret n° 2022-929 du 24 juin 2022, article 1er.

Commentaires

L'article 232 du Code général des impôts concerne « les communes appartenant à une zone d'urbanisation continue de plus de cinquante mille habitants où existe un déséquilibre marqué entre l'offre et la demande de logements, entraînant des difficultés sérieuses d'accès au logement sur l'ensemble du parc résidentiel existant, qui se caractérisent notamment par le niveau élevé des loyers, le niveau élevé des prix d'acquisition des logements anciens ou le nombre élevé de demandes de logement par rapport au nombre d'emménagements annuels dans le parc locatif social ». La liste de ces communes est fixée par un décret n° 2013-392 du 10 mai 2013 relatif au champ d'application de la taxe annuelle sur les logements vacants instituée par l'article 232 du code général des impôts modifié par le décret n° 2023-822 du 25 août 2023 allongeant sensiblement cette liste.
L'objet du texte (reconnu non illégal par : CE, 23 décembre 2014, Syndicat de la juridiction administrative, n° 373469 – CE, 10 février 2016, Peyret, n° 387507, *Lebon* T.) est d'accélérer la construction, dans ces zones où sévit une insuffisance de logements, en raccourcissant les délais nécessaires à « purger » le contentieux des opérations de construction. Doit être regardé comme un bâtiment à usage principal d'habitation celui dont plus de la moitié de la surface de plancher est destinée à l'habitation (CE, 20 mars 2017, Driassa, n° 401463, *Lebon* T.). Un centre d'hébergement d'urgence constitue un bâtiment à usage principal d'habitation (CE, 19 juin 2017, Synd. copr. résidence Butte Stendhal, n° 394677, *Lebon* T.). Une résidence sociale destinée à l'hébergement d'adultes autistes doit être regardée comme ayant le caractère d'un bâtiment à usage principal d'habitation (CE, 22 novembre 2019, Ribart, n° 420948, *Lebon* T.). Un projet de surélévation d'une construction à usage de commerce portant sur une surface de 414 m^2, entièrement

destinée à l'habitation (CE, 2 juin 2023, n° 461645, *Lebon*). La même décision juge que le recours dirigé contre les prescriptions attachées au permis de construire doit, au sens et pour l'application de l'article R. 811-1-1, être considéré comme un recours contre un permis de construire. Ces dispositions concernent non seulement les recours dirigés contre des autorisations de construire, de démolir ou d'aménager, mais également, lorsque ces autorisations ont été accordées puis retirées, les recours dirigés contre ces retraits et contre les refus de retrait, mais pas les certificats de conformité (CE, 26 avril 2022, Société immobilière Saint-Michel, n° 452695, *Lebon* T.). Sont également concernées les recours contre le refus de constater la péremption des autorisations d'urbanisme (CE, 22 novembre 2022, n° 461869, *Lebon* T.) et les recours contre un constat de caducité de l'une de ces autorisations (CE, 21 février 2025, n° 493902, *Lebon* T.).

L'existence des voies de recours s'apprécie à la date du premier jugement pour l'application de l'article L. 600-5-1 du Code de l'urbanisme (CE, 25 juin 2024, n° 490864, *Lebon* T.). Voir les commentaires sous cet article en annexe.

Cette exception est d'interprétation stricte (CE, 16 mai 2018, Féron, n° 414777, *Lebon* T.) La jurisprudence exclut les effets de ce texte s'agissant des autorisations ne concernant pas des « *locaux d'habitation* » ou ayant pour objet la réalisation de logements supplémentaires (CE, 9 octobre 2015, Virchien, n° 393032, *Lebon* T. – CE, 16 mai 2018, Feron, n° 414777, *Lebon* T.). Le texte ne trouve pas non plus à s'appliquer à des travaux qui n'ont pas pour objet la réalisation de logements supplémentaires (même décision), à une tente démontable, destinée à accueillir des réceptions, installée sur une terrasse du jardin d'un château (CE, 9 octobre 2015, Virchien, n° 393032, *Lebon* T.), aux décisions de refus d'autorisation (CE, 25 novembre 2015, Commune de Montreuil, n° 390370, *Lebon* T.), aux décisions de sursis à statuer (CE, 8 novembre 2017, SAS Ranchère, n° 409654 ; *Lebon T.*), même requalifiée en retrait d'autorisation (CE, 15 décembre 2021, Commune de Venelles, n° 451285 *Lebon* T.). Toutefois le Conseil d'État a jugé que le jeu de ce texte, s'agissant d'autorisations de *lotissements*, n'était pas subordonné à la destination des constructions qui ont vocation à être édifiées (CE, 8 novembre 2017, Association Les amis de la terre, n° 410433, *Lebon* T., décision rendue à propos du permis d'aménager un lotissement ayant pour objet la réalisation d'une zone d'activités commerciales). Le fichage de la décision *Féron* ne fait toutefois aucune allusion à la décision *Les amis de la terre* qui lui est antérieure…

On notera la limitation dans le temps du dispositif ainsi retenu, chose inhabituelle dans un Code qui ne comporte en principe pas de dispositions temporaires, sauf dans le cadre d'expérimentations présentées comme telles. Il était à parier que, d'ici 2022, le code connaîtrait d'autres mises à jour… C'est chose faite avec le décret n° 2022-929 du 24 juin 2022 qui prolonge le dispositif jusqu'au 31 décembre 2027, en le limitant aux permis comportant trois logements et plus et en l'étendant aux contentieux liés aux actes de création et d'approbation du programme des équipements publics des zones d'aménagement concerté portant principalement sur la réalisation de logements et qui sont situées en tout ou partie en zone tendue, à des décisions prises en matière environnementale relatives à des actions ou opérations d'aménagement situées en tout ou partie en zone tendue et réalisées dans le cadre des grandes opérations d'urbanisme ou d'opérations d'intérêt national. La prolongation et l'extension du degré d'appel ne peuvent être utilement contestées par l'invocation du principe de non-régression prévue par les dispositions du 9° du II de l'art. L. 110-1 du Code de l'environnement (CE, 14 juin 2023, n° 466933, *Lebon* T.).

Les dispositions de cet article, dans leur rédaction antérieure au décret, demeurent cependant applicables aux recours introduits entre le 1er décembre 2013 et le 31 août 2022 (art. 3 du décret – Voir *CJA commenté*, 9e édition).

L'absence d'appel pour les jugements rendus en matière de méthanier flottant

Art. R. 811-1-2 À compter du 1er octobre 2022, le tribunal administratif de Rouen statue en premier et dernier ressort sur les litiges, y compris pécuniaires, relatifs à l'ensemble des décisions, y compris de refus, autres que celles prévues à l'article R. 311-1, nécessaires, même pour partie, à l'installation, la mise en service et l'exploitation du terminal méthanier flottant mentionné à l'article 30 de la loi n° 2022-1158 du 16 août 2022 portant mesures d'urgence pour la protection du pouvoir d'achat, y compris les décisions portant sur les travaux portuaires associés et sur la construction et l'exploitation de la canalisation de transport et de raccordement au réseau de gaz naturel et ses installations annexes.

Le délai de recours contentieux contre les décisions mentionnées à l'alinéa précédent est d'un mois, courant à compter du jour où la décision leur a été notifiée pour les pétitionnaires et à compter de la publication de la décision pour les tiers intéressés. Ce délai n'est pas prorogé par l'exercice d'un recours administratif.

Le tribunal administratif de Rouen statue dans un délai de dix mois à compter de l'enregistrement de la requête.

Texte source

– Décret n° 2022-1275 du 29 septembre 2022, article 2.

Commentaires

Une norme est en principe générale et impersonnelle mais nécessité fait Loi. Il s'agit du projet de terminal méthanier flottant dans la circonscription du grand port fluvio-maritime de l'axe Seine (site du Havre).

La compétence du tribunal administratif de Paris pour certains litiges et l'absence d'appel pour certains ouvrages hydrauliques

Art. R. 811-1-3 Le tribunal administratif de Paris est compétent en premier et dernier ressort pour connaître des litiges relatifs aux projets mentionnés au II pour ce qui concerne les décisions mentionnées au III.

II. – Le présent article s'applique aux projets qui nécessitent des installations, ouvrages, travaux ou activités relevant des rubriques 1.1.2.0, 1.2.1.0, 1.2.2.0, 1.3.1.0, 3.2.3.0 et 3.2.5.0 de la nomenclature annexée à l'article R. 214-1 du code de l'environnement, à condition que ces projets poursuivent, à titre principal, une finalité agricole, que ce soit culturale, sylvicole, aquacole ou d'élevage.

III. – Pour les projets mentionnés au II, le présent article s'applique aux décisions individuelles suivantes, y compris leur refus :

1° L'autorisation environnementale prévue à l'article L. 181-1 du code de l'environnement ;

2° L'absence d'opposition aux installations, ouvrages, travaux et activités mentionnés au II de l'article L. 214-3 du code de l'environnement, ou l'arrêté de prescriptions particulières applicable à l'installation, l'ouvrage, les travaux ou l'activité objet de la déclaration ;

3° La dérogation prévue au 4° du I de l'article L. 411-2 du code de l'environnement ;

4° L'absence d'opposition au titre du régime d'évaluation des incidences Natura 2000 en application du VI de l'article L. 414-4 du code de l'environnement ;

Le récépissé de déclaration ou l'enregistrement d'installations mentionnées aux articles L. 512-7 ou L. 512-8 du code de l'environnement ;

6° L'autorisation de défrichement prévue aux articles L. 214-13, L. 341-3, L. 372-4, L. 374-1 et L. 375-4 du code forestier ;

7° Les autorisations prévues aux articles L. 621-32 ou L. 632-1 du code du patrimoine ;

8° Les prescriptions archéologiques prises en application du 1° de l'article L. 522-1 du code du patrimoine ;

9° La décision de non-opposition à déclaration préalable ou le permis de construire, d'aménager ou de démolir prévus au livre IV du code de l'urbanisme ;

10° Les décisions relatives à la prorogation ou au transfert à un autre pétitionnaire ou exploitant d'une décision mentionnée au présent article ;

11° Les décisions modifiant ou complétant les prescriptions des décisions mentionnées au présent article.

Texte source

– Décret n° 2024-423 du 10 mai 2024, article 3.

La compétence des autres tribunaux administratifs et l'absence d'appel pour d'autres ouvrages hydrauliques

Art. R. 811-1-4 I. – Les tribunaux administratifs sont compétents pour connaître en premier et dernier ressort des litiges relatifs aux projets mentionnés au II pour ce qui concerne les décisions mentionnées au III.

II. – Le présent article s'applique, à l'exclusion des projets visés par le II de l'article R. 811-1-3, aux projets qui nécessitent une installation d'élevage relevant des rubriques 2101, 2102, 2110, 2111, 2112, 2130 ou 3660 de la nomenclature prévue par l'article R. 511-9 du code de l'environnement.

III. – Pour les projets mentionnés au II, le présent article s'applique aux décisions individuelles suivantes, y compris leur refus :

1° L'autorisation environnementale prévue à l'article L. 181-1 du code de l'environnement ;

2° L'absence d'opposition aux installations, ouvrages, travaux et activités mentionnés au II de l'article L. 214-3 du code de l'environnement, ou l'arrêté de prescriptions particulières applicable à l'installation, l'ouvrage, les travaux ou l'activité objet de la déclaration ;

3° La dérogation prévue au 4° du I de l'article L. 411-2 du code de l'environnement ;

« 4° L'absence d'opposition au titre du régime d'évaluation des incidences Natura 2000 en application du VI de l'article L. 414-4 du code de l'environnement ;

« 5° Le récépissé de déclaration ou l'enregistrement d'installations mentionnées aux articles L. 512-7 ou L. 512-8 du code de l'environnement ;

« 6° L'autorisation de défrichement prévue aux articles L. 214-13, L. 341-3, L. 372-4, L. 374-1 et L. 375-4 du code forestier ;

« 7° Les autorisations prévues aux articles L. 621-32 ou L. 632-1 du code du patrimoine ;

« 8° Les prescriptions archéologiques prises en application du 1° de l'article L. 522-1 du code du patrimoine ;

« 9° La décision de non-opposition à déclaration préalable ou le permis de construire, d'aménager ou de démolir prévus au livre IV du code de l'urbanisme ;

« 10° Les décisions relatives à la prorogation ou au transfert à un autre pétitionnaire ou exploitant d'une décision mentionnée au présent article ;

« 11° Les décisions modifiant ou complétant les prescriptions des décisions mentionnées au présent article.

Texte source

– Décret n° 2024-423 du 10 mai 2024, article 3.

Le délai d'appel

Art. R. 811-2 Sauf disposition contraire, le délai d'appel est de deux mois. Il court contre toute partie à l'instance à compter du jour où la notification a été faite à cette partie dans les conditions prévues aux articles R. 751-3 à R. 751-4-1.

Si le jugement a été signifié par commissaire de justice, le délai court à dater de cette signification à la fois contre la partie qui l'a faite et contre celle qui l'a reçue.

Textes sources

– Code des TA et des CAA, article R. 229, § 1 et 2.
– Décret n° 2012-1437 du 21 décembre 2012, article 5.
– Décret n° 2022-949 du 29 juin 2022, article 67.

Commentaires

Voir les commentaires sous l'article R. 811-6.

La mention d'un délai d'appel inférieur à deux mois

Art. R. 811-3 Le défaut de mention, dans la notification du jugement, d'un délai d'appel inférieur à deux mois emporte application du délai de deux mois.

Texte source

– Code des TA et des CAA, article R. 229-1.

Commentaires

Voir les commentaires sous l'article R. 811-6.

Art. R. 811-4 *Abrogé par le décret n° 2015-1145 du 15 septembre 2015, article 24.*

Les délais de distance

Art. R. 811-5 Les délais supplémentaires de distance prévus aux à l'article R. 421-7 s'ajoutent aux délais normalement impartis.

Toutefois, ne bénéficient pas de ce délai supplémentaire ceux qui, en matière électorale, déposent leur requête à la préfecture ou à la sous-préfecture ou, à Mayotte, à Saint-Barthélemy, à Saint-Martin, à Saint-Pierre-et-Miquelon, en Polynésie française, dans les îles Wallis-et-Futuna et en Nouvelle-Calédonie, auprès des services du représentant de l'État.

Textes sources

– Ordonnance n° 45-1708 du 31 juillet 1945, article 50.
– Code des TA et des CAA, article R. 230.
– Décret n° 2004-2 du 2 janvier 2004, article 2, 14°.
– Décret n° 2008-452 du 13 mai 2008, article 19.

Commentaires

Voir les commentaires sous l'article R. 811-6.

Le délai d'appel contre un jugement avant dire droit

Art. R. 811-6 Par dérogation aux dispositions du premier alinéa de l'article R. 811-2, le délai d'appel contre un jugement avant dire droit, qu'il tranche ou non une question au principal, court jusqu'à l'expiration du délai d'appel contre le jugement qui règle définitivement le fond du litige.

Textes sources

– Code des TA et des CAA, article R. 229, § 3.
– Décret n° 2006-746 du 27 juin 2006, article 1er.

Commentaires

Le délai d'appel applicable est celui qui est en vigueur à la date du jugement attaqué (CE, 27 mars 2000 Leroy, n° 196836, *Lebon* [1] – CE, 12 octobre 2006, Ministre de la Défense c/Dalouche, n° 284727, *Lebon* T.).
Aucun principe général n'impose que la notification des jugements comporte la mention des délais et voies de recours (CE, 5 avril 1996, Syndicat des avocats de France, n° 116594, *Lebon*, p. 118).
Dans la procédure d'appel, le délai court donc *même si le jugement n'en fait pas état*, sous la seule réserve apportée par l'article R. 811-3 que l'absence de mention d'un délai d'appel inférieur à deux mois emporte application de ce délai de deux mois. Mais si la notification du jugement mentionne un délai inexact, c'est ce dernier, s'il est plus long que le délai réglementaire, qui est appliqué (CE sect., 26 mars 1993, Bourgeois, n° 117557, *Lebon*, p. 86 [2]). On doit toutefois souligner que la cour administrative d'appel de Paris a cantonné la jurisprudence *Bourgeois* aux hypothèses dans lesquelles était en vigueur un délai d'appel plus bref que le délai normal : elle a ainsi refusé de prendre en compte l'indication erronée d'un délai d'appel de plus de deux mois, donnée soit au ministre (affaire *Fillod*), soit au contribuable (affaire *Boyer*), et fait prévaloir le délai de droit commun de deux mois (CAA Paris, 22 septembre 1994, Ministre du Budget c/Fillod, n° 93PA01353, *Lebon* T. – CAA Paris, 2 novembre 1994, Boyer, n° 93PA01222 ; *RJF* 1995, p. 144). On ne peut qu'exprimer des réserves sur cette jurisprudence.
Si la notification du jugement précise qu'il ne peut faire l'objet que d'un pourvoi en cassation dans un délai de deux mois, alors qu'il relève de l'appel, il est jugé que l'indication erronée de cette voie de recours particulière a pu exercer une influence sur l'appréciation par l'intéressée de l'opportunité de contester ce jugement, et que donc son appel, formé après l'expiration de ce délai de deux mois, était recevable (CE, 22 février 2017, Laugier, n° 395184, *Lebon* T.).
Le délai d'appel est interrompu par une demande d'aide juridictionnelle.
La rédaction du premier alinéa de l'article R. 811-2 doit être lue strictement : le délai d'appel ne peut courir que d'une notification « dans les conditions prévues aux articles R. 751-3 à R. 751-4-1 ». Seule une notification officielle, répondant aux prescriptions de l'un ou l'autre de ces articles, peut donc faire courir

le délai d'appel : il n'est point en la matière de connaissance acquise (CE sect., 4 décembre 1959, Ministre des Finances c/Nicod, *Lebon*, p. 652 – CAA Lyon, 20 octobre 1992, Commune de Lamanon, n° 92LY00595, *Lebon*, p. 577). Voir cependant CE, 12 juillet 1957, Sieur Nadoux, *Lebon*, p. 481, pour l'irrecevabilité d'un moyen de régularité du jugement soulevé au-delà du délai de deux mois qui courrait à compter de l'introduction de la requête. L'importance aujourd'hui donnée à la « cristallisation » des moyens pourrait conduire à appliquer de nouveau cette jurisprudence antérieure à la décision « Nicod ». Un jugement notifié au domicile du gérant d'une société de capitaux, distinct du siège de cette société, n'est ainsi pas notifié « au domicile réel » de cette dernière, et ne fait pas courir le délai d'appel (CE, 1er février 1995, SARL Rayure, n° 139712, *Lebon* T.). Inversement un jugement notifié au siège d'une société, fût-elle en liquidation, fait courir le délai d'appel contre son liquidateur (CE, 25 septembre 1995, Société Sablières de Moselle, n° 116979, *Lebon* T.).

Identiquement, la notification d'un jugement à l'avocat d'une partie, et non à cette partie elle-même ne saurait faire partir le délai d'appel (CE, 19 janvier 1998, SARL Armement frigorifique martiniquais, n° 165164, *Lebon* T. – CE, 14 juin 2000, Commune de Staffelfelden, n° 184722, *Lebon* ; voir CJA, art. R. 751-3). La notification du jugement au domicile réel de la partie fait ainsi partir le délai d'appel, alors même que cette partie a fait élection de domicile chez son avocat pendant la durée de l'instance (CE, 8 juillet 2002, SCI du 21-23 rue du Bouquert de Longchamp, n° 234426). En cas de changement d'adresse, voir les commentaires sous l'article R. 751-3.

À l'inverse, c'est la date de notification effective qui marque le point de départ du délai, quelles qu'aient été les indications erronées fournies au téléphone par le greffe quant à la date mentionnée sur l'accusé de réception postal (CE, 16 avril 2010, Gadras-Feron, n° 322216, *Lebon* T.). En cas de retour du pli au greffe, la preuve que le requérant a reçu notification régulière du jugement doit normalement résulter des mentions portées sur l'enveloppe, ou, à défaut, d'attestations de l'administration postale. Jugé que la copie d'écran du tableau de suivi du courrier, fournie par les services postaux à partir de leur application informatique interne, pouvait être admise comme preuve de la régularité de la notification (CE, 20 novembre 2017, Polliart, n° 396637, *Lebon* T. – voir article R. 751-3).

Saisi de la question de savoir si, dans une version antérieure du texte qui se limitait à la notification du jugement par la voie postale pour marquer le point de départ du délai, une notification par voie administrative pouvait également faire partir ce délai, le Conseil d'État a par deux fois jugé que, ce dernier procédé présentant les mêmes garanties que le procédé postal, il faisait également courir le délai (CE, 1er février 1995, Navarro, n° 142936, *Lebon* T. – CE, 27 mars 2000 Leroy, préc.). Il a même été admis, mais ce fut limite, que ce délai pouvait partir d'une notification par lettre simple, divers éléments du dossier faisant ressortir une présomption de notification (CE, 3 décembre 2007, Département de Paris, n° 290251, *Lebon* T.).

Si la date de remise du jugement par le préposé des postes ne ressort pas de l'accusé de réception, il est retenu comme date de notification la date d'expédition au tribunal par La Poste de cet accusé de réception (CE, 28 décembre 2001,

Commune de Saint-Jory, n° 225189, *Lebon*). Lorsque l'avis de réception est sans date de distribution, mais comporte une date de présentation et une date de renvoi à l'expéditeur, la notifiication peut être regardée comme effectuée à cette dernière date (CE, 7 juin 2023, n° 458264, *Lebon* T.). Dans le cas où l'avis de réception du pli contenant le jugement du tribunal administratif indiquant qu'il a été présenté à l'adresse de l'intéressé à une date qui est précisée, mais n'indiquant ni date de distribution, ni date de réexpédition, le jugement ne peut être regardé comme ayant été notifié à la date de présentation (CE, 31 mars 2017, n° 398943, *Lebon* T.). Et si, le jugement ayant été régulièrement notifié, l'accusé de réception postal ne comporte aucune mention lisible permettant de déduire la date à laquelle a eu lieu cette notification, il est jugé que le délai d'appel part à compter de la date d'enregistrement de la requête d'appel : ce mécanisme permet de vérifier, pour l'application du second alinéa de l'article R. 411-1, que la motivation de l'appel, parvenue dans un mémoire complémentaire, a été produite dans le délai d'appel (CE, 28 octobre 2002, Saturnino, n° 231015, *Lebon* T.).

Si le jugement statue sur des conclusions indemnitaires formées au nom d'un mineur par ses représentants légaux et que l'intéressé a atteint sa majorité en cours d'instance, seule la notification du jugement qui lui est adressée personnellement fait partir le délai à son encontre (CE, 6 mars 2002, X…, n° 178123).

Jugé également que l'intervention d'une ordonnance rejetant une requête en appel, parce que non motivée dans le délai, interrompt ce délai, et que la rectification pour erreur matérielle de cette ordonnance (le jugement n'ayant pas en fait été notifié) ne fait repartir ce délai, déclenché par la signification du jugement postérieure à l'ordonnance, que du jour de notification de l'arrêt de rectification (CAA Lyon, 20 octobre 1992, Commune de Lamanon, préc.).

En cas de pluralité de personnes présentes devant le tribunal, en défense ou en demande, voir art. R. 751-3 pour les conditions de notification faisant courir le délai d'appel.

La prorogation jusqu'en fin de cause du délai d'appel contre les jugements avant dire droit, évite les appels intercalaires parfois inutiles. Elle joue lors même que le jugement avant dire droit a réglé définitivement la partie principale du litige, opposant, par exemple, la victime au défendeur qu'elle a choisi, et ne fait rebondir l'affaire qu'en ce qui concerne le sort d'un tiers appelé en garantie par ce défendeur (CE ass., 18 décembre 1998, Gaz de France, n° 136868, *Lebon* [3]). Elle ne va pas sans poser quelques problèmes lorsque le jugement avant dire droit tranche une question au principal, et qu'il n'est attaqué que par un des défendeurs de première instance. Statuant sur cet appel, le juge d'appel risque de se heurter ensuite à un second appel dirigé contre le jugement final, formé par l'autre défendeur, mettant également en cause le jugement avant dire droit et conduisant le cas échéant le juge d'appel à revenir sur la solution adoptée sur le premier appel. C'est pourquoi la recevabilité d'un appel dirigé contre un arrêt avant dire droit se bornant à prescrire une expertise est limitée à la contestation de l'utilité de cette expertise et à la contestation des motifs de cet arrêt qui constituent le soutien nécessaire de la mesure d'instruction ordonnée (CE, 10 octobre 2018, Communauté d'agglomération du bassin de Thau et autres, n°s 402975, 402983, 403052, *Lebon* T., p. 836-864-869).

Cette prorogation de délai autorise les intimés à présenter à leur tour, lors de l'appel dirigé contre le jugement avant dire droit, des conclusions d'appelants sans entrer dans la pratique subtile des appels incidents ou provoqués : tant que le délai d'appel reste en effet ouvert, leurs conclusions, même d'intimé à intimé, doivent être regardées comme formées au titre d'un appel principal, et au besoin requalifiées comme telles : une telle requalification, qui fut interdite (CE sect., 11 mai 1962, Dame veuve Ymain, *Lebon*, p. 315), est désormais admise (CE, 21 juin 1989, Ministre des Postes et Télécommunications, n° 86182, *Lebon* T.), et ne constitue pas de la part de la juridiction l'usage d'un moyen d'ordre public qui devrait faire l'objet d'un avertissement (CE, 3 février 2012, Société Axa-France-Iard, n° 342248). Une telle requalification doit même être effectuée indépendamment du cours du délai, toutes les fois que les conclusions, qualifiées par exemple d'appel provoqué, ne peuvent être analysées comme telles, même si la requalification doit les rendre irrecevables (CE, 11 mars 1994, Commune d'Ayen, n° 117976).

Si le jugement avant dire droit a été attaqué, mais que le jugement final est devenu définitif faute d'avoir été contesté, cette circonstance rend sans objet le recours formé contre l'avant dire droit, recours sur lequel il n'y a dès lors plus lieu de statuer (CE, 12 novembre 1971, Département de la Loire, n° 76131, *Lebon*, p. 679 – CE, 24 janvier 1994, Montagne, n° 88740, *Lebon*). Inversement, si le jugement avant dire droit n'a pas été frappé d'appel par les demandeurs de première instance qui ont obtenu satisfaction lors du jugement final, le juge d'appel saisi d'une requête dirigée contre ce dernier et censurant le motif retenu par le premier juge doit, au titre de l'effet dévolutif de l'appel, examiner les autres moyens des demandeurs de première instance, même si le jugement avant dire droit les a écartés (CE sect., 17 mars 1995, Ministre de l'Éducation nationale c/Ranieri, n° 141756, *Lebon*). Saisie à la fois contre le jugement avant-dire droit et contre le jugement sur le fond, le juge d'appel est, en l'absence de moyen de régularité fondé, tenu par l'effet dévolutif (CE, 19 avril 2013, Société Elres, n° 361721, *Lebon* T., neutralisant l'erreur commise par un arrêt se prononçant par la voie de l'évocation).

Le délai une fois démarré (et l'état de santé du destinataire est sans effet sur ce démarrage : CE, 25 mai 1994, G., n° 152081), l'appel doit être enregistré avant son expiration, sous la seule réserve de la prise en compte des délais anormaux d'acheminement postal (CE, 29 décembre 1993, SA Bigand, n° 119626, *Lebon* T. ; voir les commentaires sous l'article R. 421-5). On note toutefois le sort particulier fait aux caisses de sécurité sociale : une telle caisse, ayant renoncé à faire elle-même appel d'un jugement se prononçant sur ses droits à remboursement des prestations servies à la victime d'un accident, demeure recevable à faire valoir, hors délai d'appel, ses prétentions à l'occasion de l'appel introduit par son assuré (CE sect., 1er juillet 2005, Strada, n° 234403, *Lebon*, p. 300). La victime, elle, ne peut bénéficier d'une solution symétrique (CE, 21 mars 2008, Centre hospitalier universitaire de Bordeaux, n° 266154, *Lebon* T.).

En matière électorale, le délai de distance mentionné à l'article R. 811-5 est maintenu si l'intéressé, résidant outre-mer, a déposé sa requête directement devant le Conseil d'État, sans profiter de la possibilité de la déposer à la préfecture ou à la sous-préfecture (CE, 6 janvier 1999, Hiro, n° 196391, *Lebon* T.). On notera qu'en matière fiscale l'article R. 200-18 du Livre des procédures fiscales prévoit que, sauf si le jugement est signifié au ministre par commissaire de justice, le délai d'appel ne commence à courir, pour le ministre, qu'à compter de l'expiration du délai de deux mois imparti au service local pour lui transmettre le jugement attaqué et le dossier de l'affaire. Ce texte, qui tient compte « des difficultés particulières du fonctionnement de l'administration fiscale qui la placent dans une situation différente de celle des autres justiciables » ne confère pas au ministre « un privilège qui serait de nature à porter atteinte au principe d'égalité » (CE, 29 septembre 2000, Le Diberder, n° 198325, *Lebon* T.), privilège dont au surplus le contribuable peut le priver en faisant signifier le jugement au ministre, mais dont on peut penser qu'il est de plus contestable au regard de la situation d'autres ministres confrontés à des contentieux de masse avec des délais inférieurs au droit commun et au regard de la déconcentration de l'appel en demande au niveau des directions de contrôle fiscal interrégionales dotées de service contentieux d'appel déconcentrés.

L'expiration du délai d'appel n'interdit pas totalement aux parties de présenter de nouvelles conclusions.

Par recours incident, l'adversaire de l'appelant principal peut présenter hors délai des conclusions remettant en cause à son bénéfice un jugement qu'il n'avait pas contesté spontanément, pourvu qu'il demeure dans le cadre défini par l'appel principal (CE, 7 juin 1989, Ville de Menton, n° 74561, *Lebon* T. [4] – CE, 26 juin 1989, Institut géographique national c/Autuly, n° 75747 [5]), que bien sûr il n'invoque pas de moyens irrecevables parce que non soumis au premier juge (s'il était demandeur devant lui), et surtout que son attaque ne concerne que le sort de l'appelant principal, à l'exclusion de toute autre partie (car alors ses conclusions sont d'intimé à intimé, et ne peuvent être admises que dans le cadre de l'appel provoqué). Ces conditions, qui induisent l'irrecevabilité de l'appel incident si elles sont méconnues, doivent faire l'objet de l'avertissement prévu à l'article R. 611-7 si elles sont opposées à l'appelant incident (sauf si l'adversaire les lui a opposées) : CE, 16 mars 2010, Beucher, n° 310352. Ainsi, pourra être contesté, par la voie de l'appel incident, formé en réponse à l'appel principal dirigé contre un jugement final fixant une indemnité, le jugement avant dire droit ayant tranché la question de la responsabilité (CE, 12 février 1990, Winterstein, n° 81089, *Lebon*), en faisant jouer la règle énoncée à l'article R. 811-6.

La demande incidente d'intérêts *compensatoires* ne présente pas à juger le même litige que l'appel principal dirigé contre un jugement ayant statué sur une demande d'intérêts *moratoires* (CE sect., 25 juin 2004, Société Philippe Filippini, n° 234687, *Lebon*).

On notera qu'il est des matières dans lesquelles l'appel incident n'est pas possible : ainsi est-ce le cas du contentieux répressif (CE, 29 avril 1966, Entreprise H. Coutant, n° 63876, *Lebon*, p. 298, voir les commentaires sous l'article L. 774-7 – *contra* : CAA Paris, 4 avril 2003, Kaminskis, n° 00PA01252), du contentieux électoral, et du contentieux disciplinaire, ce qui ne méconnaît pas les stipulations des articles 6 et 13 de la Convention européenne de sauvegarde des droits de l'homme et des libertés fondamentales (CE, 5 mars 2003, Gaudinat, n° 221643, *Lebon* T. – CE, 5 novembre 2003, Freyheit, n° 231569).

Cet appel incident subsiste même s'il y a désistement de l'appel principal (CE, 1er juillet 1931, Ministre des Travaux publics c/Estrade, *Lebon*, p. 714 [6]), sauf si ce désistement a été accepté par l'appelant incident (CE sect., 6 mars 1981, Société Bastide, n° 06393, *Lebon*, p. 129 ; voir art. R. 636-1) ou si l'appel incident a été formé après le désistement (CE, 6 juillet 2005, Commune de Chatenay-Malabry, n° 241641, *Lebon* T.). Mais qui s'est désisté de son appel principal n'est pas recevable à présenter un appel incident sur l'appel de son adversaire (CE, 10 mai 1989, Ville de Mâcon, n° 27122, *Lebon* T. [7]).

Sur la possibilité d'appel incident en ce qui concerne les frais irrépétibles, voir l'article L. 761-1 (CE, 14 janvier 1994, Kadri, n° 127112, solution sans doute différente de CE, 23 décembre 1994, SARL De l'homme à l'habitat, n° 112865 – CAA Lyon, 11 mars 2004, Ministre de l'Économie c/Petit, n° 02LY01023).

Par appel provoqué, une partie intimée peut conclure, si sa situation est susceptible d'être aggravée par l'admission des conclusions de l'appelant (ou, doit-on penser, d'un appelant incident), contre un autre intimé (CE sect., 1er décembre 1972, Commoy, n° 80752, *Lebon*, p. 772 – CE ass., 11 juillet 1984, Commune de Saint-Sébastien-sur-Loire, n° 30436, *Lebon*, p. 267 [8]). Le désistement de l'appel principal fait donc obstacle à l'admission de l'appel provoqué (CE, 6 mars 1981, Société Bastide, n° 06393, *Lebon*), sauf, doit-on penser, si subsiste un appel incident et que l'admission de ses conclusions aggrave la situation de l'appelant provoqué. L'existence de cette aggravation est une condition de recevabilité de l'appel provoqué (on doit estimer également que l'appel provoqué doit concerner le même litige que l'appel principal). Une fois cet appel recevable, il l'est totalement, et non au seul prorata de l'aggravation (CE, 11 juillet 1984, Commune de Saint-Sébastien-sur-Loire, préc.). Et il peut porter sur des chefs de préjudice autres que ceux pour lesquels les conclusions de l'appel principal ont été accueillies (CE, 30 décembre 1996, Levasseur, n° 69517, *Lebon* T.), pour autant qu'il ne soulève pas de litige distinct de celui qui a été ouvert par l'appel principal (CE, 16 mars 1992, Société méditerranéenne de travaux et de finitions, n° 82304, *Lebon* T.). On note que le prononcé en appel de la capitalisation des intérêts n'est pas regardé comme une aggravation de la situation du défendeur condamné en première instance, et ne justifie donc pas de sa part un appel provoqué (CE, 17 avril 1989, ANPE c/Massota, n° 77000). Il en va de même de l'ajout des intérêts à la condamnation initiale (CE sect., 9 juin 1989, SIVOM de la région havraise, n° 73946, *Lebon*, p. 140).

Quelle que soit l'appellation donnée par une partie à son appel, il appartient au juge d'appel de requalifier si besoin est ses conclusions. Si notamment le dossier ne contient pas les accusés de réception de la notification du jugement à certaines parties, le délai d'appel ne court pas contre elles, et leurs conclusions d'appel doivent être qualifiées d'office d'appel principal (CE, 3 février 2012, Société Axa-France-Iard, n° 342248),

Les délais supplémentaires de distance prévus à l'article R. 811-5 s'ajoutent au délai de deux mois de l'article R. 811-2, ou de trois mois fixé par l'article R. 811-4. Compte tenu de ce que la juridiction d'appel se trouve située en métropole pour les tribunaux administratifs mentionnés à ce dernier article, le délai d'appel y est donc de quatre mois pour les personnes résidant sur ces territoires (CE, 1er avril

1994, Terrien-Meyre, n° 138618 [9] – CE, 23 décembre 2009, Société générale Maintenances services, n° 327188, *Lebon* T.), y compris pour le ministre, le jugement devant être notifié au délégué local du Gouvernement (CE sect., 5 mai 1995, Ministre de l'Intérieur c/Chacot, n° 145925, *Lebon*, revenant sur CE, 14 février 1994, Ministre de l'Intérieur c/Fouilhac, n° 132848, ayant adopté la solution inverse). La cour administrative d'appel de Lyon a refusé de faire bénéficier de ce délai de distance un avocat installé sur le territoire métropolitain : en l'espèce, le requérant, résidant en Algérie, avait, dans le délai majoré, présenté une demande d'aide juridictionnelle, et l'avocat désigné, installé en métropole, se prévalait, à tort a décidé la cour, d'un nouveau délai de quatre mois (CAA Lyon, 7 novembre 2006, Benabbas, n° 03LY00676, *Lebon* T. ; *RFDA*, janvier-février 2007, p. 161).
On signale enfin que le ministre compétent peut, après expiration des délais d'appel, former devant le juge suprême, et lui seul (CE, 1er octobre 1997, Ministre de la Défense, n° 180661, *Lebon*), un *recours dans l'intérêt de la loi*, (de tels recours sont formés à raison d'environ un tous les trois ou quatre ans), lequel n'aura aucun effet sur l'état du droit, mais évitera de cristalliser en jurisprudence, sous forme de précédent, une solution juridique qui pourrait être erronée. Cette vocation du recours dans l'intérêt de la loi justifie qu'il puisse être formé contre la seule motivation d'une décision juridictionnelle qui, quant à son dispositif, donne satisfaction à l'administration (CE sect., 12 juin 1959, Ministre des Affaires économiques c/Filaire, *Lebon*, p. 365 ; *AJDA* 1959, I, 168). Le ministre, ayant primitivement fait appel du jugement devant la cour, et s'étant désisté de son appel, est en droit de former contre le même jugement un recours dans l'intérêt de la loi (CE, 21 janvier 2002, Ministre de l'Aménagement du territoire c/Société Schweppes France, n° 234227).
Un tel recours ne peut se fonder que sur un ou des moyens de pur droit. Il peut, cela étant, être jugé sur le fondement d'un moyen relevé d'office, sans donc que le juge se prononce sur la question ayant motivé ce recours (CE, 10 décembre 1997, Ministère de l'Intérieur, n° 110600, *Lebon*). Ce recours ne peut être formé contre une décision du Conseil d'État statuant au contentieux (CE, 31 janvier 1996, Ministre de l'Équipement, des Transports et du Tourisme, n° 160446, *Lebon*). Il ne peut non plus être formé que contre un jugement ayant acquis l'autorité de chose jugée (CE, 29 juillet 1998, Ministre de l'Équipement c/Salle, n° 161724, *Lebon* T.), dès lors qu'il est devenu « irrévocable ». Par cette expression, le Conseil d'État vise les jugements « protégés » par l'expiration des délais d'appel ou de cassation (CE, 18 juin 2018, Ministre de l'Intérieur c/Bruneteau, n° 416325, *Lebon* T.), même s'ils peuvent encore faire l'objet d'une voie de rétractation (opposition, tierce-opposition…). Il ne peut viser une décision provisoire, tel étant le cas d'une ordonnance du juge des référés statuant en urgence (CE, 14 septembre 2007, Ministre de la Jeunesse c/Société Vacances éducatives, n° 300911, *Lebon* T.).
La question s'est posée de savoir si un tel recours pouvait être formé alors que la décision juridictionnelle querellée avait fait l'objet d'un recours devant le Conseil d'État, lequel s'était soldé par un rejet. Oui a répondu le Conseil d'État, *à la condition* que le recours porte sur un point qui n'a pas donné lieu à une prise de

position par le Conseil d'État (CE, 11 avril 2018, Ministre de l'Intérieur c/Daniel, n° 409648, *Lebon*, concl. X. Domino ; *JCP A*, 17 septembre 2018, p. 14).
L'admission d'un tel recours – qui se traduit par l'annulation « dans l'intérêt de la loi » de la décision juridictionnelle contestée –, est sans influence sur les droits que cette décision a fait naître. Son intérêt est purement doctrinal, et son objet est d'éviter que ne fasse jurisprudence une décision que, par maladresse, ou pour toute autre raison, on n'a pas contestée dans les délais (CE, 21 janvier 2002, Ministre de l'Aménagement du territoire, préc., où la question posée était celle des pouvoirs du juge en matière d'installations classées – CE, 10 avril 2002, Ministre de l'Équipement, n° 238212, la question posée étant de savoir si un maire dispose de la possibilité, au titre de ses pouvoirs de police générale, d'interdire le survol du territoire de la commune par des aéronefs). C'est dire qu'il n'est pas possible, par le biais d'un recours dans l'intérêt de la loi, de remettre en cause l'appréciation d'espèce portée sur les faits par la décision querellée (CE, 18 juin 2018, Ministre de l'Intérieur c/Bruneteau, n° 416325, *Lebon* T.).

Jurisprudence

[1] Considérant qu'aux termes de l'article R. 211 du code des tribunaux administratifs et des cours administratives d'appel : « Sauf disposition contraire, les jugements, les ordonnances et arrêts sont notifiés par les soins du greffe à toutes les parties en cause, à leur domicile réel, par lettre recommandée avec demande d'avis de réception, sans préjudice du droit des parties de faire signifier ces décisions par acte d'huissier de justice » et qu'en vertu de l'article R. 212 du même code, la décision juridictionnelle peut être également notifiée par voie administrative ;
Considérant qu'aux termes de l'article R. 229 (premier alinéa) du même code, dans sa rédaction antérieure à celle que lui a donnée le décret n° 97-563 du 29 mai 1997 : « Sauf disposition contraire, le délai d'appel est de deux mois. Il court contre toute partie à l'instance à compter du jour où la notification a été faite à cette partie dans les conditions prévues à l'article R. 211 » ; que le décret du 29 mai 1997 a modifié ces dispositions en substituant aux mots « [...] à l'article R. 211 » les mots : « aux articles R. 211 et R. 212 » ;
Considérant qu'à l'appui de son pourvoi en cassation contre l'ordonnance du 11 mars 1998 par laquelle le président de la cour administrative d'appel de Nantes a rejeté, comme présentée après l'expiration du délai d'appel la requête contre un jugement du tribunal administratif de Rouen en date du 16 juillet 1997, la requérante invoque un moyen tiré de ce que ce serait à tort que l'ordonnance attaquée s'est référée aux dispositions de l'article R. 229 du code des tribunaux administratifs et des cours administratives d'appel dans leur rédaction antérieure au décret du 29 mai 1997 ;
Mais considérant, d'une part, qu'en vertu de ses dispositions transitoires le décret du 29 mai 1997 n'est entré en vigueur que le 1er septembre 1997, soit postérieurement à l'intervention du jugement du 16 juillet 1997 dont Mme Leroy a interjeté appel devant la cour administrative d'appel ;
Considérant, d'autre part, que le droit de former un recours contre une décision d'une juridiction administrative est définitivement fixé au jour où cette décision est rendue ; que les voies selon lesquelles ce droit peut être exercé, ainsi que les délais qui sont impartis à cet effet aux intéressés, sont, à la différence des formes dans lesquelles le recours doit être introduit et jugé, des éléments constitutifs du droit dont s'agit ; que, par suite, en cas de modification des textes, les voies de recours, ainsi que les délais

de leur exercice continuent, à moins qu'une disposition expresse y fasse obstacle, à être régis par les textes en vigueur à la date où la décision susceptible d'être attaquée est intervenue ;
Considérant qu'il résulte de ce qui précède que le jugement déféré à la cour administrative d'appel ayant été prononcé antérieurement à l'entrée en vigueur de la modification apportée à l'article R. 229 du code des tribunaux administratifs et des cours administratives, c'est à bon droit que l'ordonnance attaquée s'est référée à la rédaction de cet article antérieure à cette modification ;
Considérant, au demeurant qu'il ne résultait pas de la rédaction de l'article R. 229 antérieure à l'intervention du décret du 29 mai 1997 que la notification par la voie administrative, prévue à l'article R. 212, qui présente les mêmes garanties que le procédé de la lettre recommandée prévue à l'article R. 211, ne faisait pas également courir le délai d'appel à l'encontre des jugements des tribunaux administratifs ; que si le premier alinéa de l'article R. 229 du Code des tribunaux administratifs et des cours administratives d'appel tel qu'il a été complété par le décret n° 97-563 du 29 mai 1997 précise désormais que le délai d'appel court du jour où la notification a été faite dans les conditions prévues « aux articles R. 211 et R. 212 », cette précision n'a fait qu'expliciter, sans la modifier, la règle de procédure contentieuse applicable [...].

[2] Considérant qu'il résulte des pièces du dossier soumis au tribunal administratif que, si l'ordonnance du juge du référé du tribunal administratif de Lyon en date du 25 août 1989 rejetant la demande de Mlle Bourgeois en tant qu'elle tendait à la suspension des poursuites provisoires mises en œuvre par le comptable du Trésor pour le recouvrement de suppléments d'impôt sur le revenu établis au titre des années 1986 et 1987 a été notifiée à l'intéressée le 1er septembre 1989, cette notification comportait l'indication que la requérante disposait d'un délai de deux mois pour se pourvoir devant la cour administrative d'appel de Lyon contre ladite décision ; que, dès lors, cette notification erronée n'a pu faire courir le délai spécial de huit jours prévu au 4e alinéa de l'article L. 279 du Livre des procédures fiscales, mais seulement le délai d'appel de droit commun de deux mois ; qu'en conséquence la requête de Mlle Bourgeois, présentée le 27 octobre 1989 devant la cour administrative d'appel, était encore recevable à cette date [...].

[3] Considérant qu'aux termes du premier alinéa de l'article R. 192 du code des tribunaux administratifs et des cours administratives d'appel dans sa rédaction antérieure au décret du 7 septembre 1989 et dont les dispositions sont aujourd'hui reprises à l'article R. 229 : « sauf disposition contraire, le délai d'appel est de deux mois. Il court contre toute partie à l'instance à compter du jour où la notification a été faite... » ; qu'aux termes du troisième alinéa de ce même article : « Par dérogation aux dispositions du premier alinéa, le délai d'appel contre un jugement avant dire droit, qu'il tranche ou non une question au principal, court jusqu'à l'expiration du délai d'appel contre le jugement qui règle définitivement le fond du litige » ;
Considérant que tout jugement par lequel un tribunal administratif ne statue que sur une partie des conclusions dont il est saisi et ordonne pour le surplus une mesure d'instruction constitue un jugement avant dire droit au sens des dispositions précitées ; qu'il peut être interjeté appel d'un tel jugement après l'expiration du délai de deux mois qui suit sa notification et jusqu'à l'expiration du délai de recours contentieux applicable au jugement qui met fin à l'instance ;
Considérant que le jugement du 5 octobre 1988 par lequel le tribunal administratif de Poitiers a statué sur l'action principale engagée par Mme Locteau contre Gaz de

France et a ordonné une expertise sur les appels en garantie formés par l'établissement public contre l'État et par ce dernier contre un entrepreneur, constituait un jugement avant dire droit ; que c'est dès lors par une inexacte application des dispositions précitées que le président de la cour administrative d'appel de Bordeaux a jugé irrecevable l'appel qu'avait formé Gaz de France contre ce jugement, plus de deux mois après sa notification, mais avant l'expiration du délai du recours contentieux applicable au jugement réglant entièrement le litige en statuant sur les appels en garantie [...].

[4] Considérant que, par sa requête, la ville de Menton ne défère au Conseil d'État que la partie du jugement du 16 octobre 1985 du tribunal administratif de Nice qui statue sur le montant de l'indemnité de rachat restant à sa charge ; que les conclusions de l'appel incident de la société Parba, dirigées contre le rejet de ses conclusions à fin de dommages-intérêts par le tribunal administratif, soulèvent un litige différent de celui qui résulte de l'appel principal ; que, dès lors, elles ne sont pas recevables [...].

[5] Considérant que le tribunal administratif d'Amiens a, par l'article 1er du jugement attaqué, annulé la décision du directeur général de l'Institut géographique national (IGN) prononçant la mise à pied de M. Autuly et, par son article 2, rejeté les conclusions en indemnité de M. Autuly ; que l'Institut géographique national demande la réformation de ce jugement en tant qu'il annule la décision de son directeur général ; que les conclusions de l'appel incident de M. Autuly dirigées contre l'article 2 du jugement du tribunal administratif soulèvent un litige différent de celui qui résulte de l'appel principal ; que dès lors elles ne sont pas recevables [...].

[6] I. Sur le désistement du ministre de son recours n° 89-046 :
Considérant que ce désistement est pur et simple et qu'il y a lieu d'en donner acte ;
II. Sur la recevabilité des conclusions prises par le sieur Estrade contre l'arrêté du 20 avril 1925
Considérant que si la requête n° 95003 est irrecevable comme ayant été présentée plus de deux mois après la date où le sieur Estrade a reçu notification de cet arrêté, rien ne s'opposait à ce qu'à l'occasion du recours introduit par l'État contre le même arrêté, l'entrepreneur reprît par voie de recours incident et maintînt après le désistement de l'État les conclusions qui faisaient l'objet de sa requête principale [...].

[7] Considérant que la société Grangette et Passager-Chambon s'est désistée le 20 novembre 1981 de l'appel qu'elle avait interjeté contre le jugement, en date du 1er juillet 1980, par lequel le tribunal administratif de Dijon l'a condamnée à verser à la ville de Mâcon une indemnité de 73 388 francs représentant le quart des conséquences dommageables des désordres constatés dans l'étanchéité du collège d'enseignement secondaire Robert-Schuman à Mâcon ; que le Conseil d'État lui a donné acte de ce désistement pur et simple par une décision du 29 juillet 1983 ; que, par suite, si ladite société peut présenter un mémoire en défense à la requête d'appel introduite par la ville de Mâcon le 9 septembre 1980 devant le Conseil d'État contre le même jugement du 1er juillet 1980, elle n'est plus recevable, en revanche, à présenter par un mémoire, enregistré le 1er mars 1988, des conclusions incidentes tendant à ce qu'elle soit intégralement ou partiellement déchargée de la condamnation prononcée à son encontre par le tribunal administratif de Dijon [...].

[8] Sur les appels provoqués de l'entreprise Bringer et Tondut et du département de Loire-Atlantique :

Considérant que l'admission partielle de l'appel principal de la commune de Saint-Sébastien-sur-Loire aggrave la situation de l'entreprise Bringer et Tondut et du département de Loire-Atlantique, qui se trouvent exposés, à raison de la solidarité, à devoir payer à l'État et à M. Mayeton la totalité des indemnités allouées à ceux-ci par le tribunal administratif et à n'être remboursés par la commune que sur la base des indemnités réduites, laissées à sa charge par la présente décision ; qu'ils sont, dès lors, recevables et fondés à demander, par voie d'appel provoqué, que les indemnités qu'ils ont été condamnés à payer par le jugement attaqué fassent l'objet des mêmes réductions que les indemnités dues par la commune [...].

[9] Considérant, d'une part, qu'aux termes de l'article R. 229 du code des tribunaux administratifs et des cours administratives d'appel : « Sauf dispositions contraires, le délai d'appel est de deux mois. Il court contre toute partie à l'instance à compter du jour où la notification a été faite à cette partie dans les conditions prévues à l'article R. 211 [...] Dans les territoires de la Polynésie française et de la Nouvelle-Calédonie et dépendances, le délai d'appel est porté à trois mois » ; qu'aux termes de l'article R. 230 du même code : « Les délais supplémentaires de distance prévus aux articles 643 et 644 du Nouveau code de procédure civile s'ajoutent aux délais prévus ci-dessus » ; qu'aux termes de l'article 643 du Nouveau code de procédure civile : « Lorsque la demande est portée devant une juridiction qui a son siège en France métropolitaine, les délais [...] d'appel [...] sont augmentés de : [...] Un mois pour les personnes qui demeurent dans un département d'outre-mer ou dans un territoire d'outre-mer » ;
Considérant qu'il ressort des pièces du dossier que Mme Terrien-Meyre a reçu notification du jugement du tribunal administratif de Nouméa le 25 novembre 1991 ; que la requête de Mme Terrien-Meyre, résidant alors en Nouvelle-Calédonie, a été enregistrée au greffe de la cour administrative d'appel de Paris le 28 février 1992, soit avant l'expiration du délai de quatre mois qui lui était imparti en application des dispositions combinées des articles R. 229 et R. 230 du code des tribunaux administratifs et des cours administratives d'appel [...].

L'obligation d'avocat en appel

Art. R. 811-7 Sous réserve des dispositions de l'article L. 774-8, les appels ainsi que les mémoires déposés devant la cour administrative d'appel doivent être présentés, à peine d'irrecevabilité, par l'un des mandataires mentionnés à l'article R. 431-2.

Lorsque la notification de la décision soumise à la cour administrative d'appel ne comporte pas la mention prévue au deuxième alinéa de l'article R. 751-5, le requérant est invité par la cour à régulariser sa requête dans les conditions fixées à l'article R. 612-1.

Les demandes d'exécution d'un arrêt de la cour administrative d'appel ou d'un jugement rendu par un tribunal administratif situé dans le ressort de la cour et frappé d'appel devant celle-ci sont dispensées de ministère d'avocat.

Textes sources

– Code des TA et des CAA, article R. 116, § 1 à 4.
– Décret n° 2001-710 du 31 juillet 2001, article 1er, § III.
– Décret n° 2002-547 du 19 avril 2002, article 10, § II.
– Décret n° 2003-543 du 24 juin 2003, article 10, § III.
– Décret n° 2015-1145 du 15 septembre 2015, article 19.
– Décret n° 2017-493 du 6 avril 2017, article 11.

Commentaires

L'obligation du ministère d'avocat devant la cour est généralisée, sauf évidemment dispositions législatives ou réglementaires contraires (voir art. L. 774-8 relatif aux contraventions de grande voirie), lesquelles peuvent ne pas être pas codifiées au CJA (art. L. 711-1 et L. 711-5 du Code des pensions militaires d'invalidité et des victimes de guerre – CE, avis, 10 juin 2020, Deschamps, n° 437866, *Lebon,* p. 179) et sauf l'exception traditionnelle concernant les demandes d'exécution. Le texte a été considérablement durci par le décret du 6 avril 2017, notamment en ce qu'il supprime l'exception qui tenait aux recours pour excès de pouvoir présentés par des agents publics, laquelle s'inspirait des dispositions régissant les litiges présentés devant le conseil des prud'hommes, et avait eu pour objet de ne pas traiter, sur le plan procédural, les agents publics plus sévèrement que les salariés de droit privé. L'obligation d'avocat a pu légalement être instituée par voie réglementaire et, ne méconnaissant pas la Convention européenne de sauvegarde des droits de l'homme, ne viole pas non plus, même en son 1°, le principe d'égalité (CE, 17 décembre 2003, Meyet, n° 258253, *Lebon*).

L'avocat est constitué dès qu'il a fait connaître qu'il est chargé de la représentation du requérant, quand bien même il n'a signé ou contresigné aucun mémoire (CE, 25 juillet 2008, Cardoso, n° 295437, *Lebon* T.).

On note que, si l'avocat a été désigné par la voie de l'aide juridictionnelle et n'a pas produit de mémoire, la juridiction doit le mettre en demeure d'accomplir les diligences qui lui incombent, tout en prévenant le requérant de cette carence pour le mettre en mesure de choisir un autre représentant. Cette obligation pour la juridiction vaut même si la notification du jugement s'est accompagnée de la mention de la nécessité d'un avocat en appel (CE, 28 décembre 2012, Hamlat, n° 348472, *Lebon* T.).

La représentation des parties en cas de dispense d'avocat

Art. R. 811-8 Lorsqu'une disposition spéciale a prévu une dispense d'avocat en appel, les parties peuvent agir et se présenter elles-mêmes. Elles peuvent aussi se faire représenter :

1° Par l'un des mandataires mentionnés à l'article R. 431-2 ;

2° Par une association agréée au titre des articles L. 141-1, L. 611-1, L. 621-1 ou L. 631-1 du code de l'environnement, dès lors que les conditions prévues aux articles L. 142-3, L. 611-4, L. 621-4 ou L. 631-4 du même code sont réunies et selon les modalités prévues par les articles R. 142-1 à R. 142-9, R. 611-10, R. 621-10 et R. 631-10 du même code.

Textes sources

– Code des TA et des CAA, article R. 116, § 5.
– Décret n° 2003-543 du 24 juin 2003, article 10, § IV.
– Ordonnance n° 2010-462 du 6 mai 2010, article 1er.
– Décret n° 2013-575 du 2 juillet 2013, article 2.

Commentaires

On note que les seuls mandataires admis devant la cour administrative d'appel sont les avocats ; n'est donc pas applicable à la cour la disposition autorisant devant le Conseil d'État les parties à se doter, en cas de dispense de ministère d'avocat, d'un mandataire de leur choix (CJA, art. R. 432-2). Il convient de préciser que la possibilité ouverte aux parties à un litige de nature fiscale d'être représentées, devant la cour administrative d'appel, par un mandataire non avocat (ancien article R. 200-17 du Livre des procédures fiscales) a disparu depuis le 1er septembre 2003, l'article R. 200-17 du Livre des procédures fiscales ayant été abrogé par le décret du 24 juin 2003 (art. 10-VI).

L'aide juridictionnelle

Art. R. 811-9 Les parties peuvent, le cas échéant, réclamer le bénéfice de l'aide juridictionnelle.

Texte source

– Code des TA et des CAA, article R. 116, § 6.

La dispense d'avocat pour l'État

Art. R. 811-10 Devant la cour administrative d'appel, l'État est dispensé de ministère d'avocat soit en demande, soit en défense, soit en intervention. Sauf dispositions contraires, les ministres intéressés présentent devant la cour administrative d'appel les mémoires et observations produits au nom de l'État.

Les ministres peuvent déléguer leur signature dans les conditions prévues par la réglementation en vigueur.

Textes sources

– Code des TA et des CAA, article R. 117.
– Décret n° 2013-575 du 2 juillet 2013, article 1er.

Commentaires

La dispense ici instaurée ne méconnaît pas le principe d'égalité (CE, 17 décembre 2003, Meyet, n° 258253, *Lebon*).

La compétence de principe du ministre pour signer les mémoires produits en appel pour le compte de l'État s'efface lorsqu'un texte spécial désigne une autre autorité. Ainsi, et outre les cas mentionnés à l'article suivant, le préfet a-t-il compétence pour introduire les appels dirigés contre les jugements rendus sur les déférés qu'il forme contre les actes des collectivités territoriales.
La détermination du ministre « intéressé » n'est pas toujours aisée à effectuer (voir les commentaires sous l'article R. 811-1). Sur la qualité du signataire des observations en défense, se reporter à l'article R. 431-9.

La représentation de l'État par le préfet

Art. R. 811-10-1 I. – Par dérogation aux dispositions de l'article R. 811-10, le préfet présente devant la cour administrative d'appel les mémoires et observations produits au nom de l'État lorsque le litige est né de l'activité des services de la préfecture dans les matières suivantes :
1° Entrée et séjour des étrangers en France ;
2° Expulsion des ressortissants étrangers ;
3° Mise en jeu de la responsabilité de l'État du fait des dommages causés par les attroupements et rassemblements ;
4° Agrément et armement des agents de police municipale ;
5° Exercice des activités de surveillance, de gardiennage ou de transport de fonds ;
6° Réglementation des armes ;
7° Exercice de l'activité de conducteur et de la profession d'exploitant de taxi ;
8° Police des débits de boissons ;
9° Hospitalisation sous contrainte ;
10° Mise en demeure de quitter les lieux en application de l'article 9 de la loi n° 2000-614 du 5 juillet 2000 relative à l'accueil et à l'habitat des gens du voyage.
II. – Les dispositions du présent article sont applicables dans les départements et collectivités d'outre-mer dans les conditions suivantes :
1° Les 7°, 8° et 10° du I ne sont pas applicables en Nouvelle-Calédonie, en Polynésie française et à Wallis-et-Futuna ;
2° L'administrateur supérieur des Terres australes et antarctiques françaises présente devant la cour administrative d'appel les mémoires et observations produits au nom de l'État ou de la collectivité lorsque le litige est né de l'activité de ses services ;
3° Pour l'application de ces dispositions en Nouvelle-Calédonie, en Polynésie française, à Wallis-et-Futuna et dans les Terres australes et antarctiques françaises, la référence au préfet est remplacée par la référence au représentant de l'État dans la collectivité, et la référence aux

services de la préfecture est remplacée par la référence aux services de l'État dans la collectivité.
III. – Le ministre chargé de l'outre-mer est habilité à présenter des observations au nom de l'État, devant la cour administrative d'appel, à l'appui des mémoires produits par les représentants de l'État dans les départements et collectivités d'outre-mer.

Textes sources

– Décret n° 2003-616 du 4 juillet 2003, article 2.
– Décret n° 2007-1018 du 14 juin 2007, article 3.
– Décret n° 2010-1562 du 14 décembre 2010, article 10.

Commentaires

Cet essai de déconcentration de la représentation de l'État devant les cours administratives d'appel, en demande comme en défense, est limité aux attributions de police d'État dévolues aux préfets. Il faut y ajouter le déféré préfectoral (CGCT, art. L. 2131-6) et la suspension sur déféré (CJA, art. L. 554-1 à L. 554-4, L. 554-7 et L. 554-9).

La représentation de l'État par le directeur de l'agence régionale de santé lorsque le litige est né d'une décision qu'il a prise au nom de l'État

Art. R. 811-10-2 Par dérogation aux dispositions de l'article R. 811-10, le directeur général de l'agence régionale de santé présente devant la cour administrative d'appel les mémoires et observations produits au nom de l'État, lorsque le litige est né d'une décision qu'il a prise au nom de celui-ci.

Texte source

– Décret n° 2009-854 du 20 août 2019, article 4.

Commentaires

Il faut y ajouter les déférés (CSP, art. L. 6143-4) et la suspension sur déféré (CJA, art. L. 554-7).

La représentation de l'État par le directeur général du Centre national de gestion des praticiens hospitaliers et des personnels de direction de la fonction publique hospitalière

Art. R. 811-10-3 Par dérogation aux dispositions de l'article R. 811-10, le directeur général du Centre national de gestion des praticiens hospitaliers et des personnels de direction de la fonction publique hospitalière présente devant la cour administrative d'appel les mémoires et observations produits au nom de l'État, lorsque le litige est né d'une décision prise par le directeur.

Texte source

– Décret n° 2007-704 du 4 mai 2007, article 25.

La représentation de l'État par le recteur en matière de règlement juridictionnel et transactionnel des litiges

Art. R. 811-10-4 Par dérogation aux dispositions de l'article R. 811-10, le recteur de région académique présente devant la cour administrative d'appel les mémoires et observations en défense produits au nom de l'État lorsque le litige est né d'une décision relevant des dispositions de l'article D. 222-24-8 du code de l'éducation, sous réserve des affaires dans lesquelles des conclusions d'appel incident sont présentées au nom de l'État.

Par dérogation aux dispositions de l'article R. 811-10, le recteur d'académie présente devant la cour administrative d'appel les mémoires et observations en défense produits au nom de l'État lorsque le litige est né d'une décision relevant des dispositions de l'article D. 222-35 du code de l'éducation, sous réserve des affaires dans lesquelles des conclusions d'appel incident sont présentées au nom de l'État.

Textes sources

– Décret n° 2019-889 du 27 août 2019, article 1er.

– Décret n° 2021-350 du 29 mars 2021, article 3.

La représentation de l'État par les présidents des universités et des présidents et directeurs des autres établissements publics d'enseignement supérieur dans les litiges relatifs aux décisions prises en son nom

Art. R. 811-10-5 Par dérogation aux dispositions de l'article R. 811-10, les présidents des universités et les présidents et directeurs des autres établissements publics d'enseignement supérieur présentent devant la cour administrative d'appel les mémoires et observations en défense produits au nom de l'État lorsque le litige est né d'une décision relevant des dispositions de l'article R. 951-1-1 du code de l'éducation, sous réserve des affaires dans lesquelles des conclusions d'appel incident sont présentées au nom de l'État.

Texte source

– Décret n° 2019-892 du 27 août 2019, article 2.

Le dépôt des appels au greffe de la cour administrative d'appel

Art. R. 811-11 Les appels relevant de la compétence de la cour administrative d'appel doivent être déposés au greffe de cette cour.

Texte source

– Code des TA et des CAA, article R. 98.

Commentaires

Il faut toutefois réserver le cas des appels formés contre les jugements rendus en matière de contravention de grande voirie (voir les commentaires sous l'article L. 774-7).

La computation du délai pour statuer

Art. R. 811-12 Dans tous les cas où la cour administrative d'appel est, en vertu d'une disposition spéciale, tenue de statuer dans un délai déterminé, ce délai ne court que de l'arrivée des pièces au greffe.

Texte source

– Code des TA et des CAA, article R. 99.

Commentaires

Cet article est plus une précaution qu'une règle fréquemment appliquée, sauf, en première instance, dans le contentieux électoral (voir CJA, art. R. 413-4).

Les règles de procédure en appel

Art. R. 811-13 Sauf dispositions contraires prévues par le présent titre, l'introduction de l'instance devant le juge d'appel suit les règles relatives à l'introduction de l'instance de premier ressort définies au livre IV.
Sont de même applicables les dispositions des livres VI et VII.

Texte source

– Décret n° 2000-389 du 4 mai 2000, article 1er.

Commentaires

Cet article « balai » rend applicables, en bloc, toutes les règles de forme et de procédure énoncées aux livres IV, VI et VII.

L'absence d'effet suspensif de l'appel

Art. R. 811-14 Sauf dispositions particulières, le recours en appel n'a pas d'effet suspensif s'il n'en est autrement ordonné par le juge d'appel dans les conditions prévues par le présent titre.

Textes sources

– Décret n° 63-766 du 30 juillet 1963, article 54, § 1.
– Code des TA et des CAA, article R. 125, § 1.

Commentaires

Voir les commentaires sous l'article R. 811-18. On rappelle par ailleurs que, dans les contentieux consacrés aux actions de groupe ou aux actions en déclaration de droits, les appels sont suspensifs.

On rappelle que, par l'effet de cette règle, de nature législative (voir CJA, art. L. 9), la partie qui, en exécution d'un jugement de condamnation, a payé une indemnité, et obtient en appel l'annulation de ce jugement, ne peut prétendre obtenir d'intérêts sur les sommes ainsi payées indûment (CE sect., 4 mai 1984, Maternité régionale A. Pinard, n° 26283, *Lebon*, p. 165 – CE sect., 2 juin 2017, Communauté de communes Auray Quiberon Terre Atlantique, n° 397571, *Lebon*). Sauf à demander le sursis à exécution du jugement, voie de droit ouverte à l'appelant et au tiers opposant (CE 14 novembre 2024, n° 486775, *Lebon* T.).

Le sursis à exécution d'un jugement annulant une décision administrative

Art. R. 811-15 Lorsqu'il est fait appel d'un jugement de tribunal administratif prononçant l'annulation d'une décision administrative, la juridiction d'appel peut, à la demande de l'appelant, ordonner qu'il soit sursis à l'exécution de ce jugement si les moyens invoqués par l'appelant paraissent, en l'état de l'instruction, sérieux et de nature à justifier, outre l'annulation ou la réformation du jugement attaqué, le rejet des conclusions à fin d'annulation accueillies par ce jugement.

Textes sources

– Décret n° 63-766 du 30 juillet 1963, article 54, § 3.
– Code des TA et des CAA, article R. 125, § 2.

Commentaires

Ce texte peut jouer aussi bien pour des jugements annulant un acte unilatéral que pour un jugement prononçant sur recours de tiers l'annulation totale ou partielle d'un contrat, ou sa résiliation – en application, de la jurisprudence *Société Tropic Travaux Signalisation* (CE, 11 mars 2009, Société Meuse compost, n° 314788, *Lebon* T.). Un jugement constatant l'inexistence d'une décision administrative doit être regardé comme un jugement prononçant l'annulation d'une décision administrative au sens de l'article R. 811-15 du CJA et peut donc faire l'objet d'une demande de sursis à exécution sur le fondement de cet article (CE, 29 décembre 2022, n° 463598, *Lebon* T.).

On note le double déclenchement des conditions de prononcé de ce sursis : les moyens invoqués par l'appelant doivent paraître de nature à justifier non seulement l'annulation du jugement, mais aussi le rejet des conclusions d'annulation accueillies par le jugement. On peut donc estimer, comme S. Merenne (*JCP A*, 10 novembre 2014, p. 35), que les moyens tirés de l'irrégularité du jugement sont, en la matière, inopérants (CE, 14 décembre 1992, Lanson, n° 130261, *Lebon* T.). Les obligations du juge du sursis ont été fixées par les jurisprudences : CE, 6 juillet

2007, Ville de Paris, n° 298032, *Lebon*, p. 1047 – CE, 26 mars 2014, Commission de protection des eaux de Franche-Comté, n° 370300, *Lebon*. On en conclut qu'en dehors des obligations de motivation posées par ces arrêts, le juge du sursis doit se borner à l'examen du débat qui lui est présenté et, le cas échéant, des moyens d'ordre public qu'il doit relever d'office, sans anticiper sur ce que fera le juge du fond saisi au titre de l'effet dévolutif : le débat sur le sursis ne doit pas conduire à un préjugement de l'appel.
Voir, pour le surplus, les commentaires sous l'article R. 811-18.
Sur les effets au regard de la décision attaquée devant le premier juge, et annulée par ce dernier – ce qui en principe a dû conduire à l'édiction d'une nouvelle mesure conforme à ce jugement – du sursis de ce jugement prononcé par le juge d'appel, puis de la décision par laquelle le juge d'appel statuant au fond annule le jugement ou le confirme (voir CE, 7 juin 2017, Société Margo Cinéma, n° 404480, *Lebon* T.).

Le sursis à exécution d'un jugement portant condamnation

Art. R. 811-16 Lorsqu'il est fait appel par une personne autre que le demandeur en première instance, la juridiction peut, à la demande de l'appelant, ordonner sous réserve des dispositions de l'article R. 541-6 qu'il soit sursis à l'exécution du jugement déféré si cette exécution risque d'exposer l'appelant à la perte définitive d'une somme qui ne devrait pas rester à sa charge dans le cas où ses conclusions d'appel seraient accueillies.

Textes sources

– Décret n° 63-766 du 30 juillet 1963, article 54, § 2.
– Code des TA et des CAA, article R. 125, § 1.
– Décret n° 2000-1115 du 22 novembre 2000, article 2, X.
– Décret n° 2001-710 du 31 juillet 2001, article 7-III.

Commentaires

Voir les commentaires sous l'article R. 811-18.

Les autres sursis à exécution

Art. R. 811-17 Dans les autres cas, le sursis peut être ordonné à la demande du requérant si l'exécution de la décision de première instance attaquée risque d'entraîner des conséquences difficilement réparables et si les moyens énoncés dans la requête paraissent sérieux en l'état de l'instruction.

Textes sources

– Décret n° 63-766 du 30 juillet 1963, article 54, § 4.
– Code des TA et des CAA, article R. 125, § 3.

Commentaires

Voir les commentaires sous l'article R. 811-18.

La présentation des demandes de sursis à exécution

Art. R. 811-17-1 À peine d'irrecevabilité, les conclusions tendant, en application des dispositions des articles R. 811-15 à R. 811-17, au sursis à exécution de la décision de première instance attaquée, doivent être présentées par requête distincte du recours en appel et accompagnées d'une copie de ce recours.

Texte source

– Décret n° 2003-543 du 24 juin 2003, article 12.

Commentaires

A été reprise une règle qui a toujours été en vigueur devant les tribunaux administratifs à l'époque du sursis à exécution, et qui permet de mettre un minimum d'ordre dans les procédures. Naturellement, l'irrecevabilité envisagée par le texte ne pourra être opposée que si l'intéressé a été invité à régulariser sa requête. Elle pourra être sanctionnée par une ordonnance de l'article R. 222-1, qui permet au président d'utiliser cette procédure pour « rejeter les demandes de sursis à exécution ».

L'obligation ici posée ne méconnaît pas les articles 6 et 14 de la Convention européenne de sauvegarde des droits de l'homme (CE, 17 décembre 2003, Meyet, n° 258253, *Lebon*).

L'interruption du sursis à exécution

Art. R. 811-18 À tout moment, la juridiction d'appel peut mettre fin au sursis qu'elle a ordonné.

Texte source

– Code des TA et des CAA, article R. 125, § 4.

Commentaires

Les articles R. 811-16 et R. 811-17 peuvent se cumuler, en ce sens qu'en matière financière le sursis peut se demander tant parce que l'exécution du jugement expose l'appelant à la perte définitive d'une somme (sans qu'il ait alors à démontrer que ses moyens sont sérieux) que parce que, les moyens étant sérieux, le préjudice est difficilement réparable (CE, 3 juillet 1985, Benaitreau, n° 64362, *Lebon*, p. 216), ce préjudice pouvant résider dans l'impossibilité (CE sect., 4 mai 1984, Maternité régionale A. Pinard, n° 26283, *Lebon*, p. 165 – CE sect., 2 juin 2017, Communauté de communes Auray, n° 397571, *Lebon*) de récupérer les intérêts sur la somme versée en exécution du jugement (CE, 25 juillet 1986, OPHLM de la de la communauté urbaine de Strasbourg, n° 66574, *Lebon* T.), pourvu que cette somme soit importante : le risque de perdre les intérêts de quelque 700 000 francs n'a pas suffi à convaincre le Conseil d'État (CE, 5 juin 1985, Le Goas, n° 65025, *Lebon*, p. 176 [1]). Une solution identique a été adoptée à propos d'une condamnation à payer environ 1,2 million de francs (CE, 9 juillet 1997, Ministre délégué à la Jeunesse et aux Sports, n° 180181). Il en fut différemment pour une somme de 1 315 000 francs (décision *Benaitreau*, précitée) et, *a fortiori*, pour une somme de plus de 5 millions de francs (CE, 14 octobre 1988, Petitperrin, n° 70756 [2]). Encore ne doit-on pas tenir compte, pour apprécier l'importance de la somme versée, des intérêts légaux dont elle a été assortie, et qui résultent, non de l'exécution du jugement, mais du retard mis par le défendeur à l'exécuter (CE, 19 octobre 2016, Ministre des Outre-Mer c/Wede, n° 401242, *Lebon* T.).

Le sursis à exécution « financier » peut n'être que partiel (CE, 20 janvier 1989, Centre hospitalier de Mulhouse c/Boehrer, n° 95685 [3]).

La possibilité de ce cumul a pour effet que peuvent être simultanément présentées, dans une même requête, des demandes fondées sur plusieurs des articles R. 811-15 à R. 811-17 (CE, 19 juin 2006, Monsieur, n° 270472, *Lebon* T.).

En principe, le sursis n'est pas possible contre un jugement se bornant à ordonner une mesure d'instruction, même si elle pèse sur une partie seule (tel étant le cas de l'expertise en matière fiscale : CE, 16 mars 1984, Ministre du Budget c/Derosier, n° 46009, *Lebon*, p. 119 [4]). On pourrait toutefois imaginer qu'un requérant conteste, par la voie du sursis à exécution, l'étendue d'une mission d'expertise que, s'il perd, il devra payer…

Il est en revanche admis que l'État demande le sursis à exécution d'un jugement prononçant la décharge d'une imposition (CE, 26 juin 1968, Ministre des Finances, n° 75492, *Lebon*, p. 388).

Le terme « décision » mentionné à l'article R. 811-17 désigne la seule décision juridictionnelle faisant l'objet de l'appel, et non plus, comme c'était le cas dans l'article R. 125 de l'ancien code, la décision administrative qui était attaquée en première instance. Si donc le jugement attaqué a *rejeté* la demande tendant à l'annulation de cette décision, l'article R. 811-17 ne permettra pas d'en paralyser l'exécution, n'étant pas en principe envisageable qu'un jugement de rejet puisse être frappé de sursis à exécution. Seule la voie de la demande de suspension, présentée le cas échéant devant la cour administrative d'appel pour la première fois, est donc envisageable, en application de l'article L. 521-1 (CAA Lyon, 30 janvier 2001, Fédération professionnelle indépendante de la police, n° 01LY00033 [5]).

Ainsi est-il jugé avec constance que, après un jugement rejetant une requête fiscale (rendant ainsi exécutoire l'avis d'imposition dont le recouvrement était paralysé par le sursis de paiement), aucune demande de sursis à exécution ne peut être utilement formée (entre autres : CE, 12 janvier 2005, Oukeo, n° 254590 – CE, 15 juin 2007, Ministre de l'Économie c/Société Allo soins infirmiers, n° 295917), seule une demande de suspension présentée devant le juge des référés de la cour administrative d'appel étant envisageable.

Toutefois une décision *Gunes* (CE, 26 janvier 2001, Gunes, n° 229565, *Lebon* [6]), éclairée par une décision *Djelida* (CE, 30 juillet 2003, n° 256600, *Lebon*), a introduit en la matière une nuance que l'on doit estimer spécifique au contentieux de l'éloignement : dans ce contentieux spécifique, et compte tenu précisément de ces spécificités, seule la demande de sursis à exécution du jugement de rejet, fondée sur l'article R. 811-17, est concevable, à l'exception de la présentation au juge des référés d'appel de toute demande de suspension de l'arrêté portant obligation d'éloignement.

Le sursis à exécution, s'il est accordé, aura pour effet de remettre en vigueur l'effet suspensif de la procédure de première instance à laquelle le jugement contesté avait mis fin. On peut se demander si les moyens de régularité suffisent à obtenir le sursis à exécution d'un jugement indépendamment du bien-fondé de la demande de première instance.

Compte tenu de la spécificité des procédures de référé en urgence organisées par le livre V, la procédure de sursis à exécution organisée par l'article R. 811-17 n'est pas applicable aux ordonnances rendues en ces matières (CAA Lyon, ord. 17 septembre 2003, Commune de Saint-Martial, n° 03LY01637 ; *AJDA* décembre 2003, p. 2271).

Compte tenu de la jurisprudence, et du texte plus récent conduisant le juge des référés incompétemment saisi à rejeter la demande, sans devoir la réorienter (CJA, art. R. 522-8-1), il convient de prendre garde au fait que la demande de sursis à exécution de l'article R. 811-17 ne relève pas de la compétence du juge des référés. Présentée à ce dernier, elle sera donc rejetée, et non transmise à la formation collégiale (CE, 30 juillet 2003, Djelida, n° 256600, *Lebon* [7]).

Jurisprudence

[1] Considérant que M. Le Goas, architecte, a été condamné conjointement et solidairement avec la société Europe Engineering à verser la somme de 696 004 francs à la ville de Neuilly-sur-Marne par un jugement du tribunal administratif de Paris en date du 21 novembre 1984 ; qu'il invoque, à l'appui de sa demande de sursis à l'exécution dudit jugement, le préjudice qu'il subirait en raison de la perte définitive des intérêts moratoires sur la somme susmentionnée dans le cas où ses conclusions tendant à être déchargé du paiement de cette somme seraient accueillies en appel ; qu'un tel préjudice ne présente pas un caractère de nature à justifier le sursis à exécution du jugement attaqué [...].

[2] Considérant qu'en cas d'annulation, après qu'il aurait été exécuté, du jugement attaqué par lequel le tribunal administratif de Besançon l'a condamné à payer une somme de 5 116 628 francs à la ville de Vesoul, M. Petitperrin n'aurait pas droit à des intérêts moratoires sur cette somme pendant la période comprise entre la date de son paiement et celle de sa restitution ; qu'il justifie ainsi d'un préjudice difficilement réparable ; que l'un au moins des moyens énoncés dans la requête présente, en l'état de l'instruction, un caractère sérieux et de nature à justifier l'annulation du jugement attaqué ; qu'il y a lieu, dans les circonstances de l'affaire, d'ordonner le sursis à l'exécution de ce jugement [...].

[3] Considérant qu'il résulte de l'instruction que, dans la mesure où ce jugement condamne le centre hospitalier à verser à Mlle Boehrer une somme supérieure à 50 000 francs, son exécution immédiate exposerait en fait cet établissement à la perte définitive d'une somme qui ne devrait pas rester à sa charge au cas où les conclusions de la requête tendant à l'annulation du jugement attaqué et au rejet de la demande d'indemnité présentée par Mlle Boehrer seraient reconnues fondées par le Conseil d'État ; que, dans les circonstances de l'affaire, il y a lieu, par suite, en application des dispositions de l'article 54 alinéa 2 du décret du 30 juillet 1963 de faire partiellement droit aux conclusions du centre hospitalier de Mulhouse, en ordonnant qu'il soit sursis à l'exécution de ce jugement en tant qu'il a condamné cet établissement à payer une somme supérieure à 50 000 francs [...].

[4] Considérant qu'aux termes de l'alinéa 2 de l'article 54 du décret du 30 juillet 1963 modifié « lorsqu'il est fait appel devant le Conseil d'État, par une personne autre que le demandeur en première instance, d'un jugement du tribunal administratif statuant sur un litige de pleine juridiction, les sous-sections réunies, la section ou l'assemblée du contentieux peuvent, à la demande de l'appelant, ordonner qu'il soit sursis à l'exécution de ce jugement si celle-ci risque d'exposer l'appelant à la perte définitive d'une somme qui ne devrait pas rester à sa charge dans le cas où ses conclusions d'appel seraient accueillies » ; qu'il résulte des termes mêmes de cette disposition que son champ d'application ne s'étend pas aux jugements par lesquels le tribunal administratif se borne à ordonner une mesure d'instruction sans prononcer la condamnation du défendeur de première instance [...].

[5] Considérant qu'aux termes de l'article R. 125 du code des tribunaux administratifs et des cours administratives d'appel invoqué par la requérante : « [...] le sursis peut être ordonné à la demande du requérant si l'exécution de la décision attaquée risque d'entraîner des conséquences difficilement réparables et si les moyens énoncés dans la requête paraissent, en l'état de l'instruction, sérieux et de nature à justifier l'annulation de la décision attaquée. » ; que ces dispositions, qui permettaient de demander tant le sursis à l'exécution d'un jugement que le sursis à l'exécution de la décision que le premier juge s'était refusé à annuler, ont, en ce qui concerne la première de ces hypothèses, été codifiées à l'article R. 811-17 du code de justice administrative, aux termes duquel : « Dans les autres cas, le sursis peut être ordonné à la demande du requérant si l'exécution de la décision de première instance attaquée risque d'entraîner des conséquences difficilement réparables et si les moyens énoncés dans la requête paraissent sérieux en l'état de l'instruction. » ; que toutefois les termes mêmes de ce dernier article excluent qu'il puisse autoriser, en cas de jugement rejetant la demande, et pour cette raison non susceptible d'exécution, le prononcé du sursis à exécution de la décision faisant l'objet de cette demande ; que par suite, en se fondant sur les dispositions, devenues inapplicables, de l'article R. 125 du code des tribunaux administratifs et des cours administratives d'appel, le syndicat requérant doit être regardé comme ayant demandé, non le sursis à exécution du jugement ayant rejeté sa demande, mais, en application de l'article L. 521-1 du code de justice administrative, la suspension de la décision susmentionnée du préfet délégué pour la police à Lyon [...].

[6] Considérant que l'ordonnance du 2 novembre 1945 relative à l'entrée et au séjour en France des étrangers a organisé dans son article 22 *bis* une procédure particulière de contestation de la légalité d'un arrêté décidant la reconduite à la frontière d'un étranger ; qu'elle se traduit notamment par le caractère non exécutoire d'un tel arrêté pendant le délai de recours ouvert à son encontre, par l'effet suspensif attaché au pourvoi formé devant le tribunal administratif jusqu'à ce que le président du tribunal ou son délégué ait statué ainsi que par l'existence d'une procédure d'appel ; que cet appel est dépourvu de caractère suspensif hors le cas où, sur le fondement des dispositions combinées des articles R. 811-14 et R. 811-17 du code de justice administrative, il en est autrement ordonné par le Conseil d'État à la demande du requérant [...].

[7] Sur les conclusions subsidiaires tendant à ce qu'il soit sursis à l'exécution du jugement du 6 mars 2003 :

Considérant qu'il n'appartient pas au juge des référés, saisi sur le fondement de l'article L. 521-1 du code de justice administrative, de prononcer le sursis à exécution d'un jugement de tribunal administratif en application des dispositions de l'article R. 811-17 du code de justice administrative ; qu'ainsi les conclusions de M. Djelida tendant à ce qu'il soit sursis à l'exécution du jugement du 6 mars 2003 ne sont pas recevables [...].

Le délai du recours en cassation contre les arrêts rendus en matière de sursis à exécution

Art. R. 811-19 Lorsqu'il est fait application par une cour administrative d'appel des articles R. 811-14 à R. 811-18, ses arrêts sont susceptibles de recours en cassation devant le Conseil d'État dans la quinzaine de leur notification.

Texte source

– Code des TA et des CAA, article R. 127.

Commentaires

Le délai de quinzaine doit s'entendre de quinze jours (CE, 28 mai 1990, Turpin). C'est un délai franc.

TITRE II Le recours en cassation

CHAPITRE 1 Dispositions générales

La compétence du Conseil d'État juge de cassation

Art. L. 821-1 Les arrêts rendus par les cours administratives d'appel et, de manière générale, toutes les décisions rendues en dernier ressort par les juridictions administratives peuvent être déférés au Conseil d'État par la voie du recours en cassation.

Texte source

– Loi n° 87-1127 du 31 décembre 1987, article 10.

Commentaires

Cet article rend compte d'un principe général reconnu par le Conseil d'État depuis la décision *D'Aillières* (CE, 7 février 1947, D'Aillières, n° 79128, *Lebon*, p. 50).

Le pourvoi en cassation est réservé aux parties présentes en appel : une personne « appelée en cause pour produire des observations » n'est pas nécessairement partie (CE, 20 décembre 2000, Commune de Ville-d'Avray, n° 209329, *Lebon* T. – CE, 10 février 2014, Ministre de l'Agriculture c/Carnet, n° 350758, *Lebon* T.). Voir commentaires sous l'article R. 811-1. Et les personnes qui n'étaient pas parties et estiment qu'elles auraient dû l'être disposent de la seule voie de la tierce opposition devant le juge du fond (CE, 14 mars 1997, SA Pont-à-Mousson, n° 165442). Le pourvoi irrecevable se trouvant requalifié en tierce-opposition (CE, 19 décembre 2023, n° 445220, *Lebon* T.) est renvoyé devant la juridiction compétente (CE, 16 mars 2016, n° 378675, *Lebon*, p. 74. – CE, 21 octobre 2024, n° 491665, *Lebon* T.). Sauf si les conditions de la tierce-opposition ne sont pas réunies (CE, 17 octobre 2023, n° 463019, *Lebon* T.). S'agissant à l'inverse des parties présentes, mais qui se trouvent en situation de former opposition à un arrêt rendu par défaut, il est admis qu'elles disposent du choix entre les deux procédures (bien que l'opposition soit en principe prioritaire), et que l'expiration du délai d'opposition a pour effet de régulariser le pourvoi en cassation effectué prématurément (CE sect., 20 novembre 1992, Joseph, n° 114667, *Lebon*, p. 417 [1]).

Seul le ministre est habilité à former un pourvoi au nom de l'État, même dans les contentieux dans lesquels le préfet peut agir, en première instance et en appel (CE sect., 28 janvier 1998, Préfet du Var c/Ferran, n° 176286, *Lebon*).

La voie du recours en cassation n'est ouverte, suivant les principes généraux de la procédure, qu'aux personnes qui ont eu la qualité de partie dans l'instance ayant donné lieu à la décision attaquée, le juge de cassation pouvant dénier cette qualité à une personne qualifiée de partie à tort par les juges du fond (CE, 8 novembre 2019, Commune de Montreuil, n° 425177, *Lebon* T.). Cette qualité est reconnue à la partie qui aurait eu qualité pour former tierce-opposition si elle n'avait pas été invitée à présenter des observations par la cour (CE, 9 octobre 2019, Ministre de l'Économie et des finances et SAS Casil Europe c/Arrou et autres, n°s 430538 et 431689, *Lebon* T.). L'intervenant de première instance ou d'appel a qualité pour se pourvoir en cassation contre l'arrêt rendu contre les conclusions de son intervention. Dans le cas où elle aurait eu qualité, à défaut d'intervention de sa part, pour former tierce-opposition, elle peut contester tant la régularité que le bien-fondé de l'arrêt attaqué. Dans le cas contraire, elle n'est recevable à invoquer que des moyens portant sur la régularité de l'arrêt attaqué relatifs à la recevabilité de son intervention ou à la prise en compte des moyens qu'elle comporte, tout autre moyen devant être écarté par le juge de cassation dans le cadre de son office (CE, 16 mars 2018, n° 408182, *Lebon* T.). On peut penser que, comme pour l'appel, l'expert serait admis à former cassation d'une décision ayant omis de se prononcer sur la charge des frais d'expertise (CE, 16 septembre 1994, Bourrat, n° 131628, solution implicite, s'agissant de l'appel).

Comme l'appel, la cassation connaît les pourvois incidents et les pourvois provoqués (CE sect., 19 avril 1991, SARL Cartigny, n° 109322, *Lebon*). Les conclusions incidentes ne doivent pas constituer un litige distinct, la contestation d'un autre chef de préjudice que celui qui fait l'objet du pourvoi principal restant recevable (CE, 4 avril 1997, Société d'ingénierie immobilière Sud, n° 127884, *Lebon* T. – CE, 18 octobre 2024, n° 470016, *Lebon* T.). La condition de litige distinct s'apprécie au regard de l'ensemble des conclusions du pourvoi principal, y compris lorsqu'il a fait l'objet d'une admission partielle de certaines de ses conclusions (CE, 11 février 2025, n° 483654, *Lebon* T.).

Comme pour l'appel, l'intérêt à former un pourvoi en cassation s'apprécie en principe au regard du seul dispositif de la décision faisant l'objet du pourvoi. Le défendeur au fond est donc sans intérêt à se pourvoir contre un arrêt qui a rejeté les prétentions de son adversaire, sauf si ce rejet est motivé par la circonstance que l'ordre administratif n'aurait pas compétence pour connaître de l'affaire (CE sect., 17 juillet 2009, Ministre de l'Économie c/Becker, n° 288559, *Lebon*). Mais cette règle doit être écartée lorsque des dispositions spéciales ou la jurisprudence organisent une hiérarchisation des moyens (CE, 4 octobre 2023, n° 460949, *Lebon* T., s'agissant du contentieux des plans de sauvegarde de l'emploi).

Le juge de cassation doit non seulement s'assurer du fait que la décision juridictionnelle attaquée devant lui est régulière et fondée, mais également tenir compte, dans cet office, de ce que l'autorité de chose jugée s'attache aux motifs qui constituent le soutien nécessaire du dispositif. Donc, si la décision juridictionnelle attaquée se fonde, pour prononcer l'annulation d'un acte administratif, sur plusieurs motifs dont l'un est erroné, le juge de cassation, qui rejette le pourvoi si l'un des moyens retenus par cette décision en justifie le dispositif, doit au préalable censurer le ou les motifs qui étaient erronés (CE, 1er octobre 2014, Ministre de l'Intérieur, n° 362482, *Lebon* T. – CE, 17 octobre 2016, Université de Nice-Sophia Antipolis, n° 386400, *Lebon* T.).

On note enfin que le juge de cassation, constatant que l'un des motifs retenus par le juge du fond est erroné, ne doit pas rechercher si la juridiction aurait pris la même décision en se fondant uniquement sur les autres motifs (CE, 17 octobre 2016, Université de Nice préc.) : ne s'applique pas ainsi, dans les relations entre juridictions, le principe dégagé par la jurisprudence Ministre de l'économie c/Perrot (CE

ass., 12 janvier 1968, n° 70951, *Lebon*, p. 39) pour le contrôle des décisions administratives fondées sur une pluralité de motifs. Lorsque le Conseil d'État annule, sur le fondement de l'article L. 821-, une décision juridictionnelle rendue en dernier ressort, il lui revient de fonder l'annulation sur le moyen relatif à la régularité ou au bien-fondé de la décision juridictionnelle contestée, soulevé devant lui ou d'ordre public, qui lui paraît, eu égard à son office de juge de cassation, le plus approprié pour statuer sur le pourvoi. Il n'est tenu, pour faire droit aux conclusions d'annulation dont il est saisi, ni de se prononcer sur d'autres moyens que celui ou ceux qu'il retient explicitement comme étant fondés, ni de se conformer à la hiérarchie de ses prétentions éventuellement faite par l'auteur du pourvoi en fonction de la cause juridique sur laquelle elles reposent (CE, 15 mars 2023, n° 452953, *Lebon* T.). De même que le recours en cassation n'exclut pas le recours en rectification d'erreur matérielle (art. R. 833-1), le recours en rectification d'erreur matérielle n'exclut pas le recours en cassation. Ainsi, le juge de cassation peut corriger une erreur matérielle dans le dispositif d'un jugement (CE, 24 octobre 2019, Commune de Saint-Pierre-du-Perray, n° 425546, *Lebon* T.).
Le pourvoi doit conserver son objet en cours d'instance, les décisions juridictionnelle ou administrative contestées ne devant pas avoir disparu soit par annulation par une décision irrévocable (CE, 5 mai 2017, n° 391925, *Lebon*), soit par retrait (CE, 19 avril 2000, Borusz, n° 207469, *Lebon*, p. 157, s'agissant du recours pour excès de pouvoir), soit par abrogation (CE, 12 mars 2025, n° 475408, *Lebon* T., s'agissant du plein contentieux – CE, 30 décembre 2002, n° 238032, *Lebon* T., s'agissant d'un recours pour excès de pouvoir contre un refus d'abrogation).

Jurisprudence

[1] Considérant que si, en vertu des règles générales de la procédure le recours en cassation n'est recevable que contre une décision définitive à l'égard de laquelle aucune autre voie de recours et, notamment, celle de l'opposition, ne reste ouverte, et si, par conséquent, les personnes à l'égard desquelles une cour administrative d'appel a statué par défaut ne sont, en principe, recevables à se pourvoir en cassation contre l'arrêt les concernant qu'après l'expiration du délai de deux mois ouvert pour former opposition, il ressort des pièces du dossier que le pourvoi en cassation formé prématurément le 6 février 1990 par M. Joseph contre l'arrêt attaqué de la cour administrative d'appel de Paris, dont il a reçu notification le 10 janvier 1990, s'est trouvé régularisé par l'expiration du délai d'opposition contre ledit arrêt [...].

La possibilité ou l'obligation pour le juge de cassation de régler l'affaire au fond

Art. L. 821-2 S'il prononce l'annulation d'une décision d'une juridiction administrative statuant en dernier ressort, le Conseil d'État peut, soit renvoyer l'affaire devant la même juridiction statuant, sauf impossibilité tenant à la nature de la juridiction, dans une autre formation, soit renvoyer l'affaire devant une autre juridiction de même nature, soit régler l'affaire au fond si l'intérêt d'une bonne administration de la justice le justifie.

Lorsque l'affaire fait l'objet d'un second pourvoi en cassation, le Conseil d'État statue définitivement sur cette affaire.

Texte source

– Loi n° 87-1127 du 31 décembre 1987, article 11, § 2 et 3.

Commentaires

On remarquera la dernière mention du premier alinéa, qui a fait l'objet jusqu'aux années 2007-2008 d'un usage relativement systématique, aux fins de ne pas rallonger inconsidérément les procédures, compte tenu de l'encombrement des cours. L'amélioration de la situation de ces dernières conduit à un usage moins systématique de cette sorte d'évocation.

Lorsqu'il use de cette disposition, le Conseil d'État, de juge de cassation, redevient juge d'appel, et juge du fond, ce qui a parfois pour conséquence que le moyen qui, en tant que présenté pour la première fois devant le juge de cassation, est irrecevable, devient recevable une fois effectuée cette transformation en juge d'appel. Cette transformation du juge au sein du litige a des effets parfois surprenants : ainsi, et alors que la cour écarte à juste titre des moyens soulevés devant elle après clôture de l'instruction, le Conseil d'État redevenu juge d'appel en application de l'article L. 821-2 doit-il répondre auxdits moyens, s'ils ont été développés et discutés devant lui (CE sect., 22 février 2002, Association de riverains pour la gestion et la sauvegarde du bassin hydrographique du Trieux, n° 208769, *Lebon*). Identiquement, la partie qui n'a pas présenté d'appel incident devant la cour peut se raviser et en présenter devant le Conseil d'État devenu juge d'appel après cette « évocation » (CE, 16 novembre 2009, Centre hospitalier de Nantes, n° 321192, *Lebon* T.). Mais le Conseil d'État est, lorsqu'il décide de régler l'affaire au fond, saisi des seuls moyens expressément repris devant lui, sauf au requérant à s'être référé aux autres moyens de première instance et d'appel (CE, 17 mai 2013, Hirigoyen, n° 348135, *Lebon* T.).

La décision d'opérer cette sorte d'évocation n'est pas subordonnée à une demande des parties, et ne fait pas l'objet d'un avertissement qui leur serait donné. De telle sorte que plus d'une a pu être surprise, et pour tout dire piégée par cette décision qui a pour effet d'ouvrir un débat sur le fond devant un juge que l'on a saisi comme juge de cassation. Il est donc nécessaire de prévoir l'éventualité de cette évocation, et d'argumenter même sur les points qui, relevant de la « souveraine appréciation » du juge du fond, ne peuvent être discutés devant le juge de cassation et n'ont pas à l'être. On ajoutera que cette évocation a pour effet de donner toute leur utilité aux moyens tirés de la régularité de l'arrêt attaqué (sa motivation, par exemple) : si l'on peut convaincre le juge de cassation, on obtient, grâce à cette « évocation », que le Conseil d'État joue le rôle de troisième degré de juridiction.

Cette décision peut ne concerner qu'une partie des conclusions (CE, 5 juin 2009, Chambre de commerce et d'industrie du pays d'Arles, n° 318472, *Lebon* T.).

On notera que, décidant de « régler l'affaire au fond », le Conseil d'État s'autorise à y mettre un terme alors même que la chaîne juridictionnelle antérieure à sa saisine (il s'agissait d'une juridiction administrative spécialisée) avait statué incompétemment, l'affaire relevant de la juridiction administrative de droit commun :

jugeant ainsi, le Conseil d'État ne donne pas à cette dernière l'occasion d'examiner le litige (CE sect., 7 février 2008, Baomar, n° 267744, *Lebon*). Voir pour l'hypothèse inverse identique dans laquelle le tribunal administratif avait statué incompétemment, la décision du Conseil d'État de ne pas renvoyer à la juridiction spécialisée compétente (CE sect., 6 juin 2008, Conseil départemental de l'ordre des chirurgiens-dentistes de Paris, n° 283141, *Lebon*).

Lorsque l'affaire est renvoyée devant les juges du fond, ces derniers doivent inviter les parties à produire, dans le délai qu'ils fixent, les mémoires qu'il peut leur paraître opportun d'adresser (CE, 19 janvier 1998, Mesplet, n° 159885, *Lebon* T. [1] – CE, 10 mars 2010, Le Pallac, n° 321125, *Lebon* T. – CE, 11 avril 2014, Vachet, n° 345194). Notamment, les moyens invoqués devant le Conseil d'État, pour le cas où il déciderait de régler l'affaire au fond, ne sont pas regardés comme saisissant le juge de renvoi et doivent donc être expressément repris devant lui (CE, 29 octobre 2013, Jeannin, n° 348682, *Lebon* T.).

La « non-identité » de la formation de renvoi (voir CE, 5 octobre 2018, Kolski, n° 408665, *Lebon* T.) ne s'apprécie qu'au regard de la formation qui délibère, à l'exclusion donc du rapporteur public (CE, 27 janvier 2017, De Richemont, n° 390660, *Lebon* T.) : rien ne s'oppose donc à ce que, lors du second examen de l'affaire, le magistrat qui était rapporteur lors de son premier examen occupe les fonctions de rapporteur public (CE, 30 décembre 2009, Eyraud, n° 320346, *Lebon* T.). Cette règle est rigoureuse : la présence dans la formation d'un seul magistrat ayant siégé lors de la décision antérieure suffit à vicier la procédure (CE, 1er octobre 2014, Marchesini, n° 363482, *Lebon*). Sur un cas d'impossibilité structurelle pour une formation collégiale même si l'affaire pouvait être jugée à juge unique ou par une formation de jugement complétée en application de l'article L. 224-1 du CJA voir : CE, 5 juillet 2022, n° 449112, *Lebon* T. Ces dispositions ne mettent en œuvre ni un principe général, ni une règle générale de procédure (CE, 11 février 2005, Commune de Meudon, n° 258102, *Lebon*). Voir les commentaires sous l'article R. 222-33.

Lorsqu'une affaire a fait l'objet d'un second pourvoi en cassation, le texte dispose que le Conseil d'État est tenu de statuer définitivement sur l'affaire. Cette règle s'applique même si le second pourvoi est dirigé contre un arrêt avant-dire droit (CE, 11 avril 2008, Reniers, n° 291677, *Lebon* T.). Cette situation est à distinguer du cas où le Conseil d'État casse un arrêt mettant fin à l'instance d'appel, après avoir cassé un précédent arrêt avant dire droit, l'article L. 821-2 ne faisant alors pas obstacle au renvoi (CE, 30 novembre 2021, Centre hospitalier Métropole Savoie, n° 440443, *Lebon* T.).

Jurisprudence

[1] Considérant que, par une décision du 18 octobre 1993, le Conseil d'État statuant au contentieux a annulé l'arrêt du 12 février 1991, par lequel la cour administrative d'appel de Bordeaux avait rejeté la requête de M. Mesplet dirigée contre le jugement du 6 avril 1989 du tribunal administratif de Bordeaux, rejetant sa demande en décharge de l'impôt sur le revenu auquel il a été assujetti au titre des années 1984 et 1985, et a renvoyé l'affaire devant cette cour ; que par l'effet de cette décision du Conseil d'État, la cour s'est trouvée saisie de plein droit de la requête de M. Mesplet ;

qu'avant d'y statuer à nouveau, elle devait faire connaître aux parties, qui n'avaient pas présenté d'observations après la cassation de son arrêt du 12 février 1991, qu'il leur était loisible de produire, dans le délai qu'il lui appartenait de fixer, les mémoires qu'il leur paraîtrait opportun de lui adresser ; qu'il est constant que la cour a rendu son arrêt sans avoir mis les parties à même de produire de tels mémoires ; que la faculté, qui leur a été donnée par la cour, de présenter des observations orales à l'audience, mais sans qu'elles puissent, à ce stade, invoquer des moyens nouveaux à l'appui de leurs conclusions, ne leur a pas permis de faire valoir pleinement leurs droits ; qu'ainsi, M. Mesplet est fondé à soutenir que l'arrêt attaqué a été rendu à la suite d'une procédure irrégulière et à en demander, pour ce motif, l'annulation [...].

Le délai de recours en cassation

Art. R. 821-1 Sauf disposition contraire, le délai de recours en cassation est de deux mois.

Le défaut de mention dans la notification de la décision d'un délai de recours en cassation inférieur à deux mois emporte application du délai de deux mois.

Texte source

– Code des TA et des CAA, article R. 232, § 1 et 2.

Commentaires

Le même mécanisme que pour le délai d'appel est retenu en cas du défaut de mention d'un délai de pourvoi inférieur à deux mois (voir CJA, art. R. 811-3).

Le délai de recours en cassation contre une décision avant dire droit

Art. R. 821-1-1 Par dérogation aux dispositions du premier alinéa de l'article R. 821-1, le délai de recours en cassation contre une décision avant dire droit, qu'elle tranche ou non une question au principal, court jusqu'à l'expiration du délai de recours en cassation contre la décision qui règle définitivement le fond du litige.

Texte source

– Décret n° 2015-1145 du 15 septembre 2015, article 20.

Commentaires

Le décret du 15 septembre 2015 a introduit un parallèle avec l'article R. 811-6 relatif à la procédure d'appel. Comme pour l'appel (art. R. 811-6), si la décision avant dire droit a été attaquée, mais que le jugement ou l'arrêt final est devenu définitif faute d'avoir été contesté, cette circonstance rend sans objet le pourvoi formé contre l'avant dire droit, recours sur lequel il n'y a dès lors plus lieu de statuer (CE, 7 juin 1972, Whaba, n° 79600, *Lebon* T.). La recevabilité d'un pourvoi dirigé contre un arrêt avant dire droit se bornant à prescrire une expertise est limitée à la contestation de l'utilité de cette expertise et à la contestation des motifs de cet arrêt qui constituent le soutien nécessaire de la mesure d'instruction ordonnée (CE, 9 mai 2023, n° 451710, *Lebon*)

Les délais de distance

Art. R. 821-2 Les dispositions de l'article R. 811-5 sont applicables aux recours en cassation.

Texte source

– Décret n° 2000-389 du 4 mai 2000, article 1er.

Commentaires

L'article de renvoi se réfère aux délais de distance.

L'obligation de recourir à un avocat au Conseil d'État

Art. R. 821-3 Le ministère d'un avocat au Conseil d'État et à la Cour de cassation est obligatoire pour l'introduction, devant le Conseil d'État, des recours en cassation, à l'exception de ceux dirigés contre les décisions des juridictions de pension.

Textes sources

– Décret n° 53-934 du 30 septembre 1953, article 11.
– Décret n° 2018-928 du 29 octobre 2018, article 5.

Commentaires

L'obligation de recourir au ministère d'un avocat aux conseils (qui concerne également les demandes de sursis à exécution des décisions faisant l'objet d'un pourvoi : CE, 24 juillet 2009, Ministre du Budget c/Casanovas, n° 328915, *Lebon* T.) ne porte pas atteinte au droit à un procès équitable, alors surtout qu'elle trouve sa raison d'être dans les spécificités de la procédure devant les juridictions de cassation (CEDH, 26 avril 2001, Meftah et a. c/France, n° 32911/96 – CEDH, 8 juillet 2003, Mocie c/France, n° 460096/99 – CEDH, 6 mars 2006 Maillard c/France, n° 35009/02). Le Conseil d'État a d'ailleurs refusé de transmettre au Conseil constitutionnel une question prioritaire de constitutionnalité relative au monopole des avocats aux conseils (CE, 28 septembre 2016, Boda, n° 397231, *Lebon* T.).
Les ministres peuvent introduire au nom de l'État des pourvois en cassation sans devoir recourir à un avocat.
Lorsqu'après y avoir été invitée une partie constitue un avocat aux conseils, qui régularise le pourvoi en apposant sa signature sur le mémoire présenté par la partie elle-même, un mémoire ultérieurement produit par cet avocat est réputé contenir l'ensemble des moyens du pourvoi et renoncer à ceux des moyens invoqués dans le mémoire régularisé et non expressément repris (CE, 10 octobre 2011, Burger, n° 338719, *Lebon* T.). Le défaut de représentation par un avocat au Conseil d'État n'est pas régularisable après la clôture de l'instruction (CE, 19 mai 2025, n° 489531, *Lebon* T.).

Art. R. 821-4 *Abrogé par le décret n° 2002-547 du 19 avril 2002, article 10, § III.*

Le sursis à exécution par le juge de cassation

Art. R. 821-5 La formation de jugement peut, à la demande de l'auteur du pourvoi, ordonner qu'il soit sursis à l'exécution d'une décision juridictionnelle rendue en dernier ressort si cette décision risque d'entraîner des conséquences difficilement réparables et si les moyens invoqués paraissent, en l'état de l'instruction, sérieux et de nature à justifier, outre l'annulation de la décision juridictionnelle rendue en dernier ressort, l'infirmation de la solution retenue par les juges du fond.

À tout moment, il peut être mis fin par une formation de jugement au sursis qui avait été accordé.

Texte source

– Décret n° 63-766 du 30 juillet 1963, article 54, § 1 et 3.

Commentaires

Les conditions d'octroi de ce sursis sont traditionnelles. Il est assez rare que le juge de cassation soit conduit à le prononcer (CE, 7 novembre 2001, Voilquin, n° 237107, *Lebon*, espèce dans laquelle le préjudice jugé « difficilement réparable » tenait à l'impossibilité, par l'effet d'une sanction professionnelle pourtant modérée – un blâme infligé à un chirurgien-dentiste –, de faire partie des organes d'un ordre professionnel). Dans le cas de la même sanction infligée à un médecin, cette qualification a été écartée, le requérant se bornant à alléguer une atteinte à sa réputation professionnelle (CE, 24 décembre 2019, Jean-François, n° 434494, *Lebon* T.). Lorsqu'elle est possible, le juge du sursis doit tenir compte du mécanisme de la régularisation (CE, 6 novembre 2019, Association Boischaut Marche Environnement et autres, n° 430352, *Lebon* T.).

Ce sursis ne peut être ordonné à l'encontre d'une décision juridictionnelle qui a rejeté les conclusions d'annulation d'une décision administrative que si ce rejet a « modifié la situation de droit ou de fait du requérant » (CE, 16 juin 2008, Kerorgant, n° 304503, *Lebon*). C'est le cas du rejet de la demande d'annulation de la décision de démission d'office d'un notaire, ce rejet déclenchant un délai au terme duquel l'intéressé devra avoir cédé les parts de l'office auquel il appartenait (même arrêt).

On note qu'en cassation ne joue pas le mécanisme organisé, pour l'appel, par l'article R. 811-16 : il ne peut y avoir sursis que s'il y a préjudice difficilement réparable et moyen sérieux, pas seulement s'il y a risque de perte définitive d'une somme (CE, 13 novembre 2009, Centre hospitalier de Semur-en-Auxois, n° 328191).

L'article R. 541-6 ne fait pas obstacle à ce qu'il soit demandé au Conseil d'État, sur le fondement de l'article R. 821-5, de surseoir à l'exécution de la décision par laquelle le juge d'appel, après avoir annulé la décision du premier juge accordant la provision, rejette la demande de provision et oblige ainsi le demandeur à

rembourser la provision qui lui avait été versée en exécution de la première décision (CE, 11 avril 2024, n° 490484, *Lebon* T.).
Cette voie de de droit est ouverte au tiers opposant (CE, 14 novembre 2024, n° 486775, *Lebon* T.).
Des moyens tirés de ce que la décision juridictionnelle attaquée serait entachée d'irrégularité en ce qu'elle aurait été délibérée par une formation de jugement irrégulièrement composée et d'insuffisance de motivation ne sauraient être regardés comme étant de nature à entraîner l'infirmation de la solution retenue par les juges du fond (CE, 13 octobre 2023, n° 471329, *Lebon T.*).

La présentation des demandes de sursis à exécution en cassation

Art. R. 821-5-1 À peine d'irrecevabilité, les conclusions tendant, en application de l'article R. 821-5, au sursis à exécution de la décision juridictionnelle attaquée doivent être présentées par requête distincte du pourvoi en cassation et accompagnées d'une copie de ce pourvoi.

Texte source

– Décret n° 2003-543 du 24 juin 2003, article 13.

Commentaires

Voir les commentaires sous l'article R. 811-17-1.

Les règles applicables à l'introduction du pourvoi

Art. R. 821-6 Sauf dispositions contraires prévues par le présent titre, l'introduction du pourvoi en cassation suit les règles relatives à l'introduction de l'instance devant le Conseil d'État définies au livre IV.
Sont de même applicables les dispositions des livres VI et VII.

Texte source

– Décret n° 2000-389 du 4 mai 2000, article 1er.

CHAPITRE 2 Procédure d'admission

La procédure d'admission des pourvois en cassation

Art. L. 822-1 Le pourvoi en cassation devant le Conseil d'État fait l'objet d'une procédure préalable d'admission. L'admission est refusée par décision juridictionnelle si le pourvoi est irrecevable ou n'est fondé sur aucun moyen sérieux.

Texte source

– Loi n° 87-1127 du 31 décembre 1987, article 11, § 1.

Commentaires

Cette phase préalable d'admission conduit à écarter, au terme d'une procédure juridictionnelle, et sans instruction auprès d'éventuels défendeurs, les pourvois irrecevables ou non sérieusement fondés. Son maniement sans retenue pourrait conduire à un « gel » de la jurisprudence, un moyen n'allant pas dans le sens de la jurisprudence risquant, de façon systématique, d'être regardé comme « non sérieux ». L'examen de ce qui a été jugé en cassation depuis 1989 ne permet pas de conclure à un semblable immobilisme.

L'admission d'un pourvoi ne signifie pas nécessairement que ce pourvoi sera couronné de succès, ni même que ceux qui l'ont examiné au titre de la procédure préalable l'ont regardé comme tel. L'admission peut être l'occasion soit de poser une règle jurisprudentielle non encore consacrée, soit de réaffirmer que ladite règle est bien maintenue : cette règle peut parfaitement conduire au rejet du pourvoi.

Cette procédure s'applique lors même que le juge de cassation a été saisi par ordonnance de renvoi d'une autre juridiction administrative, devant laquelle ont été accomplis des actes de procédure (CE, 15 février 2019, Antoine, n° 416590, *Lebon*, solution implicite revenant sur : CE, 4 avril 2016, n° 394900, *Lebon* T.).

Elle est applicable aux conclusions contre un jugement ayant statué en premier et dernier ressort sur lesquelles une cour administrative d'appel a statué et qui doivent être regardées, après l'annulation de l'arrêt de la cour, comme des conclusions de cassation (CE, 27 mars 2020, Mazotta, n°s 431175 et 431178, *Lebon* T., abandonnant CE, 29 janvier 2007, Batteau, n° 284113, *Lebon* T.).

La répartition des pourvois entre les chambres

Art. R. 822-1 Les pourvois en cassation présentés au Conseil d'État sont répartis entre les chambres dans les conditions prévues à l'article R. 611-20.

Textes sources

– Décret n° 63-766 du 30 juillet 1963, article 57-3.

– Décret n° 2016-899 du 1er juillet 2016, article 1er.

Commentaires

De cet article il se déduit qu'il n'y a pas au Conseil d'État de formations spécialisées dans le rôle du juge de cassation, ce qui ne serait pas inconcevable, et pourrait à terme conduire, comme c'est le cas dans la juridiction administrative tunisienne, une telle formation à connaître des décisions rendues par le Conseil d'État statuant en premier et dernier ressort, ou comme juge d'appel.

L'admission et le refus d'admission du pourvoi

Art. R. 822-2 S'il apparaît que l'admission du pourvoi peut être refusée, le président de la chambre transmet le dossier au rapporteur public en vue de son inscription au rôle ; le requérant ou son mandataire est averti du jour de la séance.

Dans le cas contraire, le président de la chambre décide qu'il sera procédé à l'instruction du pourvoi dans les conditions ordinaires ; le requérant ou son mandataire est avisé de cette décision.

Textes sources

– Décret n° 63-766 du 30 juillet 1963, article 57-4.
– Décret n° 2009-14 du 7 janvier 2009, article 1er.
– Décret n° 2016-899 du 1er juillet 2016, article 1er.

Commentaires

La combinaison des deux alinéas fait apparaître qu'il n'y a pas instruction du pourvoi voué au refus d'admission. Ce qui a pour conséquence qu'il n'y a pas de défendeur, et donc pas de condamnation envisageable de ce dernier au versement de frais irrépétibles au bénéfice du requérant (CE, 7 août 2007, SCI Le Parc du Château, n° 298716).

Une telle procédure a été jugée légale (CE, 1er avril 1996, Maury, n° 168715, *Lebon*, p. 111).

Le refus d'admission ne peut être décidé qu'au terme d'une procédure juridictionnelle impliquant l'intervention d'un rapporteur public et appel de l'affaire à une séance de jugement (sauf les hypothèses mentionnées à l'article R. 822-5. En revanche, la décision d'instruire (et donc d'admettre le pourvoi) peut résulter de la seule décision du président de la chambre, dont le requérant est avisé, sans connaître les motifs de cette admission. Il en ira de même si, au terme de la séance de jugement, la formation – généralement, la chambre statuant seule – ne refuse pas l'admission du pourvoi : cette position ne se traduit pas par une décision juridictionnelle (voir article suivant).

Il est possible de procéder à un refus d'admission partiel (CE, 16 décembre 2005, Société La Chine, n° 277650).

La notification du refus d'admission

Art. R. 822-3 La décision juridictionnelle de refus d'admission est notifiée au requérant ou à son mandataire. Elle n'est susceptible que du recours en rectification d'erreur matérielle et du recours en révision.

Lorsque la formation de jugement ne refuse pas l'admission du pourvoi, il est procédé à l'instruction de l'affaire dans les conditions ordinaires. Le requérant ou son mandataire en est avisé.

Texte source

– Décret n° 63-766 du 30 juillet 1963, article 57-5.

Commentaires

Ainsi qu'on l'a précisé à propos de l'article précédent, le refus d'admission procède d'une décision juridictionnelle, laquelle doit être motivée à l'instar de toute décision juridictionnelle, et peut prendre la forme d'une ordonnance (voir CJA, art. R. 822-5). Force est de constater que la motivation adoptée dans ces affaires – si ce n'est lorsqu'une irrecevabilité est opposée au pourvoi – est des plus laconiques : après avoir énoncé les moyens du pourvoi, la décision se borne en effet à poser qu'aucun de ces moyens n'est de nature à permettre l'admission du pourvoi. Cette structure a été jugée conforme aux exigences de l'article 6 de la Convention européenne de sauvegarde des droits de l'homme et des libertés fondamentales (CEDH, 5 juillet 2005, n° 55929/00).

Une telle décision est revêtue de l'autorité relative de chose jugée (CE, 16 mai 1994, Société Arcus Air Logistic, n° 118483, *Lebon* T. [1]), et certaines ont été assorties d'une amende pour recours abusif.

L'admission, à l'inverse, ne procède pas d'une décision qui, rendue au terme d'une séance de jugement, devrait être formalisée comme décision juridictionnelle, mais d'une absence de décision de refus, ainsi que cela résulte des termes mêmes du second alinéa.

Jurisprudence

[1] Considérant que, par décision en date du 27 novembre 1991, le Conseil d'État statuant au contentieux a rejeté le pourvoi que la société d'applications métalliques avait formé contre l'arrêt attaqué ; que l'autorité de chose jugée qui s'attache à cette décision fait obstacle à ce que, par la voie de conclusions incidentes ou provoquées, la société d'applications métalliques réitère, pour une cause juridique identique, une demande tendant à l'annulation de l'arrêt attaqué ; qu'il suit de là que les conclusions présentées par la société d'applications métalliques ne peuvent qu'être rejetées [...].

L'instruction de la demande de sursis à exécution

Art. R. 822-4 Lorsque les conclusions d'un pourvoi en cassation sont assorties de conclusions à fin de sursis à exécution, le président de la chambre peut, s'il y a lieu, rejeter ces dernières conclusions sans instruction ; dans le cas contraire, les conclusions à fin de sursis sont instruites par la chambre dans les conditions ordinaires.

Textes sources

– Décret n° 63-766 du 30 juillet 1963, article 57-6.
– Décret n° 2016-899 du 1er juillet 2016, article 1er.

Les pouvoirs du président de chambre de se prononcer par ordonnance

Art. R. 822-5 En cas de désistement avant l'admission du pourvoi, ou si le requérant est réputé s'être désisté en application de l'article R. 611-22, le président de la chambre donne acte du désistement par ordonnance.

Lorsque le pourvoi devient sans objet avant son admission, le président de la chambre peut constater par ordonnance qu'il n'y a plus lieu d'y statuer.

Lorsque le pourvoi est irrecevable pour défaut de ministère d'avocat ou entaché d'une irrecevabilité manifeste non susceptible d'être couverte en cours d'instance, le président de la chambre peut décider par ordonnance de ne pas l'admettre.

Lorsque le pourvoi est dirigé contre une décision rendue en appel, le président de la chambre peut décider par ordonnance de ne pas l'admettre s'il est manifestement dépourvu de fondement.

Lorsqu'ils sont dirigés contre une décision rendue en premier et dernier ressort, le président de la chambre peut décider par ordonnance de ne pas admettre :

1° Les pourvois relevant d'une série qui, sans appeler de nouvelle appréciation ou qualification de faits, présentent à juger en droit des questions identiques à celles que le Conseil d'État statuant au contentieux a déjà tranchées par une décision ou examinées par un avis rendu en application de l'article L. 113-1 ;

2° Les pourvois manifestement dépourvu de fondement dirigés contre les ordonnances prises en application de l'article R. 222-1 ainsi que celles prises en vertu de l'article R. 351-28 du code de l'action sociale et des familles, , de l'article R. 2333-120-27 du code général des collectivités territoriales, de l'article R. 242-97 du code rural et de la pêche maritime, des articles R. 4126-5 et R. 4234-3 du code de la santé publique et des articles L. 145-9, L. 145-9-2 et R. 145-20 du code de la sécurité sociale ;

3° Les pourvois manifestement dépourvus de fondement dirigés contre les ordonnances prises en application du livre V ;

4° Les pourvois qui ne soulèvent que des moyens irrecevables, inopérants ou dépourvus des précisions permettant d'en apprécier le bien-fondé, des moyens de régularité dénués de fondement et des moyens revenant à contester l'appréciation des faits à laquelle se sont souverainement livrés les juges du fond.

Le président de la section du contentieux et les présidents adjoints de cette section peuvent statuer par ordonnance dans les cas prévus au troisième alinéa du présent article.
Les conseillers d'État mentionnés au quatrième alinéa de l'article R. 122-7 peuvent statuer par ordonnance dans les cas prévus au présent article.

Textes sources

– Décret n° 63-766 du 30 juillet 1963, article 57-7.
– Décret n° 2001-562 du 29 juin 2001, article 4, § II.
– Décret n° 2005-911 du 28 juillet 2005, article 4.
– Décret n° 2006-964 du 1er août 2006, article 8.
– Décret n° 2010-164 du 22 février 2010, article 10.
– Décret n° 2013-1213 du 23 décembre 2013, article 2.
– Décret n° 2016-1480 du 2 novembre 2016, article 31.
– Décret n° 2022-381 du 16 mars 2022, article 6.
– Décret n° 2024-733 du 5 juillet 2024, article 12.

Commentaires

Les dispositions finales introduisent, dans la procédure d'admission, un mécanisme dérivé de celui des ordonnances de l'article R. 122-12. On notera l'apparition, déjà notée antérieurement, des pourvois « manifestement dénués de fondement », susceptibles de faire l'objet de refus d'admission par ordonnance, donc sans audience ni conclusions de rapporteur public... Lorsque l'irrecevabilité résulte du défaut d'avocat au Conseil d'État et à la Cour de cassation, l'ordonnance doit être précédée d'une invitation à régulariser adressée au requérant et l'invitation adressée à son mandataire ne suffit pas (CE, 21 novembre 2023, n° 470308, *Lebon* T.).

L'avertissement de l'imminence de l'ordonnance

Art. R. 822-5-1 Dix jours au moins avant qu'intervienne une ordonnance prise sur le fondement du quatrième alinéa ou des 1° à 4° de l'article R. 822-5, le requérant ou son mandataire est avisé de cette éventualité, soit par voie électronique, soit par voie postale.

Textes sources

– Décret n° 2005-911 du 28 juillet 2005, article 5.
– Décret n° 2013-1213 du 23 décembre 2013, article 3.
– Décret n° 2017-493 du 6 avril 2017, article 12.

Commentaires

On peut s'étonner de la présence de cette disposition qu'un auteur a qualifiée « de courtoisie », qui relève plus des bonnes manières que véritablement de la procédure. On peut surtout s'étonner de ce que pareil dispositif n'ait pas été prévu s'agissant des ordonnances rendues par les tribunaux ou les cours.

L'omission de cet avertissement est susceptible de justifier une demande de rectification d'erreur matérielle (CE, 1er février 2013, Maurize, n° 363491 – CE, 23 mars 2015, Sek, n° 387138, *Lebon* T.).
Le délai de dix jours doit se compter, lorsque l'application informatique mentionnée à l'article R. 414-1 est utilisée, à partir de la date à laquelle le requérant ou son mandataire est réputé avoir reçu l'avis, c'est-à-dire, selon les prescriptions de l'article R. 611-8-2, à la date de première consultation du document ou, au plus tard, à l'issue d'un délai de huit jours à compter de la mise à disposition du document dans l'application informatique (CE, 23 mars 2015, Sek, préc.). L'obligation d'information n'a pas à être renouvelée après la constitution d'un avocat aux conseils et après production d'un nouveau mémoire (CE, 25 avril 2022, Bataillon, n° 456870, *Lebon* T.).

L'absence de communication des moyens d'ordre public dans la procédure d'admission des pourvois en cassation

Art. R. 822-6 Les dispositions de l'article R. 611-7 ne sont pas applicables à la procédure d'admission des pourvois en cassation.

Texte source

– Décret n° 63-766 du 30 juillet 1963, article 57-9.

Commentaires

L'admission d'un pourvoi peut être refusée pour un motif d'ordre public relevé d'office, sans que l'intéressé en soit préalablement averti, ce qui n'a rien de surprenant s'agissant d'une mesure prise sans instruction (voir les commentaires sous l'article R. 611-7).

TITRE III **Autres voies de recours**

Le présent titre ne comprend pas de dispositions législatives.

CHAPITRE 1 L'opposition

L'opposition devant le Conseil d'État

Art. R. 831-1 Toute personne qui, mise en cause par le Conseil d'État, n'a pas produit de défense en forme régulière est admise à former opposition à la décision rendue par défaut, sauf si celle-ci a été rendue contradictoirement avec une partie qui a le même intérêt que la partie défaillante.

Textes sources

– Ordonnance n° 45-1708 du 31 juillet 1945, articles 72 et 74.
– Code des TA et des CAA, article R. 224, § 1.
– Décret n° 2019-82 du 7 février 2019, article 48.

Commentaires

Longtemps il a été estimé que l'opposition constituait une voie de recours ouverte sans texte (CE, 12 octobre 1956, Desseaux, *Lebon*, p. 364), mais cette règle a été abandonnée en 1959 (CE, 13 novembre 1959, Secrétaire d'État à la reconstruction c/Bacqué, n° 373715, *Lebon*, p. 593). Le pouvoir réglementaire a compétence pour limiter la voie de l'opposition (même arrêt, confirmé par CE, 4 mai 2018, Métropole Aix Marseille Provence, n° 408708, *Lebon* T.). Seuls désormais les arrêts du Conseil d'État sont susceptibles d'opposition, à la différence des jugements de tribunal administratif et des arrêts des cours administratives d'appel (voir CJA, art. R. 831-6). La suppression de l'opposition devant les cours, prononcée par le décret du n° 2019-82 du 7 février 2019, témoigne du souci de bannir autant que possible les procédures dilatoires.
Selon une règle générale applicable devant les juridictions administratives, la voie de l'opposition faute de comparaître, procédure « de rétractation » (CE, 28 février 1990, Département d'Ille-et-Vilaine, n° 99831, *Lebon* T.), n'est ouverte qu'au défendeur qui n'a produit régulièrement aucun mémoire écrit (CE, 13 janvier 1993, Baraf, n° 118771, *Lebon* T. [1]). On note que le défendeur ayant produit devant un juge administratif incompétemment saisi, et n'ayant pas renouvelé ses productions devant le juge compétent désigné en application des articles R. 351-1 et suivants, n'est pas défaillant, lors même que sa défense s'est bornée à exciper de l'incompétence du juge initialement saisi (CE, 28 juillet 1999, Commune de Bonne-sur-Ménoge, n° 189737). Cela correspond à la définition du « défaut » donnée par l'article R. 831-1, laquelle au demeurant rend compte de la jurisprudence intervenue antérieurement en la matière. Ainsi de l'absence de production régulière en défense (CE, 6 mai 1949, Vauzelle, *Lebon*, p. 204 – CE, 23 janvier 1959, Commune d'Huez, n° 39532, *Lebon*, p. 67 [2]), ou de la notion de décision

rendue contradictoirement avec une partie ayant même intérêt que la partie défaillante (CE, 20 février 1980, Schwetzoff, n° 4509, *Lebon*, p. 101 [3] – CAA Versailles, 5 janvier 2012, n° 10VE01089).

Pour l'application de cette dernière notion, on se reportera aux commentaires sous l'article R. 832-1. Il est considéré que le bénéficiaire d'une décision administrative a le même intérêt que l'administration qui l'a prise (CE, 22 juillet 1992, Cazaux, n° 121041, *Lebon* T. [4]). Dès lors donc que cette dernière a été présente dans l'instance dirigée contre cette décision, le bénéficiaire n'est pas recevable à former opposition à la décision rendue dans cette instance (CE, 22 juillet 1992, Cazaux, préc.). C'est l'existence d'une mise en cause par la juridiction qui permettra de faire le départ, pour les parties qui n'ont pas produit, entre la voie de l'opposition et celle de la tierce opposition (voir CJA, art. R. 832-1), le juge acceptant, inhabituellement, de requalifier la procédure qui aurait inexactement été désignée par le demandeur (CE, 16 février 1994, Grandry, n° 143733, *Lebon* T. [5], à propos d'une « pseudo-opposition » requalifiée de tierce opposition, s'agissant d'un requérant non appelé à l'instance). Cette décision implique que, devant le tribunal administratif, une opposition ne soit pas rejetée motif pris de l'absence d'une telle procédure devant cette juridiction sans qu'auparavant le juge se soit interrogé sur une éventuelle requalification.

Il n'est pas possible, à l'occasion d'une instance en opposition, de réclamer la capitalisation des intérêts prévus par la décision frappée d'opposition (CE, 30 juin 1993, Syndicat des copropriétaires du 67 rue de la Convention, n° 104469, *Lebon* T.). Tant qu'une opposition est possible, la voie du recours en cassation est en principe fermée. Mais il est admis, on l'a vu (voir CJA, art. L. 821-1) qu'un pourvoi en cassation prématuré (et donc irrecevable) se trouve validé par l'expiration du délai d'opposition, en l'absence d'introduction d'un tel recours (CE, 20 novembre 1992, Joseph, n° 114667, *Lebon*, cité sous l'article L. 821-1).

En présence d'une opposition recevable, le juge en vérifie le bien-fondé. S'il ne le reconnaît pas, il rejette l'opposition (CE, 26 février 2003, Iskin, n° 249903, *Lebon* T.), par une démarche qui n'est pas sans rappeler celle qu'il adopte en matière de tierce opposition (CE, 4 avril 1997, SA Art et Construction, n° 116353, *Lebon* T.). On pourra consulter, comme exemple d'opposition admise, parce que « non dilatoire », la décision *Société SERENIS* (CE, 18 décembre 2017, n° 402011, *Lebon* T.), le Conseil d'État y jugeant qu'était recevable (et, en filigrane, fondée) l'opposition déclenchée par le destinataire d'une ordonnance de clôture, lequel n'avait pu obtenir la communication de la requête correspondante…

Jurisprudence

[1] Considérant qu'aux termes de l'article L. 426 du code de la santé publique : « Si la décision a été rendue sans que le médecin mis en cause ait comparu ou se soit fait représenter, celui-ci peut faire opposition dans le délai de cinq jours à compter de la notification faite à sa personne, par lettre recommandée avec accusé de réception. Lorsque la notification n'a pas été faite à sa personne, le délai est de trente jours à partir de la notification à sa résidence professionnelle et par ministère d'huissier. L'opposition est reçue par simple déclaration au secrétariat du conseil qui en donne récépissé » ; que ce texte formel déroge à la règle générale applicable devant les

juridictions administratives et selon laquelle la voie de l'opposition faute de comparaître n'est ouverte qu'au défendeur qui n'a produit aucun mémoire écrit [...].

[2] Considérant qu'aux termes de l'article 121 de la loi du 5 avril 1884, modifié par la loi du 8 janvier 1905, « le conseil municipal délibère sur les actions à intenter ou à soutenir au nom de la commune [...] » et qu'aux termes de l'article 122 de la même loi « le maire, en vertu de la délibération du conseil municipal, représente en justice la commune [...] Il peut toujours, sans autorisation préalable du conseil municipal, faire tous actes conservatoires ou interruptifs des déchéances » ;
Considérant que si, par délibération en date du 1er mai 1955, le conseil municipal de la commune d'Huez-en-Oisans a autorisé son maire en exercice à défendre, au nom de la commune, à l'instance engagée contre elle, devant le tribunal administratif de Grenoble, par la société des téléskis d'Huez, il ressort des pièces du dossier qu'à la date du jugement attaqué cette délibération n'avait pas été produite au tribunal ; que, dans ces conditions, et nonobstant la circonstance qu'en vertu de l'article 122, 2e alinéa, précité, de la loi du 5 avril 1884, le maire d'Huez avait pris l'initiative de présenter des observations écrites en défense, le tribunal administratif de Grenoble, en l'absence de la production de l'autorisation exigée par l'article 122 précité, n'a pu statuer que par défaut à l'égard de la commune d'Huez, qui ne se trouvait pas régulièrement représentée [...].

[3] Sur la recevabilité de la requête en opposition :
Considérant qu'aux termes de l'article 74 de l'ordonnance du 31 juillet 1945 : « L'opposition d'une partie défaillante à une décision rendue contradictoirement avec une autre partie ayant le même intérêt n'est pas recevable » ;
Considérant que la décision du Conseil d'État, statuant au contentieux, en date du 19 mai 1976 attaquée par M. Schwetzoff a été rendue contradictoirement avec les époux Bervas qui avaient le même intérêt à agir que M. Schwetzoff ; que, dès lors, l'opposition formée contre elle par M. Schwetzoff n'est pas recevable [...].

[4] Considérant qu'aux termes de l'article 74 de l'ordonnance du 31 juillet 1945 susvisée : « L'opposition d'une partie défaillante à une décision rendue contradictoirement avec une autre partie ayant le même intérêt n'est pas recevable » ;
Considérant que la décision du Conseil d'État, statuant au contentieux, en date du 24 septembre 1990, attaquée par M. Cazaux a été rendue contradictoirement avec le Conseil national de l'ordre des médecins qui avait le même intérêt que M. Cazaux à défendre la légalité de la décision dont bénéficiait ce dernier ; que, dès lors, l'opposition formée par M. Cazaux n'est pas recevable [...].

[5] Considérant qu'en vertu de l'article 79 de l'ordonnance du 31 juillet 1945, toute personne qui n'a été ni appelée, ni représentée dans l'instance peut former tierce opposition à une décision du Conseil d'État rendue en matière contentieuse et que cette voie de recours est ouverte à ceux qui se prévalent d'un droit auquel la décision a préjudicié ;
Considérant que la requête de M. Grandry est dirigée contre une décision en date du 9 octobre 1992 par laquelle le Conseil d'État, statuant au contentieux sur le pourvoi en cassation formé par le ministre du Budget contre l'arrêt en date du 25 avril 1991 de la cour administrative d'appel de Lyon, a annulé ledit arrêt, remis à la charge du requérant des cotisations d'impôt sur le revenu au titre des années 1982 à 1984 par application d'un quotient familial, et réformé en ce sens le jugement du tribunal administratif de Nice en date du 30 décembre 1988 ;

Considérant qu'il est constant que le pourvoi du ministre a été jugé sans instruction dans les conditions prévues à l'article 52 de l'ordonnance du 31 juillet 1945 et n'a donc pas été communiqué à M. Grandry, qui n'a ainsi pas été appelé à l'instance ; que la décision attaquée préjudicie à ses droits ; que dès lors, sa requête, inexactement qualifiée par lui d'opposition, constitue une tierce opposition recevable ; que, par suite, il y a lieu de statuer à nouveau sur le pourvoi du ministre du Budget [...].

Le caractère non suspensif de l'opposition et le délai d'opposition

Art. R. 831-2 L'opposition n'est pas suspensive, à moins qu'il en soit autrement ordonné. Elle doit être formée dans le délai de deux mois à compter du jour où la décision par défaut a été notifiée.

Textes sources

– Ordonnance n° 45-1708 du 31 juillet 1945, article 72.
– Code des TA et des CAA, article R. 224, § 1.

Les délais de distance

Art. R. 831-3 Les dispositions de l'article R. 811-5 sont applicables aux oppositions.

Texte source

– Décret n° 2000-389 du 4 mai 2000, article 1er.

Commentaires

Ce texte précise opportunément que les délais de distance valent aussi en matière d'opposition.

Les règles d'introduction de l'opposition

Art. R. 831-4 Sauf dispositions contraires prévues par le présent chapitre, l'introduction de l'opposition suit les règles relatives à l'introduction de l'instance d'appel ou de cassation prévues aux titres 1 et 2 du présent livre.
Sont de même applicables les dispositions des livres VI et VII.

Texte source

– Décret n° 2000-389 du 4 mai 2000, article 1er.

Les effets de la décision qui admet l'opposition

Art. R. 831-5 La décision qui admet l'opposition remet, s'il y a lieu, les parties dans le même état où elles étaient auparavant.

Textes sources

– Ordonnance n° 45-1708 du 31 juillet 1945, article 73.
– Code des TA et des CAA, article R. 224, § 2.

L'absence d'opposition devant le tribunal administratif et la cour administratif d'appel

Art. R. 831-6 Les jugements et ordonnances des tribunaux administratifs et des cours administratives d'appel ne sont pas susceptibles d'opposition.

Textes sources

– Code des TA et des CAA, article R. 223.
– Décret n° 2019-82 du 7 février 2019, article 48.

Commentaires

Un jugement ou un arrêt rendu par défaut ne peut faire l'objet d'une opposition. Une opposition présentée au tribunal administratif ne peut par suite qu'être rejetée, sans devoir être transmise au juge d'appel, car il ne s'agit pas d'un appel présenté devant un juge incompétent pour l'examiner, mais du choix d'une procédure inapplicable devant le juge choisi, aussi bien que devant tout autre juge. Mais, avant de la rejeter pour ce motif, le tribunal (ou son président agissant en application de l'article R. 222-1), ou la cour, devra vérifier que la juridiction ne se trouve pas en présence d'une tierce opposition, le juge devant au besoin requalifier les erreurs de qualification qui ont pu être commises entre ces deux notions (CE, 16 février 1994, Grandry, n° 143733, *Lebon* T.).

CHAPITRE 2 La tierce opposition

La tierce opposition

Art. R. 832-1 Toute personne peut former tierce opposition à une décision juridictionnelle qui préjudicie à ses droits, dès lors que ni elle ni ceux qu'elle représente n'ont été présents ou régulièrement appelés dans l'instance ayant abouti à cette décision.

Textes sources

– Ordonnance n° 45-1708 du 31 juillet 1945, article 79.
– Code des TA et des CAA, article R. 225.

Commentaires

La tierce opposition est une voie de recours ouverte même sans texte contre toute décision de toute juridiction administrative, ce principe n'étant qu'une déclinaison de celui du caractère contradictoire de la procédure. Ce texte ne méconnaît pas l'article 6 § 1 de la Convention européenne de sauvegarde des droits de l'homme et des libertés fondamentales (CE, 5 avril 2006, Dupont, n° 275742, *Lebon* T.).

En veillant à instruire notamment les recours pour excès de pouvoir contradictoirement avec les bénéficiaires des décisions contestées, les juridictions administratives limitent le recours à la tierce opposition. Relativement peu fréquentes, les procédures prévues par l'article R. 832-1 aboutissent encore plus rarement à une modification de la décision initiale.

Est considérée comme « non présente ou régulièrement appelée » une partie, défendeur éventuel à un constat, lors même qu'elle a été représentée aux opérations de constat (CE, 27 mai 1991, Société centrale nucléaire à neutrons rapides, n° 103975, *Lebon* T. [1]). La solution a été identique dans le cas d'un défendeur qui n'avait reçu aucun des mémoires de l'instance et avait seulement été destinataire de l'avis d'audience, lors même que la date de réception de ce dernier lui avait laissé un délai suffisant pour demander la communication de la procédure (CAA Lyon, 26 novembre 1991, Salord, n° 90LY00156, *Lebon* T.). *A fortiori,* celui qui n'a pas reçu, parce qu'elle a été envoyée à une adresse inexacte, notification d'une requête d'appel dirigée contre la décision de première instance refusant de prononcer une sanction disciplinaire à son encontre est recevable à former tierce-opposition à la décision d'appel (CE, 16 mars 2016, Stamboul, n° 378675, *Lebon*), le pourvoi irrecevable se trouvant requalifié en tierce-opposition (CE, 19 décembre 2023, n° 445220, *Lebon* T.). En revanche, l'assureur, subrogé dans les droits de son assuré, est réputé présent dans l'instance engagée par ce dernier, et n'est donc pas admis à former tierce opposition au jugement rendu contre l'assuré (CE, 4 décembre 1981, Société Union des assurances de Paris [2]). On note que, s'agissant du Fonds de garantie des victimes des actes de terrorisme et d'autres infractions (FGTI) la solution a été inverse (CE, 26 janvier 2018, Fonds de garantie des victimes d'actes de terrorisme, n° 405654, *Lebon* T.).

Quelques exemples permettent de se faire une idée de la notion de « personne non présente ou représentée », ou de « jugement préjudiciant à des droits », la notion de « droits » ne devant pas être confondue avec celle d'« intérêt » au sens où l'on envisage l'intérêt pour agir ; on doit plutôt se référer à la notion de « lésion portée à un intérêt bien établi », pour reprendre la formule de J. – H. Stahl, commissaire du gouvernement concluant sur CE, 3 décembre 2003, SARL QSCT, n° 248840, *Lebon* T. (sur les droits des riverains des voies publiques, et la possibilité pour eux de former tierce opposition à une décision juridictionnelle fixant les limites du domaine public routier, voir CE sect., 16 décembre 2005, Kostiuk, n° 268872, *Lebon*). Cette condition distingue la tierce-opposition de l'intervention nouvellement définie (voir les commentaires sous CJA, art. R. 632-1). La circonstance qu'une personne justifie d'un intérêt pour agir contre une décision administrative ne lui donne pas, de ce seul fait, qualité pour former tierce opposition à l'arrêt par lequel une cour administrative d'appel a annulé la décision refusant cette autorisation, y compris lorsque la cour administrative d'appel a assorti son arrêt d'une injonction tendant à la délivrance de cette autorisation, dès lors que l'autorisation ainsi délivrée peut être contestée par des tiers à cette autorisation sans qu'ils puissent se voir opposer les termes de l'arrêt. Elle n'est donc pas recevable à se pourvoir en cassation contre cet arrêt alors même qu'elle est intervenue en défense devant la cour administrative d'appel. Il en va de même de toute personne qui justifierait d'un intérêt lui donnant qualité pour agir contre cette décision administrative, dès lors que l'arrêt par lequel la cour administrative d'appel a annulé la décision refusant cette autorisation ne préjudicie pas à ses droits (CE, 25 janvier 2023, n° 449197, *Lebon* T.). Le propriétaire d'une parcelle dont la constructibilité est affectée par l'annulation d'un PLU, n'est pas recevable à faire tierce-opposition même lorsqu'il est titulaire d'un certificat d'urbanisme (CE, 27 septembre 2022, n° 451013, *Lebon* T.).

Sur la notion de « personne non représentée » :

– les auteurs d'une promesse de vente d'un terrain ont des intérêts concordants avec l'acheteur de ce terrain, titulaire d'un permis de construire sur ce terrain, et sont donc représentés par lui dans le litige ayant conduit à l'annulation de ce permis (CE, 8 février 1999, Sagne, n° 161799, *Lebon* T. [3]) ;

– l'acquéreur d'un bien communal partage un intérêt concordant avec la commune dans un litige dirigé contre la délibération décidant cette aliénation (CE, 1er juillet 2019, n° 420200, *Lebon* T.) ;

– des débiteurs solidaires se représentent mutuellement (CE, 19 mars 1956, Jean, *Lebon*, p. 130), même si la solidarité n'a été acquise qu'au cours de l'instance (CE, 8 mars 2004, Bergner, n° 231199, *Lebon* T.) ;

– l'État est représenté par un ministre, et un autre ministre ne peut former tierce opposition à un jugement rendu sans qu'il soit présent (CE, 17 décembre 2008, Ministre de l'Intérieur, n° 294746, *Lebon* T.), alors même que la décision en cause ne pouvait être prise que moyennant l'intervention de ses services (CE, 9 avril 1999, Ministre du Budget, n° 185338, *Lebon* T. [4]) ; la solution est différente s'agissant du droit de la Caisse des dépôts et consignations de former tierce opposition au jugement relatif à la liquidation de la pension d'un ouvrier de l'État (CE, 16 décembre 2009, Caisse des dépôts et consignations, n° 300257, *Lebon* T.) ;

– l'Agence nationale de sécurité sanitaire de l'alimentation, de l'environnement et du travail (ANSES), établissement public de l'État ayant pour mission de coordonner le dispositif de pharmacovigilance a des intérêts concordants avec ceux du ministre de l'Agriculture dans un litige relatif à la taxe destinée à financer cette mission ; elle ne peut donc former tierce opposition à la décision rendue par le Conseil d'État en présence dudit ministre (CE, 6 juillet 2016, ANSES, n° 398574, *Lebon* T.) ;
– l'actionnaire d'une banque a des intérêts concordants avec ceux défendus par l'administrateur provisoire de cette banque lors de l'instance disciplinaire ouverte à son encontre devant la commission bancaire : cet actionnaire est donc représenté dans cette instance, et ne peut faire tierce opposition à la décision de radiation prononcée (CE, 14 mai 2003, Beogradska Banka ad Beograd, n° 238105, *Lebon*, p. 211) ;
– le locataire d'une entreprise autorisée à créer une surface de vente est représenté par cette entreprise dans le litige aboutissant à l'annulation de cette autorisation (CE, 14 octobre 2009, Société Orion 42, n° 312177) ;
– la personne publique signataire d'un contrat administratif ne représente pas son contractant dans l'instance formée par un tiers en contestation de ce contrat (CE, 19 avril 2017, Société ACS production, n° 401539, *Lebon* T.) ;
– les intérêts d'un syndicat de copropriété et ceux du propriétaire des installations litigieuses sont concordants dans l'instance par laquelle ce dernier a été déféré comme prévenu d'une contravention de grande voirie au titre de l'occupation sans autorisation du domaine public (CE, 13 novembre 2023, n° 474211, *Lebon* T.) ;
– le juge de cassation contrôle l'existence d'intérêts concordants entre la personne formant tierce opposition et une personne représentée dans l'instance (CE, 21 octobre 2019, Société Alliance, n° 419153, *Lebon* T.).
Sur le « jugement préjudiciant aux droits du tiers opposant » :
– comme pour l'appel, l'intérêt à contester une décision juridictionnelle s'apprécie par rapport au dispositif de la décision juridictionnelle critiquée et non par rapport à ses motifs, sauf dans le cas du rejet d'une requête comme portée devant un ordre de juridiction incompétent pour en connaître (CE, 21 mars 2025, n° 469818, *Lebon* T.).
– le voisin d'un terrain supportant un permis de construire n'est pas admis à former tierce opposition au jugement annulant le retrait de ce permis, dès lors que ce retrait n'a pas été prononcé à sa demande (CE, 28 avril 1997, Franchi, n° 133879, *Lebon* T. [5]), solution inverse si le retrait d'une autorisation a été opéré à la demande de l'opposant (CE, 28 mai 1997, Syndicat des pharmaciens de la Seine-Maritime, n° 169836, *Lebon*) ;
– l'annulation d'un certificat d'urbanisme négatif ne préjudicie à aucun droit détenu par des tiers, même voisins, puisqu'il leur appartiendra, le cas échéant, de contester le certificat positif qui pourrait faire suite à cette annulation (CE, 5 avril 2006, Dupont, n° 275742, *Lebon* T.) ;
– le propriétaire de parcelles situées dans des zones concernées par l'annulation des dispositions d'un document d'urbanisme ne justifie pas d'un droit lui ouvrant la possibilité d'une tierce opposition (CE, 16 novembre 2009, Société Les résidences de Cavalière, n° 308624, *Lebon* T.) ;

– celui qui est partie à un litige portant sur la légalité d'une autorisation de construire qui lui a été délivrée sur le fondement d'un document d'urbanisme ne justifie pas non plus d'un intérêt l'autorisant à former tierce-opposition à un jugement ayant annulé ledit document (CE, 21 juin 2017, Société centrale photovolcanique Font de Leu, n° 396427, *Lebon* T.), sauf si ledit document avait pour seul objet de permettre la réalisation du projet qui a fait l'objet de l'autorisation de construire (même arrêt) ;
– une communauté urbaine, chargée de l'alimentation en eau d'une agglomération, ne justifie pas d'un intérêt auquel préjudicierait l'annulation du refus d'une autorisation de lotir, fondée sur l'illégalité de l'arrêté relatif au périmètre de protection rapprochée d'un captage, dès lors que cette annulation n'implique pas délivrance de l'autorisation de lotir (CAA Lyon, 20 juin 2002, Communauté urbaine de Lyon, n° 01LY01381) ;
– le jugement annulant la décision d'une autorité A en se fondant par voie d'exception sur l'illégalité de l'acte réglementaire d'une autorité B ne préjudicie pas aux droits de cette dernière, qui ne peut donc former contre lui une tierce opposition (CAA Lyon, 11 décembre 2003, Ministre de l'Économie, des Finances et de l'Industrie, n° 03LY00962) ;
– le locataire, qui a été visé par une ordonnance d'expulsion non exécutée faute pour l'État d'avoir accordé le concours de la force publique, ne justifie pas d'un intérêt auquel préjudicierait l'arrêt condamnant l'État à verser une indemnité au propriétaire et subrogeant l'État dans les droits de ce dernier à l'encontre de son locataire : l'étendue et la consistance des dettes du locataire n'en sont pas en effet affectées (CE, 12 mai 2003, Lancuentre, n° 229448, *Lebon* T.) ;
– le fournisseur du contractant de la puissance publique n'a pas à être appelé dans l'instance opposant ce contractant à la personne publique (CE, 15 juin 2001, Société Alcatel câble, n° 219822, *Lebon* T.) ;
– le concurrent d'un laboratoire pharmaceutique ne justifie pas d'un droit auquel préjudicierait directement l'ordonnance suspendant la décision majorant la participation des assurés sociaux aux frais d'acquisition d'un médicament fabriqué par ce dernier (CE, 4 avril 2012, Société Cephalon France, n° 356401, *Lebon*).

Dans le cas particulier où le juge, statuant au titre du contentieux des installations classées, use de ses pouvoirs de pleine juridiction en délivrant lui-même l'autorisation d'exploiter, il est décidé que la voie de la tierce opposition est ouverte contre le jugement « aux tiers qui justifieraient d'un intérêt suffisant pour demander l'annulation de la décision administrative d'autorisation, dès lors qu'ils n'ont pas été présents ou régulièrement appelés dans l'instance », ce qui implique que des mesures de publicité adéquates soient prises, pour garantir la sécurité juridique du bénéficiaire de l'autorisation (CE, 29 mai 2015, Association Nonant Environnement, n° 381560, *Lebon*). Lorsqu'une personne a été représentée à l'instance par une personne ayant des intérêts concordants avec les siens, elle n'est pas recevable à former tierce opposition contre la décision juridictionnelle rendue à l'issue de cette instance. Mais tel n'est pas le cas d'habitants situés à proximité immédiate d'un projet, non valablement représentés par une association dont l'objet statutaire inclut la défense des conditions de vie des habitants d'une zone géographique particulière (CE, 18 novembre 2024, n° 487701, *Lebon* T.).

Classiquement, la tierce opposition est exclusive de l'appel, d'où il suit de sérieuses complications dans le cas où une partie non appelée dans l'instance forme tierce opposition dans le temps où une autre partie, appelée, se présente devant le juge d'appel… Selon le Conseil d'État, si l'appel est formé *après* la tierce opposition, le tiers opposant peut intervenir dans la procédure d'appel, sans avoir la qualité de partie, et le tribunal reste saisi de la tierce opposition si le jugement est confirmé en appel. Si, en revanche, le jugement est annulé par le juge d'appel, la tierce opposition devient sans objet et le juge d'appel prononcera un non-lieu sur la requête dirigée contre le jugement qui, avant cette annulation, aurait rejeté la tierce opposition (CE, 2 décembre 1991, Groupement foncier agricole du domaine de Croix d'Hins, n° 85319, *Lebon* T.). Si, à l'inverse, la tierce opposition est formée *après* l'appel, elle est irrecevable, la personne concernée pouvant alors intervenir dans la procédure d'appel ou former une tierce opposition contre l'arrêt alors rendu, s'il préjudicie à ses droits ; cette personne acquiert la qualité de partie à l'instance d'appel (CE, 2 juillet 2014, Gerin, n° 366150, *Lebon* T.).

Lorsque le droit à tierce opposition est reconnu, le juge doit d'abord admettre cette dernière. Dans une seconde phase, il recherche si elle est fondée, autrement dit, si l'argumentation qui lui est proposée par le tiers opposant est de nature à remettre en cause la solution de la décision rendue. Si, et seulement si, c'est le cas, il déclare cette dernière nulle et non avenue pour lui substituer une nouvelle décision. Si au contraire la tierce opposition n'est pas fondée, elle est rejetée pour ce motif, sans que soit effacée la décision contestée (CE, 4 avril 1997, SA Art et Construction, n° 116353, *Lebon* T., revenant sur une pratique inverse illustrée, par exemple, par CE, 15 juin 1992, Société du canal de Provence, n° 132416, *Lebon*). Le nouvel examen de l'affaire peut, d'ailleurs, aboutir à un résultat autre sans qu'y soit pour quelque chose l'argumentation développée par le tiers opposant : ainsi peut survenir, pendant l'instruction de la tierce opposition, un désistement de la part des demandeurs initiaux, auxquels la décision frappée de tierce opposition avait donné satisfaction. Il en est dans ce cas donné acte, après déclaration de nullité de cette décision (CE, 22 février 2002, Société Albion Développement, n° 190696).

Il convient de noter que, si la tierce opposition est formée dans une matière sur laquelle le tribunal est tenu de se prononcer dans un délai déterminé, à peine de dessaisissement (c'est le cas du contentieux électoral), et si ce délai est expiré, le tribunal doit renvoyer au Conseil d'État l'examen de la tierce opposition (CE, 11 mai 1990, François, n° 68760, *Lebon* T.).

La question se pose de savoir si, à l'occasion d'une tierce opposition, peuvent être présentées des conclusions tendant à ce que soit prononcé le sursis à exécution du jugement (ou de l'arrêt) faisant l'objet de cette procédure. Sous l'empire des textes antérieurs à la loi du 30 juin 2000, le tribunal administratif de Versailles avait cru pouvoir juger que non, le sursis à exécution lui paraissant limité, devant le tribunal administratif, aux décisions administratives (TA Versailles, 13 novembre 1956, Société Persoons et Bertola ; *AJDA* 1957, II, p. 53). Cette position était contraire à la jurisprudence du Conseil d'État (CE, 1er juin 1883, Armand – CE, 24 avril 1963, Chavanne, *Lebon*, p. 972). Le système de suspension issu de la loi du 30 juin 2000 ne permet pas de trancher cette question : la suspension est sans ambiguïté réservée aux décisions administratives, cependant que la demande de sursis à exécution d'un jugement ne peut être présentée qu'au juge d'appel… qui ne peut être saisi par le demandeur d'une tierce opposition, lequel n'est précisément pas partie au jugement auquel il s'oppose. Or, on peut imaginer que ce jugement porte aux intérêts du tiers opposant un préjudice qu'il convient de faire cesser d'urgence… Il appartiendra aux juges d'imaginer le moyen de combler ce trou.

On rappelle qu'il appartient le cas échéant au juge de requalifier une « opposition » en « tierce opposition » (CE, 16 février 1994, Grandry, n° 143733, *Lebon* T.). Seule la personne ayant formé une tierce opposition a qualité pour former appel du jugement rejetant sa tierce opposition, à l'exclusion notamment de la partie à laquelle le jugement faisant l'objet de cette tierce opposition a donné tort (CE, 10 janvier 1996, Commune de Vernon, n° 139766, *Lebon* T.). On notera que la tierce opposition n'est pas possible devant le Tribunal des conflits (TC, 3 juin 1996, SNC Baie de Saint-Tropez, n° 02967, *Lebon* T.), ce que confirme l'article 14 du décret du 27 février 2015.

Aucune règle ni aucun principe ne font obstacle à ce que la tierce opposition soit jugée par la formation de jugement qui a rendu la décision contestée, ou par certains de ses membres (CE, 10 décembre 2004, Société Resotim, n° 270267, *Lebon* T. – CE, 27 juillet 2005, Élections de Roëzé-sur-Sarthe, n° 274600, *Lebon* – CE, 7 mai 2014, Commune de Romagne, n° 356813, *Lebon* T.), solution (en concordance avec la jurisprudence de la Cour européenne des droits de l'homme) qui contraste avec la solution, inverse, adoptée pour le jugement des recours en rectification d'erreur matérielle (CE, 22 juin 2005, Hespel, n° 261847, *Lebon*). Sauf si le juge s'est prononcé en qualité de rapporteur public, auquel cas l'impartialité est méconnue (CE, 18 avril 2025, n° 488035, *Lebon* T.). Les voies de recours ouvertes contre la décision prise sur un recours en tierce opposition à une décision juridictionnelle sont les mêmes que celles qui sont prévues contre la décision dont la rétractation est demandée (CE, 21 février 2025, n° 493902, *Lebon* T.).

Jurisprudence

[1] Considérant qu'en vertu des principes généraux de la procédure, le droit de former appel des décisions de justice n'est pas ouvert aux personnes qui n'ont pas été en cause dans l'instance sur laquelle a statué la décision qu'elles critiquent ; que, si la société a été avisée de l'ordonnance de constat d'urgence, en date du 30 novembre 1988, par laquelle le magistrat délégué par le président du tribunal administratif de Grenoble a ordonné une expertise aux fins de constater l'existence d'un rapport définitif de sûreté approuvé par le ministre de l'Industrie et l'exécution des travaux prévus par la synthèse dudit ministre, en date du 11 octobre 1988, et si la société a été représentée aux opérations de constat, elle n'a pas été appelée à l'instance ; qu'elle est, dès lors, sans qualité pour interjeter appel de ladite ordonnance [...].

[2] Considérant qu'il résulte de l'instruction que par deux jugements en date du 26 juin 1972 le tribunal administratif de Toulouse a condamné l'entreprise Charles et Samanos à verser des indemnités à l'office public d'habitations à loyer modéré du Lot en raison des désordres survenus dans des immeubles construits pour l'office par l'entreprise ; que la société Union des assurances de Paris n'avait pas, en sa qualité d'assureur de l'entreprise, à être appelée dans l'instance introduite devant le tribunal

administratif ; qu'elle n'était dès lors pas recevable à former tierce opposition contre ledit jugement [...].

[3] Considérant qu'en vertu de l'article 79 de l'ordonnance du 31 juillet 1945, toute personne qui n'a été ni appelée, ni représentée dans l'instance peut former tierce opposition à une décision du Conseil d'État rendue en matière contentieuse et que cette voie de recours est ouverte à ceux qui se prévalent d'un droit auquel la décision a préjudicié ;
Considérant que, par décision du 10 novembre 1993, le Conseil d'État, statuant au contentieux, a rejeté la requête de la ville d'Antibes tendant à l'annulation du jugement du 6 juin 1991 par lequel le tribunal administratif de Nice a annulé l'arrêté du maire d'Antibes en date du 25 juin 1990 accordant un permis de construire à la société Wempey France pour un bâtiment de 44 logements sur des terrains situés rue du Lys et boulevard Bijou-plage ; que M. Jean-Pierre Sagne, Mme Alexandrine Le Garrec, M. Patrick Michelet, Mme Eliane Le Garrec et Mme Rosa Le Garrec, propriétaires d'une partie de ces terrains à la date de délivrance du permis de construire, forment tierce opposition à cette décision ; qu'ayant consenti une promesse de vente à la société Wempey au titre de laquelle celle-ci a pu déposer une demande de permis de construire sur des terrains leur appartenant, ils disposent d'intérêts concordant avec ceux du bénéficiaire du permis de construire ; que cette société a été régulièrement appelée à l'instance ; que dès lors, les requérants doivent être regardés comme ayant été représentés dans l'instance par la société bénéficiaire du permis de construire qui, à la date du jugement du tribunal administratif de Nice du 6 juin 1991, était devenue propriétaire desdits terrains ; que, par suite, leur requête en tierce opposition n'est pas recevable [...].

[4] Considérant qu'aux termes de l'article R. 225 du code des tribunaux administratifs et des cours administratives d'appel : « Toute personne peut former tierce opposition à une ordonnance, un jugement ou un arrêt qui préjudicie à ses droits, dès lors que, ni elle, ni ceux qu'elle représente n'ont été présents ou régulièrement appelés dans l'instance ayant abouti à cette décision » ; qu'aux termes de l'article R. 117 du même code : « Les ministres intéressés présentent devant la cour administrative d'appel les mémoires et observations produits au nom de l'État » ;
Considérant que la cour administrative d'appel de Bordeaux a rejeté la tierce opposition formée par le ministre délégué au Budget contre l'arrêt du 1er août 1995, par lequel elle a réformé le jugement du 13 décembre 1993 du tribunal administratif de Bordeaux, condamnant Mme Marie-Josette Lalande à démolir la construction qu'elle occupe dans le groupement ostréicole de « Piraillan », en bordure du bassin d'Arcachon, et l'a relaxée des fins de la poursuite pour contravention de grande voirie engagée contre elle ;
Considérant que l'État était représenté devant la cour administrative d'appel de Bordeaux par le ministre de l'Équipement, des Transports et du Tourisme, ministre intéressé, au sens de l'article R. 117 précité du Code des tribunaux administratifs et des cours administratives d'appel ; qu'ainsi, l'arrêt du 1er août 1995 a revêtu un caractère contradictoire à l'égard de l'État ; que le ministre délégué au Budget se prévaut, toutefois, des dispositions de l'article R. 159 du Code du domaine de l'État, selon lequel, « dans toute instance intéressant l'État, le service des domaines doit être appelé à intervenir, dès lors que se trouvent mis en cause, directement ou indirectement, la notion de domanialité publique ou les droits et obligations dont il lui appartient, aux termes des articles R. 158 et R. 158-1, d'assurer la défense ou de demander

l'exécution en justice », et de l'article R. 163 du même code, qui définit les modalités de la représentation de l'État devant les juridictions dans les instances auxquelles le service des domaines est partie, notamment en application de l'article R. 159 ; que ces dispositions n'étant pas de nature à donner au ministre dont relève le service des domaines qualité pour former tierce opposition contre un arrêt ayant revêtu un caractère contradictoire à l'égard de l'État, le ministre délégué au Budget n'est pas fondé à demander l'annulation de l'arrêt du 2 décembre 1996 de la cour administrative d'appel de Bordeaux, qui a rejeté comme irrecevable la tierce opposition formée contre son arrêt du 1er août 1995 [...].

[5] Considérant que, par un jugement du 28 novembre 1991, le tribunal administratif de Bastia, après avoir admis l'intervention en défense des époux Franchi, a annulé, à la demande de M. Giorgi, d'une part, l'arrêté du maire de Lecci-de-Porto-Vecchio (Corse-du-Sud) en date du 20 décembre 1989 retirant le permis de construire qui lui avait été accordé le 18 janvier 1988, et d'autre part, l'arrêté du préfet de la Corse du Sud en date du 2 janvier 1991 annulant et remplaçant l'arrêté du maire de Lecci-de-Porto-Vecchio en date du 20 décembre 1989... Considérant que la personne qui, devant le tribunal administratif, est intervenue en défense à un recours pour excès de pouvoir n'est recevable à interjeter appel du jugement rendu sur ce recours contrairement aux conclusions de son intervention que si elle aurait eu qualité à défaut d'intervention de sa part pour faire tierce opposition contre le jugement faisant droit au recours ; qu'en l'espèce, leur qualité de voisins, alors qu'il ne ressort pas des pièces du dossier que le retrait ait été prononcé à leur demande, n'aurait pas conféré à M. et Mme Franchi, qualité pour former tierce opposition contre le jugement annulant le retrait du permis de construire accordé à M. Giorgi ; que, par suite, la requête d'appel de M. et Mme Franchi est irrecevable [...].

Le délai pour former tierce opposition

Art. R. 832-2 Celui à qui la décision a été notifiée ou signifiée dans les conditions prévues aux articles R. 751-3 à R. 751-4-1 ne peut former tierce opposition que dans le délai de deux mois à compter de cette notification ou signification.

Textes sources

– Code des TA et des CAA, article R. 226.
– Décret n° 2012-1437 du 21 décembre 2012, article 5.

Commentaires

Le délai ne court que de la notification régulière du jugement. Il n'y a point en la matière de connaissance acquise (CE, 8 janvier 1958, De Batz de Tranquelléon, *Lebon*, p. 18).

Art. R. 832-3 *Abrogé par le décret n° 2015-1145 du 15 septembre 2015, article 24.*

Les délais de distance

Art. R. 832-4 Les dispositions de l'article R. 811-5 sont applicables aux tierces oppositions.

Texte source

– Décret n° 2000-389 du 4 mai 2000, article 1er.

Les règles d'introduction de la tierce opposition

Art. R. 832-5 Sauf dispositions contraires prévues par le présent chapitre, l'introduction de la tierce opposition suit les règles relatives à l'introduction de l'instance définies au livre IV. Sont de même applicables les dispositions des livres VI et VII.

Texte source

– Décret n° 2000-389 du 4 mai 2000, article 1er.

CHAPITRE 3 Le recours en rectification d'erreur matérielle

Le recours en rectification d'erreur matérielle

Art. R. 833-1 Lorsqu'une décision d'une cour administrative d'appel ou du Conseil d'État est entachée d'une erreur matérielle susceptible d'avoir exercé une influence sur le jugement de l'affaire, la partie intéressée peut introduire devant la juridiction qui a rendu la décision un recours en rectification.
Ce recours doit être présenté dans les mêmes formes que celles dans lesquelles devait être introduite la requête initiale. Il doit être introduit dans un délai de deux mois qui court du jour de la notification ou de la signification de la décision dont la rectification est demandée.
Les dispositions des livres VI et VII sont applicables.

Textes sources

– Ordonnance n° 45-1708 du 31 juillet 1945, article 78.
– Code des TA et des CAA, article R. 231.

Commentaires

La rectification d'erreur matérielle est admise, même sans texte, devant les juridictions statuant en dernier ressort, même si elles sont soumises au contrôle de cassation (CE, 6 février 1931, Société des automobiles Berliet, *Lebon*, p. 140 – CE ass., 4 mars 1955, Athias, *Lebon*, p. 129 – CE, 27 juin 2001, Laffont, n° 224980, s'agissant de la commission centrale d'aide sociale), mais à la condition que la juridiction soit saisie d'une demande en ce sens (CE, 27 mars 1996, Kizgin, n° 156505, à propos de la Commission des recours des réfugiés). Même le Tribunal des conflits, antérieurement hostile à cette procédure (TC, 20 février 1952, Société immobilière Trystram), s'y est rangé (TC, 27 novembre 2008, Delcamp, n° C 3688, *Lebon* – TC, 17 novembre 2014, Groupama Méditerranée, n° C3978, *Lebon*, subordonnant ce recours à « la condition que l'erreur entachant cette décision en affecte le sens ou la portée » – TC, 8 décembre 2014, Tarrago, n°C 3973), ce que confirme l'article 14 du décret du 27 février 2015.
Encore faut-il que soit en cause un acte juridictionnel : ce n'est pas le cas de l'avis contentieux rendu par le Conseil d'État en application de l'article L. 113-1 du Code (CE, 12 novembre 2007, Hoffer, n° 268311, *Lebon* T.), ou de la décision par laquelle le président de la juridiction statue sur un recours formé contre une décision du bureau d'aide juridictionnelle (CE, 23 décembre 2016, Reveilhac, n° 404361, *Lebon* T.).
Le principe d'impartialité commande que ne siège dans la formation appelée à se prononcer sur un tel recours aucun des juges qui a participé à la décision qui en est l'objet (CE, 22 juin 2005, Hespel, n° 261847, *Lebon*, officialisant la pratique généralement suivie).
Le délai de présentation de ce recours est majoré des délais de distance prévus aux articles 643 et 644 du Code de procédure civile (CE, 3 mai 2004, Dogan, n° 258085, *Lebon* T.).

Cette rectification doit être distinguée du mécanisme institué par l'article R. 741-11. Ce dernier ne vise que des erreurs *sans influence* sur le jugement de l'affaire, et s'opère sans demande des parties, une telle demande étant totalement inopérante (voir commentaires sous l'article R. 741-11). À l'inverse, la rectification par la cour administrative d'appel ou le Conseil d'État d'une erreur matérielle « susceptible d'avoir exercé une influence sur le jugement de l'affaire » suppose un recours en ce sens, sur lequel il est statué par une formation collégiale (et non par le président seul), après procédure contradictoire (CE, 27 juin 2001, Laffont, préc.) et audience publique (CE, 3 octobre 2003, Michel Fornassero, n° 229542, *Lebon* T. ; *AJDA* 2004, p. 729). Encore doit-on noter que, le Conseil d'État faisant de cette condition un élément de *recevabilité* du recours, son défaut pourra conduire à un rejet par ordonnance pour irrecevabilité prise en application soit de l'article R. 122-12, soit de l'article R. 222-1 du Code (voir CE, 27 novembre 2013, n° 363388, *Lebon* T., s'agissant de la Cour nationale du droit d'asile).

Un tel recours supposera, pour être admis, qu'il y ait erreur matérielle (et non juridique : CE, 7 avril 1993, Ministre de l'Équipement, n° 116130), non imputable à celui qui s'en plaint (CE, 17 février 1965, Ministre de l'Intérieur c/Picard, n° 57396, *Lebon*, p. 113 [1] – CE, 28 avril 1993, Commune d'Antibes, n° 116251) et qu'elle ait donc exercé, comme l'exige le texte, une influence sur l'arrêt critiqué. Ce n'est pas le cas, par exemple, de l'omission d'une partie, dans le dispositif d'un arrêt, de la liste des personnes à qui cet arrêt doit être notifié (CE, 23 février 2001, Société Pan Européenne, n° 222723, *Lebon* T.). Ce ne saurait non plus être le cas de l'omission du visa d'un mémoire dont il a par ailleurs été tenu compte (CE, 15 novembre 2002, Catsiapis, n° 239354, *Lebon* T.) : ces erreurs-là relèvent de l'article R. 741-11.

L'omission d'un mémoire parvenu à la juridiction peut ouvrir droit à rectification d'erreur matérielle non seulement s'il contient des conclusions ou moyens nouveaux, mais s'il ajoute à l'argumentation déjà présentée des précisions nouvelles de nature à influencer l'appréciation portée par le juge (CE, 28 décembre 2005, Société JT International SA, n° 276859). L'*a contrario* se déduit aisément.

Le recours en rectification d'erreur matérielle ne peut, selon le texte, être introduit que par une « partie » (CE, 3 juin 2005, Conroy, n° 276957). Il a été dérogé à cette règle dans le cas où la décision à rectifier avait omis de statuer sur les frais irrépétibles demandés, en application de l'article 37 de la loi du 10 juillet 1991, par l'avocat d'une partie admise à l'aide juridictionnelle (CE, 11 janvier 2006, Dhenin, n° 279878, *Lebon* T.). C'est parfaitement logique, et l'on pourrait également imaginer qu'un expert forme un tel recours si la décision a omis d'attribuer les frais d'expertise à une partie (circonstance qui, s'il s'agit d'un jugement, autorise l'expert à faire appel, bien qu'il ne soit pas partie : CE, 16 septembre 1994, Bourrat, n° 131628).

Ont été regardés comme erreurs matérielles devant le Conseil d'État : l'omission de prendre en considération un mémoire égaré (CE, 2 juillet 2001, Portelli, n° 217632, *Lebon* T.), le défaut de réponse à conclusions (CE, 17 avril 1970, Société DMS Préfontaines, n° 71563, *Lebon*, p. 260 – CE sect., 23 juin 1995, Région Aquitaine, n° 126546, *Lebon*) ou à moyens (CE sect., 29 mars 2000, GIE Groupe Victoire, n° 210988, *Lebon*, p. 144 [2]), à condition que le moyen omis ne soit pas inopérant (CE, 27 mars 2015, Muntaner, n° 386887, *Lebon* T.) – mais le fait pour une juridiction de ne pas avoir statué sur des conclusions formées après clôture de l'instruction ne constitue pas une erreur matérielle (CAA Lyon, 26 septembre 1991, Syndicat intercommunal du CES de Beaurepaire, n° 89LY01702, *Lebon*) –, une erreur de chiffre (CE, 26 juillet 1978, Élections cantonales de Niolu-Omessa [Haute-Corse], n° 10279, *Lebon*, p. 337), l'omission de prendre en compte une demande d'aide judiciaire pour calculer les délais (CE, 19 mars 1986, Roberge, n° 60115, *Lebon* T.), le fait de déclarer tardif un recours formé contre un acte non publié (CE, 17 juin 1991, Meyet, n° 116503), ou l'omission, dans le cadre de l'effet dévolutif de l'appel, de statuer sur le mérite de la demande de première instance (CE, 14 février 1990, Gloviak, n° 105159, *Lebon*, p. 35 ; *AJDA* 1990, p. 480 [3] – CE, 2 avril 2010, Faure, n° 332015, *Lebon* T.), alors même que cette erreur, commise par une cour, peut entraîner cassation de l'arrêt (CE, 23 mai 2003, Bouzidi, n° 244597). L'omission pour le Conseil d'État de statuer sur un moyen, longtemps jugée insusceptible de fonder un tel recours (CE, 20 février 1980, Schwetzoff, n° 4509 ; *RDP* 1981, p. 849), est désormais admise (CE sect., 29 mars 2000, GIE Groupe Victoire, préc.), pour autant que l'existence de ce moyen ne relève pas d'une appréciation d'ordre juridique et que ce moyen ne soit pas inopérant (CE, 27 mars 2015, Muntaner, n° 386887, préc.). Il est même arrivé que le Conseil d'État qualifie d'erreur matérielle le fait de n'avoir pas tenu compte, pour le décompte du délai, du document révélant la date d'envoi d'une demande d'aide juridictionnelle (CE, 23 février 2001, De Bragelongne, n° 222524, *Lebon*, p. 82) ou de l'existence de délai de distance (CE, 3 mai 2004, Dogan, n° 258085, *Lebon* T.). En revanche, l'omission de communiquer un mémoire ne constitue pas une erreur matérielle (CE, 15 novembre 2002, Catsiapis, n° 239354, *Lebon* T.). Le montant alloué au titre des frais non compris dans les dépens en application de l'article L. 761-1 ne peut faire d'une rectification lorsqu'il procède d'une appréciation juridique et non d'une erreur de calcul (CE, 29 janvier 2024, n° 471129, *Lebon T.*). L'erreur matérielle ne peut, d'autre part, être retenue que si elle est imputable à la juridiction : ainsi, l'erreur commise par le juge sur des faits non contestés par les parties ne peut, en l'absence de la production d'éléments de nature à éclairer le juge, conduire à estimer que le juge a commis une erreur matérielle susceptible de rectification (CE, 26 mars 2003, Lemang, n° 250101, *Lebon* T.).

Quelque souple que soit la notion d'erreur matérielle, une telle erreur ne sera retenue que si son existence est démontrée par le dossier : ainsi le ministre soutenant qu'il a invoqué devant le premier juge le moyen tiré de la prescription n'a pu obtenir la rectification de l'arrêt lui opposant l'absence de ce moyen, faute pour le Conseil d'État – alors juge d'appel – d'avoir trouvé ce moyen dans le dossier de première instance, absence d'ailleurs corroborée par le fait que le ministre n'avait pas, en appel, critiqué le fait que le premier juge n'aurait pas répondu à ce prétendu moyen (CE, 29 décembre 2000, Ministre de l'Économie c/Montaudon, n° 179786).

La transposition de ces exemples aux cours administratives d'appel doit être opérée avec prudence. Ils témoignent en effet d'une conception très large de la notion d'erreur matérielle, touchant par exemple à la façon dont le juge a exercé sa mission (omission à statuer). Cette interprétation extensive trouve sa justification devant le Conseil d'État, statuant en dernier ressort, sans le contrôle d'un juge supérieur : elle est dictée par le souci légitime de bonne administration de la justice, et ne risque pas d'entrer en concurrence avec la mission de ce juge supérieur. La doctrine a montré comment les conditions restrictives auxquelles est subordonnée la mise en œuvre du recours en révision (voir CJA, art. R. 834-1) ont conduit le juge à développer une notion extensive de l'erreur matérielle, très proche parfois de l'erreur juridique (voir notamment : D. Pouyaud, « Le recours en rectification d'erreur matérielle devant les juridictions administratives », *RFDA* 1993, p. 721). Les cours administratives d'appel sont soumises au contrôle de cassation du Conseil d'État. À généraliser l'interprétation extensive, on risque de créer une zone de turbulences dans laquelle se télescopent les procédures de rectification d'erreur matérielle et de contrôle de cassation. Ce sera notamment le cas dans les hypothèses d'omission à statuer. Saisi toutefois de cette question, le Conseil d'État a jugé d'une part que la conception de l'erreur « matérielle » ne devait pas varier selon la juridiction appelée à la rectifier, d'autre part que les deux procédures de rectification d'erreur matérielle d'une part, de cassation de l'autre ne s'excluaient pas l'une l'autre, sans qu'une priorité doive être observée entre elles (CE sect., 23 juin 1995, Conseil régional d'Aquitaine, n° 126546, *Lebon*, p. 271 – CE, 20 octobre 1995, Ministre du Budget c/Gobert, n° 135695, *Lebon* T. – CE, 27 octobre 2006, Commune de Saint-Paul-en-Pareds, n° 244353). Toutefois, il paraît difficile de faire une interprétation différente d'un même texte selon qu'il est appliqué devant le Conseil d'État ou devant une cour administrative d'appel. Le Conseil d'État a dès lors admis la possibilité de rectifier une omission à statuer « alors même que cette erreur est susceptible d'être redressée par la voie de la cassation » (CE sect., 23 juin 1995, Région Aquitaine et Lefevre, n° 126546, *Lebon*, p. 271). Cette conception extensive de l'erreur matérielle va jusqu'à permettre d'inverser la réponse donnée à un moyen (CAA Lyon plén., 8 avril 1997, Djian, n° 96LY00075) ou de revenir sur un désistement d'office en cas de confirmation de la requête (CE, 24 juin 2022, M., n° 460898, *Lebon* T.).

On note que le recours en rectification d'erreur matérielle ne peut tendre qu'à cette rectification, à l'exclusion de toute autre conclusion. Ainsi jugé dans une hypothèse où pourtant l'erreur matérielle (omission de près d'un million de francs dans le calcul d'une créance) aurait pu ouvrir un droit à capitalisation d'intérêts, compte tenu de la date à laquelle elle a été corrigée (CE, 22 juillet 1992, Société SPIE-Batignolles, n° 108867) : trois ans ont en effet séparé l'arrêt initial de la rectification… C'est que le juge statuant sur une rectification d'erreur matérielle « statue en l'état du dossier sur lequel il s'est prononcé initialement », ce qui rend irrecevables tous moyens ou conclusions nouveaux (CE, 31 mai 1995, Salah Ben Ouali, n° 150973, *Lebon* T. – CE, 30 juin 2003, De Cadaran, n° 250650, *Lebon* T.).

Et naturellement, le juge ainsi saisi ne peut que rectifier son erreur, sans pouvoir revenir sur une appréciation antérieurement portée : ainsi, une cour, allouant une indemnité en omettant de se prononcer sur les intérêts demandés, ne peut, pour rectifier cette erreur, décider que l'indemnité antérieurement fixée doit s'entendre « tous intérêts compris », car semblable position vaut réduction du montant de l'indemnité accordée au principal, et donc remise en cause de la chose jugée, au-delà de la seule rectification de l'erreur (CE, 30 juin 2003, De Cadaran, préc.).

Ce juge d'ailleurs n'est pas tenu de reprendre l'entier litige antérieur : il peut se borner à réparer l'erreur matérielle, et, par exemple, en cas d'omission de réponse à conclusions ou à moyens, à statuer sur les conclusions qui avaient été omises ou à statuer sur les moyens passés par prétérition (CE, 2 juillet 2001, Portelli, n° 217632, *Lebon* T.).
On pourrait se demander enfin si peuvent être présentées dans une telle instance des conclusions tendant à l'allocation de frais irrépétibles. L'énoncé très général de l'article L. 761-1 (« dans toutes les instances… ») nous paraît ôter tout doute à cet égard.
La contestation, devant le juge de cassation, d'un arrêt portant rectification d'erreur matérielle ne peut se fonder que sur le bien-fondé de cette rectification ou la régularité de la procédure au terme de laquelle l'arrêt a été rendu, à l'exclusion de la discussion du fond, qui est inopérante (CE, 25 septembre 2006, Ministre de l'Économie c/Société d'exploitation des commerces de Thau, n° 291847, *Lebon* T.).
Le recours en rectification d'erreur matérielle n'ouvre pas une instance au cours de laquelle une question prioritaire de constitutionnalité pourrait être présentée (CE, 4 octobre 2010, de Keguelin, n° 328505, *Lebon* T.).

Jurisprudence

[1] Considérant que, par une décision en date du 17 novembre 1961, le Conseil d'État statuant au contentieux a rejeté un recours du ministre de l'Intérieur contre un jugement du tribunal administratif de Paris en date du 24 mai 1960 par le motif que ce jugement avait été notifié au ministre le 16 août 1960, et que le recours, enregistré au secrétariat du contentieux du Conseil d'État le 19 octobre 1960, avait été présenté après l'expiration du délai d'appel et n'était pas, dès lors, recevable ;
Considérant qu'il résulte des pièces produites par le ministre de l'Intérieur à l'appui de son recours en rectification d'erreur matérielle que la notification du 16 août 1960 sur laquelle le Conseil d'État s'était fondé pour rejeter le recours dont s'agit concernait non pas le jugement attaqué, mais un autre jugement rendu à la même date sur une autre demande du sieur Picard ; que le ministre n'a, en réalité, reçu notification du jugement attaqué que le 23 août 1960 ; qu'ainsi la décision susvisée du Conseil d'État est entachée d'une erreur matérielle qui n'est pas imputable au ministre et qui, par application de l'article 78 de l'ordonnance du 31 juillet 1945, doit être rectifiée [...].

[2] Considérant qu'il ressort des termes mêmes – et sans qu'il y ait à procéder à cet égard à une appréciation d'ordre juridique – des mémoires produits par le Groupement d'intérêt économique du groupe Victoire à l'appui de son pourvoi dirigé contre l'arrêt du 11 juillet 1997 de la cour administrative d'appel de Paris que ce groupement avait invoqué de manière distincte des autres moyens un moyen tiré de l'insuffisance de motivation de cet arrêt ; que ce moyen a d'ailleurs été visé par la décision attaquée ; qu'en omettant d'y répondre le Conseil d'État a entaché sa décision d'une erreur matérielle au sens des dispositions de l'article 78 de l'ordonnance du 31 juillet 1945 [...].

[3] Considérant que, saisi en appel d'une requête de la SCI Les Prés contre un jugement du 23 mars 1984 par lequel le tribunal administratif de Versailles avait annulé, à la demande des époux Gloviak et autres, l'arrêté du 30 juin 1983 du préfet de l'Essonne accordant un permis de construire de 40 logements à la SCI Les Prés, le

Conseil d'État, statuant au contentieux par une décision du 25 janvier 1989, a annulé le jugement attaqué ; qu'en se bornant, pour rejeter la demande des époux Gloviak et autres devant le tribunal administratif, à infirmer le motif retenu par les premiers juges, il a omis de se prononcer sur le mérite de la demande de première instance ; qu'il y a lieu de rectifier l'erreur matérielle résultant de cette omission [...].

Les délais de distance

Art. R. 833-2 Les dispositions de l'article R. 811-5 sont applicables aux recours en rectification d'erreur matérielle.

Texte source

– Décret n° 2000-389 du 4 mai 2000, article 1er.

CHAPITRE 4 Le recours en révision

Le recours en révision contre une décision du Conseil d'État

Art. R. 834-1 Le recours en révision contre une décision contradictoire du Conseil d'État ne peut être présenté que dans trois cas :

1° si elle a été rendue sur pièces fausses ;

2° si la partie a été condamnée faute d'avoir produit une pièce décisive qui était retenue par son adversaire ;

3° si la décision est intervenue sans qu'aient été observées les dispositions du présent code relatives à la composition de la formation de jugement, à la tenue des audiences ainsi qu'à la forme et au prononcé de la décision.

Texte source

– Ordonnance n° 45-1708 du 31 juillet 1945, article 75.

Commentaires

Ce mode de recours est, s'agissant des juridictions régies par le Code de justice administrative, réservé aux seules décisions du Conseil d'État ; en revanche, un tel recours peut être formé par toute partie à l'instance, « en vertu d'une règle générale de procédure découlant des exigences de la bonne administration de la justice » à l'encontre d'une décision passée en force de chose jugée, émanant d'une juridiction administrative ne relevant pas du Code et pour laquelle aucun texte ne l'a prévu, « si cette décision a été rendue sur pièce fausse ou si elle l'a été faute pour la partie perdante d'avoir produit une pièce décisive qui était retenue par son adversaire » (CE sect., 16 mai 2012, Serval, n° 331346, *Lebon ; JCP A,* 17 septembre 2012, p. 19 [1]). Ce recours peut être présenté contre toute décision passée en force de chose jugée dans les deux mois à partir du jour où la partie a eu connaissance de la cause de révision invoquée (le Conseil d'État réitère ici la règle mentionnée à l'article R. 834-2). Encore doit-on noter que ce délai de forclusion ne peut courir avant la lecture de la décision du Conseil d'État qui a, pour la première fois, énoncé la règle posant ce délai (CE, 17 décembre 2014, Serval, n° 369037, *Lebon*), le Conseil d'État appliquant ici un principe énoncé dans l'arrêt *Tropic* (CE ass., 16 juillet 2007, Société Tropic Travaux Signalisation, n° 291545, *Lebon*, p. 360).

Le 3° de l'article R. 834-1 n'avait pas à être repris dans cette construction applicable aux juridictions non soumises au Code de justice administrative, puisque les défauts relevés dans ce 3° peuvent fonder un pourvoi en cassation.

Les conditions d'admission d'un recours en révision ont un caractère limitatif (CE, 30 décembre 2002, Abbas X, n° 230707). Ainsi le fait pour la décision de n'avoir pas analysé un des mémoires produits par une partie ne constitue pas un motif de recours en révision, mais peut seulement fonder un recours en rectification d'erreur matérielle (CE, 18 novembre 2015, Vitse, n° 373568, *Lebon* T.). Il en va de même de l'absence de mention, sur l'avis d'audience, de ce que l'affaire est examinée dans le cadre de la procédure d'admission des pourvois en cassation (CE, 4 avril 2016, Delalande, n° 394900, *Lebon* T.).

Ces conditions sont strictement interprétées : ainsi une pièce contenant une mention inexacte ne constitue pas une « pièce fausse » (CE, 11 janvier 1961, David, *Lebon*, p. 30). Et la pièce non produite parce que retenue doit être « décisive », à savoir de nature à modifier le sens de la décision juridictionnelle. On note à l'inverse que le fait pour l'administration de ne pas avoir retrouvé une pièce équivaut à l'avoir « retenue » (CE sect., 5 avril 1996, Treiber, n° 093234, *Lebon*, p. 122 [2]). Et le fait d'avoir omis d'avoir informé une partie non représentée par un avocat aux conseils de l'inscription de son affaire au rôle justifie un recours en révision au titre du 3° de l'article R. 834-1, alors même que l'obligation d'informer ne figure pas dans les articles relatifs à la « tenue de l'audience » (CE, 7 juillet 2004, Association de défense des intérêts du sport, n° 241293, *Lebon* – CE, 17 juillet 2013, Lunel, n° 361898). Si toutefois les requérants sont représentés par le « premier dénommé », en application de l'article R. 411-5, et nonobstant l'irrégularité d'une telle représentation, l'avertissement donné à ce représentant de l'inscription au rôle vaut pour tous ceux qu'il représente, et leur ferme donc la voie du recours en révision (CE, 16 février 2007, Association En toute franchise, n° 292114, *Lebon* T.).

Identiquement, le fait pour le Conseil d'État de n'avoir pas prévenu le requérant du sens des conclusions du rapporteur public est regardé comme entrant dans les prévisions de l'article R. 834-1, même si la règle qui impose cette information n'est pas au nombre de celles qui figurent au titre III du livre VII du code (CE, 10 juillet 2013, Société Stanley International Betting, n° 357359, *Lebon* T.).

Ne constitue pas une cause de révision le fait que la décision aurait mentionné à tort la présence de l'avocat lors de la séance de jugement de l'affaire (CE, 10 octobre 2011, Burger, n° 338719, *Lebon* T.) ou que la juridiction a constaté à tort un désistement d'office en omettant un mémoire de confirmation (CE, 24 juin 2022, M., n° 460898, *Lebon* T.).

Si la décision frappée de recours est un refus d'admission d'un pourvoi, et ce dernier étant prononcé sans que l'adversaire, à qui ce pourvoi est transmis « pour information », ait été invité à produire une défense, le recours en révision ne peut se fonder sur le 2°, aucune pièce n'étant « retenue » par une partie à laquelle on n'a rien demandé (CE, 1er mars 2006, Rousseau).

Le recours en révision n'ouvre pas une instance au cours de laquelle une question prioritaire de constitutionnalité pourrait être présentée (CE, 4 octobre 2010, de Keguelin, n° 328505, *Lebon* T.).

Jurisprudence

[1] Considérant qu'en vertu des dispositions des 1° et 2° de l'article R. 834-1 du code de justice administrative, le recours en révision n'est ouvert, lorsqu'une décision juridictionnelle a été rendue sur pièces fausses ou qu'une partie a été condamnée faute d'avoir produit une pièce décisive qui était retenue par son adversaire, qu'à l'égard des décisions du Conseil d'État ; que cette voie particulière de recours ne saurait, en l'absence de texte l'ayant prévue, être étendue aux autres juridictions régies par ce code ; que, s'agissant en revanche des juridictions administratives qui n'en

Livre IX

L'exécution des décisions

TITRE I Principes

L'injonction de prendre une mesure d'exécution dans un sens déterminé

Art. L. 911-1 Lorsque sa décision implique nécessairement qu'une personne morale de droit public ou un organisme de droit privé chargé de la gestion d'un service public prenne une mesure d'exécution dans un sens déterminé, la juridiction, saisie de conclusions en ce sens, prescrit, par la même décision, cette mesure assortie, le cas échéant, d'un délai d'exécution.
La juridiction peut également prescrire d'office cette mesure.

Textes sources

– Loi n° 80-539 du 16 juillet 1980 modifiée par loi du 8 février 1995, article 6-1, § 1.
– Code des TA et des CAA, article L. 8-2, § 1.
– Loi n° 2019-222 du 23 mars 2019, article 40.

Commentaires

Voir les commentaires sous l'article L. 911-2.

L'obligation de réintégrer dans certains cas

Art. L. 911-1-1 Lorsqu'il est fait application de l'article L. 911-1, la juridiction peut prescrire de réintégrer toute personne ayant fait l'objet d'un licenciement, d'un non-renouvellement de son contrat ou d'une révocation en méconnaissance du II de l'article 10-1 de la loi n° 2016-1691 du 9 décembre 2016 relative à la transparence, à la lutte contre la corruption et à la modernisation de la vie économique, y compris lorsque cette personne était liée par une relation à durée déterminée avec la personne morale de droit public ou l'organisme de droit privé chargé de la gestion d'un service public.

Textes sources

– Loi n° 2016-1691 du 9 décembre 2016, article 11.
– Loi n° 2022-401 du 21 mars 2022, article 13.

Commentaires

Les textes de renvoi se rapportent tous aux mesures disciplinaires (et notamment de révocation) prises contre les salariés qui ont signalé une alerte dans les conditions prévues aux articles 6 à 8 de la loi n° 2016-1691 du 9 décembre 2016 relative à la transparence, à la lutte contre la corruption et à la modernisation de la vie économique.

L'injonction de statuer à nouveau dans un délai déterminé

Art. L. 911-2 Lorsque sa décision implique nécessairement qu'une personne morale de droit public ou un organisme de droit privé chargé de la gestion d'un service public prenne à nouveau une décision après une nouvelle instruction, la juridiction, saisie de conclusions en ce sens, prescrit, par la même décision juridictionnelle, que cette nouvelle décision doit intervenir dans un délai déterminé.

La juridiction peut également prescrire d'office l'intervention de cette nouvelle décision.

Textes sources

– Loi n° 80-539 du 16 juillet 1980.
– Loi n° 95-125 du 8 février 1995, article 6-1, § 2.
– Code des TA et des CAA, article L. 8-2, § 2.
– Loi n° 2019-222 du 23 mars 2019, article 40.

Commentaires

I – Le mécanisme

Avec ces articles, issus de la loi du 8 février 1995, le pouvoir d'injonction a fait son entrée générale dans la juridiction administrative. Un tel pouvoir avait déjà été confié au juge des référés en matière de marchés (voir CJA, art. L. 551-1 et L. 551-2). La formule classiquement reprise dans les arrêts et jugements selon laquelle « il n'appartient pas au juge administratif d'adresser des injonctions à l'administration » est désormais modifiée, et fait réserve des cas prévus par ces articles.

Il vaut d'être noté que ce pouvoir d'injonction s'inscrit dans un édifice consacré à l'exécution des décisions juridictionnelles : la procédure administrative rend ainsi compte de l'attention désormais portée à cette exécution, laquelle fait partie du « droit au tribunal » reconnu par l'article 6 de la Convention européenne de sauvegarde des droits de l'homme et des libertés fondamentales (CEDH, 19 mars 1997, Hornsby c/Grèce, n° 18357/91).

Il convient de constater que le message implicitement adressé à la juridiction administrative par le législateur, qui peut se synthétiser dans l'injonction d'être utile, a été parfaitement reçu. Outre les développements, que l'on va mentionner, de la jurisprudence relative à l'exécution – et notamment les innovations découlant des arrêts *Bourezak* (CE, 4 juillet 1997, n° 156298, *Lebon*), *Leveau* (CE, 4 juillet 1997, n° 161105, *Lebon*), d'assemblée *Vassilikiotis* (CE ass., 29 juin 2001 n° 213229, *Lebon*, p. 303) ou *Titran* (CE, 5 mars 2003, n° 241325, *Lebon*, p. 114) –, on doit citer un arrêt du 25 mars 2002 *Caisse d'assurances accidents agricole du Bas-Rhin*, n° 224055, *Lebon*, qui, tout en reconnaissant l'existence dans un acte réglementaire d'une erreur matérielle, qui aurait dû conduire à son annulation, refuse, « pour donner le meilleur effet à la décision » de la prononcer, et procède au rétablissement du texte tel qu'il aurait dû être édicté, en ordonnant que l'arrêt soit publié au *Journal officiel* (voir également, dans le même sens : CE,

4 décembre 2013, Association France Nature environnement, n° 357839, *Lebon* T. – CE, 15 juillet 2020, Polynésie Française, n° 436155, *Lebon*).

Le point commun aux deux articles était que la juridiction devait être saisie de conclusions tendant à ce qu'elle fasse usage du pouvoir ainsi défini. Depuis 2019 le juge peut – et doit donc – prescrire d'office la mesure prévue par l'un de ces textes. Jusqu'à l'intervention du décret n° 2019-1502 du 30 décembre 2019, le juge n'était pas tenu de mettre les parties à même de présenter leurs observations (CE, 5 juillet 2019, Fédération française du transport de personnes sur réservation, n° 413040, *Lebon*). Une information des parties est désormais prévue par l'article R. 611-7-3. Ce pouvoir d'office résulte du constat que « Les requérants oublient souvent de demander l'injonction ou demandent une mesure inadaptée (entre l'obligation de réexaminer l'affaire et l'obligation de prendre une décision dans un sens donné). En l'absence de mesures d'injonction prononcées par le juge, il arrive que l'administration laisse perdurer une situation pourtant jugée illégale, voire reprenne une décision identique à celle annulée par le jugement, ce qui engendre de nouveaux contentieux inutiles, soit contre ces nouvelles décisions, soit pour faire exécuter le premier jugement rendu (environ 1 000 affaires par an). Afin de renforcer l'effectivité des décisions de justice, il est proposé de permettre au juge d'assortir d'office une annulation d'une injonction et d'une astreinte. Cette possibilité est également étendue à la commission du contentieux du stationnement payant. Le juge civil dispose déjà du pouvoir d'infliger d'office des astreintes » (Exposé des motifs de la loi n° 2019-222 du 23 mars 2019).

Il faut en conclure que ce qu'il décidera constituera non une information donnée aux parties, mais une chose jugée, incorporée dans le dispositif de la décision, et couverte par la formule exécutoire. Du même coup sont envisageables des appels, ou des pourvois en cassation dirigés non contre le principal du jugement ou de l'arrêt (l'annulation d'une décision par exemple), mais contre l'injonction, qu'elle concerne la décision qui doit être prise, ou le délai donné au défendeur pour s'exécuter (voir par exemple : CE, 20 juin 2012, Ministre de l'Intérieur c/Ketsopa, n° 346073, *Lebon* T.). Ainsi a été admis un appel formé par le défendeur de première instance, mais limité aux mesures ordonnées par le premier juge (CE, 10 mai 1999, Laroze, n° 191752), et un pourvoi en cassation, formé par le bénéficiaire de ces mesures, qui, en l'espèce à juste titre d'ailleurs, les estimait insuffisantes (CE, 2 juillet 1999, Hirsch Marrie, n° 190474, *Lebon* T.). Il est, dans le même sens, jugé que le litige lié aux mesures d'exécution n'est pas distinct du recours pour excès de pouvoir dirigé contre un acte. Ces mesures peuvent donc faire l'objet d'un appel incident (CE, 25 mars 1996, Commune de Saint-François, n° 136910, *Lebon*, p. 101 – CE, 15 mars 1999, Devic, n° 183545, *Lebon*, p. 65 – CE, 21 novembre 2008, Leclercq, n° 302144, *Lebon* T.). On doit même envisager que soit discuté le choix que la juridiction a opéré entre les deux articles.

Par arrêt *Vassilikiotis* (CE ass., 29 juin 2001, préc.), l'assemblée du contentieux a, s'agissant de l'annulation partielle d'un règlement en ce qu'il ne prévoyait pas certaines dispositions, enjoint d'office à l'administration non seulement d'édicter les dispositions manquantes, mais encore de ne pas opposer à des particuliers l'absence de ces dispositions dans l'attente de leur édiction. Une telle avancée a procédé du souci de donner son plein effet à l'annulation. De même inspiration est la décision *Titran* (CE, 5 mars 2003, préc.), par laquelle, constatant que l'annulation partielle, qu'il prononçait, d'une mesure réglementaire rectifiant, mais de façon insuffisante pour la protection des libertés, un règlement antérieur, ne devait pas laisser subsister dans l'ordre juridique des éléments de ce règlement contraires à diverses garanties, le Conseil d'État a enjoint au garde des Sceaux de prendre, dans un délai raisonnable, un nouvel arrêté contenant des mesures que le juge a énoncées dans les motifs de son arrêt. On pourra également consulter utilement la décision *Cimade* (CE, 30 juillet 2014, n° 375430, *Lebon*), par laquelle le Conseil d'État prescrit au ministre de l'Intérieur, dans l'attente de l'édiction de dispositions législatives ou réglementaires nécessaires au respect des exigences découlant du droit de l'Union européenne, de procéder au cas par cas à un examen préalable de certaines demandes d'asile afin de déterminer la procédure d'instruction qu'elles appellent.

Sont soumis à ce pouvoir d'injonction les « personnes morales de droit public ou les organismes de droit privé chargés de la gestion d'un service public », pourvu bien sûr que le litige né de leur activité relève de la compétence du juge administratif. Et sont exclues de cette sphère les autorités investies d'une fonction juridictionnelle (CE, 14 décembre 2004, Kheireddine Bahloul, n° 275073, *Lebon* T.). S'agissant des personnes purement privées, ces dispositions n'ont en effet pas lieu d'être. D'une part, le juge administratif s'est reconnu depuis longtemps un pouvoir d'injonction à leur égard (voir en ce sens : CE, 13 juillet 1956, OPHLM du département de la Seine, n° 37656, *Lebon*, p. 338 – CE, 25 janvier 1980, Sotem et Mariani, n° 11514, *Lebon*, p. 615 – CE, 16 janvier 1985, Codorniu, n° 57106, *Lebon* T.), notamment dans le cadre de la répression des contraventions de grande voirie. D'autre part et surtout, on voit mal qu'une personne purement privée puisse se voir imposer ce que prévoient les articles L. 911-1 et L. 911-2, lesquels concernent des mesures positives. En revanche, on a vu le Conseil d'État adresser à une personne privée une « injonction de ne pas faire » (CE, 3 juillet 2002, Commune de Beauregard-de-Terrasson, n° 245236, *Lebon*). Aucune astreinte en tout cas n'est prononcée contre une personne privée soumise à une obligation de payer (CE, 28 octobre 2002, Walter, n° 240088, *Lebon* T., reproduit sous l'article L. 911-4).

On doit estimer que ces dispositions joueront, lorsque, dans le cadre du contentieux de l'excès de pouvoir, seront en cause des actes de personnes apparemment privées, mais qui ne sont que le camouflage de personnes publiques (CE, 11 mai 1987, Divier, n° 62459, *Lebon*, p. 167). Il convient en tout état de cause que le juge administratif respecte l'ordre des compétences, même lorsqu'il fait usage des pouvoirs d'injonction qui lui sont ainsi reconnus (CE sect., avis, 13 mars 1998, Vindevogel, n° 190751, *Lebon* [1]).

On note que le juge des référés ne s'interdit pas d'assortir d'injonctions les mesures de suspension qu'il prononce, soit qu'il suspende l'exécution de mesures négatives, soit que, s'agissant de la suspension de mesures positives, il estime que le simple prononcé de la suspension d'une décision pourrait ne pas suffire, notamment si une personne privée doit renoncer aux droits qu'elle tirait de cette décision. Prononçant ainsi la suspension de l'autorisation de travaux délivrée à une société concessionnaire de travaux publics, il a assorti cet ordre d'une injonction, en l'espèce adressée à cette société, de s'abstenir de poursuivre les travaux en cause (CE, 3 juillet 2002, Commune de Beauregard-de-Terrasson, préc.).

Le juge saisi de conclusions tendant à ce qu'il use de ce pouvoir d'injonction est tenu d'y satisfaire si les conditions en sont réunies (CE sect., avis, 30 novembre 1998, Berrad, n° 188350, *Lebon* [2]). Le juge peut enjoindre enjoint à une personne publique de faire cesser les causes du dommage dont il est demandé réparation ou d'en pallier les effets (CE sect., 6 décembre 2019, Syndicat des copropriétaires du Monte Carlo Hill, n° 417167, *Lebon,* p. 445 ; CE, 12 avril 2022, Société La Closerie, n° 458176, *Lebon*, p. 87). Mais il ne peut pas faire droit à une demande tendant à ce qu'il soit enjoint à une personne publique de faire cesser les causes du dommage dont il est demandé réparation ou d'en pallier les effets si les conditions d'engagement de la responsabilité de cette personne, notamment l'existence d'un dommage qui doit perdurer au jour où il statue, ne sont pas réunies (CE, 28 mai 2025, n° 499094, *Lebon* T.).

Il va de soi qu'aucun de ces articles ne trouve à s'appliquer dans le cas de rejet d'un recours pour excès de pouvoir, qui n'implique aucune décision administrative nouvelle (CE, 7 avril 1995, Surry, n° 154129, *Lebon* – CE, 20 juin 2012, Ministre de l'Intérieur, n° 346073, *Lebon* T. – CE, 19 juillet 2017, Ville de Paris, n° 388403, *Lebon* T., s'agissant d'un arrêt annulant un jugement et rejetant la demande), même si le juge a estimé opportun d'éclairer les parties quant à la portée de sa décision, ce qu'il lui est loisible de faire pourvu qu'il n'enjoigne rien (CE, 20 juin 2012, Ministre de l'Intérieur, préc.).

Le premier article se réfère aux mesures que, nécessairement, doit prendre le défendeur « dans un sens déterminé ». En d'autres termes, il vise les hypothèses dans lesquelles sa compétence est liée, lesquelles ne sont *a priori* pas très fréquentes. On en verra des applications dans le contentieux de la fonction publique, lorsque, le service ayant compétence liée (par exemple, pour servir une allocation de chômage ou attribuer un échelon), il aura à tort estimé que les conditions d'exercice de cette compétence n'étaient pas réunies (estimant, par exemple, qu'un agent démissionnaire n'a pas droit à cette allocation, ou qu'un autre agent n'a pas l'ancienneté nécessaire pour atteindre l'échelon recherché) : il sera alors aisé de lui prescrire ce qu'il doit faire à la suite de l'annulation. Par un raisonnement analogue, l'annulation du refus de prendre une mesure, lorsqu'elle est fondée sur l'obligation légale qu'avait l'administration de la prendre donne lieu à injonction de prendre cette mesure (CE sect., 26 juillet 1996, Association lyonnaise de protection des locataires, n° 160515, *Lebon*), sans que l'injonction doive alors définir le contenu de la décision à prendre (CE, 21 mai 1997, Dobler, n° 173069, *Lebon* T. [3]).

Pour appliquer cet article, le juge réagit au titre du plein contentieux, entendons par là qu'il doit, pour mesurer l'injonction qui lui est demandée, prendre en considération l'état de fait et de droit prévalant au jour où il se prononce : ainsi, annulant un refus d'agrément en vue d'une adoption, est-il conduit à prendre en compte l'évolution de la famille de l'adoptant depuis le refus (CE, 28 juillet 2006, Département de la Haute-Garonne, n° 280235), et, en cas d'appel, se placer non au jour du jugement qui a prononcé l'injonction, mais au jour où se prononce le juge d'appel (CE, 28 juillet 2006, Département des Yvelines, n° 289621, *Lebon* T.).

Naturellement, sera également prise en compte une évolution des textes, ce qui pourra parfois conduire tout à la fois à annuler sur le fond un refus d'autorisation, et à rejeter la demande d'injonction tendant à la délivrance de cette autorisation, l'évolution des textes faisant que l'intéressé n'a plus droit au titre demandé, sauf dispositions spéciales.

II – Le contentieux des mesures positives

S'agissant du contentieux des mesures positives, le plus souvent l'annulation de l'acte se suffira à elle-même (songeons à l'annulation d'une mesure de police). Et, dans de nombreux domaines, le raisonnement juridique permet de dire ce que doit faire l'administration après l'annulation d'une décision positive. Le contentieux de la fonction publique, ici encore, fournit quelques hypothèses dans lesquelles l'annulation d'une mesure positive oblige l'administration à agir dans un sens déterminé. Ainsi l'annulation d'une révocation, quel qu'en soit le motif, « implique nécessairement la réintégration de l'intéressé à la date de son éviction », ainsi que la reconstitution de sa carrière (CE, 29 décembre 1995, Kavvadias, n° 129659, *Lebon* – CE, 25 mars 1996, Commune de Saint-François, préc., s'agissant d'une injonction assortie d'astreinte), sauf, évidemment, si l'intéressé a, depuis, été admis à faire valoir ses droits à la retraite (CE, 23 décembre 2011, Chambre de commerce et d'industrie de Nîmes, n° 347178, *Lebon*). La réintégration peut d'ailleurs s'accompagner de la réitération de l'éviction, mais sans rétroactivité, sauf si une situation de compétence liée commande cette réitération à une date antérieure à la date de décision portant nouvelle éviction (CE, 22 mai 2012, SDIS de la Nièvre, n° 329025, *Lebon* T.). De même, et ce fut la première application du texte nouveau, l'annulation de l'acceptation du retrait de la démission, définitive, d'un maire, implique nécessairement le remplacement du maire par un adjoint (CE ass., 26 mai 1995, Etna, n° 167914, *Lebon*). Encore doit-on tenir compte des motifs de l'annulation, et des possibilités pour l'administration, en cas de vice de forme censuré, de régulariser sa procédure par une nouvelle décision : par avis *Boullay* du 28 juillet 2000, n° 220301, le Conseil d'État a précisé *a contrario* que, si l'annulation avait censuré l'omission d'une formalité substantielle insusceptible de régularisation, l'administration était tenue de prendre la décision inverse de celle annulée.

Les articles L. 911-1 et L. 911-2 étant liés aux stricts effets de la chose jugée, il est exclu que, pour leur application, le juge recherche si d'autres motifs que ceux qu'il a retenus pour annuler une décision « seraient susceptibles de justifier l'annulation d'une nouvelle décision qui réitérerait la décision annulée » (CAA Lyon, 30 mai 2006, Mouna, n° 01LY01646, *Lebon* T.).

La question se pose des effets des annulations pour vices de forme : ces derniers peuvent en effet être « purgés », et la même décision être ainsi prise régulièrement, sans méconnaissance de la chose jugée. Mais ce n'est pas une raison pour que l'administration échappe à l'obligation qui est la sienne – et qui est traduite par ces deux articles – d'exécuter la chose jugée. La décision *Mas* (CE, 11 décembre 2006, Mas, n° 280696, *Lebon*) semble apporter une réponse à cette question, selon une démarche qui pourrait inspirer d'autres décisions : s'agissant pour le juge de prescrire les mesures d'exécution de l'annulation d'un titre exécutoire, prononcée pour un motif de régularité en la forme, le Conseil d'État y ordonne la restitution des sommes perçues par l'administration, et ce dans les deux mois, « si la commune n'a pas émis avant l'expiration de ce délai de nouveaux titres dans des conditions régulières ». C'est là un mariage original des articles L. 911-1 et L. 911-2.

Même des annulations au fond de décisions « positives » peuvent soulever de délicates questions d'exécution. Ce sera notamment le cas de toutes les mesures ayant eu des effets matériels ou s'étant traduites par des mesures juridiques ne relevant pas du juge administratif.

S'agissant des effets matériels, s'est posée la question des actes ayant pour objet et pour effet l'édification d'un ouvrage public. Il a longtemps et traditionnellement été jugé qu'un « ouvrage public mal planté ne se détruit pas » (CE, 7 juillet 1853, Robin de Grimaudière, *Lebon*, p. 693), même si cette position a été légèrement assouplie en 1991 (CE sect., 19 avril 1991, Denard et Martin, n° 78275, *Lebon*, p. 148). Cette attitude a dû évoluer pour faire leur place aux nécessités de l'exécution. L'évolution a été, il faut le préciser, aidée par la jurisprudence du Tribunal des conflits (TC, 6 mai 2002, Binet, n° 3287, *Lebon*, p. 544), admettant que l'implantation d'un ouvrage public puisse constituer une voie de fait, ce qui autorisera la Cour de cassation, par arrêt du 30 avril 2003 (Cass. 3e civ., Mourareau et a., n° 01-14.148), à envisager de donner l'ordre de démolir un ouvrage public édifié dans des conditions manifestement illégales et si aucune procédure de régularisation appropriée n'a été engagée. Dans ce concert juridictionnel, le Conseil d'État a apporté sa voix par arrêt du 29 janvier 2003 (CE sect., 29 janvier 2003, Syndicat départemental de l'électricité et du gaz des Alpes-Maritimes, n° 245239 *Lebon*, p. 21). Selon cette décision toute en nuances, pour déterminer si l'exécution de l'annulation d'une décision de ce type implique que l'on ordonne la démolition d'un ouvrage public, il appartient au juge de rechercher d'abord si, eu égard aux motifs de la décision d'annulation, une régularisation est possible, ensuite, et dans la négative, de prendre en considération « d'une part les inconvénients que la présence de l'ouvrage entraîne pour les différents intérêts publics ou privés en présence, d'autre part, les conséquences de la démolition pour l'intérêt général », pour apprécier si la démolition n'entraîne pas une atteinte excessive à l'intérêt général (voir, en ce sens, CAA Lyon, 6 juillet 2006, SCI Plein Sud, n° 03LY01742, *Lebon* T. ; *RFDA* janvier-février 2007, p. 162 – CE, 13 février 2009, Communauté de communes du canton de Saint-Malo de la Lande, n° 295885, *Lebon* T.) et si l'irrégularité est régularisable, le juge statuant désormais comme juge de plein contentieux (CE, 29 novembre 2019, Pinault, n° 410689, *Lebon* T.). Une décision récente précise que ni l'article 2227 du Code civil ni aucune autre disposition ni aucun principe prévoyant un délai de prescription ne sont applicables à une telle action (CE, 27 septembre 2023, n° 466321, *Lebon* T.). Alors que l'on avait pu craindre que le jeu de ces conditions ne conduise à recréer, au stade de l'exécution, une nouvelle intangibilité de l'ouvrage public, l'année 2011 a vu le Conseil d'État, confirmant la cour administrative d'appel de Lyon, ordonner la destruction d'équipements de loisirs devant occuper une surface de 16 000 m² dans une partie naturelle du site inscrit du lac du Bourget (CE, 20 mai 2011, Communauté d'agglomération du lac du Bourget, n° 325552, *Lebon*), et celle d'un parc de stationnement de 499 places dans la commune de Valmeinier (CE sect., 14 octobre 2011, Commune de Valmeinier, n° 320371, *Lebon ; JCP A*, 28 novembre 2011, p. 17). À l'occasion de cette dernière décision, le Conseil d'État a précisé que, si les constructions ne sont pas achevées à la date de la décision juridictionnelle d'annulation, il appartient à la juridiction saisie de conclusions en ce sens « d'ordonner dans tous les cas l'interruption des travaux ».

S'agissant d'effets juridiques échappant à la compétence du juge administratif, la question a été posée de l'exécution de jugements ou arrêts annulant des décisions de préempter, alors que la préemption a été effectuée. C'est une décision *Bour* (CE sect., 26 février 2003, Bour, n° 231558, *Lebon*, p. 59) qui a posé les règles, voire le mode d'emploi, ici applicables : l'annulation par le juge de l'excès de pouvoir de l'acte par lequel le titulaire du droit de préemption décide d'exercer ce droit emporte pour conséquence que ce titulaire doit être regardé comme n'ayant jamais décidé de préempter ; ainsi cette annulation implique nécessairement, sauf atteinte excessive à l'intérêt général appréciée au regard de l'ensemble des intérêts en présence, que le titulaire du droit de préemption, s'il n'a pas entre-temps cédé le bien illégalement préempté, prenne toute mesure afin de mettre fin aux effets de la décision annulée ; il lui appartient à cet égard, et avant toute autre mesure, de s'abstenir de revendre à un tiers le bien illégalement préempté ; il doit en outre proposer à l'acquéreur évincé puis, le cas échéant, au propriétaire initial d'acquérir le bien, et ce, à un prix visant à rétablir autant que possible et sans enrichissement sans cause de l'une quelconque des parties les conditions de la transaction à laquelle l'exercice du droit de préemption a fait obstacle. Lorsque le juge administratif est saisi de conclusions tendant à ce qu'il prescrive les mesures qu'implique nécessairement l'annulation de la décision de préemption, il lui appartient par suite, après avoir le cas échéant mis en cause la ou les parties à la vente initialement projetée qui n'étaient pas présentes à l'instance et après avoir vérifié, au regard de l'ensemble des intérêts en présence, que le rétablissement de la situation initiale ne porte pas une atteinte excessive à l'intérêt général, de prescrire à l'auteur de la décision annulée de prendre les mesures ci-dessus définies, dans la limite des conclusions dont il est saisi. Lorsque, en revanche, le bien préempté a été revendu, aucune disposition ne permet à la juridiction administrative de prescrire les mesures qui, tendant à la remise en cause de la revente du bien, se rattachent à un litige distinct portant sur la légalité de cette décision de revente, et ne sauraient donc être regardées comme étant au nombre de celles qu'implique l'annulation de la décision de préemption.

On citera pour mémoire ici, renvoyant à la littérature spécialisée, les problèmes posés par l'exécution des jugements annulant un acte détachable de la passation d'un contrat (par exemple : CE, 10 décembre 2003, Institut de recherche pour le développement, n° 248950, *Lebon*, p. 501).

III – Le contentieux des mesures négatives

C'est toutefois le cas de l'annulation des mesures négatives, de refus, qui soulève les questions les plus délicates, toutes les fois que l'existence d'une compétence strictement liée n'appelle pas l'édiction de la mesure inverse. On sait en effet que la compétence, non liée avant contrôle juridictionnel, peut le devenir une fois ce contrôle effectué, le juge fondant parfois son annulation sur l'obligation dans laquelle se trouve l'administration, compte tenu des circonstances de fait telles qu'appréciées par la juridiction, de se prononcer dans un sens déterminé. S'agissant du contentieux des refus, il est toutefois relativement rare que le juge fonde leur annulation sur le droit que le requérant a d'obtenir ce qu'il veut : le plus souvent est sanctionné un vice de forme, une incompétence, ou l'erreur affectant un motif, sans que la juridiction reconnaisse pour autant le droit du requérant. Le défendeur n'est dans une telle hypothèse *a priori* pas tenu de se prononcer « dans un sens déterminé ». C'est la première lecture que les juridictions ont faite du texte nouveau : ainsi, si l'annulation du refus de délivrer un titre de séjour à un étranger contraint l'administration à lui remettre une autorisation provisoire de séjour couvrant la période pendant laquelle s'opère une nouvelle instruction de sa demande (TA Lille, 24 octobre 1995, El Jarroudi, n° 95-1407, *Lebon* T.), elle ne l'oblige pas en principe à délivrer le titre, même si elle est fondée sur l'atteinte excessive au droit de mener une vie familiale normale (CE, 18 octobre 1995, Ministre de l'Intérieur c/Reghis, n° 156252, *Lebon* T.), des éléments nouveaux pouvant remettre en cause cette appréciation.

Une évolution sensible s'est produite avec la décision *Bourezak* (CE, 4 juillet 1997, Bourezak, préc. [4]) : le juge, ayant censuré le refus opposé par l'administration sur le terrain qu'elle a choisi, peut s'assurer de la présence ou de l'absence d'éléments nouveaux qui pourraient justifier derechef un refus en instruisant, de façon inquisitoriale, la demande d'injonction (voir également : CE, 4 juillet 1997, Leveau, préc.). Dans ces deux affaires, le Conseil d'État a tiré, s'agissant de la réponse à apporter à des conclusions en injonction, les conséquences de l'instruction menée par la sous-section (devenue « chambre » aujourd'hui), faisant apparaître qu'en raison d'un changement de fait, postérieur à la décision annulée, l'annulation n'implique plus nécessairement la prise d'une décision dans un sens déterminé (*Leveau*), ou qu'au contraire (*Bourezak*), la situation de fait ou de droit de l'intéressé n'avait pas changé au point de rendre sans objet l'injonction, ou que ne seraient pas survenus des faits, postérieurs à la décision de refus, qui permettraient de fonder légalement une nouvelle décision identique (voir, de même, CE, 6 novembre 2000, Mouvement contre le racisme et pour l'amitié entre les peuples, n° 214512, *Lebon*). Il est significatif que l'arrêt fasse apparaître avec minutie l'objet de l'instruction à laquelle il a été ainsi procédé, et souligne l'obligation dans laquelle se trouve le juge de l'injonction d'y procéder. De telles décisions donnent à penser que, en cas d'annulation d'une décision de refus comme non fondée, le juge peut, au terme d'une instruction complémentaire, reconnaître le droit de l'intéressé à ce qu'il demandait, et donc transformer les conclusions aux fins d'injonction en une sorte de recours individuel en déclaration de droits (différent par sa nature des actions en déclaration de droits instituées par les articles L. 77-12-1 et suivants).

En termes procéduraux, on peut dire que les conclusions aux fins d'injonction s'appuyant sur le premier article peuvent ainsi ouvrir un contentieux de pleine juridiction à l'intérieur d'un contentieux de l'excès de pouvoir : ainsi que l'a dit M. Aguila, commissaire du gouvernement concluant dans l'affaire *Ordre des avocats du barreau d'Évreux* (CE sect., 5 octobre 2007, n° 282321, *Lebon*),

« l'injonction est un coin de plein contentieux enfoncé dans le recours pour excès de pouvoir ». Le juge se voit ainsi reconnaître la possibilité de statuer « en déclaration de droits ». Cette évolution ne pourra toutefois être que mesurée, et sans doute limitée aux hypothèses dans lesquelles le motif de l'annulation implique déjà une sorte de présomption du droit de l'intéressé à obtenir ce qu'il réclame : le juge de l'injonction se trouve au bord d'une frontière délicate, qui, si elle était franchie, aboutirait à le substituer à l'administration.

Au surplus, en l'état de la jurisprudence et des moyens des juridictions, on voit mal le juge administratif, après avoir annulé un refus de permis de construire, instruire la demande à la place de l'administration compétente, et, après avoir porté toutes les appréciations incombant à cette dernière, prescrire la délivrance dudit permis. De même, lorsque le juge de l'excès de pouvoir annule une décision fondée sur plusieurs motifs, après avoir censuré l'un d'eux et jugé qu'il ne ressort pas du dossier que l'administration aurait pris la même décision en ne retenant que les motifs non censurés (application de la jurisprudence d'assemblée du 12 janvier 1968, *Ministre de l'économie c/Perrot,* n° *70951*, publiée au *Recueil Lebon*, p. 39), il est décidé que l'on ne saurait enjoindre à l'administration de prendre la décision inverse de celle qui fut annulée, mais seulement de reprendre une décision : il faut donc appliquer l'article L. 911-2, et non le L. 911-1 (CE, 27 octobre 2008, Ministre de la Santé c/Selarl pharmacie du Harmois, n° 300789, *Lebon* T.). Ces considérations ont sans doute conduit le Conseil d'État à juger, par exception, que l'annulation de la décision rejetant une demande de permis de construire valant autorisation d'exploitation commerciale, sur le fondement d'un avis défavorable rendu par la CNAC, n'implique, en principe, qu'un réexamen du projet par cette commission (CE, 22 novembre 2021, Société Taninges Distribution et Commission nationale d'aménagement commercial, n°s 441118 et 442107, *Lebon* T.). À l'inverse si, en cas d'annulation du maintien d'un fonctionnaire en surnombre à la suite de la suppression de son emploi, le principe est l'injonction de réexamen, le juge peut, par exception, enjoindre de proposer un emploi si l'instruction révèle qu'un tel emploi existe (CE, 12 juillet 2021, Commune de Montmagny, n° 442606, *Lebon* T.).

Enfin, le juge ne peut statuer que s'il est saisi d'un recours susceptible d'avoir un « effet utile » (CE, 12 juillet 2021, Association générale des producteurs de maïs, n° 427387, *Lebon* T. – CE, ass., 19 juillet 2019, Association des Américains accidentels, n°s 424216 et 424217, *Lebon,* p. 296). La recherche de cet effet utile peut conduire le juge à constater qu'il n'y a plus lieu de statuer (CE 16 février 2024, n° 470577, *Lebon* T., s'agissant du refus de proposer au Président de la République de retirer la Légion d'honneur à un étranger, en l'espèce, le général Franco), mais la solution est inverse si l'effet utile de l'annulation pour excès de pouvoir des décisions contestées conduirait l'administration à réexaminer si l'intéressé remplissait les conditions pour un tel accès dérogatoire à la fonction publique sur le fondement des dispositions en vigueur à la date de ces décisions (CE, 28 avril 2023, n° 454797, *Lebon* T.), s'agissant de décisions informant un contractuel de son inéligibilité au dispositif d'accès à la fonction publique des agents contractuels à temps incomplet – CE, 9 juin 2022, n° 455754, *Lebon*, s'agissant d'un refus de visa d'entrée et de long séjour au titre de la procédure dite du « regroupement familial de réfugié statutaire », CE, 7 juillet 2022, n° 445932, *Lebon*, s'agissant du refus de l'ANSM d'élaborer une recommandation temporaire d'utilisation pour une spécialité.

IV – Le caractère juridictionnel de la procédure et ses effets

Le caractère juridictionnel de cette procédure exclut toute approximation, voire tout compromis, alors que l'on sait que, en matière d'exécution, certaines situations deviennent si embrouillées que seul le compromis permet de les régler. Il arrive même que seule une indemnisation permette de pallier les effets d'une annulation trop tardive pour pouvoir être suivie d'effet : on songe à des affaires de remembrement ayant duré des décennies. Ainsi, les contraintes nées de l'évidence commandent parfois d'écarter comme irréalistes ou absurdes les conséquences de la chose jugée, qui ne peuvent que se résoudre alors en indemnité.

Il sera difficile pour le juge de la légalité d'emprunter de tels itinéraires. De plus, il sera parfois délicat de découvrir et définir la mesure déterminée qui devra assurer l'exécution de la chose jugée : que doit faire l'administration pour assurer l'exécution du refus d'admettre la candidature à un concours, assortie de la reconnaissance juridictionnelle du droit de l'intéressé à concourir, alors que ce concours, unique, est depuis longtemps achevé (songeons à un concours d'architecture), ou que l'intéressé a depuis de nombreuses années dépassé l'âge limite pour concourir ? La solution de réouverture du délai pour se porter candidat à l'inscription sur une liste d'aptitude, retenue dans la décision *Wada* (CE, 11 mars 2009, n° 299169, *Lebon* T.) ne peut pour des raisons évidentes être transposée au déroulement d'un concours.

Avant 2019 le juge ne pouvait statuer que « saisi de conclusions en ce sens ». On en a conclu que le demandeur devait identifier précisément la ou les mesures qu'il souhaitait voir ordonnées, et non se borner à une demande générale laissant au juge le soin de déterminer lesdites mesures. (CE, 7 juillet 1995, Gelle, n° 146500). Et, s'il estime que l'article L. 911-1 invoqué par le requérant ne peut jouer, le juge n'avait pas à examiner d'office s'il y a lieu d'adresser une injonction fondée sur l'article L. 911-2 (CE, 25 novembre 2009, Dross, n° 305682, *Lebon* T.).

Enfin, et dès lors qu'il est statué par jugement sur les conclusions aux fins d'injonction, la question doit être posée de savoir si un tel jugement est justiciable des procédures de sursis à exécution en appel prévues à l'article R. 811-17, lequel est rédigé en termes assez généraux pour conduire à une réponse positive. Ce qui n'a rien d'extraordinaire : on peut parfaitement envisager le cas d'une administration qui, tout en s'inclinant devant l'annulation d'une de ses décisions, conteste l'injonction dont cette annulation est assortie, lui imposant de prendre une nouvelle décision dans un sens déterminé, et se trouve dans une situation telle que l'exécution de cette injonction soit susceptible d'entraîner des conséquences difficilement réparables : ce pourrait, par exemple, être l'ordre de délivrer une autorisation périlleuse pour l'ordre public. À notre sens, et tant que les administrations n'auront pas pris l'habitude de présenter des observations en défense pour contester spécifiquement les conclusions en injonction, de telles situations sont susceptibles de survenir, quelque souci qu'ait le juge de premier degré de ne pas « enjoindre » inconsidérément.

Or, ces nouvelles habitudes sont difficiles à prendre. Dans la discussion contentieuse de l'excès de pouvoir en effet, il a longtemps été posé qu'était inopérante une défense fondée sur l'existence de motifs dont la décision contestée ne fait pas état, ces motifs fussent-ils de nature à justifier légalement cette décision (CE, 23 juillet 1976, Ministre du Travail c/URSSAF du Jura, n° 96526, *Lebon*, p. 362), alors que cette argumentation trouve toute sa pertinence lorsqu'il s'agit pour l'administration de discuter du contenu de l'injonction qui lui sera adressée après annulation. Et c'est entre autres pour cette raison que cette jurisprudence a été abandonnée le 6 février 2004 (CE sect., 6 février 2004, Hallal, n° 240560, *Lebon ; Dr. adm.* 2004, p. 26). Il faudra que les services et les juges intègrent cette nouvelle donne contentieuse dans la conduite de leurs procédures. Le décalage de dates entre un juge de l'excès de pouvoir, qui statue au vu des circonstances de droit et de fait en vigueur à la date de la décision administrative attaquée (appréciation statique), et un juge de l'injonction ou de l'exécution, qui statue au vu des circonstances de droit et de fait en vigueur à la date de sa décision juridictionnelle (appréciation dynamique), est sans doute en partie à l'origine d'une évolution dans laquelle le juge de l'excès de pouvoir, à la recherche d'un effet utile de ses décisions, évolue, dans certains cas, vers la seconde (CE, ass., 19 juillet 2019, Association des Américains accidentels, n°s 424216 et 424217, *Lebon*, s'agissant d'un refus d'abroger un acte réglementaire – CE, 19 novembre 2020, Commune de Grande-Synthe et autre, n° 427301, *Lebon*, s'agissant du refus de prendre toutes mesures utiles pour lutter contre les émissions de gaz à effet de serre – CE, 7 février 2020, Confédération paysanne et autres, n° 388649, *Lebon*, s'agissant du refus d'adopter des mesures de prévention des risques liés à l'utilisation de certaines variétés de plantes, – CE, 23 décembre 2020, Association autisme espoir vers l'école, n° 428284, *Lebon*, s'agissant de l'abrogation ou à la modification d'un acte de droit souple (recommandations de bonnes pratiques) – CE, 23 décembre 2020, Guillemin et autres, n° 431520, *Lebon* T. – CE, 25 mars 2021, Société Interhold, n° 438669, *Lebon* T. s'agissant du refus de désigner un administrateur provisoire – CE, 27 mai 2021, Association Compassion in World Farming France (CIWF), n° 441660, *Lebon* T. s'agissant du refus du pouvoir réglementaire de prendre les mesures qu'implique nécessairement l'application de la loi – CE, 10 juin 2021, Bensmaine-Gresset, n° 431875, *Lebon* T. s'agissant d'un refus de suppression d'une mention figurant dans un traitement de données – CE, 15 décembre 2021, Société Bouygues Télécom et Société française du radiotéléphone, n°s 448067 et 448101, *Lebon* T. s'agissant d'une décision de l'ARCEP de s'abstenir de demander à des opérateurs la modification d'une convention de partage de réseaux mobiles – CE, 2 mars 2020, Henocq et autres, n° 422651, *Lebon* T., s'agissant du refus l'abroger un acte réglementaire qui a cessé de recevoir application – CE, 6 décembre 2006, Mme X, n° 391000, *Lebon* T. s'agissant du refus de la CNIL de mettre l'exploitant d'un moteur de recherche en demeure de déréférencer des liens – CE, 1er mars 2021, Herr, n° 436654, *Lebon* T. s'agissant de l'accès aux documents administratifs – CE, ass. 12 juin 2020, Graner, n°s 422327 et 431026, *Lebon*, s'agissant d'un refus d'accès aux archives du Président de la République et des membres du gouvernement ; sur l'extension du « contrôle dynamique » en 2022 voir le rapport public des juridictions administratives 2022 p. 81 et 82). L'année 2023 est également marquée par une décision importante étendant ce contrôle (CE, 20 mars 2023, n° 449788, *Lebon*, s'agissant du refus d'adopter des mesures de protection complémentaires relatives à la pêche maritime). Mais ce mouvement d'extension n'est pas général (CE, 31 mars 2023, n° 470216, *Lebon*, s'agissant du refus de constatation d'une contravention de grande voirie). Une nouvelle extension pourrait également résulter de la jurisprudence européenne exigeant dans certains contentieux un contrôle « ex nunc », à la date à laquelle le juge statuer (CEDH, 15 avril 2021, K.I. c/France, aff. n° 5560/19, s'agissant de la décision fixant le pays de destination d'un étranger éloigné – CJUE, 15 avril 2021, H.A./État belge, aff. C-194/19, s'agissant des décisions de transfert Dublin). Si cette exigence est satisfaite dans le plein contentieux de l'asile, il en va différemment dans le contentieux du recours pour excès de pouvoir contre les décisions d'éloignement des étrangers.

Le second article marque les bornes du pouvoir d'injonction donné au juge administratif et la frontière séparant encore l'exercice de ce pouvoir du recours individuel en déclaration de droits. Si la mesure d'exécution appelle « une nouvelle instruction », le juge se bornera à préciser le délai dans lequel elle devra intervenir. Ainsi qu'on l'a dit, la notion de « nouvelle instruction » n'interdit pas au juge, statuant au titre du premier article, de faire procéder par l'administration à un nouvel examen du dossier au sein de la procédure contentieuse (voir décisions *Bourezak* et *Leveau*, précitées), mais semble impliquer que, s'il doit y avoir, au terme du nouvel examen du dossier, exercice d'un pouvoir d'appréciation par l'autorité compétente, le juge se refusera à se substituer à cette dernière. Le juge administratif français se borne dans ce cas à donner un délai à l'administration, sans pouvoir alors lui indiquer que faire, au risque que naisse, ensuite, un nouveau contentieux si la nouvelle décision, au fond, est identique à celle qui a été annulée.

Enfin, et lorsque trouve ou peut trouver à s'appliquer le premier article, il n'est pas toujours aisé de déterminer quelle mesure implique une annulation. Deux exemples illustrent la difficulté de l'exercice :

– l'annulation d'un acte réglementaire, sur le fondement duquel ont été prises des mesures individuelles, implique-t-elle que soient rapportées ces mesures individuelles ? Non, a répondu le Conseil d'État (CE sect., avis, 13 mars 1998, Vindevogel, préc.) ;

– l'annulation de mesures concernant les étrangers, qu'il s'agisse du refus de titre de séjour ou de l'arrêté portant obligation de quitter le territoire français, implique-t-elle la délivrance d'un titre de séjour ? Oui, si le refus de titre de séjour a été annulé pour violation de l'article 8 de la Convention européenne de sauvegarde des droits de l'homme et des libertés fondamentales (CE sect., avis, 30 novembre 1998, Berrad, n° 188350, *Lebon* [5]). Non, en cas d'annulation de l'arrêté portant éloignement, quelle qu'en soit la cause, une telle mesure impliquant seulement que l'intéressé soit mis en possession d'une autorisation provisoire de séjour (CE, 21 février 2000, Préfet de la Seine-Saint-Denis c/Jelassi, n° 202205, *Lebon* [6] – CE, 29 mars 2000, Ludickueno, n° 209583, *Lebon*). Et cette position est maintenue alors même que, examinant par la voie de l'exception d'illégalité le refus d'autorisation de séjour, le Conseil d'État juge que l'intéressé pouvait prétendre de plein droit à la délivrance d'une carte de séjour : l'annulation, qui s'ensuit, de la mesure d'éloignement n'implique pas la délivrance d'un tel titre (CE, 22 février 2002, Dieng, n° 224496, *Lebon*, « abjurant » : CE, 29 janvier 2001, Attia, n° 209315, *Lebon*, et revenant à CE, 17 novembre 2000, Mersni, n° 208664, *Lebon* ou CE, 14 novembre 1997, Kitoko, n° 185517), mais implique seulement que le préfet réexamine la situation de l'intéressé. Le point sur ces implications a été fait par arrêt du 22 février 2002 (CE, 22 février 2002, Dieng, préc.), d'où il découle que non seulement le préfet doit délivrer une autorisation provisoire de séjour, mais doit aussi se prononcer sur le droit de l'étranger à un titre de séjour [7, extrait de l'arrêt *Dieng*] (voir aussi CE, 12 décembre 2003, Chadbouli, n° 241704, *Lebon* T.). On note au surplus que faute pour le préfet de se plier à ce qu'implique ainsi la décision juridictionnelle, l'intéressé peut, parallèlement à ses démarches auprès du juge de l'exécution, saisir le juge du référé-liberté aux fins que cesse l'atteinte ainsi portée à la liberté reconnue à un étranger en situation régulière, les deux procédures n'étant pas exclusives l'une de l'autre (CE, 11 juin 2002, Ait Oubba, n° 247649, *Lebon* T.).

S'agissant du point de savoir si des conclusions présentées sur le fondement de ces textes peuvent être présentées pour la première fois en appel, les conceptions ont varié. Par une décision *Ville de Paris c/Toudross* (CE, 6 novembre 1995, n° 164236), le Conseil d'État a initialement jugé que le rejet de l'appel formé par le défendeur de première instance n'impliquait aucune mesure d'exécution ayant pour objet de faire exécuter le jugement d'annulation rendu en premier ressort et confirmé en appel. Puis, par décision *Commune de Saint-François c/Picard* (CE, 25 mars 1996, n° 136910, *Lebon*), confirmée le 15 mars 1999 (CE, 15 mars 1999, Devic, préc.) a été, au contraire, jugée recevable la conclusion incidente tendant au prononcé d'une mesure semblable, et le Conseil d'État, après avoir rejeté l'appel principal dirigé contre le jugement ayant annulé un licenciement, a fait droit à la demande d'injonction qui lui était présentée par le demandeur de première instance. On doit donc en conclure que, dans tous les cas, une telle demande pourra être présentée à titre incident, le cas échéant pour la première fois, devant le juge d'appel.

Le juge statuant seul en application de l'article R. 222-13 peut faire usage de ces dispositions (CE, avis, 29 décembre 2000, Clouzeau, n° 257411). Quant au juge unique de la mesure d'éloignement visant un étranger, et après avoir jugé qu'il n'avait pas compétence pour prononcer des injonctions en application de cet article (CE, 3 novembre 1997, Préfet de police c/Ben Guertouh épouse Zairag, n° 175768, *Lebon* T.), le Conseil d'État lui a expressément reconnu cette compétence (CE, 22 février 2002, Dieng, préc.).

Enfin, sans rompre, ni avec le principe de l'économie de moyens, ni avec la jurisprudence *Intercopie* (CE sect., 20 février 1953, n° 9772, *Lebon*), ni avec la règle selon laquelle une partie ne peut faire appel d'un jugement qui lui donne satisfaction (CE sect., 8 janvier 1966, Société « La Purfina française », n° 60273, *Lebon*), la section du contentieux a redéfini l'office du juge de l'excès de pouvoir dans le cas où le requérant a hiérarchisé ses moyens d'annulation, et l'office du juge de l'injonction dans le cas où le requérant a hiérarchisé ses conclusions tendant à injonction. (CE sect., 21 décembre 2018, Société Eden, n° 409678, *Lebon* [8]). Ce régime a été étendu par la suite au plein contentieux du titre exécutoire (CE, 5 avril

2019, Société Mandataires Judiciaires Associés, n° 113712). Voir CE, 5 avril 2019 Bonato et autres, n° 420608, *Lebon*, pour l'office du juge de cassation – CE, 30 janvier 2019, Renaud, n° 408513. Si le jugement est susceptible d'appel, le requérant est recevable à relever appel en tant que le jugement n'a pas fait droit à sa demande principale. Il appartient alors au juge d'appel, statuant dans le cadre de l'effet dévolutif, de se prononcer sur les moyens, soulevés devant lui, susceptibles de conduire à faire droit à la demande principale (CE, 4 octobre 2019, Cheddadi, n° 417617, *Lebon* T.).

La décision *Eden* ne règle pas toutes les questions, notamment celle de savoir si, en hiérarchisant ses conclusions aux fins d'injonction, un demandeur ne peut être regardé comme hiérarchisant simultanément et implicitement ses moyens d'excès de pouvoir ou encore celle de la dualité de chose jugée en excès de pouvoir (annulation sur la forme) et en plein contentieux de l'exécution (injonction au fond), ou encore la combinaison de cette jurisprudence avec la loi posant que l'exercice de ces pouvoirs s'effectue d'office. Il est regrettable que la jurisprudence *Eden* soit peu mobilisée par les justiciables ou leurs mandataires.

Lorsqu'une décision a été prise sur injonction du juge administratif l'autorité administrative qui a pris cette décision est sans qualité pour en demander l'annulation ou la suspension, ou pour contester un jugement rejetant une telle demande, mais peut seulement contester le jugement prononçant l'injonction (CE, 15 octobre 2018, Commune des Sables-d'Olonne, n° 416670, *Lebon* T.).

V – L'office du juge de l'exécution

Dans certains contentieux, l'office du juge de l'exécution peut conduire le juge administratif à assurer l'ineffectivité totale ou partielle de ses propres décisions, en pratiquant un bilan entre le respect de la légalité et divers intérêts (CE, 21 février 2011, Société OPHRYS et Communauté d'agglomération Clermont-Communauté, n°s 337349 et 337394, *Lebon*, s'agissant de l'atteinte excessive à l'intérêt général – CE, 10 décembre 2012, Société Lyonnaise des eaux France, n° 355127, s'agissant de l'intérêt général tenant au coût de la résiliation pour la personne publique, non retenu en l'espèce, et de l'intérêt général tenant à la continuité du service public en cause – CE, 28 septembre 2020, Mascureau, n° 430951, *Lebon* T., s'agissant de l'intérêt général s'attachant à la préservation et à la mise en valeur de sites remarquables – CE, 28 septembre 2020, Ville de Paris, n° 436978, *Lebon*, s'agissant de la création de logements locatifs sociaux et très sociaux). Saisi de la méconnaissance de l'obligation de port par les forces de l'ordre de leur identifiant individuel (RIO) résultant des dispositions réglementaires en vigueur, le Conseil d'État a défini l'office du juge dans le cadre du recours pour excès de pouvoir assorti d'une injonction ou « REP-injonction » (CE ass., 11 octobre 2023, Ligue des droits de l'Homme et autres et Syndicat de la magistrature et autres, n°s 467771, 467781, *Lebon* [9]). On notera que la citation par cette décision de l'article L. 911-1 correspond à l'état du texte antérieur à l'article 40 de la loi n° 2019-222 du 23 mars 2019, ce qui conduit le Conseil d'État à ne pas envisager l'injonction d'office. De même, la demande d'annulation du rejet d'une demande tendant à la détermination d'une politique publique ne peut qu'être rejetée en l'absence d'obligation précisément déterminée par le législateur (CE, 12 mars 2025, n° 488642, *Lebon*, s'agissant de la demande de prendre toute mesure utile pour garantir la sécurité des personnes lors d'actions de chasse).

Jurisprudence

[1] 1. Dans tous les cas où un jugement de tribunal administratif a fait l'objet d'un appel et alors même que cet appel a été rejeté par la juridiction d'appel, cette dernière est seule compétente pour prononcer les mesures qu'implique l'exécution du jugement.
2. S'il appartient à l'autorité administrative de tirer toutes les conséquences du jugement par lequel un acte réglementaire a été annulé, l'exécution de ce jugement n'implique pas que le juge, saisi sur le fondement des dispositions de l'article L. 8-4 [L. 911-4 actuel] précitées, enjoigne à l'administration de revenir sur les mesures individuelles prises en application de cet acte. Il s'ensuit notamment que ce juge n'a pas à ordonner le remboursement d'une somme perçue sur le fondement d'une délibération à caractère réglementaire annulée pour excès de pouvoir.
3. Le pouvoir conféré par la loi au juge administratif, de prononcer à l'égard des personnes morales de droit public ou des organismes de droit privé chargés de la gestion d'un service public des injonctions, éventuellement assorties d'astreintes, aux fins d'assurer l'exécution de ses décisions, ne l'autorise pas à s'affranchir des règles de répartition des compétences entre les deux ordres de juridiction. S'il appartient au juge administratif de connaître des recours pour excès de pouvoir dirigés contre les délibérations par lesquelles les collectivités ou les établissements publics qui exploitent ou concèdent le service d'assainissement instituent la redevance et en fixent le tarif, il n'est pas compétent pour enjoindre la restitution d'une somme mise à la charge d'un usager et qui constitue la rémunération des prestations d'un service public industriel et commercial [...].

[2] Aux termes du premier alinéa de l'article L. 8-2 du code des tribunaux administratifs et des cours administratives d'appel : « Lorsqu'un jugement ou un arrêt implique nécessairement qu'une personne morale de droit public ou un organisme de droit privé chargé de la gestion d'un service public prenne une mesure d'exécution dans un sens déterminé, le tribunal administratif ou la cour administrative d'appel, saisi de conclusions en ce sens, prescrit cette mesure, assortie, le cas échéant, d'un délai d'exécution, par le même jugement ou le même arrêt ». Lorsque l'exécution d'un jugement ou d'un arrêt implique normalement, eu égard aux motifs de ce jugement ou de cet arrêt, une mesure dans un sens déterminé, il appartient au juge, saisi de conclusions sur le fondement des dispositions précitées, de statuer sur ces conclusions, en tenant compte, le cas échéant après une mesure d'instruction, de la situation de droit et de fait existant à la date de sa décision ; si, au vu de cette situation de droit et de fait, il apparaît toujours que l'exécution du jugement ou de l'arrêt implique nécessairement une mesure d'exécution, il incombe au juge de la prescrire à l'autorité compétente [...].

[3] Considérant que M. Dobler demande en outre que le Conseil d'État précise les conditions de titularisation qui devront être fixées par lesdits décrets ; qu'il n'appartient pas au Conseil d'État, dans le cadre des compétences qui lui sont attribuées par les dispositions précitées de l'article 6-1 de la loi du 16 juillet 1980, de préciser le contenu du ou des décrets à intervenir ; que les conclusions de M. Dobler en ce sens ne peuvent par suite qu'être en tout état de cause rejetées [...].

[4] Sur la légalité de la décision attaquée :
Considérant que si la venue en France de M. Bourezak, ressortissant algérien, dont l'épouse était titulaire d'un certificat de résidence de dix ans, avait été autorisée au titre du regroupement familial, cette circonstance ne faisait pas obstacle à ce que l'autorité consulaire usât du pouvoir, qui lui appartient, de refuser son entrée en France en se fondant, sous le contrôle du juge de l'excès de pouvoir, sur des motifs d'ordre public ; que toutefois, eu égard au caractère des liens familiaux dont pouvaient justifier les requérants, la décision attaquée a porté une atteinte au respect de leur vie familiale disproportionnée aux buts en vue desquels le refus de visa a été opposé à M. Bourezak, et, par suite, a méconnu les stipulations de l'article 8 de la Convention européenne de sauvegarde des droits de l'homme et des libertés fondamentales ;
Considérant dès lors et sans qu'il y ait lieu d'ordonner la mesure d'instruction sollicitée que M. et Mme Bourezak sont fondés à demander l'annulation de la décision du 22 décembre 1993 par laquelle le ministre des Affaires étrangères a confirmé le refus du consul général de France à Alger de délivrer un visa à M. Bourezak ;
Sur les conclusions tendant à ce que soit prescrite, sous astreinte, la délivrance d'un visa à M. Bourezak :
Considérant qu'aux termes de l'article 6-1 introduit dans la loi du 16 juillet 1980 par la loi du 8 février 1995 : « Lorsqu'il règle un litige au fond par une décision qui implique nécessairement une mesure d'exécution dans un sens déterminé, le Conseil d'État, saisi de conclusions en ce sens, prescrit cette mesure et peut assortir sa décision d'une astreinte à compter d'une date qu'il détermine » ; que, eu égard aux motifs de la présente décision, l'exécution de celle-ci implique normalement la délivrance d'un visa à M. Bourezak ; que, toutefois, il appartient au Conseil d'État, lorsqu'il est saisi, sur le fondement des dispositions précitées, de conclusions tendant à ce que soit prescrite une mesure d'exécution dans un sens déterminé, de statuer sur ces conclusions en tenant compte de la situation de droit et de fait existant à la date de sa décision ; qu'invitées par lettre du président de la deuxième sous-section de la section du contentieux du Conseil d'État à faire savoir si la situation de M. Bourezak avait été modifiée, en fait ou en droit, depuis l'intervention de la décision litigieuse, dans des conditions telles que sa demande serait devenue sans objet, ou que des circonstances postérieures à la date de ladite décision permettraient désormais de fonder légalement une nouvelle décision de rejet, les parties ont répondu qu'aucun changement n'était intervenu dans la situation de M. Bourezak ; que par suite, il y a lieu pour le Conseil d'État de prescrire à l'autorité compétente la délivrance à M. Bourezak, dans un délai d'un mois, d'un visa d'entrée en France ; que dans les circonstances de l'espèce, il n'y a pas lieu d'assortir cette injonction d'une astreinte [...].

[5] L'exécution du jugement prononçant l'annulation d'un refus de titre de séjour au motif que ce refus porte au droit de l'intéressé au respect de sa vie privée et familiale une atteinte excessive au regard des exigences de l'article 8 de la Convention européenne de sauvegarde des droits de l'homme et des libertés fondamentales, implique normalement que l'administration délivre le titre sollicité ou un titre présentant des garanties suffisantes au regard du droit que l'intéressé tire de l'article 8 de cette convention. Si le droit au séjour tiré du respect des stipulations de l'article 8 de la Convention européenne de sauvegarde des droits de l'homme et des libertés fondamentales n'implique pas par lui-même et dans tous les cas le droit de travailler, le législateur a prévu à l'article 12 *bis* de l'ordonnance du 2 novembre 1945, dans sa version issue de l'article 5 de la loi du 11 mai 1998, la délivrance à l'étranger qui

tire du droit au respect de sa vie privée et familiale un droit au séjour, d'une carte de séjour temporaire portant la mention « vie privée et familiale » qui, aux termes de l'avant-dernier alinéa de l'article 12 *bis* de l'ordonnance, « donne droit à l'exercice d'une activité professionnelle ». Il suit de là que ne peuvent être opposés à l'intéressé ni la situation de l'emploi ni le fait qu'il n'est pas en mesure de présenter un contrat de travail ou un engagement d'embauche. Il résulte ainsi de la combinaison des stipulations de l'article 8 de la Convention européenne de sauvegarde des droits de l'homme et des libertés fondamentales et de l'article 12 *bis* de l'ordonnance du 2 novembre 1945 modifiée que l'exécution du jugement ayant annulé un refus de titre de séjour, au motif que ce refus porte une atteinte excessive au droit du demandeur au respect de sa vie privée et familiale, implique au moins – sous réserve d'un changement dans les circonstances de droit ou de fait – la délivrance de la carte de séjour temporaire portant la mention « vie privée et familiale » prévue à l'article 12 *bis* de l'ordonnance du 2 novembre 1945, dans sa version issue de la loi du 11 mai 1998 [...].

[6] Considérant qu'eu égard aux dispositions de l'ordonnance du 2 novembre 1945 dans sa rédaction, applicable en l'espèce, issue de la loi du 11 mai 1998, l'annulation des arrêtés ordonnant la reconduite à la frontière de M. et Mme Jelassi, si elle implique, en application des dispositions du III de l'article 22 *bis* de cette ordonnance, qu'une autorisation provisoire de séjour leur soit délivrée jusqu'à ce que le préfet ait à nouveau statué sur leur cas, n'implique pas nécessairement qu'un titre de séjour leur soit délivré [...].

[7] Considérant qu'à la suite de l'annulation d'un arrêté de reconduite à la frontière, il incombe au préfet, en application des dispositions du III de l'article 22 *bis* de l'ordonnance du 2 novembre 1945, non seulement de munir l'intéressé d'une autorisation provisoire de séjour, mais aussi, qu'il ait été ou non saisi d'une demande en ce sens, de se prononcer sur son droit à un titre de séjour ; que dès lors il appartient au juge administratif, lorsqu'il prononce l'annulation d'un arrêté de reconduite à la frontière et qu'il est saisi de conclusions en ce sens, d'user des pouvoirs qu'il tient de l'article L. 911-2 du code de justice administrative – lesquels peuvent être exercés tant par le juge unique de la reconduite à la frontière que par une formation collégiale – pour fixer le délai dans lequel la situation de l'intéressé doit être réexaminée, au vu de l'ensemble de la situation de droit et de fait existant à la date de ce réexamen [...].

[8] Le motif par lequel le juge de l'excès de pouvoir juge fondé l'un quelconque des moyens de légalité soulevés devant lui ou des moyens d'ordre public qu'il relève d'office suffit à justifier l'annulation de la décision administrative contestée. Il s'ensuit que, sauf dispositions législatives contraires, le juge de l'excès de pouvoir n'est en principe pas tenu, pour faire droit aux conclusions à fin d'annulation dont il est saisi, de se prononcer sur d'autres moyens que celui qu'il retient explicitement comme étant fondé.

La portée de la chose jugée et les conséquences qui s'attachent à l'annulation prononcée par le juge de l'excès de pouvoir diffèrent toutefois selon la substance du motif qui est le support nécessaire de l'annulation. C'est en particulier le cas selon que le motif retenu implique ou non que l'autorité administrative prenne, en exécution de la chose jugée et sous réserve d'un changement des circonstances, une décision dans un sens déterminé.

Lorsque le juge de l'excès de pouvoir annule une décision administrative alors que plusieurs moyens sont de nature à justifier l'annulation, il lui revient, en principe, de

choisir de fonder l'annulation sur le moyen qui lui paraît le mieux à même de régler le litige, au vu de l'ensemble des circonstances de l'affaire.
Mais, lorsque le requérant choisit de présenter, outre des conclusions à fin d'annulation, des conclusions à fin d'injonction tendant à ce que le juge enjoigne à l'autorité administrative de prendre une décision dans un sens déterminé, il incombe au juge de l'excès de pouvoir d'examiner prioritairement les moyens qui seraient de nature, étant fondés, à justifier le prononcé de l'injonction demandée. Il en va également ainsi lorsque des conclusions à fin d'injonction sont présentées à titre principal sur le fondement de l'article L. 911-1 du code de justice administrative et à titre subsidiaire sur le fondement de l'article L. 911-2.
Lorsque le requérant choisit de hiérarchiser, avant l'expiration du délai de recours, les prétentions qu'il soumet au juge de l'excès de pouvoir en fonction de la cause juridique sur laquelle reposent, à titre principal, ses conclusions à fin d'annulation, il incombe au juge de l'excès de pouvoir de statuer en respectant cette hiérarchisation, c'est-à-dire en examinant prioritairement les moyens qui se rattachent à la cause juridique correspondant à la demande principale du requérant. Dans le cas où il ne juge fondé aucun des moyens assortissant la demande principale du requérant, mais retient un moyen assortissant sa demande subsidiaire, le juge de l'excès de pouvoir n'est tenu de se prononcer explicitement que sur le moyen qu'il retient pour annuler la décision attaquée : statuant ainsi, son jugement écarte nécessairement les moyens qui assortissaient la demande principale[...]
[9] 9. Lorsque le juge administratif est saisi d'une requête tendant à l'annulation du refus opposé par l'administration à une demande tendant à ce qu'elle prenne des mesures pour faire cesser la méconnaissance d'une obligation légale lui incombant, il lui appartient, dans les limites de sa compétence, d'apprécier si le refus de l'administration de prendre de telles mesures est entaché d'illégalité et, si tel est le cas, d'enjoindre à l'administration de prendre la ou les mesures nécessaires. Cependant, et en toute hypothèse, il ne lui appartient pas, dans le cadre de cet office, de se substituer aux pouvoirs publics pour déterminer une politique publique ou de leur enjoindre de le faire.
10. Il incombe à l'administration d'accomplir ses missions dans le respect des règles de droit qui lui sont applicables. Elle doit, à cet effet, faire disparaître de l'ordonnancement juridique les dispositions qui y contreviennent et qui relèvent de sa compétence. Il lui appartient, en outre, de prendre les mesures administratives d'ordre juridique, financier, technique ou organisationnel qu'elle estime utiles pour assurer ou faire assurer le respect de la légalité. Lorsque le juge administratif constate, eu égard notamment à la gravité ou à la récurrence des défaillances relevées, la méconnaissance caractérisée d'une règle de droit dans l'accomplissement de ses missions par l'administration et que certaines mesures administratives seraient, de façon directe, certaine et appropriée, de nature à en prévenir la poursuite ou la réitération, il lui revient, dans les limites de sa compétence et sous la réserve mentionnée au point 9, d'apprécier si le refus de l'administration de prendre de telles mesures est entaché d'illégalité. Cette illégalité ne peut être regardée comme constituée que s'il apparaît au juge qu'au regard de la portée de l'obligation qui pèse sur l'administration, des mesures déjà prises, des difficultés inhérentes à la satisfaction de cette obligation, des contraintes liées à l'exécution des missions dont elle a la charge et des moyens dont elle dispose ou, eu égard à la portée de l'obligation, dont elle devrait se doter, celle-ci est tenue de mettre en œuvre des actions supplémentaires.

11. Lorsque l'illégalité du refus de l'administration de prendre des mesures est établie, le juge, saisi de conclusions en ce sens, lui enjoint d'y mettre fin par toutes mesures utiles. Il appartient normalement aux autorités compétentes de déterminer celles des mesures qui sont les mieux à même d'assurer le respect des règles de droit qui leur sont applicables. Toutefois, le juge peut circonscrire le champ de son injonction aux domaines particuliers dans lesquels l'instruction a révélé l'existence de mesures qui seraient de nature à prévenir la survenance des illégalités constatées, le défendeur conservant la possibilité de justifier de l'intervention, dans le délai qui a lui été imparti, de mesures relevant d'un autre domaine, mais ayant un effet au moins équivalent. Enfin, dans l'hypothèse où l'édiction d'une mesure déterminée se révèle, en tout état de cause, indispensable au respect de la règle de droit méconnue et où l'abstention de l'autorité compétente de prendre cette mesure exclurait, dès lors, qu'elle puisse être respectée, il appartient au juge d'ordonner à l'administration de prendre la mesure considérée [...].

La possibilité d'assortir l'injonction d'une astreinte

Art. L. 911-3 La juridiction peut assortir, dans la même décision, l'injonction prescrite en application des articles L. 911-1 et L. 911-2 d'une astreinte qu'elle prononce dans les conditions prévues au présent livre et dont elle fixe la date d'effet.

Textes sources

– Code des TA et des CAA, article L. 8-3.
– Loi n° 2019-222 du 23 mars 2019, article 40.

Commentaires

Les pouvoirs prévus aux articles précédents sont assortis d'une possibilité d'astreinte et, depuis 2019, même si cela n'est pas demandé (devant le Conseil d'État : voir article suivant) : le juge administratif obéit désormais au principe général qu'il avait lui-même dégagé à propos du juge judiciaire, selon lequel les juges ont la faculté « de prononcer une astreinte en vue de l'exécution tant de leurs décisions que des mesures d'exécution qui en sont le préalable » (CE, 10 mai 1974, Barre et Honnet, n° 85132, *Lebon*, p. 276). Mais, à la différence des injonctions prévues ci-dessus, le prononcé d'une astreinte relève du pouvoir souverain du juge. Ainsi, dans des cas identiques d'injonction de réintégration faisant suite à l'annulation d'une révocation, le Conseil d'État a rejeté la demande d'astreinte dans la décision *Kavvadias* (CE, 29 décembre 1995, n° 129659, *Lebon*) alors qu'il y a fait droit dans la décision *Commune de Saint-François* (CE, 25 mars 1996, n° 136910, *Lebon*). À l'inverse, il était décidé que le juge ne peut octroyer un montant d'astreinte supérieur à celui demandé par les parties (CE, 19 mai 2006, Syndicat national des ostéopathes de France, n° 280702, *Lebon* T., solution implicite).
Pendant un certain temps, le projet de loi a prévu que l'astreinte ne puisse être envisagée qu'une fois constatée l'inexécution des injonctions mentionnées aux articles précédents.
Sagement, le Parlement s'est rangé à un système plus simple. L'astreinte, qui est à ce niveau provisoire, peut être ordonnée à titre conservatoire en quelque sorte,

« au cas où », étant entendu qu'il appartiendra au bénéficiaire de revenir devant le juge pour en faire liquider le montant définitif.

Par avis contentieux rendu le 30 avril 1997 (CE, avis contentieux, 30 avril 1997, Marchal, n° 185322, *Lebon* T. [1]), le Conseil d'État a estimé, d'une part, que la demande adressée au tribunal administratif tendant à ce qu'il procède à la liquidation d'une astreinte qu'il a infligée n'est pas une « requête » et n'est pas soumise au droit de timbre alors applicable, d'autre part que cette demande doit être présentée devant le tribunal qui a prononcé l'astreinte, même si son jugement est frappé d'appel (CE, 27 octobre 1997, Fischer, n° 185531). Et si le tribunal a statué dans le cadre de l'article R. 222-13, par juge statuant seul, c'est ce dernier qui a qualité pour liquider l'astreinte qu'il a ordonnée (CE, avis, 29 décembre 2000, Clouzeau, n° 257411). C'est reconnaître que les opérations de liquidation de l'astreinte ne constituent que le « prolongement procédural » de la procédure à l'occasion de laquelle elle est prononcée, preuve en étant que, si un avocat a représenté une partie dans cette procédure, c'est lui qui doit être destinataire des pièces liées à la phase de liquidation de l'astreinte (CE, 24 février 2017, Chantemesse, n° 401656, *Lebon* T.).

Dans la même ligne, il est jugé que la liquidation d'office de l'astreinte peut s'opérer sans que, en l'absence de toute pièce nouvelle dans le dossier, la juridiction doive solliciter les observations des parties, qui doivent toutefois être convoquées à l'audience qui doit précéder la décision de liquidation (CE, 11 janvier 2006, Département de la Haute-Corse, n° 262621).

La décision prononçant l'astreinte doit impérativement fixer sa date d'effet, autrement dit préciser le moment à partir duquel, faute d'exécution, l'astreinte courra (CE, 3 juin 2009, Huet, n° 313198, *Lebon* T.). Voir article R. 921-6. Sauf pour l'expulsion du domaine public, matière pour laquelle l'injonction est sans délai, sauf à prévoir un effet différé pour l'astreinte (Voir les commentaires sous l'article L. 521-3).

Jurisprudence

[1] Considérant que la faculté reconnue aux juges de prononcer une astreinte, en vue de l'exécution tant de leurs décisions que des mesures d'instruction qui en sont le préalable, a le caractère d'un principe général du droit ; que, s'il n'appartient qu'au législateur de déterminer, d'étendre ou de restreindre les limites de cette faculté, le décret attaqué a pu légalement, en l'absence à la date de son intervention de toute disposition législative définissant de manière générale le champ d'application de l'astreinte, faire application du principe général sus-énoncé en rappelant le pouvoir qui appartient au juge d'assortir d'une astreinte les injonctions qu'il adresse aux parties [...].

[2] 1 ° L'article 62 de la loi du 8 février 1995 relative à l'organisation des juridictions et à la procédure civile, pénale et administrative, a complété le titre II du livre II du code des tribunaux administratifs et des cours administratives d'appel par un chapitre VIII intitulé « L'exécution du jugement » qui comprend les articles L. 8-2, L. 8-3 et L. 8-4. Ces articles modifient les compétences des tribunaux administratifs et des cours administratives d'appel de deux manières. D'une part, les articles L. 8-2 et L. 8-3 ouvrent aux tribunaux et aux cours, lorsqu'ils statuent sur les recours pour excès de pouvoir ou de plein contentieux qui leur sont soumis et lorsqu'ils sont saisis de

conclusions en ce sens, la possibilité d'enjoindre à l'administration de prendre les mesures d'exécution qu'implique nécessairement l'exécution du jugement ou de l'arrêt qu'ils rendent et, dans le même jugement ou arrêt, d'assortir l'injonction prononcée d'une astreinte. L'article L. 8-4, d'autre part, transfère aux tribunaux et aux cours le pouvoir, jusqu'alors réservé au Conseil d'État, de prononcer des astreintes pour l'exécution de leurs jugements ou arrêts devenus définitifs. À cet effet, il dispose que : « En cas d'inexécution d'un jugement ou d'un arrêt définitif, la partie intéressée peut demander au tribunal administratif ou à la cour administrative qui a rendu la décision d'en assurer l'exécution. En cas d'inexécution d'un jugement frappé d'appel, la demande d'exécution est adressée à la juridiction d'appel ». Il résulte des dispositions ainsi analysées, éclairées par les travaux préparatoires de la loi du 8 février 1995 et précisées par le décret du 3 juillet 1995 pris pour leur application, que le législateur, en prévoyant que les demandes d'exécution de jugements frappés d'appel seraient adressées à la juridiction saisie en appel a entendu viser les seules demandes tendant à l'exécution de jugements n'ayant pas eux-mêmes prononcé une astreinte en application de l'article L. 8-3 du code des tribunaux administratifs et des cours administratives d'appel. Ne constituent donc pas des demandes d'exécution, au sens du second alinéa de l'article L. 8-4, les conclusions tendant à ce qu'un tribunal administratif procède à la liquidation de l'astreinte qu'il a, par le même jugement, prononcée conjointement à une injonction. Un tribunal administratif qui, par le même jugement, a fait droit aux conclusions d'excès de pouvoir ou aux prétentions indemnitaires dont il était saisi et a enjoint à l'administration de prendre sous peine d'astreinte les mesures qu'impliquait nécessairement ce jugement est, dès lors, compétent pour statuer sur les conclusions tendant à ce que cette astreinte soit liquidée, alors même que son jugement est frappé d'appel.

2° En vertu de l'article 44-I de la loi du 30 décembre 1993 susvisée portant loi de finances pour 1994, toute requête enregistrée auprès des tribunaux administratifs, des cours administratives d'appel et du Conseil d'État est soumise à un droit de timbre de 100 francs. La demande tendant à ce que le tribunal administratif procède à la liquidation de l'astreinte qu'il a prononcée n'est pas soumise aux règles de recevabilité des requêtes fixées à l'article R. 87 du Code des tribunaux administratifs et des cours administratives d'appel. Elle se rattache à la même instance contentieuse que celle qui a été ouverte par la demande d'astreinte dont elle est le prolongement procédural. Elle ne constitue pas un préalable nécessaire à l'opération de liquidation, le juge pouvant procéder d'office à celle-ci s'il constate que les mesures d'exécution qu'il avait prescrites n'ont pas été prises. Une telle demande n'est, dans ces conditions, pas constitutive d'une requête au sens des dispositions précitées de l'article 44-I de la loi du 30 décembre 1993 et n'est, dès lors, pas soumise au droit de timbre [...].

La demande d'exécution

Art. L. 911-4 En cas d'inexécution d'un jugement ou d'un arrêt, la partie intéressée peut demander à la juridiction, une fois la décision rendue, d'en assurer l'exécution.

Si le jugement ou l'arrêt dont l'exécution est demandée n'a pas défini les mesures d'exécution, la juridiction saisie procède à cette définition. Elle peut fixer un délai d'exécution et prononcer une astreinte.

Textes sources

– Code des TA et des CAA, article L. 8-4, sauf § 4.
– Loi n° 2019-222 du 23 mars 2019, article 40.

Commentaires

I – Le mécanisme

Cet article a déconcentré sur les tribunaux administratifs et les cours administratives d'appel une partie des pouvoirs antérieurement donnés tant à la section du rapport et des études qu'à la section du contentieux du Conseil d'État en matière d'exécution des décisions juridictionnelles, selon un critère simple : le tribunal administratif pourvoit à l'exécution de ses jugements ; la cour administrative d'appel pourvoit à l'exécution de ses arrêts. Seules sont concernées les décisions juridictionnelles : ainsi l'ordonnance taxant les frais et honoraires d'une expertise, qui est une décision administrative – voir l'article R. 761-4 du code –, ne peut faire l'objet d'une demande d'exécution en application de ce texte (CE, 10 avril 1996, Le Nestour, n° 161057). Et il faut que soit en débat l'exécution d'une décision de la juridiction administrative : aucune disposition « ne permet à une personne, partie à une instance devant l'autorité judiciaire, de saisir le tribunal administratif d'une demande tendant à l'exécution de la décision rendue par cette autorité » (CE, 27 juillet 2009, Giard, n° 302110, *Lebon*).

La loi n° 2019-222 du 23 mars 2019 semblait avoir mis un terme au système précédent, qui attribuait à la cour compétence pour pourvoir à l'exécution des jugements frappés d'appel, quel que soit l'état de l'instruction de cet appel, ou son sort (et par exemple même si l'appelant s'était désisté de son appel : CE, 30 janvier 2002, Haouas, n° 199854, *Lebon* T.). Cette modification a été inspirée par le constat que « la pratique a révélé par ailleurs la nécessité de procéder à une clarification des compétences en matière d'exécution au sein de la juridiction administrative ainsi qu'à une clarification des pouvoirs d'injonction et d'astreinte du Conseil d'État » (Exposé des motifs de la loi du 23 mars 2019).

La même loi semblait avoir mis un terme à la possibilité, ouverte par la version précédente de l'article, pour le juge saisi d'une demande d'exécution, de la renvoyer au Conseil d'État, Il s'ensuit que l'article R. 931-3, en tant qu'il évoque un tel renvoi, semblait périmé. Toutefois, l'article 5 du décret n° 2019-1502 du 30 décembre 2019 portant application du titre III de la loi n° 2019-222 du 23 mars 2019 de programmation 2018-2022 et de réforme pour la justice et autres mesures relatives à la procédure contentieuse administrative a rétabli le système antérieur (art. R. 921-1-1 et s). Cet article 5 paraît contraire à la loi, mais il n'est pas nécessairement illégal s'il est considéré que la matière relève du domaine réglementaire.

Au titre des mesures de contraintes à la disposition du juge de l'exécution figure l'astreinte, étant rappelé que seule la juridiction qui a prononcé une astreinte a le pouvoir de la liquider, même si sa décision est frappée d'appel (CE, avis contentieux, 30 avril 1997, Marchal, n° 185322, cité sous l'article L. 911-3 – CE, 27 octobre 1997, Fischer, n° 185531).

Les modalités d'application de l'article L. 911-4 (voir CJA, art. R. 921-1-1 et s.) organisent l'articulation entre les procédures « amiables » et contentieuses, ce qui ne va pas de soi. L'article L. 911-4 se place intégralement dans une perspective contentieuse, et les mesures d'application y ont « glissé » une phase amiable au cours de laquelle le président ou le rapporteur désigné à cette fin accomplissent « toutes diligences utiles » (CJA, art. R. 921-5). Cette phase est triplement limitée : au bout de six mois d'insuccès, le dossier devient automatiquement contentieux ; il en va de même si le président juge nécessaire de recourir plus tôt à la voie juridictionnelle (par exemple, pour que soit prononcée une astreinte si la décision à exécuter n'en a pas prévu, ou s'il a le sentiment que la phase amiable ne pourra aboutir à rien) et dans les cas où l'intéressé n'accepte pas la décision de classement envisagée, et estime donc, contrairement au président, que la décision juridictionnelle n'a pas été entièrement exécutée. Une ordonnance insusceptible de recours marque le début « officiel » de cette phase juridictionnelle.

La décision rendue au terme de cette phase juridictionnelle, qui « se rattache à la même instance contentieuse que celle qui a donné lieu à la décision juridictionnelle dont il est demandé au juge d'assurer l'exécution », est en principe soumise aux mêmes voies de recours que celles qui sont prévues contre la décision dont on recherche l'exécution (CE, 29 octobre 2003, Van Bentum-Plasse, n° 259440, *Lebon* T.).

En application de cette jurisprudence, le Conseil d'État est compétent pour connaître, en cassation, du jugement rendu en matière d'exécution d'un précédent jugement rendu dans une des matières mentionnées au deuxième alinéa de l'article R. 811-1, reprenant en substance l'article R. 222-13 (CE, 16 juin 2004, Jego, n° 265425, *Lebon*, p. 637).

Tant que l'on n'aura à faire exécuter que des jugements ou arrêts « classiques », les modalités d'intervention des tribunaux et cours ne seront guère différentes de ce qui s'observe au Conseil d'État. Mais si l'intéressé a invoqué l'article L. 911-1 (ou CJA, art. L. 911-2) devant le juge du fond, et donc obtenu une décision juridictionnelle définissant ses mesures d'application, la question, nouvelle, se pose du degré de liberté dont disposera la même juridiction saisie en cas d'inexécution. Si la juridiction ainsi saisie nous paraît devoir conserver une liberté de moyens affranchie des contraintes procédurales, son objectif sera désormais impérativement fixé par la décision juridictionnelle. Et, si cette dernière a défini tant les mesures d'exécution que l'astreinte, la seule mission dévolue à la juridiction saisie sera alors de liquider l'astreinte, par voie juridictionnelle, sauf à avoir tenté une ultime démarche amiable pour obtenir l'exécution. Sur cette question, le Conseil d'État a délivré une sorte de « mode d'emploi » (CE, 23 mars 2015, Veysset, n° 366813, *Lebon* [1]) insistant notamment sur le fait que le juge statuant au titre de l'article L. 911-4 ne peut rectifier les erreurs de droit ou de fait dont serait entachée la décision juridictionnelle à exécuter.

Il a fallu d'autre part résoudre les questions qui ont pu naître des erreurs (matérielles ou de droit) entachant le jugement ou l'arrêt à exécuter, ou provoquées par son obscurité. L'autorité de chose jugée fait, évidemment, obstacle à ce que le juge de l'exécution rectifie les erreurs de la décision qu'il doit faire exécuter (CE, 3 mai 2004, Magnat, n° 250730, *Lebon* T. – CE, 9 avril 2010, Commune de Levallois-Perret, n° 309481), pas plus qu'il ne peut, en principe, l'interpréter, sauf au cas où son obscurité ou son ambiguïté rend impossible la détermination de l'étendue des obligations des parties, faisant ainsi obstacle à son exécution. Le juge de l'exécution est alors habilité, mais dans cette seule mesure, à interpréter la chose jugée (CE, 23 novembre 2005, Société Eiffage TP, n° 271329, *Lebon*, p. 524 – CE, 18 décembre 2009, Fauroux, n° 309462 – CE, 29 juin 2011, SCI La Lauzière, n° 327080, *Lebon*), ce qui peut provoquer de bizarres situations, dans le cas où la juridiction qui a rendu la décision obscure est saisie d'un recours en interprétation en parallèle avec le recours tendant à l'exécution de la décision juridictionnelle... En tout cas, il n'appartient au juge de l'exécution que de faire exécuter le dispositif de la décision juridictionnelle, même si l'évidence fait apparaître que ce dispositif est erroné (CE, 9 mai 2005, Société nouvelle de construction et de travaux publics, n° 256912, *Lebon* T., dispositif ayant omis de reprendre les intérêts dans une condamnation). La circonstance que la juridiction saisie de l'exécution soit celle-là même qui a rendu la décision initiale nous paraît sans effet sur cette contrainte juridique.

Pour autant, l'office du juge, issu de l'article L. 911-4, est très large puisqu'il appartient au juge de l'exécution de prescrire les mesures qu'implique nécessairement la décision dont l'exécution lui est demandée par la partie intéressée, alors même que ces mesures ne figuraient pas expressément dans la demande présentée au président de la juridiction ou dans les mémoires produits après l'ouverture de la procédure juridictionnelle. Et qu'il n'en va autrement que lorsque la partie qui a saisi la juridiction d'une demande d'exécution a indiqué, sans équivoque, qu'elle renonçait au bénéfice d'une partie de ces mesures (CE, 25 novembre 2021, Syndicat intercommunal à vocation multiple de l'Est Gessien, n° 447105, *Lebon* T.).

On verra (CJA, art. R. 911-2 et s.) que la décision de l'administration refusant de faire droit à une demande tendant à obtenir l'exécution d'une décision juridictionnelle ne fait courir le délai de recours contentieux que si elle est expresse (ce qui est déjà prévu par l'article R. 421-3) et que la saisine d'une juridiction formée dans le cadre de l'article L. 911-4 interrompt ce délai de recours.

II – La saisine

Elle doit tendre à l'exécution d'une décision juridictionnelle, et non administrative (CE, 6 janvier 1995, Lacroix, n° 141237, *Lebon* T. – CE, 10 avril 1996, Le Nestour, n° 161057), et, ainsi qu'on l'a dit, d'une décision émanant du tribunal administratif ou de la cour administrative d'appel. Elle est ouverte à « la partie intéressée ».

Ce peut être l'administration en cas, par exemple, de condamnation de l'auteur d'une contravention de grande voirie, si le jugement lui imposant de libérer le domaine public n'a pas prévu d'astreinte. Mais il doit demeurer clair que le juge vérifiera, avant d'admettre une saisine émanant d'une personne publique, que cette dernière ne dispose pas elle-même des pouvoirs réclamés au juge. La règle issue de la jurisprudence *Préfet de l'Eure* (CE, 30 mai 1913, *Lebon*, p. 583) devra jouer.

La notion de partie intéressée est le plus souvent simple à définir. Se pose toutefois le problème de l'exécution des décisions d'annulation d'actes réglementaires. Le Conseil d'État a jugé (CE, 13 novembre 1987, Tusques et Marcaillou, n° 75413, *Lebon*, p. 360) que seules pouvaient le saisir les personnes « directement concernées » par la décision, estimant à cette occasion que des contribuables, qui n'avaient pas été à l'origine de l'annulation, n'avaient pas qualité pour le saisir d'une demande d'exécution d'un jugement annulant une délibération du conseil général accordant des subventions. Il a toutefois assoupli cette position par décision du 27 janvier 1995 (CE sect., 27 janvier 1995, Melot, n° 155647, *Lebon*, p. 52), admettant qu'un agent public, non partie au litige ayant conduit à annuler les refus de prendre des mesures statutaires, était recevable à demander une astreinte pour que soit exécuté l'arrêt ayant annulé ce refus.

La question de l'exécution de décisions d'annulation d'actes réglementaires trouvera sans doute désormais sa solution dans l'action de groupe prévue et organisée par les articles L. 77-10-1 et suivants.

On note que le délai donné pour saisir le tribunal administratif ou la cour administrative d'appel (voir CJA, art. R. 921-1-1) n'est désormais, comme devant le Conseil d'État, plus imparti à peine d'irrecevabilité : une demande d'exécution prématurée, qui était irrecevable (CE, 18 février 1983, Nielsen, n° 47578, *Lebon*, p. 14), est désormais admise dès lors que le refus d'exécution a persisté au-delà du délai imparti (CE sect., 5 mai 1995, Berthaux, n° 162283, *Lebon*, p. 200). En revanche, le délai pour demander l'ouverture de la procédure juridictionnelle, prévu à l'article R. 921-6, est substantiel (CE, avis, 25 avril 2007, Guerirem, n° 299850).

La partie défenderesse peut être autre que l'autorité dont la décision a été affectée par la décision juridictionnelle : ainsi une demande d'astreinte peut être formée contre une commune bénéficiaire d'une autorisation préfectorale annulée, cette commune « étant tenue de prendre les mesures exigées par l'annulation » (CE, 7 janvier 1994, Ledoux, n° 120263, reproduit sous l'article L. 911-3).

Il est toujours délicat de s'assurer qu'un jugement a été correctement exécuté, les bénéficiaires dudit jugement se méprenant souvent sur l'étendue de la chose jugée. Il est clair que l'injonction, et le cas échéant l'astreinte ne peut que limiter son objet à l'exécution de la chose jugée, même si cette exécution laisse subsister des zones litigieuses, et si la personne chargée d'y procéder ne met aucune bonne volonté à les nettoyer. D'où la fréquence des formules écartant des conclusions aux fins d'exécution au motif qu'elles soulèvent un *litige distinct* de celui qui a été tranché. On trouvera un bon exemple de ce tri dans l'affaire *Kerbache* (CE, 4 novembre 1996, Kerbache, n° 173691 [2]). Ainsi, la contestation des conséquences pécuniaires de l'annulation d'une décision soulève un litige distinct (CE, 12 février 2020, Berriche, n° 416007, *Lebon* T.). Il convient notamment de retenir, car la question est fréquemment posée, que, lorsque le jugement implique le versement d'une somme (arriérés de rémunérations, ou indemnité représentative de traitements en cas d'éviction annulée), la question de savoir si et dans quelle mesure ce versement doit supporter des précomptes de cotisations sociales ou de contributions (CSG par exemple) soulève un litige distinct, et est étrangère aux difficultés d'exécution (CE, 29 juillet 1998, Gabriel, n° 180378). Sur le mode de calcul de ce genre d'indemnité, et notamment les conditions dans lesquelles il est tenu compte de ces contributions ou cotisations, on se reportera à l'arrêt CE 27 octobre 2006, Ministre de la Défense, n° 267312.

Au titre des difficultés d'appréciation, on peut aussi faire état des interrogations faisant suite à l'annulation d'une éviction du service : la réintégration doit se faire « dans un emploi équivalent », point qui sera assez systématiquement discuté. Normalement, le juge de l'exécution tend à regarder cette question comme soulevant un litige distinct, sauf s'il constate un défaut manifeste d'équivalence entre les emplois (CE, 16 février 2007, Cordier, n° 282032, *Lebon* [3]), ou si la réintégration annoncée n'a pas été effective (CE, 13 juin 2016, Assistance publique-Hôpitaux de Paris, n° 396691, *Lebon* T.).
Il arrive également que l'exécution entière de la décision de justice soit subordonnée à des initiatives du bénéficiaire : ainsi, et pour demeurer dans les affaires de réintégration après éviction illégale, la reconstitution de la carrière de l'intéressé suppose que soient régularisés ses droits à pension pendant la période d'éviction, ce qui pendant une période n'a pu se faire que s'il s'acquittait de son côté des cotisations qui lui incombaient de ce chef. Faute pour lui de s'être plié à cette obligation, il a ainsi été jugé que l'absence d'exécution lui était exclusivement imputable, et que l'État devait être regardé comme ayant rempli ses obligations (CE, 22 mars 1999, Bergeron, n° 145048, *Lebon* T.). Toutefois, par décision *Poirot* (CE, 23 décembre 2011, Poirot, n° 324474, *Lebon*), le Conseil d'État a jugé que l'annulation de la décision licenciant illégalement un agent public impliquait nécessairement que l'administration prenne à sa charge le versement des parts patronale et salariale des cotisations sociales et de retraite afférentes à la période d'éviction illégale, ce qui périme la jurisprudence *Bergeron*, mais non la règle selon laquelle, si l'intéressé a, par sa carence, fait obstacle à l'exécution de la décision de justice, l'administration est regardée comme ayant satisfait à ses obligations.

III – L'astreinte

Le juge n'est pas tenu de prononcer une astreinte, même en cas d'inexécution établie. Cette règle a été tirée de la loi à propos d'une espèce particulière : un jugement annule le licenciement d'un agent. Il n'est pas exécuté, mais, sur appel formé devant le Conseil d'État, ce dernier juge que, l'agent relevant du droit privé, et la juridiction administrative étant donc incompétente pour se prononcer, le jugement de l'appel doit être renvoyé à la cour administrative d'appel. Il refuse dans ces conditions de prononcer une astreinte pour assurer l'exécution de ce jugement, non encore annulé, mais dont il est certain qu'il le sera (CE, 8 avril 1994, Latchoumaninchetty, n° 146183, *Lebon* T. [4]). La même règle a été appliquée à une situation dans laquelle, sur la demande d'un autre requérant, une astreinte avait déjà été ordonnée pour non-exécution de la même décision juridictionnelle (CE sect., 27 janvier 1995, Melot, préc.).
On note que l'usage de la procédure définie à l'article L. 911-4 n'est pas exclusif : il est concevable et juridiquement possible de recourir au référé de l'article L. 521-1 (TA Lyon, 9 décembre 2010, Société Siftas, n° 1006821 ; *JCPA*, 9 mai 2011, p. 29), voire au référé-liberté de l'article L. 521-2 si les conditions en sont réunies pour obtenir, d'urgence, une mesure provisoire d'exécution (CE, 9 janvier 2006, Ministre de l'Intérieur c/Daaji, n° 288745, *Lebon* T.).

IV – Le cas de certains jugements emportant condamnation

Ainsi que cela ressort de l'article L. 911-9, la loi du 16 juillet 1980 a introduit un mécanisme d'exécution d'office des condamnations prononcées par décision de justice « passée en force de chose jugée » (c'est-à-dire définitive s'il s'agit d'un jugement, ou simplement prononcée s'il s'agit d'un arrêt de cour administrative d'appel : CE ass., 27 octobre 1995, Ministre du Logement c/Mattio, n° 150703, *Lebon*, p. 359). L'existence de ce mécanisme se substitue à l'astreinte, et, doit-on penser, à la procédure prévue à l'article L. 911-4 (CE, 6 mai 1998, Lother, n° 141236 [5]). Mais, si la question de l'exécution financière n'a pas été réglée par le jugement, le procédé de l'astreinte reprend ses droits : voir, par exemple, CE 28 juillet 2000, Roca, n° 191373, *Lebon* T., prononçant une astreinte de 50 francs par jour pour obtenir le paiement d'intérêts, dans un cas où ces intérêts, de droit, n'avaient pas été ordonnés par décision juridictionnelle.

On peut d'ailleurs se demander si la jurisprudence *Lother* pourra être maintenue. Interprétant à la lettre les dispositions de la loi du 16 juillet 1980, la cour administrative d'appel de Lyon a jugé qu'elles ne couvraient pas les hypothèses dans lesquelles la condamnation était prononcée par un jugement dont l'exécution lui était demandée (CAA Lyon, 25 avril 2002, Maison de retraite de Vezelay, n° 97LY21780). C'est qu'il est un peu paradoxal de renvoyer devant une autorité administrative une personne bénéficiaire de la chose jugée qui n'arrive pas à obtenir l'exécution de cette chose jugée par suite de la mauvaise volonté d'une autorité administrative… Et l'on constate, d'ailleurs, qu'une décision du Conseil d'État *Leniau*, du 12 mai 2003, n° 231955, prend soin de statuer, pour les rejeter ou constater qu'elles ont perdu leur objet, sur de multiples demandes d'astreinte, tendant toutes à l'exécution de condamnations prononcées en dernier ressort par le Conseil d'État, sans aucunement leur opposer le raisonnement qui inspira la jurisprudence *Lother*. Certes, le fait que ces conclusions n'aient pas été admises ne permet pas de conclure avec rigueur que le Conseil d'État a décidé d'écarter la jurisprudence *Lother*, mais le luxe de détails retenus pour écarter certaines de ces conclusions, alors qu'il eût été si simple de leur opposer la jurisprudence *Lother*, pourrait constituer un indice… Indice qui se confirme au demeurant par la lecture d'une décision *Langlois* (CE, 23 juillet 2003, Langlois, n° 251325), dans laquelle on voit le juge, constatant que sa décision antérieure portant condamnation n'était pas totalement exécutée (absence de versement des intérêts sur les frais irrépétibles), prononcer contre l'administration une astreinte (un euro par jour) jusqu'à exécution complète.

Une décision (CE, 24 novembre 2003, Société Le Cadoret, n° 250436, *Lebon* T.) a paru mettre un terme à ces hésitations ou à ce flou : reprenant le raisonnement de l'arrêt *Lother*, cette décision renvoie le bénéficiaire d'un jugement de condamnation, confirmé par le Conseil d'État agissant comme juge d'appel, à la procédure définie à l'article L. 911-9. Toutefois une décision du 28 avril 2004 (CE, 28 avril 2004, Foyer-logement résidence Maurice-Vialatte, n° 255932, *Lebon*), reprise intégralement au recueil *Lebon*, prononce une astreinte contre l'État pour le contraindre à exécuter une condamnation financière elle-même prononcée par une décision juridictionnelle. Position reprise le 10 janvier 2005 (CE, 10 janvier 2005, Bouly, n° 262139) ou le 14 janvier 2005 (CE, 14 janvier 2005, Association pour la protection des animaux sauvages, n° 263996). On demeure perplexe... sauf à se reporter aux conclusions prononcées par M. Olson, commissaire du gouvernement concluant sur l'affaire *Commune de Solers* (CE, 27 septembre 2002, n° 217012, *Lebon* T.), donnant à penser que la jurisprudence *Lother* doit être cantonnée aux hypothèses – c'était le cas de l'affaire *Lother* – dans lesquelles le demandeur réclame une astreinte pour obtenir paiement d'une astreinte précédemment décidée : autrement dit le Conseil d'État refuserait d'établir une astreinte sur une astreinte. Force est toutefois de reconnaître que ni le fichage au *Lebon* de l'affaire *Lother*, ni celui de l'affaire *Commune de Solers* ne permettent de garantir que telle est bien la position des formations contentieuses... D'ailleurs une décision du 28 novembre 2007 (CE, 28 novembre 2007, Sarl Siebret, n° 307491), il est vrai rendue par une sous-section statuant seule, oppose l'article L. 911-9 à une hypothèse étrangère au paiement d'une astreinte. Positions dont on trouve des manifestations récurrentes (par exemple : CE, 19 juillet 2010, n° 313770 – CE, 30 janvier 2012, n° 338681 – CE, 11 juillet 2012, Delpech, n° 349008), sans que cette solution fasse l'objet d'un fichage, signe peut-être qu'elle est regardée comme désormais figée. Encore a-t-on pu lire, le 23 mai 2012, un arrêt condamnant une personne publique au versement d'une astreinte en vue de l'exécution d'un arrêt portant condamnation à verser diverses sommes (CE, 23 mai 2012, Société SPIE SCGPM, n° 346352, *Lebon* T.), solution cependant non fichée sur ce point... Le débat a continué jusqu'à l'intervention d'une décision érigeant en principe le rejet d'une demande d'exécution en la matière, sauf dans le cas où l'ordonnancement n'est pas intervenu dans le délai prescrit par le I de l'article L. 911-9 et lorsque le comptable public a refusé le paiement, la collectivité ne pouvant alors utilement invoquer la prescription quadriennale (CE, 12 février 2020, Lliboutry, n° 432598, *Lebon* T.). Si la décision juridictionnelle emporte obligation de payer à l'encontre d'une personne privée n'entrant pas dans le champ d'application de ce mécanisme, seules les voies d'exécution de droit commun peuvent être mises en œuvre, à l'exception de l'astreinte de l'article L. 911-4 (CE, 28 octobre 2002, Walter n° 240088, *Lebon* T. [6]).

V – Le cas de l'annulation du jugement à exécuter

En cas d'annulation, par une nouvelle décision juridictionnelle, du jugement ou de l'arrêt ayant prononcé l'annulation de la décision de rejet opposée à une demande d'autorisation de regroupement familial et l'injonction de délivrer l'autorisation sollicitée, et sous réserve que les motifs de cette décision juridictionnelle ne fassent pas par eux-mêmes obstacle à un nouveau rejet, l'autorité compétente peut, eu égard à la nature de l'autorisation ainsi délivrée, la retirer dans un délai raisonnable qui ne saurait excéder quatre mois à compter de la notification à l'administration de la décision juridictionnelle. Elle doit, avant de procéder à ce retrait, inviter le demandeur à présenter ses observations (CE, 10 juillet 2020, Mata Bazebita, n° 430609, *Lebon* T.). Cette faculté de retirer avait déjà été reconnue, après le jugement rendu au principal, un permis de construire provisoire délivré à la suite d'un réexamen ordonné par le juge des référés ayant suspendu le refus de permis, CE, sect., 7 octobre 2016, Commune de Bordeaux, n° 395211, *Lebon*, p. 409 ; s'agissant d'une mesure d'exclusion d'un agent public, CE, 23 mai

2018, Ministre d'État, Ministre de l'intérieur c/Makhlouf, n° 416313, *Lebon* T., p. 542-747 et 830-847. Elle avait également été admise pour le retrait d'une autorisation d'urbanisme délivrée en conséquence d'une injonction prononcée au principal en cas d'annulation de celle-ci, CE, 25 mai 2018, Préfet des Yvelines et autres, n° 417350, *Lebon*, p. 240. La cour administrative d'appel de Lyon s'est écartée de cette solution pour le cas de la mesure négative prise après suspension en référé et injonction de réexamen revenant à la solution de principe sur le caractère provisoire de telles mesures en cas d'intervention du jugement au fond (CE, 11 août 2005, Baux, n° 281486, *Lebon* T.), en jugeant que le TA, saisi d'un recours contre une telle décision doit, si le jugement au principal est intervenu à la date où il statue, constater que la requête dont il est saisi a perdu son objet en cours d'instance et prononcer un non-lieu à statuer (CAA Lyon, 15 mai 2018, Préfet du Rhône c/Sghaier, n° 17LY01513).

V – Les voies de recours

Par application du principe d'unité de l'instance, la procédure prévue par l'article L. 911-4 du CJA se rattache à la même instance contentieuse que celle qui a donné lieu à la décision juridictionnelle dont il est demandé au juge d'assurer l'exécution. Ainsi, les voies de recours ouvertes contre la décision prise en application de cet article sont les mêmes que celles qui sont prévues contre la décision dont il est demandé au juge d'assurer l'exécution (CE, 13 décembre 2024, n° 492030, *Lebon* T.). En cas d'annulation, en cassation, d'une décision du juge de l'exécution considérant que la décision juridictionnelle initiale avait été partiellement exécutée, il appartient au juge de renvoi, ou au Conseil d'État, s'il règle l'affaire au fond, de se prononcer sur l'exécution de la décision juridictionnelle en ce qui concerne les seuls points faisant l'objet de la cassation, la décision du juge de l'exécution devenant définitive en tant qu'elle juge que la décision juridictionnelle initiale a été entièrement exécutée sur les autres points, faute d'avoir été contestée dans cette mesure (CE, 4 avril 2025, n° 487840, *Lebon* T.).

Jurisprudence

[1] Considérant, d'une part [...] qu'en l'absence de définition, par le jugement ou l'arrêt dont l'exécution lui est demandée, des mesures qu'implique nécessairement cette décision, il appartient au juge saisi sur le fondement de l'article L. 911-4 du code de justice administrative d'y procéder lui-même en tenant compte des situations de droit et de fait existant à la date de sa décision ; que, si la décision faisant l'objet de la demande d'exécution prescrit déjà de telles mesures en application de l'article L. 911-1 du même code, il peut, dans l'hypothèse où elles seraient entachées d'une obscurité ou d'une ambiguïté, en préciser la portée ; que, le cas échéant, il lui appartient aussi d'en édicter de nouvelles en se plaçant, de même, à la date de sa décision, sans toutefois pouvoir remettre en cause celles qui ont précédemment été prescrites ni méconnaître l'autorité qui s'attache aux motifs qui sont le soutien nécessaire du dispositif de la décision juridictionnelle dont l'exécution lui est demandée ; qu'en particulier, la rectification des erreurs de droit ou de fait dont serait entachée la décision en cause ne peut procéder que de l'exercice, dans les délais fixés par les dispositions applicables, des voies de recours ouvertes contre cette décision ;

Considérant, d'autre part, qu'il appartient au juge saisi sur le fondement de l'article L. 911-4 d'apprécier l'opportunité de compléter les mesures déjà prescrites ou qu'il prescrit lui-même par la fixation d'un délai d'exécution et le prononcé d'une astreinte suivi, le cas échéant, de la liquidation de celle-ci, en tenant compte tant des circonstances de droit et de fait existant à la date de sa décision que des diligences déjà accomplies par les parties tenues de procéder à l'exécution de la chose jugée ainsi que de celles qui sont encore susceptibles de l'être [...].

[2] Considérant que, par décision du 27 septembre 1993, le Conseil d'État statuant au contentieux a, d'une part, annulé la décision en date du 30 juin 1988 par laquelle le directeur du centre hospitalier général de Petit-Quevilly a licencié, pour abandon de poste, Mlle Kerbache, agent hospitalier stagiaire, d'autre part, renvoyé cette dernière devant le centre hospitalier pour que soit liquidée l'indemnité à laquelle elle avait droit pour la période pendant laquelle elle a été illégalement privée de son emploi ;
Considérant, en premier lieu que, pour assurer l'exécution de la décision susmentionnée du Conseil d'État, le directeur du centre hospitalier a, par décision du 12 mars 1994, réintégré Mlle Kerbache dans ses fonctions à compter du 30 juin 1988 ; qu'il a ainsi, en ce qui concerne la situation de Mlle Kerbache, assuré l'exécution de la décision du 27 septembre 1993 du Conseil d'État ; que si Mlle Kerbache soutient qu'elle aurait dû à cette occasion être titularisée, alors qu'elle a été réintégrée comme stagiaire, elle soulève ainsi un litige distinct qui ne se rapporte pas à l'exécution de la décision du 27 septembre 1993 et dont il n'appartient pas au Conseil d'État de connaître dans le cadre de la présente instance ; qu'il suit de là que les conclusions de Mlle Kerbache relatives à sa réintégration sont devenues sans objet, et que celles qui concernent sa titularisation doivent être rejetées ;
Considérant, en deuxième lieu, qu'il résulte de l'instruction que le centre hospitalier a versé à Mlle Kerbache, en exécution de la décision susmentionnée du Conseil d'État, une somme de 288 836 francs, dont Mlle Kerbache soutient, d'une part, qu'elle est insuffisante, d'autre part, qu'elle doit être assortie d'intérêts ;
Considérant, d'une part, qu'il résulte de l'instruction que, pour calculer la somme due à Mlle Kerbache, le centre hospitalier a retenu une période se terminant le 27 septembre 1993, date de la décision susmentionnée du Conseil d'État, et non à la date à partir de laquelle en application de la décision de réintégration du 12 mars 1994 Mlle Kerbache a effectivement repris ses fonctions et recouvré ses droits à traitement ; que cette dernière est ainsi fondée à soutenir que la décision susmentionnée du Conseil d'État qui avait reconnu à Mlle Kerbache droit à indemnité pour l'ensemble de la période pendant laquelle elle a été privée illégalement de son emploi n'a pas été complètement exécutée ;
Considérant, d'autre part, que toute condamnation prononcée par une juridiction emporte intérêts de droit à compter de ce prononcé ; que par suite Mlle Kerbache est fondée à soutenir qu'en ne majorant pas les sommes qui lui sont dues en principal du montant des intérêts courus de la date du 27 septembre 1993 à la date de leur paiement, le directeur du centre hospitalier n'a pas complètement exécuté la décision du Conseil d'État ; qu'en revanche, cette décision n'ayant pas prescrit que la condamnation prononcée porterait intérêts à compter d'une date antérieure à ce prononcé, les conclusions de Mlle Kerbache tendant à ce que de tels intérêts lui soient alloués soulèvent un litige distinct qui ne se rapporte pas à l'exécution de la décision susmentionnée du Conseil d'État, et doivent être rejetées ;

Considérant qu'il y a lieu, dans les circonstances de l'espèce, de prescrire au centre hospitalier de prendre dans un délai de quatre mois à compter de la notification de la présente décision, en ce qui concerne les sommes dues à Mlle Kerbache en principal et en intérêts, les mesures propres à assurer complètement l'exécution de l'arrêt du 27 septembre 1993, et de prononcer contre lui une astreinte de 300 francs par jour à compter de l'expiration de ce délai s'il ne s'est pas acquitté de cette obligation [...].

[3] Considérant qu'en vertu de l'article L. 911-7 du code de justice administrative, en cas d'inexécution totale ou partielle ou d'exécution tardive, la juridiction procède à la liquidation de l'astreinte qui a été ordonnée ; qu'aux termes de l'article R. 921-7 du même code : « Lorsqu'à la date d'effet de l'astreinte prononcée par le tribunal administratif ou la cour administrative d'appel, cette juridiction constate, d'office ou sur la saisine de la partie intéressée, que les mesures d'exécution qu'elle avait prescrites n'ont pas été prises, elle procède à la liquidation de l'astreinte [...] » ;
Considérant que, lorsqu'une décision de justice enjoint à l'administration de réintégrer un agent illégalement évincé dans un emploi équivalent, le juge de l'astreinte peut conclure à la non-exécution de l'injonction s'il constate un défaut manifeste d'équivalence entre l'emploi occupé par l'agent avant son éviction et celui dans lequel il a été effectivement réintégré ; qu'en dehors de ce cas, la contestation par l'intéressé de l'équivalence entre ces emplois constitue un litige distinct, qui doit être soumis au juge du fond ; que, par suite, en relevant que l'appréciation du caractère effectif de la réintégration de l'intéressé soulevait, en l'absence de disproportion manifeste entre le nouvel emploi et celui occupé avant l'éviction, un litige distinct de celui tranché par le tribunal administratif, la cour n'a pas commis d'erreur de droit au regard des articles L. 911-7 et R. 921-7 du code de justice administrative ;
Considérant qu'en jugeant qu'il ne résultait pas des nombreuses pièces présentées devant elle que l'emploi de « responsable des ressources technologiques » dans lequel a été réintégré M. Cordier n'était pas, de manière manifeste, équivalent à son emploi initial de « responsable du service des ressources technologiques », la cour a porté une appréciation souveraine, exempte de dénaturation, et a suffisamment motivé son arrêt [...].

[4] Considérant qu'aux termes de l'article 2 de la loi du 16 juillet 1980 : « En cas d'inexécution d'une décision rendue par une juridiction administrative le Conseil d'État peut, même d'office, prononcer une astreinte contre les personnes morales de droit public pour assurer l'exécution de cette décision » ; qu'il résulte des termes mêmes de cette disposition qu'il appartient au Conseil d'État d'apprécier dans chacun des cas qui lui sont soumis s'il y a lieu de prononcer une astreinte ;
Considérant que, par les jugements en date du 27 mars 1991, le tribunal administratif de Saint-Denis de La Réunion a annulé les décisions du maire de la commune de Sainte-Marie de La Réunion portant licenciement de Mmes Latchoumaninchetty, Persée, Philogène et de M. Maillot ; que par deux décisions en date du 22 décembre 1993, le Conseil d'État statuant au contentieux a jugé que les litiges concernant ces agents, qui ne peuvent pas être regardés comme participant à l'exécution du service public, ne relevaient pas de la compétence de la juridiction administrative et a renvoyé le jugement des appels présentés contre les jugements du tribunal administratif de Saint-Denis de La Réunion à la cour administrative d'appel de Paris seule compétente sur ces appels en raison de l'incompétence de la juridiction administrative pour connaître des litiges en cause ; que, dans les circonstances de l'espèce, il n'y a pas

lieu de prononcer des astreintes pour assurer l'exécution des jugements susvisés du tribunal administratif de Saint-Denis de La Réunion [...].

[5] Considérant qu'aux termes de l'article 6-1 de la loi du 16 juillet 1980 susvisée : « Lorsqu'il règle un litige au fond par une décision qui implique nécessairement une mesure d'exécution dans un sens déterminé, le Conseil d'État, saisi de conclusions en ce sens, prescrit cette mesure et peut assortir sa décision d'une astreinte à compter d'une date qu'il détermine [...] » ;
Considérant, toutefois, qu'aux termes du II de l'article 1er de la loi du 16 juillet 1980 susvisée « Lorsqu'une décision juridictionnelle passée en force de chose jugée condamne une collectivité locale ou un établissement public au paiement d'une somme d'argent dont le montant est fixé par la décision elle-même, cette somme doit être mandatée ou ordonnancée dans un délai de quatre mois à compter de la notification de la décision de justice. À défaut de mandatement ou d'ordonnancement dans ce délai, le représentant de l'État dans le département ou l'autorité de tutelle procède au mandatement d'office [...] » ; que, dès lors que la disposition législative précitée permet à M. Lother, en cas d'inexécution de la présente décision dans le délai prescrit, d'obtenir le mandatement d'office de la somme que la région de Guadeloupe est condamnée à lui verser par cette même décision, il n'y a pas lieu de faire droit aux conclusions aux fins d'injonction présentées par M. Lother [...].

[6] Considérant qu'il ressort des dispositions des articles L. 911-1 et suivants du code de justice administrative qu'elles n'ont pas eu pour objet de créer, à l'encontre des personnes privées n'entrant pas dans leur champ d'application, et pour l'exécution d'une obligation de payer, un régime d'astreinte qui se substituerait ou s'ajouterait aux voies d'exécution de droit commun [...].

La possibilité pour le Conseil d'État de prononcer, d'office, une astreinte

Art. L. 911-5 En cas d'inexécution d'une décision rendue par une juridiction administrative autre qu'un tribunal administratif ou une cour administrative d'appel, le Conseil d'État peut, même d'office, lorsque cette décision n'a pas défini les mesures d'exécution, procéder à cette définition, fixer un délai d'exécution et prononcer une astreinte contre les personnes morales en cause.

Lorsqu'une astreinte a déjà été prononcée en application de l'article L. 911-3, il n'est pas prononcé de nouvelle astreinte.

Les pouvoirs attribués au Conseil d'État par le présent article peuvent être exercés par le président de la section du contentieux.

Textes sources

– Loi n° 80-539 du 16 juillet 1980 modifiée, articles 2 et 6.
– Loi n° 2019-222 du 23 mars 2019, article 40.

Commentaires

Cet article, spécifique au Conseil d'État, lui donne le pouvoir de décider d'une astreinte au besoin d'office en cas d'inexécution d'une décision d'une juridiction administrative autre que les tribunaux administratifs et les cours administratives d'appel. La modification de cet article en 2019 participe de la simplification des règles de compétence en matière d'exécution. Les tribunaux et cours assurent eux-mêmes, le cas échéant d'office, l'exécution de leurs décisions en application des articles L. 911-3 et L. 911-4. Par ailleurs, si le Conseil d'État statuant au contentieux a, en application des articles L. 911-1 et ou L. 911-2, prononcé une injonction à l'encontre de la personne publique, il ne lui appartient pas, au titre de l'article L. 911-5, d'infliger spontanément une telle astreinte. Mais l'astreinte peut être alors prononcée par voie juridictionnelle (voir CJA, art. R. 931-7). La demande d'exécution d'une déclaration d'illégalité rendue sur question préjudicielle est irrecevable (CE, 9 février 2024, n° 471937, *Lebon* T.).

L'astreinte provisoire ou définitive

Art. L. 911-6 L'astreinte est provisoire ou définitive. Elle doit être considérée comme provisoire à moins que la juridiction n'ait précisé son caractère définitif. Elle est indépendante des dommages et intérêts.

Texte source

– Loi n° 80-539 du 16 juillet 1980 modifiée, article 3.

Commentaires

Les astreintes sont réputées provisoires, en ce qui concerne le taux fixé par la décision « comminatoire ». Ce qui permettra, lors de leur liquidation, qui est souvent fractionnée, de moduler leur taux (voir commentaires sous l'article suivant). Mais chaque liquidation a pour effet de rendre définitive l'astreinte, ainsi que sa clé de répartition arrêtée en application de l'article L. 911-8, pour la période couverte par cette liquidation (CE, 23 octobre 2009, Bodier, n° 310379, *Lebon* T.). Voir, comme exemple de modération de l'astreinte lors de sa liquidation : CE, 24 mai 2017, Société Investaq Energie, n° 403569, *Lebon* T.

On aurait pu penser que la procédure définie par les articles L. 911-6 à L. 911-8 pouvait s'appliquer à d'autres astreintes que celles qui procèdent des articles L. 911-4 et L. 911-5, et par exemple de l'article 3 de la loi du 5 mars 2007 relative à la préparation du système de santé à des menaces sanitaires de grande ampleur. Telle n'a pas été la position du Conseil d'État (CE, 5 février 2014, Voies navigables de France, n° 364561, *Lebon*), qui réserve cette procédure aux astreintes procédant du livre IX du code. Ainsi, notamment, lorsque la juridiction « fait application du principe général selon lequel les juges ont la faculté de prononcer une astreinte en vue de l'exécution de leurs décisions », hors le jeu des articles L. 911-4 ou L. 911-5, la procédure fixée aux articles L. 911-6 et suivants est inapplicable.

La liquidation de l'astreinte

Art. L. 911-7 En cas d'inexécution totale ou partielle ou d'exécution tardive, la juridiction procède à la liquidation de l'astreinte qu'elle avait prononcée.

Sauf s'il est établi que l'inexécution de la décision provient d'un cas fortuit ou de force majeure, la juridiction ne peut modifier le taux de l'astreinte définitive lors de sa liquidation.
Elle peut modérer ou supprimer l'astreinte provisoire, même en cas d'inexécution constatée.

Texte source

– Loi n° 80-539 du 16 juillet 1980 modifiée, article 4.

Commentaires

La décision portant liquidation de l'astreinte est de nature juridictionnelle, et doit donc être motivée, notamment en cas de refus de procéder à la modulation mentionnée au dernier alinéa du texte (CE, 6 octobre 2010, Commune du Castellet, n° 307683, *Lebon*).

L'astreinte peut être liquidée pour des sommes modestes ou des retards réduits : dans une affaire *Bastien*, jugée le 15 décembre 1993, le Conseil d'État a liquidé à 3 000 francs une astreinte sanctionnant un retard d'exécution de trois jours. Le juge peut se saisir d'office de la question de la liquidation de l'astreinte, laquelle peut porter sur une période arrêtée provisoirement (CE, 22 février 1995, Loubet, n° 142026). Au fil des décisions de liquidation successives, le taux de l'astreinte – qui devient définitif pour chaque période couverte par la décision – peut au demeurant varier, en fonction de la plus ou moins bonne volonté de la personne publique, en augmentation (CE, 22 novembre 1999, Lother, n° 141236, *Lebon* T.), ou en diminution (CE, 25 novembre 1998, Lechene, n° 160215, *Lebon* T.), pour tenir compte notamment d'un commencement d'exécution. Voir, par exemple, l'arrêt Commune du Castellet précité, dans lequel l'astreinte liée à l'inexécution totale et injustifiée d'un arrêt, depuis 2004, qui était initialement fixée à 150 euros par jour, a été ramenée, cette charge étant manifestement excessive pour la commune, à 75 euros par jour. Le juge peut augmenter le taux de l'astreinte après une première liquidation provisoire mettre les parties à même de présenter leurs observations sur cette éventuelle majoration (CE, 1er avril 2019, Contant, n° 405532, *Lebon* T.).

L'astreinte prononcée pour obtenir exécution d'une mesure provisoire ordonnée par le juge des référés doit être liquidée, alors même que l'intervention du jugement au principal, qui met fin à l'obligation d'exécuter cette mesure provisoire, prive l'astreinte de base légale pour l'avenir. La liquidation doit donc intervenir pour la période comprise entre la fin du délai imparti pour exécuter la mesure prescrite en référé et la notification du jugement rendu au principal – pour autant, bien sûr, que cette mesure n'a pas été exécutée ou l'a été tardivement (CE, 24 mai 2017, Société Investaq Energie, n° 403569, *Lebon* T.).

La juridiction qui a prononcé l'astreinte est exclusivement compétente pour la liquider, et le juge d'appel, qui a prononcé une liquidation provisoire d'une astreinte prononcée par le premier juge sans en modifier le taux, n'est pas compétent pour procéder à une nouvelle liquidation de cette astreinte (CE, 27 mars 2020, Ville de Marseille, n° 434228, *Lebon T.*).

Enfin, le juge de l'exécution, peut constater par ordonnance prise sur le fondement du 3° de l'article R. 222-1 que la mesure prescrite a été entièrement exécutée et qu'il n'y a pas lieu de procéder à la liquidation de l'astreinte (CE, 16 juillet 2014, Talbaux, n° 362230, *Lebon* T.).

Sur ces questions, le Conseil d'État a délivré une sorte de « mode d'emploi » (CE, 27 mars 2023, n° 452354, *Lebon* [1]).

S'agissant du montant, pour une astreinte « sanctionnant » le non-respect des valeurs limites en dioxyde d'azote et particules fines liquidée à 10 millions d'euros au total pour deux semestres et répartie entre l'association requérante à l'instance initiale et d'autres organismes publics ou privés à but non lucratif, voir : CE, 24 novembre 2023, n° 428409, *Lebon ;* et CE, 25 avril 2025, n° 428409, *Lebon*, pour le refus d'une nouvelle liquidation d'astreinte.

Jurisprudence

[1] 3. Si le juge de l'exécution saisi, sur le fondement des dispositions de l'article L. 911-7 du code de justice administrative, aux fins de liquidation d'une astreinte précédemment prononcée peut la modérer ou la supprimer, même en cas d'inexécution constatée, compte tenu notamment des diligences accomplies par l'administration en vue de procéder à l'exécution de la chose jugée, il n'a pas le pouvoir de remettre en cause les mesures décidées par le dispositif de la décision juridictionnelle dont l'exécution est demandée. Toutefois, si l'administration justifie avoir adopté, en lieu et place des mesures provisoires ordonnées par le juge des référés, des mesures au moins équivalentes à celles qu'il lui a été enjoint de prendre, le juge de l'exécution peut, compte tenu des diligences ainsi accomplies, constater que que l'ordonnance du juge des référés a été exécutée.

La possibilité de verser une part de l'astreinte à l'État

Art. L. 911-8 La juridiction peut décider qu'une part de l'astreinte ne sera pas versée au requérant.

Cette part est affectée au budget de l'État.

Textes sources

– Loi n° 80-539 du 16 juillet 1980 modifiée, article 5.
– Loi n° 2000-1353 du 30 décembre 2000, article 51.

Commentaires

Le mécanisme original ici institué a suscité une interrogation quant à sa constitutionnalité, au point que le Conseil d'État a transmis cette question prioritaire au Conseil constitutionnel (CE, 19 décembre 2014, de Maillard, n° 382504). Le Conseil constitutionnel a levé le doute qui s'était exprimé : ce mécanisme, et notamment le fait que, lorsque l'astreinte est prononcée contre l'État, une part peut en être versée… à l'État, ne méconnaît pas les exigences découlant de l'article 16 de la Déclaration des droits de l'homme et du citoyen (Cons. const., 6 mars 2015, déc. n° 2014-455 QPC).

Ce mécanisme a pour objet de conserver à l'astreinte ses vertus comminatoires, en laissant ouverte la possibilité de retenir des taux très élevés, tout en évitant d'enrichir par trop la « victime ». Il était prévu à l'origine que les sommes ainsi détournées de la poche du requérant seraient affectées au fonds d'équipement des collectivités locales, puis au fonds de compensation de la TVA. La nouvelle version mentionnée au second alinéa, simple, a ses vertus lorsque le débiteur de l'astreinte est une personne autre que l'État. Même si le Conseil constitutionnel lui a donné sa bénédiction, on reste perplexe sur sa portée lorsque l'État devra payer l'astreinte : et l'on a quelque mal à imaginer le dispositif d'une décision condamnant l'État à payer une astreinte « affectée au budget de l'État ». La tendance la plus récente est en la matière de ne pas « dériver » vers le budget de l'État l'astreinte que doit verser l'État (CE, 28 février 2001, Fédération française des masseurs kinésithérapeutes rééducateurs, n° 205476, *Lebon* T.). Dès lors, la décision prononce uniquement la condamnation qui doit revenir à l'administré, sans faire mention de la somme « affectée au budget de l'État », solution avantageuse pour le ministère qui doit supporter, sur son budget, le paiement de l'astreinte (par exemple : CE, 30 mars 2001, Ribstein, n° 185107), mais discutable puisque, précisément, ce ministère verra ainsi s'alléger la contrainte procédant de l'astreinte, alors que, par définition, il se refuse à exécuter la chose jugée... Pour résoudre cette contradiction, il a été jugé que, lorsqu'il existe une astreinte ayant pour finalité de contraindre la personne morale de droit public ou l'organisme de droit privé chargé de la gestion d'un service public à exécuter les obligations qui lui ont été assignées par une décision de justice, ces dispositions ne trouvent pas à s'appliquer lorsque l'État est débiteur de l'astreinte en cause. Dans ce dernier cas, lorsque cela apparaît nécessaire à l'exécution effective de la décision juridictionnelle, la juridiction peut, même d'office, après avoir recueilli sur ce point les observations des parties, ainsi que de la ou des personnes morales concernées, décider d'affecter cette fraction à une personne morale de droit public disposant d'une autonomie suffisante à l'égard de l'État et dont les missions sont en rapport avec l'objet du litige ou à une personne morale de droit privé, à but non lucratif, menant, conformément à ses statuts, des actions d'intérêt général également en lien avec cet objet (CE, ass. 10 juillet 2020, Association Les amis de la Terre France et autres, n° 428409, *Lebon*).

L'exécution d'une décision juridictionnelle portant condamnation

Art. L. 911-9 Lorsqu'une décision passée en force de chose jugée a prononcé la condamnation d'une personne publique au paiement d'une somme d'argent dont elle a fixé le montant, les dispositions de l'article 1er de la loi n° 80-539 du 16 juillet 1980, ci-après reproduites, sont applicables.

« Art. 1er – I. Lorsqu'une décision juridictionnelle passée en force de chose jugée a condamné l'État au paiement d'une somme d'argent dont le montant est fixé par la décision elle-même, cette somme doit être ordonnancée dans un délai de deux mois à compter de la notification de la décision de justice.

Si la dépense est imputable sur des crédits limitatifs qui se révèlent insuffisants, l'ordonnancement est fait dans la limite des crédits disponibles.

Les ressources nécessaires pour les compléter sont dégagées dans les conditions prévues par l'ordonnance n° 59-2 du 2 janvier 1959 portant loi organique relative aux lois de finances. Dans ce cas, l'ordonnancement complémentaire doit être fait dans un délai de quatre mois à compter de la notification.

À défaut d'ordonnancement dans les délais mentionnés aux alinéas ci-dessus, le comptable assignataire de la dépense doit, à la demande du créancier et sur présentation de la décision de justice, procéder au paiement.

II. Lorsqu'une décision juridictionnelle passée en force de chose jugée a condamné une collectivité locale ou un établissement public au paiement d'une somme d'argent dont le montant est fixé par la décision elle-même, cette somme doit être mandatée ou ordonnancée dans un délai de deux mois à compter de la notification de la décision de justice. À défaut de mandatement ou d'ordonnancement dans ce délai, le représentant de l'État dans le département ou l'autorité de tutelle procède au mandatement d'office.

En cas d'insuffisance de crédits, le représentant de l'État dans le département ou l'autorité de tutelle adresse à la collectivité ou à l'établissement une mise en demeure de créer les ressources nécessaires ; si l'organe délibérant de la collectivité ou de l'établissement n'a pas dégagé ou créé ces ressources, le représentant de l'État dans le département ou l'autorité de tutelle y pourvoit et procède, s'il y a lieu, au mandatement d'office.

III. Abrogé [par la loi n° 95-851 du 24 juillet 1995, article 3-3°].

IV. L'ordonnateur d'une collectivité territoriale ou d'un établissement public local est tenu d'émettre l'état nécessaire au recouvrement de la créance résultant d'une décision juridictionnelle passée en force de chose jugée dans le délai de deux mois à compter de la date de notification de la décision de justice.

Faute de dresser l'état dans ce délai, le représentant de l'État adresse à la collectivité territoriale ou à l'établissement public local une mise en demeure d'y procéder dans le délai d'un mois ; à défaut, il émet d'office l'état nécessaire au recouvrement correspondant.

En cas d'émission de l'état par l'ordonnateur de la collectivité ou de l'établissement public local après mise en demeure du représentant de l'État, ce dernier peut néanmoins autoriser le comptable à effectuer des poursuites en cas de refus de l'ordonnateur.

L'état de recouvrement émis d'office par le représentant de l'État est adressé au comptable de la collectivité territoriale ou de l'établissement public local pour prise en charge et recouvrement, et à la collectivité territoriale ou à l'établissement public local pour inscription budgétaire et comptable. »

Textes sources

– Loi n° 80-539 du 16 juillet 1980, article 1er.
– Loi n° 2000-321 du 12 avril 2000, article 17.

Commentaires

C'est l'existence de ces dispositions qui a conduit le Conseil d'État à juger que la procédure découlant des articles L. 911-4 et suivants n'est pas applicable lorsque la décision de justice portant condamnation est passée en force de chose jugée (CE, 6 mai 1998, Lother, n° 141236, cité sous l'article L. 911-4 – CE, 24 novembre 2003, Société Le Cadoret, n° 250436, *Lebon* T.). Toutefois, lorsque la décision juridictionnelle ne fixe pas précisément le montant de la somme due ou lorsque le calcul de celui-ci soulève une difficulté sérieuse, la demande d'injonction sous astreinte reste recevable (CE, 25 octobre 2017, Société JC Decaux France, n° 399407, *Lebon* T.). Même solution dans le cas où l'ordonnancement n'est pas intervenu dans le délai prescrit par le I de l'article L. 911-9 et lorsque le comptable public a refusé le paiement (CE, 12 février 2020, Lliboutry, n° 432598, *Lebon* T.).
Au I de l'article 1er, il convient de substituer, à la référence à l'ordonnance n° 59-2 du 2 janvier 1959, celle à la loi organique n° 2001-692 du 1er août 2001, relative aux lois de finances (dite « LOLF »). On observe que l'imperfection affecte ici non le code, mais la loi, qui n'a pas été mise à jour...
Jugé qu'en application de ces dispositions, le préfet est chargé de prendre, sous le contrôle du juge, toutes les mesures nécessaires, celles-ci incluant, le cas échéant, la vente de biens appartenant à la collectivité s'ils ne sont pas indispensables au bon fonctionnement des services publics (CE sect., 18 novembre 2005, Société fermière de Campoloro, n° 271898, *Lebon*). Les dispositions du IV de l'article 1er de la loi n° 80-539 du 16 juillet 1980 sont applicables aux sections de commune (CE, 14 octobre 2019, n° 425645, *Lebon* T.).

L'amende prévue par le Code des juridictions financières

Art. L. 911-10 Lorsqu'une décision passée en force de chose jugée a prononcé la condamnation d'une personne publique au paiement d'une somme d'argent dont elle a fixé le montant, le 2° de l'article L. 131-14 du code des juridictions financières est applicable.

Textes sources

– Code des juridictions financières, article L. 313-12.
– Ordonnance n° 2022-408 du 23 mars 2022, article 19.

Commentaires

Selon l'article L. 131-14 du Code des juridictions financières, applicable à compter du 1er janvier 2023 : « – Tout justiciable au sens des articles L. 131-1 et L. 131-4 est passible des sanctions prévues à la section 3 :
1° Lorsque ses agissements entraînent la condamnation d'une personne morale de droit public ou d'un organisme de droit privé chargé de la gestion d'un service

public à une astreinte en raison de l'inexécution totale ou partielle ou de l'exécution tardive d'une décision de justice ;
2° En cas de manquement aux dispositions des I et II de l'article 1er de la loi n° 80-539 du 16 juillet 1980 relative aux astreintes prononcées en matière administrative et à l'exécution des jugements par les personnes morales de droit public ». L'amende ici prévue peut atteindre un montant maximal égal à six mois de rémunération annuelle de la personne faisant l'objet de la sanction à la date de l'infraction. Elle est prononcée par la chambre du contentieux de la Cour des comptes (CJF, art. L. 131-21). Cette disposition explique la présence des articles R. 921-7 et R. 931-8. Sur la réforme des juridictions financières prévue par l'article 168 de la loi n° 2021-1900 du 30 décembre 2021 de finances pour 2022, qui habilite le gouvernement à établir par voie d'ordonnance un nouveau régime unifié de responsabilité financière de l'ensemble des acteurs de la gestion de l'argent public et qui devrait s'accompagner d'une réforme en profondeur de l'organisation juridictionnelle et, notamment, des compétences des juridictions financières, voir la chronique de droit public financier de Ludovic Ayrault et Martin Collet, *RFDA* 2022, p. 183.

L'applicabilité du décret du 12 mai 1981 modifié

Art. R. 911-1 Lorsqu'une personne publique a fait l'objet d'une condamnation dans les conditions prévues à l'article L. 911-9, les dispositions du décret n° 2008-479 du 20 mai 2008 sont applicables.

Textes sources

– Décret n° 2000-389 du 4 mai 2000, article 1er.
– Décret n° 2012-1088 du 28 septembre 2012, article 6.

Commentaires

Le décret ici mentionné, pris pour l'application de la loi du 16 juillet 1980, prévoit, en ce qui concerne l'exécution des décisions passées en force de chose jugée et portant condamnation financière, que l'ordonnancement et le paiement direct des intérêts dans les conditions prévues à l'article 1er de la loi du 16 juillet 1980 ne s'appliquent que si la décision de justice en a fixé le point de départ et le taux (art. 1er).
On remarquera que, en ce qui concerne les intérêts, la position retenue par le décret est en retrait par rapport à la jurisprudence, qui veut que tout jugement prononçant une condamnation emporte, de plein droit, intérêts dès son prononcé (CE, 16 janvier 1987, Ribot, n° 66309, *Lebon*, p. 9).

Le point de départ du délai de recours contentieux

Art. R. 911-2 En cas de rejet d'une réclamation adressée à l'autorité administrative et tendant à obtenir l'exécution d'une décision d'une juridiction administrative, seule une décision expresse fait courir les délais de recours contentieux.

Texte source

– Décret n° 2017-493 du 6 avril 2017, article 2.

Commentaires

Ce dispositif était déjà précisé par l'article R. 421-3, et cet article R. 911-2 fusionne en fait un dispositif commun aux articles R. 921-2 (abrogé par décret n° 2017-493 du 6 avril 2017) et R. 931-2. Il en va de même de l'article suivant, qui fusionne les articles R. 921-3 (abrogé) et R. 931-9.

L'interruption du délai de recours par une demande d'exécution

Art. R. 911-3 Le délai de recours contentieux contre une décision administrative expresse refusant de prendre les mesures nécessaires à l'exécution d'une décision de la juridiction administrative est interrompu par une demande d'exécution présentée en application du présent livre jusqu'à la notification de la décision qui statue sur cette demande.

Texte source

– Décret n° 2017-493 du 6 avril 2017, article 2.

La dispense d'avocat

Art. R. 911-4 Les demandes d'exécution prévues par le présent livre peuvent être présentées sans le ministère d'un avocat.

Texte source

– Décret n° 2017-493 du 6 avril 2017, article 2.

L'utilisation de l'application informatique

Art. R. 911-5 Les demandes d'exécution des décisions rendues par les tribunaux administratifs, les cours administratives d'appel ou le Conseil d'État peuvent être présentées par le moyen de l'application informatique mentionnée à l'article R. 414-1 ou par le téléservice mentionné à l'article R. 414-2.

La juridiction compétente ou la section des études, de la prospective et de la coopération du Conseil d'État peut, par le moyen de la même application, adresser à l'autorité administrative les communications et notifications nécessaires à l'exécution de la décision et informer le demandeur de la suite donnée à sa demande.

Textes sources

– Décret n° 2017-493 du 6 avril 2017, article 2.
– Décret n° 2018-251 du 6 avril 2018, article 8.
– Décret n° 2020-1245 du 9 octobre 2020, article 10.
– Décret n° 2024-167 du 1er mars 2024, article 4.

TITRE II **Dispositions applicables aux tribunaux administratifs et cours administratives d'appel**

Le présent titre ne comprend pas de dispositions législatives.

La demande d'éclaircissement sur les modalités d'exécution d'une décision de justice

Art. R. 921-1 Lorsqu'un tribunal administratif ou une cour administrative d'appel a annulé pour excès de pouvoir un acte administratif ou, dans un litige de pleine juridiction, a rejeté tout ou partie des conclusions présentées en défense par une collectivité publique, l'autorité intéressée a la faculté de demander au président de la juridiction d'éclairer l'administration sur les modalités d'exécution de la décision de justice.

Le président du tribunal administratif ou de la cour administrative d'appel peut, dans l'intérêt d'une bonne administration de la justice, renvoyer la demande d'éclaircissement au Conseil d'État.

Le cas échéant, il est fait mention de l'affaire dans le rapport annuel du Conseil d'État.

Texte source

– Décret n° 2015-1145 du 15 septembre 2015, article 21.

Commentaires

Voir article R. 931-1.

Le délai pour présenter une demande d'exécution

Art. R. 921-1-1 La demande tendant à ce que le tribunal administratif prescrive les mesures nécessaires à l'exécution d'un jugement définitif de ce tribunal, en assortissant, le cas échéant, ces prescriptions d'une astreinte, ne peut être présentée, sauf décision explicite de refus d'exécution opposée par l'autorité administrative, avant l'expiration d'un délai de trois mois à compter de la notification de ce jugement. Toutefois, en ce qui concerne les décisions ordonnant une mesure d'urgence, la demande peut être présentée sans délai.

Dans le cas où le tribunal a, dans le jugement dont l'exécution est poursuivie, déterminé un délai dans lequel l'administration doit prendre les mesures d'exécution qu'il a prescrites, la demande ne peut être présentée qu'à l'expiration de ce délai.

Textes sources

– Code des TA et des CAA, article R. 222-2.
– Décret n° 2000-1115 du 22 novembre 2000, article 2-XI.

– Décret n° 2015-1145 du 15 septembre 2015, article 21.
– Décret n° 2019-1502 du 30 décembre 2019, article 5.

Commentaires

Le délai de présentation de la demande est le même, qu'il s'agisse d'une demande d'astreinte ou d'une demande tendant à ce qu'il soit pourvu à l'exécution du jugement ou de l'arrêt. Il en va de même au Conseil d'État (voir CJA, art. R. 931-2), devant lequel ont été fusionnées, par le décret n° 2017-493 du 6 avril 2017, les procédures d'exécution d'une part, d'astreinte de l'autre, sur le modèle retenu pour les tribunaux et cours.

Ce délai, de toute façon, ne paraît plus imparti à peine d'irrecevabilité de la demande prématurée, par application de la jurisprudence *Berthaux* (CE sect., 5 mai 1995, n° 155820, *Lebon*).

L'unicité du délai confirme ce que laisse entendre l'article L. 911-4, à savoir qu'il n'est devant le tribunal ou la cour qu'une sorte de demande d'exécution, qu'elle tende ou non à astreinte, et que cette demande est d'emblée contentieuse. Elle est dispensée du ministère d'avocat (CJA, art. R. 431-3 et R. 811-7 : voir art. R. 911-4).

L'exécution d'un jugement frappé d'appel

Art. R. 921-2 La demande d'exécution d'un jugement frappé d'appel, même partiellement, est adressée à la juridiction d'appel.

La demande d'exécution d'un arrêt rendu par une cour administrative d'appel est adressée à celle-ci.

Les conditions de délai prévues à l'article R. 921-1-1 sont applicables à ces demandes.

Lorsque le jugement ou l'arrêt dont l'exécution est demandée a fait l'objet d'un pourvoi en cassation, le tribunal administratif ou la cour administrative d'appel demeure compétent pour se prononcer sur la demande d'exécution, sous réserve des dispositions de l'article R. 931-5-1.

Texte source

– Rétabli par le décret n° 2019-1502 du 30 décembre 2019, article 5.

Le renvoi au Conseil d'État dans l'intérêt d'une bonne administration de la justice

Art. R. 921-3 Le président du tribunal administratif ou le président de la cour administrative d'appel peut, dans l'intérêt d'une bonne administration de la justice, renvoyer au Conseil d'État une demande d'exécution, sauf si une procédure juridictionnelle a été ouverte en application de l'article R. 921-6.

Texte source

– Rétabli par le décret n° 2019-1502 du 30 décembre 2019, article 5.

Art. R. 921-4 *Abrogé par le décret n° 2017-493 du 6 avril 2017, article 7.*

L'accomplissement de diligences et le classement administratif de la demande

Art. R. 921-5 Le président de la cour administrative d'appel ou du tribunal administratif saisi d'une demande d'exécution sur le fondement de l'article L. 911-4, ou le rapporteur désigné à cette fin, accomplissent toutes diligences qu'ils jugent utiles pour assurer l'exécution de la décision juridictionnelle qui fait l'objet de la demande.

Lorsque le président estime qu'il a été procédé à l'exécution ou que la demande n'est pas fondée, il en informe le demandeur et procède au classement administratif de la demande.

Texte source

– Code des TA et des CAA, article R. 222-3, § 1 et 2.

Commentaires

Voir les commentaires sous l'article suivant.

L'ouverture de la procédure juridictionnelle

Art. R. 921-6 Dans le cas où le président estime nécessaire de prescrire des mesures d'exécution par voie juridictionnelle, et notamment de prononcer une astreinte, ou lorsque le demandeur le sollicite dans le mois qui suit la notification du classement décidé en vertu du dernier alinéa de l'article précédent et, en tout état de cause, à l'expiration d'un délai de six mois à compter de sa saisine, le président de la cour ou du tribunal ouvre par ordonnance une procédure juridictionnelle. Toutefois, à l'expiration de ce délai de six mois, lorsque le président estime que les diligences accomplies sont susceptibles de permettre, à court terme, l'exécution de la décision, il informe le demandeur que la procédure juridictionnelle ne sera ouverte, le cas échéant, qu'à l'expiration d'un délai supplémentaire de quatre mois.

Cette ordonnance n'est pas susceptible de recours. L'affaire est instruite et jugée d'urgence. Lorsqu'elle prononce une astreinte, la formation de jugement en fixe la date d'effet.

Textes sources

– Code des TA et des CAA, article R. 222-3, § 3.
– Décret n° 2015-1145 du 15 septembre 2015, article 21.

Commentaires

On se reportera aux commentaires sous l'article L. 911-4. Les articles R. 921-5 et R. 921-6 reconstituent, à propos d'une demande qui est contentieuse dès l'origine, la césure qui, devant le Conseil d'État, distinguait, avant l'intervention du décret n° 2017-493 du 6 avril 2017, les diligences de la section du rapport et des études (interventions amiables et non contentieuses) et la mission de la section du contentieux (astreinte prononcée selon une procédure contentieuse).

La phase amiable et informelle est confiée au président ou à un rapporteur désigné à cette fin (dont il n'apparaît pas nécessaire que ce soit un magistrat), et peut se clore par un « classement administratif » de la demande, si le président estime soit que l'exécution a été effectuée, soit que la demande n'est pas fondée. Cette décision de classement est insusceptible de recours contentieux (CE, 29 décembre 2000, Colombeau, n° 222276, *Lebon* T.). Mais, si la résistance de la personne chargée d'exécuter le jugement est trop forte (et notamment s'il faut envisager une astreinte), le président « ouvre par ordonnance une procédure juridictionnelle ». Cette ouverture est de droit si le demandeur conteste, dans le mois, la décision de classement, ou si un délai de six mois s'est écoulé depuis la saisine de la juridiction. Entendons par là que le président est tenu de faire droit à la demande qui lui est présentée dans le mois de la notification de la décision de classement (CE, avis, 25 avril 2007, Guerirem, n° 299850, *Lebon* [1]). À partir de cette ordonnance – qui n'est pas non plus susceptible de recours –, l'affaire entre dans la procédure juridictionnelle. Mais le fait que le président soit tenu de prendre une telle ordonnance si l'intéressé conteste la décision de classement démontre, ici encore, que la juridiction était saisie, au contentieux, dès la demande. Dès lors que la procédure juridictionnelle a été ouverte, peu importe qu'elle ne l'ait pas été par voie d'ordonnance (CE, 12 février 2020, Berriche, n° 416007, *Lebon* T.).

Il a fallu définir le minimum procédural nécessaire : la phase contentieuse exige le respect du principe du contradictoire (non applicable dans la phase administrative préalable : CE, 27 septembre 2002, Commune de Solers, n° 217012, *Lebon* T.), ce qui appelle au minimum la communication à la collectivité mise en cause de la demande d'exécution (ou, ce qui revient au même, l'analyse de cette demande dans l'ordonnance ouvrant la phase juridictionnelle : CE, 27 septembre 2002, Commune de Solers, préc.). Les écritures produites, notamment par l'administration, pendant la phase d'instruction administrative ne constituent pas des mémoires doivent, lorsqu'une procédure juridictionnelle a été ouverte, être visés et analysés par la décision statuant sur la demande d'exécution en application de l'article R. 741 2 du CJA, mais il appartient au juge, après l'ouverture de la procédure juridictionnelle, de les verser au dossier de cette procédure et de permettre ainsi aux parties d'en débattre contradictoirement (CE, 21 novembre 2023, n° 466680, *Lebon* T.).

À la question de savoir si le délai d'un mois ouvert au demandeur pour contester la décision de classement et exiger que soit ouverte une procédure juridictionnelle est imparti à peine d'irrecevabilité d'une telle demande, le Conseil d'État a répondu par l'affirmative (CE, avis, 25 avril 2007 Guerirem, préc. [1]), reprenant ainsi la position arrêtée par la cour administrative d'appel de Nancy (CAA Nancy, 4 décembre 2003, Mutuelle des architectes français, n° 02NC01017, *Lebon* T.). En opposant

une telle irrecevabilité pour refuser de déclencher la phase juridictionnelle, le chef de la juridiction prend une mesure juridictionnelle, contre laquelle sont ouvertes les voies de recours de droit commun identiques à celles prévues à l'encontre des décisions dont l'exécution est demandée (formule reprise de CE, 29 octobre 2003, Van Bentum-Plasse, n° 259440, *Lebon* T.), ce qui n'empêche pas l'intéressé de présenter une nouvelle demande d'exécution : cette possibilité rend peu vraisemblable la présentation d'un recours contre le refus d'ouvrir la phase juridictionnelle !
La dernière phrase de l'article répond à un souci d'évidence : comment liquider une astreinte si son point de départ n'est pas fixé ? Cela a été confirmé par la jurisprudence (CE, 3 juin 2009, Huet, n° 313198, *Lebon* T.). Sauf pour l'expulsion du domaine public, matière pour laquelle l'injonction est sans délai, sauf à prévoir un effet différé pour l'astreinte (Voir les commentaires sous l'article L. 521-3).

Jurisprudence

[1] 1°) Le président du tribunal administratif ou de la cour administrative d'appel est tenu de faire droit à la demande tendant à l'ouverture d'une procédure juridictionnelle présentée, sur le fondement de l'article R. 921-6 du code de justice administrative, par un justiciable dont la demande d'exécution formulée en application de l'article L. 911-4 du même code a fait l'objet d'un classement administratif, dès lors que cette demande a été présentée dans le mois qui suit la notification à l'intéressé de la décision de classement administratif.
2°) Si la demande d'ouverture de la procédure juridictionnelle est tardive, le président du tribunal administratif ou de la cour administrative d'appel doit la rejeter par une décision qui, dès lors qu'elle rejette définitivement la demande d'exécution, a le caractère d'une décision juridictionnelle contre laquelle sont ouvertes les voies de recours de droit commun identiques à celles prévues à l'encontre des décisions dont l'exécution est demandée. L'intéressé peut toutefois, s'il s'y croit fondé, présenter une nouvelle demande sur le fondement de l'article L. 911-4 du Code de justice administrative.

La liquidation de l'astreinte en cas d'inexécution

Art. R. 921-7 À compter de la date d'effet de l'astreinte prononcée, même à l'encontre d'une personne privée, par le tribunal administratif ou la cour administrative d'appel, le président de la juridiction ou le magistrat qu'il désigne, après avoir accompli le cas échéant de nouvelles diligences, fait part à la formation de jugement concernée de l'état d'avancement de l'exécution de la décision. La formation de jugement statue sur la liquidation de l'astreinte.
Lorsqu'il est procédé à la liquidation de l'astreinte, copie du jugement ou de l'arrêt prononçant l'astreinte et de la décision qui la liquide est adressée au ministère public près la Cour des comptes.

Textes sources

– Code des TA et des CAA, article R. 222-4.
– Décret n° 2017-493 du 6 avril 2017, article 3.
– Décret n° 2022-1605 du 22 décembre 2022, article 2.

Commentaires

Voir les articles L. 911-3 et L. 911-7. L'astreinte est réputée provisoire sauf disposition expresse contraire de la décision qui la prononce. Elle peut ainsi, lors de sa liquidation, être ramenée à des montants plus modérés que ne le prévoit cette décision (voir, par exemple : CE, 6 octobre 2010, Commune du Castellet, n° 307683, *Lebon*).

Le premier alinéa a pour effet d'assurer un suivi, par le président de la juridiction, de l'exécution de la décision, et donc des effets de l'astreinte. Ce suivi n'existait pas avant le décret n° 2017-493 du 6 avril 2017, et c'est le plus souvent les interventions des bénéficiaires qui informaient la juridiction de l'inexécution, malgré l'astreinte...

La liquidation de l'astreinte peut s'effectuer d'office ; elle peut également être demandée par son bénéficiaire. C'est au juge qui a prononcé l'astreinte d'en opérer la liquidation, même si son jugement est frappé d'appel (CE, avis, 30 avril 1997, Marchal, n° 185322, *Lebon* T.).

Le dernier alinéa est destiné, en principe, à conduire à la mise en œuvre de l'article L. 313-12 du Code des juridictions financières, auquel renvoie l'article L. 911-10. On n'a pas le sentiment qu'il soit fait un usage abusif de ces dispositions, qui à notre connaissance n'ont abouti qu'à une condamnation s'élevant à 30 000 francs (CDBF, 20 décembre 2001, Michaux-Chevry, *JO* 29 janvier 2002).

Le rapport sur les difficultés d'exécution

Art. R. 921-8 À l'issue de chaque année, le président de chaque tribunal administratif et le président de chaque cour administrative d'appel rendent compte au président de la section des études, de la prospective et de la coopération du Conseil d'État des difficultés d'exécution qui leur ont été soumises. Le cas échéant, il est fait mention de ces difficultés dans le rapport annuel du Conseil d'État.

Texte source

– Code des TA et des CAA, article R. 222-5.
– Décret n° 2024-167 du 1er mars 2024, article 4.

Commentaires

Ce rapport spécial ne constitue pas une partie du rapport annuel prévu à l'article R. 222-10. En premier lieu, il n'a pas nécessairement la même date de réalisation (avant le 1er février pour le rapport annuel, à l'issue de chaque année civile pour le rapport sur l'exécution). Mais surtout il n'a pas même destinataire. Le rapport annuel est destiné au président du Conseil supérieur des tribunaux administratifs et cours administratives d'appel ; le rapport sur l'exécution rend compte au président de la section des études, de la prospective et de la coopération des difficultés d'exécution rencontrées, dans la perspective, pour les cas les plus choquants, d'une mention au rapport annuel (et public) du Conseil d'État.

TITRE III Dispositions applicables au Conseil d'État

Le présent titre ne comprend pas de dispositions législatives.

La demande d'éclaircissement au Conseil d'État

Art. R. 931-1 Lorsque le Conseil d'État ou une juridiction administrative spéciale a annulé pour excès de pouvoir un acte administratif ou, dans un litige de pleine juridiction, a rejeté tout ou partie des conclusions présentées en défense par une collectivité publique, l'autorité intéressée a la faculté de demander au Conseil d'État d'éclairer l'administration sur les modalités d'exécution de la décision de justice.

Le Conseil d'État se prononce également sur la demande qui lui a été renvoyée en application de l'article R. 921-1.

Ces demandes donnent lieu à la désignation d'un rapporteur dont la mission auprès de l'administration s'exerce sous l'autorité du président de la section des études, de la prospective et de la coopération. Sur décision du président de la section des études, de la prospective et de la coopération, le comité mentionné à l'article R. 931-3 peut être saisi, pour avis, de la question. Le cas échéant, il est fait mention de l'affaire dans le rapport annuel du Conseil d'État.

Textes sources

– Décret n° 2015-1145 du 15 septembre 2015, article 21.
– Décret n° 2017-493 du 6 avril 2017, article 4.
– Décret n° 2024-167 du 1er mars 2024, article 4.

Commentaires

Cette procédure n'est pas spécifique au Conseil d'État (voir CJA, art. R. 921-1) : c'est en quelque sorte le « service après-vente » de la juridiction administrative. Elle peut fonctionner à propos de toute décision d'une juridiction administrative, et le bénéfice n'en est pas réservé par le texte aux autorités de l'État. Comme cela a été fait pour l'aide à l'exécution, naguère confiée exclusivement au Conseil d'État, on constate que ce service a été réparti entre les juridictions administratives.

Notons également que la possibilité d'interroger le Conseil d'État, naguère réservée aux « ministres intéressés », est désormais ouverte à toute collectivité publique intéressée, ce qui inclut, entre autres, les collectivités territoriales. On n'a pas constaté qu'il soit fait un usage immodéré de ces possibilités !

Le délai pour présenter une demande d'exécution au Conseil d'État

Art. R. 931-2 Les parties intéressées peuvent demander au Conseil d'État de prescrire les mesures nécessaires à l'exécution d'une de ses décisions ou d'une décision d'une juridiction administrative spéciale, en assortissant le cas échéant ces prescriptions d'une astreinte.

La demande ne peut être présentée, sauf décision explicite de refus d'exécution opposée par l'autorité administrative, qu'après l'expiration d'un délai de trois mois à compter de la notification de la décision juridictionnelle dont l'exécution est poursuivie.

Toutefois :

1° Si la décision juridictionnelle a ordonné une mesure d'urgence, la demande peut être présentée sans délai ;

2° Si la décision juridictionnelle a fixé à l'administration un délai pour prendre les mesures d'exécution prescrites, la demande ne peut être présentée qu'à l'expiration de ce délai.

Textes sources

– Décret n° 63-766 du 30 juillet 1963, article 59.
– Décret n° 2000-1115 du 22 novembre 2000, article 2, § XI.
– Décret n° 2012-1088 du 28 septembre 2012, article 6.
– Décret n° 2017-493 du 6 avril 2017, article 25.
– Décret n° 2024-167 du 1er mars 2024, article 4.

Commentaires

C'est désormais le Conseil d'État, et non la seule section des études, de la prospective et de la coopération, qui est saisi de la demande d'exécution, laquelle est donc, dès sa présentation, de nature contentieuse, à l'instar de la situation des tribunaux et cours. Unifier les régimes d'exécution était l'objet du décret n° 2017-493 du 6 avril 2017. Est irrecevable une demande d'exécution d'une décision par laquelle le juge de cassation a fait droit à un pourvoi et a renvoyé le jugement du litige aux juges du fond (CE, 27 février 2019, Célimène, n° 422164, *Lebon* T.). La solution est inverse en cas de cassation avec règlement de l'affaire au fond (CE, 24 février 2016, Fournaise, n° 391296, *Lebon* T. – CE, 11 juillet 2018, Commune d'Isola, n° 407865, *Lebon*). La notion de partie intéressée est interprétée strictement pour les associations au regard de leur champ d'action territorial et de leur objet social (CE, ass. 10 juillet 2020, Association Les amis de la Terre France et autres, n° 428409, *Lebon*). Pour un exemple de mesures complémentaires dans le contentieux des gaz à effet de serre voir : CE, 10 mai 2023, n° 467982, *Lebon*.

Le traitement amiable de la demande d'exécution présentée au Conseil d'État

Art. R. 931-3 Les demandes présentées sur le fondement de l'article R. 931-2 ou renvoyées au Conseil d'État par un tribunal administratif ou une cour administrative d'appel en application de l'article R. 921-3 sont enregistrées par la section des études, de la prospective et de la coopération. Le tribunal administratif ou la cour administrative d'appel ne peut renvoyer au

Conseil d'État une demande pour laquelle une procédure juridictionnelle a été ouverte en application de l'article R. 921-6.
La section des études, de la prospective et de la coopération accomplit toutes les diligences pour assurer l'exécution de la décision juridictionnelle qui fait l'objet de la demande.
Sur décision du président de la section des études, de la prospective et de la coopération, l'affaire peut être soumise pour avis à un comité restreint composé du président et du président adjoint de la section des études, de la prospective et de la coopération, du rapporteur et de trois autres membres du Conseil d'État, dont un président de chambre.
Lorsque le président de la section des études, de la prospective et de la coopération estime que la demande n'est pas fondée ou que la décision juridictionnelle en cause a été exécutée, il en informe le demandeur et procède au classement administratif de la demande. Le cas échéant, il en informe également le président de la juridiction ayant renvoyé la demande au Conseil d'État.

Textes sources

– Décret n° 63-766 du 30 juillet 1963, article 59-1.
– Décret n° 2017-493 du 6 avril 2017, article 6.
– Décret n° 2019-1502 du 30 décembre 2019, article 5.
– Décret n° 2024-167 du 1er mars 2024, article 3.
– Décret n° 2024-167 du 1er mars 2024, article 4.

Commentaires

Comme pour les tribunaux et cours, la demande fait d'abord l'objet d'une tentative de règlement « amiable », impliquant « toutes diligences » de la part du rapporteur.

L'ouverture de la phase juridictionnelle

Art. R. 931-4 Lorsque le président de la section des études, de la prospective et de la coopération estime nécessaire de prescrire des mesures d'exécution par voie juridictionnelle, notamment de prononcer une astreinte, il adresse au président de la section du contentieux une note exposant les éléments de fait et de droit de l'affaire et décrivant les diligences accomplies par la section. Si le comité restreint a été saisi, la note indique également la composition dans laquelle le comité a siégé et le sens de l'avis qu'il a rendu.
Lorsque le président de la section des études, de la prospective et de la coopération fait usage des dispositions du premier alinéa, ou lorsque le demandeur conteste devant le président de la section du contentieux la décision de classement prévue au dernier alinéa de l'article R. 931-3 dans le mois qui suit la notification de cette décision, ou, en tout état de cause,

à l'expiration d'un délai de six mois à compter de la saisine du Conseil d'État, le président de la section du contentieux ouvre par ordonnance une procédure juridictionnelle. Toutefois, si, à l'expiration de ce délai de six mois, le président de la section des études, de la prospective et de la coopération estime que les diligences accomplies sont susceptibles de permettre l'exécution à court terme de la décision, il informe le demandeur que la procédure juridictionnelle ne sera ouverte, le cas échéant, qu'à l'expiration d'un délai supplémentaire de quatre mois.
L'ordonnance prévue au deuxième alinéa n'est pas susceptible de recours.

Textes sources

– Décret n° 63-766 du 30 juillet 1963, article 59-5.
– Décret n° 2017-493 du 6 avril 2017, article 6.
– Décret n° 2024-167 du 1er mars 2024, article 4.

Commentaires

Le parallèle avec la situation des cours et tribunaux est poursuivi.

La procédure juridictionnelle

Art. R. 931-5 Après l'ouverture de la procédure juridictionnelle prévue à l'article R. 931-4, et sous réserve des pouvoirs conférés par le dernier alinéa de l'article L. 911-5 au président de la section du contentieux, qui statue par ordonnance motivée, l'affaire est instruite par une chambre conformément aux dispositions régissant la procédure devant le Conseil d'État statuant au contentieux.
Les pièces produites devant la section des études, de la prospective et de la coopération et la note du président de cette section sont jointes au dossier. La note est communiquée aux parties par la chambre chargée de l'instruction. L'affaire est jugée en urgence.

Textes sources

– Décret n° 63-766 du 30 juillet 1963, article 59-2.
– Décret n° 2012-1088 du 28 septembre 2012, article 6.
– Décret n° 2017-493 du 6 avril 2017, article 6.
– Décret n° 2024-167 du 1er mars 2024, article 4.

Le non-lieu à statuer sur une demande d'exécution

Art. R. 931-5-1 Lorsque le Conseil d'État annule un jugement ou un arrêt faisant l'objet d'une demande d'exécution, il peut constater que celle-ci est devenue sans objet.

Texte source

– Décret n° 2019-1502 du 30 décembre 2019, article 5.

La procédure d'astreinte d'office

Art. R. 931-6 Le président de la section des études, de la prospective et de la coopération peut, même s'il n'est pas saisi en application de l'article R. 931-2, demander aux personnes morales mentionnées à l'article L. 911-5 de justifier de l'exécution d'une décision du Conseil d'État.

Les dispositions du deuxième et du troisième alinéa de l'article R. 931-3 sont applicables.

Lorsqu'il estime que la décision du Conseil d'État n'a pas été exécutée, le président de la section des études, de la prospective et de la coopération saisit le président de la section du contentieux aux fins d'ouverture d'une procédure d'astreinte d'office. La saisine est accompagnée de la note prévue au premier alinéa de l'article R. 931-4.

Le président de la section du contentieux prononce par ordonnance l'ouverture de la procédure. L'ordonnance est enregistrée au secrétariat de la section du contentieux et notifiée aux parties. Les dispositions de l'article R. 931-5 sont applicables.

Textes sources

– Décret n° 63-766 du 30 juillet 1963, article 59-3.
– Décret n° 2012-1088 du 28 septembre 2012, article 6.
– Décret n° 2017-493 du 6 avril 2017, article 6.
– Décret n° 2024-167 du 1er mars 2024, article 4.

Commentaires

Il était important de conserver, au bénéfice du Conseil d'État, la possibilité de déclencher une procédure d'astreinte d'office, sans qu'une saisine par une partie soit nécessaire. Ce texte réglementaire assure l'application de l'article L. 911-5.

Le suivi de l'exécution après astreinte

Art. R. 931-7 Lorsque le Conseil d'État, statuant au contentieux, a prononcé une astreinte, même à l'encontre d'une personne privée, la chambre compétente transmet le dossier à la section des études, de la prospective et de la coopération.

À compter de la date d'effet de l'astreinte, la section des études, de la prospective et de la coopération, après avoir accompli le cas échéant de nouvelles diligences et après saisine éventuelle du comité restreint mentionné au troisième alinéa de l'article R. 931-3, fait part à la section du contentieux de l'état d'avancement de l'exécution de la décision. La section du contentieux statue sur la liquidation de l'astreinte.

Textes sources

– Décret n° 63-766 du 30 juillet 1963, article 59-4.
– Décret n° 2012-1088 du 28 septembre 2012, article 6.

– Décret n° 2017-493 du 6 avril 2017, article 6.
– Décret n° 2024-167 du 1er mars 2024, article 4.

Commentaires

Cet article assure un suivi de l'exécution lorsqu'une astreinte a été prononcée. C'est le pendant, pour le Conseil d'État, de l'article R. 921-7.

Art. R. 931-7-1 *Abrogé par le décret n° 2017-493 du 6 avril 2017, article 7.*

La communication au ministère public près la cour de discipline budgétaire de la décision liquidant l'astreinte

Art. R. 931-8 Si l'astreinte est liquidée, copie de la décision prononçant l'astreinte et de la décision qui la liquide est adressée au ministère public près la Cour des comptes.

Textes sources

– Décret n° 63-766 du 30 juillet 1963, article 59-6.
– Décret n° 2017-493 du 6 avril 2017, article 6.
– Décret n° 2022-1605 du 22 décembre 2022, article 2.

Commentaires

Voir les commentaires sous l'article R. 921-7.

Art. R. 931-9 *Abrogé par le décret du 6 avril 2017, article 7.*

ANNEXE Dispositions procédurales du Code de l'urbanisme relatives aux contentieux de l'urbanisme

Les intérêts liés au contentieux de l'urbanisme ont provoqué, depuis plusieurs années, une intense réflexion tendant à la fois à limiter l'exercice de contentieux qui souvent s'apparentaient à une sorte de chantage (on a parlé de « contentieux mafieux ») et à assurer aux bénéficiaires d'autorisations de construire un minimum de stabilité et de sécurité. Pour n'être pas ou plus intégrées dans le Code de justice administrative, dont les rédacteurs ont abandonné la technique dite du « code suiveur », ces dispositions spécifiques n'en constituent pas moins des règles de procédure qui ont leur place dans ce code annoté. Le lecteur curieux pourra au surplus s'interroger sur l'éventuelle généralisation de certaines de ces règles, qui peuvent être regardées comme contribuant à une meilleure administration de la justice.

LIVRE VI *Dispositions relatives au contentieux de l'urbanisme*

Dispositions législatives L'illégalité pour vice de forme ou de procédure d'un document d'urbanisme

Art. L. 600-1 L'illégalité pour vice de forme ou de procédure, d'un schéma de cohérence territoriale, d'un plan local d'urbanisme, d'une carte communale ou d'un document d'urbanisme en tenant lieu ne peut être invoquée par voie d'exception, après l'expiration d'un délai de six mois à compter de la prise d'effet du document en cause.

Les dispositions de l'alinéa précédent sont également applicables à l'acte prescrivant l'élaboration ou la révision d'un document d'urbanisme ou créant une zone d'aménagement concerté.

Les deux alinéas précédents ne sont pas applicables lorsque le vice de forme concerne :

– soit la méconnaissance substantielle ou la violation des règles de l'enquête publique sur les schémas de cohérence territoriale, les plans locaux d'urbanisme et les cartes communales ;

– soit l'absence du rapport de présentation ou des documents graphiques.

Textes sources

– Loi n° 2000-1208 du 13 décembre 2000, article 202.

– Ordonnance n° 2015-1174 du 23 septembre 2015, article 8.

Commentaires

Ce dispositif a pour objet de faire échec à la possibilité, en contentieux administratif, d'invoquer de façon permanente, par voie d'exception, l'illégalité d'un acte réglementaire à l'occasion du recours formé contre une mesure d'application de ce règlement. On avait vu, et ce fut la raison de l'adoption de ce dispositif, invoquer plus de dix ans après son élaboration, l'illégalité d'un schéma directeur d'aménagement et d'urbanisme tenant à la participation au groupe de travail de deux conseillers généraux ! Le délai de six mois ici prévu est raisonnable… Cette disposition ne porte pas d'atteinte substantielle au droit des intéressés d'exercer des recours ; ainsi le moyen tiré d'une méconnaissance de l'article 16 de la Déclaration des droits de l'homme et du citoyen manque en fait (Cons. const., 21 janvier 1994, décision n° 93-335 DC, considérant 4). C'est une limite importante à un principe général du droit qui fait obligation à l'administration de ne pas appliquer un règlement illégal (CE, 18 février 2019 Commune de l'Houmeau, n° 414233, *Lebon* T. – CE, avis, 9 mai 2005, Marangio, n° 277280, *Lebon*) ou un futur règlement illégal (pour le cas du sursis à statuer, voir CE, 22 juillet 2020, Commune de la Queue-Les-Yvelines, *Lebon*). L'irrecevabilité ainsi instituée – qui doit être relevée d'office (CE, 23 décembre 2014, Commune de Laffrey, n° 368098, *Lebon* T.) – ne joue qu'à l'occasion d'une exception d'illégalité, et non à l'occasion d'un recours direct contre l'un des documents mentionnés aux deux premiers alinéas. Mais, à l'occasion d'un tel recours, l'exception d'illégalité d'une mesure prise en amont (par exemple, visant la délibération prescrivant l'élaboration d'un plan local d'urbanisme) est soumise à la même condition de recevabilité (même arrêt).

Et cette irrecevabilité n'est pas applicable si un recours a été formé contre l'acte dont on invoque, par voie d'exception, l'illégalité pour vice de forme ou de procédure, et si ce recours est pendant (CE, 5 novembre 2014, SCA de Château-l'Arc, n° 362021, *Lebon* T.). En dehors de ces dispositions, et à la condition de faire en outre valoir que ce permis méconnaît les dispositions d'urbanisme pertinentes remises en vigueur par l'effet de la déclaration d'illégalité, il peut être utilement soutenu devant le juge qu'un permis de construire a été délivré sous l'empire d'un document d'urbanisme illégal ou devenu illégal (CE, 2 octobre 2019, Commune de Limonest et Galland, n° 420808, *Lebon* T.). Ces dispositions ne s'appliquent pas aux moyens dirigés contre un refus d'abrogation d'un PLU qui restent régis par la restriction résultant de la jurisprudence *Fédération des finances et affaires économiques de la CFDT* (CE, 18 mai 2018, n° 414583, *Lebon*, p. 187).

La recevabilité dans le temps de l'action des associations

Art. L. 600-1-1 Une association n'est recevable à agir contre une décision relative à l'occupation ou l'utilisation des sols que si le dépôt des statuts de l'association en préfecture est intervenu au moins un an avant l'affichage en mairie de la demande du pétitionnaire.

Textes sources

– Loi n° 2006-882 du 13 juillet 2006, article 14.
– Loi n° 2018-1021 du 23 novembre 2018, article 80.

Commentaires

Cette mesure a pour objet de faire échec à l'arrivée, dans le débat contentieux, d'associations qui ne sont nées que postérieurement à la demande d'autorisation, voire assez peu avant cette demande, et dont il y a lieu de se demander quel objectif elles poursuivent en réalité, derrière la façade de la défense du droit... Ces dispositions ont été déclarées conformes à la Constitution (Cons. const., 1er avril 2022, Association La Sphinx, n° 2021-986 QPC). Ce texte a été jugé immédiatement applicable contre les décisions intervenues après l'entrée en vigueur de la loi, quelle que la soit la date de la demande présentée par le pétitionnaire (CE, 11 juillet 2008, Association des amis des paysages Bourganiauds, n° 313386, *Lebon* T.). Et seuls les statuts déposés antérieurement à la date mentionnée à l'article L. 600-1-1 doivent être pris en considération pour apprécier l'intérêt pour agir de l'association. De même que les modifications de statut (CE, 29 mars 2017, Association Garches est à vous, n° 395419, *Lebon* T.).

L'intérêt pour agir des personnes privées autres que les associations

Art. L. 600-1-2 Une personne autre que l'État, les collectivités territoriales ou leurs groupements ou une association n'est recevable à former un recours pour excès de pouvoir contre une décision relative à l'occupation ou à l'utilisation du sol régie par le présent code que si la construction, l'aménagement ou le projet autorisé sont de nature à affecter directement les conditions d'occupation, d'utilisation ou de jouissance du bien qu'elle détient ou occupe régulièrement ou pour lequel elle bénéficie d'une promesse de vente, de bail, ou d'un contrat préliminaire mentionné à l'article L. 261-15 du code de la construction et de l'habitation.

Le présent article n'est pas applicable aux décisions contestées par le pétitionnaire.

Textes sources

– Ordonnance n° 2013-638 du 18 juillet 2013, article 1er.
– Loi n° 2018-1021 du 23 novembre 2018, article 80.

Commentaires

La précision apportée en 2019 pourrait conforter dans leur idée ceux qui estiment que le droit de l'urbanisme est en voie de devenir un droit de la promotion immobilière. Ces dispositions ne s'appliquent pas à un Conseil régional de l'ordre des architectes (CE, 26 juillet 2018, CROA de Bretagne, n° 418298, *Lebon* T.). Elles s'appliquent aux seuls recours formés contre des décisions intervenues après leur entrée en vigueur (CE, avis, 18 juin 2014, SCI Mounou, n° 376113, *Lebon*). Le juge applique un régime de preuve objective (CE, 10 juin 2015, Brodelle, n° 386121, *Lebon*). Pour le voisin immédiat l'intérêt pour agir est reconnu lorsqu'il est fait état d'éléments relatifs à la nature, l'importance ou la localisation du projet de construction (CE, 13 avril 2016, Bartoloméi, n° 389798, *Lebon* – CE, 27 janvier 2020, Société Sodipaz et autres, n° 425529, *Lebon* T.

– CE, 24 février 2021, Syndicat des copropriétaires de la Résidence la Dauphine et autres, n° 432096, *Lebon* T.). L'intérêt pour agir doit être justifié dans le cas d'un permis modificatif, lorsque le permis initial n'a pas été contesté (CE, 17 mars 2017, Malsoute, n° 396362, *Lebon* T.). L'intérêt pour agir contre un permis modificatif doit être apprécié au regard de la portée des modifications apportées au projet de construction initialement autorisé (CE, 17 février 2023, n° 454284, *Lebon* T.). Le propriétaire d'un terrain non construit a intérêt à agir lorsque le projet de construction affecte directement les conditions de jouissance du bien (CE, 28 avril 2017, Fontenay, n° 393801, *Lebon* T.). La réponse sera-t-elle la même si ce projet ruine la valeur de son terrain ? Dans les cas d'un secteur naturel, une distance de 200 mètres peut être insuffisante pour caractériser l'intérêt pour agir (CE, 18 mars 2019, Commune de Montségur-sur-Lauzon, n° 422460, *Lebon* T.). Ne justifient pas d'un intérêt suffisant des sociétés requérantes propriétaires, d'une part, d'un terrain non construit situé à moins de 200 mètres du terrain d'assiette du projet litigieux, d'autre part, d'un équipement commercial situé à moins de 150 mètres de ce terrain (CE, 27 janvier 2020, Société Sodipaz et autres, n° 423529, *Lebon* T.). En revanche, une commune voisine de celle d'un projet de surface commerciale conduisant une politique de revitalisation de son centre-ville justifie d'un tel intérêt suffisant, alors même que sa compétence d'urbanisme a été transférée à une intercommunalité (CAA Versailles, 3 novembre 2020, Commune d'Arpajon, n° 19VE00438). Ne justifie pas d'un intérêt pour agir une personne ne faisant état ni d'un acte de propriété, ni d'une promesse de vente, ni d'un contrat préliminaire sur le bien affecté par le projet, sauf à ce qu'elle puisse sérieusement en revendiquer la propriété devant le juge compétent (CE, 25 janvier 2023, n° 445937, *Lebon* T.). La qualité de locataire d'un immeuble existant, ayant vocation à être démoli pour les besoins de la réalisation d'un nouvel ensemble immobilier ne donne pas intérêt pour agir contre le permis de construire (CE, 16 octobre 2024, n° 475093, *Lebon* T.). La seule qualité d'héritier d'un usufruitier ne suffit pas (CE, 20 décembre 2024, n° 489830, *Lebon* T.).

Un rejet par voie d'ordonnance fondé sur les dispositions du 4° de l'article R. 222-1 du Code de justice administrative ne peut intervenir qu'après invitation à régulariser et information des conséquences qu'emporterait un défaut de régularisation dans le délai imparti (CE, 14 octobre 2021, Perinet, n° 441415, *Lebon* T.).

En matière d'aménagement commercial, l'intérêt pour agir s'apprécie également pour les concurrents au regard de l'article L. 752-17 du Code de commerce qui ouvre le recours à « tout professionnel dont l'activité, exercée dans les limites de la zone de chalandise définie pour chaque projet, est susceptible d'être affectée par le projet ou toute association les représentant » (CE, avis, 15 avril 2019, Société Difradis, n° 425854, *Lebon*).

La date d'appréciation de l'intérêt pour agir

Art. L. 600-1-3 Sauf pour le requérant à justifier de circonstances particulières, l'intérêt pour agir contre un permis de construire, de démolir ou d'aménager s'apprécie à la date d'affichage en mairie de la demande du pétitionnaire.

Texte source

– Ordonnance n° 2013-638 du 18 juillet 2013, article 1er.

Commentaires

Ces dispositions s'appliquent aux seuls recours formés contre des décisions intervenues après leur entrée en vigueur (CE, avis, 18 juin 2014, SCI Mounou, n° 376113, *Lebon*). Ces articles restreignent l'intérêt pour agir contre une autorisation individuelle : contrairement à la jurisprudence, qui n'accordait pas d'influence à l'irrégularité de la situation du requérant (CE, 17 juin 1991, Renauld, n° 98399, *Lebon* T., s'agissant d'un « squatter »), il faut désormais détenir ou occuper « régulièrement » le bien affecté par l'autorisation contestée, et ce, à la date d'affichage de la demande du pétitionnaire (dispositif à rapprocher de l'article L. 600-1-1, ci-dessus). Sur les discussions qui peuvent naître quant à la réalité des atteintes fondant l'intérêt pour agir, on se référera à la décision *Brodelle* (CE, 10 juin 2015, Brodelle, n° 386121, *Lebon*). On note qu'il n'est pas en la matière de charge de la preuve, ainsi que jugé le (CE, 28 avril 2017, Fontenay, n° 393801, *Lebon* T.).

Le voisin immédiat du projet de construction justifie, en principe, d'un intérêt à agir s'il fait état d'éléments relatifs à la nature, à l'importance ou à la localisation du projet (CE, 13 avril 2016, Bartolomei, n° 389798, *Lebon*). L'acquisition de la qualité de voisin postérieurement à l'affichage en mairie ne constitue pas une circonstance particulière justifiant qu'il soit dérogé à la règle d'appréciation de l'intérêt à agir à la date de cet affichage (CE, 13 décembre 2021, Société Ocean's Dream Resort, n° 450241, *Lebon* T.). Symétriquement, la perte de l'intérêt invoqué en raison de circonstances postérieures est sans incidence (CE, 21 septembre 2022, n° 461113, *Lebon* T.).

Les recours contre les permis de construire valant autorisation d'urbanisme commercial

Art. L. 600-1-4 Lorsqu'il est saisi par une personne mentionnée à l'article L. 752-17 du code de commerce d'un recours pour excès de pouvoir dirigé contre le permis de construire mentionné à l'article L. 425-4 du présent code, le juge administratif ne peut être saisi de conclusions tendant à l'annulation de ce permis qu'en tant qu'il tient lieu d'autorisation d'exploitation commerciale. Les moyens relatifs à la régularité de ce permis en tant qu'il vaut autorisation de construire sont irrecevables à l'appui de telles conclusions.

Lorsqu'il est saisi par une personne mentionnée à l'article L. 600-1-2 d'un recours pour excès de pouvoir dirigé contre le permis de construire mentionné à l'article L. 425-4, le juge administratif ne peut être saisi de conclusions tendant à l'annulation de ce permis qu'en tant qu'il vaut autorisation de construire. Les moyens relatifs à la régularité de ce permis en tant qu'il tient lieu d'autorisation d'exploitation commerciale sont irrecevables à l'appui de telles conclusions.

Texte source

– Loi n° 2014-626 du 18 juin 2014, article 40.

Commentaires

Ce dispositif a pour objet de prévoir les deux contentieux envisageables contre le permis de construire valant autorisation d'urbanisme commercial, tel que prévu par l'article L. 425-4 du Code de l'urbanisme. Chacun de ces contentieux (urbanisme/aménagement commercial) demeure autonome en ce qui concerne les moyens invocables. Au juge de raisonner « en tant que juge du permis de construire » et « en tant que juge de l'autorisation commerciale » dans le cas d'un permis qui tient lieu d'autorisation commerciale (CE, 14 novembre 2018, Société MGE Normandie, n° 409833, *Lebon* – CE, avis, 23 décembre 2016, Société MDVP Distribution, n° 398077, *Lebon*).

La « cristallisation » des dispositions applicables

Art. L. 600-2 Lorsqu'un refus opposé à une demande d'autorisation d'occuper ou d'utiliser le sol ou l'opposition à une déclaration de travaux régies par le présent code a fait l'objet d'une annulation juridictionnelle, la demande d'autorisation ou la déclaration confirmée par l'intéressé ne peut faire l'objet d'un nouveau refus ou être assortie de prescriptions spéciales sur le fondement de dispositions d'urbanisme intervenues postérieurement à la date d'intervention de la décision annulée sous réserve que l'annulation soit devenue définitive et que la confirmation de la demande ou de la déclaration soit effectuée dans les six mois suivant la notification de l'annulation au pétitionnaire.

Texte source

– Loi n° 94-112 du 9 février 1994, article 3.

Commentaires

Il s'agit d'une règle de fond, dite « de cristallisation des dispositions applicables », et non de procédure. Elle a pour objet de garantir la sécurité juridique de constructeurs ayant acquis un terrain au vu de dispositions d'urbanisme assurant sa constructibilité (par exemple, un certificat d'urbanisme positif), et dont le permis a été annulé par la juridiction : la réitération de leur demande purgée des vices sanctionnés par les juges sera examinée au vu des règles applicables à la date de la décision annulée. Ce dispositif est contraire à la règle générale appliquée en droit administratif, laquelle mériterait sans doute d'être revue.

Ces dispositions sont inapplicables aux refus antérieurs à l'entrée en vigueur de la loi (CE, 25 novembre 1994, Leducq, n° 101982, *Lebon* T.). Elles s'appliquent au plan de prévention des risques naturels (CE, 12 juin 2002, Préfet de la Charente-Maritime, n° 244634). Le délai de six mois court à compter de la notification de la décision rendant définitive l'annulation du refus de permis (CE, 4 mars 2009, Commune de Beaumettes, n° 319974, *Lebon* T.), et en cas de pourvoi contre une décision d'annulation, de la notification de la décision du Conseil d'État ou du refus d'admission (CE, 8 juin 2016, Odin, n° 388740, *Lebon* T.). L'injonction de réexamen vaut confirmation de la demande (CE, 23 février 2017, Néri, n° 395274, *Lebon* T.), mais un permis tacite ne naitra qu'après confirmation de la demande par le pétitionnaire (CE, 28 décembre 2018, Association du Vajra Triomphant Mandarom Aumisme, n° 402321, *Lebon* T.). Ces dispositions peuvent faire obstacle à une injonction de délivrer (CE, 25 mai 2018, Préfet des Yvelines, n° 417350, *Lebon*). Elles s'opposent à ce que l'administration sursoit à statuer (CE, 16 juillet 2010, SARL Francimo, n° 338860, *Lebon* T.), le sursis à statuer étant regardé comme un refus (CE, 9 mars 2016, Commune de Beaulieu, n° 383060, *Lebon*). En matière d'aménagement commercial, l'annulation de la décision rejetant une demande de permis de construire valant autorisation d'exploitation commerciale, sur le fondement d'un avis défavorable rendu par la CNAC, n'implique, en principe, qu'un réexamen du projet par cette commission. Il n'en va autrement que lorsque les motifs de l'annulation impliquent nécessairement la délivrance d'un avis favorable (CE, 22 novembre 2021, Société Taninges Distribution et Commission nationale d'aménagement commercial, n°s 441118 et 442107, *Lebon* T.).

Ces dispositions s'appliquent en cas d'annulation irrévocable, d'un refus ou d'un sursis à statuer ou d'une décision de non opposition, sauf, si les dispositions en vigueur à la date de la décision annulée interdisent de l'accueillir pour un motif que l'administration n'a pas relevé ou si, que par suite d'un changement de circonstances, la situation de fait existant à la date du jugement y fait obstacle (CE, 13 novembre 2023, n° 466407, *Lebon*).

Ces dispositions ne s'applique pas en cas de modification du projet dépassant de simples ajustements ponctuels (CE, 14 décembre 2022, n° 448013, *Lebon*).

La formation d'un référé suspension

Art. L. 600-3 Un recours dirigé contre une décision de non-opposition à déclaration préalable ou contre un permis de construire, d'aménager ou de démolir ne peut être assorti d'une requête en référé suspension que jusqu'à l'expiration du délai fixé pour la cristallisation des moyens soulevés devant le juge saisi en premier ressort.

La condition d'urgence prévue à l'article L. 521-1 du code de justice administrative est présumée satisfaite.

L'État, la commune ou l'établissement public de coopération intercommunale, lorsqu'ils défèrent à un tribunal administratif une décision relative à un permis de construire ou d'aménager et assortissent leur recours d'une demande de suspension, peuvent demander qu'il soit fait application des dispositions prévues aux troisième et quatrième alinéas de l'article L. 2131-6 du code général des collectivités territoriales.

Lorsqu'une personne autre que celles mentionnées à l'alinéa précédent défère une décision relative à un permis de construire ou d'aménager et assortit son recours d'une demande de suspension, le juge des référés statue sur cette demande dans un délai d'un mois.

Textes sources

– Ordonnance n° 2005-1527 du 8 décembre 2005, article 21.

– Loi n° 2018-1021 du 23 novembre 2018, article 80.

Commentaires

La condition est applicable aux requêtes pendantes au 1er janvier 2019, date d'entrée en vigueur de ces dispositions, à condition que le délai de cristallisation des moyens ait commencé à courir postérieurement à cette date (CE, 25 septembre 2019, Commune de Fossses, n° 429680, *Lebon* T.). Le point de départ du délai est le premier mémoire de l'un quelconque des défendeurs (CE, 6 octobre 2021, n° 445733, *Lebon* T.). Le juge des référés a l'obligation de vérifier d'office le respect de ce délai (CE, 14 avril 2023, n° 460040, *Lebon* T.). On retrouvera le texte du Code général des collectivités territoriales aux articles L. 554-1 et suivants du Code de justice administrative. Le délai imparti au juge des référés ne l'est pas à peine de nullité et un mémoire peut être produit après ce délai (CE, 16 juillet 2010, SARL Francimmo, n° 338860, *Lebon* T.). Une médiation à l'initiative du juge n'a pas pour effet de suspendre le délai pour saisir le juge des référés (CE, 13 novembre 2023, n° 471898, *Lebon* T.). Un jugement avant-dire-droit accordant un délai de régularisation pas davantage (CE, 17 avril 2023, n° 468789, *Lebon* T.). La présomption d'urgence prévue par ce texte est réfragable (CE, 6 octobre 2021, n° 445733, préc. – CE, 26 mai 2021, n° 436902 et 436904, *Lebon* T.).

Le « sursis à exécution »

Art. L. 600-4 Dans toutes les instances en matière d'urbanisme, la décision juridictionnelle octroyant le sursis à exécution indique le ou les moyens sérieux de nature à justifier l'annulation de la décision attaquée.

Texte source

– Loi n° 94-112 du 9 février 1994, article 3.

Commentaires

On ne peut que sursauter en constatant que le législateur estime encore que l'on « octroie » un « sursis à exécution », alors que la juridiction *prononce* une suspension, lorsque l'intéressé remplit les conditions fixées par la loi, et justifie donc d'un *droit* ! Bel exemple d'un texte spécial inutile et mal rédigé.

Le juge se prononce sur tous les moyens

Art. L. 600-4-1 Lorsqu'elle annule pour excès de pouvoir un acte intervenu en matière d'urbanisme ou en ordonne la suspension, la juridiction administrative se prononce sur l'ensemble des moyens de la requête qu'elle estime susceptibles de fonder l'annulation ou la suspension, en l'état du dossier.

Texte source

– Loi n° 2000-1208 du 13 décembre 2000, article 37.

Commentaires

Ces deux articles ont même objet, et d'ailleurs l'article L. 600-4 ne semble plus en accord avec le régime du référé-suspension, qui a pris la place du sursis à exécution. Ils ont pour objet de rompre avec la technique dite de « l'économie des moyens », selon laquelle le juge qui annule une décision ne se prononce que sur un moyen propre à justifier cette annulation, même si d'autres moyens exposés par le demandeur auraient également justifié cette annulation.

Le souci de sécurité juridique est clair : il s'agit d'informer le bénéficiaire d'une décision de tous les vices l'entachant, de façon à éviter des contentieux à répétition, tant il est vrai qu'un moyen fondé peut en cacher un autre... Ce dispositif, à mi-chemin entre le recours pour excès de pouvoir et le rescrit administratif, ne paraît pas avoir porté tous les fruits que l'on en attendait.

Ces dispositions sont applicables à une décision de refus de raccordement au réseau prise sur le fondement de l'article L. 111-6 (CE, 24 février 2011, Verbeke Casabianca, n° 343442, *Lebon* T.), à une délibération instituant le droit de préemption urbain renforcé (CE, 4 février 2002, SARL Constructions Transactions Mauro, n° 217258, *Lebon*), à une déclaration d'utilité publique de travaux et portant mise en compatibilité de plans d'occupation des sols (CE, 17 mai 2002, Assoc. Préservons l'avenir à Ours Mons Thaulac, n° 197041, *Lebon* T.).

S'écartant du droit commun, ce texte oblige le juge d'appel à se prononcer sur les différents motifs d'annulation retenus par les premiers juges dès lors qu'ils sont contestés devant lui (CE, 1er mars 2012, Commune de Theix, n° 342993, *Lebon* – CE, 28 mai 2001, Commune de Bohars, n° 218374, *Lebon*), et l'intimé en appel pourra s'en plaindre en cassation (CE, 10 février 2010, Commune de Saint-Lunaire, n° 327149, *Lebon* T.). Le texte revient ainsi sur un précédent (CE, 15 mars 2000, Drannikova, n° 185837), lequel fut parfois justifié par la fausse idée que les règles de procédure sont généralement instituées au bénéfice d'une partie, mais cette règle vaut pour les seuls moyens opérants (CE sect., 5 mai 2017, Commune de Saint-Bon-Tarentaise, n° 388902, *Lebon*). Toutefois, saisi d'un jugement ayant annulé une décision refusant une autorisation d'urbanisme, le juge peut l'infirmer en relevant qu'un seul des motifs de la décision de refus est fondé et que l'administration aurait pris la même décision en se fondant sur ce motif, sans se prononcer sur la légalité des autres motifs (CE, 22 mars 2024, n° 463970, *Lebon* T.).

Le texte joue également en cassation lorsque le juge du fond a retenu une pluralité de motifs d'annulation dont un est erroné (CE sect., 22 avril 2005, Commune de Barcarès, n° 257877, *Lebon*, après deux revirements). Il ne trouve pas à jouer lorsque la cassation vise une ordonnance de référé (CE, 1er mars 2004, Socquet-Juglard, n° 258505, *Lebon* T.).

Cet article ne s'applique pas non plus à un recours en appréciation de légalité sur renvoi préjudiciel de l'autorité judiciaire (CE, 21 décembre 2001, Société immobilière pour l'automobile et la mécanique, n° 179211, *Lebon* T.). Et il ne permet pas de former un pourvoi incident contre les motifs d'une ordonnance de suspension décision écartant certains moyens (CE, 6 octobre 2023, n° 471190, *Lebon* T.).

Un jugement d'annulation qui précise qu'aucun des autres moyens invoqués n'était susceptible de fonder l'annulation prononcée n'a pas autorité de chose jugée sur ce point (CE, 10 mars 2010, SCI GFM, n° 323543, *Lebon* T.).

L'obligation est en fait pour le juge plus d'examiner les autres moyens que celui ou ceux retenus pour l'annulation que de se prononcer expressément sur eux, car il est admis que ces moyens soient implicitement écartés (CE sect., 8 avril 2009, Commune de Banon, n° 307515, *Lebon* – CE, 5 décembre 2001, Société Intertouristik Holiday AG, n° 237294, *Lebon* T.). Mais le juge, après avoir retenu plusieurs motifs d'annulation, ne doit plus néanmoins utiliser la formule « sans qu'il soit besoin de statuer sur les autres moyens de la requête » (CE, 16 juin 2004, Société Laboratoire de biologie végétale Yves Rocher, n° 254172, *Lebon* T.). N'est pas irrégulier, au regard de l'article L. 600-4-1 du Code de l'urbanisme, un jugement qui retient un moyen qui n'avait pas été soulevé spontanément par le requérant, mais qui a été invoqué, alerté par les conclusions du rapporteur public, dans une note en délibéré après l'audience qui a entraîné la réouverture de l'instruction (CAA Nantes, 28 février 2020, Commune de Baron-sur-Odon, n° 19NT01037).

Les vices régularisables

Art. L. 600-5 Sans préjudice de la mise en œuvre de l'article L. 600-5-1, le juge administratif qui, saisi de conclusions dirigées contre un permis de construire, de démolir ou d'aménager ou contre une décision de non-opposition à déclaration préalable, estime, après avoir constaté que les autres moyens ne sont pas fondés, qu'un vice n'affectant qu'une partie du projet peut être régularisé, limite à cette partie la portée de l'annulation qu'il prononce et, le cas échéant, fixe le délai dans lequel le titulaire de l'autorisation pourra en demander la régularisation, même après l'achèvement des travaux. Le refus par le juge de faire droit à une demande d'annulation partielle est motivé.

Textes sources

– Ordonnance n° 2013-638 du 18 juillet 2013, article 2.
– Loi n° 2018-1021 du 23 novembre 2018, article 80.

Commentaires

Par une importante décision le Conseil d'État a unifié les critères permettant d'accorder un permis de construire modificatif ou un permis de construire de régularisation (CE, sect., 26 juillet 2022, Vincler, n° 437765, *Lebon*). Cette décision juge que l'autorité compétente, saisie d'une demande en ce sens, peut délivrer au titulaire d'un permis de construire en cours de validité un permis modificatif, tant que la construction que ce permis autorise n'est pas achevée, dès lors que les modifications envisagées n'apportent pas à ce projet un bouleversement tel qu'il en changerait la nature même. Est ainsi abandonnée la condition tenant à l'absence de remise en cause de la conception générale du projet initial (CE, 26 juillet 1982, n° 23604, *Lebon,* p. 316 ; CE, 1er octobre 2015, Commune de Toulouse, n° 374338, *Lebon*) et sont appliqués le même critère que pour la régularisation (CE, 17 mars 2021, n° 436073, *Lebon* T. ; CE avis, 2 octobre 2020, n° 438318, *Lebon*). Le signataire du permis de construire, n'est pas tenu de formaliser son caractère de permis de régularisation (CE, 30 juin 2023, n° 463230, *Lebon* T.).

Commet une erreur de droit la cour qui fonde son appréciation sur le seul projet existant, sans tenir compte de la possibilité pour le pétitionnaire de faire évoluer celui-ci et d'en revoir, le cas échéant, l'économie générale sans en changer la nature (CE, 11 mars 2024, n° 463413, *Lebon* T.).
La régularisation n'est pas possible lorsque l'autorisation d'urbanisme dont il est saisi a été obtenue par fraude (CE, 11 mars 2024, n° 464257, *Lebon* T.).
Peuvent être régularisés les vices de légalité externe, notamment l'incompétence (CE, 27 novembre 2013, n° 358765, *Lebon T.*). La réparation d'un vice de procédure intervient, en principe, selon les modalités prévues à la date de la décision attaquée (CE, 27 mai 2019, Ministre et Société MSE La Tombelle, n° 420554, *Lebon* T. CE, 3 juin 2020, SCI Alexandra, n° 420736, *Lebon* T.), mais dans le cas où ces modalités ne sont pas légalement applicables la régularisation peut être effectuée selon d'autres modalités définies par le juge en prenant en compte les finalités poursuivies par les règles qui les ont instituées et en se référant, le cas échéant, aux dispositions en vigueur à la date à laquelle il statue (même décision). Soit qu'elle se rattache à la légalité externe (procédure de consultation notamment), soit qu'elle se rattache à la légalité interne (composition du dossier de demande), peut être également régularisée l'absence d'étude d'impact prévue par l'article L. 122-1 du Code de l'environnement (CE, 3 juin 2020, Société Compagnie immobilière méditerranée, n° 427781, *Lebon* T.). Peuvent être également régularisés les vices entachant le bien-fondé de l'autorisation d'urbanisme, même si cette régularisation implique de revoir l'économie générale du projet en cause, à condition que les règles d'urbanisme en vigueur à la date à laquelle le juge statue le permettent et de ne pas apporter à ce projet un bouleversement tel qu'il en changerait la nature même (CE, 17 mars 2021, n° 436073, préc. ; CE avis, 2 octobre 2020, n° 438318, préc. ; CE, 3 juin 2020, SCI Alexandra, n° 420736, *Lebon* T.). Si le pétitionnaire en a fait la demande conformément à l'article R. 431-31-2 du Code de l'urbanisme, la régularisation peut intervenir sous la forme d'une dérogation à certaines règles du PLU en faveur de projets respectant un objectif de mixité sociale an application de l'article L. 152-6 du même code (CE, 17 décembre 2020, SCCV Lapeyre, n° 432561, *Lebon* T.).
En cas d'annulation partielle (CE, 1er octobre 2015, Commune de Toulouse, n° 374338, *Lebon* – CE, 23 février 2011, SNC Hôtel de la Bretonnerie, n° 325179, *Lebon* T. – CE, 1er mars 2013, Fritot, n° 350306, *Lebon* – CE, 4 octobre 2013, Andrieu, n° 358401, *Lebon* T.), le juge est tenu d'indiquer pour quels motifs les moyens qui auraient pu conduire à l'annulation totale de l'autorisation sont écartés (CE, 16 octobre 2017, Besançon, n° 398902, *Lebon* T.). Si l'annulation partielle est injustifiée, le juge d'appel le relève d'office (CE, 9 avril 2014, Commune de Saint-Martin-le-Vinoux, n° 338363, *Lebon* T.).

Le sursis à statuer pour régularisation

Art. L. 600-5-1 Sans préjudice de la mise en œuvre de l'article L. 600-5, le juge administratif qui, saisi de conclusions dirigées contre un permis de construire, de démolir ou d'aménager ou contre une décision de non-opposition à déclaration préalable estime, après avoir constaté que les autres moyens ne sont pas fondés, qu'un vice entraînant l'illégalité de cet acte est susceptible d'être régularisé, sursoit à statuer, après avoir invité les parties à présenter leurs observations, jusqu'à l'expiration du délai qu'il fixe pour cette régularisation, même après l'achèvement des travaux. Si une mesure de régularisation est notifiée dans ce délai au juge, celui-ci statue après avoir invité les parties à présenter leurs observations. Le refus par le juge de faire droit à une demande de sursis à statuer est motivé.

Textes sources

– Ordonnance n° 2013-638 du 18 juillet 2013, article 2.
– Loi n° 2018-1021 du 23 novembre 2018, article 80.

Commentaires

Les articles L. 600-5 et L. 600-5-1 du Code de l'urbanisme modifient singulièrement l'office du juge, dans le sens du réalisme : si le vice affectant une partie de l'autorisation est régularisable, le tribunal peut soit limiter à cette partie l'annulation de l'autorisation, soit inviter les parties à lui présenter un permis modificatif de régularisation. Le maniement de cette disposition nouvelle, qui doit jongler avec l'indivisibilité traditionnellement reconnue aux autorisations d'urbanisme, a fait l'objet de décisions jurisprudentielles qui, rendues avant l'ordonnance du 18 juillet 2013, anticipent largement sur son contenu (CE, 4 octobre 2013, Andrieu, n° 358401, *Lebon* T. [1]).

Cette procédure est réservée au juge du fond et n'est donc pas utilisable en matière de référé (CE, 22 mai 2015, SCI Paolina, n° 385183, *Lebon* T.). Cette procédure est réservée à la voie d'action et ne peut s'appliquer à un vice invoqué par la voie de l'exception (CE, 14 juin 2024, n° 475559, *Lebon* T.). Dans le cas d'un permis qui tient lieu d'autorisation commerciale le juge peut l'appliquer « en tant que juge du permis de construire » (CE, avis, 23 décembre 2016, Société MDVP Distribution, n° 398077, *Lebon*).

L'article L. 600-5 et la régularisation envisagée par l'article L. 600-5-1 se sont appliqués immédiatement aux instances en cours y compris en appel (CE, avis, 18 juin 2014, SCI Mounou, n° 376113, *Lebon* – CE, 18 juin 2014, Société Batimalo, n° 376760, *Lebon*). Cette application est possible même si la construction est achevée (CE, 22 février 2017, Bonhomme, n° 392998, *Lebon*). Le juge ne peut donner un délai de régularisation sans écarter au préalable les fins de non-recevoir (CE 16 octobre 2024, n° 473776, *Lebon* T.).

Le permis modificatif envisagé dans le cadre de l'article L. 600-5-1 ne peut voir sa légalité contestée que dans l'instance ayant donné lieu au jugement invitant à la régularisation. Une requête distincte tendant à son annulation est irrecevable (CE, 19 juin 2017, Syndicat des copropriétaires de la résidence Butte Stendhal, n° 398531, *Lebon* T.). Cette obligation joue également pour les tiers, le tribunal administratif, s'il est saisi, ayant l'obligation de transmettre au juge d'appel si ce dernier est saisi de l'affaire (CE sect., 15 février 2019, Commune de Cogolin, n° 401384, *Lebon*).

La régularisation peut intervenir avant même que le juge ne l'ait prescrite ; dans ce cas le juge n'est pas tenu de surseoir à statuer, mais est tenu d'inviter les parties à présenter leurs observations aux fins de savoir si le permis modificatif autorise la régularisation prévue à l'article L. 600-5-1 (CE, 6 avril 2018, Association NARTECS, n° 402714, *Lebon* T.).

La mise en œuvre de l'article L. 600-5-1, qui n'est pas subordonnée à la présentation de conclusions en ce sens (CE, 15 octobre 2014, SCI des Fins, n° 359175, *Lebon* T.), était, avant le 1er janvier 2019, une faculté qui relève de l'appréciation souveraine des juges du fond sous réserve de l'erreur de droit et de la dénaturation (CE, 28 décembre 2017, Société PCE, n° 402362, *Lebon* T.). Ont intérêt à faire appel, d'une part le requérant initial recevable à contester le jugement en tant qu'il a rejeté sa demande d'annulation totale de l'autorisation et le titulaire de l'autorisation et l'autorité l'ayant délivrée, lesquels sont recevables à contester le jugement en tant qu'il n'a pas complètement rejeté le recours (CE sect., 15 février 2019, Commune de Cogolin, préc.).

Si un arrêt est cassé sur ce point, la cour doit se prononcer sur le bien-fondé des moyens invoqués par les demandeurs de première instance autres que ceux qu'elle a accueillis par son premier arrêt (CE, 22 février 2018, SAS Udicité, n° 389518, *Lebon* T.). Saisi d'un pourvoi dirigé contre une décision juridictionnelle retenant plusieurs motifs d'illégalité d'un permis de construire, de démolir ou d'aménager, puis refusant de faire usage des articles L. 600-5 ou L. 600-5-1 du Code de l'urbanisme, le juge de cassation, dans le cas où il censure une partie de ces motifs, ne peut rejeter le pourvoi qu'après avoir vérifié si les autres motifs retenus et qui demeurent justifient ce refus (CE sect., 15 février 2019, Commune de Cogolin, préc.). Les articles L. 600-5-1 et L. 600-5 du Code de l'urbanisme peuvent être mise en œuvre successivement (CE, 17 mars 2021, Venturin, n° 436073, *Lebon* T.). Après expiration du délai imparti, le juge peut statuer à tout moment, mais doit tenir compte d'une mesure de régularisation produite hors délai, mesure que les parties peuvent contester dans le cadre de l'instance sans condition de délai tant que le juge n'a pas statué (CE, 16 février 2022, Ministre de la cohésion des territoires et des relations avec les collectivités territoriales et Société MSE La Tombelle, n° 420554, *Lebon*). En revanche, si aucune mesure de régularisation ne lui est notifiée après sa décision de sursis à statuer, il n'appartient pas au juge de poursuivre la recherche de la régularisation (CE, 6 juin 2025, n° 493882, *Lebon* T.). La partie qui perd à raison d'une mesure de régularisation n'est pas partie perdante pour l'essentiel (CE, 28 mai 2021, Viallat et autres, n° 437429, *Lebon* T., abandonnant sur ce point CE, 19 juin 2017, Syndicat des copropriétaires de la résidence Butte Stendhal et autres, nos 394677 et 397149, *Lebon* T.). L'absence de régularisation a pour conséquence l'annulation du permis attaqué et la contestation du refus de régularisation n'est possible que dans le cadre d'une nouvelle instance dirigée contre le refus d'autoriser le projet dans son ensemble (CE, 9 novembre 2021, Société civile de construction vente Lucien Viseur, n° 440028, *Lebon T.*).

Lorsque le juge administratif, invite les parties à produire des observations, ni cette invitation, ni la communication par le juge des observations reçues en réponse à cette invitation n'ont, par elles-mêmes, pour effet de rouvrir l'instruction si elle était close (CE, 10 octobre 2022, Société Horizon et autres, n° 455573, *Lebon*).

L'existence des voies de recours s'apprécie à la date du premier jugement (CE, 25 juin 2024, n° 490864, *Lebon* T.). Les deux jugements peuvent, sans irrégularité, être rendus par la même formation de jugement (CE, 17 janvier 2024, n° 462638, *Lebon* T.).

En appel, l'annulation du premier jugement avant dire droit entraîne l'annulation par voie de conséquence du second jugement estimant le vice régularisé (CE, 25 septembre 2020, Poncet et Petiti, n°s 432511 et 436284, *Lebon* T.). Lorsque le permis de régularisation est délivré, l'appel contre le jugement avant-dire-droit perd son objet (CE, 10 juillet 2023, n° 463914, *Lebon* T.). Lorsque le second jugement est définitif, il n'y a pas lieu de statuer sur l'appel dirigé contre le premier jugement (CE, 14 mai 2024, n° 475663, *Lebon* T.).

La régularisation envisagée par ces dispositions a des limites et ne saurait s'appliquer à un permis de construire portant sur une construction irrégulièrement édifiée ou transformée si l'autorisation ne porte pas en même temps sur les travaux passés irréguliers et sur les nouveaux travaux envisagés (CE, 6 octobre 2021, Société Maresias, n° 442182, *Lebon*).

À compter de l'expiration du délai fixé pour produire la mesure de régularisation, le juge peut statuer sur l'annulation du permis, mais il doit tenir compte de la mesure de régularisation qui lui a été adressée après cette date. Les requérants parties à l'instance ayant donné lieu à la décision avant dire droit sont recevables à contester la légalité de la mesure de régularisation produite dans le cadre de cette instance, tant que le juge n'a pas statué au fond, sans condition de délai. À compter de la décision par laquelle le juge recourt à l'article L. 600-5-1 du Code de l'urbanisme, seuls des moyens dirigés contre la mesure de régularisation notifiée, le cas échéant, au juge peuvent être invoqués devant ce dernier. À ce titre, les parties peuvent, à l'appui de la contestation de l'acte de régularisation, invoquer des vices qui lui sont propres et soutenir qu'il n'a pas pour effet de régulariser le vice que le juge a constaté dans sa décision avant-dire droit. Elles ne peuvent en revanche soulever aucun autre moyen, qu'il s'agisse d'un moyen déjà écarté par la décision avant-dire droit ou de moyens nouveaux, à l'exception de ceux qui seraient fondés sur des éléments révélés par la procédure de régularisation (CE, 16 février 2022, Ministre et Société MSE La Tombelle, n°s 420554, 420575, *Lebon*).

En appel, la circonstance que le délai de recours puisse ne pas être expiré, notamment compte tenu de l'article R. 811-6 du Code de justice administrative prévoyant que le délai d'appel contre un jugement avant-dire droit court jusqu'à l'expiration du délai d'appel contre le jugement qui règle définitivement le fond du litige, ou même que celui-ci ne soit pas encore intervenu, est sans incidence à cet égard. Le moyen nouveau est irrecevable contre le jugement avant-dire-droit et inopérant à l'encontre du jugement mettant fin à l'instance (CE, 24 juin 2022, M. Mayan et Mme Paolinetti, n° 456348, *Lebon* T.).

À la suite d'une précédente décision *Commune de Grabels* (CE, 9 juillet 2021, n° 437634, *Lebon*), le Conseil d'État juge qu'à compter de la décision par laquelle le juge administratif sursoit à statuer jusqu'à l'expiration du délai qu'il fixe pour, seuls des moyens dirigés contre la mesure de régularisation notifiée, le cas échéant, au juge peuvent être invoqués devant ce dernier. À ce titre, les parties peuvent, à l'appui de la contestation de la mesure de régularisation, invoquer des vices qui lui sont propres et soutenir qu'elle n'a pas pour effet de régulariser le vice que le juge a constaté dans sa décision avant dire droit. Elles ne peuvent en revanche soulever aucun autre moyen, qu'il s'agisse d'un moyen déjà écarté par la décision avant dire droit ou de moyens nouveaux, à l'exception de ceux qui seraient fondés sur des éléments révélés par la procédure de régularisation (CE, 21 juillet 2022, Commune de Grabels, n° 437634, *Lebon*). La faculté de régularisation ainsi ouverte peut jouer pour la première fois en appel, le juge pouvant réserver son apprécier de l'utilité publique de l'opération jusqu'à la seconde décision (CE, 11 décembre 2023, n° 466593, *Lebon* T.). Le juge de cassation exerce un contrôle de l'erreur de droit et de la dénaturation sur le caractère régularisable du vice et, réglant l'affaire comme juge d'appel, après avoir annulé l'arrêt attaqué en tant qu'il rejetait les conclusions tendant à ce qu'il soit sursis à statuer, examine le bien-fondé des autres moyens des demandeurs de première instance (CE, 29 mai 2024, n° 467449, *Lebon* T.).

La cristallisation des moyens prévue par ces dispositions implique nécessairement que durant le délai de deux mois, qui commence à courir à compter de la communication du mémoire en défense faisant état du permis modificatif, l'instruction soit ouverte, et a fortiori que l'affaire ne soit pas audiencée pendant ce délai de deux mois (CAA Nancy, 6 juin 2023, M. et Mme P. et autres, n° 20NC02913).

La disparition de la règle méconnue en cours d'instance n'entraîne pas, par elle-même la régularisation (CE, 4 mai 2023, n° 464702, *Lebon* [2]). Ainsi jugé pour un juge des référés, le moyen tiré de ce qu'il avait concouru à l'avis rendu sur la même affaire ayant été relevé d'office (CE, 7 août 2008, Association des Terres minées, n° 312022).

Une nouvelle mise en œuvre après un premier sursis à statuer est possible pour régulariser un autre vice, propre à la mesure de régularisation, mais pas pour régulariser le même vice que celui ayant conduit le juge à surseoir à statuer (CE sect., 14 octobre 2024, n° 471936, *Lebon*).

L'intervention du jugement qui, faisant application de l'article L. 600-5-1, statue sur le bien-fondé des différents moyens soulevés et impartit un délai pour régulariser un vice affectant la légalité de ce permis, rend, alors même qu'il est frappé d'appel, sans objet les conclusions du pourvoi en cassation dirigé contre l'ordonnance par laquelle le juge des référés a statué sur la demande de suspension de l'exécution de ce permis de construire (CE, 9 novembre 2023, n° 469380, *Lebon*).

En cassation, un moyen contre le second jugement en tant qu'il s'est prononcé sur la régularisation d'un vice entachant une autorisation d'urbanisme est recevable et opérant (CE, 30 avril 2025, n° 493959, *Lebon* T.).

Bibliographie

– E. Baron, « Focus sur l'évolution des conditions de régularisation des autorisations d'urbanisme », *JCP A*, janvier 2019, n° 3, p. 41 et s.

Jurisprudence

[1] 7. Considérant, en quatrième lieu, qu'aux termes de l'article L. 600-5 du code de l'urbanisme : « Lorsqu'elle constate que seule une partie d'un projet de construction ou d'aménagement ayant fait l'objet d'une autorisation d'urbanisme est illégale, la

juridiction administrative peut prononcer une annulation partielle de cette autorisation. / L'autorité compétente prend, à la demande du bénéficiaire de l'autorisation, un arrêté modificatif tenant compte de la décision juridictionnelle devenue définitive » ;
8. Considérant que, d'une part, lorsque les éléments d'un projet de construction ou d'aménagement ayant une vocation fonctionnelle autonome auraient pu faire, en raison de l'ampleur et de la complexité du projet, l'objet d'autorisations distinctes, le juge de l'excès de pouvoir peut prononcer une annulation partielle de l'arrêté attaqué en raison de la divisibilité des éléments composant le projet litigieux ; que, d'autre part, il résulte des dispositions de l'article L. 600-5 citées ci-dessus qu'en dehors de cette hypothèse, le juge administratif peut également procéder à l'annulation partielle d'une autorisation d'urbanisme dans le cas où une illégalité affecte une partie identifiable du projet et où cette illégalité est susceptible d'être régularisée par un arrêté modificatif de l'autorité compétente, sans qu'il soit nécessaire que la partie illégale du projet soit divisible du reste de ce projet ; que le juge peut, le cas échéant, s'il l'estime nécessaire, assortir sa décision d'un délai pour que le pétitionnaire dépose une demande d'autorisation modificative afin de régulariser l'autorisation subsistante, partiellement annulée ;
9. Considérant que, pour faire application de l'article L. 600-5 du Code de l'urbanisme et n'annuler que partiellement le permis de construire litigieux, en tant que la pente des toitures des villas dont il permet la construction est supérieure aux 35 % autorisés dans cette zone par l'article AUC 11 du règlement du plan local d'urbanisme, la cour s'est fondée sur la circonstance que ces villas ne comportaient pas de combles aménagés et que la régularisation du vice relevé ne conduirait qu'à un « léger abaissement des faîtières » ; qu'ainsi, la cour n'a, contrairement à ce qui est soutenu, pas omis de rechercher si le vice pouvait être régularisé au regard des règles d'urbanisme applicables sans remettre en cause la conception générale ni l'implantation des constructions et si la construction pouvait ainsi, compte tenu du caractère limité des modifications apportées au projet initial, faire légalement l'objet d'un permis modificatif ; qu'en jugeant que tel était le cas en l'espèce, elle a porté sur les pièces du dossier une appréciation souveraine exempte de dénaturation [...].

[2] Lorsqu'une autorisation d'urbanisme a été délivrée en méconnaissance des dispositions législatives ou réglementaires relatives à l'utilisation du sol ou sans que soient respectées des formes ou formalités préalables à la délivrance de l'autorisation, l'illégalité qui en résulte peut être régularisée par la délivrance d'une autorisation modificative dès lors que celle-ci assure le respect des règles de fond applicables au projet en cause, répond aux exigences de forme ou a été précédée de l'exécution régulière de la ou des formalités qui avaient été omises. Elle peut, de même, être régularisée par une autorisation modificative si la règle relative à l'utilisation du sol qui était méconnue par l'autorisation initiale a été entretemps modifiée ou si cette règle ne peut plus être regardée comme méconnue par l'effet d'un changement dans les circonstances de fait de l'espèce. Il en va de même dans le cas où le bénéficiaire de l'autorisation initiale notifie en temps utile au juge une décision individuelle de l'autorité administrative compétente valant mesure de régularisation à la suite d'un jugement décidant, en application de l'article L. 600-5-1 du code de l'urbanisme, de surseoir à statuer sur une demande tendant à l'annulation de l'autorisation initiale. En revanche, la seule circonstance que le vice dont est affectée l'autorisation initiale et qui a justifié le sursis à statuer résulte de la méconnaissance d'une règle d'urbanisme qui n'est plus applicable à la date à laquelle le juge statue à nouveau sur la demande

d'annulation, après l'expiration du délai imparti aux intéressés pour notifier la mesure de régularisation, est insusceptible, par elle-même, d'entraîner une telle régularisation et de justifier le rejet de la demande [...].

La contestation de la mesure de régularisation

Art. L. 600-5-2 Lorsqu'un permis modificatif, une décision modificative ou une mesure de régularisation intervient au cours d'une instance portant sur un recours dirigé contre le permis de construire, de démolir ou d'aménager initialement délivré ou contre la décision de non-opposition à déclaration préalable initialement obtenue et que ce permis modificatif, cette décision modificative ou cette mesure de régularisation ont été communiqués aux parties à cette instance, la légalité de cet acte ne peut être contestée par les parties que dans le cadre de cette même instance.

Texte source

– Loi n° 2018-1021 du 23 novembre 2018, article 80.

Commentaires

Cette règle de compétence s'applique immédiatement, y compris aux tiers, y compris en appel, y compris aux instances en cours avant son entrée en vigueur au 1er janvier 2019, le tribunal administratif ayant l'obligation, le cas échéant, de transmettre la contestation à la cour saisie de l'appel (CE sect., 15 février 2019, Commune de Cogolin, n° 401384, *Lebon*). Même en cas d'appel contre le jugement avant dire droit fondé sur l'article L. 600-5-1, le tribunal administratif reste compétent (CE, 5 février 2021, Boissery, n° 430990, *Lebon* T.). En revanche, il résulte de l'article L. 600-5-2 du Code de l'urbanisme que, lorsque le juge d'appel est saisi d'un appel contre un jugement d'un tribunal administratif ayant annulé un permis de construire, en retenant l'existence d'un ou plusieurs vices entachant sa légalité et qu'un permis modificatif, une décision modificative ou une mesure visant à la régularisation de ces vices a été pris, seul le juge d'appel est compétent pour connaître de sa contestation, dès lors que ce permis, cette décision ou cette mesure lui a été communiqué ainsi qu'aux parties (CE, 15 décembre 2021, Trunkenwald et autres, nos 453316, 453317 et 453318, *Lebon* T. – CE, sect., 15 février 2019, n° 401384, Commune de Cogolin, *Lebon*, p. 956, s'agissant d'une annulation partielle). Les parties peuvent contester la légalité d'un permis modificatif, d'une décision modificative ou d'une mesure de régularisation intervenue au cours de cette instance, lorsqu'elle leur a été communiquée, tant que le juge n'a pas statué au fond, sans condition de forme ni de délai (CE, 1er février 2023, n° 459243, *Lebon* T.).
Après une seconde cassation du jugement ayant annulé partiellement un permis de construire, sur le fondement de l'article L. 600-5 du code de l'urbanisme, et statue ainsi définitivement sur le litige portant sur la légalité d'un permis de construire initial, il y a lieu pour le Conseil d'État, sur le fondement de l'article L. 600-5-2 du Code de l'urbanisme et dans l'intérêt d'une bonne administration de la justice, de statuer, en qualité de juge de premier et dernier ressort, sur les conclusions

tendant à l'annulation pour excès de pouvoir du permis de construire modificatif délivré ultérieurement à la société pétitionnaire en vue de régulariser le permis de construire initial, en statuant sur les moyens propres présentés contre ce permis modificatif par les requérants et en appréciant si ce permis modificatif permet la régularisation du vice ayant justifié l'annulation du permis initial. (CE, 10 octobre 2022, n°s 452955, 463843, *Lebon*). Mais pas après une première cassation (CE, 7 mars 2025, n° 497329, *Lebon* T.).

L'action civile en démolition

Art. L. 600-6 Lorsque la juridiction administrative, saisie d'un déféré préfectoral, a annulé par une décision devenue définitive un permis de construire pour un motif non susceptible de régularisation, le représentant de l'État dans le département peut engager une action civile en vue de la démolition de la construction dans les conditions et délais définis par le 1° de l'article L. 480-13.

Le représentant de l'État dans le département peut également engager cette action lorsque la construction n'est pas située dans les zones mentionnées aux a à n du même 1°.

Textes sources

– Loi n° 2015-990 du 6 août 2015, article 111.
– Loi n° 2018-1021 du 23 novembre 2018, article 80.

Commentaires

Évidemment, cette compétence s'exerce sous réserve des règles de prescription prévues par l'article L. 480-13 du Code de l'urbanisme (CAA Nancy, 20 janvier 2011, Boudier, n° 10NC01197).

Le comportement abusif du requérant

Art. L. 600-7 Lorsque le droit de former un recours pour excès de pouvoir contre un permis de construire, de démolir ou d'aménager est mis en œuvre dans des conditions qui traduisent un comportement abusif de la part du requérant et qui causent un préjudice au bénéficiaire du permis, celui-ci peut demander, par un mémoire distinct, au juge administratif saisi du recours de condamner l'auteur de celui-ci à lui allouer des dommages et intérêts. La demande peut être présentée pour la première fois en appel.

Textes sources

– Ordonnance n° 2013-638 du 18 juillet 2013, article 2.
– Loi n° 2018-1021 du 23 novembre 2018, article 80.

Commentaires

Ce texte, qui se veut dissuasif, rompt avec la jurisprudence *Noble* (CE, 24 novembre 1967, n° 66271, *Lebon*, p. 443) qui proscrit la présentation, dans un contentieux d'excès de pouvoir, de conclusions indemnitaires reconventionnelles pour procédure abusive. En vérité, ces conclusions pouvaient être présentées devant le juge judiciaire, ainsi paradoxalement investi du pouvoir de dire si un recours pour excès de pouvoir était abusif (voir par exemple : Cass. 3e civ., 9 mai 2012, n° 11-13597 – Cass. 3e civ., 5 juin 2012, Finareal, n° 11-17919) C'est, ici encore, un dispositif dont on pourrait s'inspirer pour l'ensemble du contentieux, et même, pourquoi ne pas envisager, parallèlement, un régime de sanction financière pour « résistance abusive » ?

Ce texte, qui, comme les articles L. 600-5 et L. 600-5-1, institue des règles qui concernent exclusivement les pouvoirs du juge, est d'application immédiate aux instances en cours (et, le cas échéant, pour la première fois en appel : CE, 16 octobre 2017, OPH de la ville d'Avignon, n° 396494, *Lebon* T., mais pas en cassation : CE, 3 juillet 2015, Syndicat des copropriétaires la Parade Collectif, n° 371433, *Lebon* T.) : CE, avis, 18 juin 2014, SCI Mounou, n° 376113, *Lebon* – CE, avis, 18 juin 2014, Société Batimalo, n° 376760, *Lebon ; JCP A*, 27 octobre 2014, p. 34. Les recours fondés sur une mauvaise exécution ou une inexécution d'un permis de construire ne sont pas au nombre de ceux visés par ces dispositions (CAA Marseille, 25 juillet 2014, Claverie, n° 12MA03175). Ces dernières ne sont pas applicables en cas de transfert de permis de construire (CAA Marseille, 13 mai 2016, Boughalmi, n° 14MA05185). Est abusif ce qui excède la défense d'intérêts légitimes (CAA Nantes, 17 avril 2015, Offe, n° 14NT00537). Le désistement ne fait pas obstacle à une condamnation sur ce fondement (CAA Lyon, 18 janvier 2018, Rixen, n° 16LY00172). En cassation les conclusions contestant un arrêt ou jugement statuant sur ces conclusions constituent un litige distinct (CE, 30 décembre 2016, Castinel, n° 391160).

La transaction

Art. L. 600-8 Toute transaction par laquelle une personne ayant demandé ou ayant l'intention de demander au juge administratif l'annulation d'un permis de construire, de démolir ou d'aménager s'engage à se désister de ce recours ou à ne pas introduire de recours en contrepartie du versement d'une somme d'argent ou de l'octroi d'un avantage en nature doit être enregistrée conformément à l'article 635 du code général des impôts.

La contrepartie prévue par une transaction non enregistrée dans le délai d'un mois prévu au même article 635 est réputée sans cause et les sommes versées ou celles qui correspondent au coût des avantages consentis sont sujettes à répétition. L'action en répétition se prescrit par cinq ans à compter du dernier versement ou de l'obtention de l'avantage en nature.

Les transactions conclues avec des associations ne peuvent pas avoir pour contrepartie le versement d'une somme d'argent, sauf lorsque les associations agissent pour la défense de leurs intérêts matériels propres.

Les acquéreurs successifs de biens ayant fait l'objet du permis mentionné au premier alinéa peuvent également exercer l'action en répétition prévue à l'alinéa précédent à raison du préjudice qu'ils ont subi.

Textes sources

– Ordonnance n° 2013-638 du 18 juillet 2013, article 3.

– Loi n° 2018-1021 du 23 novembre 2018, article 80.

Commentaires

Il s'agit d'un dispositif de moralisation, dont la portée est plus symbolique que réelle. On renvoie aux observations critiques de Me Gillig (*JCP A*, 23 septembre 2013, p. 39).

Le dernier alinéa comporte une erreur de renvoi, faisant état de « l'alinéa précédent », là où il convient de lire « l'alinéa 2 ».

Le sursis à statuer pour régularisation

Art. L. 600-9 Si le juge administratif, saisi de conclusions dirigées contre un schéma de cohérence territoriale, un plan local d'urbanisme ou une carte communale, estime, après avoir constaté que les autres moyens ne sont pas fondés, qu'une illégalité entachant l'élaboration ou la révision de cet acte est susceptible d'être régularisée, il peut, après avoir invité les parties à présenter leurs observations, surseoir à statuer jusqu'à l'expiration du délai qu'il fixe pour cette régularisation et pendant lequel le document d'urbanisme reste applicable, sous les réserves suivantes :

1° En cas d'illégalité autre qu'un vice de forme ou de procédure, pour les schémas de cohérence territoriale et les plans locaux d'urbanisme, le sursis à statuer ne peut être prononcé que si l'illégalité est susceptible d'être régularisée par une procédure de modification prévue aux articles L. 122-14-1 à L. 122-14-3 ou L. 123-13-1 à L. 123-13-3 ou au cinquième alinéa de l'article L. 124-2 ;

2° En cas d'illégalité pour vice de forme ou de procédure, le sursis à statuer ne peut être prononcé que si l'illégalité a eu lieu, pour les schémas de cohérence territoriale et les plans locaux d'urbanisme, après le débat sur les orientations du projet d'aménagement et de développement durables.

Si la régularisation intervient dans le délai fixé, elle est notifiée au juge, qui statue après avoir invité les parties à présenter leurs observations.

Si, après avoir écarté les autres moyens, le juge administratif estime que le vice qu'il relève affecte notamment un plan de secteur, le programme d'orientations et d'actions du plan local d'urbanisme ou les dispositions relatives à l'habitat ou aux transports et déplacements des orientations d'aménagement et de programmation, il peut limiter à cette partie la portée de l'annulation qu'il prononce.

Textes sources

– Loi n° 2014-366 du 24 mars 2014, article 137.

– Ordonnance n° 2015-1174 du 23 septembre 2015, article 8.

Commentaires

On retrouve ici, avec les adaptations nécessaires, le mécanisme instauré pour les autorisations individuelles par les articles L. 600-5 et suivants, l'idée étant de faire prévaloir les procédures de régularisation sur les annulations contentieuses. L'article L. 600-9 du Code de l'urbanisme, qui institue des règles de procédure qui ne concernent que les pouvoirs du juge administratif en matière de contentieux de l'urbanisme, est, en l'absence de dispositions expresses contraires, d'application immédiate aux instances en cours, y compris lorsque les actes attaqués ont été adoptés avant leur entrée en vigueur (CE sect., 22 décembre 2017, Commune de Sempy, n° 395963, *Lebon,* p. 380). La possibilité de régulariser s'applique pas à la procédure de modification (CAA Lyon, 16 juin 2020, Commune de Bourg-en-Bresse, n° 19LY00503).

Pour la mise en œuvre de ces dispositions, il appartient à l'autorité compétente de régulariser le vice de forme ou de procédure affectant la décision attaquée en faisant application des dispositions en vigueur à la date à laquelle cette décision a été prise (CE, 29 juillet 2020, SCI L'Harmas, n° 428158, *Lebon* T.). En revanche, la compétence de l'autorité appelée à approuver la régularisation doit être appréciée au regard des dispositions en vigueur à la date de cette approbation (même décision). La régularisation ne doit pas excéder ce qui est nécessaire. Ainsi, un vice entachant les seules conclusions motivées du commissaire enquêteur n'exige pas une nouvelle enquête publique (CE, 30 avril 2025, n° 490965, *Lebon* T.).

Si les parties peuvent à l'appui de la contestation de l'acte de régularisation, invoquer des vices affectant sa légalité externe et soutenir qu'il n'a pas pour effet de régulariser le vice que le juge a constaté dans sa décision avant-dire droit, elles ne peuvent soulever aucun autre moyen, qu'il s'agisse d'un moyen déjà écarté par la décision avant-dire droit ou de moyens nouveaux, à l'exception de ceux qui seraient fondés sur des éléments révélés par la procédure de régularisation (CE, 29 juin 2018, Commune de Sempy, préc.). La régularisation peut intervenir, y compris pour la première fois en appel, avant même une décision avant-dire droit sous réserve que les parties puissent produire des observations (même arrêt). La régularisation doit intervenir en faisant application des dispositions en vigueur à la date à laquelle cette décision a été prise, mais le juge doit prendre en considération des éléments postérieurs (même arrêt). En revanche, la compétence de l'autorité appelée à approuver la régularisation doit être appréciée au regard des dispositions en vigueur à la date de cette approbation. (CE, 29 juillet 2020, SCI L'Harmas, n° 428158, *Lebon* T.). Le juge doit répondre à des conclusions subsidiaires fondées sur ces dispositions à peine d'omission à statuer (CE, 30 mai 2018, Commune de Sète, n° 408068, *Lebon* T.). Le juge doit d'abord écarter les autres moyens en indiquant pour quels motifs, ce que l'auteur du recours pourra contester en faisant appel de l'avant dire droit à compter de la délibération régularisant le vice, la contestation de la mise en œuvre de la régularisation par l'avant dire droit perd son objet (CE, 18 décembre 2020, Société Fonimmo-ID, n°s 421987 et 430344, *Lebon* T.). Lorsque le sursis à statuer est mis en œuvre par une juridiction d'appel, la circonstance que les parties à l'instance ne puissent bénéficier d'un double degré de juridiction, à la différence d'autres requérants, n'est pas de nature à révéler une méconnaissance de leur droit au recours (CAA

Marseille, 7 juin 2018, SCA de « Chateau l'Arc », n° 16MA02962). La décision avant dire-droit est susceptible d'un pourvoi incident en cas de pourvoi contre cet avant-dire droit et contre la décision mettant fin à l'instance (CE, 12 octobre 2016, Kerwer, n° 387308, *Lebon,* p. 423). Ces dispositions ont sans doute inspiré la solution consistant à admettre la possibilité de régulariser une DUP emportant mise en compatibilité d'un document d'urbanisme (CE, 9 juillet 2021, Commune de Grabels, n° 437634, *Lebon*).

La compétence de premier ressort des cours pour connaître certains litiges d'urbanisme

Art. L. 600-10 Les cours administratives d'appel sont compétentes pour connaître en premier et dernier ressort des litiges relatifs au permis de construire tenant lieu d'autorisation d'exploitation commerciale prévu à l'article L. 425-4.

Texte source

– Loi n° 2014-626 du 18 juin 2014, article 58.

Commentaires

Ce texte de procédure n'est pas intégré dans le Code de justice administrative. Il fait double emploi avec l'article R. 311-3 de ce dernier. Il concerne une autorisation nouvelle, le « permis de construire valant autorisation d'urbanisme commercial », créée par la loi n° 2014-626 du 18 juin 2014. On doit donc estimer que l'article R. 311-3 du Code de justice administrative est, pour sa partie « urbanisme commercial », remplacé par l'article L. 611-10 du Code de l'urbanisme, alors que la matière relève d'évidence du domaine réglementaire. Peut-être le décret prévu à l'article 60 de la loi du 18 juin 2014 (qui devait intervenir avant le 18 décembre 2014 et qui, à notre connaissance, n'a pas encore été pris) mettra-t-il un terme à cette anomalie ?

Les cours administratives d'appel ne sont, par suite, et par exception, compétentes pour statuer en premier et dernier ressort sur un recours pour excès de pouvoir dirigé contre un permis de construire, aussi bien en tant qu'il vaut autorisation de construire qu'en tant qu'il vaut autorisation d'exploitation commerciale, que si ce permis tient lieu d'autorisation d'exploitation commerciale, le projet devant être soumis à l'avis de la commission départementale d'aménagement commercial (CE, 14 novembre 2018, Commune de Vire-Normandie, n° 413246, *Lebon* T.). Les cours administratives d'appel sont également compétentes pour les permis modificatifs, dès lors que le projet initial a été soumis à l'avis de la CDAC (CE, 18 novembre 2020, Société MG Patrimoine et autres, n° 420857, *Lebon* T.), pour les refus opposés à un projet soumis à l'avis de la CDAC (CE, 18 novembre 2020, Société MG Patrimoine et autres, n° 420857, *Lebon* T.) et pour les recours indemnitaires (CE, 2 mars 2022, Société Distaff, n° 440079, *Lebon* T.). Le recours contre l'avis de la CNAC, qu'il soit favorable ou défavorable, est irrecevable en application de l'article L. 425-4 du Code de l'urbanisme, dans sa rédaction issue de l'article 39 de la loi du 18 juin 2014 relative à l'artisanat, au commerce et aux

très petites entreprises (CE, 25 mars 2020, Société Le Parc du Béarn, n° 409675, *Lebon* T.). L'avis de la CDAC ou, le cas échéant de la CNAC, lie le maire de la commune qui ne peut en demander l'annulation, mais qui reste recevable à contester, par la voie d'un recours pour excès de pouvoir, la décision qu'elle prend sur cette demande en tant seulement qu'elle se prononce sur l'autorisation d'exploitation commerciale sollicitée, pour autant qu'elle justifie d'un intérêt lui donnant qualité pour agir (CE, 24 janvier 2022, Société Année Distribution et autres, n° 440164, *Lebon* T.).Ces dispositions s'appliquent en référé (CE, 15 novembre 2017, Société Distribution Casino France, n° 410117).
Cette compétence ne s'étend pas à l'hypothèse où la CNAC a été saisie à titre facultatif (CE, 24 juillet 2024, n° 464565, *Lebon* T. [1]).

Jurisprudence

[1] 1. D'une part, aux termes de l'article L. 752-1 du code de commerce : « Sont soumis à une autorisation d'exploitation commerciale les projets ayant pour objet : /1° La création d'un magasin de commerce de détail d'une surface de vente supérieure à 1 000 mètres carrés, résultant soit d'une construction nouvelle, soit de la transformation d'un immeuble existant ; / [...] ». Aux termes de l'article L. 425-4 du code de l'urbanisme : « Lorsque le projet est soumis à autorisation d'exploitation commerciale au sens de l'article L. 752-1 du code de commerce, le permis de construire tient lieu d'autorisation dès lors que la demande de permis a fait l'objet d'un avis favorable de la commission d'aménagement commercial ou, le cas échéant, de la Commission nationale d'aménagement commercial ». Par ailleurs, aux termes de l'article R. 431-33-1 du code de l'urbanisme : « Lorsque le projet relève de l'article L. 425-4, la demande est accompagnée d'un dossier comprenant les éléments mentionnés à l'article R. 752-6 du code de commerce », dont l'analyse d'impact définie au III de l'article L. 752-6 du code de commerce.

2. Aux termes de l'article L. 752-4 du code de commerce, dans sa rédaction applicable au litige : « I. – Dans les communes de moins de 20 000 habitants, le maire ou le président de l'établissement public de coopération intercommunale compétent en matière d'urbanisme peut, lorsqu'il est saisi d'une demande de permis de construire un équipement commercial dont la surface est comprise entre 300 et 1 000 mètres carrés, proposer au conseil municipal ou à l'organe délibérant de cet établissement de saisir la commission départementale d'aménagement commercial afin qu'elle statue sur la conformité du projet aux critères énoncés à l'article L. 752-6. [...]. En cas d'avis défavorable de la commission départementale d'aménagement commercial ou, le cas échéant, de la Commission nationale d'aménagement commercial, le permis de construire ne peut être délivré [...]. La commission départementale d'aménagement commercial se prononce dans un délai d'un mois. /En cas d'avis négatif, le promoteur peut saisir la Commission nationale d'aménagement commercial qui se prononce dans un délai d'un mois. /Le silence de la commission nationale vaut confirmation de l'avis de la commission départementale. [...] ». Aux termes de l'article R. 431-27-1 du code de l'urbanisme : « Lorsque la construction porte, dans une commune de moins de 20 000 habitants, sur un projet d'équipement commercial dont la surface est comprise entre 300 et 1 000 mètres carrés, la demande est accompagnée d'une notice précisant la nature du commerce projeté et la surface de vente. »

3. Aux termes de l'article L. 600-10 du code de l'urbanisme : « Les cours administratives d'appel sont compétentes pour connaître en premier et dernier ressort des litiges relatifs au permis de construire tenant lieu d'autorisation d'exploitation commerciale prévu à l'article L. 425-4 ». Aux termes de l'article R. 311-3 du code de justice administrative : « Les cours administratives d'appel sont compétentes pour connaître en premier et dernier ressort des litiges relatifs aux décisions prises par la Commission nationale d'aménagement commercial en application de l'article L. 752-17 du code de commerce », soit les décisions prises pour la réalisation de projets qui ne nécessitent pas de permis de construire.

4. Il résulte de ces dispositions que les cours administratives d'appel ne sont, par exception, compétentes pour statuer en premier et dernier ressort sur un recours pour excès de pouvoir dirigé contre un permis de construire, aussi bien en tant qu'il vaut autorisation de construire qu'en tant qu'il vaut autorisation d'exploitation commerciale, que si ce permis tient lieu d'autorisation d'exploitation commerciale. Il en va de même des litiges relatifs aux autorisations d'exploitation commerciale délivrées par les commissions d'aménagement commercial lorsque le projet ne nécessite pas de permis d'urbanisme. Hors ces cas, et sauf autres dispositions spéciales, elles ne sont pas compétentes pour connaître en premier et dernier ressort d'un recours pour excès de pouvoir dirigé contre la décision prise par l'autorité compétente en matière d'urbanisme sur une demande de permis de construire un équipement commercial dont la surface est comprise entre 300 et 1 000 mètres carrés, y compris si, lorsqu'il s'agit d'une commune de moins de 20 000 habitants, la commission départementale d'aménagement commercial est saisie pour avis en application de l'article L. 752-4 du code de commerce [...].

L'inopérance de certains vices entachant la concertation

Art. L. 600-11 Les documents d'urbanisme et les opérations mentionnées aux articles L. 103-2 et L. 300-2 ne sont pas illégaux du seul fait des vices susceptibles d'entacher la concertation, dès lors que les modalités définies aux articles L. 103-1 à L. 103-6 et par la décision ou la délibération prévue à l'article L. 103-3 ont été respectées. Les autorisations d'occuper ou d'utiliser le sol ne sont pas illégales du seul fait des vices susceptibles d'entacher cette délibération ou les modalités de son exécution.

Texte source

– Ordonnance n° 2015-1174 du 23 septembre 2015, article 8.

Commentaires

Ces dispositions reprennent celles de l'article L. 300-2 du Code de l'urbanisme. Est en conséquence déclarée inopérante l'exception d'illégalité fondée sur un moyen tiré du défaut de précision des objectifs de la révision (CAA Lyon, 9 février 2016, Semenova Braidi, n° 14LY02844). De même pour l'exception d'illégalité à raison des vices susceptibles d'entacher la délibération prévue au premier alinéa de l'article L. 300-2, repris actuellement à l'article L. 103-3, par laquelle l'organe délibérant d'une commune ou d'un établissement public de coopération intercommunale délibère sur les objectifs poursuivis et sur les modalités de la concertation requise (CAA Nantes, 16 mai 2016, Sica de l'Odéon, n° 14NT01315). Cette inopérance par détermination de la loi est à rapprocher de celle résultant de la décision *Ministre c/Aruss Gaz Touraine* (CE, 6 décembre 2017, n° 400737) et de celle résultant de la décision *Commune de Saint-Bon-Tarentaise* (CE sect., 5 mai 2017, n° 388902, *Lebon*), mais à comparer avec l'opérance de tels moyens (sauf à procéder à leur « Danthonysation ») dans le contentieux général (CE ass., 19 juillet 2017, Association Citoyenne Pour Occitanie Pays Catalan, n° 403928, *Lebon*). Les « vices entachant la concertation » qui sont distincts du non-respect des modalités prévues par les textes, sont les vices dans l'organisation de la concertation, et donc des vices présents dans la délibération initiale qui organise la concertation (CE, 8 octobre 2012, Commune d'Illats, n° 338760, *Lebon* T.). Sauf à priver les règles de procédure de toute portée, de telles dispositions et un tel courant jurisprudentiel devront s'accompagner de la redéfinition de la catégorie des « actes préparatoires » dont on ne peut demander l'annulation.

La remise en vigueur des documents antérieurs en cas d'annulation

Art. L. 600-12 Sous réserve de l'application des articles L. 600-12-1 et L. 442-14, l'annulation ou la déclaration d'illégalité d'un schéma de cohérence territoriale, d'un plan local d'urbanisme, d'un document d'urbanisme en tenant lieu ou d'une carte communale a pour effet de remettre en vigueur le schéma de cohérence territoriale, le plan local d'urbanisme, le document d'urbanisme en tenant lieu ou la carte communale immédiatement antérieur.

Texte source

– Loi n° 2018-1021 du 23 novembre 2018, article 80.

Commentaires

Ces dispositions sont reprises de l'article L. 121-8 du Code de l'urbanisme. La QPC tirée de ce qu'elles méconnaîtraient le principe d'égalité, découlant des articles 6 et 13 de la Déclaration des droits de l'homme et du citoyen, et remettent en cause les effets légitimement attendus de situations légalement acquises n'est ni nouvelle ni sérieuse (CE, 26 juin 2017, SCI Carré Lumière, n° 406878). Il résulte de l'article L. 600-12 que la déclaration d'illégalité d'un document d'urbanisme a, au même titre que son annulation pour excès de pouvoir, pour effet de remettre en vigueur le document d'urbanisme immédiatement antérieur et, le cas échéant, en l'absence d'un tel document, les règles générales d'urbanisme rendues alors applicables, en particulier celles de l'article L. 111-1-2 du Code de l'urbanisme (CE, 16 décembre 2016, Société Ligérienne Granulats SA, n° 391452, *Lebon*). Ces dispositions peuvent s'appliquer quand bien même l'article L. 442-14 du Code de l'urbanisme fait obstacle à ce que, dans le délai de cinq ans suivant l'achèvement d'un lotissement, des dispositions d'urbanisme adoptées après l'autorisation du lotissement puissent fonder un refus de permis de construire au sein de ce lotissement (CE, 30 septembre 2019, SARL du Mouliès, n° 421889).

L'office du juge est défini comme ci-après : il appartient au juge, saisi d'un moyen tiré de l'illégalité du document local d'urbanisme, à l'appui d'un recours contre une autorisation d'urbanisme, de vérifier d'abord si l'un au moins des motifs d'illégalité du document local d'urbanisme est en rapport direct avec les règles applicables à l'autorisation d'urbanisme. Un vice de légalité externe est étranger à ces règles, sauf s'il a été de nature à exercer une influence directe sur des règles d'urbanisme applicables au projet. En revanche, sauf s'il concerne des règles qui ne sont pas applicables au projet, un vice de légalité interne ne leur est pas étranger. Lorsque le document local d'urbanisme, sous l'empire duquel a été délivrée l'autorisation contestée, est annulé ou déclaré illégal pour un ou plusieurs motifs non étrangers aux règles applicables au projet en cause, la détermination du document d'urbanisme au regard duquel doit être appréciée la légalité de cette autorisation obéit, eu égard aux effets de la règle posée à l'article L. 600-12 du Code de l'urbanisme, aux règles suivantes ; et dans le cas où ce ou ces motifs affectent la légalité de la totalité du document d'urbanisme, la légalité de l'autorisation contestée doit être appréciée au regard de l'ensemble du document immédiatement antérieur ainsi remis en vigueur ; lorsque ce ou ces motifs affectent seulement une partie divisible du territoire que couvre le document local d'urbanisme, ce sont les dispositions du document immédiatement antérieur relatives à cette zone géographique qui sont remises en vigueur ; si ce ou ces motifs n'affectent que certaines règles divisibles du document d'urbanisme, la légalité de l'autorisation contestée n'est appréciée au regard du document immédiatement antérieur que pour les seules règles équivalentes nécessaires pour assurer le caractère complet et cohérent du document. S'agissant en particulier PLU, une disposition du règlement ou une partie du document graphique qui lui est associé ne peut être regardée comme étant divisible que si le reste du plan forme avec les éléments du document d'urbanisme immédiatement antérieur, le cas échéant remis en vigueur, un ensemble complet et cohérent. En outre, lorsqu'un motif d'illégalité non étranger aux règles d'urbanisme applicables au projet est susceptible de conduire à remettre en vigueur tout ou partie du document local d'urbanisme immédiatement antérieur, le moyen tiré de l'exception d'illégalité du document local d'urbanisme à l'appui d'un recours en annulation d'une autorisation d'urbanisme ne peut être utilement soulevé que si le requérant soutient également que cette autorisation méconnaît les dispositions pertinentes ainsi remises en vigueur (CE, sect., avis, 2 octobre 2020, SCI du Petit Bois, n° 436934, *Lebon*). L'exigence est la même pour le moyen tiré de ce que moyen tiré de ce qu'une autorisation d'urbanisme a été délivrée au visa d'un document d'urbanisme sorti de vigueur (CE, 31 mai 2024, n° 467427, *Lebon* T.). Le caractère étranger aux règles applicables à l'autorisation en cause est contrôlé par le juge de cassation (CE, 5 avril 2024, n° 466748, *Lebon* T.)

Toutefois, l'autorité compétente a, au regard du premier alinéa de l'article L. 153-7 du Code de l'urbanisme, l'obligation d'élaborer, dans le respect de l'autorité de la chose jugée par la décision juridictionnelle ayant partiellement annulé un PLU, de nouvelles dispositions se substituant à celles qui ont été annulées (CE, 16 juillet 2021, Commune de La Londe-les-Maures, n° 437562, *Lebon* T.).

Les effets du constat de l'illégalité d'un document d'urbanisme

Art. L. 600-12-1 L'annulation ou la déclaration d'illégalité d'un schéma de cohérence territoriale, d'un plan local d'urbanisme, d'un document d'urbanisme en tenant lieu ou d'une carte communale sont par elles-mêmes sans incidence sur les décisions relatives à l'utilisation du sol ou à l'occupation des sols régies par le présent code délivrées antérieurement à leur prononcé dès lors que ces annulations ou déclarations d'illégalité reposent sur un motif étranger aux règles d'urbanisme applicables au projet.

Le présent article n'est pas applicable aux décisions de refus de permis ou d'opposition à déclaration préalable. Pour ces décisions, l'annulation ou l'illégalité du document d'urbanisme leur ayant servi de fondement entraîne l'annulation de ladite décision.

Texte source

– Loi n° 2018-1021 du 23 novembre 2018, article 80.

Commentaires

Pour une application de ce texte à une série de moyens jugés inopérants voir : CAA Marseille, 8 juillet 2019, Association de sauvegarde de l'environnement de Puyverts, n° 18MA04115. L'inopérance du moyen tiré de l'exception d'illégalité du PLU s'applique depuis le 1er janvier 2019 aux instances en cours (CE, avis, 17 juin 2020, Allemand, n° 437590, *Lebon* T.). Ce texte complète la jurisprudence « Okosun » limitant l'opérance de l'exception d'illégalité (CE sect., 30 décembre 2013, Okosun, n° 367615, *Lebon*, p. 342). Ainsi, parce qu'une autorisation d'occupation des sols délivrée sur l'un des lots issus d'une division foncière ayant donné lieu à une autorisation de lotir n'est pas prise pour l'application de la décision par laquelle l'administration a délivré l'autorisation de lotir, cette dernière ne constituant pas davantage la base légale de la première et, par suite, l'illégalité de la décision d'autorisation de lotir ne peut être utilement invoquée par voie d'exception à l'appui de conclusions dirigées contre l'autorisation d'occupation des sols (CE, 22 décembre 2022, n° 458524, *Lebon* T.). Et pourtant l'autorisation de lotir peut contenir des règles d'urbanisme…

L'applicabilité aux recours formés contre les perms tenant lieu d'autorisation au titre d'une autre législation

Art. L. 600-13 Les dispositions du présent livre sont applicables aux recours pour excès de pouvoir formés contre les permis de construire qui tiennent lieu d'autorisation au titre d'une autre législation, sauf disposition contraire de cette dernière.

Texte source

– Loi n° 2018-1021 du 23 novembre 2018, article 80.

Commentaires

Ce nouvel article revient sur la décision *MGE Normandie* et l'avis *MDVP* cités sous les deux articles L. 600-1 et L. 600-5-1 en étendant le pouvoir de régularisation du juge à d'autres législations.

L'ancien article L. 600-13 du Code de l'urbanisme, dans sa rédaction issue de la loi n° 2017-86 du 27 janvier 2017 prévoyait que « La requête introductive d'instance est caduque lorsque, sans motif légitime, le demandeur ne produit pas les pièces nécessaires au jugement de l'affaire dans un délai de trois mois à compter du dépôt de la requête ou dans le délai qui lui a été imparti par le juge. La déclaration de caducité peut être rapportée si le demandeur fait connaître au greffe, dans un délai de quinze jours, le motif légitime qu'il n'a pas été en mesure d'invoquer en temps utile ». Cette disposition a été jugée non conforme à la Constitution car portant au droit à un recours juridictionnel effectif une atteinte disproportionnée au regard de l'objectif d'intérêt général poursuivi et méconnaissant, par suite, les exigences résultant de l'article 16 de la Déclaration de 1789 (Cons. const., 19 avril 2019, déc. n° 2019-777 QPC). Les articles R. 600-1 et R. 600-2 du code de l'urbanisme s'appliquent à l'égard de ces permis (CE, 23 décembre 2016, Société MDVP Distribution, n° 398077, *Lebon*, p. 571). Il résulte des articles L. 425-4, L. 600-13 et R. 600-5 du Code de l'urbanisme que la cristallisation des moyens prévue par ce dernier article s'applique au recours formé contre un permis de construire valant autorisation d'exploitation commerciale par une personne mentionnée à l'article L. 752-17 du Code de commerce (CE, 4 avril 2023, n° 460754, *Lebon*).

Dispositions réglementaires La notification des recours

Art. R.*600-1 En cas de déféré du préfet ou de recours contentieux à l'encontre d'un certificat d'urbanisme, ou d'une décision relative à l'occupation ou l'utilisation du sol régie par le présent code, le préfet ou l'autcur du recours est tenu, à peine d'irrecevabilité, de notifier son recours à l'auteur de la décision et au titulaire de l'autorisation. Cette notification doit également être effectuée dans les mêmes conditions en cas de demande tendant à l'annulation ou à la réformation d'une décision juridictionnelle concernant un certificat d'urbanisme ou une décision relative à l'occupation ou l'utilisation du sol régie par le présent code. L'auteur d'un recours administratif est également tenu de le notifier à peine d'irrecevabilité du recours contentieux qu'il pourrait intenter ultérieurement en cas de rejet du recours administratif.

La notification prévue au précédent alinéa doit intervenir par lettre recommandée avec accusé de réception, dans un délai de quinze jours francs à compter du dépôt du déféré ou du recours.

La notification du recours à l'auteur de la décision et, s'il y a lieu, au titulaire de l'autorisation est réputée accomplie à la date d'envoi de la lettre recommandée avec accusé de réception. Cette date est établie par le certificat de dépôt de la lettre recommandée auprès des services postaux.

Les dispositions du présent article ne sont pas applicables en cas de contestation d'un permis modificatif, d'une décision modificative ou d'une mesure de régularisation dans les conditions prévues par l'article L. 600-5-2.

Textes sources

– Décret n° 2007-18 du 5 janvier 2007, article 12.
– Décret n° 2019-303 du 10 avril 2019, article 1er.

Commentaires

Le texte, qui revêt le caractère d'une règle de procédure administrative contentieuse, est applicable en Nouvelle-Calédonie (CE, 13 février 2019, Dang Van Nha, n° 222283 – CE, 22 février 2017, Garcia, n° 404007, *Lebon*, revenant sur CE, 27 avril 2011, Sarl Altitude, n° 312093, *Lebon* T.). Ces dispositions s'appliquent, comme pour tout permis de construire, au recours formé par un professionnel mentionné au I de l'article L. 752-17 du Code de commerce contre un permis de construire valant autorisation d'exploitation commerciale (CE, avis, 23 décembre 2016, Société MDVP Distribution, n° 398077, *Lebon*). Cette formalité (qui ne méconnaît ni l'article 6 § 1, ni l'article 13 de la Convention européenne de sauvegarde des droits de l'homme et des libertés fondamentales – CE, 5 mai 1999, Kerroy, n° 181581 – et ne fait pas obstacle à l'accès au juge – CEDH, 21 novembre 2000, Comité des quartiers Mouffetard, n° 56188/00) a vu sa portée définie par plusieurs avis ou décisions du Conseil d'État, et sensiblement atténuée par un décret n° 2007-18 du 5 janvier 2007.
L'obligation ici instituée à peine d'irrecevabilité n'est opposable en matière d'autorisation de construire que si l'affichage de la décision d'autorisation en fait mention, ce qu'impose l'article R. 424-15 du Code de l'urbanisme (CE, 17 février 2012, SCI 14 rue Bosquet, n° 337567). À défaut, et si cette omission est sans effet sur le délai de recours contentieux, l'obligation ne peut être opposée au demandeur (CE, avis, 19 novembre 2008, Société Sahelac, n° 317279, *Lebon*). En revanche, la notification d'un jugement rendu dans une matière soumise à cette obligation n'a pas, lorsqu'elle est faite à une partie qui ne pourra faire appel sans se soumettre à la procédure de l'article R. 600-1, à faire état de cette obligation (CE, 5 avril 2006, Duguet, n° 266777, *Lebon* T.).
S'agissant du champ d'application *ratione materiae* de cette obligation, il n'est désormais plus cantonné à des mesures individuelles, non plus qu'aux mesures d'autorisation, ce qui périme la jurisprudence inverse antérieure.
On note que le recours contre un permis modificatif est soumis à la procédure de l'article R. 600-1, lors même que le permis initial est lui-même contesté, et que cette contestation a respecté ladite procédure (CE, 22 novembre 2006, SCI L'Imprévue du Lys, n° 279068, *Lebon* T.), mais non si ce permis modificatif est intervenu dans le cadre de l'article L. 600-5-2. Le recours contre le refus de retirer un permis de construire est soumis à l'obligation à peine d'irrecevabilité, le cas échéant, soulevée d'office après invitation à régulariser (CE, 27 septembre 2022, n° 456071, *Lebon* T.),

Le respect de cette obligation est exigé des seuls auteurs des recours, non des personnes qui interviennent, même en demande, à l'appui de tels recours (CE, 30 juillet 1997, Fanartzis, n° 159648, *Lebon* T.). Et elle ne joue que dans le contentieux de l'annulation ou de la réformation, ne s'appliquant donc ni aux hypothèses où une juridiction administrative est saisie d'un recours en appréciation de légalité d'un acte administratif à la suite d'un renvoi de l'autorité judiciaire (CE, 18 octobre 2000, Nougarou, n° 200617 – CE, 20 novembre 2002, Bletry, n° 244453, *Lebon* T.), ni à la présentation de conclusions accessoires à la requête d'appel ou de cassation, tendant à ce qu'il soit sursis à l'exécution de la décision juridictionnelle attaquée (CE, 21 juin 2002, Association seine-et-marnaise pour la sauvegarde de la nature, n° 232582).

Quant aux modalités d'application et à la portée de cette obligation, trois points doivent être mentionnés. En premier lieu, c'est le recours lui-même qui doit être notifié, et non un avis de ce qu'un recours est déposé (CE sect., avis, 1er mars 1996, Association Soisy Étioles Environnement, n° 175126, *Lebon*). Et si la notification du recours contient par erreur un recours dirigé contre un autre acte, le bénéficiaire doit faire état des diligences qu'il a accomplies auprès de l'expéditeur pour obtenir la copie correcte (CE, 5 mars 2014, Association Société pour la protection des paysages, n° 369996, *Lebon* T.). Encore doit-on noter que la jurisprudence n'exige plus que soit notifiée une copie du recours : l'envoi de la lettre « reprenant intégralement l'exposé des faits et moyens ainsi que les conclusions » de la demande introduite devant le tribunal vaut notification du recours (CE, 2 juillet 2008, Association collectif cité Benoit, n° 307696, *Lebon* T. – CE, 22 mars 2010, Seghier, n° 324763, *Lebon* T.). Et même, il semble admis que cette lettre puisse seulement contenir les éléments sur lesquels repose le recours (même arrêt). Au surplus, n'est exigée en justice que la seule production de l'accusé de réception de ce recours, et non celle du recours lui-même, sauf si l'adversaire soutient que le document ainsi transmis ne répond pas aux exigences de l'article R. 600-1 (CE, 15 mai 2013, Association santenoise de défense de l'environnement, n° 352308, *Lebon* T.). Et cette notification est valablement faite à l'adresse mentionnée dans la demande (CE, 24 septembre 2014, Mauro, n° 351689, *Lebon* T.).

En second lieu, l'omission de cette formalité n'est pas susceptible de régularisation, compte tenu du délai impératif de quinze jours francs imparti par le texte. S'il appartient donc au juge d'inviter le demandeur à produire la justification de ce que la formalité a été accomplie, cette dernière ne pourra l'être utilement après expiration du délai sus-indiqué. Et d'ailleurs, l'invitation du juge peut régulièrement être faite dans un délai qui ne permet plus d'effectuer cette notification (CE, 5 avril 2006, Duguet, préc.). Pas plus n'est admise la production en appel des justificatifs de l'accomplissement de la formalité alors que l'intéressé y a été invité en vain en première instance (CE, 27 octobre 2008, Association Ploemeur vie et nature, n° 301600, *Lebon* T. ; *JCP A*, 22 décembre 2008, p. 42 – CE, 19 mars 2010 Stefanelli, n° 323031). Production qui, au demeurant, ne peut non plus être opérée par note en délibéré (CE, 19 décembre 2008, Montmeza, n° 297716, *Lebon* T.). Il n'est notamment pas suppléé à un manquement à cet égard par la communication, par les soins du greffe, de la requête au défendeur (CE sect., avis, 6 mai 1996, Andersen, n° 178473, *Lebon*, p. 150). Il est toutefois admis que le requérant peut se désister pour présenter une nouvelle requête dans le délai en respectant l'obligation (CE, 17 mars 2017, Association Novissen et autres, n° 397107, *Lebon* T.).

Sur la combinaison de ce délai de quinzaine et de la prorogation du délai de recours par une demande d'aide juridictionnelle, il est jugé que le délai de quinzaine se compte à partir de l'introduction de la requête enregistrée dans le délai prorogé (CE, 10 janvier 2001, Coren, n° 211878, *Lebon*).

Enfin, l'omission de notification d'un éventuel recours administratif préalable a pour seule conséquence de priver ce dernier de son effet interruptif du délai de recours contentieux (CE sect., avis, 1er mars 1996, Association Soisy Étioles Environnement, n° 175126, *Lebon*) : ce recours contentieux pourra donc être utilement présenté au juge, s'il est dans le délai calculé sans tenir compte du recours gracieux, et s'il est naturellement accompagné de la notification prévue à l'article R. 600-1 du Code de l'urbanisme. Naturellement, la présentation d'un nouveau recours administratif assorti des formalités de notification ne saurait pallier le défaut de notification d'un premier recours, et se trouve donc sans effet sur le délai de recours (CE, avis, 6 juillet 2005, Corcia, n° 277276, *Lebon*).

Il appartient au tribunal, on l'a dit, d'inviter le requérant à justifier de l'accomplissement de la formalité (CE sect., 6 mai 1996, Andersen, préc.). Et il appartient au juge d'appel, si les pièces versées au dossier de première instance ne le font pas ressortir, de procéder d'office à cette invitation, faute de quoi son arrêt est rendu sur procédure irrégulière (CE, 9 mai 2005, Commune de Villard-Reculas, n° 257191, *Lebon* T.).

Le juge doit identiquement aviser l'intéressé, le cas échéant, de ce que l'enveloppe adressée en réponse à cette invitation est vide : CE, 26 mai 2009, Kyung A Min, n° 316252, *Lebon* T. À cette invitation, l'intéressé doit répondre par l'envoi de la preuve de l'accomplissement de la formalité. Cette preuve découle, normalement, de la production du certificat de dépôt d'une lettre recommandée (sans que soit exigée la production de l'accusé de réception dudit envoi : CE, 3 mars 2009, Leconte, n° 321157, *Lebon*). Mais, à défaut d'un envoi recommandé, un autre mode de transmission peut être utilisé, pourvu qu'il présente « des garanties équivalentes à celles exigées » par le texte (CE, 3 mars 2008, Laporte, 278168, *Lebon*). On notera que tous les recours administratifs sont visés par cette disposition, ce qui s'étend aux demandes adressées au préfet, tendant à ce qu'il exerce, en application de l'article L. 2131-8 du Code général des collectivités territoriales, le contrôle de légalité d'un acte d'une collectivité territoriale pris en matière d'urbanisme (CE, 28 juillet 2000, SA Lapalun, n° 211872, *Lebon* T.), une telle demande ayant pour effet d'interrompre le délai de recours (CE, 25 janvier 1991, Brasseur, *Lebon*, p. 23).

À qui notifier le recours ? À l'auteur de la décision et au bénéficiaire de l'autorisation, est-il écrit. S'agissant de « l'auteur de la décision », sa compétence a pu se modifier entre l'édiction de cette décision et le recours. L'ancien auteur comme le nouveau peuvent, est-il jugé, valablement recevoir la notification : « La notification peut régulièrement être faite soit à [l'auteur ancien] alors même que son existence juridique aurait pris fin, soit à la personne publique qui vient à ses droits », a jugé le Conseil d'État (CE, 12 mai 2003, District du plateau de Saclay, n° 240611, *Lebon* T.). Et l'obligation de transmission peut permettre, de façon limitée, de couvrir quelques erreurs (CE, 13 juillet 2011, Sarl Love Beach, n° 320448, *Lebon* T.).

À quelle adresse ? À celle mentionnée dans l'acte attaqué (CE, 23 avril 2003, Association « Nos villages » et Lefaux, n° 251608, *Lebon* T. – CE, 24 septembre 2014, Mauro, n° 351689, *Lebon T.*). La notification peut également être regardée comme régulièrement accomplie lorsque, s'agissant d'une société, elle lui est adressée à son siège social (CE, 20 octobre 2021, Champeau et autre, n° 444581).

Cette formalité peut être regardée comme régulièrement accomplie dès lors que la notification lui est faite à l'adresse qui est mentionnée dans l'acte attaqué, la notification peut également être regardée comme régulièrement accomplie lorsque, le panneau d'affichage du permis de construire faisant apparaître, alors même que l'article A. 424-16 du Code de l'urbanisme ne l'impose pas, une adresse comme étant la sienne, la notification est faite à cette adresse (CE, 28 novembre 2024, n° 488592, *Lebon* T.). À l'égard de l'auteur de la décision attaquée, la notification à la mairie d'arrondissement est suffisante (CE, 30 janvier 2024, n° 471649, *Lebon* T.).

S'agissant du bénéficiaire, quatre points sont à souligner : en cas de délégation de maîtrise d'ouvrage, la notification peut être faite soit au maître d'ouvrage soit à son délégué (CE, 31 décembre 2008, Ministre de l'Équipement, n° 305881, *Lebon* T.) ; la notification est régulièrement faite au conjoint du bénéficiaire, en l'absence de séparation de corps (CE, 7 août 2008, Commune de Libourne, n° 288966, *Lebon* T.) ; la notification, en cas d'appel, ne peut être valablement faite à l'avocat ayant représenté le bénéficiaire en première instance, ce qui est normal, le mandat de représentation prenant fin avec l'instance (CE, 28 septembre 2011, Torrenti, n° 341749, *Lebon* T.). Le recours doit être notifié à ceux des coindivisaires, bénéficiaires dont le nom et l'adresse figurent dans le permis ou, lorsqu'il a été désigné, au mandataire (CE, 4 décembre 2017, Clément, n° 407165, *Lebon* T.).

L'applicabilité de ce texte aux appels est relativement complexe. Il est jugé que, si un jugement annule une décision concernée par l'article R. 600-1, l'appel formé par l'auteur de cette décision ou son bénéficiaire, ou « par toute personne ayant qualité pour faire appel » n'est pas soumis à la formalité de notification (CE sect., avis contentieux, 26 juillet 1996, Commune de Triel-sur-Seine, n° 180373, *Lebon* [1] – CE, 9 juin 1999, Roveyaz, n° 169158, *Lebon* T.). Cette règle, énoncée dans le dernier alinéa de *l'avis Commune de Triel-sur-Seine*, doit toutefois être nuancée lorsque le jugement n'a annulé que partiellement la décision attaquée. Car, parmi les personnes ayant qualité pour faire appel, figure le demandeur de première instance, dont les conclusions ont pu ne pas avoir été intégralement accueillies. Il doit être clair, ainsi d'ailleurs que le rappelle dans son pénultième alinéa l'avis « Triel-sur-Seine », que, si ce dernier forme appel (le cas échéant, par conclusions incidentes), il est soumis à l'obligation de notification.

Celui qui interjette appel ou se pourvoit en cassation contre une décision juridictionnelle qui constate l'absence de caducité d'un permis de construire pour annuler la mise en demeure d'interrompre les travaux, motivée par cette caducité prétendue, doit notifier son recours au bénéficiaire dudit permis, puisque ce recours « tend à la remise en cause du droit de construire reconnu par le juge » (CE, 30 avril 2003, Secrétaire d'État au Logement c/SNC Norminter lyonnais, n° 237039, *Lebon* T.). Plus généralement, tout recours qui pourrait avoir pour effet de mettre en cause un droit de construire reconnu par un juge (ce peut être un pourvoi en cassation : CE, 14 novembre 2012, Commune de Lunel, n° 342389, *Lebon* T.) doit donner lieu à la notification prévue par l'article R. 600-1. Cet article s'applique au recours contre une décision juridictionnelle constatant l'existence d'une autorisation d'urbanisme (CE, 19 avril 2000, Commune de Breuil-Bois-Robert, n° 176148, *Lebon*, p. 158 ; CE, 5 avril 2006, n° 264269, *Lebon T.* p. 1111).

On note enfin que celui qui forme un recours contre une décision juridictionnelle qui, après avoir annulé le refus de délivrance d'un permis de construire, a, en application du livre IX du Code de justice administrative, enjoint à l'administration de délivrer ce permis, n'est pas soumis à la procédure de l'article R. 600-1, puisque le jugement prononçant l'injonction n'a pour effet ni de constater l'existence d'un tel permis, ni de rendre le requérant qui a obtenu cette injonction titulaire d'une telle autorisation (CE, avis contentieux, 8 avril 2019, Commune de Le Grand Village Plage, n° 427729, *Lebon* T.). L'obligation de notification s'applique à l'auteur d'un recours incident (CE, 1er octobre 2024, n° 477859, *Lebon* T.). Et la formalité s'étend à l'appel ou au pourvoi formé contre une décision juridictionnelle concernant la caducité d'un permis de construire (CE, 12 avril 2023, n° 456141, *Lebon* T.). En cas de rejet par voie d'ordonnance fondée sur les dispositions du 4° de l'article R. 222-1 du CJA, le juge a l'obligation d'inviter à régulariser (CE, 13 juillet 2011, Cassan, n° 314093, *Lebon* T.). Cette obligation disparait en cas de décision prise après audience publique, lorsqu'une fin de non-recevoir a été soulevée en défense (CE, 14 novembre 2011, Alloune, n° 334764, *Lebon* T.).

Jurisprudence

[1] Aux termes des deux premiers alinéas de l'article L. 600-3 du code de l'urbanisme, issu de la loi du 9 février 1994 portant diverses dispositions en matière d'urbanisme et de construction : « En cas de déféré du préfet ou de recours contentieux à l'encontre d'un document d'urbanisme ou d'une décision relative à l'occupation ou l'utilisation du sol régie par le présent code, le préfet ou l'auteur du recours est tenu, à peine d'irrecevabilité, de notifier son recours à l'auteur de la décision et, s'il y a lieu, au titulaire de l'autorisation. Cette notification doit également être effectuée dans les mêmes conditions en cas de demande tendant à l'annulation ou à la réformation d'une décision juridictionnelle concernant un document d'urbanisme ou une décision relative à l'occupation ou l'utilisation du sol. L'auteur d'un recours administratif est également tenu de le notifier à peine d'irrecevabilité du recours contentieux qu'il pourrait intenter ultérieurement en cas de rejet du recours administratif. La notification prévue au précédent alinéa doit intervenir par lettre recommandée avec accusé de réception, dans un délai de quinze jours francs à compter du dépôt du déféré ou du recours. »

Il ressort de ces dispositions, éclairées par les travaux préparatoires de la loi, que le législateur, conformément à l'objectif de sécurité juridique poursuivi par la loi, a entendu prolonger l'obligation faite à l'auteur d'un recours contentieux dirigé contre un document d'urbanisme ou une décision valant autorisation d'occupation ou d'utilisation du sol régie par le code de l'urbanisme de notifier ce recours à l'auteur de la décision et, s'il y a lieu, au titulaire de l'autorisation par une obligation similaire lorsque, le recours ayant été en tout ou en partie rejeté, son auteur ou, le cas échéant, un intervenant en demande ayant qualité de partie à l'instance, décide d'interjeter appel du jugement de première instance. L'appel doit être notifié, de la même façon que le recours introduit devant les premiers juges, à l'auteur de la décision et, s'il y a lieu, au titulaire de l'autorisation. En revanche, l'article L. 600-3 précité du code de l'urbanisme n'impose pas à l'auteur de la décision litigieuse ou au bénéficiaire de l'autorisation, ni d'ailleurs à aucune autre personne ayant qualité pour faire appel d'un jugement annulant, au moins partiellement, un document d'urbanisme ou une décision valant autorisation d'occupation ou d'utilisation du sol régie par le code de l'urbanisme, de notifier l'appel dirigé contre un tel jugement.

Le délai de recours ouvert aux tiers

Art. R.*600-2 Le délai de recours contentieux à l'encontre d'une décision de non-opposition à une déclaration préalable ou d'un permis de construire, d'aménager ou de démolir court à l'égard des tiers à compter du premier jour d'une période continue de deux mois d'affichage sur le terrain des pièces mentionnées à l'article R. 424-15.

Texte source

– Décret n° 2007-18 du 5 janvier 2007, article 12.

Commentaires

Des erreurs dans l'affichage sont susceptibles de faire obstacle au déclenchement du délai. C'est le cas pour l'erreur affectant l'appréciation de l'importance et de la consistance du projet (CE, 25 février 2019, Vanoverberghe, n° 416610, *Lebon* T.). Mais ce n'est pas le cas lorsque l'erreur affecte l'appréciation de la légalité du projet (CE, 16 octobre 2019, Gaillard et Tepelina, n° 419756, *Lebon* T.). Dans le cas d'un panneau ne mentionnant pas l'adresse de la mairie où le dossier pouvait être consulté, une telle omission n'entache pas d'irrégularité l'affichage du permis, dès lors qu'en mentionnant la mairie, le panneau d'affichage renseignait les tiers sur l'administration à laquelle s'adresser (CE, 16 octobre 2020, Société Chemin de Trabacchina, n° 429357, *Lebon* T.). L'indication de la hauteur maximale peut être faite par référence au point le plus haut de la construction ou à un autre point prévu par le PLU. La circonstance que l'affichage ne précise pas cette référence ne peut, dans un tel cas, permettre de regarder cette mention comme affectée d'une erreur substantielle (CE, 28 novembre 2024, n° 475461, *Lebon* T.). L'adresse de la mairie n'est pas non plus substantielle (CE, 16 octobre 2020, n° 429357, *Lebon* T. [1]).

Jurisprudence

[1] 3. En imposant que figurent sur le panneau d'affichage du permis de construire diverses informations sur le permis et le lieu de consultation du dossier, les dispositions citées au point précédent ont notamment pour objet de mettre les tiers à même de consulter le dossier du permis. Il s'ensuit que, si les mentions relatives à l'identification du permis et au lieu de consultation du dossier prévues par l'article A. 424-16 du code de l'urbanisme doivent, en principe, figurer sur le panneau d'affichage, une erreur ou omission entachant l'une d'entre elles ne conduit à faire obstacle au déclenchement du délai de recours que dans le cas où cette erreur est de nature à affecter la

capacité des tiers à identifier, à la seule lecture du panneau d'affichage, le permis et l'administration à laquelle il convient de s'adresser pour consulter le dossier.

4. Pour juger que l'affichage du permis de construire litigieux sur le terrain n'était pas régulier et n'avait pu ainsi déclencher le délai de recours contentieux à l'égard des tiers, le tribunal administratif de Bastia a relevé que le panneau ne mentionnait pas l'adresse de la mairie où le dossier pouvait être consulté et que, compte tenu de la taille de la commune d'Ajaccio et de la dispersion des services municipaux sur le territoire de la commune, une telle mention revêtait un caractère substantiel. En statuant ainsi, alors qu'en mentionnant la mairie d'Ajaccio le panneau d'affichage renseignait les tiers sur l'administration à laquelle s'adresser, le tribunal administratif a commis une erreur de droit. [...].

Le délai de six mois

Art. R.*600-3 Aucune action en vue de l'annulation d'un permis de construire ou d'aménager ou d'une décision de non-opposition à une déclaration préalable n'est recevable à l'expiration d'un délai de six mois à compter de l'achèvement de la construction ou de l'aménagement.

Sauf preuve contraire, la date de cet achèvement est celle de la réception de la déclaration d'achèvement mentionnée à l'article R. 462-1.

Textes sources

– Décret n° 2007-18 du 5 janvier 2007, article 12.
– Décret n° 2018-617 du 17 juillet 2018, article 7.

Commentaires

Ce durcissement des conditions de délai, singulièrement aggravées par le décret n° 2018-617 du 17 juillet 2018, crée un nouveau point de départ du délai, ainsi lié non seulement à la publication par affichage de l'acte, mais aussi à son exécution. C'est une nouvelle dérogation, forte, aux règles en usage en contentieux administratif. Ces dispositions se superposent à la jurisprudence *Czabaj* (CE ass., 13 juillet 2016, n° 387763, *Lebon*) appliquée à un permis de construire, une décision de non-opposition à une déclaration préalable, un permis d'aménager et un permis de démolir. Il résulte de l'article R. 600-3 du Code de l'urbanisme qu'un recours présenté postérieurement à l'expiration du délai qu'il prévoit n'est pas recevable, alors même que le délai raisonnable, computé à compter du premier jour de la période continue de deux mois d'affichage sur le terrain et d'une durée d'un an, sauf circonstance particulière, n'aurait pas encore expiré (CE, 9 novembre 2018, Valière et autres, n° 409872, *Lebon* T.).

La justification de l'intérêt pour agir

Art. R.*600-4 Les requêtes dirigées contre une décision relative à l'occupation ou l'utilisation du sol régie par le présent code doivent, à peine d'irrecevabilité, être accompagnées du titre de propriété, de la promesse de vente, du bail, du contrat préliminaire mentionné à l'article L. 261-15 du code de

la construction et de l'habitation, du contrat de bail, ou de tout autre acte de nature à établir le caractère régulier de l'occupation ou de la détention de son bien par le requérant.
Lorsqu'elles sont introduites par une association, ces mêmes requêtes doivent, à peine d'irrecevabilité, être accompagnées des statuts de celle-ci, ainsi que du récépissé attestant de sa déclaration en préfecture.
Le présent article n'est pas applicable aux décisions contestées par le pétitionnaire.

Texte source

– Décret n° 2018-617 du 17 juillet 2018, article 7.

Commentaires

On voit là que la sanction du formalisme varie selon que les formes sont imposées à l'administration ou aux demandeurs d'autorisations administratives, d'une part, et aux tiers ou aux associations, d'autre part. Il faudra bientôt produire plus de pièces justificatives pour contester que pour déposer un permis de construire. L'irrecevabilité formelle ne se « Danthonyse » pas. Une telle irrecevabilité ne peut toutefois être opposée sans que l'auteur de la requête soit invité à la régulariser en produisant les pièces requises (CE, 3 juillet 2020, Conseil national des Barreaux et autres et Syndicat des avocats de France, n°s 424293 et 427249, *Lebon* T.). Cette irrégularité n'est pas régularisable en appel, sauf évocation (CE, 22 avril 2022, Corso, n° 451156, *Lebon* T.).

La « cristallisation » automatique des moyens à compter de la communication du premier mémoire en défense

Art. R.*600-5 Par dérogation à l'article R. 611-7-1 du code de justice administrative, et sans préjudice de l'application de l'article R. 613-1 du même code, lorsque la juridiction est saisie d'une requête relative à une décision d'occupation ou d'utilisation du sol régie par le présent code, ou d'une demande tendant à l'annulation ou à la réformation d'une décision juridictionnelle concernant une telle décision, les parties ne peuvent plus invoquer de moyens nouveaux passé un délai de deux mois à compter de la communication aux parties du premier mémoire en défense. Cette communication s'effectue dans les conditions prévues au deuxième alinéa de l'article R. 611-3 du code de justice administrative.
Lorsqu'un permis modificatif, une décision modificative ou une mesure de régularisation est contesté dans les conditions prévues à l'article L. 600-5-2, les parties ne peuvent plus invoquer de moyens nouveaux à son encontre passé un délai de deux mois à compter de la communication aux parties du premier mémoire en défense le concernant.

Le président de la formation de jugement, ou le magistrat qu'il désigne à cet effet, peut, à tout moment, fixer une nouvelle date de cristallisation des moyens lorsque le jugement de l'affaire le justifie.
Le présent article n'est pas applicable aux décisions contestées par le pétitionnaire.

Texte source

– Décret n° 2019-203 du 10 avril 2019, article 1er.

Commentaires

On relèvera la dissymétrie dans l'application du principe de sécurité juridique entre pétitionnaire et tiers. Ces dispositions sont applicables aux requêtes pendantes au 1er janvier 2019, date d'entrée en vigueur de ces dispositions, à condition que le délai de cristallisation des moyens ait commencé à courir postérieurement à cette date (CE, 25 septembre 2019, Commune de Fosses, n° 429680, *Lebon* T.). La cristallisation des moyens que prévoit l'article R. 600-5 du Code de l'urbanisme intervient à l'expiration d'un délai de deux mois à compter de la communication aux parties du premier mémoire en défense produit dans l'instance par l'un quelconque des défendeurs (CE, 6 octobre 2021, Maillard et autres, n° 445733, *Lebon* T.). Le moyen présenté après est, en principe, irrecevable, mais le président de la formation de jugement peut fixer une nouvelle date de cristallisation des moyens, s'il estime que les circonstances de l'affaire le justifient et il le doit dans le cas particulier où le moyen est fondé sur une circonstance de fait ou un élément de droit dont la partie concernée n'était pas en mesure de faire état avant l'expiration du délai et est susceptible d'exercer une influence sur le jugement de l'affaire (CE, 8 avril 2022, Thiebault, n° 442700, *Lebon* T.). Le juge doit informer les parties de cette irrecevabilité (même décision). Plus de deux mois après la communication du premier mémoire en défense accompagné de l'entier dossier de demande, et notamment de la décision dispensant le projet d'une évaluation environnementale, le moyen consistant à critiquer la régularité et la légalité de cette décision est irrecevable (CAA Marseille, 13 mai 2025, n° 24MA01127).

Le délai pour statuer sur certains permis

Art. R.*600-6 Le juge statue dans un délai de dix mois sur les recours contre les permis de construire un bâtiment comportant plus de deux logements, contre les permis d'aménager un lotissement ou contre les décisions refusant la délivrance de ces autorisations.
La cour administrative d'appel statue dans le même délai sur les jugements rendus sur les requêtes mentionnées au premier alinéa.

Textes sources

– Décret n° 2018-617 du 17 juillet 2018, article 7.
– Décret n° 2022-929 du 24 juin 2022, article 2.

Commentaires

Ces dispositions, prises dans l'objectif de bonne administration de la justice et de respect du droit à un délai raisonnable de jugement des recours en matière d'urbanisme, afin notamment de réduire les délais de construction des logements, fixent un délai de jugement, qui n'est pas prescrit à peine de dessaisissement de la juridiction, des recours contre certaines autorisations de construire. Le décret n° 2022-929 du 24 juin 2022 précise que sont également concernées par cette mesure les décisions de refus. En assignant un tel objectif, ces dispositions ne méconnaissent pas le droit à un recours juridictionnel effectif et ne portent pas d'atteinte illégale à l'égalité entre les justiciables. Dès lors, le moyen tiré de ce qu'elles seraient, pour ces motifs, entachées d'incompétence, ne peut qu'être écarté. Par ailleurs, ces dispositions ne méconnaissent pas le principe de la séparation des pouvoirs ou de l'indépendance de la juridiction administrative (CE, 3 juillet 2020, Conseil national des Barreaux et autres et Syndicat des avocats de France, n°s 424293 et 427249, *Lebon* T.). Il n'en demeure pas moins qu'entre délai contraint et sursis à statuer en vue de régulariser (Voir C. urb., art. L. 600-5-1), le juge sera parfois le jouet d'injonctions contradictoires et du comportement des parties.

Le certificat de non-recours

Art. R.*600-7 Toute personne peut se faire délivrer par le greffe de la juridiction devant laquelle un recours est susceptible d'être formé contre une décision relative à l'occupation ou l'utilisation du sol régie par le présent code, ou contre un jugement portant sur une telle décision, un document qui, soit atteste de l'absence de recours contentieux ou d'appel portant sur cette décision devant cette juridiction, soit, dans l'hypothèse où un recours ou un appel a été enregistré au greffe de la juridiction, indique la date d'enregistrement de ce recours ou de cet appel.

Toute personne peut se faire délivrer par le secrétariat de la section du contentieux du Conseil d'État un document attestant de l'absence de pourvoi contre un jugement ou un arrêt relatif à une décision relative à l'occupation ou l'utilisation du sol régie par le présent code ou, dans l'hypothèse où un pourvoi a été enregistré, indiquant la date d'enregistrement de ce pourvoi.

Texte source

– Décret n° 2018-617 du 17 juillet 2018, article 7.

Commentaires

C'est une sécurité pour le bénéficiaire pour autant qu'un recours n'a pas été enregistré devant une autre juridiction.

Index alphabétique

N.-B. : Les renvois visent tout autant les articles du code que les commentaires qui les accompagnent.

A

C

D

E

L

M

N

O

P

Q

R

S

T

U

V

Table des matières

Titre préliminaire

Livre I

Le Conseil d'État

TITRE I

Attributions

TITRE III

Dispositions statutaires

Livre II

Les tribunaux administratifs et les cours administratives d'appel

TITRE I

Attributions

TITRE II

Organisation et fonctionnement

TITRE III

Dispositions statutaires

Livre III

La compétence

TITRE I

La compétence de premier ressort

TITRE II

La compétence d'appel

TITRE III

Le Conseil d'État juge de cassation

TITRE IV

La connexité

TITRE V

Le règlement des questions de compétence

Livre IV

L'introduction de l'instance de premier ressort

TITRE I

La requête introductive d'instance

TITRE II

Les délais

TITRE III

La représentation des parties

TITRE IV

L'aide juridictionnelle

Livre V

Le référé

TITRE I

Le juge des référés

TITRE II

Le juge des référés statuant en urgence

TITRE V

Dispositions diverses et particulières à certains contentieux

Livre VI

L'instruction

TITRE I

La procédure ordinaire

TITRE III

Les incidents de l'instruction

Livre VII

Le jugement

TITRE I

L'inscription au rôle

TITRE II

L'abstention et la récusation

TITRE III

La tenue de l'audience et le délibéré

TITRE V

La notification de la décision

TITRE VI

Les frais et dépens

TITRE VII

Dispositions spéciales

TITRE VIII

Dispositions particulières aux tribunaux administratifs d'outre-mer

Livre VIII

Les voies de recours

TITRE I

L'appel

Livre IX

L'exécution des décisions

TITRE I

Principes

TITRE II

Dispositions applicables aux tribunaux administratifs et cours administratives d'appel

TITRE III

Dispositions applicables au Conseil d'État

ANNEXE

Dispositions procédurales du Code de l'urbanisme relatives aux contentieux de l'urbanisme